Steuerberater Handbuch 2015

Steuerberater Handbuch 2015

Deutsches Steuerberaterinstitut e.V.
Fachinstitut des Deutschen Steuerberaterverbandes e.V. Berlin

Rechtsstand: 1. Februar 2015
Redaktionsschluss: 28. Februar 2015

Dieses Printprodukt ist auch als Online-Datenbank
zu einem monatlichen Bezugspreis erhältlich:

www.stollfuss.de

Es ist außerdem Bestandteil des Online-Fachportals
Stotax First:

www.stotax-first.de

Für Fragen und kostenlose Testzugänge steht Ihnen
unser Kundenservice gerne zur Verfügung
(0228 724-0 oder info@stollfuss.de).

Bibliografische Information der Deutschen Nationalbibliothek
Die Deutsche Nationalbibliothek verzeichnet diese Publikation in Der
Deutschen Nationalbibliografie; detaillierte bibliografische Daten sind im
Internet über http://d-nb.de abrufbar.

978-3-08-374015-5

Stollfuß Medien GmbH & Co. KG · 2015 · Alle Rechte vorbehalten
Satz: mediaTEXT Jena GmbH, Jena
Druck und Verarbeitung: Bonner Universitäts-Buchdruckerei (bub)

Vorwort
zum Steuerberater Handbuch 2015

(23. Auflage)

Mit dem Steuerberater Handbuch 2015 liegt nunmehr die 23. Auflage des bewährten Ratgebers vor. Die Neuauflage dieses aktuellen Nachschlagewerks dient erneut als umfassendes Kompendium für Ihre tägliche Beratungspraxis. Wie gewohnt berücksichtigt das Handbuch die zahlreichen Gesetzes- und Verordnungsänderungen des letzten Jahres (u.a. Zollkodex-Anpassungsgesetz, Kroatien-Anpassungsgesetz, Neuregelung der Selbstanzeige) sowie die aktuellen Verwaltungsverlautbarungen und Änderungen der Rechtsprechung (u.a. ErbSt-Entscheidung des BVerfG v. 17.12.2014).

Das Werk stellt die jüngsten Rechtsentwicklungen in Teil 1 (Aktuelles) und im „ABC der Zahlen, Daten, Fakten" (Teil 5) übersichtlich, knapp und praxisgerecht dar. In Teil 4 („Beratungsschwerpunkte und deren Fallstricke") erläutert es darüber hinaus, wie sich die Neuerungen auf die Beratungsschwerpunkte der Praxis auswirken, welche Probleme und Unsicherheiten daraus erwachsen und wie die Steuerberater mit den sich daraus ergebenden Fallstricken umgehen sollten. So bietet der nach Schlagworten sortierte Teil 4 unter dem Stichwort „Erbfolge" bereits nützliche Hinweise zum Umgang mit dem jüngsten Urteil des BVerfG zur Privilegierung des Betriebsvermögens bei der Erbschaftsteuer und unter dem Stichwort „Selbstanzeige" werden die neuen Hürden, die der Gesetzgeber für die Strafbefreiung errichtet hat, ausführlich dargestellt.

Umfassende Erläuterungen zu berufsrechtlichen Fragestellungen, insbesondere zum Mandatsvertrag und zur Haftung, enthält Teil 2 des Handbuchs. Hier erfahren Sie außerdem mehr über die Möglichkeiten des Steuerberaters, eigenes Marketing durchzuführen, oder über die Festsetzung und Durchsetzung von Honoraransprüchen.

Die Neuauflage ist auch als umfassende elektronische Online-Datenbank erhältlich.

Die professionelle Zusammenarbeit mit den Autoren sichert auch in diesem Jahr wieder das zeitige Erscheinen dieses umfassenden Kompendiums. Daher gilt mein Dank insbesondere allen Autoren, die an dieser Auflage mitgewirkt haben.

Berlin, im Februar 2015

Harald Elster
Steuerberater und Wirtschaftsprüfer
Präsident des Deutschen Steuerberaterverbandes e.V.,
Berlin

Vorwort
zum Steuerberater Handbuch 1985

(1. Auflage)

Der Deutsche Steuerberaterverband e. V. wurde am 22. April 1975 von Regionalverbänden aus allen Bundesländern als Dachorganisation der Steuerberater gegründet. Anlässlich seines 10-jährigen Bestehens legte der Deutsche Steuerberaterverband erstmalig für die Berufsangehörigen das

Steuerberater-Handbuch

vor und will damit den Angehörigen des steuerberatenden Berufs ein Arbeitsmittel und Nachschlagewerk zugleich für ihre qualifizierte Tätigkeit an die Hand geben. Das Steuerberater-Handbuch soll darüber hinaus aber auch in der Fachwelt und einer breiteren, interessierten Öffentlichkeit, nicht zuletzt auch bei den gesetzgebenden Körperschaften um Verständnis für die Sorgen und Anliegen des steuerberatenden Berufs werben.

Dieses für jeden Praktiker notwendige Werk erscheint im Jahr der Beschlussfassung der Bundesregierung über die Anpassung des deutschen Gesellschaftsrechts an die Vierte, Siebente und Achte gesellschaftliche Richtlinie der EG in einem Gesetz, nämlich dem Bilanzrichtlinien-Gesetz.

Wegen der besonderen Bedeutung dieser Beschlüsse für die Tätigkeit und die Zukunft der Steuerberater enthält ein wesentlicher Teil des Handbuches Vorschriften über die Rechnungslegung, um die erwartete Hilfe bei der Erstellung oder Prüfung von Jahresabschlüssen zu geben. Die Neuerscheinung informiert aber auch umfassend praxisnah über Berufsrecht, Steuerrecht, Wirtschaftsrecht, Prüftätigkeiten, Betriebswirtschaft, Gesellschaftsrecht und Steuerstrafrecht. Die Praxisnähe der einzelnen Darstellungen wird nicht zuletzt durch die Mitarbeit von 30 Autoren geprägt, die überwiegend steuerberatend tätig sind und ihre praktischen Erfahrungen in das Steuerberater-Handbuch einbringen konnten.

Der Deutsche Steuerberaterverband hat sich seit seiner Gründung für die Zulassung der Steuerberater als wählbare Abschlussprüfer für die zusätzlichen Pflichtprüfungen von Gesellschaften mit beschränkter Haftung (GmbH) eingesetzt. Die Achte Richtlinie ermöglicht, die von den Steuerberatern gestellten Forderungen zu erfüllen; sie könnte auch den Vorschlag des Bundesrates vom 15. Juli 1983 verwirklichen.

Fachliche Unterrichtung und Weiterbildung sind eine unerlässliche Voraussetzung für eine umfassende Beratung des Steuerbürgers. Das hohe Ansehen des Steuerberaterberufs in der Öffentlichkeit, der wachsende Einfluss auf die Steuergesetzgebung, das geschlossene Bild, das der Berufsstand auch in Zukunft bieten will, verlangen von jedem Berufsangehörigen ein Höchstmaß an geistiger Beweglichkeit.

Das neue Steuerberater-Handbuch soll dazu beitragen, dass die Steuerberater nicht nur ihre eigenen beruflichen Interessen in der Öffentlichkeit angemessen vertreten, sondern dass sie sich auch schützend vor ihre Mandanten stellen und den Gesetzgeber immer dann zur Einsicht aufrufen, wenn es darum geht, zum Schutz des Steuerbürgers dessen Rechtsposition zu wahren.

Ich danke allen, die an diesem Steuerberater-Handbuch mitgearbeitet haben, und wünsche den Lesern und Benutzern des Handbuches beruflichen Erfolg!

Bonn, im April 1985

Dieter Krüger
Steuerberater
Präsident des Deutschen Steuerberaterverbandes e.V.,
Bonn

Autorenverzeichnis

JOHANNES C. ACHTER
Rechtsanwalt, Steuerberater, Regensburg

DR. NICOLAI BESGEN
Rechtsanwalt, Fachanwalt für Arbeitsrecht, Meyer-Körting Rechtsanwälte und Steuerberater Partnerschaftsgesellschaft, Bonn

VOLKER BOCK, LL.M
Wirtschaftsprüfer, Steuerberater, Rechtsanwalt, Ernst & Young, Eschborn

DR. GEORG BÜGLER
Diplom-Kaufmann, Steuerberater und Wirtschaftsprüfer, Kallstadt

HOLM GEIERMANN
Diplom-Finanzwirt, Steueroberamtsrat, Leverkusen

DR. CHRISTOPH GOEZ
Rechtsanwalt, Fachanwalt für Erb- und Steuerrecht, Alpmann Fröhlich, Münster

TIM GÜNTHER
Rechtsanwalt, Hamburg/Hannover

FRANK HENSELER
Diplom-Finanzwirt, Steueroberamtsrat, Sinzig

DR. ANDREAS IMPING
Rechtsanwalt, Fachanwalt für Arbeitsrecht, DLA Piper Köln

INA JÄHNE
Rechtsanwältin, Hamburg/Hannover

DR. EBERHARD KALBFLEISCH
Steuerberater, Rechtsanwalt, Fachanwalt für Steuerrecht, Luther Rechtsanwaltsgesellschaft mbH, Frankfurt

PROF. DR. BERT KAMINSKI
Universitätsprofessor, Hamburg

PROF. DR. STEFAN KÖHLER
Diplom-Kaufmann, Steuerberater, Honorarprofessor an der Goethe-Universität Frankfurt a.M., Ernst & Young, Eschborn

DR. JOACHIM KÜHN
Diplom-Kaufmann, Steuerberater, Ernst & Young, Würzburg

LUKAS MONTIGEL
Diplom-Ökonom, Steuerberater, Fellbach

DR. JENS PETERSEN
Leiter des Steuerreferats der EKD, Hannover

PROF. DR. VOLKER RÖMERMANN
Rechtsanwalt, Fachanwalt für Arbeitsrecht, Insolvenzrecht, Handels- und Gesellschaftsrecht, Honorarprofessor an der Humboldt-Universität zu Berlin, Hamburg/Hannover

LOTHAR ROSARIUS
Diplom-Finanzwirt, Oberregierungsrat, Kerpen

PROF. DR. JOACHIM SCHIFFERS
Wirtschaftsprüfer, Steuerberater, Düsseldorf

HANS PETER SCHMIESZEK
Rechtsanwalt, Ministerialrat a.D. im BMJ, Leiter des Referats für Finanzmarktrecht und Steuerrecht, Berlin

DR. RAINER SPATSCHECK
Rechtsanwalt, Fachanwalt für Steuerrecht und Strafrecht, München

DR. GÜNTER TRUTNAU
Rechtsanwalt, Essen

DR. NORBERT VOGELSANG
Regierungsdirektor, Düsseldorf

MATTHIAS ZEITZ
Diplom-Kaufmann, Steuerberater, Magdeburg

DR. ACHIM ZIMMERMANN
Rechtsanwalt, Hamburg/Hannover

Gesamtübersicht

Literaturverzeichnis.	XIII
Abkürzungsverzeichnis.	XVII

TEIL 1
Aktuelles

A.	Gesetze.	4
B.	Rechtsprechung 2014/2015 von A bis Z	80

TEIL 2
Berufsrecht

A.	Mandatsvertrag	179
B.	Marketing	200
C.	Haftung	226
D.	Honorar	253

TEIL 3
Beratungsfelder/Tätigkeitsfelder

A.	Einführung	279
B.	Vereinbare Tätigkeiten	283
C.	Unvereinbare Tätigkeiten	344
D.	Fachberater	346
E.	Syndikus-Steuerberater	380

TEIL 4
Beratungsschwerpunkte und deren Fallstricke

Abgeltungsteuer	395
Abschreibungen nach Handels- und Steuerrecht	442
Altersvorsorge.	464
Anwachsung.	489
Arbeitsrecht	496
Außensteuerrecht/Internationales Steuerrecht	510
Betriebsaufspaltung	735
Betriebsprüfung.	753
Betriebsveräußerung/Betriebsaufgabe	777
Betriebsverpachtung.	810
Bilanzposten-ABC	833
Einbringung in eine Kapitalgesellschaft oder Genossenschaft	858
Einbringung in eine Personengesellschaft	879
Erbfolge und Nachfolgeplanung	886

Erbfolge, vorweggenommene	910
Existenzgründung	939
Finanzierung von mittelständischen Unternehmen	964
GmbH-Gründung	992
Insolvenz	1006
Jahresabschluss	1040
Kirchensteuer	1062
Leasing	1079
Lieferungen und sonstige Leistungen	1096
Nachfolgeregelung	1119
Rechnungslegung	1128
Rechtsformwahl	1161
Selbstanzeige	1216
Spaltung von Körperschaften auf andere Körperschaften	1233
Steuerfahndung – Rolle des Steuerberaters	1242
Steuerstrafrecht	1249
Stiftungen	1261
Unternehmensbewertung	1298
Unternehmenskauf	1325
Unternehmenskrise	1334
Verdeckte Gewinnausschüttungen, verdeckte Einlagen – Systematik	1352
Verluste im Einkommensteuerrecht	1369
Vermögensübergang von Kapitalgesellschaften auf Personengesellschaften oder natürliche Personen	1381
Verschmelzung oder Vermögensübertragung unter Beteiligung von Körperschaften	1399
Vorsteuerabzug und Rechnungserteilung	1420
Zinsschranke	1436

TEIL 5
Tabellen und Übersichten

A.	ABC der Zahlen, Daten, Fakten	1460
B.	Kirchensteuer	1511
C.	Unternehmensbewertung	1518
D.	Nachfolgeregelung	1528
E.	Rechnungslegung	1532
F.	Ermittlung des Gegenwartswerts/Kapitalwerts	1539
G.	Pfändungstabelle	1564
H.	Steuerberatervergütungsverordnung	1573

Stichwortverzeichnis	1611

Literaturverzeichnis

Adler/Düring/Schmaltz	Rechnungslegung und Prüfung der Unternehmen, 6. Aufl., Stuttgart, in Teilbänden seit 1995 (zitiert ADS, ...);
Arndt/Lerch/Sandkühler	Bundesnotarordnung, Kommentar, 7. Aufl. 2012, Köln;
Bächle/Rupp/Ott/Knies	Internationales Steuerrecht, 2. Aufl. 2010, Stuttgart;
Baetge/Kirsch/Thiele	Bilanzrecht, Kommentar, Loseblatt, Bonn/Berlin;
Baranowski	Besteuerung von Auslandsbeziehungen, 2. Aufl. 1996, Herne;
Baum	AO/FGO-Handausgabe 2014, Bonn;
Baumbach/Hopt	Handelsgesetzbuch, Kommentar, 36. Aufl. 2014, München;
Baumbach/Hueck	GmbH-Gesetz, Kommentar, 20. Aufl. 2013, München;
Baumbach/Lauterbach/ Albers/Hartmann	Zivilprozessordnung, Kommentar, 73. Aufl. 2015, München;
Beck'scher Bilanz-Kommentar	9. Aufl. 2014, München;
Canaris/Schilling/Ulmer	Handelsgesetzbuch, Großkommentar, begründet von Hermann Staub, 5. Aufl. 1995–2015, Berlin;
Gosch/Grotherr/Kroppen	DBA-Kommentar, Loseblatt, Herne;
Besgen	Handbuch Führungskräfte, 1. Aufl. 2012, Köln;
Besgen	Handbuch Betriebsverfassungsrecht, 2. Aufl. 2010, Stuttgart/München;
Besgen	Schwerbehindertenrecht, Arbeitsrechtliche Besonderheiten, 2. Aufl. 2014, Berlin;
Besgen/Kade	Kündigungsschutz in der Praxis, 1. Aufl. 2007, Berlin;
Besgen/Prinz	Handbuch Internet.Arbeitsrecht, Handbuch, 3. Aufl. 2012, Bonn;
Binz/Sorg	Die GmbH & Co. KG, 11. Aufl. 2010, München;
Blümich	EStG, KStG, GewStG, Kommentar, Loseblatt, München;
Borgmann/Jungle/Grams	Anwaltshaftung, 5. Aufl. 2014, München;
Boruttau	Grunderwerbsteuergesetz, 17. Aufl. 2011, München;
Brandmüller	Der GmbH-Geschäftsführer im Gesellschafts-, Steuer- und Sozialversicherungsrecht, 18. Aufl. 2006, Bonn;
Brandmüller/Küffner	Bonner Handbuch GmbH, Loseblatt, Bonn; seit Juni 2012 herausgegeben von *Hans Ott*;
Briel, von/Ehlscheid	Steuerstrafrecht, 2. Aufl. 2001, Bonn;
Bundessteuerberaterkammer	Berufsrechtliches Handbuch, Loseblatt (Stand: Juni 2012);
Chemnitz/Johnigk	Rechtsberatungsgesetz, Kommentar, 11. Aufl. 2003, Köln;
Dorsch	Zollrecht, Kommentar, herausgegeben von Reinhart Rüsken, Loseblatt, Bonn;
Dötsch/Jost/Pung/Witt	Die Körperschaftsteuer, Kommentar zum KStG und EStG, Loseblatt, Stuttgart;
Dötsch/Patt/Pung/ Möhlenbrock	Umwandlungssteuerrecht, 7. Aufl. 2012, Stuttgart;
Eckert	Steuerberatergebührenverordnung, Kommentar, 5. Aufl. 2006, München;

Ernst & Young/BDI	Die Unternehmenssteuerreform 2008, Bonn/Berlin;
Ernst & Young/BDI	EuGH-Rechtsprechung Ertragsteuerrecht, 2. Aufl. 2007, Bonn/Berlin;
Ernst & Young	Körperschaftsteuergesetz, Kommentar, Loseblatt, Bonn;
Ernst & Young/VDR	Ratgeber zur Altersvorsorge – Private und betriebliche Vorsorgeformen, 2004, Bonn/Berlin;
Ewert/Wagenhofer	Interne Unternehmensrechnung, 8. Aufl. 2014, Berlin;
Falterbaum/Bolk/Reiß	Buchführung und Bilanz, 21. Aufl. 2010, Achim;
Federmann/Kussmaul/Müller	Handbuch der Bilanzierung, Loseblatt, Freiburg;
Feiter	Die neue Steuerberatervergütungsverordnung, 1. Aufl. 2013, Bonn;
Fischer/Kleineidam/Warneke	Internationale Betriebswirtschaftliche Steuerlehre, 5. Aufl. 2005, Berlin;
Flick/Wassermeyer/ Baumhoff/Schönfeld	Kommentar zum Außensteuerrecht, Loseblatt, Köln;
Franzen/Gast/Joecks	Steuerstrafrecht, Kommentar, 7. Aufl. 2009, München;
Frotscher	Internationales Steuerrecht, 4. Aufl. 2015, München;
Gehre/Koslowski	Steuerberatungsgesetz, Kommentar, 6. Aufl. 2009, München;
Gehre/Borstel, von	Steuerberatungsgesetz, Kommentar, 5. Aufl. 2005, München;
Geiermann/Liebscher/ Rosarius/Stuhrmann	AfA-Lexikon, Loseblatt, Bonn;
Gocke/Gosch/Lang	Körperschaftsteuer, Internationales Steuerrecht, Doppelbesteuerung, Festschrift für Franz Wassermeyer zum 65. Geburtstag, München 2005;
Goez	Steuerberatervergütungsordnung, 8. Aufl. 2013, Bonn;
Goez	Zivilrechtliche Haftung und strafrechtliche Risiken des Steuerberaters, 2010, Berlin;
Gosch	Körperschaftsteuergesetz, Kommentar, 2. Aufl. 2009, München;
Gosch	Abgabenordnung, Finanzgerichtsordnung, Kommentar, begründet von Albert Beermann, Loseblatt, Bonn;
Gräfe/Lenzen/Schmeer	Steuerberaterhaftung, 5. Aufl. 2014, Herne/Berlin;
Grotherr	Handbuch der internationalen Steuerplanung, 3. Aufl. 2011, Herne/Berlin;
Grotherr/Herfort/Strunk	Internationales Steuerrecht, 3. Aufl. 2010, Achim;
Grunewald/Römermann	Rechtsdienstleistungsgesetz, Kommentar, 2008, Köln;
Haas/Bacher/Scheuer	Steuerliche Gestaltung internationaler Geschäftsbeziehungen, 4. Aufl. 2005, Berlin;
Haritz/Menner	Umwandlungssteuergesetz, Kommentar, 4. Aufl. 2015, München;
Herrmann/Heuer/Raupach	Einkommensteuer- und Körperschaftsteuergesetz, Loseblatt, Köln;
Hübschmann/Hepp/Spitaler	Kommentar zur Abgabenordnung und Finanzgerichtsordnung, Loseblatt, Köln;
IDW	IDW Prüfungsstandards, IDW Stellungnahmen zur Rechnungslegung, Loseblatt, Düsseldorf;
IDW	WP-Handbuch 2012, Bd. 1, 14. Aufl. u. WP-Handbuch 2014, Bd. 2, 14. Aufl., Düsseldorf;

Jacobs	Internationale Unternehmensbesteuerung, 7. Aufl. 2011, München;
Jasper/Mehrmann/Wirtz	Steuerberater Handbuch Kanzleimanagement, Loseblatt, Bonn;
Jasper/Sönksen/Rosarius	Investitionsförderung Handbuch, Loseblatt, Bonn;
Kaminski/Strunk	Steuern in der internationalen Unternehmenspraxis, 1. Aufl. 2006, Wiesbaden;
Kirchhof/Söhn/Mellinghoff	Einkommensteuergesetz, Kommentar, Loseblatt, Heidelberg;
Klein	Abgabenordnung, Kommentar, 12. Aufl. 2014, München;
Kleine-Cosack	Bundesrechtsanwaltsordnung, Kommentar, 6. Aufl. 2009, München;
Kohlmann	Kommentar zum Steuerrecht, Loseblattwerk, Köln;
Koller/Roth/Morck	Handelsgesetzbuch, Kommentar, 8. Aufl. 2015, München;
Korn	Einkommensteuergesetz, Kommentar, Loseblatt, Bonn;
Kraemer/Vallender/ Vogelsang	Handbuch zur Insolvenz, Loseblatt, Bonn;
Kuckhoff/Schreiber	Verrechnungspreise in der Betriebsprüfung, 1997, München;
Kuhls u.a.	Kommentar zum Steuerberatungsgesetz, 3. Aufl. 2011, Herne;
Kühn/Wedelstädt, von	Abgabenordnung, Kommentar, 20. Aufl. 2011, Stuttgart;
Lademann/Söffing/Brockhoff	Kommentar zum Einkommensteuergesetz, Loseblatt, Stuttgart;
Lippross	Umsatzsteuer, 23. Aufl. 2012, Achim;
Littmann/Bitz/Hellwig	Einkommensteuerrecht, Loseblatt, Stuttgart;
Löwenstein/Looks	Betriebsstättenbesteuerung, 2. Aufl. 2010, München;
Lüdicke	Tendenzen der Europäischen Unternehmensbesteuerung, 2005, Köln;
Lutter	Umwandlungsgesetz, 5. Aufl. 2014, Köln;
Meyer/Goez/Schwamberger	Steuerberatervergütungsverordnung, Praxiskommentar, 7. Aufl. 2013, Berlin;
Michalski/Römermann	PartGG, Kommentar, 4. Aufl. 2014, Köln;
Mittelsteiner/Gilgan/Späth	Berufsordnung der Steuerberater, 2002, Köln;
Mössner u. a.	Steuerrecht international tätiger Unternehmen, 4. Aufl. 2012, Köln;
Münchener Komm.	Münchener Kommentar Aktiengesetz, 7 Bände, 3. Aufl. 2008–2013, München;
Münchener Komm.	Münchener Kommentar zum Bürgerlichen Gesetzbuch, 5. Aufl. 2006 ff. und 6. Aufl. 2012 ff., München;
Palandt	Bürgerliches Gesetzbuch, Kommentar, 74. Aufl. 2015, München;
Peter/Charlier	Steuerberatungsgesetz-Kommentar, Loseblatt, Herne;
Petersen	Kirchensteuer kompakt, 2010, Wiesbaden;
PwC Deutsche Revision	Unternehmenssteuerreform 2001, Freiburg;
Rau/Dürrwächter	Kommentar zum Umsatzsteuergesetz, Loseblatt, Köln;
Reischl	Insolvenzrecht, 3. Aufl. 2014, Heidelberg;
Reiß	Umsatzsteuerrecht, 12. Aufl. 2014, Münster;
Reiß/Kraeusel/Langer	Umsatzsteuergesetz, Loseblatt, Bonn;

Reith	Internationales Steuerrecht, 2004, München;
Roth/Altmeppen	GmbHG, Kommentar, 8. Aufl. 2015, München;
Römermann	Münchener Anwaltshandbuch GmbH-Recht, 3. Aufl. 2014, München;
Römermann	Steuerberater Handbuch Neue Beratungsfelder, 2005, Bonn/Berlin;
Sagasser/Bula/Brünger	Umwandlungen, 4. Aufl. 2011, München;
Schaumburg	Internationales Steuerrecht, 3. Aufl. 2011, Köln;
Schlegelberger/Geßler	Handelsgesetzbuch, Kommentar, 5. Aufl. 1973, München;
Schmidt	Einkommensteuergesetz, 31. Aufl. 2012, München;
Schönke/Schröder	Strafgesetzbuch, Kommentar, 29. Aufl. 2014, München;
Späth	Bonner Handbuch der Steuerberatung, Loseblatt, Bonn;
Staudinger	Kommentar zum BGB, 1993 ff., Berlin;
Streck	Körperschaftsteuergesetz, Kommentar, 8. Aufl. 2014, München;
Streck/Spatscheck	Die Steuerfahndung, 4. Aufl. 2006, Köln;
Strunk/Kaminski/Köhler	Außensteuergesetz/Doppelbesteuerungsabkommen, Kommentar, Loseblatt, Bonn;
Strunk/Wassermeyer/ Kaminski	Unternehmensteuerrecht und Internationales Steuerrecht, Gedächtnisschrift für Dirk Krüger, 2006, Bonn;
Thümmel	Persönliche Haftung von Managern und Aufsichtsräten, 4. Aufl. 2008, Stuttgart;
Tipke/Kruse	Kommentar zur Abgabenordnung/Finanzgerichtsordnung, Loseblatt, Köln;
Troll/Eisele	Grundsteuergesetz, 11. Aufl. 2014, München;
Vögele/Borstell/Engler	Handbuch der Verrechnungspreise, 4. Aufl. 2015, München;
Vogel/Lehner	Doppelbesteuerungsabkommen (DBA) der Bundesrepublik Deutschland auf dem Gebiet der Steuern vom Einkommen und Vermögen, 6. Aufl. 2015, München;
Wassermeyer	Doppelbesteuerungsabkommen. OECD-Musterabkommen und Länderabkommen, Kommentar, Loseblatt, München;
Wassermeyer/Andresen/Ditz	Betriebsstätten-Handbuch, 2006, Köln;
Westermann	Handbuch der Personengesellschaften, Loseblatt, Köln;
Widmann/Mayer	Umwandlungsrecht, Kommentar, Loseblatt, Bonn;
Willemsen/Hohenstatt/ Schweibert/Seibt	Umstrukturierung und Übertragung von Unternehmen – Arbeitsrechtliches Handbuch, 4. Aufl. 2011, München;
Wilms/Jochum	Erbschaft- und Schenkungsteuergesetz, Kommentar, Loseblatt, Bonn;
Wochinger u.a.	Verdeckte Gewinnausschüttungen und verdeckte Einlagen, Loseblatt, Bonn;
Wysocki, von/Schulze-Osterloh/Hennrichs/Kuhner	Handbuch des Jahresabschlusses in Einzeldarstellungen, Loseblatt, Köln;
Zimmermann	Grundriss des Insolvenzrechts, 9. Aufl. 2012, Heidelberg;
Zöller	Zivilprozessordnung, 30. Aufl. 2014, Köln;
Zugehör	Beraterhaftung nach der Schuldrechtsreform, 2002, Recklinghausen.

Abkürzungsverzeichnis

A
a.A.	anderer Auffassung/Ansicht
AAB	Allgemeine Auftragsbedingungen
AAF	Fachausschuss für Aus- und Fortbildung des Instituts der Wirtschaftsprüfer (IDW)
Abb.	Abbildung
ABl.EG	Amtsblatt der Europäischen Gemeinschaften (bis 1/2003, danach umbenannt in Amtsblatt der Europäischen Union) → ABl.EU
ABl.EU	Amtsblatt der Europäischen Union (seit 2/2003)
Abs.	Absatz
Abschn.	Abschnitt
Abt.	Abteilung
a.E.	am Ende
AE	Ausfuhrerklärung, Anwendungserlass
AEAO	Anwendungserlass zur Abgabenordnung
AELE	Association Européenne de Libre Echange → EFTA
AEntG	Gesetz über zwingende Arbeitsbedingungen für grenzüberschreitend entsandte und für regelmäßig im Inland beschäftigte Arbeitnehmer und Arbeitnehmerinnen (Arbeitnehmer-Entsendegesetz)
a.F.	alte Fassung
AfA	Absetzung für Abnutzung
AfaA	Absetzung für außergewöhnliche Abnutzung
AFG	Arbeitsförderungsgesetz
AfS	Absetzung für Substanzverringerung
AG	1. Aktiengesellschaft; 2. Die Aktiengesellschaft (Zeitschrift); 3. Amtsgericht
AGB	Allgemeine Geschäftsbedingungen
AGG	Allgemeines Gleichbehandlungsgesetz
AHG	Gesetz über Altschuldenhilfen für Kommunale Wohnungsunternehmen, Wohnungsgenossenschaften und private Vermieter in dem in Artikel 3 des Einigungsvertrages genannten Gebiet (Altschuldenhilfe-Gesetz)
AHK	Auslandshandelskammer
AIG	Gesetz über steuerliche Maßnahmen bei Auslandsinvestitionen der deutschen Wirtschaft (Auslandsinvestitionsgesetz)
AK	Anschaffungskosten
AKP	Afrika, Karibik, Pazifik (AKP-Gruppe = internationale Organisation afrikanischer, karibischer und pazifischer Staaten, engl.: ACP Group = African, Caribbean and Pacific Group of States)
AktG	Aktiengesetz
ALADI	Asociaación Latinoamericana de Integración (lateinamerikanische Integrationsvereinigung) → LAFTA
AltvVerbG	Gesetz zur Verbesserung der steuerlichen Förderung der privaten Altersvorsorge (Altersvorsorge-Verbesserungsgesetz) vom 24.6.2013, BGBl. I 2013, 1667
AltZertG	Gesetz über die Zertifizierung von Altersvorsorge- und Basisrentenverträgen (Altersvorsorgeverträge-Zertifizierungsgesetz)
AlV	Arbeitslosenversicherung
Anm.	Anmerkung
ant.	anteilig
AnwBl.	Anwaltsblatt
a.o.	außerordentliche
AO	Abgabenordnung

AOÄndG	Gesetz zur Änderung der Abgabenordnung und des Einführungsgesetzes zur Abgabenordnung v. 22.12.2014 (BGBl. I 2014, 2415)
AOK	Allgemeine Ortskrankenkasse
AO-StB	Der AO-Steuerberater (Zeitschrift)
AP	Arbeitsrechtliche Praxis (Nachschlagewerk des Bundesarbeitsgerichts)
AR	Aufsichtsrat
ArbG	1. Arbeitgeber; 2. Arbeitsgericht
ArbGG	Arbeitsgerichtsgesetz
ArbN	Arbeitnehmer
ArbSchG	Arbeitsschutzgesetz
ArbZG	Arbeitszeitgesetz
ARGE	Arbeitsgemeinschaft
Art.	Artikel
ASEAN	Association of South-East Asian Nations = Assoziation der südostasiatischen Länder: Brunei Darussalam, Kambodscha, Indonesien, Laos, Malaysia, Myanmar, Philippinen, Singapur, Thailand, Vietnam
ASiG	Gesetz über Betriebsärzte, Sicherheitsingenieure und andere Fachkräfte für Arbeitssicherheit
AStBV (St)	Anweisungen für das Straf- und Bußgeldverfahren (Steuer) v. 1.11.2013, BStBl I 2013, 1395
AStG	Gesetz über die Besteuerung bei Auslandsbeziehungen (Außensteuergesetz)
ATA	Admission Temporaire des Marchandises = Carnet für vorübergehende Einfuhr
ATG	Altersteilzeitgesetz
Aufl.	Auflage
Aufw.	Aufwendung
AÜG	Gesetz zur Regelung der Arbeitnehmerüberlassung (Arbeitnehmerüberlassungsgesetz)
AÜKostV	Verordnung über die Kosten der Erlaubnis zur gewerbsmäßigen Arbeitnehmerüberlassung (Arbeitnehmerüberlassungs-Kostenverordnung)
AuslInvestmG	Auslandsinvestmentgesetz, außer Kraft seit 1.1.2004 → KAGB
AV	Anlagevermögen
AVG	Altersversorgung
AVmEG	Gesetz zur Ergänzung des Gesetzes zur Reform der gesetzlichen Rentenversicherung und zur Förderung eines kapitalgedeckten Altersvorsorgevermögens (Altersvermögensergänzungsgesetz) v. 21.3.2001, BGBl. I 2001, 403
AVmG	Gesetz zur Reform der gesetzlichen Rentenversicherung und zur Förderung eines kapitalgedeckten Altersvorsorgevermögens (Altersvermögensgesetz) v. 26.6.2001, BGBl. I 2001, 1310
Az.	Aktenzeichen

B

BAB	Betriebsabrechnungsbogen
BaFin	Bundesanstalt für Finanzdienstleistungsaufsicht
BAföG	Bundesgesetz über individuelle Förderung der Ausbildung (Bundesausbildungsförderungsgesetz)
BAG	Bundesarbeitsgericht
BAnz	Bundesanzeiger
BauGB	Baugesetzbuch
BayFinMin	Bayerisches Staatsministerium der Finanzen
BayLfSt	Bayerisches Landesamt für Steuern
BayOBLG	Bayerisches Oberstes Landesgericht (bis 30.6.2006).
BB	Betriebs-Berater (Zeitschrift)

BBG	Bundesbeamtengesetz
BBiG	Berufsbildungsgesetz
BC-NET	Business Cooperation Network = Netzwerk für die Unternehmenskooperation
BdF	Bundesminister der Finanzen
BDI	Bundesverband der Deutschen Industrie e.V.
BDSG	Bundesdatenschutzgesetz
BEEG	Gesetz zum Elterngeld und zur Elternzeit (Bundeselterngeld- und Elternzeitgesetz)
Beil.	Beilage
BEM	Betriebliches Eingliederungsmanagement
BerlinFG	Gesetz zur Förderung der Berliner Wirtschaft (Berlinförderungsgesetz)
BErzGG	Bundeserziehungsgeldgesetz
Beschl.	Beschluss
bestr.	bestritten
BetrAVG	Gesetz zur Verbesserung der betrieblichen Altersversorgung (Betriebsrentengesetz)
BetrKV	Verordnung über die Aufstellung von Betriebskosten (Betriebskostenverordnung)
BetriebskapG	Betriebskapitalgesellschaft
BetrVG	Betriebsverfassungsgesetz
BewDV	Durchführungsverordnung zum Bewertungsgesetz, außer Kraft seit 28.12.1996
BewG	Bewertungsgesetz
BFA/BfA	Bankenfachausschuss des Instituts der Wirtschaftsprüfer (IDW)/Bundesversicherungsanstalt für Angestellte (seit 1.10.2005 Deutsche Rentenversicherung Bund) → DRV
BfAI	Bundesstelle für Außenhandelsinformation → GTAI
BfF	Bundesamt für Finanzen (bis 1.1.2006) → BZSt
BFH	Bundesfinanzhof – Oberster Gerichtshof des Bundes für Steuern und Zölle
BFHE	Sammlung der Entscheidungen und Gutachten des Bundesfinanzhofs, hrsg. v. Mitgliedern des Bundesfinanzhofs
BFH-EntlG	Gesetz zur Entlastung des Bundesfinanzhofs
BFH/NV	Sammlung der Entscheidungen des Bundesfinanzhofs (mit Sammlung amtlich nicht veröffentlichter Entscheidungen des Bundesfinanzhofs), Zeitschrift
BFuP	Betriebswirtschaftliche Forschung und Praxis (Zeitschrift)
BGA	Betriebs- und Geschäftsausstattung
BGB	Bürgerliches Gesetzbuch
BGBl.	Bundesgesetzblatt
BGH	Bundesgerichtshof
BGHSt	Entscheidungen des Bundesgerichtshofs in Strafsachen, hrsg. von der Gesellschaft zur Herausgabe von BGHZ und BGHSt
BGHZ	Entscheidungen des Bundesgerichtshofs in Zivilsachen, hrsg. von der Gesellschaft zur Herausgabe von BGHZ und BGHSt
BHO	Bundeshaushaltsordnung
BHStB	Bonner Handbuch der Steuerberatung (Loseblattwerk), Stollfuß Medien, Bonn
BIC	1. Bank Identifier Code; 2. Business and Innovation Centre = Unternehmens- und Innovationszentrum
BilMoG	Gesetz zur Modernisierung des Bilanzrechts (Bilanzrechtsmodernisierungsgesetz) v. 25.5.2009, BGBl. I 2009, 1102
BiRiLiG	Gesetz zur Durchführung der Vierten, Siebten und Achten Richtlinie des Rates der Europäischen Gemeinschaften zur Koordinierung des Gesellschaftsrechts (Bilanzrichtlinien-Gesetz) v. 19.12.1985, BGBl. I 1985, 2355.

BilRUG	Entwurf eines Gesetzes zur Umsetzung der Richtlinie 2013/34/EU des Europäischen Parlaments und des Rates vom 26. Juni 2013 über den Jahresabschluss, den konsolidierten Abschluss und damit verbundene Berichte von Unternehmen bestimmter Rechtsformen und zur Änderung der Richtlinie 2006/43/EG des Europäischen Parlaments und des Rates und zur Aufhebung der Richtlinien 78/660/EWG und 83/349/EWG des Rates (Bilanzrichtlinie-Umsetzungsgesetz – BilRUG), Gesetzentwurf der Bundesregierung v. 7.1.2015
BIZ	Bank für Internationalen Zahlungsausgleich, engl. = BIS, franz. = BRI
BKGG	Bundeskindergeldgesetz
BKK	Betriebskrankenkasse
Bl.	Blatt
BMF	Bundesministerium der Finanzen
bND	betriebsgewöhnliche Nutzungsdauer
BörsG	Börsengesetz
BORA	Berufsordnung für Rechtsanwälte
BOStB	Berufsordnung der Bundessteuerberaterkammer (Satzung über die Rechte und Pflichten bei der Ausübung der Berufe der Steuerberater und der Steuerbevollmächtigten – Berufsordnung)
BPO	Allgemeine Verwaltungsvorschrift für die Betriebsprüfung – Betriebsprüfungsordnung
BR	Bundesrat
BRAGO	Bundesrechtsanwaltsgebührenordnung, außer Kraft seit 1.7.2004 → RVG
BRAK	Bundesrechtsanwaltskammer
BRAK-Mitt.	BRAK-Mitteilungen
BRAO	Bundesrechtsanwaltsordnung
BR-Drucks.	Bundesrats-Drucksache
BReg	Bundesregierung
BRITE	Basic Research in Industrial Technologies for Europe, Technologische Grundlagenforschung und Anwendungen der neuen Technologien
BStBl	Bundessteuerblatt
BsGaV	Verordnung zur Anwendung des Fremdvergleichsgrundsatzes auf Betriebsstätten nach § 1 Absatz 5 des Außensteuergesetzes (Betriebsstättengewinnaufteilungsverordnung – BsGaV) vom 13.10.2014 (BGBl. I 2014, 1603)
BT	Bundestag
BT-Drucks.	Bundestagsdrucksache
BTW	Belasting over de Toegevoegde Waarde = Mehrwertsteuer in den Niederlanden
Btx	Bildschirmtext
BUKG	Gesetz über die Umzugskostenvergütung für die Bundesbeamten, Richter im Bundesdienst und Soldaten (Bundesumzugskostengesetz)
BUrlG	Mindesturlaubsgesetz für Arbeitnehmer (Bundesurlaubsgesetz)
BUSt	Börsenumsatzsteuer (in Deutschland 1991 durch das Finanzmarktförderungsgesetz v. 22.2.1990, BGBl. I 1990, 266, abgeschafft)
BUStra	Buß(geld)- und Strafsachenstelle
BV	1. Betriebsvermögen; 2. Betriebsvereinbarung
BVerfG	Bundesverfassungsgericht
BVerfGE	Entscheidungen des Bundesverfassungsgerichts, herausgegeben vom Verein der Richter des BVerfG e.V.
BVerfGG	Gesetz über das Bundesverfassungsgericht (Bundesverfassungsgerichtsgesetz)
BVerwG	Bundesverwaltungsgericht
BetrVG	Betriebsverfassungsgesetz
BVG	Gesetz über die Versorgung der Opfer des Krieges (Bundesversorgungsgesetz)

BVV	Verordnung über die Berechnung, Zahlung, Weiterleitung, Abrechnung und Prüfung des Gesamtsozialversicherungsbeitrages (Beitragsverfahrensverordnung)
BWL	Betriebswirtschaftslehre
BWNotZ	Zeitschrift für das Notariat in Baden-Württemberg
BWS	Bewertungsstetigkeit
BayLfSt	Bayerisches Landesamt für Steuern
BZRG	Bundeszentralregistergesetz
BZSt	Bundeszentralamt für Steuern
BZVO	Beitragszahlungsverordnung
C	
CAPM	Capital Asset Pricing Model
CARNET-ATA	→ ATA
CARNET-TIR	Zolldokument zum Transport unter Zollverschluss nach dem TIR-Verfahren → TIR
CCACC	Koordinierungsausschuss der Genossenschaftsverbände der EG
CCC	Customs Cooperation Council = Rat für die Zusammenarbeit auf dem Gebiet des Zollwesens
C.C.C.	Commission des Communautés Européennes = Europäische Kommission
CCT	Common Customs Tariff = Gemeinsamer EU-Zolltarif
C.D.	Coordination Development = Projekt der EU für die koordinierte Entwicklung von automatisierten Verwaltungsverfahren
CDH	Centralvereinigung Deutscher Wirtschaftsverbände für Handelsvermittlung und Vertrieb
CE	Council of Europe = Europarat
CECOP	Europäischer Ausschuss der Arbeiter- und Handwerkerproduktivgenossenschaften
CEE	Communauté Economique Européenne = Europäische Wirtschaftsgemeinschaft = EWG
CEEP	Centre Européen de l'entreprise public
CELEX	Communitatis Europae Lex
CEN	Comité européen de normalisation = Europäischer Normenausschuss
CENELEC	Comité européen de normalisation électrotechnique = Europäisches Komitee für elektrotechnische Normung
CEPT	Conférence Européenne des Administrations des Postes et Télécommunications = Europäische Konferenz der Post- und Fernmeldeverwaltung
CERN	Conseil Européen pour la Recherche Nucléaire = Europäische Organisation für Kernforschung
CERP	Centre Européen des Relations Publiques = Europäisches Zentrum für Öffentlichkeitsarbeit
C & F	Cost and Freight
CFE	Confédération Fiscal Européenne
ChemG	Gesetz zum Schutz vor gefährlichen Stoffen (Chemikaliengesetz)
cif	cost, insurance, freight
CIJ	Cour Internationale de Justice = International Court of Justice = Internationaler Gerichtshof in Den Haag
CLCA	Comité de la liaison de la construction automobile
CNCE	Comité National du Commerce Extérieur = Nationales Amt für Außenhandel in Frankreich
CNUCED	Conférence des Nations Unies sur le Commerce et le Développement (UNCTAD)
COCOM	Coordinating Committee for East-West-Trade-Policy = Embargoliste
COFACE	Compagnie Française d'Assurance pour le Commerce Extérieur = Französische Exportkreditversicherungsanstalt

COGECA	Allgemeiner Ausschuss des ländlichen Genossenschaftswesens der EWG
COMECON	Council for Mutual Economic Assistance = Rat für gegenseitige Wirtschaftshilfe = RGW
COMMETT	Community Programme in Education and Training for Technology = Programm der Gemeinschaft für die Zusammenarbeit zwischen Hochschule und Wirtschaft auf dem Gebiet der Technologie
COMPRO	Committee for the Simplification of International Trade Procedures = Ausschuss für die Vereinfachung internationaler Handelsverfahren in der Europäischen Gemeinschaft
COPA	Comité des Organisations Professionelles Agricoles de la Communauté Européenne = Ausschuss der berufsständigen landwirtschaftlichen Organisationen
CPA	Certified Public Accountant (= Titel von Wirtschaftsprüfern in den USA)
CPU	central processing unit (= Zentraleinheit der DV-Anlage/Hauptprozessor)
D	
DA	Dienstanweisung
DATEV	Datenverarbeitungsorganisation des steuerberatenden Berufes in der Bundesrepublik Deutschland e. G.
DB	Der Betrieb (Zeitschrift)
DBA	Doppelbesteuerungsabkommen
DBS	Datenbanksystem
DBW	Die Betriebswirtschaft (Zeitschrift)
DCF	Discounted Cashflow
DDR	Deutsche Demokratische Republik (bis 1990)
DEG	Deutsche Gesellschaft für wirtschaftliche Zusammenarbeit
DM	Deutsche Mark
DepotG	Gesetz über die Verwahrung und Anschaffung von Wertpapieren (Depotgesetz)
dergl.	dergleichen
desgl.	desgleichen
DEUPRO	Ausschuss für die Vereinfachung internationaler Handelsverfahren
DEÜV	Verordnung über die Erfassung und Übermittlung von Daten für die Träger der Sozialversicherung (Datenerfassungs- und -übermittlungsverordnung)
DFÜ	Datenfernübertragung
DGStZ	Deutsche Gemeindesteuer-Zeitung (1951 bis 1979, dann umbenannt in Zeitschrift für Kommunalfinanzen) → ZKF
DGVZ	Deutsche Gerichtsvollzieher-Zeitung
d.h.	das heißt
DIHT	Deutscher Industrie- und Handelstag (bis 2001, danach umbenannt in Deutscher Industrie- und Handelskammertag) → DIHK
DIHK	Deutscher Industrie- und Handelskammertag
DIN	Deutsches Institut für Normung e.V.
Diss.	Dissertation
DJT	Deutscher Juristentag
DMBilG	Gesetz über die Eröffnungsbilanz in Deutscher Mark und die Kapitalneufestsetzung (D-Markbilanzgesetz)
DMS	Dokumenten-Management-System
DOM	Französische überseeische Departements
DrittelbG	Gesetz über die Drittelbeteiligung der Arbeitnehmer im Aufsichtsrat (Drittelbeteiligungsgesetz)
DRiZ	Deutsche Richterzeitung

DRSC	Deutsches Rechnungslegungs Standards Committee e.V.
DRV	Deutsche Rentenversicherung Bund (DRV)
DSG	Datenschutzgesetz → BDSG
DSGV	Deutscher Sparkassen- und Giroverband
DStR	1. Deutsches Steuerrecht (Zeitschrift); 2. Deutsche Steuer-Rundschau (Zeitschrift)
DStZ	Deutsche Steuer-Zeitung
DSWR	Datenverarbeitung, Steuer, Wirtschaft und Recht (Zeitschrift)
DtA	Deutsche Ausgleichsbank (bis 2003) → KfW
DÜG	Diskontsatz-Überleitungsgesetz, außer Kraft seit 4.4.2002 (vgl. BGBl. I 2002, 1219)
DV	Datenverarbeitung
DVaH	Datenverarbeitung außer Haus
DVBl.	Deutsches Verwaltungsblatt
DViH	Datenverarbeitung im Haus
DViV	Datenverarbeitung im Verbund
DVO	Durchführungsverordnung
DVR	1. Deutsche Verkehrsteuer-Rundschau (Zeitschrift); 2. Datenverarbeitung im Recht (Zeitschrift)
DVStB	Verordnung zur Durchführung der Vorschriften über Steuerberater, Steuerbevollmächtigte und Steuerberatungsgesellschaften
DZWIR	Deutsche Zeitschrift für Wirtschafts- und Insolvenzrecht
E	
EABS	Euro Abstract
EAEC	European Atomic Energy community = EURATOM
EAEG	1. Atomic Energy Society = Europäische Atomenergie-Gesellschaft; 2. Einlagensicherungs- und Anlegerentschädigungsgesetz
EAG	Europäische Atomgemeinschaft = EURATOM
EAGFL	Europäischer Ausrichtungs- und Garantiefonds für die Landwirtschaft
EAN	European Article Number/Europäische Artikelnummer (bis 2009) → GTIN
EB	Endbestände
ebd.	ebenda
EBK	Eröffnungsbilanzkonto
EBRG	Gesetz über Europäische Betriebsräte (Europäisches Betriebsräte-Gesetz)
ECA	Economic Commission for Africa (UNO-Wirtschaftskommission für Afrika)
ECE	Economic Commission for Europe = UNO-Wirtschaftskommission für Europa
ECOFIN	Rat der EU-Wirtschafts- und Finanzminister
ECOWAS	Economic Community of Westafrican States = CEDEAO
ECU	European Currency Unit = Europäische Währungseinheit
EDE	Einheitspapier, griechisch
EDI	Electronic Data Interchange = Elektronischer Datenaustausch
EDV	Elektronische Datenverarbeitung
EE	Einfuhrerklärung
EEA	Einheitliche Europäische Akte
EECA	European Electronic Component Manufacturers Association
EEF	Europäischer Entwicklungsfonds der Europäischen Union
EEG	Gesetz für den Ausbau erneuerbarer Energien (Erneuerbare-Energien-Gesetz)
EFG	Entscheidungen der Finanzgerichte (Zeitschrift)
EFQM	European Foundation for Quality Management
EFRE	Europäischer Fonds für Regionalentwicklung

EFTA	European Free Trade Association = Europäische Freihandelszone
EFWZ	Europäischer Fonds für währungspolitische Zusammenarbeit (seit 1972), bekannt als FECOM
EG	1. Europäische Gemeinschaft; 2. Einführungsgesetz
EGAktG	Einführungsgesetz zum Aktiengesetz
EGAO	Einführungsgesetz zur Abgabenordnung
EGB	Europäischer Gewerkschaftsbund
EGBGB	Einführungsgesetz zum Bürgerlichen Gesetzbuch
EGHGB	Einführungsgesetz zum Handelsgesetzbuch
EGKS	Europäische Gemeinschaft für Kohle und Stahl
EGKSV	Vertrag zur Gründung der EGKS
EGStGB	Einführungsgesetz zum Strafgesetzbuch
EGV	Vertrag zur Gründung der Europäischen Gemeinschaft (EG-Vertrag)
EheG	Ehegesetz, außer Kraft seit 1.7.1998
EheRG	Erstes Gesetz zur Reform des Ehe- und Familienrechts vom 14.6.1976, BGBl. I 1976, 1421
EIB	Europäische Investitionsbank (Sitz in Luxemburg, 1958 gegründet)
EigZulG	Eigenheimzulagengesetz
Einl.	Einleitung
EK	1. Eigenkapital; 2. Ersatzkasse
ENFA	European Nuclear Energy Agency = Europäische Kernenergie-Agentur
EntgFG	Gesetz über die Zahlung des Arbeitsentgelts an Feiertagen und im Krankheitsfall (Entgeltfortzahlungsgesetz)
EntwLStG	Gesetz über steuerliche Maßnahmen zur Förderung von privaten Kapitalanlagen in Entwicklungsländern (Entwicklungsländer-Steuergesetz)
EP	Europäisches Parlament
EPA	Europäisches Patentamt
EPG	Europäische Politische Gemeinschaft
EPU	European Payments Union = EWA
EPZ	Europäische politische Zusammenarbeit (im Rahmen der EG-Länder)
ER	Europarat
ErbSt	Erbschaftsteuer
ErbStG	Erbschaftsteuer- und Schenkungsteuergesetz
ERE	Europäische Rechnungseinheit, wurde am 1.1.1981 durch ECU und später durch den Euro ersetzt
ErfVO	Verordnung über die einkommensteuerliche Behandlung der freien Erfinder
ErgRL	Ergänzungsrichtlinie
Erl.	Erlass
ERP	European Recovery Program = Europäisches Wiederaufbauprogramm = Marshallplan
Ertr.	Ertrag/Erträge
erweit.	erweitert
ESCAP	Economic and Social Commission for Asia and the Pacific (früher ECAFE) = UNO-Wirtschaftskommission für Asien und den Pazifischen Raum
ESF	Europäischer Sozialfonds
ESPRIT	European Strategic Program for Research in Information Technology = Europäisches Strategisches Programm für Forschung und Entwicklung auf dem Gebiet der Informationstechnologien
ESt	Einkommensteuer
EStDV	Einkommensteuer-Durchführungsverordnung
EStG	Einkommensteuergesetz
EStR	Einkommensteuer-Richtlinien

ESUG	Gesetz zur weiteren Erleichterung der Sanierung von Unternehmen vom 7.12.2011 (BGBl. I 2011, 2582)
et al.	und andere
etc.	et cetera
EU	Europäische Union
EuAIÜbk	Europäisches Auslieferungsübereinkommen
EuGH	Europäischer Gerichtshof
EuGW	Europawahlgesetz
EuInsVO	Europäische Insolvenzverordnung
EURATOM	Europäische Atomgemeinschaft → siehe EAG
EuRhÜbk	Europäisches Übereinkommen über die Rechtshilfe in Strafsachen
EURIBOR	European Interbanks Offered Rate
EURO COOP	Europäische Gemeinschaft der Verbrauchergenossenschaften
EuroEG	Euro-Einführungsgesetz
EUROFER	Europäische Wirtschaftsvereinigung der Eisen- und Stahlindustrie
EUSt	Einfuhrumsatzsteuer
e.V.	eingetragener Verein
EVG	Europäische Verteidigungsgemeinschaft
evtl.	eventuell
EW	Einheitswert
EWA	Europäisches Währungsabkommen
EWE	Europäische Währungseinheit → ECU
EWF	Europäischer Währungsfonds
EWG	Europäische Wirtschaftsgemeinschaft
EWG-V	Vertrag zur Gründung der EWG vom 25. März 1957
EWI	Europäisches Währungsinstitut (1994 bis 1998)
EwiR	Entscheidungen zum Wirtschaftsrecht (Zeitschrift)
EWIV	Europäische Wirtschaftliche Interessenvereinigung
EWR	Europäischer Wirtschaftsraum
EWRE	Europäische Währungs-Rechnungseinheit → ECU
EWS	Europäisches Währungssystem (engl. = EMS, franz. = SME)
EWWU	Europäische Wirtschafts- und Währungsunion
EZ	Erhebungszeitraum
EZB	Europäische Zentralbank
EZU	Europäische Zahlungsunion (1950 bis 1958)
F	
FA	Finanzamt
FamFG	Gesetz über das Verfahren in Familiensachen und in den Angelegenheiten der freiwilligen Gerichtsbarkeit
FAIT	Fachausschuss für Informationstechnologie des Instituts der Wirtschaftsprüfer (IDW)
FamRZ	Zeitschrift für das gesamte Familienrecht (Zeitschrift)
FAO	1. Fachanwaltsordnung; 2. Food and Agricultural Organization of the United Nations = Landwirtschaftsunion der UN
FAR	Fachausschuss Recht des Instituts der Wirtschaftsprüfer (IDW)
FAS	1. Fachausschuss für Sanierung und Insolvenz des Instituts der Wirtschaftsprüfer (IDW); 2. Frankfurter Allgemeine Sonntagszeitung
FASB	Financial Accounting Standards Board
FAZ	Frankfurter Allgemeine Zeitung
FBO	Fachberaterordnung
F & E	Forschung und Entwicklung
FED	Fonds Européen de Développement = Entwicklungsfonds der EWG
FernAbsG	Fernabsatzgesetz
ff.	folgende (Seiten/Randnummern/Jahre)
FG	Finanzgericht

FGG	Gesetz über die Angelegenheiten der freiwilligen Gerichtsbarkeit, außer Kraft seit 1.9.2009 (BGBl. I 2008, 2586) → FamFG
FGO	Finanzgerichtsordnung
FiBiP/P.	Finanz- und Bilanzplanung für Personengesellschaften
FIBOR	Frankfurt Interbanks Offered Rate
FiBu	Finanzbuchhaltung
FIFO	First In – First Out
FinMin	Finanzministerium
FinMin NRW	Finanzministerium des Landes Nordrhein-Westfalen
FinVerw	Finanzverwaltung
FK	Fremdkapital
FMStG	Gesetz zur Errichtung eines Finanzmarktstabilisierungsfonds (Finanzmarktstabilisierungsgesetz)
FN/Fn	Fortführungsnachweis/ Fußnote
fob	free on board
FördG	Gesetz über Sonderabschreibungen und Abzugsbeträge im Fördergebiet (Fördergebietsgesetz)
Ford.	Forderung
FR	Finanz-Rundschau, Ertragsteuerrecht (Zeitschrift)
Freizügigkeits-ÄndG	Gesetz zur Änderung des Freizügigkeitsgesetzes/EU und weiterer Vorschriften vom 2.12.2014 (BGBl. I 2014, 1922)
FS	Festschrift
FuR	Familie und Recht (Zeitschrift)
FverlV	Verordnung zur Anwendung des Fremdvergleichsgrundsatzes nach § 1 Abs. 1 des Außensteuergesetzes in Fällen grenzüberschreitender Funktionsverlagerungen (Funktionsverlagerungsverordnung)
FVG	Gesetz über die Finanzverwaltung (Finanzverwaltungsgesetz)

G	
G	1. Gericht; 2. Gesellschaft; 3. Gesetz
GAP	Gemeinsame Agrarpolitik der Europäischen Union (engl. = CAP, franz. = PAC)
GATT	Allgemeines Zoll- und Handelsabkommen (engl.: General Agreement on Tarifs and Trade)
GbR	Gesellschaft bürgerlichen Rechts
GD	Generaldirektion der Europäischen Kommission (engl. Directorate General, franz.: Direction générale)
GDPdU	Grundsätze zum Datenzugriff und zur Prüfbarkeit digitaler Unterlagen
GdE	Gesamtbetrag der Einkünfte
GEFIU	Gesellschaft für Finanzwirtschaft in der Unternehmensführung e.V.
gem.	gemäß
GenG	Gesetz betreffend die Erwerbs- und Wirtschaftsgenossenschaften (Genossenschaftsgesetz)
GesSt	Gesellschaftsteuer
GewO	Gewerbeordnung
GewSt	Gewerbesteuer
GewStDV	Gewerbesteuer-Durchführungsverordnung
GewStG	Gewerbesteuergesetz
GewStR	Allgemeine Vorschriften zur Anwendung des Gewerbesteuerrechts (Gewerbesteuer-Richtlinien)
Gf	Geschäftsführer
GFRG	Gesetz zur Neuordnung der Gemeindefinanzen (Gemeindefinanzreformgesetz)
GG	Grundgesetz für die Bundesrepublik Deutschland (Grundgesetz)
gGmbH	gemeinnützige Gesellschaft mit beschränkter Haftung (gemeinnützige GmbH)

ggf.	gegebenenfalls
GKG	Gerichtskostengesetz
GKR	Gemeinschaftskontenrahmen der Industrie
gl. A.	gleicher Ansicht/Auffassung
GmbH	Gesellschaft mit beschränkter Haftung
GmbH & Co	Gesellschaft mit beschränkter Haftung und Compagnie
GmbHG	Gesetz betreffend die Gesellschaften mit beschränkter Haftung
GmbHR	GmbH-Rundschau (Zeitschrift)
GO	Geschäftsordnung
GoB	Grundsätze ordnungsmäßiger Buchführung
GoBS	Grundsätze ordnungsmäßiger DV-gestützter Buchführungssysteme
GOBT	Geschäftsordnung des Deutschen Bundestags
GoDV	Grundsätze ordnungsmäßiger Datenverarbeitung
GoS	Grundsätze ordnungsmäßiger Speicherbuchführung
Grd.	Grund
grds.	Grundsätzlich
GrESt	Grunderwerbsteuer
GrEStG	Grunderwerbsteuergesetz
GrS	Großer Senat
GsiG	Gesetz über eine bedarfsorientierte Grundsicherung im Alter und bei Erwerbsminderung (das Gesetz ist am 1.1.2005 in das SGB XII eingegliedert worden) → SGB
GrStDV	Grundsteuer-Durchführungsverordnung
GrStG	Grundsteuergesetz
GrStR	Grundsteuer-Richtlinien
GRV	Gesetzliche Rentenversicherung
GSP	Generalised System of Preferences (Entwicklungshilfe)
GTAI	Germany Trade and Invest - Gesellschaft für Außenwirtschaft und Standortmarketing mbH
GTIN	Global Trade Number
GUD	Generaldirektion Zollunion (deutsch. = DZU = Dienst Zollunion)
GuV	Gewinn- und Verlustrechnung
GVBl Bln	Gesetz- und Verordnungsblatt Berlin
GVG	Gerichtsverfassungsgesetz
GVV	Gemeinschaftliches Versandverfahren zwischen den Ländern der EU und der EFTA
GWB	Gesetz gegen Wettbewerbsbeschränkungen
GWG	geringwertige Wirtschaftsgüter
GZT	Gemeinsamer Zolltarif der EU

H

h. A.	herrschende Auffassung
HAG	Heimarbeitsgesetz
HB	Handelsbilanz
HbeglG	Haushaltsbegleitgesetz
Hd	Handbuch
HdJ	Handbuch des Jahresabschlusses in Einzeldarstellungen
HdR	Handbuch der Rentenbesteuerung
HdRev	Handwörterbuch der Revision
Hess./hess.	Hessen/hessisch
HFA	Hauptfachausschuss des Instituts der Wirtschaftsprüfer in Deutschland e.V.
HFR	Höchstrichterliche Finanzrechtsprechung (Zeitschrift)
HGB	Handelsgesetzbuch
HGrG	Gesetz über die Grundsätze des Haushaltsrechts des Bundes und der Länder (Haushaltsgrundsätzegesetz)

HIFO	Highest In – First Out
HK	Herstellungskosten
h. M.	herrschende Meinung
HRR	Höchstrichterliche Rechtsprechung (Zeitschrift)
Hrsg./hrsg.	Herausgeber/herausgegeben
HS	Harmonisiertes System zur Bezeichnung und Codierung von Waren = Système Harmonisé de Désignation et de Codification des Marchandises = Harmonized Commodity Description und Coding System (ab 1.1.1988 in den EWG- und EFTA-Ländern)
HURB	Handwörterbuch unbestimmter Rechtsbegriffe im Bilanzrecht des HGB
HV	Hauptversammlung
HZvNG	Gesetz zur Einführung einer kapitalgedeckten Hüttenknappschaftlichen Zusatzversicherung und zur Änderung anderer Gesetze (Hüttenknappschaftliches Zusatzversicherungs-Neuregelungs-Gesetz)

I

IAS	International Accounting Standards
IASC	International Accounting Standards Committee
IATA	International Air Transport Association = Internationaler Luftfahrtverband
IBAN	International Bank Account Number
ICC	International Chamber of Commerce (IHK, CCI) in Paris
ICJ	International Court of Justice = Internationaler Gerichtshof in Den Haag
IDA	International Development Association = Internationale Vereinigung für Entwicklungshilfe (Organ der UNO und Weltbank, Washington)
i.d.F.	in der Fassung
i.d.R.	in der Regel
i.d.S.	1. in diesem Sinne; 2. in dieser Sache
IDW	Institut der Wirtschaftsprüfer in Deutschland e.V.
IDW FA	Fachausschuss des IDW
IDW FG	Fachgutachten des IDW
IEA	Internationale Energie-Agentur
i.e.S.	im eigentlichen Sinne
IFA	1. International Fiscal Association; 2. Immobilienwirtschaftlicher Fachausschuss
IFRS	International Financial Reporting Standards
i.G.	in Gründung
IHK	Industrie- und Handelskammer
i.H.	in Höhe
i.H.v.	in Höhe von
IKK	Innungskrankenkasse
IKR	Industriekontenrahmen
IMF	International Monetary Fund (deutsch. = IWF, franz. = FMI)
IMP	Integrierte Mittelmeerprogramme
INF	Die Information über Steuern und Wirtschaft (Zeitschrift)
InsBüro	Zeitschrift für das Insolvenzbüro
InsO	Insolvenzordnung
Instandh.	Instandhaltung
InsVV	Insolvenzvergütungsverordnung
Interne VUVO	Verordnung über die Rechnungslegung von Versicherungsunternehmen gegenüber dem Bundesaufsichtsamt für das Versicherungswesen
InvG	Investmentgesetz, außer Kraft seit 22.6.2013 → KAGB
InVo	Insolvenz und Vollstreckung (Zeitschrift)
InvZulG	Investitionszulagengesetz

InvZulVO	Investitionszulagen-Verordnung (DDR)
IOSCO	International Organization of Securities Commissions
i.R.	im Rahmen
IRG	Gesetz über die internationale Rechtshilfe in Strafsachen
i.S.d.	im Sinne des/der
ISO	International Organization for Standardization = Internationale Organisation für Normung
IStR	Internationales Steuerrecht (Zeitschrift)
IÜS	Internes Überwachungssystem
IVA	Imposta sul valore aggiunto = Mehrwertsteuer in Italien
IVFA	Investmentfachausschuss des Instituts der Wirtschaftsprüfer (IDW)
i.V.m.	in Verbindung mit
IWB	Internationale Wirtschafts-Briefe (Zeitschrift)
IWF	Internationaler Währungsfonds (engl. = IMF)
IZA	Informationszentrale für Auslandsbeziehungen

J

JAE	Jahresarbeitsentgelt
JarbSchG	Gesetz zum Schutz der arbeitenden Jugend (Jugendarbeitsschutzgesetz)
JbFStR	Jahrbuch der Fachanwälte für Steuerrecht
JMBl	Justizministerialblatt (Zeitschrift)
JstErgG	Jahressteuer-Ergänzungsgesetz
JStG	Jahressteuergesetz
JVEG	Gesetz über die Vergütung von Sachverständigen, Dolmetscherinnen, Dolmetschern, Übersetzerinnen und Übersetzern sowie die Entschädigung von ehrenamtlichen Richterinnen, ehrenamtlichen Richtern, Zeuginnen, Zeugen und Dritten (Justizvergütungs- und -entschädigungsgesetz)
JW	Juristische Wochenschrift (Zeitschrift 1872 bis 1939)
JZ	Juristenzeitung (Zeitschrift)

K

KAGB	Kapitalgesetzbuch
KAGG	Gesetz über Kapitalanlagegesellschaften, außer Kraft seit 2003, das KAGG wurde abgelöst durch das InvG → InvG, das schließlich durch das → KAGB ersetzt wrude
Kap.	Kapitel
KapAEG	Gesetz zur Verbesserung der Wettbewerbsfähigkeit deutscher Konzerne an Kapitalmärkten und zur Erleichterung der Aufnahme von Gesellschafterdarlehen (Kapitalaufnahmeerleichterungsgesetz), außer Kraft seit 31.12.2004 (vgl. BGBl. I 1998, 707, 709)
KapCoRiLiG	Kapitalgesellschaften- & Co-Richtlinien-Gesetz
KapErhG	Gesetz über Kapitalerhöhung aus Gesellschaftsmitteln und über die Verschmelzung von Gesellschaften mit beschränkter Haftung
KapESt	Kapitalertragsteuer
KapG	Kapitalgesellschaft
KapVerkSt	Kapitalverkehrsteuer
KdöR	Körperschaft des öffentlichen Rechts
KfW	Kreditanstalt für Wiederaufbau
KG	1. Kommanditgesellschaft; 2. Kammergericht
KGaA	Kommanditgesellschaft auf Aktien
KHBV	Krankenhaus-Buchführungsverordnung
KHFA	Krankenhausfachausschuss des Instituts der Wirtschaftsprüfer (IDW)
KHG	1. Gesetz zur wirtschaftlichen Sicherung der Krankenhäuser und zur Regelung der Krankenhauspflegesätze (Krankenhausfinanzierungsgesetz); 2. Krankenhausgesetz

KI	künstliche Intelligenz
KKZ	Kommunal-Kassen-Zeitschrift
KMU	Kleine und Mittlere Unternehmen
KN	Kombinierte Nomenklatur ab 1. Januar 1988 sowohl für den Gemeinsamen Zolltarif als auch für die Statistik des Außenhandels der Gemeinschaft (EG VO Nr. 2658/87 vom 23.7.1987)
KÖSDI	Kölner Steuerdialog (Zeitschrift)
KOM	Europäische Kommission
Kom.	Kommentar
Komm.	Kommission
KonBefrV	Verordnung über befreiende Konzernabschlüsse und Konzernlageberichte von Mutterunternehmen mit Sitz in einem Drittstaat (Konzernabschlussbefreiungsverordnung)
KonTraG	Gesetz zur Kontrolle und Transparenz im Unternehmensbereich
koord.	koordiniert
KostREuroUG	Gesetz zur Umstellung des Kostenrechts und der Steuerberatergebührenordnung auf Euro
KraftStÄndG	Gesetz zur stärkeren Berücksichtigung der Schadstoffemissionen bei der Besteuerung von Personenkraftwagen (Kraftfahrzeugsteueränderungsgesetz) vom 18.4.1997, BGBl. I 1997, 805
Kroatien-StAnpG	Gesetz zur Anpassung des nationalen Steuerrechts an den Beitritt Kroatiens zur EU und zur Änderung weiterer steuerlicher Vorschriften v. 25.7.2014 (BGBl. I 2014, 1266)
KHFA	Krankenhausfachausschuss des Instituts der Wirtschaftsprüfer (IDW)
KSchG	Kündigungsschutzgesetz
KSI	Krisen-, Sanierungs- und Insolvenzberatung (Zeitschrift)
KSt	Körperschaftsteuer
KStG	Körperschaftsteuergesetz
KStHA	Körperschaftsteuer-Handausgabe
KStR	Allgemeine Verwaltungsvorschrift zur Körperschaftsteuer (Körperschaftsteuer-Richtlinien)
KStZ	Kommunale Steuer-Zeitschrift
KSVG	Gesetz über die Sozialversicherung der selbständigen Künstler und Publizisten (Künstlersozialversicherungsgesetz)
KSZE	Konferenz für Sicherheit und Zusammenarbeit in Europa
Kto.	Konto
KTS	Konkurs-, Treuhand und Schiedsgerichtswesen
KUL	Kosten- und Leistungsrechnung
KV	Krankenversicherung
KVSt	Kapitalverkehrsteuer → KVStG
KVStG	Kapitalverkehrsteuergesetz, außer Kraft seit 1.1.1992 (vgl. BGBl. I 1990, 266, 283)
KWG	Gesetz über das Kreditwesen

L

LadSchlG	Gesetz über den Ladenschluß
LAFTA	Latin American Free Trade Association (1980 trat an die Stelle der LAFTA die lateinamerikanische Integrationsvereinigung ALADI)
LAG	Gesetz über den Lastenausgleich (Lastenausgleichsgesetz)
LAN	local area network
Lbj.	Lebensjahr
LfA	Bayerische Landesanstalt für Aufbaufinanzierung
LfSt	Landesamt für Steuern
LG	Landgericht
LIFO	Last In – First Out
lin.	Linear

LIQUIDAS	Programm zur Liquiditätsplanung
LKR	Richtlinie des Rates über die Koordinierung der Verfahren zur Vergabe öffentlicher Lieferaufträge
LLDCs	Least Developed Countries
LOFO	Lowest In – First Out
LOI	Letter of Intent
LSP	Leitsätze für die Preisermittlung
LSt	Lohnsteuer
LStDV	Lohnsteuer-Durchführungsverordnung
LStH	Lohnsteuer-Hinweise
LStR	Lohnsteuer-Richtlinien
lt.	laut
LuF/luf	Land- und Forstwirtschaft/land- und forstwirtschaftlich
LVA	Landesversicherungsanstalt (bis 30.9.2005) → DRV
LZB	Landeszentralbank

M

MaBV	Verordnung über die Pflichten der Makler, Darlehensvermittler, Bauträger und Baubetreuer (Makler- und Bauträgerverordnung)
Maghreb	1. westlicher Teil der arabischen Welt; 2. Union des Arabischen Maghreb: Algerien, Libyen, Mauretanien, Marokko, Tunesien; den Maghreb-Ländern stehen die → Mashrek-Länder gegenüber
Mashrek	östlicher Teil der arabischen Welt (Ägypten, Israel/Palästina, Jordanien, Libanon, Syrien, Irak), den Mashrek-Ländern stehen die → Maghreb-Länder gegenüber
MB	Megabyte (Computereinheit)
MdEP	Mitglied des Europäischen Parlaments
MDR	Monatsschrift für Deutsches Recht (Zeitschrift)
MDT	Mittlere Datentechnik
m.E.	meines Erachtens
MEDIA	Mesures pour encouragement le développement de l'industrie audiovisuelle = Aktionsprogramm zur Förderung der audiovisuellen Industrie
MgVG	Gesetz über die Mitbestimmung der Arbeitnehmer bei einer grenzüberschreitenden Verschmelzung
mind.	mindestens
Mio.	Million
MIS	management information system
MitbestG	Gesetz über die Mitbestimmung der Arbeitnehmer (Mitbestimmungsgesetz)
MitbestErgG	Gesetz zur Ergänzung des Gesetzes über die Mitbestimmung der Arbeitnehmer in den Aufsichtsräten und Vorständen der Unternehmen des Bergbaus und der Eisen und Stahl erzeugenden Industrie (Mitbestimmungsergänzungsgesetz)
Mitt. Bl.	Mitteilungsblatt
MiZi	Anordnung über Mitteilungen in Zivilsachen
MOG	Gesetz zur Durchführung der gemeinsamen Marktorganisationen und der Direktzahlungen (Marktorganisationsgesetz)
MoMiG	Gesetz zur Modernisierung des GmbH-Rechts und zur Bekämpfung von Missbräuchen vom 23.10.2008, BGBl. I 2008, 2026
MontanMitbestG	Gesetz über die Mitbestimmung der Arbeitnehmer in den Aufsichtsräten und Vorständen der Unternehmen des Bergbaus und der Eisen und Stahl erzeugenden Industrie (Montan-Mitbestimmungsgesetz)
MoRAKG	Gesetz zur Modernisierung der Rahmenbedingungen für Kapitalbeteiligungen vom 12.8.2008, BGBl. I 2008, 1672
mtl.	monatlich
MTN	Multilateral Trade Negotiations in Genf (Uruguay-Runde = GATT)

MuSchG	Gesetz zum Schutze der erwerbstätigen Mutter (Mutterschutzgesetz)
m.w.N.	mit weiteren Nachweisen
MwSt	Mehrwertsteuer
MwStSystRL	Mehrwertsteuer-Systemrichtlinie

N

NA	Neues Aktienrecht des IDW
NACE	Nomenclature générale des activités économiques dans les Communautés Européennes = Allgemeine Systematik der Wirtschaftszweige in den Europäischen Gemeinschaften
NaStraG	Gesetz zur Namensaktie und zur Erleichterung der Stimmrechtsausübung (Namensaktiengesetz)
Nds./nds.	Niedersachsen/niedersächsisch
n.F.	neue Fassung
NGI	Neues Gemeinschaftsinstrument
NIMEXE	Nomenklatur für die Import- und Exportstatistiken der Europäischen Gemeinschaften = Nomenklatur für die Außenhandelsstatistik der EWG-Länder (Abl. EG Nr. L 368 v. 29.12.1986)
NIPRO	Nomenclature industrielle des produits = Gemeinsames Verzeichnis der industriellen Erzeugnisse für die Europäischen Gemeinschaften
NJW	Neue Juristische Wochenschrift (Zeitschrift)
NORDEK	Plan der nordischen Wirtschaftsunion zwischen Dänemark, Finnland, Norwegen und Schweden
NStZ	Neue Zeitschrift für Strafrecht
NWB	Neue Wirtschaftsbriefe für Steuer- und Wirtschaftsrecht
NYSE	New York Stock Exchange
NZA	Neue Zeitschrift für Arbeits- und Sozialrecht
NZG	Neue Zeitschrift für Gesellschaftsrecht
NZI	Neue Zeitschrift für das Recht der Insolvenz und Sanierung
NZWiSt	Neue Zeitschrift für Wirtschafts-, Steuer- und Unternehmensstrafrecht

O

o.a.	1. oben angegeben, 2. oben angesprochen
o.Ä.	oder Ähnliches
OAU	Organization of African Unity = Organisation für afrikanische Einheit
OECD	Organization for Economic Cooperation und Development
OECD-MA	OECD-Musterabkommen
OECE	Organisation Européenne de Coopération Economique → siehe OEEC
OEEC	Organization for European Economic Cooperation (Vorläufer der OECD)
ÖFA	Fachausschuss für öffentliche Unternehmen und Verwaltungen des Instituts der Wirtschaftsprüfer (IDW)
OFD	Oberfinanzdirektion
OHG	Offene Handelsgesellschaft
o.J.	ohne Jahrgang
OLG	Oberlandesgericht
o.O.	ohne Ortsangabe
OPEC	Organization of Petroleum Exporting Countries = Organisation erdölexportierender Länder (franz. = OPEP)
OR-Geschäft	Ohne-Rechnung-Geschäft
OSI	Open Systems Interconnection = Modell der ISO für eine Vernetzung von Rechnern und Systemen verschiedener Hersteller
OVG	Oberverwaltungsgericht
OWiG	Gesetz über Ordnungswidrigkeiten

P

p.a.	1. pro anno; 2. per annum

PABLI	Pages Bleues Informatisées
PartG	Partnerschaftsgesellschaft
PartGG	Gesetz über Partnerschaftsgesellschaften Angehöriger Freier Berufe (Partnerschaftsgesellschaftsgesetz)
PC	Personal Computer
PersG	Personengesellschaft
PfändfreiGrBek	Pfändungsfreigrenzenbekanntmachung
PflegeZG	Gesetz über die Pflegezeit (Pflegezeitgesetz)
PIS	Personalinformationssystem
PLAN	Finanzplanungsmodell der DATEV
p.M.	pro Monat
PSV	Pensionssicherungsverein
ProdHaftG	Gesetz über die Haftung für fehlerhafte Produkte (Produkthaftungsgesetz)
PublG	Gesetz über die Rechnungslegung von bestimmten Unternehmen und Konzernen (Publizitätsgesetz)
PV	Pflegeversicherung

R

R/RL	Richtlinie
RA (RAe, RAin)	Rechtsanwalt (Rechtsanwälte, Rechtsanwältin)
RACE	Research and Development Programme in Advanced Communications for Europe = Programm für Forschung und Entwicklung auf dem Gebiet der fortgeschrittenen Kommunikationstechnologien in Europa
RAO	Reichsabgabenordnung, außer Kraft seit 1.1.1977 (BGBl. I 1977, 3341, 3380)
RAP	Rechnungsabgrenzungsposten
RberG	Rechtsberatungsgesetz, außer Kraft seit 1.7.2008 (BGBl. I 2008, 2840, 2860). An die Stelle des RberG ist das → RDG getreten.
rd.	rund
RDG	Gesetz über außergerichtliche Rechtsdienstleistungen (Rechtsdienstleistungsgesetz)
RE	Rechnungseinheit (Goldparität)
RechbKV-VO	Verordnung über die Rechnungslegung bestimmter kleinerer Versicherungsvereine auf Gegenseitigkeit im Sinne des § 53 VAG
RegE	Regierungsentwurf
REI	Rat der Europäischen Industrieverbände in Paris
RENAVAL	Programme communautaire en faveur de la reconversion des zones de chantiers navals = Gemeinschaftsprogramm zugunsten der Umstellung von Schiffbaugebieten
RESIDER	Programme communautaire en faveur de la reconversion de zones sidérurgiques = Gemeinschaftsprogramm zugunsten der Umstellung von Eisen- und Stahlrevieren
RFA	République Fédéral d'Allemagne = Bundesrepublik Deutschland
RfE	Rücklagen für Ersatzbeschaffung
RFH	Reichsfinanzhof (1918 bis 1945)
RG	1. Reichsgericht; 2. Reichsgesetz
RGBl.	Reichsgesetzblatt (1871 bis 1945)
RGSt	Entscheidungen des Reichsgerichts in Strafsachen
RGW	Rat für gegenseitige Wirtschaftshilfe im Ostblock → COMECON
RGZ	Entscheidungen des Reichsgerichts in Zivilsachen (Entscheidungssammlung)
Rhld.-Pf.	Rheinland-Pfalz
RichtlRA	Grundsätze des anwaltlichen Standesrechts, außer Kraft gesetzt durch die Entscheidungen des BVerfG vom 14.7.1987 (BVerfGE 76, 171 ff.). An die Stelle der RichtlRA trat die → BRAO

RichtlStB	Richtlinien für die Berufsausübung der Steuerberater und Steuerbevollmächtigten (Standesrichtlinien); außer Kraft gesetzt mit Inkrafttreten der Berufsordnung der Steuerberater → BOStB
RichtlWP	Richtlinien für die Berufsausübung der Wirtschaftsprüfer und vereidigten Buchprüfer → WPO
rkr.	rechtskräftig
RKW	Rationalisierungskuratorium der deutschen Wirtschaft
RL/R	Richtlinie
RL-System	System nach Reichmann/Lachnit
ROI-System	Return on Investment-System (= Rückfluss auf das investierte Kapital oder Ertrag des investierten Kapitals)
Rpfleger	Der Deutsche Rechtspfleger (Zeitschrift)
Rs.	Rechtssache
RSB	Restschuldbefreiungsverfahren
RStBl.	Reichssteuerblatt
RVG	Gesetz über die Vergütung der Rechtsanwältinnen und Rechtsanwälte (Rechtsanwaltsvergütungsgesetz)
RVO	Reichsversicherungsordnung
RWP	Rechts- und Wirtschaftspraxis
Rz.	Randzahl/Randziffer

S

s.	siehe
S.	Seite
s.a.	siehe auch
SABI	Sonderausschuss Bilanzrichtliniengesetz
SachvPrüfV	Verordnung über die Prüfung des Jahresabschlusses und des Lageberichts von Versicherungsunternehmen, auf die § 341k des Handelsgesetzbuches nicht anzuwenden ist, durch einen unabhängigen Sachverständigen (Sachverständigenprüfverordnung)
SAD	Single Administration Document = Einheitspapier für die Zollabfertigung in der EWG
SBK	Schlussbilanzkonto
SBP	Schuldenbereinigungsplan
SCAD	Système communautaire d'accès à la documentation
SchenkSt	Schenkungsteuer
SchlHA	Schleswig-Holsteinische Anzeigen
SchwGeldBekG	Gesetz zur Verbesserung der Bekämpfung der Geldwäsche und Steuerhinterziehung (Schwarzgeldbekämpfungsgesetz) vom 28.4.2011 (BGBl. I 2011, 676)
SEC	Securities and Exchange Commission
SeemG	Seemannsgesetz
SenVerw	Senatsverwaltung
SEStEG	Gesetz über steuerliche Begleitmaßnahmen zur Einführung der Europäischen Gesellschaft und zur Änderung weiterer steuerrechtlicher Vorschriften vom 7.12.2006 (BGBl. I 2006, 2782; 2007, 68).
SFAS	Statements of Financial Accounting Standards
SGB	Sozialgesetzbuch (SGB I bis XII)
SGG	Sozialgerichtsgesetz
SIC	Standing Interpretations Committee
SITC	Standard International Trade Classification = Internationales Warenverzeichnis für den Außenhandel → NIMEXE
Slg.	Sammlung
SME	Small and Medium Sized Enterprise
SOFI	Système d'ordinateur pour le traitement du fret international = Französisches System für die automatisierte Zollabwicklung

sog.	so genannte
SolZ	Solidaritätszuschlag
SolZG	Solidaritätszuschlaggesetz
sonst.	sonstige
SprAuG	Gesetz über Sprecherausschüsse der leitenden Angestellten (Sprecherausschußgesetz)
SPRINT	Strategic Programme for Innovation and Technology Transfer = Strategisches Programm für Innovation und Technologietransfer
STABEX	→ AKP bzw. ÜLG
StÄndG	Steueränderungsgesetz
STAR	Special Telecommunication Action for Regional Development = Gemeinschaftsprogramm zur Entwicklung bestimmter benachteiligter Regionen der Gemeinschaft durch einen besseren Zugang zu den fortgeschrittenen Telekommunikationsdiensten
StB	1. Steuerberater; 2. Der Steuerberater (Zeitschrift); 3. Steuerbilanz
StBv	Steuerbevollmächtigter
StBÄndG	Gesetz zur Änderung von Vorschriften über die Tätigkeit der Steuerberater (Steuerberateränderungsgesetz)
StBereinG	Gesetz zur Bereinigung von steuerlichen Vorschriften (Steuerbereinigungsgesetz)
StBerG	Steuerberatungsgesetz
Stbg	1. Steuerberatung; 2. Die Steuerberatung (Zeitschrift)
StBGebV	Steuerberatergebührenverordnung; umbenannt in Steuerberatervergütungsverordnung durch Gesetz vom 11.12.2012 mit Wirkung zum 20.12.2012 (BGBl. I 2012, 2637) → StBVV
StbJb	Steuerberater-Jahrbuch (Zeitschrift)
StbKRep	Steuerberaterkongress-Report
StBp	Steuerliche Betriebsprüfung (Zeitschrift)
StBv	Steuerbevollmächtigter
StBVV	Vergütungsverordnung für Steuerberater, Steuerbevollmächtigte und Steuerberatungsgesellschaften (Steuerberatervergütungsverordnung)
StEd	Steuer-Eildienst (Zeitschrift)
StEK	Steuererlasse in Karteiform
StEntlG	Steuerentlastungsgesetz
StFA	Steuerfachausschuss des Instituts der Wirtschaftsprüfer (IDW)
StGB	Strafgesetzbuch
StHintBekVO	Steuerhinterziehungsbekämpfungsverordnung
StKl.	Steuerklasse
StMBG	Gesetz zur Bekämpfung des Mißbrauchs und zur Bereinigung des Steuerrechts vom 21.12.1993, BGBl. I 1993, 2310
Stpfl.	Steuerpflichtige(r)
StPO	Strafprozeßordnung
str.	streitig
StRG 1999	Steuerreformgesetz 1999
StRK	Steuerrechtsprechung in Karteiform
st. Rspr.	ständige Rechtsprechung
StSenkG	Gesetz zur Senkung der Steuersätze und zur Reform der Unternehmensbesteuerung (Steuersenkungsgesetz) vom 23.10.2000 (BGBl. I 2000, 1433)
StuW	Steuer und Wirtschaft (Zeitschrift)
StVÄndV 2014	Verordnung zur Änderung steuerlicher Verordnungen und weiterer Vorschriften vom 22.12.2014 (BGBl. I 2014, 2392)
StVBG	Gesetz zur Bekämpfung der Umsatzsteuer und zur Änderung anderer Steuergesetze (Steuerverkürzungsbekämpfungsgesetz) vom 19.12.2001, BGBl. 2000, 3922
StVZO	Straßenverkehrs-Zulassungs-Ordnung

StW	Die Steuer-Warte (Zeitschrift)
StZBl	Steuer- und Zollblatt für Berlin
Su.	Summe
SV	Sozialversicherung
SvEV	Verordnung über die sozialversicherungsrechtliche Beurteilung von Zuwendungen des Arbeitgebers als Arbeitsentgelt (Sozialversicherungsentgeltverordnung)
SYSMIN	System für Bergbauerzeugnisse im AKP- bzw. ÜLG Abkommen

T

TARIC	Tarif intégré des Communautés Européennes = Integrierter Zolltarif der EG
TDM	Tausend Deutsche Mark
T€	Tausend Euro
TED	Tender Elektronic Daily
TEDIS	Trade Electronic Data Interchange System = Elektronischer Datentransfer für kommerzielle Zwecke über Kommunikationsnetze
TIR	Transport International Routier → CARNET-TIR
TQM	Total Quality Management
TransPuG	Gesetz zur weiteren Reform des Aktien- und Bilanzrechts, zu Transparenz und Publizität vom 19.7.2002, BGBl. I 2002, 2681
TVA	Taxe sur la valeur ajoutée = Mehrwertsteuer
Tz.	Textziffer

U

u.a.	1. unter anderem; 2. und andere
u.Ä.	und Ähnliches
UAE	United Arab Emirates = Vereinigte Arabische Emirate
u.a.m.	und anderes mehr
UBG	Unternehmensbeteiligungsgesellschaft
u.E.	unseres Erachtens
UEBEL	Union Economique Belgo-Luxembourgeoise = Belgisch-Luxemburgische Wirtschaftsunion
UEC	Kommission für Fachfragen, Empfehlungen zur Vorgehensweise von Wirtschaftsprüfern bei der Bewertung ganzer Unternehmen
ÜLG	Überseeische Länder und Gebiete der EU
UmwG	Umwandlungsgesetz
UmwStE	Umwandlungssteuererlass
UmwStG	Umwandlungssteuergesetz
UN	United Nations = Vereinte Nationen
UNCTAD	United Nations Conference for Trade and Development= UN-Welthandelskonferenz in Genf CNUCED
UNDP	United Nations Development Programme = Entwicklungsprogramm der UN
UNICE	Union des Industries de la Communauté Européenne (Union der Industrieverbände der EU), im Januar 2007 umbenannt in BusinessEurope
UNIDO	UN-Industrial Development Organization = Organisation der UN für industrielle Entwicklung in Wien
UntStFG	Gesetz zur Fortentwicklung des Unternehmenssteuerrechts (Unternehmenssteuerfortentwicklungsgesetz) vom 20.12.2001 (BGBl. I 2001, 3858)
UntStRefG	Unternehmensteuerreformgesetz vom 14.8.2007 (BGBl. I 2007, 1912)
UR	Rundschau für Umsatzsteuer (Zeitschrift)
UrefSenkG	Unternehmenssteuerreform- und Steuersenkungsgesetz
Urt.	Urteil

US-GAAP	United States Generally Accepted Accounting Principles
USK	Urteilssammlung für die gesetzliche Krankenversicherung
UStAE	Umsatzsteuer-Anwendungserlass
USt	Umsatzsteuer
UStDV	Umsatzsteuer-Durchführungsverordnung
UStG	Umsatzsteuergesetz
USt-IdNr.	Umsatzsteuer-Identifikationsnummer
u.U.	unter Umständen
UV	Umlaufvermögen
UVR	Umsatzsteuer- und Verkehrsteuer-Recht (Zeitschrift)
UWG	Gesetz gegen den unlauteren Wettbewerb
UZ	Ursprungszeugnis

V

VA	Verwaltungsakt
VAG	Gesetz über die Beaufsichtigung privater Versicherungsunternehmen (Versicherungsaufsichtsgesetz)
VAHRG	Gesetz zur Regelung von Härten im Versorgungsausgleich
VALOREN	Programme communautaire relatif au développement de certaines régions défavorisées de la Communauté par la valorisation du potentiel énergétique endogène = Gemeinschaftsprogramm durch die Erschließung des endogenen Energiepotentials
VAT	Value added Tax = Mehrwertsteuer
vBp	vereidigter Buchprüfer
VDE	Verband der Elektrotechnik Elektronik Informationstechnik e.V.
VEK	Verwendbares Eigenkapital
VerkehrStÄndG 2	Entwurf der Bundesregierung für ein Zweiten Verkehrsteueränderungsgesetz
VermBG	Vermögensbildungsgesetz
VersR	Versicherungsrecht (Zeitschrift)
VersStG	Versicherungssteuergesetz
VFA	Versicherungsfachausschuss des Instituts der Wirtschaftsprüfer (IDW)
Vfg.	Verfügung
vGA	verdeckte Gewinnausschüttung
VGFGEntlG	Gesetz zur Entlastung der Gerichte der Verwaltungs- und Finanzgerichtsbarkeit
vgl.	vergleiche
VHG	Gesetz über die richterliche Vertragshilfe (Vertragshilfegesetz), außer Kraft seit 30.6.2000 (vgl. BGBl. I 2000, 897, 908)
VIV	Verbraucherinsolvenzverfahren
VO	Verordnung
VOB	Vergabe- und Vertragsordnung für Bauleistungen
VOL	Vergabe- und Vertragsordnung für Leistungen
Vorl.	Vorlage
VSF	Vorschriftensammlung der Bundes-Finanzverwaltung
VSt	Vermögensteuer
VStG	Vermögensteuergesetz
VStR	Vermögensteuer-Richtlinien
v. T.	vom Tausend
VuB	Verbote und Beschränkungen
VuV	Vermietung und Verpachtung
VVaG	Versicherungsverein auf Gegenseitigkeit
VVG	Gesetz über den Versicherungsvertrag (Versicherungsvertragsgesetz)
VwGO	Verwaltungsgerichtsordnung
VwV	Verwaltungsvorschriften
VwVfG	Verwaltungsverfahrensgesetz

XXXVII

VwZG	Verwaltungszustellungsgesetz
VZ	Veranlagungszeitraum

W

WA	Warenverzeichnis für die Außenhandelsstatistik
WAB	Währungsausgleichsbeträge
WaBeschG	Wirtschaftswachstumsbeschleunigungsgesetz vom 22.12.2009 (BGBl. I 2009, 3950)
WB	Warenverzeichnis für die Binnenhandelsstatistik
WE	Warenverzeichnis für den Material- und Wareneingang im produzierenden Gewerbe
WEG	Gesetz über das Wohnungseigentum und das Dauerwohnrecht (Wohnungseigentumsgesetz)
WEP	Welternährungsprogramm
West LB	Westdeutsche Landesbank (bis 30.6.2012; Nachfolgeorganisation: Portigon AG)
WG	Wassergesetz
WIB	Wirtschaftliche Beratung (Zeitschrift)
WiKG	Gesetz zur Bekämpfung der Wirtschaftskriminalität
wistra	Zeitschrift für Wirtschafts- und Steuerstrafrecht
WM	Wertpapier-Mitteilungen, Zeitschrift für Wirtschafts- und Bankrecht
WO	Erste Verordnung zur Durchführung des Betriebsverfassungsgesetzes (Wahlordnung)
WoBauG	Wohnungsbaugesetz
WoGG	Wohngeldgesetz
WoPG	Wohnungsbau-Prämiengesetz
WP	Wirtschaftsprüfer
WPg	Die Wirtschaftsprüfung (Zeitschrift)
WpHG	Gesetz über den Wertpapierhandel (Wertpapierhandelsgesetz)
WPK	Wirtschaftsprüferkammer
WPK-Magazin	Wirtschaftsprüferkammer-Magazin – Mitteilungen der Wirtschaftprüferkammer
WPO	Gesetz über eine Berufsordnung der Wirtschaftsprüfer (Wirtschaftsprüferordnung)
WSA	Wirtschafts- und Sozialausschuss bei der EU
WTA	Welttextilabkommen
WWU	Wirtschafts- und Währungsunion
WZ	Wirtschaftszweige (Klassifikation der Wirtschaftszweige des Statistischen Bundesamtes)

Z

ZA	Zollamt
z.B.	zum Beispiel
ZEV	Zeitschrift für Erbrecht und Vermögensnachfolge
ZfA	1. Zeitschrift für Arbeitsrecht; 2. Zentrale Zulagenstelle für Altersvermögen
ZfB	Zeitschrift für Betriebswirtschaft
ZfbF	Schmalenbachs Zeitschrift für betriebswirtschaftliche Forschung
ZfhF	Schmalenbachs Zeitschrift für betriebswirtschaftliche Forschung (vorher: Zeitschrift für handelswissenschaftliche Forschung)
ZfZ	Zeitschrift für Zölle und Verbrauchsteuern
ZGR	Zeitschrift für Unternehmens- und Gesellschaftsrecht
ZHR	Zeitschrift für das gesamte Handels- und Wirtschaftsrecht
Ziff.	Ziffer
ZInsO	Zeitschrift für das gesamte Insolvenzrecht
ZIP	Zeitschrift für Wirtschaftsrecht

zit.	zitiert
ZK	Zollkodex
ZK-DVO	Zollkodex-Durchführungsverordnung
ZKF	Zeitschrift für Kommunalfinanzen
ZollkodexAnpG	Gesetz zur Anpassung der Abgabenordnung an den Zollkodex der Union und zur Änderung weiterer steuerlicher Vorschriften v. 22.12.2014 (BGBl. I 2014, 2417).
ZollV	Zollverordnung
ZollVG	Zollverwaltungsgesetz
ZonRFG	Gesetz zur Förderung des Zonenrandgebietes (Zonenrandförderungsgesetz)
ZPO	Zivilprozessordnung
ZRFG	Zonenrandförderungsgesetz
Zs.	Zeitschrift
ZS	Zivilsenat
ZSEG	Gesetz über die Entschädigung von Zeugen und Sachverständigen; außer Kraft seit 1.7.2004 (BGBl. I 2004, 718) → JVEG
z.T.	zum Teil
ZVG	Gesetz über die Zwangsversteigerung und Zwangsverwaltung
ZVI	Zeitschrift für Verbraucher- und Privatinsolvenzrecht
ZwVwV	Zwangsverwalterverordnung
zz.	zurzeit
zzgl.	zuzüglich

TEIL 1
Aktuelles

INHALT	Rz.

					Rz.
A. Gesetze					1–189
	I. Steuerrechtsänderungen				1–135
		1. Überblick nach Einzelsteuergesetzen			1–3
			a) Überblick		1–2
				aa) 2014 verabschiedete Gesetze und Verordnungen	1
				bb) Gesetzgebungsvorhaben 2015	2
			b) Tabellarische Änderungsübersicht 2014/2015		3
		2. 2014 verabschiedete Gesetze und Verordnungen			4–132
			a) Gesetz zur Anpassung steuerlicher Regelungen an die Rechtsprechung des Bundesverfassungsgerichts		4–12
				aa) Allgemeines	4
				bb) Steuer- und steuerverfahrensrechtliche Einzelregelungen	5–10
					(1) EStG/EStDV (Art. 1 und 2) ... 5
					(2) AO, EGAO (Art. 3 und 4) ... 6
					(3) Altersvorsorgeverträge-Zertifizierungsgesetz (Art. 5) ... 7
					(4) BewG (Art. 6) ... 8
					(5) Eigenheimzulagengesetz, Wohnungsbauprämiengesetz, Verordnung zur Durchführung des Fünften Vermögensbildungsgesetzes (Art. 8, 9 und 17) ... 9
					(6) Energiesteuergesetz (Art. 11) ... 10
				cc) Gesetzgebungsverfahren	11
				dd) Finanzielle Auswirkungen	12
				ee) Inkrafttreten	12.1
			b) Gesetz zur Anpassung des nationalen Steuerrechts an den Beitritt Kroatiens zur EU und zur Änderung weiterer steuerlicher Vorschriften		13–55
				aa) Überblick	13–15
				bb) Die Änderungen im Einzelnen:	16–52
					(1) EStG ... 16–30
					(2) KStG ... 31
					(3) GewStG ... 32–33
					(4) UStG ... 34–42
					(5) GrEStG ... 43–44
					(6) AO ... 45–48
					(7) StBerG ... 49–52
				cc) Gang des Gesetzgebungsverfahrens	53
				dd) Finanzielle Auswirkungen	54
				ee) Inkrafttreten	55
			c) Verordnung zur Anwendung des Fremdvergleichsgrundsatzes auf Betriebsstätten nach § 1 Absatz 5 des Außensteuergesetzes (Betriebsstättengewinnaufteilungsverordnung – BsGaV) v. 13.10.2014		56–59
				aa) Gegenstand der Verordnung	56
				bb) Finanzielle Auswirkungen	57
				cc) Verfahrensgang	58
				dd) Inkrafttreten	59

	Rz.
d) Gesetz zur Änderung des Freizügigkeitsgesetzes/EU und weiterer Vorschriften vom 2.12.2014	60–63
aa) Gegenstand des Gesetzes	60
bb) Finanzielle Auswirkungen	61
cc) Gesetzgebungsverfahren	62
dd) Inkrafttreten	63
e) Verordnung zur Änderung steuerlicher Verordnungen und weiterer Vorschriften v. 22.12.2014	64–75
aa) Allgemeines	64
bb) Einzelheiten	65–72
(1) Altersvorsorge-Durchführungsverordnung (Art. 1)	65
(2) Erbschaftsteuer-Durchführungsverordnung (Art. 2)	66
(3) Umsatzsteuer-Durchführungsverordnung (Art. 6)	67–71
(4) Umsatzsteuer-Zuständigkeitsverordnung (Art. 7)	72
cc) Finanzielle Auswirkungen	73
dd) Verordnungsverfahren	74
ee) Inkrafttreten	75
f) Gesetz zur weiteren Entlastung von Ländern und Kommunen ab 2015 und zum quantitativen Ausbau der Kindertagesbetreuung sowie zur Änderung des Lastenausgleichsgesetzes v. 22.12.2014	76–79
aa) Gegenstand des Gesetzes	76
bb) Finanzielle Auswirkungen	77
cc) Gesetzgebungsverfahren	78
dd) Inkrafttreten	79
g) Gesetz zur Änderung der Abgabenordnung und des Einführungsgesetzes zur Abgabenordnung v. 22.12.2014	80–88
aa) Überblick	80
bb) Die Änderungen im Einzelnen	81–85
(1) Anlaufhemmung bei Kapitalerträgen aus Nicht-EU/EWR-Staaten (§ 170 Abs. 6 AO – neu gefasst)	81
(2) Erweiterung der Sperrwirkung (§ 371 Abs. 2 AO – geändert)	82
(3) Beseitigung überschießender Regelungen bei der Umsatzsteuer- und der Lohnsteuervoranmeldung (§ 371 Abs. 2a – neu)	83
(4) Nachentrichtung von Zinsen (§ 371 Abs. 3 AO – geändert)	84
(5) Absehen von Verfolgung (§ 398a AO – neu gefasst)	85
cc) Finanzielle Auswirkungen	86
dd) Gesetzgebungsverfahren	87
ee) Inkrafttreten	88
h) Gesetz zur Anpassung der Abgabenordnung an den Zollkodex der Union und zur Änderung weiterer steuerlicher Vorschriften v. 22.12.2014	89–132
aa) Überblick	89–90
bb) Die Änderungen im Einzelnen	91–129
(1) Änderungen der AO	91–100
(2) EStG	101–117
(3) KStG, GewStG	118
(4) AStG	119–120
(5) UStG	121–126
(6) FVG	127
(7) Feuerschutzsteuergesetz	128

			Rz.
	(8)	Zerlegungsgesetz	129
cc)		Finanzielle Auswirkungen	130
dd)		Gesetzgebungsverfahren	131
ee)		Inkrafttreten	132

3. Gesetzesvorhaben 2015. ... 133–135
   a) Zweites Verkehrsteueränderungsgesetz (VerkehrStÄndG 2) ... 133
   b) Erbschaft- und Schenkungsteuer ... 134
   c) Steuerverfahrensrecht ... 135

II. Arbeits- und Sozialrecht ... 136–189
  1. 2014 verabschiedete Gesetze und Verordnungen ... 136–175
    a) Überblick ... 136–137
    b) Bezugsdauer für das Kurzarbeitergeld ... 138
    c) Tarifautonomiestärkungsgesetzes – Einführung eines gesetzlichen Mindestlohnes ... 139–153
      aa) Gang der Gesetzgebung (wichtige Drucksachen) ... 139
      bb) Inhalt des Gesetzes ... 140–153
        (1) Mindestlohngesetz (MiLoG) ... 140–147
        (2) Änderung des Arbeitsgerichtsgesetzes ... 148
        (3) Änderung des Schwarzarbeitsbekämpfungsgesetzes ... 149
        (4) Nachweisgesetz ... 150
        (5) Allgemeinverbindlichkeit, Mindestarbeitsbedingungen ... 151–153
    d) Gesetz zur besseren Vereinbarkeit von Familie, Pflege und Beruf ... 154–158
      aa) Gang der Gesetzgebung ... 154
      bb) Inhalt des Gesetzes ... 155–158
        (1) Überblick ... 155
        (2) Einzelheiten ... 156–158
    e) Pflegestärkungsgesetz I – Fünftes Gesetz zur Änderung des Sozialgesetzbuches XI ... 159–161
      aa) Gang der Gesetzgebung ... 159
      bb) Inhalt des Pflegestärkungsgesetz I ... 160–161
        (1) Überblick ... 160
        (2) Einzelheiten ... 161
    f) Gesetz zur Einführung des „Elterngeld Plus" ... 162–166
      aa) Gang der Gesetzgebung ... 162
      bb) Inhalt des Gesetzes ... 163–166
        (1) Elterngeld Plus ... 164–165
        (2) Elternzeit ... 166
    g) Gesetz über Leistungsverbesserungen in der gesetzlichen Rentenversicherung (RV-Leistungsverbesserungsgesetz) ... 167–172
      aa) Gang der Gesetzgebung ... 167
      bb) Inhalt des Gesetzes ... 168–172
        (1) Abschlagsfreie Rente mit 63 ... 168–169
        (2) Bezug von Arbeitslosengeld ... 170
        (3) Zurechnungszeit von Erwerbsminderungsrenten ... 171
        (4) Anrechnung von Kindererziehungszeiten vor 1992 geborener Kinder („Mütterrente") ... 172
    h) Bezugsgrößen/Beitragsbemessungsgrenzen/Beitragssätze ... 173–175
      aa) Gang der Gesetzgebung ... 173
      bb) Inhalt der Verordnung ... 174–175

	Rz.
2. Gesetzesvorhaben 2015.	176–189
a) Überblick	176
b) Tarifeinheitsgesetz.	177–178
aa) Gang der Gesetzgebung.	177
bb) Inhalt des Gesetzesentwurfs	178
c) Entwurf eines Gesetzes für die gleichberechtigte Teilhabe von Frauen und Männern an Führungspositionen in der Privatwirtschaft und im öffentlichen Dienst.	179–184
aa) Gang der Gesetzgebung.	179
bb) Inhalt des Gesetzentwurfes.	180–184
(1) Überblick.	180
(2) Einzelheiten.	181–184
d) Betriebssicherheitsverordnung.	185–187
aa) Gang der Gesetzgebung.	185
bb) Inhalt der Verordnung.	186–187
(1) Ziel des Gesetzes.	186
(2) Einzelheiten.	187
e) Arbeitsstättenverordnung.	188–189
aa) Gang der Gesetzgebung.	188
bb) Inhalt der Verordnung.	189
B. Rechtsprechung 2014/2015 von A bis Z.	1

A. Gesetze

von Hans-Peter Schmieszek

I. Steuerrechtsänderungen

1. Überblick nach Einzelsteuergesetzen

a) Überblick

aa) 2014 verabschiedete Gesetze und Verordnungen

1 Im Jahr 2014 sind folgende Gesetze und Verordnungen mit steuerrechtlichem Inhalt verabschiedet worden:

– Gesetz zur Anpassung steuerlicher Regelungen an die Rechtsprechung des Bundesverfassungsgerichts v. 18.7.2014,[1]

– Gesetz zur Anpassung des nationalen Steuerrechts an den Beitritt Kroatiens zur EU und zur Änderung weiterer steuerlicher Vorschriften v. 25.7.2014,[2]

– Verordnung zur Anwendung des Fremdvergleichsgrundsatzes auf Betriebsstätten nach § 1 Absatz 5 des Außensteuergesetzes (Betriebsstättengewinnaufteilungsverordnung – BsGaV) vom 13.10.2014,[3]

---

1) BGBl. I 2014, 1042 = BStBl I 2014, 1062.
2) BGBl. I 2014, 1266 = BStBl I 2014, 1126.
3) BGBl. I 2014, 1603 = BStBl I 2014, 1378.

A. Gesetze

- Gesetz zur Änderung des Freizügigkeitsgesetzes/EU und weiterer Vorschriften vom 2.12.2014,[1]
- Gesetz zur weiteren Entlastung von Ländern und Kommunen ab 2015 und zum quantitativen Ausbau der Kindertagesbetreuung sowie zur Änderung des Lastenausgleichsgesetzes v. 22.12.2014,[2]
- Verordnung zur Änderung steuerlicher Verordnungen und weiterer Vorschriften vom 22.12.2014,[3]
- Gesetz zur Änderung der Abgabenordnung und des Einführungsgesetzes zur Abgabenordnung v. 22.12.2014,[4]
- Gesetz zur Anpassung der Abgabenordnung an den Zollkodex der Union und zur Änderung weiterer steuerlicher Vorschriften v. 22.12.2014.[5]

bb) Gesetzgebungsvorhaben 2015

Bei Redaktionsschluss lag der Entwurf eines Zweiten Verkehrsteueränderungsgesetzes (VerkehrStÄndG 2) vor, das Kfz-Steuerermäßigungen mit Blick auf die Einführung einer Infrastrukturabgabe (PKW-Maut) vorsieht.

Die am 17.12.2014 verkündete Entscheidung des BVerfG zur Erbschaftsteuer gibt Anlass zu einer Reform des ErbStG.

Kurzfristig zu erwarten ist ferner ein Referentenentwurf zur Änderung des Verfahrensrechts; der Entwurf war bereits für 2014 erwartet worden.

b) Tabellarische Änderungsübersicht 2014/2015

Stand 1.2.2015

Gesetz/ Geänderte Vorschrift	Änderungsgesetz	Art.	Änderungsnachweis	Inkrafttreten/ Anwendungsregelung	BGBl.-/ BStBl-Fundstelle	Inhalt der Änderung und weiterführende Hinweise und Links
AltVDV						
§ 1 AltVDV	Kroatien-StAnpG	25	geändert	31.7.2014	BGBl. I 2014, 1266 = BStBl I 2014, 1126	Anpassung
§ 2 AltVDV	Kroatien-StAnpG	25	geändert	31.7.2014	BGBl. I 2014, 1266 = BStBl I 2014, 1126	Anpassung
§ 14 Abs. 3 Satz 4 AltVDV	Gesetz zur Anpassung steuerlicher Regelungen an die Rechtsprechung des Bundesverfassungsgerichts	15	geändert	24.7.2014	BGBl. I 2014, 1042 = BStBl I 2014, 1062	Gleichstellung Lebenspartner mit Ehegatten

---

1) BGBl. I 2014, 1922 = BStBl I 2015, 54.
2) BGBl. I 2014, 2411.
3) BGBl. I 2014, 2392 = BStBl I 2015, 72..
4) BGBl. I 2014, 2415 = BStBl I 2015, 55.
5) BGBl. I 2014, 2417 = BStBl I 2015, 58.

Gesetz/ Geänderte Vorschrift	Änderungsgesetz	Art.	Änderungsnachweis	Inkrafttreten/ Anwendungsregelung	BGBl.-/ BStBl-Fundstelle	Inhalt der Änderung und weiterführende Hinweise und Links
§ 14 Abs. 1 Satz 2 AltVDV	Kroatien-StAnpG	25	neu gefasst	31.7.2014	BGBl. I 2014, 1266 = BStBl I 2014, 1126 = BStBl I 2014, 1126	Anpassung
§ 20a AltVDV	StVÄndV 2014	1	neu	30.12.2014	BGBl. I 2014, 2392 = BStBl I 2014, 2392	Vollstreckung von Bescheiden durch HZA (Verwaltungspraxis wird festgeschrieben)
AltVorsZertG						
§ 1 Abs. 1 Satz 1 Nr. 2 AltVorsZertG	Gesetz zur Anpassung steuerlicher Regelungen an die Rechtsprechung des Bundesverfassungsgerichts	5	geändert	24.7.2014	BGBl. I 2014, 1042 = BStBl I 2014, 1062	Gleichstellung Lebenspartner mit Ehegatten
§ 1 Abs. 1 Satz 1 Nr. 10, Satz 4, Abs. 5 AltVorsZertG	Kroatien-StAnpG	15	geändert	31.7.2014	BGBl. I 2014, 1266 = BStBl I 2014, 1126	Anpassung
§ 3 Abs., 2 Satz 2 Alt-VorsZertG	Kroatien-StAnpG	15	geändert	31.7.2014	BGBl. I 2014, 1266 = BStBl I 2014, 1126	Anpassung
§ 7 Abs. 1 Alt-VorsZertG	Kroatien-StAnpG	15	geändert	31.7.2014	BGBl. I 2014, 1266 = BStBl I 2014, 1126	Anpassung
§ 7a Abs. 2 Satz 2 Alt-VorsZertG	Kroatien-StAnpG	15	geändert	1.1.2014	BGBl. I 2014, 1266 = BStBl I 2014, 1126	Verweisung angepasst
§ 14 Abs. 2b AltVorsZertG	Gesetz zur Anpassung steuerlicher Regelungen an die Rechtsprechung des Bundesverfassungsgerichts	5	neu	24.7.2014	BGBl. I 2014, 1042 = BStBl I 2014, 1062	Anwendungsregelung zu § 1 Alt-VorsZertG
§ 14 Abs. 6 AltVorsZertG	Kroatien-StAnpG	15	geändert	1.1.2014	BGBl. I 2014, 1266 = BStBl I 2014, 1126	Verweisung angepasst

A. Gesetze

Gesetz/ Geänderte Vorschrift	Änderungsgesetz	Art.	Änderungsnachweis	Inkrafttreten/ Anwendungsregelung	BGBl.-/ BStBl-Fundstelle	Inhalt der Änderung und weiterführende Hinweise und Links
AO						
Inhaltsübersicht	Gesetz zur Anpassung steuerlicher Regelungen an die Rechtsprechung des Bundesverfassungsgerichts	3	geändert	24.7.2014	BGBl. I 2014, 1042 = BStBl I 2014, 1062 = BStBl I 2014, 1062	Anpassung
Inhaltsübersicht	Kroatien-StAnpG	16	geändert	31.7.2014	BGBl. I 2014, 1266 = BStBl I 2014, 1126	Anpassung an neuen § 22a AO
Inhaltsübersicht	Zollkodex-AnpG	1	geändert	31.12.2014	BGBl. I 2014, 2417 = BStBl I 2015, 58	Wegfall § 223 AO
§ 3 AO	Zollkodex-AnpG	2	geändert	1.5.2016	BGBl. I 2014, 2417, = = BStBl I 2015, 58	Anpassung an Zollkodex der Union
§ 15 AO	Gesetz zur Anpassung steuerlicher Regelungen an die Rechtsprechung des Bundesverfassungsgerichts	3	geändert	24.7.2014	BGBl. I 2014, 1042 = BStBl I 2014, 1062 = BStBl I 2014, 1062	Gleichstellung Lebenspartner mit Ehegatten
§ 19 Abs. 1 Satz 2 AO	Gesetz zur Anpassung steuerlicher Regelungen an die Rechtsprechung des Bundesverfassungsgerichts	3	geändert	24.7.2014	BGBl. I 2014, 1042 = BStBl I 2014, 1062	Gleichstellung Lebenspartner mit Ehegatten
§ 22a AO	Kroatien-StAnpG	16	neu	31.7.2014	BGBl. I 2014, 1266 = BStBl I 2014, 1126	Zuständigkeit auf Festlandsockel oder ausschließliche Wirtschaftszone
§ 23 Abs. 1 und 3 AO	Zollkodex-AnpG	2	geändert	1.5.2016	BGBl. I 2014, 2417 = BStBl I 2015, 58	Anpassung an Zollkodex der Union

Gesetz/ Geänderte Vorschrift	Änderungsgesetz	Art.	Änderungsnachweis	Inkrafttreten/ Anwendungsregelung	BGBl.-/ BStBl- Fundstelle	Inhalt der Änderung und weiterführende Hinweise und Links
§ 31b Satz 1 und 3 AO	Kroatien-StAnpG	16	geändert	31.7.2014	BGBl. I 2014, 1266 = BStBl I 2014, 1126	Ergänzung Mitteilungspflichten (Korrektur)
§ 31b AO	Zollkodex-AnpG	1	neu gefasst	31.12.2014	BGBl. I 2014, 2417 = BStBl I 2015, 58	Erweiterung der Mitteilungspflichten
§ 63 Abs. 4 AO	Kroatien-StAnpG	16	neuer Satz angefügt	31.7.2014	BGBl. I 2014, 1266 = BStBl I 2014, 1126	Ordnungsgemäße Geschäftsführung (Korrektur)
§ 122 Abs. 7 Satz 1 AO	Gesetz zur Anpassung steuerlicher Regelungen an die Rechtsprechung des Bundesverfassungsgerichts	3	neu gefasst	24.7.2014	BGBl. I 2014, 1042 = BStBl I 2014, 1062	Gleichstellung Lebenspartner mit Ehegatten
§ 139a Abs. 1 Satz 1 AO	Zollkodex-AnpG	1	neu gefasst	31.12.2014	BGBl. I 2014, 2417, = BStBl I 2015, 58	Technische Änderungen beim Identifikationsmerkmal
§ 139b AO	Zollkodex-AnpG	1	geändert	31.12.2014	BGBl. I 2014, 2417, = BStBl I 2015, 58	Technische Änderungen beim Identifikationsmerkmal
§ 139c AO	Zollkodex-AnpG	1	geändert	31.12.2014	BGBl. I 2014, 2417 = BStBl I 2015, 58	Technische Änderungen beim Identifikationsmerkmal
§ 147 AO	Zollkodex-AnpG	2	geändert	1.5.2016	BGBl. I 2014, 2417 = BStBl I 2015, 58	Anpassung an Zollkodex der Union
§ 147a Satz 2 AO	Gesetz zur Anpassung steuerlicher Regelungen an die Rechtsprechung des Bundesverfassungsgerichts	3	geändert	24.7.2014	BGBl. I 2014, 1042 = BStBl I 2014, 1062	Gleichstellung Lebenspartner mit Ehegatten
§ 164 Abs. 2 Satz 2 AO	AOÄndG	1	neu gefasst	1.1.2015	BGBl. I 2014, 2415 = BStBl I 2015, 55	Folgeänderung

A. Gesetze

Gesetz/ Geänderte Vorschrift	Änderungsgesetz	Art.	Änderungsnachweis	Inkrafttreten/ Anwendungsregelung	BGBl.-/ BStBl-Fundstelle	Inhalt der Änderung und weiterführende Hinweise und Links
§ 169 Abs. 2 Satz 1 Nr. 2 AO	Zollkodex-AnpG	2	geändert	1.5.2016	BGBl. I 2014, 2417 = BStBl I 2015, 58	Anpassung an Zollkodex der Union
§ 170 Abs. 6 AO	AOÄndG	1	neu gefasst	1.1.2015	BGBl. I 2014, 2415 = BStBl I 2015, 55	Ablaufhemmung bei Kapitalerträgen aus Nicht-EU/EWR-Staaten
§ 171 Abs. 10 Satz 2 AO	Zollkodex-AnpG	1	neu	31.12.2014	BGBl. I 2014, 2417 = BStBl I 2015, 58	Anwendung der Ablaufhemmung des § 170 Abs. 10 Satz 1 AO auf Grundlagenbescheide
§ 172 Abs. 1 Satz 1 Nr. 2 AO	Zollkodex-AnpG	2	geändert	1.5.2016	BGBl. I 2014, 2417 = BStBl I 2015, 58	Anpassung an Zollkodex der Union
§ 178 Abs. 2 Nr. 7 AO	Zollkodex-AnpG	1	neu gefasst	31.12.2014	BGBl. I 2014, 2417 = BStBl I 2015, 58	Anpassung an IT-Einsatz
§ 180 Abs. 1 Satz 2 AO	Zollkodex-AnpG	1	neu	31.12.2014	BGBl. I 2014, 2417 = BStBl I 2015, 58	Örtliche Zuständigkeit für Gewinnfeststellungen bei Wohnsitz- und Betriebsverlagerungen geändert
§ 183 Abs. 4 AO	Gesetz zur Anpassung steuerlicher Regelungen an die Rechtsprechung des Bundesverfassungsgerichts	3	neu gefasst	24.7.2014	BGBl. I 2014, 1042 = BStBl I 2014, 1062	Gleichstellung Lebenspartner mit Ehegatten
§ 184 Abs. 2 Satz 1 AO	Zollkodex-AnpG	1	neu gefasst	31.12.2014	BGBl. I 2014, 2417 = BStBl I 2015, 58	Billigkeitsregelungen bei Grundsteuermessbeträgen durch BMF-Schreiben
§ 214 Satz 2 AO	Zollkodex-AnpG	2	aufgehoben	1.5.2016	BGBl. I 2014, 2417 = BStBl I 2015, 58	Anpassung an Zollkodex der Union

Gesetz/ Geänderte Vorschrift	Änderungsgesetz	Art.	Änderungsnachweis	Inkrafttreten/ Anwendungsregelung	BGBl.-/ BStBl-Fundstelle	Inhalt der Änderung und weiterführende Hinweise und Links
§ 218 AO	Zollkodex-AnpG	1	geändert	31.12.2014	BGBl. I 2014, 2417 = BStBl I 2015, 58	Verfahrensrechtliche Regelung für Anrechnungsverfügungen bei widerstreitenden Steuerfestsetzungen
§ 251 Abs. 1 Satz 2 AO	Zollkodex-AnpG	2	geändert	1.5.2016	BGBl. I 2014, 2417 = BStBl I 2015, 58	Anpassung an Zollkodex der Union
§ 223 AO	Zollkodex-AnpG	1	aufgehoben	31.12.2014	BGBl. I 2014, 2417 = BStBl I 2015, 58	Regelung war gegenstandslos geworden
§ 263 AO	Gesetz zur Anpassung steuerlicher Regelungen an die Rechtsprechung des Bundesverfassungsgerichts	3	geändert	24.7.2014	BGBl. I 2014, 1042 = BStBl I 2014, 1062	Gleichstellung Lebenspartner mit Ehegatten
§ 315 Abs. 2 Satz 4 AO	Zollkodex-AnpG	1	neu gefasst	31.12.2014	BGBl. I 2014, 2417 = BStBl I 2015, 58	Redaktionelle Anpassung
§ 339 Abs. 3 AO	Zollkodex-AnpG	1	geändert	31.12.2014	BGBl. I 2014, 2417 = BStBl I 2015, 58	Anpassung der Vollstreckungsgebühren an Gerichtsvollziehergebühren
§ 340 Abs. 3 Satz 1 AO	Zollkodex-AnpG	1	geändert	31.12.2014	BGBl. I 2014, 2417 = BStBl I 2015, 58	Anpassung an Gerichtsvollziehergebühren
§ 341 AO	Zollkodex-AnpG	1	geändert	31.12.2014	BGBl. I 2014, 2417 = BStBl I 2015, 58	Anpassung an Gerichtsvollziehergebühren
§ 344 AO	Zollkodex-AnpG	1	geändert	31.12.2014	BGBl. I 2014, 2417 = BStBl I 2015, 58	Anpassung an Gerichtsvollziehergebühren
§ 371 AO	AOÄndG	1	geändert	1.1.2015	BGBl. I 2014, 2415 = BStBl I 2015, 55	Erweiterung der Sperrwirkung

A. Gesetze

Gesetz/ Geänderte Vorschrift	Änderungsgesetz	Art.	Änderungsnachweis	Inkrafttreten/ Anwendungsregelung	BGBl.-/ BStBl-Fundstelle	Inhalt der Änderung und weiterführende Hinweise und Links
§ 374 Abs. 1 Satz 1 AO	Zollkodex-AnpG	2	geändert	1.5.2016	BGBl. I 2014, 2417 = BStBl I 2015, 58	Anpassung an Zollkodex der Union
§ 374 Abs. 4 AO	AOÄndG	1	geändert	1.1.2015	BGBl. I 2014, 2415 = BStBl I 2015, 55	Zitat angepasst
§ 375 Abs. 2 Satz 1 Nr. 1 AO	Zollkodex-AnpG	2	geändert	1.5.2016	BGBl. I 2014, 2417 = BStBl I 2015, 58	Anpassung an Zollkodex der Union
§ 378 Abs. 3 AO	AOÄndG	1	geändert	1.1.2015	BGBl. I 2014, 2415 = BStBl I 2015, 55	Beibehaltung des geltenden Rechts für die leichtfertige Steuerverkürzung
§ 379 Abs. 1 Satz 2 AO	Kroatien-StAnpG	16	geändert	31.7.2014	BGBl. I 2014, 1266 = BStBl I 2014, 1126	Anpassung
§ 382 Abs. 1 Nr. 1 AO	Kroatien-StAnpG	16	geändert	31.7.2014	BGBl. I 2014, 1266 = BStBl I 2014, 1126	Anpassung
§ 398a AO	AOÄndG	1	neu gefasst	1.1.2015	BGBl. I 2014, 2415 = BStBl I 2015, 55	Anhebung der Voraussetzungen für das Absehen von Strafe
EGAO						
97 § 1 Abs. 10 EGAO	Gesetz zur Anpassung steuerlicher Regelungen an die Rechtsprechung des Bundesverfassungsgerichts	4	neu	24.7.2014	BGBl. I 2014, 1042 = BStBl I 2014, 1062	Anwendungsregelung zur AO
97 § 10 Abs. 12 EGAO	Zollkodex-AnpG	3	neu	31.12.2014	BGBl. I 2014, 2417 = BStBl I 2015, 58	Anwendungsregelung zu § 171 Abs. 10 AO
97 § 10 Abs. 13 EGAO	AOÄndG	2	neu gefasst	1.1.2015	BGBl. I 2014, 2415 = BStBl I 2015, 55	Anwendungsregelung zu § 170 Abs. 6 AO
97 § 10b EGAO	Zollkodex-AnpG	3	geändert	31.12.2014	BGBl. I 2014, 2417 = BStBl I 2015, 58	Anwendungsregelung zu § 180 Abs. 1 Satz 2 AO

Gesetz/ Geänderte Vorschrift	Änderungsgesetz	Art.	Änderungsnachweis	Inkrafttreten/ Anwendungsregelung	BGBl.-/ BStBl- Fundstelle	Inhalt der Änderung und weiterführende Hinweise und Links
97 § 10c EGAO	Zollkodex-AnpG	3	neu	31.12.2014	BGBl. I 2014, 2417 = BStBl I 2015, 58	Anwendungsregelung zu § 184 Abs. 2 AO
97 § 13a EGAO	Zollkodex-AnpG	3	neu	31.12.2014	BGBl. I 2014, 2417 = BStBl I 2015, 58	Anwendungsregelung zu § 218 Abs. 3 AO
97 § 17a AO	Zollkodex-AnpG	3	neu	31.12.2014	BGBl. I 2014, 2417 = BStBl I 2015, 58	Anwendungsregelung zu Vollstreckungskosten
97 § 17e EGAO	Gesetz zur Anpassung steuerlicher Regelungen an die Rechtsprechung des Bundesverfassungsgerichts	4	Überschrift geändert	24.7.2014	BGBl. I 2014, 1042 = BStBl I 2014, 1062	Gleichstellung Lebenspartner mit Ehegatten
AStG						
§ 1 Abs. 4 AStG	Zollkodex-AnpG	8	neu gefasst	VZ 2015	BGBl. I 2014, 2417 = BStBl I 2015, 58	Definition „Geschäftsbeziehung"
§ 2 Abs. 3 Nr. 2, 3 AStG	Zollkodex-AnpG	8	geändert	VZ 2015	BGBl. I 2014, 2417 = BStBl I 2015, 58	Anpassung
§ 4 Abs. 1 AStG	Zollkodex-AnpG	8	geändert	VZ 2015	BGBl. I 2014, 2417 = BStBl I 2015, 58	Anpassung
§ 5 Abs. 1 Satz 1 und 2 AStG	Zollkodex-AnpG	8	geändert	VZ 2015	BGBl. I 2014, 2417 = BStBl I 2015, 58	Anpassung
§ 6 Abs. 5 Satz 3 AStG	Zollkodex-AnpG	8	geändert	Offene Fälle	BGBl. I 2014, 2417 = BStBl I 2015, 58	Ausdehnung der Stundungsregelung
§ 21 Abs. 22, 23 AStG	Zollkodex-AnpG	8	neu	31.12.2014	BGBl. I 2014, 2417 = BStBl I 2015, 58	Anwendungsregelung zu §§ 1, 6 AStG

A. Gesetze

Gesetz/ Geänderte Vorschrift	Änderungsgesetz	Art.	Änderungsnachweis	Inkrafttreten/ Anwendungsregelung	BGBl.-/ BStBl-Fundstelle	Inhalt der Änderung und weiterführende Hinweise und Links
BewG						
Inhaltsübersicht	Gesetz zur Anpassung steuerlicher Regelungen an die Rechtsprechung des Bundesverfassungsgerichts	6	geändert	24.7.2014	BGBl. I 2014, 1042 = BStBl I 2014, 1062	Anpassung an § 26 BewG
§ 26 BewG	Gesetz zur Anpassung steuerlicher Regelungen an die Rechtsprechung des Bundesverfassungsgerichts	6	geändert	Offene Feststellungen	BGBl. I 2014, 1042 = BStBl I 2014, 1062	Gleichstellung Lebenspartner mit Ehegatten
§ 205 Abs. 7 BewG	Gesetz zur Anpassung steuerlicher Regelungen an die Rechtsprechung des Bundesverfassungsgerichts	6	neu	24.7.2014	BGBl. I 2014, 1042 = BStBl I 2014, 1062	Anwendungsregelung zu § 26 BewG
BsGaV						
§ 1 – § 41 BsGAV	Betriebsstättengewinnaufteilungsverordnung	-	neu	18.10.2014	BGBl. I 2014, 1603 = BStBl I 2014, 1378	Anwendung des Fremdvergleichsgrundsatzes auf Betriebsstätten nach § 1 Abs. 5 AStG
EigZulG						
§ 19 Abs. 8a EigZulG	Gesetz zur Anpassung steuerlicher Regelungen an die Rechtsprechung des Bundesverfassungsgerichts	8	neu	24.7.2014	BGBl. I 2014, 1042 = BStBl I 2014, 1062	Anwendungsregelung
ErbStDV						
§ 2 Satz 1 ErbStDV	StVÄndV 2014	2	geändert	30.12.2014	BGBl. I 2014, 2392 = BGBl. I 2014, 2392	Ergänzung der Anzeigepflicht um die Angabe der Identitätsnummer

Aktuelles

Gesetz/ Geänderte Vorschrift	Änderungsgesetz	Art.	Änderungsnachweis	Inkrafttreten/ Anwendungsregelung	BGBl.-/ BStBl-Fundstelle	Inhalt der Änderung und weiterführende Hinweise und Links
§ 3 Abs. 2 Satz 3 ErbStDV	StVÄndV 2014	2	geändert	30.12.2014	BGBl. I 2014, 2392 = BGBl. I 2014, 2392	Ergänzung der Anzeigepflicht um die Angabe der Identitätsnummer
§ 7 Abs. 3 Nr. 2 ErbStDV	Gesetz zur Anpassung steuerlicher Regelungen an die Rechtsprechung des Bundesverfassungsgerichts	16	geändert	24.7.2014	BGBl. I 2014, 1042 = BStBl I 2014, 1062	Gleichstellung Lebenspartner mit Ehegatten
§ 7 ErbStDV	StVÄndV 2014	2	geändert	30.12.2014	BGBl. I 2014, 2392 = BGBl. I 2014, 2392	Ergänzung der Anzeigepflicht um die Angabe der Identitätsnummer
§ 10 Satz 4 Nr. 2 ErbStDV	StVÄndV 2014	2	geändert	30.12.2014	BGBl. I 2014, 2392 = BGBl. I 2014, 2392	Ergänzung der Anzeigepflicht um die Angabe der Identitätsnummer
§ 12 Abs. 3 ErbStDV	StVÄndV 2014	2	neu	30.12.2014	BGBl. I 2014, 2392 = BGBl. I 2014, 2392	Anwendungsregelungen zu §§ 2, 3, 7, 10 und Muster 1, 2, 5, 6 ErbStDV
Muster 1 (§ 1 ErbStDV)	StVÄndV 2014	2	geändert	30.12.2014	BGBl. I 2014, 2392 = BGBl. I 2014, 2392	Ergänzung der Anzeigepflicht um die Angabe der Identitätsnummer; Anpassung an SEPA
Muster 2 (§ 3 ErbStDV)	StVÄndV 2014	2	geändert	30.12.2014	BGBl. I 2014, 2392 = BGBl. I 2014, 2392	Ergänzung der Anzeigepflicht um die Angabe der Identitätsnummer
Muster 4 (§ 4 ErbStDV)	Gesetz zur Anpassung steuerlicher Regelungen an die Rechtsprechung des Bundesverfassungsgerichts	16	geändert	24.7.2014	BGBl. I 2014, 1042 = BStBl I 2014, 1062	Gleichstellung Lebenspartner mit Ehegatten

A. Gesetze

Gesetz/ Geänderte Vorschrift	Änderungsgesetz	Art.	Änderungsnachweis	Inkrafttreten/ Anwendungsregelung	BGBl.-/ BStBl-Fundstelle	Inhalt der Änderung und weiterführende Hinweise und Links
Muster 5 (§ 7 ErbStDV)	Gesetz zur Anpassung steuerlicher Regelungen an die Rechtsprechung des Bundesverfassungsgerichts	3	geändert	24.7.2014	BGBl. I 2014, 1042 = BStBl I 2014, 1062	Gleichstellung Lebenspartner mit Ehegatten
Muster 5 (§ 7 ErbStDV)	StVÄndV 2014	2	geändert	30.12.2014	BGBl. I 2014, 2392 = BGBl. I 2014, 2392	Ergänzung der Anzeigepflicht um die Angabe der Identitätsnummer; Anpassung an Kostenrecht
Muster 6 (§ 8 ErbStDV)	StVÄndV 2014	2	geändert	30.12.2014	BGBl. I 2014, 2392 = BGBl. I 2014, 2392	Ergänzung der Anzeigepflicht um die Angabe der Identitätsnummer
EStG						
Inhaltsübersicht	Kroatien-StAnpG	2	geändert	31.7.2014	BGBl. I 2014, 1266 = BStBl I 2014, 1126	Anpassung an Wegfall von §§ 32c, 34e, 52a EStG
Inhaltsübersicht	Zollkodex-AnpG	5	geändert	1.1.2015	BGBl. I 2014, 2417 = BStBl I 2015, 58	Anpassung an Wegfall §§ 7b, 7c, 7d, 7f, 7k EStG und Anfügung von Anlage 1a
§ 1 Abs. 1 Satz 2 EStG	Kroatien-StAnpG	3	neu gefasst	VZ 2015	BGBl. I 2014, 1266 = BStBl I 2014, 1126	Erweiterung des Inlandsbegriffs
§ 1a Abs. 1 EStG	Zollkodex-AnpG	5	geändert	VZ 2015	BGBl. I 2014, 2417 = BStBl I 2015, 58	Folgeänderungen
§ 3 Nr. 2 EStG	Kroatien-StAnpG	3	neu gefasst	VZ 2015	BGBl. I 2014, 1266 = BStBl I 2014, 1126	Anpassung
§ 3 Nr. 2a, 2b EStG	Kroatien-StAnpG	3	aufgehoben	VZ 2015	BGBl. I 2014, 1266 = BStBl I 2014, 1126	Anpassung

Gesetz/ Geänderte Vorschrift	Änderungsgesetz	Art.	Änderungsnachweis	Inkrafttreten/ Anwendungsregelung	BGBl.-/ BStBl-Fundstelle	Inhalt der Änderung und weiterführende Hinweise und Links
§ 3 Nr. 4 EStG	Kroatien-StAnpG	3	geändert	VZ 2015	BGBl. I 2014, 1266 = BStBl I 2014, 1126	Anpassung
§ 3 Nr. 6 EStG	Kroatien-StAnpG	2	neu gefasst	VZ 2014	BGBl. I 2014, 1266 = BStBl I 2014, 1126	Steuerfreiheit von Unfallentschädigungen
§ 3 Nr. 12 Satz 1 EStG	Kroatien-StAnpG	2	neu gefasst	VZ 2014	BGBl. I 2014, 1266 = BStBl I 2014, 1126	Steuerfreiheit von Aufwandsentschädigungen (Klarstellung)
§ 3 Nr. 32 EStG	Kroatien-StAnpG	2	geändert	VZ 2014	BGBl. I 2014, 1266 = BStBl I 2014, 1126	Anpassung
§ 3 Nr. 39 EStG	Kroatien-StAnpG	2	geändert	VZ 2014	BGBl. I 2014, 1266 = BStBl I 2014, 1126	Anpassung
§ 3 Nr. 34a EStG	Zollkodex-AnpG	5	neu	VZ 2015	BGBl. I 2014, 2417 = BStBl I 2015, 58	Steuerfreie Arbeitgeberleistungen zur besseren Vereinbarkeit von Beruf und Familie
§ 3 Nr. 40 EStG	Kroatien-StAnpG	2	geändert	VZ 2014	BGBl. I 2014, 1266 = BStBl I 2014, 1126	Anpassung
§ 3 Nr. 45 Satz 2 EStG	Zollkodex-AnpG	5	neu	VZ 2015	BGBl. I 2014, 2417 = BStBl I 2015, 58	Steuerbefreiung bei privater Nutzung von Datenverarbeitungs- und Telekommunikationsdienstleistungen
§ 3 Nr. 67 EStG	Zollkodex-AnpG	5	neu gefasst	VZ 2015	BGBl. I 2014, 2417 = BStBl I 2015, 58	Abschaffung der Steuerfreiheit für Zuschläge nach § 50a – § 50e BVerfG und § 70 – § 74 SVG für Ereignisse nach 31.12.2014
§ 3 Nr. 71 EStG	Zollkodex-AnpG	4	neu	VZ 2013	BGBl. I 2014, 2417 = BStBl I 2015, 58	Steuerfreiheit des INVEST-Zuschusses für Wagniskapital

A. Gesetze

Gesetz/ Geänderte Vorschrift	Änderungsgesetz	Art.	Änderungsnachweis	Inkrafttreten/ Anwendungsregelung	BGBl.-/ BStBl-Fundstelle	Inhalt der Änderung und weiterführende Hinweise und Links
§ 3c Abs. 2 EStG	Zollkodex-AnpG	4	geändert	Wj nach 31.12.2014	BGBl. I 2014, 2417 = BStBl I 2015, 58	Erweiterung des Teilabzugsverbots
§ 4 Abs. 5 Satz 1 Nr. 9 EStG	Kroatien-StAnpG	2	geändert	VZ 2014	BGBl. I 2014, 1266 = BStBl I 2014, 1126	Verweisung angepasst
§ 4 Abs. 9 EStG	Zollkodex-AnpG	5	neu gefasst	VZ 2015	BGBl. I 2014, 2417 = BStBl I 2015, 58	Definition „Berufsausbildung"
§ 7b, § 7c, § 7d, § 7f, § 7k EStG	Zollkodex-AnpG	5	aufgehoben	VZ 2015	BGBl. I 2014, 2417 = BStBl I 2015, 58	gegenstandslos
§ 8 Abs. 2 EStG	Kroatien-StAnpG	2	geändert	VZ 2014	BGBl. I 2014, 1266 = BStBl I 2014, 1126	Anpassung
§ 9 EStG	Kroatien-StAnpG	2	neu gefasst	VZ 2014	BGBl. I 2014, 1266 = BStBl I 2014, 1126	Anpassung
§ 9 Abs. 6 EStG	Zollkodex-AnpG	5	neu gefasst	VZ 2015	BGBl. I 2014, 2417 = BStBl I 2015, 58	Definition „Berufsausbildung"
§ 9a EStG	Zollkodex-AnpG	5	geändert	VZ 2015	BGBl. I 2014, 2417 = BStBl I 2015, 58	Verweisungen angepasst
§ 10 EStG	Kroatien-StAnpG	2	neu gefasst	VZ 2014	BGBl. I 2014, 1266 = BStBl I 2014, 1126	Anpassung
§ 10 EStG	Zollkodex-AnpG	5	geändert	VZ 2015	BGBl. I 2014, 2417 = BStBl I 2015, 58	Anpassung der Basisversorgung an „Riester"; Sonderausgabenabzug für Ausgleichszahlungen zur Vermeidung des Versorgungsausgleichs
§ 10a Abs. 6 EStG	Kroatien-StAnpG	2	neu	VZ 2014	BGBl. I 2014, 1266 = BStBl I 2014, 1126	Anpassung

Aktuelles

Gesetz/ Geänderte Vorschrift	Änderungsgesetz	Art.	Änderungsnachweis	Inkrafttreten/ Anwendungsregelung	BGBl.-/ BStBl-Fundstelle	Inhalt der Änderung und weiterführende Hinweise und Links
§ 10c Satz 1 EStG	Kroatien-StAnpG	2	geändert	VZ 2014	BGBl. I 2014, 1266 = BStBl I 2014, 1126	Ausgleichszahlungen nach § 10 Abs. 1 Nr. 1b EStG werden vom Pauschbetrag erfasst
§ 12 EStG	Zollkodex-AnpG	5	geändert	VZ 2015	BGBl. I 2014, 2417 = BStBl I 2015, 58	Folgeänderungen
§ 13 Abs. 3 Satz 1 EStG	Zollkodex-AnpG	5	geändert	VZ 2015	BGBl. I 2014, 2417 = BStBl I 2015, 58	Anhebung des Freibetrags auf 900 €
§ 13a EStG	Zollkodex-AnpG	5	neu gefasst	VZ 2015	BGBl. I 2014, 2417 = BStBl I 2015, 58	Novellierung der Gewinnermittlung nach Durchschnittssätzen
§ 19 Abs. 1 Satz 1 Nr. 1a EStG	Zollkodex-AnpG	5	neu	VZ 2015	BGBl. I 2014, 2417 = BStBl I 2015, 58	Grundsätze für die Berücksichtigung von Betriebsveranstaltungen geändert
§ 19 Abs. 1 Satz 1 Nr. 3 AO	Zollkodex-AnpG	4	geändert	Zahlungen ab 31.12.2014	BGBl. I 2014, 2417 = BStBl I 2015, 58	Voraussetzungen für die Berücksichtigung von Sonderzahlungen des Arbeitgebers zur Erfüllung von Solvabilitätsvorschriften enger gefasst
§ 20 EStG	Kroatien-StAnpG	2	geändert	VZ 2014 x	BGBl. I 2014, 1266 = BStBl I 2014, 1126	Besteuerung des Erwerbs gebrauchter Lebensversicherungen
§ 22 EStG	Kroatien-StAnpG	2	geändert	VZ 2014	BGBl. I 2014, 1266 = BStBl I 2014, 1126	Anpassung
§ 22 EStG	Zollkodex-AnpG	5	Nr. 1a neu gefasst, Nrn. 1b und 1c aufgehoben	VZ 2015	BGBl. I 2014, 2417 = BStBl I 2015, 58	Besteuerung von Ausgleichszahlungen zur Vermeidung des Versorgungsausgleichs

A. Gesetze

Gesetz/ Geänderte Vorschrift	Änderungsgesetz	Art.	Änderungsnachweis	Inkrafttreten/ Anwendungsregelung	BGBl.-/ BStBl-Fundstelle	Inhalt der Änderung und weiterführende Hinweise und Links
§ 22a Abs. 1 Satz 1 EStG	Kroatien-StAnpG	2	geändert	VZ 2014	BGBl. I 2014, 1266 = BStBl I 2014, 1126	Mitteilungspflichten hinsichtlich Altersvorsorgevermögen erweitert
§ 23 EStG	Kroatien-StAnpG	2	geändert	VZ 2014	BGBl. I 2014, 1266 = BStBl I 2014, 1126	Anwendung der Fifo-Methode zur Ermittlung des Fremdwährungsgewinns
§ 24a Satz 2 Nr. 4 EStG	Kroatien-StAnpG	2	geändert	VZ 2014	BGBl. I 2014, 1266 = BStBl I 2014, 1126	Verweis angepasst
§ 24b Abs. 3 Satz 3 EStG	Gesetz zur Anpassung steuerlicher Regelungen an die Rechtsprechung des BVerfG	1	geändert	VZ 2014	BGBl. I 2014, 1042 = BStBl I 2014, 1062	Anpassung an § 2 Abs. 8 EStG
§ 32 EStG	Kroatien-StAnpG	2	geändert	VZ 2014	BGBl. I 2014, 1266 = BStBl I 2014, 1126	Anpassung
§ 32 Abs. 4 Satz 1 Nr. 2 Buchst. b EStG	Zollkodex-AnpG	5	geändert	VZ 2015	BGBl. I 2014, 2417 = BStBl I 2015, 58	Berücksichtigung von Zwangspausen vor freiwilligem Wehrdienst
§ 32b Abs. 1 Nr. 1 EStG	Kroatien-StAnpG	3	geändert	VZ 2015	BGBl. I 2014, 1266 = BStBl I 2014, 1126	Anpassung
§ 32c EStG	Kroatien-StAnpG	2	aufgehoben	VZ 2014	BGBl. I 2014, 1266 = BStBl I 2014, 1126	Anpassung
§ 33a Abs. 1 Sätze 9 – 11 EStG	Kroatien-StAnpG	3	neu	VZ 2015	BGBl. I 2014, 1266 = BStBl I 2014, 1126	Angabe der Identifikationsnummer der unterhaltenen Person als Voraussetzung für den Abzug
§ 33a Abs. 3 Satz 2 und 3 EStG	Kroatien-StAnpG	2	neu gefasst	VZ 2014	BGBl. I 2014, 1266 = BStBl I 2014, 1126	Anpassung
§ 34c EStG	Kroatien-StAnpG	2	aufgehoben	VZ 2014	BGBl. I 2014, 1266 = BStBl I 2014, 1126	Anpassung

1 Aktuelles

Gesetz/ Geänderte Vorschrift	Änderungsgesetz	Art.	Änderungsnachweis	Inkrafttreten/ Anwendungsregelung	BGBl.-/ BStBl-Fundstelle	Inhalt der Änderung und weiterführende Hinweise und Links
§ 34c Abs. 1 Satz 2 und 3 1. Halbs. EStG	Zollkodex-AnpG	5	neu gefasst	VZ 2015	BGBl. I 2014, 2417 = BStBl I 2015, 58	Neuregelung für die Ermittlung des Anrechnungshöchstsatzes
§ 35b Satz 3 EStG	Zollkodex-AnpG	5	aufgehoben	VZ 2015	BGBl. I 2014, 2417 = BStBl I 2015, 58	Gegenstandslos
§ 37 Abs. 3 Satz 4 EStG	Zollkodex-AnpG	5	geändert	VZ 2015	BGBl. I 2014, 2417 = BStBl I 2015, 58	Anpassung
§ 37 Abs. 6 EStG	Kroatien-StAnpG	2	neu	VZ 2014	BGBl. I 2014, 1266 = BStBl I 2014, 1126	Anpassung
§ 39a EStG	Zollkodex-AnpG	5	neu gefasst	VZ 2015	BGBl. I 2014, 2417 = BStBl I 2015, 58	Anpassung
§ 39b Abs. 2 Satz 5 Nr. 3 Buchst. b EStG	Kroatien-StAnpG	3	geändert	VZ 2015	BGBl. I 2014, 1266 = BStBl I 2014, 1126	Anpassung
§ 39b EStG	Kroatien-StAnpG	2	neu gefasst	VZ 2014	BGBl. I 2014, 1266 = BStBl I 2014, 1126	Programmablaufplan bei Lohnsteuerabzugsverfahren geändert
§ 40 Abs. 2 EStG	Kroatien-StAnpG	2	geändert	VZ 2014	BGBl. I 2014, 1266 = BStBl I 2014, 1126	Anpassung
§ 40 Abs. 2 Satz 1 Nr. 4 EStG	Zollkodex-AnpG	5	neu gefasst	VZ 2015	BGBl. I 2014, 2417 = BStBl I 2015, 58	Anpassung
§ 40a EStG	Kroatien-StAnpG	2	geändert	VZ 2014	BGBl. I 2014, 1266 = BStBl I 2014, 1126	Anpassung
§ 41a Abs. 2 Satz 2 EStG	Kroatien-StAnpG	3	geändert	VZ 2015	BGBl. I 2014, 1266 = BStBl I 2014, 1126	Anhebung des Grenzbetrags für die jährliche Abgabe der Lohnsteuer-Anmeldung
§ 41b EStG	Kroatien-StAnpG	2	geändert	VZ 2014	BGBl. I 2014, 1266 = BStBl I 2014, 1126	Anpassung

A. Gesetze

Gesetz/ Geänderte Vorschrift	Änderungsgesetz	Art.	Änderungsnachweis	Inkrafttreten/ Anwendungsregelung	BGBl.-/ BStBl-Fundstelle	Inhalt der Änderung und weiterführende Hinweise und Links
§ 41c Abs. 3 Sätze 4 bis 6 EStG	Kroatien-StAnpG	2	neu	VZ 2014	BGBl. I 2014, 1266 = BStBl I 2014, 1126	Änderung der Festsetzung der Steuerentrichtungsschuld des Arbeitgebers in besonderen Fällen
§ 42b Abs. 1 Satz 3 Nr. 5 EStG	Kroatien-StAnpG	3	geändert	VZ 2015	BGBl. I 2014, 1266 = BStBl I 2014, 1126	Ausschluss des Lohnsteuer-Jahresausgleichs in bestimmten Fällen
§ 43 Abs. 1 Satz 1 EStG	Kroatien-StAnpG	2	geändert	VZ 2014	BGBl. I 2014, 1266 = BStBl I 2014, 1126	Anpassung
§ 43a Abs. 3 Satz 2 EStG	Kroatien-StAnpG	2	geändert	VZ 2014	BGBl. I 2014, 1266 = BStBl I 2014, 1126	Verweisung angepasst
§ 43b Abs. 2 Satz 1 EStG	Kroatien-StAnpG	1	neu gefasst	Ausschüttungen nach 30.6.2013	BGBl. I 2014, 1266 = BStBl I 2014, 1126	Anpassung an RL 2013/13/EU
§ 44 Abs. 1 Satz 4 Nr. 3 EStG	Zollkodex-AnpG	5	geändert	VZ 2015	BGBl. I 2014, 2417 = BStBl I 2015, 58	Entrichtung der Kapitalertragsteuer durch den Schuldner, wenn Wertpapiersammelbank keine Dividendenregulierung vornimmt
§ 44a EStG	Kroatien-StAnpG	2	geändert	VZ 2014	BGBl. I 2014, 1266 = BStBl I 2014, 1126	Vereinfachungen bei der Abfrage zu Freistellungsaufträgen
§ 44b Abs. 5 Satz 3 EStG	Zollkodex-AnpG	5	neu	VZ 2015	BGBl. I 2014, 2417 = BStBl I 2015, 58	Berücksichtigung nachträglich vorgelegter NV-Bescheinigungen
§ 45 Satz 2 EStG	Kroatien-StAnpG	2	neu gefasst	VZ 2014	BGBl. I 2014, 1266 = BStBl I 2014, 1126	Erstattung der auf die Dividendenzahlung einbehaltenen Kapitalertragsteuer
§ 50a Abs. 7 EStG	Kroatien-StAnpG	2	geändert	VZ 2014	BGBl. I 2014, 1266 = BStBl I 2014, 1126	Flexibilisierung der Höhe des Steuerabzugs und Ausrichtung der Abwicklung am Zahlungsrhythmus

Gesetz/ Geänderte Vorschrift	Änderungsgesetz	Art.	Änderungsnachweis	Inkrafttreten/ Anwendungsregelung	BGBl.-/ BStBl-Fundstelle	Inhalt der Änderung und weiterführende Hinweise und Links
§ 50e Abs. 1a EStG	Kroatien-StAnpG	2	neu	VZ 2014	BGBl. I 2014, 1266 = BStBl I 2014, 1126	Klarstellung der Zuständigkeit des BZSt als zuständige Verwaltungsbehörde
§ 50g Abs. 3 EStG	Kroatien-StAnpG	1	geändert	Zahlungen nach 30.6.2013	BGBl. I 2014, 1266 = BStBl I 2014, 1126	Anpassung an RL 2013/13/EU
§ 50i EStG	Kroatien-StAnpG	2	neu gefasst	VZ 2014	BGBl. I 2014, 1266 = BStBl I 2014, 1126	Einbeziehung der Gewährung neuer Anteile an einer Kapitalgesellschaft als Gegenleistung für die Einbringung des Geschäftsbetriebs einer Personengesellschaft in die Steuerpflicht
§ 52 Abs. 4 EStG	Zollkodex-AnpG	4	geändert	31.12.2014	BGBl. I 2014, 2417 = BStBl I 2015, 58	Anwendungsregelung zu § 3 Nr. 71 EStG
§ 52 Abs. 5 EStG	Zollkodex-AnpG	4	geändert	31.12.2014	BGBl. I 2014, 2417 = BStBl I 2015, 58	Anwendungsregelung zu § 3c Abs. 2 EStG
§ 52 Abs. 18 Satz 1 EStG	Zollkodex-AnpG	5	geändert	1.1.2015	BGBl. I 2014, 2417 = BStBl I 2015, 58	Anpassung
§ 52 Abs. 22a EStG	Zollkodex-AnpG	5	neu	1.1.2015	BGBl. I 2014, 2417 = BStBl I 2015, 58	Anwendungsregelung zu § 13a EStG
§ 52 Abs. 26a EStG	Zollkodex-AnpG	4	neu	31.12.2014	BGBl. I 2014, 2417 = BStBl I 2015, 58	Anwendungsregelung zu § 19 As. 1 Satz 1 Nr. 3 Satz 2 und 3 EStG
§ 52 Abs. 34a EStG	Zollkodex-AnpG	5	neu	1.1.2015	BGBl. I 2014, 2417 = BStBl I 2015, 58	Übergangsregelung zu § 34c EStG
§ 52 Abs. 48 Satz 3 EStG	Zollkodex-AnpG	4	geändert	31.12.2014	BGBl. I 2014, 2417 = BStBl I 2015, 58	Korrektur

A. Gesetze

Gesetz/ Geänderte Vorschrift	Änderungsgesetz	Art.	Änderungsnachweis	Inkrafttreten/ Anwendungsregelung	BGBl.-/ BStBl-Fundstelle	Inhalt der Änderung und weiterführende Hinweise und Links
§ 52 Abs. 55a EStG	Kroatien-StAnpG	1	Satz angefügt	1.7.2013	BGBl. I 2014, 1266 = BStBl I 2014, 1126	Anwendungsregelung zu § 43b EStG und Anlage 2
§ 52 Abs. 59c EStG	Kroatien-StAnpG	1	Satz angefügt	1.7.2013	BGBl. I 2014, 1266 = BStBl I 2014, 1126	Anwendungsregelung zu § 50g EStG und Anlage 3
§ 52 EStG	Kroatien-StAnpG	2	neu gefasst	31.7.2014	BGBl. I 2014, 1266 = BStBl I 2014, 1126	Rechtsbereinigung
§ 52 Abs. 1 EStG	Kroatien-StAnpG	3	neu gefasst	1.1.2015	BGBl. I 2014, 1266 = BStBl I 2014, 1126	Anwendungsregelung
§ 52 Abs. 49a EStG	FreizügigkeitsÄndG	3	neu	9.12.2014	BGBl. I 2014, 1922 = BStBl I 2015, 54	Anwendungsregelung zu § 62, § 63, § 67 EStG
§ 52a EStG	Kroatien-StAnpG	2	aufgehoben	31.7.2014	BGBl. I 2014, 1266 = BStBl I 2014, 1126	Übernahme der Regelungen in § 52 EStG und Rechtsbereinigung
§ 62 Abs. 1 EStG	FreizügigkeitsÄndG	3	geändert	1.1.2016	BGBl. I 2014, 1922 = BStBl I 2015, 54	Identifikation des Kindergeldberechtigten durch ID-Nummer
§ 63 Abs. 1 EStG	FreizügigkeitsÄndG	3	geändert	1.1.2016	BGBl. I 2014, 1922 = BStBl I 2015, 54	Identifikation des Kindes durch ID-Nummer
§ 67 EStG	FreizügigkeitsÄndG	3	geändert	1.1.2016	BGBl. I 2014, 1922 = BStBl I 2015, 54	Verpflichtung zur Mitteilung der ID-Nummer
§ 70 Abs. 3 EStG	Zollkodex-AnpG	5	neu gefasst	1.1.2015	BGBl. I 2014, 2417 = BStBl I 2015, 58	Anpassung
§ 75 Abs. 1 EStG	Zollkodex-AnpG	5	geändert	1.1.2015	BGBl. I 2014, 2417 = BStBl I 2015, 58	Anpassung
§ 79 EStG	Kroatien-StAnpG	2	neuer Satz angefügt	VZ 2014	BGBl. I 2014, 1266 = BStBl I 2014, 1126	Anpassung

Gesetz/ Geänderte Vorschrift	Änderungsgesetz	Art.	Änderungsnachweis	Inkrafttreten/ Anwendungsregelung	BGBl.-/ BStBl-Fundstelle	Inhalt der Änderung und weiterführende Hinweise und Links
§ 82 EStG	Kroatien-StAnpG	2	geändert	VZ 2014	BGBl. I 2014, 1266 = BStBl I 2014, 1126	Anpassung
§ 85 Abs. 1 Satz 2 EStG	Gesetz zur Anpassung steuerlicher Regelungen an die Rechtsprechung des Bundesverfassungsgerichts	1	neu	VZ 2014	BGBl. I 2014, 1042 = BStBl I 2014, 1062	Anpassung an § 2 Abs. 8 EStG
§ 86 EStG	Kroatien-StAnpG	2	geändert	VZ 2014	BGBl. I 2014, 1266 = BStBl I 2014, 1126	Anpassung
§ 92 EStG	Kroatien-StAnpG	2	geändert	VZ 2014	BGBl. I 2014, 1266 = BStBl I 2014, 1126	Anpassung
§ 92a EStG	Kroatien-StAnpG	2	geändert	VZ 2014	BGBl. I 2014, 1266 = BStBl I 2014, 1126	Anpassung
§ 93 Abs. 1a Satz 3 EStG	Gesetz zur Anpassung steuerlicher Regelungen an die Rechtsprechung des Bundesverfassungsgerichts	1	geändert	VZ 2014	BGBl. I 2014, 1042 = BStBl I 2014, 1062	Anpassung an § 2 Abs. 8 EStG
Anlage 1a zum EStG	Zollkodex-AnpG	5	neu	VZ 2015	BGBl. I 2014, 2417 = BStBl I 2015, 58	neue Anlage zu § 13a EStG
Anlage 2 zum EStG	Kroatien-StAnpG	1	neu gefasst	Ausschüttungen nach 30.6.2013	BGBl. I 2014, 1266 = BStBl I 2014, 1126	Anpassung an RL 2013/13/EU
Anlage 3 zum EStG	Kroatien-StAnpG	1	neu gefasst	Zahlungen nach 30.6.2013	BGBl. I 2014, 1266 = BStBl I 2014, 1126	Anpassung an RL 2013/13/EU

A. Gesetze

Gesetz/ Geänderte Vorschrift	Änderungsgesetz	Art.	Änderungsnachweis	Inkrafttreten/ Anwendungsregelung	BGBl.-/ BStBl-Fundstelle	Inhalt der Änderung und weiterführende Hinweise und Links
EStDV						
Inhaltsübersicht	Gesetz zur Anpassung steuerlicher Regelungen an die Rechtsprechung des Bundesverfassungsgerichts	2	geändert	VZ 2014	BGBl. I 2014, 1042 = BStBl I 2014, 1062	Anpassung
§ 1 EStDV	Gesetz zur Anpassung steuerlicher Regelungen an die Rechtsprechung des Bundesverfassungsgerichts	2	neu	Offene Veranlagungen	BGBl. I 2014, 1042 = BStBl I 2014, 1062	Anpassung an § 2 Abs. 8 EStG
§ 70 Satz 1 EStDV	Kroatien-StAnpG	24	neu gefasst	VZ 2014	BGBl. I 2014, 1266 = BStBl I 2014, 1126	Anpassung
§ 73a Abs. 3 EStDV	StVÄndV 2014	3	neu gefasst	1.1.2014	BGBl. I 2014, 2392 = BGBl. I 2014, 2392	Redaktionelle Folgeänderung
§ 73e Satz 7 EStDV	Kroatien-StAnpG	24	neu gefasst	1.1.2015	BGBl. I 2014, 1266 = BStBl I 2014, 1126	Anpassung
§ 84 EStDV	Gesetz zur Anpassung steuerlicher Regelungen an die Rechtsprechung des Bundesverfassungsgerichts	3	geändert	24.7.2014	BGBl. I 2014, 1042 = BStBl I 2014, 1062	Anwendungsregelung
§ 84 Abs. 3g EStDV	Kroatien-StAnpG	24	neu gefasst	31.7.2014	BGBl. I 2014, 1266 = BStBl I 2014, 1126	Anwendungsregelung zu § 70 EStDV
§ 84 Abs. 3h EStDV	Kroatien-StAnpG	24	neu gefasst	31.7.2014	BGBl. I 2014, 1266 = BStBl I 2014, 1126	Anwendungsregelung zu § 70e EStDV
§ 82 Abs. 3 h EStDV	StVÄndV 2014	3	geändert	1.1.2014	BGBl. I 2014, 2392 = BGBl. I 2014, 2392	Anwendungsregelung zu § 73a Abs. 3 EStDV

Gesetz/ Geänderte Vorschrift	Änderungsgesetz	Art.	Änderungsnachweis	Inkrafttreten/ Anwendungsregelung	BGBl.-/ BStBl-Fundstelle	Inhalt der Änderung und weiterführende Hinweise und Links
FAG						
§ 1 FAG	Gesetz zur Entlastung der Kommunen ab 2015	1	geändert	31.12.2014	BGBl. I 2014, 2411	Änderung der Verteilung des Aufkommens aus der Umsatzsteuer
FGO						
§ 142 Abs. 3 FGO	Gesetz zur Durchführung der VO (EU) Nr. 1214/2012	14	neu gefasst	16.7.2015	BGBl. I 2014, 890	Korrektur und redaktionelle Klarstellung
FSchStG						
§ 9 Abs. 4 FSchStG	Zollkodex-AnpG	13	neu gefasst	31.12.2014	BGBl. I 2014, 2417	Anpassung an § 10 Abs. 4 VersStG
FVG						
§ 5 Abs. 1 FVG	Kroatien-StAnpG	17	geändert	31.7.2014	BGBl. I 2014, 1266 = BStBl I 2014, 1126	Anpassung des Zuständigkeitskatalogs des BZSt
§ 5 Abs. 1 Nrn. 40 und 41 FVG	Kroatien-StAnpG	18	neu	1.10.2014	BGBl. I 2014, 1266 = BStBl I 2014, 1126	Erweiterung des Zuständigkeitskatalogs des BZSt
§ 5 Abs. 1 Nr. 41, 42 FVG	Zollkodex-AnpG	12	geändert/neu	31.12.2014	BGBl. I 2014, 2417	Erweiterung des Zuständigkeitskatalogs des BZSt
GewStG						
§ 2 Abs. 7 Nr. 1 GewStG	Kroatien-StAnpG	5	neu gefasst	EZ 2015	BGBl. I 2014, 1266 = BStBl I 2014, 1126	Erweiterung des Inlandsbegriffs
§ 3 Nr. 2 GewStG	Kroatien-StAnpG	5	geändert	EZ 2013	BGBl. I 2014, 1266 = BStBl I 2014, 1126	Anpassung
§ 3 Nr. 20 GewStG	Kroatien-StAnpG	5	geändert	EZ 2015	BGBl. I 2014, 1266 = BStBl I 2014, 1126	Einbeziehung von Einrichtungen der ambulanten Rehabilitation in die Gewerbesteuerbefreiung
§ 3 Nr. 30, 31 GewStG	Zollkodex-AnpG	7	geändert, neu	EZ 2014	BGBl. I 2014, 2417 = BStBl I 2015, 58	Steuerbefreiung für Global Legal Entity Identifier Stiftung

A. Gesetze

Gesetz/ Geänderte Vorschrift	Änderungsgesetz	Art.	Änderungsnachweis	Inkrafttreten/ Anwendungsregelung	BGBl.-/ BStBl-Fundstelle	Inhalt der Änderung und weiterführende Hinweise und Links
§ 4 Abs. 2 GewStG	Kroatien-StAnpG	5	Sätze angefügt	EZ 2015	BGBl. I 2014, 1266 = BStBl I 2014, 1126	Anpassung
§ 9 Nr. 1 Satz 5 Nr. 1a GewStG	Kroatien-StAnpG	5	neu gefasst	EZ 2015	BGBl. I 2014, 1266 = BStBl I 2014, 1126	Anpassung
§ 19 Abs. 3 Satz 5 GewStG	Kroatien-StAnpG	5	aufgehoben	EZ 2015	BGBl. I 2014, 1266 = BStBl I 2014, 1126	Gegenstandslos geworden
§ 29 Abs. 1 Nr. 2 GewStG	Kroatien-StAnpG	5	neu gefasst	EZ 2015	BGBl. I 2014, 1266 = BStBl I 2014, 1126	Anpassung
§ 36 GewStG	Kroatien-StAnpG	5	neu gefasst	EZ 2015	BGBl. I 2014, 1266 = BStBl I 2014, 1126	Rechtsbereinigung, Anwendungsregelung
§ 35 Abs. 2 GewStG	Zollkodex-AnpG	7	geändert	31.12.2014	BGBl. I 2014, 2417 = BStBl I 2015, 58	Anwendungsregelung Tz § 3 Nr. 31 GewStG
GrEStG						
§ 6a Satz 1 bis 3 GrEStG	Kroatien-StAnpG	14	neu gefasst	6.6.2013	BGBl. I 2014, 1266 = BStBl I 2014, 1126	Zeitlicher Anwendungsbereich bei Umwandlungen
§ 16 Abs. 5 GrEStG	Kroatien-StAnpG	14	neu gefasst	6.6.2013	BGBl. I 2014, 1266 = BStBl I 2014, 1126	Notwendigkeit grundstückbezogener Angaben
§ 23 Abs. 12 GrEStG	Kroatien-StAnpG	14	neu	31.7.2014	BGBl. I 2014, 1266 = BStBl I 2014, 1126	Anwendungsregelung
InvStG						
§ 8 Abs. 1 Satz 4 InvStG	Kroatien-StAnpG	13	geändert	31.7.2014	BGBl. I 2014, 1266 = BStBl I 2014, 1126	Redaktionelle Anpassung
§ 14 Abs. 7 Satz 1 InvStG	Kroatien-StAnpG	13	geändert	31.7.2014	BGBl. I 2014, 1266 = BStBl I 2014, 1126	Redaktionelle Anpassung

Gesetz/ Geänderte Vorschrift	Änderungsgesetz	Art.	Änderungsnachweis	Inkrafttreten/ Anwendungsregelung	BGBl.-/ BStBl-Fundstelle	Inhalt der Änderung und weiterführende Hinweise und Links
§ 15 Abs. 1a InvStG	Kroatien-StAnpG	13	geändert	31.7.2014	BGBl. I 2014, 1266 = BStBl I 2014, 1126	Redaktionelle Anpassung
§ 16 Satz 7 InvStG	Kroatien-StAnpG	13	geändert	31.7.2014	BGBl. I 2014, 1266 = BStBl I 2014, 1126	Redaktionelle Anpassung
§ 21 Abs. 22 Satz 4 und 5 InvStG	Kroatien-StAnpG	13	geändert	31.7.2014	BGBl. I 2014, 1266 = BStBl I 2014, 1126	Redaktionelle Anpassung
KStG						
Inhaltsübersicht	Kroatien-StAnpG	4	neu gefasst	VZ 2015	BGBl. I 2014, 1266 = BStBl I 2014, 1126	Anpassung an § 26 KStG
Inhaltsübersicht	Zollkodex-AnpG	6	geändert	1.1.2015	BGBl. I 2014, 2417 = BStBl I 2015, 58	Anpassung an § 26 KStG
§ 1 Abs. 3 KStG	Kroatien-StAnpG	4	neu gefasst	VZ 2015	BGBl. I 2014, 1266 = BStBl I 2014, 1126	Erweiterung des Inlandsbegriffs
§ 5 Abs. 1 Nr. 2 KStG	Kroatien-StAnpG	4	geändert	VZ 2013	BGBl. I 2014, 1266 = BStBl I 2014, 1126	Anpassung
§ 5 Abs. 1 KStG	Zollkodex-AnpG	5	geändert	VZ 2014	BGBl. I 2014, 2417 = BStBl I 2015, 58	Steuerbefreiung für Global Legal Entity Identifier Stiftung
§ 8b KStG	Kroatien-StAnpG	4	geändert	VZ 2015	BGBl. I 2014, 1266 = BStBl I 2014, 1126	Anpassung
§ 17 KStG	Kroatien-StAnpG	4	geändert	VZ 2015	BGBl. I 2014, 1266 = BStBl I 2014, 1126	Übergangsregelung
§ 19 Abs. 1 bis 4 KStG	Kroatien-StAnpG	4	neu gefasst	VZ 2015	BGBl. I 2014, 1266 = BStBl I 2014, 1126	Anpassung
§ 26 KStG	Kroatien-StAnpG	4	neu gefasst	VZ 2015	BGBl. I 2014, 1266 = BStBl I 2014, 1126	Anpassung

A. Gesetze

Gesetz/ Geänderte Vorschrift	Änderungsgesetz	Art.	Änderungsnachweis	Inkrafttreten/ Anwendungsregelung	BGBl.-/ BStBl-Fundstelle	Inhalt der Änderung und weiterführende Hinweise und Links
§ 26 KStG	Zollkodex-AnpG	6	geändert	31.12.2014	BGBl. I 2014, 2417 = BStBl I 2015, 58	Anpassung an § 34c EStG
§ 27 KStG	Kroatien-StAnpG	4	geändert	VZ 2015	BGBl. I 2014, 1266 = BStBl I 2014, 1126	Anpassung
§ 31 Abs. 1 Satz 2 KStG	Kroatien-StAnpG	4	aufgehoben	VZ 2015	BGBl. I 2014, 1266 = BStBl I 2014, 1126	Anpassung
§ 34 KStG	Kroatien-StAnpG	4	neu gefasst	31.7.2014	BGBl. I 2014, 1266 = BStBl I 2014, 1126	Anwendungsregelung; Rechtsbereinigung
§ 34 Abs. 3 KStG	Zollkodex-AnpG	6	geändert	31.12.2014	BGBl. I 2014, 2417 = BStBl I 2015, 58	Anwendungsregelung zu § 5 Abs. 1 KStG
§ 34 Abs. 9 KStG	Zollkodex-AnpG	5	neu gefasst	31.12.2014	BGBl. I 2014, 2417 = BStBl I 2015, 58	Anwendungsregelung zu § 26 KStG
§ 36 KStG	Kroatien-StAnpG	4	neu gefasst	31.7.2014	BGBl. I 2014, 1266 = BStBl I 2014, 1126	Anwendungsregelung; Rechtsbereinigung
§ 38 Abs. 1 Satz 7 KStG	Kroatien-StAnpG	4	geändert	VZ 2015	BGBl. I 2014, 1266 = BStBl I 2014, 1126	Verweisung angepasst
LStDV						
§ 5 Abs. 1 Nr. 2 LStDV	Kroatien-StAnpG	27	neu gefasst	31.7.2014	BGBl. I 2014, 1266 = BStBl I 2014, 1126	Verweisung angepasst
StBerG						
Inhaltsübersicht	Kroatien-StAnpG	20	geändert	31.7.2014	BGBl. I 2014, 1266 = BStBl I 2014, 1126	Anpassung an neuen § 10a StBerG
§ 7 Abs. 3 Satz 2 StBerG	Kroatien-StAnpG	20	neu	31.7.2014	BGBl. I 2014, 1266 = BStBl I 2014, 1126	Zuständigkeit für die Untersagung unbefugter Hilfeleistung

Gesetz/ Geänderte Vorschrift	Änderungsgesetz	Art.	Änderungsnachweis	Inkrafttreten/ Anwendungsregelung	BGBl.-/ BStBl-Fundstelle	Inhalt der Änderung und weiterführende Hinweise und Links
§ 10a StBerG	Kroatien-StAnpG	20	neu	31.7.2014	BGBl. I 2014, 1266 = BStBl I 2014, 1126	Mitteilung über den Ausgang von Bußgeldverfahren wegen unbefugter Hilfeleistung
§ 76 Abs. 11 StBerG	Kroatien-StAnpG	20	neu	31.7.2014	BGBl. I 2014, 1266 = BStBl I 2014, 1126	Wahrnehmung wettbewerbsrechtlicher Aufgaben durch die StBK
Abschn. 1 Unterabschn. 1 Anlage zu § 146 Satz 1 StBerG	Kroatien-StAnpG	20	neu gefasst	31.7.2014	BGBl. I 2014, 1266 = BStBl I 2014, 1126	Gerichtsgebühr bei Berufsverbot
StStatG						
§ 7 Abs. 7 Buchst. h StStatG	Kroatien-StAnpG	19	geändert	31.7.2014	BGBl. I 2014, 1266 = BStBl I 2014, 1126	Anpassung
TabStG						
§ 22 Abs. 3 Satz 1 TabStG	Kroatien-StAnpG	23	geändert	31.7.2014	BGBl. I 2014, 1266 = BStBl I 2014, 1126	Anpassung
UmwStG						
§ 1 Abs. 5 Nr. 1 UmwStG	Kroatien-StAnpG	6	neu gefasst	31.7.2014	BGBl. I 2014, 1266 = BStBl I 2014, 1126	Anpassung an Fusionsrichtlinie
§ 3 Abs. 3 UmwStG	Kroatien-StAnpG	6	geändert	31.7.2014	BGBl. I 2014, 1266 = BStBl I 2014, 1126	Anpassung an Fusionsrichtlinie
§ 13 Abs. 2 Satz 1 Nr. 2 Satz 1 UmwStG	Kroatien-StAnpG	6	geändert	31.7.2014	BGBl. I 2014, 1266 = BStBl I 2014, 1126	Anpassung an Fusionsrichtlinie
§ 20 Abs. 8 UmwStG	Kroatien-StAnpG	6	geändert	Übertragungsstichtage nach 31.12.2013	BGBl. I 2014, 1266 = BStBl I 2014, 1126	Anpassung an Fusionsrichtlinie
§ 21 Abs. 2 Satz 3 Nr. 2 UmwStG	Kroatien-StAnpG	6	geändert	31.7.2014	BGBl. I 2014, 1266 = BStBl I 2014, 1126	Anpassung an Fusionsrichtlinie

A. Gesetze

Gesetz/ Geänderte Vorschrift	Änderungsgesetz	Art.	Änderungsnachweis	Inkrafttreten/ Anwendungsregelung	BGBl.-/ BStBl-Fundstelle	Inhalt der Änderung und weiterführende Hinweise und Links
§ 27 UmwStG	Kroatien-StAnpG	6	neu gefasst	31.7.2014	BGBl. I 2014, 1266 = BStBl I 2014, 1126	Anwendungsregelung zu § 20 Abs. 8 UmwStG
UStG						
Inhaltsübersicht	Kroatien-StAnpG	8	geändert	1.10.2014	BGBl. I 2014, 1266 = BStBl I 2014, 1126	Anpassung an § 18h UStG und Anlage 4
§ 3 Abs. 11a UStG	Kroatien-StAnpG	9	neu	1.1.2015	BGBl. I 2014, 1266 = BStBl I 2014, 1126	Übernahme des früheren § 45h TKG in das UStG
§ 3a UStG	Kroatien-StAnpG	9	geändert	1.1.2015	BGBl. I 2014, 1266 = BStBl I 2014, 1126	Leistungsort; Umsetzung Art. 369a – 369k MwStSystRL
§ 3a Abs. 4 Satz 2 Nr. 6 Buchst. a UStG	Zollkodex-AnpG	10	neu gefasst	31.12.2014	BGBl. I 2014, 2417 = BStBl I 2015, 58	Ortsregelung auf Bank- und Finanzumsätze erweitert
§ 3a Abs. 6 Satz 1 Nr. 3 UStG	Zollkodex-AnpG	9	geändert	31.12.2014	BGBl. I 2014, 2417 = BStBl I 2015, 58	Anpassung
§ 4 Nr. 14 Buchst. b Satz 2 UStG	Zollkodex-AnpG	9	geändert	31.12.2014	BGBl. I 2014, 2417 = BStBl I 2015, 58	USt-Befreiung für Dialyseleistungen
§ 4 Nr. 14 Buchst. a Satz 4 UStG	Zollkodex-AnpG	9	aufgehoben	31.12.2014	BGBl. I 2014, 2417 = BStBl I 2015, 58	Gegenstandslos
§ 4 Nr. 15b UStG	Kroatien-StAnpG	9	neu	1.1.2015	BGBl. I 2014, 1266 = BStBl I 2014, 1126	USt-Befreiung für Arbeitsmarktdienstleistungen (Art. 132 MwStSystRL)
§ 4 Nr. 25 Satz 2 Buchst. b Doppelbuchst. Cc UStG	Kroatien-StAnpG	7	neu gefasst	31.7.2014	BGBl. I 2014, 1266 = BStBl I 2014, 1126	Anpassung
§ 4 Nr. 27 UStG	Kroatien-StAnpG	9	neu	1.1.2015	BGBl. I 2014, 1266 = BStBl I 2014, 1126	USt-Befreiung für geistigen Beistand (Art. 132 Abs. 1 Buchst. k MwStSystRL)

Gesetz/ Geänderte Vorschrift	Änderungsgesetz	Art.	Änderungsnachweis	Inkrafttreten/ Anwendungsregelung	BGBl.-/ BStBl-Fundstelle	Inhalt der Änderung und weiterführende Hinweise und Links
§ 10 Abs. 5 UStG	Kroatien-StAnpG	7	geändert	31.7.2014	BGBl. I 2014, 1266 = BStBl I 2014, 1126	Mindestbesteuerungsgrundlage bei niedrigerem marktüblichen Entgelt nicht anwendbar
§ 13 Abs. 1 Nr. 1 UStG	Kroatien-StAnpG	9	geändert	1.1.2015	BGBl. I 2014, 1266 = BStBl I 2014, 1126	Anpassung
§ 13b Abs. 2 und 5 UStG	Kroatien-StAnpG	8	geändert	1.10.2014	BGBl. I 2014, 1266 = BStBl I 2014, 1126	Erweiterung Steuerschuldnerschaft Leistungsempfänger; Beschränkung des Anwendungsbereichs auf frühere Verwaltungsauffassung (Aushebelung BFH v. 22.8.2013, V R 37/10, BStBl II 2014, 128
§ 13b Abs. 2 Nr. 11 UStG	Zollkodex-AnpG	11	neu gefasst	1.1.2015	BGBl. I 2014, 2417 = BStBl I 2015, 58	Mindestbemessungsgrundlage: 5 000 €
§ 13b Abs. 5 Satz 3 UStG	Zollkodex-AnpG	10	neu gefasst	31.12.2014	BGBl. I 2014, 2417 = BStBl I 2015, 58	Klarstellung
§ 13b Abs. 7 Satz 5 UStG	Kroatien-StAnpG	7	geändert	31.7.2014	BGBl. I 2014, 1266 = BStBl I 2014, 1126	Verweisung angepasst
§ 13b Abs. 10 UStG	Zollkodex-AnpG	9	neu	31.12.2014	BGBl. I 2014, 2417 = BStBl I 2015, 58	Erweiterung der Steuerschuldnerschaft des Empfängers durch Rechtsverordnung
§ 14a Abs. 1 Satz 4 UStG	Kroatien-StAnpG	7	geändert	31.7.2014	BGBl. I 2014, 1266 = BStBl I 2014, 1126	Verweisung angepasst
§ 18 Abs. 2 Satz 5 UStG	Zollkodex-AnpG	9	neu	Voranmeldezeiträume, die nach dem 31.3.2015 enden	BGBl. I 2014, 2417 = BStBl I 2015, 58	Monatliche USt-Voranmeldung bei Aktivierung einer Vorratsgesellschaft und Übernahme eine Firmenmantels

A. Gesetze

Gesetz/ Geänderte Vorschrift	Änderungsgesetz	Art.	Änderungsnachweis	Inkrafttreten/ Anwendungsregelung	BGBl.-/ BStBl-Fundstelle	Inhalt der Änderung und weiterführende Hinweise und Links
§ 18 Abs. 4d UStG	Kroatien-StAnpG	9	geändert	1.1.2015	BGBl. I 2014, 1266 = BStBl I 2014, 1126	Anpassung
§ 18 Abs. 4e UStG	Kroatien-StAnpG	9	neu	1.1.2015	BGBl. I 2014, 1266 = BStBl I 2014, 1126	Umsetzung Art. 369a – 369k MwStSystRL (mini-one-stop-shop)
§ 18 Abs. 12 Satz 1 UStG	Kroatien-StAnpG	7	geändert	31.7.2014	BGBl. I 2014, 1266 = BStBl I 2014, 1126	Anpassung
§ 18h UStG	Kroatien-StAnpG	8	neu	1.1.2015	BGBl. I 2014, 1266 = BStBl I 2014, 1126	Verfahren bei Abgabe der USt-Erklärung in einem anderen Mitgliedstaat
§ 22 Abs. 1 Satz 4 UStG	Kroatien-StAnpG	9	Halbsatz angefügt	1.1.2015	BGBl. I 2014, 1266 = BStBl I 2014, 1126	Anpassung an § 18 Abs. 4e UStG
§ 22 Abs. 2 Nr. 6 UStG	Kroatien-StAnpG	7	neu gefasst	31.7.2014	BGBl. I 2014, 1266 = BStBl I 2014, 1126	Anpassung
§ 25a Abs. 5 Satz 3 UStG	Kroatien-StAnpG	7	geändert	31.7.2014	BGBl. I 2014, 1266 = BStBl I 2014, 1126	Anpassung
§ 26a Abs. 3 UStG	Kroatien-StAnpG	7	neu	31.7.2014	BGBl. I 2014, 1266 = BStBl I 2014, 1126	BZSt ist Verwaltungsbehörde bei Verfolgung von Ordnungswidrigkeiten
§ 27 Abs. 19 UStG	Kroatien-StAnpG	7	neu	31.7.2014	BGBl. I 2014, 1266 = BStBl I 2014, 1126	Übergangsregelung zu BFH v. 22.8.2014, V R 37/10, BStBl II 2014, 128
§ 27 Abs. 20 UStG	Kroatien-StAnpG	8	neu	1.10.2014	BGBl. I 2014, 1266 = BStBl I 2014, 1126	Anwendungsregelung zu § 18h UStG
§ 27 Abs. 28 UStG	Zollkodex-AnpG	9	neu	31.12.2014	BGBl. I 2014, 2417 = BStBl I 2015, 58	Anwendungsregelung zu § 18 Abs. 2 UStG

Gesetz/ Geänderte Vorschrift	Änderungsgesetz	Art.	Änderungsnachweis	Inkrafttreten/ Anwendungsregelung	BGBl.-/ BStBl-Fundstelle	Inhalt der Änderung und weiterführende Hinweise und Links
Anlage 2 Nr. 50	Kroatien-StAnpG	9	neu gefasst	1.1.2015	BGBl. I 2014, 1266 = BStBl I 2014, 1126	Ermäßigter Steuersatz für Hörbücher
Anlage 4 zum UStG	Kroatien-StAnpG	8	geändert	1.10.2014	BGBl. I 2014, 1266 = BStBl I 2014, 1126	Anpassung
Anlage 4 zum UStG	Zollkodex-AnpG	11	neu gefasst	1.1.2015	BGBl. I 2014, 2417 = BStBl I 2015, 58	Neufassung
UStDV						
§ 1 UStDV	Kroatien-StAnpG	26	geändert	31.7.2014	BGBl. I 2014, 1266 = BStBl I 2014, 1126	Redaktionelle Anpassung
§ 8 Abs. 1 Satz 1 UStDV	StVÄndV 2014	6	geändert	30.12.2014	BGBl. I 2014, 2392 = BGBl. I 2014, 2392	Redaktionelle Anpassung
§ 17a Abs. 3 Satz 3 UStDV	StVÄndV 2014	6	geändert	30.12.2014	BGBl. I 2014, 2392 = BGBl. I 2014, 2392	Redaktionelle Anpassung
§ 20 Abs. 3 UStDV	StVÄndV 2014	6	geändert	30.12.2014	BGBl. I 2014, 2392 = BGBl. I 2014, 2392	Redaktionelle Anpassung
§ 23 UStDV	StVÄndV 2014	6	geändert	30.12.2014	BGBl. I 2014, 2392 = BGBl. I 2014, 2392	Redaktionelle Anpassung und Aufnahme des Arbeiter-Samariter-Bund Deutschland e.V.
§ 24 Abs. 3 Satz 1 UStDV	StVÄndV 2014	6	geändert	30.12.2014	BGBl. I 2014, 2392 = BGBl. I 2014, 2392	Redaktionelle Anpassung
§ 46 Satz 1 UStDV	StVÄndV 2014	6	geändert	30.12.2014	BGBl. I 2014, 2392 = BGBl. I 2014, 2392	Terminologische Anpassung
§ 48 UStDV	StVÄndV 2014	6	geändert	30.12.2014	BGBl. I 2014, 2392 = BGBl. I 2014, 2392	Terminologische Anpassung

A. Gesetze

Gesetz/ Geänderte Vorschrift	Änderungsgesetz	Art.	Änderungsnachweis	Inkrafttreten/ Anwendungsregelung	BGBl.-/ BStBl-Fundstelle	Inhalt der Änderung und weiterführende Hinweise und Links
§ 59 UStDV	Kroatien-StAnpG	11	geändert	1.1.2010	BGBl. I 2014, 1266 = BStBl I 2014, 1126	Anpassung an UStG-Änderung
§ 59 Satz 2 UStDV	StVÄndV 2014	6	neu gefasst	30.12.2014	BGBl. I 2014, 2392 = BGBl. I 2014, 2392	Definition des Begriffs „im Ausland ansässiger Unternehmer" auf der Grundlage von EU-Recht
§ 60 UStDV	StVÄndV 2014	6	geändert	30.12.2014	BGBl. I 2014, 2392 = BGBl. I 2014, 2392	Im Ausland ansässiger Unternehmer kann neben den (bisherigen) vier Anträgen einen weiteren Antrag stellen (Anpassung an EU-Recht)
§ 61 UStDV	StVÄndV 2014	6	geändert	30.12.2014	BGBl. I 2014, 2392 = BGBl. I 2014, 2392	Anpassung an elektronische Bearbeitung; Ergänzung um Anrechnung von Prozesszinsen
§ 61a UStDV	StVÄndV 2014	6	geändert	Anträge nach 30.6.2016	BGBl. I 2014, 2392 = BGBl. I 2014, 2392	Obligatorische elektronische Übermittlung von Anträgen auf Vorsteuer-Vergütung durch im Drittland ansässige Unternehmer
§ 64 UStDV	Kroatien-StAnpG	10	neu gefasst	31.7.2014	BGBl.I 2014, 1266 = BStBl I 2014, 1126	Anpassung
§ 73 Abs. 2 Satz 1 UStDV	StVÄndV 2014	6	geändert	30.12.2014	BGBl. I 2014, 2392 = BGBl. I 2014, 2392	Redaktionelle Anpassung
§ 74a Abs. 3 UStDV	StVÄndV 2014	6	neu	30.12.2014	BGBl. I 2014, 2392 = BGBl. I 2014, 2392	Anwendungsregelung zu § 61a UStDV

Gesetz/ Geänderte Vorschrift	Änderungsgesetz	Art.	Änderungsnachweis	Inkrafttreten/ Anwendungsregelung	BGBl.-/ BStBl-Fundstelle	Inhalt der Änderung und weiterführende Hinweise und Links
UStZustV						
§ 1 Abs. 1 Nr. 20 USt-ZustV	StVÄndV 2014	7	neu gefasst	30.12.2014	BGBl. I 2014, 2392 = BGBl. I 2014, 2392	Folgeänderung zur Einführung des umsatzsteuerrechtlichen „Mini-one-stop-shop"-Verfahrens
VermBG 5 DV						
§ 2 Abs. 2 Satz 1 Nr. 3 VermBG 5 DV	Gesetz zur Anpassung steuerlicher Regelungen an die Rechtsprechung des Bundesverfassungsgerichts	14	geändert	24.7.2014	BGBl. I 2014, 1042 = BStBl I 2014, 1062	Gleichstellung Lebenspartner mit Ehegatten
§ 5 Abs. 3 VermBG 5 DV	StVÄndV 2014	8	neu gefasst	30.12.2014	BGBl. I 2014, 2392 = BGBl. I 2014, 2392	Redaktionelle Anpassung
WoPG						
§ 9 WoPG	Gesetz zur Anpassung steuerlicher Regelungen an die Rechtsprechung des Bundesverfassungsgerichts	9	geändert	24.7.2014	BGBl. I 2014, 1042 = BStBl I 2014, 1062	Gleichstellung Lebenspartner mit Ehegatten
ZerlG						
§ 2 Abs. 3 ZerlG	Kroatien-StAnpG	12	geändert	VZ 2012	BGBl. I 2014, 1266 = BStBl I 2014, 1126	Anpassung von Verweisen
§ 7 Abs. 7a ZerlG	Zollkodex-AnpG	15	neu	31.12.2014	BGBl. I 2014, 2417 = BStBl I 2015, 58	Übergangsregelung für die Zerlegung der LSt 2015
§ 12 ZerlG	Kroatien-StAnpG	12	neu gefasst	31.7.2014	BGBl. I 2014, 1266 = BStBl I 2014, 1126	Anwendungsregelung

A. Gesetze

2. 2014 verabschiedete Gesetze und Verordnungen

a) *Gesetz zur Anpassung steuerlicher Regelungen an die Rechtsprechung des Bundesverfassungsgerichts[1]*

aa) Allgemeines

Das Gesetz zur Anpassung steuerlicher Regelungen an die Rechtsprechung des BVerfG ergänzt die bereits mit dem Gesetz zur Änderung des Einkommensteuergesetzes in Umsetzung der Entscheidung des BVerfG vom 7. Mai 2013[2] vorgenommene Gleichstellung von (eingetragenen) Lebenspartnern mit Ehegatten im Einkommensteuerrecht. Die Gleichbehandlung wird auf den gesamten Bereich des Steuer- und des Steuerverfahrensrechts ausgedehnt; eingetragene Lebenspartner werden also generell wie Ehegatten behandelt. Die Änderungen haben den Charakter von Anpassungsregelungen. Terminologisch ist anzumerken, dass das Gesetz die Begriffe „Lebenspartner" und „Lebenspartnerschaft" verwendet. Erfasst werden damit nur die eingetragenen Lebenspartnerschaften i.S. des § 1 Lebenspartnerschaftsgesetz (LPartG), nicht die nichtehelichen Lebensgemeinschaften. Eine Anregung des Bundesrats, dies ausdrücklich klarzustellen,[3] hat der Bundestag nicht aufgegriffen. Soweit das Gesetz Veranlagungen, Bewertungen und Leistungen betrifft, sind die Änderungen auf alle noch offenen Fälle anzuwenden. Bei dem Gesetz handelt es sich um ein Mantelgesetz, das insgesamt 16 Gesetze und Verordnungen ändert.

bb) Steuer- und steuerverfahrensrechtliche Einzelregelungen

(1) EStG/EStDV (Art. 1 und 2)

Im **EStG** war die Gleichstellung von Ehegatten und Lebenspartnern bereits durch das Gesetz zur Änderung des Einkommensteuergesetzes in Umsetzung der Entscheidung des BVerfG vom 7. Mai 2013[4] vorgenommen worden. Der durch dieses Gesetz eingefügte § 2 Abs. 8 EStG schreibt die Gleichbehandlung vor. Im Rahmen des vorliegenden Anpassungsgesetzes ist in § 24b Abs. 2 Satz 3 EStG die Erwähnung der Lebenspartnerschaft gestrichen worden. Insoweit handelt es sich um eine bloße Rechtsbereinigung. Weitere Folgeänderungen sind in § 85 Abs. 2 EStG (Zuordnung der Kinderzulage) und in § 93 Abs. 1a Satz 3 EStG (Berücksichtigung der Lebenspartnerschaftszeit) vorgenommen worden. Das EStG verwendet für die eingetragenen Lebenspartnerschaften i.S. des § 1 LPartG einheitlich den Begriff „Lebenspartnerschaft".

Die **EStDV** ist an die Änderung des EStG durch das Gesetz vom 15.7.2013 angepasst worden. Der neu gefasste § 1 EStDV sieht (korrespondierend mit § 2 Abs. 8 EStG) als Generalklausel die Anwendung der Vorschriften für Ehegatten und Ehen auf Lebenspartner und Lebenspartnerschaften vor. Die Regelung ist auf alle offenen Fälle anzuwenden.

(2) AO, EGAO (Art. 3 und 4)

In der AO sind §§ 15, 19, 122, 147a, 183, 263 und 271 angepasst worden. Die Änderungen gelten ab 24.7.2014.

---

1) V. 18.7.2014, BGBl. I 2014, 1042 = BStBl I 2014, 1062.
2) Gesetz zur Anpassung steuerlicher Regelungen an die Rechtsprechung des BVerfG ergänzt die bereits mit dem Gesetz zur Änderung des Einkommensteuergesetzes in Umsetzung der Entscheidung des BVerfG vom 7. Mai 2013 v. 15.7.2013, BGBl. I 2013, 2397 = BStBl I 2013, 898.
3) BT-Drucks. 18/1575 v. 28.5.2014.
4) Gesetz zur Anpassung steuerlicher Regelungen an die Rechtsprechung des BVerfG ergänzt die bereits mit dem Gesetz zur Änderung des Einkommensteuergesetzes in Umsetzung der Entscheidung des BVerfG vom 7. Mai 2013 v. 15.7.2013, BGBl. I 2013, 2397 = BStBl I 2013, 898.

Durch die Änderung von **§ 15 AO** ist der Kreis der „Angehörigen" erweitert worden. Angehörige i.S. dieser Vorschrift sind nach neuem Recht auch: der Verlobte i.S.d. Lebenspartnerschaftsgesetzes, Lebenspartner und Lebenspartner von Geschwistern und Geschwister von Lebenspartnern. Die damit verbundene Ausweitung wirkt sich auf § 81 Abs. 1 Nr. 2 und 4, Abs. 2, §§ 101, 103 AO, 84 Abs. 2 FGO und § 6 Nr. 2 StBerG aus.

In **§ 19 AO**, der die örtliche Zuständigkeit für die Einkommensbesteuerung natürlicher Personen regelt, ist die Zuständigkeit für den Fall angepasst worden, dass der Stpfl. mehrere Wohnsitze hat. Bei Lebenspartnern, die nicht getrennt leben, ist der Wohnsitz maßgebend, an dem sich die Lebenspartner vorwiegend aufhalten.

Die in **§ 122 Abs. 7 Satz 1 AO** geregelte gemeinsame Bekanntgabe von Verwaltungsakten ist auf Lebenspartner und Lebenspartner mit ihren Kindern ausgedehnt worden.

§ 147a AO regelt, dass Stpfl. mit Überschusseinkünften von mehr als 500 000 € Belege sechs Jahre aufzubewahren haben. Dazu stellt Satz 2 der Vorschrift klar, dass dieser Schwellenwert (auch) bei Zusammenveranlagung für die Einkünfte eines jeden Ehegatten oder Lebenspartners gilt.

In **§ 183 Abs. 4 AO** ist die dort geregelte Bekanntgabeerleichterung bei Feststellungen (entsprechende Anwendung von § 122 Abs. 7 AO) für Ehegatten auf Lebenspartner ausgedehnt worden.

§ 263 AO erklärt Bestimmungen der ZPO für Vollstreckungen gegen Ehegatten für entsprechend anwendbar auf Lebenspartner. Insbesondere wird vermutet, dass die im Besitz eines Ehegatten befindlichen beweglichen Sachen dem Schuldner gehören. Nach neuem Recht gilt das auch entsprechend für Lebenspartner.

Der Aufteilungsmaßstab des **§ 271 Nr. 2 AO** für die Vermögensteuer gilt nach neuem Recht auch für Lebenspartner. Nachdem die Vermögensteuer nicht mehr erhoben wird, gibt es für die Regelung allerdings keinen Anwendungsbereich.

Einen Antrag von Bündnis 90/Die Grünen, im **Gemeinnützigkeitsrecht** (§ 52 Abs. 2 Nr. 19 AO) die Förderung des Schutzes von Lebenspartnerschaft als gemeinnützigen Zweck ausdrücklich anzuerkennen, hat der Bundestag abgelehnt.

(3) Altersvorsorgeverträge-Zertifizierungsgesetz (Art. 5)

7 Der Kreis der absicherbaren Hinterbliebenen (**§ 1 Abs. 1 Satz 1 Nr. 2 AltZertG**) ist auf Lebenspartner ausgedehnt worden. Die Vertragsmuster können ohne erneute Zertifizierung entsprechend umgestellt werden; insoweit reicht eine Änderungsanzeige an die Zertifizierungsstelle (**§ 14 Abs. 2b – neu – AltZertG**).

(4) BewG (Art. 6)

8 **§ 26 BewG** ist dahingehend ergänzt worden, dass auch bei Lebenspartnern die Zurechnung mehrerer Wirtschaftsgüter zu einer wirtschaftlichen Einheit möglich ist, wenn sie z.T. einem und z.T. dem anderen Lebenspartner gehören.

(5) Eigenheimzulagengesetz, Wohnungsbauprämiengesetz, Verordnung zur Durchführung des Fünften Vermögensbildungsgesetzes (Art. 8, 9 und 17)

9 Der neue § 19 Abs. 8a EigZulG, der neue § 3 Abs. 3 Satz 1 WoBauPrG und der geänderte § 2 Abs. 2 Satz 1 Nr. 3 DV VermBildG 5 sehen eine Gleichstellung der Lebenspartner mit Ehegatten vor.

(6) Energiesteuergesetz (Art. 11)

§ 59 Abs. 2 Nr. 2 Satz 2 EnStG sieht eine Vergütung von Energiesteuer für Ehegatten der Mitarbeiter diplomatischer und konsularischer Vertretungen vor. Die Vergünstigung ist auf Lebenspartner ausgedehnt worden.

cc) Gesetzgebungsverfahren

Der Bundesrat hat zu dem Regierungsentwurf[1] am 23.5.2014 Stellung genommen[2] und terminologische Klarstellungen vorgeschlagen, die der Bundestag allerdings nicht aufgegriffen hat. Auf der Grundlage der Beschlussempfehlung und des Berichts des federführenden Finanzausschusses[3] hat der Bundestag das Gesetz am 5.6.2014 in zweiter und dritter Lesung beschlossen. Der Bundesrat hat am 11.7.2014 zugestimmt. Das Gesetz vom 18.7.2014 ist am 23.7.2014 verkündet worden.[4]

dd) Finanzielle Auswirkungen

Die steuerrechtliche Gleichstellung der eingetragenen Lebenspartnerschaften wird zu geringfügigen Steuermindereinnahmen führen.

ee) Inkrafttreten

Das Gesetz vom 18.7.2014 ist am 24.7.2014 in Kraft getreten.

b) Gesetz zur Anpassung des nationalen Steuerrechts an den Beitritt Kroatiens zur EU und zur Änderung weiterer steuerlicher Vorschriften[5]

aa) Überblick

Der Titel des Gesetzes „Gesetz zur Anpassung des nationalen Steuerrechts an den Beitritt Kroatiens zur EU und zur Änderung weiterer steuerlicher Vorschriften" verdeckt den wirklichen Inhalt des Gesetzes. Die Vorschriften, die durch den Beitritt Kroatiens zur EU begründet sind, stellen einen eher untergeordneten Teil dar (Art. 1: Änderung der §§ 43b und 50g EStG; rückwirkend anwendbar auf Ausschüttungen und Zahlungen ab 1.7.2013). In der Sache handelt es sich um den ersten Teil eines Jahressteuergesetzes (2015)[6], das sich allerdings weitgehend auf redaktionelle Anpassungen, Folgeänderungen, Korrekturen, Streichung gegenstandslos gewordener Regelungen und eher unproblematische Änderungen beschränkt. Im Verlauf des Gesetzgebungsverfahrens ist, entsprechend den EU-Vorgaben das Regelwerk „Mini-one-stop-shop", im UStG umgesetzt worden. **Politisch interessant** sind zwei Änderungen, um die das Gesetz auf Vorschlag des federführenden Finanzausschusses ergänzt worden sind: Die Änderungen in **§ 50i EStG** hinsichtlich der Einbringung eines Betriebs einer Personengesellschaft in eine Kapitalgesellschaft gegen Gewährung von Anteilsrechten (lex Porsche) und die Einführung des ermäßigten Umsatzsteuersatzes für **Hörbücher**.

Das Gesetz ist ein Artikelgesetz, das 21 Gesetze und Verordnungen ändert. Neben den Anpassungen im EStG, die durch den Beitritt Kroatiens zur EU (RL 2013/13/EU)

---

1) BR-Drucks. 149/13 v. 11.4.2014 = BT-Drucks. 18/1306 v. 5.5.2014.
2) BT-Drucks. 18/1575 v. 28.5.2014, zugleich mit Gegenäußerung der BReg.
3) BT-Drucks. 18/1647.
4) BGBl. I 2014, 1042 = BStBl I 2014, 1062.
5) Vom 25.7.2014, BGBl. I 2014, 1266 = BStBl I 2014, 1126.
6) Der „zweite" Teil eines JStG (2015) ist das Gesetz zur Anpassung der Abgabenordnung an den Zollkodex der Union und zur Änderung weiterer steuerlicher Vorschriften v. 22.12.2014 (→ 1 A Rz. 89 ff.).

bedingt sind, setzt das Gesetz im Rahmen des UmwStG die kodifizierte Fusionsrichtlinie und im UStG das EU- Regelwerk „Mini-one-stop-shop" um. Die Anwendungsvorschriften im EStG (§§ 52 und 52a EStG) sind zusammengefasst, um gegenstandslos gewordene Regelungen bereinigt und gestrafft worden. Materiell-rechtliche Regelungen sind in die Einzelvorschriften übernommen worden. Dadurch besteht § 52 EStG nach neuem Recht „nur" noch aus 50 Absätzen. Im Vergleich zu dem bisherigen Recht ist die Vorschrift dadurch jedenfalls wesentlich übersichtlicher. Die Anwendungsvorschriften des KStG (§ 34) und GewStG (§ 36) sind ebenfalls bereinigt und gestrafft worden. § 36 GewStG hat nur noch zwei Absätze. Von den substanziellen Änderungen sind erwähnenswert:

- Neudefinition des Begriffs „Inland" (§ 1 Abs. 1 Satz 1 EStG, § 1 Abs. 3 KStG, § 2 Abs. 7 Satz 1 GewStG; Folgeregelung in § 22a AO).
- Wiedereinführung der Fifo-Methode beim Handel mit Fremdwährungsbeträgen (§ 23 Abs. 1 Nr. 2 EStG),
- Neufassung von § 50i EStG (Einbringung des Betriebs einer Personengesellschaft in eine Kapitalgesellschaft gegen Gewährung von Anteilen; „lex Porsche"),
- Gewerbesteuerfreistellung von Einrichtungen ambulanter Rehabilitation (§ 3 Nr. 20 GewStG),
- Ermäßigter Umsatzsteuersatz für Hörbücher (Nr. 50 der Anlage 2 zum UStG) ab 1.10.2014 und
- Einführung einer eigenständigen Umsatzsteuerbefreiungsnorm für Arbeitsmarktdienstleistungen (§ 4 Nr. 15b UStG).

15 In den folgenden steuerrechtlichen Gesetzen und Verordnungen sind ausschließlich **geringfügige Änderungen**, insbesondere redaktionelle Änderungen, Folgeänderungen, Korrekturen, Klarstellungen vorgenommen worden: UmwStG, UStDV, ZerlG, InvStG, AltZertG, FVG, StStatG, EStDV, AltVorsDV, UStZustDV.

bb) Die Änderungen im Einzelnen:

(1) EStG

16 Die Änderungen bei folgenden Vorschriften sind von untergeordneter Bedeutung. Sie haben weitgehend den Charakter von verfahrenstechnischen Änderungen und Anpassungsänderungen: §§ 3,4, 8, 9, 10, 10a, 20 Abs. 1 Nr. 10 Buchst. b Satz 6, Abs. 6, §§ 22,22a, 23 Abs. 3, §§ 24a, 32, 32b, 32c, 33a Abs. 3, §§ 34e, 37, 39b Abs. 2, §§ 40, 40a, 41, 41b, 43, 43a, 43b, 44a Abs. 1 Satz 1 Nr. 2,§§ 45e, 46, 50g, 52, 52a, 79, 82, 86, 90, 92, 92a EStG.

Substanzielle Änderungen sind an den folgenden Vorschriften vorgenommen worden:

17 **(1.1) Erweiterter Inlandsbegriff (§ 1 Abs. 1 Satz 2 EStG – neu gefasst)**
Die Neufassung, die klarstellenden Charakter haben soll, bezieht neben dem Festlandssockel auch die „Ausschließliche Wirtschaftszone" (i.S.d. Seerechtsübereinkommens der UN) in den erweiterten Inlandsbegriff ein. Tätigkeiten vor Ort, die der Errichtung der Energieerzeugungsanlagen dienen, werden im Inland ausgeübt. Die Neuregelung gilt ab 1.1.2015.

18 **(1.2) Steuerfreie Einnahmen (§ 3 EStG – geändert)**
Die Neufassung von **§ 3 Nr. 6 EStG** stellt (i.S.d. bisherigen Verwaltungsauffassung) klar, dass Versorgungsbezüge (insbesondere also Unfallentschädigungen) an Personen, die Anspruch auf Leistungen nach dem Bundesversorgungsgesetz, dem Beamtenversorgungsgesetz oder vergleichbaren Leistungen haben, steuerfrei sind. Der BFH hatte das in Zweifel gezogen. Im Übrigen ist die Regelung mit Blick auf den „Bundesfreiwilligendienst" aktualisiert worden.

§ 3 Nr. 12 EStG ist umformuliert worden. Die Neufassung sieht vor, dass alle in der Vorschrift genannten Aufwandsentschädigungen nur dann steuerfrei sind, wenn sie im Haushaltsplan als Aufwandsentschädigung festgesetzt sind. Der Gesetzgeber hat damit die entgegenstehende Rechtsprechung des BFH[1)] ausgehebelt.

Bei den übrigen Änderungen des § 3 EStG handelt es sich um Anpassungen.

(1.3) Sonderausgaben-Pauschbetrag (§ 10c Satz 1 EStG – geändert) 19
§ 10c EStG ist dahingehend ergänzt worden, dass der Sonderausgaben-Pauschbetrag auch die Ausgleichszahlungen i.S.d. § 10 Abs. 1 Nr. 1b EStG erfasst. Die Ergänzung, die nach der Begründung klarstellenden Charakter haben soll, gilt nach der allgemeinen Anwendungsregelung des § 52 Abs. 1 EStG ab VZ 2014.

(1.4) Einkünfte aus Kapitalvermögen (§ 20 Abs. 1 Nr. 6 Satze 6 - 8 EStG – neu; Abs. 2 20
Satz 1 Nr. 2 Buchst. a Satz 2 EStG – neu gefasst)
Die Ergänzung von § 20 Abs. 1 Nr. 6 EStG betrifft den Erwerb „gebrauchter" Lebensversicherungen auf den Todesfall und damit zusammenhängende Anlagemodelle: Bei Todesfallversicherungen ist die Versicherungsleistung nach altem Recht steuerfrei. Nach neuem Recht ist bei angekauften Todesfallversicherungen die Differenz zwischen Versicherungsleistung und Anschaffungskosten steuerbar. Steuerfrei bleibt der Erwerb von Versicherungsansprüchen durch die versicherte Person von einem Dritten oder bei der Übertragung von Lebensversicherungen aus arbeitsrechtlichen, familienrechtlichen und erbrechtlichen Gründen. Gedacht ist bei der Ausnahmeregelung insbesondere an den Fall, dass der Arbeitgeber die Versicherung auf den Arbeitnehmer abgeschlossen hat und der Arbeitnehmer die Versicherung bei einem Ausscheiden aus dem Arbeitsverhältnis erwirbt. Die Neuregelung gilt für Versicherungsleistungen, die auf Grund eines nach dem 31.12.2014 eingetretenen Versicherungsfalls ausgezahlt werden. Die Anwendungsregelung wirft die Frage auf, ob es sich dabei um eine unzulässige Rückwirkung handelt, denn sie betrifft bereits erworbene Verträge.

Der neu gefasste § 20 Abs. 2 Satz 1 Nr. 2 Buchst. a Satz 2 EStG betrifft Dividendenzahlungen im Zusammenhang mit der Veräußerung von Dividendenansprüchen vor dem Dividendenstichtag. Nach der Neufassung sind die Dividenden nur dann steuerfrei, wenn die Veräußerung auch tatsächlich wie die spätere Gewinnausschüttung beim Anteilseigner besteuert wird. Die Änderung hat nach der Entwurfsbegründung klarstellenden Charakter. Es gilt die allgemeine Anwendungsregelung (§ 52 Abs. 1 EStG), so dass die Neufassung ab VZ 2014 anzuwenden ist.

(1.5) Fifo-Methode bei Fremdwährungsgeschäften (§ 23 Abs. 1 Nr. 2 Satz 3 EStG – 21
neu)
Zur Ermittlung des Fremdwährungsgewinns ist als Verwendungsreihenfolge die (mit der Einführung der Abgeltungsteuer gestrichene) Fifo-Methode wieder gesetzlich verankert worden. Die zuerst angeschafften Fremdwährungsbeträge gelten als zuerst veräußert.

(1.6) Unterhaltsleistungen (§ 33a Abs. 1 Satz 9 - 11 EStG – neu) 22
Die Ergänzung sieht als Voraussetzung für den Abzug von Unterhaltsaufwendungen die Angabe der Identifikationsnummer der unterhaltenen Person vor. Die Neuregelung, die der Verwaltungsvereinfachung dienen soll, gilt ab 2015.

(1.7) Programmablaufplan bei Lohnsteuerabzugsverfahren (§ 39b Abs. 3 Satz 6 23
EStG – geändert)
Bei Anwendung der Tarifermäßigung nach § 34 EStG auf Entschädigungen und Vergütungen für mehrjährige Tätigkeiten ist nach neuem Recht der Abzug des Versorgungsfreibetrags und des Altersentlastungsbetrags zulässig. Der Programmablaufplan für die maschinelle Berechnung der Lohnsteuer sah das bereits vor.

---

1) BFH v. 17.12.2012, VIII R 57/09, BStBl II 2013, 799.

24 **(1.8) Lohnsteuer-Anmeldung (§ 41a Abs. 2 Satz 2 geändert)**
Der Grenzbetrag für die jährliche Abgabe der Lohnsteuer-Anmeldung ist ab VZ 2015 von 1 000 € auf 1 080 € angehoben worden.

25 **(1.9)Änderung der Lohnsteuer-Entrichtungsschuld (§ 41c Abs. 3 Satz 4 bis 6 EStG – neu)**
Die Ergänzung stellt – entsprechend der Rechtsprechung – klar, dass eine Änderung der Festsetzung der Steuerentrichtungsschuld des Arbeitgebers bei bestehendem Nachprüfungsvorbehalt in besonderen Fällen auch nach Übermittlung oder Ausschreibung der Lohnsteuerbescheinigung des Arbeitgebers zulässig ist und bestimmt die Voraussetzungen für eine Änderung der Lohnsteuerentrichtungsschuld.

26 **(1.10) Lohnsteuer-Jahresausgleich durch den Arbeitgeber (§ 42b Abs. 1 Satz 3 Nr. 5 EStG – geändert)**
Die Änderung schließt (ab VZ 2015) den Lohnsteuer-Jahresausgleich durch den Arbeitgeber aus, wenn sich im Ausgleichsjahr der beim Arbeitnehmer zu berücksichtigende Zusatzbeitrag (§ 39b Abs. 2 Satz 5 Nr. 3 Buchst. b EStG) geändert hat.

27 **(1.11) Freistellungsauftrag (§ 44a Abs. 2a Satz 3 EStG – neu gefasst)**
Die Neufassung sieht technische Vereinfachungen bei der Abfrage zu Freistellungsaufträgen aus der Zeit vor dem 1.1.2011 vor.

28 **(1.12) Erstattung von Kapitalertragsteuer (§ 45 Satz 2 EStG – neu gefasst)**
§ 45 Satz 2 EStG ermöglicht die Erstattung der auf die Dividendenzahlung einbehaltenen Kapitalertragsteuer, wenn bereits bei der Veräußerung des Dividendenanspruchs Kapitalertragsteuer einbehalten wurde (§ 20 Abs. 2 Satz 1 Nr. 2 Buchst. a EStG → 1 A Rz. 20). Nach der Neufassung gilt das sowohl beim Erwerb von verbrieften als auch von unverbrieften Dividendenansprüchen. Nach der Entwurfsbegründung handelt es sich um eine Klarstellung.

29 **(1.13) Beschränkt Stpfl. (§ 50a Abs. 7 EStG – geändert)**
Die Änderung sieht eine Flexibilisierung der Höhe des Steuerabzugs und eine mögliche Ausrichtung der Abwicklung des Steuerabzugs am Zahlungsrhythmus vor. Die Neuregelung ist auf Vergütungen anzuwenden, für die der Steuerabzug nach dem 31.12.2014 angeordnet worden ist (§ 52 Abs. 45 Satz 2 EStG – neu).

30 **(1.14) Besteuerung bestimmter Einkünfte und Anwendung von Doppelbesteuerungsabkommen (§ 50i EStG – neu gefasst)**
Die durch das Amtshilferichtlinie-Umsetzungsgesetz[1] eingeführte Vorschrift sieht eine Besteuerung von Gewinnen vor, wenn Übertragungen und Überführungen von Wirtschaftsgütern des Betriebsvermögens und von Anteilen i.S.d. § 17 EStG in das Betriebsvermögen einer Personengesellschaft, die vor dem 26.6.2013 stattfanden, nicht zu einer Besteuerung von stillen Reserven führten. Die ohnehin umstrittene Vorschrift ist nunmehr zur Vermeidung von unerwünschten Steuergestaltungen neu gefasst worden („lex Porsche").

Neu ist § 50i Abs. 1 Satz 2 und Abs. 2 EStG. § 50i Abs. 1 Satz 2 EStG bezieht die Gewährung neuer Anteile an einer Kapitalgesellschaft als Gegenleistung für die Einbringung des Geschäftsbetriebs einer Personengesellschaft auf Grund einer Umstrukturierung nach § 20 UmwStG in den Anwendungsbereich der Norm ausdrücklich ein. Nach der Gesetzesbegründung soll es sich um eine Klarstellung handeln. § 50i Abs. 2 EStG verhindert, dass in den von § 50i EStG erfassten Fällen eine Besteuerung von Veräußerungs- und Entnahmegewinnen durch Umwandlung oder Einbringung nach einem Wegzug umgangen wird. Über die bei einem Wegzug in einen anderen Ver-

---

1) Gesetz zur Umsetzung der Amtshilferichtlinie sowie zur Änderung steuerlicher Vorschriften (Amtshilferichtlinie-Umsetzungsgesetz – AmtshilfeRLUmsG) vom 26.6.2013, BGBl. I 2013, 1809.

tragsstaat gesetzlich fingierte Steuerhängigkeit der betreffenden Wirtschaftsgüter hinaus wird kein weitergehender Steueraufschub gewährt.

Die Neuregelungen sollen ab VZ 2014 gelten (§ 52 Abs. 48 EStG). Die damit verbundene Rückwirkung ist verfassungsrechtlich problematisch.

(2) KStG

In § 1 Abs. 3 KStG wird der Begriff „Inland" in Übereinstimmung mit dem geänderten § 1 EStG (→ 1 *A* Rz. 17) und dem geänderten § 2 GewStG (→ 1 *A* Rz. 32) neu definiert. Bei den übrigen Änderungen handelt es sich um Anpassungen und redaktionelle Änderungen. **31**

(3) GewStG

In § 2 Abs. 7 Nr. 1 GewStG wird der Begriff „Inland" in Übereinstimmung mit dem geänderten § 1 EStG (→ 1 *A* Rz. 17) und dem geänderten § 1 KStG (→ 1 *A* Rz. 31) neu definiert. Eine Folgeänderung für die örtliche Zuständigkeit ist (analog dem neuen § 22a AO) in § 4 Abs. 2 GewStG getroffen worden. Die Änderungen bei §§ 9, 19, 29 und 36 GewStG sind redaktioneller Art. **32**

Mit dem geänderten § 3 Nr. 20 GewStG werden (ab EZ 2015) Einrichtungen der ambulanten Rehabilitation in die Gewerbesteuerbefreiung einbezogen. **33**

(4) UStG

Die Änderungen bei §§ 3a, 13, 13b, 14a, 26, 18, 22, und 25a UStG sind redaktioneller Art oder Folgeänderungen. Der neue § 26a Abs. 3 UStG stellt klar, dass das BZSt die zuständige Behörde für die Verfolgung von Ordnungswidrigkeiten nach § 26a Abs. 1 Nr. 5 und 6 UStG ist. Substanzielle Änderungen sind bei den folgenden Vorschriften vorgenommen worden: **34**

(4.1) Telekommunikationsdienstleistungen (§ 3 Nr. 11a UStG – neu) **35**
Der neue § 3 Nr. 11a UStG übernimmt den früheren § 45h Abs. 4 TKG in das UStG. Die Neuregelung gilt ab 1.1.2015.

(4.2) Umsatzsteuerbefreiung für Arbeitsmarktdienstleistungen (§ 4 Nr. 15b UStG – neu) **36**
§ 4 Nr. 15b UStG sieht eine Umsatzsteuerbefreiung für Arbeitsmarktdienstleistungen vor und setzt Art. 132 Abs. 1 MwStSystRL um. Die Neuregelung gilt ab 1.1.2015.

(4.3) Umsatzsteuerbefreiung für geistigen Beistand (§ 4 Nr. 27a UStG - neu) **37**
Der neue Befreiungstatbestand sieht vor, dass die Gestellung von Personal durch religiöse und weltanschauliche Einrichtungen für Zwecke geistigen Beistands von der USt befreit ist. Gedacht ist z.B. an das Abhalten von Gottesdiensten. Die Regelung, die Art. 132 Abs. 1 Buchst. k MwStSystRL umsetzt, gilt ab 1.1.2015.

(4.4) Mindestbemessungsgrundlage (§ 10 Abs. 5 UStG – geändert) **38**
Mit der Änderung ist die Vorschrift an die Vorgaben des EuGH und des BFH angepasst worden: Die Mindestbemessungsgrundlage kommt nicht zur Anwendung, wenn das marktübliche Entgelt niedriger ist; in diesem Fall ist der Umsatz nach dem marktüblichen Entgelt zu bemessen. Bei der Zahlung eines überhöhten Entgelts ist dieses maßgebend; das wird durch den neuen § 10 Abs. 5 Satz 2 UStG klargestellt.

(4.5) Steuerschuldnerschaft des Leistungsempfängers (§ 13b Abs. 2 und 5 UStG – geändert) **39**
Die Steuerschuldnerschaft des Leistungsempfängers ist bei Mobilfunkgeräten erweitert worden und auf Lieferungen von Edelmetallen und unedlen Metallen sowie von Tablet-Computern und Spielekonsolen ausgedehnt worden. Die Neuregelung ist am

1.10.2014 in Kraft getreten. Mit der Änderung in § 13b Abs. 5 UStG reagiert der Gesetzgeber gleichzeitig auf das BFH-Urteil vom 22.8.2013[1]. Der BFH hatte in der Entscheidung die Steuerschuldnerschaft des Leistungsempfängers bei Bauleistungen über den von der Verwaltung angenommenen Anwendungsbereich hinaus ausgedehnt. Die Änderung beschränkt den Anwendungsbereich entsprechend der früheren Verwaltungsauffassung. Der Leistungsempfänger ist danach nur dann Steuerschuldner, wenn er selbst nachhaltig entsprechende Leistungen erbringt. Die Regelung ist damit speziell auf das Verhältnis von Unternehmer und Subunternehmer zugeschnitten worden. Sie soll dazu dienen, spezifisch in diesem Bereich Umsatzsteuerausfälle zu vermeiden.

40 **(4.6) Mini-one-stop-shop (§ 18h UStG – neu – und Folgeänderungen)**
Mit dem neuen § 18h UStG (Verfahren bei der Abgabe der Umsatzsteuererklärung in einem anderen Mitgliedstaat) und zahlreichen ergänzenden Regelungen werden die EU-Vorgaben für das besondere umsatzsteuerliche Besteuerungsverfahren für bestimmte Umsätze an Nichtunternehmer (sog. Mini-one-stop-shop – einzige Mini-Anlaufstelle, Art. 369a – 369k MwStSystRL in der ab 1.1.2015 geltenden Fassung von Art. 5 Nr. 15 der Richtlinie 2008/8/EG) zum 1.1.2015 umgesetzt.

Für Telekommunikationsdienstleistungen, Rundfunk- und Fernsehdienstleistungen und/oder auf elektronischem Weg erbrachte Dienstleistungen an Nichtunternehmer gilt nach Art. 58 MwStSystRL in der ab 1.1.2015 geltenden Fassung als Leistungsort der Ort, an dem der Leistungsempfänger seinen Sitz, Wohnsitz oder gewöhnlichen Aufenthalt hat. Nicht im Gemeinschaftsgebiet ansässige Unternehmer, die derartige Leistungen erbringen, müssen sich nach dem ab 1.1.2015 geltenden Recht in einem EU-Mitgliedstaat erfassen lassen. Die Richtlinie 2008/8/EG enthält neben den Ortsregelungen Regelungen zum Besteuerungsverfahren für im Gemeinschaftsgebiet ansässige Unternehmen, die diese Leistungen erbringen (Mini-one-stop-shop – einzige Mini-Anlaufstelle). Danach können diese Unternehmer von der Möglichkeit Gebrauch machen, die genannten Umsätze nur in dem EU-Mitgliedstaat zu erklären, in dem sie ansässig sind. Ungeachtet dessen, dass die Unternehmer ihre Pflichten und Zahlungen nur an einer Stelle erbringen, gilt der Umsatzsteuersatz, der in dem Verbrauchsmitgliedstaat anzuwenden ist. Diesem Staat steht auch die Umsatzsteuer zu.

Der neue § 18h UStG regelt das Verfahren, wenn Unternehmen, die in anderen Mitgliedstaaten Telekommunikationsdienstleistungen, Rundfunk- und Fernsehdienstleistungen und/oder auf elektronischem Weg Dienstleistungen an Nichtunternehmer erbringen und von dem besonderen Besteuerungsverfahren nach Art. 369a ff. der Richtlinie 2006/112/EG i.d.F. der Richtlinie 2008/8/EG Gebrauch machen und die Umsatzsteuererklärung deshalb an die zuständige Finanzbehörde in einem anderen Mitgliedstaat übermitteln. Geregelt wird die Anzeige über die Teilnahme an dem besonderen Besteuerungsverfahren und die Übermittlung von Umsatzsteuererklärungen.

Die Neuregelung gilt ab 1.1.2015 (§ 27 Abs. 20 UStG). §§ 3a, 13, 16, 18 und 22 UStG enthalten Folgeänderungen. Weitere Folgeänderungen sind in der UStDV und im FVG getroffen worden.

41 **(4.7) Übergangsregelungen (§ 27 Abs. 19 UStG – neu)**
Der neue § 27 Abs. 19 UStG enthält eine ergänzende Regelung zu dem BFH-Urteil v. 22.8.2013, V R 37/10, BStBl II 2014, 128, in dem der BFH die Regelungen zur Steuerschuldnerschaft des Leistungsempfängers bei Bauleistungen abweichend von der früheren Verwaltungsauffassung ausgelegt hatte (→ **1** A Rz. 39). Die Bestimmung sieht eine Änderung der Steuerfestsetzung sowie Folgeregelungen vor, sofern der Leistungsempfänger die Erstattung der Steuer verlangt, die er in der Annahme, Steuer-

---

1) BFH v. 22.8.2013, V R 37/10, BStBl II 2014, 128.

schuldner zu sein, unter Zugrundelegung der Auffassung des BFH zu Unrecht gezahlt hatte.

Im Übrigen sind in § 27 UStG Folgeänderungen vorgenommen worden.

(4.8) Ermäßigter Umsatzsteuersatz für Hörbücher (Nr. 50 der Anlage 2 UStG) 42
Nr. 50 der Anlage 2 zum UStG ist dahingehend geändert worden, dass der Umsatzsteuersatz für Hörbücher auf 7 % gesenkt wird.

(5) GrEStG

Die Neufassung von **§ 6a Satz 1 – 3 GrEStG** stellt den zeitlichen Anwendungsbereich der Steuervergünstigung bei Umwandlungen klar. Die Regelung gilt rückwirkend ab 6.6.2013. 43

Die Neufassung von **§ 16 Abs. 5 GrEStG** betrifft Anzeigen nach §§ 18 – 20 GrEStG. Der BFH hat entschieden, dass der bislang in § 16 Abs. 5 GrEStG verwendete Begriff „ordnungsgemäß" zu unbestimmt ist, so dass dem Stpfl. keine grundstücksbezogene Angaben abverlangt werden können.[1] Nach der Änderung ist Voraussetzung für die Nichtfestsetzung der Steuer oder die Aufhebung oder Änderung der Steuerfestsetzung nach § 16 Abs. 1 – 4 GrEStG, dass die Anzeige fristgerecht erfolgt und in allen Teilen vollständig ist. Die Regelung soll rückwirkend ab 6.6.2013 gelten (Inkrafttreten der geltenden Fassung des § 16 Abs. 5 GrEStG). Das rückwirkende Inkrafttreten wirft die Frage auf, ob die Rückwirkung verfassungsrechtlich zulässig ist. 44

(6) AO

Redaktionelle Änderungen sind in §§ 379 und 382 AO vorgesehen. Substanzielle Änderungen sind bei den folgenden Normen vorgenommen worden. 45

(6.1) Zuständigkeit auf dem Festlandssockel oder der Ausschließlichen Wirtschaftszone (§ 22a AO – neu) 46
Der neue § 22a AO betrifft die örtliche Zuständigkeit der Landesfinanzbehörden, soweit steuerbare Vorgänge den Festlandssockel oder die Ausschließliche Wirtschaftszone (§ 1 Abs. 1 Satz 2 EStG, § 1 Abs. 3 KStG, § 3 Abs. 7 GewStG) betreffen. Nach der neuen Vorschrift, die im Wesentlichen klarstellenden Charakter hat, ist das Äquidistanzprinzip (Abstand zur Küste) maßgebend.

(6.2) Mitteilungspflichten (§ 31b Satz 1 und 3 AO – geändert) 47
Die Ergänzung dehnt die Mitteilungspflicht der Finanzbehörden auf Ordnungswidrigkeiten aus, die sich gegen gewerbliche Güterhändler richten. Eine entsprechende Mitteilungspflicht bestand vor der Änderung von § 2 GwG durch das Gesetz zur Änderung des Geldwäschegesetzes vom 18.2.2013. § 31b AO war (versehentlich) nicht an die Änderung des § 2 GwG angepasst worden; dieser Fehler ist jetzt behoben worden.

(6.3) Gemeinnützigkeit (§ 63 Abs. 4 Satz 2 AO – neu) 48
Mit der Ergänzung ist die bereits früher in § 63 Abs. 3 Satz 2 AO enthaltene Regelung wieder eingeführt worden. Danach gilt die tatsächliche Geschäftsführung als ordnungsgemäß, wenn die Körperschaft die Mittel innerhalb der Frist für steuerbegünstigte Zwecke verwendet. Die Regelung war auf Grund eines Redaktionsversehens entfallen.

(7) StBerG

(7.1) Zuständigkeit für die Untersagung der unerlaubten Hilfe in Steuersachen (§ 7 Abs. 3 Satz 2 StBerG – neu) 49
Der neue § 7 Abs. 3 Satz 2 StBerG schließt eine Regelungslücke: Für die Untersagung der unbefugten Hilfeleistung fehlte bislang eine Regelung für Fälle, in denen die Hil-

---

1) BFH v. 18.4.2012, II R 51/11, BStBl II 2013, 830.

feleistung vom Ausland aus ausgeübt wird. Zuständig ist die Finanzbehörde, in deren Bezirk Anlass für die Amtshandlung besteht. Das ist z.b. die Behörde, bei der eine einschlägige Steuererklärung eingereicht wird.

50 **(7.2) Mitteilungen an die Steuerberaterkammer (§ 10a StBerG – neu)**
Der neue § 10a StBerG verpflichtet die Finanzbehörden, die Steuerberaterkammer über den Ausgang eines Bußgeldverfahrens wegen unerlaubter Hilfeleistung in Steuersachen zu informieren.

51 **(7.3) Wahrnehmung wettbewerbsrechtlicher Aufgaben (§ 76 Abs. 11 StBerG – neu)**
Mit dem neuen § 76 Abs. 11 StBerG ist der Aufgabenbereich der Steuerberaterkammern um die Wahrnehmung wettbewerbsrechtlicher Aufgaben, insbesondere gegenüber Personen, die nicht Mitglied einer Steuerberaterkammer sind, erweitert worden. Den Steuerberaterkammern ist die Aufgabe übertragen worden, Ansprüche nach dem UWG geltend zu machen, wenn Anhaltspunkte dafür vorliegen, dass eine unbefugte Hilfeleistung in Steuersachen fortgesetzt wird.

52 **(7.4) Gebühren (Anlage zu § 146 Satz 1 StBerG – geändert)**
Mit der Änderung des Abschnitts 1 Unterabschnitt 1 ist eine Gerichtsgebühr für die Verhängung eines befristeten Berufsverbots eingeführt worden. Bislang existierte noch keine Regelung.

cc) Gang des Gesetzgebungsverfahrens

53 Zu dem Gesetzentwurf der Bundesregierung[1)] hat der Bundesrat am 13.6.2014 Stellung genommen[2)] und dabei eine Vielzahl von Änderungsvorschlägen unterbreitet, die die Bundesregierung in ihrer Gegenäußerung weitgehend positiv aufgegriffen hat.[3)] Auf der Grundlage der Beschlussempfehlung und des Berichts des federführenden Finanzausschusses[4)] hat der Bundestag das Gesetz am 3.7.2014 in zweiter und dritter Lesung beschlossen. Der Bundesrat hat dem Gesetz am 11.7.2014 zugestimmt. Das Gesetz vom 25.7.2014 ist am 30.7.2014 verkündet worden.[5)]

dd) Finanzielle Auswirkungen

54 Der federführende Finanzausschuss geht davon aus, dass die Änderungen zu Mehreinnahmen führen werden:

Gebiets-körperschaft	Volle Jahres-wirkung	2015	2016	2017	2018
insgesamt	+ 350	+ 255	+ 375	+ 415	+ 450
Bund	+ 188	+ 138	+ 202	+ 223	+ 242
Länder	+ 158	+ 115	+ 202	+ 223	+ 242
Gemeinden	+ 4	+ 2	+ 5	+ 5	+ 6

ee) Inkrafttreten

55 Das Gesetz ist zu unterschiedlichen Zeitpunkten in Kraft getreten, bzw. tritt zu unterschiedlichen Zeiten in Kraft. Im Wesentlichen ist das Gesetz seit dem 31.7.2014 (Tag nach der Verkündung) wirksam.

---

1) BT-Drucks. 184/14 v. 2.5.2014 = BT-Drucks. 18/1529 v. 26.5.2014.
2) BT-Drucks. 18/1776 v. 18.6.2014.
3) BT-Drucks. 18/1776 v. 18.6.2014.
4) BT-Drucks. 18/1995 v. 2.7.2014.
5) BGBl. I 2014, 1266 = BStBl I 2014, 1126.

c) *Verordnung zur Anwendung des Fremdvergleichsgrundsatzes auf Betriebsstätten nach § 1 Absatz 5 des Außensteuergesetzes (Betriebsstättengewinnaufteilungsverordnung – BsGaV) v. 13.10.2014[1)]*

aa) Gegenstand der Verordnung

Durch die Verordnung ist das Ergebnis des OECD-Betriebsstättenberichts 2010 in innerstaatliches Recht umgesetzt worden. Der Bericht beruht auf dem international entwickelten Grundsatz zur Anwendung des Fremdvergleichsgrundsatzes auf die grenzüberschreitende Aufteilung der Einkünfte zwischen Betriebsstätte und dem Unternehmen, zu dem sie gehört. Grenzüberschreitende Geschäftsvorfälle von Betriebsstätten sollen ebenso behandelt werden wie entsprechende Geschäftsvorfälle zwischen nahestehenden Personen. **56**

Die Rechtsverordnung betrifft inländische Unternehmen mit einer in einem ausländischen Staat gelegenen Betriebsstätte und ausländische Unternehmen mit einer inländischen Betriebsstätte. Geregelt werden:

- Art und Weise der Berechnung der Betriebsstätteneinkünfte,
- unter welchen Umständen anzunehmende schuldrechtliche Beziehungen zwischen einer Betriebsstätte und dem übrigen Unternehmen, zu dem sie gehört, vorliegen,
- welche Besonderheiten für bestimmte Branchen zu beachten sind,
- in welchen Fällen von widerlegbaren Vermutungen auszugehen ist.

bb) Finanzielle Auswirkungen

Die Verordnung soll keine finanziellen Auswirkungen haben. **57**

cc) Verfahrensgang

Der Bundesrat hat dem Verordnungsentwurf des BMF[2)] am 10.10.2014 zugestimmt. Die Verordnung vom 13.10.2014 ist am 17.10.2014 verkündet worden.[3)] **58**

dd) Inkrafttreten

Die Verordnung ist am 18.10.2014 (Tag nach der Verkündung) in Kraft getreten. **59**

d) *Gesetz zur Änderung des Freizügigkeitsgesetzes/EU und weiterer Vorschriften vom 2.12.2014[4)]*

aa) Gegenstand des Gesetzes

Das Gesetz enthält Regelungen, durch die Rechtsmissbrauch oder Betrug im Zusammenhang mit dem Freizügigkeitsrecht, im Bereich von Schwarzarbeit und illegaler Beschäftigung sowie bei der Inanspruchnahme von Kindergeld verhindert werden soll. Art. 3 des Gesetzes enthält Änderungen der §§ 52, 62, 63 und 67 EStG, mit denen die Kindergeldberechtigung von der eindeutigen Identifikation von Antragsellern und ihren zum Kindergeldbezug berechtigenden Kindern durch Angabe von Identifikationsnummern abhängig gemacht wird. Die Änderungen werden ab 1.1.2016 wirksam werden (§ 52 Abs. 49a EStG). **60**

---

1) BGBl. I 2014, 1603 = BStBl I 2014, 1378.
2) BR-Drucks. 401/14 v. 28.8.2014.
3) BGBl. I 2014, 1603 = BStBl I 2014, 1378.
4) BGBl. I 2014, 1922 = BStBl I 2015, 54.

Nach dem geänderten § 62 Abs. 1 EStG ist künftig Voraussetzung für die Antragsberechtigung, dass sich der Kindergeldberechtigte durch die an ihn vergebene Identifikationsnummer (§ 139b AO) identifiziert (§ 62 Abs. 1 Satz 2 und 3 EStG – neu). Das zu berücksichtigende Kind ist nach dem geänderten § 63 Abs. 1 EStG ebenfalls zu identifizieren, und zwar grundsätzlich durch die an das Kind vergebene Identifikationsnummer (§ 63 Abs. 1 Satz 3 – 5 EStG – neu). Wer nach § 67 Satz 2 EStG ein berechtigtes Interesse an der Leistung des Kindergeldes hat, hat gegenüber dem Kindergeldberechtigten einen Auskunftsanspruch hinsichtlich dessen Identifikationsnummer. Teilt der Berechtigte die Identifikationsnummer nicht mit, teilt die Familienkasse die Identifikationsnummer mit (§ 67 Satz 3 – 5 EStG – neu).

bb) Finanzielle Auswirkungen

61 Die Bundesregierung geht davon aus, dass das Gesetz ab 2016 zu Steuermehreinnahmen führen wird, und zwar:

	volle Jahreswirkung	2016	2017	2018
insgesamt	+ 5	+ 5	+ 5	+ 5
Bund	+ 2	+ 2	+ 2	+ 2
Länder	+ 2	+ 2	+ 2	+ 2
Gemeinden	+ 1	+ 1	+ 1	+ 1

cc) Gesetzgebungsverfahren

62 Zu dem von der Bundesregierung eingebrachten Gesetzentwurf[1] hat der Bundesrat am 10.10.2014 Stellung genommen.[2] Der Bundestag hat das Gesetz am 6.11.2014 entsprechend der Beschlussempfehlung und des Berichts des federführenden Innenausschusses[3] in zweiter und dritter Lesung beschlossen. Der Bundesrat hat am 28.11.2014 zugestimmt. Das Gesetz vom 2.12.2014 ist am 8.12.2014 verkündet worden.[4]

dd) Inkrafttreten

63 Das Gesetz ist am 9.12.2014 in Kraft getreten. Nach § 52 Abs. 49a EStG gelten die geänderten Vorschriften des EStG erst ab 2016.

e) *Verordnung zur Änderung steuerlicher Verordnungen und weiterer Vorschriften v. 22.12.2014*[5]

aa) Allgemeines

64 Mit der Verordnung zur Änderung steuerlicher Verordnungen und weiterer Vorschriften sind acht Verordnungen geändert worden. Wie schon in den Vorjahren ist im Rahmen einer Mantelverordnung der zwischenzeitlich aufgelaufene Änderungsbedarf abgearbeitet worden. Folgende Verordnungen sind geändert worden:

– Altersvorsorge-Durchführungsverordnung,
– Erbschaftsteuer-Durchführungsverordnung,

---

1) BR-Drucks. 394/14 v. 29.8.2014 = BT-Drucks. 18/2581 v. 22.9.2014.
2) BT-Drucks. 18/3004 v. 5.11.2014, zugleich mit Gegenäußerung der Bundesregierung.
3) BT-Drucks. 18/3077 v. 5.11.2014.
4) BGBl. I 2014, 1922 = BStBl I 2015, 72.
5) BGBl. I 2014, 2392 = BStBl I 2015, 72.

- Einkommensteuer-Durchführungsverordnung,
- Deutsch-Luxemburgische Konsultationsvereinbarung,
- Ausbildungs- und Prüfungsordnung für die Steuerbeamtinnen und Steuerbeamte,
- Umsatzsteuer-Durchführungsverordnung,
- Umsatzsteuer-Zuständigkeitsverordnung und
- Verordnung zur Durchführung des Fünften Vermögensbildungsgesetzes.

Der Schwerpunkt der Änderungen liegt bei der Umsatzsteuer-Durchführungsverordnung, bei der insbesondere eine Verpflichtung zur elektronischen Übermittlung von Vorsteuervergütungsanträgen von im Drittland ansässigen Unternehmen eingeführt wird. Bei den anderen Verordnungen handelt es sich weitgehend um Anpassungsänderungen, Korrekturen und redaktionelle Klarstellungen.

bb) Einzelheiten

(1) Altersvorsorge-Durchführungsverordnung (Art. 1)

Von den Änderungen ist erwähnenswert: **65**

Die Verordnung ist um einen § 20a AltVorsDV ergänzt worden. Die neue Vorschrift enthält eine Regelung zur Vollstreckung von Bescheiden über Forderungen der zentralen Stelle. § 17 AltVorsDV ist dabei für entsprechend anwendbar erklärt worden. Die Regelung entspricht der bereits bislang bestehenden Verwaltungspraxis. Sie schafft damit eine Rechtsgrundlage für diese Verwaltungspraxis.

(2) Erbschaftsteuer-Durchführungsverordnung (Art. 2)

Die anzeigepflichtigen Angaben in §§ 2, 7 und 10 ErbStDV sind um die steuerliche Identifikationsnummer gem. § 139b AO ergänzt worden. **66**

(3) Umsatzsteuer-Durchführungsverordnung (Art. 6)

(3.1) Redaktionelle Änderungen **67**
Redaktionelle und terminologische Änderungen sind in §§ 17, 46, 47 48 und 61 Abs. 2 Satz 3, Abs. 5 Satz 3 UStDV vorgenommen worden. Die Liste der amtlich anerkannten Verbände der Wohlfahrtspflege (§ 23 UStDV) ist überarbeitet worden.

(3.2) Vorsteuervergütungsberechtige Unternehmer (§ 59 UStDV) **68**
Voraussetzung für das Vorsteuervergütungsverfahren ist, dass der antragstellende Unternehmer im Ausland ansässig ist. Der Begriff des im Ausland ansässigen Unternehmers wird in § 59 Satz 2 UStDV definiert. Die Neufassung stellt klar, dass ein Unternehmer auch dann im Ausland ansässig ist, wenn er zwar im Inland eine Betriebsstätte hat, von der aber im Vergütungszeitraum keine Umsätze ausgeführt werden.

(3.3) Vergütungszeitraum (§ 60 UStDV) **69**
§ 60 UStDV ist um einen neuen Satz 3 ergänzt worden. Danach können im Ausland ansässige Unternehmer, die Vergütungszeiträume von mindestens drei Monaten gewählt haben, neben den vier Anträgen, die sich zumindest auf drei Monate beziehen müssen, noch einen weiteren Vergütungsantrag für das Kalenderjahr stellen. Die Neuregelung setzt eine Einigung der Mitgliedstaaten zur Auslegung von Art. 16 der RL 2008/9/EG um. Der frühere Satz 3 ist zu Satz 4 geworden und terminologisch angepasst worden. Nach der bisherigen Fassung der Norm konnte der Unternehmer wählen, ob er im Kalenderjahr für einen Zeitraum von mindestens drei Monaten einen Vorsteuervergütungsantrag stellt oder ob er für das ganze Kalenderjahr einen Antrag stellt.

70 **(3.4) Vergütungsverfahren für im übrigen Gemeinschaftsgebiet ansässige Unternehmer (§ 61 UStDV)**
§ 61 Abs. 5 UStDV ist um einen Satz 9 ergänzt worden. Entsprechend § 236 Abs. 4 AO sind Zinsen, die nach § 61 Abs. 5 UStDV für denselben Zeitraum festgesetzt worden sind, auf Prozesszinsen im Vorsteuer-Vergütungsverfahren anzurechnen.

71 **(3.5) Vergütungsanträge für nicht im Gemeinschaftsgebiet ansässige Unternehmer (§ 61a, § 74a UStDV)**
Nach dem neu gefassten § 61 Abs. 1 UStDV i.V.m. § 74a Abs. 4 UStDV sind Vergütungsanträge künftig auch von im Drittland ansässigen Unternehmern elektronisch zu übermitteln. Die Neuregelung gilt für Anträge, die nach dem 30.6.2016 gestellt werden. Der bisherige § 61a Abs. 2 Satz 4 UStDV, der eine eigenhändige Unterschrift vorschreibt, wird dementsprechend aufgehoben.

(4) Umsatzsteuer-Zuständigkeitsverordnung (Art. 7)

72 Die Zuständigkeit für das „Mini-one-stop-shop-Verfahren" für in Polen ansässige Unternehmen ist auf das Finanzamt Cottbus übertragen worden (§ 1 Abs. 1 Nr. 20 USt-ZustVO).

cc) Finanzielle Auswirkungen

73 Die Ergänzung der anzeigepflichtigen Angaben in der ErbStDV soll zu einem jährlichen Mehraufwand von 650 000 € führen. Ansonsten ist die Änderungsverordnung kostenneutral.

dd) Verordnungsverfahren

74 Die Verordnung ist z.T. eine Verordnung der Bundesregierung und z.T. eine Verordnung des BMF. Der Bundesrat hat die notwendige Zustimmung am 19.12.2014 erteilt. Die Verordnung vom 22.12.2014 ist am 29.12.2014 verkündet worden.[1]

ee) Inkrafttreten

75 Die Verordnung ist am 30.12.2014 (Tag nach der Verkündung) in Kraft getreten.

f) Gesetz zur weiteren Entlastung von Ländern und Kommunen ab 2015 und zum quantitativen Ausbau der Kindertagesbetreuung sowie zur Änderung des Lastenausgleichsgesetzes v. 22.12.2014[2]

aa) Gegenstand des Gesetzes

76 Das Gesetz entlastet Kommunen und Länder durch folgende Maßnahmen:

Der Bund übernimmt einen höheren Anteil an den Kosten der Unterkunft und Heizung bei Kinderkrippen, Kitas und Schulen. Die Gemeinden werden dadurch in den Jahren 2015 bis 2017 um jährlich 1 Mrd. € entlastet. Darüber hinaus beteiligt sich der Bund stärker an der Finanzierung von Kinderkrippen, Kitas, Schulen und Hochschulen. In steuerlicher Hinsicht wurde dazu § 1 FAG mit Wirkung ab 31.12.2014 geändert. Der Gemeindeanteil an der Umsatzsteuer wurde zulasten des Bundesanteils an der Umsatzsteuer erhöht.

---

1) BGBl. I 2014, 2392.
2) BGBl. I 2014, 2411.

bb) Finanzielle Auswirkungen

Das Gesetz bewirkt, dass der Bund in den Jahren 2015 bis 2017 geringere Einnahmen aus der Umsatzsteuer i.H.v. jährlich 500 Mio. € hat; die Kommunen haben entsprechende Mehreinnahmen. In den Jahren 2017 und 2018 erfolgt eine Verschiebung des Umsatzsteueraufkommens i.H.v. 100 Mio. € jährlich vom Bund auf die Länder. Weitere Kosten entstehen dem Bund durch die Erhöhung des Bundesanteils nach § 46 Abs. 5 SGB II und durch die Zuführung von Mitteln zum Sondervermögen „Kinderbetreuungsausbau". **77**

cc) Gesetzgebungsverfahren

Zu dem Gesetzentwurf der Bundesregierung[1] hat der Bundesrat am 10.10.2014 Stellung genommen.[2] Der Gesetzentwurf ist am 26.9.2014 in erster Lesung im Bundestag beraten worden. Der Bundestag hat das Gesetz am 4.12.2014 entsprechend der Beschlussempfehlung und dem Bericht des federführenden Haushaltsausschusses[3] in zweiter und dritter Lesung beschlossen. Der Bundesrat hat am 19.12.2014 zugestimmt. Das Gesetz vom 22.12.2014 ist am 30.12.2014 verkündet worden[4]. **78**

dd) Inkrafttreten

Das Gesetz ist am 31.12.2014 in Kraft getreten. **79**

g) Gesetz zur Änderung der Abgabenordnung und des Einführungsgesetzes zur Abgabenordnung v. 22.12.2014[5]

aa) Überblick

Das Gesetz zur Änderung der Abgabenordnung und des Einführungsgesetzes zur Abgabenordnung verschärft die Anforderungen an die strafbefreiende Selbstanzeige (§ 371 AO) und an das Absehen von Verfolgung nach § 398a AO. Das verabschiedete Gesetz entspricht unverändert dem Regierungsentwurf. Eine im Referentenentwurf des BMF vorgesehene Ausweitung der zehnjährigen Verjährungsfrist auf alle Fälle der Steuerhinterziehung war nicht in den Regierungsentwurf übernommen worden. **80**

Das Gesetz hat im Einzelnen **folgende Maßnahmen** vorgenommen:

- Erweiterung der Anlaufhemmung bei Kapitalerträgen aus Nicht-EU/EWR-Staaten,
- Erweiterung der Sperrwirkung auf Außenprüfungen bei Gehilfen, Anstiftern und Begünstigten,
- Erweiterung der Gründe, bei denen eine strafbefreiende Selbstanzeige bzw. ein Absehen von Verfolgung ausgeschlossen ist,
- Absenkung der Grenze, ab der keine strafbefreiende Selbstanzeige möglich ist und nur noch ein Absehen von Strafe in Betracht kommt,
- Anhebung und Staffelung der Zuschläge bei einem Absehen von Verfolgung.

---

1) BR-Drucks. 393/14 v. 29.8.2014 = BT-Drucks. 18/2586 v. 26.9.2014.
2) BT-Drucks. 18/3008 v. 29.10.2014, zugl. mit Gegenäußerung der BReg.
3) BT-Drucks. 18/3443 v. 3.12.2014.
4) BGBl. I 2014, 2411.
5) BGBl. I 2014, 2415 = BStBl I 2015, 55.

bb) Die Änderungen im Einzelnen

(1) Anlaufhemmung bei Kapitalerträgen aus Nicht-EU/EWR-Staaten (§ 170 Abs. 6 AO – neu gefasst)

81 Soweit Kapitalerträge nicht automatisch mitgeteilt werden, **beginnt die Verjährungsfrist** bei Kapitalerträgen aus Nicht-EU/EWR-Staaten erst mit Ablauf des Kalenderjahres, in dem die Erträge der Finanzbehörde bekannt geworden sind, spätestens 10 Jahre nach Ablauf des Kalenderjahres, in dem die Steuer entstanden ist.

Die Regelung ist auf alle Fälle anzuwenden, in denen die Festsetzungsfrist nach dem 31.12.2014 beginnt (Art. 97 § 10 Abs. 13 EGAO – neu). § 164 AO ist angepasst worden.

(2) Erweiterung der Sperrwirkung (§ 371 Abs. 2 AO – geändert)

82 Die Voraussetzungen, unter denen eine strafbefreiende Selbstanzeige möglich ist, sind eingeschränkt worden. Eine strafbefreiende Selbstanzeige ist auch dann **nicht** möglich,

– wenn einem an der Tat **Beteiligten** (Anstifter, Gehilfe) oder einem **Begünstigten** eine Prüfungsanordnung nach § 196 AO bekannt gegeben worden ist oder wenn einem an der Tat Beteiligten die Einleitung eines Straf- oder Bußgeldverfahrens bekannt gegeben worden ist,

– in der Zeit, in der eine **Umsatzsteuer- oder Lohnsteuernachschau** oder eine Nachschau nach anderen steuerrechtlichen Vorschriften durchgeführt wird,

– wenn die hinterzogene Steuer den Betrag von **25 000 €** (altes Recht: 50 000 €) übersteigt; in diesen Fällen ist nur ein Absehen von Strafe unter den Voraussetzungen des § 398a AO möglich oder

– wenn eine **besonders schwere Steuerhinterziehung** vorliegt; in diesen Fällen ist nur ein Absehen von Strafe unter den Voraussetzungen des § 398a AO möglich.

(3) Beseitigung überschießender Regelungen bei der Umsatzsteuer- und der Lohnsteuervoranmeldung (§ 371 Abs. 2a – neu)

83 Eine **korrigierte oder verspätete Umsatzsteuervoranmeldung** bzw. Lohnsteueranmeldung gilt nach neuem Recht wieder als wirksame Teilselbstanzeige. Die durch das Schwarzgeldbekämpfungsgesetz eingeführte Regelung schoss über das Regelungsziel hinaus und erfasste nicht strafwürdige Vorgänge. Die Neuregelung passt die Rechtslage an die tatsächliche Praxis an.

(4) Nachentrichtung von Zinsen (§ 371 Abs. 3 AO – geändert)

84 Die Straffreiheit hängt künftig auch davon ab, dass **neben den Steuern** auch **Hinterziehungs- und Nachzahlungszinsen** entrichtet werden. Bei der leichtfertigen Steuerverkürzung (§ 378 AO) bleibt es bei der bisherigen Rechtslage (nur Nachzahlung der Steuern notwendig). § 378 AO ist entsprechend angepasst worden.

(5) Absehen von Verfolgung (§ 398a AO – neu gefasst)

85 § 398a AO ist an den geänderten § 371 Abs. 2 AO angepasst worden; die Zuschläge sind erhöht und gestaffelt worden:

– Anknüpfend an die Änderungen bei § 371 Abs. 2 AO ist ein Absehen von Verfolgung nach neuem Recht bei der Hinterziehung von Beträgen über **25 000 €** und bei **schwerer Steuerhinterziehung** möglich.

– Der Zuschlag, der nach geltendem Recht 5 % beträgt, ist **angehoben** und **gestaffelt** worden. Er beträgt künftig bei Beträgen bis 100 000 € 10%, bei 1 Mio. € 15 % und darüber 20 %.

cc) Finanzielle Auswirkungen

Der Finanzausschuss des Bundestages rechnet mit zusätzlichen Einnahmen von 15 Mio. € bei den Länderhaushalten.

86

dd) Gesetzgebungsverfahren

Zu dem Regierungsentwurf[1)] hat der Bundesrat am 7.11.2014 Stellung genommen und keine Einwände erhoben. Der Bundestag hat das Gesetz am 6.11.2014 in erster Lesung beraten und an die zuständigen Ausschüsse überwiesen. Entsprechend dem Bericht und der Beschlussempfehlung des federführenden Finanzausschusses[2)] hat der Bundestag das Gesetz am 4.12.2014 in zweiter und dritter Lesung beraten und den Gesetzentwurf unverändert angenommen. Der Bundesrat hat am 19.12.2014 im zweiten Durchgang die notwendige Zustimmung erteilt. Das Gesetz vom 22.12.2014 ist am 30.12.2014 verkündet worden.[3)]

87

ee) Inkrafttreten

Das Gesetz ist am 1.1.2015 in Kraft getreten.

88

h) *Gesetz zur Anpassung der Abgabenordnung an den Zollkodex der Union und zur Änderung weiterer steuerlicher Vorschriften v. 22.12.2014*[4)]

aa) Überblick

Das Gesetz zur Anpassung der Abgabenordnung an den Zollkodex der Union und zur Änderung weiterer steuerlicher Vorschriften hat den Charakter eines Jahressteuergesetzes. Der Titel des Gesetzes umschreibt den Inhalt sehr unzureichend. Ebenso wie bei dem Gesetz zur Anpassung des Steuerrechts an den Beitritt Kroatiens zur EU und zur Änderung weiterer steuerlicher Vorschriften ist im Wesentlichen der aus der Sicht der Verwaltung entstandene aktuelle Handlungsbedarf abgearbeitet worden. Also: Verwaltungsvereinfachung, Anpassung an Vorgaben des EuGH, Aushebelung von Rechtsprechung, die als unangemessen angesehen wird, Korrekturen und Anpassungsänderungen. Von den umfangreichen Vorschlägen des Bundesrats ist dabei nur wenig aufgegriffen worden.

89

Das Gesetz ändert zehn steuerrechtliche Gesetze. Für die Praxis dürften die folgenden Änderungen bedeutsam sein:

90

– Die in der AO vorgesehene Erweiterung der Mitteilungspflichten bei Geldwäscheverdacht (§ 31b AO),
– die Anpassung (= Anhebung) der Vollstreckungsgebühren (§§ 339, 340, 341, 344 AO),
– die Änderungen bei den Steuerbefreiungtatbeständen (§ 3 EStG),
– die Legaldefinition der „erstmaligen Berufsausbildung" (§ 9 Abs. 6, § 12 Nr. 5 EStG),

---

1) BR-Drucks. 431/14 v. 26.92014 = BT-Drucks. 18/3018 v. 3.11.2014.
2) BT-Drucks. 18/3439 v. 3.12.2014.
3) BGBl. I 2014, 2415 – BStBl I 2015, 55.
4) BGBl. I 2014, 2417 = BStBl I 2015, 58.

- die Erhöhung des Betrags der berücksichtigungsfähigen Vorsorgeaufwendungen bei der Basisversorgung bis zu dem Höchstbetrag der knappschaftlichen Rentenversicherung,
- die Kodifizierung und Modifizierung der Verwaltungsgrundsätze zu Betriebsveranstaltungen und die Umwandlung der Freigrenze für die Berücksichtigungsfähigkeit von Aufwendungen pro Arbeitnehmer von 110 € in einen Freibetrag (§ 19 Abs. 1 Nr. 1a – neu – EStG),
- die Anpassung der Regelung des § 34c EStG über die Anrechnung ausländischer Einkünfte an die Rechtsprechung des EuGH,
- die Umsatzsteuerbefreiung für Dialyseaufwendungen (§ 4 Nr. 14 Buchst. b Satz 2 UStG),
- die Einführung einer Verordnungsermächtigung zur Erweiterung der Steuerschuldnerschaft des Leistungsempfängers (§ 13b Abs. 10 – neu – UStG) und
- die notwendige monatliche Abgabe von USt-Voranmeldungen bei der Aufnahme einer Tätigkeit nach Aktivierung einer Vorratsgesellschaft und nach Übernahme eines Firmenmantels (§ 18 Abs. 2 UStG).

bb) Die Änderungen im Einzelnen

(1) Änderungen der AO

91 **(1.1) Anpassung der AO an den Zollkodex der Union (Art. 2)**
Art. 2 des Gesetzes enthält (erst) am 1.5.2016 in Kraft tretende Änderungen der AO. Mit diesen Änderungen wird die AO an den Zollkodex der Union[1] angepasst. Der geltende Zollkodex wird spätestens zum 1.5.2016 durch den Zollkodex der Union abgelöst.

92 **(1.2) Erweiterung der Mitteilungspflichten zur Bekämpfung der Geldwäsche (§ 31b AO – neu gefasst)**
Durch eine Neufassung von § 31b AO sind die Mitteilungspflichten zur Bekämpfung der Geldwäsche erweitert worden.

Bereits das alte Recht verpflichtete Finanzbehörden, Tatsachen mitzuteilen, die auf eine Ordnungswidrigkeit nach § 17 GwG schließen lassen. Durch die Neufassung ist die Mitteilungspflicht auf alle Anhaltspunkte für aufsichtsrelevante Sachverhalte i.S. des § 16 GwG ausgedehnt worden. Die weite Fassung der Formulierung wirft allerdings die Frage auf, ob die Neuregelung dem rechtsstaatlichen Bestimmtheitsgebot genügt.

Die Änderung ist am 31.12.2014 in Kraft getreten.

93 **(1.3) Änderungen bei dem Steueridentitätsmerkmal (§§ 139a bis 139c AO)**
Bei den Steueridentitätsmerkmalen sind technische Änderungen und Anpassungen vorgenommen worden. Die Änderungen sind am 31.12.2014 in Kraft getreten.

94 **(1.4) Ablaufhemmung (§ 171 Abs. 10 Satz 2 AO – neu)**
Die Ablaufhemmung des § 170 Abs. 10 Satz 1 AO (Ende der Festsetzungsfrist nicht vor Ablauf von zwei Jahren nach Bekanntgabe des Grundlagenbescheids) ist nach neuem Recht auf Grundlagenbescheide, die nicht den Vorschriften über die Feststellungsverjährung (§ 181 AO) unterliegen, grundsätzlich anwendbar. Voraussetzung ist allerdings, dass der entsprechende Grundlagenbescheid vor Ablauf der Festsetzungsfrist bei der zuständigen Behörde beantragt worden ist.

Die Neuregelung gilt für alle am 31.12.2014 noch nicht abgelaufenen Festsetzungsfristen.

---

1) VO (EU) Nr. 952/2013 vom 9.10.2013, Abl.EU Nr. L 269, 1.

(1.5) Kosten bei Sachbearbeitung durch Einsatz von IT (§ 178 Abs. 2 Nr. 7 AO – neu gefasst) 95
Die Regelung ist an die Sachbearbeitung durch Einsatz von IT angepasst worden. Die Änderung ist am 31.12.2014 in Kraft getreten.

(1.6) Örtliche Zuständigkeit bei gesonderten Gewinnfeststellungen (§ 180 Abs. 1 Satz 2 AO – neu) 96
Die Ergänzung des § 180 Abs. 1 AO um einen Satz 2 regelt in Fällen von Wohnsitz- bzw. Betriebsverlagerungen die örtliche Zuständigkeit für gesonderte Gewinnfeststellungen nach § 180 Abs. 1 Satz 1 Nr. 2 Buchst. b AO: Für diese Gewinnfeststellungen sind die **aktuellen** örtlichen Verhältnisse auch für **Feststellungszeiträume vor** dem Ortswechsel maßgebend. Für die Frage, **ob** eine gesonderte Feststellung nach § 180 Abs. 1 Satz 1 Nr. 2 Buchst. b AO vorzunehmen ist, sind die Verhältnisse zum Schluss des Gewinnerzielungszeitraums maßgebend.

Das Gesetz reagiert mit den Änderungen auf einen Beschluss des BFH vom 19.8.2013.[1)] Die Neuregelung ist auf Feststellungszeiträume anzuwenden, die nach dem 31.12.2014 beginnen (Art. 97 § 10b EGAO).

(1.7) Billigkeitsregelungen bei Grundsteuermessbeträgen (§ 184 Abs. 2 Satz 1 AO – neu gefasst) 97
Die Änderung sichert die Verwaltungspraxis ab, nach der in BMF-Schreiben oder in Schreiben von Landesfinanzbehörden auch Billigkeitsregelungen zu der Festsetzung von Gewerbesteuermessbeträgen getroffen werden können. Die Änderung gilt für Billigkeitsentscheidungen ab 1.1.2015, und zwar auch, soweit diese zurückliegende Besteuerungszeiträume betreffen (Art. 97 § 10c EGAO).

(1.8) Widerstreitende Abrechnungsverfügungen und Abrechnungsbescheide (§ 218 AO – geändert) 98
In § 218 Abs. 2 Satz 1 AO ist – rein terminologisch – das Wort „Verwaltungsakt" durch das Wort „Abrechnungsbescheid" ersetzt worden.

An die Vorschrift ist ein neuer Absatz 3 angefügt worden, der eine ergänzende verfahrensrechtliche Regelung für Anrechnungsverfügungen (bisher nicht in § 218 AO geregelt) und Abrechnungsbescheide enthält: Die Regelung des § 174 AO über Korrekturen bei widerstreitenden Steuerbescheiden ist auf Anrechnungsverfügungen und Abrechnungsbescheide übertragen worden. Wird eine Anrechnungsverfügung oder ein Abrechnungsbescheid auf Grund der Initiative des Stpfl. oder eines Dritten korrigiert, so können die entsprechenden (regelmäßig nachteiligen) Konsequenzen für damit korrespondierende Steuerbescheide gezogen werden.

Die Regelung ist insbesondere auf Ehegatten und (eingetragene) Lebenspartner zugeschnitten, betrifft aber auch Abtretungsempfänger und Pfandgläubiger. Die Finanzverwaltung hatte sich bislang mit Widerrufsvorbehalten beholfen.[2)] Die Neuregelung gilt für alle bei Inkrafttreten des Gesetzes (31.12.2014) noch nicht zahlungsverjährten Anrechnungsverfügungen und Abrechnungsbescheide (Art. 97 § 13a EAO).

(1.9) Vollstreckungsgebühren, Pauschalen für Schreibauslagen (§§ 339, 340, 341, 344 AO) 99
Die Vollstreckungsgebühren sind (nach oben) den Gebühren für Gerichtsvollzieher angeglichen worden. Die Pauschalen für Schreibauslagen sind an die Regelungen des Gerichtsvollzieherkostengesetzes angepasst worden. Die Änderung ist am 31.12.2014 wirksam geworden.

---

1) BFH v. 19.8.2013, BFH v. BFH/NV 2013, 1763.
2) Vgl. BMF v. 31.1.2013, IV A 3-S 0160/11/10001, BStBl I 2013, 70, Nr. 6.

100 (1.10) Redaktionelle Änderungen
§ 223 AO ist gegenstandslos geworden und ist aufgehoben worden. § 315 AO ist redaktionell angepasst worden.

(2) EStG

101 (2.1) Steuerfreiheit für Leistungen des Arbeitgebers für Serviceleistungen zur besseren Vereinbarkeit von Familie und Beruf (§ 3 Nr. 34a EStG – neu)
Mit einem neuen § 3 Nr. 34a EStG sind Leistungen des Arbeitgebers für Serviceleistungen zur besseren Vereinbarkeit von Familie und Beruf steuerfrei gestellt worden. Die Befreiung gilt ab 2015.

102 (2.2) Steuerbefreiung für Vorteile aus privater Nutzung von betrieblichen Datenverarbeitungs- und Telekommunikationsgeräten (§ 3 Nr. 45 Satz 2 EStG – neu)
Die Steuerbefreiung ist auf öffentliche Dienste leistende Personen ausgedehnt worden, die Aufwandsentschädigungen nach § 3 Nr. 12 EStG erhalten. Die Steuerbefreiung wird ab VZ 2015 gewährt.

103 (2.3) Steuerfreiheit für Zuschläge nach §§ 50a bis 50e BeamtVG und §§ 70 – 74 SVG (§ 3 Nr. 67 EStG – neu gefasst)
Mit der Änderung ist (ab 2015) die Steuerfreiheit für Zuschläge nach §§ 50a bis 50e BeamtVG und §§ 70 – 74 SVG abgeschafft worden, soweit die Zuschläge für ein nach dem 31.12.2014 eintretendes Ereignis gewährt werden.

104 (2.4) Steuerbefreiung für den Investitionskostenzuschuss Wagniskapital (§ 3 Nr. 71 EStG)
Der seit Mai 2013 gewährte INVEST-Zuschuss für Wagniskapital ist rückwirkend (ab 2013) steuerfrei gestellt worden.

105 (2.5) Teilabzugsverbot (§ 3c EStG)
Die bestehenden Abzugsverbote sind vor dem Hintergrund der als zu restriktiv empfundenen Rechtsprechung des BFH[1] ausgeweitet bzw. i.S.d. Auffassung der Finanzverwaltung abgesichert worden:

Das Teilabzugsverbot greift nach § 3c Abs. 2 EStG, wenn Darlehen an eine Körperschaft gewährt werden, an denen der Darlehensgeber maßgeblich beteiligt ist und deren Anteile er im Betriebsvermögen hält, wenn das Darlehen nicht zu fremdüblichen Konditionen überlassen wird. Das Teilabzugsverbot gilt auch für Betriebsvermögensminderungen, Betriebsausgaben und Veräußerungskosten im Zusammenhang mit einer Überlassung von Wirtschaftsgütern an eine Kapitalgesellschaft, an der der Überlassende beteiligt ist, sofern die Überlassung aus gesellschaftsrechtlichen Gründen zu nicht fremdüblichen Konditionen erfolgt (insb. im Rahmen von Betriebsaufspaltungen).

Die Änderung gilt für Wirtschaftsjahre, die nach dem 31.12.2014 beginnen (§ 52 Abs. 5 EStG).

106 (2.6) „Erstmalige Berufsausbildung" (§ 4 Abs. 9, § 9 Abs. 6 EStG – geändert; § 12 Nr. 5 EStG – aufgehoben)
Mit der Änderung ist der Begriff der erstmaligen Berufsausbildung konkret definiert worden. Dabei sind Mindestanforderungen festgelegt worden:

– es muss sich um eine geordnete Ausbildung auf der Grundlage von Rechts- oder Verwaltungsvorschriften handeln,
– die Ausbildung muss mindestens 12 Monate betragen,

---

1) BFH v. 18.4.2012, X R 5/10, BStBl II 2013, 785, BFH v. 18.4.2012, X R 7/10, BStBl II 2013, 791,

- die Ausbildung muss grundsätzlich mit einer Abschlussprüfung enden.

Die Neuregelung gilt ab VZ 2015.

(2.7) Basisversorgung (§ 10 Abs. 1 Nr. 2 Satz 3 und 4 EStG – neu; § 10 Abs. 3 Satz 1 EStG – geändert) 107
Die Regelung über die Basisrente ist an die Riester-Rente angepasst worden. Das Abzugsvolumen für Beiträge zu Gunsten einer Basisversorgung im Alter ist von 20 000 € bis auf den Höchstbetrag der knappschaftlichen Rentenversicherung angehoben werden.

Die Änderung gilt ab VZ 2015.

(2.8) Ausgleichszahlungen zur Vermeidung des Versorgungsausgleichs (§ 10 Abs. 1a EStG – neu; § 22 EStG – geändert) 108
Der neue § 10 Abs. 1a EStG schafft einen zusätzlichen Sonderausgabenabzugstatbestand für Ausgleichszahlungen zur Vermeidung des Versorgungsausgleichs. Der neue Abzugstatbestand korrespondiert mit einer entsprechenden Besteuerungsnorm für Zahlungsempfänger in § 22 EStG. Die Neuregelung gilt auch für entsprechende Ausgleichszahlungen an nicht unbeschränkt einkommensteuerpflichtige Leistungsempfänger aus einem EU-/EWR-Staat. Der Empfänger muss allerdings die Besteuerung durch eine Bescheinigung der zuständigen ausländischen Steuerbehörde nachweisen.
Die Neuregelung gilt ab VZ 2015.

Die übrigen in § 10 EStG vorgenommenen Änderungen sind redaktioneller Art.

(2.9) Freibetrag für Einkünfte aus LuF (§ 13 Abs. 3 Satz 1 EStG – geändert) 109
Der Freibetrag für Einkünfte aus LuF ist mit Wirkung ab Veranlagungszeitraum 2015 von 670 € auf 900 € angehoben worden.

(2.10) Novellierung der Gewinnermittlung nach Durchschnittssätzen (§ 13a EStG – neu gefasst; Anlage 1a zum EStG – neu) 110
§ 13a EStG, der die Gewinnermittlung nach Durchschnittssätzen regelt, ist neu gefasst worden. Die Neuregelung folgt dabei (nach der Begründung des Regierungsentwurfs) folgenden Grundzügen:

- Änderung der Zugangsvoraussetzung im Bereich der Sondernutzungen (Abs. 1 Nr. 4 und 5),
- Ansatz eines einheitlichen Grundbetrags für die landwirtschaftlichen Flächen sowie eines Zuschlags für Tierzucht und Tierhaltung je Vieheinheit oberhalb von 25 Vieheinheiten (Abs. 4),
- Betriebseinnahmenerfassung und Berücksichtigung von Betriebsausgabenpauschalen für die forstwirtschaftliche Nutzung nach § 51 EStDV (Abs. 5) sowie Erfassung von Durchschnittssatzgewinnen für die Sondernutzungen (Abs. 6),
- Berücksichtigung von weiteren Sondergewinnen (Abs. 7) wie z.B. Verkauf von wertvollem Anlagevermögen mit einem Veräußerungspreis von 15 000 € (Nr. 1), Entschädigungen (Nr. 2) und 40% der Einnahmen aus dem Grunde nach gewerblichen Tätigkeiten (Nr. 3).

Die Neuregelung gilt für Wirtschaftsjahre, die nach dem 30.12.2015 enden (§ 52 Abs. 22 EStG).

(2.11) Sonderzahlungen des Arbeitgebers zur Erfüllung der Solvabilitätsvorschriften nach §§ 53c und 114 VAG (§ 19 Abs. 1 Satz 1 Nr. 3 Satz 2 EStG – geändert) 111
Die Voraussetzungen für steuerfreie Sonderzahlungen des Arbeitgebers zur Erfüllung der Solvabilitätsvorschriften nach §§ 53c und 114 VAG sind enger geschnitten worden. Die Regelung ist auf die erstmalige Bereitstellung der Kapitalausstattung zur Erfüllung der Solvabilitätsvorschriften und auf Zahlungen zur Wiederherstellung einer angemessenen Kapitalausstattung nach unvorhersehbaren Verlusten oder zur Finanzie-

rung der Verstärkung der Rechnungsgrundlagen auf Grund einer unvorhersehbaren und nicht nur vorübergehenden Änderung der Verhältnisse beschränkt worden.

Damit sollen Gestaltungen ausgeschlossen werden, bei denen der Arbeitgeber aus der aus unversteuert gebliebenen Zahlungen gebildeten Solvabilitätsspanne Mittel entnimmt und zur Finanzierung der zuvor herabgesetzten Arbeitgeberbeiträge zur Altersvorsorge der Arbeitnehmer verwendet.

Die Neuregelung gilt für alle Zahlungen des Arbeitgebers nach dem 30.12.2014 (§ 52 Abs. 26a EStG).

112 **(2.12) Betriebsveranstaltungen (§ 19 Abs. 1 Nr. 1a EStG – neu)**
Mit einem neuen § 19 Abs. 1 Nr. 1a EStG sind die bisherigen Verwaltungsgrundsätze zu Betriebsveranstaltungen gesetzlich festgeschrieben und modifiziert worden. Die Freigrenze für die Besteuerung von geldwerten Vorteilen, die ein Arbeitgeber seinen Arbeitnehmern im Rahmen von Betriebsveranstaltungen gewährt, ist in einen **Freibetrag von 110 €** umgewandelt worden.

Die Neuregelung gilt ab VZ 2015.

113 **(2.13) Familienleistungsausgleich (§ 32 Abs. 4 EStG – ergänzt)**
Nach neuerem Recht können Kinder auch während Zwangspausen von höchstens vier Monaten, die zwischen einem Ausbildungsabschnitt und Zeiten der Ableistung eines freiwilligen Wehrdienstes nach § 58b Soldatengesetz liegen, berücksichtigt werden. Während der Dienstzeit erfolgt keine Berücksichtigung. Die Regelung ist inhaltsgleich in das BKGG übernommen worden.

114 **(2.14) Anrechnung ausländischer Steuern (§ 34c Abs. 1 Satz 2 und 3 1. Halbs. EStG – neu gefasst; § 52 Abs. 34a EStG – neu)**
Mit der Änderung wird der Anrechnungshöchstbetrag künftig in der Weise ermittelt, dass ausländische Steuern höchstens mit der durchschnittlichen tariflichen deutschen Einkommensteuer auf die ausländischen Einkünfte angerechnet werden. Es wird also die deutsche Steuer berücksichtigt, die auf die ausländischen Einkünfte entfällt. Die Neuregelung gilt ab VZ 2015. Mit der Änderung ist eine Vorgabe des EuGH umgesetzt worden, der die Auffassung vertreten hatte, die bisherige Regelung benachteilige unbeschränkt Stpfl., die einen Teil ihrer Einkünfte im Ausland bezogen haben.

Für Veranlagungszeiträume bis 2014 sieht § 52 Abs. 34a EStG eine rückwirkende Berechnung auf der Grundlage des BFH-Urteils v. 18.12.2013[1)] vor.

115 **(2.15) Entrichtung der Kapitalertragsteuer (§ 44 Abs. 1 Satz 4 Nr. 3 Buchst. c EStG – neu)**
Durch die Ergänzung der Norm wird in Fällen, in denen die Wertpapiersammelbank für die bei ihr in Sammelverwahrung gegebenen Aktien keine Dividendenregulierung vornimmt, der Schuldner der Kapitalerträge als auszahlende Stelle zum Steuerabzug verpflichtet. Die Ergänzung gilt ab 2015.

116 **(2.16) Nachträglich vorgelegte Nichtveranlagungsbescheinigungen und Freistellungsaufträge (§ 44b Abs. 5 Satz 3 EStG – neu)**
Nach dem neuen § 44b Abs. 5 Satz 3 EStG muss der zum Steuerabzug Verpflichtete auch nachträglich vorgelegte NV-Bescheinigungen und Freistellungsanträge berücksichtigen. Abzugsschuldner können also die Gläubiger der Kapitalerträge nicht mehr, wie bisher, auf das Finanzamt verweisen. Mit Ausstellung der Steuerbescheinigung endet die Verpflichtung. Die Änderung gilt ab 2015.

117 **(2.17) Redaktionelle Änderungen, Klarstellungen**
Redaktionelle Korrekturen und Änderungen sowie Klarstellungen sind in §§ 1a, 10, 35b, 37, 39a 40, 70 und 75 EStG vorgenommen worden. §§ 7b, 7c, 7d, 7f und 7k sind aufgehoben worden, weil sie gegenstandslos geworden sind.

---

1) BFH v. 18.12.2013, R 71/10, BFHE 244, 331.

(3) KStG, GewStG

Im KStG sind § 5 Abs. 1 Nr. 4 KStG eingefügt und §§ 26 und 34 KStG geändert worden. Der neue § 5 Abs. 1 Nr. 4 KStG befreit die 2014 gegründete Global Legal Entity Identifier Stiftung ab 2014 von der Körperschaftsteuer. Die Stiftung hat den Auftrag, eine weltweit nutzbare sowie öffentlich und kostenlos zugängliche Datenbank aufzubauen, zu unterhalten und fortzuentwickeln, die der Identifikation von Rechtspersonen mittels eines weltweit anzuwendenden Referenzcodes dient. Mit dem Referenzcode können an Finanzgeschäften beteiligte Rechtspersonen eindeutig identifiziert werden. Bei den anderen Änderungen handelt es sich um Anpassungen, die durch die Änderung von § 34c EStG bedingt sind. In § 26 Abs. 1 Satz 1 KStG ist klargestellt worden, dass die entsprechende Anwendung von § 34c EStG nicht auf die Anrechnung einer der deutschen Körperschaftsteuer entsprechenden ausländischen Steuer beschränkt ist. Die Änderung des § 26 Abs. 2 KStG bewirkt, dass die alte Rechtslage im KStG unverändert fort gilt; die Änderung des § 34c EStG ist also nicht in das KStG übernommen worden.

Die Befreiung der Global Legal Entity Identifier Stiftung von der Körperschaftsteuer ist parallel in das GewStG übernommen worden, so dass die Stiftung auch von der Gewerbesteuer befreit ist (§§ 3, 36 GewStG).

(4) AStG

(4.1) Geschäftsbeziehungen (§ 1 Abs. 4 AStG – neu gefasst)
Die Umformulierung schreibt das bisherige Verständnis des Begriffs „Geschäftsbeziehungen" durch die Verwaltung[1] normativ fest. Die Änderung gilt ab VZ 2015 (§ 21 Abs. 22 AStG – neu).

(4.2) Ausdehnung der Stundungsregelung des § 6 Abs. 5 AStG (§ 6 Abs. 5 Satz 3 Nr. 4 AStG – neu)
Die neu angefügte Nr. 4 dehnt die Stundungsregelung des § 6 Abs. 5 AStG für bestimmte Steuertatbestände, die zu einer Besteuerung stiller Reserven von Wirtschaftsgütern ohne einen Realisationstatbestand führen, aus. Die Regelung erfasst Fälle, in denen Deutschland nach einem DBA den Gewinn aus der Veräußerung eines Anteils i.S.d. § 17 EStG freistellen oder die ausländische Steuer anrechnen muss. Mit der Änderung kommt der Entwurf einer Vorgabe des EuGH nach. Die Änderung ist auf alle noch offenen Fälle anzuwenden (§ 21 Abs. 23 AStG – neu).

(5) UStG

(5.1) Ortsregelung für Bank- und Finanzumsätze (§ 3a Abs. 4 Satz 2 Nr. 6 Buchst. a UStG – neu gefasst)
Der Anwendungsbereich der Ortsregelung ist entsprechend dem EuGH-Urteil vom 19.7.2012[2] auf Finanzdienstleistungen erweitert worden, die von Banken erbracht werden oder als Finanzdienstleistungen anzusehen sind. Die Änderung ist am 31.12.2014 in Kraft getreten.

(5.2) Umsatzsteuerfreiheit für Dialyseleistungen (§ 4 Nr. 14 Buchst. b Satz 2 Doppelbuchst. hh – neu)
Dialyseleistungen sind nach neuem Recht von der Umsatzsteuer befreit. Die Änderung ist am 31.12.2014 in Kraft getreten.

---

1) Vgl. BMF 4.6.2014, IV B 5-S 1341/07/10009, BStBl I 2014, 834.
2) EuGH v. 19.7.2014, C 44/11, BStBl II 2012, 945.

123 **(5.3) Schnellreaktionsmechanismus auf Umsatzsteuerbetrug durch Rechtsverordnung (§ 13b Abs. 10 UStG – neu)**
Nach dem neuen § 13b Abs. 10 UStG kann das BMF mit Zustimmung des Bundesrats den Anwendungsbereich der Steuerschuldnerschaft des Leistungsempfängers bei unvermittelt auftretenden Betrugsfällen von erheblichem Gewicht zur Vermeidung von Steuerausfällen auf weitere Umsätze erweitern. Die Verordnung ist grundsätzlich eine vorläufige Maßnahme. Sie setzt eine entsprechende Mitteilung an die Europäische Kommission voraus. Die Neuregelung gilt ab 31.12.2014.

124 **(5.4) Steuerschuldnerschaft des Empfängers bei der Lieferung von Edelmetallen, unedlen Metallen, Selen und Cermets (§ 13b Abs. 2 Nr. 11 UStG und Anlage 4 – neu gefasst)**
Voraussetzung für die Steuerschuldnerschaft des Empfängers ist nach neuem Recht, dass die Summe der für die steuerpflichtigen Lieferungen dieser Gegenstände in Rechnung zu stellenden Bemessungsgrundlagen mindestens 5 000 € beträgt. Im Übrigen ist Anlage 4 zum UStG (zu § 13b Abs. 2 Nr. 11 UStG) neu gefasst worden. Die Änderung ist am 1.1.2015 in Kraft getreten.

125 **(5.5) Monatliche Umsatzsteuervoranmeldung bei Aktivierung einer Vorratsgesellschaft und bei Übernahme eines Firmenmantels (§ 18 Abs. 2 Satz 5 UStG – neu)**
Nimmt eine Gesellschaft, die als Vorratsgesellschaft vorgehalten wurde, eine gewerbliche oder berufliche Tätigkeit auf, sind ab diesem Zeitpunkt – zumindest – im Kalenderjahr des Beginns der Tätigkeit und im darauf folgenden Kalenderjahr monatlich Voranmeldungen abzugeben. Gleiches gilt, wenn ein Firmenmantel übernommen wird. Beide Fälle werden also wie Neugründungen behandelt.

Die Neuregelung ist auf Voranmeldungszeiträume anzuwenden, die nach dem 31.3.2015 enden (§ 27 Abs. 21 UStG – neu).

126 **(5.6) Redaktionelle Änderungen**
Bei § 3a Abs. 6 Satz 1 Nr. 3 UStG ist eine redaktionelle Korrektur vorgenommen worden. Als Folge des geänderten § 171 Abs. 10 AO ist § 4 Nr. 20 Buchst. a Satz 4 UStG gegenstandslos geworden und deshalb aufgehoben worden.

(6) FVG

127 Der Aufgabenkatalog des BZSt ist erweitert worden: Das BZSt nimmt die Einrichtung und Pflege des Online-Zugriffs der Finanzämter auf ATLAS-Ein- und Ausfuhrdaten wahr.

(7) Feuerschutzsteuergesetz

128 § 9 Abs. 4 des FSchStG ist an § 10 Abs. 4 VersStG angepasst worden.

(8) Zerlegungsgesetz

129 § 7 ZerlG ist um einen Absatz 7a ergänzt worden, der eine Übergangsregelung für die Zerlegung der Lohnsteuer 2015 trifft.

cc) Finanzielle Auswirkungen

130 Das Gesetz soll nach Auffassung des federführenden Finanzausschusses zu Mindereinnahmen führen. Im Einzelnen:

A. Gesetze

	volle Jahres-wirkung	2015	2016	2017	2018	2019
insgesamt	- 175	- 145	- 160	- 180	- 175	- 175
Bund	- 81	- 69	- 74	- 83	- 81	- 81
Länder	- 65	- 53	- 69	- 68	- 65	- 65
Gemeinden	- 29	- 23	- 26	- 29	- 29	- 29

dd) Gesetzgebungsverfahren

Zu dem Regierungsentwurf[1] hat der Bundesrat am 7.11.2014 Stellung genommen[2] und umfangreiche Ergänzungs- und Änderungsvorschläge gemacht. Der Gesetzentwurf ist am 6.11.2014 vom Bundestag in erster Lesung beraten und an die Ausschüsse verwiesen worden. Der federführende Finanzausschuss hat von den Vorschlägen des Bundesrats nur wenig aufgegriffen und es im Wesentlichen bei dem Gesetzentwurf belassen. Entsprechend der Beschlussempfehlung und dem Bericht des Ausschusses[3] hat der Bundestag das Gesetz am 4.12.2014 in zweiter und dritter Lesung beschlossen. Der Bundesrat hat am 19.12.2014 die notwendige Zustimmung erteilt. Das Gesetz vom 22.12.2014 ist am 30.12.2014 verkündet worden.[4]

131

ee) Inkrafttreten

Das Gesetz ist im Wesentlichen am 31.12.2014 (Tag nach der Verkündung) in Kraft getreten. In den Einzelsteuergesetzen sind unterschiedliche Anwendungszeitpunkte vorgesehen.

132

3. Gesetzesvorhaben 2015

a) Zweites Verkehrsteueränderungsgesetz (VerkehrStÄndG 2)

Das geplante Gesetz hat zwei Regelungsbereiche:

133

– Rechtsbereinigung: Nachdem die Kfz-Steuer von der Zollverwaltung verwaltet wird, werden die Vorschriften gestrichen bzw. angepasst, die für die Übergangsphase, in der die Steuer vom BMF verwaltet wurde, das sich im Wege der Organleihe der Landesfinanzbehörden bediente, notwendig waren.

– Anpassung der Kfz-Steuer an die Einführung der geplanten Infrastrukturabgabe.

Seit dem 1.7.2009 ist die Kfz-Steuer eine Bundessteuer und wurde vom BMF verwaltet. Die Verwaltungstätigkeiten wurden im Wege der Organleihe von den Landesfinanzbehörden vorgenommen. Nachdem am 1.7.2014 die Zollverwaltung allein zuständig ist, werden die für die Übergangsphase notwendigen Regelungen aufgehoben bzw. angepasst. Daneben sind Verfahrenserleichterungen vorgesehen.

Im Übrigen knüpft der Gesetzentwurf an die geplante Infrastrukturabgabe an, die künftig für in- und ausländische Fahrzeuge gezahlt werden soll. Den Steuerschuldnern, die in den Anwendungsbereich dieser Abgabe fallen, soll zur Vermeidung einer Doppelbelastung eine Entastung bei der Kfz-Steuer gewährt werden (Änderung von § 9 Kraftfahrzeugsteuergesetz).

---

1) BR-Drucks. 432/14 v. 26.9.2014 = BT-Drucks. 18/3017 v. 3.11.2014.
2) BT-Drucks. 18/3158 v. 12.22.2014, zugleich mit Gegenäußerung der BReg.
3) BT-Drucks. 18/3441 v. 3.12.2014.
4) BGBl. I 2014, 2417 = BStBl I 2015, 58.

Die Entlastung soll zu Mindereinnahmen des Bundes von 3 Mrd. € bei voller Jahreswirkung führen. Die Infrastrukturabgabe ist bei dem Gesetzentwurf allerdings nicht gegengerechnet.

Der Bundesrat hat zu dem von der Bundesregierung eingebrachten Gesetzentwurf[1]) am 9.2.2015 Stellung genommen.

b) Erbschaft- und Schenkungsteuer

134 Das BVerfG hat mit dem am 17.12.2014 verkündeten Urteil[2]) §§ 13, 13a und 19 Abs. 1 ErbStG für verfassungswidrig erklärt. Die erbschaftsteuerliche Begünstigung des Übergangs betrieblichen Vermögens verstößt in Teilen gegen Art. 3 GG. Der Gesetzgeber ist aufgefordert worden, bis zum 30.6.2016 eine verfassungskonforme Neuregelung zu verabschieden.

Weil das BVerfG das geltende ErbStG nur teilweise für verfassungswidrig erklärt hat und – wegen der Auswirkungen auf Arbeitsplätze – eine Begünstigung betrieblichen Vermögens im Grundsatz für verfassungsgerecht erklärt hat, ist zu erwarten, dass sich der Gesetzgeber auf das notwendige Minimum beschränken wird und keine umfassende Novellierung des ErbStG vornehmen wird.

Wie bei früheren Gesetzgebungsverfahren ist auch hier zu erwarten, dass die vom BVerfG gesetzte Frist weitgehend ausgeschöpft wird.

c) Steuerverfahrensrecht

135 Nachdem ein Entwurf zur Vereinfachung des Steuerverfahrensrechts bereits für das vergangene Jahr erwartet wurde, kann für Anfang 2015 damit gerechnet werden, dass das BMF einen Referentenentwurf vorlegt.

II. Arbeits- und Sozialrecht

von Dr. Andreas Imping

1. 2014 verabschiedete Gesetze und Verordnungen

a) Überblick

136 Das Jahr 2014 war geprägt durch die intensiven Bemühungen des Gesetzgebers, die im Koalitionsvertrag vereinbarten Maßnahmen umzusetzen. Die öffentliche Diskussion war daher insbesondere bestimmt von den Schlagworten „Mindestlohn", „Rente mit 63" und „Mütter-Rente". Neben der Einführung eines flächendeckenden Mindestlohns sowie der Leistungsverbesserungen bei der Rente sowie den vielfältigen Fördermaßnahmen zur Verbesserung der Vereinbarkeit von Beruf und Familie („Elterngeld Plus", „Familienpflegezeit") gilt es, auf die erneuten Versuche des Gesetzgebers hinzuweisen, die Pflegeversicherung zu reformieren. Schließlich sind die Überarbeitungen der Betriebssicherheitsverordnung und Arbeitsstättenverordnung zu beachten, die zum 1.6.2015 in Kraft treten.

137 Seit dem 1.1.2015 gelten neue Regelbedarfe in der Grundsicherung für Arbeitsuchende. Für alleinstehende Bezieher von Arbeitslosengeld II und Sozialgeld erhöht sich der Regelbedarf ab Jahresbeginn auf monatlich 399 €. Die Höhe der Regelbedarfsstufen ab 1.1.2015 im Einzelnen:

---

1) BR-Drucks. 639/14 v. 29.12.2014.
2) BGBl. I 2015, 4.

A. Gesetze

Regelbedarfsstufe 1 (alleinstehende und alleinerziehende Leistungsberechtigte):	399 €
Regelbedarfsstufe 2 (jeweils für zwei in einem gemeinsamen Haushalt zusammenlebende Partner):	360 €
Regelbedarfsstufe 3 (erwachsene Leistungsberechtigte, die keinen eigenen und keinen gemeinsamen Haushalt mit einem Partner führen):	320 €
Regelbedarfsstufe 4 (Jugendliche von 14 bis unter 18 Jahre):	302 €
Regelbedarfsstufe 5 (Kinder von 6 bis unter 14 Jahre):	267 €
Regelbedarfsstufe 6 (Kinder von 0 bis unter 6 Jahre): 229 €	234 €

b) Bezugsdauer für das Kurzarbeitergeld

Kurzarbeitergeld soll auch in 2015 durch Vermeidung von Arbeitslosigkeit positiv auf den Arbeitsmarkt wirken. Das Bundesministerium für Arbeit und Soziales hat daher eine Verordnung erlassen, nach der die Bezugsdauer für das konjunkturelle Kurzarbeitergeld für Ansprüche, die bis zum 31.12.2015 entstehen, bis zu 12 Monate betragen kann. Ohne den Erlass der Verordnung wäre die Bezugsdauer für das Kurzarbeitergeld ab Januar 2015 auf die gesetzlich vorgesehene Dauer von sechs Monaten zurückgefallen. Die Verlängerung der Bezugsdauer ist rein vorsorglich erfolgt, um Betrieben bei Arbeitsausfällen weiterhin Planungssicherheit zu geben. **138**

c) Tarifautonomiestärkungsgesetzes – Einführung eines gesetzlichen Mindestlohnes

aa) Gang der Gesetzgebung (wichtige Drucksachen)

– Gesetz zur Stärkung der Tarifautonomie (Tarifautonomiestärkungsgesetz), vom 11.8.2014, BGBl. I 2014, 1348, **139**
– Stellungnahme des Bundesrats, BR-Drucks. 147/14 vom 23.5.2014,
– Entwurf der Bundesregierung, Gesetz zur Stärkung der Tarifautonomie (Tarifautonomiestärkungsgesetz), BT-Drucks. 18/1558.

bb) Inhalt des Gesetzes

(1) Mindestlohngesetz (MiLoG)

Zum 1.1.2015 ist für Arbeitnehmerinnen und Arbeitnehmer ein allgemeiner Mindestlohn als Bruttostundenlohn von **8,50 €** eingeführt worden. Die grundsätzliche Anspruchsnorm für den Mindestlohn ergibt sich aus **§ 1 MiLoG**: Jeder Arbeitnehmer hat gegen den Arbeitgeber Anspruch auf Zahlung eines Arbeitsentgelts mindestens in Höhe des Mindestlohns (§ 1 Abs. 1 MiLoG) i.H.v. brutto 8,50 € je Zeitstunde (§ 1 Abs. 2 Satz 1 MiLoG). Die Vereinbarung eines Stück- oder Akkordlohns bleibt zulässig. Allerdings muss gewährleistet sein, dass der Mindestlohn pro tatsächlich geleisteter Arbeitsstunde mindestens gezahlt wird. Das gilt auch in den Fällen, in denen keine konkrete Arbeitszeit und/oder ein festes Monatsgehalt vereinbart worden ist. In solchen Fällen ist die Monatsvergütung unter Berücksichtigung der tatsächlichen Arbeitszeit in den effektiven Bruttostundenlohn umzurechnen und darf nicht niedriger **140**

Imping

sein als der Mindestlohn. Das gilt auch für geringfügige Beschäftigungen. Bei diesen Mini-Jobs wird häufig ein Pauschalbetrag (seit 1.1.2013 maximal 450 €) vereinbart, ohne einen Stundensatz oder eine konkrete Arbeitszeit zu vereinbaren. Bei der Vereinbarung von 450 € sind unter Beachtung des Mindeststundenlohns von 8,50 € maximal 53 Arbeitsstunden im Monat geschuldet. Werden mehr Stunden tatsächlich geleistet, sind diese zusätzlich mit dem Mindestlohn zu vergüten.

141 § 2 Abs. 1 MiLoG regelt die Fälligkeit des Mindestlohns. Dieser ist grundsätzlich zum Zeitpunkt der vertraglich vereinbarten Fälligkeit, spätestens bis zum letzten Bankarbeitstag (Frankfurt a. M.) des Monats zu zahlen, der auf den Monat folgt, in dem die Arbeitsleistung erbracht wurde. Zum Fälligkeitsdatum sind nicht nur die vereinbarten, sondern die tatsächlich geleisteten Arbeitsstunden zum Mindestlohnsatz zu vergüten. Hiervon abweichend können bei verstetigten Arbeitseinkommen die Arbeitsstunden, die über die vertraglich vereinbarte Arbeitszeit hinaus geleistet werden, auf ein Arbeitszeitkonto eingestellt werden, wenn dem Arbeitszeitkonto eine schriftliche Vereinbarung zu Grunde liegt (§ 2 Abs. 2 MiLoG). Der Arbeitgeber ist in dem Fall verpflichtet, das Arbeitszeitkonto spätestens innerhalb von zwölf Kalendermonaten nach der monatlichen Erfassung der Arbeitszeit durch bezahlte Freizeitgewährung oder durch Zahlung des Mindestlohns auszugleichen (§ 2 Abs. 2 Satz 1 MiLoG). Im Falle der Beendigung des Arbeitsverhältnisses hat der Arbeitgeber nicht ausgeglichene Arbeitsstunden spätestens in dem auf die Beendigung des Arbeitsverhältnisses folgenden Kalendermonat auszugleichen (§ 2 Abs. 2 Satz 2 MiLoG). Die auf das Arbeitszeitkonto eingestellten Arbeitsstunden dürfen monatlich jeweils 50 % der vertraglich vereinbarten Arbeitszeit nicht übersteigen (§ 2 Abs. 2 Satz 3 MiLoG). Die vorgenannten Fälligkeits- und Ausgleichsregelungen gelten nicht für Wertguthabenvereinbarungen i. S. d. SGB IV, z. B. Altersteilzeitvereinbarungen (§ 2 Abs. 3 MiLoG).

142 Der Mindestlohn soll vor missbräuchlichen Gestaltungen geschützt werden. § 3 MiLoG regelt deshalb die „Unabdingbarkeit des Mindestlohns". Vereinbarungen, die den Anspruch auf den Mindestlohn unterschreiten oder seine Geltendmachung beschränken oder ausschließen, sind unwirksam (§ 3 Satz 1 MiLoG). Der Arbeitnehmer kann auf den Mindestlohnanspruch nur durch gerichtlichen Vergleich verzichten (§ 3 Satz 2 MiLoG). Die Verwirkung des Anspruchs ist ausgeschlossen (§ 3 Satz 3 MiLoG). Das hat zur Folge, dass arbeitsvertragliche oder tarifvertragliche Ausschluss- oder Verfallfristen keine Anwendung finden, soweit es um den Mindestlohnanspruch geht. Anwendung findet lediglich die dreijährige Verjährungsfrist (§§ 195, 199 BGB). Nach der Gesetzesbegründung soll eine Entgeltumwandlung nach dem Betriebsrentengesetz möglich bleiben. Vereinbarungen nach § 1a BetrAVG seien keine Vereinbarungen, die zu einer Unterschreitung oder Beschränkung des Mindestlohnanspruchs führen.

143 Abweichend von dem Grundsatz des § 1 MiLoG finden sich in den „Schlussvorschriften" Ausnahmeregelungen, einerseits unbefristet im „persönlichen Anwendungsbereich" des Gesetzes (§ 22 MiLoG) und zeitlich befristet bis 31.12.2016 in einer „Übergangsregelung" für Tarifverträge (§ 24 MiLoG). § 22 Abs. 1 Satz 1 MiLoG regelt, dass Praktikanten i. S. d. § 26 BBiG als Arbeitnehmer i. S. d. MiLoG gelten und damit Anspruch auf den Mindestlohn haben. § 22 Abs. 1 Satz 2 MiLoG macht davon Ausnahmen: Nicht unter den Anwendungsbereich des MiLoG fallen Praktikanten, die

1. ein Praktikum verpflichtend im Rahmen einer Schul-, Ausbildungs- oder Studienordnung leisten,
2. ein Praktikum von bis zu sechs Wochen zur Orientierung für eine Berufsausbildung oder für die Aufnahme eines Studiums leisten,
3. ein Praktikum von bis zu sechs Wochen begleitend zu einer Berufs- oder Hochschulausbildung leisten, wenn nicht zuvor ein solches Praktikumsverhältnis mit demselben Ausbildenden bestanden hat oder
4. an einer Einstiegsqualifizierung nach § 54a SGB III teilnehmen.

Ausgenommen vom Mindestlohn sind zudem Personen, die noch nicht 18 Jahre alt sind, ohne abgeschlossene Berufsausbildung (§ 22 Abs. 2 MiLoG) und Auszubildende sowie ehrenamtlich Tätige (22 Abs. 3 MiLoG). Für Arbeitsverhältnisse von Arbeitnehmern, die unmittelbar vor Beginn der Beschäftigung langzeitarbeitslos i. S. d. § 18 SGB III waren, gilt der Mindestlohn in den ersten sechs Monaten der Beschäftigung nicht (§ 22 Abs. 4 Satz 1 MiLoG).

Eine zeitlich befristete Ausnahme vom Mindestlohn ergibt sich aus der Übergangsregelung in § 24 MiLoG: Bis zum 31.12.2016 gehen abweichende Regelungen eines Tarifvertrags repräsentativer Tarifvertragsparteien dem Mindestlohn vor, wenn sie für alle unter den Geltungsbereich des Tarifvertrags fallenden Arbeitgeber mit Sitz im In- oder Ausland sowie deren Arbeitnehmer verbindlich gemacht worden sind. Gemeint sind damit auf der Grundlage des AEntG oder des § 3a AÜG festgesetzte Mindestlöhne. Ab 1.1.2017 gilt zwingend für alle Arbeitnehmer der gesetzliche Mindestlohn. Abweichungen durch Tarifvertrag sind dann nicht mehr zulässig (§ 1 Abs. 3 MiLoG).

144 Die Höhe des Mindestlohns kann auf Vorschlag einer ständigen Kommission der Tarifpartner (Mindestlohnkommission) durch Rechtsverordnung der Bundesregierung geändert werden (§ 1 Abs. 2 Satz 2 MiLoG). Einzelheiten der Zusammensetzung und des Verfahrens der Mindestlohnkommission regeln §§ 4 bis 12 MiLoG. Die Kommission hat über eine Anpassung der Höhe des Mindestlohns erstmals bis zum 10.6.2017 mit Wirkung zum 1.1.2018 zu beschließen (§ 9 Abs. 1 Satz 1 MiLoG), danach jährlich (§ 9 Abs. 1 Satz 2 MiLoG). In der Gesetzesbegründung heißt es, dass der Beschluss der Mindestlohnkommission auch darin bestehen könne, „die Höhe des Mindestlohns nicht zu verändern". Die Beschlüsse der Mindestlohnkommission bedürfen zu ihrer Umsetzung einer Rechtsverordnung der Bundesregierung. Eine Umsetzungspflicht des Verordnungsgebers besteht allerdings nicht. (§ 11 Abs. 1 Satz 1 MiLoG). Wenn die Bundesregierung die Rechtsverordnung erlässt, kann der Beschluss der Kommission nur unverändert in die Rechtsverordnung übernommen werden. Es besteht nach der Gesetzesbegründung keine Möglichkeit zur inhaltlichen Abweichung. Diese Bindung an das Votum der Mindestlohnkommission ist verfassungsrechtlich nicht unproblematisch, weil solche außerstaatlichen Kommissionen über keine demokratische Legitimation verfügen.

145 Die Kontrolle und Durchsetzung des Mindestlohns durch staatliche Behörden wird (in Anlehnung an §§ 16 bis 23 AEntG) in den §§ 14 bis 21 MiLoG geregelt. Zuständig sind die Behörden der Zollverwaltung (§ 14 MiLoG). U. a. regelt § 21 MiLoG die Möglichkeit der Verhängung von Bußgeldern gegenüber Arbeitgebern, die den Mindestlohn nicht oder nicht fristgemäß zahlen.

146 Individualrechtlich müssen die Arbeitnehmer den Mindestlohn bei Nichtzahlung vor den Arbeitsgerichten einklagen. Ein kollektives Klagerecht von Gewerkschaften oder gemeinsamen Einrichtungen der Tarifvertragsparteien oder öffentlicher Behörden, mit der Möglichkeit, die Individualansprüche der Beschäftigten für diese geltend zu machen (wie etwa in § 25 HAG), ist nicht vorgesehen. Immerhin regelt § 12 MiLoG, dass eine Geschäftsstelle der Mindestlohnkommission als selbständige Organisationseinheit bei der Bundesanstalt für Arbeitsschutz und Arbeitsmedizin eingerichtet wird, die als Informationsstelle für den Mindestlohn Arbeitnehmer sowie Unternehmen informieren und beraten soll (§ 12 Abs. 3 MiLoG), z.B. über eine Telefonhotline oder im Internet, wie es in der Gesetzesbegründung heißt.

Der gesetzliche Mindestlohn ist ein Mindestentgeltsatz i.S.d. § 2 Nr. 1 AEntG. Deshalb handelt es sich um zwingendes Recht i.S.d. Art. 9 Rom-I-VO und gilt damit auch für nur zeitweise in Deutschland tätige Personen. § 20 MiLoG stellt das klar, indem normiert wird, dass Arbeitgeber mit Sitz im In- oder Ausland verpflichtet sind, ihren im Inland beschäftigten Arbeitnehmern ein Arbeitsentgelt mindestens in Höhe des Mindestlohns nach § 1 Abs. 2 MiLoG spätestens zu dem in § 2 Abs. 1 Satz 1 Nr. 2 MiLoG festgesetzten Fälligkeitszeitpunkt zu zahlen.

147 § 13 normiert wie bereits für die zivilrechtliche Durchsetzung von Branchenmindestlöhnen nach dem Arbeitnehmer-Entsendegesetz eine Haftung des Auftraggebers von Werk- oder Dienstleistungen. Der Auftraggeber von Dienst- oder Werkleistungen, insbesondere ein sogenannter Generalunternehmer, haftet für den Fall, dass ein Sub- oder ein Nachunternehmer seinen Arbeitnehmerinnen oder Arbeitnehmern den Mindestlohn nicht zahlt, wie ein Bürge, der auf die Einrede der Vorausklage verzichtet hat. Die Vorschrift zielt darauf ab, die tatsächliche Wirksamkeit des Mindestlohns zu verstärken. Der Auftraggeber sollte im eigenen Interesse darauf achten, dass die Arbeitnehmerinnen und Arbeitnehmer, die bei von ihm beauftragten Sub- und Nachunternehmern beschäftigt sind, den Mindestlohn erhalten.

(2) Änderung des Arbeitsgerichtsgesetzes

148 Die Zuständigkeiten der Arbeitsgerichte im Beschlussverfahren werden um die Entscheidung der Wirksamkeit einer Allgemeinverbindlicherklärung eines Tarifvertrags bzw. einer Rechtsverordnung nach § 7 oder § 7a des Arbeitnehmer-Entsendegesetzes oder § 3a des Arbeitnehmerüberlassungsgesetzes erweitert. Nur die besonders sachnahen Arbeitsgerichte sollen über die Wirksamkeit entscheiden können. Einer solchen Entscheidung kommt eine über den Kreis der unmittelbar am Verfahren Beteiligten hinausreichende Bedeutung zu. Zuständig ist in erster Instanz das LAG, in dessen Bezirk die den Tarifvertrag für allgemeinverbindlich erklärende Behörde bzw. die die Rechtsverordnung erlassende Behörde ihren Sitz hat. Dies dient der Verfahrensbeschleunigung und der schnelleren Herstellung von Rechtssicherheit.

(3) Änderung des Schwarzarbeitsbekämpfungsgesetzes

149 Das Schwarzarbeitsbekämpfungsgesetz verweist nicht mehr auf das Mindestarbeitsbedingungengesetz sondern auf das neue MiLoG.

(4) Nachweisgesetz

150 Das Nachweisgesetz ist geändert worden. Praktikanten, die gem. § 22 Abs. MiLoG als Arbeitnehmer gelten, sind nun auch Arbeitnehmer i.S.d. NachwG. Wer einen Praktikanten einstellt, hat unverzüglich nach Abschluss des Praktikumsvertrages, spätestens vor Aufnahme der Praktikantentätigkeit, die wesentlichen Vertragsbedingungen schriftlich niederzulegen, die Niederschrift zu unterzeichnen und dem Praktikanten auszuhändigen. In die Niederschrift sind mindestens aufzunehmen:

- der Name und die Anschrift der Vertragsparteien,
- die mit dem Praktikum verfolgten Lern- und Ausbildungsziele,
- Beginn und Dauer des Praktikums,
- Dauer der regelmäßigen täglichen Praktikumszeit,
- Zahlung und Höhe der Vergütung,
- Dauer des Urlaubs,
- ein in allgemeiner Form gehaltener Hinweis auf die Tarifverträge, Betriebs- oder Dienstvereinbarungen, die auf das Praktikumsverhältnis anzuwenden sind.

(5) Allgemeinverbindlichkeit, Mindestarbeitsbedingungen

151 Eine Allgemeinverbindlicherklärung war bislang nur möglich, wenn die tarifgebundenen Arbeitgeber mindestens 50 % der unter den Geltungsbereich des Tarifvertrags fallenden Arbeitnehmer beschäftigten. Dieses starre Quorum hemmte in der Vergangenheit die Nutzung der Allgemeinverbindlicherklärung. In Zeiten abnehmender Tarifbindung werden die Voraussetzungen der Allgemeinverbindlicherklärung nun neugefasst. Das BMAS prüft nun ein konkretisiertes öffentliches Interesse. In diese Prüfung ist einzubeziehen, ob der Tarifvertrag in seinem Geltungsbereich für die Gestaltung der Arbeitsbedingungen „überwiegende Bedeutung" erlangt hat. Berücksichtigt werden nun sämtliche tarifgemäß ausgestaltete Arbeitsverhältnisse, Inbezugnahmeregelungen sowie jegliche Orientierung der Arbeitsverhältnisse an den Tarifregeln.

Das Mindestarbeitsbedingungengesetz wurde aufgehoben. Sein Ziel, auch in Wirtschaftszweigen mit geringer Tarifbindung einen Mindestschutz der Arbeitnehmer in Form eines Mindestlohns zu garantieren, hat es verfehlt. **152**

Verweise in der Gewerbeordnung auf das Mindestarbeitsbedingungengesetz werden gestrichen. Öffentliche Auftraggeber werden verfugt bzw. verpflichtet, im Rahmen ihrer Tätigkeit beim Gewerbezentralregister Auskünfte über rechtskräftige Bußgeldentscheidungen wegen eines Verstoßes gegen das Mindestlohngesetz einzuholen. **153**

d) Gesetz zur besseren Vereinbarkeit von Familie, Pflege und Beruf

aa) Gang der Gesetzgebung

- Beschluss des Bundesrates vom 19.12.2014, BR-Drucks. 590/14, **154**
- Beschlussempfehlung des Ausschusses für Familien, Senioren, Frauen und Jugend, BT-Drucks. 18/3449,
- Stellungnahme zum Gesetzentwurf vom 7.11.2014, BR-Drucks. 463/14/B
- Entwurf eines Gesetzes zur besseren Vereinbarkeit von Familie, Pflege und Beruf vom 14.10.2014.

bb) Inhalt des Gesetzes

(1) Überblick

Zur Weiterentwicklung der Möglichkeiten des Familienpflegezeit- und des Pflegezeitgesetzes hatte das Familienministerium einen Referentenentwurf eines Gesetzes zur besseren Vereinbarkeit von Familie, Pflege und Beruf vorgelegt. Darin war ein Anspruch auf ein zinsloses Darlehen zur Bewältigung des Lebensunterhalts während einer Freistellung, ein Rechtsanspruch auf Familienpflegezeit sowie eine Lohnersatzleistung während der kurzfristigen zehntägigen Auszeit für Angehörige vorgesehen, die mit einer neuen Pflegesituation konfrontiert werden. Der Gesetzentwurf hat den Bundestag am 4.12.2014 mit Änderungen passiert. Unter Anderem sollten allein Beschäftigte in Betrieben mit mehr als 25 regelmäßig Beschäftigten einen Rechtsanspruch auf die Familienpflegezeit haben. Am 31.12.2014 wurde das Gesetz im BGBl[1] veröffentlicht und ist am 1.1.2015 in Kraft getreten. **155**

(2) Einzelheiten

Arbeitnehmer in Betrieben mit mehr als 25 regulären Beschäftigten haben einen Rechtsanspruch auf die Familienpflegezeit. Pflegen sie einen pflegebedürftigen nahen Angehörigen in häuslicher Umgebung haben sie einen Anspruch auf teilweise Freistellung von ihrer Arbeitsleistung von bis zu 24 Monaten bei einem Beschäftigungsumfang von (durchschnittlich) mindestens 15 Stunden die Woche. Familienpflegezeit und Pflegezeit dürfen zusammen 24 Monate je pflegebedürftigem nahen Angehörigen nicht überschreiten; sie existieren nebeneinander und müssen bei Kombination nahtlos ineinander übergehen. Wie bei der Pflegezeit kann dieser Anspruch pro pflegebe- **156**

---

1) BGBl. I 2014, 2462.

dürftigem nahen Angehörigen nur einmal geltend gemacht werden. „Nahe Angehörige" sind auch Stiefeltern, lebenspartnerschaftsähnliche Gemeinschaften, sowie Schwägerinnen und Schwager.

Die Arbeitsverhinderung nach § 2 Pflegezeitgesetz wird an einen Anspruch auf ein Pflegeunterstützungsgeld als Lohnersatz gekoppelt. Das Pflegeunterstützungsgeld wird gezahlt als Ausgleich für entgangenen Arbeitslohn über einen Zeitraum von jeweils maximal zehn Arbeitstagen, sofern kein Anspruch auf Entgeltfortzahlung durch den Arbeitgeber oder Anspruch auf Kranken- oder Verletztengeld eines Kindes nach § 45 SGB V oder § 45 SGB VII besteht. Notwendige Voraussetzung für die Zahlung des Pflegeunterstützungsgeldes ist eine akut aufgetretene Pflegesituation eines pflegebedürftigen Angehörigen, die es erforderlich macht, der Arbeit fern zu bleiben, um eine angemessene Pflege zu garantieren oder zu organisieren. Die Berechnung erfolgt analog zum Kinderkrankengeld, für welches in Zukunft nicht mehr das vor der Freistellung erzielte Arbeitsentgelt, sondern das während der Freistellung ausgefallene Arbeitsentgelt herangezogen wird.

157 Zur Aufstockung des Arbeitsentgeltes während der Familienpflegezeit oder der Pflegezeit wird ein Anspruch auf ein zinsloses Darlehen geschaffen. Die monatliche Darlehensrate ist dabei gedeckelt auf den Wert, der bei einer durchschnittlichen Arbeitszeit von 15 Stunden pro Woche während der Familienpflegezeit zu zahlen wäre. Durch diese Obergrenze sollen Beschäftigte vor einer hohen finanziellen Last in der Rückzahlungsphase geschützt werden. Rückgezahlt wird das Darlehen innerhalb von 48 Monaten nach Beginn der Familienpflegezeit bzw. der Pflegezeit. Auf Antrag kann die Rückzahlung bis zur Beendigung einer etwaigen Freistellung von der Arbeitsleistung aufgeschoben werden. Eine Härtefallregelung schützt die pflegenden Angehörigen vor hohen Rückzahlungen bei einer mehr als 180 Tage ununterbrochen andauernden Arbeitsunfähigkeit oder bei Fortbestand des Pflegebedarfs eines nahen Angehörigen. In letzterem Fall kann auf Antrag ein Viertel des Darlehensbetrags erlassen werden. Die Darlehensschuld erlischt bei Tod des Darlehensnehmers, bei dauerhafter Arbeitsunfähigkeit des Darlehensnehmers über sechs Monate oder bei Bezug von Leistungen nach SGB II oder SGB XII soweit sie noch nicht fällig ist.

158 Das Bundesministerium für Familie, Senioren, Frauen und Jugend setzt einen einundzwanzigköpfigen Beirat für die Vereinbarkeit von Pflege und Beruf ein, der die Umsetzung der einschlägigen gesetzlichen Regelungen begleitet und alle vier Jahre dem Ministerium einen Bericht vorlegt, indem er Handlungsempfehlungen aussprechen kann. Der Beirat setzt sich zusammen aus einem vom Ministerium ernannten Vorsitzenden, sechs Vertretern von fachlich betroffenen Interessenverbänden, je zwei Vertretern der Gewerkschaften, der Arbeitgeber, der Wohlfahrtsverbände und der Seniorenorganisationen, sowie je einem Vertreter der sozialen und der privaten Pflege-Pflichtversicherung. Dazu kommen zwei Wissenschaftler mit einem Forschungsschwerpunkt in der Vereinbarkeit von Pflege und Beruf und je ein Vertreter der Konferenz der Minister und Senatoren für Jugend und Familie und der Konferenz der Minister und Senatoren für Arbeit und Soziales sowie der kommunalen Spitzenverbände. Die Besetzung des Beirates muss geschlechterparitätisch erfolgen.

e) Pflegestärkungsgesetz I – Fünftes Gesetz zur Änderung des Sozialgesetzbuches XI

aa) Gang der Gesetzgebung

159 – Pflegestärkungsgesetz (PSG) I und IIErstes Gesetz zur Stärkung der pflegerischen Versorgung und zur Änderung weiterer Vorschriften (Erstes Pflegestärkungsgesetz – PSG I) vom 17.12.2014, BGBl. I 2014, 2222,
– Beschluss des Bundesrates vom 7.11.2014, BT-Drucks. 223/14,

- Beschluss des Bundestages vom 17.10.2014,
- Entwurf eines Fünften Gesetzes zur Änderung des Elften Buches Sozialgesetzbuch - Leistungsausweitung für Pflegebedürftige, Pflegevorsorgefonds vom 23.6.2014, BT-Drucks. 18/1798.

bb) Inhalt des Pflegestärkungsgesetz I
(1) Überblick

Die Parteien der Großen Koalition hatten sich darauf verständigt, das Vorliegen einer Pflegebedürftigkeit besser anzuerkennen, um die Situation von Pflegebedürftigen, Angehörigen sowie Menschen, die in der Pflege arbeiten, zu verbessern. Dies wird in zwei Schritten mit zwei Pflegestärkungsgesetzen umgesetzt werden. Das Pflegestärkungsgesetz I sieht ab dem 1.1.2015 eine Ausweitung der Leistungen für Pflegebedürftige und deren Angehörige, die Erhöhung der Zahl der Betreuungskräfte in stationären Pflegeeinrichtungen, sowie die Errichtung eines Pflegevorsorgefonds vor. Zur Finanzierung wird ab dem 1.1.2015 der paritätische, zu gleichen Teilen von Arbeitnehmern und Arbeitgebern getragene Beitragssatz zur Pflegeversicherung um 0,3 Prozentpunkte erhöht. Zwei Drittel der höheren Beitragseinnahmen sollen zur Finanzierung kurzfristiger Leistungsverbesserungen und der Dynamisierung der Leistungen verwendet werden, das restliche Drittel zum Aufbau eines so genannten Pflegevorsorgefonds, der künftige Beitragssteigerungen abmildern soll. Mit einem geplanten Pflegestärkungsgesetz II soll ab 2017 ein neuer Pflegebedürftigkeitsbegriff, d.h. Ersatz der bisherigen drei Pflegestufen durch passgenauere fünf Pflegegrade und ein neues Begutachtungsverfahren eingeführt werden. Um dies zu finanzieren, soll der Beitragssatz um weitere 0,2 Prozentpunkte angehoben werden. Die Pflegestärkungsgesetze ergänzen die 1995 eingeführte Pflegepflichtversicherung mit dem 2002 in Kraft getretenen Pflegeleistungs-Ergänzungsgesetz und dem Pflege-Neuausrichtungs-Gesetz vom 30.10.2012.

160

(2) Einzelheiten
- Anpassung der Leistungen.
- Entsprechend der gesetzlich im Dreijahresrhythmus vorgesehenen Dynamisierung des § 30 SGB XI werden die Leistungen der Pflegeversicherung zum 1.1.2015 um 4 % angehoben, um die Entwicklung der Preise in den letzten drei Jahren zu berücksichtigen. Die erst vor zwei Jahren durch das Pflege-Neuausrichtungs-Gesetz (PNG) vom 28.10.2012 zum 1.1.2013 eingeführten Leistungen werden um 2,67 % erhöht.
- Flexibilität in der Gestaltung des Pflegealltags.
- Pflegebedürftige können seit dem 1.1.2015 bis zu 40 % der ambulanten Pflegesachleistungen für Unterstützung im Haushalt oder für die Organisation zusätzlicher Hilfestellungen, sogenannte niedrigschwellige Betreuungs- und Entlastungsleistungen, umwandeln, um eigenständig und flexible darüber zu entscheiden, in welcher Form sie im Alltag unterstützt werden möchten.
- Kurzzeit- und Verhinderungspflege.
- Bisher konnten Pflegebedürftige, die zu Hause wohnen, bis zu vier Wochen vorübergehend in Pflegeeinrichtungen untergebracht werden. Seit dem 1.1.2015 sind bis zu acht Wochen Kurzzeitpflege möglich, die Pflegekasse übernimmt dafür künftig bis zu 3 224 €. Ähnlich gilt für die Verhinderungspflege: Wenn die pflegenden Angehörigen eine Vertretung brauchen, steht im Rahmen der Verhinderungspflege pro Pflegebedürftigem bis zu 2 418 € zur Verfügung, sofern die Leistungen der Kurzzeit- und Verhinderungspflege miteinander kombiniert werden.

161

Imping

- Umbauzuschuss.
- Durch die Pflegebedürftigkeit gebotene Umbaumaßnahmen werden zukünftig mit bis zu 4 000 € bezuschusst. Für die Gründung einer Wohngemeinschaft für Pflegebedürftige können die Zuschüsse bis zu einem Betrag von 16 000 € pro Maßnahme addiert werden.

f) Gesetz zur Einführung des „Elterngeld Plus"

aa) Gang der Gesetzgebung

162 – Gesetz zur Einführung des Elterngeld Plus mit Partnerschaftsbonus und einer flexibleren Elternzeit im Bundeselterngeld- und Elternzeitgesetz vom 18.12.2014, BGBl. I 2014, 2325,
- Gegenäußerung der Bundesregierung, BT-Drucks. 18/2625,
- Stellungnahme des Bundesrates, BR-Drucks. 355/14,
- Beschlussempfehlung der BR-Ausschüsse, BR-Drucks. 355/1/14.

bb) Inhalt des Gesetzes

163 Zum 1.1.2015 ist das Gesetz zur Einführung des Elterngeld Plus mit Partnerschaftsbonus und einer flexibleren Elternzeit im BEEG in Kraft getreten, mit der die Vereinbarkeit von Familie und Beruf, insbesondere der Wiedereinstieg in das Berufsleben gefördert werden soll. Das Gesetz schafft mehr Flexibilität bei der Elternzeit sowie besondere, durchaus komplizierte neue Regeln zum Elterngeld. Die Elterngeld Plus-Regelungen gelten allerdings erst für alle Geburten nach dem 30.6.2015.

(1) Elterngeld Plus

164 Mit der Einführung des Elterngeld Plus und der vier zusätzlichen Partnerschaftsbonusmonate für alle ab dem 1.7.2015 geborenen Kinder wird das bestehende Bundeselterngeld- und Elternzeitgesetz (BEEG) grundlegend reformiert. Die neuen Regelungen erweitern die Wahlmöglichkeiten der Kindesbetreuung. Dabei werden Eltern, die sich nach der Geburt eines Kindes für einen schnelleren beruflichen Wiedereinstieg entscheiden, stärker finanziell gefördert als bisher. Zudem sollen Eltern belohnt werden, die sich Erwerbs- und Erziehungsarbeit für mindestens vier Lebensmonate ihres Kindes gleichberechtigt teilen.

Elterngeld ist ein Einkommensersatz für zwölf Monate nach Geburt des Kindes. Hinzu kommen zwei Partnermonate, wenn auch der Partner das Kind betreut. Das Elterngeld orientiert sich am monatlichen Erwerbseinkommen vor der Geburt und beträgt mindestens 300 €, höchstens 1 800 € und ersetzt damit i.d.R. das Voreinkommen um 65 %. Während des Bezugs von Elterngeld ist eine Teilzeitbeschäftigung von bis zu 30 Wochenstunden erlaubt; ersetzt wird indes allein die Differenz zum Einkommen vor der Geburt, während gleichzeitig ein ganzer Elterngeldmonat verbraucht wird. Darüber hinaus können in Teilzeit beschäftigte Eltern das Elterngeld Plus, das höchstens halb so hoch ist wie das normale Elterngeld ohne Erwerbstätigkeit, doppelt so lange beziehen wie das Elterngeld. Ein Elterngeldmonat sind zwei Elterngeld-Plus-Monate.

165 Zusätzlich zum Elterngeld Plus besteht ein Anspruch auf den sog. Partnerschaftsbonus. Wenn beide Eltern für mindestens vier Monate pro Woche 25 bis 30 Stunden arbeiten, erhalten sie je vier zusätzliche Elterngeld-Plus-Monate, d.h. für den zweiten Elternteil vier statt bisher zwei Monate. Der Partnerschaftsbonus muss unmittelbar an den Elterngeld(Plus)-Bezug anschließen, kann aber auch mitten im Elterngeldbezug mit der Folge weiterer Elterngeld(Plus)-Monate in Anspruch genommen werden.

A. Gesetze

Beide Neuregelungen zusammen führen dazu, dass anstelle von bisher 14 Monaten das Elterngeld künftig für bis zu 28 Monate in Anspruch genommen werden kann – übrigens auch vollumfänglich für Alleinerziehende.

(2) Elternzeit

Die nicht beanspruchte Elternzeit von bis zu 24 Monaten darf nunmehr auch ohne Zustimmung des Arbeitgebers zwischen dem dritten Geburtstag und dem vollendeten achten Lebensjahr des Kindes beansprucht werden. Die Elternzeit kann ferner – auch ohne die Zustimmung des Arbeitgebers – auf drei statt bisher zwei Abschnitte verteilt werden. Die Sieben-Wochen-Frist bleibt zur Inanspruchnahme der Elternzeit vor dem dritten Geburtstag des Kindes bestehen. Die Frist zur Bekanntgabe der geplanten Elternzeit vom dritten bis einschließlich achten Lebensjahr des Kindes verlängert sich jedoch auf 13 Wochen. Sobald die Elternzeiterklärung beim Arbeitgeber eingegangen ist, besteht Kündigungsschutz bis zum Ende der Elternzeit. **166**

g) *Gesetz über Leistungsverbesserungen in der gesetzlichen Rentenversicherung (RV-Leistungsverbesserungsgesetz)*

aa) Gang der Gesetzgebung

- Gesetz über Leistungsverbesserungen in der gesetzlichen Rentenversicherung vom 23.6.2014, BGBl. I 2014, 787, **167**
- Entwurf der Bundesregierung vom 27.1.2014 zum Gesetz über Leistungsverbesserungen in der gesetzlichen Rentenversicherung.

bb) Inhalt des Gesetzes

(1) Abschlagsfreie Rente mit 63

Abweichend von der Grundnorm des § 38 SGB VI kann die Altersrente für besonders langjährig Versicherte von Versicherten, die vor dem 1.1.1953 geboren wurden, in Anspruch genommen werden. Für alle nach dem 31.12.1952 geborenen Versicherten wird die Altersgrenze in Zweimonatsschritten pro Jahrgang angehoben. Mit dem Geburtsjahr 1964 ist diese Anhebung damit abgeschlossen und ein abschlagsfreier Rentenbeginn ab dem vollendeten 65. Lebensjahr möglich. Mit der neuen Regelung sollen all jene bedacht werden, die „ihr Arbeitsleben bereits in jungen Jahren begonnen und über Jahrzehnte hinweg durch Beschäftigung, selbständige Tätigkeit und Pflege sowie Kindererziehung" ihren Beitrag für die gesetzliche Rentenversicherung geleistet haben und bisher durch die „fortschreitende Verbesserung der Arbeitsbedingungen weniger oder gar nicht profitiert haben". **168**

§ 244 Abs. 3 SGB VI wird dahingehend geändert, dass weder Pflichtbeitragszeiten, noch Anrechnungszeiten aus Bezug von Arbeitslosenhilfe oder Arbeitslosengeld II auf die Wartezeit für die Altersrente für besonders langjährig Versicherte angerechnet werden. Diese Änderung folgt aus der Änderung des § 51 Abs. 3a SGB VI. Weiter werden „Zeiten vor 1.1.2001, für die der Bezug von Leistungen nach § 51 Absatz 3a Nummer 3 Buchstabe a mit Ausnahme der Arbeitslosenhilfe oder nach Buchstabe b glaubhaft gemacht ist, [...] auf die Wartezeit von 45 Jahren angerechnet." Versicherungen an Eides statt sind zu dieser Glaubhaftmachung zugelassen. Von 2018 an wird die Bundesregierung über die Auswirkungen der Altersrente für besonders langjährig Versicherte Bericht erstatten und Vorschläge für die Weiterentwicklung machen (§ 154 Abs. 4 SGB VI). **169**

(2) Bezug von Arbeitslosengeld

170 Auf die Wartezeit von 45 Jahren sollen auch Zeiten angerechnet werden, in denen die Versicherten Arbeitslosengeld bezogen haben. Dazu entfällt in § 51 Abs. 3a Satz 1 Nr. 1 SGB VI die Einschränkung, wonach § 55 Abs. 2 SGB VI nicht auf Zeiten anzuwenden ist, in denen die Versicherten wegen des Bezugs von Arbeitslosengeld versicherungspflichtig waren. Auf die Wartezeit von 45 Jahren werden Kalendermonate angerechnet mit Zeiten des Bezugs von Entgeltersatzleistungen der Arbeitsförderung, Leistungen bei Krankheit und Übergangsgeld, soweit sie Pflichtbeitragszeiten oder Anrechnungszeiten sind. Bezüge von Arbeitslosengeld II und der früheren Arbeitslosenhilfe werden nicht auf die Wartezeit angerechnet. Sie stellen Leistungen mit Fürsorgecharakter dar, die nicht auf eigener Beitragsleistung beruhen und werden daher nicht berücksichtigt. So soll verhindert werden, dass es zu einem abschlagsfreien Rentenanspruch mit Zeiten von Langzeitarbeitslosigkeit vor Erreichen des regulären Renteneintrittsalters kommt. Eine in früheren Zeiten unterschiedliche rentenrechtliche Bewertung von Kranken- und Übergangsgeld soll nicht zu Lasten der Versicherten gehen. Deshalb werden auch diese Zeiten für die Wartezeit von 45 Jahren berücksichtigt.

(3) Zurechnungszeit von Erwerbsminderungsrenten

171 Die Zurechnungszeit des § 59 SGB VI wird vom 60. auf das 62. Lebensjahr erhöht. Versicherte sollen so gestellt werden, als hätten sie bis zum vollendeten 62. Lebensjahr weitergearbeitet. Die seit Jahren sinkenden durchschnittlichen Beiträge in der Erwerbsminderungsrente sollen so abgefangen werden. Ferner sollen Einkommensminderungen in den letzten vier Jahren bis zum Eintritt der Erwerbsminderung – also durch den Wegfall von Überstunden, den Wechsel in Teilzeitarbeit oder Arbeitslosigkeit – den Wert beitragsfreier Zeiten nicht weiter verringern. Hierzu sollen in der Vergleichsbewertung Entgeltpunkte für die letzten vier Jahre nicht berücksichtigt werden, sofern sich dadurch ein höherer Wert aus der Vergleichsbewertung ergibt.

(4) Anrechnung von Kindererziehungszeiten vor 1992 geborener Kinder („Mütterrente")

172 Die Kindererziehungszeiten werden für alle Eltern vor 1992 geborene Kinder, die ab dem 1.7 2014 in Rente gehen, um zwölf Monate erweitert. Wer zu diesem Zeitpunkt bereits eine Rente bezieht, erhält einen Zuschlag in derselben Höhe des Rentenertrags aus der zusätzlichen Kindererziehungszeit. Dies dient der Verwaltungsvereinfachung und erspart die Neuberechnung von ungefähr 9,5 Mio. Renten. Hierzu wird § 307d SGB VI neu eingefügt. So sollen Eltern von vor 1992 geborenen Kindern eine höhere Rente erhalten, um die Leistung der Kindererziehung besser anzuerkennen. Die Anrechnung eines zusätzlichen Entgeltpunktes wird zu einer Rentenerhöhung um 28 € in Westdeutschland und 25 € in Ostdeutschland führen. Sofern sich Eltern die Kindererziehung geteilt haben, können sie entscheiden, welcher Elternteil die Kindererziehungszeiten in der Rente angerechnet bekommen soll. Eltern vor 1992 geborener Kinder erhalten damit pro Erziehungsjahr pro Kind zwei Entgeltpunkte angerechnet, Eltern später geborener Kinder weiterhin drei Entgeltpunkte. Eine vollständige Gleichstellung unabhängig vom Zeitpunkt der Geburt sei wegen der finanziellen Belastungen nicht möglich.

h) Bezugsgrößen/Beitragsbemessungsgrenzen/Beitragssätze

aa) Gang der Gesetzgebung

173 – Verordnung über maßgebende Rechengrößen der Sozialversicherung für 2015 – Sozialversicherungs-Rechengrößenverordnung 2015, BGBl. I 2014, 1957,

A. Gesetze

– Gesetz zur Weiterentwicklung der Finanzstruktur und der Qualität in der gesetzlichen Krankenversicherung, BGBl. I 2014, 1133.

bb) Inhalt der Verordnung

Mit der Verordnung über die Sozialversicherungsrechengrößen 2015 wurden die Vorjahreswerte der Rechengrößen der Sozialversicherung mit der Veränderungsrate der Bruttolöhne und -gehälter je Arbeitnehmer ohne Personen in Arbeitsgelegenheiten mit Entschädigungen für Mehraufwendungen im Jahr 2013 fortgeschrieben. Die maßgebende Veränderungsrate im Jahr 2013 beträgt 1,99 % in den alten Ländern und 2,19 % in den neuen Ländern. Die Vorjahreswerte der bundeseinheitlich geltenden Jahresarbeitsentgeltgrenzen in der Krankenversicherung werden mit der Veränderungsrate der Bruttolöhne und -gehälter je Arbeitnehmer ohne Personen in Arbeitsgelegenheiten mit Entschädigungen für Mehraufwendungen für Gesamtdeutschland im Jahr 2013 fortgeschrieben. Die maßgebende gesamtdeutsche Veränderungsrate im Jahr 2013 beträgt 2,03 %.

174

Zum 1.1.2015 wurde der gesetzlich festgelegte Beitragssatz zur Gesetzlichen Krankenversicherung von 15,5 % auf 14,6 % abgesenkt. Kommt eine Krankenkasse damit nicht aus, darf sie einen sogenannten „kassenindividuellen Zusatzbeitrag" erheben, der – anders als früher – nun ebenfalls als Prozentsatz vom Einkommen des Kassenmitglieds berechnet wird. Den Zusatzbeitrag muss die Kasse in ihrer Satzung festlegen, dabei darf sie aber nicht einfach eine beliebige Höhe wählen. Der Zusatzbeitrag darf nur so hoch sein, dass er zusammen mit den anderen Einnahmen der Kasse ausreicht, die voraussichtlichen Ausgaben der Kasse abzudecken.

175

Die Beitragssatzverordnung 2015 senkt den Beitragssatz in der allgemeinen Rentenversicherung für 2015 auf 18,7 %. Die Beitragssatzverordnung 2015 senkt ferner den Beitragssatz in der knappschaftlichen Rentenversicherung auf 24,8 %.

Zusammenfassend ergibt sich folgendes Bild:

Versicherung	Beitragsbemessungsgrenze[1]/Monat	Beitragssatz	Arbeitgeber	Arbeitnehmer
Renten-	6 050 (West) 5 200 (Ost)	18,7 %	9,35 %	9,35 %
Kranken-	4 150	14,6 %	7,3 %	7,3 %
Pflege-[2]	4 150	2,35 %	1,175 %	1,175 %[3]
Arbeitslosen-	6 050 (West) 5 200 (Ost)	3 %	1,5 %	1,5 %
Bezugsgröße i.S.d. § 18 SGB IV		2 835/Monat (West) / 2 415/Monat (Ost)		

---

1) Von der Beitragsbemessungsgrenze (BBG) strikt zu unterscheiden ist die Versicherungspflichtgrenze in der gesetzlichen Krankenversicherung. Die BBG bestimmt den Teil der Vergütung, auf den der Versicherungsbeitrag erhoben wird. Die Versicherungspflichtgrenze benennt die Obergrenze der Gehaltshöhe, bis zu der ein Arbeitnehmer in der Gesetzlichen Krankenversicherung pflichtversichert ist (Jahresarbeitsentgeltgrenze). Sie beträgt ab dem Jahr 2015 54 900 €im Jahr.

2) In Sachsen ist der Arbeitnehmeranteil bei der Pflegeversicherung höher als im übrigen Bundesgebiet. Grund dafür ist, dass dort zur Finanzierung der Pflegeversicherung kein Feiertag abgeschafft wurde. Von den 2,35 % Pflegebeitrag entfallen in Sachsen 1,675 % auf den Arbeitnehmer (plus 0,25 Prozentpunkte bei kinderlosen Beitragszahlern) und 0,675 % auf den Arbeitgeber, während es im übrigen Bundesgebiet jeweils 1,175 % für Arbeitgeber und -nehmer sind.

3) Kinderlose Versicherungspflichtige in der Pflegeversicherung, die mindestens 23 Jahre alt sind und nach dem 31.12.1939 geboren sind, haben einen Beitragszuschlag von 0,25 % zu leisten. Bei Kinderlosen beträgt also der – ausschließlich vom Arbeitnehmer zu tragende – Beitragssatz 1,275 %.

2. Gesetzesvorhaben 2015

a) Überblick

176 Für das Jahr 2015 steht nicht zuletzt angesichts der fortdauernden Streiks von Piloten und Lokführern v.a. eine intensive Diskussion über die Wiederherstellung des Prinzips der „Tarifeinheit" durch den Gesetzgeber und den vorliegenden Entwurf des Tarifeinheitsgesetzes zu erwarten. Des Weiteren wird über die gleichberechtigte Teilhabe von Frauen und Männern in Führungspositionen gestritten werden. Die im Koalitionsvertrag von Herbst 2013 angekündigten Veränderungen des Werkvertragsrechts zur Reduzierung des Missbrauchs von Werk- und Arbeitnehmerüberlassungsverträgen steht aktuell zwar nicht auf der Agenda des BMAS, wird aber gleichwohl möglicherweise den Gesetzgeber in 2015 beschäftigen. Hingegen ist mit der überfälligen Kodifizierung des Beschäftigtendatenschutzes auch in diesem Jahr nicht ernsthaft zu rechnen.

b) Tarifeinheitsgesetz

aa) Gang der Gesetzgebung

177
- Gesetzentwurf des Bundeskabinetts vom 11.12.2014,
- Referentenentwurf vom 4.11.2014.

bb) Inhalt des Gesetzesentwurfs

178 Der Entwurf sieht die Einfügung des neuen § 4a TVG vor, welcher den Grundsatz der Tarifeinheit stipuliert:

§ 4a Tarifkollision

(1) Zur Sicherung der Schutzfunktion, Verteilungsfunktion, Befriedungsfunktion sowie Ordnungsfunktion von Rechtsnormen des Tarifvertrags werden Tarifkollisionen im Betrieb vermieden.

(2) Der Arbeitgeber kann nach § 3 an mehrere Tarifverträge unterschiedlicher Gewerkschaften gebunden sein. Soweit sich die Geltungsbereiche nicht inhaltsgleicher Tarifverträge verschiedener Gewerkschaften überschneiden (kollidierende Tarifverträge), sind im Betrieb nur die Rechtsnormen des Tarifvertrags derjenigen Gewerkschaft anwendbar, die zum Zeitpunkt des Abschlusses des zuletzt abgeschlossenen kollidierenden Tarifvertrags im Betrieb die meisten in einem Arbeitsverhältnis stehenden Mitglieder hat. Kollidieren die Tarifverträge erst zu einem späteren Zeitpunkt, ist dieser für die Mehrheitsfeststellung maßgeblich. Als Betriebe gelten auch ein Betrieb nach § 1 Absatz 1 Satz 2 des Betriebsverfassungsgesetzes und ein durch Tarifvertrag nach § 3 Absatz 1 Nummer 1 bis 3 des Betriebsverfassungsgesetzes errichteter Betrieb, es sei denn, dies steht den Zielen des Absatzes 1 offensichtlich entgegen. Dies ist insbesondere der Fall, wenn die Betriebe von Tarifvertragsparteien unterschiedlichen Wirtschaftszweigen oder deren Wertschöpfungsketten zugeordnet worden sind.

(3) Für Rechtsnormen eines Tarifvertrags über eine betriebsverfassungsrechtliche Frage nach § 3 Absatz 1 und § 117 Absatz 2 des Betriebsverfassungsgesetzes gilt Absatz 2 Satz 2 nur, wenn diese betriebsverfassungsrechtliche Frage bereits durch Tarifvertrag einer anderen Gewerkschaft geregelt ist.

(4) Eine Gewerkschaft kann vom Arbeitgeber oder der Vereinigung der Arbeitgeber die Nachzeichnung der Rechtsnormen eines mit ihrem Tarifvertrag kollidierenden Tarifvertrags verlangen. Der Anspruch auf Nachzeichnung beinhaltet den Abschluss eines die Rechtsnormen des kollidierenden Tarifvertrags enthaltenden Tarifvertrags, soweit sich die Geltungsbereiche und Rechtsnormen der Tarifverträge überschneiden. Die Rechtsnormen eines nach Satz 1 nachgezeichneten Tarifvertrags gelten unmittel-

bar und zwingend, soweit der Tarifvertrag der nachzeichnenden Gewerkschaft nach Absatz 2 Satz 2 nicht zur Anwendung kommt.

(5) Nimmt ein Arbeitgeber oder eine Vereinigung von Arbeitgebern mit einer Gewerkschaft Verhandlungen über den Abschluss eines Tarifvertrags auf, ist der Arbeitgeber oder die Vereinigung von Arbeitgebern verpflichtet, dies rechtzeitig und in geeigneter Weise bekanntzugeben. Eine andere Gewerkschaft, zu deren satzungsgemäßen Aufgaben der Abschluss eines Tarifvertrags nach Satz 1 gehört, ist berechtigt, dem Arbeitgeber oder der Vereinigung von Arbeitgebern ihre Vorstellungen und Forderungen mündlich vorzutragen.

Zweck des Gesetzes ist es, die Entsolidarisierung der Belegschaft untereinander und damit ein Verlust der Schutzfunktion des Tarifvertrags zu verhindern, wenn konkurrierende Tarifabschlüsse bloßer Ausdruck der jeweiligen Schlüsselpositionen unterschiedlicher Beschäftigungsgruppen sind. Innerbetriebliche Verteilungskämpfe, die aus Tarifkollisionen resultieren, könnten den Betriebsfrieden gefährden. Da sich ein bereits tarifgebundener Arbeitgeber jederzeit weiterer Forderungen konkurrierender Gewerkschaften ausgesetzt sehen kann, wird der Betriebsfrieden noch weiter gefährdet. Die Kernaspekte des Entwurfs lassen sich wie folgt skizzieren:

– Der Gesetzentwurf soll nicht das Recht von Gewerkschaften berühren, Zuständigkeiten wechselseitig abzustimmen oder Tarifverträge für verschiedene Arbeitnehmergruppen abzuschließen, da es in diesen Fällen bereits an einer Kollision fehle. Eine nach dem Grundsatz der Tarifeinheit auflösungsbedingte Tarifkollision setze immer voraus, dass Tarifverträge nicht inhaltsgleich sind. So bleibt es Gewerkschaften weiterhin erlaubt, sich zu Tarifgemeinschaften zu verbinden, um gemeinsam einen Tarifvertrag abzuschließen, inhaltsgleiche Tarifverträge abzuschließen, ohne in einer Tarifgemeinschaft verbunden zu sein, oder auch, den Tarifvertrag einer anderen Gewerkschaft schlicht nachzuzeichnen.

– Kommt es zu einer Tarifkollision, weil ein Arbeitgeber an Tarifverträge mehrerer Gewerkschaften nach § 3 TVG gebunden ist, so ist im Überschneidungsbereich der kollidierenden Tarifverträge nur der Tarifvertrag der Gewerkschaft anwendbar, die im Betrieb die meisten Arbeitnehmer organisiert.

– Das Verhältnis eines nach § 5 TVG für allgemeinverbindlich erklärten Tarifvertrags zu einem Tarifvertrag, an den der Arbeitgeber nach § 3 TVG gebunden ist, bleibt unberührt.

– Das Arbeitskampfrecht bleibt unverändert. Wird mit einem Arbeitskampf versucht, einen kollidierenden Tarifvertrag zu erwirken, so ist über die Verhältnismäßigkeit des Arbeitskampfes im Einzelfall i.S.d. Prinzips der Tarifeinheit zu entscheiden.

– Ein Arbeitskampf dient nicht mehr der Sicherung der Tarifautonomie, wenn dem zu erwirkenden Tarifvertrag eine ordnende Funktion nicht mehr zukommt, weil die abschließende Gewerkschaft keine Mehrheit der organisierten Arbeitnehmer im Betrieb haben würde. Das Mehrheitsprinzip ist besonders geeignet, die Ziele des Gesetzes zu erreichen, da so der Tarifvertrag zur Anwendung kommt, dessen Interessenausgleich in der Belegschaft die größte Akzeptanz besitzt, während dem Koalitionswettbewerb aus Art. 9 Abs. 3 GG Raum gegeben wird.

– Bei der Feststellung der Mehrheitsverhältnisse ist der Zeitpunkt des letzten schriftlichen Abschlusses des kollidierenden Tarifvertrags maßgeblich. Im Falle einer Tarifgemeinschaft, ist die Gesamtzahl der in den verbundenen Gewerkschaften organisierten Arbeitnehmer maßgeblich.

– Bei einer Tarifkollision bleiben die bestehenden Mehrheitsverhältnisse bis zur nächsten Tarifkollision maßgeblich. Dadurch soll verhindert werden, dass z.B. Ein- und Austritte von Arbeitnehmern die Frage nach der Mehrheit erneut aufwirft.

– Der Betriebsbegriff, der der Feststellung der Mehrheitsverhältnisse zu Grunde liegen soll, ist nach den Regeln des Tarifrechts zu bestimmen. Ein Betrieb ist dem-

Imping

nach eine organisatorische Einheit, innerhalb derer der Arbeitgeber mit seinen Arbeitnehmern mit Hilfe von technischen und immateriellen Mitteln bestimmte arbeitstechnische Zwecke fortgesetzt verfolgt. Der Betrieb dient als Anknüpfungspunkt, da hier durch Zusammenfassung von Arbeitnehmern eine Solidargemeinschaft entsteht, die der Verfolgung arbeitstechnischer Ziele dient.

- Tariffähige Gewerkschaften sollen weiterhin nur solche sein, die frei gebildet, gegnerfrei und -unabhängig sind, das geltende Tarifrecht als für sich verbindlich anerkennen, sowie auf überbetrieblicher Grundlage organisiert sind. Sie müssen in der Lage sein, durch Ausüben von Druck auf den Tarifpartner, zu einem Tarifabschluss zu kommen. Reine „Betriebsgewerkschaften" scheiden damit aus, da sie „nicht zu einer sinnvollen Ordnung und Befriedung des Arbeitslebens beitragen".

- Der Grundsatz der Tarifeinheit gilt auch dann, wenn Tarifverträge unterschiedliche Regelungsgegenstände beinhalten und es nicht dem Willen der Tarifvertragsparteien des Mehrheitstarifvertrags entspricht, eine Ergänzung ihrer Regelungen durch Vereinbarung mit konkurrierenden Gewerkschaften zuzulassen.

- Im Falle einer Tarifkollision kann eine Gewerkschaft vom Arbeitgeber die Nachzeichnung der Rechtsnormen eines Tarifvertrags einer konkurrierenden Gewerkschaft verlangen. Dies soll verhindern, dass Mitglieder einer Gewerkschaft tariflos gestellt werden, soweit ihr Tarifvertrag nach dem Grundsatz der Tarifeinheit nicht zu Anwendung gelangt. Der Nachzeichnungsanspruch richtet sich dabei auf die Unterzeichnung des Rechtsnormen des kollidierenden Tarifvertrags enthaltenden Tarifvertrags. Ein Anspruch, ausschließlich die für ihre Mitglieder vorteilhaften Regeln eines nachzuzeichnenden Tarifvertrages zu übernehmen, besteht nicht.

- Tritt die Arbeitgeberseite mit einer konkurrierenden Gewerkschaft in Verhandlungen über den Abschluss eines Tarifvertrags, so wird anderen tarifzuständigen Gewerkschaften ein Recht auf Anhörung durch die Arbeitgeberseite eingeräumt. Diese Anhörung ist keine Voraussetzung für den Abschluss eines Tarifvertrages, kann jedoch im Klageweg geltend gemacht werden.

- Berechtigt zur Anhörung ist jede Gewerkschaft, die für den Abschluss des von der konkurrierenden Gewerkschaft angestrebten Tarifvertrags nach ihrer Satzung zumindest teilweise tarifzuständig wäre.

- Über die Aufnahme von Tarifverhandlungen ist rechtzeitig (unverzüglich nach Aufnahme und vor Abschluss) und auf geeignete Art und Weise zu informieren.

- Der neue § 8 TVG verpflichtet den Arbeitgeber, im Betrieb anwendbare Tarifverträge und rechtskräftige Beschlüsse nach § 99 ArbGG über den nach § 4a II 2 TVG anwendbaren Tarifvertrag im Betrieb bekanntzumachen.

- Der neue § 99 ArbGG regelt die gerichtliche Entscheidung im Beschlussverfahren über den in einem Betrieb anwendbaren Tarifvertrag im Falle einer Tarifkollision.

c) *Entwurf eines Gesetzes für die gleichberechtigte Teilhabe von Frauen und Männern an Führungspositionen in der Privatwirtschaft und im öffentlichen Dienst*

aa) Gang der Gesetzgebung

179
- Ausschussempfehlung vom 26.1.2015, BR-Drucks. 636/1/14,
- Gesetzesentwurf der Bundesregierung vom 11.12.2014 (www.bmjv.de),
- Referentenentwurf vom 9.9.2014.

bb) Inhalt des Gesetzentwurfes

(1) Überblick

Das Bundesministerium für Familie, Senioren, Frauen und Jugend und das Bundesministerium für Justiz und Verbraucherschutz haben einen Referentenentwurf eines Gesetzes für die gleichberechtigte Teilhabe von Frauen und Männern an Führungspositionen in der Privatwirtschaft und im öffentlichen Dienst vorgelegt. Dieser hat den Koalitionsausschuss im Kern unverändert passiert. Es bleibt bei den Sanktionen für Unternehmen, die die Quote unterschreiten und zusätzliche Ausnahmen wurden nicht geschaffen. Die Ausschussempfehlungen für die Plenarsitzung des Bundesrates liegen vor.

(2) Einzelheiten

Angesichts der ungleichen Besetzung von Führungspositionen in Deutschlands Top-Unternehmen sowie in den obersten Bundesbehörden mit Frauen sieht sich der Gesetzgeber trotz der zahlreichen Selbstverpflichtungen, des Bundesgremienbesetzungsgesetzes von 1994 und des Bundesgleichstellungsgesetzes von 2001 veranlasst, mit dem Gesetzentwurf die Gleichberechtigung von Männern und Frauen gem. Art. 3 Abs. 2 Satz 2 GG zu verwirklichen. Zur Steigerung des Anteils von Frauen in Führungspositionen enthält der Gesetzentwurf im Kern drei große Maßnahmen:

- Eine Geschlechterquote von 30 % für Aufsichtsräte,
- Verbindliche Zielgrößen für Aufsichtsräte, Vorstände und oberste Management-Ebenen,
- Novellierung des Bundesgleichstellungsgesetzes und des Bundesgremienbesetzungsgesetzes (BGremG).

Eine fixe Mindestquote von 30 % für das jeweils unterrepräsentierte Geschlecht wird festgelegt. Sie betrifft Aufsichtsräte in börsennotierten Unternehmen, die der paritätischen Mitbestimmung nach dem MitbestG, dem MontanMitbestG oder dem MitbestErgG unterliegen. Ebenfalls betroffen sind Europäische Gesellschaften, sofern sie der Mitbestimmung nach dem SE-Beteiligungsgesetz unterliegen. Die Quote gilt ab dem 1.1.2016, bestehende Mandate können bis zu ihrem regulären Ende auslaufen. Für ab dann neu zu besetzende Aufsichtsratsposten ist der Anteil des unterrepräsentierten Geschlechts sukzessive zu steigern.

Bei Nichterfüllung der Quote auf der Anteilseignerbank ist die quotenwidrige Wahl bzw. Entsendung zu Aufsichtsrat nichtig und der Platz bleibt rechtlich unbesetzt (der sogenannte leere Stuhl). Da jede Bank im Aufsichtsrat das Bestreben hat, all ihre Plätze zu besetzen, soll die Nichtigkeitsfolge verhaltenssteuernd wirken. Auf der Arbeitnehmerbank erfolgt die Umsetzung der Mindestquote nach den Mitbestimmungsgesetzen – also im Falle des MitbestG z.B. durch wahlberechtigte Arbeitnehmer in freier, gleicher und geheimer Wahl.

Für den Fall, dass die Quote von 30 % durch die Wahl nicht erreicht wird, wird für MitbestG und MitbestErgG der vorrübergehend „leere Stuhl" eingeführt: Die Wahl derjenigen Bewerber um einen Aufsichtsratssitz der Arbeitnehmer ist unwirksam, deren Geschlecht in dem jeweiligen Wahlgang nach Zuordnung der Stimmen auf die Bewerber mehrheitlich vertreten ist und die in dem jeweiligen Wahlgang die wenigsten Stimmen (Mehrheitswahl) oder die niedrigsten Höchstzahlen (Verhältniswahl) erhalten haben. Dabei wird das Instrument des vorrübergehend „leeren Stuhls" nur bei den Vertretern der Gewerkschaften im Aufsichtsrat und den unternehmensangehörigen Aufsichtsratsmitgliedern angewandt.

Über das Erreichen der Quote sowie über die Gründe für ein Nichterreichen werden die Unternehmen verpflichtet zu unterrichten.

Imping

183 In AG, KGaA, eG, VVaG und GmbH sowie börsennotierten oder der Mitbestimmung unterliegenden SE werden Verpflichtungen geschaffen, Zielgrößen zur Erhöhung des Frauenanteils und Fristen zu deren Erreichen in Aufsichtsrat, Vorstand und obersten Managementebenen festzulegen. Zurzeit trifft dies etwa 3 500 Unternehmen. Zuständig für die Erarbeitung der Zielgrößen und deren Fristen sind Aufsichtsrat und Vorstand. Der Aufsichtsrat legt dabei die Zielgrößen für den Aufsichtsrat und den Vorstand fest; der Vorstand für die beiden Führungsebenen unterhalb des Vorstands. Eine Mindestzielgröße wird es nicht geben. Unternehmen können ihre Ziele selbst anhand ihrer Unternehmensstrukturen festlegen und sollen ermuntert werden, ambitionierte Ziele zu verfolgen. Der Druck zu ambitionierten Zielen entsteht durch die eingeführten Berichtspflichten. Festgelegte Zielgrößen und Fristen sind zu veröffentlichen, genauso wie das Erreichen der Zielgrößen innerhalb der festgelegten Fristen sowie das etwaige Nichterreichen und seine Gründe.

184 Das geschlechtsneutral formulierte neue Bundesgleichstellungsgesetz führt Regelungen des Privatrechts wie die Zielgrößen möglichst synchron in der Bundesverwaltung, den Gerichten und den Unternehmen des Bundes ein. Das Bundesgleichstellungsgesetz gilt in Zukunft für alle Unternehmen, an denen der Bund mit mehr als 50 % beteiligt ist oder einmal war. Für Unternehmen, an denen der Bund mit weniger als 50 % beteiligt ist, gelten die Regeln des Privatrechts zur Förderung des unterrepräsentierten Geschlechts, sofern die Unternehmen in den Anwendungsbereich dieser Regeln fallen. Ein Gleichstellungsplan soll in Zukunft alle drei Jahre erstellt werden und so stärker zur Planung, Steuerung und Kontrolle eingesetzt werden. Er hat konkrete Ziele und Maßnahmen zur Erreichung vorzusehen und muss von jeder Einrichtung veröffentlicht werden. Jährlich wird ein Gleichstellungsindex, der die wichtigsten Gleichstellungsindikatoren der obersten Bundesbehörden enthält, erstellt.

Das stärker ergebnisorientierte BGremG gilt auch für Gremienmitglieder, die auf Grund einer Rechtsnorm oder Satzung in ein Gremium gewählt werden, wie z.B. Aufsichtsräte in Unternehmen, an denen der Bund mehrheitlich beteiligt ist. Der Bericht der Bundesregierung zum BGremG wertet nicht mehr nur die wesentlichen Gremien i.S.d. alten § 9 BGremG aus, sondern alle Gremien, für die das neue Gesetz gilt.

d) *Betriebssicherheitsverordnung*

aa) Gang der Gesetzgebung

185 Die Bundesregierung hat eine überarbeitete Betriebssicherheitsverordnung vorgelegt. Kernpunkte der neugestalteten Verordnung sind eine Verbesserung des Arbeitsschutzes durch Berücksichtigung ergonomischer und psychischer Belastungen sowie eine erleichterte Anwendung der Arbeitsschutzregelungen. Die Bundesregierung hat am 7.1.2015 den Maßgaben des Bundesrates zur neuen Betriebssicherheitsverordnung zugestimmt. Sie tritt am 1.6.2015 in Kraft.

bb) Inhalt der Verordnung

(1) Ziel des Gesetzes

186 Die Neufassung hat das Ziel, mittlerweile bekannt gewordene rechtliche und fachliche Mängel sowie Doppelregelungen beim Explosionsschutz und bei der Prüfung von Arbeitsmitteln zu beseitigen, sowie Bürokratiekosten abzubauen. Des Weiteren ist beabsichtigt, die Verordnung besser auf tatsächliches Unfallgeschehen auszurichten und strukturell zu anderen Rechtsverordnungen anzupassen.

A. Gesetze

(2) Einzelheiten

Die Gefährdungsbeurteilung zur Festlegung von Schutzmaßnahmen gilt nun auch für überwachungsbedürftige Anlagen, bei denen ausschließlich andere Personen – „Dritte" i.S.d. § 34 Abs. 1 Satz 1 ProdSG – gefährdet sind. Die bisherige „sicherheitstechnische Bewertung" entfällt zu Gunsten der Gefährdungsbeurteilung. Ebenso gelten für die Anlagen in Zukunft die materiellen Anforderungen der Betriebssicherheitsverordnung von 2002. So gelten einheitliche Anforderungen für alle Arbeitsmittel und Anlagen. Alle materiellen Anforderungen werden als Schutzziel formuliert, die für alte, neue und selbst hergestellte Arbeitsmittel gelten. Der Arbeitgeber muss im Rahmen einer Gefährdungsbeurteilung selbst entscheiden, ob Bedarf zur Nachrüstung besteht. **187**

Prüfpflichten für besonders prüfpflichtige (besonders gefährliche) Arbeitsmittel werden in Zukunft in Anhängen zusammengefasst dargestellt. So besteht die Möglichkeit, neu identifizierte besonders prüfpflichtige Anlagen mit geringem Aufwand in die Verordnung aufzunehmen.

Eine zweijährige Prüfpflicht gilt mit der neuen Verordnung für alle Aufzugsanlagen. Bisher wurden Aufzugsanlagen, die nach der Maschinenrichtlinie in Verkehr gebracht wurden, nur alle vier Jahre geprüft. Vergleichbar mit der KFZ-Prüfplakette wird eine verbindliche Plakette für Aufzüge eingeführt.

Neben der vollständigen Umsetzung der Richtlinie 2009/104/EG (des Europäischen Parlaments und des Rates vom 16. September 2009 über Mindestvorschriften für Sicherheit und Gesundheitsschutz bei Benutzung von Arbeitsmitteln durch Arbeitnehmer bei der Arbeit) und der teilweisen Umsetzung der Richtlinie 1999/92/EG (des Europäischen Parlaments und des Rates vom 16. Dezember 1999 über Mindestvorschriften zur Verbesserung des Gesundheitsschutzes und der Sicherheit der Arbeitnehmer, die durch explosionsfähige Atmosphären gefährdet werden können), ermöglicht die neue Verordnung nun auch die Ratifizierung des Übereinkommens Nummer 119 über den Maschinenschutz, des Übereinkommens Nummer 152 über den Arbeitsschutz bei der Hafenarbeit und des Übereinkommens Nummer 184 über den Arbeitsschutz in der Landwirtschaft der Internationalen Arbeitsorganisation.

e) Arbeitsstättenverordnung

aa) Gang der Gesetzgebung

- Beschlussempfehlung der BR-Ausschüsse vom 8.12.2014, BR-Drucks. 509/1/14, **188**
- Entwurf zur Änderung der Arbeitsstättenverordnung vom 29.10.2014.

bb) Inhalt der Verordnung

Zum Zwecke einfacher Anwendbarkeit, hoher Akzeptanz und Verständnis für die Themen des Arbeitsschutzes bei den Anwendern ist beabsichtigt, die verschiedenen Arbeitsschutzverordnungen möglichst gleich aufzubauen sowie vom Regelungsumfang und Konkretisierungsgrad konsistent zu gestalten. Die seit 2004 nur geringfügig geänderte Verordnung genügt diesen Ansprüchen nicht mehr. **189**

Die seit 2004 vom Anwendungsbereich der Arbeitsstättenverordnung ausgenommenen, jedoch von der Bildschirmarbeitsverordnung und dem Arbeitsschutzgesetz erfassten Telearbeitsplätze werden nun in § 1 Abs. 3 ArbStättV wieder erfasst. Da der Arbeitgeber nur begrenzt Möglichkeiten hat, den Arbeitsplatz im Privatbereich eines Telearbeiters zu beeinflussen, beschränkt sich die Arbeitsstättenverordnung hier auf Gefährdungsbeurteilung, die Unterrichtung der Beschäftigten über diese Gefährdungsbeurteilung sowie die Maßnahmen zur Gestaltung von Bildschirmarbeitsplätzen.

Imping

§ 2 ArbStättV enthält weniger unbestimmte Rechtsbegriffe, nach neuer Systematik sortierte Abs. 1 bis 6 und neue Begriffsdefinitionen, um Lesbarkeit und Verständlichkeit der Verordnung zu verbessern. In Abs. 4 fällt die bisher auslegungsbedürftige Einschränkung „... regelmäßig über einen längeren Zeitraum oder im Verlauf der täglichen Arbeitszeit nicht nur kurzfristig ..." als Definition für „Arbeitsplatz" komplett weg. So werden in Zukunft auch solche Arbeitsplätze auf beweglichen oder zeitlich begrenzten Baustellen von der Verordnung erfasst, die bislang nicht unter diesen Begriff fielen. Der Begriff des Arbeitsplatzes in der Verordnung steht nun nicht mehr länger im Widerspruch zum EG-Recht, da dieses keine zeitliche Eingrenzung kennt. Auch andere deutsche Arbeitsschutzverordnungen wie die Gefahrstoffverordnung kennen diese zeitliche Einschränkung nicht.

Der Begriff des Bildschirmgerätes wird reformiert. Als Bildschirmgerät gelten nun Funktionseinheiten, „zu denen insbesondere Bildschirme zur Darstellung von visuellen Informationen, Einrichtungen zur Datenein- und -ausgabe, sonstige Steuerungs- und Kommunikationseinheiten (Rechner) sowie eine Software zur Steuerung und Umsetzung der Arbeitsaufgabe gehören". Durch die starke Verbreitung neuer Geräte wie All-in-One-Computer, Tablets, Notebooks und Smartphones wurde diese Änderung notwendig. Von Bildschirm und Bildschirmgerät nach alter Definition gehen unterschiedliche Belastungen aus.

Das „Betreiben" der Arbeitsstätte umfasst neben Benutzen und Instandhalten auch das Optimieren, sowie die Organisation und Gestaltung der Arbeit in der Arbeitsstätte. So sollen beispielsweise Fertigungsroboter und die damit verbundenen Gefahren erfasst werden. Auch Veränderungen der Einrichtung wie das Umsetzen neuer Raum- und Arbeitskonzepte in Büros und deren Auswirkung auf die Arbeitsprozesse werden hiervon nun erfasst.

Der Gesundheitsbegriff umfasst in Zukunft neben der physischen auch die psychische Gesundheit. Beide Elemente müssen bei einer Beurteilung der Arbeitsbedingungen nach § 5 ArbSchG berücksichtigt werden.

B. Rechtsprechung 2014/2015 von A bis Z

von Hans-Peter Schmieszek

Alphabetisch nach Schlagworten geordnet, bietet die folgende Tabelle von A bis Z einen Überblick über die wichtigsten Gerichtsentscheidungen aus den Jahren 2014 und Anfang 2015. Berücksichtigt sind alle für die Steuerberaterpraxis besonders relevanten Beschlüsse und Urteile, die 2014/Anfang 2015 erlassen oder erst 2014/Anfang 2015 etwa im BStBl publiziert wurden.

Stand: 1.2.2015

Schlagwort	Inhalt/Tenor	Norm	Gericht, Datum, Az., Fundstelle	Weiterführende Hinweise
Aktienüberlassung an Arbeitnehmer	Geldwerter Vorteil durch Überlassung von Aktien	§§ 8, 19, 19a EStG; §§ 122, 169, 170, 171, 397 AO; § 11 BewG; § 202 UmwG	Schlesw.-Holst. FG v. 24.5.2013, 5 K 223/09, EFG 2014, 1886 (rkr.)	Wendt, EFG 2014, 1889 (rkr.)

B. Rechtsprechung 2014/2015 von A bis Z

Schlagwort	Inhalt/Tenor	Norm	Gericht, Datum, Az., Fundstelle	Weiterführende Hinweise
Aktienüberlassung an Arbeitnehmer –Fortsetzung–	Ein verbilligter Erwerb von Aktien vom Arbeitgeber (oder einem Dritten) kann zu Einnahmen aus nichtselbständiger Arbeit nach § 19 Abs. 1 Satz 1 Nr. 1 i.V.m. § 8 Abs. 1 EStG führen, wenn der Vorteil dem Arbeitnehmer „für" seine Arbeitsleistung gewährt wird. Ein lohnsteuerbarer Vorteil liegt nur insoweit vor, als der Wert der Aktien den vereinbarten Kaufpreis übersteigt.	§§ 8, 19 EStG	BFH v. 7.5.2014, VI R 73/12, DStR 2014, 1328 = HFR 2014, 692 = BStBl II 2014, 984	Killat-Risthaus, DStZ 2014, 1328 (Anm.); Mader, B+P 2014, 551 (Anm.); Geserich, HFR 2014, 694 (Anm.); Bergkemper, Verbilligter Erwerb von Aktien vom Arbeitgeber als Arbeitslohn, jurisPR-SteuerR 34/2014 Anm. 2
Altersentlastungsbetrag	Personalrabatt: Anwendbarkeit von § 8 Abs. 3 EStG auf Fahrvergünstigung der Deutschen Bahn AG für Ruhestandsbeamte. Der Altersentlastungsbetrag ist nicht auf steuerfreie Einkünfte anwendbar	§ 8 Abs. 3, § 24a EStG	BFH v. 26.6.2014, VI R 41/13, DB 2014, 2450= HFR 2014, 1047	Killat-Risthaus, DStZ 2014, 2450 (Anm.); Riehl, HFR 2014, 1048 (Anm.)
	Werden Einkünfte aus Kapitalvermögen nur der Abgeltungssteuer unterworfen und erhöhen diese daher nicht die Summe der Einkünfte, ist auch der Altersentlastungsbetrag aus dieser geringeren Summe der Einkünfte zu berechnen	§ 2 Abs. 5b, § 24a EStG	FG München v. 6.6.2014, 8 K 2051/12, EFG 2014, 2118 (rkr.)	Rosenke, EFG 2014, 2119 (Anm.)
Angehörige	Berücksichtigung von Werbungskosten aus Vermietung und Verpachtung aus Mietverhältnissen zwischen einem Gesellschafter und der Lebensgefährtin eines anderen Gesellschafters: Einkünfteerzielungsabsicht, Fremdvergleichsgrundsatz, Gestaltungsmissbrauch	§§ 41, 42 AO, §§ 2, 9, 12, 21 EStG	BFH v. 9.10.2013, IX R 2/13, BStBl II 2014, 527 = HFR 2014, 607	AK, DStR 2014, 367 (Anm.); Jachmann, Berücksichtigung von Vermietungsverlusten bei Mietverträgen unter nahestehenden Personen, jurisPR-SteuerR 23/2014 Anm. 3
	Die Intensität der Prüfung des Fremdvergleichs bei Darlehensverträgen zwischen nahen Angehörigen ist vom Anlass der Darlehensaufnahme abhängig	§§ 4, 9, 12 EStG	BFH v. 22.10.2013, X R 26/11, DStR 2013, 2677 = HFR 2014, 97 = BStBl 2014, 374	Rosarius, DStZ 2014, 54 (Anm.); Kulosa, HFR 2014, 102 (Anm.); Nöcker, Darlehensaufnahme zwischen nahen Angehörigen: Differenzierung nach Anlass der Darlehensaufnahme, jurisPR-SteuerR 14/2014 Anm. 2; Urbach, Fremdvergleich bei Angehörigendarlehen, BeSt 2014, 9; BMF v. 29.4.2014, IV C 6 – S 2144/07/10004, BStBl I 2014, 809 (Anwendungsregelung)

Schlagwort	Inhalt/Tenor	Norm	Gericht, Datum, Az., Fundstelle	Weiterführende Hinweise
Anrufungsauskunft	Die Finanzbehörden sind an die dem Arbeitgeber vom Betriebsstättenfinanzamt erteilte Anrufungsauskunft gebunden. Das FA kann die vom Arbeitgeber auf Grund einer (unrichtigen) Anrufungsauskunft nicht einbehaltene und abgeführte Lohnsteuer nicht nach § 42d Abs. 3 Satz 4 Nr. 1 EStG nachfordern.	§§ 38, 42d, 42e, 46 EStG	BFH v. 17.10.2013, VI R 44/12, DStR 2014, 28 = HFR 2014, 132 = BStBl II 2014, 892	Killat-Risthaus, DStZ 2014, 101 (Anm.); Geserich, HFR 2014, 133 (Anm.); Bergkemper, Bindungswirkung einer Lohnsteueranrufungsauskunft auch gegenüber dem Arbeitnehmer, jurisPR-SteuerR 7/2014 Anm. 4; Mader, B+P 2014, 191 (Anm.)
	Die Lohnsteueranrufungsauskunft nach § 42e EStG trifft eine Regelung dahin, wie die Finanzbehörde den vom Antragsteller dargestellten Sachverhalt gegenwärtig beurteilt. Dementsprechend überprüft das FG die Auskunft sachlich nur daraufhin, ob der Sachverhalt zutreffend erfasst und die rechtliche Beurteilung nicht evident fehlerhaft ist.	§ 42e EStG	BFH v. 27.2.2014, VI R 23/13, HFR 2014, 619 = BStBl II 2014, 894	Hettler, HFR 2014, 620 (Anm.); Killat-Risthaus, DStZ 2014, 519 (Anm.); Mader, B+P 2014, 554 (Anm.)
	Die Auskunft nach § 15 Abs. 4 5.VermBG ist ein Verwaltungsakt i.S.d. § 118 Satz 1 AO	§ 15 5. VermBG, §§ 89, 118, 204 AO	BFH v. 5.6.2014, VI R 90/13, HFR 2014, 1019	Riehl, HFR 2014, 1020 (Anm.); Bergkemper, Anrufungsauskunft: Anspruch nach § 25 Abs. 4 5. VermBG, jurisPR-SteuerR 47/2014 Anm. 3
Anschaffungskosten, Herstellungskosten	Soweit sich von den historischen Anschaffungskosten des Grund und Bodens oder der zum 1.7.1970 nach § 55 EStG anzusetzenden Wert Anschaffungskosten von Milchlieferrechten abgespalten haben, sind diese im Rahmen der Gewinnermittlung durch EÜR im Zeitpunkt der Veräußerung eines Teils der Lieferrechte anteilig als Betriebsausgabe abzuziehen	§§ 4, 55 EStG	BFH v. 28.11.2013, IV R 58/10, HFR 2014, 226 = BStBl II 2014, 966	Wendt, BFH/PR 2014, 116 (Anm.), Glanemann, EStB 2014, 86 (Anm.)
	Auch nach Split der Aktien und ihrer Verwahrung im Girosammeldepot ist entscheidend, ob die veräußerten Aktien auf Grund objektiver Umstände, wie z.B. den Vertragsunterlagen, bestimmbar sind. Im Falle von veräußerten Aktien ergibt sich dies aus dem Hinweis auf die Aktiennummer, im Falle von GmbH-Anteilen durch den Hinweis auf die übergehenden GmbH-Anteile in der notariellen Urkunde	§ 21 UmwG, § 255 HGB	BFH v. 11.12.2013, IX R 45/12, HFR 2014, 512 = BStBl II 2014, 578	Schießl, HFR 2014, 513 (Anm.); Jachmann, Identifizierung von einbringungsgeborenen Anteilen nach Aktiensplit, jurisPR-SteuerR 25/2014 Anm. 3

B. Rechtsprechung 2014/2015 von A bis Z

Schlagwort	Inhalt/Tenor	Norm	Gericht, Datum, Az., Fundstelle	Weiterführende Hinweise
Anschaffungskosten, Herstellungskosten –Fortsetzung–	Nachträgliche Anschaffungskosten bei Verzicht auf Kleinanlegerprivileg: Hat der darlehensgebende Gesellschafter mit der Gesellschaft vereinbart, das Darlehen solle „wie Eigenkapital" behandelt werden und halten sich die Beteiligten in der Insolvenz der Gesellschaft an diese Abrede, führt der endgültige Ausfall des Darlehensrückforderungsanspruchs zu nachträglichen Anschaffungskosten der Beteiligung, auch wenn der Gesellschafter mit nicht mehr als 10 % am Stammkapital der Gesellschaft beteiligt war	§ 17 EStG, § 255 HGB	BFH v. 6.5.2014, IX R 44/13, HFR 2014, 789, BStBl II 2014, 781	Dötsch, Nachträgliche Anschaffungskosten bei Verzicht auf Kleinanlegerprivileg, jurisPR-SteuerR 36/2014 Anm. 3; Trossen, HFR 2014, 790 (Anm.); TK, DStZ 2014, 663 (Anm.)
	Übertragung eines GmbH-Anteils unter Vorbehaltsnießbrauch: Zahlungen zur Ablösung eines Nießbrauchs an einer Beteiligung i.S.d. § 17 EStG sind nachträgliche Anschaffungskosten auf die Beteiligung	§ 17 EStG	BFH v. 18.11.2014, IX R 49/13, DB 2015, 102	
Ausbildungskosten	Kein Betriebsausgabenabzug für Aufwendungen für ein Studium, welches eine Erstausbildung vermittelt und nicht im Rahmen eines Dienstverhältnisses stattfindet	§ 4 Abs. 9, § 12 Nr. 5, § 52 Abs. 12 Satz 11, Abs. 30a EStG, Art. 20 GG	BFH v. 5.11.2013, VIII R 22/12, DStR 2014, 22 = HFR 2014, 122 = BStBl II 2014, 165	Köster, DStZ 2014, 100 (Anm.); Mader, B+P 2014, 78 (Anm.); Titgemeyer, Zur steuerlichen Berücksichtigung von Aufwendungen im Rahmen eines (Erst-) Studiums, DStZ 2014, 189
	BVerfG-Vorlage zum Ausschluss des Werbungskostenabzugs für Berufsausbildungskosten bei Erstausbildung	§ 9 Abs. 6 EStG, Art. 3 GG	BFH v.17.7.2014, VI R 8/12, BFHE 247, 64	Köster, DStZ 2014, 868 (Anm.); Mader, B+P 2014, 801 (Anm.); Bergkemper, BVerfG-Vorlage zum Ausschluss des Werbungskostenabzugs für Berufsausbildungskosten, jurisPR-SteuerR 50/2014 Anm. 3; Durst, BeSt 2015, 4 (Anm.)
Außergewöhnliche Belastungen	Kein Sofortabzug der PKW-Leasingsonderzahlung als außergewöhnliche Belastung bei einem Gehbehinderten	§ 33 EStG	FG Baden-Württemberg v. 19.12.2013, 1 K 703/11, EFG 2014, 759 (rkr.)	Wüllenkemper, EFG 2014, 761 (Anm.).

Schlagwort	Inhalt/Tenor	Norm	Gericht, Datum, Az., Fundstelle	Weiterführende Hinweise
Außergewöhnliche Belastungen –Fortsetzung–	Nachweis der Zwangsläufigkeit von krankheitsbedingten Aufwendungen für eine Treppenlift: Angesichts des insoweit eindeutigen Wortlauts des § 64 Abs. 1 Nr. 2 Satz 1 Buchst. e EStDV i.d.F. des StVereinfG 2011 und des abschließenden Charakters der Katalogtatbestände in § 64 Abs. 1 Nr. 2 Satz 1 Buchst. a bis f EStDV i.d.F. des StVereinfG 2011 ist die Zwangsläufigkeit und damit die medizinische Notwendigkeit von Aufwendungen für den Einbau eines solchen Hilfsmittels nicht formalisiert nachzuweisen	§§ 12, 33 EStG, § 64 Abs. 1 Nr. 2 Satz 1 Buchst. d EStDV	BFH v. 6.2.2014, VI R 61/12, DStR 2014, 740 = HFR 2014, 411 = BStBl II 2014, 458	Killat-Risthaus, DStZ 2014, 335 (Anm.); Geserich, HFR 2014, 413 (Anm.); Dürr, Nachweis von krankheitsbedingten Aufwendungen für einen Treppenlift, jurisPR-SteuerR 25/2014 Anm. 4
	Berücksichtigung eines Investitionskostenabzugsbetrags beim Abzug von Unterhaltsaufwendungen als außergewöhnliche Belastungen: Das Nettoeinkommen ist um den in § 7g EStG geregelten Investitionsabzugsbetrag zu erhöhen	§§ 7g, 33a EStG, § 1602 BGB	BFH v. 6.2.2014, VI R 34/12, HFR 2014, 795 = BStBl II 2014, 619	Bergkemper, Berücksichtigung eines Investitionskostenabzugs beim Abzug von Unterhaltsaufwendungen als außergewöhnliche Belastungen, jurisPR-SteuerR 38/2014 Anm. 2
	Aufwendungen für eine heileurytmische Behandlung können als außergewöhnliche Belastungen zu berücksichtigen sein. Die Zwangsläufigkeit kann durch Verordnung eines Arztes oder Heilpraktikers nachgewiesen werden. Ein vor Beginn der Maßnahme ausgestelltes amtsärztliches Attest ist nicht notwendig	§§ 33, 33a, 33b EStG, § 64 Abs. 1 EStDV, §§ 2, 32 SGB V	BFH v. 26.2.2014, VI R 27/13, HFR 2014, 698 = BStBl II 2014, 824	Geserich, HFR 2014, 699 (Anm.); Bergkemper, Heileurythmie als außergewöhnliche Belastung: Anforderungen an Nachweis der Zwangsläufigkeit, jurisPR-SteuerR 32/2014 Anm. 4; AK, DStZ 2014, 591 (Anm.)
	Nimmt der Stpfl. den Behinderten-Pauschbetrag nach § 33b EStG in Anspruch, so ist eine Steuerermäßigung nach § 35a Abs. 5 Satz 1 EStG ausgeschlossen, soweit die Aufwendungen mit dem Behinderten-Pauschbetrag abgegolten sind	§§ 33b, 35a EStG	BFH v. 5.6.2014, VI R 12/12, HFR 2014, 1076 = BStBl II 2914, 970	Bergkemper, Steuerermäßigung nach § 35a EStG bei Inanspruchnahme des Behinderten-Pauschbetrags, jurisPR-SteuerR 49/2014 Anm. 4; Hettler, HFR 2014, 1077 (Anm.)
	„Wissenschaftlich nicht anerkannt" ist eine Behandlungsmethode, wenn Qualität und Wirksamkeit nicht dem allgemein anerkannten Stand der medizinischen Erkenntnisse entsprechen. Die Feststellung obliegt dem FG als Tatsacheninstanz	§ 33 EStG, § 64 Abs. 1 Nr. 2 Satz 1 Buchst. f EStDV	BFH v. 26.6.2014, VI R 51/13, HFR 2014, 1076	Killat-Risthaus, DStZ 2014, 824 (Anm.); Hettler, HFR 2014, 1077 (Anm.); Heger, Außergewöhnliche Belastungen im Falle wissenschaftlich nicht anerkannter Behandlungsmethoden, jurisPR-SteuerR 50/2014 Anm. 4

B. Rechtsprechung 2014/2015 von A bis Z

Schlagwort	Inhalt/Tenor	Norm	Gericht, Datum, Az., Fundstelle	Weiterführende Hinweise
Außergewöhnliche Belastungen –Fortsetzung–	Mehrkosten für die Anschaffung eines größeren Grundstücks zum Bau eines behindertengerechten Bungalows sind keine außergewöhnlichen Belastungen	§ 33 EStG	BFH v. 17.7.2014, VI R 42/13; DStR 2014, 1872 = HFR 2014, 992 = BStBl II 2014, 931	Killat-Risthaus, DStZ 2014, 738 (Anm.); Geserich, HFR 2014, 993 (Anm.); Heger, Anschaffungskosten für ein Grundstück keine außergewöhnlichen Belastungen, jurisPR-SteuerR 1/2015 Anm. 3
	Abzugsfähigkeit von Scheidungskosten als ag. Belastung (nicht: Scheidungsfolgenkosten)	§ 33 Abs. 2 Satz 4 EStG	FG Rhld.-Pf. V. 16.10.2014, 4 K 1876/14, EFG 2015, 39 (Rev., Az. des BFH: VI R 66/14)	Lemair, EFG 2015, 44 (Anm.)
Bekanntgabe des Verwaltungsakts	Keine wirksame Bekanntgabe einer im Wegen des sog. Ferrari-Fax-Verfahrens übermittelten, aber nicht ausgedruckten Einspruchsentscheidung	§§ 127a, 122, 124 AO	BFH v. 18.3.2014, VIII R 9/10, BStBl 2014, 748 = HFR 2014, 962	Pezzer, BFH/PR 2014, 359 (Anm.)
	Zustellungsmängel gehen zu Lasten der Finanzverwaltung	§§ 180, 189 ZPO	BFH v. 6.5.2014, GrS 2/13, HFR 2014, 740 = BStBl II 2014, 645	Carlé, DStZ 2014, 555; Steinhauff, Tatsächlicher Zugang eines zuzustellenden Dokuments bei Verstoß gegen zwingende Zustellungsvorschriften, jurisPR-SteuerR 31/2014 Anm. 3
Berufsausbildungskosten	BVerfG-Vorlage zum Ausschluss des Werbungskostenabzugs für Berufsausbildungskosten bei Erstausbildung	§ 9 Abs. 6 EStG, Art. 3 GG	BFH v.17.7.2014, VI R 8/12, HFR 2014, 1064; BFH v.17.7.2014, VI R 2/12, HFR 2014, 1049	Köster, DStZ 2014, 868 (Anm.); Mader, B+P 2014, 801 (Anm.); Schneider, HFR 2014, 1064 (Anm.); Bergkemper, BVerfG-Vorlage zum Ausschluss des Werbungskostenabzugs für Berufsausbildungskosten, jurisPR-SteuerR 50/2014 Anm. 3; Durst, BeSt 2015, 4 (Anm.)
Beschränkte Steuerpflicht	Vorabentscheidungsersuchen an EuGH: Abzugsausschluss für Versorgungsleistungen bei beschränkter Steuerpflicht (§ 50 Abs. 1 Satz 4 EStG 1999) unionsrechtswidrig?	§§ 10, 22, 50 EStG, Art. 56 EG, Art. 63 AEUV	BFH v. 14.5.2013, I R 49/12, HFR 2013, 1099= BStBl II 2014, 22	Beiser, IStR 2014, 294
	DBA Belgien: Besteuerungsrecht für die Hinzurechnung des Unterschiedsbetrags nach § 5a EStG 2002 bei Veräußerung eines Mitunternehmeranteils	§§ 5a, 15, 16, 49 EStG, DBA-Belgien	BFH v. 13.11.2013, I R 67/12, HFR 2014, 95 = BStBl II 2014, 172	Märtens, DBA Belgien: Besteuerungsrecht für die Hinzurechnung des Unterschiedsbetrags nach § 5a EStG 2002 bei Veräußerung eines Mitunternehmeranteils, jurisPR-SteuerR 4/2014 Anm. 2

Schmieszek

Schlagwort	Inhalt/Tenor	Norm	Gericht, Datum, Az., Fundstelle	Weiterführende Hinweise
Betriebsausgaben	Telearbeitsplatz: Aufwendungen für ein häusliches Arbeitszimmer unterliegen auch dann der Abzugsbeschränkung nach § 9 Abs. 5 Satz 1 i.V.m. § 4 Abs. 5 Nr. 6b EStG, wenn der Arbeitnehmer arbeitsvertraglich zur Bereitstellung eines Arbeitszimmers verpflichtet ist	§ 4 Abs. 5 Nr. 6b, § 9 Abs. 5 EStG	FG Düsseldorf v. 8.8.2013, 11 K 1705/12 E, EFG 2014, 250 (rkr.)	Hoffmann, EFG 2014, 252 (Anm.)
	Übersieht das Finanzamt bei der Einkommensteuerveranlagung, dass der Stpfl. in seiner vorgelegten Gewinnermittlung die bei der USt-Erklärung für denselben Zeitraum erklärten und im USt-Bescheid erklärungsgemäß berücksichtigten USt-Zahlungen nicht als Betriebsausgabe erfasst hat, liegt insoweit eine von Amts wegen zu berichtigende offenbar Unrichtigkeit nach § 129 AO vor	§ 129 AO, § 4 Abs. 4 EStG	BFH v. 27.8.2013, VIII R 9/11, HFR 2014, 277 = BStBl II 2014, 439	Pfützenreuter, Offenbare Unrichtigkeit bei Nichtberücksichtigung von Umsatzsteuerzahlungen als Betriebsausgaben, jurisPR-SteuerR 1/2014 Anm. 1
	Lose einer Tombola, die bei einem Betriebsjubiläum an gegenwärtige und künftige Geschäftspartner verteilt werden, sind als Geschenke nicht abziehbare Betriebsausgaben	§§ 4 EStG, 5 KStG, 657, 661 BGB	FG Köln v. 26.9.2013, EFG 2014, 296 (rkr.)	Neu, EFG 2014, 300 (Anm.)
	Wird eine Photovoltaikanlage auf dem Dach einer im Übrigen privat genutzten Halle betrieben, dann können anteilige Gebäudekosten nicht als Betriebsausgaben im Wege der sog. Aufwandseinlage bei der Ermittlung der gewerblichen Einkünfte des Betriebs „Stromerzeugung" berücksichtigt werden.	§§ 2, 15, 21 EStG	BFH v. 17.10.2013, III R 27/12, DStR 2014, 576 = HFR 2014, 395 = BStBl II 2014, 372	Dötsch, Photovoltaikanlage: Gebäudekosten als gemischte Aufwendungen, jurisPR-SteuerR 15/2014 Anm. 2; Schiffers, DStZ 2014, 290 (Anm.)
	Kein Betriebsausgabenabzug für Aufwendungen für ein Studium, welches eine Erstausbildung vermittelt und nicht im Rahmen eines Dienstverhältnisses stattfindet	§ 4 Abs. 9, § 12 Nr. 5, § 52 Abs. 12 Satz 11, Abs. 30a EStG, Art. 20 GG	BFH v. 5.11.2013, VIII R 22/12, DStR 2014, 22 = HFR 2014, 122 = BStBl II 2014, 165	Köster, DStZ 2014, 100 (Anm.); Ma, B+P 2014, 78 (Anm.); Titgemeyer, Zur steuerlichen Berücksichtigung von Aufwendungen im Rahmen eines (Erst-) Studiums, DStZ 2014, 189
	Der zur Bemessung von Geldbuße nach Art. 23 Abs. 3 EGV 1/2003 zu errechnende Grundbetrag enthält keinen Abschöpfungsteil	§§ 4, 5 EStG, § 249 HGB, Art 23 EGV	BFH v. 7.11.2013, IV R 4/12, HFR 2014, 303 = BStBl II 2014, 306	Brill, Abzugsverbot für eine Geldbuße wegen Kartellrechtsverstoßes, BeSt 2014, 10

Schlagwort	Inhalt/Tenor	Norm	Gericht, Datum, Az., Fundstelle	Weiterführende Hinweise
Betriebsausgaben –Fortsetzung–	Verpflegungsmehraufwand bei ständiger Unterkunft in einer Pension: keine doppelte Haushaltsführung	§§ 4, 9 EStG	FG Sachsen-Anhalt v. 12.11.2013, 4 K 1498/11, EFG 2014, 742 (Rev. BFH: VI R 95/13)	Wagner, EFG 2014, 744 (Anm.)
	Kosten für einen Shaolin-Kurs auf Mallorca sind bei Zahnärzten/Heilpraktikern nicht als BA anzusetzen	§ 4 Abs. 4 EStG	FG Köln v. 14.11.2013, 10 K 1356/13, EFG 2014, 519 (rkr.)	Reuß, EFG 2014, 520 (Anm.)
	Vorlage an den Großen Senat zur Aufteilbarkeit der Kosten für ein häusliches Arbeitszimmer	§§ 4, 9, 12 EStG	BFH v. 21.11.2013, IX R 23/12, HFR 2014, 202 = BStBl II 2014, 312	Mader, B+P 2014, 151 (Anm.); Jachmann, Vorlage an den Großen Senat zur Aufteilbarkeit der Kosten für ein häusliches Arbeitszimmer, jurisPR-SteuerR 12/2014 Anm. 2
	Soweit sich von den historischen Anschaffungskosten des Grund und Bodens oder der zum 1.7.1970 nach § 55 EStG anzusetzenden Wert Anschaffungskosten von Milchlieferrechten abgespalten haben, sind diese im Rahmen der Gewinnermittlung durch EÜR im Zeitpunkt der Veräußerung eines Teils der Lieferrechte anteilig als Betriebsausgabe abzuziehen	§§ 4, 55 EStG	BFH v. 28.11.2013, IV R 58/10, HFR 2014, 226 = BStBl II 2014, 966	Wendt, BFH/PR 2014, 116
	Abzugsverbot für Gewerbesteuer ist verfassungsgemäß	§§ 4 EStG, 8 KStG, 8 GewStG, Art. 3 GG	BFH v. 16.1.2014, I R 21/12, HFR 2014, 534 = BStBl II 2014, 531	Märtens, Verfassungsmäßigkeit des Abzugsverbots für Gewerbesteuer, jurisPR-SteuerR 22/2014 Anm. 5
	Keine Abziehbarkeit der Pauschalsteuer auf Geschenke als BA	§§ 4, 37b EStG	Niedersächsisches FG v. 16.1.2014, 10 K 326/12, EFG 2014, 894 (Rev. BFH: IV R 13/14)	Graw, EFG 2014, 895 (Anm.)
	Kein Betriebsausgabenabzug für Gründungsaufwand für eine im Ausland gelegene feste Einrichtung eines Freiberuflers	§ 180 AO, §§ 3c, 15, 18, 49 EStG, Art. 24 DBA VAE	BFH v. 26.2.2014, I R 56/12, HFR 2014, 674 = BStBl II 2014, 703	Märtens, Betriebsausgabenabzug für Gründungsaufwand einer ausländischen festen Einrichtung, jurisPR-SteuerR 32/2014 Anm. 1

Schlagwort	Inhalt/Tenor	Norm	Gericht, Datum, Az., Fundstelle	Weiterführende Hinweise
Betriebsausgaben –Fortsetzung–	Unangemessener Fahrzeugaufwand eines Freiberuflers (hier: Ferrari-Spyder): Ist der Aufwand i.S.v. § 4 Abs. 5 Satz 1 Nr. 7 EStG unangemessen, ist Maßstab die Sicht eines ordentlichen und gewissenhaften Unternehmers in derselben Situation des Stpfl.	§ 4 Abs. 5 Satz 1 Nr. 7 EStG	BFH v. 29.4.2014, VIII R 20/12, DStR 2014, 1590 = BStBl II 2014, 679 = HFR 2014, 975	Schiffers, DStZ 2014, 627 (Anm.); Ma., B+P 2014, 582 (Anm.); Pfützenreuter, Unangemessener Fahrzeugaufwand eines Freiberuflers, jurisPR 39/2014 Anm. 1; Renner, Der Tierarzt, sein Ferrari und die Steuer, DStZ 2015, 47
	Fahrtkosten eines Lotsen zwischen seiner Wohnung und dem mit einer Lotsenstation versehenen Hafen des Lotsreviers seiner Lotsenbrüderschaft sind regelmäßig nach § 4 Abs. 5 Satz 1 Nr. 6 Satz 1 EStG nur in Höhe der Entfernungspauschale als Betriebsausgabe abziehbar.	§ 4 Abs. 5 Satz 1 Nr. 6, § 9 Abs. 1 Satz 3 Nr. 4 und 5, Abs. 2 EStG	BFH v. 29.4.2014, VIII R 33/10, BStBl II 2014, 777 = HFR 2014, 977	Mader, B+P 2014, 655 (Anm.)
	Abzugsverbot für Bestechungsgelder umfasst auch die Kosten des Strafverfahrens und einen für verfallen erklärten Betrag	§ 4 Abs. 5 Satz 1 Nr. 10 EStG	BFH v. 14.5.2014, X R 23/12, BStBl II 2014, 684 = HFR 2014, 863	Killat-Risthaus, DStZ 2014, 636 (Anm.)
	Nutzt ein Stpfl. in seinem Betrieb gelegentlich einen zum Betriebsvermögen seines Ehegatten gehörenden PKW, ohne hierfür Aufwendungen zu tragen, kann er für die betriebliche Nutzung keine Betriebsausgaben abziehen	§§ 4, 6 EStG	BFH v. 15.7.2014, X R 24/12, DStR 2014, 2380 = HFR 2015, 21	Schiffers, DStZ 2015, 1 (Anm.); Pfützenreuter, Behandlung der betrieblichen Nutzung eines zum Betriebsvermögen des anderen Ehegatten gehörenden PKW, jurisPR-SteuerR 3/2015 Anm. 3
	Die Höhe der Mehraufwendungen für Verpflegung richtet sich bei Auswärtstätigkeit i.S. des § 4 Abs. 5 Satz 1 Nr. 5 Satz 3 EStG (ständig wechselnde Tätigkeitsstätten) nach der Abwesenheit von seiner Wohnung am Ort des Lebensmittelpunkts	§ 4 Abs. 5 Satz 1 Nr. 5 Satz 3, § 9 Abs. 5 EStG	BFH v. 8.10.2014, VI R 95/13, DB 2014, 2869	Hilbertz, EStB 2015, 5 (Anm.)
	Verlegt ein Stpfl. seinen Haupthaustand aus privaten Gründen vom Beschäftigungsort weg und nutzt daraufhin eine bereits vorhandene Wohnung am Beschäftigungsort aus beruflichen Gründen als Zweithaushalt, so wird die doppelte Haushaltsführung mit Umwidmung der bisherigen Wohnung des Stpfl. im einem Zweithaushalt begründet.	§ 4 Abs. 5 Satz 1 Nr. 5 Satz 3, § 9 Abs. 5 EStG	BFH v. 8.10.2014, VI R 7/13, DB 2015, 104	Meurer, EStB 2015, 6 (Anm.)

B. Rechtsprechung 2014/2015 von A bis Z

Schlagwort	Inhalt/Tenor	Norm	Gericht, Datum, Az., Fundstelle	Weiterführende Hinweise
Betriebsstätte	Bewirtschaftete Grundstücksflächen, die zu einem inländischen landwirtschaftlichen Betrieb gehören und im grenznahen Ausland belegen sind, können als Betriebsstätten i.S.v. § 12 AO zu qualifizieren und die hierdurch erzielten Einkünfte deshalb gem. § 32b Abs. 1 Satz 2 Nr. 1 EStG 2002 n.F. vom sog. Progressionsvorbehalt auszunehmen sein.	§ 12 AO, §§ 1, 2, 4a, 13, 32b, 34d EStG, Art. 2, 4, 20 DBA NLD	BFH v. 2.4.2014, I R 68/12, BStBl II 2014, 875	Märtens, Landwirtschaftlich bewirtschaftetes Grundstück als Betriebsstätte i.S.v. § 12 AO, jurisPR-SteuerR 33/2014 Anm. 1
Doppelte Haushaltsführung	Verpflegungsmehraufwand bei ständiger Unterkunft in einer Pension: keine doppelte Haushaltsführung	§§ 4, 9 EStG	FG Sachsen-Anhalt v. 12.11.2013, 4 K 1498/11, EFG 2014, 742 (Rev., Az. des BFH: VI R 95/13)	Wagner, EFG 2014, 744 (Anm.)
	Wird bei einem schwerbehinderten Menschen der Grad der Behinderung von 80 oder mehr auf weniger als 50 herabgesetzt, ist dies einkommensteuerrechtlich ab dem im Bescheid genannten Zeitpunkt zu berücksichtigen. Aufwendungen für Fahrten zwischen Wohnung und regelmäßiger Arbeitsstätte sowie Familienheimfahrten im Rahmen einer doppelten Haushaltsführung können daher nicht mehr nach § 9 Abs. 2 Satz 3 Nr. 1 EStG bemessen werden.	§ 9 EStG, § 116 SGB IX, § 38 SchwBG	BFH v. 11.3.2014, VI B 95/13, HFR 2014, 503 = BStBl II 2014, 525	Killat-Risthaus, JZ 2014, 366 (Anm.); Mader, B+P 2014, 366 (Anm.); Geserich, HFR 2014, 504 (Anm.)
	Ein Arbeitnehmer, der zunächst für drei Jahre und anschließend wiederholt befristet von seinem Arbeitgeber ins Ausland entsandt worden ist, begründet dort keine regelmäßige Arbeitsstätte i.S.d. § 9 Abs. 1 Satz 3 Nr. 4 EStG; auch dann nicht, wenn er mit dem ausländischen Unternehmen für die Dauer des Entsendungszeitraums einen unbefristeten Arbeitsvertrag abgeschlossen hat.	§ 9 Abs. 1 Satz 1 EStG	BFH v. 10.4.2014, VI R 11/13, HFR 2014, 781 = BStBl II 2014, 804	Killat-Risthaus, DStZ 2014, 550 (Anm.); Bergkemper, Abgrenzungen zwischen lediglich vorübergehender Entsendung an den neuen Beschäftigungsort, jurisPR-SteuerR 37, 2014 Anm. 4; Geserich, HFR 2014, 783 (Anm.)
	Die Höhe der Mehraufwendungen für Verpflegung richtet sich bei Auswärtstätigkeit i.S. des § 4 Abs. 5 Satz 1 Nr. 5 Satz 3 EStG (ständig wechselnde Tätigkeitsstätten nach der Abwesenheit von seiner Wohnung am Ort des Lebensmittelpunkts	§ 4 Abs. 5 Satz 1 Nr. 5 Satz 3, § 9 Abs. 5 EStG	BFH v. 8.10.2014, VI R 95/13, www.stotax-first.de	

Aktuelles

Schlagwort	Inhalt/Tenor	Norm	Gericht, Datum, Az., Fundstelle	Weiterführende Hinweise
Doppelte Haushaltsführung –Fortsetzung–	Verlegt ein Stpfl. seinen Haupthaustand aus privaten Gründen vom Beschäftigungsort weg und nutzt daraufhin eine bereits vorhandene Wohnung am Beschäftigungsort aus beruflichen Gründen als Zweithaushalt, so wird die doppelte Haushaltsführung mit Umwidmung der bisherigen Wohnung des Stpfl. im einem Zweithaushalt begründet.	§ 4 Abs. 5 Satz 1 Nr. 5 Satz 3, § 9 Abs. 5 EStG	BFH v. 8.10.2014, VI R 7/13, DB 2015, 104	Meurer, EStB 2015, 6 (Anm.)
	Doppelte Haushaltsführung bei beiderseits berufstätigen Lebensgefährten	§ 9 Abs. 1 Satz 3 Nr. 5 EStG	BFH v. 8.10.2014, VI R 16/14, DStR 2015, 214	
Ehegatten/Lebenspartner	Zahlungen eines Ehegatten auf die gemeinsam festgesetzte ESt-Vorauszahlungen dienen auch dann zugleich der Begleichung der Steuerschuld des anderen Ehegatten, wenn die Ehe bei Festsetzung der Vorauszahlungen nicht mehr bestand, das FA im Zeitpunkt der Zahlung aber noch keine Kenntnis hatte	§§ 26b, 36 EStG, §§ 37, 44, 218 AO	Niedersächsisches FG v. 12.2.2014, 4 K 261/13, EFG 2014, 883 (Rev., Az. des BFH: VII R 18/14)	Zimmmermann, EFG 2014, 885 (Anm.)
	Begnügt sich ein Ehegatte mit der Zuwendung von laufenden Zahlungen unter Verzicht auf Pflichtteils- oder ähnliche Ansprüche (Zugewinnausgleich), ist im Regelfall von einer Vermögensübergabe gegen Versorgungsleistungen i.S.v. § 10 Abs. 1 Nr. 1a EStG auszugehen, sofern das den Vermögensübernehmern/Erben überlassene Vermögen ausreichend ertragfähig ist und die Parteien ihren Verpflichtungen wie vereinbart oder durch Vermächtnis bestimmt nachkommen.	§ 10 Abs. 1 Nr. 1a EStG	BFH v. 25.2.2014, X R 34/11, DStR 2014, 1325 = BStBl II 2014, 665 = HFR 2014, 870	Urbach, DStZ 2014, 517 (Anm.); Schuster, Vermögensübergabe gegen Versorgungsleistungen, jurisPR-SteuerR 31/2014 Anm. 2
	Die Partner einer Lebensgemeinschaft können für Jahre, in denen das LPartG noch nicht in Kragt war, keine Zusammenveranlagung wählen	§ 2 Abs. 8 EStG	BFH v. 26.6.2014, II R 14/05, www.stotax-first.de	
	Ein nach Bestandskraft des Einkommensteuerbescheids gestellter Antrag auf Realsplitting ist kein rückwirkendes Ereignis, wenn die Zustimmungserklärung des Unterhaltsempfängers dem Geber bereits vor Bestandskraft vorlag	§§ 129, 173, 175 AO, 10 EStG	BFH v. 20.8.2014, X R 33/12, HFR 2015, 29	Kulosa, HFR 2015, 30 (Anm.); Steinhauff, Nach Bestandskraft gestellter Antrag auf Realsplitting kein rückwirkendes Ereignis, jurisPR-SteuerR 3/2015 Anm. 2

B. Rechtsprechung 2014/2015 von A bis Z

Schlagwort	Inhalt/Tenor	Norm	Gericht, Datum, Az., Fundstelle	Weiterführende Hinweise
Ehegatten/Lebenspartner –Fortsetzung–	Zusammenveranlagung bei fiktiver unbeschränkter Steuerpflicht; Berechnung der Einkunftsgrenzen nach § 1 Abs. 3 Satz 2 i.V.m. § 1a Abs. 1 EStG 2002	§§ 1, 1a, 3, 26b, 49 EStG	BFH v. 1.10.2014, I R 18/13, IStR 2015, 72	
Einkünfte aus Gewerbebetrieb	Eine wirksam vereinbarte (inkongruente) Gewinnausschüttung ist anzuerkennen, wenn sich die Vor- und Nachteile über einen Zeitraum von ca. 3 Jahren ausgleichen	§§ 10d, 15 EStG, §§ 42, 179, 180 AO	FG Münster v. 14.8.2013, 2 K 2483/11 F, EFG 2014, 29 NZB BFH: IV B 98/13)	Wüllenkemper, EFG 2014, 33 (Anm.)
	Wird eine Photovoltaikanlage auf dem Dach einer im Übrigen privat genutzten Halle betrieben, dann können anteilige Gebäudekosten nicht als Betriebsausgaben im Wege der sog. Aufwandseinlage bei der Ermittlung der gewerblichen Einkünfte des Betriebs „Stromerzeugung" berücksichtigt werden.	§§ 2, 15, 21 EStG	BFH v. 17.10.2013, III R 27/12, DStR 2014, 576 = HFR 2014, 395 = BStBl II 2014, 372	Dötsch, Photovoltaikanlage: Gebäudekosten als gemischte Aufwendungen, jurisPR-SteuerR 15/2014 Anm. 2; JS, DStZ 2014, 290 (Anm.)
	Wird bei der Liquidation einer Kapitalgesellschaft ein Teil des Stammkapitals in Form von Liquidationsraten an den Anteilseigner i.S.v. § 17 Abs. 1, Abs. 4 EStG zurückgezahlt, sind Teileinkünfteverfahren (§ 3 Nr. 40 Satz 1 Buchst. c EStG) und Teilabzugsverbot (§ 3c Abs. 2 EStG) auch im Verlustfall anzuwenden	§ 3 Nr. 40 Satz 1 Buchst. c, §§ 3c, 17 EStG	BFH v. 6.5.2014, IX R 19/13, DStR 2014, 1428 = HFR 2014, 764 = BStBl II 2014, 682	Köster, DStZ 2014, 588 (Anm.); Trossen, HFR 2014, 766 (Anm.); Schmitz-Herscheidt, Anwendung des Teileinkünfteverfahrens und des Teilabzugsverbots bei Rückzahlung von Stammkapital im Zuge der Liquidation einer GmbH, jurisPR-SteuerR 42/2014 Anm. 5
	Nachträgliche Anschaffungskosten bei Verzicht auf Kleinanlegerprivileg: Hat der darlehensgebende Gesellschafter mit der Gesellschaft vereinbart, das Darlehen solle „wie Eigenkapital" behandelt werden und halten sich die Beteiligten in der Insolvenz der Gesellschaft an diese Abrede, führt der endgültige Ausfall des Darlehensrückforderungsanspruchs zu nachträglichen Anschaffungskosten der Beteiligung, auch wenn der Gesellschafter mit nicht mehr als 10 % am Stammkapital der Gesellschaft beteiligt war	§ 17 EStG, § 255 HGB	BFH v. 6.5.2014, IX R 44/13, HFR 2014, 789, BStBl II 2014, 781	Dötsch, Nachträgliche Anschaffungskosten bei Verzicht auf Kleinanlegerprivileg, jurisPR-SteuerR 36/2014 Anm. 3; Trossen, HFR 2014, 790 (Anm.); Köster, DStZ 2014, 663 (Anm.)

1 Aktuelles

Schlagwort	Inhalt/Tenor	Norm	Gericht, Datum, Az., Fundstelle	Weiterführende Hinweise
Einkünfte aus Gewerbebetrieb –Fortsetzung–	Ein „Vorabgewinnanteil" i.S.d. § 35 Abs. 3 Satz 2 Halbsatz 2 EStG 2002 ist dadurch gekennzeichnet, dass der betroffene Gesellschafter vor den übrigen Gesellschaftern auf Grund gesellschaftsvertraglicher Abrede einen Anteil am Gewinn erhält. Der „Vorabgewinnanteil" ist vor der allgemeinen Gewinnverteilung zu berücksichtigen und reduziert den noch zu verteilenden Restgewinn.	§ 35 Abs. 3 Satz 2 Halbs. 2 EStG	BFH v. 5.6.2014, IV R 43/11, DStR 2014, 1484, BStBl II 2014, 695	Schiffers, DStZ 2014, 589 (Anm.)
	Maßgebender Realisierungszeitpunkt des nach § 17 Abs. 4 EStG zu berücksichtigenden Auflösungsverlusts ist auch im Fall einer Nachtragsliquidation derjenige, in dem mit einer Auskehrung von Gesellschaftsvermögen an den Gesellschafter und mit einer wesentlichen Änderung der durch die Beteiligung veranlassten Aufwendungen nicht mehr zu rechnen ist	§ 175 AO, § 17 EStG	BFH v. 1.7.2014, IX R 47/12, www.stotax-first.de	
	Gewerbliche Berufstätigkeit eines Politikberaters	§ 18 EStG	BFH v. 15.4.2014, VIII R 18/11, BFHE 246, 396	Pezzer, BFH/PR 2015, 45
	Ein strukturierter EUR-Zinsswap mit CMS-Spread-Koppelung ist ein unter § 15 Abs. 4 Satz 3 EStG fallendes Termingeschäft	§§ 15, 20 EStG	BFH v. 20.8.2014, X R 13/12; DStR 2014, 2277	Schiffers, DStZ 2014, 682 (Anm.)
	Teilabzugsverbot bei Auflösungsverlust: Teilabzugsverbot auch dann, wenn der Stpfl. zwar keine durch seine Beteiligung vermittelten Einnahmen erzielt hat, aber mit der Absicht zur Erzielung von Betriebsvermögensvermehrungen oder Einnahmen gehandelt hat	§§ 3c, 17 EStG	BFH v. 2.9.2014, IX R 43/13	jh, StuB 2015, 73 (Anm.)
	Gewerbliche Tätigkeit einer Fernsehmoderatorin von Verkaufssendungen; keine freiberufliche Tätigkeit	§ 18 EStG	BFH v. 16.9.2014, VIII R 5/12 StEd 2015, 39	
	Keine Anwendung des Meistbegünstigungsprinzips bei der Feststellung der Steuerermäßigung bei Einkünften aus Gewerbebetrieb	§ 11 GewStG, §§ 5a, 35 EStG	BFH v. 4.12.2014, IV R 27/11, DB 2015, 225	

B. Rechtsprechung 2014/2015 von A bis Z

Schlagwort	Inhalt/Tenor	Norm	Gericht, Datum, Az., Fundstelle	Weiterführende Hinweise
Einkünfte aus Gewerbebetrieb –Fortsetzung–	Veräußert ein Mitunternehmer auf Grund einheitlicher Planung Sonderbetriebsvermögen, bevor er den ihm verbliebenen Mitunternehmeranteil unentgeltlich überträgt, steht dies der Buchwertfortführung nach § 6 Abs. 3 EStG nicht entgegen	§§ 6, 156 EStG	BFH v. 9.12.2014, IV R 29/14, DB 2015, 222	
Einkünfte aus Kapitalvermögen	Nachträgliche Anschaffungskosten i.S.d. § 17 EStG bei Inanspruchnahme aus eigenkapitalersetzender Gesellschafterbürgschaft	§ 17 EStG	BFH v. 20.8.2013, IX R 1/13; HFR 2014, 310	Köster, DStZ 2014, 140 (Anm.); Jachmann, Nachträgliche Anschaffungskosten bei Inanspruchnahme aus eigenkapitalersetzender Gesellschafterbürgschaft, jurisPR-SteuerR 20/2014 Anm. 2
	Zinsaufwendungen aus der Fremdfinanzierung von Beiträgen zu einer Lebensversicherung, die nicht zu steuerpflichtigen Erträgen i.S.d. § 20 Abs. 1 Nr. 6 EStG führt, können gem. § 3c EStG nicht als WK bei den Einkünften aus Kapitalvermögen abgezogen werden. Das gilt auch, wenn die Lebensversicherung dazu dient, einen Immobilienkredit einer vom Stpfl. beherrschten GmbH zu tilgen	§§ 3c, 9, 20 Abs. 1 Nr. 6 EStG, § 42 AO	BFH v. 27.8.2013, VIII R 3/11, HFR 2014, 219 = BStBl II 2014, 560	Killat-Risthaus, DStZ 2014, 146 (Anm.); Dötsch, Abzug von Zinsaufwendungen aus der Refinanzierung von Kapitallebensversicherungen, jurisPR-SteuerR 6/2014 Anm. 5; Nothnagel, HFR 2014, 220 (Anm.)
	Schuldzinsen für die Finanzierung nachträglicher Anschaffungskosten aus einer aufgegebenen Beteiligung i.S.d. § 17 EStG sind auch dann Werbungskosten bei den Einkünften aus Kapitalvermögen, wenn der Zeitpunkt der Aufgabe vor dem Veranlagungszeitraum 1999 lag	§ 3 Nr. 40, §§ 3c, 17, 20, 52 EStG	BFH v. 29.10.2013, VIII R 13/11, HFR 2014, 306 = BStBl II 2014, 251	Dötsch, Berücksichtigung von Zinsen auf nachträgliche Anschaffungskosten einer aufgegebenen GmbH-Beteiligung als nachträgliche Werbungskosten, jurisPR-SteuerR 12/2014 Anm. 3; Nothnagel, HFR 2014, 308 (Anm.)
	Erstattungszinsen nach § 233a AO sind steuerbare Einkünfte aus Kapitalvermögen. Die rückwirkende Geltung von § 20 Abs. 1 Nr. 7 Satz 3 EStG verstößt nicht gegen Verfassungsrecht	§ 20 Abs. 1 Nr. 7 Satz 3 EStG; § 233a AO	BFH v. 12.11.2013, VIII R 36/10, HFR 2014, 313 = BStBl II 2014, 168	Schiffers, DStZ 2014, 177 (Anm.); Nothnagel, HFR 2014, 316 (Anm.); Steinhauff, Steuerpflicht von Erstattungszinsen, jurisPR-SteuerR 13/2014 Anm. 3

Schmieszek

Schlagwort	Inhalt/Tenor	Norm	Gericht, Datum, Az., Fundstelle	Weiterführende Hinweise
Einkünfte aus Kapitalvermögen –Fortsetzung–	Auch nach Split der Aktien und ihrer Verwahrung im Girosammeldepot ist entscheidend, ob die veräußerten Aktien auf Grund objektiver Umstände, wie z.B. den Vertragsunterlagen, bestimmbar sind. Im Falle von veräußerten Aktien ergibt sich dies aus dem Hinweis auf die Aktiennummer, im Falle von GmbH-Anteilen durch den Hinweis auf die übergehenden GmbH-Anteile in der notariellen Urkunde	§ 21 UmwG, § 255 HGB	BFH v. 11.12.2013, IX R 45/12, HFR 2014, 512 = BStBl II 2014, 578	Schießl, HFR 2014, 513 (Anm.); Jachmann, Identifizierung von einbringungsgeborenen Anteilen nach Aktiensplit, jurisPR-SteuerR 25/2014 Anm. 3
	Kursverluste aus der Veräußerung von Hybridanleihen mit gestuften Zinsversprechen ohne Laufzeitbegrenzung und ohne Emissionsrendite sind nicht gem. § 20 Abs. 2 Satz 1 Nr. 4 Satz 2 EStG steuerwirksam	§ 20 Abs. 2 Satz 1 Nr. 4 Satz 2 EStG	BFH v. 17.12.2013, VIII R 42/12, DStR 2014, 413 = BStBl II 2014, 319 = HFR 2014, 694	Killat-Risthaus, DStZ 2014, 224 (Anm.);Moritz, HFR 2014, 696 (Anm.)
	Der Rückkauf von Sterbegeldversicherungen mit Sparanteilen wird vom objektiven Tatbestand des § 20 Abs. 1 Nr. 6 Satz 1 EStG erfasst	§ 20 Abs. 1 Nr. 6 Satz 1 EStG	FG Nürnberg v. 11.2.2014, 1 K 1465/13, EFG 2014, 1671 (Rev., Az. des BFH: VIII R 25/14)	Wüllenkemper, EFG 2014, 1673 (Anm.)
	Zufluss von Kapitaleinnahmen aus Schneeballsystemen: Die Gutschriften führen zu Einnahmen aus Kapitalvermögen, wenn der Betreiber des Systems bei entsprechendem Verlangen zur Auszahlung der gutgeschriebenen Beträge leistungsbereit und leistungsfähig gewesen wäre (Bestätigung der Rechtsprechung)	§§ 8, 11, 20 EStG	BFH v. 11.2.2014, VIII R 25/12; BStBl II 2014, 461 = HFR 2014, 599	Höring, DStZ 2014, 403 (Anm.); Podewils, Zufluss von Kapitaleinnahmen aus Schneeballsystem, jurisPR-SteuerR 27/2014 Anm. 3; Levedag, HFR 2014, 601 (Anm.)
	Der Ausschluss des Abzugs der tatsächlichen WK bei den Einkünften aus Kapitalvermögen mit Einführung der Abgeltungsteuer ab VZ 2009 hindert nicht, Aufwendungen abzuziehen, die mit vor 2009 erzielten Einnahmen in Veranlassungszusammenhang stehen	§§ 20, 52a EStG	Nieders. FG v. 18.2.2014, EFG 2014, 1479; Rev BFH: VIII R 12/14	Pfützenreuter, EFG 2014, 1480 (Anm.)
	Preisgelder sind nur dann als Einnahmen aus nichtselbstständiger Arbeit zu behandeln, wenn sie einen wirtschaftlichen Bezug zum Beruf haben	§ 19 Abs. 1 Satz 1 Nr. 1 EStG	FG Nürnberg v. 25.2.2014, EFG 2014, 1187 (rkr.)	Neu, EFG 2014, 1189 (Anm.)

B. Rechtsprechung 2014/2015 von A bis Z

Schlagwort	Inhalt/Tenor	Norm	Gericht, Datum, Az., Fundstelle	Weiterführende Hinweise
Einkünfte aus Kapitalvermögen *–Fortsetzung–*	Zufluss von Scheinrenditen im Schneeballsystem: Entscheidend ist, wie der Betreiber auf den Auszahlungswunsch reagiert	§§ 20 EStG, §§ 169, 170, 171 173, 370, 378 AO	BFH v. 2.4.2014, VIII R 38/13, BStBl II 2014, 698 = HFR 2014, 874	Steinhauff, Zufluss von Scheinrenditen in Schneeballsystemen – Prüfung der Festsetzungsverjährung gem. § 169 Abs. 2 Satz 2 AO, jurisPR-SteuerR 40/2014 Anm. 3; Levedag, HFR 2014, 876 (Anm.); LR, DStZ 2014, 668 (Anm.)
	„Cum-ex-Geschäfte": Kein wirtschaftliches Eigentum des Anteilserwerbers	§ 20 EStG, § 39 AO	BFH v. 16.4.2014, I R 2/12, HFR 2014, 987	Höring, DStZ 2014, 780 (Anm.); Podewils, Cum/ex-Geschäfte: Übergang des wirtschaftlichen Eigentums beim Handel mit Aktien, jurisPR-SteuerR 49/2014 Anm. 1
	Anwendung des Abgeltungsteuersatzes bei Kapitalerträgen aus Darlehen zwischen Angehörigen i.S.d. § 15 AO – Verfassungsmäßigkeit von § 32d Abs. 2 Satz 1 Nr. 1 Buchst. a EStG	§§ 20, 32d EStG, § 15 AO, Art. 3, 6 GG	BFH v. 29.4.2014, VIII R 44/13, HFR 2014, 886 = BStBl II 2014, 992	Werth, HFR 2014, 887 (Anm.); Werth, Aktuelle Rechtsprechung zum Ausschluss des Abgeltungsteuersatzes nach § 32d Abs. 2 Satz 1 Nr. 1 EStG, DStZ 2014, 670
	Anwendung des Abgeltungsteuersatzes bei Kapitalerträgen aus Darlehen zwischen Angehörigen i.S. des § 15 AO - Verfassungsmäßigkeit von § 32d Abs. 2 Satz 1 Nr. 1 Buchst. a EStG	§§ 20, 32d EStG, § 15 AO, Art. 3, 6 GG	BFH v. 29.4.2014, VIII R 35/13, HFR 2014, 886 = BStBl II 2014, 990	Podewils, Anwendung des Abgeltungsteuersatzes bei Kapitalerträgen aus einer Stundungsvereinbarung zwischen Angehörigen, jurisPR-SteuerR 39/2014 Anm. 4; Werth, Aktuelle Rechtsprechung zum Ausschluss des Abgeltungsteuersatzes nach § 32d Abs. 2 Satz 1 Nr. 1 EStG, DStZ 2014, 670
	Keine Anwendung des Abgeltungsteuersatzes bei Gesellschafterfremdfinanzierung	§§ 20, 32d EStG	BFH v. 29.4.2014, VIII R 23/13, HFR 2014, 887 = BStBl II 2014, 884	Steinhauff, Keine Anwendung des Abgeltungsteuersatzes bei Gesellschafterfremdfinanzierung, jurisPR- SteuerR 41/2014 Anm. 2; Werth, HFR 2014, 889 (Anm.); Köster, DStZ 2014, 662 (Anm.); Werth, Aktuelle Rechtsprechung zum Ausschluss des Abgeltungsteuersatzes nach § 32d Abs. 2 Satz 1 Nr. 1 EStG, DStZ 2014, 670

1 Aktuelles

Schlagwort	Inhalt/Tenor	Norm	Gericht, Datum, Az., Fundstelle	Weiterführende Hinweise
Einkünfte aus Kapitalvermögen –Fortsetzung–	Anwendung des Abgeltungsteuersatzes bei Kapitalerträgen aus Darlehen zwischen Angehörigen i.S.d. § 15 AO – Verfassungsmäßigkeit der Abgeltungsteuer	§§ 20, 32d EStG, § 15 AO, Art. 3, 6 GG	BFH v. 29.4.2014, VIII R 9/13, HFR 2014, 884 = BStBl II 2014, 986	Köster, DStZ 2014, 666 (Anm.); Werth, Aktuelle Rechtsprechung zum Ausschluss des Abgeltungsteuersatzes nach § 32d Abs. 2 Satz 1 Nr. 1 EStG, DStZ 2014, 670; Eich, BeSt 2014, 26 (Anm.); Jachmann, Anwendung des Abgeltungsteuersatzes bei Kapitalerträgen aus Darlehen zwischen Angehörigen, jurisPR-SteuerR 48/2015 Anm. 5
	Anwendung des Abgeltungsteuersatzes bei Kapitalerträgen aus Darlehen zwischen Angehörigen i.S.d. § 15 AO – Verfassungsmäßigkeit von § 32d Abs. 2 Satz 1 Nr. 1 Buchst. a EStG	§§ 20, 32d EStG, § 15 AO, Art. 3, 6 GG	BFH v. 29.4.2014, VIII R 31/11, HFR 2014, 890 = BStBl II 2014, 995	Werth, HFR 2014, 890 (Anm.); Köster, DStZ 2014, 663 (Anm.); Werth, Aktuelle Rechtsprechung zum Ausschluss des Abgeltungsteuersatzes nach § 32d Abs. 2 Satz 1 Nr. 1 EStG, DStZ 2014, 670; Jachmann, Anwendung des Abgeltungsteuersatzes bei Darlehensgewährung an eine GmbH durch eine dem Anteilseigner nahestehende Person, jurisPR-SteuerR 44/2014 Anm. 3
	Werden Einkünfte aus Kapitalvermögen nur der Abgeltungsteuer unterworfen und erhöhen diese daher nicht die Summe der Einkünfte, ist auch der Altersentlastungsbetrag aus dieser geringeren Summe der Einkünfte zu berechnen	§ 2 Abs. 5b, § 24a EStG	FG München v. 6.6.2014, 8 K 2051/12, EFG 2014, 2118 (rkr.)	Rosenke, EFG 2014, 2119 (Anm.)
	Erstattungszinsen nach § 233a AO sind steuerbare Einnahmen aus Kapitalvermögen. Rückwirkende Anwendung verstößt nicht gegen Verfassungsrecht	§ 233a AO, § 20 Abs. 1 Nr. 7 Satz 3, § 52a Abs. 8 Satz 2 EStG	BFH v. 24.6.2014, VIII R 29/12, HFR 2014, 1069 = BStBl II 2014, 998	Killat-Risthaus, DStZ 014, 779; Schmitz-Herscheidt, Verfassungsmäßige Rückwirkung der Steuerbarkeit von Erstattungszinsen, jurisPR-SteuerR 49/2014 Anm. 3; Nothnagel, HFR 2014, 1070 (Anm.)
	Die Anschaffungs- und Anschaffungsnebenkosten von Optionsscheinen, die der Inhaber am Ende der Laufzeit verfallen lässt, können einkommensteuerlich nach § 20 Abs. 2 Satz 1 Nr. 3 Buchst. a i.V.m. § 20 Abs. 4 Satz 5 EStG berücksichtigt werden	§ 20 Abs. 2 Satz 1 Nr. 3 Buchst. a, Abs. 4 Satz 5 EStG	FG Düsseldorf v. 27.6.2014, 1 K 3740/13 E, EFG 2014, 1580; Rev., Az. desBGH: VIII R 31/14	Knobbe, EFG 2014, 1583 (Anm.)

B. Rechtsprechung 2014/2015 von A bis Z

Schlagwort	Inhalt/Tenor	Norm	Gericht, Datum, Az., Fundstelle	Weiterführende Hinweise
Einkünfte aus Kapitalvermögen –Fortsetzung–	Schuldzinsen für die Anschaffung einer im Privatvermögen gehaltenen wesentlichen Beteiligung, die auf Zeiträume nach der Veräußerung der Beteiligung entfallen, können ab VZ 2009 nicht als nachträgliche Werbungskosten bei den Einkünften aus Kapitalvermögen abgezogen werden. Ausschluss durch § 20 Abs. 9 Satz 1 EStG	§ 20 abs. 9 Satz 1, § 52a Abs. 10 Satz 10 EStG	BFH v. 1.7.2014, VIII R 53/12, DStR 2014, 2062 = BStBl II 2014, 975	Schiffers, DStZ 2014, 821 (Anm.)
	Ein strukturierter EUR-Zinsswap mit CMS-Spread-Koppelung ist ein unter § 15 Abs. 4 Satz 3 EStG fallendes Termingeschäft	§§ 15, 20 EStG	BFH v. 20.8.2014, X R 13/12, DStR 2014, 2277	Schiffers, DStZ 2014, 682 (Anm.)
	Im Zusammenhang mit einer teilweise kreditfinanzierten Festgeldanlage im VZ 2008 angefallene Schuldzinsen können in vollem Umfang als Werbungskosten abgezogen werden, auch wenn die Zinsen aus dem Festgeld erst im VZ 2009 zufließen. § 20 Abs.9 Satz 1 2. Halbs. EStG i.d.F.d. UntStRefG ist erstmalig ab VZ 2009 anzuwenden	9, 20, 52 EStG	BFH v. 27.8.20014, VIII R 60/13, DStR 2015, 162	
	Bei einer Lebensversicherung gegen Einmalzahlung ist ein vor dem Laufzeitende erklärter Verzicht des Versicherungsnehmers auf vertraglich vereinbarte Teilauszahlungen keine Novation, so dass kein steuerbarer Zufluss von Einnahmen vorliegt	§ 11 Abs. 1 Satz 1 EStG	BFH v. 16.9.2014, VIII R 15/13, DStR 2015, 109	
	Verzinsung von Genussrechten: Einkünfte aus nichtselbstständiger Arbeit, nicht Kapitaleinkünfte	§§ 8, 19, 20 EStG	BFH v. 21.10.2014, VIII R 44/11, BFH/NV 2015, 268	
Einkünfte aus nichtselbständiger Tätigkeit	Bei der Ermittlung des geldwerten Vorteils der privaten PKW-Nutzung ist bei einem bilanzierenden Unternehmen nicht die vollständige Leasing-Sonderzahlung, sondern nur der in der Bilanz erfasste Aufwand ohne Berücksichtigung des in den aktiven Rechnungsabgrenzungsposten eingestellten Teils der Zahlung steuerlich zu berücksichtigen	§§ 8, 19, 42d EStG	FG Berlin-Brandenburg v. 11.12.2013, 9 K 9224/10, EFG 2014, 1467; Rev., Az. des BFH: VI R 27/14	Wüllenkemper, EFG 2014, 1468 (Anm.)

Schmieszek

Aktuelles

Schlagwort	Inhalt/Tenor	Norm	Gericht, Datum, Az., Fundstelle	Weiterführende Hinweise
Einkünfte aus nichtselbständiger Tätigkeit *–Fortsetzung–*	Werden Rabatte beim Abschluss von Versicherungsverträgen sowohl Arbeitnehmern von Geschäftspartnern als auch einem weiteren Personenkreis (Angehörige der gesamten Versicherungsbranche, Arbeitnehmer weiterer Unternehmen) eingeräumt, so liegt hierin kein Arbeitslohn.	§§ 19, 38, 41a, 42d EStG	BFH v. 10.4.2014, VI R 61/11; DStR 2014, 1432 = HFR 2014, 792	Killat-Risthaus, DStZ 2014, 551 (Anm.); Mader, B+P 2014, 512; Bergkemper, Rabatte beim Abschluss von Versicherungsverträgen als Arbeitslohn, jurisPR-SteuerR 36/2014 Anm. 4; Hettler, HFR 2014, 794 (Anm.)
	Ein Treuhandverhältnis in Bezug auf einen Geschäftsanteil an einer GmbH kann steuerlich auch anerkannt werden, wenn mehrere Treugeber ihre Rechte gegenüber dem Treuhänder grundsätzlich nur gemeinschaftlich ausüben können	§§ 8, 19 EStG, § 39 AO	BFH v. 21.5.2014, I R 42/12, HFR 2014, 957	Fischer, „Pooling" von Treugeberrechten, jurisPR-SteuerR 50/2014 Anm. 1
	Der geldwerte Vorteil aus dem verbilligten Erwerb einer Beteiligung, der im Hinblick auf eine spätere Beschäftigung als Geschäftsführer gewährt wird, ist als Arbeitslohn zu berücksichtigen	§ 19 EStG, § 175 AO	BFH v. 26.6.2014, VI R 94/13, HFR 2014, 877 = BStBl II 2014, 864	Bergkemper, Verbilligter Erwerb einer Beteiligung als Arbeitslohn, jurisPR-SteuerR 40/2014 Anm. 2; Geserich, HFR 2014, 879 (Anm.); Killat-Risthaus, DStZ 2014, 1713 (Anm.); Müller, BeSt 2014, 28 (Anm.); Ma., B+P 2014, 838 (Anm.)
	Wird einem früheren firmenspielberechtigten Vorstandsmitglied einer Bank nach dessen Eintritt in den Ruhestand eine Ehrenmitgliedschaft in einem Golfclub gewährt und verzichtet der Golfclub dabei auf Mitgliedsbeiträge, liegt nur dann Arbeitslohn vor, wenn mit der Zuwendung die Arbeitsleistung des Vorstandsmitglieds entlohnt werden soll	§§ 2, 8, 19 EStG	BFH v. 17.7.2014, VI R 69/13; DStR 2014, 2059 = HFR 2014, 985	Killat-Risthaus, DStZ 2014, 778 (Anm.); Riehl, HFR 2014, 986; Ma., B+P 2014, 727 (Anm.); Heger, Zuwendung einer Ehrenmitgliedschaft in einem Golfclub als Einkünfte aus nichtselbstständiger Arbeit, jurisPR-SteuerR 51/2914 Anm. 1
	Verzinsung von Genussrechten: Einkünfte aus nichtselbstständiger Arbeit, nicht Kapitaleinkünfte	§§ 8, 19, 20 EStG	BFH v. 21.10.2014, VIII R 44/11, BFH/NV 2015, 268	jh, StuB 2015, 75

B. Rechtsprechung 2014/2015 von A bis Z

Schlagwort	Inhalt/Tenor	Norm	Gericht, Datum, Az., Fundstelle	Weiterführende Hinweise
Einkünfte aus selbständiger Tätigkeit	Gewinnermittlung bei Realteilung einer Mitunternehmerschaft ohne Spitzenausgleich bei Buchführung und fortgesetzter Einnahme-Überschussrechnung: Keine Verpflichtung zur Erstellung einer Realteilungsbilanz nebst Übergangsgewinnermittlung, wenn die Buchwerte fortgeführt werden und die Mitunternehmer unter Aufrechterhaltung der Gewinnermittlung durch EÜR ihre berufliche Tätigkeit in Einzelpraxen weiterbetreiben	§§ 4, 16, 18 EStG	BFH v. 11.4.2013, III R 32/12, HFR 2013, 1001 = BStBl II 2014, 242	Dötsch, Gewinnermittlung bei Realteilung einer Mitunternehmerschaft ohne Spitzenausgleich bei Buchwertfortführung und fortgesetzter Einnahme-Überschussrechnung, jurisPR-SteuerR 41/2013 Anm. 1
	Maklerkosten, die im Zusammenhang mit dem Verkauf eines Mietobjekts anfallen, können WK bei den Einkünften aus VuV des Stpfl. aus anderen Objekten sein, wenn und soweit er zum einen den Veräußerungserlös tatsächlich für die Finanzierung dieser anderen Mietobjekte verwendet und zum anderen diese Verwendung des Veräußerungserlöses von vornherein seiner Absicht entsprach und er sie – etwa durch die vertraglichen Bestimmungen im Kaufvertrag – entsprechend in endgültiger Weise festgelegt hat.	§§ 9, 20, 21, 23 EStG	FG Münster v. 22.5.2013, 10 K 3103/E, EFG 2013, 1331	Siegers, EFG 2013, 1335 (Anm.)
	Der allgemeine Gleichheitssatz gebietet es nicht, entgegen dem Wortlaut des § 4 Abs. 5 Satz 1 Nr. 6 EStG den Vorteil aus der Nutzung eines betrieblichen PKW für Familienheimfahrten im Rahmen einer doppelten Haushaltsführung eines selbständig Tätigen außer Ansatz zu lassen	§§ 4, 8, 9 EStG	BFH v. 19.6.2013, VIII R 24/09, HFR 2013, 901 = BStBl II 2013, 812	Killat-Risthaus, DStZ 2013, 727 (Anm.)
	Gewerbliche Berufstätigkeit eines Politikberaters	§ 18 EStG	BFH v. 14.5.2014, VIII R 18/11	Pezzer, BFH/PR 2015, 45
	Leitende und eigenverantwortliche Tätigkeit selbständiger Ärzte bei Beschäftigung angestellter Ärzte	§ 18 EStG	BFH v. 16.7.2014, VIII R 41/12, DStR 2015, 30	
	Gewerbliche Tätigkeit einer Fernsehmoderatorin von Verkaufssendungen; keine freiberufliche Tätigkeit	§ 18 EStG	BFH v. 16.9.2014, VIII R 5/12 StEd 2015, 39	

Schlagwort	Inhalt/Tenor	Norm	Gericht, Datum, Az., Fundstelle	Weiterführende Hinweise
Einkünfte aus Vermietung und Verpachtung	Berücksichtigung von Werbungskosten aus Vermietung und Verpachtung aus Mietverhältnissen zwischen einem Gesellschafter und der Lebensgefährtin eines anderen Gesellschaftern: Einkünfteerzielungsabsicht, Fremdvergleichsgrundsatz, Gestaltungsmissbrauch	§§ 41, 42 AO, §§ 2, 9, 12, 21 EStG	BFH v. 9.10.2013, IX R 2/13, BStBl II 2014, 527 = HFR 2014, 607	Killat-Risthaus, DStZ 2014, 367 (Anm.); Jachmann, Berücksichtigung von Vermietungsverlusten bei Mietverträgen unter nahestehenden Personen, jurisPR-SteuerR 23/2014 Anm. 3
	Berichtigung zu hoch vorgenommener AfA bei Gebäuden im Privatvermögen: Die gesetzlich vorgeschriebenen Abschreibungssätze sind auf die bisherige Bemessungsgrundlage bis zur vollen Absetzung des noch vorhandenen Restbuchwerts anzuwenden	§§ 7, 7a, 21 EStG	BFH v. 21.11.2013, IX R 12/13, HFR 2014, 499 = BStBl II 2014, 563	Schiffers, DStZ 2014, 404 (Anm.); Pfützenreuter, Berichtigung zu hoch vorgenommener AfA bei Gebäuden, jurisPR-SteuerR 26/2014 Anm. 2
	Die Entschädigung eines Brandversicherers bei einer Neuwertklausel ist als nachträgliche Einnahme aus VuV zu erfassen	§§ 9, 21 EStG, §§ 1045, 1046 BGB	Hessisches FG v. 26.11.2013, 5 K 3146/10, EFG 2014, 169 (Rev., Az. des BFH: IX R 1/14)	Meinert, EFG 2014, 442 (Anm.)
	Abzug nachträglicher Schuldzinsen bei den Einkünften aus VuV im Falle der nicht steuerbaren Veräußerung einer Immobilie, wenn und soweit die Verbindlichkeiten nicht durch den Veräußerungserlös getilgt werden konnten	§§ 2, 9, 21 EStG	BFH v. 8.4.2014, IX R 45/13, DStR 2014, 996 = HFR 2014, 603	Killat-Risthaus, DStZ 2014, 437 (Anm.); Dötsch, Abzug nachträglicher Schuldzinsen bei Einkünften aus Vermietung und Verpachtung bei nicht steuerbarer Immobilienveräußerung, jurisPR-SteuerR 26/2014 Anm. 3; Durst, Nachträgliche Schuldzinsen als Werbungskosten aus Vermietung und Verpachtung, BeSt 2014, 20; Paus, Nachträgliche Schuldzinsen: Unterbrechung des Veranlassungszusammenhangs bei Wegfall der Vermietungsabsicht, DStZ 2014, 580

B. Rechtsprechung 2014/2015 von A bis Z

Schlagwort	Inhalt/Tenor	Norm	Gericht, Datum, Az., Fundstelle	Weiterführende Hinweise
Einkünfte aus Vermietung und Verpachtung *–Fortsetzung–*	Einkünfteerzielungsabsicht bei Einkünften aus VuV: Kein Abzug nachträglicher Schuldzinsen nach Aufgabe der Einkünfteerzielungsabsicht	§ 21 EStG	BFH v. 21.1.2014, IX R 37/12, DStR 2014, 1050 = HFR 2014, 606	Killat-Risthaus, DStZ 2014, 437 (Anm.); Schmitz-Herscheidt, Kein „nachträglicher" Schuldzinsenabzug bei Einkünften aus Vermietung und Verpachtung nach Aufgabe der Einkünfteerzielungsabsicht, jurisPR-SteuerR 29/2014 Anm. 3; Paus, Nachträgliche Schuldzinsen: Unterbrechung des Veranlassungszusammenhangs bei Wegfall der Vermietungsabsicht, DStZ 2014, 580
	Vorfälligkeitsentschädigung nicht als Werbungskosten bei den Einkünften aus VuV abziehbar, wenn die Darlehensschuld vorzeitig abgelöst wird, um ein bislang vermietetes Objekt lastenfrei übereignen zu können	§§ 9, 21 EStG	BFH v. 11.2.2014, IX R 42/13, HFR 2014, 685	Killat-Risthaus, DStZ 2014, 517 (Anm.); Fabian Schmitz-Herscheidt, Kein Abzug einer Vorfälligkeitsentschädigung als Werbungskosten bei Einkünften aus Vermietung und Verpachtung einer Immobilie, jurisPR-SteuerR 34/2014 Anm. 4
	Nach § 21 Abs. 1 Satz 2 EStG i.V.m. § 15a Abs. 2 EStG ist einer Kommanditgesellschaft, die Einkünfte aus VuV erzielt, der einem Kommanditisten zuzurechnende, nicht ausgeglichene oder abgezogene Verlustanteil mit Überschüssen, die dem Kommanditisten in späteren Wirtschaftsjahren aus seiner Beteiligung an der KG zuzurechnen sind, zu verrechnen	§§ 4, 5, 15a, 21 EStG	BFH v. 2.9.2014, IX R 52/13, DB 2015, 164	
Einkünfte, sonstige	Erwirbt ein Stpfl. eine Beteiligung an einer grundstücksbesitzenden Personengesellschaft und veräußert diese Wohnungen innerhalb der zehnjährigen Veräußerungsfrist nach dem Beitritt, ist über die Frage, ob er den Einkünftetatbestand des § 22 Nr. 2 i.V.m. § 23 Abs. 1 Nr. 1 EStG verwirklicht hat, nicht im Verfahren der gesonderten und einheitlichen Feststellung von Einkünften zu entscheiden	§§ 22, 23 EStG, §§ 39, 179, 180 AO	BFH v. 21.1.2014, IX R 9/13, HFR 2014, 281	Schießl, HFR 2014, 282 (Anm.); Steinhauff, Gesonderte und einheitliche Feststellung von Veräußerungsgewinnen bei grundstücksbesitzender Personengesellschaft, jurisPR-SteuerR 18/2014 Anm. 3

Schlagwort	Inhalt/Tenor	Norm	Gericht, Datum, Az., Fundstelle	Weiterführende Hinweise
Einnahmen-Überschussrechnung	Soweit sich von den historischen Anschaffungskosten des Grund und Bodens oder der zum 1.7.1970 nach § 55 EStG anzusetzende Wert Anschaffungskosten von Milchlieferrechten abgespalten haben, sind diese im Rahmen der Gewinnermittlung durch EÜR im Zeitpunkt der Veräußerung eines Teils der Lieferrechte anteilig als Betriebsausgabe abzuziehen	§§ 4, 55 EStG	BFH v. 28.11.2013, IV R 58/10, HFR 2014, 226 = BStBl II 2014, 966	
	Kein Wahlrecht zur Überschussrechnung für atypisch still Beteiligten an einer bilanzierenden ausländischen GmbH	§§ 4, 15 EStG, Art. 7 DBA-Österreich	BFH v. 25.6.2014, I R 24/13, BFHE 246, 404	Abele, BB 2014, 2930 (Anm.); Gosch, BFH/PR 2015, 1.
Entfernungspauschale	Für die Entfernungspauschale ist die kürzeste Straßenverbindung auch dann maßgeblich, wenn diese mautpflichtig ist oder mit dem vom Arbeitnehmer tatsächlich verwendeten Verkehrsmittel straßenverkehrsrechtlich nicht genutzt werden darf	§ 9 Abs. 1 Satz 3 Nr. 4 EStG	BFH v. 24.9.2013, VI R 20/13, HFR 2014, 308 = BStBl II 2014, 259	Killat-Risthaus, DStZ 2014, 184 (Anm.); Bleschick, HFR 2014, 309 (Anm.); Mader, B+P 2014, 258 (Anm.); Bergkemper, Entfernungspauschale: Maßgebliche Straßenverbindung bei straßenverkehrsrechtlichen Benutzungsverboten und bei Erhebung von Straßennutzungsgebühren, jurisPR-SteuerR 13/2014 Anm. 2
	Keine „regelmäßige Arbeitsstätte" bei längerfristiger Tätigkeit auf einer Baustelle	§ 9 Abs. 1 Satz 3 Nr. 4 EStG	BFH v. 20.3.2014, VI R 74/13, HFR 2014, 686 = BStBl II 2014, 854	Bergkemper, Regelmäßige Arbeitsstätte bei längerfristiger Tätigkeit auf einer Baustelle, jurisPR-SteuerR 30/2014 Anm. 3; Killat-Risthaus, DStZ 2014, 516 (Anm.); Geserich, HFR 2014, 687 (Anm.); Mader, B+P 2014, 655 (Anm.)
	Abgeltungswirkung der Entfernungspauschale: Reparaturaufwendungen infolge der Falschtankung eines PKW auf der Fahrt zwischen Wohnung und Arbeitsstätte sind nicht als WK abziehbar	§ 9 Abs. 1 Satz 3 Nr. 4 Satz 1, Abs. 2 Satz 1 EStG	BFH v. 20.3.2014, VI R 29/13, DStR 2014, 1274 = HFR 2014, 688 = BStBl II 2014, 849	Killat-Risthaus, DStZ 2014, 515 (Anm.); Mader, B+P 2014, 558 (Anm.); Riehl, HFR 2014, 689 (Anm.); Bergkemper, Entfernungspauschale: Abgeltungswirkung der Entfernungspauschale nach § 9 Abs. 1 Satz 3 Nr. 4 Satz 2 und Abs. 2 Satz 1 EStG 2009, jurisPR-SteuerR 33/2014 Anm. 2

B. Rechtsprechung 2014/2015 von A bis Z

Schlagwort	Inhalt/Tenor	Norm	Gericht, Datum, Az., Fundstelle	Weiterführende Hinweise
Entfernungspauschale –Fortsetzung–	Ein Arbeitnehmer, der zunächst für drei Jahre und anschließend wiederholt befristet von seinem Arbeitgeber ins Ausland entsandt worden ist, begründet dort keine regelmäßige Arbeitsstätte i.S.d. § 9 Abs. 1 Satz 3 Nr. 4 EStG; auch dann nicht, wenn er mit dem ausländischen Unternehmen für die Dauer des Entsendungszeitraums einen unbefristeten Arbeitsvertrag abgeschlossen hat.	§ 9 Abs. 1 Satz 1 EStG	BFH v. 10.4.2014, VI R 11/13, HFR 2014, 781 = BStBl II 2014, 804	Killat-Risthaus, DStZ 2014, 550 (Anm.); Bergkemper, Abgrenzung zwischen lediglich vorübergehender Entsendung und von Anbeginn dauerhafter Entsendung an den neuen Beschäftigungsort, jurisPR-SteuerR 37, 2014 Anm. 4; Geserich, HFR 2014, 783 (Anm.)
	Fahrtkosten eines Lotsen zwischen seiner Wohnung und dem mit einer Lotsenstation versehenen Hafen des Lotsreviers seiner Lotsenbrüderschaft sind regelmäßig nach § 4 Abs. 5 Satz 1 Nr. 6 Satz 1 EStG nur in Höhe der Entfernungspauschale als Betriebsausgabe abziehbar.	§ 4 Abs. 5 Satz 1 Nr. 6, § 9 Abs. 1 Satz 3 Nr. 4 und 5, Abs. 2 EStG	BFH v. 29.4.2014, VIII R 33/10, BStBl II 2014, 777 = HFR 2014, 977	Mader, B+P 2014, 655 (Anm.)
Erbschaft- und Schenkungsteuer	Ein zu eigenen Wohnzwecken genutztes Gebäude, in dem sich nicht der Mittelpunkt des familiären Lebens der Eheleute befindet (z.B. Zweit- und Ferienwohnungen), ist kein steuerbegünstigtes Familienwohnheim i.S.d. § 13 Abs. 1 Nr. 4a Satz 1 ErbStG	§ 13 Abs. 1 Nr. 4a ErbStG vor 2009	BFH v. 18.7.2013, II R 35/11, HFR 2014, 43 = BStBl II 2013, 1051	Urbach, DStZ 2013, 884 (Anm.); Meßbacher-Hönsch, HFR 2014, 45; Meßbacher-Hönsch, Keine Steuerbefreiung bei Schenkung einer Ferien- oder Zweitwohnung unter Ehegatten, jurisPR-SteuerR 2014 Anm. 3
	Steuerbefreiung für Pflege des Erblassers: Der Freibetrag setzt voraus, dass Pflegeleistungen regelmäßig und über eine längere Dauer erbracht worden sind, über ein übliches Maß der zwischenmenschlichen Hilfe hinausgehen und im allgemeinen Verkehr einen Geldwert haben	§ 13 Abs. 1 Nr. 9 ErbStG	BFH v. 11.9.2013, II R 37/12, HFR 2014, 45 = BStBl II 2014, 114	Halaczinsky, UVR 2014, 11 (Anm.); Malzahn, HFR 2014, 47 (Anm.); Meßbacher-Hönsch, Steuerbefreiung für Pflege des Erblassers – Ermittlung der Höhe des anzusetzenden Freibetrags, jurisPR-SteuerR 4/2014 Anm. 4
	Der Bewertung eines bebauten Grundstücks für Zwecke der Erbschaftsteuer ist nach der bei 2006 geltenden Rechtslage regelmäßig auch dann die im Durchschnitt der letzten drei Jahre erzielte Miete zu Grunde zu legen, wenn diese niedriger als die übliche Miete war und die Vermietung zwischen zwei verbundenen Unternehmen erfolgte.	§§ 1, 12 ErbStG a.F., § 42 AO, §§ 138, 146 BewG	BFH v. 11.9.2013, II R 61/11, HFR 2014, 91 = BStBl II 2014, 363	Pahlke, BFH/PR 2014, 97 (Anm.)

Schlagwort	Inhalt/Tenor	Norm	Gericht, Datum, Az., Fundstelle	Weiterführende Hinweise
Erbschaft- und Schenkungsteuer *–Fortsetzung–*	Teilweise Rückzahlung des von einem Ehegatten gezahlten Einmalbeitrags für eine von dem anderen Ehegatten abgeschlossene Rentenversicherung nach dessen Tod ist nicht erbschaftsteuerbar	§§ 3, 7 ErbStG, § 331 BGB	BFH v. 18.9.2013, I R 29/11, HFR 2012, 773.	
	Eine vGA an Gesellsch.-GF ist nicht gleichzeitig eine Schenkung der Gesellschaft an eine dem Gesellsch.-GF nahestehende Person	§ 7 Abs. 1 ErbStG	FG Münster v. 24.10.2013, 3 K 103/13 Erb, EFG 2014, 301 (Rev., Az. des BFH: II R 44/13	Hennigfeld, EFG 2014, 302 (Anm.); bestätigt von BFH v. 27.8.2014, II R 44/13, BFHE 246, 523
	Ist bei einer Grundstücksschenkung unter Aufl. (z.B. Verpflichtung zur Einräumung eines Wohnrechts am Grundstück) die Aufl. bei der Schenkungsteuer gem. Grunde nach bereicherungsmindernd abziehbar, unterliegt sie mit ihrem nach den für die Grunderwerbsteuer zu ermittelnden Wert der Grunderwerbsteuer	§§ 1, 3 GrEStG, §§ 7, 10, 12, 25 ErbStG; §§ 1, 14, 15, 16 BewG	BFH v. 20.11.2013, II R 38/12, DStR 2013, 369 = HFR 2014, 322 = BStBl II 2014, 479	Urbach, DStZ 2014, 225 (Anm.); Schmid, HFR 2014, 323; Halaczinsky, UVR 2014, 101 (Anm.); Meßbacher-Hönsch, Grunderwerbsteuer bei Grundstücksschenkung unter Aufl., jurisPR-SteuerR 15/2014 Anm. 6
	Aussetzung der Vollziehung wegen des beim BVerfG anhängigen Normenkontrollverfahrens zur Prüfung der Verfassungsmäßigkeit des § 19 Abs. 1 ErbStG ab 2009	§§ 13a, 13b, 19 ErbStG; Art. 3 GG; § 69 FGO	BFH v. 21.11.2013, II B 46/13, DStR 2013, 2686 = HFR 2014, 141 = BStBl II 2014, 220	Schiffers, DStZ 2014, 1 (Anm.); Halaczinsky, UVR 2014, 42 (Anm.); Meßbacher-Hönsch, HFR 2014, 144 (Anm.)
	Der Erwerb eines Anspruchs aus einer vom Arbeitgeber zu Gunsten des Erblassers mit dessen Einverständnis abgeschlossenen Direktversicherung unterliegt der Erbschaftsteuer, wenn der Bezugsberechtigte nicht die persönlichen Voraussetzungen für eine Rente aus der gesetzlichen Rentenversicherung des Erblassers erfüllt.	§§ 1, 3 ErbStG, Art. 3 GG	BFH v. 18.12.2013, II R 55/12, HFR 2014, 245 = BStBl II 2014, 323	Urbach, DStZ 2014, 224 (Anm.); Halaczinsky, UVR 2014, 171 (Anm.)
	Der nachträgliche Wegfall der Steuerbegünstigung des Betriebsvermögens gem. § 13a Abs. 5 Nr. 1 Satz 1 ErbStG tritt unabhängig davon ein, aus welchen Gründen das Betriebsvermögen veräußert wurde und ob die Veräußerung freiwillig oder unfreiwillig erfolgte	§§ 12, 13a ErbStG; § 95 BewG; §§ 4, 5 EStG	BFH v. 26.2.2014, I R 36/12, BStBl II 2014, 581	Loose, jurisPR-SteuerR 24/2014 Anm. 5

Schlagwort	Inhalt/Tenor	Norm	Gericht, Datum, Az., Fundstelle	Weiterführende Hinweise
Erbschaft- und Schenkungsteuer –Fortsetzung–	Kein verminderter Wertansatz nach § 13c Abs. 1 ErbStG bei erstmaliger Vermietung nach dem Erbfall	§§ 3, 9, 11, 13a, 13c ErbStG	FG Bremen v. 12.3.2014, 3 K 1/14 (1), EFG 2014, 857 (Rev., Az. des BFH: II R 24/14)	Fumi, EFG 2014, 858 (Anm.)
	§ 16 BewG bei Erbschaft- und Schenkungsteuer nach wie vor anwendbar	§ 16 BewG, § 12 ErbStG	BFH v. 9.4.2014, II R 48/12, DStR 2014, 1055 = HFR 2014, 622 = BStBl II 2014, 554	Urbach, DStZ 2014, 438 (Anm.); Halaczinsky, UVR 2014, 207 (Anm.); Loose, Anwendbarkeit des § 16 BewG bei Erbschaft- und Schenkungsteuer auch nach Inkrafttreten des ErbStRG, jurisPR-SteuerR 27/2014 Anm. 4
	Der vorzeitige unentgeltliche Verzicht auf ein vorbehaltenes Nießbrauchsrecht erfüllt als Rechtsverzicht den Tatbestand des § 7n Abs. 1 Nr. 1 ErbStG	§§ 7, 10, 25 ErbStG	BFH v. 20.5.2014, II R 7/13, DStR 2014, 1919 = HFR 2014, 1015 = BStBl II 2014, 896	
	Steuerbefreiung für letztwillige Zuwendung eines Wohnungsrechts an Ferienwohnung an länger lebenden Ehegatten	§§ 1, 13 ErbStG, § 181 BewG	BFH v. 3.6.2014, I R 45/12, BStBl II 2014, 806 = HFR 2014, 914	Meßbacher-Hönsch, Keine Steuerbefreiung für Zuwendung eines bloßen Wohnungsrechts am Familienheim. jurisPR-SteuerR 43/2014, Anm. 5; EU, DStZ 2014, 663 (Anm.); Halaczinsky, UVR 2014, 916 (Anm.)
	Verkauft eine GmbH an einen ausscheidenden Gesellschafter im unmittelbaren wirtschaftlichen Zusammenhang mit der Anteilsveräußerung auf Veranlassung des Anteilserwerbers ein Grundstück zu einem unter dem Verkehrswert liegenden Preis, gehört der sich daraus ergebende geldwerte Vorteil zum Veräußerungspreis für den Anteil und führt damit nicht zum Entstehen von Schenkungsteuer	§ 17 Abs. 2 Satz 1 EStG, § 7 Abs. 1Nr. 1 ErbStG	BFH v. 27.8.2014, II R 44/13, BFH/NV 2014, 844 = HFR 2015, 55	Meßbacher-Hönsch, Steuerliche Folgen des verbilligten Verkaufs einer GmbH an ausscheidenden Gesellschafter, jurisPR-SteuerR 51/2014 Anm. 4; Schiffers, DStZ 2015, 4 (Anm.); Demuth/Müller, BeSt 2015, 5 (Anm.)
	Wird im Zuge der Kapitalerhöhung einer GmbH ein Dritter zur Übernahme des neuen Gesellschaftsanteils zugelassen, kann eine freigiebige Zuwendung der Altgesellschafter an den Dritten vorliegen, wenn der gemeine Wert die zu leistende Einlage übersteigt. Die Steuervergünstigung nach § 13a ErbStG kann anwendbar sein	§ 13a ErbStG, §§ 169, 174, 176 AO	BFH v. 27.8.2014, II R 43/12, DStR 2014, 2282 = HFR 2015, 56	Urbach, DStZ 2014, 865 (Anm.)

Schlagwort	Inhalt/Tenor	Norm	Gericht, Datum, Az., Fundstelle	Weiterführende Hinweise
Erbschaft- und Schenkungsteuer –Fortsetzung–	Erbschaftsteuerliche Anzeigepflicht eines inländischen Kreditinstituts mit Zweigniederlassungen im EU-Ausland	§ 33 ErbStG, Art. 49 AEUV	BFH v. 1.10.2014, II R 29/13, DStR 2014, 2338	Halaczinsky, UVR 2015, 11 (Anm.); Urbach, DStZ 2015, 63
	Abweichende Steuerfestsetzung aus sachlichen Billigkeitsgründen wegen des Ausfalls von Rentenzahlungen	§§ 11, 23 ErbStG, § 163 AO	BFH v. 22.10.2014, II R 4/14, BB 2014, 3009	Carlé, DStZ 2015, 2 (Anm.)
	Die laufende Zuwendung von Versicherungsprämien für eine vom Versicherungsnehmer abgeschlossene Lebensversicherung durch einen Dritten kann nicht als Schenkung eines Lebens- bzw. Rentenversicherungsanspruchs angesehen werden	§§ 1, 7, 12 ErbStG	BFH v. 22.10.2014, II R 26/13, BetrR 2015, 169.	
	Teilweise Verfassungswidrigkeit des ErbStG: Begünstigung von Betriebsvermögen nach §§ 13a, 13b ErbStG	§§ 13a, 13b, 19 ErbStG	BVerfG v. 17.12.2014, 1 BvL 21/12	Zipfel, BVerfG zum Dritten: Zur Verfassungswidrigkeit der Erbschaftsteuer, DStZ 2015, 64
Festsetzungsfrist	Ablaufhemmung der Feststellungsfrist für Bedarfsbewertung bei Anforderung einer Feststellungserklärung	§§ 138, 153 BewG, §§ 1, 18, 19 GrEStG, §§ 170, 171, 181 AO, § 20 UmwG	BFH v. 17.4.2013, II R 59/11, HFR 2013, 562 = BStBl II 2014, 663	Halaczinsky, UVR 2013, 202 (Anm.)
	Die Erteilung einer Nichtveranlagungs-Bescheinigung nach § 44a Abs. 2 Satz 1 Nr. 2 EStG beendet nicht die Anlaufhemmung nach § 170 Abs. 2 Satz 1 Nr. 1 AO	§§ 38, 169, 170, 171 AO; 25, 36, 44, 44a EStG; § 56 EStDV	BFH v, 15.5.2013, VI R 33/12, HFR 2013, 772 = BStBl II 2014, 238	Bleschick, HFR 2013, 773 (Anm.); Heger, Ablaufhemmung der Festsetzungsfrist bei Erteilung einer Nichtveranlagungs-Bescheinigung nach § 44a Abs. 2 Satz 1 Nr. 2 EStG, jurisPR-SteuerR 37/2013 Anm. 1
	Die Festsetzungsverjährung ist nur dann gehemmt, wenn der Stpfl. erkennen konnte, dass die Steuerfahndung in die Ermittlungen seiner Besteuerungsgrundlagen entweder im Steuerstrafverfahren oder im Besteuerungsverfahren eingetreten ist	§§ 153, 169, 171 AO	FG Köln v. 22.5.2013, 8 K 3813/11, EFG 2014, 408 (Rev., Az. des BFH: VIII R 67/13)	Matthes, EFG 2014, 409 (Anm.)
	Die Voraussetzungen für eine Verlängerung der Festsetzungsfrist nach § 169 Abs. 2 Satz 2 AO sind nicht erfüllt, wenn der Steuerberater bei der Erstellung der Einkommensteuererklärung den Gewinn leichtfertig fehlerhaft ermittelt hat	§§ 168, 370, 378 378 AO	BFH v. 29.10.2012, VIII R 27/10, HFR 2014, 7 = BStBl II 2014, 295	Werth, HFR 2014, 11 (Anm.); Werth, Kann der Steuerberater Täter einer leichtfertigen Steuerverkürzung sein?, DStZ 2014, 131; Podewils, Festsetzungsverjährung bei leichtfertig unrichtiger Gewinnermittlung durch steuerlichen Berater, jurisPR-SteuerR 9/2014 Anm. 1

B. Rechtsprechung 2014/2015 von A bis Z

Schlagwort	Inhalt/Tenor	Norm	Gericht, Datum, Az., Fundstelle	Weiterführende Hinweise
Festsetzungsfrist –Fortsetzung–	Die Hemmung des Ablaufs der Festsetzungsfrist nach § 171 Abs. 3 AO setzt einen Antrag des von der Steuerfestsetzung betroffenen Steuerpflichtgien voraus	§§ 169, 170, 171 Abs. 3 AO	BFH v. 27.11.2013, II R 57/11, HFR 2014, 278	Meßbacher-Hönsch, HFR 2014, 280 (Anm.), Steinhauff, Ablaufhemmung der Festsetzungsfrist durch Antrag des Stpfl., jurisPR-SteuerR 16/2014 Anm. 1
	Dritter i.S.d. § 174 Abs. 4 i.V.m. Abs. 5 AO ist im Verfahren der Organträgerin auch die Organgesellschaft	§§ 73, 155, 169, 170, 171, 174, 202 AO; § 2 UStG	BFH v. 19.12.2013, V R 5/12, HFR 2014, 663	Steinhauff, Änderungsbefugnis nach § 174 Abs. 4 und 5 AO im Falle eine rumsatzsteuerlichen Organschaft, jurisPR-SteuerR 30/2014 Anm. 1
	Die Festsetzungsfrist wird durch Übersendung eines Steuerbescheids durch Telefax gewahrt	§§ 87a, 119, 122, 169, 170 AO	BFH v. 28.1.2014, VIII R 28/13, BStBl II 2014, 552 = BStBl II 2014, 960	Carlé, DStZ 2014, 477 (Anm.)
	Die Ablaufhemmung des § 171 Abs. 14 AO ist auf den Gewerbesteuermessbescheid als Grundlagenbescheid weder unmittelbar noch sinngemäß anwendbar	§§ 37, 171, 181, 184, 228 AO; 5 GewStG	BFH v. 5.2.2014, X R 1/12, DStR 2014, 1058 = HFR 2014, 658	Carlé, DStZ 2014, 476 (Anm.); Teller, HFR 2014, 659 (Anm.); Nöcker, Anwendung der Ablaufhemmung des § 171 Abs. 14 AO im Gewerbesteuerverfahren, jurisPR-SteuerR 37/2014 Anm. 2
	Zufluss von Scheinrenditen im Schneeballsystem: Entscheidend ist, wie der Betreiber auf den Auszahlungswunsch reagiert	§§ 20 EStG; §§ 169, 170, 171 173, 370, 378 AO	BFH v. 2.4.2014, VIII R 38/13, BStBl II 2014, 698 = HFR 2014, 874	Steinhauff, Zufluss von Scheinrenditen in Schneeballsystemen – Prüfung der Festsetzungsverjährung gem. § 169 Abs. 2 Satz 2 AO, jurisPR-SteuerR 40/2014 Anm. 3; Levedag, HFR 2014, 876 (Anm.); Rosarius, DStZ 2014, 668 (Anm.)
	Hemmung der Festsetzungsverjährung bei strafbarem Bezug von Kindergeld (betrügerische Falscherklärung)	§§ 169, 171, 370, 378 AO; §§ 62, 68 EStG	BFH v. 26.6.2014, III R 21/13, DStR 2014, 2565	Selder, jurisPR-SteuerR 5/2015 Anm. 4
Folgebescheid	Umfang der Bindungswirkung eines geänderten Grundlagenbescheids	§§ 164, 175, 181, 182 AO	BFH v. 21.1.2014, IX R 38/13, HFR 2014, 578	Carlé, DStZ 2014, 439 (Anm.); Trossen, HFR 2014, 579 (Anm.); Steinhauff, Umfang der Bindungswirkung eines geänderten Grundlagenbescheids, jurisPR-SteuerR 28/2014 Anm. 1

Schlagwort	Inhalt/Tenor	Norm	Gericht, Datum, Az., Fundstelle	Weiterführende Hinweise
Folgebescheid –Fortsetzung–	Weist ein Feststellungsbescheid keinen Gewinn oder Verlust aus der Veräußerung eines Mitunternehmeranteils aus, wird dadurch für den Folgebescheid in negativer Hinsicht mit Bindungswirkung festgestellt, dass ein solcher Gewinn oder Verlust im Feststellungszeitraum nicht entstanden ist	§§ 15, 16, 18, 20 EStG, §§ 180, 182 AO	BFH v. 10.4.2014, III R 20/13, HFR 2014, 653	Steinhauff, Bindungswirkung eines Feststellungsbescheids hinsichtlich des nicht enthaltenen Verlusts aus der Veräußerung einer Beteiligung an freiberuflicher Mitunternehmerschaft, jurisPR-SteuerR 29/2014 Anm. 1; Carlé, DStZ 2014, 554
Geschäftsveräußerung	Geschäftsveräußerung im Ganzen kann auch bei einem Bauträgerunternehmen vorliegen, wenn dieses ein Bürogebäude erwirbt, saniert und während und nach der Sanierung einen Großteil der Flächen über einen langen Zeitraum vermietet, bevor es das Gebäude schließlich veräußert und der Erwerber die Vermietungstätigkeit fortführt	§ 1a UStG	FG Saarland v. 5.3.2014, 1 K 1265/11, EFG 2014, 1240 (Rev., Az. des BFH XI R 16/14)	Büchter-Hole, EFG 2014, 1243 (Anm.)
Gemeinnützigkeitsrecht	Keine Gemeinnützigkeit eines ausgegliederten Krankenhauslabors	§ 5 KStG; §§ 51, 52, 53, 55, 57, 65, 66 AO	BFH v. 6.2.2013, I R 59/11, DStR 2013, 1427 = HFR 2013, 661 = BStBl II 2013, 603	Märtens, Keine Gemeinnützigkeit eines ausgegliederten Krankenhauslabors, jurisPR-SteuerR 32/2013 Anm. 1; Köster, DStZ 2013, 566 (Anm.)
	Körperschaftsteuerbefreiung für die Abgabe von Zytostatika durch eine Krankenhausapotheke	§ 5 KStG, §§ 52, 65, 66, 67 AO; § 2 KHG; §§ 39, 107, 116 SGB V; §§ 14, 21 ApoG; § 26 ApoBetrV; Art. 87 EG; Art. 108 AEUV	BFH v. 31.7.2013, I R 82/12, HFR 2014, 160	Oellerich, HFR 2014, 164 (Anm.)
	Spenden an eine Empfängerkörperschaft mit Sitz in einem EU-Mitgliedstaat können steuerlich abgezogen werden, wenn die begünstigte Einrichtung die Voraussetzungen der nationalen Rechtsvorschriften für die Gewährung von Steuervergünstigungen erfüllt. Voraussetzung ist also u.a., dass die Anforderungen an eine satzungsmäßige Vermögensbindung (§ 61 AO) gewahrt werden	§§ 5, 9 KStG; §§ 51 ff., 55, 60a, 61 AO	BFH v. 17.9.2013, I R 16/12, BStBl II 2014, 440 = HFR 2014, 660	Fischer, jurisPR-SteuerR 24/2014 Anm. 2

B. Rechtsprechung 2014/2015 von A bis Z

Schlagwort	Inhalt/Tenor	Norm	Gericht, Datum, Az., Fundstelle	Weiterführende Hinweise
Gemeinnützigkeitsrecht *–Fortsetzung–*	Dienstleistungen, die ein gemeinnütziger Reitsportverein im Rahmen einer Pensionspferdehaltung erbringt, können von der Umsatzsteuer befreit sein oder dem ermäßigten Steuersatz unterliegen	§ 4 Nr. 22 Buchst. b, § 12 Abs. 2 Nr. 8 Buchst. a UStG; §§ 64 ff. AO; Art. 13 RL 77/388/EWG	BFH v. 16.10.2013, XI R 34/11, HFR 2014, 336	P. Fischer, Besteuerung der Umsätze eines gemeinnützigen Reitsportvereins aus Pensionspferdehaltung, jurisPR-SteuerR 18/2014 Anm. 5
	Steuerbegünstigung einer kommunalen Eigengesellschaft (Rettungsdienst) als gemeinnützig	§ 5 KStG; § 3 GewStG; § 52, 55, 58, 66 AO	BFH v. 27.11.2013, I R 17/12, HFR 2014, 529	P. Fischer, Anwendbarkeit der Gemeinnützigkeitsbestimmungen auf die öffentliche Hand; Köster, DStZ 2014, 401 (Anm.)
	Kein ermäßigter Steuersatz bei Leistungen von steuerbegünstigten Körperschaften im Bereich der Vermögensverwaltung	§§ 1, 2, 4, 10, 12 UStG; §§ 14, 64 AO; Art. 2, 11 RL 77/388/EWG	BFH v. 20.3.2014, V R 4/13, DStR 2014, 1539 = HFR 2014, 822	Köster, DStZ 2014, 589 (Anm.); Widmann, Quo usque tandem? – Die Umsatzbesteuerung der Vereinsbeiträge muss endlich unionsrechtskonform gestaltet werden, DStZ 2014, 595; wt, UVR 2014, 260 (Anm.), Szabó, Tausch, Kräusel, Umsatzsteuerliche Behandlung der entgeltlichen Überlassung von Sportanlagen durch gemeinnützige Vereine an ihre Mitglieder, UVR 2014, 282
	Wiederkehrende Bezüge, die ein Stpfl. auf Grund eines Vermächtnisses von einer gemeinnützigen, vom Erblasser mit Vermögen ausgestatteten Stiftung erhält, sind dem Grunde nach gem. § 22 Nr. 1 Satz 1 Halbs. 2 Buchst. a EStG steuerbar. Der Höhe nach ist die Besteuerung auf den Ertragsanteil begrenzt	§ 22 Nr. 1 Satz 1 Halbs. 2 Buchst. a EStG; §§ 52–54 AO	BFH v. 15.7.2014, XI R 41/12, HFR 2014, 1070	Kulosa, HFR 2014, 1072 (Anm.); Fischer, Einkommensteuerung der auf einem Vermächtnis beruhenden Leistungen einer Stiftung an Desinatäre, jurisPR-SteuerR 2/2015 Anm. 2
Gestaltungsmissbrauch	Zinsaufwendungen aus der Fremdfinanzierung von Beiträgen zu einer Lebensversicherung, die nicht zu steuerpflichtigen Erträgen i.S.d. § 20 Abs. 1 Nr. 6 EStG führen, können gem. § 3c EStG nicht als WK bei den Einkünften aus Kapitalvermögen abgezogen werden. Das gilt auch, wenn die Lebensversicherung dazu dient, einen Immobilienkredit einer vom Stpfl. beherrschten GmbH zu tilgen	§§ 3c, 9, 20 Abs. 1 Nr. 6 EStG; § 42 AO	BFH v. 27.8.2013, VIII R 3/11, HFR 2014, 219 = BStBl II 2014, 560	Killat-Risthaus, DStZ 2014, 146 (Anm.); Dötsch, Abzug von Zinsaufwendungen aus der Refinanzierung von Kapitallebensversicherungen, jurisPR-SteuerR 6/2014 Anm. 5; Nothnagel, HFR 2014, 220 (Anm.)

Schlagwort	Inhalt/Tenor	Norm	Gericht, Datum, Az., Fundstelle	Weiterführende Hinweise
Gestaltungsmissbrauch –Fortsetzung–	Berücksichtigung von Werbungskosten aus Vermietung und Verpachtung aus Mietverhältnissen zwischen einem Gesellschafter und der Lebensgefährtin eines anderen Gesellschafters: Einkünfteerzielungsabsicht, Fremdvergleichsgrundsatz, Gestaltungsmissbrauch	§§ 41, 42 AO; §§ 2, 9, 12, 21 EStG	BFH v. 9.10.2013, IX R 2/13, BStBl II 2014, 527 = HFR 2014, 607	Killat-Risthaus, DStZ 2014, 367 (Anm.); Jachmann, Berücksichtigung von Vermietungsverlusten bei Mietverträgen unter nahestehenden Personen, jurisPR-SteuerR 23/2014 Anm. 3
Gewerbesteuerliche Hinzurechnung	Keine Gewährung der gewerbesteuerrechtlichen Kürzung nach § 9 Nr. 2a GewStG bei einem sog. Qualifizierten Anteilstausch	§ 9 Nr. 2a GewStG	BFH v. 16.4.2014, I R 44/13, DStR 2014, 1229 = HFR 2014, 714	Köster, DStZ 2014, 510 (Anm.)
	Verfassungsmäßigkeit der gewerbesteuerlichen Hinzurechnung von Miet- und Pachtzinsen	§ 8 Nr. 1 Buchst. e GewStG; Art. 12, 14 GG	BFH v. 4.6.2014, I R 70/12, HFR 2015, 43	Märtens, Verfassungsmäßigkeit der gewerbesteuerlichen Hinzurechnung von Miet- und Pachtzinsen, jurisPR-SteuerR 49/ 2014 Anm. 6
	Keine gewerbesteuerliche Kürzung des Gewinns aus der Auflösung von Unterschiedsbeträgen während der Gewinnermittlung nach der Tonnage	§§ 7, 9 GewStG, § 5a EStG	BFH v. 26.6.2014, IV R 10/11, HFR 2015, 42	Wendt, BFH/PR 2014, 395 (Anm.)
	Kein Verstoß gegen unionsrechtliche Niederlassungsfreiheit durch Hinzurechnung sog. Dauerschuldentgelte bei der inländischen Muttergesellschaft als Zinsschuldnerin einer belgischen Tochtergesellschaft	§§ 2, 8 GewStG; § 14 KStG	BFH v. 17.9.2014, I R 30/13	Köster, DStZ 2015, 54 (Anm.)
Haftung des Arbeitgebers für Lohnsteuer	Bei der Ermittlung des geldwerten Vorteils der privaten PKW-Nutzung ist bei einem bilanzierenden Unternehmen nicht die vollständige Leasing-Sonderzahlung, sondern nur der in der Bilanz erfasste Aufwand ohne Berücksichtigung des in den aktiven Rechnungsabgrenzungsposten eingestellten Teils der Zahlung steuerlich zu berücksichtigen	§§ 8, 19, 42d EStG	FG Berlin-Brandenburg v. 11.12.2013, 9 K 9224/10, EFG 2014, 1467; Rev., Az. des BFH: VI R 27/14	Wüllenkemper, EFG 2014, 1468 (Anm.)
	Haftung bei Lohnsteuerabzugspflicht Dritter: Eine Haftung des Arbeitgebers in den Fällen des § 38a Abs. 3 EStG kommt nach § 42d Abs. 9 Satz 4 EStG i.V.m. § 42d Abs. 3 Nr. 1 EStG nur in Betracht, wenn der Dritte die Lohnsteuer für den Arbeitgeber nicht vorschriftsmäßig vom Lohn einbehalten hat	§§ 38, 38a, 42d, 42e EStG	BFH v. 20.3.2014, VI R 43/13, HFR 2014, 617 = BStBl II 2014, 592	Killat-Risthaus, DStZ 2014, 436 (Anm.); Geserich, HFR 2014, 618 (Anm.); Mader, B+P 2014, 477 (Anm.)

B. Rechtsprechung 2014/2015 von A bis Z

Schlagwort	Inhalt/Tenor	Norm	Gericht, Datum, Az., Fundstelle	Weiterführende Hinweise
Haftung des Arbeitgebers für Lohnsteuer –Fortsetzung–	Werden Rabatte beim Abschluss von Versicherungsverträgen sowohl Arbeitnehmern von Geschäftspartnern als auch einem weiteren Personenkreis (Angehörige der gesamten Versicherungsbranche, Arbeitnehmer weiterer Unternehmen) eingeräumt, so liegt hierin kein Arbeitslohn.	§§ 19, 38, 41a, 42d EStG	BFH v. 10.4.2014, VI R 61/11, DStR 2014, 1432 = HFR 2014, 792	Killat-Risthaus, DStZ 2014, 551 (Anm.); Ma., B+P 2014, 512 (Anm.); Bergkemper, Rabatte beim Abschluss von Versicherungsverträgen als Arbeitslohn, jurisPR-SteuerR 36/2014 Anm. 4; Hettler, HFR 2014, 794 (Anm.)
Handwerkerleistung	Aufwendungen für einen Hausanschluss als steuerbegünstigte Handwerkerleistung	§ 35a EStG	BFH v. 20.3.2014, VI R 56/12, HFR 2014, 615 = BStBl II 2014, 882	Geserich, HFR 2014, 616 (Anm.); Killat-Risthaus, DStZ 2014, 474 (Anm.); Pfützenreuter, Aufwendungen für Hausanschluss als steuerbegünstigte Handwerkerleistung, jurisPR-SteuerR 29/2014 Anm. 4
	Aufwendungen für die Dichtigkeitsprüfung einer Abwasserleitung als steuerbegünstigte Handwerkerleistung	§ 35a EStG	BFH v. 6.11.2014, VI R 1/13, www.stotax-first.de	
Haushaltsnahe Beschäftigung	Winterdienst auf öffentlichen Gehwegen als haushaltsnahe Dienstleistung	§ 35a EStG	BFH v. 20.3.2014, VI R 55/12, HFR 2014, 614 = BStBl II 2014, 880	Geserich, HFR 2014, 616 (Anm.); Killat-Risthaus, DStZ 2014, 474 (Anm.); Bergkemper, Winterdienst auf öffentlichen Gehwegen als haushaltsnahe Dienstleistung, jurisPR-SteuerR 35/2014 Anm. 3
	Aufwendungen für einen Hausanschluss als steuerbegünstigte Handwerkerleistung	§ 35a EStG	BFH v. 20.3.2014, VI R 56/12, HFR 2014, 615 = BStBl II 2014, 882	Geserich, HFR 2014, 616 (Anm.); Killat-Risthaus, DStZ 2014, 474 (Anm.); Pfützenreuter, Aufwendungen für Hausanschluss als steuerbegünstigte Handwerkerleistung, jurisPR-SteuerR 29/2014 Anm. 4
	Nimmt der Stpfl. den Behinderten-Pauschbetrag nach § 33b EStG in Anspruch, so ist eine Steuerermäßigung nach § 35a Abs. 5 Satz 1 EStG ausgeschlossen, soweit die Aufwendungen mit dem Behinderten-Pauschbetrag abgegolten sind	§§ 33b, 35a EStG	BFH v. 5.6.2014, VI R 12/12, HFR 2014, 1076 = BStBl II 2014, 970	Killat-Risthaus, DStZ 2014, 777 (Anm.); Bergkemper, Steuerermäßigung nach § 35a EStG bei Inanspruchnahme des Behinderten-Pauschbetrags, jurisPR-SteuerR 49/2014 Anm. 4; Hettler, HFR 2014, 1077 (Anm.)

Schlagwort	Inhalt/Tenor	Norm	Gericht, Datum, Az., Fundstelle	Weiterführende Hinweise
Innergemeinschaftliche Lieferungen	Der Vorsteuerausschluss gem. § 15 Abs. 1a UStG i.V.m. § 4 Abs. 5 Satz 1 Nr. 4 EStG für Aufwendungen für Segelyachten und Motoryachten steht sowohl hinsichtlich der laufenden Aufwendungen als auch hinsichtlich der Erwerbskosten im Einklang mit dem Unionsrecht. Die Versagung der Umsatzsteuerbefreiung für eine innergemeinschaftliche Lieferung nach den Grundsätzen des EuGH-Urteils „R" setzt voraus, dass der Lieferer sich vorsätzlich an einer Steuerhinterziehung des Erwerbers beteiligt. Das gilt auch für ein innergemeinschaftliches Verbringen i.S.v. § 6a Abs. 2, § 3 Abs. 1a UStG	§§ 3, 4, 6a, 15 UStG; Art. 131, 138 176 MwStSystRL; § 4 EStG; § 370 AO	BFH v. 21.5.2014, V R 34/13, BStBl II 2014, 914	Grube, Vorsteuerausschluss bei Aufwendungen für Yachten, jurisPR-SteuerR 49/2014 Anm. 7
	Der Unternehmer handelt bei Inanspruchnahme der Steuerfreiheit nach § 6a UStG nur dann leichtfertig i.S.v. § 378 AO, wenn es sich ihm zumindest aufdrängen muss, dass er die Voraussetzungen dieser Vorschrift weder beleg- und buchmäßig noch objektiv nachweisen kann	§§ 171, 173,370, 378 AO; § 6a UStG	BFH v. 24.7.2014, V R 44/13, HFR 2014, 1104 = BStBl II 2014, 955	Kleine-König, DStZ 2014, 734 (Anm.); Prätzler, Anforderungen an leichtfertiges Handeln im Binnenmarkt, jurisPR-SteuerR 48/2014 Anm. 2
Insolvenz	Scheidet ein Stpfl. auf Grund der Eröffnung des Insolvenzverfahrens über sein Vermögen aus einer Gesellschaft aus, stellt die auf dem dadurch entstandenen Veräußerungsgewinn beruhende ESt-Schuld keine Masseverbindlichkeit i. S. des § 55 InsO dar	§§ 38, 55 InsO	FG Rheinland-Pfalz v. 11.9.2013, 2 K 2120/12, EFG 2014, 1404 (Rev., Az. desBFH: X R 25/14)	Büchter-Hole, EFG 2014, 1410 (Anm.)
	ESt-Erstattungsansprüche im Zusammenhang mit einer vom Insolvenzbeschlag freigegebenen Tätigkeit gehören nicht zur Insolvenzmasse, sondern zum insolvenzfreien Vermögen	§§ 35, 96 InsO; § 226 AO	FG Münster v. 27.9.2013, 14 K 1917/12 AO, EFG 2014, 66	Graw, EFG 2014, 68 (Anm.)
	Aufrechnung mit einer Insolvenzforderung bleibt auch möglich, wenn nach Abschluss des Insolvenzverfahrens die Restschuldbefreiung erteilt wurde	§ 226 AO; §§ 94, 201, 301 InsO	Schleswig-Holsteinisches FG v. 23.10.2013, EFG 2014, 1028 (Rev., Az. des BFH: VII R 19/14)	Büchter-Hole, EFG 2014, 1031 (Anm.)

B. Rechtsprechung 2014/2015 von A bis Z

Schlagwort	Inhalt/Tenor	Norm	Gericht, Datum, Az., Fundstelle	Weiterführende Hinweise
Insolvenz –Fortsetzung–	Der Anspruch des Insolvenzverwalters auf Rückgewähr in anfechtbarer Weise geleisteter Steuern nach § 143 Abs. 1 InsO ist kein Anspruch aus dem Steuerschuldverhältnis i.S.d. § 37 AO, über den durch Verwaltungsakt gem. § 218 Abs. 2 Satz 2 AO entschieden werden kann, sondern ein bürgerlich-rechtlicher Anspruch	§§ 37, 218 AO; §§ 129 ff.; 143, 144 InsO	BFH v. 12.11.2013, VII R 15/13, BStBl II 2014, 359 = HFR 2014, 490	Jäger, HFR 2014, 492 (Anm.)
	Die von § 13c UStG vorausgesetzte Steuerfestsetzung kann sich aus einem Umsatzsteuer-Vorauszahlungsbescheid ergeben. Dieser erledigt sich durch den Umsatzsteuerjahresbescheid, so dass sich die Höhe der festgesetzten und bei Fälligkeit nicht entrichteten Steuer nach dem Jahresbescheid bestimmt. Können Steuerbescheide auf Grund der Insolvenzeröffnung über das Vermögen des Zedenten nach § 251 Abs. 2 Satz 1 AO i.V.m. § 87 InsO nicht mehr ergehen, erledigt sich der Vorauszahlungsbescheid durch die Eintragung in die Insolvenztabelle (§ 178 Abs. 3 InsO) oder im Fall des Bestreitens durch den gem. § 185 InsO i.V.m. § 251 Abs. 3 AO zu erlassenden Feststellungsbescheid	§§ 13c, 16 ff., 18 UStG; §§ 44, 251 AO; §§ 38, 43, 87, 174 ff., 185 InsO; Art. 193, 205 RL 2006/112/EG, Art. 21 RL 77/388/EWG	BFH v. 21.11.2013, V R 21/12, HFR 2014, 341	Heu, DStR 2014, 532 (Anm.)
	Die ESt, die aus laufenden Gewinnen einer Personengesellschaft resultiert, an der der Insolvenzschuldner beteiligt ist, ist Masseverbindlichkeit i.S.d. § 55 Abs. 1 Nr. 1 Fall 2 InsO, wenn die Beteiligung zur Insolvenzmasse gehört	§§ 35, 55 InsO, §§ 728, 736 BGB	Schleswig-Holst. FG v. 28.11.2013, 1 K 159/12, EFG 2014, 1407 (Rev. BFH: X R 26/14)	Büchter-Hole, EFG 2014, 1410 (Anm.)
	Ein bestandskräftiger Festsetzungsbescheid über eine Umsatzsteuernachzahlung als Insolvenzforderung steht einer später begehrten anderweitigen Umsatzsteuerfestsetzung entgegen, wenn der Bescheid nicht mehr geändert werden kann	§§ 130, 131, 134, 155. 164, 173, 251, 365 AO; §§ 38, 87, 178 InsO	BFH v. 11.12.2013, XI R 22/11, HFR 2014, 289 = BStBl II 2014, 332	Grube, HFR 2014, 291 (Anm.); Steinhauff, Wirkung und Änderbarkeit eines im Insolvenzverfahren ergangenen bestandskräftigen Feststellungsbescheides, jurisPR-SteuerR 15/2014 Anm. 1

Aktuelles

Schlagwort	Inhalt/Tenor	Norm	Gericht, Datum, Az., Fundstelle	Weiterführende Hinweise
Insolvenz –Fortsetzung–	Es ist ernstlich zweifelhaft, ob die Zusammenfassung mehrerer Personen zu einem Unternehmen durch die umsatzsteuerrechtliche Organschaft nach der Eröffnung des Insolvenzverfahrens fortbesteht. Dies gilt gleichermaßen für die Insolvenzeröffnung beim Organträger wie auch bei der Organgesellschaft.	§§ 73 251 AO 2 UStG, 11, 38, 55, 174 ff. 275, 277, 280 InsO, 421, 426 BGB, Art. 11 MwStSystRL	BFH v. 19.3.2014, V B 14/14, DStR 2014, 793, HFR 2014, 737	Bader, DStZ 2014, 362 (Anm.); Prätzler, Beendigung der Organschaft mit Insolvenzeröffnung, jurisPR-SteuerR 33/2014 Anm. 5; wt, UVR 2014, 291 (Anm.)
	Nachträgliche Anschaffungskosten bei Verzicht auf Kleinanlegerprivileg: Hat der darlehensgebende Gesellschafter mit der Gesellschaft vereinbart, das Darlehen solle „wie Eigenkapital" behandelt werden und halten sich die Beteiligten in der Insolvenz der Gesellschaft an diese Abrede, führt der endgültige Ausfall des Darlehensrückforderungsanspruchs zu nachträglichen Anschaffungskosten der Beteiligung, auch wenn der Gesellschafter mit nicht mehr als 10 % am Stammkapital der Gesellschaft beteiligt war	§ 17 EStG; § 255 HGB	BFH v. 6.5.2014, IX R 44/13, HFR 2014, 789 = BStBl II 2014, 781	Dötsch, Nachträgliche Anschaffungskosten bei Verzicht auf Kleinanlegerprivileg, jurisPR-SteuerR 36/2014 Anm. 3; Trossen, HFR 2014, 790 (Anm.); Köster, DStZ 2014, 663 (Anm.)
	Der Vorsteuerabzug gem. § 17 Abs. 2 Nr. 1 Abs. 1 Satz 1 Nr. 2 UStG entsteht mit der Bestellung des vorläufigen Insolvenzverwalters mit Zustimmungsvorbehalt i.S.v. § 21 Abs. 2 Nr. 2 Alt. 2 InsO (Bestätigung von BFH v. 8.8.2913, V R 18/13, BFHE 242, 433)	§ 17 UStG; § 21 InsO	BFH v. 3.7.2014, V R 32/13, BFHE 246, 264	Eversloh, Uneinbringlichkeit im insolvenzrechtlichen Eröffnungsverfahren, jurisPR-SteuerR 48/2014 Anm. 7
	Umsatzsteuer im Insolvenzeröffnungsverfahren	§§ 21, 22, 55, 179 InsO; §§ 1, 13, 17 UStG	BFH v.24.9.2014, V R 48/13	Tausch, UVR 2015, 5 (Anm.)
	Änderung der Steuerfestsetzung nach rechtskräftiger Bestätigung eines Insolvenzplanes unzulässig	§§ 164, 251 AO; §§ 217, 222, 254 InsO	BFH v. 22.10.2014, I R 39/13, www.stotax-first.de	
Investitionsabzugsbetrag	Berücksichtigung eines Investitionskostenabzugsbetrags beim Abzug von Unterhaltsaufwendungen als außergewöhnliche Belastungen: Das Nettoeinkommen ist um den in § 7g EStG geregelten Investitionsabzugsbetrag zu erhöhen.	§§ 7g, 33a EStG; § 1602 BGB	BFH v. 6.2.2014, VI R 34/12, HFR 2014, 795 = BStBl II 2014, 619	Bergkemper, Berücksichtigung eines Investitionskostenabzugs beim Abzug von Unterhaltsaufwendungen als außergewöhnliche Belastungen, jurisPR-SteuerR 38/2014 Anm. 2

B. Rechtsprechung 2014/2015 von A bis Z

Schlagwort	Inhalt/Tenor	Norm	Gericht, Datum, Az., Fundstelle	Weiterführende Hinweise
Investitionsabzugsbetrag –Fortsetzung–	Investitionsabzugsbetrag bei Nutzung eines WG sowohl in einem landwirtschaftlichen als auch in einem gewerblichen Betrieb des Stpfl.	§ 7g Abs. 1 EStG	BFH v. 19.3.2014, X R 46/11, HFR 2014, 680	Rosarius, DStZ 2014, 470 (Anm.); Kulosa, HFR 2014, 683 (Anm.); Nöcker, Investitionsabzugsbetrag bei Nutzung des Wirtschaftsguts sowohl in landwirtschaflichem als auch gewerblichem Betrieb des Stpflichtigen, jurisPR 39/2014 Anm. 2
Investitionszulage	Beteiligt sich die öffentliche Hand mit mehr als 25 % an einem Unternehmen, das nach seinen eigenen Daten ein KMU i.S.d. EU-Definition wäre, führt dies grundsätzlich zum Verlust des KMU-Status und dem damit verbundenen Anspruch auf erhöhte Investitionszulage	§ 5 Abs. 2 Nr. 1 InvZulG 2007	BFH v. 14.11.2013, III R 34/12; HFR 2014, 324 = BStBl II 2014, 337	Rosarius, DStZ 2014, 178 (Anm.); Selder, Erhöhte Investitionszulage bei Beteiligungen des Staates, jurisPR-SteuerR 13/2014 Anm. 4
	Wer einen Subventionsbetrug begeht oder an einer solchen Tat teilnimmt, haftet nicht nach § 71 AO für die zu Unrecht gewährte Investitionszulage (Änderung der Senatsrechtsprechung)	§§ 3, 37, 69, 71, 191, 386, 370 AO; §§ 5, 7, 9 InvZulG; §§ 823, 830 BGB; § 264 StGB	BFH v. 19.12.2013, III R 25/10, HFR 2014, 481	Steinhauff, Keine Haftung nach § 71 AO bei Subventionsbetrug, jurisPR-SteuerR 23/2014 Anm. 1
	Die Grundsätze über das zulagenunschädliche Ausscheiden technisch abgenutzter oder wirtschaftlich verbrauchter Wirtschaftsgüter vor Ablauf der gesetzlichen Bindungsfrist sind nicht anwendbar, wenn der Betrieb, in dem die geförderten Wirtschaftsgüter noch vor Ende der Bindungsfrist seine Produktion in das Ausland verlagert und deshalb nicht mehr zu einem Betrieb des verarbeitenden Gewerbes im Fördergebiet gehört	§ 2 InvZulG	BFH v. 14.11.2013, III R 17/12, HFR 2014, 254 = BStBl II 2014, 335	Rosarius, DStZ 2014, 179 (Anm.); Selder, Rückforderung von Investitionszulage nach Produktionsverlagerung, jurisPR-SteuerR 14/2014 Anm. 5
	Kein Anspruch auf Investitionszulage bei Untergang begünstigter Wirtschaftsgüter durch Brand und anschließender Veräußerung des Restbetriebsvermögens	§ 2 InvZulG	BFH v. 18.12.2013, III R 56/12, HFR 2014, 527 = BStBl II 2014, 899	Görke, BFH/PR 2014, 239 (Anm.)

Schlagwort	Inhalt/Tenor	Norm	Gericht, Datum, Az., Fundstelle	Weiterführende Hinweise
Kapitalgesellschaft	Wird die arbeitsvertragliche Zusage von Weihnachts- und Urlaubsgeld vor dem Zeitpunkt der Entstehung dieser Sonderzuwendungen einvernehmlich aufgehoben, kann dem Arbeitnehmer weder Arbeitslohn über die Grundsätze des Zuflusses von Einnahmen bei einem beherrschenden Gesellschafter zufließen, noch kann der Arbeitnehmer insoweit eine zuflussbegründende verdeckte Einlage bewirken	§§ 11, 19 EStG; §§ 133, 157 BGB	BFH v. 15.5.2013, VI R 24/12, BStBl II 2014, 495 = HFR 2013, 893	BMF v. 12.5.2014, IV C 2 2743/12/10001, BStBl I 2014, 860 (Anwendungsregelung); Mader, B+P 2014, 441 (Anm.)
	Wird bei der Liquidation einer Kapitalgesellschaft ein Teil des Stammkapitals in Form von Liquidationsraten an den Anteilseigner i.S.v. § 17 Abs. 1, Abs. 4 EStG zurückgezahlt, sind Teileinkünfteverfahren (§ 3 Nr. 40 Satz 1 Buchst. c EStG) und Teilabzugsverbot (§ 3c Abs. 2 EStG) auch im Verlustfall anzuwenden.	§ 3 Nr. 40 Satz 1 Buchst. c, §§ 3c, 17 EStG	BFH v. 6.5.2014, IX R 19/13, DStR 2014, 1428 = HFR 2014, 764 = BStBl II 2014, 682	Köster, DStZ 2014, 588; Trossen, HFR 2014, 766 (Anm.); Schmitz-Herscheidt, Anwendung des Teileinkünfteverfahrens und des Teilabzugsverbots bei Rückzahlung von Stammkapital im Zuge der Liquidation einer GmbH, jurisPR-SteuerR 42/2014 Anm. 5
	Errechnet sich beim Formwechsel einer Kapitalgesellschaft in eine Personengesellschaft ein Übernahmeverlust, kann dieser im zeitlichen Geltungsbereich des § 4 Abs. 6 UmwStG i.d.F. des StSenkG 2001/2002 nicht durch einen sofortigen Abzug einkünftemindernd im Rahmen der Gewinnermittlung der Personengesellschaft berücksichtigt werden	§ 4 Abs. 6 UmwStG	BFH v. 24.6.2014, VIII R 35/10, DB 2014, 1900 = HFR 2014, 1105	Strahl, BeSt 2014, 25 (Anm.); Nothnagel, HFR 2014, 1107 (Anm.)
	Teilabzugsverbot bei Auflösungsverlust: Teilabzugsverbot auch dann, wenn der Stpfl. zwar keine durch seine Beteiligung vermittelten Einnahmen erzielt hat, aber mit der Absicht zur Erzielung von Betriebsvermögensvermehrungen oder Einnahmen gehandelt hat	§§ 3c, 17 EStG	BFH v. 2.9.2014, IX R 43/13, DStR 2015, 25	Jh, StuB 2015, 73 (Anm.)
Kindergeld	Absenkung der Altersgrenze für die Berücksichtigung von Kindern durch das StÄndG 2007 verfassungsgemäß	§ 32 Abs. 4 Satz 1 Nr. 2, § 52 Abs. 40 Satz 7 EStG	BFH v. 11.4.2013, III R 83/09, HFR 2013, 596 = BStBl II 2014, 1010	Görke, BFH/PR 2013, 276 (Anm.)
	Kindergeldberechtigung bei mehrfacher Haushaltsaufnahme eines Kindes	§§ 32, 62, 63, 64, 66 EStG; §§ 133, 157 BGB; § 118 FGO	BFH v. 18.4.2013, V R 41/11, HFR 2013, 791 = BStBl II 2014, 34	Selder, Kindergeldberechtigung bei mehrfacher Haushaltsaufnahme eines Kindes, jurisPR-SteuerR 36/2013 Anm. 3

B. Rechtsprechung 2014/2015 von A bis Z

Schlagwort	Inhalt/Tenor	Norm	Gericht, Datum, Az., Fundstelle	Weiterführende Hinweise
Kindergeld –Fortsetzung–	Auch wenn die bei Prüfung der Voraussetzungen des § 65 Abs. 1 Satz 1 Nr. 2 EStG zu Bestehen und Inhalt des ausländischen Rechts getroffenen Feststellungen des FG revisionsrechtlich wie eine Tatsachenfeststellung zu behandeln sind, ist das Revisionsgericht an diese Feststellungen nicht gebunden, soweit sie auf einem nur kursorischen Überblick über die zu behandelnde Materie beruhen	§ 90 Abs. 2 AO, § 65 EStG; §§ 40, 76, 118, 155 FGO; §§ 293, 560 ZPO, Art. 10 VO (EWG) Nr. 574/72	BFH v. 13.6.2013, III R 10/11, HFR 2013, 1127 = BStBl II 2014, 706	Steinhauff, Bindung des BFH an Feststellungen des Finanzgerichts bei ausländischem Anspruch auf kindergeldähnliche Leistungen, jurisPR-SteuerR 44/2013 Anm. 5
	Kindergeld während der Mutterschutzfrist und der Elternzeit	§ 32 Abs. 4 Satz 1 Nr. 2 Buchst. c EStG	BFH v. 13.6.2013, III R 58/12, HFR 2014, 41 = BStBl II 2014, 834	Selder, Kindergeld während Mutterschutzfrist und Elternzeit, jurisPR-SteuerR 3/2014 Anm. 3
	Ermittlungspflichten des FG im Rahmen der Prüfung eines ausländischen Anspruchs auf kindergeldähnliche Leistungen bei Anwendung des § 65 Abs. 1 Satz 1 Nr. 2 EStG	§ 90 Abs. 2 AO; § 65 EStG; §§ 40, 76, 118, 155 FGO; §§ 293, 560 ZPO; Art. 13 VO (EWG) Nr. 1408/71, Art. 10 VO (EWG) Nr. 574/72	BFH v. 13.6.2013, III R 63/11, HFR 2013, 1124 = BStBl II 2014, 711	Selder, Pflicht des Finanzgerichts zur Prüfung eines ausländischen Anspruchs auf kindergeldähnliche Leistungen, jurisPR-SteuerR 45/2013 Anm. 5
	Kindergeldanspruch eines Wanderarbeitnehmers; Kürzung um die nach niederländischen Rechtsvorschriften zu gewährenden Familienleistungen	§§ 32, 62, 63, 65 EStG; Art. 2, 13; VO Nr. 1408/71, Art. 2, 11 VO Nr. 883/2004	BFH v. 11.7.2013, VI R 68/11, HFR 2014, 135	Bleschick, HFR 2014, 136 (Anm.)
	Kindergeldberechtigung eines als unbeschränkt steuerpflichtig behandelten Saisonarbeiters	§§ 1, 62 EStG; §§ 8, 8, 124 AO	BFH v. 18.7.2013, III R 9/09, HFR 2014, 134 = BStBl II 2014, 802	Killat-Risthaus, DStZ 2014, 59 (Anm.)

Schmieszek

1

Aktuelles

Schlagwort	Inhalt/Tenor	Norm	Gericht, Datum, Az., Fundstelle	Weiterführende Hinweise
Kindergeld –Fortsetzung–	Kindergeldberechtigung bei unbeschränkter Einkommensteuerpflicht nach § 1 Abs. 3 EStG besteht nur für die Monate, in denen der Stpfl. inländische Einkünfte i.S.d. § 49 EStG erzielt hat	§§ 8, 9 EStG; §§ 1, 2, 11, 49, 62 EStG; Art. 13 ff., 73, 76 VO (EWG) Nr. 1408/71, Art. 10 VO (EWG) Nr. 574/72, Art. 7 VO (EWG) Nr. 1612/68, Art. 39, 42 EG (= Art. 45, 48 AEUV)	BFH v. 18.7.2013, III R 59/11, HFR 2014, 34 = BStBl II 2014, 843	Selder, Kindergeldberechtigung bei unbeschränkter Einkommensteuerpflicht nach § 1 Abs. 3 EStG, jurisPR-SteuerR 50/2013 Anm. 4
	Kindergeld für das Kind der Partnerin eine reingetragenen Lebenspartnerschaft	§§ 2, 31, 32, 62, 63, 52a Abs. 2a EStG	BFH v. 8.8.2013, VI R 76/12, HFR 2013, 1117 = BStBl II 2014, 36	Bergkemper, Kindergeld für das Kind der Partnerin eine reingetragenen Lebenspartnerschaft, jurisPR-SteuerR 49/2013 Anm. 4; Bleschick, HFR 2013, 1118 (Anm.)
	Kindergeld für Ausländer, die dem NATO-Truppenstatut unterliegen	§§ 2, 8 AO; §§ 1, 62 EStG; §§ 7, 101 AufenthG, Art. III Abs. 1 NATO TrStatAbk	BFH v. 8.8.2013, III R 22/12, HFR 2013, 1123 = BStBl II 2014, 838	Selder, Kindergeld für dem NATO-Truppenstatut unterliegende Ausländer, jurisPR-SteuerR 50/2013 Anm. 3
	Auf türkische Bedienstete einer amtlichen türkischen Vertretung in Deutschland und ihre Angehörigen sind u.a. die Rechtsvorschriften über das Kindergeld für Arbeitnehmer nicht anwendbar, sofern der Bedienstete weiterhin in das türkische Sozialversicherungssystem eingegliedert ist.	§§ 62, 63 EStG; Art. 71 WÜK; Art. 8 SozSichAbk TUR; Art. 2 VEA, §§ 8, 9 AO	BFH v. 8.8.213, VI R 45/12, HFR 2014, 38 = BStBl II 2014, 836	Geserich, HFR 2014, 39 (Anm.)
	Keine Bindungswirkung einer familiengerichtlichen Bestimmung des Kindes zum Kindergeldberechtigten	§§ 62, 64, 74 EStG	BFH v. 8.8.2013, III R 3/13, HFR 2014, 241 = BStBl II 2014, 576	Selder, Keine Bindungswirkung einer familiengerichtlichen Bestimmung des Kindes zum Kindergeldberechtigten, jurisPR-SteuerR 10/2014 Anm. 3
	Kindergeldanspruch bei Einberufung zum Wehrdienst im Laufe eines Monats besteht für diesen Monat (abweichend von 63.3.2.6 Sätze 1 und 2 DA-FamEStG 2009, BStBl I 2009, 1030)	§§ 32, 63 EStG, § 21 WPflG	BFH v. 5.9.2013, XI R 7/12, HFR 2013, 1113 = BStBl II 2014, 37	Treiber, HFR 2013, 1114

B. Rechtsprechung 2014/2015 von A bis Z   1

Schlagwort	Inhalt/Tenor	Norm	Gericht, Datum, Az., Fundstelle	Weiterführende Hinweise
Kindergeld –Fortsetzung–	Ein Kind, das den gesetzlichen Grundwehr- oder Zivildienst geleistet hat, ist nach § 32 Abs. 5 Satz 1 Nr. 1 EStG über die Vollendung des 25. Lebensjahres hinaus für einen die Dauer dieses Dienstes übersteigenden Zeitraum kindergeldrechtlich auch dann zu berücksichtigen, wenn es während der Dienstzeit zugleich für einen Beruf ausgebildet und i.S.d. § 32 Abs. 4 Satz 1 Nr. 2 Buchst. a EStG als Kind berücksichtigt wurde (abweichend von 63.5 Abs. 3 Satz 4 DA-FamEStG)	§ 32 Abs. 4 Satz 1 Nr. 2 Buchst. a, Abs. 5 Satz 1 Nr. 1 EStG	BFH v. 5.9.2013, XI R 12/12, HFR 2013, 1111 = BStBl II 2014, 39	Rauch, HFR 2013, 1113 (Anm.); Dürr, Verlängerter Bezug von Kindergeld auch für Dienstmonate der Berufsausbildung, jurisPR-SteuerR 8/2014 Anm. 5
	Anspruch auf (Differenz-)Kindergeld bei Erwerbstätigkeit in der Schweiz	§§ 62 ff. EStG, Art. 13 VO 1408/71, Art. 10 VO 574/72	BFH v. 12.9.2013, III R 32/11, HFR 2014, 236	Killat-Risthaus, DStZ 2014, 58 (Anm.); Selder, Anspruch auf (Differenz-)Kindergeld bei Erwerbstätigkeit in der Schweiz, jurisPR-SteuerR 6/2014 Anm. 3
	Deutsche Staatsangehörige, die im Inland weder einen Wohnsitz, noch einen gewöhnlichen Aufenthalt haben und Arbeitslohn für eine Beschäftigung in einer im Drittland liegenden Deutschen Botschaft vom Auswärtigen Amt beziehen haben keinen Kindergeldanspruch, wenn sie als sog. Ortskräfte ständig im Ausland ansässig sind und dort der unbeschränkten Steuerpflicht unterliegen	§§ 1, 62, 63 EStG; § 37 WÜD	BFH v. 19.9.2013, V R 9/12, HFR 2014, 40 = BStBl II 2014, 715	Selder, Kindergeld von Ortskräften einer Deutschen Botschaft in der Dominikanischen Republik, jurisPR-SteuerR 5/2014 Anm. 2
	Abzweigung von Kindergeld an Grundsicherungsträger bei einem teilstationär untergebrachten behinderten Kind: Ist ein teilstationär in einer Behindertenwerkstatt untergebrachtes behindertes Kind in den Haushalt des Kindergeldberechtigten aufgenommen, scheidet eine im Rahmen der Entscheidung über die Abzweigung (§ 74 Abs. 1 Sätze 1, 3 und 4 EStG) angestellte tatsächliche Vermutung, wonach die Unterhaltsleistungen des Kindergeldberechtigten den in § 66 Abs. 1 EStG vorgesehenen Kindergeldsatz bereits dann erreichen bzw. überschreiten, wenn der Kindergeldberechtigte selbst nicht von Sozialleistungen lebt, aus	§§ 66, 74 EStG	BFH v. 17.10.2013, III R 23/13, HFR 2014, 239	Selder, Abzweigung von Kindergeld an Grundsicherungsträger bei teilstationär untergebrachten Kind, jurisPR-SteuerR 9/2014 Anm. 3

Schmieszek

Aktuelles

Schlagwort	Inhalt/Tenor	Norm	Gericht, Datum, Az., Fundstelle	Weiterführende Hinweise
Kindergeld –Fortsetzung–	Die Verheiratung eines Kindes kann dessen Berücksichtigung beim Kindergeld seit Januar 2012 nicht mehr ausschließen	§§ 32, 62 ff. EStG	BFH v. 17.10.2013, III R 22/13; HFR 2014, 238 = BStBl II 2014, 257	Selder, Kindergeld für verheiratete Kinder: Keine Anwendbarkeit der sog. Mangelfallrechtsprechung auf die neue Rechtslage, jurisPR-SteuerR 11/2014 Anm. 4; Mader, B+P 2014, 152
	Doppelte Festsetzung und Auszahlung von Kindergeld durch eine Familienkasse und einen öffentlich-rechtlichen Arbeitgeber nach Wechsel des Arbeitnehmers zu einem öffentlich-rechtlichen Arbeitgeber: Rückforderungsanspruch der Familienkasse	§§ 37, 124 155, 169, 174 220, 228, 229, 370 AO; §§ 31, 64, 68, 70, 72, 78 EStG	BFH v. 11.12.2013, XI R 42/11, HFR 2014, 520 = BStBl II 2014, 840	Killat-Risthaus, DStZ 2014, 366 (Anm.);Bleschick, HFR 2014, 522 (Anm.)
	Ein deutscher Staatsbürger, der mit seiner Familie den Lebensmittelpunkt in Tschechien teilt und dort sozialversicherungspflichtig beschäftigt ist, hat Anspruch auf Differenz-Kindergeld, wenn er in Deutschland einen Zweitwohnsitz beibehält	§§ 62 ff., 65 EStG; Art. 13 VO 1408/71	BFH v. 18.12.2013, III R 44/12, HFR 2014, 517	Selder, Kindergeldanspruch bei deutschem Zweitwohnsitz, jurisPR-SteuerR 21/2014 Anm. 4
	Auf Grund des beim Kindergeld vorherrschenden Monatsprinzips ist die Steuerhinterziehungstat in jedem einzelnen Monat beendet. Die Strafverfolgungsverjährung beginnt mit jedem einzelnen Monat	§§ 169, 170, 171, 272, 179, 369, 378, 378 AO; §§ 66, 68, 70, 72 EStG	FG Köln v. 26.2.2014, 12 K 1957/13, EFG 2014, 1752 (Rev., Az. des BFH: III R 13/14)	Matthes, EFG 2014, 1757 (Anm.)
	Jedem Stpfl., der Anspruch auf Kindergeld gem. § 62 iVm. § 63 Abs. 1 EStG hat (also auch: nachrangig Berechtigte), ist auf Antrag eine Kindergeldbescheinigung zu erteilen	§§ 31, 36 62, 63, 64, 68 EStG; § 30 AO	BFH v. 27.2.2014, III R 40/13, HFR 2014, 707, BStBl II 2014, 783	Killat-Risthaus, DStZ 2014, 404 (Anm.); Selder, Kindergeldbescheinigung für einen nachrangig Berechtigten, jurisPR-SteuerR 25/2014 Anm. 5
	Fahrtaufwendungen im Rahmen eines Ausbildungsdienstverhältnisses: Der Ausbildungsbetrieb ist „regelmäßige Arbeitsstätte"	§§ 9, 19, 32, 62, 63 EStG	BFH v. 27.2.2014, III R 60/13, HFR 2014, 621	Selder, Kindergeld: Fahrtaufwendungen im Rahmen eines Ausbildungsdienstverhältnisses, jurisPR-SteuerR 26/2014 Anm. 4; Mader, B+P 2014, 479 (Anm.)
	Anteilige Berücksichtigung der Einkünfte und Bezüge des in Ausbildung stehenden Kindes im Monat des Erreichens der Altersgrenze	§ 32 Abs. 4 Satz 6 EStG	BFH v. 10.4.2014, VI R 64/13, HFR 2014, 705 = BStBl II 2015, 32	Rauch, HFR 2014, 707 (Anm.); Schneider, BFH/PR 2014, 309 (Anm.)

B. Rechtsprechung 2014/2015 von A bis Z

Schlagwort	Inhalt/Tenor	Norm	Gericht, Datum, Az., Fundstelle	Weiterführende Hinweise
Kindergeld –Fortsetzung–	Besucht ein Auszubildender im Rahmen eines Ausbildungsdienstverhältnisses, aus dem er Einkünfte aus nichtselbständiger Arbeit erzielt, eine Berufsfachschule, deren Träger sein Arbeitgeber ist und die sich auf demselben Gelände wie der Ausbildungsbetrieb befindet, ist nicht nur der Ausbildungsbetrieb, sondern auch die Berufsfachschule regelmäßige Arbeitsstätte i.S. d. § 9 Abs. 1 Satz 3 Nr. 4 Satz 1 EStG in der bis Ende 2013 geltenden Fassung	§ 9 Abs. 1 Satz 3 Nr. 4 Satz 1, § 32 Abs. 4 Satz 2 EStG a.F.	BFH v. 10.4.2014, III R 35/13, HFR 2014, 801 = BStBl II 2014, 1011	Selder, Fahrtaufwendungen im Rahmen eines Ausbildungsdienstverhältnisses, jurisPR-SteuerR 34/2014 Anm. 5; Mader, B+P 2014, 622 (Anm.)
	Wegfall der Arbeitsuchemeldung i.S.d. § 32 Abs. 4 Satz 1 Nr. 1 EStG nach § 38 SGB III: Die Arbeitsuchemeldung besteht fort, wenn die Vermittlung zu Unrecht eingestellt worden ist	§ 32 Abs. 4 Satz 1 Nr. 1 EStG; § 38 SGB III	BFH v. 10.4.2014, III R 19/12, HFR 2014, 906	Selder, Kindergeldanspruch nach Wegfall der Arbeitsuchendmeldung nach § 38 SGB III n.F., jurisPR-SteuerR 36/2014 Anm. 5
	Kein Kindergeld für ein behindertes Kind in Haft	§§ 32, 62, 63 EStG	BFH v. 30.4.2014, XI R 24/13, HFR 2014, 706 = BStBl II 2014, 1014	Rauch, HFR 2014, 707 (Anm.)
	Reserveoffiziersausbildung ist Berufsausbildung	§ 32 Abs. 4 Satz 1 Nr. 2 Buchst. a EStG	BFH v. 8.5.2014, III R 41/13, HFR 2014, 800 = BStBl II 2014, 717	Selder, Reserveoffiziersanwärterausbildung als Berufsausbildung, jurisPR-SteuerR 39/2014 Anm. 5
	EuGH-Vorlage: Anspruch auf Kindergeld für im EU-Ausland beim getrennt lebenden Ehegatten wohnende Kinder	VO 883/2004; VO 987/2009; §§ 62, 63, 64c EStG	BFH v. 8.5.2014, III R 17/13, HFR 2014, 908	Killat-Risthaus, DStZ 2014, 631 (Anm.); Mader, B+P 2014, 657 (Anm.); Selder, EuGH-Vorlage zum Anspruch auf Kindergeld für im EU-Ausland beim getrennt lebenden Ehegatten wohnende Kinder, jurisPR 41/2014 Anm. 4
	Ein angemietetes Zimmer kann nur dann der Wohnsitz einer natürlichen Person i.S.d. § 62 Abs. 1 Nr. 1 EStG i.V.m. § 8 AO sein, wenn es sich hierbei um eine auf Dauer zum Bewohnen geeignete Räumlichkeit handelt, die der Betreffende – mit einer gewissen Regelmäßigkeit tatsächlich zu Wohnzwecken nutzt	§ 62 Abs. 1 Nr. 1 EStG; § 8 AO	BFH v. 8.5.2014, III R 21/12, HFR 2015, 35	Selder, Inländischer Wohnsitz eines Kindergeldberechtigten, jurisPR-SteuerR 51/2014 Anm. 3

Aktuelles

Schlagwort	Inhalt/Tenor	Norm	Gericht, Datum, Az., Fundstelle	Weiterführende Hinweise
Kindergeld –Fortsetzung–	Hat ein Sozialhilfeträger Leistungen nach dem Asylbewerberleistungsgesetz für Eltern und Kinder erbracht, die in einem Haushalt leben und eine Bedarfsgemeinschaft bilden, so steht ihm ein Anspruch auf Erstattung des nachträglich festgesetzten Kindergeldes zu	§ 74 Abs. 2 EStG; §§ 2, 9 AsylbLG; §§ 28, 104, 107 SGB X	BFH v. 5.6.2014, VI R 15/12, HFR 2014, 1002	Riehl, HFR 2014, 1004 (Anm.)
	Hemmung der Festsetzungsverjährung bei strafbarem Bezug von Kindergeld (betrügerische Falscherklärung)	§§ 169, 171; §§ 370, 378 AO, §§ 62, 68 EStG	BFH v. 26.6.2014, III R 21/13, DStR 2014, 2565	Selder, Hemmungen der Festsetzungsverjährung bei strafbarem Bezug von Kindergeld, jurisPR-SteuerR 5/2015 Anm. 4
	Ein Unterhaltsanspruch, welcher der nicht verheirateten Tochter des Kindergeldberechtigten gegen den Vater ihres Kindes zusteht (§ 1615l BGB) ist für den Kindergeldanspruch ohne Bedeutung	§ 32 Abs. 4 Satz 1 Nr. 1 und 2 EStG; § 1615l BGB	BFH v. 3.7.2014, III R 37/13, HFR 2014, 1001	Görke, BFH/PR 2014, 420 (Anm.)
	Duales Studium mit studienintegrierter praktischer Ausbildung im Lehrberuf als einheitliche Ausbildung	§ 32 Abs. 4 Satz 2 EStG	BFH v. 3.7.2014, III R 52/13; HFR 2015, 31	Selder, Duales Studium mit studienintegrierter praktischer Ausbildung im Lehrberuf als einheitliche Erstausbildung i.S.d. Kindergeldrechts, jurisPR-SteuerR 50/2014 Anm. 5
	Klageart bei Aufhebung einer Kindergeldfestsetzung: Anfechtungsklage. Ausschluss des freiwilligen Wehrdienstes im Katalog der Berücksichtigungstatbestände ist verfassungsgemäß. Der freiwillige Wehrdienst kann eine Maßnahme der Berufsausbildung gem. § 32 Abs. 4 Satz 1 Nr. 2 Buchst. a EStG sein	§ 32 Abs. 4 Satz 1 Nr. 2 EStG	BFH v. 3.7.2014, III R 53/13, DStR 2014, 2280 = HFR 2015, 37	Selder, Kein Kindergeldanspruch während freiwilligem Wehrdienst des Kindes, jurisPR-SteuerR 1/2015 Anm. 4; Carlé, DStZ 2015, 100 (Anm.); Pflaum, HFR 2015, 39 (Anm.)
	Bei der Entscheidung über die Abzweigung gem. § 74 Abs. 1 EStG ist im Regelfall die Abzweigung des Unterschiedsbetrags zwischen der regelmäßigen Unterhaltsleistungen und dem Kindergeld ermessensgerecht	§ 74 Abs. 1 EStG	BFH v. 3.7.2014, III R 41/12	Selder, Ermessensausübung bei der Entscheidung über die Abzweigung von Kindergeld, jurisPR-SteuerR 4/2015 Anm. 3; Wd, DStRE 2015, 86 (Anm.)
	Zuständigkeit der Außenstellen der Agenturen für Arbeit für Anträge, die bei der Familienkasse anzubringen sind	§§ 27, 47, 169 ff., 228 ff. AO§§ 31, 62 ff. EStG, § 5 FVG	BFH v. 25.9.2014, III R 25/13, DStRE 2015, 87	Selder, Zuständigkeit der Außenstellen der Agenturen für Arbeit für Kindergeldanträge, jurisPR-SteuerR 4/2015 Anm. 4

B. Rechtsprechung 2014/2015 von A bis Z

Schlagwort	Inhalt/Tenor	Norm	Gericht, Datum, Az., Fundstelle	Weiterführende Hinweise
Kindergeld –Fortsetzung–	Während eines mehrjährigen Auslandsaufenthalts zum Zwecke einer Berufsausbildung behält ein Kind seinen Wohnsitz in der Wohnung der Eltern im Regelfall nur dann bei, wenn es diese Wohnung zumindest überwiegend in den ausbildungsfreien Zeiten nutzt	§§ 32, 62, 63 EStG; § 8 AO	BFH v. 25.9.2014, III R 10/14, BFH/NV 2015, 266	
Kleinunternehmer	Verzicht auf die Besteuerung als Kleinunternehmer durch Abgabe einer Umsatzsteuer-Jahreserklärung	§§ 13b, 18, 19 UStG	BFH v. 24.7.2013, XI R 14/11, HFR 2014, 70 = BStBl II 2014, 210	Schießl, HFR 2014, 72
	Unwirksame Optionserklärung des Kleinunternehmers bei Beschränkung auf einen Unternehmensteil	§§ 1, 2, 19 UStG	BFH v. 24.7.2013, XI R 31/12, HFR 2014, 73 = BStBl II 2014, 214	Schießl, HFR 2014, 74 (Anm.)
	KMU: § 2 Abs. 7 Satz 1 InvZulG 2005 ist europarechtlich zu interpretieren. Eine gemeinsam handelnde Gruppe natürlicher Personen i.S.v. Art. 3 Abs. 3 Unterabs. 4 des Anhangs zur KMU-Empfehlung setzt weder eine vertragliche Beziehung, noch eine Umgehungsabsicht voraus	§ 2 Abs. 7 Satz 1 InvZulG 2005; Art. 3 Abs. 3 Unterabs. 4 des Anhangs zur KMU-Empfehlung	BFH v. 3.7.2014, III R 30/11, HFR 2015, 50	Rosarius, DStZ 2015, 1 (Anm.); Siegers, HFR 2015, 53 (Anm.)
Nichtabzugsfähige Betriebsausgaben	Vorlage an den Großen Senat zur Aufteilbarkeit der Kosten für ein häusliches Arbeitszimmer	§§ 4, 9, 12 EStG	BFH v. 21.11.2013, IX R 23/12, HFR 2014, 202= BStBl II 2014, 312	Mader, B+P 2014, 151 (Anm.); Jachmann, Vorlage an den Großen Senat zur Aufteilbarkeit der Kosten für ein häusliches Arbeitszimmer, jurisPR-SteuerR 12/2014 Anm. 2
	Eine Entnahme bzw. Einlage i.S.d. § 4 Abs. 4a EStG liegt nicht vor, wenn ein landwirtschaftlicher Betrieb, der zunächst nur pachtweise zur Bewirtschaftung überlassen wurde, ohne dass der Betriebsverpächter die Aufgabe des landwirtschaftlichen Betriebs erklärt, mit der Folge unentgeltlich auf den bisherigen Pächter übertragen wird, dass der während der Verpachtung in zwei Betriebe (Verpachtungsbetrieb und Pachtbetrieb) aufgespaltene landwirtschaftliche Eigentumsbetrieb nunmehr in der Person des Pächters wiedervereinigt wird.	§ 4 Abs. 4a, § 6 EStG	BFH v. 12.12.2013, IV R 17/10, BStBl II 2014, 316, HFR 2014, 677	Rosarius, DStZ 2014, 180 (Anm.); Pfützenreuter, Unentgeltliche Übertragung des Verpachtungsbetriebs auf den bisherigen Betriebspächter keine Einlage i.S.d. § 4 Abs. 4a EStG, jurisPR-SteuerR 14/2014 Anm. 3

Schlagwort	Inhalt/Tenor	Norm	Gericht, Datum, Az., Fundstelle	Weiterführende Hinweise
Nichtabzugsfähige Betriebsausgaben –*Fortsetzung*–	Abzugsverbot für Gewerbesteuer ist verfassungsgemäß	§§ 4 EStG, 8 KStG, 8 GewStG, Art. 3 GG	BFH v. 16.1.2014, I R 21/12, HFR 2014, 534 = BStBl II 2014, 531	Märtens, Verfassungsmäßigkeit des Abzugsverbots für Gewerbesteuer, jurisPR-SteuerR 22/2014 Anm. 5; Köster, DStZ 2014, 398 (Anm.)
	Kein Betriebsausgabenabzug für Gründungsaufwand für eine im Ausland gelegene feste Einrichtung eines Freiberuflers	§ 180 AO; §§ 3c, 15, 18, 49 EStG; Art. 24 DBA VAE	BFH v. 26.2.2014, I R 56/12, HFR 2014, 674 = BStBl II 2014, 703	Märtens, Betriebsausgabenabzug für Gründungsaufwand einer ausländischen festen Einrichtung, jurisPR-SteuerR 32/2014 Anm. 1
	Abzugsverbot für Bestechungsgelder umfasst auch die Kosten des Strafverfahrens und einen für verfallen erklärten Betrag	§ 4 Abs. 5 Satz 1 Nr. 10 EStG	BFH v. 14.5.2014, X R 23/12, BStBl II 2014, 684 = HFR 2014, 863	Killat-Risthaus, DStZ 2014, 636 (Anm.); Mader, B+P 2014, 582 (Anm.)
Organschaft (KSt)	Vororganschaftlich verursachte Mehrabführungen einer Organgesellschaft an ihren Organträger stellen keine Gewinnausschüttungen i.S.d. § 8 Abs. 3, § 27 KStG 1996/2002 a.F., sondern Gewinnabführungen i.S.d. §§ 14 f. KStG 1996/2002 a.F. dar. Es wird eine Entscheidung des BVerfG darüber eingeholt, ob § 34 Abs. 9 Nr. 4 i.V.m. § 14 Abs. 3 Satz 1 KStG 2002 i.d.F.d. Richtlinien-Umsetzungsgesetzes wegen Verstoßes gegen das Rückwirkungsverbot verfassungswidrig war	§§ 13, 14, 34, 38 KStG 2002; §§ 14 ff., 27 KStG 1996/20002, Art. 20 GG	BFH v. 6.6.2013, I R 38/11, DStR 2013, 1986 = HFR 2013, 1032 = BStBl II 2014, 398	Köster, DStZ 2013, 724 (Anm.)
	Der Organträger einer ertragsteuerlichen Organschaft muss nicht bereits zu Beginn des Wirtschaftsjahres der Organgesellschaft gewerblich tätig sein (entgegen BMF 10.11.2005, IV B 7-S 2770–24/05, BStBl I 2005, 1038, Rz. 21)	§§ 14, 17, 34 KStG; § 2 GewStG; § 15 EStG; § 302 Abs. 4 AktG	BFH v. 24.7.2013, I R 40/12, DStR 2013, 1939 = HFR 2013, 923 = BStBl II 2014, 272	Köster, DStZ 2013, 724 (Anm.); Märtens, Gewerbliche Tätigkeit des Organträgers – Heilung unzureichender Verlustübernahmeregelungen, jurisPR-SteuerR 43/2013 Anm. 6

B. Rechtsprechung 2014/2015 von A bis Z

Schlagwort	Inhalt/Tenor	Norm	Gericht, Datum, Az., Fundstelle	Weiterführende Hinweise
Organschaft (KSt) –Fortsetzung–	Wird ein Gewinnabführungsvertrag auf die gesetzliche Mindestlaufzeit von 5 Zeitjahren (§ 14 Abs. 1 Satz 1 Nr. 3 Satz 1 KStG 2002) abgeschlossen, scheitert die steuerrechtliche Anerkennung der Organschaft weder daran, dass der Vertrag aus wichtigem Grund kündbar ist, noch daran, dass die Organgesellschaft nachfolgend ihr Wirtschaftsjahr umstellt und den Gesamtzeitraum von 5 Zeitjahren durch Bildung eines Rumpfwirtschaftsjahres verkürzt (Abgrenzung zu BFH v. 12.1.2011, I R 3/10, BStBl II 2011, 727).	§ 14 KStG, § 2 GewStG; §§ 291 ff. AktG	BFH v. 13.11.2013, I R 45/12, HFR 2014, 425 = BStBl II 2014, 486	Köster, DStZ 2014, 294 (Anm.); Märtens, Organschaft: Mindestlaufzeit des Gewinnabführungsvertrages, jurisPR-SteuerR 19/2014 Anm. 4
	BVerfG-Vorlage, ob § 34 Abs. 9 Nr. 4 i.V.m. § 14 Abs. 3 Satz 1 KStG 2002 i.d.F. des EURLUmsG infolge Verstoßes gegen das verfassungsrechtliche Rückwirkungsverbot verfassungswidrig ist. Vororganschaftlich verursachte Mehrabführungen einer Organgesellschaft an ihren Organträger stellen keine Gewinnausschüttungen i.S.v. § 8 Abs. 3, § 27 KStG 1996/2002 a.F., sondern Gewinnabführungen i.S.d. §§ 14 ff. KStG 1996/2002 a.F. dar (Bestätigung BFH v. 18.12.2002, I R 51/01, BStBl II 2005, 49; Anschluss an BFH v. 6.6.2013 I R 38/11, BStBl II 2014, 3).	§§ 8, 14, 27, 34 KStG	BFH v. 27.11.2013, I R 36/13, HFR 2014, 807	Köster, DStZ 2014, 512 (Anm.)

Aktuelles

Schlagwort	Inhalt/Tenor	Norm	Gericht, Datum, Az., Fundstelle	Weiterführende Hinweise
Organschaft (USt) –Fortsetzung–	EuGH-Vorlage: Berechnungsmethode für den (anteiligen) Vorsteuerabzug einer Holding aus Eingangsleistungen im Zusammenhang mit der Kapitalbeschaffung zum Erwerb von Anteilen an Tochtergesellschaften zu berechnen, wenn die Holding später (wie von vornherein beabsichtigt) verschiedene steuerpflichtige Dienstleistungen gegenüber diesen Gesellschaften erbringt? Steht Art. 4 Abs. 4 Unterabs. 2 der Richtlinie 77/388/EWG einer nationalen Regelung entgegen, nach der (erstens) nur eine juristische Person – nicht aber eine Personengesellschaft – in das Unternehmen eines anderen Stpfl. (sog. Organträger) eingegliedert werden kann und die (zweitens) voraussetzt, dass diese juristische Person finanziell, wirtschaftlich und organisatorisch (im Sinne eines Über- und Unterordnungsverhältnisses) in das Unternehmen des Organträgers eingegliedert ist? Kann sich ein Stpfl. unmittelbar auf Art. 4 Abs. 4 Unterabs. 2 der Richtlinie 77/388/EWG berufen?	§§ 2, 8, 14, 14a, 15 UStG; Art. 4, 13, 17 RL 77/388/EWG	BFH v. 11.12.2013, XI R 38/12, DStZ 2014, 466 = BStBl II 2014, 428; XI R 17/11, BStBl II 2014, 417; HFR 2014, 545 (EuGH: C-108/14; C-109/14)	Bader, DStZ 2014, 258 (Anm.); Tausch, UVR 2014, 98 (Anm.); BMF v. 5.5.2014, IV D 2 – S 7105/11/10001, 13/10003, BStBl I 2014, 820, BStBl I 2014, 820 (Anwendungsregelung, Änderung des UStAE); Prätzler, EuGH-Vorlage zum Vorsteuerabzug einer sog. Führungsholding, jurisPR-SteuerR 21/2014 Anm. 5; Lieber, EuGH-Vorlage zum Vorsteuerabzug einer Führungsholding unter Beachtung der Regelungen zur Organschaft, jurisPR-SteuerR 19/2014 Anm. 7
	Dritter i.S.d. § 174 Abs. 1 i.V.m. Abs. 5 AO ist im Verfahren der Organträgerin auch die Organgesellschaft	§§ 73, 155, 169, 170, 171, 174, 202 AO; § 2 UStG	BFH v. 19.12.2013, V R 5/12, HFR 2014, 663	Steinhauff, Änderungsbefugnis nach § 174 Abs. 4 und 5 AO im Falle eine umsatzsteuerlichen Organschaft, jurisPR-SteuerR 30/2014 Anm. 1
	Der Verzicht auf Steuerbefreiungen nach § 9 UStG kann zurückgenommen werden, solange die Steuerfestsetzung für das Jahr der Leistungserbringung anfechtbar oder auf Grund eines Vorbehalts der Nachprüfung gem. § 164 AO noch änderbar ist (Klarstellung). Nach Verschmelzung einer Organgesellschaft auf den Organträger ist sie nicht mehr Dritte i.S.v. § 174 Abs. 5 AO	§§ 164, 171, 173, 174, 175 AO; §§ 1, 9, 15 UStG	BFH v. 19.12.2013, V R 6/12, HFR 2014, 666	Tausch, UVR 2014, 195 (Anm.); Kraeusel, Die Option zur Steuerpflicht und deren Rücknahme ist nicht an die formelle Bestandskraft des USt-Bescheids gebunden, UVR 2014, 217; Prätzler, Zeitliche Grenze des Verzichts auf Steuerbefreiungen, jurisPR-SteuerR 37/2014 Anm. 1

B. Rechtsprechung 2014/2015 von A bis Z

Schlagwort	Inhalt/Tenor	Norm	Gericht, Datum, Az., Fundstelle	Weiterführende Hinweise
Organschaft (USt) –Fortsetzung–	Es ist ernstlich zweifelhaft, ob die Zusammenfassung mehrerer Personen zu einem Unternehmen durch die umsatzsteuerrechtliche Organschaft nach der Eröffnung des Insolvenzverfahrens fortbesteht. Dies gilt gleichermaßen für die Insolvenzeröffnung beim Organträger wie auch bei der Organgesellschaft.	§§ 73 251 AO; § 2 UStG; §§ 11, 38, 55, 174 ff. 275, 277, 280 InsO; §§ 421, 426 BGB, Art. 11 MwStSystRL	BFH v. 19.3.2014, V B 14/14, HFR 2014, 737	Bader, DStZ 2014, 362 (Anm.); Prätzler, Beendigung der Organschaft mit Insolvenzeröffnung, jurisPR-SteuerR 33/2014 Anm. 5; wt, UVR 2014, 291 (Anm.)
Pensionsrückstellung	Nach § 6a Abs. 3 Satz 2 Nr. 1 Satz 3 EStG sind für die Berechnung des Teilwerts der Pensionsrückstellung die Jahresbeträge zu Grunde zu legen, die vom Beginn des Wirtschaftsjahres, in dem das Dienstverhältnis begonnen hat, bis zu dem in der Pensionszusage vorgesehenen Zeitpunkt des Eintritts des Versorgungsfalles rechnungsmäßig aufzubringen sind. Ein Mindestpensionsalter wird auch für die Zusage gegenüber dem beherrschenden Gesellschafter-Geschäftsführer einer GmbH nicht vorausgesetzt (gegen R 41 Abs. 9 Satz 1 EStR 2001, R 6a Abs. 8 EStR 2012). Wurde einem ursprünglichen Minderheitsgesellschafter-Geschäftsführer einer GmbH eine Pension auf das 60. Lebensjahr zugesagt und wird der Begünstigte später zum Mehrheitsgesellschafter-Geschäftsführer, ohne dass die Altersgrenze angehoben wird, kommt deshalb insoweit allenfalls die Annahme einer vGA, nicht aber eine Bilanzberichtigung, in Betracht.	§ 6a EStG; § 8 KStG	BFH v. 11.9.2013, I R 72/12, DStR 2014, 633 = HFR 2014, 397	Killat-Risthaus, DStZ 2014, 295 (Anm.)
	Die korrespondierende Bilanzierung von Pensionsansprüchen eines Personengesellschafters in dessen Sonderbilanz und der Gesamthandsbilanz ist auch nach Ausscheiden des Gesellschafters fortzuführen, weil § 15 Abs. 1 Satz 2 EStG nach dem Ausscheiden geleistete Pensionszahlungen den während der Zugehörigkeit zur Gesellschaft bezogenen Sondervergütungen gleichstellt.	§§ 6a, 10d, 15, 24 EStG	BFH v. 6.3.2014, IV R 14/11, DStR 2014, 1378 = HFR 2014, 689= BStBl II 2014, 624	Schiffers, DStZ 2014, 549 (Anm.); Steinhauff, Steuerliche Behandlung von Pensionszusagen an ehemaligen Mitunternehmer, jurisPR-SteuerR 33/2014 Anm. 3; Fuhrmann, BeSt 2014, 32

Schmieszek

Schlagwort	Inhalt/Tenor	Norm	Gericht, Datum, Az., Fundstelle	Weiterführende Hinweise
Pensionsrückstellung –Fortsetzung–	Pensionszusage: vGA infolge Ausscheidens des beherrschenden Gesellschafter-Geschäftsführers aus dem Unternehmen vor Ablauf der Erdienenszeit	§ 4 EStG; § 8 KStG	BFH v. 25.6.2014, I R 76/13, HFR 2014, 1091	Märtens, Verdeckte Gewinnausschüttung infolge Ausscheidens des beherrschenden Gesellschafter-Geschäftsführers aus dem Unternehmen vor Ablauf der Erdienenszeit einer Pensionszusage, jurisPR-SteuerR 41/2014 Anm. 6; Köster, DStZ 2015, 5 (Anm.)
Personengesellschaften	Abkommensrechtliche Zuordnung notwendigen Sonderbetriebsvermögens	§§ 15, 49, 50d, 52 Abs. 59a EStG; Art. 3, 5, 7, 11 DBA-Thailand	BFH v. 12.6.2013, I R 47/12, HFR 2013, 1086 = BStBl II 2014, 770	Kahlenberg, Ausgewählte Fragestellungen um die Zuordnung von Sonderbetriebsvermögen im Abkommensrecht – zugleich Anmerkung zum BFH-Urteil vom 12.6.2013 – I R 47/12, BB 2014, 215; Gosch, BFH/PR 2014, 36 (Anm.); Kempermann, FR 2014, 60 (Anm.)
	Sowohl Feststellungsbescheide nach § 180 Abs. 1 Nr. 2 Buchst. A AO als auch Bescheide zur gesonderten Feststellung von Besteuerungsgrundlagen nach § 189 Abs. 5 Nr. 1 AO sind nicht an die Personengesellschaft selbst, sondern an die beteiligten Gesellschafter (Mitunternehmer) zu richten. Die in BFH v. 24.4.2007, I R 33/06, BFH/NV 2007, 2236 vertretene Auffassung, dass Bescheide, mit denen die im Rahmen einer ausländischen Personengesellschaft erzielten Einkünfte festgestellt werden, gegen die Personengesellschaft zu richten sind, wird aufgegeben	§§ 179, 180 Abs. 1 Nr. 2 Buchst. a, Abs. 5 Nr. 1 AO; §§ 2a, 15a EStG	BFH v. 24.7.2013, I R 57/11, HFR 2014, 283	Wacker, HFR 2014, 287 (Anm.); Steinhauff, Inhaltsadressat von Feststellungsbescheiden bei inländischen und ausländischen Personengesellschaften, jurisPR-SteuerR 14/2014 Anm. 1
	Buchwerteinbringung: Keine Sperrfristverlegung (§ 6 Abs. 5 EStG) bei einer Einmann-GmbH & Co KG	§ 6 Abs. 5 EStG	BFH v. 31.7.2013, I R 44/12, DStR 2013, 2165 = HFR 2014, 117	Schiffers, DStZ 3013, 801 (Anm.); Wacker, HFR 2014, 120 (Anm.)
	Einbringung eines Betriebs in eine Personengesellschaft gegen ein sog. Mischentgelt aus Gesellschafterrechten und einer Darlehensforderung	§ 6 EStG, § 24 UmwStG	BFH v. 18.9.2013, X R 42/10, HFR 2013, 1151	Kulosa, HFR 2013, 1155 (Anm.); Dötsch, Einbringung eines Betriebs in eine Personengesellschaft gegen ein sog. Mischentgelt aus Gesellschafterrechten und einer Darlehensforderung, jurisPR-SteuerR 2/2014 Anm. 5

Schlagwort	Inhalt/Tenor	Norm	Gericht, Datum, Az., Fundstelle	Weiterführende Hinweise
Personengesellschaften –Fortsetzung–	Erwirbt ein Stpfl. eine Beteiligung an einer grundstücksbesitzenden Personengesellschaft und veräußert diese Wohnungen innerhalb der zehnjährigen Veräußerungsfrist nach dem Beitritt, ist über die Frage, ob er den Einkünftetatbestand des § 22 Nr. 2 i.V.m. § 23 Abs. 1 Nr. 1 EStG verwirklicht hat, nicht im Verfahren der gesonderten und einheitlichen Feststellung von Einkünften zu entscheiden	§§ 22, 23 EStG, 39, 179, 180 AO	BFH v. 21.1.2014, IX R 9/13, HFR 2014, 281	Schießl, HFR 2014, 282 (Anm.), Steinhauff, Gesonderte und einheitliche Feststellung von Veräußerungsgewinnen bei grundstücksbesitzender Personengesellschaft, jurisPR-SteuerR 18/2014 Anm. 3
	Schuldzinsen einer Personengesellschaft für ein Darlehen ihres Gesellschafters fallen nicht in den Anwendungsbereich des § 4 Abs. 4a EStG	§§ 4, 4h, 15 EStG	BFH v. 12.2.2014, IV R 22/10, DStR 2014, 1216 = HFR 2014, 678 = BStBl II 2014, 621	Pfützenreuter, Schuldzinsen einer Personengesellschaft für ein Darlehen ihres Gesellschafters, jurisPR-SteuerR 30/2014 Anm. 2; JS, DStZ 2014, 513 (Anm.)
	Die korrespondierende Bilanzierung von Pensionsansprüchen eines Personengesellschafters in dessen Sonderbilanz und der Gesamthandsbilanz ist auch nach Ausscheiden des Gesellschafters fortzuführen, weil § 15 Abs. 1 Satz 2 EStG nach dem Ausscheiden geleistete Pensionszahlungen den während der Zugehörigkeit zur Gesellschaft bezogenen Sondervergütungen gleichstellt	§§ 6a, 10d, 15, 24 EStG	BFH v. 6.3.2014, IV R 14/11, DStR 2014, 1378 = HFR 2014, 689 = BStBl II 2014, 624	Schiffers, DStZ 2014, 549 (Anm.); Steinhauff, Steuerliche Behandlung von Pensionszusagen an ehemaligen Mitunternehmer, jurisPR-SteuerR 33/2014 Anm. 3; Fuhrmann, BeSt 2014, 32
	Verkauft ein Kommanditist einer grundbesitzenden GmbH & Co. KG seine Gesellschaftsbeteiligung an den einzigen anderen Kommanditisten und ist die KG die einzige Gesellschafterin ihrer Komplementär-GmbH, ist – vorbehaltlich einer Besteuerung nach § 1 Abs. 2a GrEStG – der Tatbestand einer Anteilsvereinigung nach § 1 Abs. 3 Nr. 1 GrEStG erfüllt	§ 1 Abs. 2a, 3 Nr. 1 GrEStG	BFH v. 12.3.2014, II R 51/12, DStR 2014, 518 = HFR 2014, 718	Urbach, DStZ 2014, 518 (Anm.); Halaczinsky, UVR 2014, 230 (Anm.); Loose, Mittelbare Anteilsvereinigung bei grundbesitzender GmbH & Co. KG, jurisPR-SteuerR 33/2014 Anm. 4

Schlagwort	Inhalt/Tenor	Norm	Gericht, Datum, Az., Fundstelle	Weiterführende Hinweise
Personengesellschaften –Fortsetzung–	Bringt eine Personengesellschaft ihren Gewerbebetrieb in eine andere Personengesellschaft ein, können vortragsfähige Gewerbeverluste bei fortbestehender Unternehmensidentität mit dem Teil des Gewerbeertrags der Untergesellschaft verrechnet werden, der auf die Obergesellschaft entfällt. Mit dem auf andere Gesellschafter der Untergesellschaft entfallenden Teil des Gewerbeertrags können Verluste aus der Zeit vor der Einbringung auch dann nicht verrechnet werden, wenn ein Gesellschafter der Obergesellschaft zugleich Gesellschafter der Untergesellschaft ist	§ 10a GewStG	BFH v. 24.4.2014, IV R 34/10, HFR 2014, 716	Schulze zur Wiesche, Gestaltungen innerhalb von Mitunternehmerschaften, Begründung doppelstöckiger Mintunternehmerschaften durch atypisch stille Beteiligungen, DStZ 2014, 719; Wilke, BB 2014, 2408 (Anm.); Nöcker, FR 2014, 866 (Anm.).
	Erhebung der Grunderwerbsteuer für Gesellschafterwechsel bei einer grundbesitzenden Personengesellschaft auf Grund Abspaltung einer Gesellschafterin	§ 1 Abs. 2a Satz 1, § 6 Abs. 2 Satz 1 GrEStG	BFH v. 3.6.2014, II R 1/13, HFR 2014, 919 = BStBl II 2014, 855	Loose, Erhebung der Grunderwerbsteuer für Gesellschafterwechsel bei grundbesitzender Personengesellschaft auf Grund Abspaltung bei einer Gesellschafterin, jurisPR-SteuerR 38/2014 Anm. 3; Halaczinsky, UVR 2014, 330 (Anm.).
	Errechnet sich beim Formwechsel einer Kapitalgesellschaft in eine Personengesellschaft ein Übernahmeverlust, kann dieser im zeitlichen Geltungsbereich des § 4 Abs. 6 UmwStG i.d.F. des StSenkG 2001/2002 nicht durch einen sofortigen Abzug einkünftemindernd im Rahmen der Gewinnermittlung der Personengesellschaft berücksichtigt werden	§ 4 Abs. 6 UmwStG	BFH v. 24.6.2014, VIII R 35/10, DB 2014, 1900 = HFR 2014, 1105	Strahl, BeSt 2014, 25 (Anm.); Nothnagel, HFR 2014, 1107 (Anm.)
	Bei Beteiligung einer vermögensverwaltenden Personengesellschaft an einer gewerblich tätigen Mitunternehmerschaft mit abweichendem Wirtschaftsjahr tritt die Abfärbewirkung nach § 15 Abs. 3 Nr. 1 Alt 2 EStG nur ein, wenn der Obergesellschaft in dem betreffenden Kalenderjahr nach Maßgabe des § 4a Abs. 2 Nr. 2 EStG ein Gewinnanteil i.S.v. § 15 Abs. 1 Satz 2 Nr. 2 EStG zugewiesen ist	§§ 4a, 15 EStG	BFH v. 26.6.2014, IV R 5/11; HFR 2015, 25 = BStBl II 2014, 972	Schiffers, DStZ 2014, 737 (Anm.); Dötsch, Abfärbewirkung bei Beteiligung an gewerblich tätiger Mitunternehmerschaft mit abweichendem Wirtschaftsjahr, jurisPR-SteuerR 46/2014 Anm. 1; Schüler-Täsch, HFR 2015, 27 (Anm.)

B. Rechtsprechung 2014/2015 von A bis Z

Schlagwort	Inhalt/Tenor	Norm	Gericht, Datum, Az., Fundstelle	Weiterführende Hinweise
Personengesellschaften *–Fortsetzung–*	Nach § 21 Abs. 1 Satz 2 EStG i.V.m. § 15a Abs. 2 EStG ist einer Kommanditgesellschaft, die Einkünfte aus VuV erzielt, der einem Kommanditisten zuzurechnende, nicht ausgeglichene oder abgezogene Verlustanteil mit Überschüssen, die dem Kommanditisten in späteren Wirtschaftsjahren aus seiner Beteiligung an der KG zuzurechnen sind, zu verrechnen	§§ 4, 5, 15a, 21 EStG	BFH v. 2.9.2014, IX R 52/13, DStR 2015, 164	
	Ein Darlehen gehört nur dann nicht zum Betriebsvermögen einer Personengesellschaft wenn festgestellt werden kann, dass keine wesentliche betriebliche Veranlassung für seine Ausreichung bestand	§ 15a EStG, §§ 718 BGB, 105, 161, 246 HGB	BFH v. 16.10.2014, IV R 15/11, DStR 2015, 220	
	Verluste einer gewerblich geprägten Personengesellschaft	§ 15 Abs. 3 Nr. 2 EStG	BFH v. 30.10.2014, IV R 34/11, DStR 2015, 217.	
Pkw-Kosten	Überlässt der Arbeitgeber seinem Arbeitnehmer für Fahrten zwischen Wohnung und Arbeitsstätte einen Fahrer, führt das dem Grunde nach zu einem lohnsteuerrechtlich erheblichen Vorteil. Der Vorteil bemisst sich grundsätzlich nach dem üblichen Endpreis am Abgabeort einer vergleichbaren von fremden Dritten erbrachten Leistung	§ 8 Abs. 2 Satz 1, § 9 Abs. 1 Satz 3 Nr. 4 EStG	BFH v. 15.5.2013, VI R 44/11, DStR 2013, 1777 = HFR 2013, 895 = BStBl II 2014, 598	Killat-Risthaus, DStZ 2013, 687 (Anm.); Bergkemper, Fahrergestellung als Lohn, jurisPR-SteuerR 41/2013 Anm. 4; Ma, B+P 2013 (Anm.); Schneider, HFR 2013, 897 (Anm.); BMF v. 15.7.2014, IV C 5 – S 2334/13/10003, BStBl I 2014, 1109:2 (Anwendungsregelung)
	Überlässt der Arbeitgeber dem Arbeitnehmer mehr als ein Kfz auch zur privaten Nutzung, so ist der in der Überlassung des Fahrzeugs zur privaten Nutzung liegende geldwerte Vorteil für jedes Fahrzeug nach der 1%-Regelung zu berechnen	§§ 6, 8, 19, 42d EStG	BFH v. 13.6.2013, VI R 17/12, DStR 2013, 2267 = HFR 2013, 1103 = BStBl II 2014, 340	Killat-Risthaus, DStZ 2013, 840 (Anm.); Pfützenreuter, 1 %-Regelung bei Überlassung mehrerer Dienstwagen zur privaten Nutzung, jurisPR-SteuerR 49/2013 Anm. 1; Hettler, HFR 2013, 1105 (Anm.)
	Anscheinsbeweis für Privatnutzung eine betrieblichen PKW durch Alleingesellschafter/ Geschäftsführer	§ 8 Abs. 3 Satz 2 KStG	FG Berlin-Brandenburg v. 3.9.2013, 6 K 6154/10, EFG 2013, 1955 (rkr.)	Kuhfus, EFG 2013, 1958 (Anm.)

Schlagwort	Inhalt/Tenor	Norm	Gericht, Datum, Az., Fundstelle	Weiterführende Hinweise
Pkw-Kosten –Fortsetzung–	Bei der Ermittlung des geldwerten Vorteils der privaten PKW-Nutzung ist bei einem bilanzierenden Unternehmen nicht die vollständige Leasing-Sonderzahlung, sondern nur der in der Bilanz erfasste Aufwand ohne Berücksichtigung des in den aktiven Rechnungsabgrenzungsposten eingestellten Teils der Zahlung steuerlich zu berücksichtigen	§§ 8, 19, 42d EStG	FG Berlin-Brandenburg v. 11.12.2013, 9 K9224/10, EFG 2014, 1467, Rev., Az. des BFH: VI R 27/14	Wüllenkemper, EFG 2014, 1468 (Anm.)
	Über die Frage, ob und welches betriebliche Fahrzeug dem Arbeitnehmer auch zur privaten Nutzung überlassen ist, entscheidet das FG unter Berücksichtigung sämtlicher Umstände des Einzelfalls nach seiner freien, aus dem Gesamtergebnis des Verfahrens gewonnenen Überzeugung	§§ 6, 8. 19 EStG	BFH v. 6.2.2014, VI R 39/13, HFR 2014, 408 = BStBl II 2014	Killat-Risthaus, DStZ 2014, 335; Geserich, HFR 2014, 409 (Anm.); Bergkemper, Geldwerter Vorteil aus der Überlassung eines Dienstwagens, jurisPR-SteuerR 24/2014 Anm. 4
	Bei Überlassung eines Dienstwagens und Anwendung der Fahrtenbuchmethode sind pauschale Zuzahlungen des Arbeitnehmers grundsätzlich auch dann in voller Höhe als WK zu berücksichtigen, wenn sich infolge der Zuzahlungen kein geldwerter Vorteil mehr ergibt	§§ 4, 6, 8, 9, 12, 19 EStG	FG Baden-Württemberg v. 25.2.2014, 5 K 284/13, EFG 2014, 896 (Rev., Az. des BFH: VI R 24/14)	Reuß, EFG 2014, 897 (Anm.)
	Die Fahrtenbuchmethode ist nur dann zu Grunde zu legen, wenn der Arbeitnehmer das Fahrtenbuch für den gesamten Veranlagungszeitraum führt; ein unterjähriger Wechsel von der 1 %-Regelung zur Fahrtenbuchmethode für dasselbe Fahrzeug ist nicht zulässig	§§ 6, 8 EStG	BFH v. 20.3.2014, VI R 35/12, DStR 2014, 1271 = HFR 2014, 684 = BStBl II 2014, 643	Killat-Risthaus, DStZ 2014, 515 (Anm.); Mader, B+P 2014, 556 (Anm.); Bergkemper, Kein unterjähriger Wechsel zur Fahrtenbuchmethode, jurisPR-SteuerR 36/2014 Anm. 1
	Ein Arbeitnehmer, der zunächst für drei Jahre und anschließend wiederholt befristet von seinem Arbeitgeber ins Ausland entsandt worden ist, begründet dort keine regelmäßige Arbeitsstätte i.S.d. § 9 Abs. 1 Satz 3 Nr. 4 EStG; auch dann nicht, wenn er mit dem ausländischen Unternehmen für die Dauer des Entsendungszeitraums einen unbefristeten Arbeitsvertrag abgeschlossen hat	§ 9 Abs. 1 Satz 1 EStG	BFH v. 10.4.2014, 550, VI R 11/13, HFR 2014, 781 = BStBl II 2014, 804	Killath-Risthaus, DStR 2014, 550 (Anm.); Bergkemper, Abgrenzung zwischen lediglich vorübergehender Entsendung und von Anbeginn dauerhafter Entsendung an den neuen Beschäftigungsort, jurisPR-SteuerR 37, 2014 Anm. 4; Geserich, HFR 2014, 783 (Anm.)

B. Rechtsprechung 2014/2015 von A bis Z

Schlagwort	Inhalt/Tenor	Norm	Gericht, Datum, Az., Fundstelle	Weiterführende Hinweise
Pkw-Kosten –Fortsetzung–	Nutzt ein Stpfl. in seinem Betrieb gelegentlich einen zum Betriebsvermögen seines Ehegatten gehörenden PKW, ohne hierfür Aufwendungen zu tragen, kann er für die betriebliche Nutzung keine Betriebsausgaben abziehen	§§ 4, 6 EStG	BFH v. 15.7.2014, X R 24/12, DStR 2014, 2380 = HFR 2015, 21	Schiffers, DStZ 2015, 1 (Anm.); Pfützenreuter, Behandlung der betrieblichen Nutzung eines zum Betriebsvermögen des anderen Ehegatten gehörenden PKW, jurisPR-SteuerR 3/2015 Anm. 3
Private Veräußerungsgeschäfte – früher: Spekulationsgeschäfte	Mit der Entgegennahme eines Fremdwährungsguthabens als Gegenleistung für die Veräußerung von Wertpapieren werden beide Wirtschaftsgüter getauscht, d.h. die Wertpapiere veräußert und das Fremdwährungsguthaben angeschafft	§§ 2, 22, 23 EStG	BFH v. 21.1.2014, IX R 11/13, BStBl II 2014, 385	Jachmann, Anschaffung durch Tausch bei Fremdwährungsgeschäften, jurisPR-SteuerR 21/2014 Anm. 3
	Für die Berechnung der Veräußerungsfristen in § 23 EStG kommt es auf den wirksamen Abschluss des schulrechtlichen Verpflichtungsgeschäfts an	§§ 2, 22, 23 EStG, § 154 BGB	BFH v. 8.4.2014, IX R 18/13, DStR 2014, 704 = BStBl II 2014, 826 = HFR 2014, 991	Höring, DStZ 2014, 704 (Anm.)
	Wird eine Immobilie nach Ablauf der ursprünglichen Spekulationsfrist von zwei Jahren und vor Ablauf der neuen Spekulationsfrist von zehn Jahren veräußert, sind die Sonderabschreibungen und AfA-Beträge, die in der Zeit bis zur Verkündung des StEntlG 1999/2000/2002 zum 31.3.1999 in Anspruch genommen worden sind, dem nicht steuerbaren Zeitraum zuzuordnen (abw. BMF v. 20.12.2010, IV C 1-S, BStBl I 2011, 14)	§§ 22, 23, 52 EStG	BFH v. 6.5.2014, IX R 39/13, HFR 2014, 880	Trossen, HFR 2014, 883 (Anm.); Killat-Risthaus, DStZ 2014, 740 (Anm.); Jachmann, Ermittlung des Gewinns aus privaten Veräußerungsgeschäften nach der BVerfG-Entscheidung „Rückwirkung im Steuerrecht I", jurisPR-SteuerR 51/2014 Anm. 2
	Wird ein durch die Zeichnung von Wandelschuldverschreibungen begründetes Wandlungsrecht dadurch ausgeübt, dass der Stpfl. Aktien des Emittenten unter Zuzahlung des festgesetzten Wandlungspreises erwirbt, schafft er diese i.S.d. § 23 Abs. 1 Satz 1 Nr. 2 EStG an	§§ 22, 23 EStG	BFH v. 1.10.2014, IX R 55/13, DStR 2015, 223	

Aktuelles

Schlagwort	Inhalt/Tenor	Norm	Gericht, Datum, Az., Fundstelle	Weiterführende Hinweise
Progressionsvorbehalt	Bewirtschaftete Grundstücksflächen, die zu einem inländischen landwirtschaftlichen Betrieb gehören und im grenznahen Ausland belegen sind, können als Betriebsstätte i.S.v. § 12 AO zu qualifizieren und die hierdurch erzielten Einkünfte deshalb gem. § 32b Abs. 1 Satz 2 Nr. 1 EStG 2002 n.F. vom sog. Progressionsvorbehalt auszunehmen sein	§ 12 AO, §§ 1, 2, 4a, 13, 32b, 34d, EStG, Art. 2, 4, 20	BFH v. 2.4.2014, I R 68/12, BStBl II 2014, 875	Märtens, Landwirtschaftlich bewirtschaftetes Grundstück als Betriebsstätte i.S.v. § 12 AO, jurisPR-SteuerR 33/2014 Anm. 1
	Zur Berechnung des Progressionsvorbehalts sind steuerfreie Leistungen nach § 32b Abs. 1 Satz 1 Nr. 1 Buchst. j EStG (z.B. Elterngeld) nicht um den Arbeitnehmer-Pauschbetrag zu vermindern, wenn bei der Ermittlung der Einkünfte aus nichtselbstständiger Arbeit den Pauschbetrag übersteigende Werbungskosten abgezogen wurden	§ 3 Nr. 67, § 32b EStG	BFH v. 25.9.2014, III R 61/12, DStR 2014, 23,82	Schiffers, DStZ 2015, 8 (Anm.); Mader, B+P 2015, 45 (Anm.)
Renten, Kaufpreisraten, dauernde Lasten	Begnügt sich ein Ehegatte mit der Zuwendung von laufenden Zahlungen unter Verzicht auf Pflichtteils- oder ähnliche Ansprüche (Zugewinnausgleich), ist im Regelfall von einer Vermögensübergabe gegen Versorgungsleistungen i.S.v. § 10 Abs. 1 Nr. 1a EStG auszugehen, sofern das den Vermögensübernehmern/Erben überlassene Vermögen ausreichend ertragfähig ist und die Parteien ihren Verpflichtungen wie vereinbart oder durch Vermächtnis bestimmt nachkommen	§ 10 Abs. 1 Nr. 1a EStG	BFH v. 25.2.2014, X R 34/11, DStR 2014, 1325 = BStBl II 2014, 665 = HFR 2014, 870	Urbach, DStZ 2014, 517 (Anm.); Schuster, Vermögensübergabe gegen Versorgungsleistungen, jurisPR-SteuerR 31/2014 Anm. 2
Rentenbesteuerung	Zahlungen auf Grund einer vor Eintritt des Erbfalls erklärten Erb- und/oder Pflichtteilsverzichts sind nicht einkommensteuerbar	§§ 20, 22 EStG	BFH v. 20.11.2012, VIII R 57/10, HFR 2013, 399 = BStBl II 2014, 56	Halaczinsky, UVR 2013, 138 (Anm.); Fischer, Einkommensteuerbarkeit von Zahlungen auf Grund eines vor Eintritt des Erbfalls erklärtem Erb- und/oder Pflichtteilsverzichts, jurisPR-SteuerR 19/2013 Anm. 3
	Bei privaten Rentenversicherungsverträgen ist sowohl die garantierte Mindestrente als auch die nicht garantierte Überschussbeteiligung einheitlich mit dem Ertragsanteil nach § 22 Nr. 1 Satz 3 Buchst. a Doppelbuchst. bb EStG anzusetzen	§ 22 Nr. 1 Satz 3 Buchst. a Doppelbuchst. bb EStG	BFH v. 17.4.2013, X R 18/11, HFR 2013, 700; BStBl II 2014, 15	Nöcker, Private Rentenversicherung: Einheitliche Beurteilung der Garantierente und der Überschussbeteiligung, jurisPR-SteuerR 42/2013 Anm. 3

Schlagwort	Inhalt/Tenor	Norm	Gericht, Datum, Az., Fundstelle	Weiterführende Hinweise
Rentenbesteuerung –Fortsetzung–	Erziehungsrenten sind mit dem Besteuerungsanteil zu besteuern	§ 22 Nr. 1 Satz 3 Buchst. a Doppelbuchst. aa EStG, §§ 33, 47 SGB VI, Art. 3, 14 GG	BFH v. 19.8.2013, X R 35/11, HFR 2013, 1008 = BStBl II 2014, 557	Schuster, Besteuerung von Erziehungsrenten, jurisPR-SteuerR 47/2013 Anm. 3; AV, DStZ 2014, 59
	Wiederkehrende Bezüge, die ein Stpfl. auf Grund eines Vermächtnisses von einer gemeinnützigen, vom Erblasser mit Vermögen ausgestatteten Stiftung erhält, sind dem Grunde nach gem. § 22 Nr. 1 Satz 1 Hs. 2 Buchst. a EStG steuerbar. Der Höhe nach ist die Besteuerung auf den Ertragsanteil begrenzt	§ 22 Nr. 1 Satz 1 Hablbs. 2 Buchst. a EStG, §§ 52 – 54 AO	BFH v. 15.7.2014, X R 41/12, HFR 2014, 1070	Kulosa, HFR 2014, 1072 (Anm.); Fischer, Einkommenbesteuerung der auf einem Vermächtnis beruhenden Leistung einer Stiftung an Destinäre, jurisPR-SteuerR 2/2015, Anm. 2
	Abweichende Steuerfestsetzung aus sachlichen Billigkeitsgründen wegen des Ausfalls von Rentenzahlungen	§§ 11, 23 ErbStG, § 163 AO	BFH v. 22.10.2014, II R 4/14	Carlé, DStZ 2015, 11 (Anm.)
Rückstellungen	Rückstellung für Pensionszusage: Einbeziehung von Vordienstzeiten	§§ 6a, 7g EStG, 7 GewStG, 8 KStG	BFH v. 26.6.2013, I R 39/12, HFR 2014, 207 = BStBl II 2014, 174	Heger, BB 2014, 241 (Anm.), Veit, BB 2014, 939 (Anm.), Weber-Grellert, FR 2014, 119
	Rückstellungen wegen angeordneter flugverkehrstechnischer Maßnahmen auf der Grundlage von Lufttüchtigkeitsanweisungen und Joint Aviation Requirements	§ 249 HGB, §§ 5, 6 EStG, §§ 1, 2, 14 LuftBO	BFH v. 17.10.2013, IV R 7/11, HFR 2014, 112 = BStBl II 2014, 302	Schulze, HFR 2014, 114 (Anm.); TK, DStZ 2014, 137 (Anm.)
	Steht fest, dass der Stpfl. vertraglich zur weiteren Betreuung der von ihm vermittelten Versicherungsverträge verpflichtet ist und auch tatsächlich entsprechende Nachbetreuungsleistungen erbracht hat, ist grundsätzlich eine Rückstellung zu bilden. Die Abzinsung einer Rückstellung für die Verpflichtung zur Nachbetreuung von Versicherungsverträgen richtet sich gem. § 6 Abs. 1 Nr. 3a Buchst. e Satz 2 EStG nach dem Zeitraum bis zur erstmaligen Erfüllung der Bestandspflegepflicht.	§§ 5, 6 EStG	BFH v. 12.12.2013, X R 25/11, DStR 2014, 840 = BStBl II 2014, 517 = HFR 2014, 767	Köster, DStZ 2014, 361 (Anm.); Pfützenreuter, Bildung einer Rückstellung für die Verpflichtung zur Nachbetreuung von Versicherungsverträgen, jurisPR-SteuerR 24/2014 Anm. 3; Teller, HFR 2014, 770 (Anm.)

Aktuelles

Schlagwort	Inhalt/Tenor	Norm	Gericht, Datum, Az., Fundstelle	Weiterführende Hinweise
Rückstellungen –Fortsetzung–	Rückstellung wegen Erfüllungsrückstands für die Nachbetreuung von Versicherungsverträgen: Rechtspflicht zur Betreuung der Versicherungen als Voraussetzung; keine Rechtspflicht eines für einen Versicherungsmakler tätigen Handelsvertreters, der nicht selbst Vertragspartner der Maklerverträge wird	§ 5 EStG, § 249 HGB	BFH v. 27.2.2014, III R 14/11, DStR 2014, 1593 = BStBl II 2014, 675 = HFR 2014, 979	Köster, DStZ 2014, 625 (Anm.); Pfützenreuter, Bildung einer Rückstellung wegen Erfüllungsrückstands bei Rechtspflicht zur Nachbetreuung von Versicherungsverträgen, jurisPR-SteuerR 40/2014 Anm. 1
	Für die Verpflichtung zur Prüfung des Jahresabschlusses einer Personenhandelsgesellschaft darf eine Rückstellung nicht gebildet werden, wenn diese Verpflichtung ausschließlich durch den Gesellschaftsvertrag begründet worden ist	§§ 4, 5 EStG	BFH v. 5.6.2014, IV R 26/11, DB 2014, 2020 = BStBl II 2014, 8886 = HFR 2015, 17	Schiffers, DStZ 2014, 658 (Anm.); Steihauff, Keine Rückstellung für ausschließlich gesellschaftsrechtlich begründete Pflicht zur Prüfung des Jahresabschlusses, jurisPR-StuerR 42/2014 Anm. 2
	Pensionszusage: verdeckte Gewinnausschüttung infolge Ausscheidens des beherrschenden Gesellschafter-Geschäftsführers aus dem Unternehmen vor Ablauf der Erdienenszeit	§ 4 EStG, § 8 KStG	BFH v. 25.6.2014, I R 76/13, HFR 2014, 1091	Märtens, Verdeckte Gewinnausschüttung infolge Ausscheidens des beherrschenden Gesellschafter-Geschäftsführers aus dem Unternehmen vor Ablauf der Erdienenszeit einer Pensionszusage, jurisPR-SteuerR 41/2014 Anm. 6
	Ansammlungsrückstellung: Stichtagsbezogene Anpassung des Ansammlungszeitraums	§ 6 Abs. 1 Nr. 3a Buchst. 3 EStG	BFH v. 2.7.2014, I R 46/12 = BStBl II 2014, 979	Steinhauff, Stichtagsbezogene Anpassung des Ansammlungszeitraums bei Ansammlungsrückstellung, jurisPR-SteuerR 48/2014 Anm. 3; Paus, Gewinnerhöhende Auflösung einer Ansammlungsrückstellung wegen Verlängerung des Mietvertrags, DStZ 2015, 94
Sachbezüge	Überlässt der Arbeitgeber seinem Arbeitnehmer für Fahrten zwischen Wohnung und Arbeitsstätte einen Fahrer, führt das dem Grunde nach zu einem lohnsteuerrechtlich erheblichen Vorteil. Der Vorteil bemisst sich grundsätzlich nach dem üblichen Endpreis am Abgabeort einer vergleichbaren von fremden Dritten erbrachten Leistung	§ 8 Abs. 2 Satz 1, § 9 Abs. 1 Satz 3 Nr. 4 EStG	BFH v. 15.5.2013, VI R 44/11, DStR 2013, 1777 = HFR 2013, 895 = BStBl II 2014, 589	Killat-Risthaus, DStZ 2013, 687 (Anm.); Bergkemper, Fahrergestellung als Lohn, jurisPR-SteuerR 41/2013 Anm. 4; Ma, B+P 2013 (Anm.); Schneider, HFR 2013, 897 (Anm.); BMF v. 15.7.2014, IV C 5 – S 2334/13/10003, BStBl I 2014, 1109:2 (Anwendungsregelung)

B. Rechtsprechung 2014/2015 von A bis Z

Schlagwort	Inhalt/Tenor	Norm	Gericht, Datum, Az., Fundstelle	Weiterführende Hinweise
Sachbezüge –Fortsetzung–	Überlässt der Arbeitgeber dem Arbeitnehmer mehr als ein Kfz auch zur privaten Nutzung, so ist der in der Überlassung des Fahrzeugs zur privaten Nutzung liegende geldwerte Vorteil für jedes Fahrzeug nach der 1%-Regelung zu berechnen	§§ 6, 8, 19, 42d EStG	BFH v. 13.6.2013, VI R 17/12, DStR 2013, 2267 = HFR 2013, 1103 = BStBl II 2014, 340	Killat-Risthaus, DStZ 2013, 840 (Anm.); Pfützenreuter, 1%-Regelung bei Überlassung mehrerer Dienstwagen zur privaten Nutzung, jurisPR-SteuerR 49/2013 Anm. 1; Hettler, HFR 2013, 1105 (Anm.)
	Lohnsteuerpauschalierung für Geschenke: § 37b Abs. 1 Satz 1 Nr. 2 EStG erfasst die Einkommensteuer, die durch Geschenke i.S.d. § 4 Abs. 5 Satz 1 Nr. 1 EStG entsteht, wenn und soweit der Empfänger dieser Geschenke dadurch Einkünfte i.S.d. § 2 Abs. 1 Satz 1 iVm. §§ 13 – 24 EStG erzielt. Der Wert des Geschenks ist ohne Bedeutung	§§ 2, 4, 37b EStG	BFH v. 16.10.2013, VI R 52/11, HFR 2014, 222	Bergkemper, Lohnsteuerpauschalierung für Geschenke i.S.v. § 37b EStG, jurisPR-SteuerR 8/2014 Anm. 4; Stahl, Reichweite der Steuerpauschalierung nach § 37b EStG, BeSt 2014, 13
	Keine Lohnsteuerpauschalierung für nicht steuerpflichtige Zuwendungen an Arbeitnehmer	§ 37b EStG	BFH v. 16.10.2013, VI R 57/11, HFR 2014, 87 = HFR 2014, 221; BFH v. 16.10.2013, VI R 78/12, HFR 2014, 224; BFH v. 16.10.2013, VI R 52/11, HFR 2014, 222	Schiffers, DStZ 2013, 93 (Anm.); Bergkemper, Lohnsteuerpauschalierung für Geschenke i.S.v. § 37b EStG, jurisPR-SteuerR 8/2014 Anm. 4; Schneider, HFR 2014, 225 (Anm.); Mader, B+P 2014, 189 (Anm.); Stahl, Reichweite der Steuerpauschalierung nach § 37b EStG, BeSt 2014, 13; Dürr, Keine Lohnsteuerpauschalierung für nicht steuerpflichtige Zuwendungen, jurisPR-SteuerR 20/2014 Anm. 3
	Kann der Arbeitnehmer die von seinem Arbeitgeber erworbenen Genussrechte nur dadurch verwerten, dass er sie nach Ablauf der Laufzeit an diesen veräußert und hängt die Höhe des Rückkaufswertes der Genussrechte davon ab, wie das Anstellungsverhältnis endet, handelt es sich bei dem Überschuss aus dem Rückkauf der Genussrechte um Einkünfte aus nichtselbstständiger Arbeit	§§ 8, 19 EStG	BFH v. 5.11.2013, VIII R 20/11, HFR 2014, 311 = BStBl II 2014, 275	Mader, B+P 2014, 260 (Anm.)

Schlagwort	Inhalt/Tenor	Norm	Gericht, Datum, Az., Fundstelle	Weiterführende Hinweise
Sachbezüge –Fortsetzung–	Betrieblich veranlasste Zuwendungen i.S.d. § 37b Abs. 1 Satz 1 Nr. 1 und § 37b Abs. 2 EStG sind nur solche, die durch den Betrieb des Stpfl. veranlasst sind	§ 5 Abs. 5 Satz 1 Nr. 1, 37b Abs. 1 Satz 1 Nr. 1, Abs. 2 EStG, § 174 Abs. 5 Satz 2 AO	BFH v. 12.12.2013, VI R 47/12, DStR 2014, 320 = HFR 2014, 316	Schiffers, DStZ 2014, 320 (Anm.); Schneider, HFR 2014, 318 (Anm.); Mader, B+P 2014, 263; Stahl, Reichweite der Steuerpauschalierung nach § 37b EStG, BeSt 2014, 13; Bergkemper, Steuerpauschalierung für betrieblich veranlasste Zuwendungen, jurisPR-SteuerR 17/2014 Anm. 4
	Ein verbilligter Erwerb von Aktien vom Arbeitgeber (oder einem Dritten) kann zu Einnahmen aus nichtselbständiger Arbeit nach § 19 Abs. 1 Satz 1 Nr. 1 i.V.m. § 8 Abs. 1 EStG führen, wenn der Vorteil dem Arbeitnehmer „für" seine Arbeitsleistung gewährt wird. Ein lohnsteuerbarer Vorteil liegt nur insoweit vor, als der Wert der Aktien den vereinbarten Kaufpreis übersteigt.	§§ 8, 19 EStG	BFH v. 7.5.2014, VI R 73/12, DStR 2014, 1328 = HFR 2014, 692 = BStBl II 2014, 904	Killat-Risthaus, DStZ 2014, 1328 (Anm.); Mader, B+P 2014, 551; Geserich, HFR 2014, 694 (Anm.); Bergkemper, Verbilligter Erwerb von Aktien vom Arbeitgeber als Arbeitslohn, jurisPR-SteuerR 34/2014 Anm. 2
	Überlassung eines dem Unternehmen zugeordneten PKW an einen Gesellschafter-Geschäftsführer zur privaten Nutzung unterliegt der USt, wenn ein Zusammenhang zwischen Nutzungsüberlassung und Arbeitsleistung i.S. eines Entgelts besteht, oder wenn die Voraussetzungen einer unentgeltlichen Wertabgabe gegeben sind	§§ 1, 3 UStG, § 8 EStG	BFH v. 5.6.2014, XI R 2/12, HFR 2014, 1016	Tausch, UVR 2015, 3 (Anm.); Grube, Überlassung eines dem Unternehmen zugeordneten PKW an einen Gesellschafter-Geschäftsführer zur privaten Nutzung, jurisPR-SteuerR 1/2015 Anm. 5
	Personalrabatt: Anwendbarkeit von § 8 Abs. 3 EStG auf Fahrvergünstigung der Deutschen Bahn AG für Ruhestandsbeamte. Der Altersentlastungsbetrag ist nicht auf steuerfreie Einkünfte anwendbar	§ 8 Abs. 3, § 24a EStG	BFH v. 26.6.2014, VI R 41/13; DB 2014. 2450 = HFR 2014, 1047	Killat-Risthaus, DStZ 2014, 826 (Anm.); Riehl, HFR 2014, 1048 (Anm.)
Sonderausgaben	Ein schuldrechtlicher Versorgungsausgleich kann auch in einem Ehevertrag vereinbart sein.	§ 10 Abs. 1b EStG	BFH v. 22.8.2012, X R 36/09, HFR 2013, 210 = BStBl II 2014, 109	Borth, FamRZ 2013, 458
	Ein Student, der seinen Lebensmittelpunkt an den Studienort verlagert hat, ist regelmäßig nicht auswärts untergebracht i.S.d. § 10 Abs. 1 Nr. 7 Satz 3 EStG	§ 9 Abs. 1, § 10 Abs. 1 Nr. 7 EStG	BFH v. 19.9.2012, VI R 78/10, DStR 2012, 2375 = HFR 2013, 17 = BStBl II 2013, 284	Killat-Risthaus, DStZ 2013, 15 (Anm.); Bergkemper, Unterkunftskosten im Rahmen eines Studiums, jurisPR-SteuerR 2/2013 Anm. 4; Mader, B+P 2013, 194 (Anm.)

B. Rechtsprechung 2014/2015 von A bis Z

Schlagwort	Inhalt/Tenor	Norm	Gericht, Datum, Az., Fundstelle	Weiterführende Hinweise
Sonderausgaben –Fortsetzung–	Steuerberaterkosten für die Abgabe von Erklärungen nach dem StraBEG sind weder als Werbungskosten, noch als Sonderausgaben abziehbar.	§§ 2, 9, 10, 11, 20 EStG, §§ 1, 4, 8 StraBEG	BFH v. 20.11.2012, VIII R 29/10, HFR 2013, 392 = BStBl II 2013, 344	Carlé, DStZ 2013, 257 (Anm.)
	Erbringt der Arbeitgeber Leistungen i.S.d. § 3 Nr. 62 EStG auch für den Ehegatten des Arbeitnehmers, so steht dem Ehegatten nur der ermäßigte Höchstbetrag nach § 10 Abs. 4 Satz 2 EStG zu.	§ 3 Nr. 14 und 62, §§ 10, 26b EStG, Art. 3, 6 GG, § 16 SGB IV, §§ 10, 257 SGB V, §§ 3, 5 BhV	BFH v. 23.1.2013, X R 43/09, HFR 2013, 393= BStBl II 2013, 608	Killat-Risthaus, DStZ 2013, 291 (Anm.); Nöcker, HFR 2013, 396 (Anm.)
	Beiträge zur VdBS können weder als Sonderausgaben nach § 10 Abs. 1 Nr. 2 Buchst. a EStG noch nach § 10 Abs. 2 Nr. 2 Buchst. b abgezogen werden	§§ 10, 22 EStG, Art. 3 GG, § 6 SGB IV, § 34 SchfG	BFH v. 15.5.2013, X R 18/10, HFR 2013, 997 = BStBl II 2014, 25	Nöcker, HFR 2013, 999 (Anm.); Nöcker, Beiträge zur Versorgungsanstalt der Bezirksschornsteinfeger (VdBS): Verfassungsmäßigkeit der fehlenden Berücksichtigung als Basisvorsorgeaufwendungen, jurisPR-SteuerR 1/2014 Anm. 4
	Die Übernahme von Aufwendungen innerhalb eines sog. Selbstbehalts sind keine Beiträge „zu" Krankenversicherungen und deshalb nicht als Vorsorgeaufwendungen abziehbar	§ 10 Abs. 1 Nr. 3 Buchst. a EStG	FG Köln v. 15.8.2013, EFG 2014, 1477; Rev., Az. des BFH: VI R 29/14	Lemaire, EFG 2014, 1468 (Anm.)
	Verfassungsmäßigkeit des Abzug von Kinderbetreuungskosten bei unter vierjährigen Kindern	§§ 4f, 9, 10 EStG	BFH v. 14.11.2013, III R 18/13, DStR 2014, 261 = HFR 2014, 400 = BStBl II 2014, 383	Killat-Risthaus, DStZ 2014, 261 (Anm.); Selder, Verfassungsmäßigkeit des Abzug von Kinderbetreuungskosten bei unter vierjährigen Kindern, jurisPR-SteuerR 17/2014 Anm. 3
	Nach der Neufassung des § 10 Abs. 1 Nr. 1a EStG durch das JStG 2008 sind auf einem Wirtschaftsüberlassungsvertrag beruhende Leistungen des Nutzungsberechtigten an den Überlassenden nicht als Sonderausgaben abziehbar	§ 10 Abs. 1 Nr. 1a, § 13a EStG	BFH v. 25.6.2014, X R 16/13, HFR 2014, 872 = BStBl II 2014, 889	Fischer, Kein Abzug der Leistungen des Nutzungsberechtigten als Sonderausgaben beim Wirtschaftsüberlassungsvertrag, jurisPR 44/21014 Anm. 2
	Ist zu Gunsten des Alleingesellschafter-Geschäftsführers einer GmbH eine Direktversicherung als Versicherungsnehmerin geschlossen worden, gehört dieser seit 2008 zum Personenkreis des § 10c Abs. 3 Nr. 2 EStG. Der Höchstbetrag ist pauschal um den fiktiven Gesamtbeitrag zur allgemeinen Rentenversicherung zu kürzen	§ 10 Abs. 3 Satz 2, Abs. 4a, § 10c Abs. 3 Nr. 2 EStG; Art. 3 GG	BFH v. 15.7.2014, X R 35/12, DStR 2014, 2498	jh, StuB 2015, 34 (Anm.)

Schlagwort	Inhalt/Tenor	Norm	Gericht, Datum, Az., Fundstelle	Weiterführende Hinweise
Steuerbefreiung, Einkommensteuer	Ehrenamtliche Vorstandstätigkeit für ein Versorgungswerk als Leistung öffentlicher Dienste i.S.d. § 3 Nr. 12 Satz 2 EStG	§ 3 Nr. 12 Satz 2 EStG	BFH v. 27.8.2013, VIII R 34/11 = HFR 2014, 300 = BStBl II 2014, 248	Steinhauff, Ehrenamtliche Vorstandstätigkeit für ein Versorgungswerk als Leistung öffentlicher Dienste i.S.d. § 3 Nr. 12 Satz 2 EStG, jurisPR-SteuerR 1/2014 Anm. 2
	Zuschüsse zur freiwilligen Rentenversicherung als Arbeitslohn	§ 3 Nr. 62, § 19 EStG, §§ 1, 7 SGB VI	BFH v. 24.9.2013, VI R 8/11 = BStBl II 2014, 124	Mader, B+P 2014, 43 (Anm.); Bergkemper, Zuschüsse zur freiwilligen Rentenversicherung als Arbeitslohn, jurisPR-SteuerR 2/2014 Anm. 4
	Obligatorische Arbeitgeberbeiträge zu einer schweizerischen Pensionskasse sind gem. § 3 Nr. 62 Satz 1 EStG steuerfrei. Überobligatorische Arbeitgeberbeiträge sind als Beträge i.S.d. § 3 Nr. 62 Satz 4 1. Hs. EStG innerhalb der Grenzen des § 3 Nr. 62 Satz 3 EStG steuerfrei	§ 3 Nr. 62, § 19 EStG	BFH v. 24.9.2013, VI R 6/11, HFR 2014, 198 = BFHE 243, 210	Bleschick, HFR 2014, 200 (Anm.); Heger, Überobligatorisch erbrachte Arbeitgeberbeiträge zu einer schweizerischen Pensionskasse für Grenzgänger in die Schweiz, jurisPR-SteuerR 8/2014 Anm. 2
Steuerhinterziehung	Aufgrund des beim Kindergeld vorherrschenden Monatsprinzips ist die Steuerhinterziehungstat in jedem einzelnen Monat beendet. Die Strafverfolgungsverjährung beginnt mit jedem einzelnen Monat	§§ 169, 170, 171, 272, 179, 369, 378, 378 AO; §§ 66, 68, 70, 72 EStG	FG Köln v. 26.2.2014, 12 K 1957/13, EFG 2014, 1752 (Rev., Az. des BFH: III R 13/14)	Matthes, EFG 2014, 1757 (Anm.)
	Zufluss von Scheinrenditen im Schneeballsystem: Entscheidend ist, wie der Betreiber auf den Auszahlungswunsch reagiert. Leichtfertige Steuerverkürzung oder Steuerhinterziehung bei unterlassener Erklärung	§§ 20 EStG; §§ 169, 170, 171 173, 370, 378 AO	BFH v. 2.4.2014, VIII R 38/13, BStBl II 2014, 698 = HFR 2014, 874	Steinhauff, Zufluss von Scheinrenditen in Schneeballsystemen – Prüfung der Festsetzungsverjährung gem. § 169 Abs. 2 Satz 2 AO, jurisPR-SteuerR 40/2014 Anm. 3; Levedag, HFR 2014, 876 (Anm.); Rosarius, DStZ 2014, 668 (Anm.)

Schlagwort	Inhalt/Tenor	Norm	Gericht, Datum, Az., Fundstelle	Weiterführende Hinweise
Steuerhinterziehung –Fortsetzung–	Der Vorsteuerausschluss gem. § 15 Abs. 1a UStG i.V.m. § 4 Abs. 5 Satz 1 Nr. 4 EStG für Aufwendungen für Segelyachten und Motoryachten steht sowohl hinsichtlich der laufenden Aufwendungen als auch hinsichtlich der Erwerbskosten im Einklang mit dem Unionsrecht. Die Versagung der Umsatzsteuerbefreiung für eine innergemeinschaftliche Lieferung nach den Grundsätzen des EuGH-Urteils „R" setzt voraus, dass der Lieferer sich vorsätzlich an einer Steuerhinterziehung des Erwerbers beteiligt. Das gilt auch für ein innergemeinschaftliches Verbringen i.S.v. § 6a Abs. 2, § 3 Abs. 1a UStG	§§ 3, 4, 6a, 15 UStG; Art. 131, 138 176 MwStSystRL; § 4 EStG, § 370 AO	BFH v. 21.5.2014, V R 34/13, BStBl II 2014, 914	Grube, Vorsteuerausschluss bei Aufwendungen für Yachten, jurisPR-SteuerR 49/2014 Anm. 7
	Eine strafbefreiende Erklärung ist unwirksam, wenn ihr keine Steuerhinterziehung oder Steuerordnungswidrigkeit zu Grunde liegt	§§ 1, 6, 10 StraBEG, §§ 173, 370, 370a AO	BFH v. 1.10.2014, II R 6/13, HFR 2015, 62	Carlé, DStZ 2014870 (Anm.); Steinhauff, Unwirksamkeit einer strafbefreienden Erklärung bei fehlender Steuerhinterziehung oder Steuerordnungswidrigkeit, jurisPR-SteuerR 51/2014 Anm. 5
Steuerverkürzung, leichtfertige	Deklarieren Stpfl. ihre Einkünfte aus selbständiger Arbeit in ihrer Gewinnfeststellungserklärung in zutreffender Höhe, geben sie in der zugleich abgegebenen ESt-Erklärung die Einkünfte nur in hälftiger Höhe an, kann darin eine leichtfertige Steuerverkürzung liegen	§§ 150, 153, 169, 175, 378 AO	BFH v. 23.7.2013, VIII R 32/11, HFR 2014, 89	Spernau, NWB 2014, 624 (Anm.)
	Die Voraussetzungen für eine Verlängerung der Festsetzungsfrist nach § 169 Abs. 2 Satz 2 AO sind nicht erfüllt, wenn der Steuerberater bei der Erstellung der Einkommensteuererklärung den Gewinn leichtfertig fehlerhaft ermittelt hat	§§ 168, 370, 378 378 AO	BFH v. 29.10.2012, VIII R 27/10, HFR 2014, 7 = BStBl II 2014, 295	Werth, HFR 2014, 11 (Anm.); Werth, Kann der Steuerberater Täter einer leichtfertigen Steuerverkürzung sein?, DStZ 2014, 131; Podewils. Festsetzungsverjährung bei leichtfertig unrichtiger Gewinnermittlung durch steuerlichen Berater, jurisPR-SteuerR 9/2014 Anm. 1

Schlagwort	Inhalt/Tenor	Norm	Gericht, Datum, Az., Fundstelle	Weiterführende Hinweise
Steuerverkürzung, leichtfertige –Fortsetzung–	Der Vorsteuerausschluss gem. § 15 Abs. 1a UStG i.V.m. § 4 Abs. 5 Satz 1 Nr. 4 EStG für Aufwendungen für Segelyachten und Motoryachten steht sowohl hinsichtlich der laufenden Aufwendungen als auch hinsichtlich der Erwerbskosten im Einklang mit dem Unionsrecht. Die Versagung der Umsatzsteuerbefreiung für eine innergemeinschaftliche Lieferung nach den Grundsätzen des EuGH-Urteils „R" setzt voraus, dass der Lieferer sich vorsätzlich an einer Steuerhinterziehung des Erwerbers beteiligt. Das gilt auch für ein innergemeinschaftliches Verbringen i.S.v. § 6a Abs. 2, § 3 Abs. 1a UStG	§§ 3, 4, 6a, 15 UStG; Art. 131, 138 176 MwStSystRL; § 4 EStG; § 370 AO	BFH v. 21.5.2014, V R 34/13, BStBl II 2014, 914	Grube, Vorsteuerausschluss bei Aufwendungen für Yachten, jurisPR-SteuerR 49/2014 Anm. 7
	Der Unternehmer handelt bei Inanspruchnahme der Steuerfreiheit nach § 6a UStG nur dann leichtfertig i.s.v. § 378 AO, wenn es sich ihm zumindest aufdrängen muss, dass er die Voraussetzungen dieser Vorschrift weder beleg- und buchmäßig noch objektiv nachweisen kann	§§ 171, 173,370, 378 AO; § 6a UStG	BFH v. 24.7.2014, V R 44/13, HFR 2014, 1104 = BStBl II 2014, 955	Kleine-König, DStZ 2014, 734 (Anm.); Prätzler, Anforderungen an leichtfertiges Handeln im Binnenmarkt, jurisPR-SteuerR 48/2014 Anm. 2
Tarifermäßigung	Auch die ab 2001 geltende Rechtslage setzt für einen Veräußerungs- oder Aufgabegewinn i.S.d. § 34 Abs. 3 iVm § 16 EStG voraus, dass alle wesentlichen Betriebsgrundlagen entweder veräußert oder ins Privatvermögen überführt werden	§§ 16, 34 EStG	BFH v. 5.2.2014, X R 22/12, BStBl II 2014, 388 = HFR 2014, 510	Schiffers, DStZ 2014, 291 (Anm.); Steinhauff, Keine Änderungen der Anforderungen an steuerbegünstigten Veräußerungs- oder Aufgabegewinn durch StSenkErgG, jurisPR-SteuerR 19/2014 Anm. 3
	Anwendung der Tarifbegünstigung von Vergütungen für mehrjährige Tätigkeiten bei den Gewinneinkünften	§§ 5, 34 EStG	BFH v. 25.2.2014, X R 10/12; DStR 2014, 1276 = HFR 2014, 700 = BStBl II 2014, 668	Schiffers, DStZ 2014, 509 (Anm.); Kulosa, HFR 2014, 704 (Anm.); Nöcker, Anwendung der Tarifbegünstigung von Vergütungen für mehrjährige Tätigkeiten bei den Gewinneinkünften, jurisPR-SteuerR 41/2014 Anm. 3
	„Außerordentliche" Einkünfte i.S.d. § 34 Abs. 2 Nr. 2 EStG können auch vorliegen, wenn Vergütungen für mehrjährige Tätigkeiten auf Grund einer vorangegangenen rechtlichen Auseinandersetzung atypisch zusammengeballt zufließen	§ 34 Abs. 2 Nr. 2 EStG	BFH v. 25.9.2014, III R 5/12, DStR 2014, 2435	Dötsch, Anwendung der Tarifbegünstigung auf Vergütungen für mehrjährige Tätigkeiten bei den Gewinneinkünften, jurisPR-SteuerR 2/2015 Anm. 3; JS, DStZ 2015, 53 (Anm.)

B. Rechtsprechung 2014/2015 von A bis Z

Schlagwort	Inhalt/Tenor	Norm	Gericht, Datum, Az., Fundstelle	Weiterführende Hinweise
Teileinkünfteverfahren	Wird bei der Liquidation einer Kapitalgesellschaft ein Teil des Stammkapitals in Form von Liquidationsraten an den Anteilseigner i.S.v. § 17 Abs. 1, Abs. 4 EStG zurückgezahlt, sind Teileinkünfteverfahren (§ 3 Nr. 40 Satz 1 Buchst. c EStG) und Teilabzugsverbot (§ 3c Abs. 2 EStG) auch im Verlustfall anzuwenden	§ 3 Nr. 40 Satz 1 Buchst. c, §§ 3c, 17 EStG	BFH v. 6.5.2014, IX R 19/13, DStR 2014, 1428 = HFR 2014, 764 = BStBl II 2014, 682	Köster, DStZ 2014, 588 (Anm.); Trossen, HFR 2014, 766 (Anm.); Schmitz-Herscheidt, Anwendung des Teileinkünfteverfahrens und des Teilabzugsverbots bei Rückzahlung von Stammkapital im Zuge der Liquidation einer GmbH, jurisPR-SteuerR 42/2014 Anm. 5
Umsatzsteuerbefreiung, Umsatzsteuerermäßigung	Sog. „kalte Zwangsvollstreckung" und „kalte Zwangsverwaltung" durch Insolvenzverwalter sind steuerbare Leistungen (Rechtsprechungsänderung: BFH v. 16.11.205, VI r 31/04, BStBl II 2007, 183).	§§ 1, 3, 4 UStG, Art. 2, 5, 6 RL 77/388/EWG	BFH v. 28.7.2011, V R 28/09, DStR 2011, 1853 = HFR 2011, 1323 = BStBl II 2014, 406	Eversloh, „Kalte Zwangsvollstreckung" und „kalte Zwangsverwaltung" durch Insolvenzverwalter, jurisPR-SteuerR 45/2011 Anm. 6; wt, UVR 2011, 326 (Anm.); Johann, Qualifiziert die „freihändige Verwertung von Grundpfandrechten" in der Insolvenz die umsatzsteuerpflichtige Geschäftsbesorgung?, DStZ 2012, 127; BMF v. 30.4.2014, IV D 2 – S 7100/07/10037, BStBl I 2014, 816 (Anwendungsregelung und Änderung des UStAE)
	Regelsteuersatz für Frühstücksleistungen an Hotelgäste	§ 12 UStG, Art. 26 RL 77/388/EWG, Art. 98 RL 77/388/EWG	BFH v. 24.4.2013, XI R 3/11, DB 2013, 2775 = HFR 2014, 56 = BStBl II 2014, 86	Tausch, UVR 2014, 3 (Anm.); Schießl, HFR 2013, 58 (Anm.), Prätzler, Regelsteuersatz für Frühstücksleistungen an Hotelgäste, jurisPR-SteuerR 6/2014, Anm. 2
	Abgrenzung zwischen Lieferung und sonstiger Leistung bei Steuersatzermäßigung. Verfassungsmäßigkeit der Anwendung des Regelsteuersatzes auf die Lieferung von Beatmungsmasken	§§ 3, 12 UStG, Art. 6 RL 77/388/EWG, Art. 3 GG	BFH v. 24.10.2013, V R 14/12, HFR 2014, 259 = BStBl II 2014, 286	Grube, Verfassungsmäßigkeit der Anwendung des Regelsteuersatzes auf die von einem Zahntechniker ausgeführte Lieferung von Beatmungsmasken, jurisPR-SteuerR 9/2014 Anm. 5; Tausch, UVR 2014, 162 (Anm.)

Schlagwort	Inhalt/Tenor	Norm	Gericht, Datum, Az., Fundstelle	Weiterführende Hinweise
Umsatzsteuerbefreiung, Umsatzsteuerermäßigung –Fortsetzung–	Sieht das nationale Recht für eine Leistung den ermäßigten Steuersatz vor, während sie nach dem Unionsrecht dem Regelsteuersatz unterliegt, kann sich der zum Vorsteuerabzug berechtigte Leistungsempfänger auf den Anwendungsvorrang des Unionsrechts berufen und – bei Vorliegen der weiteren Voraussetzungen – den Vorsteuerabzug nach dem für ihn günstigeren Regelsteuersatz in Anspruch nehmen	§§ 3, 12, 15 UStG, Art. 14, 98 MwStSystRL	BFH v. 24.10.2013, V R 17/13, HFR 2014, 165	Michel, HFR 2014, 170 (Anm.); Tausch, UVR 2014, 67 (Anm.); Prätzler, Verhältnis nationales Recht und Unionsrecht – Anwendungsvorrang, jurisPR-SteuerR 10/2014 Anm. 4
	Reiseleistungen durch Reisebüros an Schulen sind nicht nach § 4 Nr. 23 UStG steuerfrei. Der Unternehmer kann sich auf Art. 26 RL 77/388/EWG berufen (Margenbesteuerung)	§§ 4, 25 UStG, Art. 26 RL 77/388/ EWG	BFH v. 21.11.2013, V R 11/11, DStR 2014, 700 = HFR 2014, 435	Bader, DStZ 2014, 327; Tausch, UVR 2014, 133 (Anm.); Nieuwenhuis, HFR 2014, 436 (Anm.); Prätzler, Deutsche Margenbesteuerung von Reiseleistungen teilweise unionsrechtswidrig, jurisPR-SteuerR 32/2014 Anm. 6
	Für Klauenpflege kein ermäßigter Steuersatz (keine Leistung, die unmittelbar der Förderung der Tierzucht dient)	§§ 3, 12 Abs. 2 Nr. 3, 4 UStG	BFH v. 16.1.2014, V R 26/13, HFR 2014, 340 = BStBl II 2014, 350	Tausch, UVR 2014, 257 (Anm.)
	Kein ermäßigter Steuersatz bei Leistungen von steuerbegünstigten Körperschaften im Bereich der Vermögensverwaltung	§§ 1, 2, 4, 10, 12 UStG, §§ 14, 64 AO; Art. 2, 11 RL 77/ 388/EWG	BFH v. 20.3.2014, V R 4/13, DStR 2014, 1539 = HFR 2014, 822	Köster, DStZ 2014, 589 (Anm.); Widmann, Quo usque tandem? – Die Umsatzbesteuerung der Vereinsbeiträge muss endlich unionsrechtskonform gestaltet werden, DStZ 2014, 595; Tausch, UVR 2014, 260 (Anm.); Szabó, Tausch, Kräusel, Umsatzsteuerliche Behandlung der entgeltlichen Überlassung von Sportanlagen durch gemeinnützige Vereine an ihre Mitglieder, UVR 2014, 282
	Der Verzicht gem. § 9 Abs. 2 Satz 1 UStG kann auch teilweise für einzelne Flächen eines Mietobjekts wirksam sein, wenn diese Teilflächen eindeutig bestimmbar sind.	§ 9 Abs. 2 Satz 1 UStG	BFH v. 24.4.2014, V R 27/13, DStR 2014, 1493 = HFR 2014, 820 = BStBl II 2014, 732	Kleine-König, DStZ 2014, 587 (Anm.); Tausch, UVR 2014, 293 (Anm.); Grube, Flächenbezogener Verzicht auf Steuerfreiheit, jurisPR-SteuerR 42/2014 Anm. 6

B. Rechtsprechung 2014/2015 von A bis Z

Schlagwort	Inhalt/Tenor	Norm	Gericht, Datum, Az., Fundstelle	Weiterführende Hinweise
Umsatzsteuerbefreiung, Umsatzsteuerermäßigung –Fortsetzung–	Ermäßigter Umsatzsteuersatz auf Eintrittsgelder für eine Feuerwerksveranstaltung	§ 12 Abs. 2 Nr. 7 UStG	BFH v. 30.4.2014, XI R 34/12, HFR 2014, 936	Grube, Ermäßigter Umsatzsteuersatz auf Eintrittsgelder für eine Feuerwerkveranstaltung, jurisPR-SteuerR 38/2014 Anm. 5; Tausch, UVR 2014, 294 (Anm.); Grube, HFR 2014, 938 (Anm.)
	Anwendung des ermäßigten Steuersatzes auf von Mietwagenunternehmen durchgeführte Krankentransporte	§ 12 UStG, Art. 12 RL 77/388/EWG, Art. 98 MwStSystRL	BFH v. 2.7.2014, XI R 39/10, DStR 2014, 2174 = HFR 2015, 74	Tausch, UVR 2014, 357 (Anm.); Grube, Anwendung des ermäßigten Steuersatzes auf von Mietwagenunternehmen durchgeführte Krankentransporte, jurisPR-SteuerR 3/2015 Anm. 4
	Grundsätzlich kein ermäßigter Steuersatz für Personenbeförderungsleistungen von Mietwagenunternehmen	§ 12 UStG, Art. 12 RL 77/388/EWG, Art. 98 MwStSystRL	BFH v. 2.7.2014, XI R 22/10, DStR 2014, 2174 = HFR 2015, 78	Tausch, UVR 2014, 357 (Anm.)
	Keine Pauschalbesteuerung und kein ermäßigter Steuersatz für Pensionspferdehaltung von „Freizeitpferden"	§§ 12, 24 UStG; Art. 24, 25 RL 77/388/EWG; Art. 295, 296 MwStSyatRL	BFH v. 10.9.2014, XI R 33/13, DStR 2015, 111	
	Kein ermäßigter Umsatzsteuersatz auf Lieferung sog. Sondernahrung	§ 12 Abs. 2 Nr. 1 UStG	BFH v. 24.9.2014, VII R 54/11, BFH/NV 2015, 139	Krüger, BFH/PR 2015, 57 (Anm.)
	Ermäßigter Umsatzsteuersatz auf Eintrittsgelder für ein Dorffest	§ 12 Abs. 2 Nr. 7 Buchst. d UStG, Art. 12 RL 77/388/EWG, Art. 98 MwStSystRL	BFH v. 5.11.2014, XI R 42/12, BFH/NV 2015, 294 = HFR 2015, 159	
Umsatzsteuer, Steuerfreiheit/ Steuerpflicht	Voraussetzungen einer Berufung auf Art. 132 Abs. 1 Buchst. g MwStSystRL	§ 4 Nr. 14, 16, 18 UStG, Art. 13 RL 77/388/EWG, Art. 132 RL 2006/112/EG	BFH v. 8.8.2013, V R 8/12, DStR 2013, 2502 = HFR 2014, 330	Bader, DStZ 2014, 55 (Anm.)

Schlagwort	Inhalt/Tenor	Norm	Gericht, Datum, Az., Fundstelle	Weiterführende Hinweise
Umsatzsteuer, Steuerfreiheit/ Steuerpflicht –Fortsetzung–	Richtlinienkonforme enge Auslegung des § 4 Nr. 18 UStG: Die Steuerbefreiung nach § 4 Nr. 16 UStG geht der Steuerbefreiung für Leistungen von Wohlfahrtsverbänden und deren Mitgliedern in § 4 Nr. 18 UStG als lex specialis vor. Umsatzsteuerfreiheit eines ärztlichen Notfalldienstes	§ 4 Nr. 16, 18 UStG, Art. 13 RL 77/388/EWG	BFH v. 8.8.2013, V R 13/12, DStR 2013, 2506 = HFR 2014, 333	Kleine-König, DStZ 2014, 3 (Anm.); Fischer, Umsatzsteuerfreiheit eines ärztlichen Notfalldienstes, jurisPR-SteuerR 7/2014 Anm. 6; wt, UVR 2014, 66 (Anm.)
	EuGH-Vorlage zur Personalgestellung von Pflegefachkräften an stationäre und ambulante Pflegeeinrichtungen i.S.d. § 4 Nr. 16 UStG	§ 4 Nr. 16 Satz 1 Buchst. k UStG, Art. 132, 134 RL 2006/ 112/EG	BFH v. 21.8.2013, V R 20/12, BStBl II 2014, 90 = HFR 2014, 539 (EuGH: C-594/13)	Eversloh, EuGH-Vorlage zur Personalgestellung von Fachpflegekräften an stationäre und ambulante Pflegeeinrichtungen, jurisPR-SteuerR 19/2014 Anm. 6
	Auch die gegenüber einem Nichtunternehmer erteilten Gutachten fallen unter § 114c Abs. 2 Satz 2 UStG mit der Folge, dass dieser die in den Abrechnungen unberechtigt ausgewiesene USt schuldet	§§ 14, 14c UStG	Nieders. FG v. 9.10.2013, 5 K 319/12, EFG 2014, 162 (Rev., Az. des BFH: XI R 46/11)	Büchter-Hole, EFG 2014, 164 (Anm.)
	Umsatzsteuerliche Behandlung der Abgabe von „Gratis-Handys" durch einen Vermittler von Mobilfunkverträgen	§§ 3, 10, 14, 15 UStG, Art. 5 RL 77/388/EWG, Art. 16, 73 MwSystRL	BFH v. 16.10.2013, XI R 39/12, HFR 2014, 51 = BStBl II 2014, 1024	Schießl, HFR 2014, 55 (Anm.); Prätzler, Umsatzsteuerliche Behandlung der Abgabe von „Gratis-Handys" durch einen Vermittler von Mobilfunkverträgen, jurisPR-SteuerR 12/2014 Anm. 6; BMF v. 4.12.2014, IV D 2 – S 7100/10/10005, BStBl I 2014, 1617 (Anwendungsregelung)
	Umsatzsteuerfreie Kreditgewährung im Rahmen eines „Public-Private-Partnership"-Projekts: Erbringt ein Unternehmer an ein Studentenwerk im Rahmen eines „Public-Private-Partnership-Projekts" eine Bauleistung (Werklieferung), die mit einer zwanzigjährigen Finanzierung des Bauvorhabens durch ihn verbunden ist, kann neben der Werklieferung eine eigenständige steuerfreie Kreditgewährung an das Studentenwerk vorliegen	§ 3 Abs. 4, § 4 Nr. 8 Buchst. a UStG	BFH v. 13.11.2013, XI R 24/11, HFR 2014, 255	Rauch, HFR 2014. 258 (Anm.); Grube, Umsatzsteuerfreie Kreditgewährung im Rahmen eines „Public-Private-Partnership"-Projekts, jurisPR-SteuerR 17/2014 Anm. 6; Tausch, UVR 2014, 163

B. Rechtsprechung 2014/2015 von A bis Z

Schlagwort	Inhalt/Tenor	Norm	Gericht, Datum, Az., Fundstelle	Weiterführende Hinweise
Umsatzsteuer, Steuerfreiheit/ Steuerpflicht –Fortsetzung–	Dienstleistungen, die ein gemeinnütziger Reitsportverein im Rahmen einer Pensionspferdehaltung erbringt, können von der Umsatzsteuer befreit sein oder dem ermäßigten Steuersatz unterliegen	§ 4 Nr. 22 Buchst. b, § 12 Abs. 2 Nr. 8 Buchst. a UStG; §§ 64 ff. AO; Art. 13 RL 77/388/EWG	BFH v. 16.10.2013, XI R 34/11, HFR 2014, 336	Fischer, Besteuerung der Umsätze eines gemeinnützigen Reitsportvereins aus Pensionspferdehaltung, jurisPR-SteuerR 18/2014 Anm. 5
	Soweit ein der Sollbesteuerung unterliegender Unternehmer seinen Entgeltanspruch auf Grund eines vertraglichen Einbehalts von zwei bis fünf Jahren nicht verwirklichen kann, ist er bereits für den Voranmeldezeitraum der Leistungserbringung zur Steuerberichtigung berechtigt	§§ 13, 17, 18 UStG; Art. 63 RL 2006/112/ EG; Art. 90 MwStSystRL	BFH v. 24.10.2013, V R 31/12, HFR 2014, 260	Prätzler, Sollbesteuerung und Steuerberichtigung: Einschränkung der Pflicht zur Vorfinanzierung, jurisPR-SteuerR 20/2014 Anm. 6; Tausch, UVR 2014, 163; Tehler, § 17 Abs. 2 Nr. 1 UStG – das Tor zur Ist-Besteuerung, UVR 2014, 275
	Die von § 13c UStG vorausgesetzte Steuerfestsetzung kann sich aus einem Umsatzsteuer-Vorauszahlungsbescheid ergeben. Dieser erledigt sich durch den Umsatzsteuerjahresbescheid, so dass sich die Höhe der festgesetzten und bei Fälligkeit nicht entrichteten Steuer nach dem Jahresbescheid bestimmt. Können Steuerbescheide auf Grund der Insolvenzeröffnung über das Vermögen des Zedenten nach § 251 Abs. 2 Satz 1 AO i.V.m. § 87 InsO nicht mehr ergehen, erledigt sich der Vorauszahlungsbescheid durch die Eintragung in die Insolvenztabelle (§ 178 Abs. 3 InsO) oder der im Fall des Bestreitens durch den gem. § 185 InsO i.V.m. § 251 Abs. 3 AO zu erlassenden Feststellungsbescheid.	§§ 13c, 16 ff., 18 UStG; §§ 44, 251 AO; §§ 38, 43, 87, 174 ff., 185 InsO; Art. 193, 205 RL 2006/ 112/EG; Art. 21 RL 77/388/EWG	BFH v. 21.11.2013, V R 21/12, HFR 2014, 341	Heu, DStR 2014, 532 (Anm.)
	In dem Kauf sämtlicher Eintrittskarten einer Theaterveranstaltung durch ein Reisebüro kann eine steuerfreie „Veranstalter von Theateraufführungen" i.S.d. § 4 Nr. 20 Buchst. b UStG liegen	§ 3a Abs. 2 Nr. 3, § 4 Nr. 20 Buchst. b, Nr. 23, § 12 Nr. 7 UStG, Art. 13 RL 77/388/EWG	BFH v. 21.11.2013, V R 33/10, DStR 2014, 674 = HFR 2014, 433	Bader, DStZ 2014, 293 (Anm.); Tausch, UVR 2014, 164

Schmieszek

Schlagwort	Inhalt/Tenor	Norm	Gericht, Datum, Az., Fundstelle	Weiterführende Hinweise
Umsatzsteuer, Steuerfreiheit/ Steuerpflicht –Fortsetzung–	Reiseleistungen durch Reisebüros an Schulen sind nicht nach § 4 Nr. 23 UStG steuerfrei. Der Unternehmer kann sich auf Art. 26 RL 77/388/EWH berufen (Margenbesteuerung)	§§ 4, 25 UStG, Art. 26 RL 77/388/ EWG	BFH v. 21.11.2013, V R 11/11, DStR 2014, 700 = HFR 2014, 435	Bader, DStZ 2014, 327 (Anm.); Tausch, UVR 2014, 133 (Anm.); Nieuwenhuis, HFR 2014, 436 (Anm.); Prätzler, Deutsche Margenbesteuerung von Reiseleistungen teilweise unionsrechtswidrig, jurisPR-SteuerR 32/2014 Anm. 6
	Der Verzicht auf Steuerbefreiungen nach § 9 UStG kann zurückgenommen werden, solange die Steuerfestsetzung für das Jahr der Leistungserbringung anfechtbar oder auf Grund eines Vorbehalts der Nachprüfung gem. § 164 AO noch änderbar ist (Klarstellung). Nach Verschmelzung einer Organgesellschaft auf den Organträger ist sie nicht mehr Dritte i.S.v. § 174 Abs. 5 AO	§§ 164, 171, 173, 174, 175 AO; §§ 1, 9, 15 UStG	BFH v. 19.12.2013, V R 6/12, HFR 2014, 666	Tausch, UVR 2014, 195 (Anm.); Kraeusel, Die Option zur Steuerpflicht und deren Rücknahme ist nicht an die formelle Bestandskraft des USt-Bescheids gebunden. UVR 2014, 217; Prätzler, Zeitliche Grenze des Verzichts auf Steuerbefreiungen, jurisPR-SteuerR 37/2014 Anm. 1
	Der Verzicht auf Steuerbefreiungen nach § 9 UStG kann zurückgenommen werden, solange die Steuerfestsetzung für das Jahr der Leistungserbringung anfechtbar oder auf Grund eines Vorbehalts der Nachprüfung gem. § 164 AO noch änderbar ist (Klarstellung). Eine Änderung nach § 174 Abs. 3 AO ist auch dann gerechtfertigt, wenn das FA zunächst keinen Steuerbescheid erlassen hat, dieses Unterlassen aber auf der erkennbaren Annahme beruht, ein bestimmter Sachverhalt sei in einem anderen Steuerbescheid zu berücksichtigen.	§§ 164, 168, , 169, 173, 174 AO, §§ 9, 14, 15, 18, 19, 20, 23 UStG	BFH v. 19.12.2013, V R 7/12, HFR 2014, 669	Tausch, UVR 2014, 195 (Anm.); Kraeusel, Die Option zur Steuerpflicht und deren Rücknahme ist nicht an die formelle Bestandskraft des USt-Bescheids gebunden. UVR 2014, 217; Michel, HFR 2014, 672 (Anm.)
	Steuerfreiheit der Umsätze einer selbständig tätigen Pflegehilfskraft nach Art. 132 Abs. 1 Buchst. g MwStSystRL	§§ 2, 4 UStG, Art. 132 Abs. 1 Buchst. g MwStSystRL	FG Münster v. 14.1.2014, 15 K 4674/10 U (Rev., Az. des BFH: V R 13/14)	Hennigfeld, EFG 2014, 874 (Anm.)
	Entnahme eines PKW aus dem Unternehmen in den nichtunternehmerischen (privaten) Bereich mit anschließender Beförderung (Ausfuhr) in ein Drittland ist keine steuerfreie Ausfuhrlieferung	§§ 1, 3, 3c, 3e, 3f, 3g, 6 UStG; Art. 2, 16, 31 f., 146 UStSystRL; Art. 15 RL 77/388/EWG	BFH v. 19.2.2014, XI R 9/13, HFR 2014, 628 = BStBl II 2014, 597	Treiber, HFR 2014, 630 (Anm.); Grube, Keine steuerfreie Ausfuhrlieferung bei Entnahme eines PKW aus dem Unternehmen für den privaten Bedarf, jurisPR-SteuerR 29/2014 Anm. 6

B. Rechtsprechung 2014/2015 von A bis Z

Schlagwort	Inhalt/Tenor	Norm	Gericht, Datum, Az., Fundstelle	Weiterführende Hinweise
Umsatzsteuer, Steuerfreiheit/ Steuerpflicht –Fortsetzung–	Vermietet eine Gemeinde Standflächen bei einer Kirmesveranstaltung auf zivilrechtlicher Grundlage, handelt sie als Unternehmerin (§ 2 Abs. 3 Satz 1 UStG). Die Standplatzvermietung ist im vollen Umfang gem. § 4 Nr. 12 Buchst. a UStG steuerfrei (Fortführung der Rechtspr. vom 24.1.2008 V R 12/05, BStBl II 2009, 60).	§§ 2, 4 UStG, § 4 KStG, Art. 4 RL 77/388/EWG	BFH v. 13.2.2014, V R 5/13, HFR 2014, 731	Tausch, UVR 2014, 258 (Anm.); Kleine-König, DStZ 2014, 702 (Anm.); Pohl, Umsatzsteuerfreie Standplatzvermietung, jurisPR-SteuerR 46/2014 Anm. 5
	Steuerfreie Lieferung von sog. Pocket-Bikes	§§ 1b, 4, 6a UStG, Art. 28a RL 77/388/EWG	BFH v. 27.2.2014, V R 21/11, HFR 2014, 537 = BStBl II 2014, 501	Bader, DStZ 2014, 363 (Anm.); Michel, HFR 2014, 538 (Anm.)
	Snacks, kleine Süßigkeiten und Getränke, die an Bord eines Flugzeugs während einer Beförderung innerhalb des Gemeinschaftsgebiets gegen gesondertes Entgelt abgegeben werden, werden nach § 3e UStG am Abgangsort des Flugzeugs geliefert. Es handelt sich nicht um eine Nebenleistung zur Flugbeförderung	§§ 3, 3e, 14, 26 UStG, Art. 8 RL 77/388/EWG	BFH v. 27.2.2014, V R 14/13, HFR 2014, 730 = BStBl II 2014, 869	Kleine-König, DStZ 2014, 470 (Anm.); Grube, Zusatzverpflegung an Bord von Flugzeugen, jurisPR-SteuerR 30/2014 Anm. 5; wt, UVR 2014, 260
	Keine Entgeltminderung bei Vermittlung - Schlussurteil „Ibero Tours": Aufgrund des EuGH-Urteils vom 16. Januar 2014 C-300/12 hält der Senat nicht daran fest, dass ein Vermittler das Entgelt für seine Vermittlungsleistung mindern kann, wenn er dem Kunden der von ihm vermittelten Leistung einen Preisnachlass gewährt.	§§ 10, 17 UStG, Art. 11 RL 77/388/EWG; Art. 90 MwStSystRL	BFH v. 27.2.2014, V R 18/11, BFH/NV 2014, 1166 = HFR 2014, 736	Tausch, UVR 2014, 226 (Anm.); Prätzler, BFH-Nachfolgeurteil zu EuGH-Verfahren „Ibero Tours": Keine Entgeltminderung für Vermittler nach den „Elida-Gibbs"-Grundsätzen, jurisPR-SteuerR 31/2014 Anm. 6
	Von einem Hotelier ausgeführte Verpflegungsleistungen sind Nebenleistungen zur Übernachtungsleistung; Anwendbarkeit der Margenbesteuerung bei der Erbringung von Reiseleistungen	§§ 3, 3a, 4, 25 UStG; Art. 26 RL 77/388/EWG	BFH v. 20.3.2014, V R 25/11, BFH/NV 2014, 1173 = HFR 2014, 1097	Grube, Von einem Hotelier ausgeführte Verpflegungsleistungen als Nebenleistungen zur Übernachtungsleistung, jurisPR-SteuerR 31/2014 Anm. 5; Tausch, UVR 2014, 261 (Anm.)

Aktuelles

Schlagwort	Inhalt/Tenor	Norm	Gericht, Datum, Az., Fundstelle	Weiterführende Hinweise
Umsatzsteuer, Steuerfreiheit/ Steuerpflicht –Fortsetzung–	Umsatzsteuerfreie Unterrichtsleistungen: Art. 13 Teil A Abs. 1 Buchst. j der Richtlinie 77/388/ EWG erfasst auch die Aus- und Fortbildung, so dass es nicht darauf ankommt, ob sich der Privatlehrer an Schüler oder Hochschüler wendet oder ob es sich um einen in einen Lehr- oder Studienplan eingebetteten Unterricht handelt (Änderung der Rechtsprechung)	§ 4 UStG, Art. 13 RL 7/ 38/EWG	BFH v. 20.3.2014, V R 3/13, HFR 2014, 732	Tausch, UVR 2014, 323 (Anm.)
	Abgrenzung von (steuerfreier) Vermittlung zum (steuerpflichtigen) Vertrieb von Fondsanteilen	§§ 1, 4 UStG, Art. 13 RL 77/388/ EWG; Art. 135 MwStSystRL	BFH v. 14.5.2014, XI R 13/11, HFR 2014, 818 = BStBl II 2014, 734	Grube, Abgrenzung von (steuerfreier) Vermittlung zum (steuerpflichtigen) Vertrieb von Fondsanteilen, jurisPR-SteuerR 37/ 2014 Anm. 6; Tausch, UVR 2014, 323 (Anm.); JH, DStZ 2014, 819 (Anm.)
	Entnahme bei Betriebsaufgabe: Keine Geschäftsveräußerung i.S.d. § 1 Abs. 1a UStG bei gänzlich fehlender Übereignung oder Einbringung von Gegenständen des Unternehmens	§ 1 Abs. 1a, Abs. 1b, § 3 Abs. 1b, § 10 UStG; Art. 5 RL 77/388/ EWG; Art. 16 MwStSystRL	BFH v. 21.5.2014, V R 20/13, HFR 2014, 927 = BStBl II 2014, 1029	Schulze, HFR 2014, 929 (Anm.); Tausch, UVR 2014, 324 (Anm.)
	Schwimmunterricht kann als von Privatlehrern erteilter Schulunterricht steuerfrei sein	§ 4 Nr. 21, 22 UStG, Art. 132 MwStSystRL	BFH v. 5.6.2014, V R 19/13, HFR 2014, 1099	Fischer, Umsatzsteuerfreier Schwimmunterricht, jurisPR-SteuerR 46/2014 Anm. 4
	Überlassung eines dem Unternehmen zugeordneten PKW an einen Gesellschafter-Geschäftsführer zur privaten Nutzung unterliegt der USt, wenn ein Zusammenhang zwischen Nutzungsüberlassung und Arbeitsleistung i.S. eines Entgelts besteht, oder wenn die Voraussetzungen einer unentgeltlichen Wertabgabe gegeben sind	§§ 1, 3 UStG, § 8 EStG	BFH v. 5.6.2014, XI R 2/12, HFR 2014, 1016	Tausch, UVR 2015, 3 (Anm.); Grube, Überlassung eines dem Unternehmen zugeordneten PKW an einen Gesellschafter-Geschäftsführer zur privaten Nutzung, jurisPR-SteuerR 1/2015 Anm. 5
	Die Verwendung eines dem Unternehmen zugeordneten PKW für Fahrten zwischen Wohnung und Betriebsstätte erfolgt nicht für Zwecke, die außerhalb des Unternehmens liegen und sind deshalb nicht als unentgeltliche Wertabgabe umsatzsteuerpflichtige	§ 3 Abs. 9a Nr. 1 UStG, Art. 6 RL 77/ 388/EG, Art. 26 MwStSystRL	BFH v. 5.6.2014, XI R 36/12, DStR 2014, 2074 = HFR 2014, 1095	Kleine-König, DStZ 2014, 817 (Anm.); wt, UVR 2015, 3 (Anm.); Grube, PKW-Nutzung durch einen Unternehmer für Fahrten zwischen Wohnung und Betriebsstätte, jurisPR-StuerR 2/2015 Anm. 6
	Gebühren für zweite Leichenschau sind durchlaufende Posten und kein Entgelt für Feuerbestattung	§§ 1, 10 UStG, Art. 79 MwStSystRL	BFH v. 3.7.2014, V R 1/14, DStR 2014, 2017.	Wäger, BFH/PR 2015, 22 (Anm.)

B. Rechtsprechung 2014/2015 von A bis Z

Schlagwort	Inhalt/Tenor	Norm	Gericht, Datum, Az., Fundstelle	Weiterführende Hinweise
Umsatzsteuer, Steuerfreiheit/ Steuerpflicht –Fortsetzung–	Der Unternehmer handelt bei Inanspruchnahme der Steuerfreiheit nach § 6a UStG nur dann leichtfertig i.S.v. § 378 AO, wenn es sich ihm zumindest aufdrängen muss, dass er die Voraussetzungen dieser Vorschrift weder beleg- und buchmäßig noch objektiv nachweisen kann	§§ 171, 173,370, 378 AO, § 6a UStG	BFH v. 24.7.2014, V R 44/13, HFR 2014, 1104 = BStBl II 2014, 955	Kleine-König, DStZ 2014, 734 (Anm.); Prätzler, Anforderungen an leichtfertiges Handeln im Binnenmarkt, jurisPR-SteuerR 48/2014 Anm. 2
	Steuerfreiheit der Durchführung von Raucherentwöhnungsseminaren	§ 4 Nr. 14 Satz 1 UStG, Art. 13 RL 77/388/ EWG, Art. 132 MwStSystRL	BFH v. 26.8.2014, XI R 19/12, DStR 2014, 2502	Lange, BFH/PR 2015, 56 (Anm.)
	Umsatzsteuer im Insolvenzeröffnungsverfahren	§§ 21, 22, 55, 179 InsO, 1, 13, 17 UStG	BFH v.24.9.2014, V R 48/13, DStR 2014, 2452	Tausch, UVR 2015, 5 (Anm.)
	Verbucht der Unternehmer Ausfuhrlieferungen auf einem separaten Konto unter Bezugnahme auf die jeweilige Rechnung kann das ausreichen, um den Buchnachweis nach § 6 Abs. 4 UStG i.V.m. § 13 UStDV dem Grunde nach zu führen	§§ 4, 6 UStG, § 13 UStDV, Art. 146 MwStSystRL	BFH v. 28.8.2014, V R 16/14, HFR 2014, 1101 = BStBl II 2015, 46	
	Verabreichung von Zytostatika an ambulant behandelte Patienten eines Krankenhauses gem. § 4 Nr. 16 Buchst. b UStG steuerfrei (entgegen 4.14.6 Abs. 3 Nr. 3 UStAE)	§ 4 UStG, Art. 13 RL 77/388/EWG	BFH v. 24.9.2014, V R 19/11, DStR 2014, 2505	
	Infektionshygienische Leistungen einer Hygienefachkraft als umsatzsteuerfreie Heilbehandlungen	§ 4 Nr. 14 Satz 1 UStG a.F.; Art. 13 RL 77/388/ EWG; Art. 132 MwStSystRL	BFH v. 5.11.2014, XI R 11/13, BFH/ NV 2015, 297	jh, StuB 2015, 80
	Gibt ein Unternehmer einen Gutschein in Umlauf, der dessen Besitzer berechtigt, eine Leistung des Unternehmens kostenlos in Anspruch zu nehmen, liegt i.d.R. kein entgeltlicher Leistungsaustausch vor.	§ 1 Abs. 1 Nr. 1 UStG	BFH v. 19.11.2014, V R 55/13, DB 2015, 229	

Aktuelles

Schlagwort	Inhalt/Tenor	Norm	Gericht, Datum, Az., Fundstelle	Weiterführende Hinweise
Umsatzsteuer, Reverse Charge	§ 13b Abs. 2 Satz 2 UStG 2005 ist entgegen Abschn. 182a Abs. 11 UStR 2005 einschränkend dahingehend auszulegen, dass es für die Entstehung der Steuerschuld darauf ankommt, ob der Leistungsempfänger die an ihn erbrachte Werklieferung oder sonstige Leistung, die der Herstellung, Instandsetzung, Instandhaltung, Änderung oder Beseitigung von Bauwerken dient, seinerseits zur Erbringung einer derartigen Leistung verwendet	§ 13b UStG, Art. 5, 6, 21 RL 77/388/EWG	BFH v. 22.8.2013, V R 37/10, DStR 2013, 2560 = HFR 2014, 60 = BStBl II 2014, 128	Kleine-König, DStZ 2014, 2 (Anm.); Tausch, UVR 2014, 3 (Anm.); Nieuwenhuis, HFR 2014, 63 (Anm.); Korn, Keine Umkehr der Umsatzsteuerschuldnerschaft für Bauleistungen an Bauträger, BeSt 2014, 5; Prätzler, Steuerschuldnerschaft bei Bauleistungen gem. § 13b UStG, jurisPR-SteuerR 5/2014 Anm. 6; BMF v. 5.2.2014, IV D 3 – S 7279/11/10002, BStBl I 2014, 233 (Anwendungsregelung); BMF v. 8.5.2014, IV D 3 – S 7279/11/10002-03, BStBl I 2014, 823 (Anwendungsregelung); Gerhards, Die Steuerschuldnerschaft des Leistungsempfängers (§ 13b UStG) bei Bauleistungen im Lichte von Rechtsprechung und aktueller Gesetzgebung, DStZ 2014, 708
	§ 13b Abs. 2 Satz 2 UStG ist dahingehend einschränkend auszulegen, dass bei Werklieferungen oder sonstigen Leistungen i.S.d. § 13b Abs. 1 Satz 1 Nr. 4 UStG die Steuerschuldnerschaft nur dann auf den Leistungsempfänger verlagert wird, wenn dieser die an ihn erbrachte Werklieferung oder sonstige Leistung, die der Herstellung, Instandsetzung, Instandhaltung, Änderung oder Beseitigung von Bauwerken dient, seinerseits zur Erbringung einer derartigen Leistung verwendet	§ 13b UStG, Art. 199 MwStSystRL	BFH v. 11.12.2013, XI R 21/11, DStR 2014, 589 = HFR 2014, 436 = BStBl II 2014, 425	Tausch, UVR 2014, 134 (Anm.); Treiber, HFR 2014, 438 (Anm.); Grube, Steuerschuldnerschaft des Leistungsempfängers bei Bauleistungen, jurisPR-SteuerR 21/2014 Anm. 6
Umsatzsteuer, sonstige Leistungen	Abgrenzung zwischen Lieferung und sonstiger Leistung bei Steuersatzermäßigung. Verfassungsmäßigkeit der Anwendung des Regelsteuersatzes auf die Lieferung von Beatmungsmasken	§§ 3, 12 UStG, Art. 6 RL 77/388/EWG, Art. 3 GG	BFH v. 24.10.2013, V R 14/12, HFR 2014, 259 = BStBl II 2014, 286	Grube, Verfassungsmäßigkeit der Anwendung des Regelsteuersatzes auf die von einem Zahntechniker ausgeführte Lieferung von Beatmungsmasken, jurisPR-SteuerR 9/2014 Anm. 5; wt, UVR 2014, 162 (Anm.)

Schlagwort	Inhalt/Tenor	Norm	Gericht, Datum, Az., Fundstelle	Weiterführende Hinweise
Veräußerungsgewinne	Aufwendungen eines in Deutschland beschränkt Stpfl. im Zusammenhang mit einem Verständigungsverfahren zwischen Deutschland und den USA wegen des Besteuerungsrechts hinsichtlich eines Gewinns aus der Veräußerung einer GmbH-Beteiligung stellen keine Veräußerungskosten i.S.d. § 17 Abs. 2 EStG dar	§ 17 EStG	BFH v. 9.10.2013, IX R 25/12, DB 2013, 2774 = HFR 2014, 19 = BStBl II 2014, 102	Köster, DStZ 2014, 6 (Anm.); Hettler, HFR 2014, 21 (Anm.); Jachmann, Veräußerungskosten i.S.v. § 17 Abs. 2 EStG, jurisPR-SteuerR 7/2014 Anm. 3
	Aufteilung einer Vorfälligkeitsentschädigung bei der Ermittlung des privaten Veräußerungsgewinns	§§ 11, 23 EStG	Thür. FG v. 24.10.2012, 2 K 747/12, EFG 2014, 140 (rkr.)	Berghoff, EFG 2014, 141 (Anm.)
	Auch nach Split der Aktien und ihrer Verwahrung im Girosammeldepot ist entscheidend, ob die veräußerten Aktien auf Grund objektiver Umstände, wie z.B. den Vertragsunterlagen, bestimmbar sind. Im Falle von veräußerten Aktien ergibt sich dies aus dem Hinweis auf die Aktiennummer, im Falle von GmbH-Anteilen durch den Hinweis auf die übergehenden GmbH-Anteile in der notariellen Urkunde	§ 21 UmwG; § 255 HGB	BFH v. 11.12.2013, IX R 45/12, HFR 2014, 512 = BStBl II 2014, 578	Schießl, HFR 2014, 513 (Anm.); Jachmann, Identifizierung von einbringungsgeborenen Anteilen nach Aktiensplit, jurisPR-SteuerR 25/2014 Anm. 3
	Erwirbt ein Stpfl. eine Beteiligung an einer grundstücksbesitzenden Personengesellschaft und veräußert diese Wohnungen innerhalb der zehnjährigen Veräußerungsfrist nach dem Beitritt, ist über die Frage, ob er den Einkünftetatbestand des § 22 Nr. 2 i.V.m. § 23 Abs. 1 Nr. 1 EStG verwirklicht hat, nicht im Verfahren der gesonderten und einheitlichen Feststellung von Einkünften zu entscheiden	§§ 22, 23 EStG, 39, 179, 180 AO	BFH v. 21.1.2014, IX R 9/13, HFR 2014, 281	Schießl, HFR 2014, 282 (Anm.); Steinhauff, Gesonderte und einheitliche Feststellung von Veräußerungsgewinnen bei grundstücksbesitzender Personengesellschaft, jurisPR-SteuerR 18/2014 Anm. 3
	Auch die ab 2001 geltende Rechtslage setzt für einen Veräußerungs- oder Aufgabegewinn i.S.d. § 34 Abs. 3 iVm § 16 EStG voraus, dass alle wesentlichen Betriebsgrundlagen entweder veräußert oder ins Privatvermögen überführt werden	§§ 16, 34 EStG	BFH v. 5.2.2014, X R 22/12, BStBl II 2014, 388 = HFR 2014, 510	Schiffers, DStZ 2014, 291 (Anm.); Steinhauff, Keine Änderungen der Anforderungen an steuerbegünstigten Veräußerungs- oder Aufgabegewinn durch StSenkErgG, jurisPR-SteuerR 19/2014 Anm. 3

Schlagwort	Inhalt/Tenor	Norm	Gericht, Datum, Az., Fundstelle	Weiterführende Hinweise
Veräußerungsgewinne –Fortsetzung–	Der Kaufpreis, den der Inhaber von Salzabbaugerechtigkeiten von einem Energieunternehmen dafür erhält, dass er ihm diese Rechte unwiderbringlich überträgt, stellt sich als nicht steuerbarer-- Veräußerungserlös dar.	§§ 1, 22, 21 EStG	BFH v. 11.2.2014, IX R 25/12, BStBl II 2014, 102	Köster, DStZ 2014, 7 (Anm.)
	Abziehbarkeit von Veräußerungskosten bei einer Anteilsveräußerung nach § 8b Abs. 2 KStG 2002	§§ 8, 8b KStG, § 16 EStG	BFH v. 12.3.2014, I R 45/13, DStR 2014, 1219 = HFR 2014, 720 = BStBl II 2014, 719	Köster, DStZ 2014, 548 (Anm.); Bodden, BeSt 2014, 30 (Anm.)
	Verfassungsmäßigkeit des Abzugsverbots in § 8b Abs. 3 Satz 3 und 4 KStG	§ 8b KStG	BFH v. 12.3.2014, I R 87/12, HFR 2014, 723 = BStBl II 2014, 859	Roser, GmbHR 2014, 773 (Anm.), Gosch, BFH/PR 2014, 318 (Anm.)
	Die Ermittlung des Veräußerungsgewinns nach § 8b Abs. 2 Satz 1 und 2 KStG 2002 erfolgt stichtagsbezogen auf den Veräußerungszeitpunkt. Nachträgliche Veränderungen des Veräußerungspreises aus einem Anteilsverkauf sowie nachträglich angefallene Veräußerungskosten wirken gewinnmindernd auf den Veräußerungszeitpunkt zurück	§§ 8b, 14, 15, 16 KStG, § 20 EStG, § 175 AO	BFH v. 12.3.2014, I R 55/13, HFR 2014, 725	Märtens, Nachträgliche Veränderung des Veräußerungspreises und der Veräußerungskosten (§ 8b Abs. 2 Satz 2 KStG 2002), jurisPR-SteuerR 29/2014 Anm. 5
	Abgrenzung der nicht gewerbesteuerbaren Abwicklung eines nicht begonnenen Betriebs von der Aufnahme einer neuen gewerbesteuerpflichtigen Tätigkeit bei Veräußerung des Schiffs einer Einschiffsgesellschaft vor seiner Indienststellung; Tarifbegünstigung der Gewinne aus der Veräußerung eines Betriebs vor seiner Ingangsetzung – Absicht zum langfristigen Betrieb von Handelsschiffen als Voraussetzung für die Anwendung der Gewinnermittlung nach der Tonnage	§§ 4, 5a, 16, 34 EStG	BFH v. 3.4.2014, IV R 12/10, HFR 2014, 896 = BStBl II 2014, 1000	Schiffers/Köster, DStZ 2014, 758, Gestaltungshinweise zum Jahresende 2014: Aktuelle Entwicklungen im Bereich der steuerlichen Gewinnermittlung - Bilanzsteuerrecht und Gewerbesteuer, DStZ 2014, 758, Wendt, FR 2014, 1029 (Anm.), Dißars, NWB 2014, 3614 (Anm.).
	Verluste aus Termingeschäften als Veräußerungskosten nach § 8b Abs. 2 Satz 1 KStG 2002	§ 8b KStG, §§ 15, 16 EStG	BFH v. 9.4.2014, I R 52/12, HFR 2014, 722 = BStBl II 2014, 861	Bodden, BeSt 2014, 30 (Anm.)

B. Rechtsprechung 2014/2015 von A bis Z

Schlagwort	Inhalt/Tenor	Norm	Gericht, Datum, Az., Fundstelle	Weiterführende Hinweise
Verdeckte Gewinnausschüttung	Zahlt eine GmbH ihrem beherrschenden (und weiterhin als Geschäftsführer tätigen) Gesellschafter-Geschäftsführer aus Anlass der Übertragung von Gesellschaftsanteilen auf seinen Sohn eine Abfindung gegen Verzicht auf die ihm erteilte betriebliche Pensionszusage, obschon als Versorgungsfälle ursprünglich nur die dauernde Arbeitsunfähigkeit und die Beendigung des Geschäftsführervertrages mit oder nach Vollendung des 65. Lebensjahres vereinbart waren, ist regelmäßig eine Veranlassung durch das Gesellschaftsverhältnis und damit eine vGA anzunehmen	§§ 4, 6a EStG; § 8 KStG	BFH v. 11.9.2013, I R 28/13, DStR 2014, 635 = HFR 2014, 424 = BStBl II 2014, 726	Killat-Risthaus, DStZ 2014, 296 (Anm.); Fuhrmann, BeSt 2014, 17, Kapitalabfindungen für Pensionszahlungen an beherrschende Gesellschafter – Geschäftsführer, BeSt 2014, 18
	Nach § 6a Abs. 3 Satz 2 Nr. 1 Satz 3 EStG sind für die Berechnung des Teilwerts der Pensionsrückstellung die Jahresbeträge zu Grunde zu legen, die vom Beginn des Wirtschaftsjahres, in dem das Dienstverhältnis begonnen hat, bis zu dem in der Pensionszusage vorgesehenen Zeitpunkt des Eintritts des Versorgungsfalles rechnungsmäßig aufzubringen sind. Ein Mindestpensionsalter auch für die Zusage gegenüber dem beherrschenden Gesellschafter-Geschäftsführer einer GmbH nicht vorausgesetzt (gegen R 41 Abs. 9 Satz 1 EStR 2001, R 6a Abs. 8 EStR 2012). Wurde einem ursprünglichen Minderheitsgesellschafter-Geschäftsführer einer GmbH eine Pension auf das 60. Lebensjahr zugesagt und wird der Begünstigte später zum Mehrheitsgesellschafter-Geschäftsführer, ohne dass die Altersgrenze angehoben wird, kommt deshalb insoweit allenfalls die Annahme einer vGA, nicht aber eine Bilanzberichtigung, in Betracht.	§ 6a EStG; § 8 KStG	BFH v. 11.9.2013, I R 72/12, DStR 2014, 633 = HFR 2014, 397	Killat-Risthaus, DStZ 2014, 295 (Anm.)
	vGA durch Rentenzahlung gegenüber dem Gesellschafter-Geschäftsführer einer GmbH nach Eintritt des Versorgungsfalls trotz Fortführung des Dienstverhältnisses (Fortführung BFH v. 5.3.2008, I R 12/07, BFHE 220, 454)	§ 4 EStG; § 8 KStG	BFH v. 23.10.2013, I R 60/12, DStR 2014, 641 = HFR 2014, 421	Killat-Risthaus, DStZ 2014, 295 (Anm.)

Aktuelles

Schlagwort	Inhalt/Tenor	Norm	Gericht, Datum, Az., Fundstelle	Weiterführende Hinweise
Verdeckte Gewinnausschüttung –Fortsetzung–	vGA wegen vorzeitiger Kapitalabfindung einer Pensionszusage (Anschluss an BFH v. 14.3.2006, I R 38/05, BFH/NV 2006, 1515; 5.3.2008, I R 12/07, BFHE 220, 454; Klarstellung von 28.4.2010, I R 78/08, BStBl II 2013, 41)	§ 4 EStG; § 8 KStG	BFH v. 23.10.2013, I R 89/12, DStR 2014, 637 = HFR 2014, 423 = BStBl II 2014, 729	Killat-Risthaus, DStZ 2014, 296 (Anm.); Fuhrmann, BeSt 2014, 17, Kapitalabfindungen für Pensionszahlungen an beherrschende Gesellschafter – Geschäftsführer, BeSt 2014, 18
	Eine vGA an Ges-GF ist nicht gleichzeitig eine Schenkung der Gesellschaft an eine dem Gesellschafter-GF nahestehende Person.	§ 7 Abs. 1 ErbStG	FG Münster v. 24.10.2013, 3 K 103/13 Erb, EFG 2014, 301 (Rev. BFH: II R 44/13)	Hennigfeld, EFG 2014, 302 (Anm.); bestätigt von BFH II R 44/13 v. 27.8.2014
	Pensionszusage: verdeckte Gewinnausschüttung infolge Ausscheidens des beherrschenden Gesellschafter-Geschäftsführers aus dem Unternehmen vor Ablauf der Erdienenszeit	§ 4 EStG; § 8 KStG	BFH v. 25.6.2014, I R 76/13, HFR 2014, 1091	Märtens, Verdeckte Gewinnausschüttung infolge Ausscheidens des beherrschenden Gesellschafter-Geschäftsführers aus dem Unternehmen vor Ablauf der Erdienenszeit einer Pensionszusage, jurisPR-SteuerR 41/2014 Anm. 6
Verluste (ESt)	§ 15b EStG ist bezogen auf das Tatbestandsmerkmal „modellhafte Gestaltung" hinreichend bestimmt. Ein Steuerstundungsmodell setzt Feststellungen zum Werben mit Steuervorteilen durch Erzielung negativer Einkünfte voraus	§§ 10d, 15b EStG	BFH v. 6.2.2014, IV R 59/10, DStR 2014, 688 = HFR 2014, 403 = BStBl II 2014, 465	JH, DStZ 2014, 325 (Anm.); Podewils, Keine Verletzung des verfassungsrechtlichen Bestimmtheitsgebots durch § 15b EStG, jurisPR-SteuerR 20/2014 Anm. 1
	Ausnahmsweiser Abzug „finaler" ausländischer Betriebstättenverluste bei der Ermittlung des Gewinns: Sofern und soweit der Stpfl. nachweist, dass die Verluste im Quellenstaat – als sog. finale Verluste – steuerlich unter keinen Umständen anderweitig verwertbar sind. Eine derartige „Finalität" ist gegeben, wenn die Verluste im Quellenstaat aus tatsächlichen Gründen nicht mehr berücksichtigt werden können oder ihr Abzug in jenem Staat zwar theoretisch noch möglich, aus tatsächlichen Gründen aber so gut wie ausgeschlossen ist und ein wider Erwarten dennoch erfolgter späterer Abzug im Inland verfahrensrechtlich noch rückwirkend nachvollzogen werden könnte (Bestätigung BFH v. 9. 6, 2010, I R 107/09, BFHE 230, 35)	Art. 13, 23 DBA-Belgien; §§ 2a, 52 EStG; § 8a KStG Art. 49, 54 AEUV; § 175 AO	BFH v. 5.2.2014, I R 48/11, DStR 2014, 837 = HFR 2014, 583	Höring, DStZ 2014, 435 (Anm.)

Schlagwort	Inhalt/Tenor	Norm	Gericht, Datum, Az., Fundstelle	Weiterführende Hinweise
Verluste (ESt) –Fortsetzung–	BVerfG-Vorlage zur Verfassungsmäßigkeit der Mindestbesteuerung bei Definitiveffekten	§ 10d EStG, § 8 KStG, § 10a GewStG	BFH v. 26.2.2014, I R 59/12, HFR 2014, 901 = BStBl II 2014, 1016	Schiffers, DStZ 2014, 659 (Anm.); Märtens, Verfassungsmäßigkeit der sog. Mindestbesteuerung bei Definitiveffekten, jurisPR-SteuerR 42/2014 Anm. 1
	Die korrespondierende Bilanzierung von Pensionsansprüchen eines Personengesellschafters in dessen Sonderbilanz und der Gesamthandsbilanz ist auch nach Ausscheiden des Gesellschafters fortzuführen, weil § 15 Abs. 1 Satz 2 EStG nach dem Ausscheiden geleistete Pensionszahlungen den während der Zugehörigkeit zur Gesellschaft bezogenen Sondervergütungen gleichstellt.	§§ 10d, 15, 24 EStG	BFH v. 6.3.2014, IV R 14/11, DStR 2014, 1378 = HFR 2014, 689 = BStBl II 2014, 624	Schiffers, DStZ 2014, 549 (Anm.); Steinhauff, Steuerliche Behandlung von Pensionszusagen an ehemaligen Mitunternehmer, jurisPR-SteuerR 33/2014 Anm. 3; Fuhrmann, BeSt 2014, 32
	Ein strukturierter EUR-Zinsswap mit CMS-Spread-Koppelung ist ein unter § 15 Abs. 4 Satz 3 EStG fallendes Termingeschäft	§§ 15, 20 EStG	BFH v. 20.8.2014, X R 13/12, DStR 2014, 2277	Schiffers, DStZ 2014, 682 (Anm.)
	Nach § 21 Abs. 1 Satz 2 EStG i.V.m. § 15a Abs. 2 EStG ist einer Kommanditgesellschaft, die Einkünfte aus VuV erzielt, der einem Kommanditisten zuzurechnende, nicht ausgeglichene oder abgezogene Verlustanteil mit Überschüssen, die dem Kommanditisten in späteren Wirtschaftsjahren aus seiner Beteiligung an der KG zuzurechnen sind, zu verrechnen	§§ 4, 5, 15a, 21 EStG	BFH v. 2.9.2014, IX R 52/13, DB 2015, 164	
	Verluste einer gewerblich geprägten Personengesellschaft	§ 15 Abs. 3 Nr. 2 EStG	BFH v. 30.10.2014, IV R 34/11, DStR 2015, 217	

Schlagwort	Inhalt/Tenor	Norm	Gericht, Datum, Az., Fundstelle	Weiterführende Hinweise
Verluste (KSt)	Ausnahmsweiser Abzug „finaler" ausländischer Betriebstättenverluste bei der Ermittlung des Gewinns: Sofern und soweit der Stpfl. nachweist, dass die Verluste im Quellenstaat – als sog. finale Verluste – steuerlich unter keinen Umständen anderweitig verwertbar sind. Eine derartige „Finalität" ist gegeben, wenn die Verluste im Quellenstaat aus tatsächlichen Gründen nicht mehr berücksichtigt werden können oder ihr Abzug in jenem Staat zwar theoretisch noch möglich, aus tatsächlichen Gründen aber so gut wie ausgeschlossen ist und ein wider Erwarten dennoch erfolgter späterer Abzug im Inland verfahrensrechtlich noch rückwirkend nachvollzogen werden könnte (Bestätigung BFH v. 9. 6, 2010, I R 107/09, BFHE 230, 35)	Art. 13, 23 DBA-Belgien, §§ 2a, 52 EStG, § 8a KStG Art. 49, 54 AEUV; § 175 AO	BFH v. 5.2.2014, I R 48/11, DStR 2014, 837 = HFR 2014, 583	Höring, DStZ 2014, 435 (Anm.)
	Bei der Feststellung des verbleibenden Verlustabzugs zur KSt ist in den Fällen des § 8 Abs. 4 KStG 1996 nicht nur die Höhe des jeweiligen Verlustbetrages, sondern auch die steuerliche Abzugsfähigkeit dieses Betrages nach Maßgabe der im Feststellungszeitpunkt geltenden Rechtslage für das spätere Abzugsjahr verbindlich festzulegen (Bestätigung BFH v. 22.10.2003, I R 18/02, BStBl II 2004, 468). Übergangsregelung zum Verlustabzug nach § 3 Abs. 4 KStG a.F. nicht verfassungswidrig.	§ 8 Abs. 4 KStG; § 54 Abs. 6 KStG 1996/1997	BFH v. 1.10.2014, I R 95/04, DB 2015, 32	Köster, DStZ 2015, 56 (Anm.)
Verluste (GewSt)	BVerfG-Vorlage zur Verfassungsmäßigkeit der Mindestbesteuerung bei Definitiveffekten	§ 10d EStG, § 8 KStG, § 10a GewStG	BFH v. 26.2.2014, I R 59/12, HFR 2014, 901 = BStBl II 2014, 1016	Schiffers, DStZ 2014, 659 (Anm.); Märtens, Verfassungsmäßigkeit der sog. Mindestbesteuerung bei Definitiveffekten, jurisPR-SteuerR 42/2014 Anm. 1

B. Rechtsprechung 2014/2015 von A bis Z

Schlagwort	Inhalt/Tenor	Norm	Gericht, Datum, Az., Fundstelle	Weiterführende Hinweise
Verluste (GewSt) –Fortsetzung–	Bringt eine Personengesellschaft ihren Gewerbebetrieb in eine andere Personengesellschaft ein, können vortragsfähige Gewerbeverluste bei fortbestehender Unternehmensidentität mit dem Teil des Gewerbeertrags der Untergesellschaft verrechnet werden, der auf die Obergesellschaft entfällt. Mit dem auf andere Gesellschafter der Untergesellschaft entfallenden Teil des Gewerbeertrags können Verluste aus der Zeit vor der Einbringung auch dann nicht verrechnet werden, wenn ein Gesellschafter der Obergesellschaft zugleich Gesellschafter der Untergesellschaft ist.	§ 10a GewStG	BFH v. 24.4.2014, IV R 34/10, HFR 2014, 716	Wilke, BB 2014, 2408 (Anm.), Schulze zur Wiesche, DStZ 2014, 719 (Anm.); Nöcker, FR 2014, 866 (Anm.)
Versorgungsbezüge	Kapitalleistungen berufsständischer Versorgungseinrichtungen sind steuerpflichtig, können aber ermäßigt besteuert werden	§§ 10, 22, 34 EStG, Art. 3, 20 GG	BFH v. 23.10.2013, X R 3/12, HFR 2014, 28 = BStBl II 2014, 58	Förster, HFR 2014, 33 (Anm.); Nöcker, Besteuerung von Kapitalabfindungen aus berufsständischen Versorgungseinrichtungen, jurisPR-SteuerR 28/2014 Anm. 3
	Austrittsleistung einer schweizerischen öffentlich-rechtlichen Pensionskasse ist steuerpflichtig, kann aber ermäßigt besteuert werden	§§ 22, 34 EStG; Art. 3, 20 GG	BFH v. 23.10.2012, X R 33/10, HFR 2014, 126 = BStBl II 2014, 103	Förster, BFH/PR 2014, 78 (Anm.)
Verzögerungsgeld	Grundsätze für die Ausübung des Ermessens bei der Festsetzung von Verzögerungsgeld: Keine Festsetzung ohne nähere Begründung	§ 146 Abs. 2b AO	BFH v. 24.4.2014, IV R 25/11, BStBl II 2014, 819 = HFR 2015, 1	Steinhauff, Grundsätze der Ausübung des Entschließungs- und Auswahlermessens bei der Festsetzung eines Verzögerungsgelds, jurisPR-SteuerR 38/2014 Anm. 1; Carlé, DStZ 2014, 667 (Anm.); Carlé, BeSt 2014. 36 (Anm.); Mader, B+P 2015, 10 (Anm.)
Vorsteuer	Die Gewährung des Vorsteuerabzugs unter dem Gesichtspunkt einer rückwirkenden Rechnungsberichtigung setzt – auch im Wege einer Billigkeitsmaßnahme – voraus, dass die zu berichtigende Rechnung falsche oder unvollständige Angaben enthält, die einer Berichtigung zugänglich wären	§§ 163, 233a AO; §§ 14, 15, 16 UStG; Art. 17, 18 RL 377/388/EWG	BFH v. 19.6.2013, XI R 41/10, BB 2013, 2644 = HFR 2014, 66 = BStBl II 2014, 738	Bader, DStZ 2013, 877 (Anm.); Tausch, UVR 2013, 358 (Anm.); v. Eichborn, HFR 2014, 69 (Anm.); Prätzler, Zur Gewährung des Vorsteuerabzugs aus Billigkeitsgründen und zu den Grenzen einer rückwirkenden Rechnungsberichtigung, jurisPR-SteuerR 2/2014 Anm. 6

Schlagwort	Inhalt/Tenor	Norm	Gericht, Datum, Az., Fundstelle	Weiterführende Hinweise
Vorsteuer –Fortsetzung–	Unterschriftserfordernis bei Vergütungsanträgen von Unternehmen in Drittstaaten	§ 18 Abs. 9 UStG, Art. 6 RL 79/1072/ EWG, Art. 2, 3, 4 RL 86/ 560 EWG, §§ 79, 89, 110, 150 AO, Art. 3, 19 GG, Art. 1 GATT, Art. 2 GATS	BFH v. 8.8.2013, V R 3/11, BStBl II 2014, 46	Prätzler, Unterschriftserfordernis bei Vergütungsanträgen von Unternehmen in Drittstaaten, jurisPR-SteuerR 3/2014 Anm. 6
	Eine innergemeinschaftliche Lieferung vor Gegenständen, deren Lieferung im Inland ohne Recht zum Vorsteuerabzug steuerfrei wäre, berechtigt nicht zum Vorsteuerabzug	§ 15 UStG, Art. 17 RL 77/388/EWG	BFH v. 22.8.2013, V R 30/12; HFR 2013, 1142 = BStBl II 2014, 133	Bader, DStZ 2013, 95 (Anm.); Eversloh, Konkurrenzverhältnis mehrerer Steuerbefreiungen für den Vorsteuerabzug, jurisPR-SteuerR 9/2014 Anm. 6
	Zulässigkeit des Flächenschlüssels bei gemischt genutzten Gebäuden	§§ 15, 15a UStG,; Art. 17, 19 RL 77/388/ EWG	BFH v. 22.8.2013, V R 19/09, DB (Beilage) 2013, 2838, HFR 2014, 343	Tausch, UVR 2014, 34 (Anm.); Michel, HFR 2014, 348 (Anm.)
	Ein im Ausland ansässiger Unternehmer, der gem. § 18 Abs. 3 Satz 1 UStG eine Umsatzsteuererklärung für das Kalenderjahr abzugeben hat, ist berechtigt und verpflichtet, alle in diesem Kalenderjahr abziehbaren Vorsteuerbeträge in dieser Steuererklärung geltend zu machen (entgegen Abschn. 18.15. Abs. 1 Satz 2 UStAE)	§§ 13a, 14, 18 UStG, Art. 17 RL 77/388 EWG	BFH v. 28.8.2013, XI R 5/11, HFR 2013, 1148 = BStBl II 2014, 497	Kleine-König, DStZ 2013, 878 (Anm.); Schießl, HFR 2013, 1150 (Anm.); Grube, Verhältnis von allgemeinem Besteuerungsverfahren und Vorsteuervergütungsverfahren, jurisPR-SteuerR 4/2014 Anm. 6; Tausch, UVR 2014, 133 (Anm.); BMF v. 21.5.2014, IV D 3 – S 7359/13/10002, BStBl I 2014, 863 (Anwendungsregelung)
	Ein Vorsteuerabzug eines Profifußballvereins aus ihm von Spielervermittlern erteilten Rechnungen setzt voraus, dass der Verein – und nicht etwa der betreffende Spieler – Empfänger der in Rechnung gestellten Leistungen ist.	§§ 2, 10, 14, 15 UStG	BFH v. 28.8.2013, XI R 4/11, HFR 2013, 1139 = BStBl II 2014, 282	Grube, Vorsteuerabzug eines Profifußballvereins aus Rechnungen von Spielervermittlern, jurisPR-SteuerR 49/2013 Anm. 6; Rauch, HFR 2013, 1141 (Anm.); Tausch, UVR 2014, 97
	Grundsätzlich keine flächenbezogene Vorsteueraufteilung in Spielhallen	§§ 9, 15, 15a, 27 UStG, Art. 3 GG, Art. 5, 25 StÄndG 2003, Art. 13, 17 RL 77/388/ EWG	BFH v. 5.9.2013, XI R 4/10, HFR 2013, 1144 = BStBl II 2014, 95	Rauch, HFR 2013, 1147 (Anm.); Grube, Keine flächendeckende Vorsteueraufteilung in Spielhallen, jurisPR-SteuerR 4/2014 Anm. 5

B. Rechtsprechung 2014/2015 von A bis Z

Schlagwort	Inhalt/Tenor	Norm	Gericht, Datum, Az., Fundstelle	Weiterführende Hinweise
Vorsteuer –Fortsetzung–	Unberechtigter Steuerausweis bei Kleinbetragsrechnungen eines Kleinunternehmers; Steuerschuld des Kleinbetragsunternehmers, wenn die Rechnung zum Steuerabzug verwendet werden kann	§§ 14, 14c, 15, 19 UStG, §§ 33, 35 UStDV, Art. 21, 22 RL 77/388/ EWG, Art. 203 MwStSystRL	BFH v. 25.9.2013, XI R 41/12, HFR 2014, 64 = BStBl II 2014, 135	Tausch, UVR 2014, 35 (Anm.); Grube, Unberechtigter Steuerausweis bei Kleinbetragsrechnungen eines Kleinunternehmers; Steuerschuld des Kleinbetragsunternehmers
	Sieht das nationale Recht für eine Leistung den ermäßigten Steuersatz vor, während sie nach dem Unionsrecht dem Regelsteuersatz unterliegt, kann sich der zum Vorsteuerabzug berechtigte Leistungsempfänger auf den Anwendungsvorrang des Unionsrechts berufen und – bei Vorliegen der weiteren Voraussetzungen – den Vorsteuerabzug nach dem für ihn günstigeren Regelsteuersatz in Anspruch nehmen	§§ 3, 12, 15 UStG, Art. 14, 98 MwStSystRL	BFH v. 24.10.2013, V R 17/13, HFR 2014, 165	Michel, HFR 2014, 170 (Anm.); Tausch, UVR 2014, 67 (Anm.); Prätzler, Verhältnis nationales Recht und Unionsrecht – Anwendungsvorrang, jurisPR-SteuerR 10/2014 Anm. 4
	Aufteilung des Vorsteuerabzugs bei einem Land- und Forstwirt mit Durchschnittssatzbesteuerung und seiner Organgesellschaft mit Regelbesteuerung	§§ 2, 24 UStG; Art. 17, 25 RL 77/388/ EWG; Art. 295 ff. MWStSystRL	BFH v. 13.11.2013, XI R 2/11, HFR 2014, 261 = BStBl II 2014, 543	Grube, HFR 2014, 264 (Anm.); Grube, Aufteilung des Vorsteuerabzugs bei einem Land- und Forstwirt mit Durchschnittssatzbesteuerung und seiner Organgesellschaft mit Regelbesteuerung, jurisPR-SteuerR 14/2014 Anm. 6; Tausch, UVR 2014, 194 (Anm.).

Schmieszek

Aktuelles

Schlagwort	Inhalt/Tenor	Norm	Gericht, Datum, Az., Fundstelle	Weiterführende Hinweise
Vorsteuer –Fortsetzung–	EuGH-Vorlage: Berechnungsmethode für den (anteiligen) Vorsteuerabzug einer Holding aus Eingangsleistungen im Zusammenhang mit der Kapitalbeschaffung zum Erwerb von Anteilen an Tochtergesellschaften zu berechnen, wenn die Holding später (wie von vornherein beabsichtigt) verschiedene steuerpflichtige Dienstleistungen gegenüber diesen Gesellschaften erbringt? Steht Art. 4 Abs. 4 Unterabs. 2 der Richtlinie 77/388/EWG einer nationalen Regelung entgegen, nach der (erstens) nur eine juristische Person – nicht aber eine Personengesellschaft – in das Unternehmen eines anderen Stpfl. (sog. Organträger) eingegliedert werden kann und die (zweitens) voraussetzt, dass diese juristische Person finanziell, wirtschaftlich und organisatorisch (im Sinne eines Über- und Unterordnungsverhältnisses) in das Unternehmen des Organträgers eingegliedert ist? Kann sich ein Stpfl. unmittelbar auf Art. 4 Abs. 4 Unterabs. 2 der Richtlinie 77/388/EWG berufen?	§§ 2, 8, 14, 14a, 15 UStG; Art. 4, 13, 17 RL 77/388/EWG	BFH v. 11.12.2013, XI R 38/12, DStR 2014, 466 = BStBl II 2014, 428; XI R 17/11, BStBl II 2014, 417 = HFR 2014, 545 (EuGH v. 6.3.2014, C-108/14, ABl.EU Nr. C 159 2014, 12. v. 6.3.2014, C-109/14, ABl.EU Nr. C 159 2014, S. 13).	Bader, DStZ 2014, 258 (Anm.); Tausch, UVR 2014, 98 (Anm.); BMF v. 5.5.2014, IV D 2 – S 7105/11/10001, 13/10003, BStBl I 2014, 820, BStBl I 2014, 820 (Anwendungsregelung, Änderung des UStAE); Prätzler, EuGH-Vorlage zum Vorsteuerabzug einer sog. Führungsholding, jurisPR-SteuerR 21/2014 Anm. 5
	Einem Unternehmer steht der Vorsteuerabzug auf Grund einer für sein Unternehmen bezogenen Leistung zur Hälfte zu, wenn auf Grund des der Leistung zu Grunde liegenden schuldrechtlichen Vertragsverhältnisses der Unternehmer gemeinsam mit seiner nichtunternehmerisch tätigen Ehefrau als Leistungsempfänger anzusehen ist	§§ 14, 14a, 15 UStG; Art. 168, 220 – 236 MwStSystRL	FG Düsseldorf v. 13.12.2013, 1 K 2947/11 U, EFG 2014, 510 (Rev., Az. des BFH: V R 4/14)	Büchter-Hole, EFG 2014, 511 (Anm.)

B. Rechtsprechung 2014/2015 von A bis Z

Schlagwort	Inhalt/Tenor	Norm	Gericht, Datum, Az., Fundstelle	Weiterführende Hinweise
Vorsteuer –Fortsetzung–	Der Verzicht auf Steuerbefreiungen nach § 9 UStG kann zurückgenommen werden, solange die Steuerfestsetzung für das Jahr der Leistungserbringung anfechtbar oder auf Grund eines Vorbehalts der Nachprüfung gem. § 164 AO noch änderbar ist (Klarstellung). Eine Änderung nach § 174 Abs. 3 AO ist auch dann gerechtfertigt, wenn das FA zunächst keinen Steuerbescheid erlassen hat, dieses Unterlassen aber auf der erkennbaren Annahme beruht, ein bestimmter Sachverhalt sei in einem anderen Steuerbescheid zu berücksichtigen	§§ 164, 168, , 169, 173, 174 AO; §§ 9, 14, 15, 18, 19, 20, 23 UStG	BFH v. 19.12.2013, V R 7/12, HFR 2014, 669	Tausch, UVR 2014, 195 (Anm.); Kraeusel, Die Option zur Steuerpflicht und deren Rücknahme ist nicht an die formelle Bestandskraft des USt-Bescheids gebunden, UVR 2014, 217; Michel, HFR 2014, 672 (Anm.)
	Zur Identifizierung einer abgerechneten Leistung (§ 14 Abs. 4 Satz 1 Nr. 5 UStG) können andere Geschäftsunterlagen herangezogen werden, wenn das Abrechnungsdokument selbst darauf verweist und diese eindeutig bezeichnet	§§ 14, 14a, 15 UStG	BFH v. 16.1.2014, V R 28/13, DStR 2014, 743 = HFR 2014, 543 = BStBl II 2014, 867	Bader, DStZ 2014, 326 (Anm.); Schulze, HFR 2014, 545 (Anm.); Grube, Anforderungen an Leistungsbeschreibung in Rechnung für Zwecke des Vorsteuerabzugs, jurisPR-SteuerR 27/2014 Anm. 5; Tausch, UVR 2014, 258
	Ein Unternehmer ist aus einer von ihm bezogenen Leistung „Kantinenbewirtschaftung" nicht zum Vorsteuerabzug berechtigt, wenn diese Leistung ausschließlich dazu dienen soll, als sog. unentgeltliche Wertabgabe seinen Arbeitnehmern die Möglichkeit zu verschaffen, in der Betriebskantine verbilligt Speisen und Getränke zu beziehen	§§ 2, 10, 14, 14a, 15 UStG; Art. 6 RL 77/388/EWG; Art. 26 MwStSystRL	BFH v. 29.1.2014, XI R 4/12, DStR 2014, 797 = HFR 2014, 631	Bader, DStZ 2014, 363 (Anm.); Tausch, UVR 2014, 165 (Anm.); Rauch, HFR 2014, 634 (Anm.)
	Zeitpunkt des Vorsteuerabzugs: Das Recht auf Vorsteuerabzug ist für den Voranmeldezeitraum auszuüben, in dem das Abzugrecht entstanden ist und die Ausübungsvoraussetzungen vorliegen	§ 15, 16 UStG; Art. 168, 178, 179, 180 MwStSystRL; Art. 17, 18 RL 77/388/EWG	BFH v. 13.2.2014, V R 8/13, BFH/NV 2014, 1162, HFR 2014, 734 = BStBl II 2014, 595	Prätzler, Unionsrechtliche Fragen zum Vorsteuerabzug der Einfuhrumsatzsteuer bleiben zunächst offen, jurisPR-SteuerR 30/2014 Anm. 6; Kleine-König, DStZ 2014, 511 (Anm.); Tausch, UVR 2014, 290 (Anm.)

Schlagwort	Inhalt/Tenor	Norm	Gericht, Datum, Az., Fundstelle	Weiterführende Hinweise
Vorsteuer –Fortsetzung–	Macht ein Unternehmen in Besteuerungszeiträumen ab 2004 aus Eingangsleistungen für die Miete oder den Betrieb eines sowohl unternehmerisch als auch privat genutzten PKW, der nach dem 31. März 1999 und vor dem 1. Januar 2004 angeschafft wurde, den vollen Vorsteuerabzug geltend, ist die Versteuerung einer unentgeltlichen Wertabgabe nicht nach § 3 Abs. 9a Satz 2 UStG a.F. ausgeschlossen	§§ 3, 15, 15a, 27 UStG; Art. 6, 17 RL 77/388/ EWG, Art. 26, 168 MwStSystRL	BFH v. 5.3.2014, XI R 29/12, HFR 2014, 726 = BStBl II 2014, 600	Bleschick, HFR 2014, 729 (Anm.); Kleine-König, DStZ 2014, 628 (Anm.)
	Bei der Errichtung eines gemischt genutzten Gebäudes richtet sich die Vorsteueraufteilung im Regelfall nach dem objektbezogenen Flächenschlüssel. Vorsteuerbeträge sind aber dann nach dem (objektbezogenen) Umsatzschlüssel aufzuteilen, wenn erhebliche Unterschiede in der Ausstattung der verschiedenen Zwecken dienenden Räume bestehen	§ 15 Abs. 4 UStG; Art. 17, 19 RL 77/388/ EWG; Art. 173, 174 MwStSystRL	BFH v. 7.5.2014, V R 1/10, DStR 2014, 1162 = HFR 2014, 826	Kleine-König, DStZ 2014, 469 (Anm.); Eversloh, Vorsteueraufteilung bei gemischt genutzten Gebäuden, jurisPR-SteuerR 28/2014 Anm. 6; Tausch, UVR 2014, 226 (Anm.); Michel, HFR 2014, 892 (Anm.)
	Der Vorsteuerausschluss gem. § 15 Abs. 1a UStG i.V.m. § 4 Abs. 5 Satz 1 Nr. 4 EStG für Aufwendungen für Segelyachten und Motoryachten steht sowohl hinsichtlich der laufenden Aufwendungen als auch hinsichtlich der Erwerbskosten im Einklang mit dem Unionsrecht. Die Versagung der Umsatzsteuerbefreiung für eine innergemeinschaftliche Lieferung nach den Grundsätzen des EuGH-Urteils „R" setzt voraus, dass der Lieferer sich vorsätzlich an einer Steuerhinterziehung des Erwerbers beteiligt. Das gilt auch für ein innergemeinschaftliches Verbringen i.S.v. § 6a Abs. 2, § 3 Abs. 1a UStG	§§ 3, 4, 6a, 15 UStG; Art. 131, 138 176 MwStSystRL, § 4 EStG, § 370 AO	BFH v. 21.5.2014, V R 34/13 = BStBl II 2014, 914	Grube, Vorsteuerausschluss bei Aufwendungen für Yachten, jurisPR-SteuerR 49/2014 Anm. 7
	EuGH-Vorlage zu Fragen der Bestimmung der abziehbaren Vorsteuerbeträge aus Eingangsleistungen für ein gemischt genutztes Gebäude, der Berichtigung des Vorsteuerabzugs im Falle eines von einem Mitgliedstaat nachträglich vorgeschriebenen vorrangigen Aufteilungsschlüssels sowie zu den Grundsätzen der Rechtssicherheit und des Vertrauensschutzes	§§ 1, 4, 9, 15, 15a UStG; Art. 17, 20 RL 77/388/ EWG	BFH v. 5.6.2014, XI R 31/09, BFH/ NV 2014, 1334 = HFR 2014, 831	Kleine-König, DStZ 2014, 586 (Anm.); Tausch, UVR 2014, 262 (Anm.); Michl, HFR 2014, 837 (Anm.); Brill, BeSt 2014, 34 (Anm.); Prätzler, EuGH-Vorlage zu Fragen der Vorsteueraufteilung bei Immobilien, jurisPR 45/ 2014 Anm. 6

B. Rechtsprechung 2014/2015 von A bis Z

Schlagwort	Inhalt/Tenor	Norm	Gericht, Datum, Az., Fundstelle	Weiterführende Hinweise
Vorsteuer –Fortsetzung–	Die sog. Mindestbemessungsgrundlage ist bei Leistungen an einen zum vollen Vorsteuerabzug berechtigten Unternehmer jedenfalls dann nicht anwendbar, wenn der vom Leistungsempfänger in Anspruch genommene Vorsteuerabzug keiner Vorsteuerberichtigung i.S. des § 15a UStG unterliegt	§§ 4, 9, 10, 12, 13, 14c UStG; Art. 27 RL 77/388/ EWG; Art. 395 MwStSytRL	BFH v. 5.6.2014, XI R 44/12, HFR 2014, 932	Prätzler, Eingeschränkter Anwendungsbereich der Mindestbemessungsgrundlage, jurisPR-SteuerR 40/2014 Anm. 6; Rauch, HFR 2014, 935 (Anm.); Schiffers, DStZ 2014, 659 (Anm.); Kleine-König, DStZ 2014, 661 (Anm.); Tausch, UVR 2014, 326 (Anm.)
	Keine Vorsteuerkorrektur beim letzten inländischen Unternehmer einer Lieferkette bei Rabattgewährung durch ausländischen Hersteller	§§ 1, 10, 17 UStG	BFH v. 5.6.2014, XI R 25/12, HFR 2014, 939	Tausch, UVR 2014, 294 (Anm.); Rauch, HFR 2014, 942 (Anm.); Grube, Keine Vorsteuerkorrektur beim letzten inländischen Unternehmer einer Lieferkette bei Rabattgewährung durch ausländischen Hersteller, jursiPR 44/2014 Anm. 6
	Voraussetzungen des Umsatzsteuer-Vergütungsverfahrens	§ 18 Abs. 9 UStG, § 59 UStDV, Art. 171 MwStSystRL	BFH v. 5.6.2014, V R 50/13, BStBl II 2014, 813 = HFR 2014, 1102	Tausch, UVR 2014, 356 (Anm.)
	Keine Entgeltminderung bei Zentralregulierung: Preisnachlässe, die ein Zentralregulierer seinen Anschlusskunden für den Bezug von Waren von bestimmten Lieferanten gewährt, mindern nicht die Bemessungsgrundlage für die Leistungen, die der Zentralregulierer gegenüber den Lieferanten erbringt, und führen dementsprechend auch nicht zu einer Berichtigung des Vorsteuerabzugs beim Anschlusskunden (Aufgabe von BFH v. 13.3.2008, V R 70/06, BStBl II 2008, 997, und Folgeentscheidung zum EuGH v. 16.1.2014, C-300/12 Ibero Tours, UR 2014, 234)	§ 1 Abs. 2 Satz 2 Nr. 8 KWG, §§ 4, 9 10, 17 UStG; Art. 11 RL 77/388/ EWG; Art. 90 MwStSystRL	BFH v. 3.7.2014, V R 3/12, HFR 2014, 938	Kleine-König, DStZ 2014, 660 (Anm.); Prätzler, Keine Entgeltminderung bei Zentralregulierung, jurisPR-SteuerR 44/2014 Anm. 5; Tausch, UVR 2014, 358 (Anm.)

Schlagwort	Inhalt/Tenor	Norm	Gericht, Datum, Az., Fundstelle	Weiterführende Hinweise
Vorsteuer –Fortsetzung–	Umsatzschlüssel bei gemischt genutzten Gebäuden: Im Regelfall Vorsteueraufteilung nach dem objektbezogenen Flächenschlüssel. Aufteilung nach dem (objektbezogenen) Umsatzschlüssel, wenn eine Gesamtwürdigung ergibt, dass erhebliche Unterschiede in der Ausstattung der verschiedenen Zwecken dienenden Räume bestehen (Bestätigung und Fortführung von BFH v. 7.5.2014 V R 1/10, DStR 2014, 1162)	§ 15 UStG, Art. 17, 19 RL 77/388/ EWG	BFH v. 3.7.2014, V R 2/10, HFR 2014, 1018	Heu, DStR 2014, 1720 (Anm.)
	Der Vorsteuerabzug gem. § 17 Abs. 2 Nr. 1 Abs. 1 Satz 1 Nr. 2 UStG entsteht mit der Bestellung des vorläufigen Insolvenzverwalters mit Zustimmungsvorbehalt i.S.v. § 21ä Abs. 2 Nr. 2 Alt. 2 InsO (Bestätigung von BFH v. 8.8.2913, V R 18/13, BFHE 242, 433)	§ 17 UStG, § 2121 InsO	BFH v. 3.7.2014, V R 32/13, BFHE 246, 264	Eversloh, Uneinbringlichkeit im insolvenzrechtlichen Eröffnungsverfahren, jurisPR-SteuerR 48/2014 Anm. 7
	Voraussetzungen für den Vorsteuerabzug eines geschäftsführenden Gesellschafters einer GbR aus dem Erwerb eines Mandantenstamms	§ 15 Abs. 1 Satz 1 Nr. 1 Satz 1 UStG, Art. 4, 17 RL 77/388/ EWG,	BFH v. 26.8.2014, XI R 26/10, DStR 2014, 2449	Kleine-König, DStZ 2015, 54 (Anm.)
	Betriebsvorrichtungen sind keine Bauwerke i.S.v. § 13b Abs. 1 Nr. 4 Satz 1 UStG a.F.	13b Abs. 1 Nr. 4 Satz 1 UStG a.F.	BFH v. 28.8.2014, V R 7/14, DStR 2014, 2290 = HFR 2015, 79	Eversloh, Abgrenzung zwischen Bauwerk und Betriebsvorrichtung, jurisPR-SteuerR 1/2015 Anm. 6; Kleine-König, DStZ 2015, 2
	Die unentgeltliche Überlassung eines in Bruchteilsgemeinschaft erworbenen Gegenstandes (Mähdrescher) an einen der Gemeinschafter begründet weder eine eigene Rechtspersönlichkeit noch eine wirtschaftliche Tätigkeit der Gemeinschaft, so dass die einzelnen Gesellschafter als Leistungsempfänger anzusehen sind (entgegen Abschn. 15.2 Abs. 16 Sätze 6 und 7 UStAE)	§§ 1, 2, 3, 14, 15, 24 UStG; Art. 16 MWStSystRL; § 743 BGB	BFH v.28.8.2014, V R 49/13, HFR 2015, 65	Michel, HFR 2015, 67 (Anm.)
	Umsatzsteuer im Insolvenzeröffnungsverfahren	§§ 21, 22, 55, 179 InsO; §§ 1, 13, 17 UStG	BFH v.24.9.2014, V R 48/13, DB 2014, 2870	Tausch, UVR 2015, 5 (Anm.)

B. Rechtsprechung 2014/2015 von A bis Z

Schlagwort	Inhalt/Tenor	Norm	Gericht, Datum, Az., Fundstelle	Weiterführende Hinweise
Vorsteuer –Fortsetzung–	Überlassung von Geschäftsführerwohnungen mit Einrichtung: Kein Vorsteuerabzug bei von vornherein beabsichtigter Verwendung der Eingangsleistung für eine unentgeltliche Wertabgabe	§ 15 UStG	BFH v. 8.10.2014, V R 56/13, HFR 2015, 68	Nieuwenhuis, HFR 2015, 70 (Anm.)
	Vorsteuerabzug bei Totalverlust der Rechnungen; keine eidesstattliche Versicherung für die Richtigkeit rechtlicher Schlussfolgerungen	§§ 14, 15 UStG; Art. 17, 22 RL 77/388/ EWG	BFH v. 23.10.2014, V R 23/13, DStR 2015, 71	Heu, DStR 2015, 75 (Anm.)
	Entnahmebesteuerung und Vorsteuerberichtigung bei verspäteter Zuordnung eines gemischt genutzten Gebäudes	§§ 1, 3, 15a UStG	BFH v. 23.10.2014, V R 11/12, DStR 2015, 67	Heu, Entnahmebesteuerung und Vorsteuerberichtigung bei verspäteter Zuordnung eines gemischt genutzten Gebäudes, DStR 2015, 71
Vorweggenommene Erbfolge	Vorabentscheidungsersuchen an EuGH: Abzugsausschluss für Versorgungsleistungen bei beschränkter Steuerpflicht (§ 50 Abs. 1 Satz 4 EStG 1999) unionsrechtswidrig?	§§ 10, 22, 50 EStG, Art. 56 EG, Art. 63 AEUV	BFH v. 14.5.2013, I R 49/12, HFR 2013, 1099 = BStBl II 2014, 22	Beiser, Versorgungsleistungen aus einer Betriebsübergabe im Licht des Ertragsteuerbefugnis des Quellenstaates - eine systematische Sicht, IStR 2014, 294
	Begnügt sich ein Ehegatte mit der Zuwendung von laufenden Zahlungen unter Verzicht auf Pflichtteils- oder ähnliche Ansprüche (Zugewinnausgleich), ist im Regelfall von einer Vermögensübergabe gegen Versorgungsleistungen i.S.v. § 10 Abs. 1 Nr. 1a EStG auszugehen, sofern das den Vermögensübernehmern/Erben überlassene Vermögen ausreichend ertragfähig ist und die Parteien ihren Verpflichtungen wie vereinbart oder durch Vermächtnis bestimmt nachkommen	§ 10 Abs. 1 Nr. 1a EStG	BFH v. 25.2.2014, X R 34/11, DStR 2014, 1325 = BStBl II 2014, 665 = HFR 2014, 870	Urbach, DStZ 2014, 517 (Anm.); Schuster, Vermögensübergabe gegen Versorgungsleistungen, jurisPR-SteuerR 31/2014 Anm. 2
	Nach der Neufassung des § 10 Abs. 1 Nr. 1a EStG durch das JStG 2008 sind auf einem Wirtschaftsüberlassungsvertrag beruhende Leistungen des Nutzungsberechtigten an den Überlassenden nicht als Sonderausgaben abziehbar	§ 10 Abs. 1 Nr. 1a, § 13a EStG	BFH v. 25.6.2014, X R 16/13, HFR 2014, 872 = BStBl II 2014, 889	Fischer, Kein Abzug der Leistungen des Nutzungsberechtigten als Sonderausgaben beim Wirtschaftsüberlassungsvertrag, jurisPR 44/21014 Anm. 2

Schmieszek

1 Aktuelles

Schlagwort	Inhalt/Tenor	Norm	Gericht, Datum, Az., Fundstelle	Weiterführende Hinweise
Werbungskosten	Überlässt der Arbeitgeber seinem Arbeitnehmer für Fahrten zwischen Wohnung und Arbeitsstätte einen Fahrer, führt das dem Grunde nach zu einem lohnsteuerrechtlich erheblichen Vorteil. Der Vorteil bemisst sich grundsätzlich nach dem üblichen Endpreis am Abgabeort einer vergleichbaren von fremden Dritten erbrachten Leistung	§ 8 Abs. 2 Satz 1, § 9 Abs. 1 Satz 3 Nr. 4 EStG	BFH v. 15.5.2013, VI R 44/11, DStR 2013, 1777 = HFR 2013, 895 = BStBl II 2014, 589	Killat-Risthaus, DStZ 2013, 687 (Anm.); Bergkemper, Fahrergestellung als Lohn, jurisPR-SteuerR 41/2013 Anm. 4; Mader, B+P 2013 (Anm.); Schneider, HFR 2013, 897 (Anm.); BMF v. 15.7.2014, IV C 5 – S 2334/13/10003, BStBl I 2014, 1109:2 (Anwendungsregelung)
	Bei einer absehbaren Verweildauer von vier Jahren an einer betrieblichen Einrichtung des Arbeitgebers nach einer unbefristeten Versetzung ist eine auf Dauer und Nachhaltigkeit angelegte regelmäßige Arbeitsstätte anzunehmen	§ 9 Abs. 1 Satz 1, 3 Nr. 4 EStG	BFH v. 8.8.2013, VI R 59/12, HFR 2014, 16 = BStBl II 2014, 66	Killat-Risthaus, DStZ 2014, 8 (Anm.); Mader, B+P 2014, 8 (Anm.); Bergkemper, Regelmäßige Arbeitsstätte nach unbefristeter Versetzung, jurisPR-SteuerR 3/2014 Anm. 2
	Ein Arbeitnehmer, der von seinem Arbeitgeber für drei Hare an eine andere als seine bisherige Tätigkeitsstätte abgeordnet oder versetzt wird, begründet dort keine regelmäßige Arbeitsstätte i.S. des § 9 Abs. 1 Satz 3 Nr. 4 EStG	§§ 4, 9 EStG	BFH v. 8.8.2013, VI R 72/12, DStR 2013, 2558 = HFR 2014, 18 = BStBl II 2014, 68	Killat-Risthaus, DStZ 2014, 8 (Anm.); Geserich, HFR 2014, 18 (Anm.); Mader, B+P 2014, 8 (Anm.); Bergkemper, Keine regelmäßige Arbeitsstätte bei vorübergehender Abordnung oder Versetzung, jurisPR-SteuerR 4/2014 Anm. 3; Mader, B+P 2014, 479 (Anm.)
	Telearbeitsplatz: Aufwendungen für ein häusliches Arbeitszimmer unterliegen auch dann der Abzugsbeschränkung nach § 9 Abs. 5 Satz 1 iVm. § 4 Abs. 5 Nr. 6b EStG, wenn der Arbeitnehmer arbeitsvertraglich zur Bereitstellung eines Arbeitszimmers verpflichtet ist	§ 4 Abs. 5 Nr. 6b, § 9 Abs. 5 EStG	FG Düsseldorf v. 8.8.2013, 11 K 1705/12 E, EFG 2014, 250 (rkr.)	Hoffmann, EFG 2014, 252 (Anm.)
	Die Marktrendite gem. § 20 Abs. 2 Satz 1 Nr. 4 Satz 2 1. Halbsatz EStG a.F. ist nicht anzusetzen, wenn der sicher zugesagte Zinsertrag einer Inhaberschuldverschreibung zweifelsfrei von der ungewissen Höhe des Rückzahlungsbetrags getrennt werden kann. Kosten des Erwerbs einer Kaufoption (Call) führen zu Werbungskosten beim Verkauf der durch Ausübung des Calls erworbenen Inhaberschuldverschreibung i.S.v. § 23 Abs. 3 Satz 1 EStG	§§ 20, 23 EStG	BFH v. 20.8.2013, IX R 38/11, HFR 2013, 1106 = BStBl II 2013, 1021	Jachmann, Zum Ansatz der Marktrendite, jurisPR-SteuerR 49/2013 Anm. 3; Jachmann, HFR 2013, 1107 (Anm.); Höring, DStZ 2014, 61 (Anm.)

B. Rechtsprechung 2014/2015 von A bis Z

Schlagwort	Inhalt/Tenor	Norm	Gericht, Datum, Az., Fundstelle	Weiterführende Hinweise
Werbungskosten *–Fortsetzung–*	Zinsaufwendungen aus der Fremdfinanzierung von Beiträgen zu einer Lebensversicherung, die nicht zu steuerpflichtigen Erträgen i.S.d. § 20 Abs. 1 Nr. 6 EStG führt, können gem. § 3c EStG nicht als WK bei den Einkünften aus Kapitalvermögen abgezogen werden. Das gilt auch, wenn die Lebensversicherung dazu dient, einen Immobilienkredit einer vom Stpfl. beherrschten GmbH zu tilgen	§§ 3c, 9, 20 Abs. 1 Nr. 6 EStG; §§ 42 AO	BFH v. 27.8.2013, VIII R 3/11, HFR 2014, 219 = BStBl II 2014, 560	Killat-Risthaus, DStZ 2014, 146 (Anm.); Dötsch, Abzug von Zinsaufwendungen aus der Refinanzierung von Kapitallebensversicherungen, jurisPR-SteuerR 6/2014 Anm. 5; Nothnagel, HFR 2014, 220 (Anm.)
	Vorfälligkeitsentschädigungen sind keine nachträglichen WK bei Einkünfte aus VuV	§§ 9, 21, 23 EStG	FG Düsseldorf v. 11.9.2013, 7 K 545/13 E, EFG 2013, 1906 (Rev., Az. des BFH: IX R 42/13)	Pfützenreuter, EFG 2013, 1907 (Anm.); nachgehend: BFH v. 11.2.2014, IX R 42/12 (Rev. zurückgewiesen)
	Berücksichtigung von Werbungskosten aus Vermietung und Verpachtung aus Mietverhältnissen zwischen einem Gesellschafter und der Lebensgefährtin eines anderen Gesellschafters: Einkünfteerzielungsabsicht, Fremdvergleichsgrundsatz, Gestaltungsmissbrauch	§§ 41, 42 AO; §§ 2, 9, 12, 21 EStG	BFH v. 9.10.2013, IX R 2/13, BStBl II 2014, 527 = HFR 2014, 607	Killat-Risthaus, DStZ 2014, 367 (Anm.); Jachmann, Berücksichtigung von Vermietungsverlusten bei Mietverträgen unter nahestehenden Personen, jurisPR-SteuerR 23/2014 Anm. 3
	Keine regelmäßige Arbeitsstätte bei wiederholter befristeter Zuweisung des Arbeitnehmers an einen anderen Betriebsteil des Arbeitgebers	§ 9 EStG	BFH v. 24.9.2013, VI R 51/12, DStR 2013, 2755 = HFR 2014, 121 = BStBl II 2014, 342	Killat-Risthaus, DStZ 2014, 60 (Anm.); Mader, B+P 2014, 78 (Anm.); Hettler, HFR 2014, 122 (Anm.)
	Aufwendungen eines angestellten Chefarztes für eine Skifreizeit zur Steigerung der Motivation seiner Mitarbeiter können als WK abzugsfähig sein	§ 9 Abs. 1 Satz 1, § 12 Nr. 1 Satz 2 EStG	Thüringer FG v. 9.10.2013, 3 K 306/12, EFG 2014, 1290 (rkr.)	Wagner, EFG 2014, 1294 (Anm.)
	Schuldzinsen für die Finanzierung nachträglicher Anschaffungskosten aus einer aufgegebenen Beteiligung i.S.d. § 17 EStG sind auch dann Werbungskosten bei den Einkünften aus Kapitalvermögen, wenn der Zeitpunkt der Aufgabe vor dem Veranlagungszeitraum 1999 lag	§ 3 Nr. 40, §§ 3c, 17, 20, 52 EStG	BFH v. 29.10.2013, VIII R 13/11, HFR 2014, 306 = BStBl II 2014, 251	Dötsch, Berücksichtigung von Zinsen auf nachträgliche Anschaffungskosten einer aufgegebenen GmbH-Beteiligung als nachträgliche Werbungskosten, jurisPR-SteuerR 12/2014 Anm. 3; Nothnagel, HFR 2014, 308 (Anm.)

Schlagwort	Inhalt/Tenor	Norm	Gericht, Datum, Az., Fundstelle	Weiterführende Hinweise
Werbungskosten *–Fortsetzung–*	Kein Betriebsausgabenabzug für Aufwendungen für ein Studium, welches eine Erstausbildung vermittelt und nicht im Rahmen eines Dienstverhältnisses stattfindet	§ 4 Abs. 9, § 12 Nr. 5, § 52 Abs. 12 Satz 11, Abs. 30a EStG; Art. 20 GG	BFH v. 5.11.2013, VIII R 22/12, DStR 2014, 22 = HFR 2014, 122 = BStBl II 2014, 165	Köster, DStZ 2014, 100 (Anm.); Mader, B+P 2014, 78 (Anm.); Titgemeyer, Zur steuerlichen Berücksichtigung von Aufwendungen im Rahmen eines (Erst-) Studiums, DStZ 2014, 189
	Verpflegungsmehraufwand bei ständiger Unterkunft in einer Pension: keine doppelte Haushaltsführung	§§ 4, 9 EStG	FG Sachsen-Anhalt v. 12.11.2013, 4 K 1498/11, EFG 2014, 742 (Rev. BFH: VI R 95/13)	Wagner, EFG 2014, 744 (Anm.)
	Verfassungsmäßigkeit des Abzug von Kinderbetreuungskosten bei unter vierjährigen Kindern	§§ 4f, 9, 10 EStG	BFH v. 14.11.2013, III R 18/13, HFR 2014, 400 = BStBl II 2014, 383	Selder, Verfassungsmäßigkeit des Abzug von Kinderbetreuungskosten bei unter vierjährigen Kindern, jurisPR-SteuerR 17/2014 Anm. 3
	Vorlage an den Großen Senat zur Aufteilbarkeit der Kosten für ein häusliches Arbeitszimmer	§§ 4, 9, 12 EStG	BFH v. 21.11.2013, IX R 23/12, HFR 2014, 202 = BStBl II 2014, 312	Mader, B+P 2014, 151 (Anm.); Killat-Risthaus, DStZ 2014, 184 (Anm.); Jachmann, Vorlage an den Großen Senat zur Aufteilbarkeit der Kosten für ein häusliches Arbeitszimmer, jurisPR-SteuerR 12/2014 Anm. 2
	Grundausbildung bei der Bundeswehr keine Erstausbildung	§§ 4, 9 EStG	FG Berlin-Brandenburg v. 6.1.2014, 14 K 14312/12, EFG 2014, 987 (Rev., Az. des BFH: VI R 2/14)	Bauhaus, EFG 2014, 987 (Anm.)
	Kosten der beruflichen Erstausbildung eines Verkehrsflugzeugführers keine vorweggenommenen Werbungskosten	§ 9 Ab. 6, § 52 Abs. 23d, 30a EStG	FG Köln v. 20.2.2014, 11 K 4020/11, EFG 2014, 838 (Rev., Az. des BFH VI R 12/14)	Heide, EFG 2014, 839 (Anm.)

B. Rechtsprechung 2014/2015 von A bis Z

Schlagwort	Inhalt/Tenor	Norm	Gericht, Datum, Az., Fundstelle	Weiterführende Hinweise
Werbungskosten –Fortsetzung–	Einkünfteerzielungsabsicht bei Einkünften aus VuV: Kein Abzug nachträglicher Schuldzinsen nach Aufgabe der Einkünfteerzielungsabsicht	§ 21 EStG	BFH v. 21.1.2014, IX R 37/12, DStR 2014, 1050 = HFR 2014, 606	Killat-Risthaus, DStZ 2014, 437 (Anm.); Schmitz-Herscheidt, Kein „nachträglicher" Schuldzinsenabzug bei Einkünften aus Vermietung und Verpachtung nach Aufgabe der Einkünfteerzielungsabsicht, jurisPR-SteuerR 29/2014 Anm. 3; Paus, Nachträgliche Schuldzinsen: Unterbrechung des Veranlassungszusammenhangs bei Wegfall der Vermietungsabsicht, DStZ 2014, 580
	Vorfälligkeitsentschädigung nicht als Werbungskosten bei den Einkünften aus VuV abziehbar, wenn die Darlehensschuld vorzeitig abgelöst wird, um ein bislang vermietetes Objekt lastenfrei übereignen zu können	§§ 9, 21 EStG	BFH v. 11.2.2014, IX R 42/13, HFR 2014, 685	Killat-Risthaus, DStZ 2014, 515 (Anm.); Schmitz-Herscheidt, Kein Abzug einer Vorfälligkeitsentschädigung als Werbungskosten bei Einkünften aus Vermietung und Verpachtung einer Immobilie, jurisPR-SteuerR 34/2014 Anm. 4
	Der Ausschluss des Abzugs der tatsächlichen WK bei den Einkünften aus Kapitalvermögen mit Einführung der Abgeltungsteuer ab VZ 2009 hindert nicht, Aufwendungen abzuziehen, die mit vor 2009 erzielten Einnahmen in einem Veranlassungszusammenhang stehen	§§ 20, 52a EStG	Niedersächs. FG v. 18.2.2014, EFG 2014, 1479 (Rev., Az. des BFH: VIII R 12/14)	Pfützenreuter, EFG 2014, 1480 (Anm.)
	Bei Überlassung eines Dienstwagens und Anwendung der Fahrtenbuchmethode sind pauschale Zuzahlungen des Arbeitnehmers grundsätzlich auch dann in voller Höhe als WK zu berücksichtigen, wenn sich infolge der Zuzahlungen kein geldwerter Vorteil mehr ergibt	§§ 4, 6, 8, 9, 12, 19 EStG	FG Baden-Württemberg v. 25.2.2014, 5 K 284/13, EFG 2014, 896 (Rev., Az. des BFH: VI R 24/14)	Reuß, EFG 2014, 897 (Anm.)
	Ein Poolarbeitsplatz, bei dem sich acht Großbetriebsprüfer drei Arbeitsplätze für die vor- und nachbereitenden Arbeiten der Prüfungen teilen, steht nicht als anderer Arbeitsplatz i.S.v. § 9 Abs. 5 i.V.m. § 4 Abs. 5 Satz 1 Nr. 6b Satz 2 EStG zur Verfügung, wenn er zur Erledigung der Innendienstarbeiten nicht in dem erforderlichen Umfang genutzt werden kann	§§ 4. 9 EStG	BFH v. 26.2.2014, VI R 37/13, HFR 2014, 596 = BStBl II 2014, 570	Riehl, HFR 2014, 597; Mader, B+P 2014, 439 (Anm.); AK, DStZ 2014, 474 (Anm.); Dürr, Häusliches Arbeitszimmer bei Poolarbeitsplatz, jurisPR-SteuerR 29/2014 Anm. 2; Durst, BeSt 2014, 33 (Anm.)

Schlagwort	Inhalt/Tenor	Norm	Gericht, Datum, Az., Fundstelle	Weiterführende Hinweise
Werbungskosten –Fortsetzung–	Häusliches Arbeitszimmer bei Telearbeitsplatz: Der Raum kann dem Typus „Häusliches Arbeitszimmer" entsprechen	§§ 4, 9 EStG	BFH v. 26.2.2014, VI R 40/12, HFR 2014, 595 = BStBl II 2014, 568	Schneider, HFR 2014, 596 (Anm.) ; Mader, B+P 2014, 439 (Anm.); AK, DStZ 2014, 474 (Anm.); Dürr, Häusliches Arbeitszimmer bei Telearbeitsplatz, jurisPR-SteuerR 30/2014 Anm. 4; Durst, BeSt 2014, 33 (Anm.)
	Ein anderer Arbeitsplatz steht erst dann zur Verfügung, wenn der Arbeitgeber dem Arbeitnehmer den Arbeitsplatz tatsächlich zugewiesen hat. Ein Raum ist nicht zur Erledigung büromäßiger Arbeiten geeignet, wenn wegen Sanierungsbedarfs Gesundheitsgefahr besteht	§§ 4, 9 EStG	BFH v. 26.2.2014, VI R 11/12, DStR 2014, 1377 = HFR 2014, 766 = BStBl II 2014, 674	Killat-Risthaus, DStZ 2014, 550 (Anm.); Mader, B+P 2014, 513 (Anm.); Pfützenreuter, „Kein anderer Arbeitsplatz", jurisPR-SteuerR 34/2014 Anm. 1
	Fahrtaufwendungen im Rahmen eines Ausbildungsdienstverhältnisse: Der Ausbildungsbetrieb ist „regelmäßige Arbeitsstätte"	§§ 9, 19, 32, 62, 63 EStG	BFH v. 27.2.2014, III R 60/13, HFR 2014, 621	Selder, Kindergeld: Fahrtaufwendungen im Rahmen eines Ausbildungsdienstverhältnisses, jurisPR-SteuerR 26/2014 Anm. 4; Mader, B+P 2014, 479 (Anm.)
	Wird bei einem schwerbehinderten Menschen der Grad der Behinderung von 80 oder mehr auf weniger als 50 herabgesetzt, ist dies einkommensteuerrechtlich ab dem im Bescheid genannten Zeitpunkt zu berücksichtigen. Aufwendungen für Fahrten zwischen Wohnung und regelmäßiger Arbeitsstätte sowie Familienheimfahrten im Rahmen einer doppelten Haushaltsführung können daher nicht mehr nach § 9 Abs. 2 Satz 3 Nr. 1 EStG bemessen werden.	§ 9 EStG; § 116 SGB IX; § 38 SchwBG	BFH v. 11.3.2014, VI B 95/13, HFR 2014, 503 = BStBl II 2014, 525	Killat-Risthaus, DStZ 2014, 366 (Anm.); Mader, B+P 2014, 366 (Anm.); Geserich, HFR 2014, 504 (Anm.)
	Abgeltungswirkung der Entfernungspauschale: Reparaturaufwendungen infolge der Falschtankung eines PKW auf der Fahrt zwischen Wohnung und Arbeitsstätte sind nicht als WK abziehbar	§ 9 Abs. 1 Satz 3 Nr. 4 Satz 1, Abs. 2 Satz 1 EStG	BFH v. 20.3.2014, VI R 29/13, DStR 2014, 1274 = HFR 2014, 688 = BStBl II 2014, 849	Killat-Risthaus, DStZ 2014, 515 (Anm.); Mader, B+P 2014, 558 (Anm.); Riehl, HFR 2014, 689 (Anm.); Bergkemper, Entfernungspauschale: Abgeltungswirkung der Entfernungspauschale nach § 9 Abs. 1 Satz 3 Nr. 4 Satz 2 und Abs. 2 Satz 1 EStG 2009, jurisPR-SteuerR 33/2014 Anm. 2

B. Rechtsprechung 2014/2015 von A bis Z

Schlagwort	Inhalt/Tenor	Norm	Gericht, Datum, Az., Fundstelle	Weiterführende Hinweise
Werbungskosten –Fortsetzung–	Abzug nachträglicher Schuldzinsen bei den Einkünften aus VuV im Falle der nicht steuerbaren Veräußerung einer Immobilie, wenn und soweit die Verbindlichkeiten nicht durch den Veräußerungserlös getilgt werden konnten	§§ 2, 9, 21 EStG	BFH v. 8.4.2014, IX R 45/13, DStR 2014, 996 = HFR 2014, 603	Killat-Risthaus, DStZ 2014, 437 (Anm.); Dötsch, Abzug nachträglicher Schuldzinsen bei Einkünften aus Vermietung und Verpachtung bei nicht steuerbarer Immobilienveräußerung, jurisPR-SteuerR 26/2014 Anm. 3; Durst, Nachträgliche Schuldzinsen als Werbungskosten aus Vermietung und Verpachtung, BeSt 2014, 20; Paus, Nachträgliche Schuldzinsen: Unterbrechung des Veranlassungszusammenhangs bei Wegfall der Vermietungsabsicht, DStZ 2014, 580
	Verlust einer Darlehensforderung als Werbungskosten bei den Einkünften aus nichtselbstständiger Arbeit	§ 9 Abs. 1 Satz 2 EStG	BFH v. 10.4.2014, VI R 57/13, HFR 2014, 868 = BStBl II 2014, 850	Mader, B+P 2014, 582 (Anm.); Geserich, HFR 2014, 869 (Anm.); Killat-Risthaus, DStZ 2014, 1658 (Anm.); Bergkemper, Verlust einer Darlehensforderung als Werbungskosten bei den Einkünften aus nichtselbstständiger Arbeit, jurisPR-SteuerR 43/2014 Anm. 4
	Ein Arbeitnehmer, der zunächst für drei Jahre und anschließend wiederholt befristet von seinem Arbeitgeber ins Ausland entsandt worden ist, begründet dort keine regelmäßige Arbeitsstätte i.S.d. § 9 Abs. 1 Satz 3 Nr. 4 EStG; auch dann nicht, wenn er mit dem ausländischen Unternehmen für die Dauer des Entsendungszeitraums einen unbefristeten Arbeitsvertrag abgeschlossen hat	§ 9 Abs. 1 Satz 1 EStG	BFH v. 10.4.2014, VI R 11/113, HFR 2014, 781 = BStBl II 2014, 804	Killat-Risthaus, DStZ 2014, 550 (Anm.); Bergkemper, Abgrenzung zwischen lediglich vorübergehender Entsendung und von Anbeginn dauerhafter Entsendung an den neuen Beschäftigungsort, jurisPR-SteuerR 37, 2014 Anm. 4; Geserich, HFR 2014, 783 (Anm.)
	Fahrtkosten eines Lotsen zwischen seiner Wohnung und dem mit einer Lotsenstation versehenen Hafen des Lotsreviers seiner Lotsenbrüderschaft sind regelmäßig nach § 4 Abs. 5 Satz 1 Nr. 6 Satz 1 EStG nur in Höhe der Entfernungspauschale als Betriebsausgabe abziehbar	§ 4 Abs. 5 Satz 1 Nr. 6, § 9 Abs. 1 Satz 3 Nr. 4 und 5 , Abs. 2 EStG	BFH v. 29.4.2014, VIII R 33/10, BStBl II 2014, 777 = HFR 2014, 977	Mader, B+P 2014, 655 (Anm.)

Schlagwort	Inhalt/Tenor	Norm	Gericht, Datum, Az., Fundstelle	Weiterführende Hinweise
Werbungskosten –Fortsetzung–	BVerfG-Vorlage zum Ausschluss des Werbungskostenabzugs für Berufsausbildungskosten bei Erstausbildung	§ 9 Abs. 6 EStG, Art. 3 GG	BFH v.17.7.2014, VI R 8/12, HFR 2014, 1064; VI R 2/12, HFR 2014, 1049	Köster, DStZ 2014, 868 (Anm.); Mader, B+P 2014, 801 (Anm.); Schneider, HFR 2014, 1064 (Anm.); Bergkemper, BVerfG-Vorlage zum Ausschluss des Werbungskostenabzugs für Berufsausbildungskosten, jurisPR-SteuerR 50/2014 Anm. 3; Durst, BeSt 2015, 4 (Anm.)
	Im Zusammenhang mit einer teilweise kreditfinanzierten Festgeldanlage im VZ 2008 angefallene Schuldzinsen können in vollem Umfang als Werbungskosten abgezogen werden, auch wenn die Zinsen aus dem Festgeld erst im VZ 2009 zufließen. § 20 Abs.9 Satz 1 2. Halbs. EStG i.d.F.d. UntStRefG ist erstmalig ab VZ 2009 anzuwenden	9, 20, 52 EStG	BFH v. 27.8.20014, VIII R 60/13, DB 2015, 166	
	Die Höhe der Mehraufwendungen für Verpflegung richtet sich bei Auswärtstätigkeit i.S.d. § 4 Abs. 5 Satz 1 Nr. 5 Satz 3 EStG (ständig wechselnde Tätigkeitsstätten nach der Abwesenheit von seiner Wohnung am Ort des Lebensmittelpunkts	§ 4 Abs. 5 Satz 1 Nr. 5 Satz 3, § 9 Abs. 5 EStG	BFH v. 8.10.2014, VI R 95/13, DB 2014, 2869	Hilbertz, EStB 2015, 5 (Anm.)
	Verlegt ein Stpfl. seinen Haupthausstand aus privaten Gründen vom Beschäftigungsort weg und nutzt daraufhin eine bereits vorhandene Wohnung am Beschäftigungsort aus beruflichen Gründen als Zweithaushalt, so wird die doppelte Haushaltsführung mit Umwidmung der bisherigen Wohnung des Stpfl. im einem Zweithaushalt begründet	§ 4 Abs. 5 Satz 1 Nr. 5 Satz 3, § 9 Abs. 5 EStG	BFH v. 8.10.2014, VI R 7/13, DStR 2014, 2557	Meurer, EStB 2015, 6
	Doppelte Haushaltsführung bei beiderseits berufstätigen Lebensgefährten	§ 9 Abs. 1 Satz 3 Nr. 5 EStG	BFH v. 8.10.2014, VI R 16/14, DStR 2015, 214	
	Regelmäßige Arbeitsstätte auch in der Probezeit und bei befristeter Beschäftigung	§ 9 EStG	BFH v. 6.11.2014, VI R 21/14, DStR 2015, 168	

B. Rechtsprechung 2014/2015 von A bis Z

Schlagwort	Inhalt/Tenor	Norm	Gericht, Datum, Az., Fundstelle	Weiterführende Hinweise
Wirtschaftliches Eigentum	Keine „regelmäßige Arbeitsstätte" bei längerfristiger Tätigkeit auf einer Baustelle	§ 9 Abs. 1 Satz 3 Nr. 4 EStG	BFH v. 20.3.2014, VI R 74/13, HFR 2014, 686 = BStBl II 2014, 854	Bergkemper, Regelmäßige Arbeitsstätte bei längerfristiger Tätigkeit auf einer Baustelle, jurisPR-SteuerR 30/2014 Anm. 3; Killat-Risthaus, DStZ 2014, 516 (Anm.); Geserich, HFR 2014, 687 (Anm.); Mader, B+P 2014, 655 (Anm.)
	„Cum-ex-Geschäfte": Kein wirtschaftliches Eigentum des Anteilserwerbers	§ 20 EStG, § 39 AO	BFH v. 16.4.2014, I R 2/12, HFR 2014, 987	Höring, DStZ 2014, 780 (Anm.); Podewils, Cum/ex-Geschäfte: Übergang des wirtschaftlichen Eigentums beim Handel mit Aktien, jurisPR-SteuerR 49/2014 Anm. 1
Zinsen	Der Wegfall der Investitionsabsicht vor Ablauf der Investitionsfrist bewirkt, dass die Gewinnermittlung durch den Investitionsabzugsbetrag rückgängig zu machen ist. Die aus diesem Grund festgesetzte ESt war vor Inkrafttreten des AHiRL-UmsG v. 26.6.2013 nach § 233a AO zu verzinsen.	§ 233a AO; § 7g Abs. 3, 4 EStG	BFH v. 11.7.2013, IV R 9/12, DStR 2013, 1891 = HFR 2013, 888 = BStBl II 2014, 609	Rosarius, DStZ 2013, 721 (Anm.); Loose, Zinslauf bei rückwirkendem Wegfall einer Voraussetzung für den Investitionsabzugsbetrag, jurisPR-SteuerR 42/2013 Anm. 7; Schröder/Jedicke, Verzinsung vermeiden durch rechtzeitige Rückgängigmachung von Investitionsabzugsbeträgen, DStZ 2013, 793
	Zinsaufwendungen aus der Fremdfinanzierung von Beiträgen zu einer Lebensversicherung, die nicht zu steuerpflichtigen Erträgen i.S.d. § 20 Abs. 1 Nr. 6 EStG führt, können gem. § 3c EStG nicht als WK bei den Einkünften aus Kapitalvermögen abgezogen werden. Das gilt auch, wenn die Lebensversicherung dazu dient, einen Immobilienkredit einer vom Stpfl. beherrschten GmbH zu tilgen	§§ 3c, 9, 20 Abs. 1 Nr. 6 EStG; § 42 AO	BFH v. 27.8.2013, VIII R 3/11, HFR 2014, 219 = BStBl II 2014, 560	Killat-Risthaus, DStZ 2014, 146 (Anm.); Dötsch, Abzug von Zinsaufwendungen aus der Refinanzierung von Kapitallebensversicherungen, jurisPR-SteuerR 6/2014 Anm. 5; Nothnagel, HFR 2014, 220 (Anm.)
	Schuldzinsen für die Finanzierung nachträglicher Anschaffungskosten aus einer aufgegebenen Beteiligung i.s.d. § 17 EStG sind auch dann Werbungskosten bei den Einkünften aus Kapitalvermögen, wenn der Zeitpunkt der Aufgabe vor dem Veranlagungszeitraum 1999 lag.	§ 3 Nr. 40, §§ 3c, 17, 20, 52 EStG	BFH v. 29.10.2013, VIII R 13/11, HFR 2014, 306 = BStBl II 2014, 251	Dötsch, Berücksichtigung von Zinsen auf nachträgliche Anschaffungskosten einer aufgegebenen GmbH-Beteiligung als nachträgliche Werbungskosten, jurisPR-SteuerR 12/2014 Anm. 3; Nothnagel, HFR 2014, 308 (Anm.)
	Erstattungszinsen nach § 233a AO sind steuerbare Einkünfte aus Kapitalvermögen. Die rückwirkende Geltung von § 20 Abs. 1 Nr. 7 Satz 3 EStG verstößt nicht gegen Verfassungsrecht	§ 20 Abs. 1 Nr. 7 Satz 3 EStG; § 233a AO	BFH v. 12.11.2013, VIII R 36/10, HFR 2014, 312 = BStBl II 2014, 168	Schiffers, DStZ 2014, 177 (Anm.); Nothnagel, HFR 2014, 316 (Anm.); Steinhauff, Steuerpflicht von Erstattungszinsen. jurisPR-SteuerR 13/2014 Anm. 3

Aktuelles

Schlagwort	Inhalt/Tenor	Norm	Gericht, Datum, Az., Fundstelle	Weiterführende Hinweise
Zinsen –Fortsetzung–	Erstattungszinsen nach § 233a AO sind steuerbare Einnahmen aus Kapitalvermögen. Rückwirkende Anwendung verstößt nicht gegen Verfassungsrecht	§ 233a AO; § 20 Abs. 1 Nr. 7 Satz 3, § 52a Abs. 8 Satz 2 EStG	BFH v. 24.6.2014, VIII R 29/12, HFR 2014, 1069 = BStBl II 2014, 998	Killat-Risthaus, DStZ 014, 779; Schmitz-Herscheidt, Verfassungsmäßige Rückwirkung der Steuerbarkeit von Erstattungszinsen, jurisPR-SteuerR 49/2014 Anm. 3; Nothnagel, HFR 2014, 1070 (Anm.)
	Kein Erlass von Nachzahlungszinsen nach Verrechnungspreiskorrektur	§ 233a AO	BFH v. 3.7.2014, III R 53/12; HFR 2015, 5	Carlé, DStZ 2014, 776 (Anm.)
Zinsschranke	Ernstliche Zweifel an der Verfassungsmäßigkeit des § 4h EStG(Zinsschranke) im Hinblick auf Art. 3 GG; bestehendes Aussetzungsinteresse	§ 4h EStG, Art. 3 GG	BFH v. 18.12.2013, I B 85/13, HFR 2014, 514 = BStBl II 2014, 947	Märtens, Ernstliche Zweifel an der Verfassungsmäßigkeit des § 4h EStG 2002 n.F., jurisPR-SteuerR 18/2014 Anm. 1; Köster, DStZ 2014, 433 (Anm.)
	Schuldzinsen einer Personengesellschaft für ein Darlehen ihres Gesellschafters fallen nicht in den Anwendungsbereich des § 4 Abs. 4a EStG	§§ 4, 4h, 15 EStG	BFH v. 12.2.2014, IV R 22/10, DStR 2014, 1216 = HFR 2014, 678 = BStBl II 2014, 621	Pfützenreuter, Schuldzinsen einer Personengesellschaft für ein Darlehen ihres Gesellschafters, jurisPR-SteuerR 30/2014 Anm. 2; Schiffers, DStZ 2014, 513 (Anm.)
	Verzinsung bei beantragter Aussetzung der Vollziehung nicht verfassungswidrig	§§ 233a, 234, 237, 238 AO; Art. 14 GG; Art. 6 EMRK	BFH v. 1.7.2014, IX R 31/13, BStBl II 2014, 925	Steinhauff, Verzinsung bei beantragter Aussetzung der Vollziehung, jurisPR-SteuerR 45/2014 Anm. 3; Carlé, DStZ 2014, 741 (Anm.)
Zukunftssicherungsleistungen des Arbeitgebers	Ist zu Gunsten des Alleinngesellschafter-Geschäftsführers einer GmbH eine Direktversicherung als Versicherungsnehmerin geschlossen worden, gehört dieser seit 2008 zum Personenkreis des § 10c Abs. 3 Nr. 2 EStG. Der Höchstbetrag ist pauschal um den fiktiven Gesamtbeitrag zur allgemeinen Rentenversicherung zu kürzen	§ 10 Abs. 3 Satz 2, Abs. 4a, § 10c Abs. 3 Nr. 2 EStG; Art. 3 GG	BFH v. 15.7.2014, X R 35/12, DB 2014, 2938	jh, StuB 2015, 34 (Anm.)

TEIL 2
Berufsrecht

INHALTSÜBERSICHT

	Rz.
A. Mandatsvertrag	1–100
I. Vorbemerkung	1
II. Zivilrechtliche Grundlagen	2–6
III. Steuerberatervertrag	7–82
1. Vertragsabschluss	8–18
a) Auftraggeber	9–12
b) Berater	13–18
2. Form des Vertrags	19–24
3. Pflichten des Beraters	25–49
a) Betreuungsumfang	26–30
b) Weisungsrecht des Auftraggebers	31–34
c) Auskunfts- und Rechenschaftspflichten	35–38
d) Aufbewahrungs- und Herausgabepflichten	39–48
e) Nachbesserung bei Fehlern	49
4. Pflichten des Mandanten	50–57
a) Mitwirkungs- und Mitteilungspflichten	51–54
b) Honorar	55–57
5. Beendigung des Vertrags	58–82
a) Zweckerreichung und Zeitablauf	59–61
b) Kündigung	62–75
c) Besondere Situationen	76–82
IV. Schuldverhältnisse ohne Vertrag	83–89
V. Berufsrechtliche Besonderheiten	90–97
VI. Schlussbemerkung	98–100
B. Marketing	1–63
I. Vorbemerkung	1
II. Kanzleimarketing	2–27
1. Aufbau eines Mandantenstamms	3–14
2. Pflege des Mandantenstamms	15–21
3. Personalmanagement	22–23
4. Qualitätsmanagement	24–27
III. Werbemarketing	28–55
1. Rechtsvorgaben der Werbung	29–31
2. Inhalt der erlaubten Werbung	32–34
3. Einzelne Werbemaßnahmen	35–55
a) Anzeigen	36
b) Zeitungsinformationen zu Steuerfragen	37
c) Aufdruck auf Fahrzeugen	38
d) Banden- und Trikotwerbung	39
e) Fachmessen und Ausstellungsstände	40
f) Fachveranstaltungen	41

	Rz.
g) Firmierung und Logo	42
h) Geschäftspapier	43
i) Handzettel/Flugblätter	44
j) Incentives und Werbegeschenke	45
k) Internet, E-Mail, Homepage	46
l) Mandanteninformationen und Newsletter	47
m) Praxis- oder Kanzleibroschüre	48
n) Praxisschild	49
o) Radio- und Fernsehwerbung	50
p) Sponsoring	51
q) Tätigkeits- und Interessenschwerpunkte	52
r) Veranstaltung von Vernissagen und dergleichen	53
s) Verzeichnisse und Suchservice	54
t) Zertifizierungshinweise	55
IV. Honorarmarketing	56–62
1. Aufgaben des Kanzleiinhabers	57–59
2. Abstimmung mit dem Mandanten	60
3. Einschalten von Inkasso-Unternehmen	61
4. Werbung mit Honorarhinweisen	62
V. Zeitmarketing	62.1
VI. Fazit	63
C. Haftung	1–85
I. Haftung des Steuerberaters	1–42
1. Vorbemerkung	1–2
2. Haftung gegenüber dem Mandanten	3–30
a) Grundlagen und Beratungsvertrag	5–7
b) Pflichtenkreis	8–19
aa) Sachverhaltsaufklärung	9–10
bb) Rechtsprüfung	11
cc) Haftung	12–15
dd) Schadenverhütung	16–19
c) Kausalität	20–25
d) Schaden	26–28
e) Mitverschulden	29–30
3. Haftung gegenüber Dritten	31–42
a) Haftung	32–35
b) Sonderfall Insolvenzverschleppungsschaden	36–42
II. Haftung in Berufsausübungsgemeinschaften	43–59
1. Sozietät	45–47
2. Partnerschaft	48–53
3. GmbH	54–59
III. Verjährung	60–68
1. Beginn der Verjährungsfrist	62–65
2. Hemmung der Verjährung	66–67
3. Rechtsfolgen der Verjährung	68
IV. Risikomanagement	69–85
1. Haftungsbegrenzung	70–73

	Rz.
2. Tatsächliche Risikominimierung	74–77
3. Versicherungsschutz (Berufshaftpflichtversicherung)	78–85
a) Versicherungspflicht	79–81
b) Versicherungssumme	82–85
D. Honorar	**1–25**
I. Einführung zur StBVV und zum RVG	1
II. Steuerberatervergütungsverordnung (StBVV)	2–17
1. Rechtsgrundlagen	2
2. Grundzüge der StBVV	3–8
a) Begriffsbestimmungen	4
b) Festlegung der Gebührenhöhe	5
c) Einzeltätigkeiten	6
d) Gebührenvereinbarungen	7
e) Auslagen und Umsatzsteuer	8
3. Durchsetzung des Honoraranspruchs	9–11
a) Einforderbarkeit der Vergütung	9
b) Außerprozessuale Möglichkeiten	10
c) Honorarprozess	11
4. Abrechnung vereinbarer Tätigkeiten	12
5. Die Neuregelungen seit 2007	13–17
a) Das Jahressteuergesetz 2007	14
b) Änderungsgesetz zum StBerG 2008	15
c) Die „neue" StBVV 2012	16
d) Anwendbarkeit der neuen Vorschriften	17
III. Rechtsanwaltsvergütungsgesetz (RVG)	18–24
1. Grundzüge	19–21
a) Das RVG 2004	20
b) Das Vergütungsverzeichnis (VV)	21
2. Einzelne Tätigkeiten und Regelungen	22
3. Aktuelle Änderungen des RVG	23–24
a) Änderungen bis 2012	23
b) Die Änderungen des Jahres 2013	24
IV. Fazit	25

A. Mandatsvertrag

von Dr. Christoph Goez

I. Vorbemerkung

Regelmäßig wird ein Steuerberater (selbstverständlich gilt dies auch für Steuerbevollmächtigte und Steuerberatungsgesellschaft ebenso) auf Grund eines mündlich oder schriftlich zwischen ihm und dem Mandanten geschlossenen Vertrags tätig. **1**

Damit es nicht zu Unstimmigkeiten zwischen dem Mandanten und dem Steuerberater im Hinblick auf den abgeschlossenen Vertrag kommt, müssen dem StB neben den zivilrechtlichen Grundlagen die Probleme bei Vertragsabschluss, bei Durchführung des Vertrags mit beidseitigen Pflichten und bei Beendigung des Vertrags bekannt sein.

Darüber hinaus entstehen aber durchaus auch schuldrechtliche Beziehungen ohne einen Vertrag, sei es, dass der Vertrag unwirksam ist, wie im Falle unzulässiger Rechtsdienstleistung, sei es, dass ein Mandat nicht übernommen werden soll und die sich sodann ergebenden Pflichten von dem Steuerberater nicht beachtet werden.

II. Zivilrechtliche Grundlagen

2   Der Steuerberatervertrag stellt einen Geschäftsbesorgungsvertrag im Sinne von § 675 BGB dar.[1]

Nach dieser Vorschrift wird für den Geschäftsbesorger (hier: Steuerberater) auf die auftragsrechtlichen Vorschriften (§§ 675 i.V.m. 663, 665–670, 672–674 BGB) und sodann auf die Vorschriften entweder über den Dienstvertrag (§§ 611 ff. BGB) bzw. über den Werkvertrag (§ 631 BGB) verwiesen.

3   Bei der bei Steuerberatern üblichen Gesamtbeauftragung (Finanzbuchhaltung/Lohnarbeiten/Jahresabschlussarbeiten/Erstellung der betrieblichen und gegebenenfalls auch der persönlichen Steuererklärungen) handelt es sich um den typischen Fall eines Dienstvertrags. Wegen der besonderen Art der beruflichen Leistung des Steuerberaters sind aber die Regelungen des Dienstvertragsrechts nur bedingt zu übernehmen. Dies gilt beispielsweise für die Verpflichtung zur höchstpersönlichen Leistung der Dienste (§ 613 BGB). Im Regelfall wird aber vom Grundsatz her Dienstvertragsrecht anzuwenden sein, wenn dem Berater allgemein die Wahrnehmung der steuerlichen Interessen des Mandanten übertragen wird.

4   Werkvertragsrecht dürfte dann für Tätigkeiten eines Steuerberaters einschlägig sein, wenn nicht die Dienstleistung selbst, sondern außerhalb einer fortlaufenden Mandatsbeziehung ein Einzelauftrag erteilt wird und somit das Ergebnis der Tätigkeit im Vordergrund steht und der Auftraggeber einen bestimmten Erfolg erwartet.[2] Werkvertraglicher Charakter wäre insbesondere anzunehmen bei der Erstellung eines Gutachtens, eines Zwischenabschlusses oder Vermögensstatus zur Erlangung weiterer Darlehen oder Erweiterung der Kreditlinie des Mandanten, für die Anfertigung isolierter einzelner Steuererklärungen und Überschussrechnungen wie auch bei der isolierten Auftragserteilung und das Ausstellen einer Bescheinigung oder eines Testats.

5   Allerdings hat der BGH im Hinblick auf den Einwand der Verjährung in Haftungsfällen diese Unterscheidung für unwesentlich erachtet.[3] Insofern gilt zudem seit der Schuldrechtsreform im Jahre 2004 bzw. Aufhebung der früheren Sonderregeln in den Berufsgesetzen eine einheitliche Verjährungsfrist von drei Jahren zum Jahresende (§ 195, 199 Abs. 1 BGB). Der Lauf der Verjährung beginnt dabei erst dann, wenn neben dem Entstehen des Anspruchs auch die Kenntnis des Betroffenen vorliegt; beispielsweise für den Fall eines möglichen Regresses des Mandanten gegen den Steuerberater kann dieses zu einer erheblichen Verlängerung dieser Verjährungsfrist führen bis zu der Grenze von zehn Jahren (§ 199 Abs. 3 Nr. 1 BGB).

---

1) Heermann in Münchener Kommentar, 5. Aufl. 2009, § 675 BGB Rz. 40–44 m.w.N.
2) Vgl. beispielsweise OLG Koblenz v. 7.5.1980, 1 U 321/79, Stbg 1981, 102; BGH v. 1.2.2000, X ZR 198/97, INF 2000, 287.
3) BGH v. 26.5.1982, IVa ZR 313/80, NJW 1982, 2256.

Damit ist aber nach der rechtlichen Einordnung des Steuerberatervertrags eher von einem „typengemischten" Vertrag auszugehen.[1]   6

III. Steuerberatervertrag

Spricht man mit Steuerberatern, sagen diese häufig: „Ich habe gar keinen Vertrag mit meinem Mandanten." Gemeint ist damit natürlich, dass lediglich mündlich – per „Handschlag" – der Mandatsvertrag abgeschlossen worden ist. Zivilrechtlich ist damit entsprechend den allgemeinen Regeln ein ordnungsgemäßes Schuldverhältnis zustande gekommen.   7

Damit aber stellen sich Fragen zu dem Vertragsabschluss wie auch zu der Form des Vertrags. Aus dem Vertrag ergeben sich Pflichten auf Seiten des Steuerberaters wie auch auf Seiten des Mandanten.

Besonders kritisch ist die Situation bei Beendigung des Vertrags, die nicht nur durch Kündigung oder Zeitablauf, sondern auch durch besondere Situationen wie Tod oder Insolvenz des Mandanten – in entsprechenden Fällen auch auf Seiten des Beraters – erfolgen kann.

1. Vertragsabschluss

Grundsätzlich gilt für das Rechtsverhältnis zwischen Steuerberater und Mandant der Grundsatz der Vertragsfreiheit im Sinne von Art. 2 Abs. 1 GG. Beiden Parteien ist es freigestellt, einen Vertrag abzuschließen oder auch die Übernahme des Vertrags – allerdings unverzüglich (→ 2 A Rz. 15 f.) – abzulehnen.   8

a) Auftraggeber

Der Mandant kann einzelne Tätigkeiten übertragen oder auch eine Gesamtbeauftragung vornehmen. Ihm steht auch vom Grundsatz her frei, mehrere Berater nebeneinander zu mandatieren.   9

Neben dem uneingeschränkten und umfassenden Mandat als Normalfall, bei dem insbesondere im kaufmännischen Bereich die Finanzbuchhaltung, die Lohnarbeiten, sodann die Jahresabschlussarbeiten und schließlich die betrieblichen und ggf. persönlichen Steuererklärungen als „Komplettmandatierung" bei dem Steuerberater in Auftrag gegeben werden, kann auch ein beschränktes Mandat erteilt werden. Ob ein beschränktes Mandat vorliegt, ist auf Grund der Umstände des Einzelfalls zu entscheiden.[2]   10

In Zweifelsfällen muss der Wille der Vertragspartner im Wege der Auslegung ermittelt werden. Für ein beschränktes Mandat des Steuerberaters spricht es, wenn der Berater von der Pflicht befreit sein soll, den Mandanten auf erkennbare Risiken und Nachteile seiner Auftragserklärung hinzuweisen.[3] So ist der Auftrag an den Steuerberater, lediglich einen Jahresabschluss zu erstellen, ein entsprechendes beschränktes Mandat. Dasselbe gilt für einen isolierten Auskunftsauftrag an den Steuerberater, eine bestimmte steuerliche Einzelfrage zu klären.[4]   11

Selbstverständlich haftet der Steuerberater auch bei Fehlern, die ihm oder seinem Büro im Rahmen des beschränkten Mandats unterlaufen (vgl. § 280 i.V.m. §§ 675, 611   12

---

1) So auch BGH v. 7.3.2002, III ZR 12/01, NJW 2002, 1571.
2) Vgl. Zugehör, Das beschränkte Mandat des StB, DStR 2010, 2595.
3) BGH v. 13.3.1997, IX ZR 81/96, NJW 1997, 2168.
4) BGH v. 18.12.2008, IX ZR 12/05, DStR 2009, 818.

bzw. 631 BGB). Daher sollte der Steuerberater bei der Beauftragung den Inhalt des Vertrages und der eingeschränkte Umfang im eigenen Interesse gemeinsam mit seinem Auftraggeber dokumentieren. Beispielsweise kann dies mit einem schriftlichen Auftragsbestätigungsschreiben erfolgen (vgl. als Beispiel ein „Mandatsbestätigungsschreiben" → 2 A Rz. 22). Sichergestellt werden muss dabei, dass der Auftraggeber dieses Schreiben auch erhalten und dem Inhalt nachweisbar zugestimmt hat.

b) Berater

13 Die Annahme eines Mandats muss durch einen für die Kanzlei verantwortlichen Steuerberater erfolgen (so ausdrücklich § 3 Abs. 2 BOStB i.d.F. v. 8.9.2010).

14 Dem Steuerberater obliegt aber schon vor Vertragsabschluss eine besondere Verpflichtung: Gemäß § 63 StBerG, der der allgemeinen zivilrechtlichen Regelung in § 663 BGB nachgebildet ist, haben die Angehörigen der steuerberatenden Berufe, die in ihrem Beruf in Anspruch genommen werden und den Auftrag nicht annehmen wollen, die Ablehnung unverzüglich zu erklären. Entsteht aus einer schuldhaften Verzögerung der Ablehnungserklärung ein Schaden, ist der Schaden zu ersetzen. Hintergrund ist, dass Steuerberater ihre Dienstleistungen öffentlich anbieten und daher die Pflicht haben, für den Fall der Ablehnung eines Auftrags sich unverzüglich zu der Vertragsannahme oder -ablehnung zu erklären.[1]

15 Die Erklärung einer „unverzüglichen" Ablehnung bedeutet, dass die Erklärung „ohne schuldhaftes Zögern" im Sinne von § 121 BGB zu erfolgen hat. Die Fristbestimmung ist insofern zwar eine Frage des Einzelfalls. Vom Grundsatz her muss dem Steuerberater eine angemessene Frist zur Prüfung der Frage der Annahme des Auftrags eingeräumt werden.[2] Zumindest bei baldigem Ablauf einer Frist ist der Auftrag sofort, somit unmittelbar nach Zugang beim Steuerberater, abzulehnen.[3] Der Zugang dieser Erklärung bei dem Anfragenden ist zu dokumentieren.

16 Ein Ersatzanspruch ist daher ausgeschlossen, falls trotz Schadenseintrittes die Ablehnungserklärung rechtzeitig erfolgt ist. In diesem Fall hat der Steuerberater den eingetretenen Schaden nicht zu vertreten. Ansonsten hat der Berater für das sogenannte „Negativinteresse" einzustehen: Er hat dem Auftraggeber die Nachteile, die in Folge der verspäteten Auftragsablehnung entstanden sind, zu ersetzen. Damit liegt mit § 63 StBerG eine gesetzliche Regelung eines Verschuldens bei Vertragsabschluss i.S.v. § 311 Abs. 2 BGB (culpa in contrahendo) vor.[4]

17 Ansonsten gilt auch bei der Annahme eines Steuerberatungsvertrags die allgemeine zivilrechtliche Regelung, wonach kein Kontrahierungszwang besteht. Grundlage des Mandats sind sodann die entsprechenden Willenserklärungen. Beispielsweise kann in der Übersendung von Belegen oder in der laufenden Inanspruchnahme von Beratungsleistungen eine konkludente Auftragserteilung liegen.[5] Solche „Indizien" bestätigen auch die Erneuerung eines laufenden Vertrags und belegen dessen Fortbestehen. Konkludent ist insofern zudem eine Auftragserweiterung anzunehmen, falls mit der Übermittlung beispielsweise von Unterlagen von dem Mandanten Tätigkeitsbereiche abverlangt werden, die bislang noch nicht Gegenstand des bisherigen Vertrags waren.

18 Vorsicht ist geboten bei (fern)mündlichen Fragen an den Berater „außerhalb" des Mandats. Die Rechtsprechung geht hier sehr schnell von einem „unentgeltlichen Aus-

---

1) So auch Goez in Kuhls, Kommentar, 3. Aufl. 2012, § 63 StBerG Rz. 1.
2) Goez, Zivilrechtliche Haftung und strafrechtliche Risiken des Steuerberaters, 2010, 77.
3) So auch Gehre/Koslowski, Kommentar, 6. Aufl. 2009, § 63 StBerG Rz. 8.
4) Münchner Kommentar, § 311 BGB Rz. 55 f.
5) Richter in Hense/Richter, WPO-Kommentar 2008, vor § 51 WPO Rz. 22.

kunftsvertrag" aus.[1] Die Konsequenz ist, dass für eine fehlerhafte Beantwortung durch den Steuerberater – auch durch dessen Mitarbeiter – eine eigene Haftung entstehen kann.[2]

2. Form des Vertrags

Zwar sieht das Gesetz keine besondere Form für den Steuerberatervertrag vor. Grundsätzlich sollte aber dennoch ein Steuerberater einen Mandatsvertrag schriftlich abschließen.[3] Dies wird in der Praxis allerdings häufig missachtet; es erscheint sowohl Beratern wie auch Auftraggebern als „lästig", ein entsprechendes Vertragswerk zu formulieren. Dabei gibt es durchaus entsprechende leicht übernahmefähige Vertragsmuster in verschiedenen, dem Berufsstand nahestehenden Verlagen und Instituten.

19

Sollte ein schriftlicher Auftrag bei Mandatsbegründung nicht abgeschlossen werden, bietet es sich dringend an, im Hinblick auf die genaue Abgrenzung und Vereinbarung des Umfangs eine entsprechende schriftliche Bestätigung direkt nach (mündlichem) Vertragsabschluss zu übermitteln. Damit kann das Risiko eingegrenzt werden, dass später Streit über den tatsächlichen Auftragsumfang besteht.

20

Dies gilt leider immer häufiger bei der Durchsetzung des sich aus dem Auftragsverhältnis ergebenden Honorars. Häufig wird in solchen viel später durchzuführenden Honorarstreitigkeiten von Seiten des (ehemaligen) Mandanten eingewandt, bestimmte Teile, die abgerechnet worden sind, nicht in Auftrag gegeben zu haben. In der Auftragsbestätigung sollten daher gerade auch die Bereiche „Beratung auf schriftliche oder (fern-)mündliche Anfrage" oder „Bescheidsprüfung" als Teil des Auftrags – und damit als gesondert abrechnungsfähig – festgelegt werden.

21

Im Folgenden wird das Beispiel eines solchen „Mandatsbestätigungsschreibens" abgedruckt:

22

Beispiel:

ANSCHRIFT

„Neuer Mandant"

PER E-MAIL oder FAX

Unser Gespräch vom gestrigen Tage

Sehr geehrte/r Frau/Herr ...,

gerne nehmen wir Bezug auf unser ausführliches und interessantes Gespräch vom gestrigen Tage in unserer Kanzlei. Sie haben uns beauftragt, für

a) (Firma)

b) (persönlich Geschäftsführer)

c) (persönlich Gesellschafter)

d) ...

die umfassende steuerliche Betreuung zu übernehmen. Zunächst einmal dürfen wir uns ganz herzlich für die Beauftragung bedanken.

Im Einzelnen werden wir folgende Tätigkeiten für Sie ausüben:

(1) Finanzbuchhaltung

    (a) für die .... GmbH

    (b) für die .... Einzelfirma

---

1) So zuletzt BGH v. 18.12.2008, IX Z R 12/05, NJW 2009, 1141.
2) Ausführlich Goez, Das Zustandekommen eines unentgeltlichen Auskunftsvertrages, Kanzleiführung professionell 2012, 193.
3) Muster z.B. bei Feiter, die neue StBVV, Kommentar 2013, Rz. 872 f.

(2) Lohnbuchhaltung
   (a) für die .... GmbH
   (b) für die .... Einzelfirma
(3) Gesonderte Anlagebuchführung für die .... GmbH
(4) sämtliche Jahresabschlussarbeiten für die vorbezeichneten Firmen
(5) die betrieblichen Steuererklärungen wie folgt:
   (a) Umsatzsteuererklärung einschließlich Umsatzsteuervoranmeldung
   (b) Gewerbesteuererklärung
   (c) Körperschaftsteuererklärung
   (d) Sonstige .... -steuererklärung (genau bezeichnen)
(6) persönliche Einkommensteuererklärung des
   Gesellschafters/Geschäftsführers ....
   (bei Zusammenveranlagung: ....
   und des Ehepartners ....)

Insofern sollen wir auch sämtliche notwendigen Begleitmaßnahmen wie Fristverlängerungsanträge, Stundungsanträge oder Ähnliches durchführen. Zu unserem Auftragsumfang soll auch die exakte Überprüfung eingehender Steuerbescheide gehören.

Ergänzende betriebliche Beratungsleistungen werden gerne – nach gesonderter Beauftragung von Ihnen – zusätzlich erbracht und abgerechnet.

Diesbezüglich dürfen wir auch unsere Vollmachtsurkunden in der **Anlage** beifügen, mit der wir uns gegenüber der Finanzverwaltung als Ihr Zustellungsbevollmächtigter bestellen können. Wir bitten höflichst um Rücksendung nach Unterschriftsleistung (zweifach); in Bezug auf die Erstellung der Einkommensteuererklärung unterzeichnet auch durch Ihren Ehepartner.

Wir dürfen darauf hinweisen, dass wir in unserem Hause schon zu einer sachgerechten Betreuung entsprechend Vorsorge getroffen haben:

So wird Frau Müller (Telefondurchwahl: ...) für Ihre Mitarbeiter im Bereich der Finanzbuchhaltung und Frau Meier (Telefondurchwahl: ...) in dem Bereich der Lohnbuchhaltung mit sämtlichen Nebenfragen für Sie und Ihre Mitarbeiter ansprechbar sein. Die steuerliche Betreuung werde ich selbst im Wesentlichen übernehmen; Sie können aber jederzeit auch unseren Mitarbeiter Herrn Steuerberater/Wirtschaftsprüfer Dipl.-Kfm. Schulze (Telefondurchwahl: ...) auf Fragen ansprechen.

Wir hatten abgestimmt, dass wir regelmäßig auch das wirtschaftliche Ergebnis Ihrer Firma gemeinsam durchsprechen werden, insbesondere mit der Zielsetzung, Verbesserungen für die Zukunft anzuregen und durchzuführen. Diese Gespräche werden neben Herrn StB/WP Dipl.-Kfm. Schulze von dem Unterzeichner selbst durchgeführt werden.

Damit hoffen wir, Ihnen entsprechende Ansprechpartner in unserem Hause, die erfolgreich mit Ihren Mitarbeitern zusammenarbeiten werden, benannt zu haben.

Hinsichtlich der Honorargestaltung hatten wir angemerkt, dass wir uns grundsätzlich nach der amtlich vorgegebenen Steuerberatervergütungsverordnung ausrichten. Diese sieht sehr dezidiert in jedem Betreuungsbereich angemessene Gebühren, gerade auch im Interesse der Mandanten, vor. Naturgemäß ist es ohne Kenntnis des zeitlichen Aufwandes und der Einzelheiten am Anfang noch nicht möglich, einen exakten Betrag festzusetzen. Wir hatten insofern abgestimmt, dass in den ersten Monaten insbesondere für die Bereiche der Finanzbuchhaltung und Lohnbuchhaltung ein monatlicher Abschlag i.H.v. 600 € zzgl. der gesetzlichen Umsatzsteuer bezahlt wird. Die endgültige Abrechnung erfolgt nach Ablauf des Geschäftsjahres der beauftragenden Gesellschaft.

Der Unterzeichner persönlich wird zudem nach ca. einem halben Jahr und sodann nach der Kenntnis über den ungefähren Umfang sämtlicher Arbeiten mit Ihnen ein persönliches Gespräch führen und sodann aufzeigen, wie die Honorargestaltung in der Zukunft voraussichtlich sein wird.

Letztlich dürfen wir noch einmal darauf hinweisen, dass wir in unserem Hause – wie gestern angemerkt – Allgemeine Auftragsbedingungen für Steuerberater und Steuerberatungsgesellschaften, Wirtschaftsprüfer und Wirtschaftsprüfungsgesellschaften, ausgearbeitet von dem .... (Deutscher Steuerberaterverband oder wiss. Steuerinstitut DWS oder

IDW) verwenden. Zwei Exemplare dürfen wir noch einmal in der **Anlage** beilegen, ebenfalls mit der Bitte um Gegenzeichnung und Rücksendung eines der Exemplare.

Sollten Rückfragen bestehen, können meine Mitarbeiter und der Unterzeichner jederzeit angesprochen werden.

Wir freuen uns auf eine langjährige positive Zusammenarbeit und wollen auch an dieser Stelle nicht versäumen, Ihnen persönlich und Ihrem Unternehmen viel Erfolg zu wünschen.

Mit freundlichen Grüßen

....

(Steuerberater)

Anmerkung: 23

Selbstverständlich stellt dieses Musterschreiben nur einen unverbindlichen Entwurf dar, der auf die Einzelsituation in dem konkreten Auftragsverhältnis anzupassen ist.

Ein solches „Bestätigungsschreiben" führt dazu, dass der Umfang und Inhalt des Vertrags genau festgelegt wird. In diesem Zusammenhang ist auch klargestellt, dass schon bei Auftragserteilung entsprechend der zivilrechtlichen Regelung in § 305 Abs. 1 BGB die allgemeinen Geschäftsbedingungen (sog. „AVB") einbezogen werden.[1] Gerade dies ist für eine Haftungsbegrenzung auf die gesetzlichen Vorgaben wichtig: Dabei ist darauf zu achten, dass die Vorschrift in § 67a StBerG beachtet wird, wonach die Versicherungssumme bei der Berufshaftpflichtversicherung mindestens das Vierfache der Mindestdeckungssumme betragen muss (z. Zt. 4 × 250 000 € = 1 000 000 € Mindestversicherung bei der Nutzung von AVB).

Wichtig ist, dass bei Vertragsabschluss die Geltung allgemeiner Geschäftsbedingungen mit Haftungsbegrenzung angesprochen und vereinbart wurde. Um sicherzustellen, dass der Mandant ein Exemplar erhalten hat, sollte dieses durch das vorstehende Musterschreiben noch einmal an den Mandanten übersandt werden. Durch Angabe von Telefondurchwahlnummern von Mitarbeitern und mittels der Bitte, die Vollmachtsurkunde nach Unterzeichnung zurückzuleiten, kann nachgewiesen werden, dass der Mandant im zeitlichen Zusammenhang mit der Auftragserteilung schon die AGB erhalten hat.

Hinsichtlich einer möglicherweise später notwendigen Nachweisverpflichtung des Steuerberaters ist darauf zu achten, dass der Mandant das Bestätigungsschreiben erhalten und akzeptiert hat. Die entsprechende Reaktion des Auftraggebers sollte daher dokumentiert und zu der persönlichen Mandantenakte des Beraters genommen werden (→ 2 A Rz. 41). 24

3. Pflichten des Beraters

Mit der Übernahme des Mandats entstehen zahlreiche Pflichten des Beraters bei der Betreuung, im Hinblick auf die Auskunftsverpflichtung an den Mandanten und in Bezug auf die Aufbewahrung bzw. Herausgabe von Unterlagen. Als „Geschäftsbesorgungsauftrag" unterliegt der Steuerberater grundsätzlich dem Weisungsrecht des Auftraggebers, begrenzt allerdings durch die eigenen strengen Berufspflichten insbesondere nach § 57 Abs. 1 StBerG. 25

a) Betreuungsumfang

Im Zweifel hat der Steuerberater die vertraglich vereinbarten Dienste persönlich zu leisten (§ 613 Satz 1 BGB). Abweichende Vereinbarungen sind zulässig und zumeist notwendig. Dies sollte auch im Mandatsverhältnis klargestellt werden. Gerade Steuerberater beschäftigen hochqualifizierte Mitarbeiter (Steuerfachangestellte/Steuerfachwirte/Bilanzbuchhalter/angestellte Berufsangehörige oder freie Mitarbeiter, die selbst entsprechende Berufsqualifikationen haben, aber auch dritte Personen), so dass die Erweiterung insbesondere für die Bereiche der Lohnarbeiten oder Finanzbuchhaltung 26

---

1) Warttinger/Bickel, AGB in StB-Verträgen, NWB 2012, 2565, 2569.

auf diesen Personenkreis fast zwingend ist. Davon wird im Regelfall auch der Mandant ausgehen; klarstellend empfiehlt es sich aber, dies in einem schriftlichen Steuerberatungsvertrag aufzunehmen,[1)] und zumindest den Mandanten ausdrücklich und nachweisbar (z.B. durch anwesende Mitarbeiter als Zeugen) darauf hinzuweisen (→ **2 A** Rz. 22).

27 Der Steuerberater haftet nicht nur für eigene Fehler, sondern auch für die seiner Mitarbeiter, die als Erfüllungsgehilfen i.S.v. § 278 BGB für ihn tätig werden. Dies gilt auch, falls der Steuerberater zulässigerweise beispielsweise Kontierungsbüros oder externe (freie) Mitarbeiter zur Bearbeitung der Angelegenheiten des Mandanten heranzieht (vgl. zur Zulässigkeit § 17 BOStB 2010). Generell hat der Berater für eine ordnungsgemäße Büroorganisation Sorge zu tragen.[2)]

28 Zudem hat der Berater immer wieder zu prüfen, in welchem Umfang er tätig werden kann. Eine Interessenkollision ist nicht zulässig (vgl. § 6 BOStB 2010). Der Berater darf widerstreitende Interessen nicht vertreten, beispielsweise in der Situation bei Streitigkeiten zwischen Gesellschaftern und Gesellschaft oder zwischen den einzelnen Gesellschaftern. Diese Verpflichtung folgt aus der vertraglichen Treuepflicht gegenüber dem Auftraggeber und aus der dem Steuerberater obliegenden Pflicht zur „gewissenhaften" Berufsausübung (§ 57 Abs. 1 StBerG i.V.m. § 3 BOStB 2010).

29 Eine Ausnahme – anders geregelt als bei einem Rechtsanwalt – ist die Tätigkeit mit Zustimmung der Beteiligten insbesondere zum Ausgleich widerstreitenden Interessen. Dann aber muss diese Situation mit allen Beteiligten auch besprochen und von diesen gewünscht werden, dass der Steuerberater eine weitere Vertretung vornimmt (so ausdrücklich § 6 Abs. 2 BOStB 2010).

30 Verstöße gegen das Verbot der Vertretung widerstreitender Interessen können neben der zivilrechtlichen Haftung und dem Verlust eines Honoraranspruchs (ggf. Nichtigkeit des Vertrags gem. § 134 BGB) auch zu berufsaufsichtlichen Konsequenzen (Verstoß gegen § 57 Abs. 1 StBerG) führen. Daher muss in einer solchen Situation von dem Berater geprüft werden, ob er bei fehlender Zustimmung einer Gesamtbetreuung der Mandanten mit widerstreitenden Interessen das Auftragsverhältnis beenden muss.[3)] Das Niederlegen des Mandats stellt in solchen Fällen allerdings sicherlich die letzte Konsequenz dar; zuvor sollte versucht werden, im Rahmen einer zulässigen Betreuung für die Beteiligten weiter tätig werden zu können. Unabdingbar hierfür ist eine entsprechende Offenheit gegenüber allen Beteiligten.

b) Weisungsrecht des Auftraggebers

31 Nach § 675 i.V.m. § 665 BGB hat der Auftraggeber im Geschäftsbesorgungsvertrag ein Weisungsrecht. Dem Recht des Mandanten auf Weisung steht die Verpflichtung des Steuerberaters gegenüber, den Weisungen auch Folge zu leisten.

Begrenzt ist das Weisungsrecht dadurch, dass von einem Steuerberater keine unzulässige oder pflichtwidrige Handlung abverlangt werden darf, da dies einer unabhängigen und gewissenhaften Berufsausübung i.S.v. § 57 Abs. 1 StBerG, § 13 Abs. 1 BOStB 2010 widersprechen würde. Daher bestehen Einschränkungen im Hinblick auf die Weisungen des Auftraggebers. Diese müssen mit den (steuerlichen) Gesetzen, zudem aber auch mit den Berufspflichten eines Steuerberaters konform gehen. Vorstellungen des Auftraggebers, entgegen steuergesetzlichen Vorgaben tätig zu werden, hat der Berater unverzüglich zurückzuweisen.

---

1) So auch Gehre/Koslowski, Kommentar, 6. Aufl. 2009, § 33 StBerG Rz. 22.
2) LG Freiburg v. 9.5.2014, StL 4/13, DStR 2014, 2260.
3) Vgl. Hense/Ulrich-Richter, Kommentar 2008, vor § 51 WPO Rz. 19; für RA: AGH Bayern v. 24.4.2012, BayAGH II –16/11–, BRAK-Mitteilungen 2012, 176.

Auch bei „Beratungsresistenz" eines Mandanten muss der Steuerberater die ihm gesetzlich vorgegebenen Grenzen einhalten, um nicht selbst straf-, berufs- und haftungsrechtliche Probleme zu verursachen.

Ansonsten gilt, dass der Steuerberater die Interessen seines Mandanten nach Maßgabe der gesamten Sach- und Rechtslage umfassend wahrzunehmen hat. Der Mandant kann auf Grund des Auftragsverhältnisses im Rahmen der Möglichkeiten eines Steuerberaters eine umfassende Beratung, Belehrung und Hilfeleistung erwarten.[1] Die Beratung dient gerade dazu, dass der Mandant eine Entscheidung treffen kann.[2] Dabei ist der Berater weder Erzieher noch Aufseher des Mandanten; er muss aber den Auftraggeber auf Gefahren, unterschiedliche Auslegungsmöglichkeiten und insbesondere auf die ungewisse Beurteilung der mit einer Rechtslage verbundenen Risiken hinweisen,[3] um den Auftraggeber in die Lage versetzen zu können, eine sachgerechte Entscheidung treffen zu können.

32

Damit ist das Postulat verbunden, dass der Steuerberater den Rahmen des erteilten Mandats ausschöpfen muss.[4] Die höchstrichterliche Rechtsprechung ist von dem Berater zu beachten;[5] die notwendigen Maßnahmen, wie beispielsweise das Einlegen von Rechtsbehelfen, sind im Interesse des Mandanten vorzunehmen.

33

Von Weisungen des Mandanten kann der Steuerberater dann abweichen, wenn er den Umständen nach annehmen darf, dass der Auftraggeber bei Kenntnis der Sachlage die Abweichung billigen würde (§ 665 Satz 1 BGB). Von der Abweichung muss aber regelmäßig dem Mandanten unverzüglich Kenntnis gegeben werden; ist es möglich, die Entscheidung des Mandanten zu dem weiteren Vorgehen abzuwarten, hat der Steuerberater dies auch zu tun (vgl. § 665 Satz 2 BGB). Ist „Gefahr im Verzug" und muss die Handlung unverzüglich erfolgen, ist der Mandant schnellstmöglich im Anschluss an die Handlung zu unterrichten.

34

c) Auskunfts- und Rechenschaftspflichten

Nach §§ 675, 666 BGB ist der Steuerberater im Rahmen des Mandats verpflichtet, dem Mandanten unverzüglich die entsprechenden Informationen insbesondere beispielsweise über die Ausführung des Auftrags zu geben. Berufsrechtlich ist dies zudem in § 13 Abs. 2 BOStB 2010 geregelt.

35

Darüber hinaus muss er auf Verlangen ergänzende Auskunft erteilen und nach der Durchführung des Mandats entsprechende Rechenschaft ablegen. Zwar kann zivilrechtlich von diesen Vorgaben abgewichen werden, weil es sich nicht um zwingende Regeln handelt. Insofern wird aber regelmäßig dem Mandatsvertrag oder den wirksam vereinbarten allgemeinen Geschäftsbedingungen keine einschränkende Vorgabe zu entnehmen sein.

36

Die Auskunftspflicht nach § 666 BGB ist sogar eine „Vorleistungspflicht". Daher kann der Steuerberater die Auskunftserteilung auch nicht wegen Gegenansprüchen – z.B. offenstehende Honorarforderungen – zurückhalten. Solange der Auftraggeber ein berechtigtes Interesse hat, kann er in Bezug auf die Rechnungslegungspflicht des Beraters ergänzende Auskünfte verlangen. Eine solche Rechenschaftsverpflichtung setzt allerdings ein ergänzendes „Verlangen" des Mandanten voraus. Rechenschaftspflicht heißt, dass der Steuerberater einen abschließenden Bericht zu erstellen und u.U. eine Rechnungslegung zu erbringen hat. Der Bericht muss vollständig und umfas-

37

---

1) OLG Düsseldorf v. 20.5.1999, 13 U 101/98, GI 2001, 50; allgemein Goez, Zivilrechtliche Haftung und strafrechtliche Risiken des StB, 2010, 38 ff.
2) BGH v. 7.7.2005, IX ZR 425/00, DStR 2006, 344.
3) BGH v. 20.10.2005, IX ZR 127/04, DStRE 2006, 126.
4) BGH v. 4.6.1996, IX ZR 51/95, WM 1996, 1824.
5) OLG Düsseldorf v. 20.1.2004, 23 U 28/03, GI 2005, 92.

send, übersichtlich und verständlich die für den Mandanten geführten Geschäfte darstellen und so abgefasst sein, dass dem Auftraggeber die Nachprüfung ermöglicht wird.

38 Der Mandant kann auf eine solche Rechnungslegung verzichten. Konkludent wird dies dann der Fall sein, wenn eine Rechnungslegung von dem Auftraggeber jahrelang nicht verlangt worden ist, beispielsweise bei einer treuhänderischen Vermögensverwaltung.

Auch hier sind die Umstände des Einzelfalls maßgebend. Beispielsweise ist in Fällen, in denen der Steuerberater regelmäßig (z.B. jährlich) Rechenschaft erstattet hat, bei Beendigung des Mandats nur noch über die letzte Zeitperiode ergänzend Rechenschaft abzulegen.

d) Aufbewahrungs- und Herausgabepflichten

39 Ebenfalls aus dem Auftragsrecht (vgl. §§ 675, 667 BGB) ergibt sich, dass der Steuerberater alles, was er zur „Ausführung des Auftrags vom Auftraggeber erhält oder aus der Geschäftsbesorgung von Dritten für den Auftraggeber erlangt" aufzubewahren hat, solange er es nicht an den Auftraggeber herausgibt oder auf Grund eines gesetzlich geregelten Zeitablaufs.

40 Die Problematik liegt darin, dass in Bezug auf diese Verpflichtungen ungenaue Regeln gerade auch in Bezug auf die Frage des Begriffs „Handakte" vorliegen. Bekanntermaßen statuiert § 66 Abs. 1 StBerG, dass die „Handakten auf die Dauer von zehn Jahren nach Beendigung des Auftrags aufzubewahren" sind, soweit diese nicht vorher schon von dem Auftraggeber übernommen wurden. Dabei ist allerdings unter „Handakten" nach Abs. 3 dieser Vorschrift nur ein Teil der bei dem Steuerberater üblicherweise befindlichen Unterlagen gemeint. Es handelt sich (nur) um die Schriftstücke, die der Steuerberater aus Anlass seiner beruflichen Tätigkeit von dem Auftraggeber (z.B. Buchhaltungsunterlagen) oder für ihn (z.B. Steuerbescheide) erhalten hat. Schon der Briefwechsel zwischen dem Steuerberater und seinem Mandanten oder Schriftstücke (wie z.B. gerade Steuerbescheide), die der Mandant bereits im Original oder als Kopie erhalten hat, zählen nicht dazu. Insbesondere auch die Aktenvermerke („zu internen Zwecken gefertigte Arbeitspapiere") oder Entwürfe sind ebenfalls nicht gemeint – müssen aber im Interesse des Beraters aufbewahrt werden.

41 In Konsequenz aus diesem „Handakten-Begriff" muss zwischen den herausgabepflichtigen Unterlagen und der – auch nach Beendigung des Mandats bei dem Steuerberater verbleibenden – internen „Mandantenakte" unterschieden werden.[1] Gerade Letztere benötigt der Steuerberater nicht zuletzt auch dafür, im Falle eines späteren (angeblichen) Anspruches wegen Beratungsfehlern den Nachweis führen zu können, dass die Mandatsbetreuung ordnungsgemäß und vollständig erfolgt ist. Auch wird der Berater anhand einer sorgfältig geführten solchen „internen Mandantenakte" – ggf. unterstützt durch seine Datenbank – in Fällen, in denen die geltend gemachte Vergütung von dem (ehemaligen) Auftraggeber negiert wird, die Erledigung wie auch den Umfang, die Genauigkeit und Angemessenheit der Auftragserfüllung sowie der Honorargestaltung nachweisen können.

42 Jeder Steuerberater sollte einzeln und gesondert für jeden Auftraggeber eine solche interne „Mandantenakte" anlegen. Alle Angelegenheiten, die auf Grund einer zusätzlichen Auskunftserteilung oder im Rahmen des Mandats beraten wurden, sollte der Berufsangehörige – wie auch seine Mitarbeiter – aktenkundig machen. Der nicht in die nach § 66 Abs. 3 StBerG zu den herauszugebenden Handakten gehörende Schrift-

---

[1] Goez in Kuhls, Kommentar, 3. Aufl. 2012, § 66 StBerG Rz. 4.

verkehr wie auch die zu internen Zwecken im Büro des Steuerberaters gefertigten Arbeitspapiere gehören in diese interne „Mandantenakte".

In Konsequenz ist sodann bei den Aufbewahrungszeiträumen zu differenzieren: Die „Handakte" im Sinne von § 66 Abs. 1 Satz 1 StBerG ist zehn Jahre ab Beendigung des Auftrags aufzubewahren. Die Aufbewahrungsfrist kann dadurch abgekürzt werden, dass der Mandant schriftlich aufgefordert wird, diese Handakte abzuholen. Sodann ist die Frist auf sechs Monate nach Erhalt der Aufforderung seitens des Mandanten, die Handakten in Empfang zu nehmen, verkürzt. Der Berater hat allerdings sicherzustellen – und später im Bestreitensfall nachzuweisen – dass diese Aufforderung auch tatsächlich dem Mandanten zugegangen ist (am sichersten: Einschreiben mit Rückschein). **43**

Die handelsrechtlichen Aufbewahrungspflichten, die vom Grundsatz her den Mandanten treffen, regelt § 44 HGB (regelmäßig Geschäftsbücher zehn Jahre, Belege und sonstiger Schriftwechsel sechs Jahre). Auch die steuerlichen Aufbewahrungsfristen (vgl. § 146 FAO) sind weitestgehend den handelsrechtlichen Pflichten angeglichen. **44**

Hinsichtlich der von dem Steuerberater in seiner internen „Mandantenakte" befindlichen Schriftstücke sollten im eigenen Interesse erheblich längere Aufbewahrungszeiten vorgesehen werden. Es ist daran zu erinnern, dass nach dem neuen Verjährungsrecht zwar grundsätzlich eine Frist von drei Jahren zum Jahresende gilt, insbesondere in den Fällen eines möglichen Regresses.[1] Der Verjährungszeitraum beginnt jedoch erst mit der Schadens- und Anspruchsentstehung und damit regelmäßig erst mit Bekanntgabe des (negativ) abändernden Steuerbescheids – also erst lange nachdem ein Beratungsfehler begangen wurde.[2] Gleichzeitig wird aber auch die Kenntnis bzw. grob fahrlässige Unkenntnis des geschädigten Mandanten als weitere Voraussetzung normiert.[3] Eine kenntnisunabhängige Verjährung tritt erst zehn Jahre nach Anspruchsentstehung ein.[4] Der Berater wird daher seine internen Unterlagen noch wesentlich länger aufbewahren müssen, da der Fehler zumeist mehrere Jahre später erst entdeckt wird – beispielsweise im Rahmen einer Betriebsprüfung mit anschließenden negativ abändernden Steuerbescheiden.[5] Daher kann ein Schaden häufig noch deutlich über einer Dekade nach der fehlerhaften Beratungsleistung geltend gemacht werden. **45**

Hat der Berater in Bezug auf die „Handakten" im Sinne von § 66 Abs. 3 StBerG Unterlagen herauszugeben, besteht in bestimmten Fällen für den Steuerberater ein Zurückbehaltungsrecht (vgl. § 273 Abs. 1 BGB). Insbesondere in den Fällen, in denen der Mandant das fällig gestellte und ordnungsgemäß im Sinne von § 9 StBVV abgerechnete Honorar nicht (vollständig) ausgeglichen hat, kann ein solches Zurückbehaltungsrecht geltend gemacht werden. Dies ist ein wirksames Mittel zur Erlangung ausstehender Honorarforderungen.[6] So kann der Steuerberater Arbeitsergebnisse und Mandantenunterlagen zurückhalten,[7] wie auch die Zustimmung zum Datev-Übertragungsbeleg an den neu beauftragten Steuerberater.[8] Nicht zurückbehalten werden dürfen Unterlagen Dritter wie Lohnsteuerkarten und Sozialversicherungsnachweise. **46**

---

1) §§ 195, 199 Abs. 1 BGB; vgl. Goez, Rechtsprechung und Verjährungsregeln zum StB-Haftungsrecht, INF 2005, 677.
2) BGH v. 3.11.2005, IV ZR 208/04, DStR 2006, 443.
3) BGH v. 19.3.2008, III ZR 220/07, BRAK-Mitteilung 2008, 114.
4) § 199 Abs. 3 Nr. 1 BGB; Feiter, Verjährung von Regressansprüchen gegen StB, NWB 2006, 3133.
5) Zum Zeitpunkt des Beginns der Verjährung vgl. Goez, Zivilrechtliche Haftung und strafrechtliche Risiken des StB, 2010, 86 ff.
6) Vgl. ausführlich Meyer/Goez/Schwamberger, StBVV-Praxiskommentar, 7. Aufl. 2013, Einführung, Rz. 71 ff.
7) BGH v. 7.2.1988, IVa ZR 262/86, BB 1988, 656.
8) Goez in Kuhls, 3. Aufl. 2012, Kommentar, § 66 StBerG Rz. 20.

Diese stehen nicht im Eigentum des Mandanten.[1] Aber Vorsicht: Das Zurückbehaltungsrecht besteht nur, wenn sich der Honoraranspruch und der Herausgabeanspruch in unverjährter Zeit gegenübergestanden haben (§ 215 BGB).[2]

47 Auch § 66 Abs. 2 StBerG stellt klar, dass der Steuerberater seinem Mandanten die Herausgabe der Handakten solange verweigern kann, bis er wegen seiner Gebühren und Auslagen befriedigt ist. Eine Einschränkung mag bestehen bei der Verletzung der Grundsätze von Treu und Glauben (vgl. § 242 BGB), wenn beispielsweise nur noch minimale Restbeträge der abverlangten Vergütung offenstehen. Dies stellt aber einen seltenen Ausnahmefall dar. Auch eine „Unangemessenheit" bei der Ausübung des Zurückbehaltungsrechts (§ 66 Abs. 2 Satz 2 StBerG) ist bei nicht unerheblichen Honorarrückständen regelmäßig abzulehnen. Die Ermittlung der Grenze richtet sich nach dem Auftragsvolumen; sie ist aber regelmäßig schon im mittleren dreistelligen Bereich überschritten.

48 Damit ist das Zurückbehaltungsrecht recht umfassend, zumal der Mandant durch die Vorschrift des § 273 Abs. 3 BGB geschützt ist. Leistet er nämlich in Höhe der offenstehenden Forderungen Sicherheiten, insbesondere durch Hinterlegung des strittigen Betrags beim zuständigen Amtsgericht (§ 232 Abs. 1 BGB i.V.m. der Hinterlegungsordnung), kann er durch eigenes Handeln unproblematisch das Zurückbehaltungsrecht des Steuerberaters abwenden.

e) Nachbesserung bei Fehlern

49 Da der Steuerberater die Interessen des Mandanten umfassend wahrzunehmen hat (→ 2 A Rz. 32), muss er handeln, wenn ihm ein in seiner Kanzlei verursachter Fehler bei der Sachbearbeitung aufgefallen ist. Vor Eintritt eines endgültigen Schadens ist zu prüfen, ob dieser (noch) durch eine Nachbesserung verhindert werden kann.[3] Der Steuerberater ist verpflichtet, alles zu unternehmen, um die Gefahr eines finanziellen Nachteils für seinen Mandanten abzuwenden.[4] Wie sich aus § 635 Abs. 2 BGB ergibt, sind die entstehenden (Mehr-)Kosten für die Nachbesserung von dem Berater selbst zu tragen. Zwar resultiert das Nachbesserungsrecht aus den werkvertraglichen Vorschriften; auf Grund der Interessenlage gilt dies aber auch bei einem Steuerberatungsvertrag in der Form eines Dienstvertrags.[5] Allerdings entfällt die Nachbesserungsmöglichkeit dann, wenn dies dem Mandanten wegen verlorenen Vertrauens unzumutbar ist und im Regelfall auch, wenn das Mandat schon beendet sein sollte.[6]

4. Pflichten des Mandanten

50 Nicht nur der Berater hat zahlreiche Pflichten aus dem Schuldverhältnis zu beachten, auch dem Mandanten obliegen Mitwirkungs- und Mitteilungspflichten wie auch Pflichten bei der Erfüllung seiner Seite des Vertrags gerade in Bezug auf die Honorierung.

a) Mitwirkungs- und Mitteilungspflichten

51 Schon im eigenen Interesse ist der Mandant verpflichtet, dem Steuerberater die für dessen Arbeiten erforderlichen Informationen zu erteilen und die entsprechenden Unterlagen zur Verfügung zu stellen. Dabei hat der Mandant ein eventuelles Ver-

---

1) Buka, Hinweise zum ZbR, Berufsrechtl. Handbuch, I.5.2.5 unter 3.
2) BGH v. 13.5.2006, V ZR 40/05, NJW 2006, 2773.
3) OLG Düsseldorf, 9.1.2001, 26 U 37/00, GI 2001, 72.
4) BGH v. 18.3.1993, IX ZR 120/92, NJW 1993, 1779.
5) Goez, Zivilrechtliche Haftung des StB, 2010, 64.
6) BGH v. 11.5.2006, IX ZR 63/05, DStR 2006, 1247.

schulden seiner Mitarbeiter, deren er sich zur Erfüllung dieser vertraglichen Pflichten bedient, wie eigenes Verschulden zu vertreten.[1] Von einem Unternehmer als Auftraggeber ist zu erwarten, dass er auch über die kaufmännischen Grundkenntnisse verfügt.[2] Beispielsweise bei Verträgen zwischen nahen Angehörigen (z.B. Geschäftsinhaber und dessen Ehepartner) ist von einem Unternehmer zu erwarten, dass er den zwischen den nahestehenden Personen abgeschlossenen Vertrag „lebt", z.B. eine vereinbarte Vergütung auch zu dessen freien Verfügung auf dessen eigenes Konto überweist. Dennoch sollte der Berater schon im eigenen Interesse entsprechende „Handlungsanweisungen" an seine Mandantschaft übermitteln – und zwar regelmäßig schriftlich –, da viele Regressgerichte strenge Anforderungen stellen.[3] Andererseits hat ein Mandant seinem steuerlichen Berater von steuerlich relevanten Familienverhältnissen und deren Änderungen von sich aus Kenntnis zu geben.[4] Insofern hat der Mandant auch Anfragen oder sogar Vorgaben des Steuerberaters wie beispielsweise die Mitteilung zu noch nicht aufgeklärten Sachverhalten im Rahmen der Buchhaltung oder bei der Erstellung des Jahresabschlusses unverzüglich zu beantworten und die Unterlagen beizubringen.

Darüber hinaus hat ein Mandant aber auch Überprüfungspflichten,[5] bevor die Arbeitsergebnisse des Steuerberaters insbesondere an die Finanzverwaltung oder an Kreditinstitute weitergeleitet werden. Die Unterzeichnung durch den Mandanten hat gerade auch den Zweck, dass dieser sich im Rahmen seiner persönlichen Fähigkeiten ein Bild von dem Arbeitsergebnis verschafft und ihm auffallende Unrichtigkeiten gegenüber dem Berater korrigiert. Daher hat der Mandant die von einem Steuerberater erstellte Bilanz selbst zu überprüfen. Fällt ihm dabei beispielsweise auf, dass ein Bilanzposten wie beispielsweise der Materialbestand deutlich überhöht ausgewiesen wurde, hat er den Berater darauf hinzuweisen; ansonsten ist ihm – insbesondere im Rahmen eines Regressverfahrens – ein entsprechendes Mitverschulden im Sinne von § 254 BGB zuzurechnen.[6] 52

Ein Mandant darf eine von dem Steuerberater gefertigte Steuererklärung nicht ohne entsprechende Kontrolle unterzeichnen, da er sich mit seiner Unterzeichnung den Inhalt der Steuererklärung zu eigen macht.[7] Jedenfalls sollte der Berater die erstellte Steuererklärung mit der Aufforderung um Überprüfung und Mitteilung von Unstimmigkeiten vor dem Einreichen beim Finanzamt an den Mandanten übermitteln, um dem Vorwurf einer Pflichtwidrigkeit entgehen zu können.[8] 53

Allerdings kann der Steuerberater den Mandanten nicht dadurch schon „mitschuldig" an eventuellen Fehlern machen, dass er allgemein gehaltene Mandantenrundschreiben oder sonstige Merkblätter an den Auftraggeber versendet.[9] Zwar ist dies immer auch eine Frage – im Nachhinein – des Einzelfalls; regelmäßig aber ist ein Auftraggeber nicht verpflichtet, allgemein gehaltene Informationsschreiben des Beraters daraufhin durchzusehen, ob bestimmte Aspekte in seinem eigenen Fall zutreffen.[10] 54

b) Honorar

Die Hauptpflicht eines Auftraggebers besteht naturgemäß darin, dass er die Leistungen des Steuerberaters nach den schuldrechtlichen Regeln zu vergüten hat. In dem 55

---

1) OLG Hamburg v. 20.3.1974, 3 U 127/73, StB 1974, 179.
2) LG Hannover v. 24.1.1986, 2 O 121/65.
3) Ausführlich Goez, Zivilrechtliche Haftung und strafrechtliche Risiken des StB, 2010, 39 f.
4) LG Kiel v. 19.6.1969, 4 O 175/67, DStR 1970, 675.
5) Vgl. z.B. OLG Zweibrücken v. 23.10.2008, 1 Ss 140/08, wistra 2009, 127.
6) OLG Celle v. 28.11.1973, 3 U 29/73, StB 1976, 82.
7) LG Kiel v. 1.2.1973, 11 O 48/72, DStR 1973, 575.
8) OLG Koblenz v. 14.1.2014, 3 U 767/13, DStR 2014, 2258.
9) OLG Düsseldorf v. 29.1.2008, I-23 U 64/07, GI 2009, 127.
10) Vgl. ausführlich Goez, Zivilrechtliche Haftung und strafrechtliche Risiken des StB, 2010, 40 f.

Regelfall des Geschäftsbesorgungsvertrags in der Form eines Dienstvertrags mit dem Steuerberater richtet sich somit der Vergütungsanspruch nach §§ 675, 611, 612 BGB, bei Einzelaufträgen nach §§ 632 f. BGB (→ **2** *A* Rz. 3 f.). Dabei hat der Steuerberater ergänzend die Verpflichtung nach § 64 StBerG einzuhalten, ordnungsgemäß nach der Steuerberatervergütungsverordnung abzurechnen.

56 Hat der Berater allerdings ein entsprechendes Honorar fällig gestellt und ordnungsgemäß berechnet und dem Mandanten die Liquidation zugeleitet (vgl. § 9 StBVV), ist der Mandant verpflichtet, das Honorar zu bezahlen. Neben den allgemeinen Möglichkeiten der Durchsetzung von Honoraransprüchen durch Mahn- und Klageverfahren steht ansonsten auch bei beendetem Mandat dem Steuerberater die Möglichkeit zu, die Herausgabe von Unterlagen mit der Ausübung des Zurückbehaltungsrechtes zu verweigern (→ **2** *A* Rz. 46) oder weitere Arbeitsleistungen zurückzustellen.[1]

57 Die Pflicht des Mandanten zur Honorierung geht aber noch weiter: Gemäß § 8 StBVV ist der Steuerberater berechtigt, dem Mandanten Vorschüsse abzuverlangen. Zum einen bezieht sich dieses Recht auf das zu erwartende Honorar, zum anderen aber auch auf die zur Ausführung des Auftrags erforderlichen Aufwendungen. Bei Verweigerung des vereinbarten Vorschusses ist der Steuerberater berechtigt, von dem Auftrag zurückzutreten oder die Ausführung des Auftrags bis zur Vorschusszahlung abzulehnen. Mehr theoretisch ist darüber hinaus das Recht des Beraters, bei fester Vereinbarung eines Vorschusses im Falle der Nichtzahlung diesen gerichtlich einzuklagen. Dies würde im Regelfall allerdings dazu führen, dass das Vertrauensverhältnis so nachhaltig gestört ist, dass das Mandat – schon vor Erledigung der Arbeiten – beendet wird. Jedenfalls aber hat der Berater die Pflicht, unverzüglich nach Beendigung des Auftrags, schon nach Erledigung der bevorschussten Angelegenheit entsprechend abzurechnen (→ **2** *D* Rz. 9). Dies ist nunmehr seit 2014 für die vergleichbare Situation bei Rechtsanwälten in § 23 BORA berufsrechtlich fixiert.

5. Beendigung des Vertrags

58 Neben der Kündigung des Steuerberatermandats kann sich eine Beendigung des Vertrags auch durch Zeitablauf und in besonderen Situationen ergeben. Letztere sind Tod, Geschäftsunfähigkeit oder Insolvenz einer der Parteien, aber auch eine Aufhebungsvereinbarung.

a) *Zweckerreichung und Zeitablauf*

59 Vom Grundsatz her endet ein Mandat mit der Erledigung der Aufgabe.[2] Dieser Fall liegt vor, wenn von dem Berater keine weiteren Handlungen in Erfüllung des Auftrags mehr zu erwarten sind. Der Zweck der Mandatierung ist erreicht.

60 Für die Mandate der Angehörigen der steuerberatenden Berufe ist dies dann der Fall, wenn ein Einzelauftrag oder sonstiges beschränktes Mandat (→ **2** *A* Rz. 10) erteilt worden ist. Der Regelfall der Mandatierung eines Steuerberaters ist es aber, wenn die „Komplett-Mandatierung" mit Finanzbuchhaltung, Lohnarbeiten, Jahresabschlussarbeiten und Erstellung der entsprechenden betrieblichen – ggf. darüber hinaus auch privaten – Steuererklärungen in Auftrag gegeben worden ist.

61 Auch hier kann durchaus vorgegeben sein, dass nur für bestimmte Veranlagungszeiträume die steuerliche Beratungsleistung abverlangt wird. Sodann endet die Tätigkeit des Steuerberaters „automatisch" mit Erledigung der letzten Arbeiten für den letzten umfassten Veranlagungszeitraum. Zumeist aber ist eine solche Vorgabe nicht erfolgt.

---

1) Goez in Kuhls, Kommentar, 3. Aufl. 2012, § 66 StBerG Rz. 24 ff. m.w.N.; vgl. zur Leistungsverweigerung bei verjährter Forderung BGH v. 13.5.2006, V ZR 40/05, NJW 2006, 2773.
2) Für RA: BGH v. 20.6.1996, IX ZR 106/95, NJW 1996, 2929.

A. Mandatsvertrag

b) Kündigung

Den Regelfall der Beendigung des Mandats stellt daher die Kündigung dar, sei es durch den Auftraggeber (Mandanten), sei es durch den Berater als Auftragnehmer.

Erfolgt die Kündigung allein – wie üblich – durch eine der Vertragsparteien, muss diese einseitige empfangsbedürftige Willenserklärung dem anderen Vertragspartner ordnungsgemäß zugegangen sein.

Die Gründe für eine solche Kündigung sind vielfältig. Bei Steuerberatern ist allerdings häufig festzustellen, dass dies an der Beeinträchtigung des Vertrauensverhältnisses liegt. Dieses ist regelmäßig dann getrübt, wenn der Mandant auf Grund von erkannten Fehlern des Beraters, bei einer fehlerhaften Honorargestaltung oder bei der Erkenntnis, der Berater „kümmere sich nicht genug" um das einzelne Mandat oder sonstiger zeitlicher Überforderung glaubt, bei einem anderen Steuerberater besser aufgehoben zu sein.

Auch der örtliche Wechsel des Mandanten oder Krankheiten, insbesondere auch die Krisensituation eines Unternehmens und andere wirtschaftliche Gründe können zu einer Kündigung führen.

Nach §§ 626, 627 BGB, anwendbar über §§ 675, 611 BGB kann der Mandant – ohne wirksame anderweitige Vereinbarung (→ 2 A Rz. 68 f.) – jederzeit das Vertrauensverhältnis zu seinem Steuerberater kündigen. Es handelt sich um Dienste „höherer Art", die auf Grund „besonderen Vertrauens übertragen zu werden pflegen". Für diesen Fall kann der Steuerberater nach § 628 Abs. 1 Satz 1 BGB einen seinen bisherigen Leistungen entsprechenden Teil der Vergütung verlangen.

Darüber hinaus hilft dem Berater aber auch § 12 Abs. 4 StBVV. Hat er mit der Erledigung des Auftrags schon begonnen und wird eine entsprechende Kündigung ohne Frist – regelmäßig zulässig nach § 627 Abs. 1 BGB – ausgesprochen, hat er Anspruch auf das volle Honorar. Allerdings muss er bei einer vorzeitigen Erledigung der Angelegenheit bzw. Beendigung des Auftrags vor abschließender Erledigung gebührenermäßigend berücksichtigen, dass der Vorgang nicht mehr zu Ende geführt werden braucht.[1]

Auch durch konkludente Handlung kann vom Grundsatz her eine Kündigung erfolgen. Beispielsweise in den Fällen, bei denen die monatlichen Finanzbuchhaltungsunterlagen nicht mehr bei dem Steuerberater eingereicht werden, kann sich aus den Umständen eine damit verbundene Aufkündigung des Beratungsverhältnisses ergeben. Der Berater ist allerdings, um nicht auch noch regressträchtige Probleme zu verursachen, gehalten, in dieser Situation bei dem Mandanten nachzufragen, inwieweit eine Weiterbetreuung gewünscht bzw. eine Aufkündigung des Mandatsverhältnisses mit der fehlenden Mitwirkung des Mandanten verbunden ist. Jedenfalls hat der Berater, um ggf. Ersatz für seine (vergeblichen) Aufwendungen verlangen zu können, den Mandanten nachweisbar seine Dienste anzubieten und diesen durch Zeitvorgaben in Annahmeverzug zu setzen.[2] Honorarmäßig kann bei einem Dienstvertrag sodann Schadensersatz für die nicht mehr erbrachten Leistungen bis zum Ende der vereinbarten Vertragslaufzeit verlangt werden (§ 615 Satz 1 BGB), allerdings unter Anrechnung ersparter Aufwendungen. Diese dürften bei ca. 15 % der vereinbarten Vergütung liegen.[3] Liegt ausnahmsweise eine werkvertragliche Geschäftsbesorgung vor, kann der Steuerberater die gesamte Vergütung – wiederum abzüglich ersparter Aufwendungen – gem. § 649 BGB verlangen.

---

1) Meyer/Goez/Schwamberger, Praxis-Kommentar, 7. Aufl. 2013, § 12 StBVV Rz. 16 f.
2) Feiter, Die neue StBVV, Kommentar, Rz. 28.
3) LG Duisburg, 1.3.2002, 10 O 36/95, Stbg 2001, 189.

68 Sind zwischen den Parteien des Mandats schriftliche Vereinbarungen getroffen worden, insbesondere auch bei wirksamer Einbeziehung von allgemeinen Geschäftsbedingungen (→ *2 A* Rz. 23), wird regelmäßig die Schriftlichkeit der Erklärung der Kündigung sowie eine Fristbestimmung festgelegt sein. Ob allerdings der Ausschluss der jederzeitigen Kündigungsmöglichkeit nach § 627 BGB durch allgemeine Geschäftsbedingungen möglich ist, erscheint zweifelhaft.[1] Sicherheitshalber ist daher eine Kündigungsfrist individuell vertraglich zwischen Steuerberater und Mandant zu vereinbaren. Eine Vereinbarung für einen Teilbereich genügt dann nicht, wenn ein „einheitlicher Steuerberatervertrag" abgeschlossen worden ist.[2]

69 Da keine feste Rechtsprechung dazu vorliegt, ist grundsätzlich – wie ausgeführt – eine individuelle Vereinbarung zwischen Steuerberater und Mandant über eine Kündigungsfrist insbesondere bei größeren Mandaten zur Erlangung einer Planungssicherheit anzuraten. Ausnahmsweise mögen dann vorformulierte Vertragsbedingungen („AGB") denkbar sein, wenn eine sehr kurze Kündigungsfrist wie beispielsweise eine monatliche oder zweimonatige Kündigungsfrist zum Monatsende vorgesehen ist. Jedenfalls hält die höchstrichterliche Rechtsprechung lediglich nur eine Kündigungsmöglichkeit im Jahr, vorgegeben durch AGB, für unwirksam.[3]

70 Sind Kündigungsfristen vereinbart, müssen diese nicht für beide Parteien gleich sein. Beispielsweise wird der Berater ein Interesse bei einem sehr großen Mandat haben, eine etwas längere Kündigungsfrist festzulegen, um im Kündigungsfalle die entsprechenden Mitarbeiter anderweitig einsetzen zu können. Aber Vorsicht: Auf Grund des Vertrauenscharakters des Steuerberatervertrags sind jedenfalls angemessene Kündigungsfristen vereinbar, je nach Situation des Einzelfalls wohl nur von drei bis sechs Monaten.

71 Ebenso wie der Mandant kann auch der Steuerberater das Mandat einseitig aufkündigen. Dann allerdings erhält der Steuerberater sein Honorar nur, wenn sich der Mandant vertragswidrig verhalten hat (vgl. § 628 BGB).[4] Sodann handelt es sich um eine Kündigung aus wichtigem Grund. In diesem Fall kommen sogar Schadensersatzansprüche gegen den Mandanten in Betracht, beispielsweise im Hinblick auf die Aufwendungen, die der Steuerberater in Bezug auf das Mandat getätigt hat und die nunmehr durch die vorzeitige Beendigung des Auftragsverhältnisses nutzlos geworden sind.[5]

72 Vom Grundsatz her kann eine Kündigung aus wichtigem Grund von beiden Seiten jederzeit erfolgen (§ 627 Abs. 1 BGB). Der Steuerberater sollte allerdings vor Ergreifen dieser Maßnahme sorgfältig prüfen, ob der Grund ausreichend nachgewiesen werden kann. Die reine fehlende Mitwirkung des Mandanten bei der Auftragserfüllung beispielsweise durch verzögerte Übermittlung von Belegen muss aufgegriffen werden; hier bietet es sich jedoch an, zunächst den Mandanten auf seine Verpflichtung zur Mitwirkung nicht nur mündlich, sondern insbesondere auch schriftlich (nachweisbar) hinzuweisen.

73 Kündigt der Steuerberater ungerechtfertigt fristlos, hat er das Mandat ohne wichtigen Grund möglicherweise „zur Unzeit" niedergelegt. „Zur Unzeit" bedeutet in diesem Zusammenhang, dass der Mandant seine Interessen nicht mehr wahren kann, weil er sich nicht rechtzeitig anderweitige steuerberatende Unterstützung suchen kann. Dies

---

1) OLG Koblenz v. 18.5.1990, 2 U 1382/88; offen gelassen vom BGH v. 11.2.2010, IX ZR 114/09, SteuK 2010, 175 mit Anm. Goez; Warttinger/Bickel, AGB in StB-Verträgen, NWB 2012, 2565.
2) BGH v. 11.2.2010, IX ZR 114/09, DB 2010, 555.
3) BGH v. 11.2.2010, IX ZR 114/09, DB 2010, 555.
4) BGH v. 29.9.2011, IX ZR 170/10, DB 2011, 2429, mit hohen Anforderungen an die (Rest-)Vergütung bei Kündigung durch einen RA.
5) Vgl. ausführlich Jungk, Wege zur Beendigung des Mandats – und ihre Konsequenzen, AnwBl 2011, 62.

A. Mandatsvertrag

ist im Fall eines Steuerberatermandats – anders als bei Rechtsanwälten – zwar nicht häufig der Fall, weil eine anderweitige Beratung recht unproblematisch erzielt werden kann und die einzuhaltenden Fristen in jedem einzelnen Mandat zumeist überschaubar sind. Jedenfalls aber hat der Steuerberater in dieser Situation noch die Maßnahmen zu ergreifen – beispielsweise Einspruch gegen einen Schätzungsbescheid einzulegen –, die absichern, dass bei dem Mandanten kein ergänzender Schaden eintritt. Dies verlangt ausdrücklich auch § 14 BOStB 2010.

Auch hier ist bei der Beurteilung, ob die Kündigung ohne wichtigen Grund zur Unzeit erfolgt ist, eine Bewertung der Umstände im Einzelfall vorzunehmen. Dringend muss daher bei dem in dieser Situation befindlichen Berater angemahnt werden, die Hintergründe und den Anlass sorgfältig zu dokumentieren. Insbesondere sollte er den Nachweis führen können, in dieser Situation (noch) den Mandanten auf ablaufende Fristen und die Notwendigkeit, bestimmte Beratungsleistungen umgehend bei einem anderen Berater in Anspruch zu nehmen, hingewiesen zu haben. **74**

Maßgebend für die Wirkung der Kündigung ist der Zugang dieser einseitigen empfangsbedürftigen Willenserklärung (§ 130 Abs. 1 BGB). Erst hierdurch endet das Mandat durch die entsprechende Kündigungserklärung. Regelmäßig kann der Zugang der Kündigung durch „Einschreiben mit Rückschein" nachgewiesen werden. **75**

c) Besondere Situationen

Mit dem Tod des Steuerberaters erlischt regelmäßig der ihm erteilte Auftrag (§ 673 Satz 1 BGB). Die Erben des Steuerberaters haben aber dafür zu sorgen, dass dem Mandanten daraus keine Schäden erwachsen; insofern geht es aus Sicht insbesondere eines in Einzelkanzlei arbeitenden Steuerberaters auch darum, zu Lebzeiten Sorge dafür zu tragen, dass eine absichernde Regelung – insbesondere auch für den Fall einer schweren und länger andauernden Krankheit – getroffen wurde.[1] Es bietet sich an, durch einen Kooperationsvertrag mit einem anderen Berufsangehörigen solche Situationen zu regeln. Formell betrachtet würde für den Fall des Todes eines Beraters die Steuerberaterkammer, bei der dieser Mitglied war, in der Pflicht sein, einen Praxisabwickler (vgl. § 70 StBerG) zu bestellen. Dies bedarf allerdings entsprechender Anzeigen bzw. Anfragen an die Kammer und einer dortigen Auswahlprozedur;[2] somit ist von einem maßgeblichen – und nicht ungefährlichen – Zeitraum auszugehen, bis ein Praxisabwickler konkret tätig werden kann. Ähnliches gilt, falls auf Wunsch der Erben ein „Praxistreuhänder" gem. § 71 StBerG eingesetzt wird, um den Zeitraum bis zu der Übernahme durch einen berufsqualifizierten Nachfolger zu überbrücken. **76**

Hingegen hat der Tod des Mandanten im Zweifel keinen Einfluss auf das Auftragsverhältnis (§§ 675, 672, 672 Satz 1 BGB). Das Auftragsverhältnis wird mit den Erben fortgesetzt. Da allerdings Steuerberatungsmandate auf gegenseitigem Vertrauen basieren, gilt dieser allgemeine auftragsrechtliche Grundsatz im Regelfall nur, wenn die Erben über die Abwicklung angefangener Angelegenheiten hinaus eine Fortsetzung des Mandatsverhältnisses ausdrücklich wünschen. **77**

Eine besondere – und sicherlich seltene – Situation stellt sich auch, falls über das Vermögen des Steuerberaters das Insolvenzverfahren eröffnet wird. In diesem Fall tritt der Insolvenzverwalter an die Stelle des Beraters als Insolvenzschuldner (§ 80 Abs. 1 InsO). Der Insolvenzverwalter kann daher wählen, ob er noch nicht abgewickelte Aufträge zu Ende führt und sodann noch ausstehendes Honorar zur Insolvenzmasse zie- **78**

---

1) Buka, Organisatorische Maßnahmen im Falle einer Verhinderung der StB, Berufsrechtliches Handbuch I.5.2.3; Jost, Urlaubs- und Notfallvertretung eines StB, Kanzleiführung professionell 2012, 157.
2) Im Einzelnen Kleemann in Kuhls, Kommentar, 3. Aufl. 2012, § 70 StBerG Rz. 5 f.

79 In der Insolvenz des Mandanten wird der Steuerberater in Folge des Erlöschens des Vertrags von seiner Leistungspflicht frei (§ 103 Abs. 1 InsO). Seine bis zu diesem Zeitpunkt entstandenen Honoraransprüche müssen zur Insolvenztabelle angemeldet und werden nur mit der sich ergebenden Insolvenzquote befriedigt werden.

Allerdings kann in solchen Fällen der Insolvenzverwalter des Mandanten die vollständige Abwicklung schwebender Angelegenheiten verlangen (§§ 115, 116 InsO). Jedoch hat er in diesem Fall das Honorar zu zahlen; dieses stellt eine Insolvenzmasseschuld dar (§ 55 Abs. 1 Nr. 2 InsO).

80 Hinsichtlich seines Honorars muss der Steuerberater hier besondere Vorsicht walten lassen:[1] Zahlungen des Insolvenzschuldners (ehemaligen Mandanten) aus dem Zeitraum der Krise vor Eröffnung des Insolvenzverfahrens sind anfechtbar. Der Insolvenzverwalter wird solche Zahlungen regelmäßig zur Insolvenzmasse zurückverlangen (§ 129 ff. InsO). Insbesondere der Steuerberater als „Kenner der wirtschaftlichen Situation" des Mandanten muss auch mit Rückforderungen von Honorarzahlungen aus dem Zeitraum der „Krise" rechnen[2], falls er Honorare für die erbrachten Leistungen in den letzten drei Monaten vor der Insolvenzeröffnung vereinnahmt hat (§ 130 Abs. 1 Nr. 1 InsO).

81 Um den Mandanten aber auch weiterhin in der Krise beratend zur Seite stehen zu können, bietet sich für den Steuerberater an, mit dem Mandanten ein „Bargeschäft" zu vereinbaren (vgl. § 142 InsO). In diesem Fall wird der entstehende Honorarbetrag direkt im Hinblick auf eine konkrete, zu diesem Zeitpunkt auch zu erbringende und notwendige Leistung gezahlt. Entsprechende genaue Angaben auf dem Zahlungsbeleg (z.B. Überweisungsträger) haben unbedingt zu erfolgen, um einer späteren Anfechtung oder Rückforderung des (vorläufigen) Insolvenzverwalters vorzubeugen, die Gegenleistung darf nicht später als 30 Tage nach der Leistung erfolgen.[3]

82 Letztlich ist noch kurz der Fall der Betriebsaufgabe anzusprechen. Durch eine solche erledigt sich der Mandatsvertrag, im Ergebnis durch den Wegfall der Geschäftsgrundlage (§ 313 BGB). Der (frühere) Betriebsinhaber bzw. das entsprechende Unternehmen bleibt allerdings verpflichtet, die bis dahin entstandenen Honorare auszugleichen.

Ist der Betrieb allerdings nicht aufgegeben, sondern an jemand anderes übertragen worden, berührt dies grundsätzlich nicht das Mandatsverhältnis. Will der Übernehmende den bisherigen Steuerberater nicht weiter mandatieren, hat er die Möglichkeit der entsprechenden Kündigung unter Berücksichtigung von Kündigungsfristen aus der eventuellen Vereinbarung zwischen Steuerberater und veräußerndem Unternehmen bzw. Unternehmer.

IV. Schuldverhältnisse ohne Vertrag

83 Darauf hingewiesen wurde schon, dass auch ohne Vertrag der Steuerberater in bestimmten Situationen haftet. Ein Mandat muss zwar nicht angenommen werden, es muss aber unverzüglich die Ablehnung eines Auftragsverhältnisses gegenüber dem Anfragenden erfolgen (§ 63 StBerG; § 663 BGB). Verletzt der Steuerberater diese Pflicht, kann er sich schadensersatzpflichtig machen (→ 2 A Rz. 14 f.).

---

1) Vgl. ausführlich Meyer/Goez/Schwamberger, Praxiskommentar zur StBVV,7. Aufl. 2013, Einführung, Rz. 70.
2) BGH v. 15.11.2012, IX ZR 205/11, NJW-Spezial 2013, 53.
3) Vgl. ausführlich Leibner, NWB 2003, 1957; zur 30-Tage-Frist BGH v. 13.4.2006, IX ZR 158/05, DB 2006, 1485.

A. Mandatsvertrag

Stellt ein Berater fest, dass er zwar einen Auftrag nicht annehmen möchte, ohne Vermeidung von Rechtsnachteilen aber Schaden für den Anfragenden entstehen kann, wird er die notwendige Handlung zwar vornehmen, den Anfragenden aber auch darauf hinweisen, dass er dieses nur zur Wahrnehmung der entsprechenden Interessen und zur Vermeidung von Schaden gemacht hat. **84**

Diese Situation kann beispielsweise eintreten, in denen der Anfragende nicht erreichbar ist, auf Grund von Fristablauf aber Einspruch oder Klageerhebung notwendig ist. Sodann wird der Steuerberater regelmäßig als rechtmäßiger Geschäftsführer ohne Auftrag tätig. Ihm steht sogar ein entsprechender Aufwendungsersatz zu (vgl. §§ 677, 683, 670 BGB).[1] **85**

Häufiger ist allerdings die Haftung des Beraters, wenn dieser auf Grund eines nichtigen Mandats tätig wird. Angesprochen wurde beispielsweise der Fall einer Interessenkollision; da es dem Steuerberater gesetzlich verwehrt ist (→ 2 A Rz. 28) den Mandanten zu beraten, stellt sich das Mandat als zivilrechtlich nicht wirksam dar (vgl. § 134 BGB). **86**

Da dies allerdings eine eher seltenere Konstellation ist, ergibt sich häufiger die Problematik eines nichtigen Beratervertrags daraus, dass dem Berater ein ihm nicht zugestandener Beratungsinhalt insbesondere durch Leisten allgemeiner Rechtsberatung oder Rechtsdienstleistung vorgeworfen wird (→ 2 C Rz. 14 f.). Eine unzulässige geschäftsmäßige Rechtsbesorgung führt ebenfalls zur Nichtigkeit des Mandats.[2] Allerdings ist die Abgrenzung zu einer (noch) zulässigen Rechtsbesorgung fließend. So dürfte der Hinweis auf eine rechtswidrige Honorargestaltung des Vorberaters wie auch das Auskunfts- und Herausgabebegehren an den Vorberater zulässig sein.[3] Auch ist die nach § 34 f. GewO i.V.m. § 24 FinVermV vorgesehene Pflichtprüfung von Finanzanlagenvermittlern auch Steuerberatern zugestanden.[4] **87**

Für eine falsche unzulässige Rechtsberatung haftet der Steuerberater dennoch.[5] Dies gilt auch nach dem am 1.7.2008 in Kraft getretenen Rechtsdienstleistungsgesetz, da dieses „Schutzgesetz" i.S.v. § 823 Abs. 2 BGB ist.[6] Dabei stößt es im Einzelfall auf erhebliche Schwierigkeiten, den erlaubten von dem unzulässigen Bereich der Rechtsdienstleistung festzulegen; im Ergebnis ist dieses eine Einzelfallfrage.[7] Liegt eine unzulässige Rechtsdienstleistung vor, ist nicht nur der Beratungsvertrag nichtig, es entsteht auch kein Honoraranspruch.[8] Gegebenenfalls kann allerdings ein Anspruch aus ungerechtfertigter Bereicherung insbesondere bei erheblichen wirtschaftlichen Vorteilen für den Mandanten vorliegen, falls dem Berater nur eine leichte Fahrlässigkeit bei der Nichtbeachtung der Grenze zur unbefugten Rechtsberatung vorgeworfen werden kann.[9] Jedenfalls aber haftet der Steuerberater für eine zum Schaden führende fehlerhafte Beratung in diesem Bereich der unzulässigen Rechtsdienstleistung (§ 823 Abs. 2 BGB i.V.m. dem RDG, ggf. auch aus culpa in contrahendo gem. § 311 Abs. 2 i.V.m. § 280 BGB). **88**

Hinzu kommt, dass regelmäßig die Berufshaftpflichtversicherung jedenfalls bei bewussten Verstößen gegen das Verbot unbefugter Rechtsbesorgung eine Einstandspflicht – jedenfalls im Innenverhältnis zwischen Berater und Versicherung – verwei- **89**

---

1) Goez in Kuhls, Kommentar, 3. Aufl. 2012, § 63 StBerG Rz. 10.
2) Vgl. ausführlich Goez, Zivilrechtliche Haftung und strafrechtliche Risiken des StB, 2010, 41 f.
3) Ditges, Herausgabe- und Auskunftsbegehren des StB an Vorberater, NWB 2014, S. 3040 m.w.N.
4) Mitteilung des Deutschen Steuerberaterverbandes (DStV), Stbg 2014, 342.
5) OLG Köln v. 27.1.2005, 8 U 66/04, GI 2006, 24.
6) BGH v. 2.4.2009, DB 2009, Heft 39, XIV.
7) Dreyer/Lamm/Müller, Kommentar, 2008, Rz. 3, 41 zu § 5 RDG.
8) Seit BGH v. 30.9.1999, IX ZR 139/98, DStR 1999, 1863.
9) Vgl. beispielsweise BGH v. 17.2.2000, IX ZR 50/98, DStRE 2000, 556.

gern wird. Einen lediglich fahrlässigen Verstoß gegen die entsprechenden Vorschriften müsste der handelnde Steuerberater – im Ergebnis gegenüber seiner Berufshaftpflichtversicherung – nachweisen.[1)]

V. Berufsrechtliche Besonderheiten

90 Vom Grundsatz her will auch das Berufsrecht den Mandanten schützen.[2)] Auf die entsprechenden Regeln der am 1.1.2011 in Kraft getretenen Vorschriften der BOStB 2010 wurde jeweils hingewiesen (→ *2 A* Rz. 13, 28 ff., 34).

91 Dementsprechend finden sich in zahlreichen Vorschriften des Steuerberatungsgesetzes und in der Berufsordnung Pflichten, die in die zivilrechtlich vereinbarten Mandatsverträge hineinwirken. Hierzu zählen sicherlich die Berufspflichten einer gewissenhaften und eigenverantwortlichen Berufsausübung (§ 57 Abs. 1 StBerG) oder die Regeln zur Auftragsablehnung in § 63 StBerG (→ *2 A* Rz. 14 ff.), zum Verbot einer Interessenkollision (§ 6 BOStB 2010) wie auch zu der Herausgabe bzw. Aufbewahrung von Handakten und zu den Voraussetzungen eines Zurückbehaltungsrechts (vgl. § 66 StBerG und → *2 A* Rz. 39 ff. und 46 ff.), zur Kündigung (§ 14 BOStB 2010) und letztlich zur Berufshaftpflichtversicherung (vgl. §§ 67 f. StBerG). Aber auch die Vorgabe gem. § 64 StBerG, die StBVV anzuwenden, gehört zu diesen Vorschriften.

92 Verletzungen des Schuldverhältnisses und insbesondere die Verursachung eines zivilrechtlichen Regresses führen regelmäßig nicht – jedenfalls bei nicht grob fahrlässig oder vorsätzlich begangenen Fehlern – notwendigerweise zu einer berufsrechtlichen Konsequenz. Eine zu ahndende Berufspflichtverletzung setzt einen zusätzlichen „disziplinären Überhang" voraus.[3)] Ein solcher wird im Einzelfall aber von der zuständigen Steuerberaterkammer als Aufsichtsbehörde – insbesondere bei entsprechenden Eingaben und Beschwerden vom (geschädigten) Mandanten – im Hinblick auf die Einhaltung der Regeln zur gewissenhaften und eigenverantwortlichen Berufsausübung geprüft werden.

93 Zu der „Eigenverantwortlichkeit" gehört es z.B., nicht ungeprüft Anweisungen des Mandanten Folge zu leisten, insbesondere, wenn diese in die Richtung einer geplanten Steuerhinterziehung gehen könnten. Zur „Gewissenhaftigkeit" der Berufsausübung gehört es darüber hinaus, eine entsprechende Büroorganisation vorzuhalten in Bezug auf Praxisräume, Mandanten- und Handakten, Fristwahrung, eine ausreichende Vertretungsregelung und nicht zuletzt in Bezug auf die Fortbildungsverpflichtung des Beraters gem. § 57 Abs. 2a StBerG.[4)]

94 In gravierenden Fällen wird die zuständige Steuerberaterkammer den Vorgang aufgreifen und bei festgestellten Berufspflichtverletzungen nach Anhörung des Berufsangehörigen eine entsprechende Maßnahme treffen. In leichten Pflichtverletzungsfällen mag die Angelegenheit auf Ebene der Kammer durch einen belehrenden Hinweis oder durch eine formell zu erlassende und rechtlich überprüfbare Rüge erledigt werden (§ 76 Abs. 2 Nr. 4 i.V.m. § 81 StBerG).

95 In sehr schwerwiegenden Fällen wird die Kammer Antrag auf Einleitung eines berufsgerichtlichen Verfahrens bei der entsprechenden staatsanwaltschaftlichen Behörde stellen (vgl. § 81 Abs. 1 2. Alternative StBerG). Sodann wird die zuständige Staatsanwaltschaft entsprechend ermitteln und bei hinreichendem Tatverdacht eine Anschul-

---

1) Goez, Zivilrechtliche Haftung und strafrechtliche Risiken des StB, 2010, 43.
2) Vgl. ausführlich Busse, Mandatsvertragsverletzungen durch den StB aus berufsrechtlicher Sicht, DStR 2010, 2652.
3) LG Potsdam v. 17.11.2008, NWB 2009, 3896.
4) Vgl. ausführlich Goez, Zivilrechtliche Haftung und strafrechtliche Risiken des StB, 2010, 100 f.

digung bei dem zuständigen Berufsgericht erheben (in erster Instanz die spezielle Landgerichtskammer für Steuerberater- und Steuerbevollmächtigtensachen). Als berufsgerichtliche Maßnahmen kommen je nach Schwere eine Warnung, ein Verweis und/oder eine Geldbuße bis zu 50 000 €, in ganz gravierenden Fällen sogar ein Berufsverbot für die Dauer von einem bis zu fünf Jahren und letztlich sogar die Ausschließung aus dem Beruf in Betracht (§ 90 StBerG).

Dies dürfte allerdings die völlige Ausnahme darstellen. Im Regelfall wird die Frage einer Verletzung des Schuldverhältnisses (nur) auf zivilrechtlicher Ebene und vor den dafür zuständigen Zivilgerichten geklärt werden. Beispielsweise aber das unzulässige Zurückbehalten von Unterlagen sowie eine unsorgfältige bzw. unterbliebene Auftragsbearbeitung können einen Verweis und eine Geldbuße berufsrechtlich zur Folge haben.[1] Berufsgerichtliche Konsequenzen haben regelmäßig auch Verstöße gegen das Aufrechterhalten eines lückenlosen Berufshaftpflichtversicherungsschutzes.[2] 96

Jedenfalls muss einem Steuerberater in einer solchen Ausnahmesituation dringend angeraten werden, rechtzeitig einen versierten Vertreter mit entsprechender Kenntnis sowohl der zivil- und steuerrechtlichen Problematik wie auch – für den Fall des Aufgreifens durch eine Berufskammer – der berufsrechtlichen Regeln hinzuzuziehen. 97

VI. Schlussbemerkung

Der Steuerberater lebt von dem zwischen dem Auftraggeber und ihm als Berater bestehenden Vertrauensverhältnis. Dies spiegelt sich auch in den gesetzlichen Regelungen zum Mandatsvertrag wider. Auf Grund dieses Vertrauensverhältnisses wird eine höchst persönliche Dienstleistung abverlangt; diese schließt allerdings keineswegs aus, sich qualifizierter Mitarbeiter zu bedienen. Insbesondere aber bewirkt dieses Vertrauensverhältnis auch, dass regelmäßig dem Mandanten – in entsprechenden Fällen aber auch dem Berater – ein fristloses Kündigungsrecht zusteht. 98

Naturgemäß bestehen für den Berater im Hinblick auf die Komplexität des Steuerrechtes und die vielfältigen Ausformungen des Beratungsmandats erhebliche Risiken und Gefahren. Gerade insofern gehört es auch zu den Aufgaben des Beraters, Pflichtverletzungen durch geeignete Gegenmaßnahmen vorzubeugen. Dafür ist eine Kenntnis der zivilrechtlichen Grundlagen des Steuerberatervertrags unerlässlich. Wer die Gefahren erkennt, kann „gegensteuern". 99

Nicht nur bei der eigenen Berufsausübung, sondern auch bei der Anleitung der Mitarbeiter in seiner Steuerberaterkanzlei ist daher der Steuerberater auch auf Grund eines Selbstschutzes verpflichtet, sich mit den zivilrechtlichen Fragen des Mandatsvertrags nicht nur vor Vertragsabschluss, sondern auch regelmäßig während der Dauer des Mandats wie auch bei Beendigung des Auftragsverhältnisses auseinanderzusetzen und ggf. entsprechende Maßnahmen zu ergreifen. 100

---

1) LG Frankfurt/M. v. 25.4.2014, 5/35 StL 5/14, DStR 2014, 1848.
2) LG Hannover v. 11.11.2013, 44 StL 11/13, DStRE 2014, 1344.

B. Marketing

von Dr. Christoph Goez

I. Vorbemerkung

1 Die Anzahl der Angehörigen der steuerberatenden Berufe (Steuerberater/Steuerbevollmächtigte/Steuerberatungsgesellschaften) nimmt stetig zu. Inzwischen sind fast genau 81 000 Steuerberater, über 9 000 Steuerberatungsgesellschaften und ca. 2 500 Steuerbevollmächtigte bei den Steuerberaterkammern registriert.[1] Neben ca. 36 000 Einzelpraxen gibt es über 5 400 Sozietäten und über 1 800 Partnerschaften. Um auf diesem „Markt" zu bestehen, bedarf es daher neben einer fachlich hochstehenden Arbeit eines nach außen wirkenden Marketings.

„Marketing" ist nicht nur ein modernes Schlagwort, „Marketing" ist eine unternehmerische Konzeption und Strategie mit mehreren Facetten.

Nach der Brockhaus-Definition handelt es sich um eine Konzeption, die davon ausgeht, dass sich alle Unternehmensaktivitäten zur optimalen Erfüllung der Unternehmensziele am Markt zu orientieren haben.

Das Steuerberater-Marketing hat sich an den Bedürfnissen des Abnehmers, beim Steuerberater also an denen des Mandanten, zu orientieren. Dazu bedarf es neben internen Regeln in der Kanzlei (→ **2** *B* Rz. 2 ff.) eines ansprechenden Werbemarketings (→ **2** *B* Rz. 28 ff.) und nicht zuletzt einer sachgerechten, auch am Marketinggedanken ausgerichteten Gestaltung des Honorars (→ **2** *B* Rz. 56 ff.).

II. Kanzleimarketing

2 Im Rahmen der inneren Führung seiner Kanzlei hat der Steuerberater zuvorderst darauf zu achten, dass er nicht nur einen Mandantenstamm aufbaut (→ **2** *B* Rz. 3 ff.), sondern diesen auch pflegt (→ **2** *B* Rz. 15 ff.). Zudem gehört ein modernes Personalmarketing (→ **2** *B* Rz. 22 ff.) auch in Bezug auf die Außenwirkung wie auch ein internes Qualitätsmanagement (→ **2** *B* Rz. 25 ff.) zu diesem Bereich.[2]

1. Aufbau eines Mandantenstamms

3 Nichts ist so schwer wie der Anfang. Schon die Steuerberaterprüfung stellt eine enorme Hürde für angehende Berufsangehörige dar.[3] Sodann steht die Entscheidung an, in welcher Form der Beruf ausgeübt wird.

4 Regelmäßig wird weiterhin der vormals zumeist angestellte angehende Steuerberater in der Kanzlei des Arbeitgebers bzw. bei freien Mitarbeitern des Prinzipals verbleiben. Auch die Möglichkeiten, in einem Unternehmen als „Syndikus-Steuerberater" (→ **3** *E* Rz. 1 ff.) tätig zu sein, stellt eine attraktive Berufsausübungsmöglichkeit dar. Nicht

---

1) Jahresbericht mit Berufsstatistik 2013 der Bundessteuerberaterkammer(Fundstelle: https://www.bstbk.de/de/presse/publikationen/).
2) Vgl. auch Hausmann, Kanzleimarketing – Strategien für Steuerberaterkanzleien, DStR 2013, 1961.
3) Vgl. zu den seit Jahren hohen Durchfallquoten Knoll/Zugmaier, DStR 2010, 1957; vgl. die Ergebnisse 2010/2011 in BStBl I 2011, 823; für 2011/2012 in DStR 2012, 1155; für 2012/2013 in DStR 2013, 1752, für 2013/2014 in NWB 2014, 2363.

zuletzt aus dem Bekanntschaftskreis und auf Grund von Anfragen von Auftraggebern, die der angestellte Steuerberater längere Zeit betreut hat, stellt sich sodann die Frage nach einer selbständigen Berufsausübung, ob mit anderen Berufsangehörigen oder in Einzelkanzlei.

Besteht die Möglichkeit, bietet sich hier die Beteiligung an der Kanzlei des (früheren) Arbeitgebers an. Häufig, inzwischen sogar regelmäßig, wird dieser zunächst dem angestellten Steuerberater eine „Außen-Sozietät" anbieten. Damit ist die Aufnahme des angestellten Steuerberaters in der „Homepage", auf dem Geschäftspapier und Praxisschild gemeint, die aber noch nicht eine wirkliche gesellschaftsrechtliche Beteiligung an der Kanzlei bedeutet.[1] Die berufsrechtlichen Regeln erlauben ausdrücklich, dass freie Mitarbeiter oder angestellte Steuerberater als Außen-Sozietätspartner auftreten können. Ein Hinweis auf die Angestelltentätigkeit oder die freie Mitarbeiterschaft ist nicht vorgeschrieben. Dies begründet allerdings auch die Gefahr, dass dieser Personenkreis als Haftender auch für Fehler anderer in der „Schein-Sozietät" in Anspruch genommen werden kann.[2] Zumindest muss sich der junge Steuerberater in dieser Situation im Innenverhältnis durch entsprechende Vertragsgestaltung gegen eine Haftung nach den Grundsätzen des Rechtsscheins schützen.[3]

Als Vorteil dieser berufsrechtlichen Gestaltungsmöglichkeit ist aber festzuhalten, dass sich durch eine solche Tätigkeit die Möglichkeit für den jungen Steuerberater bietet, auf dem „Markt" bekannt zu werden.[4]

Besteht die Möglichkeit für den jungen Berufsangehörigen, Anteile an der Kanzlei des (früheren) Arbeitgebers zu erwerben oder in einer Steuerberatungsgesellschaft Gesellschaftsanteile zu übernehmen, wird dieser Gesellschafter und Partner des Inhabers. Sodann ist der Berufsangehörige selbständig in der Kanzlei tätig.

Insbesondere bei nicht vorhandenen finanziellen Möglichkeiten, aber auch bei Berufsangehörigen, die über zahlreiche persönliche und gesellschaftliche Kontakte verfügen, stellt sich hingegen die Frage nach dem eigenen Aufbau eines Mandantenstamms. Solange der Berufsangehörige allerdings noch vertraglich an einen anderen Steuerberater gebunden ist, ob durch einen Angestelltenvertrag oder durch einen Vertrag als freier Mitarbeiter, hat er die vertraglichen und allgemeinen Regeln zu achten. Ohne Zustimmung des Vertragspartners (insbesondere Arbeitgeber) ist eine Konkurrenztätigkeit während des Vertragsverhältnisses regelmäßig unzulässig.[5] Auch ohne ein ausdrücklich vereinbartes Wettbewerbsverbot hat der Mitarbeiter während des Vertragsverhältnisses entsprechende Treuepflichten, die dazu führen, dass gegenüber dem Vertragspartner der parallel laufende Aufbau einer eigenen Kanzlei regelmäßig untersagt ist.

Häufig jedoch wird der Vertragspartner zustimmen, dass der angestellte Steuerberater bzw. der freie Mitarbeiter neben seiner Berufstätigkeit auch eine (kleine) eigene Kanzlei aufbauen darf. Dies stellt eine gute Möglichkeit dar, den eigenen „Marktwert" auszuprobieren und sich mit den Besonderheiten der Selbständigkeit und der Notwendigkeit einer Mandantenakquisition auseinanderzusetzen.

Neben der „Mund-zu-Mund-Propaganda" wird bei Aufnahme einer selbständigen Tätigkeit immer mehr der Aspekt der Gewinnung neuer Mandanten durch Akquisitionsmaßnahmen stehen. Die Möglichkeiten einer berufsgerechten Werbung, zwi-

---

1) Riddermann in Kuhls, Kommentar, 3. Aufl. 2013, § 56 StBerG Rz. 35 f.
2) OLG Saarbrücken v. 22.11.2005, 8 U 92/05–88, GI 2007, 32; Berners, NWB 2009, 3940, 3943.
3) Goez, Zivilrechtliche Haftung und strafrechtliche Risiken des Steuerberaters 2010, 30.
4) So auch ausdrücklich Kuhls, Kommentar 2. Aufl. 2004, § 56 StBerG Rz. 40.
5) Ausführlich zu Wettbewerbsverboten Ruppert in Kuhls, Kommentar, 3. Aufl. 2012, Rz. 15 f zu § 58 StBerG m.w.N.

10 Gleichzeitig wird der selbständig tätige Steuerberater eine Konzeption über die „**Corporate Identity**" seiner Kanzlei entwickeln müssen. Die angebotene Dienstleistung „Steuerberatung" ist in ihrem Umfang und ihren Möglichkeiten einem großen Kreis der Öffentlichkeit nicht bekannt. Das Interesse an der Kanzlei muss geweckt werden. Hierfür sind neben der Berufsausübung mit entsprechenden Erfolgen und Nachweisen über erlangte Erfahrungen oder sogar eine Spezialisierung auch Bewertungskriterien im subjektiven Bereich anzusprechen. Der selbständig tätige Berufsangehörige muss sich um das Erscheinungsbild und Image seiner Kanzlei, um das Auftreten und Verhalten des Kanzleiinhabers und seiner Mitarbeiter kümmern; nicht zuletzt die Öffentlichkeitsarbeit des Steuerberaters ist anzugehen und laufend auf ihre Wirksamkeit und auf Verbesserungsmöglichkeiten zu überprüfen.

schenzeitlich im Wesentlichen nur noch begrenzt durch Verstöße gegen das Gesetz über unlauteren Wettbewerb[1], sind vielfältig (→ **2 B** Rz. 28 ff.).

Zielsetzung ist es, dass die Kanzlei ein eigenständiges Profil (Corporate Identity) entwickelt. Damit ist die strategisch geplante und operativ eingesetzte Selbstdarstellung und Verhaltensweise der Steuerberaterkanzlei nach innen und außen auf der Basis einer festgelegten Unternehmensphilosophie gemeint. Die „Corporate Identity" stellt somit ein wichtiges Instrument der Kanzleiführung und der Zukunftsstrategie des Unternehmens dar.

Viele Mandanten sind sensibel und betrachten (auch) „ihren Steuerberater" und dessen Kanzlei aus der Sicht eines positiv eingestellten Dritten. Eine klare Struktur und Zielsetzung des Kanzleiinhabers wird dementsprechend wahrgenommen und weiteren, potenziellen zukünftigen Mandanten mitgeteilt. Der Kanzleiinhaber muss somit die Stärken und Schwächen seiner Kanzlei erkennen und entsprechende Veränderungen oder noch weitergehend Verbesserungen in der Aufbau- und Ablauforganisation vornehmen.[2] Dabei stellt sich die Festlegung von Kanzleizielen als mehrstufiger Prozess dar. In diesem Prozess sind zwingend die Mitarbeiter einzubinden (→ **2 B** Rz. 22 ff.).

11 Einer der wichtigsten und maßgeblichen Faktoren in dieser Situation der Selbstorganisation ist ein konsequentes Zeitmanagement. Hierzu gehört die Festlegung von Prioritäten für die wichtigsten Aufgaben, das Reservieren von Zeitreserven für Unvorhergesehenes oder eigene Notwendigkeiten wie z.B. Fortbildung, somit auch eine nicht vollständige Verplanung der (Arbeits-)Zeit, feste Bearbeitungszeiten für Posteingang und Telefonate, klare Vorgaben für Mandantengespräche, Dritte (insbes. Banken) oder Mitarbeiter durch Festlegung der Besprechungspunkte und Erstellen eines Ergebnisprotokolls mit Zuständigkeitsregelung und Erledigungszeitpunkt (→ **2 B** Rz. 63).

Damit die gewünschte Wirkung der Corporate Identity auch nach außen wirkt, muss die Kanzlei sich auf bestimmte Verhaltensweisen und ein entsprechendes Erscheinungsbild nach außen einlassen.

12 Zum einen ist damit ein aufeinander abgestimmtes kanzleiinternes und kanzleiexternes Verhalten nicht nur des Kanzleiinhabers, sondern auch seiner Mitarbeiter gemeint. Die Mandantschaft und interessierte Öffentlichkeit bemerkt die „Kanzleiphilosophie"; sie muss täglich vorgelebt werden.

Zunächst gehört hierzu das Entwickeln eines Leitbildes der Steuerberaterkanzlei. Kanzleiinhaber und Mitarbeiter müssen jederzeit Anfragende darüber informieren können, welchen Umfang die Beratungsdienstleistungen haben, in welcher Art die

---

1) Vgl. bereits die Formulierung in § 8 Abs. 4 StBerG.
2) Sommer/Oberle, Optimale Praxisorganisation als Voraussetzung für eine mandantenorientierte Kanzleiführung, DStR 1994, 110.

Leistung erstellt und dem Mandanten mitgeteilt wird, welche Qualität die Mitarbeiter haben und welche speziellen Dienstleistungsangebote – gerade im Bereich der vereinbaren Tätigkeit wie insbesondere der betriebswirtschaftlichen Beratung (vgl. § 57 Abs. 3 StBerG i.V.m. § 15 BOStB 2010) – unterbreitet werden können.

Der Praxisinhaber kann aber nicht nur darauf warten, dass neue Mandanten durch deren Eigeninitiative gewonnen werden. Auch hier bieten sich Möglichkeiten an, diese für die eigene Steuerberaterkanzlei zu interessieren. Natürlich gehört das „ehrenamtliche Engagement" zu den klassischen Instrumenten der Öffentlichkeitsarbeit von Steuerberatern. Mögliche Maßnahmen zur Erlangung neuer Mandate dürften sich durch die Mitgliedschaft und Übernahme entsprechender Tätigkeiten in Vereinen, Verbänden und Klubs anbieten. Nicht zuletzt steigert es naturgemäß auch den Bekanntheitsgrad, wenn der Berufsangehörige sich politisch, kirchlich oder karitativ betätigt. **13**

Die von dem Kanzleiinhaber festgelegte „Corporate Identity" muss sodann auch durch geeignete Maßnahmen nach außen getragen werden. Anders ausgedrückt: Die Unternehmensphilosophie muss in ein visuelles Medium verwandelt werden und die Kanzlei damit eine visuelle Identität erhalten. Gedacht werden kann an ein entsprechendes Logo, die Nutzung von bestimmten Farben bei der Geschäftspapier- und Praxisschildgestaltung sowie bei Auftritten im Internet und im Rahmen von Werbemaßnahmen (→ **2** *B* Rz. 28 ff.).[1] **14**

Zu den von Dritten wahrgenommenen Informationsträgern einer Steuerberaterkanzlei gehören neben den allgemeinen Geschäftspapieren auch die entsprechende Ausgestaltung von Briefbögen, Faxnachrichten, Kurzmitteilungen, Informationen im Rahmen von E-Mails, nicht zuletzt der Rechnungsvordrucke. Auch Briefkuvert und Freistempler können entsprechend gestaltet werden wie naturgemäß das Deckblatt der Bilanzmappe oder einer gutachterlichen Äußerung. Im Rahmen von Vorträgen kann eine entsprechende Ausgestaltung der Powerpoint-Präsentation oder der Overhead-Projektion hilfreich sein.

Weitere Kommunikationsmittel wie Informationsbroschüren, Visitenkarten, Glückwunschkarten aller Art und Werbepräsente können ebenfalls mit dem Kanzleilogo versehen sein. Häufig wird sich dabei der Kanzleiinhaber sinnvollerweise einer erfahrenen Werbe- und Marketingfirma bedienen.

Dennoch klarstellend zum Aufbau eines Mandantenstamms: Nach wie vor ist die qualitativ hochstehende, im Interesse des Auftraggebers erfolgreiche und transparente fachliche Arbeit das „A und O", um über die Mundpropaganda der vorhandenen Mandanten neue und weitere Auftraggeber zu gewinnen. Neben der Auswahl qualifizierter Mitarbeiter ist für das Gelingen einer solchen erfolgreichen Steuerberatung als Dienstleistung insbesondere auch die ständige Fortbildung des Kanzleiinhabers und seiner Mitarbeiter notwendig. Dazu ist der Praxisinhaber nicht nur aus berufsrechtlichen Gründen (§ 57 Abs. 1 StBerG – Gewissenhaftigkeit – und § 57 Abs. 2a StBerG), sondern auch im Interesse eines positiven Erscheinungsbilds, inhaltlich belegt durch qualitativ hochstehende Beratungsleistungen, verpflichtet. Werbemaßnahmen sind daher nicht mehr, aber auch nicht weniger als ergänzende Hilfsmittel.

2. Pflege des Mandantenstamms

Schon im Kapitel zum Aufbau des Mandantenstamms (→ **2** *B* Rz. 3 ff.) wurden zahlreiche Hinweise dazu gegeben, wie der potentielle Auftraggeber von der Arbeit des Kanzleiinhabers und seiner Mitarbeiter überzeugt werden kann. Gerade in der täglichen Kommunikation mit den Mandanten zeigt sich, ob sich die Kanzlei tatsächlich **15**

---

1) Gehre/Koslowski, Kommentar, 6. Aufl. 2009, § 57a StBerG Rz. 38.

an ihrem festgelegten Leitbild orientiert und ob dieses tatsächlich gelebt wird. Hierzu ist der tägliche Umfang bei persönlichen, telefonischen und schriftlichen Kontakten mit den Mandanten entsprechend auszugestalten.

16 Der Mandant wird die Kanzlei auch danach beurteilen, wie er sich dort „aufgehoben" fühlt. Gerade im telefonischen Verkehr darf daher nicht der Eindruck entstehen, dass der anfragende Auftraggeber als „lästig" empfunden wird. Die positive und strategisch zielgerichtete Kommunikation mit dem Mandanten bewirkt – neben einer nachvollziehbaren und akzeptablen Honorarpolitik (→ 2 B Rz. 57 ff.) – die langfristige Mandantenbindung.

Die Mandantenbetreuung kann regelmäßig in vielen Bereichen verbessert und ausgebaut werden. Kernelement des Auftragsverhältnisses ist die direkte Beziehung zum Mandanten. Hierzu gehört – neben den Telefonkontakten – insbesondere das regelmäßige Beratungsgespräch.

In einem Beratungsgespräch können der Kanzleiinhaber und seine qualifizierten Mitarbeiter den Mandanten davon überzeugen, dass dieser „gut aufgehoben" ist. Dabei ist es Sache des Kanzleiinhabers, regelmäßig entsprechende Mandantengespräche zu führen. Anlässe gibt es im Rahmen der Abschlussbesprechung, der Vorbereitung eines Bankgespräches und in Sondersituationen wie beispielsweise bei der Vorbereitung einer Außenprüfung oder Sonderprüfung.

Das Mandantengespräch muss gut vorbereitet sein, es ist eine angenehme Atmosphäre durch einen entsprechenden Sitzungsraum mit angemessener Bewirtung und vorhandener Technik zu schaffen. Ein Mandantengespräch ist nachzubereiten durch ein entsprechendes Protokoll oder eine Zusammenfassung des Gesprächsinhaltes mit klaren Vorgaben für die zeitliche Umsetzung.

Nicht unterschätzt werden darf die Mandatsbetreuung im Rahmen von Ferngesprächen. Fehler dabei können zu erheblichen Beeinträchtigungen der Beziehung zu dem Auftraggeber führen. In besonderem Maße sind hier auch die Mitarbeiter des Kanzleiinhabers gefordert. Der Kanzleiinhaber muss entsprechende Anweisungen an die Mitarbeiter gegeben haben; eine regelmäßige Überwachung entsprechend freundlich und kompetent geführter Telefonate ist notwendig, wie auch die zumindest per Notiz erfolgende Information des zuständigen Beraters in der Kanzlei.

17 Naturgemäß spielt in diesem Rahmen die Erreichbarkeit des Steuerberaters für den Mandanten eine große Rolle. Dem steht gegenüber, dass nicht jedes Telefonat den Arbeitsablauf unterbrechen darf (→ 2 B Rz. 63). Hilfreich kann sein, den Eingang von Telefonaten bei einer Person (z.B. Empfang) zu konzentrieren, dort klare Direktiven zu geben, so dass der Annehmende in der Lage ist, dem anfragenden Mandanten genau den Rückrufzeitpunkt des gewünschten Gesprächspartners benennen zu können, falls ein direktes Durchschalten nicht möglich ist. Der annehmende Mitarbeiter hat durch Gesprächsnotizen den angefragten Sachbearbeiter in der Kanzlei sodann umgehend über den Rückrufwunsch des Mandanten zu informieren.

18 Ein weiteres Kommunikationsmittel stellt das Kanzleirundschreiben dar. Zu unterscheiden ist hier ein fachliches Rundschreiben, in dem Informationen zu aktuellen Steuerfragen oder beabsichtigten Änderungen im Steuerrecht mitgeteilt werden (→ 2 B Rz. 46). Daneben steht das an alle Mandanten gerichtete Informationsschreiben der Kanzlei, das z.B. über Änderungen oder andere Interna der Kanzlei berichtet.[1] Gerade diese Art von Informationsschreiben stößt häufig auf ein erhebliches Interesse des Auftraggebers. Dieser interessiert sich für Änderungen in „seiner" Steuerberaterkanzlei.

---

1) Maxl in Kuhls, Kommentar, 3. Aufl. 2012, § 57a StBerG Rz. 31.

Inhaltlich muss hier jedoch Vorsicht angeraten werden; eine zu häufige und zu banale Informationserteilung kann kontraproduktiv wirken. Hingegen ist die fachliche Weiterbildung von Kanzleiinhaber und Mitarbeiter mit erreichtem Qualifizierungsmerkmal, die Aufnahme neuer Mitarbeiter und die Übernahme weiterer Tätigkeitsbereiche regelmäßig von erheblichem Interesse für den Mandanten.

Das erwähnte allgemeine Kanzleirundschreiben mit fachlichen Informationen sollte nicht über-, aber auch nicht unterschätzt werden. Haftungsrechtlich mag dieses nicht „notwendig" sein. Ein Steuerberater genügt seiner Beratungspflicht nicht dadurch, dass er allgemein gehaltene Mandantenrundschreiben oder sonstige Merkblätter verschickt.[1]

Andererseits aber bringt das regelmäßige Kanzleirundschreiben den Steuerberater und seine Kanzlei bei den Auftraggebern in Erinnerung. Auch dieser Erinnerungseffekt führt dazu, dass sich der Mandant betreut fühlt; das „Betreutsein-Gefühl" wird er als Information an möglicherweise an der Erteilung eines Mandats interessierte Dritte weitergeben.

Ein weiteres Werbemittel im Rahmen der Pflege des Mandantenstamms stellt zudem die Kanzlei-oder Praxisbroschüre dar (→ 2 B Rz. 48). Nicht nur eventuelle Interessenten, auch die vorhandenen Mandanten können einer solchen Broschüre das Leistungsspektrum, die Qualifikation und die Tätigkeitsbereiche des Kanzleiinhabers und seiner Mitarbeiter wie auch die Organisationsstruktur der Kanzlei entnehmen. Inhaltlich ist darauf zu achten, dass Angaben in einer Praxisbroschüre nicht irreführend oder reklamehaft sein dürfen.[2] **19**

Der Kanzleiinhaber muss bei der Entwicklung einer Kanzleibroschüre Kosten und Nutzen berücksichtigen. Eine solche Werbebroschüre muss professionell und informativ gestaltet sein. Neben einem einzuschaltenden Marketingunternehmen muss der Kanzleiinhaber selbst die Inhalte vorgeben. Dabei kann eine solche Broschüre insbesondere folgende Informationen umfassen:

– Leitbild der Kanzlei,
– Information über Kanzleiinhaber und Mitarbeiter (regelmäßig mit Bild),
– Kooperationen, berufsbezogene Mitgliedschaften in Kammern und Verbänden und anderen Vereinigungen,
– eventuell Kanzleigeschichte,
– Spezialkenntnisse
– Leistungsspektrum und Tätigkeitsschwerpunkte,
– technische Ausstattungen,
– Erreichbarkeit der Kanzlei,
– Honorarpolitik.

Analog zur Kanzleibroschüre ist auch ein eventueller Internet-Auftritt zu gestalten.[3] Auch diesen werden Interessenten wie auch schon vorhandene Mandanten in hohem Maße für eine entsprechende Informationserteilung nutzen. **20**

Eine weitere gute Möglichkeit der Pflege des Mandantenstamms mit entsprechender Außenwirkung sind Informationsveranstaltungen.[4] Durch diese lernen die Mandanten neben dem Kanzleiinhaber und den direkt mit ihren Problemen beschäftigten Mit- **21**

---

1) OLG Düsseldorf v. 29.1.2008, I-23 U 64/07, GI 2009, 127.
2) Maxl in Kuhls, Kommentar, 3. Aufl. 2012, § 57a StBerG Rz. 19.
3) Gehre/Koslowski, Kommentar, 6. Aufl. 2009; Rz. 39 zu § 57a StBerG m.w.N.
4) Hierzu Maxl in Kuhls, Kommentar, 3. Aufl. 2012, § 57a StBerG Rz. 31.

arbeitern auch die weiteren Personen aus der Kanzlei kennen; der Zuhörerkreis lernt zudem eine andere, professionelle Seite seines Beraters kennen.

Eine solche Informationsveranstaltung bedarf der sorgfältigen Planung und der kompetenten Durchführung.[1] Zunächst sind der einzuladende Personenkreis und das Thema, der Ort und der Termin durch den Kanzleiinhaber festzulegen. Die Aufgabenverteilung an die Mitarbeiter ist ebenfalls schon bei der beginnenden Planung der Informationsveranstaltung vorzunehmen. Bei der Durchführung einer solchen Veranstaltung sind Referentenskripte, zumindest mit Stichworten des Inhaltes, zu verteilen; regelmäßig sollte ein Vortrag auch unterstützt werden durch eine entsprechende Präsentation (regelmäßig Powerpoint, ggf. Overhead).

Die Mandanten sind schon beim Eintreffen zu betreuen und angemessen zu bewirten. Eventuelles Feedback ist aufzunehmen und dem Kanzleiinhaber mitzuteilen. Auch im Nachhinein ist die Veranstaltung auszuwerten und gemeinsam mit den entsprechenden Mitarbeitern durchzusprechen, um Stärken und Schwächen für die Zukunft festzuhalten.

Eine Steuerberaterkanzlei lebt von ihren Mandanten. Die Pflege des Mandatsverhältnisses ist daher eine der obersten Prioritäten; wie gezeigt, ist sie aber auch möglich und durch zahlreiche Maßnahmen, die der Kanzleiinhaber anzuleiten hat, sicherzustellen.

3. Personalmanagement

22 Nach außen wirkt eine Steuerberaterkanzlei nicht nur durch ihren Inhaber, sondern auch durch die Mitarbeiter. Ein motivierter Mitarbeiter verkörpert für den Mandanten eine positive Berufsatmosphäre in der Steuerberaterkanzlei.

Die Kanzleiführung wird daher zielgerichtet den Mitarbeiter als Erfolgsfaktor einsetzen. Nicht nur in der Außenwirkung, sondern auch im Hinblick auf die Zugehörigkeit der Mitarbeiter zu „ihrer" Steuerberaterkanzlei wird sich diese als erfolgreiche Einheit darstellen.

Auf Seiten des Kanzleiinhabers gehört hierzu eine entsprechende angemessene Führung. Dieser hat im Rahmen von Anleitungen und durch Mitarbeitergespräche in einer offenen erfolgsorientierten Atmosphäre für eine Berechenbarkeit Sorge zu tragen. Die Übertragung von Aufgaben muss entsprechend den Fähigkeiten und Tätigkeitsbereichen des jeweiligen Mitarbeiters vorgenommen werden.

Demotivation durch – insbesondere ungerechtfertigte – zu scharfe Kritik ist zu vermeiden. Kommandieren und unangemessenes Kontrollieren und Korrigieren sind Führungsstrategien der Vergangenheit. Als Schlagworte können das Fördern von Fähigkeiten und das im Einzelfall angemessene Fordern von Leistungen genannt werden.

Der Kanzleiinhaber muss intern zeigen, dass seine Mitarbeiter sein wichtigstes Kapital sind. Die Zusammenarbeit sollte geprägt werden von Offenheit, Vertrauen und Respekt. Hierzu gehören ein kooperativer Führungsstil, eine Delegation und Verantwortungsübertragung auf entsprechende Mitarbeiter und die Anerkennung.[2] Nicht zuletzt durch finanzielle Anreize, aber auch durch direkte Ansprache bei erfolgreicher Aufgabenerledigung sind Mitarbeiter zu motivieren.

Ein kooperativer Führungsstil zeigt sich zudem insbesondere auch dadurch, dass Kritik von Mitarbeitern – insbesondere i.V.m. konstruktiven Vorschlägen – aufgenommen und umgesetzt wird.

---

1) Hausmann, Kanzleimarketing – Strategien für Steuerberaterkanzleien, DStR 2013, 1961, 1963.
2) Hausmann, Kanzleimarketing: Die 5 strategischen Kräfte von Steuerkanzleien, DStR 2013, 1448, 1452.

Durch ein entsprechendes modernes Personalmanagement wird die Außenwirkung der Kanzlei bei Mandanten und Interessenten weiter verbessert, denn Mitarbeiter kommunizieren mit Mandanten und Dritten. 23

Intern sind daher regelmäßige Mitarbeitergespräche, ggf. z.B. auch bei entsprechend fortgebildeten Mitarbeitern von denen durchgeführte Workshops für die anderen Mitarbeiter, abzuhalten.

Ein besonderes Augenmerk hat der Kanzleiinhaber auf seine Personalentwicklung zu richten. Es überrascht immer wieder, wie viele Mitarbeiter selber Kontakte zu Personen haben, die als (zukünftige) Mandanten in Frage kommen. Daher gehört bei der Einstellung eines Mitarbeiters – vorrangig orientiert an fachlichen Kriterien – auch das Interesse des Steuerberaters dazu, aus welchem Umfeld und welchen Lebensbereichen der Mitarbeiter stammt. Abstrakt gesprochen ist die Fach- und Sozialkompetenz des Mitarbeiters von dem Kanzleiinhaber zu erkennen und für die Kanzlei einzusetzen.

Daraus ergeben sich die Prinzipien im Rahmen des Mitarbeitermanagements, wie sie sich auch aus den Anforderungen des Qualitätssiegels des Deutschen Steuerberaterverbandes (DStV) aufzeigen lassen:

Transparenz	Standardisierter und dokumentierter Arbeitsablauf, so dass insbesondere auch neue Mitarbeiter ohne Zeitverluste gut eingearbeitet werden und alle Mitarbeiter sich in ihrer Arbeit sicher fühlen, damit die Auftraggeber die gewünschte Qualität der Arbeit erhalten.
Nachvollziehbarkeit	Dokumentation aller Vereinbarungen und von Auftraggebern oder Dritten für diese erhaltende Informationen in einer Form, dass auch der jeweilige Sachbearbeiter diese unverzüglich zur Verfügung hat.
Fehlervorbeugung	Einsatz von Checklisten oder Vorlagen bei der täglichen Arbeit zur Vorbeugung von Fehlern sowie eine angemessene Aus- und Fortbildung.
Prüfung	Zur Sicherung korrekter Arbeitsergebnisse erfolgt eine wechselseitige Überprüfung, zuvorderst für die Fristenüberwachung bzw. anderer zeitlicher Vorgaben wie auch für die Erstellung der Arbeitsergebnisse (Finanz- und Lohnbuchhaltung/Jahresabschlüsse/Steuererklärungen).

Mit zunehmender Kanzleigröße wird jeder Mitarbeiter zum entscheidenden Erfolgsfaktor im Wettbewerb. Investitionen in Mitarbeiter sind daher auch Investitionen in die Zukunft der Kanzlei.

4. Qualitätsmanagement

Marketing wird dann wirksam, wenn nicht nur nach außen, sondern auch nach innen die fachlichen Voraussetzungen geschaffen werden. 24

Steuerberater müssen in einem wettbewerbsintensiven Umfeld die Möglichkeiten einer umfassenden Berufsausübung nutzen und sich damit einen Wettbewerbsvorteil zu Gunsten ihrer Kanzlei – und nicht zuletzt zu Gunsten ihrer Mandanten – verschaffen und diesen ausbauen.[1]

---

1) Vgl. auch Munkert/Kempf, Prozess- und Qualitätsmanagement als Wettbewerbsfaktor der Steuerberatungs- und Wirtschaftsprüfungskanzlei, BB 2005, Beilage 3 zu Heft 20, 26; Buchner, Qualitätsmanagement: Sie bestimmen die Richtung, Stbg 2014, 362; Taze, Mehr Erfolg durch ein Qualitätsmanagementsystem?, Stbg 2014, 511.

Die Qualität der Steuerberaterkanzlei misst sich nicht nur an einer zeitnahen Arbeitserledigung und/oder dem Gewinn, sondern bemisst sich zudem nach der gewählten Struktur, dem Prozess der Tätigkeit und nicht zuletzt nach dem positiven Ergebnis der Beratungsleistungen, gerade auch dem „Mitdenken" bei der Problembewältigung in der Mandatsbetreuung.

Im Rahmen der Strukturqualität ist das Augenmerk auf den Standort, eine entsprechende moderne und den geänderten Anforderungen immer wieder anzupassende Einrichtung und technische Ausstattung der Kanzlei wie auch auf die Anzahl und Qualifikation der Mitarbeiter zu richten. Wichtig ist die Regelung der Möglichkeiten einer Erreichbarkeit (persönliche Sprechzeiten/Telefonannahmen/regelmäßige Durchsicht von E-Mails u.a.). In der Außenwirkung sind das Auftreten des Kanzleiinhabers und seiner Mitarbeiter und im berufsrechtlich zulässigen Maße der Verweis auf positive Referenzen nicht zu unterschätzen.

Die Prozessqualität zeichnet sich durch fachliche Fähigkeiten und die aus Sicht des Auftraggebers überschaubare Zeitdauer der Erstellung von Arbeitsergebnissen aus. Hierzu gehören aber auch die Atmosphäre in der Steuerberaterkanzlei, das Verhalten der Mitarbeiter untereinander und der Umgang mit dem Auftraggeber, die Effektivität und Schnelligkeit der Sachbearbeitung sowie die tatsächliche Erreichbarkeit.

Im Rahmen der Überprüfung des „entwickelten Produkts" der Arbeitsergebnisse ist deren Qualität entscheidend: Inhaltliche Richtigkeit, Bestätigung durch Dritte (insbesondere Finanzverwaltung/Finanzgerichte/Kreditinstitute), äußere Gestaltung der Schriftstücke (z.B. Aufmachung der Bilanzmappen) und insbesondere die Übermittlung der Steuererklärung mit entsprechenden Hinweisen und – so notwendig – Anweisungen an den Auftraggeber für ein entsprechendes Verhalten stellen dem „Produkt" des Steuerberaters ein entsprechendes Zeugnis aus. Neben der dem Mandanten zu gebenden Erläuterung und Nachbetreuung bei entsprechenden Fragen hat der Kanzleiinhaber insbesondere auch bei eventuellen Beschwerden und kritischen Rückfragen ein besonderes Augenmerk auf eine sachgerechte und für den Mandanten zielführende Reaktionen zu achten.

Zusammenfassend kann daher als zentraler Gedanke des Qualitätsmanagements das Ziel formuliert werden, die Qualität der Arbeit zu steigern, sowohl in fachlicher Hinsicht als auch im Hinblick auf die Qualität der Dienstleistung und den Service für den Mandanten.[1]

25 Nicht ohne Grund hat die Bundessteuerberaterkammer eine ausführliche Verlautbarung zum Bereich der Qualitätssicherung in der Steuerberaterpraxis veröffentlicht.[2] Die Erwartungen eines Mandanten – ob neu gewonnen oder schon längere Zeit Auftraggeber der Kanzlei – an den Steuerberater, nicht zuletzt die wachsenden Anforderungen des Steuerrechts, zwingen den Kanzleiinhaber, der Qualitätssicherung hohe Beachtung zu schenken.

Dabei ist die Qualitätssicherung „Führungsaufgabe".[3] Dem Praxisinhaber muss klar sein, dass der Mandant eine qualitativ hochstehende Leistung erwartet und auch eine Bewertung Dritter (z.B. Kreditinstitute) gegenüber dem Auftraggeber, bei der der Steuerberater nicht anwesend ist, erfolgen wird. Entsprechende Urteile sind für den Mandanten eminent wichtig.

Inhaltlich ansprechend und äußerlich aufbereitete Arbeitsergebnisse sind daher wesentliche Merkmale der Qualität der Kanzlei. Nicht nur die Auftraggeber und Dritte erwarten die entsprechende Qualität, diese hilft auch dem Steuerberater selbst. Opti-

---

1) Ausführlich bei Buchner, Qualitätsmanagement: Sie bestimmen die Richtung, Stbg 2014, 362.
2) Bundessteuerberaterkammer, Berufsrechtliches Handbuch, Berufsrechtlicher Teil, 1.1.1.
3) Bundessteuerberaterkammer, Berufsrechtliches Handbuch, Berufsrechtlicher Teil, 1.2.

B. Marketing

mierte Arbeitsabläufe, Abstellen von Fehlern bei der Leistungserstellung, motivierte Mitarbeiter und die Ausgestaltung eines störungsfreien Mandatsverhältnisses sichern die Qualität der Steuerberaterkanzlei. Sie erhöhen die Produktivität und Ertragskraft und verstärken die Mandantenbindung.

Notwendig ist eine entsprechende Dokumentation innerhalb der Praxis über die Qualitätssicherung. Für den Bereich des Marketings allerdings ist darüber hinaus auch eine nach außen bekannt zu gebende neutrale Qualitätsbewertung anzudenken. Neben der internen Qualitätskontrolle bieten sich hier Zertifizierungen der Steuerberaterkanzlei an.[1]

26

Interne Maßnahmen sind die je nach Art der Aufgabe und Schwierigkeit der Inhalte notwendige Kontrolle und Überwachung der Mitarbeiter. Entsprechend komplexe und für den Mandanten bedeutsame Tätigkeiten sind Sache des Kanzleiinhabers und seiner berufsangehörigen Mitarbeiter; wiederkehrende Arbeiten sind durch entsprechend qualifiziert ausgebildete Mitarbeiter zu erledigen, bedürfen aber ebenfalls einer regelmäßigen Überprüfung, zumindest durch Stichproben. Eingehenden Reaktionen und insbesondere Beschwerden ist nachzugehen und neben einer eventuell notwendigen Korrektur im konkreten Bereich zu überlegen, ob strukturell bei Auftragserledigung ähnlicher Arbeiten eine Abänderung im Arbeitsablauf in der Kanzlei zu erfolgen hat.

Eine Absicherung der internen Qualitätskontrolle bietet die Zertifizierung durch einen Auditor.[2]

Extern kann an eine Zertifizierung durch „Qualitätskontrolleure" gedacht werden.[3] Beispielsweise das Zertifizierungssystem ISO 9001:2008 bietet für Steuerberater als Dienstleister die Möglichkeit, nach Erteilung des Zertifikats auf die erfolgte externe Überprüfung hinweisen zu können. Auch die Steuerberaterverbände bieten in immer größerem Maße entsprechende Zertifizierungsmöglichkeiten an.

27

Das „Qualitätssiegel", das mittels einer externen Zertifizierung erreicht werden kann, führt den Nachweis der Führung der Steuerberaterkanzlei nach den Grundsätzen des jeweils aktuellen Qualitätsmanagement-Handbuchs und bestätigt dem Mandanten und jedem Dritten die regelmäßige und nachweisbare berufliche Fortbildung des Kanzleiinhabers und seiner Mitarbeiter.

Im Einzelfall bringt die Zertifizierung gegebenenfalls sogar noch den Vorteil, dass Nachlässe bei den Prämien zur Berufshaftpflichtversicherung eingeräumt werden. Insbesondere aber stellt die regelmäßige Zertifizierung und spätere erneute Qualitätsüberprüfung sicher, dass die gesamte Berufsausübung des Steuerberaters auf hohem Niveau erfolgt.

Die dem Mandanten sichtbare und nachgewiesene Qualität der Dienstleistungserbringung stellt damit einen wesentlichen Wettbewerbsfaktor dar.[4] Diese ist und kann im Rahmen des Marketings in geeigneter Weise durch Hinweise in der Praxisbroschüre, beim Internet-Auftritt auf der Homepage und ggf. auch durch Abdruck eines entsprechend offiziell erteilten Zertifikats an geeigneter Stelle auf den Geschäftspapieren

---

1) Vgl. ausführlich Schmidt, Die externe Qualitätskontrolle im Berufsstand der Wirtschaftsprüfer, DStR 2002, 47; z.B. durch Matrix-Zertifizierungen, angeboten vom DStV bzw. den einzelnen StB-Verbänden.
2) Buchner, Qualitätsmanagement: Sie bestimmen die Richtung, Stbg 2014, 362.
3) So für WP-Kanzleien Schmidt, Die externe Qualitätskontrolle im Berufsstand der Wirtschaftsprüfer, DStR 2002, 47; für StB insbesondere: „Qualitätssicherung und Qualitätsmanagement in der Steuerberatung", Handbuch von BStBKa, DStV und DATEV, www.dstv.de.
4) Munkert/Kempf, Prozess- und Qualitätsmanagement als Wettbewerbsfaktor der Steuerberatungs- und Wirtschaftsprüfungskanzlei, BB 2005, Beilage zu Heft 20, 28.

Auftraggebern und Interessenten an einer Mandatierung bekannt gegeben werden (→ 2 B Rz. 55).

III. Werbemarketing

28 Naturgemäß geht es bei Werbemaßnahmen darum, neue Mandate zu akquirieren. Nicht außer Acht gelassen werden soll, dass auch die Werbung im Rahmen des Kanzleimarketings dazu dient, den schon vorhandenen Auftraggebern weitere Möglichkeiten der Inanspruchnahme von Diensten des Steuerberaters zur Kenntnis zu bringen. Während das erste Ziel der Anwerbung neuer Mandate insbesondere durch Zeitungsanzeigen, Vortragstätigkeit oder auch Teilnahme an einem Steuerberater-Suchdienst und Ähnliches erfolgen kann, dienen Mandanten-Rundschreiben und die Hinweise in Beratungsgesprächen, aber auch Praxisbroschüren eher dazu, Aufträge bei bestehenden Mandatsverhältnissen zu sichern und zu erweitern.[1]

Andererseits darf die Wirkung von Werbung nicht überschätzt werden – gerade im Freiberuflerbereich. Unternehmer und Gewerbetreibende sehen nach wie vor eine zu reklamehafte und offensive Werbung eines Steuerberaters mit erheblicher Skepsis. Es entsteht der Eindruck: „Hat der Steuerberater das nötig?"

Daher müssen Werbemaßnahmen dosiert eingesetzt werden und bedürfen einer Überlegung im Hinblick auf die Effektivität und den angestrebten Erfolg. Nicht zuletzt sind die Kosten bei dem Einsatz von Werbemitteln zu beachten. Der Kanzleiinhaber muss sich hier einen an den finanziellen Möglichkeiten seiner Kanzlei orientierten Rahmen stecken.

Aber auch das Gesetz gibt einen Rahmen, an den sich der Berufsangehörige zu halten hat. Nach der generellen Darstellung der rechtlichen Möglichkeiten (→ 2 B Rz. 29 ff.) und inhaltlichen Grenzen (→ 2 B Rz. 32 ff.) ist sodann auf die einzelnen Werbemaßnahmen einzugehen (→ 2 B Rz. 35 ff.).

1. Rechtsvorgaben der Werbung

29 Für die Angehörigen der steuerberatenden Berufe stellt § 57 Abs. 1 StBerG zunächst als zentrale Norm die Forderung auf, auf berufswidrige Werbung zu verzichten. § 57a StBerG[2] konkretisiert dieses Verbot einer berufswidrigen Werbung und erlaubt diese nur dann, soweit sie über die berufliche Tätigkeit in Form und Inhalt sachlich unterrichtet und nicht auf die Erteilung eines Auftrags im Einzelfall gerichtet ist.

Der Gesetzgeber wollte den Vorgaben des BVerfG[3] dadurch Rechnung tragen, dass eine Differenzierung zwischen der zulässigen Informationswerbung und der unzulässigen gewerblich geprägten Werbung erfolgen sollte. Andererseits wurde erkannt, dass der interessierte Dritte, der Bedarf an einer steuerlichen Beratung hat, ein steigendes Bedürfnis an Informationen über das Angebot an steuerberatenden Dienstleistungen hat. Aus diesem Grunde hat der Gesetzgeber im Interesse des Steuerbürgers im Verhältnis zum früheren Werberecht den Berufsangehörigen die Möglichkeit eingeräumt, in entsprechenden Grenzen sachlich für ihre Dienstleistungen zu werben. Weitere Motivation der Erweiterung der zuvor sehr rigiden und strikt gehandhabten Werbeverbote für den Gesetzgeber war die Verbesserung der Wettbewerbsfähigkeit der steuerberatenden Berufe im nationalen und internationalen Bereich.

---

1) Taze, Mehr Erfolg durch ein Qualitätsmanagementsystem?, Stbg 2014, 511, 512.
2) Eingefügt durch das 6. StBerÄndG 1994; vgl. ausführlich auch BT-Drucks. 12/6753, 17.
3) BVerfG v. 4.2.1993, 1 BvR 1313/88, StB 1993, 143.

Im Ergebnis ist daher die eher negativ und restriktiv gewählte Formulierung in § 57a StBerG verfassungskonform auszulegen.[1]

Insoweit ist auch die moderne Rechtsprechung zu Werbemaßnahmen zu verstehen, die immer mehr Möglichkeiten für Werbemaßnahmen eröffnet, gerade auch im Bereich der Einzelansprache umworbener Personen.

Daher ist es auch verständlich, dass die Berufsordnung 2010[2] nur noch einen Paragrafen für „Werbung und Kundmachungen" vorsieht.[3] § 9 BOStB 2010 bestätigt zunächst in Abs. 1, dass Steuerberater ihren Beruf unter Verzicht auf berufswidrige Werbung auszuüben haben. Insbesondere wird eine berufswidrige Werbung dann angenommen, wenn eine Wettbewerbswidrigkeit vorliegt.[4] Insofern wird aufgegriffen, was schon allgemein in § 8 StBerG, wonach zunächst dieselben Grundsätze statuiert werden (§ 8 Abs. 1 und Abs. 2 StBerG), und sodann für Personen, die beispielsweise als Buchhalter oder Kontierer tätig sind, vorgegeben wird, dass diese sich immer auch an die Vorgaben des Gesetzes gegen den unlauteren Wettbewerb zu halten haben (§ 8 Abs. 4 StBerG). Für Steuerberater gelten die Spezialnormen in §§ 57 Abs. 1, 57a StBerG, wie sich aus § 8 Abs. 3 StBerG ergibt.

30

In § 9 Abs. 2 BOStB 2010 erfolgt zudem eine Klarstellung zu der in § 57a StBerG normierten Unzulässigkeit der Werbung um die Erteilung eines Auftrags im Einzelfall. Diese liegt insbesondere dann vor, wenn der Umworbene in einem konkreten Einzelfall der Beratung oder der Vertretung bedarf und der Werbende dies in Kenntnis der Umstände zum Anlass für seine Werbung nimmt.

Grundsätzlich ist damit die direkte Werbung um einzelne Mandate entsprechend der Rechtsprechung angesprochen.[5] Keineswegs ist damit aber verboten, dass sich eine Werbung auch an Personen richten kann, zu denen kein Mandat besteht oder bestanden hat.[6] Nach diesen Vorgaben darf auch die Werbung eines Steuerberaters an einzelne Mandanten darauf ausgerichtet sein, diesen für sich zu gewinnen und die Leistungen des werbenden Beraters in Anspruch zu nehmen.

In Abgrenzung dazu ist eine Werbung im Einzelfall dann unzulässig, wenn eine unaufgeforderte direkte Ansprache von Personen mit dem Ziel der konkreten Auftragserteilung erfolgt.[7] Der umworbene (neue) Mandant darf sich nicht in einer Situation befinden, in der er eine konkrete Einzelfallberatung oder Vertretung bedarf; der werbende Steuerberater darf diese Situation, wenn er sie kennt, nicht ausnutzen und zum Anlass für die (An-)Werbung nehmen. In einem solchen Fall würde es sich um eine unzulässige „Abwerbung" handeln.

31

Damit wird deutlich, wie schwierig die Abgrenzung zwischen erlaubter und unzulässiger Einzelfallwerbung ist;[8] die Rechtsprechung orientiert sich an Einzelfällen und unterbindet vorrangig Überrumpelungsversuche oder das unangemessene Bedrängen eines neuen Mandanten, damit dieser seine Entscheidung zur Mandatierung frei treffen kann.[9]

---

1) Maxl in Kuhls, Kommentar, 3. Aufl. 2012, § 57a StBerG Rz. 2.
2) Abdruck z.B. in DStR 2010, 2659.
3) Die Fassung von 1997, DStR 2007, 1274, sah hingegen noch 13 Paragrafen vor.
4) Vgl. ausführlich Ruppert, Die novellierte Berufsordnung der Steuerberater, DStR 2011, 138, 141.
5) BGH v. 21.2.2003, I ZR 281/99, Stbg 2003, 439.
6) So ausdrücklich Gehre/Koslowski, Kommentar, 6. Aufl. 2009, § 57a StBerG Rz. 61.
7) OLG Celle v. 29.10.1990, EGH 5/90 C I 2., Stbg 1991, 549.
8) Maxl in Kuhls, Kommentar, 3. Aufl. 2012, § 57a StBerG Rz. 76 f.
9) Vgl. z.B. Anwaltsgericht München v. 25.4.2008, 2 AnwG 50/07, BRAK-Mitteilung 2008, 225; OLG München v. 5.12.2005, 29 W 2745/05, NJW 2006, 517.

2. Inhalt der erlaubten Werbung

32 Nach der Definition des Wettbewerbsrechtes ist „Werbung" eine Tätigkeit, die unter planmäßiger Anwendung beeinflussender Mittel darauf angelegt ist, andere dafür zu gewinnen, die Leistung desjenigen, für den geworben wird, in Anspruch zu nehmen.[1] Damit ist weder Inhalt noch Form des einzelnen Werbemittels entscheidend. Im Gegenteil: Sämtliche Maßnahmen, die dazu geeignet sind, Mandanten zu gewinnen oder bestehende Auftragsverhältnisse zu erweitern, stellen Werbemaßnahmen dar.[2]

33 Die erlaubte Werbung ergibt sich aus § 57a StBerG. Sie lässt die Unterrichtung über die berufliche Tätigkeit zu, muss allerdings nach Inhalt und Form sachlich sein und sich nicht auf die Erteilung eines Auftrags im Einzelfall richten.

Die „Unterrichtung über die berufliche Tätigkeit" umfasst das gesamte Leistungsangebot des Steuerberaters, und zwar einerseits in dem Bereich der Originärtätigkeiten nach § 33 StBerG (Hilfeleistungen in Steuersachen) wie auch andererseits bei den mit dem Beruf vereinbaren Tätigkeiten (§ 57 Abs. 3 StBerG). Damit ist das mögliche Angebotsspektrum von Werbemaßnahmen überaus zahlreich, zählen doch auch Informationen über Tätigkeitsschwerpunkte[3] wie auch über die Organisation der Kanzlei und die Person des Beraters zu den zulässigen Angaben.[4]

34 Die Vorgabe bei der Werbung ist allerdings, damit diese zulässig bleibt, dass die Angaben sachlich und somit objektiv nachprüfbar sein müssen. Unzulässig sind unwahre und fehlerhafte Behauptungen und Darstellungen[5] oder irreführende Angaben im Sinne von § 5 UWG.

Beispiel für eine unzulässige Angabe ist der Zusatz „& Kollegen" im Namen einer Sozietät, wenn kein weiterer Berufsangehöriger, außer den namentlich Aufgeführten, dort tätig ist.[6] Unzulässig ist auch ein gemeinsames Praxisschild oder gemeinsames Geschäftspapier mit einem Unternehmensberater[7] oder bei einer Bürogemeinschaft, die zum Zweck lediglich die Kostenteilung hat und nicht die gemeinsame Berufsausübung.[8] Es versteht sich von selbst, dass eine Berufsbezeichnung wie beispielsweise auch die Fachberaterbezeichnung nur dann aufgeführt werden darf, wenn diese tatsächlich erteilt worden ist und die Vorgaben zum Führen einer amtlich verliehenen Berufsbezeichnung im Sinne von § 43 StBerG i.V.m. § 9 Abs. 3 und Abs. 4 BOStB 2010 beachtet werden. Wer Bezeichnungen als Hinweis auf besondere Qualifikationen verwendet, muss tatsächlich auch in dem benannten Gebiet entsprechende theoretische Kenntnisse und praktische Erfahrungen nachweisen können.

Insbesondere die Bezeichnung als „Fachberater" stellt sich als schillernd dar. Soweit es sich um eine der Fachberaterbezeichnungen, verliehen nach den Vorgaben der Fachberaterordnung (vgl. § 29 BOStB 2010 i.V.m. der Fachberaterordnung i.d.F. vom 8.9.2010) handelt, können diese zusammen mit der Berufsbezeichnung „Steuerberater/in" geführt werden. Dabei handelt es sich aber bislang nur um die zugelassenen Fachberaterbezeichnungen für „internationales Steuerrecht" bzw. für „Zölle und Verbrauchsteuern".

---

1) Seit BGH v. 7.10.1991, AnwZ (B) 25/91, NJW 1992, 45.
2) OLG Nürnberg v. 4.5.1999, 3 U 4374/98, NJW-RR 2000, 440.
3) BGH v. 26.5.1997, AnwZ (B) 67/96, NJW 1997, 2522.
4) BVerfG v. 24.7.1997, 1 BvR 1863/96, NJW 1997, 2510.
5) Gehre/Koslowski, Kommentar, 6. Aufl. 2009, § 57a StBerG Rz. 14.
6) LG Köln v. 28.8.2008, 171 StL 1/08, DStRE 2009, 832.
7) OLG Düsseldorf v. 6.11.1996, SGO 3/94, DStR 1996, 807.
8) LG Saarbrücken v. 29.6.1990, 704 S/90 III, Stbg 1991, 207; hier scheint sich jedenfalls im Bereich der Rechtsanwaltschaft eine Liberalisierung abzuzeichnen, da dortige Berufskammern entsprechende Hinweise z.B. auf dem Geschäftspapier nicht mehr aufgreifen.

Anders ist zu entscheiden, wenn es sich um einen Fachberatertitel, verliehen vom Deutschen Steuerberaterverband oder ähnlichen Institutionen auf dem Gebiet der „vereinbaren Tätigkeiten" im Sinne von § 57 Abs. 3 StBerG handelt. Solche Fachberaterbezeichnungen, beispielsweise für Unternehmensnachfolge, Insolvenzberatung oder Nachlassregelungen dürfen nicht in direkter Verbindung mit der Berufsbezeichnung geführt werden.[1]

Allgemein kann daher festgehalten werden, dass ein sachbezogener Informationszweck bei der Werbemaßnahme vorliegen muss. Angaben, die auf objektiven Tatsachen beruhen und vom umworbenen Mandanten nachvollzogen werden können, sind daher zulässig.[2]

Daher sind auch Hinweise zur Person, zum Lebenslauf, Werdegang und zu den Erfahrungen eines Steuerberaters als zulässige Informationen anzusehen, soweit sie berufsbezogen sind. Inhaltlich kann Art und Umfang der beruflichen Betätigungen aus dem Originärtätigkeitsbereich i.S.v. § 33 StBerG wie auch aus der vereinbaren Berufstätigkeit im Sinne von § 57 Abs. 3 StBerG dargestellt werden. Als zulässige Information gilt darüber hinaus die Angabe zur Größe und zur Organisation der Kanzlei, zu den Mitarbeitern, zu nationalen oder internationalen Kooperationen und zu Mitgliedschaften in Berufs- oder dem Beruf nahestehenden Organisationen.[3]

Unter Berücksichtigung dieser allgemeinen Vorgaben stellt sich das Werbemarketing als besonders sinnvolle Form heraus, im Rahmen der gesetzlichen Vorgaben die Möglichkeiten der Vergrößerung der Steuerberaterkanzlei zu verbessern und damit auch den Bestand und die Zukunft des Steuerberaters zu sichern.

3. Einzelne Werbemaßnahmen

Auf Grund dieser Vorgaben aus den rechtlichen Grundlagen und im Hinblick auf die Definition einer zulässigen Informationswerbung sind einzelne Werbemaßnahmen zu bewerten. Nicht vergessen darf der Berufsangehörige bei der Nutzung solcher Werbemaßnahmen aber, dass manche sehr sinnvoll, manche überlegenswert und einige auch schnell „kontraproduktiv" sein können. In einigen Fällen gilt dieses allgemein, in allen Fällen ist es jedenfalls Sache des Praxisinhabers, eine entsprechende kritische Prüfung der geplanten jeweiligen Werbemaßnahmen vorzunehmen. Nicht zuletzt sind die entstehenden Kosten bei den Überlegungen einzubeziehen. 35

Im Folgenden werden einzelne Werbemaßnahmen kurz im Hinblick auf ihre Zulässigkeit oder Problematiken dargestellt; sodann erfolgt ein Hinweis auf den möglichen Einsatz bei der Werbung für die Steuerberaterkanzlei – mit kritischen Anmerkungen.

a) Anzeigen

Mit Anzeigen kann über die berufliche Tätigkeit sachlich unterrichtet werden, wobei die Anzeige keine „*übertriebene, auffällige oder in sonstiger Weise reklamehafte Form haben*" darf.[4] Auch ohne konkreten Anlass ist eine Anzeigenwerbung zulässig (sogenannte „Existenzhinweise"). Eine Größenbeschränkung gibt es nicht, diese darf durchaus halbseitig in einer Tageszeitung erscheinen.[5] Aber insofern Vorsicht: Zu große Anzeigen erwecken schnell den Eindruck, der Steuerberater „habe es nötig". Bei der Größe der Anzeige ist vorrangig zu berücksichtigen, welcher Inhalt übermittelt 36

---

1) § 9 Abs. 3 Satz 1 BOStB 2010; BFH v. 23.2.2010, VII R 24/09, DStR 2010, 895; BVerfG v. 9.6.2010, 1 BvR 1198/10, AnwBl 2010, 621.
2) BVerfG v. 12.9.2001, 1 BvR 2265/00, NJW 2001, 3324.
3) Gehre/Koslowski, Kommentar, 6. Aufl. 2009, § 57a StBerG Rz. 18.
4) Gehre/Koslowski, Kommentar, 6. Aufl. 2009, § 57a StBerG Rz. 24.
5) Vgl. BGH v. 27.4.2000, I ZR 292/97, BB 2000, 1428.

werden soll; entsprechend der Größe der Kanzlei mit kurzer Selbstdarstellung und entsprechend dem Leistungsspektrum kann durchaus gerade bei Praxisgründern hier eine entsprechend visuell auffallende Aufmachung sinnvoll sein – z.b. verbunden mit einer redaktionellen Seite über den Neubau oder die neuen Nutzer eines Bürokomplexes.

Reklamehaft wäre eine Anzeige, die neben auffälliger Farbgestaltung reißerische Anpreisungen mit mehreren Ausrufezeichen („Wir prüfen!!!") nutzt.[1]

Vorsicht allerdings bei zu häufiger Wiederholung derselben Anzeige: Hier wird der Erinnerungswert durch den eher negativen Wahrnehmungseffekt überlagert, da der Steuerberater den Eindruck erweckt, unbedingt neue Mandanten zu suchen. Allein durch die Wiederholung von Anzeigen ist jedoch nicht von einer „Reklamehaftigkeit", die unzulässig wäre, auszugehen.[2]

b) Zeitungsinformationen zu Steuerfragen

37 In diesem Zusammenhang ist es zulässig, dass der Steuerberater selbst einen Fachartikel – selbstverständlich mit sachlich richtigen Informationen – verfasst und der Redaktion übermittelt. Dabei bietet es sich durchaus an, eine entsprechende geschickt platzierte „Existenz-Anzeige" auf derselben Seite der Zeitung zu veröffentlichen. Die damit verbundene „Erinnerungswerbung" ist von besonderem Interesse sowohl für die Akquisition neuer Mandate wie auch für die festere Bindung bestehender Mandanten, die bei einer positiv gestalteten Veröffentlichung einschließlich des Inserates diesen Eindruck auch an Dritte weitergeben dürften. Zulässig ist auch eine Telefonaktion einer Zeitung, verbunden mit der Nennung des auskunftsgebenden Beraters.[3]

c) Aufdruck auf Fahrzeugen

38 In der Fachliteratur werden als Werbeträger immer wieder einmal Entscheidungen zu ungewöhnlichen Werbemaßnahmen wie beispielsweise die Beschriftung von Taxitüren[4] oder auf Firmenfahrzeugen eines Steuerberaters[5] angesprochen. Im Lichte der Bundesverfassungsrechtsprechung dürften gegen die Angabe von Namen, Berufsbezeichnung und Anschrift auf den Türen wohl keine Einwendungen erhoben werden,[6] sogar bei einer Linienbuswerbung[7]. Demgegenüber wurde eine entsprechende Werbung auf Einkaufswagen eines Supermarkts – allerdings mit wettbewerbswidrigem Inhalt („Wir haben Dauerniedrigpreise – immer" –) als „Lockvogelangebot" für unzulässig erachtet.[8] Im Hinblick auf die rechtlich unsichere Situation und die sehr fragwürdige Art dieser Werbung für einen Vertrauensberuf wie demjenigen des Steuerberaters sollte der Praxisinhaber sehr genau überlegen, ob er solche Werbemaßnahmen nutzt.

---

1) LG Hannover v. 24.8.2009, 44 StL 2/06, DStR 2010, Heft 15, XVI.
2) OLG Frankfurt v. 18.4.2002, 6 U 256/01, BB 2002, 2217.
3) Ausführlich BGH v. 28.2.2007, I ZR 153/04, DStRE 2008, 726; → 2 B Rz. 50.
4) Vgl. für Anwälte zulässig, so LG Halle v. 24.8.1999, 11 O 23/99, BRAK-Mitteilung 2003, 199; unzulässig für RA: LG Nürnberg-Fürth v. 1.7.1998, 3 O 269/98, NJW 1999, 1410.
5) Ebenfalls umstritten LG Düsseldorf v. 21.9.2000, 45 StL 16/99, n. v.; unzulässig nach LG Stuttgart v. 24.4.2002, 14 StL 02/02, SbE 530.
6) Vgl. zur Straßenbahnwerbung BVerfG v. 26.10.2004, 1 BvR 981/00, DStR 2005, 890; dagegen noch OLG Naumburg v. 13.4.2000, 7 U 127/99, DStRE 2000, 1119.
7) Nach Ansicht des AGH NRW v. 11.6.1999, 1 ZU 2/99, MDR 1999, 1099 für RA unzulässig.
8) Vgl. BVerfG v. 22.5.1996, 1 BvR 744/88, NJW 1996, 3067; BVerfG v. 19.10.2001, 1 BvR 1050/01, NJW-RR 2002, 1354; weitere Bsp. bei Feiter, Die neue StBVV, Kommentar, Rz. 774.

B. Marketing

d) Banden- und Trikotwerbung

Nach Ansicht des BVerfG ist Banden- und Trikotwerbung seit der „Apothekerentscheidung" wohl zulässig;[1] eine solche Werbung dürfte inzwischen eine recht übliche Werbemöglichkeit bei Sportveranstaltungen durch Trikot- oder Bandenaufdruck sein.[2] Hier wird mit dem sportlichen „Teamgeist"-Aspekt häufig eine positive Aussagekraft verbunden sein. Zu große Bandenwerbung jedoch dürfte bei wirtschaftlich orientierten Mandanten auf ein gewisses Misstrauen stoßen.

e) Fachmessen und Ausstellungsstände

Unproblematisch ist ein angemessen gestalteter Fachmessenstand, auf dem der Steuerberater sachliche Informationen verteilt und Kontakt zu den Messebesuchern findet.[3] Dabei kann auch Informationsmaterial – beispielsweise Mandanteninformationsblätter, Praxisbroschüren oder auch entsprechend fachlich aufbereitete Handzettel – verteilt werden.

Der Messestand des Steuerberaters muss ansprechend gestaltet sein; hier bietet es sich insbesondere an, ein plakatives Logo zu nutzen und den Namen des Berufsangehörigen bzw. der Kanzlei hervorzuheben.

Der Steuerberater ist auch nicht darauf begrenzt, dass es sich um eine Fachmesse für steuerliche Themen handelt; für zulässig wird auch angesehen, wenn es sich beispielsweise um eine Fachmesse bestimmter Berufsgruppen wie für Ärzte und Apotheker[4] oder um eine Ausstellung für Nahrungs- und Genussmittel[5] handelt.

f) Fachveranstaltungen

Eine sehr gute Maßnahme zur Mandantenbindung dürfte die Durchführung einer Veranstaltung zu Fachthemen, vorgetragen von dem Steuerberater und seinen Mitarbeitern oder auch durch interessante Referenten, in der Kanzlei oder in anderen geeigneten Räumlichkeiten sein (→ 2 B Rz. 21). Sowohl die Einladung hierfür an dritte Personen als auch an die Mandanten ist als zulässig zu erachten.[6] Dabei handelt es sich um eine Form der Selbstdarstellung, verbunden mit der Darstellung der eigenen Fachkompetenz, die jedem Teilnehmer deutlich präsentiert werden kann. Für die Mandantenbindung stellt dies daher eine der interessantesten Werbemethoden dar.

Unzulässig ist es dabei auch nicht, eine kostenlose angemessene Verpflegung mit der Veranstaltung im Rahmen eines „get-together" anzubieten[7] und Informationsmaterial o. Ä. zu verteilen. Sogar die Durchführung solcher Seminarveranstaltungen gemeinsam mit gewerblichen Unternehmen wird für zulässig erachtet,[8] da keine Bedenken dagegen bestehen, dass durch Werbemaßnahmen auch Nichtmandanten den Berufsangehörigen und seine Kanzlei kennenlernen. Dabei ist eine mittelbare Gewinnerzielungsabsicht unschädlich.

g) Firmierung und Logo

Um den Bekanntheitsgrad zu erhöhen, bietet es sich an, eine geschickt gewährte Firmierung, häufig abgeleitet aus dem Namen des Praxisträgers, ggf. auch ein plakatives

---

1) BVerfG v. 22.5.1996, 1 BvR 744/88, NJW 1996, 3067.
2) Zulässig auch für Rechtsanwälte nach Anwaltsgericht Hamm v. 14.3.2002, AR 19/01, Stbg 2003, 586.
3) BGH v. 3.12.1998, I ZR 112/96, Stbg 2000, 183.
4) BGH v. 3.12.1998, I ZR 112/96, NJW 1999, 2444.
5) BVerfG v. 11.11.1999, I BvR 754/09, BRAK-Mitteilung 2000, 89.
6) So auch Gehre/Koslowski, Kommentar, 6. Aufl. 2009, § 57a StBerG Rz. 50.
7) Vgl. BGH v. 1.3.2001, I ZR 300/98, DStRE 2001, 1064.
8) BGH v. 25.2.2003, StbSt (R) 2/02, Stbg 2003, 332.

„Logo" auszuarbeiten und auf allen Schriftstücken, im Internet und an sonstiger von Dritten wahrgenommenen Stellen im Rahmen von Werbemaßnahmen – z.B. Praxisschild – zu verwenden (→ 2 B Rz. 14). Auch ist die Verwendung von leicht zu merkenden Buchstabenfolgen für eine Telefonnummer (sogenannte Vanity-Nummern) zulässig. Dabei wird durch Eintippen eines Begriffs wie beispielsweise „Steuerkanzlei" auf dem Buchstabenfeld eines Telefonapparats exklusiv eine Verbindung zu einer Steuerberaterpraxis hergestellt.[1]

Bei der Verwendung eines Logos (→ 2 B Rz. 14) darf die Aufmachung nicht irreführend sein;[2] das Logo kann grafisch oder farblich entsprechend aufbereitet sein. Der „Wiedererkennungseffekt" für Mandanten und Dritte ist nicht zu unterschätzen.

h) Geschäftspapier

43 Eines der wesentlichsten Kommunikationsmittel mit Öffentlichkeitswirkung ist nach wie vor das Geschäftspapier. Unter Geschäftspapieren sind dabei nicht nur die verwandten Briefpapiere, sondern auch Visitenkarten, Telefaxvordrucke, Notizblöcke u. Ä. zu verstehen.[3] Bei diesem können neben den gesetzlich vorgegebenen Angaben (Berufsbezeichnung, vollständiger Name, Anschrift, Telefon/Telefax/E-Mail-Adresse, Bankverbindung, steuerlich notwendige Angaben) auch in angemessenem Rahmen Hinweise mit Informations- und damit sogleich Werbecharakter Verwendung finden.

Kooperationen mit anderen, insbesondere auch ausländischen Berufsangehörigen oder sozietätsfähigen Berufsgruppen wie auch Informationen über Zusatzspezifizierungen (z.B. Fachberater aus den vereinbaren Tätigkeiten) und ähnliche Hinweise sind unter Einhaltung berufsrechtlicher Vorgaben (→ 2 B Rz. 34) zulässig und durchaus sinnvoll. Eine Überfrachtung sollte dabei auf den Geschäftspapieren unbedingt vermieden werden.

i) Handzettel/Flugblätter

44 Problematisch ist eine Werbung mit unverlangt und öffentlich weitergereichten Flugblättern oder ähnlichen Handzetteln.

Diese mögen im Rahmen einer Fachveranstaltung des Berufsangehörigen oder auch bei Teilnahme an Fachmessen mit Hilfe eines Stands noch zulässig sein und können sinnvoll eingesetzt werden; hingegen dürfte beispielsweise die Verteilung in der Einkaufszone einer Kommune rechtlich – aber auch in Bezug auf den Werbeeffekt – mehr als problematisch sein. Zwar wurde die Verteilung eines in Hausbriefkästen eingesteckten Rundschreibens an (unbekannte) Mieter für zulässig erachtet[4] wie auch die Verteilung von Handzetteln für eine in den Räumlichkeiten von Mandanten durchzuführende Steuerberatung.[5] Die Grenze zur Reklamehaftigkeit – neben der Gefahr einer inhaltlich fehlerhaften Werbung – ist aber schnell überschritten.[6] Insbesondere ist der Werbeeffekt im Regelfall äußerst gering und könnte sogar kontraproduktiv sein und von dem angesprochenen „Publikum" als „stillos" empfunden werden.

j) Incentives und Werbegeschenke

45 Unter „Incentives" versteht man Kaufanreize wie beispielsweise Geld- oder Sachprämien wie auch kleinere Werbegegenstände (Kugelschreiber, Notizbücher, Kalender,

---

1) BGH v. 21.2.2003, I ZR 281/99, Stbg 2003, 439.
2) BVerfG v. 24.7.1997, 1 BvB 1863/96, ZIP 1997, 1455.
3) Gehre/Koslowski, Kommentar, 6. Aufl. 2009, § 57a StBerG Rz. 38.
4) OLG Düsseldorf v. 5.11.2002, 20 U 105/02, BRAK-Mitteilung 2003, 140.
5) LG Freiburg v. 5.11.2003, 10 O 62/03, INF 2003, 924.
6) Vgl. dazu BGH v. 15.3.2001, I ZR 337/98, DStRE 2001, 1134.

Info-Drehscheiben zu Steuerterminen oder Berechnungsmodellen). Diese sind von der Rechtsprechung in immer größerem Maße für zulässig angesehen worden.[1] Zumindest in einem angemessenen Rahmen ist die Verteilung gerade auch an Mandanten, die entsprechende Gegenstände mitnehmen und sodann nutzen, eine geeignete Möglichkeit, eine Erinnerungswerbung zu betreiben. Möglich ist auch, dass durch Weitergabe an Dritte die Kanzlei und deren Namen einen größeren Bekanntheitsgrad erfahren. Aber Vorsicht: Billig-Produkte können auch kontraproduktiv wirken.

k) Internet, E-Mail, Homepage

46 Die Nutzung elektronischer Medien ist in der heutigen Zeit notwendig und üblich. Der Berufsangehörige sollte in besonderem Maße einen sorgfältigen Internet-Auftritt entwickeln und einstellen.

Die Werbung ist zulässig,[2] insbesondere auch durch eine entsprechende Informationserteilung über die Steuerberaterkanzlei über die eigene „Homepage".[3] Es kann sich auch nicht um eine unzulässige Einzelfallanwerbung handeln, weil es die Sache des Interessenten selbst ist, die entsprechende Seite des Berufsangehörigen aufzurufen.

Inhaltlich können wie bei der Kanzlei- oder Praxisbroschüre (→ 2 B Rz. 19) Angaben zu den Personen, die in der Steuerberaterkanzlei tätig sind, zu dem Leistungsspektrum, zu Qualifikationen und Tätigkeits- oder Interessenschwerpunkten aufgelistet werden. Auch über Ehrenämter und andere interessante Aspekte aus dem privaten Bereich kann informiert werden, da sie für den „User" interessante Angaben über den Steuerberater liefern.

Soweit ein Logo oder eine Bezeichnung der Kanzlei mit einer entsprechenden „Fantasiebezeichnung" gewählt wird, ist zu prüfen, ob hier ein Schutz über die entsprechende Eintragung als „Domäne" erfolgen kann. Vorsicht ist dann allerdings geboten, wenn die Bezeichnung über persönliche Qualifikationen oder andere Umstände täuscht oder in anderer Weise unsachlich wird; ein grundsätzliches Verbot von Fantasiebezeichnungen ist aber nicht gegeben.[4] Unzulässig im Rahmen der Homepage wären Angaben zu Erfolgs- und Umsatzzahlen oder Hinweise auf eine Herausstellung wie beispielsweise „außergewöhnlicher Steuerberater".[5] Gerade der Internetauftritt und die Nutzung elektronischer Medien stellen sich immer mehr als ein wichtiger Teilbestandteil eines erfolgreichen Werbemarketings für Steuerberater dar.

l) Mandanteninformationen und Newsletter

47 Von zahlreichen Verlagen werden entsprechende, zumeist monatlich erscheinende Informationsblätter zur Übermittlung an die Mandanten erstellt und angeboten. Diese sind sodann zumindest mit dem Stempel der jeweiligen Steuerberaterkanzlei zu ergänzen und können rechtlich unproblematisch den Mandanten zugeleitet, aber auch Dritten beispielsweise auf Messeständen oder bei Informationsveranstaltungen zur Verfügung gestellt werden. Geachtet werden sollte darauf, dass der Kanzleiinhaber keine Haftung für die Richtigkeit des Inhalts des Informationsblatts übernimmt.

Mittels dieses Werbeträgers zeigt der Steuerberater, dass er seine Mandanten regelmäßig informiert halten will; der Aspekt der damit verbundenen Fachkompetenz und die Wirkung als Erinnerungswerbung sind nicht zu unterschätzen.

---

1) OLG Thüringen v. 18.9.2002, 2 U 1463/01, INF 2002, Heft 21, IV.
2) BVerfG v. 26.8.2003, 1 BvR 1003/02, NJW 2003, 3470; OLG Koblenz v. 13.2.1997, 6 U 1500/96, Stbg 1997, 175.
3) LG Berlin v. 24.4.2001, 15 O 391/00, NJW-RR 2001, 1644.
4) OLG Karlsruhe v. 1.2.2001, 4 U 96/00, NJW 2001, 1585.
5) OLG München v. 1.8.2002, 2 StO 1/02, DStR 2002, Heft 51, XVIII.

m) Praxis- oder Kanzleibroschüre

48 Ein regelmäßig und gerne genutztes Werbemittel ist die Praxis- oder Kanzleibroschüre, mit der Informationen des Berufsangehörigen über sich und seine Tätigkeit erteilt werden (→ 2 B Rz. 19). Auch hier gelten die allgemeinen Regeln zur äußeren Form, wonach die Angaben sachlich sein müssen und nicht reklamehaft erscheinen dürfen. Sinnvoll ist eine professionelle Gestaltung.[2] Unproblematisch ist die Nutzung von Hochglanzpapier[3] wie auch die Verteilung und der Versand an Nichtmandanten. Sogar das Auslegen solcher Praxisbroschüren beispielsweise bei Banken oder anderen Dritten wird für zulässig erachtet.[4] Insofern sollte jede Steuerberaterkanzlei eine ansprechend und angemessen ausgestaltete Praxisbroschüre vorhalten und an Interessenten überreichen.

Innerhalb einer darüber hinaus erstellten Mandanteninformation können auch Hinweise über Tätigkeitsschwerpunkte, ein erweitertes Spektrum an Spezifizierungen, die Organisation und über die Mitarbeiter der Kanzlei gegeben werden. Sogar die Versendung an Dritte ist dann unproblematisch, wenn sie nicht unmittelbar auf die Erteilung eines Auftrags im konkreten Einzelfall gerichtet ist (→ 2 B Rz. 30).[1]

m) Praxis- oder Kanzleibroschüre

48 Ein regelmäßig und gerne genutztes Werbemittel ist die Praxis- oder Kanzleibroschüre, mit der Informationen des Berufsangehörigen über sich und seine Tätigkeit erteilt werden (→ 2 B Rz. 19). Auch hier gelten die allgemeinen Regeln zur äußeren Form, wonach die Angaben sachlich sein müssen und nicht reklamehaft erscheinen dürfen. Sinnvoll ist eine professionelle Gestaltung.[2] Unproblematisch ist die Nutzung von Hochglanzpapier[3] wie auch die Verteilung und der Versand an Nichtmandanten. Sogar das Auslegen solcher Praxisbroschüren beispielsweise bei Banken oder anderen Dritten wird für zulässig erachtet.[4] Insofern sollte jede Steuerberaterkanzlei eine ansprechend und angemessen ausgestaltete Praxisbroschüre vorhalten und an Interessenten überreichen.

n) Praxisschild

49 Auch die früher rigiden Vorgaben der alten „Standesrichtlinien" sind in Bezug auf Praxisschilder überholt. Diese können farbig gestaltet oder beleuchtet sein; auch gegen das Anbringen mehrerer Praxisschilder an einem Bürogebäude sind keine Einwendungen zu erheben.[5] Selbstverständlich muss inhaltlich auf Richtigkeit geachtet werden. So darf eine Bürogemeinschaft als Innengesellschaft nicht als Sozietät auf dem Praxisschild erscheinen (→ 2 B Rz. 34). Allerdings verbietet sich dies auch schon auf Grund der Haftungsrisiken, da ansonsten die nicht die Interna kennenden Mandanten von einer Sozietät ausgehen dürften („Scheinsozietät"), → 2 C Rz. 47.

o) Radio- und Fernsehwerbung

50 Nachdem schon 1997 die obergerichtliche Rechtsprechung Fernsehspots für zulässig erachtet hat[6] und vom Grundsatz her auch eine Hörfunkwerbung nicht unzulässig sein soll,[7] wären an sich gegen diese Werbemittel keine Einwendungen zu erheben. Im konkreten Fall darf allerdings nicht auf Grund der gewählten Stilmittel durch Musik und Nebengeräusche eine Reklamehaftigkeit der Ausgestaltung erfolgen. Dennoch sollte gerade wegen der Unüblichkeit einer solchen Werbung durch Angehörige von Vertrauensberufen sehr genau im Einzelfall überlegt werden, ob diese Art der Werbung sinnvoll ist. Wenn überhaupt, dürfte sich eher eine entsprechende Werbung in lokalen Sendern anbieten als in überregionalen Fernseh- und Radioanstalten.

Interessanter sind entsprechende Telefonaktionen oder Ausstrahlungen von Sendungen, bei denen der Steuerberater als fachkundiger Vertreter wirkt. Auch die damit verbundene erhebliche Werbung ist vom Grundsatz her zulässig[8] und erreicht naturgemäß eine große Anzahl an Zuschauern oder Zuhörern.

---

1) BGH v. 1.3.2009, 1 ZR 300/98, NJW 2001, 2087.
2) So auch Maxl in Kuhls, Kommentar, 3. Aufl. 2012, § 57a StBerG Rz. 49 f.
3) OLG München v. 29.3.2000, 29 U 2007/00, NJW 2000, 2824.
4) OLG Stuttgart v. 5.7.1996, 2 U 37/96, ZIP 1997, 235; OLG Braunschweig v. 31.10.2002, 2 U 33/02, NJW-RR 2003, 686.
5) Maxl in Kuhls, Kommentar, 3. Aufl. 2012, § 57a StBerG Rz. 31.
6) OLG Dresden v. 18.11.1997, 14 U 2426/96, Stbg 1998, 125.
7) OLG München v. 23.4.1998, 29 W 1015/98, BRAK-Mitteilung 1998, 206.
8) Vgl. für Rechtsanwälte OLG Stuttgart v. 7.7.1995, 2 U 45/95, BRAK-Mitteilung 1996, 215; BGH v. 28.6.2007, I ZR 153/04, DStRE 2008, 726.

Ähnliches gilt für entsprechende Maßnahmen der regionalen oder überregionalen Zeitungen. Beispielsweise wird die Ankündigung von Telefonaktionen zu (steuerlich relevanten) den Leserkreis interessierenden Themen durch die Verbreitung der Zeitung und das Interesse des Lesers als positives und angemessenes Werbemittel wahrgenommen. Inhaltlich hat der sich beteiligende Steuerberater im Übrigen auch darauf zu achten, keine reklamehafte Eigenwerbung zu betreiben und Einzelfallanfragen im Hinblick auf die Nichtkenntnis der genauen Umstände vorsichtig und eher generell zu beantworten. Auch hier gelten die dargestellten allgemeinen Grundsätze (→ 2 B Rz. 37).

p) Sponsoring

Immer wieder werden Berufsangehörige von entsprechenden karitativen, kirchlichen, kulturellen, sportlichen und ähnlichen Trägern danach gefragt, ob sie eine entsprechende Zuwendung tätigen, für die sodann eine gewisse Werbung als Gegenleistung erfolgen soll. Gegen ein Sponsoring, in dem lediglich die Nennung des Namens und der Berufsbezeichnung sowie der Kanzleianschrift erfolgt, sind Bedenken nicht zu erheben.[1] Kritisch gesehen werden nach wie vor Lautsprecherdurchsagen in Stadien oder Einkaufspassagen.[2] Diese dürften jedoch auch im Hinblick auf eine berufsübliche und positive Werbung eines Steuerberaters wiederum eher als „kontraproduktiv" einzustufen sein. Jedenfalls wirkt die Aufnahme in eine Sponsorenliste mit Angabe der Steuerberaterkanzlei in Programmheften bei kulturellen oder karitativen Veranstaltungen im Hinblick auf das damit verbundene Engagement positiv und hat einen Wiedererkennungseffekt.

q) Tätigkeits- und Interessenschwerpunkte

Gerade auch in Zeitungsanzeigen, aber auch in Praxisbroschüren, im Internetauftritt und an anderer geeigneter Stelle bis hin zum Geschäftspapier sind Tätigkeits- und Interessenschwerpunkte beliebt. Grundsätzlich sind diese zulässig; die Rechtsprechung verlangt bei einer entsprechenden Kennzeichnung des Praxisinhabers und seiner Mitarbeiter aber auch eine entsprechende fachliche und tatsächlich vorhandene Spezialisierung, da die die Werbung wahrnehmenden Personen von einer auch wirklich vorhandenen Kompetenz ausgehen.[3] Insbesondere Berufsanfänger mit geringen Erfahrungswerten dürfen hier keine irreführende Werbung betreiben.[4] Eine Präzisierung der Begriffe von Tätigkeits- und Interessenschwerpunkten im Berufsrecht ist nicht mehr vorhanden.[5] Bestehen entsprechende Schwerpunkte im Rahmen der Berufsausübung, ist eine entsprechende Nennung unter werblichen Aspekten sinnvoll.

r) Veranstaltung von Vernissagen und dergleichen

Zur Verbesserung der Mandantenbindung wie auch zur Anwerbung neuer Auftraggeber und bei bestimmten Anlässen bieten sich Veranstaltungen unter Bezug auf die Berufsausübung an. Beispielsweise bei der Neueröffnung oder Umgestaltung der Steuerberaterkanzlei sind entsprechende Aktivitäten, z.B. verbunden mit einer künstlerischen Vernissage (Ausstellung von Bildern eines mit dem Praxisinhaber persönlich oder beruflich verbundenen Künstlers u.Ä.), durchaus denkbar und, soweit die allge-

---

1) BVerfG v. 17.4.2000, 1 BvR 721/99, INF 2000, 351.
2) So Gehre/Koslowski, Kommentar, 6. Aufl. 2009, § 57a StBerG Rz. 55.
3) OLG München v. 19.11.2002, 29 U 3722/02, BRAK-Mitteilung 2003, 244.
4) Zur Nachweispflicht gegenüber der StBK vgl. Maxl in Kuhls, Kommentar, 3. Aufl. 2012, § 57a StBerG Rz. 94.
5) BVerfG v. 12.9.2001, 1 BvR 2265/00, AnwBl 2002, 61.

meinen Grundsätze der Werbung eingehalten werden, bei der Einladung und Durchführung nicht zu beanstanden.[1] Im Hinblick auf die entstehenden Kosten und den Umfang einer sachgerechten Vorbereitung und Durchführung ist der Werbeeffekt solcher Veranstaltungen vorher genau zu überlegen. Entsprechende Aktivitäten sind daher wohl nur im Einzelfall anzuraten. Regelmäßig sinnvoller erscheint die Durchführung einer solchen Veranstaltung, wenn sie mit einer berufsbezogenen (Selbst-)Darstellung als Vortragsveranstaltung erfolgt (→ 2 B Rz. 21).

s) Verzeichnisse und Suchservice

54 Regelmäßig wird der Berufsangehörige darauf achten, in Verzeichnissen verschiedener Art richtig und angemessen, zudem auch im Rahmen der Möglichkeiten informativ, aufgenommen zu sein. Dabei sind völlig unterschiedliche Verzeichnisse denkbar; vom Grundsatz her ist die Aufnahme regelmäßig unter Beachtung der allgemeinen berufsrechtlichen Grundsätze zulässig.[2] Dabei ist es unerheblich, ob die Aufnahme in dem Verzeichnis entgeltlich oder unentgeltlich erfolgt oder ob es sich beispielsweise um öffentlich zugängige Verzeichnisse oder geschlossene Mitgliederlisten von privaten Vereinen handelt.

Besonders sinnvoll ist die Teilnahme an einem Steuerberater-Suchservice mit Angabe von Spezialisierungen und entsprechenden Tätigkeits- und Interessenschwerpunkten.[3] In Fernsprechbüchern sind neben dem Eintrag unter dem Namen der Kanzlei auch Eintragungen unter „St" („Steuerberater") u. Ä. als zulässig anzusehen.[4] Verbunden können solche Eintragungen beispielsweise in Telefonbüchern mit einer entsprechenden angemessenen Werbeanzeige werden.[5] Dieses ist heute häufig zu sehen und darf auch mehrfach in einem entsprechenden Fernsprechbuch erfolgen.

t) Zertifizierungshinweise

55 Neben der Sicherung der Qualität stellt eine Zertifizierung auch eine werbewirksame Steigerung des Ansehens der Kanzlei dar.[6] Die externe Prüfung hat positive Feststellung über die Steuerberaterkanzlei getroffen; die entsprechende Weitergabe dieser Informationen an Mandanten und interessierte Dritte ist zulässig (→ 2 B Rz. 27). Beispielsweise können entsprechend erteilte Zertifikate auf dem Geschäftspapier an geeigneter Stelle aufgenommen werden und insbesondere natürlich die Ergebnisse einer positiven Zertifizierung in Praxisbroschüren, im Internet-Auftritt und an ähnlicher werbewirksamer Stelle veröffentlicht werden. Gerade auch im Hinblick auf ein positives Qualitätsmanagement der Steuerberaterkanzlei (→ 2 B Rz. 24 ff.) handelt es sich um die Verlautbarung eines positiven Aspekts der Berufsausübung des Berufsangehörigen.

IV. Honorarmarketing

56 Gerade der Abrechnung der Leistungen eines Steuerberaters ist eine große Aufmerksamkeit zu widmen, hat sie doch eine massive Außenwirkung. Honorare führen nicht nur zu einem wirtschaftlichen Erfolg der Steuerberaterkanzlei, sie werden insbeson-

---

1) BGH v. 29.7.2009, I ZR 77/07, DStR 2010, 835.
2) BGH v. 13.9.1993, AnwSt (R) 6/93, Stbg, 1994, 24.
3) Zulässig nach BVerfG, 17.2.1992, 1 BvR 899/90, Stbg 1992, 249.
4) Maxl in Kuhls, Kommentar, 3. Aufl. 2012, § 57a StBerG Rz. 38 f.
5) BVerfG v. 26.8.2003, 1 BvR 1003/02, NJW 2003, 3470; OLG Hamm v. 11.2.2003, 4 U 148/02, NJW-RR 2003, 997.
6) Gehre/Koslowski, Kommentar, 6. Aufl. 2009, § 57a StBerG Rz. 31.

dere von dem Mandanten, der zu zahlen hat, beobachtet und bewertet. Es stellt sich daher als originäre Aufgabe des Praxisinhabers dar, hier richtig und zukunftsorientiert abzurechnen. Notwendig ist zudem die regelmäßige Abstimmung mit dem Mandanten.[1]

Möglicherweise bietet sich in Einzelfällen auch das Einschalten von Inkasso-Unternehmen zur Durchsetzung der Honorarforderung an. Eher vorsichtig ist die Frage zu beantworten, ob mit Honorarhinweisen geworben werden kann.

1. Aufgaben des Kanzleiinhabers

Nicht nur das Kanzleimarketing und das Qualitätsmanagement sowie die Werbemaßnahmen, sondern auch die Honorargestaltung ist alleinige und vorrangige Aufgabe des Inhabers einer Steuerberaterkanzlei. Die sachgerechte Führung einer Praxis zeigt sich auch in der Gestaltung und Durchsetzung des geltend gemachten Honorars.

Die Honorargestaltung muss transparent und nachvollziehbar für den Mandanten sein, um die Akzeptanz zu fördern.[2] Heute gilt auch für Berater der Satz: „Über Geld spricht man!" Der Mandant erwartet insofern möglichst konkrete Ansagen.

Intern müssen die Grundlagen für die Honorarforderung ausreichend dokumentiert werden.[3] Hierzu gehören neben der ordnungsgemäß gem. § 9 StBVV erstellten Liquidation die Erfassung der geleisteten Tätigkeiten unter Angabe des Mitarbeiters (z.B. durch Zeiterfassungsprotokolle) und die Rücksprache mit dem Mandanten (→ 2 B Rz. 60).

Nach § 64 StBerG ist der Steuerberater an die Steuerberatervergütungsverordnung (bis Ende 2012: Steuerberatergebührenverordnung – StBGebV) gebunden. Diese verlangt für eine ordnungsgemäße Berechnung gem. § 9 Abs. 2 StBVV, dass zwingend in der Honorarnote die Beträge der einzelnen Gebühren und Auslagen, die Vorschüsse, eine kurze Bezeichnung des jeweiligen Gebührentatbestands, die Bezeichnung der Auslagen sowie die angewandten Vorschriften der StBVV und bei Wertgebühren auch der Gegenstandswert angegeben sind. Zudem kann nach Absatz 1 dieser Vorschrift der Steuerberater die Vergütung nur auf Grund einer von ihm selbst unterzeichneten und dem Auftraggeber mitgeteilten Berechnung einfordern (→ 2 D Rz. 30 ff.).

Allerdings ist es bei der Honorarnotenerstellung noch nicht – anders als im Falle von Rückfragen des Mandanten und insbesondere bei einer gerichtlichen Durchsetzung des Anspruchs – notwendig, bei entstandenen Zeitgebühren eine Einzelauflistung vorzunehmen; die nach demselben Stundensatz berechneten Zeitgebühren können zusammengefasst werden (§ 9 Abs. 2 Satz 2 StBVV). Auch bei Entgelten für die Post- und Telekommunikationsdienstleistungen im Sinne von § 16 StBVV genügt die Angabe des Gesamtbetrags.

Naturgemäß muss der Kanzleiinhaber berücksichtigen, dass er und seine Mitarbeiter von dem wirtschaftlichen Erfolg der Kanzlei leben. Somit hat er gerade im Rahmen der Honorargestaltung festzulegen, welche Gewinne in welchem Bereich und in welcher Höhe erzielt werden müssen. Diese Vorwegbetrachtung muss aber anhand des einzelnen Mandats unter Berücksichtigung der individuellen Situation des Mandanten regelmäßig überprüft und im Einzelfall angepasst werden. Die Angemessenheitskriterien bei der Festlegung des Honorars weisen gerade im Hinblick auf den

---

1) Ausführlich Goez, Positives Honorarmanagement, BBKM 2007, 274.
2) Weiler, Gebühren als Marketinginstrument, DStR 2006, 585; Feiter, Die neue StBVV, Kommentar, 2013, Rz. 69; ausführlich: Lami, Basis einer zielführenden Honorarpolitik: Klärung der Mandantenerwartung, Kanzleiführung professionell 2014, 197.
3) Meyer/Goez/Schwamberger, Praxiskommentar, 7. Aufl. 2013, § 13 StBVV Rz. 15.

„Umfang der Tätigkeit" und die „Schwierigkeit" aus, dass eine individuelle Betrachtungsweise von Nöten ist.

Bei der Bestimmung der entsprechenden Sätze ist daher der Steuerberater auch auf die Mitwirkung und Informationserteilung der entsprechenden Mitarbeiter, die zur Mandatsbetreuung eingesetzt sind, angewiesen. Daher müssen die Mitarbeiter die Vorstellungen und Grundsätze des Praxisträgers bei der Honorargestaltung kennen. Dieser hat bekanntermaßen auf Grund des ihm obliegenden Gläubigerbestimmungsrechts (vgl. §§ 315 f. BGB) die maßgebliche Stellung bei der Honorargestaltung.[1] Ohne die korrekte Mitwirkung seiner Mitarbeiter wird er dieser Vorgabe des Gesetzes aber nicht genügen können. Eine fehlende Dokumentation oder beispielsweise die Nichterfassung von Arbeitszeiten in einem Mandat führen zu einer Fehlentwicklung bei der Honorarpolitik. Eine gewisse Kontrolle des Kanzleiinhabers in Bezug auf die Erfassung der Zeiten, die von Mitarbeitern teilweise als recht lästig empfunden wird, ist notwendig. Aufgedeckte Fehler sind mit den betreffenden Mitarbeitern offen anzusprechen (→ 2 B Rz. 22).

Bei Mandatsübernahme hat der Steuerberater auch zu prüfen, ob eine Honorarvereinbarung i.S.v. §§ 4 oder 14 StBVV in Betracht kommt – oder sogar zur Erlangung eines angemessenen Honorars notwendig ist (→ 2 D Rz. 7). Auch dies ist mit dem Mandanten abzustimmen und schriftlich zu vereinbaren.[2]

59 Allein zuständig ist der Kanzleiinhaber aber zunächst schon bei der Annahme eines Mandats. Neben den üblichen Kriterien – wie beispielsweise auch die zeitliche Möglichkeit der Mandatsbetreuung – muss sich der Kanzleiinhaber damit auseinandersetzen, ob der neue Mandant eine entsprechende Bonität aufweist. Gefährlich ist die Übernahme eines Auftrags, wenn nach geleisteter Arbeit das Honorar mangels Liquidität des Auftraggebers ausfällt.

Entsprechende Informationen kann der Kanzleiinhaber beispielsweise durch Wirtschaftsauskunftsdienste erzielen. Intern sollte der Kanzleiinhaber ein Limit festsetzen, ab welchem eine weitere Arbeit für den Mandanten nicht mehr erfolgen darf, wobei als Richtlinie bei Privatpersonen eine Grenze von ca. 3 000 € offenstehender Honorare und bei gewerblichen Mandanten ca. 5 000 € gelten kann. Einerseits ist zu prüfen, ob – abgesehen von unaufschiebbaren Maßnahmen – eine weitere Leistungserbringung unterbleibt und andererseits, ob wirksame Maßnahmen zur Durchsetzung der offenstehenden Honorare ergriffen werden müssen (Mahnschreiben mit Angabe eintretender Konsequenzen/Einleitung eines Mahnverfahrens, ggf. auch Klageverfahrens/Einschalten eines Inkasso-Instituts). Gedacht werden kann auch an ein notarielles Schuldanerkenntnis, wenn eine Verbesserung der finanziellen Situation des Mandanten in konkret absehbarer Zeit zu erwarten ist.[3]

2. Abstimmung mit dem Mandanten

60 Zu einem wirksamen Honorarmarketing gehört es aber auch, gegenüber dem Auftraggeber eine weitestmögliche Transparenz walten zu lassen. Der Mandant hat Anspruch auf eine umfassende und sorgfältige, qualitativ hochstehende Beratung. Andererseits hat der Steuerberater Anspruch darauf, unter Berücksichtigung der Rechtsvorgaben entsprechend honoriert zu werden.

Die Honorargestaltung wird im Regelfall genau von dem Mandanten beobachtet und bewertet. Dieser kann zu Recht eine „Honorarklarheit" und ein angemessenes Preis-

---

1) Meyer/Goez/Schwamberger, Praxiskommentar, 7. Aufl. 2013, Einführung zur StBVV Rz. 9.
2) Formulierungsbeispiel bei Feiter, Die neue StBVV, Kommentar, Rz. 874 ff.
3) Vgl. ausführlich Meyer/Goez, Die Gebühren der steuerberatenden Berufe, Kommentar, Stand 10/2014, Kennzahl 2100, Rz. 57 ff.

Leistungs-Verhältnis verlangen. Es ist Sache des Steuerberaters, im Rahmen von Mandantenbesprechungen (auch) in angemessenem Umfang das Honorar anzusprechen. Dabei sind die Vorteile und Nutzen für beide Seiten in Bezug auf Vorschüsse, hinsichtlich des Erteilens von Einzugsermächtigungen oder des Einzugs im Rahmen von Lastschriftverfahren anzusprechen.[1] Wichtig zur Honorarakzeptanz ist dabei die zeitnahe Abrechnung von Vorschüssen und anderen Vorabzahlungen; spätestens nach Beendigung der Angelegenheit hat insofern eine (End-)Abrechnung zu erfolgen.[2]

Der Mandant weiß naturgemäß, dass die Arbeit des Steuerberaters zu honorieren ist; es ist sicherzustellen, dass er sich insofern gerade auch in Bezug auf die Höhe des Honorars keine falschen Vorstellungen macht. Wird dieser Bereich des Honorarmarketings einvernehmlich geregelt, wird der Mandant z.B. auch in Gesprächen mit Dritten seiner Zufriedenheit Ausdruck verleihen. Auch dies stellt sich sodann als weiterer positiver Aspekt in der Außenwirkung der Steuerberaterkanzlei dar.

Rechtlich betrachtet hat ein Steuerberater zwar – ohne darüber zu sprechen – Anspruch auf ein angemessenes Honorar (§§ 675, 611, 612 oder §§ 631, 632 BGB). Dennoch verlangt die obergerichtliche Rechtsprechung regelmäßig auf Grund der Nebenpflichten eines Steuerberaters (§ 241 Abs. 2 BGB), ggf. auch nach den Grundsätzen von Treu und Glauben (§ 242 BGB), dass ein Mandant unaufgefordert über die zu erwartenden Gebührenhöhe zu unterrichten ist, zumal bei ersichtlich nicht erwarteter Größenordnung.[3]

Es gehört zu der Arbeit des Steuerberaters, dem Mandanten eine entsprechend den Vorgaben der Steuerberatervergütungsverordnung ordnungsgemäße Gebührenrechnung zu übermitteln. Werden die Vorgaben von § 9 StBVV befolgt, ist schon im Wesentlichen der Forderung nach einer transparenten und nachvollziehbaren Honorargestaltung Rechnung getragen. Naturgemäß setzt dies eine genaue mandantenbezogene Leistungserfassung voraus, wie auch ein Auseinandersetzen mit den Angemessenheitskriterien im Sinne von § 64 Satz 3 StBerG, § 11 StBVV.

Der Praxisinhaber sollte nicht nur zu Beginn eines Mandats offen das üblicherweise im Rahmen ähnlicher Mandate entstehende Honorar ansprechen; er sollte zur Absicherung einer transparenten Honorarpolitik seiner Kanzlei auch in regelmäßigen Abständen mit dem Mandanten das entstandene und voraussichtlich entstehende Honorar thematisieren und sicherstellen, dass dieser die Ansätze und Abrechnungsmethoden als „angemessen" akzeptiert (→ 2 A Rz. 22).

3. Einschalten von Inkasso-Unternehmen

Durch das achte Steuerberatungsänderungsgesetz besteht seit dem Jahre 2008 die Möglichkeit,[4] das Honorar durch Abtretung der entsprechenden Ansprüche gegen den Mandanten an ein zugelassenes Inkasso-Institut durchzusetzen (§ 64 Abs. 2 StBerG). Dieses „Factoring" kann entweder als „echtes Factoring" ausgestaltet sein, wobei der Faktor das Delkredererisiko übernimmt; im Bereich der Honorardurchsetzung ist aber regelmäßig ein „unechtes Factoring" sinnvoll, bei dem das Risiko des Ausfalls des Honorars nicht von dem Faktor übernommen wird.[5]

61

Die Honorardurchsetzung sollte nicht vollständig aus der Hand des Kanzleiinhabers gegeben werden. Bei der letzteren Gestaltungsalternative hat dieser die Möglichkeit, selbst die Durchsetzung des Honorars durch Mahn- oder Klageverfahren oder in anderer geeigneter Form zu bestimmen.

---

1) Nagel, Honorargespräche erfolgreich führen, DStR 2009, 2217.
2) Feiter, Die neue StBVV, Kommentar, Rz. 68.
3) So ausdrücklich OLG Köln v. 12.3.1997, 17 U 85/96, StB 1998, 41.
4) Goez, Die Neuregelung des Steuerberatungsrechts durch das 8. StBerÄndG, DB 2008, 971, 973.
5) Gilgan, Factoring als alternative Finanzierungsform für StB, NWB 2014, 1383.

Der Vorteil des Factorings ist, dass der Steuerberater durch die Vorab-Zahlung der Einzugsstelle sofort sein Honorar – unter Berücksichtigung der Bearbeitungsgebühren pp. – erhält und damit seine Liquidität steigert. Darüber hinaus bewirkt die Verlagerung des Einzugs auf ein Inkasso-Institut, dass eine entsprechende Überwachung und Mahntätigkeit entfällt. Positiv ist daher die Arbeitsentlastung für den Kanzleiinhaber.

Voraussetzung einer solchen Möglichkeit ist aber auch, dass schon bei Mandatsannahme der Auftraggeber auf die Möglichkeit ausdrücklich hingewiesen wird, offenstehende Honorare durch ein Inkasso-Institut geltend zu machen. Dieser muss schriftlich zustimmen.[1] Hilfreich mag dabei die Erläuterung sein, dass dies gerade auch im (zahn-)ärztlichen Bereich und mittels deren Verrechnungsstellen gängige Praxis ist.[2]

4. Werbung mit Honorarhinweisen

62   Gerade weil die Honorarfrage in der heutigen Wirtschaftswelt maßgeblich ist, stellt sich die Frage nach einer Werbung mit entsprechenden Aussagen über die Angemessenheit und Höhe der Honorargestaltung einer Steuerberaterkanzlei. Eine irreführende Werbung mit Preisreduzierungen kann bei Abmahnung teuer werden.[3]

Zulässig sind sicherlich entsprechende Honorarhinweise in der Kanzlei- oder Praxisbroschüre (→ 2 B Rz. 48) wie auch in Mandanteninformationen (→ 2 B Rz. 47) oder auf der Homepage im Internet (→ 2 B Rz. 46). Insbesondere kann hier unproblematisch die Information gegeben werden, dass sich die Honorargestaltung nach den Grundsätzen der Steuerberatervergütungsverordnung ausrichtet wie auch, dass im Einzelfall eine Honorarvereinbarung im Sinne von § 4 oder § 14 StBVV getroffen werden kann.

Über die genannten Werbeträger hinaus gibt es zahlreiche weitere Möglichkeiten, auf das Leistungsspektrum einer Steuerberaterkanzlei hinzuweisen. Im Bereich der Werbung mit Hinweisen auf die Honorargestaltung dürften hier aber die meisten Werbemöglichkeiten wegen Ungeeignetheit ausscheiden. Dies gilt insbesondere für Anschriftenverzeichnisse, Adress- und Fernsprechbücher oder für eine Bandenwerbung o.Ä. (→ 2 B Rz. 36 ff.).

Inhaltlich muss darauf geachtet werden, dass keine reißerischen oder sogar fehlerhaften Informationen auch bei Hinweisen auf die Honorargestaltung gegeben werden. So wurde der reklamehafte Hinweis auf einem Einkaufswagen eines Supermarkts („Wir haben Dauer-Niedrigpreise – immer") vom BVerfG für unzulässig erklärt.[4] Unzulässig wäre wohl auch die berufswidrige Werbung eines Steuerberaters mit einem „Gutschein für eine kostenlose Erstberatung".[5] Während zwar das Akquise-Gespräch kostenfrei ist, wird dieses ganz überwiegend für die Möglichkeit einer Werbung mit Gebührennachlässen in Form von Rabatten oder Gutscheinen verneint. Neben der berufsrechtlichen Problematik droht hier sogar eine Abmahnung wegen Wettbewerbswidrigkeit. Dem widerspricht auch nicht die in der Rechtsprechung geäußerte Ansicht, wonach eine „bundesweit kostenlose Erstberatung" durch einen Rechtsanwalt zulässig sein mag,[6] da insofern die Rechtslage für Rechtsanwälte anders ist, da dort eine außergerichtliche Beratungsleistung keine „gesetzlichen Gebühren" seit dem 1.7.2006 existieren".[7]

---

1) Formulierungsbeispiel bei Feiter, Die neue StBVV, Kommentar, Rz. 788.
2) Vgl. ausführlich Ueberfeldt, Zulässigkeit der Gründung und Nutzung einer Verrechnungsstelle für Steuerberater, DStR 2006, 2101.
3) Gillner, Irreführende Werbung mit Preisreduzierungen, NJW-aktuell, Heft 38/2014, 15.
4) BVerfG v. 22.5.1996, 1 BvR 744/88, 60/89, 1519/91, NJW 1996, 3067.
5) So Wacker zu einem entsprechenden Urteil des Anwaltsgerichtshof NRW v. 9.5.2014, 1 AGH 3/14, DStR 2014, 2043, 2044.
6) LG Essen v. 10.10.2013, 4 O 226/13, NWB 2014, 1058.
7) OLG Stuttgart v. 28.12.2006, 2 U 134/06, NJW 2007, 924; BGH v. 13.11.2013, I ZR 15/12, Stbg 2014, 84.

Im Ergebnis ist daher festzuhalten, dass im Rahmen von Werbemaßnahmen die Honorargestaltung des Einzelfalles nicht angesprochen werden kann. Sinnvoll ist daher regelmäßig nur der allgemeine Hinweis,[1] entsprechend dem vom Gesetzgeber vorgegebenen Rechtsrahmen unter Beachtung der Kriterien der Steuerberatervergütungsverordnung angemessen abzurechnen.

V. Zeitmarketing

Wenn sämtliche Überlegungen zum Kanzlei-, Werbe- und Honorarmarketing Berücksichtigung finden sollen, fragt sich schnell, woher die Zeit kommen soll, wenn gleichzeitig noch qualitativ höchstwertige steuerliche Fachberatung erfolgen soll. Damit stellt sich die Frage nach einem Zeitmanagement für den Praxisinhaber (→ *2 B* Rz. 11).

63

Ein wirksames Zeitmanagement wird auch dieses Problem in den Griff bekommen. Dabei ist „Zeitmanagement" ein Oberbegriff für eine ganze Reihe von Strategien zur Lösung von Zeitproblemen.[2]

Neben effizienten Arbeitstechniken gibt es weitere Hilfstechniken. Wie können bestimmte Aufgaben und Tätigkeiten qualitativ gleichwertig, aber zeiteinsparender erledigt werden? Ob bei der Erstellung von Schriftsätzen, beim Führen von Gesprächen oder insbesondere beim Recherchieren oder bei allen anderen regelmäßig anfallenden Arbeiten werden sich Optimierungsmöglichkeiten finden. Hilfstechniken sind beispielsweise die „Erhöhung der Konzentrationsfähigkeit" oder eine „bessere Stressresistenz" wie auch Techniken zur „Selbstmotivation", die nicht nur in der Literatur, sondern auch durch professionelle Hilfe im Einzelfall, wo es notwendig und sinnvoll erscheint, in Anspruch genommen werden kann.

Zum traditionellen Kernbereich des Zeitmanagements gehören naturgemäß die üblichen Strategien wie insbesondere

– klare Ziele definieren,
– Prioritätenliste erstellen,
– Planung der einzusetzenden Zeit und Überwachung des Einhaltens,
– Delegieren.

Dabei darf nicht vergessen werden, dass es ein „Leben neben dem Beruf" gibt. Zu einem effektiven und sinnvollen Zeitmarketing gehört es daher auch, sich genügend Freiräume für private Dinge zu lassen. Im Rahmen der notwendigen Zielsetzung darf dieser Bereich nicht außer Acht gelassen werden.

Im Rahmen des beruflichen Zeitmanagements müssen sodann ebenfalls wiederum Prioritäten gesetzt werden. Beispielsweise können die Kriterien „Dringlichkeit" und „Wichtigkeit" Vorgaben setzen. Dabei ist „dringlich" alles, was sofort (bzw. sehr kurzfristig) zu erledigen ist, während der Aspekt der „Wichtigkeit" dadurch charakterisiert ist, dass die Angelegenheit ohne umgehende Bearbeitung sinnlos oder sogar unmöglich wird.

Sodann kann eine entsprechende Abstufung der zu erledigenden Tätigkeiten, die der Berater selbst für sich beispielsweise an folgendem Muster ausarbeiten muss:

– Welches Mandat bringt viel Umsatz, kostet aber relativ wenig Zeit?
– Was erfordert relativ wenig Aufwand und beeindruckt den Mandanten?

---

1) Vgl. ausführlich Maxl in Kuhls, Kommentar, 3. Aufl. 2012, § 57a StBerG Rz. 59 f.
2) Ausführlich: Theurer, Zeitmanagement für Rechtsanwälte, Steuerberater und Wirtschaftsprüfer, Karlsruhe 2014, 2 ff.

- Welche Tätigkeiten, wie beispielsweise die Erstellung von Schriftsätzen, sind relativ langwierig, ohne sich wesentlich auf das kurzfristig zu erzielende Ergebnis auszuwirken?

Die Essenz ist somit, dass klare, durchführbare und dann auch einzuhaltende Prioritäten gesetzt werden müssen.

Im Rahmen eines Zeitmanagements bietet sich sodann eine entsprechende (Tages-)Planung an sowie eine To-do-Liste auch für längerfristige Projekte. Auch hier müssen entsprechende Zeitvorgaben, wann welche Tätigkeit erledigt sein muss, vorgesehen werden.

Zielsetzung kann es nur sein, dass eine gleichmäßige Arbeitsauslastung mit möglichst wenig Ablenkung und Abweichungen erreicht wird. Das effiziente Nutzen der elektronischen Medien und der sinnvolle Einsatz der Mitarbeiter gehören dazu genauso wie das Ablehnen nicht in das Kanzleikonzept passender Tätigkeiten.

VI. Fazit

64 Die moderne Steuerberaterkanzlei stellt sich als „auf dem Markt tätiges" Unternehmen dar. Neben der qualitativ hochstehenden Arbeit und Beratungsleistung ist auch die Wirkung „nach außen" von dem Kanzleiinhaber und seinen Mitarbeitern zu beobachten, zu initiieren und regelmäßig zu überprüfen und notwendigenfalls sodann zu verbessern. Durch ein geschicktes Kanzleimarketing, verbunden mit einem Eingehen auf die Bedürfnisse der Mandanten, einem modernen Führungsstil nach innen und außen und mit Hilfe angemessener Werbemaßnahmen wird es dem Steuerberater gelingen, sich positiv zu positionieren.

Dabei darf nicht verkannt werden, dass gerade im Bereich des Marketings der Kanzleiinhaber ständig und stark gefordert ist. Auch bei Unterstützung durch seine qualifizierten Mitarbeiter darf er zur Absicherung des Erfolgs seiner Arbeit diesen Bereich, gerade und nicht zuletzt auch im Bereich der Honorarpolitik, nicht aus der Hand geben, auch nicht aus Zeitgründen, da ein Zeitmanagement ebenfalls zu den Originäraufgaben des Inhabers zählt.

Wird die Steuerberaterkanzlei von interessierten Kreisen auf Grund einer entsprechenden Außenwirkung positiv wahrgenommen, wird dies zu dem persönlichen und wirtschaftlichen Erfolg des Kanzleiinhabers wie auch seiner Mitarbeiter ganz erheblich beitragen – und die Zukunft des Steuerberaters sichern.

C. Haftung

von Prof. Dr. Volker Römermann/Tim Günther

I. Haftung des Steuerberaters

1. Vorbemerkung

1 Steuerberater leisten nach § 33 StBerG Hilfe in steuerlichen Angelegenheiten und beraten in betriebswirtschaftlichen sowie in anderen Vermögensangelegenheiten. Im

Rahmen dieser Hilfestellung und Beratung werden – und das liegt in der Natur des Menschen – Fehler gemacht. Viele dieser Fehler werden erst gar nicht bemerkt oder im Verborgenen gehalten, doch kommen einige der Fälle ans Tageslicht. Hier steht der Steuerberater vor der Herausforderung, diese Fehler zu vermeiden und Fehlerquellen zu minimieren, um seine Haftung – aus Marketinggesichtspunkten und auf Grund von Selbstbehalten auch im Eigeninteresse – möglichst vollumfänglich auszuschließen.

In der heutigen Zeit stellen solche Haftungsfälle von Steuerberatern insoweit ein nicht zu unterschätzendes Risiko dar, welches in den letzten Jahrzehnten nicht nur in der Anzahl, sondern insbesondere auch in der Höhe der Schäden zugenommen hat. Was früher auf einem „uneingeschränkten" Vertrauensverhältnis beruhte, wird heute durch die Geltendmachung auch kleiner Schäden (durch etwaige Mehrbelastungen) auf Grund des gestiegenen Kostendrucks und der Anspruchsmentalität der Klienten abgelöst. Im Durchschnitt meldet jeder Steuerberater alle fünf Jahre einen Schaden; jeder zwölfte gemeldete Schaden ist dabei ein sog. Großschaden und verursacht einen Aufwand von mindestens 100 000 €.[1] Die gegen Steuerberater gerichteten Haftungsfälle haben sich in den letzten zwei Jahrzehnten nahezu verdreifacht, der Schadenaufwand der Berufshaftpflichtversicherungen fast verdoppelt. Die häufigsten Fehlerquellen sind hierbei das Unterlassen von Hinweisen, Rechtsirrtümer, Fristversäumnisse und fehlende Sachverhaltsaufklärung.[2]

2. Haftung gegenüber dem Mandanten

Der Steuerberater haftet seinem Mandanten gegenüber (zumeist) bei vorwerfbaren Pflichtverletzungen. Diese Haftung auf Schadenersatz wird hauptsächlich auf eine Pflichtverletzung aus dem Beratervertrag gestützt (§ 280 BGB). In Einzelfällen kann es zu einer deliktischen Haftung (§§ 823 ff. BGB) oder einer solchen nach den Grundsätzen des StBerG (z.B. die Haftung als „Mittelverwendungskontrolleur"[3]) kommen; hierzu sei § 63 StBerG erwähnt, wonach Steuerberater, die in ihrem Beruf in Anspruch genommen werden und den Auftrag nicht annehmen wollen, die Ablehnung nicht unverzüglich erklären und dadurch einen Schaden auf Grund der schuldhaften Verzögerung verursachen, zu dessen Ersatz verpflichtet sind.

Problematisch ist zudem, dass der Steuerberater (und allgemein Angehörige der beratenden Berufe) zwar grundsätzlich weiß, in welchem Umfang dieser seinen Mandanten beraten muss und insbesondere soll. Es gibt aber auch immer wieder Situationen, in denen er unsicher ist, ob ihn eine bestimmte Beratungs- oder Belehrungspflicht trifft oder nicht.[4] Im Rahmen der Haftung gegenüber dem Mandanten muss daher ebenso berücksichtigt werden, welche konkreten Aufgaben der Steuerberater übernehmen sollte und welche dieser konkret übernommen hat, um sodann auf dessen Pflichtenkreis und auf ein etwaiges Mitverschulden des Mandanten schließen zu können.

a) Grundlagen und Beratungsvertrag

Die Tätigkeiten des Steuerberaters sind Geschäftsbesorgungen nach § 675 BGB, die zumeist Leistungen von Diensten höherer Art zum Inhalt haben. Der Kerntatbestand der Geschäftsbesorgung durch den Steuerberater ist die durch Dienstvertrag (im Einzelfall auch durch Werkvertrag) eingeräumte Geschäftsbesorgungsmacht, die im fremden Rechtskreis und idealtypisch überwiegend in fremdem Interesse ausgeübt

---

1) Ehlers, DStR 2008, 578; Waschk, DStR 2007, 817.
2) Hartmann/Heimann in Römermann, Steuerberater Handbuch Neue Beratungsfelder (2005), B.V. Rz. 4; Ehlers, DStR 2008, 578.
3) BGH v. 27.2.2014, III ZR 264/13, BeckRS 2014, 05625.
4) Ehlers, DStR 2010, 2154.

wird.[1] Der Steuerberatervertrag bedarf insoweit keiner konkreten Form. An den konkreten Abschluss eines solchen Vertrags sind im Interesse der Rechtssicherheit jedoch strenge Anforderungen zu stellen, um die ungewollte Übernahme eines Haftungsrisikos zu verhindern.[2] Im haftungsrechtlichen Interesse des Steuerberaters sollte dieser Vertrag sowie sein Umfang jedoch bestmöglich dokumentiert werden. So schafft der Steuerberater seine eigene Rechtssicherheit, wenn es später darum geht, seinen Pflichtenkreis und seinen Beratungsumfang zu konkretisieren (→ 2 C Rz. 70).

6   Der dem Beratungsbedürfnis des Mandanten zu Grunde liegende Sachverhalt ist umfassend und sorgfältig zu erforschen, wobei der Berater – im Eigeninteresse – sich nicht allein darauf verlassen darf, was der Mandant ihm erzählt, er muss vielmehr aktiv nach allen Tatsachen forschen, die rechtlich für die bestmögliche Interessenwahrung von Bedeutung sein könnten.[3]

7   Im Rahmen dieser Tätigkeit ist der Steuerberater nach § 280 Abs. 1 BGB dem Mandanten zum Ersatz der aus einer Pflichtverletzung entstandenen Vermögensschäden verpflichtet. Ein Beratungsvertrag und damit eine Haftung nach § 280 Abs. 1 BGB scheidet nur dann aus, wenn es sich um eine bloße Gefälligkeit handelt. Dies ist eine Einzelfallfrage. Im Grundsatz lässt sich festhalten, dass bei einer Partei Rechtsbindungswille vorhanden ist, wenn die andere Partei unter den gegebenen Umständen nach Treu und Glauben mit Rücksicht auf die Verkehrssitte auf einen solchen Willen schließen musste. Dies hängt somit von der Erklärung und dem Verhalten der Parteien, der wirtschaftlichen sowie der rechtlichen Bedeutung der Angelegenheit, der Interessenlage sowie der Vergütung ab.[4]

b) Pflichtenkreis

8   Der Steuerberater schuldet im Rahmen seiner Aufklärung und Beratung das, was dem vom Mandanten erteilten Auftrag entspricht, wobei diese Beratung umfassend und (gelegentlich ungefragt) auch über alle steuerlich bedeutsamen Einzelheiten und deren Folgen erfolgen muss.[5] Der Grundsatz lautet hierzu: Der Steuerberater hat den Mandanten möglichst vor Schaden zu bewahren und den nach den Umständen sichersten Weg zu dem erstrebten steuerlichen Ziel aufzuzeigen. Inhalt und Umfang der Pflichten des steuerlichen Beraters richten sich jedoch jeweils nach dem Einzelfall und insbesondere nach dem zwischen Steuerberater und Mandant abgeschlossenen Vertrag. Dies hat allerdings auch zur Folge, dass umfassende Steuerberatungsmandate zu weitaus höheren Haftungsrisiken führen als kleinere oder fest skizzierte Beratungsmandate. Ein Steuerberater, dem ein beschränktes Mandat erteilt wird, ist grundsätzlich nicht für einen Schaden verantwortlich, der dem Mandanten aus einer Ursache außerhalb des (eingeschränkten) Mandatsgegenstandes entsteht. Allerdings kann dem Steuerberater im Rahmen eines beschränkten Mandats nach Treu und Glauben eine Nebenpflicht obliegen, den Auftraggeber vor einer Gefahr außerhalb seines Mandatsgegenstandes zu warnen.[6] Eine solche Warnfunktion wird dann angenommen, wenn er diese Gefahr erkennt oder diese erkennen und zugleich annehmen muss, dass der Mandant die Gefahr möglicherweise nicht bemerkt. Das gilt entsprechend für einen Steuerberater, dessen Mandat nicht den steuergünstigen Abschluss eines Erbauseinandersetzungsvertrags umfasst, mit dem der Auftraggeber einen Rechtsanwalt, Steuerberater und Wirtschaftsprüfer beauftragt hat. Eine Warnpflicht

---

1) Ehmann in Erman, BGB (2011), § 675 Rz. 1.
2) BGH v. 22.7.2004, IX ZR 132/03, NJW 2004, 3630.
3) Ehmann in Erman, BGB (2011), § 675 Rz. 7.
4) BGH v. 18.12.2008, IX ZR 12/05, DStR 2009, 818.
5) BGH v. 26.1.1995, IX ZR 10/94, NJW 1995, 958; BGH v. 23.1.2003, IX ZR 180/01, NJW-RR 2003, 1574.
6) OLG Koblenz v. 15.4.2014, 3 U 633/13, Stbg 2014, 323.

entfällt, wenn der Steuerberater davon ausgehen darf, dass der Mandant anderweitig fachkundig beraten wird.[1] Außerhalb der Mandatszeit können für Rechtsberater vor- oder nachvertragliche Nebenpflichten zum Schutz des künftigen bzw. früheren Mandanten entstehen. Einem Steuerberater kann – auch bei beschränktem Mandat – eine vorvertragliche Aufklärungspflicht obliegen, etwa bei der Beratung über steuerliche Vorteile einer beabsichtigten Gesellschaftsbeteiligung. Nach – vorzeitiger oder vertragsgemäßer – Beendigung des Vertrags kann ein Steuerberater eine nachvertragliche (nachwirkende) Pflicht zur Aufklärung seines ehemaligen Mandanten dann haben, wenn diesem ein unmittelbarer, mit der vorangegangenen Vertragserfüllung zusammenhängender Schaden – etwa infolge eines Fristablaufs – droht.[2]

Die im einzelnen Regressfall geltend gemachten Einzelpflichten eines Steuerberaters müssen sich auf dessen vier Grundpflichten zur Klärung des Sachverhalts, zur Rechtsprüfung und -beratung sowie zur Schadensverhütung zurückführen lassen.[3]

aa) Sachverhaltsaufklärung

Der Steuerberater muss den seiner Beratung zu Grunde liegenden Sachverhalt umfassend und sorgfältig erforschen und die Sachverhaltsaufklärung insbesondere (aber nicht ausschließlich) an den persönlichen und wirtschaftlichen Zielen des Mandanten, dem angestrebten Erfolg und der persönlichen Motive ausrichten. Im Hinblick auf eine umfassende Aufklärung sollte der Steuerberater zunehmend den Dialog mit dem Mandanten suchen, um offene Fragen und etwaige Unklarheiten zu beseitigen. Die fehlende bzw. schlechte Sachverhaltsaufklärung stellt etwa 10 % der Haftungsquote der Haftungsfälle dar.[4] Anzuraten ist hier, im Rahmen einer (zumeist gutachterlichen) Stellungnahme den Sachverhalt aufgeschlüsselt voranzustellen, damit der Mandant und der Steuerberater selbst ein eigenes Gefühl für die grundlegenden Tatsachen bekommen. Der Steuerberater darf das vom Mandanten gestellte Datenmaterial jedoch dann nicht ungeprüft übernehmen und als richtig betrachten, wenn dieser berechtigte Zweifel daran hat.[5]

9

Die Sachverhaltsaufklärung umfasst neben der inhaltlichen Komponente auch die Überwachung der Fristen. Schließlich hat der Steuerberater die fristgerechte Abgabe der Steuererklärung und eine dafür notwendige (etwaig zügige) Bearbeitung sicherzustellen.[6] Der Steuerberater muss demnach nicht nur die Fristen verfolgen, sondern auch rechtzeitig (!) dafür sorgen, dass der Mandant seinen Mitwirkungspflichten – zumeist in Form von Unterlagenbeschaffung – nachkommt.

10

bb) Rechtsprüfung

Auf Grund des zuvor vom Steuerberater (oder seinen ihm zuarbeitenden Hilfspersonen) ermittelten Sachverhaltes muss dieser auf Grund der Zielvorgaben des Mandanten den angestrebten Erfolg anhand der bestehenden Rechtslage prüfen. Unabdingbare Voraussetzung einer sorgfältigen Steuerberatung ist die Kenntnis der einschlägigen Rechtsnormen sowie der aktuellen Rechtsprechung und Fachliteratur, nicht zuletzt auch Kenntnis der Rechtspraxis und möglicher Verwaltungsvorschriften. Dazu muss sich der Steuerberater auch über erst bevorstehende Gesetzesänderungen aus

11

---

1) BGH v. 21.7.2005, IX ZR 6/02, DStRE 2006, 187.
2) BGH v. 13.2.2003, IX ZR 62/02, DStRE 2003, 829.
3) Zugehör, DStR 2007, 673, 675.
4) Hartmann/Heimann in Römermann, Steuerberater Handbuch Neue Beratungsfelder (2005), B.V. Rz. 33.
5) KG v. 25.8.2005, 8 U 56/05, NJW-RR 2005, 1656.
6) OLG Düsseldorf v. 9.1.2004, 23 U 34/03, INF 2004, 292.

allgemeinen Quellen informieren, jedoch nicht überraschende Änderungen erahnen.[1] Ähnlich verhält es sich mit dem Fortbestand der höchstrichterlichen Rechtsprechung: Der Steuerberater kann grundsätzlich auf eine gewisse Beständigkeit vertrauen, muss jedoch ebenfalls auf Grund konkreter Anhaltspunkte hinsichtlich einer Rechtsprechungsänderung eine entsprechende (zukunftsorientierte) Beratung vornehmen. Unterliegt der rechtliche Berater keiner gesteigerten Beobachtungs- und Recherchepflicht, darf er grundsätzlich darauf vertrauen, durch die Lektüre der einschlägigen Fachzeitschriften über aktuelle Entwicklungen in Rechtsprechung und Schrifttum hinreichend orientiert zu werden.[2] Die Gestaltung etwaiger Steuermodelle hat sodann auch an den zu erwartenden Steuer- oder Rechtsprechungsänderungen zu erfolgen und ist notfalls aufzuschieben, sofern keine (dringenden) Fristen entgegenstehen.

cc) Haftung

12 Die Kenntnis der Rechtsprechung muss neben den einschlägigen Urteilen des BFH und des BGH auch die möglicherweise davon abweichenden Ansichten der Instanzgerichte umfassen, in deren Zuständigkeit das Steuermandat zu bearbeiten ist. Wird in der Tages- oder Fachpresse über geplante Änderungen des Steuerrechts berichtet, die das von dem Mandanten erstrebte Ziel vereiteln könnten, so muss der Steuerberater sich bemühen, aus allgemein zugänglichen Quellen Näheres zu erfahren.[3] Weiß ein Steuerberater, dass ein FG die Revision zugelassen hat, weil die Rechtssache grundsätzliche Bedeutung bezüglich der Verfassungsmäßigkeit einer Steuernorm hat, so muss der Steuerberater gegen Steuerbescheide, die von der Verfassungsmäßigkeit der Vorschrift ausgehen, Einspruch einlegen; kennt der Steuerberater dieses Verfahren nicht, so hängt es von den Umständen des Einzelfalls ab, ob eine Pflichtverletzung vorliegt.[4] Wenn der Steuerberater verspricht, bzgl. einer Rechtsentwicklung „am Ball" zu bleiben, kann er u.U. dazu verpflichtet sein, auch internationale Zeitschriften zu lesen und muss darüber hinaus u.U. auch ohne explizite Rücksprache mit dem Mandanten Rechtsbehelfe einlegen.[5]

13 Der Steuerberater ist zur umfassenden und erschöpfenden steuerlichen und wirtschaftlichen Beratung seines Mandanten verpflichtet, wobei diesem zugleich der sicherste Weg zur Erreichung seiner Ziele aufgezeigt werden muss.[6] Sofern sich Unsicherheiten bei der rechtlichen Problemlösung ergeben, muss sich der Steuerberater (oder der Mandant selbst) notfalls entsprechenden Rat einholen und diesen sorgsam an seinen Mandanten weitergeben. Unterlässt er dies, kann dies eine Haftung auslösen.[7] Im Rahmen der Beratung hat ein Steuerberater seinen Mandanten darüber zu belehren, dass dieser einerseits gegen einen Gewerbesteuermessbetrag vorgehen kann mit der Begründung, er sei Freiberufler, und andererseits Einspruch gegen einen Einkommensteuerbescheid einlegen kann, um steuermindernde Rückstellungen wegen der Gewerbesteuer geltend zu machen. Dagegen ist ein Steuerberater nicht verpflichtet, dem Auftraggeber zur Steuerersparnis den Austritt aus der Kirche in dem Sinne zu empfehlen, dass er dem Mandanten eine solche höchstpersönliche Entscheidung nahelegt oder aufdrängt. Hat der Steuerberater auf Grund seines Mandats die steuerlichen Vor- und Nachteile verschiedener Gestaltungsmöglichkeiten – beispiels-

---

1) BGH v. 15.7.2004, IX ZR 472/00, NJW 2004, 3487; für den Anwaltsbereich, dessen Grundsätze übertragbar sind: BGH v. 29.4.2003, IX ZR 54/02, NJW-RR 2003, 1212; BGH v. 22.2.2001, IX ZR 293/99, NJW-RR 2001, 1351.
2) BGH v. 23.9.2010, IX ZR 20/09, DStRE 2011, 191.
3) BGH v. 15.7.2004, IX ZR 472/00, NJW 2004, 3487; BGH v. 6.11.2008, IX ZR 140/07, DStRE 2009, 452.
4) KG v. 8.9.2006, 4 U 119/05, WM 2006, 2319.
5) OLG Celle v. 23.2.2011, 3 U 174/10, DStR 2011, 835.
6) BGH v. 16.10.2003, IX ZR 167/02, DStRE 2004, 237.
7) BGH v. 14.6.2012, IX ZR 145/11, GWR 2012, 293 (m. Anm. Römermann).

weise im Hinblick auf eine Gewinnausschüttung – aufzuzeigen, so muss er regelmäßig auf die anfallende Kirchensteuer jedenfalls dann hinweisen, wenn diese den üblichen Zuschlag von 8 oder 9 % der Lohn- oder Einkommensteuer übersteigt.[1]

Weiterhin muss der Steuerberater im Rahmen dieser Rechtsberatung stets aufpassen, keine unzulässige Rechtsdienstleistung (früher: Rechtsberatung) i.S.d. Rechtsdienstleistungsgesetzes (RDG) vorzunehmen. Hieran hat insbesondere auch der Steuerberater ein berechtigtes Interesse, da dieser im „worst-case" nach § 134 BGB i.V.m. § 5 RDG seinen Honoraranspruch verliert und Schadenersatzansprüchen ausgesetzt ist, welche zumeist von keiner Berufshaftpflichtversicherung abgedeckt werden. Die Vermögenshaftpflichtversicherungen beugen der zumeist schwierigen Abgrenzung zwischen erlaubter Nebenleistung und verbotener Rechtsdienstleistung vor und erstrecken den Versicherungsschutz zumeist auch auf die Erbringung von Rechtsdienstleistungen, die als erlaubte Nebenleistung zum Berufs- oder Tätigkeitsfeld des Steuerberaters gehören; soweit die Grenzen der erlaubten Nebenleistung nicht bewusst überschritten werden, bleibt der Versicherungsschutz sodann erhalten.

14

Eine Rechtsdienstleistung ist nach § 2 Abs. 1 Satz 1 RDG jede Tätigkeit in konkreten fremden Angelegenheiten, sobald sie eine rechtliche Prüfung des Einzelfalls erfordert. Das RDG hat für die Steuerberatung keine Sonderregelung getroffen, so dass sich deren Tätigkeit und die Zulässigkeit der Rechtsdienstleistung anhand von § 5 RDG ergibt. Eine solche Rechtsdienstleistung eines Steuerberaters liegt beispielsweise vor, wenn eine Empfehlung zur Übernahme des Amtes eines Notgeschäftsführers abgegeben wird oder einem Vertragspartner eines Mandanten in Aussicht gestellt wird, man werde den Sachverhalt gerichtlich klären lassen.[2] Der Steuerberater darf insoweit Rechtsdienstleistungen nur erbringen, wenn diese im Zusammenhang mit einer anderen Tätigkeit stehen und als Nebenleistung zum Berufs- oder Tätigkeitsbild gehören. Ob eine solche Nebenleistung vorliegt, ist gem. § 5 Abs. 1 Satz 2 RDG nach ihrem Inhalt, Umfang und sachlichem Zusammenhang mit der Haupttätigkeit unter Berücksichtigung der Rechtskenntnisse zu beurteilen, die für die Haupttätigkeit erforderlich sind. Für den Steuerberater gilt deshalb im Grundsatz Folgendes: Steht im konkreten Mandat die Rechtsdienstleistung im Mittelpunkt oder ist sie als gleichwertige Hauptleistung anzusehen, scheidet eine Anwendung des § 5 RDG aus und der Steuerberater darf eine solche Beratung nicht vornehmen. Gleiches gilt, wenn die nachgefragte Rechtsdienstleistung in besonderem Interesse des Mandanten liegt oder der Mandant ohne gravierende Verluste oder Einschnitte in die Tätigkeit des Steuerberaters die Beratungsleistung bei einem Rechtsanwalt nachfragen könnte.[3]

15

dd) Schadenverhütung

Der Steuerberater hat den Mandanten möglichst vor Schaden zu bewahren und den nach den Umständen sichersten Weg zu dem erstrebten steuerlichen Ziel nebst sachgerechten Lösungen für dessen Verwirklichung aufzuzeigen. Der Steuerberater ist verpflichtet, auf Risiken hinzuweisen, die sich aus „Beurteilungsunschärfen" bei der Auslegung von Steuertatbeständen ergeben.[4] Zur Schadenverhütung gehört es auch, den Mandanten in die Situation zu versetzen, eigenverantwortlich maßgebliche Entscheidungen treffen zu können. Der Berater muss jedoch nicht auf Befolgung seines Rates drängen, wenn der Mandant sich für seine Vorschläge nicht aufgeschlossen zeigt, denn die rechtliche Beratung des Mandanten dient lediglich seiner Information

16

---

1) BGH v. 23.3.2006, IX ZR 140/03, DStRE 2006, 958; BGH v. 18.5.2006, IX ZR 53/05, WM 2006, 1736.
2) Römermann in Grunewald/Römermann, RDG (2008), § 2 Rz. 91.
3) Hirtz in Grunewald/Römermann, RDG (2008), § 5 Rz. 163; Römermann, GWR 2012, 293.
4) BGH v. 20.10.2005, IX ZR 127/04, NJW-RR 2006, 273.

für seine eigene freie Entscheidung.¹⁾ Ein Steuerberater muss deshalb seinem Mandanten nicht empfehlen, aus der Kirche auszutreten, ihn jedoch auf eine anfallende Kirchensteuer hinweisen. Bei der steuerlichen Vertragsgestaltung haftet der Steuerberater, wenn er die vereinbarte Begrenzung des Kaufpreises auf 77 % der im notariellen Vertrag näher beschriebenen Forderungen befürwortet hat, weil er rechtsfehlerhaft annahm, der günstige Steuersatz gem. § 34 EStG gelange insoweit zur Anwendung; dies beeinflusste die von ihm zu vertretende Pflichtverletzung und damit die Gestaltung des Kaufvertrags, den der Mandant mit dem Erwerber geschlossen hat. Ein daraus entstandener Schaden ist vom Schutzzweck der Beratungspflicht des Beraters gedeckt; denn dessen Aufgabe bestand darin, den Mandanten hinsichtlich der Art und Höhe des Kaufpreises unter steuerlichen Aspekten zu beraten.²⁾

17 Zu den weiteren Aufgaben des Steuerberaters zählt auch die ungefragte Belehrung über Möglichkeiten von Steuerersparnissen im Rahmen einer laufenden Prüfung oder den Risiken einer gewählten steuerlichen Gestaltungsmöglichkeit. Ein Steuerberater hat z.B. bei einer gesellschaftsrechtlichen Gestaltung auch dann auf steuerliche Nachteile bei der Einkommens- und Gewerbesteuer hinzuweisen, wenn sich sein Auftrag auf die Prüfung der Schenkungsteuer beschränkt.³⁾ Dies gilt (u.U.) auch für solche Umstände, welche vom Mandanten im konkreten Mandat nicht bedacht und demnach nicht berücksichtigt wurden.⁴⁾ Eine mögliche Weisung des Mandanten, gegen die Steuerbescheide nicht vorzugehen, kann nur nach ordnungsgemäßer Belehrung durch den Steuerberater Bedeutung erlangen.⁵⁾ Unterlässt der Steuerberater es hingegen pflichtwidrig, seinen Mandanten darauf hinzuweisen, dass dieser einen Anspruch auf eine steuerliche Sonderbehandlung nach dem sog. Sanierungserlass hat, kann er diesem für die daraus erwachsenden Nachteile haften, auch wenn der Sanierungserlass sich später als gesetzeswidrig herausstellen sollte.⁶⁾

18 Ferner kann es Einzelfälle geben, in dessen Rahmen der Steuerberater auch auf ihm bekannte und offenkundige Gefahren außerhalb des Beratungsmandates hinweisen muss. Dies gilt jedoch nur dann, wenn er Grund zu der Annahme hat, dass sich der Mandant der ihm drohenden Nachteile nicht bewusst ist und der Steuerberater selbst auf Grund seines persönlichen Sach- und Rechtswissens auf den ersten (durchschnittlichen) Blick die Gefahr erkennt.⁷⁾ So muss der Steuerberater bei einem Auftrag, Einspruch einzulegen, auch prüfen, ob die Steuerlast nicht durch andere steuerliche Gestaltung vermieden werden könnte.⁸⁾ Gleiches gilt entsprechend, wenn der Mandant verbindliche Weisungen gibt: Hier darf der Steuerberater nicht ohne weitere Überprüfung den angewiesenen Weg des Mandanten beschreiten, sondern muss vielmehr die drohenden Nachteile aufzeigen und sollte (bestmöglich) dem Mandanten eine entsprechend schriftliche (!) Belehrung zukommen lassen. Diese „ungefragte Beratung" ist je nach Größe und Dauer des Mandats umfangreicher oder entsprechend zu vernachlässigen. Die umfangreichsten, vorstehenden Pflichten hat der Steuerberater nur dann in sämtlichen steuerlichen Belangen seines Mandanten wahrzunehmen, wenn ihm ein Dauermandat zur Erledigung aller steuerlichen Angelegenheiten erteilt worden ist.⁹⁾ Beispielsweise muss der Steuerberater bei einem Auftrag zur Buchführung und Erstellung der Jahresabschlüsse lediglich die Grundsätze ordnungs-

---

1) BGH v. 22.9.2005, IX ZR 205/01, NJW-RR 2006, 195.
2) BGH v. 13 12.2007, IX ZR 130/06, DStRE 2008, 788.
3) OLG Köln v. 16.1.2014, 8 U 7/13, DStR 2014, 1355.
4) BGH v. 28.11.1966, VII ZR 132/64, DStR 1967, 424.
5) BGH v. 18.3.2010, IX ZR 105/08, BFH/NV 2010, 1405.
6) BGH v. 13.3.2014, IX ZR 23/10, DStR 2014, 1251.
7) BGH v. 18.3.2010, IX ZR 105/08, BFH/NV 2010, 1405.
8) BGH v. 13.2.2003, IX ZR 62/02, NZG 2003, 727; BGH v. 9.1.1996, IX ZR 103/95, NJW-RR 1996, 569.
9) BGH v. 20.11.1997, IX ZR 62/67, NJW 1998, 1221; BGH v. 23.2.2012, IX ZR 92/08, DStR 2012, 1202.

gemäßer Buchführung und Bilanzierung beachten, dem Mandanten Hinweise zu einzelnen Positionen jedoch nur dann erteilen, wenn diese vom Finanzamt möglicherweise nicht wie bilanziert anerkannt werden. Er hat dabei aber weder die der Bilanz zu Grunde liegenden Vorgänge steuerlich zu prüfen noch nach Möglichkeiten zur Steuerersparnis zu suchen.[1] Erarbeitet ein Steuerberater mehrmals hintereinander für eine GmbH den steuerlichen Jahresabschluss oder die Erklärungen zu Körperschaftsteuern und Gewerbesteuern, so muss er auch in einem hierauf beschränkten Dauermandat die innerhalb seines Gegenstands liegenden Gestaltungsfragen, aus denen sich verdeckte Gewinnausschüttungen ergeben können, mit der Auftraggeberin erörtern und auf das Risiko und seine Größe hinweisen.[2]

Konzepte eines vom Mandanten gesondert beauftragten „Spezialisten" hat der Steuerberater weder zu prüfen noch deren Ausführung zu überwachen. Er muss allenfalls vor Fehlleistungen dann warnen, wenn er diese erkennt und zugleich annehmen muss, dass der Mandant die Gefahr möglicherweise nicht bemerkt.[3] Bei Beendigung des Mandats muss der Steuerberater den Mandanten im Grundsatz über die laufenden Fristen und die Gefahren einer Säumnis informieren. Wird ein Rechtsanwalt und Steuerberater in seiner Eigenschaft als Steuerberater bei der Entscheidung über eine Kapitalerhöhung hinzugezogen, ist er in seiner weiteren Eigenschaft als Rechtsanwalt berechtigt und verpflichtet, den Mandanten im Zusammenhang mit der erbetenen steuerlichen Beratung auf die rechtlichen und wirtschaftlichen Risiken einer verdeckten Sacheinlage hinzuweisen. Will sich der Berater jedoch auf eine reine Steuerberatung beschränken, muss er dem Mandanten empfehlen, sich wegen der rechtlichen Umsetzung der Kapitalerhöhung an einen mit gesellschaftsrechtlichen Fragestellungen vertrauten Rechtsanwalt zu wenden. Mit seinem Vorschlag, sich anstelle einer Sacheinlage des Patents von der GmbH den darauf entfallenden Verkaufserlös auszahlen zu lassen und sodann die Kapitalerhöhung im Wege einer Bareinlage vorzunehmen, hat der Anwalt und Steuerberater die von dem Gesellschafter verwirklichte verdeckte Sacheinlage zumindest fahrlässig veranlasst und wegen der damit verbundenen Gefahr einer Doppelzahlung seine Beratungspflichten verletzt.[4] Eine vertragliche Verpflichtung, eine Person vor der Begehung einer Steuerstraftat zu schützen, besteht grundsätzlich für den Steuerberater im Verhältnis zu seinem Mandanten, soweit es um die richtige Darstellung der steuerlich bedeutsamen Vorgänge gegenüber dem Finanzamt geht.[5]

c) Kausalität

Die durch Missachtung des vorbezeichneten Pflichtenkreises verursachte Pflichtverletzung des Steuerberaters müsste sodann kausal für den eingetretenen Schaden sein. Nicht jeder Fehler eines Steuerberaters führt zur Schadenersatzpflicht. Diese setzt vielmehr einen adäquaten Ursachenzusammenhang zwischen der Pflichtverletzung des Steuerberaters und dem vom Mandanten geltend gemachten Schaden voraus. Für den Nachweis der haftungsausfüllenden Kausalität gelten die zur Anwaltshaftung entwickelten Grundsätze entsprechend.[6] Wenn der Steuerberater daher zunächst einen Beratungsfehler begeht und anschließend es auch noch versäumt, rechtzeitig Einspruch gegen den entsprechenden Steuerbescheid einzulegen, ist der unterblie-

---
1) BGH v. 15.4.1997, IX ZR 70/96, NJW 1997, 2238; OLG Köln v. 29.8.2004, 8 U 5/02, VersR 2004, 73.
2) BGH, v. 23.2.2012, IX ZR 92/08, DStR 2012, 1202 (Leitsatz).
3) BGH v. 21.7.2005, IX ZR 6/02, NJW-RR 2005, 1511.
4) BGH v. 19.5.2009, IX ZR 43/08, DStR 2009, 1767; DStR 2010, 350, 354.
5) BGH v. 15.4.2010, IX ZR 189/09, DStRE 2010, 1219.
6) BGH v. 22.2.2001, IX ZR 293/99, NJW-RR 2001, 1351.

bene Einspruch zwar pflichtwidrig, aber nicht kausal, da der Schaden schon zuvor feststand, so dass auch keine erneute Verjährungsfrist zu laufen beginnt.[1]

21 Eine Umkehr der Beweislast für den Nachweis des Schadens aus einer Pflichtverletzung des Beraters wird nur ausnahmsweise bejaht, beispielsweise dann, wenn der Steuerberater für die Beweisführung wesentliche Unterlagen dem Mandanten vorenthält.[2] Die Beweisführung nach den Grundsätzen über den sog. Anscheinsbeweis erfolgt dann, wenn ein bestimmter Rat geschuldet war und es in der gegebenen Situation (insoweit halbwegs) unvernünftig gewesen wäre, diesem Rat nicht zu folgen.[3] Zu Gunsten des geschädigten Mandanten wird stets vermutet werden, dass er sich bei pflichtgemäßem Vorgehen seines Beraters beratungsgemäß verhalten hätte, wenn vom Standpunkt eines vernünftigen Betrachters aus nur eine Entscheidung nahe gelegen hätte.[4] Dies gilt jedoch dann nicht, wenn auf Grund dieser richtigen Beratung mehrere mit Vor- und Nachteilen verbundene Gestaltungen in Betracht gekommen wären; hier hat der Mandant darzulegen, für welchen der denkbaren Wege er sich bei ordnungsgemäßer Beratung konkret entschieden hätte (wenn alle denkbaren Wege zu dem gleichen steuerrechtlichen Ergebnis geführt hätten, braucht er allerdings diese Entscheidung nicht darzulegen).[5] Zur Beantwortung der entscheidenden Frage, wie sich der Auftraggeber nach pflichtgemäßer Beratung durch den Steuerberater verhalten hätte, müssen die Handlungsalternativen des Mandanten nach einer solchen Beratung geprüft werden; dabei sind die Rechtsfolgen dieser Alternativen miteinander und mit den Zielen des Auftraggebers zu vergleichen.[6] Will beispielsweise ein Mandant ein Betriebsgrundstück mit Räumlichkeiten bebauen, die später von einem Angehörigen privat genutzt werden sollen, und dabei eine Steuervergünstigung in Anspruch nehmen, so spricht der Anscheinsbeweis dafür, dass der Mandant bei ordnungsmäßiger Belehrung durch seinen Steuerberater die zur Erlangung des Steuervorteils erforderlichen Maßnahmen in der richtigen Reihenfolge vorgenommen hätte.[7]

22 Für den Nachweis, dass die Pflichtverletzung ursächlich (und damit kausal) für die entstandenen Vermögensschäden ist, greift die Beweiserleichterung des § 287 Abs. 1 ZPO. Hier heißt es: *„Ist unter den Parteien streitig, ob ein Schaden entstanden sei und wie hoch sich der Schaden oder ein zu ersetzendes Interesse belaufe, so entscheidet hierüber das Gericht unter Würdigung aller Umstände nach freier Überzeugung."* Nach § 287 Abs. 2 ZPO sind bei vermögensrechtlichen Streitigkeiten die Grundsätze des Abs. 1 auch in anderen Fällen entsprechend anzuwenden, soweit unter den Parteien die Höhe einer Forderung streitig ist und die vollständige Aufklärung aller hierfür maßgebenden Umstände mit Schwierigkeiten verbunden ist, die zu der Bedeutung des streitigen Teils der Forderung in keinem Verhältnis stehen.

23 Hierzu gehören die häufig streitigen und sehr schwierigen Fragen, wie bei einem vorherigen Prozessverlust oder negativen Steuerbescheid nach einem offenkundigen Beraterfehler der (entschiedene) Vorprozess richtigerweise hätte entschieden werden müssen und wie sich ein fehlerhaft beratener Mandant bei vertragsgerechter Beratung verhalten hätte.[8]

24 Sofern der Mandant entsprechenden Schadenersatz aus einem Beratungsfehler geltend macht, muss dieser nachweisen, dass er sich bei vertragsgemäßer Leistung anders verhalten hätte und der Schaden nicht eingetreten wäre. Zum Vorteil des Man-

---

1) BGH v. 23.3.2011, IX ZR 212/08, NJW 2011, 2443.
2) BGH v. 27.9.2001, IX ZR 281/00, NJW 2002, 825.
3) OLG München v. 25.5.2011, 15 U 2373/10, BeckRS 2011, 14502.
4) BGH v. 15.5.2014, IX ZR 267/12, DStR 2014, 1734.
5) BGH v. 12.5.2011, IX ZR 11/08, BeckRS 2011, 14367.
6) BGH v. 18.5.2006, IX ZR 53/05, DStRE 2007, 133; DStR 2007, 673, 679.
7) BGH v. 4.5.2000, IX ZR 142/99, DStR 2000, 1525.
8) BGH v. 16.6.2005, IX ZR 27/04, NJW 2005, 3071; BGH v. 13.1.2005, IX ZR 455/00, NJW-RR 2005, 784.

danten (und insofern zum Nachteil des Steuerberaters) wird vermutet (sog. Beweis des ersten Anscheins), dass der Mandant auf die Aufforderungen des Steuerberaters alle Informationen und Unterlagen bekannt gegeben hat; dies gilt jedoch nur, wenn ein bestimmter Rat geschuldet war und es unvernünftig gewesen wäre, diesem nicht zu folgen.[1]

Sofern mehrere Berater an einem Fall tätig waren, muss deren Verhalten in unmittelbarem Zusammenhang mit dem ihm anvertrauten Pflichtenkreis zu einem kausalen Schadensbeitrag geführt haben.

d) Schaden

Sofern der Steuerberater auf Grund seiner Pflichtverletzung den eingetretenen Schaden kausal verursacht hat, muss er diesen gegenüber dem Geschädigten (seinem Mandanten) ersetzen. Nach § 249 Abs. 1 BGB hat derjenige, welcher zum Schadenersatz verpflichtet ist, den Zustand herzustellen, der bestehen würde, wenn der zum Ersatz verpflichtende Umstand nicht eingetreten wäre (sog. Naturalrestitution). Danach muss die tatsächliche Vermögenslage derjenigen gegenübergestellt werden, die sich ohne den Fehler des rechtlichen Beraters ergeben hätte.[2] Das erfordert einen Gesamtvermögensvergleich, der alle von dem haftungsbegründenden Ereignis betroffenen finanziellen Positionen umfasst. Hierbei ist grundsätzlich die gesamte Schadensentwicklung bis zur letzten mündlichen Verhandlung in den Tatsacheninstanzen in die Schadensberechnung einzubeziehen.[3] Als zu ersetzende Schäden aus fehlerhafter Steuerberatung kommen insbesondere die Folgen einer vermeidbaren Steuerbelastung, die Nachteile aus nicht in Anspruch genommenen Freibeträgen, etwaige Mehrbelastungen infolge einer nicht mehr möglichen Steuerbegünstigung sowie die Mehrkosten aus Überprüfung und Korrektur fehlerhafter Beratung in Betracht.[4]

Der Verlust einer tatsächlichen oder rechtlichen Position, die materiell-rechtlich nicht gerechtfertigt ist, ist kein Schaden im Rechtssinne, deshalb ist der Nachteil, den eine Partei dadurch erleidet, dass ein sachlich aussichtsloses Rechtsmittel nicht oder verspätet eingelegt wurde und demzufolge die Vollstreckung früher stattfindet, kein Schaden.[5] Die etwaigen Schäden sind nur im Rahmen des Schutzzwecks der verletzten Pflicht zu ersetzen. So haftet der Steuerberater daher im Falle des Rates zur Gründung einer Gesellschaft nur für Steuernachteile, nicht auch für den ausbleibenden unternehmerischen Erfolg.[6] Der Steuerberater kann jedoch im Einzelfall auch für den Verzögerungsschaden eines Bauvorhabens haften, wenn er ein erforderliches Auskunftsersuchen beim Finanzamt schuldhaft verzögerte.[7] Hier ist zu überprüfen, ob dies zu dem übernommenen Pflichtenkreis des Steuerberaters gehört oder von diesem nicht zu beachten war und ebenfalls keine entsprechende Hinweispflicht bestand. Ferner haftet der Steuerberater für Kursverluste, wenn er über die Verrechenbarkeit solcher Verluste mit Gewinnen falsch berät und der Kunde deswegen nicht verkauft.[8] Eine Verletzung von Beratungs- oder Hinweispflichten und damit ein ersatzfähiger Schaden seitens des Steuerberaters liegt ebenfalls nicht vor, wenn sein als Rechtsanwalt tätiger Mandant rechtswidrig von der Finanzverwaltung mit seinen Einkünften zur Gewerbesteuer herangezogen worden ist, ohne dass mit einem solchen Fehler der Finanzverwaltung konkret gerechnet und ihm durch besondere Empfehlungen

---

1) BGH v. 6.12.2001, IX ZR 124/00, NJW 2002, 593.
2) Vgl. BGH v. 17.3.2011, IX ZR 162/08, DStRE 2012, 133.
3) BGH v. 7.2.2008, IX ZR 149/04, NJW 2008, 2041; DStR 2010, 401.
4) Vgl. Fischer in BeckOK, BGB (2012), § 675 Rz. 39.
5) BGH v. 28.9.2000, VII ZR 372/99, BGHZ 145, 256.
6) BGH v. 13.2.2003, IX ZR 62/02, NJW-RR 2003, 1035.
7) BGH v. 7.12.2006, IX ZR 37/04, NJW-RR 2007, 857.
8) BGH v. 18.1.2007, IX ZR 123/04, WM 2007, 567.

vorgebeugt werden konnte.[1] Trotz der falschen Erklärung eines Steuerberaters, ein Verkauf von Weinbergen sei steuerlich unschädlich, stellt die Einkommensteuer auf den Verkaufsgewinn dann keinen Schaden des Mandanten dar, wenn dieser Gewinn abzüglich Steuern nicht geringer ist als der Verkehrswert der Weinberge ohne Veräußerung.[2] Das schließt aber eine Einstandspflicht desjenigen, der vertraglich verpflichtet war, den Täter vor der Begehung einer Straftat oder Ordnungswidrigkeit und deren Folgen zu schützen, nicht aus.[3]

28 Der Schaden tritt grundsätzlich bei der Bekanntgabe des belastenden oder (bei entgangenen steuerlichen Vorteilen) versagenden Steuerbescheides ein,[4] wohingegen ein Schaden aus vermeidbarer Steuerschuld bereits bei der Selbstveranlagung (im Rahmen der Umsatzsteuer) mit Abgabe der fehlerhaften Erklärung eintritt.

e) Mitverschulden

29 Den Mandanten kann jedoch im Rahmen des Anspruchs auf Schadenersatz auch ein Mitverschulden treffen. Nach § 254 Abs. 1 BGB gilt – sofern ein Verschulden des Geschädigten bei der Entstehung des Schadens mitgewirkt hat – der Grundsatz, dass sodann die Verpflichtung zum Ersatz sowie der Umfang des zu leistenden Ersatzes von den Umständen abhängt, insbesondere davon, inwieweit der Schaden vorwiegend von dem einen oder dem anderen Teil verursacht worden ist. Hierbei wird grundsätzlich (zur Beunruhigung der beratenden Berufe) vermutet, dass sich der Mandant bei sachgerechter Belehrung beratungsgemäß verhalten hätte.[5] Ebenso gilt der Grundsatz, dass sich der Mandant auf die Beratung seines Steuerberaters verlassen darf und nicht selbst kontrollieren muss, ob die Beratung zutreffend ist oder nicht.[6] Ein Mitverschulden nach § 254 Abs. 2 BGB kann dem Mandanten auch dann nicht vorgeworfen werden, wenn er es unterlassen hat, den Steuerschaden durch Kompensationsgeschäfte zu verringern, sofern diese Kompensationsgeschäfte mit neuen Risiken behaftet waren (wenn der Mandant solche risikobehafteten Geschäfte tatsächlich doch getätigt hat, muss er sich dies aber nicht schadensmindernd anrechnen lassen).[7] Der Schädiger ist für die Voraussetzungen des Mitverschuldens darlegungs- und beweisbelastet.[8]

30 Neben der Verpflichtung zur Zahlung des vereinbarten Honorars hat der Mandant insoweit auch weitreichende Mitwirkungspflichten. Diese umfassen insbesondere die Verpflichtung, notwendige Informationen und Unterlagen rechtzeitig zur zeitgerechten Bearbeitung durch den Steuerberater beizubringen, notwendige Erklärungen rechtzeitig abzugeben, sonstige Informationen des Steuerberaters zur Kenntnis zu nehmen und bei Unklarheit rechtzeitig Rücksprache mit dem Berater zu halten. Der Mandant muss – nach Schadenseintritt – zudem alle ihm zumutbaren und zugänglichen Möglichkeiten wahrnehmen, um den durch einen Beratungsfehler entstandenen Schaden zu vermeiden oder zu mindern. Hierzu gehört insbesondere die Einlegung und Durchführung etwaiger Rechtsmittel (gegen Urteile oder entsprechende Bescheide) sowie die hinreichende Unterstützung mit ihm zugänglichen Informationen und Unterlagen.[9] Das Rechtsmittel muss jedoch auf Kosten des Steuerberaters

---

1) BGH v. 7.7.2005, IX ZR 425/00, NJW-RR 2005, 1654.
2) BGH v. 20.1.2005, IX ZR 416/00, DStR 2005, 548.
3) BGH v. 15.4.2010, IX ZR 189/09, DStRE 2010, 1219.
4) BGH v. 23.3.2011, IX ZR 212/08, NJW 2011, 2443.
5) BGH v. 23.1.2003, IX ZR 180/01, DStR 2003, 1626, 1627; Heermann in MüKo, BGB (2009), § 675 Rz. 44.
6) BGH v. 17.3.2011, IX ZR 162/08, DStR 2011, 1970.
7) BGH v. 17.3.2011, IX ZR 162/08, DStR 2011, 1970.
8) BGH v. 15.4.2010, IX ZR 189/09, DStRE 2010, 1219.
9) OLG Köln v. 21.11.2002, 8 U 44/02, VersR 2003, 1137; BGH v. 20.2.2003, IX ZR 384/99, NJW-RR 2003, 931.

oder zumindest nach vorheriger Erklärung der Freistellung gegenüber dem Mandanten durchgeführt werden. Hat der Steuerberater im Ermittlungsverfahren ausdrücklich im Namen des Mandanten eine schriftsätzliche Stellungnahme gegenüber der Bußgeld- und Strafsachenstelle des zuständigen Finanzamts abgegeben, kann er sich nicht darauf berufen, der Mandant wäre gehalten gewesen, gegen den später ergangenen Strafbefehl Einspruch einzulegen.[1]

3. Haftung gegenüber Dritten

Sofern die Arbeiten des Steuerberaters auch für Dritte bestimmt sind und diesen zugänglich gemacht werden, ergeben sich hieraus ebenfalls Haftungsrisiken, die neben dem konkreten Mandatsverhältnis liegen. Eine solche sog. Dritthaftung kommt in Betracht, wenn beispielsweise ein Kreditinstitut Prüfungsergebnisse zur Entscheidungsgrundlage heranzieht und für die Gewährung von Investitionskrediten verwendet.[2] Im wichtigsten Dritthaftungsfall kann ein Rechtsberater, der für seinen Mandanten tätig ist, einem Dritten haften, wenn dieser auf die Richtigkeit und Vollständigkeit eines Gutachtens, eines Jahresabschlusses, einer Auskunft oder einer sonstigen Erklärung des Rechtsberaters vertraut, und deswegen eine Vermögensverfügung – regelmäßig als Kreditgeber, Käufer oder Kapitalanleger zu Gunsten des Mandanten – vornimmt, die für ihn zu einem Schaden führt, weil die Expertise des Rechtsberaters falsch oder unvollständig ist.[3]

31

a) Haftung

Im Rahmen der Dritthaftung kommen insoweit eine deliktische und eine vertragliche Haftung in Betracht.

32

Die deliktische Haftung hat hierbei eine untergeordnete Rolle. Zwar kommen die Anspruchsgrundlagen der § 823 Abs. 1 und 2 BGB sowie § 826 BGB in Betracht. Die deliktische Haftung des § 823 Abs. 1 BGB dürfte jedoch die Ausnahme darstellen, da das Vermögen kein sonstiges (absolutes) Recht ist und eine andere Schadenskonstellation wenig wahrscheinlich erscheint. Die deliktische Haftung aus vorsätzlich sittenwidriger Schädigung dürfte vielfach an den Verschuldensmaßstäben scheitern. Hierbei ist lediglich zu beachten, dass die Rechtsprechung bereits leichtfertiges oder grob fahrlässiges Handeln bei der Berufsausübung freier Berufe genügen lässt.[4] Allenfalls kommt die deliktische Haftung dann in Betracht, wenn ein Schaden durch arglistige Täuschung des Steuerberaters eines Anlegers durch falsche Prospektangaben oder unzureichender Risikoaufklärung, bei einer Mitwirkung an einem besonders rücksichtslosen Vertragsbruch, der Erteilung einer fingierten Rechnung, um unerlaubte Zuwendungen an Mitarbeiter des Vertragspartners zu verdecken oder der Schädigung von Gläubigern durch planmäßigen Entzug des Vermögens einer GmbH.[5]

Die vertragliche Haftung resultiert letztlich aus der Verletzung vertraglicher Pflichten. Hierbei sind zwei Konstellationen denkbar: ein Vertrag zu Gunsten Dritter oder ein Vertrag mit Schutzwirkung für Dritte. Bei dem Erstgenannten wird der Dritte nach § 328 Abs. 1 BGB durch entsprechende Vereinbarung zwischen dem Steuerberater und dem Mandanten als unmittelbar Leistungsberechtigter in den Vertrag einbezogen

33

---
1) BGH v. 15.4.2010, IX ZR 189/09, DStRE 2010, 1219.
2) Hartmann/Heimann in Römermann, Steuerberater Handbuch Neue Beratungsfelder (2005), B.V. Rz. 149.
3) Zugehör, DStR 2007, 723.
4) OLG Düsseldorf v. 7.3.1986, 3 Wx 79/86, NJW 1986, 1819.
5) BGH v. 28.2.2005, II ZR 13/03, DStR 2005, 882; BGH v. 26.10.2004, XI ZR 279/03, NJW-RR 2005, 556; BGH v. 13.7.2004, VI ZR 136/03, NJW 2004, 3423; BGH v. 24.6.2002, II ZR 300/00, BGHZ 151, 181; BGH v. 20.9.2004, II ZR 302/02, DStR 2004, 2065.

und hat daraus eigene vertragliche Rechte. Ferner kann ein Dritter aus einem (konkludenten) Auskunftsvertrag entsprechende Rechte ableiten; ein solcher muss jedoch ausdrücklich zustande gekommen sein.

34 Im Gegensatz hierzu erwirkt der Dritte bei einem Vertrag mit Schutzwirkung zu Gunsten Dritter keine unmittelbaren Leistungsansprüche. Dieser wird jedoch derart in den Vertrag einbezogen, dass dem Dritten eigenständige Schadenersatzansprüche bei Verletzung vertraglicher Pflichten zustehen. Nach § 311 Abs. 3 BGB kann ein Schuldverhältnis mit Pflichten nach § 241 Abs. 2 BGB auch zu Personen entstehen, die nicht selbst Vertragspartei werden sollen. Dies gilt insbesondere für Gutachtenaufträge. Dabei ist entscheidend, ob der Sachkenner nach dem Inhalt des Auftrags damit rechnen muss, sein Gutachten werde gegenüber Dritten verwendet und von diesen zur Grundlage einer Vermögensverfügung gemacht. Der Gutachter haftet nicht, wenn der Auftraggeber das Gutachten in einer Weise verwendet, mit der ein redlicher Gutachter nicht mehr rechnen muss; dies kann der Fall sein, wenn der Auftraggeber das Gutachten rechtswidrig benutzt, etwa zu einem Kreditbetrug. Dementsprechend kann ein Gutachter wegen einer Pflichtverletzung Dritten haften, wenn das Gutachten – für ihn erkennbar – Finanzierungszwecken dient; dann können auch mehrere Darlehensgeber, bei komplexen Finanzierungen auch eine namentlich nicht bekannte Vielzahl privater Kreditgeber, in den Schutzbereich eines Gutachtenvertrages einbezogen sein.[1] Zudem soll ein Steuerberatervertrag mit einer GmbH normalerweise auch Schutzwirkung gegenüber dem Geschäftsführer und ggf. Gesellschafter der GmbH begründen.[2] Ein Schadenersatzanspruch des Dritten aus einer Schutzwirkung des Gutachtenvertrages besteht nicht, wenn der geschützte Dritte die Unrichtigkeit des Gutachtens erkennt oder ernsthafte Zweifel an der Richtigkeit des Gutachtens hat und seine Dispositionen unabhängig vom Inhalt und Ergebnis des Gutachtens trifft.[3] Der strengere Pflichtenmaßstab des steuerlichen Haftungsrechts im Vergleich zur bürgerlich-rechtlichen Beraterhaftung schafft demnach für den Geschäftsführer einer GmbH ein spezifisches Risiko, für die Folgen einer fehlerhaften Wahrnehmung des Steuermandats der Gesellschaft in Haftung genommen zu werden, obwohl dem Haftungsschuldner weder als Organverwalter noch auf Grund des Steuerberatungsvertrags obliegt, die Tätigkeit der Berater mit ähnlicher Intensität zu überwachen.[4]

35 Ein solches (haftungsrechtlich relevantes) Schuldverhältnis entsteht insbesondere, wenn der Dritte in besonderem Maße Vertrauen für sich in Anspruch nimmt und dadurch die Vertragsverhandlungen oder den Vertragsschluss erheblich beeinflusst. Voraussetzungen für einen solchen Anspruch sind jedoch, dass der Dritte eine gewisse Vertragsnähe aufweist, ein Interesse an dessen Schutz besteht, der Kreis der geschützten Personen erkennbar ist und der Dritte überhaupt schutzbedürftig ist.[5] Eine solche drittschützende Wirkung kann jedoch zu Gunsten der Gesellschaft und des Geschäftsführers einer GmbH bei der Prüfung einer möglichen Insolvenzreife anzunehmen sein.[6] Bei Dauermandanten von „üblichem" Zuschnitt greift dies jedoch nicht.[7] Allerdings haftet der Steuerberater der Gesellschaft wegen der Folgen einer durch ihn bedingten verspäteten Insolvenzantragstellung dann, wenn der vertraglich lediglich mit der Erstellung der Steuerbilanz betraute Steuerberater erklärt, dass eine insolvenzrechtliche Überschuldung nicht vorliege.[8]

---

1) BGH v. 20.4.2004, X ZR 250/02, BGHZ 159, 1; DStR 2007, 723, 724.
2) BGH v. 14.6.2012, IX ZR 145/11, GWR 2012 (Anm. Römermann).
3) BGH v. 17.9.2002, X ZR 237/01, DStR 2003, 170.
4) BGH v. 13.10.2011, IX ZR 193/10, NZG 2011, 1384.
5) Vgl. Kindl in Erman, BGB, Köln (2011), § 311 Rz. 15 ff.
6) BGH v. 14.6.2012, IX ZR 145/11, GWR 2012, 293 (m. Anm. Römermann).
7) BGH v. 7.3.2013, IX ZR 64/12, DStR 2013, 1151; dazu Römermann, GmbHR 2013, 513.
8) BGH v. 6.6.2013, IX ZR 204/12, DStR 2013, 2081.

b) Sonderfall Insolvenzverschleppungsschaden

Im Rahmen der Haftung gegenüber Dritten stellt sich für den Steuerberater zunehmend die Frage, ob dieser in der Krise des Mandanten verpflichtet ist, Krisenzeichen zu erkennen und ob eine entsprechende Hinweispflicht an den Unternehmer besteht. Im Umkehrschluss stellt sich die Frage, ob sich der Unternehmer auf seinen Steuerberater verlassen kann und letztlich keine eigene Überwachung einer Zahlungsunfähigkeit oder Überschuldung vornehmen muss. 36

Im Januar 2010 haben die deutschen Amtsgerichte nach Angaben des Statistischen Bundesamtes (www.destatis.de) 2 547 Unternehmensinsolvenzen registriert. Diese Zahl schwankt zwar von Monat zu Monat, bestätigt aber die hohe Bedeutung für den Beratermarkt. Die Frage der Haftung von Steuerberatern im Insolvenzfall wird deshalb derzeit kontrovers diskutiert.[1] Wie weit der Pflichtenkreis des Steuerberaters reicht, ist, auch von der Rechtsprechung, noch nicht abschließend geklärt. Insbesondere im Hinblick auf den praxisrelevanten „Normalfall", bei dem sich der Auftrag des Steuerberaters auf die laufende Buchführung und die Erstellung des Jahresabschlusses erstreckt, herrscht im Hinblick auf mögliche Nebenpflichten des Steuerberaters eine gewisse Rechtsunsicherheit.[2] So gibt es Stimmen in der Literatur, die von Beihilfe des Steuerberaters zur Insolvenzverschleppung ausgehen, wenn dieser den Geschäftsführer der betreuten GmbH auf eine Überschuldung und die Pflicht zur Stellung eines Insolvenzantrags hinweist, der Geschäftsführer aber vorsätzlich und schuldhaft gegen seine Insolvenzantragspflicht gem. § 15a InsO verstößt, dadurch einen zurechenbaren Schaden der Gesellschaftsgläubiger auslöst und der Steuerberater dem Geschäftsführer weiter seine Arbeitsleistung zur Verfügung stellt. Denn in diesem Fall werde der Steuerberater damit rechnen, dass der Geschäftsführer zumindest bedingt vorsätzlich Insolvenzverschleppung begehe. Durch die weitere Bereitstellung seiner Arbeitsleistung leiste er sodann zumindest bedingt vorsätzlich Beihilfe gem. § 27 Abs. 1 StGB.[3] 37

Sofern der Geschäftsführer „ahnungslos" ist und der Steuerberater es unterlässt, den Geschäftsführer auf die Überschuldung und die Pflicht zur Stellung eines Insolvenzantrags binnen drei Wochen hinzuweisen, soll – nach den oben genannten Auffassungen – sogar eine Insolvenzverschleppung in mittelbarer Täterschaft in Betracht kommen. Dem liegt die Idee zu Grunde, dass der Steuerberater die Tat „durch" den Geschäftsführer begeht, indem er sich den Umstand zunutze macht, dass dieser aus Unwissenheit keinen Insolvenzantrag stellt, in der Hoffnung, dadurch das Mandat fortführen zu können. Auch eine Beihilfehandlung wäre möglich.[4] 38

Der Tatbestand der Insolvenzverschleppung ist jedoch erst erfüllt, wenn nachweisbar ist, dass zwischen dem Vorliegen des Insolvenzgrundes und der Antragstellung mehr als drei Wochen gelegen haben. Eine Insolvenzverschleppung ist gem. § 15a InsO strafbewehrt und löst zivilrechtliche Ansprüche auf Schadenersatz nach § 64 Satz 1 GmbHG aus. Sofern der zuvor dargestellten Auffassung gefolgt wird, sollen diese Konsequenzen nicht nur den Geschäftsführer, sondern auch den Steuerberater treffen. Neben der strafrechtlichen Verfolgung droht ihm die Geltendmachung eines Schadenersatzanspruches aus § 823 Abs. 2 BGB i. V. mit §§ 64 Satz 1, 84 Abs. 1 GmbHG; sofern eine Beihilfe zur Insolvenzverschleppung in Betracht gezogen wird, ergibt sich ein Schadenersatzanspruch zudem aus §§ 830 Abs. 2, 840 Abs. 1 BGB. Als Anspruchsinhaber kommen der Insolvenzverwalter sowie der Geschäftsführer in Betracht. 39

---

1) Vgl. u.a. Weber/Buchert, ZInsO 2009, 1731 ff.; Zugehör, NZI 2008, 652 ff.; Wagner, ZInsO 2009, 449 ff.
2) Vgl. u.a. Weber/Buchert, ZInsO 2009, 1731 ff.; Zugehör, NZI 2008, 652 ff.
3) Schmittmann, ZInsO 2008, 1170, 1172.
4) Römermann, GWR 2012, 293.

40 Vor diesem Hintergrund stellt sich allerdings die Frage, ob der Steuerberater überhaupt verpflichtet und (nach RDG) berechtigt ist, den Geschäftsführer der betreuten GmbH auf eine Überschuldung und die daraus folgende Insolvenzantragspflicht hinzuweisen.[1] Zum Teil wird dies damit begründet, dass der Steuerberater im Rahmen seiner Aufgabenzuweisung gem. § 33 StBerG, wie der Rechtsanwalt, verpflichtet sei, „den sichersten Weg" zu wählen und daraus die Pflicht resultiere, den Mandanten auf eine eingetretene bilanzielle Überschuldung hinzuweisen.[2] Im Hinblick auf eine mittelbare Täterschaft des Steuerberaters wegen „Ahnungslosigkeit des Geschäftsführers" stellt sich indes die Frage, warum der Steuerberater von einer solchen Ahnungslosigkeit ausgehen sollte. Schließlich gehört es zum Pflichtenkreis des Geschäftsführers einer GmbH, deren finanzielle Situation permanent zu überwachen und zu kontrollieren. Auch wenn sich diese Pflicht nicht ausdrücklich aus dem GmbHG ergibt, so ist sie doch eine logische Schlussfolgerung aus den Vorschriften, die den Umgang des Geschäftsführers mit dem Gesellschaftsvermögen regeln, beispielsweise § 49 Abs. 3 GmbHG. Der konkrete Inhalt der wirtschaftlichen Prüfungspflichten bestimmt sich nach der Größe des Unternehmens. In jedem Fall muss sich der Geschäftsführer aber – gerade in Zeiten der Krise – über die vermögensrechtliche Situation der Gesellschaft schnell und umfassend informiert halten und in der Lage sein, die von der Gesellschaft eingegangenen Risiken abzuschätzen und zu steuern.[3] Bei Anzeichen einer Krise ist er außerdem verpflichtet, sich durch Aufstellung einer Zwischenbilanz oder eines Vermögensstatus einen Überblick über den aktuellen Vermögensstand zu verschaffen. Hierbei handelt es sich um eine originäre, nicht delegierbare Verpflichtung des Geschäftsführers einer GmbH. Es kann demnach keine Haftung des Steuerberaters bestehen.

41 Letztlich überzeugen die weiter vorgebrachten Argumente ebenfalls nicht: Der Steuerberater fertigt seinen Jahresabschluss i.d.R. ohne Prüfungshandlungen und aus dem Gebot des „sichersten Wegs" folgt nur, dass von mehreren in Betracht kommenden Maßnahmen die sicherste und zweifelsfreie zu nehmen ist. Das StBerG verpflichtet den Steuerberater weder zu betriebswirtschaftlichen Prüfungen noch zu einer insolvenzrechtlichen Aufsicht. Die Erstellung des Jahresabschlusses nebst der steuerlichen Beratung dienen der Steuerdeklaration und nicht dazu, den Geschäftsführer vor Schadenersatzansprüchen zu bewahren.[4] Zudem spielen die Themen wie Überschuldung, Insolvenzwerte, Forderungsverzicht etc. im Rahmen der Steuerberaterprüfung eine untergeordnete Rolle. Dem Steuerberater sollte jedoch angeraten werden, bei Erkennen etwaiger Zahlungsunfähigkeit oder sonstiger auf eine drohende Insolvenz deutenden Zeichen seinen Mandanten zu informieren und entsprechend zu belehren.[5]

42 Bietet der Steuerberater, wie es in der Praxis besonders bei Dauermandaten zunehmend anzutreffen ist, eine Art Rundumbetreuung an bzw. führt diese durch und fungiert als Ansprechpartner für die Probleme des Mandanten, begleitet und führt Gespräche über Bilanzansätze und betriebswirtschaftliche Verbesserungen und erhält im Rahmen dieser „all inclusive" Betreuung Kenntnis von einer wirtschaftlichen Krise, so wird vertreten, dass er verpflichtet sei, seinen Mandanten darauf aufmerksam zu machen.[6] Eine solche Pflicht resultiere als Schadensminderungspflicht in diesem Fall bereits aus dem engen Mandatsverhältnis. Dieses verpflichte den Steuerberater – so er annehmen muss, dass der Mandant die Gefahr nicht kennt –, ihn darauf hinzuweisen. Diese Hinweispflicht soll nur dann entfallen, wenn der Steuerberater davon aus-

---

1) Dafür Sundermeier/Gruber, DStR 2000, 929, 930.
2) Schmittmann, ZInsO 2008, 1170, 1172.
3) BGH v. 20.2.1995, II ZR 9/94, NJW-RR 1995, 669.
4) OLG Köln v. 23.2.2012, 8 U 45/11, BeckRS 2012, 06526 (nicht rkr.).
5) OLG Celle v. 6.4.2011, 3 U 190/10, DStR 2012, 539.
6) Ehlers, NZI 2008, 211, 212; so auch OLG München v. 10.5.1996, 21 U 4468/95, NJWE-VHR 1996, 215.

gehen darf, dass der Mandant anderweitig fachkundig beraten wird, oder der Steuerberater eigene Ermittlungen – womöglich sogar gegen den Willen seines Mandanten – anstellen müsste, um Anzeichen einer Krise festzustellen.[1] Hier stellt sich das Problem, wann ein solches Dauermandat vorliegen soll; bereits aus diesem – kaum möglichen – Abwägungsgrund ist diese Ansicht abzulehnen. Der BGH hat nunmehr bestätigt, dass das steuerberatende Dauermandat von einer GmbH bei üblichem Zuschnitt keine Pflicht begründet, die Mandantin bei einer Unterdeckung in der Handelsbilanz auf die Pflicht ihres Geschäftsführers hinzuweisen, eine Überprüfung in Auftrag zu geben oder selbst vorzunehmen, ob Insolvenzreife besteht.[2] Tritt hingegen der Steuerberater bei einem rein steuerrechtlichen Mandat in konkrete Erörterungen über eine etwaige Insolvenzreife der von ihm beratenen Gesellschaft ein, ohne die Frage nach dem Insolvenzgrund zu beantworten, hat er das Vertretungsorgan darauf hinzuweisen, dass eine verbindliche Klärung nur erreicht werden kann, indem ihm oder einem fachlich geeigneten Dritten ein entsprechender Prüfauftrag erteilt wird.[3]

II. Haftung in Berufsausübungsgemeinschaften

Der Steuerberater kann sich in der Form einer Sozietät (Gesellschaft bürgerlichen Rechts) oder in sonstigen Gesellschaften zusammenschließen. Nach § 49 Abs. 1 StBerG können die Aktiengesellschaften, Kommanditgesellschaften auf Aktien, Gesellschaften mit beschränkter Haftung, Offene Handelsgesellschaften, Kommanditgesellschaften und Partnerschaftsgesellschaften nach Maßgabe dieses Gesetzes als Steuerberatungsgesellschaften anerkannt werden. Die häufigsten und hier dargestellten Formen beruflicher Zusammenschlüsse stellen jedoch die Sozietät (GbR), die Partnerschaftsgesellschaft und die Gesellschaft mit beschränkter Haftung (GmbH) dar. Hat eine Sozietät keine andere Rechtsform gewählt, so bildet sie im Zweifel eine rechtsfähige GbR entsprechend den in der Rechtsprechung entwickelten Grundsätzen.[4] **43**

Der Steuerberatungsvertrag einer interdisziplinären Sozietät ist nichtig, wenn nicht sämtliche Mitglieder der Sozietät zur geschäftsmäßigen Hilfe in Steuersachen befugt sind. Ist ein Rechtsberatervertrag insoweit unwirksam, so kann dem Auftraggeber ein Schadensersatzanspruch aus Verschulden bei Vertragsschluss, Geschäftsführung ohne Auftrag und unerlaubter Handlung zustehen. Aus einem nichtigen Geschäftsbesorgungsvertrag kann sich auch ein Vergütungsanspruch des Steuerberaters aus ungerechtfertigter Bereicherung ergeben, falls die Forderung nicht nach § 817 Satz 2 BGB ausgeschlossen ist.[5] **44**

1. Sozietät

Die Haftung von Steuerberatern, Rechtsanwälten und Wirtschaftsprüfern in einer Sozietät war in den vergangenen Jahren einer kontinuierlichen Verschärfung unterworfen. Seit dem Jahre 2001 gilt die sog. akzessorische Haftung (aus gesetzlicher, akzessorischer Gesellschafterhaftung analog § 128 HGB). Diese setzt voraus, dass es sich bei der relevanten Schuld überhaupt um eine Verbindlichkeit der Gesellschaft handelt. Handelte eine Person, die im Übrigen Gesellschafterin der GbR ist, im konkreten Fall außerhalb der Sozietät lediglich und einzig im eigenen Namen, dann treffen die Rechtsfolgen allein diese Person. Wer jedoch im jeweiligen Einzelfall ver- **45**

---

1) BGH v. 4.3.1987, IVa ZR 225/85, NJW-RR 1987, 1375; NZI 2008, 211, 212.
2) BGH v. 7.3.2013, IX ZR 64/12, DStR 2013, 1151; dazu Römermann, GmbHR 2013, 513.
3) BGH v. 6.2.2014, IX ZR 53/13, DStR 2014, 975.
4) BGH v. 3.5.2007, IX ZR 218/05, NJW 2007, 2490.
5) BGH v. 26.1.2006, IX ZR 225/04, DStRE 2006, 885.

pflichtet, mit wem also der Vertrag geschlossen oder in wessen Namen die Handlung begangen wurde, ist eine Auslegungsfrage.[1] Waltet etwa ein Notar seines Amts, der zugleich Rechtsanwalt ist und gemeinsam mit seinen anwaltlichen Sozien einen Briefbogen nutzt, dann haftet bei einem beruflichen Fehler allein der Notar. Wird ein Insolvenzverwalter auf seinem Anwaltsbriefbogen aktiv, der seine anwaltlichen Sozien mit aufführt, so erstreckt sich die Haftung ebenfalls nur auf die Person des Insolvenzverwalters und von vornherein nicht auf die Sozietät. Auch Verbindlichkeiten aus deliktischem Handeln, etwa Unterschlagung von Fremdgeld, trafen und treffen jetzt die Gesellschaft und damit in der Konsequenz der Akzessorietätslehre jeden Sozius, ohne dass es auf Vollmachten oder Ähnliches ankäme.

46 Im Grundsatz gilt: Vertragspartner des Mandanten wird die Sozietät und nicht die in ihr zusammengeschlossenen Steuerberater. Demgemäß soll auch der neu Eintretende für die Altschulden der Sozietät aus § 130 HGB haften.[2] Wurde der Vertrag jedoch mit einem einzelnen Steuerberater geschlossen, soll auch nach Einbringung der Praxis in eine Sozietät eine akzessorische Haftung der anderen Sozien analog § 128 Abs. 1 Satz 1 HGB ausgeschlossen sein.[3] Die Haftung erstreckt sich nach der Akzessorietätslehre auf sämtliche Gesellschafter. Auf die Art und Weise ihrer Gesellschafterstellung kommt es nicht an, sondern es entscheidet einzig und allein die Position des Gesellschafters als solche. Die akzessorische Haftung der Gesellschafter richtet sich nach dem Inhalt der Haftung der Gesellschaft, wobei allerdings zwischen einer Erfüllungs- und einer Einstandspflicht zu unterscheiden ist.[4] Im Ergebnis bereitet die Sozietät haftungsrechtlich nur noch in der interprofessionellen Variante Ungewissheiten. Es ist nicht abschließend geklärt, ob bei zusammengesetzten Sozietäten auch diejenigen Partner akzessorisch für Verbindlichkeiten der Gesellschaft haften, die berufsrechtlich zur Wahrnehmung der übertragenen Aufgaben überhaupt nicht in der Lage gewesen wären; dies lässt der BGH derzeit offen.[5] Bei näherer Betrachtung kann unter Geltung der Akzessorietätslehre die Haftung sämtlicher Gesellschafter allerdings kaum verneint werden. Die Lösung dieses Haftungsdilemmas freier Berufe liegt jedoch nicht in einer dogmatisch fragwürdigen Neuformung der Akzessorietätslehre für bestimmte Gesellschafts- und Berufsgruppen, sondern in dem Ausweichen in eine der inzwischen zahlreichen sonstigen Gesellschaftsformen.

47 Der BGH hat kürzlich die Frage entschieden, ob Mitglieder einer Sozietät auch für das deliktische Handeln eines in ihrer Sozietät tätigen Scheinsozius mit ihrem Privatvermögen einstehen müssen.[6] Werden angestellte Berufsangehörige oder freie Mitarbeiter ohne Zusatz auf Briefbögen oder Kanzleischildern aufgeführt, erwecken sie nach außen hin den Anschein eines Sozienstatus. Im Außenverhältnis haften Scheinsozien nach ständiger Rechtsprechung des BGH für berufliche Fehler wie echte Sozien.[7] Nunmehr ist klargestellt worden, dass in diesen Fällen alle Sozien einzustehen haben. Wenn im Allgemeinen ein Gesellschafter für ein fremdes Fehlverhalten einstehen muss, dürfe für eine Sozietät nichts anderes gelten. Vorliegend veruntreute ein Angestellter im Rahmen eines Mandats, das ausschließlich von ihm betreut wurde, Fremdgeld. Auch hinsichtlich der Haftung für Altverbindlichkeiten hat der BGH kürzlich eine Entscheidung getroffen. Der in eine Sozietät eingetretene Gesellschafter hat auch für vor seinem Eintritt begründete Verbindlichkeiten der Gesellschaft als Gesamtschuldner neben den Altgesellschaftern einzustehen. Der neue Gesellschafter haftet analog § 130 HGB für die zum Zeitpunkt seines Eintritts bereits begründeten

---

1) Römermann, NJW 2009, 1560.
2) LG Hamburg v. 11.5.2004, 321 O 433/03, NJW 2004, 3492.
3) Zur Anwaltshaftung BGH v. 22.1.2004, IX ZR 65/01, NJW 2004, 836.
4) Römermann, NJW 2009, 1560, 1561.
5) Vgl. BGH v. 5.2.2009, IX ZR 18/07, NJW 2009, 1597.
6) BGH v. 3.5.2007, IX ZR 218/05, NJW 2007, 2490.
7) BGH v. 8.7.1999, IX ZR 338/97, NJW 1999, 3040; DStR 2008, 636, 638.

Verbindlichkeiten der Sozietät unabhängig davon, ob diese rechtsgeschäftlich begründet sind oder es sich um gesetzliche Ansprüche handelt.[1]

2. Partnerschaft

Die Partnerschaftsgesellschaft ist eine Gesellschaftsform, in welcher sich die Angehörigen der freien Berufe nach § 1 Abs. 1 Satz 1 PartGG zur Ausübung ihrer Berufe zusammenschließen können. In ihrem auf Freiberufler bezogenen Anwendungsbereich bietet die Partnerschaft als Gesamthand eine Alternative zu der ohne besondere Rechtsformwahl entstehenden GbR, im Fall von Wirtschaftsprüfern und Steuerberatern als Freiberufler eine Alternative zur OHG oder KG.[2] Die Partnerschaftsgesellschaft ist keine Handelsgesellschaft und übt demnach kein Handelsgewerbe aus. Hierbei führt die Partnerschaftsgesellschaft einen eigenen Namen und kann eigene Rechte haben, so dass diese Verbindlichkeiten eingehen und verklagt werden kann.[3] Neben dem Vermögen der Partnerschaft haften die Partner grundsätzlich für Verbindlichkeiten der Partnerschaft als Gesamtschuldner. Nach § 8 Abs. 2 PartGG haften nur die einzelnen Partner neben der Partnerschaftsgesellschaft, welche mit der Bearbeitung eines Auftrags befasst waren.

48

Für Steuerberater gilt zusätzlich Folgendes: Wenn die Partnerschaft die Anerkennung als Steuerberatungsgesellschaft erlangen möchte, muss sie gem. §§ 49 Abs. 3 und 4 StBerG einen Antrag auf Anerkennung als Steuerberatungsgesellschaft an die zuständige Steuerberaterkammer stellen, in deren Kammerbezirk die Gesellschaft ihren Sitz hat. Dem Antrag auf Anerkennung als Steuerberatungsgesellschaft ist eine Ausfertigung oder eine öffentlich beglaubigte Abschrift des Gesellschaftsvertrags oder der Satzung beizufügen. Nach §§ 46 Nr. 2, 48 Abs. 1 Nr. 2 DVStB sind die vertretungsberechtigten Partner verpflichtet, die in das Berufsregister einzutragenden Tatsachen der zuständigen Kammer mitzuteilen.

49

Die ursprünglich geringe Akzeptanz der Partnerschaft hat sich seit der Reform der Haftungsvorschrift des § 8 Abs. 2 PartGG im Jahre 1998 deutlich verbessert; seither stellt sie unter Haftungsgesichtspunkten auch eine interessante Alternative zur Freiberufler-GmbH dar.[4] Nach § 8 Abs. 1 PartGG haftet für Verbindlichkeiten der Partnerschaft zunächst die Partnerschaft als solche mit ihrem Vermögen. Neben dem Vermögen der Partnerschaft haften alle Partner persönlich mit ihrem Privatvermögen. Insofern haftet für alle Arten von Verbindlichkeiten also zunächst das Vermögen der Partnerschaft, sodann akzessorisch das Vermögen aller Partner. Die Bestimmung des § 8 Abs. 2 PartGG macht eine Ausnahme lediglich für Ansprüche aus fehlerhafter Berufsausübung. Die Haftung für Schadenersatzansprüche aus fehlerhafter Berufsausübung ist danach gesetzlich beschränkt auf das Vermögen der Partnerschaft und den oder die mit dem Auftrag befassten Partner. Für berufliche Fehler haftet neben dem Vermögen der Partnerschaft also nur derjenige Partner, der mit der Sachbearbeitung „befasst" war.[5] Eine solche Individualisierung einzelner Partner ist dann nicht mehr möglich, wenn sämtliche Partner mit der Bearbeitung befasst waren oder auch dann, wenn kein Partner den Auftrag bearbeitet hat. Bearbeitungsbeiträge von untergeordneter Bedeutung sind hiervon ausgeschlossen (§ 8 Abs. 2 PartGG). Dies umfasst insbesondere den Fall, dass mehrere Partner das Mandat bearbeiten, wobei einzelne Partner ihre Arbeitsleistung nur in geringem Umfang erbringen. Dies führt in der Praxis zu Schwierigkeiten, da häufig nicht festzulegen ist, was eine Arbeit „ungeordneter Bedeutung" sein kann. Einerseits können bereits kleine Fehler zu großen Schäden

50

---

1) BGH v. 7.4.2003, II ZR 56/02, DStR 2003, 1084.
2) Ulmer in MüKo, BGB (2009), Vorb. § 705 Rz. 19.
3) Büsching in Römermann, GmbH-Recht (2009), § 1 Rz. 50.
4) Ulmer in MüKo, BGB (2009), Vorb. § 705 Rz. 20.
5) OLG Hamm v. 14.2.2010, 28 U 151/09, DStR 2010, 2007.

führen, andererseits ist es in Berufsausübungsgemeinschaften gerade Sinn und Zweck, sich gegenseitig durch gezielt eingesetztes Know-how bei der Sachbearbeitung zu unterstützen. Eine Abgrenzung der Bedeutung des geleisteten Beitrags wird daher kaum möglich sein.[1]

51 Ein Auftrag ist hierbei das Beratermandat. Befassung bedeutet, dass der Partner den Auftrag selbst bearbeitet oder seine Bearbeitung überwacht hat.[2] Waren alle Partner „befasst", so haften alle Partner persönlich. Dasselbe gilt, wenn kein Partner „befasst" war, sondern nur ein Angestellter oder sonstiger Mitarbeiter. Sind somit keine Partner, sondern nur Nichtpartner mit dem Auftrag befasst und hat auch kein Partner den Nichtpartner überwacht, bleibt es bei der gesamtschuldnerischen Haftung aller Partner nach § 8 Abs. 1 PartGG. Ist der Auftrag einer interprofessionellen Partnerschaft (Rechtsanwälte/Steuerberater/Wirtschaftsprüfer) übertragen worden, so ergibt sich bereits aus dem sachlichen Schwerpunkt des jeweiligen Auftrags, ob insoweit im Wesentlichen Rechts- oder Steuerberatung oder Wirtschaftsprüfung geschuldet wird. Danach entscheidet sich auch, welche Partner – vom Grundsatz her – innerhalb der interprofessionellen Sozietät mit der Bearbeitung des Auftrags befasst sind.[3]

52 Gemäß § 8 Abs. 3 PartGG kann die Haftung der Partnerschaft durch Gesetz auf einen bestimmten Höchstbetrag beschränkt werden, wenn eine Pflicht zum Abschluss einer Berufshaftpflichtversicherung besteht. Diese Haftungsbegrenzung kommt über die akzessorische Haftung nach § 8 Abs. 1 PartGG auch den Partnern selbst zugute. § 8 Abs. 3 PartGG enthält kein eigenes Regelungsgehalt, sondern verweist lediglich auf die berufsrechtlichen Vorschriften.

Der wesentliche Vorteil der Partnerschaft gegenüber der Sozietät besteht in der Konzentration der persönlichen Beraterhaftung auf den im Mandat tätigen Partner.[4]

53 Am 19.7.2013 ist das Gesetz zur Einführung einer Partnerschaftsgesellschaft mit beschränkter Berufshaftung und zur Änderung des Berufsrechts der Rechtsanwälte, Patentanwälte, Steuerberater und Wirtschaftsprüfer in Kraft getreten.[5] Damit wird den Angehörigen freier Berufe eine neue Rechtsformvariante zur Verfügung gestellt: Die Partnerschaftsgesellschaft mit beschränkter Berufshaftung. Zentrale Norm des Gesetzes ist ein neuer § 8 Abs. 4 PartGG, nach welchem die Haftung für berufliche Fehler auf das Gesellschaftsvermögen der Partnerschaft beschränkt wird, sofern bestimmte Voraussetzungen (Namenszusatz und ausreichende Berufshaftpflichtversicherung) erfüllt sind.[6] Der neue § 8 Abs. 4 PartGG lautet:

„Für Verbindlichkeiten der Partnerschaft aus Schäden wegen fehlerhafter Berufsausübung haftet den Gläubigern nur das Gesellschaftsvermögen, wenn die Partnerschaft eine zu diesem Zweck durch Gesetz vorgegebene Berufshaftpflichtversicherung unterhält. Für die Berufshaftpflichtversicherung gelten § 113 Absatz 3 und die §§ 114 bis 124 des Versicherungsvertragsgesetzes entsprechend. Der Name der Partnerschaft muss den Zusatz ‚mit beschränkter Berufshaftung' oder die Abkürzung ‚mbB' oder eine andere allgemein verständliche Abkürzung dieser Bezeichnung enthalten; anstelle der Namenszusätze nach § 2 Absatz 1 Satz 1 PartGG kann der Name der Partnerschaft mit beschränkter Berufshaftung den Zusatz ‚Part' oder ‚PartG' enthalten."

Eine Haftungsbeschränkung kommt jedoch nur dann in Betracht, wenn der Mandatsvertrag mit der Partnerschaft abgeschlossen wurde. Besteht hingegen ein Mandatsverhältnis direkt zwischen einem Partner und dem Mandanten, haftet der Partner unbe-

---

1) Vgl. BGH v. 19.11.2010, IX ZR 12/09, NJW 2010, 1360.
2) Römermann/Michalski, PartGG (4. Aufl. 2013), § 8 Rz. 37.
3) Ulmer in MüKo, BGB (2009), § 8 PartGG Rz. 23.
4) Vgl. OLG Hamm v. 14.2.2010, 28 U 151/09, DStR 2010, 2007.
5) BGBl. I 2013, 2386.
6) Römermann, NJW 2013, 2305, 2308.

schränkt persönlich. Ferner gilt die Haftungsbeschränkung nur für Verbindlichkeiten aus Schäden „wegen fehlerhafter Berufsausübung". Von der Haftungsbeschränkung erfasst sein sollen danach alle Verbindlichkeiten, für die nach geltendem Recht die Haftungskonzentration nach § 8 Abs. 2 PartGG eingreift.[1] Die Haftungsbeschränkung gilt also nicht für Verbindlichkeiten, die der Kanzleibetrieb neben der Mandatsbearbeitung mit sich bringt. Die Partner haften unbeschränkt persönlich – anders als bei der LLP – für Verbindlichkeiten aus Kauf-, Miet- und Arbeitsverträgen, die keinen konkreten Mandatsbezug aufweisen.[2] Unverändert bestünde für die Partner das Risiko, dass an anderen Kanzleistandorten zahlreiche Anschaffungen wie Fahrzeuge, Kanzleiräume, EDV-Anlagen gemacht würden und dass sie für die Verbindlichkeiten aus den entsprechenden Verträgen persönlich einzustehen hätten. Die Haftungsbeschränkung gilt demgegenüber für sämtliche Verbindlichkeiten aus mandatsbezogenen Geschäftsbesorgungs-, Dienst- und Werkverträgen und bei vorvertraglichen Pflichtverletzungen.[3]

3. GmbH

Die GmbH ist als Rechtsform für Steuerberatungsgesellschaften gem. § 49 Abs. 1 StBerG ausdrücklich zugelassen. Nach §§ 50 Abs. 1 und 2, 50a Abs. 1 StBerG dürfen nur bestimmte Personen Geschäftsführer und Gesellschafter einer solchen GmbH sein. Ferner dürfen die Geschäftsführer, die nicht Steuerberater sind, nicht in der Mehrheit sein.[4] **54**

Der Mandatsvertrag kommt bei der Steuerberatungsgesellschaft mbH unmittelbar zwischen der GmbH und dem Mandanten zustande.[5] Bei fehlerhafter Beratung haftet nach § 13 Abs. 2 GmbHG im Grundsatz allein die GmbH mit ihrem Gesellschaftsvermögen. Der Steuerberatungsgesellschaft mbH wird insoweit das Handeln, Wissen und Verschulden ihrer Organe, aber auch ihrer faktischen (Schein-)Organe über § 31 BGB und dasjenige der angestellten und frei mitarbeitenden Berufsträger über § 278 BGB zugerechnet.[6] Wird ein angestellter oder frei mitarbeitender Steuerberater der GmbH auf dem Briefkopf ohne klarstellenden Hinweis auf das Beschäftigungsverhältnis aufgeführt oder stellt er sich unter Duldung der GmbH als vertretungsberechtigtes Organ dar, so begründet dies zwar nicht den Anschein der Gesellschafterstellung, wohl aber denjenigen einer erteilten Einzelhandlungsvollmacht.[7] **55**

Die Geschäftsführer der Steuerberatungsgesellschaft mbH haben nach § 43 Abs. 1 GmbHG in den Angelegenheiten der Gesellschaft die Sorgfalt eines ordentlichen Geschäftsmanns anzuwenden. Geschäftsführer, welche ihre Obliegenheiten verletzen, haften der Gesellschaft gem. § 43 Abs. 2 GmbHG solidarisch für den entstandenen Schaden. Der Geschäftsführer haftet zudem bei fehlerhafter Beratung im Innenverhältnis gegenüber der GmbH aus dem Anstellungsverhältnis. Die haftungsprivilegierenden Grundsätze des innerbetrieblichen Schadensausgleichs, nach dem der normale Arbeitnehmer für einfache Fahrlässigkeit gar nicht und für mittlere Fahrlässigkeit anteilig haftet, greifen zu Gunsten des Geschäftsführers nicht.[8] **56**

---

1) Römermann/Praß, NZG 2012, 601, 603.
2) Römermann/Michalski, PartGG (4. Aufl. 2013), § 8 Rz. 17; Römermann/Praß, NZG 2012, 601, 603.
3) Ullmer in MüKo, BGB (2009), § 8 PartGG Rz. 15; Römermann/Praß, NZG 2012, 601, 603.
4) Näher hierzu Michalski in Michalski, GmbHG (2010), § 1 Rz. 22.
5) Kamps/Wollweber, DStR 2009, 1870, 1875.
6) BGH v. 11.7.2005, II ZR 235/06, DStR 2005, 1704.
7) Vgl. Henssler in Henssler/Streck, Sozietätsrecht (2011), E Rz. 133.
8) Kamps/Wollweber, DStR 2009, 1870, 1876; Henssler in Henssler/Streck, Sozietätsrecht (2011), E Rz. 167.

57 Das für die GmbH tätig werdende Organ, d.h. der Geschäftsführer, haftet ausnahmsweise selbst, wenn er entweder in besonderem Maß persönliches Vertrauen in Anspruch nimmt oder ein unmittelbar eigenes wirtschaftliches Interesse verfolgt.[1] Allerdings wird ein unmittelbar eigenes wirtschaftliches Interesse nicht schon durch das allgemeine Interesse des Geschäftsführers am Erfolg der GmbH oder durch ein besonderes Vertrauen in den einzelnen Berufsträger begründet. Besonderes Vertrauen wird vielmehr erst dann in Anspruch genommen, wenn der geschäftsführende Berufsträger – beispielsweise durch sein Auftreten – eine über das normale Vertrauen des Mandanten hinausgehende persönliche Gewähr für die Seriosität und die Erfüllung des Auftrags übernimmt.[2] Ein haftungsrechtlicher Durchgriff auf die Gesellschafter ist nur dann möglich, wenn der als Geschäftsführer tätige Gesellschafter gegenüber dem Mandanten der GmbH in besonderem Maße persönliches Vertrauen in Anspruch nimmt. Eine bestimmungsgemäße Bearbeitung des einer GmbH erteilten Mandats genügt für die Vertrauenshaftung des Geschäftsführers jedoch noch nicht.[3]

58 Die GmbH schirmt den Gesellschafter-Geschäftsführer im Grundsatz von der Außenhaftung ab. Diese Haftungsbeschränkung ist auch dem einzeln tätigen Steuerberater möglich, der die Steuerberatungsgesellschaft mbH als Einmann-Gesellschaft gründet. Darüber hinaus ist bei einer GmbH im Fahrlässigkeitsbereich eine persönliche Haftung der Gesellschafter ausgeschlossen. Nach § 13 Abs. 2 GmbHG haftet für die Verbindlichkeiten der Gesellschaft den Gläubigern derselben nur das Gesellschaftsvermögen. Eine interprofessionelle Zusammenarbeit von Rechtsanwälten, Steuerberatern und Wirtschaftsprüfern in einer anerkannten Gesellschaft ist nur dann möglich, wenn die GmbH über eine berufliche Doppelqualifikation als Rechtsanwaltsgesellschaft einerseits und als Steuerberatungsgesellschaft andererseits verfügt, wobei insoweit das jeweils strengste Berufsrecht Beachtung finden muss.[4]

59 Den Steuerberatern ist es nunmehr nach Inkrafttreten des achten Gesetzes zur Änderung des Steuerberatungsgesetzes v. 8.4.2008[5] auch gestattet, ihr Unternehmen in der Rechtsform einer GmbH & Co. KG zu führen. In diesem Zusammenhang wurde ein neuer § 50 Abs. 1 Satz 2 StBerG eingefügt, wonach mindestens ein Steuerberater, der Mitglied des Vorstands, Geschäftsführer oder persönlich haftender Gesellschafter ist, seine berufliche Niederlassung am Sitz der Gesellschaft oder in dessen Nahbereich haben muss. In diesem Zusammenhang ergänzend anzuwenden ist Satz 3 des § 50 Abs. 1 StBerG, wonach persönlich haftende Gesellschaft einer Steuerberatungsgesellschaft mbH & Co. KG auch eine Steuerberatungsgesellschaft sein kann, welche wiederum die Voraussetzungen des § 50a StBerG erfüllen muss.[6] Es greifen damit die allgemeinen berufsrechtlichen Anforderungen für die Anerkennung einer Steuerberatungsgesellschaft auch für die GmbH & Co. KG.

III. Verjährung

60 Die früheren Verjährungsvorschriften für die Beraterhaftung waren beraterfreundlich. Dies lag daran, dass der Beginn der Verjährungsfrist von drei Jahren für vertragliche Schadenersatzansprüche gegen Steuerberater (und andere freie Berufe) und deren Gesellschaften kenntnisunabhängig und i.d.R. alleine an den objektiven Voraussetzungen der Entstehung des Ersatzanspruchs geknüpft war. Somit war es für den Ver-

---

1) BGH v. 24.5.2005, IX ZR 114/01, NJW-RR 2005, 1137.
2) BGH v. 13.12.2005, KZR 12/04, NJW-RR 2006, 993; OLG Nürnberg v. 21.1.2008, 6 U 2208/07, NJW-RR 2009, 140; DStR 2009, 1870, 1876.
3) BGH v. 18.9.1990, IX ZR 77/89, WM 1990, 2039.
4) Brügge, BB 2010, VI, VII.
5) BGBl. I 2008, 672.
6) Willerscheid in Kuhls, StBerG (2012), § 50 Rz. 4.

jährungsbeginn irrelevant, ob der geschädigte Mandant oder Auftraggeber die Pflichtverletzung seines Beraters, seinen Schaden und dessen Urheber kannte.[1]

Durch das Gesetz zur Anpassung von Verjährungsvorschriften an das Gesetz zur Modernisierung des Schuldrechts wurden die besonderen Verjährungsvorschriften für vertragliche Schadensersatzansprüche gegen Steuerberater und andere freie Berufe sowie gegen Gesellschaften dieser Berufskreise mit Ablauf des 14.12.2004 aufgehoben.[2] Somit gilt seit dem 15.12.2004 für vertragliche Regressansprüche gegen die Rechtsberater der freien Berufe das „neue" Verjährungsrecht, welches grundsätzlich kenntnisabhängig ist und die regelmäßige Verjährungsfrist von drei Jahren (beginnend mit Jahresschluss) umfasst. 61

1. Beginn der Verjährungsfrist

Die regelmäßige Verjährung nach § 199 Abs. 1 Nr. 1 BGB kann insoweit erst zu laufen beginnen, wenn sich die Vermögenslage des Mandanten infolge der Pflichtverletzung des Beraters objektiv verschlechtert hat; es muss jedoch nicht feststehen, dass die Vermögenseinbuße bestehen bleibt.[3] Die regelmäßige Verjährungsfrist beginnt demnach mit dem Schluss des Jahres, in dem der Anspruch entstanden ist und der Gläubiger (zumeist der Mandant) Kenntnis der anspruchsbegründenden Umstände und der Person des Schuldners (meist der Steuerberater) erlangt oder ohne grobe Fahrlässigkeit erlangen müsste. Ein Anspruch entsteht, sobald er fällig wird und notfalls eingeklagt werden kann; ein solches liegt vor, wenn sich die Vermögenslage des Betroffenen durch die Pflichtverletzung des Steuerberaters objektiv verschlechtert. Wenn der Steuerberater einen fehlerhaften Rat in einer Steuersache erteilt und dieser sich in einem für den Mandanten nachteiligen Steuerbescheid niedergeschlagen hat, tritt der Schaden des Mandanten grundsätzlich erst mit der Bestandskraft des Bescheids ein. Dieses Ergebnis beruht im Wesentlichen darauf, dass es sich nicht allgemein voraussehen lässt, ob die Finanzbehörde einen steuerlich bedeutsamen Sachverhalt aufdeckt, welche Tatbestände sie aufgreift und welche Rechtsfolgen sie aus ihnen herleitet. Deshalb verschlechtert sich die Vermögenslage des Mandanten infolge einer steuerlichen Fehlberatung erst, wenn die Finanzbehörde mit dem Erlass ihres Steuerbescheids ihren Entscheidungsprozess abschließt und auf diese Weise den öffentlich-rechtlichen Steueranspruch konkretisiert.[4] Beruht der Schadensersatzanspruch des Mandanten auf einer fehlerhaften Beratung hinsichtlich des Entstehens von Aussetzungszinsen, so beginnt der Lauf der Verjährung mit der Bekanntgabe des (ersten) Bescheids, durch den die Vollziehung ausgesetzt wird.[5] 62

Wenn eine einzige Pflichtverletzung mehrere Schäden verursacht, beginnt die Verjährungsfrist für alle Schäden bereits dann, wenn einer der Schäden feststeht, auch wenn die übrigen Schäden bisher nur drohen.[6]

Die für den Fristbeginn erforderliche Kenntnis erlangt der Mandant dann, wenn er von seiner Vermögensbeeinträchtigung sowie deren Ursache und Urheber (Name und Anschrift) so viel erfährt, dass er eine hinreichend aussichtsreiche und daher zumutbare, schlüssige Klage auf Schadenersatz oder zumindest auf Feststellung der Ersatzpflicht erheben kann.[7] Insbesondere muss der Geschädigte nicht alle Einzelheiten 63

---

1) Zugehör, ZAP 2007, 739, 740.
2) Aus Gründen der Aktualität wird auf die Darstellung des alten Verjährungsrechts verzichtet. Übersicht zum alten Recht bei Römermann in Hartung/Römermann, BRAO (2008), Vor § 51, Rz. 46 ff.
3) BGH v. 11.5.1995, IX ZR 140/94, NJW 1995, 2108.
4) BGH v. 16.10.2008, IX ZR 135/07, NJW 2009, 685; DStR 2010, 401, 404.
5) BGH v. 24.1.2013, IX ZR 108/12, DStRE 2013, 957.
6) BGH v. 23.3.2011, IX 212/08, NJW 2011, 2443.
7) BGH v. 23.9.2004, IX ZR 421/00, NJW 2005, 69, 70.

kennen; allerdings kann sich diese Kenntnis bei unübersichtlichen Sachverhalten oder zweifelhafter Rechtslage hinausschieben. Es erfolgt zudem eine Zurechnung der Kenntnis Dritter (beispielsweise gesetzlicher Vertreter oder Erblasser). Rät der Berater hingegen zur Fortsetzung eines Rechtsstreites, hat der Mandant i.d.R. auch dann keine Kenntnis von der Pflichtwidrigkeit des Beraters, wenn das Gericht oder die Gegenseite zuvor auf eine Fristversäumnis hingewiesen hat.[1] Darüber hinaus steht für den Verjährungsbeginn die grob fahrlässige Unkenntnis der anspruchsbegründenden Umstände und der Person des Schuldners der entsprechenden Kenntnis gleich; grob fahrlässig ist diejenige Unkenntnis, die auf einer besonders schweren Vernachlässigung der im Rechtsverkehr erforderlichen Sorgfalt beruht. Im Grundsatz gilt: Wenn sich der Geschädigte die Kenntnis in zumutbarer Weise ohne nennenswerte Mühe und Kosten hätte beschaffen können und dies nicht getan hat, handelt er grob fahrlässig.

64 Als Sonderfälle seien hier zwei Fälle angeführt: die Umsatzsteuer und der Sozialversicherungsbeitrag. Besteht insoweit der Schaden des Mandanten in vermeidbaren Umsatzsteuern infolge fehlerhafter Selbstveranlagung, entspricht die Einreichung der Umsatzsteueranmeldung beim Finanzamt dem Verjährungsbeginn.[2] Dies beruht auf dem Umstand, dass die Umsatzsteuer von dem Unternehmer anzumelden ist. Sofern der für die Lohnbuchhaltung zuständige Steuerberater einen nicht versicherungspflichtigen Geschäftsführer einer GmbH der Einzugsstelle zu Unrecht als versicherungspflichtigen Arbeitnehmer gemeldet hat und in der Folgezeit für ihn die monatliche Abführung von Sozialversicherungsbeiträgen veranlasst, beginnt die Verjährung spätestens mit der Bezahlung des ersten Sozialversicherungsbeitrags.[3]

65 Eine abweichende Regelung gilt lediglich bei den Verjährungshöchstfristen. Für alle unter die Regelverjährung gem. § 199 Abs. 1 BGB fallenden Schadenersatzansprüche gelten die in §§ 199 Abs. 2 und 3 BGB genannten Verjährungsfristen von zehn oder 30 Jahren als absolute Höchstfristen; diese beginnen jedoch kenntnisunabhängig auf den Tag genau mit dem festgelegten Zeitpunkt der Schadenentstehung.

2. Hemmung der Verjährung

66 Die Verjährung kann insbesondere durch Verhandlungen oder eine Klageerhebung gehemmt werden.

Der Hemmungstatbestand der Verhandlungen nach § 203 BGB hemmt die Verjährung, wenn zwischen Schuldner und Gläubiger Verhandlungen über den Anspruch oder die anspruchsbegründenden Umstände schweben; dies gilt jedoch nur so lange, bis der eine oder andere Teil die Fortsetzung der Verhandlungen verweigert. Für Verhandlungen in diesem Sinne genügt jeder Meinungsaustausch, sofern nicht eine entsprechende Erörterung oder jede Leistung sofort und eindeutig abgelehnt wird.[4]

67 Der Klageerhebung stehen Maßnahmen der Zustellung eines Mahnbescheides, der Aufrechnung des Anspruchs im Prozess, der Zustellung der Streitverkündung und der Veranlassung der Bekanntgabe des erstmaligen Antrags auf Prozesskostenhilfe gleichermaßen gegenüber. Zu beachten ist, dass die Verjährungshemmung durch Klageerhebung auch dann eintritt, wenn die Anspruchsvoraussetzungen in der Klageschrift nicht schlüssig und substantiiert dargelegt werden. Die Verjährungshemmung endet sechs Monate nach der rechtskräftigen Entscheidung oder anderweitigen Beendigung des eingeleiteten Verfahrens.

---

1) BGH v. 6.2.2014, IX ZR 245/12, EWiR 2014, 211 (mit Anm. Römermann).
2) BGH v. 29.5.2008, IX ZR 222/06, NJW-RR 2009, 136.
3) BGH v. 29.5.2008, IX ZR 222/06, NJW-RR 2009, 136.
4) BGH v. 17.2.2004, VI ZR 429/02, NJW 2004, 1654.

3. Rechtsfolgen der Verjährung

Die Verjährung eines Anspruchs sorgt dafür, dass sich der (etwaige) Schuldner auf sein Leistungsverweigerungsrecht berufen kann, letztlich die Einrede der Verjährung erheben muss. Der Eintritt der Verjährung führt jedoch nicht dazu, dass der verjährte Anspruch erlischt. Der Anspruch bleibt vielmehr bestehen.[1] Der Anspruch kann somit eingeklagt und vollstreckt werden, da dieser einen Rechtsgrund für eine Leistung des Schuldners darstellt. Die Wirkung der Verjährung besteht nach § 214 Abs. 1 BGB darin, dass der Schuldner nach Eintritt der Verjährung berechtigt ist, die Leistung und auch die Herausgabe auf Dauer zu verweigern. Wird die Einrede erhoben, darf der Schuldner nicht mehr zur Leistung verurteilt werden.[2] **68**

Hat hingegen ein Steuerberater durch Übersendung einer Abschrift eines auftragswidrig nicht eingelegten Einspruchs den Anschein erweckt, der Steuerbescheid, der angefochten werden sollte, sei nicht in Bestandskraft erwachsen, kann er sich bis zur Aufdeckung seines Fehlers und des eingetretenen Schadens auch dann nicht auf die eingetretene Verjährung des gegen ihn gerichteten Haftungsanspruchs berufen, wenn ihm ein vorsätzliches Handeln nicht nachgewiesen werden kann.[3]

IV. Risikomanagement

Dem Steuerberater stehen diverse Möglichkeiten zur Verfügung, seine Haftung bzw. die Haftung der Sozietät zu beschränken. Neben den Möglichkeiten der rechtlichen Haftungsminimierung (insbesondere § 67a StBerG), sollte der Steuerberater entsprechende (tatsächliche) Vorkehrungen treffen und seinen Versicherungsschutz bewusst wählen und fortlaufend anpassen. **69**

1. Haftungsbegrenzung

Der Steuerberater hat die Möglichkeit, seine Haftung durch entsprechende Klauseln in seinen Steuerberatungsverträgen wirksam zu begrenzen. Nach § 67a StBerG kann der Anspruch des Auftraggebers aus dem zwischen ihm und dem Steuerberater bestehenden Vertragsverhältnis auf Ersatz eines fahrlässig verursachten Schadens beschränkt werden. Hierzu hat der Steuerberater die Möglichkeiten, eine Beschränkung durch schriftliche Vereinbarung im Einzelfall bis zur Höhe der Mindestversicherungssumme (§ 67a Abs. 1 Nr. 1 StBerG) oder durch vorformulierte Vertragsbedingungen auf den vierfachen Betrag der Mindestversicherungssumme zu vereinbaren, wenn insoweit Versicherungsschutz besteht (§ 67a Abs. 1 Nr. 2 StBerG). Nach § 67a Abs. 2 StBerG kann die persönliche Haftung auf Schadenersatz durch vorformulierte Vertragsbedingungen auf die Mitglieder einer Sozietät beschränkt werden, die das Mandat im Rahmen ihrer eigenen beruflichen Befugnisse bearbeiten und namentlich bezeichnet sind. Die Zustimmungserklärung zu einer solchen Beschränkung darf jedoch keine anderen Erklärungen enthalten und muss vom Auftraggeber unterschrieben sein. **70**

Durch die erste Alternative kann der Steuerberater durch eine im Einzelfall mit dem Mandanten ausgehandelte Vertragsabrede (sog. Individualvereinbarung) die Haftung bis zur Höhe der Mindestversicherungssumme (nach § 52 Abs. 1 DVStB i.H.v. 250 000 €) – und darüber hinaus[4] – begrenzen. Voraussetzung hierfür ist, dass eine solche Deckungssumme tatsächlich besteht und diese Vereinbarung schriftlich abge- **71**

---

1) Schmidt-Räntsch in Erman, BGB (2011), § 214 Rz. 1.
2) BGH v. 15.10.2004, V ZR 100/04, MDR 2005, 382.
3) BGH v. 14.11.2013, IX ZR 215/12, HFR 2014, 637.
4) Gehre/Koslowski (2008), § 671 StBerG Rz. 6.

schlossen wird. Schriftform bedeutet, dass die Urkunde (der Vertrag) von beiden Parteien eigenhändig durch Namensunterschrift (oder mittels notariell beglaubigtem Handzeichen) unterzeichnet wird. Die gesetzliche Schriftform ist mithilfe elektronischer Medien (beispielsweise E-Mail oder Fax) grundsätzlich nicht zu wahren.[1] Für die Praxis hat eine solche Individualvereinbarung wenig Relevanz, da praktisch nie mit einiger Klarheit festgestellt werden kann, ob eine Vertragsbedingung ernsthaft zur Disposition stand.[2]

72 Die zweite Alternative des § 67a StBerG gewährt dem Steuerberater die Möglichkeit, durch vorformulierte Vertragsbedingungen die Haftung auf das Vierfache der Mindestversicherungssumme, mithin 1 000 000 € zu beschränken. Dies gilt jedoch nur dann, wenn insoweit tatsächlich Versicherungsschutz in dieser Höhe besteht. Hier gilt – wie bei der Form von AGB –, dass diese Beschränkung dem Mandanten zur Kenntnis zu geben ist und die Klauseln beispielsweise nicht intransparent oder überraschend sein dürfen. Bei der ebenfalls durch vorformulierte Vertragsbedingungen erfolgten Beschränkung auf die persönliche Haftungskonzentration des § 67a Abs. 2 StBerG gelten die Grundsätze des AGB-Rechts entsprechend. Hierbei kann die Haftung auf den handelnden (und namentlich benannten) Sozius beschränkt werden; dieses Modell kommt häufig in größeren und überregional tätigen Kanzleien vor. Zu beachten ist, dass der Beratungsvertrag auch grundsätzlich weiterhin mit allen Mitgliedern der Sozietät abgeschlossen wird, soweit die übernommene Tätigkeit in deren Befugnisbereich fällt. Die Vereinbarung bewirkt sodann, dass nur der genannte Sozius dem Mandanten persönlich und damit mit seinem Privatvermögen haftet; weiterhin hat der Mandant einen Haftungsanspruch gegenüber den anderen Sozien auf das Sozietätsvermögen.[3] Die Konstellation des § 67a Abs. 2 StBerG bietet sich jedoch nur für den Einzelfall an. Sofern die Notwendigkeit einer regelmäßigen Beschränkung besteht, sollten die zusammengeschlossenen Steuerberater über einen Rechtsformwechsel, etwa hin zur Partnerschaft, nachdenken.

73 Diese vom Gesetzgeber gewährten Möglichkeiten der Haftungsbegrenzungen sind abschließend. Dies hat zur Folge, dass ein vollständiger Haftungsausschluss oder eine Begrenzung auf eine niedrigere Schadenssumme als die Mindestversicherungssumme ebenso unmöglich ist wie der Haftungsausschluss für lediglich telefonisch erteilte Ratschläge oder der vorformulierten Begrenzung auf das Gesellschaftsvermögen einer Sozietät.[4] Allerdings wirken die vereinbarten Haftungsbeschränkungen grundsätzlich für das gesamte vertragliche Mandatsverhältnis sowie zeitlich umfassend. Hierbei muss jedoch zwischen einem Dauermandat und der Einzelfallberatung unterschieden werden. Je größer der übernommene Pflichtenkreis ist, desto weiter und umfangreicher ist auch die Haftung. Im Grundsatz gilt: Je konkreter der Mandatsvertrag und die Haftungsbeschränkung formuliert wird, desto eingeschränkter sind auch die Regressmöglichkeiten. Bei der Übernahme neuer Beratungsfelder (insbesondere im Rahmen des Dauermandates) sollte daher die vereinbarte Haftungsbeschränkung auf deren Eingreifen auch für die neuen Felder geprüft und gegebenenfalls entsprechend angepasst werden.

2. Tatsächliche Risikominimierung

74 Der Steuerberater sollte sein eigenes Risikomanagement im Sinne eines Haftungsvermeidungsmanagements vorhalten. Hierbei hat es der Steuerberater selbst in der Hand, die Konsequenzen beruflichen Fehlverhaltens beherrschbar zu machen und sich vor Schadenersatzansprüchen präventiv zu schützen. Neben der bloßen materiel-

---

1) Palm in Erman, BGB (2011), § 126 Rz. 11.
2) Römermann in Hartung/Römermann, BRAO (2008), § 51a Rz. 12.
3) Koslowski/Gehre, StBerG (2009), § 67a Rz. 10.
4) Waschk, DStR 2006, 817; Koslowski/Gehre, StBerG (2009), § 67a Rz. 2.

len Beratungsqualität kann der Steuerberater seine Haftung durch präventiv wirkende Vorkehrungen reduzieren.

Ein erster Eckpfeiler dieser Haftungsprävention ist eine entsprechend umfassende Aufklärung des Mandanten (auch über das eigene Können des Steuerberaters). Dazu muss der Steuerberater klären, welche Ziele der Mandant verfolgt, ob die Informationen des Mandanten lückenhaft sind und welche Alternativen die Sach- und ggf. Rechtsprüfung ergibt. Zur Beratungspflicht des Steuerberaters gehört auch, im Zweifel diejenigen Beratungsfelder an andere abzugeben, die fachlich nicht situationsangemessen bearbeitet werden können.[1]

Des Weiteren sollte der Steuerberater eine möglichst umfassende Dokumentation der Beratungsziele, des Beratungsverlaufs und die gegebenen Belehrungen schriftlich und nachweisbar erstellen. Allgemeine Ausführungen in Mandantenrundschreiben entlasten hierbei nicht.[2] Die Schriftlichkeit der Belehrung ist umso wichtiger, da der Steuerberater sich in einem späteren Haftungsprozess nicht mit dem allgemeinen Hinweis verteidigen kann, dass er seinen Mandanten korrekt und umfassend belehrt habe, sondern er muss diese Belehrung konkret darlegen und beweisen können (den Vorwurf des Mandanten, er sei nicht genügend belehrt worden, kann der Steuerberater zudem auch nicht mit Nichtwissen bestreiten, was selbst für den Rechtsnachfolger des handelnden Steuerberaters gilt).[3] Idealerweise werden daher Gesprächsprotokolle geführt und Aktennotizen mit Datum und Namenszeichen angefertigt.

Ferner sollte der Steuerberater eine umfassende Praxisorganisation gewährleisten. Nötig sind permanente Weiterbildung, Dienstanweisungen, Personalauswahl und -überwachung, Vertretungsregelungen, Datensicherheit und Fristenkontrolle. Hinzu kommt ein regelmäßiger Erfahrungsaustausch unter Kollegen sowie eine Diskussion umfassender und schwieriger Sachverhalte mit den Partnern und Mitarbeitern einer Sozietät.[4] Neben dieser internen Kommunikation sollte ebenfalls der Mandant für alle erheblichen Schritte und den entsprechenden Schriftverkehr informiert und über aktuelle Entwicklungen auf dem Laufenden gehalten werden, denn so kann der Mandant bereits bei (kleinen) Unstimmigkeiten den Dialog suchen und die Entstehung von Schäden rechtzeitig vermeiden helfen.

3. Versicherungsschutz (Berufshaftpflichtversicherung)

Ein weiteres Instrument der Haftungsbeschränkung stellt der hinreichende Versicherungsschutz dar. Der Steuerberater muss zur Erlangung seiner Zulassung eine entsprechende Berufshaftpflichtversicherung abschließen. § 67 StBerG schreibt vor, dass selbständige Steuerberater und Steuerbevollmächtigte gegen die aus ihrer Berufstätigkeit sich ergebenden Haftpflichtgefahren angemessen versichert sein müssen. Die zuständige Stelle i.S.d. § 117 Abs. 2 des Versicherungsvertragsgesetzes ist die Steuerberaterkammer. Diese gesetzliche Versicherungspflicht basiert auf dem Grundgedanken, dass derjenige, welcher seine Steuerangelegenheit einem Steuerberater anvertraut, sicher sein soll, bei etwaigen Berufsversehen voll entschädigt zu werden.[5] Zumeist bietet der Versicherer dem Versicherungsnehmer Versicherungsschutz für den Fall, dass er wegen eines bei der Ausübung beruflicher Tätigkeit von ihm selbst oder einer Person, für die er nach § 278 BGB oder § 831 BGB einzutreten hat, begangenen Verstoßes von einem anderen auf Grund gesetzlicher Haftpflichtbestimmungen privatrechtlichen Inhalts für einen Vermögensschaden verantwortlich gemacht wird.

---

1) Ehlers, DStR 2008, 578, 580.
2) BGH v. 11.5.1995, IX ZR 130/94, NJW 1995, 2842.
3) BGH v. 10.2.2011, IX ZR 45/08, BeckRS 2011, 04467.
4) Hartmann/Heimann in Römermann, Steuerberater Handbuch Neue Beratungsfelder (2005), B.V. Rz. 116.
5) Koslowski/Gehre, StBerG (2009), § 67 Rz. 3.

Ausgenommen sind Ansprüche auf Rückforderung von Gebühren oder Honoraren sowie Erfüllungsansprüche und Erfüllungssurrogate gem. §§ 281 i.V.m. 280 BGB. Ein Vermögensschaden wird dann angenommen, wenn ein Schaden vorliegt, welcher weder ein Personenschaden (Tötung, Verletzung des Körpers oder Schädigung der Gesundheit von Menschen) noch Sachschaden (Beschädigung, Verderben, Vernichtung oder Abhandenkommen von Sachen, insbesondere auch von Geld und geldwerten Zeichen) ist, noch sich aus solchen von dem Versicherungsnehmer oder einer Person, für die er einzutreten hat, verursachten Schäden herleiten lässt.

a) Versicherungspflicht

79 Die Versicherungspflicht endet erst mit Erlöschen der Bestellung. Ferner ist es ohne Bedeutung, in welchem Umfang die Tätigkeit ausgeübt wird; ein etwaig geringer Umfang ändert nichts an der Versicherungspflicht. Die Versicherungspflicht gilt insoweit nur für selbständige Steuerberater, die nach § 58 StBerG angestellte Steuerberater sind in die Vermögensschadenhaftpflichtversicherung ihres Arbeitgebers einzuschließen. Diese müssen nur dann eine eigene Berufshaftpflichtversicherung abschließen, wenn sie neben ihrem Arbeitsverhältnis ebenfalls für eigene Rechnung tätig werden.[1]

80 Die Versicherungspflicht erstreckt sich dabei nach § 51 Abs. 1 DVStB auf die sich aus der Berufstätigkeit ergebenden Haftpflichtgefahren. Der Umfang des Versicherungsschutzes ist in einer Risikobeschreibung der Berufshaftpflichtversicherung festgelegt, ergibt sich aber (als Anhaltspunkt) aus den Allgemeinen Versicherungsbedingungen für Wirtschaftsprüfer, Rechtsanwälte und Steuerberater (AVB-WRS) und den dazugehörigen Besonderen Bedingungen und Risikobeschreibungen (Teil 3). Die AVB der einzelnen Versicherer sind im Wesentlichen wortgleich. Durch den Freistellungsanspruch übernimmt der Versicherer für den Versicherungsnehmer – ggf. unter Abzug einer Selbstbeteiligung – die Befriedigung des Geschädigten. Dabei bestimmt das Haftpflichtverhältnis zwischen dem Versicherten und dem Geschädigten, ob und in welcher Höhe die Versicherung eintritt. Eingeschlossen sind auch die Versicherungssumme übersteigende Zinsansprüche des Geschädigten, wenn der Versicherer es bis zum Haftpflichtprozess kommen lässt.[2] Wird der Haftungsfall in einem Prozess festgestellt, entfaltet das rechtskräftige Urteil Bindungswirkung für das Verhältnis Versicherer und Versicherungsnehmer.[3]

81 Ein Steuerberater, der es zu Versicherungslücken bei der Berufshaftpflichtversicherung kommen lässt, verstößt gegen die Pflicht zur gewissenhaften Berufsausübung, selbst wenn er die Versicherungslücken nachträglich durch den Abschluss einer Rückwärtsversicherung schließt.[4]

b) Versicherungssumme

82 Die Mindestversicherungssumme beträgt nach § 52 Abs. 1 DVStB 250 000 €. Die Jahreshöchstleistung für alle im Versicherungsjahr verursachten Schäden muss jedoch nach § 52 Abs. 2 DVStB mindestens 1 Mio. € betragen. Jeder Schadensfall ist dabei einzeln zu regulieren. Ob die Mindestversicherungssumme in einer Sozietät ausreichend ist, unterliegt der Angemessenheitsprüfung. Letztlich müssen die Steuerberater gemeinsam entscheiden, welche Risiken aus den von ihnen bearbeiteten Mandaten resultieren könnten. Dabei sind ebenfalls äußere Umstände wie das Mitarbeiterrisiko

---

1) Koslowski/Gehre, StBerG (2009), § 67 Rz. 7.
2) Ehlers, DStR 2008, 578, 581.
3) BGH v. 20.6.2001, IV ZR 101/00, NJW-RR 2001, 1311.
4) LG Frankfurt am Main v. 25.8.2006, 5/35 StL 2/06, DStR 2007, 1696.

und Inflationsrisiken sowie die Möglichkeit etwaiger Einzeldeckungen mit zu beachten.

Problematisch wird es nur, wenn durch die Addition der Schadensbeträge die Jahreshöchstdeckung überschritten wird. Die Leistungspflicht des Versicherers ist für alle innerhalb eines Jahres verursachten Schäden auf das festgesetzte Limit begrenzt. Ohne besondere Vereinbarung beträgt die Jahreshöchstleistung gem. Teil 3 A Ziff. 3 der Besonderen Bedingungen und Risikobeschreibungen für Steuerberater das Zweifache der Versicherungssumme. Wird das Limit erreicht, beginnt ein neuer Versicherungsschutz erst für Schadensfälle im nächsten Jahr. In der Vergangenheit nicht verbrauchte Versicherungssummen sind nicht übertragbar.[1] **83**

Problematisch für den Steuerberater und seine Sozien könnte der sog. Grundsatz der Verstoßdeckung sein. In der Vermögensschaden-Haftpflichtversicherung ist nach § 5 Abs. 1 AVB-WSR der Versicherungsfall der in den Versicherungszeitraum fallende Verstoß, für dessen Folgen ein Dritter den Versicherungsnehmer auf Schadenersatz in Anspruch nimmt. Ausreichend für die Eintrittspflicht des Versicherers ist daher, dass es um einen Schaden geht, der Folge eines vom Beginn des Versicherungsschutzes bis zum Ablauf des Vertrags vorkommenden Verstoßes ist. In der Laufzeit des Versicherungsvertrags begangene pflichtwidrige Handlungen oder Unterlassungen des Versicherungsnehmers, die zu Haftpflichtansprüchen führen, sind zeitlich unbegrenzt gedeckt, solange dieser Pflichtverstoß kausal fortwirkt. Für den Versicherungsnehmer führt das Spätschadenrisiko u.U. dazu, dass im Schadensfall keine ausreichende Deckungssumme zur Verfügung steht.[2] **84**

Die AVB bestimmen den Umfang des Versicherungsschutzes. Dabei werden die Grenzen entweder durch positive Beschreibung (primäre Risikobegrenzung) oder durch den Ausschluss bestimmter Gefahren (sekundäre Risikobegrenzung) bestimmt. Schäden, die nicht in den Bereich des beschriebenen Risikos fallen, sind von vornherein nicht versichert. Auch wenn eine Beratung zulässig ist, muss sie nicht automatisch unter Versicherungsschutz stehen. Zumeist sind Erfüllungs- und Nachbesserungsansprüche, die sich gegen den Versicherungsnehmer richten, also auch die Nachbesserungskosten, nicht vom Versicherungsschutz umfasst. Ferner ist die vorsätzliche Herbeiführung des Schadensfalls durch den Versicherungsnehmer nach § 152 VVG vom Versicherungsschutz ausgenommen. Der Versicherungsschutz bezieht sich auch nicht auf Haftpflichtansprüche wegen Schäden, die dadurch entstanden sind, dass der Versicherungsnehmer im Bereich eines unternehmerischen Risikos einen Verstoß begeht (vgl. hierzu § 4 Nr. 4 AVB-WRS i.V.m. Teil 3 A Ziff. 5.3 und Teil B Abs. V BBR-S). Zum Versicherungsschutz bei einer unerlaubten Rechtsdienstleistung → 2 C Rz. 14. **85**

D. Honorar

von Dr. Christoph Goez

I. Einführung zur StBVV und zum RVG

Der Weg zur **Steuerberatervergütungsverordnung** (StBVV) und zur heutigen Fassung des **Rechtsanwaltsvergütungsgesetzes** (RVG) war lang: **1**

---

1) Ehlers, DStR 2008, 578, 581.
2) OLG Hamm v. 5.10.1977, 20 U 16/77, VersR 1978, 711; DStR 2008, 578, 581.

Schon 1879 gab es die erste Gebührenordnung für Rechtsanwälte; 1957 wurde diese in einem einheitlichen Gesetz zur **Bundesrechtsanwaltsgebührenordnung** (BRAGO) zusammengefasst.[1] Die Steuerberater mussten bis zum Jahre 1982 warten, bis sie ihre Gebühren nach einer amtlich vorgegebenen **Steuerberatergebührenverordnung** (StBGebV) abrechnen konnten.[2] Dabei wollte der Gesetzgeber die Übereinstimmung wesentlicher Teile des Anwaltsgebührenrechts in den Vorschriften der StBGebV sicherstellen.

Im Folgenden kam es zu zahlreichen **Änderungen** der BRAGO. Insbesondere wurden im Jahr 1994 im Rahmen des Kostenrechtsänderungsgesetzes[3] die Werte in der Tabelle zu § 11 BRAGO angehoben. Deutlich später erreichte auch der Berufsstand der Steuerberater eine erneute Anpassung mit der 3. Änderungsverordnung zur StBGebV (ÄndVGebV). Mit dem 1.1.2002 erfolgte bei beiden Gebührenordnungen die Umstellung auf den Euro.

Mit dem Gesetz zur Modernisierung des Kostenrechts vom 5.5.2004 wurde das Gesetz über die Entschädigung von Zeugen und Sachverständigen (ZSEG) durch das Justizvergütungs- und -entschädigungsgesetz (JVEG) und die Bundesrechtsanwaltsgebührenordnung (BRAGO) durch das **Rechtsanwaltsvergütungsgesetz** (RVG) abgelöst.[4] Seit dem 1.7.2004, dem Inkrafttreten des RVG, gilt nach wie vor unterschiedliches Recht für Rechtsanwälte und für Steuerberater. Gleichzeitig erfolgte damit aber die Klarstellung durch den Gesetzgeber, dass auch Rechtsanwälte die Hilfeleistung bei der Erfüllung allgemeiner Steuerpflichten und bei der Erfüllung steuerlicher Buchführungs- und Aufzeichnungspflichten nach den §§ 23 bis 39 StBGebV abzurechnen haben (§ 35 RVG), nachdem diesen früher ein Wahlrecht zwischen BRAGO und StBGebV eingeräumt worden war.[5]

Mit dem **Jahressteuergesetz 2007**[6] hat der Gesetzgeber die zu diesem Zeitpunkt geltende StBGebV durch zahlreiche Änderungen nicht nur wieder an das RVG – zumindest teilweise – angeglichen, sondern auch den bereits erfolgten steuerrechtlichen Vorgaben durch Einführung neuer Gebührentatbestände Rechnung getragen.

Durch Verordnung zum Erlass und zur Änderung steuerlicher Verordnungen vom 11.12.2012, verkündet am 19.12.2012 im BGBl.,[7] wurde neben einer teilweise deutlichen Gebührenanhebung auch eine Umbenennung vorgenommen. Seit dem 20.12.2012 bestimmt sich daher das Honorar des Steuerberaters nach der **Vergütungsverordnung für Steuerberater, Steuerbevollmächtigte und Steuerberatungsgesellschaften (Steuerberatervergütungsverordnung – StBVV)**.

Die **wesentlichen Änderungen**: Die Steuerberatervergütung wurde an die gestiegenen Preise und die Kosten in den Steuerberaterpraxen angepasst. Die Tabellen A bis C (→ **5** H Rz. 5 ff.) wurden linear um 5 %, die Zeitgebühr um über 50 %, die Mindestgegenstandswerte nach § 24 StBVV um 33 % und die Rahmengebühr für die Lohnbuchhaltung nach § 34 StBVV sogar um 78 % angehoben. Auch weitere Mindestgegenstandswerte, wie insbesondere in § 24 Abs. 1 Nr. 12 und Nr. 13 StBVV wurden auf

---

1) Art. VIII des Gesetzes zur Änderung kostenrechtlicher Vorschriften vom 26.7.1957, BGBl. I 1957, 1861.
2) Gebührenverordnung für Steuerberater, Steuerbevollmächtigte und Steuerberatungsgesellschaften (Steuerberatergebührenverordnung – StBGebV) v. 17.12.1981, BGBl. I 1981, 1442.
3) Gesetz zur Änderung von Kostengesetzen und anderen Gesetzen Kostenrechtsänderungsgesetz 1994 (Kostenrechtsänderungsgesetz 1994 – KostRÄndG 1994) v. 24.7.1994, BGBl. I 1994, 1325.
4) Gesetz zur Modernisierung des Kostenrechts (Kostenrechtsmodernisierungsgesetz – KostRMoG) v. 5.5.2004, BGBl. I 2004, 718, 788.
5) Vgl. Meyer/Goez/Schwamberger, Steuerberatervergütungsverordnung, Praxiskommentar, 7. Aufl. 2013, Einführung Rz. 42.
6) JStG 2007; BGBl. I 2006, 2878, 2905 = BStBl I 2007, 28, 53.
7) BGBl. I 2012, 2637; ausführlich: Wilk/Meyer-Petz, Die neue StBVV, DStR 2012, 2508.

16 000 € neu festgelegt, bei der Selbstanzeige in § 30 StBVV ist nunmehr ein Mindestgegenstandswert von 8 000 € bestimmt und letztlich wurde auf das RVG für Steuerberater, die Auftraggeber in der Sozialgerichtsbarkeit, gerade auch in Sozialversicherungsangelegenheiten vertreten, durch § 45 StBVV verwiesen.

Zum ersten Mal ist damit die Anpassung an die heutigen Gegebenheiten bei der Steuerberatervergütung vom Gesetz- oder Verordnungsgeber schneller umgesetzt worden als bei dem Berufsstand der Rechtsanwälte. Die Anhebung der Vergütung im Rahmen des RVG erfolgte Mitte 2013. Mit dem zweiten Kostenrechtsmodernisierungsgesetz (KostRMoG) wurden die Gebührentabellen angehoben, mehrere Gebührentatbestände geändert sowie eine Vielzahl von Streitpunkten bei der Gebührenfestlegung beseitigt.[1] Insbesondere die Prozesskostenhilfe-Vergütung wurde ebenfalls angehoben.[2]

Durch die vorbezeichneten Änderungen wurde die Vergütung der Rechtsanwälte und Notare, die Honorare der Sachverständigen, Dolmetscher und Übersetzer wie auch die Entschädigung der ehrenamtlichen Richter, Zeugen und sonstiger Dritter an die wirtschaftliche Entwicklung seit der letzten Erhöhung der entsprechenden gesetzlichen Vorgaben angepasst. Im Ergebnis wurden die Wertgebühren um ca. 12 %, die PKH-Wertgebühren um 15 % und die Betragsrahmengebühren um 19 % angehoben. In Straf- und Bußgeldsachen wurden Anhebungen von ca. 17 % bis 19 % erreicht. Neben zahlreichen Einzeländerungen wurde für umfangreiche Beweisaufnahmen wieder die früher schon vorgesehene Beweisaufnahmegebühr eingestellt. Interessant für Steuerberater ist auch, dass das strafrechtliche Ermittlungsverfahren bzw. das Bußgeldverfahren im Verhältnis zum nachfolgenden gerichtlichen Verfahren nunmehr verschiedene Angelegenheiten sind (§ 17 Nr. 10a und 11 RVG). Während früher die Tabelle E zur StBVV identisch war mit der Tabelle zu § 13 Abs. 1 Satz 2 RVG, ist dies nunmehr nicht mehr der Fall. Bei Gebühren bis 1 000 € ist die Tabelle E der StBVV etwas höher, sodann allerdings ist die Gebührentabelle des RVG bei größeren Einzelschritten mit höheren Werten versehen. Beispielsweise bei einem Gegenstandswert von 40 000 € beträgt die Gebühr für Rechtsanwälte 1 013 €, während diese für Steuerberater bei 947 € liegt.

II. Steuerberatervergütungsverordnung (StBVV)

1. Rechtsgrundlagen

Grundlage für den Vergütungsanspruch ist der zwischen dem Steuerberater und seinem Mandanten geschlossene **Vertrag**. Bei diesem handelt es sich regelmäßig um einen entgeltlichen Geschäftsbesorgungsvertrag i.S.v. § 675 BGB mit dienst- oder werkvertraglichem Charakter (→ 2 A Rz. 3 f.). Die Unterscheidung richtet sich danach, ob der Berater vorrangig eine (laufende) Dienstleistung erbringen soll oder ob das Ergebnis seiner Tätigkeit im Vordergrund steht und ein bestimmter Erfolg erwartet wird.[3] Sofern die weiteren Voraussetzungen vorliegen, hat der Steuerberater einen Anspruch auf seine Vergütung gem. § 613 BGB (Dienstvertrag) oder § 632 BGB (Werkvertrag).

---

1) Verkündet als Art. 3 des 2. KostRMoG v. 23.7.2013 (BGBl. I 2013, 2586); ausführlich: Hansens, Das neue RVG, RVG-Report 2013, 290.
2) Art. 14 Gesetz zur Änderung des Prozesskostenhilfe- und Beratungshilferechts v. 31.8.2013, BGBl. I 2013, 3533.
3) Ausführlich Meyer/Goez/Schwamberger, Steuerberatervergütungsverordnung, Praxiskommentar, 7. Aufl. 2013, Einführung Rz. 4 bis 7; so z.B. LG Berlin v. 12.3.2013, 15 O 268/12, NWB 2013, 986.

Zur Bestimmung der Vergütung – somit der Gebühren und Auslagen – sind Steuerberater und Steuerberatungsgesellschaften an die „Gebührenordung" gebunden (§ 64 StBerG i.V.m. § 1 StBVV). Diese erlässt das BMF durch Rechtsverordnung mit Zustimmung des Bundesrates. Zukünftig wird hier entsprechend der Umbenennung von „Steuerberatervergütungsverordnung" gesprochen werden müssen.

Vor der StBVV existierte eine „**Allgemeine Gebührenordnung für die wirtschaftsprüfenden sowie wirtschafts- und steuerberatenden Berufe**" (AllGO), die neben den originären Aufgaben der Steuerberater auch Vergütungen für die mit dem Beruf vereinbaren Tätigkeiten festlegte. Das Bundeskartellamt hat allerdings die AllGO als ordnungswidrige Preisempfehlung des Berufsstandes beanstandet. Daraufhin wurde von diesem der Erlass der früheren StBGebV durchgesetzt. Ende 2012 erfolgte zur Klarstellung die Umbenennung in „**Steuerberatervergütungsverordnung**", da mit diesem Begriff nicht nur Gebühren, sondern auch Auslagen mit umfasst sind.

§ 64 StBerG regelt materiell-rechtlich, dass die Höhe der Gebühren den Rahmen des Angemessenen nicht übersteigen darf und sich nach Zeitaufwand, Wert des Objektes und Art der Aufgabe zu richten hat. Schon hier ist anzumerken, dass diese Angemessenheitskriterien durch § 11 StBVV konkretisiert werden.

Wie § 1 StBVV klarstellt, richtet sich die Verordnung an **alle Berufsträger** (Steuerberater, Steuerbevollmächtigte, Steuerberatungsgesellschaften). Wenn im Folgenden von „Steuerberatern" die Rede ist, gilt das Gesagte ebenfalls für die weiteren Berufsangehörigen. Zwar nicht direkt, aber über § 35 RVG gelten die wesentlichen materiellen Vorschriften der StBVV (§ 23 bis § 39 i.V.m. § 10, § 13 StBVV) auch für „Nur-Rechtsanwälte". „Nur-Wirtschaftsprüfer" können die Geltung der StBVV zwar mit der Mandantschaft bei steuerlichen Beratungsleistungen vereinbaren; sie sind aber nach überwiegender Meinung nicht daran gebunden.[1]

§ 1 StBVV bestimmt darüber hinaus, dass sachlich die Verordnung nur für die **selbständig ausgeübte Berufstätigkeit**, die sich auf die **Originärtätigkeiten** i.S.v. § 33 StBerG (Steuerberatung, Steuerdeklaration, Steuerdurchsetzung sowie Tätigkeiten in Steuerstrafverfahren) bezieht, zur Anwendung kommt.[2] Für **vereinbare Tätigkeiten** i.S.v. § 57 Abs. 3 Nr. 3 und 4 StBerG (z.B. betriebswirtschaftliche Beratung aller Art, Treuhandtätigkeiten, Vermögensverwaltung, Insolvenzverwaltung, Testamentsvollstreckung u.a.) gilt – soweit für die Vergütung nicht Sonderbestimmungen einschlägig sind – die StBVV nur bei entsprechender Vereinbarung mit dem Mandanten. Ansonsten sind diese Tätigkeiten nach den allgemeinen Regeln des BGB abzurechnen (→ 2 C Rz. 12).

Der Berater hat allerdings noch **weitere Normen bei der Festlegung der Vergütung** zu berücksichtigen. Hierzu zählt § 9 StBerG (BGBl. I 2008, 1000), wonach die Abgabe wie auch die Entgegennahme eines Teils der Gebühren, die Annahme oder Vereinbarung von Provisionen oder sonstiger Vorteile für die Vermittlung von Aufträgen unzulässig ist (vgl. auch § 2 Abs. 3 BOStB 2010).[3] Sodann bestimmt § 9a StBerG, nachdem verfassungsrechtlich der völlige Ausschluss von Erfolgshonoraren beanstandet wurde, dass unter sehr rigiden und formstrengen Vorgaben die Vereinbarung einer Vergütung in Abhängigkeit der Höhe vom Ausgang der Sache oder von dem Erfolg der Tätigkeit möglich ist. Eine solche Vereinbarung darf nur für den Einzelfall und nur dann vereinbart werden, wenn der Mandant auf Grund seiner wirtschaftlichen Verhältnisse bei vollständiger Betrachtung ohne die Vereinbarung eines Erfolgshonorars von der Rechtsverfolgung abgehalten würde; auch bedarf die Vereinbarung der Text-

---

[1] Zum Streitstand: Feiter, Die neue StBVV, Kommentar, § 1 StBVV, Rz. 87; so z.B. LG Magdeburg vom 25.9.2012, 11 O 1037/09, DStRE 2014, 253.
[2] Meyer/Goez/Schwamberger, Steuerberatervergütungsverordnung, Praxiskommentar, 7. Aufl. 2013, § 1 Rz. 11 bis 16.
[3] OLG Frankfurt/M. v. 12.6.2013, 1 U 30/11, DStR 2013, 2650.

form und muss als „Vergütungsvereinbarung oder in vergleichbarer Weise" bezeichnet werden. Sie darf insbesondere nicht in der erteilten Vollmacht enthalten sein. Zudem sind in der Vereinbarung selbst die wesentlichen Gründe anzugeben, die für die Bemessung des Erfolgshonorars bestimmend sind. Verstöße gegen diese Vorgaben bei der Vereinbarung von Erfolgsvergütungen oder -beteiligungen führen zwar zur Nichtigkeit der Vereinbarung (§ 134 BGB); der Steuerberater kann sodann aber nach der neuesten Rechtsprechung die gesetzliche Vergütung fordern[1], unabhängig davon, dass er seinen Anspruch auch mit einer ungerechtfertigten Bereicherung (§ 812 Abs. 1 Satz 1 1. Alternative BGB) begründen kann.

Eine vorsätzliche **Gebührenüberhebung** ist berufsrechtlich untersagt; darüber hinaus dürfte diese einen Verstoß gegen § 352 StGB darstellen.[2] Auch Vereinbarungen über höhere Gebühren i.S.v. § 4 StBVV finden ihre Grenzen dort, wo sie sittenwidrig (§ 138 BGB) oder unangemessen hoch sind.

Eine **Gebührenunterschreitung** ist ohne rechtfertigende Begründung im Regelfall berufsrechts- und möglicherweise wettbewerbswidrig,[3] ausnahmsweise darf aber besonderen Umständen, etwa der Bedürftigkeit eines Auftraggebers, durch Ermäßigung oder Streichung von Gebühren oder Auslagenersatz Rechnung getragen werden, da gesetzlich vorgegeben ist, (nur) eine „angemessene" Gebühr zu erheben (argumentum ex § 64 Satz 3 1. Halbsatz StBerG). Jedenfalls aber ist die Unterschreitung angemessener Gebühren nur in Ausnahmefällen zivilrechtlich unwirksam.[4]

Grundsätzlich hat der Steuerberater ergänzend die **Berufsordnung** (BOStB) der Bundessteuerberaterkammer zu beachten. Allerdings hat die Satzungsversammlung bei der Bundessteuerberaterkammer die frühere Regel (§ 45 BOStB a.F.) aufgehoben, weil diese im Wesentlichen nur gesetzliche Vorgaben wiederholt hat. An verschiedenen Stellen (§ 2 Abs. 3, § 5 Abs. 6, § 8 Abs. 3 und § 19 Satz 2, dritter Spiegelstrich BOStB 2010) werden allerdings Vorgaben für den Steuerberater hinsichtlich seiner Vergütung bzw. deren Durchsetzung getroffen. So bleibt die Vereinbarung und Annahme von Provisionen verboten; ein Steuerberater, der Gebührenforderungen abtreten oder ihre Einziehung Dritten übertragen will, muss den neuen Gläubiger oder Einziehungsermächtigten auf dessen gesetzliche Verschwiegenheitsverpflichtung hinweisen. Ein Steuerberater darf auch aus ihm anvertrauten Vermögenswerten keine Vergütung oder Vorschüsse entnehmen, soweit die Vermögenswerte zweckgebunden sind und zudem hat der Steuerberater bei Übernahme eines Mandats das Verbot zu beachten, wonach er kein Angebot abgeben darf, zu einer unangemessen niedrigen Vergütung tätig zu werden (→ 2 B Rz. 62).[5]

Berufsaufsichtlich sind durchaus Fragen aus dem Mandatsverhältnis und der ordnungsgemäß festgesetzten Vergütung sowie insbesondere auch in Bezug auf die Höhe der Gebühren und auf das Geltendmachen von Zurückbehaltungsrechten bei offenstehenden Honoraren Gegenstand von Maßnahmen der Steuerberaterkammern, sogar der Berufsgerichte. Berufspflichtverletzungen liegen schon bei einer vorsätzlichen Honorarstellung unter Verstoß gegen die StBVV vor;[6] Ähnliches gilt für die verzö-

---

1) So für die vergleichbare Situation bei Rechtsanwälten: BGH v. 5.6.2014, IX ZR 137/12, BGHZ 201, 334.
2) So Goez, Kann der StB Täter einer Gebührenüberhebung im Sinne von § 352 StGB sein, wistra 2009, 223 ff.; ebenso z.B. Beschluss d. AG Emmedingen v. 8.11.2013, 6 Ls 400 Js 23219/10, wonach das Hauptverfahren gegen einen StB wegen Verstoßes gegen § 352 StGB eröffnet wurde; a.A. Feiter, Die neue StBVV, Kommentar, Rz. 777.
3) LG Kleve v. 10.12.1999, 8 O 116/99, AnwBl. 2000, 259.
4) OLG München v. 22.3.2002, 21 U 2386/01, NJW 2002, 3641.
5) Ausführlich: Wacker, Anm. zu AWG NRW v. 9.5.2014 (RA-Werbung mit „Gutscheinen für kostenlose Erstberatung"), DStR 2014, 2043.
6) LG Münster v. 11.5.2012, 19 StL 2/11, DStR 2013, 1308.

gerte Rückgabe von Unterlagen bei Nichtbestehen eines Zurückbehaltungsrechtes.[1] Daneben sogar strafrechtlich relevant kann es sein, wenn im Rahmen beispielsweise der Vereinbarung eines Erfolgshonorars falsche Angaben getätigt werden, die der Auftraggeber nicht erkennen kann und ihn zur Unterschrift verleitet.[2]

2. Grundzüge der StBVV

3   Der die StBVV anwendende Berater muss sich über die verwendeten Begriffe klar sein und sein Recht zur Festlegung der Vergütungshöhe ordnungsgemäß ausüben.

a) Begriffsbestimmungen

4   Die **Vergütung** des Steuerberaters bestimmt sich nach der StBVV. Dabei umfasst der Begriff der „Vergütung" sowohl die **„Gebühren"** als auch die **„Auslagen"**. Hinzuzusetzen ist die **„Umsatzsteuer"** (§ 15 StBVV).

Jede einzelne **Angelegenheit** (§ 12 StBVV) ist nach der StBVV gebührenmäßig abzurechnen. Dabei kann das Steuerberatungsmandat durchaus eine Mehrzahl von Angelegenheiten umfassen. Die Angelegenheit ist somit eine Untereinheit des **Auftrags**. Dennoch ist sie von den **Einzeltätigkeiten** zu trennen. Regelmäßig umfasst eine Angelegenheit mehrere Einzeltätigkeiten.[3]

Insbesondere ist diese Unterscheidung wichtig, um beispielsweise die weiterhin als Werbungskosten oder Betriebsausgaben abzugsfähigen Steuerberaterkosten von den **nicht als Sonderausgaben abzugsfähigen Honorarbestandteilen** (insbesondere von der „Mantelbogengebühr" nach § 24 Abs. 1 Nr. 1 StBVV) abzugrenzen. Daraus ergibt sich auch, dass der Steuerberater bei der Liquidation keineswegs zur Kompensation in einem (steuerlich abzugsfähigen) Bereich eine höhere Vergütung ansetzen darf als in dem steuerlich nicht mehr abzugsfähigen Bereich.

Die StBVV setzt **Rahmengebühren** fest. Dabei richten sich **Wertgebühren** nach dem in der Verordnung jeweils bestimmten Gegenstandswert oder nach dem Wert des Interesses (§ 10 Abs. 1 StBVV). **Zeitgebühren** werden nach dem jeweiligen Zeitaufwand erhoben (§ 13 StBVV). Für bestimmte Sachverhalte (z.B. Lohnbuchführung gem. § 34 StBVV, Steuerstrafverteidigung gem. § 45 StBGebV i.V.m. Teil 4 des Vergütungsverzeichnisses – VV – zum RVG) wird eine **Betragsrahmengebühr** durch Vorgabe eines Mindest- und eines Höchstbetrages festgesetzt.

Durch die Vergütung werden die allgemeinen Geschäftskosten – im Regelfall einschließlich DATEV-Kosten[4] – mit abgegolten (§ 3 Abs. 2 StBVV); gesondert sind die **Umsatzsteuer** und **Auslagen** auszuweisen (§ 3 Abs. 3 sowie §§ 15 bis 20 StBVV).

Die Gebühren richten sich nach den der Verordnung beigefügten **Tabellen A bis E** (§ 10 Abs. 1 StBVV; → *5 H* Rz. 11 ff.); dieses sind die Beratungstabelle (A), die Abschlusstabelle (B), die Buchführungstabelle (C), die landwirtschaftlichen Tabellen (D mit den Teilen a und b) sowie die Rechtsbehelfstabelle (E). Insbesondere die Tabelle A bis zu einem Gegenstandswert von 290 000 € und die Tabelle E waren bis 2012 identisch mit der Gebührentabelle zu § 13 Abs. 1 RVG. Nachdem Ende 2012 schon die Anhebung der Tabellen in der StBVV erfolgt ist, erfolgte Mitte 2013 die

---

1) LG Freiburg v. 23.11.2012, StL 7/11, DStR 2013, 1308; Goez, Berufsaufsichtliche Ahndung bei ungerechtfertigter Verweigerung der Handaktenherausgabe, Kanzleiführung professionell 2015, 4.
2) So für einen RA, strafbar nach § 263 StGB, BGH v. 25.9.2014 – 4 StR 586/13, BB 2014, 2707.
3) Ausführlich Meyer/Goez/Schwamberger, Steuerberatervergütungsverordnung, Praxiskommentar, 7. Aufl. 2013, Einführung Rz. 50f.
4) OLG Düsseldorf v. 20.2.1992, 13 U 134/91, GI 1993, 151.

Anhebung der RVG-Gebührentabelle, nunmehr allerdings mit leichten Divergenzen zur Tabelle E der StBVV (→ **2** *D* Rz. 1).

b) Festlegung der Gebührenhöhe

Die Höhe der Gebühren ist „**angemessen**" (§ 64 Satz 3 StBerG), somit nach Billigkeit zu bestimmen und festzulegen. Der Steuerberater als Bestimmungsberechtigter i.S.v. § 315 BGB hat die Gebühr im Einzelfall unter Berücksichtigung aller Umstände, v.a. des Umfangs und der Schwierigkeit der beruflichen Tätigkeit, der Bedeutung der Angelegenheit sowie der Einkommens- und Vermögensverhältnisse des Auftraggebers nach **billigem Ermessen** festzusetzen (§ 11 StBVV). Dabei kann ein besonderes Haftungsrisiko herangezogen werden. Das Haftungsrisiko ist sogar zwingend bei Rahmengebühren, die sich nicht nach dem Gegenstandswert richten, zu berücksichtigen. Mit dieser Klarstellung hat das JStG 2007 die frühere Rechtsprechung in die Verordnung übernommen.

Bei der Ausübung des Ermessens darf der Steuerberater Sonderprobleme wie beispielsweise die Tätigkeit am Abend oder am Wochenende wie z.B. auch die Notwendigkeit von Zusatzleistungen auf Grund der **Vorverlegung der Fälligkeit** der Sozialversicherungsbeiträge berücksichtigen.

Um die „**angemessene Gebühr**" bestimmen zu können, wird der Berater für eine abzurechnende Angelegenheit zunächst die von der StBVV vorgesehene Spanne (Mindest- und Höchstgebühr) bestimmen müssen, um innerhalb des Rahmens durch Wertung der erwähnten Umstände zu einem sachgerechten Ansatz zu kommen.

Hilfreich ist dabei die in der Rechtsprechung aus dem Anwaltsgebührenrecht entwickelte „**Mittelgebühr**". Diese findet Anwendung, wenn eine Angelegenheit von durchschnittlicher Bedeutung, durchschnittlichem Umfang der Tätigkeit und durchschnittlicher Schwierigkeit vorliegt und der Auftraggeber in durchschnittlichen Vermögens- und Einkommensverhältnissen lebt. Aber **Vorsicht**: Der BGH hat mit Urteil vom 6.7.2000[1] bestimmt, dass die Mittelgebühr nur in einem Durchschnittsfall zugebilligt werden kann. Dies sieht die aktuelle Rechtsprechung, insbesondere das OLG Hamm, als Begründung dafür an, dass der Steuerberater „im Regelfall die Mittelgebühr als dem Normalfall entsprechend ansetzen kann".[2]

Nach Ansicht des OLG Düsseldorf [3] ist allerdings zu beachten, dass keineswegs schematisch von einer bestimmten Gebühr, auch nicht von einer Mittelgebühr, ausgegangen werden kann. Diesen Begriff als solchen kennen die Vergütungsverordnungen nicht. Vielmehr trägt der Steuerberater als Bestimmungsberechtigter i.S.v. § 315 BGB die **Darlegungs- und Beweislast** für die Billigkeit seiner Honorarfestsetzung. Die Mittelgebühr ist dabei in allen Fällen, die keine Besonderheiten aufweisen, nach wie vor recht einfach als „angemessen" zu begründen. Allerdings sind bei jeder Abrechnung die individuellen Besonderheiten, Erleichterungen und Erschwernisse einzubeziehen. Kritisch gesehen wird im Regelfall bei Steuerberatern eine quasi zusätzliche „Toleranzspanne".[4]

Auch bei der **Zeitgebühr** (§ 13 StBVV) wird eine Spanne für jede angefangene halbe Stunde vorgegeben. Nach der bisherigen Regel betrug die Vergütung nur 19 € bis 46 €; nunmehr kann der Berater für jede angefangene halbe Stunde einen Betrag innerhalb der Spanne von 30 € bis 70 € geltend machen. Damit beträgt die Mittelge-

---

1) BGH v. 6.7.2000, IX ZR 210/99, DStR 2000, 1785.
2) Vgl. die schriftlichen Senats-Hinweise aus dem Verfahren OLG Hamm 25 U 33/09 und 25 U 27/11, zitiert bei Goez, Erneute Rechtsprechungsänderung zur Mittelgebühr, Stbg 2012, 124; nunmehr auch OLG Hamm v.26.11.2013, 25 U 25/13, DStR 2014, 2151.
3) OLG Düsseldorf v. 8.4.2005, I-23 U 190/04, 23 U 190/04, GI 2005, 125, 128.
4) Ausdrücklich ablehnend: OLG Hamm v. 26.11.2013, 25 U 25/13, DStR 2014, 2151.

bühr für eine Stunde Arbeit des Steuerberaters immerhin 100 €. Auch wenn die Zeitgebühr häufig nur eine „Hilfsgebühr" ist (vgl. z.B. §§ 25 Abs. 2, 33 Abs. 7, 35 Abs. 3 StBVV), entspricht dies nach wie vor nicht immer dem Wert der geleisteten Arbeit. Dies gilt beispielsweise für die Teilnahme an einer Betriebsprüfung (§ 29 Nr. 1 StBVV), die der Berufsangehörige im Regelfall selbst vornehmen muss. Unter Berücksichtigung der Kriterien in § 11 StBVV wird der Ansatz in solchen komplexen Fällen im höheren Bereich der Spanne zu bestimmen sein. Generell ist zudem festzuhalten, dass die Zeitgebühr nicht „isoliert" angesetzt werden kann; zunächst ist die gebührenrechtliche Bestimmung für die Einzeltätigkeit aufzusuchen.[1] Die Zeitgebühr kann nur berechnet werden, wenn dies die Verordnung selbst vorsieht oder keine genügenden Anhaltspunkte für eine Schätzung des Gegenstandswerts vorliegen (vgl. § 13 Satz 1 StBVV).

c) Einzeltätigkeiten

6   Der allgemeinen steuerlichen **Beratung** (§ 21 StBVV) wurde durch die 3. ÄndVGebV zum 1.1.2002 – entsprechend der seinerzeitigen Regelung in § 20 Abs. 1 Satz 2 BRAGO – eine um 10 € niedrigere **Erstberatungsgebühr** hinzugefügt. Diese darf bei Verbrauchern (vgl. § 13 BGB) nicht höher als 190 € sein. Mit der entsprechenden Anhebung Ende 2012 ist der Verordnungsgeber einer alten Forderung des Berufsstandes nachgekommen, dass somit die Erstberatungsgebühr wiederum der entsprechenden Gebühr bei Rechtsanwälten entspricht (§ 34 Abs. 1 Satz 3 RVG a.E.).[2]

Die im Regelfall schriftlich und mit ausführlicher Darlegung des Sach- und Rechtsstreits verbundene **Gutachtenerstellung** ist in § 22 StBVV erfasst.[3] Das Honorar für **Einzeltätigkeiten**, wie beispielsweise Anträge auf Stundung oder auch auf Anpassung der Vorauszahlungen wie auch auf Erstattung und Wiedereinsetzung in den vorigen Stand außerhalb eines Rechtsbehelfsverfahrens, regelt § 23 StBVV.

In § 24 StBVV sind die einzelnen **Steuererklärungen** aufgelistet, wobei zunächst im Jahr 1998 insbesondere Gebührenregelungen für die Beantragung von Kindergeld (§ 24 Abs. 1 Nr. 23 StBVV) und Eigenheimzulagen (§ 24 Abs. 1 Nr. 24 StBVV) hinzugefügt worden sind. Im Rahmen des JStG 2007 wurde diese Vorschrift noch weiter deutlich ergänzt. Neben Klarstellungen im Rahmen der Körperschaft- und Umsatzsteuererklärung wurde insbesondere Abs. 4 massiv erweitert. Die mit dem JStG 1997 eingeführte Bedarfsbewertung und die entsprechende Fertigung von Feststellungserklärungen werden nunmehr nach § 24 Abs. 4 Nr. 1 StBVV und die Anfertigung eines Antrags auf Erteilung einer Freistellungsbescheinigung nach Nr. 6 dieses Absatzes abgerechnet. Hinzu kommen Neuregelungen zu den Gebühren bei Anträgen auf Altersvorsorgezulage und weitere Anträge nach den §§ 89, 90 Abs. 4, 92a, 92b Abs. 1, 94 Abs. 2, 95 Abs. 2 und 3 EStG. Mit diesen Ergänzungen des Vergütungsrechts hat der Gesetzgeber die weitere Entwicklung im Steuerrecht in diesen Punkten im Gebührenrecht umgesetzt. Mit der Verordnung zur Änderung steuerlicher Verordnungen vom 10.10.2012 wurden zudem weitere zahlreiche Änderungen in § 24 StBVV vorgenommen und ein Auffangtatbestand eingeführt.[4] Generell wurden die Mindestgegenstandswerte von 6 000 € auf 8 000 € angehoben bzw. bei der Körperschaftsteuererklärung (§ 24 Abs. 1 Nr. 3 StBVV) von 12 500 € auf 16 000 €. Diese Anhebung erfolgte auch im Hinblick auf die Erstellung einer Erbschaft- oder Schenkungsteuererklärung (Nr. 12 bzw. Nr. 13). Auch wurde sowohl hinsichtlich der Erstellung „sonstiger Steuererklärungen" dem Abs. 1 eine Nr. 26 – ebenfalls mit einem Mindestgegenstandswert von 8 000 € – angehängt. Zudem wurde § 24 Abs. 4 StBVV, welcher Zeitge-

---

1) OLG Düsseldorf v. 25.4.1996, 13 U 81/95, GI 1996, 269.
2) Vgl. zur „Erstberatungsgebühr" Feiter, KP 2003, 52.
3) Küffner, Das steuerliche Gutachten des StB, DStR 1983, 486.
4) Bsp. bei Feiter, Die neue StBVV, Kommentar, § 24 StBVV, Rz. . 410.

bühren für bestimmte Tätigkeiten vorsieht, deutlich kürzer gefasst, indem die Nrn. 1, 4, 6 - 10 entfallen sind. Andererseits wurde eine Zeitgebühr für die Überwachung und Meldung der Lohnsumme sowie der Schon- und Behaltensfrist nach dem Erbschaft- und Schenkungsteuergesetz und die Berechnung des Begünstigungsgewinnes gem. § 34a Abs. 1 Satz 1 EStG als weiterer Gebührentatbestand aufgenommen.

Nach § 25 StBVV wird die **Einnahme-Überschuss-Rechnung** einschließlich der Bearbeitung des Formulars EÜR abgerechnet.[1] Mit demselben Gegenstandswert wird auch die Aufstellung eines schriftlichen Erläuterungsberichts ergänzend abgerechnet.

Die „**Ermittlung des Überschusses der Einnahmen über die Werbungskosten**", wie insbesondere die entsprechende Erstellung der Anlagen V und N regelt § 27 StBVV. Der Berater hat hier zu beachten, dass tatsächlich ermittelt werden muss und nicht nur Zahlen beispielsweise aus Lohnsteuerbescheinigungen übertragen werden. Mindestgegenstandswert ist seit Ende 2012 ein Betrag i.H.v. 8 000 €; darüber hinaus erhält der Steuerberater nach Absatz 3 für Vorarbeiten, die über das übliche Maß „erheblich" hinausgehen, zusätzlich die Zeitgebühr.

§ 29 StBVV regelt die Mitwirkung an einer **Betriebsprüfung**.[2]

In § 30 StBVV wird die Gebühr für eine **Selbstanzeige** bestimmt; dabei ist es unerheblich, ob der Berater die Eingabe an das Finanzamt tatsächlich als „Selbstanzeige" bezeichnet oder beispielsweise eine geänderte Steuererklärung einreicht. Der Gegenstandswert bestimmt sich nach der Summe der berichtigten, ergänzten und nachgeholten Angaben und beträgt mindestens 8 000 €. Bei einer erstmaligen Anfertigung oder Neuerstellung – beispielsweise der Anlage KAP – sind zusätzlich die an anderer Stelle vorgesehenen Gebühren zu berechnen,[3] bei dem Beispiel also zusätzlich die Gebühr nach § 27 Abs. 1 StBVV. Für die umfangreichen notwendigen Tätigkeiten bei der vollständigen Bearbeitung einer Selbstanzeige ist dies aber häufig bei weitem nicht ausreichend, so dass sich die Vereinbarung einer (höheren) Zeitgebühr gem. § 4 StBVV aufdrängt (→ **2** *D* Rz. 7).

Wirkt der Berater bei einer **Besprechung** mit Behörden mit, insbesondere der Finanzverwaltung, oder mit Dritten, z.B. Kreditinstituten in Bezug auf die Steuerbilanz, erhält er eine Gebühr nach § 31 StBVV.[4]

Die **Buchführung** wie auch andere **steuerliche Aufzeichnungen** einschließlich eventueller Nebentätigkeiten sind in §§ 32 f. StBVV erfasst, die **Lohnbuchführung** in § 34 StBVV.[5]

Die Erstellung eines **Jahresabschlusses** (Bilanz sowie Gewinn- und Verlustrechnung) wird innerhalb der Spanne von 10/10 bis zu 40/10 abgerechnet (§ 35 Abs. 1 Nr. 1 Buchst. a StBVV). Der Gegenstandswert (Abs. 2) ist mit der 3. ÄndVGebV zum 1.1.2002 neu definiert worden.[6] Zudem wurde mit dem JStG 2007 auch klargestellt, dass die Entwicklung einer Steuerbilanz aus der Handelsbilanz einen eigenen gebührenrechtlichen Tatbestand darstellt (§ 35 Abs. 1 Nr. 3 Buchst. b StBVV). Massiv angehoben wurde Ende 2012 die Gebühr für die Aufstellung eines Zwischenabschlusses oder eines vorläufigen Abschlusses in § 35 Abs. 1 Nr. 2 StBVV, wobei nunmehr eben-

---

1) Vgl. ausführlich Weiler, Abrechnung der EÜR, DStR 2006, 2229.
2) Zur Mitwirkung bei einer Sozialversicherungsprüfung: Meyer, Die Mitwirkung des StB bei BP durch Sozialversicherungsträger, KP 2001, 167.
3) Ausführlich Meyer/Goez/Schwamberger, Steuerberatervergütungsverordnung, Praxiskommentar, 7. Aufl. 2013, § 30 Rz. 2 ff.; Uebefeldt/Keller, Honorar des StB bei Selbstanzeigen, DStR 2011, 92.
4) Vgl. Lahmann, Die Besprechungsgebühr nach § 31 StBGebV, DStR 2008, 2337.
5) Zur Anlagenbuchführung: Schwamberger, Die abrechenbare Anlagenbuchführung, KP 2014, 99.
6) Vgl. die amtliche Begründung zur Änderung von § 35 Abs. 2 StBVV, BR-Drucks. 603/12, 49 f.

falls die Spanne von 10/10 bis 40/10 wie bei der Aufstellung eines Jahresabschlusses vorgesehen ist. Leider wurde nach wie vor keine Regelung für die „E-Bilanz" in die StBVV aufgenommen.[1]

Für das **Rechtsbehelfsverfahren** gilt seit dem JStG 2007 eine einheitliche Vorschrift (§ 40 StBVV). Inhaltlich wurden die umfangreichen Regelungen in der vorliegenden Fassung an die Vorgaben für Verfahren vor den Verwaltungsbehörden nach dem RVG angeglichen. Auch die Ermäßigungs- und Beschränkungstatbestände wurden in diese Vorschrift integriert. Insbesondere erhält auch weiterhin der Berater, der Steuererklärungen neu erstellen muss, nur reduzierte Gebühren für das Einspruchsverfahren.

Für weitere Verfahren gilt § 45 StBVV[2], wodurch für **finanz- und sozialgerichtliche oder verwaltungsgerichtliche Verfahren** oder für das **Steuerstraf- und Bußgeldverfahren** bzw. auch für **berufsgerichtliche Verfahren** und **Gnadensachen** auf die Regelungen des RVG für Rechtsanwälte verwiesen wird (→ 2 D Rz. 22). Durch die Erweiterung auf sozialgerichtliche Verfahren Ende 2012 hat der Verordnungsgeber klargestellt, dass insofern bei entsprechenden Statusverfahren der Steuerberater nunmehr im Regelfall – entgegen der teilweise früher geäußerten anderen Auffassung von Sozialbehörden und -gerichten – tätig werden kann. Zudem hat der Steuerberater das RVG bei den im Finanzgerichtsverfahren eher seltenen **Prozesskostenhilfeangelegenheiten** anzuwenden (§ 46 StBVV).

d) Gebührenvereinbarungen

7 Neben der Festsetzung der Gebühren nach den Einzelvorschriften kann der Berater auch eine **höhere Gebühr** mit seinem Mandanten absprechen (§ 4 StBVV).

Diese Vereinbarung hat **schriftlich** – und zwar gesondert von anderen Absprachen – zu erfolgen.[3] Allerdings wird ein **Formmangel** dadurch geheilt, wenn ein Auftraggeber freiwillig und ohne Vorbehalt geleistet hat. Dies setzt allerdings voraus, dass der Mandant erkannt hat und ausreichend erläutert wurde, dass es sich hierbei um eine höhere Gebühr handelt, als sie sonst eigentlich von der Vergütungsverordnung vorgesehen wäre. Die Grenze einer solchen Vereinbarung wäre jedenfalls eine unangemessen hohe Vergütung; diese kann durch das Gericht auf den angemessenen Betrag bis zur Höhe der sich aus der StBVV ansonsten ergebenden Vergütung herabgesetzt werden (§ 4 Abs. 2 StBVV).

Hier wurde mit dem 1.1.2007 eine Angleichung an das RVG durch den Gesetzgeber vorgenommen. Anders als dort aber müssen nunmehr bei einer nicht von dem Mandanten verfassten Vergütungsvereinbarung **Art und Umfang des Auftrags** genau bezeichnet werden. Damit sind die einzelnen Tätigkeiten, für die eine höhere als die gesetzliche Vergütung abgestimmt wurde, im Einzelnen aufzulisten.[4]

Pauschalvereinbarungen können nach § 14 StBVV getroffen werden. Hierbei geht es aber nur um eine Vereinfachung der Gebührenberechnung; es soll keine Gebührenunterschreitung ermöglicht werden.[5] Voraussetzung ist, dass es sich um laufend aus-

---

1) Gläser/Danner, StB-Vergütung für Leistungen im Zusammenhang mit der E-Bilanz, DStR 2014, 2198.
2) Jost, Gebühren- und Kostenrecht im FG- und BFH-Verfahren, Berlin, 3. Aufl. 2011.
3) Kein Schriftformerfordernis besteht für eine Vereinbarung über Honorar, wenn die gesetzliche Vergütung nicht überschritten wird, so: BGH v. 7.5.2013, IX ZA 1/13, HFR 2013, 1160; vgl. aber auch Feiter, Anforderungen an eine wirksame Vergütungsvereinbarung, KP 2014, 149.
4) Vgl. Lahmann, Gestaltung von Vergütungsvereinbarungen, DStR 2009, 2069.
5) So ausdrücklich die „Amtliche Begründung" zu § 14 StBGebV a.E., abgedruckt in Meyer/Goez/Schwamberger, Die Gebühren der steuerberatenden Berufe, Kommentar, Stand 3/2013, Kennziffer 333 f., § 14 StBVV; vgl. auch Warttinger, Die Honorarvereinbarung, NWB 2012, 1096.

zuführende Tätigkeiten handelt und die Vereinbarung für mindestens ein Jahr getroffen wird; die Einzeltätigkeiten und der Leistungszeitraum sind aufzulisten. Auch bei der Pauschalvereinbarung besteht das **Schriftformerfordernis**.

Bei größeren Mandaten bietet es sich auch an, über einen angemessenen Ausschluss des ansonsten bestehenden **jederzeitigen Kündigungsrechts** des Mandanten (§ 627 BGB) nachzudenken: Vorsicht ist allerdings geboten bei der Verwendung allgemeiner Geschäftsbedingungen.[1] Jedenfalls dürfte aber individuell-vertraglich eine angemessene Kündigungsfrist mit dem Mandanten vereinbart werden können,[2] so dass auch für einen gewissen Zeitraum das Honorar gesichert wird (→ 2 A Rz. 68 f.).

e) Auslagen und Umsatzsteuer

Die Gesamtvergütung umfasst auch entsprechende **Auslagen** (§§ 16 bis 20 StBVV). Vorrangig kann der Berater bei jeder eigenen gebührenrechtlichen Angelegenheit das Entgelt für **Post- und Telekommunikationsdienstleistungen** nach § 16 StBVV begehren. Übersehen wird manchmal, dass dabei die tatsächlichen Kosten geltend gemacht werden können. Ersatzweise ist der übliche Pauschbetrag von 20 % der jeweiligen Gebühr, höchstens jedoch ein Betrag i.H.v. 20 € anzusetzen. Beispielsweise ist jeder Buchhaltungsmonat eine eigene Angelegenheit, so dass in diesem Zusammenhang regelmäßig 12 x die Gebühr nach § 16 StBVV anfällt.[3]

8

Unter entsprechenden Voraussetzungen erhält der Steuerberater neben diesem Telekommunikationsentgelt auch eine **Dokumentenpauschale** (§ 17 StBVV) und Erstattung der Kosten für **Geschäftsreisen** gem. §§ 18 bis 20 StBVV, wobei es sich um Fahrt- und Übernachtungskosten sowie um Tage- bzw. Abwesenheitsgelder handelt. Zu den „Auslagen" gehören auch die **Kosten, die eine Finanzbehörde** nach § 89 Abs. 3 bis 5 AO (eingefügt durch das JStG 2007 mit Wirkung ab 19.12.2006) für eine verbindliche Auskunft geltend macht[4], soweit der Steuerberater diese vorab für den Mandanten vorstreckt; dasselbe gilt für eventuell von dem Steuerberater verauslagte Finanzgerichtskosten.

Hinzuzusetzen sind gem. § 15 StBVV die sich entsprechend aus der Gesamtvergütung ergebende **Umsatzsteuer**.

3. Durchsetzung des Honoraranspruchs

a) Einforderbarkeit der Vergütung

Bei der Durchsetzung eines berechtigten Honoraranspruchs hat der Steuerberater **formell** § 9 StBVV zu beachten:

9

Zwingende Voraussetzung einer wirksamen Liquidation ist die **eigenhändige Unterschrift** des Steuerberaters sowie eine **ausreichende Spezifikation**. Seit 1998 ist in der Kostennote eine kurze Bezeichnung des jeweiligen **Gebührentatbestands** und die **Bezeichnung der Auslagen** aufzunehmen; weiterhin sind die angewandten Vorschriften, der Wert-/Zeitaufwand und der Gebührenbetrag anzugeben sowie eventuelle **Vorschüsse** (§ 8 StBVV) von dem Gesamtbetrag abzuziehen. Im Hinblick auf die Erhöhung der Umsatzsteuer am 1.1.2007 von 16 % auf 19 % ist in Einzelfällen wie z.B. lang dauernden Finanzgerichtsverfahren bei Vorschüssen besondere Vorsicht angebracht:

---

1) BGH v. 11.2.2010, SteuK 2010, 175, m. Anm. Goez/Noll.
2) Feiter, Die neue StBVV, Kommentar, Rz. 20.
3) Zur daraus folgenden unterschiedlichen Verjährung: Meyer/Goez/Schwamberger, StBVV, Praxiskommentar, 7. Aufl. 2013, Einführung Rz. 56.
4) Meyer, So rechnen Sie einen Antrag auf verbindliche Auskunft nach § 89 AO richtig ab, KP 2007, 165.

Ist der **Vorschuss** noch vor diesem Zeitpunkt begehrt und mit 16 % USt abgerechnet worden, muss in der Schlussrechnung nach Erledigung des Auftrags bzw. dieser Angelegenheit ab dem 1.1.2007 der Umsatzsteuersatz von 19 % – auch auf den früher erhaltenen Vorschuss – angewandt werden.[1]

Der Mandant muss erst zahlen, wenn die Gebühren angefallen sind, ihre **Fälligkeit** eingetreten ist (§ 7 StBVV)[2] und die Vergütung gem. § 9 StBVV ordnungsgemäß geltend gemacht wurde. Nicht vergessen sollte sodann der Berater bei verspäteter Zahlung, dass entsprechender Verzugszinssatz geltend gemacht werden kann,[3] wie auch eine Mahnpauschale i.H.v. 40,– €.

Auch ist auf die **Verjährung** von drei Jahren zum Ende eines Jahres für die Durchsetzung des Honoraranspruchs zu achten (§§ 195, 199 Abs. 1 BGB). Die Verjährung beginnt unabhängig davon, ob der Steuerberater seinem Auftraggeber eine Rechnung erteilt hat.[4] Dies stellt konsequenterweise auch § 9 Abs. 1 Satz 2 StBVV klar. Für die Berechnung des Verjährungszeitraums kommt es allein auf die Fälligkeit i.S.v. § 7 StBVV der Vergütung an. Um die Fälligkeit nicht eigenmächtig zu verzögern, ist der Steuerberater – auch im eigenen Interesse – regelmäßig verpflichtet, in angemessen kurzer Zeit nach Beendigung der jeweiligen Tätigkeit abzurechnen.

Verhandelt der Mandant mit dem Steuerberater über die Honorarzahlungen, wird für den entsprechenden Zeitraum die Verjährung lediglich **gehemmt** (§ 203 BGB). Auch ein Klage- oder Mahnverfahren hemmt lediglich den Eintritt der Verjährung (vgl. § 204 Abs. 1 Nr. 1 und Nr. 3 BGB). Auf die unterschiedlichen Auswirkungen auf den weiteren Lauf der Verjährungsfrist (3 bzw. 6 Monate) ist unbedingt zu achten. Hingegen beginnt bei einer Teilzahlung des Mandanten die Verjährung erneut (§ 212 BGB), da dies als „Anerkenntnis" gewertet wird.

b) Außerprozessuale Möglichkeiten

10 Einen sicheren Weg, nicht mit dem Vergütungsanspruch auszufallen, bietet § 8 StBVV. Der Steuerberater kann von dem Mandanten für die entstandenen und die voraussichtlich entstehenden Gebühren und Auslagen einen angemessenen **Vorschuss** fordern (vgl. dazu auch den Hinweis zur Änderung des Umsatzsteuersatzes von 19 % → 2 D Rz. 9). Von dieser Möglichkeit wird allerdings – anders als bei Rechtsanwälten – von Steuerberatern viel zu wenig Gebrauch gemacht. Äußerst sinnvoll erweisen sich Vorschusszahlungen gerade bei steuerstrafrechtlicher Begleitung des Mandanten, da nach Abschluss des Verfahrens das Interesse des (ehemaligen) Auftraggebers an dem Ausgleich des Honorars erfahrungsgemäß gering ist. Nach Beendigung des Auftrages ist der Berater verpflichtet, umgehend (auch) die Vorschüsse abzurechnen.[5]

Falls der Mandant mit dem Ausgleich der fälligen Vergütung in Rückstand kommt, kann der Steuerberater ein **Leistungsverweigerungsrecht** (§ 320 BGB) ausüben und die Fortsetzung seiner Tätigkeit von einer vollständigen, zumindest einer Teil-Zahlung abhängig machen.

---

1) Vgl. ausführlich BMF v. 11.8.2006, IV A 5 – S 7210 – 23/06, BStBl I 2006, 477, dort unter Abschnitt 1.2 und 2.2.
2) Der Gebührenanspruch entsteht grundsätzlich schon bei Beginn der Tätigkeit, wie § 12 Abs. 4 StBVV belegt; so ausdrücklich: LG Berlin v. 12.3.2013, 15 O 268/12, NWB 2013, 986.
3) Vgl. § 288 BGB n.F.: Bei Nicht-Verbrauchern seit Mitte 2014 neun Prozentpunkte über dem Basiszinssatz als Verzugszins; hierzu: Goez, Höherer Verzugszins und Mahnpauschale, KP 2014, 170.
4) BGH v. 21.11.1996, IX ZR 159/95, INF 1997, 126.
5) Für Rechtsanwälte ist dies sogar ausdrücklich in § 23 BORA 2013 geregelt.

Ein wirksames Mittel zur Durchsetzung von Honoraransprüchen ist nach Kündigung des Mandats insbesondere das Geltendmachen eines **Zurückbehaltungsrechts** i.S.v. § 273 BGB an Arbeitsergebnissen oder hinsichtlich der Herausgabe von Unterlagen des Mandanten (§ 66 Abs. 4 StBerG, § 13 Abs. 4 BOStB 2010).[1] Regelmäßig wird der Mandant ein erhebliches Interesse daran haben, seine – insbesondere noch nicht bearbeiteten[2] – Buchführungsunterlagen zurückzuerhalten, um seinen steuerlichen Pflichten und Möglichkeiten nachzukommen (→ 2 A 46). Ausschließen kann der Mandant dieses Zurückbehaltungsrecht – beispielsweise bei Streit über Grund oder Höhe der Vergütung –, indem er den strittigen Betrag beim zuständigen Amtsgericht hinterlegt (§ 273 Abs. 3 BGB). Dann ist der Steuerberater ausreichend – insbesondere für den Zeitraum einer Honorarklage – gesichert und hat daher die Unterlagen herauszugeben.

Mit dem 8. StBerGÄndG vom 11.4.2008[3] wurde die Möglichkeit der **Abtretung** von Gebührenforderungen völlig neu gefasst. Seitdem können Gebührenforderungen oder die Übertragung der Einziehung auch ohne Zustimmung des Mandanten an zur uneingeschränkten Steuerrechtshilfe Befugte i.S.v. § 3 Nr. 1 bis 3 StBerG und von solchen (insbesondere StB/RA/WP) gebildeten Berufsausübungsgemeinschaften i.S.v. § 56 StBerG abgetreten werden.[4] Die Verschwiegenheitsregeln sind dabei zu beachten. Insofern ist die frühere Regelung, wonach die Abtretung von Gebührenforderungen auch an einen anderen Steuerberater nur mit Zustimmung des Auftraggebers zulässig sei bzw. zumindest ein berechtigtes Eigeninteresse des abtretenden Steuerberaters vorliegen musste, jedenfalls überholt. Nach der Neuregelung ist es auch möglich, Honorare über **Verrechnungsstellen** abzuwickeln.[5] Inzwischen haben sich entsprechende zertifizierte Inkassounternehmen i.S.v. § 2 Abs. 2 i.V.m. §§ 10 Abs. 1 Nr. 1, 11 Abs. 1 RDG gebildet. Allerdings sind diese auf die gesetzliche Verschwiegenheitspflicht hinzuweisen (§ 5 Abs. 5 BOStB 2010). Allerdings dürfte es Steuerberatungsgesellschaften und Sozietäten verwehrt sein, selbst für andere Berufsangehörige die Inkassotätigkeit zu übernehmen; die Rechtsprechung sieht auch keine Möglichkeit für diese gewerbliche Tätigkeit, eine Ausnahmegenehmigung gem. § 57 Abs. 4 Nr. 1 StBerG zuzugestehen.[6] Damit kann eine deutliche Erleichterung des Honorarmanagements für den Steuerberater verbunden sein (→ 2 B Rz. 61).[7]

In entsprechend geeigneten Fällen, insbesondere bei Streit über die Höhe der Vergütung, mag der Antrag auf Durchführung eines **Vermittlungsverfahrens** zwischen Steuerberater und Mandant bei der zuständigen Steuerberaterkammer sinnvoll sein (§ 76 Abs. 2 Nr. 3 StBerG). Den entsprechenden Antrag kann sowohl der Auftraggeber als auch der Steuerberater stellen; allerdings setzt die erfolgreiche Durchführung eines solchen Verfahrens die Zustimmung beider Seiten voraus.[8] Entgegen der Vorstellung von Mandanten erfolgt dabei aber keineswegs eine „Begutachtung" der Honorargestaltung des Beraters. Zu dessen Gunsten ist anzumerken; dass durch ein gemeinsam durchgeführtes Vermittlungsverfahren hemmt im Regelfall eine eventuell eintretende Verjährung gem. § 203 Satz 1 BGB gehemmt wird (→ 2 D Rz. 9 a.E.).Im Einzelfall kann zudem zur Sicherung des Honoraranspruches auch die Abtretung eines **Steuererstattungsanspruchs** des Auftraggebers sinnvoll sein. Allerdings § 46 Abs. 4 AO zu beach-

---

1) Ausführlich: Goez in Kuhls u.a., Kommentar, 3. Aufl. 2012, Rz. 27 ff. zu § 66 StBerG.
2) Zur Problematik der unterschiedlichen Zeiträume, auf die sich das Honorar bezieht und in Bezug auf diejenigen, wo die Herausgabe abverlangt wird, vgl. Bundessteuerberaterkammer, Berufsrechtliches Handbuch, Teil I, 5.2.5.
3) BGBl. I 2008, 666.
4) Nicht aber von einem Rechtsanwalt an StB, so AG Bremen v. 11.1.2013, 25 C 200/12, Stbg 2013, 236.
5) Überfeldt, Neue Möglichkeiten des Forderungsmanagement für StB, DStR 2008, 121.
6) BGH v. 25.9.2014, IX ZR 25/14, NJW 2014, 3568, und v. 28.1.2014, VII R 26/10, Stbg 2015, 37.
7) Gilgan, Factoring als alternative Finanzierungsform für StB, NWB 2014, 1383.
8) Kleemann in Kuhls, Steuerberatungsgesetz, Kommentar, 3. Aufl. 2012, § 76 Rz. 52 bis 55.

ten, wonach der geschäftsmäßige Erwerb (somit im Wiederholungsfalle) zu eigenen Zwecken unter Bußgeldandrohung untersagt ist.

Hilfreich kann aber ein **deklaratorisches Schuldanerkenntnis** des Mandanten über die (Rest-)Honorarforderung sein. Ein solches schließt alle tatsächlichen und rechtlichen Einwendungen für die Zukunft aus, die der Mandant bei Abgabe der Erklärung kannte oder mit denen er rechnen musste. Regelmäßig ergibt sich zumindest eine Beweislastumkehr. Gegebenenfalls kann auch gerade bei juristischen Personen als Mandanten an eine persönliche **Bürgschaft** oder **Schuldmitübernahmeerklärung** des Gesellschafters gedacht werden.

Besonders schwierig ist die Sicherung des Honorars in der **Krise** und bei einer **Insolvenz** des Mandanten. Insbesondere die in den letzten Wochen vor Insolvenzeröffnung erfolgten Zahlungen – auch an den Steuerberater – werden regelmäßig gem. §§ 129 ff. InsO vom (vorläufigen) Insolvenzverwalter zur Insolvenzmasse zurückverlangt. Um dem Mandanten auch in der Krise beratend und helfend zur Seite stehen zu können, bietet es sich daher an, dass der Steuerberater mit diesem ein nach § 142 InsO zulässiges **„Bargeschäft"** vereinbart (→ 2 A Rz. 80 f.). Dies bedeutet, dass genau der Honorarbetrag direkt im Hinblick auf eine konkrete, zu diesem Zeitpunkt zu erbringende und notwendige Leistung gezahlt wird (Angabe auf dem Überweisungsträger/tatsächliche Barzahlung gegen entsprechende Quittung mit Tätigkeitsnachweis). Nach Insolvenzeröffnung kann Kontakt mit dem (vorläufigen) Insolvenzverwalter aufgenommen werden; dieser wird häufig den langjährigen Steuerberater mit entsprechenden steuerlichen Dienstleistungen für den Insolvenzschuldner beauftragen und hat sodann solche von ihm in Auftrag gegebene Tätigkeiten als Masseverbindlichkeiten vorab zu befriedigen.

c) Honorarprozess

11 Regelmäßig wird der Vergütungsanspruch im Streitfall durch ein **Mahn- bzw. Klageverfahren** durchzusetzen sein. Die Zuständigkeit des Gerichts richtet sich nach Ansicht des BGH nach dem Wohnort des Mandanten als Schuldner der Vergütung,[1] damit ist der in der früheren Rechtsprechung häufig herangezogene Erfüllungsort der Leistung aus dem Beratervertrag (Kanzleisitz) nicht gerichtsstandbegründend i.S.v. § 29 ZPO.

Der Steuerberater hat **substantiiert** unter Angabe konkreter Tatsachen den Rechtsgrund für seinen Anspruch, die Art der Tätigkeit, das Vorliegen einer ordnungsgemäßen Liquidation und die weiteren Voraussetzungen für die Fälligkeit des Anspruchs (§ 7 StBVV) darzulegen. Auch sind diese Angaben in geeigneter Form unter Beweis zu stellen (z.B. die „Angemessenheit" der Höhe der einzelnen Gebührenansätze durch Einholen eines Sachverständigengutachtens).

Liegt eine formgerechte Berechnung (noch) nicht vor, kann diese im Klageverfahren nachgeholt werden;[2] der Steuerberater hat dann aber das **Kostenrisiko** zu tragen, falls der Mandant den Vergütungsanspruch sofort anerkennt.

4. Abrechnung vereinbarer Tätigkeiten

12 Nach § 1 gilt die StBVV nur für die originären (§ 33 StBerG) Tätigkeiten eines Steuerberaters. Tätigkeiten nach **§ 57 Abs. 3 Nr. 2 und 3 StBerG**, konkretisiert auch in § 15 BOStB 2010, sind von dem Regelungsumfang der StBVV ausgenommen.

Mit dem Beruf **„vereinbare Tätigkeiten"** sind schriftstellerische, Vortrags- und Lehrtätigkeiten, die Durchführung bestimmter Vortragsveranstaltungen, die Geschäftsfüh-

---

1) BGH v. 11.11.2003, X ARZ 91/03, NJW 2004, 54.
2) OLG Frankfurt v. 15.2.1993, 22 U 183/91, Stbg 1994, 72.

rungsfunktion bei gerichtlicher Bestellung, die Durchführung einer Mediation, die Verwaltung fremden Vermögens, das Halten von Gesellschaftsanteilen und die Wahrnehmung von Gesellschafterrechten wie auch die Tätigkeit als Beirat, Aufsichtsrat oder als Umweltgutachter, insbesondere aber die betriebswirtschaftliche und freiberufliche Unternehmensberatung in all ihren Facetten. Weitere vereinbare Tätigkeiten sind die Wahrnehmung des Amtes als Testamentsvollstrecker, Nachlasspfleger, Vormund, Betreuer oder als Insolvenzverwalter, Vergleichsverwalter, Liquidator, Sequester, Zwangsverwalter und die Tätigkeit als Verwalter nach dem Wohnungseigentumsgesetz (WEG).

Teilweise ist die Vergütung **gesetzlich geregelt** (z.B. für den Insolvenzverwalter nach der InsVV), teilweise haben sich unter Berücksichtigung der Rechtsprechung Gebührentabellen entwickelt (z.B. die „Rheinische Notar-Tabelle" für den Testamentsvollstrecker i.S.v. § 2221 BGB, wonach eine angemessene Honorierung erfolgt). In Kurzform können die Grundsätze für die Abrechnung der vereinbaren Tätigkeiten eines Steuerberaters der Übersicht im 3. Teil I 3 entnommen werden.

Ansonsten dürfte der Steuerberater auf der „sicheren Seite" sein, wenn er für diese Tätigkeiten gem. **§ 612 Abs. 2 bzw. § 631 BGB** eine Zeitgebühr **analog § 13 StBVV** zur Bestimmung der Höhe ansetzt. Hiermit kann allerdings trotz der Ende 2012 erfolgten Erhöhung auf höchstens 140 €/Stunde ein teilweise nur unzureichendes Honorar erzielt werden. Regelmäßig dürften zurzeit aber Stundenansätze für diese Art von Tätigkeiten wie beispielsweise intensiver betriebswirtschaftlicher Beratung bei Umwandlungen oder Firmenübertragungen bzw. Nachfolgeüberlegungen wegen der notwendigen hohen Qualifikation des beauftragten Steuerberaters zwischen 150 € und 200 €/Stunde – und auch darüber hinaus – üblich geworden sein.

Im Übrigen kann der Steuerberater das Honorar für solche Tätigkeiten **frei vereinbaren**. Auch hier ist als Grenze eine unangemessene, den Mandanten einseitig benachteiligende Höhe zu beachten (vgl. § 138 BGB).

5. Die Neuregelungen seit 2007

Die „neue" StBVV basiert auf der ca. 30 Jahre gültigen StBGebV. Diese hat einige wichtige Änderungen erfahren, insbesondere durch das JStG 2007 und nunmehr durch die Verordnung zum Erlass und zur Änderung steuerlicher Verordnungen vom 11.12.2012.[1]

a) Das Jahressteuergesetz 2007

Nachdem im August 2006 der Gesetzesentwurf der Bundesregierung zum JStG 2007 vorgelegt worden war, wurden die weitreichenden Änderungen der damals geltenden StBGebV in dessen **Art. 15** bekannt.[2] Der Begründung des JStG 2007 ist zu entnehmen, dass die steuerrechtlichen Änderungen der letzten Jahre zwingend eine Umsetzung auch in der StBGebV a.F. zur Klarstellung des Honorars erforderten. Zudem sollte die StBGebV wieder dem seit dem 1.7.2004 geltenden RVG angeglichen werden. Gerade Letzteres belegen zahlreiche Änderungen im Allgemeinen (§§ 3, 4, 6, 9, 11, 13, 16 bis 18 StBGebV a.F.) und Besonderen Teil der StBGebV a.F. (§§ 21, 23 bis 26, 29, 31, 35, 36, 40 und 44 unter Wegfall der §§ 41 bis 43 StBGebV a.F.).

Wesentliche Änderungen betrafen auch die Formvorgaben für **Vergütungsvereinbarungen** nach § 4 StBGebV a.F.: Soll eine höhere Vergütung als nach der Verordnung abgestimmt werden, muss der Steuerberater Art und Umfang des Auftrags in der Vereinbarung genau bezeichnen. Wichtig war auch die Änderung in § 11 StBGebV a.F.,

---

1) BGBl. I 2012, 2637.
2) Ausführlich Goez, Massive Änderungen in der StBGebV geplant, BBKM 2006, 263.

wonach die Angemessenheitskriterien neu gefasst wurden und insbesondere das besondere Haftungsrisiko des Steuerberaters als weiteres Kriterium eingefügt worden ist (→ **2** *D* Rz. 7).

Bei den Einzeltätigkeiten in § 24 StBGebV a.f. wurden **Gebührentatbestände** für die zahlreichen Anträge und Erklärungen auf Grund der Steueränderungsgesetze der letzten Jahre eingefügt, beispielsweise für Altersvorsorgezulagen oder Festsetzung von Rückzahlungsbeträgen nach § 94 Abs. 2 EStG oder für den Steuerabzug von Bauleistungen. Auch für Feststellungserklärungen entsprechend der 1997 eingeführten Bedarfsbewertung sowie für Anträge auf Erteilung einer Freistellungsbescheinigung nach § 48b EStG sind nunmehr entsprechende Gebührentatbestände vorgesehen (vgl. § 24 Abs. 4 Nr. 6 StBGebV a.F.).

Erfreulicherweise wurde klargestellt, dass die Entwicklung einer Steuerbilanz aus der Handelsbilanz mit $^5/_{10}$ bis $^{12}/_{10}$ einer vollen Gebühr nach Tabelle B neben der Ableitung des steuerlichen Ergebnisses aus dem Handelsbilanzergebnis ergänzend abzurechnen ist (§ 35 Abs. 1 Nr. 3 Buchst. a und b StBGebV a.F.). Die Vorschriften zum **Einspruchsverfahren** wurden völlig neu gefasst. Die §§ 41 bis 43 StBGebV a.f. wurden aufgehoben; der gesamte Regelungskomplex wurde in § 40 der damaligen StBGebV und heutigen StBVV aufgenommen. Auch die Anträge auf **Aussetzung der Vollziehung** oder die **Beseitigung der aufschiebenden oder hemmenden Wirkung** wurden dort integriert (§ 40 Abs. 7 StBGebV a.F.). Letztlich wurde durch § 44 StBGebV a.F. das RVG für das Honorar bei Tätigkeiten im Rahmen des **Verwaltungsvollstreckungsverfahrens** für sinngemäß anwendbar erklärt.

b) Änderungsgesetz zum StBerG 2008

15 Mit dem 8. StBerGÄndG[1] wurde eine redaktionelle Fehlleistung des Gesetzgebers in § 40 Abs. 8 StBGebV a.f. korrigiert und das Wort „Widerspruch" durch das Wort „Widerruf" ersetzt. Zudem wurden § 9 StBerG (Vergütung) und § 9a StBerG (Erfolgshonorar) wesentlich neu gefasst und in das Gesetz eingefügt (→ **2** *D* Rz. 2).

c) Die „neue" StBVV 2012

16 30 Jahre nach Inkrafttreten der StBGebV am 17.12.1981 erfolgten Ende 2012 die sprachlich, inhaltlich, insbesondere aber auch in der Höhe massiven Änderungen durch die „**Verordnung zum Erlass und zur Änderung steuerlicher Verordnungen**" vom 11.12.2012, BGBl. I 2012, 2637. Die Überschrift wurde insofern dem RVG angeglichen, als der Ausdruck „Vergütung", Oberbegriff zu Gebühren und Auslagen, gewählt wurde. Nunmehr hat unter Berücksichtigung der Übergangsvorschriften (siehe sogleich unter d) der Steuerberater die „**Vergütungsverordnung für Steuerberater, Steuerbevollmächtigte und Steuerberatungsgesellschaften**" (Steuerberatervergütungsverordnung – StBVV) anzuwenden. Die geänderte Fassung ist am 20.12.2012 in Kraft getreten.

Für die massiven Änderungen gab es mehrere **Gründe**:

Mit der StBVV hat der Verordnungsgeber das Honorar des Steuerberaters an die **gestiegenen Preise und die Kosten in den Steuerberaterpraxen** angepasst. Die Bundessteuerberaterkammer hatte ausgerechnet, dass in den Jahren 1982 bis 2011 der Lebenshaltungskostenindex um 67 % gestiegen war.[2] Somit ist nunmehr eine entsprechende Anpassung erfolgt. Zudem wurde an zahlreichen Stellen die StBVV strukturell bereinigt. Der Verordnungsgeber erwartet zwar eine gewisse Steigerung der Kosten der betroffenen Verbraucher, Stpfl. und der Wirtschaft. Damit einhergehend

---

1) Achtes Gesetz zur Änderung des Steuerberatungsgesetzes v. 11.4.2008, BGBl. I 2008, 666.
2) Bundessteuerberaterkammer, Rundschreiben 22/2012 v. 18.1.2012.

sieht er auch Auswirkungen auf das Preisniveau; eine Größenordnung könne aber zurzeit nicht beziffert werden. Positiv ist festzuhalten, dass durch die massive Anhebung von durchschnittlich 15,9 % bei den Gebühren und durch die zahlreichen angehobenen Mindestgegenstandswerte sich die Arbeit des Steuerberaters wieder lohnt. Als Beispiel mag die Anhebung der Rahmengebühr bei der Lohnbuchführung (§ 34 StBVV) dienen. Hier erfolgte eine Erhöhung um 78 %, nachdem jahrelang festgestellt werden musste, dass sogar die „alte" Höchstgebühr bei weitem nicht kostendeckend war.

Wie schon dargestellt (→ 2 D Rz. 1 sowie insbesondere → 2 D Rz. 4 und 6), wurden darüber hinaus **zahlreiche einzelne Neuregelungen** statuiert. Die Erstberatungsgebühr wurde auf das Niveau des RVG von 190 € angehoben, die Beratung im Bereich der Selbstanzeige wurde mit einem Mindestgegenstandswert und mit einer genauen Darlegung der Bestimmung des Gegenstandswerts (Summe der berichtigten, ergänzten und nachgeholten Angaben) praktikabel ergänzt. Vorarbeiten im Bereich des § 27 StBVV sind zusätzlich mit einer Zeitgebühr abzurechnen; nicht nur die Finanzbuchführung, sondern auch „andere steuerliche Aufzeichnungen" wie z.B. die Anlagenbuchführung bei gesondertem Auftrag sind nunmehr nach § 33 StBVV abrechnungsfähig.

d) Anwendbarkeit der neuen Vorschriften

Die Änderungen durch die vorbezeichnete Verordnung vom 11.12.2012 sind am 20.12.2012 in Kraft getreten. Die Anwendbarkeit der neuen Vorschriften richtet sich nach § 47a StBVV; diese Vorschrift ist – soweit keine Sonderregeln vorgesehen sind – auch bei anderen Änderungen der Vergütungsverordnung zu beachten. **17**

Danach ist die Vergütung **nach bisherigem Recht** zu berechnen, wenn der Auftrag zur Erledigung der Angelegenheit vor dem Inkrafttreten der Änderungsverordnung erteilt worden ist. Wird ein **Auftrag nach dem Inkrafttreten** (neu) erteilt, ist die geänderte StBVV zu Grunde zu legen. Für **laufende Tätigkeiten**, insbesondere bei Vereinbarungen über auszuführende Tätigkeiten mit einer Geltungsdauer von mindestens einem Jahr oder bei Pauschalvereinbarungen gem. § 14 StBVV, war die Vergütung bis zum Ablauf des Jahres 2012 nach bisherigem Recht zu berechnen; mit Beginn des Jahres 2013 hat auch in solchen Fällen die Honorarberechnung auf der Basis der geänderten StBVV zu erfolgen.

III. Rechtsanwaltsvergütungsgesetz (RVG)

Zum 1.7.2004 hat das RVG die Bundesrechtsanwaltsgebührenordnung (BRAGO) abgelöst. Nur für einzelne Fälle, beispielsweise bei lang dauernden Finanzgerichtsprozessen, ist die BRAGO nach den Übergangsregeln noch anwendbar, nämlich dann, wenn der Auftrag vor dem 1.7.2004 erteilt wurde. Insofern gilt sogar der seinerzeit auf die BRAGO verweisende § 45 StBGebV a.F. (heute: StBVV) in der alten Fassung und damit die BRAGO in einigen wenigen „Alt-Fällen" weiter. Aber auch das RVG wurde im Jahr 2013 teilweise geändert; insbesondere wurden die Werte der Tabelle zum RVG angehoben (→ 2 D Rz. 1). **18**

1. Grundzüge

Seit 1957 rechnen Rechtsanwälte nach gesetzlichen Vorschriften ab; im Gegensatz zur StBVV (früher: StBGebV) als Rechtsverordnung handelt es sich sowohl bei der BRAGO als auch bei dem heutigen RVG um formelle Gesetze. Zielsetzung der BRAGO war es, das Gebührenrecht für Rechtsanwälte zu vereinfachen, soweit dieses bei der Vielgestaltigkeit der anwaltlichen Tätigkeit möglich ist. **19**

a) Das RVG 2004

20 Mit dem Gesetz zur Modernisierung des Kostenrechts (BGBl. I 2004, 718) wurde das Justizvergütungs- und -entschädigungsrecht neu geregelt (JVEG) sowie das Gerichtskostengesetz (GKG) neu gefasst; zudem wurde die BRAGO durch das RVG abgelöst. Das Gesetz trat am **1.7.2004** in Kraft. Damit wurde eine völlig neue Rechtsgrundlage unter Aufhebung der BRAGO geschaffen.

Deutlich verbessert wurde die Vergütung des Rechtsanwaltes für Tätigkeiten in Straf- und Ordnungswidrigkeitenverfahren (Teil 4 und 5 des Vergütungsverzeichnisses – VV – des RVG); auch wurde die Vergütung weiterer Tätigkeiten hineingenommen. Besonders wichtig ist dabei § 35 RVG, worin für die Vergütung des Rechtsanwaltes im **Bereich der steuerlichen Beratung** auf die Vorschriften der StBVV (§§ 23 bis 39) verwiesen wird; darüber hinaus sind weitere Neuregelungen (Einführung einer Zeitgebühr, notwendige Vereinbarung des Honorars in außergerichtlichen Angelegenheiten, Honorar bei der Tätigkeit als Mediator) erfolgt.

Die **Motive des Gesetzgebers** ergeben sich aus der amtlichen Begründung: *„Die für den Bereich der Rechtsanwaltsvergütung angestrebte Qualitätsverbesserung und die Anpassung der Höhe der Vergütung kann mit einer grundlegenden Strukturreform besser erreicht werden als mit einer linearen Erhöhung der Gebühren."* Der Gesetzgeber wollte das Anwaltsvergütungsrecht durch Wegfall der Beweisgebühr bei gleichzeitiger Erhöhung der an die Stelle der Prozessgebühr tretenden Verfahrensgebühr und der Termingebühr vereinfachen. Dies ist im Hinblick auf die komplexe Gesamtregelung nur teilweise gelungen; 2013 wurde für eine „erhebliche" Beweisaufnahme eine entsprechende Gebühr wieder eingeführt.

Das Gebührensystem hat sich im Vergleich zur BRAGO nicht wesentlich geändert; vorrangig werden **Wertgebühren** festgesetzt, die sich gem. § 2 Abs. 1 RVG nach dem Gegenstandswert richten. Wenn **Rahmengebühren** angesetzt werden müssen, hat der Rechtsanwalt auf Grund der Kriterien des § 14 RVG die im konkreten Fall angemessene Gebühr zu bestimmen. Insbesondere im Strafverfahren verbleibt es bei den schon bekannten **Betragsrahmengebühren** für die anwaltliche Tätigkeit (Mindest- und Höchstbetrag begrenzen den Ansatz). In Ausnahmefällen gibt es daneben auch **Festbetragsgebühren** wie beispielsweise für die Tätigkeit als Pflichtverteidiger. Geändert wurde die Art der Bezeichnung der Gebührensätze. Während die BRAGO wie die StBVV Bruchteilsgebühren (z.B. 3/10) festlegte, wird im RVG von **Dezimalgebühren** ausgegangen (also in dem Beispiel 0,3).

Sodann sind die jeweiligen Gebührenbeträge mittels der **Gebührentabelle zu § 13 Abs. 1 RVG** zu ermitteln (vgl. Anlage 2 zum RVG). Die Gebührenbeträge wurden im Vergleich zu der BRAGO erst Mitte 2013 geändert und teilweise deutlich angepasst. Die Gebührentabelle zu § 13 Abs. 1 RVG war identisch mit Tabelle E der bis Ende 2012 gültigen StBGebV wie auch der Tabelle A zur StBGebV a.F. bis zu einem Gegenstandswert von 290 000 €. Leider ist dieses nach der Änderung der Tabelle zum RVG Mitte 2013 nicht erneut der Fall (→ *2 D* Rz. 1).

Das RVG gliedert sich in einen Paragraphenteil mit über 60 Paragraphen und ein Vergütungsverzeichnis (VV), das ca. 250 Gebühren- und Auslagentatbestände enthält. Somit ist der Paragraphenteil der **allgemeine Teil** des anwaltlichen Honorarrechts, während die **einzelnen Gebührentatbestände** im VV enthalten sind. Dieses ist als Anlage 1 zu § 2 Abs. 2 Satz 1 RVG dem Gesetz beigefügt. Die einzelnen Werte sind sodann der **Tabelle** gem. § 13 Abs. 1 RVG zu entnehmen; bis zu einem Gegenstandswert von 500 000 € ist dem RVG eine Gebührentabelle als Anlage 2 beigefügt. Für die Prozesskostenhilfe gilt eine eigene Tabelle mit niedrigeren Werten (§ 49 RVG); diese ist ab Gegenstandswerten über 30 000 € sodann gedeckelt auf 447 €.

Mit dem 2. **Kostenrechtsmodernisierungsgesetz**[1] wurde eine Anpassung der Rechtsanwaltsvergütung an die gestiegenen Lebenshaltungskosten im Jahre 2013 vorgenommen (→ **2** *D* Rz. 1). Durch die Anhebung entsprechender Gebühren im Einzelnen ist es zu einer angemessenen Erhöhung der Rechtsanwaltsgebühren und damit der Einnahmen gekommen. Das BMJ geht davon aus, dass die Preissteigerung der vergangenen zehn Jahre i.H.v. durchschnittlich 1,4 %/anno ausgeglichen wurden. Sonderregelungen für die neuen Bundesländer mit niedrigeren Gebühren gibt es nicht mehr.

Neu ist die Vorschrift in § 12 c RVG zur „Rechtsbehelfsbelehrung", wonach nunmehr insbesondere bei Prozesskostenhilfe entsprechende Belehrungen für Rechtsmittel vorgesehen sind; begleitet wurde dieses durch die entsprechende Ergänzung in § 33 Abs. 5 und § 52 Abs. 4 RVG mit Erleichterungen bei der Gebührendurchsetzung bei fehlender Rechtsbehelfsbelehrung. Diese Vorschriften sind zum 1.1.2014 in Kraft getreten.

b) Das Vergütungsverzeichnis (VV)

Sämtliche Gebühren- und Auslagentatbestände sind im VV zusammengestellt; die dem Mandanten in Rechnung zu stellende Vergütung sollen dadurch transparenter gestaltet und der Aufbau des VV den übrigen Kostengesetzen angeglichen werden. Auch soll die außergerichtliche Erledigung von Streitigkeiten insbesondere durch die Umgestaltung der bisherigen Vergleichsgebühr zu einer Einigungsgebühr für jede Form der vertraglichen Streitbeilegung gefördert werden. Mit dem Verzicht auf gesetzlich vorgegebene Gebühren für **Beratungstätigkeiten** seit dem 1.7.2006 soll zudem eine Deregulierung erreicht und der Abschluss von Vergütungsvereinbarungen gefördert werden (vgl. § 34 RVG). 21

Das VV ist ebenfalls unterteilt und enthält vierstellige Nummern, in denen die jeweilige anwaltliche Tätigkeit erfasst wird. Strukturiert ist es damit ähnlich wie das Kostenverzeichnis zum GKG. In Teil 2 des VV sind die außergerichtlichen Tätigkeiten und sodann die gerichtlichen Tätigkeiten in den Folgeteilen des VV erfasst. Dabei enthalten verschiedene Teile und Unterabschnitte des VV Vorbemerkungen. Diese beinhalten allgemeine Regelungen für den jeweils nachfolgenden Bereich. Die in der Honorarnote anzugebende Ziffer lässt jeweils erkennen, zu welchem Abschnitt eine Vorbemerkung gehört (z.B. Vorbemerkung 4.1.2 gehört somit zum Unterabschnitt 2 des Abschnitts 1 des 4. Teils VV RVG). Hinzu kommen weitere Anmerkungen bei einzelnen Nummern des VV mit Erläuterungen des jeweiligen Vergütungstatbestandes.

2. Einzelne Tätigkeiten und Regelungen

In § 3a RVG ist die **Honorarvereinbarung** für den Rechtsanwalt geregelt; diese Regelung entspricht im Wesentlichen § 4 StBVV. Allerdings sind die Formvorgaben im RVG gelockert; die Vereinbarung darf auch in einem Vordruck enthalten sein, der anderweitige Erklärungen enthält, nicht aber eine Vollmacht. 22

In § 14 RVG ist für die Bestimmung der Rahmengebühr die Rangfolge der Umstände der **Angemessenheitskriterien** im Verhältnis zur früheren BRAGO geändert worden. Vorrangig sind der Umfang und die Schwierigkeit der anwaltlichen Tätigkeit und erst dann die früher vorangestellte Bedeutung der Angelegenheit zu bewerten. Zudem ist ein besonderes Haftungsrisiko zu berücksichtigen. Dies ist im Jahr 2008 auch durch Art. 15 des JStG 2007 in § 11 StBVV übernommen worden.

§ 34 RVG spricht die Vergütung des Anwaltes bei der **außergerichtlichen Beratung** und Vertretung, insbesondere auch die Erstellung von Gutachten und die Mediation

---

[1] BGBl. I 2013, 2586.

an. Dem Rechtsanwalt wird empfohlen, auf eine Honorarvereinbarung hinzuwirken, da sich ansonsten die Vergütung des Rechtsanwaltes (nur) nach den Vorschriften des BGB richtet (§§ 675, 612 oder 632 BGB).

In § 35 RVG ist vorgesehen, dass der Rechtsanwalt bei einer Hilfestellung der **Erfüllung allgemeiner Steuerpflichten** und bei der Erfüllung steuerlicher Buchführungs- und Aufzeichnungspflichten die §§ 23 bis 39 StBVV entsprechend anzuwenden hat.

Die Regeln zu den **Gerichtsverfahren**, die über § 45 StBVV auch für den Steuerberater im finanz-, sozial- oder (bei Gewerbe- bzw. Grundsteuerprozessen) verwaltungsgerichtlichen Verfahren wesentlich sind, wurden einheitlich zusammengefasst.

In Teil 3 des VV RVG sind die bürgerlichen Rechtsstreitigkeiten wie auch die der öffentlich-rechtlichen Gerichtsbarkeit geregelt. Grundsätzlich erhält der Anwalt für das Betreiben des Geschäfts einschließlich der Information nur noch **eine Verfahrensgebühr**. Dabei wurde aber der Gebührenrahmen gegenüber der „alten" Prozessgebühr (vgl. § 31 BRAGO) auf 1,3 angehoben. Bei **vorzeitiger Beendigung des Auftrags** reduziert sich die Gebühr auf 0,8. Die Verfahrensgebühr deckt die gesamte Tätigkeit des Rechtsanwalts während des gerichtlichen Verfahrens ab. Nur für die Teilnahme an Gerichtsterminen wird eine gesonderte **Terminsgebühr** zugestanden. Hinzu kann noch die **Einigungsgebühr** (Nr. 1000 VV RVG) bei einer Einigung mit der Gegenseite kommen. Nunmehr ist auch wieder eine **Beweisgebühr** bei umfangreichen Beweisaufnahmen in Nr. 1010 VV-RVG vorgesehen.

Hat der Anwalt den Auftraggeber vorab **außergerichtlich** vertreten, ist eine schon angefallene Geschäftsgebühr zur Hälfte anzurechnen, höchstens aber mit 0,75. Auch im **Rechtsmittelverfahren** gibt es eine Verfahrensgebühr, die sich insbesondere für das Revisionsverfahren (BFH) auf 2,3 erhöht. Generell ist aber schon die Vertretung vor einem **FG** nunmehr wie bei einem Berufungsverfahren erhöht abzurechnen (Vorbemerkung 3.2.1. Absatz 1 Nr. 1 VV RVG).

Die Höhe der **Terminsgebühr** beträgt 1,2. Sie entsteht für die Vertretung in einem Verhandlungs-, Erörterungs- oder Beweisaufnahmetermin (Vorbemerkung 3 Abs. 3 VV RVG). Für das **Revisionsverfahren** beträgt die Gebühr nunmehr 1,5.

Auch sind die Regelungen für die Gebühren im **Strafverfahren** (Teil 4 VV RVG), für den Steuerberater gerade im Bereich des Steuerstrafrechts über § 45 StBVV relevant, deutlich angehoben worden. Hier geht der Regierungsentwurf zum 2. KostRMoG von Mehreinnahmen bis zu 30 % aus.[1] Dabei entstehen nach dem RVG Gebühren für das Ermittlungsverfahren sowie zusätzlich Terminsgebühren für eine eventuelle gerichtliche Hauptverhandlung. Die **Verfahrensgebühr** entsteht für das Betreiben des Geschäfts einschließlich der Information. Hinzu kommt die **Terminsgebühr**, soweit eine gerichtliche Hauptverhandlung durchgeführt wird. Aber auch darüber hinaus können weitere Terminsgebühren anfallen, beispielsweise bei einem Vernehmungstermin durch die Staatsanwaltschaft (Nr. 4102 VV RVG). Für andere Termine wie insbesondere Besprechungstermine mit anderen Verfahrensbeteiligten entstehen keine Terminsgebühren, falls nicht eine Sonderregelung – insbesondere durch eine Vereinbarung – erfolgt ist. Dies gilt insbesondere auch für Besprechungen im Veranlagungsfinanzamt oder im Finanzamt für Steuerstrafsachen und Steuerfahndung.

Auch in **Bußgeldsachen** (Teil 5 VV RVG) sind die Rechtsanwalts-Vergütungsregelungen von Steuerberatern beispielsweise bei Steuerordnungswidrigkeiten zu beachten (vor der Verwaltungsbehörde Nr. 5101 ff. VV RVG; für das Gerichtsverfahren Nr. 5107 ff. VV RVG). Dabei entsprechen die Regelungen nur teilweise denen für das Strafverfahren. Gegenüber der früheren Rechtslage ist die Vergütung in Ordnungswidrigkeitensachen in den wesentlichen Verfahren dreigeteilt. Nunmehr ist die Höhe

---

1) BT-Drucks. 15/1971, 221.

3. Aktuelle Änderungen des RVG

a) Änderungen bis 2012

Seit dem 1.7.2006 ist § 34 RVG in der geänderten Fassung in Kraft; die Vorschrift wurde schon bei Erlass des RVG in zwei Fassungen veröffentlicht. Als Folgewirkung mussten auch die entsprechenden Nrn. des VV geändert werden (vgl. Nr. 2100 bis 2103 VV RVG). Damit wurde die **außergerichtliche Beratung** neu geregelt. Nunmehr hat der Rechtsanwalt bei seinen Mandanten für die Beratung, die Ausarbeitung eines schriftlichen Gutachtens oder für die Tätigkeit als Mediator auf eine Gebührenvereinbarung hinzuwirken. Wenn keine Vereinbarung getroffen wird, erhält der Rechtsanwalt die üblichen Gebühren nach den Vorschriften des Bürgerlichen Rechts. Ist der Auftraggeber Verbraucher und wurde keine Vergütungsvereinbarung getroffen, beträgt die Gebühr für die Beratung oder Ausarbeitung eines schriftlichen Gutachtens nur noch höchstens 250 € und für ein erstes Beratungsgespräch höchstens 190 €.

Neben zahlreichen kleineren Änderungen im RVG ermöglicht nunmehr das Gesetz zur Neuregelung des Verbots der Vereinbarung von **Erfolgshonorar** vom 12.6.2008 (BGBl. I 2008, 1000 ff.) Rechtsanwälten den wirksamen Abschluss **erfolgsorientierter Vergütungsvereinbarungen** (§ 49b Abs. 2, § 4a RVG). Dieser Regelung ist § 9a StBerG im Wesentlichen wortgleich gefolgt, so dass auf die Ausführungen unter → 2 D Rz. 2. zur Erfolgsvergütung verwiesen werden kann.

Mit demselben Gesetz wurde auch eine Vorgabe – ähnlich § 4 StBVV – für **Vergütungsvereinbarungen** in § 3a RVG getroffen. Zudem wurde in § 4b RVG festgestellt, dass aus einer Vergütungsvereinbarung, die nicht den entsprechenden Anforderungen entspricht, keine höhere als die gesetzliche Vergütung verlangt werden kann. Durch das Gesetz vom 30.7.2009[1] erfolgte entsprechend der Rechtsprechung des BGH die Klarstellung des Gesetzgebers in § 15a RVG, dass trotz Anrechnung einer Geschäftsgebühr auf die gerichtliche Verfahrensgebühr beide Gebühren selbständig nebeneinander stehen, gedeckelt allerdings auf den um den Anrechnungsbetrag verminderten Gesamtbetrag der beiden Gebühren.

Mit § 49b Abs. 4 Satz 2 BRAO ist zudem einem Rechtsanwalt die **Abtretung der Vergütungsforderung** an einen Nicht-Rechtsanwalt ermöglicht worden; es bedarf allerdings des Einverständnisses des Mandanten oder der rechtskräftigen Feststellung der Forderung. Somit kann mit Einverständnis des Mandanten eine Abrechnungsstelle für Rechtsanwälte eingeschaltet werden, was im Rahmen eines Factorings als Finanzierungsinstrument genutzt werden kann. Dabei muss die Einwilligung des Mandanten ausdrücklich und schriftlich erfolgen.

Zu beachten ist zudem, dass einige Regeln im RVG (§§ 16 und 23a RVG) und der Unterabschnitt 2 des 3. Teils des VV-RVG (Revision, dort Nrn. 3206–3213) seit dem 1.11.2010 in leicht abgeänderter Form gelten. Auch in den Jahren 2011 und 2012 hat das RVG einige nicht unerhebliche Änderungen in Bezug auf die Honorare bei Sicherungsverwahrungsmaßnahmen, bei unterhaltsrechtlichen Fragen, bei überlangen Gerichtsverfahren und strafrechtlichen Ermittlungsverfahren und in Bezug auf die Beratung von geschädigten Kapitalanlegern[2] mit Inkrafttreten der Änderungen zum 1.11.2012 erfahren.

---

1) BGBl. I 2009, 2449.
2) Zuletzt Gesetz zur Reform des Kapitalanleger-Musterverfahrensgesetzes v. 19.10.2012, BGBl. I 2012, 2182.

b) Die Änderungen des Jahres 2013

24 Am 23.7.2013 ist das „**Zweite Gesetz zur Modernisierung des Kostenrechts**" verkündet worden.[1] Neben den teilweise erheblichen Anhebungen der Wertgebühren nach dem Gerichtskostengesetz und eines höheren Auffangstreitwerts vor den Verwaltungs-, Finanz- und Sozialgerichtsbarkeiten (von 5 000 € auf 6 000 €) ist das RVG massiv geändert worden. Insbesondere betrifft dies die Tabelle zu § 13 RVG, die linear um 5 % angehoben wurde (→ 2 D Rz. 1).

Damit hat sich auch der Berufsstand der Rechtsanwälte nach vielen Jahren und z.T. vergeblichen Bemühungen endlich durchgesetzt, wobei allerdings zu konstatieren ist, dass die Erhöhung durch die zwischenzeitlich eingetretenen Kostensteigerungen nur in etwa das erhöhte Preisniveau ausgleicht.

IV. Fazit

25 Das Vergütungsrecht sowohl der Angehörigen der steuerberatenden Berufe als auch der Rechtsanwälte stellt plastisch dar, dass sich im Rahmen solcher Regeln die Kompliziertheit des deutschen Wirtschaftsrechts widerspiegelt. Für einen „**Verbraucher**" dürfte es nahezu kaum noch möglich sein, ohne die Hilfestellung klarer Honorarabrechnungen oder professioneller Berater die Bemessung der Vergütung nachzuvollziehen. Gerade die gewünschte Transparenz war aber einer der tragenden Gründe für den Erlass bzw. die Änderung der gesetzlichen Vorgaben.

Dem **Kenner der Materie** erschließen sich allerdings durchaus Chancen bei der Anwendung von StBVV und RVG. Gerade deswegen ist die Kenntnis der Honorarvorgaben notwendig und sichert den wirtschaftlichen Erfolg der beruflichen Tätigkeiten.

Das RVG ist für die Angehörigen der steuerberatenden Berufe schon auf Grund der **Verweisungsnormen** direkt einschlägig. In § 44 StBVV wird für das Verwaltungsvollstreckungsverfahren, in § 45 StBVV für die Verfahren vor den Gerichten der Finanz-, Verwaltungs- und Sozialgerichtsbarkeit sowie für Strafverfahren, berufsgerichtliche Verfahren, Bußgeldverfahren und die Gnadensachen sowie in § 46 StBVV für Prozesskostenhilfeverfahren auf das Anwaltsgebührenrecht verwiesen. Für den Rechtsanwalt ist spiegelbildlich die Beachtung wesentlicher Normen aus dem besonderen Teil der StBVV für Hilfeleistungen in Steuersachen gesetzlich vorgeschrieben (§ 35 RVG i.V.m. §§ 23 bis 39 StBVV).

Die **allgemeinen Vorschriften** in beiden Vergütungsordnungen entsprechen sich in vielen Regelungen. Sachlich liegt dies an der Ähnlichkeit der jeweiligen Beratungsleistung. Der Gesetz- bzw. Verordnungsgeber sollte daher auch zukünftig darauf achten, dass die beiden Vergütungsordnungen parallel gestaltet werden und dieser Gleichklang nicht durch einseitige Änderungen eingeschränkt oder sogar beendet wird.

Hinweis:

Die für Abrechnungen häufig sehr hilfreichen Begründungen zu den Vorschriften der StBVV sind auf der Internetseite der Bundessteuerberaterkammer unter www.bstbk.de (im Bereich Presse/Publikationen in der Rubrik „Berufsrecht" unter „Berufsrechtliches Handbuch") zu finden.

---

1) BGBl. I 2013, 2586.

TEIL 3
Beratungsfelder/Tätigkeitsfelder

INHALTSÜBERSICHT   Rz.

A. Einführung	1–14
I. Allgemeines	1–3
II. Grenzen des Steuerberatungsgesetzes (StBerG)	4–6
III. Grenzen des Rechtsdienstleistungsgesetzes (RDG)	7–12
IV. Marketingaspekte	13, 14
B. Vereinbare Tätigkeiten	1–257
I. Der Steuerberater als Aufsichtsrat und Beirat	1–28
1. Vereinbarkeit der Aufsichtsrats- und Beiratstätigkeit mit dem Beruf des Steuerberaters	1–7
2. Aufgabenbereich und persönliche Voraussetzungen	8–17
3. Vergütung	18–22
4. Haftung/Risiken	23, 24
5. Fazit	25–28
II. Der Steuerberater als Betreuer	29–55
1. Vereinbarkeit der Tätigkeit als Betreuer mit dem Beruf des Steuerberaters	29–32
2. Aufgabenbereich und persönliche Voraussetzungen	33–44
3. Vergütung	45–53
4. Haftung/Risiken	54
5. Fazit	55
III. Der Steuerberater als Berater für betriebliche/private Altersvorsorge	56–61
1. Vereinbarkeit der Tätigkeit als Berater im Bereich Altersvorsorge mit dem Beruf des Steuerberaters	56
2. Aufgabenbereich und persönliche Voraussetzungen	57
3. Vergütung	58
4. Haftung/Risiken	59, 60
5. Fazit	61
IV. Der Steuerberater als Existenzgründungsberater	62–72
1. Vereinbarkeit der Tätigkeit als Existenzgründungsberater mit dem Beruf des Steuerberaters	62
2. Aufgabenbereich und persönliche Voraussetzungen	63–65
3. Vergütung	66
4. Haftung/Risiken	67–71
5. Fazit	72
V. Der Steuerberater als Finanzierungsberater	73–77
1. Vereinbarkeit der Tätigkeit als Finanzierungsberater mit dem Beruf des Steuerberaters	73
2. Aufgabenbereich und persönliche Voraussetzungen	74
3. Vergütung	75
4. Haftung/Risiken	76
5. Fazit	77
VI. Der Steuerberater als Haus- und WEG-Verwalter	78–92
1. Vereinbarkeit der Tätigkeit als Haus- und WEG-Verwalter mit dem Beruf des Steuerberaters	78

	Rz.
2. Aufgabenbereich und persönliche Voraussetzungen	79–86
3. Vergütung	87, 88
4. Haftung/Risiken	89–91
5. Fazit	92
VII. Der Steuerberater als Insolvenzverwalter	93–119
1. Vereinbarkeit der Tätigkeit als Insolvenzverwalter mit dem Beruf des Steuerberaters	93, 94
2. Aufgabenbereich und persönliche Voraussetzungen	95–114
a) Insolvenzgrund der Zahlungsunfähigkeit	98–100
b) Insolvenzgrund der drohenden Zahlungsunfähigkeit	101–104
c) Insolvenzgrund der Überschuldung	105–107
d) Insolvenzantragsstellung	108–111
e) Verwaltung, Regelung der Rechtsverhältnisse	112, 113
f) Rechtsdienstleistungen	114
3. Vergütung	115
4. Haftung/Risiken	116–118
5. Fazit	119
VIII. Der Steuerberater als (Wirtschafts-)Mediator	120–137
1. Vereinbarkeit der Tätigkeit als (Wirtschafts-)Mediator mit dem Beruf des Steuerberaters	120, 121
2. Aufgabenbereich und persönliche Voraussetzungen	122–134
3. Vergütung	135
4. Haftung/Risiken	136
5. Fazit	137
IX. Der Steuerberater als Mitglied im Gläubigerausschuss	138–161
1. Vereinbarkeit der Tätigkeit als Mitglied im Gläubigerausschuss mit dem Beruf des Steuerberaters	138
2. Aufgabenbereich und persönliche Voraussetzungen	139–151
3. Vergütung	152–155
4. Haftung/Risiken	156–159
5. Fazit	160, 161
X. Der Steuerberater als Nachlassverwalter	162–172
1. Vereinbarkeit der Tätigkeit als Nachlassverwalter mit dem Beruf des Nachlassverwalters	162
2. Aufgabenbereich und persönliche Voraussetzungen	163–166
3. Vergütung	167–169
4. Haftung/Risiken	170, 171
5. Fazit	172
XI. Der Steuerberater als Sanierungsberater/Insolvenzberater	173–192
1. Vereinbarkeit der Tätigkeit als Sanierungsberater/Insolvenzberater mit dem Beruf des Steuerberaters	173
2. Aufgabenbereich/persönliche Voraussetzungen	174–181
3. Vergütung	182, 183
4. Haftung/Risiken	184–191
5. Fazit	192
XII. Der Steuerberater als Strafverteidiger im Steuerstrafrecht	193–213
1. Vereinbarkeit der Tätigkeit als Strafverteidiger im Steuerstrafrecht mit dem Beruf des Steuerberaters	193–195
2. Aufgabenbereich und persönliche Voraussetzungen	196–209

		Rz.
	3. Vergütung	210
	4. Haftung/Risiken	211, 212
	5. Fazit	213
XIII.	Der Steuerberater als Testamentsvollstrecker	214–237
	1. Vereinbarkeit der Tätigkeit des Testamentsvollstreckers mit dem Beruf des Steuerberaters	214
	2. Aufgabenbereich und persönliche Voraussetzungen	215–231
	3. Vergütung	232, 233
	4. Haftung/Risiken	234, 235
	5. Fazit	236, 237
XIV.	Der Steuerberater als Zwangsverwalter	238–247
	1. Vereinbarkeit der Tätigkeit als Zwangsverwalter mit dem Beruf des Steuerberaters	238
	2. Aufgabenbereich und persönliche Voraussetzungen	239–242
	3. Vergütung	243, 244
	4. Haftung/Risiken	245, 246
	5. Fazit	247
XV.	Der Steuerberater als Umweltgutachter	248–251
	1. Vereinbarkeit der Tätigkeit des Umweltgutachters mit dem Beruf des Steuerberaters	248
	2. Aufgabenbereich und persönliche Voraussetzungen	249
	3. Vergütung	250
	4. Fazit	251
XVI.	Der Steuerberater als Vermögensberater/Anlageberater	252–257
	1. Vereinbarkeit der Tätigkeit als Vermögensberater mit dem Beruf des Steuerberaters	252
	2. Aufgabenbereich und persönliche Voraussetzungen	253
	3. Vergütung	254
	4. Haftung/Risiken	255, 256
	5. Fazit	257

C. Unvereinbare Tätigkeiten ... 1–5

    I. Tätigkeit als Arbeitnehmer ... 1–4

    II. Sonstige mit dem Beruf des Steuerberaters unvereinbare Tätigkeiten ... 5

D. Fachberater ... 1–87

    I. Einleitung ... 1

    II. Voraussetzungen für die Verleihung ... 2–54

        1. Bestellung als Steuerberater ... 2, 3

        2. Besondere theoretische Kenntnisse ... 4–6

            a) Allgemeines ... 4

            b) Fachlehrgänge ... 5

            c) Alternative Nachweismöglichkeiten ... 6

        3. Gebiete der Fachberaterbezeichnung ... 7–10

            a) Internationales Steuerrecht ... 7, 8

            b) Zoll- und Verbrauchsteuerrecht ... 9, 10

        4. Exkurs: Fachberaterbezeichnungen des Deutschen Steuerberaterverbands ... 11–14

	Rz.
5. Besondere praktische Erfahrungen	15–26
a) Anzahl der Fälle	15
b) Definition des Falls	16–18
c) Eigenverantwortliche Fall-Bearbeitung	19–24
d) Drei-Jahres-Zeitraum	25, 26
6. Nachweise durch Unterlagen	27–38
a) Vorzulegende Unterlagen	27–32
b) Fallliste	33–38
aa) Gegenstand	34
bb) Zeitraum	35
cc) Art und Umfang der Tätigkeit	36
dd) Stand der Beratungsangelegenheit	37
ee) Keine Auftraggebernamen	38
7. Antragstellung	39–41
8. Fachgespräch	42–54
a) Entscheidung über die Durchführung des Fachgesprächs	42–47
b) Inhalt und Dauer des Fachgesprächs	48–54
III. Rechtsmittel bei Zurückweisung des Antrags	55–66
1. Entscheidung der Steuerberaterkammer	55, 56
2. Rechtsmittel und Klagearten	57–60
3. Widerspruch gegen die Entscheidung des Fachausschusses vor Klageeinreichung	61–65
4. Neuer Antrag nach Zurückweisung	66
IV. Rücknahme und Widerruf	67–75
1. Ermessensentscheidung	67–74
2. Rechtsmittel	75
V. Fortbildungspflicht	76–87
1. Teilnahme an Fortbildungsveranstaltungen	76–84
2. Beginn und Zeitraum der Fortbildungspflicht	85–87
E. Syndikus-Steuerberater	1–35
I. Einleitung	1, 2
II. Rechtsanwalts-Syndikus als Vorbild	3–7
1. Die anwaltlichen Rechtsvorgaben	4–6
2. Die Übernahme der Regelungen für die steuerberatenden Berufe	7
III. Gesetzliche Regelung im Steuerberatungsgesetz	8–27
1. Tätigkeitsbereich	9–16
2. Offenbarungspflicht gegenüber Mandanten	17
3. Gleichzeitige Stellung als „unabhängiger" Berater	18, 19
4. Haftpflichtversicherungspflicht	20, 21
5. Führen der Berufsbezeichnung	22–24
6. Auskunfts- und Beschlagnahmeprivilegien?	25–27
IV. Vergütung	28–30
V. Gestaltung des Anstellungsvertrags	31
VI. Versorgungswerk oder gesetzliche Sozialversicherung?	32
VII. Berufsaufsicht	33, 34
VIII. Schlussbemerkung	35

A. Einführung

von Prof. Dr. Volker Römermann/Ina Jähne

I. Allgemeines

Der zunehmende Wettbewerb auf dem Steuerberatermarkt, aber auch die gesteigerten Bedürfnisse und Wünsche der Mandanten führen dazu, dass sich immer mehr Steuerberater dem Betätigungsfeld der vereinbaren Tätigkeiten widmen und ihr Leistungsspektrum vergrößern. **1**

So geraten in zunehmendem Maße steuergestaltende- und betriebswirtschaftliche Beratungstätigkeiten in den Fokus.

Mit dem Beruf des Steuerberaters und des Steuerbevollmächtigten (im Folgenden „Steuerberater") sind neben den primären Aufgaben der Steuerrechtshilfe gem. § 33 StBerG auch diverse andere Tätigkeiten vereinbar. Diese sind in § 57 Abs. 3 StBerG aufgeführt. **2**

Zu den nach § 57 Abs. 3 StBerG mit dem Beruf des Steuerberaters vereinbaren Tätigkeiten gehören unter anderem die Tätigkeiten als

– Aufsichtsrat- und Beirat,
– Betreuer,
– Haus- und WEG Verwalter,
– Existenzgründungs- bzw. Fördermittel- und Subventionsberater,
– Finanzierungsberater,
– Insolvenzverwalter,
– Betriebliche/Private Altersvorsorgeberater,
– Mitglied im Gläubigerausschuss,
– Nachlassverwalter,
– Vermögens-/Anlageberater,
– Umweltgutachter,
– Mediator,
– Strafverteidiger,
– Testamentsvollstrecker,
– Unternehmensberater,
– Sanierungs- und Insolvenzberater.

Zu den weiteren mit dem Beruf des Steuerberaters vereinbaren Tätigkeiten nach § 57 Abs. 1 StBerG gehören die Tätigkeit als Rechtsanwalt, Wirtschaftsprüfer, vereidigter Buchprüfer, aber auch Lehr- und Vortrags- und schriftstellerische Tätigkeiten. Nach einem Urteil des BFH vom 9.8.2011[1] ist auch eine Tätigkeit als Syndikus-Steuerberater mit dem Beruf des Steuerberaters vereinbar. Nach Ansicht des BFH gilt dies auch dann, wenn durch die in Vollzeit ausgeübte Angestelltentätigkeit die selbständige Steuerberatertätigkeit nur als Nebenberuf ausgeübt wird.

Das Berufsrecht der Steuerberater, aber auch das Rechtsdienstleistungsgesetz (RDG) setzen der unternehmerischen Kreativität der Steuerberater jedoch gewisse Grenzen. **3**

---
[1] BFH v. 9.8.2011, VII R 2/11, BStBl II 2012, 51.

Dies gilt allerdings nicht in Bezug auf den Umfang der vereinbaren Tätigkeiten. Dieser ist nicht reglementiert, d.h., dass die vereinbaren Tätigkeiten durchaus den Schwerpunkt der beruflichen Tätigkeit eines Steuerberaters bilden können. Der Steuerberater muss seinen Beruf somit nicht überwiegend auf dem Gebiet der erlaubnisgebundenen Steuerrechtshilfe gem. § 33 StBerG ausüben.

II. Grenzen des Steuerberatungsgesetzes (StBerG)

4   Bei den sog. vereinbaren Tätigkeiten handelt es sich, wie der Name schon sagt, um solche, die mit der Stellung des Steuerberaters als Angehöriger eines freien Berufs und als Organ der Steuerrechtspflege vereinbar sind. Ganz konkret gilt nach § 57 Abs. 3 Nr. 3 StBerG als mit dem Beruf eines Steuerberaters vereinbar *„eine wirtschaftsberatende, gutachterliche oder treuhänderische Tätigkeit sowie die Erteilung von Bescheinigungen über die Beachtung steuerrechtlicher Vorschriften in Vermögensübersichten und Erfolgsrechnungen".*

Als Faustregel gilt: Grundsätzlich ist mit dem Beruf des Steuerberaters jede Tätigkeit vereinbar, die nicht gewerblich ist oder nicht in einem Anstellungsverhältnis ausgeübt wird und dem Ansehen des Berufs nicht schadet (s. zum Syndikusberater → 3E Rz. 1 ff.).

5   Eine gewerbliche Tätigkeit ist gekennzeichnet durch ein selbständiges, gleichmäßig fortgesetztes und maßgebend von erwerbswirtschaftlichem Streben nach Gewinn bestimmtes Handeln.[1]

Die jeweils zuständige Steuerberaterkammer kann von dem Verbot der gewerblichen Tätigkeit allerdings Ausnahmen zulassen, wenn eine Verletzung von Berufspflichten nicht zu befürchten ist. Die Ausübung vereinbarer Tätigkeiten in gewerblichen Begleitumständen ist grundsätzlich ausnahmefähig.[2] Bei Versagung einer Ausnahmegenehmigung wäre der Rechtsweg zum Verwaltungsgericht eröffnet.

Die Inkompatibilitätsregelung ist mit Art. 12 Abs. 1 GG vereinbar. Die Tätigkeit der Steuerberater ist kein Gewerbe. Schon aus diesem Grund ist daher eine gewerbliche Tätigkeit mit dem Beruf des Steuerberaters nicht zu vereinbaren.[3] Hinzu kommt, dass die besonderen Bedingungen, unter denen eine Steuerberatung ausgeübt wird, eine Verbindung mit einer gewerblichen Tätigkeit noch mehr als bei anderen freien Berufen erschweren. Schon die Gefahr, dass ein Steuerberater die bei der Beratung eines Gewerbetreibenden gewonnenen Kenntnisse im eigenen Gewerbebetrieb verwerten könnte, würde das Vertrauen in eine unabhängige und gewissenhafte Berufsausübung beeinträchtigen und daher dem Ansehen des Berufs schaden.[4]

6   Die Regelungen, die Steuerberater verpflichten, ihren Beruf unabhängig, eigenverantwortlich, verschwiegen und gewissenhaft und unter Verzicht auf berufswidrige Werbung auszuüben, sowie sich jeder Tätigkeit zu enthalten, die mit ihrem Beruf oder dem Ansehen des Berufs nicht vereinbar ist (§ 57 Abs. 1, Abs. 2 Satz 1 StBerG), gelten auch für die Ausübung der vereinbaren Tätigkeiten.

III. Grenzen des Rechtsdienstleistungsgesetzes (RDG)

7   Allerdings muss der Steuerberater, insbesondere bei den vereinbaren Tätigkeiten, die Grenzen der erlaubten Rechtsberatung nach dem RDG beachten. Eine Rechtsdienst-

---

1) Gehre/Koslowski, Steuerberatungsgesetz, 6. Aufl. 2009, § 57 Rz. 90.
2) Gehre/Koslowski, Steuerberatungsgesetz, 6. Aufl. 2009, § 57 Rz. 92.
3) BGH NJW 1996, 1833.
4) Gehre/Koslowski, Steuerberatungsgesetz, 6. Aufl. 2009, § 57 Rz. 89.

leistung ist gem. § 2 Abs. 1 RDG jede Tätigkeit in konkreten fremden Angelegenheiten, sobald sie eine rechtliche Prüfung des Einzelfalls erfordert. Von entscheidender Bedeutung ist, ob der Sachverhalt eine rechtliche Prüfung erfordert oder nur eine bloße Rechtsanwendung gefordert ist.

Seit Inkrafttreten des RDG zum 1.7.2008 ist eine Beratung in Rechtsfragen generell dann zulässig, wenn die Beratung in sachlichem Zusammenhang mit einer anderen Tätigkeit erbracht wird und als Nebenleistung zum Berufs- oder Tätigkeitsbild des Steuerberaters gehört (sog. Annexkompetenz). **8**

Definiert wird der Begriff der Nebenleistung vom Gesetz nicht. Ob eine Nebenleistung vorliegt, ist daher gem. § 5 Abs. 1 Satz 2 RDG nach *„ihrem Inhalt, Umfang und sachlichen Zusammenhang mit der Haupttätigkeit unter Berücksichtigung der Rechtskenntnisse zu beurteilen, die für die Haupttätigkeit erforderlich sind"*. Dabei meint der Gesetzgeber mit „Inhalt der Nebenleistung" die Beschreibung der Nebenleistungspflicht. Diese wird häufig jedoch nicht Gegenstand einer ausdrücklichen Abrede sein, so dass sie durch Vertragsauslegung zu ermitteln ist.[1] Hierbei ist ein objektiver Maßstab anzulegen. Auf die Vereinbarungen oder Vorstellungen der Beteiligten kommt es nicht an. Damit ist auch der Weg versperrt, zusätzlich zu den nicht rechtsdienstleistenden Hauptpflichten rechtsdienstleistende Nebenpflichten zu vereinbaren.[2] Die Annahme einer Nebenleistung scheidet aus, sobald auf Grund objektiver Anhaltspunkte ersichtlich ist, dass die umfassende rechtliche Ausbildung eines Rechtsanwalts und/oder seine Pflichtenstellung im Rechtssystem im Interesse des Mandanten zum Einsatz kommen müssen.[3] **9**

Im Hinblick auf den Umfang kommt es in erster Linie darauf an, ob es sich überhaupt um eine „Nebenleistung" handelt. Auch diese Frage ist anhand objektiver Kriterien zu beurteilen und damit der Dispositionsfähigkeit der Parteien entzogen. In die Beurteilung sind zum einen der Zeitanteil der rechtsdienstleistenden Tätigkeit an der Gesamttätigkeit, zum anderen aber auch die Intensität der Rechtsprüfung unter Berücksichtigung der Qualifikation des Anbieters einzubeziehen.[4] Jedenfalls bezogen auf den Steuerberater muss die steuerrechtliche, betriebswirtschaftliche und finanzwirtschaftliche Zielsetzung Schwerpunkt der Beratung bleiben. **10**

Zusätzlich gibt es gesetzlich zugelassene Rechtsdienstleistungen als Nebenleistungen, aufgeführt in den Nr. 1 bis 3 des § 5 Abs. 2 RDG. Dazu gehören die Testamentsvollstreckung, Haus- und Wohnungsverwaltung und die Fördermittelberatung. Soweit diese Bereiche betroffen sind, gelten erbrachte Rechtsdienstleistungen stets als erlaubte Nebentätigkeiten. **11**

Liegt nach Maßgabe dieser Kriterien keine Nebenleistung vor, liegt also der Schwerpunkt der Tätigkeit in einer rechtlichen Beurteilung, dann wird die Grenze zur Rechtsdienstleistung i. S. des § 2 Abs. 1 RDG überschritten. Derartige Rechtsdienstleistungen sind allerdings auch nach Ablösung des Rechtsberatungsgesetzes (RBerG) durch das Rechtsdienstleistungsgesetz (RDG) grundsätzlich Rechtsanwälten, Notaren und einigen wenigen anderen Berufsangehörigen vorbehalten. Ein Verstoß führt zum Verlust des Versicherungsschutzes, da die Haftpflichtversicherung die Folgen unzulässiger Rechtsberatung nicht abdeckt.[5]

Nur eine berufsrechtlich zulässige Tätigkeit kann im Haftungsfall auch vom Versicherungsschutz der Berufshaftpflichtversicherung umfasst sein.[6] **12**

---

1) Hirtz in Grunewald/Römermann, § 5 RDG Rz. 34.
2) Hirtz in Grunewald/Römermann, § 5 RDG Rz. 38.
3) Hirtz in Grunewald/Römermann, § 5 RDG Rz. 39.
4) Hirtz in Grunewald/Römermann, § 5 RDG Rz. 41, 42.
5) Fahlbusch, DStR 2008, 895.
6) Hartmann/Laufenberg, DStR 2010, 244.

Daraus kann aber im Umkehrschluss nicht geschlossen werden, dass für jede berufsrechtlich zulässige vereinbare Tätigkeit auch Versicherungsschutz besteht. Der Versicherungsschutz erstreckt sich nach der Risikobeschreibung zwar grundsätzlich, aber eben nicht immer auf die vereinbaren Tätigkeiten. Auf die jeweiligen Besonderheiten wird jeweils im Einzelfall bei der Darstellung der vereinbaren Tätigkeiten hingewiesen. Bereits an dieser Stelle sei aber darauf hingewiesen, dass vor Übernahme einer konkreten vereinbaren Tätigkeit Rücksprache mit dem Versicherer gehalten werden sollte, um zu klären, ob im konkreten Fall Versicherungsschutz besteht. Dem Gebot des sichersten Weges entsprechend sollte vorab eine schriftliche Deckungszusage eingeholt werden.

IV. Marketingaspekte

13 Dass sich Steuerberater in zunehmenden Maße über die reine Steuerberatung hinaus in diversen Beraterfunktionen bei ihren Mandanten einbringen, hängt nicht zuletzt damit zusammen, dass Steuerberater die Berater sind, die dem Mandanten typischerweise von allen Beratern auf Dauer am nächsten sind. Rechtsanwälte und Notare werden von Mandanten üblicherweise nur bei punktuellem Bedarf hinzugezogen. So z.B., weil ein Rechtsstreit droht oder eine Anmeldung zum Handelsregister erforderlich ist. Auch der Einsatz von Unternehmensberatern beschränkt sich auf die kurzfristige Begleitung und Beratung im Zusammenhang mit Umstrukturierungsmaßnahmen.

14 Der Steuerberater – im Gegensatz dazu – ist regelmäßiger Gast, speziell in Unternehmen, häufig schon während eines Jahres – insbesondere, wenn Buchhaltungsaufgaben ganz oder teilweise übernommen werden –, stets jedoch in der Phase der Erstellung eines Jahresabschlusses. Die sich hieraus ergebenden Kontakte sind – insbesondere aus Marketinggesichtspunkten – eine wahre Fundgrube für (gesondert abzurechnende) Folge- und Zusatzaufträge.

Um allerdings dieses Potenzial der Mandatserweiterung für sich zu nutzen, ist es zwingend erforderlich, dass sich der Steuerberater im Kontakt zu dem Mandanten, speziell dem Unternehmer, immer wieder persönlich einbringt und das Feld der Mandantenbeziehung nicht weitestgehend seinen Fachangestellten überlässt. Nur auf diese Weise lässt sich eine persönliche Nähebeziehung zu dem Mandanten aufbauen, die den berühmten „Blick über den Tellerrand" ermöglicht und das Potenzial einer Mandatserweiterung schafft.

Im Folgenden werden die mit dem Beruf des Steuerberaters vereinbaren Tätigkeiten im Einzelnen dargestellt. Im Anschluss findet sich eine kurze Darstellung der mit dem Beruf des Steuerberaters nicht vereinbaren Tätigkeiten.

B. Vereinbare Tätigkeiten

von Prof. Dr. Volker Römermann/Ina Jähne

I. Der Steuerberater als Aufsichtsrat und Beirat

1. Vereinbarkeit der Aufsichtsrats- und Beiratstätigkeit mit dem Beruf des Steuerberaters

1 Steuerberatern wird häufig aus Anlass ihrer steuerberatenden Tätigkeit die Übernahme einer Position im Aufsichtsrat oder Beirat einer Gesellschaft angeboten. Schon angesichts seiner Kenntnis der Interna der Gesellschaft aus dem laufenden Mandat ist der Steuerberater für die Übernahme einer derartigen Tätigkeit prädestiniert.

2 Die Tätigkeit des Steuerberaters als Aufsichtsrat und Beirat ist gem. § 57 Abs. 3 Nr. 2 StBerG mit dem Beruf des Steuerberaters vereinbar.

Allerdings sollte der Steuerberater schon angesichts der verstärkten persönlichen Verantwortung für die Übernahme eines Aufsichtsratspostens über gesellschaftsrechtliche Kenntnisse verfügen.

Die Übernahme einer Beiratstätigkeit setzt regelmäßig voraus, dass der Steuerberater das Vertrauen sämtlicher Gesellschafter genießt. Auch als Beirat für ein Unternehmen sollte der Steuerberater über die entsprechenden gesellschaftsrechtlichen Kenntnisse verfügen.

3 Für die stets zu beachtende Grenze der Gewerblichkeit gilt im Hinblick auf die Tätigkeit als Aufsichtsrat oder Beirat, dass, solange der Schwerpunkt der Tätigkeit auf einer Überwachung der Geschäftsführung liegt, keine Bedenken bestehen.[1]

Etwas anderes gilt jedoch dann, wenn Geschäfte, die zur laufenden Geschäftsführung des Unternehmens gehören, der Zustimmung durch den Aufsichtsrat oder Beirat bedürfen, dieser also in die laufende Geschäftsführung eingreift.[2]

4 Bei einer ausgeübten Geschäftsführertätigkeit in einem gewerblichen Unternehmen handelt es sich um eine nicht mit dem Beruf des Steuerberaters vereinbare gewerbliche Tätigkeit, da das organschaftliche Handeln in dieser Funktion notwendig vom gewerblichen Charakter der Unternehmenstätigkeit der Gesellschaft geprägt wird.[3] Unzulässig ist danach nicht nur eine formelle Geschäftsführung, sondern auch eine Tätigkeit in ähnlicher Weise.[4] Auch die Funktion eines Beirats oder Aufsichtsrats eines gewerblichen Unternehmens kann unzulässige geschäftsführende Elemente enthalten, wenn bestimmte Geschäfte nur mit Zustimmung des Aufsichtsrats oder Beirats vollzogen werden dürfen.[5]

5 Außerdem ist auf die Gefahr einer Interessenkollision zu achten, die dann entstehen kann, wenn der Steuerberater in derselben Sache als Aufsichtsrat und als Berater tätig würde, so dass er quasi seine eigene Arbeit kontrollieren würde.[6] Diese Gefahr besteht insbesondere dann, wenn der Aufsichtsrat/Beirat eine kontrollierende oder prüfende Funktion hat. Das OLG Düsseldorf hat hierzu entschieden, dass angesichts

---
1) Settele/v. Eichborn, DStR 2010, 1445.
2) Ueberfeldt, DStR 2006, 298.
3) Settele/v. Eichborn, DStR 2010, 1445.
4) Settele/v. Eichborn, DStR 2010, 1445.
5) Settele/v. Eichborn, DStR 2010, 1445.
6) Ueberfeldt, DStR 2006, 298.

einer solchen Interessenkollision für den Steuerberater als prüfendes Aufsichtsratsmitglied ein Handlungsverbot gem. § 111 Abs. 4 Satz 1 AktG i.V.m. § 319 Abs. 3 Satz 1 Nr. 1a HGB analog bestehe und außerdem die Nichtigkeit des auf die Erstellung des Jahresabschlusses gerichteten Vertrages festgestellt.[1)]

6 Auch im Falle einer sonstigen, beispielsweise betriebswirtschaftlichen Beratungstätigkeit des Steuerberaters für die Gesellschaft, hat der Steuerberater der Nichtigkeit des zu Grunde liegenden Steuerberatungsvertrages vorzubeugen. Nach ständiger Rechtsprechung des BGH sind Beratungsverträge einer Aktiengesellschaft mit Aufsichtsratsmitgliedern über Tätigkeiten, welche bereits von der zur Überwachungsaufgabe des Aufsichtsrats gehörenden Beratungspflicht umfasst werden, gem. §§ 113 AktG, 134 BGB nichtig.[2)] Zulässig sind demzufolge nur Verträge über Dienstleistungen, die nicht in den Aufgabenbereich des Aufsichtsrats fallen. Diesen Verträgen muss der Aufsichtsrat nach § 114 Abs. 1 AktG zustimmen. Um die Beschlussfähigkeit des Aufsichtsrates zu gewährleisten, muss der Steuerberater an der Beschlussfassung teilnehmen, darf aber nicht abstimmen.[3)]

7 Das RDG steht einer Aufsichtsrats- oder Beiratstätigkeit grundsätzlich nicht im Weg. Es handelt sich nämlich bei der Tätigkeit als Aufsichtsrat oder Beirat nicht um eine schwerpunktmäßige Rechtsdienstleistung, sondern um eine Wirtschaftsangelegenheit. Zudem dürfen Steuerberater gem. § 5 Abs. 1 RDG Rechtsdienstleistungen als Nebenleistungen erbringen, sofern diese zum Berufs- oder Tätigkeitsbild gehören. Anders als bisher findet eine Beschränkung dieser Befugnis zur „Annexberatung" auf bestimmte Berufe nicht mehr statt,[4)] so dass die Liberalisierung der Rechtslage im Vergleich zum früheren RBerG seit dem 1.7.2008 die Zulässigkeit der Aufsichtsratstätigkeit zusätzlich klargestellt hat.

2. Aufgabenbereich und persönliche Voraussetzungen

8 In der alltäglichen Praxis wird es der Steuerberater zumeist mit einer Tätigkeit als Beirat eines mittelständischen Unternehmens in Form einer GmbH & Co. KG zu tun haben.[5)] Dennoch beschränkt sich die folgende Darstellung, unter Berücksichtigung der Besonderheiten im Rahmen der Beiratstätigkeit, auf die Regelungen als Aufsichtsrat nach dem AktG, da es sich hierbei um die Grundregeln handelt, auf die auch die Regelungen der Beiratstätigkeit verweisen.

9 Im Übrigen kennt auch die GmbH einen Aufsichtsrat, dessen Einrichtung allerdings grundsätzlich nicht obligatorisch ist, sondern dessen Implementierung im Rahmen der Satzung vorgesehen werden kann. Die Pflicht zur Bildung eines Aufsichtsrates besteht bei einer GmbH mit einer Belegschaft von i.d.R. mehr als 500 Arbeitnehmern gem. § 1 Abs. 1 Nr. 3 Satz 1 DrittelbG. Übersteigt die regelmäßige Anzahl der von einer GmbH beschäftigten Arbeitnehmer die Grenze von 2 000 Arbeitnehmern, so hat die GmbH gem. § 1 Abs. 1 i.V.m. § 6 Abs. 1 MitbestG einen Aufsichtsrat nach den Bestimmungen des MitbestG zu bilden. Dieser setzt sich gem. §§ 96 Abs. 2 und 7 Abs. 1 AktG je zur Hälfte aus Mitgliedern der Anteilseigner und der Arbeitnehmer zusammen.[6)] Zur Ermittlung der Arbeitnehmerzahl ist nach sämtlichen Mitbestimmungsgesetzen stets die Definition des Arbeitnehmerbegriffs i.S.d. § 5 BetrVG heranzuziehen.[7)]

---

1) Vgl. OLG Düsseldorf v. 20.5.2008, I-23 U 128/07, BeckRS 2008, 13221.
2) Vgl. BGH, NZG 2009, 1027.
3) BGH, NZG 2007, 516.
4) Hirtz in Grunewald/Römermann, § 5 RDG 6.
5) Settele/v. Eichborn, DStR 2010, 1444.
6) Giedinghagen in Michalski, § 52 GmbHG 27.
7) Giedinghagen in Michalski, § 52 GmbHG 36.

B. Vereinbare Tätigkeiten

Genossenschaften müssen nach § 9 Abs. 1 GenG einen Aufsichtsrat einrichten, wenn die Genossenschaft mehr als zwanzig Mitglieder hat. Aufsichtsrat einer Genossenschaft kann nur sein, wer auch deren Mitglied ist (§ 9 Abs. 2 GenG). **10**

Die Aufgabe eines Beirates ist oft eine Mittels- oder Schiedsfunktion. Die Tätigkeit des Aufsichtsrats besteht stets in Kontrolle und Beratung der Geschäftsführung. Gesetzlich geregelt sind die Aufgaben und Rechte des Aufsichtsrats in § 111 AktG, wobei die dort genannten Beispiele keine abschließende Aufzählung beinhalten. Bezweckt wird durch diese Vorschrift vielmehr, die Überwachungsfunktion des Aufsichtsrats hervorzuheben und durch die damit gegebene funktionale Charakterisierung des Gesellschaftsorgans eine Kompetenzabgrenzung gegenüber dem Vorstand und daneben auch gegenüber der Hauptversammlung vorzunehmen. Insgesamt lassen sich dem Aufsichtsrat die folgenden Aufgaben zuschreiben: **11**

- Überwachung der Geschäftsführung (Einsichts- und Prüfungsrecht hinsichtlich der Bücher und Schriften der Gesellschaft, der Vermögensgegenstände, der liquiden Mittel, der Bestände an Wertpapieren und Waren), § 111 Abs. 1 AktG,
- Erteilung des Prüfungsauftrags für den Abschlussprüfer, § 111 Abs. 2 Satz 3 AktG,
- Einberufung der Hauptversammlung zum Wohle der Gesellschaft, § 111 Abs. 3 Satz 1 AktG,
- Erlass einer Geschäftsordnung für den Vorstand, § 77 Abs. 2 Satz 1 AktG,
- Bestellung und Abberufung des Vorstands sowie Abschluss und Kündigung der Anstellungsverträge, § 84 AktG,
- Entgegennahme und Anforderung von Vorstandsberichten, 90 AktG,
- Vertretung der AG gegenüber Vorstandsmitgliedern, 112 AktG,
- Prüfung von Jahresabschluss, Lagebericht und Gewinnverwendungsvorschlag, § 171 AktG,
- Mitwirkung bei der Feststellung des Jahresabschlusses, § 172 AktG,
- Mitwirkung bei der Festlegung der Konditionen einer Aktienausgabe unter Ausnutzung genehmigten Kapitals, § 204 Abs. 1 Satz 2 AktG,
- Prüfung des Abhängigkeitsberichts, § 314 Abs. 1 AktG.

Bei börsennotierten Gesellschaften haben Aufsichtsrat und Vorstand zudem eine Erklärung abzugeben, dass den Regelungen des Deutschen Corporate Governance Kodex entsprochen bzw. wieso diesen Empfehlungen u.U. nicht entsprochen wurde (§ 161 AktG).

Gemäß § 110 Abs. 3 AktG muss der Aufsichtsrat mindestens zwei Aufsichtsratssitzungen pro Kalenderjahr abhalten, wobei in nichtbörsennotierten Gesellschaften durch Beschluss bestimmt werden kann, dass nur eine Sitzung abgehalten wird. Wo die Sitzungen des Aufsichtsrates stattfinden, ist grundsätzlich frei bestimmbar. Typischerweise werden die Sitzungen jedoch aus Praktikabilitätsgründen in den Räumlichkeiten der Gesellschaft abgehalten. **12**

Die persönlichen Voraussetzungen für eine Mitgliedschaft im Aufsichtsrat regelt § 100 AktG. Danach sind nur natürliche, unbeschränkt geschäftsfähige Personen als Mitglieder zugelassen. Bezweckt wird mit dieser Regelung die persönliche Verantwortung des Mandatsinhabers.[1] Unerheblich für die Ausübung der Aufsichtsratstätigkeit sind dagegen die Staatsangehörigkeit oder der Wohnsitz sowie die Vermögensverhältnisse oder gar die Zuverlässigkeit i.S.d. Gewerberechts.[2] § 100 Abs. 2 AktG sieht aber **13**

---
1) Hüffer, § 100, Rz. 2.
2) Walzholz/Szczesny in Römermann, Steuerberater Handbuch Neue Berechnungsfelder, 2005, 245.

auch Hinderungsgründe vor, wie beispielsweise eine höchstzulässige Mandatszahl von zehn sowie das Wahrnehmungsverbot von gesetzlichen Vertretern abhängiger Unternehmen. Ausgeschlossen ist auch die Doppelmitgliedschaft in Aufsichtsrat und Vorstand derselben Gesellschaft, § 105 AktG.

14 Im Gegensatz zum Aufsichtsrat sind die Befugnisse des Beirats nicht gesetzlich normiert und können daher in der Satzung frei definiert werden.[1] Soweit dem fakultativen Beirat nicht durch Satzung eindeutige Kompetenzen übertragen werden, kommt ihm nur eine beratende Funktion zu. Da die Begründung von Zuständigkeiten des Aufsichtsrats oder Beirats in aller Regel auf Kosten entsprechender Kompetenzen der Gesellschafterversammlung geht, entscheidet sich nicht jede GmbH oder GmbH & Co. KG für die Bildung eines Beirats. Größere Gesellschaften mit mehr als 500 Arbeitnehmern sind allerdings obligatorisch gem. § 1 Abs. 1 Nr. 3 DrittelbG zur Bildung eines Aufsichtsrats verpflichtet, wobei sich die Zusammensetzung und die Kompetenzen dieses Aufsichtsrats nach dem DrittelbG, MitbestErgG, MontanMitbestG und dem MitbestG richten.[2] Auch Kapitalgesellschaften in der Rechtsform einer GmbH haben gem. § 6 Abs. 2 InvestG einen obligatorischen Aufsichtsrat zu bilden.

15 Die Zuständigkeit des Beirats, der in der Praxis gerne auch Aufsichtsrat, Verwaltungsrat oder Gesellschafterausschuss genannt wird, endet jedoch dort, wo der unentziehbare Kernbereich der Gesellschafterzuständigkeit beginnt. Auf Grund der Satzungsfreiheit wird eine vergütete Beiratstätigkeit des Steuerberaters etwas einfacher zu vereinbaren sein als eine vergütete Aufsichtsratstätigkeit, zumindest dann, wenn sich die Satzung der jeweiligen Gesellschaft nicht zu sehr an den einschlägigen Vorschriften des Aktiengesetzes orientiert. Allerdings kann das Angemessenheitserfordernis des § 113 Abs. 1 Satz 3 AktG in der Satzung nur dann ausgeschlossen werden, wenn alle Gesellschafter zustimmen, da eine unangemessene Vergütung gegen die gesellschaftsrechtliche Treuepflicht verstößt.[3]

16 Hinsichtlich der persönlichen Anforderungen an ein Beiratsmitglied schließt sich die herrschende Meinung dem Rechtsgedanken der §§ 100 AktG, 6 Abs. 2 GmbHG an, wonach nur natürliche und unbeschränkt geschäftsfähige Personen Mitglied eines Beirats sein könnten.[4] Ansonsten wird die erfolgreiche Tätigkeit eines Steuerberaters als Beirat im Wesentlichen davon abhängen, ob eine gewisse fachliche und soziale Kompetenz besteht. Aus diesem Grund sind die Erfahrungen und Kenntnisse eines Steuerberaters ideal. Es verwundert daher nicht, dass die Anzahl der Steuerberater in Beiräten in den letzten Jahren stetig angestiegen ist.

17 Ebenso wie für den fakultativen Aufsichtsrat verweist der Gesetzgeber auch im Hinblick auf Größe, Zusammensetzung sowie Rechte und Pflichten des obligatorischen Aufsichtsrats einer GmbH auf aktienrechtliche Bestimmungen. Im Grundsatz verweisen Mitbestimmungsgesetze sowie das Investmentgesetz nahezu vollständig auf die gleichen Normen des AktG.[5]

3. Vergütung

18 Die Steuerberatervergütungsverordnung findet auf die vereinbaren Tätigkeiten keine Anwendung. Die Honorierung bestimmt sich daher grundsätzlich nach den allgemeinen zivilrechtlichen Vorschriften des BGB (§§ 612, 632).

---

1) Kanntzsch in Römermann, Münchener Anwaltshandbuch z. GmbH-Recht, 2002, § 19 Rz. 155 ff.
2) Zöllner/Noack in Baumbach/Hueck, GmbHG, 18. Aufl. 2006, § 52 Rz. 2.
3) Zöllner/Noack in Baumbach/Hueck, GmbHG, 18. Aufl. 2006, § 52 Rz. 60.
4) So auch H.P. Schneider in Scholz, GmbHG, Bd. II, 10. Aufl. 2007, § 52 Rz. 159.
5) Giedinghagen in Michalski, GmbHG, 2. Aufl. 2010, § 52 Rz. 48.

Danach kann eine Vergütung frei mit dem Mandanten vereinbart werden. Fehlt es an einer solchen Vereinbarung, so ist die „übliche" Vergütung als vereinbart anzusehen (§ 612 Abs. 2 bzw. § 632 Abs. 2 BGB).

Für den nach AktG zu bestellenden Aufsichtsrat wird die Gebühr gem. § 113 AktG in der Satzung festgesetzt oder von der Hauptversammlung bewilligt. Neben einer Festvergütung besteht auch die Möglichkeit, die Vergütung anteilig an den Jahresgewinn zu koppeln.[1] Die Vergütung soll in einem angemessenen Verhältnis zu den Aufgaben der Aufsichtsratsmitglieder und zur Lage der Gesellschaft stehen. 19

Dabei unterscheiden sich die Bezüge der Aufsichtsratsmitglieder naturgemäß stark von denen des Vorstands, welche in den letzten Jahren deutlich gestiegen sind. Etwas anderes kann bestenfalls für die DAX-notierten Unternehmen gelten.[2] 20

Nach einer aktuellen Marktstudie variiert die jährliche Vergütung je nach Unternehmensgröße stark. So zahlen Unternehmen mit weniger als 10 Mio. € Umsatz im Jahr durchschnittlich 5 500 € p. a. an ihre Aufsichtsräte/Beiräte, Unternehmen mit einem Umsatz von ca. 50–124 Mio. € zahlen durchschnittlich 12 000 € p. a. und Unternehmen mit einem Umsatz von 250–500 Mio. € zahlen durchschnittlich 20 000 € p. a. an ihre Aufsichtsräte/Beiräte. Hinzu kommt üblicherweise die Gewährung eines Sitzungsgelds. Soll damit der tatsächliche Aufwand abgegolten werden, liegt eine Auslagenerstattung vor.[3] 21

Bei der Position als Beirat wird die Höhe der Vergütung regelmäßig in den zu Grunde liegenden vertraglichen Gestaltungen bzw. durch Gesellschafterbeschluss geregelt. Die Höhe der Vergütung bestimmt sich im Wesentlichen nach der Unternehmensgröße, der Art des Unternehmens und seiner wirtschaftlichen Situation, dem zeitlichen und inhaltlichen Aufwand der Tätigkeit sowie der Position des Beiratsmitgliedes ab. Der Beiratsvorsitzende erhält in der Praxis meist die doppelte Vergütung eines einfachen Beiratsmitglieds. 22

4. Haftung/Risiken

Die Tätigkeit als Aufsichtsrats- oder Beiratsmitglied ist regelmäßig nicht im Rahmen der Vermögensschaden Haftpflichtversicherung versichert. Dies hängt damit zusammen, dass für die Tätigkeit als Aufsichtsrat oder Beirat eines Unternehmens besondere Haftungsrisiken bestehen. Diese ergeben sich für den Aufsichtsrat beispielsweise aus dem Gesellschaftsvertrag i.V.m. den §§ 111, 116 AktG bzw. bei der GmbH den §§ 52, 82 GmbHG. 23

Aufsichtsratsmitglieder sollten auch die Straf- und Bußgeldvorschriften der §§ 399 ff. AktG kennen.

Es besteht die Möglichkeit, auch diese Tätigkeiten durch Abschluss einer D&O (Directors and Officers) Versicherung abzusichern. Darüber hinaus kann mit dem jeweiligen Unternehmen über eine Haftungsbegrenzung verhandelt werden. 24

5. Fazit

Wer sich also dazu entschließt, einen Aufsichts- oder Beiratsposten anzunehmen, wird diese Tätigkeit ernsthaft ausüben müssen. Aus reiner Gefälligkeit gegenüber dem befreundeten Unternehmer, den man schon länger als Steuerberater berät und auch sonst gut aus dem Golfklub kennt, sollte dieses Amt niemand antreten. Andererseits ist der Steuerberater durch seine fachlichen Kenntnisse weit besser als manch anderer 25

---

1) Settele/v. Eichborn, DStR 2010, 1450.
2) Römermann/Schwarz, Stbg 2010, 81.
3) Römermann/Schwarz, Stbg 2010, 81.

Anwärter für dieses Amt gerüstet, so dass ihm eine persönliche Haftung bei gewissenhafter Ausübung mit Sicherheit erspart bleibt. Ein weiterer Vorteil dieses Tätigkeitsfeldes liegt darin begründet, dass sich der Steuerberater nicht erst langwierig oder gar kostenträchtig in den Bereich einarbeiten muss, sondern ad hoc mit der Arbeit wird starten können.

26 Als vertrauter Kenner der wirtschaftlichen Verhältnisse eines Unternehmens und nicht selten auch des jeweiligen Unternehmers persönlich, ist der Steuerberater geradezu prädestiniert dazu, eine dauerhafte Beratungsaufgabe in institutionalisierter Form zu übernehmen.

27 Ein neues Tätigkeitsfeld wird daraus aber nur dann, wenn der Steuerberater nicht als „Service" quasi nebenbei Hinweise gibt, ohne dies gesondert in Rechnung zu stellen, sondern wenn er gezielt in das formelle Gremium des Aufsichtsrats oder Beirats aufgenommen wird und hierfür auch eine spezielle Vergütung erhält. Während Beiräte früher eher als „Honoratiorenkabinette" verstanden wurden, die der Geschäftsführung zu den Erfolgen gratulierten, sich aber darüber hinaus aus der Führung des Unternehmens heraushielten, hat sich in den letzten Jahren eine neue Ernsthaftigkeit dieser Betätigung herausgebildet. Dies liegt nicht zuletzt daran, dass auch Beiratsmitglieder von Gesetz und Rechtsprechung in zunehmendem Maße in die persönliche Verantwortung gezogen werden.

28 Darüber muss sich auch der Steuerberater bewusst sein, der die Funktion als Aufsichtsrat oder Beirat zu einem neuen Betätigungsfeld für sich machen möchte.

Ein besonderer Vorzug dieser vereinbaren Tätigkeit ist, dass die Bindung an das Unternehmen und die dort verantwortlichen Personen in besonderem Maße gestärkt und so die Mandatsbeziehung langfristig gefestigt wird.

II. Der Steuerberater als Betreuer

1. Vereinbarkeit der Tätigkeit als Betreuer mit dem Beruf des Steuerberaters

29 Gemäß § 15 Abs. 1 Nr. 8 der Berufsordnung der Bundes-Steuerberaterkammer (BOStB) wird dem Steuerberater eine Tätigkeit als Betreuer grundsätzlich erlaubt, da es sich hierbei um eine mit dem Beruf des Steuerberaters vereinbare Tätigkeit handelt. Entscheidend ist – wie stets, dass die Tätigkeit nicht gewerblich ausgeübt wird (§ 16 BOStB). Entscheidendes Abgrenzungskriterium diesbezüglich ist, ob die Tätigkeit steuerlich zu Einkünften aus Gewerbebetrieb führt. Nach einem Urteil des BFH erzielt eine Volljuristin ohne anwaltliche Zulassung, die als Berufsbetreuerin und Verfahrenspflegerin tätig ist, Einkünfte aus sonstiger selbständiger Arbeit i.S.d. § 18 Abs. 1 Nr. 3 EStG. Die Tätigkeit als Berufsbetreuerin und Verfahrenspflegerin führt also nicht zu Einkünften aus Gewerbebetrieb.[1] Entschieden für eine Volljuristin findet diese Änderung der Rechtsprechung auch auf Steuerberater Anwendung. Dies folgt schon aus der Begründung, die sich auf den Anwendungsbereich des § 18 Abs. 1 Nr. 3 EStG stützt und demnach unabhängig von dem „Ausgangsberuf" Geltung hat. Der BFH hat ausgeführt, dass die Vorschrift des § 18 Abs. 1 Nr. 3 EStG keinen abschließenden Katalog in Betracht kommender Einkünfte aus sonstiger selbständiger Arbeit enthalte, sondern lediglich Regelbeispiele aufliste: „Testamentsvollstreckervergütung", „Vermögensverwaltung", „Aufsichtsrattätigkeit". Weitere Tätigkeiten – so der BFH – fallen danach in den Anwendungsbereich der Regelung, wenn sie ihrer Art nach den Regelbeispielen des § 18 Abs. 1 Nr. 3 EStG ähnlich seien. Dies treffe auf die Tätigkeit des

---

1) BFH v. 15.6.2010, VIII R 14/09, DStR 2010, 1669.

Berufsbetreuers zu, weil dessen Tätigkeit „berufsbildtypisch" durch eine selbständige fremdnützige Tätigkeit in einem fremden Geschäftskreis sowie durch Aufgaben der Vermögensverwaltung geprägt sei.

Zudem stellt sich die Betätigung des Steuerberaters als Betreuer auch nach § 5 Abs. 1 Rechtsdienstleistungsgesetz (RDG) als zulässig dar. Da dem Steuerberater in seiner Funktion als Betreuer hauptsächlich die Vermögenssorge über das Vermögen des Betreuten übertragen wird, handelt es sich bei der Ausübung dieser Tätigkeit nicht um eine schwerpunktmäßige Rechtsdienstleistung. 30

Dies bedeutet im Umkehrschluss allerdings nicht, dass sich der Steuerberater jeglicher Art von Rechtsdienstleistungen enthalten muss bzw. soll. Nach § 5 Abs. 1 RDG darf die Rechtsdienstleistung jedoch nur als Nebenleistung erbracht werden und nur soweit, wie sie dem Berufs- und Tätigkeitsfeld eines Steuerberaters angehört. 31

Da im Bereich der Betreuung eine Vielzahl an Rechtsdienstleistungen für den Steuerberater anfallen kann, hat der Gesetzgeber diesem Umstand in § 8 Abs. 1 Nr. 1 RDG Rechnung getragen, wonach alle Rechtsdienstleistungen, die typischerweise von einem Betreuer erbracht werden, als zulässig einzustufen sind. 32

2. Aufgabenbereich und persönliche Voraussetzungen

Das Rechtsinstitut der Betreuung wurde 1992 in das Bürgerliche Gesetzbuch (BGB) aufgenommen. Zuvor wurden Volljährige, die auf Grund einer psychischen Krankheit oder einer körperlichen, geistigen oder seelischen Behinderung ihre Angelegenheiten ganz oder teilweise nicht mehr selbst besorgen konnten, in Deutschland entmündigt und unter die Aufsicht eines Vormundes gestellt. Ein Vormund kann heute nur noch für Minderjährige eingesetzt werden. 33

Nach den heutigen Regelungen sieht das Gesetz die Anordnung einer Betreuung durch ein Gericht vor, wenn ein Volljähriger seine Angelegenheiten ganz oder teilweise nicht selbst besorgen kann. Grund hierfür muss entweder eine psychische Krankheit oder eine körperliche, geistige oder seelische Behinderung sein. Zu denken ist beispielsweise und in zunehmendem Maße an altersverwirrte Menschen. Die Betreuung kann mit oder ohne Einwilligungsvorbehalt (§ 1903 BGB) angeordnet werden. Wird sie mit Eigenwilligungsvorbehalt angeordnet, so benötigt der Betreute zu einer Willenserklärung, die den Aufgabenkreis des Betreuten betrifft, dessen Einwilligung. Ein Einwilligungsvorbehalt kann sich nicht auf höchstpersönliche Rechtsgeschäfte wie Willenserklärungen, die auf Eingehung einer Ehe oder Begründung einer Lebenspartnerschaft gerichtet sind, auf Verfügungen von Todes wegen und auf Willenserklärungen, zu denen ein beschränkt Geschäftsfähiger nach den Vorschriften des Buches vier und fünf nicht der Zustimmung seines gesetzlichen Vertreters bedarf (§ 1903 Abs. 2 BGB), erstrecken. Ein ohne Einwilligung geschlossener Vertrag ist schwebend unwirksam (§ 104 BGB). 34

Gemäß dem gesetzlichen Grundsatz, dass ein Betreuer nur bestellt werden darf, wenn und *soweit* es erforderlich ist, kann sein Aufgabenkreis in diesen Fällen etwa darauf beschränkt werden, die Vermögensangelegenheiten des Betreuten zu besorgen. Gerade hier schlägt auf Grund seiner fachlichen Kompetenz die Stunde des Steuerberaters. Dieser kann – so er bei seinem Mandanten die oben aufgeführten geistigen Ausfallerscheinungen feststellt – beim Vormundschaftsgericht eine Betreuung anregen. Gesetzlich verpflichtet ist er dazu nicht.[1] 35

Das Vormundschaftsgericht wählt den Betreuer aus und ernennt ihn, wenn der zu Betreuende auf Grund einer psychischen Krankheit oder einer körperlichen, geistigen oder seelischen Behinderung unfähig ist, seine Angelegenheiten selbst zu besorgen, 36

---
1) Zimmermann, DStR 1994, 26.

§ 1896 Abs. 1 Satz 1 BGB. Eine Übernahmepflicht besteht für dieses Amt nicht. An die natürliche Person als Betreuer werden dabei zwei Anforderungen gestellt. Zum einen muss sie für den gerichtlich bestimmten Aufgabenkreis geeignet sein, § 1897 Abs. 1 Halbs. 1 BGB. Ist demnach etwa die Verwaltung eines großen Vermögens angezeigt, verbietet sich die Bestellung einer geschäftsunerfahrenen Person. Zum anderen muss der Betreuer geeignet sein, den Betroffenen im erforderlichen Umfang persönlich zu betreuen, § 1897 Abs. 1 Halbs. 2 BGB. Wie sich insbesondere aus § 1901 Abs. 2, Abs. 3 Satz 3 BGB ergibt, verlangt der Gesetzgeber den persönlichen Kontakt und das persönliche Gespräch des Betreuers mit dem Betreuten. Die persönliche Rücksprache wird in komplizierten Vermögensangelegenheiten allerdings ein Mindestmaß an wirtschaftlicher Einsichtsfähigkeit voraussetzen.[1] Zu beachten ist, dass der Steuerberater durch die Betreuungstätigkeit nicht in einen Interessenkonflikt geraten darf, vgl. § 6 BOStB. Der Steuerberater als Betreuer eines Unternehmers etwa darf nicht gleichzeitig als Steuerberater eines unmittelbar konkurrierenden Mandanten tätig sein. Zudem ist ihm nicht erlaubt, mit sich als Vertreter des Betreuten einen Vertrag als Steuerberater abzuschließen.

37 Solange er noch geschäftsfähig ist, kann der Betroffene selbst Betreuungswünsche äußern und so über eine Betreuungsverfügung die Benennung zum Betreuer steuern. Das Gericht folgt dem Vorschlag, wenn er nicht dem Wohl des Betroffenen zuwiderläuft oder er an seinem Vorschlag erkennbar nicht mehr festhalten will, § 1897 Abs. 4 Satz 3 BGB. Bevor die Bestellung erfolgt, hat die Person zunächst ihre Bereitschaft zur Betreuungsübernahme gegenüber dem Gericht zu erklären, § 1898 Abs. 2 BGB. Es empfiehlt sich, die Betreuungsverfügung notariell beurkunden zu lassen, damit der Notar die Geschäftsfähigkeit des Betroffenen dokumentiert und dessen Willen klar zum Ausdruck gelangt.[2]

38 Ist der Steuerberater im Aufgabenkreis Vermögenssorge als Betreuer bestellt, hat er zunächst gem. § 1908i Abs. 1 Satz 1 i.V.m. 1802 Abs. 1 Satz 1 BGB ein Vermögensverzeichnis anzulegen und es mit Versicherung der Richtigkeit und Vollständigkeit beim Vormundschaftsgericht einzureichen. Das Vermögensverzeichnis wird nach von Gerichten verwendeten Vordrucken erstellt und in Aktiva und Passiva gegliedert. Es ist das gesamte Vermögen des Betreuten aufzunehmen, auch soweit es nicht durch den Betreuer verwaltet wird.[3]

39 Der Betreuer kann zur Feststellung des zu verwaltenden Vermögens von Kreditinstituten Auskünfte verlangen und auch Einblick in Schließfächer des Betreuten oder Grundbucheinsichten nehmen. Darüber hinaus muss er sich alle relevanten Unterlagen besorgen, insbesondere Mietverträge, Sparbücher, Kontoauszüge, Depotauszüge, Rentenbescheide, Versicherungsscheine und Steuerbescheide.

Er vertritt den Betreuten in dem zugewiesenen Aufgabenkreis gerichtlich und außergerichtlich, vgl. § 1902 BGB.

40 Sofern der Betreute noch geschäftsfähig ist und kein Einwilligungsvorbehalt nach § 1903 BGB angeordnet ist, kann er trotz der Betreuung selbst rechtsgeschäftlich handeln. Liegt hingegen Geschäftsunfähigkeit i.S.v. § 104 Nr. 2 BGB vor, kann der Betreute auf Grund von § 105 BGB keine bindenden Rechtsgeschäfte abschließen. Nur der Betreuer kann dann für ihn als Vertreter nach § 164 BGB handeln. Ausgenommen hiervon sind die sogenannten Geschäfte des täglichen Lebens (§ 105a BGB), die mit geringwertigen Mitteln bewirkt werden können, wie etwa der morgendliche Brötchenkauf.

---

1) Vgl. insgesamt Bauman/Fabis in Römermann, Steuerberater Handbuch Neue Beratungsfelder, 2005, 270.
2) Baumann/Fabis in Römermann, Steuerberater Handbuch Neue Beratungsfelder, 2005, 270.
3) Baumann/Fabis in Römermann, Steuerberater Handbuch Neue Beratungsfelder, 2005, 277.

Auch wenn er nur mit vermögensrechtlichen Angelegenheiten betraut ist, hat der **41** Betreuer in bestimmten Fällen eine vormundschaftsgerichtliche Genehmigung einzuholen. Das Vormundschaftsgericht muss etwa Maßnahmen genehmigen, die zur Kündigung des vom Betreuer gemieteten Wohnraums führen, § 1907 Abs. 1 BGB. Genehmigungsbedürftig sind zudem Verträge, die den Betreuten für länger als vier Jahre zu wiederkehrenden Leistungen verpflichten, § 1907 Abs. 3 BGB, und Verträge, durch die der Betreuer für den betreuten Wohnraum vermietet. Diese Regelung ist von besonderer Bedeutung, wenn der Betreuer Immobilienvermögen verwaltet.

Gemäß § 1908i Abs. 1 Satz 1 i.V.m. §§ 1809, 1810, 1811 BGB muss der Betreuer ferner das Abheben und Überweisen von gesperrtem Geld des Betreuten und bestimmte Anlageformen genehmigen lassen. Zudem bedürfen diverse Verfügungen der Genehmigung. Hierzu gehören unter anderen Verfügungen über Forderungen und Wertpapiere des Betreuten im Betrag von über 3 000 € (§ 1908i Abs. 1 Satz 1 i.V.m. §§ 1812, 1813 BGB). Zudem sind Verfügungen über ein Grundstück oder ein Recht an einem Grundstück erfasst (§ 1908i Abs. 1 Satz 1 i.V.m. § 1821 Abs. 1 Nr. 1 BGB), wie Erbbaurecht, Nießbrauch, Dienstbarkeit, Reallast und Vorkaufsrecht, nicht aber Hypotheken, Grundschulden und Rentenschulden (§ 1908i Abs. 1 Satz 1 i.V.m. § 1821 Abs. 2 BGB). Erwähnenswert erscheint darüber hinaus die Verfügung über eine Forderung, die auf Übertragung des Eigentums an einem Grundstück gerichtet ist (§ 1908i Abs. 1 Satz 1 i.V.m. §§ 1821 Abs. 1 Nr. 2 BGB). Weitere Genehmigungserfordernisse enthält § 1908i Abs. 1 Satz 1 i.V.m. §§ 1821, 1822 BGB.

Selbstverständlich hat der Betreuer das Vermögen des Betreuten getrennt von seinem **42** eigenen Vermögen zu verwalten. Der Betreuer ist nur treuhänderisch verfügungsberechtigt, alle Konten, Wertpapierdepots etc. sind auf den Namen des Betreuten anzulegen.[1]

Sowohl über die laufenden Ausgaben als auch die laufenden Einnahmen muss der **43** Betreuer den Überblick bewahren und gegebenenfalls Zahlungen einfordern bzw. tätigen.[2] Soweit Geld des Betreuten nicht für Ausgaben bereitgehalten werden muss, ist es gem. § 1908i Abs. 1 Satz 1 i.V.m. § 1806 BGB zinsbringend anzulegen. Die erlaubten Anlageformen bestimmt § 1908i Abs. 1 Satz 1 i.V.m. §§ 1807 ff. BGB. Insbesondere erachtet der Gesetzgeber Anleihen des Bundes und Länder, Bundesschatzbriefe, Pfandbriefe, Festgeldkonten und Termineinlagen als sicher genug. Andere Anlagen bedürfen, wie oben bereits angemerkt, der vormundschaftsgerichtlichen Genehmigung.

Gegenüber dem Vormundschaftsgericht besteht für den Betreuer eine jederzeitige **44** Auskunftspflicht, § 1908i Abs. 1 Satz 1 i.V.m. § 1839 BGB. Mindestens einmal jährlich hat der Betreuer über die persönlichen Verhältnisse des Betreuten Rechnung zu legen, § 1908i Abs. 1 Satz 1 i.V.m. § 1840 Abs. 1 BGB. Die Rechnungslegung enthält eine Gegenüberstellung des Vermögens zu Beginn und zum Ende des Abrechnungszeitraums sowie eine Zusammenstellung der Einnahmen und Ausgaben mit Belegen. Am Ende der Betreuung muss der Betreuer beim Vormundschaftsgericht eine Schlussabrechnung einreichen, § 1908i Abs. 1 Satz 1 i.V.m. §§ 1890, 1892 Abs. 1 BGB.

3. Vergütung

Im Grundsatz geht das Gesetz davon aus, dass die Betreuung ehrenamtlich und damit **45** unentgeltlich erfolgt, § 1908i Abs. 1 Satz 1 i.V.m. § 1836 Abs. 1 Satz 1 BGB. Das Gericht kann bei der Bestellung feststellen, dass die Betreuung berufsmäßig geführt wird, § 1908i Abs. 1 Satz 1 i.V.m. § 1836 Abs. 1 Satz 2 BGB. Dies hat im Regelfall dann zu geschehen, wenn der Betreuer mehr als zehn Betreuungen führt oder die für die

---

1) Baumann/Fabis in Römermann, Steuerberater Handbuch Neue Beratungsfelder, 2005, 270.
2) Baumann/Fabis in Römermann, Steuerberater Handbuch Neue Beratungsfelder, 2005, 270.

Führung der Vormundschaft erforderliche Zeit voraussichtlich 20 Wochenstunden nicht unterschreitet, § 1908i Abs. 1 Satz 1 i.V.m. § 1836 Abs. 1 Satz 3 BGB i.V.m. § 1 Abs. 1 Vormünder- und Betreuervergütungsgesetz (VBVG), da in diesen Fällen anzunehmen ist, dass die Betreuung ihrem Umfang nach nur berufsmäßig durchgeführt werden kann. Die Berufsmäßigkeit kann sich aber auch daraus ergeben, dass der Betreuer als Steuerberater tätig ist. Schließlich wird ein Steuerberater die Betreuung regelmäßig berufsmäßig übernehmen, da er gerade wegen seiner fachlichen Qualifikation hierzu ausgewählt wird.

In diesem Fall bestimmt sich die Vergütung nach dem VBVG.

Der Steuerberater als Betreuer kann berufsspezifische Leistungen gem. § 4 Abs. 2 VBVG i.V.m. § 1835 Abs. 3 BGB nach der StBGebV erstattet bekommen.

46 Wenn das Gericht eine berufsmäßige Betreuung feststellt, hat es dem Betreuer gem. § 1908i Abs. 1 Satz 1 i.V.m. § 1836 Abs. 1 Satz 3 BGB i.V.m. § 1 Abs. 2 Satz 1 VBVG eine Vergütung zu bewilligen. Ist der Betreute mittellos, kann der Betreuer die Vergütung aus der Staatskasse verlangen, § 1908i Abs. 1 Satz 1 i.V.m. § 1836 Abs. 1 Satz 3 BGB i.V.m. § 1 Abs. 2 Satz 2 VBVG. Wann Mittellosigkeit vorliegt, hat der Gesetzgeber in § 1908i Abs. 1 Satz 1 i.V.m. § 1836d BGB geregelt. Der Betreute ist demnach schon als mittellos anzusehen, wenn er die Vergütung (oder den Aufwendungsersatz) nur in Teilen oder in Raten aufbringen könnte oder hierzu zunächst Unterhaltsansprüche gerichtlich geltend machen müsste.

47 Die Höhe der gesetzlichen Vergütung regelt das Vormünder- und Betreuervergütungsgesetz, das drei Vergütungsstufen aufweist. Für Steuerberater gilt der höchste Stundensatz i.H.v. 44 € gem. § 4 Abs. 1 Satz 2 Nr. 2 VBVG. Die Umsatzsteuer ist gem. § 3 Abs. 1 Satz 3 VBVG zusätzlich zu ersetzen.

48 Monatlich kann nur eine pauschalierte Stundenzahl nach § 5 VBVG abgerechnet werden, die zum einen danach differenziert, ob der Betreute in einem Heim untergebracht ist oder nicht und zum anderen danach, ob er mittellos ist oder nicht. Die niedrigste Stundenzahl kann für einen mittellosen Heimbewohner in Rechnung gestellt werden, was mit dem im Vergleich geringsten Betreuungsaufwand zu erklären ist.

Zudem wird in den ersten Monaten der Betreuung eine höhere Stundenzahl in Ansatz gebracht als in den späteren. Kann beispielsweise der Betreuer eines nicht mittellosen Heimbewohners in den ersten drei Monaten noch fünfeinhalb Stunden in Rechnung stellen, reduziert sich die Stundenzahl nach Ablauf eines Jahres auf zweieinhalb Stunden, vgl. § 5 Abs. 1 Nr. 1, 4 VBVG.

49 Neben der Vergütung kann der Betreuer seine Aufwendungen gesondert geltend machen, § 4 Abs. 2 Satz 2 VBVG i.V.m. § 1835 Abs. 3 BGB. Der Betreuer kann vom Betreuten nach §§ 1835 Abs. 1, 3 i.V.m. § 670 BGB Ersatz für all jene Aufwendungen (Fahrtkosten, Portokosten, u. ä.) verlangen, die er für erforderlich halten durfte. Zugleich hat er aus §§ 256, 246 BGB Anspruch auf Zinsen i.H.v. 4 % ab Entstehen der Aufwendung. Unbedingt zu beachten ist, dass diese Ersatzansprüche erlöschen, wenn sie nicht binnen 15 Monaten nach ihrer Entstehung gerichtlich geltend gemacht werden, § 1835 Abs. 1 Satz 3 BGB. Bei der Vermögenssorge kann der Steuerberater als Betreuer den Aufwendungsersatz jedoch direkt aus dem Vermögen des Betreuten entnehmen.[1]

50 Erbringt der Steuerberater berufsspezifische Leistungen, z.B. die Erstellung von Steuererklärungen für den Betreuten, dürfen diese Leistungen nach der Steuerberatergebührenverordnung abgerechnet werden.[2] Die aufgewandte Zeit ist nicht aus der

---

1) BayObLG, FamRZ 2001, 739.
2) Zimmermann, DStR 2007, 1324.

Betreuervergütungsabrechnung herauszurechnen, da die Stunden nach § 5 VBVG pauschaliert sind.

Eine Vorsorgevollmacht ist ein Instrumentarium, das grundsätzlich geeignet ist, die Anordnung eines Betreuungsverfahrens ganz oder teilweise zu verhindern. Legal definiert ist die Vorsorgevollmacht nicht. Im Kern handelt es sich aber um die Bevollmächtigung einer anderen Person im Namen und mit Wirkung für den Vollmachtgeber Erklärungen abzugeben, zu denen der Vollmachtgeber selbst infolge des Verlusts der Geschäftsfähigkeit nicht mehr in der Lage ist. Die Vorsorgevollmacht soll die Anordnung einer Betreuung vermeiden. 51

Auch aus Vergütungsgesichtspunkten ist die Bevollmächtigung für den Steuerberater interessant. Strebt der Steuerberater eine höhere Vergütung an als die gesetzlich vorgesehene, etwa, weil die gesetzliche Vergütung dem mit der Verwaltung umfangreichen Vermögens einhergehenden Arbeitsaufwand nicht gerecht wird, muss er sich vom Mandanten eine Vorsorgevollmacht einräumen lassen. So besteht die Möglichkeit, neben der eigentlichen Bevollmächtigung im Rahmen einer Abrede zwischen dem Mandanten und dem Steuerberater weitere Weisungen und Vereinbarungen aufzunehmen, zu denen auch die Vergütung gehört. Dabei ist zu beachten, dass diese Weisungen und Vereinbarungen in einem gesonderten Text außerhalb der Vollmacht niedergelegt werden sollten, damit ausgeschlossen ist, dass die internen Vereinbarungen im Außenverhältnis als Bedingung für die Vollmachtsausübung verstanden werden. Bei der Festsetzung der Vergütung sind der Steuerberater und sein Mandant im Rahmen der allgemeinen Vertragsfreiheit ungebunden. Eine Überprüfung durch das Vormundschaftsgericht findet nicht statt. 52

Grundsätzlich bedarf die Vollmacht keiner besonderen Form. Dennoch empfiehlt sich eine notarielle Beurkundung, um eine höhere Rechtssicherheit zu erlangen. Dabei wird zugleich die Geschäftsfähigkeit des Mandanten festgestellt, die ohne eine wirksame Bevollmächtigung nicht erfolgen kann. 53

4. Haftung/Risiken

Soweit dem Betreuer eine schuldhafte Pflichtverletzung nachgewiesen werden kann, haftet er dem Betreuten für den daraus entstandenen Schaden (§ 1908i i.V.m. § 1833 BGB). Dabei hat der Betreuer im Rahmen des Verschuldensmaßstabs für die Sorgfalt in eigenen Angelegenheiten einzustehen, wobei hier ein objektiver Maßstab anzusetzen ist. Eine in diesen Bereich häufig anzutreffende Pflichtverletzung des Betreuers besteht darin, dass dieser das Geld des Betreuten zinslos auf einem Girokonto anlegt – anstatt auf einem Festgeldkonto. 54

Gerade aus diesem Grund ist es für den Steuerberater stets unerlässlich, zu wissen, ob die Ausübung der Betreuereigenschaft auch von seiner Berufshaftpflichtversicherung abgedeckt ist. Grundsätzlich besteht bei der Berufshaftpflichtversicherung Versicherungsschutz für die Ausübung dieser Tätigkeit, soweit diese vom Steuerberater nicht überwiegend ausgeübt wird.[1] Andernfalls muss der Steuerberater auf Kosten des jeweils Betreuten eine Zusatzversicherung abschließen.[2]

5. Fazit

Insgesamt dürfte sich aus den vielfältigen Aufgabenfeldern des Betreuers ein zwar spannendes, jedoch nicht zwingend lukratives Betätigungsfeld für den Steuerberater erschließen. Finanziell attraktiver ist eine Vorsorgevollmacht, in deren Rahmen eine höhere Vergütung als die gesetzlich festgelegte vereinbart werden kann. Für den 55

---

1) DStV, Die vereinbaren Tätigkeiten des Steuerberaters, 2. Aufl. 2009, 19.
2) Feiter, BB 35/2010, IV.

Betreuten birgt die Einsetzung eines Steuerberaters den Vorteil, dass eine fachkundige Person mit der Verwaltung seines Vermögens betraut ist und dementsprechend einer fehlerhaften Vermögenssorge weitestgehend vorgebeugt wird.

III. Der Steuerberater als Berater für betriebliche/private Altersvorsorge

1. Vereinbarkeit der Tätigkeit als Berater im Bereich Altersvorsorge mit dem Beruf des Steuerberaters

56 Die Tätigkeit des Steuerberaters als Berater im Bereich der Altersvorsorge ist grundsätzlich zulässig. Gerade in diesem Bereich besteht aber stets das Risiko, dass die Grenze der Gewerblichkeit überschritten wird, mit der Konsequenz, dass die Tätigkeit unvereinbar wird. Problematisch wird dies insbesondere bei der Anlagevermittlung. Jedenfalls gewerblich und damit unzulässig ist die Entgegennahme von Provisionen (§ 9 StBerG).

Der Steuerberater sollte seine Beratungstätigkeit im Rahmen der privaten Altersvorsorgeberatung demzufolge darauf beschränken, Anlageprodukte verschiedener Anleger vorzustellen und auf die steuerlichen Vor- und Nachteile der jeweiligen Produkte hinzuweisen.

2. Aufgabenbereich und persönliche Voraussetzungen

57 Wie bereits in → 3 A Rz. 56 dargestellt, beschränkt sich der Aufgabenbereich des Steuerberaters im Rahmen der privaten Altersvorsorgeberatung auf das Vorstellen verschiedener Anlageprodukte und die Erläuterung und Darstellung der jeweiligen Vor- und Nachteile insbesondere unter steuerlichen Gesichtspunkten.

Im Bereich der betrieblichen Altersvorsorgeberatung sind die Betätigungsmöglichkeiten des Steuerberaters naturgemäß vielfältiger. Zulässig, auch unter Berücksichtigung des § 5 RDG, ist demnach unter anderem die Prüfung des Bestehens einer Pflicht des Arbeitgebers zur Einrichtung einer Altersvorsorge für seine Mitarbeiter, die Prüfung des Bestehens von Ansprüchen auf Entgeltumwandlung, die Frage nach der Unverfallbarkeit und Mitnahme von Anwartschaften und die Sozialversicherungspflicht der Beiträge. Des Weiteren gehören die Berechnung der Höhe des unverfallbaren Anspruchs, die Beitragspflicht gegenüber Pensionssicherungsvereinen, die Sicherung bei Insolvenz des Arbeitgebers und die Anpassung und Umwandlung bestehender Verträge zu den möglichen Beratungsfeldern.

3. Vergütung

58 Im Hinblick auf die Vergütung gelten sowohl für den Bereich der privaten als auch für den Bereich der betrieblichen Altersvorsorgeberatung die Vorschriften des BGB, §§ 612 Abs. 2 bzw. 632 Abs. 2 BGB. Da die StBGebV nicht für vereinbare Tätigkeiten gilt, ist die „übliche Vergütung" zu leisten. Zur Wertermittlung lassen sich die § 21 Abs. 1 i.V.m. § 10 StBGebV analog anwenden. Die Stundensätze bewegen sich in einem Preisrahmen zwischen 100 € und 150 €.

4. Haftung/Risiken

59 Für die berufsübliche Wahrnehmung fremder Interessen in wirtschaftlichen Angelegenheiten besteht Versicherungsschutz. Dazu gehört regelmäßig auch die Beratungstätigkeit im Zusammenhang mit der privaten Altersvorsorge des Mandanten. Allerdings gilt auch hinsichtlich des Versicherungsschutzes, dass im Falle der Empfehlung eines konkreten Anlageproduktes – insbesondere wenn dafür eine Provision gezahlt wird – der Versicherungsschutz entfällt. Dies ergibt sich aus Teil 3 Ziffer V AVB-WSR, wonach die über eine steuerliche und wirtschaftliche Beratung hinausgehende Empfehlung wirtschaftlicher Geschäfte, insbesondere von Geldanlagen und Kreditgewährungen, vom Versicherungsschutz ausgeschlossen ist.

Für den Bereich der betrieblichen Altersvorsorgeberatung gilt, dass Versicherungsschutz nach Teil 3 Ziff. B II 7 AVB-WSR für die Beratung und Wahrnehmung fremder Interessen in wirtschaftlichen Angelegenheiten in Zusammenhang mit der Gründung und Unterhaltung betrieblicher Versorgungseinrichtungen besteht. Dies gilt aber nur in den Grenzen des RDG. Gerade im Bereich der betrieblichen Altersvorsorge wird der Berater häufig mit arbeitsrechtlichen Fragestellungen konfrontiert, bei deren Beantwortung er stets Gefahr läuft, die Grenzen der erlaubten Rechtsdienstleistung zu überschreiten. Diese Gefahr besteht bei der Beratung im Zusammenhang mit betrieblichen Altersvorsorgeeinrichtungen insbesondere dann, wenn die rechtlichen die wirtschaftlichen Betrachtungsanteile überwiegen.[1] In diesem Fall entfällt der Versicherungsschutz. 60

Ein spezielles Haftungsrisiko liegt im Bereich der betrieblichen Altersvorsorge darin begründet, dass sich der Berater auch gegenüber Dritten, die nicht seine Vertragspartner sind, hierzu zählen insbesondere Arbeitnehmer des Mandanten, über die Haftungsgrundsätze des Vertrags mit Schutzwirkung zu Gunsten Dritter haftbar und damit schadenersatzpflichtig machen kann.

5. Fazit

Schon angesichts des demografischen Wandels und der zunehmenden Privatisierung der Altersvorsorge bietet dieser Bereich ein enormes Entwicklungspotenzial. Durch eine Spezialisierung auf diesem Gebiet kann ein breiter Stamm an Mandanten angesprochen werden. Angesichts der großen Zielgruppe lässt sich eine entsprechende Expertise auf diesem Gebiet auch als Marketinginstrument hervorragend einsetzen. 61

IV. Der Steuerberater als Existenzgründungsberater

1. Vereinbarkeit der Tätigkeit als Existenzgründungsberater mit dem Beruf des Steuerberaters

Die Tätigkeit des Steuerberaters als Existenzgründungsberater oder auch allgemein gesprochen als Fördermittel- und Subventionsberater ist eine gem. § 57 Abs. 3 Nr. 3 StBerG mit dem Beruf des Steuerberaters vereinbare Tätigkeit. 62

2. Aufgabenbereich und persönliche Voraussetzungen

Um sich als Existenzgründungs- bzw. Fördermittel- und Subventionsberater zu betätigen, sollte der Steuerberater über Kenntnisse der verschiedenen Förderprogramme von Bund, Ländern, Kommunen und der EU inklusive deren rechtlicher Rahmenbedingungen verfügen. 63

Außerdem sollte er über ein gewisses Maß an betriebswirtschaftlichem Know-how verfügen, sowie Kenntnisse im Gesellschafts- und Arbeitsrecht vorweisen können.

Insbesondere die Existenzgründung wird massiv gefördert. So gibt es beispielsweise die Möglichkeit, einen Gründungszuschuss zu erhalten. Voraussetzung für den Erhalt 64

---

1) DStV, Die vereinbaren Tätigkeiten im Überblick, 2. Aufl. 2009, 7.

dieses Zuschusses ist, dass bis zur Aufnahme der selbständigen Tätigkeit Entgeltersatzleistungen bezogen worden sind oder der arbeitslose Arbeitnehmer an einer staatlich geförderten Arbeitsbeschaffungsmaßnahme teilgenommen hat. Die Aufnahme der selbständigen Tätigkeit muss strukturiert mittels Businessplan vorbereitet werden. Der Unternehmensgründer muss der Arbeitsagentur sodann ein sog. „Tragfähigkeitsgutachten" einer „fachkundigen Stelle" vorlegen. Ein solches Gutachten kann auch durch einen Steuerberater erstellt werden. Als „fachkundige Stelle" ist er dann aber nicht seinem Mandanten, sondern dem Gebot der Unparteilichkeit verpflichtet. Es ist an ihm, zu beurteilen, ob die Voraussetzungen für das Existenzgründungsvorhaben in fachlicher, branchenspezifischer, unternehmerischer und kaufmännischer Hinsicht erfüllt und etwaige Zulassungsvoraussetzungen gegeben sind. Zudem ist eine Prognose über die Konkurrenzfähigkeit des Gründungsvorhabens abzugeben und darüber, ob das zu erwartende Einkommen eine ausreichende Lebensgrundlage bieten kann.

65 Ganz grundsätzlich umfasst die Tätigkeit des Fördermittel- und Subventionsberaters die folgenden Aufgabengebiete:

- Beschaffung von Informationen über Förderprogramme,
- Betriebswirtschaftliche Beratung im Zusammenhang mit
  - Unternehmensplanung inklusive Standortwahl,
  - Finanzplanung,
  - Umsatz- und Kostenplanung,
  - Investitionsplanung,
  - Liquiditätsplanung,
  - Personalplanung,
- Vorbereitung der Beantragung der Fördermittel.

Gemäß § 5 Abs. 2 Nr. 3 RDG sind Rechtsdienstleistungen, die im Zusammenhang mit der Fördermittelberatung erbracht werden, zulässig.

3. Vergütung

66 Die Vergütung bemisst sich erneut nach den allgemeinen zivilrechtlichen Vorschriften, also nach den §§ 612 bzw. 632 BGB. Fehlt es an einer Vereinbarung, so ist die „übliche" Vergütung geschuldet. Diese bewegt sich nach der Rechtsprechung für die Durchführung von Existenzgründungsberatungen in einer Größenordnung von etwa 100 € pro Stunde.[1] Es besteht auch die Möglichkeit, die Vergütung an einen Prozentsatz des Fördermittelbetrages zu koppeln.

Aus Gründen der Beweisbarkeit und Transparenz sollte die Honorarvereinbarung in schriftlicher Form und unter Benennung der einzelnen Leistungen des Steuerberaters erfolgen. Gemäß § 670 BGB können Reise-, Fahrt- und Übernachtungskosten gesondert in Ansatz gebracht werden.

4. Haftung/Risiken

67 Ein besonderes Risiko ergibt sich bei der Existenzgründungsberatung daraus, dass das Gegenüber des Beraters nach dem Gesetz jedenfalls im Anfangsstadium der Existenzgründung als „Verbraucher" zu klassifizieren ist. Die sich daraus ergebenden Konsequenzen verdeutlicht ein Urteil des BGH aus dem Jahr 2007. Der BGH hatte in einem Fall zu entscheiden, in dem ein Steuerberater zur Erlangung von Fördermitteln mit der Erstellung eines Existenzgründungsberichts beauftragt worden war. Der Auf-

---

1) AG Mühlheim v. 4.4.2009, 19 C 133/99.

trag war ihm anlässlich eines Hausbesuchs bei einem Ehepaar erteilt worden, deren steuerliche Situation er analysieren sollte. Der Steuerberater arbeitete im Folgenden einen Existenzgründungsbericht aus und stellte den Eheleuten ein Honorar für 40 Stunden zu je 80 € zzgl. Umsatzsteuer in Rechnung. Eine Bezahlung blieb aus. Vielmehr widerriefen die Eheleute den Vertrag vorsorglich gem. der §§ 312, 355 BGB.

Der BGH gab den Eheleuten Recht. Es habe sich bei der Auftragserteilung um ein Haustürgeschäft i.S.d. § 312 Abs. 1 Nr. 1 BGB gehandelt, so dass den Eheleuten ein Widerrufsrecht zugestanden habe. Schließlich seien sie Verbraucher i.S.d. § 13 BGB, der Steuerberater hingegen Unternehmer nach § 14 BGB gewesen. Zwar liege Unternehmer- und nicht Verbraucherhandeln schon dann vor, wenn das betreffende Geschäft im Zuge einer Existenzgründung geschlossen werde, im vorliegenden Fall sei es aber nicht um ein Geschäft im Zuge einer Existenzgründung gegangen. Vielmehr habe man die Entscheidung, ob es zu der Existenzgründung komme, durch Ermittlung der betriebswirtschaftlichen Grundlagen nur vorbereiten wollen. Objektiv sei der Auftrag daher im Gegensatz zu den Fällen, in denen Geschäftsräume angemietet werden oder z.B. ein Franchisevertrag abgeschlossen wird, nicht auf unternehmerisches Handeln ausgerichtet gewesen. **68**

Für die Verbrauchereigenschaft und die sich anschließende Möglichkeit eines Widerrufs bei Verträgen, die außerhalb von Geschäftsräumen geschlossen wurden, ist daher strikt zwischen Geschäften, die im Zuge einer Existenzgründung vorgenommen werden, und solchen, die diese vorbereiten, zu unterscheiden. Bei Letzterem bejaht der BGH die Verbrauchereigenschaft. Der Berater muss also bei Verträgen, die unter den Voraussetzungen des § 312b BGB geschlossen werden, stets die Möglichkeit eines Widerrufs in Betracht ziehen und über das Recht zum Widerruf in einer den gesetzlichen Anforderungen des § 356 Abs. 3 BGB genügenden Weise belehren. **69**

Dasselbe gilt bei Fernabsatzverträgen gem. § 312c BGB. Unterbleibt die Belehrung, kann der Verbraucher seine Erklärung zeitlich unbefristet widerrufen. Für das Vorliegen eines Fernabsatzvertrags ist darauf abzustellen, ob der Vertrag unter ausschließlicher Verwendung von Fernkommunikationsmitteln geschlossen wurde. **70**

Hinsichtlich der Frage des Versicherungsschutzes gilt, dass der im Rahmen der Berufshaftpflichtversicherung gewährte Schutz gerade bei der Fördermittel- und Subventionsberatung schnell überschritten werden kann. Daher ist eine Absprache mit dem Versicherer im Einzelfall dringend zu empfehlen. Außerdem ist es ratsam, eine Haftungsbegrenzung mit dem Mandanten für das Innenverhältnis zu vereinbaren. **71**

5. Fazit

Was bleibt, ist eine spannende Möglichkeit für den Steuerberater, sich gerade mit der Existenzgründer-Beratung ein neues Tätigkeitsfeld zu erschließen. Dabei sollte v.a. die qualifizierte und nachhaltige Beratung des Neu-Unternehmers mit dem Ziel einer langfristigen Positionierung des Unternehmens auf dem Markt im Vordergrund stehen. So entsteht eine „Win-win-Situation" für beide Parteien. Für den Steuerberater besteht der Anreiz in der Akquise eines langfristigen Dauermandates und der Unternehmer hat früh die Möglichkeit, durch kompetente betriebswirtschaftliche und steuerliche Beratung sein Unternehmen krisenfest zu machen. Nur so, nämlich mit einem kompetenten Berater, lassen sich betriebswirtschaftliche Defizite auf Grund der mangelnden Erfahrung als selbständiger Unternehmer gegenüber Wettbewerbern kompensieren. Auf eine an ein Marktsegment orientierte Spezialisierung sollte der Steuerberater nicht verzichten, wenn sein Portfolio über die reine Existenzgründer-Beratung nach SGB II hinausgehen soll. **72**

V. Der Steuerberater als Finanzierungsberater

1. Vereinbarkeit der Tätigkeit als Finanzierungsberater mit dem Beruf des Steuerberaters

73 Die Tätigkeit des Steuerberaters als Finanzierungsberater ist den wirtschaftsberatenden Tätigkeiten nach § 57 Abs. 3 Nr. 2 StBerG zuzuordnen und als solche vereinbar mit dem Beruf des Steuerberaters. Die Finanzierungsvermittlung hingegen ist eine gewerbliche Tätigkeit, für die eine Erlaubnis nach § 34c Gewerbeordnung vorliegen muss und die mit dem Beruf des Steuerberaters nicht vereinbar ist.

In Finanzierungsfragen ergibt sich nicht nur im unternehmerischen Bereich der Mandanten, sondern auch bei der Finanzierung von privaten Vermögensanlagen Beratungsbedarf.

2. Aufgabenbereich und persönliche Voraussetzungen

74 Der Aufgabenbereich eines Finanzierungsberaters umfasst in erster Linie die Ermittlung des Finanzierungsbedarfs; die Erstellung von mittel- und langfristigen Finanzierungskonzepten, die Beschaffung von Fremdmitteln, die Beschaffung von externem Eigenkapital sowie die Prüfung öffentlicher Fördermittel und deren Beschaffung und das Finanzierungscontrolling.

In persönlicher Hinsicht sollte der Steuerberater über die dazu erforderlichen wirtschaftlichen und finanzmathematischen Kenntnisse verfügen. Nur so ist es einem Steuerberater möglich, für einen Finanzplan die Höhe und die Laufzeit der benötigten Mittel festzustellen und unter steuerlichen Gesichtspunkten den jeweiligen Nettoaufwand mit alternativen Finanzierungsangeboten in Vergleich zu setzen.

Die Tätigkeiten eines Finanzierungsberaters erstrecken sich zunächst auf eine Ermittlung des Finanzierungsbedarfs und eine Erstellung von mittel- und langfristigen Finanzierungskonzepten. Insoweit muss sich der Finanzierungsberater zunächst einen Überblick über die alternativen Finanzierungsformen (Selbstfinanzierung, Fremdkapital, Mezzaninekapital, Eigenkapital, Subventionen etc.) verschaffen, um dann ggf. Fremdkapital, externes Eigenkapital, etc. zu beschaffen.

3. Vergütung

75 Vergütet wird die Tätigkeit als Finanzierungsberater nach Maßgabe der allgemeinen zivilrechtlichen Vorschriften des BGB. Demnach kann grundsätzlich zwischen den Parteien eine Vergütungsabrede getroffen werden. Hinsichtlich der Höhe sind die Parteien frei. So kann beispielsweise an einen Promille- oder Prozentsatz des Finanzierungsvolumens angeknüpft werden. Wird keine Vergütungsabrede getroffen, so ist die „übliche" Vergütung geschuldet.

4. Haftung/Risiken

76 Die Finanzierungsberatung ist regelmäßig durch die Vermögensschadenhaftpflichtversicherung abgedeckt, allerdings ist die Höhe ggfs. zu prüfen bzw. mit dem Versicherer abzustimmen. Sofern der Vertragspartner dem zustimmt, sollte im Innenverhältnis eine Haftungsbegrenzung vereinbart werden.

5. Fazit

77 Die Finanzierungsberatung stößt sowohl im Bereich der gewerblichen als auch im Bereich der privaten Mandanten auf immense Nachfrage, so dass sich eine derartige

Spezialisierung durchaus lohnen kann und gegenüber allen Mandanten gewinnbringend als Marketinginstrument eingesetzt werden kann.

VI. Der Steuerberater als Haus- und WEG-Verwalter

1. Vereinbarkeit der Tätigkeit als Haus- und WEG-Verwalter mit dem Beruf des Steuerberaters

Die Tätigkeit des Steuerberaters als Hausverwalter ist prinzipiell mit dessen Berufsbild vereinbar, sofern die Tätigkeit – wie stets – nicht gewerblich geprägt ist, nicht in einem Anstellungsverhältnis ausgeübt wird und dem Ansehen des Berufs nicht schadet.[1] Auch die Verwaltung nach dem Wohnungseigentumsgesetz (WEG) ist mit dem Beruf des Steuerberaters vereinbar. Insofern ist für das Merkmal der Gewerblichkeit entscheidend, dass der Steuerberater keine allzu große Anzahl von Wohnungseigentumsanlagen verwaltet. **78**

2. Aufgabenbereich und persönliche Voraussetzungen

Grundsätzlich ist zwischen WEG-Verwaltung und Mietverwaltung zu unterscheiden. Die Mietverwaltung umfasst die Betreuung der Mieter vermieteter Eigentumswohnungen und das Mietinkasso. Der Aufgabenbereich des Mietverwalters erstreckt sich häufig auf das Gebäudemanagement insgesamt und geht so weit über den Pflichtenkatalog eines WEG-Verwalters hinaus. So kann sich der Aufgabenbereich des Mietverwalters neben der reinen Vermietung durchaus auch auf die Zusammenarbeit mit Behörden und Maklern, die sachdienliche Anpassung von Mietvereinbarungen und den Abschluss von Mietverträgen erstrecken. Hier ist allerdings stets die Vorschrift des § 5 RDG zu beachten. Danach ist die Erbringung von Rechtsdienstleistungen im Zusammenhang mit einer anderen Tätigkeit, hier der des Mietverwalters, nur dann zulässig, wenn sie als Nebenleistung zu dem Berufs- und Tätigkeitsbild gehört. Nach § 5 Abs. 2 RDG gelten als erlaubte Nebenleistungen Rechtsdienstleistungen, die im Zusammenhang mit der Haus- und Wohnungsverwaltung erbracht werden. Diese Vorschrift gilt im Übrigen auch für den Wohnungsverwalter nach dem Wohnungseigentumsgesetz – WEG.[2] **79**

Ob das Aufgabenspektrum des Mietverwalters aber im jeweiligen Einzelfall derart weitreichend ist, hängt immer von dem mit dem Immobilieneigentümer geschlossenen Vertrag ab. Dieser ist ein Geschäftsbesorgungsvertrag mit wesentlichen Elementen des Dienstvertrags. **80**

Üblicherweise ist der Aufgabenkreis des WEG-Verwalters enger und orientiert sich im Wesentlichen an den §§ 27, 28 WEG. Gemäß § 27 Abs. 1 WEG hat der Mietverwalter insbesondere das Recht und die Pflicht, Beschlüsse der Wohnungseigentümer auszuführen und für die Durchführung der Hausordnung zu sorgen, die für die ordnungsgemäße Instandhaltung und Instandsetzung des gemeinschaftlichen Eigentums erforderlichen Maßnahmen zu treffen und Lasten- und Kostenbeiträge, Tilgungsbeiträge und Hypothekenzinsen anzufordern, in Empfang zu nehmen und abzuführen, soweit es um gemeinschaftliche Angelegenheiten der Wohnungseigentümer geht.

Nach § 27 Abs. 2 WEG ist der Verwalter berechtigt, im Namen aller Wohnungseigentümer und mit Wirkung für und gegen sie Willenserklärungen und Zustellungen entgegenzunehmen, soweit sie an alle Wohnungseigentümer in dieser Eigenschaft gerichtet sind, und Ansprüche der Wohnungseigentümer gerichtlich und außerge- **81**

---

1) Ueberfeldt, DStR 2006, 298.
2) Finzel, RDG, 2008, § 5 RDG Rz. 16.

richtlich geltend zu machen, sofern er hierzu durch Vereinbarung oder Beschluss mit Stimmenmehrheit der Wohnungseigentümer ermächtigt ist.

§ 27 Abs. 1 bis 3 WEG aufgeführten Aufgaben und Befugnis können durch Vereinbarung der Wohnungseigentümer nicht eingeschränkt oder ausgeschlossen werden (§ 27 Abs. 4 WEG).

82   § 28 WEG erweitert die Pflichten des Verwalters um die Pflicht zur jährlichen Erstellung eines Wirtschaftsplans. Außerdem ist der Verwalter verpflichtet, nach Ablauf eines Kalenderjahrs eine Abrechnung aufzustellen. Davon abweichend können die Wohnungseigentümer von dem Verwalter durch Mehrheitsbeschluss jederzeit Rechnungslegung verlangen.

Über den Wirtschaftsplan, die Abrechnung und die Rechnungslegung des Verwalters beschließen die Wohnungseigentümer durch Stimmenmehrheit.

83   Trotz dieser sehr ausführlichen Ausgestaltungen der Aufgaben mitsamt der damit verbundenen Rechte und Pflichten in den §§ 27, 28 WEG, sollte stets ein eigenständiger Hausverwaltervertrag geschlossen werden, der auch die Frage der Vergütung regelt und bestimmt, ob bei Verfügungen des Verwalters über Gelder der Eigentümergemeinschaft die Zustimmung der Gemeinschaft oder eines von der Gemeinschaft bestellten Verwaltungsbeirats erforderlich ist.

Zudem besteht für den WEG-Verwalter die Möglichkeit, die Mietverwaltung mit zu übernehmen (sog. „Mischverwaltung") und so seinen Aufgabenkreis zu erweitern. In diesem Fall gilt es zu beachten, dass die WEG-Verwaltung von der Mietverwaltung finanziell und rechtlich strikt zu trennen ist.

Im Folgenden wird beides einheitlich unter dem Oberbegriff der „Hausverwaltung" zusammengefasst. Auf Besonderheiten wird eingegangen.

84   Der Hausverwalter hat die ihm gem. BGB und WEG obliegenden Aufgaben zu erfüllen. Insgesamt ist es seine Aufgabe, die Sachlage zu erkunden und die Wohnungseigentümergemeinschaft zu beraten. Seine Beratung – und hier zeigt sich, dass der Steuerberater für diese Tätigkeit prädestiniert ist – hat sich auch auf die Schaffung der Voraussetzungen für eine steuerliche Abzugsfähigkeit zu beziehen. In diesem Zusammenhang ist insbesondere die Vorschrift des § 35a EStG von Interesse. Die Finanzverwaltung hat bereits durch das BMF[1] die steuerliche Vergünstigung der haushaltsnahen Leistungen auch für Wohnungseigentümer anerkannt.

85   Inzwischen sind sowohl die Regelung als auch die Verwaltungspraxis mehrfach geändert worden. Seit dem 15.2.2010 besteht die Möglichkeit, für die Inanspruchnahme von haushaltsnahen Dienstleistungen, die keine Handwerkerleistungen für Renovierungs- Erhaltungs- und Modernisierungsmaßnahmen darstellen, 20 % dieser Aufwendungen, höchstens aber 600 € bis 2008, ab 2009 4 000 € von der Einkommensteuer abzuziehen. Außerdem können Stpfl. seit dem 1.1.2009 eine weitere Förderung i.H.v. 20 % der Aufwendungen, höchstens aber 1 200 € in Anspruch nehmen, wenn sie Handwerkerleistungen für Renovierungs-, Erhaltungs- und Modernisierungsmaßnahmen in Auftrag geben.

86   Aufgabe des Verwalters ist es, den Wohnungseigentümer über die Möglichkeit der haushaltsnahen Dienstleistungen zu informieren und zu beraten und die Voraussetzungen für eine steuerliche Geltendmachung in der Jahresabrechnung zu schaffen. Für den einzelnen Mieter bzw. Eigentümer ist Voraussetzung für den steuerlichen Abzug lediglich, dass die auf ihn entfallenden begünstigten Aufwendungen gesondert in der Jahresabrechnung des Verwalters aufgeführt oder durch eine Bescheinigung des Verwalters nachgewiesen werden. Die Vorlage der Rechnung und eines Nachwei-

---

1) BMF v. 3.11.2006, IV C 4 – S 2296b – 60/06, www.bmf.de.

ses über die unbare Zahlung bedarf es bei den einzelnen Einkommensteuerveranlagungen aus Gründen der Praktikabilität nicht. Vgl. hierzu Tz. 42 und 44 des BMF v. 3.11.2006.[1]

Rechtsdienstleistungen, die im Zusammenhang mit der Hausverwaltung erbracht werden, sind gem. § 5 Abs. 2 Nr. 2 RDG grundsätzlich erlaubt.

3. Vergütung

Im Hinblick auf die Vereinbarung einer Vergütung ist der Steuerberater, so er sich zu der Aufnahme einer Tätigkeit als Hausverwalter entschließt, nicht an die Vorgaben der Steuerberatergebührenverordnung gebunden. Die Vergütung kann frei zwischen den Parteien ausgehandelt werden. Üblicherweise erhält der Verwalter einen festen monatlichen Betrag pro Wohn-/Gewerbeeinheit, bemessen an einem Prozentsatz der Mieteinnahmen. Der Schwankungsbereich beträgt zwischen 2,5 und 8 je nach Größe und Mietniveau. Die übliche Vergütung für die WEG-Verwaltung liegt bei monatlich 15 bis 35 € pro Wohnung und 1,50 bis 2,50 € pro Garage, zuzüglich Umsatzsteuer. Gerade bei einem niedrigen Vermietungsstand besteht die Möglichkeit, einen festen Mindestsockelbetrag zu vereinbaren.

87

> **Formulierungsvorschlag:**
>
> Eine entsprechende Klausel könnte wie folgt lauten:
>
> *„Als Entgelt erhält der Verwalter pro Wohnungseinheit monatlich 3 % der Mieteinnahmen, mindestens jedoch xx €. Der Verwalter ist berechtigt, das Entgelt von den monatlich eingehenden Mieten in Abzug zu bringen."*

Treffen die Parteien keine Vereinbarung über die Vergütung bzw. deren Höhe, finden die §§ 612 Abs. 2 bzw. 632 Abs. 2 BGB Anwendung, so dass die „übliche Vergütung" als vereinbart gilt. Damit gelten die oben aufgeführten Richtwerte – zwischen 15 und 35 € pro Monat. Als Orientierungspunkt für die Üblichkeit der Verwaltervergütung können auch die Vorschriften der §§ 26 Abs. 3, 41 Abs. 2 der 2. Verordnung über wohnungswirtschaftliche Berechnungen dienen, die zwingend aber nur auf öffentlich geförderten Wohnraum Anwendung finden. Die Verordnung begrenzt die Höhe der Verwaltungskosten pro Wohnung und Jahr auf 275 €. Für Garagen ist eine Höchstgrenze von 30 € vorgesehen. Die Beträge verstehen sich jeweils zuzüglich Umsatzsteuer.

88

Die Annahme von Vorteilen jeder Art, insbesondere die Entgegennahme von Provisionen, ist gem. § 9 StBerG berufswidrig und daher unzulässig.

4. Haftung/Risiken

Die Tätigkeit als Hausverwalter ist als Teil der „Beratung und Wahrnehmung sonstiger fremder Interessen in wirtschaftlichen Angelegenheiten, soweit diese berufsüblich sind" gem. Teil 3 B Abs. II Nr. 7 der *„Allgemeinen und Besonderen Versicherungsbedingungen sowie der Risikobeschreibungen zur Vermögensschaden-Haftpflichtversicherung für Steuerberater u.a."* vom Versicherungsschutz erfasst. Weil also der von der Berufshaftpflichtversicherung umfasste Bereich gerade bei der Hausverwaltertätigkeit schnell überschritten werden kann, sollte vor Aufnahme der Tätigkeit dringend Rücksprache mit dem Versicherer gehalten werden. Zudem sollte versucht werden, eine Haftungsbegrenzung im Innenverhältnis zu vereinbaren.

89

Sollte auf Grund des Umfangs der Tätigkeit als Hausverwalter die Versicherung eine Deckung über die allgemeine Vermögensschaden Haftpflicht ablehnen, besteht die Möglichkeit, den Versicherungsschutz zu erweitern.

---

1) Sauren, NZM 2007, 23, 26.

Die Haftung resultiert für den Verwalter aus dem Geschäftsbesorgungsvertrag. Liegt dieser nicht vor, so haftet jedenfalls der WEG-Verwalter aus dem gesetzlichen Pflichtenkatalog. Für den Mietverwalter gilt nach dem HGB der Haftungsmaßstab, bemessen an der verkehrserforderlichen Sorgfalt eines fachkundigen Kaufmanns.

90 Zu den typischen Haftungsrisiken des WEG-Verwalters zählt insbesondere die Geschäftsführung ohne Auftrag. Fehlt es bei eigenmächtigen Maßnahmen des Verwalters gegen den erkennbaren Willen des Eigentümers an der Dringlichkeit, so haftet der Verwalter verschuldensunabhängig auf Ersatz des Schadens. Ebenso trifft den Verwalter die deliktische Haftung.

91 Von großer Bedeutung ist auch die Haftung des Vertreters ohne Vertretungsmacht nach § 179 BGB. Wenn nämlich die Eigentümer die Genehmigung von durch den Verwalter mit Dritten abgeschlossenen Verträgen verweigern, ist der Verwalter gegenüber dem Dritten zur Erfüllung oder zum Schadenersatz verpflichtet. Die Wohnungseigentümer müssen sich allerdings das Handeln des Verwalters ggf. nach den Grundsätzen über die Duldungs- und Anscheinsvollmacht zurechnen lassen.

Um das Haftungsrisiko zu minimieren, sollte der Verwalter sorgfältig sämtliche Geschäftsvorgänge dokumentieren und von Risikoentscheidungen absehen. Insgesamt zeichnet sich die Tätigkeit des Hausverwalters im Gegensatz zu vielen anderen vereinbaren Tätigkeiten aber dadurch aus, dass das haftungsrechtliche Risiko minimal ist.

5. Fazit

92 Die Tätigkeit als Hausverwalter bietet nur wenig Potenzial für einen Konflikt mit berufs- und steuerrechtlichen Vorschriften. Sie hält daher auch für Steuerberater ohne große Erfahrungswerte in der Immobilienwirtschaft ein geeignetes und lohnenswertes Betätigungsfeld bereit. Eine Einarbeitung in die Materie ist mit verhältnismäßig geringem Aufwand möglich.

VII. Der Steuerberater als Insolvenzverwalter

1. Vereinbarkeit der Tätigkeit als Insolvenzverwalter mit dem Beruf des Steuerberaters

93 Auch Steuerberater können zu (vorläufigen) Insolvenzverwaltern bestellt werden. Die Insolvenzverwaltung ist eine vereinbare Tätigkeit nach § 57 Abs. 3 StBerG.

Derzeit wird diese Nische aber eher beschworen denn tatsächlich durch Steuerberater besetzt. Steuerberater als Insolvenzverwalter gibt es, ihre Zahl ist aber sehr begrenzt. Die Ursachen hierfür sind nicht unbedingt in der mangelnden Kompetenz der Berufsträger zu suchen. Zwar ist es richtig, dass dem Steuerberater bei Abschluss seiner Berufsausbildung für das Berufsbild des Insolvenzverwalters unverzichtbare Kenntnisse insbesondere im Insolvenz-, Gesellschafts- und Arbeitsrecht fehlen werden. Aber umgekehrt findet sich bei Rechtsanwälten auf Grund ihres Ausbildungsganges typischerweise nicht das erforderliche betriebswirtschaftliche und steuerliche Knowhow, was die Insolvenzrichter nicht davon abhält, ganz überwiegend Anwälte zu Insolvenzverwaltern zu bestellen. Auf die „Ausgangskompetenz" im Moment des Eintritts in das Berufsleben kommt es offensichtlich nicht so sehr an wie auf die zwischenzeitlichen, also bis zur Bewerbung um das erste Verfahren gewonnenen Kenntnisse. Berufsanfänger werden in der heutigen Zeit ohnehin nicht mehr zu Insolvenzverwaltern bestellt.

94 Die Tatsache, dass es bis dato nur eine verhältnismäßig geringe Zahl von Steuerberatern als Insolvenzverwalter tätig ist, hängt ganz wesentlich mit der Vergabepraxis der

Insolvenzgerichte zusammen. Die Insolvenzverfahren werden nach völlig unklaren und im Regelfall nicht definierten Kriterien bevorzugt an Juristen vergeben. Das Gesetz sieht in § 56 InsO lediglich vor, dass zum Insolvenzverwalter „eine für den jeweiligen Einzelfall geeignete, insbesondere geschäftskundige und von den Gläubigern und dem Schuldner unabhängige natürliche Person zu bestellen ist, die aus dem Kreis aller zur Übernahme von Insolvenzverwaltungen bereiten Personen auszuwählen ist". Umso wichtiger ist es, dass es einem Steuerberater gelingt, die Gerichte von seinem Wissen und seiner Erfahrung in diesem Bereich zu überzeugen.

2. Aufgabenbereich und persönliche Voraussetzungen

Im Hinblick auf die persönlichen Voraussetzungen ist die Kenntnis der gesetzlichen Regelungen, insbesondere der Insolvenzordnung (InsO), zwingend. Darüber hinaus erfordert die Tätigkeit als Insolvenzverwalter besondere betriebswirtschaftliche Kenntnisse und Kenntnisse im Zusammenhang mit der Abwicklung und Fortführung von Unternehmen in der Krise. Im Idealfall sollte der Insolvenzverwalter auch in den Bereichen des Arbeits- und Gesellschaftsrechts die erforderliche Sachkunde besitzen. **95**

Außerdem muss sich der Steuerberater in den „Insolvenzverwalterlisten" der Insolvenzgerichte erfassen lassen. Allein die Aufnahme in die Liste begründet allerdings keinen Rechtsanspruch auf Bestellung.

Die Entscheidung über die Bestellung des Insolvenzverwalters ist eine Einzelfallentscheidung, die der Insolvenzrichter ermessensfehlerfrei zu treffen hat. Ein festgelegtes, nachprüfbares und transparentes Auswahlverfahren existiert bis dato nicht. Bei der Auswahl des Verwalters hat sich das Gericht nach § 56 Abs. 1 InsO von der Aufgabe leiten zu lassen, eine qualifizierte Persönlichkeit zu finden, die sowohl persönlich als auch vom Fachkönnen her geeignet ist, den Erfordernissen und der Eigenart des durchzuführenden Verfahrens gerecht zu werden.[1] **96**

Nach seiner Bestellung hat der Verwalter zu prüfen, ob die Voraussetzungen für eine Eröffnung des Verfahrens vorliegen. Dafür muss zunächst eine ausreichende Masse für die Eröffnung des Verfahrens vorhanden sein und es muss einer der in der Insolvenzordnung aufgeführten Insolvenzgründe vorliegen.

Die Insolvenzordnung kennt drei Eröffnungsgründe: Zahlungsunfähigkeit (§ 17 InsO), Überschuldung (§ 19 InsO) und drohende Zahlungsunfähigkeit (§ 18 InsO). **97**

Der zuletzt genannte Insolvenzgrund wurde im Jahre 1999 mit der Insolvenzordnung neu geschaffen mit dem erklärten Ziel, durch die Förderung einer frühzeitigen Antragstellung die Sanierungschancen von Unternehmen deutlich zu erhöhen. Dieses Anliegen ist berechtigt und die höheren Chancen sind realistisch. Dennoch findet die Insolvenzantragstellung wegen drohender Insolvenz in der Praxis kaum statt.

a) Insolvenzgrund der Zahlungsunfähigkeit

Nach der Legaldefinition des § 17 Abs. 2 InsO ist ein Schuldner zahlungsunfähig, wenn er nicht in der Lage ist, die fälligen Zahlungspflichten zu erfüllen. Damit sind Zahlungspflichten – soweit sie frei von Einwendungen und Einreden sind – von dem Zeitpunkt an zu berücksichtigen, ab dem die Gläubiger Leistung verlangen können.[2] Dies richtet sich primär nach der zwischen den Parteien getroffenen Vereinbarung über die Leistungszeit gem. § 271 Abs. 2 BGB. Fehlt es hierüber an einer Bestimmung und ist eine solche auch nicht nach den Umständen zu entnehmen, so sind Verbindlichkeiten im Zweifel immer sofort fällig (§ 271 Abs. 2 BGB). **98**

---

1) Graeber in MüKo, InsO, 2. Aufl. 2007, § 56 Rz. 85.
2) Ampferl in Beck/Depré, Praxis der Insolvenz, 2. Aufl. 2010, § 2 Rz. 28.

99 Nach der Leitentscheidung des BGH vom 24.5.2005 setzt die Zahlungsunfähigkeit im Rechtssinne die Feststellung einer Liquiditätslücke von regelmäßig 10 % voraus, die innerhalb von drei Wochen nicht zu beseitigen ist.[1] Beträgt die Liquiditätslücke weniger als 10 % der gesamten Verbindlichkeiten des Unternehmens, so ist auch über den Zeitraum von drei Wochen hinaus grundsätzlich von einer bloßen Zahlungsstockung und nicht von Zahlungsunfähigkeit auszugehen. Auch Verbindlichkeiten über die 10 % hinaus werden noch als Zahlungsstockung zu beurteilen sein, sofern mit an Sicherheit grenzender Wahrscheinlichkeit anzunehmen ist, dass die Liquiditätslücke demnächst beseitigt wird und sofern den Gläubigern ein Abwarten bis dahin zugemutet werden kann. Nach einer weiteren Grundsatzentscheidung des BGH v. 19.7.2007, sind nur die „ernsthaft eingeforderten" fälligen Forderungen bei der Feststellung der Zahlungsunfähigkeit zu berücksichtigen.[2] Die Abgrenzung der bloßen Zahlungsstockung von der Zahlungsunfähigkeit nach Maßgabe dieser Kriterien ist also stets entscheidend für die Frage, ob ein Insolvenzeröffnungsgrund vorliegt oder nicht.

100 Daneben gibt es noch die in § 17 Abs. 2 Satz 2 InsO normierte stärkste Form der Zahlungsunfähigkeit, die Zahlungseinstellung. Sie liegt i.d.R. vor, wenn der Schuldner wegen eines Mangels an Zahlungsmitteln aufhört, seine fälligen Verbindlichkeiten zu erfüllen.[3] Nach der Rechtsprechung des BGH ist die Zahlungseinstellung dasjenige äußere Verhalten des Schuldners, in dem sich für die beteiligten Verkehrskreise typischerweise der berechtigte Eindruck aufdrängt, dass der Schuldner nicht in der Lage ist, seine fälligen Zahlungspflichten zu erfüllen.[4]

b) Insolvenzgrund der drohenden Zahlungsunfähigkeit

101 Die drohende Zahlungsunfähigkeit, geregelt in § 18 InsO, ist ausschließlich für den Schuldner ein Antragsgrund. Der Insolvenzgrund der drohenden Zahlungsunfähigkeit soll es einem Schuldner bzw. Schuldunternehmen ermöglichen, der Zerschlagung von Vermögenswerten durch Einzelzwangsvollstreckungen der Gläubiger frühzeitig zu begegnen und ein Sanierungskonzept z.B. in Form eines „prepackaged plan" vorzulegen.[5]

102 § 18 InsO sieht vor, dass der Schuldner bzw. das Schuldnerunternehmen schon dann zum Insolvenzantrag berechtigt, aber nicht verpflichtet ist, wenn eine drohende Zahlungsunfähigkeit vorliegt. Nach der Legaldefinition in § 18 Abs. 2 InsO droht der Schuldner zahlungsunfähig zu werden, wenn er voraussichtlich nicht in der Lage sein wird, die bestehenden Zahlungspflichten im Zeitpunkt der Fälligkeit zu erfüllen. Liegt der Insolvenzgrund einmal vor, ist es meist für eine Sanierung zu spät, zumal der Schuldner oder der organschaftliche Vertreter im Rahmen gesetzlicher Insolvenzantragspflichten verpflichtet ist, den Antrag unverzüglich, spätestens aber innerhalb von drei Wochen zu stellen.[6]

103 Für die Feststellung der drohenden Zahlungsunfähigkeit werden die derzeit noch nicht fälligen Verbindlichkeiten ebenso erfasst wie die noch nicht begründeten Verbindlichkeiten, deren Entstehung (beispielsweise im Fall von Löhnen) aber voraussehbar ist.[7] Auch berücksichtigt werden die Zahlungspflichten des Schuldners, die schon bestehen, aber noch nicht fällig sind. Der Prognosezeitraum, auf den abzustellen ist,

---

1) BGH v. 24.5.2005, IX ZR 123/04, NZI 2005, 547.
2) BGH v. 19.7.2007, IX ZB 36707, ZIP 2007, 1666 ff.
3) Ampferl in Beck/Depré, Praxis der Insolvenz, 2. Aufl. 2010, § 2 Rz. 24.
4) BGH v. 19.7.2007, IX ZB 36/07, ZIP 2006, 2222, 2223.
5) Uhlenbruck/Gundlach in Gottwald, Insolvenzrechtshandbuch, 4. Aufl. 2010, § 6 Rz. 17.
6) Uhlenbruck/Gundlach in Gottwald, Insolvenzrechtshandbuch, 4. Aufl. 2010, § 6 Rz. 17.
7) Bork, ZIP 2000, 1709.

bestimmt sich grundsätzlich nach dem spätesten Fälligkeitszeitpunkt der bestehenden, aber noch nicht fälligen Zahlungspflichten. Die eingezogene Maximalgrenze für den Prognosezeitraum liegt bei ein bis zwei Jahren.

Anzeichen für eine drohende Zahlungsunfähigkeit sind: **104**

1. große Ausweitung der Kreditlinie,
2. ungenehmigte Kontoüberziehungen,
3. erfolglose Kreditverhandlungen,
4. Wechsel der finanzierenden Bank,
5. Nichtdurchführung von Abbuchungsaufträgen,
6. Rückgabe von Schecks,
7. Ausweitung von Zahlungszielen gegenüber Lieferanten,
8. zunehmende Inspruchnahme von Warenkredit,
9. häufige Mahnungen,
10. rückständige Lohnzahlungen,
11. Steuerrückstände,
12. Nichtabführen von Arbeitnehmerbeiträgen zur Sozialversicherung,
13. Zunahme von Mahn- und Vollstreckungsbescheiden.

Auf Vorschlag des Rechtsausschusses des Deutschen Bundestags ist in § 18 Abs. 3 InsO eine Einschränkung des Antragsrechts erfolgt: Wenn der Antrag nicht von allen Mitgliedern des Vertretungsorgans, allen persönlich haftenden Gesellschaftern oder allen Abwicklern gestellt wird, ist er nur zulässig, wenn der oder die Antragsteller zur Vertretung der juristischen Person oder Gesellschaft berechtigt sind.[1]

c) Insolvenzgrund der Überschuldung

Der Eröffnungsgrund der Überschuldung gilt nur für juristische Personen und Gesellschaften ohne Rechtspersönlichkeit. Definiert wird die Überschuldung in § 19 Abs. 2 der Insolvenzordnung. Die Definition ist im Zuge wirtschaftlicher Entwicklungen mehrfach geändert worden. Im Grunde gibt es zwei Überschuldungsdefinitionen. Derzeit gilt der sog. „alte Überschuldungsbegriff", der noch zu Zeiten der Konkursordnung existierte, und zwar noch bis zum 1.1.2014. Grund für diese Rückkehr zu dem ursprünglichen Überschuldungsbegriff war die Wirtschaftskrise und die Absicht des Gesetzgebers, Unternehmen an dieser Stelle entgegen zu kommen, sofern es eine positive Fortführungsprognose gibt und ihnen damit über die kurzfristige Situation der bilanziellen Überschuldung auf Grund der Wirtschaftskrise hinwegzuhelfen. Ab dem 1.1.2014 soll dann wieder der vor Oktober 2008 geltende Überschuldungsbegriff der InsO gelten. Danach liegt Überschuldung vor, wenn das Vermögen des Schuldners die bestehenden Verbindlichkeiten nicht mehr deckt. Bei der Bewertung des Vermögens des Schuldners ist jedoch die Fortführung des Unternehmens zu Grunde zu legen, wenn diese nach den Umständen überwiegend wahrscheinlich ist. **105**

Im Gegensatz dazu wird nach der derzeit geltenden Fassung eine Überschuldung dann nicht angenommen, wenn die Fortführung des Unternehmens nach den Umständen überwiegend wahrscheinlich ist. Damit werden Fallgestaltungen, in denen die Fortführungsprognose positiv ausfällt, generell aus der „Zahlungsunfähigkeit" ausgenommen. Maßgeblich ist nach der geltenden Legaldefinition zunächst ein Vergleich des Vermögens, das im Fall der Eröffnung des Insolvenzverfahrens als Insolvenzmasse zur Verfügung stünde, mit den Verbindlichkeiten, die im Falle der Verfahrenseröff- **106**

---

1) Uhlenbruck/Gundlach in Gottwald, Insolvenzrechts-Handbuch, 4. Aufl. 2010, § 6 Rz. 17.

nung gegenüber den Insolvenzgläubigern bestehen würden. Dieser Teil der Definition wird ergänzt durch den Ausschlussgrund der positiven Fortführungsprognose, so dass eine rechtliche Überschuldung nur vorliegt, wenn die rechnerische Überschuldung nicht durch eine positive Fortführungsprognose aufgehoben wird.[1]

Zuvor und nach jetzigem Stand auch ab dem 1.1.2014 gilt wieder die Überschuldungsdefinition, die auf das Kriterium der positiven Fortführungsprognose jedenfalls als Ausschluss für eine Antragspflicht verzichtet.

107 Auf die Fortführungsprognose kommt es nur insoweit an, als diese für die Frage relevant ist, nach welchen Werten die Vermögensgegenstände realistisch erweise zu bewerten sind. Besteht nämlich eine positive Fortführungsprognose, so können Fortführungswerte angesetzt werden. Andernfalls ist auf der Basis von Liquidationswerten zu rechnen. Dem vorgeschaltet ist aber jedenfalls für die Prüfung das folgende Schema: In einem ersten Schritt ist zu prüfen, ob das schuldnerische Unternehmen bzw. die Gesellschaft bei Ansatz von Liquidationswerten rechnerisch überschuldet ist. Sofern dies zu bejahen ist, liegt eine rechtliche Überschuldung nur dann vor, wenn zugleich auch die Fortführungs- oder Lebensfähigkeit des Unternehmens bzw. der Gesellschaft verneint wird. In einem zweiten Schritt ist daher zu prüfen, ob die Gesellschaft in einem bestimmten Prognosezeitraum, der mindestens ein Jahr beträgt und zwei Jahre nicht überschreiten sollte, liquidiert werden muss. Wird die Lebensfähigkeit des Unternehmens bzw. der Gesellschaft bejaht, fällt also die Fortführungsprognose positiv aus, ist die rechnerische Überschuldung um die Differenz zu den Fortführungswerten („Going-concern-concept") zu korrigieren.[2] Sollte selbst angesichts der so vorgenommenen Korrektur immer noch eine Überschuldung vorliegen, so ist die rechtliche Überschuldung zu bejahen, mit der Folge, dass der organschaftliche Vertreter unverzüglich, spätestens aber innerhalb von drei Wochen Insolvenzantrag bei dem zuständigen Amtsgericht stellen muss.[3]

d) Insolvenzantragsstellung

108 Sofern einer der beiden Insolvenzgründe Zahlungsunfähigkeit oder Überschuldung vorliegt, so besteht eine gesetzliche Pflicht zur Stellung eines Insolvenzantrages. Nach § 15a InsO, einer durch das Gesetz zur Modernisierung des GmbH-Rechts und zur Bekämpfung von Missbräuchen (MoMiG) anstelle unter anderem des § 64 GmbHG a.F. neu geschaffenen Norm, ist bei Vorliegen dieser Insolvenzgründe unverzüglich, spätestens jedoch innerhalb von drei Wochen ein richtiger Insolvenzantrag zu stellen. Entgegen einer hartnäckigen Fehleinschätzung kann die Frist von drei Wochen nicht „beliebig" ausgeschöpft werden. Vielmehr muss der organschaftliche oder gesetzliche Vertreter der Gesellschaft bei Eintritt des Insolvenzgrundes sofort prüfen, ob es irgendwelche seriösen Sanierungschancen gibt. Ist dies nicht der Fall, so muss ohne Abwarten der Insolvenzantrag gestellt werden, auf die drei Wochen kommt es nicht an. Gibt es Sanierungschancen, dann darf der Vertreter der Gesellschaft maximal drei Wochen lang Anstrengungen unternehmen, um eine Sanierung herbeizuführen und den Insolvenzgrund zu beseitigen. Hat er innerhalb der genannten Frist damit keinen Erfolg, so bleibt ihm nichts anderes mehr übrig als den Antrag zu stellen. Der Steuerberater kann die Gesellschaft auch als Sanierungs- u. Insolvenzberater in dieser frühen Phase der Insolvenz unterstützen, indem er Sanierungsansätze auf ihre kurzfristige Umsetzbarkeit hin prüft. Um den Vertreter der Gesellschafter abzusichern, sollten diese Überlegungen dokumentiert werden, damit später notfalls nachvollzogen und plausibel gemacht werden kann, dass eine Sanierung ernsthaft in Betracht gekommen ist (→ 3 A Rz. 173 ff.). Im Falle der Führungslosigkeit der Gesellschaft, also dann, wenn

---

1) Uhlenbruck/Gundlach in Gottwald, Insolvenzrechts-Handbuch, 4. Aufl. 2010, § 6 Rz. 27.
2) Uhlenbruck/Gundlach in Gottwald, Insolvenzrechts-Handbuch, 4. Aufl. 2010, 29.
3) Uhlenbruck/Gundlach in Gottwald, Insolvenzrechts-Handbuch, 4. Aufl. 2010, 29.

eine Gesellschaft keinen organschaftlichen oder gesetzlichen Vertreter mehr hat, wird mit § 15a Abs. 3 InsO den Gesellschaftern die Pflicht zur Insolvenzantragstellung auferlegt, da diese für die Bestellung eines geeigneten Geschäftsführers verantwortlich sind.[1] Bei Aktiengesellschaften und Genossenschaften trifft diese Pflicht im Falle der Führungslosigkeit jedes Mitglied des Aufsichtsrates.[2]

Führungslos ist die Gesellschaft, wenn der Geschäftsführer tot ist, sein Amt wirksam niedergelegt hat oder abberufen wurde ist, aber auch wenn ein Ausschlussgrund nach § 6 Abs. 2 GmbHG vorliegt. Abzustellen ist auf eine objektive Betrachtung. **109**

Ausnahmsweise entfällt diese subsidiäre Pflicht zur Stellung eines Insolvenzantrages, wenn der Gesellschafter bzw. das Mitglied des Aufsichtsrates nachweisen kann, vom Vorliegen eines Insolvenzgrundes oder der Führungslosigkeit der Gesellschaft keine Kenntnis gehabt zu haben. Die Beweislast für die Unkenntnis trägt allerdings der Gesellschafter bzw. das Mitglied des Aufsichtsrates.

Ein Verstoß gegen die Antragspflicht zieht sowohl zivil- als auch strafrechtlich empfindliche Sanktionen nach sich. Nach § 64 Satz 1 GmbHG sind die Geschäftsführer der Gesellschaft zum Ersatz von Zahlungen verpflichtet, die nach Eintritt der Zahlungsunfähigkeit oder Überschuldung geleistet wurden; es sei denn, die Zahlungen sind mit der Sorgfalt des ordentlichen Geschäftsmannes vereinbar. Auf diese Anspruchsgrundlage stützen sich in der Praxis häufig Klagen von Insolvenzverwaltern gegen die Geschäftsführer, wobei die Schwierigkeit in der Praxis zumeist darin besteht, den Zeitpunkt des Entstehens eines Insolvenzgrunds hinreichend präzise zu bestimmen. **110**

Die strafrechtlichen Folgen einer Insolvenzverschleppung sind durch das MoMiG in mehrfacher Hinsicht erheblich ausgeweitet worden. Zum einen findet sich in § 15a Abs. 4 InsO ein neuer Tatbestand, der neben der nicht rechtzeitigen oder gar ganz unterlassenen Antragstellung nun auch den „nicht richtig" gestellten Antrag unter Strafe stellt. Im Zusammenspiel mit der fahrlässigen Begehungsweise führt dies zu einer bedenklich weiten Strafbarkeit, schließlich kann man von einem „normalen" Geschäftsführer kaum erwarten, dass er weiß, was alles zu einem ordnungsgemäßen Insolvenzantrag gehört. Der Steuerberater muss insoweit auf die Einhaltung der Form (schriftlich oder zu Protokoll der Geschäftsstelle des Insolvenzgerichts), aber v.a. auf den hinreichenden Inhalt achten. Dabei stellt sich in der Praxis das Problem, dass weder im Gesetz noch in der Gesetzesbegründung eine Definition für einen richtigen Insolvenzantrag zu finden ist. Es ist aber wohl davon auszugehen, dass der „richtige" Insolvenzantrag in nachprüfbarer Weise Tatsachen enthalten muss, die einen der Insolvenzgründe ausfüllen. Dazu gehören typischerweise – ohne dass das Gesetz dies detailliert vorschreiben würde – ein Gläubigerverzeichnis und eine Vermögensübersicht. **111**

e) Verwaltung, Regelung der Rechtsverhältnisse

Wird ein Verfahren eröffnet, so obliegt es dem Verwalter, die Insolvenzmasse in Besitz zu nehmen, zu sichern, zu verwalten und darüber zu verfügen. Massefremde Gegenstände in seinem Besitz sondert er aus und kommt Befriedigungsrechten Dritter entsprechend der Vorschriften über Absonderungsrechte nach. Er zieht Forderungen und Gegenstände ein, auch, wenn sie mit Absonderungsrechten belastet sind. Darüber hinaus gehört es zu seinen Aufgaben, Haftungs- und Anfechtungsansprüche durchzusetzen und Verträge und andere Rechtsverhältnisse des Insolvenzschuldners zu regeln. Die von Gläubigern angemeldeten Forderungen werden durch den Verwalter geprüft, in die Insolvenztabelle aufgenommen und ggf. festgestellt. **112**

---

1) Mitter in Haarmeyer/Wutzke/Förster, PräsenzKommentar zur InsO, Std. 1.1.2010, § 15a Rz. 11.
2) Mitter in Haarmeyer/Wutzke/Förster, PräsenzKommentar zur InsO, Std. 1.1.2010, § 15a Rz. 11.

Zu den Aufgaben des Verwalters gehört auch, Sanierungsaussichten zu prüfen, ggfs. ein Sanierungskonzept zu erarbeiten und dieses ggfs. umzusetzen.

Das Regelinsolvenzverfahren endet mit einem Schlusstermin und Ankündigung der Restschuldbefreiung oder mit einer Insolvenzplanvorlage vor Gericht.

Der Insolvenzverwalter ist gegenüber dem Insolvenzgericht, den Gläubigern in der Gläubigerversammlung und – falls vorhanden – gegenüber dem Gläubigerausschuss zur Rechenschaft verpflichtet. Typischerweise wird dem Insolvenzgericht in halbjährlichem Turnus ein schriftlicher Bericht vorgelegt.

113 Im Zusammenhang mit den Rechenschaftspflichten treffen den Insolvenzverwalter besondere Aufzeichnungspflichten, v.a. hinsichtlich der durch ihn vorgenommenen Einnahmen und Ausgaben. Diese wiederum bilden die Grundlage für die zu erstellenden steuerlichen Jahresabschlüsse und Steuererklärungen. Um die Transparenz der Nachprüfbarkeit zu gewährleisten, sind Abstimmungen mit Schuldnern und Gläubigern zu dokumentieren.

f) Rechtsdienstleistungen

114 Als vom Gericht bestellte Person darf der Insolvenzverwalter nach § 8 Abs. 1 Nr. 1 RDG Rechtsdienstleistungen im Rahmen seines Aufgaben und Tätigkeitsbereichs erbringen.

3. Vergütung

115 Die Vergütung des Steuerberaters als Insolvenzverwalter bemisst sich nach der Insolvenzverwaltervergütungsordnung (InsVV) und wird durch das Insolvenzgericht festgesetzt. Wesentliches Kriterium für die Höhe der Vergütung ist der Wert der Insolvenzmasse zum Zeitpunkt der Beendigung des Insolvenzverfahrens (§ 63 Abs. 1 Satz 2 InsO, § 2 InsVV). Sofern der Steuerberater nur gelegentlich zum Insolvenzverwalter bestellt wird, wird sich seine Tätigkeit vor dem Hintergrund hoher Kosten für Personal und Softwarelizenzen nur dann lohnen, wenn er durch die Nutzung seiner spezifischen Qualifikation als Steuerberater zusätzlich eine Vergütung nach StBGebV verlangen kann, so z.B. durch Steuererklärungen und Jahresabschlüsse. Diese sind nach der StBGebV zu vergüten und dem Verfahren in Rechnung zu stellen, wenn ein nicht als Steuerberater bestellter Insolvenzverwalter sachgerechterweise einen Steuerberater eingeschaltet hätte (§ 5 Abs. 2 InsVV).

4. Haftung/Risiken

116 Die Haftung des Insolvenzverwalters ergibt sich aus den §§ 60, 61 InsO. Danach ist der Insolvenzverwalter allen Beteiligten persönlich zum Schadenersatz verpflichtet, wenn er schuldhaft die Pflichten verletzt, die ihm nach der InsO obliegen (§ 60 Abs. 1 Satz 1). Gemäß § 61 InsO haftet der Insolvenzverwalter persönlich auch für Schäden, die als Folge unzulänglicher Masse eintreten, wenn die voraussichtliche Masseunzulänglichkeit bei Begründung der Verbindlichkeit vorhersehbar war, wobei allerdings die Voraussehbarkeit zu seinen Ungunsten vermutet wird. Diese Tatsache erhöht das Haftungsrisiko des Insolvenzverwalters nicht unerheblich.

Der Insolvenzverwalter und der starke vorläufige Insolvenzverwalter sind nach herrschender Meinung in der Literatur Vermögensverwalter gem. § 34 Abs. 3 AO und haben auf dieser Grundlage die steuerrechtlichen Pflichten der Schuldner nach § 34 Abs. 1 AO zu erfüllen. Verletzen sie diese Pflichten vorsätzlich oder grob fahrlässig, haften sie nach § 69 AO. Diese Haftung tritt neben die Haftung aus den §§ 60, 61 InsO.

Zur Geltendmachung der Schadenersatzansprüche ist nicht der schadenverursa- 117
chende Verwalter selbst, sondern ein Sonderinsolvenzverwalter berufen. Den früheren Verwalter kann das Insolvenzgericht nach § 59 Abs. 1 InsO entlassen, von Amts wegen oder der Gläubigerversammlung bzw. des Gläubigerausschusses, so ein solcher installiert worden ist.

Übernimmt der Steuerberater im Rahmen der Insolvenzverwaltung auch Geschäftsführungsfunktionen, sind die Grenzen zur gewerblichen Tätigkeit zu beachten und die dafür erforderliche Ausnahmegenehmigung der zuständigen Steuerberaterkammer einzuholen.

Für die Tätigkeit als Insolvenzverwalter besteht gem. Teil 3 B Ziff. II AVB WSR Versi- 118
cherungsschutz, soweit die Tätigkeit nicht überwiegend ausgeübt wird. Zu beachten ist aber die Deckungseinschränkung für Schäden aus dem Bereich eines unternehmerischen Risikos von besonderer Bedeutung. Sobald es also nicht um eine reine Verbraucherinsolvenz geht, bietet die Berufs-Haftpflichtversicherung nur eine begrenzte Sicherheit. Dies gilt auch hinsichtlich weiterer typischer Risiken eines Insolvenzverwalters, wie sie beispielsweise bei der Verwaltung leer stehender Immobilien, der Haftung für Mitarbeiter des Insolvenzschuldners oder der Wahrnehmung von Organstellungen im verwalteten Unternehmen auftreten. Insoweit besteht die Möglichkeit, eine separate Vermögensschadenhaftpflichtversicherung für Insolvenzverwalter abzuschließen.

5. Fazit

Die Tätigkeit als Insolvenzverwalter ist nicht zuletzt auf Grund der traditionell hohen 119
Anzahl von Insolvenzen in Deutschland und der durch die Wirtschaftskrise noch zu erwartenden Zuwächse ein attraktives neues Betätigungsfeld für Steuerberater.

Dank der Lockerungen des Berufsrechts und einer zunehmend wettbewerbsfreundlichen Rechtsprechung bietet sich dem Steuerberater ein facettenreiches neues Betätigungsfeld mit ausbaufähigem Potenzial. Gelingt es einem Steuerberater, seine Kompetenz auf diesem Gebiet unter Beweis zu stellen und sich auch im Bereich der Insolvenzverwaltung gegen die juristische Konkurrenz zu behaupten, kann er ein zukunftsfähiges Marktsegment erschließen. Das Angebot an betriebswirtschaftlicher Beratung im Allgemeinen und Insolvenzberatung im Speziellen bietet ein wesentlich größeres Wachstumspotenzial als die Steuerdeklarationsberatung. Auf Grund der Komplexität der Materie und der häufig auftretenden Detailfragen, die vertieftes juristisches aber auch betriebswirtschaftliches Wissen erfordern, bieten sich auch gerade im Bereich der Insolvenzberatung berufsübergreifende Kooperation mit Rechtsanwälten und Betriebswirten bzw. Unternehmensberatern an.

VIII. Der Steuerberater als (Wirtschafts-)Mediator

1. Vereinbarkeit der Tätigkeit als (Wirtschafts-)Mediator mit dem Beruf des Steuerberaters

Die Tätigkeit als Steuerberater ist eine vereinbare Tätigkeit gem. § 57 Abs. 3 Nr. 2 120
StBerG.

Allerdings wurde über einen langen Zeitraum kontrovers diskutiert, ob ein Steuerberater, der nicht gleichzeitig auch Rechtsanwalt ist, überhaupt als Mediator auftreten darf. Dies hing allerdings mit der Frage der unzulässigen Rechtsberatung zusammen und ist durch § 2 Abs. 3 Nr. 4 RDG[1] und § 5 Abs. 1 RDG seit 1.7.2008 endgültig zu Gunsten der Steuerberater entschieden worden.

121 Nach § 5 Abs. 1 RDG sind Nebenleistungen im Zusammenhang mit einer anderen Haupttätigkeit – beispielsweise als Steuerberater – erlaubt. Die Bestimmung des § 2 Abs. 3 Nr. 4 RDG nimmt vom Begriff der Rechtsdienstleistung und damit vom Anwendungsbereich des RDG als Verbotsgesetz insgesamt aus *„die Mediation und jede vergleichbare Form der alternativen Streitbeilegung, sofern die Tätigkeit nicht durch rechtliche Regelungsvorschläge in die Gespräche der Beteiligten eingreift"*. Nur dort, wo im konkreten Einzelfall rechtlich beraten wird, ist also überhaupt noch eine Anwendung des RDG auf Mediatoren vorgesehen und § 5 Abs. 1 RDG bietet eine Ausnahme vom Verbot bei bloßen Nebenleistungen.

2. Aufgabenbereich und persönliche Voraussetzungen

122 In persönlicher Hinsicht ergibt sich schon aus § 57 Abs. 1 StBerG, dass Steuerberater nur Leistungen erbringen dürfen, wenn sie die erforderliche Sachkunde besitzen. Auch für den Bereich der Mediation gilt demnach, dass ein Steuerberater Mediationsverfahren nur dann durchführen sollte, wenn er über die erforderlichen theoretischen Kenntnisse und praktischen Erfahrungen verfügt. Nach den Richtlinien des Deutschen Steuerberaterverbands zur Anerkennung von „Fachberatern (DStV e.V.)" können seit dem 5.12.2006 auch Fachberaterbezeichnungen für Mediation verliehen werden.[2] Voraussetzung für diese Bezeichnung ist neben der Befugnis zur unbeschränkten Hilfeleistung in Steuersachen gem. § 3 StBerG der Nachweis besonderer theoretischer und praktischer Kenntnisse. Für die theoretischen Kenntnisse bedarf es einer Mediationsausbildung von mindestens 120 Zeitstunden, die durch zwei bestandene Aufsichtsklausuren mit einer Gesamtdauer von insgesamt 270 Minuten nachgewiesen werden muss. Der Nachweis der praktischen Erfahrung erfolgt durch die Vorlage mindestens zweier Falldokumentationen, die Konfliktberatungsgespräche, Mediationsberatungsgespräche oder Einigungsgespräche zum Inhalt haben müssen.

123 Diese Voraussetzungen für die Verleihung der Bezeichnung „Fachberater für Mediation" bleiben zwar hinter den Qualitätsstandards des Berufsverbands Mediation in Wirtschaft und Arbeitswelt e.V. (BMWA), des Bundesverbands Mediation e.V. (BM) oder den Inhalten anerkannter universitärer Ausbildung wie beispielsweise der Fernuniversität in Hagen zurück. Andererseits sind die Voraussetzungen des Deutschen Steuerberaterverbands noch höher als z.B. die Wochenendausbildungen der meisten Richter-Mediatoren. Insofern kann wohl von einem guten Durchschnittsstandard gesprochen werden.[3]

124 Die Mediation ist eine Alternative zur Beilegung von Rechtsstreitigkeiten. Per Definition handelt es sich bei der Mediation (lat. „Vermittlung") um ein strukturiertes freiwilliges Verfahren zur konstruktiven Beilegung oder Vermeidung eines Konfliktes. Die Konfliktparteien – Medianten genannt – wollen mittels Unterstützung einer dritten unparteiischen Person – dem Mediator – zu einer einvernehmlichen Lösung gelangen, die ihren Bedürfnissen und Interessen entspricht. Das Charakteristikum der Mediation besteht darin, dass die Parteien selbst über den Ausgang des Konflikts entscheiden.[4] Ziel einer Mediation ist damit eine gemeinsam erarbeitete Konsensvereinbarung, die durch die Berücksichtigung der jeweiligen Einzelinteressen auf eine sogenannte „Win-win-Lösung" abzielt. Damit wird im Gegensatz zum üblichen Kompromiss jenes unbefriedigende Verlustgefühl umgangen, welches dadurch erzeugt wird, dass jede Partei mitunter erhebliche Einbußen der eigenen Interessen hinnehmen muss.

---

1) Römermann in Grunewald/Römermann, RDG, 2008, § 2 Rz. 129 ff.
2) Römermann/Schwarz, Stbg 2009, 170 ff.
3) Römermann/Schwarz, Stbg 2009, 170 ff.
4) Musielak in Musielak ZPO, 7. Aufl. 2009, Einl. 25a.

Stattdessen soll durch das Mediationsverfahren gemeinsam nach alternativen Möglichkeiten gesucht werden, die für beide Seiten ein befriedigendes Ergebnis garantieren. Weiterer Vorteil eines Mediationsverfahrens ist, dass hierdurch die Perspektive für eine zukünftige Zusammenarbeit der Parteien gestärkt wird, während bei einer gerichtlichen Auseinandersetzung eine weitere geschäftliche Zusammenarbeit auf Grund enttäuschter Interessen meist ausgeschlossen ist. **125**

Aufgabe des Mediators ist es, als neutraler Dritter den Parteien eine Hilfestellung bei der Lösung des Konflikts zu geben und ein strukturiertes Verhandlungsgespräch sicherzustellen.[1)]

Wie kommt hier nun der Steuerberater ins Spiel? Klassicherweise sind es v.a. Rechtsanwälte und Psychologen, die professionelle Mediation anbieten. Dabei ist das Interesse am Mediationsverfahren v.a. in der Wirtschaft stetig angestiegen, so dass auch Steuerberater in vielfältigen Bereichen in die Rolle des allparteilichen Beraters schlüpfen können. Marktstudien belegen, dass v.a. Führungskonflikte und Konflikte im Arbeitsverhältnis von Unternehmen immer öfter von externen Mediatoren gelöst werden, weshalb hier in Zukunft auch weiterhin mit einer Nachfrage zu rechnen ist. Der Steuerberater kann selbst als Mediator tätig werden, er kann aber auch als Co-Mediator mit Mediatoren anderer Berufsgruppen in Erscheinung treten oder gar eigene Mandanten in Mediationsverfahren begleiten.[2)] **126**

Tritt der Steuerberater als Mediator in Erscheinung, so ist seine Unparteilichkeit von entscheidender Bedeutung. Aus diesem Grund scheidet eine Tätigkeit als Mediator in Bezug auf eigene Mandanten aus. Auch eine steuerberatende Tätigkeit für die Beteiligten ist während der Dauer eines Mediationsverfahrens grundsätzlich nicht auszuüben. **127**

Bei aller Begeisterung für diese neuartige Methode der Streitbeilegung sollte aber nicht übersehen werden, dass, auch wenn die meisten Unternehmen die Durchführung von Mediationsverfahren offiziell begrüßen und um deren Vorteile wissen, die meisten Konflikte auch weiterhin noch durch Gerichtsverfahren ausgetragen werden. Zwischen dem Bewusstsein eines in vielerlei Hinsicht vorteilhaften Mediationsverfahrens und der tatsächlichen Akzeptanz liegen in den meisten Unternehmen noch immer erhebliche Umsetzungsschwierigkeiten.

Grundsätzlich kommt jede rechtliche Auseinandersetzung für eine Mediation in Betracht. Sie eignet sich insbesondere dann, wenn die Beteiligten auch in der Zukunft in irgendeiner Form zusammenleben- bzw. arbeiten müssen, weil es bei einem Vergleich meist zumindest vordergründig nicht den Gewinner oder den Verlierer gibt. Dies ist für die weitere Kooperation förderlicher als ein verlorener oder gewonnener Prozess.[3)] **128**

Der Mediation liegen v.a. Verhandlungstechniken wie das Harvard Konzept zu Grunde. Sie läuft typischerweise in den folgenden fünf Schritten ab: **129**

– Eröffnung,
– Bestandsaufnahme,
– Interessenforschung,
– Lösungen erarbeiten,
– Abschluss.

Die Eröffnung und das im Rahmen der Eröffnung stattfinde Erstgespräch soll den Parteien eine gewisse Orientierung bieten. Hier werden zunächst alle organisatorischen

---

1) Nistler, JuS 2010, 685.
2) Römermann/Schwarz, Stbg 2009, 170 ff.
3) Nistler, JuS 2010, 685, 686.

Fragen und Rahmenbedingungen geklärt sowie das erforderliche Vertrauen in das Verfahren begründet. Der Prozessverlauf wird den Parteien erklärt und der Mediationsvertrag mit dem Mediator u.a. hinsichtlich seiner Vergütung geschlossen. Dann erfolgen intensive Einzelgespräche mit den Konfliktbeteiligten, während derer jede Partei ausreichend Zeit erhält, ihre Sicht der Dinge und ihre Eindrücke von der Gesamtsituation darzustellen. Dabei fragt der Mediator immer wieder gezielt nach, um die wirklichen Empfindungen und Wünsche der jeweiligen Partei zu erfahren. Nicht selten wird dem Medianten erst durch diese gezielte Fragetechnik bewusst, was er tatsächlich von der anderen Partei erwartet.

130 In Phase zwei wird der Blick in die Vergangenheit gerichtet. Die Konfliktbeteiligten werden an dem sog. „Runden Tisch" zusammengeführt. Es werden die Grundregeln der Mediationssitzungen zwischen den Parteien ausgehandelt (so z.b. die Gesprächsregeln: Jeder darf ausreden, jeder sollte verstehen können, was der andere meint, so dass bei Bedarf nachgefragt werden kann, jeder soll genau zuhören, Beleidigungen und Ausfälle sind strikt zu vermeiden, etc.). Es kommt zu einem ersten Austausch, wobei das Gespräch zunächst nur über den Mediator läuft, d.h. die Beteiligten sprechen zu ihm, nicht miteinander. In dieser Phase ist es wichtig, dass wirklich alle Punkte an dieser Stelle zur Sprache gebracht werden.[1] Der Mediator ist „aktiver Zuhörer". Es ist seine Aufgabe, das Gesagte zusammenzufassen und fragt immer wieder zur Präzisierung des Gesagten nach. Diese Gespräche mit dem Mediator im Beisein der „gegnerischen" Partei haben den Zweck, dass die Sichtweisen und Interessen der jeweils anderen Seite kennengelernt und die Parteien so in die Lage versetzt werden, diese nachzuvollziehen. Fast immer verliert der Konflikt allein durch diesen Schritt erheblich an Schärfe.

131 In der dritten Phase geht der Mediator den wirklichen Zielen und Wünschen der Medianten auf den Grund. Die Parteien entwickeln und artikulieren ihre Interessen.[2] Hierdurch werden meist völlig neue Aspekte und Möglichkeiten aufgezeigt, die bei einem herkömmlichen gerichtlichen Verfahren niemals zur Sprache kämen. Ist eine solche Wunschliste beider Parteien zustande gekommen, gilt es, sich jeweils in die Lage des anderen zu versetzen und den Kern dessen Anliegens zu formulieren. Hierdurch wird der Konflikt emotional entschärft, die Sachproblematik tritt in den Vordergrund.

Der Mediator versucht, die tieferen Gründe des Konflikts zu ermitteln. Dadurch, dass die hinter einem Konflikt liegenden Intentionen den Konfliktbeteiligten oft nur diffus bewusst sind und von anderen höchst ungenau wahrgenommen werden, sind gegenseitige Missverständnisse und enttäuschte Interessen meist vorprogrammiert. Den Parteien sollen deshalb die gegenseitigen Intentionen aufgezeigt werden. Sodann besteht die Herausforderung darin, aus einer Vielzahl von Lösungsmöglichkeiten diejenige zu wählen, die beiden Parteien dient („Win-win-Lösung").[3]

132 Mit Phase vier beginnt eine kreative Phase der Ideenfindung (Brainstorming), um unterschiedliche Lösungsoptionen für die in Phase drei herausgearbeiteten konträren Sachfragen zu sammeln. Diese Ideen werden vom Mediator aufgeschrieben, unabhängig davon, ob sie realistisch oder lebensfremd, praktisch oder hypothetisch sind. Durch diese Suche nach einer gemeinsamen Lösung verwandelt sich die negative Energie des Konflikts in eine positive Kreativität und Kooperation, das Interesse an der Auseinandersetzung weicht einem Bedürfnis an Verständigung. Die Parteien überlegen nun, was genau von welcher Seite geleistet werden müsste, um eine Lösungsoption zu realisieren bzw. welche Positionsveränderungen – nicht nur einseitiger Art – vorgenommen werden müssen, um die Lösungsoption zu praktizieren. Dabei scheiden ein-

---

1) Nistler, JuS 2010, 685, 687.
2) Nistler, JuS 2010, 685, 687.
3) Nistler, JuS 2010, 685, 687.

deutig Utopisches, Ineffizientes und Einseitiges nach genauer Prüfung aus, während die verbleibenden Vorschläge detailliert ausgearbeitet werden. Steuerberater sind von Berufs wegen kreativ beim Auffinden von Lösungen bei unterschiedlichen Interessenlagen und können die Parteien daher in der vierten Phase hervorragend unterstützen.

Schließlich wird von den Parteien aus ihren Lösungsvorschlägen einer ausgewählt, der zu einer Konsenslösung bestimmt wird. Hier ist noch einmal der Mediator gefragt, welcher die gewählte Lösung auf ihre Tragfähigkeit und Nachhaltigkeit hin überprüft und darauf achtet, ob alle Interessen gleichermaßen berücksichtigt wurden. Steuerberater sind auf Grund ihrer beruflichen Vorbildung und Erfahrung in der Lage, eine realistische Beurteilung der Tragfähigkeit einer erarbeiteten Lösung vorzunehmen. Zuletzt wird noch einmal danach gefragt, ob alle Konfliktbeteiligten eindeutig und ohne Wenn und Aber dazu bereit sind, die gewählte Lösung umzusetzen. Erst wenn dies feststeht, kann eine Abschlussvereinbarung, auch Mediationsvereinbarung genannt, getroffen werden. Diese wird schriftlich ausgearbeitet, wobei die vereinbarten Regelungen wie bei einem Vertrag so exakt und eindeutig wie möglich formuliert werden müssen. Mit der Unterschrift der Parteien unter die Mediationsvereinbarung gewinnt diese dann Gültigkeit. **133**

Von vornherein lässt sich nur schwer eine konkrete Angabe hinsichtlich des benötigten Zeitaufwands treffen. Eine Mediation kann in nur wenigen Stunden erfolgreich vollzogen werden, in komplexen Fällen aber auch mehrere Wochen in Anspruch nehmen. Dabei lässt sich jedoch meist in einem sehr frühen Stadium, nach nur wenigen Stunden bzw. Sitzungen feststellen, ob ein Mediationsverfahren scheitert, da dies in aller Regel an der mangelnden Bereitschaft zur ernsthaften Mitarbeit einer Partei liegen wird. Insofern kann der Mediation nicht der Vorwurf gemacht werden, bei einem Scheitern sei unnötig viel Zeit vergeudet oder etwa ein hohes Mediatorenhonorar verschwendet worden. **134**

Die Mediation ist sicher nicht in jedem Fall die beste Möglichkeit, um einen Streit beizulegen, gleichwohl bietet sie die Möglichkeit, sowohl außergerichtlich als auch nach Anhängigkeit eines Prozesses umfassenden Rechtsfrieden zu stiften. Als Alternative zu einem der mehreren teuren Prozessen – womöglich über drei Instanzen hinweg – sollte diese intelligente und verhältnismäßig schnelle Art der Streitbeilegung zumindest als eine Möglichkeit in Betracht gezogen werden.

3. Vergütung

Da die Steuerberatergebührenverordnung keine besondere Gebühr für die Tätigkeit als Mediator vorsieht, kommen die Vorschriften des Bürgerlichen Gesetzbuches über die Dienstleistungen zur Anwendung, so dass i.d.R. eine stundenweise Vergütung (ca. zwischen 150 € und 350 €) oder auch eine Vergütung nach Tagessätzen vereinbart werden kann (ca. zwischen 1 000 € und 2 500 €). Eine Honorarvereinbarung rein auf Erfolgsbasis wird ein seriöser Mediator allerdings nicht treffen, da hierdurch dessen Neutralität und Allparteilichkeit leiden könnten, ohne dass ihm dies bewusst sein muss. **135**

Grundsätzlich werden Mediatoren auf der Grundlage eines Geschäftsbesorgungsvertrages tätig.

4. Haftung/Risiken

In den Grenzen des RDG besteht Versicherungsschutz im Rahmen der Vermögensschadenhaftpflichtversicherung.[1] **136**

---

1) DStV, Die vereinbaren Tätigkeiten im Überblick, 2. Aufl. 2009, 11.

Sicherheitshalber sollte vor Übernahme eines Auftrags mit der Versicherung Rücksprache gehalten werden.

5. Fazit

137 Wer sich als Steuerberater von dem hier vorgestellten Mediationsverfahren angesprochen fühlt, sollte sich überlegen, ob eine zusätzliche Ausbildung zum Mediator nicht vielleicht eine sinnvolle Ergänzung zu der bisherigen Steuerberatertätigkeit darstellt. Besonders interessant ist für den Steuerberater der Bereich der Wirtschaftsmediation. Auch in der Praxis dürfte dies unter Steuerberatern die am häufigsten anzutreffende und am ehesten nachgefragte Konstellation sein.

IX. Der Steuerberater als Mitglied im Gläubigerausschuss

1. Vereinbarkeit der Tätigkeit als Mitglied im Gläubigerausschuss mit dem Beruf des Steuerberaters

138 Gemäß § 15 Nr. 9 der Berufsordnung der Bundes-Steuerberaterkammer (BOStB) wird dem Steuerberater eine Tätigkeit als Mitglied des Gläubigerausschusses grundsätzlich erlaubt. Es handelt sich gleichermaßen um eine vereinbare Tätigkeit gem. § 57 Abs. 3 Nr. 3 StBerG.

2. Aufgabenbereich und persönliche Voraussetzungen

139 Die Insolvenzordnung (InsO) sieht die Möglichkeit vor, einen Gläubigerausschuss als Element der sog. Gläubigerautonomie zu etablieren. Der Gläubigerausschuss ist neben der Gläubigerversammlung das zweitwichtigste Organ im Insolvenzverfahren und kann vom zuständigen Insolvenzgericht vor der ersten Gläubigerversammlung vorläufig eingesetzt werden oder direkt von der Gläubigerversammlung, die im erstgenannten Fall dann auch beschließt, ob der Gläubigerausschuss beibehalten werden soll, § 68 InsO. Es besteht jedoch keine Pflicht, einen Gläubigerausschuss einzuberufen. Gerade bei Großverfahren kann es allerdings sinnvoll sein, einen Gläubigerausschuss einzuberufen, um auf diese Weise sicherzustellen, dass den Interessen aller Gläubiger Rechnung getragen wird.

140 Der Gläubigerausschuss setzt sich aus den absonderungsberechtigten Gläubigern, den Insolvenzgläubigern mit den höchsten Forderungen und den Kleingläubigern zusammen. Daneben sieht § 67 Abs. 2 Satz 2 InsO vor, dass dem Ausschuss auch ein Vertreter der Arbeitnehmer angehören soll, wenn diese als Insolvenzgläubiger mit nicht unerheblichen Forderungen – beispielsweise wegen Ansprüchen auf rückständiges Arbeitsentgelt – beteiligt sind. An dieser Stelle ist anzumerken, dass – im Gegensatz zur forderungsabhängigen Verteilung des Stimmrechts im Rahmen der Gläubigerversammlung – die Mitglieder des Gläubigerausschusses gleichberechtigt sind und somit jeder Stimme das gleiche Gewicht zugesprochen wird.

141 Das Gesetz schreibt nicht vor, wie viele Mitglieder der Gläubigerausschuss explizit haben soll. Anhand der vorgeschriebenen Zusammensetzung lässt sich allerdings entnehmen, dass der Gläubigerausschuss aus mindestens drei bzw. vier Mitgliedern bestehen sollte, wobei diese Anzahl als nicht zwingend anzusehen ist, sondern vielmehr vom konkreten Einzelfall abhängt.[1] Die Einsetzung des Gläubigerausschusses mit nur einem Mitglied wird jedoch von der Rechtsprechung als unzulässig erachtet.[2]

---

1) Delhaes in Nerlich/Römermann, InsO-Kommentar, § 67 Rz. 5; Heiland in Kölner Schrift zur InsO, 549, 555.
2) LG Neuruppin, ZIP 1997, 2130.

B. Vereinbare Tätigkeiten

Allerdings sollte der Gläubigerausschuss nicht eine mit der Gläubigerversammlung vergleichbare Größe annehmen. Denn gerade die zahlenmäßig überschaubare Besetzung des Gläubigerausschusses macht dessen Einsetzung bei einer exponentiellen Anzahl von Gläubigern interessant. Der Vorteil des Gläubigerausschusses liegt nun darin, dass dieser Entscheidungen treffen kann, die sonst der Gläubigerversammlung vorbehalten sind. Die für das Verfahren wesentlichen Entscheidungen bleiben jedoch nach wie vor der Gläubigerversammlung vorbehalten.

Daneben kommt die Frage auf, welche Person nun in concreto als Mitglied des Gläubigerausschusses eingesetzt werden kann. Auf Grund der Regelung in § 67 Abs. 3 InsO, wonach auch Personen zu Mitgliedern des Gläubigerausschusses bestellt werden können, die keine Gläubiger sind, kann grundsätzlich jede Person Mitglied dieses Ausschusses werden. Dabei ist zudem nicht einmal zwingend, dass es sich bei der zu bestellenden Person um eine natürliche Person handelt; vielmehr kann auch eine juristische Person zum Mitglied bestellt werden.[1] **142**

Die Mitglieder des Gläubigerausschusses unterliegen auf Grund der Stellung des Gläubigerausschusses als Organ keinen Weisungen und sind somit unabhängig. Zugleich legen die Mitglieder des Gläubigerausschusses – für den Fall, dass sie auch gleichzeitig Gläubiger in dem betreffenden Insolvenzverfahren sind – mit der Mitgliedschaft ihre Funktion als Interessenvertreter gänzlich ab. Da eine derartige Trennung in der Praxis schwerlich umsetzbar ist, hat sich im Falle von Interessenkollisionen der Grundsatz entwickelt, dass sich die Mitglieder des Gläubigerausschusses dann ihrer Stimme enthalten müssen, wenn die Besorgnis der Befangenheit besteht. Gerade aber in diesem Bereich ist auch die Aufmerksamkeit der übrigen Mitglieder des Ausschusses gefragt, da das befangene Mitglied im Zweifel über seine Befangenheit in dem konkreten Fall nicht nachgedacht hat bzw. dies nicht immer freiwillig zugeben wird. **143**

Die grundlegende Aufgabe des Gläubigerausschusses besteht in der Unterstützung und Überwachung des Insolvenzverwalters, § 69 InsO. Die daraus resultierenden Mitwirkungs- und Kontrollrechte des Gläubigerausschusses begründen ebenso die Pflicht, diese Rechte mit Blick auf die Interessen aller Beteiligter auch auszuüben. Der Gläubigerausschuss fungiert daher als eine Art „Aufsichtsrat"[2] neben dem Insolvenzverwalter und der Gläubigerversammlung und erfordert somit eine aktive Rolle desselben im Insolvenzverfahren. Allerdings verleihen diese Mitwirkungs- und Kontrollrechte dem Gläubigerausschuss nicht das Recht, dem Insolvenzverwalter gänzlich vorzuschreiben, wie er seine Geschäfte zu führen hat.[3] **144**

Die Unterstützung durch die Mitglieder des Gläubigerausschusses muss sich grundsätzlich am Verfahrensziel orientieren, sprich an der gemeinschaftlichen Befriedigung der Gläubiger des Schuldners oder an einem sich durch den Insolvenzplan ergebenden abweichenden Ziel. Dabei kann die Unterstützungshandlung in vielfältiger Weise erfolgen. Im Wesentlichen umfasst sie jedoch die Erteilung von Ratschlägen und Auskünften. Über die Art, den Umfang und den Gegenstand der Unterstützungshandlung entscheiden die Mitglieder des Gläubigerausschusses selbst nach pflichtgemäßem Ermessen. Dabei spielen jedoch auch subjektive Komponenten wie die fachliche Eignung und Branchenkenntnisse in der Person des Mitglieds eine Rolle. So kann man von einer fachkundigen Person qualifiziertere Ratschläge und Auskünfte erwarten als von einer branchenfremden. **145**

Korrespondierend dazu spielt auch die Überwachung der Geschäftsführung des Insolvenzverwalters eine wichtige Rolle. Dabei ist die Kontrolle nicht nur auf die Gegen- **146**

---

1) BGH v. 11.11.1993, IX ZR 35/93, ZIP 1994, 46; Jaeger/Weber in KO-Kommentar, § 87 Rz. 5; Hegmanns, Der Gläubigerausschuss, 110 ff.; Obermüller in FS Philipp/Möhring, 101, 103.
2) Jaeger/Weber, KO-Kommentar, § 87 Rz. 1.
3) Kuhn/Uhlenbruck, KO-Kommentar, § 88 Rz. 1.

wart beschränkt, sondern erstreckt sich auch auf bereits abgeschlossene Sachverhalte. Die Kontrolle soll die Willensbildung und Entscheidungsfreiheit der Gläubigerversammlung verbessern, indem dadurch der Gläubigerversammlung Informationen darüber geliefert werden sollen, ob sie den Insolvenzverwalter beibehalten, abwählen oder seine Entlassung beantragen sollen oder ggf. Schadenersatz gegen ihn geltend gemacht werden soll.[1]

147 Daneben bestehen die Aufgaben des Gläubigerausschusses in der Unterrichtung bzw. Informationsverschaffung über den Gang der Geschäfte, was das Einsehen der Bücher und Geschäftspapiere umfasst, sowie der Prüfung des Geldverkehrs und des Bestandes der Insolvenzmasse, § 69 InsO. Denn ohne den Gläubigerausschuss gäbe es praktisch keine laufende Kontrolle über das Rechnungswesen des Insolvenzverwalters.[2] Darüber hinaus haben die Mitglieder des Gläubigerausschusses als Kollegium das Recht, einen Antrag auf Einberufung der Gläubigerversammlung zu stellen. Die Zustimmung des Gläubigerausschusses ist zudem in folgenden Fällen einzuholen:

– bei Betriebsstilllegung des insolventen Unternehmens vor Berichtstermin (§ 158 InsO),

– bei besonders bedeutsamen Rechtshandlungen wie Veräußerung des Unternehmens, des Warenlagers als Ganzes oder von Immobilien (§ 160 InsO),

– zur Verteilung der Insolvenzmasse (§ 187 InsO).

Ferner erfasst der Aufgabenbereich des Gläubigerausschusses die Festsetzung des Bruchteils der Abschlagsverteilung (§ 195 InsO) sowie die Stellungnahme zum Insolvenzplan (§ 232 InsO).

Die Berechtigung des Gläubigerausschusses erstreckt sich allerdings nicht auf die Vornahme von Rechtsgeschäften oder die Führung von Rechtsstreitigkeiten im Namen der Gläubiger, des Gemeinschuldners oder der Insolvenzmasse. Dies ist und bleibt alleine die Aufgabe des Insolvenzverwalters als geschäftsführendem Organ im Insolvenzverfahren.

148 Da die InsO nicht zwingend die Besetzung des Gläubigerausschusses mit Gläubigern vorsieht, besteht die Möglichkeit des Einsatzes externer Fachleute wie Rechtsanwälten oder Steuerberatern. Auf Grund der vorhandenen Fachkenntnisse, kann der Einsatz des Steuerberaters im Rahmen der vielfältigen Aufgaben des Gläubigerausschusses sinnvoll sein und von den übrigen Mitgliedern als bereichernd angesehen werden. Dies gilt v.a. dann, wenn es um die Abwicklung größerer Unternehmen geht oder Bereiche betroffen sind, in denen eine gewisse Fachkompetenz quasi unerlässlich ist, um die an den Gläubigerausschuss gestellten Aufgaben gewissenhaft zu erfüllen.

149 Unabhängig von einer Mitgliedschaft in dem Gremium eröffnet § 69 Satz 2 InsO dem Gläubigerausschuss die Möglichkeit, für Prüfungsarbeiten einen geeigneten Dritten hinzuzuziehen. Gerade im Bereich der Kassenprüfung dürfte der Einsatz eines Steuerberaters hilfreich sein, denn immerhin ist das Prüfen von Zahlen und Zahlungsvorgängen tägliches Geschäft eines jeden Steuerberaters. Für die Gläubigerversammlung gebietet der Einsatz von Fachleuten zudem eine gesteigerte Sicherheit hinsichtlich der inhaltlichen Richtigkeit der durch den Gläubigerausschuss übermittelten Informationen, so dass dadurch eine effizientere und am Ziel des Insolvenzverfahrens orientierte Entscheidungsfindung möglich ist und somit allen Beteiligten einen Vorteil verschafft wird.

150 Die Mitgliedschaft im Gläubigerausschuss ist für den Steuerberater auch nach § 5 Abs. 1 Rechtsdienstleistungsgesetz (RDG) zulässig. Da dem Gläubigerausschuss hauptsächlich die Funktion der Überwachung und Unterstützung des Insolvenzver-

---

1) Delhaes in Nerlich/Römermann, InsO-Kommentar, § 69 Rz. 18.
2) Delhaes in Nerlich/Römermann, InsO-Kommentar, § 69 Rz. 2.

walters zugeschrieben wird, handelt es sich bei der Ausübung dieser Tätigkeit nicht um eine schwerpunktmäßige Rechtsdienstleistung. Dies bedeutet allerdings nicht, dass sich der Steuerberater jeglicher Art von Rechtsdienstleistung enthalten muss bzw. soll. § 5 Abs. 1 RDG schreibt diesbezüglich lediglich vor, dass die Rechtsdienstleistung als Nebenleistung zu erbringen ist und nur soweit, als sie dem alltäglichen Berufs- und Tätigkeitsfeld eines Steuerberaters angehört.

Die Frage der rechtlichen Zulässigkeit vereinbarer Nebentätigkeiten des Steuerberaters stellt sich allerdings nur bei der Ausübung der Tätigkeit als Mitglied des Gläubigerausschusses. Wird der Steuerberater hingegen von dem Gläubigerausschuss als fachkundiger Dritter beispielsweise zwecks Kassenprüfung beauftragt, so handelt es sich hierbei um eine von einem Steuerberater typischerweise auszuübende Haupttätigkeit. In diesem Bereich gelten dann die allgemeinen Vorschriften für die Ausübung des Berufes Steuerberater. **151**

3. Vergütung

Die Vergütung des Steuerberaters bemisst sich auf Grund fehlender Gebührentatbestände in der Steuerberatergebührenordnung nach § 73 Abs. 1 InsO i.V.m. §§ 17, 18 der Insolvenzvergütungsverordnung (InsVV) – sprich nach den allgemeinen Vergütungsregeln für Mitglieder des Gläubigerausschusses. Diese Regelungen dienen in erster Linie dazu, die Mitglieder des Gläubigerausschusses für den von ihnen geleisteten nebenamtlichen Mehraufwand gegenüber anderen Gläubigern „zu entschädigen".[1] **152**

Die Vergütung der Mitglieder des Gläubigerausschusses erfolgt i.d.R. nach dem erbrachten Zeitaufwand; d.h. es erfolgt eine Vergütung unter Zugrundelegung eines bestimmten Satzes für die geleisteten und anerkannten Stunden. Daraus resultiert gleichwohl der Rückschluss, dass der Verordnungsgeber nicht ausgeschlossen hat, dass unter bestimmten Umständen die Vergütung auf andere Weise – beispielsweise als Pauschale oder Festbetrag – festgesetzt werden kann.[2] Die Festsetzung der Vergütung erfolgt dabei immer durch das Insolvenzgericht. **153**

Bei der Festsetzung der Regelvergütung werden die Art und der Umfang der Tätigkeit des einzelnen Mitglieds, die Probleme sachlicher und rechtlicher Art, die individuellen Qualifikationen, die Verantwortung sowie die Haftungsrisiken berücksichtigt.[3] Anhand der Regelung in § 17 InsVV lässt sich insoweit eine Mindestvergütung von 35 € pro Stunde entnehmen, wobei die Durchschnittsvergütung bei 65 € pro Stunde liegt. Hinzukommen können noch Zu- und Abschläge, die sich an der individuellen Leistung und Fähigkeit eines jeden Mitglieds orientieren. Hat beispielsweise ein bestimmtes Mitglied des Gläubigerausschusses auf Grund seiner Fachkunde oder Branchenkenntnisse einen wesentlichen Beitrag für die erfolgreiche Abwicklung des Insolvenzverfahrens geleistet, so kann dies einen besonderen Zuschlag auf den normalen Stundensatz rechtfertigen.[4] **154**

In Ausnahmefällen kann sich die Vergütung des Mitgliedes auch nur auf einen Pauschalbetrag beschränken. Eine Pauschalvergütung kommt aber nur dann in Betracht, wenn über die in § 73 Abs. 1 Satz 2 InsO ausdrücklich genannten Bemessungskriterien eine angemessene Vergütung nicht herbeigeführt werden kann.[5] In diesem Fall würde sich der Pauschalbetrag an der Vergütung des Insolvenzverwalters oder Treu- **155**

---

1) Delhaes in Nerlich/Römermann, InsO-Kommentar, § 73 Rz. 2.
2) AG Ansbach, ZIP 1990, 249; AG Chemnitz, ZInsO 1999, 301; Kilger/Schmidt, InsG, KO-Kommentar, § 91 Anm. 1; BGH v. 8.10.2009, IX ZB 11/08.
3) OLG Rostock v. 28.5.2004, 3 W 11/04, ZInsO 2004, 814, 816.
4) AG Braunschweig, Beschl. v. 21.6.2005, 273 IN 211/99, ZInsO 2005, 870.
5) BGH v. 8.10.2009, IX ZB 11/08.

händers orientieren. Eine Pauschalvergütung kann nach Ansicht des BGH immer dann in Betracht kommen, wenn die Abrechnung nach Stundensätzen zur Festsetzung einer übersetzten Vergütung führt, weil der erhebliche Zeitaufwand der Mitglieder des Gläubigerausschusses zur Bedeutung der Sache nicht in Relation gesetzt werden kann und damit unverhältnismäßig erscheint. Dies wird v.a. in masselosen Verbraucherinsolvenzverfahren häufig der Fall sein, zumal eine etwaige Vergütung nach Stundensätzen in diesen Fällen praktisch zu Lasten der Staatskasse erfolgen würde.

4. Haftung/Risiken

156 In § 71 InsO ist die Haftung der Mitglieder des Gläubigerausschusses geregelt. Danach erfolgt die persönliche Haftung eines Mitgliedes des Gläubigerausschusses, wenn es schuldhaft die ihm nach der InsO obliegenden Pflichten verletzt. Die Haftung wird allerdings insoweit beschränkt, als die Schadenersatzpflicht nur Schäden der absonderungsberechtigten Gläubiger und Insolvenzgläubiger erfasst.

Pflichtverletzungen der Mitglieder des Gläubigerausschusses, die zu einer Haftung führen können, sind ein Verstoß gegen die Verschwiegenheitsverpflichtung, ein Verstoß gegen die Pflicht zur Beachtung des Gesamtinteresses der Masse sowie die Vernachlässigung der Pflicht zur Überwachung und zur Kontrolle des Insolvenzverwalters. Haftungsauslösend kann insbesondere das Unterlassen jeglicher Aufsicht über den Insolvenzverwalter sein. Kommt es nun zu einer Verletzung der Kontroll- und Überwachungspflichten des Mitgliedes des Gläubigerausschusses, so resultiert daraus der Beweis des ersten Anscheins für die Kausalität der Pflichtverletzung.[1] Damit obliegt es dem jeweiligen Mitglied, dies zu widerlegen – sprich, dass der Schaden ungeachtet aller etwaigen Maßnahmen des Gläubigerausschusses dennoch eingetreten wäre. Zugleich liegt darin eine Beweiserleichterung für den Anspruchsteller.

157 Auf der subjektiven Seite genügt für die Haftung bereits die einfache Fahrlässigkeit; d.h. die Außerachtlassung der im Verkehr erforderlichen Sorgfalt. Unkenntnis hinsichtlich der Pflichten eines Mitgliedes des Gläubigerausschusses wie auch die Selbstüberschätzung der eigenen Fähigkeiten und Kenntnisse vermögen eine Haftungsentlastung für das jeweilige Mitglied nicht begründen.

Hier kommt nun auch eine Haftung des Gläubigerausschusses für schuldhafte Pflichtverletzungen von Hilfspersonen ins Spiel, die dieser zwecks Erfüllung seiner Aufgaben beauftragt hat. Erleidet dadurch die Insolvenzmasse einen Schaden, so haftet der Gläubigerausschuss den Gläubigern gegenüber unmittelbar. Allerdings besteht für den Gläubigerausschuss die Möglichkeit, sich im Wege des Regresses gegenüber der Hilfsperson schadlos zu halten.

158 Da es bei der Insolvenz um sehr viel Geld gehen kann, dürfte es für den Steuerberater von großer Bedeutung sein, wie er sich gegen eine Inanspruchnahme im Wege des Regresses durch den Abschluss einer Haftpflichtversicherung absichern kann. Wird der Steuerberater als Mitglied im Gläubigerausschuss tätig, so ist es üblich, dass der Gläubigerausschuss eine eigene Haftpflichtversicherung für die Dauer seiner Tätigkeit abschließt, deren Versicherungsprämie aus der Insolvenzmasse gezahlt wird. Da jedoch auch die Möglichkeit besteht, dass der Steuerberater als Dritter von dem Gläubigerausschuss beispielsweise zur Kassenprüfung beauftragt wird, ist in diesem Bereich besonders wichtig, ob diese Tätigkeit von der bestehenden Berufshaftpflichtversicherung des Steuerberaters abgedeckt wird oder ob er eine gesonderte Haftpflichtversicherung hierfür abschließen muss. Gerade in diesem Bereich sollte der Steuerberater zunächst seine Versicherungspolice zur Hand nehmen und prüfen, welche Risiken und Schäden von dieser abgedeckt werden. Einige Berufshaftpflichtversicherungen sehen in diesem Bereich für den Fall der Abwicklung einer unternehme-

---

1) RGZ 154, 291, 297; BGHZ 49, 121, 123.

rischen Insolvenz eine Deckungseinschränkung vor. Demnach übernehmen diese Versicherungen keine Haftung für berufstypische Risiken des Gläubigerausschusses wie z.B. Haftung für den Verkauf einer Immobilie unter Wert. Daher ist bei einer solchen Regelung in der Berufshaftpflichtversicherung des Steuerberaters dringend der Abschluss einer separaten Deckung für diese Tätigkeit anzuraten.

Bei anderen Berufshaftpflichtversicherungen besteht hingegen kompletter Versicherungsschutz, soweit die Tätigkeit des Steuerberaters in diesem Bereich nicht überwiegend ausgeübt wird. Anderenfalls ist auch hier ein gesonderter Versicherungsschutz anzuraten. **159**

5. Fazit

Gerade in Zeiten der Wirtschaftskrise steigt die Anzahl der Insolvenzverfahren. Davon sind nicht nur Privatpersonen betroffen, deren Abwicklung i.d.R. ohne zusätzliche fachkundige Personen erfolgen kann, sondern auch Unternehmen erleiden des Öfteren finanziellen Schiffsbruch. In solchen Fällen könnte die Einsetzung eines Gläubigerausschusses und damit auch der Einsatz von fachkundigen Personen wie beispielsweise eines Steuerberaters angeraten und hilfreich sein, um eine effiziente Abwicklung im Rahmen des Insolvenzverfahrens zu gewährleisten. Schließlich profitieren alle Beteiligten davon. Die Gläubiger, da eine fachkundige Person den Kassenbestand prüft und den Insolvenzverwalter überwacht und unterstützt, und der Insolvenzverwalter, dem die fachkundige Person beratend zur Seite steht. **160**

Angesichts der steigenden Anzahl von Unternehmensinsolvenzen – ausgelöst durch die Wirtschaftskrise – dürfte sich für Steuerberater im Tätigkeitsbereich des Gläubigerausschusses ein interessantes und lukratives Betätigungsfeld erschließen. Allein im Jahr 2009 meldeten die deutschen Amtsgerichte laut Angaben des Statistischen Bundesamts insgesamt 32 687 Unternehmensinsolvenzen. Dies bedeutet einen Anstieg um 11,6 % im Vergleich zum Vorjahr. Und dies dürfte noch nicht das Ende der von der Wirtschaftskrise in Gang gesetzten Lawine der Unternehmensinsolvenzen sein. **161**

X. Der Steuerberater als Nachlassverwalter

1. Vereinbarkeit der Tätigkeit als Nachlassverwalter mit dem Beruf des Nachlassverwalters

Die Tätigkeit als Nachlassverwalter ist gem. § 57 Abs. 3 Nr. 2 StBerG mit dem Beruf des Steuerberaters vereinbar. **162**

2. Aufgabenbereich und persönliche Voraussetzungen

Der Nachlassverwalter ist nicht Vertreter des Erben, sondern amtlich bestelltes Organ zur Verwaltung einer fremden Vermögensmasse mit eigener Parteistellung im Rechtsstreit.[1] Damit wird deutlich, dass es für eine Tätigkeit als Nachlassverwalter unverzichtbar ist, dass ein Steuerberater, der diese Tätigkeit ausübt, in keinerlei Interessenkonflikt zu dem Nachlass steht. Im Grunde ähnelt die Stellung des Nachlassverwalters der eines Insolvenzverwalters. **163**

Die Nachlassverwaltung ist in den §§ 1975 ff. BGB geregelt. Sie wird auf Antrag des Erben oder eines Nachlassgläubigers durch das Nachlassgericht angeordnet. Sie ist **164**

---

1) Lohmann in Bamberger/Roth, BeckOK BGB, Std. 1.1.2008, § 1975 Rz. 4.

geboten, wenn der Nachlass zwar zur Befriedigung der Nachlassgläubiger ausreicht, jedoch zu befürchten ist, dass der Nachlass von dem/den Erben nicht ordnungsgemäß verwaltet wird, oder die Größe des Nachlasses unbekannt ist.[1] Die Anordnung der Nachlassverwaltung hat zur Folge, dass der Erbe bzw. Testamentsvollstrecker die Verwaltungs- und Verfügungsbefugnis verliert.[2] Ist eine Nachlassverwaltung angeordnet, so beschränkt sich die Haftung des Erben für die Nachlassverbindlichkeiten auf den Nachlass. Die Nachlassverwaltung ist eine Nachlasspflegschaft und dient – genau wie die Durchführung eines Insolvenzverfahrens – dem Zwecke der Befriedigung der Gläubiger.[3] Gleichermaßen soll durch die Nachlassverwaltung aber auch der Nachlass von dem sonstigen Vermögen der Erben getrennt werden. Soweit das Gesetz nichts anderes bestimmt, gelten für die Nachlassverwaltung die allgemeinen Bestimmungen über die Pflegschaft und damit diejenigen über die Vormundschaft. Vielfach endet die Nachlassverwaltung mit der Eröffnung eines Nachlassinsolvenzverfahrens, da die Nachlassinsolvenz der Nachlassverwaltung vorgeht. Ansonsten, also wenn die Insolvenzeröffnung mangels Masse nicht tunlich ist, hat der Verwalter die Aufhebung der Verwaltung zu beantragen. In diesem Fall endet die Nachlassverwaltung durch Aufhebungsbeschluss des Nachlassgerichts. Die durch die Nachlassverwaltung entstandenen Kosten sind Nachlassverbindlichkeiten.[4]

Die Aufgaben des Nachlassverwalters orientieren sich am Zweck seiner Bestellung.

165 Zu den Aufgaben gehören insbesondere die Folgenden:

– Inbesitznahme und Verwaltung des gesamten Nachlasses zum Zwecke der Berichtigung der Nachlassverbindlichkeiten. Hat der Nachlassverwalter den Nachlass in Besitz genommen, wird der Erbe zum mittelbaren Besitzer des Nachlasses. Verweigert der Erbe die Herausgabe von Sachen, deren Zugehörigkeit zum Nachlass außer Streit steht, kann der Nachlassverwalter die Herausgabe auf Grund einer vollstreckbaren Ausfertigung des Anordnungsbeschlusses die Herausgabe durchsetzen.[5] Gehören Grundstücke zum Nachlass, ist der Nachlassverwalter verpflichtet, die Anordnung der Nachlassverwaltung in das Grundbuch eintragen zu lassen;

– Geltendmachung und Durchsetzung aller Ansprüche auf Wertersatz für gezogene Nutzungen oder verbrauchte Bestandteile des Nachlasses sowie den Einzug sonstiger Forderungen des Nachlasses gegen andere Gläubiger;

– Verwaltung des Nachlasses mit dem Ziel, das Nachlassvermögen nicht nur zu erhalten, sondern auf der Grundlage ordnungsgemäßen Wirtschaftens zu mehren. Bestimmte Verfügungen des Nachlassverwalters bedürfen der Genehmigung durch das Nachlassgericht (§ 1915 i.V.m. §§ 1821, 1822, 1828, 1831 BGB);

– Berichtigung der Nachlassverbindlichkeiten, also vollständige Befriedigung aller Ansprüche der Nachlassgläubiger aus den Nachlassmitteln ist möglich. Soweit es zum Zwecke der Berichtigung der Nachlassverbindlichkeiten erforderlich ist, hat der Nachlassverwalter Bestandteile des Nachlasses zu veräußern. Dabei hat er allerdings nicht nur die Interessen der Gläubiger, sondern auch die Interessen der Erben zu berücksichtigen. Nach sorgfältiger Prüfung, welche Nachlassverbindlichkeiten vorhanden sind und künftig noch entstehen könnten und welche Mittel nach einer Verwertung des Nachlasses voraussichtlich zur Verfügung stehen, hat der Nachlassverwalter die Leistungsfähigkeit des Nachlasses durch Gegenüberstellung der Nachlassaktiva und -passiva festzustellen. Hat er Grund zu der Annahme, dass Nachlassverbindlichkeiten vorhanden sind, die ihm bei seinen

---

1) Andres in Andres/Leithaus, InsO, 1. Aufl. 2006, Vorbem. § 315 Rz. 4.
2) Bauch in Braun, InsO, 4. Aufl. 2010, Vorbem. vor § 315.
3) Lohmann in Bamberger/Roth, BeckOK BGB, Std. 1.1.2008, § 1975 Rz. 4.
4) Lohmann in Bamberger/Roth, BeckOK BGB, Std. 1.1.2008, § 1975 Rz. 4.
5) Lohmann in Bamberger/Roth, BeckOK BGB, Std. 1.1.2008, § 1985 Rz. 3.

B. Vereinbare Tätigkeiten

Ermittlungen noch nicht bekannt geworden sind, muss er zur Feststellung der Nachlassverbindlichkeiten das Aufgebotsverfahren durchführen (§§ 1970, 1979 BGB). Gegebenenfalls erfolgt Vorlage des Nachlassverzeichnisses bei Gericht. Erfüllt werden darf eine Nachlassverbindlichkeit erst dann, wenn anzunehmen ist, dass der Nachlass zur Berichtigung aller Nachlassverbindlichkeiten ausreicht, andernfalls kann er auf Schadenersatz in Anspruch genommen werden;[1]
– Antrag auf Eröffnung des Nachlassinsolvenzverfahrens (§§ 315 ff. InsO). Die Pflicht zur Beantragung der Eröffnung des Nachlassinsolvenzverfahrens besteht bei Kenntnis von der Zahlungsunfähigkeit oder der Überschuldung des Nachlasses. Die Kenntnis liegt vor, wenn der Nachlassverwalter weiß, dass die erforderlichen Zahlungsmittel fehlen und der Nachlass deshalb dauerhaft außerstande wäre, fällige Nachlassverbindlichkeiten zu erfüllen. Die fahrlässige Unkenntnis von der Zahlungsunfähigkeit steht der Kenntnis gleich;
– Abgabe der Steuererklärung;
– Herausgabe des verbliebenen Nachlasses an die Erben mit gerichtlicher Anordnung der Beendigung der Nachlassverwaltung;
– Pflichten zur Rechnungslegung;
– Gegebenenfalls kann auch die Fortführung eines Erwerbsgeschäfts zu den Aufgaben des Nachlassverwalters gehören. Dazu kann der Verwalter das Unternehmen im Ganzen, also insbesondere Betriebsgrundstücke und -einrichtungen, Warenlager und Außenstände für sich beanspruchen.[2] Zwar wird der Nachlassverwalter durch die Fortführung nicht zum Kaufmann, es ist aber durchaus möglich, dass auf einzelne Geschäfte Handelsrecht angewandt wird. Eine Verwaltungsbefugnis besteht nicht, wenn es sich bei dem Unternehmen nicht mehr um ein solches des Erblassers, sondern um ein Unternehmen des Erben handelt. Die entsprechende Feststellung ist dann problemlos möglich, wenn die Nachlassverwaltung bereits kurz nach dem Erbfall angeordnet wird. Liegt indessen zwischen dem Erbfall und der Anordnung der Nachlassverwaltung ein längerer Zeitraum, kann fraglich sein, ob es sich noch um den Betrieb des Erblassers handelt, wenn bis dahin die Geschäfte durch den Erben geführt worden sind.[3] In diesen Fällen muss nach Maßgabe der konkreten Fallkonstellation entschieden werden.

Nicht zu den Aufgaben des Nachlassverwalters gehört die Verteilung des Nachlasses **166** oder die Auseinandersetzung unter Miterben. Auch eine gerichtliche Auseinandersetzung ist während der Dauer der Nachlassverwaltung als deren Zweck zuwiderlaufend ausgeschlossen.[4] Auch die Errichtung des Inventars i.S.d. §§ 1993 f. gehört nicht zum Aufgabenkreis des Verwalters.

Da sich die Nachlassverwaltung nicht auf die persönliche Rechtsstellung des Erben bezieht, kann der Nachlassverwalter nicht auf die Beschränkung der Haftung gem. § 2012 Abs. 1 Satz 3 verzichten.[5]

Als amtlich bestelltem Organ zur Verwaltung eines fremden Vermögens ist es dem Nachlassverwalter erlaubt, Rechtsdienstleistungen im Rahmen seines Aufgaben- und Tätigkeitsgebiets zu erbringen. Dies resultiert aus § 8 Abs. 1 Nr. 1 RDG.

3. Vergütung

Der Nachlassverwalter kann für die Führung seines Amtes eine angemessene Vergü- **167** tung verlangen. Dies ergibt sich aus § 1987 BGB. Seit dem 1.7.2005 wird die Vergü-

---

1) Lohmann in Bamberger/Roth, BeckOK BGB, Std. 1.1.2008, § 1985 Rz. 5.
2) Küpper in MüKo BGB, 5. Aufl. 2010, § 1985 Rz. 5.
3) Küpper in MüKo BGB, 5. Aufl. 2010, § 1985 Rz. 5.
4) Küpper in MüKo BGB, 5. Aufl. 2010, § 1985 Rz. 9.
5) Küpper in MüKo BGB, 5. Aufl. 2010, § 1985 Rz. 9.

tung des Nachlassverwalters entsprechend der Pflegervergütung als Zeithonorar vom Nachlassgericht gem. § 168 Abs. 1, 5 FamFG auf Antrag des Nachlassverwalters oder des Erben festgesetzt, wobei die folgenden Maßstäbe gelten:

- Wert und Umfang des Nachlasses,
- Schwierigkeit und Dauer der Nachlassverwaltung,
- Maß der Verantwortung,
- Verwertbare besondere Fachkenntnisse und
- Erfolg der Tätigkeit.

Mindernd kann berücksichtigt werden, wenn der Nachlassverwalter für eine vorausgegangene Tätigkeit als Nachlasspfleger gesondert vergütet wurde.[1]

168 Einzelne Pflichtwidrigkeiten oder Versehen des Nachlassverwalters rechtfertigen dagegen keinen Abzug von der angemessenen Vergütung, sondern verpflichten den Verwalter (lediglich) zum Schadenersatz, der ggf. im Rechtsstreit dem Verwalter aufrechnungsweise entgegengehalten werden kann.[2]

Instanziell erfolgt die Festsetzung der Vergütung gem. §§ 3 Nr. 2c, 16 Abs. 1 Nr. 1 RPflG durch den Rechtspfleger.

Dieser bestimmt die Höhe des Stundensatzes, ohne jedoch an die Stundensätze des § 3 des Vormünder- und Betreuervergütungsgesetzes gebunden zu sein (§ 1915 Abs. 1 Satz 2 BGB). Die zu § 65 InsO ergangene Verordnung über die Vergütung von Insolvenzverwaltern findet keine Anwendung, kann aber zu Orientierungszwecken herangezogen werden.[3]

169 Für Nachlassverwaltungen, die vor dem 1.7.2005 angeordnet wurden, wurde nicht auf Stundensätze abgestellt, sondern auf den Wert des Nachlasses. Die Durchsetzung des festgesetzten Anspruchs auf Vergütung erfolgt nicht im Prozesswege, sondern mit dem Festsetzungsbeschluss selbst, der gem. §§ 86, 95 Abs. 2 FamFG Vollstreckungstitel ist.[4]

Eine Festsetzung gegen die Staatskasse scheidet anders als beim Berufsvormund oder -pfleger aus; die Staatskasse haftet auch nicht subsidiär für die Verwaltervergütung.[5]

Neben dem Anspruch auf Vergütung besteht für den Nachlassverwalter ein Anspruch auf Ersatz der entstandenen Aufwendungen.

Hat der Erbe Einwendungen gegen die festgesetzte Vergütung, insbesondere wegen zur Aufrechnung gestellter Schadenersatzansprüche, so muss er diese im Wege der Vollstreckungsgegenklage geltend machen.

4. Haftung/Risiken

170 Die Tätigkeit des Nachlassverwalters birgt ein besonderes Haftungsrisiko gegenüber den Erben bzw. Nachlassgläubigern.

Die Haftung des Verwalters gegenüber den Erben folgt aus den §§ 1975, 1915, 1833 BGB. Danach haftet der Nachlassverwalter für jeden aus einer schuldhaften Pflichtverletzung entstandenen Schaden. Durch Vereinbarung mit den Erben lässt sich die Haftung begrenzen. Nach einer Entscheidung des BGH kommt eine Haftung u.U. dann nicht in Betracht, wenn sich der Nachlassverwalter über die ihm gesetzlich oblie-

---

1) Küpper in MüKo BGB, 5. Aufl. 2010, § 1987 Rz. 2.
2) Küpper in MüKo BGB, 5. Aufl. 2010, § 1987 Rz. 2.
3) Küpper in MüKo BGB, 5. Aufl. 2010, § 1987 Rz. 2.
4) Küpper in MüKo BGB, 5. Aufl. 2010, § 1987 Rz. 3.
5) Küpper in MüKo BGB, 5. Aufl. 2010, § 1987 Rz. 3.

genden Pflichten hinaus für die Interessen des Erben einsetzt und diesem dadurch erhebliche Nachlasswerte erhalten werden, die andernfalls verloren gegangen wären. Denn, so die Begründung des BGH, der Erbe würde in diesem Fall gegen Treu und Glauben verstoßen, wenn er trotzdem den Verwalter für von diesem verschuldete Verluste voll haftbar machen will.[1]

Die Haftung des Verwalters gegenüber den Nachlassgläubigern resultiert aus § 1985 Abs. 2 Satz 1 BGB. Danach ist der Verwalter für die Verwaltung des Nachlasses verantwortlich. Er haftet entsprechend für jeden Schaden, den er durch eine schuldhafte Pflichtverletzung verursacht. Die Ansprüche gegen den Nachlassverwalter gehören zum Nachlass (§ 1985 Abs. 2 Satz 2 i.V.m. 1978 Abs. 2 BGB). Endet die Nachlassverwaltung mit der Eröffnung des Insolvenzverfahrens, sind die Ansprüche vom Nachlassinsolvenzverwalter geltend zu machen. Ansonsten können die einzelnen Gläubiger ihre Ansprüche nach Aufhebung der Nachlassverwaltung gesondert und selbständig durchsetzen.[2] **171**

Auf Grund der dargestellten Haftungsrisiken empfiehlt es sich in jedem Fall, vor Annahme des Amtes mit dem Versicherer in Kontakt zu treten und die bestehenden Versicherungsbedingungen bezüglich des Einschlusses dieser Treuhandtätigkeit zu prüfen und ggfs. zu ergänzen.

Soweit das Nachlassgericht schuldhaft seine Amtspflichten verletzt, beispielsweise bei der Beaufsichtigung des Nachlassverwalters, können den Erben und den Nachlassgläubigern Amtshaftungsansprüche zustehen.

5. Fazit

Sicherlich gehört der Bereich der Nachlassverwaltung im Rahmen der vereinbaren Tätigkeiten eher zu denen, die ein Schattendasein führen. Allerdings bietet sich genau deswegen hier eine gute Möglichkeit, ein Nischenthema zu besetzen. Insbesondere wenn die Fortführung von Unternehmen, gute Verdienstmöglichkeiten und ein spannendes Betätigungsfeld eine Rolle spielen. **172**

XI. Der Steuerberater als Sanierungsberater/Insolvenzberater

1. Vereinbarkeit der Tätigkeit als Sanierungsberater/Insolvenzberater mit dem Beruf des Steuerberaters

Die wirtschaftsberatende Tätigkeit ist Steuerberatern nach § 57 Abs. 3 Nr. 3 StBerG ausdrücklich erlaubt. Dazu gehört auch die Beratung vor und im Rahmen eines Insolvenzfalles.[3] Es handelt sich somit bei der Sanierungs- und Insolvenzberatung um eine mit dem Beruf des Steuerberaters vereinbare Tätigkeit. Da sich in der Praxis regelmäßig rechtliche Fragestellungen im Zusammenhang mit der Sanierungs- u. Insolvenzberatung ergeben, empfiehlt es sich, die Beratung in Kooperation mit einem Rechtsanwalt anzubieten. **173**

2. Aufgabenbereich/persönliche Voraussetzungen

Die Sanierungs- und Insolvenzberatung ist eine anspruchsvolle Tätigkeit, auch für den Berater. Die umfassende und sorgfältige Analyse der wirtschaftlichen Verhältnisse des Mandanten durch den Berater muss eine zuverlässige Antwort auf die Frage geben, **174**

---

1) BGH, FamRZ 1975, 576 ff.
2) Küpper in MüKo BGB, 5. Aufl. 2010, § 1987 Rz. 8.
3) Scheffler/Beigel, DStR 2000, 1280.

ob der Mandant oder das Unternehmen des Mandanten sanierungsfähig oder liquidationsbedürftig ist. Um diese Feststellung treffen zu können, muss der Berater über ausgeprägte betriebswirtschaftliche Kenntnisse, aber auch über Kenntnisse in den Bereichen Insolvenzrecht, Gesellschaftsrecht und Arbeitsrecht verfügen.

175 Die Tätigkeit des Steuerberaters als Sanierungs- und Insolvenzberater erstreckt sich im weitesten Sinne auf das Vor- und Umfeld eines Insolvenzfalles. Gegenstand des Mandates kann beispielsweise die steuerliche Beratung eines insolventen oder insolvenzgefährdeten Unternehmens oder die Beisteuerung steuerlichen Wissens zu Gunsten des Insolvenzverwalters sein.[1] Handelt es sich hingegen nach erster Einschätzung auf Grund der Marktsituation des Unternehmens und dessen prognostizierter betriebswirtschaftlicher Entwicklung um ein sanierungsfähiges Unternehmen, so ist es Aufgabe des Beraters, eine Sanierung zu empfehlen.

Im Rahmen der Sanierungsberatung steht die Ausarbeitung eines Sanierungsplans im Vordergrund. Dabei können verschiedenste Sanierungsansätze verfolgt werden.

176 Einige mögliche Ansätze für Sanierungsmaßnahmen sind:[2]
- Auflösung des Umlaufvermögens: Lagerbestände werden kurzfristig – ggf. unter Einräumung einer Preisreduktion – aufgelöst. Forderungen werden realisiert, beispielsweise durch eine energischere Rechtsdurchsetzung oder durch Verkauf (Factoring). Sonstige Vermögensgegenstände, die nicht benötigt werden, werden veräußert;
- Auflösung von Rücklagen: Auflösung stiller Reserven – soweit unter Berücksichtigung der steuerlichen Konsequenzen sinnvoll –, der gesetzlichen oder freien Rücklagen;
- Verkauf von nicht betriebsnotwendigem Vermögen, z.B. Sachanlagen wie Maschinen, technischen Anlagen, ferner ggf. immateriellen Vermögenswerten wie Lizenzen, Patenten etc.;
- Leasing: Etwa im Wege des „sale and lease back" werden Anlagegegenstände veräußert und sodann geleast. Kurzfristig verschafft dies einen Liquiditätszufluss, mittel- und langfristig entstehen dafür höhere Belastungen;
- Kapitalerhöhung: Die GmbH erhöht ihr Stammkapital und die Gesellschafter bringen entsprechende Einlagen, damit tatsächlich Mittel zufließen. Im Idealfall handelt es sich um echte Bareinlagen, die zu einer Erhöhung des Bargeldbestandes führen. Denkbar, aber in der Praxis angesichts zweifelhafter Wertansätze häufig problematisch sind zudem Sacheinlagen;
- Zuzahlungen: freiwillige, nicht kündbare Zahlungen der Gesellschafter auf das Haftkapital. Der Steuerberater kann helfen, das für die Wirksamkeit erforderliche allseitige Einvernehmen der Gesellschafter herbeizuführen;
- Umwandlung: Eine Umstrukturierung insbesondere durch Spaltung und Verschmelzung kann zur Sanierung beitragen, pauschale Aussagen lassen sich hierzu allerdings kaum treffen;
- Gesellschafterdarlehen: Nach der bisherigen Rechtslage waren Gesellschafterdarlehen in der Krise regelmäßig als „eigenkapitalersetzend" angesehen worden, so dass eine Rückzahlung bis zum vollständigen Erfolg der Sanierung ausschied. Die Einzelheiten der gesetzlichen Regelung in den §§ 32a, 32b GmbHG und der sog. „Rechtsprechungsregeln" waren am Schluss so kompliziert geworden, dass sich der Gesetzgeber dazu entschlossen hat, im Zuge des MoMiG das Eigenkapitalersatzrecht komplett aufzugeben und durch eine insolvenzrechtliche Anfechtungslösung in § 135 InsO zu ersetzen. Das MoMiG ist am 1.11.2008 in Kraft getreten.

---

1) Fahlbusch, DStR 2008, 893.
2) Vgl. Lachmann in Nerlich/Kreplin, Sanierung und Insolvenz 2006, § 8 Rz. 67 ff.

Seither kommt es auf die Abgrenzung zwischen „kapitalersetzenden" und sonstigen Darlehen nicht mehr an. Dies führt zu zwei Konsequenzen. Durch den Wegfall der Unterscheidung werden sämtliche Gesellschafterdarlehen, unabhängig vom Zeitpunkt ihrer Gewährung, bei Eintritt der Insolvenz der Gesellschaft gem. § 39 Abs. 1 Nr. 5 InsO als nachrangig behandelt. Dadurch unterliegen die Gesellschafter als spätere Insolvenzgläubiger im Hinblick auf die Darlehensforderung gewissen Restriktionen. So haben sie beispielsweise kein Stimmrecht in der Gläubigerversammlung. Außerdem dürfen sie ihre Insolvenzforderung nur nach besonderer Aufforderung durch das Insolvenzgericht anmelden. Befriedigt werden nachrangige Insolvenzforderungen erst, wenn sämtliche übrigen Insolvenzforderungen vollständig befriedigt worden sind. Im Vorfeld der Insolvenz wird der Nachrang durchgesetzt, indem Rückzahlungen der Gesellschaft auf Forderungen dieser Art – unabhängig davon, ob sie als Eigenkapital umqualifiziert worden sind – nach Maßgabe des § 135 InsO anfechtbar sind. In § 64 Satz 3 GmbHG ist darüber hinaus ein neuer Haftungstatbestand geschaffen worden, der den Geschäftsführer davon abhalten soll, Mittel an den Gesellschafter auszuzahlen, die zur Aufrechterhaltung der Zahlungsfähigkeit des Unternehmens benötigt werden;

– Vergleich mit Gläubigern mit dem Ziel einer Stundung oder eines Forderungsverzichts. Solche Vereinbarungen erfordern eine genaue juristische Prüfung, um nicht in strafrechtliche Risiken zu geraten (Gläubigerbegünstigung);

– Venture Capital: Es werden Investoren für Risiko- bzw. Wagniskapital gefunden. Die Arten der Beteiligung variieren von der echten Kapitalbeteiligung über die echte oder unechte stille Beteiligung, Darlehen oder Genussscheine.

In der Praxis sieht sich der Sanierungs- und Insolvenzberater regelmäßig mit der Problemstellung konfrontiert, dass die typische Insolvenz viel zu spät festgestellt wird. Oftmals hat der Unternehmer bereits eine gewisse Zeit die Augen vor der Realität verschlossen, anstatt sich der Krise anzunehmen und nach Lösungen zu suchen. Hat er dann auch noch Berater an seiner Seite, die das Problem beschönigen, wird ein Sanierungs- und Insolvenzberater oftmals erst „kurz vor zwölf" mandatiert. Dieser ist dann umso mehr gefragt, anstelle weiterer Selbsttäuschung und Beschönigung, die Situation schonungslos zu analysieren. Dazu gehört primär die Feststellung, wie weit der Handlungsspielraum überhaupt noch reicht. Eine der ersten Weichenstellungen besteht dabei in der Prüfung, ob ein Insolvenzgrund vorliegt. **177**

Kommt der Berater nach erster Einschätzung zu dem Ergebnis, dass Überschuldung oder Zahlungsunfähigkeit vorliegen, so begleitet er das Unternehmen in beratender Funktion in die Insolvenz. Schließlich bestehen auch nach Eröffnung eines Insolvenzverfahrens noch Aussichten auf eine erfolgreiche Sanierung.

Drei Ansätze für eine Sanierung im laufenden Insolvenzverfahren sind: **178**

– Übertragende Sanierung: Der Insolvenzverwalter veräußert die für eine unternehmerisch sinnvolle Fortführung erforderlichen Betriebsteile, die verbleibenden Teile werden zerschlagen. Der bisherige Gesellschafter und/oder Geschäftsführer kommt als Käufer durchaus in Betracht, häufig werden Erwerber in deren familiärem oder geschäftlichem Umfeld gefunden. Der Steuerberater kann dem Unternehmer entscheidende Hinweise dafür geben, ob sich ein Ankauf lohnt, ggf. welcher Betriebsteile und zu welchem Preis;

– Insolvenzplan: Die Insolvenzordnung sieht in den §§ 217 ff. ein Insolvenzplanverfahren vor, das eine realistische Möglichkeit für eine effiziente und flexible Fortführung des Unternehmens eröffnet. Nach anfänglichem Zögern und Schwierigkeiten der Insolvenzverwalter „alter Schule" beim Umgang mit diesem Instrumentarium gehört jedenfalls das theoretische Wissen darum heute zum üblichen Rüstzeug, so dass der Unternehmer dort auf keinen grundsätzlichen Widerstand treffen wird. Die eigentliche Arbeit allerdings, nämlich die detaillierte schriftliche

Planung unter Berücksichtigung sämtlicher Unternehmenskennzahlen und -umstände, wird sich ein Insolvenzverwalter nur in seltenen Fällen machen. Der Insolvenzberater kann einen Plan für den Unternehmer ausarbeiten und ihn dann dem Insolvenzverwalter vorschlagen. In der Praxis werden derartige Pläne häufig bereits mit Antragstellung präsentiert („prepacked plan");
- Eigenverwaltung: Die §§ 270 ff. InsO gestatten es dem Schuldner, in bestimmten Fällen die Verfügungsbefugnis über das Unternehmen zu behalten, wobei einem Sachwalter die Rolle des Kontrolleurs zufällt. Bei Stellung des Antrages auf Eigenverwaltung muss näher dargelegt werden, welche wirtschaftlichen Vorteile hiermit gegenüber dem normalen Regelinsolvenzverfahren verbunden sind. Hierfür ist auch eine Analyse der Insolvenzursachen erforderlich, damit das Insolvenzgericht die Überzeugung gewinnt, dass nicht die für etwaiges bisheriges Missmanagement verantwortliche Person weiterhin an den Schlüsselfunktionen des Unternehmens belassen wird, mit anderen Worten „der Bock zum Gärtner gemacht" wird.

179 Der Insolvenzantrag darf allerdings nicht unter der Bedingung der Anordnung der Eigenverwaltung gestellt werden.[1]

In Abgrenzung zu den Vorgaben des RDG ist eine Sanierungs- und Insolvenzberatung durch Steuerberater zulässig, wenn diese klar auf steuerliche oder wirtschaftliche Fragestellungen beschränkt ist und die rechtliche Beratung – wenn überhaupt – nur als Nebenleistung dazu erbracht wird. Die Abgrenzung erfolgt ausgehend von der Fragestellung, ob für die Erbringung der jeweiligen Rechtsdienstleistung die umfassende rechtliche Ausbildung des Rechtsanwalts gegenüber der aus Sicht des Gesetzgebers nur punktuellen Rechtskenntnis des Steuerberaters erforderlich ist.[2]

180 Insbesondere dann, wenn der Sanierungs- und Insolvenzberater im Rahmen dieser Tätigkeit über das Vorliegen eines Eröffnungsgrundes oder gar über eine strafrechtlich sanktionierte Insolvenzantragspflicht berät, so begibt er sich in einen nicht mehr ganz gefahrlosen Bereich. Liegt nämlich der Schwerpunkt seiner Beratung in einer rechtlichen Beurteilung, dann wird die Grenze zur Rechtsdienstleistung i.S. des § 2 Abs. 1 RDG überschritten. Rechtsdienstleistungen sind auch nach Ablösung des Rechtsberatungsgesetzes (RBerG) durch das Rechtsdienstleistungsgesetz (RDG) zum 1.7.2008 grundsätzlich Rechtsanwälten, Notaren und einigen wenigen anderen Berufsangehörigen vorbehalten.

Sofern hingegen schwerpunktmäßig auf Grund einer detaillierten Prüfung der Buchhaltung das Bestehen einer Insolvenzantragspflicht festgestellt wird, handelt es sich weder um eine steuerliche Beratung nach § 33 StBerG, noch liegt eine bloße Nebenleistung nach § 5 Abs. 1 RDG vor.[3]

181 Hinweis:

Steht die Erbringung einer Rechtsdienstleistung im Mittelpunkt, oder ist sie als gleichwertige Hauptleistung anzusehen, ist § 5 Abs. 1 RDG nicht anwendbar. Dem Steuerberater ist es nicht gestattet, die Leistung zu erbringen.

Beispielhaft sei verwiesen auf den Fall, in dem ein Steuerberater einen Brief an einen Vertragspartner seines Klienten geschrieben und davon gesprochen hat, man sehe sich u.U. gezwungen, den Sachverhalt gerichtlich klären zu lassen.[4]

---

1) Wittig/Tetzlaff in MüKo InsO, 2. Aufl. 2008, § 270 Rz. 32a.
2) Fahlbusch, DStR 2008, 895.
3) Weber/Buchert, ZInsO 2009, 1731.
4) LG Köln v. 21.10.2004, 31 O 475/04.

3. Vergütung

Die Steuerberatervergütungsordnung findet auf die Vergütung der Tätigkeit des Steuerberaters als Sanierungs- und Insolvenzberater keine Anwendung. Es gelten demzufolge die allgemeinen zivilrechtlichen Vorschriften der §§ 612 Abs. 2, 632 Abs. 2 BGB. Es bietet sich an, die Honorierung als Zeitgebühr nach Stundensätzen auszugestalten. 182

In jedem Fall sollte mit dem Auftraggeber eine schriftliche Honorarvereinbarung getroffen werden. Gegebenenfalls sollten auch Maßnahmen zur Sicherung des eigenen Vergütungsanspruchs getroffen werden. Insoweit empfiehlt sich das Bargeschäft (§ 142 InsO). Das Bargeschäft kann im Fall einer Insolvenz nicht von dem späteren Insolvenzverwalter angefochten werden. Es setzt eine Leistung des Schuldners voraus, für die unmittelbar eine Gegenleistung in sein Vermögen gelangt. Um diese Anforderungen zu erfüllen, sollten Beratungsleistung und deren Bezahlung stets innerhalb eines Vier-Wochen-Rhythmus erbracht werden. Der Auftraggeber sollte vor dem Hintergrund der Krise Verständnis für eine zeitnahe Abrechnung und das Erfordernis eines sofortigen Ausgleichs der Rechnungen haben. Lässt sich dies gewährleisten, wird eine Unmittelbarkeit des Leistungsaustauschs, mithin ein Bargeschäft angenommen. Ausnahmsweise gilt dies nicht, wenn eine unverhältnismäßig hohe Vergütung vereinbart war. 183

Es besteht darüber hinaus die Möglichkeit, bereits vor Beginn der Sanierungsberatung eine Vorschusszahlung anzufordern. Auch diese sind sodann nicht anfechtbar.

4. Haftung/Risiken

Als Unterform der wirtschaftlichen Beratung, die von der Berufshaftpflichtversicherung erfasst ist, ist auch die Sanierungs- und Insolvenzberatung abgedeckt, soweit sie berufsüblich ist. 184

Besondere Haftungsrisiken bestehen für den Sanierungs- und Insolvenzberater aber in strafrechtlicher Hinsicht. Berät er nämlich über das Vorliegen eines Eröffnungsgrundes oder gar über eine strafrechtlich sanktionierte Insolvenzantragspflicht, so begibt er sich in einen nicht mehr ganz gefahrlosen Bereich. Es wird vermutet, dass in 80–90 % aller Insolvenzen Wirtschaftsstraftaten verübt werden. Auch der Berater wird in diesem Zusammenhang häufig mit dem Vorwurf der Beihilfe konfrontiert.

Der Tatbestand der Beihilfe ist dann erfüllt, wenn der Berater vorsätzlich seinem Mandanten zu dessen vorsätzlich begangener rechtswidriger Tat Hilfe leistet (§ 27 StGB). Beihilfe kann sowohl physisch als auch psychisch, durch Bestärken geleistet werden. Zur Annahme einer Beihilfe reicht der Rechtsprechung eine bloße Förderung der Haupttat aus. Wann diese Grenze überschritten ist, lässt sich nicht pauschal feststellen und hängt insbesondere von dem konkreten Mandatsverhältnis ab. 185

Der Vorwurf der Beihilfe droht nicht nur dem Steuerberater, der explizit als Sanierungs- und Insolvenzberater mandatiert ist, sondern auch dem, der im Rahmen eines allgemeinen Steuerberatungsmandates seinen Mandanten berät. Das strafrechtliche Beihilferisiko resultiert für den Berater regelmäßig aus dem Umstand, dass der Mandant seiner Pflicht zur Stellung eines Insolvenzantrages nicht rechtzeitig nachkommt.

Insoweit konstatiert § 15a InsO für juristische Personen bzw. deren organschaftliche Vertreter die Pflicht, ohne schuldhaftes Zögern, spätestens aber drei Wochen nach Eintritt der Zahlungsunfähigkeit oder Überschuldung einen Insolvenzantrag zu stellen. Dieser Pflicht versuchen sich die Verantwortlichen häufig zu entziehen, indem sie zeitnahe buchhalterische Unterlagen aus fadenscheinigen Gründen nicht mehr erstellen lassen, bzw. bestimmte Geschäftsvorfälle nicht buchhalterisch berücksichtigt wissen wollen. Erhält der Berater hiervon Kenntnis, sollte er zur Vermeidung strafrechtli- 186 cher Risiken das Mandatsverhältnis umgehend beenden. Weitere Indizien für Verschleppungsmaßnahmen hinsichtlich der Insolvenzantragspflicht sind:

187 Eine manipulierte Darstellung der wirtschaftlichen Situation des Unternehmens gegenüber Gläubigern, die Bildung von Gläubigerpools unter falschen Voraussetzungen, die Übermittlung von Unterlagen in Kenntnis der Rückdatierungsabsicht durch den Mandanten, die Entgegennahme von inkongruenten Leistungen sowie Buchführungs- und Bilanzmanipulation.[1]

Der Berater kann das Risiko einer strafrechtlichen Verantwortlichkeit wegen Beihilfe auch nicht dadurch umgehen, dass er seinem Mandant schriftlich über die Strafbarkeit seines Tuns belehrt oder ihn davor warnt, wenn die Beratung dennoch fortgesetzt wird und der Mandant fortwährend entgegen seiner gesetzlichen Pflicht auf die Stellung eines Insolvenzantrages verzichtet.

Die theoretische Möglichkeit der Verfolgung einer Beihilfestrafbarkeit darf aber nicht überspannt und überbewertet werden. Die Anforderungen an die Erfüllung der Beihilfe durch den Berater dürften in den meisten Fällen nicht erfüllt sein.

Kommt es allerdings tatsächlich einmal zu einer Inanspruchnahme des Beraters, so drohen ihm neben der strafrechtlichen Sanktion auch zivilrechtliche Schadenersatzansprüche aus § 823 Abs. 2 BGB i.V.m. §§ 64 Satz 1, 84 Abs. 1 GmbHG bzw. aus den §§ 830 Abs. 2, 840 Abs. 1 BGB.

Der Schadenersatzanspruch aus §§ 830 Abs. 2, § 840 Abs. 1 BGB steht den Neugläubigern der insolventen Gesellschaft zu und wird als vorsätzlich herbeigeführter Schaden i.d.R. nicht von Berufshaftpflichtversicherung getragen.[2]

188 Geltend gemacht werden die zivilrechtlichen Ansprüche zunächst durch den Insolvenzverwalter gem. § 80 Abs. 1 InsO, da der Anspruch zur Insolvenzmasse gehört (§ 35 InsO).[3] Der Anspruch ist der Höhe nach regelmäßig um einen (meist erheblichen) Mitschuldensanteil des Geschäftsführers gem. § 254 BGB zu reduzieren, da sich die GmbH ein solches Mitverschulden an der Entstehung und Entwicklung des Schadens entsprechend § 31 BGB zurechnen lassen muss.[4] Von einem Mitverschulden des Geschäftsführers ist im Regelfall auszugehen, wenn er trotz des in der Handelsbilanz ausgewiesenen, nicht durch Eigenkapital gedeckten Fehlbetrags seiner Selbstprüfungspflicht nicht entspricht und es zur Insolvenzverschleppung kommt.[5]

189 Als Anspruchsinhaber kommt zudem der Geschäftsführer in Betracht. Bei dem Vertrag zwischen der GmbH und dem Steuerberater handelt es sich um einen Vertrag mit Schutzwirkung zu Gunsten Dritter, in dessen Schutzbereich der Geschäftsführer einbezogen ist.[6] Sofern der Geschäftsführer durch den Insolvenzverwalter aus § 64 Satz 1 GmbHG in Anspruch genommen wird, kann er den Steuerberater auf Schadenersatz, gekürzt um seinen Mitverschuldensanteil gem. § 254 BGB, in Anspruch nehmen.

190 Darüber hinaus besteht gerade im Rahmen der Sanierungs- und Insolvenzberatung über die bereits aufgeführten Haftungsrisiken die erhebliche Gefahr, in weitere insolvenzspezifische Straftaten des Mandanten verwickelt zu werden. Relevant werden hier insbesondere die folgenden Delikte:

– Diebstahl (§ 242 StGB),

– Betrug (§ 263 StGB),

---

1) Leibner, ZInsO 2002, 1020.
2) Wagner, ZInsO 2009, 449, 457.
3) Zugehör, NZI 2008, 652, 659.
4) Zugehör, NZI 2008, 652, 657.
5) Wagner/Zabel, NZI 2008, 660, 666.
6) Schmittmann, ZInsO 2008, 1170.

- Kreditbetrug (§ 265 StGB),
- Untreue (§ 266 StGB),
- Nichtabführung von Sozialbeiträgen (§ 266a StGB),
- Bankrottdelikte (§ 283 StGB),
- Verletzung der Buchführungspflicht (§ 283b StGB),
- Schuldnerbegünstigung (§ 283d StGB),
- Steuerhinterziehung (§ 370 AO).

Um die eigenen Haftungsrisiken zu minimieren, sollte der Berater seinen Mandanten frühzeitig über die Pflicht zur Stellung eines Insolvenzantrags aufklären. Der Berater muss zudem darauf achten, dass er durch seine Tätigkeit nicht in die Rolle des „faktischen Geschäftsführers" gerät, weil dies für ihn ein eigenständiges Haftungsrisiko auslösen würde. **191**

5. Fazit

Obwohl insbesondere im Bereich der Insolvenzberatung das Erfordernis der Rechtsberatung immens groß ist, ist der Bereich der Beratung rund um Insolvenz und Krise nach wie vor für Steuerberater von außerordentlich hohem Interesse. Denn auch wenn der Rahmen – wie in den meisten Lebenskonstellationen – ein rechtlicher ist, darf doch nicht übersehen werden, dass die Handlungsmöglichkeiten für das Unternehmen im Kern unter betriebswirtschaftlichen Aspekten beurteilt werden müssen, nachdem der rechtliche Rahmen abgesteckt worden ist. Niemand ist aber hierfür in gleicher Weise berufen wie der Steuerberater, der das Unternehmen im Idealfall bereits seit vielen Jahren aus seiner steuerberatenden Tätigkeit heraus kennt und daher ein gutes Gefühl dafür entwickelt hat, welches Potenzial darin noch steckt oder eben gerade nicht. Steuerberater werden vor diesem Hintergrund in ihrer Rolle als Sanierungs- und Insolvenzberater häufig mit insolvenzrechtlich erfahrenen Rechtsanwälten zusammenarbeiten, sollten sich dieses Gebiet aber nicht völlig aus der Hand nehmen lassen, sondern ein dem rechtlichen mindestens ebenbürtiger, unverzichtbarer Bestandteil des Beraterteams sein. **192**

XII. Der Steuerberater als Strafverteidiger im Steuerstrafrecht

1. Vereinbarkeit der Tätigkeit als Strafverteidiger im Steuerstrafrecht mit dem Beruf des Steuerberaters

Die Strafverteidigung gehört typischerweise zu den Gebieten, die auf Grund ihrer Rechtsförmlichkeit i.d.R. Rechtsanwälten vorbehalten sind. Steuerberater sind aber nicht per se von der Tätigkeit als Strafverteidiger ausgenommen. Jedenfalls im Bereich des Steuerstrafrechts werden klassische Strafverteidiger mangels der erforderlichen Kenntnisse im Steuerrecht oftmals überfordert sein. Die Strafverteidiger hingegen verfügen über das notwendige prozessuale „Know-how". **193**

Für eine Kooperation zwischen Anwälten und Steuerberatern eignet sich das Steuerstrafrecht daher hervorragend. Aber auch die alleinige Betreuung eines Steuerstrafmandates durch einen Steuerberater ist möglich. Auch von der Rechtsprechung ist dies anerkannt. Eine exemplarische Entscheidung des Landgerichts Hildesheim dazu lautet wie folgt: **194**

„Werden einem Angeschuldigten in einer Anklage sowohl Steuerstraftaten als auch andere Straftaten zur Last gelegt, ist ein Steuerberater Kraft Gesetzes verpflichtet, den Angeschuldigten zu verteidigen, soweit die Steuerstraftaten betroffen sind."

und weiter

"stehen die zugleich angeklagten anderen Straftaten in einem engen Zusammenhang zu den Steuerstraftaten, ist der Steuerberater auch im Übrigen als Verteidiger zuzulassen." [1)]

Für Steuerstraftaten folgt die Befugnis des Steuerberaters zur Verteidigung bereits aus der gesetzlichen Regelung des § 392 Abs. 1 AO.

195   Für die darüber hinausgehende Verteidigung der nach allgemeinem Strafrecht strafbaren Fälle (z.B. Betrug) bedarf es eines gesonderten Antrags auf Zulassung nach § 138 Abs. 2 ZPO. Die Vorschrift des § 392 AO ist insoweit nicht einschlägig, wenn es sich nicht um Steuerstraftaten i.S.d. AO handelt und auch nur bei diesen die spezifische Qualifikation des Steuerberaters sowie dessen berufsrechtliche Kompetenz zum Tragen kommt, Mandanten in Steuersachen unter Einschluss von Steuerstrafsachen zu beraten (§ 33 StBerG).

Über einen solchen Antrag entscheidet die Kammer nach pflichtgemäßem Ermessen unter Abwägung des Interesses des Angeschuldigten an der Zulassung einer Person seines Vertrauens mit den Bedürfnissen der Rechtspflege an einer sachgerechten Durchführung des Verfahrens.

2. Aufgabenbereich und persönliche Voraussetzungen

196   Vor Übernahme eines Mandats in Steuerstrafsachen sollte sich der Steuerberater zwingend mit den maßgeblichen Vorschriften des allgemeinen Strafrechts und des Strafprozessrechts vertraut machen. Denn auch wenn hier thematisch steuerrechtliche Fragen im Vordergrund stehen, kann der Steuerberater als Steuerstrafverteidiger nicht die Übernahme eines Strafmandats wagen, ohne Kenntnisse auf den vorbenannten Gebieten zu haben. Idealerweise kann hier die Zusammenarbeit mit einem Rechtsanwalt, mit dem eine vernünftige Arbeitsaufteilung vereinbart wurde, zu einer komplexen und höchst kompetenten Verteidigung führen. Sofern der Steuerberater dagegen nur im Hintergrund berät, wird er diese Kenntnisse nicht zwingend benötigen, sie erleichtern jedoch die Zusammenarbeit mit dem Verteidiger immens. Im Übrigen ist das Steuerstrafrecht als solches nichts anderes, als das anzuwendende formelle Strafrecht, unterlegt durch materielle Tatbestände des Steuerrechts. Prozessuale Kenntnisse der Strafverteidigung gehen einher mit steuerrechtlichem Know-how, so dass eine Zusammenarbeit mit Strafverteidigern im Bereich der Steuerstrafverteidigung als eigenes Beratungsfeld interessante Möglichkeiten eröffnet. Dazu bedarf es jedoch vertiefter Kenntnisse eines Teils des Steuerstrafrechts, des Strafprozessrechts sowie des allgemeinen Strafrechts, die sich der verteidigungswillige Steuerberater aneignen muss.

197   Auf Grund des Umfangs und der Komplexität der Materie kann das Gebiet des Steuerstrafrechts nur schwer nebenbei bearbeitet werden. Vielmehr bedarf es eines hohen Engagements. Darüber hinaus erfordert die Auseinandersetzung mit den Finanzbehörden eine gewisse mentale Stärke, so dass der Anreiz, in diesem Bereich Fuß zu fassen, sorgfältig mit der eigenen gewollten Positionierung gegenüber dem Finanzamt abgewogen werden muss. Die Verteidigung in Steuerstrafsachen bringt zudem beschwerliche und nicht selten zeitraubende Hauptverhandlungen mit sich. Hier sind dann Flexibilität sowie die Bereitschaft und Fähigkeit, Beweis- und Prozessanträge zu stellen, genauso gefragt wie das kritische Untersuchen aller relevanten Rechtsprechungsentscheidungen zu dem konkret vorliegenden Fall.

198   Grundsätzlich werden dem Steuerberater bei der gemeinschaftlichen Verteidigung dieselben Rechte eingeräumt wie seinem Rechtsanwaltskollegen, er kann also glei-

---

1) LG Hildesheim v. 18.2.2010, 25 KLs 5101 Js 76196/06, DStR 2010, 1592.

chermaßen Akteneinsicht beantragen, Verteidigungsschriftsätze einreichen, Erklärungen in der Hauptverhandlung abgeben, ein eigenes Plädoyer halten etc. Er ist zu allen Handlungen berechtigt, die dem Schutz und der Verteidigung des Beschuldigten dienen.

Als Verteidiger ist der Steuerberater Beistand des Beschuldigten. Er hat im Rahmen einer fachgerechten Verteidigung dafür zu sorgen, dass zum einen alle den Beschuldigten entlastenden Umstände geltend gemacht und zum anderen die Verfahrensregeln eingehalten werden. Der Steuerberater als Strafverteidiger ist unabhängig vom Staat, vom Gericht und vom Mandanten. Er unterliegt der Pflicht zur Wahrheit und damit dem Verbot der Lüge. Darüber hinaus ist der Steuerberater in der Rolle des Verteidigers zur Verschwiegenheit verpflichtet. Diese Schweigepflicht ist in § 203 Abs. 1 Nr. 3 StGB strafrechtlich sanktioniert. Des Weiteren gebietet schon die Treuepflicht gegenüber dem Mandanten, jederzeit für eine gewissenhafte Prozessführung zu sorgen. **199**

Tritt der Steuerberater als sog. „Hintergrundberater" überhaupt nicht öffentlich auf, so hat er – im Gegensatz zum öffentlich auftretenden „Mitberater" – auch nicht die Rechtsstellung eines Verteidigers. Dies entbindet ihn aber nicht etwa von seiner Schweigepflicht, da sich auch der Hintergrundberater an diese Pflicht zu halten hat, wenn er in ein Steuerstrafverfahren involviert ist. **200**

Um das Wesen des Steuerstrafrechts richtig zu verstehen, muss sich der Steuerberater als Strafverteidiger zunächst einmal mit den wesentlichen Grundregeln des Strafverfahrens vertraut machen. Diese Grundregeln finden ihren Ursprung in dem Gedanken, dass jedes Strafverfahren einen Eingriff in die Freiheits- und Grundrechte eines Bürgers darstellt. Die Rechtsgrundlage für solche Eingriffe hat der Gesetzgeber zum einen durch die Strafprozessordnung, zum anderen durch die materiellen Strafgesetze geschaffen. Das verfassungsrechtliche Interesse der Allgemeinheit an einer effektiven Strafverfolgung ist dabei durch die allgemeinen Prinzipien im Strafverfahrensrecht konkretisiert worden. **201**

Dazu gehört u.a. das Offizialprinzip, wonach die Strafverfolgung von Amts wegen (ex officio) und ohne Rücksicht auf den Verletzten durch den Staat erfolgt. Dabei liegt die Zuständigkeit zur Erhebung der öffentlichen Klage bei der Staatsanwaltschaft (§ 152 Abs. 1 StPO), welche die von ihr erhobene Anklage auch in einer späteren Hauptverhandlung vertritt. Im Steuerstrafrecht führt bis zur Abgabe an die Staatsanwaltschaft die BuStra (Bußgeld- und Strafsachenstelle) das Verfahren.

Weiter gilt im Strafverfahrensrecht der Anklagegrundsatz (Akkusationsprinzip). Dieser Grundsatz besagt, dass die gerichtliche Untersuchung einer Straftat von der Erhebung einer öffentlichen Klage abhängig ist (§ 151 StPO). Das Gericht kann nicht von Amts wegen ein Strafverfahren eröffnen oder ein bereits anhängiges Verfahren auf andere Personen oder andere rechtlich selbständige Taten desselben Täters ausdehnen. Die gerichtliche Untersuchung der Straftat ist nur dann zulässig, wenn nach der Erhebung der öffentlichen Klage zunächst das Gericht seinerseits über die Berechtigung der Anklage entschieden, durch einen förmlichen Beschluss die Anklage zugelassen und die Hauptverhandlung eröffnet hat (§ 199 ff. StPO). **202**

Im Umkehrschluss zum Anklagemonopol der Staatsanwaltschaft besteht das Legalitätsprinzip. Es enthält die Pflicht der Staatsanwaltschaft zum Einschreiten und zur Aufnahme von Ermittlungen, wenn zureichende tatsächliche Anhaltspunkte für eine Straftat vorliegen (§ 152 Abs. 2 StPO). Zudem beinhaltet das Legalitätsprinzip die Verpflichtung der Staatsanwaltschaft zur Erhebung der öffentlichen Anklage, sofern die Ermittlungen genügend Anlass dazu bieten und eine Verurteilung des Beschuldigten in tatsächlicher bzw. rechtlicher Hinsicht überwiegend wahrscheinlich ist (§ 170 Abs. 1 StPO). **203**

204 Neben diesen drei Hauptgrundregeln existieren:
- Das Prinzip der prozessualen Fürsorgepflicht, welches besagt, dass das Gericht den Rechtsunkundigen entsprechend zu belehren hat;
- das Prinzip der Waffen- und Chancengleichheit, wonach sich ein Beschuldigter in jeder Lage des Verfahrens des Beistands eines Verteidigers bedienen kann;
- das Prinzip eines fairen, rechtsstaatlichen Verfahrens, wonach die einschlägigen Verfahrensvorschriften durch die staatlichen Organe fair anzuwenden sind;
- die Unschuldsvermutung, die besagt, dass jedermann bis zur rechtskräftigen Verurteilung als unschuldig gilt;
- das Beschleunigungsgebot, wonach ein Verfahren möglichst zügig vorangetrieben werden soll;
- das Verhältnismäßigkeitsprinzip, welches gebietet, dass das gewählte Mittel und der gewollte Zweck einer staatlichen Maßnahme in einem vernünftigen Verhältnis zueinander stehen müssen sowie
- der Grundsatz in dubio pro reo, welcher besagt, dass im Zweifel für den Angeklagten zu entscheiden ist.

205 Liegt der konkrete Verdacht einer Steuerhinterziehung vor, folgt i.d.R. das steuerstrafrechtliche Ermittlungsverfahren, § 397 AO. Die Regelung des § 397 AO ergänzt insoweit die §§ 136, 163a StPO und dient dem Schutz des Stpfl., weil dessen Rechtsstellung gegenüber der Finanzbehörde durch die Einleitung des Steuerstrafverfahrens wesentlich verändert wird. Dies gilt auch insofern, als mit der Einleitung des Steuerstrafverfahrens seine Mitwirkungspflichten im Besteuerungsverfahren nicht mehr erzwingbar sind. Gemäß § 136 Abs. 1, 163a StPO ist der Beschuldigte nun berechtigt, die Aussage zu verweigern.

206 Mit Einleitung des Verfahrens tritt gem. §§ 371 Abs. 2 Nr. 1b, 378 Abs. 3 AO eine Sperrwirkung für eine Selbstanzeige hinsichtlich der konkreten Tat ein, auch die strafbefreiende Erklärung gem. § 7 Satz 1 Nr. 2 StraBEG ist ab diesem Zeitpunkt ausgeschlossen. Weitere Bedeutung gewinnt die Einleitung des Verfahrens hinsichtlich:
- § 30 Abs. 4 Nr. 4a AO, wonach die erlangten Kenntnisse bei der Offenbarung des Steuergeheimnisses durch einen Amtsträger nicht für die Durchführung eines Strafverfahrens, das kein Steuerstrafverfahren ist, verwertet werden dürfen, wenn sie der Stpfl. in Unkenntnis eines eingeleiteten Straf- oder Bußgeldverfahrens offenbart hat;
- § 393 Abs. 2 AO, wonach Tatsachen oder Beweismittel, die dem Gericht oder der Staatsanwaltschaft aus Steuerakten bekannt werden, nicht zur Verfolgung einer Tat, die keine Steuerstraftat ist, verwendet werden dürfen, sofern der Stpfl. diese den Finanzbehörden vor Einleitung des Strafverfahrens oder in Unkenntnis über die Einleitung des Strafverfahrens in Erfüllung seiner steuerlichen Pflicht abgegeben hat;
- § 171 Abs. 5 AO, welcher die Festsetzungsfrist bei Bekanntgabe der Einleitung eines Steuerstrafverfahrens oder Bußgeldverfahrens hemmt.

207 Auf Grund des bereits erörterten Legalitätsprinzips hat die Finanzbehörde bei zureichendem Tatverdacht – sog. Anfangsverdacht – den Sachverhalt zu ermitteln. Ein solcher Verdacht liegt regelmäßig dann vor, wenn konkrete tatsächliche Anhaltspunkte für eine Steuerstraftat gegeben sind. Dabei müssen die Anhaltspunkte sowohl hinsichtlich der objektiven Tatbestandsmerkmale als auch hinsichtlich der Rechtswidrigkeit und der Schuld bestehen, Nr. 24 AStBV. Bloße Vermutungen, Gerüchte, Verdächtigungen und insbesondere anonyme Anzeigen mit ungenauem Inhalt oder die bloße Möglichkeit einer schuldhaften Verkürzung reichen nicht aus, um einen konkreten Tatverdacht zu begründen. Andererseits können relativ konkrete Strafanzeigen, auch anonymer Art, von der gekündigten Buchhaltungskraft oder der in Scheidung lebenden Ehefrau durch die Steuerfahndung sehr ernst genommen werden. Bereits mit Urteil des BVerfG v. 8.11.1983[1)] wurde festgestellt, dass der Staatsanwaltschaft bei der Beantwortung der Frage, ob ein Verdacht zureichend i.S.d. § 52 Abs. 2 StPO sei, ein gewisser Beurteilungsspielraum zustehe.

Der Beschuldigte kann grundsätzlich in jeder Lage des Verfahrens einen Verteidiger wählen (§ 137 Abs. 1 Satz 1 StPO). Aus diesem Grund ist der Beschuldigte bereits bei Eröffnung des Verfahrens über das Recht der Zuziehung eines Verteidigers zu belehren (§ 385 Abs. 1 AO, §§ 136, 163a StPO) und im Rahmen einer Fahndungsdurchsuchung ist ihm nicht jeder Außenkontakt verboten. Nimmt der Beschuldigte sein Recht, einen Verteidiger zu wählen, nicht wahr, so bestellt der Vorsitzende des Gerichts, welches für die Hauptverhandlung zuständig ist, im Falle der notwendigen Verteidigung (§ 140 StPO) von Amts wegen einen Verteidiger, den sog. bestellten Verteidiger. Notwendige Verteidigung i.S.d. § 140 StPO ist z.B. dann erforderlich, wenn dem Beschuldigten ein Verbrechen zur Last gelegt wird, mithin das Gesetz eine Strafe von mindestens einem Jahr Freiheitsentzug androht. Da der Steuerberater nur zur alleinigen Verteidigung gewählt werden kann, soweit die Finanzbehörde das Verfahren selbständig durchführt, verändert sich die Chance einer Strafverteidigung durch den Berater, wenn das steuerstrafrechtliche Ermittlungsverfahren abgeschlossen ist und nach Auffassung der BuStra eine Abgabe an die Staatsanwaltschaft wegen der Schwere der Tat notwendig ist. In diesen Fällen ist der Berater formal „draußen", kann also nur noch zusammen mit einem Rechtsanwalt oder Rechtslehrer einer deutschen Hochschule arbeitsteilig verteidigen. **208**

Gemäß § 137 Abs. 1 Satz 2 StPO wird die Zahl der gewählten Verteidiger auf drei beschränkt. Hierdurch soll für alle Verfahrensabschnitte ein Missbrauch der Verteidigung durch Mitwirkung einer Vielzahl von Verteidigern zum Zwecke der Prozessverschleppung verhindert werden. **209**

3. Vergütung

Da der Steuerberater seine Tätigkeit weder nach RVG noch nach der Steuerberatervergütungsordnung abrechnen kann, bietet sich eine Abrechnung auf Stundenbasis auf Grundlage einer schriftlichen Honorarvereinbarung an. Üblich sind Stundensätze zwischen 200 bis 500 € zzgl. Umsatzsteuer und Auslagen. Es besteht auch die Möglichkeit, für das gesamte Verfahren eine Festvergütung zu vereinbaren. Hier kann das RVG einen Anhaltspunkt für die Höhe der Gesamtvergütung bieten. **210**

4. Haftung/Risiken

Um die Haftungsrisiken zu minimieren, sollte in jedem Fall mit dem Mandanten eine schriftliche Vereinbarung über die Begrenzung der Haftung abgeschlossen werden. Zu beachten ist allerdings, dass eine Haftungsbegrenzung nur hinsichtlich eines fahrlässigen Fehlverhaltens des Steuerberaters in Betracht kommt. Durch Individualvereinbarung kann für diesen Fall die Haftung bis zur Höhe der Mindestversicherungssumme begrenzt werden.[2)] **211**

Der Steuerberater trägt die Beweislast dafür, dass eine wirksame Individualvereinbarung zustande gekommen ist. Hierfür muss er nachweisen, dass er ein ausführliches Risikogespräch mit dem Mandanten geführt und das ungefähre Schadenspotenzial, insbesondere auch die Möglichkeit, dass dieses die Haftungsbeschränkung überschreite, ausdrücklich angesprochen hat.[3)]

---

1) NStZ 1984, 228.
2) Burkhard in Römermann, Steuerberater Handbuch Neue Beratungsfelder, 2005, 876.
3) Burkhard in Römermann, Steuerberater Handbuch Neue Beratungsfelder, 2005, 876.

212 Nach einer Schadenursachenanalyse treten die folgenden vier Fehler am häufigsten bei Steuerberatern auf:

- Rechtsirrtum (24 %),
- Übersehen/unterlassene Hinweise (ca. 44 %),
- Fristversäumnisse (ca. 22 %),
- fehlende Sachverhaltsaufklärung (ca. 10 %).[1]

5. Fazit

213 Da der Steuerberater nicht als Pflichtverteidiger bestellt werden kann, besteht keine Möglichkeit, bei Gerichten, Staatsanwaltschaften oder bei den BuStra mit der Bitte vorzusprechen, entsprechende Pflichtverteidigermandate in Steuerstrafsachen zu erhalten.[2] Aus dem Grunde spielen wie so oft im Berufsleben die Mundpropaganda sowie das erfolgreiche Lösen schwieriger und komplizierter Fälle eine entscheidende Rolle. Veröffentlichungen und Seminare zu steuerstrafrechtlichen Themen weisen einen Verteidiger ebenfalls als Fachmann aus.

Alles in allem verlangt die Tätigkeit als Steuerstrafverteidiger dem Steuerberater einiges an Einsatzbereitschaft ab, weshalb jeder für sich selbst entscheiden muss, ob er sich auf diesem Beratungsfeld wohlfühlen wird. Ausreichende Möglichkeiten zur Betätigung sind jedenfalls vorhanden.

XIII. Der Steuerberater als Testamentsvollstrecker

1. Vereinbarkeit der Tätigkeit des Testamentsvollstreckers mit dem Beruf des Steuerberaters

214 Für den Steuerberater ist die Tätigkeit als Testamentsvollstrecker eine vereinbare Tätigkeit nach § 57 Abs. 3 Nr. 2 StBerG.

2. Aufgabenbereich und persönliche Voraussetzungen

215 Gemäß § 57 Abs. 1 StBerG darf ein Steuerberater nur dann Leistungen erbringen, wenn er auch die erforderliche Sachkunde besitzt. Dies schließt die Übernahme des Amtes als Testamentsvollstrecker aus, wenn die erforderlichen Kenntnisse nicht vorhanden sind.

216 Zum Testamentsvollstrecker kann grundsätzlich jedermann ernannt werden. Als Ausschlusskriterien fungieren lediglich die Geschäftsunfähigkeit bzw. beschränkte Geschäftsfähigkeit des Ernannten oder die gerichtliche Bestellung eines Betreuers zur Besorgung seiner Vermögensangelegenheiten (§ 2201 BGB). Darüber hinaus gibt es jedoch noch weitere Einschränkungen bezogen auf die Besetzung des Amtes als Testamentsvollstrecker. Angesichts der enormen Fülle an Besetzungsmöglichkeiten soll anhand der nachfolgenden Optionen exemplarisch dargestellt werden, wer dieses Amt bekleiden kann bzw. darf und worauf gegebenenfalls zu achten ist.

217 Das Amt des Testamentsvollstreckers kann beispielsweise von einem Inhaber eines bestimmten öffentlichen Amtes ausgeübt werden, wohingegen einer Behörde an sich die Bekleidung dieses Amtes verwehrt ist. Dies resultiert daraus, dass der Behörde im Falle der Ausübung des Amtes als Testamentsvollstrecker ihr gesetzlich zugewiesener

---

1) Burkhard in Römermann, Steuerberater Handbuch Neue Beratungsfelder, 2005, 876.
2) Burkhard in Römermann, Steuerberater Handbuch Neue Beratungsfelder, Kap. C Rz. 874.

B. Vereinbare Tätigkeiten

Wirkungsbereich im Rahmen der öffentlichen Verwaltung ansonsten systemwidrig durch zivilrechtliche Regelungen erweitert würde.[1]

Ebenso kann auch das Nachlassgericht selbst nicht zum Testamentsvollstrecker ernannt werden.[2] Denn die gesetzlichen Regelungen im Bürgerlichen Gesetzbuch (BGB) sehen ausschließlich vor, dass der Testamentsvollstrecker vom Nachlassgericht ernannt wird. Könnte sich das Nachlassgericht selbst zum Testamentsvollstrecker ernennen, so würde dadurch ein an sich nur in Ausnahmefällen zulässiges Insichgeschäft propagiert. Zudem würde dadurch der staatliche Neutralitätsanspruch der Gerichte nachhaltig beeinträchtigt. **218**

Ob auch eine Gesellschaft bürgerlichen Rechts (GbR) das Amt des Testamentsvollstreckers annehmen kann, war lange Zeit umstritten. Angedacht wurde unter anderem, die Ernennungserklärung dahingehend umzudeuten, dass nicht die GbR als solche, sondern deren Gesellschafter zu Testamentsvollstrecker ernannt werden.[3] Eine solche Umdeutung dürfte allerdings angesichts der Entscheidungen des Bundesgerichtshofes (BGH) in den Jahren 2001 und 2002[4] zur Rechtsfähigkeit der GbR obsolet geworden sein. Nach diesen Entscheidungen besitzt die GbR Rechtsfähigkeit, soweit sie als Außengesellschaft fungiert und somit im Außenverhältnis durch Teilnahme am Rechtsverkehr eigene Rechte und Pflichten begründet. Auf Grund der der GbR in Form einer Außengesellschaft zugesprochenen Rechtsfähigkeit kann diese nun selbst das Amt des Testamentsvollstreckers übernehmen. **219**

Am 1.1.2010 trat das Wachstumsbeschleunigungsgesetz in Kraft, welches bereits das dritte auf den Weg gebrachte Konjunkturpaket der Bundesregierung seit Beginn der Wirtschaftskrise im Jahr 2007 darstellt. Dieses Paket enthält neben der kontrovers diskutierten Steuerentlastung für Betreiber von Hotels, Gasthöfen etc. auch erbschaftsteuerliche Regelungen, die unter anderem auch Unternehmenserben zugutekommen. Dieses Konjunkturpaket soll durch gezielte steuerliche Entlastungen dem durch die Krise verursachten Einbruch des Wirtschaftswachstums entgegenwirken und so als Wachstumsmotor fungieren. Für die Unternehmenserben sieht das Wachstumsbeschleunigungsgesetz eine Herabsetzung der für den Erhalt des Verschonungsabschlages erforderlichen Mindestsumme von 650 auf 400 % vor; der dafür maßgebliche Zeitraum wurde von sieben auf fünf Jahre abgesenkt. Gerade auf Grund der sich stets im Wandel befindlichen Gesetzeslage könnte die Einsetzung eines Steuerberaters als Testamentsvollstrecker – dies v.a. im Bereich der Unternehmensnachfolge – für alle Beteiligte als sinnvoll erachtet werden, da der Steuerberater bereits aus berufsbedingter Notwendigkeit kontinuierlich auf dem neusten Stand der Gesetzeslage sein sollte. Zum einen gebietet die Einsetzung eines Testamentsvollstreckers dem Erblasser die Möglichkeit, seinen testamentarischen Willen abzusichern und eine ordnungsgemäße Abwicklung des Nachlasses sicher zu stellen. Zum anderen bietet dies den Erben den Vorteil, dass eine fachkundige Person – gerade im Bereich der Unternehmensnachfolge – einen geordneten Übergang der Geschäfte auf die Erben organisiert, zumal der Steuerberater im Idealfall den aktuellen Stand des Unternehmens genauestens kennt, weil er ohnehin als Steuerberater für dieses Unternehmen tätig ist. Zudem dürfte die Testamentsvollstreckung ein lukratives Betätigungsfeld für den Steuerberater darstellen, denn die durchschnittliche Erbschaft beträgt in Deutschland derzeit ca. 300 000 €,[5] wobei bei einer Unternehmensnachfolge ein Vielfaches an Kapital vererbt wird. **220**

---

1) Laschet in Römermann, Steuerberater Handbuch Neue Beratungsfelder, Kap. C Rz. 7, 887.
2) Bengel/Reimann, Handbuch der Testamentsvollstreckung, München 2001, II 182.
3) Reimann in Staudinger, BGB-Kommentar, Band 5, Berlin 2003, § 2197 50; Bengel/Reimann, Handbuch der Testamentsvollstreckung, München 2001, II 180.
4) BGH v. 29.1.2001, II ZR 331/2000, BGHZ 146, 341; BGH v. 18.2.2002, II ZR 331/2000, NJW 2002, 1207.
5) Handelsblatt v. 7.4.2006.

221 Mit der Einsetzung eines Testamentsvollstreckers kann der Erblasser eine Absicherung seines testamentarischen Willens und – insbesondere bei mehreren Erben und/oder Vermächtnisnehmern – eine ordnungsgemäße Abwicklung des Nachlasses erwirken. Die Einsetzung eines Testamentsvollstreckers bietet den Vorteil, eine ungewollte Einflussnahme „böswilliger" Erben zu verhindern, Ansprüche von Erben und Vermächtnisnehmern zu schützen und durch die Anordnung einer dauerhaften Verwaltung des Nachlasses eine Zerschlagung seines Nachlasses (z.B. seines Unternehmens) langfristig zu verhindern. Für den Zeitraum der Testamentsvollstreckung sind den Erben die Verfügungsgewalt und das Nutzungsrecht über die gesamten Nachlassgegenstände vollständig entzogen, denn infolge der Einsetzung eines Testamentsvollstreckers ist dieser ausschließlich berechtigt, den Nachlass in Besitz zu nehmen und über diesen zu verfügen. Im Rahmen der Testamentsvollstreckung hat dann die dazu ernannte Person das ihr anvertraute Vermögen zu sichern und zu erhalten.

222 Der Testamentsvollstrecker ist i.d.R. eine vom Erblasser benannte Person, die die letztwilligen Verfügungen des Erblassers zur Ausführung zu bringen hat. Der Erblasser kann eine oder mehrere Personen zum Testamentsvollstrecker in seinem Testament oder in einem Erbvertrag ernennen. Eine rein mündliche Einsetzung als Testamentsvollstrecker genügt hingegen nicht. Die Ernennung der Person oder der Personen als Testamentsvollstrecker kann ebenso durch einen vom Erblasser ermächtigten Dritten oder vom Nachlassgericht auf Grund eines entsprechenden Gesuchs des Erblassers im Testament erfolgen. Erforderlich ist in jedem Falle, dass die Person, die das Amt des Testamentsvollstreckers bekleiden soll, eindeutig identifizierbar ist. Der Erblasser sollte daher darauf achten, die gesamten Personalien der Person (Name, Anschrift, Geburtsdatum etc.) im Testament oder Erbvertrag anzugeben. Je genauer die Angaben sind, desto eher ist sichergestellt, dass genau die ausgewählte Person vom Nachlassgericht auch als Testamentsvollstrecker ernannt wird. Im Falle der Möglichkeit von zwei mit den vom Erblasser angegebenen Personalien übereinstimmenden Personen geht die daraus resultierende Unbestimmtheit der Person letztlich zulasten des Erblassers, da in einem solchen Fall das Nachlassgericht im Zweifel einen vom Erblasser nicht benannten Dritten als Testamentsvollstrecker einsetzen wird, wenn nicht geklärt werden kann, wer von den beiden möglichen Personen der „Auserwählte" sein sollte.

223 Der Beginn der Ausübung des Amtes des Testamentsvollstreckers datiert auf den Zeitpunkt, in welchem der Ernannte das Amt durch Erklärung gegenüber dem Nachlassgericht annimmt (§ 2202 Abs. 1 BGB). Seitens des Ernannten besteht allerdings keinerlei Verpflichtung dazu, das Amt tatsächlich anzunehmen. Sollte er die Annahme verweigern, so hat er diese Erklärung ebenfalls gegenüber dem Nachlassgericht abzugeben. Sowohl die Erklärung der Annahme des Amtes als Testamentsvollstrecker als auch die Ablehnung kann in jedem Fall erst nach dem Eintritt des Erbfalles erfolgen.

Das Amt des Testamentsvollstreckers endet mangels anderweitiger Bestimmung durch den Erblasser i.d.R. mit dem Tod des Testamentsvollstreckers sowie im Falle des Eintritts der Geschäftsunfähigkeit desselben und/oder der Betreuerbestellung. Im Falle des Todes ist das Amt des Testamentsvollstreckers jedoch nicht vererbbar (§ 2225 BGB).

224 Sollte der Testamentsvollstrecker jedoch eine vorzeitige Beendigung seines Amtes begehren, so besteht jederzeit die Möglichkeit der Kündigung (§ 2226 BGB). Die Kündigung ist gegenüber dem Nachlassgericht zu erklären und ist unwiderruflich. Die Kündigung durch den Testamentsvollstrecker bedeutet jedoch nicht gleichzeitig, dass das Amt als solches erlischt. Vielmehr obliegt es dem Nachlassgericht, sodann einen neuen Testamentsvollstrecker einzusetzen.

225 Weiterhin besteht die Möglichkeit, dass der Testamentsvollstrecker auch gegen seinen Willen vom Nachlassgericht entlassen werden kann (§ 2227 BGB), wenn und soweit er seine Pflichten im Zusammenhang mit der Ausübung seines Amtes grob verletzt und zu einer ordnungsgemäßen Geschäftsführung offensichtlich nicht in der Lage ist.[1] Zu den wichtigen Gründen im Sinne von § 2227 Abs. 1 BGB zählen alle Umstände, die unter Abwägung der beiderseitigen Interessen die objektive Fortsetzung der Testamentsvollstreckung als unzumutbar erscheinen lassen. Darunter fallen insbesondere folgende Umstände:

– die völlige Untätigkeit des Testamentsvollstreckers,[2]
– die Eröffnung des Insolvenzverfahrens über das Vermögen des Testamentsvollstreckers, ebenso wie die Abgabe einer eidesstattlichen Versicherung über die eigenen Vermögensverhältnisse[3] und
– im Falle einer bestehenden Feindschaft zwischen Testamentsvollstrecker und Erben und der damit verbundenen Untrennbarkeit von persönlichen und geschäftlichen Interessen.[4]

Die Hauptaufgabe des Testamentsvollstreckers besteht in der Durchsetzung des Willens des Erblassers (§ 2203 BGB); d.h. der Testamentsvollstrecker nimmt die Interessen des Erblassers über dessen Tod hinaus war und fungiert somit als „verlängerter Arm" des Erblassers. Der Schwerpunkt seiner Tätigkeit ist dabei im Bereich der wirtschaftlichen Besorgung – sprich der Erfüllung seiner Aufgaben nach § 2203 BGB, der Bewirkung der Auseinandersetzung unter mehreren Erben, der Verwaltung des Nachlasses sowie der Eingehung von Verbindlichkeiten für den Nachlass (§ 2206 BGB)[5] – und nicht im Bereich der Rechtsberatung anzusiedeln. Daneben erweist sich die Einsetzung eines Testamentsvollstreckers im Hinblick auf die nachfolgend aufgeführten Bereiche als sinnvoll:

226

– Schutz Minderjähriger, Behinderter, wirtschaftlich unerfahrener oder unvorsichtiger Erben;
– Nutzung von Erfahrungen, Kompetenz und Qualifikation eines Steuerberaters als Testamentsvollstrecker im Hinblick auf wirtschaftliche Fragestellungen;
– Streitschlichtung,
– Schutz vor voreiliger und unüberlegter Auflösung wirtschaftlich sinnvoller Einheiten,
– Nutzung steuerlicher Kompetenz mit Blick auf Steuerersparnis bei der Einsetzung eines Steuerberaters als Testamentsvollstrecker,
– Überwachung der Erben,
– Durchsetzung von Vermächtnissen und Auflagen,
– Schutz der Erben vor Gläubigern,
– zentrale Abwicklung des Nachlasses und
– Entlastung der Erben.[6]

Zudem orientiert sich der Aufgabenbereich an der Art und Weise der Testamentsvollstreckung, die unterschiedlich ausgestaltet sein kann: Zum einen kann die Testamentsvollstreckung die Abwicklung des Nachlasses – sprich die Verteilung auf die Erben – zum Gegenstand haben, so dass man in diesem Fall von der sog. Auseinandersetzungs- bzw. Abwicklungsvollstreckung spricht, die in den §§ 2203 f. BGB geregelt

227

---

1) Laschet in Römermann, Steuerberater Handbuch Neue Beratungsfelder, Kap. C 35, 897.
2) Laschet in Römermann, Steuerberater Handbuch Neue Beratungsfelder, Kap. C 35, 897.
3) LG Berlin v. 26.11.1927, 5 T 1174/27; LG Berlin JW 1928, 922; einschränkend OLG Hamm v. 21.10.1993, 15 W 195/93, FamRZ 1994, 1419.
4) OLG Köln v. 28.2.1969, 2 Wx 188/68, OLGZ 1969, 281.
5) BVerfG v. 27.9.2002, 1 BvR 2251/01, Stbg. 2002, 588 „Wahrnehmung wirtschaftlicher Belange" mit Anm. Pestke.
6) Laschet in Römermann, Steuerberater Handbuch Neue Beratungsfelder, Kap. C 4, 887.

ist. Zum anderen kann die Testamentsvollstreckung aber auch derart ausgestaltet sein, dass die Aufgabe des Testamentsvollstreckers darin besteht, den Nachlass über einen längeren Zeitpunkt zu verwalten. In diesem Fall spricht man von einer sog. Verwaltungs- bzw. Dauervollstreckung, die in § 2209 BGB niedergelegt ist.

228 Die Verwaltungsvollstreckung kommt v.a. im Rahmen der Testamentsvollstreckung in der Unternehmensnachfolge zur Anwendung. Diese Art der Unternehmensnachfolge eröffnet dem Erblasser die Möglichkeit, einen reibungslosen Übergang des Unternehmens auf die nächste Generation zu vollziehen, ohne schon zu Lebzeiten die Leitung des Unternehmens aus der Hand geben zu müssen.[1] Zudem ist die letztwillige Verfügung des Erblassers in Bezug auf die Einsetzung eines Testamentsvollstreckers in diesem Bereich dann als besonders sinnvoll zu erachten, wenn es sich um mehrere Erben handelt, die Erben noch zu jung oder in Bezug auf den Stand ihrer Ausbildung noch nicht in der Lage sind, ein Unternehmen maßgeblich unternehmerisch zu führen und durch die Einsetzung eines Testamentsvollstreckers eine stufenweise Heranführung an die Leitung eines Unternehmens von statten gehen soll.[2] Hinzu kommt noch, dass durch die Einsetzung eines Testamentsvollstreckers ein etwaiger Zugriff von Gläubigern des Erben auf die Geschäftsanteile des Unternehmens vereitelt wird.

229 Durch die Aufnahme des Amtes als Testamentsvollstrecker nimmt dieser die Stellung eines Treuhänders ein und wird Inhaber eines privaten Amtes.[3] Der Testamentsvollstrecker übt sein Amt daher

– kraft eigenen Rechts,
– unabhängig vom Willen der Erben,
– im eigenen Namen,
– fremdnützig,
– im Interesse der Erben und
– im Rahmen der letztwilligen Verfügung des Erblassers aus.[4]

Bei der Ausübung seines Amtes unterliegt der Testamentsvollstrecker nicht der Überwachung oder Aufsicht durch das Nachlassgericht.[5] Das Nachlassgericht wird nur in dem Rahmen der gesetzlichen Zuweisung zuständig, wie beispielsweise bei der Ernennung des Testamentsvollstreckers oder dessen Entlassung.

230 Es war lange Zeit umstritten, ob die Ausübung des Amtes als Testamentsvollstrecker durch den Steuerberater eine erlaubnispflichtige Tätigkeit nach Art. 1 § 1 Rechtsberatungsgesetz (RBerG) darstellt. Am 11.11.2004 hat der BGH entschieden, dass die geschäftsmäßige Übernahme einer Testamentsvollstreckung nicht dem Erlaubnisvorbehalt des Art. 1 § 1 RBerG unterfällt.[6] Denn die erbrechtlichen Vorschriften des BGB sehen eine besondere fachliche Qualifikation für das Amt des Testamentsvollstreckers gerade nicht vor. Zudem sei bei der Beurteilung einer nach § 1 RBerG erlaubnispflichtigen Tätigkeit nicht vom jeweiligen Einzelfall auszugehen, da nahezu alle Lebensbereiche mittlerweile rechtlich durchdrungen seien und eine wirtschaftliche Betätigung in der Praxis kaum ohne rechtsgeschäftliches Handeln möglich sein wird. Es sei daher anhand einer abstrakten Abwägung der kollidierenden Interessen des Steuerberaters auf Berufsfreiheit und der Öffentlichkeit auf Sicherung der Qualität der Dienstleistung und Erhaltung der Funktionsfähigkeit der Rechtspflege die Entscheidung zu treffen,

---

1) Hackenberg, NWB 2003, 3467.
2) Laschet in Römermann, Steuerberater Handbuch Neue Beratungsfelder, Kap. C 46, 902.
3) BGH v. 2.10.1957, IV ZR 217/57, BGHZ 25, 275.
4) Bengel/Reimann, Handbuch der Testamentsvollstreckung, München 2001, I 11; Reimann in Staudinger, BGB-Kommentar, Band 5, Berlin 2003, vor §§ 2197 ff.
5) BayObLG v. 27.11.1953, 2 Z 224/53, BayOLGZ 1953, 357.
6) BGH v. 11.11.2004, I ZR 213/01.

ob die Ausübung des Amtes des Testamentsvollstreckers erlaubnispflichtig ist oder nicht, was der BGH in seiner Entscheidung mit Augenmerk auf den Gesichtspunkt der Verhältnismäßigkeit des Eingriffes in die Berufsfreiheit im Falle einer Erlaubnispflichtigkeit verneint hat.

Diese Entscheidung des BGH wurde bei der Gestaltung des Rechtsdienstleistungsgesetzes (RDG) umgesetzt, welches am 1.7.2008 in Kraft trat und das bis dahin geltende RBerG ablöste. Nach § 5 Abs. 2 Nr. 1 RDG fällt die Testamentsvollstreckung nun unter die erlaubten und zulässigen Nebenleistungen. Das bedeutet, dass jedenfalls dann, wenn noch eine Nebenleistung vorliegt, Inhalt, Umfang und sachlicher Zusammenhang mit der Haupttätigkeit unwiderleglich vermutet werden.[1] 231

Außerhalb der Testamentsvollstreckung liegende bzw. nicht zum eigentlichen Betätigungsbild des Steuerberaters gehörende Tätigkeiten sind keine nach § 5 Abs. 2 Nr. 1 RDG zulässigen Nebenleistungen. Darunter können beispielsweise die vorgelagerte Beratung über die Vermögensnachfolge, der Entwurf einer letztwilligen Verfügung ebenso wie gesellschaftsrechtliche Fragestellungen bei der Beratung über die Gestaltung eines Gesellschaftsvertrags fallen.[2]

3. Vergütung

Hinsichtlich des Erhalts einer Vergütung ist der Testamentsvollstrecker abhängig von der vom Erblasser getroffenen Regelung in dessen letztwilliger Verfügung. In dieser kann der Erblasser nämlich sowohl das „Ob" als auch die Höhe der Vergütung festlegen. Dabei kann er einen bestimmten Betrag oder aber einen bestimmten Prozentsatz festlegen. Er kann auch festlegen, dass ein Dritter zu einem späteren Zeitpunkt über die Höhe der Vergütung entscheiden soll. Üblicherweise wird auf Vergütungstabellen wie die „Neue Rheinische Tabelle" zurückgegriffen. Ist eine gewünschte Vergütung nicht – auch nicht durch „Nachverhandlung" mit den Erben – durchsetzbar, kann das Amt des Testamentsvollstreckers abgelehnt oder gekündigt werden. 232

Enthält die letztwillige Verfügung des Erblassers hingegen keinerlei Regelungen hinsichtlich der Vergütung, so kann der Testamentsvollstrecker für die Ausübung seines Amtes gem. § 2221 BGB eine angemessene Vergütung fordern, deren Höhe sich nach Wert und Umfang des Nachlasses, Dauer und Schwierigkeitsgrad der Tätigkeit und nach der Erforderlichkeit besonderer Fachkenntnisse richtet.[3] Üblicherweise berechnet sich diese nach einem bestimmten Prozentsatz vom Bruttowert des Nachlasses. Darüber hinaus besteht ein Anspruch auf Aufwendungsersatz nach §§ 2218, 670 BGB. Die Steuerberatergebührenverordnung findet keine Anwendung. Der Testamentsvollstrecker hat auch die Möglichkeit, mit den Erben eine Vergütungsvereinbarung zu treffen. Wird eine solche Vergütungsvereinbarung getroffen, geht sie der vom Erblasser bestimmten vor oder gilt als angemessen.[4] 233

Erbringt der Steuerberater als Testamentsvollstrecker steuerberatende Leistungen, beispielsweise Steuererklärungen, Jahresabschlüsse, so kann er dies gesondert nach der Steuerberatergebührenverordnung abrechnen.

4. Haftung/Risiken

Die Übernahme des Amtes des Testamentsvollstreckers begründet zwischen dem Testamentsvollstrecker und den Erben ein „Pflichtverhältnis eigener Art".[5] Solange sich 234

---

1) Hirtz in Grunewald/Römermann, RDG, 2008, § 5 Rz. 218.
2) Hirtz in Grunewald/Römermann, RDG, 2008, § 5 Rz. 217; Finzel, RDG, 2008, § 5 Rz. 14.
3) DStV, Die vereinbaren Tätigkeiten der Steuerberater, 2. Aufl. 2009, 17.
4) Edenhofer in Palandt, BGB, 68. Aufl. 2009, § 2221 Rz. 1.
5) BGH v. 2.10.1957, IV ZR 217/57, BGHZ 25, 275.

der Testamentsvollstrecker im Rahmen seiner Sorgfaltspflichten bewegt und entsprechend handelt, ist die Haftung des Testamentsvollstreckers auf den Nachlass beschränkt.[1] Fällt dem Testamentsvollstrecker jedoch hinsichtlich der Ausübung seines Amtes eine Sorgfaltspflichtverletzung zur Last, sieht das Gesetz eine Haftung nach § 2219 BGB für den daraus entstandenen Schaden vor. Er haftet gegenüber den Erben und Vermächtnisnehmern, allerdings für jegliches Verschulden bei Ausübung der ihm obliegenden Pflichten.[2]

235 Bei mehreren Testamentsvollstreckern haften diese gegenüber den Erben als Gesamtschuldner (§ 2219 Abs. 2 BGB). Auf Grund des vielseitigen Spektrums des Aufgabenbereiches eines Testamentsvollstreckers sowie der weitreichenden Befugnisse begründet diese Tätigkeit ein erhöhtes Haftungspotenzial, was nur bedingt durch die Berufshaftpflichtversicherung des Steuerberaters abgedeckt werden kann. Denn nicht unter den Deckungsschutz der Berufshaftpflichtversicherung fällt die Testamentsvollstreckung in eine Unternehmensnachfolge, da in diesem Bereich der Steuerberater als Testamentsvollstrecker häufig auch die Funktion eines Geschäftsführers übernimmt und in diesem Rahmen auch unternehmerische Entscheidungen treffen muss, denn für Haftpflichtansprüche aus unternehmerischem Risiko besteht kein Versicherungsschutz.

Zudem entfällt der Versicherungsschutz, wenn und soweit die Ausübung des Amtes eines Testamentsvollstreckers von dem Steuerberater häufig ausgeübt wird.

5. Fazit

236 Die Marktvorteile des Steuerberaters resultieren vorwiegend aus seiner fachlichen Qualifikation sowie der typischerweise jahrelangen Wegbegleitung des Erblassers. Denn bei größeren Erbschaften einer Privatperson wie auch bei einer erbrechtlich ausgestalteten Unternehmensnachfolge kann gerade die steuerliche Komponente bei der Abwicklung der Erbschaft im Vordergrund stehen, so dass gerade dann die Einsetzung eines Steuerberaters als Testamentsvollstrecker geboten sein könnte, um das Vermögen nicht anstatt den Erben dem Fiskus zukommen zu lassen.

237 Ein gewichtiges und gleichzeitig lukratives Betätigungsfeld eröffnet sich dem Steuerberater insbesondere im Rahmen der Testamentsvollstreckung in eine Unternehmensnachfolge. Diesbezüglich zeichnet sich die Einsetzung eines Steuerberaters als Testamentsvollstrecker dadurch aus, dass er wegen seiner Ausbildung und Vorkenntnisse gerade dazu geeignet ist, dieses Amt zu bekleiden. Dies resultiert v.a. aus den bei einer Unternehmensnachfolge häufig auftretenden steuerlichen und rechtlichen Umsetzungsproblemen. Zudem besteht der Vorteil bei der Einsetzung eines Steuerberaters als Testamentsvollstrecker in diesem Bereich gerade darin, dass dieser das Unternehmen i.d.R. bereits über einen längeren Zeitraum steuerrechtlich begleitet hat und somit bestens Bescheid weiß über den finanziellen Background des Unternehmens, wobei der Aspekt der genauen Übersicht über die Vermögensdispositionen des Erblassers auch auf die übrigen durch den Steuerberater wahrzunehmenden Testamentsvollstreckungen übertragen werden kann.

Übt der Steuerberater dieses Amt mit der üblicherweise von Steuerberatern verlangten Gewissenhaftigkeit aus, so dürfte sich das Haftungspotenzial nur minimal auswirken und somit die gewinnbringende Seite bei der Ausübung dieser Tätigkeit im Vordergrund stehen.

---

1) Laschet in Römermann, Steuerberater Handbuch Neue Beratungsfelder, Kap. C 46, 902.
2) Hartmann/Laufenberg, DStR 2009, 244, 247.

XIV. Der Steuerberater als Zwangsverwalter

1. Vereinbarkeit der Tätigkeit als Zwangsverwalter mit dem Beruf des Steuerberaters

Die Tätigkeit als Zwangsverwalter ist gem. § 57 Abs. 3 Nr. 2 StBerG mit dem Beruf des Steuerberaters vereinbar. 238

2. Aufgabenbereich und persönliche Voraussetzungen

Der Steuerberater, der in diesem Bereich tätig werden möchte, sollte über spezielle Rechtskenntnisse der Vorschriften des ZVG (Gesetz über die Zwangsversteigerung und Zwangsverwaltung) verfügen und die Besonderheiten des Verfahrens aus der Zwangsverwalterverordnung kennen. 239

Darüber hinausgehende Rechtskenntnisse im Insolvenzrecht, Mietrecht, Sachenrecht und Baurecht sollten ebenfalls vorhanden sein.

Ein Zwangsverwalter wird vom Vollstreckungsgericht bestellt. Zu diesem Zweck halten die Gerichte eine Liste von für die Übernahme des Zwangsverwalteramtes geeigneten Personen vor. Ein Anspruch auf Aufnahme in die Liste ist gegeben, wenn eine generelle Eignung für die Übernahme des Amtes besteht.[1] Diese Voraussetzung erfüllt eine geschäftskundige natürliche Person, die nach Qualifikation und vorhandener Büroausstattung die Gewähr für die ordnungsgemäße Gestaltung und Durchführung der Zwangsverwaltung bietet (§ 150 ZVG i.V.m. § 1 Abs. 2 ZwVwV).

Der Zwangsverwalter übernimmt anstelle des Schuldners die Verwaltung und Nutznießung des Grundbesitzes. Dazu muss dem Zwangsverwalter gem. § 150 Abs. 2 ZVG der Besitz am Grundstück und den mitbeschlagnahmten Sachen verschafft werden. Das Besitzrecht des Zwangsverwalters bricht den Besitz des Insolvenzverwalters. Auch durch die Eröffnung des Insolvenzverfahrens nach dem Zwangsverwaltungsbeschlag wird das Recht des Zwangsverwalters zum Besitz nicht berührt.[2] Nach der Bestellung hat der Verwalter über die Besitznahme des Zwangsverwaltungsobjekts und seine Tätigkeiten unverzüglich einen detaillierten Bericht zu fertigen und bei Gericht einzureichen. 240

Seine primäre Aufgabe ist es sodann, Maßnahmen zur Erhaltung und Verbesserung des Grundbesitzes zu ergreifen, um als Ziel ein wirtschaftlich optimales Ergebnis aus dem Zwangsverwaltungsobjekt zu erzielen. Grundsätzlich soll dieses Ziel erreicht werden, ohne dass die Art der Nutzung verändert wird. Sollte sich dies doch einmal als notwendig herausstellen, so ist nach Maßgabe des § 10 ZwVwV für bestimmte Arten der Nutzungsänderung zuvor die Zustimmung des Gerichts einzuholen. 241

Sinn und Zweck der Anordnung der Zwangsverwaltung ist es, die Rechte der Gläubiger durchzusetzen und zu befriedigen. 242

Der Verwalter hat jederzeit gegenüber dem Gericht oder einem beauftragten Sachverständigen die Akten und sonstigen Schriftstücke und die Ein- und Ausgabebelege vorzulegen und Auskünfte im Zusammenhang mit der Verwaltung zu erteilen.

Ein Zwangsverwalter ist in allen Angelegenheiten, die seine Rechte und Pflichten betreffen, prozessführungsbefugt. Im Rahmen dessen ist es ihm als einer vom Gericht bestellten Person auch erlaubt, Rechtsdienstleistungen zu erbringen.

---

1) Drasdo, NJW 2010, 1796.
2) Lwowski/Tetzlaff in MüKo InsO, 2. Aufl. 2008, § 165 Rz. 236.

3. Vergütung

243 Die Vergütung des Zwangsverwalters bestimmt sich nach der Zwangsverwalterverordnung (ZwVwV). Gemäß § 17 Abs. 1 ZwVwV hat der Verwalter Anspruch auf eine angemessene Vergütung für seine Geschäftsführung. Außerdem hat er Anspruch auf Erstattung seiner Auslagen nach § 21 der Zwangsverwalterordnung. Gemäß § 17 Abs. 1 Satz 2 ZwVwV orientiert sich die Höhe der Vergütung an der Art und dem Umfang der Aufgaben sowie an der Leistung des Zwangsverwalters.

Bei der Zwangsverwaltung von Grundstücken, die durch Vermieten oder Verpachten genutzt werden, erhält der Verwalter als Vergütung i.d.R. 10 % des für den Zeitraum der Verwaltung an Mieten oder Pachten eingezogenen Bruttobetrags.[1]

244 Gemäß § 21 Abs. 1 Satz 1 ZwVwV sind mit der Vergütung die allgemeinen Geschäftsunkosten abgegolten. Nach § 21 Abs. 1 Satz 2 ZwVwV gehört zu den allgemeinen Geschäftskosten auch der Büroaufwand des Verwalters einschließlich der Gehälter seiner Angestellten.

Erbringt der Steuerberater im Rahmen seiner Bestellung als Zwangsverwalter steuerberatende Leistungen (Steuererklärung, Jahresabschluss etc.), so können diese Leistungen zusätzlich nach der Steuerberatergebührenverordnung abgerechnet werden.

4. Haftung/Risiken

245 Der Zwangsverwalter kann nach § 69 AO zur Haftung für Forderungen aus dem Steuerschuldverhältnis herangezogen werden, wenn er vorsätzlich oder grob fahrlässig steuerrechtliche, ansonsten dem Schuldner obliegende Pflichten verletzt, da er Verfügungsberechtigter i.S.d. §§ 34 ff. AO ist.[2]

246 Der Versicherungsschutz aus der Vermögensschadenhaftpflichtversicherung erstreckt sich auf die Tätigkeit als Zwangsverwalter, soweit diese nicht überwiegend ausgeübt wird. Allerdings ist in § 1 Abs. 4 ZwVwV vorgesehen, dass für die Tätigkeit als Zwangsverwalter eine Vermögensschaden-Haftpflichtversicherung mit einer Deckung von mindestens 500 000 € abzuschließen ist. Durch das Gericht kann im Einzelfall die Notwendigkeit einer höheren Versicherungssumme festgelegt werden. Der Steuerberater muss daher vor Übernahme der Tätigkeit als Zwangsverwalter mit dem Versicherer einen zusätzlichen Versicherungsschutz vereinbaren.

5. Fazit

247 Insbesondere wegen der Möglichkeiten, steuerberatende Leistungen zusätzlich abzurechnen, kann eine Tätigkeit als Zwangsverwalter auch für Steuerberater durchaus als lukratives und interessantes Betätigungsfeld in Betracht kommen.

XV. Der Steuerberater als Umweltgutachter

1. Vereinbarkeit der Tätigkeit des Umweltgutachters mit dem Beruf des Steuerberaters

248 Die Tätigkeit des Umweltgutachters ist mit dem Beruf des Steuerberaters vereinbar.[3]

2. Aufgabenbereich und persönliche Voraussetzungen

249 Zu den Aufgaben eines Umweltgutachters gehören die Zertifizierung und Validierung der Umweltmanagementsysteme von Betrieben. Diese wiederum sind Teil des Mana-

---

1) Mayer in Mayer/Kroiß, RVG, 4. Aufl. 2009, § 1 Rz. 189.
2) Drasdo, NJW 2010, 1796, 1800.
3) Könen, DStR 1996, 320; Gehre/Koslowski, StBerG, 6. Aufl. 2009, § 57 Rz. 107.

gementsystems eines Unternehmens, in dem die Zuständigkeiten, Verhaltensweisen, Abläufe und Vorgaben zur Umsetzung der aus dem Umweltrecht resultierenden betrieblichen Auflagen und Verpflichtungen strukturiert festgelegt sind.[1] Eine Tätigkeit als Umweltgutachter setzt eine entsprechende Zulassung voraus. Nähere Regelungen hierzu enthält das Umweltauditgesetz (UAG).

3. Vergütung

Die Vergütung bestimmt sich nach den spezialgesetzlichen Regelungen des UAG und den dazu ergangenen Verordnungen.   250

4. Fazit

Die Tätigkeit des Steuerberaters als Umweltgutachter dürfte in der Praxis nur selten vorkommen und eignet sich angesichts der geringen Relevanz auch nicht als Marketinginstrument.   251

XVI. Der Steuerberater als Vermögensberater/Anlageberater

1. Vereinbarkeit der Tätigkeit als Vermögensberater mit dem Beruf des Steuerberaters

Die Vermögens- und Anlageberatung zählt als wirtschaftsberatende Tätigkeit zu den vereinbaren Tätigkeiten und ist damit gem. §§ 33, 57 Abs. 3 StBerG mit dem Beruf des Steuerberaters vereinbar – wiederum unter Berücksichtigung der Grenze der Gewerblichkeit.   252

Vermögensberatung und Anlageberatung sind nicht zwingend identisch. Entscheidend ist, ob das Vermögensziel nur durch eine Verbesserung der Performance des bisher schon angelegten Geldes erreicht werden kann. Nur dann ist Vermögensberatung zugleich Anlageberatung.[2]

2. Aufgabenbereich und persönliche Voraussetzungen

Das Aufgabengebiet des Steuerberaters im Bereich der Vermögensverwaltung bezieht sich selbstredend auf die Optimierung der privaten Liquiditäts-, Finanz- und Vermögenslage. Dabei gilt es zunächst die Ausgangssituation zu definieren, entweder für das gesamte oder einen Teil des Vermögens, um anschließend Maßnahmen aufzuzeigen, durch die sich dieser Ist-Zustand zu Gunsten des Mandanten unter Berücksichtigung der gemeinsam erarbeiteten Zielvorgaben optimieren lässt.[3]   253

Im Rahmen der Anlageberatung gliedert sich die Tätigkeit des Beraters in drei Stufen. In Stufe 1 geht es um die Entwicklung verschiedener Strategien. In der zweiten Stufe geht es um die Beratung bei der Auswahl der Strategie. Anschließend gilt es in Stufe drei, diese umzusetzen. In der vierten Stufe wird die konkrete Produktentscheidung getroffen.

3. Vergütung

Die Vergütung bemisst sich nach den allgemeinen zivilrechtlichen Vorschriften. Es bietet sich eine Vergütung auf Stundenbasis an. Alternativ lässt sich die Vergütung   254

---

1) Ueberfeld, DStR 2006, 298.
2) Hartmann/Laufenberg, DStR 2009, 244.
3) Hartmann/Laufenberg, DStR 2009, 244.

anteilig an die Höhe des Anlagebetrags knüpfen. Entscheidend ist, dass die Tätigkeit nicht durch Provisionen der Produktanbieter vergütet wird.

4. Haftung/Risiken

255 Der Bereich der Vermögens- und Anlageberatung birgt extreme Haftungsrisiken. Es ist daher unverzichtbar, vor Übernahme der Tätigkeit den Umfang des Mandats eindeutig mit dem Mandanten festzulegen und dies schriftlich zu fixieren.

Die Vermögensschadenhaftpflichtversicherung ist im Bereich der Vermögens- und Anlageberatung nur dann eintrittspflichtig, wenn diese Tätigkeit ausdrücklich in den Deckungsumfang des Versicherungsvertrages einbezogen ist.[1] Vor Übernahme der Tätigkeit sollte daher mit der Versicherung Rücksprache gehalten werden.

256 Sobald die Grenze zur Gewerblichkeit überschritten wird, handelt es sich um eine berufsrechtlich unzulässige Tätigkeit, für die generell kein Versicherungsschutz besteht. Bei der Anlage- und Vermögensberatung wird dies insbesondere dann relevant, wenn das Gebot der Unabhängigkeit missachtet wird. Dies hängt nicht zwingend von der Zahlung einer Provision ab, sondern kann in Einzelfällen auch dann zum Tragen kommen, wenn kein Provisionsinteresse des Beraters besteht.[2]

Angesichts dessen wird der Berater regelmäßig nicht sämtliche vier Stufen der Anlageberatung abdecken können, ohne Gefahr zu laufen, in den Bereich der berufsrechtlich nicht erlaubten Tätigkeiten zu gelangen und seinen Versicherungsschutz zu verlieren.[3]

5. Fazit

257 Die Vermögensberatung ist ein ideales Betätigungsfeld für Steuerberater, da ohnehin vorhandene Kompetenzen, nämlich die Fähigkeit Vermögens-, Finanz- und Liquiditätslage zu analysieren und darzustellen, erforderlich sind. Typischerweise werden Steuerberater ohnehin regelmäßig von ihren Mandanten nach Möglichkeiten der Verbesserung/Optimierung ihrer persönlichen Vermögensverhältnisse gefragt. Dieses Beratungsfeld lässt sich daher durch den Steuerberater ohne besonderen Akquisitionsaufwand generieren. Insbesondere zur wirtschaftlichen Neuausrichtung einer Kanzlei eignet sich die Ausweitung des Dienstleistungsangebots auf die Vermögensberatung selbständig tätiger und einkommensstarker Mandanten hervorragend.

C. Unvereinbare Tätigkeiten

von Prof. Dr. Volker Römermann/Ina Jähne

I. Tätigkeit als Arbeitnehmer

1 Nicht mit dem Beruf des Steuerberaters vereinbar ist gem. § 57 Abs. 4 Nr. 2 StBerG eine Tätigkeit als Arbeitnehmer, falls nicht eine der in Abs. 3 Nr. 4 (Tätigkeit eines

---

1) Hartmann/Laufenberg, DStR 2009, 244.
2) Hartmann/Laufenberg, DStR 2009, 244.
3) Hartmann/Laufenberg, DStR 2009, 244.

Lehrers an Hochschulen und wissenschaftlichen Instituten) sowie der §§ 58 (Tätigkeit als Angestellter) und 59 (Steuerberater oder Steuerbevollmächtigte im öffentlich-rechtlichen Dienst- oder Amtsverhältnis) StBerG genannten Tätigkeiten vorliegt.

Begründet wird das Verbot damit, dass Steuerberater sich nicht in der gewerblichen Wirtschaft betätigen sollen, erst recht nicht, wenn sie auch noch nach Weisung mit privatwirtschaftlicher Zielrichtung handeln müssen.[1]

Das gesetzliche Verbot der Tätigkeit als Arbeitnehmer gilt abgesehen von den in § 57 Abs. 3, §§ 58, 59 StBerG normierten Ausnahmen, ohne dass geprüft werden muss, ob die Tätigkeit im Einzelfall mit dem Beruf vereinbar wäre, wenn sie selbständig ausgeübt würde. Unerheblich ist auch, ob die Tätigkeit zeitlich und sachlich getrennt von der Steuerberatung ausgeübt wird.[2] Das Verbot gilt selbst dann, wenn der Steuerberater auch als Rechtsanwalt zugelassen und die Arbeitnehmertätigkeit mit dem Beruf des Steuerberaters vereinbar ist.[3]

Für die Frage, ob eine Arbeitnehmertätigkeit vorliegt, ist maßgeblich, ob eine fremdbestimmte Tätigkeit ausgeübt wird. Dabei ist unter anderem darauf abzustellen, ob eine erhebliche zeitliche Bindung vorliegt, die dem Berufsangehörigen keinen Raum mehr lässt, das Ausmaß seiner Arbeitsverrichtung durch eigene Entscheidungen frei zu bestimmen, und ob die Interessen des Mandanten denen des Arbeitgebers unterzuordnen sind.[4]

II. Sonstige mit dem Beruf des Steuerberaters unvereinbare Tätigkeiten

Neben der Nicht-Vereinbarkeit der Tätigkeit als Arbeitnehmer mit dem Beruf des Steuerberaters regelt § 57 Abs. 4 StBerG, welche Tätigkeiten darüber hinaus nicht mit dem Beruf des Steuerberaters vereinbar sind. Die Aufzählung ist allerdings nicht abschließend, was sich bereits aus der Verwendung des Begriffs „insbesondere" ergibt. Hinsichtlich der gewerblichen Tätigkeiten kann die zuständige Steuerberaterkammer nach § 57 Abs. 4 Nr. 1 StBerG Ausnahmen zulassen, soweit durch die Tätigkeit eine Verletzung von Berufspflichten nicht zu erwarten ist. Im Übrigen lässt sich für die gewerbliche Tätigkeit kein besonderer Begriff i.S.d. Abs. 4 entwickeln.[5]

Beispielhaft sei verwiesen auf ein Urteil des BFH v. 17.5.2011[6]. Der BFH hat entschieden, dass die Tätigkeit als Vorstandsmitglied einer Genossenschaftsbank gewerblich und daher mit dem Beruf des Steuerberaters nicht vereinbar ist. Ein Anspruch auf Zulassung einer Ausnahme besteht nur, wenn eine konkrete Gefährdung der Berufspflichten des Steuerberaters mit hinreichender Sicherheit ausgeschlossen werden kann. Eine gewerbliche Tätigkeit schließt die Tätigkeit als Syndikus-Steuerberater (→ 3 E Rz. 1 ff.), die die ausschließliche Wahrnehmung steuerberatender Tätigkeiten beim Arbeitgeber voraussetzt, aus.[7]

---

1) Gehre/Koslowski, Steuerberatungsgesetz, 6. Aufl. 2009, § 57, Rz. 94.
2) Gehre/Koslowski, Steuerberatungsgesetz, 6. Aufl. 2009, § 57, Rz. 94.
3) BFH v. 9.2.1993, VII R 89/92, Stbg 1993, 349.
4) Gehre/Koslowski, Steuerberatungsgesetz, 6. Aufl. 2009, § 57, Rz. 94; zu Syndikus-Steuerberatern → 3 E.
5) Gehre/Koslowski, Steuerberatungsgesetz, 6. Aufl. 2009, § 57, Rz. 98.
6) BFH v. 17.5.2011, VII R 47/10, Stbg 2011, 424.
7) BFH v. 17.5.2011, VII R 47/10, Stbg 2011, 424.

D. Fachberater

von Prof. Dr. Volker Römermann/Dr. Achim Zimmermann

I. Einleitung

1 In der Anwaltschaft haben Bestrebungen, eine Spezialisierung der Rechtsanwälte, verbunden mit der Einführung von entsprechenden Fachanwaltsbezeichnungen zu erreichen, eine lange Tradition. Bereits der 24. Deutsche Anwaltstag hatte im Jahre 1929 beschlossen, dass die Bezeichnung der Fachanwaltschaft – nach Führung eines hinreichenden Befähigungsnachweises – zulässig sein sollte.[1] Die Vorstände der deutschen Rechtsanwaltskammern verabschiedeten sodann 1930 die Richtlinie zur Einführung von Fachanwaltsbezeichnungen für die Bereiche Steuerrecht, Urheber- und Verlagsrecht, Gewerblicher Rechtsschutz, Staats- und Verwaltungsrecht, Ausländerrecht und Arbeitsrecht.

Sodann wurde im Jahr 1941 die Bezeichnung „Fachanwalt für Steuerrecht" durch die Bezeichnung Steuerberater ersetzt.[2]

Nach der Abschaffung der Fachanwaltsbezeichnungen in der nationalsozialistischen Zeit sowie nach langen Diskussionen zur Wiedereinführung in den 60er und 70er Jahren traten am 11.3.1997 die neue anwaltliche Berufsordnung (BerufsO) und am 29.11.1996 die Fachanwaltsordnung (FAO) in Kraft.

Die Anzahl der Fachanwaltsbezeichnungen hat sich seitdem konstant entwickelt. Mit dem seit dem 1.9.2014 bestehenden Fachanwalt für internationales Wirtschaftsrecht stehen den deutschen Rechtsanwälten 21 verschiedene Fachanwaltsbezeichnungen zur Verfügung. Weitere Fachanwaltstitel sind künftig nicht ausgeschlossen.

Das Berufsrecht der Steuerberater steht dagegen erst am Anfang dieser Entwicklung. Obwohl bereits 1994 der Gesetzgeber in § 86 Abs. 4 Nr. 11 StBerG der Satzungsversammlung der Bundessteuerberaterkammer die Möglichkeit eingeräumt hatte, die Voraussetzungen des Führens von Bezeichnungen festzulegen, ist das Führen einer Fachberaterbezeichnung erst seit 2007 möglich.[3]

Die vom Gesetzgeber eingeräumte Möglichkeit sollte dazu dienen, die Interessen der Verbraucher und die der Steuerberater zu vereinen. Auf der Seite des Verbraucherschutzes sollten irreführende Hinweise über besondere Kenntnisse des Steuerberaters in bestimmten Steuerrechtsgebieten vermieden werden. Auf der anderen Seite wurde das Interesse der Steuerberater erkannt, ihre Leistungen und Spezialisierungsbereiche den Rechtsuchenden gegenüber bekannt zu geben. Die Satzungsversammlung hatte zwar das Interesse der Steuerberater, ihre Leistungen transparenter und für das Publikum verständlicher zu machen, erkannt, dieser Kundmachungsbedarf sollte aber nach der lange Zeit vertretenen Auffassung der Satzungsversammlung bereits durch die Zulassung der Angabe von Tätigkeitsschwerpunkten abgedeckt sein.[4]

Erst 13 Jahre später hat es die 17. Satzungsversammlung Steuerberatern ermöglicht, Fachberatertitel auf dem Gebiet des Steuerrechts zu erwerben.

In dieser Entwicklung dürften zwei wichtige Entscheidungen des BVerfG – wie so oft im Berufsrecht der freien Berufe – eine maßgebliche Rolle gespielt haben. Im Jahr

---

1) AnwBl. 1929, 245.
2) Scharmer in Hartung/Römermann, Berufs- und Fachanwaltsordnung, Einführung FAO Rz. 12.
3) Schmidt-Keßeler, DStR 2007, 825.
4) Schmidt-Keßeler, DStR 2007, 826.

2002 hatte das BVerfG beschlossen, dass das Führen mehrerer Facharztbezeichnungen zulässig sei.[1] Das BVerfG hatte in der dortigen Entscheidung erneut klargestellt, dass die Freiheit der Berufsausübung aus Art. 12 Abs. 1 GG das Recht umfasst, die Öffentlichkeit über erworbene berufliche Qualifikationen wahrheitsgemäß und in angemessener Form zu informieren.

Auch im Jahr 2004 hat das BVerfG noch einmal bestätigt, dass Hinweise, die in sachlicher Form erfolgen und nicht irreführend sind, erlaubt sein müssen. In seinem Beschluss vom 28.7.2004 hatte das BVerfG[2] die herkömmliche Stufenleiter für Rechtsanwälte nach § 7 BerufsO a.f. – Interessenschwerpunkt/Tätigkeitsschwerpunkt/Fachanwalt – gekippt. Die Pflicht, sich an die Terminologie der „Tätigkeits- und Interessenschwerpunkte" zu halten, hielt das BVerfG für eine ungerechtfertigte Beschränkung der in Art.12 GG normierten Berufsausübungsfreiheit. Nach diesem „Spezialistenbeschluss" kann die Bezeichnung als „Spezialist" unter bestimmten Voraussetzungen zulässig sein. Die Entscheidung wurde als Triebfeder für die Ausweitung der Fachanwaltschaften verstanden.[3]

Die 17. Satzungsversammlung der Bundessteuerberaterkammer ist sodann im Jahre 2007 den von der Rechtsprechung geebneten Weg gegangen und hat auf den bestehenden Wettbewerbsdruck für Steuerberater reagiert. Auch an diese Berufsgruppe werden Anforderungen – wie an die verwandten Berufsgruppen der Rechtsanwälte, Wirtschaftsprüfer und z.T. der Unternehmensberater – gestellt, eine Spezialisierung aufzuweisen. Tatsächlich schließt die stetige Komplexität des Wirtschaftslebens und des Steuerrechts faktisch aus, alle Steuerrechtsgebiete gleichermaßen zu beherrschen. Auch die Bedeutung des grenzüberschreitenden Wirtschaftsverkehrs ist nicht zu verkennen. Mit der wachsenden Globalisierung und Vernetzung der Weltwirtschaft werden die Steuerberater vor zunehmende Herausforderungen gestellt. Eine Spezialisierung wird unumgänglich, zumal der Bedarf an Beratung in Fragen des Internationalen Steuerrechts nicht nur bei Großunternehmen oder Großkonzernen besteht, sondern auch längst bei mittelständischen Unternehmen eine immer größere Rolle spielt.

Die Verabschiedung der Fachberaterordnung wurde vor diesem Hintergrund durch den Präsidenten der Bundessteuerberaterkammer als eine der wichtigsten berufspolitischen Entscheidungen der letzten Jahre bezeichnet.[4] Ab Inkrafttreten der Fachberaterordnung sollten die Steuerberaterkammern die Möglichkeit haben, den Titel „Fachberater/in" amtlich verleihen zu können. Damit sollte es im Bereich der Vorbehaltsaufgaben künftig möglich sein, den Titel „Fachberater/in" zusammen mit der Berufsbezeichnung „Steuerberater/in" zu führen. Voraussetzung für die Verleihung ist, dass ein Steuerberater über weit überdurchschnittliche theoretische Kenntnisse und praktische Erfahrungen im jeweiligen Spezialgebiet verfügt und diese gegenüber der Steuerberaterkammer nachweist. Die amtliche Verleihung soll gewährleisten, dass sich die Verbraucher – wie ebenfalls bei Fachärzten und Fachanwälten – auf eine hohe Qualifikation des Fachberaters verlassen können. Die Fachberaterordnung trat gem. § 86 Abs. 3 Satz 4 StBerG am 1.8.2007 in Kraft.[5]

Damit hat der Steuerberater neue Möglichkeiten erhalten, seine besonderen Kenntnisse bestimmter Steuerrechtsgebiete gegenüber Mandanten und potenziellen Mandanten besser darstellen zu können. Die Bezeichnung „Fachberater" ist ebenso wie „Fachanwalt" keine Berufsbezeichnung, sondern eine Zusatzqualifikation, die ein Steuerberater erwerben kann.[6] Allerdings besteht diese Möglichkeit für Steuerbera-

---

1) BVerfG v. 29.10.2002, 1 BvR 525/99, NJW 2003, 879.
2) BVerfG v. 28.7.2004, 1 BvR 159/04, NJW 2004, 2656.
3) Römermann, MDR 2005, 1086.
4) Heilgeist, Kammerreport 07–2007, 25, Beihefter zu DStR 27/2007.
5) Fachberaterordnung, DStR 29/2007.
6) Schmidt-Keßeler, DStR 2009, 183.

ter im Gegensatz zu Rechtsanwälten lediglich in zwei Gebieten. Die Satzungsversammlung der Bundessteuerberaterkammer hat die Bezeichnungen „Fachberater für Internationales Steuerrecht" (→ 3 D Rz. 7) und „Fachberater für Zölle und Verbrauchsteuern" (→ 3 D Rz. 9) eingeführt, um damit zwei besonders zukunftsträchtige Beratungsfelder zu besetzen. Beide Bezeichnungen dürfen nur zusammen mit der Berufsbezeichnung „Steuerberater/in" oder „Steuerbevollmächtigte/r" geführt werden.

Für die Auswahl dieser beiden Fachberaterbezeichnungen wurden insbesondere Überlegungen zur Frage berücksichtigt, ob das jeweilige Fachgebiet wegen des Schwierigkeitsgrads eine Spezialisierung erfordere und ob das jeweilige Fachgebiet vom Standardangebot des Steuerberaters abgrenzbar sei. Hinzu kam als Kriterium, ob die entsprechende Nachfrage von Seiten der Mandanten besteht.[1]

Es ist derzeit nicht absehbar, dass in Kürze weitere Fachberaterbezeichnungen geschaffen werden. Mit dem „Fachberater" vollzieht der Beruf der Steuerberater eine Entwicklung, die vor Jahren bei Ärzten und Rechtsanwälten begonnen hatte. Da der Anwaltsberuf die meisten Ähnlichkeiten mit demjenigen der Steuerberater aufweist, sind viele Fragen zur Verleihung von Fachberaterbezeichnungen bereits durch die Literatur und Rechtsprechung im anwaltlichen Berufsrecht beantwortet worden, andere werden jedoch auf unterschiedliche Weise beantwortet.

Neben den von der Steuerberaterkammer verliehenen Fachberaterbezeichnungen „Fachberater für Internationales Steuerrecht" und „Fachberater für Zölle und Verbrauchsteuern" hat der Deutsche Steuerberaterverband (DStV e.V.) auf die gestiegene Nachfrage nach spezialisierter Beratung mit eigenen Fachberaterbezeichnungen geantwortet. Für den Bereich der vereinbaren Tätigkeiten (§ 57 Abs. 3 StBerG) erteilt der DStV nach Durchlauf des hierfür vorgesehenen Verfahrens einen Fachberatertitel in acht unterschiedlichen Bereichen zum Nachweis der Spezialisierung.

Im Unterschied zu den von der Steuerberaterkammer verliehenen Fachberaterbezeichnungen ist das Führen der vom DStV verliehenen Bezeichnung zu Werbezwecken berufsrechtlich nur dann zulässig, wenn sie nicht als Zusatz zur Berufsbezeichnung „Steuerberater" erfolgt. Aus diesem Grund muss eine von dem DStV verliehene Fachberaterbezeichnung von der Berufsbezeichnung und dem Namen des Steuerberaters räumlich deutlich abgesetzt werden (→ 3 D Rz. 11).

II. Voraussetzungen für die Verleihung

1. Bestellung als Steuerberater

2   Rechtliche Grundlage für die Verleihung der Bezeichnung „Fachberater für Internationales Steuerrecht" ist die von der Bundessteuerberaterkammer gem. § 86 Abs. 2 Nr. 2 sowie 3 und 4 Nr. 11 Steuerberatungsgesetz (StBerG) als Satzung beschlossene Fachberaterordnung i.d.F. vom 28.3.2007 (FBO). Sie regelt die zugelassenen Fachberaterbezeichnungen sowie die Voraussetzungen für deren Verleihung und enthält darüber hinaus Verfahrensregelungen insbesondere für die zu bildenden Fachausschüsse.

Die Führung der Fachberaterbezeichnung ist den Steuerberatern vorbehalten, die im jeweiligen Fachgebiet besondere theoretische Kenntnisse und besondere praktische Erfahrungen nachweisen können, die weit über den Kenntnissen und Erfahrungen liegen, die üblicherweise durch die Ausbildung und die praktischen Erfahrungen im Beruf erlangt werden. Die Anforderungen ergeben sich aus der Fachberaterordnung (vgl. §§ 2–10 FBO).

---

1) Schmidt-Keßeler, DStR 2007, 826.

Grundvoraussetzung für die Überprüfung der Voraussetzungen zur Erteilung der Fachberaterbezeichnung ist zunächst, dass der Antragsteller zum Zeitpunkt der Verleihung der Fachberaterbezeichnung seit mindestens drei Jahren als Steuerberater bestellt ist. Dies bedeutet allerdings nicht, dass der Lehrgang zur Erlangung der theoretischen Kenntnisse erst drei Jahre nach der Bestellung als Steuerberater absolviert werden darf (vgl. § 3 Abs. 2 FBO). Vielmehr können neubestellte Steuerberater den Lehrgang absolvieren, im Anschluss die erforderlichen 30 praktischen Fälle sammeln und dann den Antrag auf Verleihung des Titels stellen. Allerdings müssen sie sich in diesem Falle bereits jährlich mit mindestens zehn Pflichtstunden fortbilden.[1]

Durch dieses Erfordernis einer Mindestzeit wird sichergestellt, dass der Antragsteller über aktuelle und nicht etwa über lange zurückliegende Berufserfahrungen verfügt.

2. Besondere theoretische Kenntnisse

a) Allgemeines

Wann die theoretischen (und praktischen) Erfahrungen als „besonders" einzustufen sind, ist der Legaldefinition des § 2 Abs. 2 FBO zu entnehmen: Sie müssen auf dem Fachgebiet erheblich das Maß dessen übersteigen, das üblicherweise durch die berufliche Ausbildung und praktische Erfahrung im Beruf vermittelt wird. Kenntnisse und Erfahrungen müssen demnach deutlich überdurchschnittlich sein.

Besondere Kenntnisse in einem Fachgebiet können schon dann verneint werden, wenn der Bewerber in einem wichtigen Teilbereich des Fachgebiets erhebliche Wissenslücken aufweist.[2]

b) Fachlehrgänge

Die theoretischen Kenntnisse können dabei durch die Teilnahme an einem auf die Fachberaterbezeichnung vorbereitenden beraterspezifischen Lehrgang erworben werden (§ 4 Abs. 1 FBO), der alle relevanten Bereiche des Fachgebiets umfasst. Die Zertifizierung der Lehrgänge führt die zuständige Steuerberaterkammer durch. Der Lehrgang muss mindestens 120 Zeitstunden umfassen. Hierin noch nicht eingerechnet sind die Leistungskontrollen (Klausuren), deren Voraussetzungen in § 6 FBO geregelt sind. Der Antragsteller muss sich demnach für den „Fachberater für Internationales Steuerrecht" und für den „Fachberater für Zölle und Verbrauchsteuern" jeweils mindestens drei schriftlichen Leistungskontrollen (Aufsichtsarbeiten) aus verschiedenen Bereichen des Lehrgangs erfolgreich unterziehen. Die schriftlichen Leistungskontrollen dauern jeweils mindestens vier Zeitstunden.

Die theoretischen Kenntnisse des angehenden Fachanwalts sollen diesen in die Lage versetzen, die ihm vorgelegten praktischen Fälle qualitativ hochwertig zu bearbeiten.

Der Lehrgangsveranstalter muss sich von der Steuerberaterkammer, in deren Bezirk er seinen Sitz hat, vor Beginn des Lehrgangs bestätigen lassen, dass der Lehrgang zur Vermittlung der besonderen theoretischen Kenntnisse geeignet ist (§ 4 Abs. 1 Satz 3 FBO).

Grundsätzlich muss der Teilnehmer an dem Lehrgang während der gesamten Dauer des Lehrganges präsent sein. Ansonsten dürfte der Veranstalter die Leistungsteilnahme in dem von § 4 FBO geforderten zeitlichen Umfang nicht bestätigen. Mittlerweile wurde für die Fortbildung der Fachanwälte die Möglichkeit eröffnet, Veranstaltungen durchzuführen, die nicht in Präsenzform abgehalten werden, solange eine

---

1) Kudert, DStR 2009, 553.
2) BGH v. 6.3.2006, AnwZ (B) 37/05, BGH v. 14.2.1994, BRAK-Mitt. 1994, 104.

Interaktion zwischen Teilnehmer und Dozenten gewährleistet ist (§ 15 Abs. 1 Satz 2 FAO). Auch bei Steuerberatern werden jedoch die Präsenzkurse für den „Normalfall" gehalten.[1]

Angesichts der Tatsache, dass mittlerweile ganze Hochschulstudien an Fernuniversitäten absolviert werden können und die Teilnahme an einem Online-Seminar mittels Fernsicherungsmaßnahmen wie beispielsweise eines elektronischen Fingerabdruckes gesichert werden kann, dürfte die Pflicht der physischen Präsenz nicht überzeugen.[2]

c) Alternative Nachweismöglichkeiten

6 Gemäß § 4 Abs. 3 FBO besteht grundsätzlich die Möglichkeit, den erforderlichen Nachweis besonderer theoretischer Kenntnisse im jeweiligen Fachgebiet **auch ohne die erfolgreiche Teilnahme an einem Lehrgang nachzuweisen**. Allerdings müssen die außerhalb eines Lehrgangs erworbenen Kenntnisse dem im Fachlehrgang zu vermittelnden Wissen entsprechen. Soweit die theoretischen Kenntnisse außerhalb eines Lehrgangs durch eine Tätigkeit als Dozent erlangt wurden, muss diese Dozententätigkeit auf die Aus- und Fortbildung von Steuerberatern gerichtet gewesen sein. Damit soll nach dem ausdrücklichen Willen des Satzungsgebers ausgeschlossen werden, dass etwa erfahrenen und langjährig tätigen Steuerberatern ohne Nachweis des Erwerbs besonderer theoretischer Kenntnisse allein auf Grund ihrer umfangreichen besonderen praktischen Erfahrungen die Fachberaterbezeichnungen verliehen werden („Alte-Hasen-Regelung").[3]

Bei Rechtsanwälten bzw. für die Verleihung von Fachanwaltsbezeichnungen ist umstritten, welche alternativen Nachweismöglichkeiten tatsächlich anerkannt werden können. Einigkeit besteht allerdings darin, dass der erfolgreiche Abschluss des Steuerberaterexamens nach § 37a StBerG als Nachweis i.S.d. § 4 Abs. 3 FAO für die besonderen theoretischen Kenntnisse der Fachanwaltsbezeichnung Steuerrecht ausreichen soll, wenn dieses innerhalb der letzten vier Jahre vor Antragstellung abgelegt worden ist.[4] Bei allen Ersatztätigkeiten gilt ferner das Aktualitätsgebot des § 4 Abs. 2 FAO.

Zum Teil abgelehnt werden Nachweismöglichkeiten für Promotion,[5] Veröffentlichungen, Prüfungstätigkeit, Tätigkeiten im Fachausschuss und für ehrenamtliche Richter, da hier meist eine hochgradige Spezialisierung vorliegt, die nicht die komplette Bandbreite des jeweiligen Fachanwaltsbereichs abzudecken vermag. Maßgeblich ist insofern, ob alle relevanten Bereiche des Fachgebiets erfasst sind.[6]

Es ist zu erwarten, dass diese Fragestellungen in der noch jungen Auseinandersetzung zu den in § 4 Abs. 3 FBO vorgesehenen Nachweismöglichkeiten weiter diskutiert werden. Die bereits in Literatur und Rechtsprechung im anwaltlichen Berufsrecht entwickelten Grundsätze dürften zur Anwendung kommen. Die Fachberaterordnung stellt allerdings in diesem Zusammenhang klar, dass eine Dozententätigkeit auf die Aus- und Fortbildung von Steuerberatern gerichtet gewesen sein muss, um als alternative Nachweismöglichkeit in Betracht zu kommen. Die Dozententätigkeit für Fachanwälte für Steuerrecht dürfte auf Grund ihrer Qualitätsansprüche ebenfalls als alternative Nachweismöglichkeit gelten.

---

1) Kudert, DStR 2009, 553.
2) Scharmer in Hartung/Römermann, Kommentar zur Berufs- und Fachanwaltsordnung, § 4 FAO Rz. 33.
3) AGH NRW, BRAK-Mitt. 2007, 78.
4) Scharmer in Hartung/Römermann, Kommentar zur Berufs- und Fachanwaltsordnung, § 4 FAO Rz. 33.
5) A.A. aber Kleine-Cosack, Kommentar zur BRAO, Anh. I 2 § 4 FAO Rz. 7.
6) AGH Nordrhein-Westfalen v. 29.9.2006, 1 ZU 63/06, NJW 2007, 1471.

3. Gebiete der Fachberaterbezeichnung

a) Internationales Steuerrecht

Der Fachberater für Internationales Steuerrecht trägt der wachsenden Bedeutung grenzüberschreitender Mandate in der Berufspraxis Rechnung. Darüber hinaus soll den Rechtsanwälten durch die Verleihung der Fachberaterbezeichnungen ermöglicht werden, mit ihrer besonderen Qualifikation zu werben.

Das Wirtschaftsleben ist einer stetigen Internationalisierung ausgesetzt. Auch mittelständische Unternehmen stellen sich zunehmend international auf, insbesondere durch Tochtergesellschaften oder im Rahmen von Joint Ventures. Ebenfalls spielen internationale Steuerrechtsfragen bei der Beratung von Privatpersonen, sei es, weil diese Immobilien im Ausland unterhalten oder weil Mandanten ausländische Investitionsmöglichkeiten wahrnehmen, eine immer größer werdende Rolle. Doppelbesteuerungsabkommen und immer häufiger Europäisches Steuerrecht gehören zu dem Beratungsspektrum von Steuerberatern.

Für die Fachberater-Bewerber werden zertifizierte Lehrgänge von unterschiedlichen Veranstaltern angeboten, die allerdings inhaltlich sehr ähnlich sind, weil die FBO diesbezüglich deutliche Vorgaben sowohl hinsichtlich der Methodik als auch hinsichtlich der zeitlichen Struktur definiert.[1]

Der Umfang der nachzuweisenden besonderen Kenntnisse im Internationalen Steuerrecht ergibt sich aus der Anlage 1 zur FBO. Hiernach sind folgende Gebiete abzudecken:

- Internationales Steuerrecht:
    - Außensteuerrecht (Nationales),
    - Recht der Doppelbesteuerung,
    - Internationale Bezüge des Umwandlungssteuerrechts,
    - Grundzüge der systematischen Grundstrukturen ausländischer Steuerrechtsordnungen,
    - Grundsätze internationaler Einkünftezuordnung; soweit nicht in einem anderen Punkt erfasst,
    - Besteuerung von Steuerausländern in Deutschland (beschränkt Steuerpflichtige),
    - Besteuerung inländischer Stpfl. im Ausland, insbesondere Strukturierung von Auslandsinvestitionen,
    - Grenzüberschreitende Arbeitnehmerbesteuerung,
    - Steuerplanungstechniken,
    - Internationales Erbschaftsteuerrecht und ggf. Vermögensteuerrecht,
    - Verrechnungspreise einschließlich der Dokumentationspflichten,
    - Verfahrensrechtliche Besonderheiten bei grenzüberschreitenden Sachverhalten;
- Steuerrechtliche Bezüge des Europarechts:
    - Grundzüge des EGV, insbesondere die Grundfreiheiten, soweit sie für das Europäische und Internationale Steuerrecht relevant sind;
    - EU-Steuerrecht, insbesondere die EU-Richtlinien,
    - Gegenstand ist nicht die Umsatzsteuer im Europäischen Binnenmarkt sowie anderer ausländischer Staaten.

---
1) Kudert, DStR 2009, 553.

b) Zoll- und Verbrauchsteuerrecht

9 Über das erforderliche Know-how im Zoll- und Verbrauchsteuerrecht dürften zurzeit in Deutschland nur wenige Steuerberaterkanzleien verfügen. Die *klassische* Tätigkeit des Steuerberaters bezieht sich eher auf Fragen der Ertrag-, Besitz- und Verkehrsteuern. Bereits für den in diesen Bereichen tätigen Steuerberater ist es bei der heutigen Komplexität der Aufgaben und deren Umfang schwierig, ständig auf dem aktuellsten Stand von Gesetzgebung und Rechtsprechung zu bleiben und dies mit fundiertem Wissen zu untermauern.

Die Einführung des „Fachberaters für Zölle und Verbrauchsteuern" erscheint vor diesem Hintergrund noch als etwas Außergewöhnliches. Der inhaltliche Schwerpunkt dieses Fachberaters dürfte als außerhalb der klassischen Aufgabenfelder liegend oder sogar als Nischenthematik erscheinen. Zum Teil wird eine Tätigkeit im Zollrecht durch die Einführung des Europäischen Binnenmarkts als wenig praxisnahes Aufgabenfeld oder Exotenbereich für Spezialisten betrachtet. Allerdings wird in der Literatur z.T. das Gegenteil vertreten.[1] Bei dem von einem Fachberater für Zölle und Verbrauchsteuern abgedeckten Bereich sei ein stets steigender Bedarf festzustellen, bei dem die gesamte deutsche Import- und Exportwirtschaft umfasst wird. Dieser Tätigkeitsbereich ist gerade für das Export-Land Deutschland von erheblicher Bedeutung.

Besonders relevant ist hierbei in der Tat zwar nicht mehr der europäische Binnenmarkt, aber umso mehr der Handel mit sog. Drittstaaten, also Nicht-EU-Mitgliedern. Allein die in Deutschland für die Kassen der Europäischen Gemeinschaft vereinnahmten Zollbeträge belaufen sich bereits jährlich auf ca. 3 Mrd. €, in Europa sind es insgesamt 12 Mrd. €.[2]

Aus diesen Zahlen ist ersichtlich, dass das Zollrecht in der Realität eine wirtschaftlich hohe Praxisrelevanz aufweist. Auch Fragen, die sich aus den durch die EG mit zahlreichen Staaten der Welt geschlossenen Präferenzabkommen ergeben (EWR, EFTA, Mittelmeerländer, AKP-Staaten u.a.), erfordern spezielle Kenntnisse. Durch die gebotene Spezialisierung kann der Fachberater für Zölle und Verbrauchsteuern seinen Mandanten große Ersparnisse einbringen. Zahlreiche Verfahren zielen darauf ab, die Entrichtung von Zollabgaben zu vermeiden, zu verringern oder zumindest zu verzögern. Die hierin enthaltenen Möglichkeiten können nur mittels des speziellen Know-hows ausgeschöpft werden.

Hierbei bietet es sich für den Steuerberater an, den Unternehmen zur Seite zu stehen und derartige Aufgaben im Zollrecht nicht beispielsweise durch Spediteure, zu deren Tätigkeitsfeld gem. § 4 Nr. 9 StBerG auch die beschränkte geschäftsmäßige Hilfeleistung in Steuersachen im Zusammenhang mit Einfuhrabgaben zählt, erledigen zu lassen.

Der Bereich des Zollrechts bietet insofern neue Betätigungsfelder für Steuerberater. Unternehmen, denen im Umgang mit Zollbehörden zu günstigeren Zollwertangaben verholfen werden kann, werden diese unerlässliche Beratungsleistung in Anspruch nehmen.

Im Außenwirtschaftsrecht können spezielle Kenntnisse sogar strafrechtliche Auswirkungen vermeiden, die im Zusammenhang mit Exporten in Länder stehen, auf denen Embargos lasten. Ausfuhren an solche Länder ohne entsprechende Genehmigung können zu hohen Geldstrafen und langjährigen Freiheitsstrafen führen.[3]

Dem Steuerberater eröffnen sich insofern neue Betätigungsfelder, wenn er seine Mandanten insbesondere aus dem Kreis der kleinen und mittelständischen Unternehmen für Fragen der Import- oder Exportwirtschaft bzw. der zollrechtlichen Fragestellungen sensibilisiert.

---

1) Wolffgang, DStR 2007, 1550.
2) Wolffgang, DStR 2007, 1551.
3) Wolffgang, DStR 2007, 1551.

Daher ist davon auszugehen, dass der Fachberater in zoll- und verbrauchsteuerrechtlichen Fragen in Zukunft eine steigende Bedeutung erlangen wird.

Für die Erlangung des Titels sind folgende besondere Kenntnisse im Bereich der Zölle und Verbrauchsteuern nachzuweisen: **10**

– Zölle:
  – Grundlagen des Zollrechts,
  – Einfuhrabfertigung und freier Verkehr, Zolltarifrecht,
  – Zollwertrecht,
  – Warenursprungs- und Präferenzrecht,
  – Zollverfahren mit wirtschaftlicher Bedeutung, einschließlich externes Versandverfahren,
  – Elektronische Zollabwicklung unter ATLAS, Ausfuhrverfahren,
  – Zollschuldrecht, Rechtsschutz und Billigkeitsmaßnahmen,
  – Straf- und Bußgeldsachen im Bereich Zölle und Verbrauchsteuern,
  – Zoll- und (Einfuhr-)Umsatzsteuer,
  – Marktordnungsrecht,
  – Außenwirtschaftsrecht,
  – Außenwirtschafts-Straftaten und Ordnungswidrigkeiten,
  – Besonderheiten des Abgabenrechts;
– Verbrauchsteuer- und Monopolrecht:
  – Rechtsquellen,
  – Wesen der Verbrauchsteuern,
  – Art und Besonderheiten der jeweilgen Verbrauchsteuer,
  – Besondere verfahrensrechtliche Vorschriften einzelner Verbrauchsteuern, z.B. bezüglich der Buchführungs- und Anmeldepflichten,
  – Europarechtliche und internationale Fragestellungen im Zusammenhang mit den Verbrauchsteuern,
  – Rechtsprechung.

4. Exkurs: Fachberaterbezeichnungen des Deutschen Steuerberaterverbands

Nicht zu verwechseln mit den von der Steuerberaterkammer verliehenen Fachberaterbezeichnungen sind die durch den Deutschen Steuerberaterverband (DStV e.V.) verliehenen Fachberaterbezeichnungen. **11**

Für den Bereich der vereinbaren Tätigkeiten (§ 57 Abs. 3 StBerG) erteilt der DStV einen Fachberatertitel in unterschiedlichen Bereichen zum Nachweis der Spezialisierung.

Mittlerweile können Berufsangehörige Fachberaterbezeichnungen des DStV für folgende Fachgebiete erwerben:

– Rating,
– Sanierung und Insolvenzverwaltung,
– Internationale Rechnungslegung,
– Testamentsvollstreckung und Nachlassverwaltung,
– Unternehmensnachfolge,

- Mediation,
- Controlling und Finanzwirtschaft,
- Vermögens- und Finanzplanung,
- Gesundheitswesen.

Für diese vereinbare Tätigkeiten (§ 57 Abs. 3 StBerG) hat der DStV ein Fachberaterkonzept bzw. ein Verfahren entwickelt, das es den Steuerberatern ermöglicht, zu einer ausgewiesenen Spezialisierung zu gelangen. Dazu hat der Vorstand des DStV im Dezember 2006 die Richtlinien des Deutschen Steuerberaterverbandes zur Anerkennung von „Fachberatern (DStV e.V.)" beschlossen.

Die Verleihung und Aufrechterhaltung der Fachberaterbezeichnungen des DStV erfordern ebenfalls den Nachweis besonderer theoretischer Kenntnisse und praktischer Erfahrungen (§§ 2 und 3 der Richtlinien des DStV e.V.) sowie ständige Fortbildung in dem jeweiligen Fachgebiet (§ 5).

Die theoretische Sachkunde soll durch einen Fachlehrgang mit einer Mindestdauer von 120 Zeitstunden in allen relevanten Bereichen des Fachgebiets sowie durch Abschluss von mindestens zwei Klausurarbeiten nachgewiesen werden.

Die praktischen Erfahrungen sind nachzuweisen entweder durch eine vor der Antragstellung durchgängig mindestens drei Jahre lang ausgeübte Tätigkeit als Person nach § 3 StBerG und zwei Fälle, die der Antragsteller persönlich in dem jeweiligen Fachgebiet bearbeitet hat, oder durch fünf Fälle, die der Antragsteller als Person nach § 3 StBerG persönlich in dem jeweiligen Fachgebiet bearbeitet hat.

Wer die Bezeichnung „Fachberater/-in (DStV e.V.)" führt, muss jährlich auf dem entsprechenden Fachgebiet mindestens an einer Fortbildungsveranstaltung dozierend oder hörend teilnehmen oder auf diesem Gebiet wissenschaftlich publizieren. Die Gesamtdauer der Fortbildung darf zehn Zeitstunden nicht unterschreiten.

Der DStV führt ferner ein „Register der Fachberater (DStV e.V.)" im Internet, das öffentlich ist.

DStV und BStBK haben sich auf eine übereinstimmende Sichtweise verständigt, welche durch die Bundeskammerversammlung am 31.3.2008 bestätigt wurde.[1)] Die gefundene Einigung stärkt die Wettbewerbsfähigkeit des steuerberatenden Berufs erheblich. Mit dem Kompromiss werden die Voraussetzungen festgelegt, unter denen das **Führen der Bezeichnung zu Werbezwecken** jedenfalls zulässig ist. Von berufsrechtlicher Zulässigkeit ist danach auszugehen, wenn die DStV-Fachberaterbezeichnung nicht als Zusatz zur Berufsbezeichnung „Steuerberater" erfolgt. Dies ist der Fall, wenn die vom DStV verliehene Fachberaterbezeichnung von der Berufsbezeichnung und dem Namen des Steuerberaters räumlich deutlich abgesetzt wird – bei **Geschäftspapieren** z.B. in der Seitenleiste oder in der Fußleiste. Handelt es sich um die Geschäftsunterlagen mehrerer Berufsangehöriger, von denen nur einer die Bezeichnung führt, muss in der Fußleiste bzw. in der Seitenleiste bei der Nennung der Fachberaterbezeichnung der Name des Berufsangehörigen hinzugefügt werden. Außerdem hat sich der DStV bereit erklärt, die Fachberaterbezeichnung um den Zusatz „e.V." zu ergänzen, so dass diese nunmehr **„Fachberater für ... (DStV e.V.)"** lautet.

Diese gemeinsame Auffassung von BStBK und DStV ist zwischenzeitlich auch höchstrichterlich bestätigt worden. Mit Urteil vom 23.2.2010 (Az. VII R 24/09) hat der BFH für die Bezeichnung „Fachberater für Sanierung und Insolvenzverwaltung (DStV e.V.)" entschieden, dass Steuerberater die Fachberaterbezeichnung für vereinbare Tätigkeiten führen dürfen, wenn sie diese räumlich von der Berufsbezeichnung absetzen. Mit

---

1) Vgl. gemeinsame Pressemitteilung v. 9.4.2008.

Beschluss vom 9.6.2010 (Az. 1 BvR 1198/10) hat das BVerfG diese Entscheidung inzwischen bestätigt.

Beim Gestalten von Visitenkarten etwa wird der Abstand, der zwischen der Berufsbezeichnung „Steuerberater" und einem Fachberatertitel des DStV einzuhalten ist, dann gewahrt, wenn man sich an den folgenden beiden Mustern orientiert:

Beispiel: Visitenkarte einer Einzelpraxis

Dipl.-Bw. Max Meier
Steuerberater
 	
                              Musterstraße 1
                              12345 Berlin
 	
                              Tel.: 030 123456–77
                              Fax: 030 123456–78
                              E-Mail: meier@kanzlei.de
 	
     Fachberater für Sanierung und Insolvenzverwaltung (DStV e.V.)
                              ggf. Tätigkeitsschwerpunkte

Beispiel: Visitenkarte einer Sozietät (auch anwendbar auf Steuerberatungsgesellschaft)

Meier & Müller Steuerberater • Wirtschaftsprüfer **Max Meier** Steuerberater Musterstraße 1 12345 Berlin Tel.: 030 123456–77 Fax: 030 123456–78   Fachberater für E-Mail: meier@kanzlei.de   Sanierung und Insolvenzverwaltung (DStV e.V.)   ggf. Tätigkeitsschwerpunkte

Quelle: www.dstv.de

Das „Gesetz zur weiteren Erleichterung der Sanierung von Unternehmen" (ESUG) bietet für alle Insolvenzantragsverfahren seit dem 1.3.2012 mit der Eigenverwaltung dem „Schutzschirmverfahren" an. **12**

Durch das eingeführte Schutzschirmverfahren gem. § 270b InsO erhält der Schuldner die Chance, im Schutz „eines besonderen Verfahrens in Eigenverwaltung" einen Sanierungsplan zu erstellen, der Grundlage für einen Vergleich außerhalb oder innerhalb eines eröffneten Insolvenzverfahrens sein soll.[1] Dem Insolvenzrichter ist die Aufgabe zugewiesen, anhand der Bescheinigung nach § 270b Abs. 3 InsO darüber zu entscheiden, ob dem Schuldner der Zutritt zu diesem an ausländische Rechtsordnungen angelehnten, völlig neu konzipierten Verfahren innerhalb eines Insolvenzeröffnungsverfahrens gewährt wird. Das Schutzschirmverfahren erfordert, dass sich bei Antragstellung bereits ein Sanierungskonzept, zumindest in den Kernelementen, erkennen lässt.

---

1) BT-Drucks. 17/5712, 40.

Damit das Gericht das Schutzschirmverfahren anordnet, muss der Schuldner einen Antrag auf Bestimmung einer Frist zur Vorlage des Insolvenzplans stellen,[1] § 270b Abs. 1 Satz 1 InsO. Die weitergehenden Rechte des Insolvenzschuldners im Schutzschirmverfahren führen zu deutlich höheren Anforderungen an die Anordnung durch das Insolvenzgericht. So hängt die Anordnung insbesondere von der Vorlage einer mit Gründen versehenen Bescheinigung eines in Insolvenzsachen erfahrenen Berufsträgers ab, aus der sich ergibt, dass bestimmte Voraussetzungen vorliegen.

Dieser Antrag tritt neben die Anträge auf Eröffnung des Insolvenzverfahrens (Insolvenzantrag) und auf Anordnung der Eigenverwaltung, § 270b Abs. 1 Satz 1 InsO. Dem Antrag hat der Schuldner eine Bescheinigung einer qualifizierten Person vorzulegen, aus der sich ergibt, dass

1. drohende Zahlungsunfähigkeit oder Überschuldung, aber keine Zahlungsunfähigkeit vorliegt und
2. die angestrebte Sanierung nicht offensichtlich aussichtslos ist.

Zu beachten ist ferner, dass der Aussteller gem. § 270b Abs. 2 Satz 1 InsO von dem Sachwalter personenverschieden sein muss.

Das Gesetz enthält keine näheren Anforderungen an den Inhalt der Bescheinigung. Es beschränkt sich darauf, dass sie mit Gründen versehen sein muss.[2]

Nach § 270b Abs. 1 Satz 3 InsO muss die Bescheinigung von einem in Insolvenzsachen erfahrenen Steuerberater, Wirtschaftsprüfer oder Rechtsanwalt oder einer Person mit vergleichbarer Qualifikation ausgestellt sein. In der Gesetzesbegründung geht der Gesetzgeber davon aus, dass Steuerbevollmächtigte, Steuerberater und vereidigter Buchprüfer als Person mit vergleichbarer Qualifikation anzusehen sind.[3]

Zu den qualifizierten Personen zur Erteilung einer entsprechenden Bescheinigung dürften sicherlich die Fachanwälte für Insolvenzrecht und die Fachberater für Sanierung und Insolvenzverwaltung (DStV e.V.) gehören. Daher werden die Sanierungsbescheinigungen als neues Tätigkeitsfeld für im Insolvenzrecht erfahrene Steuerberater angesehen.[4]

13 Das Führen der DStV-Fachberaterbezeichnung ist jedoch **berufsrechtlich** nicht unproblematisch bzw. nicht uneingeschränkt zulässig. Mit Urteil vom 23.2.2010[5] hat der BFH für die Bezeichnung „Fachberater für Sanierung und Insolvenzverwaltung (DStV e.V.)" entschieden, dass Steuerberater die Fachberaterbezeichnung für vereinbare Tätigkeiten führen dürfen, wenn sie diese räumlich von der Berufsbezeichnung absetzen. Diese Entscheidung wurde mit Beschluss vom 9.6.2010[6] durch das BVerfG bestätigt. Dieser Auffassung ist nicht zu folgen. Zum einen bleibt unklar, wie groß die räumliche Trennung bzw. wie viele Zentimeter zwischen der Berufsbezeichnung „Steuerberater" und dem „Fachberatertitel" liegen sollen. Ferner vermag nicht zu überzeugen, aus welchem Grund Steuerberatern erlaubt ist, eine entsprechende Fortbildung als Fachberater zu absolvieren und sich als solche zu bezeichnen, wenn sie sodann dazu verpflichtet werden, die Fachberaterbezeichnung auf den jeweiligen Werbemitteln zu *verstecken*.

Das Führen der DStV-Fachberaterbezeichnung ist insofern nur unter der Voraussetzung zulässig, dass sie nicht als Zusatz zur Berufsbezeichnung „Steuerberater" erfolgt. Dies ist der Fall, wenn die vom DStV verliehene Fachberaterbezeichnung von der

---

1) Römermann/Praß, Das neue Sanierungsrecht, Rz. 585 ff.
2) Zipperer/Vallender, NZI 2012, 729.
3) Riggert in Nerlich/Römermann, InsO § 270b, Rz. 8 (April 2012).
4) Kerz, DStR 2012, 204, 208; Römermann/Praß, Das neue Sanierungsrecht, Rz. 568.
5) BFH v. 23.2.2010, VII R 24/09, DStRE 2010, 570.
6) BVerfG v. 9.6.2010, 1 BvR 1198/10, DStRE 2010, 1279.

Berufsbezeichnung und dem Namen des Steuerberaters räumlich deutlich abgesetzt wird – bei Geschäftspapieren z.B. in der Seitenleiste oder in der Fußleiste. Handelt es sich um die Geschäftsunterlagen mehrerer Berufsangehöriger, von denen nur einer die Bezeichnung führt, muss in der Fußleiste bzw. in der Seitenleiste bei der Nennung der Fachberaterbezeichnung der Name des Berufsangehörigen hinzugefügt werden. Die Fachberaterbezeichnung muss ferner den Zusatz „e.V." aufweisen, so dass diese „Fachberater für ... (DStV e.V.)" lautet.

Ob der Verbraucher diese feinen Unterschiede bei der Gestaltung der Werbemittel bemerkt bzw. den Unterschied zwischen dem Fachberater des DStV e.V. und des Fachberaters der Steuerberaterkammer erkennt, mag mit Skepsis gesehen werden. Der Verbraucher wird im Zweifel keine Qualitätsunterschiede auf Grund der unterschiedlichen Briefbogengestaltung erkennen, sondern ggf. eine ungünstige Außengestaltung des jeweiligen Steuerberaters vermuten. **14**

Diese Änderungen wurden ebenfalls in der durch die Satzungsversammlung der Bundessteuerberaterkammer am 8.9.2010 in Berlin beschlossenen Novellierung der Berufsordnung der Steuerberater (BOStB) sowie in den Änderungen der Fachberaterordnung berücksichtigt. § 9 Abs. 3 BOStB regelt, dass andere Bezeichnungen als amtlich verliehene Berufs-, Fachberater- und Fachanwaltsbezeichnungen, akademische Grade und staatliche Graduierungen von Steuerberatern nur kundgemacht werden dürfen, wenn eine klare räumliche Trennung vom Namen und der Berufsbezeichnung „Steuerberater" besteht.[1)]

5. Besondere praktische Erfahrungen

a) Anzahl der Fälle

§ 5 FBO legt die Anzahl der Praxisfälle fest, die der Bewerber bzw. zukünftige Fachberater je nach Fachgebiet persönlich und eigenverantwortlich vor Antragstellung bearbeitet haben muss. Sowohl für das Fachgebiet des Internationalen Steuerrechts als auch für das Fachgebiet der Zölle und Verbrauchsteuern sind mindestens 30 Fälle erforderlich. **15**

b) Definition des Falls

Der Begriff des Falls ist weder in der Fachberaterordnung noch in der Fachanwaltsordnung definiert. Seine Konkretisierung wurde daher der Rechtsprechung überlassen. Eine allgemein verbindliche Definition ist bislang nicht gelungen. In der Literatur wird z.T. auf die Definition der Angelegenheit im Gebührenrecht der Rechtsanwälte bzw. auf den § 15 ff. RVG zurückgegriffen.[2)] **16**

Für die gerichtlichen Verfahren kann jedenfalls festgehalten werden, dass jedes im prozessualen Sinne eigenständige Verfahren als ein Fall angesehen werden kann. Indiz ist hierfür ein eigenes Aktenzeichen.

Ein Fall, der sowohl außergerichtlich als auch gerichtlich bearbeitet wurde, zählt nach übereinstimmender Ansicht in der anwaltlichen Literatur nur einfach und zudem als gerichtliches Verfahren. Auch ein Verfahren über mehrere Instanzen soll als ein Fall gelten, selbst wenn das Mandat mehrere prozessuale Vorgänge wie beispielsweise ein Eilverfahren umfasst. Wenn ein solches Verfahren in einer weiteren Instanz besondere neue Anforderungen gegenüber der bisherigen Tätigkeit im Fall aufweist, ist dies aber in der Gewichtung des Falles zu berücksichtigen.[3)] Diese Grundsätze dürften auf die Fallabgrenzung in steuerlichen Fragen uneingeschränkt Anwendung finden.

---

1) Schmidt-Keßeler, DStR 2009, 182.
2) Kleine-Cosack, § 5 FAO Rz. 7.
3) Kleine-Cosack, Aktuelle Probleme der Fachanwaltsverleihung, 596.

17 Die Abgrenzung eines Falls im außergerichtlichen Bereich bereitet in der Praxis größere Schwierigkeiten.

Die Teilnehmer des sog. Berliner Erfahrungsaustausches vom 30.11.2001 und 1.12.2001 hatten in den sog. „Berliner Empfehlungen" eine Definition eines Falles i.S.d. § 5 Abs. 1 Satz 1 FAO (mit § 5 Abs. 1 Satz 1 FBO faktisch gleichlautend) ausgearbeitet.

Auf Einladung der Bundesrechtsanwaltskammer (BRAK) und in Zusammenarbeit mit Vorbereitungsausschüssen der Berufskammern wurde am 30.11.2001 und 1.12.2001 in Berlin ein Erfahrungsaustausch über die FAO durchgeführt, dessen Ergebnisse in einem Papier festgehalten wurden. Auf dieser Basis sollte u.a. die Fachanwaltsordnung entwickelt bzw. klargestellt werden.

Nach den Ergebnissen des sog. Berliner Erfahrungsaustausches ist ein Fall i.S.d. FAO die juristische Aufarbeitung eines einheitlichen Lebenssachverhalts, der sich von anderen Lebenssachverhalten dadurch unterscheide, dass die zu beurteilenden Tatsachen und die Beteiligten verschieden seien. Eventuelle Besonderheiten bei der Bestimmung des Begriffes Lebenssachverhalt seien – so die Teilnehmer des Berliner Erfahrungsaustausches – für die einzelnen Fachgebiete zu definieren.[1]

Der BGH hat sich diese Definition weitgehend zu eigen gemacht und versteht unter „Fall" entsprechend dem Verständnis des Begriffs im Rechtsleben und im täglichen Gebrauch „jede juristische Aufarbeitung eines einheitlichen Lebenssachverhalts, der sich von anderen Lebenssachverhalten und dadurch unterscheidet, dass die zu beurteilenden Tatsachen und die Beteiligten verschieden sind".[2]

18 Bei der Erstellung der Fallliste ist zu beachten, dass nicht nur eine schriftliche, sondern auch eine telefonische Beratung als Fall gelten kann. Allerdings sollte die Fallbearbeitung hinreichend dokumentiert werden – beispielsweise durch einen Aktenvermerk oder durch die entsprechende Abrechnung –, um als nachgewiesener Fall gelten zu können.

Auch „Serienfälle" gelten nach der Rechtsprechung als selbständige Fälle i.S.d. Fachanwaltsordnung.[3] „Serienfälle" haben einen gleichen Kernsachverhalt, bei denen dennoch der Berater in den Einzelnen auch stets individuell prüfen muss, wer inwieweit beschwert ist, was das Ziel beispielsweise eines Rechtsbehelfs- oder Klageverfahrens sein kann oder muss, welche Fristen zu beachten sind und welche Besonderheiten bzw. Abweichungen vom Kernsachverhalt vielleicht im Detail berücksichtigt werden müssen. Insofern erscheint es sachgerecht, jeden einzelnen Fall einer Serie auch einzeln zu werten.

In der Praxis empfiehlt es sich bei Antragstellung, die nach § 5 Absatz 1 FBO erforderlichen Fallzahlen zu überschreiten bzw. mehr Fälle als erforderlich vorzulegen, damit dem Antrag bei Wegfall einiger Fälle dennoch stattgeben wird.[4]

c) Eigenverantwortliche Fall-Bearbeitung

19 Nach § 5 FBO hat der Antragsteller die nachzuweisenden Fälle „als Steuerberater persönlich und eigenverantwortlich" zu bearbeiten. Hierbei ist nicht von Bedeutung, ob der Antragsteller in seinen Fällen als Einzelsteuerberater oder als Mitglied einer Berufsausübungsgemeinschaft tätig ist.

---

1) BRAK-Mitt. 2002, 26 ff.
2) BGH v. 21.5.2004, AnwZ (B) 36/01, NJW 2004, 2748.
3) AGH Naumburg v. 23.1.2004, 1 AGH 19/03, NJW 2004, 3723.
4) Offermann-Burckart, Fachanwalt werden und bleiben, 56 Rz. 178.

Die Vorschrift entspricht weitestgehend der Regelung in § 5 Abs. 1 FAO, wonach der Rechtsanwalt die nachzuweisenden Fälle „*als Rechtsanwalt persönlich und weisungsfrei*" bearbeitet hat.

Die persönliche und weisungsfreie Bearbeitung als Rechtsanwalt ist im Sinne einer anwaltlichen Unabhängigkeit auszulegen. Sie umfasst die Freiheit von fachlichen Weisungen für die Mandatsbearbeitung durch Vorgesetzte oder durch Seniorsozien.[1] Der Antragsteller muss den von ihm in der Liste aufgenommenen Fall unbeschadet seiner Eingliederung in einer Rechtsanwaltssozietät oder als Angestellter bei einem anderen Rechtsanwalt als der maßgebliche, für den Gang des Verfahrens verantwortliche Sachbearbeiter persönlich bearbeitet haben und nicht nur Dritte bearbeitet haben lassen. Entscheidend ist seine eigenständige, weisungsfreie, fachliche und selbständige Bearbeitung.[2]

Ein Indiz für die eigenverantwortliche Bearbeitung eines Falls ist die Unterzeichnung der erarbeiteten Schriftsätze. Wenn im Einzelfall aus kanzleiinternen Gründen Schriftsätze jedoch von einem anderen Rechtsanwalt, z.B. dem Seniorsozius, unterschrieben werden, spricht dies nicht zwingend gegen die selbständige Bearbeitung. Allerdings muss der Antragsteller seine selbständige Bearbeitung beispielsweise durch sein Diktatzeichen im Kopf der Schriftsätze oder durch die Erklärung seines Seniorsozius nachweisen. Ein nur gelegentliches Tätigwerden Dritter in den von dem Bewerber benannten Fällen – wie beispielsweise bei Urlaubs- oder Terminvertretungen oder das Unterzeichnen von Schriftsätzen im Auftrag eines Kollegen – führt nicht automatisch zum Wegfall der persönlichen Bearbeitung. Es ist im Einzelfall eine Gesamtschau der Umstände vorzunehmen.[3]

Auch bei Steuerberatern muss sich bei Antragsstellung aus den vorgelegten Unterlagen deutlich erkennen lassen, dass der Antragsteller bei den angegebenen Fällen federführend und weisungsfrei tätig gewesen ist.

Die Tätigkeit eines Rechtsanwalts auf Grund eines zeitlich befristeten Honorarvertrags für eine staatliche Behörde nach Weisung eines Beamten gilt dagegen i.d.R. nicht als selbständige Fallbearbeitung als Rechtsanwalt. Allerdings können Eigenvertretungen des Antragstellers im jeweiligen Fachgebiet sowohl als Fall als auch als persönliche und weisungsfreie Tätigkeit i.S.d. § 5 FAO gelten.[4]

Jahrelang wurde in diesem Zusammenhang diskutiert, ob die Tätigkeit eines Rechtsanwalts als Syndikusanwalt bei der Verleihung eines Fachanwaltstitels berücksichtigt werden durfte. Syndikusanwalt ist, wer als Rechtsanwalt auf Grund eines ständigen Dienst- oder ähnlichen Beschäftigungsverhältnisses seine Arbeitszeit und -kraft einem Auftraggeber zur Verfügung stellt (§ 46 Abs. 1 BRAO). Mit dieser Tätigkeit entspricht der Syndikusanwalt grundsätzlich nicht dem Berufsbild des Rechtsanwalts als eines unabhängigen Organs der Rechtspflege. Von der Rechtsprechung wird der Syndikusanwalt deshalb im Rahmen der sog. Doppelberufstheorie als Rechtsanwalt mit zwei Arbeitsbereichen definiert: Er ist einerseits arbeitsvertraglich gebundener Angestellter, andererseits freier Rechtsanwalt. Angestellter ist er im Regelfall im Hauptberuf, freier Rechtsanwalt im Nebenberuf. In seiner Eigenschaft als Angestellter kann er nicht als unabhängiges Organ der Rechtspflege tätig sein. In seiner Eigenschaft als freier Rechtsanwalt ist er Organ der Rechtspflege, darf jedoch seinen Arbeitgeber nicht vor Gericht vertreten (§ 46 Abs. 1 BRAO), soweit es sich um Verfahren mit Anwaltszwang handelt.[5]

---

1) Feuerich/Weyland, § 5 FAO Rz. 8.
2) BGH v. 6.3.2006, AnwZ (B) 37/05, NJW 2006, 1516.
3) Feuerich/Weyland, § 5 FAO Rz. 8.
4) Feuerich/Weyland, § 5 FAO Rz. 8.
5) Hartung in Hartung/Römermann, § 46 BRAO Rz. 8.

Die frühere Rechtsprechung lehnte eine Einbeziehung der von einem Syndikusanwalt im Rahmen seines Dienstverhältnisses für den Dienstherrn bearbeiteten Fälle für die Fachanwaltsbezeichnung kategorisch ab. Unter Verweis auf den Wortlaut des § 5 FAO a.F., der eine Bearbeitung „als Rechtsanwalt selbständig" verlangte, wurde argumentiert, dass die Tätigkeit eines Syndikusanwalt nicht originär anwaltlicher Natur sei.[1]

Im Jahre 2001 eröffnete der BGH dem Syndikusanwalt die Möglichkeit, Fälle aus der Syndikustätigkeit bei dem Antrag auf Verleihung eines Fachanwaltstitels vorzulegen.[2] Erstmals erkannte der BGH an, dass der Syndikusanwalt jedenfalls in Ausnahmefällen auch eigenverantwortlich und weisungsfrei – einem selbständigen Anwalt gleich – arbeitet. Seine bisherige Auffassung, wonach der Syndikustätigkeit und selbständige anwaltliche Arbeit grundverschieden sind, hat der BGH in dieser Entscheidung, ohne dies ausdrücklich auszusprechen, aufgegeben.

22   Erst durch das am 12.4.2008 in Kraft getretene Achte Gesetz zur Änderung des Steuerberatungsgesetzes (8. StBerÄndG) wurde auch für Steuerberater die Möglichkeit eingeführt, eine nichtselbständige Betätigung als Steuerberater neben der selbständigen zu übernehmen (§ 58 Satz 2 Nr. 5a StBerG). Hiernach kann der Steuerberater als Angestellter tätig werden, wenn er im Rahmen des Angestelltenverhältnisses Tätigkeiten i.S.d. § 33 StBerG wahrnimmt. Dies gilt nicht, wenn hierdurch die Pflicht zur unabhängigen und eigenverantwortlichen Berufsausübung beeinträchtigt wird. Der Steuerberater oder Steuerbevollmächtigte darf für einen Auftraggeber, dem er auf Grund eines ständigen Dienst- oder ähnlichen Beschäftigungsverhältnisses seine Arbeitszeit und -kraft zur Verfügung stellen muss, nicht in seiner Eigenschaft als Steuerberater oder Steuerbevollmächtigter tätig werden. Bei Mandatsübernahme hat der Steuerberater oder Steuerbevollmächtigte den Mandanten auf seine Angestelltentätigkeit hinzuweisen.

Den Forderungen nach einer Vereinbarkeit des Steuerberaterberufs mit der Tätigkeit als Angestellter und nach einem sog. Syndikus-Steuerberater nach dem Vorbild der Rechtsanwälte wurde somit nachgegeben.[3] Steuerberater dürfen seit Inkrafttreten dieser Neuregelung daher als Angestellte und als Syndikus-Steuerberater tätig sein, sofern sie im Rahmen des Angestelltenverhältnisses Tätigkeiten i.S.d. § 33 StBerG wahrnehmen und hierdurch nicht die Pflicht zur unabhängigen und eigenverantwortlichen Berufsausübung beeinträchtigt wird. Dies gilt auch dann, wenn durch die in Vollzeit ausgeübte Angestelltentätigkeit die selbständige Steuerberatertätigkeit nur als Nebenberuf in beschränktem Umfang ausgeübt werden kann. Eine Freistellungserklärung des Arbeitgebers, dass der Steuerberater jederzeit und ohne vorherige Absprache seinen Arbeitsplatz für Angelegenheiten seiner eigenen Kanzlei verlassen kann, ist nicht erforderlich.[4]

Bei den Tätigkeiten, die der sogenannte Syndikus-Steuerberater i.S.d. § 33 StBerG ausübt, handelt es sich um die Wahrnehmung von Vorbehaltsaufgaben, d.h. Steuerdeklarations-, Steuerdurchsetzungs- und Steuerabwehrberatung. Eine Beschränkung auf eine hauptberufliche Tätigkeit ist nicht erforderlich (→ 3 E Rz. 17)

23   Nicht erlaubt ist dem Steuerberater hingegen, für einen Auftraggeber, dem er auf Grund eines ständigen Dienst- oder ähnlichen Verhältnisses seine Arbeitszeit und -kraft zur Verfügung stellen muss, in seiner Eigenschaft als Steuerberater tätig zu werden. Eine Vertretung des eigenen Arbeitgebers ist somit ausgeschlossen. Hierdurch sollen Interessenkollisionen vermieden werden.[5] Auch hier wird in der Begründung des Gesetzesentwurfs der Vergleich zur Anwaltschaft und dem dortigen Berufs-

---

1) BGH v. 13.3.2000, AnwZ (B) 25/99a, NJW 2000, 1645.
2) BGH v. 18.6.2001, AnwZ (B) 41/00, NJW 2001, 3130.
3) Gehre/Koslowski, § 58 Rz. 20.
4) BFH v. 9.8.2011, VII R 2/11, www.stotax-first.de.
5) Gehre/Koslowski, § 58 Rz. 20.

recht gezogen. Der Syndikusanwalt ist bereits seit vielen Jahren berufsrechtlich zugelassen und seit 1994 in der BRAO (teilweise) geregelt (ausführlich zum Syndikus-Steuerberater → 3 E).

Ob ein im Rahmen einer Syndikus-Tätigkeit bearbeiteter Fall die Voraussetzungen des § 5 Abs. 1 FBO erfüllt, ist im Einzelfall zu prüfen. Mit Beschluss vom 13.1.2003[1] hat der BGH klargestellt, dass es darauf ankomme, ob nach den konkreten Umständen eine selbständige, d.h. eigenständige und von fachlichen Weisungen freie Bearbeitung durch den Syndikus gewährleistet sei. Denn nur eine eigenverantwortliche weisungsungebundene Bearbeitung sei zum Nachweis der Befähigung nach § 5 FAO geeignet. Dies wurde im konkreten Fall für den Verbandssyndikus eines Arbeitgeberverbandes bejaht. Daraus folgt, dass nicht jede Syndikustätigkeit für sich genommen in gleicher Weise zum Nachweis der selbständigen Fallbearbeitung i.S.v. § 5 FAO herangezogen werden kann.

Soweit der Syndikusanwalt im Interesse seines Arbeitgebers dessen eigene Rechtsangelegenheiten bearbeitet, könnte eine Weisungsgebundenheit auch in fachlicher Hinsicht naheliegen.[2] Eine eigenständige und weisungsfreie Bearbeitung müsste dann je nach der Konstellation im Einzelfall verneint werden.

Der BGH hat in seiner Entscheidung vom 4.11.2009[3] die Anforderungen an die Fallbearbeitung zur Erlangung des Fachanwaltstitels durch einen Syndikusanwalt näher umrissen.

Eine persönliche Bearbeitung durch einen Syndikus i.S.v. § 5 FAO liegt nach Auffassung des BGH nur vor, wenn sich der Rechtsanwalt – etwa durch Anfertigung von Vermerken und Schriftsätzen oder die Teilnahme an Gerichts- und anderen Verhandlungen – selbst mit der Sache inhaltlich befasst hat. Ein „Wirken im Hintergrund" gilt dagegen nicht als „persönliche Bearbeitung" i.S.d. § 5 Absatz 1 FAO.

24

Die persönliche Bearbeitung in diesem Sinne hat der Syndikus ebenfalls entsprechend den Anforderungen der Fachanwaltsordnung nachzuweisen, soweit er nicht durch Verwendung eines eigenen Briefkopfs oder in ähnlicher Weise nach außen als Bearbeiter in Erscheinung tritt.

Bei der seit dem 12.4.2008 geltenden Neuregelung des § 58 Satz 2 Nr. 5a StBerG bzw. der Möglichkeit einer Syndikus-Steuerberatertätigkeit bleibt abzuwarten, welche Anforderungen die Rechtsprechung an eine unabhängige und weisungsfreie Tätigkeit stellt.

In der anwaltlichen Praxis wird die Beteiligung an der Fallbearbeitung durch den Syndikus stichwortartig beschrieben. Der Nachweis über die eigenverantwortliche Tätigkeit kann ggf. durch Vorlage einer Bescheinigung des Arbeitgebers erbracht werden. Die Bescheinigung kann auf die Fallliste des Syndikusanwalts Bezug nehmen und muss nicht jedem einzelnen Fall beigefügt werden. Eine Bezugnahme muss aber erkennen lassen, dass die – mit Namen und Funktionsbezeichnung kenntlich zu machende – Leitung der Arbeitseinheit, in der die Fälle bearbeitet worden sind, die Liste geprüft hat und dem Antragsteller für alle oder bestimmte in der Liste aufgeführte Fälle eine persönliche Bearbeitung bescheinigen will.[4]

Die Übernahme einer Organfunktion, z.B. als kaufmännischer Geschäftsführer einer gewerblich tätigen GmbH gilt nicht als eigenverantwortliche Tätigkeit i.S.d. § 5 FBO und ist mit der Tätigkeit eines Syndikus-Steuerberaters grundsätzlich nicht zu vereinbaren. Die Übernahme der Organfunktion stellt berufsrechtlich eine gewerbliche Tätig-

---

1) BGH v. 13.1.2003, AnwZ (B) 25/02a, NJW 2003, 883.
2) BGH v. 18.6.2001, AnwZ (B) 41/00, NJW 2001, 3130.
3) BGH v. 4.11.2009, AnwZ (B) 16/09, NJW 2010, 377 m. Anm. Römermann.
4) BGH v. 4.11.2009, AnwZ (B) 16/09, NJW 2010, 377 m. Anm. Römermann.

keit dar, da das organschaftliche Handeln notwendig vom gewerblichen Charakter der Unternehmenstätigkeit der Gesellschaft geprägt wird. Eine solche Tätigkeit ist nur bei Erteilung einer Ausnahmegenehmigung vom Verbot der gewerblichen Tätigkeit gem. § 57 Abs. 4 StBerG zulässig.[1] Eine solche Ausnahmegenehmigung ist zu erteilen, wenn durch die konkrete Tätigkeit keine Verletzung von Berufspflichten zu erwarten ist.

Fallbearbeitungen durch den Syndikus sind insofern zu berücksichtigen, wenn sie den Vorgaben des § 5 FBO entsprechen, in erheblichem Umfang der selbständigen anwaltlichen Tätigkeit entstammen und insgesamt bei wertender Betrachtung die praktische Erfahrung vermitteln, die das rechtsuchende Publikum bei der Führung der Fachberaterbezeichnung erwartet.

d) Drei-Jahres-Zeitraum

25 Die Fallbearbeitung muss gem. § 5 FBO innerhalb der letzten drei Jahre vor Antragstellung erfolgt sein. Diese Regelung entspricht den Vorgaben für die Verleihung von Fachanwaltsbezeichnungen. Somit gilt ein Zeitraum, der eine gewisse Intensität in der spezifischen Fallbearbeitung sowie eine Aktualität der praktischen Erfahrungen sicherstellen soll. Die bearbeiteten Fälle müssen nicht sämtlich innerhalb des Drei-Jahres-Zeitraums begonnen und/oder beendet worden sein. Nach Sinn und Zweck der Vorschrift ist allerdings zu fordern, dass innerhalb des Drei-Jahres-Zeitraums in dem zuvor begonnenen Mandat noch Tätigkeiten entfaltet worden sind, die sich als Nachweis besonderer Fähigkeiten im fraglichen Rechtsgebiet eignen. Nur dadurch wird sichergestellt, dass der Bewerber um eine Fachanwaltsbezeichnung nicht nur irgendwann eine bestimmte absolute Zahl von Fällen in seinem Fachgebiet bearbeitet hat, sondern dass er aktuell und in nennenswertem Umfang auf diesem Gebiet tätig ist.[2]

26 Mit Grundsatzbeschluss vom 6.3.2006 stellte der BGH konkretisierend klar, dass innerhalb des Nachweiszeitraums zwar eine inhaltliche Bearbeitung erfolgen müsse, es jedoch unerheblich sei, ob „ein Schwerpunkt der Bearbeitung innerhalb des Drei-Jahres-Zeitraums" liege. Diese Unbestimmtheit begründet der BGH damit, Abgrenzungsschwierigkeiten vermeiden zu wollen.[3]

Der Drei-Jahres-Zeitraum muss allerdings verfassungsgemäß ausgelegt und mit Blick auf Art. 6 GG um den Zeitraum eines Beschäftigungsverbotes nach den §§ 3, 6 des Mutterschutzgesetzes (MuSchG) verlängert werden.[4] Dies wird ferner in der von der Satzungsversammlung der Bundessteuerberaterkammer am 8.9.2010 beschlossenen Änderung der Fachberaterordnung berücksichtigt. Hiernach verlängert sich der Drei-Jahres-Zeitraum, innerhalb dessen der Bewerber die praktischen Fälle bearbeitet haben muss, um Zeiten des Mutterschutzes und der Inanspruchnahme von Elternzeit. Die Änderung wird voraussichtlich Anfang 2011 in Kraft treten.

6. Nachweise durch Unterlagen

a) Vorzulegende Unterlagen

27 Gemäß § 7 FBO hat der Bewerber bei Antragstellung die nach § 4 FBO **erforderlichen Unterlagen** beizufügen.

---

1) Gehre/Koslowski, § 58 Rz. 20.
2) AGH Hamburg v. 5.11.2003, I ZU 4/03, BRAK-Mitt. 2004, 181.
3) BGH v. 6.3.2006, AnwZ (B) 36/05, NJW 2006, 1513.
4) AGH NRW v. 22.8.2008, 1 AGH 39/08, NJW-Spezial 2009, 190.

Dies sind im Einzelnen:

- Zeugnisse, Bescheinigungen oder andere geeignete Unterlagen über die Teilnahme an Lehrgängen nach § 4 FBO,
- die Fallliste gem. § 5 FBO,
- anonymisierte Arbeitsproben (auf Verlangen des Fachausschusses).

Wird der Antrag auf Erteilung einer Fachanwaltsbezeichnung ohne Anlagen gestellt und darauf hingewiesen, dass die **Unterlagen nachgereicht** werden, gilt – insb. im Hinblick auf den Drei-Jahres-Zeitraum des § 5 Absatz 1 FBO – der Antrag erst als in dem Zeitpunkt gestellt, zu dem die Unterlagen vollständig vorliegen.[1)]

Soweit besondere theoretische Kenntnisse durch eine erfolgreiche Lehrgangsteilnahme (vgl. §§ 4, 6 FBO) dargelegt werden sollen, hat der Antragsteller Zeugnisse des Lehrgangsveranstalters der Steuerberaterkammer vorzulegen, die zusammen folgende Nachweise umfassen müssen: **28**

- dass die Voraussetzungen des § 4 Abs. 1 FBO erfüllt sind,
- dass, wann und von wem im Lehrgang alle das Fachgebiet betreffenden Bereiche unterrichtet worden sind,
- die Aufsichtsarbeiten und ihre Bewertungen.

Das Zeugnis muss ferner ausweisen, dass der Antragsteller am Fachlehrgang tatsächlich (also grundsätzlich durch körperliche Präsenz) teilgenommen hat. Hat ein Antragsteller Teile des Lehrgangs versäumt, d.h. nicht während der gesamten Dauer teilgenommen, so hat dies der Veranstalter im Zeugnis zu vermerken. In diesem Fall ist der Nachweis der besonderen theoretischen Kenntnisse nicht vollständig durch das Zeugnis geführt.

Ebenso hat das Zeugnis darüber Auskunft zu geben, dass, wann und von wem im Lehrgang die Bereiche unterrichtet worden sind, über die gem. § 2 FBO sowie § 10 FBO i.V.m. den Anlagen 1 und 2 zur Fachberaterordnung besondere theoretische Kenntnisse nachzuweisen sind. Letztlich muss das Zeugnis erkennen lassen, dass der Antragsteller die den Lehrgang begleitenden Aufsichtarbeiten in dem erforderlichen Umfang geführt und bestanden hat. Gemäß § 7 Abs. 2 lit. c FBO sind dem Antrag alle Klausuren nebst Bewertung beizufügen, wobei die Originale gemeint sind.

Im Gegensatz zur anwaltlichen Fachanwaltsordnung, die keine besonderen Anforderungen an den Lehrgangsveranstalter stellt, verweist § 7 Abs. 2 FBO ausdrücklich auf den Lehrgangsveranstalter der Steuerberaterkammer. Bei den Rechtsanwälten besteht eine gewisse Freiheit. Sowohl die namhaften Anwaltsorganisationen sind dazu berechtigt, Fachlehrgänge anzubieten als etwa auch Hochschulen, Verlage bis hin zu privaten Anbietern. Solange deren Angebote den Anforderungen des § 6 Abs. 2 FAO bzw. § 4a FAO entsprechen, müssen die Rechtsanwaltskammern deren Zeugnisse und Bescheinigungen anerkennen. **29**

Wenn der Antragsteller seine besonderen theoretischen Kenntnisse durch andere Nachweise als durch eine erfolgreiche Lehrgangsteilnahme dokumentieren will, so müssen sich diese Unterlagen auf Kenntnisse beziehen, die dem Äquivalenzerfordernis des § 4 Abs. 3 FBO standhalten, also alle relevanten Bereiche des Fachgebietes umfassen. Dies kann beispielsweise durch die Vorlage der Promotionsurkunde des Antragstellers nebst einem Exemplar der Dissertation geschehen oder etwa bei einer Dozententätigkeit für die Fortbildung von Steuerberatern durch die Vorlage des entsprechenden Vertrags mit der Universität nebst Vorlesungsskript, das die relevanten Bereiche des Fachgebiets umfasst. **30**

---

1) Kleine-Cosack, § 6 FAO Rz. 11.

Es besteht grundsätzlich die Möglichkeit, den Nachweis in kombinierter Form zu erbringen,[1] also beispielsweise durch die Vorlage einer Dissertation nebst Urkunde und den Nachweis eines Fachlehrganges. Diese Art des Nachweises kann z.T. erforderlich sein, wenn die Dissertation oder die Dozententätigkeit nur einen Teilbereich der geforderten Fachbereiche abdeckt.

31 Für den Nachweis der theoretischen Kenntnisse sind ferner die Leistungskontrollen (Klausuren) von Bedeutung. Der Antragsteller muss sich gem. § 6 FBO für den „Fachberater für Internationales Steuerrecht" und für den „Fachberater für Zölle und Verbrauchsteuern" jeweils mindestens drei schriftlichen Leistungskontrollen (Aufsichtsarbeiten) aus verschiedenen Bereichen des Lehrgangs erfolgreich unterziehen. Die schriftlichen Leistungskontrollen dauern jeweils mindestens vier Zeitstunden.

Das Zeugnis muss schließlich darüber Auskunft geben, dass der Antragsteller die den Lehrgang begleitenden Klausuren in dem erforderlichen Umfang bestanden hat. Dies folgt aus dem Verweis in § 7 Abs. 2 Buchst. a FBO auf § 4a FAO.

Nach § 7 Abs. 2 Buchst. c FBO sind alle Klausuren nebst Bewertungen dem Antrag beizufügen. Die Vorschrift ist dahingehend auszulegen, dass die Originale – ebenfalls wie bei Rechtsanwälten nach dem Wortlaut des § 6 Abs. 2 Buchst. c FAO – gemeint sind. Vorzulegen sind also der Aufgabentext, die Bearbeitung durch den Antragsteller sowie die Bewertung(en). Diese Regelung soll dem Fachausschuss der Kammer die Gelegenheit geben, sich davon zu überzeugen, dass der Lehrgangsveranstalter nicht unangemessen einfache Klausuren gestellt oder Gefälligkeitsnoten vergeben hat.[2] Bei der Prüfung der vorgelegten Klausuren ist allerdings große Zurückhaltung geboten. Eine inhaltliche „Nachkorrektur" der einzelnen Klausuren bzw. die Prüfung der Richtigkeit der Klausuren als solche ist nicht zulässig.[3] Gegenüber dem Lehrgangsveranstalter direkt, der als Dritter nicht unmittelbar am Antragsverfahren beteiligt ist, können keine Unterlagen angefordert werden.[4]

32 In Ausnahmefällen kann auf die Vorlage der Originalklausuren verzichtet werden. In einem vom Hessischen Anwaltsgerichtshof im Jahr 2005 entschiedenen Fall[5] zu § 6 Abs. 2 FAO (dessen Inhalt § 7 Abs. 2 FBO entspricht) hat der Anwaltsgerichtshof auf die Vorlage der Originalunterlagen verzichtet. Im dortigen Fall konnte der Antragsteller die Klausuren nicht mehr vorlegen, da sie unauffindbar waren. Er legte deshalb anstelle der Originalleistungskontrollen beim Veranstalter noch vorhandene Einzelbewertungen der Klausuren, die erste Seite des Klausurtextes sowie eine eidesstattliche Versicherung vor, dass er an den Leistungskontrollen teilgenommen und diese bestanden habe. Das Gericht hat dies als Nachweis der erfolgreich bestandenen Leistungskontrollen ausreichen lassen und aus dem Grundsatz des formalisierten Nachweisverfahrens abgeleitet, der Kammer stehe kein Recht zur inhaltlichen Überprüfung der Aufsichtsarbeit zu, so dass es unter diesem Gesichtspunkt auf die Vorlage insgesamt nicht ankommen könne. Aus der Formulierung des § 6 Abs. 1 FAO („oder andere geeignete Unterlagen") und § 6 Abs. 2 FAO („soweit") folge vielmehr, dass der Bewerber seine besonderen theoretischen Kenntnisse auch in anderer Weise als durch Zeugnisse und Bescheinigungen nachweisen kann. Dann muss es aber auch möglich sein, den Nachweis der erfolgreichen Teilnahme an mindestens drei schriftlichen Leistungskontrollen in anderer Weise zu führen als durch Vorlage der Aufsichtsarbeiten

---

1) Scharmer in Hartung/Römermann, Kommentar zur Berufs- und Fachanwaltsordnung, § 6 FAO Rz. 32.
2) Scharmer in Hartung/Römermann, Kommentar zur Berufs- und Fachanwaltsordnung, § 6 FAO Rz. 27.
3) Scharmer in Hartung/Römermann, Kommentar zur Berufs- und Fachanwaltsordnung, § 6 FAO Rz. 28.
4) Scharmer in Hartung/Römermann, Kommentar zur Berufs- und Fachanwaltsordnung, § 6 FAO Rz. 30.
5) Hessischer AGH v. 2.5.2005, 2 AGH 15/04, BRAK-Mitt. 2005, 239.

im Original. Die Vorlage der in einem auf die Fachanwaltsbezeichnung vorbereitenden anwaltsspezifischen Lehrgang gefertigten Aufsichtsarbeiten stellt keine zwingende Antragsvoraussetzung dar.

In diesem Zusammenhang hat der Hessische Anwaltsgerichtshof ferner betont, dass dem Fachausschuss kein materielles Prüfungsrecht hinsichtlich des Inhalts der gefertigten Aufsichtsarbeiten und ihrer Bewertung zusteht. Ein derartiges Prüfungsrecht hinsichtlich der fachlichen Qualität der vorgelegten Klausuren lässt sich weder § 43c Abs. 2 BRAO noch den Bestimmungen der FAO selbst entnehmen.

b) Fallliste

Zum Nachweis der besonderen praktischen Erfahrungen sieht § 7 Abs. 3 Satz 1 FBO vor, dass der Antragsteller eine Fallliste vorzulegen hat. Auf gesonderte Aufforderung durch den Fachausschuss ist diese ggf. noch durch anonymisierte Arbeitsproben zu ergänzen (§ 7 Abs. 3 Satz 2 FBO). Die folgenden Angaben müssen in der Fallliste regelmäßig enthalten sein: **33**

– Gegenstand,
– Zeitraum,
– Art und Umfang der Tätigkeit,
– Stand der Beratungsangelegenheit.

Die Fallliste hat im Rahmen der Antragstellung regelmäßig die größte Bedeutung, um die mit dem Antrag befassten Mitglieder des Fachausschusses in die Lage zu versetzen, die praktischen Erfahrungen des Antragstellers auf Anhieb und nur durch die eingereichten Unterlagen beurteilen zu können.

aa) Gegenstand

Bei dem Gegenstand der Angelegenheit sollte eine konkrete und möglichst aussagekräftige Umschreibung des Gegenstands der Beratungstätigkeit erfolgen. Bloße Schlagwörter wie etwa „Klage vor dem FG" oder „Beratung" reichen i.d.R. nicht aus,[1] da sie nicht überprüfbar sind. Vielmehr muss für jeden Fall kurz dargestellt werden, welche Aufgaben des Steuerberaters konkret Gegenstand der Beratung oder des Verfahrens waren und welches Maß der fachlichen Auseinandersetzung bzw. Durchdringung fachbezogener Fragen im Einzelfall erforderlich war. Nach Rechtsprechung des BGH sind zum Nachweis der besonderen praktischen Erfahrungen nur solche Fälle zu berücksichtigen, bei denen ein Schwerpunkt der Bearbeitung im jeweiligen Fachgebiet liegt.[2] **34**

bb) Zeitraum

Hinsichtlich des Zeitraumes muss der Antragsteller deutlich dokumentieren, wann ihm das Mandat übertragen wurde, wann er die maßgeblichen Tätigkeiten erbracht und wann er die inhaltliche Bearbeitung abgeschlossen hat bzw. ob die Angelegenheit noch andauert. Dies hat insofern Bedeutung, als von dieser Frage abhängt, ob bzw. welcher Schwerpunkt der juristischen Fallbearbeitung in zeitlicher Hinsicht innerhalb des maßgeblichen Drei-Jahres-Zeitraumes vor Antragstellung lag und damit bei der Zählung berücksichtigt werden kann.[3] **35**

---

1) AGH Bayern v. 6.11.2002, BayAGH I – 14/02, BRAK-Mitt. 2003, 138 ff.
2) BGH v. 6.3.2006, AnwZ (B) 36/05, BRAK-Mitt. 2006, 131.
3) BGH v. 6.3.2006, AnwZ (B) 36/05, BRAK-Mitt. 2006, 131.

cc) Art und Umfang der Tätigkeit

36 Die Anforderungen an Art und Umfang der Tätigkeit überschneiden sich z.T. mit den Anforderungen an die Beschreibung des Gegenstands. Auch hier wird von dem Antragsteller erwartet, konkrete Angaben über die Einzeltätigkeiten zu machen wie beispielsweise über die Ausarbeitung von Rechtsmitteln oder über den Inhalt der Beratung.

dd) Stand der Beratungsangelegenheit

37 An dieser Stelle ist anzugeben, ob die Mandatsbearbeitung abgeschlossen ist oder ob sie noch – wenn ja, in welchem Stadium – andauert. Es ist zulässig, in die Fallliste noch laufende Verfahren aufzunehmen.[1] Es ist allerdings möglich, dass laufende Angelegenheiten nur zu einem gewissen Prozentsatz gewertet werden können, je nachdem, wie weit die Mandatsbearbeitung schon fortgeschritten ist.

Ein Nachreichen von Fällen ist u.U. zulässig. In der Praxis kommt häufig die Konstellation vor, dass Fälle während des Antragsverfahrens beendet werden, die bereits bei Antragstellung bearbeitet wurden. Hier kann ein Nachschieben zulässig sein, wenn es sich um Fälle aus dem Drei-Jahres-Zeitraum handelt.[2] Nach § 18 Abs. 4 FBO muss der der Ausschuss dem Antragsteller Gelegenheit geben, Fälle nachzumelden, wenn er Fälle zu Ungunsten des Antragstellers gewichtet.

ee) Keine Auftraggebernamen

38 Auf Grund der Verschwiegenheitsverpflichtung des Steuerberaters gem. § 57 Abs. 1 StberG darf die Fallliste keine Auftraggebernamen enthalten. Diese Pflicht gilt gegenüber jedermann und somit grundsätzlich auch gegenüber dem Kammervorstand, auch wenn dieser selbst zur Verschwiegenheit verpflichtet ist.[3] Die Anforderungen an den Antragsteller, durch die vorgesehenen Angaben zum Gegenstand sowie zu Art und Umfang der Tätigkeit transparent werden zu lassen, dass bzw. ob es sich jeweils um eigenständige Fälle handelt, wird auch dadurch erfüllt, dass statt der Mandantennamen nur die Initialen der Parteien aufgeführt werden.[4]

Die Vorlage der gesamten Handakte ist bei Antragstellung nicht notwendig. Gemäß § 7 Abs. 3 Satz 2 FBO sind dem Fachausschuss auf Verlangen anonymisierte Arbeitsproben vorzulegen. „Arbeitsproben" sind exemplarische Auszüge aus der Handakte des jeweils bearbeiteten Mandats, wobei Fotokopien ausreichen. Im Umkehrschluss kann von einem Bewerber um die Fachberaterbezeichnung zum Nachweis besonderer praktischer Erfahrungen nicht die Vorlage vollständiger Akten verlangt werden.[5] Nach dem Wortlaut des § 7 Abs. 3 Satz 2 FBO können von dem Antragsteller ausschließlich anonymisierte Arbeitsproben verlangt werden.

7. Antragstellung

39 § 16 Abs. 1 FBO verlangt, dass der Antragsteller seinen Antrag, die Führung einer Fachberaterbezeichnung zu gestatten, bei der Steuerberaterkammer einzureichen hat, der er angehört. Der Grund hierfür ist, dass nur die Kammer, in welcher der Antragsteller Mitglied ist, über dessen Personalakte verfügt und damit feststellen kann, ob

---

1) Kleine-Cosack, AnwBl. 2005, 593, 597.
2) BGH v. 13.1.2003, AnwZ(B) 25/02.
3) Hartung in Henssler/Prütting, Kommentar zur BRAO, § 76 BRAO Rz. 3.
4) Scharmer in Hartung/Römermann, Kommentar zur Berufs- und Fachanwaltsordnung, § 7 FAO Rz. 45.
5) AGH Rheinland-Pfalz, Beschl. v. 16.12.2004, 1 AGH 22/03, BRAK-Mitt 2005, 133.

der Antragsteller – wie von § 3 FBO gefordert – innerhalb der letzten sechs Jahre vor Antragstellung mindestens drei Jahre als Steuerberater bestellt und tätig war.

§ 16 Abs. 3 FBO regelt, dass die Kammer dem Antragsteller auf Antrag die Zusammensetzung des Ausschusses sowie gegebenenfalls deren Änderung schriftlich mitzuteilen hat. Dies gilt auch für Vertretungsfälle. **40**

Diese Vorschrift betrifft nicht mehr die Antragstellung selbst, sondern den ersten Verfahrensschritt des Verleihungsverfahrens.

Die Satzungsversammlung hat vorsichtshalber die Einschränkung vorgenommen, dass die Besetzung des Ausschusses dem Antragsteller nur „auf Antrag" mitzuteilen ist. Der Antragsteller wird somit in die Lage versetzt, seinen Antrag zugleich mit der Bitte um Mitteilung der Ausschussmitglieder zu verbinden. Sein Rechtsschutzinteresse wird somit gewahrt. Eine entsprechende Vorschrift besteht ebenfalls gem. § 22 FAO für Rechtsanwälte. **41**

In der Praxis der Fachanwaltsverleihung teilt die Rechtsanwaltskammer dem Antragsteller mit der Bestätigung des Eingangs der Antragsunterlagen zugleich routinemäßig die Besetzung des Ausschusses mit. Es bleibt abzuwarten, wie sich die Praxis bei der Verleihung von Fachberaterbezeichnungen entwickelt.[1)]

8. Fachgespräch

a) Entscheidung über die Durchführung des Fachgesprächs

Gemäß §§ 8, 18 Abs. 5 bis 7 FBO hat der Antragsteller zum (abschließenden) Nachweis seiner besonderen theoretischen Kenntnisse oder der praktischen Erfahrungen mit dem Fachgebietsausschuss ein **Fachgespräch** zu führen. Von der Durchführung des Fachgesprächs kann abgesehen werden, wenn der Ausschuss der Ansicht ist, seine Stellungnahme bereits auf Grund der vorgelegten Unterlagen abgeben zu können. **42**

Der Wortlaut beider Vorschriften ist inhaltsgleich mit dem Wortlaut der für die Verleihung von Fachanwaltstiteln maßgeblichen §§ 7, 24 Abs. 5 bis 7 FAO.

Ob ein Fachgespräch angesichts des Wortlauts dieser Vorschriften zwingend durchgeführt werden muss, ist in der anwaltlichen Literatur und Rechtsprechung umstritten.

Nach der einen Auffassung soll zwar nach dem irreführenden Wortlaut der Bestimmung das Fachgespräch die Regel sein, tatsächlich soll ein solches Gespräch jedoch – entsprechend der Rechtswirklichkeit der Praxis – nur ausnahmsweise und in beschränktem Umfang in Betracht kommen, da die Kammern nach § 43c BRAO nur eine formalisierte – auf das Führen der Nachweise beschränkte – Prüfungskompetenz haben.[2)]

Nach dieser Auffassung in der anwaltlichen Fachliteratur besteht auf Grundlage der Ermächtigungsgrundlage für die Fachanwaltsordnung (gem. § 59b BRAO) nur eine Feststellungskompetenz seitens der Rechtsanwaltskammer. § 59b Abs. 2 Nr. 2 lit. b BRAO ermächtigt zwar zur „Regelung der Voraussetzungen für die Verleihung der Fachanwaltsbezeichnung und des Verfahrens der Erteilung"; darin kann im Prinzip auch – dem in Art. 20 Abs. 3 GG vorausgesetzten Vorbehalt des Gesetzes entsprechend – die Kompetenz zur Einführung der „Voraussetzung" eines Fachgesprächs enthalten sein. Am Maßstab des Vorrangs des Gesetzes (Art. 20 Abs. 3 GG) gemessen, scheidet jedoch derzeit eine echte Kompetenz der Kammern zur Prüfung der individuellen Eignung des Antragstellers aus, da sie in § 43c BRAO auf bloße Feststellungen **43**

---

1) Scharmer in Hartung/Römermann, Kommentar zur Berufs- und Fachanwaltsordnung, § 6 FAO Rz. 14.
2) Vgl. Kleine-Cosack, § 7 FAO Rz. 1 unter Verweis auf BGH BRAK-Mitt. 2005, 123; 2003, 25 ff.

beschränkt werden, dass „ein Ausschuss der Kammer die von dem Rechtsanwalt vorzulegenden Nachweise über den Erwerb der besonderen Kenntnisse und Erfahrungen geprüft hat".[1]

Nach dieser Auffassung beschränkt sich die Aufgabe der Rechtsanwaltskammer insofern auf die Prüfung der vorzulegenden Nachweise (§ 43c Abs. 2 BRAO) und damit auf Fragen zu den konkreten Klausuren und bearbeiteten Fällen. Nur insoweit können Theorie und Praxis überprüft werden. Ein echtes Prüfungsgespräch soll danach nicht durch die Ermächtigungsgrundlage gedeckt sein.

Demnach darf ein Antragsteller, der die gesetzlich geforderten Nachweise bereits durch die schriftlichen Unterlagen erbracht hat, nicht zu einem Fachgespräch eingeladen werden.[2] Die Einladung zum Fachgespräch soll die Ausnahme bleiben. Auch das Ergebnis des nicht erforderlichen und dennoch durchgeführten Fachgesprächs kann in einem solchen Fall den Nachweis der besonderen praktischen Erfahrungen nicht erschüttern. Das Ergebnis des Fachgesprächs ist nicht verwertbar, da der Antragsteller die gesetzlich geforderten Nachweise bereits durch die schriftlichen Unterlagen erbracht hat.[3]

44 Dies soll nach der Entscheidung des BGH im Jahr 2005[4] auch für die Neufassung des § 7 FAO gelten, in der nicht mehr ausdrücklich geregelt ist, worauf sich das Fachgespräch beschränken soll. Auf Grund der fortbestehenden Funktion des Fachgesprächs, lediglich die bei der Prüfung der Nachweise nach § 6 FAO festgestellten Defizite auszugleichen, gilt auch für die Neufassung des § 7 FAO die Begrenzung des Prüfungsstoffs im Fachgespräch auf die Bereiche, in denen der Nachweis der besonderen theoretischen Kenntnisse und/oder praktischen Erfahrungen durch die vorgelegten Unterlagen nicht oder nicht vollständig gelungen ist und in denen der Fachausschuss diesbezüglich Klärungsbedarf sieht. Die Anordnung des Fachgesprächs ist ferner nur zulässig, wenn berechtigte Zweifel über die in der Fallbearbeitung abgedeckten Bereiche bestehen.[5]

Diese begrenzte Funktion des Fachgesprächs soll darauf beruhen, dass § 43c BRAO – die Rechtsgrundlage für die Regelungen der FAO – nicht auf eine individuelle Ermittlung des Wissens und der Fähigkeiten des einzelnen Bewerbers im Fachgebiet durch eine umfassende (schriftliche oder mündliche) Prüfung des Bewerbers ausgerichtet ist, sondern die Kompetenz des Fachausschusses auf die Prüfung der von dem Rechtsanwalt vorzulegenden Nachweise beschränkt.[6] Die Möglichkeit zur Ladung zu einem Fachgespräch kommt somit nur als ultima ratio in Betracht. Der Ausschuss muss daher zunächst sämtliche ihm zur Verfügung stehenden Erkenntnisquellen vergeblich ausgeschöpft haben, insbesondere anonymisierte Arbeitsproben ausgewertet und Auflagen zur ergänzenden Antragsbegründung erteilt haben (§ 24 Abs. 4 FAO).[7]

Aus diesem Grund können in einem Fachgespräch nur Unklarheiten und Zweifel an den vorgelegten Nachweisen geklärt, aber nicht fehlende Nachweise ersetzt werden. Nach einer weiteren Entscheidung des BGH im Jahr 2008[8] kann ein Fachgespräch aber auch dann angeordnet werden, wenn die praktischen Erfahrungen nicht in einer den Anforderungen des § 5 FAO genügenden Fallliste nachgewiesen sind.

45 Nach einer anderen Auffassung in der Literatur ist das Fachgespräch nach dem Willen des Satzungsgebers stets zu führen: Das Fachgespräch gelte als Regelnachweis. Die

---

1) Vgl. Kleine-Cosack, § 7 FAO Rz. 2.
2) BGH v. 6.3.2006, AnwZ (B) 36/05, NJW 2006, 1513.
3) BGH v. 6.3.2006, AnwZ (B) 36/05, NJW 2006, 1513.
4) BGH v. 6.3.2006, AnwZ (B) 36/05, NJW 2006, 1513.
5) BGH v. 25.2.2008, AnwZ (B) 14/07, BRAK-Mitt. 2008, 133.
6) BGH v. 6.3.2006, AnwZ (B) 36/05, NJW 2006, 1513.
7) Vgl. Kleine-Cosack, § 7 FAO Rz. 6 ff.
8) BGH v. 25.2.2008, AnwZ (B) 14/07, BRAK-Mitt. 2008, 133.

Neufassung des § 7 FAO im Jahr 2002 in Zusammenhang mit der veränderten Fassung von § 2 Abs. 1 FAO und § 6 Abs. 1 und Abs. 3 FAO habe zur Umkehr des Regel-/Ausnahmeverhältnisses geführt.[1] In § 7 Abs. 1 Satz 1 FAO heiße es ohne Einschränkung, dass der Ausschuss ein Fachgespräch „führt". Die Norm stelle also keine zusätzlichen Voraussetzungen mehr für die Ladung zum Fachgespräch auf, wie es noch in § 7 Abs. 1 FAO a.F. der Fall war.

§ 2 Abs. 1 FAO sei im Kontext mit der Änderung des § 7 FAO dahingehend umformuliert worden, dass der Antragsteller „nach Maßgabe der folgenden Bestimmungen besondere theoretische Kenntnisse und besondere praktische Erfahrungen nachzuweisen" hat. Durch diese Formulierung soll zum Ausdruck gebracht werden, dass das Fachgespräch regulärer Bestandteil des Nachweisverfahrens ist. Das Fachgespräch stellt demnach ein weiteres Erkenntnismittel neben den in § 6 FAO genannten Unterlagen dar. Es bedarf – anders als nach altem Recht – keiner besonderen Begründung mehr für die Ladung zum Fachgespräch. Auch bedarf es keiner Begründung in der Ladung dafür, warum der Ausschuss auf das Fachgespräch nicht verzichtet hat. Den in § 7 FAO a.F. enthaltenen Rechtsanspruch des Antragstellers auf ein Fachgespräch als spezielle Konstellation für den Fall der Gewichtung von Fällen zu seinen Ungunsten erkennt die Fachanwaltsordnung jetzt nicht mehr an. Er ist durch die Ausgestaltung des Fachgespräches als Regelfall überflüssig geworden. Eine Gewichtung von Fällen zum Nachteil des Antragstellers führt gem. § 24 Abs. 4 Satz 1 FAO nunmehr dazu, dass der Antragsteller Gelegenheit erhalten muss, Fälle nachzumelden.[2]

46 Unklar bleibt nach der Rechtsprechung des BGH, unter welchen Umständen nach § 7 Abs. 2 Satz 2 FAO von dem Fachgespräch abgesehen werden kann. Nach dieser Vorschrift ist auf das Fachgespräch zu verzichten, wenn der Fachausschuss seine Stellungnahme gegenüber dem Vorstand hinsichtlich der besonderen theoretischen Kenntnisse oder der besonderen praktischen Erfahrungen nach dem Gesamteindruck der vorgelegten Zeugnisse und schriftlichen Unterlagen auch ohne Fachgespräch abgegeben hat.

Die Literatur im anwaltlichen Berufsrecht verweist auf den „Gesamteindruck", ohne die entsprechenden Kriterien näher einzugrenzen.[3]

47 Diese Problematik stellt sich im selben Umfang – auf Grund des gleichlautenden Wortlauts des § 7 Abs. 1 FAO und des § 8 Abs. 1 FBO – bei der Verleihung des Fachberatertitels. Es bleibt zu hoffen, dass die Rechtsprechung im Zusammenhang mit § 8 Abs. 1 FBO eine deutlichere Abgrenzung des Regel-/Ausnahmeverhältnisses bei der Einladung zum Fachgespräch vornimmt. Erste Entscheidungen hierzu liegen bereits vor. So hat beispielsweise das OVG Rheinland-Pfalz[4] entschieden, dass bei der Entscheidung einer Steuerberaterkammer über einen Antrag auf Verleihung einer Fachberaterbezeichnung die Anordnung eines Fachgesprächs nach dem Wortlaut des § 8 Abs. 1 Fachberaterordnung der Regelfall ist.

Versäumt der Antragsteller trotz ordnungsgemäßer Ladung zwei Termine für das Fachgespräch ohne ausreichende Entschuldigung, so entscheidet der Ausschuss gem. § 18 Abs. 7 FBO nach Lage der Akten.

b) Inhalt und Dauer des Fachgesprächs

48 Das Fachgespräch ist nicht öffentlich und wird von dem Fachausschuss gem. § 18 Abs. 6 FBO abgehalten. Als Teilnehmer am Gespräch sind Geschäftsführer der Steuer-

---

1) Scharmer in Hartung/Römermann, Kommentar zur Berufs- und Fachanwaltsordnung, § 7 FAO Rz. 21.
2) Scharmer in Hartung/Römermann, Kommentar zur Berufs- und Fachanwaltsordnung, § 7 FAO Rz. 22 ff.
3) Feuerich/Weyland, § 7 FAO Rz. 5.
4) OVG Rheinland-Pfalz v. 20.7.2010, 6 A 10521/10, DStR 2010, 2421.

beraterkammer, Mitglieder des Vorstandes der Kammer und des Präsidiums sowie stellvertretende Ausschussmitglieder zugelassen. Die an den Antragsteller zu stellenden Fragen sollen sich gem. § 8 Abs. 2 Satz 2 FBO an den in der Praxis überwiegend vorkommenden Fällen ausrichten. Dabei handelt es sich allerdings nur um eine Soll-, nicht um eine Muss-Vorschrift, um der einem Fachgespräch innewohnenden gewissen Eigendynamik Rechnung zu tragen.

Die auf den einzelnen Antragsteller entfallende Befragungszeit soll gem. § 8 Abs. 2 FBO nicht weniger als 45 und nicht mehr als 60 Minuten betragen. Diese längere Befragungszeit soll es ermöglichen, Zweifel an den von dem Bewerber eingereichten Nachweisen theoretischer Kenntnisse und praktischer Erfahrungen auszuräumen.[1]

49 Der Prüfungsstoff eines Fachgesprächs bei der Verleihung des Fachanwaltstitels ist grundsätzlich beschränkt auf die Bereiche, in denen der Nachweis der in §§ 4 und 5 FAO geforderten theoretischen Kenntnisse und praktischen Erfahrungen noch nicht geführt ist. Auf diese Bereiche muss in der Ladung zum Fachgespräch hingewiesen werden (§ 7 Abs. 2 FAO). Eine darüber hinausgehende Prüfung scheidet aus. Das Fachgespräch für Rechtsanwälte erfüllt im Rahmen der Nachweispflicht die Funktion, Zweifel in Grenzfällen auszuräumen und dem Fachausschuss eine ergänzende Beurteilungsgrundlage darüber zu verschaffen, ob der Antragsteller den Anforderungen genügt, die an die Verleihung der Fachanwaltsbezeichnung zu stellen sind. Das Fachgespräch muss daher beschränkt werden auf diejenigen Bereiche, in denen der Antragsteller nach Auffassung des Prüfungsausschusses den Nachweis seiner besonderen theoretischen Kenntnisse noch nicht geführt hat. Bei dem Fachgespräch handelt es sich daher – auch nach der Umkehrung des Regel-/Ausnahme-Prinzips – nicht um ein Prüfungsgespräch, sondern um eine inhaltliche Nachweisprüfung.[2] Der Fachausschuss darf die fachliche Qualifikation eines Bewerbers anhand der bestandenen Lehrgangsklausuren und vorgelegten Arbeitsproben nicht materiell überprüfen und dabei aufgetretene Zweifel an der fachlichen Qualifikation zum Anlass für ein Fachgespräch nehmen.

Der BGH hat jedoch mit seiner Entscheidung vom 7.3.2005[3] an seiner bisherigen Rechtsprechung festgehalten, wonach das Fachgespräch nur eine ergänzende Beurteilungsgrundlage ist: „Auf Grund der Funktion des Fachgesprächs, lediglich die bei der Prüfung der Nachweise nach § 6 FAO festgestellten Defizite auszugleichen, gilt die Begrenzung des Prüfungsstoffs im Fachgespräch auf die Bereiche, in denen der Nachweis der besonderen theoretischen Kenntnisse und/oder praktischen Erfahrungen durch die vorgelegten Unterlagen nicht oder nicht voll gelungen ist und in denen der Fachausschuss deshalb diesbezüglichen Klärungsbedarf sieht."

Auch in einer späteren Entscheidung hat der BGH im Jahre 2006[4] diese Auffassung bestätigt. Beide Entscheidungen werden in der Literatur z.T. als Missverständnis des Willens der Satzungsversammlung kritisiert.[5]

Trotz des fast identischen Wortlauts der Regelungen in der FAO und in der FBO zur Durchführung des Fachgesprächs (§ 7 FAO und § 8 FBO) werden in der Rechtsprechung Unterschiede in dem Inhalt des Fachgesprächs nach der FBO im Verhältnis zur FAO gesehen.[6]

---

1) So für Rechtsanwälte auch Hartung in Henssler/Prütting, Kommentar zur BRAO, § 7 FAO Rz. 10.
2) Feuerich/Weyland, § 7 FAO Rz. 8.
3) BGH v. 7.3.2005, AnwZ (B) 11/04, NJW 2005, 2082.
4) BGH v. 6.3.2006, AnwZ (B) 36/05, NJW 2006, 1513.
5) Scharmer in Hartung/Römermann, Kommentar zur Berufs- und Fachanwaltsordnung, § 7 FAO Rz. 25.
6) VG Ansbach v. 26.10.2009, AN 4 K 08.01857, DStR 2010, 575.

Hiernach sei zwar nach der Rechtsprechung des BGH zur Verleihung der Fachanwaltsbezeichnung der Prüfungsstoff in Fachgesprächen auf die Bereiche begrenzt, in denen der Nachweis der besonderen theoretischen und/oder praktischen Erfahrungen durch die vorgelegten Unterlagen nicht oder nicht voll gelungen sei und in denen der Fachausschuss diesbezüglich Klärungsbedarf sehe.[1] Wenn die in den §§ 4 bis 6 FAO genannten Voraussetzungen durch schriftliche Unterlagen nachgewiesen sind, lässt dies dagegen bei Rechtsanwälten keinen Raum für eine eigenständige Beurteilung der fachlichen Qualifikationen eines Bewerbers in einem Fachgespräch. Bei dem in der Fachanwaltsordnung vorgesehenen Verfahren handelt es sich um eine formalisierte Prüfung der Nachweise, bei der kein Beurteilungsspielraum besteht und die gerichtlich voll überprüfbar ist. 50

Auch wenn die maßgeblichen Bestimmungen der FBO dem Wortlaut nach gleichlautend mit den entsprechenden Vorschriften der FAO sind, soll diese Rechtsprechung zum Anspruch auf die Verleihung des Fachanwaltstitels – nach Auffassung beispielsweise des VG Ansbach[2] – nicht auf den Erwerb der Fachberaterbezeichnung für Steuerberater übertragen werden. Auch nach Auffassung des OVG Rheinland-Pfalz[3] steht den Steuerberaterkammern im Gegensatz zu den Rechtsanwaltskammern nach Vorlage der geforderten Nachweise nicht nur ein formalisiertes Prüfungsrecht zu. Die Rechtsprechung des BGH, nach der die Verleihung von Fachanwaltsbezeichnungen i.d.R. nicht von einem Fachgespräch abhängt, sei auf die Fachberater nicht übertragbar. Denn anders als im Rahmen des Fachanwaltsrechts finde sich im Steuerberatungsgesetz keine dem § 43c BRAO entsprechende Regelung. Hiernach entscheidet der Vorstand der Rechtsanwaltskammer über den Antrag des Rechtsanwalts auf Erteilung der Erlaubnis zur Führung des Fachanwaltstitels, nachdem ein Ausschuss der Kammer die von dem Rechtsanwalt vorzulegenden Nachweise über den Erwerb der besonderen Kenntnisse und Erfahrungen geprüft hat. Die als Rechtsgrundlage der Fachberaterordnung angeführte Bestimmung des § 86 Abs. 2 Nr. 2 i.V.m. Abs. 4 Nr. 11 StBerG enthält dagegen eine Ermächtigung, wonach die Satzungsversammlung der Bundessteuerberaterkammer als Satzungsgeber berechtigt ist, im Rahmen der Berufsordnung Regelungen für die Voraussetzungen des Führens von Bezeichnungen zu schaffen, die auf besondere Kenntnisse bestimmter Steuerrechtsgebiete hinweisen. Einer eingeschränkten Satzungsbefugnis unterliege der Bundessteuerberaterkammer – im Gegensatz zur Bundesrechtsanwaltskammer – nicht.[4] Zum Inhalt derartiger Regelungen und zu den Voraussetzungen für die Verleihung derartiger Bezeichnungen finden sich weder im Steuerberatergesetz selbst noch in den Gesetzesmaterialien Hinweise. Insbesondere ergibt sich daher hieraus auch kein gesetzgeberischer Wille auf einen Rechtsanspruch auf Verleihung des Fachberatertitels gegenüber der Steuerberaterkammer nach einem lediglich formalisierten Prüfungsverfahren durch den Fachausschuss. Daher konnte der Satzungsgeber die Frage, an welche Voraussetzungen er die Erlangung der Fachberaterbezeichnung knüpft und in welchem Umfang diese zu beurteilen und zu überprüfen sind, im Rahmen der allgemeinen Gesetze frei entscheiden.[5] 51

Mangels Einschränkungen im StBerG – im Gegensatz zu § 43c BRAO – zum Prüfungsinhalt und ausgehend vom Wortlaut der Bestimmungen der Fachberaterordnung, die insbesondere in § 8 Abs. 1 Satz 1 und 2 FBO auch das Fachgespräch als Regel und nicht nur als Ausnahme vorsieht, steht dem Fachausschuss daher ein nicht nur formalisiertes Prüfungsrecht darüber zu, ob die Voraussetzungen für den Erwerb der Fachberaterbezeichnung vorliegen, sondern dieser hat vielmehr die fachliche Qualifikationen 52

---

1) BGH v. 7.3.2005, AnwZ (B) 11/04, NJW 2005, 2082.
2) VG Ansbach v. 26.10.2009, AN 4 K 08.01857/AN 4 K 08.01858, DStR 2010, 575.
3) OVG Rheinland-Pfalz v. 20.7.2010, 6 A 10521/10, DStR 2010, 2421.
4) OVG Rheinland-Pfalz. v. 20.7.2010, 6 A 10521/10, DStR 2010, 2421, 2422.
5) VG Ansbach v. 26.10.2009, AN 4 K 08.01857/AN 4 K 08.01858, DStR 2010, 575 ff.

eines Bewerbers im Hinblick auf die Voraussetzung nach § 2 Abs. 2 FBO i.V.m. §§ 4 bis 6 FBO anhand der von diesem erbrachten Nachweise auch inhaltlich zu beurteilen.[1] Eine inhaltliche und nicht nur formale Prüfung (vorab durch den Berichterstatter) sieht auch § 18 Abs. 2 FBO ausdrücklich vor.

Dem Ausschuss steht bei der Auswahl der Themen für das Fachgespräch ein Beurteilungsspielraum zu. Die Themen müssen sich allerdings in dem stofflichen Rahmen halten, der zur Ermittlung der Kenntnisse geeignet ist und der dem Zweck des Gesprächs dient.

Das Fachgespräch ist demnach nicht auf die in der Fallliste aufgeführten Fälle beschränkt, sondern muss sich inhaltlich auf die Bereiche beziehen, hinsichtlich derer der Bewerber den Nachweis der besonderen praktischen und theoretischen Erfahrungen führen soll. Es soll insofern – im Gegensatz zum Fachgespräch im Rahmen der Fachanwaltsordnung[2] – dazu dienen, Fachkenntnisse und praktische Erfahrungen nachzuweisen und nicht nur die bestehenden Zweifel am Nachweis der besonderen praktischen Erfahrungen anhand der vorgelegten Unterlagen auszuräumen.

53 Sämtliche Entscheidungen des Ausschusses unterliegen grundsätzlich der uneingeschränkten richterlichen Überprüfung.[3] Aus diesem Grund wird von einigen Stimmen in der anwaltlichen Literatur die Ansicht vertreten, dass bereits die Ladung zum Fachgespräch auch nach Umkehrung des Regel-/Ausnahme-Prinzips anfechtbar sein soll.[4]

Diese Auffassung wird nach der Gesetzesänderung zum § 7 FAO obsolet, da die Ladung zum Fachgespräch bisher implizierte, dass der Vorprüfungsausschuss den Nachweis der besonderen theoretischen Kenntnisse und praktischen Erfahrungen auf Grund der eingereichten Unterlagen als nicht erbracht ansehe.[5] Nachdem nun aber das Fachgespräch als obligatorisch bzw. als Regelfall angesehen wird, ist zweifelhaft, inwieweit der Antragsteller bereits durch die Ladung zum Fachgespräch beschwert ist.

54 Bei Steuerberatern bleiben die Anfechtungsmöglichkeiten in der Praxis bezüglich der Einladung zum Fachgespräch theoretischer Natur, zumal die Rechtsprechung von einem Regel-/Ausnahmeverhältnis zur Einladung zum Fachgespräch gem. § 8 FBO ausgeht.[6] Ferner bleibt unklar, unter welchen Umständen eine Ausnahme zum Fachgespräch angebracht erscheint.

Allerdings dürften die Grundsätze zur Anfechtbarkeit der Ladung zum Fachgespräch im Rahmen der Fachanwaltsordnung entsprechend auf die Entscheidung des Berichterstatters bzw. des Ausschusses zur Verleihung des Fachberatertitels, die vorgelegten Fallzahlen zu Ungunsten des Antragstellers zu gewichten, übertragbar sein. Folglich wird eine solche Entscheidung gem. den Vorschriften der VwGO anfechtbar sein.[7]

---

1) VG Ansbach v. 26.10.2009, AN 4 K 08.01857/AN 4 K 08.01858, DStR 2010, 575 ff.; OVG Rheinland-Pfalz v. 20.7.2010, 6 A 10521/10, DStR 2010, 2421, 2422.
2) Vgl. für Rechtsanwälte BGH v. 25.2.2008, AnwZ (B) 14/07.
3) BVerfG v. 8.7.1982, 2 BvR 1187/80, BVerfGE 61, 82 (111) = NJW 1982, 2173.
4) Hartung in Henssler/Prütting, Kommentar zur BRAO, § 7 FAO Rz. 11; a.A. Offermann-Burckart, Fachanwalt werden und bleiben, 126 Rz. 447 f.
5) So BGH v. 18.11.1996, AnwZ (B) 29/96, NJW 1997, 1307 = AnwBl. 1997, 223.
6) VG Ansbach v. 26.10.2009, AN 4 K 08.01857/AN 4 K 08.01858, DStR 2010, 575 ff.; OVG Rheinland-Pfalz v. 20.7.2010, 6 A 10521/10, DStR 2010, 2421, 2422.
7) So auch Hartung in Henssler/Prütting, Kommentar zur BRAO, § 24 FAO Rz. 16.

III. Rechtsmittel bei Zurückweisung des Antrags

1. Entscheidung der Steuerberaterkammer

Der Ausschuss beschließt gem. § 18 Abs. 8 FBO über seine abschließende Stellungnahme mit der Mehrheit seiner Stimmen. Bei Stimmengleichheit entscheidet die Stimme des Vorsitzenden. 55

Diese Stellungnahme wird durch den Vorsitzenden des Ausschusses an die zuständige Steuerberaterkammer schriftlich bekannt gegeben. Auf Aufforderung des Vorstands hat der Vorsitzende oder sein Stellvertreter die Stellungnahme mündlich zu erläutern.

Auf der Grundlage der Stellungnahme des Ausschusses trifft der Vorstand der zuständigen Steuerberaterkammer die abschließende Entscheidung über die Verleihung der Fachberaterbezeichnung. Vor der Entscheidung ist der Steuerberater (§ 19 Abs. 4 FBO) zu hören.

Der Bescheid über die Verleihung der Fachberaterbezeichnung ist dem Steuerberater zuzustellen. Er ist in der Form zu begründen, dass eine gerichtliche Kontrolle möglich ist.

Die floskelhafte Darlegung in einem Bescheid einer Rechtsanwaltskammer, die Prüfung der vom Antragsteller aufgelisteten Fälle mit Erklärungen und teilweisen Arbeitsproben hätten ergeben, dass diese Fälle in weitaus überwiegender Zahl einfacher Art seien, so dass sie bei einer Gesamtbewertung keinesfalls mindestens durchschnittlicher Bedeutung entsprächen, macht beispielsweise nicht erkennbar, in welcher Weise die Rechtsanwaltskammer welche Fälle konkret berücksichtigt hat.[1] Ein solcher Bescheid ist rechtswidrig. 56

2. Rechtsmittel und Klagearten

Lehnt der Vorstand der Steuerberaterkammer die Verleihung der Fachanwaltsbezeichnung ab, kann der Bewerber dagegen Klage beim zuständigen Verwaltungsgericht nach den Vorschriften der VwGO erheben, da Bescheide der Steuerberaterkammer einschließlich der Verleihung oder Ablehnung von Fachberatertiteln als öffentlich-rechtliche Verwaltungstätigkeit gelten.[2] 57

Seit dem 1.9.2009 gilt dies auch für Verfahren im anwaltlichen Berufsrecht nach dem *„Gesetz zur Modernisierung von Verfahren im anwaltlichen und notariellen Berufsrecht, zur Errichtung einer Schlichtungsstelle der Rechtsanwaltschaft sowie zu Änderungen sonstiger Vorschriften".*[3]

In Steuerberaterangelegenheiten ist grundsätzlich der Finanzrechtsweg nach § 33 Abs. 1 Nr. 3 Finanzgerichtsordnung (FGO) für Hilfeleistung in Steuersachen (1. Teil des StBerG), für die Voraussetzungen für die Berufsausübung (2. Abschnitt des 2. Teils des StBerG), für Übergangsvorschriften (6. Abschnitt des 2. Teils des StBerG) sowie für die Vollstreckung von Zwangsgeld (1. Abschnitt des 3. Teils des StBerG) eröffnet. Für den Erwerb des Fachberatertitels ist allerdings der Verwaltungsrechtsweg eröffnet, da eine ausdrückliche Zuweisung zum Finanzrechtsweg nach Maßgabe des § 33 Abs. 1 Nr. 3 FGO i.V.m. § 43 Abs. 2 StBerG fehlt. Grundlage der Verleihung der Fachberaterbezeichnung ist vielmehr § 86 Abs. 2 Nr. 2 i.V.m. Abs. 4 Nr. 11 StBerG, also eine Vorschrift, die nicht zu den in § 33 Abs. 1 Nr. 3 FGO aufgeführten Abschnitten des StBerG gehört.[4] 58

---

1) AGH Bayern v. 19.11.2003, BayAGH I 24/02a, BRAK-Mitt. 2004, 85.
2) Quaas/Dahns, NJW 2009, 2705 ff.
3) BGBl. I 2009, 2449.
4) VG Ansbach v. 26.10.2009, AN 4 K 08.01857/AN 4 K 08.01858, DStR 2010, 575.

Sämtliche in der VwGO vorgesehenen Klagearten gelten somit auch für die Entscheidungen über die Verleihung des Fachberatertitels. Insbesondere kommt die Anfechtungsklage in Betracht (§§ 42, 113 Abs. 1 VwGO), soweit es um die Aufhebung eines belastenden Verwaltungsakts geht, also insbesondere um die Ablehnung der Verleihung des Titels Fachberater.

59 Als weitere Klageart besteht die Verpflichtungsklage (§§ 42, 113 Abs. 5 VwGO), die auf die Verurteilung zum Erlass eines (versagten) Verwaltungsakts gerichtet ist. Als „Unterfall" der Verpflichtungsklage kommt gegen die Unwilligkeit der Steuerberaterkammer, die begehrte Amtshandlung vorzunehmen, die sogenannte Untätigkeitsklage (§ 75 VwGO) in Betracht. Die Untätigkeitsklage führt nicht nur zur Verurteilung der Verwaltungsbehörde zur Tätigkeit, sondern führt zum Erlass einer bestimmten Sachentscheidung, wenn die Sache spruchreif ist. Dies kann auch ein Verpflichtungsurteil sein (§§ 75, 113 Abs. 5 VwGO).

60 Ferner sind Feststellungsanträge möglich. In Verwaltungsstreitsachen ist eine Feststellungsklage unter den Voraussetzungen des § 43 VwGO zulässig. Hiernach kann der Kläger durch Klage die Feststellung des Bestehens oder Nichtbestehens eines Rechtsverhältnisses oder der Nichtigkeit eines Verwaltungsakts begehren, wenn er ein berechtigtes Interesse an der baldigen Feststellung hat. Die Feststellung kann allerdings nicht begehrt werden, soweit der Kläger seine Rechte durch Gestaltungs- oder Leistungsklage verfolgen kann oder hätte verfolgen können. Dies gilt nicht, wenn die Feststellung der Nichtigkeit eines Verwaltungsakts begehrt wird.

3. Widerspruch gegen die Entscheidung des Fachausschusses vor Klageeinreichung

61 Grundsätzlich ist vor Klageerhebung gem. § 68 VwGO ein Widerspruchsverfahren bei der Steuerberaterkammer als Widerspruchsbehörde durchzuführen. Die Länder können jedoch auf Grund der Öffnungsklausel in § 68 Abs. 1 Nr. 2 und Abs. 2 VwGO von der Möglichkeit Gebrauch gemacht haben, die Durchführung des Vorverfahrens für verwaltungsrechtliche Steuerberatersachen auszuschließen. So haben sich insbesondere Bayern und Niedersachsen für die Abschaffung des Widerspruchsverfahrens mit wenigen Ausnahmebereichen ausgesprochen, andere Länder wie Hessen haben dagegen geregelt, wann ein Widerspruchsverfahren nicht durchgeführt werden kann.[1] Insofern ist vor Klageeinreichung zu prüfen, ob in dem jeweiligen Land die Einlegung eines Widerspruchs erforderlich ist.

Sofern das je nach Bundesland erforderliche Widerspruchsverfahren ohne Erfolg abgeschlossen ist, wird der Instanzenzug nach den Regeln des Verwaltungsgerichtsverfahrens eröffnet.

Widerspruch und Anfechtungsklage haben nach § 80 Abs. 1 Satz 1 VwGO aufschiebende Wirkung.

62 Der Beginn der Rechtsmittelfrist hängt davon ab, ob der angegriffene Verwaltungsakt bzw. der Bescheid über die Ablehnung der Verleihung des Titels Fachberater mit einer Rechtsmittelbelehrung versehen ist (§ 58 VwGO). Eine unrichtige oder unterbliebene Belehrung führt nach § 58 Abs. 2 VwGO dazu, dass der Rechtsbehelf noch innerhalb eines Jahres seit Zustellung eingelegt werden kann.[2]

Das örtlich zuständige Verwaltungsgericht entscheidet im ersten Rechtszug. Die Berufung in verwaltungsrechtlichen Sachen ist zulassungsbedürftig. Gegen Entscheidungen des erstinstanzlichen Verwaltungsgerichts steht dem Steuerberater die Berufung

---

1) Vgl. Übersicht über die unterschiedlichen Besonderheiten und Ausnahmen bei Wienhues, BRAK-Mitt. 2009, 111 ff.
2) Quaas/Dahns, NJW 2009, 2705, 2707.

zu, wenn sie vom Verwaltungsgerichtshof oder vom Oberverwaltungsgericht – je nach Bundesland – zugelassen wird. Die Zulassung der Berufung ist innerhalb eines Monats nach Zustellung des vollständigen Urteils schriftlich zu beantragen.

Die Berufung ist nur zuzulassen, wenn **63**
– ernstliche Zweifel an der Richtigkeit des Urteils bestehen,
– die Rechtssache besondere tatsächliche oder rechtliche Schwierigkeiten aufweist,
– die Rechtssache grundsätzliche Bedeutung hat,
– das Urteil von einer Entscheidung des Verwaltungsgerichtshofs oder des Oberverwaltungsgerichts, des BVerwG, des gemeinsamen Senats der obersten Gerichtshöfe des Bundes oder des BVerfG abweicht und auf dieser Abweichung beruht oder
– wenn ein der Beurteilung des Berufungsgerichts unterliegender Verfahrensmangel geltend gemacht wird und vorliegt, auf dem die Entscheidung beruhen kann.

Vor dem Oberverwaltungsgericht müssen sich die Beteiligten durch einen Prozessbevollmächtigten vertreten lassen. **64**

Die mündliche Verhandlung entfällt, wenn keine tatsächlichen oder rechtlichen Schwierigkeiten bestehen, der Sachverhalt geklärt ist und ein entsprechender Gerichtsbescheid (§ 84 VwGO) – unter Mitwirkung sämtlicher Richter – ergeht.

Das Oberverwaltungsgericht kann ferner über unzulässige Rechtsmittel auch ohne mündliche Verhandlung durch Beschluss entscheiden, wenn dies einstimmig erfolgt und keine mündliche Verhandlung notwendig ist (§ 130a VwGO).

Lässt das Verwaltungsgericht die Berufung nicht zu, kann die Zulassung der Berufung innerhalb eines Monats nach Zustellung des vollständigen Urteils bei dem Verwaltungsgericht beantragt werden (§ 124a Abs. 4 VwGO). Die Berufung ist innerhalb von zwei Monaten nach Zustellung des vollständigen Urteils zu begründen. Als Berufungsgrund können ernstliche Zweifel an der Richtigkeit des Urteils (§ 123 Abs. 2 Nr. 1 VwGO), besondere tatsächliche oder rechtliche Schwierigkeiten (§ 124 Abs. 2 Nr. 2 VwGO) oder ein Verfahrensmangel, auf dem die Entscheidung beruht (§ 124 Abs. 2 Nr. 5 VwGO), herangezogen werden. **65**

Wird die Berufung nicht zugelassen, ist die Entscheidung des Verwaltungsgerichts endgültig. Als weiteres Rechtsmittel kommt allenfalls die Verfassungsbeschwerde bei Erfüllung der verfassungsrechtlichen Voraussetzungen in Betracht.

4. Neuer Antrag nach Zurückweisung

Ein Steuerberater, dem die Erteilung der Fachberaterbezeichnung verweigert wird, kann jederzeit einen neuen Antrag stellen. Aus der FBO sind weder Begrenzungen bei der Anzahl von Versuchen oder Verfahren noch eine bestimmte Wartezeit zwischen Ablehnung und neuem Antrag zu entnehmen. **66**

IV. Rücknahme und Widerruf

1. Ermessensentscheidung

§ 19 FBO regelt die Zuständigkeit der Steuerberaterkammer für die Verleihung, die Rücknahme und den Widerruf der Fachberaterbezeichnung. **67**

Nach welchen Kriterien die Rücknahme oder der Widerruf zu erfolgen haben, wird an dieser Stelle nicht näher geregelt. **68**

Der Kammervorstand muss hierbei jedoch sein pflichtgemäßes Ermessen – wie ebenfalls die Rechtsanwaltskammer bei dem Widerruf oder der Rücknahme der Fachanwaltsbezeichnung – unter Berücksichtigung aller Umstände des Einzelfalls ausüben.[1]

Die Rücknahme der Erlaubnis zum Führen des Fachberatertitels kann mit Wirkung für die Zukunft erfolgen, wenn Tatsachen nachträglich bekannt werden, bei deren Kenntnis die Erlaubnis hätte versagt werden müssen. Die Entscheidung der Steuerberaterkammer muss unter Anwendung des Verhältnismäßigkeitsgebots getroffen werden.[2]

Der für die Rücknahme der Fachanwaltsbezeichnung typische Anwendungsfall ist die Täuschung oder Manipulation tatsächlicher Angaben im Rahmen der Bewerbung bzw. in den Antragsunterlagen, insbesondere durch falsche Fallzahlen, durch falsche Angaben zu Art und Umfang der bei Antragstellung angegebenen Tätigkeit, durch das Erschleichen von Lehrgangszeugnissen oder durch Vorlage gefälschter Zeugnisse.

69 Bei Rechtsanwälten wird die Erlaubnis zur Führung der Fachanwaltsbezeichnung widerrufen, wenn eine in der Berufsordnung vorgeschriebene Fortbildung unterlassen wird (§ 43c Abs. 4 Satz 2 BRAO). Hierbei handelt es sich um eine Ermessensvorschrift, allerdings ist nach der Rechtsprechung des BGH[3] auch eine vor Inkrafttreten der FAO erteilte Erlaubnis wegen Verletzung der Fortbildungspflicht zu widerrufen.

70 Für Steuerberater besteht bereits allgemein eine Pflicht zur Fortbildung, die sich aus der Pflicht zur gewissenhaften Berufsausübung ableitet und in der Berufsordnung festgeschrieben ist. Fachberater müssen zusätzlich mindestens zehn Stunden Fortbildung im Jahr in dem jeweiligen Fachgebiet absolvieren. Diese ist durch Fortbildungsveranstaltungen oder wissenschaftliche Publikationen gegenüber der Kammer unaufgefordert nachzuweisen.

Die Verletzung dieser Pflicht führt ebenfalls zum Verlust der Fachberaterbezeichnung.

71 Die Satzungsversammlung der Bundessteuerberaterkammer hat am 8.9.2010 eine Novellierung der Berufsordnung der Steuerberater (BOStB) sowie Änderungen der Fachberaterordnung beschlossen. Neu eingefügt wurde hierbei unter anderem eine Regelung, nach der die zuständige Steuerberaterkammer die Verleihung der Fachberaterbezeichnung widerrufen kann, wenn die nach § 9 FBO vorgeschriebene jährliche Fortbildung nicht nachgewiesen wird. Die neue Berufsordnung tritt voraussichtlich Anfang 2011 in Kraft.

72 Nach der Rechtsprechung des BGH sind jedoch sämtliche Umstände – und nicht nur die bloße Nichterbringung der Fortbildungsnachweise – bei einem Widerruf der Fachanwaltsbezeichnung zu berücksichtigen. So müsse die zeitweilige unverschuldete Unmöglichkeit der Teilnahme an Fortbildungsveranstaltungen, etwa wegen Krankheit oder eines unzureichenden Angebots an Fortbildungsveranstaltungen, nicht automatisch zum Widerruf führen, da Art. 12 GG und der Grundsatz, wonach Einschränkungen der Berufsfreiheit sich an den Gründen des Gemeinwohls und des Verhältnismäßigkeitsgrundsatzes messen lassen müssen, zu berücksichtigen seien.[4]

73 Die Entscheidung über die Rücknahme und Widerruf der Erlaubnis zum Führen des Fachberatertitels liegt beim Vorstand derjenigen Rechtsanwaltskammer, der der betroffene Steuerberater im Zeitpunkt der Entscheidung angehört. Es kommt daher nicht darauf an, welche Kammer die Erlaubnis erteilt hat.

---

1) Kleine-Cosack, Kommentar zur BRAO, § 25 FAO Rz. 5.
2) BGH v. 2.4.2001, AnwZ(B) 37/00, NJW 2001, 1945 für Rechtsanwälte.
3) BGH v. 2.4.2001, AnwZ(B) 37/00, NJW 2001, 1945 für Rechtsanwälte.
4) BGH v. 2.4.2001, AnwZ(B) 37/00, NJW 2001, 1945 für Rechtsanwälte.

Rücknahme und Widerruf sind nur innerhalb eines Jahres seit Kenntnis des Vorstandes der Steuerberaterkammer von den sie rechtfertigenden Tatsachen zulässig (§ 19 Abs. 3 FBO).

Bei Rechtsanwälten wird für die Fristenberechnung auf den Zeitpunkt der Kenntnis *einer* Steuerberaterkammer abgestellt. Wechselt der betroffene Steuerberater während des Rücknahme- bzw. Widerrufsverfahrens in einen anderen Kammerbezirk, ist hinsichtlich des Beginns der Frist auf den Zeitpunkt abzustellen, in dem der Vorstand der „Altkammer" die entsprechende Kenntnis erlangt hat. Der Vorstand der aufnehmenden Kammer muss sich also die Kenntnis des anderen Vorstands zurechnen lassen.[1] Dieser Grundsatz bei der Fristenberechnung dürfte ebenfalls auf die Rücknahme oder den Widerruf der Fachberaterbezeichnung anzuwenden sein.

2. Rechtsmittel

Gegen den Widerruf oder die Rücknahme der Erlaubnis zur Führung der Fachanwaltsbezeichnung kann der Antragsteller Klage nach den Vorschriften der VwGO bzw. Anfechtungsklage gem. § 112 VwGO stellen. Die Klage hat gem. § 80 Abs. 1 VwGO aufschiebende Wirkung.

V. Fortbildungspflicht

1. Teilnahme an Fortbildungsveranstaltungen

In dem achten Steuerberatungsänderungsgesetz (8. StBerÄndG), am 12.4.2008 in Kraft getreten, wird den Angehörigen der steuerberatenden Berufe nunmehr die Verpflichtung zur Fortbildung ausdrücklich vorgeschrieben (§ 57 Abs. 2a StBerG); damit ist die bisherige Regelung aus der Berufsordnung für Steuerberater (§ 4 Abs. 2 BOStB) Gesetz geworden.

Die Fortbildung wird somit als Grundpflicht des Berufsstandes zur Qualitätssicherung für die Steuerberatung erachtet. In diesem Zusammenhang soll die Bundessteuerberaterkammer unverbindliche Fortbildungsempfehlungen zur Art und zum Umfang der Fortbildung herausgeben dürfen (§ 86 Abs. 2 Nr. 7 StBerG). Allerdings bleibt es auch künftig die eigenverantwortliche Entscheidung des einzelnen Berufsträgers (§ 57 Abs. 1 StBerG), in welcher Form und in welchem Maße er sich fortbildet. Eine nicht genügende Fortbildungsverpflichtung kann aber als Berufspflichtverletzung geahndet werden.

Bislang war die Pflicht zur Fortbildung der Steuerberater und Steuerbevollmächtigten nur in der Berufsordnung geregelt (vgl. § 4 Abs. 2 BOStB). Bei den Rechtsanwälten und Wirtschaftsprüfern befindet sich dagegen eine ausdrückliche Regelung auch im Berufsgesetz (§ 43a Abs. 6 BRAO; § 43 Abs. 2 Satz 4 WPO). Mit der Verankerung einer Pflicht zur Fortbildung in § 57 Abs. 2 lit. a StBerG soll auch insoweit ein Gleichklang zu den Berufsrechten der Rechtsanwälte und Wirtschaftsprüfer hergestellt werden.

Gemäß § 9 FBO muss derjenige Steuerberater, der eine Fachberaterbezeichnung führt, jährlich auf diesem Fachgebiet wissenschaftlich publizieren oder mindestens an einer der Fachberaterbezeichnung entsprechenden Fortbildungsveranstaltung dozierend oder hörend teilnehmen. Dabei darf die Gesamtdauer der Fortbildung zehn Zeitstunden nicht unterschreiten. Die jährliche Fortbildung ist der Steuerberaterkammer unaufgefordert nachzuweisen. Ob die mit der Pflicht zur Fortbildungsveranstaltung angestrebte Qualitätssicherung durch ein solches Minimalprogramm von zehn Zeit-

---

1) Offermann-Burckart, Fachanwalt werden und bleiben, 158 Rz. 589 ff.

stunden erreicht wird, wird zu Recht von einigen Stimmen in der Literatur angezweifelt.[1]

79 Nach Verabschiedung der vom Wortlaut her vergleichbaren Norm für Rechtsanwälte des § 15 FAO waren Zweifel an der Verfassungsmäßigkeit der Fortbildungsverpflichtung aufgekommen. Es wurde sowohl angezweifelt, dass die Norm in § 59b Abs. 2 Nr. 2 i.V.m. § 43c Abs. 4 BRAO eine ausreichende Ermächtigungsgrundlage hätte als auch, dass es sich hierbei um einen verhältnismäßigen Eingriff in das Grundrecht aus Art. 12 GG handelte. Diese Bedenken wurden letztlich durch einen Nichtannahmebeschluss des BVerfG vom 4.1.2002 verworfen.[2] Die Fortbildungspflicht für Steuerberater ist insofern verfassungskonform.

80 Die Möglichkeiten der Fortbildung zum Erhalt der einmal erworbenen Fachanwaltsbezeichnung sind ähnlich wie die Möglichkeiten zum Erwerb der theoretischen Kenntnisse gem. § 4 FBO, beschränken sich also nicht auf eine bloße hörende Teilnahme an einem Fachseminar. Neben einer solchen Teilnahme kann der Nachweis der ausreichenden Fortbildung auch durch eine dozierende oder durch eine wissenschaftliche Tätigkeit bzw. Veröffentlichung erbracht werden.

81 Bei den Anforderungen an eine wissenschaftliche Publikation im Rahmen der Fachanwaltsordnung wurde z.t. eine vertiefte juristische Befassung zu einem Thema angenommen, das auf ein juristisches Fachpublikum zielte, also in einer Fachzeitschrift erscheinen musste.[3] Mit Beschluss vom 14.12.2005[4] hat der AGH Schleswig jedoch festgestellt, dass auch ein kurzer Beitrag in einer Berater-Fachzeitschrift („*Der Familien-Rechts-Berater*") den wissenschaftlichen Anforderungen genügen kann, also in einer Zeitschrift, die sich nicht an ein juristisches Fachpublikum richtet. Maßgeblich hierbei ist die wissenschaftliche Auseinandersetzung mit einem Fachthema.

Entscheidend hierbei ist ferner, dass die Gleichwertigkeit des Verfassens der wissenschaftlichen Publikation mit der geforderten zehnstündigen Teilnahme an einer Fortbildungsveranstaltung gegeben ist. Dies dürfte beispielsweise bei einem Fachbeitrag in einer entsprechenden Fachzeitschrift oder bei weniger umfangreichen Urteilsanmerkungen regelmäßig der Fall sein.[5] Entscheidend für die zeitliche Zuordnung der Veröffentlichung ist grds. das Erscheinungsdatum.[6]

82 Auch die dozierende Teilnahme an einer Fortbildungsveranstaltung kann als Fortbildung für den Erhalt der Fachberaterbezeichnung gelten. Die Teilnahme erfordert, dass die Dozententätigkeit selbst – und nicht beispielsweise durch einen Sozius oder einen Mitarbeiter – wahrgenommen wird. Hierbei stellt sich die Frage, inwieweit die Vorbereitungszeit der Dozententätigkeit (Erstellung von Skripten, Vorlesungsunterlagen oder Powerpoint-Präsentationen) berücksichtigt werden darf. Da diese in zahlreichen Fällen ebenfalls viel Zeit in Anspruch nimmt, sollte im Ergebnis eine großzügige Betrachtung angestellt werden.[7] Allerdings müsste eine inhaltliche Differenzierung vorgenommen werden, nicht jede Handlung, sondern nur Vorbereitungshandlungen mit einem gehobenem fachlichen Niveau sollten Berücksichtigung finden. Nicht dagegen beispielsweise die dozierende Teilnahme an einem Volkshochschulkurs oder vor den eigenen Mandanten.[8]

---

1) Kirchberg, BRAK-Mitt. 2006, 7, 10; Quaas, BRAK-Mitt. 2007, 8, 10.
2) BVerfG v. 4.1.2002, 1 BvR 2011/01, MDR 2002, 299.
3) Henssler/Prütting, Kommentar zur BRAO, § 15 FAO Rz. 6.
4) AGH Schleswig v. 14.12.2005, 2 AGH 9/05, BRAK-Mitt. 2006, 34.
5) Scharmer in Hartung/Römermann, Kommentar zur Berufs- und Fachanwaltsordnung, § 15 FAO Rz. 52.
6) Feuerich/Weyland, § 15 FAO Rz. 3.
7) So auch Scharmer in Hartung/Römermann, Kommentar zur Berufs- und Fachanwaltsordnung, § 15 FAO Rz. 29.
8) Offermann-Burckart, Fachanwalt werden und bleiben, 143 Rz. 521; Quaas, BRAK-Mitt. 2007, 9.

Für die **hörende Teilnahme** gilt im Wesentlichen das bereits Gesagte.

Die lange Zeit bei den Fachanwaltschaften geführte Diskussion über die Zulässigkeit von Online-Fortbildungskursen dürfte der Vergangenheit angehören. Noch im Jahr 2005 hatte der AGH Schleswig-Holstein in einer Entscheidung vom 17.3.2005[1] die Auffassung vertreten, dass nur eine Präsenzfortbildungsmaßnahme anzuerkennen sei. Der AGH Schleswig folgerte aus der Bedeutung des Begriffs „Fortbildungsveranstaltung", dass nach dem Sinn und Zweck des § 15 Satz 1 FAO der gegenseitige Austausch der Veranstaltungsteilnehmer im Vordergrund stehe. Die gemeinschaftliche Teilnahme bewirke, dass eine Kommunikation nicht nur zwischen dem Dozenten und den Teilnehmern, sondern auch zwischen den Teilnehmern untereinander stattfinde.

83

Diese Argumentation steht im Widerspruch zu der Möglichkeit der Fortbildung mittels Publikationen, die der Betroffene gerade in Eigenarbeit und ohne Austausch anzufertigen hat. Ein Gedankenaustausch kann insofern kein notwendiger Bestandteil einer Fortbildungsmaßnahme sein.

Der BGH hat diese Frage bislang offengelassen.[2] In der Literatur sind mittlerweile die Ansichten vorherrschend, die bei einem Nachweis der durchgängigen Teilnahme derartige Online-Seminare für zulässig zu erachten.[3]

Am 15.6.2009 hat die 4. Satzungsversammlung der Bundesrechtsanwaltskammer in einem neuen § 15 Abs. 1 Satz 2 FAO festgeschrieben, dass Fortbildungsveranstaltungen nicht zwingend in Präsenzform durchgeführt werden müssen. Nichtpräsenzveranstaltungen sind demnach zulässig, wenn sichergestellt ist, dass Referenten und Teilnehmer einer solchen Veranstaltung untereinander kommunizieren können, also Fragen und Diskussionsbeiträge möglich sind, und die durchgängige Teilnahme nachgewiesen werden kann. Online-Fortbildung im reinen Selbststudium soll allerdings selbst dann nicht genügen, wenn eine Abfrage des vermittelten Wissens im Multiple-Choice-Verfahren erfolgt.[4]

84

2. Beginn und Zeitraum der Fortbildungspflicht

Seine Fortbildungspflicht erfüllt nur derjenige Steuerberater, der jährlich mindestens zehn Zeitstunden aufwendet und dies der Steuerberaterkammer nachweist.

85

Bei den Rechtsanwälten wird entsprechend den „**Berliner Empfehlungen**" von 2001 nicht auf einen von der Verleihung der Fachanwaltsbezeichnung abhängigen Zwölf-Monats-Zeitraum abgestellt, sondern auf Kalenderjahre.[5] Für das Jahr, in dem die Fachanwaltsbezeichnung erworben wurde, verzichten die meisten Rechtsanwaltskammern auf einen Fortbildungsnachweis. Diese Auslegungsform des Drei-Jahres-Zeitraums entspricht den Anforderungen an Aktualität der Fachkenntnisse und ist demzufolge ebenfalls auf Fachberatererbezeichnungen anzuwenden.

Führt ein Steuerberater zwei Fachberaterbezeichnungen, so hat er sich in den Fachgebieten jeweils zehn Zeitstunden fortzubilden.

86

Bei Fachanwaltstiteln stellt sich in der Praxis die Frage, wie ein Seminar, das sich auf zwei Fachgebiete erstreckende Inhalte aufweist, zu bewerten ist. Im anwaltlichen Bereich ist die Anrechnung der jeweiligen Zeitanteile der Gesamtdauer nur auf die

---

1) AGH Schleswig v. 17.3.2005, 1 AGH 1/05 NJW-RR 2005, 1295, 1296.
2) So BGH v. 6.3.2006, AnwZ (B) 38/05, BRAK-Mitt. 2006, 136.
3) So Kleine-Cosack, Kommentar zur BRAO, § 15 FAO Rz. 4; Scharmer in Hartung/Römermann, Kommentar zur Berufs- und Fachanwaltsordnung, § 15 FAO Rz. 34.
4) Dahns, NJW-Spezial 2009, 462.
5) BRAK-Mitt. 2002, 26, 29.

Fortbildungspflicht im jeweiligen Fachgebiet möglich.[1] Eine solche inhaltliche Überschneidung könnte wie bei anwaltlichen Fortbildungsseminaren vorkommen, da bei den Fachberatertiteln für Internationales Steuerrecht und Zoll- und Verbrauchersteuern durchaus Fälle denkbar sind, bei denen sowohl der internationale Bezug als auch Fragen des Zollrechts gegeben sind.

87 Im Jahr 2001 hat der BGH[2] festgestellt, dass eine einmalige Nichterfüllung der Fortbildungspflicht i.d.R. noch nicht zum Verlust der Fachanwaltsbezeichnung führen muss. Aus diesem Grund entspricht es der Praxis der meisten Rechtsanwaltskammern, dass dem säumigen Rechtsanwalt Gelegenheit dazu gegeben wird, die versäumte Fortbildung im ersten Quartal des folgenden Kalenderjahrs nachzuholen. Dies bedeutet allerdings nicht, dass Fortbildungsstunden, die das Mindestmaß von zehn Zeitstunden übersteigen, auf das folgende Kalenderjahr übergehen bzw. auf die Pflicht der folgenden Jahre Anrechnung finden.[3]

E. Syndikus-Steuerberater

von Dr. Christoph Goez

I. Einleitung

1 Durch das 8. StBerÄndG[4] hat der Gesetzgeber – wie schon seit langer Zeit im Bereich der Rechtsanwälte – auch den Angehörigen der steuerberatenden Berufe ermöglicht, als „Syndikus" tätig zu sein. Damit ist es Steuerberatern seit 2008 erlaubt, ihren Beruf in selbständiger und ganz oder teilweise zugleich in nichtselbständiger Tätigkeit als Angestellte bei Unternehmen auszuüben. Zwischenzeitlich haben diese Möglichkeit schon 4 400 Angehörige der steuerberatenden Berufe ergriffen, eine Steigerung von fast 16 % allein im Jahr 2012 und erneut 11 % im Jahr 2013.[5] § 58 Nr. 5a StBerG bestimmt insofern, dass ein Steuerberater seinen Beruf als Syndikus eines Unternehmens dann ausüben kann, wenn er im Rahmen des Angestelltenverhältnisses Tätigkeiten i.S.d. § 33 StBerG wahrnimmt[6] (vgl. zum Tätigkeitsbereich aber auch → 3 *D* Rz. 9). Die Tätigkeiten müssen sich daher auf den nach dieser Vorschrift umschriebenen beruflichen Aufgabenbereich eines Steuerberaters beziehen[7] (weitergehender → 3 *D* Rz. 9 m.w.N.).

2 Der Begriff der „beruflichen Aufgaben" im Sinne von § 33 StBerG bezieht sich auf die Hilfeleistung in Steuersachen, bei der Erfüllung der Buchführungspflichten, die auf

---

1) Scharmer in Hartung/Römermann, Kommentar Berufs- und Fachanwaltsordnung, § 15 FAO Rz. 39.
2) BGH v. 2.4.2001, AnwZ(B) 37/00, NJW 2001, 1945 f. = BRAK-Mitt. 2001, 187 f.
3) Scharmer in Hartung/Römermann, Kommentar Berufs- und Fachanwaltsordnung, § 15 FAO Rz. 63 ff.
4) StBerÄndG v. 8.4.2008, BGBl. I 2008, 666.
5) Mitteilung der Bundessteuerberaterkammer, DStR 2012, 873; vgl. für den Stand 1.1.2013: Jahresbericht 2012 der Bundessteuerberaterkammer, Berlin 2013, 41 ff., und für den Stand 1.1.2014: Jahresbericht 2013, Berlin 2014.
6) Vgl. ausführlich Ruppert in Kuhls u.a., Kommentar StBerG, 3. Aufl. 2012, § 58, Tz. 36 f.; Kleine-Cosack, Durchbruch beim Syndikus-StB, DB 2011, 2589.
7) BFH v. 17.5.2011, VII R 47/10, DStRE 2011, 1042 u. BFH v. 9.8.2011, VII R 2/11, DStRE 2011, 1425, wonach „ausschließlich" nur Tätigkeiten nach § 33 StBerG von dem Syndikus-Steuerberater ausgeübt werden dürfen.

Grund von Steuergesetzen bestehen, dabei insbesondere die Aufstellung von Steuerbilanzen und deren steuerrechtliche Beurteilung sowie die Hilfeleistung in Steuerstrafsachen und in Bußgeldsachen wegen einer Steuerordnungswidrigkeit.

Nicht einbezogen hat der Gesetzgeber den immer wichtiger werdenden, weiteren Tätigkeitsbereich von mit dem Beruf vereinbaren Tätigkeiten i.S.v. § 57 Abs. 3 StBerG. Gerade aber auch die „betriebswirtschaftliche Beratung" wird das Unternehmen von „seinem" Syndikus-Steuerberater abverlangen, was aber möglicherweise mit der aktuellen Rechtsprechung kollidiert.[1]

Damit müssen erlaubte Tätigkeitsbereiche, die Ausübung des Berufs als „Syndikus" und die Grenzen den betroffenen bzw. interessierten Steuerberatern bekannt sein.

II. Rechtsanwalts-Syndikus als Vorbild

Grundsätzlich ist der „Syndikus-Steuerberater" dem „Syndikus-Rechtsanwalt" nachgebildet.[2] Zur Konkretisierung und Auslegung kann daher für die Klarstellung des Begriffs und teilweise auch dem Tätigkeitsumfang auf die für Rechtsanwälte entwickelte Definition zurückgegriffen werden.[3]   **3**

1. Die anwaltlichen Rechtsvorgaben

Ein „Syndikus-Anwalt" ist ein Rechtsanwalt, der in einem ständigen Dienst- und   **4**
Beschäftigungsverhältnis zu einem nicht anwaltlichen Arbeitgeber steht, zugleich aber auch als selbständiger Rechtsanwalt tätig ist.[4] Der Begriff ist „schillernd", da er verschiedene Formen einer juristischen Berufsausübung umfasst.[5]

Immerhin statuiert § 46 BRAO die Vorgabe, dass auch jemand Rechtsanwalt sein   **5**
kann, der Angestellter eines privaten Arbeitgebers ist. Damit setzt die BRAO den Syndikus-Anwalt gedanklich voraus. Dennoch urteilte das BVerfG, dass der „Syndikus-Anwalt" bei seiner Tätigkeit als Syndikus nicht dem allgemeinen anwaltlichen Berufsbild als einem unabhängigen Organ der Rechtspflege i.S.v. § 1 BRAO „entspräche".[6] Der Gesetzgeber geht insofern von einer klaren Trennung zwischen der Tätigkeit als „freier" Rechtsanwalt und der Tätigkeit als „Syndikus im Rahmen eines Dienstverhältnisses" aus.[7]

Die Rechtsvorgabe in § 46 Abs. 1 BRAO bestimmt, dass der Syndikus-Anwalt seinen   **6**
Auftraggeber nicht vor Gericht vertreten darf (Vertretungsverbot). Darüber hinaus statuiert Abs. 2 weitere Tätigkeitsverbote: Wegen Interessenkollision ist es untersagt, dass ein Syndikus, der in derselben Angelegenheit tätig war, anschließend in seiner Eigenschaft als („unabhängiger") Rechtsanwalt erneut tätig werden darf. Dasselbe gilt auch umgekehrt: Wer als Rechtsanwalt mit einer Angelegenheit befasst war, kann

---

1) BFH v. 17.5.2011 und v. 9.8.2011, VII R 2/11, DStRE 2011, 1425, wonach „ausschließlich" nur Tätigkeiten nach § 33 StBerG von dem Syndikus-Steuerberater ausgeübt werden dürfen; → 3 D Rz. 9 ff.
2) Mann, Der Syndikus-StB – Entstehungsgeschichte, Gesetzessystematik, Auslegungsfragen -, Beihefter DStR 8/2014, 21.
3) Ruppert, Der Syndikus-Steuerberater, DStR 2008, 2184; Gehre/Koslowski, Kommentar, 6. Aufl. 2009, § 58 StBerG, Rz. 20.
4) BGH v. 6.3.1961, AnwZ (B) 8/60, NJW 1961, 921.
5) Vgl. auch zur Kritik und zu dem Erfordernis einer gesetzlichen Grundlage Kleine-Cosack, Kommentar, § 7 BRAO Tz. 65 und 81; ausführlich Kury, Rechtsanwälte in ständigen Dienstverhältnissen, BRAK-Mittlg. 2013, 2–6.
6) BVerfG v. 4.11.1992, 1 BvR 79/85, NJW 1993, 317.
7) BT-Drucks. III/120, 77.

nicht anschließend in seiner Eigenschaft als Syndikus-Anwalt Rechtsrat erteilen (Vorbefassungsverbot). Liegt allerdings keine Vorbefassung vor, kann durchaus auch der Arbeitgeber dem Syndikus-Anwalt in seiner Eigenschaft als unabhängiger Rechtsanwalt außerhalb des Anstellungsverhältnisses ein Mandat übertragen. Andererseits gilt das Vorbefassungsverbot auch für alle Sozien oder anderweitig mit dem Syndikus zur gemeinschaftlichen Berufsausübung verbundenen und verbunden gewesenen Personen (§ 46 Abs. 3 BRAO).

Auch der Syndikus-Anwalt hat weitere Vorgaben zu beachten: So darf gem. § 7 Nr. 8 BRAO ein Rechtsanwalt keine Tätigkeit ausüben, die mit seiner Stellung als unabhängiges Organ der Rechtspflege nicht vereinbar ist oder das Vertrauen in seine Unabhängigkeit gefährdet.

Insbesondere sind daher auch Anwaltsprivilegien bei einem Syndikus-Anwalt eingeschränkt.[1] Nach der „Doppelberufs-Theorie"[2] ist der Rechtsanwalt in dem Bereich der Syndikus-Tätigkeit der Unterordnung eines Arbeitgebers unterworfen, während er ansonsten als freier, unabhängiger Rechtsanwalt tätig ist. Damit wird die Tätigkeit für das Unternehmen als nicht-anwaltlich eingestuft, so dass die Anwaltsprivilegien für den Syndikus-Anwalt in wesentlichen Bereichen eingeschränkt sind.[3] Dieses entspricht auch der ständigen Rechtsprechung des Europäischen Gerichtshofs.[4] Der Informationsaustausch zwischen der Geschäftsführung des Anstellungsunternehmens und seinem durch einen Dienstvertrag an das Unternehmen gebundenen Syndikus-Anwalt wird nicht durch den bei Anwälten grundrechtlich vorgesehenen Schutz der Vertraulichkeit der Kommunikation zwischen Rechtsanwalt und Mandanten abgesichert. Im Ergebnis ist daher auch die Durchsuchung und Beschlagnahme in dem Büro des „Syndikus-Anwalts" möglich. Das Beschlagnahmeprivileg im Hinblick auf Aufzeichnungen und Schriftwechsel zwischen Rechtsanwalt und Mandanten im Rahmen von Strafverfahren gilt insofern nicht. Es bleibt daher festzuhalten, dass die Regelung für den Syndikus-Anwalt als gesetzlich in wesentlichen Teilen unzureichend geregelt angesehen werden muss.[5]

2. Die Übernahme der Regelungen für die steuerberatenden Berufe

7   Für den Bereich der Angehörigen der steuerberatenden Berufe besteht nunmehr ebenfalls für die grundsätzliche Tätigkeit eine gesetzliche Vorgabe in § 58 Nr. 5a StBerG, so dass hier die Tätigkeitsbereiche als „Syndikus-Steuerberater" einerseits und als selbständig und unabhängig tätiger „Steuerberater" andererseits voneinander getrennt erscheinen und als beruflich miteinander vereinbar erklärt worden sind. Aber auch die Einschränkungen der Privilegien eines unabhängigen Organs der Steuerrechtspflege (§ 1 Abs. 1 BOStB 2010) werden analog zu der beschriebenen Problematik bei Syndikus-Anwälten zu beachten sein.[6] Naturgemäß ist hier noch vieles ungeklärt, die Rechtsprechung brauchte bislang nur zu einigen Problemkreisen Stellung zu nehmen.

Insbesondere wird allerdings zu Recht vertreten, dass die beschriebene Doppelberufstheorie (→ 3 D Rz. 6) gilt, weil einerseits die selbständige Ausübung des Steuerberaterberufes ein Mindestmaß an beruflicher Unabhängigkeit voraussetzt und anderer-

---

1) Vgl. ausführlich Rid, Der Syndikus-Steuerberater, BB-Spezial 3/2008, 10, 12.
2) BGH v. 25.2.1999, IX ZR 384/97, NJW 1999, 1715 f.
3) Redeker, Der Syndikusanwalt als Rechtsanwalt, NJW 2004, 889, 890; vgl. auch BGH v. 7.2.2011, Anwz (B) 20/10, NJW-Spezial 2011, 319.
4) EuGH v. 17.9.2007, Akzo-Nobel – T 125 und 253/03, EuGH v. 14.9.2010, Akzo-Nobel u.a. C-550/07 P, DStR 2010, 2270; kritisch Prütting, Die Stellung des Syndikusanwaltes aus berufsrechtlicher Sicht, ZAP Fach 23, 927–932.
5) So auch Rid, Der Syndikus-Steuerberater, BB-Spezial 3/2008, 10, 12.
6) Ruppert in Kuhls u.a., Kommentar, 3. Aufl. 2012, § 58 StBerG, Tz. 37.

seits die Tätigkeit als Angestellter zwangsläufig nicht mit dem Leitbild eines unabhängigen Steuerberaters übereinstimmt. Auch wenn es Ausnahmen geben mag, wonach Syndikus-Steuerberater im Einzelfall überhaupt nicht als selbständiger Steuerberater tätig werden, ist jedenfalls das gesetzliche Leitbild ein Syndikus-Steuerberater, der neben dieser Tätigkeit selbständig als Steuerberater niedergelassen ist und externe (von dem Anstellungsunternehmen unabhängige) Mandate übernimmt.[1]

Im Ergebnis hat der Gesetzgeber die Regelungen für den „Syndikus-Anwalt" aber nicht einfach nur übernommen, sondern einigen Besonderheiten im steuerberatenden Bereich Rechnung getragen.[2] Insbesondere ergibt sich dies daraus, dass ein Steuerberater seine Mandanten im Regelfall im Rahmen eines Komplettauftrages (Finanzbuchhaltung/Lohnarbeiten/Jahresabschlüsse/betriebliche und private Steuererklärungen) und Dauermandates betreut. Damit aber hat er – anders als ein Rechtsanwalt, der regelmäßig im Einzelfall tätig ist – umfassende Einblicke in die wirtschaftlichen und rechtlichen Verhältnisse der Mandantschaft. In Konsequenz daraus sind unterschiedliche Regeln unter Berücksichtigung des erhöhten Risikos einer Interessenkollision bei einer gleichzeitigen Angestelltentätigkeit nachvollziehbar und rechtfertigen insbesondere, dass der Syndikus-Steuerberater für den eigenen Arbeitgeber nicht in seiner Eigenschaft als Steuerberater tätig werden darf.[3]

III. Gesetzliche Regelung im Steuerberatungsgesetz

Grundsätzlich darf der Steuerberater als „Syndikus" tätig sein (§ 58 Nr. 5a. StBerG); allerdings sind Besonderheiten zu beachten. Insbesondere darf der Steuerberater für den Auftraggeber, mit dem er durch ein ständiges Dienst- oder Beschäftigungsverhältnis verbunden ist, nicht in seiner Eigenschaft als Steuerberater auftreten.

1. Tätigkeitsbereich

Sein Tätigkeitsbereich wird durch die Formulierung „Tätigkeiten i.S.d. § 33 StBerG" umschrieben. Damit dürfte der Gesetzgeber aber trotz des eingrenzenden Wortlauts der Vorschrift gemeint haben, dass der „Syndikus-Steuerberater" nicht nur Tätigkeiten aus dem Originärbereich des § 33 StBerG wahrnimmt. Nach überwiegender Ansicht ist daneben eine Tätigkeit im Bereich der „vereinbaren Tätigkeit" im Sinne von § 57 Abs. 3 StBerG unschädlich.[4]

Anders scheint dies allerdings die erste höchstrichterliche Rechtsprechung zum Syndikus-Steuerberater zu sehen. Danach wird als unbeschriebenes Tatbestandsmerkmal für § 58 Satz 2 Nr. 5 a Satz 1 StBerG gefordert, dass im Rahmen des Angestelltenverhältnisses „ausschließlich" Tätigkeiten i.S.d. § 33 StBerG ausgeübt werden.[5] Dem ist allerdings entgegenzuhalten, dass dem Wortlaut der Vorschrift gerade kein „generelles Verbot" der Wahrnehmung vereinbarer Tätigkeiten zu entnehmen ist. Die Vorschrift in § 58 StBerG kann sich nur auf Regelungsinhalte i.S.v. §§ 1 und 33 StBerG

---

1) So wohl die Vorstellungen des Gesetzgebers, BT-Drucks. 16/7077, 33; vgl. ausführlich: Singer, Zur gebotenen Anwendbarkeit der Doppelberufstheorie auf den Syndikus-StB, Beihefter DStR 8/2014, 33, 37.
2) Zu den Unterschieden auch Ring, Vergleich der Berufsbilder von Syndikus-StB und Syndikus-RA, Beihefter DStR 8/2014, 28.
3) Vgl. auch: Ruppert in Kuhls u.a., Kommentar, 3. Aufl. 2012, § 58 StBerG Rz. 34.
4) Gehre/Koslowski, Kommentar, 6. Aufl. 2009, § 58 StBerG Rz. 20; Römermann, Der Syndikus-StB, Stbg 2008, 310; von Eichborn, Das Kriterium der Ausschließlichkeit beim Syndikus-Steuerberater, DStR 2012, 673.
5) BFH v. 17.5.2011, VII R 47/10, DStRE 2011, 1042, u. BFH v. 9.8.2011, VII R 2/11, DStRE 2011, 1425.

beziehen, so dass die fehlende Erwähnung der nach § 57 Abs. 3 StBerG einem Steuerberater zugestandenen weiteren, mit seinem Beruf vereinbaren Tätigkeiten gerade noch keinen Rückschluss darauf zulässt, ob diese damit einem Syndikus-Steuerberater untersagt sind. Da nach den Gesetzesmotiven aber der Syndikus, allerdings unter Beachtung weiterer formulierter Bedingungen, seinen Beruf als Steuerberater für das anstellende Unternehmen ausüben soll, erscheint eine Einschränkung auf lediglich die Originär-Tätigkeiten gem. § 33 StBerG weder gewollt noch von der Sache her wünschenswert.[1] Verfassungsrechtlich wäre es auch eine unzulässige Eingrenzung der Berufsausübungsfreiheit, da eine entsprechende Vorgabe „übermäßig" wäre und damit nicht den Kriterien des Verhältnismäßigkeitsprinzips, wie dieses sich aus Art. 12 GG ergibt, entspräche.

10   Insbesondere die über die Hilfeleistung in Steuersachen hinausgehende Wirtschaftsberatung gehört daher auch zu den Aufgaben des „Syndikus-Steuerberaters". Eine steuerliche Beratung ohne die Berücksichtigung von betriebswirtschaftlichen Fragen wäre wenig sinnvoll. Betriebswirtschaftliche Entscheidungen des Arbeitgebers haben die steuerlichen Auswirkungen zu berücksichtigen. Andererseits bleibt aber eine Bevollmächtigung im Sinne von § 80 AO ausgeschlossen, so dass der Syndikus-Steuerberater bei einer Vertretung seines Arbeitgebers gegenüber der Finanzverwaltung beschränkt bleibt.[2]

11   Die betriebswirtschaftsberatende Tätigkeit umfasst somit ergänzend beispielsweise die Organisation des Betriebs- und Verwaltungsablaufs, die Erstellung von Kosten- und Leistungsabrechnungen sowie von Vor- und Nachkalkulationssystemen, die Finanzierungsberatung, die Einführung moderner Entlohnungssysteme, ein externes Controlling und die Sanierungs- und Insolvenzberatung. Des Weiteren dürfen auch Tätigkeiten bei der Fertigung oder Prüfung der Lohnabrechnung, die An- und Abmeldung bei Sozialversicherungsträgern und sonstigen gesetzlichen Einrichtungen sowie die dabei vorzunehmende Prüfung zur Beitragspflicht und der abzuführenden Beträge von dem Syndikus-Steuerberater wahrgenommen werden.[3]

12   Im Rahmen des zugestandenen Umfangs kann daher der „Syndikus-Steuerberater" auch eine eingeschränkte Rechtsdienstleistung als „Nebenleistung" zu den angesprochenen Tätigkeitsbereichen erbringen (§ 5 RDG). Die Rechtsbesorgung in sonstigen Angelegenheit und insbesondere als Haupttätigkeit ist ausgeschlossen (§ 3 RDG). Für die Praxis bedeutet dies, dass der „Syndikus-Steuerberater" sich intern interdisziplinär mit dem rechtlichen Berater des Anstellungsunternehmens abstimmen wird.

13   Unzulässig wäre hingegen die Übernahme einer Organfunktion wie beispielsweise als kaufmännischer Geschäftsführer des Anstellungsunternehmens. Eine solche Tätigkeit würde berufsrechtlich eine gewerbliche Tätigkeit darstellen, da das Handeln als Organ des Unternehmens zwingend von dem gewerblichen Charakter der Unternehmenstätigkeit der Gesellschaft geprägt sein würde.[4]

14   Aber auch insofern hat der Gesetzgeber im 8. StBerÄndG die Möglichkeit statuiert, dass der Steuerberater mittels einer Ausnahmegenehmigung vom Verbot der gewerblichen Tätigkeit entsprechende Funktionen übernehmen kann. Nach § 57 Abs. 4 StBerG ist eine gewerbliche Tätigkeit zwar mit dem Beruf des Steuerberaters nicht vereinbar; die zuständige Steuerberaterkammer kann von diesem Verbot aber Aus-

---

1) So ausdrücklich auch: Mann, Der Syndikus-StB – Entstehungsgeschichte, Gesetzessystematik, Auslegungsfragen –, Beihefter DStR 8/2014, 21, 24.
2) So ausdrücklich Tipke/Kruse, Kommentar, Stand 11/2012, § 80 AO Rz. 72a.
3) Vgl. ausführlich Ehlers/Henze, Der Syndikus-Steuerberater und seine Problemfelder, NWB 2009, 148, 151.
4) BGH v. 29.2.1988, StbSt(R) 1/87, StB 1988, 344; so ausdrücklich auch VG Ansbach v. 13.12.2011, AN 4 K 11.01041, juris.

nahmen zulassen, soweit durch die Tätigkeit eine Verletzung von Berufspflichten nicht zu erwarten ist.

Zwar ist grundsätzlich die Ausübung des Amts als Vorstand einer AG, insbesondere aber als Geschäftsführer einer GmbH, deren Gesellschafter weder Steuerberater noch andere zur uneingeschränkten Steuerrechtshilfe befugten Personen i.S.v. § 3 StBerG sind, eine gewerbliche Tätigkeit. Vom Grundsatz her ist daher dem Syndikus-Steuerberater die Übernahme dieser Tätigkeit gem. § 57 Abs. 4 StBerG untersagt. Allerdings hat er die Möglichkeit, eine Ausnahmegenehmigung nach § 57 Abs. 4 Nr. 1, 2. Halbsatz StBerG bei der für ihn zuständigen Steuerberaterkammer zu stellen. Die Erteilung einer solchen Ausnahmegenehmigung steht trotz dieser „Kann-Vorschrift" nicht im Ermessen der Steuerberaterkammer.[1] Es handelt sich um eine Zuweisungsnorm, bei der die Steuerberaterkammer bei Vorliegen der Voraussetzungen – zumindest aus dem Rechtsgedanken der sodann vorliegenden Ermessensreduzierung auf (nur) eine richtige Entscheidung – die Ausnahmegenehmigung erteilen muss. Daher kommt es bei der Antragstellung neben dem Anlass (Notsituation?) auf den Unternehmensgegenstand sowie den Umfang und die Ausgestaltung der Geschäftsführertätigkeit „im Einzelfall" an. Bei zeitlich begrenzter Tätigkeit, bei der insbesondere die Kenntnisse über die persönlichen und wirtschaftlichen Verhältnisse der von dem Steuerberater-Geschäftsführer ansonsten betreuten Mandanten keine Bedeutung hat und auch sonst keine Anhaltspunkte für eine konkrete Gefährdung der Pflicht zur unabhängigen, eigenverantwortlichen und verschwiegenen Berufsausübung vorliegen, ist die Ausnahmegenehmigung auf Antrag zu erteilen.[2] Allerdings ist allein der antragstellende Steuerberater für das Vorliegen der Voraussetzungen darlegungs- und ggf. beweispflichtig.

In der Praxis wird allerdings im Hinblick darauf, dass schon die Tätigkeit als „Syndikus-Steuerberater" eine gewisse Ausnahmemöglichkeit darstellt, für diesen Personenkreis eine Ausnahmegenehmigung nur in besonders gelagerten Fällen und regelmäßig wohl hauptsächlich nur dann – wie ausgeführt – erteilt werden, wenn es sich um eine zeitlich überschaubare und befristete Tätigkeit handelt. So kann eine solche Ausnahmegenehmigung insbesondere dann nicht erteilt werden, wenn eine abstrakte Gefahr einer Interessenkollision zu bejahen wäre.[3] Auch bei einem Syndikus-Steuerberater müssen allgemein die Grundsätze zur Vermeidung einer Kommerzialisierung der steuerberatenden Berufe im Interesse einer wirksamen Steuerrechtspflege und damit das Verbot der gewerblichen Tätigkeit gelten, insbesondere wenn die Gefahr einer Interessenkollision schon bei allgemeiner Betrachtung auf der Hand liegt. Diese Gefahr wäre aber bei einer länger andauernden Tätigkeit als gewerblich tätiger Geschäftsführer einer GmbH im Regelfall anzunehmen.

Unzulässig wäre auch eine Tätigkeit für das Unternehmen im Rahmen des Vertriebs oder der Akquision.[4] Unabhängig von der Frage, ob Syndikus-Steuerberater „ausschließlich" Tätigkeiten im Sinne des § 33 StBerG ausüben dürfen (→ 3 D Rz. 9), was das entscheidende Finanzgericht offen gelassen hat, fehlte im konkreten Fall jedenfalls die berufsrechtlich notwendige Unabhängigkeit, manifestiert durch die (teilweise) Honorierung mit entsprechenden Provisionen für erfolgreiche Akquisitionen. Damit aber zeigt sich auch die scharfe Abgrenzung zu der zulässigen Tätigkeit des Syndikus-Steuerberaters: Dieser muss nach dem Wortlaut des Gesetzes eine „ständige", also gerade nicht vorübergehende Tätigkeit für sein Anstellungsunternehmen ausüben. „Ständig" heißt zwar nicht, dass es sich um eine „ausschließliche" oder auch nur „überwiegende" Wahrnehmung der Vorbehaltsaufgaben nach § 33 StBerG han-

---

1) So richtig OVG-NW v. 20.12.2011, 4 A 1940/10, juris; a.A. Gehre/Koslowski, Kommentar, 6. Aufl. 2009, § 57 StBerG, Tz. 92.
2) OVG-NW v. 10.12.2011, 4 A 1940/10, juris.
3) VG Ansbach v. 13.12.2011, v. 13.12.2011, AN 4 K 11.01041, juris.
4) FG Düsseldorf v. 16.10.2013, 2 K 3644/12 StB, DStR 2014, 61 m. Anm. Ruppert.

delt. Jedenfalls aber muss insofern ein auf längere Zeit konzipierter Anstellungsvertrag (→ 3 *D* Rz. 22 ff.) abgeschlossen werden. Darüber hinaus darf nicht durch die Vertragsgestaltung in die grundlegenden Berufspflichten als „unabhängiger" Steuerberater eingegriffen werden.

2. Offenbarungspflicht gegenüber Mandanten

17 Weitere Pflichten bestehen, wenn der Syndikus zeitgleich als „reiner" Steuerberater tätig ist oder wird.

Der „Syndikus-Steuerberater" muss bei der Ausübung seines Berufs als selbständiger Steuerberater Mandanten auf die „Syndikus-Tätigkeit" hinweisen (§ 58 Nr. 5a Satz 4 StBerG). Dabei ist der Begriff des „Angestellten" weit zu verstehen. Die „Syndikus-Tätigkeit" kann haupt- wie auch nebenberuflich ausgeübt werden (→ 3 *D* Rz. 1 u. 16).[1]

3. Gleichzeitige Stellung als „unabhängiger" Berater

18 Auch im Übrigen ist der „Syndikus-Steuerberater" an die berufsrechtlichen Vorgaben gebunden. Dies bedeutet, dass er trotz entsprechender Arbeitsmöglichkeiten in dem Anstellungsunternehmen eine eigene berufliche Niederlassung für seine selbständige Tätigkeit als Steuerberater zur Begründung zu unterhalten hat (§ 34 Abs. 1 Satz 1 StBerG). Allerdings können sich diese auch in den Arbeitsräumen des Arbeitgebers befinden.

19 Dabei hat der „Syndikus-Steuerberater" besonderes Augenmerk darauf zu richten, dass die Berufspflichten insbesondere im Sinne von § 57 Abs. 1 StBerG nicht verletzt werden.[2] Er muss die Möglichkeit der zeitlichen und fachlichen Bearbeitung der eigenen Mandate haben; insbesondere muss er darauf achten, dass die Verschwiegenheitspflichten eingehalten werden. Andere Angestellte des Anstellungsunternehmens dürfen daher keine Möglichkeit haben, auf Ausarbeitungen, Schriftverkehr, insbesondere auch auf die datenmäßige Erfassung von diese Mandatsverhältnisse betreffenden Zahlen und Angaben des Mandanten zuzugreifen. Die entsprechenden Unterlagen sind gesondert – und verschlossen – in den Räumen des Anstellungsunternehmens aufzubewahren, wenn der Berater dort seine selbständige berufliche Niederlassung unterhält.

4. Haftpflichtversicherungspflicht

20 Auch hat der „Syndikus-Steuerberater" eine eigene Berufshaftpflichtversicherung abzuschließen und zu unterhalten (§ 67 Satz 1 StBerG). Zwar können nach § 58 StBerG angestellte Steuerberater in die Vermögensschadenshaftpflichtversicherung des Arbeitgebers eingeschlossen werden; dies gilt gerade nicht für den „Syndikus-Steuerberater", der für seine – neben der Tätigkeit für das Anstellungsunternehmen – eigene Berufsausübung eine Haftpflichtversicherung abzuschließen hat.

21 Lediglich für den Fall, dass der „Syndikus-Steuerberater" für ein Unternehmen arbeitet (z.B. für eine Wirtschaftsprüfungsgesellschaft), die selbst zu dem Kreis der zur unbeschränkten Steuerrechtshilfe zugelassenen Personen nach § 3 StBerG gehört, wird eine Ausnahme gemacht werden können. Dies liegt darin begründet, dass er – zwar formell als „Syndikus-Steuerberater" bezeichnet – als Mitarbeiter insofern den Vorgaben unterliegt, die einem angestellten oder freien Mitarbeiter im Sinne von § 58

---

1) Gehre/Koslowski, Kommentar, 6. Aufl. 2009, § 58 StBerG Rz. 20.
2) Vgl. FG Baden-Württemberg v. 27.10.2010, 2 K 1529/10, DStRE 2011, 976; diff. die Revisionsentscheidung: BFH v. 9.8.2011, VIII R 2/11, AnwBl. 2011, 221.

Satz 1 StBerG entsprechen. Danach ist die Ausübung des Berufs als Steuerberater als Angestellter von Personen oder Vereinigungen im Sinne von § 3 Nr. 1–3 StBerG (insbesondere bei anderen Steuerberatern, Rechtsanwälten, Wirtschaftsprüfern und deren Gesellschaften) erlaubt. Voraussetzung bleibt dann aber auch, dass die Tätigkeit „ausschließlich" ausgeübt wird; sobald der „Syndikus-Steuerberater" anbietet, eigene Mandate zu übernehmen oder auch eigene (wenige) Mandate betreut, ist er verpflichtet, eine entsprechende eigene Berufshaftpflichtversicherung nach den gesetzlichen Vorgaben (§ 67 StBerG i.V.m. §§ 51 ff. DVStB) abzuschließen.

5. Führen der Berufsbezeichnung

Auch als „Syndikus-Steuerberater" besteht die Berechtigung, im geschäftlichen Schriftverkehr des Anstellungsunternehmens die Berufsbezeichnung „Steuerberater" zu führen.[1] Hierzu ist er aber nicht verpflichtet, da er ja für das Anstellungsunternehmen nicht selbst als „Steuerberater" nach außen tätig wird.[2]   22

Generell ist daher festzuhalten, dass der Syndikus-Steuerberater im Rahmen der gesetzlichen Vorgaben (§ 57a StBerG) werben darf. So wird es ihm möglich sein, beispielsweise auf das jeweilige Tätigkeitsfeld in Kanzleibroschüren, im Internetauftritt und per Mandanteninformationen hinzuweisen.[3]   23

Im Ergebnis darf der Syndikus-Steuerberater daher auch im Schriftverkehr für seinen Arbeitgeber seine Berufsbezeichnung führen.[4] Dabei ist aber eine Irreführung Dritter zu vermeiden und deutlich zu machen, dass der Syndikus-Steuerberater als Angestellter eines Unternehmens tätig wird. Hier bieten sich klarstellende Zusätze, z.B. „Leiter der Abteilung Steuern" oder die Verwendung des Geschäftspapiers des Unternehmens an.   24

6. Auskunfts- und Beschlagnahmeprivilegien?

Bislang nicht geklärt und strittig beurteilt wird das Problem, ob ein „Syndikus-Steuerberater" im Rahmen dieser Tätigkeit die gesetzlichen Privilegien zur Absicherung seiner Verschwiegenheitsverpflichtung hat.   25

Die herrschende Meinung geht davon aus, dass in dieser Funktion als Angestellter ein Zeugnisverweigerungsrecht nach § 53 Abs 1. Nr. 3 StPO oder Auskunftsverweigerungsrecht nach § 383 Abs. 1 Nr. 6 ZPO und insbesondere auch ein Beschlagnahmeprivileg i.S.v. § 97 StPO nicht besteht.[5] Dies dürfte aber mit den sich aus § 203 Abs. 1 Nr. 3 StGB ergebenden Vorgaben zur strengen Verschwiegenheit so nicht uneingeschränkt vereinbar sein.[6] Im Bereich der Verschwiegenheit und bei Erteilung von Informationen, auch bei entsprechenden Einvernahmen als Zeuge, wird nach diesseitigem Dafürhalten der „Syndikus-Steuerberater" bei entsprechenden Anfragen z.B. von Behörden nur mit Zustimmung des Anstellungsunternehmens tätig werden können. Gerichtlich ist diese Frage aber noch nicht geklärt worden.   26

---

1) Ruppert Der Syndikus-Steuerberater, DStR 2008, 2184; Riedlinger, Die Tätigkeit des Syndikus-StB in der Praxis, Beihefter DStR 8/2014, 19, 20.
2) Vgl. Gehre/Koslowski, Kommentar, 6. Aufl. 2009, § 58 StBerG, Rz. 21.
3) Ehlers/Henze Der Syndikus-Steuerberater und seine Problemfelder, NWB 2009, 148, 153; → 2 B Rz. 32 ff.
4) Vgl. für Rechtsanwälte OLG Nürnberg v. 8.6.1993, J U 1075/93, NJW 1994, 2301; so wohl auch: Riedlinger, Die Tätigkeit des Syndikus-StB in der Praxis, Beihefter DStR 8/2014, 19, 20.
5) Gehre/Koslowski, Kommentar, 6. Aufl. 2009, § 58 StBerG, Rz. 21; Ruppert, Der Syndikus-Steuerberater, DStR 2008, 2184 m.w.N.; vgl. auch zu dieser Problematik die Rechtsprechung des EuGH, zuletzt Urteil v. 14.9.2010, C-550/07, DStR 2010, 2270; ferner → 3 E Rz. 6.
6) So schon Roxin für den Syndikus-Anwalt, Das Zeugnisverweigerungsrecht des Syndikusanwalts, NJW 1995, 17.

27 Anders wird für die Beschlagnahmefähigkeit von Unterlagen des Anstellungsunternehmens, gelagert bei dem „Syndikus-Steuerberater", zu entscheiden sein. Befinden sich diese in den Räumlichkeiten des Unternehmens, in denen auch der „Syndikus-Steuerberater" arbeitet, ist der „Syndikus-Steuerberater" als Angestellter anzusehen. Hier gelten sodann die üblichen Grundsätze der Durchsuchung und Beschlagnahme bei einem Dritten (§ 103 StPO) oder bei einem Beschuldigten (§ 102 StPO).

IV. Vergütung

28 Bei der Honorierung eines Syndikus-Steuerberaters muss strikt unterschieden werden zwischen der Berufsausübung als selbständiger Steuerberater und derjenigen als Syndikus-Steuerberater.

29 Als Steuerberater ist jeder Berufsangehörige nach § 64 StBerG verpflichtet, in den „Originär-Bereichen" seiner Berufsausübung nach § 33 StBerG die Vorgaben der Steuerberatervergütungsverordnung[1]) einzuhalten, soweit er die Berufstätigkeit in selbständiger Form ausübt.[2]) Auch im Bereich der vereinbaren Tätigkeiten für Auftraggeber i.S.v. § 57 Abs. 3 StBerG gelten, soweit diese Tätigkeiten in der Funktion als unabhängiger Steuerberater ausgeübt werden, die allgemeinen Grundsätze; im Ergebnis wird, falls keine sondergesetzlichen Regeln wie beispielsweise im Bereich der Insolvenzverwaltervergütung bestehen oder Vergütungsvereinbarungen wirksam getroffen worden sind, nach den allgemeinen Vorschriften des bürgerlichen Rechts (dort insbesondere §§ 675, 611, 612 BGB) abzurechnen sein.[3])

30 Soweit eine Tätigkeit als Syndikus-Steuerberater durchgeführt wird, richtet sich die Vergütung nach dem zwischen dem Unternehmen und dem Steuerberater abgeschlossenen Dienstvertrag. Hier verbieten sich im Hinblick auf die völlig unterschiedliche Ausgestaltung eines solchen Vertrags allgemeine Vorgaben. Der Syndikus-Steuerberater wird aber auch bei der Entlohnung darauf zu achten haben, dass ihm nicht die gleichzeitig zugestandene Möglichkeit einer unabhängigen und eigenverantwortlichen Berufsausübung genommen wird, so dass er eine angemessene Vergütung zu vereinbaren hat.

V. Gestaltung des Anstellungsvertrags

31 Aus den dargestellten Vorgaben ergibt sich, dass der an der Stellung als Syndikus-Steuerberater interessierte Berufsangehörige bei der Gestaltung von Anstellungsverträgen mit einem Unternehmen auf eine Präzisierung im Hinblick auf die gesetzlichen Vorgaben zu achten hat.

Die Einstellung muss als „Steuerberater" erfolgen. Dabei ist klarzustellen, ob dies als Vollzeit-Angestellter oder in Teilzeittätigkeit geschehen soll. Klarzustellen ist darüber hinaus, dass es dem Syndikus-Steuerberater gestattet ist, eine selbständige Steuerberaterpraxis als Nebentätigkeit zu unterhalten.[4]) Diese Nebentätigkeitsgenehmigung muss unwiderruflich sein und beinhalten, dass der Syndikus-Steuerberater auch während der Dienststunden für sein Unternehmen für Mandanten aus seiner selbständigen Tätigkeit erreichbar ist.

---

1) Zum 20.12.2012 wurde die StBGebV geändert und in „StBVV" umbenannt; → **2** *D* 16.
2) Meyer/Goez/Schwamberger, StBVV, Praxiskommentar, 7. Aufl. 2013, Einführung Rz. 37 f.
3) Vgl. Meyer/Goez/Schwamberger, StBVV Praxiskommentar, 7. Aufl. 2013, Einführung Rz. 80 f.
4) So ausdrücklich BFH v. 9.8.2011, VII R 2/11, AnwBl. 2011, 22.

Darüber hinaus muss das Unternehmen bestätigen, dass der Syndikus-Steuerberater für seine selbständige Tätigkeit ohne Zustimmung im Einzelfall Termine und Besprechungen wahrnehmen kann.

In dem Anstellungsvertrag ist die Konkretisierung des Tätigkeitsbereiches des Syndikus-Steuerberaters in Sinne von § 33 StBerG aufzulisten. Es sollte der konkrete Einsatzbereich (z.B.: Leitung der Steuerabteilung oder des Bereichs „Finanzen und Controlling") genau umschrieben werden. Das Unternehmen muss insofern auch bestätigen, dass der Syndikus-Steuerberater seine Aufgaben „eigenverantwortlich und selbständig" übertragen bekommt und in der Beurteilung von Steuerfragen keinen fachlichen Weisungen der Vorgesetzten unterliegt. So kann auch der Rechtsanwalt, der als Syndikus arbeitet, insofern nicht dem Direktionsrecht der Unternehmensführung unterworfen sein, wenn dies in die berufliche Unabhängigkeit des Syndikus eingreift.[1] Auf Grund der vergleichbaren Situation bei angestellten Steuerberatern wären entsprechende Anweisungen auch dort nichtig.

Unzulässig wären Regelungen, wonach der Syndikus-Steuerberater – wie häufig in Arbeitsverträgen zu finden – auch eine andere Tätigkeit zugewiesen bekommen kann, die „seinen Fähigkeiten und seiner Ausbildung entsprechen". Dies würde die Möglichkeit eröffnen, dem Syndikus-Steuerberater berufsfremde Tätigkeiten zuzuweisen.

Die Steuerberaterkammern verlangen daher von einem zukünftigen Syndikus-Steuerberater das Vorlegen einer entsprechenden **Freistellungsbescheinigung des Arbeitgebers**. Diese lautet wie folgt:

Arbeitgeberbescheinigung zum Antrag auf Bestellung als Steuerberater

für Frau/Herrn ....,
– nachstehend „Angestellte/r" genannt –

1. Als Arbeitgeber bestätigen wir, dass die/der Angestellte im Rahmen des Anstellungsverhältnisses Tätigkeiten i.S.d. § 33 StBerG (z.B. Erstellung der Lohn- und Finanzbuchführung, des Jahresabschlusses, der betrieblichen Steuererklärungen, Vertretung des Arbeitgebers vor Finanzbehörden und -gerichten) wahrnimmt.

2. Als Arbeitgeber erklären wir unwiderruflich, dass

   a) wir damit einverstanden sind, dass die/der Angestellte neben ihrer/seiner Tätigkeit als Angestellte/r den Beruf der Steuerberaterin/des Steuerberaters ausübt,

   b) die/der Angestellte durch ihre/seine Tätigkeit bei uns nicht gehindert ist, ihren/seinen Pflichten als Steuerberaterin/Steuerberater nachzukommen, insbesondere, da sie/er berechtigt ist, sich während der Dienstzeit zur Wahrnehmung etwaiger Gerichts- und Behördentermine und Besprechungen jederzeit von ihrer/seiner Arbeitsstelle zu entfernen, ohne im Einzelfall eine Erlaubnis hierfür einholen zu müssen. Außerhalb dieser Erklärung existieren keine mündlichen oder schriftlichen Vereinbarungen, die die Tätigkeit als Steuerberaterin/Steuerberater einschränken könnten.

3. Die/der Angestellte hat uns unwiderruflich ermächtigt, der Steuerberaterkammer jederzeit Auskunft darüber zu erteilen, ob sich das Dienstverhältnis in seinem wesentlichen Inhalt, insbesondere hinsichtlich der Aufgabenstellung und des Umfangs gegenüber dem Zeitpunkt des Antrags der Bestellung als Steuerberaterin/Steuerberater geändert hat.

---

[1] Prütting, Die Stellung des Syndikusanwaltes aus berufsrechtlicher Sicht, ZAP Fach 23, 927.

Ort/Datum:	
	(Arbeitgeber)
Firmen- stempel:	
	(Antragsteller)
	(Funktion des Antragstellers)"

MusterfreistellungsbescheinigungEntsprechende Freistellungsbescheinigungen werden zwar im Regelfall von dem anstellenden Unternehmen akzeptiert, im Einzelfall aber vom Arbeitgeber ergänzt. Nicht akzeptabel ist eine Beschränkung unter 2. des vorstehenden Musters, wonach „... *unter Beachtung der Belange des Arbeitgebers*" dessen Erklärung gestellt wird; andererseits können Zusätze, die die Grundzusage des Arbeitgebers nicht einschränken, zugelassen werden (beispielsweise: „*... die ausgefallene Arbeitszeit ist nachzuarbeiten*")[1]

Die von den Kammern abverlangte vorstehende Freistellungsbescheinigung legt nahe, dass von einem Leitbild eines Syndikus-Steuerberaters ausgegangen wird, wonach diesem ein ausreichender Handlungsspielraum für seine Tätigkeit als „*selbständiger und unabhängiger Berater*" verbleiben müsse. Damit dürfte ein „*Feierabend-Steuerberater*" nicht den Vorstellungen der Kammern entsprechen; dieser muss in der Lage bleiben, seine selbständige berufliche Tätigkeit unabhängig von der Weisungsbefugnis des Arbeitgebers im Anstellungsverhältnis ausüben zu können.[2] Dennoch erfolgt von keiner Steuerberaterkammer die Überprüfung, ob und in welchem Umfang die selbständige Tätigkeit eines StB-Syndikus erfolgreich ausgeübt wird. Damit aber ist dieser in der Ausgestaltung und Schwerpunktbildung seiner Tätigkeit einerseits als selbständiger Steuerberater und andererseits als Syndikus im Rahmen der beschriebenen Vorgaben frei.

VI. Versorgungswerk oder gesetzliche Sozialversicherung?

32 Motivation zur Bestellung als Syndikus dürfte auch sein, dass jahrzehntelang als Syndikus tätige Rechtsanwälte von der gesetzlichen Rentenversicherung befreit waren und dem jeweiligen RA-Versorgungswerk angehört haben. Nachdem dies aber schon einige Zeit unter die Voraussetzung eines positiven Bescheids zur Befreiung gestellt war,[3] hat es im Frühjahr 2014 eine Änderung der Sozialrechtsprechung gegeben. Mit drei Entscheidungen hat das Bundessozialgericht am 3.4.2014[4] ausgeurteilt, dass Syndikusanwälte nicht mehr von der gesetzlichen Rentenversicherungspflicht befreit werden können. Allerdings genießen Syndikusanwälte, die für ihre aktuell ausgeübte Tätigkeit über einen Befreiungsbescheid verfügen, einen Vertrauensschutz. In der Begründung geht das BSG auf die Doppelberufs-Theorie (→ 3 *D* Rz. 6) ein und ist der Ansicht, dass ungeachtet der im Einzelfall arbeitsrechtlich eröffneten Möglichkeiten, auch gegenüber dem Unternehmen als Arbeitgeber sachlich selbständig und eigenverantwortlich zu handeln, die Eingliederung in die von dem Unternehmen vorgege-

---

1) Riedlinger, Die Tätigkeit des Syndikus-StB in der Praxis, Beihefter DStR 8/2014, 19.
2) Singer, Zur gebotenen Anwendbarkeit der Doppelberufsthoerie auf die Syndikus-StB, Beihefter DStR 8/2014, 33, 39.
3) Singer, Verschärfte Rechtslage bei der Befreiung von der Rentenversicherungspflicht für Syndikus-StB, NWB 2013, 635; BSG v. 31.10.2012, B 12 R 3/11 R, Stbg 2013, 327 (für Syndikus-Arzt).
4) BSG v. 3.4.2014, B 5 RE 3/14 R, 9/14 R, 13/14 R, NJW 2014, 2743.

bene Arbeitsorganisation mit dem Berufsbild des Rechtsanwaltes unvereinbar sei. Damit aber sei diese Tätigkeit für das Unternehmen getrennt zu betrachten – und im Ergebnis sozialversicherungspflichtig bei der gesetzlichen Rentenversicherung.

Hiergegen wird in der Literatur Sturm gelaufen.[1] Zunächst ist vor einer abschließenden Bewertung abzuwarten, ob die Entscheidung des BSG Bestand haben wird. Gegen zwei der drei Urteile des BSG vom 3.4.2014 ist Verfassungsbeschwerde eingelegt worden.[2] Richtig ist es daher, entsprechende Bescheide zumindest offenzuhalten.[3]

Jedenfalls muss festgehalten werden, dass diese Urteile des BSG auf die Angehörigen der steuerberatenden Berufe im Hinblick auf die allgemeinen Ausführungen und die Stellung des Steuerberater-Syndikus als Angestellter eines Unternehmens mit der Möglichkeit, daneben selbständig tätig zu sein, übertragbar sind. Hiervon wird auch allgemein ausgegangen und sogar noch weitergehend angemerkt, dass diese Rechtsprechung auch Konsequenzen für Steuerberater oder auch Rechtsanwälte, die bei anderen Steuerberatern angestellt sind, haben kann.[4]

Betroffene Syndikus-Steuerberater müssen daher je nach Situation alle Rechtsmittel ergreifen, um ihren Status als von der gesetzlichen Sozialversicherungspflicht befreiter Steuerberater und Mitglied eines berufsständigen Versorgungswerkes zu halten.

Für Alt-Fälle besteht ein gewisser Vertrauensschutz. Die Deutsche Rentenversicherung Bund hat hierzu in Bezug auf Syndikusanwälte folgende Vorgaben veröffentlicht,[5] die auch für Steuerberater in entsprechender Situation gelten dürften: Ist ein Steuerberater schon längere Zeit für einen nicht berufsangehörigen Arbeitgeber tätig und werden die entsprechenden Rentenversicherungsbeträge für diese Beschäftigung an das berufsständische Versorgungswerk gezahlt, liegt ein „Altfall" vor. Hat der Syndikus einen entsprechenden Befreiungsbescheid erhalten, bezogen auf die konkrete Beschäftigung, so bleibt der Syndikus von der gesetzlichen Sozialversicherungspflicht befreit, solange die Beschäftigung ausgeübt wird. Vorsicht ist also geboten bei einem Wechsel in einen anderen Bereich desselben Unternehmens!

Ist ein Befreiungsbescheid nicht erfolgt, hat der Arbeitgeber nach Ansicht der Deutschen Rentenversicherung Bund den Syndikus zum 1.1.2015 zur gesetzlichen Rentenversicherung anzumelden; diese Ummeldung kann rückwirkend noch innerhalb von sechs Wochen beantragt werden.

Hingegen haben Syndici, die am 31.12.2014 das 58. Lebensjahr vollendet haben und in der Vergangenheit von der Rentenversicherungspflicht befreit worden sind, generell – und zwar auch bei einem späteren Wechsel des Arbeitgebers – einen Vertrauensschutz und können in dem berufsständischen Versorgungswerk verbleiben – wie auch die Syndici, die einen aktuellen Befreiungsbescheid in den Händen halten.

VII. Berufsaufsicht

Auch für den Syndikus-Steuerberater ist die zuständige Steuerberaterkammer Berufsaufsichtsbehörde (§ 74 i.V.m. § 76 Abs. 1 und Abs. 2 Nr. 1 und Nr. 4 StBerG). Insbeson-

---

1) Danz, Die Rechtsstellung des Syndikusanwalts, NJW Spezial 2014, 574; Leuchtenberg, Der Syndikus steht vor dem Exitus, NWB 2014, 1388; differenzierend: Kleine-Cosack, Vertrauensschutz und Rentenversicherungspflicht von Syndikusanwälten, AnwBl. 2015, 115; nach Riemer, Sind Syndici Anwälte, NJW-aktuell, Heft 26, 2014, 12, wird das Problem sich „in nicht allzu ferner Zukunft" erledigen, weil sich die Versorgungswerke überlebt haben werden.
2) Az. des BVerfG: 1 BvR 2534/14.
3) Hierzu: Leuchtenberg, Auswirkungen der aktuellen Syndikus-Rechtsprechung, NWB 2014, 3037.
4) Leuchtenberg, Auswirkungen der aktuellen Syndikus-Rechtsprechung, NWB 2014, 3037, 3038.
5) DRV informiert zu Syndikusanwälten, NWB 2014, 4001.

dere wird die Berufskammer entsprechende Verstöße gegen die bei der Tätigkeit als Syndikus-Steuerberater zu beachtenden Grenzen aufgreifen und berufsaufsichtlich das Notwendige veranlassen.

Allerdings stellt es eine nicht (mehr) berufsaufsichtlich zu ahnende Tätigkeit dar, wenn ein Steuerberater schon vor Inkrafttreten der Regeln zum Syndikus-Steuerberater in § 58 Satz 2 Nr. 5a. StBerG eine nach damaligem Recht zu missbilligende Angestelltentätigkeit ausgeübt hat, wenn ansonsten die heutigen rechtlichen Vorgaben eingehalten wurden.[1]

34 Selbstverständlich hat der Syndikus-Steuerberater demzufolge auch die von allen Angehörigen der steuerberatenden Berufe zu beachtenden Informations-, Mitteilungs- und Beitragspflichten gegenüber der Steuerberaterkammer zu erfüllen. Nach § 22 Nr. 3 BOStB ist er verpflichtet, der zuständigen Steuerberaterkammer die Begründung und Beendigung des Anstellungsverhältnis anzuzeigen. Auf Aufforderung ist daher insbesondere der Anstellungsvertrag, ggf. mit späteren Ergänzungen, der Kammer vorzulegen.

VIII. Schlussbemerkung

35 Gerade für Berufseinsteiger und eine gewisse Sicherheit suchende Steuerberaterinnen und Steuerberater, nicht zuletzt aber auch für Steuerberater, die vorrangig für ein einziges Unternehmen bzw. eine Unternehmensgruppe tätig sind, stellt die Möglichkeit, als „Syndikus" tätig zu werden, eine attraktive Alternative dar.

Auch aus Sicht der beteiligten Unternehmen wird die Aufwertung des Mitarbeiters, der nunmehr offiziell den Titel „Steuerberater" im Anstellungsverhältnis führen darf, gern gesehen. Namhafte Firmen erwarten von entsprechend vorgebildeten und geprüften Mitarbeitern, dass diese die Zulassung als Steuerberater erwerben und somit die zukünftige Tätigkeit als „Syndikus" des Unternehmens ausüben.

Abgrenzen muss sich der Steuerberater als Syndikus davon, eine unzulässige gewerbliche Tätigkeit insbesondere als Geschäftsführer eines Unternehmens auszuüben. Bis auf genehmigungsfähige Ausnahmefälle bleibt es insofern auch für den angestellten Syndikus bei dem Verbot einer gewerblichen Tätigkeit.

Insbesondere wird aber auch weiterhin der Großteil der Angehörigen der steuerberatenden Berufe seine Tätigkeit als „Selbständiger", angestellter oder freier Mitarbeiter ausüben. Die Möglichkeiten jedoch der Berufsausübung haben sich durch die Einführung des Syndikus-Steuerberaters positiv für die Berufsangehörigen erweitert.

Dabei ist zu berücksichtigen, dass sich im Bereich der Rechtsanwälte seit Jahrzehnten ein erheblicher Teil der Anwaltschaft als Syndikus betätigt. Vieles spricht dafür, dass sich dies im Laufe der Zeit auch im Bereich der steuerberatenden Berufe zeigen wird.

So waren schon kurz nach Einführung des Syndikus-Steuerberaters Anfang 2009 ca. 1 000 Syndikus-Steuerberater bei den Kammern registriert,[2] am 1.1.2011 waren es fast 2 900 und am 1.1.2012 deutlich über 3 400 Berufsangehörige.[3] Seit 2013 ist die Zahl der Syndici auf über 4 400 weiter stark angestiegen und stellt auch in der Praxis eine attraktive Berufsalternative dar. Bei der Wahl dieser Tätigkeit hat der Steuerbera-

---

1) LG Karlsruhe v. 27.7.2009, StL 3/09, DStR 2009, 2124.
2) Vgl. Ehlers/Henze, Der Syndikus-Steuerberater und seine Problemfelder, NWB 2009, 148.
3) Mitteilung der Bundessteuerberaterkammer, DStR 2012, 873; vgl. für den Stand 1.1.2013: Jahresbericht 2012 der Bundessteuerberaterkammer, Berlin 2013, 41 ff., und für den Stand 1.1.2014: Jahresbericht 2013, Berlin 2014.

ter aber negativ abzuwägen, welche Konsequenzen sich aus dem Sozialversicherungsrecht ergeben (→ **3** *D* Rz. 31).

Nicht nur aus Prestigegründen, sondern insbesondere auch zur Absicherung des Lebensbedarfs in einem gesicherten Dienstverhältnis werden gerade jüngere Berufsangehörige gerne eine entsprechende (An-)Stellung übernehmen. Es ist zu erwarten, dass sich der „Syndikus-Steuerberater" im Bereich der Angehörigen der steuerberatenden Berufe weiter durchsetzen wird. Dabei sind die berufsständischen Vertretungen weiter aufgefordert, im Interesse der Syndikus-Steuerberater durchzusetzen, dass auch diese Kammermitglieder in „ihren" Versorgungswerken bleiben können.

TEIL 4
Beratungsschwerpunkte und deren Fallstricke

Abgeltungsteuer

von Lukas Montigel

INHALTSÜBERSICHT

	Rz.
I. Konzeption der Abgeltungsteuer.	1
II. Bemessungsgrundlage	2–8
1. Laufende Erträge	2
2. Veräußerungsgewinne	3
3. Werbungskostenabzug und Transaktionskosten	4
4. Ersatzbemessungsgrundlagen	5
5. Entgeltliche Depotüberträge	6
6. Fremdwährungsgeschäfte	7
7. Abgrenzungsbeispiel von Währungsgewinnen nach § 20 und § 23 EStG	8
III. Steuerabzug	9–16
1. Berechnung der Steuer und Steuerbelastung	9
2. Ausländische Quellensteuer	10
3. Sparerpauschbetrag und Freistellungsauftrag	11
4. Nichtveranlagungsbescheinigung	12
5. Abweichende Rechtsauffassungen beim Steuerabzug	13
6. Wegfall Bagatellgrenzen	14
7. Nicht ausreichende Liquidität	15
8. Kapitalerträge bei betrieblichen Anlegern und anderen Einkunftsarten	16
IV. Verlustverrechnung	17–30
1. Verluste aus neuem Recht	17–25
a) Verlustverrechnungstopf (VVT)	18
b) Sparerpauschbetrag/Freistellungsauftrag	19
c) Aktienverlusttopf (AVT)	20
d) Quellensteuertopf	21
e) Verlustbescheinigung	22
f) Ehegatten/Eingetragene Lebenspartner	23
g) Wertloser Verfall/Veräußerung ohne Gutschrift	24
h) Auszahlung aus dem Insolvenzplan Lehman Brothers	25
2. Verluste aus altem Recht	26–27
a) Spekulationsverluste (§ 23 EStG a.F.)	26
b) Verluste aus Stillhaltergeschäften (§ 22 Nr. 3 EStG a.F.)	27
3. Verlustnutzungsreihenfolge	28–29
a) 2009 bis 2013	28
b) Ab 2014	29
4. Übersicht über die Verlustverrechnung	30
V. Depotübertrag	31–36
1. Ohne Gläubigerwechsel (FIFO)	32

	Rz.
2. Mit Gläubigerwechsel	33–35
a) Unentgeltlich (Schenkung/Erbschaft)	33
b) Erbfälle/Begründung Treuhandverhältnis	34
c) Entgeltlich	35
3. Besonderheit bei ausländischen Banken (Depotübertrag ohne Gläubigerwechsel bzw. unentgeltlich)	36
VI. Kirchensteuer	37
VII. Übergangsregelungen	38
VIII. Veranlagungsverfahren/Abgeltungswirkung	39–42
1. Veranlagungsverfahren versus Abgeltungswirkung	39
2. Antrag auf Günstigerprüfung	40
3. Fehlerkorrektur	41
4. Abgeltungsteuer und tarifliche Steuerermäßigungen	42
IX. Bescheinigungen	43–45
1. Jahresbescheinigung	43
2. Jahressteuerbescheinigung	44
3. Verlusttopfbescheinigungen	45
X. Ausnahmen vom Abgeltungsverfahren	46–51
1. Schädliche Finanzierungen	46
2. Back-to-back-Finanzierungen	47
3. Option zum Teileinkünfteverfahren	48
4. Gewinnmindernde verdeckte Gewinnausschüttungen	49
5. Versicherungen	50
6. Andere Einkunftsarten	51
XI. Kapitalmaßnahmen	52–63
1. Anteilstausch (gesellschaftsrechtlich veranlasst)	52
2. Abspaltung	53
3. Aktiensplit und Reverse-Split	54
4. Tausch von Wertpapieren	55
5. Kapitalerhöhung gegen Einlage	56
6. Erhalt von Anteilen ohne Gegenleistung	57
7. Rückzahlung einer Kapitalforderung in Wertpapieren	58
8. Fehlende Bewertung bzw. nicht eindeutige Steuerneutralität	59
9. Altbestandsregelung im Rahmen von Kapitalmaßnahmen	60
10. Kapitalerhöhung aus Gesellschaftsmitteln	61
11. Kapitalherabsetzung aus steuerlichem Einlagekonto	62
12. Kapitalmaßnahmen bei anderen Einkunftsarten	63
XII. Steuerliche Behandlung einzelner Kapitalanlagen ab dem 1.1.2009	64–86
1. Aktien und GmbH-Anteile	65
2. American, Global und International Depositary Receipts	66
3. Investmentfonds	67
4. Aktienanleihen	68
5. Auf- und abgezinste Wertpapiere	69
6. Termingeschäfte	70–73
7. Versicherungen	74
8. Rürup- und Riester-Verträge	75
9. Vollrisikozertifikate	76
10. Festzinsanleihen	77

	Rz.
11. Aktienähnliche Genussrechte	78
12. Obligationsähnliche Genussrechte	79
13. Wandelanleihen	80
14. Partiarische Darlehen und typisch stille Gesellschaften	81
15. REIT-Anteile	82
16. Steuererstattungszinsen	83
17. Schadensersatz	84
18. Xetra-Gold-Anleihen	85
19. Wahl-Dividenden	86
XIII. Trotz Abgeltungswirkung Relevanz für (steuerliche) Bemessungsgrundlagen	87
XIV. Beschränkt Steuerpflichtige und die Abgeltungsteuer	88–92
1. Beschränkte Steuerpflicht	88
2. Wesentliche inländische Kapitaleinkünfte für beschränkt Steuerpflichtige	89
3. Wesentliche Kapitaleinkünfte, die für beschränkt Steuerpflichtige steuerfrei sind	90
4. Änderung durch das Jahressteuergesetz 2010	91
5. Übersicht des Steuereinbehalts (vereinfacht)	92
XV. Gestaltungsüberlegungen zu Altverlusten (§ 23 EStG)	93–104
1. Grundüberlegungen	93
2. Nutzungen im Rahmen des § 23 EStG	94–95
a) Veräußerungsgewinne aus Grundstücken	94
b) Veräußerungsgewinne aus sonstigen Wirtschaftsgütern	95
3. Gestaltungen/Nutzungen im Rahmen des § 20 EStG	96–104
a) Veräußerung von bestehenden Wertpapieren	96
b) Einfaches Stückzinsmodell	97
c) Jahresübergreifendes Stückzinsmodell	98
d) Zweibankenmodell	99
e) Zweibanken-/Zweipersonenmodell	100
f) Anlage in Wertpapiere mit Kursgewinnen	101
g) Gegenläufige Optionen	102
h) Swap-Modell	103
i) Dividendenscheine und Zinsscheine bzw. -ansprüche	104
XVI. Datenaustausch zwischen (Finanz-)Behörden und Banken	105–108
1. Bankgeheimnis im Steuerrecht	105
2. Meldepflichten im Rahmen der Abgeltungsteuer	106
3. Offenlegung von Kundendaten im Rahmen einer Kapitalertragsteuerprüfung	107
4. Weitere Meldungen	108

I. Konzeption der Abgeltungsteuer

Die Besteuerung der Kapitaleinkünfte von Privatanlegern wurde zum 1.1.2009 neu geregelt. Das **Halbeinkünfteverfahren** (bei Dividenden und Aktienveräußerungsgewinnen hälftige Steuerbefreiung) wurde ersatzlos gestrichen. **1**

> **Hinweis:**
> Es ist ein Verfahren beim BFH anhängig, in dem der Stpfl. die nur hälftige Berücksichtigung der Verluste bei Verrechnung mit vollen Gewinnen aus Kapitaleinkünften moniert.[1]

---

[1] Revision beim BFH unter VIII R 37/13; Vorinstanz FG Berlin-Brandenburg v. 24.4.2013, 3 K 3273/11.

Nahezu alle Erträge aus Finanzanlagen fallen mittlerweile unter die Abgeltungsteuer und auch die Gewinne aus der Veräußerung der Finanzanlagen sind nun unabhängig von einer **Spekulationsfrist** im Rahmen der Abgeltungsteuer steuerpflichtig.

Dazu wurde eine Vereinheitlichung des Kapitalertragsteuersatzes auf 25 % (zzgl. Solidaritätszuschlag und gegebenenfalls zzgl. *Kirchensteuer* → 4 Rz. 1145 ff.) vorgenommen. Der **Kapitalertragsteuerabzug** hat für Privatanleger grundsätzlich **abgeltende Wirkung**, daher der Begriff „Abgeltungsteuer". Die betroffenen Kapitaleinkünfte unterliegen dann auch nicht mehr – wie bislang – im Rahmen der Einkommensteuerveranlagung dem persönlichen Steuersatz. Die Kapitalertragsteuer und der Zinsabschlag stellten bisher lediglich Steuervorauszahlungen dar. Da die Kapitaleinkünfte nicht mehr in das zu versteuernde Einkommen einfließen, erhöhen sie auch nicht mehr die Steuersatzprogression.

Der Abzug der tatsächlich entstandenen Werbungskosten (→ 4 Rz. 4) ist ausgeschlossen. Diese sind mit dem Sparerpauschbetrag abgegolten. Nur noch die Transaktionskosten werden berücksichtigt.

Durch die Abgeltungsteuer sind die Veräußerungsergebnisse fast aller Kapitalanlagen steuerpflichtig geworden und unterliegen daher bis auf wenige Ausnahmen (→ 4 Rz. 46 ff.) der abgeltenden Wirkung der Kapitalertragsteuer. Handelt es sich um die Veräußerung von Anteilen an Kapitalgesellschaften, greift die Abgeltungsteuer nur, wenn der Anleger zu weniger als 1 % an ihr beteiligt ist, sonst erzielt er gewerbliche Einkünfte (§ 17 EStG).

Wird bei Kapitaleinkünften kein Kapitalertragsteuerabzug vorgenommen (z.B. bei Depotverwahrung im Ausland), werden diese Einkünfte dessen ungeachtet im Rahmen der Veranlagung linear mit einem Steuersatz von 25 % zzgl. SolZ und ggf. zzgl. Kirchensteuer besteuert.

II. Bemessungsgrundlage

1. Laufende Erträge

2   Dem 25 %igen Kapitalertragsteuerabzug unterliegen grundsätzlich die „laufenden" Kapitalerträge gem. § 20 Abs. 1 EStG (z.B. Zinsen, Dividenden, erhaltene Stillhalteprämien) ohne jeden Werbungskostenabzug. Das Halbeinkünfteverfahren kommt seit dem 1.1.2009 für laufende Erträge nicht mehr zur Anwendung.

2. Veräußerungsgewinne

3   Der Gewinn aus der Veräußerung von Kapitalanlagen ist unabhängig von der Haltedauer steuerpflichtig (§ 20 Abs. 2 EStG). Bemessungsgrundlage ist in diesen Fällen grundsätzlich der Unterschied zwischen den Einnahmen aus der Veräußerung abzüglich der Transaktionskosten und den Anschaffungskosten.

Veräußerungsgewinn = Veräußerungspreis – Transaktionskosten – Anschaffungskosten

Das Halbeinkünfteverfahren kommt für ab dem 1.1.2009 erworbene Papiere nicht mehr zur Anwendung; für Wertpapiere, die im Jahr 2008 erworben wurden und im Jahr 2009 innerhalb der Spekulationsfrist veräußert wurden, gilt noch die alte Rechtslage, also gegebenenfalls Halbeinkünfteverfahren, Werbungskostenabzug, Freigrenze nach § 23 EStG, tarifliche Einkommensteuer und die schlechtere Anrechnung der ausländischen Quellensteuer nach § 34c EStG.

Bei **Sammelverwahrung** wird zwingend nach dem „First-in-First-out"-Verfahren (FIFO) vorgegangen, d.h. die zuerst angeschafften Wertpapiere gelten als zuerst veräußert, konkrete Einzelanweisungen des Kunden bleiben unberücksichtigt. Die **FIFO-Methode** ist dabei depot- und nicht kundenbezogen anzuwenden, wobei Unterdepots als eigenständige Depots zu betrachten sind, diese also eine eigene Verbrauchsfolge mit eigener FIFO-Fiktion haben.[1)]

Hinweis:

> Mit einem zweiten Depot lassen sich beliebige FIFO-Reihenfolgen erzeugen, so dass sich in Absprache mit der Bank letztlich doch das gewünschte Papier veräußern lässt.

3. Werbungskostenabzug und Transaktionskosten

Der Ansatz der tatsächlichen **Werbungskosten** ist nicht mehr möglich. Der Sparer-pauschbetrag ersetzt den Werbungskostenabzug. Eine Übergangsregelung gibt es hier nicht. Der BFH urteilte, dass in 2008 gezahlte Werbungskosten (hier Schuldzinsen) für im Jahr 2009 erhaltene Kapitalerträge (hier Festgeldzinsen) nicht unter das neue Werbungskostenabzugsverbot fallen, da das Abzugsverbot gemäß dem Gesetzeswortlaut erst für Veranlagungszeiträume ab 2009 gilt. Die Werbungskosten sind aber im Veranlagungszeitraum 2008 angefallen.[2)]

Hinweis:

> Das FG Köln hat hingegen entgegen der Auffassung der FinVerw entschieden, dass Werbungskosten, die in Zusammenhang mit Kapitaleinkünften stehen, die vor dem 1.1.2009 zugeflossen sind, steuerlich abzugsfähig sind (z.B. Steuerberatungskosten bzgl. der Selbstanzeige von Kapitaleinkünften vor 2009).[3)]
>
> In die gleiche Richtung urteilte das FG Düsseldorf bzgl. nachträglicher Finanzierungskosten aus einer vor 2009 verkauften GmbH-Beteiligung; auch sind die Werbungskosten steuerlich zu berücksichtigen.[4)] Allerdings hat der BFH in der Revision entschieden, dass das Urteil des FG aufzuheben ist und die Werbungskosten nicht anzuerkennen sind, denn in dieser Konstellation stehen die nachträglichen Finanzierungskosten in wirtschaftlichem Zusammenhang mit der GmbH-Beteiligung aber nicht mit vor 2009 steuerpflichtigen Kapitaleinkünften.[5)]
>
> Das FG Baden-Württemberg hält die Nicht-Berücksichtigung der Werbungskosten zumindest in den Fällen für verfassungswidrig, in denen durch die Günstigerprüfung bereits ohne tatsächlichen Werbungskostenabzug ein Steuersatz unter dem Abgeltungssatz vorliegt.[6)]
>
> Das FG Thüringen sieht hingegen die Nicht-Berücksichtigung der Werbungskosten in den nicht von der Günstigerprüfung betroffenen Fällen (s.o. FG Baden-Württemberg) als verfassungsgemäß an.[7)]
>
> Auf Grund dieser für die Stpfl. meist erfreulichen Entwicklung in der Rechtsprechung ist zu empfehlen, Werbungskosten zu erklären, sofern diese den Sparerpauschbetrag übersteigen, und gegen einen ablehnenden Steuerbescheid Einspruch einzulegen.

„Aufwendungen, die in unmittelbarem sachlichen Zusammenhang mit dem Veräußerungsgeschäft stehen" (§ 20 Abs. 4 Satz 1 EStG) stellen keine Werbungskosten dar, sondern **Transaktionskosten**. Darunter fallen beispielsweise Courtagen, Maklergebühren und Xetra-Gebühren. „Transaktionskosten" bei der Anschaffung sind Anschaffungsnebenkosten, die zu den Anschaffungskosten gerechnet werden.

Bei so genannten **All-in-Fees**, bei denen alle Werbungskosten in einer Gebühr berechnet werden, können maximal 50 % der All-in-Fee als Transaktionskosten berücksichtigt werden, weitere Einzelveräußerungskosten bleiben außer Ansatz. Die

---

1) BMF v. 9.10.2012, IV C 1 – S 2252/10/10013, DOK 2011/0948384, BStBl I 2012, 953, Rz. 97 ff.
2) BFH v. 27.08.2014, VIII R 60/13, DB 2015, 166.
3) FG Köln v. 17.4.2013, 7 K 244/12, Revision beim BFH unter VIII R 34/13.
4) FG Düsseldorf v. 14.11.2012, 2 K 3893/11 E, EFG 2013, 926.
5) BFH v. 1.7.2014, VIII R 53/12, BStBl II 2014, 975.
6) FG Baden-Württemberg v. 17.12.2012, 9 K 1637/10, Revision beim BFH unter VIII R 13/13.
7) FG Thüringen v. 9.10.2013, 3 K 1035/11, Revision eingelegt, AZ des BFH: VIII R 18/14.

Transaktionskostenpauschale muss die Bank mit sachgerechten und nachprüfbaren Berechnungen unterlegen. Diese Regelung gilt nicht nur bei Vermögensverwaltungsverträgen, sondern auch bei Beratungsverträgen.[1]

4. Ersatzbemessungsgrundlagen

5   Sind die Anschaffungskosten unbekannt, bemisst sich der Steuerabzug aus 30 % der Einnahmen aus der Veräußerung des Wertpapiers. Ist der Veräußerungspreis nicht bekannt, bemisst sich der Steuerabzug aus 30 % der Anschaffungskosten. Sind weder Anschaffungskosten noch Veräußerungspreis bekannt, erfolgt eine Meldung an das Finanzamt, ein Steuerabzug unterbleibt;[2] es handelt sich um einen Veranlagungsfall.

Beispiel:

Verkaufspreis 1 000 €, Anschaffungskosten unbekannt. Lösung: 1 000 €, davon 30 % ergibt als Bemessungsgrundlage 300 €. Abgeltungsteuer somit 75 € plus SolZ plus gegebenenfalls KiSt.

Hinweis:

Bei Ansatz der Ersatzbemessungsgrundlage kommt es im Prinzip immer zu einem Veranlagungsfall. Denn entweder fährt der Stpfl. mit der Ersatzbemessungsgrundlage schlechter, dann hat er ein Interesse daran, die fehlenden Daten nachzureichen oder er fährt mit der Ersatzbemessungsgrundlage besser, dann muss er die Daten nachreichen, wenn sein Vorteil im Veranlagungszeitraum 500 € übersteigt.[3] Dies ist mittlerweile durch das Jahressteuergesetz 2010 rückwirkend klarstellend geregelt (§ 43 Abs. 5 Satz 1 EStG).

Erhaltene **Stückzinsen** erhöhen dabei die Ersatzbemessungsgrundlage, während dies beim Zwischengewinn von Fonds nicht der Fall ist, d.h. der **Zwischengewinn** wird besteuert und 30 % des Veräußerungspreises sind Bemessungsgrundlage ohne eine Minderung.[4]

Beispiel:

Verkauf eines Wertpapiers zu 10 000 €, aufgelaufene Stückzinsen 2 000 €, Anschaffungskosten unbekannt. Die Ersatzbemessungsgrundlage ist 30 % von (10 000 € + 2 000 €) also 3 600 €.

Verkauf eines Investmentfonds mit unbekannten Anschaffungskosten zu 10 000 €, der Zwischengewinn beträgt 1 000 €. Die Ersatzbemessungsgrundlage beträgt 30 % von 10 000 €, also 3 000 €. Der Zwischengewinn wird separat als laufender Ertrag besteuert (25 % von 1 000 €, ohne SolZ und KiSt).

Bei **ausländischen thesaurierenden Fonds** wird nur der höhere Steuerabzugsbetrag – Ersatzbemessungsgrundlage bzw. Besteuerung der **akkumulierten ausschüttungsgleichen Erträge** – zur Vermeidung einer Doppelbesteuerung einbehalten.

5. Entgeltliche Depotüberträge

6   Bei **entgeltlichen Depotüberträgen** ist der tatsächliche Veräußerungserlös nicht bekannt, da die Veräußerung nicht unter Teilnahme der Bank erfolgt. Um Veranlagungsfälle zu vermeiden, wird als Veräußerungspreis der Börsenpreis zum Zeitpunkt der Übertragung zuzüglich Stückzinsen angesetzt. Die mit dem Depotübertrag eventuell verbundenen Kosten werden als Transaktionskosten berücksichtigt. Kann kein Börsenpreis ermittelt werden, so sind 30 % der Anschaffungskosten als Bemessungsgrundlage anzusetzen. Die übernehmende Bank hat den angesetzten Börsenpreis im Zeitpunkt der Einbuchung als Anschaffungskosten anzusetzen und die bei der Übertragung als Einnahmen aus der Veräußerung angesetzten Stückzinsen zu berücksichtigen. Der Tag der Übertragung ist als Anschaffungstag anzusetzen. Falls keine

---

1) BMF v. 9.10.2012 IV C 1 – S 2252/10/10013, DOK 2011/0948384, BStBl I 2012, 953, Rz. 93 ff.
2) BMF v. 9.10.2012, IV C 1 – S 2252/10/10013, DOK 2011/0948384, BStBl I 2012, 953, Rz. 195.
3) BMF v. 9.10.2012, IV C 1 – S 2252/10/10013, DOK 2011/0948384, BStBl I 2012, 953, Rz. 182 f.
4) BMF v. 1.4.2009, IV C 1 – S 2000/07/0009, DOK 2009/0218320; BStBl I 2009, 681, Nr. 2.

Anschaffungskosten vorliegen, bemisst sich der Steuerabzug aus 30 % der Einnahmen aus der Veräußerung. Falls weder Veräußerungskurs noch Anschaffungskosten ermittelt werden können, wird kein Steuerabzug vorgenommen und stattdessen erfolgt eine Meldung an das zuständige Finanzamt.

Hinweis:

Bei nicht börsennotierten Inhaber-Schuldverschreibungen wird mangels Börsenkurs auf den von der emittierenden Stelle festgestellten Wert abgestellt. Bei Investmentfonds ist der Rücknahmepreis anzusetzen. Wird dieser nicht festgesetzt, so tritt der Börsen- oder Marktpreis an seine Stelle.[1)]

Bei entgeltlichen Depotüberträgen aus dem Ausland können keine Anschaffungskosten von der inländischen aufnehmenden Bank angesetzt werden, da bei der ausländischen abgebenden Bank keine Veräußerungsbesteuerung stattgefunden hat, was aber von § 43a Abs. 2 Satz 11 EStG gefordert wird. Bei der späteren Veräußerung kommt es dann zum Ansatz der Ersatzbemessungsgrundlage. Dies wurde durch die Änderung der Überschrift der Randziffer 193 durch die Einfügung „ohne Gläubigerwechsel" klargestellt.[2)]

6. Fremdwährungsgeschäfte

Bei **Fremdwährungsgeschäften** sind die Anschaffungskosten, der Veräußerungserlös bzw. der laufende Ertrag sofort zum jeweiligen Zeitpunkt in Euro umzurechnen. Dabei wird auf den **Devisenbriefkurs** abgestellt.[3)]

Hinweis:

Während dies im Rahmen der Spekulationsgeschäfte bereits früher so geregelt war, hat der BFH[4)] für Finanzinnovationen entschieden, dass die Marktrendite in Fremdwährung zu ermitteln ist und erst dann in € umgerechnet wird, so dass Wechselkursdifferenzen bis 31.12.2008 nicht berücksichtigt wurden. Für Alt-Finanzinnovationen gibt es keine Übergangsregelung.

7. Abgrenzungsbeispiel von Währungsgewinnen nach § 20 und § 23 EStG

Beispiel:

Der Stpfl. zahlt am 1.7.2009 100 000 € auf einem CHF-Konto ein und erhält 152 500 CHF gutgeschrieben. Das Konto wird im Zuge der Finanzmarktkrise mit 4 % verzinst. Am 1.10.2009 legt der Stpfl. den ganzen Betrag (154 025 CHF bzw. 101 773 €) inklusive Zinsen (1 525 CHF bzw. 1 007,66 €) in einem festverzinslichen Wertpapier mit 3 % Verzinsung (also 4 620,75 CHF) für ein Jahr an. Durch das gesunkene Zinsniveau wird das CHF-Konto nicht mehr verzinst. Am 1.1.2010 sind die 158 645,75 CHF 119 045 € wert. Am 1.1.2011 tauscht er 58 645,75 CHF in Euro um und erhält dafür 46 976,70 €. Am 1.6.2011 steigt die Verzinsung auf dem CHF-Konto auf 0,25 % an. Am 1.8.2011 verkauft er die restlichen 100 000 CHF auf Termin zum 1.12.2011 für 90 000 €. Die Zinsen transferiert er am 15.1.2012 auf ein Euro-Konto.

Lösung:

1.7.2009: Die Einzahlung auf das CHF-Konto stellt die Anschaffung des Wirtschaftsgutes Devise i.S.d. § 23 Abs. 1 Satz 1 Nr. 2 EStG dar.[5)]

1.10.2009: Die Zinsen sind steuerpflichtig nach § 20 Abs. 1 Nr. 7 EStG und zwar zum Wechselkurs des Zuflusstages, damit also 1 007,66 €. Aus Sicht des § 23 EStG gelten die Zinsen nicht als angeschafft.[6)] Die restlichen CHF werden allerdings innerhalb der zehnjährigen Spekulationsfrist (zehn Jahre wegen Verzinsung) veräußert, der Gewinn beträgt 766 € und liegt über der Freigrenze von 600 € (§ 23 Abs. 3 Satz 5 EStG). Die Anschaffungskosten des Wertpapiers betragen 101 773 €.

---

1) BMF v. 9.10.2012, IV C 1 – S2252/10/10013, DOK 2011/0948384, BStBl I 2012, 953, Rz. 184 f.
2) BMF-SChreiben v. 9.12.2014, IV C 1 –S2252/08/10004 :015, DOK 2014/0887849, Rz. 193.
3) BMF v. 9.10.2012, IV C 1 – S 2252/10/10013, DOK 2011/0948384, BStBl I 2012, 953, Rz. 247.
4) BFH v. 20.11.2006, VIII R 43/05, BStBl II 2007, 560.
5) BFH v. 2.5.2000, IX R 73/98, BStBl II 2000, 614.
6) BMF v. 25.10.2004, IV C 3 – S 2256 – 238/04, BStBl I 2004, 1034, Rz. 42.

1.10.2010: Die Zinsen i.H.v. 4 620,75 CHF (entsprechen 3 467,34 €) sind nach § 20 Abs. 1 Nr. 7 EStG steuerpflichtig. Der Wechselkursgewinn von 13 805 € ist nach § 20 Abs. 2 Nr. 7 EStG steuerpflichtig. Der volle Betrag der CHF gilt nun als angeschafft i.S.d. § 23 Abs. 1 Satz 1 Nr. 2 EStG i.H.v. 119 045 €.

1.1.2011: Der Kursgewinn von 2 969,80 € ist innerhalb der Jahresfrist des § 23 EStG (ein Jahr, da unverzinst) und damit steuerpflichtig.

1.12.2011: Das Termingeschäft ist auf Lieferung und nicht auf Differenzausgleich gerichtet, daher handelt es sich um ein Termingeschäft i.S.d. § 23 EStG und nicht um eines im Rahmen des § 20 Abs. 2 Nr. 3 Buchst. a EStG. Durch die Verzinsung des CHF-Konto hat sich die Spekulationsfrist auf zehn Jahre verlängert und damit ist der Gewinn von 14 961,50 € steuerpflichtig im Rahmen des § 23 EStG.

15.1.2012: Die Zinsen sind Kapitalerträge nach § 20 Abs. 1 Nr. 7 EStG und mit dem Wechselkurs am Zuflusstag anzusetzen. Mangels Anschaffung i.S.d. § 23 EStG ist der Wechsel in Euro nicht steuerbar.

Hinweis:

Die Banken weisen nur die Geschäfte i.S.d. § 20 EStG in der Jahressteuerbescheinigung aus. Die Geschäfte i.S.d. § 23 EStG werden mit der Abschaffung der Jahresbescheinigung seit dem Veranlagungszeitraum 2009 nicht mehr bescheinigt. Auch im Rahmen des § 23 EStG gilt das FIFO-Verfahren (§ 23 Abs. 1 Nr. 2 Satz 3 EStG), was insbesondere durch die Zinsbeträge, die ja nicht als angeschafft gelten, erschwert wird.

III. Steuerabzug

1. Berechnung der Steuer und Steuerbelastung

9 Für Einkünfte aus Kapitalvermögen beträgt der Einkommensteuersatz grundsätzlich 25 %. Zugleich ist die Einkommensteuer auch Bemessungsgrundlage für den **Solidaritätszuschlag** und gegebenenfalls die **Kirchensteuer**. Insgesamt beträgt die Steuerbelastung, auf zwei Nachkommastellen gerundet (ohne anrechenbare ausländische Quellensteuer), für einen konfessionslosen Anleger 26,38 %, für einen Anleger mit einem Kirchensteuersatz von 8 % (Baden-Württemberg/Bayern) 27,82 % und für einen Anleger mit einem Kirchensteuersatz von 9 % (andere Bundesländer) 28,00 %. Dabei ist berücksichtigt, dass die Kirchensteuer als **Sonderausgabe** abzugsfähig ist. Die Formel zur Berechnung der Einkommensteuer lautet wie folgt:

$$\frac{\text{Kapitalertrag} - 4 \times \text{anrechenbare ausländische Quellensteuer}}{4 + \text{Kirchensteuersatz}}$$

Beispiel:

Kapitalertrag von 100 €, ausländische anrechenbare Quellensteuer von 15 €, Kirchensteuersatz 8 %.

Lösung: (100 − 4 × 15) / (4 + 0,08) = 9,80 € Einkommensteuer + 0,54 € SolZ + 0,78 € Kirchensteuer + 15 € ausländische Steuer = 26,12 € Steuerbelastung.

2. Ausländische Quellensteuer

10 **Anrechenbare ausländische Quellensteuern** mindern die Abgeltungsteuer und werden direkt beim Steuerabzug durch die Bank berücksichtigt (§ 43a Abs. 3 Satz 1 EStG). Die anrechenbaren ausländischen Quellensteuern können maximal bis zur Höhe von 25 % angerechnet werden. Im Rahmen der Günstigerprüfung kann maximal der Betrag angerechnet werden, welcher dem im Rahmen der Günstigerprüfung festgestellten deutschen Steuerbetrag entspricht. Ein Quellensteuerüberhang wird in den Quellensteuertopf (→ **4** Rz. 21) eingestellt.

Beispiel:

Der Stpfl. erhält eine Dividende aus dem Ausland. Es wurden 25 % ausländische Quellensteuern einbehalten. Laut DBA mit dem betreffenden Staat darf dieser aber lediglich 15 % einbehalten.

Lösung: Es werden 15 % ausländische Quellensteuer angerechnet, so dass sich je nach Kirchensteuerpflicht unterschiedliche Ergebnisse ergeben. Die darüber hinausgehende gezahlte ausländische Quellensteuer muss von dem ausländischen Staat direkt zurückgefordert werden.

Hinweis:

Die anrechenbare ausländische Quellensteuer mindert die Bemessungsgrundlage für den Solidaritätszuschlag und die Kirchensteuer, so dass die Gesamtsteuerbelastung der ausländischen Anlage, in den Fällen, in denen die ausländische Quellensteuer vollständig anrechenbar ist, niedriger als bei einer inländischen Anlage ist.

Die **fiktiv anrechenbare Quellensteuer** ist eine Steuer, die im Ausland nicht gezahlt wird, aber aus Gründen der Investitionsförderung für Anlagen in bestimmten (Entwicklungs-)Ländern gewährt wird. Die fiktive ausländische anrechenbare Quellensteuer wird gleich behandelt wie die normale Quellensteuer und kann auch neben einer tatsächlich gezahlten ausländischen Quellensteuer vorkommen.

Es kann allerdings sein, dass die Anrechenbarkeit der fiktiven oder regulären Quellensteuer von bestimmten Bedingungen abhängt. Soweit es **Nebenbedingungen** gibt, kann die anrechenbare Quellensteuer erst im Rahmen der Steuerveranlagung geltend gemacht werden. Dies ist derzeit in Europa für Spanien und Norwegen der Fall.

Eine Berücksichtigung der ausländischen anrechenbaren Quellensteuer bei der Kapitalertragsteuer ist nur bei Kapitalerträgen durchzuführen, die den Einkünften aus Kapitalvermögen zuzuordnen sind. Ansonsten gelten die üblichen Regeln für die Anrechnung ausländischer Steuern (mit Per-Country-Limitation und Höchstbetragsberechnung).[1]

3. Sparerpauschbetrag und Freistellungsauftrag

Der **Sparerpauschbetrag** von 801/1 602 € (Ledige/Verheiratete) fasst den früheren Werbungskostenpauschbetrag von 51/102 € mit dem früheren Sparerfreibetrag von 750/1 500 € zusammen. Dieser Sparerpauschbetrag mindert die verrechenbaren Kapitalerträge. Der Sparerpauschbetrag greift – im Gegensatz zum früheren Sparerfreibetrag – auch für alle Veräußerungsgeschäfte.

Die Gleichstellung von eingetragenen Lebenspartnern im Vergleich zu verheirateten Ehegatten auf Grund eines BVerfG-Urteils vom 7.5.2013[2] wird auch im Kapitalertragsteuerverfahren umgesetzt. Das Muster zum Freistellungsauftrag wurde entsprechend angepasst. Die Banken mussten diese Änderungen „aus automationstechnischen Gründen" erst mit Wirkung ab dem 1.1.2014 umsetzen.[3]

Der Sparerpauschbetrag kann durch einen bei der Bank gestellten **Freistellungsauftrag** (FSA) beim Einbehalt der Abgeltungsteuer berücksichtigt werden. Liegt kein solcher vor, kann der Stpfl. durch die Optionsveranlagung den Steuereinbehalt korrigieren. Der Freistellungsauftrag kommt erst nach der Verlustverrechnung zur Anwendung und kann auch wieder aufleben, wenn nach einem Ertrag ein verrechenbarer Verlust anfällt.

---

1) BMF v. 9.10.2012, IV C 1 – S 2252/10/10013, DOK 2011/0948384, BStBl I 2012, 953, Rz. 207a ff.
2) BVerfG v. 7.5.2013, 2 BvR 909/06, 2 BvR 1981/06, 2 BvR 288/07, BGBl. I 2013, 1647.
3) BMF v. 31.7.2013, IV C 1 – S 1910/13/10065 :001, DOK 2013/0717815, BStBl I 2013, 940.

Eine Beschränkung des Freistellungsauftrags auf einzelne Konten bzw. Depots ist nicht mehr möglich.[1] Das heißt, der Freistellungsauftrag wird kundenbezogen erteilt. Er gilt aber natürlich nur für den Privatbereich, d.h. wenn ein Kunde sowohl private wie auch geschäftliche Konten unterhält, ist der FSA auf alle privaten Konten und Depots anzuwenden, nicht aber auf die betrieblichen Konten oder Depots.

Für Kapitalerträge ab dem 1.1.2013 wird dem **Bundeszentralamt für Steuern** mitgeteilt, für welchen Betrag Abstand vom Kapitalertragsteuerabzug genommen wurde. Dadurch kann das Finanzamt bei mehreren Banken und in Summe zu hoch erteilte Freistellungsaufträge erkennen!

Praxistipp:

Alte Freistellungsaufträge, die keine Steueridentifikationsnummer des/der Stpfl. beinhalten, gelten nur noch bis zum 31.12.2005. Neu erteilte Freistellungsaufträge sind nur mit einer Steueridentifikationsnummer gültig.

4. Nichtveranlagungsbescheinigung

12 **Nichtveranlagungsbescheinigungen** (Bescheinigungen des Finanzamts, dass die entsprechende natürliche Person nicht zur Einkommensteuer veranlagt wird, da voraussichtlich – auch im Fall der Günstigerprüfung, also unter Einbeziehung der Kapitalerträge – keine Steuerschuld entsteht) können von der Bank beim Kapitalertragsteuereinbehalt ebenfalls berücksichtigt werden. Durch die NV-Bescheinigung werden auch die Veräußerungsgewinne kapitalertragsteuerfrei gestellt.

Für Kapitalerträge ab dem 1.1.2013 wird dem **Bundeszentralamt für Steuern** mitgeteilt, für welchen Betrag Abstand vom Kapitalertragsteuerabzug genommen wurde. Dadurch kann das Finanzamt mögliche Veranlagungsfälle erkennen!

Hinweis:

Für die Berechnung der eigenen Bezüge eines Kindes, im Rahmen der Gewährung des Kinderfreibetrags für Kinder ab 18 Jahren, wird seit 2009 der in Anspruch genommene Sparerpauschbetrag – im Gegensatz zum Sparerfreibetrag – nicht mehr zu den eigenen Bezügen des Kindes hinzugerechnet. Seit 2012 sind die Bezüge des Kindes für das Kindergeld und die Kinderfreibeträge unerheblich.

Die Banken haben während des Vorliegens einer NV-Bescheinigung einen sogenannten fiktiven Verlusttopf zu führen, so dass für die Meldung an das BZSt nicht nur die positiven Erträge gemeldet werden, sondern die Erträge nach einer fiktiven Verlustverrechnung. Nicht angerechnete Quellensteuer ist dem Anleger jährlich zu bescheinigen. Mit Ende bzw. Widerruf der NV-Bescheinigung wird ein Verlustüberhang bescheinigt und der fiktive Verlusttopf geschlossen. Diese Pflicht besteht allerdings erst ab dem Veranlagungszeitraum 2016.[2]

5. Abweichende Rechtsauffassungen beim Steuerabzug

13 Nach Auffassung der FinVerw stellen die Kreditinstitute Organe der Steuererhebung dar und sind insofern hinsichtlich des Kapitalertragsteuerabzugs an die Rechtsauffassung der FinVerw gebunden. Dies ist notwendig, da sonst der Umfang der Steuererhebung vom Kreditinstitut abhängig ist.[3] Dies geht auch aus der Gesetzesbegründung hervor.[4] Die Finanzverwaltung hat diese Rechtsauffassung nun auch in das große BMF-Schreiben zur Abgeltungsteuer einfließen lassen.[5]

---

1) BMF v. 9.10.2012, IV C 1 – S 2252/10/10013, DOK 2011/0948384, BStBl I 2012, 953, Rz. 259.
2) BMF v. 9.12.2014, IV C 1 – S2252 /08/10004 :015, DOK 2014/0887849, zu Rz. 227.
3) BMF v. 12.9.2013, IV C 1 – S 2252/07/0002 :010, DOK 2013/0845629, BStBl. I 2013, 1167.
4) BT-Drucks. 17/3549, 6.
5) BMF-Schreiben v. 9.12.2014, IV C 1 – S2252/08/10004 :015, DOK 2014/0887849, Rz. 151a.

Hinweis:

Das BMF-Schreiben reagiert auf das BFH-Urteil vom 12.12.2012[1] zu den obligationsähnlichen Genussrechten, in dem der BFH ausgeführt hat, dass die Kreditinstitute das BMF-Schreiben nicht hätten anwenden sollen. Es bleibt spannend, ob der BFH sich in weiteren Urteilen mit diesem Standpunkt der FinVerw auseinandersetzen wird. Denn die gesetzgeberische Intention, die Kreditinstitute zu „Hilfsfinanzämtern" zu machen, ist zwar nachvollziehbar, aber ob dies auch ausreichend gesetzlich kodifiziert wurde, wird vielleicht noch einer höchstrichterlichen Überprüfung standhalten müssen.

Aus Sicht der Banken ist diese Rechtsauffassung erfreulich, da sie damit gegenüber den Kunden argumentieren können, warum Sie nicht „im Sinne der Kunden" handeln und gegen die Auffassung der Finanzverwaltung vorgehen. Die Situation für die Banken ist nämlich nicht gerade erfreulich, da einerseits die Finanzverwaltung darauf beharrt, dass die Steuererhebung in ihrem Sinne erfolgt und im Extremfall mit Steuerhinterziehung droht und andererseits Kunden mit Schadensersatzansprüchen drohen, wenn ein fehlerhafter Steuerabzug durchgeführt wird.

6. Wegfall Bagatellgrenzen

Die **Bagatellgrenzen** für den Kapitalertragsteuerabzug (z.B. Beträge bis 10 €, Sichteinlagen mit einer Verzinsung von bis maximal 1 %) sind weggefallen, d.h. es unterliegen bereits Kleinstbeträge der Kapitalertragsteuer.

7. Nicht ausreichende Liquidität

Wenn eine Bank zum Kapitalertragsteuerabzug verpflichtet ist, hat sie Vorsorge für **ausreichende Liquidität** zu treffen bzw. diese vom Kunden einzufordern. Kommt der Kunde dieser Forderung nicht nach, und wird daher keine Steuer einbehalten, so hat die Bank dies dem zuständigen Finanzamt anzuzeigen (entsprechende Anwendung von § 44 Abs. 1 Satz 7 bis 9 EStG). Der Ertrag ist in der Veranlagung zu versteuern.

8. Kapitalerträge bei betrieblichen Anlegern und anderen Einkunftsarten

Bei Körperschaften wird bei Veräußerungsgewinnen, Stillhalterprämien sowie ausländischen Dividenden vom Kapitalertragsteuerabzug Abstand genommen. Es kommt zu einer Erfassung im Veranlagungsverfahren.

Für Personengesellschaften und Einzelunternehmern sowie für nicht betriebliche Kapitalerträge, die nicht den Einkünften aus Kapitalvermögen zuzurechnen sind, gilt das Gleiche, falls eine **Freistellung** nach amtlich vorgeschriebenem Muster beantragt wird. Wenn auf Grund der betrieblichen Freistellung von einem Kapitalertragsteuerabzug Abstand genommen wird, dann ist dies in einer Jahresmeldung zum 28.2. des Folgemonats an die Finanzbehörden zu übermitteln. Für die Kalenderjahre 2009 bis einschließlich 2013 musste die Übermittlung der Daten im Zeitraum 1.6.2014 bis 31.7.2014 erfolgen.[2] Soweit Kapitalertragsteuer einbehalten wird, handelt es sich um eine **Steuervorauszahlung**, die im Rahmen der Steuererklärung auf die Steuerschuld angerechnet wird.

Soweit in **Fondsausschüttungen** Kapitalerträge enthalten sind, die den neuen Kapitalertragsteuerabzugstatbeständen entsprechen, wird eine entsprechende Abstandnahme vom Kapitalertragsteuerabzug vorgenommen, wenn es sich um betriebliche Anleger handelt, die gegebenenfalls auch einen Freistellungsantrag nach amtlichem Muster gestellt haben.

---

1) BFH v. 12.12.2012, I R 27/12, BStBl II 2013, 682.
2) BMF v. 24.9.2013, IV C 1 – S 2400/11/10001 :001, DOK 2013/0878882, BStBl I 2013, 1183.

Für Kapitalerträge aus **Options- und Termingeschäften** kann ein Antrag auf Freistellung von der Kapitalertragsteuer nach amtlich vorgeschriebenem Vordruck gestellt werden, wenn die Kapitalerträge zu den Einkünften aus Vermietung und Verpachtung gehören.

Beispiel:
Der Stpfl. hat eine vermietete Immobilie mit einem Darlehen in Fremdwährung (z.B. Schweizer Franken) erworben und hat ein Termingeschäft zur Wechselkursabsicherung abgeschlossen (z.B. einen Währungsswap). Da die Erträge bzw. Aufwendungen aus dem Swap zu den Einkünften aus Vermietung und Verpachtung gehören, kann er diese von der Kapitalertragsteuer freistellen lassen. In der Veranlagung sind sie allerdings bei V+V zu erklären.

IV. Verlustverrechnung

1. Verluste aus neuem Recht

17 Verluste aus Kapitalvermögen dürfen seit 2009 nicht mehr mit anderen Einkünften verrechnet werden. Verluste nach Verlustverrechnung mindern folglich nur als Vortrag die in den folgenden Veranlagungszeiträumen erzielten Einkünfte aus Kapitalvermögen. Einen Verlustrücktrag gibt es nicht. Die Verlustverrechnung findet nur für Konten und Depots des Privatvermögens statt und auch nur insoweit diese nicht anderen Einkunftsarten als der aus Kapitalvermögen zuzuordnen sind.

Nach Ansicht der Finanzverwaltung dürfen die Verluste zum Abgeltungsteuersatz nicht mit Kapitalerträgen verrechnet werden, die dem tariflichen Steuersatz unterliegen.[1] Diese Rechtsauffassung bestätigt das Finanzgericht Rheinland-Pfalz, das Verfahren ist derzeit beim BFH anhängig.[2]

a) Verlustverrechnungstopf (VVT)

18 Im Gegensatz zu den Verlusten nach altem Recht (→ 4 Rz. 26) können alle Verluste aus Kapitalvermögen nach neuem Recht, mit Ausnahme der Verluste aus der Veräußerung von Aktien, auch mit laufenden Kapitalerträgen wie Zinsen und Dividenden verrechnet werden. Dies geschieht dann bei den Banken über den **Verlustverrechnungstopf**. Sind zum Jahresende in diesem noch Verluste enthalten, dann werden diese automatisch in das nächste Jahr vorgetragen, es sei denn, der Anleger beantragt bis zum 15.12. des laufenden Jahres eine Bescheinigung über den Verlustverrechnungstopf (→ 4 Rz. 22).

b) Sparerpauschbetrag/Freistellungsauftrag

19 Der **Sparerpauschbetrag** wird über einen gestellten Freistellungsauftrag von der Bank dadurch berücksichtigt, dass im Endeffekt ein Verlust in Höhe der Freistellung in den Verlustverrechnungstopf eingestellt wird. Ein nicht ausgenutzter **Freistellungsauftrag** kann nicht in das Folgejahr übertragen werden.

Eingetragene Lebenspartner können ab 2014 einen gemeinsamen Freistellungsauftrag stellen (→ 4 Rz.11).

Seit dem 1.1.2011 muss die **Steueridentifikationsnummer** des/der Stpfl. bei Erteilung bzw. Änderung von Freistellungsaufträgen angegeben werden. Alte Freistellungsaufträge bleiben bis Ende 2015 gültig. Für die Alt-Bestände ohne Identifikationsnummer

---

1) BMF v. 9.10.2012, IV C 1 – S 2252/10/10013, DOK 2011/0948384, BStBl I 2012, 953, Rz. 119a.
2) FG Rheinland-Pfalz v. 22.1.2014, 2 K 1485/12, EFG 2014, 1195, Rev. eingelegt, Az des BFH: VIII R 11/14.

haben die Banken eine elektronische Abfragemöglichkeit, welcher der Kunde widersprechen kann.

Für Kapitalerträge ab dem 1.1.2013 wird dem **Bundeszentralamt für Steuern** der ausgeschöpfte Freistellungsauftrag pro Bank mitgeteilt, d.h. ein Überschreiten des Gesamtvolumens wird entdeckt!

Nach Auffassung der Finanzverwaltung ist der Sparerpauschbetrag erst zu berücksichtigen, nachdem **sämtliche** positive und negative Einkünfte aus Kapitalvermögen verrechnet worden sind.[1] Hierzu ist ein Verfahren vor dem BFH anhängig.[2] In der Vorinstanz wurde von der Finanzverwaltung und dem FG die Auffassung vertreten, dass der Sparer-Pauschbetrag nicht auf die tariflich besteuerten Kapitaleinkünfte angewandt werden darf.

> **Kritische Stellungnahme:**
>
> Wahrscheinlich möchte die Finanzverwaltung damit zum Ausdruck bringen, dass bei den eingereichten Steuerbescheiden zuerst diese Verrechnung stattfindet und dann erst ein Sparerpauschbetrag zum Tragen kommen kann. Bei wörtlicher Auslegung könnte man das allerdings als Aushebelung der Abgeltungswirkung im Verlustfall verstehen, d.h. wenn Verluste zur Verrechnung vorhanden sind, **alle** Steuerbescheinigungen einzureichen sind. Diese wörtliche Auslegung würde allerdings dem Ziel der Abgeltungsteuer entgegenwirken, dass Veranlagungsfälle vermieden werden sollen.

c) Aktienverlusttopf (AVT)

Soweit aber Verluste nach neuem Recht durch die Veräußerung von Aktien entstehen, dürfen sie nur mit Gewinnen aus der Veräußerung von Aktien ausgeglichen werden. Dies wird von den Banken über den Aktienverlusttopf gewährleistet. Ebenfalls unter den Begriff „Aktie" fallen ADRs, GDRs und IDRs (american, global bzw. international depositary receipts).[3] Nicht unter den Aktienverlusttopf fallen Teilrechte, Bezugsrechte, Zertifikate, Termingeschäfte oder Aktienfonds. Der Begriff Aktie ist also eng auszulegen.

d) Quellensteuertopf

Falls nach Verlustverrechnung und Anwendung des Freistellungsauftrags der Kapitalertrag geringer ist als die vierfache (siehe Formel → **4** Rz. 9) anrechenbare ausländische Quellensteuer, dann wird die noch nicht verrechnete anrechenbare ausländische Quellensteuer in den Quellensteuertopf eingestellt und steht für spätere Erträge zur Verrechnung zur Verfügung. Ein zum Jahresende verbleibender Betrag wird im Rahmen der Jahressteuerbescheinigung ausgewiesen.

e) Verlustbescheinigung

Nicht ausgeglichene Verluste werden grundsätzlich in das nächste Kalenderjahr übertragen und dann durch die Bank zum Ausgleich mit positiven Einkünften verwendet. Alternativ werden auf unwiderrufbaren Antrag – dieser muss der Bank bis zum 15.12. des jeweiligen Jahres zugehen – die nicht ausgeglichenen Verluste durch die Bank bescheinigt. Die Verluste können bei Bescheinigung nur noch im Rahmen der Veranlagung zum Ausgleich mit positiven Kapitaleinkünften verrechnet werden. Dies kann vorteilhaft sein, wenn in demselben Veranlagungszeitraum noch positive Kapitaleinkünfte bei einer anderen auszahlenden Stelle angefallen sind, da ansonsten kein Aus-

---

1) BMF v. 9.10.2012, IV C 1 – S 2252/10/10013, 2011/0948384, BStBl I 2012, 953, Rz. 119b.
2) FG Rheinland-Pfalz v. 22.1.2014, 2 K 1485/12, EFG 2014, 1195, Rev. eingelegt, Az des BFH: VIII R 11/14..
3) BMF v. 9.10.2012, IV C1 – S 2252/10/10013, DOK 2011/0948384, BStBl I 2012, 953, Rz. 68, 123, 228.

gleich in demselben Veranlagungszeitraum möglich wäre. Dabei ist es möglich, den Antrag getrennt für den Verlustverrechnungstopf und den Aktienverlusttopf zu stellen. Wird die Kundenbeziehung beendet und kein Antrag auf Verlustmitteilung an eine andere Bank gestellt, dann werden die Verlusttöpfe geschlossen und eine Verlustbescheinigung zum Jahresende erstellt.

Hinweis:
Die Finanzämter werten die Frist zum 15.12. als gesetzliche Ausschlussfrist, so dass ein verspäteter Antrag weder von den Banken (aus technischen Gründen) und von den Finanzämtern (aus rechtlichen Gründen) nicht mehr berücksichtigt werden kann!

f) Ehegatten/Eingetragene Lebenspartner

23 Bei Ehegatten fand 2009 keine Verlustverrechnung zwischen Konten des Ehemanns, der Ehefrau und den Gemeinschaftskonten statt. Der Freistellungsauftrag gilt aber für alle Konten und Depots übergreifend. Um eine übergreifende Verlustverrechnung zu erreichen, muss jedoch die Zusammenveranlagung gewählt werden.

Seit 2010 erfolgt eine übergreifende Verlustverrechnung zwischen Ehegatten bereits auf Bankebene, falls ein gemeinsamer Freistellungsauftrag (ggf. über 0 €) erteilt ist. Die Verlustverrechnung wird als letzter Verrechnungsschritt eines Jahres durchgeführt, d.h. dass während des Jahres jeder Ehegatte für sich selbst verrechnet wird und es erst am Jahresende zur Verrechnung der Jahresendsalden der Ehegatten kommt.

Ab 2014 erfolgt dies auch bei eingetragenen Lebenspartnerschaften bereits auf Bankebene, falls ein gemeinsamer Freistellungsauftrag (ggf. über 0 €) erteilt ist (→ 4 Rz. 11). Für Jahre davor bleibt nur der Weg über die Veranlagung.[1]

g) Wertloser Verfall/Veräußerung ohne Gutschrift

24 Nach Ansicht der Finanzverwaltung stellt der wertlose Verfall von Wertpapieren oder Rechten (z.B. Optionsscheine) keinen steuerlich relevanten Vorgang dar. Gleiches gilt für den zu leistenden Barausgleich eines Stillhalters oder die Ausgleichszahlungen im Rahmen von Zinsbegrenzungsvereinbarungen, falls im letzten Fall die Zinsbegrenzung nicht zum Tragen kam.[2] Nach Rechtsauffassung der Finanzverwaltung muss der Veräußerungspreis nicht nur größer Null, sondern auch noch größer als die Transaktionskosten sein, sprich: es muss dem Konto mindestens 1 Cent gutgeschrieben werden.[3] Die Finanzverwaltung präzisiert Ihre Rechtsauffassung mittlerweile dahingehend, dass ein Veräußerungsverlust nicht anerkannt wird, wenn aufgrund einer Vereinbarung zwischen dem Kunden und der Bank die Transaktionskosten den Veräußerungserlös nicht übersteigen dürfen. Eine solche Regelung wird als steuerliche Umgehung gewertet.[4]

Hinweis:
Der wertlose Verfall sollte nicht ohne Einspruch hingenommen werden, da im Rahmen der Abgeltungsteuer nicht wie in der Vergangenheit zwischen der Vermögens- und Ertragsebene unterschieden wird. Hier ist mit aussichtsreichen Klagen zu rechnen.

Aktuell erging auch ein Urteil des BFH[5] zur Geltendmachung von Optionsprämien unter Änderung der Rechtsprechung,[6] allerdings zu Zeiten vor der Abgeltungsteuer. Der BFH verlangt nicht wirtschaftlich sinnloses Ausüben, damit die Optionsprämie berücksichtigt werden kann, sondern sieht auch so einen Ansatz vor. Zwar ist von Werbungskosten die Rede, aller-

---

1) BMF v. 9.10.2012, IV C 1 – S 2252/10/10013, DOK 2011/0948384, BStBl I 2012, 953, Rz. 266 ff.
2) BMF v. 9.10.2012, IV C 1 – S 2252/10/10013, DOK 2011/0948384, BStBl I 2012, 953, Rz. 27, 32, 34, 43.
3) BMF v. 9.10.2012, IV C 1 – S 2252/10/10013, DOK 2011/0948384, BStBl I 2012, 953, Rz. 59.
4) BMF v. 9.12.2014, IV C 1 – S 2252/08/10004 :015, DOK 2014/0887849, Rz. 59.
5) BFH v. 26.9.2012, IX R 50/09, HFR 2012, R1256.
6) BFH v. 19.12.2007, IX R 11/06, BStBl II 2008, 519.

dings gab es vor 2009 auch noch keine Unterscheidung in Transaktionskosten und bei (wirtschaftlich sinnloser) Ausübung lägen berücksichtigungsfähige Anschaffungskosten oder ein berücksichtigungsfähiger negativer Differenzausgleich vor, so dass bei Anwendung dieser Rechtsprechung auf das neue Recht vieles für eine Berücksichtigung des „wertlosen Verfalls" spricht. Das Bundesfinanzministerium reagierte allerdings auf das BFH-Urteil vom 26.9.2012 mit einem Nichtanwendungserlass.[1] Das FG Düsseldorf hat nun aber entgegen der Rechtsauffassung des BMF zu einem Fall nach neuer Rechtslage (Streitjahr 2011) entschieden, dass das Nicht-Ausüben einer wertlos gewordenen Option nicht zur Versagung von negativen Einkünften führen kann. Das Gericht fordert damit vom Steuerpflichtigen kein wirtschaftlich sinnloses Verhalten (Ausüben der Option zur steuerlichen Anerkennung des Verlustes, was allerdings zu einem noch höheren Verlust führt), sondern besteuert den Steuerpflichtigen nach dem Grundsatz der Leistungsfähigkeit.[2] Zudem ist ein weiteres Verfahren beim BFH anhängig, bei dem es um die Anerkennung des Verlustes aus Aktienoptionen geht, hier hat das FG Thüringen im ersten Verfahrenszug den Verlust steuerlich anerkannt.[3]

In einem weiteren Urteil des BFH zum Verfall von Knock-out-Zertifikaten nach altem Recht wird zwar geurteilt, dass Erwerbsaufwendungen eines Knock-out-Zertifikats steuerlich unbeachtlich bei Nichtausübung innerhalb eines Jahres sind, allerdings wird explizit vom BFH hervorgehoben, dass diese Grundsätze nur zum § 23 Abs. 1 Satz 1 Nr. 4 EStG a.F. gelten, nicht aber für die Einkünfte aus Kapitalvermögen nach Einführung der Abgeltungsteuer.[4]

Gewarnt werden muss vor dem Vorgehen mancher Banken, die ihre Transaktionskosten nur in den Fällen reduzieren, in denen eine Veräußerung zu 0,00 € erfolgen würde und damit eine Verlustverrechnung ermöglichen. Dieses Vorgehen ist zumindest in den Fällen höchst kritisch zu sehen, in denen die Reduktion weder durch das Preis- und Leistungsverzeichnis noch durch einzelvertragliche Abrede vereinbart wurde. In diesen Fällen ist zu empfehlen, dem Finanzamt eine solche Abrechnung anzuzeigen, da solche Konstellationen im schlimmsten Fall als Steuerhinterziehung gewertet werden können!

h) *Auszahlung aus dem Insolvenzplan Lehman Brothers*

Nach Auffassung der FinVerw stellen Zahlungen aus dem Insolvenzplan Lehman Brothers Holding Inc., die niedriger als der Nennwert der Forderungen sind, ein Veräußerungsgeschäft i.S.d § 20 Abs. 2 Nr. 7 EStG mit einem Veräußerungsgewinn von 0 € dar. Der nicht zurückgezahlte Teil des Nennwerts ist als schlichter Forderungsausfall zu würdigen. Im Ergebnis wird die Zahlung nicht besteuert und der Verlust steuerlich nicht anerkannt.[5] Die Finanzverwaltung hat nun auch zu Teilkapitalrückzahlungen Stellung genommen: Die Teilkapitalrückzahlungen sind mit Anschaffungskosten in gleicher Höhe zu verrechnen. Der nicht zurückgezahlte Teil des Nennwerts ist als steuerlich unbeachtlicher Forderungsausfall zu betrachten. Sollte hingegen ein Gewinn entstehen, so ist dieser steuerpflichtig.[6]

25

Hinweis:

Dieser äußerst strittigen Auffassung müsste man m.E. aus dem Weg gehen können, indem man das Wertpapier veräußert oder entgeltlich überträgt. Denn dann hat man das Wertpapier veräußert und das BMF-Schreiben findet keine Anwendung. Allerdings werden üblicherweise keine Börsenkurse mehr für die Wertpapiere ermittelt, so dass die Pauschalbesteuerung (→ **4** Rz. 5) Anwendung findet und die Verluste in der Veranlagung erklärt werden müssen. Alternativ werden in der Praxis auch gerne Vergleichsvereinbarungen mit den verkaufenden Banken wegen Falschberatung getroffen, bei denen die Bank dabei die Wertpapiere „ankauft" und dabei anstelle des

---

1) BMF v. 27.3.2013, IV C 1 – S 2256/07/10005 :013, DOK 2013/0288345, BStBl I 2013, 403.
2) FG Düsseldorf v. 26.2.2014, 7 K 2180/13 E, EFG 2014, 2027.
3) FG Thüringen v. 9.10.2013, 3 K 1059/11, EFG 2014, 1305, Rev. eingelegt, AZ. des BFH: VIII R 17/14.
4) BFH v. 24.4.2012, IX B 154/10, BStBl II 2012, 454.
5) BMF v. 27.11.2012, IV C 1 – S 2252/12/10002, DOK 2012/1090040.
6) BMF v. 20.3.2014, IV C 1 – S 2252/0 :027, DOK 2014/0269371.

Börsenpreises, der i.d.R. nicht ermittelbar ist, der Ankaufspreis der Bank als Veräußerungspreis berücksichtigt wird, so dass eine Pauschbesteuerung vermieden wird und der Verlust direkt in den allgemeinen Verlusttopf eingestellt wird. Sofern in solchen Fällen ein Verlust steuerlich nicht anerkannt wird, sollten hier die Bescheide offen gehalten werden.

2. Verluste aus altem Recht

a) Spekulationsverluste (§ 23 EStG a.F.)

26 Bislang nicht genutzte Verlustvorträge aus privaten Veräußerungsgeschäften minderten als so genannte Altspekulationsverluste in den Veranlagungszeiträumen 2009 bis 2013 (einschließlich) wahlweise die Kapitaleinkünfte aus Veräußerungsgeschäften (i.S.d. § 20 Abs. 2 EStG; also nicht mit laufenden Zinsen oder Dividenden verrechenbar) oder die Einkünfte aus privaten Veräußerungsgeschäften. Die Berücksichtigung der Altspekulationsverluste bei den Kapitaleinkünften erfolgte dabei in der Veranlagung und nicht bereits auf Ebene der Banken.

Hinweis:

Seit dem Veranlagungszeitraum 2014 kommt nur noch eine Verrechnung mit den Einkünften aus privaten Veräußerungsgeschäften in Betracht, wobei kritische Stimmen die Verfassungsmäßigkeit der Übergangsregel zur Verlustverrechnung anzweifeln. Insofern ist zu überlegen, sofern noch nicht verrechnete Alt-Verluste nach § 23 EStG a.F. vorhanden sind, eine Verlustverrechnung in der Veranlagung zu beantragen und einen abschlägigen Bescheid offen zu halten.

b) Verluste aus Stillhaltergeschäften (§ 22 Nr. 3 EStG a.F.)

27 Altverluste aus Stillhaltergeschäften konnten in den Veranlagungszeiträumen 2009 bis 2013 (einschließlich) auch mit den seit 1.1.2009 erhaltenen Stillhalterprämien verrechnet werden. Dazu wurden die Stillhalterprämien in der Jahressteuerbescheinigung gesondert ausgewiesen. Seit dem Veranlagungszeitraum 2014 ist eine Verlustverrechnung dieser Alt-Verluste nach § 22 Nr. 3 EStG a.F. nur noch mit Einkünften nach § 22 Nr. 3 EStG möglich.

Hinweis:

Auch hier ist zu überlegen, sofern noch nicht verrechnete Alt-Verluste nach § 22 Nr. 3 EStG a.F. vorhanden sind, eine Verlustverrechnung mit erhaltenen Stillhalterprämien in der Veranlagung zu beantragen und einen abschlägigen Bescheid offen zu halten.

3. Verlustnutzungsreihenfolge

a) 2009 bis 2013

28 Nach Berücksichtigung des Verlustverrechnungstopfes auf Ebene der Bank verbleibende positive Einkünfte werden in der Jahressteuerbescheinigung gesondert ausgewiesen. Die ausgewiesenen positiven Einkünfte aus Veräußerungsgeschäften i.S.d. § 20 Abs. 2 EStG wurden vorrangig mit Altspekulationsverlusten verrechnet, erst dann wurden Verluste aus dem laufenden und vorangegangenen Jahren berücksichtigt. Gleiches galt für die Verrechnung von Stillhalterprämien mit einem Verlustvortrag nach § 22 Nr. 3 EStG. Positive Einkünfte, die nicht aus Veräußerungsgeschäften stammen, wurden zuerst mit laufenden Verlusten und dann mit den Verlusten vorangegangener Jahre verrechnet.[1]

---

1) BMF v. 9.10.2012, IV C 1 – S 2252/10/10013, DOK 2011/0948384, BStBl I 2012, 953, Rz. 118 f.

b) Seit 2014

Nach Berücksichtigung des Verlustverrechnungstopfes auf Ebene der Bank verbleibende positive Einkünfte werden in der Jahressteuerbescheinigung gesondert ausgewiesen. Positive Einkünfte werden zuerst mit laufenden Verlusten und dann mit den Verlusten vorangegangener Jahre verrechnet. **29**

4. Übersicht über die Verlustverrechnung

In der Übersicht sind die Verrechnungsmöglichkeiten der verschiedenen Kapitalerträge dargestellt. In der Horizontalen sind dabei die Ertragsarten dargestellt. Die steuerliche Behandlung einzelner Kapitalanlagen (→ 4 Rz. 64) verweist auf diese Übersicht. In der Vertikalen wird dargestellt, ob die Verlustverrechnung schon auf Ebene der Bank oder erst auf Ebene der Veranlagung durchgeführt wird und gegen welche Verluste verrechnet werden kann. VVT ist dabei der Verlustverrechnungstopf (→ 4 Rz. 18), AVT der Aktienverlusttopf (→ 4 Rz. 20), § 23 alt sind die zum 31.12.2008 festgestellten Verlustvorträge nach § 23 EStG i.d.F. bis 31.12.2008 (→ 4 Rz. 26) und § 22 alt sind die Verlustvorträge nach § 22 Nr. 3 EStG i.d.F. bis 31.12.2008 (→ 4 Rz. 27). **30**

Ertrag verrechenbar		① Stillhalterprämie	② laufende Erträge	③ Aktiengewinne	④ sonstige Gewinne	⑤ Spekulationsgewinne
Ebene	mit					
Bank	VVT	ja	ja	ja	ja	nein
Bank	AVT	nein	nein	ja	nein	nein
Veranlagung	§ 23 EStG alt	nein	nein	ja bis 2013	ja bis 2013	ja unbegrenzt
Veranlagung	§ 22 EStG alt	ja bis 2013	nein	nein	nein	nein

Übersicht 1: Verlustverrechnung 2009 bis 2013.

① sind erhaltene Stillhalterprämien nach § 20 Abs. 1 Nr. 11 EStG.
② sind die laufenden Erträge nach § 20 Abs. 1 EStG mit Ausnahme von 1.
③ sind die Gewinne aus der Veräußerung von Aktien.
④ sind die Veräußerungsgewinne aus Kapitalanlagen i.S.d. § 20 Abs. 2 EStG mit Ausnahme von 3, erhaltene Stückzinsen (§ 20 Abs. 2 Nr. 7 EStG) fallen auch darunter.
⑤ sind Gewinne nach § 23 EStG in der ab 31.12.2008 gültigen Fassung.

Ertrag verrechenbar		① Aktiengewinne	② laufende Erträge, Stillhalterprämien und sonstige Gewinne	⑤ Spekulationsgewinne
Ebene	mit			
Bank	VVT	ja	ja	nein
Bank	AVT	ja	nein	nein
Veranlagung	§ 23 EStG alt	nein	nein	ja

Ertrag verrechenbar		① Aktiengewinne	② laufende Erträge, Stillhalterprämien und sonstige Gewinne	⑤ Spekulationsgewinne
Ebene	mit			
Veranlagung	§ 22 EStG alt	nein	nein	nein

Übersicht 2: Verlustverrechnung ab 2014.

V. Depotübertrag

31 Die Regelungen für den Depotübertrag gelten erst für Depotübertragungen, die nach dem 31.12.2008 stattfinden. Für davor liegende Depotübertragungen **ohne** Gläubigerwechsel dürfen die Banken Anschaffungsdaten mitteilen. Werden die Daten vor Veräußerung der Wertpapiere mitgeteilt, so hat die aufnehmende Bank diese zu berücksichtigen.[1)]

1. Ohne Gläubigerwechsel (FIFO)

32 Die abgebende inländische Bank muss einer übernehmenden inländischen Bank die Anschaffungskosten mitteilen, um für eine spätere Veräußerung (nur) einen Steuerabzug auf die Differenz zwischen Einnahmen aus Veräußerung und Anschaffungskosten sicherzustellen. Bei einem **vollständigen Depotübertrag** kann der Stpfl. verlangen, dass der neuen oder einer anderen Bank von der alten Bank die Höhe des nicht ausgeglichenen Verlusts mitgeteilt wird. Dies gilt aber nur dann, wenn sämtliche verwahrte Wirtschaftsgüter aus sämtlichen Depots der Bank auf ein oder mehrere Depots bei anderen Banken übertragen werden; dabei kann der Stpfl. die Bescheinigung für den Verlust- und/oder den Aktienverlusttopf verlangen. Auch die noch nicht angerechnete anrechenbare ausländische Quellensteuer kann der neuen Bank mitgeteilt werden. Der Verlustverrechnungstopf und der Aktienverlusttopf kann auch getrennt übertragen werden.

2. Mit Gläubigerwechsel

a) Unentgeltlich (Schenkung/Erbschaft)

33 Nur wenn der Stpfl. der Bank mitteilt, dass eine unentgeltliche Übertragung vorliegt, unterbleibt ein Steuerabzug. Die Bank hat dem Finanzamt dann allerdings die Schenkung anzuzeigen. Keine Anzeigenverpflichtung besteht, soweit es sich lediglich um einen Übertrag von Altbeständen handelt, welche nicht der Abgeltungsteuer unterliegen.[2)] Werden die geschenkten Kapitalanlagen in ein Depot des Stpfl. übertragen, muss die abgebende inländische Bank der übernehmenden inländischen Bank die Anschaffungskosten mitteilen. Hierdurch wird erreicht, dass im Fall der Veräußerung der Kapitalanlage durch den Beschenkten nur die Differenz zwischen den Anschaffungskosten des Schenkers und den Einnahmen aus der Veräußerung dem Steuerabzug unterliegt bzw. steuerfrei ist, soweit es sich um entsprechende Altfälle handelt.

---

1) BMF v. 9.10.2012, IV C 1 – S 2252/10/10013, DOK 2011/0948384, BStBl I 2012, 953, Rz. 187 f.
2) BMF v. 9.10.2012, IV C 1 – S 2252/10/10013, DOK 2011/0948384, BStBl I 2012, 953, Rz. 169.

Bei Übertragung von einem Einzeldepot eines Ehegatten auf ein Gemeinschaftsdepot der Eheleute und umgekehrt wird von einem unentgeltlichem Depotübertrag ausgegangen. Gleiches gilt für die Übertragung zwischen Einzeldepots der Ehegatten.[1)]

Hinweis:

Seit 2012 muss der Stpfl. der Bank zusätzlich Name, Anschrift, Geburtsdatum und Identifikationsnummer sowohl des/der Übertragenden als auch des/der Empfänger mitteilen. Ohne diese Daten muss die Bank den Depotübertrag entgeltlich abwickeln. Soweit die Daten berechtigterweise nicht vorliegen (z.B. keine Identifikationsnummer bei einem Ausländer), darf der Übertrag unentgeltlich durchgeführt werden.

b) Erbfälle/Begründung Treuhandverhältnis

Im Fall der **Vererbung** tritt der Erbe im Rahmen der Gesamtrechtsnachfolge auch in die Rechtsstellung des Erblassers bezüglich Anschaffungskosten und -zeitpunkt ein, so dass der Erbe auch bei Erwerb durch Tod des Erblassers ab 2009 noch in den Genuss der Übergangsregelungen (→ 4 Rz. 38) kommen kann. Kommt es auf Grund eines Erbfalls zur Depotübertragung, erfolgt keine Anzeige, da in diesem Fall ohnehin eine Mitteilungspflicht der Bank besteht. Gleiches gilt bei einer Verfügung zu Gunsten Dritter für den Todesfall.[2)] **34**

Erfolgt ein Depotübertrag zwischen Treugeber und Treuhänder und sind beide und auch das Treuhandverhältnis der Bank bekannt (offene Treuhand), so ist eine Meldung nicht erforderlich. Findet der Übertrag hingegen auf einen Dritten statt, so sind die Daten des Treugebers (soweit bekannt), des Treuhänders und des Dritten zu melden.[3)]

c) Entgeltlich

Wird eine Kapitalanlage i.S.d. § 20 EStG von einer Bank verwahrt und die Kapitalanlage dann an einen Dritten übertragen, wird eine Veräußerung vermutet und grundsätzlich der Steuerabzug vorgenommen. Da der tatsächliche Veräußerungspreis den Banken nicht bekannt ist, setzt die inländische abgebende Bank den niedrigsten am Vortag der Übertragung im regulierten Markt notierten Kurs an. Liegt am Vortag eine Notierung nicht vor, so werden die Wirtschaftsgüter mit dem letzten innerhalb von 30 Tagen vor dem Übertragungstag im regulierten Markt notierten Kurs angesetzt. Entsprechendes gilt für Wertpapiere, die im Inland in den Freiverkehr einbezogen sind oder in einem anderen Staat des Europäischen Wirtschaftsraums zum Handel an einem geregelten Markt zugelassen sind. Ist ein entsprechender Kurs nicht ermittelbar, dann gelten 30 % der Anschaffungskosten als Ersatzbemessungsgrundlage; liegen die Anschaffungskosten auch nicht vor, so wird keine Kapitalertragsteuer einbehalten und das Betriebsstättenfinanzamt ist von der abgebenden Bank zu informieren. Die übernehmende inländische Bank hat den von der abgebenden inländischen Bank angesetzten Börsenpreis als Anschaffungskosten zu übernehmen. Eventuelle Stückzinsen werden bei der fiktiven Veräußerung und der fiktiven Anschaffung berücksichtigt (§ 43a Abs. 2 Satz 8 ff. EStG). **35**

Erfolgt der Übertrag von einer ausländischen Bank, dann darf die inländische Bank keine Anschaffungskosten einstellen, da die ausländische Bank bei der Übertragung keinen Börsenpreis angesetzt und der Besteuerung unterworfen hat. Daher kommt es in solchen Fällen später beim weiteren Verkauf zum Ansatz der Ersatzbemessungsgrundlage. Erfolgt der Übertrag von einer inländischen zu einer ausländischen Bank,

---

1) BMF v. 9.10.2012, IV C 1 – S 2252/10/10013, DOK 2011/0948384, BStBl I 2012, 953, Rz. 168.
2) BMF v. 15.5.2013, IV C 1 – S 2252/10/10013, DOK 2013/0449434, BStBl I 2012, 953.
3) BMF v. 9.10.2012, IV C 1 – S 2252/10/10013, DOK 2011/0948384, BStBl I 2012, 953, Rz. 165 f.

so läuft die fiktive Veräußerung normal, zumindest in Drittlandsfällen gehen aber die Anschaffungskosten dabei verloren.

3. Besonderheit bei ausländischen Banken (Depotübertrag ohne Gläubigerwechsel bzw. unentgeltlich)

36 Ist bei einem Depotübertrag ohne Gläubigerwechsel oder einem unentgeltlichen Depotübertrag mit Gläubigerwechsel die abgebende Bank in einem Mitgliedstaat der europäischen Union, in einem EWR-Vertragsstaat oder einem Staat i.S.d. Art. 17 der EU-Zinsrichtlinie ansässig, können die Anschaffungskosten bei einem Depotübertrag ohne Gläubigerwechsel auch durch Bescheinigung der ausländischen Bank nachgewiesen werden; das Gleiche gilt für eine in diesem Gebiet belegene Zweigstelle einer inländischen Bank. Erfolgt die Bescheinigung in ausländischer Währung, dürfen die Anschaffungskosten trotzdem nur in Euro angesetzt werden, d.h. der Wechselkurs zum Anschaffungsdatum ist zu Grunde zu legen.

Liegt eine Bescheinigung von einer Bank aus einem der oben genannten Staaten nicht vor oder sitzt die übertragende Bank in einem Drittstaat, ist ein Nachweis nicht möglich. Es wird dann die Ersatzbemessungsgrundlage von 30 % des Veräußerungserlöses angesetzt.

Hinweis:

In der Praxis gibt es häufig Probleme bei dem Nachweis der Anschaffungskosten aus dem Ausland. Die abgebende ausländische Bank hat nämlich die Anschaffungskosten zum Zeitpunkt der Übertragung und nicht die historischen Anschaffungskosten zu übertragen. Insbesondere bei Ausschüttungen aus dem steuerlichen Einlagekonto (z.B. Deutsche Telekom, Deutsche Post), nach Kapitalmaßnahmen oder bei Investmentfonds kommt es zu Abweichungen von den historischen Anschaffungskosten zu den Anschaffungskosten zum Übertragungsstichtag.

VI. Kirchensteuer

37 Nähere Informationen hierzu *Kirchensteuer* (→ 4 Rz. 1145 ff.).

VII. Übergangsregelungen

38 Die Regelungen zur Abgeltungsteuer finden Anwendung auf Kapitalerträge, welche dem Gläubiger nach dem 31.12.2008 zufließen. Veräußerungsgewinne fallen dann unter die steuerpflichtigen Kapitalerträge, wenn die Wertpapiere nach dem 31.12.2008 erworben wurden. Für Wertpapiere, die vor dem 1.1.2009 erworben wurden, gilt grundsätzlich noch die alte Spekulationsfrist von einem Jahr, d.h. bei Verkauf innerhalb der Spekulationsfrist waren diese als private Veräußerungsgewinne steuerpflichtig und unterlagen noch der Besteuerung nach § 23 EStG und damit nicht der Abgeltungsteuer. Für diese Spekulationsgeschäfte galt, soweit einschlägig, auch noch das Halbeinkünfteverfahren weiter; das hälftige Abzugsverbot für Werbungskosten des § 3c Abs. 2 EStG galt in diesem Fall auch noch. Bei Verkauf nach Ablauf der Jahresfrist bleibt der Veräußerungsgewinn steuerfrei. Dies gilt auch für Wertpapiere, die erst im Jahr 2008 erworben wurden. Die vor 2009 erworbenen Wertpapiere, die bei Veräußerung steuerfrei sind, unterliegen dem sogenannten **Bestandsschutz**.

Bei **Termingeschäften**, bei denen der Erwerb des Rechts auf einen Differenzausgleich, Geldbetrag oder Vorteil vor 2009 erfolgte, war § 23 EStG innerhalb der Jahresfrist und ohne Abgeltungsteuer anzuwenden.

Veräußerungserlöse aus **Finanzinnovationen**, die nach dem 31.12.2008 zufließen, fallen unabhängig vom Anschaffungszeitpunkt unter die Abgeltungsteuer. Die BFH-

Rechtsprechung zu den Finanzinnovationen[1] – insbesondere zu variabel verzinsten Papieren, wie Stufenzinsanleihen oder Floater, aber auch zu Papieren, die nur teilweise eine Kapitalgarantie haben – wird für die Frage der Übergangsregelung ausgeblendet. D.h. ein Floater, der nach BFH-Rechtsprechung nicht als Finanzinnovation zu beurteilen ist, ist trotzdem bei Veräußerung ab 2009 außerhalb der Spekulationsfrist steuerpflichtig. Dass hierbei eine so genannte unechte Rückwirkung vorliegt, wird von der Finanzverwaltung als verfassungsgemäß beurteilt. Überraschenderweise werden – im Gegensatz zur alten Rechtslage – obligationsähnliche Genussscheine von der Finanzverwaltung als Finanzinnovationen angesehen.[2]

Hinweis:

Entgegen der Auffassung der Finanzverwaltung hat allerdings das FG Hessen[3] entschieden, dass der Bestandsschutz greift. Der BFH hat diese Rechtsauffassung bestätigt[4] und die FinVerw wendet diese Rechtsprechung nun auch in allen offenen Fällen an.[5] Die Banken rechnen die Veräußerungen und Endfälligkeiten ab dem Jahr 2013 entsprechend ab, ggfs. wurden Neuabrechnungen vorgenommen; ein betroffener Anleger sollte dennoch überprüfen, ob seine Bank auch entsprechende Korrekturen vorgenommen hat. Die Jahre davor müssen allerdings im Veranlagungsverfahren korrigiert werden, eine Korrektur im Rahmen der sogenannten „Delta-Korrektur" nach vorne[6] ist in Fällen der Änderung oder des Wegfalls der Bemessungsgrundlage auf Grund einer Entscheidung des BFH nicht zulässig[7] und eine Änderung alter Steuerbescheinigungen ist ausgeschlossen, da es sich nicht um einen Fehler der Bank handelt.

Für so genannte **Millionärsfonds**, die nach dem 9.11.2007 und vor dem 31.12.2008 erworben wurden, ist eine steuerfreie Veräußerung seit 2009 nicht mehr möglich. Der Veräußerungsgewinn wird begrenzt auf die Summe der thesaurierten Gewinne aus der Veräußerung von Wertpapieren, Termingeschäften und Bezugsrechten an Kapitalgesellschaften, die das Investmentvermögen nach dem 31.12.2008 angeschafft hat. Der Anleger hat diesen i.d.R. niedrigeren Wert nachzuweisen.

Bei **steueroptimierten Geldmarktfonds** wird der Stpfl. bei Erwerb vor dem 19.9.2008 so gestellt, als ob der Erwerb der Anteile am 10.1.2011 erfolgte (bis dahin sind steuerfreie Gewinne möglich). Für Erwerbe ab dem 19.9.2008 und Veräußerung ab 2009 gilt bereits die neue Veräußerungsgewinnbesteuerung der Abgeltungsteuer.

Erwerb:	vor dem 15.3.2007	15.3.2007 bis 31.12.2008				ab 1.1.2009
Jahresfrist:	außerhalb	innerhalb	innerhalb	außerhalb und Zufluss		egal
				bis 30.6.2009	ab 1.7.2009	
Steuerpflicht:	nein	Tarif	Tarif	nein	25 %	25 %

Übersicht 3: Erwerbszeitpunkte und Steuerpflicht von **Vollrisikozertifikaten** bei Verkauf

---

1) BFH v. 4.12.2007, VIII R 53/05, BStBl II 2008, 563; BFH v. 20.11.2006, VIII R 43/05, BStBl II 2007, 560; BFH v. 11.7.2006, VIII R 67/04, BStBl II 2007, 553; BFH v. 20.11.2006, VIII R 97/02, BStBl II 2007, 555; BFH v. 13.12.2006, VIII R 62/04, BStBl II 2007, 568; BFH v. 13.12.2006, VIII R 79/03, BFH/NV 2007, 579; BFH v. 13.12.2006, VIII R 6/05, BStBl II 2007, 571.
2) BMF v. 9.10.2012, IV C 1 – S 2252/10/10013, DOK 2011/0948384, BStBl I 2012, 953, Rz. 319.
3) FG Hessen v. 16.2.2012, 4 K 639/11, EFG 2012, 1163.
4) BFH v. 12.12.2012, I R 27/12, BStBl II 2013, 682.
5) BMF v. 12.9.2013, IV C 1 – S 2252/07/0002 :010, DOK 2013/0845629, BStBl I 2013, 1167.
6) BMF v. 9.10.2012, IV C 1 – S 2252/10/10013, DOK 2011/0948384, BStBl I 2012, 953, Rz. 241.
7) BMF v. 9.10.2012, IV C 1 – S 2252/10/10013, DOK 2011/0948384, BStBl I 2012, 953, Rz. 241a, 5. Aufzählungspunkt.

Bei Vollrisikozertifikaten sind die laufenden Erträge bei Erwerb vor dem 15.3.2007 steuerfrei, bei Erwerb zwischen dem 14.3.2007 und dem 1.1.2009 mit Zufluss bis zum 30.6.2009 ebenso. Ansonsten greift die Abgeltungsteuer. Allerdings sagt das BMF hier, dass dem Gesetzeswortlaut nicht zu folgen ist und unabhängig von der Anschaffung des Papiers auf den Stichtag 1.1.2009 abzustellen ist.[1] Mit anderen Worten: Nach Auffassung des BMF gilt für einen laufenden Zufluss seit 2009 unabhängig vom Anschaffungstermin die Abgeltungsteuer.

VIII. Veranlagungsverfahren/Abgeltungswirkung

1. Veranlagungsverfahren versus Abgeltungswirkung

39 Der Kapitalertragsteuerabzug wirkt abgeltend. Das heißt, wenn ein **abgeltender Kapitalertragsteuerabzug** vorgenommen wurde, entfällt insoweit die **Erklärungspflicht** der Kapitaleinkünfte im Rahmen der Einkommensteuererklärung. Kapitalerträge i.S.d. § 20 EStG werden also nicht mehr bei der Berechnung des Einkommensteuertarifs einbezogen. Falls Kapitalerträge anderen Einkunftsarten zuzuordnen sind, bleibt es allerdings bei dem Vorauszahlungscharakter der Kapitalertragsteuer. Diese Erträge werden weder in den Freistellungsauftrag noch in die Verlustverrechnung einbezogen.

Abweichend vom Idealfall der abgeltenden Wirkung des Kapitalertragsteuerabzugs gibt es allerdings Fälle, in denen der Stpfl. bestimmte Einkünfte in der Steuererklärung angeben muss (Pflichtveranlagung) und Fälle, in denen es aus Sicht des Stpfl. sinnvoll ist, die Einkünfte in der Steuererklärung anzugeben (Optionsveranlagung). In beiden Fällen bleibt es aber grundsätzlich bei dem einheitlichen Steuersatz von 25 %.

Beispielfälle der **Pflichtveranlagung**:

- bei Kapitalerträgen ohne Kapitalertragsteuereinbehalt (z.B. Depotverwahrung im Ausland, ausländische thesaurierende Fonds, Steuererstattungszinsen, verdeckte Gewinnausschüttungen),
- bei kirchensteuerpflichtigen Kunden, die der Bank gegenüber die Konfession nicht melden (bis einschließlich Veranlagungszeitraum 2014);
- bei Kapitalerträgen aus begünstigten Neu-Lebensversicherungen (Abschluss ab 1.1.2005).

Beispielfälle der **Optionsveranlagung** (§ 32d Abs. 4 EStG):

- noch nicht voll ausgenutzter Sparerpauschbetrag,
- zur Korrektur im Fall einer Ersatzbemessungsgrundlage,
- Verlustverrechnung einer Verlustbescheinigung,
- Verrechnung von Altspekulationsverlusten (bis einschließlich Veranlagungszeitraum 2013),
- Anrechnung von ausländischen Steuern, soweit noch nicht berücksichtigt;
- zur Überprüfung des Steuereinbehalts,
- zur Berücksichtigung des Sonderausgabenabzugs der Kirchensteuer bei der Abgeltungsteuer, soweit noch nicht geschehen.

Hinweis:

Auch im Fall einer Veranlagung ist der Werbungskostenabzug ausgeschlossen. Siehe dazu aber Werbungskosten (→ 4 Rz. 4)

---

1) BMF v. 14.12.2007, IV B 8 – S 2000/07/0001, DOK 2007/0478800, Nr. 6b.

2. Antrag auf Günstigerprüfung

Sämtliche Kapitaleinkünfte werden auf Antrag (alle Kapitaleinkünfte sind in der Steuererklärung vollständig anzugeben) nur dem individuellen Steuersatz unterworfen, wenn dies zu einer niedrigeren Einkommensteuer als dem 25 %igen Kapitalertragsteuerabzug führt. Eheleute können nur einheitlich für sämtliche Kapitalerträge die Veranlagung beantragen. Wichtig ist dabei zu beachten, dass die **Günstigerprüfung** nur bei einem **Grenzsteuersatz** (Steueranteil für den nächsten zusätzlichen Euro) von unter 25 % zu einer Erstattung führt, der Durchschnittsteuersatz (Steueranteil für alle Einkünfte) ist unerheblich. Die Günstigerprüfung führt i.d.R. bei Personen mit einem zu versteuernden Einkommen von unter 15 700 € bzw. bei Zusammenveranlagung von unter 31 400 € (Steuertarif 2010–2014) zu einer Steuererstattung. Auch bei Anwendung der Günstigerprüfung ist der Abzug von **Werbungskosten** nicht möglich.[1] Das FG Baden-Württemberg hält diese Regelung allerdings zumindest in den Fällen für verfassungswidrig, in denen durch die Günstigerprüfung bereits ohne tatsächlichen Werbungskostenabzug ein Steuersatz unter dem Abgeltungssatz vorliegt.[2]

Bis zu welchem Zeitpunkt der Antrag auf Günstigerprüfung gestellt werden kann, ist derzeit umstritten. Die FinVerw vertritt die Auffassung, dass der Antrag nur bis zur Unanfechtbarkeit des Einkommensteuerbescheids gestellt werden kann bzw. solange eine Änderung nach den Vorschriften der Abgabenordnung oder den Einzelsteuergesetzen noch möglich ist.[3] Das FG Niedersachsen vertritt die Auffassung, dass ein Antrag auf Günstigerprüfung nicht fristgebunden ist.[4]

> **Beratungshinweis:**
> Wenn sämtliche Kapitaleinkünfte ohne großen Aufwand erklärt werden können, sollte der Antrag auf Günstigerprüfung im Rahmen der Einkommensteuererklärung gestellt werden. Insbesondere im Zusammenhang mit anderen anhängigen Verfahren, wie der Berücksichtigung von Werbungskosten bei der Günstigerprüfung, könnte sich der Antrag auch erst im Nachhinein auszahlen.

3. Fehlerkorrektur

Im Rahmen des Jahressteuergesetzes 2010 wurde geregelt, dass Fehler im Kapitalertragsteuerabzugsverfahren für private Anleger ab dem Veranlagungszeitraum 2010 nur mit Wirkung nach vorne vorgenommen werden und damit eine Veranlagung entbehrlich ist (die Korrekturmöglichkeit gilt auch für das materielle Recht). Falls die Bank die Korrektur nicht vornimmt, hat sie dies dem Stpfl. schriftlich zu bescheinigen, damit eine Korrektur über das Veranlagungsverfahren möglich ist (§ 20 Abs. 3a EStG). Bis zum 31. Januar eines Jahres können die Banken noch Korrekturen für das Vorjahr durchführen.

Keine Korrektur nach vorne – sondern in der Veranlagung – gibt es für Steuerausländer und im Fall einer bescheinigten Ersatzbemessungsgrundlage (Rückausnahme allerdings für Ersatzbemessungsgrundlagen bei Leerverkäufen). Falls die Bank die Korrektur nicht vornehmen wird (z.B. auf Grund technischer Probleme), so kann der Stpfl. mit einem entsprechenden Schreiben der Bank die Korrektur in der Veranlagung durchführen.[5]

> **Beispiel:**
> Der Kunde hat Deutsche Telekom-Aktien 2009 für 10 000 € gekauft. 2010 erhält er steuerfrei eine Dividende von 1 000 € aus dem steuerlichen Einlagenkonto. Ende 2010 verkauft er die

---

1) BMF v. 9.10.2012, IV C 1 – S 2252/10/10013, DOK 2011/0948384, BStBl I 2012, 953, Rz. 149 ff.
2) FG Baden-Württemberg v. 17.12.2012, 9 K 1637/10; Revision beim BFH unter VIII R 13/13.
3) BMF-Schreiben v. 9.12.2014, IV C 1 – S 2252/08/10004 :015, DOK 2014/0887849, Rz. 149.
4) FG Niedersachsen v. 23.5.2012, 2 K 250/11; Revision beim BFH unter VIII R 14/13.
5) BMF v. 9.10.2012, IV C 1 – S 2252/10/10013, DOK 2011/0948384, BStBl I 2012, 953, Rz. 241 ff.

Aktie für 9 500 €. Der Verlust wird in den Aktienverlusttopf eingestellt. Im Jahr 2011 merkt die Bank, dass sie vergessen hat, die Anschaffungskosten um die Dividende aus dem steuerlichen Einlagekonto zu vermindern. Für die Korrektur wird in 2010 nichts mehr geändert, stattdessen bekommt der Kunde einen Gewinn aus der Veräußerung von Aktien (§ 20 Abs. 1 Nr. 1 EStG) steuerpflichtig abgerechnet. Sofern der Kunde den Aktienverlust in 2010 nicht nutzen konnte und keine Verlusttopfbescheinigung beantragt hat, wird der Verlust gegengerechnet und es wird nur ein Gewinn von 500 € besteuert, ansonsten von 1 000 €.

Wird **ausländische anrechenbare Quellensteuer** zu Lasten des Stpfl. korrigiert, so wird sie mit negativem Vorzeichen in den Quellensteuertopf (→ 4 Rz. 21) eingestellt. Hierdurch kann es zu einer Belastung mit Kapitalertragsteuer kommen.

Beratungshinweis:

Im Jahr 2012 gab es eine Stornoaktion auf Grund spanischer und norwegischer Quellensteuern für die Jahre 2009 bis 2011, soweit die Banken diese Quellensteuern mit Nebenbedingung steuermindernd berücksichtigt hatten (→ 4 Rz. 10). Diese Korrektur führte regelmäßig zu einer Steuerbelastung des Kunden, und zwar unabhängig davon, ob sich die Quellensteuer in den Vorjahren überhaupt steuermindernd ausgewirkt hatte. In den Fällen, in denen eine Nichtveranlagungsbescheinigung vorlag, der Sparerpauschbetrag oder Verluste dazu geführt haben, dass der Quellensteuertopf in der Steuerbescheinigung ausgewiesen wurde, sollte ein Einspruch geprüft werden.

4. Abgeltungsteuer und tarifliche Steuerermäßigungen

42   Bei der Abgeltungsteuer handelt es sich um keine tarifliche Steuer. Falls Steuerermäßigungen an die tarifliche Einkommensteuer anknüpfen (z.B. Handwerkerleistungen, haushaltsnahe Dienstleistungen oder die Steuerermäßigung bei Belastung durch Erbschaftsteuer), werden Steuerbeträge aus der Abgeltungsteuer nicht berücksichtigt.[1]

Praxistipp:

Sollte die Steuer aus den tariflich besteuerten Einkünften nicht für die Steuerermäßigung ausreichen, so ist zu prüfen, ob nicht der Antrag auf Günstigerprüfung zu einer niedrigeren Besteuerung führt. In diesem Fall werden die Kapitalerträge auch wieder tariflich besteuert und die Steuerermäßigung kann greifen.

IX. Bescheinigungen

1. Jahresbescheinigung

43   Die Pflicht zur Erstellung einer Jahresbescheinigung nach § 24c EStG ist seit Veranlagungszeitraum 2009 entfallen.

2. Jahressteuerbescheinigung

44   Die abgeführte Kapitalertragsteuer ist dem Kunden auf Verlangen im Rahmen einer neu gestalteten **Steuerbescheinigung** nach amtlichem Muster auszuweisen, die auch die Konfessionszugehörigkeit enthält, falls der Stpfl. den Sonderausgabenabzug für die Kirchensteuer durch die Bank und nicht erst in der Veranlagung durchführen lässt. In der Bescheinigung werden bis einschließlich Veranlagungszeitraum 2013 die noch nicht verrechneten **Veräußerungsgewinne** (zur Verrechnung mit Altspekulationsverlusten), die noch nicht verrechneten Gewinne aus Aktienveräußerungen (zur Verrechnung mit Verlusten aus Aktienveräußerungen) und bis einschließlich Veranlagungszeitraum 2013 die erhaltenen Stillhalterprämien (zur Verrechnung mit Alt-Verlusten nach § 22 Nr. 3 EStG) angegeben, wobei angenommen wird, dass eine bescheinigte Kapitalertragsteuer vorrangig auf diese Positionen entfällt.[2] Zudem werden die anre-

---

1) BMF v. 9.10.2012, IV C 1 – S 2252/10/10013, DOK 2011/0948384, BStBl I 2012, 953, Rz. 132.
2) BMF v. 14.12.2007, IV B 8 – S 2000/07/0001, DOK 2007/0478800, Nr. 4e.

chenbaren, aber bisher noch nicht angerechneten ausländischen Quellensteuern angegeben, da der Quellensteuertopf nicht in das Folgejahr übertragen werden kann.

Hinweis:
Es gibt drei Muster von Steuerbescheinigungen, für Bankkunden sind das Muster 1 (bei privaten Kapitalanlegern) und das Muster 3 (für betriebliche Anleger) relevant. Den Kreditinstituten ist nicht immer die richtige Vermögenszuordnung (betrieblich/privat) bekannt, was dann zu einer falschen Bescheinigung führt und auch die Steuerberechnung unterschiedlich verläuft. Zur Unterscheidung: wenn in der Bescheinigung bei Kapitalerträgen von § 20 EStG die Rede ist, dann liegt eine Steuerbescheinigung für einen private Anleger vor; wird hingegen bei den Kapitaleinkünften von § 43 EStG gesprochen, dann handelt es sich um eine Steuerbescheinigung für einen betrieblichen Anleger. Für die Steuerbescheinigungen gibt es ein gesondertes BMF-Schreiben, in dem am Ende auch die Muster abgedruckt sind.[1] Hat man als Privatanleger eine betriebliche Steuerbescheinigung erhalten, so ist i.d.R. der Weg in die Veranlagung zu wählen, da dann weder ausländische, anrechenbare Quellensteuern noch Verluste, gezahlte Stückzinsen, gezahlte Zwischengewinne oder der Transaktionskostenanteil einer All-In-Fee berücksichtigt wurden.

3. Verlusttopfbescheinigungen

Verlusttopfbescheinigungen sind ein Teil der Jahressteuerbescheinigung. Nicht ausgeglichene Verluste werden grundsätzlich in das nächste Kalenderjahr übertragen und dann durch die Bank zum Ausgleich mit positiven Einkünften verwendet. Alternativ werden auf unwiderrufbaren Antrag – dieser muss der Bank bis zum 15.12. des jeweiligen Jahres zugehen – die nicht ausgeglichenen Verluste durch die Bank bescheinigt. Dies kann vorteilhaft sein, wenn in demselben Veranlagungszeitraum noch positive Kapitaleinkünfte bei einer anderen Bank angefallen sind, da ansonsten kein Ausgleich in demselben Veranlagungszeitraum möglich wäre. Die Verlustbescheinigung erfolgt im Rahmen der Jahressteuerbescheinigung. Bescheinigte Verluste, die im Rahmen der Veranlagung nicht vollständig berücksichtigt wurden, können nicht wieder in einen Verlustverrechnungstopf gelangen, sondern nur noch im Rahmen der Veranlagung in den Folgejahren genutzt werden. Der Antrag auf Topfbescheinigung kann getrennt für den Verlustverrechnungstopf und den Aktienverlusttopf gestellt werden.

X. Ausnahmen vom Abgeltungsverfahren

1. Schädliche Finanzierungen

Eine schädliche Finanzierung liegt vor, wenn ein Stpfl. einen Kapitalertrag oder Veräußerungsgewinn aus einer sonstigen Kapitalforderung (z.B. Termingelder, Sparbücher, Finanzinnovationen, Unternehmensanleihen, Zertifikate, sonstige zinsbringende Anlagen), einer stillen Gesellschaft oder einem partiarischen Darlehen hat und Gläubiger und Schuldner nahestehende Personen sind (z.B. der Vater gibt der Tochter ein Darlehen für den Erwerb einer fremdvermieteten Immobilie und erhält dafür Zinsen).

Dies gilt auch für den Fall, dass die Kapitalerträge von einer Kapitalgesellschaft an einen Gläubiger ausgezahlt werden, der selbst (oder eine ihm nahestehende Person) zu mindestens 10 % – mittelbar oder unmittelbar[2] – an der Kapitalgesellschaft beteiligt ist (z.B. der Gesellschafter einer GmbH gibt seiner GmbH ein Darlehen und erhält dafür Zinsen).

In diesen beiden Fällen kommt die Begrenzung des individuellen Steuersatzes auf maximal 25 % für Kapitalerträge durch die Abgeltungsteuer nicht zur Anwendung,

---
1) BMF v. 20.12.2012, IV C 1 – S 2401/08/10001 :008, DOK 2012/1149905, BStBl I 2013, 36.
2) BMF v. 9.10.2012, IV C 1 – S 2252/10/10013, DOK 2011/0948384, BStBl I 2012, 953, Rz. 137.

eine eventuelle ausländische Quellensteuer kann nur im Rahmen von § 34c EStG angerechnet werden, Werbungskosten können geltend gemacht werden und Verluste können mit anderen Einkunftsarten verrechnet werden.

Weitere Voraussetzung ist, dass der Darlehensnehmer das Darlehen zur Erzielung von Einkünften verwendet und die Zinsen als Betriebsausgaben oder Werbungskosten geltend machen kann.[1] Es gibt keine Ausnahmeregelung.

Hintergrund der Regelung ist, dass z.B. im Vater-Tochter-Fall die Tochter den Zinsaufwand als Werbungskosten bei ihren Einnahmen aus Vermietung ansetzen könnte und sich dies bei ihrem persönlichen Steuersatz – gegebenenfalls 45 % – auswirken würde, während der Vater die Zinserträge nur mit 25 % versteuern müsste.

Auf Grund der BFH-Rechtsprechung (siehe Hinweis unten) wurde die Definition der nahestehenden Person durch die Finanzverwaltung dahingehend geändert, dass nun erst dann von einem Beherrschungsverhältnis auszugehen ist, wenn der beherrschten Person auf Grund eines absoluten Abhängigkeitsverhältnisses im Wesentlichen kein eigener Entscheidungsraum verbleibt. Dabei kann das Abhängigkeitsverhältnis sowohl wirtschaftlicher als auch persönlicher Natur sein.[2]

Hinweis:

Nicht betroffen sind z.B. Einkünfte aus allen Arten von Fonds (selbst wenn es sich um Geldmarktfonds handelt) sowie aus Lebensversicherungen, Aktien oder Optionen.

Die Darlehensgewährung an nahe Angehörige zum normalen Steuersatz statt dem Abgeltungssatz war Gegenstand dreier Verfahren vor dem BFH. Dabei wurde entschieden, dass der Begriff der „nahestehende Person" eng auszulegen ist und damit Familienangehörigkeit oder Ehe nicht für ein Näheverhältnis ausreichen. Vielmehr ist auf einen beherrschenden Einfluss abzustellen.[3]

Ebenfalls Gegenstand eines Verfahrens vor dem BFH war die Darlehensgewährung eines zu mehr als 10 % an der GmbH beteiligten Anteilseigners an die eigene GmbH. Hier entschied der BFH, dass der tarifliche Steuersatz statt des Abgeltungssatzes zutreffend zur Anwendung kommt.[4] Der BFH entschied im Fall der Darlehensgewährung an eine GmbH durch eine dem Anteilseigner nahestehende Person, dass auch hier das Näheverhältnis eng auszulegen ist und insofern im Urteilsfall der Abgeltungsteuersatz zur Anwendung kommt.[5]

Die Darlehensgewährung an die eigene GbR zum normalen Steuersatz statt dem Abgeltungssatz ist Gegenstand des Verfahrens vor dem FG Münster (8 K 1763/11 E).

2. Back-to-back-Finanzierungen

47 Eine **Back-to-back-Finanzierung** liegt vor, wenn ein Stpfl. einen Kapitalertrag oder Veräußerungsgewinn aus einer sonstigen Kapitalforderung (z.B. Termingelder, Sparbücher, Finanzinnovationen, Unternehmensanleihen, Zertifikate, sonstige zinsbringende Anlagen), einer stillen Gesellschaft oder einem partiarischen Darlehen hat und ein Dritter (i.d.R. eine Bank) schuldet die Kapitalerträge. Zusätzlich muss ein **Finanzierungszusammenhang** zwischen Darlehensaufnahme und Kapitalüberlassung bestehen. Zusätzlich muss die Kapitalanlage im Zusammenhang mit einem Darlehen stehen, welches der Stpfl., eine ihm nahestehende Person oder Gesellschaft zur Ein-

---

1) BMF v. 9.10.2012, IV C 1 – S 2252/10/10013, DOK 2011/0948784, BStBl I 2012, 953, Rz. 134.
2) BMF-Schreiben v. 9.12.2014, IV C 1 – S2252/08/10004 :015, DOK 2014/0887849, Rz. 136.
3) Az. des BFH: VIII R 9/13, Vorinstanz: FG Niedersachsen v. 18.6.2012, 15 K 417/10, EFG 2012, 2009; Az. des BFH: VIII R 44/13, Vorinstanz: FG München v. 26.2.2013, 11 K 2365/10; Az. des BFH: VIII R 35/13, Vorinstanz: FG Baden-Württemberg v. 16.4.2013, 8 K 3100/11.
4) BFH v. 29.4.2014, VIII R 23/13, BStBl II 2014, 884 (Vorinstanz: FG Niedersachsen v. 12.4.2012, 14 K 335/10, www.stotax-first.de)
5) BFH v. 14.5.2014, VIII R 31/11, BStBl II 2014, 995, (Vorinstanz: FG Niedersachsen v. 6.7.2011, 4 K 322/10, EFG 2012, 242).

kunftserzielung nutzt (z.B. der Kunde erwirbt eine Immobilie auf Kredit, während er gleichzeitig eine zinsbringende Anlage bei der Bank tätigt).

Von einem Zusammenhang zwischen Kapitalanlage und Darlehen ist auszugehen, wenn sie auf einem einheitlichen Plan beruht. Von einem einheitlichen Plan ist insbesondere (d.h. es sind weitere Konstellationen eines einheitlichen Plans denkbar) dann auszugehen, wenn entweder ein zeitlicher Zusammenhang zwischen der Darlehensaufnahme und der Kapitalanlage besteht oder die jeweiligen Zinsvereinbarungen miteinander verknüpft sind.

Ein zeitlicher Zusammenhang besteht laut Gesetzesbegründung, wenn der Kredit und die Kapitalanlage in zeitlicher Nähe getätigt werden und die Kreditlaufzeit in etwa der Kapitalanlagedauer entspricht. In anders gelagerten Fällen ist kein zeitlicher Zusammenhang zu unterstellen. Insbesondere bei einer langfristigen Kreditfinanzierung (z.B. Investition) und der kurzfristigen Anlage von liquiden Mitteln ist von außersteuerlichen Gründen auszugehen.

Eine Verknüpfung der Zinsvereinbarungen ist laut Gesetzesbegründung gegeben, wenn z.B. bei einem schwankenden Darlehenszins ein Guthabenzins vereinbart wird, der konstant z.B. 0,1 % niedriger ist. Auch eine feste Kopplung an einen Referenzzinssatz kann schädlich sein, wenn z.B. der Darlehenszins an den LIBOR gekoppelt ist und der Guthabenzins LIBOR minus 0,1 % beträgt.

Ungeachtet dessen, dass grundsätzlich eine Back-to-back-Finanzierung vorliegt, ermöglicht der Nachweis der **Marktüblichkeit**, die (negativen) Folgen einer Back-to-back-Finanzierung zu vermeiden. Marktüblich nach der Gesetzesbegründung sind die Zinsvereinbarungen dann, wenn sie dem entsprechen, was das Kreditinstitut mit vergleichbaren Kunden bei isolierter Kreditgewährung bzw. Kapitalanlage (quasi Drittvergleich) vereinbart hätte. Von der Marktüblichkeit ist regelmäßig dann auszugehen, wenn die Konditionen denen der EWU-Zinsstatistik für den betreffenden Monat entsprechen oder nur gering davon abweichen.

Neben der Möglichkeit, durch den Nachweis der Marktüblichkeit die Folgen einer Back-to-back-Finanzierung zu vermeiden, besteht auch die Möglichkeit nachzuweisen, dass keine **Belastungsvorteile** erreicht werden. Ein Belastungsvorteil liegt vor, wenn die Aufwendungen für die Kreditzinsen niedriger sind als die Summe aus Guthabenzinsen und etwaigen Steuervorteilen.

Eine Back-to-back-Finanzierung hat beim Stpfl. (dem Empfänger der Zinszahlungen) folgende Auswirkungen: Es kommt der persönliche Steuersatz zur Anwendung, ausländische anrechenbare Quellensteuern sind nicht direkt abzugsfähig, sondern nur im Rahmen des § 34c EStG zu berücksichtigen. Verluste aus der Finanzierung können mit anderen Einkunftsarten verrechnet werden, der Sparerpauschbetrag kommt nicht zur Anwendung und die tatsächlichen Werbungskosten können zum Abzug gebracht werden.

3. Option zum Teileinkünfteverfahren

Stpfl., die entweder zu mindestens 1 % an einer Kapitalgesellschaft beteiligt und für diese beruflich tätig sind oder zu mindestens 25 % an einer Kapitalgesellschaft beteiligt sind, ohne für diese beruflich tätig zu sein, haben die Option, 60 % der Erträge aus dieser Kapitalgesellschaft mit dem individuellen Steuersatz bei 60 % Werbungskostenabzug zu versteuern. Die Option bezieht sich dabei auf alle Anteile der jeweiligen Beteiligung.

Die **Folgen der Option** sind: Es kommt der persönliche Steuersatz zur Anwendung, ausländische anrechenbare Quellensteuern sind nicht direkt abzugsfähig, sondern nur im Rahmen des § 34c EStG zu berücksichtigen. Verluste aus der Finanzierung können mit anderen Einkunftsarten verrechnet werden. Der Sparerpauschbetrag kommt nicht zur Anwendung und die tatsächlichen Werbungskosten können zum Abzug gebracht werden.

Der Antrag ist spätestens mit der Einkommensteuererklärung für den Veranlagungszeitraum zu stellen und gilt, solange er nicht widerrufen wird, auch für die nächsten vier Veranlagungszeiträume. In dieser Zeit wird unterstellt, dass die Voraussetzungen erfüllt sind. Sollte die erforderliche Beteiligungsquote in diesem Zeitraum unterschritten werden, so erlischt die Wirkung der Option nach Auffassung der Finanzverwaltung.[1]

Praxistipp:

Der Antrag ist spätestens mit der (erstmaligen) Abgabe der Einkommensteuererklärung für das Veranlagungsjahr zu stellen. Es handelt sich hierbei um eine Ausschlussfrist; eine Nachholung des Antrags ist nur nach § 110 AO möglich.[2]

Ein Widerruf muss spätestens mit der Einkommensteuererklärung des Veranlagungszeitraums erklärt werden, ab dem die Option nicht mehr ausgeübt werden soll. Nach einem Widerruf ist ein erneuter Antrag auf Option allerdings nicht mehr zulässig, es sei denn, es wurden in der Zwischenzeit sämtliche Anteile veräußert.

Hinweis:

Die Option lohnt sich in den meisten Fällen, da selbst bei dem Spitzensteuersatz von 45 % die effektive Steuerbelastung (ohne SolZ und KiSt) nur 27 % gegenüber 25 % Abgeltungsteuer beträgt. Da aber im Gegensatz zur Abgeltungsteuer 60 % der Werbungskosten geltend gemacht werden können, dürfte der 2 %ige Nachteil dadurch i.d.R. überkompensiert werden. Die Option kann auch ohne das Vorliegen von Kapitaleinkünften ausgeübt werden, um Werbungskosten absetzen zu können; die abstrakte Möglichkeit solcher Erträge reicht aus.[3]

4. Gewinnmindernde verdeckte Gewinnausschüttungen

49 Seit dem Veranlagungszeitraum 2011 kommt der Abgeltungsteuertarif bei verdeckten Gewinnausschüttungen nur dann zum Tragen, wenn die verdeckte Gewinnausschüttung das Einkommen der leistenden Körperschaft nicht gemindert hat. Hat die verdeckte Gewinnausschüttung hingegen das Einkommen der leistenden Körperschaft (fälschlich) nicht gemindert, so kommt der persönliche Steuersatz ohne Teileinkünfteverfahren zur Anwendung.

5. Versicherungen

50 Für Riester- und Rürup-Versicherungen →4 Rz. 75, sonstige Versicherungen →4 Rz. 74.

6. Andere Einkunftsarten

51 Gehören die Kapitalerträge nicht zu den Einkünften aus Kapitalvermögen, so erhöhen die Kapitalerträge das zu versteuernde Einkommen und die Kapitalertragsteuer wird auf die Steuerschuld angerechnet.

XI. Kapitalmaßnahmen

1. Anteilstausch (gesellschaftsrechtlich veranlasst)

52 Der **Anteilstausch** von Beteiligungen an Unternehmen auf Grund gesellschaftsrechtlicher Maßnahmen, die von den beteiligten Unternehmen ausgehen (z.B. Verschmel-

---

1) BMF v. 9.10.2012, IV C 1 – S 2252/10/10013, DOK 2011/0948384, BStBl I 2012, 953, Rz. 139.
2) BMF v. 9.10.2012, IV C 1 – S 2252/10/10013, DOK 2011/0948384, BStBl I 2012, 953, Rz. 141.
3) BMF v. 9.10.2012, IV C 1 – S 2252/10/10013, DOK 2011/0948384, BStBl I 2012, 953, Rz. 143.

zung, Aufspaltung, freiwilliges Übernahmeangebot) erfolgt steuerneutral. Die getauschten Anteile treten dabei an die Stelle der hergegebenen Anteile (Fußstapfentheorie), so dass auch das Anschaffungsdatum übergeht (die Altbestandsregelung geht also mit über).

Erhält der Steuerpflichtige zusätzlich zu den neuen Anteilen noch eine Gegenleistung (i.d.R. eine Geldzahlung), so ist diese als „Dividende" steuerpflichtig. Das FG Düsseldorf hat dabei allerdings geurteilt, dass wenn ein steuerlicher Altbestand getauscht wird, dieser ja bereits steuerentstrickt gewesen sei und hätte entsprechend steuerfrei veräußert werden können. Insofern ist dann die Gegenleistung auch nicht steuerpflichtig, es wurde allerdings Revision eingelegt.[1]

2. Abspaltung

Bei **Abspaltungen** (Spin-off) ohne Kapitalherabsetzung bleiben die Anschaffungskosten der Alt-Aktien erhalten und die Neu-Aktien werden mit Anschaffungskosten von 0 € eingebucht. Erhält der Anleger neben den neuen Anteilen noch eine Gegenleistung – im Regelfall eine Geldzahlung – so ist diese als laufender Kapitalertrag zu versteuern.

Beratungshinweis:

Grundsätzlich führt die Einbuchung der Aktien zwar zu einem Kapitalertrag nach § 20 Abs. 1 Nr. 1 EStG – sofern die Aktien nicht aus einer Kapitalherabsetzung aus dem steuerlichen Einlagekonto, bzw. in Auslandsfällen aus einer vergleichbaren Konstellation, kommen – allerdings ist üblicherweise entweder der Wert des Kapitalertrags nicht ermittelbar oder die Sachverhaltsbeurteilung ist nicht eindeutig, was dann zu der Einbuchung zu 0 € führt. Im Rahmen des Amtshilferichtlinie-Umsetzungsgesetz ist durch Einführung des § 20 Abs. 4a Satz 7 EStG geregelt worden, dass Abspaltungen ab dem 1.1.2013 nach der Fußstapfentheorie zu behandeln sind, d.h. das Anschaffungsdatum und damit gegebenenfalls auch eine Altbestandsregelung bleibt erhalten und die Anschaffungskosten gehen entsprechend dem Abspaltungsverhältnis auf die neuen Anteile über. Da es derzeit allerdings an praktikablen Verwaltungsvorgaben fehlt, können die Kreditinstitute aktuell nicht zwischen einer als steuerneutral zu behandelnden Abspaltung und einer als Kapitalertrag zu besteuernden Sachausschüttung unterscheiden. Dies hat bislang zur Folge, dass bei ausländischen „Spin-off"-Vorgängen von steuerpflichtigem Kapitalertrag ausgegangen wird. Das BMF hat nun in einem Schreiben erläutert, wann von einer Abspaltung auszugehen ist.[2]

Der Anleger hat im Zweifel bei einer Abspaltung im Rahmen der Veranlagung die Voraussetzungen nachzuweisen, um die steuerlich i.d.R. vorteilhafte Fußstapfenregelung zu erhalten. Im Fall der Korrektur in der Veranlagung ist allerdings in den Veranlagungsjahren, in denen die aus der Abspaltung erhaltenen Wertpapiere veräußert werden, wieder eine Veranlagung notwendig.

3. Aktiensplit und Reverse-Split

Bei einem **Aktiensplit** wird eine Aktie in mehrere Aktien aufgeteilt, wobei der Gesellschaftsanteil des einzelnen Aktionärs unverändert bleibt. Es handelt sich um keinen Anschaffungs- bzw. Veräußerungsvorgang, sondern die Anschaffungskosten werden nach dem Split-Verhältnis auf die neuen Anteile übertragen und auch das Anschaffungsdatum wird mit übernommen, d.h. bestandsgeschützte Aktien bleiben durch einen Aktiensplit steuerfrei.

Beratungshinweis:

Immer wieder ist die Abgrenzung von Kapitalmaßnahmen von ausländischen Unternehmen schwierig. Ein Beispiel mit vielen betroffenen Anlegern ist die Ausgabe von C-Shares durch Google im April 2014. Dabei wurde den Aktionären pro Aktie (Class A) eine stimmrechtslose

---

1) FG Düsseldorf v. 11.12.2012, K 4059/10 E, Revision anhängig, AZ des BFH: VIII R 10/13.
2) BMF v. 3.1.2014, IV C 1 – S 2252/09/10004 :005, DOK 2013/1196368, BStBl I 2014, 58.

Aktie einer neuen Gattung (Class C) zugeteilt. Im Vergleich zu einem „normalen" Aktiensplit hat sich der Bestand der stimmberechtigten Aktien (Class A) aber nicht verändert, sondern es wurde quasi für eine „Stamm"-Aktie eine „Vorzugs"-Aktie eingebucht. Da der Steuerpflichtige also etwas anderes bekommen hat, als das, was er schon hatte, scheidet ein Aktiensplit aus. Eine andere erfolgsneutrale Kapitalmaßnahme (z.b. Abspaltung oder Kapitalerhöhung aus Gesellschaftsmitteln) ist auch nicht ersichtlich, so dass von einer steuerpflichtigen Sachausschüttung ausgegangen werden musste. Da eine Kursbewertung der Class C Aktien möglich war, kam auch eine Einbuchung der Anteil zu null € nicht Betracht und es musste Kapitalertragsteuer von den Kunden eingefordert werden.

Da der Steuerpflichtige im Gegensatz zu den Kreditinstituten nicht an die Auffassung der Finanzverwaltung gebunden ist, kann er im Rahmen der Veranlagung eine andere Rechtsauffassung geltend machen. Um in den Genuss einer möglichen positiven Rechtsprechung zu kommen, sollte in solchen Fällen der Bescheid offen gehalten werden.

Bei einem **Reverse-Split** werden mehrere Aktien zu einer zusammengefasst, entsprechend werden die Anschaffungskosten zusammengezählt. Das Anschaffungsdatum soll auch übergehen.[1]

Anmerkung:

Bei einem Reverse-Split von einer bestandsgeschützten Aktie mit einer nicht-bestandsgeschützten Aktie sollte bezüglich des Anschaffungsdatums streng nach fifo-Methode zusammengefasst werden und ggf., soweit Aktien aus mehreren Tranchen vorliegen, sollten diese quasi als Teilaktien mit den jeweiligen Anschaffungsdaten zu behandeln sein. Ob dazu aber alle Banken technisch in der Lage sind, bleibt abzuwarten.

4. Tausch von Wertpapieren

55 Beim Tausch von Wertpapieren gegen andere Wertpapiere werden die bislang gehaltenen Wertpapiere veräußert und die erlangten Wertpapiere angeschafft, soweit nicht die Voraussetzungen des § 20 Abs. 4a Satz 1 EStG vorliegen (→ **4** Rz. 52).

Die **hingegebenen Wertpapiere** gelten dabei mit dem Börsenkurs der erlangten Wertpapiere am Tag der Depoteinbuchung als veräußert. In der Praxis wird hierbei der niedrigste, am Vortag der Übertragung im regulierten Markt notierte Kurs angesetzt und gegebenenfalls 30 Tage zurückgegangen. Ist der Börsenkurs hingegen nicht (zeitnah) ermittelbar, wird stattdessen auf den Börsenkurs der hingegebenen Wertpapiere abgestellt.

Die **erlangten Wertpapiere** gelten dabei als mit dem Börsenkurs der hingegebenen Wertpapiere am Tag der Depoteinbuchung angeschafft; in der Praxis wird hierbei der niedrigste, am Vortag der Übertragung im regulierten Markt notierte Kurs angesetzt und gegebenenfalls wird 30 Tage zurückgegangen. Ist der Börsenkurs hingegen nicht (zeitnah) ermittelbar, wird stattdessen auf den Börsenkurs der erhaltenen Wertpapiere abgestellt.[2]

Erfolgt eine Umschuldungsmaßnahme auf Veranlassung des Schuldners bzw. Emittenten und werden dabei die ursprünglich ausgegebenen Wertpapiere durch den Schuldner gegen neue Wertpapiere getauscht, dann ist als Veräußerungserlös der hingegebenen Wertpapiere der Börsenpreis der erhaltenen Wertpapiere anzusetzen; dieser stellt zugleich auch die Anschaffungskosten der erhaltenen Wertpapiere dar.[3]

Beratungshinweis:

Im BMF-Schreiben zur Vermeidung der Doppelbesteuerung bei der steuerrechtlichen Abwicklung des Umtausches von Griechenlandanleihen[4] durfte ausnahmsweise aus Verein-

---

1) BMF v. 9.10.2012, IV C 1 – S 2252/10/10013, DOK 2011/0948384, BStBl I 2012, 953, Rz. 88 ff.
2) BMF v. 9.10.2012, IV C 1 – S 2252/10/10013, DOK 2011/0948384, BStBl I 2012, 953, Rz. 64 ff.
3) BMF v. 9.12.2014, IV C 1 – S2252/08/10004 :015, DOK 2014/0887849, Rz. 66a.
4) BMF v. 28.11.2013, IV C 1 – S 2252/0 :016, DOK 2013/1102480, www.stotax-first.de.

fachungsgründen alternativ der Börsenkurs der erhaltenen Anleihen angesetzt werden. Je nach Konstellation war der eine oder der andere Bewertungsansatz für den Steuerpflichtigen günstiger[1], so dass hier ggfs. im Rahmen der Veranlagung Korrekturen vorgenommen werden sollten. Die Neuregelung in Umschuldungsfällen ist im Rahmen des Kapitalertragsteuerabzugs von den Banken erst ab dem 1.3.2015 zu berücksichtigen, gilt materiell aber bereits in allen offenen Fällen, so dass man in entsprechend gelagerten Fällen prüfen sollte, ob die Neuregelung nicht zu einem günstigeren Ergebnis als im Kapitalertragssteuerverfahren führt.

5. Kapitalerhöhung gegen Einlage

Bezugsrechte werden bei Einbuchungen, die nach dem 31.12.2008 vorgenommen werden, mit 0 € bewertet und zwar unabhängig davon, ob die Bezugsrechte aus Alt- oder Neu-Anteilen stammen.   56

Werden die Bezugsrechte veräußert, so geht das Anschaffungsdatum der Aktien auf diese über, d.h. wurden die Aktien vor 2009 erworben und ist die Spekulationsfrist des § 23 EStG bereits abgelaufen, ist der Veräußerungsgewinn steuerfrei.

Wird das Bezugsrecht ausgeübt, so stellt dies keine Veräußerung des Bezugsrechts dar. Die bezogene Aktie gilt als neu angeschafft (ein Bestandsschutz geht entsprechend verloren), der Anschaffungspreis ist die Zuzahlung und der Wert des Bezugsrechts (der allerdings Null beträgt).[2]

Beratungshinweis:

Wird das Bezugsrecht auf Grund einer bestandsgeschützten Aktie erworben, so gilt der Bestandsschutz nur für das Bezugsrecht, nicht aber eine daraus bezogene Aktie. Insofern ist aus steuerlichen Gründen zu überlegen, statt das Bezugsrecht auszuüben, das Bezugsrecht steuerfrei zu veräußern und anschließend die Aktie zu erwerben.

6. Erhalt von Anteilen ohne Gegenleistung

Erhält ein Anleger Anteile (z.B. Aktien oder Bezugsrechte) zugeteilt, ohne dass er eine Gegenleistung zu erbringen hat, und ist die Ermittlung der Höhe dieses Kapitalertrags nicht möglich, so wird der Wert dieser Anteile mit 0 € angesetzt. Bei ausländischen Sachverhalten ist davon auszugehen, es sei denn dem Anleger steht nach ausländischem Recht ein Wahlrecht zwischen Dividende und Freianteilen zu.[3]   57

Hinweis:

Das BMF-Schreiben wurde hier bezüglich der ausländischen Sachverhalte neu gefasst, da es in der Praxis häufig möglich war die Höhe des Kapitalertrags zu ermitteln und es daher in vielen – auch strittigen (z.B. Google) – Fällen zu einer Kapitalertragssteuerbelastung kam. Durch die Neuformulierung werden nun bei solchen Sachverhalten die Banken im Regelfall keine Kapitalertragsteuer mehr bei der Einbuchung der Freianteile mehr belasten. Dies wird dann erst bei der Veräußerung der Freianteile nachgeholt, da diese ja mit null Euro eingebucht werden.

Für Bezugsrechte aus Kapitalerhöhung gegen Einlage (→ 4 Rz. 56) und Fälle, in denen die Rückzahlung einer Kapitalforderung in Wertpapieren geleistet werden kann (→ 4 Rz. 58) gelten besondere Regeln.[4]

7. Rückzahlung einer Kapitalforderung in Wertpapieren

Besteht das Recht, statt der Rückzahlung des **Nominalbetrags** die Lieferung eines Wertpapiers vorzunehmen und wird von diesem Recht Gebrauch gemacht, so erfolgt   58

---

1) Ausführlich Leuken, DB 2013, 2289.
2) BMF v. 9.10.2012, IV C 1 – S 2252/10/10013, DOK 2011/0948384, BStBl I 2012, 953, Rz. 108 ff.
3) BMF-Schreiben v. 9.12.2014, IV C 1 – S 2252/08/10004 :015, DOK 2014/0887849, zu Rz. 111.
4) BMF v. 9.10.2012, IV C 1 – S 2252/10/10013, DOK 2011/0948384, BStBl I 2012, 953, Rz. 111 ff.

dieser Vorgang steuerneutral, so dass erst bei Veräußerung der Wertpapiere eine Besteuerung stattfindet. In diesem Fall werden die Anschaffungskosten der Kapitalforderung als Anschaffungskosten des Wertpapiers übernommen.

Bruchteile von Wertpapieren werden von den Banken bar ausgeglichen. Diese Zahlung ist regelmäßig als laufender Kapitalertrag i.S.d. § 20 Abs. 1 Nr. 1 EStG zu behandeln.

Hinweis:

Diese Regelung gilt bei **Vollrisikozertifikaten** bei einer Wertpapierandienung erst seit 2010, für 2009 gelten die Tauschgrundsätze. Falls die abwickelnde Bank die Wertpapierandienung in 2009 steuerneutral nach dieser Vorschrift behandelt hat, ist eine Korrektur in der Steuererklärung zu prüfen.

Das BMF behandelt die nicht in Wertpapieren gelieferten **Bruchteile** steuerlich als laufenden Kapitalertrag mit vollem Steuerabzug.[1] Die Behandlung des Barausgleichs als laufender Ertrag ist umstritten, denn es sollte sich vielmehr um eine anteilige Veräußerung der Kapitalforderung handeln. Ein Einspruch sollte hier in Betracht gezogen werden.

8. Fehlende Bewertung bzw. nicht eindeutige Steuerneutralität

59 Sofern die Einbuchung neuer Anteile nicht – oder nicht eindeutig bzw. nicht rechtzeitig – als steuerneutral zu behandelnde Kapitalmaßnahme qualifiziert werden kann, werden die erlangten Wirtschaftsgüter mit 0 € bewertet. Eine Nachbewertung findet nicht statt. Im Ergebnis werden die Erträge in diesen Fällen erst mit der Veräußerung der Anteile erzielt.

9. Altbestandsregelung im Rahmen von Kapitalmaßnahmen

60 Die gegen Hingabe von **Altbeständen** erlangten Wertpapiere werden weiterhin als Altbestand geführt. Der Anschaffungszeitpunkt der alten Wertpapiere wird auf die neuen Wertpapiere übertragen.

10. Kapitalerhöhung aus Gesellschaftsmitteln

61 Erfolgt die **Kapitalerhöhung aus Gesellschaftsmitteln** i.S.d. §§ 207 ff. AktG, so gilt als Tag der Anschaffung der Gratisaktien oder Teilrechte (Bezugsrechte) der Tag der Anschaffung der Alt-Aktien. Die Anschaffungskosten werden nach dem rechnerischen Bezugsverhältnis auf Alt- und Neu-Aktien (bzw. Teilrechte) verteilt.

Beratungshinweis:

Werden Bezugsrechte aus bestandsgeschützten Anteilen zugeteilt, so kann man diese steuerfrei veräußern oder daraus bestandsgeschützte Aktien beziehen. Bezugsrechte aus Neu-Aktien bzw. hinzugekaufte Bezugsrechte sind nicht bestandsgeschützt.

Erfolgt die **Kapitalerhöhung nicht aus Gesellschaftsmitteln** nach den §§ 207 ff. AktG, so handelt es sich bei der Ausgabe der Gratisaktien oder Bezugsrechte um einen laufenden Kapitalertrag i.S.d. § 20 Abs. 1 Nr. 1 EStG. Die Höhe bemisst sich nach dem niedrigsten Kurs am ersten Handelstag. Der Kapitalertrag gilt als Anschaffungskosten der Bezugsrechte bzw. Gratisaktien.[2]

11. Kapitalherabsetzung aus steuerlichem Einlagekonto

62 Kommt es zu einer Ausschüttung, so ist diese nicht steuerbar, soweit sie aus dem steuerlichen Einlagekonto kommt und nicht auf einen Sonderausweis entfällt; die

---

1) BMF v. 9.10.2012, IV C 1 – S 2252/10/10013, DOK 2011/0948384, BStBl I 2012, 953, Rz. 106.
2) BMF v. 9.10.2012, IV C 1 – S 2252/10/10013, DOK 2011/0948384, BStBl I 2012, 953, Rz. 90 f.

Anschaffungskosten der Aktie werden dann um diesen Betrag reduziert. Entfällt die Ausschüttung auf einen Sonderausweis, so ist die Ausschüttung steuerpflichtig nach § 20 Abs. 1 Nr. 2 EStG; Anschaffungskosten werden entsprechend nicht reduziert.

Erfolgt keine Ausschüttung, so hat dies keine Folgen.[1]

> **Hinweis:**
> Von den Dax-Werten schütten die Deutsche Post und die Deutsche Telekom regelmäßig aus dem steuerlichen Einlagekonto aus.

12. Kapitalmaßnahmen bei anderen Einkunftsarten

Die Erleichterungsvorschriften bei den Kapitalmaßnahmen greifen, wenn die Kapitalerträge anderen Einkunftsarten zuzurechnen sind, nur für den Kapitalertragsteuerabzug, nicht aber für die tatsächliche steuerliche Gewinnermittlung im Rahmen der Veranlagung. **63**

XII. Steuerliche Behandlung einzelner Kapitalanlagen ab dem 1.1.2009

Die Verlustverrechnungsmöglichkeiten sind jeweils in einer Übersicht dargelegt und zwar für die Rechtslage von 2009 bis 2013 und die Rechtslage ab 2014 (→ 4 Rz. 30). Die umkreisten Zahlen sind zur besseren Nutzung der Tabelle gedacht. **64**

1. Aktien und GmbH-Anteile

Dividenden ② **aus Aktien und GmbH-Anteilen**, sofern sie nicht aus dem steuerlichen Einlagekonto geleistet sind, fallen bei Zahlung ab 2009 unter die Abgeltungsteuer (§ 20 Abs. 1 Nr. 1 EStG), das **Halbeinkünfteverfahren** greift nicht mehr. **65**

Soweit die Dividende aus dem steuerlichen Einlagekonto stammt, so ist sie „steuerfrei", mindert aber die Anschaffungskosten. Im Ergebnis sind die Dividenden aus dem steuerlichen Einlagekonto nur bei Altbeständen endgültig steuerfrei (Beteiligung unter 1 %), ansonsten wird die „steuerfreie" Dividende bei Veräußerung durch den erhöhten Kursgewinn letztlich nachbesteuert.

Wahldividenden werden wie Dividenden behandelt, d.h. die gesamte Dividende ist steuerpflichtig, unabhängig, ob nun der Aktienbezug oder die Dividendenzahlung gewählt wird. Wird der Aktienbezug gewählt, so wird der dafür nicht ausgezahlte Teil der Dividende als Anschaffungskosten angesetzt.

Veräußerungen **wesentlicher Beteiligungen** (mindestens 1 % Beteiligung) fallen unter den § 17 EStG und damit nicht unter die Abgeltungsteuer. In diesen Fällen greift seit 2009 das Teileinkünfteverfahren. Ein Kapitalertragsteuerabzug stellt daher nur eine Steuervorauszahlung dar.

Erwerb bis zum 31.12.2008: Werden die Aktien oder GmbH-Anteile innerhalb der Jahresfrist (auch in 2009) veräußert, dann handelt es sich um einen steuerpflichtigen Veräußerungstatbestand, der entweder zu einem Gewinn ⑤ oder zu einem Altspekulationsverlust führt (§ 23 Abs. 1 Nr. 2 EStG). Das Halbeinkünfteverfahren ist auf die Gewinnermittlung anzuwenden. Außerhalb der Jahresfrist ist die Veräußerung steuerlich nicht relevant.

Erwerb ab dem 1.1.2009: Unabhängig von einer Veräußerungsfrist unterliegt das Veräußerungsergebnis der Abgeltungsteuer. Ein Gewinn aus der Veräußerung von

---

[1] BMF v. 9.10.2012, IV C 1 – S 2252/10/10013, DOK 2011/0948384, BStBl I 2012, 953, Rz. 92.

Aktien ③ unterliegt der Abgeltungsteuer (§ 20 Abs. 2 Nr. 1 EStG). Ein Verlust wird in den **Aktienverlusttopf** eingestellt. Ein Gewinn aus der Veräußerung von GmbH-Anteilen ③ wird von § 20 Abs. 2 Nr. 1 EStG erfasst, ein Verlust wird in den Verlustverrechnungstopf eingestellt. Das Halbeinkünfteverfahren greift in beiden Fällen nicht.

Hinweis:

Eine Verlagerung von Beteiligungen aus dem Privatvermögen in Betriebsvermögen könnte in Betracht gezogen werden, insbesondere bei hohen Werbungskosten. Bei Personengesellschaften und Einzelunternehmen greift hier das Teileinkünfteverfahren auf Dividenden und Veräußerungsgewinne, während bei Kapitalgesellschaften das Privileg des § 8b KStG greift, wonach im Ergebnis nur 5 % steuerpflichtig sind, bei vollem Werbungskostenabzug. Es ist aber auch zu beachten, dass bei der Gewerbesteuer die Dividenden (nicht aber die Veräußerungsgewinne) hinzugerechnet werden, wenn zu Beginn des Erhebungszeitraums die Beteiligung nicht mindestens 15 % beträgt.

2. American, Global und International Depositary Receipts

66 ADRs, GDRs und IDRs werden wie Aktien behandelt. Der Umtausch der Depositary Receipts in die dahinterstehende Aktie ist keine Veräußerung des Receipts bzw. Neuanschaffung der bezogenen Aktien.[1] Verluste aus der Veräußerung der Depositary Receipts fallen unter die eingeschränkte Verlustverrechnung.[2]

Nach Auffassung der FinVerw werden die Inhaber steuerlich so behandelt, als ob sie die Originaldividende (ggf. anteilig) erhalten hätten. Die tatsächliche Gutschrift aus dem ADR kann auf Grund von Währungsumrechnungen höher oder niedriger sein. Diese Differenz zwischen Dividende und Gutschriftbetrag ist steuerpflichtig nach § 23 EStG.[3]

Hinweis:

Der Differenzbetrag zwischen Dividende und Gutschriftbetrag ist vom Stpfl. selber zu ermitteln, da die Banken im Rahmen des § 23 EStG weder einen Steuerabzug durchführen noch eine Bescheinigung für die Steuererklärung erstellen.

3. Investmentfonds

67 Ausgeschüttete und **ausschüttungsgleiche Erträge** ② (z.B. Zinsen, Mieterträge und Dividenden) aus Investmentfonds fallen unter die Abgeltungsteuer (§ 20 Abs. 1 Nr. 1 EStG), wobei das Halb- bzw. Teileinkünfteverfahren keine Anwendung findet. Bestimmte Erträge und Gewinne stellen dabei keinen steuerpflichtigen Gewinn dar (z.B. bestimmte ausländische Mieterträge, **Immobiliengewinn**) oder erhöhen im Fall der **Thesaurierung** nur den Rückkaufswert und werden so erst im Fall der Veräußerung steuerlich erfasst (z.B. Kursgewinne von Aktien). Der gezahlte **Zwischengewinn** bei Erwerb wird in den Verlustverrechnungstopf eingestellt und der erhaltene Zwischengewinn ④ bei Veräußerung wie ein laufender Zinsertrag behandelt (§ 20 Abs. 1 Nr. 7 EStG).

Erwerb nach 2008: Der steuerrelevante Veräußerungsgewinn ④ (dessen Ermittlung komplex ist, daher wird hier auf eine Darstellung verzichtet) fällt unter § 20 Abs. 2 Nr. 1 EStG. Ein Verlust wird in den Verlustverrechnungstopf eingestellt.

Erwerb vor 2009: Das Veräußerungsergebnis ist innerhalb der Jahresfrist im Rahmen des § 23 Abs. 1 Nr. 2 EStG steuerrelevant ⑤, außerhalb der Jahresfrist steuerlich unbeachtlich.

---

1) BMF v. 9.10.2012, IV C 1 – S 2252/10/10013, DOK 2011/0948384, BStBl I 2012, 953, Rz. 68.
2) BMF v. 9.10.2012, IV C 1 – S 2252/10/10013, DOK 2011/0948384, BStBl I 2012, 953, Rz. 123.
3) BMF v. 24.5.2013, IV C 1 – S 2204/12/1003, DOK 2013/0457359.

Hinweis:

Im Ergebnis bleiben somit viele Kursgewinne, sofern sie thesauriert werden, für Fondsanleger, die den Fonds vor 2009 erworben haben, steuerfrei. Dies ist insbesondere für Anleger in Fonds mit hohem Aktienanteil relevant und sollte vor einer möglichen Veräußerung bedacht werden.

4. Aktienanleihen

Die bei Erwerb der Aktienanleihe gezahlten **Stückzinsen** werden in den Verlustverrechnungstopf eingestellt.

68

Veräußerung vor Endfälligkeit: Die erhaltenen Stückzinsen ④ werden wie ein Veräußerungserlös behandelt (§ 20 Abs. 2 Nr. 7 EStG). Für einen Veräußerungsgewinn ④ gilt das Gleiche, ein Veräußerungsverlust wird im Verlustverrechnungstopf erfasst.

Bei Endfälligkeit: Der erhaltene Kupon wird wie ein **laufender Zinsertrag** ② gem. § 20 Abs. 1 Nr. 7 EStG mit 25 % versteuert. Im Fall der Rückzahlung des Nominalbetrags unterliegt ein Kursgewinn ④ nach § 20 Abs. 2 Nr. 7 EStG der Abgeltungsteuer. Ein Kursverlust wird im Verlustverrechnungstopf berücksichtigt. Im Fall der **Aktienandienung** (bei Bewertungstag ab 2009) wird die Andienung steuerneutral behandelt, d.h. die Anschaffungskosten der Anleihe gehen auf die Aktien über. Der Geldausgleich für die Bruchteile ist soll als laufender Kapitalertrag behandelt werden, die Anschaffungskosten der Bruchteile werden auf die erhaltenen Stücke verteilt.[1]

5. Auf- und abgezinste Wertpapiere

Bei auf- und abgezinsten Wertpapieren (z.B. Zerobond) unterliegt ein eventuell laufender Ertrag ② nach § 20 Abs. 1 Nr. 7 EStG der Abgeltungsteuer.

69

Bei Verkauf oder Endfälligkeit seit dem 1.1.2009 unterliegt der Kursgewinn ④ gem. § 20 Abs. 2 Nr. 7 EStG unabhängig vom Anschaffungsdatum der Abgeltungsteuer. Ein Verlust wird in den Verlustverrechnungstopf eingestellt.

6. Termingeschäfte

Die bisherigen Regelungen zu Devisentermingeschäften bleiben weiterhin anwendbar. In den Fällen, in denen das Wirtschaftsgut geliefert wird, liegt ein möglicherweise steuerpflichtiges Geschäft ⑤ nach § 23 EStG vor. Falls jedoch ein **Differenzausgleich** oder ein **glattstellendes Gegengeschäft** ④ vorgenommen wird, liegt ein Termingeschäft i.S.d. § 20 Abs. 2 Nr. 3 EStG vor. Ein Gewinn ist steuerpflichtig, ein Verlust wird in den Verlustverrechnungstopf eingestellt. Die Regelung ist auch auf andere Wirtschaftsgüter anzuwenden.

70

Liegt den Terminvereinbarungen ein Wirtschaftsgut i.S.d. § 20 EStG zu Grunde, so kommt es bei der Ausübung einer **Option** zu einem normalen Geschäft mit einem durch die Option angepassten Kauf- bzw. Verkaufspreis. Die gezahlte Optionsprämie mindert entweder den Veräußerungserlös oder erhöht die Anschaffungskosten. Wird nicht ausgeübt, sondern ein Ausgleich ④ gezahlt, so ist dieser nach § 20 Abs. 2 Nr. 3 a EStG steuerpflichtig, wobei die gezahlte Optionsprämie bei der Gewinnermittlung abgezogen wird. Die erhaltene Optionsprämie ist eine **Stillhalterprämie** ① und bei Zufluss zu besteuern.

71

Die Regelungen für Optionen gelten für die festen Terminvereinbarungen, wie **forwards** oder **futures**, entsprechend.

Bei **Zinsbegrenzungsvereinbarungen** handelt es sich ebenfalls um Termingeschäfte i.S.d. § 20 Abs. 2 Nr. 3 EStG. Hierbei gibt es Zinsobergrenzen (Caps), Zinsuntergren-

72

---

1) BMF v. 9.10.2012, IV C 1 – S 2252/10/10013, DOK 2011/0948384, BStBl I 2012, 953, Rz. 106.

zen (Floors) und die Kombination von beiden (Collars). Erhält man eine Ausgleichszahlung, so wird diese als sonstiger Gewinn ④ behandelt. Die Aufwendungen für den Abschluss der Zinsbegrenzungsvereinbarung sind erst bei der ersten Ausgleichszahlung zu berücksichtigen, da die Finanzverwaltung auch hier an den Grundsätzen des wertlosen Verfalls festhält.[1] Der Verkäufer der Zinsbegrenzungsvereinbarung erhält eine nach § 20 Abs. 1 Nr. 11 EStG steuerpflichtige Stillhalterprämie ①.

73 Swaps sind Rechtsgeschäfte, bei denen verschieden Ansprüche ausgetauscht werden. So werden bei Zinsswaps feste und variable Zinsen ausgetauscht, bei Aktienswaps werden Kurs- und Dividendenrisiken an den Vertragspartner gegen sichere Zahlungen getauscht und bei (Zins-)Währungsswaps werden zu bestimmten Zeitpunkten Devisen ausgetauscht. Bei den **Zinsswaps** werden erhaltene Zahlungen als Gewinn ④ erfasst und geleistete Zahlungen in den Verlusttopf eingestellt; dies gilt auch für Zahlungen bei Vertragsbeginn (up-front) oder bei Vertragsende (balloon), denen laufende Zahlungen gegenüberstehen.[2] Bei **Aktienswaps** bleibt die vereinnahmte Dividende eine solche ②, die Ausgleichszahlung für die Dividende wird in den Verlusttopf eingestellt bzw. als Ertrag aus Termingeschäft ④ erfasst und die sonstigen Zahlungen (Kursveränderung, Zinskomponente) als Gewinn ④ auf Empfängerseite und allgemeiner Verlust auf Seite des Leistenden behandelt.[3] Gewinne ⑤ und Verluste aus **(Zins-)Währungsswaps** sind im Rahmen des § 23 EStG zu erfassen, wenn die Währung tatsächlich ausgetauscht, sprich: auf dem Konto in voller Höhe ohne Verrechnung belastet und gutgeschrieben wird (zwei Bruttobuchungen). Wird ein solcher Swap vorzeitig geschlossen (closing) oder ein Gegengeschäft abgeschlossen, so ist eine erhaltene Zahlung ein Gewinn ④ i.S.d. § 20 Abs. 2 Nr. 3 EStG und eine geleistete Zahlung in den allgemeinen Verlusttopf einzustellen. Zahlungen davor sollen dabei nicht umqualifiziert. Wird der Währungsswap von vorneherein auf Differenzausgleich ausgelegt, erfolgt also nur eine Belastung oder eine Gutschrift (eine Nettobuchung), so sind die erhaltenen Zahlungen ④ nach § 20 Abs. 2 Nr. 3 EStG steuerpflichtig und geleistete Zahlungen werden in den allgemeinen Verlusttopf eingestellt.

7. Versicherungen

74 Verrentung: Wenn die Verrentung gewählt wird, fallen die Auszahlungen nicht unter die Kapitalertragsteuer mit abgeltender Wirkung, sondern werden mit dem **Ertragsanteil** (§ 22 Nr. 1 Satz 3 Buchst. a Doppelbuchst. bb EStG) im Rahmen der Veranlagung besteuert.

Bei Auszahlungen aus Lebens- oder Rentenversicherungsverträgen mit Abschluss vor 2005: Sind die Voraussetzungen der Begünstigung (insb. Mindestvertragsdauer zwölf Jahre, mindestens fünf Jahre Beitragszahlungen und 60 % Mindesttodesfallschutz) erfüllt, dann ist die Auszahlung steuerfrei, ansonsten sind die rechnungs- und außerrechnungsmäßigen Zinsen mit dem persönlichen Steuersatz zu versteuern (§ 20 Abs. 1 Nr. 6 EStG a.F.). Wird die Versicherung an einen Policenkäufer veräußert, dann ist der Erlös steuerfrei, wenn die Begünstigungsvoraussetzungen erfüllt sind; ansonsten ist die Differenz zwischen dem Veräußerungserlös und Beitragszahlungen steuerpflichtig nach § 20 Abs. 2 Nr. 6 EStG und zwar zum Abgeltungssatz.

Gestaltungshinweis:

Sind die Begünstigungsvoraussetzungen nicht erfüllt, sollte anstelle einer Rückgabe die Veräußerung an einen Policenkäufer durchgerechnet werden. Das lohnt sich insbesondere in dem Fall, dass die Versicherung unter den Einzahlungsbeträgen liegt. Denn bei einer Rückgabe kommt es trotz der Verluste zu einer Besteuerung der enthaltenen Zinsen, während bei einer Veräußerung der Verlust steuermindernd berücksichtigt wird.

---

1) BMF v. 9.10.2012, IV C 1 – S 2252/10/10013, DOK 2011/0948384, BStBl I 2012, 953, Rz. 42 f.
2) BMF v. 9.10.2012, IV C 1 – S 2252/10/10013, DOK 2011/0948384, BStBl I 2012, 953, Rz. 47.
3) BMF v. 9.10.2012, IV C 1 – S 2252/10/10013, DOK 2011/0948384, BStBl I 2012, 953, Rz. 45 f.

Bei Auszahlungen aus Lebens- oder Rentenversicherungsverträgen mit Abschluss nach 2004: Erfüllen diese nicht die steuerlichen Begünstigungsvorschriften (Mindestanlage zwölf Jahre, Auszahlung nicht vor Vollendung des 60. Lebensjahres), ermittelt sich der steuerpflichtige Unterschiedsbetrag aus der Differenz zwischen der Versicherungsleistung und der Summe der entrichteten Beiträge und unterliegt der Abgeltungsteuer (§ 20 Abs. 1 Nr. 6 EStG). Handelt es sich um eine begünstigte Versicherung, dann ist der hälftige Unterschiedsbetrag steuerfrei und wird zum persönlichen Steuersatz besteuert, wobei auf die Auszahlung die Kapitalertragsteuer i.H.v. 25 % einbehalten wird und die Korrektur in der Veranlagung erfolgt. Wird die Versicherung an einen Policenkäufer veräußert, dann ist die Differenz zwischen Veräußerungserlös und Beitragszahlungen steuerpflichtig nach § 20 Abs. 2 Nr. 6 EStG, und zwar zum Abgeltungssatz.

Bei (Teil-)Kapitalauszahlungen nach Beginn der laufenden Rentenzahlungen ist der nach § 20 Abs. 1 Nr. 6 EStG steuerpflichtige Betrag wie folgt zu ermitteln:[1]

Zeitwert der Versicherung zum Auszahlungszeitpunkt (Zeitwert)	24 000 €
(Teil-)Auszahlung (Auszahlung)	12 000 €
Summe der auf die Versicherung entrichteten Beiträge (Beiträge)	20 000 €
Kumulierter Ertragsanteil auf die Rentenzahlungen (Ertragsanteil)	1 080 €
Summe der Rentenzahlungen (Rente)	6 000 €
Anteilig entrichtete Beiträge = Auszahlung x (Beiträge – Rente + Ertragsanteil) / Zeitwert, hier:	12 000 € x (20 000 € - 6 000 € + 1 080 €) / 24 000 € = 7 540 €
Ertrag nach § 20 Abs 1 Nr. 6 EStG: Auszahlung – anteilige Beiträge hier:	12 000 € - 7 540 € = 4 460 €

Hinweis:

Versicherungen sind gegenüber anderen Kapitalanlagen steuerlich interessanter geworden, da bei Einhaltung der Begünstigungsvorschriften die Steuerlast niedriger ist als bei anderen Kapitalanlagen bzw. auch die Verrentung zum Ertragsanteil gewählt werden kann. Es fallen zwar Kosten für den Versicherungsschutz an, der aber natürlich insbesondere für Familien auch einen gewissen Wert hat, andererseits hat der Versicherungsmantel den Vorzug, dass die Gewinne erst am Ende besteuert werden und die Steuerabflüsse nicht schon während der Laufzeit die Performance mindern.

8. Rürup- und Riester-Verträge

Zahlungen aus diesen Versicherungen unterliegen nicht der Abgeltungsteuer, sondern werden im Rahmen der nachgelagerten Besteuerung mit dem persönlichen Steuersatz versteuert (Rürup § 22 Nr. 1 Satz 3 Buchst. a Doppelbuchst. aa EStG und Riester § 22 Nr. 5 EStG).

9. Vollrisikozertifikate

Laufende Erträge aus **Vollrisikozertifikaten** ② unterliegen nach § 20 Abs. 1 Nr. 7 EStG der Abgeltungsteuer. Soweit nicht die Übergangsregelungen Anwendung finden, mit

---

1) BMF v. 18.6.2013, IV C 1 – S 2252/07/0001 :023, DOK 2013/0556629, BStBl I 2013, 768.

entsprechender Steuerfreiheit oder als Spekulationsertrag ⑤ nach § 23 Abs. 1 Nr. 2 EStG (→ 4 Rz. 38), ist ein Gewinn aus der Veräußerung ④ bzw. Einlösung steuerpflichtig nach § 20 Abs. 2 Nr. 7 EStG. Ein Verlust aus der Einlösung bzw. Veräußerung wird in den Verlustverrechnungstopf eingestellt. Im Fall der Andienung von Wertpapieren wird erst seit 2010 ein steuerneutraler Vorgang i.S.d. § 20 Abs. 4a Satz 3 EStG angenommen.

Sehen die Emissionsbedingungen Teiltilgungen vor, so handelt es sich um einen Veräußerungsgewinn ④ i.S.d. § 20 II Nr. 7 EStG, ansonsten stellen die Teiltilgungen einen laufenden Ertrag ②nach § 20 I Nr. 7 EStG dar.[1]

10. Festzinsanleihen

77   Laufende Erträge ② aus Festzinsanleihen (keine Finanzinnovation → 4 Rz. 21 ff.) unterliegen unabhängig vom Anschaffungsdatum der Abgeltungsteuer (§ 20 Abs. 1 Nr. 7 EStG). Bei Erwerb gezahlte **Stückzinsen** werden in den Verlustverrechnungstopf eingestellt.

Erwerb ab 2009: Ein Kursgewinn ④ bzw. erhaltene Stückzinsen ④ unterliegen gem. § 20 Abs. 2 Nr. 7 EStG der Abgeltungsteuer. Ein Kursverlust wird in den Verlustverrechnungstopf eingestellt.

Erwerb vor 2009: Der Kursgewinn ⑤ oder -verlust ist innerhalb der Jahresfrist zum persönlichen Steuersatz steuerrelevant nach § 23 EStG. Ansonsten steuerlich unbeachtlich. Die erhaltenen Stückzinsen sind durch die rückwirkende „Klarstellung" des § 52a X S. 7 EStG i.d.F. des Jahressteuergesetzes 2010 steuerpflichtig. Dagegen war eine Klage beim FG Münster anhängig (Az. 2 K 3644/10 E), die allerdings abschlägig beschieden wurde; das Urteil ist rkr. Da die Banken in diesem Fall in den Kalenderjahren 2009 und 2010 keinen Steuereinbehalt auf die Stückzinsen vorgenommen haben, mussten die Banken eine gesonderte Steuerbescheinigung nach amtlichen Muster erstellen und dem Stpfl. bis 30.4.2011 zusenden, es sei denn, der Bank liegt eine Nichtveranlagungsbescheinigung vor.[2] Beim FG Schleswig-Holstein (Az. 4 K 39/13) ist zu der Frage einer unzulässigen Steuerrückwirkung nun erneut ein Verfahren anhängig.

11. Aktienähnliche Genussrechte

78   Laufende Erträge ② aus aktienähnlichen Genussrechten (→ 4 Rz. 173) unterliegen nach § 20 Abs. 1 Nr. 1 EStG der Abgeltungsteuer.

Erwerb vor 2009: Innerhalb der Jahresfrist ist das Veräußerungsergebnis ⑤ steuerrelevant nach § 23 EStG, das Halbeinkünfteverfahren greift.

Erwerb nach 2008: Ein Veräußerungsgewinn ③ unterliegt nach § 20 Abs. 2 Nr. 1 EStG der Abgeltungsteuer. Ein Verlust wird in den Verlustverrechnungstopf eingestellt.

12 Obligationsähnliche Genussrechte

79   Obligationsähnliche Genussrechte werden wie Festzinsanleihen (→ 4 Rz. 77) behandelt. Zur Übergangsregelung → 4 Rz. 38.

13. Wandelanleihen

80   Wandelanleihen werden grundsätzlich wie Festzinsanleihen (→ 4 Rz. 77) behandelt, eine Wandlung in die Aktie bleibt weiterhin steuerlich unbeachtlich.

---

1) BMF v. 9.10.2012, IV C 1 – S 2252/10/10013, DOK 2011/0948384, BStBl I 2012, 953, Rz. 8a.
2) BMF v. 16.12.2010, IV C 1 – S2401/10/10005, DOK 2010/1014211.

14. Partiarische Darlehen und typisch stille Gesellschaften

Laufende Erträge ② unterliegen gem. § 20 Abs. 1 Nr. 4 EStG der Abgeltungsteuer. **81**

Erwerb nach 2008: Ein Veräußerungsgewinn ④ unterliegt der Abgeltungsteuer nach § 20 Abs. 2 Nr. 4 EStG. Ein Verlust wird in den Verlustverrechnungstopf eingestellt.

15. REIT-Anteile

Laufende Erträge ② aus REIT-Anteilen unterliegen der Abgeltungsteuer nach § 20 Abs. 1 Nr. 1 EStG. **82**

Nach 2008 erworbene REIT-Anteile: Ein Veräußerungsgewinn ④ unterliegt der Abgeltungsteuer (§ 20 Abs. 2 Nr. 1 EStG). Verluste werden in den Verlustverrechnungstopf eingestellt. Das REIT-Gesetz muss noch angepasst werden.

Vor 2009 erworbene REIT-Anteile: Veräußerungsergebnis ⑤ unterliegt innerhalb der Jahresfrist § 23 EStG, das Halbeinkünfteverfahren ist nicht anwendbar.

16. Steuererstattungszinsen

Das Jahressteuergesetz 2010 stellt rückwirkend klar, das Steuererstattungszinsen i.S.d. § 233a AO Zinseinkünfte darstellen. Damit wird die für den Fiskus ungünstige BFH-Rechtsprechung[1] ausgehebelt. Mangels Kapitalertragsteuerabzug des Finanzamts sind diese grundsätzlich in der Steuererklärung anzugeben. **83**

> **Beratungshinweis:**
>
> Allerdings hat das FG Münster in zwei Verfahren[2] entschieden, dass die Steuererstattungszinsen trotzdem nicht steuerbar sind, da § 12 Abs. 3 EStG § 20 EStG vorgeht. Der BFH hat mit den Urteilen vom 24.6.2014 entschieden, dass Steuererstattungszinsen steuerpflichtige Zinseinkünfte darstellen.[3]

17. Schadensersatz

Werden Kulanzzahlungen für Verluste oder entgangene Gewinne auf Grund von Beratungsfehlern im Zusammenhang mit einer Kapitalanlage geleistet, sind diese grundsätzlich steuerpflichtig, wenn ein unmittelbarer Zusammenhang zu einer konkreten Transaktion besteht. Auf eine rechtliche Verpflichtung kommt es dabei nicht an. Dies gilt auch bei Zahlungen für erst noch zu erwartende Schäden.[4] **84**

> **Beratungshinweis:**
>
> Voraussetzung für die Steuerpflicht ist allerdings, dass der Ertrag bzw. Gewinn oder Verlust der Kapitalanlage selbst kapitalertragsteuerpflichtig gewesen wäre. Insofern sind insbesondere die Übergangsregeln zu beachten und Kulanzzahlungen bei geschlossenen Fonds üblicherweise im Rahmen der gewerblichen Einkünfte zu erfassen und nicht im Rahmen der Kapitaleinkünfte.
>
> Üblicherweise behandeln die Banken die Kulanzzahlungen entsprechend dem zu Grunde liegenden Vorfall entweder als laufenden Ertrag ② oder als Veräußerungsgewinn ④. Allerdings kann auch die Auffassung vertreten werden, dass es sich um ein besonderes Entgelt i.S.d. § 20 Abs. 3 EStG handelt, was eine Verrechnung mit dem Aktientopf oder von Altverlusten ausschließen würde.

---

1) BFH v. 15.6.2010, VIII R 33/07, BStBl II 2011, 503.
2) FG Münster v. 10.5.2012, 2 K 1947/00 E, EFG 2012, 1750; FG Münster v. 10.5.2012, 2 K 1950/00 E, BB 2012, 1890.
3) BFH v. 24.6.2014, VIII R 28/12, www.stotax-first.de; BFH v. 24.6.2014, VIII R 29/12, BStBl II 2014, 998.
4) BMF v. 9.10.2012, IV C 1 – S 2252/10/10013, DOK 2011/0948384, BStBl I 2012, 953, Rz. 83.

18. Xetra-Gold-Anleihen

85 Bei Inhaberschuldverschreibungen, die einen Lieferanspruch auf Gold verbriefen und durch Gold in physischer Form nicht gedeckt sind oder bei verbrieften Ansprüchen, die börsenfähige Wertpapiere darstellen, auch wenn der Lieferanspruch in physischer Form gedeckt ist, fallen die Kursgewinne nach Ansicht der Finanzverwaltung unter § 20 Abs. 2 Nr. 7 EStG und sind damit steuerpflichtig. Darunter fallen auch die sogenannten Xetra-Gold-Anleihen. Entgegen dieser Rechtsauffassung hat aber das FG Baden-Württemberg entschieden, dass die Einkünfte nicht unter § 20 EStG fallen, sondern bei einer Veräußerung innerhalb der Spekulationsfrist unter § 23 EStG und ansonsten nicht steuerbar ist. Der Steuerpflichtige hat nämlich ausschließlich einen Anspruch auf Lieferung von Gold und nicht auf die Rückzahlung von Kapital.[1]

19. Wahl-Dividenden

86 Bei Wahldividenden räumt eine Aktiengesellschaft ihren Aktionären die Möglichkeit ein, dass diese die Dividende zum Teil darauf verwenden um (neue) Aktien an dem Unternehmen zu erwerben. Dies schont im Regelfall die Liquidität des Unternehmens. Dabei können die Aktien des Unternehmens aus vom Unternehmen selbst gehaltenen eigenen Aktien herrühren oder aber auch mit einer Kapitalerhöhung einhergehen. Damit bei Bezug der Aktien die Aktionäre keine Zuzahlung zu leisten haben (was die Annahme des Aktienbezugs verringern dürfte), wird eine Barkomponente vorgesehen, die für die Begleichung der Kapitalertragsteuer und der Annexsteuern (SolZ und KiSt) bei einem Kirchensteuersatz von 9 % ausreicht (entspricht 28 %). Im Falle der Ausübung wird dann die eingesetzte Dividende als Anschaffungskosten der bezogenen Aktie angesetzt.

Beispiel:

Dividende 1,00 €, Barkomponente 0,28 €, Bezugspreis 7,20 € pro Aktie, der konfessionslose Steuerpflichtige hat kein FSA gestellt, 100 Aktien und entscheidet sich zum Bezug von

a) 0 Aktien
b) 5 Aktien
c) 10 Aktien

Lösung:

Der Kunde versteuert 100 und ihm werden 26,38 € an KapESt und SolZ einbehalten.

a) Seinem Konto werden 73,62 € gutgeschrieben.
b) Für den Bezug der Aktien wendet er 5 x 7,20 = 36 € (seine Anschaffungskosten für die 5 Aktien) auf. Seinem Konto werden 100 € - 26,38 € - 36 € = 37,62 € gutgeschrieben.
c) Für den Bezug der Aktien wendet er 10 x 7,20 € = 72 € (Anschaffungskosten gesamt 72 €) auf. Seinem Konto werden 100 € - 26,38 € - 72 € = 1,62 € gutgeschrieben.

XIII. Trotz Abgeltungswirkung Relevanz für (steuerliche) Bemessungsgrundlagen

87 Einkünfte, die unter die Regelung der Abgeltungsteuer fallen, sei es mit abgeltendem Abzug oder bei Veranlagung mit 25 %, bleiben für Zwecke der Einkommensteuer grundsätzlich unberücksichtigt. Eine Rolle spielen sie allerdings in folgenden Fällen:

– Beim Sonderausgabenabzug für **Spenden** erhöhen diese Einkünfte auf Antrag des Stpfl. die Bemessungsgrundlage zu seinen Gunsten.
– Für die Frage, ob ein volljähriges Kind bei den Eltern zu berücksichtigen ist (Einkünfte und Bezüge von nicht mehr als 8 004 €).

---

1) FG Baden-Württemberg v. 23.6.2014, 9 K 4022/12 - anhängig unter BFH VIII R 35/14.

- Bei der Ermittlung der zumutbaren Belastung im Rahmen der **außergewöhnlichen Belastungen**.
- Bei der Ermittlung der außergewöhnlichen Belastung für den Unterhalt des Kindes und den **Ausbildungsfreibetrag** (die Einkünfte des Kindes sind dabei jeweils maßgeblich).

Durch das Steuervereinfachungsgesetz sind alle diese Punkte ab dem Veranlagungszeitraum 2012 weggefallen.

XIV. Beschränkt Steuerpflichtige und die Abgeltungsteuer

1. Beschränkte Steuerpflicht

Handelt es sich um einen unbeschränkt Stpfl., so gilt das Welteinkommensprinzip, sprich sämtliche Einkünfte, unabhängig davon, wo sie erzielt werden, werden zur Ermittlung des zu versteuernden Einkommen herangezogen. **88**

Beschränkt Stpfl., also solche Personen, die weder einen Wohnsitz noch ihren gewöhnlichen Aufenthalt in Deutschland haben, sind nur mit ihren inländischen Einkünften steuerpflichtig.

Wechselt ein unbeschränkt Stpfl. in die beschränkte Steuerpflicht, so darf die Bank dies nur dann berücksichtigen, wenn die durch beweiskräftige Unterlagen (insbesondere Wohnsitzbescheinigung einer ausländischen Finanzbehörde) nachgewiesen wird. Darüber hinaus sollen die Banken das Vorliegen der beschränkten Steuerpflicht in zeitlich angemessenen Abständen überprüfen.[1]

2. Wesentliche inländische Kapitaleinkünfte für beschränkt Steuerpflichtige

Inländische Kapitaleinkünfte und damit steuerpflichtig sind: **89**

- Dividenden von inländischen Kapitalgesellschaften,
- Erträge aus Genussrechten,
- Erträge aus inländischen Investmentfonds, soweit sie auf inländische Dividenden entfallen;
- Bezüge aus der Auflösung einer Körperschaft,
- Einnahmen aus stillen Beteiligungen und partiarischen Darlehen von einem inländischen Schuldner,
- Erträge aus inländischen Lebensversicherungen,
- Zinsen aus Hypotheken und Grundschulden, Renten aus Rentenschulden;
- Zinsen aus sonstigen Kapitalforderungen, wenn sie im Inland dinglich besichert sind.

Die genannten Kapitalerträge unterliegen grundsätzlich der Kapitalertragsteuer und gelten für beschränkt Stpfl. als abgegolten. Ein Freistellungsauftrag bzw. eine Nichtveranlagungsbescheinigung kommen nicht zur Anwendung.

Die Spekulationsfrist für Anteile an Kapitalgesellschaften fällt künftig weg, mit der Wirkung, dass die Anteile immer steuerfrei veräußert werden können, soweit es sich nicht um eine Beteiligung von mindestens 1 % am Eigenkapital der Gesellschaft handelt.

---

1) BMF v. 9.10.2012, IV C 1 – S 2252/10/10013, DOK 2011/0948384, BStBl I 2012, 953, Rz. 314.

3. Wesentliche Kapitaleinkünfte, die für beschränkt Steuerpflichtige steuerfrei sind

90 Keine inländischen Kapitaleinkünfte und damit nicht steuerpflichtig sind:
- Zinsen aus sonstigen Kapitalforderungen, die nicht dinglich besichert sind (Termingelder, Spareinlagen, Unternehmensanleihen etc.),
- Dividenden von ausländischen Kapitalgesellschaften.

4. Änderung durch das Jahressteuergesetz 2010

91 Mit dem Jahressteuergesetz 2010 wurde eine Gesetzeslücke geschlossen und die inländischen Mieterträge inländischer Investmentfonds auch für Steuerausländer steuerpflichtig.

5. Übersicht des Steuereinbehalts (vereinfacht)

92

Ertrag	2008	Ab 2009
Zinsen, im Inland nicht dinglich besichert	0 %	0 %
Zinsen, im Inland dinglich besichert	30 %	25 %
Dividende einer inländischen Kapitalgesellschaft	20 %	25 %
Dividende einer ausländischen Kapitalgesellschaft	0 %	0 %
Erträge eines ausländischen Investmentfonds	0 %	0 %
Erträge eines inländischen Investmentfonds –	0 %	0 %
soweit diese auf inländische Dividenden oder inländische Mieten entfallen	20 %	25 %

Übersicht 3: Übersicht des Steuereinbehalts für beschränkt Stpfl.

XV. Gestaltungsüberlegungen zu Altverlusten (§ 23 EStG)

1. Grundüberlegungen

93 Verluste nach § 23 EStG sind auf Grund der Regelungen des § 23 Abs. 3 Satz 7 ff. EStG grundsätzlich nur mit Gewinnen aus privaten Veräußerungsgeschäften verrechenbar. Ausnahmsweise sind die Verluste aus privaten Veräußerungsgeschäften, die bis zum 31.12.2008 – bzw. 31.12.2009, sofern es sich um Wertpapiere handelt – innerhalb der Spekulationsfrist realisiert wurden, bis einschließlich Veranlagungszeitraum 2013 mit Gewinnen nach § 20 Abs. 2 EStG (Veräußerungsgewinne bei Wertpapieren) verrechenbar.

Beratungshinweis:

Da nun viele Wertpapieranleger keine steuerpflichtigen Gewinne i.S.d. § 23 EStG erzielen, sind diese festgestellten Verluste nur schwer steuerlich nutzbar zu machen; daher bietet die Übergangsfrist bis Ende 2013 für manche Anleger die letzte Möglichkeit, hier steuerlich zu gestalten. Da derzeit Stimmen aufkommen, dass die Übergangsregelung der Verlustverrechnung möglicherweise nicht verfassungsgemäß ist, könnte sich auch in Veranlagungszeiträumen nach 2013 noch die Gelegenheit bieten, die Verluste im Rahmen des § 20 EStG zu heben.

Allerdings darf nicht verkannt werden, dass im Rahmen des § 23 EStG die tarifliche Einkommensteuer greift, während im Rahmen des § 20 EStG nur der besondere Abgeltungssatz zur Anwendung kommt, der üblicherweise unter dem tariflichen Satz liegt. Insofern ist bei der Beratung darauf zu achten, dass in normalen Fällen vorrangig eine Verrechnung im Rahmen des § 23 EStG im Interesse des Stpfl. liegt und nur insoweit, als eine Verrechnung voraussichtlich nicht in Betracht kommt, eine Nutzung im Rahmen des § 20 EStG angestrebt werden sollte.

2. Nutzungen im Rahmen des § 23 EStG

a) Veräußerungsgewinne aus Grundstücken

Für die Veräußerung von Grundstücken und ähnlichen Rechten gilt eine Spekulationsfrist von zehn Jahren, sofern sie nicht zu privaten Wohnzwecken genutzt werden. **94**

Beratungshinweis:

Falls es sich abzeichnet, dass mittelfristig mit einem steuerpflichtigen Gewinn im Rahmen des § 23 EStG zu rechnen ist, sollte man sich entsprechendes Verlustverrechnungspotenzial aufbewahren. Eine Veräußerung nur zum Zweck der Verlustnutzung macht unter normalen Umständen keinen Sinn, da ja ansonsten einfach bis zur Steuerfreiheit gewartet werden könnte.

b) Veräußerungsgewinne aus sonstigen Wirtschaftsgütern

Gewinne aus der Veräußerung bzw. dem Tausch von sonstigen Wirtschaftsgütern sind innerhalb einer Jahresfrist steuerpflichtig, wenn aus den Wirtschaftsgütern keine Einkünfte generiert werden (z.B. Gold). Werden die Wirtschaftsgüter dazu benutzt, Einkünfte zu erzielen (z.B. Zinsen bei Devisen (→ 4 Rz. 8) oder Vermietungseinkünfte aus beweglichen Wirtschaftsgütern bei Containern) so verlängert sich die Spekulationsfrist auf zehn Jahre. **95**

Beratungshinweis:

Durch die Eurokrise gibt es im Bereich der Fremdwährungsguthaben durchaus Potenzial, Währungsgewinne zu erzielen. Insbesondere wenn die Guthaben auch noch verzinst werden, könnte es interessant sein, diese Gewinne auch zu realisieren, statt bis zu zehn Jahre auf vermutlich noch länger ziemlich moderatem Zinsniveau in der Währung zu bleiben.

3. Gestaltungen/Nutzungen im Rahmen des § 20 EStG

a) Veräußerung von bestehenden Wertpapieren

Am einfachsten sind die Verluste zu nutzen, wenn bereits Wertpapiere vorhanden sind, die der Stpfl. einfach veräußern kann, da dann kein weiteres Risiko aus Anlagen zu übernehmen ist. Hierfür kommen insbesondere lang laufende, festverzinsliche Wertpapiere in Frage (z.B. Staatsanleihen oder Unternehmensanleihen). Wichtig ist natürlich, dass es sich nicht um bestandsgeschützte Wertpapiere handeln darf. **96**

Bei Wertpapieren mit **Stückzinsen** (→ 4 Rz. 113) ist es sinnvoll, die Wertpapiere vor dem Zinstermin zu veräußern, da erhaltene Zinsen Kapitalerträge i.S.d. § 20 Abs. 1 Nr. 7 EStG darstellen und diese für Altverluste nicht steuerlich nutzbar sind. Erhaltene Stückzinsen sind hingegen Bestandteil des Veräußerungsgewinns.

b) Einfaches Stückzinsmodell

Zinsbringende Wertpapiere können entweder „flat" gehandelt werden oder mit einem gesonderten Stückzinsausweis. „**Flat**" bedeutet, dass die seit dem letzten Ausschüttungstermin aufgelaufenen Zinsen im Kurs enthalten sind, während bei Wertpapieren mit **gesondertem Stückzinsausweis** getrennt vom eigentlichen Wertpapier berechnet und gezahlt wird. Stückzinsen stellen also die seit dem letzten Ausschüttungstermin aufgelaufenen Zinsen dar. **97**

Beispiel:

Am 1.2. wird ein Wertpapier zu 100 € begeben. Es hat einen Kupon von 3 %. Das Zinsniveau ist zum 1.8. unverändert geblieben. Wie ist das Papier bewertet?

Lösung (flat):

Das Papier notiert zu 101,50 €, denn die aufgelaufenen Zinsen sind im Kurs enthalten.

Lösung (gesonderter Stückzinsausweis):

Das Papier notiert zu 100 € (es hat keine Zinsniveauänderung gegeben). Es gibt einen gesonderten Stückzinsausweis von 1,50 €.

Gezahlte Stückzinsen werden in den allgemeinen Verlustverrechnungstopf eingestellt und können zu einer sofortigen Steuererstattung führen, falls vorher Kapitalerträge über dem Freistellungsauftrag angefallen sind.

Vereinnahmte Stückzinsen fließen in den Veräußerungsgewinn des Wertpapiers ein und stellen damit (bei positivem Gesamtergebnis) Kapitalerträge i.S.d. § 20 Abs. 2 Satz 1 Nr. 7 EStG dar.

Beispiel:

Der Stpfl. kauft ein Wertpapier mit Stückzinsen von 3 für 100. Am Folgetag verkauft er es zu 100 zzgl. 3 Stückzinsen.

Lösung:

Die gezahlten Stückzinsen werden in den allgemeinen Verlusttopf eingestellt und führen gegebenenfalls zu einer Steuererstattung. Am Folgetag wird der Veräußerungsgewinn wie folgt ermittelt:

Veräußerungspreis + erhaltene Stückzinsen - Anschaffungskosten = 100 + 3 - 100 = 3.

Das **einfache Stückzinsmodell** wandelt laufende Erträge i.S.d. § 20 Abs. 1 EStG, die ja nicht mit Altverlusten verrechenbar sind, in verrechenbare Veräußerungsgewinne i.S.d. § 20 Abs 2 EStG um.

Gestaltungshinweis:

Bei der Gestaltung ist darauf zu achten, dass die Wandlung nur so lange Sinn macht, wie auch laufende Erträge vorhanden sind. Darüber hinaus besteht natürlich das Risiko, dass sich der Kurs für den Stpfl. negativ entwickelt, z.B. durch Zinsniveauveränderungen oder durch Absinken eines Referenzwerts oder Ratings.

Des Weiteren ist in allen Stückzinsmodellen darauf zu achten, einen ordentlichen Hebel zu haben, d.h. der aufgelaufene Stückzins sollte hoch sein, was man dadurch erreicht, dass kurz vor Zinstermin agiert wird.

Das Stückzinsmodell stellt keinen Missbrauch und auch kein Steuerstundungsmodell dar.[1]

c) Jahresübergreifendes Stückzinsmodell

98 Dieses Modell soll nicht laufende Kapitalerträge in Veräußerungsgewinne wandeln, sondern Altverluste nach § 23 EStG in Neuverluste nach § 20 EStG. Dazu werden im Jahr 1 nur Wertpapiere mit Stückzinsen in das Depot gekauft und bis spätestens 15.12. des Jahres 1 eine Verlusttopfbescheinigung beantragt. Zu Beginn des Jahres 2 werden die Wertpapiere vor Zinstermin veräußert.

Beratungshinweis:

Durch die Verlusttopfbescheinigung wird verhindert, dass im Jahr 2 der Veräußerungsgewinn mit dem Verlusttopf verrechnet wird. In der Veranlagung werden die Veräußerungsgewinne zuerst mit den Altverlusten verrechnet. Dem jahresübergreifenden Stückzinsmodell ist normalerweise allerdings das Zweibankenmodell (→ 4 Rz. 115) vorzuziehen.

---

1) Bestätigt durch BMF v. 16.4.2007, IV B 8 – S 2252/0, DOK 2007/0211677, www.stotax-first.de.

d) Zweibankenmodell

Auch hier geht es darum, Altverluste in Neuverluste umzuwandeln. Dazu wird bei einer (Verlust-)Bank ein Wertpapier mit Stückzinsen gekauft und zu einer anderen (Gewinn-)Bank im Rahmen eines Depotübertrags ohne Gläubigerwechsel (→ **4** Rz. 32) übertragen. **99**

Beispiel:

Der Stpfl. mit festgestellten Alt-Verlustvorträgen i.H.v. 50.000 € kauft ein Wertpapier und zahlt dabei 10 000 € Stückzinsen. Er überträgt das Wertpapier zu einer anderen Bank und veräußert das Wertpapier dort und erhält 11 000 € Stückzinsen. Der Kurs ist unverändert.

Lösung:

Durch den Übertrag hat der Kunde bei der Verlust-Bank im Verlustverrechnungstopf 10 000 €. Der Ertrag von 11 000 € wird bei der neuen Bank mit Kapitalertragsteuerabzug belegt, aber die Gewinne, die ihm in der Steuerbescheinigung ausgewiesen werden, kann er in seiner Steuererklärung gegen die Alt-Verluste verrechnen, so dass der Kunde die Kapitalertragsteuer wieder erstattet bzw. angerechnet bekommt. Im Ergebnis hat der Kunde dann noch 39 000 € Alt-Verluste und 10 000 € Neu-Verluste.

e) Zweibanken-/Zweipersonenmodell

Beim Zweibankenmodell und den anderen Stückzinsmodellen schmälern Transaktionskosten die Nachsteuerrendite. Optimiert werden kann das Modell insofern, dass nun an Stelle von Veräußerungen entgeltliche Depotüberträge treten. Allerdings könnte es sein, dass die Finanzverwaltung gegen dieses Modell, sofern sie es denn erkennt, einen steuerlichen Missbrauch i.S.d. § 42 AO einwendet. **100**

Beim Zweibanken-/Zweipersonenmodell kauft A bei seiner Verlustbank ein Wertpapier mit Stückzinsen (werden in den Verlusttopf eingestellt) und veranlasst einen Depotübertrag zu seiner Gewinnbank. Von dort aus führt er einen entgeltlichen Depotübertrag mit Gläubigerwechsel (steht einer Veräußerung gleich, die Stückzinsen erhöhen den Veräußerungsgewinn des A) zu der Verlustbank des B durch (dabei werden die fiktiv gezahlten Stückzinsen in den Verlusttopf des B eingestellt). Anschließend überträgt B das Wertpapier zu seiner Gewinnbank und führt von dort aus einen entgeltlichen Depotübertrag zur Verlustbank des A durch (Gewinn bei B und Einstellung der fiktiven Stückzinsen bei A in den Verlusttopf). Diese Übertragungskette kann nun beliebig fortgesetzt werden, was aber natürlich die Argumentation gegen eine missbräuchliche Gestaltung erschwert.

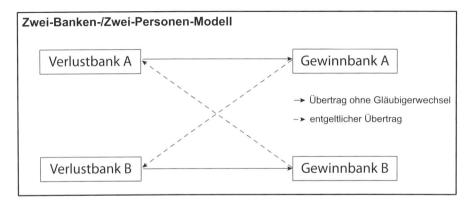

Beratungshinweis:

Mit diesem Modell lassen sich beliebige Alt-Verluste in Neu-Verluste wandeln. Allerdings funktioniert das Modell nicht zwischen Ehegatten, da für Kapitalertragsteuerzwecke immer ein unentgeltlicher Depotübertrag unterstellt wird (→ 4 Rz. 33).

f) Anlage in Wertpapiere mit Kursgewinnen

101 Bei der Anlage können gezielt Wertpapiere erworben werden, die Kursgewinne erzielen und keine laufenden Erträge. Hierunter fallen z.b. Zerobonds, Discount-, Bonus- und Expresszertifikate.

Beratungshinweis:

Bei dem derzeitigen Zinsniveau ist es allerdings schwer, bei vertretbarem Risiko entsprechende Anlagen zu finden. Diese Variante ist nur für geringe Verlustvorträge zu empfehlen, wenn sie in die allgemeine Anlagestrategie passt.

g) Gegenläufige Optionen

102 Bei gegenläufigen Optionen sollen auch Alt-Verluste in Neu-Verluste getauscht werden. Hierzu kauft man z.b. einen Call (Kaufoption) auf ein Wertpapier und einen Put (Verkaufsoption) auf das gleiche Wertpapier. Egal, ob das Wertpapier im Kurs steigt oder sinkt, ist eine Option im Plus und eine im Minus. Damit die Gewinne und Verluste nicht verrechnet werden, wird entweder bei zwei unterschiedlichen Banken ge- und verkauft (→ 4 Rz. 115), oder der Kauf und Verkauf werden in zwei unterschiedlichen Jahren abgewickelt (→ 4 Rz. 114). Bewegt sich der Kurs des Wertpapiers allerdings seitlich, funktioniert das Modell nicht, da in diesem Fall keine relevanten Kursgewinne erzielt werden. Falls das Finanzamt Kenntnis von einem entsprechenden Sachverhalt erlangt, wird es wahrscheinlich von einer missbräuchlichen Gestaltung ausgehen.

Gestaltungshinweis:

Am Markt war bereits zu beobachten, dass Zertifikate, die extreme Hebel haben – also bei kleinsten Kursbewegungen des Basiswerts schon zu erheblichen Kursveränderungen führen – gegenläufig abgeschlossen wurden und zwar so, dass ein Totalüberschuss in Kombination eher wahrscheinlich als unwahrscheinlich war. Durch dieses clevere Abstimmen kam man auf Auszahlungsbereiche von ca. +5 bis -5 %. Eine missbräuchliche Gestaltung dürfte auf Grund des wahrscheinlichen Totalüberschusses nicht anzunehmen sein, insbesondere falls der Anleger nicht beide Wertpapiere 1 : 1 kauft, sondern vielleicht im Verhältnis 1 : 1,05.

h) Swap-Modell

103 Beim **Swap-Modell** geht es letztlich auch wieder um einen Tausch von Alt-Verlusten in Neu-Verluste. Zahlungen aus Swaps stellen dabei Erträge i.S.d. § 20 Abs. 2 Nr. 3 EStG dar. Die Gestaltung erfolgt in der Weise, dass zuerst eine oder mehrere Auszahlungen aus dem Swap erfolgen und später dann Zahlungen zu leisten sind. Die Zahlungen werden im allgemeinen Verlusttopf berücksichtigt. Als Beispiel erhält man eine (Vorab-)Ausgleichszahlung im Dezember 2013 für eine Dividende des Jahres 2014. Alternativ kann z.B. auch vereinbart werden, dass man im Jahr 2013 monatlich fixe Zinszahlungen erhält und dann eine jährliche variable Zinszahlung im Jahr 2014 zu leisten hat.

Gestaltungshinweis:

Es ist darauf zu achten, dass es sowohl Swaps i.S.d. § 20 EStG (z.B. Währungsswaps, die auf Liquiditätsausgleich gerichtet sind, Zinsswaps oder Aktienswaps) als auch i.S.d. § 23 EStG (z.B. nicht auf Liquiditätsausgleich gerichtete Swaps) gibt. Damit das Modell funktioniert, muss der Swap nach § 20 EStG besteuert werden. Vorteil des Swap-Modells ist, dass man dafür keine Liquidität benötigt und insofern einen unbegrenzt einsetzbaren Hebel hat. Nachteilig ist allerdings, dass der Austausch neben Chancen auch Risiken beinhaltet, da sich die zu Grunde liegenden Begebenheiten nicht immer erwartungsgemäß realisieren (z.B. Dividendenkürzung, Währungskrise, Zinsänderungen).

Swaps sind allerdings nur eine Lösung für größere Verlustvorträge mit guter Kundenbonität, andernfalls werden sich die Banken kaum darauf einlassen.

i) Dividendenscheine und Zinsscheine bzw. -ansprüche

Bei dieser Variante geht es darum, Erträge in die richtige Form zu wandeln. Zinsen (§ 20 Abs. 1 Nr. 7 EStG) und Dividenden (§ 20 Abs. 1 Nr. 1 EStG) können ja nicht mit Altverlusten verrechnet werden. Insofern ist hier nun die Überlegung, diese künftigen Ansprüche zu veräußern. Ist der Anspruch getrennt vom Wertpapier verbrieft, so spricht man von einem Dividenden- bzw. Zinsschein, ansonsten von dem jeweiligen Anspruch. Der für die Veräußerung erhaltene Ertrag ist steuerpflichtig nach § 20 Abs. 2 Nr. 2 EStG.

104

Beratungshinweis:
Insbesondere für Stpfl., die größere Beteiligungen an Kapitalgesellschaften haben und diese nicht veräußern wollen oder dürfen, ist diese Variante interessant. In solchen Fällen wird die Hausbank üblicherweise bereit sein – gegen einen gewissen Abschlag, da ja das Geld vorzeitig ausgezahlt wird und daher eine Zinskomponente beinhaltet und auch daneben Kosten entstehen – einen entsprechenden Anspruch bzw. Schein zu erwerben.

XVI. Datenaustausch zwischen (Finanz-)Behörden und Banken

1. Bankgeheimnis im Steuerrecht

Es gibt zwar in Deutschland ein Bankgeheimnis, worauf die Finanzbehörden auch Rücksicht nehmen sollen. Dies ist in § 30a AO geregelt. Der Steuerpflichtige darf nun aber nicht erwarten, dass die Finanzbehörden keine Information von Seiten der Banken über seine steuerrechtlich relevanten Daten bekommen. In vielen Fällen gibt es Meldeverpflichtungen, die die Kreditinstitute zu erfüllen haben oder aber auch die Möglichkeit einer Kontoabfrage.

105

2. Meldepflichten im Rahmen der Abgeltungsteuer

Folgende Sachverhalte führen im Rahmen der Abgeltungsteuer zu einer Meldung an die Finanzbehörden:

106

– entgeltliche Depotüberträge, bei denen weder die Anschaffungskosten noch der Veräußerungspreis bekannt sind (→ 4 Rz. 6)
– ausgenutzter Freistellungsauftrag; Meldung an das Bundeszentral für Steuern (→ 4 Rz. 11)
– ausgenutzte Nicht-Veranlagungsbescheinigung; Meldung an das Bundeszentralamt für Steuern (→ 4 Rz. 12)
– nicht ausreichende Liquidität; Meldung an das Betriebsstättenfinanzamt des abrechnenden inländischen Kreditinstituts (→ 4 Rz. 14)
– ausgenutzte betriebliche Freistellung; die Meldung erfolgt per Elster an das Betriebsstättenfinanzamt des Kreditinstituts (→ 4 Rz. 16)
– unentgeltliche Depotüberträge; Meldung an das Betriebsstättenfinanzamt des übertragenden inländischen Kreditinstituts (→ 4 Rz. 33)
– falls eine Steuerbescheinigung geändert wird, dann ist die alte Steuerbescheinigung von Seiten des Kreditinstituts zurückzufordern. Wird diese nicht innerhalb eines Monats an das Kreditinstitut zurückgegeben, dann hat die Bank das für den Kunden zuständige Finanzamt zu informieren.

3. Offenlegung von Kundendaten im Rahmen einer Kapitalertragsteuerprüfung

107 Im Rahmen einer Kapitalertragsteuerprüfung hat das hessische Finanzgericht entschieden, dass die Ausblendung von Kundendaten nicht zulässig ist und das Finanzamt entsprechend auch kundenbezogene Informationen erhält.[1]

4. Weitere Meldungen

108 Über die oben beschriebenen Meldungen werden auch noch Daten in das Ausland geliefert, hier ist insbesondere an die Meldung im Rahmen der Zinsinformationsverordnung zu denken oder der Austausch mit Amerika im Rahmen von FACTA. Auch aus nicht steuerlichen Gründen werden Daten gemeldet, z.b. im Rahmen des Geldwäschegesetzes.

Abschreibungen nach Handels- und Steuerrecht

von Lothar Rosarius

INHALTSÜBERSICHT

	Rz.
I. Überblick	109
II. Rechtslage	110
III. Planmäßige Abschreibungen für abnutzbare Anlagegegenstände	111
IV. Abnutzbare Wirtschaftsgüter	112–115
1. Definition	112
2. Technische Abnutzung	113
3. Wirtschaftliche Abnutzung	114
4. Nicht abnutzbare Wirtschaftsgüter	115
V. Beginn und Ende der Abschreibung	116–117
1. Beginn der Abschreibung	116
2. Ende der Abschreibungen	117
VI. Bestimmung der Nutzungsdauer	118
VII. Änderung der Nutzungsdauer	119
VIII. Abschreibungsmethoden	120–121
1. Abschreibungsmethoden nach Handels- und Steuerrecht	120
2. Änderung der Abschreibungsmethode	121
IX. Abschreibung im Zugangsjahr	122
X. Unterlassene und überhöhte Abschreibungen	123
XI. Außerplanmäßige Abschreibungen	124–126
1. Abschreibungen gemäß Niederstwertprinzip	124
2. Steuerrechtliche Sonderabschreibungen und erhöhte Absetzungen	125–126
a) Wirkung von Sonderabschreibungen und erhöhten Absetzungen	125
b) Sonderabschreibungen nach § 7g Abs. 5 EStG	126

---

1) FG Hessen v. 20.2.2014, 4 K 1120/12, WM 2014, 1539.

	Rz.
XII. Bemessungsgrundlage für die Abschreibungen	127–131
1. Anschaffungs- und Herstellungskosten	127
2. Einlage von Wirtschaftsgütern in das Betriebsvermögen	128
3. AfA nach Entnahme aus dem Betriebsvermögen	129
4. Berücksichtigung eines Restwerts.	130
5. Nachträgliche Anschaffungs- oder Herstellungskosten	131

I. Überblick

Aufgabe der Abschreibung ist es, die Anschaffungs- oder Herstellungskosten von abnutzbaren Vermögensgegenständen auf Zeit- und/oder Leistungseinheiten zu verteilen. Ohne das Instrument der Abschreibungen wären die Anschaffungs- oder Herstellungskosten der Vermögensgegenstände im Zeitpunkt des Entstehens als betrieblicher Aufwand zu buchen. Eine weitere Aufgabe der Abschreibungen besteht darin, den betrieblichen Aufwand, der durch eine Investition in Anlagegüter ausgelöst wird, wirtschaftlich den Zeiträumen zuzuordnen, in denen die wirtschaftlichen Ergebnisse des Einsatzes dieser Anlagegüter erzielt werden. **109**

Das Handelsrecht unterscheidet zwischen planmäßigen und außerplanmäßigen Abschreibungen. Im Steuerrecht gibt es diese begriffliche Unterscheidung nicht. Handelsrechtlich als planmäßige Abschreibungen zu bezeichnende Abzüge vom Wert eines Vermögensgegenstands fasst das Steuerrecht unter dem Begriff „Absetzungen für Abnutzung". Außerplanmäßige Abschreibungen bezeichnet das Steuerrecht mit verschiedenen Begriffen, so z.B. „Sonderabschreibungen", „erhöhte Absetzungen", „Bewertungsfreiheiten", „Teilwertabschreibungen" und „Absetzungen für außergewöhnliche Abnutzung". Nur abnutzbare Vermögensgegenstände können planmäßig abgeschrieben werden (z.B. Teilwertabschreibungen). Die Abschreibungen dienen außerdem dazu, im Wert gesunkene Vermögensgegenstände auf den jeweils niedrigeren Stichtagswert abzuwerten. Deshalb können sämtliche Vermögensgegenstände des Betriebsvermögens Gegenstand einer außerplanmäßigen Abschreibung sein (z.B. Teilwertabschreibungen).

Dieser Beitrag befasst sich mit den unterschiedlichen steuer- und handelsrechtlich zulässigen Abschreibungsmethoden sowie mit den Abschreibungsmöglichkeiten für zur Einkünfteerzielung verwendete Gegenstände des Privatvermögens. Die Wahl der Abschreibungsmethode ist dabei ein wesentliches Mittel der Bilanzpolitik.

II. Rechtslage

Die Vorschriften zur Vornahme und Berechnung der Abschreibungen ergeben sich im Wesentlichen aus § 253 HGB (Folgebewertung) und § 7 ff. EStG. **110**

Steuerrecht	Handelsrecht	Aufgabe
§ 7 EStG: Absetzungen für Abnutzung und für Substanzverringerung	§ 253 Abs. 3 Satz 1 HGB: planmäßige Abschreibungen	Berücksichtigung des technischen und wirtschaftlichen Wertverzehrs
§ 7 Abs. 1 Satz 5 EStG: Absetzungen für außergewöhnliche technische oder wirtschaftliche Abnutzung (AfaA)	§ 253 Abs. 3 Satz 3 HGB: außerplanmäßige Abschreibungen auf den niedrigeren beizulegenden Stichtagswert	Berücksichtigung eines Wertverlustes

Steuerrecht	Handelsrecht	Aufgabe
§ 6 Abs. 1 Nr. 1 und 2 EStG: Teilwertabschreibung	§ 253 Abs. 4 Satz 1 HGB: außerplanmäßige Abschreibungen auf den niedrigeren Börsen- oder Marktpreis	
§§ 7h, 7i EStG: erhöhte Absetzungen § 7g Abs. 5 EStG: Sonderabschreibungen	nicht zulässig	Berücksichtigung steuerrechtlicher Sondervergünstigungen
§ 6 Abs. 2, 2a EStG: Sofortabschreibung und Poolabschreibung geringwertiger Wirtschaftsgüter	Ausfluss des Wesentlichkeitsgrundsatzes der Handelsbilanz	Entlastung des Rechnungswesens von geringwertigen Posten

III. Planmäßige Abschreibungen für abnutzbare Anlagegegenstände

111 Abnutzbare Anlagegegenstände sind auf ihre Nutzungsdauer planmäßig abzuschreiben (§ 253 Abs. 3 Satz 1 und 2 HGB). § 7 EStG bezeichnet für das Steuerrecht planmäßige Abschreibungen als Absetzung für Abnutzung (AfA). Planmäßige Abschreibungen sind obligatorisch, d. h., es muss auch dann planmäßig abgeschrieben werden, wenn der Zeitwert des Anlageguts konstant geblieben ist oder sich sogar erhöht hat. Es besteht kein Wahlrecht, planmäßige Abschreibungen in Anspruch zu nehmen oder ganz oder teilweise auf sie zu verzichten.

Planmäßigkeit bedeutet, dass die jährlichen Abschreibungsbeträge im Voraus (bei Abschreibungsbeginn) in einem Abschreibungsplan festgelegt werden. Ein Abschreibungsplan muss folgende Komponenten berücksichtigen:

– Abschreibungsbasis (Anschaffungs- oder Herstellungskosten bzw. an deren Stelle tretender Wert, ggf. vermindert um einen etwaigen Restwert),
– Nutzungsdauer (einschließlich Festlegung des Abschreibungsbeginns),
– Abschreibungsmethode (insbesondere die Abschreibung im Zugangsjahr und die Art der Verteilung der abzuschreibenden Kosten über die Nutzungsdauer).

IV. Abnutzbare Wirtschaftsgüter

1. Definition

112 Abschreibbar sind nur solche Wirtschaftsgüter, deren Nutzung oder Verwendung sich erfahrungsgemäß auf einen Zeitraum von mehr als einem Jahr erstreckt (§ 7 Abs. 1 Satz 1 EStG) und deren Wert sich durch die Nutzung oder Verwendung verflüchtigt. Die Abnutzung kann dabei durch technischen oder wirtschaftlichen Verbrauch eintreten, wobei wirtschaftlicher Wertverzehr und technische Abnutzung jeweils für sich zu beurteilen sind.

Abschreibungsgegenstand ist das jeweils selbständig bewertbare Wirtschaftsgut. Innerhalb eines solchen einheitlichen Wirtschaftsguts können grundsätzlich für einzelne Bestandteile keine gesonderten Abschreibungen vorgenommen werden, auch wenn einzelne Bestandteile einer schnelleren Abnutzung als andere unterliegen sollten oder später dem Wirtschaftsgut hinzugefügt werden. Dies gilt auch bei einem Gebäude, dessen einzelne Bestandteile in einem einheitlichen Nutzungs- und Funktionszusammenhang zueinander stehen. Auch hier sind nur einheitliche Abschreibungen denkbar.

2. Technische Abnutzung

Eine technische Abnutzung eines Wirtschaftsguts liegt immer dann vor, wenn bei bestimmungsgemäßem Gebrauch ein tatsächlicher körperlicher Verschleiß des Wirtschaftsguts eintritt, der dazu führt, dass sich die Nutzbarkeit des Wirtschaftsguts über einen absehbaren Zeitraum verflüchtigt. Dabei ist die Bewertung des Wirtschaftsguts ohne Bedeutung. Eine technische Abnutzbarkeit ist auch dann anzunehmen, wenn eine tatsächliche Wertminderung nicht eintritt oder der Wert des Wirtschaftsguts sich im Laufe der Zeit sogar erhöht.   113

3. Wirtschaftliche Abnutzung

Eine wirtschaftliche Abnutzbarkeit ist anzunehmen, wenn die wirtschaftlich sinnvolle Verwendung des Wirtschaftsguts unabhängig vom technischen Verschleiß auf einen bestimmten oder bestimmbaren Zeitraum begrenzt ist. Dies ist z.B. der Fall, wenn die Werthaltigkeit eines Wirtschaftsguts vom Zeitgeschmack oder der Mode abhängig ist oder durch rechtliche Rahmenbedingungen die wirtschaftliche Nutzungsdauer unter der technischen Nutzungsdauer liegt (z.B. Laufzeitbeschränkung für Atomkraftwerke).   114

Eine zeitliche Nutzungsbeschränkung wegen Umständen, die vom wirtschaftlichen Eigentümer beeinflussbar sind oder auf vertragliche Gestaltungen zurückgehen, führen nicht zu einer wirtschaftlichen Abnutzung des Wirtschaftsguts.[1] Dies gilt z.B. bei zeitlich beschränkten Nutzungsverhältnissen, Veräußerung eines Wirtschaftsguts oder Betriebseinstellung. Hier liegt ein wesentlicher Unterschied des deutschen Rechts von den internationalen Rechnungslegungsvorschriften, nach denen solche Umstände regelmäßig bei der Bemessung der Nutzungsdauer zu berücksichtigen sind.

4. Nicht abnutzbare Wirtschaftsgüter

Sammlerstücke, Muster- und Anschauungsobjekte unterliegen weder einer technischen noch einer wirtschaftlichen Abnutzung. Dies gilt z.B. auch für Sammlungen von Gebrauchsgegenständen oder von Gebrauchskunst. Ein handelsüblicher Gebrauchsgegenstand unterliegt bei bestimmungsgemäßer Nutzung sowohl einer technischen als auch einer wirtschaftlichen Abnutzung. Wird der Gegenstand jedoch zum Bestandteil einer Sammlung von zeitgenössischen Gebrauchsgegenständen, unterliegt er weder einer technischen noch einer wirtschaftlichen Abnutzung.   115

Kunstgegenstände anerkannter Meister, die sachgerecht behandelt und gepflegt werden, unterliegen keiner technischen Abnutzung, auch wenn ein ständiger Aufwand zum Schutz und zur Erhaltung der Kunstwerke erforderlich ist.[2] Kunstwerke noch lebender Künstler sind dagegen regelmäßig unabhängig von ihrem Wert als abnutzbar anzusehen, weil verlässliche Aussagen über den diesbezüglich sich ggf. noch ändernden Zeitgeschmack nicht getroffen werden können. Gleiches gilt für Gegenstände der sog. Gebrauchskunst, die dem gegenwärtigen Zeitgeschmack entsprechen.[3]

---

1) BFH v. 19.11.1997, X R 78/94, BStBl II 1998, 59; BFH v. 27.4.1999, III R 32/98, BStBl II 1999, 615.
2) BFH v. 2.12.1977, III R 58/75, BStBl II 1978, 164.
3) BFH v. 23.4.1965, VI 327/64 U, BStBl III 1965, 382.

Wirtschaftsgüter, bei denen sich eine technische oder wirtschaftliche Abnutzung über einen so großen Zeitraum hinzieht, dass dieser auch nicht annähernd geschätzt werden kann, gelten als nicht abnutzbare Wirtschaftsgüter. Dies gilt z.b. für Gegenstände aus Edelmetallen, soweit sie keinem wirtschaftlichen Wertverzehr unterliegen.[1]

Grund und Boden gilt definitionsgemäß als nicht abnutzbar. Dies gilt auch dann, wenn die Bodensubstanz (z.b. bei Bergbauunternehmen) teilweise aufgezehrt wird. In diesen Fällen tritt allenfalls ein Verbrauch eines selbständigen Wirtschaftsguts „Bodenschatz" ein, welcher der Absetzung für Substanzverringerung unterliegt. Der Grund und Boden selbst erleidet dadurch jedoch keinen Wertverzehr.

V. Beginn und Ende der Abschreibung

1. Beginn der Abschreibung

116 Bei der Anschaffung von Anlagegegenständen beginnt die Abschreibung mit dem Zeitpunkt der Lieferung. Ist die Montage Bestandteil des Kaufvertrags über die Anlage, ist die Lieferung erst mit der Beendigung der Montagearbeiten erfolgt (R 7.4 Abs. 1 EStR 2012). Wird dagegen die Montage durch den Erwerber selbst oder in seinem Auftrag durch einen Dritten durchgeführt, ist das Anlagegut bereits bei Übergang der wirtschaftlichen Verfügungsmacht an den Erwerber geliefert.

Bei hergestellten Anlagegütern beginnt die Abschreibung mit dem Zeitpunkt der Fertigstellung. Ein Anlagegut ist fertig gestellt, sobald es entsprechend seiner Zweckbestimmung genutzt werden kann. Noch vorzunehmende Restarbeiten, welche die Nutzbarkeit eines Wirtschaftsguts nicht oder nur unwesentlich beeinträchtigen, schließen die vorherige Fertigstellung nicht aus.

Beim Bau von **Großanlagen** liegt u.U. zwischen dem Zeitpunkt der Lieferung oder Fertigstellung von Teilanlagen und der Fertigstellung und Nutzung der Gesamtanlage eine beträchtliche Zeitspanne. Grundsätzlich ist die Betriebsbereitschaft der einzelnen Teilanlagen erst mit der Fertigstellung der Gesamtanlage erreicht. Der Abschreibungsbeginn wird damit regelmäßig bis zur Betriebsbereitschaft der Gesamtanlage hinausgeschoben. Ist allerdings ein Einsatz der Teilanlagen theoretisch denkbar und wirtschaftlich sinnvoll, muss mit der planmäßigen Abschreibung bereits mit Lieferung bzw. Fertigstellung der Teilanlagen begonnen werden. Dies ist wegen des Ruheverschleißes und der Gefahr technisch-wirtschaftlicher Überholung der einzelnen Teile sachgerecht. Hierzu ist aber erforderlich, dass die einzelnen Teilanlagen selbständig und losgelöst von der Gesamtanlage bewertbar sind, weil es sich zumindest steuerrechtlich ansonsten nicht um einer selbständigen Abschreibung zugängliche Wirtschaftsgüter handelt. Problematisch kann in diesem Zusammenhang u.U. sein, dass bereits Abschreibungen vorzunehmen sind, bevor der Gewerbebetrieb eröffnet werden kann. Bei der ESt und KSt ist dies ohne Bedeutung. Die GewSt-Pflicht beginnt jedoch erst mit der Eröffnung des Gewerbetriebs, so dass die für die davor liegende Zeit vorzunehmenden Abschreibungen den Gewerbeertrag des Erstjahrs nicht mindern und verloren sind.[2]

2. Ende der Abschreibungen

117 Die Abschreibungen enden grundsätzlich in dem Zeitpunkt, in dem die Anschaffungs- oder Herstellungskosten des Wirtschaftsguts oder der an deren Stelle tretende Wert

---

1) BFH v. 15.12.1989, VI R 44/86, BStBl II 1990, 692.
2) BFH v. 14.4.2011, IV R 52/09, BStBl II 2011, 929, wobei im Urteilsfall davon ausgegangen wurde, dass der Zeitpunkt des Beginns der AfA mit dem Zeitpunkt des Beginns des Gewerbebetriebs zusammenfiel.

vollständig im Wege der Abschreibungen berücksichtigt wurden (Vollabschreibung), spätestens mit Ablauf der betriebsgewöhnlichen Nutzungsdauer.

Wird ein Wirtschaftsgut vor Ablauf der Nutzungsdauer veräußert, aus dem Betriebsvermögen entnommen oder nicht mehr zur Erzielung von Einkünften eingesetzt, endet der Abschreibungszeitraum vorzeitig im Zeitpunkt der Nutzungsänderung. Erfolgt diese Nutzungsänderung im Laufe eines Wirtschaftsjahrs, kann in diesem Jahr der Abschreibungsbetrag nur zeitanteilig abgesetzt werden (R 7.4 Abs. 8 EStR 2012). Der verbleibende Buchwert des Wirtschaftsguts ist im Zeitpunkt des Ausscheidens des Wirtschaftsguts aus dem Betriebsvermögen erfolgswirksam auszubuchen.

VI. Bestimmung der Nutzungsdauer

Bei Wirtschaftsgütern des Betriebsvermögens bemessen sich die Abschreibungen nach der betriebsgewöhnlichen Nutzungsdauer. Betriebsgewöhnliche Nutzungsdauer eines Wirtschaftsguts ist der Zeitraum, während dessen ein Wirtschaftsgut entsprechend seiner Zweckbestimmung zur Erzielung von Einkünften unter Berücksichtigung der betriebstypischen Beanspruchung genutzt werden kann.[1]

118

Die Nutzungsdauer ist zu Beginn der Abschreibungen vom Unternehmer nach vernünftiger kaufmännischer Beurteilung und unter Beachtung des Vorsichtsprinzips zu schätzen, soweit nicht eine bestimmte Nutzungsdauer (z.B. beim Geschäfts- oder Firmenwert) oder ein bestimmter Abschreibungszeitraum (z.B. bei Gebäuden) gesetzlich vorgeschrieben ist. Besteht steuerrechtlich eine solche gesetzliche Vorgabe, ist grundsätzlich in der Handelsbilanz nach der tatsächlichen Nutzungsdauer, in der Steuerbilanz nach der vorgeschriebenen abzuschreiben.

Bei der Nutzungsdauer wird grundsätzlich zwischen der technischen Nutzungsdauer und der wirtschaftlichen Nutzungsdauer unterschieden. Vorrangig ist dabei nach der technischen Nutzungsdauer abzuschreiben. Ist die wirtschaftliche Nutzungsdauer voraussichtlich jedoch kürzer als die technische Nutzungsdauer, ist diese für die Bestimmung des Abschreibungszeitraums maßgeblich. Dazu ist es erforderlich und glaubhaft zu machen, dass das Wirtschaftsgut voraussichtlich vor Ablauf der technischen Nutzungsdauer objektiv wertlos werden wird. Ist ein Wirtschaftsgut im Betrieb zwar nicht mehr entsprechend der ursprünglichen Zweckbestimmung rentabel nutzbar, lässt es sich aber anderweitig noch sinnvoll nutzen oder lassen sich durch Veräußerung nicht zu vernachlässigende Erlöse erzielen, gilt es für den Unternehmer nicht als vorzeitig wirtschaftlich verbraucht.[2]

Daraus ergeben sich erhebliche Unsicherheiten, die eine exakte Vorausbestimmung der Nutzungsdauer nicht zulassen. Soweit es um Wirtschaftsgüter geht, die relativ häufig angeschafft oder hergestellt werden, liegen Erfahrungswerte aus der Vergangenheit vor, wie sie sich z.B. in Lebensdauerstatistiken oder auch in den amtlichen AfA-Tabellen der Finanzverwaltung niederschlagen. Liegen solche Erfahrungswerte nicht vor, ist die Nutzungsdauer zu schätzen, wobei die Angaben des Herstellers oder Vergleichswerte im eigenen Betrieb als Anhaltspunkte dienen können.

Die in der **amtlichen AfA-Tabelle** ausgewiesenen Nutzungsdauern können gleichfalls als Anhaltspunkte dienen. Da die AfA-Tabelle auf den Erfahrungen der steuerlichen Betriebsprüfung beruht und unter Mitwirkung der Fachverbände der Wirtschaft erstellt wurde, besitzt sie eine relativ starke Indizwirkung.[3] Branchenübliche Beson-

---

1) BFH v. 19.11.1997, X R 78/94, BStBl II 1998, 59.
2) BFH v. 19.11.1997, X R 78/94, BStBl II 1998, 59; BFH v. 9.12.1999, III R 49/97, BStBl II 2000, 434; BFH v. 7.9.2000, III R 44/96, BStBl II 2001, 37.
3) BFH v. 26.7.1991, VI R 82/89, BStBl II 1992, 1000.

derheiten wie z.B. der Mehrschichteinsatz, Einfluss von Nässe, Säuren und Umwelteinflüssen, sind in der AfA-Tabelle regelmäßig bereits berücksichtigt. Die amtlichen AfA-Tabellen begründen zwar keinen Rechtsanspruch für die Bestimmung der Nutzungsdauer, sind aber wie eine Dienstanweisung[1] und damit als Selbstbindung der Verwaltung und als maßgebliche Rechtsgrundlage anzusehen. Sie wird von den Finanzgerichten nicht beachtet, wenn sie im Regelfall zu einer offensichtlich unzutreffenden Besteuerung führt. So ist z.B. die in der amtlichen AfA-Tabelle für sonstige Seeschiffe genannte Nutzungsdauer von zwölf Jahren für Tankschiffe (hier sog. Doppelhüllentanker), die ab dem Jahr 2001 hergestellt wurden oder werden, nicht anwendbar.[2]

Soll von den Werten der amtlichen AfA-Tabelle abgewichen werden, müssen die Gründe für die Annahme einer kürzeren Nutzungsdauer ausreichend glaubhaft gemacht werden. Dabei sind

- betriebsinterne Erfahrungswerte aus der Vergangenheit,
- Vergleichswerte aus anderen Unternehmen oder
- Erhebungen zu Gebrauchtgerätepreisen

Argumente, die eine abweichende Festlegung der Nutzungsdauer begründen können. Auch Erkenntnisse der Fachverbände und Finanzierungsunterlagen können Aufschluss über branchen- oder betriebsbezogene Besonderheiten geben.

In der folgenden Übersicht finden sich Argumente, mit denen eine Abweichung von der amtlichen AfA-Tabelle begründet werden kann.

Sachverhalt	Argumente
Technische Eigenschaften des Wirtschaftsguts	– Konstruktion und technische Eigenschaften sind atypisch, woraus sich im Vergleich zur AfA-Tabelle eine verringerte Nutzungsdauer ableitet. – Mängel oder unbeabsichtigte Abweichungen von der Norm.
Umweltbedingungen während des Gebrauchs der Anlage	– Die Anlage ist vermehrt den Wetterbedingungen ausgesetzt, während Anlagen dieser Art normalerweise vor Witterungseinflüssen geschützt sind. – Über das Normalmaß hinausgehende Einwirkungen von Abgasen, Staub, Temperatureinflüssen, Feuchtigkeit und Erschütterungen. – Von der Anlage selbst gehen Umweltbelastungen aus, so dass in absehbarer Zeit mit einer Stilllegung oder zumindest mit Nutzungsbeschränkungen zu rechnen ist, die zu einer vorzeitigen Beendigung der Verwendung im Betrieb führen.
Art und Weise der Nutzung	– Branchenuntypische chemisch aggressive Roh-, Hilfs- und Betriebsstoffe greifen die Anlage ganz besonders an. – Die Anlage ist besonders häufig Druck-, Temperatur- und Geschwindigkeitsveränderungen unterworfen. – Der Produktionsprozess wird häufig unterbrochen, z.B. wegen kleiner Auftragsgrößen, was zu vermehrter Abnutzung führt.

1) FG Niedersachsen v. 9.7.2014, 9 K 98/14, EFG 2014, 1780 (rkr.).
2) BFH v. 14.4.2011, IV R 8/10, BStBl II 2011, 709.

Sachverhalt	Argumente
Wirtschaftliche und rechtliche Faktoren	– Auf Grund einer hohen Fluktuation werden immer wieder neue und nur bedingt qualifizierte Arbeitskräfte an der Anlage eingesetzt. – Das Risiko von Bedarfsverschiebungen auf den zugehörigen Absatzmärkten ist besonders groß, so dass mit einer kürzeren Nutzungsdauer zu rechnen ist. Das betrifft v.a. Anlagen, die nur schwer auf andere Verwendungszwecke umgestellt werden können. Bei den mit der Anlage herzustellenden Produkten sind auf dem Absatzmarkt Preisrückgänge zu verzeichnen, so dass man u.U. früher als sonst gezwungen sein wird, auf modernere, kostengünstiger arbeitende Anlagen umzusteigen. – Der technische Fortschritt auf dem betreffenden Gebiet ist schnell. Deshalb muss damit gerechnet werden, dass die Anlage aus wirtschaftlichen Gründen, d.h. ohne Rücksicht auf ihre technische Abnutzung, ersetzt werden muss, weil modernere Anlagen große Vorteile in Bezug auf Qualität und Quantität ihrer Leistungen und im Hinblick auf die Betriebskosten aufweisen. – Aus rechtlichen Gründen ergibt sich eine kürzere Nutzungsdauer, z.B. bei einer zeitlich begrenzten öffentlich-rechtlichen Betriebserlaubnis.

VII. Änderung der Nutzungsdauer

Der Bestand an Sachanlagen sollte regelmäßig daraufhin überprüft werden, ob die den Abschreibungen zu Grunde liegenden Nutzungsdauern nach jetziger Erkenntnis noch angemessen sind. Das kann zu dem Ergebnis führen, dass die Gesamt- und damit auch die Restnutzungsdauer bestimmter Anlagegüter kürzer oder länger als ursprünglich angenommen ist.

Ist erkennbar, dass die im Jahr des Anlagenzugangs geschätzte Nutzungsdauer voraussichtlich nicht erreicht wird, **muss** der bisherige Abschreibungsplan berichtigt werden. Die Berichtigung kann handelsrechtlich alternativ auf zweifache Weise vorgenommen werden:

– Es erfolgt zunächst eine außerplanmäßige Abschreibung in Höhe der bisher zu niedrig berechneten Abschreibungen. Der danach noch verbleibende Restbuchwert wird auf die sich ergebende Restnutzungsdauer verteilt.
– Der im Zeitpunkt der Neuschätzung der Nutzungsdauer vorhandene Restbuchwert wird auf die neue Restnutzungsdauer verteilt.

Steuerrechtlich ist das Wahlrecht, wie die Anpassung der Abschreibungen erfolgen kann, stark eingeschränkt.

– War die Nutzungsdauer von vornherein falsch eingeschätzt und sind die Steuerfestsetzungen ab dem Jahr der Anschaffung oder Herstellung des Wirtschaftsguts noch änderbar, ist rückwirkend eine Neuberechnung der Abschreibung vorzunehmen.
– Teilwertabschreibungen sind nur vorzunehmen, wenn nach Anschaffung oder Herstellung eine voraussichtlich dauerhafte Wertminderung eingetreten ist. Ist die Wertminderung auf ein schädigendes Ereignis zurückzuführen, sind anstelle einer Teilwertabschreibung Absetzungen für außergewöhnliche Abnutzung (AfaA) vor-

zunehmen. Der verbleibende Restwert ist anschließend bei beweglichen Wirtschaftsgütern zwingend nach der bisherigen Abschreibungsmethode auf die Restnutzungsdauer zu verteilen.

- Verkürzt sich nach Anschaffung oder Herstellung die Restnutzungsdauer ohne gleichzeitige Wertminderung oder sind die zurückliegenden Steuerbilanzen nicht mehr änderbar, ist bei beweglichen Wirtschaftsgütern der verbleibende Restwert ohne Wertanpassung auf die verbleibende Nutzungsdauer abzuschreiben.
- Bei Gebäuden, die nach § 7 Abs. 4 Satz 1 EStG oder § 7 Abs. 5 EStG mit typisierten Prozentsätzen abgeschrieben werden, ist nach Teilwertabschreibung oder AfaA keine Verteilung auf die Restnutzungsdauer vorzunehmen. Stattdessen ist die Bemessungsgrundlage für die Abschreibungen zu kürzen. Eine Verkürzung der Restnutzungsdauer kann nur bei linear abzuschreibenden Gebäuden und auch nur dann Auswirkung haben, wenn die Gesamtnutzungsdauer des Gebäudes unter die sich aus den typisierten Abschreibungssätzen ergebende Abschreibungszeit sinkt und der Stpfl. sich für die Abschreibung nach der tatsächlichen Nutzungsdauer gem. § 7 Abs. 4 Satz 2 EStG entscheidet.

VIII. Abschreibungsmethoden

1. Abschreibungsmethoden nach Handels- und Steuerrecht

120 Das Handelsrecht überlässt die Art der Verteilung der abzuschreibenden Kosten über die Nutzungsdauer weitgehend dem Ermessen des Kaufmanns. Verlangt wird nur, dass die gewählte Methode zu einer sinnvollen, nicht willkürlichen Verteilung der Kosten unter Berücksichtigung des Vorsichtsprinzips führt. In der Praxis kann ein Ausnutzen dieser handelsrechtlichen Wahlrechte ein Abweichen der Handels- von der Steuerbilanz zur Folge haben, wenn steuerrechtlich die gewählte Abschreibungsmethode nicht zulässig ist oder umgekehrt. Eine Abweichung von Handels- und Steuerbilanz ergibt sich auch dann, wenn unter Beachtung der Formerfordernisse des § 5 Abs. 1 EStG ein steuerrechtliches Abschreibungswahlrecht gezielt abweichend von der Abschreibungsmethode in der Handelsbilanz ausgeübt wird.

Bezeichnung	Beschreibung	Handelsrecht	Steuerrecht
Lineare Abschreibung	Abschreibung in gleich bleibenden Jahresbeträgen	zulässig	zulässig
Degressive Abschreibung	Abschreibung in fallenden Jahresbeträgen		
	– Geometrisch-degressive Abschreibung (gleich bleibender Prozentsatz auf den jeweiligen Restbuchwert)	zulässig	nur für bewegl. WG mit Anschaffung oder Herstellung vor 2008 oder in den Jahren 2009 und 2010 zulässig
	– Abschreibung in fallenden Staffelsätzen	zulässig	nur für bestimmte unbew. WG mit Kaufvertrag oder Herstellungsbeginn vor 2006 zulässig

Bezeichnung	Beschreibung	Handelsrecht	Steuerrecht
Progressive Abschreibung	Abschreibung mit steigenden Jahresbeträgen	in Ausnahmefällen zulässig	nicht zulässig
Abschreibung nach Leistung	Abschreibung durch Verteilung der Anschaffungs- oder Herstellungskosten nach Anteil der Periodenleistung zur Gesamtleistung	ja	für bewegl. WG zulässig, wenn wirtschaftlich begründet
Sofortabschreibung geringwertiger Wirtschaftsgüter	bei beweglichen, einer selbständigen Nutzung fähigen Anlagegütern mit Einstandskosten von max. 410 €	zulässig	zulässig
Poolabschreibung geringwertiger Wirtschaftsgüter	bei beweglichen, einer selbständigen Nutzung fähigen Anlagegütern mit Einstandskosten von mehr als 150 € und maximal 1 000 €	in Ausnahmefällen zulässig	zulässig
Erhöhte Absetzungen	durch Steuerrecht zugelassene Abschreibungssätze, die nicht durch die Nutzungsdauer bestimmt werden	nicht zulässig	zulässig
Sonderabschreibungen	durch Steuerrecht zugelassene, nicht durch die Nutzungsdauer bestimmte Abschreibungen, die neben die planmäßigen Abschreibungen tritt	nicht zulässig	zulässig

Bei der Wahl der Abschreibungsmethoden ist § 5 Abs. 1 EStG zu beachten. Danach sind grundsätzlich steuerrechtliche Wahlrechte bei der Gewinnermittlung in Übereinstimmung mit der handelsrechtlichen Jahresbilanz auszuüben, soweit nicht ein steuerrechtliches Wahlrecht bewusst anders ausgeübt werden soll. In diesem Fall sind die nicht mit dem handelsrechtlichen Wert in der Steuerbilanz ausgewiesenen Wirtschaftsgüter in besondere, laufend zu führende Verzeichnisse aufzunehmen. In diesen Verzeichnissen müssen neben dem Tag der Anschaffung oder Herstellung, den Anschaffungs- oder Herstellungskosten auch die Vorschriften des steuerlichen Wahlrechts und die vorgenommenen Abschreibungen aufgezeichnet werden. Wird bei einem bestehenden Wahlrecht das Verzeichnis nicht ordnungsgemäß geführt, sind nur die handelsrechtlich zulässigen Abschreibungen in der steuerlichen Gewinnermittlung möglich. Ist eine steuerrechtliche Abschreibungsmethode vorgeschrieben, die von der handelsrechtlichen abweicht, sind die genannten Verzeichnisse nicht zwingend zu führen (z.B. Gebäude-AfA, AfA auf den Geschäftswert).

Aus bilanzpolitischer Sicht können unterschiedliche Abschreibungsmethoden geboten sein, je nachdem, welche konkrete Zielsetzung im Vordergrund steht. Im Einzelnen können v.a. folgende Gesichtspunkte eine Rolle spielen:

Ziel	Methode
Aufwandsvorverlagerungen (Bildung stiller Reserven)	Es empfehlen sich degressive Abschreibungen, Sonderabschreibungen und erhöhte Absetzungen, die zunächst zu einem höheren Abschreibungsaufwand führen. Die Aufwandsvorverlagerung berücksichtigt außerdem die Risiken der wirtschaftlichen Entwertung durch technischen Fortschritt, Nachfrageverschiebungen usw.
Aufwandsverschiebung in die Zukunft	Sieht man von der selten angewandten progressiven Abschreibungsmethode ab, kommt hier die lineare Abschreibung in Betracht.
Gleichmäßige Aufwandsbelastung der Rechnungsperioden durch das Anlagegut	Steigen die Reparaturaufwendungen während der Nutzungsdauer stärker an, dann führt u.U. die degressive Abschreibung zu einer Glättung der Gesamtbelastung pro Periode. Bleiben die Reparaturaufwendungen für bestimmte Anlagen während der Nutzungsdauer in etwa gleich, so bietet sich die lineare Abschreibung an.
Möglichst zutreffende Darstellung der Vermögenslage	Bei beweglichen Anlagegütern wird hier in der Handelsbilanz oft zum zutreffenden Ausweis des Zeitwerts die degressive Abschreibung vorzuziehen sein, bei immateriellen Anlagegütern kann dagegen u.U. die lineare Abschreibung zweckentsprechender eingesetzt werden (steuerrechtlich vorgeschrieben).
Bilanzpolitische Strategie der Ergebnisglättung	Bei geeigneten Wirtschaftsgütern führt die Abschreibung nach der Leistung zu einer geglätteten Erlös-Aufwands-Verteilung. Die Abschreibungen werden so zu variablen Kosten. Vermieden wird dabei der Mangel der zeitabhängigen Abschreibung, dass auf Perioden mit hoher Produktivität relativ geringe Abschreibungen pro Leistungseinheit verrechnet werden, während Perioden mit wenig Produktivität relativ hohe Abschreibungsbeträge zu tragen haben. Kommt die Leistungs-AfA nicht in Betracht, können ggf. mit Sonderabschreibungen und deren unterschiedlich hohe Inanspruchnahme im Begünstigungszeitraum zur Ergebnisglättung eingesetzt werden.

2. Änderung der Abschreibungsmethode

121   Sind die Voraussetzungen für mehrere Abschreibungsmethoden erfüllt, kann der Unternehmer das Abschreibungsverfahren bei Abschreibungsbeginn wählen. An die gewählte Abschreibungsmethode ist er grundsätzlich für die gesamte Nutzungsdauer des Wirtschaftsguts gebunden. Eine rückwirkende Änderung der Abschreibungsmethode ist zudem steuerrechtlich nicht mehr möglich, wenn die Steuerfestsetzung des

Jahres der Anschaffung, Herstellung oder Einlage des Wirtschaftsguts verfahrensrechtlich nicht mehr änderbar ist oder die Änderung der Wahlrechtsausübung zu einer unzulässigen Bilanzänderung i.S.d. § 4 Abs. 2 EStG führen würde.

Änderungen der Abschreibungsmethode können ihre Ursache in verschiedenen Sachverhalten und Überlegungen haben. Ein bestimmter Vermögensgegenstand wird in einer Periode nach einer anderen Methode abgeschrieben als in der vorangegangenen Periode. Dies wird wegen des Grundsatzes der Bewertungsstetigkeit (§ 252 Abs. 1 Nr. 6 HGB) nur in Ausnahmefällen in Betracht kommen, etwa wenn sich die Art und Weise der Nutzung einer Anlage ändert.

Eine Änderung der Abschreibungsmethode bei einem Anlagegut kann im Zusammenhang mit anderen Vorgängen geboten sein:

– Die geschätzte Nutzungsdauer ändert sich. Wird z.B. die Nutzungsdauer verkürzt, ist es u.U. zweckmäßig, von der degressiven zur linearen Abschreibung überzugehen.

– Die Abschreibungsbasis ändert sich nachträglich. Werden z.B. durch eine steuerliche Betriebsprüfung Nachaktivierungen bei einem Anlagegut vorgenommen, kann es zum Ausgleich der sich dadurch ergebenden Gewinnerhöhungen angebracht sein, bei dem betreffenden Anlagegut im Wege der Bilanzänderung anstelle der ursprünglich gewählten linearen Abschreibung nunmehr die degressive Methode anzuwenden.

Ein Methodenwechsel liegt auch vor, wenn bei neu zugegangenen Gegenständen eine andere Abschreibungsmethode als bei bereits vorhandenen gleichartigen Gegenständen zur Anwendung kommt. Das kann sich sowohl auf die Abschreibung im Zugangsjahr als auch auf die Art der Verteilung der Anschaffungs- oder Herstellungskosten über die Nutzungsdauer beziehen. Hier ist der Grundsatz der Bewertungsstetigkeit zu beachten, von dem aber so viele Ausnahmen für zulässig erachtet werden, dass sich Methodenänderungen meistens rechtfertigen lassen.

Bei der degressiven Abschreibung beweglicher Wirtschaftsgüter verbleibt gegen Ende der betriebsgewöhnlichen Nutzungsdauer zwangsläufig ein Restwert, der in dieser Methode nicht abschreibbar ist. Die Vollabschreibung des Vermögenswerts lässt sich nur durch einen Übergang zur linearen Abschreibung erreichen. Steuerrechtlich ist ein solcher Übergang jederzeit zulässig, so dass auch dann und ohne weitere Begründung zur linearen AfA gewechselt werden kann, wenn diese zu höheren Abschreibungsbeträgen führt als die degressive AfA.

Steuerrechtlich bestehen zudem gesetzliche Einschränkungen bezüglich eines Wechsels der Abschreibungsmethode. Zulässig ist ein späterer Wechsel in folgenden Fällen:

bei beweglichen Wirtschaftsgütern	von der linearen AfA zu erhöhten Absetzungen bis zum Ablauf des Begünstigungszeitraums
	von erhöhten Absetzungen zur linearen (Mindest-)AfA während des Begünstigungszeitraums
	von der degressiven AfA zur linearen AfA
bei Gebäuden	von der linearen AfA zu erhöhten Absetzungen bis zum Ablauf des Begünstigungszeitraums
	von erhöhten Absetzungen zur linearen (Mindest-)AfA
	von der degressiven AfA zu erhöhten Absetzungen

Nicht zulässig ist ein Wechsel zwischen den einzelnen Abschreibungsmethoden:

bei beweglichen Wirtschaftsgütern	von der linearen AfA zur degressiven AfA
	von der degressiven AfA zu erhöhten Absetzungen
	von erhöhten Absetzungen zur degressiven AfA
bei Gebäuden	von der linearen AfA zur degressiven AfA
	von erhöhten Absetzungen zur degressiven AfA
	von der degressiven AfA zur linearen AfA
	von einer Art der degressiven AfA zu einer anderen Art der degressiven AfA

Erforderlich ist jedoch ein Wechsel zwischen den einzelnen Abschreibungsverfahren, wenn für ein zunächst gewähltes Abschreibungsverfahren in einem folgenden Jahr einzelne gesetzliche Voraussetzungen nicht mehr erfüllt werden. Dies kann der Fall sein:

- bei beweglichen Wirtschaftsgütern, die aus dem Betriebsvermögen in das Privatvermögen überführt worden sind, von der degressiven AfA oder Leistungs-AfA zur linearen AfA;
- bei Gebäuden, die aus dem Betriebsvermögen in das Privatvermögen oder aus dem Privatvermögen in das Betriebsvermögen überführt worden sind, von der degressiven AfA zur linearen AfA;
- bei Gebäuden, die nach Wegfall einer Nutzung zu Wohnzwecken nicht mehr die Voraussetzungen des § 7 Abs. 5 Satz 1 Nr. 3 EStG erfüllen, von der degressiven AfA zur linearen AfA nach § 7 Abs. 4 EStG;
- bei Gebäuden, die nach Wegfall einer betrieblichen Nutzung nicht mehr die Voraussetzungen als sog. Wirtschaftsgebäude i.S.d. § 7 Abs. 5 Satz 1 Nr. 1 EStG erfüllen, von der degressiven AfA zur linearen AfA nach § 7 Abs. 4 EStG;
- bei allen Wirtschaftsgütern nach Ablauf eines Begünstigungszeitraums von den Sonderabschreibungen oder von den erhöhten Absetzungen zur linearen AfA (§ 7a Abs. 9 EStG).

Außerdem kann innerhalb der linearen AfA für Gebäude des Betriebsvermögens ein Wechsel zwischen den Abschreibungssätzen von 4 oder 3 % einerseits und 2 und 2,5 % andererseits erforderlich sein, wenn ein Gebäude

- erstmals Wohnzwecken dient oder
- die Zweckbestimmung als Wohnung aufgegeben und das Gebäude anderweitig betrieblich genutzt wird oder
- vom Betriebsvermögen ins Privatvermögen oder umgekehrt überführt wird.

IX. Abschreibung im Zugangsjahr

122 Die planmäßigen Abschreibungen im Zugangsjahr sind grundsätzlich nach der Prorata-temporis-Methode zu berechnen. Dabei ist im Zugangsjahr nur der Teil des auf ein Jahr entfallenden Abschreibungsbetrags abzusetzen, der dem Zeitraum zwischen dem Zugang des Anlageguts und dem Jahresende entspricht. Bei Anschaffung oder Herstellung ab 1.1.2004 ist es vorgeschrieben, die Abschreibung nach Monaten (statt nach Tagen) und den Monat der Lieferung oder Fertigstellung als vollen Monat zu berücksichtigen.

X. Unterlassene und überhöhte Abschreibungen

Wurden Abschreibungen unterlassen, zu niedrig oder überhöht vorgenommen, ist grundsätzlich der Bilanzansatz des Wirtschaftsguts zu ändern. Eine rückwirkende Änderung kommt **steuerrechtlich** allerdings nur in Betracht, wenn und soweit die Steuerfestsetzungen **verfahrensrechtlich noch änderbar** sind. Ist dies nicht der Fall, ist die Korrektur in der ersten noch änderbaren Steuerfestsetzung, im Zweifel in der folgenden Steuerfestsetzung vorzunehmen. Die Korrektur ist in diesen Fällen steuerrechtlich wie folgt durchzuführen:

123

Willkürlich zur Erlangung von Steuervorteilen unterlassene Abschreibungen dürfen nicht nachgeholt werden. Der Bilanzansatz des betroffenen Wirtschaftsguts wird in der Eröffnungsbilanz des ersten noch änderbaren Jahres unter Durchbrechung des Grundsatzes des Bilanzzusammenhangs auf den Wert korrigiert, der sich bei zutreffenden Abschreibungen ergeben hätte.

Bei einem durch eine Fehlerberichtigung erstmals bilanzierten Wirtschaftsgut des notwendigen Betriebsvermögens wird der Wert eingebucht, der sich bei zutreffendem Bilanzausweis und Abschreibung ergeben hätte. Die in der Vergangenheit an sich angefallenen Abschreibungsbeträge können nicht nachgeholt werden.[1] Wegen des Prinzips der Gesamtgewinngleichheit gilt dies auch bei der Gewinnermittlung durch Einnahmen-Überschussrechnung nach § 4 Abs. 3 EStG, wenn das Wirtschaftsgut zunächst nicht als Betriebsvermögen erfasst wurde.[2]

Bei versehentlich unterbliebenen, zu niedrigen oder überhöhten Abschreibungen bei Gebäuden, die mit typisierten Prozentsätzen nach § 7 Abs. 4 Satz 1 EStG oder § 7 Abs. 5 EStG abgeschrieben werden, erfolgt keine Korrektur der jährlichen AfA-Beträge. Ein Ausgleich erfolgt am Ende der Abschreibungszeit, die entsprechend abgekürzt oder verlängert wird. Wurde die Bemessungsgrundlage falsch ermittelt, wird in der Zukunft von der zutreffenden Bemessungsgrundlage abgeschrieben, was ebenfalls zu Verlängerung oder Verkürzung der Abschreibungsdauer führt.

Bei anderen Wirtschaftsgütern führen versehentlich unterbliebene, zu niedrige oder überhöhte Absetzungen dazu, dass ab dem ersten noch änderbaren Wirtschaftsjahr der Restwert des Wirtschaftsguts auf die verbleibende Restnutzungsdauer verteilt wird.

Handelsrechtlich muss eine Berichtigung des bisherigen Abschreibungsplans erfolgen, wenn festgestellt wird, dass die bisherigen Abschreibungen unzutreffend waren. Bei in der Vergangenheit zu niedrigen oder unterbliebenen Abschreibungen kann die Berichtigung auf zweifache Weise vorgenommen werden:

– Es erfolgt zunächst eine außerplanmäßige Abschreibung in Höhe der bisher zu niedrig berechneten Abschreibungen. Der danach noch verbleibende Restbuchwert wird auf die sich nunmehr ergebende Restnutzungsdauer verteilt.

– Der im Zeitpunkt der Fehlerfeststellung vorhandene Restbuchwert wird auf die verbleibende Restnutzungsdauer verteilt.

Wurden Abschreibungen in der Vergangenheit zu hoch ausgewiesen, ist eine Korrektur innerhalb der Nutzungsdauer nicht möglich. Eine Verteilung des Restwerts auf die Restnutzungsdauer würde zu Abschreibungsbeträgen führen, die unter den Mindestabschreibungsbeträgen des § 7 Abs. 1 EStG lägen. In diesen Fällen unterbleibt deshalb eine Berichtigung für die Vergangenheit. Die Wirtschaftsgüter werden zukünftig mit den zutreffenden AfA-Sätzen abgeschrieben, so dass die Vollabschreibung des Wirtschaftsguts bereits vor Ablauf der Nutzungsdauer eintritt.

---

1) BFH v. 24.10.2001, X R 153/97, BStBl II 2002, 75.
2) BFH v. 22.6.2010, VIII R 3/08, BStBl II 2010, 1035.

XI. Außerplanmäßige Abschreibungen

1. Abschreibungen gemäß Niederstwertprinzip

124 Treten beim Anlagevermögen außerordentliche, dauerhafte Wertminderungen ein, besteht die Pflicht zur Vornahme entsprechender außerplanmäßiger Abschreibungen auf den Teilwert. Bei Finanzanlagen besteht nach § 253 Abs. 3 Satz 4 HGB ein Wahlrecht zur außerplanmäßigen Abschreibung auch bei voraussichtlich nicht dauerhaften Wertminderungen. Bei anderen Vermögensgegenständen sind solche außerplanmäßigen Abschreibungen bei nicht dauerhafter Wertminderung nicht zulässig.

In der Steuerbilanz sind im Anlagevermögen außerplanmäßige Abschreibungen in Form von Teilwertabschreibungen nur bei voraussichtlich dauerhaften (nachhaltigen) Wertminderungen zulässig.

Den handelsrechtlichen außerplanmäßigen Abschreibungen auf den niedrigeren beizulegenden Wert entsprechen steuerrechtlich die Absetzungen für außergewöhnliche technische und wirtschaftliche Abnutzung und die Teilwertabschreibung. Wurde auf die abzuwertenden Anlagegüter die degressive Abschreibung als normale Abschreibung vorgenommen, ist bei beweglichen Anlagegütern eine Absetzung für außergewöhnliche Abnutzung nach § 7 Abs. 2 Satz 4 EStG nicht zulässig. Diese Beschränkung ist allerdings nicht von großer praktischer Bedeutung, weil vielfach gleichzeitig auch die Voraussetzungen für eine Teilwertabschreibung gegeben sein dürften, deren Anwendungsbereich nicht auf eine solche Weise eingeengt ist. Wegen der unterschiedlichen Auswirkungen auf ein evtl. Gebot zur Wertaufholung ist genau zwischen einer AfaA und einer Teilwertabschreibung zu unterscheiden.

Die Bemessung der außerplanmäßigen Abschreibungen hat dem Gebot vorsichtiger Bewertung zu entsprechen. Abschreibungen sind im Zweifel eher höher als niedriger vorzunehmen. Im Einzelnen kann die Abschreibung v.a. durch die in der folgenden Übersicht aufgeführten Gründe und Faktoren ausgelöst bzw. beeinflusst sein.

Sachverhalt	Beispiel
Außergewöhnliche technische Abnutzung (steuerrechtlich AfaA)	Z.B. Brand, Explosion, Hochwasser, Schwammbildung, Korrosion durch besondere Umwelteinflüsse, unsachgemäße Bedienung der Anlage.
Unrentabilität bzw. außergewöhnliche wirtschaftliche Abnutzung des Anlageguts (steuerrechtlich AfaA)	Verringerte Rentabilität des Anlageguts durch mangelnde Auslastung, durch Nachfrageverschiebungen bzw. Preisverfall auf den zugehörigen Absatzmärkten, Veränderungen bei den Verkehrsverhältnissen, Anwendung von inzwischen technisch und wirtschaftlich überholten Produktionsverfahren, eingeschränkte Nutzungsmöglichkeit wegen unerwarteter behördlicher Umweltschutzauflagen.
Gesunkene Wiederbeschaffungskosten (steuerrechtlich Teilwertabschreibung)	Die Wiederbeschaffungskosten sind unter den bisherigen Restbuchwert gefallen. Das kann auf gesunkenen Marktpreisen beruhen oder auf der Tatsache, dass die bisherigen planmäßigen Abschreibungen zu niedrig waren.

Sachverhalt	Beispiel
Der Einzelveräußerungspreis ist unter den bisherigen Restbuchwert gesunken (steuerrechtlich Teilwertabschreibung)	Da Anlagegegenstände prinzipiell dazu bestimmt sind, dauernd dem Geschäftsbetrieb des Unternehmens zu dienen, ist der Einzelveräußerungspreis nur im Ausnahmefall zur Bestimmung des niedrigeren Stichtagswerts heranzuziehen, z.B. bei vorgesehener Veräußerung oder bei dauernd stillgelegten Anlagen.
Fehlmaßnahme (steuerrechtlich Teilwertabschreibung)	Als Fehlmaßnahme ist eine Investition zu werten, wenn ihr wirtschaftlicher Nutzen bei objektiver Betrachtung deutlich hinter den Anschaffungs- oder Herstellungskosten zurückbleibt, z.B. bei überdimensionierten Anlagen. In diesem Fall entspricht der beizulegende Wert grundsätzlich den Investitionskosten für eine richtig dimensionierte Anlage. Bis zu diesem niedrigeren Wert muss eine außerplanmäßige Abschreibung erfolgen.

Eine Wertminderung ist nicht mehr nur vorübergehend, wenn der beizulegende Wert voraussichtlich während eines erheblichen Teils der weiteren Nutzungsdauer unter dem planmäßigen Restbuchwert liegt. Bei abnutzbaren Anlagegütern wird von der Finanzverwaltung die Grenze zwischen „vorübergehend" und „dauernd" bei der Hälfte der Restnutzungsdauer gezogen.[1]

Beispiel:

A hat eine Maschine des Anlagevermögens mit einer betriebsgewöhnlichen Nutzungsdauer von zehn Jahren zu Anschaffungskosten von 200 000 € im Januar 01 erworben. Die Maschine wird linear abgeschrieben. Im Jahr 04 sinkt der Teilwert der Maschine auf 80 000 €.

Ende des Jahres 04 beträgt der Buchwert unter Berücksichtigung der planmäßigen Abschreibungen 1 200 000 €, die Restnutzungsdauer beträgt sechs Jahre. Nach Ablauf der Hälfte der verbleibenden Restnutzungsdauer (Ende 07) würde der Buchwert bei 60 000 € liegen. Da der Wert der Maschine somit mindestens für die Hälfte der Restnutzungsdauer unter dem Buchwert unter Berücksichtigung planmäßiger Abschreibungen liegt, ist nicht von einer dauerhaften Wertminderung auszugehen. Eine Teilwertabschreibung ist steuerrechtlich nicht zulässig.

Für das Absinken des Teilwerts trägt der Stpfl. die objektive Feststellungslast. Ein unter den vermuteten Werten liegender Teilwert ist nachzuweisen. Dieser Nachweis erfordert, dass die behaupteten wertmindernden Tatsachen objektiv feststellbar sind (R 6.7 Abs. 1 Satz 6 EStR 2012).

Bei **nicht abnutzbaren Anlagegütern** muss grundsätzlich eher eine dauernde Wertminderung angenommen werden, weil durch die fehlende planmäßige Abschreibung keine automatische Korrektur eines möglichen Bewertungsfehlers stattfindet. Kursschwankungen von börsennotierten Wirtschaftsgütern des Anlagevermögens rechtfertigen dabei grundsätzlich nicht die Annahme einer voraussichtlich dauerhaften Wertminderung. Liegen aber zum Zeitpunkt der Bilanzerstellung keine konkreten Anhaltspunkte für eine alsbaldige Wertaufholung vor, ist bei einem Absinken des Börsenwerts unter den bisherigen Bilanzansatz von einer voraussichtlich dauerhaften Wertminde-

---

1) BMF v. 25.2.2000, IV C 2, S 2171b, 14/00, BStBl I 2000, 372; BFH v. 14.3.2006, I R 22/05, BStBl II 2006, 680.

rung auszugehen.[1] Davon ist auszugehen, wenn der Börsenwert am Bilanzstichtag mehr als 5 % unter der Notierung beim Erwerb liegt.[2]

Bei Wirtschaftsgütern des Umlaufvermögens ist von einer dauerhaften Wertminderung auszugehen, wenn die Wertminderung zumindest bis zum Zeitpunkt der Aufstellung der Bilanz oder dem vorangegangenen Verkaufs- oder Verbrauchszeitpunkt anhält. Allgemeine Marktentwicklungen, z.B. in Form von Kursschwankungen bei börsennotierten Wirtschaftsgütern des Umlaufvermögens, sind in die Beurteilung einzubeziehen, wenn sie bis zum Bilanzstichtag eintreten.

2. Steuerrechtliche Sonderabschreibungen und erhöhte Absetzungen

a) Wirkung von Sonderabschreibungen und erhöhten Absetzungen

125 Auch steuerrechtliche Sonderabschreibungen und erhöhte Absetzungen gehören zu den außerplanmäßigen Abschreibungen. Nach der Änderung des HGB durch das BilMoG dürfen sie nicht bei der Erstellung der Handelsbilanz berücksichtigt werden, weil sie zu einer Verfälschung der tatsächlichen Ertrags- und Vermögenslage des Unternehmens führen. Sie stehen in keinem Zusammenhang mit tatsächlichen Wertminderungen der Anlagegüter. Vielmehr sind sie ein Instrument der staatlichen Wirtschaftspolitik zur Beeinflussung unternehmerischer Entscheidungen. Im Einzelnen ist wie folgt zu unterscheiden:

Sonderabschreibungen: Es handelt sich um Abschreibungen neben den Normalabschreibungen. Beispiel: § 7g Abs. 5 EStG zur Förderung kleiner und mittlerer Betriebe.

Erhöhte Absetzungen: Solche Abschreibungen treten an die Stelle der Normalabschreibungen. Beispiel: § 7i EStG (Baudenkmäler). Außerplanmäßigen Charakter haben diese Abschreibungen nur insoweit, wie sie die ansonsten abzusetzenden planmäßigen Abschreibungen übersteigen.

Liegen die gesetzlichen Voraussetzungen vor, besteht ein Wahlrecht, Sonderabschreibungen in Anspruch zu nehmen. Das Wahlrecht wird durch das Stetigkeitsprinzip nicht eingeschränkt. Sonderabschreibungen können also im Zeitablauf mehrerer Wirtschaftsjahre bzw. bei den in Betracht kommenden Anlagegütern uneinheitlich erfolgen. Sie eignen sich deshalb in besonderem Maße zur **bilanzpolitischen Ergebnissteuerung**.

Erhöhte Absetzungen sind dagegen regelmäßig als lineare Abschreibungen ausgestaltet. Verteilungswahlrechte bestehen im Gegensatz zu Sonderabschreibungen nicht. Allerdings bestehen regelmäßig Wahlrechte, erhöhte Absetzungen in den verschiedenen Wirtschaftsjahren in unterschiedlicher Höhe in Anspruch zu nehmen. Dies erfordert, dass das Wirtschaftsgut während der Berücksichtigung dieser Steuervergünstigungen zumindest in Höhe der ansonsten vorzunehmenden linearen AfA abgeschrieben wird (§ 7a Abs. 3 EStG).

b) Sonderabschreibungen nach § 7g Abs. 5 EStG

126 Erhebliche Gestaltungsräume bieten die Sonderabschreibungen nach § 7g Abs. 5 EStG im Zusammenspiel mit dem Investitionsabzugsbetrag nach § 7g Abs. 1 EStG. Von Bedeutung ist hierbei insbesondere, dass im Jahr der Anschaffung oder Herstellung des Wirtschaftsguts die gewinnerhöhende Auflösung des Investitionsabzugsbetrags (max. 40 % der voraussichtlichen Anschaffungs- oder Herstellungskosten) durch eine Herabsetzung der Anschaffungs- oder Herstellungskosten des Wirtschaftsguts

---

1) BFH v. 26.9.2007, I R 58/06, BStBl II 2009, 294.
2) BFH v. 21.9.2011, I R 89/10, BStBl 2014 II, 612, zu börsennotierten Aktien; BFH v. 21.9.2011, I R 7/11, BStBl 2014 II, 616, zu Anteilen an Aktien-Investmentfonds.

vollständig kompensiert werden können. Diese Herabsetzung der Anschaffungs- oder Herstellungskosten hat gleichzeitig eine Minderung der AfA-Bemessungsgrundlage und des verbleibenden AfA-Volumens zur Folge. Diese Minderung der Anschaffungs- oder Herstellungskosten hat somit dieselbe Auswirkung wie außerplanmäßige Abschreibungen im Jahr der Anschaffung oder Herstellung. Zusätzlich bietet § 7g Abs. 5 EStG die Möglichkeit, neben der linearen oder degressiven AfA innerhalb eines fünfjährigen Begünstigungszeitraums Sonderabschreibungen bis zur Höhe von 20 % der um den Herabsetzungsbetrag geminderten Anschaffungs- oder Herstellungskosten vorzunehmen. Die Verteilung dieser Sonderabschreibungen innerhalb des Begünstigungszeitraums ist beliebig. Investitionsabzugsbetrag, Herabsetzungsbetrag und Sonderabschreibungen bieten damit ein hervorragendes Gestaltungsmittel insbesondere zur Glättung des Betriebsergebnisses und zur Verringerung von Progressionsnachteilen.

Beispiel:
A plant bereits im Jahr 2013, im Jahr 2015 eine Maschine mit geschätzten Anschaffungskosten von 200 000 € und einer Nutzungsdauer von zehn Jahren zu erwerben. Der Betrieb des A erfüllt die Größenmerkmale des § 7g Abs. 1 Satz 2 EStG. A nimmt im Jahr 2013 einen Investitionsabzugsbetrag i.H.v. 80 000 € in Anspruch. Im Januar 2015 wird die Maschine erworben. Die tatsächlichen Anschaffungskosten betragen 220 000 €.

Im Jahr 2015 ist in Höhe des im Jahr 2013 in Anspruch genommen Investitionsabzugsbetrags eine Hinzurechnung zum Gewinn i.H.v. 40 % der Anschaffungskosten, höchstens in Höhe des in Anspruch genommenen Investitionsabzugsbetrags vorzunehmen. Das Betriebsergebnis des A erhöht sich im Jahr 2015 außerhalb der Bilanz somit um 80 000 €. Die weitere Vorgehensweise ist abhängig von der Gewinnsituation des Unternehmens im Jahr 2015 und von der zu schätzenden Ertragslage in den Jahren 2016 bis 2019.

Im Jahr 2015 können die Anschaffungskosten der Maschine nach § 7g Abs. 2 Satz 2 EStG um 40 %, höchstens jedoch in Höhe des Hinzurechnungsbetrags von 80 000 € herabgesetzt werden. Der Höchstbetrag braucht nicht voll ausgeschöpft zu werden. Jeder Zwischenwert ist zulässig. Der Herabsetzungsbetrag mindert die AfA-Bemessungsgrundlage auch hinsichtlich der Sonderabschreibungen, die in den Jahren 2015 bis 2019 zulässig sind.

Möglich sind z.B. folgende Modellrechnungen:

	Vollständige Herabsetzung, max. Sonder-AfA	Begrenzung der Herabsetzung, max. Sonder-AfA	Vollständige Herabsetzung, Verteilung der Sonder-AfA	Begrenzung der Herabsetzung, Verschiebung der Sonder-AfA
Anschaffungskosten 2015	220 000 €	220 000 €	220 000 €	220 000 €
Herabsetzung	./. 80 000 €	./. 20 000 €	./. 80 000 €	./. 20 000 €
AfA-Bemessungsgrundlage	140 000 €	200 000 €	140 000 €	200 000 €
Sonder-AfA 2015	./. 28 000 €	./. 40 000 €	./. 5 600 €	
Lineare AfA 2015	./. 14 000 €	./. 20 000 €	./. 14 000 €	./. 20 000 €
Buchwert 31.12.2015	98 000 €	140 000 €	120 400 €	180 000 €
Sonder-AfA 2016			./. 5 600 €	./. 20 000 €
Lineare AfA 2016	./. 14 000 €	./. 20 000 €	./. 14 000 €	./. 20 000 €
Buchwert 31.12.2016	84 000 €	120 000 €	100 800 €	140 000 €

	Vollständige Herabsetzung, max. Sonder-AfA	Begrenzung der Herabsetzung, max. Sonder-AfA	Vollständige Herabsetzung, Verteilung der Sonder-AfA	Begrenzung der Herabsetzung, Verschiebung der Sonder-AfA
Sonder-AfA 2017			./. 5 600 €	
Lineare AfA 2017	./. 14 000 €	./. 20 000 €	./. 14 000 €	./. 20 000 €
Buchwert 31.12.2017	70 000 €	100 000 €	81 200 €	120 000 €
Sonder-AfA 2018			./. 5 600 €	./. 10 000 €
Lineare AfA 2018	./. 14 000 €	./. 20 000 €	./. 14 000 €	./. 20 000 €
Buchwert 31.12.2018	56 000 €	80 000 €	61 600 €	90 000 €
Sonder-AfA 2019			./. 5 600 €	./. 10 000 €
Lineare AfA 2019	./. 14 000 €	./. 20 000 €	./. 14 000 €	./. 20 000 €
Buchwert = Restwert 31.12.2019	42 000 €	60 000 €	42 000 €	60 000 €
Lineare AfA 2019–2023 je	8 400 €	12 000 €	8 400 €	12 000 €

Wie das Beispiel in der letzten Spalte zeigt, kann sowohl die Höhe des Herabsetzungsbetrags als auch die Verteilung der Sonderabschreibungen beliebig bestimmt werden. Zusätzlich besteht auch die Möglichkeit, die Sonderabschreibungen nicht in voller Höhe auszuschöpfen, was dann zu einem höheren Restwert und zu einer höheren Restwertabschreibung nach Ablauf des Begünstigungszeitraums führt.

XII. Bemessungsgrundlage für die Abschreibungen

1. Anschaffungs- und Herstellungskosten

127 Aufgabe der Abschreibungen ist es, die Anschaffungs- oder Herstellungskosten oder den an deren Stelle tretenden Wert auf die technische oder wirtschaftliche Nutzungsdauer des Vermögensgegenstands bzw. Wirtschaftsguts zu verteilen. Dementsprechend bemessen sich die Abschreibungen auch stets vorrangig nach den Anschaffungs- oder Herstellungskosten eines Wirtschaftsguts. Dies gilt uneingeschränkt für die lineare Abschreibung, für die Abschreibung nach der Leistung und für die Absetzungen für Substanzverringerung. Bei der degressiven Abschreibung auf bewegliche Wirtschaftsgüter ist Bemessungsgrundlage für die im jeweiligen Jahr vorzunehmende Abschreibung der zum Schluss des vorangegangenen Wirtschaftsjahrs ausgewiesene Restwert.

Bemessungsgrundlage für außerplanmäßige Abschreibungen ist stets der verbleibende Restwert des Vermögensgegenstands vor der Vornahme der außerplanmäßigen Abschreibung. Dabei sind zunächst die planmäßigen Abschreibungen zu berücksichtigen. Nur die danach noch verbleibende Wertminderung ist als außerplanmäßige Abschreibung anzusehen. Dies kann für die Frage einer evtl. späteren Wertaufholung bzw. Zuschreibung von Bedeutung sein, die nur für außerplanmäßige Abschreibungen, nicht jedoch für planmäßige Abschreibungen in Betracht kommt.

Beispiel:

Eine im Jahr 2012 für 200 000 € angeschaffte Maschine des Anlagevermögens mit einer betriebsgewöhnlichen Nutzungsdauer von zehn Jahren erleidet im Jahr 2015 durch einen Unfall eine dauerhafte Kapazitätseinbuße von ca. 50 %. Die Maschine wird linear abgeschrieben.

Der Buchwert der Maschine beträgt Ende 2015 120 000 €. Dieser Buchwert ist damit Bemessungsgrundlage für die vorzunehmende außerplanmäßige Abschreibung (steuerrechtlich: AfaA). Die außerplanmäßige Abschreibung ist somit i.H.v. 60 000 € vorzunehmen.

2. Einlage von Wirtschaftsgütern in das Betriebsvermögen

Bei der Einlage eines Wirtschaftsguts aus dem Privat- in das Betriebsvermögen ist Bemessungsgrundlage für die Abschreibungen grundsätzlich der nach § 6 Abs. 1 Nr. 5 EStG zu bestimmende **Einlagewert**. Wurde das Wirtschaftsgut allerdings vor der Einlage anderweitig zur Erzielung von steuerlich zu berücksichtigenden Einkünften verwendet, ist dieser Einlagewert für die Bemessung der Abschreibungen ohne Bedeutung.

128

Nach überholter Auffassung der FinVerw war die Bemessungsgrundlage wie folgt zu ermitteln:

    historische Anschaffungs- oder Herstellungskosten des Wirtschaftsguts
+   vor der Einlage angefallene nachträgliche Anschaffungs- oder Herstellungskosten
./. vor der Einlage bereits in Anspruch genommenen Abschreibungen
=   Bemessungsgrundlage für die Abschreibung

Nach Auffassung des BFH[1] ist die AfA-Bemessungsgrundlage dagegen wie folgt zu ermitteln:

    Einlagewert des Wirtschaftsguts
./. vor der Einlage bereits in Anspruch genommenen Abschreibungen
=   Bemessungsgrundlage für die Abschreibung

Der Einlagewert (= Buchwert zum Zeitpunkt der Einlage) und die Bemessungsgrundlage für die Abschreibung weichen in diesen Fällen bei beiden Berechnungen somit voneinander ab. Bei der Berechnung lt. BFH-Rechtsprechung verbleibt am Ende der Nutzungsdauer des Wirtschaftsguts ein keiner weiteren Abschreibung unterliegender Restwert, der den vor der Zuführung des Wirtschaftsguts zum Betriebsvermögen in Anspruch genommenen Abschreibungen entspricht. Dieser Restwert ist m.E. spätestens im Zeitpunkt des Ausscheidens des Wirtschaftsguts aus dem Betriebsvermögen gewinnmindernd auszubuchen.

Die FinVerw. hat sich der Auffassung des BFH grundsätzlich angeschlossen.[2] Sie ermittelt nun die AfA-Bemessungsgrundlage nach vier Fallgruppen, die sich wie folgt darstellen lassen:

---

1) BFH v. 18.8.2009, X R 40/06, BStBl II 2010, 961; BFH v. 28.10.2009, VIII R 46/07, BStBl II 2010, 964.
2) BMF v. 27.10.2010, IV C 3 – S 2190/09/10007, BStBl I 2010, 1204.

Einlagewert	AfA-Bemessungsgrundlage
≥ historische Anschaffungs- oder Herstellungskosten	Einlagewert abzgl. bisherige Abschreibungen
< historische Anschaffungs- oder Herstellungskosten und, ≥ fortgeführte Anschaffungs- oder Herstellungskosten	fortgeführte Anschaffungs- oder Herstellungskosten
< fortgeführte Anschaffungs- oder Herstellungskosten	ungeminderter Einlagewert
= höchstens Anschaffungs- oder Herstellungskosten nach § 6 Abs. 1 Nr. 5 Satz 1 Buchst. a EStG	ungeminderter Einlagewert

3. AfA nach Entnahme aus dem Betriebsvermögen

129 Die Entnahme eines Wirtschaftsguts aus dem Betriebsvermögen ist nach § 6 Abs. 1 Nr. 4 EStG mit dem Teilwert zu bewerten. Erfolgt die Entnahme im Rahmen einer Betriebsveräußerung oder -aufgabe, tritt an die Stelle des Teilwerts der gemeine Wert des Wirtschaftsguts (§ 16 Abs. 3 Satz 3 EStG). Wird das Wirtschaftsgut nach der Entnahme im Privatvermögen weiterhin zur Erzielung von Einkünften genutzt, ist der Teilwert bzw. gemeine Wert die zukünftige AfA-Bemessungsgrundlage. Die Abschreibung erfolgt bei beweglichen Wirtschaftsgütern nach der Restnutzungsdauer, bei Gebäude nach den Zeiträumen, die sich aus den typisierten Prozentsätzen des § 7 Abs. 4 EStG errechnen lassen. Die degressive Gebäude-AfA kommt nur in Betracht, wenn die Entnahme aus dem Betriebsvermögen im Jahr der Fertigstellung erfolgt, weil es ansonsten an einem anschaffungsähnlichen Vorgang im Jahr der Fertigstellung des Gebäudes fehlt.[1]

4. Berücksichtigung eines Restwerts

130 Abschreibungen sind grundsätzlich so zu bemessen, dass die Anschaffungs- oder Herstellungskosten nach Ablauf der Nutzungsdauer voll abgeschrieben sind (R 7.4 Abs. 3 Satz 1 EStR 2012). Ein Restwert oder Schrottwert darf i.d.R. nicht berücksichtigt werden. Lediglich bei Wirtschaftsgütern, die nach Ablauf der Nutzungsdauer noch einen erheblichen Restwert besitzen, ist dieser steuerrechtlich bereits bei der Bemessung der Abschreibung zu berücksichtigen (entschieden zum Schrottwert von Schiffen[2] und zum Schlachtwert von Tieren[3]). In der Praxis wird dazu bereits die AfA-Bemessungsgrundlage bei Abschreibungsbeginn um den voraussichtlichen Restwert gemindert und dieser anschließend bis zum vollständigen Verbrauch abgeschrieben. Bei anderen Wirtschaftsgütern ist ein Restwert bei der Bemessung der AfA grundsätzlich nicht zu berücksichtigen. Ein verkehrsüblicher Pkw besitzt z.B. keinen relevanten Schrottwert, der als Restwert zu berücksichtigen wäre.[4] Ggf. ist der nach Abschreibung verbleibende Restwert bei der Bildung einer Rückstellung für Rückbau- und Entsorgungsverpflichtungen (z.B. bei Windkraftanlagen) zu berücksichtigen.

---

1) BFH v. 8.11.1994, IX R 9/93, BStBl II 1995, 170.
2) BFH v. 7.12.1967, GrS 1/67, BStBl II 1968, 268; BFH v. 22.7.1971, IV R 74/66, BStBl II 1971, 800.
3) BFH v. 1.10.1992, IV R 97/91, BStBl II 1993, 284.
4) BFH v. 8.4.2008, VIII R 64/06, BFH/NV 2008, 1660.

Für Tiere sind nach Auffassung der FinVerw folgende Schlachterlöse als Erfahrungswerte zu berücksichtigen:[1]

- Pferde   400 €
- Kühe   550 €
- Zuchtsauen   150 €
- Mutterschafe   25 €
- Legehennen   0,40 €

Bei der Berechnung der AfA von See- und Küstenschiffen ist von folgenden Schrottwerten auszugehen:

- Schiffe bis 1 000 t   je t Gewicht 65 €
- Schiffe mit mehr als 1 000 t   je t Gewicht 90 €

5. Nachträgliche Anschaffungs- oder Herstellungskosten

Werden nach der Anschaffung oder Herstellung eines Wirtschaftsguts an diesem Maßnahmen durchgeführt, die zu aktivierungspflichtigen Aufwendungen führen (nachträgliche Anschaffungs- oder Herstellungskosten), ändert sich nicht nur der Buchwert des Wirtschaftsguts, sondern auch die Bemessungsgrundlage für die Abschreibungen. Wegen der unterschiedlichen Ausgestaltung der steuerrechtlichen Abschreibungen bei beweglichen und immateriellen Wirtschaftsgütern einerseits und Gebäuden andererseits ist auch die Auswirkung solcher Maßnahmen auf die AfA-Bemessungsgrundlage unterschiedlich.   **131**

Bewegliche und immaterielle Wirtschaftsgüter des Anlagevermögens werden nach der tatsächlichen Nutzungsdauer abgeschrieben. Bei Gebäuden gilt dies nur, wenn eine Nutzungsdauer glaubhaft gemacht werden kann, die unterhalb der den typisierten Abschreibungssätzen des § 7 Abs. 4 und 5 EStG zu Grunde liegenden Abschreibungszeiträumen liegt. Nachträgliche Anschaffungs- oder Herstellungskosten führen in diesen Fällen zu einer Erhöhung des Restbuchwerts im Zeitpunkt des Abschlusses der den Wert erhöhenden Maßnahmen. Die Summe aus Restbuchwert und nachträglichen Anschaffungs- oder Herstellungskosten wird somit zur neuen Bemessungsgrundlage für die Abschreibungen, die nach der ggf. neu zu schätzenden Restnutzungsdauer vorzunehmen sind.

Bei **Gebäuden**, die mit den typisierten Prozentsätzen nach § 7 Abs. 4 oder 5 EStG abgeschrieben werden, ist eine Berücksichtigung von nachträglichen Anschaffungs- oder Herstellungskosten in dieser Form nicht möglich, weil die typisierten Prozentsätze grundsätzlich nicht überschritten werden dürfen, solange keine kürzere Restnutzungsdauer nachgewiesen werden kann. Nachträgliche Anschaffungs- oder Herstellungskosten werden deshalb in diesen Fällen in der Weise berücksichtigt, dass die ursprüngliche Bemessungsgrundlage für die Abschreibungen um diese Aufwendungen erhöht und diese mit unverändertem Prozentsatz weiter abgeschrieben wird. Die Abschreibungsdauer verlängert sich dadurch über die sich aus den typisierten Abschreibungssätzen errechenbare Abschreibungsdauer hinaus.

Während der Nutzungsdauer eintretende Wertminderungen, die Anlass zu außerplanmäßigen Abschreibungen (Teilwertabschreibung oder AfaA) gewesen sind, werden entsprechend mit umgekehrter Wirkung auf die Bemessungsgrundlage für die Abschreibungen berücksichtigt. Auch hier erfolgen bei beweglichen und immateriellen Wirtschaftsgütern die weiteren Abschreibungen nach der verbleibenden Restnutzungsdauer. Bei Gebäuden, die nach typisierten AfA-Sätzen abgeschrieben werden,

---
[1] BMF v. 14.11.2001, IV A 6, S 2170 – 36/01, BStBl I 2001, 864.

ist die ursprüngliche Bemessungsgrundlage um die außerplanmäßigen Abschreibungen zu reduzieren. Das Gebäude ist sodann mit dem bisherigen Abschreibungssatz abzuschreiben, soweit nicht eine kürzere Restnutzungsdauer glaubhaft gemacht werden kann. Es kommt in diesen Fällen somit zu einer unter den aus § 7 Abs. 4 oder 5 EStG errechenbaren Zeiträumen liegenden Gesamtabschreibungsdauer.

Altersvorsorge

von Holm Geiermann

INHALTSÜBERSICHT

	Rz.
I. Private Altersversorgung	132–142
1. Einführung	132
2. Das Fördersystem Riester-Rente	133–140
a) Allgemeines	133
b) Begünstigter Personenkreis	134–140
3. Das Fördersystem Basisrente	141–142
a) Sonderausgabenabzug in der Ansparphase	141
b) Nachgelagerte Besteuerung der Basisrente	142
II. Gesetzliche Altersversorgung	143–147
1. Steuerliche Förderung in der Ansparphase	143–146
a) Grundsätzliches	143
b) Träger der gesetzlichen Rentenversicherung	144
c) Berücksichtigungsfähige Beiträge	145
d) Höhe der abziehbaren Sonderausgaben	146
2. Die Besteuerung in der Auszahlungsphase	147
III. Berufsständische Versorgungseinrichtungen	148–150
1. Steuerliche Förderung in der Ansparphase	148–149
a) Grundsätzliches	148
b) Vergleichbare Leistungen	149
2. Die Besteuerung in der Auszahlungsphase	150
IV. Betriebliche Altersversorgung	151–171
1. Begriff der betrieblichen Altersversorgung	151
2. Die Durchführungswege	152–171
a) Pensionskasse	152–155
b) Direktversicherung	156–159
c) Pensionsfonds	160–163
d) Direktzusage	164–167
e) Unterstützungskasse	168–171
V. Auslagerung von Direktzusagen aus der Bilanz	172–178
1. Vorbemerkung	172
2. Auslagerung auf einen Pensionsfonds	173–174
a) Allgemeines	173
b) Die steuerrechtlichen Auswirkungen	174
3. Auslagerung auf eine Unterstützungskasse	175–176
a) Allgemeines	175
b) Die steuerrechtlichen Auswirkungen	176

	Rz.
4. Auslagerung auf einen Pensionsfonds und eine Unterstützungskasse als Kombinationsmodell	177–178
a) Allgemeines	177
b) Die Auslagerung im Kombinationsmodell	178

I. Private Altersversorgung

1. Einführung

Mit der Entscheidung des BVerfG vom 6.3.2002[1] wurde der Gesetzgeber dazu verpflichtet, die Besteuerung der Altersbezüge spätestens ab 2005 neu zu regeln. Nach der Auffassung des BVerfG verstieß nämlich die frühere Rechtslage gegen den Gleichheitsgrundsatz des Art. 3 des Grundgesetzes. Beamte wurden im Vergleich zu Rentnern mit gesetzlichen oder diesen vergleichbaren Renten schlechter behandelt, indem die Pensionen voll, die Renten dagegen nur mit dem sogenannten Ertragsanteil versteuert werden. Dies führte zu unterschiedlichen Steuerbelastungen der verschiedenen Einkommen: 132

Die daraufhin einberufene „Rürup-Kommission" entwickelte sowohl eine Neuregelung zur Besteuerung der Altersbezüge als auch zur Abziehbarkeit von Altersvorsorgeaufwendungen.

Das daraus resultierende Gesetz zur Neuordnung der einkommensteuerrechtlichen Behandlung von Altersvorsorgeaufwendungen und Altersbezügen (Alterseinkünftegesetz – AltEinkG)[2] sollte die steuerliche Ungleichbehandlung beseitigen. Im Übrigen wurden mit diesem Gesetz aber auch die Rahmenbedingungen für die betriebliche Altersversorgung wesentlich verbessert.

In der nachfolgenden Zeit wurden die Fragen der Riester- und Rürup-Förderung sowie der betrieblichen Altersversorgung Gegenstand weiterer gesetzlicher Änderungen. Auf Grund dieser Neuregelungen ergaben sich aber erhebliche Zweifelsfragen, die mittlerweile die Finanzverwaltung mittels zahlreicher BMF-Schreiben, zuletzt mit Schreiben v. 22.7.2013 und den punktuellen Änderungen durch die Schreiben v. 13.1.2014 sowie 13.3.2014[3] weitestgehend gelöst hat.

Nachstehend wird ein Überblick über die zurzeit aktuellen Regelungen zur privaten Altersversorgung gegeben.

2. Das Fördersystem Riester-Rente

a) Allgemeines

Die Förderung der „Riester-Rente" basiert auf einer Kombination aus zwei Förderungen. Der Festsetzung einer Altersvorsorgezulage (§§ 83 ff. EStG) auf der einen, sowie dem Sonderausgabenabzug (§ 10a EStG) bei der Einkommensteuerveranlagung auf der anderen Seite. Dabei wird zunächst auf Antrag die progressionsunabhängige Zulage gewährt. Im Rahmen der Einkommensteuerveranlagung wird dann im Rahmen einer Günstigerprüfung für jeden Einzelnen ermittelt, ob der Sonderausgabenabzug eine über die Zulage hinausgehende steuerliche Entlastung mit sich bringt. Ist dies der Fall, wird der Sonderausgabenabzug gewährt und die zustehende Zulage 133

---

1) BVerfG v. 6.3.2002, 2 BvL 17/99, BStBl II 2002, 618.
2) Alterseinkünftegesetz vom 5.7.2004, BGBl. I 2004, 427.
3) BMF v. 24.7.2013, IV C 3 – S 2015/11/10002/IV C 5 – S 2333/09/10005, BStBl I 2013, 1022, v. 13.1.2014, IV C 3 – S 2015/11/10002 :018, BStBl I 2014, 97 und v. 13.3.2014, IV C 3 – S 2257-b/13/1009, BStBl I 2014, 554.

gegengerechnet. Ist der Sonderausgabenabzug ungünstiger, verbleibt lediglich die Festsetzung der Zulage.

b) Begünstigter Personenkreis

134 Zum begünstigten Personenkreis gehören alle rentenversicherungspflichtigen Arbeitnehmer (§ 10a Abs. 1 EStG i.V.m. § 79 Satz 1 EStG). Durch das Versorgungsänderungsgesetz 2001 hat der Gesetzgeber zum 1.1.2002 den begünstigten Personenkreis um Besoldungsempfänger nach den Beamtengesetzen erweitert (§ 10a Abs. 1 Satz 1 Halbsatz 2 EStG). Zu den begünstigten Personen gehören danach auch Beamte, Richter, Berufssoldaten und Soldaten auf Zeit. Zu den Pflichtversicherten der gesetzlichen Rentenversicherung gehören insbesondere: Arbeitnehmer in einem versicherungspflichtigen Beschäftigungsverhältnis bei einem privaten, öffentlichen oder kirchlichen Arbeitgeber.

Zu den begünstigten Personen gehörten bis zu den Änderungen auf Grund des Gesetzes zur Umsetzung steuerlicher EU-Vorgaben sowie zur Änderung steuerlicher Vorschriften auch Pflichtmitglieder in einem ausländischen gesetzlichen Alterssicherungssystem, wenn diese Pflichtmitgliedschaft in einem inländischen Alterssicherungssystem nach § 10a Abs. 1 Satz 1 oder 3 EStG vergleichbar war. Auf Grund der gesetzlichen Neuregelung gehören diese Personen ab dem 1.1.2010 jedoch nicht mehr zum nach § 10a EStG begünstigten Personenkreis. Für die Altfälle gilt eine Bestandsschutzregelung, die aufgrund des Gesetzes zur Verbesserung des nationalen Steuerrechts an den Beitritt Kroatiens zur EU und zur Änderung weiterer steuerrechtlicher Vorschriften mit Wirkung ab dem VZ 2014 in § 10a Abs. 6 EStG geregelt ist.[1] Bislang war die Bestandsschutzregelung in § 52 Abs. 24c EStG enthalten.

Für nicht dauernd getrennt lebende Ehegatten oder Lebenspartner einer eingetragenen Lebenspartnerschaft (nachfolgend Lebenspartner), bei denen nur einer zum förderfähigen Personenkreis gehört, besteht eine Sonderregelung. Danach erhält selbst der nicht zum begünstigten Personenkreis gehörende Ehegatte/Lebenspartner eine steuerliche Förderung beim Aufbau seiner eigenen privaten Altersvorsorge, wenn er einen eigenen Altersvorsorgevertrag abschließt (sog. abgeleiteter Zulageanspruch nach § 79 Satz 2 EStG).[2]

Beispiel:

D ist Gesellschafter-Geschäftsführer einer GmbH. Mit seiner Ehefrau hat die GmbH ebenfalls einen Arbeitsvertrag abgeschlossen, auf Grund dessen Beiträge zur gesetzlichen Rentenversicherung abgeführt werden.

In diesem Fall erhält auch der nicht rentenversicherungspflichtige Ehemann für seine Einzahlungen in einen eigenen Altersvorsorgevertrag eine Altersvorsorgezulage.

Für die Annahme einer mittelbaren Zulagenberechtigung reicht es allerdings nicht aus, wenn der unmittelbar zulageberechtigte Ehegatte/Lebenspartner über eine förderbare Versorgung i.S.d. § 82 Abs. 2 EStG bei einer Pensionskasse, einem Pensionsfonds oder einer Direktversicherung verfügt.[3] Der mittelbar berechtigte Ehegatte/Lebenspartner muss nach den Neuregelungen durch das Steuervereinfachungsgesetz 2011[4] auf diesen Vertrag im jeweiligen Beitragsjahr mindestens 60 € leisten (§ 79 Satz 2 EStG).

---

1) Steuervereinfachungsgesetz 2011 vom 1.11.2011, BGBl I 2014, 1266 ff.
2) BMF v. 24.7.2013, IV C 3 – S 2015/11/10002/IV C 5 – S 2333/09/10005, BStBl I 2013, 1022, Rz. 21 – 24.
3) BFH v. 21.7.2009, X R 33/07, BStBl II 2009, 995 und BFH v. 24.7.2013, IV C 3 – S 2015/11/10002/IV C 5 – S 2333/09/10005, BStBl I 2013, 1022, Rz. 22.
4) Steuervereinfachungsgesetz 2011 vom 1.11.2011, BGBl. I 2011, 2131.

aa) Förderung durch Altersvorsorgezulage und Sonderausgabenabzug in der Ansparphase

Die Altersvorsorgezulage setzt sich aus der Grundzulage und ggf. einer Kinderzulage zusammen (§ 83 EStG). Die Höhe der Auszahlung ist jedoch davon abhängig, ob und inwieweit der Begünstigte den gesetzlich vorgesehenen Mindesteigenbeitrag (§ 86 Abs. 1 EStG) geleistet hat. Daher ergibt sich Folgendes:

(1) Grundzulage:

Die Grundzulage (§ 84 EStG) beträgt jährlich:

für 2002 und 2003:	38 €
für 2004 und 2005:	76 €
für 2006 und 2007:	114 €
ab 2008:	154 €

Für Zulageberechtigte, die zu Beginn des Beitragsjahres das 25. Lebensjahr noch nicht vollendet haben, erhöht sich die Grundzulage um **einmalig** 200 € (sog. Berufseinsteiger-Bonus nach § 84 Satz 2 EStG).

(2) Kinderzulage

Die Kinderzulage (§ 85 EStG) wird für jedes Kind gewährt, für das dem Zulageberechtigten Kindergeld ausgezahlt wird.

Die Kinderzulage beträgt für jedes zu berücksichtigende Kind jährlich:

für 2002 und 2003	46 €
für 2004 und 2005	92 €
für 2006 und 2007	138 €
ab 2008	185 €

Für ein nach dem 31.12.2007 geborenes Kind erhöht sich die Kinderzulage auf 300 €.

(3) Mindesteigenbetrag

Die Altersvorsorgezulage wird gekürzt, wenn der Zulageberechtigte nicht den nachfolgenden jährlichen Mindesteigenbetrag (§ 86 EStG) leistet:

- **für 2002 und 2003**: 1 % der beitragspflichtigen Einnahmen, maximal 525 € abzüglich der Altersvorsorgezulage;
- **für 2004 und 2005**: 2 % der beitragspflichtigen Einnahmen, maximal 1 050 € abzüglich der Altersvorsorgezulage;
- **für 2006 und 2007**: 3 % der beitragspflichtigen Einnahmen, maximal 1 575 € abzüglich der Altersvorsorgezulage;
- **ab 2008**: 4 % der beitragspflichtigen Einnahmen, maximal 2 100 € abzüglich der Altersvorsorgezulage.

Zur Vermeidung der Fälle, in denen auf Grund sehr geringer beitragspflichtiger Einnahmen bzw. einer hohen Kinderanzahl kein Mindesteigenbetrag zu leisten wäre, wurde ein Sockelbetrag ins Gesetz mit aufgenommen. Dieser beträgt seit dem Jahr 2005 60 € (§ 86 Abs. 1 Satz 4 EStG).

(4) Antragstellung und Dauerbevollmächtigung

138 Der Zulageberechtigte hat den Antrag auf Altersvorsorgezulage nach amtlich vorgeschriebenem Vordruck bis zum Ablauf des zweiten Kalenderjahres, das auf das Beitragsjahr folgt, bei dem Anbieter seines Vertrags einzureichen (§ 89 Abs. 1 EStG). Der Zulageberechtigte kann jedoch den Anbieter seines Vertrags schriftlich bevollmächtigen, für ihn die Zulage für jedes Beitragsjahr zu beantragen. Ein Widerruf dieser Vollmacht ist bis zum Ablauf des Beitragsjahrs, für das der Anbieter keinen Antrag auf Zulage stellen soll, gegenüber dem Anbieter zu erklären (§ 89 Abs. 1a EStG).

(5) Kombinationsmodell und Sonderausgabenabzug nach § 10a EStG

139 Neben der Förderung durch die Altersvorsorgezulage können die begünstigten Stpfl. ihre Aufwendungen für eine zusätzliche Altersvorsorge bis zu einem bestimmten Höchstbetrag als Sonderausgabe geltend machen (§ 10a Abs. 1 EStG, Kombinationsmodell). Die Höchstbeträge belaufen sich:

In den Veranlagungszeiträumen

- **2002 und 2003** auf bis zu 525 €,
- **2004 und 2005** auf bis zu 1 050 €,
- **2006 und 2007** auf bis zu 1 575 € und
- **ab 2008** auf bis zu 2 100 €.

Der zusätzliche Sonderausgabenabzug wird im Wege der Günstigerprüfung vom Finanzamt im Rahmen der Einkommensteuerveranlagung von Amts wegen geprüft. Voraussetzung hierfür ist allerdings, dass die Höhe der vom Stpfl. geleisteten Altersvorsorgebeiträge durch einen entsprechenden Datensatz des Anbieters nachgewiesen wird. Aus diesem Grund muss der Stpfl. um den erhöhten Sonderausgabenabzug zu erlangen, gegenüber dem Anbieter schriftlich erklären, dass er damit einverstanden ist, dass der Anbieter die im Beitragsjahr zu berücksichtigenden Altersvorsorgebeiträge unter Angabe der Identifikationsnummer (§ 139 AO) an die zentrale Stelle (Deutsche Rentenversicherung Bund, § 81 EStG) übermittelt (§ 10a Abs. 2 Satz 1 EStG). Diese Einwilligung muss dem Anbieter spätestens bis zum Ablauf des zweiten Kalenderjahres, das auf das Beitragsjahr folgt, vorliegen. Diese Einwilligung gilt auch für die folgenden Beitragsjahre, wenn der Stpfl. sie nicht schriftlich gegenüber dem Anbieter widerruft (§ 10a Abs. 1 EStG).[1)] Um die Abwicklung praxisgerecht zu gestalten, gilt die Einwilligung auch ohne besondere Erklärung auch dann als erteilt, wenn:

- der Zulageberechtigte seinen Anbieter bevollmächtigt hat, für ihn den Zulageantrag zu stellen (§ 89 Abs. 1a EStG) und
- dem Anbieter für das betreffende Beitragsjahr ein Zulageantrag des mittelbar Zulageberechtigten vorliegt.[2)]

Liegt die Einwilligung des Stpfl. vor, hat der Anbieter die nach § 10a Abs. 5 EStG erforderlichen Daten an die ZfA zu übermitteln (§ 89 Abs. 2 und 3 EStG).

bb) Die nachgelagerte Besteuerung

140 Mit dem Altersvermögensgesetz[3)] wurde das Prinzip der nachgelagerten Besteuerung für bestimmte Altersvorsorgeprodukte im Einkommensteuergesetz in § 22 Nr. 5 EStG

---

1) BMF v. 24.7.2013, IV C 3 – S 2015/11/10002/IV C 5 – S 2333/09/10005, BStBl I 2013, 1022, Rz. 89.
2) BMF v. 24.7.2013, IV C 3 – S 2015/11/10002/IV C 5 – S 2333/09/10005, BStBl I 2013, 1022, Rz. 89. Liegt eine solche Einwilligungsfiktion vor, kann sie nicht widerrufen werden.
3) BGBl. I 2001, 1310.

festgeschrieben. Danach werden in der Ansparphase eines zertifizierten Altersvorsorgevertrags Erträge und Wertsteigerungen, die aus dem angesammelten Kapital resultieren, nicht besteuert. Das gilt unabhängig davon, ob oder in welchem Umfang die Altersvorsorgebeträge nach § 10a EStG oder mittels Altersvorsorgezulage gefördert wurden. Die Zuflussfiktion, wonach bei thesaurierenden Fonds ein jährlicher Zufluss der nicht zur Kostendeckung oder Ausschüttung verwendeten Einnahmen und Gewinne anzunehmen ist, findet daher im Zusammenhang mit Altersvorsorgeverträgen keine Anwendung (§ 2 Abs. 1 Satz 1 InvStG). Gleichfalls finden die Regelungen über den Kapitalertragsteuerabzug keine Anwendung, weil in der Ansparphase keine kapitalertragsteuerpflichtigen Kapitalerträge anfallen.[1]

In der Auszahlungsphase der Altersvorsorgeverträge unterliegen die Leistungen aus dem Vertrag allerdings in vollem Umfang als sonstige Einkünfte der nachgelagerten Besteuerung (§ 22 Nr. 5 EStG). Im Ergebnis werden damit ab Beginn der regelmäßigen Zahlungen aus einem Altersvorsorgevertrag die in der Ansparphase in den Vertrag gezahlten Beiträge, Zulagen, daraus erwirtschaftete Erträge und – je nach Vertragstyp – etwa entstandene Wertsteigerungen als sonstige Einkünfte besteuert. Daher ist auch in der Auszahlungsphase kein Sparer-Freibetrag nach § 20 Abs. 4 EStG (ab 2009: Sparer-Pauschbetrag nach § 20 Abs. 9 EStG) anzusetzen. Der Pauschbetrag für Werbungskosten bestimmt sich deshalb auch nach § 9a Satz 1 Nr. 3 EStG.[2]

Der Umfang der nachgelagerten Besteuerung für Leistungen aus Altersvorsorgeverträgen richtet sich danach, ob die in der Ansparphase geleisteten Beiträge in vollem Umfang, teilweise oder gar nicht mit einer Altersvorsorgezulage, einer Steuerbefreiung nach § 3 Nr. 63, 66 EStG, mit steuerfreien Zuwendungen nach § 3 Nr. 56 EStG, steuerfreien Leistungen nach § 3 Nr. 55b Satz 1 EStG oder dem Sonderausgabenabzug nach § 10a EStG gefördert worden sind (§ 22 Nr. 5 EStG). Um eine zutreffende Besteuerung zu gewährleisten, ist daher eine Abgrenzung zwischen steuerlich geförderten und ungeförderten Beiträgen erforderlich.

Hinweis:

Die erforderliche Trennung zwischen steuerlich geförderten und ungeförderten Beiträgen wird vom Anbieter des Altersvorsorgevertrags auf Grund der ihm von der zentralen Stelle übermittelten Daten vorgenommen. In der Auszahlungsphase des Vertrags hat der Anbieter dann dem Empfänger der Leistungen Bescheinigungen für Zwecke der Besteuerung zu erteilen (§ 22 Nr. 5 Satz 7 EStG).

3. Das Fördersystem Basisrente

a) Sonderausgabenabzug in der Ansparphase

Mit dem Alterseinkünftegesetz hat der Gesetzgeber auch Beiträge des Stpfl. in **privatrechtlich geregelte Rechtsverhältnisse** zu Gunsten einer **Basisversorgung als Sonderausgaben** begünstigt (§ 10 Abs. 1 Nr. 2 Satz 1 Buchst. b EStG). 141

Der Rahmen für diese Basisversorgung ist ähnlich starr, wie bei der gesetzlichen Rente. Der Grund hierfür liegt darin, dass der Gesetzgeber, entsprechend dem Vorschlag der Rürup-Kommission, ein sog. Drei-Schichten-Modell favorisiert. Danach gilt, dass die erste Schicht aus der gesetzlichen Rentenversicherung, den berufsständischen Versorgungswerken und der Basisrente besteht. Zur zweiten Schicht gehört die private kapitalgedeckte Zusatzversorgung (die Riester-Rente und die betriebliche Altersversorgung) und zur dritten Schicht die Kapitalmarktprodukte wie z.B. Lebensversicherungen. Alle einer Schicht zugeordneten Produkte sollen steuerlich gleichbe-

---

1) BMF v. 24.7.2013, IV C 3 – S 2015/11/10002/IV C 5 – S 2333/09/10005, BStBl I 2013, 1022, Rz. 123.
2) BMF v. 24.7.2013, IV C 3 – S 2015/11/10002/IV C 5 – S 2333/09/10005, BStBl I 2013, 1022, Rz. 123.

handelt werden und müssen daher folglich die gleichen Eigenschaften haben. Die Basisrente muss daher sehr ähnlich wie die gesetzliche Rente konstruiert sein. Deshalb muss der Basisrentenvertrag die nachstehenden Voraussetzungen erfüllen (§ 10 Abs. 1 Nr. 2 Buchst. b EStG):

- Kapitaldeckung
  nach dem Wortlaut der gesetzlichen Vorschrift werden nur Leibrentenversicherungen berücksichtigt, die kapitalgedeckt sind;
- Auszahlungsform/Auszahlungszeitpunkt
  wobei Beiträge zu einer „Basisrente" nur dann begünstigt sind, wenn
    - die Laufzeit der Versicherung nach dem 31.12.2004 beginnt und
    - die Versicherung nur die Zahlung einer monatlichen, auf das Leben des Stpfl. bezogenen, lebenslangen Leibrente vorsieht und
    - die Leistungen nicht vor Vollendung des 60. Lebensjahrs (ab VZ 2012: 62. Lebensjahr) des Berechtigten erbracht werden;
- keine Vererblichkeit, Übertragbarkeit, Beleihbarkeit, Veräußerbarkeit und Kapitalisierbarkeit.

Hierdurch soll sichergestellt werden, dass – wie bei den Anwartschaften aus der gesetzlichen Rentenversicherung – nur Vorsorgeprodukte begünstigt werden, bei denen eine tatsächliche Verwendung für die Altersversorgung gesichert ist. Daher sind auch Beiträge zu Gunsten von Verträgen, die ein Kapitalwahlrecht oder den Anspruch auf eine Teilauszahlung vorsehen, nicht als Sonderausgaben der sogen. Basisversorgung steuerlich begünstigt. Damit scheiden aber auch die im Rahmen der Riester-Rente zulässigen Auszahlungspläne (§ 1 Abs. 1 Satz 1 Nr. 4 AltZertG) oder eine in diesem Zusammenhang mögliche Auszahlung eines Teilkapitals sowie die bei betrieblicher Altersversorgung nach § 3 Nr. 63 EStG vorgesehen Teilkapitalauszahlungen als mögliche Auszahlungsformen aus.[1] Das gilt deshalb, weil durch diese Auszahlungsform keine lebenslange Zahlung der Rente gewährleistet wird.

Begünstigt ist nach § 10 Abs. 1 Nr. 2 Satz 1 Buchst. b Doppelbuchst. aa EStG auch die Vereinbarung einer ergänzenden Absicherung des Eintritts der Berufsunfähigkeit (Berufsunfähigkeitsrente), der verminderten Erwerbsunfähigkeit (Erwerbsunfähigkeitsrente) und der Hinterbliebenen (Hinterbliebenenrente).

Mit dem Gesetz zur Verbesserung der steuerlichen Förderung der privaten Altersvorsorge (AltvVerbG)[2] wurde mit § 10 Abs. 1 Nr. 2 Satz 1 Buchst. b Doppelbuchst. bb EStG eine Neuregelung zur Motivation, sich gegen das Risiko der Berufs- oder der verminderten Erwerbsunfähigkeit abzusichern, eingeführt. Auf Grund dieser Neuregelung können ab **2013** Beiträge zur Absicherung dieser Risiken nicht nur ergänzend, sondern im Rahmen eines gesonderten Vertrags im Rahmen des Abzugsvolumens zur Basisabsicherung im Alter geltend gemacht werden. Voraussetzung für die Abzugsmöglichkeit ist auch hier, dass im Fall des Eintritts des Versicherungsfalls eine lebenslange Rente gezahlt wird.

Hinweis:

Nachteilig bei der geförderten Basisrente ist u.a., dass für die Sonderausgabenförderung nach § 10 Abs. 1 Nr. 2 Buchst. b EStG – abgesehen von der Hinterbliebenenversorgung – auf eine Vererblichkeit des im Basisrentenvertrag angesammelten Kapitals verzichtet werden muss. Zu den Hinterbliebenen i.S.d. Vorschrift gehören nur der Ehegatte des Stpfl. und die Kinder, für die er einen Anspruch auf Kindergeld oder auf einen Freibetrag nach § 32 Abs. 6 EStG hat. Diese der Vergleichbarkeit zur gesetzlichen Rentenversicherung geschuldete Regelung führt dazu, dass das im Vertrag angesammelte Kapital im Hinblick auf die Kinder des Stpfl.

---

1) BMF v. 10.1.12014, IV C 3 – S 2221/12/10010 :003, BStBl I 2014, 70, Rz. 10.
2) Gesetz v. 24.6.2013, BGBl. I 2013, 1667.

nur im ganz begrenzten Umfang zur Auszahlung nach dem Tode des Stpfl. gelangt. Soweit das nicht gewünscht sein sollte, bleibt nur der Weg des Ansparens außerhalb der geförderten Systeme.

b) Nachgelagerte Besteuerung der Basisrente

In der Auszahlungsphase werden die Leistungen aus dem Basisrentenvertrag nachgelagert besteuert (§ 22 Nr. 1 Satz 3 Buchst. a Doppelbuchst. aa EStG). Bemessungsgrundlage für die Besteuerung ist der Jahresbetrag der Rente, Der der Besteuerung unterliegende Anteil der Rente ist nach dem Jahr des Rentenbeginns und dem in diesem Jahr maßgebenden Prozentsatz aus der Tabelle des § 22 Nr. 1 Satz 3 Buchst. a Doppelbuchst. aa EStG zu entnehmen. Der Vertragsanbieter hat jeweils bis zum 1.3. des dem Bezugsjahr der Rente folgenden Jahrs, der zentralen Stelle die für die Besteuerung der Rente erforderlichen Daten zu übermitteln (Rentenbezugsmitteilung nach § 22a EStG).[1]

142

II. Gesetzliche Altersversorgung

1. Steuerliche Förderung in der Ansparphase

a) Grundsätzliches

Beiträge an die gesetzliche Rentenversicherung werden ohne weitere Voraussetzung dem Grunde nach als Sonderausgaben berücksichtigt (§ 10 Abs. 1 Nr. 2 Buchst. a EStG). Danach sind sowohl der Arbeitgeber- als auch der Arbeitnehmerbeitrag steuerlich begünstigt. Bei der Ermittlung der der Höhe nach abzugsfähigen Sonderausgaben wird allerdings der nach § 3 Nr. 62 EStG steuerfreie Anteil des Arbeitgebers zur gesetzlichen Rentenversicherung wieder in Abzug gebracht (vgl. § 10 Abs. 3 Satz 5 EStG).

143

Die Beiträge an die gesetzliche Rentenversicherung müssen im Rahmen der Einkommensteuerveranlagung in besonderer Form nachgewiesen werden. Hierzu hat die Verwaltung bestimmte Anforderungen aufgestellt.[2]

b) Träger der gesetzlichen Rentenversicherung

Beiträge zur gesetzlichen Rentenversicherung sind nur als Sonderausgaben zu berücksichtigen, wenn sie an bestimmte Träger der Rentenversicherung geleistet werden. Im Zusammenhang mit der hier in Rede stehenden Vorschrift kommen daher nur die nachfolgenden Rentenversicherungsträger in Betracht:[3]

144

- Deutsche Rentenversicherung Bund:
  Der Rentenversicherungsbund wurde durch Integration der BfA und des Verbands Deutscher Rentenversicherungsträger gegründet.
- Deutsche Rentenversicherung Knappschaft Bahn-See:
  Hierbei handelt es sich um die Fusion der Bundesknappschaft, Bahnversicherungsanstalt und Seekasse. In diesem Zusammenhang ist zu beachten, dass die Abteilung B der bisherigen Bahnversicherungsanstalt als betriebliche Sozialeinrichtung für Zusatz- und Betriebsrentenversicherungen zuständig und damit kein Teil der gesetzlichen Rentenversicherung ist.

---

1) Zum Verfahren vgl. BMF v. 7.12.2011, IV C 3 – S 2257-c/10/10005:003, 2011/0693211, BStBl I 2011, 1223.
2) BMF v. 19.8.2013, IV C 3 – S 2221/12/100010:004/IV C 5 – S 2345/08/0001, BStBl I 2013, 1087, Rz. 2.
3) BMF v. 19.8.2013, IV C 3 – S 2221/12/100010:004/IV C 5 – S 2345/08/0001, BStBl I 2013, Rz. 1.

- Deutsche Rentenversicherung Regionalträger:
Hierunter fallen die bisherigen Landesversicherungsanstalten.

c) Berücksichtigungsfähige Beiträge

145 Nach der gesetzlichen Vorschrift sind Beiträge zur gesetzlichen Rentenversicherung begünstigt, so dass dem Grunde nach neben den Pflichtbeiträgen auf Grund einer abhängigen Beschäftigung, Nachzahlungen von freiwilligen Beträgen, freiwillige Zahlungen zum Ausgleich einer Rentenminderung und freiwillige Zahlung von Beiträgen zum Ausgleich einer Minderung durch den Versorgungsausgleich begünstigt sind. Beiträge, die auf Grund einer geringfügigen Beschäftigung vom Arbeitgeber pauschal an den Rentenversicherungsträger abgeführt werden, sind allerdings nicht begünstigt, da es sich hierbei nicht um einen Beitrag des Stpfl. handelt.

Zu den Beiträgen zur gesetzlichen Rentenversicherung gehören auch die Zahlungen an einen ausländischen gesetzlichen Rentenversicherungsträger eines inländischen Arbeitgebers, die dieser auf Grund vertraglicher und nicht gesetzlicher Grundlage leistet.[1]

Hinweis:

Insoweit greift die Verwaltung in ihrem BMF-Schreiben die Rechtsprechung des BFH[2] auf. Nach dieser kommt nämlich für solche Beitragszahlungen eine Steuerbefreiung nach § 3 Nr. 62 EStG mangels gesetzlicher Zahlungsverpflichtung nicht in Betracht. Die Beiträge stellen steuerpflichtigen Arbeitslohn dar. Damit sind die Beitragszahlungen dem Arbeitnehmer zuzurechnen und können auf Grund dessen als Sonderausgaben abgezogen werden.

d) Höhe der abziehbaren Sonderausgaben

146 Der Sonderausgabenabzug für Vorsorgeaufwendungen ist in zweifacher Hinsicht beschränkt:

- Nach § 10 Abs. 3 Satz 4 EStG konnten die Aufwendungen für die Altersvorsorge ab dem Jahr 2005 zunächst zu 60 % als Sonderausgaben steuermindernd geltend gemacht werden. Dieser Anteil steigert sich ab dem Jahr 2006 jährlich um 2 %, so dass im Jahr 2025 die Altersvorsorgebeiträge im Rahmen der Höchstbeträge zu 100 % als Sonderausgabe steuerlich abziehbar sind (§ 10 (3) Satz 6 EStG).

- Überdies schränkt der Gesetzgeber den Sonderausgabenabzug dauerhaft durch einen Höchstbetrag ein. § 10 Abs. 3 Satz 1 EStG begrenzt den Abzug der tatsächlichen Aufwendungen für die Altersvorsorge der Höhe nach auf einen Betrag von jährlich 20 000 €. Im Falle der Zusammenveranlagung von Ehegatten erhöht sich dieser Betrag auf 40 000 € (§ 10 Abs. 3 Satz 2 EStG).[3]

2. Die Besteuerung in der Auszahlungsphase

147 Im Hinblick auf den in der Ansparphase gewährten Sonderausgabenabzug und die damit verbundene Steuerfreistellung der Beiträge in die gesetzliche Rentenversicherung werden die Leistungen aus gesetzlichen Rentenversicherung in der Auszahlungsphase – nachgelagert – besteuert (§ 22 Nr. 1 Satz 3 Buchst. a Doppelbuchst. aa EStG).

---

1) BMF 19.8.2013, IV C 3 – S 2221/12/100010:004/IV C 5 – S 2345/08/0001, BStBl I 2013, Rz. 4.
2) BFH v. 18.5.2004, VI R 11/01, BStBl II 2004, 1014.
3) Mit dem Gesetz zur Anpassung der Abgabenordnung an den Zollkodex der Union und zur Änderung weiterer steuerrechtlicher Vorschriften (ZollkodexAnpG) wurde § 10 Abs. 3 Satz 1 EStG geändert. Danach sind Vorsorgeaufwendungen i.S.d. § 10 Abs. 1 Nr. 2 EStG bis zu den Höchstbeträgen zur knappschaftlichen Rentenversicherung aufgerundet auf einen vollen Betrag in Euro zu berücksichtigen (für 2015: 22 172 bei Alleinstehende und 44 344 € für Ehegatten). Diese Neuregelung gilt gem. Art. 16 ZollkodexAnpG mit Wirkung zum 1.1.2015.

III. Berufsständische Versorgungseinrichtungen

1. Steuerliche Förderung in der Ansparphase

a) Grundsätzliches

Berufsständische Versorgungseinrichtungen sind besondere Systeme, die die Pflichtversorgung der Angehörigen kammerfähiger freier Berufe für den Fall des Alters, der Invalidität und des Todes sichern. Von diesem Sondersystem werden zur Zeit Ärzte, Apotheker, Architekten, Rechtsanwälte, Notare sowie im Einzelfall Wirtschaftsprüfer und Steuerberater erfasst. Die Höhe der Leistung bei Eintritt des biometrischen Risikos wird durch die von den Mitgliedern bestimmte Satzung geregelt.[1]

148

> **Hinweis:**
> Die Mitgliedschaft in einer berufsständischen Versorgungseinrichtung führt in den in § 6 Abs. 1 SGB VI genannten Fallgestaltungen auf Antrag zu einer Befreiung von der gesetzlichen Rentenversicherungspflicht.

b) Vergleichbare Leistungen

Nach dem Gesetzeswortlaut sind nur Beiträge an berufsständische Versorgungseinrichtungen begünstigt, die einer der Rentenversicherung vergleichbare Leistung erbringen (§ 10 Abs. 1 Nr. 2 Buchst. a EStG). Für die Frage der Vergleichbarkeit kommt es nur auf das Leistungsspektrum der gesetzlichen Rentenversicherung an. Dabei ist nicht nur die Art der gewährten Leistung, sondern auch der Leistungsumfang entscheidend.

149

> **Hinweis:**
> Da es in der Tat Versorgungseinrichtungen gibt, die Leistungen nach Art und Umfang erbringen, die deutlich über dem der gesetzlichen Rentenversicherung liegen, dürfte im Einzelfall der Sonderausgabenabzug nach § 10 Abs. 1 Nr. 2 Buchst. a EStG zu versagen sein. Beiträge an solche Einrichtungen können dann nur unter den Voraussetzungen des § 10 Abs. 1 Nr. 2 Buchst. b EStG als Sonderausgaben anerkannt werden. Eine Aufteilung der Beiträge in Sonderausgaben nach § 10 Abs. 1 Nr. 2 Buchst. a EStG, soweit die Einrichtung der Rentenversicherung vergleichbare Leistungen erbringt und soweit sie darüber hinausgehende Leistungen erbringt nach § 10 Abs. 1 Nr. 2 Buchst. b EStG, scheidet nach dem eindeutigen Gesetzeswortlaut aus.

Die berufsständischen Versorgungseinrichtungen, die Leistungen erbringen, die mit der gesetzlichen Rentenversicherung vergleichbar sind, werden von der Finanzverwaltung jeweils in einem gesonderten BMF-Schreiben aufgeführt.[2]

2. Die Besteuerung in der Auszahlungsphase

Leistungen aus einer berufsständischen Versorgungseinrichtung werden ab dem Veranlagungszeitraum 2005 einheitlich nachgelagert besteuert (§ 22 Nr. 1 Satz 2 Buchst. a Doppelbuchst. aa EStG). Diese Neuregelung betrifft alle, die bereits jetzt eine Rente beziehen (Bestandsrenten) als auch die seit 2005 neu hinzukommenden Rentnerjahrgänge. Für die Besteuerung ist es dabei völlig unerheblich, ob der Stpfl. seine Altersvorsorgeaufwendungen als Sonderausgaben geltend gemacht hat und dabei tatsächlich ein steuerlicher Vorteil entstanden ist. Von der nachgelagerten Besteuerung werden alle Leistungen unabhängig davon erfasst, ob sie als Altersrente, Erwerbsminderungsrente oder Hinterbliebenenrente ausgezahlt werden.

150

---

1) Vgl. auch BMF 19.8.2013, IV C 3 – S 2221/12/100010 :004/IV C 5 – S 2345/08/0001, BStBl I 2013, Rz. 6.
2) BMF v. 8.7.2014, IV C 3 – S 2121/07/10037 :005, BStBl I 2014, 1098.

Für den Fall, dass die Leistungen in der Auszahlungsphase auf bis zum 31.12.2004 geleisteten Beiträgen beruhen, welche oberhalb des Betrags des Höchstbeitrags zur gesetzlichen Rentenversicherung gezahlt wurden, werden diese auf Antrag nach § 22 Nr. 1 Satz 3 Buchst. a Doppelbuchst. bb Satz 2 EStG als sonstige Einkünfte mit dem sog. Ertragsanteil besteuert (sog. Öffnungsklausel). Der Stpfl. muss allerdings in diesem Fall nachweisen, dass der Betrag des Höchstbeitrags mindestens zehn Jahre überschritten wurde.

Die Jahre, in denen Beiträge geleistet wurden, die oberhalb des Höchstbetrags zur gesetzlichen Rentenversicherung lagen, müssen nicht unmittelbar aufeinanderfolgen. Dabei sind Beiträge grundsätzlich aber dem Jahr zuzurechnen, in dem sie gezahlt oder für das sie bescheinigt werden. Sofern Beiträge jedoch rentenrechtlich (als Nachzahlung) in einem anderen Jahr wirksam werden, sind diese dem Jahr zuzurechnen, in dem sie rentenrechtlich wirksam werden. Für die Prüfung, ob die Zehn-Jahres-Grenze erfüllt ist, sind nur Zahlungen zu berücksichtigen, die bis zum 31.12.2004 geleistet wurden. Sie müssen außerdem „für" Beitragsjahre vor dem 1.1.2005 gezahlt worden sein.[1] Der jährliche Höchstbeitrag ist auch dann maßgebend, wenn nur für einen Teil des Jahres Versicherungspflicht bestand oder nicht während des ganzen Jahres Beiträge geleistet wurden.

IV. Betriebliche Altersversorgung

1. Begriff der betrieblichen Altersversorgung

151 Eine betriebliche Altersversorgung liegt vor, wenn einem Arbeitnehmer aus Anlass seines Dienstverhältnisses Leistungen zu Absicherung mindestens eines biometrischen Risikos (Alter, Tod oder Invalidität) vom Arbeitgeber zugesagt werden. Die Ansprüche aus dieser Zusage dürfen aber erst mit dem Eintritt des biologischen Ereignisse fällig werden (§ 1 BetrAVG).

Das biologische Ereignis ist bei der Altersversorgung das altersbedingte Ausscheiden aus dem Erwerbsleben, bei der Hinterbliebenenversorgung der Tod des Arbeitnehmers und bei der Invaliditätsversorgung der Eintritt der Invalidität.

Für die Altersversorgungsleistungen verlangt die FinVerw als altersmäßige Untergrenze die Vollendung des 60. Lebensjahres. Für Versorgungszusagen, die nach dem 31.12.2011 erteilt werden, tritt an die Stelle des 60. Lebensjahres das 62. Lebensjahr.[2]

Eine Hinterbliebenenversorgung darf im steuerlichen Sinne nur Leistungen an die Witwe des Arbeitnehmers oder den Witwer der Arbeitnehmerin, die Kinder i.S.d. § 32 Abs. 3 und 4 Satz 1 Nr. 1 bis 3 EStG und den früheren Ehegatten oder die Lebensgefährtin/den Lebensgefährten vorsehen.

Liegen im Einzelfall die nach dem Betriebsrentengesetz und steuerlich geforderten Voraussetzungen für die Annahme einer betrieblichen Altersversorgung nicht vor, liegt keine betriebliche Altersversorgung vor. In den Fällen, in denen die Altersversorgung über eine Direktversicherung, Pensionskasse oder Pensionsfonds durchgeführt wird, kann der im Zeitpunkt der Umwandlung zufließende Arbeitslohn deshalb in solchen Fällen nicht nach § 3 Nr. 63 EStG von der Einkommensteuer freigestellt werden. Wird die Altersversorgung hingegen mittels einer unmittelbaren Pensionszusage bzw. eine Unterstützungskasse durchgeführt, fließt dem Arbeitnehmer der Arbeitslohn erst im Zeitpunkt der späteren Auszahlung zu, weil im Rahmen der Altersversor-

---

1) BMF v. 19.8.2013, IV C 3 – S 2221/12/100010 :004/IV C 5 – S 2345/08/0001, BStBl I 2013, Rz. 240.
2) BMF v. 24.7.2013, IV C 3 – S 2015/11/10002/IV C 5 – S 2333/09/10005, BStBl I 2013, 1022, Rz. 286.

gung die allgemeinen Grundsätze über den Zufluss von Arbeitslohn grundsätzlich nicht außer Kraft gesetzt werden.

Keinesfalls begünstigt sind Modelle, die lediglich reinen Sparcharakter haben; der Arbeitgeber den Arbeitslohn gleichsam wieder als Spareinlage annimmt, verzinst und nach einer vereinbarten Frist wieder an den Arbeitnehmer auszahlt.

2. Die Durchführungswege

a) Pensionskasse

aa) Begriff

Eine Pensionskasse ist eine rechtsfähige Versorgungseinrichtung, die dem Arbeitnehmer oder seinen Hinterbliebenen auf ihre Leistungen einen Rechtsanspruch gewährt (§ 1b Abs. 3 BetrAVG). Steuerrechtlich ist der Begriff der Pensionskasse nicht gesetzlich definiert. Es wird insoweit die Definition aus dem BetrAVG auch für steuerliche Zwecke übernommen. Die Pensionskassen grenzen sich von den Unterstützungskassen dadurch ab, dass sie als Körperschaften die Versicherungen für die Arbeitnehmer eines Unternehmens oder eines Zusammenschlusses mehrerer Unternehmen durchführen und deshalb der Versicherungsaufsicht unterliegen (§ 1 Abs. 1 VAG). Die Unterstützungskassen räumen dagegen keinen Rechtsanspruch auf Leistungen ein und unterliegen deswegen nicht der Versicherungsaufsicht.

152

Da Pensionskassen i.S.d. BetrAVG rechtsfähige Versorgungseinrichtungen sein müssen, fallen Zusatzversorgungskassen des öffentlichen Dienstes i. S. d § 18 BetrAVG nicht unter den Begriff Pensionskasse. Sie unterliegen auch nicht der Versicherungsaufsicht. Steuerrechtlich werden die Zusatzversorgungskassen aber den Pensionskassen gleichgestellt (vgl. insoweit auch R 4c Abs. 1 EStR 2012).

Pensionskassen i.S.d. BetrAVG unterliegen nicht der gesetzlichen Insolvenzsicherung (§ 7 Abs. 1 BetrAVG).

bb) Finanzierung

Von den Aufsichtsbehörden wird im Hinblick auf die dauernde Erfüllbarkeit der künftigen Verpflichtungen und der Wahrung der Belange der Beteiligten im Allgemeinen nur das Anwartschaftsdeckungsverfahren zugelassen. Bei diesem werden die zur Erfüllung der künftigen Rentenverpflichtungen erforderlichen Mittel planmäßig in der Anwartschaftszeit, d.h., solange das jeweilige Mitglied aktiv in den Diensten des Unternehmens steht, angesammelt. Dieses kann durch einmalige Beiträge oder in Höhe des versicherungsmathematisch ermittelten Barwerts oder durch laufende Beiträge während der aktiven Zeit geschehen.

153

Hiervon abzugrenzen ist die Finanzierung von sog. Zusatzversorgungskassen. Diese stellen, wie bereits ausgeführt, keine Pensionskassen i.S.d. BetrAVG dar, werden aber für Zwecke des Steuerrechts als solche behandelt.

Viele der Zusatzversorgungskassen sammelten das erforderliche Kapital im Rahmen eines sog. Umlageverfahrens, also außerhalb des Kapitaldeckungsverfahrens an. Die Kassen stellen nun allmählich die Finanzierung auf das Kapitaldeckungsverfahren um. In der Folge dessen erheben die Kassen von den angeschlossenen Arbeitgebern Zusatzbeiträge (Sanierungsgelder), die nach § 19 Abs. 1 Nr. 3 EStG grundsätzlich zum Arbeitslohn rechnen.

cc) Behandlung der Beiträge beim Begünstigten

Die Arbeitgeberbeiträge an eine Pensionskasse stellen Arbeitslohn dar (§ 19 Abs. 1 Nr. 3 EStG). Seit dem 1.1.2002 werden diese in der Ansparphase bis zu jährlich 4 %

154

der Beitragsbemessungsgrenze in der allgemeinen Rentenversicherung von der Einkommensteuer freigestellt (§ 3 Nr. 63 Satz 1 EStG – für 2015: 72 600 € × 4 % = 2 904 €). Arbeitgeberbeiträge, die diesen Höchstbetrag überschreiten, können nach § 40b a.f. EStG bis zu 1 752 € pauschal mit 20 % besteuert werden. Voraussetzung hierfür ist allerdings, dass die Versorgungszusage vor dem 1.1.2005 erteilt wurde (§ 52 Abs. 52a Satz 1 EStG).

Für Arbeitgeberbeiträge, die auf Grund einer Versorgungszusage geleistet werden, die nach 31.12.2004 erteilt wurde, wurde der Höchstbetrag der Steuerbefreiung ab dem Jahr 2005 um einen sog. Aufstockungsbetrag ergänzt (§ 3 Nr. 63 Satz 3 EStG). Danach erhöht sich das bisherige Steuerbefreiungsvolumen um einen Betrag von 1 800 €. Weitere Voraussetzung ist allerdings, dass für den Arbeitnehmer im betreffenden Kalenderjahr nicht gleichzeitig Beiträge nach § 40b Abs. 1 und 2 EStG a.f. pauschal besteuert werden.

Über diese Grenze des § 3 Nr. 63 EStG bzw. ggf. § 40b EStG a.f. hinaus geleistete Beiträge sind allerdings nach den allgemeinen Regeln steuer- und beitragspflichtig. Diese Beiträge können dann jedoch nach § 10a oder Abschnitt XI EStG mittels einer Zulage oder dem Sonderausgabenzug gefördert werden.

In der Auszahlungsphase werden die Leistungen aus der Pensionskasse in vollem Umfang nachgelagert besteuert, soweit sie auf steuerfreien Beiträgen nach § 3 Nr. 63 EStG beruhen (§ 22 Nr. 5 Satz 1 EStG). Soweit die Leistungen aus der Pensionskasse hingegen auf steuerpflichtigen Beiträgen beruhen (Arbeitgeberbeiträge wurden pauschal oder individuell besteuert bzw. beruhen auf Kapital, das vor der Geltung des Altersvermögensgesetzes in der Pensionskasse angesammelt wurde), sind sie mit dem Ertragsanteil nach § 22 Nr. 1 Satz 3 Buchst. a EStG zu besteuern (§ 22 Nr. 5 Satz 2 Buchst. a EStG, wegen weiterer Besonderheiten in diesem Zusammenhang vgl. § 22 Nr. 5 Satz 3 Buchst. b und c EStG). Hieraus folgt, dass in der Auszahlungsphase die einheitliche Leistung aus der Pensionskasse für Zwecke der Besteuerung ggf. aufzuteilen ist.

Hinweis:

Die Pensionskasse hat für die erforderliche Aufteilung der Beiträge die notwendigen Voraussetzungen zu schaffen und der zentralen Stelle (§ 1 EStG) in der Auszahlungsphase jährlich eine entsprechende Bescheinigung auszustellen (§ 22a EStG). Dem Stpfl. hat der Anbieter eine Bescheinigung im Fall des erstmaligen Bezugs von Leistungen sowie bei Änderung der im Kalenderjahr laufenden Leistungen eine Bescheinigung auszustellen (§ 22 Nr. 5 Satz 7 EStG).

dd) Behandlung in der Gewinnermittlung des Trägerunternehmens

155 Die Zuwendungen an eine Pensionskasse sind unter den Voraussetzungen des § 4c EStG beim Trägerunternehmen (Arbeitgeber) als Betriebsausgaben abzugsfähig. Die Voraussetzungen lauten im Einzelnen:

– Die Zuwendungen müssen auf einer in der Satzung oder im Geschäftsplan der Kasse festgelegten Verpflichtung oder auf einer Anordnung der Versicherungsaufsichtsbehörde beruhen oder

– sie dienen der Abdeckung von Fehlbeträgen der Kasse.

Liegen diese Voraussetzungen nicht vor, sind die Zuwendungen an die Pensionskasse nicht als Betriebsausgabe abziehbar.

Hinweis:

Hierbei wird es sich i.d.R. um einen Teil von Zuwendungen handeln, die zwar grundsätzlich auf Grund satzungs- oder geschäftsplanmäßiger Festlegung erfolgen, jedoch über die festgelegte Höhe hinausgehen. Die übersteigenden Zuwendungsbeträge sind daher nicht abzugsfähig.

Im Übrigen dürfen nach § 4c Abs. 2 EStG auch Zuwendungen nicht als Betriebsausgabe abgezogen werden, soweit die Leistungen der Kasse, wenn sie vom Trägerunternehmen unmittelbar erbracht werden, bei diesem nicht betrieblich veranlasst wären. Hierdurch wird vermieden, dass über den Weg einer Pensionskasse, Leistungen an Versorgungsberechtigte fließen, die sie mit steuerlicher Wirkung vom Trägerunternehmen selbst nicht unmittelbar hätten erhalten können. Hierbei handelt es sich i.d.R. um Zuwendungen des Trägerunternehmens an eine Pensionskasse zu Gunsten eines Eigentümers (Unternehmer, Mitunternehmer) und seiner Angehörigen. Für Angehörige gilt das Abzugsverbot allerdings nicht, wenn diese im Rahmen eines steuerlich anzuerkennenden Arbeitsverhältnisses geleistet werden. Zuwendungen an einen Gesellschafter-Geschäftsführer einer Kapitalgesellschaft sind nach den von der Rechtsprechung entwickelten Grundsätzen als Betriebsausgabe steuerlich abzugsfähig (vgl. hierzu im Übrigen R 4c Abs. 4 EStR 2012).

b) Direktversicherung

aa) Begriff

Unter einer Direktversicherung versteht man eine Versicherung auf das Leben des Arbeitnehmers, die durch den Arbeitgeber abgeschlossen worden ist und bei der der Arbeitnehmer oder seine Hinterbliebenen hinsichtlich der Leistung des Versicherers ganz oder teilweise bezugsberechtigt sind (§ 1b Abs. 2 Satz 1 BetrAVG). Bei einer solchen Versicherung erlangt der Arbeitnehmer auf Grund seiner Bezugsberechtigung einen eigenen Anspruch auf die Versicherungsleistung gegenüber dem Versicherer.

156

Die Bezugsberechtigung muss besonders begründet werden und zwar durch eine einseitige empfangsbedürftige Willenserklärung des Versicherungsnehmers gegenüber dem Versicherungsunternehmen (§ 159 VVG, R 4b Abs. 2 EStR 2012).

Eine Vereinbarung hinsichtlich der Bezugsberechtigung alleine zwischen dem Arbeitgeber und dem Arbeitnehmer, ohne dass diese auch gegenüber dem Versicherungsunternehmen erklärt wird, ist zwar arbeitsrechtlich bindend, reicht aber steuerrechtlich nicht aus. In einem solchen Fall kann steuerlich keine Direktversicherung angenommen werden (R 40b.1 Abs. 2 S. 9 LStR 2015).

Bei einer Direktversicherung ist der Arbeitgeber Versicherungsnehmer der Direktversicherung und überweist die Beiträge direkt an die Versicherungsgesellschaft. Als Leistungen aus der Direktversicherung können eine Alters-, Invaliditäts- oder Hinterbliebenenversorgung vereinbart werden. In jedem Fall muss allerdings das Todesfall- oder das Rentenwagnis abgedeckt werden. Eine reine Unfallversicherung genügt daher nicht, auch wenn bei Unfall mit Todesfolge eine Leistung vorgesehen ist (vgl. auch R 4b Abs. 1 Satz 6 EStR 2012).

Nicht zu den Direktversicherungen rechnen Rückdeckungsversicherungen sie sind lediglich innerbetriebliche Finanzierungsvorgänge (vgl. auch R 40b. 1 Abs. 3 LStR 2015).

Das Steuerrecht enthält keine eigene Legaldefinition des Begriffs Direktversicherung. Insoweit wird die arbeitsrechtliche Definition des § 1b Abs. 2 BetrAVG übernommen.

Als Versicherungsarten der Direktversicherung kommen vor allen Dingen in Betracht:

– Fondsgebundene Lebensversicherungen. Hierbei handelt es sich um Versicherungen, bei der die Beiträge zum Aufbau von Kapital verwendet werden, das dann in einem Investmentfonds angelegt wird.

– Kapitallebensversicherungen, aus denen nach dem Ablauf der Vertragsdauer oder mit dem Eintritt des Versicherungsfalls eine Kapitalleistung fließt.

- Rentenversicherungen, mit oder ohne Kapitalwahlrecht, bei denen der Bezugsberechtigte nach Ablauf der Vertragsdauer oder Eintritt des Versicherungsfalls Rentenzahlungen vom Versicherungsunternehmen erhält oder erhalten kann.
- Selbständige Berufsunfähigkeitsversicherungen.
- Risikolebensversicherungen, die ausschließlich bei Eintritt des Versicherungsfalls leisten.
- Unfallzusatzversicherungen und Berufsunfähigkeitsversicherungen, die zusammen mit einer Lebensversicherung abgeschlossen werden.

bb) Finanzierung

157 Die Direktversicherung wird im sog. Anwartschaftsdeckungsverfahren finanziert. Sie ist gekennzeichnet durch einen kontinuierlichen Liquiditätsabfluss in Höhe der an die Versicherungsgesellschaft zu zahlenden Prämie während der Anwartschaftsphase. Damit besteht im Gegensatz zur Direktzusage keine zeitliche Differenz zwischen dem versorgungsbedingten Aufwand und der entsprechenden Ausgabe.

cc) Behandlung der Beiträge beim Begünstigten

158 Wegen des eigenen Anspruchs des Arbeitnehmers auf die Versicherungsleistung führen die Beiträge des Arbeitgebers in der Ansparphase zu Arbeitslohn (§ 19 Abs. 1 Nr. 3 EStG). Soweit die Beiträge auf Grund einer Versorgungszusage geleistet wurden, die vor dem 1.1.2005 erteilt wurde, stellen diese grundsätzlich steuerpflichtigen Arbeitslohn dar, für den eine Pauschalierung der Lohnsteuer nach § 40b EStG a.F. in Betracht kommt.[1] Erfüllen die Beiträge an die Direktversicherung allerdings die Voraussetzungen der Steuerbefreiung des § 3 Nr. 63 EStG, kommt die Pauschalierung nur dann in Betracht, wenn der Stpfl. auf diese Befreiung verzichtet hat.

Für Beiträge, die auf Grund einer Versorgungszusage geleistet wurden, die nach dem 31.12.2004 erteilt wurde, ist eine Steuerbefreiung in den Grenzen des § 3 Nr. 63 EStG zu gewähren. Hierzu gehört auch die Gewährung eines sog. Aufstockungsbetrags (§ 3 Nr. 63 Satz 2 EStG). Auf Grund dessen erhöht sich das Steuerbefreiungsvolumen um einen Betrag von 1 800 €. Voraussetzung hierfür ist allerdings, dass für den Arbeitnehmer im betreffenden Kalenderjahr nicht gleichzeitig Beiträge nach § 40 Abs. 1 und 2 EStG a.F. pauschal besteuert werden.

Die Leistungen aus einer Direktversicherung sind in der Auszahlungsphase in vollem Umfang als sonstige Einkünfte zu besteuern (§ 22 Nr. 5 Satz 1 EStG), soweit sie aus Kapital stammen, das nach § 3 Nr. 63 EStG, § 10a oder dem IX. Abschnitt des EStG gefördert wurde. Soweit die Leistungen auf Kapital beruhen, welches nicht in der vorbezeichneten Form gefördert wurde, ist es hingegen mit dem Ertragsanteil nach § 22 Nr. 1 Satz 3 Buchst. a EStG zu besteuern (§ 22 Nr. 5 Satz 2 Buchst. a EStG). Wegen weiterer Besonderheiten in diesem Zusammenhang vgl. § 22 Nr. 5 Satz 3 Buchst. b und c EStG.

dd) Behandlung in der Gewinnermittlung

159 Die Beiträge zu einer Direktversicherung sind sofort abziehbare Betriebsausgaben (R 4b Abs. 3 Satz 1 EStR 2012).

Direktversicherungen erscheinen in der Bilanz des Arbeitgebers i.d.R. nicht. Eine Aktivierung hat erst dann zu erfolgen, wenn einer der Voraussetzungen des § 4b EStG entfallen ist (R 4b Abs. 3 Satz 2 EStR 2012). Dies ist z.B. dann der Fall, wenn der

---

[1] Wegen der Frage, wann eine Alt- oder Neuzusage vorliegt, vgl. BMF v. v. 24.7.2013, IV C 3 – S 2015/11/10002/IV C 5 – S 2333/09/10005, BStBl I 2013, 1022, Rz. 349 ff.

Arbeitgeber von seinem Widerrufsrecht im Hinblick auf die Bezugsberechtigung Gebrauch gemacht hat oder wenn er die Versicherung abgetreten oder beliehen hat, ohne sich gegenüber dem Arbeitnehmer schriftlich zu verpflichten, ihn so zu stellen, als ob die Beleihung oder Abtretung nicht erfolgt wäre. Die Aktivierung erfolgt mit dem geschäftsplanmäßigen Deckungskapital der Versicherungsgesellschaft zzgl. eines etwa vorhandenen Guthabens aus Beitragsrückerstattungen (R 4b Abs. 3 Satz 3 EStR 2012).

Sind der Arbeitnehmer oder seine Hinterbliebenen nur für bestimmte Versicherungsfälle oder nur hinsichtlich eines Teils der Versicherungsleistungen bezugsberechtigt, sind die Ansprüche aus der Direktversicherung insoweit zu aktivieren, als der Arbeitgeber bezugsberechtigt ist (R 4b Abs. 3 Satz 5 EStR 2012).

Bei gespaltenem Bezugsrecht sind der beim Arbeitgeber zu aktivierende Anteil und der auf den Arbeitnehmer entfallende beim Arbeitgeber nicht zu aktivierende Anteil gegebenenfalls zu schätzen.

Die Bildung einer Rückstellung kommt nicht in Betracht, wenn die Pensionsverpflichtung des Arbeitgebers durch die Direktversicherung voll gedeckt ist.

Ein Rückstellungsbedarf kann aber entstehen, wenn beim Ausscheiden des Berechtigten mit aufrechterhaltener Anwartschaft eine Deckungslücke entsteht, weil die dann beitragsfreie Versicherungsleistung nicht zur Erfüllung der Direktversicherungszusage ausreicht oder wenn das Unternehmen seinen Prämienverpflichtungen nicht nachkommt.

Bei der Direktversicherung zu Gunsten des Arbeitnehmer-Ehegatten durch Barlohnumwandlung ist im Gegensatz zu den Fällen, in denen der Arbeitgeber die Beiträge zusätzlich zum geschuldeten Arbeitslohn erbringen muss, die betriebliche Veranlassung der Direktversicherungsbeiträge nicht dadurch in Frage gestellt, dass nur ein Teil der Arbeitnehmer diese Möglichkeit in Anspruch nimmt. In Fällen der Barlohnumwandlung bei steuerlich beachtlichem Arbeitslohn und insgesamt angemessenen Bezügen ist die betriebliche Veranlassung der Beiträge dem Grunde nach und regelmäßig ohne weitere Prüfung einer sogen. Überversorgung zu bejahen.[1]

c) Pensionsfonds

aa) Begriff

Auf Grund des Altersvermögensgesetzes besteht seit dem 1.1.2002, neben den bisher bekannten Durchführungswegen zur betrieblichen Altersvorsorge, der Pensionsfonds als neuer Durchführungsweg. Der Pensionsfonds muss nach der Legaldefinition des § 112 VAG folgende Kriterien erfüllen:

- Er muss im sog. Kapitaldeckungsverfahren arbeiten (§ 112 Abs. 1 Satz 1 Nr. 1 VAG).
- Der Fonds darf die Höhe der Leistung oder die Höhe der für diese Leistungen künftigen Beiträge nicht für alle Leistungsfälle durch versicherungsförmige Garantien zusagen (§ 112 Abs. 1 Satz 1 Nr. 2 VAG).
- Er muss dem Arbeitnehmer einen eigenen Rechtsanspruch auf Leistung gegen den Pensionsfonds einräumen (§ 112 Abs. 1 Satz 1 Nr. 3 VAG) und
- der Fonds ist verpflichtet, die Leistung als lebenslange Altersrente oder in Form eines Auszahlungsplans mit unmittelbar anschließender Restverrentung nach § 1 Abs. 1 Satz 1 Nr. 5 AltZertG zu erbringen (§ 112 Abs. 1 Satz 1 Nr. 4 VAG).

---

1) BFH v. 10.6.2008, VIII R 68/06, 973.

Nach § 113 Abs. 3 Nr. 2 VAG kommen als mögliche Rechtsformen für den Pensionsfonds nur die Aktiengesellschaft und der Pensionsfondsverein auf Gegenseitigkeit in Betracht.

bb) Finanzierung

161 Ein Pensionsfonds erbringt seine Versorgungsleistungen gegen Zahlung von bestimmten Beiträgen. Auf Grund der für den Pensionsfonds bestehenden Legaldefinition werden die erforderlichen Mittel in einem Kapitaldeckungsverfahren angesammelt. Hier gilt, dass dieses Verfahren nicht automatisch identisch ist mit Anwartschaftsdeckungsverfahren in seiner versicherungsförmigen Ausprägung. Die Art der Finanzierung beim Pensionsfonds hängt zum einen davon ab, ob es sich um einen beitragsbezogenen oder einen leistungsbezogenen Pensionsplan handelt. Zum anderen hängt diese Frage auch davon ab, inwieweit der Fonds versicherungsförmige Garantien abgibt.

I. d. R. ist es üblich, dass der Pensionsfonds im Rahmen einer Beitragszusage mit Mindestleistung die versicherungsförmige Garantie für die Mindestleistung ausspricht. Von dieser Garantie werden auch die laufenden Versorgungsleistungen erfasst.

Wie bereits ausgeführt, beschafft sich der Pensionsfonds seine zur Leistungserbringung erforderlichen Mittel aus Beiträgen. Hierunter fallen zum einen die Beiträge des Vertragsunternehmens (Arbeitgeber) und die Beitragszahlungen des Versorgungsberechtigten (Arbeitnehmers). Ein weiteres Finanzierungsmittel sind die Erträge, die der Fonds aus Vermögensanlagen erwirtschaftet.

Der Versorgungsberechtigte selbst wird insbesondere dann Beiträge an den Fonds leisten, wenn diese aus versteuertem Einkommen stammen. In diesem Fall ist es nämlich möglich, hierfür die Riester-Förderung in der Form von Altersvorsorgezulagen (§§ 83 EStG) bzw. einem zusätzlichem Sonderausgabenabzug nach § 10a EStG auszunutzen. Der Versorgungsberechtigte wird auch dann eigene Beiträge leisten, wenn er von seinem Recht Gebrauch macht, nach dem Ausscheiden aus dem Unternehmen den Vertrag mit eigenen Beiträgen weiterführen zu können (§ 1b Abs. 5 Nr. 2 BetrAVG).

Von besonderem Interesse für den Vertragspartner (Arbeitgeber), aber auch den Arbeitnehmer ist, in welchem Umfang der Fonds selbst durch Erträge aus Vermögensanlagen dazu beiträgt, dass die erforderlichen Finanzierungsmittel für die Versorgungsleistungen zur Verfügung stehen. Hierbei ist zu beachten, dass der Pensionsfonds bei seinen Vermögensanlagen die Vorschriften der Verordnung über die Anlage des gebundenen Vermögens von Pensionsfonds (PFKapAV) zu beachten hat. Diese Verordnung regelt, in welche Anlageformen ein Pensionsfonds investieren kann bzw. welche Grundsätze hinsichtlich der Streuung des Investments zu beachten sind. Auf Grund dieser Vorschriften ist es dem Pensionsfonds möglich, eine Anlage sowohl zu 100 % in Versicherungsverträge mit Lebensversicherungsunternehmen als auch zu 100 % in Aktien zu investieren. In der täglichen Praxis treten insbesondere drei Modelle auf:

- Anlage zu 100 % in Investmentfonds,
- Investition zu 100 % in Versicherungsverträgen und
- Anlage in Kombinationsmodellen (Sicherung der Mindestleistung in Versicherungsverträgen. Die darüber hinausgehenden Beträge werden in Investmentfonds angelegt).

cc) Behandlung der Beiträge beim Arbeitnehmer

162 Die Beiträge des Arbeitgebers an einen Pensionsfonds werden ebenso wie bei der Pensionskasse bis zu jährlich 4 % der Beitragsbemessungsgrenze in der Rentenversicherung der Arbeiter und Angestellten von der Einkommensteuer freigestellt (§ 3 Nr. 63 EStG – für 2015: 72 600 € × 4 % = 2 904 €).

Für Arbeitgeberbeiträge, die auf Grund einer Versorgungszusage geleistet werden, die nach 31.12.2004 erteilt wurde, wurde der Höchstbetrag der Steuerbefreiung ab dem Jahr 2005 um einen sog. Aufstockungsbetrag ergänzt. Danach erhöht sich das bisherige Steuerbefreiungsvolumen um einen Betrag von 1 800 €. Weitere Voraussetzung ist allerdings, dass für den Arbeitnehmer im betreffenden Kalenderjahr nicht gleichzeitig Beiträge nach § 40 Abs. 1 und 2 EStG a.F. pauschal besteuert werden.

Überschreiten die Arbeitgeberbeiträge die in § 3 Nr. 63 genannte Grenze, kann der übersteigende Teil – anders als bei den Beiträgen an eine Pensionskasse – nicht nach § 40b a.F. EStG pauschal besteuert werden. Diese Beiträge können dann jedoch nach § 10a oder Abschn. XI EStG mit einer Altersvorsorgezulage (§§ 83 ff. EStG) bzw. dem Sonderausgabenzug nach § 10a EStG gefördert werden.

Leistungen aus einem Pensionsfonds werden in der Auszahlungsphase in vollem Umfang nachgelagert besteuert, soweit sie auf steuerlich geförderten Beiträgen beruhen (steuerfreie Beiträge nach § 3 Nr. 63 EStG und Beiträge, auf die § 10a EStG oder der XI. Abschn. des EStG angewendet wurde, § 22 Nr. 5 Satz 1 EStG).

Soweit die Leistungen aus der Pensionskasse hingegen auf steuerpflichtigen Beiträgen beruhen (Arbeitgeberbeiträge wurden individuell besteuert), sind sie mit dem Ertragsanteil nach § 22 Nr. 1 Satz 2 Buchst. a EStG zu besteuern (§ 22 Nr. 5 Satz 2 Buchst. a EStG, wegen weiterer Besonderheiten in diesem Zusammenhang vgl. § 22 Nr. 5 Satz 3 Buchst. b und c EStG.).

In der Auszahlungsphase sind daher die einheitlichen Leistungen des Pensionsfonds für Zwecke der Besteuerung ggf. aufzuteilen. Der Pensionsfonds hat hierfür die notwendigen Voraussetzungen zu schaffen und der zentralen Stelle (§ 81 EStG) in der Auszahlungsphase jährlich eine entsprechende Bescheinigung auszustellen (§ 22a EStG). Dem Stpfl. hat der Anbieter eine Bescheinigung im Fall des erstmaligen Bezugs von Leistungen sowie bei Änderung der im Kalenderjahr laufenden Leistungen eine Bescheinigung auszustellen (§ 22 Nr. 5 Satz 7 EStG).

dd) Behandlung in der Gewinnermittlung

163 Beiträge zu einem Pensionsfonds i.S.v. § 112 Versicherungsaufsichtsgesetz stellen Betriebsausgaben beim Trägerunternehmen (§ 4e Abs. 1 Satz 1 EStG) dar. Hinsichtlich der Zahlung zur Übernahme von Versorgungsanwartschaften an den Pensionsfonds → 4 Rz. 173.

d) Direktzusage

aa) Begriff

164 Der Begriff der Direktzusage ist gesetzlich nicht definiert. Nach dem Sprachgebrauch handelt es sich hierbei um die Zusage eines Arbeitgebers, bei Eintritt des Versorgungsfalls die versprochene Leistung unmittelbar an den Begünstigten oder seine Hinterbliebenen zu zahlen (vgl. insoweit auch § 1 Abs. 1 Satz 2 BetrAVG). Der Pensionsberechtigte hat einen unmittelbaren Versorgungsanspruch gegen das die Zusage erteilende Unternehmen.

Entscheidend für die Annahme einer Pensionsverpflichtung ist, dass das die Zusage erteilende Unternehmen selbst Träger der Versorgung ist. Dieses Merkmal unterscheidet die Pensionszusage von allen anderen Durchführungswegen der betrieblichen Altersversorgung, weil bei diesen der Versorgungsträger eine vom Unternehmen getrennte, rechtlich selbständige Einrichtung ist.

Während der Anwartschaftsphase werden vom Arbeitgeber keine Beiträge gezahlt. Er bildet vielmehr eine Pensionsrückstellung nach Maßgabe des § 6a EStG.

bb) Finanzierung

165 Der Arbeitgeber finanziert im Falle der Pensionszusage die späteren Versorgungsleistungen unmittelbar. Dabei kann er diese Verpflichtung in vielfältiger Form begründen. So unterscheidet man:

- Einzelzusagen,
- Gesamtzusagen (Pensionsordnungen),
- Betriebsvereinbarungen,
- Tarifvertrag und
- betriebliche Übungen.

Die Einzelzusage ist nichts anderes als ein bürgerlich-rechtlicher Vertrag, mit dem Versorgungsangebot des Arbeitgebers, welches der Arbeitnehmer annehmen kann. Die Einzelzusage kann bereits Bestandteil des Arbeitsvertrags sein oder aber getrennt davon erfolgen.

Eine förmliche Annahmeerklärung des Versorgungsberechtigten ist im Falle der Einzelzusage nicht zwingend erforderlich. i.d.R. genügt die Bekanntgabe der Versorgungsbedingungen an den Pensionsberechtigten, sofern dieser den Bedingungen nicht widerspricht. Damit wird klar, dass die Zusage grundsätzlich an keine besondere Form gebunden ist. Für das Steuerrecht ist jedoch zwingend die Schriftform erforderlich (§ 6a Abs. 1 Nr. 3 EStG).

Unter einer Gesamtzusage versteht man Direktzusagen, die allen Arbeitnehmern oder bestimmten Gruppen von Arbeitnehmern kollektiv erteilt werden. Hierzu werden in der Praxis von den betroffenen Unternehmungen Pensionsordnungen aufgestellt und in geeigneter Weise z.B. durch Aushänge bekannt gemacht. Widerspricht der einzelne Arbeitnehmer dieser Pensionsordnung nicht, so darf der Arbeitgeber die Zustimmung des jeweiligen Arbeitnehmers unterstellen. Eine solche Gesamtzusage fällt nach herrschender Meinung noch in den Bereich der vertraglichen Vereinbarungen und geht damit in den einzelnen Arbeitsvertrag ein. In diesem Fall ist es deshalb auch nicht erforderlich, zur Begründung einer wirksamen Pensionsverpflichtung den einzelnen Pensionsberechtigten noch eine besondere Verpflichtungserklärung zu erteilen (R 6a Abs. 2 Satz 2 EStR 2012).

Das Steuerrecht verlangt allerdings im Falle einer Gesamtzusage aber einen besonderen Nachweis (R 6a Abs. 7 Satz 2 EStR 2012). Danach ist die schriftliche Bekanntmachung der Zusagen geeigneter Form nachzuweisen (z.B. durch ein Protokoll über den Aushang im Betrieb). Der Nachweis muss am Bilanzstichtag vorliegen.

> **Hinweis:**
> Es empfiehlt sich, den Aushang der Bekanntmachung durch ein Betriebsratsmitglied bestätigen zu lassen.

Eine Direktzusage kann auch auf einer besonderen Betriebsvereinbarung beruhen. Hierbei handelt es sich um eine Vereinbarung zwischen dem Arbeitgeber und dem Betriebsrat. Diese wird zwar nicht Bestandteil des individuellen Arbeitsvertrags, sie bestimmt aber als übergeordnete Norm dessen Inhalt. Eine solche Betriebsvereinbarung bedarf der Schriftform (R 6a Abs. 7 Satz 2 EStR 2012).

In der Praxis besteht noch die Möglichkeit, eine Pensionsverpflichtung mittels Tarifvertrag entstehen zu lassen. Ein Tarifvertrag ist eine Vereinbarung zwischen dem Arbeitgeberverband und der Gewerkschaft. Er wirkt nur gegenüber den tarifgebundenen Arbeitnehmern, wenn der Tarifvertrag nicht für allgemein verbindlich erklärt wurde.

Zur Finanzierung der Versorgungszusage kann der Arbeitgeber die verschiedensten Finanzierungsmittel einsetzen. Zum einen kann der Arbeitgeber die Leistungen aus dem späteren Cashflow tragen, wenn zu diesem Zeitpunkt ein solcher überhaupt vorhanden ist. Eine andere Möglichkeit ergibt sich, in dem der Arbeitgeber entsprechendes Vermögen in Aktien oder Fonds oder anderen Sachwerten bildet. Eine weitverbreitete Möglichkeit ist aber der Abschluss einer Rückdeckungsversicherung, aus der heraus die späteren Leistungen finanziert werden sollen.

Eine Rückdeckungsversicherung (R 40b. 1 Abs. 3 LStR 2015) ist eine Lebensversicherung auf das Leben des Pensionsberechtigten durch den zur Versorgungsleistung verpflichteten Unternehmer (Arbeitgeber). Wichtig ist, dass dieser Versicherungsnehmer gleichzeitig Bezugsberechtigte der Versicherung sein muss. Daraus folgt, dass der Pensionsberechtigte und seine Hinterbliebenen **keinen** Anspruch aus dieser Versicherung haben dürfen. Ihr Anspruch richtet sich ausschließlich gegen den verpflichteten Unternehmer (Arbeitgeber).

Die Rückdeckungsversicherung ist von der Direktversicherung abzugrenzen. Abgrenzungsmerkmal ist v.a. die Bezugsberechtigung, die bei der Direktversicherung im Gegensatz zur Rückdeckungsversicherung hier dem Arbeitnehmer oder seinen Hinterbliebenen zusteht (§ 1b Abs. 2 BetrAVG). Diese Begriffsbestimmung gilt auch für das Steuerrecht (R 40b. 1 Abs. 3 LStR 2015).

cc) Behandlung beim Arbeitnehmer

Beim Arbeitnehmer fallen in der Anwartschaftsphase keine Einnahmen an, weil es an einem Zufluss von Vermögenswerten fehlt. Das gilt auch, wenn der Arbeitgeber seinen Anspruch aus einer Rückdeckungsversicherung aufschiebend bedingt auf den Arbeitnehmer überträgt.

In der Auszahlungsphase führen die Leistungen aus einer Pensionszusage heraus zu Versorgungsbezügen i.S.d. § 19 Abs. 1 Nr. 2 EStG, die ggf. nach Abzug eines Versorgungsfreibetrags und des Arbeitnehmer – Pauschbetrags in vollem Umfang der nachgelagerten Besteuerung unterliegen.

dd) Behandlung in der Gewinnermittlung

Nach § 253 Abs. 1 Satz 2 HGB sind Pensionsrückstellungen in Höhe des nach vernünftiger kaufmännischer Beurteilung notwendigen Erfüllungsbetrags in der Handelsbilanz anzusetzen. Damit sind bei der Bewertung auch künftige Preis- und Kostensteigerungen zwingend Bestandteil der Bewertung. Das HGB schreibt in § 253 HGB insoweit kein bestimmtes Verfahren zur Ermittlung dieses Werts vor, so dass neben dem üblichen Anwartschaftsbarwertverfahren auch das Teilwertverfahren mit bestimmten Parametern angewandt werden kann.

Beträgt die Restlaufzeit der Pensionsrückstellung am Bilanzstichtag noch mehr als ein Jahr, ist sie mit dem ihrer Restlaufzeit entsprechenden, durchschnittlichen Marktzinssatz der vergangenen sieben Geschäftsjahre abzuzinsen. Die Deutsche Bundesbank veröffentlicht in diesem Zusammenhang entsprechende Zinskurven. Nach § 253 Abs. 2 Satz 2 HGB können Rückstellungen für Altersversorgungsverpflichtungen pauschal mit dem durchschnittlichen Marktzinssatz abgezinst werden, der sich bei einer angenommenen Restlaufzeit von 15 Jahren ergibt.

Die Vorschriften des HGB i.d.F. des BilMoG sind grundsätzlich erstmals auf Jahres- und Konzernabschlüsse für nach dem 31.12.2009 beginnende Geschäftsjahre anwendbar (Art. 66 Abs. 3 Satz 1 EHGB).

In der praktischen Umsetzung führen die neuen Bewertungsregelungen nach dem BilMoG vielfach zu erheblichen Bewertungsunterschieden im Vergleich zum bisherigen Wertansatz nach Handelsrecht und auch im Vergleich zum steuerbilanziellen

Wertansatz. Deshalb ordnet Art. 67 Abs. 1 Satz 1 EHGB für den Fall, in dem die bisherige Pensionsrückstellung zu niedrig ist an, dass der Fehlbetrag bis spätestens zum 31.12.2024 in jedem Geschäftsjahr mit jährlich mindestens $^1/_{15}$ anzusammeln ist. Sollte die bisherige Pensionsrückstellung unter Berücksichtigung der Änderungen durch das BilMoG allerdings zu hoch sein (sog. überdotierte Rückstellung), darf diese beibehalten werden, soweit der aufzulösende Betrag bis spätestens zum 31.12.2024 wieder zugeführt werden müsste (Art. 67 Abs. 2 Satz 2 EHGB). Für den Fall, dass das Unternehmen von diesem Wahlrecht keinen Gebrauch macht, sind die aus der Auflösung stammenden Beträge unmittelbar in die Gewinnrücklage einzustellen (Art. 67 Abs. 1 Satz 3 EHGB). Wendet das Unternehmen aber das Wahlrecht an, ist der Betrag der Überdeckung jeweils im Anhang bzw. Konzernanhang anzugeben (Art. 67 Abs. 1 Satz 4 EHGB).

Steuerrechtlich erfolgt die Bewertung hingegen weiterhin nach den Grundsätzen des § 6a EStG, damit entstehen zwischen Handels- und Steuerbilanz zwangsläufig Wertunterschiede.

Für den Fall, dass die Pensionszusage mit einer Rückdeckungsversicherung abgesichert wurde, gilt, dass die Ansprüche des Unternehmers gegen den Versicherer bei ihm als Forderung gegen die Versicherungsgesellschaft anzusetzen sind. Der Anspruch ist grundsätzlich mit dem geschäftsplanmäßigen Deckungskapital der Versicherungsgesellschaft zuzüglich eines etwa vorhandenen Guthabens aus Beitragsrückerstattungen (sog. Überschussbeteiligungen) zu aktivieren; soweit die Berechnung des Deckungskapitals nicht zum Geschäftsplan gehört, tritt an die Stelle des geschäftsplanmäßigen Deckungskapitals der Zeitwert nach § 169 VVG.

Die Rückdeckungsversicherung und die Pensionsverpflichtung waren in der Handels- und Steuerbilanz bislang getrennt zu bilanzieren. Eine Verrechnung war nicht zulässig (§ 246 Abs. 2 HGB). Auf Grund der Änderungen durch das Bilanzrechtsmodernisierungsgesetz ist nun für alle nach dem 31.12.2009 beginnenden Geschäftsjahren eine Verrechnung möglich (§ 246 Abs. 2 HGB i.V.m. Art. 66 Abs. 3 EHGB).

Die Prämien für die Rückdeckungsversicherung sind regelmäßig als Betriebsausgabe zu erfassen. Die Versicherungsleistungen aus der Rückdeckungsversicherung stellen dagegen für das Unternehmen eine Betriebseinnahme dar. Gleichzeitig entfällt die Aktivierung des Versicherungsanspruchs.

e) *Unterstützungskasse*

aa) Begriff

168 Eine Unterstützungskasse ist eine rechtsfähige Versorgungseinrichtung, die auf ihre Leistungen keinen Rechtsanspruch gewährt (§ 1 Abs. 4 BetrAVG). Sie wird i.d.R. in der Form eines eingetragenen Vereins, GmbH oder Stiftung betrieben. Nach der Art der Finanzierung ist zwischen einer rückgedeckten bzw. pauschal dotierten Unterstützungskasse zu unterscheiden.

Eine rückgedeckte Unterstützungskasse schließt zur Absicherung und zum Ansparen der Leistungen eine Rückdeckungsversicherung ab. Die Kasse erhält dann im Leistungsfall die entsprechenden Mittel aus der Lebensversicherung. Die rückgedeckte Unterstützungskasse ist ein Modell, bei dem das Sparkapital bei einem Lebensversicherer aufgebaut und gleichzeitig die Risiken vorzeitiger Leistungsfälle ausgelagert wird. Rückgedeckte Unterstützungskassen erlauben im Gegensatz zu nicht rückgedeckten Kassen eine weitgehende Finanzierung bereits in der Ansparphase. Die Finanzierung beginnt allerdings erst bei Abschluss der Rückdeckungsversicherung und nicht bereits mit dem Diensteintritt.

bb) Finanzierung

Während sich bei Pensionskassen die Ansammlung des Deckungskapitals nach dem Anwartschaftsdeckungsverfahren vollzieht, erfolgt bei den Unterstützungskassen die Finanzierung des Deckungskapitals grundsätzlich nach dem Kapitaldeckungsverfahren. **169**

cc) Behandlung beim Arbeitnehmer

Den Arbeitnehmern steht, im Gegensatz zu den Durchführungswegen über die Pensionskasse, dem Pensionsfonds und die Direktversicherung, rechtlich keine Ansprüche gegenüber diesem Versorgungsträger zu (§ 1b Abs. 4 BetrAVG). Der Arbeitnehmer hat nur Ansprüche gegenüber dem Arbeitgeber. **170**

Da der Arbeitnehmer in der Anwartschaftsphase keinen formalrechtlichen Anspruch gegenüber der Unterstützungskasse hat, führen die Zuwendungen des Arbeitgebers an die Kasse beim Arbeitnehmer nicht zu steuerpflichtigem Arbeitslohn.

Die späteren Leistungen aus einer Unterstützungskasse werden als Versorgungsbezug i.S.d. § 19 Abs. 1 Nr. 2 EStG ggf. nach Abzug des Versorgungsfreibetrags und des einheitlichen Arbeitnehmer – Pauschbetrags nachgelagert besteuert.

dd) Behandlung bei der Gewinnermittlung

Zuwendungen an Unterstützungskassen sind in der Anwartschaftsphase nur eingeschränkt bis zur Höhe des Kassenvermögens als Betriebsausgabe abzugsfähig (§ 4d Abs. 1 EStG). Sind die Leistungen aus der Unterstützungskasse allerdings durch eine Rückdeckungsversicherung abgesichert, besteht die Möglichkeit einer betriebsausgabenwirksamen Anwartschaftsfinanzierung (§ 4d Abs. 1 Nr. 1c EStG). **171**

V. Auslagerung von Direktzusagen aus der Bilanz

1. Vorbemerkung

Die Bilanzberührung von Direktzusagen entwickelt sich in den Unternehmen in den letzten Jahren immer mehr zu einem zentralen Thema der steuerlichen Beratung. Dabei steht vielfach der Wunsch der Unternehmungen nach Auslagerung der Direktzusage im Vordergrund. Die Gründe dafür sind vielschichtig. Einige Unternehmungen wollen eine Herabstufung des Ratings und die damit verbundenen finanzielle Auswirkungen vermeiden. Häufig sind aber auch Unternehmensverkäufe sowie Nachfolgeregelungen Grund genug, um eine Auslagerung der Pensionsverpflichtungen ins Auge zu fassen. Hier werden nämlich diese Verpflichtungen vom Käufer bzw. Unternehmensnachfolger als störend empfunden und reduzieren im Falle des Unternehmensverkaufs den erzielbaren Kaufpreis erheblich bzw. machen den Verkauf sogar häufig unmöglich. **172**

Die aufgezeigten Ausgangssituationen bedürfen jeweils unterschiedlicher Auslagerungsvarianten, die z.T. zur rechtlichen, aber auch in einigen Fällen nur zu einer wirtschaftlichen Enthaftung mit einer beim Unternehmen verbleibenden Sekundärhaftung führen. Weil diese Fälle vielfach auch im Zusammenhang mit der Versorgungszusage des **(beherrschenden) Gesellschafter-Geschäftsführers** einer GmbH auftreten, werden nachfolgend einige der wichtigsten Auslagerungsszenarien im Hinblick **auf diesen Personenkreis** angesprochen.

2. Auslagerung auf einen Pensionsfonds

a) Allgemeines

173 Im Zusammenhang mit der Auslagerung der Zusage auf den Fonds ist insbesondere klärungsbedürftig, ob diese für die hier in Rede stehende GmbH als Arbeitgeberin schuldbefreiend ist. Die Lösung dieser Frage ist im Wesentlichen davon abhängig, ob die Regelungen des BetrAVG auf den beherrschenden Gesellschafter-Geschäftsführer Anwendung finden oder nicht. Soweit der Arbeitnehmer dem Schutzbereich des BetrAVG unterliegt, tritt durch die Auslagerung keine schuldbefreiende Wirkung ein. Insoweit bleibt die Haftung des Arbeitgebers gegenüber dem Arbeitnehmer auf Grund der gegebenen Versorgungszusage auch nach dem Wechsel des Durchführungswegs bestehen (sog. Subsidiärhaftung nach § 1 Abs. 1 Satz 3 BetrAVG). Kann also nach dem Wechsel im Leistungsfall der Pensionsfonds als primärer Schuldner die Versorgung nicht erbringen, hat der Arbeitgeber als Sekundärschuldner für die Erfüllung der Versorgung einzustehen. Der Wechsel des Durchführungswegs führt also lediglich zu einer wirtschaftlichen und nicht rechtlichen Enthaftung des Arbeitgebers.

In den hier zu beurteilenden Fällen der beherrschenden Gesellschafter-Geschäftsführer unterliegt die Versorgungszusage allerdings nicht den Regelungen des BetrAVG. Das liegt v.a. daran, dass nach § 17 Abs. 1 BetrAVG nur Arbeitnehmer oder arbeitnehmerähnliche Personen unter den Geltungs- und Schutzbereich des Gesetzes fallen. Unternehmer, die sich anlässlich einer Beschäftigung im eigenen Unternehmen eine Pensionszusage erteilt haben, fallen deswegen nicht unter das BetrAVG. Ob diese Fallgestaltung gegeben ist, kann nur anhand der Höhe des Kapitaleinsatzes und der Möglichkeit, Einfluss auf die Leitung des Unternehmens zu nehmen, beurteilt werden. Der beherrschende Gesellschafter-Geschäftsführer einer GmbH übt jedenfalls einen entsprechenden Einfluss im Unternehmen aus, so dass er nicht unter den Schutzbereich des BetrAVG fällt.

Weil die Versorgungszusage des beherrschenden Gesellschafter-Geschäftsführers nicht dem Schutz des BetrAVG unterliegt, kann sie auch mit schuldbefreiender Wirkung (§§ 415 ff. BGB) auf einen Pensionsfonds übertragen werden.

b) Die steuerrechtlichen Auswirkungen

174 Die Auslagerung der Direktzusage auf einen Pensionsfonds wird durch die Vorschriften der §§ 3 Nr. 66 EStG und § 4e Abs. 3 EStG steuerrechtlich flankiert. Danach führt die Übertragung der Zusage in Abhängigkeit mit der steuerlichen Behandlung beim Arbeitgeber zu einer Steuerbefreiung auf der Seite des Arbeitnehmers. Ob und in welchem Umfang eine Pensionszusage tatsächlich unter Anwendung der Steuerfreiungsvorschrift des § 3 Nr. 66 EStG ausgelagert werden kann, ist im Einzelfall kritisch zu untersuchen. Die Finanzverwaltung hat sich hierzu bereits mehrfach geäußert.[1] Hierzu können folgende Grundaussagen getroffen werden:

- Nach § 3 Nr. 66 EStG können die Pensionsverpflichtungen sowohl zur teilweisen als auch zur vollständigen Finanzierung auf einen Pensionsfonds übertragen werden, ohne dass bei dem betroffenen Arbeitnehmer daraus steuerpflichtiger Arbeitslohn entsteht.

- Voraussetzung für die Steuerbefreiung ist allerdings, dass der Arbeitgeber auf seinen Antrag hin den etwaigen zusätzlichen Aufwand aus der Übertragung der bestehenden Versorgungsverpflichtungen bzw. Versorgungsanwartschaften in

---

[1] BMF v. 26.10.2006, IV B 2 – S 2144 – 57/06, BStBl I 2006, 709 und BMF v. 24.7.2013, IV C 3 – S 2015/11/10002/IV C 4 – S 2333/09/10005, BStBl I 2013, 1022, Rz. 321.

dem den Wirtschaftsjahren der Übertragung folgenden zehn Jahren verteilt als Betriebsausgabe abzieht (§ 4e Abs. 3 Satz 1 EStG).

- Die nach § 3 Nr. 66 EStG für den Arbeitnehmer steuerfreie Auslagerung kommt nur für mit unverfallbaren Anwartschaften ausgeschiedene bzw. für bereits in Pension befindliche Arbeitnehmer in Betracht. Für noch aktive Arbeitnehmer kommt die Übertragung der Versorgungszusage im Rahmen des § 3 Nr. 66 EStG nur bis zur Höhe der bereits erdienten Anwartschaften in Betracht.[1] Diese bereits erdienten Ansprüche werden als past service bezeichnet. Hingegen dürfen Zahlungen an den Pensionsfonds für zukünftig noch zu erdienende Ansprüche nicht im Rahmen des § 3 Nr. 66 EStG berücksichtigt werden. Diese Zahlungen bezeichnet man als sog. future service.[2]

3. Auslagerung auf eine Unterstützungskasse

a) Allgemeines

Die Auslagerung einer Direktzusage auf eine Unterstützungskasse wird in der Praxis zunehmend auch von den Beratern der betrieblichen Altersversorgung angeboten. Im Fokus steht hierbei insbesondere die Auslagerung auf eine rückgedeckte Unterstützungskasse i.S.d. § 4d Abs. 1 Satz 1 Nr. 1 Buchst. c EStG. Bei dieser ist das Versorgungskapital ausschließlich in Rückdeckungsversicherungen angelegt. Auf Grund dessen kann bei Leistungsanwärtern die künftige Ausfinanzierung der Versorgungsverpflichtungen nur über laufende und der Höhe nach gleich bleibende oder steigende Prämien zum Betriebsausgabenabzug beim Trägerunternehmen führen. Versorgungsverpflichtungen von Leistungsempfängern können hingegen auch über Einmalprämien finanziert werden, ohne dass deswegen der Betriebsausgabenabzug in Gefahr geriete.

Hinweis:

Auf Grund dieser in § 4d EStG festgelegten Restriktionen im Hinblick auf die Ausfinanzierung der Versorgungsverpflichtung bei Leistungsanwärtern, ist dieser Auslagerungsvariante für diesen Personenkreis – unter dem Gesichtspunkt der vollständigen Auslagerung der Verpflichtung aus der Bilanz – nicht unbedingt der Vorzug zu geben.

b) Die steuerrechtlichen Auswirkungen

Die Auslagerung der Direktzusage auf die Unterstützungskasse hat für den Arbeitnehmer und damit auch für den (beherrschenden) Gesellschafter-Geschäftsführer grundsätzlich keine steuerrechtlichen Auswirkungen. Das liegt zum einen daran, dass er während der Anwartschaftszeit keinen eigenen Anspruch auf die Leistung der Unterstützungskasse hat (§ 1b Abs. 4 BetrAVG) hat und zum anderen die Besteuerungssystematik im Versorgungsfall durch die Auslagerung nicht verändert wird. In diesem Fall stellen nämlich die Leistungen der Unterstützungskasse wie zuvor bei der Direktzusage Einnahmen aus nichtselbständiger Arbeit dar.

Der betroffene Arbeitgeber kann entscheiden, in welchem Umfang er die Direktzusage auf die Unterstützungskasse auslagern möchte. Für den Fall der vollständigen

---

1) BMF v. 26.10.2006, IV B 2 – S 2144 – 57/06, BStBl I 2006, 709 Rz. 2.
2) BMF v. 24.7.2013, IV C 3 – S 2015/11/10002/IV C 4 – S 2333/09/10005, Rz. 321 f. Für den Fall, dass anstatt der Übertragung des future-service ein (Gesamt-)Verzicht auf die Pensionsanwartschaft erwogen wird, beachte insoweit BMF v. 14.8.2012, IV C 2 – S 2743/10/10001 :001, 2012/0652306, BStBl I 2012, 874.

Auslagerung der Versorgungszusage eines noch aktiv tätigen Gesellschafter-Geschäftsführers ergibt sich Folgendes:

- Aus steuerrechtlicher Sicht entfällt bei der Umstellung einer Direktzusage auf eine rückgedeckte Unterstützungskasse die Voraussetzung für die Bildung einer Pensionsrückstellung in der Steuerbilanz. Auf Grund dessen ist die in der Steuerbilanz ausgewiesene Rückstellung Gewinn erhöhend aufzulösen.
- Dieser Gewinn kann i.d.R. nicht durch die nach § 4d Abs. 1 Nr. 1 Buchst. c EStG als Betriebsausgabe abzugsfähige laufende Zahlung an die Unterstützungskasse vollständig kompensiert werden, weil die Ausfinanzierung mit einer Einmalprämie für Leistungsanwärter nicht in Betracht kommt (nicht abziehbare Betriebsausgaben nach § 4d Abs. 1 Nr. 1 Buchst. c EStG).
- Die im Zuge der Auflösung der Pensionsrückstellung anfallende steuerliche Belastung kann ggf. durch die Verwertung einer im Einzelfall abgeschlossenen Rückdeckungsversicherung (z.B. Veräußerung des Versicherungsvertrags oder bloße Vertragsauflösung) teilweise wieder aufgefangen werden.

4. Auslagerung auf einen Pensionsfonds und eine Unterstützungskasse als Kombinationsmodell

a) Allgemeines

177 Die geschilderten Übertragungen von Direktzusagen auf einen Pensionsfonds bzw. eine Unterstützungskasse sind isoliert betrachtet keine steueroptimalen Auslagerungsmodelle. In der Praxis versucht man daher die Vorteile dieser beiden Modelle für die Zwecke der Auslagerung einer Direktzusage zu einem sogen. Kombinationsmodell verbinden.

b) Die Auslagerung im Kombinationsmodell

178 Bei diesem Modell wird zunächst der bereits erdiente Teil der Versorgungsanwartschaft gegen Zahlung eines Einmalbeitrags auf einen Pensionsfonds übertragen. Der Arbeitgeber stellt einen Antrag nach § 4e Abs. 3 EStG. Diese Auslagerung führt wegen der möglichen Anwendung des § 3 Nr. 66 EStG im Zeitpunkt der Auslagerung nicht zu steuerpflichtigem Arbeitslohn. Der weitere (künftige) Aufbau der Versorgungsverpflichtung führt beim Arbeitnehmer in der Ansparphase nicht zu Arbeitslohn.

Die späteren Zahlungen des Pensionsfonds bei Eintritt des Versorgungsfalls gehören beim (ehemaligen) Arbeitnehmer zu den sonstigen Einkünften i.S.d. § 22 Nr. 5 EStG. Soweit diese auf Kapital beruhen, das steuerlich gefördert wurde (z.B. Steuerbefreiung nach § 3 Nr. 63 bzw. 66 EStG) unterliegen die Leistungen der vollen nachgelagerten Besteuerung (§ 22 Nr. 5 Satz 1 EStG). Die Leistungen, die hingegen auf Kapital beruhen, das steuerlich nicht gefördert wurde, unterliegen der Ertragsanteilsbesteuerung (§ 22 Nr. 5 Satz 2 Buchst. a EStG).

Hinsichtlich des Betriebsvermögens des Arbeitgebers ergeben sich aus dem Kombinationsmodell folgende Auswirkungen:

Die in der Steuerbilanz gebildete Pensionsrückstellung entfällt. Hierdurch entsteht ein entsprechender Gewinn.

> **Hinweis:**
>
> In der Handelsbilanz tritt eine weitgehende Bereinigung ein. Nach § 249 Abs. 2 Satz 2 HGB darf eine Rückstellung nur insoweit aufgelöst werden, als der Grund für ihre Bildung entfallen ist. Der auf den past-service entfallende Teil der Rückstellung kann daher nur insoweit aufgelöst werden, als die übernommene Verpflichtung durch das zugehörige Pensionsfondsvermögen gedeckt ist. Im Hinblick auf die vorsichtige Kalkulation des Pensionsfonds ist jedenfalls

im Zeitpunkt der Übertragung der Versorgungszusage davon auszugehen, dass der past-service noch vollständig ausfinanziert ist und deshalb die Rückstellung insoweit entfällt.

Die Zahlungen an den Pensionsfonds stellen grundsätzlich Betriebsausgaben dar. Wenn der Arbeitgeber jedoch einen Antrag auf Verteilung der dem Grunde nach abzugsfähigen Betriebsausgaben gestellt hat (§ 4e Abs. 3 EStG), ist der die Rückstellung übersteigende Einmalbetrag ab dem der Übertragung folgenden Jahr mit jeweils $^1/_{10}$ als Betriebsausgabe abziehbar.

In der Praxis dürfte das Kombinationsmodell das Modell sein, das sich am besten für die Zwecke der Auslagerung eignet. Das gilt deshalb, weil

– die Pensionsrückstellung vollständig aus der Bilanz entfernt wird,
– die Auslagerung der Anwartschaft des noch aktiven Gesellschafter-Geschäftsführers/Arbeitnehmers als Leistungsanwärter hinsichtlich des past-service mittels Einmalprämie erfolgen kann und
– die Finanzierung des future-service über die rückgedeckte Unterstützungskasse ebenfalls über die Möglichkeit einer sicheren und unbegrenzten Ausfinanzierung ohne Beachtung der starren Grenzen des § 3 Nr. 63 EStG erfolgen kann.

Anwachsung

von Volker Bock

INHALTSÜBERSICHT · Rz.

I. Inhalt und Bedeutung.	179
II. Gestaltungsmöglichkeiten.	180
III. Zivilrechtliche Behandlung.	181
IV. Rückbeziehung/Umwandlungsstichtag.	182
V. Ertragsteuerliche Behandlung.	183–185
1. Vorbemerkung.	183
2. Einfache Anwachsung.	184
3. Erweiterte Anwachsung.	185
VI. Umsatzsteuerliche Behandlung.	186
VII. Grunderwerbsteuerliche Behandlung.	187
VIII. Gewerbesteuer.	188

I. Inhalt und Bedeutung

Die Anwachsung ist ein für alle Gesamthandsgemeinschaften geltendes Rechtsinstitut, das in § 738 BGB für den Fall des Ausscheidens eines Gesamthänders geregelt ist. Danach fällt der Anteil eines ausscheidenden Gesamthänders bei Weiterbestehen der Gesamthand den übrigen Gesamthändern zu, indem ihnen ohne besonderen Übertragungsakt die Beteiligung des Ausscheidenden „anwächst". Beim Ausscheiden eines Gesellschafters ändert sich also kraft Gesetzes die gesamthänderische Zuständigkeit an den einzelnen Vermögensgegenständen. **179**

Das Prinzip der Anwachsung findet auch dann Anwendung, wenn alle Gesellschafter bis auf einen ausscheiden und die Gesamthandsgemeinschaft damit erlischt.[1] § 738 BGB gilt auch für Personenhandelsgesellschaften (OHG, KG) uneingeschränkt (§§ 105 Abs. 2, 161 Abs. 2 HGB).

II. Gestaltungsmöglichkeiten

180 Eine Änderung der Unternehmensform durch Anwachsung findet nur statt, wenn durch das Ausscheiden eines Gesellschafters die gesellschaftsrechtlichen Voraussetzungen der bestehenden Unternehmensform entfallen (Auflösung der Gesamthandsgemeinschaft). Scheidet aus einer mehrgliedrigen GbR oder OHG ein Gesellschafter aus, dann ist dieser Vorgang für die Rechtsform des Unternehmens ebenso unbeachtlich wie etwa das Ausscheiden eines Kommanditisten, falls noch zumindest ein weiterer Kommanditist in der Gesellschaft verbleibt. Andererseits führt das Ausscheiden des einzigen persönlich haftenden Gesellschafters zur Auflösung einer KG, da es keine Personengesellschaft gibt, die nur aus Kommanditisten besteht. Die Anwachsung als Umwandlungsform kann u.a. für den Wechsel einer Personengesellschaft in eine (nichtformwechselfähige) Unternehmergesellschaft i.S.d. § 5a GmbHG genutzt werden, indem die Anteilsinhaber der Personengesellschaft eine Unternehmergesellschaft gründen, diese der Personengesellschaft beitreten lassen und dann selbst aus der Personengesellschaft ausscheiden.[2]

Das Prinzip der Anwachsung bietet daher nur folgende rechtsformändernde Gestaltungsmöglichkeiten:

– Treten aus einer GbR, einer OHG oder KG alle bis auf einen (persönlich haftenden) Gesellschafter aus, dann wachsen deren Anteile am Gesellschaftsvermögen dem verbleibenden Gesellschafter zu, so dass aus der Personengesellschaft ein Einzelunternehmen wird.

– Besteht eine GmbH (AG) & Co. KG und scheiden alle Gesellschafter bis auf eine Kapitalgesellschaft aus, entsteht aus einer Personengesellschaft eine Kapitalgesellschaft, und zwar unabhängig davon, ob die Kapitalgesellschaft zuvor Komplementärin oder Kommanditistin gewesen ist.

– Treten aus einer KG alle Kommanditisten aus und verbleiben zumindest zwei persönlich haftende Gesellschafter in dem Unternehmen, so entsteht eine OHG, selbst wenn die Gesellschaft kein Grundhandelsgewerbe betreibt, es sei denn, es erfolgt eine Löschung im Handelsregister und die Gesellschaft besteht als GbR fort.

– Alle Kommanditisten einer GmbH (AG) & Co. KG bringen ihre Anteile in die Komplementär-GmbH (AG) als Sacheinlage gegen Gewährung neuer Anteile im Wege der Kapitalerhöhung ein (sog. „erweitertes" Anwachsungsmodell). Hier fallen die Rechtsfolgen der Einzelrechtsnachfolge auf Grund der Sacheinlage mit denen der gleichzeitig stattfindenden Anwachsung zusammen.

– Die Komplementär-GmbH (AG) wird auf den einzigen Kommanditisten verschmolzen. Hier fallen die Rechtsfolgen der Gesamtrechtsnachfolge auf Grund der Verschmelzung mit denen auf Grund der gleichzeitig stattfindenden Anwachsung zusammen.

Als Gestaltungsalternative zur Anwachsung bietet sich im Einzelfall das auch von der FinVerw anerkannte sog. Treuhandmodell an, bei dem die Personengesellschaft als Rechtsträger bestehen bleibt oder eingeschaltet wird, deren Wirtschaftsgüter jedoch

---

1) BGH v. 19.5.1960, II ZR 72/59, BGHZ 32, 307, 317 f.; BGH v. 13.12.1965, II ZR 10/64, NJW 1966, 827; BGH v. 7.7.2008, II ZR 37/07, DB 2008, 1965; vgl. auch Orth, DStR 1999, 1011, 1012.
2) Vgl. Tettinger, Der Konzern 2008, 75, 78; Weber, BB 2009, 842, 847.

dem Komplementär aufgrund eines Treuhandvertrags mit dem Kommanditisten steuerlich zugerechnet werden.[1] Während bei der Anwachsung der aufnehmende Rechtsträger aufgrund der Beendigung der Personengesellschaft deren Wirtschaftsgüter zivilrechtlich und steuerlich erwirbt, erlaubt das Treuhandmodell aufgrund der wirtschaftlichen Betrachtungsweise ein Auseinanderfallen von steuerlicher Zurechnung der Wirtschaftsgüter beim Komplementär und zivilrechtlicher Zurechnung der Wirtschaftsgüter bei der Personengesellschaft.

III. Zivilrechtliche Behandlung

Wie dargestellt (→ 4 Rz. 180), kann die Überführung eines von einer KG/OHG betriebenen Unternehmens unter Ausnutzung des Anwachsungsmodells auf einen ihrer persönlich haftenden Gesellschafter oder etwa auf eine als Kommanditistin beteiligte GmbH erfolgen. Voraussetzung ist lediglich, dass sämtliche Gesellschafter mit Ausnahme des übernehmenden Gesellschafters aus der Personengesellschaft ausscheiden und die Beteiligten vereinbart haben, dass das Unternehmen mit allen Aktiven und Passiven auf den verbleibenden Gesellschafter übergehen soll. Die Übertragung der Gesellschaftsanteile des letzten Kommanditisten auf den alleinigen Komplementär führt zur Auflösung und Beendigung der Kommanditgesellschaft ohne Abwicklung.[2] Weitere Übertragungshandlungen sind weder möglich noch nötig; gehört ein Grundstück zum Gesellschaftsvermögen, haben daher die ausscheidenden Gesellschafter nur einer Berichtigung des Grundbuchs zuzustimmen (§ 894 BGB).

181

Nach dem Wesen der Anwachsung sind die Ausscheidenden auf einen schuldrechtlichen Abfindungsanspruch beschränkt. Die Ratio der Bestimmung des § 738 BGB ist jedoch, dass „trotz Verzichts auf eine Auseinandersetzung der Gesellschaft die Stellung der Ausgeschiedenen derjenigen bei erfolgter Abwicklung soweit wie möglich anzunähern" ist.[3] Folglich soll sich grundsätzlich der Abfindungsanspruch nach der Höhe des den Ausgeschiedenen im Falle der Liquidation zustehenden Auseinandersetzungsguthabens bemessen (§§ 733 Abs. 2 Satz 1, 734, 739 BGB); Anspruchsgegner ist wegen der Beendigung der Gesellschaft der Übernehmer. Die Ausgeschiedenen haben einen Anspruch auf Rückgabe der zur Benutzung überlassenen Gegenstände (§ 738 Abs. 1 Satz 2 BGB); von dem Übernehmer können sie Schuldbefreiung bzw. Sicherheitsleistung hinsichtlich derjenigen Verbindlichkeiten verlangen, für die sie die persönliche Haftung übernommen haben. Ferner nehmen sie gem. § 740 Abs. 1 BGB auch am Gewinn und Verlust der zur Zeit ihres Ausscheidens schwebenden Geschäfte teil.[4] Um hieraus sich ergebende Rechnungslegungspflichten zu vermeiden, empfiehlt es sich, im Gesellschaftsvertrag zu vereinbaren, dass der ausscheidende Gesellschafter an den schwebenden Geschäften nicht mehr teilnimmt oder dass er zur Abgeltung seines gesetzlichen Anteils einen bestimmten Zuschlag zu seinem Auseinandersetzungsguthaben, wie es sich aus der Auseinandersetzungsbilanz ergibt, erhält.[5]

---

1) OFD Niedersachsen, Verfügung v. 7.2.2014, S 1978 – 97 – St 243, DStR 2014, 533.
2) BayObLG v. 19.6.2001, 3 Z BR 48/0, GmbHR 2001, 776 f.; Widmann in Widmann/Mayer, § 20 UmwStG Rz. R 103, Anh. 8 Rz. 33.
3) Vgl. Ulmer in Münchner Kommentar, § 738 BGB Rz. 1.
4) Langfristige Dauerrechtsverhältnisse sind nicht als schwebende Geschäfte i.S.d. § 740 BGB zu verstehen: Schmidt, DB 1983, 2401, 2405 f.; Herrmann, WPg 1994, 500, 510; § 738 Abs. 1 Satz 2 BGB ist dispositiv; zu Inhalt und Schranken abweichender Abfindungsregelungen vgl. BGH v. 2.6.1997, II ZR 81/96, BGHZ 135, 387, 389 f. m.w.N.
5) Zu Abfindungsklauseln vgl. Krüger, Zweckmäßige Wahl der Unternehmensform, 7. Aufl., 2002, Rz. 160.

An der Haftung aus der gesamthänderischen Bindung ändert sich aber nichts; grundsätzlich kann sich der Ausgeschiedene nur entsprechend der Regelung des § 159 HGB auf die fünfjährige Verjährungsfrist berufen.[1]

Gemäß § 738 Abs. 1 und 2 BGB entsteht der Abfindungsanspruch im Zeitpunkt des Ausscheidens; fällig hingegen ist er nach h.M. erst mit Feststellung der Abschichtungsbilanz.[2] Gemäß §§ 286 Abs. 1, 288 BGB ist der Abfindungsanspruch grds. erst dann zu verzinsen, wenn die Gesamthand bzw. der Übernehmer nach Eintritt der Fälligkeit auf eine Mahnung des Ausgeschiedenen nicht leistet. Der Abfindungsanspruch ist spätestens jedoch 30 Tage nach Fälligkeit und Zugang einer Rechnung oder gleichwertigen Zahlungsaufstellung zu verzinsen (§ 286 Abs. 3 BGB).

Abgesehen vom Anwachsungsprinzip selbst sind sämtliche Bestimmungen grundsätzlich dispositiver Natur. Folglich können gesellschaftsvertraglich insbesondere abweichende Vereinbarungen hinsichtlich der Bewertung des Anteils der Ausscheidenden getroffen werden; als Bewertungsmaßstab kommen Liquidationswerte, Teilwerte oder Vermögensteuerwerte ebenso in Betracht wie Abfindungen zu Buchwerten.[3]

Allgemein kann der Vorteil einer Umwandlung durch Anwachsung darin gesehen werden, dass die praktischen Schwierigkeiten der Übertragung der Vermögensgegenstände des Unternehmens durch eine Vielzahl von Einzelgeschäften vermieden werden. Weiterhin stellt eine Umwandlung im Wege der Anwachsung auf eine Kapitalgesellschaft keine Sacheinlage dar, mithin entfällt die für Sacheinlagen erforderliche besondere Prüfung der Angemessenheit der Bewertung des in die Kapitalgesellschaft einzubringenden Vermögens (vgl. §§ 56 ff. GmbHG, § 183 AktG). Der Wegfall der Gründungsprüfung erspart nicht nur die Kosten für ein andernfalls einzuholendes Sachverständigengutachten, sondern beschleunigt auch die – schon wegen der Gefahr der persönlichen Haftung im Gründungsstadium einer Kapitalgesellschaft (vgl. § 11 Abs. 2 GmbHG) bedeutungsvolle – Eintragung ins Handelsregister.[4]

Als Nachteil des Anwachsungsmodells ist das Entstehen von Grunderwerbsteuer (in dem Umfang, in dem der Übernehmer nicht bereits am Vermögen der Gesamthand beteiligt war) anzusehen, die bei einer formwechselnden Umwandlung vermieden werden kann.[5]

Für die handelsrechtliche Rechnungslegung einer Anwachsung sind nach Auffassung des IDW die Grundsätze über die Verschmelzung entsprechend heranzuziehen.[6]

IV. Rückbeziehung/Umwandlungsstichtag

182 Eine Rückbeziehung der Anwachsung mit steuerlicher Wirkung ist nur ausnahmsweise möglich, nämlich im Rahmen der allgemeinen Grenzen, die vereinfachungshalber bei einer kurzen Zeitspanne und fehlender steuerlicher Auswirkung nicht beanstandet wird,[7] und im Rahmen einer Erbauseinandersetzung, bei der ein Rückwirkungszeitraum von bis zu sechs Monaten hingenommen wird.[8] Im Falle der sog. erweiterten Anwachsung[9] kann wegen der Anwendbarkeit des § 20 Abs. 5 und 6 UmwStG die achtmonatige Rückwirkungsfrist beansprucht werden.

---

1) Vgl. Ulmer in Münchner Kommentar, § 714 BGB Rz. 70 f.
2) Kritisch hierzu Ulmer in Münchner Kommentar, § 738 BGB Rz. 20 m.w.N.
3) Vgl. zu den Wirksamkeitsgrenzen vertraglicher Abfindungsvereinbarungen und zu typischen Vertragsklauseln, Ulmer in Münchner Kommentar, § 738 BGB Rz. 39 ff. und 60 ff.
4) Vgl. Binz/Sorg, § 28 Rz. 30.
5) Vgl. Binz/Sorg, § 28 Rz. 44.
6) IDW RS HFA 42 Tz. 94, FN-IDW 2012, 701 ff.
7) Vgl. BFH v. 24.1.1979, I R 202/75, BStBl II 1979, 581.
8) Vgl. BMF v. 11.1.1993, IV B 2 – S 2242–86/92, BStBl I 1993, 62, Tz. 8.
9) Vgl. Köhler in Krüger, 7. Aufl., Rz. 637, 639.

V. Ertragsteuerliche Behandlung

1. Vorbemerkung

In ertragsteuerlicher Hinsicht geht es bei der Umwandlung durch Anwachsung um das Problem der Beendigung einer Mitunternehmerschaft. Da sowohl die dafür einschlägige Vorschrift des § 16 EStG als auch das UmwStG die Anwachsung nicht explizit als steuerneutralen Umwandlungsvorgang regeln, ergibt sich folgende Unterscheidung: **183**

– Die sog. „einfache" Anwachsung, d.h. die ohne Inanspruchnahme des UmwStG vollzogene Anwachsung, ist für die ausscheidenden Mitunternehmer i.d.R. steuerpflichtig.
– Die sog. „erweiterte" Anwachsung, d.h. die unter Inanspruchnahme des UmwStG vollzogene Anwachsung, kann dagegen steuerneutral gestaltet werden.

2. Einfache Anwachsung

Im Falle der sog. einfachen Anwachsung (auch klassisches Anwachsungsmodell[1] genannt), scheiden sämtliche Kommanditisten der KG aus und das Gesellschaftsvermögen (nicht die GmbH-Anteile!) wächst der (Komplementär-)GmbH an; diese führt die Unternehmung allein fort. Erfolgt das Ausscheiden gegen Entgelt, so entspricht das sich aus der Auseinandersetzungsbilanz ergebende Auseinandersetzungsguthaben evtl. zuzüglich eines darüber hinausgehenden Abfindungsbetrages nach der allgemeinen Vorschrift des § 16 Abs. 2 EStG den Anschaffungskosten der verbleibenden Komplementär-GmbH für die auf sie übergegangenen Kapitalanteile (sog. Anwachsungserwerb),[2] für die Ausscheidenden stellt dieser Betrag den Veräußerungspreis für die überlassenen Mitunternehmeranteile dar. **184**

Erfolgt das Ausscheiden ohne Abfindung oder ist die Abfindung geringer als der Verkehrswert der Anteile an der KG, so bewirkt das Ausscheiden eine verdeckte Einlage bei der GmbH. Da die Kommanditisten keine neuen Gesellschaftsanteile erhalten, ist für die Anwendung des § 20 UmwStG kein Raum.[3] Da die verdeckte Einlage in der Aufgabe des Mitunternehmeranteils besteht, ist fraglich, ob zum Aufgabepreis auch der gemeine Wert der im Sonderbetriebsvermögen befindlichen GmbH-Anteile gehört oder ob diese Anteile betriebsvermögensbefangen bleiben.[4]

Tritt aus einer (typischen) GmbH & Co. KG die nicht am Vermögen und Ertrag beteiligte Komplementär-Kapitalgesellschaft aus und wird das Kommanditkapital nur von einer natürlichen Person gehalten, kommt es zu einer Anwachsung bei dem alleinigen Kommanditisten. Die Annahme einer Einlage durch die austretende Kapitalgesellschaft entfällt, da sie am Vermögen und Ertrag nicht beteiligt war. Es stellt sich aber weiter die Frage, ob dieser Vorgang auf Grund der Beendigung der Kommanditgesellschaft (Fehlen eines Komplementärs) als ein Realisationstatbestand (Liquidation) zu qualifizieren ist. Dafür könnten die Verselbständigung der Personengesellschaft als steuerliche Mitunternehmerschaft (Subjekt der Gewinnermittlung, umsatzsteuerlicher Unternehmer, Gewerbesteuersubjekt) und deren im Regelfall nicht steuerneutrale Beendigung[5] sprechen.

---

1) Vgl. Schmitt in Schmitt/Hörtnagl/Stratz, § 20 UmwStG Rz. 194.
2) BFH v. 24.10.1996, IV R 90/94, BFH/NV 1997, R 123; BFH v. 12.12.1996, IV R 77/93, BStBl II 1998, 180 (unter 2.a).
3) UmwStE Tz. E 20.10.
4) Vgl. Wacker in Schmidt, § 16 EStG Rz. 513; Lauermann/Protzen, DStR 2001, 647 ff.
5) Einen Ausnahmefall einer steuerneutralen Beendigung einer Mitunternehmerschaft stellt die Realteilung nach § 16 Abs. 3 Satz 2 EStG dar.

Dem ist allerdings entgegenzuhalten, dass es § 6 Abs. 5 EStG ermöglicht, steuerliches Betriebsvermögen von einer Personengesellschaft in eine andere Personengesellschaft oder in ein Einzelunternehmen zu überführen, ohne dabei einen Realisationstatbestand zu verwirklichen. So hat denn auch die OFD Berlin in einer Verfügung entschieden, dass ein steuerlicher Realisationstatbestand bei einer Anwachsung in dem Umfang nicht vorliegt, in dem die steuerliche Zurechnung der Wirtschaftsgüter des bisherigen Gesamthandsvermögens unverändert bleibt.[1]

3. Erweiterte Anwachsung

185 Im Falle der erweiterten Anwachsung werden die KG-Anteile im Wege einer Kapitalerhöhung in die Komplementär-GmbH eingebracht. Eine andere Variante ist eine Barkapitalerhöhung, kombiniert mit einem Sachagio in Form der KG-Anteile.[2]

Nach Maßgabe der Regelung der §§ 20 ff. UmwStG kann so eine Gewinnrealisierung vermieden werden, aber auch eine Wertaufstockung bis zur Höhe des gemeinen Werts vorgenommen werden. Im Falle der Buchwertfortführung werden die ursprünglichen Anteile an der Komplementär-Kapitalgesellschaft zu sog. nachsteuerauslösenden Anteilen i. S. des § 22 UmwStG und sind auf diese Weise steuerverhaftet.[3] Scheiden die Gesellschafter mit der Maßgabe aus der Personengesellschaft aus, dass ihr Anteil der übernehmenden Kapitalgesellschaft anwachsen soll und ihnen unter Verzicht auf einen Abfindungsanspruch quasi als Gegenleistung neue Gesellschaftsrechte an der Kapitalgesellschaft gewährt werden, dann kann die Kapitalgesellschaft das Vermögen der Personengesellschaft ebenfalls mit einem Wert über dem Buchwert ansetzen, da der Vorgang steuerlich einer Sacheinlage gleichzustellen ist.[4] Stimmen in der Literatur, die erweiterte Anwachsung sei auf Grund des SEStEG nicht mehr steuerneutral möglich, ist eine Absage zu erteilen.[5] Im UmwStE stellt die FinVerw im Zusammenhang mit den unter § 20 UmwStG fallenden Vorgängen fest, dass Folge der Einbringung eines Mitunternehmeranteils u.a. im Wege der Einzelrechtsnachfolge auch eine Anwachsung (vgl. § 738 BGB, § 142 HGB) sein kann.[6] Dies dürfte dahingehend zu verstehen sein, dass die FinVerw die erweiterte Anwachsung wie bisher als einen nach § 20 UmwStG begünstigungsfähigen Vorgang ansieht.

VI. Umsatzsteuerliche Behandlung

186 Grundsätzlich führt die Anwachsung nicht zu einem umsatzsteuerpflichtigen Leistungsaustausch. Zahlt die Gesellschaft eine Barabfindung, dann führt sie keine Leistung i.S.d. UStG aus. Im Sachabfindungsfall liegt zwar eine steuerbare Lieferung vor, deren Gegenleistung in der Aufgabe der Gesellschaftsrechte des ausscheidenden Gesellschafters gesehen wird. Hierfür kann aber die Steuerbefreiung nach § 4 Nr. 8 Buchst. f UStG in Anspruch genommen werden.[7]

Scheiden alle Gesellschafter bis auf einen aus und wächst diesem die Beteiligung der anderen zu, dann kommt es nach dem BFH-Urteil vom 12.3.1964[8] darauf an, ob der verbleibende Gesellschafter die Möglichkeit der im Wesentlichen unveränderten Fortführung des Unternehmens hat. Ist dies der Fall, fehlt es wegen des Vermögensüber-

---

1) Vgl. OFD Berlin v. 19.7.2002, St 122 – S 2241 – 2/02, DB 2002, 1966.
2) BFH v. 7.4.2010, I R 55/09, BFH/NV 2010, 1924.
3) Vgl. Orth, DStR 1999, 1053, 1057; Wacker in Schmidt, § 16 EStG Rz. 513 m.w.N.
4) Vgl. Widmann in Widmann/Mayer, § 20 UmwStG Rz. R 107.
5) Vgl. Ettinger/Schmitz, GmbHR 2008, 1089.
6) UmwStE Tz. 1.44.
7) Vgl. Orth, DStR 1999, 1017 f. m.w.N.
8) V 249/61 U, BStBl III 1964, 290.

gangs durch Gesamtrechtsnachfolge an einem steuerbaren Leistungsaustausch. Führt hingegen der verbleibende Gesellschafter das Unternehmen wesentlich verändert fort, dann wird eine umsatzsteuerbare Liquidation des Unternehmens durch Auskehrung des Vermögens an die Gesellschafter und ggf. an Dritte angenommen.[1]

VII. Grunderwerbsteuerliche Behandlung

Das Ausscheiden eines Gesellschafters aus einer als solche fortbestehenden Gesamthandsgemeinschaft führt kraft Gesetzes (§ 738 Abs. 1 Satz 1 BGB) unmittelbar zur entsprechenden Änderung der Zuordnung der im Gesellschaftsvermögen vorhandenen Gegenstände, nämlich zur Anwachsung bei den verbleibenden Gesellschaftern; hinsichtlich der Eigentumsverhältnisse an einem Grundstück ist das Ausscheiden eines Gesellschafters im Grundbuch deshalb bei einer GbR berichtigend zu vermerken. Das bloße Ausscheiden eines Gesellschafters aus einer mit mindestens zwei Gesellschaftern fortbestehenden GbR ist grundsätzlich kein grunderwerbsteuerpflichtiger Erwerbsvorgang.[2]

187

Scheiden dagegen aus einer Personengesellschaft alle Gesellschafter bis auf einen aus, so wird dieser Alleineigentümer der Grundstücke, die zuvor der Personengesellschaft gehört haben. Dieser Vorgang unterliegt zwar grundsätzlich nach § 1 Abs. 1 Nr. 3 GrEStG der Grunderwerbsteuer, diese wird jedoch in Höhe des Anteils nicht erhoben, zu dem der Erwerber am Vermögen der Gesamthand beteiligt ist (§ 6 Abs. 2 GrEStG).[3]

Zu beachten ist allerdings die Ausnahmevorschrift des § 6 Abs. 4 GrEStG. Hiernach gilt die Befreiungsvorschrift des § 6 Abs. 2 GrEStG nicht, soweit der verbleibende Gesellschafter innerhalb von fünf Jahren vor der Anwachsung seinen Anteil an der Personengesellschaft durch Rechtsgeschäft unter Lebenden erworben hat. Allerdings ist § 6 Abs. 4 GrEStG in mehrfacher Hinsicht, auch im Zusammenspiel mit § 1 Abs. 2a GrEStG, einschränkend auszulegen.[4]

Weitere Befreiungsmöglichkeiten von der Grunderwerbsteuer können sich nunmehr für Anwachsungsfälle im Rahmen von Umstrukturierungen im Konzern auf Grund der mit Wirkung ab 2010 eingeführten Sondervorschrift des § 6a GrEStG ergeben.[5]

Zusammenfassend lässt sich feststellen, dass bei vorhandenem Grundbesitz eine Änderung der Rechtsform im Wege der vollständigen Anwachsung (Auflösung der Gesamthand) grundsätzlich ein grunderwerbsteuerbarer Vorgang ist, allerdings in nicht wenigen Fällen eine anteilige oder vollständige Befreiung von der Grunderwerbsteuer nach §§ 6, 6a GrEStG erreicht werden kann.

VIII. Gewerbesteuer

Für Zwecke des gewerbesteuerlichen Verlustabzugs i. S. des § 10a GewStG werden bei Ausscheiden von Gesellschaftern für den verbleibenden Gesellschafter die Unter-

188

---

1) Der vollständige Gesellschafterwechsel bei Personengesellschaften ist gem. BFH v. 29.10.1987, X R 33–34/81, BStBl II 1988, 92 nicht als Geschäftsveräußerung im Ganzen, sondern bei Vorhandensein einer Gegenleistung als steuerbefreite Veräußerung von Geschäftsanteilen zu qualifizieren, vgl. Binz/Sorg, § 28 Rz. 38; Hesselmann/Tillmann, Rz. 1490; Orth, DStR 1999, 1018.
2) Statt aller BayObLG v. 8.12.1982, BReg. 2 Z 99/82, DB 1983, 169.
3) Vgl. Breiteneicher, DStR 2004, 1408.
4) Vgl. Breiteneicher, DStR 2004, 1408.
5) Vgl. dazu Gleichlautende Ländererlasse v. 19.6.2012, BStBl I 2012, 662 ff.; Lieber/Wagner, DB 2012, 1772 ff.

nehmensidentität und eine partielle Unternehmeridentität bejaht. Der Verlustabzug entfällt also anteilig mit der Quote, mit der die ausgeschiedenen Gesellschafter im Erhebungszeitraum der Verlustentstehung nach dem gesellschaftsvertraglichen Gewinnverteilungsschlüssel an dem negativen Gewerbeertrag beteiligt waren.[1] Der Veräußerungsgewinn des ausscheidenden Gesellschafters unterliegt bei unmittelbar beteiligten natürlichen Personen nur ausnahmsweise im Rahmen des § 18 Abs. 4 Satz 2 UmwStG der GewSt.[2] Bei ausscheidenden Kapitalgesellschaften ist der Veräußerungsgewinn dagegen nach § 7 Satz 2 GewStG stets gewerbesteuerpflichtig.

Arbeitsrecht

von Dr. Nicolai Besgen

INHALTSÜBERSICHT   Rz.

I. Probezeit 189–196
II. Kündigung 197–210
III. Einstellung und AGG 211–218
IV. Befristung 219–225
V. Abmahnung 226–243
VI. Urlaubsanspruch 244–250
VII. Schwerbehinderung 251–254
VIII. Krankheit 255–257

I. Probezeit

189 Die Vereinbarung eines Probearbeitsverhältnisses hat den **Zweck**, die Feststellung für Arbeitnehmer und Arbeitgeber zu ermöglichen, ob die Arbeitsbedingungen dem Arbeitnehmer zusagen und ob er sich für die Arbeit eignet und in die betriebliche Umgebung einfügt. Die Probezeit im Arbeitsverhältnis ergibt sich nicht zwangsläufig, sondern bedarf der **besonderen Vereinbarung**. Insbesondere kann erstens eine Probezeit zu Beginn eines Arbeitsverhältnisses auf unbestimmte Zeit vereinbart werden, wie auch zweitens ein befristetes Probearbeitsverhältnis, das mit Ablauf der Probezeit ohne Kündigung endet, falls es nicht durch eine neue Vereinbarung auf unbestimmte Zeit verlängert wird. Ist die Probezeit in einem für das Arbeitsverhältnis anwendbaren Tarifvertrag geregelt, so ist diese Regelung maßgeblich.

190 Ein wesentlicher Vorteil in der Vereinbarung einer Probezeit liegt in der **verkürzten Kündigungsfrist**. Nach § 622 Abs. 3 BGB ist die gesetzliche Kündigungsfrist auf zwei Wochen ohne bestimmtes Enddatum verkürzt. Darüber hinaus ist eine Verkürzung der Kündigungsfrist unter den gesetzlich zugelassenen Kürzungsmöglichkeiten auch über einen **Tarifvertrag** nach § 622 Abs. 4 BGB möglich.

191 Die vereinbarte Probezeit kann nach § 622 Abs. 3 BGB höchstens sechs Monate betragen. Die Verlängerung und/oder Verkürzung der Probezeit hat jedoch **keine Auswirkungen** auf die sechsmonatige Wartezeit nach dem Kündigungsschutzgesetz. Jeder

---

1) R 10a. 3 (3) GewStR 2009; vgl. Orth, DStR 1999, 1016.
2) H 7.1.(3) GewStR 2009 „Vermögensübergang auf eine Personengesellschaft".

Arbeitnehmer, unabhängig von der Vereinbarung einer verlängerten Probezeit, erlangt nach Ablauf der sechsmonatigen Wartezeit und Erfüllung der übrigen Voraussetzungen den allgemeinen Kündigungsschutz nach dem Kündigungsschutzgesetz. Eine Verlängerung der Probezeit kann den Eintritt des allgemeinen Kündigungsschutzes folglich nicht hinausschieben.[1)]

192 Der Arbeitgeber befindet sich damit kurz vor Ablauf der Probezeit in einem Dilemma. Hat der Arbeitnehmer sich innerhalb der sechsmonatigen Probezeit **noch nicht bewährt**, kommt eine Verlängerung der Probezeit nicht in Betracht, denn der Arbeitnehmer erlangt nach der sechsmonatigen Wartezeit endgültig den allgemeinen Kündigungsschutz (→ **4** Rz. 191). Einen Ausweg zeigt das Urteil des BAG vom 7.3.2002.[2)] Der Arbeitgeber kann dem Arbeitnehmer eine Bewährungschance geben, indem er mit ihm innerhalb der Wartezeit des § 1 Abs. 1 KSchG einen **Aufhebungsvertrag** zu einem die kurze Probezeitkündigungsfrist angemessen überschreitenden Beendigungszeitpunkt abschließt und ihm für den Fall der Bewährung eine bedingte **Wiedereinstellungszusage** gibt. In der Entscheidung wurde das Arbeitsverhältnis mittels dieser Konstruktion um weitere vier Monate verlängert. Meines Erachtens ist eine Verlängerung um maximal sechs Monate, also die Dauer einer weiteren Probezeit, zulässig.

193 Ein entsprechender Aufhebungsvertrag mit Bewährungschance könnte folgenden Text haben:

Formulierungsvorschlag:

§ 1 Aufhebung

Die Parteien sind sich darüber einig, dass das zwischen ihnen bestehende Arbeitsverhältnis innerhalb der Probezeit im beiderseitigen Einvernehmen zum … aufgehoben wird. Bis zu seinem Vertragsende wird das Arbeitsverhältnis vertragsgerecht abgewickelt.

§ 2 Bewährungszusage

Der Arbeitgeber sagt dem Arbeitnehmer zu, ihn für den Fall seiner Bewährung nach Ablauf des … weiterzubeschäftigen.

194 Eine Beteiligung des Betriebsrats im Rahmen der Probezeit kommt nach § 99 BetrVG und nach § 102 BetrVG in Betracht. Der Betriebsrat hat nach § 99 Abs. 1 BetrVG jeder Neueinstellung zuzustimmen. Ohne die Zustimmung darf die Einstellung nicht erfolgen. Dabei bezieht sich die Zustimmungspflicht sowohl auf die Vereinbarung einer vorgeschalteten Probezeit als auch auf den Abschluss eines befristeten Probearbeitsverhältnisses.[3)] Demgegenüber ist eine Betriebsratsanhörung nach § 102 BetrVG vor Ausspruch der Kündigung nur bei Vereinbarung einer vorgeschalteten Probezeit erforderlich.[4)] Unterbleibt diese Anhörung, ist die Kündigung schon allein aus diesem Grunde unwirksam und muss wiederholt werden. Endet die Probezeit hingegen auf Grund einer Befristung, muss der Betriebsrat nicht nach § 102 BetrVG beteiligt werden.

195 Etwaiger Sonderkündigungsschutz (z.B. für Schwangere nach § 9 MuSchG) bleibt von der Vereinbarung einer Probezeit unberührt. Einer Schwangeren kann deshalb auch innerhalb der Probezeit grundsätzlich nicht gekündigt werden.

196 Etwas anderes gilt für schwerbehinderte Menschen. Der Kündigungsschutz für Schwerbehinderte kommt nach § 90 Abs. 1 Nr. 1 SGB IX erst nach sechs Monaten zur Anwendung. Allerdings ist der Arbeitgeber nach § 90 Abs. 3 SGB IX verpflichtet, die Einstellung auf Probe und die Beendigung von Arbeitsverhältnissen schwerbehinder-

---

1) BAG v. 15.8.1984, 7 AZR 228/82, AP Nr. 4 zu § 1 KSchG 1969.
2) BAG v. 7.3.2002, 2 AZR 93/01, AP Nr. 22 zu § 620 Aufhebungsvertrag = SAE 2003, 82.
3) Fitting, Kommentar zum BetrVG, 27. Aufl. 2014, § 99 BetrVG Rz. 36.
4) BAG v. 8.9.1998, 2 AZR 103/88, AP Nr. 49 zu § 102 BetrVG 1979.

ter Menschen in der Probezeit dem Integrationsamt innerhalb von vier Tagen anzuzeigen. Ein Verstoß gegen diese Vorschrift berührt jedoch nicht die Wirksamkeit der Kündigung.

II. Kündigung

197 Die Beendigung eines Arbeitsverhältnisses durch Kündigung oder Auflösungsvertrag muss nach § 623 BGB schriftlich erfolgen. Der Zweck dieser Vorschrift besteht in der Gewährung von Rechtssicherheit durch Vorbeugung von Beweisschwierigkeiten, dem Schutz vor übereiltem Handeln – insbesondere für Arbeitnehmer – und letztlich als Summe dieser beiden Aspekte aus einer Entlastung der Arbeitsgerichte.

198 Das Schriftformerfordernis gilt für jede Art von Kündigung eines Arbeitsverhältnisses, schließt somit die ordentliche und außerordentliche Kündigung aber auch die Änderungskündigung ein.[1] Unabhängig davon, ob die Kündigung arbeitnehmer- oder arbeitgeberseitig erklärt wird, ist § 623 BGB auch anwendbar für Aushilfsarbeitsverhältnisse – auch mit geringfügig Beschäftigten – sowie Verträgen mit Auszubildenden, Volontären und Praktikanten. Nicht anwendbar ist § 623 BGB aber bei der Anfechtung des Arbeitsvertrags gem. §§ 119 ff BGB. Als gesetzliche Formvorschrift ist die Schriftform unabdingbar, kann also auch nicht durch eine einzelvertragliche Abrede im Arbeitsvertrag aufgehoben werden. Zur Einhaltung der Schriftform muss die Kündigung oder der Aufhebungsvertrag eigenhändig unterschrieben werden (§ 126 BGB). In dieser Form muss sie dann dem Empfänger zugehen, also im Original. Fax, Kopie, SMS, E-Mail oder eine elektronische Signatur reichen nicht aus.

199 Als einseitige, empfangsbedürftige Willenserklärung wird die Kündigungserklärung rechtlich erst beachtlich, wenn sie dem Empfänger zugeht. Der Zugang setzt voraus, dass die Erklärung in den Machtbereich des Empfängers gelangt und dieser unter gewöhnlichen Verhältnissen die Möglichkeit der Kenntnisnahme hat.[2]

200 Die Beweislast des Nachweises für den Zugang der Kündigungserklärung und ggf. für den Zugangszeitpunkt, der im Hinblick auf den Lauf der Kündigungsfrist, den Ablauf der Zwei-Wochen-Frist des § 626 Abs. 1 BGB sowie hinsichtlich der Kündigungstermine von Bedeutung ist, trifft allein den Kündigenden, bei der Arbeitgeberkündigung also den Arbeitgeber.[3]

201 Kündigungen werden in vielen Fällen nicht durch den Arbeitgeber selbst, sondern durch eine bevollmächtigte Person ausgesprochen. In solchen Fällen kann der Kündigungsempfänger (Arbeitnehmer) berechtigt sein, die Kündigung nach § 174 BGB wegen fehlender Vorlage einer Vollmachtsurkunde zurückzuweisen. Die Zurückweisung muss unverzüglich, d.h. ohne schuldhaftes Zögern, erfolgen. Ein Zeitablauf von etwa einer Woche ist i.d.R. unschädlich. Liegen dabei die Voraussetzungen einer berechtigten Zurückweisung vor, ist die Kündigung schon aus diesem Grund unwirksam. Es bleibt daher für den Arbeitgeber nur der Ausspruch einer neuen, zweiten Kündigung, so dass es sich durchaus empfiehlt, sich mit den Einzelheiten auch der in der Praxis eher unbekannten Vorschrift des § 174 BGB auseinanderzusetzen.

202 Die Kündigungsfristen und Kündigungstermine bestimmen, zu welchem Zeitpunkt ein Arbeitsverhältnis durch ordentliche Kündigung beendet werden kann. Zu unterscheiden sind gesetzliche, tarifliche und vertragliche Kündigungsfristen und -termine.

203 Die sog. Mindest- oder Regelkündigungsfristen sind gesetzlich in § 622 BGB geregelt. Dabei handelt es sich um die gesetzlichen Kündigungsfristen, die bei der Kündigung

---

1) LAG Köln v. 26.9.2003, 12 Sa 743/03, ArbRB 2004, 39.
2) Ständige Rechtsprechung, stellvertretend BGH v. 3.11.1976, VIII ZR 140/75, BGHZ 67, 271.
3) BAG v. 3.4.1986, 2 AZR 258/85, AP Nr. 9 zu § 18 SchwbG.

eines Arbeitsverhältnisses nach Ablauf der Probezeit eingehalten werden müssen. Diese gesetzlichen Kündigungsfristen verlängern sich unter Berücksichtigung der Beschäftigungsdauer bis maximal sieben Monate zum Monatsende bei einer Betriebszugehörigkeit von mindestens 20 Jahren.

Die für die Verlängerung der Kündigungsfristen erforderlicheBetriebszugehörigkeitszeit müssen im Zeitpunkt des Zugangs der Kündigung und nicht erst bei Ablauf der geltenden Kündigungsfrist erreicht sein. Wird z.B. Arbeitnehmer nach einer Betriebszugehörigkeit von vier Jahren und neun Monaten gekündigt, gilt noch die einmonatige Kündigungsfrist des § 622 Abs. 2 Nr. 1 BGB, denn die verlängerte Kündigungsfrist von zwei Monaten zum Ende eines Kalendermonats setzt den Bestand von fünf Jahren Betriebszugehörigkeit bei Zugang der Kündigung voraus. 204

Achtung: Für die Berechnung der Betriebszugehörigkeit berücksichtigt die Vorschrift des § 622 Abs. 2 Satz 2 BGB nur Beschäftigungszeiten nach Vollendung des 25. Lebensjahres. Diese Vorschrift ist aber europarechtswidrig[1] und nicht mehr anzuwenden! 205

Durch Tarifverträge können Kündigungsfristen eigenständig geregelt werden. Wichtig ist: Tarifverträge gestatten, auch kürzere als die gesetzlichen Kündigungsfristen festzulegen, § 622 Abs. 4 BGB. Diese kürzeren Kündigungsfristen kommen zum einen dann zur Anwendung, wenn beide Seiten an den jeweiligen Tarifvertrag gebunden, also Mitglieder der tarifschließenden Verbände sind. Zum anderen kann die Anwendbarkeit eines Tarifvertrags auch arbeitsvertraglich vereinbart sein, selbst wenn beide Vertragsparteien nicht tarifgebunden sind. Für die einzelvertragliche Inbezugnahme eines Tarifvertrags bedarf es einer ausdrücklichen Vereinbarung zwischen Arbeitgeber und Arbeitnehmer, die tariflichen Bestimmungen anzuwenden. Liegen diese Voraussetzungen vor, können auch kürzere Kündigungsfristen als in § 622 Abs. 2 Satz 1 BGB vorgesehen, vereinbart werden. 206

Längere als die vorgenannten gesetzlichen und tariflichen Kündigungsfristen können einzelvertraglich jederzeit vereinbart werden, soweit garantiert bleibt, dass die längeren Kündigungsfristen nicht einseitig für den Arbeitnehmer gelten (§ 622 Abs. 6 BGB). Eine Verlängerung der Kündigungsfristen kann daher nur gleichzeitig für beide Seiten verbindlich vereinbart werden. 207

Weitere Besonderheiten für die Verkürzung gesetzlicher Kündigungsfristen sieht schließlich § 622 Abs. 5 BGB für Aushilfsarbeitsverhältnisse und für Kleinbetriebe vor. Danach gilt: Wird ein Arbeitnehmer zur vorübergehenden Aushilfe eingestellt, kann eine kürzere als die gesetzliche Grundkündigungsfrist nach § 622 Abs. 1 BGB vereinbart werden, wenn das Arbeitsverhältnis über die Zeit von drei Monaten hinaus nicht fortgesetzt wird und ferner, wenn der Arbeitgeber i.d.R. nicht mehr als 20 Arbeitnehmer beschäftigt und die Kündigungsfrist vier Wochen nicht unterschreitet. 208

Die Berechnung der Kündigungsfristen bestimmt sich nach den §§ 186 ff. BGB. Nach § 187 Abs. 1 BGB ist der Tag, an dem die Kündigung zugeht, bei der Berechnung der Kündigungsfrist nicht mitzurechnen. Gilt eine Kündigungsfrist von einem Monat zum Monatsende, so muss die Kündigung um diese Frist zu wahren, am letzten Tag des Vormonats zugehen; eine am ersten Tag eines Monats zugehende Kündigung wahrt die vorgenannte Kündigungsfrist von einem Monat zum Monatsende nicht, da der Tag des Zugangs bei der Berechnung der Kündigungsfrist nicht mitzählt. 209

Beispiele: 210
– Zugang der Kündigung am 30. April, Kündigung wirkt zum 31. Mai.
– Zugang am 1. Mai, Kündigung wirkt erst zum 30. Juni.

---

1) EuGH v. 19.1.2010, C-555/07, NZA 2010, 85.

III. Einstellung und AGG

211 Die Stellenanzeige ist ein wichtiges Hilfsmittel des Arbeitgebers zur Besetzung neuer Stellen und zur Anwerbung von Arbeitnehmern. Die Stellenausschreibung steht damit am Beginn des Bewerbungsverfahrens. Das Stellenangebot in einer Zeitung stellt noch kein Vertragsangebot dar. Es handelt sich um die allgemeine Aufforderung an Bewerber, Angebote (Bewerbungen) abzugeben. In diesem frühen Stadium möchte sich der Arbeitgeber noch nicht gegenüber jedem möglichen Interessenten fest binden. Aus diesem Grunde entscheidet die Stellenanzeige grundsätzlich auch nicht über den späteren Inhalt des Arbeitsvertrags. Der Inhalt des Arbeitsvertrags wird vielmehr durch das Ergebnis der Vertragsverhandlungen bestimmt. Natürlich kommt der Stellenanzeige in Zweifelsfällen indizielle Wirkung zu. Allerdings ist regelmäßig davon auszugehen, dass es sich bei einem schriftlichen Arbeitsvertrag um einen vollständigen Vertrag handelt.

212 Besondere Bedeutung kommt der Stellenanzeige seit der Geltung des AGG zu, das seit 18.8.2006 gilt. Das AGG verbietet jegliche Benachteiligung von Beschäftigten aus Gründen der Rasse, wegen der ethnischen Herkunft, des Geschlechts, der Religion oder Weltanschauung, einer Behinderung, des Alters oder der sexuellen Identität (§ 7 Abs. 1 AGG). Ausdrücklich gilt dieser Diskriminierungsschutz nach § 6 Abs. 1 Satz 2 AGG auch für Stellenbewerber und § 11 AGG weitet diesen Schutz für die Stellenausschreibung aus. Stellenanzeigen dürfen daher nicht diskriminierend sein. Jegliche benachteiligende Suchkriterien müssen vermieden werden. Dies gilt umso mehr, als nunmehr durch das AGG Schadensersatzansprüche des abgewiesenen Bewerbers begründet werden. Der Ausschreibungstext muss zunächst **geschlechtsneutral** sein. Für die Mehrheit der Berufe, seien sie auch noch so männerdominiert, bedarf es der geschlechtsneutralen Suche nach Bewerbern beiderlei Geschlechts. Dies kann entweder der Gestalt formuliert werden, dass sowohl die männliche als auch die weibliche Form ausdrücklich im Text aufgeführt werden. Alternativ besteht die Möglichkeit, neutral zu formulieren und die geschlechtsneutrale Suche durch den Zusatz „m/w" zu kennzeichnen. Zu vermeiden ist auch die **altersdiskriminierende** Stellenanzeige. Die Altersdiskriminierung bezieht sich nicht auf ein bestimmtes Alter, also nur junge oder nur ältere Arbeitnehmer. Geschützt wird jedes Alter. Grundsätzlich verbietet sich daher die Suche nach bestimmten Altersgruppen, z.B. männliche oder weibliche Pflegekraft bis 30 Jahre. Der Arbeitgeber ist allerdings frei darin, eine mehrjährige Berufserfahrung einzufordern. Dass dadurch mittelbar jüngere Arbeitskräfte ausgeschlossen werden, ist sachlich gerechtfertigt. Ebenfalls können bestimmte Ausbildungsabschlüsse als notwendiges Kriterium eingefordert werden.

213 **Checkliste Stellenanzeige:**
- Neutrale Formulierungen verwenden;
- Vermeidung jedweder, auch mittelbarer, Diskriminierung gem. den in § 1 AGG genannten Diskriminierungsmerkmalen;
- Überprüfung aller Medien, die zur Stellenausschreibung genutzt werden auf diskriminierungsfreie Formulierungen;
- Anforderungsprofil intern festlegen und schriftlich festhalten;
- in der Stellenanzeige eine konkrete Stellenbeschreibung vornehmen und kein Bewerberprofil.

214 Das Vorstellungsgespräch dient dazu, sich ein möglichst umfangreiches Bild über die Kenntnisse und Fähigkeiten des Bewerbers zu machen. Auch im Vorstellungsgespräch müssen die Grundsätze des AGG beachtet werden. Aus diesem Grunde empfiehlt es sich, das Vorstellungsgespräch schriftlich zu dokumentieren und zur notwendigen Beweissicherung mindestens mit zwei Personen durchzuführen. Besondere Bedeutung kommt im Vorstellungsgespräch dem Fragerecht des Arbeitgebers zu, das nachfolgend ausführlich dargestellt wird.

Weist ein Bewerber im Vorstellungsgespräch unaufgefordert auf bestimmte Diskriminierungsmerkmale hin (Alter, Herkunft, sexuelle Orientierung, persönliche Lebensführung etc.), kann dies ein Indiz dafür sein, dass der Bewerber versucht, mögliche Schadensersatzansprüche im Falle einer Absage vorzubereiten. In diesem Fall sollte der Hinweis auf bestimmte Diskriminierungsmerkmale vonseiten des Arbeitgebers im Vorstellungsgespräch aufgegriffen und z.B. wie folgt beantwortet werden: *„Dies spielt bei unserer Auswahlentscheidung keine Rolle."* Auch hier empfiehlt sich die schriftliche Dokumentation und Beweissicherung durch Zeugen.

215

Das BAG erkennt ein Recht des Arbeitgebers zur Frage und damit korrespondierend eine Offenbarungspflicht des Arbeitnehmers in ständiger Rechtsprechung nur dann an, wenn der Arbeitgeber ein berechtigtes Interesse an der Frage bzw. deren Beantwortung hat.[1] Die Offenbarungspflicht des Arbeitnehmers ist damit an die Voraussetzung gebunden, dass die verschwiegenen Umstände dem Arbeitnehmer die Erfüllung der arbeitsvertraglichen Leistungspflicht unmöglich machen oder sonst für den in Betracht kommenden Arbeitsplatz von ausschlaggebender Bedeutung sind. Damit stellt nicht jede falsche Angabe bei der Einstellung eine arglistige Täuschung i.S.d. § 123 BGB dar. Vielmehr berechtigt nur eine falsche Antwort auf eine zulässigerweise gestellte Frage den Arbeitgeber zur späteren Anfechtung des Arbeitsvertrags.

216

Die Antwort des Arbeitnehmers muss also für die Eingehung des Arbeitsverhältnisses von besonderer Bedeutung sein und einen unmittelbaren Sachzusammenhang zur ausgeübten Tätigkeit aufweisen. Betrifft eine Frage lediglich die Privatsphäre eines Arbeitnehmers, ist sie grundsätzlich unzulässig. Unzulässige Fragen muss der Bewerber nicht beantworten. Da aus dem reinen Schweigen aber ebenfalls negative Schlüsse gezogen werden können, besteht bei unzulässigen Fragen ein Recht zur Lüge! Dieses Recht besteht z.B. bei Fragen nach einer Schwerbehinderung, Schwangerschaft, der Gewerkschaftszugehörigkeit oder der Familienplanung.

217

Die Rechtsprechung differenziert weiter nach dem Fragerecht des Arbeitgebers einerseits und der allgemeinen Offenbarungspflicht des Arbeitnehmers, auch ohne entsprechende Nachfrage seitens des Arbeitgebers, andererseits. Die Offenbarungspflicht des Arbeitnehmers unterliegt engeren Grenzen als das Fragerecht des Arbeitgebers. Eine aktive Offenbarungspflicht besteht nur in wenigen Fällen. Es ist daher in der Praxis zu empfehlen, nicht darauf zu vertrauen, dass ein Arbeitnehmer auch ohne entsprechende Nachfrage bestimmte Merkmale und Eigenschaften mitteilt. Vielmehr sollte der Arbeitgeber alle ihm wichtigen Umstände ausdrücklich nachfragen und dabei die vorstehenden Besonderheiten beachten.

218

IV. Befristung

Regelmäßig werden Arbeitsverträge auf unbestimmte Zeit begründet. Abweichend hiervon kann ein Arbeitsvertrag allerdings auch befristet abgeschlossen werden. Dann endet der Vertrag mit Zeitablauf bzw. mit Erreichen des Befristungszeitpunkts, ohne dass es einer Kündigung bedarf. Dieser Beendigungstatbestand liegt außerhalb der allgemeinen und besonderen Kündigungsschutzvorschriften. Es sind dabei drei Arten von Befristungen zu unterscheiden. In der Regel erfolgt die Zeitbefristung im Rahmen einer kalendermäßigen Befristung. Das Vertragsende richtet sich hierbei nach Tagen, Wochen und Monaten usw. oder nach einem kalendermäßig bestimmbaren Zeitraum. Erforderlich ist, dass der Beendigungszeitpunkt exakt bestimmt oder bestimmbar ist. Andernfalls ist die Befristung unwirksam. Demgegenüber soll bei der Zweckbefristung das Arbeitsverhältnis nach dem übereinstimmenden Willen von Arbeitnehmer und Arbeitgeber auf Grund des Eintritts eines von ihnen als gewiss angesehenen

219

---

1) BAG v. 21.2.1991, 2 AZR 449/90, NZA 1991, 719.

Ereignisses erfolgen, welches allerdings – im Unterschied zur reinen Zeitbefristung – zeitlich noch unbestimmbar ist, z.B. Krankheitsvertretung. Schließlich kann eine Befristung auch durch Vereinbarung einer auflösenden Bedingung erfolgen. Der Unterschied zu den anderen Befristungstatbeständen liegt darin, dass bei der auflösenden Bedingung das Ende des Arbeitsverhältnisses von dem Eintritt eines als ungewiss angesehenen Ereignisses abhängen soll. Zulässig ist eine solche Regelung, wenn sie im Interesse des Arbeitnehmers oder gar auf dessen Wunsch erfolgt bzw. wenn der Beendigungszeitpunkt eindeutig vorhersehbar und bestimmbar und vom Willen des Arbeitgebers oder von betrieblichen Faktoren unabhängig ist.

220 Für sämtliche Befristungsarten sieht das Gesetz über Teilzeitarbeit und befristete Arbeitsverträge (TzBfG) für die mit Wirkung vom 1.1.2001 abgeschlossenen Arbeitsverträge Folgendes vor: Wenn ein befristetes Arbeitsverhältnis abgeschlossen werden soll, muss grundsätzlich ein sachlicher Grund zur Rechtfertigung vorliegen (vgl. § 14 Abs. 1 Satz 1 TzBfG). Für die erleichterte Befristung mit älteren Arbeitnehmern gilt die Neufassung des § 14 Abs. 3 TzBfG.[1] In allen anderen Fällen muss der sachliche Grund vorhanden sein. Das Gesetz enthält in § 14 Abs. 1 Satz 2 TzBfG verschiedene Tatbestände als sachlichen Grund für eine Befristung. Neben einem nur vorübergehend bestehenden Bedarf an der Arbeitsleistung ist z.B. auch die Vertretung eines anderen Arbeitnehmers oder ein in der Person des Arbeitnehmers liegender Grund zur Befristung des Arbeitsverhältnisses geeignet. Die Aufzählung ist allerdings nur beispielhaft und nicht abschließend. Neben den gesetzlich normierten Fällen sind noch ergänzend die von der Rechtsprechung anerkannten Sachgründe heranzuziehen. Für Existenzgründer gilt im Übrigen die Sondervorschrift des § 14 Abs. 2a TzBfG und die dort vorgesehene erleichterte Befristung in den ersten vier Jahren nach der Gründung eines Unternehmens.

221 Die gesetzliche Ausnahme, in der Praxis aber der Regelfall, ist die Befristung ohne Sachgrund nach § 14 Abs. 2 TzBfG. Diese kann bis zu einer Gesamtdauer von 24 Monaten vereinbart werden. Diese 24 Monate können in insgesamt vier unterschiedlich lange Zeitabschnitte aufgeteilt werden. Wichtig ist nur, dass zwischen den Zeitabschnitten keine Unterbrechung erfolgt, andernfalls geht das sachgrundlose Befristungsprivileg verloren. Eine Befristung ohne Sachgrund ist allerdings dann unzulässig, wenn mit demselben Arbeitgeber bereits zuvor ein befristetes oder unbefristetes Arbeitsverhältnis bestanden hat. Der Zeitabstand zu diesem **Zuvorarbeitsverhältnis** muss mindestens drei Jahre betragen.[2] Ausbildungsverhältnisse sind allerdings keine Arbeitsverhältnisse und werden insoweit nicht berücksichtigt.

222 Anlässlich der Verlängerung eines befristeten Arbeitsverhältnisses ohne Sachgrund innerhalb der zulässigen 24 Monate darf der Arbeitsvertrag inhaltlich nicht verändert werden.[3] Diese Veränderungssperre gilt z.B. für eine Anhebung der Vergütung oder eine Veränderung der Tätigkeit oder aber eine sonstige Abänderung vertraglicher Klauseln. Sie bezieht sich nur auf den reinen Verlängerungsvertrag. Während der Laufzeit einer Befristung dürfen aber die Arbeitsbedingungen durchaus abgeändert werden. Der Praxis ist daher zu empfehlen, bei Erstbefristungen Vertragsänderungen innerhalb der jeweiligen Zeitabschnitte zu vereinbaren.

223 Jede Form der Befristung unterliegt dem Schriftformgebot, § 14 Abs. 4 TzBfG. Wird die Schriftform nicht eingehalten, ist die Befristungsabrede unwirksam. Mündliche Befristungen sind also nicht möglich. Der Verstoß gegen das Schriftformerfordernis führt damit zu einem unbefristeten Arbeitsverhältnis.

---

1) Ausführlich dazu Besgen, B+P 2007, Beihefter zu Heft 7 Nr. 1, 1–7.
2) BAG v. 6.4.2011, 7 AZR 716/09, NZA 2011, 905.
3) BAG v. 26.7.2000, 7 AZR 51/99, NZA 2001, 546; BAG v. 18.1.2006, 7 AZR 178/05, NZA 2006, 605.

Bei jeder Befristung ist es ratsam, zusätzlich ein Kündigungsrecht zu vereinbaren, da anderenfalls der Arbeitnehmer ordentlich unkündbar für die Laufzeit der Befristung ist. Wurde eine unzulässige oder unwirksame Befristung vereinbart, entsteht ein unbefristetes Arbeitsverhältnis. Dieses kann vom Arbeitgeber frühestens zum Ablauf der Befristung ordentlich gekündigt werden, es sei denn, im Arbeitsvertrag oder einschlägigen Tarifvertrag ist die ordentliche Kündigung auch schon während der Laufzeit der Befristung vorgesehen. Dann sind aber die Anforderungen des Kündigungsschutzgesetzes zu beachten. Bei befristeten Arbeitsverhältnissen ist schließlich darauf zu achten, dass das Arbeitsverhältnis nicht über die Befristung hinaus fortgesetzt wird und so ein unbefristetes Arbeitsverhältnis entsteht (§ 15 Abs. 5 TzBfG). 224

Werden lediglich einzelne Arbeitsbedingungen des Arbeitsvertrags, nicht aber der gesamte Arbeitsvertrag, befristet, greift nach der ständigen Rechtsprechung des BAG nicht die Befristungskontrolle nach dem TzBfG.[1] Allerdings führt das BAG eine Inhaltskontrolle nach § 307 BGB durch. Die vereinbarte Befristung darf daher den Arbeitnehmer nicht unangemessen benachteiligen. Damit wird letztlich doch eine Sachgrundkontrolle eingeführt. Als Faustformel ist der Praxis anzuraten, einzelne Arbeitsbedingungen des Arbeitsvertrags nur dann zu befristen, wenn auch ein Sachgrund nach dem TzBfG vorliegen würde. In solchen Fällen liegt regelmäßig keine unangemessene Benachteiligung vor. 225

V. Abmahnung

Die Abmahnung ist für den Arbeitgeber ein wesentliches Sanktionsmittel im Arbeitsverhältnis. Sie ist jedoch – anders als die Wirksamkeit von Kündigungen nach dem Kündigungsschutzgesetz – gesetzlich nicht geregelt. Dennoch hat sich eine detaillierte Rechtsprechung zu den Anforderungen an die Wirksamkeit von Abmahnungen herausgebildet. Nur bei genauer Kenntnis dieser Rechtsprechung können Fehler und damit Rechtsverluste vermieden werden. 226

Der Arbeitnehmer verpflichtet sich mit seinem Arbeitsvertrag zur Erbringung einer bestimmten Arbeitsleistung. Kommt es während des andauernden Arbeitsverhältnisses zu Störungen, muss der Arbeitgeber klarstellen, dass er ein bestimmtes Fehlverhalten des Arbeitnehmers nicht duldet. Diesem Ziel dient die Abmahnung, wobei ihr eine Doppelfunktion zukommt. Ein bestimmtes Fehlverhalten der Vergangenheit wird abgemahnt und gleichzeitig wird mit der Kündigungsandrohung deutlich gemacht, dass weitere Verstöße in Zukunft nicht mehr hingenommen werden. 227

Als Vorstufe zur Abmahnung kann der Arbeitgeber auch die milderen Sanktionsmittel der Rüge oder der Ermahnung wählen. Diese weisen lediglich auf ein bestimmtes Fehlverhalten des Arbeitnehmers hin, beinhalten aber keine konkrete Kündigungsandrohung.[2] Sie sind damit als formelle Voraussetzung für eine spätere Kündigung irrelevant. 228

Kommt es zu Pflichtverletzungen im Verhaltens- und Leistungsbereich, ist nach der Rechtsprechung regelmäßig eine Abmahnung vor Ausspruch der Kündigung erforderlich.[3] Zu nennen wären hier z.B. verspätete Aufnahme der Arbeit, fehlerhaftes Arbeiten, Nichtbeachtung von Dienstanweisung, verspätete Krankmeldungen oder Verstoß gegen sonstige betriebliche Verbote. 229

Betreffen die Pflichtverletzungen hingegen den Vertrauensbereich, ist eine Abmahnung in vielen Fallkonstellationen entbehrlich.[4] Bei Verstößen im Vertrauensbereich 230

---

1) BAG v. 8.8.2007, 7 AZR 855/06, NZA 2008, 229.
2) Siehe dazu auch BAG v. 10.11.1988, 2 AZR 215/88, NZA 1989, 633.
3) BAG v. 18.1.1980, 7 AZR 75/78, AP Nr. 3 zu § 1 KSchG 1969, verhaltensbedingte Kündigung.
4) BAG v. 4.6.1997, 2 AZR 526/96, NZA 1997, 1281.

ist es dem Arbeitgeber regelmäßig nicht mehr zumutbar, einen nochmaligen Wiederholungsfall hinzunehmen bzw. abzuwarten. Im Einzelfall kann aber anders zu entscheiden sein, insbesondere wenn es sich um keine schwere Pflichtverletzung handelt oder davon auszugehen ist, dass der Arbeitnehmer bereits nach einer Abmahnung sich künftig wieder vertragstreu verhalten wird.[1]

Beispiele:
Sämtliche Vermögensdelikte im Arbeitsleben, also z.b. Spesenbetrug; Unterschlagung oder Diebstahl; Tätlichkeit; grobe Beleidigungen; unsittliches Verhalten; Verrat von Betriebsgeheimnissen; Verstöße gegen Wettbewerbsverbote.

231 Die Abmahnung ist auch entbehrlich, wenn sie keinen Erfolg verspricht. Dies ist z.b. dann der Fall, wenn der Arbeitnehmer bereits von vornherein deutlich macht, er werde sich auch im Wiederholungsfall nicht vertragstreu verhalten. Der Ausspruch einer Abmahnung würde hier ins Leere gehen. Entsprechendes gilt, wenn sich der Arbeitnehmer hartnäckig weigert, bestimmten Anordnungen des Arbeitgebers Folge zu leisten. Bei einer solchen beharrlichen Arbeitsverweigerung bedarf es ebenfalls keiner Abmahnung mehr. Der Arbeitgeber kann vielmehr unmittelbar – ggf. fristlos – kündigen.[2]

232 Kommt es trotz bereits vorangegangener Abmahnung zu einem weiteren Fehlverhalten, berechtigt dies nicht unmittelbar zum Ausspruch einer Kündigung. Die Rechtsprechung geht vielmehr davon aus, dass nur bei gleichartigen Wiederholungsfällen ein Kündigungsrecht besteht. Mit anderen Worten: Wird ein Arbeitnehmer wegen verspäteter Vorlage seiner Arbeitsunfähigkeitsbescheinigung abgemahnt und kommt er in einem späteren Fall morgens zu spät zur Arbeit, handelt es sich nicht um einen gleichartigen Vertragsverstoß, so dass auch der neuerliche Verstoß zunächst wieder abgemahnt werden muss.

233 Entgegen einer weitverbreiteten Annahme bedarf es für den Ausspruch von Kündigungen auch nicht einer vorangegangenen Mindestanzahl von drei Abmahnungen. Wie viele Abmahnungen vor Ausspruch einer Kündigung „gesammelt" werden müssen, hängt allein von den Umständen des Einzelfalls ab. Bei schwerwiegenden Verstößen kann bereits im ersten Wiederholungsfall gekündigt werden. Bei eher geringfügigen Verstößen bedarf es mehrerer Abmahnungen.

234 Alle kündigungsberechtigten und auch weisungsberechtigten Personen des Unternehmens sind abmahnungsberechtigt.[3] Hierzu zählen insbes. die gesetzlichen Vertreter (z.B. Geschäftsführer, Vorstand) oder aber die üblichen Bevollmächtigten, insbesondere Personalleiter.

235 Die Abmahnung ist an Formvorschriften nicht gebunden. Eine mündlich ausgesprochene Abmahnung ist daher wirksam. Der Praxis kann jedoch nur empfohlen werden, Abmahnungen zu Beweiszwecken stets schriftlich auszusprechen und den erforderlichen Zugang der Abmahnung zu dokumentieren.

236 Eine Abmahnung muss nicht innerhalb einer bestimmten Regelfrist erklärt werden. Solche Fristen existieren nicht. Insbesondere kann nicht die zweiwöchige Ausschlussfrist für den Ausspruch außerordentlicher Kündigungen nach § 626 Abs. 2 BGB übertragen werden.

237 Ein bestehender Betriebsrat muss bei dem Ausspruch einer Abmahnung nicht vorher beteiligt oder gar angehört werden.[4] Die Vorschrift des § 102 BetrVG gilt allein für Kündigungen.

---

1) BAG v. 16.6.2010, 2 AZR 541/09, NZA 2010, 1227.
2) BAG v. 18.5.1994, 2 AZR 626/93, DB 1995, 532.
3) Eisenbeis in Moll, Arbeitsrecht, 3. Aufl. 2012, § 18 Rz. 27.
4) BAG v. 19.7.1983, 1 AZR 307/1981, AP Nr. 5 zu § 87 BetrVG 1972, Betriebsbuße.

238 Die inhaltlichen Anforderungen an eine wirksame Abmahnung sind außerordentlich hoch. Die Abmahnung ist nur dann wirksam, wenn die Vorwürfe klar und deutlich formuliert werden und der Arbeitnehmer genau erkennen kann, was ihm konkret vorgeworfen wird und wie er sich in Zukunft zu verhalten hat. Jegliche pauschalen Vorhaltungen (Beispiel: Sie kommen ständig zu spät!) sind deshalb zu vermeiden.

239 Dem Arbeitnehmer stehen verschiedene Abwehrrechte gegen eine Abmahnung zu. In Betracht kommt eine Gegendarstellung, eine Beschwerde nach dem Betriebsverfassungsrecht oder eine Klage auf Rücknahme aus der Personalakte sowie Widerruf. In Betracht kommt auch die inzidente Überprüfung im Rahmen einer Kündigungsschutzklage.

240 Der Ausspruch einer Abmahnung, die von einem Arbeitnehmer schlicht hingenommen wird, ist für den Arbeitgeber immer mit einem gewissen Risiko verbunden. Kommt es zu einem Wiederholungsfall und wird dann gekündigt, muss die vorangegangene Abmahnung „gerichtsfest" sein. Auch aus diesem Grunde können wir nur dringend empfehlen, bei der Formulierung einer Abmahnung größtmögliche Sorgfalt walten zu lassen.

241 Die Darlegungs- und Beweislast in einem Abmahnungsprozess trifft zunächst den Arbeitgeber. Dieser muss die Voraussetzungen der Abmahnung im arbeitsgerichtlichen Prozess rechtfertigen. Bestreitet also der Arbeitnehmer, dass die Darlegungen des Arbeitgebers zutreffend sind, muss der Arbeitgeber mit geeigneten Beweismitteln die Wirksamkeit der Abmahnung beweisen.

242 **Checkliste Formulierung einer Abmahnung:**

Bei der Formulierung einer Abmahnung **sollte** man sich an folgender Checkliste orientieren:
- Konkrete Umschreibung des vorgeworfenen Fehlverhaltens (Hinweisfunktion),
- Feststellung des Arbeitsvertragsverstoßes, Hinweis, wie sich der Mitarbeiter sachgerecht hätte verhalten müssen und Rüge des Fehlverhaltens (Beanstandungsfunktion),
- Kündigungsandrohung für den Wiederholungsfall (Warnfunktion).

243 Hat der Arbeitgeber ein Fehlverhalten oder einen bestimmten Sachverhalt mit einer Abmahnung gerügt, kann wegen des abgemahnten Sachverhalts nicht mehr wirksam gekündigt werden.[1]

VI. Urlaubsanspruch

244 Das Urlaubsrecht ist im Bundesurlaubsgesetz geregelt (BUrlG). Der Urlaubsanspruch beträgt dabei gem. § 3 Abs. 1 BUrlG jährlich mindestens 24 Werktage. Werktage sind alle Kalendertage, die nicht Sonn- oder gesetzliche Feiertage sind, also die Tage von Montag bis einschließlich Samstag. Der Urlaubsanspruch von 24 Tagen bezieht sich damit auf eine Sechs-Tage-Woche, so dass ein Anspruch von vier Wochen besteht. Schwerbehinderte Menschen haben Anspruch auf einen bezahlten zusätzlichen Urlaub von fünf Arbeitstagen (§ 125 SGB IX). Geht man von der heutzutage üblichen Fünf-Tage-Woche aus, muss der gesetzliche Urlaubsanspruch von 24 Werktagen hierzu rechnerisch in Beziehung gesetzt werden. Die Umrechnung erfolgt in der Weise, dass bei der Verteilung der Arbeitszeiten auf weniger als sechs Arbeitstage die Gesamtdauer des Urlaubs durch die Zahl sechs geteilt und mit der Zahl der Arbeitstage einer Woche multipliziert wird. Für den Arbeitnehmer, der an fünf Tagen einer Woche arbeitet, ergibt sich einen Mindesturlaubsanspruch von 20 Arbeitstagen, so dass es wiederum bei den vier Wochen verbleibt.

---

[1] BAG v. 10.11.1988, 2 AZR 215/88, NZA 1989, 633.

245 Der Urlaubsanspruch von 24 Werktagen ist unabdingbar. Ein geringerer Urlaub kann damit auch nicht einvernehmlich mit dem Arbeitnehmer vereinbart werden. Der Urlaubsanspruch entsteht erstmalig nach dem Ablauf der Wartezeit von sechs Monaten (§ 4 BUrlG). Maßgeblich für die Erbringung dieser Wartezeit ist der ununterbrochene rechtliche Bestand des Arbeitsverhältnisses. Ist die Wartezeit bei Fortbestehen des Arbeitsverhältnisses erfüllt, hat der Arbeitnehmer Anspruch auf den vollen Jahresurlaub. Scheidet er hingegen vor Ablauf der Wartezeit aus dem Arbeitsverhältnis aus, entsteht lediglich ein Teilurlaubsanspruch nach Maßgabe des § 5 BUrlG. Hat allerdings ein Arbeitnehmer die Wartezeit erfüllt und scheidet er in der zweiten Jahreshälfte eines Kalenderjahres aus, wird der Urlaubsanspruch nicht mehr gequotelt. Vielmehr hat er in diesem Fall Anspruch auf den vollen Jahresurlaub, auch wenn er nicht das volle Jahr betriebszugehörig war. In Tarifverträgen werden allerdings oftmals abweichende Regeln vereinbart.

246 **Beispiel:**
Das Arbeitsverhältnis beginnt am 1.1.2013 und der Arbeitnehmer scheidet zum 31.10.2013 aus dem Arbeitsverhältnis aus. In diesem Fall hat er die Wartezeit von sechs Monaten im ersten Halbjahr erfüllt, so dass er Anspruch auf den vollen Jahresurlaub hat und nicht etwa lediglich auf $^{10}/_{12}$.

247 Unter welchen Voraussetzungen der Urlaubsanspruch zu quoteln ist, folgt im Einzelnen aus § 5 BUrlG. Bei der zeitlichen Festlegung des Urlaubs sind die Urlaubswünsche des Arbeitnehmers zu berücksichtigen. Allerdings kann der Arbeitgeber den Wünschen dringende betriebliche Belange oder Urlaubswünsche anderer Arbeitnehmer entgegensetzen. Auch muss der Urlaub regelmäßig zusammenhängend gewährt werden.

248 Probleme ergeben sich stets in den Fällen, in denen der Jahresurlaub nicht vollständig genommen werden kann. Die Rechtsfolgen regelt § 7 Abs. 3 BUrlG. Danach muss der Urlaub grundsätzlich im laufenden Kalenderjahr gewährt und genommen werden. Eine Übertragung auf das nächste Kalenderjahr ist nur statthaft, wenn dringende betriebliche oder in der Person des Arbeitnehmers liegende Gründe dies rechtfertigen. Wird der Urlaub übertragen, muss er dann allerdings spätestens in den ersten drei Monaten des folgenden Kalenderjahres (bis zum 31.3.) gewährt und genommen werden. Mit anderen Worten: Der Urlaub verfällt bereits zum 31.12., wenn er bis zu diesem Zeitpunkt nicht genommen wurde und der Arbeitnehmer auch keine Übertragung geltend gemacht hat. Spätestens verfällt er jedoch am 31.3. des Folgejahres, wenn er bis zu diesem Zeitpunkt nicht genommen werden konnte. Während des Urlaubs hat der Arbeitnehmer Anspruch auf seinen durchschnittlichen Arbeitsverdienst. Dieser bemisst sich nach § 11 BUrlG. Erkrankt der Arbeitnehmer während des Urlaubs, so werden die durch ärztliches Zeugnis nachgewiesenen Tage der Arbeitsunfähigkeit auf den Jahresurlaub nicht angerechnet. In diesem Umfange bleibt damit der Urlaubsanspruch erhalten, denn Arbeitsunfähigkeit und Urlaub schließen sich gegeneinander aus.

249 Kann der Urlaub wegen der Beendigung des Arbeitsverhältnisses ganz oder teilweise nicht mehr gewährt werden, so ist er nach § 7 Abs. 4 BUrlG abzugelten. Der Abgeltungsanspruch umfasst den gesamten Urlaubsanspruch des Arbeitnehmers, der bei der Beendigung des Arbeitsverhältnisses noch nicht erfüllt ist. Voraussetzung für den Abgeltungsanspruch ist die Beendigung des Arbeitsverhältnisses. Nach neuester Rechtsprechung handelt es sich bei dem Abgeltungsanspruch um einen reinen Geldanspruch,[1] der damit auch Ausschlussfristen unterliegt. Die Höhe der Urlaubsabgeltung bemisst sich dabei nach dem Urlaubsentgelt, das der Arbeitnehmer bei Erfüllung seines noch bestandenen Urlaubsanspruchs in einem fortbestehenden Arbeitsverhältnis erhalten haben würde.

---

1) BAG v. 19.6.2012, 9 AZR 652/10, NZA 2012, 1087.

Spezielle Regeln gelten bei langandauernder Arbeitsunfähigkeit von Mitarbeitern. **250**
Der Europäische Gerichtshof (EuGH) hat hierzu im Jahr 2009 eine jahrzehntelange
Rechtsprechung des Bundesarbeitsgerichts mit sofortiger Wirkung aufgehoben.[1] Das
BAG hat sich in mehreren Entscheidungen dieser neuen Rechtspraxis angeschlossen.[2]
Nunmehr gilt: Sind Mitarbeiter über mehrere Jahre arbeitsunfähig, bleiben ihnen ihre
Urlaubsansprüche grundsätzlich erhalten. Eine unbegrenzte Ansammlung von
Urlaubsansprüchen ist unionsrechtlich allerdings weder geboten, noch mit dem Zweck
des Urlaubsanspruchs vereinbar. Nach der neuen Rechtsprechung verfallen daher
Urlaubsansprüche bei dauerhafter Arbeitsunfähigkeit spätestens 15 Monate nach dem
Ende des Bezugszeitraums, also am 31. März des übernächsten Jahres.

Beispiel:

Ein Mitarbeiter ist in den Jahren 2010, 2011 und 2012 dauerhaft erkrankt. Nach der neuen
Rechtsprechung verfällt der Urlaub nunmehr 15 Monate nach Ablauf des jeweiligen Kalenderjahres. Der Urlaub aus dem Jahre 2010 verfällt also am 31.3.2012. Der Urlaub aus dem Jahre
2011 verfällt dementsprechend ein Jahr später am 31.3.2013 und der Urlaub aus dem Jahre
2012 verfällt erst am 31.3.2014. Die dauerhafte Ansammlung von Urlaubsansprüchen wird also
durch diese Begrenzung auf 15 Monate vermieden. Scheidet der Mitarbeiter aus, wandelt sich
der zum Zeitpunkt des Ausscheidens aufgelaufene Urlaubsanspruch in einen Urlaubsabgeltungsanspruch um.

Im Falle der Genesung müssen sämtliche Urlaubsansprüche hingegen nachgewährt
werden. Scheidet der Mitarbeiter hingegen aus, unabhängig von der weiteren dauerhaften Erkrankung, muss der gesamte angesammelte Urlaub ausgezahlt werden. Das
BAG differenziert zwischen dem gesetzlichen Mindesturlaubsanspruch (24 Werktage = vier Wochen), tariflichem und vertraglichem Mehrurlaub sowie dem Schwerbehindertenzusatzurlaub (fünf Arbeitstage). Die neue Rechtsprechung bezieht sich allein
auf den gesetzlichen Mindesturlaubsanspruch und nach Auffassung des BAG auch
auf den Schwerbehindertenzusatzurlaub. Dieser Urlaub ist zwingend und kann nicht
verfallen; er muss übertragen werden. Tariflicher oder auch vertraglicher Mehrurlaub
kann hingegen grundsätzlich verfallen. Aber: Voraussetzung ist, dass ein deutlicher
Regelungswille erkennbar ist, der zwischen gesetzlichen und übergesetzlichen vertraglichen Ansprüchen unterscheidet. Dies muss in jedem Einzelfall geprüft werden.
Viele Fragen sind noch strittig. Die Entwicklung der Rechtsprechung sollte daher
genau beobachtet werden.

VII. Schwerbehinderung

Der Sonderkündigungsschutz für schwerbehinderte Menschen umfasst nach § 2 **251**
Abs. 2 SGB IX zunächst Personen mit einem Grad der Behinderung von wenigstens
50. Vom Sonderkündigungsschutz erfasst werden aber auch behinderte Menschen mit
einem Grad der Behinderung von wenigstens 30, die den schwerbehinderten Menschen gleichgestellt worden sind (sog. gleichgestellte behinderte Menschen). Der Sonderkündigungsschutz schwerbehinderter Menschen ist davon geprägt, dass jede Kündigung des Arbeitgebers der vorherigen Zustimmung des Integrationsamtes (früher
Hauptfürsorgestelle) bedarf. Dieses zwingende Erfordernis bezieht sich auf jede Kündigung, also sowohl die fristgerechte als auch auf die fristlose Kündigung, die Änderungskündigung sowie die Kündigung im Rahmen einer Massenentlassung. Allerdings erstreckt sich der Sonderkündigungsschutz nur auf Kündigungen des *Arbeitge-*

---

1) EuGH v. 20.1.2009, C-350/06 und EuGH v. 20.1.2009, C-520/06, beide NZA 2009, 135; EuGH
   v. 22.11.2011, C-214/10, NZA 2011, 1333.
2) BAG v. 24.3.2009, 9 AZR 983/07, NZA 2009, 538; BAG v. 23.3.2010, 9 AZR 128/09, NZA 2010,
   810; BAG v. 4.5.2010, 9 AZR 183/09, NZA 2010, 1011; BAG v. 9.8.2011, 9 AZR 425/10, NZA
   2012, 29; BAG v. 7.8.2012, 9 AZR 353/10, NZA 2012, 1216.

bers. Endet also das Arbeitsverhältnis durch einen anderen Beendigungstatbestand, so ist für eine solche Beendigung die Zustimmung des Integrationsamtes nicht erforderlich, z.B. Beendigung durch Aufhebungsvertrag, durch Fristablauf bei einem rechtswirksam befristeten Arbeitsvertrag, durch Erreichen einer vereinbarten Altersgrenze oder durch begründete Anfechtung des Arbeitsvertrags.

252 Vom Sonderkündigungsschutz ausgenommen sind hingegen schwerbehinderte Arbeitnehmer, deren Arbeitsverhältnis im Zeitpunkt des Zugangs der Kündigung ohne Unterbrechung noch nicht länger als sechs Monate bestanden hat (§ 90 Abs. 1 Nr. 1 SGB IX). Der besondere Kündigungsschutz setzt damit erst nach Ablauf einer Wartefrist von sechs Monaten ein, wie sie auch nach § 1 Abs. 1 KSchG für den Eintritt des allgemeinen Kündigungsschutzes (→ 4 Rz. 191) gesetzlich vorgeschrieben ist. Der Arbeitgeber kann damit während der ersten sechs Monate des Arbeitsverhältnisses einem schwerbehinderten Menschen ohne Zustimmung des Integrationsamts grundsätzlich kündigen.

253 Die Einzelheiten des Zustimmungsverfahrens beim Integrationsamt können hier nicht dargestellt werden.[1] Das gesamte Verfahren bei der Kündigung von Schwerbehinderten ist von äußerst strengen und kurzen Fristen geprägt. Spricht der Arbeitgeber die Kündigung dabei ohne Beteiligung des Integrationsamtes aus oder überschreitet er die vorgegebenen Fristen, führt dies unweigerlich zur Unwirksamkeit der Kündigung, auch bei noch so schwerwiegenden Kündigungsgründen. Gerade auf die Fristenüberwachung ist daher größtmögliche Sorgfalt zu verwenden.

254 Bei Unkenntnis des Arbeitgebers von der Schwerbehinderung des Arbeitnehmers muss sich der schwerbehinderte Arbeitnehmer innerhalb einer Regelfrist von drei Wochen nach Ausspruch der Kündigung auf seine Schwerbehinderteneigenschaft berufen, d.h. er muss sie dem Arbeitgeber mitteilen. Im Übrigen gilt: Die Entscheidung, ob ein Arbeitnehmer eingestellt wird, darf nicht davon abhängig gemacht werden, ob der Bewerber schwerbehindert ist oder nicht. Ein Fragerecht des Arbeitgebers existiert damit bei schwerbehinderten Menschen nicht (mehr). Auf Grund der gesetzlichen Neuregelung und möglichen Entschädigungsansprüchen nach dem Allgemeinen Gleichbehandlungsgesetz (AGG) muss bei Einstellungsgesprächen von einer pauschalen Frage nach der Schwerbehinderteneigenschaft abgeraten, ja sogar gewarnt werden. Etwas anderes gilt hingegen im *bestehenden* Arbeitsverhältnis. Hier darf der Arbeitgeber jedenfalls nach sechs Monaten, d.h. nach Erwerb des Behindertenschutzes gem. §§ 85 ff. SGB IX nach der Schwerbehinderung fragen, insbesondere wenn dies zur Vorbereitung von beabsichtigten Kündigungen dient.[2] Verneint der schwerbehinderte Arbeitnehmer die Frage nach seiner Schwerbehinderung im Vorfeld einer Kündigung wahrheitswidrig, ist es ihm im Kündigungsprozess unter dem Gesichtspunkt widersprüchlichen Verhaltens verwehrt, sich auf seine Schwerbehinderteneigenschaft später noch zu berufen.

VIII. Krankheit

255 Das Thema Krankheit spielt im Arbeitsverhältnis an unterschiedlicher Stelle eine Rolle. Wegen Krankheit kann nur bei Vorliegen besonderer Voraussetzungen aus personenbedingten Gründen nach dem Kündigungsschutzgesetz gekündigt werden. Im Wesentlichen unterscheiden sich für die Praxis zwei Fallgruppen: Häufige Kurzerkrankungen oder lang anhaltende Erkrankungen. Bei häufigen Kurzerkrankungen bedarf es einer jährlichen Fehlquote von mindestens 25 % für einen Beobachtungs-

---

1) Siehe dazu Besgen, B+P 2007, 523; ausführlich Besgen, Sonderkündigungsschutz von schwerbehinderten Menschen nach dem SGB IX, 2009.
2) BAG v. 16.2.2012, 6 AZR 553/10, NZA 2012, 555.

zeitraum von zwei bis drei Jahren, um eine Kündigung zu rechtfertigen. Bei lang anhaltenden Erkrankungen verlangt die Rechtsprechung sogar eine negative Prognose dahingehend, dass der Mitarbeiter auch innerhalb der nächsten 24 Monate nicht wieder gesundet. Neben zusätzlich vorliegenden erheblichen betrieblichen Beeinträchtigungen oder einer Beeinträchtigung wirtschaftlicher Interessen muss abschließend in jedem Fall noch eine einzelfallbezogene Interessenabwägung durchgeführt werden. Dann ist v.a. die Weiterbeschäftigung auf einem sog. leidensgerechten Arbeitsplatz zur Vermeidung der Kündigung zu prüfen.

Sind Mitarbeiter länger als sechs Wochen ununterbrochen oder wiederholt arbeitsunfähig, ist nach § 84 Abs. 2 SGB IX ein Betriebliches Eingliederungsmanagement (BEM) durchzuführen.[1] Ziel des BEM ist es, Arbeitsunfähigkeit sowohl vorzubeugen als auch zu überwinden und den Arbeitsplatz zu erhalten. Die Verpflichtung, ein BEM durchzuführen, bezieht sich auf alle Arbeitnehmer des Betriebs, nicht nur auf die Schwerbehinderten. Während der sechsmonatigen Wartezeit nach dem KSchG bleibt die Nichtdurchführung eines BEM für den Arbeitgeber allerdings folgenlos.[2] Bei der Berechnung der sechswöchigen Ausfallzeit wird nicht auf das Kalenderjahr abgestellt, sondern darauf, ob die betroffene Person innerhalb der letzten zwölf Monate insgesamt länger als sechs Wochen arbeitsunfähig war. Bei jeder neuen Arbeitsunfähigkeit ist daher zur Berechnung der Sechs-Wochen-Frist jeweils ein neuer zurückliegender Zwölf-Monats-Zeitraum heranzuziehen. Die Durchführung eines BEM ist für den Mitarbeiter freiwillig, er muss zustimmen. Das BAG hat zwar entschieden, dass die Durchführung eines BEM keine Wirksamkeitsvoraussetzung für den Ausspruch einer Kündigung darstellt. Der Praxis kann aber nur dringend empfohlen werden, vor Ausspruch von krankheitsbedingten Kündigungen ein BEM zu veranlassen und dem Mitarbeiter anzubieten. Hätte nämlich durch ein BEM die Kündigung vermieden werden können, wäre die Kündigung rechtswidrig.

256

Im bestehenden Arbeitsverhältnis treffen den Mitarbeiter während seiner Arbeitsunfähigkeit die Pflichten nach dem Entgeltfortzahlungsgesetz (EFZG). Dies betrifft v.a. die Anzeige- und Nachweispflichten der Arbeitsunfähigkeit nach § 5 EFZG. Die Arbeitsunfähigkeit und deren voraussichtliche Dauer sind dem Arbeitgeber unverzüglich mitzuteilen (Anzeigepflicht). Dauert die Arbeitsunfähigkeit allerdings länger als drei Kalendertage, hat der Arbeitnehmer eine ärztliche Bescheinigung über das Bestehen der Arbeitsunfähigkeit sowie deren voraussichtliche Dauer spätestens an dem darauffolgenden Arbeitstag vorzulegen. Verstößt der Mitarbeiter gegen eine dieser Pflichten, handelt es sich um einen Vertragsverstoß, der mit einer Abmahnung sanktioniert werden kann. Hält sich der Arbeitnehmer bei Beginn der Arbeitsunfähigkeit im Ausland auf, so ist er verpflichtet, dem Arbeitgeber die Arbeitsunfähigkeit, deren voraussichtliche Dauer und die Adresse am Aufenthaltsort in der schnellstmöglichen Art der Übermittlung mitzuteilen. Die durch die Mitteilung entstehenden Kosten hat allerdings der Arbeitgeber zu tragen (§ 5 Abs. 2 Satz 2 EFZG). Der gesetzliche Entgeltfortzahlungsanspruch beträgt bekanntlich sechs Wochen. Dieser Anspruch entsteht erstmals nach vierwöchiger ununterbrochener Dauer des Arbeitsverhältnisses. Für die Zeit der Arbeitsunfähigkeit hat der Arbeitnehmer Anspruch auf das Arbeitsentgelt, das ihm bei der für ihn maßgebenden regelmäßigen Arbeitszeit zustehen würde. Für jede andere Krankheit besteht ein neuer Entgeltfortzahlungsanspruch. Bei fortgesetzten Krankheiten, also wiederholter Erkrankung auf Grund desselben Grundleidens, besteht nur ein Anspruch. Hier sind aber die speziellen Regeln des § 3 EFZG zu beachten. Überlagern sich unterschiedliche Krankheiten, ohne dass der Mitarbeiter wieder gesundgeschrieben war, wird kein neuer Entgeltfortzahlungsanspruch ausgelöst (sog. Einheit des Versicherungsfalls).

257

---

1) Siehe hierzu Besgen, B+P 2011, 98.
2) Vgl. BAG v. 28.6.2007, 6 AZR 750/06, FD-ArbR 2007, 240269.

Außensteuerrecht/Internationales Steuerrecht

*von Prof. Dr. Stefan Köhler/Dr. Joachim Kühn
unter Mitarbeit bei den Länderübersichten von:
Stephan Janssens, Tax Advisor (Belgien); Frederik Lietsche (Deutschland); Dr. Luc Julien-Saint-Amand, Avocat, zugelassen in Straßburg, frz. StB (Frankreich); Maria Iliopoulou, Rechtsanwältin, LL.M., Vasiliki Tzoumani, Rechtsanwältin, LL.M. (Griechenland); Susan Pitter, LL.B., LL.M., Steuerberaterin, Peter Zimmermann, London, Steuerberater (D) (Großbritannien & Irland); Georg Augustin, Steuerberater und Wirtschaftsprüfer, Mailand(Italien); Roger Krapf, lic. oec. HSG, dipl. Steuerexperte (CH), dipl. Treuhandexperte (FL) (Liechtenstein); Katrin Lakebrink, Steuerberaterin, Diplom-Kauffrau, Giuseppe Tuzze, Rechnungsprüfer („Experts-Comptables"), Diplom-Kaufmann (Luxemburg); Marc Stiebing, Avelien Schouten, Belastingadviseurs (Niederlande); Dr. Christian Ludwig, Steuerberater und Wirtschaftsprüfer (Österreich); Markus Thaler, auktorisierter Steuerberater; Victor Ericsson, Steuerjurist (Schweden); Thomas Semadeni, Dr. iur., Rechtsanwalt, eidg. diplomierter Steuerexperte (CH), Philipp Roth, MLaw (Basel), (Schweiz); Maximino Linares Gil, Rechtsanwalt/ Abogado span., Pino Muñoz-Cuéllar Rodríguez, Rechtsanwältin/Abogado span. (Spanien); Klaus Metz, C.P.A., MBA, Thomas Day, CPA, JD, LLM (International Tax), Franziska Jendrian (USA).*

INHALTSÜBERSICHT	Rz.

	Rz.
I. Einleitung	258
II. Grundlagen des Internationalen Steuerrechts	259–297
1. Begriff des Internationalen Steuerrechts	259
2. Umfang der Steuerpflicht	260–266
a) Unbeschränkte Steuerpflicht – Welteinkommensbesteuerung	261–265
b) Beschränkte Steuerpflicht – Quellenbesteuerung	266
3. Entstehung einer internationalen Doppelbesteuerung	267–268
a) Merkmale einer internationalen Doppelbesteuerung	267
b) Ursachen einer internationalen Doppelbesteuerung	268
4. Unilaterale Maßnahmen zur Vermeidung internationaler Doppelbesteuerung	269–273
a) Steueranrechnung	269–270
aa) Inhalt und Voraussetzungen der Steueranrechnung nach §§ 34c EStG, 26 KStG	269
bb) Berechnung des Höchstbetrags	270
b) Steuerabzug	271
c) Steuerpauschalierung	272
d) Steuererlass	273
5. Bilaterale Maßnahmen zur Vermeidung internationaler Doppelbesteuerung	274–297
a) Doppelbesteuerungsabkommen	274–287
aa) Definitionen	274–275
bb) Nationale Beschränkung gem. § 50d Abs. 3 EStG	276
cc) Subject-to-tax-Klauseln gem. § 50d Abs. 8, 9, 10 EStG	277
dd) Aufbau und Systematik von DBA	278
ee) Besteuerung im Quellenstaat/Zuordnungsnormen	279–283
(1) Quellenbesteuerung ohne Begrenzung	280–281
(2) Begrenzung des Besteuerungsrechts (der Steuersätze)	282
(3) Keine Quellenstaatsbesteuerung	283

	Rz.
ff) Besteuerung im Wohnsitzstaat	284–286
(1) Freistellungsmethode	285
(2) Steueranrechnungsmethode	286
gg) Weitere Aspekte	287
b) EU-Richtlinien	288–297
aa) Mutter-Tochter-Richtlinie	289–291
(1) Inhalt der Richtlinie	290
(2) Umsetzung der Richtlinie in Deutschland	291
bb) Fusionsrichtlinie	292–294
(1) Inhalt der Richtlinie	293
(2) Umsetzung der Richtlinie in Deutschland	294
cc) Zins- und Lizenzgebührenrichtlinie	295–297
(1) Inhalt der Richtlinie	296
(2) Umsetzung der Richtlinie in Deutschland	297
III. Besteuerung der Auslandsengagements von Steuerinländern	298–334
1. Besteuerung der Auslandsengagements natürlicher Personen und Personengesellschaften (soweit deren Gesellschafter natürliche Personen sind)	298–305
a) Vorbemerkung	298
b) Investitionen in ausländische Kapitalgesellschaften	299–300
aa) Nationales Steuerrecht	299
bb) Abkommensrecht	300
c) Investitionen in Betriebsstätten und Personengesellschaften	301–303
aa) Nationales Steuerrecht	302
bb) Abkommensrecht	303
d) Andere Investitionen	304–305
aa) Nationales Steuerrecht	304
bb) Abkommensrecht	305
2. Besteuerung der Auslandsengagements von Kapitalgesellschaften	306–313
a) Vorbemerkung	306
b) Investitionen in ausländische Kapitalgesellschaften	307–308
aa) Nationales Steuerrecht	307
bb) Abkommensrecht	308
c) Investitionen in Betriebsstätten und Personengesellschaften	309–311
aa) Nationales Steuerrecht	310
bb) Abkommensrecht	311
d) Andere Investitionen	312–313
aa) Nationales Steuerrecht	312
bb) Abkommensrecht	313
3. Ausländische Einkünfte im Gewerbesteuergesetz	314
4. Auslandsvermögen im Erbschaftsteuer- und Schenkungsteuergesetz	315
5. Berücksichtigung von ausländischen Verlusten	316–333
a) Verlustausgleichsbeschränkung gem. § 2a Abs. 1 und 2 EStG	316–331
aa) Gesetzeszweck	316
bb) Persönlicher Geltungsbereich	317
cc) Sachlicher Anwendungsbereich	318–325
(1) Verluste aus ausländischer Land- und Forstwirtschaft	319
(2) Verluste aus gewerblichen Auslandsbetriebsstätten	320
(3) Verluste aus Teilwertabschreibungen bzw. Veräußerungen von Auslandsbeteiligungen	321

	Rz.
(4) Veräußerungsverluste i. S. des § 17 EStG	322
(5) Verluste aus ausländischen stillen Gesellschaften und partiarischen Darlehen	323
(6) Verluste aus der Vermietung ausländischer Grundstücke, Sachinbegriffe und von Schiffen	324
(7) Verluste aus Teilwertabschreibungen oder Veräußerungen inländischer Beteiligungen	325
dd) Rechtsfolgen	326
ee) Ausnahmen von den Einschränkungen gem. § 2a Abs. 1 Nr. 2, 3 und 4 EStG	327
ff) Verhältnis zu anderen Vorschriften	328–331
(1) Verhältnis zu § 15a EStG	328
(2) Verhältnis zu § 32b EStG	329
(3) Verhältnis zu §§ 34c EStG, 26 Abs. 1 und 6 KStG	330
(4) Verhältnis zu den Doppelbesteuerungsabkommen	331
b) Berücksichtigung ausländischer Betriebsstättenverluste	332
c) Berücksichtigung der Verluste ausländischer Tochterkapitalgesellschaften	333
6. Geschäftsbeziehungen zu „nicht kooperierenden Jurisdiktionen"	334
IV. Gewinnberichtigung und Einkünfteabgrenzung	335–350
1. Nationales Recht	335–338
a) Verdeckte Gewinnausschüttung (§ 8 Abs. 3 Satz 2 KStG)	336
b) Verdeckte Einlage (§ 8 Abs. 3 Satz 3 KStG; § 6 Abs. 6 EStG)	337
c) Berichtigung von Einkünften/Funktionsverlagerungen (§ 1 AStG)	338
2. DBA-Gewinn-Korrekturklausel und Dokumentationspflichten	339–341
a) Allgemeines	339
b) Verhältnis zum nationalen Recht	340
c) Dokumentationsanforderungen	341
3. Schiedskonvention	342
4. Maßstab des Fremdvergleichs	343–350
a) Geschäftsvorfallbezogene Standardmethoden	344–346
aa) Preisvergleichsmethode	344
bb) Wiederverkaufspreismethode	345
cc) Kostenaufschlagsmethode	346
b) Andere Verrechnungspreismethoden	347–349
aa) Geschäftsvorfallbezogene Nettomargenmethode (TNMM)	347
bb) Gewinnaufteilungsmethode	348
cc) Gewinnvergleichsmethode	349
c) Anwendbarkeit der Verrechnungspreismethoden	350
V. Betriebsstättengewinnermittlung	351–359
1. Gewinnabgrenzung nach DBA und nationalem Recht	351–355
a) Notwendigkeit der Gewinnabgrenzung	351
b) DBA-Regelungen zur Betriebsstättengewinnabgrenzung	352–353
aa) Bisherige Abkommenspraxis	352
bb) Neue bzw. künftige Abkommenspraxis	353
c) Nationale Regelungen zur Betriebsstättengewinnabgrenzung	354–355
aa) Bisherige Rechtslage	354
bb) Neue Rechtslage	355
2. Zuordnung von Wirtschaftsgütern und Kapitalausstattung	356–358
a) Zuordnung von Wirtschaftsgütern	357

	Rz.
b) Kapitalausstattung	358
3. Überführung von Wirtschaftsgütern zwischen inländischem Stammhaus und ausländischer Betriebsstätte	359
VI. Behandlung einer Beteiligung i. S. des § 17 EStG bei Wohnsitzwechsel ins Ausland – § 6 AStG „Wegzugsbesteuerung"	360
VII. Inländische Steuerpflichten bei Beteiligungen an ausländischen Zwischengesellschaften	361–379
1. Persönliche und sachliche Voraussetzungen	362
2. Nachweis einer tatsächlichen wirtschaftlichen Tätigkeit	363
3. Hinzurechnungsquote	364
4. Einkünfte von Zwischengesellschaften	365–375
5. Ermittlung des Hinzurechnungsbetrags	376
6. Zwischeneinkünfte mit Kapitalanlagecharakter	377
7. Ermittlungs- und Verfahrensfragen	378
8. Aktivitätsvorbehalt für ausländische Betriebsstätten	379
VIII. Familienstiftungen	380–382
1. Grundlagen	380
2. Familienstiftungen innerhalb der EU bzw. des EWR	381
3. Familienstiftungen in Drittlandsfällen	382
IX. Besteuerung von Auslandseinkünften	383–407
1. Vorbemerkung	383–385
a) Bestehende Doppelbesteuerungsabkommen (Länderübersicht)	384
b) Einkommensteuertarife 2015 (Länderübersicht)	385
2. Nichtselbständige Arbeit und Ruhegehälter (Art. 15 und Art. 18 OECD-MA)	386–387
a) DBA-rechtliche Konsequenzen	386
b) Länderübersicht	387
3. Unternehmensgewinne und Betriebsstätte im Ausland	388–391
a) DBA-rechtliche Konsequenzen	388
b) Länderübersicht	389
c) Verkehrs-, Substanz-, Erbschaft- und Schenkungsteuerfolgen	390
d) Länderübersicht	391
4. Freiberufliche Tätigkeit	392–393
a) DBA-rechtliche Konsequenzen	392
b) Länderübersicht	393
5. Dividendeneinkünfte	394–397
a) DBA-rechtliche Konsequenzen	394
b) Länderübersicht	395
c) Verkehrs-, Substanz-, Erbschaft- und Schenkungsteuerfolgen	396
d) Länderübersicht	397
6. Zinseinkünfte	398–401
a) DBA-rechtliche Konsequenzen	398
b) Länderübersicht	399
c) Verkehrs-, Substanz-, Erbschaft- und Schenkungsteuerfolgen	400
d) Länderübersicht	401
7. Grundvermögen/unbewegliches Vermögen	402–405
a) DBA-rechtliche Konsequenzen	402
b) Länderübersicht	403
c) Verkehrs-, Substanz-, Erbschaft- und Schenkungsteuerfolgen	404
d) Länderübersicht	405

	Rz.
8. Formularhinweis	406–407
a) Lohnsteuer	406
b) Dividenden und Zinsen	407
X. Quellensteuersätze	408

I. Einleitung

258 Entscheidungen über wirtschaftliche Aktivitäten in einem anderen Staat sind immer auch Entscheidungen über den Rahmen und die Form, in der die wirtschaftliche Betätigung erfolgen soll. Dabei haben die Entscheidungsträger des Unternehmens und ihre (steuerlichen) Berater alle relevanten Rechtsnormen, insbesondere das „Heimat"-Steuerrecht und das Steuerrecht des Zielstaats, natürlich aber auch die Sachziele des Unternehmens als Entscheidungsdeterminanten in ihre Gestaltungsüberlegungen einzubeziehen.

Durch die rechtlichen Normierungen der Niederlassungsmöglichkeiten, der außenwirtschaftlichen Beziehungen, der gesellschaftsrechtlichen Spielräume sowie der Anforderungen an Rechnungslegung und Publizität im Zielstaat wird zunächst der Rahmen der Gestaltungsmöglichkeiten bestimmt. In der Bundesrepublik Deutschland reichen die Möglichkeiten zur gewerblichen Betätigung ausländischer Unternehmen von einfacher Export- bzw. Importtätigkeit (sog. Direktgeschäfte) über die Unterhaltung von Betriebsstätten bis hin zur Beteiligung an inländischen Personen- oder Kapitalgesellschaften. Deutsche Unternehmen nutzen entsprechend die verschiedenen Varianten für eine Betätigung im Ausland.

Die Entscheidung für oder gegen eine bestimmte Betätigungsform wird u.a. von Sachzielen des Unternehmens beeinflusst: Ein Produktionsunternehmen wird Auslandsmärkte häufig zunächst über eine reine Exporttätigkeit zu erschließen suchen und erst bei entsprechenden Erfolgen die Tätigkeit im Ausland ggf. mittels einer Betriebsstätte oder durch Gründung, Beteiligung an bzw. Erwerb einer Tochtergesellschaft institutionalisieren; Dienstleistungsunternehmen wie Banken oder Versicherungen werden häufiger sofort in der Rechtsform von Betriebsstätten oder Tochterkapitalgesellschaften tätig werden. Die Entscheidung, in welchem Staat man tätig und welche Form der wirtschaftlichen Tätigkeit gegeben werden soll, wird insbesondere auch von dem jeweiligen nationalen Steuersystem beeinflusst werden, denn Zahl und Ausgestaltung der Steuerarten, inhaltliche Definitionen der Bemessungsgrundlagen, Aufbau und Niveau der Steuertarife sowie Maßnahmen zur Beseitigung internationaler Doppelbesteuerungen unterscheiden sich im internationalen Vergleich erheblich.[1] Des Weiteren müssen auch natürliche Personen, denen die Leitungsmacht der Unternehmungen oder andere wichtige Aufgaben „vor Ort" obliegen, u.U. mit ihren Familien in den entsprechenden Ländern positioniert werden, was für die Betroffenen selbst, aber auch für die sie entsendenden Gesellschaften nicht zuletzt steuerlich einschneidende Konsequenzen haben kann. Aus unterschiedlichsten Motiven versuchen Staaten, ihnen attraktiv erscheinende Investitionen durch steuerliche Anreize anzulocken, nicht zuletzt auch durch Einräumung einer Vorzugsbesteuerung des potentiellen Führungspersonals gegenüber den eigenen Landsleuten. Es drängt sich zuweilen heute der Eindruck auf, dass Staaten mit ihrem Steuersystem zu den anderen Staaten in Konkurrenz treten wollen.[2] Zugleich soll allerdings gegen Präferenzregime anderer

---

1) Vgl. z.B. Jacobs, Internationale Unternehmensbesteuerung, 7. Aufl., 911 ff.
2) Vgl. hierzu Werra, FR 2000, 645 ff.; Selling, IStR 2000, 225 ff.; Schön in Pelka (Hrsg.), DStJG 23, 191 ff.; Eimermann, IStR 2001, 81 ff.; zu den Holdingstandorten Spanien und Großbritannien, vgl. Herzig/Wagner, IStR 2003, 222 ff. und Kessler/Dorfmueller, IStR 2003, 228 ff.

Staaten und sog. aggressive Steuerplanung vorgegangen werden (vgl. dazu die Diskussion zu Base Erosion und Profit Shifting).[1]

Schließlich sind von steuerlichen Bestimmungen, die transnationale Lebenssachverhalte regeln, auch Privatpersonen betroffen, die – etwa nach der Veräußerung ihres Unternehmens – ihren Lebensabend im Ausland verbringen und die „steuerlichen Brücken" zu Deutschland abbrechen wollen.

Nachstehend werden die in der Bundesrepublik Deutschland derzeit geltenden steuerlichen Bestimmungen systematisch dargestellt, soweit sie grenzüberschreitende Aktivitäten von in Deutschland und im Ausland ansässigen Personen in das jeweils andere Land betreffen. Die jeweiligen Fußnoten verweisen entweder auf vertiefende und weiterführende Literatur oder auf Rechtsprechung und Verwaltungsanweisungen.

Schließlich enthält dieser Beitrag – aus der Sicht einer im Inland ansässigen natürlichen Person – eine Darstellung der steuerlichen Konsequenzen von nichtselbständiger Arbeit, freiberuflicher Tätigkeit sowie von Investitionen in einen Staat, mit dem Deutschland kein DBA, resp. ein dem OECD-Musterabkommen (OECD-MA) entsprechendes DBA, abgeschlossen hat.[2] Dem schließt sich eine Länderübersicht betreffend ausgewählte EU-Staaten, die Schweiz und die USA an, beschränkt auf Privatinvestitionen in Grundvermögen, Dividendenwerten und Obligationen sowie eine Kurzübersicht über die Steuerfolgen selbständiger wie nichtselbständiger Arbeit und die Besteuerung gewerblicher Gewinne. Neben den ertragsteuerlichen Konsequenzen werden auch die Verkehr-, Substanz-, Erb- und Schenkungsteuerfolgen dargestellt sowie Hinweise auf die entsprechenden Vordrucke gegeben. Die Darstellung des ausländischen Steuerrechts wurde von Ernst & Young-Kollegen aus den jeweiligen Ländern besorgt.

II. Grundlagen des Internationalen Steuerrechts

1. Begriff des Internationalen Steuerrechts

Nach der heute überwiegend verwendeten Definition versteht man unter dem Begriff des Internationalen Steuerrechts im weiteren Sinne die Gesamtheit der Steuerrechtsnormen, die nach ihrem Regelungsinhalt grenzüberschreitende Sachverhalte betreffen.[3]

259

Kernstück des Internationalen Steuerrechts sind die völkerrechtlichen Abkommen zur Vermeidung der Doppelbesteuerung bei den Steuern vom Einkommen und Vermögen (Doppelbesteuerungsabkommen) einerseits und den leider wesentlich selteneren Erbschaft- und Schenkungsteuerabkommen andererseits.

Regelungen zur Vermeidung der internationalen Doppelbesteuerung finden sich aber auch im Europarecht (insbes. Mutter-Tochter-Richtlinie, Zins- und Lizenzgebührenrichtlinie sowie Schiedskonvention) sowie im nationalen Recht. Hier unterscheidet man zwischen kollisionsbegründenden Normen (unbeschränkte und beschränkte Steuerpflicht), Bestimmungen zur Vermeidung von Einkünfteverlagerungen (Berichtigung von Einkünften, Wegzugsbesteuerung, erweiterte beschränkte Steuerpflicht, Hinzurechnungsbesteuerung, Besteuerung von ausländischen Familienstiftungen, Steuerumgehung), Regelungen zur Vermeidung oder Milderung der Doppelbesteue-

---

1) Vgl. OECD: Action Plan on Base Erosion and Profit Shifting.
2) Instruktiv und weiterführend Strunk/Kaminski in Strunk/Kaminski/Köhler, Einf. OECD-MA, Rz. 1 ff.
3) Vgl. hierzu Schaumburg, Internationales Steuerrecht, 3. Aufl., Rz. 1.1; Frotscher, Internationales Steuerrecht, 3. Aufl., 10 ff.

rung (z.B. § 34c EStG/ § 26 KStG – Anrechnung ausländischer Steuern) sowie grenzüberschreitende wirtschaftslenkende Normen (§ 2a Abs. 3, 4 EStG a.F.; Auslandsinvestitionsgesetz – diese Regelungen sind nicht mehr in Kraft). Für diese unilateralen Maßnahmen wird die Bezeichnung „Außensteuerrecht" verwendet.

2. Umfang der Steuerpflicht

260 Auf Grund des Souveränitätsprinzips besitzt jeder Staat auf seinem Gebiet die ausschließliche Steuergewalt und kann über die Gestaltung seines Steuerrechts sowie über die Abgrenzung seiner Steueransprüche gegenüber den Ansprüchen anderer Staaten selbständig entscheiden.[1] Die Ausgestaltung des Steuerrechts, insbesondere die Festlegung von Grundprinzipien, mittels denen ein Staat seine Steueransprüche gegenüber den Ansprüchen anderer Staaten abgrenzt, steht als unmittelbare Konsequenz des Souveränitätsprinzips im Ermessen des einzelnen Staates. Im Bereich der Ertragsteuern wird i.d.R. an die Person des Stpfl. sowie an das Steuergut für die Festsetzung von Steueransprüchen angeknüpft. Mit diesen beiden Kategorien lässt sich das Nebeneinander von unbeschränkter und beschränkter Steuerpflicht erklären. Während die unbeschränkte Steuerpflicht auf dem persönlichen Bezug eines Steuersubjektes zu dem zu betrachtenden Staat basiert, wird die beschränkte Steuerpflicht durch einen nur sachlichen Bezug zu dem Staat begründet. Im Hinblick auf die Notwendigkeit, Unterschiede der Besteuerung in der EU insbes. auf Grund unterschiedlicher Ansässigkeit im Gemeinschaftsgebiet zu vermeiden, wird die Differenzierung zwischen beschränkter und unbeschränkter Steuerpflicht insoweit zurückgedrängt.

a) Unbeschränkte Steuerpflicht – Welteinkommensbesteuerung

261 Für die Bestimmung des Kreises der unbeschränkt steuerpflichtigen Subjekte sind Merkmale, die in der Person des Stpfl. begründet sind, ausschlaggebend. Häufig wird hierzu auf die Ansässigkeit oder Nationalität abgestellt. Ist bei einem Stpfl. ein derartiger Bezug zu einem Staat gegeben, so handelt es sich um einen Steuerinländer.

Die Mehrzahl der Staaten, darunter auch Deutschland, wenden das Ansässigkeitsprinzip an, das auch als Wohnsitzstaatsprinzip bezeichnet wird. Hiernach ist die unbeschränkte Steuerpflicht davon abhängig, ob der Stpfl. zum jeweiligen Staat eine territoriale Beziehung unterhält. Bei natürlichen Personen ist dies im Rahmen des Grundtatbestands der unbeschränkten Einkommensteuerpflicht gem. § 1 Abs. 1 EStG der Fall, wenn im Inland ein Wohnsitz gem. § 8 AO oder der gewöhnliche Aufenthalt gem. § 9 AO vorliegt. Der Grundtatbestand der unbeschränkten Einkommensteuerpflicht wird ergänzt durch Sonderregelungen in § 1 Abs. 2 EStG (sog. erweiterte unbeschränkte Einkommensteuerpflicht), § 1 Abs. 3 EStG (sog. unbeschränkte Einkommensteuerpflicht auf Antrag) sowie § 1a EStG (sog. fiktive unbeschränkte Einkommensteuerpflicht für EU- und EWR-Familienangehörige in Ergänzung/Erweiterung zu § 1 Abs. 3 EStG).[2] Für juristische Personen ist zur Feststellung der unbeschränkten Körperschaftsteuerpflicht gem. § 1 Abs. 1 KStG zu untersuchen, ob sich deren Ort der Geschäftsleitung (§ 10 AO) oder deren Sitz (§ 11 AO) im Inland befinden.

Bei einigen Staaten, z.B. den USA, basiert die Begründung der unbeschränkten Steuerpflicht für natürliche Personen nicht nur auf dem Ansässigkeitsprinzip, sondern auch auf dem Nationalitätsprinzip, d.h. es wird auch auf die Staatsangehörigkeit des Stpfl. abgestellt.

Neben Kriterien zur Festlegung der Steuerpflicht bestimmt der Staat kraft seiner Souveränität auch Merkmale, anhand derer die Steuerbemessungsgrundlage abgegrenzt

---

1) Vgl. Scheffler, Besteuerung der grenzüberschreitenden Unternehmenstätigkeit, 2. Aufl., 8; vgl. auch Bühler, Prinzipien des internationalen Steuerrechts, 132.
2) Vgl. hierzu ausführlich Heinicke in Schmidt, 33. Aufl., § 1 EStG Rz. 1 ff. und § 1a EStG Rz. 1 ff.

wird, d.h., welche Einkommensbestandteile des Stpfl. der Besteuerung zu unterwerfen sind. Diese Abgrenzung erfolgt bei Vorliegen der unbeschränkten Einkommen- resp. Körperschaftsteuerpflicht in Deutschland nach Maßgabe des Universalitäts- bzw. Welteinkommensprinzips. Hiernach sind sowohl in- als auch ausländische Besteuerungsgüter für die Ermittlung der steuerlichen Bemessungsgrundlage zu berücksichtigen.[1] Demnach erstreckt sich die unbeschränkte Steuerpflicht grundsätzlich auf alle inländischen und ausländischen Einkünfte des Stpfl.

Die im Gesetz definierten persönlichen Anknüpfungspunkte für das Vorliegen einer unbeschränkten Steuerpflicht natürlicher Personen in Deutschland sind in §§ 8 und 9 AO bestimmt. Hierbei reicht es aus, wenn eines der beiden Merkmale zur Definition der Ansässigkeit erfüllt ist.

262
§ 8 AO normiert für das Steuerrecht einen eigenständigen Wohnsitzbegriff, in dem allein auf die tatsächlichen Verhältnisse und nicht – wie für die übrige Rechtsordnung – auf subjektive Umstände rekurriert wird:[2] Einen Wohnsitz hat jemand dort, wo er eine Wohnung unter solchen Umständen innehat, die darauf schließen lassen, dass er die Wohnung beibehalten und benutzen wird. Grundsätzlich hat die bloße Absicht, einen Wohnsitz zu begründen oder aufzugeben, bzw. die An- und Abmeldung bei der Ordnungsbehörde allein keine unmittelbare steuerliche Wirkung; es sind aber Indizien dafür, dass der Stpfl. seinen Wohnsitz unter der von ihm angegebenen Anschrift begründet bzw. aufgegeben hat.[3] Der Begriff „Wohnung" ist weit auszulegen in dem Sinne, dass damit alle Räumlichkeiten gemeint sind, die sich zum Wohnen eignen; es muss sich weder um ein Gebäude oder um einen abgeschlossenen Gebäudeteil noch um eine angemessene oder standesgemäße Unterkunft handeln. Nach Verwaltungsauffassung[4] *„genügt eine bescheidene Bleibe. Nicht erforderlich ist eine abgeschlossene Wohnung mit Küche und separater Waschgelegenheit i. S. des Bewertungsrechts".* Ob der Raum möbliert, heizbar und mit einer Kochgelegenheit ausgestattet sein muss[5] oder ob eine Möblierung ohne jede Bedeutung ist,[6] ist bisher nicht entschieden. Als Wohnsitz kommen neben Haus oder Wohnung z.B. auch in Betracht: ein möbliertes Zimmer, eine Unterkunft in einer Gemeinschaftsbaracke, eine Zweitwohnung, ein Sommer-, Ferien- oder Jagdhaus, eine Baracke, ein Hotelzimmer bei Dauernutzung, ein Wohnwagen oder Wohnmobil bei Dauermiete auf einem Campingplatz.[7] Ferner verlangt der Wohnsitzbegriff ein Innehaben der Wohnung; der Stpfl. muss tatsächlich über sie verfügen können und sie als Bleibe nicht nur vorübergehend benutzen. Anhaltspunkte dafür können die Ausstattung und Einrichtung sein. Ohne Belang für die Annahme eines Wohnsitzes ist die Innehabung des Mittelpunkts des Lebensinteresses im Inland; ein inländischer Wohnsitz führt auch dann zur unbeschränkten Einkommensteuerpflicht, wenn der Mittelpunkt der Lebensinteressen sich im Ausland befindet.[8] Wer eine Wohnung von vornherein in der Absicht nimmt, sie nur vorübergehend (weniger als sechs Monate) beizubehalten und zu benutzen, begründet dort keinen Wohnsitz.[9] Anhaltspunkt für die Innehabung einer Wohnung

---

1) Vgl. Scheffler, Besteuerung der grenzüberschreitenden Unternehmenstätigkeit, 2. Aufl., 11.
2) BFH v. 10.11.1978, VI R 127/76, BStBl II 1979, 335; vgl. ausführlich Baranowski, Besteuerung von Auslandsbeziehungen, Rz. 65 ff.
3) BFH v. 14.11.1969, III R 95/68, BStBl II 1970, 153.
4) Vgl. AEAO v. 2.1.2008, BStBl I 2008, 26, zu § 8 AO, Tz. 3; vgl. auch Frotscher, Internationales Steuerrecht, 3. Aufl., 57 f.
5) So Heinicke in Schmidt, 33. Aufl., § 1 EStG Rz. 21.
6) So Schaumburg, Internationales Steuerrecht, 3. Aufl., Rz. 5.14.
7) Vgl. Tipke/Kruse, § 8 AO Rz. 5 mit Nachweisen aus der Rechtsprechung.
8) BFH v. 24.1.2001, I R 100/99, BFH/NV 2001, 1402.
9) BFH v. 30.8.1989, I R 215/85, BStBl II 1989, 956; vgl. auch BFH v. 24.4.1964, VI 236/62 U, BStBl III 1964, 462; v. 6.3.1968, I 38/65, BStBl II 1968, 439; v. 23.11.1988, II R 139/87, BStBl II 1989, 182; tatsächliche Verfügungsmacht über eine inländische Wohnung kann durch darin wohnende Familienangehörige vermittelt werden, vgl. FG Baden-Württemberg v. 4.3.1993, 10 K 121/89, EFG 1993, 422; Krüger/Habert, KFR, Fach 2, § 8 AO Satz 59 ff.

ist demnach die wie auch immer dokumentierte Absicht einer Nutzung von sechs Monaten und mehr. Auf den zeitlichen Umfang der Nutzung kommt es dann ebenso wenig an wie auf soziale Bindungen zum Inland.[1] Es genügt, dass die Wohnung z.B. über Jahre hinweg jährlich regelmäßig zweimal zu bestimmten Zeiten über einige Wochen benutzt wird.[2] In Einzelfällen reicht auch das reine Vorhalten der Wohnung aus.[3] Die vom Gesetz geforderte Innehabung ist jedoch dann zu verneinen, wenn sich jemand lediglich zu Besuchszwecken bei Verwandten oder fremden Dritten oder in einem Hotel aufhält oder gelegentlich auf einem inländischen Betriebsgelände oder in einem Büro übernachtet.[4] Ebenso begründet eine sog. „Standby-Wohnung", auf die mehrere Personen im zeitlichen Wechsel je nach Bedarf gemeinsam zugreifen, keinen Wohnsitz, da eine Nutzung der Wohnung nur in Betracht kommt, wenn die Kapazität von den anderen Personen noch nicht ausgeschöpft ist, und es somit an der uneingeschränkten zeitlichen und räumlichen Verfügungsmöglichkeit mangelt.[5]

263 Das für die Begründung der unbeschränkten Steuerpflicht natürlicher Personen alternative Tatbestandsmerkmal „gewöhnlicher Aufenthalt" regelt § 9 AO, in dem wieder an äußere Merkmale angeknüpft wird (ein Stpfl. hat ihn dort, wo er sich unter Bedingungen aufhält, die erkennen lassen, dass er an diesem Ort oder in diesem Gebiet nicht nur vorübergehend verweilt). Der Begriff „gewöhnlich" ist gleichbedeutend mit „dauernd" bzw. „nicht nur vorübergehend".[6] Bei Unterbrechungen der Anwesenheit kommt es darauf an, ob noch ein einheitlicher Aufenthalt oder mehrere getrennte Aufenthalte anzunehmen sind. Ein einheitlicher Aufenthalt ist gegeben, wenn der Aufenthalt nach den Verhältnissen fortgesetzt werden sollte und die Unterbrechung nur kurzfristig ist. Als kurzfristige Unterbrechung kommen in Betracht Familienheimfahrten, Jahresurlaub, längerer Heimaturlaub, Kur und Erholung, aber auch geschäftliche Reisen.[7] Der Tatbestand des gewöhnlichen Aufenthalts kann bei einem weniger als sechs Monate dauernden Aufenthalt ebenso verwirklicht werden wie bei einem Zwangsaufenthalt, etwa im Gefängnis[8] oder im Krankenhaus.[9] § 9 Satz 2 AO enthält die Bestimmung, dass als gewöhnlicher Aufenthalt im Inland stets und von Beginn an ein zeitlich zusammenhängender Aufenthalt von mehr als sechs Monaten Dauer anzusehen ist (typisierende Vermutung, bei Wegzüglern können auch kürzere Inlandsaufenthalte qualifizieren, falls noch relevante Bindungen zum Inland sowie ein Wille zur späteren Rückkehr bestehen).[10] Kurzfristige Auslandsaufenthalte bei fortdauerndem Schwerpunktaufenthalt im Inland führen nicht zur Aufgabe des gewöhnlichen Aufenthaltes im Inland, sind mithin unbeachtlich. § 9 Satz 3 AO enthält eine Sondervorschrift, wonach dann ein gewöhnlicher Aufenthalt nicht anzunehmen ist, wenn der Aufenthalt ausschließlich zu Besuchs-, Erholungs-, Kur- oder ähnlichen privaten Zwecken erfolgt und nicht länger als ein Jahr dauert.

Die Grenzen zwischen vorübergehendem und nicht vorübergehendem Aufenthalt sind fließend und können nicht genau bestimmt werden. Bei Abweichung von den obigen Grundsätzen kann die Finanzverwaltung daher u.U. einen gewöhnlichen Aufenthalt im Inland annehmen, insbesondere wenn aufeinanderfolgende (häufige und kurzzeitige) Aufenthalte im Inland stets demselben Zweck dienen (z.B. der Geschäfts-

---

1) Vgl. AEAO v. 2.1.2008, BStBl I 2008, 26, zu § 8 AO, Tz. 4.
2) BFH v. 23.11.1998, II R 139/87, BStBl II 1989, 182.
3) Z. B. in das Ausland versetzter Arbeitnehmer, BFH v. 17.5.1995, I R 8/94, BStBl II 1996, 2.
4) BFH v. 6.2.1985, I R 23/82, BStBl II 1985, 331.
5) BFH v. 13.11.2013, I R 38/13, BFH/NV 2014, 1046; BFH v. 10.4.2013, I R 50/12, BFH/NV 2013, 1909.
6) BFH v. 30.8.1989, I R 215/85, BStBl II 1989, 956; vgl. auch Baranowski, Besteuerung von Auslandsbeziehungen, 2. Aufl., Rz. 68 ff.
7) Vgl. AEAO v. 2.1.2008, BStBl I 2008, 26, zu § 9 AO, Tz. 1.
8) BFH v. 14.11.1986, VI B 97/86, BFH/NV 1987, 262.
9) BFH v. 23.7.1971, III R 60/70, BStBl II 1971, 758.
10) BFH v. 27.7.1962, VI 156/59 U, BStBl III 1962, 429.

führung oder Moderation von Fernsehsendungen[1]) und daher sachlich miteinander verbunden sind und der Stpfl. von vornherein beabsichtigt, nicht nur vorübergehend im Inland zu verweilen.[2] Die einzelnen Aufenthalte würden sodann zu einem einheitlichen Aufenthalt zusammengefasst. Hierzu empfiehlt sich zum einen das Führen eines (nicht-elektronischen) Kalenders/Tagebuchs, in dem taggenau insbesondere Auslandsaufenthalte aber auch etwaige Inlandsaufenthalte und Grenzübertritte zeitnah und mit Angabe des Aufenthaltszwecks dokumentiert werden. Zum anderen sollten diese Eintragungen durch die Aufbewahrung von Hotelrechnungen, Reisekostenabrechnungen, Mietverträgen für Pkw, Flugtickets etc. nachvollziehbar und glaubhaft gemacht werden. Insbesondere bei immer wiederkehrenden Hotelzimmerbuchungen mit wechselnden Hotels muss glaubhaft dargelegt werden, dass die Aufenthalte stets von kurzer Dauer waren. In diesem Zusammenhang ist zu beachten, dass die Finanzverwaltung die Anzahl der Aufenthalte im Inland anhand von Kreditkartenabrechnungen, Mobilfunkabrechnungen (Roaming) etc. heute leicht nachprüfen kann.

Die alternativen Anknüpfungsmerkmale für Körperschaften regeln die §§ 10, 11 AO. **264**

§ 10 AO definiert die Geschäftsleitung als Mittelpunkt der geschäftlichen Oberleitung; sie befindet sich regelmäßig an dem Ort, an dem die zur Vertretung der Gesellschaft befugte Person die ihr obliegende geschäftsführende Tätigkeit entfaltet.[3] Es kommt also nicht darauf an, wo die abgegebenen Willenserklärungen wirksam werden oder die angeordneten Maßnahmen auszuführen sind, sondern alleine darauf, wo alle für die Geschäftsführung nötigen Maßnahmen von einigem Gewicht angeordnet werden. Dies ist bei einer GmbH/AG im Allgemeinen der Ort, wo sich das Büro ihres Geschäftsführers/Vorstandes, notfalls dessen Wohnsitz befindet.[4] Es ist zu unterscheiden, ob die Einflussnahme auf Gesellschafter-Befugnissen beruht und den damit verbundenen üblichen Rahmen nicht sprengt (Kontrolle, Überwachung, unternehmensstrategische Ausrichtung, fallweise Beeinflussung der Geschäftsabläufe etc.) oder über ein lediglich fallweises Eingreifen hinausgeht und sich auf das Tagesgeschäft erstreckt (Abwicklung des Geldverkehrs, Ein- und/oder Verkauf, Geschäftsführer vor Ort hat für seine Aufgaben jeweils Zustimmung einzuholen etc.). Tätigkeiten, die zur geschäftlichen Oberleitung und somit zu der Annahme eines Ortes der Geschäftsleitung im Inland führen, sind u.U. die Erledigung der Finanzgeschäfte, Erstellung des Jahresabschlusses, Buchführung, dauerndes Hineinreden in den gewöhnlichen Geschäftsverkehr, ferner, wenn die für die Betätigung im Ausland sachverständigen und maßgebenden Personen im Inland tätig sind (Auslandsvertretung durch Sachunkundige) oder wenn das ‚letzte Wort' für alle Geschäftsvorfälle aus dem Inland erfolgt.[5]

Das alternative Anknüpfungsmerkmal – Sitz der juristischen Person (§ 11 AO) – ist der Ort, der durch Gesetz, Gesellschaftsvertrag, Satzung, Stiftungsgeschäft oder dergleichen, d.h. durch einen Rechtsakt, bestimmt ist.[6] Man bezeichnet dies auch als sog. statutarischen Sitz, da dieser nicht anhand faktischer oder wirtschaftlicher Gegebenheiten, sondern ausschließlich auf der Basis von rechtlichen Bestimmungen ermittelt wird. Somit ist eine Kapitalgesellschaft auch dann als unbeschränkt körperschaftsteu- **265**

---

1) Vgl. BFH v. 22.6.2011, I R 26/10, BFH/NV 2011, 2001.
2) Vgl. AEAO v. 2.1.2008, BStBl I 2008, 26, zu § 9 AO, Tz. 1.
3) BFH v. 23.1.1991, I R 22/90, BStBl II 1991, 554; vgl. auch Baranowski, Besteuerung von Auslandsbeziehungen, 2. Aufl., Rz. 76 f.; vgl. auch BFH v. 5.10.1994, I R 67/93, BStBl II 1995, 95; v. 7.12.1994, I K 1/93, BStBl II 1995, 175.
4) Tipke/Kruse, § 10 AO Rz. 2; Schaumburg, Internationales Steuerrecht, 3. Aufl., Rz. 6.2–6.3.; Schröder, StBp 1980, 97 ff.; BFH v. 26.5.1970, II 29/65, BStBl 1970, 759 f.
5) Vgl. grundlegend zur Auslandsholding mit dem von der FinVerw geforderten Katalog an Aktivitäten, Selling, RIW 1991, 238 ff.; Luckey in Ernst & Young, KStG, § 5d Abs. 3 EStG Rz. 144 ff.; Kessler/Müller, IStR 2003, 361 ff.
6) Vgl. BFH v. 28.2.1990, I R 120/86, BStBl II 1990, 553.

erpflichtig einzuordnen, wenn sie in ihrer Satzung lediglich einen inländischen Sitz festgelegt hat, aber im Übrigen keinerlei Beziehung zum Inland aufweist.

Die unbeschränkte Steuerpflicht der juristischen Person wird bereits durch das Vorliegen eines der beiden Merkmale ausgelöst. Durch das Vorliegen des Orts der Geschäftsleitung im Inland können daher auch ausländische Kapitalgesellschaften im Inland unbeschränkt steuerpflichtig werden.

b) Beschränkte Steuerpflicht – Quellenbesteuerung

266 Weist eine natürliche bzw. juristische Person keinen persönlichen Bezug zu einem bestimmten Staat auf, so ist in dieser Person auf der Basis des Ansässigkeitsprinzips keine völkerrechtliche Legitimation für eine Besteuerung der erzielten Einkünfte begründet. Die Einbeziehung dieser Person in die Steuerpflicht lässt sich in diesem Fall nur rechtfertigen, wenn die Person zumindest einen sachlichen Bezug zu dem jeweiligen Staat aufweist. Dieser sachliche Bezug ist gegeben, wenn sich Steuergüter dieser Person in dem Staat befinden, d.h., die Person entfaltet dort eine wirtschaftliche Betätigung mit Einkünfteerzielung. In diesem Fall tritt i.d.R. eine beschränkte Steuerpflicht des Steuerausländers hinsichtlich der inländischen Steuergegenstände ein. Dieser limitierten Steuerpflicht liegt als gesetzgeberische Konzeption das Prinzip der Territorialität zu Grunde, d.h., die Steuerpflicht wird auf das Inland begrenzt.

Entsprechend besteht bei natürlichen Personen eine beschränkte Einkommensteuerpflicht gem. § 1 Abs. 4 EStG, wenn diese im Inland zwar weder einen Wohnsitz noch einen gewöhnlichen Aufenthalt aufweisen, jedoch inländische Einkünfte i. S. des § 49 EStG beziehen und die Voraussetzungen des § 1 Abs. 2 und 3 sowie des § 1a EStG nicht erfüllt sind. Der Einkünftekatalog des § 49 EStG erfasst bestimmte Einkünfte aus Land- und Forstwirtschaft, Gewerbebetrieb, selbständiger und nichtselbständiger Arbeit, Kapitalvermögen, Vermietung und Verpachtung sowie sonstige Einkünfte, z.B. Spekulationsgeschäfte mit Grundstücken und Know-how-Verträgen.[1] Der Katalog der beschränkt steuerpflichtigen Einkünfte ist (z.T. erheblich) enger gefasst als der Katalog in §§ 13 ff. EStG. Infolgedessen gibt es Konstellationen, in denen inländische Einkünfte bei unbeschränkter Steuerpflicht erfasst werden, auf Grund des engeren Kataloges des § 49 EStG aber nicht der beschränkten Steuerpflicht unterliegen (z.B. Zinsen i. S. des § 20 Abs. 1 Nr. 7 EStG, § 49 Abs. 1 Nr. 5 EStG).

Bei juristischen Personen, die weder ihre Geschäftsleitung noch ihren Sitz im Inland haben, liegt entsprechend dem Prinzip der Territorialität gleichfalls eine beschränkte Körperschaftsteuerpflicht vor, wenn sie inländische Einkünfte i. S. von § 49 EStG erzielen (§ 2 Nr. 1 KStG).

3. Entstehung einer internationalen Doppelbesteuerung

a) Merkmale einer internationalen Doppelbesteuerung

267 Auf Grund des Souveränitätsprinzips ist jeder Staat berechtigt, sein Steuersystem nach seinem Ermessen zu gestalten. Demnach kann bei grenzüberschreitenden Sachverhalten eines Stpfl. die Situation eintreten, dass ein Sachverhalt in zwei oder mehr Staaten steuerlich erfasst wird. Hieraus resultiert eine internationale Doppelbesteuerung. In diesem Zusammenhang ist zu unterscheiden zwischen juristischer und wirt-

---

[1] Vgl. hierzu ausführlich Schaumburg, Internationales Steuerrecht, 3. Aufl., Rz. 5.103 ff.; Frotscher, Internationales Steuerrecht, 3. Aufl., 62 ff.; Heinicke in Schmidt, 33. Aufl., §§ 49, 50, 50a EStG; zur Umqualifizierung von Einkünften bei beschränkter Steuerpflicht vgl. Flies, DStZ 1995, 431 ff.

schaftlicher Doppelbesteuerung. Eine juristische Doppelbesteuerung durch verschiedene Staaten ist durch folgende Merkmale gekennzeichnet:

- Es handelt sich um dasselbe Steuersubjekt, welches in verschiedenen Steuerhoheiten der Besteuerung unterliegt (*Steuersubjektidentität*);
- es wird dasselbe Steuerobjekt der Besteuerung unterworfen (*Steuerobjektidentität*),
- die Besteuerung erfolgt in beiden Steuerhoheiten in demselben Besteuerungszeitraum (*Identität des Besteuerungszeitraums*) und
- die erhobenen Steuern sind gleichartig (*Gleichartigkeit der Steuern*).

In Abgrenzung zur rechtlichen Doppelbesteuerung ist eine wirtschaftliche Doppelbesteuerung dadurch gekennzeichnet, dass keine Steuersubjektidentität gegeben ist. D. h., es wird dasselbe Steuerobjekt, also dieselben Einkünfte, in zwei verschiedenen Staaten, jedoch bei zwei unterschiedlichen Steuersubjekten erfasst. Dies ist z.B. denkbar im Falle einer ausländischen Personengesellschaft, deren Einkünfte auf Grund eines Qualifikationskonflikts im ausländischen Staat auf Ebene der Gesellschaft besteuert werden, während Deutschland auf der Basis des Transparenzprinzips entsprechend § 15 Abs. 1 Nr. 2 EStG die Einkünfte auf der Ebene des inländischen Gesellschafters nach Maßgabe seiner Beteiligungsquote besteuert. Ebenso löst die Beteiligung an einer ausländischen Kapitalgesellschaft eine wirtschaftliche Doppelbesteuerung aus, da der erzielte Gewinn der Kapitalgesellschaft zunächst im Ausland der Körperschaftsteuer unterliegt und dann der resultierende Nettogewinn als ausgeschüttete Dividenden in Deutschland beim Gesellschafter ein zweites Mal in die steuerliche Bemessungsgrundlage einzubeziehen ist.[1]

b) Ursachen einer internationalen Doppelbesteuerung

Die bedeutendste Ursache der internationalen Doppelbesteuerung bildet die von den einzelnen Staaten auf Basis ihrer Souveränität festgesetzte und sich überlappende Abgrenzung der Besteuerungsgrundlagen. So führt die von vielen Staaten vorgesehene parallele Anwendung der unbeschränkten Steuerpflicht einerseits und der beschränkten Steuerpflicht andererseits bei grenzüberschreitenden Sachverhalten regelmäßig zu einer Doppelbesteuerung.[2] Hierdurch kann bei grenzüberschreitenden Sachverhalten eines Stpfl. ein Zusammentreffen von Welteinkommensprinzip im Ansässigkeitsstaat und Territorialitätsprinzip im Quellenstaat entstehen, woraus eine juristische Doppelbesteuerung resultiert. Neben dieser Hauptursache einer internationalen Doppelbesteuerung sind weiterhin folgende Konstellationen denkbar:

- Es besteht in zwei oder mehreren Staaten unbeschränkte Steuerpflicht. Dies kann einerseits natürliche Personen betreffen, die in mehr als einem Staat einen Wohnsitz aufweisen. Denkbar ist jedoch auch die unbeschränkte Steuerpflicht einer Kapitalgesellschaft in zwei verschiedenen Staaten, sofern sich deren Sitz in einem Staat, der Ort ihrer Geschäftsleitung sich jedoch in einem anderen Staat befindet.
- Es liegt in zwei Staaten hinsichtlich einer bestimmten Einkunftsquelle beschränkte Steuerpflicht vor. Dies ist denkbar im Falle einer ausländischen Betriebsstätte, die Dividenden aus der Beteiligung an einer Kapitalgesellschaft in einem Drittstaat bezieht.
- Es bestehen Überschneidungen im Rahmen der Ermittlung der steuerlichen Bemessungsgrundlage. In diesem Fall bezieht ein Staat Gewinne in die Bemessungsgrundlage ein, die auch ein anderer Staat bei der Besteuerung berücksichtigt. Ein bedeutendes Beispiel hierfür sind Gewinnkorrekturen bei konzerninter-

---

1) Vgl. Scheffler, Besteuerung der grenzüberschreitenden Unternehmenstätigkeit, 2. Aufl., 9.
2) Vgl. Wassermeyer in Wassermeyer, Band I, vor Art. 6–22 MA Rz. 14.

nen Liefer- und Leistungsbeziehungen (Verrechnungspreise), die aus unterschiedlichen Gewinnabgrenzungsprinzipien der Staaten bezüglich des als angemessen zu betrachtenden Verrechnungspreises resultieren können.

4. Unilaterale Maßnahmen zur Vermeidung internationaler Doppelbesteuerung

a) Steueranrechnung

aa) Inhalt und Voraussetzungen der Steueranrechnung nach §§ 34c EStG, 26 KStG

269 Im Rahmen der Steueranrechnungsmethode wird (insoweit wie die Methode greift) das ausländische Einkommen des unbeschränkt Stpfl. in die inländische Bemessungsgrundlage einbezogen. Eine etwaige bestehende Doppelbesteuerung wird gem. § 34c Abs. 1 EStG (bei Einkommensteuersubjekten) bzw. § 26 Abs. 1 KStG (bei Körperschaftsteuersubjekten) durch Anrechnung der ausländischen Steuer auf die inländische Steuerschuld (Einkommen- resp. Körperschaftsteuer und senkt damit auch die Bemessungsgrundlage für den SolZ) unter Beachtung einer Reihe von Voraussetzungen und Beschränkungen beseitigt bzw. gemildert. Die Anrechnung ausländischer Steuern ist gem. § 34c Abs. 1 EStG von Amts wegen durchzuführen. Im Gegensatz dazu kennt die Gewerbesteuer keine Anrechnungsmethode, sondern nur die Kürzungen gem. § 9 GewStG.

Folgende Voraussetzungen sind kumulativ für die Anwendung der Anrechnungsmethode zu erfüllen:

- mit dem ausländischen Staat besteht kein DBA,[1]
- der unbeschränkt Stpfl. unterliegt im Ausland selbst der Besteuerung,
- es liegen ausländische Einkünfte i. S. des § 34d EStG vor,
- die ausländische Steuer entspricht der deutschen Einkommen- bzw. Körperschaftsteuer,
- die Steuererhebung erfolgt durch den Staat, aus dem die Einkünfte stammen und
- die ausländische Steuer ist festgesetzt, gezahlt und wurde um einen entstandenen Ermäßigungsanspruch gekürzt. Für Kapitalgesellschaften sind in diesem Zusammenhang auch die Ermäßigungsansprüche unter den EU-Richtlinien auszuschöpfen (§ 26 Abs. 2 KStG).

In Bezug auf die Rechtsfolge ergeben sich z.T. weitere Einschränkungen durch die restriktive Bemessung der Anrechnungshöchstbeträge.

Besteht mit dem relevanten ausländischen Staat ein DBA, so haben dessen Regelungen zur Beseitigung oder Milderung der Doppelbesteuerung gem. § 2 AO Vorrang (§ 34c Abs. 6 EStG). Sieht das DBA jedoch die Anrechnung einer ausländischen Steuer auf die deutsche Einkommen- oder Körperschaftsteuer vor, so gelangen die Vorschriften zur Durchführung der Anrechnung (§ 34c Abs. 1 Satz 2 bis 5 EStG) auf die nach dem DBA anzurechnende Steuer gem. § 34c Abs. 6 Satz 2 und 3 EStG, § 26 Abs. 1 KStG dennoch zur Anwendung, es sei denn es handelt sich um Einkünfte aus Kapitalvermögen, die in den Anwendungsbereich der Abgeltungsteuer (§ 32d Abs. 1 und 3 bis 6 EStG) fallen. Soweit die DBA eine Anrechnung auf die deutschen Ertragsteuern vorsehen, wird es auch für möglich erachtet, dass in diesen Fällen die Anrechnung auch auf die Gewerbesteuer zu erfolgen habe.

---

[1] Soweit ein DBA besteht, gelten weite Teile der Vorschrift allerdings entsprechend, soweit das DBA wiederum die Anrechnungsmethode vorsieht (§ 34c Abs. 6 EStG).

Beim Steuersubjekt muss es sich um eine in Deutschland unbeschränkt steuerpflichtige Person handeln, die selbst im Ausland zu einer Steuer herangezogen wird (Identität des Abgabepflichtigen).[1] Der Nachweis der Subjektidentität kann insbesondere bei Beteiligungen an ausländischen Personengesellschaften mit Schwierigkeiten verbunden sein, wenn, wie z.B. in zahlreichen romanischen Ländern, Stpfl. die Personengesellschaft selbst und nicht der einzelne Gesellschafter ist.[2] Die Subjektidentität gilt dabei solange als gewährleistet, wie der unbeschränkt Stpfl. als Mitunternehmer der ausländischen Personengesellschaft i. S. des § 15 Abs. 1 Nr. 2 EStG angesehen werden kann.

Was als ausländische Einkünfte i. S. des § 34c Abs. 1 bis 5 EStG gilt, wird in § 34d EStG abschließend definiert. Die Qualifizierung und Ermittlung von ausländischen Einkünften sowie die Auslegung von damit in Zusammenhang stehenden bestimmten Rechtsbegriffen ist ausschließlich nach den Bestimmungen des deutschen Steuerrechts, d.h. unabhängig von der Einkünfteermittlung im Ausland, vorzunehmen. Dabei sind alle Betriebsausgaben und Werbungskosten zu berücksichtigen, die mit den im Ausland erzielten Einnahmen in wirtschaftlichem Zusammenhang stehen (R 34c Abs. 3 EStR 2012 sowie H 34c Abs. 3 EStR 2012). Zu den ausländischen Einkünften gehören demnach insbesondere die Einkünfte aus Land- und Forstwirtschaft (§ 34d Nr. 1 EStG), aus Gewerbebetrieb (§ 34d Nr. 2 EStG), aus selbständiger Tätigkeit (§ 34d Nr. 3 EStG), aus Veräußerungsgeschäften (§ 34d Nr. 4 EStG), die Einkünfte aus nichtselbständiger Arbeit (§ 34d Nr. 5 EStG), die Einkünfte aus Kapitalvermögen (§ 34d Nr. 6 EStG), aus Vermietung und Verpachtung (§ 34d Nr. 7 EStG) sowie die sonstigen Einkünfte, die ihrerseits wiederkehrende Bezüge, private Veräußerungsgeschäfte und bestimmte Einkünfte aus Leistungen umfassen (§ 34d Nr. 8 EStG).

Die ausländische Steuer muss in dem Staat erhoben worden sein, aus dem die Einkünfte stammen, d.h., es darf keine sog. „Drittstaatensteuer" gegeben sein. In letzterem Fall würde die Anrechnung gem. § 34c Abs. 1 EStG, § 26 Abs. 1 KStG ausscheiden und es käme ausschließlich der i.d.R. nachteiligere Abzug der ausländischen Steuer bei der Ermittlung der Einkünfte gem. § 34c Abs. 3 EStG, § 26 Abs. 1 KStG in Betracht.

Eine Anrechnung ist nur insoweit möglich, als die ausländische Steuer festgesetzt und gezahlt ist und um einen entstandenen Ermäßigungsanspruch gekürzt wurde (auch in Bezug auf EU-Richtlinien, vgl. § 26 Abs. 2 KStG). Der Stpfl. hat den Nachweis über die Höhe der ausländischen Einkünfte und über die Festsetzung und Zahlung der ausländischen Steuern gem. § 68b EStDV durch Vorlage entsprechender Urkunden (z.B. Steuerbescheid, Quittung über die Zahlung) zu führen. Sind diese Urkunden in einer fremden Sprache abgefasst, so kann eine beglaubigte Übersetzung in die deutsche Sprache verlangt werden.

Anrechenbar ist nur eine der deutschen Einkommen- bzw. Körperschaftsteuer entsprechende, d.h. in ihrem Grundsystem ähnliche, das Einkommen belastende ausländische Steuer.[3] Fehlt die Entsprechung mit der deutschen Einkommen- bzw. Körperschaftsteuer, ist eine Anrechnung gem. § 34c Abs. 1 EStG nicht möglich. Die tatsächlich gezahlte ausländische Steuer kann dann gem. § 34c Abs. 3 EStG (bei Körperschaften i.V.m. § 26 Abs. 1 KStG) nur vom Gesamtbetrag der Einkünfte abgezogen werden.

---

1) Vgl. hierzu Schaumburg, Internationales Steuerrecht, 3. Aufl., Rz. 14.29 ff. und 15.59 ff.; Frotscher, Internationales Steuerrecht, 3. Aufl., 88 ff.; Schnitger, IStR 2003, 298 ff.
2) Vgl. BMF v. 26.9.2014, IV B 5 - S 1300/09/10003, BStBl I 2014, 1258 inkl. die Gegenüberstellung in der Anlage zu dem BMF-Schreiben; Schaumburg, Internationales Steuerrecht, 3. Aufl., Rz. 15.59.
3) Eine Liste mit der deutschen Einkommen- und Körperschaftsteuer entsprechenden ausländischen Steuern enthält Anlage 6 zu den Einkommensteuerrichtlinien 2012.

Entsprechend der Regelung des § 34c Abs. 1 Satz 1 und 3 sowie Abs. 6 Satz 2 EStG werden ausländische Einkünfte aus Kapitalvermögen, die der Abgeltungsteuer unterliegen, aus dem Anwendungsbereich der Anrechnungs- und Abzugsmethode des § 34c EStG ausgenommen. Für diese Einkünfte enthält § 32d Abs. 5 EStG eine eigenständige Anrechnungsvorschrift, die ausdrücklich nicht die Anwendung der Per-country-limitation vorsieht.[1] Soweit unbeschränkt Stpfl. mit ausländischen Kapitalerträgen in dem Staat, aus dem die Kapitalerträge stammen, zu einer der deutschen Einkommensteuer entsprechenden Steuer herangezogen werden, ist gem. § 32d Abs. 5 EStG die auf die ausländischen Kapitalerträge festgesetzte und gezahlte und um einen entstandenen Ermäßigungsanspruch gekürzte ausländische Steuer, auf die deutsche Steuer anzurechnen, maximal jedoch i.H.v. 25 % auf den einzelnen Kapitalertrag. Dies gilt auch, sofern in einem DBA die Anrechnung der ausländischen Steuer, einschließlich einer fiktiven Steuer, vorgesehen ist.

bb) Berechnung des Höchstbetrags

270 Auf die deutsche Einkommen- bzw. Körperschaftsteuer wird nicht die gesamte auf die Einkünfte aus einem ausländischen Staat festgesetzte und gezahlte ausländische Steuer angerechnet. Vielmehr wird im Rahmen der Höchstbetragsrechnung nur der Teil der ausländischen Steuer angerechnet, welcher der deutschen Einkommen- bzw. Körperschaftsteuer entspricht und anteilig auf die relevanten ausländischen Einkünfte aus dem betreffenden Staat entfällt. Stammen die Einkünfte aus mehreren ausländischen Staaten, so sind die Höchstbeträge der anrechenbaren ausländischen Steuern für jeden einzelnen ausländischen Staat gesondert zu berechnen (sog. „Per-country-limitation"). Dabei sind jedoch alle Einkünfte – vorbehaltlich der Regelung in § 2a Abs. 1, 2 EStG[2] – aus einem Staat zusammenzufassen. Die Zusammenfassung aller ausländischen Einkünfte und Steuern aus mehreren Staaten ist für deutsche Stpfl. unzulässig (nicht jedoch in Fällen der Abgeltungssteuer – § 32d Abs. 5 EStG). Eine solche „overall-limitation" würde dazu führen, dass durch eine hohe Steuerbelastung in einem Herkunftsstaat ausländischer Einkünfte eine niedrige Steuerbelastung in einem anderen Herkunftsstaat ausgeglichen werden könnte. Im Ergebnis würde dadurch die hohe Steuerbelastung aus dem einen Herkunftsstaat möglicherweise vollständig angerechnet werden. Dies ist in anderen Staaten üblich, jedoch in Deutschland nicht erwünscht. Durch die „Per-country-limitation" und die restriktive Höchstbetragsrechnung wird häufig nur eine begrenzte Anrechnung erreicht. Für einen Überschuss der ausländischen Steuern, der nicht zur Anrechnung kommt („Anrechnungsüberhang"), ist nach h.M. eine Billigkeitsmaßnahme nach § 163 AO nicht gerechtfertigt.[3] In diesem Fall ist zu prüfen, ob der Abzug der ausländischen Steuer gem. § 34c Abs. 2 EStG zu einem günstigeren Ergebnis führt.[4]

Bei der Ermittlung des Höchstbetrags nach § 34c Abs. 1 Satz 2 EStG bleiben ausländische Einkünfte, die nach § 34c Abs. 5 EStG pauschal besteuert werden, und die Pauschsteuer außer Betracht. Gemäß § 34c Abs. 1 Satz 3 EStG sind ausländische Einkünfte, die nach dem Recht des ausländischen Staats nicht besteuert werden, bei der Länderrechnung nicht zu berücksichtigen.[5] Weiterhin sind die Einkünfte, die der Abgeltungsteuer i. S. des § 32d EStG unterliegen, bei der Ermittlung des zu versteuernden Einkommens, der Summe der Einkünfte und der ausländischen Einkünfte nicht zu berücksichtigen.

---

1) Vgl. die klarstellende Neuregelung i. R. d. JStG 2009, BR-Drucks. 545/08, 77.
2) Siehe zu Details R 34c Abs. 2 EStR 2012.
3) Vgl. BFH v. 26.10.1972, I R 125/70, BStBl II 1973, 271; Schaumburg, Internationales Steuerrecht, 3. Aufl., Rz. 15.111 ff.
4) → 4 Rz. 271.
5) Hierin liegt möglicherweise eine Verletzung des in Satz 1 der Vorschrift verankerten Prinzips der Einkünfteermittlung pro Land, vgl. ausführlich Müller-Dott, DB 2003, 1468 ff.

Die Regelung des § 34c Abs. 1 Satz 4 EStG sieht bei der Ermittlung ausländischer Einkünfte i. S. des § 34d Nr. 3, 4, 6, 7 und 8c EStG eines inländischen Betriebs zusätzlich vor, dass im Rahmen der Höchstbetragsberechnung solche Betriebsausgaben und Vermögensminderungen abzuziehen sind, die mit den zu Grunde liegenden Einnahmen in wirtschaftlichem Zusammenhang stehen. Auf Grund dieser Rechtslage können sich im Einzelfall erhebliche Minderungen des Anrechnungshöchstbetrags ergeben. So sind auf Basis dieser Regelung bei der Ermittlung ausländischer Einkünfte gem. § 34d Nr. 3, 4, 6, 7 sowie 8c EStG eines inländischen Betriebs alle Betriebsausgaben und Betriebsvermögensminderungen zu berücksichtigen, die in „wirtschaftlichem Zusammenhang" mit den ausländischen Einkünften stehen. Ein „unmittelbarer" Zusammenhang ist nicht erforderlich. Die Formulierung des „wirtschaftlichen Zusammenhang" findet sich gleichermaßen in § 3c Abs. 2 EStG. Daher können die hier verwendeten Auslegungsgrundsätze auch für Zwecke des § 34c Abs. 1 Satz 4 EStG zur Anwendung kommen.[1] Es besteht allerdings insoweit ein wichtiger Unterschied, als § 3c Abs. 2 EStG weitergehend normiert, dass der Zusammenhang auch unabhängig davon als vorliegend gilt, in welchem Veranlagungszeitraum Einnahmen erzielt werden. Dieses intertemporale Element enthält die Vorschrift des § 34c Abs. 1 EStG dagegen nicht und limitiert entsprechend in zeitlicher Hinsicht den Zusammenhang.

Die Einschränkungen gelten auch für Fälle der Steueranrechnung im DBA-Fall sowie im Falle der fiktiven Steueranrechnung (§ 34c Abs. 6 EStG). Als im anderen Staat nicht besteuerte Einkünfte gelten dabei auch solche Einkünfte, die auf Grund eines DBA im anderen Staat nicht besteuert werden können (§ 34c Abs. 6 Satz 3 i.V.m. Abs. 1 Satz 3 EStG). Lediglich im Falle der fiktiven Steueranrechnung erfolgt keine Ausweitung der zu berücksichtigenden Betriebsausgaben bzw. Betriebsvermögensminderungen (§ 34c Abs. 6 Satz 2, 2. Halbs. EStG).

Die praktische Wirkung der Einschränkung hängt entscheidend davon ab, wie weitreichend der Begriff „wirtschaftlicher Zusammenhang" ausgelegt wird. U. E. ist die Regelung dahingehend zu verstehen, dass auch in Zukunft eine rein quotale Zuordnung von Aufwand ohne hinreichenden direkten Bezug zu den betreffenden ausländischen Einkünften ausscheidet (kausale oder finale Verknüpfung bleibt erforderlich).[2] So stehen z.B. allgemeine Verwaltungs- oder Marketingkosten, Personalkosten etc. in aller Regel in keinem hinreichenden wirtschaftlichen Zusammenhang mit spezifischen ausländischen Einkünften. Zuordenbar i. S. der Vorschrift sind nur solche Aufwendungen, die zielgerichtet zur Erlangung der betreffenden ausländischen Einkünfte getätigt wurden (wirtschaftlicher Zusammenhang verlangt Wissen und Wollen bzgl. der Einkunftserzielungsabsicht aus einer bestimmten ausländischen Quelle). Weiterhin kann eine Zuordnung von Aufwand nur insoweit erfolgen, wie relevante ausländische Einkünfte im gleichen Veranlagungszeitraum erzielt werden.

Beispiel:
Ein deutscher Autofabrikant entwickelt ein Automodell, am Ende des Produktlebenszyklus wird das Automodell an einen ausländischen Hersteller lizenziert, die Entwicklungsaufwendungen liegen Jahre zurück; diese Entwicklungsaufwendungen können nicht mehr auf Grund des „wirtschaftlichen Zusammenhangs" mindernd gegen die ausländischer Quellensteuer unterliegenden Lizenzzahlungen i. S. des § 34c Abs. 1 EStG gegengerechnet werden, es fehlt ein zeitlicher Zusammenhang.

Die Ermittlung des anrechenbaren Höchstbetrags wurde mit Wirkung ab VZ 2015 neu geregelt. Bislang wurde für Zwecke der Einkommensteuer auf das Verhältnis der ausländischen Einkünfte je Staat zur Summe der Einkünfte abgestellt, um die auf die

---
1) Vgl. z.B. BMF v. 12.6.2002, IV C 1 – S 2252 – 184/02, BStBl I 2002, 647.
2) Vgl. auch BFH v. 9.6.2010, I R 94/09, BFHE 230, 321 zur Frage, ob eine fiktive brasilianische Quellensteuer auf die deutsche Einkommensteuer anzurechnen ist und welcher Aufwand in diesem Zusammenhang von Relevanz ist.

Einkünfte aus diesem Staat entfallende deutsche Einkommensteuer zu berechnen. Zukünftig ist der anrechenbare Höchstbetrag nach Maßgabe des durchschnittlichen Steuersatzes zu ermitteln, welcher sich im Rahmen der Veranlagung des zu versteuernden Einkommens – einschließlich der ausländischen Einkünfte – nach den allgemeinen Tarifvorschriften der §§ 32a, 32b, 34, 34a und 34b EStG ergibt. Somit soll zur Steueranrechnung im Rahmen der Einkommensteuer künftig der Steuersatz angewendet werden, dem die betreffenden ausländischen Einkünfte im Rahmen des zu versteuernden Einkommens tatsächlich unterliegen.

Für offene Altfälle in Veranlagungszeiträumen bis einschließlich 2014 erfolgt die Ermittlung des Anrechnungshöchstbetrags gem. § 52 Abs. 34a EStG in der Weise, dass in der Verhältnisrechnung die Summe der Einkünfte im Nenner um den Altersentlastungsbetrag (§ 24a EStG), den Entlastungsbetrag für Alleinerziehende (§ 24b EStG), Sonderausgaben (§§ 10, 10a, 10b, 10c EStG), außergewöhnliche Belastungen (§§ 33 bis 33b), die berücksichtigten Freibeträge für Kinder (§§ 31, 32 Abs. 6) und den Grundfreibetrag (§ 32a Abs. 1 Satz 2 Nr. 1) vermindert wird.

Die Änderung soll dem EuGH-Urteil in der Rechtssache „Beker" sowie dem hierauf aufbauenden BFH-Urteil vom 18.12.2013 Rechnung tragen.[1] So hat der EuGH entschieden, dass die bisherige Regelung des § 34c Abs. 1 EStG nicht mit der Kapitalverkehrsfreiheit (Art. 63 AEUV) vereinbar sei, da für die Ermittlung des Anrechnungshöchstbetrags der Quotient aus den ausländischen Einkünften und der Summe der Einkünfte gebildet wird.[2] Indes sind in der Summe der Einkünfte die Sonderausgaben und außergewöhnlichen Belastungen des Steuerpflichtigen als Kosten der persönlichen Lebensführung sowie der personen- und familienbezogenen Umstände nicht berücksichtigt. Diese Methode führe folglich zu einer Verringerung des Anrechnungshöchstbetrags (der Nenner ist tendenziell zu groß), so dass Steuerpflichtige davon abgehalten werden könnten, ihr Kapital in Gesellschaften zu investieren, die ihren Sitz in einem anderen Mitgliedstaat oder in einem Drittstaat haben.

Auf die Berechnung des Anrechnungshöchstbetrags für ausländische Steuern bei der Körperschaftsteuer hat die Änderung ausdrücklich keine Auswirkungen. So ermittelt sich der Anrechnungshöchstbetrag für Zwecke der Körperschaftsteuer gem. § 26 Abs. 2 Satz 1 KStG wie bisher, indem die deutsche Körperschaftsteuer auf das zu versteuernde Einkommen im Verhältnis der ausländischen Einkünfte zur Summe der Einkünfte aufgeteilt wird. Ob dieses Vorgehen mit der obigen EuGH-Rechtsprechung vereinbar ist, erscheint fraglich, da in der Summe der Einkünfte ein etwaiger Abzug von Spenden (§ 9 Abs. 1 Nr. 2 KStG) sowie ein Verlustabzug i. S. d. § 10d EStG nicht berücksichtigt sind. Somit ist in derartigen Fällen der resultierende Anrechnungshöchstbetrag niedriger als in Fällen ohne entsprechende Abzugspositionen, da der zu bildende Quotient im Nenner auf die höhere Summe der Einkünfte abstellt, während die tarifliche Körperschaftsteuer nach dem zu versteuernden Einkommen ermittelt wird, in dem diese Positionen abgezogen wurden (also sich ein geringerer Quotient ergäbe).

Auf Grund der Begrenzung der Anrechnung ausländischer Steuern auf die hierauf anteilig entfallende deutsche Einkommen- resp. Körperschaftsteuer nach Maßgabe der „per-country-limitation" führt die Anrechnungsmethode nicht immer zu einer völligen Vermeidung der Doppelbesteuerung. Sie führt nur so lange zu einem befriedigenden Ergebnis, wie die im Ausland festgesetzte und gezahlte Steuer niedriger als die anteilige deutsche Steuer auf die ausländischen Einkünfte ist; teilweise steuerfreie Einkünfte können nachteilige Folgen haben. Für Körperschaften verschärfte die Absenkung des Körperschaftsteuersatzes auf nur noch 15 % diesen Befund, da es bei der GewSt jedenfalls nach den unilateralen Regelungen keine Anrechnungsmöglich-

---

1) EuGH v. 28.2.2013, C-168/11, IStR 2013, 470; BFH v. 18.12.2013, I R 71/10, DStR 2014, 693.
2) Vgl. EuGH v. 28.2.2013, C-168/11, HFR 2013, 456.

keit gibt. Zugleich führt dies allerdings dazu, dass es insoweit häufiger als in der Vergangenheit auch bei fehlender Freistellungsmethode zu keiner tatsächlichen zusätzlichen Steuerbelastung im Inland kommt (insbes. dann, wenn die Einkünfte keiner Gewerbesteuer unterliegen, § 9 Nr. 2 und 3 GewStG) und damit zu einer „faktischen Freistellung".

Noch differenzierter ist das Bild für Personenunternehmen. Durch die sog. Thesaurierungsbegünstigung in § 34a EStG wird für Personengesellschaften und Einzelunternehmen die Möglichkeit geschaffen, nicht entnommene Gewinne an Stelle des Progressionstarifs auf Antrag ganz oder teilweise mit einem linearen Satz von 28,25 % der Einkommensteuer zu unterwerfen. Soweit für im zu versteuernden Einkommen enthaltene ausländische Einkünfte in diesem Kontext die Anrechnung ausländischer Steuern gem. § 34c Abs. 1 EStG in Anspruch genommen werden soll, führt die Anwendung der Thesaurierungsbegünstigung zu einem verminderten Anrechnungshöchstbetrag nach Maßgabe der „per country limitation". Dies resultiert aus dem Wortlaut von § 34c Abs. 1 Satz 3 EStG, wonach der für den Anrechnungshöchstbetrag relevante durchschnittliche Steuersatz nach Maßgabe der §§ 32a, 32b, 34, 34a und 34b EStG zu ermitteln ist. Es wird somit die nach Maßgabe der Thesaurierungsbegünstigung reduzierte Einkommensteuer auf die betreffenden ausländischen und die übrigen Einkünfte aufgeteilt, was den Anrechnungshöchstbetrag entsprechend vermindert, so dass bei einem übersteigenden ausländischen Steuerbetrag die Anrechnung teilweise ins Leere läuft. Eine „Nachsteuer" i.H.v. 25 % gem. § 34a Abs. 4 EStG in späteren Jahren dürfte nicht zu einer nachträglichen Erhöhung des Anrechnungsvolumens führen.

b) Steuerabzug

Alternativ zum Anrechnungsverfahren gestattet § 34c Abs. 2 i.V.m. § 2 Abs. 3 EStG auf Antrag den Abzug ausländischer Steuern bei der Ermittlung der Einkünfte. Diese Option kann insbesondere in Verlustjahren vorteilhaft sein, da ein Vor- oder Rücktrag anrechenbarer ausländischer Steuer nicht möglich ist. Durch den Steuerabzug wird sichergestellt, dass sich die ausländische Steuer zumindest über einen Verlustabzug im Rahmen der Bestimmungen des § 10d EStG auswirken kann. **271**

Darüber hinaus gewährt § 34c Abs. 3 EStG unter den weiteren dort genannten Voraussetzungen den Steuerabzug von Amts wegen in den Fällen, in denen es sich bei der ausländischen Steuer um eine Steuer handelt, die nicht der deutschen ESt entspricht, in denen die ausländische Steuer nicht von einem Staat erhoben wird, aus dem die Einkünfte stammen (Steuern eines Drittstaats) oder die Einkünfte nach Maßgabe der Bestimmungen des § 34d EStG nicht als ausländische Einkünfte qualifizieren, sie jedoch gleichwohl mit einer ausländischen Steuer belegt sind. Dies gilt z.B. für die sog. Liefergewinnbesteuerung (z.B. im Bereich des internationalen Anlagenbaus in Entwicklungsländern).

c) Steuerpauschalierung

Ist die Anwendung des § 34c Abs. 1 EStG mit besonderen Schwierigkeiten verbunden oder erweist sich ein ausländisches Investitionsvorhaben aus volkswirtschaftlichen Gründen als besonders zweckmäßig, so können die obersten Finanzbehörden der Länder mit Zustimmung des Bundesministers der Finanzen die auf die ausländischen Einkünfte entfallende deutsche Einkommensteuer gem. § 34c Abs. 5 EStG auf Antrag ganz oder z.T. erlassen oder mit einem Pauschbetrag festsetzen.[1] Der Pauschsteuersatz beträgt i.d.R. 25 %. Die Einzelheiten der Pauschalbesteuerung gem. § 34c Abs. 5 **272**

---

1) Zum Begriff der „Zweckmäßigkeit" vgl. Lüdicke in Flick/Wassermeyer/Baumhoff, § 34c EStG Anm. 561 ff.

EStG regelt das BMF-Schreiben vom 10.4.1984 betreffend die Pauschalierung der ESt und KSt für ausländische Einkünfte.[1] Der Erlass ist nicht anwendbar, wenn mit dem Staat, aus dem die ausländischen Einkünfte stammen, ein DBA besteht. Wird die Einkommensteuer auf ausländische Einkünfte mit einem pauschalen Steuersatz von 25 % erhoben, scheidet die Anwendung der Bestimmungen des § 34c Abs. 1 bis 3 EStG aus. Für Kapitalgesellschaften ist die Pauschalierungsmöglichkeit mit einem Pauschalsteuersatz von 25 % indes auf Grund des Körperschaftsteuersatzes i.H.v. 15 % wirtschaftlich bedeutungslos geworden und wurde daher für Kapitalgesellschaften ab 2004 aufgehoben.[2]

d) Steuererlass

273 Neben der Steuerpauschalierung sieht § 34c Abs. 5 EStG auch die Möglichkeit des Steuererlasses vor. Dementsprechend ist vor dem Hintergrund dieser Ermächtigung das BMF-Schreiben vom 31.10.1983 betreffend die steuerliche Behandlung bei Auslandstätigkeiten – Auslandstätigkeitserlass[3] – ergangen, nach dem unter bestimmten Voraussetzungen auf Antrag von der Besteuerung ausländischer Arbeitseinkünfte von im Übrigen unbeschränkt steuerpflichtigen Arbeitnehmern abgesehen werden kann. Die Anwendung des Auslandstätigkeitserlasses setzt im Wesentlichen das Vorhandensein eines inländischen Arbeitgebers gem. R 19.1 LStR 2011 sowie das Tätigwerden für einen inländischen Auftragnehmer im Zusammenhang mit einer Montagetätigkeit oder anderen bestimmten Entsendungen auf Zeit im weiteren Sinne voraus. Die Tätigkeit muss dabei mindestens drei Monate in einem Staat ausgeübt werden, mit dem kein allgemeines DBA besteht.[4] In der EuGH-Entscheidung vom 28.2.2013 hat der EuGH den Auslandstätigkeiterlass auf Grund des Erfordernisses eines inländischen Arbeitgebers als nicht mit der Arbeitnehmerfreizügigkeit (Art. 45 AEUV) vereinbar angesehen.[5] Auf dieser Basis sollte die Begünstigung des Auslandstätigkeitserlasses – bei Erfüllung der sonstigen Anforderungen – auch bei Tätigkeit für einen Arbeitgeber im EU-/EWR-Raum zu gewähren sein.

5. Bilaterale Maßnahmen zur Vermeidung internationaler Doppelbesteuerung

a) Doppelbesteuerungsabkommen

aa) Definitionen

274 Doppelbesteuerungsabkommen (DBA) sind völkerrechtliche Verträge zur Vermeidung der Doppelbesteuerung.[6]

Durch die DBA werden den Vertragsstaaten hinsichtlich ihrer „steuerlichen Rechtsschöpfungsfreiheit" Schranken auferlegt, die gegen ihr nationales Steuerrecht zur

---

1) Vgl. BMF v. 10.4.1984, IV C 6 – S 2293 – 11/84, BStBl I 1984, 252; Baranowski, Besteuerung von Auslandsbeziehungen, 2. Aufl., Rz. 1310 f.; Schaumburg, Internationales Steuerrecht, 3. Aufl., Rz. 15.132 ff.
2) BMF v. 24.11.2003, IV B 4 – S 2293 – 46/03, BStBl I, 747.
3) Vgl. BMF v. 31.10.1983, IV B 6 – S 2292 – 50/83, BStBl I 1983, 470; Schaumburg, Internationales Steuerrecht, 3. Aufl., Rz. 15.140 ff.; zur Entsendung von Arbeitnehmern zu ausländischen Betriebsstätten deutscher Unternehmen vgl. Ulonska, DStR 1990, 267 ff.; da IstR 1994, 496 (für Geschäftsführer); zu den Verwaltungsgrundsätzen Arbeitnehmerentsendung vgl. BMF v. 9.11.2001, IV B 4 – S 1341 – 20/01, BStBl I 2001, 796 ff.; Görl, IStR 2002, 443 ff.
4) Zum Arbeitgeberbegriff im Doppelbesteuerungsrecht vgl. Achter, IStR 2003, 410 ff.; Runge, IStR 2002, 37 ff.
5) Vgl. EuGH v. 28.2.2013, C-544/11, HFR 2013, 751.
6) Vgl. hierzu grundlegend mit umfassender Literaturübersicht Vogel/Lehner, 5. Aufl., Einl. Rz. 30 ff.

Wirkung kommen (müssten).[1] Die nationale Besteuerung wird dem Gegenstand oder der Höhe nach durch die Abkommen begrenzt. Es gilt der Grundsatz, dass die DBA weder Steueransprüche begründen noch bestehende Steueransprüche erweitern (non self executing). Sie regeln, in welchem gegenständlichen Umfang und in welchem Ausmaß bestehende Steueransprüche nach dem jeweiligen nationalen Recht durchgesetzt werden dürfen oder nicht („Zuordnungsnormen"). Fehlt es dagegen nach nationalem Recht an einem Steueranspruch, so begründet auch das DBA – soweit dieses das Besteuerungsrecht zuweist – dennoch keine sachliche Steuerpflicht.

Beispiel:

Inländischer Grundbesitz wird durch eine natürliche Person im Privatvermögen gehalten. Obwohl die DBA das Besteuerungsrecht hier regelmäßig Deutschland als Belegenheitsstaat zuerkennen, leitet sich hieraus bei Veräußerung außerhalb der Zehn-Jahres-Frist (§ 23 Abs. 1 Nr. 1 EStG) dennoch keine Besteuerung in Deutschland ab.

In der Vergangenheit war umstritten, ob Verständigungsvereinbarungen i. S. d. Art. 25 Abs. 3 OECD-MA zum Zwecke der Auslegung oder Anwendung des DBA mit der jeweiligen Finanzbehörde des ausländischen DBA-Vertragsstaats innerstaatliche Bindungswirkung entfalten.[2] Zu diesem Zweck normiert § 2 Abs. 2 AO eine entsprechende Verordnungsermächtigung, um die innerstaatliche Wirksamkeit einer solchen Vereinbarung mit dem anderen Vertragsstaat nach Maßgabe der verfassungsrechtlichen Vorgaben zu gewährleisten. Durch § 2 Abs. 2 AO wird das BMF ermächtigt, zur Sicherung der Gleichmäßigkeit der Besteuerung sowie zur Vermeidung einer Doppelbesteuerung oder doppelten Nichtbesteuerung durch Rechtsverordnung mit Zustimmung des Bundesrats die näheren Einzelheiten der Durchführung eines DBA im Einvernehmen mit den zuständigen Behörden des jeweils anderen Vertragsstaats zu regeln. **275**

bb) Nationale Beschränkung gem. § 50d Abs. 3 EStG

Die Norm des § 50d Abs. 3 EStG konkretisiert den völkerrechtlichen Grundsatz, dass bilaterale Abkommen unter einem Umgehungsvorbehalt stehen. Zweck dieser Regelung ist es, den rechtsmissbräuchlichen Einsatz von ausländischen Gesellschaften zur Ausnutzung von DBA oder EU-Richtlinien einzudämmen. Nach der Regelung des § 50d Abs. 3 EStG wird einer ausländischen Gesellschaft im Grundsatz eine Entlastung nach Maßgabe eines DBA oder einer EU-Richtlinie versagt, soweit nach der gesetzlichen Vermutung in Bezug auf die ausländische Gesellschaft eine missbräuchliche Gestaltung vorliegt. Ein Missbrauch wird hiernach grundsätzlich unterstellt, soweit die Gesellschaft hauptsächlich zu dem Zweck eingesetzt wird, den Gesellschaftern Vorteile (Erstattung oder Freistellung von Abzugsteuern) zu vermitteln, die diesen bei unmittelbarer Erzielung der betreffenden Einkünfte nicht zustünden. In derartigen Konstellationen ist die Gewährung einer Entlastung davon abhängig, dass die von der ausländischen Gesellschaft im betreffenden Wirtschaftsjahr erzielten Bruttoerträge aus deren eigener Wirtschaftstätigkeit stammen. Bei Einkünften, die aus eigener Wirtschaftstätigkeit der ausländischen Gesellschaft stammen, wird die Entlastung gem. § 50d Abs. 1 Satz 1 EStG ohne weitere Voraussetzung gewährt. Soweit dagegen für die betreffenden Bruttoerträge keine eigene Wirtschaftstätigkeit der ausländischen Gesellschaft gegeben ist, wird die Entlastung zusätzlich an die Voraussetzungen geknüpft, dass **276**

---

1) So bestimmt – mehr irreführend denn hilfreich – § 2 AO, dass die Bestimmungen der DBA den sonstigen inländischen Steuergesetzen vorgehen, was – verfassungsrechtlich – untreffend ist, da ebenfalls Bundesrecht (§ 2 AO) keine Rangfolge zwischen anderen einfachen Bundesgesetzen festlegen kann (Steuergesetz versus völkerrechtliche Verträge, die durch Transformation i. S. des Art. 59 Abs. 21 GG innerstaatliches Recht geworden sind), vgl. hierzu Frotscher, Internationales Steuerrecht, 3. Aufl., 22 ff.
2) Vgl. BFH v. 2.9.2009, I R 111/08, BStBl II 2010, 387 m.w.N.

- in Bezug auf diese Erträge wirtschaftliche oder sonst beachtliche Gründe für die Einschaltung der ausländischen Gesellschaft nachgewiesen werden können, und
- die ausländische Gesellschaft mit einem für ihren Geschäftszweck angemessen eingerichteten Geschäftsbetrieb am allgemeinen wirtschaftlichen Verkehr teilnimmt.

Die Feststellungslast für das Vorliegen wirtschaftlicher oder sonst beachtlicher Gründe sowie des Geschäftsbetriebs obliegt gem. § 50d Abs. 3 EStG der ausländischen Gesellschaft.[1]

Die Regelung des § 50d Abs. 3 EStG wurde in Reaktion auf ein von der EU-Kommission eingeleitetes Vertragsverletzungsverfahren[2] sowie unter Berücksichtigung der EuGH-Rechtsprechung im Fall *Cadbury Schweppes*[3] mit Wirkung zum 1.1.2012 neu gefasst.[4] So sah die EU-Kommission die frühere Regelung des § 50d Abs. 3 EStG insoweit als unverhältnismäßig an, als die ausländische Gesellschaft für die Gewährung der Entlastungsberechtigung mehr als 10 % ihrer gesamten Bruttoerträge des betreffenden Wirtschaftsjahres aus eigener Wirtschaftstätigkeit erzielen musste. Da diese Regelung keine Gegenbeweismöglichkeit vorsah, ging sie nach Auffassung der Europäischen Kommission über das für die Erreichung des Ziels der Vermeidung der Steuerhinterziehung erforderliche Maß hinaus. Entsprechend dieser Vorgabe sieht die neu gefasste Regelung keine 10 % Grenze mehr vor, und enthält zudem die geforderte Gegenbeweismöglichkeit.[5]

cc) Subject-to-tax-Klauseln gem. § 50d Abs. 8, 9, 10 EStG

277 Weiterhin sei in diesem Zusammenhang auf § 50d Abs. 8 und 9 EStG hingewiesen, die gleichfalls die Wirkungen der DBA (Freistellung) in Fällen beschneiden sollen, die nach den Wertungen des Gesetzgebers zu „überschießenden" Befreiungstatbeständen führen würden.

Gemäß § 50d Abs. 9 EStG sind Einkünfte eines unbeschränkt Stpfl. trotz Befreiung durch ein DBA dennoch zu besteuern, wenn

1. keine „volle" Besteuerung im anderen Staat erfolgt und damit ganz oder anteilig eine „Doppelfreistellung" erfolgen würde (d.h., der andere Staat wendet die Bestimmungen des Abkommens so an, dass die Einkünfte in diesem Staat von der Besteuerung auszunehmen sind oder nur zu einem durch das Abkommen begrenzten Steuersatz besteuert werden können) oder

2. eine „Vorzugsbesteuerung" für Nichtansässige gewährt wird (d.h., die Einkünfte sind in dem anderen Staat nur deshalb nicht steuerpflichtig, weil sie von einer Person bezogen werden, die in diesem Staat nicht auf Grund ihres Wohnsitzes, ständigen Aufenthalts, des Ortes ihrer Geschäftsleitung, des Sitzes oder eines ähnlichen Merkmals unbeschränkt steuerpflichtig ist).

Nr. 2 gilt nicht für Dividenden, die nach einem DBA von der Bemessungsgrundlage der deutschen Steuer auszunehmen sind, es sei denn, die Dividenden sind bei der Ermittlung des Gewinns der ausschüttenden Gesellschaft abgezogen worden. Bestimmungen eines Abkommens zur Vermeidung der Doppelbesteuerung, die die Freistellung von Einkünften in einem weitergehenden Umfang einschränken, wie z.B. § 50d Abs. 8 EStG oder § 20 Abs. 2 AStG, bleiben unberührt.

---

1) Vgl. hierzu auch BMF v. 24.1.2012, IV B 3–5 2411/07/10016, BStBl I 2012, 171.
2) Vgl. IP/10/298 v. 18.3.2010, 2007/4435.
3) EuGH v. 12.9.2006, C196/04, Slg. 2006, I 7995.
4) Vgl. EU-Beitreibungsgesetz, BR-Drucksache 676/11.
5) Vgl. auch BMF v. 24.1.2012, IV B 3 – S 2411/07/10016, BStBl I 2012, 171.

Der BFH hält die Regelung des § 50d Abs. 9 Satz 1 Nr. 2 EStG als sog. „treaty override" für nicht verfassungskonform und hat deshalb das BVerfG angerufen.[1)] So geht der BFH davon aus, dass die Regelung des § 50d Abs. 9 Satz 1 Nr. 2 Satz 1 EStG gegen bindendes Völkervertragsrecht als materielle Gestaltungsschranke verstößt. Dies laufe ohne tragfähigen Rechtfertigungsgrund der in Art. 25 GG niedergelegten Wertentscheidung des Grundgesetzes zum Vorrang der allgemeinen Regeln des Völkerrechts zuwider. Der BFH sieht dadurch eine Verletzung des in Art. 2 Abs. 1 i.V.m. Art. 20 Abs. 3 GG gewährleisteten subjektiven Grundrechts auf Einhaltung der verfassungsmäßigen Ordnung und damit auch des sog. Gesetzesvorbehalts gegeben. Weiterhin widerspreche die Vorschrift dem allgemeinen Gleichheitsgebot des Art. 3 GG. Der BFH ist zudem davon überzeugt, dass die rückwirkende Geltung der Vorschrift des § 50d Abs. 9 Satz 3 EStG, in der die parallele Anwendbarkeit von § 50d Abs. 8 EStG normiert ist, dem verfassungsrechtlich gewährten Vertrauensschutzgebot und damit dem Rechtsstaatsgebot des Art. 20 Abs. 3 GG nicht standhält.

Im Hinblick auf die abkommensrechtliche Einordnung von Sondervergütungen einer Personengesellschaft ist die Regelung des § 50d Abs. 10 EStG relevant. Die Regelung wurde mit dem AmtshilfeRLUmsG vom 26.6.2013 mit Wirkung für alle noch nicht bestandskräftigen Veranlagungen neu gefasst.[2)] Gemäß der Neufassung gelten Sondervergütungen abkommensrechtlich als Unternehmensgewinne, wenn das jeweilige DBA keine ausdrückliche Regelung für deren abkommensrechtliche Einordnung (z.B. DBA Schweiz oder Österreich) enthält. Hierbei ist die Vergütung ungeachtet der abkommensrechtlichen Zuordnung von Vermögenswerten derjenigen Betriebsstätte zuzurechnen, der der Aufwand für die der Vergütung zu Grunde liegende Leistung zuzuordnen ist. Sofern der andere Staat die Sondervergütung ebenfalls besteuert, da er keine Zuordnung zu den Unternehmensgewinnen vornimmt, sieht § 50d Abs. 10 Satz 5 EStG eine Anrechnung der auf die Sondervergütung anteilig entfallenden ausländischen Steuer vor.

Das Ziel der Regelung ist es somit, sowohl Sondervergütungen eines inländischen als auch eines ausländischen Gesellschafters einer inländischen Personengesellschaft im Inland der Besteuerung zu unterwerfen. Diese Auffassung vertritt auch das BMF im Erlass zur Anwendung der DBA auf Personengesellschaften.[3)] Im Falle eines ausländischen Gesellschafters einer inländischen Personengesellschaft lässt die Finanzverwaltung den Abzug von Refinanzierungszinsen, die im Zusammenhang mit der Gewährung eines Darlehens durch den Gesellschafter an die Personengesellschaft stehen, jedoch nur unter Anwendung von § 50d Abs. 10 EStG zu, sofern auch das Darlehen an die Personengesellschaft verzinslich ist. Bei einer teilentgeltlichen Darlehensüberlassung an die Personengesellschaften wird der Abzug etwaiger Refinanzierungszinsen entsprechend nur für den entgeltlichen Teil zugelassen.[4)]

Die Regelung des § 50d Abs. 10 EStG erfasst zwar grundsätzlich gleichermaßen auch Sondervergütungen des im Inland ansässigen Gesellschafters einer ausländischen Personengesellschaft, so dass diese Sondervergütungen abkommensrechtlich den Unternehmensgewinnen zugeordnet werden. Es ist hier jedoch zusätzlich die Regelung des § 50d Abs. 9 EStG zu beachten, die regelmäßig zur Versagung der Freistellung führt, falls der ausländische Staat diese Einkünfte auf Grund dessen innerstaatlicher Abkommensauslegung nicht oder nur zu einem durch das DBA begrenzten Steuersatz besteuert.[5)]

---

1) Vgl. BFH v. 20.8.2014, I R 86/13, BStBl II 2015, 18, Az. beim BVerfG: 2 BvL 21/14.
2) Gesetz zur Umsetzung der Amtshilferichtlinie sowie zur Änderung steuerlicher Vorschriften v. 26.6.2013, BGBl. I 2013, 1809.
3) Vgl. BMF v. 26.9.2014, IV B 5 - S 1300/09/10003, BStBl I 2014, 1258, Tz. 5.1.1.
4) Vgl. BMF v. 26.9.2014, IV B 5 - S 1300/09/10003, BStBl I 2014, 1258, Tz. 5.1.1 sowie Tz. 5.1.2, Beispiel 2.
5) Vgl. BMF v. 26.9.2014, IV B 5 - S 1300/09/10003, BStBl I 2014, 1258, Tz. 5.1.2, Beispiel 4 sowie Tz. 5.1.3.2.

Die Neufassung des § 50d Abs. 10 EStG im AmtshilfeRLUmsG vom 26.6.2013 erfolgte in Reaktion auf ein Urteil des BFH zur Vorgängerregelung im JStG 2009, die bereits eine abkommensrechtliche Zuordnung von Sondervergütungen zu den Unternehmensgewinnen vorsah. Nach Auffassung des BFH habe Deutschland ungeachtet der in § 50d Abs. 10 EStG angeordneten Einordnung als Unternehmensgewinne kein Besteuerungsrecht, wenn die Sondervergütungen nach den abkommensrechtlichen Zuordnungskriterien keiner deutschen Betriebsstätte zuzuordnen sind.[1] Denn die für die Zurechnung maßgeblichen Verursachungs- und Veranlassungsgesichtspunkte orientieren sich nach Auffassung des BFH an dem wirtschaftlich Verwirklichten und stimmten insoweit mit den Zurechnungsmaßstäben der Betriebsstättenvorbehalte in den anderen Verteilungsnormen überein. Somit verbleibe es ungeachtet § 50d Abs. 10 EStG bei den allgemeinen Zurechnungserfordernissen des jeweiligen DBA und es beantworte sich die Zurechnungsfrage allein unter autonomer Abkommensauslegung. Es erscheint daher womöglich immer noch zumindest als fraglich, ob die gegenwärtige Fassung des § 50d Abs. 10 EStG auf Basis des AmtshilfeRLUmsG vom 26.6.2013 an dieser Rechtsfolge etwas ändert. So sieht die gegenwärtige Fassung des § 50d Abs. 10 EStG zwar nun weitergehend eine Zuordnung der Vergütung zur jeweiligen Betriebsstätte vor, jedoch kann sich dies auf die abkommensrechtliche Zuordnung der zu Grunde liegenden Vermögenswerte nicht auswirken. Die abkommensrechtliche Zuordnung von Vermögenswerten bestimmt sich allein nach der tatsächlich-funktionalen Sichtweise, welche erfordert, dass der Vermögenswert aus Sicht der Betriebsstätte einen Aktivposten bildet.

Der BFH hält die Regelung des § 50d Abs. 10 EStG als sog. „treaty override" für nicht verfassungskonform und hat deshalb eine Entscheidung des BVerfG beantragt.[2] So verstoße die Regelung ohne tragfähigen Rechtfertigungsgrund gegen bindendes Völkervertragsrecht als materielle Gestaltungsschranke und laufe damit der in Art. 25 GG niedergelegten Wertentscheidung des Grundgesetzes zum Vorrang der allgemeinen Regeln des Völkerrechts zuwider. Dadurch liege eine Verletzung des in Art. 2 Abs. 1 i.V.m. Art. 20 Abs. 3 GG gewährleisteten subjektiven Grundrechts auf Einhaltung der verfassungsmäßigen Ordnung und damit auch des sog. Gesetzesvorbehalts vor. Ferner hält der BFH die Anwendungsvorschriften zu § 50d Abs. 10 EStG wegen Verstoßes gegen das Rückwirkungsverbot für verfassungswidrig.

dd) Aufbau und Systematik von DBA

278 Nachfolgend wird Aufbau und Systematik eines DBA kurz erläutert. Dabei wird dem MA der OECD gefolgt, welches in der deutschen Abkommenspraxis i.d.R. zu Grunde gelegt wird. Weiterhin hat das BMF zwischenzeitlich eine sog. „Verhandlungsgrundlage" für DBA veröffentlicht, die im Grundaufbau auch dem OECD-MA entspricht.[3]

Die ersten Artikel eines DBA regeln den sachlichen Geltungsbereich (gebietliche Erstreckung und betroffene Steuern – stets nur direkte Steuern) und den persönlichen Geltungsbereich (wer als natürliche oder juristische Person unter den Abkommensschutz fällt. Personengesellschaften sind i.d.R. nicht erfasst, sondern ggf. nur deren Gesellschafter bei Ansässigkeit in einem betreffenden Staat).

Dabei setzt der Abkommensschutz bei den Personen an, die in einem der beiden Vertragsstaaten ansässig sind. Dieser Vertragsstaat wird als „Wohnsitzstaat", der andere Vertragsstaat aus dem das Einkommen stammt, wird als „Quellenstaat" bezeichnet.

Mit diesem Regelungssystem sprechen die Abkommen die Vertragsstaaten in wechselseitiger Rolle an. Das heißt, jeder ist Wohnsitzstaat für die in seinem Gebiet ansässi-

---

1) Vgl. BFH v. 8.9.2010, I R 74/09, DStR 2010, 2450.
2) Vgl. BFH v. 11.12.2013, I R 4/13, DStR 2014, 306, Az. beim BVerfG: 2 BvL 15/14.
3) BMF, Verhandlungsgrundlage für DBA v. 17.4.2013, IV B 2 – S 1301/10/10022 – 32, IStR-Beihefter 10/2013, 46; IStR 2013, 440.

gen Stpfl. und gleichzeitig „Quellenstaat" für die im anderen Vertragsstaat ansässigen Personen (soweit entsprechendes Einkommen bezogen wird). Drittstaateneinkünfte sind grundsätzlich nicht Regelungsgegenstand. Für diese behält grundsätzlich der Wohnsitzstaat das Besteuerungsrecht. Es ist insoweit jedoch weiterhin zu prüfen, ob aus dem DBA des Wohnsitzstaats mit dem betreffenden Drittstaat eine abweichende Zuordnung des Besteuerungsrechts resultiert.

Der Wohnsitzstaat ist sowohl für die Zuordnung der subjektiven Schutzberechtigung als auch für die Steuerberechtigungszuordnung wichtiger Bezugspunkt. Es ist daher von zentraler Bedeutung, den Wohnsitzstaat als solchen zu identifizieren.

Entsprechend regeln die dem OECD-MA nachgebildeten DBA in Art. 4 explizit, wer als eine im Vertragsstaat ansässige Person gilt. Art. 4 Abs. 2 enthält i.d.R. Bestimmungen für den Fall des Doppelwohnsitzes, welcher der beiden Staaten in diesem Fall als Ansässigkeitsstaat gilt.

Davon ausgehend setzen die weiteren Abkommensregeln in Anlehnung an das OECD-MA bei der Steuerberechtigung des Wohnsitzstaats an und grenzen davon aus, was der andere Staat als Quellenstaat noch besteuern darf.[1]

Des Weiteren regeln die DBA Anwendungszeitraum, Verständigungsverfahren, Meistbegünstigungsklauseln etc.

ee) Besteuerung im Quellenstaat/Zuordnungsnormen

279 Mittelpunkt der DBA-Regelungen ist die Zuordnung resp. Eingrenzung der Besteuerung im Quellenstaat. Für diese bestehen folgende Möglichkeiten:

(1) Quellenbesteuerung ohne Begrenzung

280 Die auch als „Belegenheitsprinzip" gekennzeichnete Respektierung der Besteuerung des Quellenstaats erfolgt z.B. bzgl. unbeweglichen Vermögens und seiner Erträge. Das Besteuerungsrecht wird dem Staat zugewiesen, in dem das Vermögen liegt. Dies kommt durch die Formulierung in Art. 6 OECD-MA zum Ausdruck: „Einkünfte aus unbeweglichem Vermögen können (nur) in dem Vertragsstaat besteuert werden, in dem dieses Vermögen liegt". Insoweit ergeben sich keinerlei Beschränkungen für den Quellenstaat.

281 Dies gilt grundsätzlich in gleicher Weise im Rahmen des Art. 7 OECD-MA, „Unternehmensgewinne". Auch hier kann der Quellenstaat ohne Beschränkung besteuern, soweit in seinem Gebiet eine Betriebsstätte (Art. 5 OECD-MA) unterhalten wird und die Erträge dieser Betriebsstätte zuzuordnen sind. Es sei an dieser Stelle darauf hingewiesen, dass der Betriebsstättenbegriff eine zentrale Rolle für die Unternehmensbesteuerung spielt, und dass die Definition der Betriebsstätte nach DBA nicht mit der des § 12 AO identisch ist. Die Definition nach § 12 AO ist weiter gefasst, die nach DBA ist eingeschränkt (vgl. Warenlager, Einkaufstellen, Bauausführungen, Forschungs- und Entwicklungseinrichtungen, umfasst aber andererseits auch den abhängigen Vertreter mit Abschlussvollmacht – Hinweis auf § 13 AO). Wird eine Betriebsstätte im Quellenstaat bejaht, so liegt das volle Besteuerungsrecht für die Gewinne, die der Betriebsstätte zuzurechnen sind, bei dem Quellenstaat.[2]

Zu beachten ist, dass der Katalog der Einkunftsarten in den DBA sich von dem Einkunftsartenkatalog des innerstaatlichen Rechts unterscheidet und dass nach der

---

1) Zu den Strukturprinzipien eines DBA vgl. Strunk/Kaminski in Strunk/Kaminski/Köhler, Einf. OECD-MA Rz. 1 ff.; Frotscher, Internationales Steuerrecht, 3. Aufl., 96 ff. m.w.N.
2) Vgl. Betriebsstättengewinnermittlung und den neu gefassten § 1 AStG → 4 Rz. 351 ff.

Rechtsprechung des BFH[1] die nationalen Einkunftsarten gegenüber den „DBA-Einkunftsarten" (diese werden auch als Verteilungsnormen bezeichnet) zurücktreten. Die spezielleren Artikel der DBA (insbesondere Zinsen, Lizenzen und Dividenden) gehen – so sich aus den DBA nichts anderes ergibt – den allgemeineren Artikeln (z.B. Betriebsstättengewinne) vor. Etwas anderes soll nur dann gelten, wenn derartige Erträge und deren zu Grunde liegende Vermögenswerte tatsächlich – also funktional – (nicht zivilrechtlich!) der ausländischen Betriebsstätte (oder Personengesellschaft) zuzuordnen sind. Die zivilrechtliche Zuordnung besitzt für die Besteuerung keine Bedeutung. Diese Abweichung von der Einheit der Rechtsordnung soll selbst dann gelten, wenn sich der Vermögensgegenstand im Gesamthandsvermögen einer ausländischen Gesellschaft befindet. Die Zuordnung erfolgt bislang grundsätzlich entsprechend dem in Tz. 8.02 des BMF-Anwendungsschreibens zum AStG[2] entwickelten funktionalen Zusammenhang. Danach werden z.B. Beteiligungen an Kapitalgesellschaften nicht mehr der ausländischen Betriebsstätte, sondern dem Inländer zugerechnet, falls die Beteiligungen nach der Verkehrsauffassung einen Bereich mit eigenständigem wirtschaftlichem Schwergewicht darstellen.[3] Nach der Ergänzung des § 1 AStG durch das AmtshilfeRLUmsG vom 26.6.2013, wonach die Betriebsstätte nunmehr für steuerliche Zwecke grundsätzlich weitestgehend wie ein eigenständiges und unabhängiges Unternehmen unter entsprechender Anwendung des Fremdvergleichsgrundsatzes behandelt wird, könnte sich jedoch künftig eine weitergehende Zuordnung von Vermögensgegenständen zu einer ausländischen Betriebsstätte ergeben.

Bei den Einkünften aus nichtselbständiger Arbeit gilt als Grundsatz das „Arbeitsortprinzip", wonach die Besteuerung dem Staat zusteht, in dem die Arbeit ausgeübt wird.[4] Von diesem Grundsatz macht Art. 15 OECD-MA allerdings einige Ausnahmen, die zu beachten sind (insbesondere: wenn die Vergütung nicht gegen die lokale Bemessungsgrundlage im Ausübungsstaat des zahlenden Unternehmens abgezogen wird, „springt" das Besteuerungsrecht auf den Ausübungsstaat grundsätzlich nur bei einer Verweildauer von mehr als 183 Tagen über).

(2) Begrenzung des Besteuerungsrechts (der Steuersätze)

282 Die Begrenzung der Steuer im Quellenstaat der Höhe nach soll grundsätzlich dann erfolgen, wenn im Quellenstaat keine nachhaltige wirtschaftliche Verankerung durch die dort erzielten Einkünfte vorliegt.

Steuersatzbegrenzungen treten entsprechend insbesondere bei Dividenden, Zinsen und Lizenzgebühren auf. So ist nach OECD-MA vorgesehen, dass Dividenden im Quellenstaat gewöhnlich nur noch bis 15 %, Zinsen nur bis 10 % des Bruttobetrages besteuert werden(in der Anlage zu dieser Darstellung → 4 Rz. 408 findet sich eine Übersicht über die in der Praxis besonders relevanten Quellensteuern). Soweit allerdings eine stärkere Verknüpfung mit der lokalen Einkunftsquelle angenommen wird, spiegelt sich dies häufig auch in höheren zulässigen Abzugssätzen bzw. gar keiner Begrenzung. Von praktischer Relevanz sind z.B. hybride Finanzierungsformen, die zwar grundsätzlich Fremdkapitalcharakter haben (also die Vergütung zivilrechtlich als Zins gilt), die jedoch auf Grund ihrer insbesondere gewinnabhängigen Ausgestaltung einem stärker „verwurzelten" Eigenkapitalinstrument angenähert sind (z.B. typisch stille Gesellschaften, Genussscheine etc.).

---

1) Vgl. BFH v. 30.8.1995, I R 112/94, BStBl II 1996, 563; vgl. hierzu Henkel in Becker/Höppner/Grotherr/Kroppen, Teil I, Abschn. 4, Rz. 73.
2) BMF v. 14.5.2004, IV B 4 – S 1340 – 11/04, BStBl I 2004 Sondernummer 1/2004.
3) Vgl. hierzu auch BMF v. 24.12.1999 (VWG Betriebsstätte), IV B 4 – S 1300 – 111/99, BStBl I 1999, 1076, Tz. 2.4.
4) Kamphaus/Büscher in Strunk/Kaminski/Köhler, Art. 15 OECD-MA Rz. 61 ff.

Nach dem OECD-MA sollen Lizenzen grundsätzlich gar keiner Quellenbesteuerung unterliegen und gehören insofern unter die nachfolgende Fallgruppe. In der Realität bestehen allerdings viele DBA, die ein Quellenbesteuerungsrecht vorsehen.

Weitgehende Absenkungen können sich insbes. auf Grund von EU-Richtlinien (Mutter-Tochter-Richtlinie, Zins- und Lizenzgebührenrichtlinie; vgl. hierzu → 4 Rz. 289 ff. und 295 ff.) sowie auf Grund der EuGH-Rechtsprechung (Fall Gerritse) ergeben.[1]

(3) Keine Quellenstaatsbesteuerung

Nach dem OECD-MA sollen z.B. Veräußerungsgewinne aus Anteilen – soweit keine Grundstücksgesellschaft – (Art. 13), Gewinne aus Seeschiffen und Luftfahrt (Art. 8), Ruhegelder und einige andere Arten von Einkünften von der Besteuerung im Quellenstaat ganz freigestellt werden. Hier kommt wieder das Prinzip der wirtschaftlichen Verbundenheit zum Ausdruck – je schwächer die Verknüpfung des Einkommensbezugs zum Quellenstaat, desto eher kommt keine Quellenstaatsbesteuerung zur Anwendung. **283**

ff) Besteuerung im Wohnsitzstaat

Das zweite Kernstück der DBA neben den zuvor skizzierten Zuordnungsnormen (bzw. Verteilungsnormen) – inklusive Regelungen zur Begrenzung der Besteuerung im Quellenstaat – bilden die Vorschriften darüber, wie der Wohnsitzstaat die Doppelbesteuerung vermeidet („Methodenartikel"). **284**

Dies ist immer dann von besonderer Bedeutung, wenn die Quellenstaatsbesteuerung durch das DBA nicht oder nicht vollständig beseitigt wurde. Die in diesen Fällen erforderliche Minderung bzw. Vermeidung der Doppelbesteuerung wird dabei durch zwei unterschiedliche Prinzipien erreicht. Zum einen kann die einzelne Verteilungsnorm bereits zugleich das Besteuerungsrecht abschließend zuordnen. Dies geschieht durch die Formulierung „können nur [in dem einen (regelmäßig Quellen-)Staat besteuert werden]". Der andere Staat verliert damit sein Besteuerungsrecht, er muss diese Einkünfte freistellen. Spricht die Verteilungsnorm dagegen nur von „können", dann besteht grundsätzlich ein konkurrierendes Besteuerungsrecht. In diesem Fall muss zusätzlich eine Regelung zur Vermeidung der Doppelbesteuerung im Methodenartikel erfolgen („Methoden zur Vermeidung der Doppelbesteuerung" – Art. 23 DBA OECD-MA).

Hiernach hat der Wohnsitzstaat zwei Methoden zur Wahl:

- die Steuerbefreiungsmethode („Freistellungsmethode") und
- die Steueranrechnungsmethode,

wobei die deutschen DBA – nach Einkünften differenzierend – beide Methoden vorsehen. Allerdings variiert Art und Umfang der Anwendung der Freistellungsmethode des Weiteren stark nach dem betreffenden Staat, mit dem das DBA abgeschlossen wurde, und dem Alter des DBA (Tendenz: Anwendung der Freistellungsmethode in jüngeren DBA als klar überwiegende Methode rückläufig).

(1) Freistellungsmethode

Die Einkünfte, die im Belegenheits-/Quellenstaat unbeschränkt besteuert werden können, sind in Deutschland grundsätzlich von der Steuer befreit. **285**

Die Freistellung von Einkünften wird jedoch je nach DBA häufig an zusätzliche Voraussetzungen geknüpft, mit denen insbesondere verhindert werden soll, dass infolge

---

1) EuGH v. 12.6.2001, C-234/01, HFR 2003, 918.

der Anwendung des DBA eine sehr niedrige Besteuerung oder eine Nichtbesteuerung von Einkünften erfolgt.[1] So gewähren viele DBA – je nach DBA einkunftsbezogen oder für sämtliche freizustellenden Einkunftsarten – die Anwendung der Freistellungsmethode gem. einer sog. „Subject-to-tax"-Klausel nur, soweit im anderen Vertragsstaat eine Besteuerung dieser Einkünfte erfolgt (vgl. z.B. Art. 23 Abs. 1 Buchst. a DBA-GB). Manche DBA mit „Niedrigsteuerstaaten" sehen generell keine Freistellung vor.[2]

Ferner enthalten einige DBA sog. „Remittance-Base-Klauseln". Diese Klausel basiert darauf, dass einige Staaten (z.B. Großbritannien) nach dem nationalen Steuerrecht bei Vorliegen spezifischer Voraussetzungen eine Besteuerung von Einkünften nur dann vornehmen, wenn die Einkünfte auch tatsächlich in den betreffenden Staat überwiesen werden (sog. „Remittance-Besteuerung"). Entsprechend wird in den solche Staaten betreffenden DBA die Freistellung oder eine Steuerermäßigung durch einen Vertragsstaat nur dann gewährt, wenn die Einkünfte in den anderen Vertragsstaat überwiesen und dort der Besteuerung unterworfen werden (vgl. z.B. Art. 24 DBA-GB).

Im Ergebnis sehen derartige Klauseln die Versagung der Freistellungsmethode vor, falls Einkünfte nach dem jeweiligen nationalen Steuerrecht eines Vertragsstaates unversteuert bleiben würden. In Abgrenzung hiervon enthalten einige DBA des Weiteren sog. „Switch-Over-Klauseln", die den Wechsel von der Freistellungsmethode zur Anrechnungsmethode vorsehen, falls ungeachtet des DBA eine Doppel- oder Nichtbesteuerung von Einkünften vorliegt, die ihre Ursache in Qualifikations- oder Zurechnungskonflikten bei der Anwendung der Verteilungsnormen durch die beiden Vertragsstaaten hat (vgl. z.B. Art. 28 Abs. 1 Buchst. a DBA-Österreich).

Daneben sind in vielen DBA sog. „Aktivitätsklauseln" für Betriebsstätten und Kapitalgesellschaften beachtlich (häufig nur in Protokollen geregelt, die jedoch gleichwohl uneingeschränkt als Teil des DBA Wirkung entfalten und insoweit Gegenteiliges zum eigentlichen Methodenartikel regeln), die gleichfalls die Freistellung versagen und stattdessen die Anwendung der Anrechnungsmethode vorsehen, falls – je nach Wortlaut der Klausel – in der Betriebsstätte resp. Kapitalgesellschaft keine sog. aktive Tätigkeit ausgeübt wird bzw. Einkünfte erzielt werden.

Die Freistellung kann darüber hinaus auch nach dem nationalen deutschen Steuerrecht im Wege des „treaty override" eingeschränkt werden. Hier sind insbesondere die Subject-to-tax-Klauseln in § 50d Abs. 8 und Abs. 9 Nr. 2 EStG, sowie die Switch-Over-Klausel in § 50d Abs. 9 Nr. 1 EStG zu nennen. Auch aus dem Aktivitätsvorbehalt des § 20 Abs. 2 AStG kann ggf. ein Wechsel von der Freistellungs- zur Anrechnungsmethode im Fall von niedrig besteuerten, passiven Einkünften ausländischer Betriebsstätten oder Personengesellschaften resultieren.

Darüber hinaus ist für natürliche Personen der Progressionsvorbehalt gem. § 32b Abs. 1 Nr. 3 EStG zu beachten, wodurch – vorbehaltlich des § 32b Abs. 1 Satz 2 EStG für positive und negative Einkünfte aus bestimmten innerhalb der EU bzw. des EWR verwirklichten Tatbeständen (→ 4 Rz. 329) – die nach DBA steuerbefreiten Einkunftsteile bei der Ermittlung des Steuersatzes mit in die Bemessungsgrundlage für die Festsetzung der Steuern einfließen.[3]

Obwohl Dividenden grundsätzlich nicht zu den freizustellenden Einkünften zählen, sehen viele deutsche DBA dennoch für sog. Schachteldividenden (Bezug durch deut-

---

1) Vgl. im einzelnen BMF v. 20.6.2013, IV B 2 – S 1300/09/10006, BStBl I 2013, 980.
2) Vgl. DBA Deutschland – Vereinigte Arabische Emirate.
3) Zur Ermittlung des besonderen Steuersatzes werden die steuerfreien ausländischen Einkünfte dem zu versteuernden Einkommen zur Ermittlung des Steuersatzeinkommens hinzugerechnet/ bei Verlusten abgezogen, wobei die darin enthaltenen außerordentlichen Einkünfte mit einem Fünftel zu berücksichtigen sind, § 32b Abs. 2 Nr. 2 EStG.

sche Kapitalgesellschaft, Erfüllung von Mindestbeteiligungsquoten) eine Befreiung vor (da auch hierauf § 8b Abs. 5 KStG anwendbar ist, reduziert sich die effektive Befreiung auf 95 %). Darüber hinaus ist zu beachten, dass Dividenden auf Grund § 8b Abs. 1 i.V.m. Abs. 3 und 4 KStG bei Erfüllung der Mindestbeteiligung von 10 % gleichfalls unilateral körperschaftsteuerbefreit (zu effektiv 95 %) sind, ohne dass es noch auf die Regelungen in einem DBA ankäme. Anders dagegen ist es u.U. für Zwecke der Gewerbesteuer (§ 8 Nr. 5 GewStG). Da die Beteiligungsgrenze für die gewerbesteuerliche Freistellung von Dividendenerträgen seit dem Erhebungszeitraum 2008 von 10 % auf 15 % (mit Ausnahme von Dividenden aus EU-Beteiligungen) erhöht wurde, kommt einer im Vergleich dazu niedrigeren abkommensrechtlichen Beteiligungsgrenze für Zwecke des Schachtelprivilegs künftig eine größere Bedeutung zu (die Beteiligungsgrenze des § 9 Nr. 8 GewStG wurde gleichfalls auf 15 % erhöht). Die effektive Wirkung der DBA-Schachtelprivilegien ist damit im Ergebnis auf Sonderfälle bei der Gewerbesteuer und zum anderen auf Abweichungen bei der Dividendendefinition reduziert (so qualifizieren sich in einigen Fällen unter den DBA bestimmte hybride Instrumente als Dividende, die aber nicht zugleich von § 8b Abs. 1 KStG erfasst werden oder umgekehrt z.B. für bestimmte Fälle von Eigenkapital-Genussrechten bis VZ 2014).

(2) Steueranrechnungsmethode

286 Das Einkommen und Vermögen, das nach Maßgabe der Verteilungs- bzw. Zuordnungsnormen der Höhe nach begrenzt im Quellenstaat besteuert werden darf, wird nach allgemeinen Grundsätzen im Wohnsitzstaat der Besteuerung unterworfen. Zur Vermeidung einer Doppelbesteuerung wird die im Quellenstaat erhobene Steuer jedoch unter bestimmten Voraussetzungen auf die im Wohnsitzstaat auf die vom Einkommen oder Vermögen erhobene Steuer angerechnet. Vgl. dazu die Ausführungen zu „unilaterale Maßnahmen" (§ 34c EStG und § 26 KStG) (→ **4** Rz. 269). Der Quellenstaat kann insofern nur in bestimmten Umfang sein Besteuerungsrecht durchsetzen, während der Wohnsitzstaat grundsätzlich das „volle" Besteuerungsrecht besitzt. Da dieser aber die Anrechnung der gem. DBA zulässigen ausländischen Vorbelastung zulassen muss, ist sein effektives Besteuerungsrecht – zumindest der Höhe nach – gleichfalls eingeschränkt.

gg) Weitere Aspekte

287 Neben der Definition über Abkommensberechtigung, Zuordnungsnormen sowie Methodenwahl zur Vermeidung der Doppelbesteuerung enthält das DBA in weiteren Artikeln das Rechtsklärungsverfahren, wozu auch das Verständigungsverfahren gehört, sowie weiterhin Bestimmungen über zwischenstaatliche Amts- und Rechtshilfe sowie Regelungen zum steuerlichen Diskriminierungsverbot.

Für die Praxis besonders bedeutsam sind nicht zuletzt die Regelungen über die zwischenstaatliche Amts- und Rechtshilfe. In jüngerer Zeit hat der BFH aber auch in eindrucksvoller Weise die Diskriminierungsverbote zur Geltung gebracht.[1] In diesem Zusammenhang sei insbesondere auf das in 2011 ergangene BFH-Urteil zur gewerbesteuerlichen Organschaft zwischen einem in Großbritannien ansässigen Organträger und einer inländischen Organgesellschaft hingewiesen.[2] Unter Umständen können auch andere Vereinbarungen auf die Besteuerung in ähnlicher Weise ausstrahlen. Dies wird z.B. bzgl. des US-Deutschen Freundschaftsabkommens diskutiert.[3]

Der Bedarf nach zwischenstaatlichem Auskunftsaustausch ergibt sich u.a. aus der Tatsache, dass die Hoheitsgewalt eines Staates sich nur auf sein Gebiet beschränkt und

---

1) BFH v. 10.3.2005, II R 51/03, BFH/NV 2005, 1500; v. 17.11.2004, I R 20/04, BFH/NV 2005, 892.
2) Vgl. BFH v. 9.2.2011, I R 54, 55/10, DStR 2011, 762; → **4** Rz. 333.
3) BGBl. II 1956, 487.

er somit Steuerbelange im Ausland nicht erforschen oder durchsetzen kann. Zum anderen ergibt sich die Notwendigkeit aus dem Regelungsinhalt der DBA selbst, da die von den Vertragsstaaten zu gewährenden Steuererleichterungen z.T. von den Gegebenheiten im jeweils anderen Staat abhängen. Auf Grund der ständig enger werdenden internationalen Wirtschaftsbeziehungen sollen unter dem Blickwinkel der steuerlichen Wettbewerbsgleichheit durch internationale Zusammenarbeit gleichmäßige Steuerbedingungen geschaffen werden sowie die Erlangung ungerechtfertigter Steuervorteile aus „grenzüberschreitenden" Beziehungen verhindert werden.

Zweck des Auskunftsaustausches ist die Verwirklichung des internationalen Steuervertragsrechts und des innerstaatlichen Steuerrechts. Die deutschen DBA enthalten dabei die sog. „kleine Auskunftsklausel" (insbes. Dritte Welt, aber auch DBA-Japan) oder die sog. „große Auskunftsklausel".[1]

So stehen nach dem OECD-MA an erster Stelle des Auskunftszwecks die Durchführung des Abkommens und an zweiter Stelle die Durchführung des innerstaatlichen Rechts.

Die „große Auskunftsklausel" umfasst beide Zwecke. Innerhalb eines bestimmten Rahmens deckt der Auskunftsaustausch alle Tatsachen ab, die nach dem Recht des auskunftsinteressierten Staates für die Entstehung und Höhe der Steuerschuld maßgebend sind. Die „kleine Auskunftsklausel" beschränkt sich auf Tatsachen und Verhältnisse, die auf die Abkommensverwirklichung abstellen.

Auf Grund der „kleinen Auskunftsklausel" kann ein Vertragsstaat als Quellenstaat hinsichtlich der Regelungen über die Aufhebung, Einschränkung oder Steuersatzbegrenzung Auskunft verlangen, ob z.B. die die Abkommenserleichterung beanspruchende Person im anderen Staat ansässig ist, also überhaupt abkommensberechtigt ist. Im Gegensatz dazu ist der Wohnsitzstaat auf Grund der kleinen Auskunftsklausel nicht berechtigt, im Zusammenhang mit der Steuerbefreiung unter Progressionsvorbehalt die Höhe der Auslandseinkünfte zu erfragen. Diese sind für die Bemessung des Steuersatzes für das übrige Einkommen von Bedeutung. Die Ermittlung des Steuersatzes wird jedoch nicht vom Abkommen auferlegt, sondern folgt dem innerstaatlichen Recht des Wohnsitzstaats.[2]

Weiterhin wurden mit einer großen Anzahl von Staaten als Folge des „Steuerhinterziehungsbekämpfungsgesetzes"[3] Auskunftsabkommen bzgl. des Informationsaustausches in Steuersachen abgeschlossen, so z.B. mit dem Fürstentum Liechtenstein.

Neben den Vereinbarungen in den DBA sei zusätzlich auf die Regelungen über zwischenstaatliche Amtshilfe (§ 117 AO), EU-Amtshilfegesetz (vollständig neugefasst gem. AmtshilfeRLUmsG vom 26.6.2013)[4] und EG-Beitreibungsgesetz[5] hingewiesen, die u.a. einen weitergehenden Auskunftsaustausch als bestimmte DBA-Regelungen zulassen.

---

1) Zum Umfang zwischenstaatlichen Auskunftsverkehrs vgl. Baranowski, Besteuerung von Auslandsbeziehungen, Rz. 633 ff. m.w.N.; Frotscher, Internationales Steuerrecht, 3. Aufl., 316 ff., Jacobs in Strunk/Kaminski/Köhler, AStG/DBA, Art. 26 OECD-MA Rz. 100 ff.
2) Näheres zum Amtshilfeverkehr enthält das BMF v. 25.1.2006, IV B 1 – S 1320 – 11/06, BStBl I 2006, 26.
3) Gesetz zur Bekämpfung der Steuerhinterziehung (Steuerhinterziehungsbekämpfungsgesetz) v. 29.7.2009, BGBl. I 2009, 2302.
4) Gesetz zur Umsetzung der Amtshilferichtlinie sowie zur Änderung steuerlicher Vorschriften vom 26.6.2013, BGBl. I 2013, 1809.
5) Vgl. hierzu auch BMF v. 19.1.2004, IV B 4 – S 1320 – 1/04, BStBl I 2004, 66 zur zwischenstaatlichen Amtshilfe bei der Steuererhebung (Beitreibung).

b) EU-Richtlinien

Neben den bilateralen DBA regeln innerhalb der EU zusätzlich Richtlinien in bestimmten Fällen die Vermeidung/Minderung der Doppelbesteuerung. Grundsätzlich sind die Regelungen in das nationale Recht der Mitgliedstaaten zu transformieren und insoweit nicht unmittelbar anwendbares Recht. Soweit dies allerdings nicht termingerecht erfolgt und die Richtlinie insoweit eindeutig und für den Stpfl. nur vorteilhaft ist, kann sich der Stpfl. auch direkt auf die Anwendbarkeit berufen. Nach ständiger Rechtsprechung des EuGH sind EU-Richtlinien in den Mitgliedstaaten unmittelbar geltendes Recht und haben Vorrang vor dem nationalen Recht, falls

288

– der Zeitraum für die Umsetzung der Richtlinie abgelaufen ist,
– die fragliche Vorschrift in der Richtlinie unbedingt und hinreichend genau ist und keinen Raum für eine Entscheidung des Mitgliedstaats lässt,
– der Zweck der Vorschrift genügend klar und präzise ist sowie
– die Richtlinienvorschrift für den einzelnen Bürger Rechte und keine Verpflichtungen begründet.[1]

In Bezug auf die direkten Steuern der Unternehmen sind die drei nachfolgenden Richtlinien relevant.

aa) Mutter-Tochter-Richtlinie

Mit der Mutter-Tochter-Richtlinie[2] vom 23.7.1990, zuletzt geändert am 8.7.2014, sollen Zusammenschlüsse von Gesellschaften verschiedener Mitgliedstaaten zur Schaffung binnenmarktähnlicher Verhältnisse in der Europäischen Gemeinschaft ermöglicht werden. Dazu sollen steuerliche Mehrfachbelastungen im internationalen Unternehmensverbund beseitigt werden.

289

(1) Inhalt der Richtlinie

Der Anwendungsbereich der Mutter-Tochter-Richtlinie umfasst die Europäische Gesellschaft (SE) und die Europäische Genossenschaft (SCE) sowie diejenigen Kapitalgesellschaften in den Rechtsformen der einzelnen Mitgliedstaaten, die in einem separaten Anhang zur Richtlinie aufgeführt sind und der Körperschaftsbesteuerung unterliegen. In Deutschland werden die AG, KGaA, GmbH, der Versicherungsverein auf Gegenseitigkeit, Erwerbs- und Wirtschaftsgenossenschaften, Betriebe gewerblicher Art von juristischen Personen des öffentlichen Rechts und andere nach deutschem Recht gegründete Gesellschaften, die der deutschen Körperschaftsteuer unterliegen, erfasst. Weiterhin ist für deren Anwendung erforderlich, dass eine unmittelbare Beteiligung der Mutter- am Kapital der Tochtergesellschaft i.H.v. mindestens 10 % vorliegt. Schließlich müssen Mutter- und Tochtergesellschaft in verschiedenen Mitgliedstaaten steuerlich ansässig sein und dürfen nicht auf Grund eines mit einem Drittstaat geschlossenen DBA als außerhalb der Union ansässig gelten.

290

Das Recht des Ansässigkeitsstaats, den Gewinn der Tochtergesellschaft der Besteuerung zu unterwerfen, wird von der Mutter-Tochter-Richtlinie nicht berührt. Eine darüber hinausgehende Besteuerung von Gewinnausschüttungen an die Muttergesellschaft soll jedoch dem Grunde nach unterbleiben. Dies wird dadurch umgesetzt, dass die Einbehaltung einer Quellensteuer auf Dividenden, die an Muttergesellschaften in

---

1) EuGH v. 10.7.1964, 6/64, EuGHE 1964, 1251; v. 6.1.1970, 9/10, EuGHE 1970, 825; v. 9.3.1978, 106/77, EuGHE 1984, 1975; v. 26.2.1986, 152/84, EuGHE 1986, 723.
2) Richtlinie 2011/96/EU des Rates v. 30.11.2011 über das gemeinsame Steuersystem der Mutter- und Tochtergesellschaften verschiedener Mitgliedstaaten, ABl.EU 2011 Nr. L 345, 8, zuletzt geändert durch Richtlinie 2014/86/EU des Rates vom 8.7.2014, ABl. Nr. L 219, 40.

anderen Mitgliedstaaten gezahlt werden, nicht zulässig ist. Gleichzeitig obliegt es dem Ansässigkeitsstaat der Muttergesellschaft, die bezogenen Gewinnausschüttungen von der Besteuerung freizustellen, soweit bei der Tochtergesellschaft kein Abzug des Gewinns erfolgt.[1] Eine Besteuerung der Gewinnausschüttung erfolgt jedoch bei der Muttergesellschaft, soweit bei der Tochtergesellschaft ein Abzug des Gewinns erfolgt. Alternativ zur Freistellung kann der Ansässigkeitsstaat der Muttergesellschaft eine indirekte Steueranrechnung hinsichtlich der von der Tochtergesellschaft oder jeglicher Enkelgesellschaft auf diesen Gewinn entrichteten Steuer gewähren. Es wird den Mitgliedstaaten jedoch gestattet, den Abzug der Kosten der Beteiligung an der Tochtergesellschaft vom steuerlichen Gewinn der Muttergesellschaft zu verwehren. Sofern für die Verwaltungskosten eine Pauschale angenommen wird, lässt die Mutter-Tochter-Richtlinie einen Betrag i.H.v. maximal 5 % der von der Tochtergesellschaft ausgeschütteten Gewinne zu.

Mit der Schweiz wurde ein Abkommen umgesetzt, das unter etwas weitergehenden Voraussetzungen gleichfalls eine Absenkung der Kapitalertragsteuer auf null vorsieht.[2] Auf dieser Grundlage sieht Art. 10 Abs. 3 DBA Deutschland-Schweiz in der seit 2012 gültigen Fassung den Verzicht auf die Erhebung einer Quellensteuer auf Dividenden vor, wenn der Empfänger der Dividende eine Kapitalgesellschaft ist, die während eines ununterbrochenen Zeitraums von mindestens zwölf Monaten unmittelbar mit mindestens 10 % am Kapital der ausschüttenden Kapitalgesellschaft beteiligt ist.

(2) Umsetzung der Richtlinie in Deutschland

291 Die Mutter-Tochter-Richtlinie wurde in allen Mitgliedstaaten in nationales Recht umgesetzt. So sieht auch das deutsche körperschaftsteuerliche Beteiligungsprivileg des § 8b Abs. 1 und 5 KStG eine im Ergebnis generelle 95 %-Steuerfreistellung von Dividenden in- und ausländischer Tochtergesellschaften vor. Die Freistellung wird hierbei bei der KSt unabhängig von einer Mindesthaltedauer gewährt, setzt jedoch eine Mindestbeteiligungshöhe von unmittelbar 10 % am Grund- oder Stammkapital der ausschüttenden Gesellschaft zu Beginn des Kalenderjahres voraus. Auf Grund des § 8b Abs. 1 Satz 2 KStG bleiben von ausländischen Kapitalgesellschaften erhaltene Bezüge (Dividenden) bei der Ermittlung des Einkommens indes nur dann bei der Körperschaftsteuer außer Ansatz, wenn sie (im Ausland) das Einkommen der leistenden Körperschaft nicht gemindert haben (d.h., wenn sie nicht von der Bemessungsgrundlage der leistenden Gesellschaft abgezogen worden sind). Im Einzelnen hierzu sowie zu § 8b Abs. 1 Satz 4 KStG → 4 Rz. 307.

Bei der GewSt (§ 9 Nr. 7 GewStG) ist für Zwecke der Freistellung von Dividenden von EU-Tochterkapitalgesellschaften gleichermaßen eine Beteiligung zu Beginn des Erhebungszeitraums i.H.v. mindestens 10 % erforderlich.

§ 43b EStG sieht entsprechend im Fall einer Mindestbeteiligung von 10 % am Kapital der ausschüttenden Gesellschaft die Befreiung von der Kapitalertragsteuer vor, wobei jedoch die Einschränkungen bzw. Anforderungen des § 50d Abs. 1, 2 und 3 EStG zu beachten sind.

Für den Fall der Beteiligung einer ausländischen EU-/EWR-Kapitalgesellschaft an einer inländischen Kapitalgesellschaft mit einer Beteiligungshöhe am Grund- oder

---

1) Vgl. die Ergänzung der Mutter-Tochter-Richtlinie gem. Richtlinie 2014/86/EU des Rates vom 8.7.2014, ABl. Nr. L 219 S. 40, Art. 1a.
2) Vgl. Abkommen zwischen der Europäischen Gemeinschaft und der Schweizerischen Eidgenossenschaft über Regelungen, die den in der Richtlinie 2003/48/EG des Rats im Bereich der Besteuerung von Zinserträgen festgelegten Regelungen gleichwertig sind, ABl.EU 2004 Nr. L 385, 30, Art. 15; vgl. hierzu im Detail Kessler/Eicker/Obser, IStR 2005, 658 ff.

Stammkapital von weniger als 10 % (sog. Streubesitz-Beteiligung) hat der EuGH im Urteil v. 20.10.2011 die Kapitalertragsteuerbelastung von Streubesitz-Dividenden als gemeinschaftsrechtswidrig eingestuft.[1)] Dies wurde damit begründet, dass im Falle einer inländischen Kapitalgesellschaft, die Streubesitz-Dividenden bezieht, auf Grund der Steuerfreistellung des § 8b Abs. 1 KStG und der Anrechnungs- bzw. Erstattungsfähigkeit der auf die Streubesitzdividenden erhobenen Kapitalertragsteuer im Ergebnis keine wirtschaftliche Belastung durch die Kapitalertragsteuer eintritt. Im Falle einer EU-/EWR-Kapitalgesellschaft als Anteilseigner wurde dem gegenüber keine Kapitalertragsteuerentlastung gewährt, was vom EuGH als Verstoß gegen die Kapitalverkehrsfreiheit gewertet wurde. Aus diesem Grund wurde mit Gesetz vom 21.3.2013 geregelt, dass Streubesitzdividenden künftig der Besteuerung zu unterwerfen sind.[2)] Als Folge hieraus wird die in § 8b Abs. 1 KStG vorgesehene Freistellung erst ab einer unmittelbaren Beteiligungshöhe von 10 % am Grund- oder Stammkapital zu Beginn des Kalenderjahres gewährt. Die Regelung gilt für Dividenden, die nach dem 28.2.2013 zufließen.

bb) Fusionsrichtlinie

Ziel der Fusionsrichtlinie[3)] ist es, den Unternehmen im europäischen Binnenmarkt eine steuerneutrale Umstrukturierung zu ermöglichen. Anders als die Mutter-Tochter-Richtlinie sieht die Fusionsrichtlinie jedoch grundsätzlich keinen endgültigen Steuerverzicht, sondern lediglich einen Steueraufschub hinsichtlich der durch die Umstrukturierung aufgedeckten stillen Reserven vor. Die Regelungen erfassen sowohl die Gesellschafts- als auch die Gesellschafterebene. Die Fusionsrichtlinie erfasst analog zur Mutter-Tochter-Richtlinie ausschließlich Gesellschaften, die der Körperschaftsteuer unterliegen und im Anhang zur Richtlinie separat aufgeführt sind.

(1) Inhalt der Richtlinie

Durch die Fusionsrichtlinie können folgende sechs Umstrukturierungen grundsätzlich steuerneutral durchgeführt werden, sofern daran Kapitalgesellschaften aus zwei oder mehr Mitgliedstaaten beteiligt sind:

- Die Fusion, bei der eine Gesellschaft ihr gesamtes Aktiv- und Passivvermögen zum Zeitpunkt ihrer Auflösung ohne Abwicklung auf eine bereits bestehende oder gegründete Gesellschaft überträgt.
- Die Spaltung, durch die das gesamte Aktiv- und Passivvermögen einer Gesellschaft zum Zeitpunkt ihrer Auflösung ohne Abwicklung auf zwei oder mehrere bereits bestehende oder neugegründete Gesellschaften übertragen wird.
- Die Abspaltung eines oder mehrerer Teilbetriebe einer Gesellschaft gegen Gewährung von Anteilen am Gesellschaftskapital der übernehmenden Gesellschaft.
- Die Einbringung von Unternehmensteilen, bei der eine Gesellschaft, ohne aufgelöst zu werden, ihren Betrieb insgesamt oder einen oder mehrere Teilbetriebe auf eine andere Gesellschaft gegen Gewährung von Anteilen am Gesellschaftskapital überträgt.

---

1) EuGH v. 20.10.2011, C-284/09, IStR 2011, 840.
2) BGBl. I 2013, 561.
3) Richtlinie 2009/133/EG des Rates v. 19.10.2009 über das gemeinsame Steuersystem für Fusionen, Spaltungen, Abspaltungen, die Einbringung von Unternehmensteilen und den Austausch von Anteilen, die Gesellschaften verschiedener Mitgliedstaaten betreffen, sowie für die Verlegung des Sitzes einer Europäischen Gesellschaft oder einer Europäischen Genossenschaft von einem Mitgliedstaat in einen anderen Mitgliedstaat, ABl.EU 2009 Nr. L 310, 34.

- Den Austausch von Anteilen, durch den eine Gesellschaft am Gesellschaftskapital einer anderen Gesellschaft eine mehrheitsvermittelnde oder mehrheitsverstärkende Beteiligung erwirbt und als Gegenleistung eigene Anteile hingibt.
- Die steuerneutrale Verlegung des Sitzes einer Europäischen Aktiengesellschaft (SE) oder einer Europäischen Genossenschaft (SCE) von einem Mitgliedstaat in einen anderen Mitgliedstaat.

(2) Umsetzung der Richtlinie in Deutschland

294 Die Umsetzung der Fusionsrichtlinie ist insbesondere im Rahmen des SEStEG[1] erfolgt. Die wichtigsten Eckpunkte können wie folgt dargestellt werden:

- Grenzüberschreitende Sitzverlegungen sowie Umwandlungen innerhalb der EU werden grundsätzlich zu Buchwerten zugelassen. Kernvoraussetzung hierfür ist allerdings das generelle Zurückbleiben der im Inland gebildeten stillen Reserven. Jede Verbringung von Wirtschaftsgütern über die Grenze in das Ausland führt grundsätzlich zur sofortigen Besteuerung (§ 4 Abs. 1 Satz 3 und 4 EStG, § 16 Abs. 3a EStG, § 12 Abs. 1 Satz 1 und 2 KStG bzw. §§ 11, 20, 22 UmwStG). Für die Überführung von Wirtschaftsgütern in eine EU-/EWR-Betriebsstätte sowie bei Verlegung des Betriebs in einen EU-/EWR-Mitgliedstaat ist jedoch in § 4g EStG resp. § 36 Abs. 5 EStG unter jeweils spezifischen Voraussetzungen und Ausprägungen eine Streckung der Besteuerung auf fünf Jahre vorgesehen.[2]
- Weiterhin wurde insbesondere das Konzept bezüglich sogenannter „einbringungsgeborener Anteile" – nunmehr sperrfristbehaftete Anteile – verändert. Im Rahmen einer Einbringung gewährte Anteile sind nicht mehr für sieben Jahre im vollen Umfang steuerpflichtig. Vielmehr wird der Betrag der steuerpflichtigen (stillen) Reserven bei Einbringung grundsätzlich der Besteuerung unterworfen (weitere Wertveränderungen – Steigerung oder Wertverfall – bleiben hingegen unbeachtlich). Sofern das Recht der Bundesrepublik Deutschland hinsichtlich der Besteuerung des Gewinns aus der Veräußerung des eingebrachten Betriebsvermögens bei der übernehmenden Gesellschaft nicht ausgeschlossen oder beschränkt wird, kann auf Antrag ein Ansatz der Buchwerte erfolgen. Eine nachfolgende Veräußerung der erhaltenen Anteile führt zur rückwirkenden Besteuerung der eingebrachten stillen Reserven (sog. Einbringungsgewinn I), wobei der anfänglich steuerpflichtige Betrag für jedes seit dem Einbringungszeitpunkt abgelaufene Zeitjahr um ein Siebtel abschmilzt (vgl. §§ 20 ff. UmwStG). Der Anteilsverkauf selbst unterliegt dagegen nunmehr der regulären Besteuerung.
- Verlustvorträge gehen bei Verschmelzung nicht über. Auch ein Zinsvortrag i. S. des § 4h Abs. 1 Satz 5 EStG sowie ein EBITDA-Vortrag i. S. des § 4h Abs. 1 Satz 3 EStG gehen nicht über.
- Aufgabe der Maßgeblichkeit der Handelsbilanz für die Steuerbilanz.

Eine Darstellung der vielen Einzelregelungen würde den Rahmen dieses Beitrags sprengen. Es sei allerdings darauf hingewiesen, dass erhebliche Zweifel bestehen, ob insbesondere die Regelungen zur „Sofort-Entstrickung" gem. § 4 Abs. 1 Satz 3 und 4 EStG, § 16 Abs. 3a EStG und § 12 Abs. 1 Satz 1 und 2 KStG den EU-Grundfreiheiten in vollem Umfang Rechnung tragen. Diese Zweifel erhärten sich dergestalt, dass zumindest die grundsätzlich relevante Ausnahme zu dieser Regelung (§ 4g EStG) auf Umwandlungsfälle keine Anwendung findet.[3] Ob die Norm des § 16 Abs. 3a EStG i.V.m. § 36 Abs. 5 EStG auf Umwandlungsfälle (umfassende) Anwendung findet, ist

---

1) Gesetz über steuerliche Begleitmaßnahme zur Einführung der Europäischen Gesellschaft und zur Änderung weiterer steuerrechtlicher Vorschriften v. 7.12.2006, BGBl. I 2006, 2782.
2) → 4 Rz. 359.
3) Vgl. auch Rödder in Rödder/Herlinghaus/van Lishaut, UmwStG, Einführung Rz. 93 ff.

mindestens unklar. Die bestehenden Zweifel resultieren auch aus dem EuGH-Urteil *National Grid Indus*.[1] So hält der EuGH zwar die Besteuerung der nicht realisierten Wertzuwächse im Vermögen einer Gesellschaft, die ihren Sitz in einen anderen Mitgliedstaat verlegt, für grundsätzlich zulässig, um die Aufteilung der Besteuerungsbefugnis zwischen den Mitgliedstaaten zu gewährleisten. Die sofortige Einziehung der Steuer auf diese Vermögenszuwächse im Zeitpunkt der Sitzverlegung sei jedoch unverhältnismäßig und mit der Niederlassungsfreiheit nicht vereinbar, vielmehr sei diese wohl (u.U. verzinslich) zu stunden. Auch die EuGH-Entscheidung „DMC", in der der EuGH auch zum Wahlrecht zwischen einer sofortigen Steuerzahlung und einer auf fünf Jahre gestaffelten Erhebung der Steuerzahlung Stellung genommen hat, führte wahrscheinlich immer noch nicht zu der notwendigen Klärung dieser wichtigen Frage.[2]

cc) Zins- und Lizenzgebührenrichtlinie

295 Durch die Zins- und Lizenzgebührenrichtlinie[3] soll sichergestellt werden, dass bestimmte Beziehungen zwischen verbundenen Unternehmen verschiedener Mitgliedstaaten nicht gegenüber gleichartigen Beziehungen zwischen verbundenen Unternehmen, die im selben Mitgliedstaat ansässig sind, benachteiligt werden. Eine resultierende Doppelbesteuerung kann mit Hilfe der bestehenden nationalen Vorschriften sowie der bilateralen und multinationalen Übereinkünfte nicht immer beseitigt werden. Darüber hinaus ist deren Anwendung für die Unternehmen häufig mit hohem Verwaltungsaufwand und Cashflow-Effekten verbunden. Zur Vertiefung des europäischen Binnenmarkts als Ganzem sollen daher Zahlungen von Zinsen und Lizenzgebühren zwischen verbundenen Unternehmen verschiedener Mitgliedstaaten durch steuerrechtliche Bestimmungen wirtschaftlich nicht schlechter gestellt werden als vergleichbare innerstaatliche Zahlungen. Dies soll durch eine Einmalbesteuerung im Mitgliedstaat des Zahlungsempfängers erreicht werden.

(1) Inhalt der Richtlinie

296 Bei den Voraussetzungen für die Anwendbarkeit wurden (zu) weitgehende Tatbestandsvoraussetzungen der Mutter-Tochter-Richtlinie adaptiert, die u.E. teilweise zu nicht zielführenden Einschränkungen bzgl. der Anwendungsreichweite führen (diese resultieren daraus, dass man sich – wenig sinnvoll – an den Eckpunkten der Altfassung der Mutter-Tochter-Richtlinie orientierte). So werden nur diejenigen Rechtsformen von der Zins- und Lizenzgebührenrichtlinie erfasst, die in der Anlage zur Richtlinie explizit aufgeführt sind (in Deutschland z.B. die AG, KGaA sowie die GmbH, nicht aber Personengesellschaften). Weiterhin werden nur solche Unternehmen erfasst, die nach dem Steuerrecht eines Mitgliedstaats in diesem Mitgliedstaat niedergelassen sind und nicht auf Grund eines DBA in einem Drittstaat als niedergelassen gelten. Ferner ist es erforderlich, dass das Unternehmen der Körperschaftsteuer eines Mitgliedstaats unterliegt. Insbes. alle Personenunternehmen sind damit nicht begünstigt. Weiterhin ist die Begünstigung an das Vorliegen der Zahlung an ein verbundenes Unternehmen geknüpft bzw. daran, dass die Zahlung von einer Betriebsstätte eines verbundenen Unternehmens geleistet bzw. empfangen wird. Ob die betreffenden Steuern im Ursprungsstaat an der Quelle abgezogen oder durch Veranlagung erhoben werden, ist für die Befreiung irrelevant. Ein verbundenes Unternehmen ist gem. Art. 3 der Richtlinie nur ab einer direkten Mindestbeteiligungsquote am Kapital (oder nach

---

1) EuGH v. 29.11.2011, C-371/10, DStR 2011, 2334.
2) EuGH v. 23.1.2014, C-164/12, DStR 2014, 193; vgl. hierzu ausführlich → **4** Rz. 359.
3) Richtlinie 2003/49/EG des Rates v. 3.6.2003 über eine gemeinsame Steuerregelung für Zahlungen von Zinsen und Lizenzgebühren zwischen verbundenen Unternehmen verschiedener Mitgliedstaaten, ABl.EU 2003 Nr. L 157, 49, zuletzt geändert durch RL 2006/98/EG v. 20.11.2006, ABl.EU 2006 Nr. L 363, 129.

Wahl der Mitgliedstaaten alternativ an den Stimmrechten) von 25 % gegeben. Zusätzlich werden auch Zins- und Lizenzzahlungen unter Schwestergesellschaften vom Anwendungsbereich der Richtlinie erfasst, sofern ein drittes Unternehmen an beiden zu mindestens 25 % beteiligt ist. Andere Beteiligungsverhältnisse (auch im Konzern über mehrere Stufen) qualifizieren dagegen nicht! Zur Vermeidung des Missbrauchs sieht Art. 4 Abs. 2 der Richtlinie vor, dass im Falle unangemessen hoher Zinsen bzw. Lizenzgebühren nur der angemessene Teil nach Maßgabe des Fremdvergleichs in den Anwendungsbereich der Richtlinie fällt. Darüber hinaus werden einzelstaatliche oder vertragliche Bestimmungen zur Verhinderung von Betrug und Missbrauch nicht von der Richtlinie berührt.

Mit der Schweiz wurde ein Abkommen umgesetzt, das unter etwas weitergehenden Voraussetzungen gleichfalls eine Absenkung der Quellensteuer auf Zinsen und Lizenzgebühren auf Null vorsieht.[1]

(2) Umsetzung der Richtlinie in Deutschland

297 Zur Umsetzung der materiellen Bestimmungen der Zins- und Lizenzgebührenrichtlinie in innerstaatliches Recht dient § 50g EStG (daneben führen häufig auch die DBA zwischen den relevanten Staaten zu einer vollständigen Entlastung, dabei auch in solchen Fällen, in denen die Richtlinie selbst auf Grund ihrer engen Voraussetzungen gar nicht greift). Die Vorschrift sieht – unter Beachtung der Einschränkungen bzw. Anforderungen des § 50d Abs. 1, 2 und 3 EStG – bei Zins- und Lizenzzahlungen zwischen verbundenen Unternehmen eine vollständige Steuerbefreiung vor, wenn das zahlende Unternehmen in Deutschland und das nutzungsberechtigte Unternehmen im EU-Ausland ansässig ist. Die Befreiung lt. der Richtlinie gilt wohl für die Besteuerung im Wege des Abzugs an der Quelle oder im Wege der Veranlagung gleichermaßen. Die deutsche gesetzliche Regelung des § 50g EStG erfasst allerdings nur die Abzugssteuern, jedoch keine „Veranlagungssteuern", die sich z.B. bei dem Schuldner der Vergütung z.B. aus § 4h EStG oder § 8 Nr. 1 GewStG ergeben können. Zwar ist die teilweise Hinzurechnung von Zinsaufwand im Rahmen der Gewerbesteuer gem. § 8 Nr. 1 GewStG vom EuGH im Urteil zum Fall *Scheuten Solar Technology* als mit der Zins- und Lizenzgebührenrichtlinie vereinbar eingeordnet worden.[2] Ob dies gleichermaßen für die Nichtabzugsfähigkeit von Zinsaufwand unter der Regelung zur Zinsschranke in § 4h EStG gilt, ist jedoch noch nicht geklärt.

Während der Begriff der Lizenzgebühren in Einklang mit der Richtlinie definiert wird, ist der Kreis der von § 50g EStG erfassten Zinsen enger gefasst, als in Art. 2 Buchst. a der Richtlinie. So werden, abweichend von der Richtlinienempfehlung, Zinsen auf Forderungen, die mit einer Beteiligung am Gewinn des Schuldners ausgestattet sind, nicht aufgeführt. Ein Verstoß gegen die Richtlinie ist hierin jedoch nicht anzunehmen, da Art. 4 Abs. 1 Buchst. b der Richtlinie den Mitgliedstaaten insoweit explizit ein Wahlrecht einräumt. Daher werden Zinsen aus partiarischen Darlehen und Gewinnobligationen sowie Einnahmen aus typisch stiller Beteiligung oder Genussrechten, die eine im EU-Ausland ansässige Kapitalgesellschaft von einem verbundenen Unternehmen in Deutschland bezieht, von der Quellensteuerbefreiung des § 50g EStG nicht erfasst. Entsprechend deutscher Rechtswertung werden ebenso auch Zinsen auf Wandelanleihen nicht in den Anwendungsbereich von § 50g EStG einbezogen.[3]

---

1) Vgl. Abkommen zwischen der Europäischen Gemeinschaft und der Schweizerischen Eidgenossenschaft über Regelungen, die den in der Richtlinie 2003/48/EG des Rats im Bereich der Besteuerung von Zinserträgen festgelegten Regelungen gleichwertig sind, ABl.EU 2004 Nr. L 385, 30, Art. 15; vgl. hierzu im Detail Kessler/Eicker/Obser IStR 2005, 658 ff.
2) Vgl. EuGH v. 21.7.2011, C-397/09, DStR 2011, 1419.
3) BT-Drucks. 15/3679, 20 f.

III. Besteuerung der Auslandsengagements von Steuerinländern

1. Besteuerung der Auslandsengagements natürlicher Personen und Personengesellschaften (soweit deren Gesellschafter natürliche Personen sind)

a) Vorbemerkung

Auslandsengagements von natürlichen Personen und von Personengesellschaften mit natürlichen Personen als Gesellschafter können vielfältiger Natur sein und sich als grenzüberschreitende Direktgeschäfte, Investitionen in ausländische Betriebstätten, Personengesellschaften oder Kapitalgesellschaften darstellen. Je nach Art des Auslandsengagements resultieren sowohl nach deutschem Steuerrecht als auch nach dem ausländischen Steuerrecht unterschiedliche steuerliche Konsequenzen. Soweit mit dem ausländischen Staat ein Doppelbesteuerungsabkommen besteht, sind weiterhin dessen Regelungen in die Würdigung mit einzubeziehen. 298

Für den Fall, dass die Aktivitäten in einer ausländischen Kapitalgesellschaft ausgeübt werden, ergeben sich die deutschen steuerlichen Folgen bei Beteiligungen im BV von natürlichen Personen resp. Personengesellschaften (soweit deren Gesellschafter natürliche Personen sind) nach Maßgabe des Teileinkünfteverfahrens, bzw. bei Beteiligungen im Privatvermögen grds. auf Basis der Abgeltungsteuer (→ 4 Rz. 299 ff.). Soweit der Investorenkreis sein Engagement anders strukturiert, etwa über eine ausländische Betriebsstätte oder Personengesellschaft, gilt nach unilateralem Recht die in § 34c EStG normierte Anrechnungsmethode, die grundsätzlich eine Anhebung (soweit die im Ausland erhobene Steuer geringer ist) auf das deutsche Einkommensteuerniveau zur Folge hat. Greift ein DBA mit Freistellungsmethode, lassen sich solche ausländischen Gewinne/Überschüsse unter Beachtung des Progressionsvorbehalts bis zur Ebene der im Inland domizilierenden natürlichen Person durchleiten, ohne deutsche Zusatzbelastung, was häufig im Hinblick auf die Gesamtbelastung die „steuerbilligste" Investitionsstruktur darstellen dürfte. Bei einer solchen Konfiguration ist zu beachten, dass i.d.R. auch im Ausland die Steuersätze für Kapitalgesellschaften häufig deutlich unter den für natürliche Personen liegen. Um diesen geringeren Steuersatz für Kapitalgesellschaften zu realisieren, könnte daher ggf. eine in Deutschland domizilierende Kapitalgesellschaft als Holding fungieren, die die Auslandsbetriebsstätte betreibt oder die Beteiligung an der Personengesellschaft hält. Im Ausland kann so der Körperschaftsteuersatz reklamiert werden, während in Deutschland die Kapitalgesellschaft im Falle einer Organschaft gem. § 15 Nr. 2 Satz 2 KStG als Organtochter steuerlich „transparent" anzusehen ist. Dadurch kann im Ausland eine Besteuerung nach den häufig günstigeren KSt-Sätzen erfolgen und dennoch grundsätzlich eine DBA-Befreiung unter den Regelungen für Personenunternehmen erreicht werden, wodurch die Steuervorteile bis auf Ebene der natürlichen Personen „durchgeleitet" werden. Allerdings wirkt auch auf diese Einkünfte in den nicht von § 32b Abs. 1 Satz 2 EStG erfassten Fällen (→ 4 Rz. 329.) der Progressionsvorbehalt (§ 32b Abs. 1a EStG).

b) Investitionen in ausländische Kapitalgesellschaften

aa) Nationales Steuerrecht

Für die Beurteilung der steuerlichen Folgen einer Investition in eine ausländische Gesellschaft ist es entscheidend, ob sie nach deutschem Verständnis einer Personengesellschaft (Mitunternehmerschaft) i. S. des § 15 EStG entspricht oder die Züge einer Körperschaft i. S. des § 1 KStG trägt. Hierzu ist es nach ständiger Rechtsprechung des BFH, die auf ein Urteil des RFH zur venezolanischen KG zurückgeht, erforderlich, einen Rechtstypenvergleich zur Einordnung eines ausländischen Rechtsgebildes nach 299 deutschen steuerlichen Gesichtspunkten vorzunehmen.[1] Im Rahmen dieses Rechtstypenvergleichs wird untersucht, mit welcher deutschen Rechtsform das ausländische Rechtsgebilde vergleichbar ist.[2] Hierbei ist die zivilrechtliche und steuerrechtliche Qualifikation des Rechtsgebildes in dessen Ansässigkeitsstaat irrelevant. Die Durchführung des Rechtstypenvergleichs erfolgt im Rahmen einer zweistufigen Prüfung. Auf der ersten Stufe ist eine Gesamtwürdigung der maßgebenden ausländischen Bestimmungen über die Organisation und Struktur vorzunehmen, um die Vergleichbarkeit der betreffenden ausländischen Gesellschaft mit den Organisationsformen des deutschen Zivilrechts zu überprüfen. Auf der zweiten Stufe erfolgt sodann eine Zuordnung zu dem relevanten deutschen steuerrechtlichen Typus (Einzelunternehmen, Personengesellschaft/Mitunternehmerschaft oder Körperschaftsteuersubjekt). Im Einzelfall kann der Rechtstypenvergleich dazu führen, dass z.B. ausländische Personengesellschaften nach deutschem Steuerrecht als Kapitalgesellschaften zu behandeln sind. Zur Vereinfachung der Einordnung einiger häufig anzutreffenden ausländischen Rechtsformen enthält der sog. „Betriebsstättenerlass" im Anhang (Tabelle 1) eine Übersicht über ausgewählte ausländische Rechtsformen und deren Zuordnung (nach Auffassung der FinVerw) zur Personen- bzw. Kapitalgesellschaft nach deutschen Grundsätzen.[3] Ferner lassen sich dem BMF-Schreiben zur Einordnung der US-amerikanischen Rechtsform LLC wesentliche Merkmale für die Einordnung ausländischer Rechtsgebilde im Rahmen des Rechtstypenvergleichs entnehmen.[4]

Den folgenden Ausführungen liegt die Prämisse zu Grunde, dass es sich nach Maßgabe des Rechtstypenvergleichs bei der ausländischen Gesellschaft, in die investiert wird, um eine Kapitalgesellschaft/Körperschaft handelt. Die Einkünfte sind daher der Gesellschaft zuzurechnen. Die inländischen Gesellschafter unterliegen damit grundsätzlich nur mit den Gewinnausschüttungen der deutschen Besteuerung (sog. Trennungsprinzip). Ausnahmen davon können sich v.a. durch Anwendung von § 42 AO oder §§ 7 ff. AStG ergeben.

Die steuerlichen Folgen bezüglich Dividenden und Gewinnen aus der Veräußerung von Anteilen unterscheiden sich danach, ob die Beteiligung im Betriebs- oder Privatvermögen gehalten wird.

Werden die Anteile im Betriebsvermögen natürlicher Personen resp. Personengesellschaften (soweit deren Gesellschafter natürliche Personen sind) gehalten, sind Dividenden und Veräußerungsgewinne aus Anteilen gem. § 3 Nr. 40 EStG zu 40 % von der Steuer freigestellt (sog. „Teileinkünfteverfahren"). Somit sind diese Einkünfte zu 60 % steuerpflichtig und unterliegen insoweit dem persönlichen Einkommensteuertarif des Anteilseigners. Korrespondierend dazu können in wirtschaftlichem Zusammenhang stehende Aufwendungen gem. § 3c Abs. 2 EStG zu 60 % steuermindernd berücksichtigt werden. Die Steuerbefreiung i.H.v. 40 % gilt gem. § 3 Nr. 40 Buchst. d Satz 2 EStG jedoch nur, soweit die Bezüge (Dividenden) das Einkommen der leistenden Körperschaft nicht gemindert haben.[5] Während die bisherige Regelung des § 3 Nr. 40 Buchst. d Satz 2 EStG nur verdeckte Gewinnausschüttungen erfasste, werden nun alle an der Quelle abzugsfähigen Leistungen erfasst, also insbesondere auch Zahlungen auf hybride Finanzinstrumente, die im Ausland bei der Ermittlung des Einkommens abgezogen werden können, während im Inland eine Qualifikation als

---

1) Vgl. BFH v. 23.6.1992, IX R 182/87, BStBl II 1992, 972 m.w.N.; sowie ausführlich zum Rechtstypenvergleich Jacobs, Internationale Unternehmensbesteuerung, 7. Aufl., 429 ff.
2) Vgl. RFH v. 12.2.1930, VI A 899/27, RStBl 1930, 444 f.; BFH v. 17.7.1968, I 121/64, BStBl II 1968, 695; v. 6.11.1980, IV R 182/77, BStBl II 1981, 222; v. 3.2.1988, I R 134/84, BStBl II 1988, 588; v. 23.6.1992, IX R 182/87, BStBl II 1992, 972.
3) Vgl. BMF v. 24.12.1999, IV B 4, S 1300 – 111/99, BStBl I 1999, 1076.
4) Vgl. BMF v. 19.3.2004, IV B 4 – S 1301 USA – 22/04, BStBl I 2004, 411.
5) Vgl. Gesetz zur Umsetzung der Amtshilferichtlinie sowie zur Änderung steuerlicher Vorschriften v. 26.6.2013, BGBl. I 2013, 1809.

(offene) Gewinnausschüttung erfolgt (z.B. die brasilianische Eigenkapitalverzinsung „Interest on Net Equity" oder bestimmte Fälle von Eigenkapitalgenussscheinzahlungen[1]).Der Wegfall der Steuerfreiheit i.H.v. 40 % greift ferner nicht, soweit durch die abzugsfähige Leistung das Einkommen einer dem Stpfl. nahe stehenden Person erhöht wurde und der diesbezügliche Steuerbescheid nicht im Rahmen des § 32a KStG n.F. erlassen, aufgehoben oder geändert wurde.[2]

Bei im Privatvermögen gehaltenen Anteilen unterliegen Einkünfte aus Kapitalvermögen grundsätzlich gem. § 32d Abs. 1 EStG einheitlich einem Abgeltungsteuersatz von 25 % zzgl. Annexsteuern (siehe diesbezüglich auch § 32d Abs. 1 Satz 3 EStG im Hinblick auf die Berücksichtigung der Kirchensteuer). Dies erfasst somit u.a. auch die dem Anleger zugeflossenen Dividenden einer Kapitalgesellschaft, als auch Veräußerungsgewinne aus Wertpapieren, unabhängig von einer Haltefrist, sofern diese nach dem 1.1.2009 angeschafft wurden. Demgegenüber gilt für Wertpapiere, die im Privatvermögen vor dem 1.1.2009 angeschafft wurden, weiterhin die einjährige Spekulationsfrist des § 23 Abs. 1 Nr. 2 EStG. Nach Ablauf der Frist bleibt die Veräußerung der Anteile grundsätzlich nicht steuerbar. Gewinne aus der Veräußerung von Anteilen, die auf Grund des Erreichens bzw. Überschreitens der Beteiligungsgrenze von 1 % innerhalb der letzten fünf Jahre in den Anwendungsbereich des § 17 EStG fallen, werden unter Anwendung des Teileinkünfteverfahrens der Besteuerung unterworfen (da diese im Rahmen des § 17 EStG als gewerbliche Einkünfte gelten, § 20 Abs. 8 EStG).

Im Rahmen der Abgeltungsteuer ist der Abzug der tatsächlich angefallenen Werbungskosten gem. § 20 Abs. 9 EStG grundsätzlich ausgeschlossen. Stattdessen kann bei den Einkünften aus Kapitalvermögen ein Sparer-Pauschbetrag von 801 € (bzw. 1 602 € bei zusammenveranlagten Ehegatten) abgezogen werden. Bei Veräußerungsgeschäften ist der Gewinn, d.h. der Unterschiedsbetrag zwischen dem Veräußerungserlös und den Anschaffungskosten sowie den Aufwendungen im unmittelbaren sachlichen Zusammenhang mit der Veräußerung, im Rahmen der Einkünfte aus Kapitalvermögen zu erfassen. Soweit im Ausland auf Dividenden Quellensteuer einbehalten wurde, kann diese gem. § 32d Abs. 5 EStG in der Weise auf die Abgeltungsteuer angerechnet werden, dass die auf die ausländischen Kapitalerträge festgesetzte und gezahlte und um bestehende Ermäßigungsansprüche gekürzte ausländische Steuer auf die deutsche Steuer anzurechnen ist, maximal jedoch i.H.v. 25 % auf den einzelnen Kapitalertrag. Insoweit kommt die sog. „Per-country-limitation" (wie in § 34c Abs. 1 EStG geregelt) im Rahmen des § 32d Abs. 5 EStG nicht zur Anwendung.[3]

Die Abgeltungsteuer findet gem. § 32d Abs. 2 Nr. 3 EStG hinsichtlich Dividenden auf Antrag des Stpfl. keine Anwendung, wenn der Stpfl. unmittelbar oder mittelbar

– zu mindestens 25 % an der Kapitalgesellschaft beteiligt ist oder
– zu mindestens 1 % an der Kapitalgesellschaft beteiligt ist und für diese beruflich tätig ist.

Übt der Stpfl. diese Option aus, werden die Dividenden wie bei einer Beteiligung im Betriebsvermögen dem persönlichen Einkommensteuertarif unter Anwendung des Teileinkünfteverfahrens unterworfen und es damit dem Stpfl. ermöglicht, nach Maßgabe von § 3c Abs. 2 EStG korrespondierende Werbungskosten, z.B. Fremdfinanzierungsaufwendungen, i.H.v. 60 % bei der Ermittlung der Einkünfte abzuziehen. Der Antrag gilt für die jeweilige Beteiligung für den betreffenden Veranlagungszeitraum und – solange er nicht widerrufen wird – für die nachfolgenden vier Veranlagungszeiträume.

---

1) Vgl. dazu z.B. Köhler in Steuerberater-Jahrbuch 2012/2013, Korrespondenzprinzip bei vGA und vE, 265, 299.
2) Vgl. auch das Beispiel in BT-Drucks. 16/3368, 16.
3) Vgl. die klarstellende Neuregelung i. R. des JStG 2009, BR-Drucks. 545/08, 77.

Sofern der persönliche Einkommensteuersatz des Privatanlegers unter 25 % liegt, kann gem. § 32d Abs. 6 EStG ebenfalls eine Veranlagung beantragt werden. Der Werbungskostenabzug sowie die Anwendung des Teileinkünfteverfahrens sind in diesem Fall jedoch ausgeschlossen, so dass allein der Sparer-Pauschbetrag zum Abzug gebracht werden kann. Der Antrag zur Veranlagung kann für den jeweiligen Veranlagungszeitraum nur einheitlich für sämtliche Kapitalerträge gestellt werden.

bb) Abkommensrecht

300   Damit sowohl die ausländische Gesellschaft als auch die inländischen Gesellschafter die Vorteile des Doppelbesteuerungsabkommens in Anspruch nehmen können, müssen sie jeweils abkommensberechtigte Personen i. S. des jeweiligen DBA sein. Dies sind gem. Art. 3 Abs. 1 Buchst. a i.V.m. Art. 4 Abs. 1 OECD-MA sowohl natürliche Personen als auch Gesellschaften, die in einem Vertragsstaat ansässig sind, d.h. dort der unbeschränkten Steuerpflicht unterliegen. Gesellschaften sind hierbei gem. Art. 3 Abs. 1 Buchst. b OECD-MA juristische Personen und solche Personen, die für die Besteuerung wie juristische Personen behandelt werden. Nach überwiegender, aber umstrittener Meinung, kommt es für die Anerkennung als juristische Person i. S. des Art. 3 Abs. 1 Buchst. b OECD-MA auf die Steuersubjekteigenschaft nach dem Recht des Anwenderstaats an.[1] Wird sowohl nach Maßgabe des (deutschen) Rechtstypenvergleichs als auch nach ausländischem Recht das ausländische Rechtsgebilde als eigenständiges Steuersubjekt qualifiziert, so ist es aus Sicht beider Vertragsstaaten abkommensberechtigt. Im Falle abweichender Einordnungen kann es jedoch zu sog. Qualifikationskonflikten kommen.

Im vorliegenden Abschnitt wird angenommen, dass es sich aus Sicht beider Abkommensstaaten bei dem ausländischen Rechtsgebilde, in das investiert wird, um eine Kapitalgesellschaft handelt, die juristische Person ist und somit eine abkommensberechtigte Person i. S. des DBA (= Gesellschaft i. S. des Art. 3 Abs. 1 Buchst. b OECD-MA) vorliegt.

Hinsichtlich der hier betrachteten Auslandsengagements natürlicher Personen und Personengesellschaften (soweit deren Gesellschafter natürliche Personen sind) ist festzuhalten, dass Personengesellschaften aus deutscher Sicht nicht abkommensberechtigt sind, da es ihnen an der (vollständigen) Steuersubjektivität mangelt.[2] Abkommensberechtigt sind in diesen Fällen daher nur die Gesellschafter, die in einem der Vertragsstaaten ansässige Personen i. S. des Art. 1 i.V.m. Art. 4 Abs. 1 Buchst. a OECD-MA sind.[3] Dies ist bei natürlichen Personen mit Ansässigkeit in Deutschland stets gegeben. Abweichendes ergibt sich nur, sofern das jeweilige DBA Personengesellschaften ausdrücklich als abkommensberechtigte Personen behandelt.[4]

Die Gewinnausschüttungen der ausländischen Kapitalgesellschaft fallen unter den Dividendenartikel (Art. 10 OECD-MA), sofern sie von Gesellschaften i. S. des Art. 3 Abs. 1 Buchst. b OECD-MA stammen.[5] Art. 10 Abs. 3 OECD-MA enthält eine dreigliedrige Dividenden-Definition. Dividenden sind demnach Einkünfte aus

- Aktien, Genussrechten oder Genussscheinen, Kuxen, Gründeranteilen,
- aus anderen Rechten – ausgenommen Forderungen – mit Gewinnbeteiligung sowie

---

1) Vgl. Wassermeyer in Wassermeyer, Doppelbesteuerung, Art. 3 MA Rz. 18; a.A.: Vogel in Vogel/Lehner, 5. Aufl., Art. 3 Rz. 13.
2) Vgl. Wassermeyer in Wassermeyer, Doppelbesteuerung, Art. 3 MA Rz. 20; Vogel in Vogel/Lehner, 5. Aufl., Art. 3 Rz. 25 ff. für eine Übersicht der Behandlung von Personengesellschaften in deutschen DBA.
3) So auch OECD-MK zu Art. 1, Tz. 5.
4) So z.B. Art. 3 Abs. 1 Nr. 4 DBA Belgien.
5) Vgl. Vogel in Vogel/Lehner, 5. Aufl., Art. 10 Rz. 188.

– aus sonstigen Gesellschaftsanteilen, soweit die Einkünfte nach dem Recht des Quellenstaats den Einkünften aus Aktien steuerlich gleichgestellt sind.

Während im ersten und zweiten Teil eine abkommensautonome Definition vorliegt, verweist der dritte Teil auf das Recht des Quellenstaats, welches insoweit auch für den Ansässigkeitsstaat (hier: Deutschland) verbindlich ist.

Liegen Dividenden i. S. des Art. 10 Abs. 3 OECD-MA vor, können diese gem. Art. 10 Abs. 1 OECD-MA grundsätzlich nur im Ansässigkeitsstaat des Dividendenempfängers besteuert werden. Gem. Art. 10 Abs. 2 OECD-MA wird dem Quellenstaat allerdings ein der Höhe nach beschränktes Besteuerungsrecht eingeräumt. Dieses Besteuerungsrecht wird gem. Art. 10 Abs. 2 Buchst. b OECD-MA auf 15 % begrenzt. Die deutsche Abkommenspraxis sieht Quellensteuersätze von i.d.R. 10–20 % vor. Das sog. abkommensrechtliche Schachtelprivileg des Art. 10 Abs. 2 Buchst. a OECD-MA, das einen niedrigeren Quellensteuersatz von 5 % vorsieht, wird nur Gesellschaften i. S. des Abkommens (jedoch nicht Personengesellschaften) gewährt und ist somit vorliegend nicht einschlägig.[1]) Zur Vermeidung einer Doppelbesteuerung sieht die deutsche Abkommenspraxis bei natürlichen Personen als Empfänger ausschließlich die Anrechnung der im Ausland einbehaltenen Quellensteuer auf die eigene Steuer des Dividendenempfängers vor. Eine Freistellung der Dividende ist generell nicht vorgesehen (wie dargestellt, wirkt allerdings nach nationalem Recht das Teileinkünfteverfahren bzw. die Abgeltungsteuer). Eine Anrechnung der von der ausländischen Kapitalgesellschaft entrichteten Körperschaftsteuer (sog. indirekte Anrechnung) ist generell nicht möglich (es sei denn, es kommt zu einer Hinzurechnungsbesteuerung – diese führt bei Option gem. § 12 AStG faktisch zu diesem Ergebnis).

c) Investitionen in Betriebsstätten und Personengesellschaften

Eine Betriebsstätte stellt einen Unternehmensteil dar, der mehr oder weniger wirtschaftlich, aber nicht rechtlich selbständig ist. Eine Betriebsstätte kann, muss aber nicht zugleich einem Teilbetrieb entsprechen. Die Begriffsbestimmung richtet sich nach den nationalen Vorschriften der beteiligten Staaten und im DBA-Fall nach abkommensrechtlichen Vorschriften. Bei Errichtung einer ausländischen Betriebsstätte resultiert entsprechend den steuerlichen Vorschriften im Betriebsstättenstaat die lokale beschränkte Steuerpflicht. Auf Grund des in Deutschland geltenden Welteinkommensprinzips resultieren entsprechend auch in Deutschland steuerliche Folgen hinsichtlich der etwaigen Überführung von Wirtschaftsgütern in die Betriebsstätte als auch der laufenden Besteuerung von Einkünften der ausländischen Betriebsstätte.

Beteiligen sich inländische natürliche Personen bzw. Personengesellschaften, deren Gesellschafter natürliche Personen sind, an einer ausländischen Personengesellschaft/ Mitunternehmerschaft, hängt die Besteuerung Letzterer im Quellenstaat maßgeblich davon ab, ob die ausländische Steuerrechtsordnung dem Mitunternehmerkonzept (Transparenzprinzip) oder dem Kapitalgesellschaftskonzept (Trennungsprinzip) folgt (Letzteres z.B. in Spanien, z.T. auch in Frankreich oder den Niederlanden). Für die deutsche Besteuerung der im Inland ansässigen Gesellschafter ist es entscheidend, ob die ausländische Personengesellschaft auf Basis des sog. Rechtstypenvergleichs aus deutscher Sicht als Mitunternehmerschaft oder als Körperschaft einzuordnen ist. Bei Bestehen eines DBA ist zudem von Bedeutung, ob die ausländische Personengesellschaft selbst oder aber ihre Gesellschafter abkommensberechtigt sind und wie die mittels der ausländischen Personengesellschaft erzielten Einkünfte auf Abkommensebene zu qualifizieren sind. Nach deutschem Rechtsverständnis betreibt jeder Mitunternehmer einer ausländischen Personengesellschaft (jeweils) eine Betriebsstätte in

---

1) Vgl. Vogel in Vogel/Lehner, 5. Aufl., Art. 10 Rz. 72 für Ausnahmen unter den deutschen DBA.

dem anderen Staat (bzw. in allen Staaten, in denen eine gewerbliche Personengesellschaft wiederum Betriebsstätten unterhält).[1]

aa) Nationales Steuerrecht

302 Liegt nach ausländischem Steuerrecht im betreffenden Staat eine Betriebsstätte vor, so wird der inländische Investor mit dem dieser Betriebsstätte zuzurechnenden Erfolg und Vermögen im Ausland beschränkt steuerpflichtig.[2] Neben einer Betriebsstätte mit fester Geschäftseinrichtung kann u.U. auch ein sog. ständiger Vertreter eine beschränkte Steuerpflicht im betreffenden Staat begründen.

Im Rahmen der Besteuerung nach Maßgabe des deutschen Steuerrechts ist das Vorliegen einer Betriebsstätte i. S. des § 12 AO oder eines ständigen Vertreters i. S. des § 13 AO im Ausland gem. § 34d Nr. 2 Buchst. a EStG im Rahmen der gewerblichen Einkünfte für die Anwendbarkeit der unilateralen Maßnahmen zur Vermeidung bzw. Verminderung der Doppelbesteuerung nach § 34c EStG entscheidend.[3] Als Betriebsstätte i. S. des § 12 AO gilt hiernach jede feste Geschäftseinrichtung oder Anlage, die der Tätigkeit eines Unternehmens dient. Ein ständiger Vertreter i. S. des § 13 AO ist eine Person, die nachhaltig die Geschäfte eines Unternehmens besorgt und dabei dessen Sachweisungen unterliegt. Soweit im Quellenstaat einerseits und dem Wohnsitzstaat andererseits unterschiedliche Ausprägungen des Betriebsstättenbegriffs bestehen, kann hieraus eine Doppel- bzw. Minderbesteuerung resultieren.

Bei Beteiligung an einer ausländischen Personengesellschaft hängt deren Besteuerung in ihrem Domizilstaat davon ab, ob sie im ausländischen Steuerrecht als Steuersubjekt anerkannt wird (Trennungsprinzip) oder ob die Gesellschafter Steuersubjekt sind und die Gesellschaft selbst folglich als transparent behandelt wird (Transparenzprinzip).

Für die (deutsche) Besteuerung der inländischen Gesellschafter ist zunächst entscheidend, ob die ausländische Personengesellschaft nach Maßgabe des Rechtstypenvergleichs als Personengesellschaft/Mitunternehmerschaft oder als Kapitalgesellschaft einzuordnen ist. Vorliegend wird angenommen, dass es sich aus deutscher steuerrechtlicher Sicht bei der ausländischen Gesellschaft, in die investiert wird, um eine Personengesellschaft/Mitunternehmerschaft i. S. des § 15 Abs. 1 Nr. 2 EStG handelt. Daher ist der für die ausländische Personengesellschaft ermittelte Gewinn den (inländischen) Gesellschaftern zuzurechnen. Etwaige Gewinnausschüttungen sind steuerlich irrelevante Entnahmen.

Die Einkünfte eines Mitunternehmers setzen sich gem. § 15 Abs. 1 Nr. 2 EStG aus seinem Gewinnanteil und den Sondervergütungen zusammen. Die Einkünfteermittlung erfolgt auch bei ausländischen Personengesellschaften nach deutschen steuerrechtlichen Grundsätzen. Hierbei sind die jeweiligen Gewinnanteile unter Berücksichtigung der ausländischen Buchführungsunterlagen und unter Anpassung an die inländischen Gewinnermittlungsvorschriften zu ermitteln, § 146 Abs. 2 AO. Sofern das ausländische Steuerrecht kein dem deutschen Steuerrecht vergleichbares Mitunternehmerkonzept kennt, sondern etwa dem Trennungsprinzip folgt, sind die Sonderbilanzen gesondert nach deutschem Steuerrecht aufzustellen und zu ermitteln. § 15

---

1) Vgl. BMF v. 26.9.2014, IV B 5 - S 1300/09/10003, BStBl I 2014, 1258, Tz. 2.2.2. Zu weiteren Sondereffekten vgl. die z.T. nicht unumstrittene Auffassung der Finanzverwaltung in BMF v. 24.12.1999, IV B 4 – S 1300 – 111/99, BStBl I 1999, 1076, Tz. 1.2.3. sowie BMF v. 26.9.2014, IV B 5 - S 1300/09/10003, BStBl I 2014, 1258, Tz. 2.2.1 und Tz. 5.1 zu Beteiligungen an ausländischen Personengesellschaften (Sondervergütungen).

2) Die Einordnung der Rechtsform des inländischen Investors aus ausländischer Sicht entscheidet über Art und Umfang der Besteuerung der Betriebsstätte im Ausland: Einkommens- vs. Körperschaftsteuerpflicht.

3) → **4** Rz. 269 ff.; für die Besteuerung im Inland im Verlustfall → **4** Rz. 316 ff.

Abs. 1 Nr. 2 EStG ist auch auf Beteiligungen an ausländischen Personengesellschaften anzuwenden.[1)]

bb) Abkommensrecht

Das Vorliegen einer Betriebsstätte i. S. des Art. 5 OECD-MA entscheidet über die Zuteilung des Besteuerungsrechts zum Quellen- oder Wohnsitzstaat. Die Doppelbesteuerungspraxis ist durch das sog. Betriebsstättenprinzip geprägt, Art. 7 Abs. 1 OECD-MA. Dieser Grundsatz besagt, dass Gewinn- und Vermögensteile und damit das Besteuerungsrecht hinsichtlich eines in einem Staat ansässigen Unternehmens insoweit, wie dieses Unternehmen seine gewerbliche Tätigkeit in einem anderen Staat durch eine dort belegene Betriebsstätte ausübt, gem. Art. 7 Abs. 1 i.V.m. Art. 23 OECD-MA dem anderen Staat zugewiesen wird, jedoch auch zugleich auf die in der Betriebsstätte erwirtschafteten Gewinne begrenzt ist. Zur Vermeidung einer hierdurch resultierenden Doppelbesteuerung wird häufig in Deutschland die Freistellung des Betriebsstättenerfolgs unter Progressionsvorbehalt gewährt.[2)] Zur Betriebsstättengewinnabgrenzung vgl. die Ausführungen in → 4 Rz. 351 ff.

303

Im Falle der Beteiligung an einer ausländischen Personengesellschaft stellt sich das Problem der Abkommensberechtigung. Wird die ausländische Personengesellschaft steuerrechtlich in Inland und Ausland als transparent behandelt, dann gilt der Abkommensschutz wegen der fehlenden Subjekteigenschaft i.d.R. nicht für die Gesellschaft selbst, sondern für die Gesellschafter. Abweichendes ergibt sich nur, sofern das jeweilige DBA Personengesellschaften ausdrücklich als abkommensberechtigte Personen behandelt.[3)] Über die Anwendung des Abkommens entscheidet somit meist die Ansässigkeit der einzelnen Mitunternehmer (vgl. ausführlicher unter → 4 Rz. 300). Gleiches gilt auch für die Abkommensberechtigung der inländischen Personengesellschaft und ihrer Gesellschafter. Eine Übersicht über die Abkommensberechtigung von Personengesellschaften für ausgewählte DBA sowie Hinweise zu einzelnen ausländischen Gesellschaftsformen enthält die Anlage zum BMF-Schreiben zur Anwendung der DBA auf Personengesellschaften vom 26.9.2014[4)].

Sofern aus Sicht beider Vertragsstaaten die Gesellschafter der ausländischen Personengesellschaft abkommensberechtigt sind und nicht die Gesellschaft selbst, erzielen die Gesellschafter Unternehmensgewinne i. S. des Art. 7 OECD-MA. Abkommensrechtlich stellt die Betriebsstätte der ausländischen Personengesellschaft eine Betriebsstätte des in Deutschland ansässigen Mitunternehmers dar.[5)] Demnach wird die Doppelbesteuerung bei Unternehmensgewinnen gem. Art. 7 i.V.m. Art. 23 A OECD-MA in der deutschen Abkommenspraxis häufig durch Freistellung der Betriebsstättengewinne unter Progressionsvorbehalt vermieden. Dies gilt auch, wenn sich eine inländische Personengesellschaft an einer ausländischen Personengesellschaft beteiligt; die Betriebsstätte der ausländischen Personengesellschaft gilt als anteilige Betriebsstätte der Gesellschafter der inländischen Personengesellschaft.[6)] Die Freistellung der Betriebsstättengewinne in Deutschland steht jedoch u.a. unter dem Vorbehalt des

---

1) Vgl. BFH v. 19.5.1993, I R 60/92, BStBl II 1993, 714 m.w.N.
2) Zu beachten sind etwaige Aktivitätsklauseln sowie Subject-to-tax-Klauseln in einigen deutschen DBA sowie die Regelungen des § 50d Abs. 9 EStG und § 20 Abs. 2 AStG; vgl. hierzu BMF v. 20.6.2013, IV B 2 – S 1300/09/10006, BStBl I 2013, 980.
3) Die unterschiedliche Behandlung von Personengesellschaften nach dem Trennungs- oder Transparenzprinzip kann zu sog. subjektiven Qualifikationskonflikten führen. Siehe hierzu ausführlich: Jacobs, Internationale Unternehmensbesteuerung, 7. Aufl., 538 ff.
4) Vgl. BMF v. 26.9.2014, IV B 5 - S 1300/09/10003, BStBl I 2014, 1258, Anlage.
5) Vgl. BFH 26.2.1992, I R 85/91, BStBl II 1992, 937; Strunk/Kaminski in Strunk/Kaminski/Köhler, AStG/DBA, Art. 7 OECD-MA, Rz. 34.
6) Vgl. BFH v. 16.10.2002, I R 17/01, BStBl II 2003, 631; Strunk/Kaminski in Strunk/Kaminski/Köhler, AStG/DBA, Art. 7 OECD-MA, Rz. 34.

§ 50d Abs. 9 EStG, sofern die Gesellschafter auf Grund bestimmter lokaler Steuerrechtsregeln ihren Betriebsstättengewinn im Ausland nicht (voll) versteuern müssen.

Entsprechend der Ergänzung des § 1 AStG durch das AmtshilfeRLUmsG vom 26.6.2013 gilt als Stpfl. im Sinne dieser Vorschrift künftig auch eine Personengesellschaft, ebenso kann diese eine nahestehende Person darstellen. Somit greift bei Leistungsbeziehungen zu einer ausländischen Personengesellschaft künftig vollumfänglich der in § 1 AStG normierte Fremdvergleichsgrundsatz. Demgegenüber erfolgt zwar auch im Hinblick auf Betriebsstätten gem. der Ergänzung des § 1 AStG eine Anwendung des Fremdvergleichsgrundsatzes, jedoch kommt dieser nur gem. den in § 1 Abs. 5 AStG geregelten spezifischen Grundsätzen zur Behandlung der Betriebsstätte wie ein eigenständiges und unabhängiges Unternehmen zur Anwendung. Als Folge hieraus resultieren künftig u.U. größere Unterschiede in der Gewinnhöhe zwischen einer „echten" Betriebsstätte und einer durch eine ausländische Personengesellschaft vermittelten Betriebsstätte.

Werden in der ausländischen Betriebsstätte oder Personengesellschaft nicht ausschließlich originär gewerbliche Tätigkeiten i. S. des Art. 5, 7 OECD-MA ausgeübt, so richtet sich das Besteuerungsrecht für die weiteren Einkünfte grundsätzlich nach den für diese anderen Einkünfte einschlägigen Artikeln des jeweiligen DBA. Dieses sog. Spezialitätsprinzip des Art. 7 Abs. 7 OECD-MA kommt auch bei Sondervergütungen zur Anwendung, die der Gesellschafter von der ausländischen Personengesellschaft erhält, soweit einzelne DBA keine gegenteilige Sonderregelung enthalten (z.B. DBA Schweiz oder Österreich). Daher ist je nach Art der Sondervergütung primär die Anwendbarkeit z.B. der Art. 11, 12 oder 15 OECD-MA zu prüfen.[1] Das Spezialitätsprinzip wird jedoch durchbrochen, soweit die gem. Art. 7 Abs. 7 OECD-MA vorrangig anzuwendenden Artikel auf Art. 7 OECD-MA zurückverweisen (sog. Betriebsstättenvorbehalt).[2] Maßgeblich für die anzuwendende Norm ist hierzu, ob die zu Grunde liegenden Vermögenswerte tatsächlich, d.h. funktional der ausländischen Betriebsstätte bzw. Personengesellschaft zuzuordnen sind.[3]

Die FinVerw erfasst die Sondervergütungen demgegenüber mit dem Hinweis auf § 50d Abs. 10 EStG generell im Rahmen der Unternehmensgewinne, unabhängig davon, ob es sich um Sondervergütungen des inländischen Gesellschafters einer ausländischen Personengesellschaft oder um Sondervergütungen des ausländischen Gesellschafters einer inländischen Personengesellschaft handelt.[4] Eine Ausnahme bestehe nur für den Fall, dass es sich bei den Sondervergütungen um Zinsaufwendungen zur Refinanzierung eines an die Personengesellschaft unverzinslich vergebenen Darlehens handelt. In diesem Fall sei die Regelung des § 50d Abs. 10 EStG nicht anwendbar. Ferner sei die Regelung des § 50d Abs. 10 EStG nicht anwendbar, soweit die Personengesellschaft keine Unternehmensgewinne erziele.(→ 4 Rz. 252).

Behandelt der andere Vertragsstaat die ausländische Personengesellschaft nach dem Trennungsprinzip, d.h. als eigenständiges Steuersubjekt und betrachtet daher die Gesellschaft als abkommensberechtigt, so wendet er auf die Gewinnanteile der Gesellschafter regelmäßig den Dividendenartikel Art. 10 OECD-MA an und erhebt eine entsprechende Quellensteuer. Aus deutscher Sicht unterfallen die Gewinne jedoch entsprechend dem Transparenzprinzip grundsätzlich Art. 7 OECD-MA, wonach die ausgeschütteten Gewinne als nicht steuerbare Entnahmen zu beurteilen

---

1) Vgl. BFH v. 27.2.1991, I R 15/89, BStBl II 1991, 444; Piltz in Wassermeyer, Doppelbesteuerung, Art. 7 OECD-MA, Rz. 108 ff. m.w.N.
2) Vgl. Art. 10 Abs. 4, 11 Abs. 4, 12 Abs. 3, 13 Abs. 2, 21 Abs. 2 OECD-MA.
3) Vgl. zur „tatsächlichen Zugehörigkeit" u.a. BFH v. 13.2.2008, I R 63/06, BFH/NV 2008, 1250; v. 17.10.2007, I R 5/06, BFH/NV 2008, 869; v. 21.7.1999, I R 110/98, BStBl II 1999, 812.
4) Vgl. BMF v. 26.9.2014, IV B 5 - S 1300/09/10003, BStBl I 2014, 1258, Tz. 5.1.1.

wären.¹⁾ Ausländische Quellensteuern werden daher nicht angerechnet. § 50d Abs. 9 EStG versagt in derartigen Fällen eine Gewährung der abkommensrechtlich vorgesehenen Freistellung.²⁾ Im Hinblick auf Sondervergütungen ist weiterhin § 50d Abs. 10 EStG zu beachten, der generell auf ein deutsches Besteuerungsrecht zielt (→ 4 Rz. 275).

Die Veräußerung der Beteiligung an der Personengesellschaft wird aus deutscher Sicht abkommensrechtlich grundsätzlich als Veräußerung von Betriebsstättenvermögen gem. Art. 13 Abs. 2 OECD-MA qualifiziert. Entsprechend erfolgt die vorrangige Zuweisung des Besteuerungsrechts zum Betriebsstättenstaat, während Deutschland gem. Art. 23 A OECD-MA den Gewinn i.d.R. – je nach Abkommen ggf. unter Aktivitätsvorbehalt – freistellt. Bei Veräußerung der Wirtschaftsgüter des Sonderbetriebsvermögens entscheidet die abkommensrechtliche Zugehörigkeit dieser Wirtschaftsgüter zu dem Vermögen der ausländischen Betriebsstätte über die Anwendbarkeit des Art. 13 OECD-MA. In diesem Kontext ist jedoch auch die Regelung des § 50d Abs. 10 EStG einschlägig, die ggf. ein deutsches Besteuerungsrecht vorsieht.

d) Andere Investitionen

aa) Nationales Steuerrecht

304 Sofern natürliche Personen bzw. Personengesellschaften, deren Gesellschafter natürliche Personen sind, andere Investitionen tätigen, als die zuvor betrachteten, steht die Regelung des § 34c EStG im Mittelpunkt, sofern die Auslandseinkünfte nicht auf Grund eines DBA freigestellt werden. In Betracht kommt wahlweise die Anrechnung ausländischer Steuern oder der Abzug ausländischer Steuern von der inländischen Steuerbemessungsgrundlage. Zu Einzelheiten → 4 Rz. 269 ff.

bb) Abkommensrecht

305 Natürliche Personen können grundsätzlich alle in einem DBA geregelten „Einkunftsarten" erzielen. Dies gilt auch für inländische Personengesellschaften, die sich im Ausland betätigen, sofern die Gesellschaft selbst nicht abkommensberechtigt ist und daher die Abkommensberechtigung auf die Gesellschafter (= natürliche Personen) durchschlägt. Ist die Personengesellschaft hingegen selbst abkommensberechtigt, ist der Katalog der erzielbaren abkommensrechtlichen Einkunftsarten naturgemäß beschränkt (z.B. kann sie wohl keine Einkünfte aus unselbständiger Arbeit oder Ruhegehältern beziehen).

Die Zuordnung des Besteuerungsrechts erfolgt differenziert je Einkunftsart. Während z.B. für Zinsen und Lizenzgebühren dem Quellenstaat i.d.R. ein – wenn überhaupt – der Höhe nach nur begrenztes Besteuerungsrecht zu Gunsten eines vorrangigen Besteuerungsrechts für den Wohnsitzstaat zugestanden wird, bestimmt sich die Besteuerung anderer Einkünfte nach abweichenden Prinzipen: so z.B. nach dem Belegenheitsprinzip bei Einkünften aus unbeweglichem Vermögen oder nach dem Arbeitsortprinzip bei Einkünften aus nichtselbständiger Arbeit.

Die Vermeidung der Doppelbesteuerung erfolgt im Rahmen von DBA entweder durch Freistellung der betreffenden Einkünfte von der Besteuerung in einem der beiden Staaten oder durch Anrechnung der ausländischen Steuer auf die inländische Steuer. Die deutschen DBA beschränken sich weder auf die eine noch auf die andere Methode; vielmehr kommt je nach abkommensrechtlicher Einkunftsart eine der Methoden zur Anwendung. Die Anrechnungsmethode betrifft i.d.R. Dividenden, Zinsen und Lizenzgebühren (soweit der andere Staat aber z.B. auf Lizenzen oder Zinsen

---

1) Vgl. BMF v. 26.9.2014, IV B 5 - S 1300/09/10003, BStBl I 2014, 1258, Tz. 4.1.4.1.
2) Vgl. JStG 2007, BR-Drucks. 835/06.

auch keinen begrenzten Quellensteuersatz einbehalten darf, führt dies letztlich auch zu einer Freistellung in einem Staat, obwohl man dennoch in diesen Fällen von der Anwendung der Anrechnungsmethode – durch den Ansässigkeitsstaat – spricht). Für andere Einkünfte, wie z.b. solche aus nichtselbständiger Arbeit oder aus unbeweglichem Vermögen gilt meist – aber bei Einkünften aus nichtselbständiger Arbeit mit markanten Ausnahmen unter der sog. „183-Tage-Regelung" sowie einer etwaigen „Grenzgänger-Regelung" im jeweiligen DBA – die Freistellungsmethode durch den Ansässigkeitsstaat zu Gunsten des Ausübungs- bzw. Belegenheitsstaat. Bei Anwendung der Freistellungsmethode auf deutscher Seite sind die allgemeine „Subject-to-tax-Regelung" des § 50d Abs. 8 und 9 EStG zu beachten.[1]

Für Einzelheiten zur abkommensrechtlichen Behandlung ausgewählter Einkunftsarten in der deutschen Abkommenspraxis siehe (→ 4 Rz. 383 ff.).

2. Besteuerung der Auslandsengagements von Kapitalgesellschaften

a) Vorbemerkung

306 Kapitalgesellschaften i. S. des § 1 Abs. 1 Nr. 1 KStG mit Sitz oder Geschäftsleitung im Inland unterliegen mit ihrem gesamten Welteinkommen der unbeschränkten Körperschaftsteuerpflicht, § 1 Abs. 1 und 2 KStG. Soweit eine Kapitalgesellschaft im Ausland Einkünfte erzielt, resultiert im jeweiligen Staat entsprechend des nationalen Steuerrechts in aller Regel eine beschränkte Steuerpflicht. Daher sind auch im KStG einseitige Regelungen zur Milderung oder Beseitigung einer internationalen Doppelbesteuerung vorgesehen. § 26 Abs. 1 und 6 KStG ermöglichen i.V.m. § 34c Abs. 1 und 2 EStG die Anrechnung bzw. den Abzug ausländischer Steuern (→ 4 Rz. 269 ff.). Die Anrechnungs- bzw. Abzugsmethode stellt hierbei den Regelfall zur Vermeidung einer internationalen Doppelbesteuerung dar. Bei Gewinnausschüttungen ausländischer Kapitalgesellschaften (mit Ausnahme sog. „Streubesitzdividenden" i. S. d. § 8b Abs. 4 KStG) und bei Gewinnen aus der Veräußerung von Anteilen an ausländischen Kapitalgesellschaften kommt sie jedoch nicht zur Anwendung, da diese Einkünfte gem. § 8b Abs. 1 bzw. 2 KStG zu effektiv 95 % von der Besteuerung im Inland freigestellt sind (auf Grund von § 8b Abs. 5 bzw. 3 KStG sind diese zu 5 % effektiv steuerpflichtig). Im Fall von sog. „Streubesitzdividenden", die gem. § 8b Abs. 4 KStG vorliegen, sofern zu Beginn des Kalenderjahres eine unmittelbare Beteiligung von weniger als 10 % am Grund- oder Stammkapital besteht, kommt auf Grund der vollen Körperschaftsteuerpflicht der Dividenden demgegenüber die Anrechnung bzw. der Abzug einer im Ausland einbehaltenen Quellensteuer zur Anwendung. Für GewSt-Zwecke gilt die Steuerfreiheit von Dividenden und Gewinnen aus der Veräußerung von Anteilen an ausländischen Kapitalgesellschaften grundsätzlich ebenfalls, wobei für Dividenden ebenfalls eine Mindestbeteiligungshöhe von 10 % bzw. 15 % sowie ggf. die zusätzliche Erfüllung eines Aktivitätsvorbehalts zu beachten ist.

Betätigt sich eine inländische Kapitalgesellschaft in einem ausländischen Staat, mit dem ein Doppelbesteuerungsabkommen besteht, erfolgt die Vermeidung der Doppelbesteuerung je nach Einkunftsart durch die Anrechnungs- oder die Freistellungsmethode (Art. 23B und 23A OECD-MA). Die Anrechnungsmethode findet meist Anwendung, wenn das Besteuerungsrecht des Quellenstaats der Höhe nach durch das DBA begrenzt ist, so etwa bei Zinsen oder Lizenzen. Die Durchführung der Anrechnung im Wohnsitzstaat bestimmt sich anhand der nationalen Regelungen (vgl. § 34c Abs. 6 Satz 2 EStG). Die Freistellungsmethode findet meist in den Fällen Anwendung, in denen das Besteuerungsrecht des ausländischen Staates durch das DBA nicht eingeschränkt wird. Die entsprechenden Einkünfte sind sodann entsprechend der jeweiligen Regelung im Methodenartikel des DBA mit dem ausländischen Staat von der

---

1) Vgl. hierzu BMF v. 20.6.2013, IV B 2 – S 1300/09/10006, BStBl I 2013, 980.

inländischen Bemessungsgrundlage auszunehmen. Es gelten die gleichen Grundsätze wie vorstehend zu natürlichen Personen ausgeführt. Abweichungen ergeben sich nur in Bezug auf qualifizierenden Anteilsbesitz durch Kapitalgesellschaften an Kapitalgesellschaften (sog. „internationales Schachtelprivileg"). Hier kommt es – anders als bei natürlichen Personen – zur Freistellung des Dividendenbezugs trotz regelmäßig nur beschränktem Besteuerungsrecht des Quellenstaats (zugleich greift i.d.R. auch die Befreiung gem. § 8b Abs. 1, 5 KStG).

b) Investitionen in ausländische Kapitalgesellschaften

aa) Nationales Steuerrecht

Nach der unilateralen Regelung des § 8b Abs. 1 i.V.m. Abs. 4 und 5 KStG bleiben im Rahmen der körperschaftsteuerlichen Einkommensermittlung 95 % der Dividende effektiv außer Ansatz, sofern zu Beginn des Kalenderjahres eine unmittelbare Beteiligung am Grund- oder Stammkapital von mindestens 10 % besteht. Die Regelung gilt über § 7 GewStG grundsätzlich auch für die GewSt, jedoch sind hier weitergehende Anforderungen im Hinblick auf die Beteiligungshöhe und ggf. Aktivitätserfordernisse der ausschüttenden Kapitalgesellschaft zu beachten. (→ 4 Rz. 314). Die Beteiligungsertragsbefreiung des § 8b KStG setzt darüber hinaus aber weder eine Mindestbeteiligungsdauer, noch eine aktive Tätigkeit der ausländischen Kapitalgesellschaft voraus. Es fehlt ebenso das Erfordernis einer Mindestvorbelastung mit ausländischer Steuer (hier können u.U. die Regelungen der Hinzurechnungsbesteuerung greifen). Weiterhin besteht keine Beschränkung auf einen Bezug durch inländische Körperschaften, da die Beteiligungsertragsbefreiung in gleicher Weise auch für beschränkt steuerpflichtige Kapitalgesellschaften gilt.[1] Die Regelung des § 8b KStG ist jedoch nur dann anzuwenden, wenn es sich bei der ausländischen Gesellschaft, in die das Investment erfolgt, nach Maßgabe des sog. Rechtstypenvergleichs um eine Kapitalgesellschaft respektive Körperschaft handelt (→ 4 Rz. 299).

307

Auf Grund des § 8b Abs. 1 Satz 2 KStG bleiben von ausländischen Kapitalgesellschaften erhaltene Bezüge (Dividenden) bei der Ermittlung des Einkommens indes nur dann außer Ansatz, wenn sie (im Ausland) das Einkommen der leistenden Körperschaft nicht gemindert haben (d.h. wenn sie nicht von der Bemessungsgrundlage der leistenden Gesellschaft abgezogen worden sind).[2] Während die bisherige Regelung des § 8b Abs. 1 Satz 2 KStG (letztmalige Anwendung für den VZ 2013) nur verdeckte Gewinnausschüttungen erfasste, werden nun alle an der Quelle abzugsfähigen Leistungen erfasst, also insbesondere auch Zahlungen auf hybride Finanzinstrumente, die im Ausland bei der Ermittlung des Einkommens abgezogen werden können, während im Inland eine Qualifikation als (offene) Gewinnausschüttung erfolgt (z.B. die brasilianische Eigenkapitalverzinsung „Interest on Net Equity" oder bestimmte Fälle von Eigenkapitalgenussscheinzahlungen[3]). Keine Aufhebung der Freistellung erfolgt, soweit durch eine verdeckte Gewinnausschüttung das Einkommen einer dem Stpfl. nahe stehenden Person erhöht wurde und der diesbezügliche Steuerbescheid nicht im Rahmen des § 32a KStG n.F. erlassen, aufgehoben oder geändert wurde (§ 8b Abs. 1 Satz 4 KStG).

Korrespondierend zur Freistellung von Dividenden und Gewinnen aus der Veräußerung von Anteilen sieht § 8b Abs. 3 Satz 3 KStG vor, dass Gewinnminderungen, die

---

1) Vgl. BMF v. 28.4.2003, IV A 2 – S 2750a – 7/03, BStBl I 2003, 292, Tz. 4, wonach „alle Körperschaften, Personenvereinigungen und Vermögensmassen i. S. der §§ 1 und 2 KStG als Empfänger" erfasst werden.
2) Vgl. Gesetz zur Umsetzung der Amtshilferichtlinie sowie zur Änderung steuerlicher Vorschriften v. 26.6.2013, BGBl. I 2013, 1809.
3) Vgl. dazu z.B. Köhler in Steuerberater-Jahrbuch 2012/2013, Korrespondenzprinzip bei vGA und vE, 265, 299.

im Zusammenhang mit dem Anteil stehen, bei der Ermittlung des Einkommens der Muttergesellschaft nicht zu berücksichtigen sind. Hierunter sind insbesondere Teilwertabschreibungen auf die Anteile zu erfassen. Diese Regelung basiert auf dem Gedanken, Gewinne und Verluste im Rahmen der Gewinnermittlung symmetrisch zu behandeln, wenngleich dies in der Literatur z.T. scharf kritisiert und als nicht mit dem Leistungsfähigkeitsprinzip für vereinbar gehalten wird.[1]

Auch Gewinnminderungen im Zusammenhang mit einer Darlehensforderung werden gem. § 8b Abs. 3 Satz 4 ff. KStG nicht zum Abzug zugelassen, wenn der darlehensgewährende Gesellschafter zu mehr als 25 % unmittelbar oder mittelbar am Grund- bzw. Stammkapital der darlehensempfangenden Gesellschaft beteiligt ist oder war. Diese Regelung erfasst insbesondere Teilwertabschreibungen auf eine Darlehensforderung, einen vollen Ausfall der Darlehensforderung, einen Forderungsverzicht, aber auch Aufwendungen aus der Inanspruchnahme aus Sicherheiten und Bürgschaften sowie anderen Rechtshandlungen, die einer Darlehensgewährung wirtschaftlich vergleichbar sind (z.b. Abschreibungen auf Forderungen aus Lieferungen und Leistungen oder auf Mietforderungen). Gleiches gilt für entsprechende Gewinnminderungen von diesem Gesellschafter nahestehenden Personen i.S. des § 1 Abs. 2 AStG sowie für Gewinnminderungen aus dem Rückgriff eines Dritten auf den zu mehr als 25 % beteiligten Gesellschafter. Die steuerliche Nichtberücksichtigung greift nur dann nicht, wenn der Nachweis erbracht werden kann, dass auch ein fremder Dritter das Darlehen unter sonst gleichen Umständen gewährt oder noch nicht zurückgefordert hätte. Hierbei sind nur die eigenen Sicherungsmittel der darlehensempfangenden Gesellschaft zu berücksichtigen. Soweit in den Folgejahren eine gewinnwirksame Wertaufholung der Darlehensforderung erfolgt, bleibt dieser Gewinn für die Besteuerung außer Ansatz.

Der Betriebsausgabenabzug bei Dividenden aus Anteilen an einer Gesellschaft ist in § 8b Abs. 5 KStG pauschalierend mit einer Art „Abgeltungswirkung" – aber auf der Einnahmenseite" – geregelt. Danach sind von der Körperschaftsteuer befreite Dividenden zwar formal zu 100 % steuerbefreit, 5 % sind jedoch fiktiv und unwiderleglich („gelten") als Betriebsausgaben anzusehen, die mit den Einnahmen in unmittelbarem wirtschaftlichem Zusammenhang stehen. Diese pauschalierende Regelung gilt generell für Dividenden, unabhängig davon, ob sie von einer in- oder ausländischen Kapitalgesellschaft bezogen werden. Die Regelung des § 3c Abs. 1 EStG findet gem. § 8b Abs. 5 Satz 2 KStG keine Anwendung. Aufwendungen, die im Zusammenhang mit der Beteiligung stehen, können daher – soweit § 8b Abs. 3 KStG greift – vollständig als Betriebsausgaben abgezogen werden. Unterstellt man die Ertragsteuerbelastung (KSt, SolZ und GewSt) bei Körperschaften i.H.v. rd. 29 %, dann bedeutet dies, dass die Inkaufnahme einer deutschen Steuerlast von ca. 1,5 % (bezogen auf Auslandsdividenden) die Möglichkeit eröffnet, grundsätzlich sonstigen Aufwand im Zusammenhang mit der Beteiligung geltend zu machen. Fehlt es allerdings an einem entsprechenden Aufwand, so führt die pauschalierende Regelung zu einer Überbesteuerung.

Auch Veräußerungsgewinne von Körperschaften, die Bezüge gem. § 20 Abs. 1 Nr. 1, 2, 9, 10a EStG vermitteln, bleiben bei der Einkommensermittlung von Körperschaften zu effektiv 95 % außer Ansatz (gleiche „Mechanik" wie bei den Dividenden durch das Zusammenspiel von § 8b Abs. 2 und 3 KStG). Der Verkäufer kann wie das Transaktionsobjekt „Inländer" oder „Ausländer" sein. Grundsätzlich sind auch keine Haltefristen oder eine Mindestbeteiligungshöhe zu beachten. Auf Grund der Neuregelung im Rahmen des SEStEG sind lediglich noch für „Altfälle" sog. einbringungsgeborener Anteile und weiterer Fälle des § 8b Abs. 4 KStG a.F. bzw. §§ 20 ff. UmwStG a.F. Mindestbehaltefristen von sieben Jahre beachtlich. Generell nicht befreit sind vorange-

---

1) Vgl. u.a. Bareis, BB 2003, 2316 f.; Spengel/Schaden, DStR 2003, 2196.

gangene „steuerwirksame" Teilwertabschreibungen, die noch nicht dem Aufholungsgebot unterlegen haben.

Die Regelungen des § 8b Abs. 3 Satz 1 KStG (für Veräußerungsgewinne) und § 8b Abs. 5 KStG (für Dividenden), wonach jeweils typisierend 5 % der Bezüge als nichtabziehbare Betriebsausgaben gelten und ein Nachweis niedrigerer Betriebsausgaben nicht gestattet ist, wurde vom BVerfG als verfassungskonform beurteilt.[1] Begründet wird dies damit, dass die typisierende und pauschalierende Regelung in verfassungskonformer Weise der Vereinfachung diene. Zudem seien durch den pauschalierten Ansatz nichtabzugsfähiger Betriebsausgaben steuerliche Missbrauchsmöglichkeiten im Hinblick auf die zeitliche Steuerung von Dividendenausschüttungen (Ballooning-Gestaltungen) beseitigt worden, die vor Inkrafttreten der Regelungen bestanden. Eine Begrenzung der Hinzurechnung auf die tatsächliche Höhe der angefallenen Betriebsausgaben lehnt das BVerfG ab, da hierdurch wieder Gestaltungen zur Umgehung der Vorschrift ermöglicht würden.

Die 95 %ige Dividenden- und Veräußerungsgewinnfreiheit gilt auch dann, wenn zwischen den ausländischen operativen Gesellschaften und einer deutschen oder auch ausländischen Mutterkapitalgesellschaft eine Personengesellschaft bzw. Mitunternehmerschaft geschaltet ist. Die Auslandsbeteiligungen müssen lediglich zu einem inländischen Betriebsvermögen gehören (§ 8b Abs. 6 KStG i.V.m. § 7 Satz 4 GewStG). Zu beachten ist allerdings, dass Quellensteuerreduktionen nach den entsprechenden DBAs ggf. nur dann gewährt werden, falls Bezieherin der Dividenden unmittelbar eine Körperschaft ist; die Einschaltung einer Mitunternehmerschaft führt also u.U. zu höheren Quellensteuersätzen im Ausland.

Für die Behandlung von Gewinnausschüttungen ausländischer Kapitalgesellschaften für Zwecke der GewSt → 4 Rz. 314.

bb) Abkommensrecht

Damit sowohl die ausländische Gesellschaft als auch die inländischen Gesellschafter die Vorteile des Doppelbesteuerungsabkommens in Anspruch nehmen können, müssen sie abkommensberechtigte Personen i. S. des jeweiligen DBA sein (→ 4 Rz. 300). Im vorliegenden Abschnitt wird angenommen, dass es sich aus Sicht beider Abkommensstaaten bei dem ausländischen Rechtsgebilde, in das investiert wird, und bei dem inländischen Investor um eine Kapitalgesellschaft handelt, die juristische Person ist, so dass jeweils abkommensberechtigte Personen i. S. des DBA (= Gesellschaft i. S. des Art. 3 Abs. 1 Buchst. b OECD-MA) vorliegen. **308**

Die Gewinnausschüttungen der ausländischen Kapitalgesellschaft fallen unter den Dividendenartikel (Art. 10 OECD-MA), sofern sie von Gesellschaften i. S. des Art. 3 Abs. 1 Buchst. b OECD-MA stammen.[2] Art. 10 Abs. 3 OECD-MA enthält eine dreigliedrige Dividenden-Definition. Dividenden sind demnach Einkünfte aus

– Aktien, Genussrechten oder Genussscheinen, Kuxen, Gründeranteilen;
– aus anderen Rechten – ausgenommen Forderungen – mit Gewinnbeteiligung sowie
– aus sonstigen Gesellschaftsanteilen, soweit die Einkünfte nach dem Recht des Quellenstaats den Einkünften aus Aktien steuerlich gleichgestellt sind.

Während im ersten und zweiten Teil eine abkommensautonome Definition vorliegt, verweist der dritte Teil auf das Recht des Quellenstaats, welches insoweit auch für den Ansässigkeitsstaat (hier: Deutschland) verbindlich ist.

---

1) Vgl. BVerfG v. 12.10.2010, 1 BvL 12/07, DStR 2010, 2393.
2) Vgl. Vogel in Vogel/Lehner, 5. Aufl., Art. 10 Rz. 188.

Liegen Dividenden i. S. des Art. 10 Abs. 3 OECD-MA vor, können diese gem. Art. 10 Abs. 1 OECD-MA grundsätzlich nur im Ansässigkeitsstaat des Dividendenempfängers besteuert werden. Gemäß Art. 10 Abs. 2 OECD-MA wird dem Quellenstaat indes ein der Höhe nach beschränktes Besteuerungsrecht eingeräumt. Dieses Besteuerungsrecht wird gem. Art. 10 Abs. 2 Buchst. b OECD-MA auf 15 % begrenzt. Die deutsche Abkommenspraxis sieht Quellensteuersätze von i.d.R. 10–20 % vor. Das sog. abkommensrechtliche Schachtelprivileg des Art. 10 Abs. 2 Buchst. a) OECD-MA sieht einen reduzierten Quellensteuersatz von 5 % vor, sofern der Nutzungsberechtigte eine Gesellschaft ist, die unmittelbar über mindestens 25 % des Kapitals der ausschüttenden Gesellschaft verfügt. Zur Vermeidung einer Doppelbesteuerung sieht Art. 23a Abs. 2 OECD-MA im Falle von Streubesitzdividenden die Anrechnung der im Ausland einbehaltenen Quellensteuer auf die eigene Steuer des Dividendenempfängers vor. Bei Vorliegen einer Schachtelbeteiligung sind die Dividenden vorbehaltlich etwaiger Aktivitätsvorbehalte von der deutschen Bemessungsgrundlage auszunehmen (Art. 23a OECD-MA – sog. internationales Schachtelprivileg). Ungeachtet der abkommensrechtlichen Regelungen wird der Quellensteuersatz im Geltungsbereich der EU-Mutter-Tochter-Richtlinie unter bestimmten Voraussetzungen auf Null reduziert (→ 4 Rz. 289 ff).

Durch die Regelung des § 50d Abs. 9 EStG wird die abkommensrechtlich gebotene Freistellung von Dividenden jedoch eingeschränkt, sofern der Quellenstaat durch eine (abweichende) Abkommensauslegung die Dividenden nicht oder nur der Höhe nach begrenzt besteuert (sog. Qualifikationskonflikt) oder die Dividenden bei der Ermittlung des Gewinns der ausschüttenden ausländischen Kapitalgesellschaft abgezogen worden sind und der Empfänger der Dividenden (hier: die inländische Kapitalgesellschaft) diese im Quellenstaat mangels einer unbeschränkten Steuerpflicht nicht versteuern muss. Ferner wird die abkommensrechtliche Freistellung von Dividenden gem. § 50d Abs. 11 EStG nur insoweit gewährt, als die Dividenden nach deutschem Steuerrecht nicht einer anderen Person zuzurechnen ist – anderenfalls werden sie bei der anderen Person nur dann freigestellt, wenn sie bei ihr als Zahlungsempfänger nach dem DBA ebenfalls freigestellt würden (diese Regelung zielt auf Sonderfälle wie z.B. eine KGaA oder eine atypisch stille Gesellschaft als Dividendenempfänger). Weiterhin ist ggf. auch die Regelung des § 8b Abs. 1 Satz 3 KStG für abkommensrechtlich freigestellte Gewinnausschüttungen (die i.d.R. unter den Dividendenartikel fallen) zu beachten, sofern diese im Ausland von der Bemessungsgrundlage der leistenden Gesellschaft abgezogen wurden.

Das internationale (abkommensrechtliche) Schachtelprivileg überschneidet sich mit der Regelung des § 8b Abs. 1 KStG, die eine (weitgehend) vorbehaltlose Freistellung von Dividendenzahlungen auf Ebene der inländischen Kapitalgesellschaft vorsieht, sofern eine Mindestbeteiligung zu Beginn des Kalenderjahrs von unmittelbar 10 % besteht und dieser Bezug auf Ebene der leistenden Gesellschaft nicht abzugsfähig war. Die Bedeutung der abkommensrechtlichen Regelung ist insoweit auf Randbereiche beschränkt. So werden z.B. Vergütungen aus typisch stillen Beteiligungen in zahlreichen deutschen DBA in den Dividendenbegriff einbezogen (hier ist allerdings ergänzend z.B. § 50d Abs. 9 EStG zu prüfen).[1]

c) Investitionen in Betriebsstätten und Personengesellschaften

309 Eine Betriebsstätte stellt einen Unternehmensteil dar, der mehr oder weniger wirtschaftlich, aber nicht rechtlich selbständig ist. Die Begriffsbestimmung richtet sich nach den nationalen Vorschriften der beteiligten Staaten und im DBA-Fall nach abkommensrechtlichen Vorschriften. Bei Errichtung einer ausländischen Betriebsstätte resultiert entsprechend den steuerlichen Vorschriften im Betriebsstättenstaat

---

1) Vgl. z.B. Nr. 11 des Schlussprotokolls zum DBA-Luxemburg.

beschränkte Steuerpflicht. Auf Grund des in Deutschland geltenden Welteinkommensprinzips resultieren bei der investierenden Kapitalgesellschaft gleichermaßen auch in Deutschland steuerliche Folgen hinsichtlich der Einkünfte der Betriebsstätte.

Beteiligt sich eine inländische Kapitalgesellschaft an einer ausländischen Personengesellschaft, hängt die Besteuerung letzterer im Quellenstaat maßgeblich davon ab, ob die ausländische Steuerrechtsordnung dem Mitunternehmerkonzept (Transparenzprinzip) oder dem Kapitalgesellschaftskonzept (Trennungsprinzip) folgt. Für die deutsche Besteuerung der im Inland ansässigen Kapitalgesellschaft ist es entscheidend, ob die ausländische Gesellschaft auf Basis des sog. Rechtstypenvergleichs aus deutscher Sicht als Mitunternehmerschaft oder als Körperschaft/Kapitalgesellschaft einzuordnen ist. Bei Bestehen eines DBA ist zudem von Bedeutung, ob die ausländische Personengesellschaft selbst oder aber ihre Gesellschafter abkommensberechtigt sind und wie die mittels der ausländischen Personengesellschaft erzielten Einkünfte auf Abkommensebene zu qualifizieren sind.

aa) Nationales Steuerrecht

Liegt nach ausländischem Steuerrecht im betreffenden Staat eine (Vertreter-) Betriebsstätte vor, so wird die inländische Kapitalgesellschaft im Ausland mit dem dieser Betriebsstätte zuzurechnenden Erfolg und Vermögen nach Maßgabe des ausländischen Steuerrechts beschränkt (körperschaft-)steuerpflichtig. **310**

Im Rahmen der Besteuerung nach Maßgabe des deutschen Steuerrechts ist das Vorliegen einer Betriebsstätte i. S. des § 12 AO oder eines ständigen Vertreters i. S. des § 13 AO im Ausland gem. § 34d Nr. 2 Buchst. a EStG im Rahmen der gewerblichen Einkünfte für die Anwendbarkeit der unilateralen Maßnahmen zur Vermeidung bzw. Verminderung der Doppelbesteuerung nach § 26 KStG i.V.m. § 34c EStG entscheidend (für die Besteuerung im Inland im Verlustfall → **4** Rz. 316 ff.). Soweit im Quellenstaat einerseits und dem Wohnsitzstaat andererseits unterschiedliche Ausprägungen des Betriebsstättenbegriffs bestehen, kann hieraus eine Doppel- bzw. Minderbesteuerung resultieren (gegen Letztere wendet sich insbes. § 50d Abs. 9 EStG).

Bei Beteiligung an einer ausländischen Personengesellschaft hängt deren Besteuerung in ihrem Domizilstaat davon ab, ob sie im ausländischen Steuerrecht als Steuersubjekt anerkannt wird (Trennungsprinzip) oder ob die Gesellschafter Steuersubjekt sind und die Gesellschaft selbst folglich als transparent behandelt wird (Transparenzprinzip).

Für die (deutsche) Besteuerung der inländischen Kapitalgesellschaft ist entscheidend, ob die ausländische Personengesellschaft nach Maßgabe des Rechtstypenvergleichs als Personengesellschaft/Mitunternehmerschaft oder als Kapitalgesellschaft einzuordnen ist. Zum Rechtstypenvergleich siehe → **4** Rz. 299. Vorliegend wird davon ausgegangen, dass es sich aus deutscher steuerrechtlicher Sicht bei der ausländischen Gesellschaft, in die investiert wird, um eine Personengesellschaft/Mitunternehmerschaft i. S. des § 15 Abs. 1 Nr. 2 EStG handelt. Für die diesbezüglichen deutschen Besteuerungsfolgen gelten die unter → **4** Rz. 302 getroffenen Aussagen entsprechend.

bb) Abkommensrecht

Das Vorliegen einer Betriebsstätte i. S. des Art. 5 OECD-MA entscheidet über die Zuteilung des Besteuerungsrechts zum Quellen- oder Wohnsitzstaat. Die Doppelbesteuerungspraxis ist durch das sog. Betriebsstättenprinzip geprägt, Art. 7 Abs. 1 OECD-MA. Zur Erläuterung des Betriebsstättenprinzips und zur Aufteilung des Unternehmensgewinns zwischen Stammhaus und Betriebsstätte → **4** Rz. 303. **311**

Im Falle der Beteiligung an einer ausländischen Personengesellschaft stellt sich das Problem der Abkommensberechtigung. Wird die ausländische Personengesellschaft steuerrechtlich in Inland und Ausland als transparent behandelt, dann gilt der Abkommensschutz wegen der fehlenden Subjekteigenschaft i.d.R. nicht für die Gesellschaft selbst, sondern für die Gesellschafter (hier: für die inländische Kapitalgesellschaft). Abweichendes ergibt sich nur, sofern das jeweilige DBA Personengesellschaften ausdrücklich als abkommensberechtigte Personen behandelt.[1] Über die Anwendung des Abkommens entscheidet somit meist die Ansässigkeit der einzelnen Mitunternehmer (vgl. ausführlicher unter →4 Rz. 300). Die inländische Kapitalgesellschaft als Gesellschafterin der ausländischen Personengesellschaft hingegen ist stets abkommensberechtigt, da sie juristische Person und somit Gesellschaft i. S. des Abkommens und abkommensberechtigte Person ist (Art. 1 i.V.m. Art. Abs. 1 Buchst. a und b OECD-MA).

Die unter → 4 Rz. 303 getroffenen Aussagen zur unterschiedlichen abkommensrechtlichen Behandlung von Personengesellschaften (Steuersubjektqualifikation), zur abkommensrechtlichen Einordnung der Einkünfte (Steuerobjektqualifikation) und zu den sich hieraus ergebenden Methoden zur Vermeidung der Doppelbesteuerung gelten entsprechend.

d) Andere Investitionen

aa) Nationales Steuerrecht

312 Tätigt eine Kapitalgesellschaft andere Investitionen als die zuvor betrachteten, steht die Regelung des § 26 KStG i.V.m. § 34c EStG im Mittelpunkt, sofern die Auslandseinkünfte nicht auf Grund eines DBA freigestellt werden. In Betracht kommt wahlweise die Anrechnung ausländischer Steuern oder der Abzug ausländischer Steuern von der inländischen Steuerbemessungsgrundlage. Zu Einzelheiten → 4 Rz. 269 ff.

bb) Abkommensrecht

313 Für Kapitalgesellschaften sind im Gegensatz zu natürlichen Personen nur ausgewählte abkommensrechtliche Einkunftsarten von Bedeutung. Neben den oben bereits erörterten Unternehmensgewinnen und Dividendeneinkünften sind v.a. Zins- und Lizenzeinkünfte sowie Einkünfte aus unbeweglichem Vermögen relevant.

Die Zuordnung des Besteuerungsrechts erfolgt je nach Einkunftsart nach unterschiedlichen Prinzipien. Während z.B. für Zinsen und Lizenzgebühren eine Aufteilung des Besteuerungsrechts erfolgt und dem Quellenstaat i.d.R. ein der Höhe nach begrenztes Besteuerungsrecht zugestanden wird, bestimmt sich die Besteuerung anderer Einkünfte nach abweichenden Prinzipen, so z.B. nach dem Belegenheitsprinzip bei Einkünften aus unbeweglichem Vermögen.

Die Vermeidung der Doppelbesteuerung erfolgt im Rahmen von DBA entweder durch Freistellung der betreffenden Einkünfte von der Besteuerung des Ansässigkeitsstaats oder durch Anrechnung der ausländischen Steuer auf die inländische Steuer. Die deutschen DBA beschränken sich weder auf die eine noch auf die andere Methode; vielmehr kommt je nach abkommensrechtlicher Einkunftsart eine der Methoden zur Anwendung. Die Anrechnungsmethode betrifft i.d.R. bestimmte Dividenden, Zinsen und Lizenzgebühren. Bei Dividenden läuft die Anrechnung allerdings im Anwendungsbereich des § 8b Abs. 1, 5 KStG wiederum leer, da durch die unilaterale Freistellung kein Raum für die Anrechnung ausländischer Steuer bleibt (soweit diese allerdings steuerpflichtig sind – § 8b Abs. 1 Satz 2 und 3 sowie Abs. 4 KStG – kann auch eine Anrechnung der Quellensteuer erfolgen – § 26 Abs. 1, 6 KStG). Für andere Ein-

---

[1] Die unterschiedliche Behandlung von Personengesellschaften nach dem Trennungs- oder Transparenzprinzip kann zu sog. subjektiven Qualifikationskonflikten führen. Siehe hierzu ausführlich Jacobs, Internationale Unternehmensbesteuerung, 7. Aufl., 490 ff.

künfte wie z.B. aus unbeweglichem Vermögen gilt i.d.R. die Freistellungsmethode. Bei Anwendung der Freistellungsmethode ist die allgemeine Subject-to-tax-Regelung des § 50d Abs. 9 EStG zu beachten.

Für Einzelheiten zur abkommensrechtlichen Behandlung ausgewählter Einkunftsarten in der deutschen Abkommenspraxis → 4 Rz. 383 ff.

3. Ausländische Einkünfte im Gewerbesteuergesetz

Nur die Gewerbebetriebe unterliegen der Gewerbesteuerpflicht, die im Inland gem. § 2 Abs. 1 Satz 1 GewStG eine Betriebsstätte unterhalten. Durch die Gewerbesteuer werden also, entsprechend ihrem Charakter als Realsteuer, grundsätzlich nur Tatbestände erfasst, die im Inland verwirklicht sind (stehender Gewerbebetrieb, soweit er im Inland betrieben wird, § 2 Abs. 1 GewStG). Entsprechend diesem Konzept unterscheidet die Gewerbesteuer nicht in „beschränkte" oder „unbeschränkte" Steuerpflicht. 314

Die Einkünfte einer ausländischen Betriebsstätte scheiden nach Maßgabe des § 9 Nr. 3 GewStG ausdrücklich aus der Gewerbesteuer aus. Gleiches gilt nach § 9 Nr. 2 GewStG für die Gewinnanteile aus der Beteiligung an ausländischen Personengesellschaften, die zugleich auch als Mitunternehmerschaften qualifizieren.

Demgegenüber können sich bei Beteiligungserträgen Probleme der Doppelbesteuerung ergeben (§ 8 Nr. 5 sowie § 9 Nr. 2a, 7, 8 GewStG). Die unilaterale Befreiung durch § 8b KStG führt zwar über die Bestimmung des § 7 GewStG grundsätzlich auch zur Gewerbesteuerfreistellung, und zwar effektiv wiederum zu 95 % Ergänzend muss allerdings für Dividenden im Rahmen der GewSt § 8 Nr. 5 GewStG beachtet werden. Hiernach sind alle befreiten Dividenden wieder hinzuzurechnen, sofern keine Schachtelbeteiligung i. S. der Kürzungsvorschrift des § 9 Nr. 2a, 7 GewStG vorliegt. Ist dagegen eine Schachtelbeteiligung gegeben, unterbleibt die gewerbesteuerliche Hinzurechnung. Eine Schachtelbeteiligung hinsichtlich ausländischer Dividenden kann sich aus einem DBA i.V.m. der Kürzungsvorschrift des § 9 Nr. 8 GewStG ergeben oder gem. § 9 Nr. 7 GewStG. Letztere Vorschrift setzt bei ausländischen Kapitalgesellschaften, die nicht in den Anwendungsbereich der Mutter-Tochter-Richtlinie fallen, eine seit Beginn des Erhebungszeitraums bestehende ununterbrochene Beteiligung am Nennkapital von mindestens 15 % voraus, anderenfalls (EU-Gesellschaften i. S. der Mutter-Tochter-Richtlinie) wird nur eine 10 % Beteiligung vorausgesetzt. Zusätzlich muss die ausschüttende Kapitalgesellschaft bestimmte Aktivitätserfordernisse erfüllen.

Das in § 9 Nr. 7 GewStG normierte Aktivitätserfordernis für Kapitalgesellschaften außerhalb des Anwendungsbereichs der Mutter-Tochter-Richtlinie ist erfüllt, sofern die ausschüttende Gesellschaft ihre Bruttoerträge in dem Wirtschaftsjahr, für das sie eine Gewinnausschüttung vorgenommen hat, ausschließlich oder fast ausschließlich aus eigenen aktiven Tätigkeiten bezogen hat. Die als aktiv geltenden Tätigkeiten werden unter Bezugnahme auf den Aktiv-Katalog der Hinzurechnungsbesteuerung betreffenden § 8 Abs. 1 AStG definiert. Als aktiv i. S. des gewerbesteuerlichen Schachtelprivilegs gelten jedoch explizit nur die Tätigkeiten i. S. des § 8 Abs. 1 Nr. 1 bis 6 AStG. Es handelt sich hierbei um

- die Land- und Forstwirtschaft,
- die Herstellung, Bearbeitung, Verarbeitung und Montage von Sachen, Erzeugung von Energie sowie Aufsuchen und Gewinnung von Bodenschätzen;
- den Betrieb von Kreditinstituten oder Versicherungsunternehmen, die für ihre Geschäfte einen in kaufmännischer Weise eingerichteten Betrieb unterhalten (mit Ausnahmen);
- den Handel (mit Ausnahmen),

- Dienstleistungen (mit Ausnahmen),
- die Vermietung und Verpachtung (mit Ausnahmen).

Für die Formulierung „fast ausschließlich" ist im Gesetz keine Definition enthalten. In Übereinstimmung mit der h.M. ist von einer Mindestgrenze von 90 % auszugehen.

Da der Verweis in § 9 Nr. 7 GewStG die in § 8 Abs. 1 Nr. 8, 9 und 10 AStG normierten Gewinnausschüttungen und Gewinne aus der Veräußerung bzw. Umwandlung und Auflösung von Beteiligungen explizit ausklammert, soll die Ausübung einer Holdingfunktion durch die ausländische Tochtergesellschaft – anders als es für Zwecke der Hinzurechnungsbesteuerung der Fall ist – grundsätzlich nicht als aktive Tätigkeit i. S. des gewerbesteuerlichen Schachtelprivilegs gelten. Jedoch gelten Einkünfte der ausländischen Tochtergesellschaft aus Beteiligungen unter bestimmten Bedingungen dennoch als unschädlich. Hierzu wird vorausgesetzt, dass die Tochtergesellschaft an den Untergesellschaften mindestens zu 25 % unmittelbar beteiligt ist und die Beteiligungen seit mindestens zwölf Monaten vor dem Ende des maßgebenden Wirtschaftsjahres bestehen. Weiterhin muss die ausländische Tochtergesellschaft entweder die Aufgabe einer sog. Landesholding oder einer sog. Funktionsholding ausüben. Im Falle einer Landesholding ist es erforderlich, dass sich Geschäftsleitung und Sitz der Untergesellschaften im Staat der Tochtergesellschaft befinden und diese ihrerseits ihre Bruttoerträge ausschließlich oder fast ausschließlich, d.h. zu mindestens 90 %, aus aktiven Tätigkeiten i. S. des § 8 Abs. 1 Nr. 1 bis 6 AStG beziehen. Eine Funktionsholding ist dadurch gekennzeichnet, dass die Tochtergesellschaft selbst aktiv i. S. des § 8 Abs. 1 Nr. 1 bis 6 AStG tätig ist und die Beteiligungen an den Untergesellschaften hierzu in einem wirtschaftlichen Zusammenhang stehen. Eine bestimmte Relation der aktiven zu den passiven Tätigkeiten der Tochtergesellschaft wird nicht festgeschrieben, wogegen eine reine Holdingtätigkeit der Tochtergesellschaft, anders als bei der Landesholding, nicht zulässig ist. Erforderlich ist auch im Falle der Funktionsholding, dass die Untergesellschaften ihrerseits ihre Bruttoerträge ausschließlich oder fast ausschließlich aus Tätigkeiten i. S. des § 8 Abs. 1 Nr. 1 bis 6 AStG beziehen.

Abweichend von den vorstehend genannten Grundsätzen gilt für EU-Kapitalgesellschaften im Anwendungsbereich der Mutter-Tochter-Richtlinie, die weder Geschäftsleitung noch Sitz im Inland haben, eine 10 %-Beteiligungsgrenze, die nur zu Beginn des Erhebungszeitraums bestanden haben muss. Die qualifizierenden ausländischen Gesellschaften werden in Anlage 2 zum EStG aufgeführt. Das Aktivitätserfordernis des § 9 Nr. 7 GewStG entfaltet bei einer solchen EU-Kapitalgesellschaft keine Relevanz, so dass das gewerbesteuerliche Schachtelprivileg für diese Dividenden ohne „Aktivitätstest" greift. Weiterhin sind auch Gewinnanteile von EU-Kapitalgesellschaften, die auf Grund einer Herabsetzung des Kapitals oder nach Auflösung der Gesellschaft anfallen, unter den übrigen Voraussetzungen des § 9 Nr. 7 GewStG von der Gewerbesteuer befreit. Der von der Mutter-Tochter-Richtlinie vorgesehene Anwendungsbereich wird in § 9 Nr. 7 GewStG indes insoweit erweitert, als nicht nur inländische Kapitalgesellschaften als Anteilseigner, sondern alle gewerblichen Unternehmen, die Anteile an einer EU-Kapitalgesellschaft halten, von der Regelung begünstigt werden.

Ferner kann für Fälle der „Durchschüttung" von einer zu mindestens 15 % gehaltenen, fast ausschließlich aktiven Enkelgesellschaft durch eine ausländische Tochtergesellschaft hindurch in einem Wirtschaftsjahr bei Erfüllung aller weiteren Voraussetzungen das gewerbesteuerliche Schachtelprivileg in Anspruch genommen werden (§ 9 Nr. 7 Satz 2 bis 5 GewStG). Auf die „eigene Aktivität" der ausländischen Tochter kommt es insoweit nicht an (§ 9 Nr. 7 Satz 3 GewStG). Die ausschüttende Enkelgesellschaft kann wiederum eine Landesholding sein (§ 9 Nr. 7 Satz 6 Nr. 1 GewStG). Sowohl bei der ausländischen Tochter als auch der ausländischen Enkelgesellschaft kann es sich gleichermaßen um EU-Kapitalgesellschaften wie auch um Drittstaaten-Kapitalgesellschaften handeln.

4. Auslandsvermögen im Erbschaftsteuer- und Schenkungsteuergesetz

§ 21 ErbStG sieht die Anrechnung festgesetzter und gezahlter ausländischer Erbschaft- und Schenkungsteuer vor, soweit sie auf Auslandsvermögen i. S. des § 121 BewG entfällt. Höchstbetrag der anrechenbaren ausländischen Steuer ist dabei der korrespondierende deutsche Erbschaftsteuer- oder Schenkungsteuerbetrag, der auf eben dieses Auslandsvermögen entfällt.[1]

315

Während eine Anrechnung ausländischer Ertrag- und Vermögensteuern von Amts wegen erfolgen muss bzw. musste, erfolgt die Anrechnung ausländischer Erbschaft- und Schenkungsteuern nur auf Antrag.[2]

Im Verhältnis zu einer kleineren Anzahl von Staaten bestehen DBA zur Erbschaftsteuer. Schenkungen sind bis auf wenige Fälle jedoch nicht von den DBA erfasst.

Sofern mit dem betreffenden Staat kein Erbschaftsteuer-DBA besteht, und die Voraussetzungen der unilateralen Vorschrift des § 21 ErbStG (insbes. das Vorliegen von Auslandsvermögen) nicht erfüllt sind, kommt eine Anrechnung einer im Ausland erhobenen Erbschaftsteuer nicht in Betracht. Dies hat der BFH im Urteil vom 19.6.2013 bestätigt.[3] Im zu Grunde liegenden Urteilsfall hat der Staat Frankreich Erbschaftsteuer auf das in Frankreich angelegte Kapitalvermögen eines inländischen, d.h. in Deutschland ansässigen Erblassers erhoben. Da mit Frankreich zum damaligen Zeitpunkt kein Erbschaftsteuer-DBA bestand, und das Kapitalvermögen nach deutschem Steuerrecht als Inlandsvermögen gilt, war eine Anrechnung der französischen Erbschaftsteuer weder nach DBA, noch nach der unilateralen Vorschrift des § 21 ErbStG möglich. Ein Verstoß gegen EU-Recht, insbesondere gegen die Kapitalverkehrsfreiheit, sowie den unionsrechtlich gewährleisteten Schutz des Eigentums, sei durch die mehrfache steuerliche Belastung des Erwerbs von Todes wegen nach Auffassung des BFH nicht gegeben. Dies resultiere daraus, dass die Mitgliedstaaten ungeachtet des Unionsrechts Autonomie hinsichtlich der Ausgestaltung ihres Erbschaftsteuerrechts besitzen und nicht zu dessen Anpassung an die verschiedenen Steuersysteme anderer Mitgliedstaaten verpflichtet seien. Nur für den Fall, dass die Doppelbesteuerung zu einer übermäßigen, konfiskatorischen Belastung führt, könne nach Auffassung des BFH eine Billigkeitsmaßnahme geboten sein.

5. Berücksichtigung von ausländischen Verlusten

a) Verlustausgleichsbeschränkung gem. § 2a Abs. 1 und 2 EStG

aa) Gesetzeszweck

Grundsätzlich sind positive und negative Einkünfte eines Stpfl. im gleichen VZ auszugleichen. Verbleibende Verluste werden im Rahmen des § 10d EStG (allerdings nur begrenzt) zurück- oder unbegrenzt vorgetragen, wobei die in dem jeweiligen Veranlagungszeitraum geltenden weiteren Beschränkungen des § 10d EStG zu beachten sind (insbes. sog. Mindestbesteuerung). Die Regelung des § 2a Abs. 1 EStG ordnet für bestimmte in Drittstaaten erlittene Verluste zusätzlich an, dass diese nur im Rahmen derselben Einkunftsart und nur im Rahmen der Einkünfte aus dem jeweiligen Quellenstaat berücksichtigt werden können. Dieser die ausländischen Einkünfte diskriminierende Verlustverrechnungsausschluss wird unter bestimmten Voraussetzungen durch die Bestimmung des § 2a Abs. 2 EStG wieder rückgängig gemacht („aktive"

316

---

1) Vgl. Jülicher, ZEV 1996, 295; Schaumburg, RIW 2001, 161 ff.
2) Vgl. hierzu R 82 ErbStR 2003; Baumgartner/Gassner/Schick, DStR 1989, 619 ff.; v. Oertzen, ZEV 1995, 167; Dautzenberger/Brüggemann, BB 1997, 123; Ostendorf/Lechner, DB 1996, 799; Schindhelm, ZEV 1997, 8; Boochs, DVR 1987, 178 ff.; Claussen/Krüger, RWS-Skript 242, 1992, 27 ff.
3) Vgl. BFH v. 19.6.2013, II R 10/12, BStBl II 2013, 746.

ausländische Betriebsstätte oder „aktive" wesentliche Beteiligung i. S. des § 2a Abs. 2 EStG; → 4 Rz. 327).

bb) Persönlicher Geltungsbereich

317 Da nur ausländische Verluste unter § 2a EStG fallen und diese regelmäßig bei unbeschränkt Stpfl. auf Grund des Welteinkommensprinzips berücksichtigt werden (es sei denn, ein DBA greift), sind von der Regelung in erster Linie unbeschränkt Stpfl. betroffen, und zwar auch im Bereich der KSt. Bei beschränkter Steuerpflicht kommt § 2a EStG hingegen nur in Randfällen zur Anwendung, in denen die in § 2a Abs. 1 Nr. 3 und 4 EStG genannten Verluste i. R. eines inländischen Betriebs anfallen. Da Personengesellschaften nicht als solche steuerpflichtig sind, ist auf deren Gesellschafter abzustellen.[1] Die Regelung wirkt generell nicht auf die Gewerbesteuer, da es sich nicht um eine Gewinnermittlungsnorm handelt.

cc) Sachlicher Anwendungsbereich

318 Von der Regelung des § 2a Abs. 1 EStG sind nur die dort genannten Verluste betroffen. Unabhängig von den Einkunftsarten i. S. des § 2 EStG und Arten von Einkünften i. S. der isolierenden Betrachtungsweise kommt es auf die in den einzelnen Nummern des § 2a Abs. 1 EStG genannten Kategorien von Einkünften an (gleichgültig, welcher Einkunftsart oder welcher Art von Einkünften sie angehören). So kann z.B. eine Kapitalgesellschaft Verluste aus der Vermietung einer Immobilie in einem Drittstaat–sofern keine Betriebsstätte vorliegt – nach § 2a Abs. 1 Nr. 6 EStG erzielen.

Die Ermittlung der Höhe der Auslandsverluste richtet sich nach deutschem Steuerrecht.

Der Anwendungsbereich des § 2a EStG ist auf Drittstaatenfälle beschränkt. Als Drittstaaten sind gem. § 2a Abs. 2a EStG die Staaten anzusehen, die weder Mitgliedstaaten der EU sind, noch in den Anwendungsbereich des Abkommens über den EWR fallen. Hinsichtlich EWR-Staaten wird jedoch weiterhin vorausgesetzt, dass die Erteilung von Auskünften zur Durchführung der Besteuerung auf Grund der EG-Amtshilfe-Richtlinie[2] oder einer vergleichbaren zwei- oder mehrseitigen Vereinbarung zwischen der Bundesrepublik Deutschland und dem ausländischen Staat möglich ist.

Für die Tatbestände innerhalb der EU bzw. des EWR entfällt in Teilbereichen des § 2a EStG die Anwendbarkeit des Progressionsvorbehalts (§ 32b Abs. 1 Satz 2 EStG).

Für negative Einkünfte i. S. des § 2a Abs. 1 und 2 EStG, die auf Basis der bisherigen Fassung des § 2a EStG (vor Inkrafttreten des JStG 2009) nach § 2a Abs. 1 Satz 5 EStG bestandskräftig festgestellt wurden, ist § 2a Abs. 1 Satz 3–5 EStG in der bisherigen Fassung weiter anzuwenden. Somit können die bislang in Bezug auf EU-/EWR-Staaten bestandskräftig festgestellten Verluste weiterhin mit positiven Einkünften der jeweils selben Art und aus demselben Staat verrechnet werden.

(1) Verluste aus ausländischer Land- und Forstwirtschaft

319 Betroffen von der Verlustausgleichsbeschränkung sind gem. § 2a Abs. 1 Nr. 1 EStG zunächst in Drittstaaten gelegene land- und forstwirtschaftliche Betriebe oder Betriebsstätten. Die Bedeutung dieser Vorschrift ist jedoch, abgesehen von den Aus-

---

1) Vgl. Frotscher, Internationales Steuerrecht, 3. Aufl., 245 ff.
2) Richtlinie 77/799/EWG des Rates vom 19.12.1977 über die gegenseitige Amtshilfe zwischen den zuständigen Behörden der Mitgliedstaaten im Bereich der direkten Steuern und der Mehrwertsteuer (ABl.EG 1977 Nr. L 336, 16), die zuletzt durch Richtlinie 2006/98/EWG des Rates v. 20.11.2006 (ABl.EU 2006 Nr. L 363, 129) geändert wurde.

wirkungen auf den Progressionsvorbehalt, gering, da Verluste ausländischer Land- und Forstwirtschaft i. R. der nach den DBA dafür regelmäßig angewendeten Freistellungsmethode grundsätzlich außer Betracht bleiben soweit ein solches besteht. Auswirkungen ergeben sich aber z.B. auf Investitionen in Entwicklungsländern, mit denen kein DBA besteht oder mit denen in einem DBA statt der Freistellung die Anrechnungsmethode vereinbart worden ist.

(2) Verluste aus gewerblichen Auslandsbetriebsstätten

Bei in Drittstaaten belegenen gewerblichen Betriebsstätten (§ 2a Abs. 1 Nr. 2 EStG) wird, von der Zielsetzung des Gesetzes her gesehen, zwischen förderungswürdigen (vgl. § 2a Abs. 2 EStG: spezieller Aktivitätskatalog → 4 Rz. 327) und nicht förderungswürdigen Tätigkeiten unterschieden. Zu den betroffenen Verlusten gehören sowohl laufende Verluste als auch Anlauf- und Veräußerungsverluste. Die Verluste müssen in einer Betriebsstätte erwirtschaftet worden sein, wobei – nach strittiger Ansicht – entweder auf die Betriebsstättendefinition des § 12 AO zurückzugreifen sei oder auf die Regelungen der DBA. Gewerblich sind Betriebsstätten, in denen nach deutschem Recht eine ihrer Natur nach gewerbliche Tätigkeit ausgeübt wird (§ 15 Abs. 2 EStG). 320

(3) Verluste aus Teilwertabschreibungen bzw. Veräußerungen von Auslandsbeteiligungen

Die Regelung des § 2a Abs. 1 Nr. 3 EStG erfasst Verluste aus Teilwertabschreibungen auf einen zu einem Betriebsvermögen gehörenden Anteil an einer Drittstaaten-Körperschaft[1] sowie entsprechende Veräußerungs- oder Entnahmeverluste und Verluste aus der Auflösung oder Herabsetzung des Kapitals der Drittstaaten-Körperschaft. Wie für die gewerblichen Betriebsstätten gilt auch hier, dass diese Beschränkung der Verlustverrechnung nur dann zum Tragen kommt, wenn die ausländischen Aktivitäten passiver Natur sind. 321

Sofern die Drittstaaten-Körperschaft die in § 2a Abs. 2 EStG genannten aktiven Tätigkeiten bewirkt, ist § 2a Abs. 1 Nr. 3 EStG nicht anzuwenden, vorausgesetzt, der Stpfl. weist nach, dass diese aktiven Tätigkeiten seit Gründung der Körperschaft oder zumindest während der letzten fünf Jahre vor und in dem VZ vorgelegen haben, in dem die negativen Einkünfte bezogen werden. Weiterhin ist zu beachten, dass die relevante Beteiligungskette nicht „zu lang" ist (§ 2a Abs. 2 Satz 1 zweiter Halbsatz EStG).

(4) Veräußerungsverluste i. S. des § 17 EStG

Ebenfalls Gegenstand des Katalogs des § 2a Abs. 1 EStG sind negative Einkünfte i. S. des § 17 EStG, die mit einem Anteil an einer Drittstaaten-Kapitalgesellschaft[2] in Zusammenhang stehen. Neben dem Veräußerungsverlust betrifft die Regelung in § 2a Abs. 1 Nr. 4 EStG Liquidationsverluste und Verluste aus einer Kapitalherabsetzung. Auch hier gilt wie bei § 2a Abs. 1 Nr. 3 EStG, dass die Einschränkung nicht zum Tragen kommt, wenn die Drittstaaten-Kapitalgesellschaft aktive Tätigkeiten i. S. des § 2a Abs. 2 EStG bewirkt. 322

---

1) Eine Drittstaaten-Körperschaft wird in § 2a Abs. 2a Nr. 2 EStG definiert als Körperschaft, die weder ihre Geschäftsleitung noch ihren Sitz in einem Mitgliedstaat der EU oder des EWR hat. Hinsichtlich EWR-Staaten wird weiterhin vorausgesetzt, dass die Erteilung von Auskünften zur Durchführung der Besteuerung auf Grund der EG-Amtshilfe-Richtlinie oder einer vergleichbaren zwei- oder mehrseitigen Vereinbarung zwischen der Bundesrepublik Deutschland und dem ausländischen Staat möglich ist.

2) Zum Begriff der „Drittstaaten-Kapitalgesellschaft" vgl. die analoge Definition einer Drittstaaten-Körperschaft.

(5) Verluste aus ausländischen stillen Gesellschaften und partiarischen Darlehen

323 Unter den Verlusten aus Kapitalvermögen hat sich der Gesetzgeber in § 2a EStG auf diejenigen beschränkt, die in besonderem Maße des Missbrauchs zugängig sind. Entsprechend werden in § 2a Abs. 1 Nr. 5 EStG Verluste aus der Beteiligung an einem Handelsgewerbe als stiller Gesellschafter und aus partiarischen Darlehen erfasst, wenn der Schuldner Wohnsitz, Sitz oder Geschäftsleitung in einem Drittstaat hat. Bei stillen Beteiligungen ist die Annahme eines möglichen Missbrauchs gegeben, weil auch bei diesen Verlustzuweisungen an den stillen Gesellschafter möglich sind. Die Einbeziehung partiarischer Darlehen erklärt sich dadurch, dass diese Form der Kapitalhingabe nur schwer von der stillen Beteiligung abgrenzbar ist. Ob die Verluste aus der stillen Beteiligung oder dem partiarischen Darlehen selbst herrühren oder durch eigene Werbungskosten oder Betriebsausgaben verursacht werden, ist gleichgültig. Im Gegensatz zu den sonstigen Vorschriften des § 2a Abs. 1 EStG wirkt sich § 2a Abs. 1 Nr. 5 EStG auch im DBA-Fall aus, da Einkünfte aus stillen Beteiligungen und partiarischen Darlehen nach den DBA in aller Regel nicht von der deutschen Steuer freigestellt sind.

(6) Verluste aus der Vermietung ausländischer Grundstücke, Sachinbegriffe und von Schiffen

324 § 2a Abs. 1 Nr. 6 Buchst. a EStG schließt nur Verluste aus der Nutzungsüberlassung von unbeweglichem Vermögen (Grundstücke, Gebäude, Gebäudeteile, etc.) und Sachinbegriffen aus, wenn diese in einem Drittstaat belegen sind. Nicht ausgeschlossen werden Verluste aus der Überlassung von beweglichen Sachen (vgl. dazu § 22 Nr. 3 Satz 3 EStG) und Rechten. Hiervon betroffen sind insbesondere ausländische Bauherrenmodelle und bestimmte steuersparende Leasingmodelle.

Verluste aus der betrieblichen Vermietung einzelner Sachen im Ausland bleiben, sofern nicht eine Betriebsstätte vorliegt, von den Regelungen des § 2a Abs. 1 EStG unberührt.

Gemäß § 2a Abs. 1 Nr. 6 Buchst. b EStG dürfen Verluste aus der Vermietung und Verpachtung von Schiffen, wenn diese Einkünfte nicht tatsächlich der inländischen Besteuerung unterliegen, nicht mehr mit inländischen Einkünften verrechnet werden.

Die Beschränkung der Verlustverrechnung erfasst gem. § 2a Abs. 1 Nr. 6 Buchst. c EStG auch Teilwertabschreibungen oder Veräußerungsverluste von Wirtschaftsgütern eines Betriebsvermögens, die zur Erzielung von Einkünften i. S. des § 2a Abs. 1 Nr. 6a und b EStG genutzt werden.

(7) Verluste aus Teilwertabschreibungen oder Veräußerungen inländischer Beteiligungen

325 Während § 2a Abs. 1 Nr. 3 und 4 EStG ausschließlich Drittstaaten-Beteiligungen betrifft, wird die Einschränkung der Verlustverrechnung in § 2a Abs. 1 Nr. 7 EStG auch auf Beteiligungen an einer inländischen Körperschaft sowie an einer EU-/EWR-Körperschaft ausgedehnt, sofern die Teilwertabschreibung, der Veräußerungsverlust oder der Liquidationsverlust auf die in den Nummern 1 bis 6 genannten Tatbestände unter Bezugnahme auf Drittstaaten zurückzuführen ist. Durch § 2a Abs. 1 Nr. 7 EStG wird folglich nicht nur der Stpfl. benachteiligt, der die negativen Einkünfte erzielt, sondern auch derjenige, der an einer solchen Kapitalgesellschaft beteiligt ist und einen Vermögensverlust erleidet, wobei dieser durch ausländische Einkünfte i. S. d. § 2a Abs. 1 Nr. 1 bis 6 EStG in Bezug auf Drittstaaten bedingt ist.

dd) Rechtsfolgen

Während positive Einkünfte der in § 2a Abs. 1 EStG bezeichneten Art in der Summe der Einkünfte erfasst werden, sind negative Einkünfte dieser Art vom normalen Verlustausgleich nach § 2 Abs. 3 EStG und vom Verlustabzug nach § 10d EStG ausgeschlossen. Die Verluste bleiben jedoch nicht vollständig unberücksichtigt, sie können mit ausländischen Einkünften der jeweils selben Art aus demselben Staat ausgeglichen werden.[1] Soweit ein Verlustausgleich nicht möglich ist, mindern diese Verluste die positiven Einkünfte der jeweils selben Art, die der Stpfl. in den folgenden Veranlagungszeiträumen aus demselben Staat erzielt. Die Verlustverrechnung ist somit geographisch und nach Einkunftskategorien beschränkt.

326

Die Begrenzung auf denselben Staat beruht auf der Erwägung, dass auch im Falle einer DBA-Freistellung der freigestellte Verlust nicht mit Einkünften aus anderen Staaten ausgeglichen bzw. verrechnet werden kann.

Die Begrenzung der Verrechnung auf ausländische Einkünfte der jeweils selben Art bedeutet einerseits, dass nicht mit allen Einkünften aus einem Staat verrechnet werden darf, andererseits aber, dass die Verrechnung nicht auf Einkünfte aus ein und demselben Objekt wie beispielsweise nach § 15a EStG begrenzt ist. Eine Verrechnung kann nur innerhalb der im Einzelnen in § 2a Abs. 1 EStG genannten Einkunftskategorien vorgenommen werden.

ee) Ausnahmen von den Einschränkungen gem. § 2a Abs. 1 Nr. 2, 3 und 4 EStG

Es erfolgt keine Beschränkung, wenn die in einem Drittstaat belegene Betriebsstätte ausschließlich oder fast ausschließlich die in § 2a Abs. 2 EStG aufgeführten Tätigkeiten zum Gegenstand hat (Rückausnahme). Die Tätigkeitsvoraussetzungen müssen entweder von dem ausländischen Betrieb bzw. der Betriebsstätte oder der ausländischen Personengesellschaft erfüllt werden. Die Ausnahme gilt auch in den Fällen des § 2a Abs. 1 Nr. 3 und 4 EStG hinsichtlich einer ausländischen Körperschaft, wenn der Stpfl. nachweist, dass die erforderlichen Voraussetzungen bei der Körperschaft entweder seit ihrer Gründung oder während der letzten fünf Jahre vor und in dem Veranlagungszeitraum vorgelegen haben, in dem die negativen Einkünfte bezogen werden.

327

Als förderungswürdig werden drei Gruppen von Tätigkeiten aufgezählt:
– Herstellung oder Lieferung von Waren,
– Gewinnung von Bodenschätzen,
– sonstige gewerbliche Leistungen.

Von diesen Tätigkeiten wiederum als schädlich ausgenommen sind die Herstellung oder Lieferung von Waffen, die Errichtung oder der Betrieb von Anlagen, die dem Fremdenverkehr dienen sowie die Vermietung oder Verpachtung von Wirtschaftsgütern einschließlich der Überlassung von Rechten und dergleichen.

Die Gesellschaft, der Betrieb oder die Betriebsstätte hat die begünstigte Tätigkeit ausschließlich oder fast ausschließlich zum Gegenstand, wenn ihr Ergebnis zu mindestens 90 % auf diese Tätigkeiten zurückzuführen ist und das Betriebsvermögen zu mindestens 90 % diesen Tätigkeiten gewidmet ist.

Die Herstellung oder Lieferung von Waren ist grundsätzlich aktiv. Unter Waren sind alle Wirtschaftsgüter des Vorratsvermögens zu verstehen, die zum Umsatz bestimmt sind. Es muss sich um körperliche Gegenstände handeln. Daher werden hierdurch

---

1) Nur für die Verluste aus der Überlassung von Schiffen nach § 2a Abs. 1 Nr. 6b EStG wird von der Voraussetzung abgesehen, dass sie aus demselben Staat stammen müssen.

nicht erfasst immaterielle Wirtschaftsgüter, wie z.B. Filme und Software, sowie der Kauf und Verkauf von Grundstücken.

Die Gewinnung von Bodenschätzen ist ausdrücklich als förderungswürdig erwähnt.

Ob förderungswürdige gewerbliche Leistungen vorliegen, ist isoliert von der Rechtsform des jeweiligen Unternehmens zu beurteilen. Gewerbebetriebe kraft Rechtsform sind daher nur begünstigt, wenn sie der Art nach gewerbliche Leistungen erbringen. Als Beispiele seien genannt handwerkliche, technische und kaufmännische Leistungen, Transportleistungen, der Betrieb von Handelsschiffen und Luftfahrzeugen. Nicht begünstigt ist die Vermögensverwaltung und das Halten von Beteiligungen (siehe aber zur Gegenausnahme den nächsten Absatz), darüber hinaus die Errichtung oder der Betrieb von Anlagen, die dem Fremdenverkehr dienen (Bungalowanlagen, Campingplatz, Hotel etc.), sowie die gewerbliche Vermietung und Verpachtung einzelner Wirtschaftsgüter jeder Art, einschließlich der Übertragung von Know-how und ähnlichen Nutzungsrechten.

Als gewerbliche Leistung wird auch das unmittelbare Halten einer wesentlichen Beteiligung (mindestens 25 %) an einer ausländischen Kapitalgesellschaft über die ausländische Betriebsstätte bzw. Personengesellschaft (Mitunternehmerschaft) oder – für § 2a Abs. 1 Nr. 3 und 4 EStG – der Kapitalgesellschaft angesehen, die ausschließlich oder fast ausschließlich die vorgenannten aktiven Tätigkeiten zum Gegenstand hat. Die steuerliche Unschädlichkeit gilt auch für die mit dem Halten der Beteiligung in Zusammenhang stehende Finanzierung. Durch § 2a Abs. 2 Satz 1 2. Halbs. EStG ist auch ein zweistöckiger Gesellschaftsaufbau mit „aktiver" Tochter bei einer Beteiligungshöhe von mindestens 25 % noch begünstigt.

ff) Verhältnis zu anderen Vorschriften[1]

(1) Verhältnis zu § 15a EStG

328 Nach § 15a EStG darf der einem Kommanditisten zuzurechnende Anteil am Verlust der Kommanditgesellschaft nicht ausgeglichen werden, soweit ein negatives Kapitalkonto des Kommanditisten entsteht oder sich erhöht. Der Verlust kann lediglich mit nachfolgenden Gewinnen aus der Beteiligung verrechnet werden. § 15a EStG sieht teils engere und teils weitere Verrechnungsmöglichkeiten als § 2a Abs. 1 und 2 EStG vor. Die Verrechnungsmöglichkeiten sind enger insoweit, als nach § 15a EStG nur mit Gewinnen aus derselben Beteiligung verrechnet werden darf, während § 2a EStG die Verrechnung mit Einkünften jeweils der gleichen Art erlaubt. Nach der herrschenden Auffassung ist die jeweils engere Vorschrift anzuwenden. Im Rahmen der Neuregelung des § 2a EStG durch das JStG 2009 werden von § 2a EStG nur noch Drittstaaten-Sachverhalte erfasst, während § 15a EStG keine derartige Einschränkung kennt.

(2) Verhältnis zu § 32b EStG

329 In Bezug auf die Regelung zum Progressionsvorbehalt ist beachtlich, dass nach einem DBA unter Progressionsvorbehalt freigestellte Verluste aus Drittstaaten i. S. des § 2a Abs. 1 und 2 EStG auch nicht im Rahmen des negativen Progressionsvorbehalts zu berücksichtigen sind. Zwar bestimmt § 32b Abs. 1 Nr. 3 EStG, dass Einkünfte, die nach einem DBA steuerfrei sind, zur Berechnung des Tarifs für die übrigen Einkünfte anzusetzen sind. Dies gilt jedoch nur für solche Einkünfte bzw. Verluste, die nicht bereits nach nationalem deutschem Recht (d.h. vorliegend durch § 2a EStG) von der Berücksichtigung ausgeschlossen sind.

Im Zusammenhang mit der gemeinschaftsrechtlich erforderlichen Neuregelung des § 2a EStG wurde auch die Behandlung unter dem Progressionsvorbehalt angepasst.

---

[1] Grundlegend m.w.N. Heinicke in Schmidt, 33. Aufl., § 2a EStG Rz. 10.

Hiernach wird der positive als auch der negative Progressionsvorbehalt bei bestimmten, in § 32b Abs. 1 Satz 2 EStG aufgezählten Einkünften aus einem anderen EU- oder EWR-Staat, die nach einem DBA von der Besteuerung freigestellt sind, ausgeschlossen. Die insoweit in § 32b Abs. 1 Satz 2 EStG aufgeführten Tatbestände korrespondieren zu bestimmten Tatbeständen des § 2a Abs. 1 EStG, z.B. Einkünfte aus einer gewerblichen Betriebsstätte mit passiver Tätigkeit i. S. des § 2a Abs. 2 Satz 1 EStG oder aus Vermietung und Verpachtung von Immobilien. In diesen Fällen werden somit in Bezug auf diese aus EU-/EWR-Staaten stammende Gewinne und erlittene Verluste bei der Ermittlung des Progressionssteuersatzes nicht berücksichtigt. Der Gesetzgeber geht hierbei ausweislich der Gesetzesbegründung[1] davon aus, dass abkommensrechtlich freigestellte Auslandsverluste unter dem Gesichtspunkt der EG-Grundfreiheiten im Rahmen des negativen Progressionsvorbehalts nicht berücksichtigt werden müssen, wenn im Gegenzug auch abkommensrechtlich freigestellte positive Auslandseinkünfte im Rahmen des positiven Progressionsvorbehalts nicht berücksichtigt werden.

(3) Verhältnis zu §§ 34c EStG, 26 Abs. 1 und 6 KStG

§ 2a EStG verändert den Höchstbetrag der Anrechnung nach den §§ 34c EStG und 26 KStG. Werden Verluste i. S. des § 2a EStG in einem VZ nicht berücksichtigt, so ist der Höchstbetrag der Anrechnung entsprechend höher. Werden diese Verluste in Folgejahren abgezogen, so ist der Höchstbetrag entsprechend niedriger. Die Berücksichtigung einer ausländischen Steuer auf Einkünfte, die nach deutschem Steuerrecht zu einem Verlust i. S. des § 2a Abs. 1 und 2 EStG geführt haben, erfolgt nach Auffassung der FinVerw durch Anrechnung im Rahmen des Höchstbetrags gem. § 34c Abs. 1 EStG, oder alternativ auf Antrag im Wege des Abzugs gem. § 34c Abs. 2 EStG. Im Falle des Abzugs erhöhen sich die im jeweiligen VZ gem. § 2a EStG nicht ausgleichsfähigen negativen ausländischen Einkünfte.[2]

330

(4) Verhältnis zu den Doppelbesteuerungsabkommen

Besteht mit dem Staat, aus dem die Verluste i. S. des § 2a EStG stammen, ein DBA, das für die betreffenden Einkünfte die Freistellungsmethode vorsieht, so sind die Verluste auf Grund der im DBA vorgesehenen Freistellungsmethode grundsätzlich von der Bemessungsgrundlage der deutschen Steuer auszunehmen, denn die Freistellung gilt nach der Rechtsprechung des BFH auch für negative Einkünfte.[3] Bezüglich Ausnahmen auf Grund von EU-rechtlichen Erwägungen sei auf die EuGH-Entscheidung in Sachen *LIDL Belgium* sowie auf die hiernach ergangene BFH-Rspr. im nächsten Kapitel → 4 Rz. 332 verwiesen.

331

Sieht ein DBA die Anrechnungsmethode vor, so sind die ausländischen Verluste nach allgemeinen Grundsätzen in die inländische Bemessungsgrundlage mit einzubeziehen. Hier wären in Drittstaaten-Fällen die Regelungen des § 2a EStG zu berücksichtigen, womit der Verlustausgleich eingeschränkt werden kann, was sich auf den Höchstbetrag der Steueranrechnung auswirkt. Die Möglichkeit, statt der Anrechnung der Steuern den Abzug der ausländischen Steuer bei der Ermittlung des Gesamtbetrages der Einkünfte zu beantragen, bleibt jedem Stpfl. unbenommen. Berücksichtigung ausländischer Betriebsstättenverluste

---

1) Vgl. BR-Drucks. 545/08, 77.
2) Vgl. R 34c Abs. 2 EStR 2012; R 74 Abs. 3 Satz 6 KStR 2004.
3) BFH v. 13.11.2002, I R 13/02, BStBl II 2003, 795; v. 6.10.1993, I R 32/93, BStBl II 1994, 113; v. 5.6.1986, IV R 268/82, BStBl II 1986, 659; v. 28.3.1973, I R 59/71, BStBl II 1973, 531; v. 23.3.1972, I R 128/70, BStBl II 1972, 948; v. 11.3.1970, I B 50/68, I B 3/69, I B 50/68, I B 3/69, BStBl II 1970, 569.

b) Berücksichtigung ausländischer Betriebsstättenverluste

332 Verluste aus ausländischen Betriebsstätten, deren Einkünfte nach einem DBA freigestellt sind, können entsprechend der BFH-Rechtsprechung im Rahmen der Ermittlung des zu versteuernden Einkommens nicht abgezogen werden. In Betracht kommt vielmehr lediglich bei natürlichen Personen eine Berücksichtigung i. R. des negativen Progressionsvorbehalts gem. § 32b Abs. 1 Nr. 3 EStG, wobei hier in Drittstaatenfällen zusätzlich § 2a EStG (→ 4 Rz. 316 ff.) und in EU-/EWR-Fällen für bestimmte Sachverhalte der Ausschluss des Progressionsvorbehalts gem. § 32b Abs. 1 Satz 2 EStG (→ 4 Rz. 329). zu beachten ist. Der BFH begründet dies damit, dass die in den DBA vereinbarte Freistellungsmethode entsprechend der sog. „Symmetriethese" sowohl bei ausländischen Gewinnen, als auch Verlusten greift.[1] Dies leitet der BFH entsprechend der Auslegung nach dem Recht des Anwenderstaats aus dem Begriff der „Einkünfte" im Methodenartikel des Abkommens ab und erfasst unter diesem Begriff sowohl Beträge mit positivem als auch mit negativem Vorzeichen.

Damit Stpfl., die Investitionen in einem anderen Staat tätigen, mit dem ein DBA besteht, nicht schlechter gestellt werden als andere, die ohne ein solches Abkommen eine Verlustverrechnungsmöglichkeit hätten, sah die im Wege des Steuerentlastungsgesetz 1999/2000/2002 aufgehobene Regelung des § 2a Abs. 3 EStG auf Antrag eine Berücksichtigung solcher Verluste bei der inländischen Besteuerung vor. Hiernach war es möglich, den nach dem deutschen Steuerrecht ermittelten Verlust der ausländischen Betriebsstätte im Rahmen der Ermittlung des Gesamtbetrages der Einkünfte des Stammhauses abzuziehen.[2] Da die Verluste der Betriebsstätte in aller Regel in den ausländischen Staaten vorgetragen und mit späteren Gewinnen verrechnet werden können, war weiterhin vorgesehen, Gewinne der ausländischen Betriebsstätten in späteren Jahren dem Gesamtbetrag der Einkünfte der inländischen Muttergesellschaft hinzuzurechnen und damit der deutschen Besteuerung zu unterwerfen. Das Gebot der Nachversteuerung war zeitlich nicht begrenzt, so dass die Hinzurechnung solange vorzunehmen war, bis der in den Vorjahren abgezogene Betrag verbraucht war. Weiterhin erfolgte eine Nachversteuerung, wenn eine in einem Abkommensstaat belegene Betriebsstätte, deren Verluste im Inland berücksichtigt wurden, in eine Kapitalgesellschaft umgewandelt wurde. Für sog. „Altfälle" findet die Regelung zur Nachversteuerung i. S. des § 2a Abs. 3 Satz 3 bis 6 sowie Abs. 4 EStG gem. § 52 Abs. 3 Satz 2 bis 7 EStG weiterhin Anwendung, soweit sich ein positiver Betrag i. S. des § 2a Abs. 3 Satz 3 EStG ergibt oder soweit eine in einem ausländischen Staat gelegene Betriebsstätte in eine Kapitalgesellschaft umgewandelt, entgeltlich oder unentgeltlich übertragen, oder unter Fortführung der Geschäftstätigkeit durch eine andere Gesellschaft aufgegeben wird.

Die „Symmetriethese" des BFH ist in der Literatur höchst umstritten.[3] Entsprechend wurden von der deutschen Finanzgerichtsbarkeit in der jüngeren Vergangenheit gemeinschaftsrechtliche Bedenken an der Behandlung ausländischer Verluste bei DBA-Freistellung nach Maßgabe der Symmetriethese geäußert (bzw. die Symmetrie-

---

1) BFH v. 13.11.2002, I R 13/02, BStBl II 2003, 795; v. 6.10.1993, I R 32/93, BStBl II 1994, 113; v. 5.6.1986, IV R 268/82, BStBl II 1986, 659; v. 28.3.1973, I R 59/71, BStBl II 1973, 531; v. 23.3.1972, I R 128/70, BStBl II 1972, 948; v. 11.3.1970, I B 50/68, I B 3/69, I B 50/68, I B 3/69, BStBl II 1970, 569.

2) Vgl. Probst in Flick/Wassermeyer/Baumhoff, § 2a EStG Rz. 421 ff.; Grau in FS für Lutz Fischer, 1999, S. 63 ff.

3) Vgl. u.a. Kessler/Schmitt/Janson, IStR 2001, 729 und IStR 2003, 307; Cordewener, DStR 2004, 1634; Vogel, IStR 2002, 91; Wassermeyer, IStR 2001, 755; Kühn, Die ertragsteuerlichen Auswirkungen der grenzüberschreitenden Produktionsverlagerung, 102 ff.

these sogar explizit als gemeinschaftsrechtswidrig eingeordnet)[1] und entsprechende Fragen dem EuGH zur Vorabentscheidung vorgelegt.[2] Für Betriebsstätten innerhalb der EU kommt der EuGH unter dem Blickwinkel der Niederlassungsfreiheit[3] des Art. 43 EG im Fall *LIDL Belgium* zu einer differenzierten Entscheidung. In diesem Urteil stellt der EuGH zunächst fest, dass eine Bestimmung, die die Berücksichtigung von Verlusten einer Betriebsstätte für die Ermittlung des Gewinns und die Berechnung der steuerpflichtigen Einkünfte des Stammhauses erlaubt, einen Steuervorteil begründet. Unter diesem Blickwinkel sei die steuerliche Situation einer Gesellschaft, die ihren satzungsmäßigen Sitz in Deutschland hat und eine Betriebsstätte in einem anderen Mitgliedstaat besitzt, weniger günstig als die, in der sie sich befände, wenn die Betriebsstätte in Deutschland belegen wäre. Auf Grund dieses Unterschieds in der steuerlichen Behandlung könnte eine deutsche Gesellschaft davon abgehalten werden, ihre Tätigkeiten über eine in einem anderen Mitgliedstaat belegene Betriebsstätte auszuüben. Eine Beschränkung der Niederlassungsfreiheit sei daher gegeben.[4] Als mögliche Rechtfertigungsgründe dieser Beschränkung lässt der EuGH unter Verweis auf sein Urteil im Fall *Marks & Spencer* (→ 4 Rz. 333) kumulativ die Wahrung der Aufteilung der Besteuerungsbefugnis zwischen den Mitgliedstaaten sowie die Notwendigkeit der Verhinderung einer doppelten Berücksichtigung von Verlusten zu. So könne es zur Wahrung der Aufteilung der Besteuerungsbefugnis zwischen den Mitgliedstaaten erforderlich sein, auf die wirtschaftliche Tätigkeit der in einem dieser Staaten niedergelassenen Gesellschaften sowohl in Bezug auf Gewinne als auch auf Verluste nur dessen Steuerrecht anzuwenden. Entsprechend würde das DBA die Symmetrie zwischen dem Recht zur Besteuerung der Gewinne und der Möglichkeit, Verluste in Abzug zu bringen, wahren. Ebenso sei es anzuerkennen, dass die Mitgliedstaaten eine doppelte Berücksichtigung der Verluste der Betriebsstätte – sowohl im Staat des Stammhauses als auch im Staat der Betriebsstätte – verhindern können müssen. Hinsichtlich der Frage, ob die streitige Steuerregelung über das hinausgeht, was zur Erreichung der verfolgten Ziele erforderlich ist, verweist der EuGH jedoch nach Maßgabe seines Urteils im Fall *Marks & Spencer* auf die denkbare Möglichkeit einer Verlustverrechnung mit späterer Nachversteuerung (vgl. die frühere Regelung des § 2a Abs. 3 EStG) sowie auf die Möglichkeit der Verrechnung der Verluste, sofern im Ausland alle Möglichkeiten zur Berücksichtigung von Verlusten vollständig in Anspruch genommen wurden. Auf Grund der Umstände des konkreten Sachverhalts, in dem in einem späteren Wirtschaftsjahr in der ausländischen Betriebsstätte eine Verrechnung der Verluste mit erwirtschafteten Gewinnen erfolgte, sieht der EuGH die im Ausgangsverfahren fragliche Steuerregelung als mit den mit ihr verfolgten Zielen angemessen an. Somit kommt der EuGH zum Ergebnis, dass es nicht gegen die Niederlassungsfreiheit verstößt, wenn Verluste einer ausländischen Betriebsstätte dann nicht im Staat des Stammhau-

---

1) Vgl. FG Berlin v. 11.4.2005, 8 K 8101/00, IStR 2005, 571.
2) Vgl. BFH-Vorlagebeschluss v. 13.11.2002, I R 13/02, BStBl II 2003, 795 (*Ritter Coulais*); BFH-Vorlagebeschluss v. 28.6.2006, I R 84/04, BStBl II 2006, 861 (*LIDL Belgium*); BFH-Vorlagebeschluss v. 22.8.2006, I R 116/04, BStBl II 2006, 864 (*Stahlwerk Ergste Westig GmbH*); BFH-Vorlagebeschluss v. 29.11.2006, I R 45/05, BStBl II 2007, 398 (*Krankenheim Ruhesitz am Wannsee-Seniorenheimstatt GmbH*).
3) Eine in der Vorlagefrage beantragte zusätzliche Prüfung auf Basis der Kapitalverkehrsfreiheit (Art. 56 EG) lehnte der EuGH auf Grund der Einschlägigkeit der Niederlassungsfreiheit ab und verwies darauf, dass eine vorliegend möglicherweise gegebene beschränkende Wirkung auf die Freiheit des Kapitalverkehrs eine zwangsläufige Folge einer eventuellen Beschränkung der Niederlassungsfreiheit sei, so dass dies keine Prüfung dieser Steuerregelung anhand der Kapitalverkehrsfreiheit rechtfertigen würde; vgl. EuGH v. 15.5.2008, C 414/06, DStR 2008, 1030, Rz. 15f; zur vorrangigen Anwendung der Niederlassungsfreiheit im Hinblick auf ausländische Betriebsstättenverluste bei DBA-Freistellung vgl. die Entscheidung des EuGH im Fall *Stahlwerk Ergste Westig GmbH*, EuGH v. 6.11.2007, C 415/06, IStR 2008, 107.
4) Vgl. EuGH v. 15.5.2008, C 414/06, DStR 2008, 1030, Rz. 23 ff.

ses zum Abzug zugelassen werden, wenn die Einkünfte nach einem DBA im Betriebsstättenstaat besteuert werden und diese Verluste bei der Besteuerung der Einkünfte dieser Betriebsstätte für künftige Steuerzeiträume berücksichtigt werden können.[1]

Dies konkretisierend hat der BFH in jüngerer Rechtsprechung entschieden, wann und unter welchen Voraussetzungen Verluste von Betriebsstätten aus EU-Mitgliedstaaten in Deutschland final und damit nutzbar werden.[2] So bestätigt der BFH zunächst die Anwendung der sog. „Symmetriethese" und stellt heraus, dass im Falle der abkommensrechtlichen Freistellung von Betriebsstätteneinkünften auch Betriebsstättenverluste aus der Bemessungsgrundlage der deutschen Steuer auszunehmen seien. Der BFH gestattet indes aus Gründen des Gemeinschaftsrechts unter bestimmten Fällen den Abzug von Verlusten einer in einem EU-Mitgliedstaat belegenen Betriebsstätte, sofern die Verluste im Betriebsstättenstaat steuerlich unter keinen Umständen anderweitig verwertbar sind (sog. „finale" Verluste). Hierbei unterschiedet der BFH danach, ob die Verwertbarkeit der Verluste im Betriebsstättenstaat aus rechtlichen Gründen, oder aus tatsächlichen Gründen ausgeschlossen ist.

Sofern die Verwertbarkeit der Verluste im Betriebsstättenstaat aus rechtlichen Gründen, d.h. auf Basis des jeweiligen nationalen Steuerrechts ausgeschlossen ist, hält der BFH einen Verlustabzug im Inland nicht für geboten, da es in diesem Fall an einer derartigen „Finalität" fehle. Nach Auffassung des BFH entspreche es dem gegenwärtigen Stand der Steuerharmonisierung, dass jeder Mitgliedstaat entsprechend seiner Steuerhoheit die Regelungen zum Verlustabzug festlegt. Hierzu gehörten auch Regelungen, die den Verlustabzug durch eine zeitliche Befristung des Verlustvortrags oder ähnliche Maßnahmen beschränken. Aus dem EuGH-Urteil *Krankenheim Ruhesitz am Wannsee-Seniorenheimstatt GmbH*[3] leitet der BFH – insoweit übereinstimmend mit der Auffassung der Finanzverwaltung[4] – ab, dass der Ansässigkeitsstaat des Stammhauses nicht verpflichtet sei, hieraus resultierende, endgültig unberücksichtigt bleibende Verluste durch deren Abzug auszugleichen. Selbst wenn dies sodann eine Beschränkung der Niederlassungsfreiheit verursacht, sei diese Beschränkung gleichwohl dem Betriebsstättenstaat ursächlich zuzurechnen.

Eine „Finalität" der Verluste liege nach Auffassung des BFH jedoch vor, wenn die Betriebsstättenverluste aus tatsächlichen Gründen nicht mehr berücksichtigt werden können. Der BFH verweist hierzu beispielhaft auf die Fälle der Umwandlung der Betriebsstätte in eine Kapitalgesellschaft, auf deren entgeltliche oder unentgeltliche Übertragung oder auf deren endgültige Aufgabe. In diesen Fällen sei eine Verlustverrechnung im Ansässigkeitsstaat des Stammhauses als „ultima ratio" geboten, da die Verluste unbeschadet der rechtlichen Rahmenbedingungen im Betriebsstättenstaat definitiv keiner anderweitigen Berücksichtigung mehr zugänglich seien. Sollte dessen ungeachtet in Folgejahren eine Verlustnutzung im Betriebsstättenstaat erfolgen – z.B. im Falle der Neugründung einer Betriebsstätte mit Verrechnung der Verluste der Vergangenheit – sei eine Bescheidänderung nach Maßgabe eines rückwirkenden Ereignisses gem. § 175 Abs. 1 Satz 1 Nr. 2 AO geboten. Der BFH tritt in dieser Frage der Auffassung der Finanzverwaltung entgegen, die argumentierte, dass solche Betriebsstättenverluste im Betriebsstättenstaat bei erneuter Eröffnung einer Betriebsstätte weiterhin berücksichtigt werden können.[5] Sofern „finale Verluste" auf Basis tatsächlicher

---

1) Vgl. EuGH v. 15.5.2008, C 414/06, DStR 2008, 1030, Rz. 54.
2) Vgl. BFH v. 9.6.2010, I R 107/09, DStR 2010, 1611; BFH v. 9.6.2010, I R 100/09, DStRE 2010, 1059.
3) Vgl. EuGH v. 23.10.2008, C-157/07, IStR 2008, 769; vgl. hierzu auch BFH v. 3.2.2010, I R 23/09, DStR 2010, 918.
4) Dies wird von der Finanzverwaltung abgelehnt, vgl. Verfügung des Bayer. Landesamts für Steuern v. 19.2.2010, S 1366.1.1–3/10 St32, IStR 2010, 411, unter A.II.
5) Vgl. Verfügung des Bayer. Landesamts für Steuern v. 19.2.2010, S 1366.1.1–3/10 St32, IStR 2010, 411, unter B.I.

Gegebenheiten vorliegen, seien diese nach Auffassung des BFH sowohl im Rahmen der Einkommen- resp. Körperschaftsteuer als auch im Rahmen der Gewerbesteuer zu berücksichtigen (jedenfalls im Falle einer Betriebsstätte – u.U. anders im Falle einer Personengesellschaft/Mitunternehmerschaft). In zeitlicher Hinsicht lässt der BFH eine Berücksichtigung der „finalen" Verluste erst in dem Veranlagungszeitraum zu, in dem die Verluste tatsächlich „final" geworden sind. Der BFH widerspricht damit einer rückwirkenden Verrechnung im Jahr ihrer Entstehung, da auch im Betriebsstättenstaat eine Verlustverrechnung erst in einem nachfolgenden Veranlagungszeitraum möglich gewesen wäre.

In seinem Urteil vom 5.2.2014 hat der BFH die vorgenannten Maßstäbe zur Berücksichtigung von „finalen" ausländischen Betriebsstättenverlusten bestätigt und hierbei auch auf die jüngeren Urteile des EuGH[1)] zu vergleichbaren Sachverhalten des finnischen Steuerrechts verwiesen.[2)] Entsprechend hält der BFH weiterhin daran fest, dass ausländische Betriebsstättenverluste nur dann „final" und im Inland zu berücksichtigen seien, wenn die Verluste im Ausland aus tatsächlichen Gründen nicht mehr berücksichtigt werden können, oder ihr Abzug im Ausland zwar theoretisch noch möglich, aus tatsächlichen Gründen aber so gut wie ausgeschlossen ist. Das Risiko eines wider Erwarten dennoch erfolgenden Abzugs im Ausland zu einem späteren Zeitpunkt sieht der BFH als nicht problematisch an, da sodann im Inland eine Korrektur gem. § 175 Abs. 1 Satz 1 Nr. 2 AO erfolgen könne. Ferner sieht der BFH keinen Anhaltspunkt dafür, die Berücksichtigung von „finalen" ausländischen Betriebsstättenverlusten als generell missbräuchlich i. S. d. § 42 AO einzuordnen. Zwar unterfielen missbräuchliche oder beliebige Transaktionen zur Generierung „finaler" Verluste dem Missbrauchsvorbehalt des § 42 AO. Sofern sich im konkreten Sachverhalt hierzu jedoch keine Anhaltspunkte ergeben, sieht der BFH einen allgemeinen Missbrauchsvorbehalt i. S. d. § 42 AO für die Nutzung „finaler" ausländischer Betriebsstättenverluste als unzulässig an.

Die jüngere Entwicklung zeigt, dass sich die Diskussion zum Abzug ausländischer Betriebsstättenverluste im Inland gleichwohl weiterhin im Fluss befindet. Denn das FG Köln hält die Frage, ob „finale" Verluste im Inland zu berücksichtigen sind, weiterhin für nicht abschließend geklärt und hat daher den EuGH erneut zur Vorabentscheidung angerufen.[3)]

Ungeachtet verbleibender Zweifel an den vom BFH für erforderlich gehaltenen Kriterien für eine inländische Verrechnung von EU-Betriebsstättenverlusten ergeben sich aus den Ausführungen des BFH gewisse Gestaltungsoptionen, um derartige Verluste im Inland nutzbar zu machen. Insbesondere in Fällen, in denen Verluste im Ausland auf Grund eines zeitlich befristeten Verlustvortrags vom Untergang bedroht sind, käme auf Basis der Ausführungen des BFH bei zusätzlich gegebenen betriebswirtschaftlichen Gründen womöglich eine Umwandlung der Betriebsstätte in eine Kapitalgesellschaft in Betracht, um die Verluste als „final" im Sinne obiger BFH-Rechtsprechung einzuordnen und für Zwecke der Einkommen- resp. Körperschaftsteuer sowie der Gewerbesteuer mit steuerpflichtigen inländischen Einkünften zu verrechnen. Doch auch in Fällen, in denen Verluste im Ausland noch nicht in zeitlicher Hinsicht vom Untergang bedroht sind, wäre eine derartige Gestaltung je nach individueller steuerlicher Situation zur „Hebung der Verluste" abzuwägen. Zu beachten ist jedoch gleichfalls in diesen Fällen, dass das Vorgehen nicht als missbräuchliche oder beliebige Transaktion i. S. d. § 42 AO eingestuft werden darf.

---

1) Vgl. EuGH v. 21.02.2103, C-123/11, DStR 2013, 392 sowie EuGH v. 07.11.2013, C-322/11, DStR 2013, 2441.
2) Vgl. BFH v. 05.02.3014, I R 48/11, DStR 2014, 837.
3) Vgl. FG Köln v. 19.02.2014, 13 K 3906/09, IStR 2014, 733.

Gleichwohl wäre es wünschenswert, dass sich für die Problematik der grenzüberschreitenden Verlustverrechnung eine systematisch geschlossene Lösung auf EU-Ebene ergäbe. Auf Grund der bereits vorliegenden EuGH- und BFH-Rechtsprechung wäre jedoch auch dem deutschen Gesetzgeber angeraten, im deutschen Steuerrecht entsprechende Regelungen für die Verrechnung „finaler" ausländischer Betriebsstättenverluste zu normieren, um eine einheitliche Rechtsanwendung sicherzustellen. So weist auch der BFH im Urteil vom 5.2.2014 darauf hin, dass „der deutsche Gesetzgeber im Einkommensteuer- und Körperschaftsteuerrecht bedauerlicherweise bislang davon abgesehen hat, einschlägige Abzugsvorschriften zu schaffen".[1]

c) Berücksichtigung der Verluste ausländischer Tochterkapitalgesellschaften

333 Auf Grund des Trennungsprinzips, das der Besteuerung von Kapitalgesellschaften zu Grunde liegt, finden Verluste einer Tochterkapitalgesellschaft bei der Muttergesellschaft grundsätzlich keine Berücksichtigung. Eine Durchbrechung dieses Grundsatzes erfolgt lediglich bei Bestehen einer körperschaft- und gewerbesteuerlichen Organschaft, da in diesem Falle Verluste der Tochtergesellschaft mit Gewinnen der Muttergesellschaft verrechnet werden können. Als Organgesellschaft kommen ausschließlich Kapitalgesellschaften mit Ort der Geschäftsleitung im Inland in Betracht. Das bislang zusätzlich in § 14 Abs. 1 Satz 1 bzw. § 17 Satz 1 KStG a.F. normierte Tatbestandsmerkmal des inländischen Sitzes der Organgesellschaft wird gem. der Neufassung des § 14 Abs. 1 Satz 1 KStG, § 17 Satz 1 KStG nicht mehr angewendet; vielmehr kann sich nunmehr der Sitz der Tochtergesellschaft auch in einem EU-/EWR-Mitgliedstaat befinden. Diese Regelung, die vorgängig bereits von der Finanzverwaltung im Erlasswege[2] angewendet wurde, erfolgte in Reaktion auf ein zuvor von der EU-Kommission gegen die Bundesrepublik Deutschland eingeleitetes Vertragsverletzungsverfahren.[3] Somit besteht zumindest die (theoretische) Möglichkeit, eine im EU/EWR-Ausland gegründete Kapitalgesellschaft mit Geschäftsleitung im Inland unter den übrigen Voraussetzungen der §§ 14 ff. KStG in eine steuerliche Organschaft einzubeziehen, und deren Einkommen – soweit es auf im Inland steuerpflichtigen (positiven und negativen) Einkünften beruht – dem Organträger zuzurechnen (es bleibt allerdings unklar, wie die Voraussetzung eines Ergebnisabführungsvertrags erfüllt werden soll). Weiterhin ist es gem. § 14 Abs. 1 Satz 1 Nr. 2 KStG ausreichend, dass die Beteiligung an der Organgesellschaft einer inländischen Betriebsstätte i. S. des § 12 AO des Organträgers zugeordnet ist. Damit ist es nicht mehr erforderlich, dass Sitz und Ort der Geschäftsleitung des Organträgers im Inland sind. Diese Regelung soll einen von der BFH-Rechtsprechung[4] festgestellten Verstoß gegen das abkommensrechtliche Diskriminierungsverbot beseitigen. Zur Vermeidung einer doppelten Berücksichtigung von Verlusten bleiben gem. der Neufassung des § 14 Abs. 1 Satz 1 Nr. 5 KStG negative Einkünfte des Organträgers oder der Organgesellschaft bei der inländischen Besteuerung unberücksichtigt, soweit sie in einem ausländischen Staat im Rahmen der Besteuerung des Organträgers, der Organgesellschaft oder einer anderen Person berücksichtigt werden. Diese Regelung verstößt u.U. gegen EU-Recht.[5]

Demgegenüber ist es weiterhin – jedenfalls nach dem Gesetzeswortlaut – nicht möglich, eine Kapitalgesellschaft mit Sitz und Ort der Geschäftsleitung im Ausland in eine (grenzüberschreitende) inländische Organschaft einzubeziehen. Die generelle Versagung der Verlustberücksichtigung ausländischer Tochtergesellschaften bei der inlän-

---

1) BFH v. 5.2.3014, I R 48/11, DStR 2014, 837.
2) Vgl. BMF v. 28.3.2011, IV C 2 – S 2770/09/10001, BStBl I 2011, 300.
3) Az. der EU-Kommission: 2008/4909.
4) Vgl. BFH v. 9.2.2011, I R 54, 55/10, DStR 2011, 762.
5) Vgl. EuGH v. 6.9.2012, C-18/11, IStR 2012, 847 in der Rechtssache Philips Electronics UK Ltd.

dischen Muttergesellschaft muss auf Grund der im Einzelnen differenzierenden und nachfolgend kursorisch dargestellten EuGH-Rechtsprechung[1] im Fall *Marks & Spencer* als europarechtlich tendenziell unzulässig gewertet werden. So stellt der EuGH zwar fest, dass es grundsätzlich mit dem Gemeinschaftsrecht vereinbar sei, einer Muttergesellschaft den Abzug von Verlusten ihrer im Ausland ansässigen Tochtergesellschaften zu verwehren. Jedoch verstoße eine derartige Regelung gegen die Niederlassungsfreiheit, wenn die Muttergesellschaft nachweist, dass die entsprechenden Verluste im Staat des Sitzes der Tochtergesellschaften nicht berücksichtigt worden sind und nicht berücksichtigt werden können.

Das EuGH-Urteil *Marks & Spencer* bezieht sich auf den britischen „Group Relief". Auf Grund der Inlandsbeschränkung des „Group Relief" war es der britischen Warenhauskette „Marks & Spencer" verwehrt, Verluste ihrer ausländischen Tochtergesellschaften in Belgien, Deutschland und Frankreich mit den eigenen Inlandsgewinnen zu verrechnen. So sehe der „Group Relief" zwar grundsätzlich die Möglichkeit der Verlustverrechnung in der Gruppe vor, jedoch setze dies voraus, dass die verlustbringende Gesellschaft im Vereinigten Königreich ansässig bzw. dort zumindest über eine Zweigniederlassung tätig ist. Da die verlustbringenden Gesellschaften diese Voraussetzung nicht erfüllten, wurde der Antrag von Marks & Spencer auf Berücksichtigung der Verluste im Rahmen des „Group Reliefs" abgelehnt. Demgegenüber kam jedoch auch eine Verlustnutzung in den Sitzstaaten der betreffenden Gesellschaften nicht in Betracht, da diese liquidiert bzw. veräußert wurden. Die Verluste entfalteten damit effektiv gar keine steuerliche Wirkung.

Der EuGH erkennt in der britischen Regelung über den Konzernabzug eine Beschränkung der Niederlassungsfreiheit i. S. der Art. 43 und 48 EG. Dies sei darauf zurückzuführen, dass der „Group Relief" eine Steuervergünstigung darstelle, deren Anwendung im Hinblick auf Verluste einer in einem anderen Mitgliedstaat ansässigen Tochtergesellschaft ausgeschlossen sei. Diese Regelung sei daher geeignet, die Muttergesellschaft in der Ausübung ihrer Niederlassungsfreiheit zu behindern, da sie dadurch von der Gründung von Tochtergesellschaften in anderen Mitgliedstaaten abgehalten würde.

Im Rahmen der Prüfung der Zulässigkeit einer derartigen Beschränkung kommt der EuGH jedoch zum Ergebnis, dass die britische Regelung ein berechtigtes und mit dem EG-Vertrag zu vereinbarendes Ziel verfolge und zwingenden Gründen des Allgemeininteresses entspreche. So sei anzuerkennen, dass Gewinne und Verluste steuerrechtlich gesehen zwei Seiten derselben Medaille darstellen, die spiegelbildlich zu behandeln seien, um die Ausgewogenheit der Aufteilung der Besteuerungsbefugnis zwischen den Mitgliedstaaten nicht zu beeinträchtigen. Weiterhin seien die Mitgliedstaaten berechtigt, die Gefahr einer doppelten Verlustberücksichtigung zu vermeiden. Zudem sei anzuerkennen, dass Praktiken der Steuerflucht, die durch das Bestehen deutlicher Unterschiede in den Steuersätzen der verschiedenen Mitgliedstaaten veranlasst sein können, zu verhindern sind. Eine Beschränkung des grenzüberschreitenden Verlustabzugs ist nach Auffassung des EuGH daher grundsätzlich gerechtfertigt.

Die britische Regelung verstößt nach Ansicht des EuGH jedoch insoweit gegen den Grundsatz der Verhältnismäßigkeit, wie diese über das Maß hinausgehe, was erforderlich ist, um die verfolgten Ziele zu erreichen. Damit sind z.B. Fälle angesprochen, in denen die gebietsfremde Tochtergesellschaft in ihrem Ansässigkeitsstaat sämtliche Möglichkeiten zur Verlustverrechnung in früheren bzw. künftigen Zeiträumen ausgeschöpft hat und zudem nicht die Möglichkeit besteht, die Verluste durch Übertragung auf einen Dritten oder im Wege der Übertragung der Tochtergesellschaft auf einen Dritten zu nutzen. Sofern die Muttergesellschaft dies nachweist, verstoße es gegen die Niederlassungsfreiheit des Art. 43 EG und Art. 48 EG, wenn ihr verwehrt wird, die

---

1) EuGH v. 13.12.2005, C-446/03, IWB F. 11a, 933.

Verluste der gebietsfremden Tochtergesellschaften von ihrem steuerpflichtigen Gewinn abzuziehen, während vergleichbare Inlandsverluste Berücksichtigung finden würden.

Das Urteil überrascht insoweit, als dass der EuGH eine Verlustberücksichtigung bei der Muttergesellschaft erst dann anordnet, wenn diese Verluste im Sitzstaat der Tochtergesellschaft nicht berücksichtigt worden sind und nicht berücksichtigt werden können. Dies erstaunt insoweit, als der EuGH in bisheriger Rechtsprechung[1] bereits einen resultierenden Liquiditätsnachteil als ausreichend für eine Beeinträchtigung der europarechtlich geschützten Grundfreiheiten angesehen hat. In dieser Sichtweise wäre es daher konsequenter gewesen, den Verlust zunächst im Sitzstaat der Muttergesellschaft zu berücksichtigen und dort eine Nachversteuerung der vorher verrechneten Verluste vorzunehmen, sobald im Sitzstaat der Tochtergesellschaft eine Verlustnutzung erfolgt.[2] Diese weniger belastende Methode, die bereits von der EU-Kommission in 1991 als Richtlinienvorschlag[3] vorgesehen war, wurde vom EuGH im Urteil *Marks & Spencer* erwähnt. Eine abschließende Entscheidung über die Anwendung dieser Methode wurde jedoch nicht getroffen.[4]

Der vom EuGH gewählte Ansatz zur periodenverschobenen Verlustberücksichtigung bei der Muttergesellschaft bietet für strukturschwache Mitgliedstaaten den Anreiz, sich einen Standortvorteil zu verschaffen, indem die Verlustvortragsregelungen verschärft oder ganz außer Kraft gesetzt werden, um dem Konzern eine Verlustnutzung im Sitzstaat der Muttergesellschaft zu ermöglichen. Ebenso könnten Konzernobergesellschaften von einer Sanierung verlustbringender ausländischer Tochtergesellschaften absehen, um nach deren Liquidation eine Verlustnutzung im eigenen Sitzstaat zu beantragen. Demgegenüber werden Mitgliedstaaten mit hohen Steuersätzen geneigt sein, die im nationalen Steuerrecht vorgesehenen Gruppenbesteuerungssysteme einzuschränken oder komplett aufzuheben, um die aus dem EuGH-Urteil resultierenden Steuerausfälle zu vermeiden. So bleibt insbesondere auch abzuwarten, wie der deutsche Gesetzgeber hinsichtlich der Regelungen zur Organschaft in §§ 14 ff. KStG reagiert. Die Auswirkungen des EuGH-Urteils beschränken sich zwar unmittelbar auf den entschiedenen Fall des mit der Organschaft nicht unmittelbar vergleichbaren britischen „Group Reliefs". Jedoch entsprechen sich der „Group Relief" und die deutsche Organschaft insoweit, als beide Regelungskreise einen Verlusttransfer einer ausländischen Tochtergesellschaft zur inländischen Muttergesellschaft unterbinden, während dies im Falle einer inländischen Tochtergesellschaft zulässig wäre. Analog zum britischen „Group Relief" ist somit auch im Falle der Organschaft eine Schlechterstellung grenzüberschreitender Mutter-Tochter-Beziehungen gegeben. Daher ist davon auszugehen, dass die Rechtsgedanken des EuGH-Urteils zumindest grundsätzlich auf die deutsche Organschaft übertragbar sind.[5]

Entsprechend kommen in jüngster Vergangenheit zwei deutsche Finanzgerichte zum Ergebnis, dass im Hinblick auf die deutsche Organschaftsregelung i. S. d. §§ 14 ff. KStG eine Beschränkung der Niederlassungsfreiheit i. S. d. Art. 43 i.V.m. Art. 48 EGV nicht auszuschließen sei. So führt das Niedersächsische FG aus, dass ungeachtet der unterschiedlichen Anforderungen und Wirkungsweisen von Organschaft einerseits und britischer Gruppenbesteuerung andererseits im Hinblick auf Verluste von Toch-

---

1) EuGH v. 8.3.2001, C-397/98 und C-410/98, HFR 2001, 628.
2) Vgl. Kühn, Die ertragsteuerlichen Auswirkungen der grenzüberschreitenden Produktionsverlagerung, 249 ff.; Herzig/Wagner, DStR 2006, 8.
3) Vorschlag für eine Richtlinie des Rates über eine Regelung für Unternehmen zur Berücksichtigung der Verluste ihrer in anderen Mitgliedstaaten gelegenen Betriebsstätten und Tochtergesellschaften, KOM90, 595, ABl.EG 1990 Nr. C 53, 30.
4) Vgl. Jahn, PIStB 2006, 4.
5) Vgl. Scheunemann, IStR 2005, 303; Dörr, IStR 2004, 265; Kühn, Die ertragsteuerlichen Auswirkungen der grenzüberschreitenden Produktionsverlagerung, 252 ff.

tergesellschaften die gleiche steuerliche Wirkung resultiere.[1] In beiden Fällen beschleunige die jeweilige Regelung in ihrem Anwendungsbereich den Ausgleich der Verluste der defizitären Gesellschaft mit Gewinnen anderer Konzerngesellschaften und führe somit zu einem Liquiditätsvorteil. Daher neigt das Niedersächsische FG zu der Auffassung, dass die Organschaft – ebenso wie die Gruppenbesteuerung – gemeinschaftsrechtlich als „Steuervergünstigung" anzusehen sei, die durch ihre Beschränkung auf innerstaatliche Sachverhalte die Niederlassungsfreiheit der Muttergesellschaft behindere. Das Niedersächsische FG neigt daher zu der Auffassung, dass jeglicher Ausschluss der Berücksichtigung von Verlusten ausländischer Tochtergesellschaften im Rahmen der Organschaft über das gemeinschaftsrechtlich zulässige Maß hinausgehe. Soweit dieser Auffassung gefolgt wird, sei es geboten, gemeinschaftsrechtswidrige Tatbestandsvoraussetzungen dieser Vorschriften in gemeinschaftsrechtlich konformer und normerhaltender Weise zu reduzieren. Daher dürften entgegen der Regelung des § 14 Abs. 1 Satz 1 KStG auch Tochtergesellschaften mit Sitz und Ort der Geschäftsleitung in einem anderen EU-Mitgliedstaat in den Anwendungsbereich einer Verlustverrechnung über die Grenze fallen. Auch das in grenzüberschreitenden Fällen vielfach wohl nicht zu erfüllende Merkmal des Gewinnabführungsvertrags i. S. d. § 291 Abs. 1 AktG als Voraussetzung einer Organschaft gem. § 14 Abs. 1 Satz 1 KStG führe zu einer versteckten Diskriminierung grenzüberschreitender Sachverhalte, da hierdurch jegliche Verlustberücksichtigung ausländischer Tochtergesellschaften ausgeschlossen würde. Indes bringe das Erfordernis eines auf die Dauer von mindestens fünf Jahren abgeschlossenen Gewinnabführungsvertrags zum Ausdruck, dass die rechtliche Verpflichtung zur Verlustübernahme eine unerlässliche Voraussetzung einer Organschaft sei, was auch aus § 17 KStG resultiere. Diese Voraussetzung müsse daher auch für einen Verlustabzug über die Grenze vorliegen. Daher sei es in grenzüberschreitenden Sachverhalten neben der Erfüllung der § 14 Abs. 1 KStG normierten Beteiligungsverhältnisse erforderlich, dass sich die Muttergesellschaft vor Beginn der „grenzüberschreitenden Organschaft" rechtsverbindlich für die Dauer von mindestens fünf Jahren zur Übernahme der Verluste ihrer Tochtergesellschaft verpflichtet hat. Weiterhin sei es erforderlich, dass die Muttergesellschaft Verluste der ausländischen Tochtergesellschaft zeitnah durch die Zufuhr von Eigenkapital ausgleicht. Das Niedersächsische FG lässt mangels Erfüllung dieser Voraussetzungen im Urteilssachverhalt indes offen, ob die Verlustverrechnung phasengleich zu erfolgen habe, oder erst in dem Jahr, in dem die „Finalität" der Verluste feststeht, sowie ggf. unter welchen Voraussetzungen „finale Verluste" gegeben sind. Das FG Rheinland-Pfalz beurteilte die Gemeinschaftsrechtslage differenzierter und kommt im Rahmen der Gesamtschau der EuGH-Entscheidungen *Marks & Spencer*[2], *OyAA*[3], *X-Holding BV*[4] und *LIDL Belgium*[5] zum Ergebnis, dass sich keineswegs ein „*gemeinschaftsrechtlich begründetes, quasi übergeordnetes Gebot zur Ermöglichung EU-grenzüberschreitender Verlustverrechnungen feststellen*"[6] ließe. Gleichwohl räumt das FG Rheinland-Pfalz ein, dass eine Muttergesellschaft von der Gründung einer Tochtergesellschaft in einem anderen Mitgliedstaat Abstand nehmen könnte, da bei gebietsfremden Tochtergesellschaften auf Ebene der Muttergesellschaft keine Verrechnung von Gewinnen und Verlusten erfolgen kann. Gleichwohl sieht das FG Rheinland-Pfalz mit dem Hinweis auf die erforderliche Wahrung der Aufteilung der Besteuerungsbefugnisse eine Beschränkung der Niederlassungsfreiheit als gerechtfertigt an. Für den Fall, dass ungeachtet dessen kein Rechtfertigungsgrund eingreife, seien die Vorschriften zur

---

1) Vgl. Niedersächsisches FG v. 11.2.2010, 6 K 406/08, IStR 2010, 260.
2) EuGH v. 13.12.2005, C-446/03, IWB F. 11a, 933.
3) EuGH v. 18.7.2007, C-231/05, DStRE 2008, 285.
4) EuGH v. 25.2.2010, C-337/08, DStR 2010, 427.
5) EuGH v. 15.5.2008, C-414/06, DStR 2008, 1030.
6) FG Rheinland-Pfalz v. 17.3.2010, 1 K 2406/07, DStRE 2010, 802; die hiergegen eingelegte Revision beim BFH (Az. I R 34/10) wurde zurückgenommen.

Organschaft in gemeinschaftsrechtlich konformer und normerhaltender Weise zu reduzieren. Hiernach sei zwar an dem Erfordernis an die Tochtergesellschaft hinsichtlich Sitz und Ort der Geschäftsleitung im Inland nicht festzuhalten. Für das Merkmal des formalen Gewinnabführungsvertrags sei es jedoch als Mindestvoraussetzung zu gewährleisten, dass eine verbindliche Vereinbarung zwischen Mutter- und Tochtergesellschaft besteht, die die Verpflichtung zur Verlustübernahme durch die Muttergesellschaft beinhaltet. Dies resultiere daraus, dass die Verpflichtung zur Verlustübernahme durch die Muttergesellschaft ein Kernbestandteil der Organschaft sei. Sofern daher im grenzüberschreitenden Fall die aus der Organschaft resultierenden steuerlichen Folgen eintreten sollen, sei zu gewährleisten, dass die Organschaft „gelebt" wird und die Verluste der ausländischen Tochtergesellschaft bei der inländischen Muttergesellschaft zu einer tatsächlichen wirtschaftlichen Belastung führen. Sollte eine Verlustverrechnung im Inland hiernach möglich sein, komme eine phasengleiche Verlustverrechnung im Verlustentstehungsjahr in Betracht, wenn zu diesem Zeitpunkt bereits eine künftige Verlustnutzung im ausländischen Mitgliedstaat ausgeschlossen ist.

Im Revisionsbeschluss zum Urteil des Niedersächsischen FG lässt der BFH die eigentliche Streitfrage nach der Abzugsfähigkeit der Verluste als solche offen. In Anlehnung an sein Urteil v. 9.6.2010 könnten die Verluste nach Auffassung des BFH im Falle ihrer prinzipiellen Abzugsfähigkeit im Inland auf Grund unterstellter „faktischer" Organschaftsverhältnisse jedoch frühestens in den jeweiligen „Finalitätsjahren" – also frühestens nach Beendigung ihrer Geschäftstätigkeit oder ggf. einer Liquidation – berücksichtigt werden.[1)]

Die beiden Urteile deutscher Finanzgerichte und der Revisionsbeschluss des BFH stellen eine Bewegung in der Thematik der grenzüberschreitenden Verrechnung von finalen Verlusten ausländischer EU-Kapitalgesellschaften im Rahmen der deutschen Organschaftsregelung dar. Die Forderung nach einer rechtsverbindlichen Verpflichtung der Muttergesellschaft zum Ausgleich der Verluste der ausländischen Tochtergesellschaft über einen Zeitraum von mindestens fünf Jahren unter zeitnaher Zufuhr von Eigenkapital ist jedoch differenziert zu beurteilen. So steht zunächst die Frage im Raum, ob die als gemeinschaftsrechtswidrig anzusehende Tatbestandsvoraussetzung eines Gewinnabführungsvertrags gem. § 14 Abs. 1 Satz 1 KStG in gemeinschaftsrechtlich konformer und normerhaltender Weise zu reduzieren ist, oder ob dieses Tatbestandsmerkmal auf Grund der Gemeinschaftsrechtswidrigkeit vielmehr insgesamt insoweit unbeachtlich bleibt.

Sofern eine gemeinschaftsrechtlich konforme Reduktion des Tatbestandsmerkmals des Gewinnabführungsvertrags gem. § 14 Abs. 1 Satz 1 KStG erfolgen soll, kann weiterhin entgegen gehalten werden, dass die Forderung nach einer rechtsverbindlichen Verpflichtung zur Verlustübernahme über die Entscheidung des EuGH im Fall *Marks & Spencer* und die dort für erforderlich erachteten Voraussetzungen hinaus geht. Es ist insofern jedoch zu beachten, dass die EuGH-Entscheidung *Marks & Spencer* zu der Regelung des britischen Konzernabzugs erging, die das Erfordernis eines Gewinnabführungsvertrags nicht kennt. Soweit daher die Sichtweise des EuGH im Fall *Marks & Spencer* auf die deutsche Organschaft übertragen werden kann, ist zu vergegenwärtigen, dass eine europarechtlich bedenkliche Schlechterstellung des grenzüberschreitenden Sachverhalts nur dann gegeben sein kann, wenn grundsätzlich vergleichbare Voraussetzungen wie im rein nationalen Sachverhalt gegeben sind. Im Hinblick auf die Verlustverrechnung ist insofern zutreffend, dass die Organschaft gem. §§ 14 ff. KStG nur dann eine Verrechnung der Verluste einer Tochtergesellschaft mit den Gewinnen der Muttergesellschaft zulässt, wenn die Muttergesellschaft im Rahmen des Ergebnisabführungsvertrags zur Verlustübernahme verpflichtet und somit durch die Verluste auch wirtschaftlich belastet ist. Hiergegen kann zu Recht

---
1) Vgl. BFH v. 9.11.2010, I R 16/10, DStR 2011, 169.

eingewandt werden, dass der Ergebnisabführungsvertrag nicht nur eine Verlustzurechnung, sondern insbesondere auch eine Gewinnzurechnung vorsieht und insoweit eine andere Zielsetzung im Vergleich zur reinen Verlustübernahmeverpflichtung vorliegt. Es ist jedoch zu bedenken, dass im vorliegenden Fall explizit und ausschließlich – unter Durchbrechung des Territorialitätsprinzips – eine Verlustberücksichtigung der ausländischen Tochtergesellschaft im Inland erfolgen soll, obwohl entsprechende Gewinne der ausländischen Tochtergesellschaft stets und ausschließlich in deren Sitzstaat zu versteuern sind. Soweit daher eine Berücksichtigung finaler Verluste der ausländischen Tochtergesellschaft im Inland nach Maßgabe des EuGH-Urteils *Marks & Spencer* erfolgen soll, erscheint es berechtigt – in Bezug auf die gegebene Verlustsituation – die gleichen Voraussetzungen ökonomisch abzubilden, die im rein nationalen Sachverhalt zu erfüllen sind. Die Forderung nach einer im Voraus abgeschlossenen rechtsverbindlichen Verpflichtung der Muttergesellschaft zur Verlustübernahme im Wege der zeitnahen Zufuhr von Eigenkapital ist daher nicht gänzlich abzulehnen.

Auf Basis des Revisionsbeschlusses des BFH zum Urteil des Niedersächsischen FG sowie der zurückgenommenen Revision zum Urteil des FG Rheinland-Pfalz bleibt die eigentlich relevante Frage nach der Berücksichtigung von Verlusten ausländischer Tochtergesellschaften im Rahmen einer grenzüberschreitenden Organschaft zunächst höchstrichterlich unbeantwortet. Gegenwärtig sind zu dieser Frage auch keine neuerlichen anhängigen Verfahren bei deutschen Finanzgerichten oder dem BFH bekannt.

Auf Grund der insofern weiterhin als ungeklärt anzusehenden Rechtslage ist es erwägenswert, durch Einsprüche bzw. Änderungsanträge und in den zu erstellenden Steuererklärungen eine etwaige Verlustberücksichtigung ausländischer EU-/EWR-Tochtergesellschaften im Veranlagungszeitraum, in dem die „Finalität" vorliegt, geltend zu machen. Nach Maßgabe der Grundsätze des Niedersächsischen FG sowie des FG Rheinland-Pfalz sollte weiterhin erwogen werden, die Anforderung an eine im Voraus über mindestens fünf Jahre rechtsverbindlich abgeschlossene Verlustübernahmeverpflichtung unter Zufuhr von Eigenkapital zu erfüllen, um hierdurch darzulegen, dass eine Organschaft i. S. d. §§ 14 ff. KStG über die Grenze beabsichtigt war.

6. Geschäftsbeziehungen zu „nicht kooperierenden Jurisdiktionen"

Bei grenzüberschreitenden Sachverhalten ist die FinVerw auf Grund eingeschränkter eigener hoheitlicher Befugnisse auf die Mitwirkungs- und Nachweispflichten des Stpfl. angewiesen (vgl. insoweit auch § 90 Abs. 2 und 3 AO). Darüber hinaus besteht grundsätzlich die Möglichkeit, ausländische Finanzbehörden gem. § 117 AO um Amtshilfe zu bitten, woraus sich indes keine Verpflichtung der ausländischen Behörde ergibt, dieser Bitte zu entsprechen. Vielmehr erfolgt die Gewährung von Amtshilfe durch ausländische Finanzbehörden nur auf Grund einer völkerrechtlichen Vereinbarung (insbes. DBA, aber auch z.B. Verträge über Amts- und Rechtshilfe in Steuersachen) oder auf Grund Europäischen Gemeinschaftsrechts (z.B. EG-Amtshilfe-Richtlinie[1]). Es waren bislang nicht alle Staaten bereit, entsprechende völkerrechtliche Vereinbarungen zur effektiven Amtshilfe abzuschließen, was eine Sachverhaltsaufklärung durch die deutschen Finanzbehörden erheblich erschwerte bzw. in Einzelfällen unmöglich machte. Dieses Defizit bezüglich der Sachverhaltsaufklärung durch die Finanzbehörden soll mit dem Steuerhinterziehungsbekämpfungsgesetz[2] und der

334

---

[1] Richtlinie 77/799/EWG des Rates v. 19.12.1977 über die gegenseitige Amtshilfe zwischen den zuständigen Behörden der Mitgliedstaaten im Bereich der direkten Steuern und der Steuern auf Versicherungsprämien.

[2] Gesetz zur Bekämpfung der Steuerhinterziehung (Steuerhinterziehungsbekämpfungsgesetz) v. 29.7.2009, BGBl. I 2009, 2302 ff.

hierzu beschlossenen Steuerhinterziehungsbekämpfungsverordnung (StHintBekVO)[1] abgebaut werden.

Neben Änderungen zur Aufbewahrungspflicht von Aufzeichnungen und Unterlagen für Stpfl., deren positive Überschusseinkünfte mehr als 500 000 € im Kalenderjahr betragen (§ 147a AO), sowie zur Zulässigkeit von Außenprüfungen für diese Stpfl. (§ 193 Abs. 1 AO), sieht das Gesetz in § 51 Abs. 1 Nr. 1 Buchst. f EStG und § 33 Abs. 1 Nr. 2 Buchst. e KStG i.V.m. der StHintBekVO unter bestimmten, jeweils näher konkretisierten Voraussetzungen die Versagung der folgenden steuerlich günstigen Vorschriften vor:

- Ausschluss des Betriebsausgaben- oder Werbungskostenabzugs, sofern besondere Mitwirkungs- und Nachweispflichten nicht erfüllt werden (§ 51 Abs. 1 Nr. 1 Buchst. f Satz. 1 Doppelbuchst. aa EStG i.V.m. § 1 StHintBekVO);

- Versagung der Entlastung von Kapitalertragsteuer oder Abzugsteuer für ausländische Gesellschaften i. S. des § 50d Abs. 1 und 2 oder § 44a Abs. 9 EStG, sofern die Gesellschaft Namen und Ansässigkeit der natürlichen Personen nicht offenlegt, die unmittelbar oder mittelbar zu mehr als 10 % beteiligt sind (§ 51 Abs. 1 Nr. 1 Buchst. f Satz 1 Doppelbuchst. bb EStG i.V.m. § 2 StHintBekVO);

- Versagung der Abgeltungsteuer und des Teileinkünfteverfahrens, sofern im Falle von Geschäftsbeziehungen zu ausländischen Kreditinstituten der Stpfl. die Finanzbehörde nach Aufforderung nicht bevollmächtigt, im Namen des Stpfl. mögliche Auskunftsansprüche gegenüber den von der Finanzbehörde benannten Kreditinstituten geltend zu machen (§ 51 Abs. 1 Nr. 1 Buchst. f Satz 1 Doppelbuchst. cc EStG i.V.m. § 3 StHintBekVO);

- Ausschluss der Steuerbefreiung für Dividenden und Veräußerungsgewinne im Körperschaftsteuerrecht, sofern besondere Mitwirkungs- und Nachweispflichten nicht erfüllt werden (§ 33 Abs. 1 Nr. 2 Buchst. e KStG i.V.m. § 4 StHintBekVO).

Als zentrale Voraussetzung für den Ausschluss dieser steuerlich günstigen Vorschriften tritt gem. § 51 Abs. 1 Nr. 1 Satz 2 EStG hinzu, dass die Beteiligten in einem sog. „unkooperativen" Staat oder Gebiet ansässig sind. Als „unkooperativ" gelten hiernach Staaten oder Gebiete,

- mit denen kein DBA besteht, in dem die Erteilung von Auskünften entsprechend Art. 26 OECD-MA 2005 (sog. „große Auskunftsklausel") vorgesehen ist,

- die keine Auskünfte in einem vergleichbaren Umfang erteilen und

- bei denen keine Bereitschaft zu einer entsprechenden Auskunftserteilung besteht.

In der Begründung zum Regierungsentwurf der StHintBekVO wird hierzu ausgeführt, dass die insoweit als „unkooperativ" anzusehenden Staaten und Gebiete zur Gewährung von Rechtssicherheit und Gleichmäßigkeit der Besteuerung in einem BMF-Schreiben benannt werden sollen. Nach einem Entwurf dieses Schreibens bestehen wohl gegenwärtig keine solchen „unkooperativen" Staaten und Gebiete, da alle hierfür in der Vergangenheit in Betracht kommenden Jurisdiktionen ihre Bereitschaft zur Erteilung von Auskünften signalisiert haben bzw. entsprechende Abkommen unterzeichnet wurden (u.a. Kanalinseln, Liechtenstein, Schweiz). Dies entspricht der Zielsetzung des Gesetzgebers, der mit dem Steuerhinterziehungsbekämpfungsgesetz den Anreiz für die in Betracht kommenden Staaten erhöhen wollte, mit Deutschland einen effektiven Auskunftsaustausch nach den Standards der OECD zu vereinbaren. Die praktische Bedeutung der Regelungen zum Ausschluss steuerlich günstiger Vorschriften im Fall einer „unkooperativen" Jurisdiktion ist damit zum gegenwärtigen Zeitpunkt sehr gering, da zwischenzeitlich mit vielen Staaten erstmals DBA bzw. Auskunftsabkommen abgeschlossen wurden.

---

[1] Steuerhinterziehungsbekämpfungsverordnung (StHintBekVO) v. 18.9.2009, BGBl. I 2009, 3046.

IV. Gewinnberichtigung und Einkünfteabgrenzung

1. Nationales Recht

Um Gewinnverlagerungen zu vermeiden, wird bei Stpfl. mit Geschäftsbeziehungen zu Nahestehenden geprüft, ob seine Einkünfte in zutreffender Höhe erfasst sind, d.h. gegenüber dem Ausland nach dem Grundsatz des Fremdvergleichs[1] zutreffend abgegrenzt sind. 335

Die für die Einkünfteabgrenzung maßgebenden Regelungen werden nachfolgend kursorisch dargestellt.

a) Verdeckte Gewinnausschüttung (§ 8 Abs. 3 Satz 2 KStG)

Für die Ermittlung des Einkommens einer Körperschaft ist es gem. § 8 Abs. 3 Satz 1 KStG ohne Bedeutung, ob das Einkommen verteilt wird. Daher dürfen gem. § 8 Abs. 3 Satz 2 KStG auch verdeckte Gewinnausschüttungen das Einkommen nicht mindern. Eine verdeckte Gewinnausschüttung ist eine Vermögensminderung oder verhinderte Vermögensmehrung, die durch das Gesellschaftsverhältnis veranlasst ist, sich auf die Höhe des Unterschiedsbetrags i. S. d. § 4 Abs. 1 Satz 1 EStG auswirkt und nicht auf einem den gesellschaftsrechtlichen Vorschriften entsprechenden Gewinnverteilungsbeschluss beruht. Eine Veranlassung durch das Gesellschaftsverhältnis ist auch dann gegeben, wenn die Vermögensminderung oder verhinderte Vermögensmehrung bei der Körperschaft zu Gunsten einer nahe stehenden Person erfolgt.[2] 336

Im Verhältnis zwischen Gesellschaft und beherrschendem Gesellschafter wird eine Veranlassung durch das Gesellschaftsverhältnis i.d.R. auch bereits dann angenommen, wenn es an einer zivilrechtlich wirksamen, klaren, eindeutigen und im Voraus abgeschlossenen Vereinbarung darüber fehlt, ob und in welcher Höhe ein Entgelt für eine Leistung des Gesellschafters zu zahlen ist, oder wenn nicht einer klaren Vereinbarung entsprechend verfahren wird.[3] Ohne eine klare und eindeutige Vereinbarung wird eine Gegenleistung nicht als schuldrechtlich begründet angesehen. Das gilt selbst dann, wenn ein Vergütungsanspruch auf Grund gesetzlicher Regelung bestehen sollte, wie z.B. bei einer Arbeitsleistung (§ 612 BGB) oder einer Darlehensgewährung nach Handelsrecht (§§ 352, 354 HGB).[4]

b) Verdeckte Einlage (§ 8 Abs. 3 Satz 3 KStG; § 6 Abs. 6 EStG)

Eine verdeckte Einlage liegt vor, wenn ein Gesellschafter oder eine ihm nahe stehende Person der Kapitalgesellschaft außerhalb der gesellschaftsrechtlichen Einlagen einen einlagefähigen Vermögensvorteil zuwendet und diese Zuwendung ihre Ursache im Gesellschaftsverhältnis hat.[5] Eine verdeckte Einlage erhöht das Einkommen gem. § 8 Abs. 3 Satz 3 KStG nicht und ist daher – soweit der Steuerbilanzgewinn durch sie erhöht wurde – außerbilanziell bei der Ermittlung des zu versteuernden Einkommens in Abzug zu bringen. 337

Nach ständiger BFH-Rechtsprechung[6] liegt in der Überlassung des Gebrauchs oder der Nutzung eines Wirtschaftsguts keine Einlage vor. Ebenso ist der von einem Gesell-

---

1) Vgl. Gosch, DStZ 1997, 1 ff.; Kuckhoff/Schreiber, IStR 1999, 513 ff.
2) Vgl. R 36 Abs. 1 KStR 2004; vgl. auch Schaumburg, Internationales Steuerrecht, 3. Aufl., Rz. 18.82 ff.
3) Vgl. R 36 Abs. 2 KStR 2004.; vgl. auch BMF v. 23.2.1983, IV C 5 – S 1341 – 4/83, BStBl I 1983, 218, Tz. 1.4.1.; Frotscher in Frotscher/Maas, KStG, Anhang zu § 8 Rz. 116 ff.
4) Vgl. H 36 KStR 2004 – „Beherrschender Gesellschafter", vgl. auch BFH v. 2.3.1988, I R 63/82, BStBl II 1988, 590.
5) Vgl. R 40 Abs. 1 KStR 2004.
6) Nachweise in H 40 KStR 2004 – „Nutzungsvorteile"; weitere Nachweise bei Schaumburg, Internationales Steuerrecht, 3. Aufl., Rz. 18.95 ff.; Frotscher, Internationales Steuerrecht, 3. Aufl., 254.

schafter einer Kapitalgesellschaft gewährte Vorteil, ein Darlehen zinslos nutzen zu können, kein steuerlich einlagefähiges Wirtschaftsgut.[1]

c) Berichtigung von Einkünften/Funktionsverlagerungen (§ 1 AStG)

338 Die Vorschrift des § 1 AStG sieht eine Berichtigung von Einkünften vor, soweit Einkünfte eines Stpfl. aus einer Geschäftsbeziehung zum Ausland mit einer ihm nahe stehenden Person dadurch gemindert werden, dass er seiner Einkünfteermittlung andere Bedingungen, insbesondere Preise (Verrechnungspreise), zu Grunde legt, als sie voneinander unabhängige Dritte unter gleichen oder vergleichbaren Verhältnissen vereinbart hätten. Für die Anwendung des Fremdvergleichsgrundsatzes ist davon auszugehen, dass die voneinander unabhängigen Dritten alle wesentlichen Umstände der Geschäftsbeziehung kennen und nach den Grundsätzen ordentlicher und gewissenhafter Geschäftsleiter handeln. Dadurch werden insbes. auch die Nutzungsüberlassungen an nahe stehende Personen im Ausland erfasst, die nicht Gegenstand einer verdeckten Einlage sein können.

Zur Durchführung der Einkünftekorrektur sind die Einkünfte des Stpfl. unbeschadet anderer Vorschriften in derjenigen Höhe anzusetzen, wie sie unter den zwischen unabhängigen Dritten vereinbarten Bedingungen angefallen wären. Die Berichtigung der Einkünfte erfolgt außerhalb der Bilanz und führt daher – anders als im Falle der verdeckten Einlage – nicht zu einer Erhöhung des Buchwerts der Beteiligung.

Eine nahe stehende Person i. S. des § 1 AStG wird in § 1 Abs. 2 AStG definiert anhand folgender alternativ anwendbarer Kriterien:

– Vorliegen einer unmittelbaren oder mittelbaren Beteiligung zu mindestens 25 % des Stpfl. an der betreffenden Person oder umgekehrt oder durch einen Dritten an beiden,

– Vorliegen eines unmittelbaren oder mittelbaren beherrschenden Einflusses des Stpfl. auf die betreffende Person oder umgekehrt oder durch einen Dritten auf beide,

– Verflechtung durch besondere Einflussmöglichkeiten des Stpfl. auf die betreffende Person oder umgekehrt,

– Verflechtung durch Interessenidentität hinsichtlich der Erzielung der Einkünfte des anderen.

Entsprechend der Neuregelung des § 1 Abs. 1 AStG durch das AmtshilfeRLUmsG vom 26.6.2013 gilt als Stpfl. auch eine Personengesellschaft oder eine Mitunternehmerschaft.[2] Ebenso gelten Personengesellschaften oder Mitunternehmerschaften unter den zuvor beschriebenen Voraussetzungen des § 1 Abs. 2 AStG auch als nahestehende Personen. Durch diese Regelung wird die bereits zuvor von der Finanzverwaltung vertretene Auffassung einer umfassenden Anwendung des § 1 AStG auf Personengesellschaften resp. Mitunternehmerschaften gesetzlich normiert.[3] Die Regelung findet sowohl auf Mitunternehmerschaften Anwendung, die Einkünfte nach § 13, § 15 oder § 18 EStG erzielen, als auch auf Personengesellschaften, die keine Mitunternehmerschaften sind (Vermögensverwaltung), weil sie z.B. ausschließlich Einkünfte aus Vermietung und Verpachtung gem. § 21 EStG erzielen.

§ 1 AStG stellt im Grundsatz ebenso wie Art. 9 OECD-MA auf das Prinzip des dealing at arm's length (Fremdvergleichsgrundsatz) ab. Dieser Grundsatz besagt im Kern, dass

---

1) BFH v. 26.10.1987, GrS 2/86, BStBl II 1988, 348; vgl. Baranowski, Besteuerung von Auslandsbeziehungen, 2. Aufl. Rz. 761 f.
2) Gesetz zur Umsetzung der Amtshilferichtlinie sowie zur Änderung steuerlicher Vorschriften v. 26.6.2013, BGBl. I 2013, 1809.
3) Vgl. BMF v. 23.2.1983, IV C 5 – S 1341 – 4/83, BStBl I 1983, 218, Tz. 1.3.2.1. und 1.3.2.2.

steuerlich anzuerkennende Geschäfte zwischen verbundenen Unternehmen so ausgestaltet sein müssen wie Geschäfte unter sonst gleichen oder ähnlichen Bedingungen zu fremden Dritten. Damit findet der im nationalen Steuerrecht im Übrigen nicht gesetzlich verankerte Fremdvergleichsgrundsatz für die Regelung des § 1 AStG einerseits Eingang in dessen Tatbestandsvoraussetzungen; andererseits bemessen sich hiernach auch die Rechtsfolgen einer Einkünftekorrektur.

Der Anwendungsbereich des § 1 AStG erfasst gem. § 1 Abs. 4 Nr. 1 AStG als Geschäftsbeziehungen einzelne oder mehrere zusammenhängende wirtschaftliche Vorgänge zwischen dem Stpfl. und einer nahestehenden Person, die Teil einer Tätigkeit des Stpfl. oder der nahestehenden Person im Rahmen der Einkünfte aus Land- und Forstwirtschaft, aus Gewerbebetrieb, aus selbständiger Arbeit oder aus Vermietung und Verpachtung sind bzw. im Inlandsfalle wären. Hiervon ausgenommen sind nur wirtschaftliche Vorgänge, denen eine gesellschaftsvertragliche Vereinbarung zu Grunde liegt. Als gesellschaftsvertragliche Vereinbarung ist hierbei eine Vereinbarung anzusehen, die unmittelbar zu einer rechtlichen Änderung der Gesellschafterstellung führt. Entsprechend stellt die Überlassung von Eigenkapital keine Geschäftsbeziehung dar, da diese nicht auf Grund einer schuldrechtlichen Verpflichtung, sondern auf Grund einer gesellschaftsrechtlichen Verpflichtung erfolgt.[1]

Weiterhin werden gem. § 1 Abs. 4 Nr. 2 AStG als Geschäftsbeziehung auch „Geschäftsvorfälle" zwischen einem Unternehmen eines Stpfl. und seiner in einem anderen Staat belegenen Betriebsstätte erfasst (sog. „anzunehmende schuldrechtliche Beziehungen"). Diese Regelung dient der angestrebten Einbeziehung der Gewinnabgrenzung zwischen Stammhaus und Betriebsstätte in den Anwendungsbereich des § 1 AStG.[2]

Sofern einer Geschäftsbeziehung keine schuldrechtlichen Vereinbarungen zu Grunde liegen, normiert § 1 Abs. 4 Satz 2 AStG die widerlegbare Fiktion, dass voneinander unabhängige ordentliche und gewissenhafte Geschäftsleiter eine schuldrechtliche Vereinbarung getroffen hätten oder eine bestehende Rechtsposition geltend machen würden, die der Besteuerung zugrunde zu legen ist. Eine Ausnahme besteht dann, wenn der Steuerpflichtige im Einzelfall etwas anderes glaubhaft macht.

Das BMF hat im Schreiben vom 29.3.2011 zur Anwendung des § 1 AStG bei Teilwertabschreibungen auf Darlehen an verbundene ausländische Unternehmen und in vergleichbaren Fällen Stellung genommen.[3] Hierbei nimmt das BMF auf das BFH-Urteil[4] betreffend Teilwertabschreibungen auf eigenkapitalersetzende Darlehen im Kontext des § 8b Abs. 3 KStG vor der Neufassung dieser Regelung durch das JStG 2008 ab dem VZ 2008 Bezug. Das BMF-Schreiben besitzt entsprechend insbesondere für die Veranlagungszeiträume 2003 bis 2007 Relevanz. Das BMF führt aus, dass eine Darlehensgewährung auch dann eine Geschäftsbeziehung i. S. d. § 1 Abs. 5 AStG darstelle, wenn im Zeitpunkt der Darlehenshingabe offensichtlich keine tatsächliche Rückzahlungsverpflichtung auf Grund der wirtschaftlichen Situation des Darlehensnehmers besteht. Im Hinblick auf die Frage der fremdvergleichskonformen Ausgestaltung der Darlehensbeziehung kommt das BMF unter Verweis auf die BFH-Rspr. zum Ergebnis, dass auch eine Darlehensgewährung ohne Vereinbarung einer tatsächlichen Sicherheit und ohne Risikozuschlag auf den Zinssatz als fremdvergleichskonform anzusehen sei, sofern die Konzernzugehörigkeit (sog. „Rückhalt im Konzern") als ausreichende Sicherheit anzusehen ist. Dies sei der Fall, wenn der beherrschende Gesellschafter die Zahlungsfähigkeit der Tochtergesellschaft gegenüber fremden Dritten tat-

---

1) Vgl. BMF v. 14.5.2004, IV B 4 – S 1340 – 11/04, BStBl I 2004 Sondernr. 1, Tz. 1.4.2.
2) → 4 Rz. 326 ff. sowie den Entwurf einer Verordnung zur Anwendung des Fremdvergleichsgrundsatzes auf Betriebsstätten nach § 1 Abs. 5 AStG v. 5.8.2013.
3) Vgl. BMF v. 29.3.2011, IV B 5 – S 1341/09/10004, BStBl I 2011, 277.
4) BFH v. 14.1.2009, I R 52/08, BStBl II 2009, 674).

sächlich sicherstellt bzw. solange die Tochtergesellschaft ihre Zahlungsverpflichtungen gegenüber fremden Dritten erfüllt. Sodann legt das BMF für spezifische Fälle dar, unter welchen Voraussetzungen eine Berichtigung einer Teilwertabschreibung auf konzerninterne Darlehen nach Maßgabe der Regelung des § 1 AStG zu erfolgen hat. Hierbei stellt das BMF insbesondere auf den Rückhalt im Konzern ab, so dass eine bilanzsteuerrechtlich ggf. zulässige Teilwertabschreibung nach Auffassung des BMF unter bestimmten Voraussetzungen nicht dem Fremdvergleichsgrundsatz entspreche und daher nach § 1 AStG zu korrigieren sei, sofern der Darlehensnehmer seine Verpflichtungen im Außenverhältnis erfüllt. Die hierzu im Einzelnen relevanten Kriterien werden vom BMF für die betreffenden Fallkonstellationen spezifisch abgegrenzt.

Das Verhältnis von § 1 AStG zu den Rechtsinstituten der verdeckten Gewinnausschüttung und der verdeckten Einlage ist, soweit sich die jeweiligen Anwendungsbereiche z.T. überschneiden können, entsprechend der Regelung in § 1 Abs. 1 Satz 3 AStG i. S. einer sog. Idealkonkurrenz normiert. Soweit daher die Anwendung des Fremdvergleichsgrundsatzes zu weitergehenden Berichtigungen führt, als die der anderen Vorschriften, sind die weitergehenden Berichtigungen neben den Rechtsfolgen der anderen Vorschriften durchzuführen.

Im Verhältnis von § 1 AStG zum Rechtsinstitut der verdeckten Einlage ergeben sich hieraus z.B. folgende Konsequenzen für den Stpfl.:

- Gewährt ein inländischer Stpfl. einer ausländischen Tochtergesellschaft Nutzungen oder Dienstleistungen ohne ein angemessenes Entgelt, ist das Rechtsinstitut der verdeckten Einlage mangels eines einlagefähigen Vermögensvorteils nicht anwendbar.[1] In diesem Fall erfolgt die Berichtigung ausschließlich auf Grund § 1 AStG.[2]
- Veräußert ein inländischer Stpfl. ein Wirtschaftsgut zu einem Preis unterhalb des Teilwerts an eine ausländische Tochter-Kapitalgesellschaft, sieht das Rechtsinstitut der verdeckten Einlage eine Korrektur i. H. der Differenz zum Teilwert des Wirtschaftsgutes vor. Im Rahmen der Bewertung zum Teilwert gelten als Obergrenze die Wiederbeschaffungskosten, die im Wesentlichen den Herstellungskosten entsprechen und keinen Gewinnaufschlag enthalten.[3] Darüber hinausgehend ist auf Basis der Theorie der Idealkonkurrenz eine Korrektur nach § 1 AStG i. H. des fremdüblichen Gewinnaufschlags geboten, soweit der Fremdvergleichspreis einen unter fremden Dritten üblichen Gewinnaufschlag auf die Wiederbeschaffungskosten enthält.[4]

Die vorstehend beschriebenen Beispielsfälle zeigen, dass bestimmte Geschäftsbeziehungen eines Stpfl. zu nahe stehenden Personen im Ausland ungünstiger behandelt werden als entsprechende rein inländische Geschäftsbeziehungen. Unter Bezugnahme auf die im zweiten Sachverhalt aufgezeigte Gewinnkorrektur hat der BFH daher in der Vergangenheit ernsthafte Zweifel geäußert, ob § 1 AStG mit der Niederlassungsfreiheit (Art. 43 EGV) sowie der Kapitalverkehrsfreiheit (Art. 56 EGV) vereinbar ist. Der BFH führt hierzu explizit aus, dass *„derjenige Stpfl., der Geschäfte mit einem nahe stehenden Geschäftspartner in einem anderen EU-Mitgliedsstaat tätigt, steuerlich ungünstiger behandelt wird als ein solcher Stpfl., der entsprechende Geschäfte im Inland betreibt. Dem einen wird ein fiktives Entgelt als Gewinnaufschlag hinzugerechnet, dem anderen hingegen nicht."*[5] Einen Verweis auf die Befürchtung, einander nahestehende Unternehmen könnten veranlasst sein, ein „Steuergefälle" zu

---

1) Vgl. BFH v. 26.10.1987, GrS 2/86, BStBl II 1988, 348.
2) Vgl. BMF v. 14.5.2004, IV B 4 – S 1340 – 11/04, BStBl I 2004, Sondernr. 1, Tz. 1.1.2.
3) Vgl. BFH v. 19.5.1998, I R 54/97, BStBl II 1999, 277; vgl. auch Wassermeyer, IStR 2001, 637; Kulosa in Schmidt, EStG, 33. Aufl., § 6 Rz. 242.
4) Vgl. BFH v. 21.6.2001, I B 141/00, HFR 2001, 949.
5) BFH v. 21.6.2001, I B 141/00, HFR 2001, 949.

ihren Gunsten auszunützen, lässt der BFH nicht zu. Vielmehr seien die Mitgliedsstaaten verpflichtet, die ihnen verbliebenen Befugnisse unter Wahrung des Gemeinschaftsrechts auszuüben. Wenngleich der BFH von der Einholung einer Vorabentscheidung durch den EuGH abgesehen hat (AdV-Verfahren), ergeben sich hieraus Zweifel an der Konformität der Regelung des § 1 AStG mit den europäischen Grundfreiheiten, insbesondere der Niederlassungsfreiheit. Diese Zweifel verbleiben auch ungeachtet der EuGH-Entscheidung im Fall *SIG*.[1)] In diesem Urteil stuft der EuGH eine zu § 1 AStG vergleichbare Regelung des belgischen Steuerrechts als mit der Niederlassungsfreiheit vereinbar ein. Die belgische Regelung erfasst – analog zu § 1 AStG – nur außergewöhnliche oder unentgeltliche Vorteile, die eine belgische Gesellschaft an eine in einem anderen Mitgliedstaat niedergelassene und mit dieser verflochtenen Gesellschaft gewährt, während die Gewährung an eine gebietsansässige, verflochtene Gesellschaft nicht erfasst wird. Der EuGH begründet seine Entscheidung damit, dass es zu einer Beeinträchtigung der ausgewogenen Aufteilung der Besteuerungsbefugnis zwischen den Mitgliedstaaten kommen könne, wenn mittels außergewöhnlicher oder unentgeltlicher Vorteile eine Übertragung von Gewinnen auf ausländische Konzerngesellschaften erfolgt. Ebenso diene die Vorschrift dem berechtigten Interesse der Verhinderung einer Steuerumgehung mittels künstlicher Konstruktionen im Konzern. Der EuGH betont jedoch aus dem Blickwinkel der Verhältnismäßigkeit, dass dem Stpfl. in diesem Fall die Möglichkeit eines Nachweises von etwaigen wirtschaftlichen Gründen für den Abschluss des Geschäfts eingeräumt werden müsse. Weiterhin dürfe eine etwaige Einkommenskorrektur nur auf das Maß erfolgen, was die Gesellschaften unter Bedingungen des freien Wettbewerbs miteinander vereinbaren würden. Die Prüfung dieser beiden Einschränkungen überlässt der EuGH ausdrücklich der Zuständigkeit der nationalen Gerichte. Aus dieser Perspektive bleiben die bereits zuvor vom BFH geäußerten europarechtlichen Zweifel an der Regelung des § 1 AStG grundsätzlich bestehen, da in § 1 AStG insbesondere nicht die vom EuGH geforderte Möglichkeit eines Nachweises wirtschaftlicher Gründe für den Abschluss des Geschäfts vorgesehen ist. U.E. bedeutet allerdings die o.g. Entscheidung des EuGH im Fall *SIG*, dass § 1 AStG – u.U. eingeschränkt um eine Gegenbeweismöglichkeit – Bestand haben könnte (teleologische Reduktion).

In § 1 Abs. 3 AStG werden zum einen grundsätzlich Regelungen bzgl. Methoden und Wertfindung sowie Korrekturregeln bei unzutreffenden Werten definiert sowie weitergehend Sonderbestimmungen für Fälle der Funktionsverlagerung normiert. Nachfolgend werden zunächst die generell geltenden Grundsätze dargestellt, danach die Sonderregelungen für Funktionsverlagerungen.

Bei Geschäftsbeziehungen i. S. d. § 1 Abs. 1 Satz 1 AStG ist der Verrechnungspreis vorrangig nach der Preisvergleichsmethode, der Wiederverkaufspreismethode oder der Kostenaufschlagsmethode zu bestimmen, wenn Fremdvergleichswerte ermittelt werden können, die nach Vornahme sachgerechter Anpassungen im Hinblick auf die ausgeübten Funktionen, die eingesetzten Wirtschaftsgüter und die übernommenen Chancen und Risiken (Funktionsanalyse) für diese Methoden uneingeschränkt vergleichbar sind. Mehrere solche Werte bilden eine Bandbreite. Sind solche Fremdvergleichswerte nicht zu ermitteln, sind eingeschränkt vergleichbare Werte nach Vornahme sachgerechter Anpassungen der Anwendung einer geeigneten Verrechnungspreismethode zu Grunde zu legen. Sind mehrere eingeschränkt vergleichbare Fremdvergleichswerte feststellbar, ist die sich ergebende Bandbreite einzuengen. Liegt der vom Stpfl. für seine Einkünfteermittlung verwendete Wert in den Fällen einer uneingeschränkten Vergleichbarkeit außerhalb der Bandbreite oder in den Fällen der eingeschränkten Vergleichbarkeit außerhalb der eingeengten Bandbreite, ist der Median maßgeblich. Können auch keine eingeschränkt vergleichbaren Fremdvergleichswerte festgestellt werden, hat der Stpfl. für seine Einkünfteermittlung einen

---

1) Vgl. EuGH v. 21.1.2010, C-311/08, IStR 2010, 144.

hypothetischen Fremdvergleich unter Beachtung des § 1 Abs. 1 Satz 2 AStG durchzuführen. Dazu hat er auf Grund einer Funktionsanalyse und innerbetrieblicher Planrechnungen den Mindestpreis des Leistenden und den Höchstpreis des Leistungsempfängers zu ermitteln (sog. Einigungsbereich). Der Einigungsbereich wird von den jeweiligen Gewinnerwartungen (Gewinnpotenzialen) bestimmt. Es ist der Preis im Einigungsbereich der Einkünfteermittlung zu Grunde zu legen, der dem Fremdvergleichsgrundsatz mit der höchsten Wahrscheinlichkeit entspricht. Dabei gilt, dass, wenn kein anderer Wert glaubhaft gemacht wird, der Mittelwert des Einigungsbereichs zu Grunde zu legen ist. Ist der vom Stpfl. zu Grunde gelegte Einigungsbereich unzutreffend und muss deshalb von einem anderen Einigungsbereich ausgegangen werden, kann auf eine Einkünfteberichtigung verzichtet werden, wenn der vom Stpfl. zu Grunde gelegte Wert innerhalb des anderen Einigungsbereichs liegt.

Für Fälle der sog. Funktionsverlagerung gelten folgende Bestimmungen. Eine Funktionsverlagerung wird in § 1 Abs. 3 Satz 9 AStG definiert als die Verlagerung einer „Funktion einschließlich der dazugehörigen Chancen und Risiken und der mitübertragenen oder überlassenen Wirtschaftsgüter und sonstigen Vorteile". Die Rechtsverordnung[1] zur Anwendung des Fremdvergleichsgrundsatzes i. S. des § 1 Abs. 1 AStG in Fällen grenzüberschreitender Funktionsverlagerungen (FVerlV)[2] definiert eine Funktion in § 1 Abs. 1 FVerlV als „eine Geschäftstätigkeit, die aus einer Zusammenfassung gleichartiger betrieblicher Aufgaben besteht, die von bestimmten Stellen oder Abteilungen eines Unternehmens erledigt werden. Sie ist ein organischer Teil eines Unternehmens, ohne dass ein Teilbetrieb im steuerlichen Sinn vorliegen muss." Eine Funktionsverlagerung liegt nach § 1 Abs. 2 FVerlV vor, wenn ein Unternehmen (verlagerndes Unternehmen) einem anderen, nahe stehenden Unternehmen (übernehmendes Unternehmen) Wirtschaftsgüter und sonstige Vorteile sowie die damit verbundenen Chancen und Risiken überträgt oder zur Nutzung überlässt, damit das übernehmende Unternehmen eine Funktion ausüben kann, die bisher von dem verlagernden Unternehmen ausgeübt worden ist, und dadurch die Ausübung der betreffenden Funktion durch das verlagernde Unternehmen eingeschränkt wird. Dies trifft auch zu, wenn das übernehmende Unternehmen die Funktion nur zeitweise übernimmt. Da die vollständige Durchführung einer Funktionsverlagerung in der Praxis häufig einen längeren Zeitraum in Anspruch nehmen kann, ordnet § 1 Abs. 2 Satz 3 FVerlV eine veranlagungszeitraumübergreifende Betrachtung an. Geschäftsvorfälle, die innerhalb von fünf Wirtschaftsjahren verwirklicht werden, sind zu dem Zeitpunkt, zu dem die Voraussetzungen einer Funktionsverlagerung wirtschaftlich erfüllt sind, als einheitliche Funktionsverlagerung zusammenzufassen.

Eine Funktionsverlagerung kann auch dann vorliegen, wenn die Funktion eines Unternehmens nur für eine zeitlich begrenzte Dauer auf das übernehmende Unternehmen übergeht. Nach § 1 Abs. 7 FVerlV liegt dagegen ausdrücklich keine Funktionsverlagerung vor, wenn ausschließlich Wirtschaftsgüter veräußert oder zur Nutzung überlassen werden oder wenn nur Dienstleistungen erbracht werden, es sei denn, diese Geschäftsvorfälle sind Teil einer Funktionsverlagerung. Entsprechendes gilt, wenn Personal im Konzern entsandt wird, ohne dass eine Funktion mit übergeht, oder wenn der Vorgang zwischen voneinander unabhängigen Dritten nicht als Veräußerung oder Erwerb einer Funktion angesehen würde.

Auch in Fällen einer Funktionsverdoppelung ist grundsätzlich keine Funktionsverlagerung gegeben. So stellt § 1 Abs. 6 FVerlV klar, dass eine Funktionsverlagerung nicht vorliegt, wenn es trotz Vorliegens der übrigen Voraussetzungen einer Funktions-

---

1) Vgl. die Ermächtigung in § 1 Abs. 3 Satz 13 AStG.
2) Funktionsverlagerungsverordnung (FVerlV) – Verordnung zur Anwendung des Fremdvergleichsgrundsatzes nach § 1 Abs. 1 des Außensteuergesetzes in Fällen grenzübergreifender Funktionsverlagerungen v. 12.8.2008, BGBl. I 2008, 1680 ff.

verlagerung innerhalb von fünf Jahren nach Aufnahme der Funktion durch das nahe stehende Unternehmen zu keiner Einschränkung der Ausübung der betreffenden Funktion durch das verlagernde Unternehmen kommt. Kommt es innerhalb dieser Frist dagegen zu einer solchen Einschränkung, liegt zum Zeitpunkt, in dem die Einschränkung eintritt, insgesamt eine einheitliche Funktionsverlagerung vor, es sei denn, der Stpfl. macht glaubhaft, dass diese Einschränkung nicht in unmittelbarem wirtschaftlichem Zusammenhang mit der Funktionsverdoppelung steht.

Bei Vorliegen einer Funktionsverlagerung, für die weder uneingeschränkt noch eingeschränkt vergleichbare Fremdvergleichswerte – siehe dazu die voranstehenden Ausführungen – z.b. anhand von Vergleichsfällen der Vergangenheit, z.B. Management-Buyouts, Verkäufe von Funktionen an fremde Dritte, Einbringungen oder Joint-Ventures ermittelt werden können, hat der Stpfl. gem. § 1 Abs. 3 Satz 9 i.V.m. Satz 5 AStG das Entgelt nach Maßgabe eines hypothetischen Fremdvergleichs zu bestimmen.[1] Bewertungsmaßstab hierfür ist eine Verlagerung der Funktion als Ganzes (sog. Transferpaket). Ein Transferpaket besteht aus einer Funktion und den mit dieser Funktion zusammenhängenden Chancen und Risiken sowie den Wirtschaftsgütern und Vorteilen, die das verlagernde Unternehmen dem übernehmenden Unternehmen zusammen mit der Funktion überträgt oder zur Nutzung überlässt, und den in diesem Zusammenhang erbrachten Dienstleistungen. Für die Bewertung sind funktions- und risikoadäquate Kapitalisierungszinssätze zu berücksichtigen. Hierbei ist nach dem Leitbild zweier ordentlicher und gewissenhafter Geschäftsleiter ein Einigungsbereich zu ermitteln, der den Mindestpreis des Leistenden und den Höchstpreis des Leistungsempfängers berücksichtigt. Der Einigungsbereich soll von den jeweiligen Gewinnerwartungen, d.h. den Gewinnpotenzialen, bestimmt werden. Innerhalb dieses Einigungsbereichs ist der Preis maßgebend, der dem Fremdvergleichsgrundsatz mit der höchsten Wahrscheinlichkeit entspricht. Wird kein anderer Wert glaubhaft gemacht, ist der Mittelwert des Einigungsbereichs zu Grunde zu legen. Dies steht klar im Widerspruch zur Rechtsprechung des BFH, wonach innerhalb der letztlich maßgebenden Bandbreite jeder Preis dem Fremdvergleich entspricht.[2]

Für die Bestimmung des maßgeblichen Verrechnungspreises im Falle einer Funktionsverlagerung sind somit grundsätzlich nicht die Werte der einzelnen Wirtschaftsgüter relevant, die übertragen werden. Vielmehr hat eine zusammengefasste Bewertung der gesamten Funktion nach Maßgabe eines Transferpakets zu erfolgen. Damit umfasst das Transferpaket neben den verlagerten Wirtschaftsgütern und sonstigen Vorteilen auch Teile des Goodwills. Als Ausnahme von dieser zusammengefassten Bewertung des gesamten Transferpakets gestattet der Gesetzgeber in § 1 Abs. 3 Satz 10 AStG eine Ermittlung von Verrechnungspreisen für die einzelnen übertragenen Wirtschaftsgüter und Dienstleistungen. Hierzu muss der Stpfl. jedoch glaubhaft machen, dass

– mit der Funktion entweder keine wesentlichen immateriellen Wirtschaftsgüter und Vorteile übergegangen sind oder zur Nutzung überlassen wurden, oder
– das Gesamtergebnis der Einzelpreisbestimmungen der übergegangenen Wirtschaftsgüter und Dienstleistungen, gemessen an der Preisbestimmung für das Transferpaket als Ganzes, dem Fremdvergleichsgrundsatz entspricht.

Inwieweit diese „Escapeklausel" für den Stpfl. im Falle des Übergangs von wesentlichen immateriellen Wirtschaftsgütern und Vorteilen tatsächlich zu einer Vereinfachung führt, ist hingegen fraglich. So kann der Stpfl. in diesem Fall den geforderten Nachweis nur durch eine Bewertung des gesamten Transferpakets erbringen, was insofern keine Erleichterung, sondern einen doppelten Aufwand verursachen würde.

---

1) Zu den Einzelheiten der Ermittlung von Verrechnungspreisen → 4 Rz. 343 ff.
2) Vgl. BFH v. 17.10.2001, I R 103/00, BStBl II 2004, 171.

Werden im Zusammenhang mit einer Funktionsverlagerung wesentliche immaterielle Wirtschaftsgüter und Vorteile übertragen, unterstellt der Gesetzgeber, dass voneinander unabhängige Dritte bestehenden Unsicherheiten bei der Bewertung (z.B. hinsichtlich zukünftiger Umsätze oder der Gewinnerwartung) durch die Vereinbarung von „Preisanpassungsklauseln" Rechnung tragen würden. Weicht die tatsächliche spätere Gewinnentwicklung erheblich von der Gewinnentwicklung ab, die der Verrechnungspreisbestimmung zu Grunde lag, unterstellt der Gesetzgeber entsprechend in § 1 Abs. 3 Satz 11 AStG widerlegbar, dass zum Zeitpunkt des Geschäftsabschlusses Unsicherheiten im Hinblick auf die Preisvereinbarung bestanden und unabhängige Dritte eine sachgerechte Anpassungsregelung vereinbart hätten. Wurde eine solche Regelung nicht vereinbart und tritt innerhalb der ersten zehn Jahre nach Geschäftsabschluss eine erhebliche Abweichung von den ursprünglichen Plangrößen ein, erfolgt einmalig eine Korrektur in Form eines angemessenen Anpassungsbetrags auf den ursprünglichen Verrechnungspreis. Diese einmalige Korrektur ist im Rahmen der Besteuerung des Wirtschaftsjahres vorzunehmen, das dem Jahr folgt, in dem die Abweichung eingetreten ist. Da der Gesetzeswortlaut nur eine einmalige Korrektur vorsieht, sollten weitere wesentliche Abweichungen innerhalb des Zehn-Jahres-Zeitraums nicht mehr Gegenstand einer Anpassung sein. Dem Stpfl. wird jedoch auf Grund des widerlegbaren Charakters der Vermutung die Möglichkeit eingeräumt, nachzuweisen, dass fremde Dritte in der gleichen Situation keine Preisanpassungsklausel vereinbart hätten.

Das BMF hat in den Verwaltungsgrundsätzen Funktionsverlagerung[1] zur Anwendung der Regelung des § 1 Abs. 3 AStG und zur FVerlV Stellung genommen und geht hierbei von einer weiten Auslegung der Regelungen aus.

2. DBA-Gewinn-Korrekturklausel und Dokumentationspflichten

a) Allgemeines

339 In nahezu allen DBA findet sich eine Gewinnkorrekturklausel (Art. 9 OECD-MA), wonach Geschäftsbeziehungen zwischen verbundenen Unternehmen zu Bedingungen des freien Marktes (Arm's-length-Prinzip) abgewickelt werden müssen; die Verifizierung der Geschäftsbeziehungen obliegt der nationalen FinVerw, die entsprechend den nationalen Regelungen (Beweislast, Mitwirkungs- und Dokumentationspflichten) die Außenprüfungen durchführen.

Nach Art. 9 OECD-MA liegen verbundene Unternehmen unter folgenden Bedingungen vor:

– Unmittelbare oder mittelbare Beteiligung an der Geschäftsleitung, der Kontrolle oder dem Kapital des ausländischen Unternehmens.

– Unmittelbare oder mittelbare Beteiligung an der Geschäftsleitung, der Kontrolle des inländischen wie auch des ausländischen Unternehmens (Schwesterfirmen).

Die Bestimmung des Art. 9 OECD-MA dient der zutreffenden (Betriebsstätten)-Gewinnermittlung und soll unberechtigte Gewinnverschiebungen verhindern. Danach ist ein Gewinn zu korrigieren, wenn ein Unternehmen auf Grund der Verflechtung Bedingungen akzeptiert, die ein fremdes unabhängiges Unternehmen nicht angenommen hätte. Die Gewinnminderung muss infolge dieser Bedingung eingetreten sein.[2]

Für die Einkunftsabgrenzung halten die DBA somit am Fremdvergleich fest. Unabhängig davon gilt die Tatsache, dass die DBA keine Besteuerungsmöglichkeiten begrün-

---

1) BMF v. 13.10.2010, IV B 5 – S 1341/08/10003, BStBl I 2010, 774.
2) Woerner, BB 1983, 845, 849 f.; vgl. ausführlich Schaumburg, Internationales Steuerrecht, 3. Aufl., Rz. 18.1 ff. m.w.N.

den, sondern nur einschränken oder bestätigen.[1] Daraus folgt, dass die Gewinnkorrekturklausel für sich allein keine selbständige Rechtsgrundlage für eine Erhöhung der inländischen Einkünfte abgeben kann.[2] Als rechtliche Grundlage für Gewinnkorrekturen bei international verbundenen Unternehmen kommen somit nur die Regelungen des innerstaatlichen Rechts in Betracht, nämlich die über die verdeckte Gewinnausschüttung, verdeckte Einlage und § 1 AStG.

b) Verhältnis zum nationalen Recht

Zweifelhaft ist, welche Auswirkungen die dem Art. 9 OECD-MA entsprechenden Abkommensnormen auf das innerstaatliche Recht der Einkunftkorrekturen, besonders im Hinblick auf international verbundene Unternehmen, haben.[3]

340

Wurden die Geschäfte zwischen international verbundenen Unternehmen unter Bedingungen des freien Markts abgewickelt, so ist für eine Gewinnberichtigung nach Art. 9 OECD-MA kein Raum. Ungeachtet dessen bestimmt Tz. 1.2.1 der Verwaltungsgrundsätze, dass die Abgrenzungsregeln des nationalen deutschen Steuerrechts (insbesondere § 1 AStG) auch in den Fällen der Interessenverflechtung anwendbar bleiben, die in den Abgrenzungsklauseln der DBA nicht genannt sind. Es entspräche nicht dem Sinn und Zweck der DBA, die Berichtigung von Einkünften, die sachlich geboten ist, für bestimmte Fälle zu verbieten. Bei Überschneidungen zu Lasten des Stpfl., besonders im Hinblick auf korrespondierende Anpassungsmaßnahmen, bestehe die Möglichkeit, ein Verständigungsverfahren einzuleiten.

Hierbei ist jedoch zu beachten, dass Sinn und Zweck eines DBA darin bestehen, das innerstaatliche Recht zu beschränken. So kann ein materieller deutscher Steueranspruch zwar innerhalb der Schranken des DBA auf Basis des nationalen deutschen Steuerrechts begründet und durchgesetzt werden. Soweit die vorgegebenen Grenzen des DBA überschritten werden, kann sich der Stpfl. jedoch auf die Vorschrift des Art. 9 OECD-MA als Sperrnorm berufen.[4]

Entsprechend hat der BFH entschieden, dass der im DBA normierte Grundsatz des „dealing at arm's length" nach Maßgabe des Art. 9 Abs. 2 OECD-MA eine Sperrwirkung gegenüber formalen Sondervorschriften des nationalen Steuerrechts entfaltet, die bei verbundenen Unternehmen im Rahmen der Einkommenkorrektur für die Prüfung einer verdeckten Gewinnausschüttung gelten.[5] So lege das DBA den Rahmen und die abkommensrechtlichen Bedingungen einer Gewinnkorrektur fest und entfalte insoweit eine Schrankenwirkung. Der abkommensrechtliche „dealing at arm's length"-Grundsatz kenne jedoch nur eine Gewinnkorrektur, die sich auf die Angemessenheit, d.h. die Höhe des Vereinbarten beschränkt. Eine darüber hinausgehende Korrektur im Hinblick auf den Grund des Vereinbarten, d.h. Üblichkeit und Ernsthaftigkeit, sei diesem Vergleichsmaßstab fremd. Entsprechend ist u.a. auch das von der Finanzverwaltung postulierte Erfordernis einer wirksamen vorherigen (schriftlichen) Vereinbarung für beherrschende Gesellschafter mit dem abkommensrechtlichen „dealing at arm's length"-Grundsatz nicht vereinbar. Für eine Gewinnkorrektur ist abkommensrechtlich daher bei Fehlen einer solchen Vereinbarung kein Raum, solange die vereinbarten Vergütungen der Höhe nach als fremdüblich anzusehen sind.

---

1) BFH v. 12.3.1980, I R 186/76, BStBl II 1980, 531; v. 21.1.1981, I R 153/77, BStBl II 1981, 517.
2) BFH v. 21.1.1981, I R 153/77, BStBl II 1981, 517; grundlegend Lehner in Vogel/Lehner, 5. Aufl., Art. 9 Rz. 18 ff.
3) Vgl. hierzu Becker in Becker/Höppner/Grotherr/Kroppen, Art. 9 OECD-MA Rz. 66 ff.; Lehner in Vogel/Lehner, 5. Aufl., Art. 9, Rz. 18 ff., Kaminski in Strunk/Kaminski/Köhler, Art. 9 OECD-MA Rz. 10 ff.
4) Vgl. u.a. Pohl in Blümich, AStG, § 1 Rz. 11 m.w.N.
5) Vgl. BFH v. 11.10.2012, I R 75/11, BFH/NV 2013, 324.

c) Dokumentationsanforderungen

341 Die Rechtsprechung des BFH stellt für die steuerliche Anerkennung von Geschäftsbeziehungen innerhalb internationaler Konzerne zusätzliche Kriterien auf. Es werden hier verschärfte Grundsätze auf Kapitalgesellschaften und ihre beherrschenden Gesellschafter bzgl. der steuerlichen Anerkennung ihrer Rechtsgeschäfte angewandt. Sie müssen, um nicht in vGA umqualifiziert zu werden, im Voraus klar und eindeutig vereinbart und durchgeführt worden sein. Es werden in diesem Zusammenhang kritische Stimmen laut, die diesbezüglich von einer Verletzung bestehender Doppelbesteuerungsabkommen sprechen.[1]

Die Überprüfung solcher Verhältnisse ist für die FinVerw nur möglich, wenn Stpfl. zur Erstellung von Aufzeichnungen über die Art und den Inhalt ihrer Geschäftsbeziehungen mit nahestehenden Personen verpflichtet sind. § 90 Abs. 3 AO verlangt, dass hierbei „auch die wirtschaftlichen und rechtlichen Grundlagen für eine den Grundsatz des Fremdvergleichs beachtende Vereinbarung mitumfasst ist." Näheres regelt eine Rechtsverordnung (§ 90 Abs. 3 Satz 5 AO).[2] Legt der Stpfl. keine oder im Wesentlichen unverwertbare Aufzeichnungen vor oder werden die Aufzeichnungen nicht zeitnah erstellt, wird widerlegbar vermutet, dass die Liefer-/Leistungsentgelte überhöht waren. § 162 Abs. 3 und 4 AO sieht rigide Schätzrahmen und Sanktionen gegen den Stpfl. vor.

Des Weiteren hat das BMF mittels der Grundsätze für die Prüfung der Einkunftsabgrenzung zwischen nahestehenden Personen mit grenzüberschreitenden Geschäftsbeziehungen in Bezug auf Ermittlungs- und Mitwirkungspflichten, Berichtigungen sowie auf Verständigungs- und EU-Schiedsverfahren[3] weiter die Anforderungen verfeinert, die aus Sicht der Verwaltung zu erfüllen sind.

3. Schiedskonvention

342 Das Übereinkommen über die Beseitigung der Doppelbesteuerung im Falle von Gewinnberichtigungen zwischen verbundenen Unternehmen[4] stellt einen multilateralen Vertrag der EU-Mitgliedstaaten dar, mit dem sichergestellt werden soll, dass aus abweichenden zwischenstaatlichen Erfolgszuordnungen keine Doppelbelastung resultiert. Nach diesem Übereinkommen können sowohl Einkommensteuer- als auch Körperschaftsteuerpflichtige unter bestimmten Voraussetzungen ein Verständigungs- und Schlichtungsverfahren im Falle von Einkunftskorrekturen bei der Besteuerung von Betriebsstätten oder verbundenen Unternehmen einfordern. Der Vorteil dieses Verfahrens gegenüber dem abkommensrechtlichen Verständigungsverfahren ist, dass der Stpfl. einen Rechtsanspruch auf dessen Durchführung hat, während die Einleitung eines Verständigungsverfahrens im Ermessen der Finanzbehörden liegt. Darüber hinaus weist das Schiedsverfahren den Vorteil auf, dass es zu einer für alle Seiten verbindlichen Lösung führt.

---

1) Vgl. hierzu Becker in Becker/Höppner/Grotherr/Kroppen, Art. 9 OECD-MA Rz. 66 ff.
2) Diese deutliche Verschärfung der Gesetzgebung erfolgte als Reaktion auf das BGH-Urteil v. 17.10.2001, I R 103/00, BStBl II 2004, 171, demzufolge es für Verrechnungspreise keine speziellen Dokumentations- und Mitwirkungspflichten gibt, die über die allgemeinen Regelungen hinausgehen, vgl. hierzu Lüdicke, IStR 2003, 433 (435 f.); Hahn/Suhrbier-Hahn, IStR 2003, 84 ff.; § 90 Abs. 3 Satz 5 AO ermächtigt das BMF, mit Zustimmung des Bundesrats durch Rechtsverordnung, Art, Inhalt und Umfang der zu erstellenden Aufzeichnungen zu bestimmen. Vgl. Verordnung zu Art, Inhalt und Umfang der Aufzeichnungen i. S. des § 90 Abs. 3 AO (Gewinnabgrenzungsaufzeichnungsverordnung v. 17.10.2003, BR-Drucks. 583/03).
3) BMF v. 12.4.2005, IV B 4 – S 1341 – 1/05, BStBl I 2005, 570.
4) Übereinkommen über die Beseitigung der Doppelbesteuerung im Falle von Gewinnberichtigungen zwischen verbundenen Unternehmen v. 23.7.1990, 90/436/EWG, BGBl. II 1993, 1314.

4. Maßstab des Fremdvergleichs

Sowohl die DBA-Gewinn-Korrekturklausel, die vGA als auch die Einkunftsabgrenzung nach § 1 AStG beruhen auf dem Grundsatz des Fremdvergleichs. Die verdeckte Einlage stellt auf den Teilwert ab (§ 6 Abs. 6 EStG). **343**

Als wichtigste Anhaltspunkte für die Bemessung von Gewinnberichtigungen nach Maßgabe des Fremdvergleichs haben sich dabei die Preisvergleichsmethode, die Wiederverkaufspreismethode und die Kostenaufschlagsmethode (Standardmethoden) entwickelt (vgl. § 1 Abs. 3 Satz 1 AStG). Weitere im internationalen Kontext bekannte Methoden sind die geschäftsvorfallbezogene Nettomargenmethode (TNMM), die Gewinnaufteilungsmethode sowie die Gewinnvergleichsmethode.

a) Geschäftsvorfallbezogene Standardmethoden

aa) Preisvergleichsmethode

Sie orientiert sich allein an vergleichbaren Fremdverkäufen möglichst gleichartiger Geschäfte. Fremdverkäufe sind Transaktionen zwischen voneinander unabhängigen Unternehmen. Als Anhaltspunkte kommen dafür v.a. in Betracht: **344**

- Börsenpreise, branchenübliche Preise, die auf dem maßgeblichen Markt ermittelt sind (Marktpreise), sowie sonstige Informationen über den Markt;
- Preise, die der Stpfl., der ihm Nahestehende oder Dritte tatsächlich für entsprechende Lieferungen oder Leistungen auf dem maßgeblichen Markt vereinbart haben;
- Gewinnaufschläge, Kalkulationsverfahren oder sonstige betriebswirtschaftliche Grundlagen, die im freien Markt die Preisbildung beeinflussen (betriebswirtschaftliche Daten).

Es ist zwischen einem inneren und einem äußeren Preisvergleich zu unterscheiden. Während der innere Preisvergleich einen Vergleich mit marktentstandenen Preisen vornimmt, die der Stpfl. oder ein Nahestehender mit fremden Dritten vereinbart hat, liegen beim äußeren Preisvergleich Börsennotierungen, branchenübliche Preise oder Preise unter unabhängigen Dritten zu Grunde.

bb) Wiederverkaufspreismethode

Bei dieser Methode (auch Absatzpreismethode genannt) wird von dem Preis ausgegangen, zu dem eine bei einem Nahestehenden gekaufte Ware an einen unabhängigen Abnehmer weiter veräußert wird (Marktpreis). Hiervon ist ein Abschlag i. H. der Handelsspanne vorzunehmen, um so zu einem angemessenen Einkaufspreis zu kommen, der Maßstab für evtl. Berichtigungen des Einkaufspreises ist, der von der nahe stehenden Person berechnet wurde (Tz. 2.2.3. der Verwaltungsgrundsätze[1]). Diese Methode wird i.d.R. bei konzernangehörigen Vertriebsunternehmen angewendet. **345**

cc) Kostenaufschlagsmethode

Die Kostenaufschlagsmethode als dritte Standardmethode kommt regelmäßig in Betracht, wenn Halbfertigerzeugnisse, Sonderanfertigungen oder auch einfache Grundprodukte für die Weiterverarbeitung geliefert werden. Es wird von den Vollkosten einer Lieferung oder Leistung der nahe stehenden Person ausgegangen, die diese gegenüber dem inländischen Stpfl. erbracht hat. Der ermittelte arm's-length-Preis setzt sich in diesen Fällen aus den Kosten einer Leistung/Lieferung zuzüglich einer angemessenen Gewinnspanne zusammen (Tz. 2.2.4. der Verwaltungsgrundsätze[2]). **346**

---

1) BMF v. 23.2.1983, IV C 5 – S 1341 – 4/83, BStBl I 1983, 218.
2) BMF v. 23.2.1983, IV C 5 – S 1341 – 4/83, BStBl I 1983, 218.

b) Andere Verrechnungspreismethoden
aa) Geschäftsvorfallbezogene Nettomargenmethode (TNMM)

347 Der geschäftsvorfallbezogenen Nettomargenmethode liegt die Annahme zu Grunde, dass die Nettogewinnspanne, die der Stpfl. aus einer konzerninternen Transaktion erzielt, im Idealfall mit derjenigen Nettogewinnspanne übereinstimmen muss, die unter fremdvergleichskonformen Bedingungen erzielt wird. Um eine Vergleichbarkeit zu gewährleisten, ist der Nettogewinn aus einzelnen Arten von konzerninternen Geschäftsvorfällen oder aus zulässigerweise zusammengefassten konzerninternen Geschäftsvorfällen in das Verhältnis zu einer geeigneten Basis (z.b. eingesetztes Kapital, eingesetzte Wirtschaftsgüter, operative Kosten, Umsatz etc.) zu setzen. Die hieraus resultierende Nettomarge wird sodann mit der Nettomarge verglichen, die das betreffende Unternehmen mit einem fremden Dritten erzielt hat, oder die fremde Dritte untereinander erzielen.

bb) Gewinnaufteilungsmethode

348 Die Gewinnaufteilungsmethode basiert auf der Überlegung, den Gesamtgewinn aus einem konzerninternen Geschäft anhand eines fremdvergleichskonformen Maßstabs auf die beteiligten Konzernunternehmen aufzuteilen. Hierzu ist zunächst der aus den betrachteten Geschäften der verbundenen Unternehmen resultierende Gewinn zu ermitteln. Die Gewinne, die die Konzernunternehmen außerhalb der betrachteten Transaktion erzielen, bleiben entsprechend der Transaktionsbezogenheit der Methode außer Betracht. Der sich hiernach aus der Transaktion ergebende Gewinn ist auf die beteiligten Konzernunternehmen nach einem Maßstab aufzuteilen, den unabhängige Unternehmen in einer entsprechenden Vereinbarung gewählt hätten. Zur Durchführung der Aufteilung kommt zum einen eine Aufteilung des Gesamtgewinns anhand der Beiträge der einzelnen Unternehmen nach Maßgabe einer Funktions- und Risikoanalyse bezüglich der Unternehmen in Betracht. Alternativ ist es auch denkbar, nur denjenigen Gewinn aufzuteilen, der nicht sofort einer der Parteien zugerechnet werden kann. Hierzu verweist die OECD auf Gewinne, die auf hochwertige, oft einzigartige Wirtschaftsgüter zurückzuführen sind.[1]

cc) Gewinnvergleichsmethode

349 Im Rahmen der Gewinnvergleichsmethode wird der aus Geschäftsbeziehungen mit verbundenen Unternehmen resultierende Gewinn mit demjenigen Gewinn verglichen, den unabhängige Unternehmen unter vergleichbaren Bedingungen erzielen. Hierzu erfolgt eine Bildung von Renditekennziffern für die in Betracht kommenden Vergleichsunternehmen, indem das Betriebsergebnis in das Verhältnis zu einer geeigneten Basis (z.B. Umsätze oder Eigenkapital) gesetzt wird. Sodann wird die gebildete Renditekennziffer mit der entsprechenden Basis des zu prüfenden Konzernunternehmens multipliziert. Hierdurch resultiert das Betriebsergebnis in derjenigen Höhe, die bestehen würde, wenn die Renditekennziffer des Konzernunternehmens mit der des Vergleichsunternehmens übereinstimmen würde.

c) Anwendbarkeit der Verrechnungspreismethoden

350 Die Verwaltungsgrundsätze[2] treffen in Tz. 2.4.1 die zutreffende Feststellung, dass es eine für alle Fallgruppen zutreffende Rangfolge in der Anwendung der Standardmethoden nicht gibt. Es gilt vielmehr, dass sich die anzuwendende Methode an der verkehrsüblichen Sorgfalt des gewissenhaften Geschäftsleiters zu orientieren hat, der sei-

---

1) Vgl. OECD-Verrechnungsgrundsätze 1995, Tz. 3.5.
2) BMF v. 23.2.1983, IV C 5 – S 1341 – 4/83, BStBl I 1983, 218.

nerseits derjenigen Methode den Vorzug einräumen wird, die den Verhältnissen am nächsten kommt, unter denen sich auf wirtschaftlich vergleichbaren Märkten die Fremdpreise bilden.

Während die Anwendbarkeit der Verrechnungspreismethoden in der Vergangenheit ausschließlich in den Verwaltungsgrundsätzen[1] sowie ergänzend in den Verwaltungsgrundsätze-Verfahren[2] geregelt war, enthält § 1 Abs. 3 AStG nunmehr eine gesetzliche Kodifizierung der Präzisierung des Fremdvergleichsgrundsatzes. Sofern für eine konzerninterne Transaktion uneingeschränkt vergleichbare Fremdvergleichswerte ermittelt werden können, sind zur Bemessung des fremdvergleichskonformen Preises gem. § 1 Abs. 3 Satz 1 AStG vorrangig die Standardmethoden (Preisvergleichsmethode, Wiederverkaufspreismethode und Kostenaufschlagsmethode) anzuwenden. Werden hierbei mehrere Fremdvergleichswerte ermittelt, bilden diese eine Bandbreite.

Können nach dieser Vorgehensweise dagegen keine Fremdvergleichswerte ermittelt werden, sind eingeschränkt vergleichbare Werte heranzuziehen, wozu eine geeignete Verrechnungspreismethode unter Vornahme sachgerechter Anpassungen zu Grunde zu legen ist. Für diesen Fall schreibt der Gesetzgeber keine explizite Verrechnungspreismethode vor, so dass neben den Standardmethoden wohl auch andere Verrechnungspreismethoden – insbesondere die geschäftsvorfallbezogene Nettomargenmethode – herangezogen werden können. Dies steht im Einklang mit den Verwaltungsgrundsätze-Verfahren,[3] in der auch die FinVerw unter bestimmten weiteren Voraussetzungen die Anwendung dieser Methode gestattet, sofern die Standardmethoden auf Grund des Fehlens oder der Mängel von Fremdvergleichsdaten nicht angewandt werden können. Ebenso wird von der FinVerw in den Verwaltungsgrundsätze-Verfahren auch die Anwendung der Gewinnaufteilungsmethode gestattet, sofern sich die Standardmethoden nicht oder nicht verlässlich anwenden lassen.[4] Dagegen wird die Anwendung der Gewinnvergleichsmethode von der FinVerw nicht zugelassen. Dies wird damit begründet, dass die Methode keinen geschäftsvorfallbezogenen Ansatz verfolgt und Nettogewinne heranzieht, die sich für eine Vergleichbarkeitsprüfung nicht eignen.[5]

Eine im Falle nur eingeschränkt vergleichbarer Werte resultierende Bandbreite von Fremdvergleichswerten ist gem. § 1 Abs. 3 Satz 3 AStG einzuengen. Entsprechend der Gesetzesbegründung ist hierzu die in den Verwaltungsgrundsätze-Verfahren beschriebene Interquartilsmethode anzuwenden, wonach das obere und untere Viertel der Bandbreite für Zwecke der Verrechnungspreisbildung nicht berücksichtigt wird.[6]

Liegt der vom Stpfl. verwendete Preis außerhalb der Bandbreite uneingeschränkt vergleichbarer Werte – bzw. bei eingeschränkter Vergleichbarkeit außerhalb der eingeengten Bandbreite – so erfolgt die Einkünftekorrektur gem. § 1 Abs. 3 Satz 4 AStG auf den Median der Bandbreite. Dies steht im klaren Widerspruch zur bisherigen BFH-Rechtsprechung, wonach innerhalb der letztlich maßgebenden Bandbreite jeder Preis

---

1) Schreiben betr. Grundsätze für die Prüfung der Einkunftsabgrenzung bei international verbundenen Unternehmen v. 23.2.1983, IV C 5 – S 1341 – 4/83, BStBl I 1983, 218; vgl. hierzu Schaumburg, Internationales Steuerrecht, 3. Aufl., Rz. 18.82 ff.; zu Einkunftsabgrenzung und Berichtigungsmaßstab vgl. Baranowski, Besteuerung von Auslandsbeziehungen, Rz. 690 ff.
2) Schreiben betr. Grundsätze für die Prüfung der Einkunftsabgrenzung zwischen nahestehenden Personen mit grenzüberschreitenden Geschäftsbeziehungen in Bezug auf Ermittlungs- und Mitwirkungspflichten, Berichtigungen sowie auf das Verständigungs- und EU-Schiedsverfahren, BMF v. 12.4.2005, IV B 4 – S 1341 – 1/05, BStBl I 2005, 570 ff., Tz. 3.4.2010.3. Buchst. b.
3) BMF v. 12.4.2005, IV B 4 – S 1341 – 1/05, BStBl I 2005, 570 ff., Tz. 3.4.2010.3. Buchst. b.
4) Vgl. BMF v. 12.4.2005, IV B 4 – S 1341 – 1/05, BStBl I 2005, 570 ff., Tz. 3.4.2010.3. Buchst. b.
5) Vgl. BMF v. 12.4.2005, IV B 4 – S 1341 – 1/05, BStBl I 2005, 570 ff., Tz. 3.4.2010.3. Buchst. b.
6) Vgl. BMF v. 12.4.2005, IV B 4 – S 1341 – 1/05, BStBl I 2005, 570, Tz. 3.4.2012.5.

dem Fremdvergleich entspricht, so dass der für den Stpfl. günstigste Wert maßgeblich ist.[1] Darüber hinaus ist nicht ersichtlich, wieso im Falle einer Bandbreite von fremdvergleichskonformen Vergleichswerten der Median „besonders fremdvergleichskonform" sein soll, obwohl innerhalb dieser Bandbreite bereits jeder Preis einen fremdvergleichskonformen Wert abbildet.

Können auch keine eingeschränkt vergleichbaren Fremdvergleichswerte ermittelt werden, ist gem. § 1 Abs. 3 Satz 5 AStG ein hypothetischer Fremdvergleich durchzuführen. Hierzu ist auf Grund einer Funktionsanalyse und innerbetrieblicher Planrechnungen der Mindestpreis des Leistenden und der Höchstpreis des Leistungsempfängers unter Berücksichtigung funktions- und risikoadäquater Kapitalisierungszinssätze zu ermitteln. Es wird somit auf das Verhalten von zwei ordentlichen und gewissenhaften Geschäftsleitern abgestellt, die entsprechend der in § 1 Abs. 1 Satz 2 AStG normierten Prämisse der vollständigen Information alle wesentlichen Umstände der Geschäftsbeziehung kennen und entsprechend ihrer Gewinnerwartungen einen Einigungsbereich für den Preis festlegen. Innerhalb dieses Einigungsbereichs ist der Preis der Einkünfteermittlung zu Grunde zu legen, der dem Fremdvergleichsgrundsatz mit der höchsten Wahrscheinlichkeit entspricht. Wird kein anderer Wert glaubhaft gemacht, ist der Mittelwert des Einigungsbereichs maßgeblich, was der Vermutung entspricht, dass sich die beiden ordentlichen und gewissenhaften Geschäftsleiter auf den Mittelwert einigen würden. Sofern der vom Stpfl. zu Grunde gelegte Einigungsbereich unzutreffend ermittelt wurde, kann auf eine Einkünfteberichtigung im Ermessen der Finanzbehörden verzichtet werden, wenn der vom Stpfl. zu Grunde gelegte Wert innerhalb des tatsächlich zutreffenden Einigungsbereichs liegt.

Sind wesentliche immaterielle Wirtschaftsgüter und Vorteile Gegenstand einer Geschäftsbeziehung, ist wie im Falle der Einkünftekorrektur bei Funktionsverlagerungen eine sog. „Preisanpassungsklausel" zu beachten (vgl. zu den Einzelheiten → 4 Rz. 338). Es handelt sich jedoch auch hier um eine widerlegbare Vermutung, so dass der Stpfl. nachweisen kann, dass fremde Dritte in der gleichen Situation keine Anpassungsregelung vereinbart hätten.

V. Betriebsstättengewinnermittlung

1. Gewinnabgrenzung nach DBA und nationalem Recht

a) Notwendigkeit der Gewinnabgrenzung

351 Betriebsstätten sind keine selbständigen Rechtsgebilde. Träger von Rechten und Pflichten ist immer nur das Gesamtunternehmen (Stammhaus). Die Zweigniederlassung, durch die das Gesamtunternehmen tätig wird, ist deren unselbständiger Teil.

Für Zwecke der Besteuerung muss jedoch der Teil des Gewinns, der auf eine inländische Betriebsstätte entfällt, zutreffend ermittelt werden. Unterhält ein ausländisches Unternehmen eine Betriebsstätte im Inland, so unterliegen die gewerblichen Einkünfte (Teilgewinn) aus dieser Betriebsstätte der inländischen Besteuerung. Rechtsgrundlage dafür sind – im DBA-Fall – die Zuordnungsregelung des Art. 7 Abs. 1 OECD-MA und die Vorschriften des EStG über die beschränkte Steuerpflicht (§ 1 Abs. 4 EStG, § 2 Nr. 1 KStG i.V.m. § 49 Abs. 1 Nr. 2a EStG, § 2 Abs. 1 GewStG).[2]

---

1) Vgl. BFH v. 17.10.2001, I R 103/00, BStBl II 2004, 171.
2) Zu den Grundsätzen der Betriebsstättenbesteuerung vgl. Wassermeyer in Wassermeyer, Art. 7 OECD-MA, Rz. 171 ff.; Jacobs, Internationale Unternehmensbesteuerung, 7. Aufl., 412 ff.; Schaumburg, Internationales Steuerrecht, 3. Aufl. Rz. 18.9 ff.; Kroppen in Becker/Höppner/Grotherr/Kroppen, Art. 7 OECD-MA Rz. 42 ff.; Fischer in Lüdicke (Hrsg.), Besteuerungspraxis bei grenzüberschreitender Tätigkeit, Bd. 25, 2003, 163 ff.

Inländische Unternehmen, die im Ausland eine Betriebsstätte unterhalten, werden nach dem Welteinkommensprinzip im Inland grundsätzlich auch mit dem Teil des Gewinns besteuert, der auf die ausländische Betriebsstätte entfällt. Besteht mit dem betreffenden ausländischen Staat kein DBA bzw. kein DBA, welches in dem betreffenden Fall die Anwendung der Freistellungsmethode vorsieht, ist die ausländische Einkommen-/Körperschaftsteuer nach § 34c EStG auf die inländische Steuer anzurechnen. Dabei verlangen sowohl § 34c Abs. 1 i.V.m. § 34d Nr. 2a EStG für Zwecke der Steueranrechnung als auch § 34c Abs. 5 EStG, § 26 Abs. 6 Satz 1 KStG für die Pauschalierung eine gesonderte Ermittlung der Einkünfte aus Gewerbebetrieb der in einem ausländischen Staat belegenen Betriebsstätte. Gemäß § 9 Nr. 3 GewStG unterliegt der in der ausländischen Betriebsstätte erzielte Gewinn nicht der GewSt.

Ist hingegen ein DBA vorhanden und sieht dieses insoweit die Anwendung der Freistellungsmethode vor, so unterliegt der ausländische Betriebsstättengewinn insoweit auf Grund der Freistellungsmethode nicht der inländischen Besteuerung; freilich greift bei der Einkommensteuer – vorbehaltlich der Regelung des § 32b Abs. 1 Satz 2 EStG – der Progressionsvorbehalt.

In jedem Fall, ob es sich um eine in- oder ausländische Betriebsstätte handelt oder ob ein DBA besteht oder nicht, muss der Betriebsstättengewinn ermittelt werden, z.B. auch, um eine zutreffende Abgrenzung bzgl. der Gewerbesteuer zu erzielen (§ 9 Nr. 3 GewStG befreit Gewinne ausländischer Betriebsstätten generell von der deutschen Gewerbesteuer). Dies hat nach den deutschen Gewinnermittlungsvorschriften unter Berücksichtigung der Regelungen des jeweiligen DBA – soweit ein solches existiert – zu erfolgen.

b) DBA-Regelungen zur Betriebsstättengewinnabgrenzung

aa) Bisherige Abkommenspraxis

In der bisherigen Abkommenspraxis der Bundesrepublik Deutschland finden in Übereinstimmung mit dem OECD-MA 2008 regelmäßig zwei Methoden der Gewinnermittlung Anwendung, die direkte und die indirekte Methode. **352**

Bei der direkten Methode wird das Ergebnis der Betriebsstätte auf Grund einer eigenständigen Betriebsstättenbuchhaltung ermittelt. Die Methode basiert im Grundsatz auf der Annahme, dass die Betriebsstätte eine gleiche oder ähnliche Geschäftstätigkeit unter gleichen oder ähnlichen Bedingungen als selbständiges Unternehmen ausüben würde und hierbei vom inländischen Stammhaus völlig unabhängig ist (vgl. Art. 7 Abs. 2 OECD-MA 2008). Dabei sind im Rahmen der Ermittlung des Betriebsstättenergebnisses gem. Art. 7 Abs. 3 OECD-MA 2008 diejenigen Aufwendungen abzuziehen, die mit der Betriebsstätte im wirtschaftlichen Zusammenhang stehen, unabhängig davon, ob sie im Betriebsstättenstaat oder anderswo entstanden sind. Die direkte Methode berücksichtigt aber auch und zugleich die rechtliche Unselbständigkeit der Betriebsstätte. Dies hat zur Folge, dass sich der steuerliche Gewinn einer Betriebsstätte zwar um Entgelte für Kaufpreise, Zinsen und Lizenzgebühren mindert, wenn sie der Betriebsstätte von außenstehenden Dritten in Rechnung gestellt werden (sog. Außenaufwand). Eine abweichende Behandlung gilt jedoch in diesen Fällen für Verrechnungen zwischen Stammhaus und Betriebsstätte:

- Bei Warenlieferungen können die handelsüblichen Preise inklusive eines Gewinnbestandteils (vgl. auch Rz. 17.3 des Kommentars zu Art. 7 des OECD-MA) angesetzt werden. Insoweit gilt die Selbständigkeitsfiktion der Betriebsstätte.
- Für Zinsen und Lizenzgebühren, also Nutzungsüberlassungen, die das Stammhaus der Betriebsstätte in Rechnung stellt, gilt dagegen der Grundsatz, dass diese Entgelte nicht abzugsfähig sind (Rz. 12.2 sowie Rz. 17.1 ff. des Kommentars zu Art. 7 OECD-MA) soweit im Stammhaus kein korrespondierender Aufwand vorliegt.

– Auch Zinsen sind dementsprechend nur dann abzugsfähig, wenn das Stammhaus die Kredite bei Dritten (oder anderen Konzerngesellschaften) aufgenommen hat und diese an die Betriebsstätte weiterleitet (d.h. soweit wiederum Zins als Außenaufwand tatsächlich entstanden ist). Ferner sind die Zinsen, die ein Bankunternehmen im laufenden Geschäftsverkehr seiner Betriebsstätte berechnet, zum Abzug zugelassen (im Bankenbereich gilt insoweit eine Selbständigkeitsfiktion, da es sich hier um die laufenden Leistungsbeziehungen handelt).

Bei der indirekten Methode erfolgt demgegenüber keine eigenständige Ermittlung des Betriebsstättenergebnisses. Stattdessen wird bei dieser Methode der Gesamtgewinn des Unternehmens anhand eines geeigneten Aufteilungsschlüssels auf das Stammhaus und die Betriebsstätte verteilt.

bb) Neue bzw. künftige Abkommenspraxis

353 Die OECD hat entsprechend dem Diskussionspapier „The Attribution of Profits to Permanent Establishments" den Art. 7 OECD-MA betreffend Unternehmensgewinne im Rahmen des OECD-MA 2010 vollständig neu gefasst („Authorized OECD Approach"). Im Rahmen dieser Änderung wurde die Betriebsstätten-Gewinnabgrenzung nach Maßgabe eines „Functionally separate entity approach" an die Einkünfteabgrenzung zwischen verbundenen Unternehmen angeglichen. Hierzu wird die Betriebsstätte als eigenständiges und unabhängiges Unternehmen angesehen, das die Geschäftsbeziehungen (sog. „dealings") mit dem Stammhaus und anderen Unternehmensteilen grundsätzlich umfassend nach dem Fremdvergleichsgrundsatz abrechnet.

Die Gewinnabgrenzung erfolgt im Rahmen des OECD-Ansatzes in zwei Stufen. Zunächst sollen die von der Betriebsstätte übernommenen Funktionen, die zuzuordnenden Wirtschaftsgüter sowie die von ihr getragenen Risiken bestimmt werden. In einem zweiten Schritt soll hierauf aufbauend der Gewinn, der der Betriebsstätte zuzuweisen ist, in fremdvergleichskonformer Höhe ermittelt werden, indem die Vergütung für die identifizierten „dealings" unter Anwendung der in den „Transfer Pricing Guidelines" der OECD vorgesehenen Verrechnungspreismethoden ermittelt wird. In Betracht kommen hierbei sowohl die sog. Standardmethoden (Preisvergleichs-, Wiederverkaufspreis- und Kostenaufschlagsmethode) als auch hilfsweise transaktionsbezogene Gewinnmethoden.

Im Ergebnis sollen auf der Basis des neuen OECD-Ansatzes grundsätzlich sämtliche Formen von internen Leistungsbeziehungen zwischen Stammhaus und Betriebsstätte für steuerliche Zwecke als existent fingiert und mit dem Fremdvergleichspreis abgerechnet werden. Dies geht einher mit der Abschaffung der bisher in Art. 7 Abs. 4 OECD-MA 2008 vorgesehenen indirekten Methode zur Betriebsstätten-Gewinnabgrenzung.

Der neue OECD-Ansatz hat zunächst keine unmittelbaren Auswirkungen auf die von der Bundesrepublik Deutschland abgeschlossenen DBA, da diese als bilaterale Verträge zwischen zwei Staaten entsprechend dem jeweiligen Abkommenstext ihre Gültigkeit behalten. Auch eine Änderung des Musterkommentars ändert daran nichts. Zu dem Verhältnis zu bestehenden DBA vgl. auch → 4 Rz. 355 letzter Absatz. Es ist jedoch zu erwarten, dass neu verhandelte DBA dem neuen OECD-Ansatz zur Betriebsstättengewinnabgrenzung folgen werden. So beinhalten bereits die mit Liechtenstein, Luxemburg und den Niederlanden verhandelten DBA diesen neuen Ansatz. Weiterhin bedarf es entsprechender nationaler deutscher Regelungen, die ggf. nach DBA zugewiesene Besteuerungsrechte auch begründen.

c) Nationale Regelungen zur Betriebsstättengewinnabgrenzung

aa) Bisherige Rechtslage

Entsprechend dem (alten) OECD-MA 2008 ist auch nach nationalem Steuerrecht und in Übereinstimmung mit den bisher ausgehandelten DBA sowohl die direkte, als auch die indirekte Methode der Gewinnermittlung zulässig. Da die direkte Methode durch die buchhalterische Erfassung aller Vorgänge exakter ist und der Teilgewinn der gewerblich tätigen Betriebsstätte prinzipiell durch „Teil-Betriebsvermögensvergleich" zu ermitteln ist, ist der direkten Methode nach herrschender Meinung und ständiger BFH-Rechtsprechung der Vorrang zu geben. **354**

bb) Neue Rechtslage

Mit dem AmtshilfeRLUmsG vom 26.6.2013 wurde der von der OECD vorgesehene „Functionally separate entity approach" im Rahmen einer Ergänzung des § 1 AStG im deutschen Steuerrecht gesetzlich normiert.[1] Hiernach wird die Betriebsstätte für steuerliche Zwecke grundsätzlich weitestgehend wie ein eigenständiges und unabhängiges Unternehmen unter entsprechender Anwendung des Fremdvergleichsgrundsatzes behandelt. Die in § 1 Abs. 5 AStG geregelte Vorgehensweise entspricht dem oben dargestellten zweistufigen Ansatz der OECD (→ **4** Rz. 353). Die Regelung gilt gleichermaßen für unbeschränkt Stpfl. mit einer ausländischen Betriebsstätte (sowohl DBA-Fall als auch Nicht-DBA-Fall), als auch für beschränkt Stpfl. mit einer inländischen Betriebsstätte, allerdings – jedenfalls nach dem allgemeinen Wortlaut der Norm – nur dann, wenn es zu einer Minderung der in Deutschland steuerpflichtigen Einkünfte käme (§ 1 AStG stellt keine allgemeine Verrechnungspreisnorm dar, sondern ist mehr im Sinne einer „Mindereinnahmenverhinderungsnorm" konzipiert und kann daher grundsätzlich auch nicht mehr leisten). **355**

Zur Umsetzung des Fremdvergleichsgrundsatzes sind der Betriebsstätte in einem ersten Schritt die Funktionen des Gesamtunternehmens zuzuordnen, die durch ihr Personal ausgeübt werden (Personalfunktionen, § 1 Abs. 5 Satz 3 Nr. 1 AStG). Weiterhin sind der Betriebsstätte die Vermögenswerte des Gesamtunternehmens zuzuordnen, die zur Ausübung der zugeordneten Funktionen benötigt werden (§ 1 Abs. 5 Satz 3 Nr. 2 AStG). Hierauf aufbauend sind weiterhin die Chancen und Risiken des Gesamtunternehmens zuzuordnen, die von der Betriebsstätte auf Grund der zugeordneten Funktionen und Vermögenswerte übernommen werden (§ 1 Abs. 5 Satz 3 Nr. 3 AStG). Abschließend ist der Betriebsstätte ein angemessenes Eigenkapital (sog. Dotationskapital) zuzuordnen (§ 1 Abs. 5 Satz 3 Nr. 4 AStG).

Hieraus resultiert das Chancen- und Risiko-Profil der ausländischen Betriebsstätte, vergleichbar demjenigen einer ausländischen Tochtergesellschaft. Auf dieser Basis sind in einem zweiten Schritt Art und Umfang der Transaktionen zwischen Stammhaus und Betriebsstätte zu bestimmen. Für diese anzunehmenden schuldrechtlichen Beziehungen i. S. des § 1 Abs. 4 Nr. 2 AStG sind sodann die Verrechnungspreise unter Heranziehung der in § 1 Abs. 3 AStG normierten Methoden zu bestimmen, d.h. vorrangig nach der Preisvergleichsmethode, der Wiederverkaufspreismethode oder der Kostenaufschlagsmethode. Einzelheiten zur Bestimmung der anzunehmenden schuldrechtlichen Beziehungen und der Bestimmung der Verrechnungspreise sollen in einer Rechtsverordnung konkretisiert werden, vgl. § 1 Abs. 6 AStG.[2] Der vorliegende Entwurf vom 5.8.2013 geht z.T. über eine reine Konkretisierung hinaus und erscheint in sich und im internationalen Kontext noch nicht voll abgestimmt.

---

[1] Gesetz zur Umsetzung der Amtshilferichtlinie sowie zur Änderung steuerlicher Vorschriften v. 26.6.2013, BGBl. I 2013, 1809.

[2] Vgl. den Entwurf einer Verordnung zur Anwendung des Fremdvergleichsgrundsatzes auf Betriebsstätten nach § 1 Abs. 5 AStG v. 5.8.2013.

Ungeachtet der Neuregelung erfolgt nicht in jedem Fall eine Behandlung der Betriebsstätte als eigenständiges und unabhängiges Unternehmen. So sieht § 1 Abs. 5 Satz 2 AStG explizit eine Ausnahme vor, falls sich auf Grund der Zugehörigkeit der Betriebsstätte zum Gesamtunternehmen eine andere Behandlung ergibt. Diese Ausnahme soll der Tatsache Rechnung tragen, dass die Betriebsstätte nur einen rechtlich unselbständigen Teil des Unternehmens darstellt. Dies könne für die Anwendung des Fremdvergleichsgrundsatzes nicht vollständig negiert werden. Entsprechend besäße somit die Betriebsstätte z.b. stets das gleiche Kreditrating wie das Gesamtunternehmen. Weiterhin wird mit der Betriebsstätte ein Darlehensverhältnis für steuerliche Zwecke nur unter Einschränkungen oder ggf. auch gar nicht als anzunehmende schuldrechtliche Beziehung erfasst.

Die Neuregelung soll gem. § 1 Abs. 5 Satz 8 AStG keine Anwendung finden, soweit ansonsten auf Grund eines bestehenden DBA ein Besteuerungskonflikt entsteht. Dies betrifft u.a. den Fall, dass das DBA mit dem betreffenden Staat die Betriebsstättengewinnabgrenzung anhand des alten OECD-MA 2008 (oder noch älter) normiert und somit (noch) nicht dem neuen OECD-Ansatz einer fiktiven rechtlichen Selbständigkeit der Betriebsstätte folgt. In diesem Fall würde Deutschland unter Anwendung der neuen Grundsätze des § 1 Abs. 5 AStG u.U. sein Besteuerungsrecht einseitig ausweiten und hiermit gegen das bestehende DBA verstoßen. Daher soll das DBA in entsprechenden Konstellationen zur Vermeidung eines Besteuerungskonflikts und einer damit resultierenden Doppelbesteuerung vorrangig zur Anwendung kommen, wobei allerdings der Stpfl. den Nachweis zu erbringen hat, dass der andere Staat sein Besteuerungsrecht entsprechend diesem DBA ausübt. Die Nachweispflicht des Stpfl. könnte womöglich auf Grund des treaty overridings als verfassungswidrig zu werten sein, vgl. insoweit das beim BVerfG anhängige Verfahren zur Nachweispflicht des § 50d Abs. 8 EStG.[1)] Weitet der andere Staat dagegen sein Besteuerungsrecht unter Verstoß gegen das bestehende DBA aus, kommt die Ausnahmeregelung des § 1 Abs. 5 Satz 8 AStG insoweit nicht zur Anwendung, da derartige Fälle durch Verständigungs- resp. Schiedsverfahren zu lösen sind.

2. Zuordnung von Wirtschaftsgütern und Kapitalausstattung

356 Zur Durchführung der Betriebsstättengewinnabgrenzung ist eine Zuordnung der einzelnen Wirtschaftsgüter des Aktiv- und Passivvermögens zur Betriebsstätte notwendig, die zur Ausübung ihrer Funktionen benötigt werden (vgl. § 1 Abs. 5 AStG sowie den Entwurf der diesbezüglichen Verordnung gem. § 1 Abs. 6 AStG).[2)]

a) Zuordnung von Wirtschaftsgütern

357 Der Betriebsstätte werden prinzipiell die Wirtschaftsgüter zugerechnet, die der Erfüllung ihrer Betriebsstättenfunktion dienen.

Die Erfassung des Wirtschaftsgutes in der Betriebsstättenbuchführung ist Anhaltspunkt dafür, dass es der Betriebsstätte dient. Weitere Indizien sind wirtschaftliche Gesichtspunkte, nämlich die örtliche Belegenheit und die tatsächliche Nutzung. Der unternehmerische Zuordnungsspielraum, der von der Funktion des Wirtschaftsgutes abhängt, ist grundsätzlich anzuerkennen, solange er nicht kaufmännischen oder wirtschaftlichen Erfordernissen widerspricht.

---

1) Vgl. BFH v. 10.1.2012, I R 66/09, DStR 2012, 949, Az. beim BVerfG: 2 BvL 1/12.
2) Entwurf einer Verordnung zur Anwendung des Fremdvergleichsgrundsatzes auf Betriebsstätten nach § 1 Abs. 5 AStG v. 5.8.2013.

b) Kapitalausstattung

358 Im Rahmen der Durchführung der Betriebsstättengewinnabgrenzung ist der Betriebsstätte steuerlich ein Anteil am (Eigen-)Kapital des Gesamtunternehmens zuzuordnen (Dotationskapital).

Gesetzliche Bestimmungen für die Ausstattung der Betriebsstätte mit einem Mindestkapital bestehen – von Sonderregelungen für Banken und Versicherungen abgesehen – bislang nicht. Auch müssen Stammhaus und inländische Betriebsstätte keine übereinstimmenden Finanzstrukturen aufweisen.

Nach der bisherigen Auffassung können die Verhältnisse des Gesamtunternehmens auf Grund von unterschiedlichen Tätigkeiten und Funktionen, die Stammhaus und Betriebsstätte wahrnehmen, nicht spiegelbildlich auf die Betriebsstätte übertragen werden. Daher wurde auch die sog. Kapitalspiegeltheorie vom BFH mit Urteil v. 25.6.1986[1] abgelehnt. Ein weiterer Anhaltspunkt, nämlich dass die Kapitalausstattung sich an der Branchenüblichkeit ausrichtet, stößt in der Praxis ebenfalls auf Ermittlungsschwierigkeiten. Ungeachtet dessen fordert die FinVerw für Betriebsstätten ein zur Erfüllung ihrer Funktion fremdvergleichskonform bemessenes Dotationskapital, das grundsätzlich anhand eines äußeren Fremdvergleichs mittels unabhängiger Unternehmen mit vergleichbaren Marktchancen und -risiken bemessen werden soll.[2] Soweit dies nicht gelingt, sei ein interner Fremdvergleich zulässig, wonach das Eigenkapital des Gesamtunternehmens auf Stammhaus und Betriebsstätte entsprechend den ausgeübten Funktionen aufzuteilen ist. Hilfsweise erklärt die FinVerw auch die Kapitalspiegelmethode für zulässig, soweit Stammhaus und Betriebsstätte die gleichen Funktionen ausüben. Eine Eigenkapitalausstattung der Betriebsstätte, die über die wirtschaftlichen Erfordernisse hinausgeht, will die FinVerw nicht anerkennen.

Indes ist zu beachten, dass entsprechend dem BFH-Urteil v. 25.6.1986 der unternehmerischen Entscheidung bei der internen Kapitalausstattung der Betriebsstätte mittels Eigen- oder Fremdkapital eine besondere Bedeutung zukommt. Der BFH betont, dass eine höhere Eigenkapitalausstattung „durchaus wünschenswert" sei und eine anzuerkennende unternehmerische Entscheidung darstelle.[3] Die Kapitalausstattung einer Betriebsstätte ist daher der Entscheidung des Gesamtunternehmens zu überlassen, welches somit über einen großen Handlungsspielraum verfügt. Der unternehmerischen Gestaltungsfreiheit wird lediglich durch den Missbrauch eine Grenze gezogen.

Eine Konkretisierung der Bestimmung des Dotationskapitals erfolgt künftig im Rahmen der gesetzlichen Normierung der Anwendung des Fremdvergleichsgrundsatzes auf Betriebsstätten gem. § 1 Abs. 5 AStG sowie der hierzu gem. § 1 Abs. 6 AStG vorgesehenen Rechtsverordnung. Der gegenwärtig vorliegende Entwurf der Verordnung erscheint auf Grund unterschiedlicher Ermittlungsweisen des Dotationskapitals von inländischen Betriebsstätten und ausländischen Betriebsstätten jedoch systematisch nicht schlüssig.[4] Während im Fall der inländischen Betriebsstätten ein umfassendes Dotationskapital nach Maßgabe der Kapitalaufteilungs- resp. Kapitalspiegelmethode zu ermitteln ist, soll im Fall der ausländischen Betriebsstätte der Nachweis erbracht werden, dass das zugewiesene Dotationskapital in der jeweiligen Höhe überhaupt erforderlich ist. Dies impliziert, dass die Zielsetzung letztlich darin besteht, in beiden Konstellationen möglichst wenig Fremdkapitalzinsen im Inland zum Abzug zuzulassen, was mit der abkommensrechtlich normierten – und auf Grund der Schrankenwirkung des DBA grundsätzlich vorrangigen – Betriebsstättengewinnabgrenzung in die-

---
1) BFH v. 25.6.1986, II R 213/83, BStBl II 1986, 785; vgl. hierzu Becker, DB 1989, 10 ff.; Schaumburg, Internationales Steuerrecht, 3. Aufl., Rz. 18.41.
2) Vgl. BMF v. 24.12.1999, IV B 4 – S 1300 – 111/99, BStBl I 1999, 1076, Tz. 2.5.1.
3) Vgl. BFH v. 25.6.1986, II R 213/83, BStBl II 1986, 785.
4) Vgl. den Entwurf einer Verordnung zur Anwendung des Fremdvergleichsgrundsatzes auf Betriebsstätten nach § 1 Abs. 5 AStG v. 5.8.2013.

ser Form wohl nicht zu vereinbaren ist. Weiterhin wäre dies auch kein international harmonisiertes bzw. kompatibles Vorgehen. Doch genau darauf zielte eigentlich die Rechtsänderung ab.

3. Überführung von Wirtschaftsgütern zwischen inländischem Stammhaus und ausländischer Betriebsstätte

359 Werden Wirtschaftsgüter vom inländischen Stammhaus in eine ausländische Betriebsstätte überführt, kann dies nach allgemeinen bilanziellen Grundsätzen keine Gewinnrealisierung auslösen, da auf Grund der rechtlichen Einheit von Stammhaus und Betriebsstätte aus Sicht des Gesamtunternehmens kein Umsatzakt am Markt vorliegt. Ungeachtet dessen soll dieser Vorgang gem. § 4 Abs. 1 Satz 3 und 4 EStG als Entnahme für betriebsfremde Zwecke erfasst werden, die gem. § 6 Abs. 1 Nr. 4 Satz 1 EStG mit dem gemeinen Wert anzusetzen ist. Für Kapitalgesellschaften ist der Vorgang analog gem. § 12 Abs. 1 KStG als fiktive Veräußerung zum gemeinen Wert zu behandeln. Als Folge hieraus tritt im Zeitpunkt der Überführung grundsätzlich eine sofortige Gewinnrealisation ein. Lediglich unter den engen Voraussetzungen des § 4g EStG ist es bei Überführung eines Wirtschaftsguts des Anlagevermögens in eine EU-/EWR-Betriebsstätte zulässig, die stillen Reserven mittels Bildung und ratierlicher Auflösung eines Ausgleichsposten über fünf Jahre zu verteilen.[1] Ebenso stellt § 16 Abs. 3a EStG i.V.m. § 4 Abs. 1 Satz 4 EStG den Ausschluss oder die Beschränkung des Besteuerungsrechts Deutschlands hinsichtlich des Gewinns aus der Veräußerung sämtlicher Wirtschaftsgüter eines Betriebs oder Teilbetriebs einer Aufgabe des Gewerbebetriebs gleich, wobei in diesem Fall bei natürlichen Personen eine Progressionsmilderung nach Maßgabe der sog. „Fünftelungsregelung" gem. § 34 Abs. 1 i.V.m. Abs. 2 Nr. 1 EStG resp. unter zusätzlichen Voraussetzungen mittels einem ermäßigten Steuersatz gem. § 34 Abs. 3 i.V.m. Abs. 2 Nr. 1 EStG erfolgt. Auf Antrag des Stpfl. kann die festgesetzte Steuer bei Verlegung des Betriebs oder Teilbetriebs in einen EU-/EWR-Staat auch in fünf gleichen Jahresraten entrichtet werden (§ 36 Abs. 5 EStG).

Die Regelungen des § 4 Abs. 1 Satz 3 und 4 EStG, § 16 Abs. 3a EStG und § 12 Abs. 1 KStG i.d.F. SEStEG basieren auf der Auffassung der FinVerw, die bereits vor Inkrafttreten dieser Regelungen für diesen Sachverhalt in den Betriebsstätten-Verwaltungsgrundsätzen[2] v. 24.12.1999 unter Tz. 2 im Fall einer DBA-Betriebsstätte ohne Rechtsgrundlage – und auf Grund der abkommensrechtlich gebotenen Gewinnabgrenzung auch ohne Notwendigkeit[3] – eine Realisation der in den Wirtschaftsgütern enthaltenen stillen Reserven nach Maßgabe des Fremdvergleichspreises gefordert hatte.

---

1) Zur Möglichkeit der Bildung eines Ausgleichspostens gem. § 4g EStG vgl. im Detail nachfolgend.
2) BMF v. 24.12.1999, IV B 4 – S 1300 – 111/99, BStBl I 1999, 1076, geändert durch BMF v. 20.11.2000, IV B 4 – S 1300 – 222/00, BStBl I 2000, 1509.
3) So ist zwar zutreffend, dass das Besteuerungsrecht Deutschlands hinsichtlich der Gewinne der Betriebsstätte abkommensrechtlich dem Betriebsstättenstaat zuzurechnen ist. Tatsächlich umfasst dieses Besteuerungsrecht entsprechend der abkommensrechtlich gebotenen Gewinnabgrenzung anhand des Fremdvergleichsgrundsatzes in Art. 7 Abs. 2 OECD-MA nur diejenigen stillen Reserven, die sich während der Zugehörigkeit des Wirtschaftsguts zur ausländischen Betriebsstätte gebildet haben. Soweit die stillen Reserven im Zeitpunkt der Überführung bestanden haben, wird das Besteuerungsrecht Deutschlands auf Grund des DBA nach jüngerer Meinung nicht eingeschränkt. Entsprechend braucht Deutschland im Falle einer späteren Aufdeckung der stillen Reserven durch Veräußerung des Wirtschaftsguts nur hinsichtlich der im Betriebsstättenstaat gebildeten stillen Reserven die Freistellung von der inländischen Besteuerung zu gewähren, so dass das Besteuerungsrecht Deutschlands bezüglich der im Inland gebildeten stillen Reserven des Wirtschaftsguts bestehen bleibt; vgl. Kühn, Die ertragsteuerlichen Auswirkungen der grenzüberschreitenden Produktionsverlagerung, 75 ff; Kaminski, DStR 1996, 1796 f.; Kroppen in Becker/Höppner/Grotherr/Kroppen, Art. 7 OECD-MA Rz. 147 f.; siehe hierzu auch BFH v. 17.7.2008, I R 77/06, BFH/NV 2008, 1941.

Vor Inkrafttreten von § 4 Abs. 1 Satz 3 und 4 EStG, resp. § 12 Abs. 1 KStG war es umstritten, ob sich die von der FinVerw geforderte Entstrickung auf eine Rechtsgrundlage stützt. Die h.M. in der Literatur ging indes davon aus, dass keine Rechtsgrundlage bestand.[1] Zwar vertrat der BFH in früherer Rechtsprechung die Theorie einer Gewinnverwirklichung durch Steuerentstrickung, wonach eine Entnahme bereits dann anzunehmen sei, wenn ein Wirtschaftsgut auf einen anderen Betrieb oder eine andere Betriebsstätte überführt wird und die im Wirtschaftsgut enthaltenen stillen Reserven endgültig der Besteuerung entgehen würden (sog. finale Entnahmelehre).[2] Diese Auffassung wurde jedoch von der h.M. in der Literatur abgelehnt und darüber hinaus z.T. angenommen, dass der BFH die finale Entnahmelehre zwischenzeitlich aufgegeben hatte.[3] Dies bestätigte sich nun im BFH-Urteil vom 17.7.2008, das insoweit eine Änderung der bisherigen Rechtsprechung darstellt.[4] Hiernach führe die Überführung eines Einzelwirtschaftsguts aus einem inländischen Stammhaus in eine ausländische Betriebsstätte auch dann nicht zur sofortigen Gewinnrealisation, wenn die ausländischen Betriebsstättengewinne auf Grund eines DBA von der Besteuerung im Inland freigestellt sind. Der BFH begründet dies damit, dass seine bisherige Rechtsprechung zur sog. finalen Entnahmelehre im Gesetz – jedenfalls i.d.F. vor dem sog. SEStEG – keine hinreichende Grundlage findet. Weiterhin basiere sie auf einer unzutreffenden Beurteilung der Abgrenzung zwischen den inländischen und den ausländischen Einkünften und der Wirkungen der abkommensrechtlichen Freistellung. So werde abkommensrechtlich die (spätere) Besteuerung der im Inland entstandenen stillen Reserven durch eine Freistellung der ausländischen Betriebsstättengewinne nicht beeinträchtigt. Der BFH stellt damit klar fest, dass vor Inkrafttreten des § 4 Abs. 1 Satz 3 EStG i.d.F. SEStEG sowohl eine Rechtsgrundlage als auch ein Bedürfnis dafür fehle, die Überführung von Wirtschaftsgütern eines inländischen Unternehmens in dessen ausländische Betriebsstätte als Gewinnrealisierungstatbestand anzusehen.

Im Urteil vom 28.10.2009 bestätigt der BFH die Aufgabe der finalen Entnahmelehre und erklärt darüber hinaus, dass er auch an der in der Vergangenheit vertretenen Theorie der „finalen Betriebsaufgabe" nicht mehr festhalte.[5] Nach dieser Rechtsprechung wurde vom BFH in der Vergangenheit eine Betriebsverlegung vom Inland in das Ausland als Betriebsaufgabe angesehen, wenn der Gewinn aus dem in das Ausland verlegten Gewerbebetrieb auf Grund eines DBA nicht der inländischen Besteuerung unterliegt. Analog zur Aufgabe der finalen Entnahmelehre betont der BFH auch für diesen Fall, dass es für die Annahme eines Realisationstatbestands bei Verlegung eines Betriebs ins Ausland im Streitjahr sowohl an einer gesetzlichen Grundlage als auch an einem Bedürfnis für eine Gewinnrealisation fehle. So sei die in der Vergangenheit getroffene Annahme, dass die während der Ausübung der Tätigkeit im Inland entstandenen stillen Reserven abkommensrechtlich der Besteuerung durch den deutschen Fiskus entzogen seien, unzutreffend. Vielmehr seien weiterhin der inländischen Besteuerung unterliegende Einkünfte gegeben, soweit ein späterer Veräußerungsgewinn auf der Realisierung der vormals im Inland erwirtschafteten stillen Reserven beruht. Der BFH betont hierbei ausdrücklich, dass er dies sowohl für den Fall einer im Inland bestehen bleibenden unbeschränkten Steuerpflicht als gegeben ansieht, als auch für den im Urteilsfall gegebenen Wegfall der unbeschränkten Steuerpflicht auf Grund der Verlegung des Wohnsitzes in das Ausland. In diesem Fall blieben die stillen Reserven im Rahmen der beschränkten Steuerpflicht im Inland steuerverhaftet, so

---

1) Vgl. eingehend Kühn, Die ertragsteuerlichen Auswirkungen der grenzüberschreitenden Produktionsverlagerung, 81 ff.
2) Vgl. u.a. BFH v. 16.7.1969, I 266/65, BStBl II 1970, 176 f.; BFH v. 30.5.1972, VIII R 111/69, BStBl II 1972, 761.
3) Vgl. Schaumburg, Internationales Steuerrecht, 3. Aufl., 18.43; Reith, Internationales Steuerrecht, 446 f.
4) Vgl. BFH v. 17.7.2008, I R 77/06, BStBl II 2009, 464.
5) Vgl. BFH v. 28.10.2009, I R 99/08, BFH/NV 2010, 346.

dass auch in dieser Konstellation ein deutsches Besteuerungsrecht nicht verloren ginge. Weiterhin sieht der BFH eine spätere Besteuerung der im Inland entstandenen stillen Reserven im Falle einer Realisierung auch nicht auf Grund abkommensrechtlicher Bestimmungen als ausgeschlossen an. Dies begründet der BFH mit der Anwendung der Grundsätze über die abkommensrechtliche Abgrenzung von Betriebsstätteneinkünften auf Basis des Veranlassungsprinzips, so dass Deutschland auch nach der Betriebsverlagerung ein abkommensrechtliches Besteuerungsrecht verbleibe. Möglichen faktischen Schwierigkeiten der Finanzverwaltung beim Vollzug des späteren Besteuerungszugriffes begegnet der BFH mit dem Hinweis, dass der Gesetzgeber insoweit besondere Mitwirkungspflichten statuieren könne.

Mit Inkrafttreten des SEStEG und der Ergänzung im JStG 2010 soll die bisherige Verwaltungsauffassung bzgl. der finalen Entnahmetheorie gesetzlich normiert und zugleich verschärft werden.[1] So steht der Ausschluss oder die Beschränkung des Besteuerungsrechts der Bundesrepublik Deutschland hinsichtlich des Gewinns aus der Veräußerung oder der Nutzung eines Wirtschaftsguts gem. § 4 Abs. 1 Satz 3 EStG einer Entnahme für betriebsfremde Zwecke bzw. im Falle von Kapitalgesellschaften gem. § 12 Abs. 1 KStG einer Veräußerung gleich. Ein Ausschluss oder eine Beschränkung des Besteuerungsrechts hinsichtlich des Gewinns aus der Veräußerung eines Wirtschaftsguts liegt gem. § 4 Abs. 1 Satz 4 EStG resp. § 12 Abs. 1 Satz 2 KStG insbesondere vor, wenn ein bisher einer inländischen Betriebsstätte zuzuordnendes Wirtschaftsgut einer ausländischen Betriebsstätte zuzuordnen ist. Diese fiktive Entnahme bzw. Veräußerung ist mit dem gemeinen Wert anzusetzen.[2] Eine Stundung der entstehenden Steuer (entsprechend § 6 AStG) ist grundsätzlich nicht vorgesehen. Die Regelung gilt auch uneingeschränkt innerhalb der EU/EWR und ist insofern als höchst bedenklich anzusehen.

Als Ausnahme von der in § 4 Abs. 1 Satz 3 und 4 EStG bzw. § 12 Abs. 1 Satz 1 und 2 KStG vorgesehenen Sofortbesteuerung kann bei Wirtschaftsgütern des Anlagevermögens, die in eine Betriebsstätte in einem anderen EU-Mitgliedstaat überführt werden, der unbeschränkt Stpfl. auf Antrag gem. § 4g EStG einen Ausgleichsposten in Höhe der aufgedeckten stillen Reserven bilden, was auch für Körperschaften gem. § 12 Abs. 1 KStG explizit zulässig ist (für Fälle der Betriebsaufgabe auf Grund Verlagerung in das Ausland gem. § 16 Abs. 3a i.V.m. § 36 Abs. 5 EStG vgl. nachfolgend). Der Ausgleichsposten ist im Wirtschaftsjahr der Bildung und in den vier folgenden Wirtschaftsjahren zu jeweils einem Fünftel gewinnerhöhend aufzulösen. Die Möglichkeit der Bildung eines Ausgleichspostens bleibt auch nach der gesetzlichen Neuregelung der Betriebsstättengewinnabgrenzung in § 1 Abs. 5 AStG auf Basis des neuen OECD-Ansatzes zur Anwendung des Fremdvergleichsgrundsatzes auf Betriebsstätten erhalten, vgl. § 1 Abs. 5 Satz 6 AStG.

Scheidet das Wirtschaftsgut aus dem Betriebsvermögen des Stpfl. oder aus der Besteuerungshoheit der EU-Mitgliedstaaten aus, tritt eine vollumfängliche gewinnerhöhende Auflösung ein. Gleiches gilt, wenn die stillen Reserven des Wirtschaftsguts im Ausland aufgedeckt werden oder in entsprechender Anwendung des deutschen Steuerrechts hätten aufgedeckt werden müssen.[3] Indes ist fraglich, ob die gesetzlich vorgesehene Auflösung des Korrekturpostens vor Realisierung der hierin erfassten stillen Reserven durch eine Markttransaktion zulässig ist. Insoweit ist zu bedenken, dass hierdurch eine an der Leistungsfähigkeit gemessene Überbesteuerung droht. In diesem Kontext ist weiterhin auf einen potentiellen Verstoß gegen die Niederlassungsfreiheit hinzuweisen, denn bei der Verbringung in eine andere inländische Betriebsstätte käme es keinesfalls zu einer „Entstrickungsbesteuerung".[4]

---

1) Vgl. hierzu auch BMF v. 18.11.2011, IV C 6 – S 2134/10/10004, DStR 2011, 2355.
2) § 6 Abs. 1 Nr. 4 Satz 1, 2. Halbs. EStG, § 12 Abs. 1 KStG.
3) § 4g Abs. 2 EStG i.d.F. des SEStEG.
4) Vgl. EuGH-Urteil zur Rs. „Hughes de Lasteyrie du Saillant" v. 11.3.2004, C-9/02, IStR 2004, 236.

In diesem Zusammenhang ist weiterhin beachtlich, dass die erstmalige gesetzliche Regelung des Entstrickungstatbestands in Zusammenhang mit der „Aufschubbesteuerung" des § 4g EStG insbesondere im EU-Raum deshalb als stark bedenklich anzusehen ist, da die Regelung

- nicht für Übertragungen auf Personengesellschaften Anwendung findet,
- nur für Anlagevermögen gilt,
- nur einheitlich für alle Wirtschaftsgüter für ein gesamtes Jahr Anwendung finden soll,
- die Anwendung von weitgehenden Dokumentations- und Nachweispflichten abhängen soll,
- nicht für den Wegzug von Unternehmen (Sitzverlegung etc.) gilt,
- nicht für Umwandlungsfälle (z.B. Verschmelzung oder Spaltung über die Grenze etc.) Anwendung findet, und
- für die Regelung auch keine Notwendigkeit besteht, da das Besteuerungsrecht Deutschlands hinsichtlich der stillen Reserven des überführten Wirtschaftsgutes auf Grund der abkommensrechtlich gebotenen Gewinnabgrenzung zwischen Stammhaus und Betriebsstätte ungeachtet der im DBA vorgesehenen Freistellungsmethode u.U. auch nach Inkrafttreten der §§ 4 Abs. 1 Satz 3 EStG, 12 Abs. 1 KStG nicht eingeschränkt wird.[1]

Die Regelung bleibt auch hinter dem zurück, was bereits der oben dargestellte Betriebsstättenerlass i.d.F. vor der gesetzlichen Neuregelung in § 4 Abs. 1 Satz 3 EStG zuließ: sowohl in zeitlicher Dimension (nur fünf Jahre gegenüber zehn Jahren) als auch in der Anwendungsreichweite (bislang keine Limitierung auf den EU-Bereich bzw. Anlagevermögen). Insoweit sei auch auf das Urteil des EuGH im Fall *National Grid Indus* hingewiesen.[2] In diesem Urteil zum Steuerrecht der Niederlande hält der EuGH zwar die Besteuerung der nicht realisierten Wertzuwächse im Vermögen einer Gesellschaft, die ihren Sitz in einen anderen Mitgliedstaat verlegt, für grundsätzlich zulässig, um die Aufteilung der Besteuerungsbefugnis zwischen den Mitgliedstaaten zu gewährleisten. Die sofortige Einziehung der Steuer auf diese Vermögenszuwächse im Zeitpunkt der Sitzverlegung sei jedoch unverhältnismäßig und mit der Niederlassungsfreiheit nicht vereinbar. Diese Auffassung hat der EuGH im Urteil v. 6.9.2012 zum Steuerrecht Portugals bestätigt. Hiernach sei die sofortige Besteuerung der nicht realisierten Wertzuwächse im Falle des Wegzugs einer portugiesischen Gesellschaft in einen anderen EU-Mitgliedstaat, sowie im Falle der Überführung von Wirtschaftsgütern von einer portugiesischen Betriebsstätte in einen anderen EU-Mitgliedstaat als Verstoß gegen die Niederlassungsfreiheit zu werten.[3] Es erscheint daher fraglich, ob die Entstrickungsbesteuerung der § 4 Abs. 1 Satz 3 EStG, § 12 Abs. 1 KStG, § 16 Abs. 3a EStG i.V.m. dem gewährten Aufschub der Besteuerung durch Bildung eines Ausgleichspostens gem. § 4g EStG den europarechtlichen Vorgaben gerecht wird, oder ob insoweit womöglich ebenfalls ein Verstoß gegen die Niederlassungsfreiheit anzunehmen ist.

Demgegenüber hat der EuGH im Fall „DMC" bezüglich der Einbringung von Mitunternehmeranteilen in eine Kapitalgesellschaft, die in der früheren Fassung des UmwStG nur im reinen Inlandsfall zu Buchwerten hätte erfolgen können (§ 20 UmwStG a.F.), entschieden, dass eine Entstrickungsbesteuerung mit gestaffelter Steuerzahlung als unionsrechtskonform anzusehen ist, wenn Deutschland das Besteuerungsrecht verliert.[4] Im zugrunde liegenden Urteilsfall war die Einbringung nicht zu

---

1) Vgl. BFH v. 17.7.2008, I R 77/06, BStBl II 2009, 464 m.w.N.
2) EuGH v. 29.11.2011, C-371/10, DStR 2011, 2334.
3) Vgl. EuGH v. 6.9.2012, C-38/10, IStR 2012, 763.
4) Vgl. EuGH v. 23.1.2014, C-164/12, DStR 2014, 193 („DMC Beteiligungsgesellschaft mbH").

Buchwerten möglich, da der Einbringende nicht in Deutschland ansässig war und unter Zugrundelegung des einschlägigen DBA nach der Einbringung das Besteuerungsrecht Deutschlands hinsichtlich der erhaltenen Kapitalgesellschaftsanteile ausgeschlossen wurde. Der EuGH führt hierzu aus, dass die Aufdeckung stiller Reserven im Falle der Einbringung durch einen Gebietsfremden auf Grund des eintretenden Liquiditätsnachteils zwar zu einer Beschränkung der Kapitalverkehrsfreiheit (Art. 63 AEUV) führe. Unter Heranziehung des vom EuGH anerkannten Ziels der Wahrung der Aufteilung der Besteuerungsbefugnis zwischen den Mitgliedstaaten sei ein Mitgliedstaat jedoch nicht dazu verpflichtet, auf sein Recht zu verzichten, einen in seinem Hoheitsgebiet entstandenen und unter seine Steuerhoheit fallenden Wertzuwachs zu besteuern, weil dieser nicht tatsächlich realisiert wurde. Aus diesem Blickwinkel könne nach Auffassung des EuGH eine Entstrickungsbesteuerung nicht generell als unionsrechtswidrige Maßnahme angesehen werden. Zur Frage einer etwaigen Sofortbesteuerung bei Entstrickung führt der EuGH jedoch aus, dass dem Steuerpflichtigen grundsätzlich ein Wahlrecht zwischen sofortiger Steuerzahlung und (ggf. verzinslicher) Stundung einzuräumen sei. Eine auf fünf Jahre gestaffelte Erhebung der gestundeten Steuer hält der EuGH auf Grund des mit der Zeit steigenden Risikos der Nichteinbringung für eine angemessene und verhältnismäßige Maßnahme. Auch eine Sicherheitsleistung könne als unionsrechtskonform anzusehen sein, wenn sich diese am konkreten Nichteinbringungsrisiko orientiert.

Es ist unklar, ob das EuGH-Urteil auch Relevanz entfaltet für den Sachverhalt der Realisierung stiller Reserven bei Überführung von Wirtschaftsgütern in eine EU-Betriebsstätte (§ 4 Abs. 1 Satz 3 und 4 EStG, § 12 Abs. 1 Satz 1 und 2 KStG) sowie bei Verlagerung eines Betriebs in das EU-/EWR-Ausland (§ 16 Abs. 3a EStG) und die hierbei jeweils eingeräumte Möglichkeit der gestaffelten Steuerzahlung gem. § 4g EStG resp. § 36 Abs. 5 EStG. Bezüglich § 4g EStG ist aktuell ein entsprechendes Verfahren beim EuGH anhängig. Das FG Düsseldorf sieht in der Entstrickungsklausel des § 4 Abs. 1 Satz 3 und 4 i.V.m. § 4g EStG bei Überführung eines Wirtschaftsgutes in eine EU-Betriebsstätte einen Verstoß gegen die Niederlassungsfreiheit. So habe die Bundesrepublik Deutschland zwar das Recht, den Wertzuwachs eines Wirtschaftsgutes zu besteuern, der sich in der Zeit bis zu dessen Überführung in eine ausländische Betriebsstätte gebildet hat. Es sei aber unverhältnismäßig, die Steuer auf diese stillen Reserven gestreckt auf fünf Jahre zu erheben, bevor es zu einer Aufdeckung der stillen Reserven gekommen ist, da gleichwohl ein Liquiditätsnachteil eintrete. Das FG Düsseldorf bekräftigt in diesem Zusammenhang, dass der Liquiditätsnachteil dadurch vermieden würde, wenn der Steuerpflichtige ein Wahlrecht hätte, den auf die stillen Reserven entfallenden Steuerbetrag sofort zu entrichten, oder die Steuerzahlung alternativ bis zur Realisierung des Wertzuwachses aufzuschieben. Entsprechend hat das FG Düsseldorf die Frage der Europarechtskonformität der Entstrickungsklausel des § 4 Abs. 1 Satz 3 und 4 i.V.m. § 4g EStG dem EuGH zur Vorabentscheidung vorgelegt.[1] Auf Grund des vorliegenden EuGH-Urteils vom 23.1.2014 ist zwar nicht auszuschließen, dass der EuGH die Auffassung des FG Düsseldorf zurückweisen könnte. Damit bliebe aber ungeklärt, ob die angeordnete Aufdeckung der stillen Reserven i.V.m. einer etwaigen Streckung der Steuerzahlung über fünf Jahre überhaupt mit dem Unionsrecht vereinbar ist, da der EuGH eine solche Maßnahme gemäß obigem Urteil „DMC" nur dann als unionsrechtskonform ansieht, wenn Deutschland das Besteuerungsrecht verliert. Im Fall der Überführung von Wirtschaftsgütern in eine ausländische DBA-Betriebsstätte wird jedoch die (spätere) Besteuerung der zuvor im Inland entstandenen stillen Reserven durch eine Freistellung der späteren ausländischen Betriebsstättengewinne nicht beeinträchtigt, was der BFH[2] mit Aufgabe der sog. „finalen Entnahmelehre" explizit entschieden hat. Hiernach bestünde somit für

---

1) Vgl. FG Düsseldorf v. 5.12.2013, 8 K 3664/11 F, EFG 2014, 119; Az. beim EuGH: C-657/13.
2) Vgl. BFH v. 17.7.2008, I R 77/06, BStBl II 2009, 464.

eine Aufdeckung stiller Reserven – unabhängig von der Frage, ob diese ggf. über fünf Jahre zeitlich gestreckt wird – weder eine Notwendigkeit noch eine europarechtliche Rechtfertigung.

Im Zusammenhang mit der Aufgabe der BFH-Rechtsprechung zur sog. „finalen Betriebsaufgabe" wurde in § 16 Abs. 3a EStG die frühere Verwaltungsauffassung zur Entstrickung gesetzlich normiert.[1] Nach dieser Regelung steht der Ausschluss oder die Beschränkung des Besteuerungsrechts der Bundesrepublik Deutschland hinsichtlich des Gewinns aus der Veräußerung sämtlicher Wirtschaftsgüter eines Betriebs oder Teilbetriebs infolge der Zuordnung zu einer ausländischen Betriebsstätte einer Aufgabe des Gewerbebetriebs gleich. Als Folge hieraus tritt grundsätzlich auch hier eine umfassende Besteuerung der in den Wirtschaftsgütern enthaltenen stillen Reserven ein. Zur Abmilderung kann jedoch in EU-/EWR-Fällen auf Antrag des Stpfl. gem. § 36 Abs. 5 EStG eine Verteilung der auf den Aufgabegewinn festgesetzten Steuer in fünf gleichen Jahresraten erfolgen. Eine Verzinsung wird nicht vorgenommen. Sofern der Betrieb oder Teilbetrieb während des Fünf-Jahres-Zeitraums eingestellt, veräußert oder in einen Staat außerhalb der EU resp. des EWR verlegt wird, wird die noch nicht entrichtete Steuer innerhalb eines Monats nach diesem Zeitpunkt fällig.

Die aktuelle Fassung des Betriebsstättenerlasses[2] spiegelt die gesetzliche Regelung in § 4 Abs. 1 Satz 3 und 4 EStG bzw. § 12 Abs. 1 KStG unter Hinweis auf die Bildung eines Ausgleichspostens gem. § 4g EStG wider.

VI. Behandlung einer Beteiligung i. S. des § 17 EStG bei Wohnsitzwechsel ins Ausland – § 6 AStG „Wegzugsbesteuerung"

Der Gewinn aus der Veräußerung einer Beteiligung an einer Kapitalgesellschaft von mindestens 1 %, die zu einem Zeitpunkt innerhalb der letzten fünf Jahre bestand, unterliegt bei unbeschränkt Stpfl. nach § 17 EStG der Einkommensteuer fiktiv als gewerblicher Gewinn. Dies gilt unabhängig davon, ob die Beteiligung an einer in- oder ausländischen Kapitalgesellschaft besteht. **360**

Zieht der Stpfl. ins Ausland, so wäre der deutsche Steueranspruch betreffend den Veräußerungsgewinn aus der Beteiligung für den deutschen Fiskus dann nicht mehr zu realisieren, wenn ein DBA die Besteuerungskompetenz dem (neuen) Ansässigkeitsstaat zuweist. Der Gewinn aus der Veräußerung von Anteilen an der inländischen Beteiligung unterliegt zwar der beschränkten Steuerpflicht (§ 49 Abs. 1 Nr. 2e EStG). Entsprechend Art. 13 OECD-MA wird dem Quellenstaat aber kein Besteuerungsrecht gewährt.

Um diesen Steuerausfall zu verhindern, sieht § 6 AStG vor, dass eine Person, die im Inland mindestens zehn Jahre nach § 1 Abs. 1 EStG unbeschränkt steuerpflichtig war und eine Beteiligung i. S. des § 17 EStG an einer Kapitalgesellschaft hält, bei Beendigung der unbeschränkten Steuerpflicht durch Aufgabe des Wohnsitzes oder des gewöhnlichen Aufenthalts einen fiktiven Veräußerungsgewinn zu versteuern hat. Die Regelung gilt gleichermaßen für die Beteiligung an inländischen Kapitalgesellschaften und an ausländischen Kapitalgesellschaften.

Die nachfolgenden Ersatztatbestände in § 6 Abs. 1 Satz 2 AStG lösen ebenfalls einen fiktiven Veräußerungsgewinn aus:

– Es erfolgt eine Übertragung der Anteile durch ganz oder teilweise unentgeltliches Rechtsgeschäft unter Lebenden oder durch Tod auf nicht unbeschränkt steuerpflichtige Personen;

---

1) Vgl. hierzu auch BMF v. 18.11.2011, IV C 6 – S 2134/10/10004, DStR 2011, 2355.
2) Vgl. BMF v. 25.8.2009, IV B 5 – S 1341/07/10004, BStBl I 2009, 888, Tz. 2.6.1.

- der Stpfl. gilt nach Wohnsitzwechsel ins Ausland auf Grund der Bestimmungen des betreffenden DBA als in dem ausländischen Staat ansässig;
- die Anteile werden in einen ausländischen Betrieb bzw. eine ausländische Betriebsstätte eingelegt;
- auf Grund anderer Ereignisse wird das Besteuerungsrecht der Bundesrepublik Deutschland hinsichtlich der Anteile ausgeschlossen.

Entsprechend der Regelung in § 6 Abs. 5 AStG wird die nach § 6 Abs. 1 AStG geschuldete Steuer zinslos und ohne Sicherheitsleistung gestundet, wenn der Stpfl. ein Staatsangehöriger der EU bzw. eines EWR-Staates ist und in einem EU-/EWR-Zuzugsstaat einer der deutschen unbeschränkten Einkommensteuerpflicht vergleichbaren Steuerpflicht unterliegt. Dies setzt jedoch voraus, dass die Amtshilfe und die gegenseitige Unterstützung bei der Beitreibung der geschuldeten Steuer zwischen der Bundesrepublik Deutschland und dem Zuzugsstaat gewährleistet sind. Die Stundung ist jedoch zu widerrufen,

- soweit eine Veräußerung oder verdeckte Einlage der Anteile erfolgt oder einer der Tatbestände des § 17 Abs. 4 EStG (Auflösung der Kapitalgesellschaft, Kapitalherabsetzung oder Einlagenrückgewähr) erfüllt wird,
- soweit Anteile auf eine Person übergehen, die nicht unbeschränkt steuerpflichtig ist und auch nicht in einem EU-/EWR-Mitgliedstaat einer vergleichbaren Steuerpflicht unterliegt,
- soweit in Bezug auf die Anteile eine Entnahme oder ein anderer Vorgang verwirklicht wird, der nach inländischem Recht zum Ansatz des Teilwerts oder des gemeinen Werts führt, oder
- wenn für den Stpfl. im betreffenden Mitgliedstaat keine der deutschen unbeschränkten Steuerpflicht vergleichbare Steuerpflicht mehr besteht.

Die Regelungen zur zinslosen Stundung der geschuldeten Steuer sowie zum Widerruf der Stundung gelten für die oben genannten Ersatztatbestände in EU-/EWR-Fällen gem. § 6 Abs. 5 Satz 3 AStG entsprechend.

Der fiktive Veräußerungsgewinn ermittelt sich aus der Differenz zwischen dem gemeinen Wert[1] der Anteile im Zeitpunkt der Beendigung der unbeschränkten Steuerpflicht und den Anschaffungskosten. Es gilt das Teileinkünfteverfahren (§ 3 Nr. 40c EStG). Für die Anwendung des § 6 AStG ist es unerheblich, ob die Person in ein Hoch- oder Niedrigsteuerland zieht, oder ob sie in ein Land zieht, mit dem ein DBA besteht oder nicht. § 6 Abs. 1 Satz 5 AStG sieht jedoch eine Kürzung des späteren tatsächlichen Veräußerungsgewinns, der gem. § 49 EStG immer noch der Besteuerung unterliegt, um den Teil vor, der bereits der „Wegzugs"-Besteuerung unterlegen hat.[2]

Eine vorübergehende Abwesenheit löst diese Steuerpflicht nicht aus. Kehrt der Stpfl. von seinem Wohnsitz innerhalb von fünf Jahren (mit Verlängerungsmöglichkeit von weiteren fünf Jahren unter bestimmten Umständen) nach Beendigung seiner unbeschränkten Steuerpflicht wieder in die Bundesrepublik Deutschland zurück, so entfällt die Wegzugsbesteuerung (vgl. § 6 Abs. 3 AStG).

In der Vergangenheit wurde eine Wegzugsbesteuerung gem. § 6 AStG (häufig im Einvernehmen mit der Finanzverwaltung) u.U. auch dadurch vermieden, dass die Beteiligung i. S. d. § 17 EStG vor dem Wegzug in eine gewerblich infizierte oder gewerblich geprägte Personengesellschaft i. S. d. § 15 Abs. 3 EStG eingebracht wurde. Auf Grund

---

1) Das sog. Stuttgarter Verfahren ist auch im Ertragsteuerrecht anwendbar und für die FinVerw und FG im Regelfall verbindlich bei Schätzung des gemeinen Werts von nichtnotierten Anteilen an Kapitalgesellschaften, vgl. grundlegend Jahndorf, Steuer 1999, 271 ff.; siehe auch Leitfaden zur Anteilsbewertung v. 12.1.1998 der OFD Köln, Düsseldorf und Münster.
2) Vgl. hierzu Schaumburg, Internationales Steuerrecht, 3. Aufl., Rz. 5 357 ff.

der (unterstellten) Zurechnung der Anteile zu einer inländischen Betriebsstätte galten die Anteile, und damit die stillen Reserven, auch nach dem Wegzug des Steuerpflichtigen im Inland als steuerverstrickt. Diese Steuerverstrickung bestand nach früherer Auffassung der Finanzverwaltung auch für Zwecke des jeweiligen DBA, da die Finanzverwaltung davon ausging, dass auch eine nur gewerblich infizierte oder gewerblich geprägte Personengesellschaft eine Betriebsstätte sowie Unternehmensgewinne i. S. d. Art. 7 OECD-MA vermittelt, für welche der Bundesrepublik Deutschland das Besteuerungsrecht zustehe.[1] Diese Auffassung wurde zwischenzeitlich zunächst vom BFH[2] widerlegt, und im Anschluss hieran auch von der Finanzverwaltung[3] aufgegeben. Um in derartigen Fällen gleichwohl das bisher angenommene Besteuerungsrecht der Bundesrepublik Deutschland aufrechtzuerhalten, sieht die Regelung des § 50i EStG rückwirkend und im Wege des Treaty Overridings ein fiktives Besteuerungsrecht vor. Hierzu regelt § 50i Abs. 1 Satz 1 EStG für den Fall, dass Wirtschaftsgüter des Betriebsvermögens oder Anteile i. S. des § 17 vor dem 29.6.2013 in das Betriebsvermögen einer Personengesellschaft i. S. des § 15 Abs. 3 EStG übertragen oder überführt worden sind, und eine Besteuerung der stillen Reserven im Zeitpunkt der Übertragung oder Überführung unterblieben ist, dass eine Besteuerung des Gewinns aus der späteren Veräußerung oder Entnahme dieser Wirtschaftsgüter oder Anteile erfolgen kann. Diese Besteuerung erfolgt ungeachtet entgegenstehender Bestimmungen des DBA. Ferner regelt § 50i Abs. 1 Satz 2 EStG Sachverhalte, die einer Übertragung oder Überführung von Anteilen i. S. des § 17 EStG in das Betriebsvermögen einer Personengesellschaft gleichgestellt sind. Darüber hinaus werden gem. § 50i Abs. 1 Satz 3 EStG auch die laufenden Einkünfte aus der Beteiligung an der Personengesellschaft ungeachtet entgegenstehender DBA-Vorschriften der inländischen Besteuerung unterworfen. Ferner sind in Fällen der Umwandlung oder Einbringung von Sachgesamtheiten, die entsprechende Wirtschaftsgüter und Anteile i. S. d. § 50i Abs. 1 EStG enthalten, diese Vorgänge gem. § 50i Abs. 2 EStG insgesamt mit dem gemeinen Wert durchzuführen. Gleichermaßen ist für Übertragungen und Überführungen der betreffenden Wirtschaftsgüter oder Anteile ungeachtet des § 6 Abs. 3 und 5 EStG stets der gemeine Wert anzusetzen. Damit besteht eine umfassende Umwandlungssperre. Weiterhin sind Schenkungen und Erbschaften insoweit nicht mehr ertragsteuerneutral möglich.[4]

VII. Inländische Steuerpflichten bei Beteiligungen an ausländischen Zwischengesellschaften

Die §§ 7 bis 14 AStG i.V.m. § 20 AStG enthalten in Form einer sog. Zugriffs- bzw. Hinzurechnungsbesteuerung eine Regelung für die Besteuerung von Basisgesellschaften, die im Gesetz als Zwischengesellschaften (§ 8 Abs. 1 AStG) bezeichnet werden. Mit ihr will der Gesetzgeber ungerechtfertigten Steuervorteilen entgegentreten, die Inländer unter Ausnutzung des Steuergefälles und ohne dass die Zwischengesellschaften (nach den Wertungen des Gesetzgebers hinreichende) aktive, werbende Tätigkeiten ausüben, erzielen. Die systematische Rechtfertigung und Konzeption einer Hinzurechnung diskriminierter Einkünfte hat sich grundlegend geändert: Bis 2000 sollte durch eine Ausschüttungsfiktion eine Steuerstundung verhindert werden. Das Steuersenkungsgesetz sah ab 2001 eine Herstellung der Vorbelastung für das Halbeinkünfteverfahren als vordringlich an, was nicht nur finanzverfassungsrechtlichen Bedenken begegnete, sondern auch wegen des Steuerstrafcharakters der defini-

361

---

1) Vgl. BMF v. 16.4.2010, IV B 2 – S 1300/09/10003, BStBl I 2010, 354, Tz. 2.2.1.
2) Vgl. BFH v. 28.4.2010, I R 81/09, BStBl II 2014, 754.
3) Vgl. BMF v. 26.9.2014, IV B 5 – S 1300/09/10003, BStBl I 2014, 1258, Tz. 2.2.1.
4) Vgl. zu § 50i EStG weiterführend Köhler, ISR 2014, 317.

tiven „Außensteuer" i.H.v. 38 % als Verstoß gegen tragende Verfassungsprinzipien angesehen wurde.[1]

Die gegenwärtig geltende Rechtslage mit Inkrafttreten des Unternehmenssteuerfortentwicklungsgesetzes geht konzeptionell von einer missbräuchlichen Zwischenschaltung einer Kapitalgesellschaft und damit von der Fiktion aus, dass die missbilligten Einkünfte der Tochter im Inland erzielt werden.[2] Durch die Hinzurechnungsbesteuerung wird die Besteuerung der missbilligten Einkünfte somit auf einen Zeitpunkt vor der Ausschüttung vorgezogen, bzw. erfolgt die Besteuerung unabhängig von einer Ausschüttung. Der Hinzurechnungsbetrag ist vollumfänglich steuerpflichtig und ist dem Einkommen der im Inland unbeschränkt steuerpflichtigen Gesellschafter zuzurechnen (wie bisher Einkünfte i. S. des § 20 Abs. 1 Nr. 1 EStG). Verlustausgleich/-abzug ist in bestimmten Fällen möglich; die nachfolgende Dividende ist grundsätzlich steuerfrei (§ 3 Nr. 41 EStG bei Erfüllung Nachweispflichten und Ausschüttung binnen sieben Jahren; dies gilt gem. Abschn. 32 KStR auch für Körperschaften, wobei für Körperschaften auch § 8b Abs. 1 KStG greift), aber u.U. Friktionen im Einzelfall z.B. § 8b Abs. 5 KStG, § 8 Nr. 5 GewStG. Doppelbelastungen können jedoch z.B. eintreten, soweit die Sieben-Jahres-Frist des § 3 Nr. 41 EStG abgelaufen ist bzw. die relevanten Nachweise nicht erbracht werden können. Das StVergAbG hat die Hinzurechnungsbesteuerung nochmals ausgeweitet und verschärft; § 10 Abs. 5 bis 7 AStG wurde aufgehoben mit der Folge, dass eine Hinzurechnungsbesteuerung auch in den Fällen zum Tragen kommt, in denen ein DBA die Freistellung der Dividenden und damit in der Vergangenheit die Freistellung des Hinzurechnungsbetrags vorsah.

Der Inhalt dieses Regelungsbereiches lässt sich wie folgt zusammenfassen:

- § 7 AStG ist die Grundnorm, in der die einzelnen Voraussetzungen der Hinzurechnungsbesteuerung aufgeführt sind, einschließlich der Definition von Kapitalanlageeinkünften.
- § 8 AStG regelt die Fragen, für welche Einkünfte die ausländische Gesellschaft Zwischengesellschaft ist, d.h. welche Einkünfte sachlich erfasst werden sollen und was das Gesetz unter Niedrigbesteuerung versteht.
- § 9 AStG bestimmt eine Freigrenze für gemischte Einkünfte.
- § 10 AStG regelt die Ermittlung des Hinzurechnungsbetrags und die Rechtsfolge.
- § 11 AStG regelt Milderungen auf bestimmte Veräußerungsgewinne.
- § 12 AStG bestimmt die Anrechenbarkeit ausländischer Ertragsteuer.
- § 14 AStG erfasst die Zurechnung passiver Einkünfte nachgeschalteter Zwischengesellschaften.
- § 20 AStG hebt den anderenfalls u.U. gegebenen DBA-Schutz auf („treaty override").

1. Persönliche und sachliche Voraussetzungen

362 Voraussetzungen für die Zugriffsbesteuerung sind die mehrheitliche Beteiligung einer ausländischen Zwischengesellschaft durch unbeschränkt Stpfl.[3] (dies gilt nicht für Zwischeneinkünfte mit Kapitalanlagecharakter) und die Ansässigkeit der ausländischen Gesellschaft in einem niedrig besteuernden Land, d.h. in einem Land, in dem sie mit ihren Zwischeneinkünften einer Ertragsbesteuerung von weniger als 25 %

---

[1] Vgl. Hahn, IStR 1999, 609; Wassermeyer, IStR 2000, 114, 118, 193 ff.; Köhler, DStR 2000, 613, 616 ff.
[2] A. A. Rättig/Protzen, IStR 2001, 601, 605, die den Normzweck lediglich in der Verhinderung der missbräuchlichen Inanspruchnahme des § 8b KStG sehen.
[3] Für die mehrheitliche Beherrschung werden Personen i. S. des § 2 AStG (Definition s. § 2 Abs. 1 Satz 1 AStG) mitgezählt.

unterliegt (vgl. § 7 Abs. 1 AStG). Ausländische Zwischengesellschaft kann jede Körperschaft, Personenvereinigung oder Vermögensmasse sein, die weder Sitz noch Geschäftsleitung im Inland hat. Für Zwischeneinkünfte mit Kapitalanlagecharakter oder REIT gelten Beteiligungsgrenzen von 1 % oder weniger (§ 7 Abs. 6, 6a, 8 AStG) (→ 4 Rz. 377). In Reaktion auf die EuGH-Rechtsprechung *Cadbury Schweppes* wurde in § 8 Abs. 2 AStG eine Gegenbeweismöglichkeit eingeführt, wonach passive, niedrigbesteuerte Einkünfte von ausländischen Gesellschaften nicht der Hinzurechnungsbesteuerung unterliegen, wenn eine tatsächliche wirtschaftliche Tätigkeit im ausländischen EU/EWR-Staat nachgewiesen werden kann.

Mehrheitliche Beteiligung setzt voraus, dass einer oder mehreren natürlichen oder juristischen Personen, allein oder zusammen mehr als 50 % der Anteile, der Stimmrechte oder des Vermögens der ausländischen Gesellschaft zustehen (die verschiedenen beteiligten Personen müssen untereinander in keiner Weise verbunden sein: „Sippenhaft" aller deutschen Beteiligten). Mittelbar oder über andere ausländische Gesellschaften gehaltene Beteiligungen sind anteilsmäßig zu berücksichtigen. Beteiligungen, die über Personengesellschaften gehalten werden, sind gem. § 7 Abs. 3 AStG wie mittelbare Beteiligungen zu behandeln.

Eine niedrige Besteuerung i. S. des § 8 Abs. 3 AStG ist dann gegeben, wenn die ausländische Ertragsteuerbelastung auf die Zwischeneinkünfte weniger als 25 % beträgt. Hierbei werden alle Steuern der Gesellschaft, deren Einkünfte der Hinzurechnungsbesteuerung unterliegen, bei der Feststellung der niedrigen Besteuerung berücksichtigt, also nicht nur die Steuern im Sitz- und Geschäftsleitungsstaat, sondern z.B. auch Steuern in einem Betriebsstättenstaat und die Quellensteuern nachgeschalteter Kapitalgesellschaften. Als unschädlich werden Verlustverrechnungen, die nach Landesrecht erfolgen, angesehen, wenn andernfalls eine Steuer von mindestens 25 % entstanden wäre. (Bisher) keine Berücksichtigung finden Hinzurechnungsbesteuerung in anderen Ländern und Quellensteuern auf Ausschüttungen, soweit die Zwischengesellschaft ausschüttet. Auf diese Weise werden nicht nur Zwischeneinkünfte in den eigentlichen Niedrigsteuerländern, sondern auch Zwischeneinkünfte in Hochsteuerländern erfasst, in denen im Einzelfall Steuerprivilegien gewährt werden.[1] Der niedrige Steuersatz ist dabei immer für die sog. Zwischeneinkünfte selbst maßgeblich. Bezieht eine ausländische Gesellschaft auch höher besteuerte Einkünfte, so bleiben diese für die Hinzurechnungsbesteuerung außer Betracht. In Reaktion auf ein Urteil des BFH,[2] wonach die niedrige Besteuerung auf Basis des bisherigen Gesetzeswortlauts nicht anhand der tatsächlich gezahlten Steuer, sondern auf Basis der einschlägigen Rechtsvorschriften des ausländischen Staates zu beurteilen sei, wurde § 8 Abs. 3 AStG entsprechend modifiziert. Demnach liegt auch dann eine niedrige Besteuerung vor, wenn Ertragsteuern von mindestens 25 % zwar rechtlich geschuldet, jedoch nicht tatsächlich erhoben werden.

In die Belastungsberechnung werden gem. § 8 Abs. 3 Satz 2 AStG ab 2011 auch Ansprüche des unbeschränkt Stpfl. oder einer ausländischen Gesellschaft gegenüber dem ausländischen Staat auf Erstattung oder Anrechnung der Ertragsteuern anlässlich einer Ausschüttung einbezogen, die von der ausländischen Gesellschaft gezahlt wurden. Mit dieser Regelung sollen ausweislich der Gesetzesbegründung Modelle erfasst werden, die eine formale Hochbesteuerung der ausländischen Gesellschaft i.V.m. einer anschließenden Steuerentlastung auf Ebene des Gesellschafters vorsehen. Damit hat der Gesetzgeber wohl insbesondere die Beteiligung deutscher Stpfl. an Kapitalgesellschaften in Malta im Auge. So beträgt der Körperschaftsteuersatz auf Malta zwar 35 % und liegt somit klar oberhalb der Grenze der niedrigen Besteuerung i.H.v. 25 % gem. § 8 Abs. 3 Satz 1 AStG. Im Falle der Dividendenausschüttung sieht das Steuer-

---

1) Vgl. Schaumburg, Internationales Steuerrecht, 3. Aufl., Rz. 10.147 ff. m.w.N.
2) BFH v. 9.7.2003, I R 82/01, BStBl II 2004, 4.

recht Maltas allerdings eine Steuervergütung i.H.v. $^5/_7$ resp. $^6/_7$ an die Anteilseigner vor (d. h bis zu 30 % der 35 % Belastung). Dies stellt entsprechend der Gesetzesbegründung trotz der formalen „Normalbesteuerung" der Gesellschaft wirtschaftlich betrachtet eine niedrige Besteuerung dar. Daher werden für Wirtschaftsjahre der ausländischen Gesellschaft, die nach dem 31.12.2010 beginnen, Ansprüche auf Steuerentlastung, die der Staat oder das Gebiet, in dem die ausländische Gesellschaft Sitz oder Geschäftsleitung hat, den Gesellschaftern im Hinblick auf deren Beteiligung gewährt, in die Belastungsberechnung einbezogen werden. Ungeachtet dessen entfällt auch künftig unter den Voraussetzungen des § 8 Abs. 2 AStG bei Nachweis einer tatsächlichen wirtschaftlichen Tätigkeit der ausländischen Gesellschaft in derartigen Fällen die Hinzurechnungsbesteuerung.[1]

Da der Körperschaftsteuersatz durch die Unternehmensteuerreform 2008 auf 15 % gesenkt wurde, erscheint das Festhalten an der 25 %-Grenze für die Definition einer niedrigen Besteuerung i. S. des § 8 Abs. 3 AStG wohl als nicht mehr gerechtfertigt, zumal nach dieser Regelung zwischenzeitlich auch klassische „Hochsteuerländer" wie Großbritannien, Schweden oder die Niederlande für reguläre Einkünfte als niedrig besteuert gelten.[2] Auch im Inland ergeben sich bei niedrigen Gewerbesteuer-Sätzen Gesamtbelastungen von unter 25 %.

Während es für die Frage, ob eine tatbestandsmäßige Beteiligung vorliegt, alternativ auf die Beteiligung oder die Stimmrechte durch Steuerinländer ankommt („Beteiligungsquote" als Tatbestandsvoraussetzung),[3] richtet sich die Frage, wie viel dem einzelnen Stpfl. zuzurechnen ist, ausschließlich nach seiner quotalen Beteiligung an der ausländischen Zwischengesellschaft („Hinzurechnungsquote" im Rahmen der Rechtsfolge).

2. Nachweis einer tatsächlichen wirtschaftlichen Tätigkeit

363 Vor dem Hintergrund der Niederlassungsfreiheit sowie der Kapitalverkehrsfreiheit war die Vereinbarkeit der Hinzurechnungsbesteuerung mit dem Europäischen Gemeinschaftsrecht bislang fraglich. Eine EuGH-Vorlage der diskriminierungsverdächtigen deutschen Regelungen war zwar bislang nicht erfolgt. Indes hat der EuGH in der Entscheidung zur Rechtssache *Cadbury Schweppes* v. 12.9.2006 die Vereinbarkeit der britischen CFC-Regelungen (Controlled Foreign Company Legislation), dem britischen Pendant zur deutschen Hinzurechnungsbesteuerung, mit den europäischen Grundfreiheiten abgelehnt, soweit eine ausländische Gesellschaft tatsächlich im Aufnahmemitgliedstaat angesiedelt ist und dort wirklichen wirtschaftlichen Tätigkeiten nachgeht.[4] Der EuGH führt in seinem Urteil sehr klar aus, dass die britischen CFC-Regelungen nur dann gemeinschaftsrechtskonform seien, falls die hierdurch vorgesehene Besteuerung ausgeschlossen ist, wenn die Gründung der ausländischen Gesellschaft ungeachtet steuerlicher Motive mit einer wirtschaftlichen Realität zusammenhängt. Die Gründung müsse auf einer tatsächlichen Ansiedlung basieren, deren Zweck darin besteht, wirklichen wirtschaftlichen Tätigkeiten im Aufnahmemitgliedstaat nachzugehen. Diese Feststellung müsse auf objektiven, von dritter Seite nachprüfbaren Anhaltspunkten beruhen. Als Kriterien nennt der EuGH hierzu u.a. das Ausmaß des greifbaren Vorhandenseins der beherrschten ausländischen Gesellschaft in Form von Geschäftsräumen, Personal und Ausrüstungsgegenständen.[5] Insoweit muss der Muttergesellschaft die Möglichkeit gegeben werden, Beweise für die tat-

---

1) Vgl. hierzu die nachfolgenden Ausführungen.
2) Vgl. insoweit auch Wassermeyer/Schönfeld, IStR 2008, 499.
3) Neben § 39 Abs. 2 Nr. 1 AO ist auch § 7 Abs. 4 AStG (weisungsgebundene Person) zu beachten.
4) Vgl. EuGH v. 12.9.2006, C-196/04, DStR 2006, 1686.
5) Vgl. EuGH v. 12.9.2006, C-196/04, DStR 2006, 1686, Tz. 66 f.

sächliche Ansiedlung der beherrschten ausländischen Gesellschaft und deren tatsächliche Betätigung vorzulegen.[1]

Wenngleich die britischen Regelungen materielle Unterschiede zu den Vorschriften der deutschen Hinzurechnungsbesteuerung aufweisen, ließ die Argumentation des EuGH in der Urteilsbegründung sehr deutliche Rückschlüsse auf die fehlende Europarechtskonformität der Hinzurechnungsbesteuerung zu. Entsprechend wurde in Reaktion auf die EuGH-Rspr. zunächst in einem BMF-Schreiben und sodann in § 8 Abs. 2 AStG eine Gegenbeweismöglichkeit kodifiziert. Sofern der Stpfl. nachweist, dass die ausländische Gesellschaft einer tatsächlichen wirtschaftlichen Tätigkeit in ihrem Sitzstaat nachgeht, unterliegen deren passive, niedrig-besteuerte Einkünfte nicht der Hinzurechnungsbesteuerung. Dies gilt jedoch ausschließlich für Gesellschaften, die in einem Mitgliedstaat der EU oder des EWR ihren Sitz oder ihren Ort der Geschäftsleitung haben. Weiterhin wird vorausgesetzt, dass die Erteilung von Auskünften zur Durchführung der Besteuerung auf Grund der EG-Amtshilfe-Richtlinie[2] zwischen den deutschen Behörden und dem ausländischen Staat möglich ist. Die Gegenbeweismöglichkeit gilt jedoch nicht für die der ausländischen Zwischengesellschaft gem. § 14 AStG zuzurechnenden passiven, niedrig-besteuerten Einkünfte einer nachgeschalteten Gesellschaft, die weder ihren Sitz noch ihren Ort der Geschäftsleitung in einem EU-/EWR-Staat hat. Ebenfalls ist kein Gegenbeweis zulässig für Einkünfte, die einer nicht innerhalb der EU/des EWR belegenen Betriebsstätte der ausländischen Zwischengesellschaft zuzurechnen sind.[3]

Der Gesetzgeber nimmt im Falle des Gegenbeweises darüber hinaus nur solche Einkünfte der ausländischen Zwischengesellschaft von der Hinzurechnungsbesteuerung aus, die durch die tatsächliche wirtschaftliche Tätigkeit erzielt werden. Verfügt die ausländische Zwischengesellschaft somit über eine tatsächliche wirtschaftliche Tätigkeit, unterliegen Einkünfte, die nicht durch diese Tätigkeit erzielt werden, weiterhin der Hinzurechnungsbesteuerung. Darüber hinaus ist der Gegenbeweis nur insoweit möglich, als der Fremdvergleichsgrundsatz des § 1 AStG beachtet worden ist. Dies korrespondiert mit dem bereits im BMF-Schreiben erfolgten Hinweis, wonach der Beachtung der Vorschriften über die Gewinnabgrenzung zwischen nahe stehenden Personen bzw. verbundenen Unternehmen besondere Bedeutung zukommt.

Der Gegenbeweis kann nach Neufassung des § 8 Abs. 2 AStG im Rahmen des AmtshilfeRLUmsG vom 26.6.2013 sowohl bei Beteiligungen i. S. d. § 7 Abs. 2 AStG, als auch bei Beteiligungen i. S. d. § 7 Abs. 6 AStG erfolgen. Somit wird der Gegenbeweis auch für deutsche Gesellschafter von ausländischen Gesellschaften zugelassen, die nicht i. S. d. § 7 Abs. 2 AStG mehrheitlich von deutschen Stpfl. beherrscht sind. Inhaltlich erfasst dies damit die Fallgruppe der Gesellschaften, die sog. Einkünfte mit Kapitalanlagecharakter i. S. d. § 7 Abs. 6 AStG erzielen. Damit reagiert der Gesetzgeber wohl auf die Feststellung des BFH[4] im Kontext des EuGH-Urteils „Cadbury Schweppes", wonach der Gegenbeweis in § 8 Abs. 2 AStG „ggf. nach wie vor unter unzulänglichen Voraussetzungen" im Gesetz normiert wurde, da zuvor vom Gesetzgeber ein Ausschluss von Minderheitsbeteiligungen erfolgt ist.

Unter Berücksichtigung des EuGH-Urteils vom 13.11.2012 wäre indes wohl auch in Drittstaatenfällen ein EU-Schutz geboten.[5] Nach diesem Urteil könne sich auch eine

---

1) Vgl. EuGH v. 12.9.2006, C-196/04, DStR 2006, 1686, Tz. 70.
2) Richtlinie 77/799/EWG des Rates vom 19.12.1977 über die gegenseitige Amtshilfe zwischen den zuständigen Behörden der Mitgliedstaaten im Bereich der direkten Steuern und der Mehrwertsteuer (ABl.EG 1977 Nr. L 336, 16), die zuletzt durch Richtlinie 2006/98/EWG des Rates vom 20.11.2006 (ABl.EU 2006 Nr. L 363, 129) geändert wurde.
3) Vgl. zu § 8 Abs. 2 AStG eingehend Köhler/Haun, Ubg 2008, 73 ff.
4) Vgl. BFH v. 21.10.2009, I R 114/08, BStBl II 2010, 774.
5) EuGH v. 13.11.2012, RS. C-35/11, IStR 2012, 924, Rechtssache *Test Claimants in the FII Group Litigation*.

EU-Gesellschaft, die eine Beteiligung an einer Drittstaaten-Gesellschaft hält, welche ihr einen sicheren Einfluss auf die Entscheidungen dieser Gesellschaft verschafft, grundsätzlich auf die Kapitalverkehrsfreiheit (Art. 63 AEUV) berufen, sofern eine Regelung des Mitgliedstaats auch Situationen erfasst, in denen eine Gesellschaft keinen entscheidenden Einfluss auf eine andere Gesellschaft ausübt. Der EuGH sieht damit den Anwendungsbereich der Kapitalverkehrsfreiheit in Drittstaatenfällen unabhängig von der tatsächlichen Höhe der Beteiligung für eröffnet, sofern die betreffende Regelung keinen entscheidenden Einfluss auf die betreffende Gesellschaft erfordert. Im Hinblick auf die Hinzurechnungsbesteuerung, deren Anwendung u.E. keine Kontrollbeteiligung voraussetzt, impliziert dies, dass die europarechtliche Vereinbarkeit wohl auch unter dem Blickwinkel der Kapitalverkehrsfreiheit zu prüfen ist. Da die Kapitalverkehrsfreiheit auch Drittstaatenfälle erfasst, sollte damit unabhängig von der Beteiligungshöhe auch in Drittstaatenfällen ein EU-Schutz gewährt werden. Dieser könnte zwar womöglich durch die sog. „Stand-Still-Klausel" des Art. 64 AEUV einzuschränken sein. Nach dieser Klausel stellen Regelungen, die am 31.12.1993 bestanden haben, in Bezug auf Direktinvestitionen in Drittstaaten keine Beschränkung der Kapitalverkehrsfreiheit dar.[1] Entsprechend könnte eingewendet werden, dass die Regelungen der Hinzurechnungsbesteuerung am 31.12.1993 bereits bestanden haben, so dass es nicht möglich wäre, in den Schutzbereich der Kapitalverkehrsfreiheit zu gelangen. Dem ist jedoch entgegenzuhalten, dass die Regelungen der Hinzurechnungsbesteuerung seit 1993 mehrfach modifiziert wurden, insbesondere durch die vollständige Neufassung i.R.d. StSenkG vom 3.10.2000, welche bereits vor deren Inkrafttreten durch eine entschärfte Neufassung i.R.d. UntStFG 20.12.2001 ersetzt wurde. Damit einher ging eine grundlegende Änderung der Systematik der Hinzurechnungsbesteuerung im Wege der Umstellung auf eine Definitivbesteuerung mit anschließender Steuerbefreiung etwaiger Gewinnausschüttungen unter den Voraussetzungen des § 3 Nr. 41 EStG. Ferner wurde seit 31.12.1993 zunächst für Einkünfte mit Kapitalanlagecharakter, und später generell für sämtliche der Hinzurechnungsbesteuerung unterliegenden Einkünfte der DBA-Schutz aufgehoben. Im Ergebnis ist damit offen, ob die gegenwärtigen Regelungen der Hinzurechnungsbesteuerung mit den am 31.12.1993 bestehenden Regelungen hinreichende Gemeinsamkeiten aufweisen, so dass die „Stand-Still-Klausel" des Art. 64 AEUV noch Relevanz entfaltet. Aus diesem Grund ist damit auch offen, ob die Kapitalverkehrsfreiheit des Art. 63 AEUV in Drittstaatenfällen einen EU-Schutz gewährt. Strittige Fälle sollten entsprechend u.U. offen gehalten bzw. Rechtsmittel eingelegt werden.

3. Hinzurechnungsquote

364 § 7 Abs. 1 AStG bestimmt, dass grundsätzlich die Beteiligung am Nennkapital der Zwischengesellschaft auch maßgeblich für die quotale Hinzurechnung der entsprechenden Einkünfte bei dem bzw. den Stpfl. ist. Ist für die Gewinnverteilung der ausländischen Gesellschaft nicht die Beteiligung am Nennkapital entscheidend und sieht etwa der Gesellschaftsvertrag einen anderen Maßstab vor, ist dieser Maßstab und nicht das Nennkapital entscheidend für die Hinzurechnungsquote. Die von § 7 Abs. 1 AStG abweichende Regelung des Abs. 5 ist daneben noch von Bedeutung, wenn eine „planmäßige", zielgerichtete verdeckte Gewinnausschüttung der Zwischengesellschaft vorliegt. „Zufällige" verdeckte Gewinnausschüttungen sollten dagegen nicht einbezogen werden. § 7 Abs. 5 AStG gilt auch für Körperschaften, die – wie eine Anstalt liechtensteinischen Rechts, eine Stiftung oder ein Trust – kein Nennkapital haben, auf die aber gleichwohl §§ 7 ff. AStG Anwendung finden (anderenfalls ist § 15 AStG zu prüfen).

---

1) Für in Bulgarien, Estland und Ungarn bestehende Beschränkungen nach innerstaatlichem Recht ist der maßgebliche Zeitpunkt der 31.12.1999. Für in Kroatien nach innerstaatlichem Recht bestehende Beschränkungen ist der maßgebliche Zeitpunkt der 31.12.2002.

4. Einkünfte von Zwischengesellschaften

§ 8 Abs. 1 AStG führt abschließend und im Einzelnen die Einkünfte auf, für die die ausländische Gesellschaft Zwischengesellschaft ist.[1] Gesetzestechnisch ist die Bestimmung so aufgebaut, dass nicht die passiven Einkünfte, die bei Vorliegen der weiteren Voraussetzungen der Hinzurechnungsbesteuerung unterliegen (= passiver Erwerb) definiert werden, sondern die, die ihr nicht unterliegen (= aktive Tätigkeit). Der Rechtsanwender hat also aus dem Katalog der aktiven bzw. „guten" Einkünfte immer den Umkehrschluss zu ziehen: Können die in Frage stehenden Einkünfte nicht unter eine der in § 8 Abs. 1 Nr. 1 bis 10 AStG aufgeführten „aktiven" Einkunftsarten bzw. Tätigkeiten subsumiert werden, dann gelten diese als passiv, eine Hinzurechnungsbesteuerung droht. Die „Einkunftsarten" des § 8 Abs. 1 AStG haben mit denen des Einkommensteuerrechts (vgl. § 2 Abs. 1 EStG) nur bedingt etwas zu tun. Der Aktivitätskatalog, jedenfalls die Mitwirkungstatbestände sind nach einhelliger Meinung antiquiert und vom Gesetzgeber überarbeitungsbedürftig.[2] **365**

Gemäß § 8 Abs. 1 Nr. 1 AStG sind Einkünfte aus Land- und Forstwirtschaft ohne jede Einschränkung aktive Einkünfte. Betreibt also eine ausländische Gesellschaft i. S. des § 7 Abs. 1 AStG eine Landwirtschaft, dann können die Erträgnisse aus dieser Landwirtschaft nicht in die Hinzurechnungsbesteuerung einbezogen werden. **366**

Nach § 8 Abs. 1 Nr. 2 AStG sind die Herstellung, Bearbeitung, Verarbeitung oder Montage von Sachen, die Erzeugung von Energie sowie das Aufsuchen und die Gewinnung von Bodenschätzen aktive Tätigkeiten; die Einkünfte aus diesen Tätigkeiten unterliegen also nicht der Hinzurechnungsbesteuerung. Problematisch an der Bestimmung ist der Inhalt der Rechtsbegriffe „Be- oder Verarbeitung". Beide Merkmale setzen voraus, dass ein Gegenstand anderer Marktgängigkeit entsteht. Ein Konfektionieren, Umpacken, bloßes Umfüllen oder das Zusammenstellen von Gegenständen zu Sachgesamtheiten reicht nicht aus. **367**

§ 8 Abs. 1 Nr. 3 AStG klassifiziert den Betrieb von Kreditinstituten oder Versicherungsunternehmen, die für ihre Geschäfte einen in kaufmännischer Weise eingerichteten Betrieb unterhalten, grundsätzlich als aktiv. Die gute Tätigkeit verwandelt sich aber dann in passiven Erwerb, wenn die Geschäfte überwiegend mit unbeschränkt Stpfl. betrieben werden, die nach § 7 AStG an eben dieser ausländischen Gesellschaft beteiligt sind, oder mit solchen Stpfl., die als nahe stehende Person i. S. des § 1 Abs. 2 AStG anzusehen sind. **368**

§ 8 Abs. 1 Nr. 4 AStG besagt, dass Einkünfte aus einer Handelstätigkeit grundsätzlich keine hinzurechnungspflichtigen Einkünfte sind. Diese guten Einkünfte verwandeln sich aber dann in passiven Erwerb, wenn die Verschaffung der Verfügungsmacht an Waren oder Gütern von einem inländischen Gesellschafter oder einer nahe stehenden Person, die im Inland hiermit steuerpflichtig ist, an die ausländische Gesellschaft erfolgt oder umgekehrt die ausländische Gesellschaft der vorgenannten Personengruppe die Verfügungsmacht an den Waren oder Gütern verschafft. Die passive „Infektion" wird aber geheilt, soweit die ausländische Gesellschaft die Handelsgeschäfte im Rahmen eines qualifizierten Geschäftsbetriebs durchführt, und bei diesen Handelsgeschäften keine schädlichen Mitwirkungen eines Inlandsbeteiligten oder einer nahe stehenden Person vorliegen; dann qualifizieren sich die aus diesem Handel **369**

---

1) Zu diesem Tätigkeitskatalog vgl. Lehfeldt in Strunk/Kaminski/Köhler, § 8 AStG Rz. 11 ff.
2) Vgl. Frotscher, Internationales Steuerrecht, 3. Aufl., 342 ff.; im Bericht der Bundesregierung zur Fortentwicklung des Unternehmenssteuerrechts v. April 2001 (vgl. BT-Drucks. 15/480 v. 19.2.2003) wurde eine umfassende „Überarbeitung und Modernisierung" des Aktivitätskatalogs angekündigt; bisher wurde im StVergAbG lediglich § 8 Abs. 1 Nr. 4 AStG verschärft! Vgl. hierzu Lüdicke, IStR 2003, 433, 437 f.

resultierenden Einkünfte wiederum als aktive Einkünfte. Die Beweislast für die Ausnahmeregelung trägt der Stpfl.[1)]

370 Aus § 8 Abs. 1 Nr. 5 Buchst. a und b AStG ergibt sich, dass Einkünfte aus Dienstleistungen grundsätzlich aktive Tätigkeiten sind. Diese Tätigkeiten werden dann zu passiven Tätigkeiten, wenn die ausländische Gesellschaft gegenüber Dritten Dienstleistungen erbringt und sich dafür eines Inlandsbeteiligten oder einer diesem nahe stehenden Person i. S. des § 1 Abs. 2 AStG bedient. Die Tätigkeit qualifiziert sich ebenfalls als passive Tätigkeit, wenn die ausländische Gesellschaft die Dienstleistung gegenüber einem Inlandsbeteiligten oder einer diesem nahe stehenden Person i. S. des § 1 Abs. 2 AStG erbringt. Das Gesetz sieht auch hier eine Ausnahmeregelung vor und bestimmt, dass die passive Tätigkeit wieder als eine aktive anzusehen ist, wenn der Stpfl. beweist, dass die Leistung i. R. eines qualifizierten Geschäftsbetriebs (unter Beteiligung am allgemeinen wirtschaftlichen Verkehr) erbracht worden ist und der Inlandsbeteiligte oder die nahe stehende Person nicht mitgewirkt haben.[2)] Der Gegenbeweis ist nicht bei dem „Bedienens-Tatbestand" möglich (§ 8 Abs. 1 Nr. 5 Buchst. a AStG).

371 § 8 Abs. 1 Nr. 6 AStG qualifiziert auch die Einkünfte aus Vermietung und Verpachtung grundsätzlich als aktive Einkünfte, reduziert dann aber durch Ausnahmeregelungen den Anwendungsbereich bei Patentverwertungsgesellschaften u. Ä., Leasing-Gesellschaften u. Ä. auf ein Minimum (wiederum Erfordernis des „aktiven, selbständigen" Erbringens ohne schädliche Mitwirkung, bzw. bei Grundstücksgesellschaften das Erfordernis, dass bei direktem Halten des Grundstücks die Einkünfte nach einem DBA befreit wären).[3)]

372 § 8 Abs. 1 Nr. 7 AStG bestimmt, dass die Kapitalaufnahme und die Kapitalausleihe nur dann eine aktive Tätigkeit ist, wenn die ausländische Gesellschaft das Kapital nachweislich und ausschließlich auf ausländischen Kapitalmärkten aufgenommen und als Darlehen einem im Ausland belegenen Betrieb oder einer ausländischen Betriebsstätte unmittelbar zugeführt hat. Dabei ist erforderlich, dass der ausländische Betrieb oder die ausländische Betriebsstätte ihre Bruttoerträge ausschließlich oder fast ausschließlich aus aktivem Erwerb i. S. des § 8 Abs. 1 Nr. 1 bis 6 AStG bezieht.[4)] Darüber hinaus gilt auch die darlehensweise Vergabe von Fremdmitteln an inländische Betriebe/Betriebsstätten als aktiv.

373 Weiterhin sind auch Gewinnausschüttungen von Kapitalgesellschaften (§ 8 Abs. 1 Nr. 8 AStG) und bestimmte Veräußerungsgewinne sowie gleichgestellte Tatbestände von Anteilen an einer anderen Gesellschaft (§ 8 Abs. 1 Nr. 9 AStG) grundsätzlich aktiv: Dividenden und Veräußerungsgewinne werden von der Hinzurechnungsbesteuerung insoweit als aktive Einkünfte nicht mehr erfasst. Zu den Gewinnausschüttungen zählen auch verdeckte Gewinnausschüttungen. Die Hinzurechnungsbesteuerung erfasst nur die zu Grunde liegenden passiven Einkünfte im Wege der übertragenden Zurechnung nach § 14 AStG.

374 Weitgehend entsprechend der Regelung für Gewinnausschüttungen gelten Gewinne, die die ausländische Gesellschaft aus der Veräußerung von Anteilen an einer anderen Gesellschaft erzielt, grundsätzlich ebenfalls als aktiv (§ 8 Abs. 1 Nr. 9 AStG). Veräuße-

---

1) Vgl. Lehfeldt in Strunk/Kaminski/Köhler, § 8 AStG Rz. 85.; Schaumburg, Internationales Steuerrecht, 3. Aufl., Rz. 10.88 ff.; Frotscher, Internationales Steuerrecht, 3. Aufl., 303 f.; zur Neuregelung vgl. Kaminski/Strunk, Stbg 2003, 253, 256; Lüdicke, IStR 2003, 433, 437 f.
2) Zu diesem Tätigkeitskatalog vgl. Vogt in Blümich, § 8 AStG Rz. 50 ff.; Schaumburg, Internationales Steuerrecht, 3. Aufl., Rz. 10.95 ff.; Frotscher, Internationales Steuerrecht, 3. Aufl., 304 f.
3) Vgl. Lehfeldt in Strunk/Kaminski/Köhler, § 8 AStG Rz. 113 ff.; Mössner in Brezing u.a., § 8 AStG Rz. 66.
4) Vgl. Lehfeldt in Strunk/Kaminski/Köhler, § 8 AStG Rz. 153 ff.; Frotscher, Internationales Steuerrecht, 3. Aufl., 306 f.

rungsgewinne sind nach dem Wortlaut der Regelung aktiv und damit insoweit „steuerfrei", als der Stpfl. nachweist, dass der Veräußerungsgewinn auf Wirtschaftsgüter der anderen Gesellschaft entfällt, die anderen als den in § 7 Abs. 6a AStG bezeichneten Tätigkeiten (Zwischeneinkünfte mit Kapitalanlagecharakter) dienen (→ 4 Rz. 377) bzw. nicht auf eine Gesellschaft i. S. des § 16 REIT-Gesetz entfallen. Der Wortlaut der Bestimmung ist gründlich misslungen! Gewinne entfallen niemals auf Wirtschaftsgüter. Die Vorschrift ist aber einer Interpretation vom Zweck her zugänglich. Die Vorschrift will mutmaßlich verhindern, dass solche stillen Reserven, die in Wirtschaftsgütern der veräußerten Gesellschaft stecken und Kapitalanlagecharakter haben, bei einem Verkauf der Anteile über eine Veräußerungsgewinnbesteuerung mittelbar realisiert werden. Gemeint sind also etwa solche Fälle, in denen bzgl. einer Zwischengesellschaft zulässigerweise gem. § 10 Abs. 3 Satz 2 AStG eine Gewinnermittlung entsprechend den Grundsätzen des § 4 Abs. 3 EStG gewählt wurde, etwa Zero Bonds angeschafft wurden und dann diese Zwischengesellschaft steuerfrei kurz vor Zufluss der Zinsen veräußert wird. Auf Fälle dieser Art ist die Vorschrift im Wege der teleologischen Reduktion auszulegen. Bei Minderheitsbeteiligungen ist die geforderte Nachweispflicht von einem Stpfl. nicht zu erbringen; damit zielt die Vorschrift auf eine Mitwirkungspflicht hin, die insoweit nicht zu erbringen ist. Darüber hinaus ist die Bestimmung auch diskriminierend, da sie nur bei nachgeschalteten Zwischengesellschaften, nicht aber bei direkt veräußerten Zwischengesellschaften gem. § 8b Abs. 2 KStG gilt.

Der Aktivitätskatalog des § 8 Abs. 1 AStG erfasst in § 8 Abs. 1 Nr. 10 AStG weiterhin Einkünfte aus bestimmten Umwandlungsvorgängen. Nach dieser Regelung gilt ein Umwandlungsgewinn als aktiv, wenn diese Umwandlung nach den Vorschriften des UmwStG ungeachtet des § 1 Abs. 2 und 4 UmwStG (d.h. keine Begrenzung auf EU-/EWR-Sachverhalte) zu Buchwerten und damit steuerneutral hätte vollzogen werden können. Hiervon ausgenommen liegen jedoch passive Einkünfte vor, soweit eine Umwandlung den Anteil an einer Kapitalgesellschaft erfasst, dessen Veräußerung nicht die Voraussetzungen des § 8 Abs. 1 Nr. 9 AStG erfüllen würde, d.h. soweit wiederum schädliche Zwischeneinkünfte mit Kapitalanlagecharakter vorliegen, die analog der vorgenannten Regelung des § 8 Abs. 1 Nr. 9 AStG im Rahmen einer Umwandlung einer zukünftigen steuerlichen Erfassung im Inland entgehen könnten.[1] **375**

5. Ermittlung des Hinzurechnungsbetrags

In den §§ 10 bis 14 AStG finden sich die Bestimmungen, nach denen der bei dem Stpfl. anzusetzende Hinzurechnungsbetrag zu ermitteln ist. Zunächst sind bei ausländischen Zwischengesellschaften die Einkünfte aus passivem Erwerb in entsprechender Anwendung der Vorschriften des deutschen Steuerrechts zu ermitteln (§ 10 Abs. 3 AStG). Adressat dieser Bestimmung ist der inländische Stpfl., nicht die ausländische Zwischengesellschaft; der inländische Stpfl. kann (und muss regelmäßig) auf dem Rechenwerk der Zwischengesellschaft seine Gewinnermittlung aufbauen. Ihm steht es frei – wie sich aus § 10 Abs. 3 Satz 2 AStG ergibt –, die Gewinnermittlung durch Einnahme-Überschussrechnung (§ 4 Abs. 3 EStG) oder durch Vermögensvergleich (§ 4 Abs. 1 oder § 5 EStG) vorzunehmen. Mehrere Beteiligte können dieses Wahlrecht freilich nur einheitlich ausüben (§ 10 Abs. 3 Satz 3 AStG). Steuerliche Vergünstigungen, die an die unbeschränkte Steuerpflicht oder an das Bestehen eines inländischen Betriebs oder einer Betriebsstätte anknüpfen und die Vorschriften des § 4h EStG sowie der §§ 8a, 8b Abs. 1 und 2 KStG bleiben gem. § 10 Abs. 3 Satz 4 AStG unberücksichtigt. Die Vorschriften des UmwStG finden gem. § 10 Abs. 3 Satz 4 AStG keine Anwendung, soweit Einkünfte aus einer Umwandlung nach § 8 Abs. 1 Nr. 10 AStG hinzuzurechnen sind. **376**

---

1) Vgl. hierzu z.B. Grotherr, IWB 2007, 179 ff.

Verluste, die bei Einkünften entstanden sind, für die die ausländische Gesellschaft Zwischengesellschaft ist, können in entsprechender Anwendung des § 10d EStG, soweit sie die nach § 9 AStG außer Ansatz zu lassenden Einkünfte übersteigen, abgezogen werden.

Sind die Einkünfte ermittelt, so sind sie nach § 10 Abs. 1 AStG, nach Abzug der für sie im Ausland gezahlten Steuern, auf die inländischen Stpfl. entsprechend deren Hinzurechnungsquote hinzuzurechnen. Der sog. Hinzurechnungsbetrag, gehört gem. § 10 Abs. 2 AStG bei den Stpfl. entweder zu Einkünften aus Kapitalvermögen i. S. des § 20 Abs. 1 Nr. 1 EStG und gilt unmittelbar nach Ablauf des maßgebenden Wirtschaftsjahrs der ausländischen Gesellschaft als zugeflossen oder – so die Anteile an der ausländischen Gesellschaft zu einem Betriebsvermögen gehören – erhöht den nach dem EStG oder KStG ermittelten Gewinn des Betriebs für das Wirtschaftsjahr, das nach Ablauf des maßgebenden Wirtschaftsjahrs der ausländischen Gesellschaft endet. Gehört die Beteiligung zu einem Gewerbebetrieb, ist der Hinzurechnungsbetrag gewerbesteuerpflichtig (§ 10 Abs. 2 Satz 2 AStG).[1] Auf den Hinzurechnungsbetrag ist § 3 Nr. 40 Satz 1 Buchst. d, § 32d EStG und § 8b Abs. 1 KStG gem. § 10 Abs. 2 Satz 3 AStG nicht anwendbar. § 3c Abs. 2 EStG soll dennoch entsprechend gelten. Ausschüttungen und bestimmte Veräußerungsgewinne in Bezug auf die ausländische Gesellschaft bleiben dagegen zwecks Vermeidung einer Doppelbesteuerung bei Erfüllung der weiteren Voraussetzungen steuerfrei (§ 3 Nr. 41 EStG).

Hält die ausländische Zwischengesellschaft ihrerseits weitere Tochtergesellschaften, so ist die Regelung des § 14 AStG zu beachten.[2] Nach dieser Bestimmung sind dem Hinzurechnungsbetrag grundsätzlich auch die Zwischeneinkünfte aller nachgeschalteten Zwischengesellschaften abzüglich der jeweils abziehbaren Steuern zuzurechnen. Gewinne der ausländischen Zwischengesellschaft aus der Veräußerung nachgeschalteter Gesellschaften i. S. des § 14 AStG sind vom Hinzurechnungsbetrag gem. § 11 AStG auszunehmen, soweit diese Gewinne als Zwischeneinkünfte mit Kapitalanlagecharakter bereits als Hinzurechnungsbetrag der Hinzurechnungsbesteuerung unterlegen haben.

Der Hinzurechnungsbetrag ist beim inländischen Stpfl. ungeachtet eines mit dem ausländischen Staat bestehenden DBA zu erfassen. Auch ein im DBA ggf. vorgesehenes Schachtelprivileg findet auf den Hinzurechnungsbetrag keine Anwendung.

6. Zwischeneinkünfte mit Kapitalanlagecharakter

377 Während die „Einkunftsgruppe" der Zwischeneinkünfte mit Kapitalanlagecharakter in der Vergangenheit v.a. Bedeutung wegen der Versagung des Abkommenschutzes gem. § 10 Abs. 5 AStG hatte, besitzt die in § 7 Abs. 6 AStG normierte Regelung heute insbes. auf Grund der anderen Beteiligungsvoraussetzungen eine eigenständige Bedeutung.

Unter Zwischeneinkünften mit Kapitalanlagecharakter versteht § 7 Abs. 6a AStG Einkünfte einer ausländischen Zwischengesellschaft, die aus dem Halten, der Verwaltung, Werterhaltung oder Werterhöhung von Zahlungsmitteln, Forderungen, Wertpapieren, Beteiligungen oder ähnlichen Vermögenswerten stammen. Definitionen, was etwa die Begriffe „Werterhaltung", „Werterhöhung" oder „ähnliche Vermögenswerte" bedeuten sollen, fehlen.[3]

---

1) Kritisch zu den gewerbesteuerlichen Problemen, die insbesondere europarechtlich auf Bedenken stoßen, vgl. Schön, DB 2001, 940, 947; Lüdicke, IStR 2003, 433, 439.
2) Im StVergAbG ist – als Folgeänderung der Streichung des § 10 Abs. 5 AStG – § 14 Abs. 4 AStG (Anwendung der DBA-Schachtelprivilegien in den Fällen der übertragenden Hinzurechnung) gestrichen worden.
3) Vgl. hier Kommentierung Lehfeldt in Strunk/Kaminski/Köhler, § 7 AStG Rz. 185 ff.

Der Gesetzgeber stellt bei einer solchen Gesellschaft auch nicht auf eine Tätigkeit derselben ab, sondern verlangt, dass ein unbeschränkt Stpfl. an ihr mindestens zu 1 % beteiligt ist (§ 7 Abs. 6 Satz 1 AStG). Es gilt jedoch eine Freigrenze (§ 7 Abs. 6 Satz 2 AStG), wonach in diesem Fall eine Hinzurechnungsbesteuerung nur erfolgt, wenn die den Zwischeneinkünften zu Grunde liegenden Bruttoerträge mehr als 10 % der gesamten Bruttoerträge der ausländischen Zwischengesellschaften betragen und die bei einer Zwischengesellschaft oder bei einem Stpfl. hiernach außer Ansatz zu lassenden Beträge insgesamt 80 000 € nicht übersteigen. Nach § 7 Abs. 6 Satz 3 AStG wird auf eine Beteiligungsgrenze ganz verzichtet, wenn eine Zwischengesellschaft ausschließlich oder fast ausschließlich Einkünfte mit Kapitalanlagecharakter erzielt. Der Wegfall jeglicher Beteiligungsgrenze ist in diesen Fällen zur Verhinderung marktgängiger Sammelgestaltung zum Zwecke von Kapitalanlagen in Niedrigsteuerländern eingeführt worden. Wegen nahe liegender Praktikabilitätsgründe ist die Fallvariante des § 7 Abs. 6 Satz 3 AStG dann nicht anzuwenden, wenn mit den Aktien der ausländischen Gesellschaft ein wesentlicher und regelmäßiger Handel an einer anerkannten Börse stattfindet.

7. Ermittlungs- und Verfahrensfragen

Zur Anwendung der Vorschriften u.a. bzgl. der Hinzurechnungsbesteuerung und anderer Regelungen des AStG in den §§ 5, 7 bis 15 AStG sind die Stpfl. gem. § 17 AStG verpflichtet, für sich selbst und im Zusammenwirken mit anderen die dafür notwendigen Auskünfte zu erteilen. Hierzu sieht § 17 Abs. 2 Nr. 2 AStG insbesondere die Vorlage von sachdienlichen Unterlagen einschließlich der Bilanzen und der Erfolgsrechnungen vor. Auf Verlangen sind diese Unterlagen mit dem im Staat der Geschäftsleitung oder des Sitzes vorgeschriebenen oder üblichen Prüfungsvermerk einer behördlich anerkannten Wirtschaftsprüfungsstelle oder vergleichbaren Stelle vorzulegen.

378

Können oder werden die erforderlichen Auskünfte nicht erteilt, so dass die hinzuzurechnenden Einkünfte von Zwischengesellschaften nicht zutreffend ermittelt werden können, so ist die FinVerw berechtigt, gem. § 17 Abs. 2 AStG i.V.m. § 162 AO eine Schätzung der hinzuzurechnenden Einkünfte vorzunehmen. Hierzu ist gem. § 17 Abs. 2 AStG mangels anderer geeigneter Anhaltspunkte von einer Rendite von 20 % bezogen auf den gemeinen Wert der von den unbeschränkt Stpfl. gehaltenen Anteile auszugehen. Hierbei sind Zinsen und Nutzungsentgelte, die die Gesellschaft für überlassene Wirtschaftsgüter an die unbeschränkt Stpfl. zahlt, abzuziehen.

§ 17 AStG macht damit deutlich, dass den Stpfl. im Rahmen ihrer Auslandsbeziehungen erhöhte Mitwirkungspflichten auferlegt sind, die ihre Stütze in der Rechtsprechung des Reichsfinanzhofs und des BFH finden.[1] Ergänzend sei auf die Mitwirkungspflichten gem. § 16 AStG hingewiesen.

Die Besteuerungsgrundlagen für die Anwendung der §§ 7 bis 14 AStG werden gem. § 18 AStG in einem einheitlichen und gesonderten Verfahren festgestellt. Die erteilten Feststellungsbescheide sind Grundlagenbescheide für die Einkommensteuer-, Körperschaftsteuer- und Gewerbesteuerbescheide.

Für das gesonderte Feststellungsverfahren ist gem. § 18 Abs. 2 AStG dasjenige FA zuständig, das bei dem unbeschränkt Stpfl. für die Ermittlung der aus der Beteiligung bezogenen Einkünfte zuständig ist. Ist die gesonderte Feststellung gegenüber mehreren Beteiligten einheitlich vorzunehmen, so ist das FA zuständig, in dessen Zuständigkeitsbereich derjenige Beteiligte ansässig ist, dem die höchste Beteiligung an der aus-

---

1) Umfassender Quellennachweis bei Schaumburg, Internationales Steuerrecht, 3. Aufl., Rz. 19.7 ff.; vgl. auch Frotscher, Internationales Steuerrecht, 3. Aufl., 314 ff.

ländischen Gesellschaft zuzurechnen ist. Lässt sich das zuständige FA dessen ungeachtet nicht feststellen, so ist das FA zuständig, das zuerst mit der Sache befasst wird.

Jeder der an der ausländischen Gesellschaft beteiligten unbeschränkt Stpfl. und erweitert beschränkt Stpfl. hat gem. § 18 Abs. 3 AStG eine Erklärung zur gesonderten Feststellung abzugeben. Diese Verpflichtung kann durch die Abgabe einer gemeinsamen Erklärung erfüllt werden. Die Verpflichtung zur Abgabe einer Erklärung zur gesonderten Feststellung gilt selbst dann, wenn keine Hinzurechnungsbesteuerung im Falle einer EU-/EWR-Gesellschaft auf Grund nachgewiesener tatsächlicher wirtschaftlicher Tätigkeit erfolgt (§ 18 Abs. 3 Satz 1 Halbs. 2 AStG).

8. Aktivitätsvorbehalt für ausländische Betriebsstätten

379 Sind Gewinne einer im Ausland belegenen Betriebsstätte auf Grund eines DBA von der Besteuerung freigestellt, sieht die Regelung des § 20 Abs. 2 AStG im Wege des sog. „Treaty-Overridings" gem. § 20 Abs. 1 Halbs. 2 AStG[1]) entgegen dem Abkommen den Wechsel von der Freistellungs- zur Anrechnungsmethode vor, soweit die Einkünfte der ausländischen Betriebsstätte als Zwischeneinkünfte steuerpflichtig wären, wenn es sich bei der Betriebsstätte um eine Kapitalgesellschaft handeln würde. Als Folge hieraus erfolgt die Vermeidung der Doppelbesteuerung nicht durch Freistellung der Betriebsstättengewinne, sondern durch Anrechnung der auf diese Einkünfte erhobenen ausländischen Steuern. Die Regelung erfasst hierbei alle Einkünfte der Betriebsstätte, die keine aktiven Einkünfte i. S. d. § 8 Abs. 1 AStG darstellen und zugleich einer niedrigen Besteuerung i. S. des § 8 Abs. 3 AStG unterliegen.

Für diese Fallgruppe wird nach dem Willen des Gesetzgebers gem. § 20 Abs. 2 Satz 1 AStG, ungeachtet der Regelung des § 8 Abs. 2 AStG (Aufnahme der europarechtlichen Gegenbeweismöglichkeit als Ausfluss der *Cadbury Schweppes* Entscheidung), keine Möglichkeit des Nachweises einer tatsächlichen wirtschaftlichen Tätigkeit in den entsprechenden Betriebsstättenfällen ermöglicht. Folglich kommt es damit nach der gesetzlichen Regelung auch dann zu einem Treaty-Overriding (Wechsel zur Anrechnungsmethode), wenn die Betriebsstätte in einem EU-/EWR-Staat belegen ist und eine tatsächliche wirtschaftliche Tätigkeit ausübt.

Gemäß der Regelung des § 20 Abs. 2 Satz 2 AStG werden indes Einkünfte der ausländischen Betriebsstätte vom Wechsel zur Anrechnungsmethode ausgenommen, die nach § 8 Abs. 1 Nr. 5 Buchst. a AStG als Zwischeneinkünfte steuerpflichtig wären. Diese Norm erfasst den Fall der Erbringung von Dienstleistungen durch eine ausländische Betriebsstätte unter Mitwirkung des inländischen Stpfl. Eine Anwendung der Regelung des § 8 Abs. 1 Nr. 5 Buchst. a AStG im Kontext des § 20 Abs. 2 AStG hätte zur Folge, dass die Anrechnungsmethode auch für Betriebsstätten selbständig freiberuflich oder gewerblich tätiger Personen anzuwenden würde, da diese Personen regelmäßig mitarbeiten und den Mitwirkungstatbestand erfüllen. Entsprechend soll gem. § 20 Abs. 2 Satz 2 AStG für unbeschränkt Stpfl., die ihre selbständig freiberufliche oder gewerbliche Tätigkeit (Dienstleistung) durch eine Betriebsstätte in einem DBA-Staat ausüben, die im DBA vorgesehene Freistellungsmethode zur Anwendung kommen

Der Wechsel von der Freistellungs- zur Anrechnungsmethode gem. § 20 Abs. 2 AStG wurde vom EuGH im Fall *Columbus Container Services B.V.B.A. & Co.* entsprechend der Vorlagefrage im Vorabentscheidungsersuchen des FG Münster[2]) als mit den europäischen Grundfreiheiten in Einklang stehend befunden. Der EuGH begründet seine Auffassung damit, dass die Regelung des § 20 Abs. 2 AStG die erfassten Einkünfte der ausländische Betriebsstätte bzw. Personengesellschaft durch die Anwendung der Anrechnungsmethode in Deutschland lediglich demselben Steuersatz unterwirft wie

---

1) Vgl. eingehend Prokopf in Strunk/Kaminski/Köhler, § 20 AStG, Rz. 30 f. sowie 50 ff.
2) Vgl. FG Münster v. 5.7.2005, 15 K 1114/99, EFG 2005, 1512.

vergleichbare Einkünfte einer inländischen Betriebsstätte bzw. Personengesellschaft.[1] Somit würden ausländische Betriebsstätten bzw. Personengesellschaften gegenüber inländischen Betriebsstätten bzw. Personengesellschaften steuerlich nicht benachteiligt. Entsprechend sei keine Diskriminierung auf Grund einer Ungleichbehandlung festzustellen.

Die hiernach fortgeführte Klage wurde vom FG Münster auf Basis dieser EuGH-Entscheidung als unbegründet abgewiesen.[2] Indes hat der BFH im hierzu erfolgten Revisionsverfahren entschieden, dass die Switch-Over-Klausel des § 20 Abs. 2 AStG (i.d.F. vor 2007) insofern europarechtswidrig sei, als es sich um eine typisierende Vorschrift zur Missbrauchsvermeidung handelt und die Möglichkeit eines Gegenbeweises nicht vorhanden ist.[3] Das Fehlen der Möglichkeit eines Gegenbeweises („Motivtest") im Einzelfall (vor Aufnahme von § 8 Abs. 2 AStG n.F. i. R. des JStG 2008), die die in §§ 7 ff. AStG normierte Hinzurechnungsbesteuerung im Licht der EuGH- Rechtsprechung *Cadbury Schweppes* als gemeinschaftsrechtswidrig erscheinen lässt, wirke sich auch auf die Switch-Over-Klausel des § 20 Abs. 2 AStG aus. Dies begründet der BFH damit, dass der Wechsel von der Freistellungs- zur Anrechnungsmethode gem. § 20 Abs. 2 AStG eine fiktive Steuerpflicht der Betriebsstätteneinkünfte nach §§ 7 ff. AStG für den Fall voraussetzt, dass die Einkünfte durch eine ausländische Kapitalgesellschaft erzielt worden wären. Daher seien die Vorschriften der §§ 7 ff. AStG gemeinschaftskonform und im Einklang mit den regelungsimmanenten Wertungen dahin zu interpretieren, dass dem Stpfl. der gemeinschaftsrechtlich gebotene „Motivtest" über seine tatsächlichen wirtschaftlichen Aktivitäten im Einzelfall zu gewähren ist. Sofern dieser Motivtest bestanden und eine wirkliche wirtschaftliche Tätigkeit ausgeübt wird, dürfen die §§ 7 ff. AStG nach Auffassung des BFH im Falle einer ausländischen Kapitalgesellschaft nicht eingreifen. Als Folge hieraus dürfe nach Auffassung des BFH im Falle einer ausländischen Betriebsstätte auch die Anwendung der Switch-Over-Klausel des § 20 Abs. 2 AStG mangels Erfüllung des darin normierten Tatbestands („Rechtsgrundverweisung" des § 20 Abs. 2 AStG auf §§ 7 ff. AStG) nicht erfolgen.

Auf Basis dieses BFH-Urteils, das die Rechtslage von §§ 7 ff. AStG und § 20 Abs. 2 AStG vor der EuGH-Entscheidung *Cadbury Schweppes* betrifft, stellt sich u.U. auch die gegenwärtige Regelung des § 20 Abs. 2 AStG i.d.F. des JStG 2008 als europarechtswidrig dar. So hat der Gesetzgeber als Folge der EuGH-Rechtsprechung *Cadbury Schweppes* für ausländische Kapitalgesellschaften mit § 8 Abs. 2 AStG zwar die Möglichkeit des Gegenbeweises einer tatsächlichen wirtschaftlichen Tätigkeit geschaffen, wenngleich der BFH im obigen Urteil dessen Voraussetzungen sogar als ggf. unzulänglich ansieht.[4] Der Gegenbeweis wurde vom Gesetzgeber für ausländische Betriebsstätten gem. § 20 Abs. 2 AStG i.d.F. des JStG 2008 indes explizit ausgeschlossen. Dies dürfte entsprechend dem obigen BFH-Urteil einer europarechtlichen Überprüfung nicht standhalten. Gestützt wird diese Annahme auch durch die Aussage des BFH, dass die Rechtsfolge dieser Vorschrift „entgegen dem nunmehr in § 20 Abs. 2 AStG n.F. enthaltenen Anwendungsausschluss von § 8 Abs. 2 AStG n.F." im Falle des Nachweises einer tatsächlichen wirtschaftlichen Tätigkeit nicht eintritt.[5]

VIII. Familienstiftungen

1. Grundlagen

Familienstiftungen i. S. d. § 15 AStG sind Stiftungen, bei denen der Stifter, seine Angehörigen und deren Abkömmlinge zu mehr als der Hälfte bezugsberechtigt oder

380

---

1) Vgl. EuGH v. 6.12.2007, C-298/05, DStR 2007, 2308.
2) Vgl. FG Münster v. 11.11.2008, 15 K 1114/99, EFG 2009, 309.
3) Vgl. BFH v. 21.10.2009, I R 114/08, BFH/NV 2010, 279.
4) Vgl. BFH v. 21.10.2009, I R 114/08, BFH/NV 2010, 279, Tz. 26.
5) Vgl. BFH v. 21.10.2009, I R 114/08, BFH/NV 2010, 279, Tz. 29.

anfallsberechtigt sind. In der Anwendungsreichweite des § 15 AStG erfolgt eine direkte Einkommenszurechnung an den inländischen Stifter resp. die inländischen Bezugs- oder Anfallsberechtigten, so dass eine Abschirmwirkung der ausländischen Stiftung insoweit entfällt.

Hintergrund für die Regelung ist, dass Familienstiftungen oder vergleichbare Rechtsträger in einigen Staaten praktisch überhaupt nicht oder äußerst günstig besteuert werden und damit häufig die Ablehnung zwischenstaatlicher Amtshilfe für Besteuerungszwecke einhergeht.[1] Aus Gründen der Gleichmäßigkeit der Besteuerung hält es der Gesetzgeber daher für gerechtfertigt, dem inländischen Stifter oder Begünstigten ausländischer Familienstiftungen in Drittlandsfällen die Einkünfte der Stiftung zuzurechnen.

2. Familienstiftungen innerhalb der EU bzw. des EWR

381   Bei Familienstiftungen mit Geschäftsleitung oder Sitz in einem Mitgliedstaat der EU oder einem Vertragsstaat des EWR-Abkommens erfolgt keine Zurechnung, wenn der Nachweis erbracht wird, dass dem Stifter bzw. den Bezugs- oder Anfallsberechtigten die Verfügungsmacht über das Stiftungsvermögen rechtlich und tatsächlich entzogen ist. Die Nachweismöglichkeit setzt jedoch voraus, dass für die Finanzbehörde eine Nachprüfungsmöglichkeit durch zwischenstaatliche Amtshilfe mittels Auskunftsaustausch durch die EU-Amtshilfe-Richtlinie[2] oder einer vergleichbaren zwei- oder mehrseitigen Vereinbarung besteht.

Hiervon ausgenommen sind Fälle der Zurechnung von Zwischeneinkünften einer nachgeschalteten Kapitalgesellschaft im Anwendungsbereich der Hinzurechnungsbesteuerung i. S. d. §§ 7 - 14 AStG (vgl. § 15 Abs. 9 AStG). Ebenso ausgenommen ist eine etwaige Zurechnung von Vermögen und Einkommen einer anderen (nachgelagerten) ausländischen Stiftung, die nicht die EU-/EWR-Voraussetzungen erfüllt (vgl. § 15 Abs. 10 AStG).

3. Familienstiftungen in Drittlandsfällen

382   Bei ausländischen Familienstiftungen, die weder Sitz, noch Ort der Geschäftsleitung innerhalb von EU/EWR aufweisen, werden das Vermögen und die Einkünfte gem. § 15 Abs. 1 AStG dem Stifter, wenn er unbeschränkt steuerpflichtig ist, sonst den unbeschränkt steuerpflichtigen Personen, die bezugsberechtigt oder anfallsberechtigt sind, entsprechend ihrem Anteil zugerechnet. Dabei ist es unerheblich, ob die Stiftung dem genannten Personenkreis tatsächlich Einkommen zugewendet hat oder nicht.

Die Hinzurechnung ist zunächst bei einem unbeschränkt steuerpflichtigen Stifter, und erst in zweiter Linie, wenn kein unbeschränkt steuerpflichtiger Stifter vorhanden ist, bei unbeschränkt steuerpflichtigen Bezugs- oder Anfallsberechtigten vorzunehmen. Damit ist es denkbar, dass ein Stifter (Errichter) i. S. d. § 15 AStG weder bezugsberechtigt noch anfallsberechtigt ist und ihm dennoch entsprechend dem Wortlaut des § 15 Abs. 1 Satz 1 AStG Vermögen und Einkünfte einer Familienstiftung i. S. d. § 15 Abs. 2 AStG zugerechnet wird. Die Besteuerung nach § 15 AStG kommt auch dann zur Anwendung, wenn der Stifter seinen Wohnsitz in ein niedrig besteuerndes Land verlegt, oder wenn er nach seiner Auswanderung sein Einkommen und Vermögen auf eine Familienstiftung überträgt (vgl. § 15 Abs. 5 AStG), da in diesen Fällen die Besteuerung bei den unbeschränkt steuerpflichtigen Bezugs- oder Anfallsberechtigten erfolgt.

Die Zurechnung von Vermögen und Einkünften einer Familienstiftung gilt für den Bereich der Einkommen- und Vermögensbesteuerung, nicht jedoch für die Erb-

---

1) Vgl. BR-Drucks. 545/08, 122.
2) Amtshilferichtlinie gem. § 2 Abs. 2 des EU-Amtshilfegesetzes.

schaftsbesteuerung. Für Zwecke der Erbschaftsbesteuerung kann daher die Errichtung einer ausländischen Familienstiftung ggf. generell vorteilhaft sein.[1] Es sind insoweit jedoch die erbschaft-/schenkungsteuerlichen Folgen im Zeitpunkt der Errichtung aus § 3 Abs. 2 Nr. 1 ErbStG (Übergang von Vermögen auf eine vom Erblasser angeordnete Stiftung) bzw. aus § 7 Abs. 1 Nr. 8 ErbStG (Übergang von Vermögen auf Grund eines Stiftungsgeschäfts unter Lebenden) zu beachten.

Mit dem AmtshilfeRLUmsG vom 26.6.2013 wurde die Regelung des § 15 AStG modifiziert. Während in der Vergangenheit das nach den Vorschriften für juristische Personen ermittelte Einkommen der ausländischen Familienstiftung an den Stifter resp. die bezugs- oder anfallsberechtigten Personen zuzurechnen war, erfolgt künftig eine Zurechnung der einzelnen, von der Stiftung erzielten Einkünfte. Dies dient ausweislich der Gesetzesbegründung dem Zweck, dass steuerliche Vergünstigungen oder Steuerbefreiungen für Körperschaften künftig unberücksichtigt bleiben. Dies entspreche dem Zweck des § 15 AStG, die gesamten Einkünfte der Familienstiftung im Rahmen der inländischen Besteuerung zu erfassen. Es erfolgt somit künftig eine gesonderte Feststellung der Einkünfte der Familienstiftung, die sodann dem Stifter resp. den bezugs- oder anfallsberechtigten Personen zugerechnet und auf deren Ebene nach den individuell zutreffenden Besteuerungsregeln besteuert werden.

Sofern eine Zurechnung nach § 15 AStG erfolgt, sind die Einkünfte der Stiftung gem. § 15 Abs. 7 AStG in entsprechender Anwendung der Vorschriften des deutschen Steuerrechts zu ermitteln. Hierbei greift die gleiche Systematik der Ermittlung der Einkünfte wie im Kontext der Hinzurechnungsbesteuerung (vgl. § 10 Abs. 3 AStG), so dass z.B. die Steuerbefreiungen gem. § 8b Abs. 1 und 2 KStG nicht zur Anwendung gelangen. Ein sich ggf. ergebender negativer Betrag ist gem. § 15 Abs. 7 Satz 3 AStG nicht hinzuzurechnen, sondern es entfällt insoweit die Zurechnung.

Im Rahmen der Zurechnung der Einkünfte an den Stifter resp. die bezugs- oder anfallsberechtigten Personen kommen gem. § 15 Abs. 8 AStG bei natürlichen Personen die Regelungen des § 3 Nr. 40 Satz 1 Buchst. d EStG sowie § 32d EStG, und bei Körperschaften die Regelung des § 8b Abs. 1 und 2 KStG zur Anwendung, soweit diese Regelungen auch bei unmittelbarem Bezug der zuzurechnenden Einkünfte anwendbar wären. Dies resultiert aus der Zielsetzung, die Einkünfte der Familienstiftung auf Ebene des Stifters resp. der bezugs- oder anfallsberechtigten Personen auf die gleiche Weise zu besteuern, wie sie bei unmittelbarem Bezug dieser Einkünfte erfolgt wäre.

Sofern die Familienstiftung an einer ausländischen Kapitalgesellschaft beteiligt ist, auf die die Regelungen der Hinzurechnungsbesteuerung gem. §§ 7 ff. AStG Anwendung finden würden, sind der Familienstiftung die Zwischeneinkünfte der Kapitalgesellschaft entsprechend der Höhe ihrer Beteiligung gem. § 15 Abs. 9 AStG zuzurechnen. Gleichermaßen werden der Familienstiftung nach Maßgabe von § 15 Abs. 10 AStG das Vermögen und die Einkünfte einer anderen ausländischen Stiftung zugerechnet, für die die Familienstiftung bezugs- oder anfallsberechtigt ist. Beide Regelungen dienen der Vermeidung von Umgehungstatbeständen.

Erfolgen Zuwendungen der Familienstiftung, unterliegen diese gem. § 15 Abs. 11 AStG beim Stifter resp. den bezugs- oder anfallsberechtigten Personen nicht der Besteuerung, soweit die zu Grunde liegenden Einkünfte nachweislich bereits zugerechnet worden sind (Vermeidung der Doppelbesteuerung).

---

1) Vgl. Hof in Seifart (Hrsg.), 3. Aufl., 338 f.; Flick/Wassermeyer/Baumhoff, § 15 AStG Rz. 38; Schaumburg, Internationales Steuerrecht, 3. Aufl., Rz. 11.1 ff.

IX. Besteuerung von Auslandseinkünften

1. Vorbemerkung

383 Die nachfolgende, im Wesentlichen tabellarisch aufgebaute Kurzdarstellung ausländischer Steuerrechtsordnungen will dem Berater einen Überblick geben über ausgewählte, typische Fragestellungen betreffend Investitionen bzw. Tätigkeiten natürlicher, im Inland ansässiger Personen in ausgewählten Ländern. Den Ausführungen liegt der Rechtsstand des VZ 2015 zu Grunde. Die Darstellung kann und will nur informieren und Problembewusstsein schaffen, um die „richtigen" Fragen zu stellen; sie kann und will keinesfalls die Einschaltung eines ausländischen Kollegen ersetzen. Vor einer solchen Unterlassung sei schon deshalb gewarnt, weil die Anwendung ausländischen Rechts durch einen inländischen Berater nicht durch die Haftpflichtversicherung gedeckt ist.

384 a) *Bestehende Doppelbesteuerungsabkommen (Länderübersicht)*

	DBA für Steuern vom Einkommen (Einkommensteuer) beinhaltet auch die			DBA für Erbschaft- und Schenkungsteuern
	Vermögensteuer	Grundsteuer	Gewerbesteuer	
Belgien	Ja	Ja	Ja	Nein
Frankreich	Ja	Ja	Ja	Ja[1]
Griechenland	Ja	Nein	Ja	Ja
Großbritannien[2]	Ja	Nein	Ja	Nein
Irland	Ja	Nein	Ja	Nein
Italien	Ja	Ja	Ja	Nein
Liechtenstein[3]	Ja	Ja	Ja	Nein
Luxemburg[4]	Ja	Nein[5]	Ja	Nein

---

1) Deutschland hat mit Frankreich am 12.10.2006 ein DBA für Erbschaft- und Schenkungsteuerzwecke abgeschlossen (allerdings mit Sonderklausel hinsichtlich Immobilienkapitalgesellschaften), das zum 3.4.2009 in Kraft getreten ist.
2) Deutschland hat mit Großbritannien am 30.3.2010 ein neues DBA unterzeichnet. Das neue DBA findet grundsätzlich ab dem 1.1.2011 Anwendung und tritt an die Stelle des Abkommens vom 26.11.1964 i.d.F. des Revisionsprotokolls v. 23.3.1970.
3) Deutschland hat mit dem Fürstentum Liechtenstein am 17.11.2011 ein DBA unterzeichnet. Das DBA zwischen dem Fürstentum Liechtenstein und der Bundesrepublik Deutschland findet seit dem 1.1.2013 Anwendung, vgl. BMF-Schreiben v. 22.1.2013, BStBl I 2013, 162.
4) Am 23.4.2012 haben Deutschland und Luxemburg ein neues DBA unterzeichnet, welches das bestehende Abkommen vom 23.8.1958 ersetzen wird. Das neue DBA ist am 30.9.2013 in Kraft getreten und ist ab dem 1.1.2014 zur Anwendung gekommen.
5) Das Abkommen erstreckt sich allerdings auf die Vermögensteuer.

	DBA für Steuern vom Einkommen (Einkommensteuer) beinhaltet auch die			DBA für Erbschaft- und Schenkungsteuern
	Vermögensteuer	Grundsteuer	Gewerbesteuer	
Niederlande[1]	Ja	Ja	Ja	Nein[2]
Österreich	Ja	Ja	Ja	Nein
Schweden	Ja[3]	Ja	Ja	Ja[4]
Schweiz	Ja	Ja	Ja	– Nur Erbschaft und Schenkung von Todes wegen. – Im Falle einer Doppelbesteuerung von Schenkungen unter Lebenden sieht das DBA das Verständigungsverfahren vor. – Bei Schenkungen von Geschäftsbetrieben unter Lebenden ist das DBA auf Grund einer Verständigungsregelung entsprechend anzuwenden.
Spanien[5]	Ja	Nein	Ja	Nein
USA	Ja	Nein	Ja	Ja

1) Deutschland hat mit den Niederlanden am 12.4.2012 ein neues DBA für Steuern vom Einkommen (Einkommensteuer) vereinbart. Dieser Vertrag wird voraussichtlich am 1.1.2015 in Kraft treten.
2) Deutschland führt mit den Niederlanden Verhandlungen über den Abschluss OECD-konformer DBA für Erbschaft- und Schenkungsteuerzwecke.
3) Zum 1.1.2007 wurde die Vermögensteuer indessen abgeschafft.
4) Zum 17.12.2004 wurde die schwedische Erbschaft- und Schenkungsteuer jedoch abgeschafft.
5) Im Februar 2011 wurde ein neues Abkommen zwischen der Bundesrepublik Deutschland und Spanien zur Vermeidung der Doppelbesteuerung und zur Verhinderung der Steuerverkürzung auf dem Gebiet der Steuern vom Einkommen und vom Vermögen abgezeichnet wurde. Das Abkommen ist nach seinem Art. 30 Abs. 2 am 18.10.2012 in Kraft getreten. Wirkungen entfaltet das Abkommen allerdings erst zum 1.1.2013. Der Beitrag zeigt die für Privatleute wichtigsten Neuerungen auf.

b) Einkommensteuertarife 2015 (Länderübersicht)[1]

385

Land	Eingangsteuersätze[2] für Erwerbseinkünfte 2015		Eingangsteuersatz[3] bis	Spitzensteuersätze[4] für Erwerbseinkünfte 2015		Spitzensteuersatz[5] ab
Belgien	Staat + Gemeinden (durchschnittlich) 8 % × Insgesamt	25 % 2 % 25 % 27 %	8 680 € Nullzone im Tarif bis 7 070 €	Staat + Gemeinden (durchschnittlich) 8 % × Insgesamt	50 % 4 % 50 % 54 %	37 750 €
Frankreich[6]	Staat	14 %	26 764 € Nullzone im Tarif bis 9 690 €	Staat	45% zzgl. 3 % bzw. 4 % bei einem Jahreseinkommen von 250 000 €/ 500 000 € bzw. 500 000 €/ 1 Mio. € für verheiratete oder über PACS verbundene Paare	151 956 €
Griechenland	Einkommensteuer für in Griechenland ansässige Personen	Aus unselbständiger Arbeit – Ruhegehältern : 22 %	25 000 €	Einkommensteuer für in Griechenland ansässige Personen	42 %	42 000 € Eine besondere Solidaritätsabgabe von 1 % - 4 % wird auf das Einkommen von natürlichen Personen, das in den Jahren 2010 bis 2015 entstanden ist und den Betrag von 12 000 € übersteigt, erhoben.
Großbritannien[7]	Staat	20 %[8]	31 865 £ (ca. 40 308€)	Staat	45 %	150 000 £ (ca. 189 743€)

---

1) Angegeben sind die Steuersätze, die im Regelfall zur Anwendung kommen; auf Grund der tabellarischen Übersicht konnten nicht sämtliche Ausnahmefälle berücksichtigt werden, so dass diese Darstellung eine detaillierte Überprüfung des konkreten Einzelfalls nicht ersetzen kann.
2) Angabe des Grundtarifs für Alleinstehende, sofern es verschiedene Tarife nach dem Familienstand gibt.
3) Umrechnung der Landeswährung mittels Umsatzsteuer-Umrechnungskurse November 2014.
4) Angabe des Grundtarifs für Alleinstehende, sofern es verschiedene Tarife nach dem Familienstand gibt.
5) Umrechnung der Landeswährung mittels Umsatzsteuer-Umrechnungskurse November 2014.
6) Die genannten Steuersätze/Steuerstufen finden für die Besteuerung der Einkünfte des Jahres 2014 Anwendung.
7) Mit Wirkung zum Fiskaljahr 2013/2014 wurde der Spitzensteuersatz auf 45 % für Einkommen von mehr als 150 000 £ (ca. 189 743 £) abgesenkt.
8) Der Eingangsteuersatz von 10 % wurde mit Wirkung vom 6.4.2008 (Fiskaljahr 2008/2009) abgeschafft.

Land	Eingangsteuersätze für Erwerbseinkünfte 2015		Eingangsteuersatz bis	Spitzensteuersätze für Erwerbseinkünfte 2015		Spitzensteuersatz ab
Irland	Staat + Sozialversicherungssteuer auf Einkommen + Sozialabgabe (Universal Social Charge)[1] Insgesamt	20 % 4 % 7 % 31 %	32 800 €	Staat + Sozialversicherungssteuer auf Einkommen[2] + Sozialabgabe (Universal Social Charge) Insgesamt	41 %[3] 4 % 7 % 52 %	32 801 €
Italien[4]	Staat + Regionale ESt-Zuschläge + Gemeinde-ESt-Zuschläge	23 %	15 000 €	Staat + Regionale ESt-Zuschläge + Gemeinde-ESt-Zuschläge + Solidaritätsbeitrag	43 %	75 000 €
Liechtenstein	Staat + Gemeinde (Multiplikator der Gemeinde Vaduz aus 2013 = 150 %) Insgesamt	1,00 % 1,50 % 2,50 %	20 000 CHF Grundfreibetrag CHF 15 000	Staat + Gemeinde (Multiplikator der Gemeinde Vaduz aus 2013 = 150 %) Insgesamt	8,00 % 12 % 20 %	200 000 CHF
Luxemburg[5]	Staat + Zuschlag (7 % des Steuerbetrags für Beschäftigungsfonds)[6] Insgesamt	8 % 0,56 % 8,56 %	13 173 € Nullzone im Tarif bis 11 265 €	Staat + Zuschlag (7 % des Steuerbetrags für Beschäftigungsfonds)[7] Insgesamt	40 %[8] 2,8 % 42,8 %	100 001 €
Niederlande	Staat	8,35 %	19 822 € Keine Nullzone sondern eine Steuerkürzung	Staat	52 %	57 585 €[9]

1) Ab 1.1.2011 2 % auf Einkommen bis 10 036 €, 4 % auf Einkommen zwischen 10 036 € und 16 016 €, 7 % über 16 016 €. Sie fasst die bisherige Health Levy und Income Levy zusammen. Mögliche Änderungen werden im „Budget 2015" angekündigt, hiernach soll die University Social Charge für Einkommen bis 12 012 € 1,5 %, für Einkommen von 12 012,01 € bis 17 576 € 3,5 %, für Einkommen von 17 576,01 € bis 70 044 € 7 %, für Einkommen von 70 044,01 € bis 100 000 € 8 % und für „self-employer"über 100 000 € 11 % betragen.
2) PRSI – ab 1.1.2011 4 %, bis 31.12.2010 4 % auf Einkommen bis 75 036 €.
3) Für qualifizierte ausländische Arbeitskräfte bestehen ab 2012 im Rahmen des „Special Assignee Relief Program (SARP)" bestimmte Vergünstigungen. Bei Zuzug nach Irland zwischen 2012 und 2014 werden 30 % des Einkommens zwischen 75 000 € und 500 000 € freigestellt ([Einkommen – 75 000 €] x 30 %).
4) Stand 2014. Der Gemeindezuschlag ist in vielen Gemeinden bei 0 %, bei einem Großteil 0,2 % und kann seit 2007 bis zu 0,8 % auf Grund von Gemeindebeschluss angehoben werden. Der Regionalzuschlag ist von Region zu Region unterschiedlich (20 Regionen). In den meisten Regionen beträgt dieser 1,23 % auf die Steuerbemessungsgrundlage und ist nach oben in seiner Höhe nicht begrenzt. Ein Solidaritätsbeitrag von 3% auf Einkommen über 300 000 € ist seit 2011 anwendbar und ist vom Gesamtbetrag der Einkünfte abzugsfähig.
5) Eine Krisensteuer i.H.v. 0,8 % wurde für das Jahr 2011 auf Einkommen aus selbständiger und nicht selbständiger Tätigkeit und Einkommen aus Kapitalvermögen erhoben. Die Krisensteuer wurde zum 1.1.2012 wieder abgeschafft.
6) Für Körperschaften gilt ab dem Jahr 2013 der Zuschlag von 7 % des Steuerbetrags.
7) Der Solidaritätszuschlag beträgt 7 % (für Einkünfte die 150 000 € (für die Steuerklassen 1 und 1a) oder 300 000 € (für die Steuerklasse 2) nicht übersteigen) bzw. 9 % (für Einkünfte ab 150 000 € (für die Steuerklasse 1 und 1a) oder 300 000 € (für die Steuerklasse 2)) auf den übersteigenden Teil.
8) Ab dem 1.1.2013 wird sich der Spitzensteuersatz für Einkünfte die 100 000 € übersteigen auf 40 % erhöhen.
9) Auf Basis des Gesetzes „Wet Maatregelen Woningmarkt".

Land	Eingangsteuersätze für Erwerbseinkünfte 2015		Eingangsteuersatz bis	Spitzensteuersätze für Erwerbseinkünfte 2015		Spitzensteuersatz ab
Österreich	Bund	36,5 % 43,2 %	11 000–25 000 € 25 000–60 000 € Nullzone im Tarif bis 11 000 €	Bund	50 %	60 000 €
Schweden[1]	Gemeinden	29,15–35,33 %	Gemeindesteuer ist auf das gesamte Einkommen zu zahlen; Grundfreibetrag 18 781–34 188 SEK (ca. 2 032–3 700 €) Ältere ab 65 Jahren erhalten einen erhöhten Grundfreibetrag von 31 800–49 100 SEK (ca. 3 442 – 5 315 €). Arbeitnehmer erhalten Steuerreduktion bis zu 38 500 SEK (ca. 4 167 €). 20 % staatliche Steuer für den Teil des Jahreseinkommens, der 435 900 SEK (ca. 47 183 €) übersteigt. 5 % zusätzliche staatliche Steuer für den Teil des Jahreseinkommens, der 602 600 SEK (ca. 65 228€) übersteigt.	Gemeinden +Staat Insgesamt	49,15–60,33 %	602 600 SEK, (ca. 65 228 €) (Betrag nach Beachtung des Grundfreibetrags) Erwerbseinkünfte 2014.

---

1) Ist der Steuerzahler kein Mitglied der schwedischen Kirche (oder einer anderen Glaubensgemeinschaft), so reduziert sich der Steuersatz um ca. 1 %.

Land	Eingangsteuersätze für Erwerbseinkünfte 2015		Eingangsteuersatz bis	Spitzensteuersätze für Erwerbseinkünfte 2015		Spitzensteuersatz ab
Schweiz[1]	Bundessteuer + Kantonsteuer (variierend je Kanton) + Gemeindesteuer (variierend je Gemeinde) ohne Kirchensteuer Insgesamt: Tiefstsatz „günstigste" Gemeinde Tiefstsatz „teuerste" Gemeinde	0,77 %[2] 0,49 %[3] 0,14 %[4]	31 600 CHF Nullzone im Tarif bis 14 500 CHF für Bundessteuer, wobei Steuerbeträge unter 25 CHF nicht erhoben werden. Unterschiedliche Grenzen für Kanton- und Gemeindesteuer.	Bundessteuer + Kantonsteuer (variierend je Kanton) + Gemeindesteuer (variierend je Gemeinde) ohne Kirchensteuer Insgesamt: Höchstsatz „günstigste" Gemeinde Höchstsatz „teuerste" Gemeinde	11,5 %[5] 18,62 %[6] 45,79 %[7]	755 200 CHF für Bundessteuer. Unterschiedliche Grenzen für Kanton- und Gemeindesteuer.

1) Angabe des Grundtarifs für Alleinstehende ohne Religionszugehörigkeit, wobei als „günstigste" Gemeinde diejenige mit dem tiefsten Höchstsatz und als „teuerste" Gemeinde diejenige mit dem obersten Höchstsatz gilt. Die Schweizer Steuerlast besteht aus drei Stufen – der Direkten Bundessteuer, der Kantons- und der Gemeindesteuer. Die Schweizer Steuern sind progressiv ausgestaltet und die Besteuerung erfolgt nach Tarifen für Verheiratete, Alleinstehende und Eltern jeweils mit oder ohne Kirchensteuer. Kirchensteuer variiert zwischen den Gemeinden und Kirchen.
2) Das für den Eingangsteuersatz maßgebliche Einkommen für die direkte Bundessteuer liegt zwischen 14 500 CHF und 31 600 CHF für alleinstehende Stpfl.
3) Bund/Kanton/Bezirk/Gemeinde für die günstigste Gemeinde: Wollerau (Kanton Schwyz) – Bundessteuer 0 %, Kantons- und Gemeindesteuer (inkl. Bezirkssteuer) min. 0,49 % (Sätze 2014).
4) Bund/Kanton/Gemeinde für die teuerste Gemeinde: Avully (Kanton Genf) – Bundessteuer 0 %, Kantons- und Gemeindesteuern (inkl. Kopfsteuer von 25 CHF min. 0,14 % (Sätze 2014).
5) Der Spitzensteuersatz beträgt 13,2 % (direkte Bundessteuer/alleinstehende Stpfl.) für denjenigen Teil des Einkommens, welcher in der Bandbreite zwischen 176 000 CHF und 755 200 CHF liegt.
6) Bund/Kanton/Bezirk/Gemeinde für die günstigste Gemeinde: Wolle rau (Kanton Schwyz) – Bundessteuer max. 11,5 %, Kantons- und Gemeindesteuer (inkl. Bezirkssteuer) max. 7,12 % (Sätze 2014).
7) Bund/Kanton/Gemeinde für die teuerste Gemeinde: Avully (Kanton Genf) – Bundessteuer max. 11,5 %, Kantons- und Gemeindesteuer max. 34,29 % (Sätze 2014).

Land	Eingangsteuersätze für Erwerbseinkünfte 2015	Eingangsteuersatz bis	Spitzensteuersätze für Erwerbseinkünfte 2015	Spitzensteuersatz ab
Spanien	Staat + Autonome Regionen (KiSt o. soziale Dienste 0,7 % der tariflichen ESt. Dies stellt jedoch keine zusätzl. Steuerlast dar, da dieser Betrag vom Staat getragen wird) Insgesamt Einkommen aus Anlagenkapital unterliegen einem Pauschalsteuersatz von	10 % 10 % (min. 0,17 % des zu versteuernden Einkommens) 24 % 21 [1]% 25 %	Keine Nullzone im Tarif. Stattdessen wird ein Grundfreibetrag i.H.v. mind. 5 151 € bei der Ermittlung der tariflichen Einkommensteuer vom zu versteuernden Einkommen abgezogen. Der Grundfreibetrag ist variabel und von der persönlichen Situation des Stpfl. abhängig. Zuschläge für Kinder, pflegebedürftige Eltern oder bestimmte Familienangehörige mit Behinderungen können diesen Betrag deutlich erhöhen. Eine Erhöhung von 918 € erfolgt, wenn der Stpfl. älter als 65 Jahre ist und 1.122 € wenn der Stpfl. älter als 75 Jahre ist. Bis 6 000,- € Bis 24 000,- €	Staat + Autonome Regionen (KiSt o. soziale Dienste 0,7 % der tariflichen ESt. Dies stellt jedoch keine zusätzl. Steuerlast dar, da dieser Betrag vom Staat getragen wird) Insgesamt	23,50 % 23,50 % (max. 0,30 % des zu versteuernden Einkommens) 47 %	300 000€ Ab 24 000 €
USA	Bundesebene (Federal) Die meisten Bundesstaaten (states) besteuern Erwerbseinkünfte. Die Steuersätze variieren dabei in den einzelnen Bundesstaaten.	10 %	9 075 US $ (ca. 7 276 €)	Bundesebene (Federal) Die meisten Bundesstaaten (states) besteuern Erwerbseinkünfte. Die Steuersätze variieren dabei in den einzelnen Bundesstaaten.	39,6 %	406 750 US $ (ca. 326 130 €)

2. Nichtselbständige Arbeit und Ruhegehälter (Art. 15 und Art. 18 OECD-MA)

a) DBA-rechtliche Konsequenzen

386 **Anmerkung**: Regelungen, welche Aufsichts- und Verwaltungsratsvergütungen, Künstler und Sportler, Zahlungen aus öffentlichen Kassen sowie Studenten (Art. 16, 17, 19 und 20 OECD-MA) betreffen, wurden nicht berücksichtigt.

Entgelte aus nichtselbständiger Arbeit sind sämtliche Löhne, Gehälter und ähnliche Vergütungen aus einem gegenwärtigen Arbeitsverhältnis mit einem privaten Arbeitgeber. Dazu zählen neben regelmäßigen Zahlungen (z.B. Urlaubsgeld) auch einmalige Leistungen wie etwa Sachbezüge, Konkursausfallgeld oder Jubiläumszuwendungen, die ein Arbeitnehmer aus dem Dienst- oder Arbeitsverhältnis bezieht. Die Arbeitsleistung selbst kann aus einem Tun oder einem Unterlassen einer Tätigkeit bestehen.[2]

---

1) Abschaffung der 1 500 €-Steuerbefreiung auf Dividendenerträge. Für 2015 werden folgende neue Steuerstufen vorgesehen: 20 % für Einkommen bis zu 6 000 €, 22 % für Einkommen ab 6 000 € bis zu 50 000 €, und 24 % ab 50 000 €. Diese Stufen werden i.H.v. 19 %, 21 % und 23 % für 2016 anwendbar.

2) Wassermeyer in Wassermeyer, Art. 15 MA Rz. 54 f.; 64; Kamphaus/Büscher in Strunk/Kaminski/Köhler, Art. 15 OECD-MA Rz. 48 f.

Für die Frage, wann Entgelte aus unselbständiger Arbeit vorliegen, ist der Zusammenhang zwischen der Arbeitsleistung und der Vergütung zu prüfen. Liegt bei dem Arbeitgeber ein wirtschaftliches und nicht nur persönliches Interesse an der Leistung vor, so wird i.d.R. ein Zusammenhang mit dem Arbeitsverhältnis gegeben sein.[1]

Auch vom Arbeitgeber getragene Sozialleistungen einschließlich der Sozialversicherungsbeiträge zählen zu den Einkünften aus nichtselbständiger Arbeit. Obgleich diese häufig nach innerstaatlichem Recht steuerfrei sind (z.B. Ausgaben des Arbeitgebers für die Zukunftssicherung des Arbeitnehmers nach § 3 Nr. 62 EStG).[2]

Für die Anwendung des DBA kommt es nicht darauf an, zu welchem Zeitpunkt und an welchem Ort die Vergütung entrichtet wurde, sondern nur darauf, ob sie dem Arbeitnehmer für den Zeitraum der Auslandstätigkeit zufließt (OECD-MK zu Art. 15, Tz. 2.2). Der Ort der Arbeitsausübung befindet sich grundsätzlich an jener Stelle, an der sich der Arbeitnehmer persönlich zur Ausführung seiner Tätigkeit aufhält.[3]

Doppelbesteuerungsabkommen sehen für Einkünfte aus nichtselbständiger Tätigkeit die Besteuerung im Tätigkeitsstaat vor („Arbeitsortprinzip").[4]

Unter folgenden Voraussetzungen wird das Besteuerungsrecht dem Ansässigkeitsstaat zugestanden:[5]

1. Der Arbeitnehmer hält sich im Ausland nicht länger als 183 Tage (bezogen auf einen Zeitraum von zwölf Monaten) auf;
2. Die Entrichtung der Vergütung erfolgt von oder für einen Arbeitgeber, der nicht im Tätigkeitsstaat ansässig ist;
3. Die Vergütung wird nicht von einer im Tätigkeitsstaat belegenen Betriebsstätte oder festen Einrichtung des Arbeitgebers getragen.

Die Voraussetzungen 1., 2. und 3. sind kumulativ zu erfüllen.

Die Vermeidung der Doppelbesteuerung erfolgt in Deutschland regelmäßig durch die Freistellungsmethode mit Progressionsvorbehalt.[6]

Das Besteuerungsrecht von Entgelten aus unselbständiger Arbeit an Bord eines Seeschiffs oder Luftfahrzeugs im internationalen Verkehr oder an Bord eines Binnenschiffs wird in aller Regel jenem Staat zugestanden, in dem sich der Ort der tatsächlichen Geschäftsleitung des Unternehmens befindet.[7]

Für die Unterscheidung, ob eine nach Beendigung des Arbeitsverhältnisses gezahlte Tätigkeitsvergütung dem Art. 15 OECD-MA oder als Ruhegehalt dem Art. 18 OECD-MA unterliegt, ist nicht der Zeitpunkt, sondern der Grund der Zahlung heranzuziehen.[8] Ein Ruhegehalt liegt dann vor, wenn der Zahlung Versorgungscharakter zukommt.[9]

Nach Art. 18 OECD-MA können Ruhegehälter aus einem privaten Arbeitsverhältnis nur im Ansässigkeitsstaat des Empfängers besteuert werden. Dies gilt auch für Wit-

---

1) Vgl. Prokisch in Vogel/Lehner, 5. Aufl., Art. 15 Rz. 15 f.
2) Prokisch in Vogel/Lehner, 5. Aufl., Art. 15 MA Rz. 18a.
3) BMF v. 14.9.2006, IV B 6 – S 1300 – 367/06, BStBl I 2006, 532, Tz. 27.
4) Vgl. auch BMF v. 14.9.2006, IV B 6 – S 1300 – 367/06, BStBl I 2006, 532, Tz. 26.
5) Art. 15 Abs. 2 OECD-MA, vgl. auch BMF v. 14.9.2006, IV B 6 – S 1300 – 367/06, BStBl I 2006, 532, Tz. 28 ff.
6) Vgl. BMF v. 14.9.2006, IV B 6 – S 1300 – 367/06, BStBl I 2006, 532, Tz. 14.
7) Hemmelrath in Vogel/Lehner, 5. Aufl., Art. 8 Rz. 11; BMF v. 14.9.2006, IV B 6 – S 1300 – 367/06, BStBl I 2006, 532, Tz. 153 f.
8) Prokisch in Vogel/Lehner, 5. Aufl., Art. 15 Rz. 9; Strunk-zur Heide in Strunk/Kaminski/Köhler, Art. 18 OECD-MA Rz. 18.
9) Strunk-zur Heide in Strunk/Kaminski/Köhler, Art. 18 OECD-MA Rz. 16; Prokisch in Vogel/Lehner, 5. Aufl., Art. 15 Rz. 9.

wen- und Waisenpensionen sowie für ähnliche Zahlungen (z.B. Renten auf Grund früherer Arbeitsverhältnisse).[1]

387 *b) Länderübersicht*

Land	Besonderheiten im DBA zum Artikel „Nichtselbständige Arbeit"	Besonderheiten im DBA zum Artikel „Ruhegehälter"	Ertragsteuerliche Konsequenzen und Besonderheiten des nationalen Rechts
Belgien Art. 15 DBA Art. 18 DBA	– Grenzgängerregelung wurde mit Zusatzabkommen vom 5.11.2002 zum DBA mit Wirkung ab 1.1.2004 aufgehoben. – Die Besteuerung der Bordbesatzung von Seeschiffen und Luftfahrzeugen erfolgt nur im internationalen Verkehr in dem Vertragsstaat, in dem sich der Ort der tatsächlichen Geschäftsleitung des Unternehmens befindet.	– Wohnsitzprinzip gilt nicht für Bezüge, die auf Grund der Sozialgesetzgebung eines Vertragsstaats aus dessen öffentlicher Kasse geleistet werden. (Art. 18 i.V.m. Art. 19 Abs. 3)	– Einkünfte aus nichtselbständiger Arbeit sind neben Arbeitsentgelten, Gratifikationen, Sachbezügen und Ähnlichem auch Versorgungsbezüge jeder Art wie z.B. Altersbezüge und zeitlich begrenzte Renten. – Abzugsfähige Werbungskosten sind z.B. Arbeitnehmerbeiträge zu den sozialen Pflichtversicherungen, Fahrten zur Arbeitsstätte etc.; ohne Nachweis gilt ein Pauschbetrag von 3 950 €. Mit Nachweis können für Fahrten zwischen Wohnort und Arbeitsstätte 0,15 €/km angesetzt werden. – Steuererhebung erfolgt durch ein Lohnsteuerabzugsverfahren.
Frankreich Art. 13 DBA Art. 14 DBA	– Subject-to-tax-Klausel zur Vermeidung weißer Einkünfte aus Schiffen bzw. Luftfahrzeugen. – Grenzgängerregelung: Besteuerungsrecht steht dem Wohnsitzstaat zu, sofern die Tätigkeit innerhalb der Grenzzone (20 km für deutsche Grenzgänger) ausgeübt wird; eine Nichtrückkehr des Arbeitnehmers an 20 % der Tage, an denen das Arbeitsverhältnis bestand, maximal jedoch an 45 Tagen pro Kalenderjahr, ist dabei unschädlich. – Leiharbeitnehmer können unabhängig von der gewerblichen Eigenschaft des Arbeitnehmerverleihers sowohl im Tätigkeits- als auch im Ansässigkeitsstaat besteuert werden (Anrechnungsmethode Art. 20 (1c)). – Leiharbeitnehmer, die innerhalb der Grenzzone wohnen	– Das Wohnsitzprinzip gilt nicht für Leistungen, die aus der gesetzlichen Sozialversicherung eines Vertragsstaats geleistet werden. – Das Wohnsitzprinzip gilt nicht für Schadenersatzleistungen, die von einem Vertragsstaat für die Folgen von Kriegshandlungen oder politischer Verfolgung gezahlt werden.	– Löhne, Gehälter, Renten- und Versorgungsbezüge einschließlich Sachleistungen bilden die Einkünfte aus nichtselbständiger Arbeit. – Abzugsfähig ist für Werbungskosten eine Pauschale von 10 % (min. 426 €, max. 12 157 € für 2014) – Steuererhebung erfolgt durch eine Veranlagung zur Einkommensteuer. Es gibt, unter Ausnahme der Sozialsteuerzuschläge und einer Quellensteuer auf an beschränkt Stpfl. gezahlte Löhne und Gehälter, keinen Lohnsteuerabzug. – Französische Einkünfte von Stpfl. mit Wohnsitz im Ausland unterliegen folgender monatlicher Quellensteuer (Zahlen für die Monatsgehälter 2015 bei Vollzeittätigkeit):

---

1) OECD-MK Art. 18 Nr. 1 und 3; Wassermeyer in Wassermeyer, Art. 18 MA Rz. 1 ff., 28 f.

Land	Besonderheiten im DBA zum Artikel „Nichtselbständige Arbeit"	Besonderheiten im DBA zum Artikel „Ruhegehälter"	Ertragsteuerliche Konsequenzen und Besonderheiten des nationalen Rechts
	und arbeiten, werden wie Grenzgänger besteuert.		– 0 % Quellensteuer bis zu einem Monatsgehalt von 1 203 € – 12 % Quellensteuer bei einem Monatsgehalt von 1 203 € bis 3 489 €, – 20 % Quellensteuer bei einem Monatsgehalt von über 3 489 €. – Die Quellensteuer auf die Einkünfte bis 3 489 € pro Monat hat für Ansässige von DBA-Ländern befreiende Wirkung.
Griechenland Art. 11 DBA Art. 12 DBA	– Die Besteuerung der Bordbesatzung von Seeschiffen im internationalen Verkehr kann in dem Vertragsstaat erfolgen, in dem sich der Registerhafen des Schiffs befindet. – Die Besteuerung der Bordbesatzung von Luftfahrzeugen im internationalen Verkehr kann in dem Vertragsstaat erfolgen, in dem sich der Ort der tatsächlichen Geschäftsleitung des Unternehmens befindet.	– Das Wohnsitzprinzip gilt nicht für Schadenersatzleistungen, die von einem Vertragsstaat für die Folgen von Kriegshandlungen oder politischer Verfolgung gezahlt werden. – Ruhegehälter und Renten, die die Deutsche Bundesbank, die Deutsche Bundesbahn und die Deutsche Bundespost sowie die entsprechenden Organisationen des Königreichs Griechenland zahlen, sind in dem Quellenstaat zu versteuern.	– Es gilt das Wohnsitzprinzip. – Einkünfte aus nichtselbständiger Arbeit sind Löhne, Gehälter, Renten, Pensionen und sonstige Vergütungen aus zukünftigen, gegenwärtigen oder früheren Arbeitsverhältnissen, die auf schriftlichen oder mündlichen Vereinbarungen basieren. Entschädigungen wie Abfindungen und Zulagen werden progressiv bis maximal 30 % besteuert (Nullzone im Tarif bis 60 000 €). – Werbungskosten sind nur per Einzelnachweis abzugsfähig, keine Pauschale. – Steuerausländer sind nicht steuerermäßigungsberechtigt (Ausnahme: EU-Bürger, deren in Griechenland erzielte Einkünfte mehr als 90 % ihres Welteinkommens betragen). – Steuererhebung durch Lohnsteuerabzugsverfahren. – Das steuerpflichtige Einkommen der Stpfl., die ihren Wohnsitz auf Inseln (weniger als 3 100 Bewohner) haben, erhöht sich um 50 %.

Land	Besonderheiten im DBA zum Artikel „Nichtselbständige Arbeit"	Besonderheiten im DBA zum Artikel „Ruhegehälter"	Ertragsteuerliche Konsequenzen und Besonderheiten des nationalen Rechts
Großbritannien Art. 14 DBA Art. 17 DBA	– Ermittlung der 183-Tage-Frist bezieht sich auf einen Zeitraum von 12 Monaten, der während des betreffenden Steuerjahrs beginnt oder endet. Das Steuerjahr in Großbritannien beginnt am 6.4. und endet am 5.4. des Folgejahrs. – Die Besteuerung der Bordbesatzung von Seeschiffen und Luftfahrzeugen im internationalen Verkehr erfolgt in dem Vertragsstaat, in dem die Person ansässig ist.	– Die Besteuerung von Ruhegehältern und ähnlichen Vergütungen entspricht grundsätzlich der Regelung im OECD-MA, somit Besteuerung im Ansässigkeitsstaat des Empfängers. Renten, welche gesondert definiert werden, werden wie Ruhegehälter und ähnliche Vergütungen besteuert. Hiervon abweichend weisen Abs. 2 und 4 das Besteuerungsrecht für Bezüge aus der gesetzlichen Sozialversicherung und für Vergütungen (Entschädigungen) für politisch Verfolgte oder Personen mit Kriegsschäden ausschließlich dem Quellenstaat zu. – Das Besteuerungsrecht für Ruhegehälter, ähnliche Vergütungen und Renten, welche während der Ansparphase länger als 15 Jahre steuerlich bevorzugt behandelt worden sind, wird dem Quellenstaat zugewiesen.	– Einkünfte aus nichtselbständiger Arbeit (Employment Income) sind Löhne, Gehälter und vom Arbeitgeber gewährte geldwerte Vorteile. Bezüge aus früheren Arbeitsverhältnissen und Sozialversicherungsrenten werden steuerlich als „Pension income" erfasst. – Werbungskostenabzug (Business expenses) ist nur in definierten Fällen zulässig. – Steuererhebung durch Lohnsteuerabzugsverfahren („pay as you earn" – PAYE).
Irland Art. 14 DBA Art. 17 DBA	– Ermittlung der 183-Tage-Frist bezieht sich auf einen Zeitraum von 12 Monaten, der während des betreffenden Steuerjahres beginnt oder endet. Die Besteuerung der Bordbesatzung von Seeschiffen und Luftfahrzeugen im internationalen Verkehr erfolgt in dem Vertragsstaat, in dem die Person ansässig ist.	Die Besteuerung von Ruhegehältern und ähnlichen Vergütungen entspricht grundsätzlich der Regelung im OECD-MA, somit Besteuerung im Ansässigkeitsstaat des Empfängers. Renten, welche gesondert definiert werden, werden wie Ruhegehälter und ähnliche Vergütungen besteuert. Hiervon abweichend weisen Abs. 2 und 4 das Besteuerungsrecht für Bezüge aus der gesetzlichen Sozialversicherung und für Vergütungen (Entschädigungen) für politisch Verfolgte oder Personen mit Kriegsschäden ausschließlich dem Quellenstaat zu.	– Neben den von Arbeitgebern gezahlten Löhnen und Gehältern sind auch an Beschäftigte (einschließlich Geschäftsführer) geleistete Sachbezüge (insbesondere Arbeitgeberdarlehen sowie privat genutzte Firmenwagen) steuerpflichtig. – Werbungskosten sind nur unter restriktiven Bedingungen zulässig. Renten, Pensionen und ähnliche Bezüge werden mit Abschlägen, die sich nach dem Verhältnis der Bezüge zum letzten Arbeitslohn richten, besteuert. – Steuerhebung durch Lohnsteuerabzugsverfahren („pay as you earn" – PAYE).

Land	Besonderheiten im DBA zum Artikel „Nichtselbständige Arbeit"	Besonderheiten im DBA zum Artikel „Ruhegehälter"	Ertragsteuerliche Konsequenzen und Besonderheiten des nationalen Rechts
		– Das Besteuerungsrecht für Ruhegehälter, ähnliche Vergütungen und Renten, welche während der Ansparphase länger als 12 Jahre steuerlich bevorzugt behandelt worden sind, wird dem Quellenstaat zugewiesen.	
Italien Art. 15 DBA Art. 18 DBA	– Die Besteuerung der Bordbesatzung von Seeschiffen und Luftfahrzeugen erfolgt nur im internationalen Verkehr in dem Vertragsstaat, in dem sich der Ort der tatsächlichen Geschäftsleitung des Unternehmens befindet. – Leiharbeitnehmer können – unabhängig von der gewerblichen Eigenschaft des Arbeitnehmerverleihers – sowohl im Tätigkeits- als auch im Ansässigkeitsstaat besteuert werden (Anrechnungsmethode Art. 24 Prot. Nr. 13). – Entspricht OECD-MA.	– Entspricht inhaltlich dem OECD-MA.	– Einkünfte aus nichtselbständiger Arbeit sind Löhne, Gehälter, Einkünfte aus geregelter und fortwährender Zusammenarbeit, Renten und Pensionen u. Ä. – Einzelne Werbungskosten sind – abgesehen von betrieblich veranlassten Reisekosten – nicht zulässig; bestimmte Pauschalabzüge sind für niedrige Einkommenskategorien vorgesehen. – Beiträge zu gesetzlich vorgesehenen Pensions-, Krankheits-, Unfall- und Haftpflichtversicherungen sowie bestimmte Sozial- und Naturalleistungen der Arbeitgeber an Arbeitnehmer, zählen nicht zu den steuerbaren Einkünften. – Steuererhebung durch Lohnsteuerabzugsverfahren.
Liechtenstein Art. 14 DBA Art. 17 DBA	– Entspricht inhaltlich dem OECD-MA.	Leistungen aus der gesetzlichen Sozialversicherung dürfen nur im Kassenstaat besteuert werden. Das Wohnsitzprinzip gilt nicht für Schadenersatzleistungen, die von einem Vertragsstaat für die Folgen von Kriegshandlungen oder politischer Verfolgung gezahlt werden.	– Einkünfte aus nichtselbständiger Arbeit (und Ersatzeinkünfte) unterliegen grundsätzlich der Lohnsteuer. Vorbehalten bleiben Regelungen in DBA. – Vergütungsgläubiger, welche unbeschränkt steuerpflichtig sind, haben in ihrer Steuererklärung den dem Steuerabzug unterliegenden Erwerb zu deklarieren. Die Steuerabzugsbeträge werden auf die geschuldete Landes- und Gemeindesteuer angerechnet.

Land	Besonderheiten im DBA zum Artikel „Nichtselbständige Arbeit"	Besonderheiten im DBA zum Artikel „Ruhegehälter"	Ertragsteuerliche Konsequenzen und Besonderheiten des nationalen Rechts
Luxemburg Art. 14, 17 und 18 DBA	– Die 183 Tage Regel findet keine Anwendung auf Vergütungen für Arbeit im Rahmen gewerbsmäßiger Arbeitnehmerüberlassung (z.B. Zeitarbeitsfirmen). Solche Vergütungen bleiben folglich in dem Staat in dem die tatsächliche Tätigkeit ausgeübt wird, steuerpflichtig. – Keine Grenzgängerregelung, jedoch Verständigungsvereinbarungen. – Subject-to-tax-Klausel zur Vermeidung weißer Einkünfte aus unselbständiger Arbeit an Bord von Schiffen oder Luftfahrzeugen. – Das DBA legt genau fest, dass es sich um Seeschiffe oder Schiffe handelt, die der Binnenschifffahrt dienen, sowie Luftfahrzeuge, die im internationalen Verkehr benutzt werden. – Zahlungen, die von einem Vertragsstaat, einem seiner Länder oder einer ihrer Gebietskörperschaften oder einer anderen juristischen Person des öffentlichen Rechts geleistet werden, sind im Quellenstaat zu versteuern, insoweit die Dienste im Quellenstaat geleistet werden, der Empfänger in diesem Staat ansässig ist und ein Staatsangehöriger dieses Staates ist oder nicht ausschließlich deshalb in diesem Staat ansässig geworden ist, um die Dienste zu leisten. – BMF betreffend steuerliche Behandlung von Berufskraftfahrern nach dem deutschluxemburgischen Doppelbesteuerungsabkommen v. 7.9.2011.	– Bezüge, die aus der gesetzlichen Sozialversicherung stammen im Quellenstaat besteuert – Ruhegehälter und ähnliche Vergütungen (einschließlich pauschale Zahlungen) die aus Luxemburg stammen werden nicht in Deutschland besteuert, wenn diese Zahlungen sich aus Beiträgen, Zuweisungen und Versicherungsprämien ergeben, die von dem oder für den in Deutschland ansässigen Empfänger an ein Zusatzpensionsregime gezahlt wurden. – Ruhegehälter, ähnliche Vergütungen oder Renten, die ganz oder teilweise auf Beiträgen beruhen, die in Deutschland länger als zwölf Jahre a) nicht zu den steuerpflichtigen Einkünften gehörten oder b) steuerlich abziehbar waren oder c) in anderer Weise begünstigt wurden, werden nur in Deutschland besteuert. Diese Einkünfte sind jedoch nicht in Deutschland zu versteuern, wenn Deutschland die Ruhegehälter, die ähnlichen Vergütungen oder die Renten tatsächlich nicht besteuert, wenn die Steuervergünstigung	– Neben Einkünften aus nichtselbständiger Arbeit werden auch Einkünfte aus Renten und Pensionen in einer gesonderten Einkunftsart erfasst. Bei Einkünften aus nichtselbständiger Arbeit sind nachgewiesene Werbungskosten oder eine Pauschale von 540 € für Werbungskosten abzugsfähig, sowie ein Pauschalabzug für Fahrtkosten.[1] Bei Einkünften aus Renten und Pensionen beträgt der Pauschbetrag 300 €. In beiden Einkunftsarten wird eine Steuergutschrift für Lohn- und für Rentenempfänger von 300 € sowie für Alleinerziehende von 750 € gewährt. – Ein Lohnsteuerjahresausgleich ist für beschränkt Stpfl. nur möglich, sofern sie durchgehend im Steuerjahr neun Monate im Inland beschäftigt waren oder das Bruttojahreseinkommen zu mindestens 75 % inländischen Ursprungs ist. – Neben Ehegatten sind auf gemeinsamen Antrag auch (nach in- und ausländischem Recht) anders- und gleichgeschlechtliche Lebenspartnerschaften zur Zusammenveranlagung berechtigt. – Nach Umsetzung des EuGH-Urteils „Lakebrink" (C-182/06) können für nicht ansässige Stpfl., die mit 90 % ihrer in- und ausländischen Tätigkeitseinkünfte in Luxemburg steuerpflichtig sind, aus-

---

1) Der Pauschalabzug beträgt von 99 € pro Entfernungseinheit zwischen Wohn- und Arbeitsort ab dem 5. km bis zum 30. km (bis zu einem Maximalbetrag von 2 574 €).

Land	Besonderheiten im DBA zum Artikel „Nichtselbständige Arbeit"	Besonderheiten im DBA zum Artikel „Ruhegehälter"	Ertragsteuerliche Konsequenzen und Besonderheiten des nationalen Rechts
	– zur Auslegung: Verständigungsvereinbarungen zum deutsch-luxemburgischen Doppelbesteuerungsabkommen vom 26.5.2011 betreffend der Besteuerung der Arbeitslöhne von Grenzpendlern und vom 7.9.2011 betreffend der Besteuerung der Löhne von Berufskraftfahrern, Lokomotivführern und Begleitpersonal und von Abfindungszahlungen, Abfindungen und Entschädigungen in Folge einer Kündigung und/oder eines Sozialplans sowie Arbeitslosengeld.	aus irgendeinem Grund zurückgefordert wurde oder wenn die Frist von zwölf Jahren in beiden Vertragsstaaten erfüllt ist.	ländische Verluste bei der Berechnung des Steuersatzes berücksichtigt werden.
Niederlande[1] Art. 14 DBA Art. 17 DBA	DBA 2012 – Entspricht inhaltlich dem OECD-MA. – Sonderregelung bei Vergütungen für nichtselbständige Arbeit, die von einer in einem grenzüberschreitenden Gewerbegebiet befindlichen festen Geschäftseinrichtung getragen werden.	DBA 2012 – Ruhegehälter und ähnliche Vergütungen können grundsätzlich nur im Ansässigkeitsstaat des Empfängers besteuert werden (Art. 17 Abs. 1). Eine Besteuerung im Staat, aus dem die Ruhegehälter bezogen werden, kann erfolgen, wenn – der gesamte Bruttobetrag in einem Kalenderjahr die Summe von 15 000 € übersteigt (Art. 17 Abs. 2), oder – das Ruhegehalt ist nicht wiederkehrender Art (Art. 17 Abs. 3).	– Zu den Einkünften aus nichtselbständiger Arbeit zählen alle Gegenleistungen in Geld oder Geldeswert eines Arbeitgebers an einen Arbeitnehmer. Tatsächliche Werbungskosten sind nicht abzugsfähig (für den Arbeitgeber besteht weiterhin die Möglichkeit der steuerfreien Erstattung). – Fahrten von und zur Arbeitsstätte sind nur für Fahrten mit öffentlichen Verkehrsmitteln pauschaliert abzugsfähig. – Die private Nutzung eines Firmenwagens zu 14–25 % des Listenpreises ist Einkunftsbestandteil (Herabsetzung des Prozentsatzes abhängig vom CO_2-Ausstoß). Es ist allerdings kein Bestandteil des Einkommens, soweit die Privatnutzung nachweisbar (Fahrtenbuch) weniger als 500 km/Jahr (2014) beträgt. – Renten, Pensionen und ähnliche Bezüge fallen je nach ihrem Ursprung unter die Einkünfte aus Arbeit.

---

1) Deutschland hat mit den Niederlanden am 12.4.2012 ein neues DBA für Steuern vom Einkommen (Einkommensteuer) vereinbart. Dieser Vertrag wird voraussichtlich am 1.1.2015 in Kraft treten. Zum bisherigen DBA v. 16.6.1959 vgl. die Ausführungen im Steuerberater Handbuch 2013.

Land	Besonderheiten im DBA zum Artikel „Nichtselbständige Arbeit"	Besonderheiten im DBA zum Artikel „Ruhegehälter"	Ertragsteuerliche Konsequenzen und Besonderheiten des nationalen Rechts
			– Arbeitnehmer mit besonderen, auf dem niederländischen Arbeitsmarkt nicht oder nicht in einem ausreichenden Maße vorhandenen Kenntnissen, die aus einem anderen Land kommen, können unter bestimmten Voraussetzungen 30 % ihres Grundgehalts, welches speziell ermittelt wird, steuerfrei beziehen. – Steuererhebung durch Lohnsteuerabzugsverfahren; Veranlagung zur Einkommensteuer findet nur unter bestimmten Voraussetzungen statt.
Österreich Art. 15 DBA Art. 18 DBA	– Grenzgängerregelung: Für Grenzgänger von privaten Arbeitgebern, die täglich in den Wohnsitzstaat zurückkehren, hat der Wohnsitzstaat das Besteuerungsrecht (Grenzzone 30 km). Der Arbeitnehmer kann je Kalenderjahr max. 45 Tage außerhalb der Grenzzone unschädlich tätig werden. – Die Berechnung der 183-Tage-Klausel ist kalenderjahrbezogen. – Bei der Überlassung von Arbeitnehmern (Arbeitskräftegestellung) kommt es nicht darauf an, wer die Vergütungen zahlt bzw. wer tatsächlich Arbeitgeber ist, wenn sich der Arbeitnehmer im anderen Staat insgesamt nicht länger als 183 Tage während des betreffenden Kalenderjahres aufhält. – Art. 15 DBA enthält nunmehr eine Subject-to-tax-Klausel. – Die Besteuerung der Bordbesatzung von Seeschiffen oder Luftfahrzeugen erfolgt im internationalen Verkehr nur in dem Vertragsstaat, in dem sich der Ort der tatsächlichen Geschäftsleitung des Unternehmens befindet.	– Entspricht OECD-MA. – Leistungen aus der gesetzlichen Sozialversicherung dürfen nur im Kassenstaat besteuert werden.	– Einkünfte aus nichtselbständiger Arbeit sind Löhne, Gehälter, Renten, Pensionen und Bezüge aus einer gesetzlichen Kranken- oder Unfallversorgung sowie Sachbezüge und geldwerte Vorteile wie z.B. die Gestellung von Wohnung, Telefon oder Auto. – Arbeitnehmerbeiträge zur sozialen Pflichtversicherung sind als Werbungskosten abzugsfähig. – Werden keine höheren Werbungskosten nachgewiesen, wird für Arbeitnehmer eine Werbungskostenpauschale i.H.v. 132 €/p. a. gewährt. Die Kosten des Arbeitswegs werden für alle Arbeitnehmer einheitlich mit einem „Verkehrsabsetzbetrag" von 291 € pauschaliert. Bei Entfernungen über 20 km werden zusätzliche Pauschbeträge gewährt. – Neben dem Arbeitnehmerabsetzbetrag (54 €/p. a.) sind sonstige Bezüge von Arbeitnehmern bis zu 730 €/p. a. steuerfrei. – Die Steuererhebung erfolgt durch Lohnsteuerabzug.

Land	Besonderheiten im DBA zum Artikel „Nichtselbständige Arbeit"	Besonderheiten im DBA zum Artikel „Ruhegehälter"	Ertragsteuerliche Konsequenzen und Besonderheiten des nationalen Rechts
Schweden Art. 15 DBA Art. 18 DBA Art. 42 DBA	– Arbeitseinkünfte werden im Wohnsitzstaat besteuert, es sei denn, die Arbeit wird im anderen Staat ausgeübt. In diesem Falle können die Einkünfte auch im Tätigkeitsstaat besteuert werden. – Die Ausnahme, dass unter gewissen Voraussetzungen die Arbeitseinkünfte nur im Wohnsitzstaat besteuert werden (Art. 15.2), gelten nicht für Leiharbeitnehmer eines gewerbsmäßigen Arbeitnehmerverleihs (Art. 15.4). – Die Besteuerung der Bordbesatzung von Seeschiffen und Luftfahrzeugen im internationalen Verkehr kann ungeachtet Art. 15.1 und 15.2 in dem Vertragsstaat, in dem das Unternehmen ansässig ist, geschehen. – Besteuerung des Bordpersonals des Luftfahrtkonsortiums SAS erfolgt nur in Schweden.	– Das Wohnsitzprinzip gilt nicht für Leistungen, die aus der gesetzlichen Sozialversicherung eines Vertragsstaats geleistet werden, wenn der Leistungsempfänger nicht Staatsangehöriger des anderen Staates ist, außer er ist zugleich auch Staatsangehöriger des einen Staats. – Das Wohnsitzprinzip gilt nicht für Schadenersatzleistungen, die von einem Vertragsstaat für die Folgen von Kriegshandlungen oder politischer Verfolgung gezahlt werden.	– Zu den Einkünften aus nichtselbständiger Arbeit zählen insbesondere Löhne, Gehälter, Honorare, Vergütungen für Dienstreisen, Sachbezüge und andere geldwerte Vorteile, Kranken- und Pflegegeld, Arbeitslosenunterstützung, Renten (ausgenommen der Volksrente) und Pensionen. – Eine spezielle Steuerreduktion/Abzug von bis zu 26 200 SEK (ca. 2 835 €) (2014) gilt für Arbeitseinkünfte. – Werbungskosten sind bei Einzelnachweis und soweit sie 5 000 SEK (ca. 541 €) übersteigen zulässig. – Als Werbungskosten sind Kosten für Fahrten zwischen Wohnung und Arbeitsstätte zulässig, soweit sie 10 000 SEK (ca. 1 082 €) (2012) übersteigen. – Experten, Forscher und andere Schlüsselfiguren können unter gewissen Voraussetzungen nach Antrag 25 % der Arbeitseinkünfte steuerfrei empfangen. Dies gilt nur für eine Periode von 3 Jahren. Personen mit einem Monatsgehalt vom mindestens 88 800 SEK (9 612€) sind immer qualifiziert für die Ermäßigung. In anderen Fällen muss die Fachkenntnis nachgewiesen werden. – Steuererhebung erfolgt durch Lohnsteuerabzug.

Land	Besonderheiten im DBA zum Artikel „Nichtselbständige Arbeit"	Besonderheiten im DBA zum Artikel „Ruhegehälter"	Ertragsteuerliche Konsequenzen und Besonderheiten des nationalen Rechts
Schweiz Art. 15 DBA Art. 15a DBA Art. 18 DBA	– Vergütungen von leitenden Angestellten einer Kapitalgesellschaft (Praxisänderung per 1.1.2009: nur noch auf im Handelsregister eingetragene leitende Angestellte anwendbar) werden grundsätzlich im Sitzstaat der Gesellschaft besteuert; besteuert dieser Staat nicht, kann der Ansässigkeitsstaat des Angestellten besteuern (Subject-to-tax-Klausel). – Grenzgängerregelung: Besteuerung im Ansässigkeitsstaat als Grundprinzip; max. 60 Arbeitstage beruflich bedingte Nichtrückkehr sind für die Grenzgängereigenschaft unschädlich; Tätigkeitsstaat kann eine Steuer bis zu 4,5 % des Bruttobetrags der Vergütung einbehalten. – Subject-to-tax-Klausel zur Vermeidung weißer Einkünfte auf Schiffen bzw. Luftfahrzeugen.	– Entspricht grundsätzlich dem OECD-MA, wobei die Berechnung der „183-Tage"-Frist innerhalb eines Steuerjahres und nicht, wie im OECD-MA vorgesehen, innerhalb eines Zeitraums von zwölf Monaten zu erfolgen hat.[1]	– Ausländische Arbeitnehmer (Ausnahme: u.a. Ausländer mit C-Bewilligung) unterliegen mit ihrem Arbeitslohn (einschließlich der Ersatzeinkünfte) einer Quellensteuer, deren Höhe sich aus den kantonalen Quellensteuertarifen ergibt. Betragen die dem Steuerabzug an der Quelle unterworfenen Bruttoeinkünfte im Kalenderjahr mehr als CHF 120 000, wird eine nachträgliche Veranlagung im ordentlichen Verfahren für das gesamte Einkommen durchgeführt. Die ordentliche Veranlagung wird auch beibehalten, wenn diese Grenze vorübergehend oder dauernd wieder unterschritten wird. In den übrigen Fällen ist die Quellensteuer definitiv. – Im Rahmen des ordentlichen Verfahrens können die Berufskosten (Gewinnungskosten) vom Nettolohn in Abzug gebracht werden. In Quellensteuerverfahren sind die Berufskosten bereits in den Tarifen berücksichtigt. – Ein höchstrichterliches Urteil zur Grenzgängerbesteuerung von Arbeitnehmern unter dem Freizügigkeitsabkommen gesteht Arbeitnehmern aus EU-Staaten in der Schweiz dieselben Abzüge zu, die auch ordentlich besteuerten Arbeitnehmern zustehen, sofern mindestens 90 % des Einkommens in der Schweiz erzielt werden.[2]

1) OECD-Musterkommentar, Ziff. 19 zu Art. 15 OECD-MA; vgl. Giraudi Jürg/Matteotti René/Roth Philipp, Schweizerische DBA-Politik, in Lang Michael/Schuch Josef/Staringer Claus, Die österreichische DBA-Politik – Das „österreichische Musterabkommen", Wien 2013, 64.
2) BGE 136 II 241 = Pra 99 (2010) Nr. 124. Der Entscheid hat in der Schweiz eine Debatte über die Ungleichbehandlung von quellenbesteuerten und ordentlich besteuerten Personen ausgelöst. Die Schweizerische Steuerkonferenz (SSK) hat hierzu ein Schreiben publiziert, in dem u.a. die Möglichkeiten für eine nachträgliche ordentliche Veranlagung diskutiert werden (vgl. SSK, Analyse zu den Bundesgerichtsentscheiden v. 26.1.2010 und 4.10.2010 und zum Verwaltungsgerichtsentscheid [NE] v. 2.7.2010 [Ungleichbehandlung zwischen quellenbesteuerten und ordentlich besteuerten Personen in der Schweiz], abrufbar unter: http://www.csi-ssk.ch/downloads/analyse_ag_biq_d.pdf [besucht am 24. November 2014]).

Land	Besonderheiten im DBA zum Artikel „Nichtselbständige Arbeit"	Besonderheiten im DBA zum Artikel „Ruhegehälter"	Ertragsteuerliche Konsequenzen und Besonderheiten des nationalen Rechts
			– Pensionen, Ruhegehälter und ähnliche Vergütungen aus schweizerischen Quellen (berufliche Vorsorge, sowie Pensionen aus öffentlich-rechtlichem Arbeitsverhältnis) von Personen ohne steuerrechtlichen Wohnsitz oder Aufenthalt in der Schweiz unterliegen einer vom Bund erhobenen Quellensteuer i.H.v. 1 % mit Abgeltungswirkung. Zusätzlich unterliegen die Einkünfte der Quellensteuer der Kantone und Gemeinden. Bei Kapitalleistungen wird die Quellensteuer i.H.v. 1/5 des ordentlichen Einkommensteuertarifs erhoben. Zusätzlich unterliegen Kapitalleistungen der Quellensteuer der Kantone und Gemeinden.
Spanien Art. 14 DBA Art. 17 DBA	– Die Besteuerung der Bordbesatzung von Seeschiffen und Luftfahrzeugen kann in dem Vertragsstaat erfolgen, in dem sich der Ort der tatsächlichen Geschäftsleitung des Unternehmens befindet.	– Das Wohnsitzprinzip gilt nicht für Schadenersatzleistungen, die von einem Vertragsstaat für die Folgen von Kriegshandlungen oder politischer Verfolgung gezahlt werden. – Auch nach dem neuen Abkommen werden die Rentenbezüge in Spanien versteuert, allerdings hat Deutschland die Möglichkeit, diese Bezüge ebenfalls mit bis zu 5 % zu besteuern, wenn es sich dabei um Pensionen handelt, die ab dem 1.1.2015 von der deutschen Sozialversicherung oder bestimmten anderen Rentenversicherungen, in die mehr als 12 Jahre eingezahlt wurde, gezahlt werden. Für Pensionsansprüche ab 1.1.2030 steigt dieser Steuersatz sogar auf 10 %, wobei die sich daraus ergebenden	– Einkünfte aus nichtselbständiger Arbeit sind insbesondere Löhne, Gehälter und ähnliche Vergütungen, die eine Person aus unselbständiger Arbeit bezieht. Sachbezüge und andere geldwerte Vorteile werden mit dem Teilwert angesetzt. Ab dem 1.1.2013 entspricht der Wert der Überlassung einer Wohnung den Mietkosten, die der Arbeitgeber übernimmt (dieser Wert kann nicht geringer sein, als 5 % bzw. 10 % – je nach dem Fall – des Katasterwerts). Diese Regel wird ab 2015 erneuert, d.h, der 5 %-Satz ist nur anwendbar wenn der Katasterwert in den 10 vorherigen Jahren überprüft wurde. – Die Überlassung von schadstoffärmeren Fahrzeugen verringert um 30% den Wert (i.H.v. 20%) der dem Mitarbeiter angerechnet wird.

Land	Besonderheiten im DBA zum Artikel „Nichtselbständige Arbeit"	Besonderheiten im DBA zum Artikel „Ruhegehälter"	Ertragsteuerliche Konsequenzen und Besonderheiten des nationalen Rechts
		Steuern, welche bereits in Deutschland gezahlt wurden, in Spanien angerechnet werden.	– Abziehbare Ausgaben sind nur betrieblich bzw. beruflich veranlasste Ausgaben, z.B. Mitgliedschaftsbeiträge für berufliche Organisationen oder Gewerkschaften und Beiträge zur Sozialversicherung. – Steuerfreie Einkünfte umfassen Abfindungen für physische oder geistige Schäden bis zur vom Gericht bestimmten Höhe. – Abfindungen wegen der Beendigung des Dienstverhältnisses sind bis zur max. gesetzlich festgelegten Höhe steuerfrei. Ab dem 1.1.2013 wurde dieses steuerfreie Maximum für bestimmte Fälle beschränkt. – Das Einkommen nichtansässiger Arbeitnehmer in Spanien ist in voller Höhe steuerbar. Es gibt keine abzugsfähigen Ausgaben. Der Steuersatz beträgt 24% bis zu € 600.000 Löhne. Ab diesem Betrag werden die Löhne i.H.v. 45% besteuert (für 2015 wird dieser 45% i.H.v. 47% aufgrund der Steuerreform vorgesehen). – Die Kosten für Fahrten zwischen Wohnung und Arbeitsstätte sind nicht abzugsfähig. Anrechnung der bezahlten Versicherungsprämie im Fälle von Rettensleistung, Tod oder Geschäftsunfähigkeit. – Steuererhebung erfolgt durch Lohnsteuerabzug; jeder Arbeitnehmer ist verpflichtet, bis zum 30.6. des Folgejahrs eine Einkommensteuererklärung abzugeben. Ausnahme: Der Arbeitnehmer bezieht, unter anderem, ein Einkommen von weniger als 22 000 €. Ab dem 1.1.2013 können Stpfl., die ihren Wohnsitz innerhalb der EU wechseln, die Besteuerung der Einkommen zurückstellen, bis diejenigen Einkommen effektiv erhalten werden.

Land	Besonderheiten im DBA zum Artikel „Nichtselbständige Arbeit"	Besonderheiten im DBA zum Artikel „Ruhegehälter"	Ertragsteuerliche Konsequenzen und Besonderheiten des nationalen Rechts
			– Ab 1 Januar 2014 gilt die Steuerpflicht für diejenigen die Ihre Einkommen von Investmentfonds erhalten Diese Pflicht gilt immer wenn die Bemessungsgrundlage nicht bemessbar ist (keine information über den konkreten Einkommen ist vorhanden). – Sonderregelung für ausländische Arbeitnehmer, die in Spanien ansässig werden, ausser die Sportler sind. Während der ersten 6 Jahre nach dem Wohnsitzwechsel können deren Erträge mit 24 % besteuert werden. Den rest des Beitrags wird in 2015 auf 47% und in 2016 auf 45% besteuert... Ausgeschlossen aus dieser Sonderregelung sind diejenigen ausländische Arbeitnehmer, deren Vergütung auf Grund des Arbeitsvertrages höher als 600 000 € ist.
USA Art. 15 DBA Art. 18 DBA Art. 18 A DBA Art. 19 DBA	– Die Besteuerung der regulären Bordbesatzung von Seeschiffen und Luftfahrzeugen nur im internationalen Verkehr erfolgt in dem Ansässigkeitsstaat. – Sonderregelung für US-Staatsbürger (saving clause nach Art. 1 Abs. 4) und „green card"-Inhaber (Einschränkung nach Protokoll Abschn. 2).	– Das Wohnsitzprinzip gilt nicht für Schadenersatzleistungen, die von einem Vertragsstaat für die Folgen von Kriegshandlungen oder politischer Verfolgung gezahlt werden. – Nichtabzugsfähige Unterhaltsleistungen sowie regelmäßige Zahlungen für den Unterhalt eines minderjährigen Kindes können nur im Ansässigkeitsstaat des Leistenden besteuert werden. – Erleichterung bei grenzüberschreitender Entsendung von Arbeitnehmern, indem Beträge zu bestehenden betrieblichen Altersvorsorgesystemen auch dann steuerbegünstigt geleistet werden können, wenn der Arbeitnehmer seine Tätigkeit in dem Vertragsstaat ausübt, in dem sich die Vorsorgeeinrichtung nicht befindet (Art. 18 A).	– Eine besondere Einkunftsart existiert für Einnahmen aus nichtselbständiger Arbeit nicht. – Für die Abzugsfähigkeit von Werbungskosten gelten ähnliche Grundsätze wie für die Betriebsausgaben (z.B. Notwendigkeit und Angemessenheit), sie werden jedoch bei sog. „employee business expenses" erheblich eingeschränkt. Begrenzt sind Werbungskosten bei Ausgaben für Mahlzeiten, Reisen und Wohnung während auswärtiger Tätigkeit, Umzugskosten u.a. Die Kosten für Fahrten zwischen Wohnung und Arbeitsstätte sind nicht abzugsfähig. – Steuererhebung erfolgt durch Lohnsteuerabzug. – Renten des öffentlichen Dienstes werden grundsätzlich im Quellenstaat besteuert, es sei denn, der Rentenbezieher besitzt die deutsche Staatsbürgerschaft (Art. 19, dann Anrechnungsmethode).

Land	Besonderheiten im DBA zum Artikel „Nichtselbständige Arbeit"	Besonderheiten im DBA zum Artikel „Ruhegehälter"	Ertragsteuerliche Konsequenzen und Besonderheiten des nationalen Rechts
			– Bezüge aus der Sozialversicherung werden im Wohnsitzstaat des Empfängers genauso besteuert, als ob sie aus der Sozialversicherung des Wohnsitzstaats stammen würden.

3. Unternehmensgewinne und Betriebsstätte im Ausland

a) DBA-rechtliche Konsequenzen

388 Anmerkung: Die Regelungen der Art. 8 (Seeschifffahrt, Binnenschifffahrt u. Luftfahrt) sowie Art. 9 (Verbundene Unternehmen) des OECD-MA blieben bei der nachfolgenden Betrachtung unberücksichtigt.

Im Rahmen der „Gewerblichen Tätigkeit" steht die Frage im Mittelpunkt, wie von einem in Deutschland ansässigen Unternehmen eine im Ausland ausgeübte gewerbliche Tätigkeit zu berücksichtigen ist.

Der Unternehmer hat mehrere Möglichkeiten, im Ausland tätig zu werden. Die Besteuerung von lockeren wirtschaftlichen Beziehungen zum Ausland (z.B. grenzüberschreitende Lieferung) erfolgt regelmäßig im Sitzstaat des Unternehmens.

Das Besteuerungsrecht fällt erst dann dem Ausland zu, wenn das Unternehmen im Ausland eine Betriebsstätte errichtet bzw. seine Tätigkeit im Ausland als Betriebsstätte qualifiziert (Art. 7 OECD-MA).

Das OECD-MA nennt in Art. 5 folgende Punkte für das Vorliegen einer Betriebsstätte:

1. Eine Betriebsstätte ist eine feste Geschäftseinrichtung, durch welche die Tätigkeit eines Unternehmens ganz oder teilweise ausgeübt wird.
2. Als beispielhafte Aufzählung für betriebsstättenbegründende Einrichtungen sind insbesondere ein Ort der Leitung, eine Zweigniederlassung, eine Geschäftsstelle, eine Fabrikationsstätte, eine Werkstätte oder Stätten zur Ausbeutung von Bodenschätzen zu nennen.
3. Eine Bauausführung oder Montage ist nur dann eine Betriebsstätte, wenn ihre Dauer zwölf Monate überschreitet.
4. Nicht als Betriebsstätten gelten:
   a) Einrichtungen, die ausschließlich zur Lagerung, Ausstellung oder Auslieferung von Gütern oder Waren des Unternehmens genutzt werden;
   b) Güter- und Warenbestände der Unternehmen, die ausschließlich zur Lagerung, Ausstellung oder Auslieferung unterhalten werden;
   c) Güter- und Warenbestände, welche nur zu dem Zweck unterhalten werden, um durch ein anderes Unternehmen bearbeitet oder verarbeitet zu werden;
   d) feste Geschäftseinrichtung, welche nur dazu unterhalten wird, für das Unternehmen Waren oder Güter einzukaufen bzw. Informationen zu beschaffen;
   e) feste Geschäftseinrichtung, welche nur zu dem Zweck unterhalten wird, um Hilfstätigkeiten oder Tätigkeiten mit vorbereitender Natur durchzuführen.
5. Ein abhängiger Vertreter eines Unternehmens begründet eine Betriebsstätte, sofern er eine Abschlussvollmacht für Verträge besitzt und diese Vollmacht auch ausübt.

6. Die Tätigkeit eines unabhängigen Vertreters (z.B. Makler, Kommissionär) begründet keine Betriebsstätte für das von ihm zu vertretene Unternehmen, sofern er im Rahmen seiner ordentlichen Geschäftstätigkeit handelt.
7. Die „Anti-Organ-Klausel" bestimmt, dass eine Tochtergesellschaft als solche keine Betriebsstätte der Muttergesellschaft darstellt.

Der Begriff der Betriebsstätte ist im Abkommen definiert, d.h., bei seiner Auslegung kann grundsätzlich nicht auf innerstaatliches Recht zurückgegriffen werden.[1]

Art. 7 Abs. 1 OECD-MA bestimmt, dass Gewinne einer Betriebsstätte nur insoweit der Besteuerung im Belegenheitsstaat unterworfen werden, als sie der Betriebsstätte zugerechnet werden können. Dieses Prinzip wird durch das „Diskriminierungsverbot für Betriebsstätten" nach Art. 24 Abs. 3 OECD-MA ergänzt, wonach Betriebsstätten von Unternehmen des anderen Vertragsstaats gegenüber gleichartigen eigenen Unternehmen steuerlich nicht schlechter gestellt werden dürfen.[2]

Was Gewinne sind und wie sie berechnet werden, ergibt sich aus dem innerstaatlichen Recht des entsprechenden Vertragsstaats. Da die Gewinnermittlungsvorschriften von Vertragsstaat zu Vertragsstaat sehr verschieden sein können, sind unterschiedliche Ergebnisse grundsätzlich möglich.[3]

Die Betriebsstätten-Gewinnabgrenzung soll abkommensrechtlich gem. der Neuregelung des Art. 7 Abs. 2 OECD-MA 2010 künftig nach Maßgabe des „Functionally separate entity approach" erfolgen. Hierzu wird die Betriebsstätte als eigenständiges und unabhängiges Unternehmen angesehen, das die Geschäftsbeziehungen (sog. „dealings") mit dem Stammhaus und anderen Unternehmensteilen mit dem Fremdvergleichsgrundsatz abrechnet. Die Gewinnabgrenzung erfolgt hierbei in zwei Stufen. Zunächst sollen die von der Betriebsstätte übernommenen Funktionen, die zuzuordnenden Wirtschaftsgüter sowie die von ihr getragenen Risiken bestimmt werden. In einem zweiten Schritt soll hierauf aufbauend der Gewinn, der der Betriebsstätte zuzuweisen ist, in fremdvergleichskonformer Höhe ermittelt werden, indem die Vergütung für die identifizierten „dealings" unter Anwendung der in den „Transfer Pricing Guidelines"[4] der OECD vorgesehenen Verrechnungspreismethoden ermittelt wird. In Betracht kommen hierbei sowohl die sog. Standardmethoden (Preisvergleichs-, Wiederverkaufspreis- und Kostenaufschlagsmethode) als auch hilfsweise transaktionsbezogene Gewinnmethoden. Im Ergebnis sollen somit sämtliche Formen von internen Leistungsbeziehungen zwischen Stammhaus und Betriebsstätte für steuerliche Zwecke anerkannt und mit dem Fremdvergleichspreis abgerechnet werden. Dies geht einher mit der Abschaffung der bisher in Art. 7 Abs. 4 OECD-MA vorgesehenen indirekten Methode zur Betriebsstätten-Gewinnabgrenzung.

Zu Einzelheiten der Betriebsstätten-Gewinnabgrenzung vgl. die Ausführungen in → Rz. 357 ff.

Die Vermeidung der Doppelbesteuerung in Deutschland erfolgt grundsätzlich durch Freistellung mit Progressionsvorbehalt.

---

1) Görl in Vogel/Lehner, 5. Aufl., Art. 5 Rz. 8.
2) Hemmelrath in Vogel/Lehner, 5. Aufl., Art. 7 Rz. 17.
3) Hemmelrath in Vogel/Lehner, 5. Aufl., Art. 7 Rz. 21.
4) OECD: Transfer Pricing Guidelines for Multinational Enterprises and Tax Administrations.

389 b) *Länderübersicht*

Land	DBA – Besonderheiten zum Artikel „Betriebsstätten"	DBA – Besonderheiten zum Artikel „Unternehmensgewinne"	Ertragsteuerliche Konsequenzen und Besonderheiten von im Ausland belegenen Betriebsstätten
Belgien Art. 5 DBA Art. 7 DBA	– Bauausführungen und Montagen werden bereits ab neun Monate Dauer als Betriebsstätte qualifiziert. – Eine feste Geschäftseinrichtung, die ausschließlich zu dem Zweck unterhalten wird, für das Unternehmen zu werben, Informationen zu erteilen oder wissenschaftliche Forschung zu betreiben, wird ausdrücklich nicht als Betriebsstätte qualifiziert. – Die Möglichkeit der kumulativen Ausübung der aufgeführten, nicht eine Betriebsstätte qualifizierenden Tätigkeiten wird nicht erwähnt. – Die Tätigkeit einer Person, die eine Vollmacht eines Unternehmens besitzt, wird nur dann nicht als Betriebsstätte qualifiziert, wenn sich ihre Tätigkeit auf den Einkauf von Gütern oder Waren beschränkt. – Die Tätigkeit eines Versicherungsvertreters, der eine Vollmacht des Unternehmens besitzt, gilt als Betriebsstätte.[1]	– Die Zuordnung von Aufwand zu einer Betriebsstätte ist hilfsweise mit den im Fremdvergleich ermittelten, üblichen Gewinnen möglich. – Regelung zur Ermittlung des Betriebsstättengewinns durch eine in einem der Vertragsstaaten übliche Aufteilung des Gesamtgewinns des Unternehmens fehlt.	– Betriebsstätten in Belgien werden zum Gewinn veranlagt. – Abschreibungsfähig sind bewegliche und unbewegliche Anlagegüter sowie Rechte und andere immaterielle Vermögensgegenstände, einschließlich Goodwill und Klientel; allgemein verbindliche AfA-Richtlinien existieren nicht; die AfA-Sätze liegen zwischen 5 % (Industriegebäude) und 20 % (EDV); die Verwendung einer degressiven Methode muss beim FA beantragt werden. – Steuerliche Investitionsvergünstigungen für neue bewegliche, unbewegliche und immaterielle Wirtschaftsgüter.

---

1) Görl in Vogel/Lehner, 5. Aufl., Art. 5 Rz. 150 ff.

Land	DBA – Besonderheiten zum Artikel „Betriebsstätten"	DBA – Besonderheiten zum Artikel „Unternehmensgewinne"	Ertragsteuerliche Konsequenzen und Besonderheiten von im Ausland belegenen Betriebsstätten
Frankreich Art. 2 DBA Art. 4 DBA	– Eine feste Geschäftseinrichtung, die ausschließlich zu dem Zweck unterhalten wird, für das Unternehmen zu werben, Informationen zu erteilen oder wissenschaftliche Forschung zu betreiben, wird ausdrücklich nicht als Betriebsstätte qualifiziert. – Gleiches gilt für die Benutzung von Einrichtungen zur Lagerung, Ausstellung oder Auslieferung von dem Unternehmen gehörenden Waren, das Halten eines Bestands ausschließlich zur Lagerung, Ausstellung oder Auslieferung von dem Unternehmen gehörenden Waren oder ausschließlich zur Bearbeitung oder Verarbeitung durch ein anderes Unternehmen sowie das Unterhalten einer festen Geschäftseinrichtung ausschließlich zum Einkauf von Waren oder zur Beschaffung von Informationen. – Die Möglichkeit der kumulativen Ausübung der aufgeführten, nicht eine Betriebsstätte qualifizierenden Tätigkeiten wird nicht erwähnt. – Die Tätigkeit einer Person, die eine Vollmacht eines Unternehmens besitzt, wird nur dann nicht als Betriebsstätte qualifiziert, wenn sich ihre Tätigkeit auf den Einkauf von Gütern oder Waren beschränkt.	– Der Begriff „Gewinne des Unternehmens" umfasst Einkünfte aus jeder Art der Nutzung eines gewerblichen Unternehmens zzgl. der Veräußerungsgewinne. – Betriebsstättenprinzip gilt auch für Beteiligungen an Personengesellschaften (BGB-Gesellschaften, OHG, KG, société de fait, association en participation, société civile).[1)] – Grundsätzlich Gewinnermittlung nach der direkten Methode; indirekte Methode in Ausnahmefällen möglich; Sonderregelung für Versicherungsunternehmen. – Regelung zur Ermittlung des Betriebsstättengewinns durch eine in einem der Vertragsstaaten übliche Aufteilung des Gesamtgewinns des Unternehmens fehlt. – Subsidiarität nur für Einkünfte aus Dividenden sowie unbeweglichem Vermögen. – Anwendung der Regelungen auch für gewerbekapitalsteuerliche Zwecke.	– Das französische Steuerrecht unterwirft alle Gewinne ausländischer Unternehmen in Frankreich der französischen Körperschaftsteuer, egal ob der Gewinn durch eine Betriebsstätte, d.h. jede Einrichtung, die über eine gewisse Dauer und eine gewisse Entscheidungsfreiheit verfügt, ohne eine eigenständige Gesellschaft zu sein, von einem abhängigen Vertreter des ausländischen Unternehmens oder durch einen vollständigen Produktionsablauf erfolgt. DBA-Vorschriften sind jedoch vorrangig. – Neben Abschreibungen auf abnutzbares Anlagevermögen sind in begründeten Fällen auch Wertberichtigungen auf nicht abnutzbare Wirtschaftsgüter auf dem Wege der Rückstellungen möglich. – Sog. „kurzfristige Veräußerungsgewinne" und -verluste eines Wirtschaftsjahrs im betrieblichen Bereich werden zunächst untereinander verrechnet und im Falle eines Überschusses zum normalen Steuersatz besteuert. Der normale Steuersatz beträgt zurzeit 33 1/3 % plus evtl. Zuschläge: effektiver Steuersatz bis zu 34,43 % für das Geschäftsjahr, das in 2014 endet. Für Wirtschaftsjahre, die zwischen dem 31.12.2011 und dem 30.12.2016 enden, unterliegen Gesellschaften mit einem Umsatz über 250 Mio. € einem Sonderzuschlag i.H.v. 5 %/10,7 % (Erhöhung anwendbar auf Wirtschaftsjahre, die zwischen dem 31.12.2013 und dem 30.12.2016 enden) auf den Standard-Körperschaftsteuersatz von 33 1/3 % (also ohne den Zuschlag von 3,3 %), was einen effektiven Steuersatz von 36,1 %/38 % für normales zu versteuerndes Einkommen ergibt. – Sogenannte „langfristige" Veräußerungsgewinne und -verluste selber Natur eines Wirtschaftsjahrs werden miteinander

---

1) Hemmelrath in Vogel/Lehner, 5. Aufl., Art. 7 Rz. 36 ff.

Land	DBA – Besonderheiten zum Artikel „Betriebsstätten"	DBA – Besonderheiten zum Artikel „Unternehmensgewinne"	Ertragsteuerliche Konsequenzen und Besonderheiten von im Ausland belegenen Betriebsstätten
	– Empfängt ein Versicherungsvertreter Prämien im anderen Vertragsstaat oder versichert er dort gelegene Risiken, so qualifiziert dies als Betriebsstätte.		verrechnet. – Die langfristigen Veräußerungsgewinne aus Patentkonzessionen unterliegen einem Steuersatz von 15 %. – Positive langfristige Veräußerungsgewinne (d.h. ohne Verrechnung mit den Veräußerungsverlusten desselben Geschäftsjahres) aus dem Verkauf von Gesellschaftsbeteiligungen sind unter Vorbehalt einer Quote i.H.v. 5 % / 10 %[1] / 12 %[2] der Veräußerungsgewinne, die dem normalen Steuersatz unterliegen, freigestellt (dies gilt jedoch nicht für Veräußerungsgewinne aus der Veräußerung von Anteilen an „sociétés à prépondérance immobilière", d.h. Gesellschaften, deren Vermögen vorwiegend aus Immobilien und Immobilienrechten besteht).
Griechenland Art. II DBA Art. III DBA	– Eine feste Geschäftseinrichtung, die ausschließlich zu dem Zweck unterhalten wird, für das Unternehmen zu werben, Informationen zu erteilen oder wissenschaftliche Forschung zu betreiben, wird ausdrücklich nicht als Betriebsstätte qualifiziert. – Die Möglichkeit der kumulativen Ausübung der aufgeführten, nicht eine Betriebsstätte qualifizierenden Tätigkeiten wird nicht erwähnt. – Die Tätigkeit einer Person, die eine Vollmacht eines Unternehmens besitzt, wird nur dann nicht als Betriebsstätte qualifiziert, wenn sich ihre Tätigkeit auf den Einkauf von Gütern oder Waren beschränkt.	– Engerer Gewinnbegriff: „Gewerbliche Gewinne eines Unternehmens", jedoch ohne praktische Bedeutung aus griechischer Sicht wegen des Betriebsstättenvorbehalts in den anderen einschlägigen DBA-Verteilungsnormen. – Regelung zur Ermittlung des Betriebsstättengewinns durch eine in einem der Vertragsstaaten übliche Aufteilung des Gesamtgewinns des Unternehmens fehlt. – Indirekte Gewinnermittlungsmethode wird im DBA nicht erwähnt, ist jedoch i. R. d. Fremdvergleichs grundsätzlich möglich. – Anwendung der Regelungen auch für gewerbekapitalsteuerliche Zwecke.	– Nicht ausgeglichene Verluste aus Geschäftstätigkeiten sind fünf Jahre vortragsfähig, soweit sich die Beteiligung nicht um mehr als 33 % verändert hat; Verlustrückträge sind nicht möglich. – Abschreibungspflicht für Wirtschaftsgüter des Anlagevermögens; lineare AfA möglich; AfA-Sätze sind verbindlich vorgeschrieben. – Grundstücke des Betriebsvermögens werden im vierjährigen Turnus zur Scheingewinnkompensation neu bewertet.

---

1) Erhöhung von 5% auf 10% anwendbar auf abgeschlossene Geschäftsjahre ab dem 31.12.2011.
2) Erhöhung von 10 % auf 12 % und Berechnung auf Basis der positiven Veräußerungsgewinne anwendbar auf abgeschlossene Geschäftsjahre ab dem 31.12.2012.

Außensteuerrecht/Internationales Steuerrecht

Land	DBA – Besonderheiten zum Artikel „Betriebsstätten"	DBA – Besonderheiten zum Artikel „Unternehmensgewinne"	Ertragsteuerliche Konsequenzen und Besonderheiten von im Ausland belegenen Betriebsstätten
Großbritannien Art. 5 DBA Art. 7 DBA	– Eine feste Geschäftseinrichtung, durch die die Geschäftstätigkeit eines Unternehmens ganz oder teilweise ausgeübt wird (entspricht OECD-MA). – Katalog der nicht zu einer Betriebsstätte führenden Vorbereitungs- und Hilfstätigkeiten (Art 5. Abs. 4) entspricht OECD-MA – Die kumulative Ausübung von verschiedenen Vorbereitungs- und Hilfstätigkeiten führt ebenfalls nicht zur Begründung einer Betriebsstätte (Art. 5 Abs. 4 Buchst. f) – Die Tätigkeit einer Person, die eine Vollmacht eines Unternehmens besitzt, wird nur dann nicht als Betriebsstätte qualifiziert, wenn sich ihre Tätigkeit auf (i) Hilfstätigkeiten i.S.d. Art. 5 Abs. 4 beschränkt oder (ii) sie diese Tätigkeiten als unabhängiger Vertreter ausübt (entspricht beides Art. 5 Abs. 4 und 6 OECD-MA).	– Einschränkung auf „gewerbliche Gewinne" ist im neuen DBA entfallen; hier wird nunmehr analog zum OECD-MA auf „Unternehmensgewinne" abgestellt. – Grundsätze der Betriebsstättengewinnermittlung analog zum OECD-MA (Fiktion der rechtlichen und wirtschaftlichen Unabhängigkeit) – Durch das Änderungsprotokoll vom 17.3.2014 wird das deutsch-britische Doppelbesteuerungsabkommen vom 30.3.2010 an Art. 7 des aktuellen OECD-Musterabkommens angepasst. Hierdurch wird insbesondere der sogenannte Authorized OECD Approach (kurz: AOA) übernommen. Hierdurch soll eine vollständige fiktive Unselbständigkeit der Betriebsstätte erreicht werden. – Verursachungsgerechte Zuordnung von Aufwendungen ungeachtet des Staates, in dem die Aufwendungen angefallen sind. – Indirekte Methode zur Abgrenzung des Betriebsstättengewinns zugelassen, sofern diese Methode im Anwenderstaat üblich ist. – Betriebsstättenprinzip auch für Beteiligungen an Personengesellschaften. – Betriebsstättenvorbehalte für Zinsen, Lizenzen, Dividenden und andere Einkünfte	– Gewerbliche Verluste können ein Jahr zurück- und unbegrenzt vorgetragen werden. – Umfangreiche Regelungen zum Betriebsausgabenabzug. – Abschreibungen für gewerblich genutzte Gebäude (Industrial Buildings Allowance) nicht mehr abzugsfähig. – Abschreibungssätze für andere betriebliche Wirtschaftsgüter zwischen 8 % und 18 %. – Jährliche Sofortabschreibung (AIA) i.H.v. 500 000 £ (632 478 €) wird für den Zeitraum ab 1.4.2014 (Körperschaftsteuer) und 6.4.2014 (Einkommensteuer) bis einschließlich 31.12.2015 vorübergehend für Investitionen in Maschinen und Anlagen erhöht. (ausgenommen Pkw). Ab 1.1.2016 beträgt die jährliche Sofortabschreibung (AIA) 250 000 £ (316 239 £). – Abschreibungssätze für Pkw abhängig von CO_2-Emission (8 % - 100 %) – Voller Betriebsausgabenabzug (Abschreibungssatz von 100 % im Anschaffungsjahr) für bestimmte energieeinsparende Wirtschaftsgüter (energy saving assets), – Seit 1.4.2012 bis zum 31.3.2017 können für Investitionen in und Renovierungen von Betriebs- und Geschäftsbauten in Entwicklungsgebieten (renovation of business premises in disadvantaged areas) Sofortabschreibungen von 100 % geltend gemacht werden. – Seit dem 1.4.2013 sind Firmenwerte und sonstige immaterielle Wirtschaftsgüter, wie Patente und Erfahrungen im gewerblichen Bereich, abschreibungsfähig. Im Zuge der Einführung einer sogenannten „Patentbox" unterliegen Gewinne aus der Verwertung von Patenten seit dem 1.4.2013 einer effektiven Steuerlast i.H.v. 10 %.

Köhler/Kühn 647

Land	DBA – Besonderheiten zum Artikel „Betriebsstätten"	DBA – Besonderheiten zum Artikel „Unternehmensgewinne"	Ertragsteuerliche Konsequenzen und Besonderheiten von im Ausland belegenen Betriebsstätten
			– Keine pauschale Wertberichtigung auf Forderungen möglich. – Bei Nichtansässigen werden nur die im Rahmen einer britischen Betriebsstätte anfallenden Veräußerungsgewinne steuerlich erfasst. Steuerpflichtig ist der erhaltene oder der unterstellte Veräußerungserlös abzüglich der ursprünglichen Kosten und der wertsteigernden Aufwendungen während der Besitzzeit. Bei der Ermittlung des steuerpflichtigen Veräußerungsgewinns bleiben Wertsteigerungen auf Grund allgemeiner Wertsteigerungen außer Ansatz (inflation allowance based on the retail price index), wobei durch die Berücksichtigung der Inflation nur ein Gewinn gemindert aber kein Verlust entstehen kann. Für bestimmte Reinvestitionen werden Vergünstigungen gewährt (z.B. nachgelagerte Besteuerung). Veräußerungsverluste können nicht mit laufenden Gewinnen verrechnet werden. Zudem können Veräußerungsverluste lediglich mit Veräußerungsgewinnen derselben Periode oder nachfolgender Jahre verrechnet werden. – Natürlichen Personen wird ein Steuerfreibetrag i.H.v. 11 000 £ (13 915 €) jährlich für Kapitalgewinne aus der Übertragung von steuerbaren Wirtschaftsgütern gewährt.
Irland Art. 5 DBA Art. 7 DBA	– Eine feste Geschäftseinrichtung, durch die die Geschäftstätigkeit eines Unternehmens ganz oder teilweise ausgeübt wird (entspricht OECD-MA). Katalog der nicht zu einer Betriebsstätte führenden Vorbereitungs- und Hilfstätigkeiten (Art. 5 Abs. 4) entspricht OECD-MA. Die kumulative Ausübung von verschie-	– Entspricht dem OECD-MA	– Abzug von Aufwendungen im Zusammenhang mit dem operativen Betrieb („trade"), Aufwendung für die Unterhaltung („Entertainmemt") von Geschäftspartnern und Kunden nicht abzugsfähig, eingeschränkter Abzug für Kfz-Kosten. – Lineare und degressive AfA möglich; AfA-Sätze von 4 % (für gewerbliche Gebäude) bis 12,5 % (Maschinen und technische Anlagen); Sofortabschreibungen von 100 % für energieeffiziente Anlagegüter möglich.

Land	DBA – Besonderheiten zum Artikel „Betriebsstätten"	DBA – Besonderheiten zum Artikel „Unternehmensgewinne"	Ertragsteuerliche Konsequenzen und Besonderheiten von im Ausland belegenen Betriebsstätten
	denen Vorbereitungs- und Hilfstätigkeiten führt ebenfalls nicht zur Begründung einer Betriebsstätte (Art. 5 Abs. 4 Buchst. f). Die Tätigkeit einer Person, die eine Vollmacht eines Unternehmens besitzt, wird nur dann nicht als Betriebsstätte qualifiziert, wenn sich ihre Tätigkeit auf (i) Hilfstätigkeiten i.S.d. Art. 5 Abs. 4 beschränkt oder (ii) sie diese Tätigkeiten als unabhängiger Vertreter ausübt (entspricht beides Art. 5 Abs. 4 und 6 OECD-MA).		– 25 % F&E credits für bestimmte Aufwendungen. – Nach dem 7.5.2009 angeschaffte immaterielle Vermögensgegenstände können für steuerliche Zwecke in Übereinstimmung mit der Handelsbilanz abgeschrieben werden. Alternativ kann für steuerliche Zwecke eine Abschreibung über 15 Jahren erfolgen. – Pauschalwertberichtigungen bei Forderungen sind grundsätzlich unzulässig; Einzelwertberichtigungen sind bei entsprechenden Nachweisen möglich. – Umfangreiche Investitionsvergünstigungen. – Für beschränkt Stpfl. besteht eine Veräußerungsgewinnbesteuerung von 25 % bis 7.12.2011 und 30 % ab 8.12.2011 für Betriebsstätten im Inland.
Italien Art. 5 DBA Art. 7 DBA	– Eine feste Geschäftseinrichtung, die ausschließlich zu dem Zweck unterhalten wird, für das Unternehmen zu werben, Informationen zu erteilen oder wissenschaftliche Forschung zu betreiben, wird ausdrücklich nicht als Betriebsstätte qualifiziert. – Die Möglichkeit der kumulativen Ausübung der aufgeführten, nicht eine Betriebsstätte qualifizierenden Tätigkeiten wird nicht erwähnt. – Die Tätigkeit einer Person, die eine Vollmacht eines Unternehmens besitzt, wird nur dann nicht als Betriebsstätte qualifiziert, wenn sich ihre Tätigkeit auf den Einkauf von Gütern oder Waren beschränkt.	– Der Begriff „Gewinne des Unternehmens" umfasst Einkünfte aus jeder Art der Nutzung eines gewerblichen Unternehmens zzgl. der Veräußerungsgewinne. – Grundsätzlich Gewinnermittlung nach der direkten Methode; indirekte Methode in Ausnahmefällen möglich. – Betriebsstättenprinzip auch für Beteiligungen an Personengesellschaften (Besonderheiten nach nationalem italienischem Recht sind zu beachten).	– Ermittlung des steuerpflichtigen Einkommens von in Italien befindlichen Betriebsstätten erfolgt durch Hinzurechnung der nicht abzugsfähigen Aufwendungen bzw. Abzug von nicht steuerpflichtigen Erträgen zum Ergebnis, das sich aus einer für steuerliche Zwecke erstellten zivilrechtlichen G+V-Rechnung (sowie Bilanz) der Betriebsstätte ergibt (Attraktionsprinzip für bestimmte sonstige Einkünfte bei italienischen Betriebsstätten von Gesetzgebung vorgesehen). – Körperschaftsteuersatz wie bei Kapitalgesellschaften 27,5 %[1]) – Vereinfachte Gewinnermittlung durch Pauschalermittlung für Kleinbetriebe möglich. – Betriebsausgaben müssen betrieblich veranlasst sein und dem erwerbswirtschaftlichen Zweck des Unternehmens dienen. – Nur beschränkter Betriebsausgabenansatz für betrieblich und privat genutzte bewegliche Wirtschaftsgüter (Aufwendungen inkl. Abschreibung von bestimmten betrieblich genutzten Pkw sind nur eingeschränkt abzugsfähig).

---

1) Erhöht um 6,5% für bestimmte Gesellschaften, die in den Bereichen Energieproduktion/-vertrieb, Erdöl-/Erdgasförderung tätig sind. Eine 10,5 %-Erhöhung betrifft Gesellschaften, die einer Mindestbesteuerung unterliegen (sog. *società di comodo*) sowie Gesellschaften mit systematischen Verlusten.

Land	DBA – Besonderheiten zum Artikel „Betriebsstätten"	DBA – Besonderheiten zum Artikel „Unternehmensgewinne"	Ertragsteuerliche Konsequenzen und Besonderheiten von im Ausland belegenen Betriebsstätten
			– Lineare Abschreibung nach vorgegebenen AfA-Tabellen (z.B. 10 %–20 % für Maschinen, 3 %–10 % für Gebäude); Teilwertabschreibungen und Abschreibungen von Grund und Boden sind unzulässig. – Bis zu 5 % des Anschaffungswerts des Anlagevermögens sind als Instandhaltungs- u. Reparaturkosten abzugsfähig (darüber liegender Betrag jeweils 1/5 in 5 Folgejahren). – Bestimmte immaterielle Wirtschaftsgüter sind zu 50 %, Markenzeichen und erworbene Firmenwerte über 18, in bestimmten Fällen über 10 Jahre zu konstanten Jahresanteilen steuerlich abschreibbar. – Eingeschränkte pauschale Wertberichtigung auf Forderungen zulässig, falls auch bilanziell erfasst. – Gewerbliche Veräußerungsgewinne können unter bestimmten Bedingungen in gleiche Teilbeträge steuerlich auf max. 5 Jahre verteilt werden. – Gewerbliche Veräußerungsgewinne aus Beteiligungsverkauf sind bei Erfüllen bestimmter Voraussetzungen 95 % steuerbefreit.
Liechtenstein Art. 5 DBA Art. 7 DBA	– entspricht dem OECD-MA	– entspricht inhaltlich OECD-MA, wobei zusätzlich auch Gewinnanteile eines Gesellschafters aus der Beteiligung an einer Personengesellschaft (die einer im anderen Vertragsstaat gelegenen Betriebsstätte zugerechnet werden können) berücksichtigt werden.	– Einkunftsermittlung erfolgt anhand von Grundsätzen der ordnungsgemäßen Buchführung. – Nicht betrieblich begründete Ausgaben wie überhöhte Abschreibungen oder überhöhte Geschäftsführergehälter sind nicht als Betriebsausgaben zulässig. – Degressive und lineare AfA zulässig. – Lineare AfA-Sätze betragen zwischen 2,5 % für gewerbliche Gebäude und 25 % für EDV-Hard- und Software; degressive AfA-Sätze betragen zwischen 5 % und 50 %.

Land	DBA – Besonderheiten zum Artikel „Betriebsstätten"	DBA – Besonderheiten zum Artikel „Unternehmensgewinne"	Ertragsteuerliche Konsequenzen und Besonderheiten von im Ausland belegenen Betriebsstätten
Luxemburg Art. 5 DBA Art. 7 DBA	– Unter dem DBA 2012 ist eine Bauausführung oder Montage nur dann eine Betriebsstätte, wenn ihre Dauer zwölf Monate überschreitet. – Bei Unstimmigkeiten über die Zurechnung der Einkünfte soll ein Verständigungsverfahren stattfinden.	– Neben den durch eine Betriebsstätte erzielten Einkünften aus der Nutzung des Unternehmens werden auch Gewinne aus der Veräußerung beweglichen Vermögens, das Betriebsvermögen einer Betriebsstätte ist, und Gewinne, die bei der Veräußerung einer solchen Betriebsstätte (allein oder mit dem übrigen Unternehmen) erzielt werden, vom Betriebsstättenprinzip erfasst. – Das Betriebsstättenprinzip gilt auch für die Gewerbesteuer und für die Vermögensteuer. – Einkünfte aus atypisch stillen Beteiligungen werden grds. als Einkünfte aus Unternehmensgewinn eingestuft.	– Die Grundsätze der steuerlichen Gewinnermittlung entsprechen im Wesentlichen denen der Bundesrepublik Deutschland. Ein am 1.10.2008 veröffentlichter Gesetzesentwurf, der eine steuerlich neutrale Umstellung auf die internationale IFRS-Rechnungslegung ermöglichen sollte, u.a. zur steuerlich neutralen Behandlung von erfolgswirksamen Neubewertungen von Finanzinstrumenten zum beizulegenden Zeitwert („fair value"), der über dem Anschaffungswert liegt, wurde nicht angenommen. Am 17.12.2010 wurde ein Gesetz veröffentlicht, das luxemburgischen Gesellschaften die Möglichkeit gibt, ihre Konten nach IFRS zu erstellen. – Nettoeinkünfte aus der Nutzungsüberlassung und Veräußerung von Urheberrechten an Computerprogrammen, Patenten, Marken, Domain-Namen, Mustern oder Modellen sind zu 80 % steuerfrei, sofern sie nach dem 31.12.2007 erworben oder begründet wurden. Für selbst genutzte Patente, die selbst begründet sind, wird ein fiktiver Steuerabzug von 80 % des Nutzungsentgelts oder des Veräußerungsgewinns unter Anwendung des Drittvergleichs gewährt. – AfA kann linear oder degressiv bemessen werden. Neben dieser Abschreibung besteht die Möglichkeit zu erhöhter Abschreibung (bei außergewöhnlichem Werteverzehr), zu vorgezogener Abschreibung (bei geringwertigen Wirtschaftsgütern), zu beschleunigter Abschreibung (bei neuen bebauten Grundstücken und energieeffizienter Sanierung von Altbauten) und zu Sonderabschreibung (bei besonderen Investitionen). – Rückstellungen können zur Deckung von Verlusten oder Verbindlichkeiten sowie für dem Wirtschaftsjahr oder einem früheren Wirtschaftsjahr zuzuordnende Aufwendungen gebucht werden, die ihrer Eigenart nach genau bestimmt sind und die am Bilanzstichtag wahrscheinlich oder sicher, aber hinsichtlich ihrer Höhe oder des Zeitpunkts ihres Eintritts unbestimmt sind.

Land	DBA – Besonderheiten zum Artikel „Betriebsstätten"	DBA – Besonderheiten zum Artikel „Unternehmensgewinne"	Ertragsteuerliche Konsequenzen und Besonderheiten von im Ausland belegenen Betriebsstätten
			– Veräußerungen von Wirtschaftsgütern des Anlagevermögens unterliegen der normalen Besteuerung des Betriebsergebnisses; jedoch ist in bestimmten Fällen (bei Veräußerungen von Grundstücken oder nicht abschreibbaren Anlagegütern) die Übertragung der Mehrwerte auf ein während desselben Wirtschaftsjahrs (oder während der zwei nachfolgenden Jahre) neu angeschafftes Wirtschaftsgut des Anlagevermögens möglich. Ab Juni 2014 können die neu angeschafften Wirtschaftsgüter unter bestimmten Bedingungen von einer Betriebsstätte des Europäischen Wirtschaftsraumes gehalten werden. – Fällt bei Veräußerung oder Aufgabe einer Betriebsstätte ein auf ein Grundstück realisierter Mehrwert an, so kann dieser auf Antrag in bestimmten Grenzen steuerfrei belassen werden. – Gewinne von unbeschränkt und beschränkt steuerpflichtigen natürlichen Personen bei Veräußerung oder Aufgabe eines Gewerbebetriebs werden um einen Steuerfreibetrag von 10 000 € gekürzt. Enthält der Veräußerungs- oder Aufgabegewinn einen auf ein bebautes Grundstück realisierten Mehrwert, so erhöht sich der Freibetrag auf 25 000 €. – Dividendeneinkünfte, Veräußerungs- und Liquidationsgewinne von bestimmten körperschaftsteuerpflichtigen Personen und inländischen Betriebsstätten sind steuerbefreit bei Ausschüttung, Veräußerung/Liquidation von bestimmten Beteiligungen mit einem Mindestkapitalanteil von 10 % oder mit einem Anschaffungspreis von 6 Mio. € (bei Veräußerung) bzw. 1,2 Mio. € (bei Dividenden und Liquidation), die während eines ununterbrochenen Zeitraums von zwölf Monaten gehalten wurden, oder bei entsprechender Verpflichtung hierzu.

Land	DBA – Besonderheiten zum Artikel „Betriebsstätten"	DBA – Besonderheiten zum Artikel „Unternehmensgewinne"	Ertragsteuerliche Konsequenzen und Besonderheiten von im Ausland belegenen Betriebsstätten
Niederlande[1] Art. 5 DBA Art. 7 DBA	DBA 2012: – Entspricht grundsätzlich dem OECD-MA. – Besonderheiten in Bezug auf Unternehmen, die im Küstenmeer und in Gebieten außerhalb des Küstenmeers tätig sind.	DBA 2012: – Entspricht inhaltlich dem OECD-MA unter Berücksichtigung des „Functionally separate entity approach" im Hinblick auf die Betriebsstätten-Gewinnabgrenzung.	– Nichtansässige unterliegen der beschränkten Steuerpflicht mit Gewinnen aus gewerblicher Tätigkeit, die in den Niederlanden über eine Betriebsstätte oder einen ständigen Vertreter ausgeübt wird. – Zur Gewinnermittlung gibt es keine allgemeinen steuerlichen Vorschriften; Unternehmen können die Art der Gewinnermittlung und Buchführungsart grundsätzlich selbst wählen; bei kleineren Unternehmen ist die Gewinnermittlung anhand einer Einnahmen-Überschussrechnung zulässig. – Betriebsausgaben sind in vollem Umfang abzugsfähig, sofern sie für betriebliche Zwecke getätigt wurden (z.B. Geschenke an Beschäftigte und bestimmte Spenden an soziale Einrichtungen). – Für die Abzugsfähigkeit von Betriebsausgaben bestehen einige Sonderregelungen. Ausgaben für zu Repräsentationszwecken gehaltene Schiffe, von einem Gericht auferlegte Bußgelder oder Zahlungen im Wege eines Vergleichs zur Vermeidung einer Anklageerhebung sind nicht abzugsfähig. Nur teilweise abzugsfähig sind Ausgaben mit Privatcharakter (Essen, Getränke, Repräsentationszwecke, Konferenzen u. Ä.). – Lineare und degressive AfA-Methode sowie Bewertungen zum niedrigeren Teilwert zulässig. Die steuerlichen Abschreibungsmöglichkeiten bestimmter Wirtschaftsgüter sind gesetzlich festgelegt.

---

1) Deutschland hat mit den Niederlanden am 12.4.2012 ein neues DBA für Steuern vom Einkommen (Einkommensteuer) vereinbart. Dieser Vertrag wird voraussichtlich am 1.1.2015 in Kraft treten. Zum bisherigen DBA v. 16.6.1959 vgl. die Ausführungen im Steuerberater Handbuch 2013.

Land	DBA – Besonderheiten zum Artikel „Betriebsstätten"	DBA – Besonderheiten zum Artikel „Unternehmensgewinne"	Ertragsteuerliche Konsequenzen und Besonderheiten von im Ausland belegenen Betriebsstätten
			– Auf Immobilien darf zu einem „Mindestwert" abgeschrieben werden. Die Abschreibung auf ein Gebäude endet, wenn der steuerliche Buchwert des Gebäudes unter den Mindestwert sinkt. Der Mindestwert von als Kapitalanlage gehaltenen Immobilien (dies sind Gebäude, die an Dritte vermietet werden) wird auf den WOZ-Wert (Bemessungsgrundlage der kommunalen Grundsteuer) angesetzt. Der Mindestwert von zur Eigennutzung bestimmten Gebäuden wird auf 50 % des WOZ-Werts angesetzt. Die Bewertung eines Gebäudes mit dem niedrigeren Zeitwert ist noch immer möglich, ebenso die Absetzung der Instandhaltungskosten von Gebäuden. – Investitionsvergünstigungen werden gewährt. Für Energie- und Umweltinvestitionen gibt es zusätzliche Vergünstigungen. – Die Schaffung einer Ausgleichsrücklage zur genauen Kostenumlage auf mehrere Jahre ist zulässig. Diese Rücklage wird im Allgemeinen für Erhaltungsaufwendungen gebildet. – Für Buchgewinne bei der Veräußerung von Betriebsmitteln kann eine Reinvestitionsrücklage gebildet werden. – Des Weiteren kann eine Rückstellung für Haftungsverhältnisse gebildet werden, wenn zum Ende des Wirtschaftsjahrs die Kosten dafür absehbar sind. Dabei müssen sich die Kosten auf Tatsachen und Umstände, die vor dem Ende des Wirtschaftsjahrs entstanden sind, beziehen. – Für bestimmte Forschungs- und Entwicklungstätigkeiten ist eine Lohnsteuerabzugsminderung zulässig. Für Einkünfte aus Forschung- und Entwicklung gibt es u.U. einen niedrigen Steuersatz (Innovationsbox). Für Kosten für Forschung- und Entwicklung ist ein Sonderabzug vorgeschlagen.

Land	DBA – Besonderheiten zum Artikel „Betriebsstätten"	DBA – Besonderheiten zum Artikel „Unternehmensgewinne"	Ertragsteuerliche Konsequenzen und Besonderheiten von im Ausland belegenen Betriebsstätten

Österreich Art. 5 und 7 DBA	– Der Betriebsstättenbegriff entspricht nunmehr dem OECD-MA.
	– Einrichtungen mit bloßem Hilfscharakter führen nicht mehr zu einer Betriebsstätte.
	– Bauausführungen bzw. Montagen führen nur dann zu Betriebsstätten, wenn ihre Dauer tatsächlich 12 Monate überschreitet.
	– Abhängige Vertreter mit Abschlussvollmacht begründen eine Betriebsstätte, wenn sie die Vollmacht in Österreich gewöhnlich ausüben.
		– Der Begriff „Gewinne des Unternehmens" umfasst Einkünfte aus jeder Art der Nutzung eines gewerblichen Unternehmens.
		– Grundsatz der „Besteuerung im Wohnsitzstaat" ist nunmehr im DBA enthalten.
		– Betriebsstättenprinzip auch für Beteiligungen an Personengesellschaften (Mitunternehmer).
		– Grundsätzlich Gewinnermittlung nach der direkten Methode; indirekte Methode in besonderen Fällen zulässig; Vermeidung künstlicher Gewinnverlagerungen (Verbot von unternehmensinternen Zinsen und Lizenzgebühren); eine bloße Einkaufsstelle begründet keine Betriebsstätte. Aus bloßer Einkaufstätigkeit darf einer Betriebsstätte kein Gewinn zugerechnet werden.
		– Andere Verteilungsnormen des DBA gehen Art. 7 vor.
			– Besonderheiten bzgl. der Ermittlung der Betriebsausgaben:
			  – Bei einem Vorjahresumsatz von nicht mehr als 220 000 € kann ein Teil der Betriebsausgaben pauschal mit 6 % (z.B. kaufmännische/technische Beratung, Vermögensverwaltung, u.a.) bzw. 12 % des Umsatzes ermittelt werden.
			  – AfA ist zulässig, es gibt jedoch keine verbindlichen AfA-Richtlinien; für allgemein verwendbare Anlagegüter werden AfA-Sätze zwischen 10 und 25 % anerkannt. Die AfA bei Betriebsgebäuden beträgt für Gewerbetreibende 3 %.
			  – Ein ab 1989 entgeltlich erworbener Firmenwert wird auf 15 Jahre abgeschrieben.
			  – Eine pauschale Wertberichtigung von Forderungen ist nicht möglich.
			– Einkommensteuer für Einkünfte, die dem Steuerabzug unterliegen (z.B. Einkünfte aus im Inland ausgeübter kaufmännischer oder technischer Beratung sowie bei Einkünften aus der Gestellung von Arbeitskräften), ist mit dem Steuerabzug abgegolten, es sei denn, es erfolgt eine Veranlagung. Der Steuerabzug beträgt 20 % der vollen Einnahme und 25 % bei Kapitalvermögen aus Immobilieninvestmentfonds und Einkünften aus der stillen Beteiligung eines inländischen Unternehmens. 25 %, wenn Betriebsausgaben bzw. Werbungskosten geltend gemacht werden. Macht hingegen eine natürliche Person Werbungskosten bzw. Betriebsausgaben geltend, so beträgt die Abzugsteuer 35 % der Überschüsse.
			– Betriebsstättenverluste deutscher Unternehmen in Österreich sind nunmehr auf künftige Gewinne dieser österreichischen Betriebsstätten vortragsfähig (Betriebsstättendiskriminierungsverbot).

Land	DBA – Besonderheiten zum Artikel „Betriebsstätten"	DBA – Besonderheiten zum Artikel „Unternehmensgewinne"	Ertragsteuerliche Konsequenzen und Besonderheiten von im Ausland belegenen Betriebsstätten

Schweden
Art. 5 DBA
Art. 7 DBA
	– Entspricht dem OECD-MA.	– Entspricht dem OECD-MA.	– Alle Unternehmen sind buchführungspflichtig. Ab 1.11.2010 besteht keine Prüfungspflicht für „Aktiebolag" mit
			  1. Maximal 3 Angestellten
			  2. Einer Rechnungsbilanz von maximal 1 500 000 SEK (ca. 162 365 €)
			  3. Einem Jahresumsatz von maximal 3 000 000 SEK (ca. 324 731 €).
			Mindestens zwei der Bedingungen müssen erfüllt sein.
			– Betriebsausgaben, insbesondere für Pacht und Miete, Rohwaren, Verbrauch und Verkauf, Löhne und Gehälter u.a., sind grundsätzlich abzugsfähig. Spenden sind nur insoweit abzugsfähig, als sie für wissenschaftliche Zwecke bestimmt sind.
			– Lineare und degressive AfA ist zulässig (auch für immaterielle Wirtschaftsgüter); Betriebsgebäude und -anlagen werden mit 2 % bis 5 % abgeschrieben; ein entgeltlich erworbener Firmenwert kann über fünf Jahre abgeschrieben werden.
			– Bildung von Reinvestitionsrücklagen möglich.
			– Betriebsstätten in Schweden werden wie schwedische Aktiengesellschaften („aktiebolag") besteuert, Steuersatz 22 % (2014).
			– Verlustrücktrag ist nicht möglich.
			– Zinsen sind in der Betriebsstätte abzugsfähig, wenn sie der Betriebsstätte zuzuordnen sind.

Land	DBA – Besonderheiten zum Artikel „Betriebsstätten"	DBA – Besonderheiten zum Artikel „Unternehmensgewinne"	Ertragsteuerliche Konsequenzen und Besonderheiten von im Ausland belegenen Betriebsstätten
Schweiz Art. 5 DBA Art. 7 DBA	– Eine feste Geschäftseinrichtung, die ausschließlich zu dem Zweck unterhalten wird, für das Unternehmen zu werben, Informationen zu erteilen oder wissenschaftliche Forschung zu betreiben, wird ausdrücklich nicht als Betriebsstätte qualifiziert. – Die Möglichkeit der kumulativen Ausübung der aufgeführten, nicht als Betriebsstätte qualifizierenden Tätigkeiten wird nicht erwähnt. – Die Tätigkeit einer Person, die eine Vollmacht eines Unternehmens besitzt, wird dann nicht als Betriebsstätte qualifiziert, wenn sich ihre Tätigkeit auf den Einkauf von Gütern oder Waren beschränkt.	– Betriebsstättenprinzip auch für Beteiligungen an Personengesellschaften (Mitunternehmer), wobei Sondervergütungen zusätzlich berücksichtigt werden.[1] – Die Schweiz signalisiert in den DBA-Verhandlungen ihre Bereitschaft, den Authorised OECD Approach (AOA) gem. Art. 7 Abs. 2 OECD-MA (ab Fassung 2010) zu übernehmen.[2] Eine Übernahme des AOA ist in Bezug auf das DBA mit Deutschland noch nicht erfolgt.	– Einkünfte aus selbständiger Erwerbstätigkeit sind alle Einkünfte aus Handel-, Industrie- und Gewerbebetrieb, freien Berufen, Einkünfte eines Teilhabers einer Personengesellschaft sowie aus jeder anderen selbständigen Erwerbstätigkeit. – Geschäfts- oder berufsmäßig begründete Kosten sind als Betriebsausgaben abzugsfähig. Nicht abzugsfähig sind insbesondere Bußgelder und Bestechungsgelder an Amtsträger. – Lineare und degressive AfA zulässig; für die Bundessteuer geltende AfA-Sätze (in % des Buchwerts) sind u.a. für Bürogebäude 3 %–4 %, Fabrikgebäude 7 %–8 %, EDV 40 %, immaterielle Werte wie Firmen-, Patent-, Lizenzrechte u. Ä. sowie derivativer Goodwill 40 %. Für Abschreibungen auf dem Anschaffungswert halbieren sich diese Sätze. Abweichungen von diesen Sätzen sind möglich, jedoch zu begründen und zu belegen. Die Mehrheit der Kantone wendet die für die Bundessteuer geltenden Bestimmungen und Abschreibungssätze an, wobei jedoch Abweichungen möglich sind.

---

1) Scherer in Wassermeyer, DBA-Schweiz Art. 7 Rz. 351 f.
2) Vgl. Giraudi Jürg/Matteotti René/Roth Philipp, Schweizerische DBA-Politik, in Lang Michael/Schuch Josef/Staringer Claus, Die österreichische DBA-Politik – Das „österreichische Musterabkommen", Wien 2013, 62 f.

Land	DBA – Besonderheiten zum Artikel „Betriebsstätten"	DBA – Besonderheiten zum Artikel „Unternehmensgewinne"	Ertragsteuerliche Konsequenzen und Besonderheiten von im Ausland belegenen Betriebsstätten
Spanien Art. 5 DBA Art. 7 DBA	– Eine feste Geschäftseinrichtung, die ausschließlich zu dem Zweck unterhalten wird, für das Unternehmen zu werben, Informationen zu erteilen oder wissenschaftliche Forschung zu betreiben, wird ausdrücklich nicht als Betriebsstätte qualifiziert. – Die Möglichkeit der kumulativen Ausübung der aufgeführten, nicht eine Betriebsstätte qualifizierenden Tätigkeiten wird nicht erwähnt. – Die Tätigkeit einer Person, die eine Vollmacht eines Unternehmens besitzt, wird nur dann nicht als Betriebsstätte qualifiziert, wenn sich ihre Tätigkeit auf den Einkauf von Gütern oder Waren beschränkt.	– Entspricht dem OECD-MA.	– Grundlage der gewerblichen Gewinnermittlung ist die Handelsbilanz, welche maßgeblich ist für die Steuerbilanz. Das Nettoeinkommen besteht aus dem Umsatz abzgl. der betrieblich verursachten Ausgaben. Zum 1.1.2008 sind die span. Bilanzierungsvorschriften den IFRS-Standards angepasst worden. – Zweifelhafte Forderungen können bei Vorliegen bestimmter Voraussetzungen ganz oder teilweise abgeschrieben werden. – Abzugsfähige Betriebsausgaben müssen mit den Einnahmen im wirtschaftlichen Zusammenhang stehen. Nicht abzugsfähig sind insbesondere Gewinnausschüttungen, nicht betrieblich veranlasste Zuwendungen sowie Geldstrafen. Es wird vorgesehen, dass ab dem 1.1.2015 die Betriebsausgaben auf Grund von Entlassungsentschädigungen nur bis zu 1 Mio.[1] € oder bis zu dem Maximal-Betrag des spanischen Arbeitnehmerstatuts abzugsfähig sind. – Üblich ist die lineare AfA; für bestimmte Wirtschaftsgüter, auch Immobilien. Die steuerliche Abschreibung von Sachanlagen, immateriellen Vermögenswerten und als Finanzinvestitionen gehaltener Immobilien ist auf 2 % der linearen Abschreibung beschränkt (für kleinere und mittlere Unternehmen, d.h. solche, deren Nettoumsatz in der unmittelbar vorangehenden Steuerperiode den Betrag von 10 Mio. € nicht übersteigt[2]).

---

1) Es wird für 2015 vorgesehen, dass die Entlassungsabfindungen von dem Spanischen Arbeitnehmerstatut bis maximal 180 000 € steuerfrei für den Mitarbeiter sein werden. Der Rest des Betrags wird progressiv besteuert.
2) Steuerliche Sonderabschreibungen werden ab dem Steuerjahr 2015 angewendet. Neue Tabellen vereinfachen die Abschreibungsregelungen.

Land	DBA – Besonderheiten zum Artikel „Betriebsstätten"	DBA – Besonderheiten zum Artikel „Unternehmensgewinne"	Ertragsteuerliche Konsequenzen und Besonderheiten von im Ausland belegenen Betriebsstätten
			– Die Besteuerung von Betriebsstätten in Spanien erfolgt grds. nach den allgemeinen Richtlinien des Körperschaftsteuergesetzes (Steuersatz 30 %[1]). Für neu gegründete Unternehmen wurde ab 1.1.2013 unter bestimmten Umständen der Steuersatz auf 15 %[2] (die ersten 300 000 € der Bemessungsgrundlage) und 20 % (restliche Bemessungsgrundlage) beschränkt. Für Kleinunternehmen wird auch der Steuersatz verringert, wenn das Unternehmen die Arbeitsbeschäftigung im Unternehmen sichert. – Auch eine Vergütung von 10 % bzw. 5 % (unter gewissen Umständen) ist für kleinere und mittlere Unternehmen vorgesehen[3]. – Veräußerungsgewinne von beschränkt Stpfl. (ohne BS) werden mit 21 % belastet.
USA Art. 5 DBA Art. 7 DBA	– Eine feste Geschäftseinrichtung, die ausschließlich zu dem Zweck unterhalten wird, für das Unternehmen zu werben, Informationen zu erteilen oder wissenschaftliche Forschung zu betreiben, wird ausdrücklich nicht als Betriebsstätte qualifiziert. – Personen, die Konzerte, Theater oder sonstige künstlerische Veranstaltungen aufführen, jedoch nicht unter Art. 17 fallen, werden nicht als Inhaber einer Betriebsstätte oder festen Einrichtung angesehen, falls ihre Aufenthalts-	– Engerer Gewinnbegriff: „Gewerbliche Gewinne eines Unternehmens". – Einkünfte aus der Vermietung beweglicher Sachen sowie Lizenzgebühren im Fall von Filmen und Tonträgern gehören ausdrücklich zu den „gewerblichen Gewinnen" (vgl. Art. 12). – Prot. Nr. 4 DBA USA schreibt die Anwendung der OECD-Verrechnungspreisleitlinien für die Ermittlung von Gewinnen einer Betriebsstätte vor, unter Einbeziehung der unterschiedlichen wirtschaftlichen und rechtlichen Gegebenheiten eines Einheitsunternehmens. Grundsätzlich können alle in den OECD-Richtlinien	– Ein steuergesetzlich vorgeschriebenes Buchführungssystem besteht nicht. Prinzipiell sind alle Methoden erlaubt, die stetig sind und das Einkommen eindeutig erkennen lassen. Übliche Methoden sind die Zurechnungsmethode, Methode der anteiligen Gewinnermittlung oder die Gewinnermittlung bei Auftragserfüllung. Methodenwechsel sind nur mit behördlicher Genehmigung zulässig. – Betriebsausgaben, die mit der Unternehmenstätigkeit zusammenhängen, sind voll abzugsfähig. Nicht abzugsfähig sind z.B. Ausgaben mit dem Ziel, die Öffentlichkeit für oder gegen bestimmte Gesetzesvorhaben zu beeinflussen, Schmier- und Bestechungsgelder, 50 % der Bewirtungs- und Repräsentationskosten u.a.

1) Ab 2015 wird der Steuersatz i.H.v. 28 % bestimmt und wird sich auf 25 % in 2016 verringern.
2) Ab 2015 wird der Steuersatz i.H.v. 15 % für das Steuerjahr, in dem eine positive Bemessungsgrundlage vorliegt, als auch für das folgende Jahr bestimmt.
3) Ab 2015 wird auf Grund der Steuerreform der Steuersatz für kleinere oder mittlere Unternehmen abgeschafft. Es wird der generelle Steuersatz i.H.v. 28 % gelten.

Land	DBA – Besonderheiten zum Artikel „Betriebsstätten"	DBA – Besonderheiten zum Artikel „Unternehmensgewinne"	Ertragsteuerliche Konsequenzen und Besonderheiten von im Ausland belegenen Betriebsstätten
	dauer im betreffenden Kalenderjahr insgesamt 183 Tage nicht übersteigt (Protokoll Abschn. 3).	anerkannten Methoden verwendet werden. – Sondervorschriften über nachträgliche Betriebsstättengewinne sowie „Entstrickung" (Protokoll Nr. 5 und 6).	– Lineare und degressive Abschreibungen sind nach vorgegebenen Abschreibungsklassen zulässig. Der erworbene Firmenwert und immaterielle Wirtschaftsgüter sind über 15 Jahre abzuschreiben, Patente und ähnliche Rechte u.U. über die restliche Nutzungsdauer, nicht dagegen der selbst geschaffene Firmenwert. Gebäude sind grundsätzlich linear abzuschreiben. – Rückstellungen sowie Pauschalwertberichtigung von Forderungen sind praktisch ausgeschlossen. Forderungsausfälle können erst dann berücksichtigt werden, wenn eine Forderung nachweislich ganz oder teilweise ausfällt. – Ausländische Personengesellschaften mit einer US-Tätigkeit und US-Personengesellschaften mit nichtansässigen Gesellschaftern müssen eine Quellensteuer i.H.v. 35 % auf den Teil ihres Gewinns einbehalten, der mit ihrer US-Geschäftstätigkeit in Zusammenhang steht und ausländischen Gesellschaftern zuzurechnen ist.

c) Verkehrs-, Substanz-, Erbschaft- und Schenkungsteuerfolgen

390 Im Mittelpunkt dieser Betrachtung steht eine im Inland ansässige Person (Erblasser bzw. Schenkender), die eine im Ausland belegene Betriebsstätte an eine im Inland ansässige Person (Erbe bzw. Beschenkten) vererbt bzw. verschenkt.

Das OECD-MA zur Vermeidung der Doppelbesteuerung der Nachlässe, Erbschaften und Schenkungen durchbricht in Art. 6 OECD-MA den Grundsatz des ausschließlichen Besteuerungsrechts des Wohnsitzstaats des Erblassers oder Schenkenden dahingehend, indem das Besteuerungsrecht für das bewegliche Vermögen einer Betriebsstätte dem Belegenheitsstaat zugewiesen wird.

Unbewegliches Vermögen einer Betriebsstätte fällt nicht unter die Betriebsstättenregelung des Art. 6 OECD-MA. Das Besteuerungsrecht für unbewegliches Vermögen wird dem Belegenheitsstaat in der separaten Regelung des Art. 5 OECD-MA zugestanden.

Ist unbewegliches Vermögen in einem Vertragsstaat gelegen, in dem der Erblasser oder Schenkende nicht seinen Wohnsitz hat, so kann das unbewegliche Vermögen ohne Rücksicht auf seine Zugehörigkeit zu einer Betriebsstätte im Belegenheitsstaat besteuert werden.[1)]

---

1) Jülicher in Wassermeyer, Art. 5 ErbSt-MA Rz. 1 f.

Die Definition des Begriffs „Betriebsstätte" ist im OECD-MA zur Einkommensteuer sowie im OECD-MA zur Erbschaft- und Schenkungsteuer insoweit gleich lautend;[1] es kann somit auf die Ausführungen zu (→ Rz. 394) verwiesen werden.

d) Länderübersicht

391

Land	Sonstige Steuern	Erbschaft- und Schenkungsteuer
Belgien	– Keine Gewerbesteuer; keine Vermögensteuer; Kirchensteuer wird nicht erhoben.[2]	– Der Umfang der Steuerpflicht richtet sich nach dem Wohnsitz des Erblassers bzw. Schenkenden. Liegt der Wohnsitz des Erblassers nicht in Belgien, so unterliegt nur das inländische Grundvermögen der Erbanfallsteuer. Schulden, die im Zusammenhang mit Grundbesitz bestehen, sind steuerlich abziehbar. Jedoch sind die Konditionen hierfür von Region zu Region unterschiedlich. – Bewegliches Vermögen wird bei einer Schenkung nur dann besteuert, wenn diese notariell beurkundet ist. Da unbewegliches Vermögen eingetragen sein muss, unterliegt dieses bei Schenkung stets einer Besteuerung. – Die Höhe der Steuer variiert und ist von der jeweiligen Region abhängig.
Frankreich	– Gewerbesteuer Frankreich bis 2010: Inländische Niederlassungen ausländischer Unternehmen sind grundsätzlich gewerbesteuerpflichtig. Die Gewerbesteuer ist nicht ertragsabhängig. Der Steuersatz ist abhängig von der Gemeinde, in der die Tätigkeit ausgeübt wird. Die Gewerbesteuer ist bei der Gewinnermittlung zur Körperschaftsteuer abzugfähig. Bemessungsgrundlage sind 16 % des Mietwerts der Sachgüter des Anlagevermögens einschließlich gemieteter Sachgüter. Der Mietwert entspricht bei grundsteuerpflichtigen Wirtschaftsgütern dem Katastermietwert; bei den übrigen Anlagegegenständen den Anschaffungs- oder Herstellungskosten. – Gewerbesteuer Frankreich ab 2010: Die Gewerbesteuer ist durch eine „territoriale Wirtschaftsabgabe" („Contribution Economique Territoriale", kurz „CET") ersetzt worden. Der „CET" unterliegen in Frankreich ausgeübte einkommen- bzw. körperschaftsteuerpflichtige gewerbliche Tätigkeiten. Diese Abgabe setzt sich aus 2 Bestandteilen zusammen: – zum einen die „Grundabgabe der Unternehmen" („Cotisation Foncière des Entreprises, kurz „CFE"), die einen Prozentsatz des Mietwerts der	– Die Unterzeichnung des Doppelbesteuerungsabkommens auf dem Gebiet der Erbschaft- und Schenkungsteuer am 12.10.2006 in Paris beendet endgültig die Doppelbesteuerung bei deutsch-französischen Erbschaften oder Schenkungen zu Gunsten der in Deutschland ansässigen Personen, einschließlich der großen Gemeinschaft der in Deutschland lebenden Franzosen. Das Abkommen ist zum 3.4.2009 in Kraft getreten. – Der Umfang der Steuerpflicht richtet sich grundsätzlich nach dem Wohnsitz des Erblassers und des Schenkenden sowie danach, wo sich das übertragene Vermögen befindet. – Hatte der Erblasser zum Zeitpunkt seines Todes seinen Wohnsitz in Frankreich, so unterliegt grundsätzlich das gesamte übertragene Vermögen der frz. Erbschaftsteuer. – Liegt weder der Wohnsitz des Erblassers noch der Wohnsitz des Erbenden in Frankreich, unterliegt nur das inländische Vermögen der frz. Erbschaftsteuer. – Befindet sich der Wohnsitz des Erbenden zum Zeitpunkt des Todes des Erblassers in Frankreich und war der Erbende während der letzten zehn Jahre mindestens 6 Jahre in Frankreich ansässig, unterliegt das von ihm geerbte Vermögen der frz. Erbschaftsteuer.

---

1) Jülicher in Wassermeyer, Art. 6 ErbSt-MA Rz. 16.
2) Straka in Wassermeyer, DBA-Belgien, Anh. Rz. 30 ff.

Land	Sonstige Steuern	Erbschaft- und Schenkungsteuer
	dem Unternehmen zur Verfügung stehenden grundsteuerpflichtigen Wirtschaftsgüter darstellt (d.h. bewegliche Wirtschaftsgüter werden nicht mehr berücksichtigt), – zum anderen eine „Wertschöpfungsabgabe der Unternehmen" („Cotisation sur la Valeur Ajoutée des Entreprises", kurz „CVAE"), die auf der Wertschöpfung basiert und in Abhängigkeit vom erzielten Umsatz zu einem progressiven Satz berechnet wird. – Die „CET" ist auf 3 % der Wertschöpfung begrenzt. – Arbeitgeber mit Betrieben in Frankreich, die mit weniger als 90 % ihrer Umsätze der Mehrwertsteuer unterliegen, haben auf den Betrag der von ihnen an ihre Arbeitnehmer gezahlten Bruttolöhne und -gehälter (Lohnsumme des Vorjahres) sowie auf gewisse andere Beträge (z.B. Gewinnbeteiligung) eine „Lohnsummensteuer" von 4,25 % bis 20 % zu entrichten (gilt auch für die von der Mehrwertsteuer befreiten Freiberufler). – Unternehmen unterliegen einer „Lehrlingssteuer" i.H.v. 0,68 % (0,44 % in Elsass-Moselle). Unternehmen von 250 oder mehr Arbeitnehmern unterliegen unter gewissen Umständen einer „contribution supplémentaire à l'apprentissage", die von 0,05 % (0,026 % in Elsass-Moselle) bis 0,6 % (0,312 % in Elsass-Moselle) der Lohnsumme des Vorjahrs beträgt. Eigene Ausbildungsaufwendungen sind anrechenbar. – Unternehmen mit mindestens 20 Arbeitnehmern müssen auf die Lohnsumme des Vorjahrs eine Berufsbildungsabgabe i.H.v. 1,6 % und eine Wohnungsbauabgabe i.H.v. 0,45 % entrichten. Für Unternehmen mit weniger als 20 Arbeitnehmern ist die Berufsbildungsabgabe niedriger. – Kapitalgesellschaften unterliegen nicht der Vermögensteuer.	– Die oben beschriebenen Regeln sind anwendbar unter Vorbehalt des DBA Erbschafts-/Schenkungssteuer. – Der progressive Erbschaft- und Schenkungsteuertarif liegt je nach Verwandtheitsgrad zwischen 5 % und 60 % (diverse Steuerermäßigungen und sonstige Grundfreibeträge sind jedoch anwendbar). – Schenkungen unter Lebenden werden, bis auf substantielle Ausnahmen zur Erleichterung des Generationswechsels im Mittelstand und der Privatvermögensübertragung, auf die Nachfahren nach den gleichen Grundsätzen besteuert wie der Erwerb von Todes wegen und vorherige Erwerbe werden grundsätzlich mit dem letzten Erwerb addiert, wobei sich die Freibeträge jedoch alle 6/10/15 Jahre[1] erneuern. Die Steuer wird unter Berücksichtigung der Progression des Steuertarifs, die sich nach Zusammenrechnung sämtlicher Erwerbe ergibt, ermittelt. – Besteuerungsgrundlage im Rahmen der Erbschaftsteuer ist regelmäßig der Nettowert des zugefallenen Vermögens zum Marktwert am Todestag. – Die Erbschaft- oder Schenkungsteuererklärung ist spätestens 6 Monate (12 Monate bei Todesfall außerhalb Frankreichs) nach dem Tod des Erblassers im Falle des ausländischen Wohnsitzes beim „Service des Impôts des Non-Résidents" in Noisy-le-Grand abzugeben (für in Frankreich Ansässige beim zuständigen lokalen „Service des Impôts"). – Übertragungen von Todes wegen zwischen Ehegatten oder über PACS verbundenen Personen (Vertrag, der das gemeinsame Zusammenleben zivilrechtlich regelt) sind erbschaftsteuerbefreit. Dies gilt jedoch nicht für die Schenkungsteuer (hier gilt ein Freibetrag von 80 724 € für 2015). Die Freibeträge bei Schenkungen oder Erbschaft in direkter Linie (Eltern/Kinder) betragen seit dem 17.8.2012 100 000 €. Bei Übertragungzwischen Geschwistern beträgt der Freibetrag 15 932 € für 2015. Für Schenkungen an Neffen und Nichten besteht ein Freibetrag von 7 967€ für 2015. Bei Geldschenkungen an Kinder, Enkel, Urenkel, bzw., falls keine Nachkommen vorhanden sind, Neffen und Nichten kann unter gewissen Bedingungen ein Freibetrag i.H.v. 31 865 € für 2015 Anwendung finden. Es bestehen weitere Sonderregelungen.

---

1) 10 Jahre ab dem 31.7.2011/15 Jahre ab dem 17.8.2012.

Land	Sonstige Steuern	Erbschaft- und Schenkungsteuer
Griechenland DBA/ErbSt	– Keine Vermögensteuer – Keine Gewerbesteuer	– DBA/ErbSt: nur für bewegliches Vermögen anwendbar. – Die Erbschaft und die Schenkungen werden für Ehegatten, Kinder, Enkel und Eltern, progressiv bis 10 % besteuert (Nullzone in Tarif 150 000 €). Großenkel, Großeltern, anerkannte Kinder und deren Kinder, Geschwister, Stiefgeschwister, Pflegeeltern, angeheiratete Verwandte und Kinder aus früheren Ehen des Ehegatten werden progressiv bis 20 % besteuert (min. Tarif 30 000 €). In anderen Fällen zwischen 20 %–40 % mit einer Nullzone im Tarif bis 6 000 €. Spezielle Steuersätze gelten für Gesellschaftsanteile und Grundvermögen (siehe entsprechenden Abschnitt). – Der Erbschaft- und Schenkungsteuer unterliegen die Erwerber von Inlandsvermögen jeglicher Art unabhängig von der Staatsangehörigkeit oder dem Wohnsitz des Erblassers bzw. Schenkenden und des Erwerbers. – Zur Bewertung des Unternehmenswerts werden grundsätzlich alle wertbeeinflussenden Faktoren wie Gewinnaussichten, Firmenwert, Zeitrenten u.a. berücksichtigt.
Großbritannien	– Keine Gewerbesteuer – Keine Vermögensteuer	– Liegt das „domicile" oder „deemed domicile" des Erblassers (Letzteres wird in Großbritannien bei Wohnsitz über einen Zeitraum von 17 Steuerjahren innerhalb eines 20-Jahres-Zeitraums angenommen oder bei Wohnsitz in Großbritannien innerhalb der letzten drei Jahre vor Übertragung) nicht in Großbritannien, so wird nur das in Großbritannien belegene Vermögen erfasst. Dieses wird zu Verkehrswerten im Zeitpunkt der Übertragung bewertet. – Zuwendungen unter Lebenden gelten grundsätzlich zunächst als schenkungsteuerfrei (aber evtl. Kapitalgewinnbesteuerung); die Steuerbefreiung fällt nachträglich in Abhängigkeit von der Lebensdauer ganz oder teilweise weg (Taper Relief), sofern der Zuwendende innerhalb von sieben Jahren verstirbt (Steuerermäßigung zwischen 20 % (bei Versterben nach 3 bis 4 Jahren) und 80 % (bei Versterben nach 6 bis 7 Jahren). – Der Erbschaft- und Schenkungsteuertarif besteht aus einer Nullzone (bis 325 000 £ [411 111 €] im Steuerjahr 2014/2015) und einem Proportionalsatz (40 %). Zweitversterbende Ehegatten und eingetragene Lebenspartner können den nicht verbrauchten Freibetrag des erstverstorbenen Partners nutzen.

Land	Sonstige Steuern	Erbschaft- und Schenkungsteuer
		– Unternehmensübergänge sind grundsätzlich steuerbefreit, soweit echtes Produktivvermögen übertragen wird (Business Relief).
Irland	– Keine Gewerbesteuer – Keine Kirchensteuer – Eine Vermögensteuer wird in Irland seit 1978 nicht mehr erhoben.	– Erbschaft- u. Schenkungsteuertarif (Capital Acquisition Tax – CAT) beträgt 30 % bis 5.12.2012 und 33 % ab 6.12.2012. Steuerbefreiungen werden gewährt i.H.v. 225 000 € für Kinder und Eltern, i.H.v. 30 150 € für Geschwister und Nichten/Neffen sowie i.H.v. 15 075 € für alle übrigen Empfänger.
Italien	– Erhebung einer regionalen Steuer auf produktive Tätigkeiten (imposta regionale sulle attività produttive, IRAP); Steuerobjekt ist die im Inland anfallende Wertschöpfung (Betriebserfolg) einer nachhaltig ausgeübten Tätigkeit (z.B. bei Einzelunternehmen, Freiberuflern, Gesellschaften und Betriebsstätten); der Steuertarif beträgt i.d.R. 3,5 % (4,2 % bei Banken und 5,3 % bei Versicherungen – kann von den Regionen erhöht oder vermindert werden) der Wertschöpfung (Personalaufwendungen beschränkt und Forderungswertberichtigung sowie Zinsen und außerordentliche Aufwendungen nicht abzugsfähig; Dividenden, sonstige Finanzerträge und außerordentliche Erträge nicht steuerpflichtig).	– Mit Gesetz Nr. 286/2006 wurde in Italien die 2001 abgeschaffte Schenkungs- und Erbschaftsteuer wieder eingeführt. Bei Erbschaften und Schenkungen direkter Linie bzw. zu Gunsten des Ehepartners beträgt diese 4 % auf Beträge, die 1 Mio. € für den jeweiligen Erben/Begünstigten übersteigen. Bei Geschwistern und anderen Verwandten bis zum 4. Grad, bei Verschwägerten direkter Linie sowie bei Verschwägerten der Seitenlinie bis zum 3. Grad beträgt die Erbschaftsteuer 6 % (für Geschwister auf Beträge, die 100 000 € für den jeweiligen Begünstigten übersteigen), in allen anderen Fällen beträgt die Erbschaftsteuer 8 %. – Bei Übertragung von in Italien belegenen Immobilien ist des Weiteren Kataster- und Hypothekarsteuer (je 1 % und 2 %) zu entrichten. Es bestanden erhebliche Indizien, dass die Register- und Katasterabgaben nach § 21d ErbStG auf die deutsche Erbschaft- und Schenkungsteuer anrechenbar wären. Dem ist die deutsche FinVerw entgegengetreten und vertritt nunmehr eine Nichtvergleichbarkeit und damit Nichtanrechnungsfähigkeit der italienischen Steuern (vgl. BayFinMin v. 8.1.2004)[1] und die Gegenseitigkeitserklärung des italienischen und deutschen BMF wurde lt. Verlautbarung der OFD Düsseldorf und Münster vom 27.2.2004[2] gekündigt. – Bei Übertragung von Betrieben bzw. Gesellschaftsanteilen durch Erbschaft/Schenkung auf Nachfahren und Ehepartner fällt keine Erbschaft-/Schenkungsteuer an, sofern die Nachfahren oder Ehepartner direkt den Betrieb fortführen bzw. fünf Jahre die Mehrheitsanteile halten.

---

1) Vgl. BayFinMin v. 8.1.2004, 34 – S 3812 – 040 – 46918/03, IStR 2004, 174.
2) OFD Köln v. 27.2.2004, S 3812 – 16 – St 231–D; S 3812 – 18 – St 23–35, RIW 2004, 480.

Land	Sonstige Steuern	Erbschaft- und Schenkungsteuer
Liechtenstein	– Gründungsabgabe bzw. Emissionsabgabe von max. 1 % des Kapitals, Freibetrag von 1 Mio. CHF Kapital (ca. 831 462 €). – Umsatzabgabe auf dem Handel von Wertschriften von Effektenhändlern von 0,15 bzw. 0,3 v. T. – Verpflichtung zur Absteuerung der Altreserven (bestehend am 31.12.2010) bis Ende 2015 zu 2,5 % (Art. 158 Abs. 3 und 4 SteG)[1)]	– Keine Erbschafts- und Schenkungssteuer
Luxemburg	– Gewerbesteuerpflichtig ist jeder im Inland betriebene Handels-, Industrie- und Handwerksbetrieb. Personengesellschaften die ein gewerbliches Unternehmen i. S. des EStG betreiben oder die gewerblich geprägt sind sowie Kapitalgesellschaften und Genossenschaften sind gewerbesteuerpflichtig. Bemessungsgrundlage ist der Gewerbeertrag (Ermittlung ähnlich der deutschen Gewerbesteuer, jedoch mit weniger umfangreichen Hinzurechnungs- und Kürzungsvorschriften). – Die Steuerermittlung erfolgt für Gewerbesteuerzwecke durch Anwendung eines Grundtarifs (3 %) multipliziert mit einem Hebesatz (225 % bis 400 %) auf den Gewerbeertrag (der zuvor auf volle 50 € abgerundet und um einen Freibetrag von 17 500 € bei Körperschaftsteuerpflichtigen bzw. 40 000 € bei allen anderen Stpfl. gekürzt wird). – Ausländische Körperschaften, Personenvereinigungen und Vermögensmassen unterliegen mit ihrem Inlandsvermögen der Vermögensteuer von 0,5 % Auf Antrag kann eine Vermögensteuerermäßigung für ein bestimmtes Steuerjahr gewährt werden: Zu diesem Zweck haben sich die Stpfl. zu verpflichten, bei der Verwendung des Steuerjahresgewinns den fünffachen Betrag der beantragten Vermögensteuerermäßigung in einen Rücklageposten einzustellen und diese Rücklage während der 5 nachfolgenden Jahren beizubehalten[2)]. Die Ermäßigung ist jedoch beschränkt auf die für das gleiche Steuerjahr – vor möglichen Anrechnungen – anfallende Körperschaftsteuer, jedoch erhöht um den	– Bei Vererbung durch einen in Deutschland ehemals ansässigen Erblasser einer in Luxemburg belegenen Betriebsstätte kann gegebenenfalls Nachlasssteuer anfallen, falls über die Betriebsstätte luxemburgisches Grundvermögen gehalten und das Eigentum an diesem Grundvermögen im Rahmen der Vererbung auf einen neuen Eigentümer übertragen wird. Es wird unterschieden zwischen der „droit de mutation par décès" als Nachlasssteuer bei beschränkter Steuerpflicht (d.h. Wohnsitz des Erblassers befand sich nicht in Luxemburg) und der „droit de succession" als Erbschaftsteuer bei unbeschränkter Steuerpflicht (d.h. Wohnsitz des Erblassers befand sich in Luxemburg). Diese Erbanfallsteuern werden unabhängig von der steuerlichen Ansässigkeit der Erben erhoben. Der Grundtarif der Nachlass- und der Erbschaftsteuer liegt je nach Verwandtschaftsgrad zwischen 0 % (in gerader Linie) und 15 % Der Grundtarif erhöht sich um einen Steigerungstarif bis zu einem Nachlass- bzw. Erbschaftsteuersteuersatz von max. 48 % Der Freibetrag für Ehegatten und Lebenspartner, die mindestens drei Jahre eingetragen sind, ohne Nachkommen beträgt 38 000 €. Der Nachlass bei Erbschaften in gerader Linie für den gesetzlichen Erbteil und bei Erbschaften zwischen Ehegatten bzw. (anders- oder gleichgeschlechtlichen) eingetragenen Lebenspartnern mit gemeinsamen Kindern oder Enkelkindern ist – wie bei der Erbschaftsteuer – von der Nachlasssteuer befreit. Besteuerungsgrundlage der Nachlasssteuer ausschließlich der Verkaufswert des in

---

1) Änderung gemäß Referendumsvorlage 640.0 „Gesetz vom 4. September 2014 über die Abänderung des Steuergesetzes": Vorbehaltlich eines Referendums tritt die Gesetzesänderung Ende Oktober/Anfang November 2014 in Kraft.
2) Mit Urteil v. 6.9.2012, C-380/11, hat der EuGH festgestellt, dass die Voraussetzung, dass der Steuerschuldner der Vermögensteuer unterliegt, falls er den Gesellschaftssitz während der fünf folgenden Steuerjahre innerhalb der EU verlegt, aber dennoch die Vermögensteuerrücklage während der Fünf-Jahres-Periode im Verlegungssitzstaat beibehält, gegen die Niederlassungsfreiheit nach Art. 49 AEUV verstößt.

Land	Sonstige Steuern	Erbschaft- und Schenkungsteuer
	Zuschlag zum Beschäftigungsfonds. Ein Gesetzesentwurf sieht vor, für die Bemessung der Beschränkung in Zukunft auf die Körperschaftsteuer des vorangehenden Steuerjahres zurückzugreifen. Seit dem 1.1.2009 sind Urheberrechte an Computerprogrammen, Patenten, Patentanmeldungen, Marken, Domain-Namen, Muster und Modelle vermögensteuerfrei gestellt, sofern im Vorjahr die Voraussetzungen des betreffenden Körperschaftsteuerprivilegs erfüllt worden sind (→ 4 Rz. 389). Qualifizierende Beteiligungen gem. dem luxemburgischen Schachtelprivileg sind von der Vermögensteuer befreit. – Personengesellschaften sind nicht vermögensteuerpflichtig. Jedoch sind die Körperschaften als Mitunternehmer mit ihrem Anteil am Betriebsvermögen der Personengesellschaft vermögensteuerpflichtig. – Natürliche Personen sind seit dem 1.1.2006 von der Vermögensteuer befreit.	Luxemburg belegenen Grundvermögens (mit Abzug von Schulden). – Unabhängig von der steuerlichen Ansässigkeit der Parteien unterliegen Schenkungen unter Lebenden, die in Luxemburg notariell beurkundet worden sind (ausgenommen Immobilien, die im Ausland belegen sind) oder in Luxemburg vollzogen werden, der Schenkungsteuer. Der Steuersatz liegt je nach Verwandtschaftsgrad und je nach Art der Schenkung zwischen 1,8 % und 14,4 %.
Niederlande	– Eine Gewerbesteuer oder ähnliche Steuer wird nicht erhoben. – Kirchensteuer existiert nicht.	– Erbschaften, Vermächtnisse und Schenkungen unterliegen der Erbschaft- oder Schenkungsteuer, wenn der Erblasser oder Spender in den Niederlanden wohnhaft war. Bewertet wird mit dem Marktwert im Zeitpunkt des Vermögensübergangs.
Österreich DBA/ErbSt gekündigt per 31.12.2007	– Der Gemeindeabgabe „Kommunalsteuer" i.H.v. 3 % unterliegen die Bruttolöhne, die in einem Kalendermonat an die Dienstnehmer einer im Inland belegenen Betriebsstätte eines Unternehmens gezahlt worden sind. Steuerpflichtig sind Gewerbebetriebe, Freiberufler, Vermieter und Verpächter sowie Land- u. Forstwirte. – Eine Gewerbesteuer wird nicht mehr erhoben.	– Die Erbschaft- und Schenkungsteuer wurde zum 1.8.2008 abgeschafft. Die Schenkungssteuer wurde durch das Schenkungsmeldegesetz 2008 ersetzt. § 121a BAO sieht zwingende Meldung von Schenkungen vor und dient als Kontrolle von Vermögensverschiebungen. – Das DBA/ErbSt wurde per 31.12.2007 von Deutschland aufgekündigt.
Schweden DBA/ErbSt	– Die Vermögensteuer ist mit Wirkung zum Jahr 2007 abgeschafft worden. – Gewerbesteuer wird nicht erhoben.	– Die Erbschaft- und Schenkungsteuer in Schweden ist ab 17.12.2004 abgeschafft worden. – DBA/ErbSt: Bewegliches Betriebsstättenvermögen kann im Belegenheitsstaat besteuert werden. – DBA/ErbSt: Anwendung der Anrechnungsmethode.

Land	Sonstige Steuern	Erbschaft- und Schenkungsteuer
Schweiz DBA/ErbSt	– Eine Gewerbesteuer wird einzig in den Gemeinden des Kantons Genf erhoben (sogenannte „Taxe professionelle"). Ihr unterliegen natürliche und juristische Personen, die auf ihrem Gebiet eine selbständige Erwerbstätigkeit ausüben, einen Handels-, Gewerbe- oder Industriebetrieb, eine Betriebsstätte oder eine Filiale führen. Die Steuer wird i.d.R. anhand von Koeffizienten berechnet, die mit dem jährlichen Umsatz, den jährlichen Mietkosten für betriebliche Lokalitäten und der Anzahl Beschäftigter eines Betriebs verknüpft sind. Der beschränkten, kantonalen Vermögensteuerpflicht unterliegen Personen mit ihrem Reinvermögen (abzüglich Schulden), die zu einem bestimmten Steuergebiet (Kanton, Gemeinde) nur eine wirtschaftliche Beziehung, wie z.B. der Unterhalt von Betriebsstätten, haben. Das Geschäftsvermögen wird i.d.R. zu dem Wert angesetzt, welcher sich unter Berücksichtigung der steuerlich zulässigen Abschreibungen und Rückstellungen ergibt (Ausnahme: unbewegliches Vermögen und Wertschriften werden zum Verkehrswert bewertet).	– DBA/ErbSt: Besteuerungsrecht von beweglichem und unbeweglichem Betriebsstättenvermögen für Belegenheitsstaat; ebenso für Beteiligungen an Personengesellschaften.[1] – DBA/ErbSt D: grundsätzlich Anwendung der Anrechnungsmethode (Freistellung für unbewegliches Vermögen, wenn Erblasser im Zeitpunkt seines Todes schweizerischer Staatsangehöriger war). CH: Freistellung mit Progressionsvorbehalt. – Die Erbschaftsteuer für direkte Nachkommen ist in der Mehrzahl der Kantone abgeschafft worden – Der Kanton Schwyz erhebt als einziger Kanton der Schweiz keine Erbschaft- und Schenkungsteuern. – Der Kanton Luzern erhebt grundsätzlich keine Schenkungsteuer, jedoch werden Schenkungen innerhalb von fünf Jahren vor dem Tod einer Person mit der Erbschaftsteuer belegt. – Je nach Kanton und Verwandtschaftsgrad bestehen große Steuersatzunterschiede. Die Tarife sind zumeist progressiv ausgestaltet. Bewertungsmaßstab ist der Verkehrswert zum Zeitpunkt des Todes- oder Schenkungstags. Gegebenenfalls wird auf die Werte zurückgegriffen, welche den einzelnen Vermögensgegenständen zu Zwecken der Vermögensteuer zukommen.
Spanien	– Steueranfall: 31. 12. Freibetrag von 700 000 €, es sei denn, die „comunidad autónoma" (vergleichbar Bundesland) bestimmt einen anderen Freibetrag. – Die Ausübung gewerblicher Tätigkeiten natürlicher und juristischer Personen unterliegt einer jährlichen Gewerbesteuer. Sie ist ein fester Nominalbetrag, der aus einer umfangreichen Tabelle für jeden Wirtschaftszweig gelistet ist. Hierauf können die Gemeinde und der Kreis einen Zuschlag erheben. Freiberufler unterliegen nicht der Gewerbesteuerpflicht ebenso nicht Gesellschaften, die einen Jahresumsatz von unter 1 Mio. € haben. Ebenso sind Unternehmen in den ersten zwei Jahren ihrer Geschäftstätigkeit freigestellt. Ab 1.1.2013 wurde eine Steuerrückvergütung (95 % des Grundtarifs) in bestimmten Gemeinden genehmigt. Voraussetzung für diese Steuervergütung ist, dass die gewerbliche Tätigkeit von speziellen Interesse für die Gemeinde ist oder dass die Tätigkeit die Beschäftigung sichert.	– Nicht in Spanien ansässige Personen sind nur mit den in Spanien belegenen Vermögensteilen steuerpflichtig (beschränkte Steuerpflicht). – Seit 1.1.2013 fällt die in Spanien vorgesehene Sonderabgabe auf Immobilien von nichtansässigen Körperschaften nur für in Steuerparadiesen ansässige Körperschaften an. – Erbschaft- und Schenkungsteuertarif ist abhängig vom Verwandtschaftsgrad sowie vom Vorvermögen des Erben und von der Höhe des zugewendeten Erbes. Auf den Erbschaft- und Schenkungsteuertarif i.H.v. 7,65 %–34 % finden entsprechend verschiedene Multiplikatoren Anwendung. – Die „comunidades autónomas" (vergleichbar Bundesland) können im Rahmen ihrer Gesetzgebungsgewalt bezüglich der Erbschaft- und Schenkungsteuer verschiedene, vom Verwandtschaftsverhältnis abhängige Freibeträge festlegen. – Bewertungsmaßstab ist grundsätzlich der Verkehrswert.

---

1) Bellstedt/Meyer in Becker u.a. (Hrsg.), Teil 4 II DBA-Schweiz/ErbSt, Art. 6 Rz. 1, 20, Art. 5 Rz. 1; Weigell in Wassermeyer, E-DBA-Schweiz, Art. 5 Rz. 1, Art. 6 Rz. 1.

Land	Sonstige Steuern	Erbschaft- und Schenkungsteuer
	– Ab 2013 müssen alle in Spanien ansässigen Steuerzahler bis spätestens 31.3.2013 ihre im Ausland belegenen und bislang noch nicht in Spanien deklarierten Vermögensgüter wie Immobilien, Gelddepots, Wertpapiere und -anlagen, Konten und sonstige[1] diesbezügliche Rechte beim spanischen Finanzamt anzeigen. Befreiung von der Meldepflicht gilt für Bankdepots, -konten und ähnliche Werte unter den nachfolgenden Bedingungen: – Es handelt sich um öffentliche Gelder und Mittel. – Es handelt sich um *exakt* bilanziertes Gesellschaftsvermögen oder Vermögen eines Kaufmannes (hier ist der Nachweis einer Buchführung nach spanischen Maßstäben erforderlich). – Es handelt sich um Vermögenswerte auf Konten einer ausländischen Bank mit Sitz in Spanien. – Bankkonten mit einem durchschnittlichen und abschließenden Jahressaldo von insgesamt maximal 50 000 €. Wird diese Gesamtsumme überschritten, müssen alle Konten offengelegt werden, auch wenn die einzelnen Bankkonten weniger als 50 000 € Bestand aufweisen. Ab dem Jahr 2014 ist lediglich eine informatorische Mitteilung an das Finanzamt abzugeben, sofern eine Erhöhung des Jahressaldo um 20 000 € stattgefunden hat. Die Bedingungen für Befreiung von der Meldepflicht für Anlagenwerte, Versicherungen, und diesbezügliche Rechte sowie Immobilien sind ähnlich gestaltet, wobei hier die 50 000 €-Grenze auf die Bewertung des jeweiligen Vermögenswertes bezogen ist und die Bewertungskriterien für jeden Vermögenstyp spezifisch sind. Für Anlagenwerte, Versicherungen und diesbezügliche Rechte werden die Bewertungskriterien des spanischen Vermögenssteuergesetzes herangezogen, wobei für Immobilien der Anschaffungswert gilt. Demgegenüber werden diesbezügliche Rechte wie beispielsweise der Nießbrauch wieder nach Vermögenssteuergesetzkriterien bewertet. Strafrechtliche Sanktionen sind für Nichterfüllung vorgesehen.	– Der Europäische Gerichtshof hat am 3.9.2014 entschieden, dass Nicht-Ansässige nicht mehr gegenüber den Ansässigen in den jeweiligen Autonomen Regionen in Bezug zur Erbschaftssteuer diskriminiert werden dürfen.

---

1) Diese Maßnahmen gelten weiter für 2014 und 2015.

Land	Sonstige Steuern	Erbschaft- und Schenkungsteuer
USA DBA/ErbSt	– Auf Bundesebene gibt es keine Gewerbesteuer oder eine der Gewerbesteuer vergleichbare andere Steuer. In den meisten Einzelstaaten und in den größeren Städten existieren Abgaben mit gewerbesteuerähnlichen Elementen.	– DBA/ErbSt: alleiniges Besteuerungsrecht (Anrechnungsmethode im Wohnsitzstaat) von beweglichem und unbeweglichem Betriebsstättenvermögen im Belegenheitsstaat; ebenso für Beteiligungen an Personengesellschaften.[1] – DBA/ErbSt: Besitzt der Erblasser/Schenker die US-Staatsangehörigkeit, so erstreckt sich das US-Besteuerungsrecht auf den Gesamtnachlass. Hat der Erblasser/Schenker seinen Wohnsitz in den USA und der Erwerber in Deutschland, so gilt für das deutsche Besteuerungsrecht die unbeschränkte Inländerbesteuerung. Vermeidung der Doppelbesteuerung erfolgt jeweils durch die Anrechnungsmethode.[2] – Steuerausländer unterliegen beim Bund der beschränkten Erbschaft- und Schenkungsteuer. Steuerobjekt ist jeweils das in den USA belegene Vermögen. – Der Höchststeuersatz für Erbschaft- und Schenkungsteuer ist 40 %.. – Der bisherig geltende Freibetrag für die Nachlasssteuer, der grundsätzlich 60 000 US $ (48 107 €) für Steuerausländer beträgt, gilt nach wie vor. Unter Anwendung des DBA/ErbSt und Protokoll kann der Freibetrag auf den anteiligen Freibetrag für Steuerinländer von 5,34 Mio. US $ (4,28 €) (für 2014; in 2015 etwas höher nach Inflationsanpassung) erhöht werden (im Verhältnis US- zu Weltvermögen des Erblassers). Höhere Freibeträge werden auch für Übertragungen an den überlebenden Ehegatten gewährt. – Das Nachlassvermögen wird im Allgemeinen mit dem Verkehrswert am Todestag bewertet. – Die Schenkung von US-inländischem Vermögen (z.B. Immobilien) unterliegt der US-Schenkungssteuer. – Bemessungsgrundlage für die Steuer ist der Verkehrswert des übertragenen Vermögens, vermindert um bestimmte Abzüge. Pro Beschenktem wird ein jährlicher Freibetrag von 14 000 US $ (11 225 €) (2014) gewährt, der sich auf 145 000 US $ (116 260 €) (2014) erhöht, wenn es sich um Schenkungen an den Nicht-US-Staatsbürger-Ehepartner handelt. Keiner Schenkungssteuer unterliegen hingegen Übertragungen an Ehepartner, die die US-Staatsbürgerschaft besitzen.

---

1) Wurm/Bödecker in Becker u.a. (Hrsg.), Teil 4 II DBA-USA/ErbSt Art. 6 Rz. 1, Art. 8 Rz. 1.
2) Wurm/Bödecker in Becker u.a. (Hrsg.), Teil 4 II DBA-USA/ErbSt Art. 11 Rz. 5 ff.

Land	Sonstige Steuern	Erbschaft- und Schenkungsteuer
		– Einzelstaaten haben eigene Erbschaft- und Schenkungsteuern. Zumeist wird die Bemessungsgrundlage der Bundessteuer mit einigen Abänderungen erfasst. Die Steuern der Einzelstaaten sind begrenzt anrechenbar auf die Bundessteuer, um eine Doppelbesteuerung zu beseitigen bzw. zu mindern.

4. Freiberufliche Tätigkeit

a) DBA-rechtliche Konsequenzen

392 **Anmerkung**: Die selbständige Tätigkeit von Künstlern und Sportlern (OECD-MA Art. 17) wurde nicht berücksichtigt.[1]

Bei der Beurteilung der „freiberuflichen Tätigkeit" werden die sog. „freien Berufe" sowie die „sonstigen selbständigen Tätigkeiten" betrachtet (vgl. Art. 14 OECD-MA a.F.). Gewerbliche Tätigkeiten sowie Dienstleistungen, welche Angehörige der freien Berufe im Rahmen eines Arbeitsverhältnisses erbringen (z.B. angestellte Steuerberater einer Steuerberatungsgesellschaft), sind somit ausgeschlossen.

Das Besteuerungsrecht von Einkünften aus einem freien Beruf oder aus sonstiger selbständiger Arbeit liegt beim Wohnsitzstaat; dies gilt auch, wenn die Einkünfte durch eine Tätigkeit im anderen Vertragsstaat erwirtschaftet wurden. Steht dem Freiberufler oder Selbständigen für seine Tätigkeit im anderen Vertragsstaat gewöhnlich eine feste Einrichtung zur Verfügung, besteuert vorrangig der Staat des Tätigkeitsortes als Quellenstaat jene Einkünfte, welche der festen Einrichtung zugerechnet werden können.[2]

Der Begriff der „sonstigen selbständigen Arbeit" ist aus dem Zusammenhang des Abkommens auszulegen, wobei es sich um eine Dienstleistung handeln muss, bei der der Einsatz von Kapital eine untergeordnete Rolle spielt (im Gegensatz zur industriellen oder handwerklichen Tätigkeit).[3]

Entsprechend der Geschäftseinrichtung einer Betriebsstätte ist unter einer „festen Einrichtung" die Gesamtheit der Sachen zu verstehen, die der freiberuflichen oder sonstigen selbständigen Tätigkeit nach den berufstypischen Erfordernissen des konkreten Berufs dienen.[4] Die Einrichtung muss auf längere Dauer angelegt sein (nicht nur vorübergehend), wobei ein fixer Mindestzeitraum (etwa sechs oder mehr als zwölf Monate) nach h.M. nicht vorgesehen ist.[5] Neben dem Besitz der Verfügungsgewalt muss dem Selbständigen die feste Einrichtung auch „gewöhnlich" zur Verfügung stehen, wobei eine kontinuierliche Nutzung nicht nötig ist.

Für die Aufteilung der Einkünfte zwischen dem Wohnsitzstaat und dem Staat der festen Einrichtung gelten die gleichen Grundsätze wie bei der Aufteilung des Gewinns zwischen Stammhaus und Betriebsstätte eines gewerblichen Unternehmens.

Typische freiberufliche Tätigkeiten sind selbständig ausgeübte, wissenschaftliche, literarische, künstlerische, erzieherische und unterrichtende Tätigkeiten sowie die selbständigen Tätigkeiten der Ärzte, Rechtsanwälte, Ingenieure, Architekten, Zahnärzte und Buchsachverständigen. Einer selbständigen Tätigkeit darf keinesfalls ein Dienstvertrag oder sonstiges Arbeitsverhältnis zu Grunde liegen.

---

1) Hierzu etwa Mody in Strunk/Kaminski/Köhler, Art. 17 OECD-MA Rz. 1 ff.
2) Hemmelrath in Vogel/Lehner, 5. Aufl., Art. 14 Rz. 5 ff.
3) Hemmelrath in Vogel/Lehner, 5. Aufl., Art. 14 Rz. 12 ff.
4) Hemmelrath in Vogel/Lehner, 5. Aufl., Art. 14 Rz. 22.
5) Strunk-zur Heide in Strunk/Kaminski/Köhler, Art. 14 OECD-MA Rz. 51 f.

Zur Auslegung des Begriffs der „freiberuflichen Tätigkeit" sowie im Fall einer Nichtregelung im DBA muss auf innerstaatliches Recht zurückgegriffen werden.

Die Doppelbesteuerung wird durch die Freistellungsmethode mit Progressionsvorbehalt vermieden.

b) Länderübersicht

393

Land	Besonderheiten der jeweiligen Doppelbesteuerungsabkommen[1]	Ertragsteuerliche Konsequenzen/Besonderheiten im Ausland
Belgien Art. 14 DBA	– Entspricht im Wesentlichen dem früheren Art. 14 OECD-MA.	– Zur Ermittlung der Einkünfte aus selbständiger Arbeit gelten im Wesentlichen dieselben Vorschriften wie für die gewerbliche Gewinnermittlung.
Frankreich Art. 12 DBA	– Einkünfte aus freiberuflicher Arbeit und alle übrigen Einkünfte aus Arbeit, die nicht in den Artikeln 13 und 14 aufgeführt sind, können nur in dem Vertragsstaat besteuert werden, in dem die persönliche Tätigkeit, aus der die Einkünfte herrühren, ausgeübt wird. – Die Tätigkeit muss unter Benutzung einer „ständigen Einrichtung" ausgeübt werden, mit Ausnahme für Künstler, Berufssportler, Artisten und Vortragskünstler, die in Form von öffentlichen Darbietungen ausgeübt wird. – Einkünfte aus selbständiger Tätigkeit sind auch die Einkünfte aus der Veräußerung von Betriebsvermögen. – Keine Definition der Begriffe „freiberufliche Tätigkeit" und „selbständige Arbeit".	– Gewinnermittlung erfolgt durch Gegenüberstellung der Einnahmen und der Betriebsausgaben für Gewerbetreibende, auch durch Bilanzvergleich. – Übersteigen die jährlichen Einnahmen nicht 32 900 € (für 2015), kann der Gewinn mittels einer vereinfachten Steuererklärung durch die Steuerverwaltung geschätzt werden. – Nichtansässige natürliche Personen unterliegen mit ihrem französischen Einkommen (gesetzliche Liste, die insbesondere Freie Berufe und Dienstleistungen jeder Art umfasst) der französischen Quellensteuer von i.d.R. 33 1/3 %. Auf Grund von Doppelbesteuerungsabkommen (insb. auch dem DBA Deutschland-Frankreich) kommt der Quellensteuersatz i.H.v. 33,13 % bei Dienstleistungen allerdings selten zum Tragen. – Das Jahresergebnis wird in jedem Fall nach den französischen Regeln für die jeweilige Einkommenskategorie ermittelt.

---

1) Art. 14 wurde am 29.4.2000 aus dem MA gestrichen; der Begriff Betriebsstätte in Art. 7 MA unterscheidet sich nicht von fester Einrichtung in Art. 14; auf Abgrenzung wird künftig verzichtet. Selbständige Arbeit wird unter Art. 7 Unternehmensgewinne gefasst; vgl. hierzu Wassermeyer in Wassermeyer, Art. 14 MA Rz. 0, 8.

Land	Besonderheiten der jeweiligen Doppelbesteuerungsabkommen	Ertragsteuerliche Konsequenzen/Besonderheiten im Ausland

Griechenland
Art. 11 DBA
	– Entspricht im Wesentlichen dem früheren Art. 14 OECD-MA.
	– Keine Definition des Begriffs „freie Berufe"
		– Die Einkünfte werden nach besonderen Regeln ermittelt. Die freiberuflichen Einkünfte gelten als Einkünfte aus Gewerbebetrieb. Die betrieblich veranlassten Aufwendungen sind unter bestimmten Bedingungen steuerlich abzugsfähig; Ausnahmen bestehen für die Aufwendungen, die gesetzlich ausdrücklich als nicht abzugsfähig bezeichnet werden. Die Bedingungen für die Abzugsfähigkeit lauten wie folgt:
		  – Die Aufwendungen wurden im Interesse der Gesellschaft oder im Rahmen des gewöhnlichen Geschäftsverkehrs getätigt.
		  – Die Aufwendungen sind einer tatsächlichen Transaktion zuordenbar, deren Wert dem tatsächlichen Transaktionswert entspricht, basierend auf indirekten Prüfungsmethoden (sog. cross-checks).
		Die Aufwendungen sind in dem Geschäftsjahr, in dem sie entstanden sind, in den Büchern der Gesellschaft aufgeführt und ordnungsgemäß dokumentiert.
		– Eine besondere Solidaritätsabgabe von 1 %–4 % wird auf das Einkommen von natürlichen Personen, das in den Jahren 2010 bis 2015 entstanden ist und den Betrag von 12 000 € übersteigt, erhoben.

Großbritannien Art. 7 DBA	– Im neuen DBA mit Großbritannien fallen die Einkünfte aus selbständiger Arbeit in den sachlichen Anwendungsbereich des Art. 7 (Unternehmensgewinne)	– Für die Ermittlung der Einkünfte aus selbständiger Arbeit gelten ähnliche Vorschriften wie für gewerbliche Gewinne.
Irland Art. 7 DBA	– Im neuen DBA mit Irland fallen die Einkünfte aus selbständiger Arbeit in den sachlichen Anwendungsbereich des Art. 7 (Unternehmensgewinne).	– Für die Einkünfte aus selbständiger Arbeit gelten ähnliche Regelungen wie für gewerbliche Einkünfte.

Land	Besonderheiten der jeweiligen Doppelbesteuerungsabkommen	Ertragsteuerliche Konsequenzen/Besonderheiten im Ausland
Italien Art. 14 DBA	– Entspricht im Wesentlichen dem früheren Art. 14 OECD-MA.	– Neben freiberuflichen und künstlerischen Einkünften werden auch Einkünfte aus der nichtgewerblichen Überlassung von Rechten durch den Urheber, Erfinder etc. selbst erfasst. Nach DBA werden Letztere allerdings den Lizenzgebühren zugeordnet. – Die Einnahmen sind nach dem Zuflussprinzip zu versteuern und werden durch Einnahmen-Ausgaben-Vergleich ermittelt. Für den Abzug von Betriebsausgaben wie Bewirtungskosten und Repräsentationskosten etc. sowie für Abschreibungen gelten einige Ausnahmen. – Einkünfte aus selbständiger Arbeit von Nichtansässigen unterliegen einer Quellensteuer mit Abgeltungscharakter von 30 %. Bei Anwendung des DBA Italien unter bestimmten Voraussetzungen Freistellung möglich.
Liechtenstein Art. 3 DBA	– Der Ausdruck „Geschäftstätigkeit" schließt auch die Ausübung einer freiberuflichen oder sonstigen selbständigen Tätigkeit ein.	– Vgl. Bemerkungen zu Betriebsstätten (→ Rz. 394).
Luxemburg Art. 7 DBA Art. 14 DBA Art. 15 DBA Art. 16 DBA	– Die Einkünfte aus selbständiger Arbeit fallen in die Kategorie der Unternehmensgewinne unter den Art. 7, d.h, Besteuerung im Wohnsitzstaat außer bei Ausübung der Tätigkeit vom Selbständigen oder Freiberufler mittels einer gewöhnlichen festen Einrichtung im anderen Vertragsstaat. – Regelung der Einkünfte für Künstler und Sportler in Art. 16 DBA. Gemäß Art. 19 DBA gilt die Befreiung der Vergütungen der Einkünfte der Gastprofessoren und Lehrer im Tätigkeitsstaat bei nur höchstens zweijähriger Ausübung der Gastvortragstätigkeit und gleichzeitiger Ansässigkeit in dem anderen Vertragsstaat, vorausgesetzt, dass diese Vergütungen von außerhalb des Tätigkeitsstaats bezogen werden. – Besteuerung der Aufsichtsrats- und Verwaltungsratsvergütungen gem. Art. 15 DBA im Ansässigkeitsstaat der Gesellschaft.	– Zum Gewinn aus der Ausübung eines freien Berufs zählen auch Gewinne, die bei einer Veräußerung oder Aufgabe der freiberuflichen Tätigkeit erzielt werden. – Sofern Angehörige von freien Berufen nicht zur Buchführung verpflichtet sind oder tatsächlich ordnungsgemäß Bücher führen, kann der Gewinn durch Einnahmen-Ausgaben-Vergleich unter Berücksichtigung der Gewinnermittlungsvorschriften ermittelt werden.

Land	Besonderheiten der jeweiligen Doppelbesteuerungsabkommen	Ertragsteuerliche Konsequenzen/Besonderheiten im Ausland
Niederlande[1] Art. 3 DBA	DBA 2012: – Der Ausdruck „Geschäftstätigkeit" schließt auch die Ausübung einer freiberuflichen oder sonstigen selbständigen Tätigkeit ein. Entsprechend kommt die Regelung zu Unternehmensgewinnen in Art. 7 DBA zur Anwendung.	– Eine nicht ansässige Person unterliegt der ESt, die auf das auf Grund des DBA in den Niederlanden zu versteuernden Einkommens erhoben wird. Das steuerpflichtige Einkommen wird in 3 Kategorien (Box 1, 2 und 3) unterteilt. Unter die Kategorie 1 fallen Einkünfte aus nichtselbständiger Arbeit und Wohngebäuden. Darunter fallen unter anderem gewerbliche Einkommen, Einkommen aus gegenwärtiger und vergangener nichtselbständiger Arbeit sowie sonstige Einkünfte. Ist eine Einteilung in gewerbliches Einkommen oder Einkommen aus nichtselbständiger Arbeit nicht möglich, fällt das Einkommen u.U. unter sonstige Einkünfte. Folgende Einkommensmerkmale gelten dann: (i) das Einkommen wird aus Tätigkeiten mit Dritten erzielt, (ii) es gilt nicht als gewerbliches Einkommen oder Einkommen aus nichtselbständiger Arbeit, (iii) der Stpfl. übt seine Tätigkeiten mit der Absicht auf Gewinnerzielung aus. Daneben gelten einige Missbrauchsvorschriften. Wenn beispielsweise die Ehegattin eines Anteilseigners ein Gebäude an die Gesellschaft vermietet, in welcher ihr Gatte (oder Partner oder Blutsverwandte oder angeheiratete Verwandte ersten Grades) eine wesentliche Beteiligung hält, fällt das Einkommen daraus unter sonstige Einkünfte. Für die sonstigen Einkünfte gelten dann die Vorschriften für gewerbliche Gewinne. Folglich unterliegen Gewinne bei der Veräußerung von Betriebsmitteln, womit die sonstigen Einkünfte erwirtschaftet werden, der Besteuerung. Für Einzelpersonen mit sonstigen Einkünften gelten nicht die Erleichterungen wie für Unternehmer. Sonstige Einkünfte werden progressiv mit bis zu 52 % besteuert.

---

1) Deutschland hat mit den Niederlanden am 12.4.2012 ein neues DBA für Steuern vom Einkommen (Einkommensteuer) vereinbart. Dieser Vertrag wird voraussichtlich am 1.1.2015 in Kraft treten. Zum bisherigen DBA v. 16.6.1959 vgl. die Ausführungen im Steuerberater Handbuch 2013.

Land	Besonderheiten der jeweiligen Doppelbesteuerungsabkommen	Ertragsteuerliche Konsequenzen/Besonderheiten im Ausland
Österreich Art. 14 DBA	DBA 2012: – Das Besteuerungsrecht aus freiberuflicher oder sonstiger selbständiger Tätigkeit hat prinzipiell der Wohnsitzstaat. – Steht der Person im anderen Vertragsstaat für die Ausübung ihrer Tätigkeit gewöhnlich eine feste Einrichtung zur Verfügung, dürfen die Einkünfte im anderen Staat besteuert werden, soweit sie dieser festen Einrichtung zugerechnet werden können.	– Besonderheiten bezüglich der Ermittlung der Betriebsausgaben: – Bei einem Jahresumsatz von nicht mehr als 220 000 € kann ein Teil der Betriebsausgaben pauschal mit 6 % (z.B. kaufmännische/technische Beratung, Vermögensverwaltung u.a.) bzw. 12 % des Umsatzes ermittelt werden – AfA ist zulässig, es gibt jedoch keine verbindlichen AfA-Richtlinien; für allgemein verwendbare Anlagegüter werden AfA-Sätze zwischen 10 % und 25 % anerkannt. Die AfA für Betriebsgebäude beträgt für freiberufliche oder sonstige selbständige Tätigkeiten nur 2 % Ein ab 1989 entgeltlich erworbener Firmenwert wird über 15 Jahre abgeschrieben. – Einkommensteuer für Einkünfte, die dem Steuerabzug unterliegen (z.B. Einkünfte aus im Inland ausgeübter selbständiger Arbeit als Schriftsteller, vortragender Künstler, Architekt, Sportler, Artist oder Mitwirkender an Unterhaltungsdarbietungen) ist mit dem Steuerabzug abgegolten, es sei denn, es erfolgt eine Veranlagung. Der Steuerabzug beträgt 20 % der vollen Einnahme bzw. 25 %, wenn Betriebsausgaben bzw. Werbungskosten geltend gemacht werden. Macht eine natürliche Person Werbungskosten bzw. Betriebsausgaben geltend, so beträgt die Abzugssteuer 35 %.
Schweden Art. 14 DBA	– Entspricht dem früheren Art. 14 OECD-MA	– Einkünfte aus selbständiger Tätigkeit zählen zu den Einkünften aus gewerblicher Tätigkeit; es kann insoweit auf (→ Rz. 394) verwiesen werden.
Schweiz Art. 14 DBA	– Entspricht im Wesentlichen dem zwischenzeitlich gestrichenen Art. 14 OECD-MA, wobei die Schweiz diesen Artikel nach wie vor in die DBA aufnimmt, da durch den Begriff „selbständig" klargestellt wird, dass nur natürliche Personen in den Genuss der Abkommensvorteile gelangen können.[1]	– Keine Unterscheidung zwischen selbständiger Tätigkeit und übriger selbständiger Erwerbstätigkeit. – Selbständig Erwerbstätige, die nicht buchführungspflichtig sind, unterliegen einer „Aufzeichnungspflicht", d.h. sie müssen ihrer Steuererklärung Aufstellungen über Aktiva und Passiva, Einnahmen und Ausgaben sowie Privatentnahmen und -einlagen beilegen.

---

[1] Vgl. Giraudi Jürg/Matteotti René/Roth Philipp, Schweizerische DBA-Politik, in Lang Michael/Schuch Josef/Staringer Claus, Die österreichische DBA-Politik – Das „österreichische Musterabkommen", Wien 2013, 64.

Land	Besonderheiten der jeweiligen Doppelbesteuerungsabkommen	Ertragsteuerliche Konsequenzen/Besonderheiten im Ausland
Spanien Art. 14 DBA	– Entspricht im Wesentlichen dem früheren Art. 14 OECD-MA	– Die Gewinnermittlung der Freiberufler erfolgt entsprechend der gewerblichen Gewinnermittlung. – Freiberufler, die ihren Gewinn durch Einnahmen-Überschussrechnung ermitteln und im Vorjahr weniger als 600 000 € Umsatz hatten, können maximal 2 000 € als Betriebsausgaben abziehen, für die keine konkrete Rechtfertigung nötig ist.
USA Art. 14 DBA	– Art. 14 wurde gestrichen. Einkünfte aus einer freiberuflichen oder sonstigen selbständigen Tätigkeit sind jetzt in Art. 7 Abs. 7 geregelt.	

5. Dividendeneinkünfte

a) DBA-rechtliche Konsequenzen

394 Nach Art. 10 OECD-MA erfolgt eine Aufteilung des Besteuerungsrechts zwischen Quellenstaat und Wohnsitzstaat, wobei die Besteuerung im Quellenstaat für natürliche Personen als Dividendenempfänger (unabhängig von der Beteiligungsquote) auf einen Höchststeuersatz von 15 % der Bruttodividende begrenzt wird.

Die Bemessungsgrundlage der Quellensteuer (Kapitalertragsteuer) ist die Ausschüttung ohne Abzug irgendwelcher Aufwendungen und ohne Berücksichtigung persönlicher Umstände des Stpfl. Daneben werden die Dividenden im Wohnsitzstaat Deutschland im Rahmen der unbeschränkten Steuerpflicht des Empfängers (in Deutschland: Einkünfte aus Kapitalvermögen) besteuert.

Gewinnanteile von Personengesellschaften sind keine Dividenden i. S. des Doppelbesteuerungsabkommen; es sei denn, die Personengesellschaften werden in dem Staat, in dem der Ort ihrer tatsächlichen Geschäftsleitung liegt, steuerlich im Wesentlichen ähnlich behandelt wie Aktiengesellschaften.

Keine Dividenden i. S. des mit dem OECD-MA übereinstimmenden deutschen DBA sind Einkünfte aus einer Beteiligung als typisch stiller Gesellschafter, da eine Beteiligung in dieser Form keinen „Gesellschaftsanteil" darstellt.[1]

Der Dividendenbegriff des Musterabkommens umfasst Einkünfte aus Aktien, Genussrechten, Genussscheinen, Kuxen, Gründeranteilen oder anderen Rechten – ausgenommen Forderungen – mit Gewinnbeteiligung sowie aus sonstigen Gesellschaftsanteilen stammende Einkünfte, die nach dem Recht des Quellenstaats den Aktien steuerlich gleichgestellt sind.

Die Vermeidung der Doppelbesteuerung erfolgt in Deutschland mittels der Anrechnungsmethode. Dies hat zur Folge, dass die ausländische Kapitalertragsteuer im Rahmen der Anwendungsvoraussetzungen der Anrechnungsmethode gem. § 32d Abs. 5 EStG (siehe hierzu → Rz. 275 ff.) mit der inländischen ESt des Gesellschafters verrechnet werden kann.

---

1) Tischbirek in Vogel/Lehner, 5. Aufl., Art. 10 Rz. 210.

b) Länderübersicht

Land	Besonderheiten der jeweiligen Doppelbesteuerungsabkommen	Ertragsteuerliche Konsequenzen und Besonderheiten im Ausland
Belgien Art. 10 DBA	– Entspricht im Wesentlichen dem OECD-MA. – Die Regelungen zur Begrenzung der Besteuerungsbefugnis des Quellenstaats weichen teilweise ab. Einkünfte (auch Zinsen) von Personengesellschaften und Einkünfte, die ein „stiller Gesellschafter" aus seiner Beteiligung bezieht, werden wie Dividenden behandelt.	– Spekulationsgewinne sind einkommensteuerpflichtig, ohne dass bestimmte Besitzzeiträume maßgeblich sind. – Die Kapitalertragsteuer beträgt 25 % auf Dividenden. – Seit dem 1.7.2013 profitieren kleine und mittlere Unternehmen unter bestimmten Bedingungen von einem Steuersatz von 15 % bzw. 20 % auf neues Stammkapital. – Gewinne aus der Veräußerung von privaten wesentlichen (mindestens 25 %) Beteiligungen an Personen- und Kapitalgesellschaften unterliegen einem gesonderten proportionalen Steuersatz von 16,5 %, soweit der Käufer nicht innerhalb des Europäischen Wirtschaftsraums ansässig ist.

Frankreich
Art. 9 DBA
	– Die Quellensteuer ist grundsätzlich durch das DBA auf 15 % beschränkt.
	– Das DBA bestimmt für deutsche Schachteldividenden eine Quellensteuerermäßigung auf 5 %, wenn eine Mindestbeteiligung i.H.v. 10 % am Kapital der deutschen Gesellschaft besteht.
	– Besteht eine Mindestbeteiligung i.H.v. 10 % am Kapital einer französischen Gesellschaft, so kann auf französische Schachteldividenden keine Quellensteuer erhoben werden.
	– Das DBA beinhaltet einen erweiterten Dividendenbegriff. Für Einkünfte aus deutscher Quelle gelten auch Einkünfte aus stiller Beteiligung, partiarischen Darlehen, Gewinnobligationen, ähnlichen gewinnabhängigen Vergütungen sowie Ausschüttungen auf Anteilscheine an einem Investmentvermögen als Dividenden.
	– Vom Quellensteuerabzug erfasst werden können auch Zahlungen, die nach französischem Steuerrecht wie Ausschüttungen behandelt werden.
		– Der Quellensteuersatz nach nationalem Recht beträgt 25 %/30 %[1] wobei durch DBA Steuerermäßigungen oder -befreiungen vorgesehen werden. Es besteht die Möglichkeit zur Steuerbefreiung unter Anwendung der Mutter-Tochter-Richtlinie (Dividendenausschüttung zwischen körperschaftsteuerpflichtigen Gesellschaften, 10 % Mindestbeteiligung, 2 Jahre Haltedauer).
		– Steuerliche Behandlung der Dividenden in Frankreich:
		  – Ausschüttung an eine Gesellschaft (durch französische oder ausländische Tochtergesellschaft): Befreiung mit Ausnahme nicht abzugsfähiger Betriebsausgaben i.H.v. 5 % (Mindestbeteiligung 5 %, Mindesthaltefrist 2 Jahre), sonst körperschaftsteuerpflichtig.
		  – Französische und ausländische Gesellschaften sowie sonstige Körperschaften und Organisationen, die in Frankreich der Körperschaftsteuer unterliegen, mit Ausnahme bestimmter Investmentvehikel und kleiner und mittlerer Unternehmen (nach europarechtlicher Definition) unterliegen einer 3 %-Abgabe auf (offene und verdeckte) Gewinnausschüttungen, die ab dem 17.8.2012 erfolgen, mit einigen besonderen Ausnahmen (insbesondere Ausschüttungen innerhalb eines Organkreises).

---

1) 30 % ab dem 1.1.2012.

Land	Besonderheiten der jeweiligen Doppelbesteuerungsabkommen	Ertragsteuerliche Konsequenzen und Besonderheiten im Ausland
		– Ausschüttung an eine natürliche Person: Dividenden unterliegen der Einkommensteuer nach einem Abschlag von 40 % (Solidaritätsabgaben werden an der Quelle erhoben) oder, auf Option, Erhebung eines Zinsabschlags mit befreiender Wirkung i.H.v. 19 %/21 %[1] (zzgl. 13,5 %/ 15,5 %[2] Solidaritätsabgaben). Ab 2013 besteht diese Optionsmöglichkeit nicht mehr und die Dividenden unterliegen der Einkommensteuer zu dem progressiven Einkommensteuersatz. Es wird grundsätzlich eine Vorauszahlung auf die Einkommensteuer i.H.v. 21 % einbehalten, die auf die Einkommensteuerschuld angerechnet wird.
Griechenland Art. VI DBA	– Für die deutsche Seite gelten auch Einkünfte eines stillen Gesellschafters sowie Ausschüttungen auf Anteilsscheine von Kapitalanlagegesellschaften und Einkünfte aus einer stillen Beteiligung als Dividenden. – Begrenzung des Quellensteuersatzes auf 25 %	– Dividenden und andere Gewinnausschüttungen von griechischen Aktiengesellschaften und Gesellschaften mit beschränkter Haftung werden mit 10 % besteuert, wenn der Empfänger eine griechische natürliche Person oder eine juristische Person ist. Administrative Richtlinien bzgl. der Anwendung der DBA-Artikel werden erwartet. Dividendenausschüttungen der o.g. Gesellschaftsformen an EU-Muttergesellschaften (im Rahmen und unter den Voraussetzungen der Mutter-Tochter-Richtlinie) sind steuerfrei. – Ausschüttungen ausländischer Gesellschaften an Gesellschaften unterliegen einer KSt von 26 %. – Ausschüttungen ausländischer Aktiengesellschaften an natürliche Personen unterliegen einer Steuer i.H.v. 10 %. Damit wird die auf die Dividenden entfallende Einkommensteuer abgegolten. – Gewinne, die griechische und ausländische natürliche und juristische Personen aus der Veräußerung von Aktien, die an der Athener Börse notiert sind erzielen, werden mit dem allgemeinen Steuersatz besteuert (26 %). – Veräußerungsgewinne nicht börsennotierter AG werden mit dem allgemeinen Steuersatz besteuert (26 %). – Veräußerungsgewinne auf Aktien und anderen Titeln von natürlichen Personen unterliegen einer Steuer i.H.v. 15 %. Die Steuerpflicht der natürlichen Person ist damit beglichen. – Administrative Richtlinien bzgl. der Anwendung der DBA-Artikel werden erwartet.

---

1) 21% für Ausschüttungen ab dem 1.1.2012.
2) 13,5% für Ausschüttungen ab dem 1.10.2011/15,5 % für Ausschüttungen ab dem 1.7.2012.

Land	Besonderheiten der jeweiligen Doppelbesteuerungsabkommen	Ertragsteuerliche Konsequenzen und Besonderheiten im Ausland
Großbritannien Art. 10 DBA	– Entspricht im Wesentlichen dem OECD-MA.	– Savings Income unterliegt bis zu einem jährlichen Betrag i.H.v. 2 880 £ (3 643 €) einem ermäßigten Einkommensteuersatz von 10 %, wenn die übrigen Einkünfte (non-savings income) weniger als 2 880 £ (3 643 €) betragen. Andernfalls unterliegt das Savings Income bis zu 31 865 £ (40 307 €) einem Steuersatz von 20 %, Savings Income bis 150 000 £ (189 743 €) wird mit 40 % besteuert, darüber hinausgehendes Savings Income mit 45 %. – Dividendenzahlungen von britischen Kapitalgesellschaften unterliegen keinem Quellensteuerabzug.
Irland Art. 10 DBA	– Entspricht im Wesentlichen dem OECD-MA.	– Dividenden und vergleichbare Ausschüttungen von Kapitalgesellschaften unterliegen grundsätzlich in Irland einem Quellensteuerabzug i.H.v. 20 %. Für Anteilseigner irischer Gesellschaften mit Sitz in einem DBA oder EU-Mitgliedstaat kann die irische Quellensteuer auf Grund nationaler Bestimmungen auf 0 % reduziert werden.
Italien Art. 10 DBA	– Entspricht im Wesentlichen dem OECD-MA. – Bei Rechten und Forderungen mit Gewinnbeteiligung bleibt die Quellenbesteuerung uneingeschränkt vorbehalten, sofern die Zahlungen den steuerpflichtigen Gewinn mindern. – Vergütung des KSt-Erhöhungsbetrags. – Alle Einkünfte, die im Quellenstaat den Einkünften aus Aktien gleichgestellt sind, gelten als Dividenden.	– Dividenden unterliegen bei Nichtansässigen einer Quellenbesteuerung mit Abgeltungscharakter von 26 % bzw. von 1,375 % bei EU- oder EWR-Raum (beschränkt auf White-List-Staaten) ansässigen Gesellschaften. Eine Herabsetzung der Quellensteuer auf 15 % bzw. in bestimmten Fällen auf 10 % ist nach DBA Italien möglich. Bei Anwendung der in Italien eingeführten EU-Mutter-Tochter-Richtlinie kann diese Steuer auf 0 % herabgesetzt werden. – Gewinne aus der Veräußerung von privaten wesentlichen Beteiligungen (d.h. mehr als 2 % der in Gesellschafterversammlung ausübbaren Stimmrechte oder mehr als 5 % des Gesellschaftskapitals bei börsennotierten Gesellschaften bzw. mehr als 20 % der in Gesellschafterversammlung ausübbaren Stimmrechte oder mehr als 25 % des Gesellschaftskapitals bei anderen Gesellschaften) sind zu einem Anteil von 50,28 % steuerbefreit. Die restlichen 49,72 % sind dem Gesamteinkommen zuzurechnen und unterliegen der progressiven Einkommensteuer. Bei Veräußerung von nicht qualifizierten Beteiligungen erfolgt Anwendung eines reduzierten Steuersatzes von 26 % auf den gesamten Veräußerungsgewinn (Abgeltungsteuer); bei Veräußerung seitens Nichtansässiger von börsennotierten nicht wesentlichen Beteiligungen ist Freistellung jedenfalls vorgesehen und bei Veräußerung von sonstigen nicht wesentlichen Beteiligungen ist eine Freistellung in bestimmten Fällen möglich.

Land	Besonderheiten der jeweiligen Doppelbesteuerungsabkommen	Ertragsteuerliche Konsequenzen und Besonderheiten im Ausland
Liechtenstein Art. 10 DBA	– Entspricht im Wesentlichen dem OECD-MA. – Vollständige Befreiung von den Quellensteuern, wenn der Empfänger der Dividende eine im anderen Vertragsstaat ansässige Gesellschaft ist, die während eines ununterbrochenen Zeitraums von mindestens 12 Monaten unmittelbar über eine Beteiligung von mindestens 10 % an der die Dividende zahlenden Gesellschaft verfügt. – Der Quellensteuersatz darf 5 % nicht übersteigen, wenn der Empfänger der Dividende eine im anderen Vertragsstaat ansässige Gesellschaft ist, die über eine Beteiligung von mindestens 10 % an der die Dividende zahlenden Gesellschaft verfügt und die vollständige Reduktion nicht anzuwenden ist. – Der Quellensteuersatz bei Streubesitzdividenden darf 15 % nicht übersteigen. – Im Fall von Dividenden, die von einer deutschen Immobilien-Aktiengesellschaft mit börsennotierten Anteilen (REIT AG), einem deutschen Investmentfonds, einer deutschen Investmentaktiengesellschaft, einem liechtensteinischen OGAW oder einem liechtensteinischen Investmentunternehmen gezahlt werden, darf die Quellensteuer 15 % des Bruttoertrages der Dividenden nicht übersteigen. Diese Bestimmung berührt nicht die Besteuerung der Gesellschaft in Bezug auf Gewinne, aus denen die Dividenden gezahlt werden. Unter den Begriff Dividenden fallen auch Ausschüttungen auf Anteilsscheine an einem Investmentvermögen (in der Bundesrepublik Deutschland) und Ausschüttungen auf Anteilen an einem OGAW oder einem Investmentunternehmen (im Fürstentum Liechtenstein).	– Keine liechtensteinische Quellensteuer auf Dividenden. Verpflichtung zur Absteuerung der Altreserven (bestehend am 31.12.2010) bis Ende 2015 zu 2,5 % (Art. 158 Abs. 3 und 4 SteG).[1]
Luxemburg Art. 10 und Protokoll vom 23.4.2012 zum DBA	– Verbot der extraterritorialen Besteuerung von ausgeschütteten und nichtausgeschütteten Dividenden nach Art. 10 Abs. 5 DBA – Definition von Dividenden entspricht Art. 10 Abs. 4 OECD-MA. Einkünfte aus typisch stillen Beteiligungen (vgl. Artikel 97 Abs.1 Nr.2 LIR) und Einkünfte aus Obligationen, die neben einer festen Verzinsung auch eine Zusatzverzinsung enthalten, die sich nach der Höhe der Gewinnausschüttung richtet, werden als Dividenden behandelt.	– Einkünfte aus Kapitalvermögen sind bei natürlichen unbeschränkt Stpfl. bis 1 500 € bzw. bei Zusammenveranlagung bis 3 000 € steuerfrei. Weiterhin wird für Werbungskosten ein Pauschalbetrag von 25 € bzw. von 50 € bei Zusammenveranlagung gewährt. – Inländische Kapitalerträge aus Beteiligungen unterliegen grundsätzlich einer Quellensteuer i.H.v. 15 % des Bruttoertrags. Unter bestimmten Voraussetzungen wird zwischen Kapitalgesellschaften keine Quellensteuer erhoben (im

---

1) Änderung gemäß Referendumsvorlage 640.0 „Gesetz vom 4. September 2014 über die Abänderung des Steuergesetzes": Vorbehaltlich eines Referendums tritt die Gesetzesänderung Ende Oktober/Anfang November 2014 in Kraft.

Land	Besonderheiten der jeweiligen Doppelbesteuerungsabkommen	Ertragsteuerliche Konsequenzen und Besonderheiten im Ausland
	– Anwendung des Art. 7 DBA bei Vorliegen einer Betriebsstätte des Nutzungsberechtigten im Sitzstaat der ausschüttenden Gesellschaft. – Ermäßigter Quellensteuersatz von höchstens 5 % des Bruttobetrags der Dividenden, wenn der Nutzungsberechtigte eine Gesellschaft (jedoch keine Personengesellschaft oder keine Investmentgesellschaft) ist, die unmittelbar über mindestens 10 % des Kapitals der die Dividenden zahlenden Gesellschaft verfügt. – Quellensteuersatz von höchstens 15 % des Bruttobetrags der Dividenden, wenn die ausschüttende Gesellschaft eine Immobilieninvestmentgesellschaft ist, deren Gewinne vollständig oder teilweise von der Steuer befreit sind oder die die Ausschüttungen bei der Ermittlung ihrer Gewinne abziehen kann. – Quellensteuersatz von höchstens 15 % für Dividenden, die an Investmentvermögen (für Luxemburg – „Fond commun de placement" und für Deutschland – Kapitalanlagegesellschaft verwaltetes Sondervermögen i.S.d. Investmentgesetzes) und Investmentgesellschaften (für Deutschland –Investmentaktiengesellschaft und für Luxemburg – SICAR, SICAV, SICAF) gezahlt werden (gem. Abs. 1. des Protokolls vom 23. April 2012 zum DBA). – Ungeachtet der Bestimmungen des Art. 10 und Art. 11 (Dividenden- und Zinsartikel) ist das Besteuerungsrecht für Vergütungen, die aus „Rechten oder Forderungen mit Gewinnbeteiligung, einschließlich der Einkünfte eines stillen Gesellschafters aus seiner Beteiligung als stiller Gesellschafter oder der Einkünfte aus partiarischen Darlehen oder Gewinnobligationen" beruhen, Deutschland zuzuweisen, sofern die entsprechenden Aufwendungen in Deutschland bei der Gewinnermittlung des Schuldners steuerlich abzugsfähig sind (gem. Abs. 1. Nr. 2 des Protokolls v. 23.4.2012 zum DBA).	Wesentlichen unter Anwendung der EU-Mutter-Tochter-Richtlinie). – Weiterhin gilt die Steuerbefreiung unter dem Schachtelprivileg für Einkünfte aus Beteiligungen mit einem Mindestkapitalanteil von 10 % oder mit einem Anschaffungspreis von 1,2 Mio. €, die während eines ununterbrochenen Zeitraums von zwölf Monaten gehalten werden oder bei entsprechender Verpflichtung hierzu. Falls die Voraussetzungen für eine Steuerbefreiung unter dem Schachtelprivileg nicht erfüllt sind, kann eine 50 %ige Steuerbefreiung erfolgen bei Dividendenausschüttung von ansässigen unbeschränkt steuerpflichtigen Kapitalgesellschaften, von ausländischen unbeschränkt steuerpflichtigen Kapitalgesellschaften, die in einem Land ansässig sind, mit dem ein DBA besteht, und von ausländischen Gesellschaften, die unter die EU-Mutter-Tochter-Richtlinie fallen, an unbeschränkt steuerpflichtige Personen. – Private Veräußerungsgewinne von mehr als 500 € pro Jahr aus Wertpapieren sind bei natürlichen unbeschränkt Stpfl. steuerpflichtig, sofern die Frist von sechs Monaten zwischen Kauf und Verkauf unterschritten wird (Spekulationsgewinn) oder wenn eine wesentliche Beteiligung vorliegt (d.h. zu irgendeinem Zeitpunkt innerhalb der letzten 5 Jahre mittelbare oder unmittelbare Beteiligung zu mehr als 10 % am Gesellschaftskapital. Die Gewinne können im letzten Fall (d.h. bei wesentlicher Beteiligung) um einen Freibetrag von 50 000 € (100 000 € bei Zusammenveranlagung) gemindert werden, ohne dass sich daraus jedoch ein Verlust ergeben kann und unterliegen der Besteuerung nach dem Halbeinkünfteverfahren.

Land	Besonderheiten der jeweiligen Doppelbesteuerungsabkommen	Ertragsteuerliche Konsequenzen und Besonderheiten im Ausland

Niederlande[1]
Art. 10 DBA
	DBA 2012:
	– Grundsätzlich Besteuerungsrecht des Vertragsstaats, in dem die Person ansässig ist, die die Dividende erzielt.
	– Quellenbesteuerungsrecht im Ausschüttungsstaat:
	  – Quellensteuersatz von höchstens 5 %, wenn der Empfänger eine Kapitalgesellschaft ist, die unmittelbar zu mindestens 10 % am Kapital der ausschüttenden Gesellschaft beteiligt ist,
	  – Quellensteuersatz von höchstens 10 %, wenn der Empfänger ein in den Niederlanden ansässiger qualifizierender Pensionsfonds ist,
	  – Quellensteuersatz von höchstens 15 % in allen anderen Fällen.
	– Die Dividendendefinition entspricht dem OECD-MA.
	– Sonderregelung für die Besteuerung von Ausschüttungen auf Gewinnobligationen an natürliche Personen im Fall von deren Wegzug (Art. 10 Abs. 6 DBA)
		– Eine Kapitalertragsteuer wird in Form eines Quellenabzugs von 15 % auf Gewinnausschüttungen (Dividenden, Gewinnanteilscheine, Gewinnbeteiligungsobligationen) durch die ausschüttende Gesellschaft einbehalten. Bei Nichtansässigen kann sie im Veranlagungsfall u.U. mit niederländischer Einkommensteuer verrechnet werden, ansonsten bleibt sie definitiv. Entsprechend einem das „Dividendenstripping" regelnden Gesetz, erfolgt für den Quellensteuerabzug bei Dividenden keine Herabsetzung, wenn der Dividendenempfänger nicht deren wirtschaftlicher Eigentümer ist.
		– Schüttet eine ansässige Gesellschaft Dividenden an eine andere ansässige Gesellschaft aus,[2] die ihrerseits eine wesentliche Beteiligung an der ausschüttenden Gesellschaft hält, so erfolgt keine Quellenbesteuerung.[3]

Österreich Art. 10 DBA	– Entspricht im Wesentlichen dem OECD-MA. – Der Beteiligungsumfang für begünstigte Schachteldividenden ist mit 10 % festgesetzt. – Der Quellenstaat hat ein Besteuerungsrecht unabhängig von der Erhebungsform, allerdings beschränkt auf die im DBA festgesetzten Prozentsätze vom Bruttobetrag der Dividende. – Die Quellensteuersätze betragen 5 % bei unmittelbarer Beteiligung an der Dividenden zahlenden Gesellschaft von mindestens 10 % und 15 % in allen anderen Fällen (jeweils vom Bruttobetrag der Dividende). – Nach Art. 23 DBA sind Dividenden, für die Quellensteuer-Satz 5 % beträgt (unmittelbare Beteiligung am Stammkapital von mind. 10 %), von der Besteuerung ausgenommen (abkommensrechtliches Schachtelprivileg).	– Inländische Dividenden unterliegen der Kapitalertragsteuer. Diese hat Abgeltungswirkung für die Einkommensteuer des Anteilseigners. Ergibt die Besteuerung nach dem Einkommensteuertarif eine niedrigere Einkommensteuer, kann ein Antrag auf Regelbesteuerung gestellt werden. – Bemessungsgrundlage für die Kapitalertragsteuer ist die Dividende; Werbungskosten bzw. Betriebsausgaben sind nicht abzugsfähig; Steuersatz 25 % – § 94 Nr. 2 EStG sieht auf Grund der EU-Mutter-Tochter-Richtlinie für die meisten Konzerndividenden eine gänzliche Befreiung von der Quellensteuer in Österreich vor.

---

1) Deutschland hat mit den Niederlanden am 12.4.2012 ein neues DBA für Steuern vom Einkommen (Einkommensteuer) vereinbart. Dieser Vertrag wird voraussichtlich am 1.1.2015 in Kraft treten. Zum bisherigen DBA v. 16.6.1959 vgl. die Ausführungen im Steuerberater Handbuch 2013.
2) Eine Muttergesellschaft, die in einem EU-Mitgliedsstaat ansässig ist, hat bestimmte Voraussetzungen zu erfüllen.
3) Anmerkung: Es gilt das Schachtelprivileg (5 %) im Verhältnis zwischen dem Dividendenempfänger und der ausschüttenden Gesellschaft.

Land	Besonderheiten der jeweiligen Doppelbesteuerungsabkommen	Ertragsteuerliche Konsequenzen und Besonderheiten im Ausland
	– Der Dividendenbegriff umfasst auch Einkünfte aus stillen Gesellschaften, partiarischen Darlehen, Gewinnobligationen und ähnlichen Vergütungen, wenn sie im Quellenstaat bei der Ermittlung des Gewinns des Schuldners nicht abzugsfähig sind. Weiter zählen zu den Dividenden Ausschüttungen auf Anteilscheine an einem Investmentvermögen.	
Schweden Art. 10 DBA	– Entspricht im Wesentlichen dem OECD-MA. – Das Schachtelprivileg greift, wenn die gehaltene Beteiligung mindestens 10 % des Kapitals ausmacht. – Die Dividendendefinition lehnt sich zwar an das OECD-MA an, umfasst aber auch für die deutschen Einkünfte die Einkünfte eines stillen Gesellschafters, Einkünfte aus partiarischen Darlehen, Gewinnobligationen und ähnlichen gewinnabhängigen Vergütungen sowie Ausschüttungen auf Anteilsscheine an einem Investmentvermögen. – Sonderregelung für hybride Finanzierungsformen.	– Einkünfte aus Kapitalvermögen bilden die Einkunftsart „Einkommen aus Kapital". Dazu zählen Zinsen auf Bankkonten, Obligationen und andere Forderungen, Dividenden auf Aktien und andere Wertpapiere, Gewinne aus Optionen u. Ä. Freibeträge sind nicht vorgesehen. Der Steuersatz beträgt einheitlich 30 %, welche teilweise als Quellensteuer erhoben werden. – Private Veräußerungsgewinne von Wertpapieren sind im Rahmen der beschränkten Steuerpflicht von Nichtansässigen nicht steuerbar. – Dividenden unterliegen bei Nichtansässigen einer Quellensteuer von 30 % Quellensteuern werden nicht erhoben, falls der Empfänger als ausländische Gesellschaft qualifiziert und der Empfang der Dividende nicht steuerpflichtig wäre, für den Fall, dass eine schwedische „aktiebolag" der Empfänger ist.
Schweiz Art. 10 DBA	– Das DBA stellt allgemein nicht auf die Person des Nutzungsberechtigten, sondern auf den Empfänger der Dividenden ab. Ungeachtet dessen macht die Eidgenössische Steuerverwaltung die Entlastung von der schweizerischen Verrechnungssteuer vom Vorliegen der Nutzungsberechtigung abhängig. – Schachtelprivileg: vollständige Befreiung von Quellensteuern, wenn der Empfänger der Dividende eine im anderen Vertragsstaat ansässige Gesellschaft ist, die während eines ununterbrochenen Zeitraums von mindestens 12 Monaten unmittelbar über eine Beteiligung von mindestens 10 % des Kapitals an der die Dividende zahlenden Gesellschaft verfügt.[1] – Diverse Sonderregelungen, wie beispielsweise für Grenzkraftwerke am Rhein oder für Dividenden, die von einer deutschen Immobilien-Aktiengesellschaft mit börsennotierten Anteilen (REIT-AG), einem deutschen Investmentfonds oder einer deutschen Investmentaktiengesellschaft gezahlt werden.[2]	– Für im Ausland wohnhafte Leistungsempfänger wird auf den Ertrag von beweglichem Kapitalvermögen (wie Aktien, Anteilen an Gesellschaften mit beschränkter Haftung, Genossenschaftsanteilen oder Genussscheinen) und ähnlichen Erträgen eine Verrechnungsteuer (Quellensteuer) mit Abgeltungswirkung i.H.v. 35 % erhoben. – Private Veräußerungsgewinne von beweglichem Privatvermögen werden beim Bund und bei den Kantonen nicht besteuert. – Die nationalen und weitestgehend an objektiven Kriterien ausgerichteten Missbrauchsbestimmungen (BRB 1962, KS 1999, KS 2010) finden u.a. Anwendung auf abkommensbegünstigte Dividendeneinkünfte. Gemäß KS 2010 gehen die meist an subjektiven Begriffsinhalten ausgerichteten bilateralen Missbrauchsbestimmungen eines DBA als leges speciales vor. Falls offenkundige Missbrauchsfälle nicht von einem DBA und auch nicht von den unilateralen Missbrauchsbestimmungen erfasst werden,

1) Gemäß Änderungsprotokoll v. 27.10.2010, in Kraft seit 21.12.2011.
2) Gemäß Änderungsprotokoll v. 27.10.2010, in Kraft seit 21.12.2011.

Land	Besonderheiten der jeweiligen Doppelbesteuerungsabkommen	Ertragsteuerliche Konsequenzen und Besonderheiten im Ausland
	– Dividenden sind auch Einnahmen aus Genussrechten, Anteilen an einer Gesellschaft mit beschränkter Haftung, Beteiligungen an einem Handelsgewerbe als stiller Gesellschafter, aus Gewinnobligationen oder partiarischen Darlehen sowie Ausschüttungen auf Anteilsscheine von Kapitalanlagegesellschaften (Investmentfonds).	gilt ein implizites, ungeschriebenes Missbrauchsverbot, das nach höchstgerichtlicher Rechtsprechung jedem DBA implizit zu Grunde liegt.[1]
Spanien Art. 10 DBA	– Entspricht im Wesentlichen dem OECD-MA. – Suspensionsklausel für Schachteldividenden, die die deutsche Kapitalertragsteuer regelt. – Als Dividenden gelten auch die Einkünfte eines stillen Gesellschafters, Gewinnanteile von Personengesellschaften, und die Einkünfte aus Ausschüttungen auf Anteilsscheine einer Kapitalgesellschaft werden wie Dividenden behandelt.	– Ab 2015 wird es vorgesehen, dass Dividendenzahlungen an einen Nichtansässigen einer Quellensteuer i.H.v. 20 % unterliegen, es sei denn, es handelt sich um Dividendenzahlungen der Tochtergesellschaft an die in der EU ansässige Mutter; in diesem Fall ist die Dividendenzahlung von der Steuer befreit. Ab dem 1. Januar 2011 muss die Muttergesellschaft eine direkte oder indirekte Beteiligung an der Tochtergesellschaft i.H.v. mindestens 5% (10% in 2009 und 2010) halten. Ab 2015 wird vorgesehen, die Mutter-Tochter-Richtlinie auch anzuwenden, wenn eine Beteiligung i.H.v. 20 Mio. € gehalten wird, obwohl die Voraussetzung der 5%-Beteiligung nicht erfüllt ist. Ab dem 28.7.2014 wurde eine neue Klausel in der Mutter-Tochter-Richtlinie eingeführt, wonach die Freistellung von Dividenden bezüglich hybrider Finanzprodukte eingeschränkt wird. – Veräußerungsgewinne von Kapitalvermögen, die nicht Teil eines Betriebstättengewinns sind, werden, sofern sie von einem Stpfl. mit Wohnsitz in einem EU-Mitgliedstaat bezogen werden, von der Steuer freigestellt. Ist der Veräußerer nicht in einem EU-Mitgliedstaat ansässig, beträgt die Quellensteuer grundsätzlich 20 % (19 % ab 2016)

---

1) Sog. Dänemark-Entscheid des schweizerischen Bundesgerichts vom 28.11.2005 (2A. 239/2005); Giraudi Jürg/Matteotti René/Roth Philipp, Schweizerische DBA-Politik, in Lang Michael/Schuch Josef/Staringer Claus, Die österreichische DBA-Politik – Das „österreichische Musterabkommen", Wien 2013, 69 ff. (m.w. Hinweisen).

Land	Besonderheiten der jeweiligen Doppelbesteuerungsabkommen	Ertragsteuerliche Konsequenzen und Besonderheiten im Ausland
USA Art. 10 DBA	– Entspricht im Wesentlichen dem OECD-MA. – Quellensteuerbegrenzung bei Schachteldividenden auf 5 % ab einer Mindestbeteiligung von 10 % der stimmberechtigten Anteile der ausschüttenden Gesellschaft. – Dividenden sind bei Einkünften aus deutscher Quelle auch Einkünfte aus einer stillen Gesellschaft, aus partiarischen Darlehen oder Gewinnobligationen sowie Ausschüttungen auf Anteilsscheine an Kapitalanlagegesellschaften. – Für Dividenden, die eine in einem Vertragsstaat ansässige Gesellschaft an eine im anderen Vertragsstaat ansässige Gesellschaft zahlt, entfällt, unter bestimmten Voraussetzungen, das Besteuerungsrecht des Quellenstaats, wenn die empfangende Gesellschaft mindestens 80 % der Stimmrechte an der ausschüttenden Gesellschaft hält. Die besonderen Voraussetzungen betreffend Limitation on Benefits (Art. 28) sind zu beachten. – Unter bestimmten Voraussetzungen werden Dividendenzahlungen an qualifizierte Pensionsfonds nicht besteuert, soweit die Anteile der ausschüttenden Gesellschaft nicht im Zusammenhang mit einer gewerblichen Tätigkeit des Pensionsfonds stehen. – Sonderbehandlung von Ausschüttungen einer Kapitalanlagegesellschaft (USA: REIT/RIC).	– Beschränkt steuerpflichtige natürliche Personen mit periodisch wiederkehrenden Einkünften wie Dividenden, die nicht mit einer US-Geschäftstätigkeit (trade or business) des Zahlungsempfängers in Verbindung stehen, unterliegen mit diesen Einkünften einer Quellensteuer (Kapitalertragsteuer) von 30 %; diese wird grundsätzlich auf 15 % reduziert (DBA Art. 10 (2)). Erhöhte Dokumentationspflichten für die Inanspruchnahme der DBA-Vergünstigungen bestehen seit Einführung der Regelung für sog. „qualified intermediaries". – Veräußerungsgewinne (capital gains) nichtansässiger Ausländer sind nur dann in den USA steuerpflichtig, wenn sie mit einer US-Geschäftstätigkeit in Verbindung stehen, wenn es sich dabei um Gewinne aus der Veräußerung von US-Immobilien handelt oder wenn sie als regelmäßig wiederkehrende Einkünfte gelten. Erst ab einer Verweildauer des Veräußerers von mindestens 183 Tagen im Jahr werden Veräußerungsgewinne nichtansässiger Ausländer in den USA grundsätzlich steuerpflichtig. – reduzierter Steuersatz für Dividenden, Veräußerungsgewinne: ab 2013: 20 %. – Zusatzsteuer von 3,8 % auf „net investment income". Ermittlung des „net investment income" nach komplexen Richtlinien – umfasst Zinsen, Dividenden, Vermietungs- und Lizenzeinkünfte (aber nicht in jedem Kontext), dazu bestimmte Veräußerungsgewinne und unter bestimmten Umständen auch gewerbliche Einkünfte (trade or business income).

c) Verkehrs-, Substanz-, Erbschaft- und Schenkungsteuererfolgen

Gemäß Art. 7 OECD-MA/ErbSt kann Vermögen, das Teil des Nachlasses oder einer Schenkung einer Person mit Wohnsitz in einem Vertragsstaat ist und in den Art. 5 und 6 nicht behandelt wurde, ohne Rücksicht auf seine Belegenheit nur in diesem Staat besteuert werden.

Das ausschließliche Besteuerungsrecht durch den Wohnsitzstaat des Erblassers oder des Schenkenden bezieht sich neben Vermögensteilen, die in Art. 5 und 6 nicht erwähnt wurden, auch auf unbewegliches Vermögen, das sich im Wohnsitzstaat oder in einem dritten Staat befindet, und auf bewegliches Vermögen, das nicht einer Betriebsstätte zugerechnet werden kann, die im anderen Staat gelegen ist.[1]

Die Besteuerung von Forderungen und Wertpapieren (wie Aktien, Gesellschaftsanteile, Schuldverschreibungen, öffentlichen Anleihen usw.) eines Nachlasses oder einer Schenkung erfolgt regelmäßig in dem Staat, in dem sich der Wohnsitz des Erblassers oder des Schenkenden befindet.[2]

---

1) OECD-MK/ErbSt Art. 7 Nr. 4.
2) Bellstedt in Becker u.a. (Hrsg.), Teil 4 I OECD-MA/ErbSt Art. 7.

Im Mittelpunkt dieser Betrachtung steht eine im Inland ansässige Person (Erblasser bzw. Schenkender), die eine Beteiligung einer im Ausland ansässigen Kapitalgesellschaft an eine im Inland ansässige Person (Erbe bzw. Beschenkten) vererbt bzw. verschenkt.

397 d) *Länderübersicht*

Land	Sonstige Steuern	Erbschaft- und Schenkungsteuer
Belgien		– Der Umfang der Steuerpflicht richtet sich nach dem Wohnsitz des Erblassers bzw. Schenkenden. Liegt der Wohnsitz des Erblassers nicht in Belgien, unterliegt nur das inländische Grundvermögen der Erbanfallsteuer. – Schulden, die im Zusammenhang mit Grundbesitz bestehen, sind steuerlich abziehbar. Jedoch sind die Konditionen hierfür von Region zu Region unterschiedlich.
Frankreich	– Veräußerungen von Immobilien, Goodwill und Anteilen lösen eine Verkehrsteuer aus. Der Satz liegt bei 5,09 % für Immobilien und 5 % für Anteile an „sociétés à prépondérance immobilière", d.h. Gesellschaften, deren Vermögen vorwiegend aus Immobilien und Immobilienrechten besteht. Bei der Veräußerung von sog. „fonds de commerce" (Firmenwert, Kundenstamm ...) fallen auf den Veräußerungspreis zwischen 23 000 € und 200 000 € 3 % an, darüber hinaus 5 %. Bei Anteilen an Personengesellschaften und SARL beträgt die Verkehrsteuer 3 %. Sie wird auf den Veräußerungsbetrag nach Abzug eines pauschalen Abschlags von 23 000 € multipliziert mit dem Verhältnis (Anzahl der veräußerten Anteile/Gesamtzahl der Anteile) berechnet. Bei Kapitalgesellschaften (SA, SAS) beträgt die Verkehrsteuer 0,1 %. Insbesondere bei den Übertragungen von Anteilen oder Aktien innerhalb einer Unternehmensgruppe i.S.d. Art. 233–3 des Code de Commerce kann seit dem 1.8.2012 unter gewissen Bedingungen eine Befreiung von der Verkehrsteuer bewirkt werden. – In Frankreich existiert eine Vermögensteuer („Impôt de solidarité sur la fortune", ISF). Beruflich genutzte Wirtschaftsgüter sind davon unter gewissen Bedingungen befreit. Darüber hinaus sieht das DBA eine fünfjährige Befreiung für in Frankreich ansässig werdende deutsche Staatsangehörige (die nicht gleichzeitig die französische Staatsan-	– Wenn der Erblasser bzw. Schenker in Frankreich ansässig ist, unterliegt das gesamte übertragene Vermögen der französischen Erbschaft- bzw. Schenkungsteuer. – Wenn weder der Erblasser oder Schenker noch der Erbe oder Beschenkte seinen steuerlichen Wohnsitz in Frankreich hatte, so beschränkt sich die Steuerpflicht auf die in Frankreich belegenen Vermögensgegenstände. Forderungen und Wertpapiere werden als französisch angesehen, sofern sich Wohnsitz oder Niederlassung des Schuldners bzw. der Sitz der Gesellschaft in Frankreich befinden. Als französisch gelten auch Aktien und Anteile von ausländischen Grundstücksgesellschaften, deren Grundvermögen in Frankreich belegen ist. – Wenn der Erblasser bzw. Schenker nicht in Frankreich ansässig ist, jedoch der Erbende bzw. Beschenkte, so unterliegt der Erbteil des Erbenden/Beschenkten der französischen Erbschaft- bzw. Schenkungsteuer. Diese Regelung gilt aber nur, wenn der Erbende/Beschenkte zum Zeitpunkt der Übertragung in Frankreich ansässig ist und im Laufe der letzten 10 Jahre dort mindestens 6 Jahre ansässig war. – Die oben beschriebenen Regeln sind anwendbar unter Vorbehalt des DBA Erbschaft-/Schenkungsteuer. – Progressiver Erbschaft- und Schenkungsteuertarif von 5 % bis 60 % (Steuerbegünstigungen bei Schenkungen).

Land	Sonstige Steuern	Erbschaft- und Schenkungsteuer
	gehörigkeit besitzen) für außerhalb Frankreichs belegene Güter vor. Für 2012 wurde ab einem Gesamtvermögen von 1,3 Mio. € eine Vermögensteuer von 0,25 % und ab einem Gesamtvermögen von 3 Mio. € eine Vermögensteuer von 0,50 % des Gesamtvermögens erhoben (Vermögensteuerreform durch das Gesetz vom 29.7.2011). Das zweite Steueränderungsgesetz für 2012 hat außerdem einer Sonderabgabe für vermögensteuerpflichtige Privatpersonen mit einem Vermögen von mehr als 1 300 000 € eingeführt. Diese Sonderabgabe wurde auf das Vermögen ab einem Wert von 800 000 € zu einem progressiven Steuersatz von 0,55 %–1,8 % berechnet (wie die Vermögensteuerberechnung vor der Reform) und war zum 15.11.2012 fällig. Die Vermögensteuer zu 2,25 % und 0,5 % war auf diese Zusatzabgabe anrechenbar. Ab 2013 wird eine (weitere) Vermögensteuerreform umgesetzt: die Vermögensteuer findet ab einem Nettovermögen von 1 300 000 € Anwendung und wird auf das Vermögen ab einem Wert von 800 000 € zu einem progressiven Steuersatz von 0,5 %-1,5 % berechnet. Das Haushaltsgesetz für 2013 hat außerdem eine Deckelung der Gesamtsteuerlast (ISF und Einkommensteuer sowie Sozialabgaben etc.) i.H.v. 75 % der Einkünfte des Vorjahres eingeführt.	
Griechenland DBA/ErbSt	– Als Verkehrsteuer wird eine Kapitalverkehrsteuer auf den Kaufwert von an der Athener Börse notierten Aktien mit 2 v. T. erhoben und belastet den Verkäufer. Der Kaufwert ermittelt sich aus einer Liste, die von der vermittelnden Börsengesellschaft ausgegeben wird. Dies gilt für Aktienkäufe nach dem 1.4.2011.	– DBA/ErbSt: nur für bewegliches Vermögen anwendbar. – Aktien und Gesellschaftsrechte jeglicher Art unterliegen als bewegliches Anlagevermögen nur dann der Erbschaft- und Schenkungsteuer, sofern der Erblasser bzw. Schenkende einen Wohnsitz in Griechenland oder die griechische Staatsangehörigkeit besitzt. – Die Steuersätze sind verwandtschaftsgradabhängig und werden progressiv besteuert (siehe oben). – Geschenke oder die elterliche Gewährung von Bargeld werden mit 0,5 % besteuert.

Land	Sonstige Steuern	Erbschaft- und Schenkungsteuer
Großbritannien	– Übertragungen von Anteilen, Wertpapieren oder ähnlichen Beteiligungen an Gesellschaften unterliegen einer Stempelsteuer (stamp duty – für so genannte „paper transactions") von 0,5 %. Hiervon existieren einige Befreiungsmöglichkeiten. Stamp duty fällt nur bei einem Transfer von Anteilen an, nicht jedoch bei der Ausgabe neuer Anteile. – Werden nicht Anteile, sondern Ansprüche auf Anteile, Wertpapiere oder ähnliche Beteiligungen an Gesellschaften gehandelt, wird eine „stamp duty reserve tax" (SDRT – für sogenannte „electronic/paperless transactions") erhoben. Die „stamp duty reserve tax" beträgt 0,5 %. Hiervon existieren einige Befreiungsmöglichkeiten.	– Zuwendungen unter Lebenden gelten grundsätzlich zunächst als schenkungsteuerfrei (aber evtl. Kapitalgewinnbesteuerung); die Steuerbefreiung fällt nachträglich in Abhängigkeit von der weiteren Lebensdauer ganz oder teilweise weg, sofern der Zuwendende innerhalb von 7 Jahren verstirbt. – Liegt das „domicile" oder „deemed domicile" des Erblassers nicht in Großbritannien, so wird nur das in Großbritannien belegene Vermögen erfasst. Dieses wird zu Verkehrswerten im Zeitpunkt der Übertragung bewertet. – Der Erbschaft- und Schenkungsteuertarif besteht im Steuerjahr 2014/2015 aus einer Nullzone (bis 325 000 £ (411 111 €) und einem Proportionalsatz (40 %).

Irland	– Übertragungen von Anteilen, ähnlichen Beteiligungen an Gesellschaften oder bestimmten Dokumenten unterliegen einer Stempelsteuer (stamp duty) von bis zu 2 %	– Erbschaft- und Schenkungsteuer (Capital Acquisitions Tax [CAT]) kann in den folgenden Fällen erhoben werden:
		– Der Erblasser oder der Erbe bzw. der Schenker oder der Beschenkte ist steuerlich in Irland ansässig („ordinary resident").
		– Es handelt sich um irisches Vermögen (z.B. Grund und Boden).
		– Der Erbschafts- und Schenkungsteuertarif für Erbschaften und Schenkungen nach dem 6.12.2012 beträgt 33 %, wobei in Abhängigkeit des Verwandtschaftsgrads verschiedene Freibeträge gewährt werden, z.B. für
		  – Kinder und Eltern 225 000 €
		  – Geschwister und Nichten/Neffen 30 150 €
		  – Alle Übrigen 15 075 €

Italien	– Börsenumsatzsteuer wurde ab 2008 abgeschafft. Finanztransaktionssteuer (sog. Tobin tax) auf Übertragung von Aktien italienischer Gesellschaften vorgesehen; Steuersätze 0,20%/0,10%. Übertragungen von Aktien durch Erbschaft/Schenkung sind von dieser Steuer befreit. GmbH-Anteile sind ebenso von dieser Steuer befreit.	– Mit Gesetz Nr. 286/2006 wurde in Italien die 2001 abgeschaffte Erbschaft- und Schenkungsteuer wieder eingeführt. Bei Erbschaften und Schenkungen direkter Linie bzw. zu Gunsten des Ehepartners beträgt diese 4 % auf Beträge, die 1 Mio. € für den jeweiligen Erben/Begünstigten übersteigen. Bei Geschwistern und anderen Verwandten bis zum 4. Grad, bei Verschwägerten direkter Linie sowie bei Verschwägerten der Seitenlinie bis zum 3. Grad beträgt die Erbschaftsteuer 6 % (für Geschwister auf Beträge, die 100 000 € für den jeweiligen Begünstigten übersteigen), in allen anderen Fällen beträgt die Erbschaftsteuer 8 %.

Land	Sonstige Steuern	Erbschaft- und Schenkungsteuer
		– Bei Übertragung von in Italien belegenen Immobilien ist des Weiteren Kataster- und Hypothekarsteuer (je 1 % und 2 %) zu entrichten. Es bestanden erhebliche Indizien, dass die Register- und Katasterabgaben nach § 21d ErbStG auf die deutsche Erbschaft- und Schenkungsteuer anrechenbar wären. Dem ist die deutsche FinVerw entgegengetreten und vertritt nunmehr eine Nichtvergleichbarkeit und damit Nichtanrechnungsfähigkeit der italienischen Steuern[1] und die Gegenseitigkeitserklärung des italienischen und deutschen BMF wurde lt. Verlautbarung der OFD Düsseldorf und Münster v. 27.2.2004[2] gekündigt. – Bei Übertragung von Betrieben bzw. Gesellschaftsanteilen durch Erbschaft/Schenkung auf Nachfahren oder Ehepartner fällt keine Erbschaft-/Schenkungsteuer an, sofern die Nachfahren oder Ehepartner direkt den Betrieb fortführen bzw. 5 Jahre die Mehrheitsanteile halten.
Liechtenstein	– Kein DBA bzgl. der Erbschafts- und Schenkungssteuer	– Keine Erbschafts- und Schenkungssteuer
Luxemburg	– Inländische Kapitalgesellschaften unterliegen mit ihrem Gesamtvermögen der Vermögensteuer von 0,5 %. Zur Vermögensteuerermäßigung und -befreiung siehe → Rz. 397 (Befreiungen von Schachteldividenden und qualifizierenden Urheberrechten). – Wertpapierumsätze an der Börse sind von der Stempelsteuer befreit.	– Bei Vererbung durch einen ehemals in Deutschland ansässigen Erblasser von Anteilen an einer luxemburgischen Kapitalgesellschaft an einen in Deutschland ansässigen Erben fallen in Luxemburg weder Erbschaftsteuer noch Nachlasssteuer an. – Bei Schenkung unter Lebenden eines Anteils an einer luxemburgischen Kapitalgesellschaft durch einen in Deutschland ansässigen Schenker an in Deutschland ansässige Beschenkte fällt keine Schenkungsteuer in Luxemburg an, sofern die Schenkung notariell in Deutschland beurkundet worden ist und die schenkungsweise Übertragung vollumfänglich dort vollzogen worden ist.
Niederlande	– Börsenumsatzsteuer wurde aufgehoben.	– Die Besitzwechselsteuer in der Erbschaft und Schenkungsteuer ist ab 1.1.2010 gestrichen.
Österreich DBA/ErbSt gekündigt per 31.12.2007	– Die Börsenumsatzsteuer ist seit 1.10.2000 nicht mehr in Kraft.	– Die Erbschaft- und Schenkungsteuer wurde zum 1.8.2008 abgeschafft. Die Schenkungsteuer wurde durch das Schenkungsmeldegesetz 2008 ersetzt. Das SchenkMG 2008 sieht zwingende Meldung von Schenkungen vor (vgl. § 121a BAO) und dient als Kontrolle von Vermögensverschiebungen. – Das DBA/ErbSt wurde per 31.12.2007 von Deutschland aufgekündigt.

---

1) Vgl. BayFinMin v. 8.1.2004, 34 – S 3812 – 040 – 46918/03, IStR 2004, 174.
2) OFD Köln v. 27.2.2004, S 3812 – 16 – St 231-D; S 3812 – 18 – St 23–35, RIW 2004, 480.

Land	Sonstige Steuern	Erbschaft- und Schenkungsteuer
Schweden DBA/ErbSt	– Die Vermögensteuer ist mit Wirkung zum Jahr 2007 abgeschafft worden. – Die Erbschaft- und Schenkungsteuer ist ab 17.12.2004 abgeschafft worden.	– DBA/ErbSt: alleiniges Besteuerungsrecht des Wohnsitzstaats des Erblassers.
Schweiz DBA/ErbSt	– Der Bund erhebt bei entgeltlichen Übertragungen von Aktien, GmbH-Anteilen, Genussscheinen u. Ä., an denen mindestens ein inländischer Effektenhändler (i.S.d. Bundesgesetzes über die Stempelabgaben) beteiligt war, auf dem Entgelt eine Umsatzabgabe (Stempelsteuer) i.H.v. 1,5 v.T. bei inländischen Urkunden bzw. 3 v.T. bei ausländischen Urkunden. Das Gesetz sieht diverse Befreiungstatbestände vor.	– DBA/ErbSt: Besteuerungsrecht D (falls D Wohnsitzstaat des Erblassers oder falls Erwerber ständige Wohnstätte oder gewöhnlichen Aufenthalt in D hat und Erblasser und Erwerber nicht CH-Staatsbürger sind). CH: Freistellung mit Progressionsvorbehalt. – DBA/ErbSt: grds. Anwendung der Anrechnungsmethode aus Sicht D.[1]
Spanien	– Steueranfall 31. 12. Freibetrag von 700 000 €, es sei denn die „comunidad autónoma" (vergleichbar Bundesland) bestimmt einen anderen Freibetrag.	– Nicht in Spanien ansässige Personen sind nur mit den in Spanien belegenen Vermögensteilen sowie für Güter und Rechte, die in Spanien ausgeübt und erfüllt werden können, steuerpflichtig (beschränkte Steuerpflicht). Ab 1.1.2013 fällt die in Spanien vorgesehene Sonderabgabe auf Immobilien von nichtansässigen Körperschaften nur für die in Steuerparadiesen ansässigen Körperschaften an. – Erbschaft- und Schenkungsteuertarif ist progressiv (7,65 %–34 %) und wird mit einem Koeffizienten multipliziert, der sowohl vom Verwandtschaftsgrad als auch von der Höhe des Vorvermögens des Erben abhängig ist. – Im Falle von Erbschaften werden verschiedene, vom Verwandtschaftsverhältnis abhängige Freibeträge gewährt, die von den einzelnen „comunidades autónomas" – vergleichbar Bundesland – festgelegt werden können.
USA DBA/ErbSt		– DBA/ErbSt: Besteuerungsrecht für Wohnsitzstaat des Erblassers. – DBA/ErbSt: Besitzt der Erblasser/Schenker die US-Staatsangehörigkeit, so erstreckt sich das US-Besteuerungsrecht auf den Gesamtnachlass. Hat der Erblasser/Schenker seinen Wohnsitz in den USA und der Erwerber in Deutschland, so gilt für das deutsche Besteuerungsrecht die unbeschränkte Inländerbesteuerung. Vermeidung der Doppelbesteuerung erfolgt jeweils durch die Anrechnungsmethode.[2]

---

1) Bellstedt/Meyer in Becker u.a. (Hrsg.), Teil 4 II vor DBA-Schweiz Rz. 11.
2) Wurm/Bödecker in Becker u.a. (Hrsg.), Teil 4 II DBA-USA/ErbSt Art. 11 Rz. 5 ff.

6. Zinseinkünfte

a) DBA-rechtliche Konsequenzen

Im Mittelpunkt der Betrachtung stehen Zinsen, welche eine in Deutschland ansässige natürliche Person aus dem Ausland bezieht. Zinsen aus Drittstaaten sowie Zinsen aus einem anderen Vertragsstaat, die einer Betriebsstätte zuzurechnen sind, welche ein Unternehmen dieses Staates im anderen Vertragsstaat hat, bleiben bei der Darstellung unberücksichtigt.[1]

398

Das Besteuerungsrecht wird nach Art. 11 des OECD-MA zwischen dem Quellen- und dem Wohnsitzstaat aufgeteilt, wobei die Besteuerung im Quellenstaat der Höhe nach auf den nationalen Kapitalertragsteuersatz begrenzt ist und der Wohnsitzstaat die Quellensteuer auf die Einkommensteuerschuld des Stpfl. anrechnet.

Der große Teil der deutschen Abkommen im Verhältnis zu Industriestaaten schließt jedoch für Zinsen die Quellenbesteuerung aus und teilt das Besteuerungsrecht ausschließlich dem Wohnsitzstaat zu (→ Rz. 401).[2]

Zinsen i. S. der Doppelbesteuerungsabkommen sind Einkünfte aus Forderungen jeglicher Art, auch wenn sie durch Pfandrechte an Grundstücken gesichert oder mit einer Gewinnbeteiligung ausgestattet sind. Der Begriff „Forderung jeder Art" umfasst neben Zinsen aus Gewinnobligationen, in bestimmten Fällen Zinsen aus Wandelanleihen (bis zum Zeitpunkt der Wandelung), auch Zinsen aus (öffentlichen) Anleihen und (Gewinn-) Obligationen.

Zinsen aus Finanzderivaten (z.B. Zinssatzswaps) fallen grds. nicht unter den Abkommensschutz, es sei denn, dass nach Regelungen, die den wirtschaftlichen Gehalt über die formale Gestaltung stellen („Substance-over-form"-Regelungen), das Bestehen eines Darlehens anzunehmen ist.[3]

Der Anwendungsbereich der Bestimmungen über die Besteuerung von Zinsen wird eingeschränkt, sofern auf Grund besonderer Beziehungen zwischen dem Schuldner und dem Zinsgläubiger die gezahlten Zinsen jenen angemessenen Betrag übersteigen, welcher ansonsten ohne diese Beziehung vereinbart worden wäre (verdeckte Gewinnausschüttung).[4]

Unter dem Begriff der Zinsen sind keinesfalls Renten sowie Ruhegehälter zu subsumieren; da diese zumeist für frühere unselbständige Arbeit gewährt werden, unterliegen sie einer gesonderten Bestimmung im OECD-MA (Art. 18 „Ruhegehälter").[5]

Die Vermeidung der Doppelbesteuerung erfolgt in Deutschland i.d.R. mit der Anrechnungsmethode. Dies hat zur Folge, dass die ausländische Kapitalertragsteuer im Rahmen der Anwendungsvoraussetzungen der Anrechnungsmethode gem. § 32d Abs. 5 EStG (→ Rz. 275) mit der inländischen Einkommensteuer des Gesellschafters verrechnet werden kann.

---

1) Pöllath in Vogel/Lehner, 5. Aufl., Art. 11 Rz. 5 ff.; Drittstaateneinkünfte stehen grundsätzlich dem Wohnsitzstaat (Ansässigkeitsstaat) zu.
2) Wassermeyer in Wassermeyer, Art. 11 MA Rz. 3.
3) OECD-MK Art. 11 Nr. 21.1; Geurts in Strunk/Kaminski/Köhler, Art. 11 OECD-MA Rz. 76; Pöllath in Vogel/Lehner, 5. Aufl., Art. 11 Rz. 74 f.
4) OECD-MK Art. 11 Nr. 32; Pöllath in Vogel/Lehner, 5. Aufl., Art. 11 Rz. 118 ff.
5) OECD-MK Art. 11 Nr. 23; Wassermeyer in Wassermeyer, Art. 11 MA Rz. 11.

b) Länderübersicht

399

Land	Besonderheiten der jeweiligen Doppelbesteuerungsabkommen	Ertragsteuerliche Konsequenzen/Besonderheiten im Ausland
Belgien Art. 11 DBA	– Quellensteuersatz 15 %; Ausnahmen für Zinsen an Unternehmen (Abs. 3). – Ergänzender Verweis auf das nationale Steuerrecht des Quellenstaats zur Definition des Zinsbegriffs (Abs. 4). – Anwendung der Dividendenbesteuerung bei unangemessen hohen Zinsen (Abs. 7).	– Zinsen aus verbrieften und anderen Forderungsrechten unterliegen im Rahmen der Einkünfte aus Kapitalvermögen einer Kapitalertragsteuer von 25 %. – Private Zinsen von beschränkt Stpfl. unterliegen keiner Kapitalertragsteuer.
Frankreich Art. 10 DBA	– Ausschließlich Wohnsitzstaat besteuert. – Keine Regelung für unangemessene Zinsen.	– Auf Zinszahlungen an Bezugsberechtigte außerhalb Frankreichs findet keine Quellensteuer mehr Anwendung (ohne dass hierzu besondere Formvorschriften einzuhalten wären), es sei denn, die Zinsen werden an einen Bezugsberechtigten in einem nicht kooperierenden Staat oder Gebiet bezahlt. – Natürliche Personen: Ab der Veranlagung der Einkünfte des Jahres 2013 unterliegen Zinsen grundsätzlich dem progressiven Einkommensteuersatz (zuvor bestand die Möglichkeit, für eine pauschale Besteuerung zu 24 % durch Abzug an der Quelle zu optieren). Ab 2013 wird eine Vorauszahlung auf die Einkommensteuer i.H.v. 24 %, die auf die Einkommensteuerschuld angerechnet wird, einbehalten. Steuerzahler, die unter gewissen Einkunftsgrenzen liegen, können auf Antrag von diesem Einbehalt befreit werden. Steuerhaushalte, deren Zinseinkünfte 2 000 € nicht überschreiten, können für eine pauschale Besteuerung zu 24 % optieren.
Griechenland Art. VII DBA	– Zinsbegriff umfasst auch grundpfandrechtlich gesicherte Schuldverschreibungen sowie mit einer Gewinnbeteiligung ausgestattete Schuldverschreibungen.	– Auf Zinsen wird 15 % Quellensteuer erhoben, mit der die auf die Zinsen anfallende Einkommensteuer für natürlich Personen abgegolten ist. – Zinsen an nichtansässige Gesellschaften ohne inländische Betriebsstätte unterliegen einer Definitivsteuer von 15 %, durch das DBA erfolgt eine Begrenzung auf 10 % Griechenland hat außerdem die Richtlinie 2003/49/EG mit dem Gesetz 3312/2005 umgesetzt und es kommt zu keinem Quellensteuereinbehalt, wenn eine zu mindestens 25 % bestehende Beteiligung seit zwei Jahren existiert.
Großbritannien Art. 11 DBA	– Alleiniges Besteuerungsrecht des Wohnsitzstaats bis zu dem Betrag, welcher der angemessenen Gegenleistung entspricht; 0 % Quellensteuer.	– Zinsen unterliegen nach nationalem Recht regelmäßig einem Kapitalertragsteuerabzug i.H.v. 20 %, die als Vorauszahlung auf die Einkommensteuer des Empfängers gilt. Für bestimmte börsengehandelte Wertpapiere gilt eine vollständige Quellensteuerbefreiung (sog. Quoted Eurobond Exemption). Zinserträge von Nichtansässigen aus Konten bei britischen Kreditinstituten sind auf Antrag quellensteuerfrei.

Land	Besonderheiten der jeweiligen Doppelbesteuerungsabkommen	Ertragsteuerliche Konsequenzen/Besonderheiten im Ausland
Irland Art. 11 DBA	– Alleiniges Besteuerungsrecht des Wohnsitzstaats nur bis zu dem Betrag, welcher der angemessenen Gegenleistung entspricht.[1]	– Stpfl. Einkünfte aus Kapitalvermögen sind Zinsen aus Spargutshaben aller Art, Anleihen etc. sowie Einkünfte aus bestimmten Investmentfonds. Die Steuer wird als Quellensteuer mit Abgeltungswirkung durch Steuerabzug zu einem Satz von 33 % erhoben. Zinserträge von Nichtansässigen aus Konten bei irischen Kreditinstituten sind auf Antrag quellensteuerfrei.
Italien Art. 11 DBA	– Quellensteuersatz 10 %; keine Begrenzung der Quellensteuer für gewinnabhängige Zinsen. – Ergänzender Verweis auf das nationale Steuerrecht des Quellenstaats zur Definition des Zinsbegriffs.	– Zinsen aus Darlehen unterliegen bei Nichtansässigen einer Quellenbesteuerung mit Abgeltungscharakter von 26 %. – Zinsen auf ausländische Bankdarlehen unterliegen keiner Quellensteuer. – Zinsen aus Obligationen der öffentlichen Hand und ähnlichen Wertpapieren sind vollständig steuerbefreit, sofern das DBA mit dem Staat des Nichtansässigen der italienischen FinVerw ein Informationsrecht einräumt, der Zinsempfänger nicht in einem „*black list*"-Staat wohnt und die Wertpapiere bei einer inländischen Bank hinterlegt sind. – Bei Anwendung der in Italien umgesetzten Zins-/Lizenzgebühren-Richtlinie kann die Steuer bei Erfüllen bestimmter Voraussetzungen auf 0 % herabgesetzt werden.
Liechtenstein Art. 11 DBA	– Die Besteuerung von Zinsen aus einem Vertragsstaat erfolgt ausschließlich durch den Wohnsitzstaat. – Einkünfte aus Rechten oder Forderungen mit Gewinnbeteiligung einschließlich der Einkünfte eines stillen Gesellschafters aus seiner Beteiligung als stiller Gesellschafter oder aus partiarischen Darlehen und Gewinnobligationen können jedoch auch in dem Vertragsstaat, aus dem sie stammen, nach dem Recht dieses Staates besteuert werden. – Unter den Begriff „Zinsen" fallen insbesondere auch Einkünfte aus stillen Beteiligungen.	– Grundsätzlich keine Quellensteuern auf Zinseinkünfte. Steuerrückbehalt von 35 % (alternativ freiwillige Meldung an den EU-Wohnsitzstaat des Zinsempfängers) auf jene Zinserträge, die von liechtensteinischen Zahlstellen an natürliche Personen mit Wohnsitz in einem EU-Mitgliedstaat geleistet werden.
Luxemburg Art. 11 DBA	– Die Besteuerung von Zinsen aus einem Vertragsstaat erfolgt unbeschränkt und grundsätzlich ausschließlich durch den Wohnsitzstaat des Empfängers. Zinsdefinition des Art. 11 Abs. 2 entspricht weitgehend dem OECD-MA; er wird jedoch um den Hinweis ergänzt, dass der Ausdruck „Zinsen" nicht die in Art. 10 behandelten Einkünfte umfasst (außer dass Einkünfte aus Obligationen,	– Zinsen von luxemburgischen Staatsanleihen sind steuerfrei. – Zinszahlungen unterliegen keiner Quellensteuer, soweit sie nicht aus Gewinnobligationen, die neben der festen Verzinsung eine gewinnabhängige Zusatzverzinsung aufweisen, stammen, nicht als verdeckte Gewinnausschüttung qualifiziert werden oder nicht Einkünfte eines typisch stillen Gesellschafters darstellen.

---

1) Pöllath in Vogel/Lehner, 5. Aufl., Art. 11 Rz. 119.

Land	Besonderheiten der jeweiligen Doppelbesteuerungsabkommen	Ertragsteuerliche Konsequenzen/Besonderheiten im Ausland
	die mit Gewinnbeteiligungen ausgestattet sind, nicht in die Zinsdefinition aufgenommen wurden). Korrekturvorschrift des Art. 11 Abs. 4 DBA im Falle besonderer Beziehungen und nicht fremdvergleichskonformer Zinsen. Beschränkung des Zinsartikels im Falle fremdunüblicher Zinsen auf deren angemessenen Teil. – Sonderregelung für Investmentvermögen (für Luxemburg – Fond commune de placement) und Abkommensberechtigung der Investmentgesellschaften (für Deutschland Investmentaktiengesellschaft und für Luxemburg SICAR, SICAV, SICAF) gem. Protokoll vom 23.4.2012 zum DBA.	– Einkünfte natürlicher Personen aus Kapitalvermögen sind bis 1 500 € bzw. 3 000 € bei Zusammenveranlagung steuerfrei. Als Werbungskosten wird ein Pauschalbetrag von 25 € bzw. von 50 € bei Zusammenveranlagung gewährt. – Bestimmte Zinseinkünfte von mehr als 250 € unbeschränkt steuerpflichtiger natürlicher Personen von inländischen Zahlstellen unterliegen einer Quellensteuer mit Abgeltungswirkung von 10 %. Die Quellensteuer findet keine Anwendung auf Zinszahlungen von Giro- und Kontokorrentkonten, wenn deren jährlicher Zinssatz 0,75 % nicht übersteigt. Nach dem 1.1.2008 erzielte Zinseinkünfte von ausländischen Zahlstellen (EU- und EWG-Staaten sowie Staaten, die sich durch eine internationale Vereinbarung direkt an die EU-Zins-Richtlinie 2003/48/EG gebunden haben) können auf Antrag einer Quellenbesteuerung von 10 % mit Abgeltungswirkung unterworfen werden. Hierzu muss der Gläubiger bis spätestens 31. März des folgenden Jahres eine Erklärung einreichen und selbst den Steuerabzug vornehmen; andernfalls werden die ausländischen Zinseinkünfte als Teil des zu versteuernden Einkommens besteuert.
Niederlande[1] Art. 11 DBA	DBA 2012: – Zinsen können ausschließlich im Wohnsitzstaat besteuert werden, d.h. abweichend vom OECD-MA besteht kein Quellenbesteuerungsrecht. – Die Zinsdefinition entspricht dem OECD-MA (Art. 11 Abs. 2 DBA) und erfasst somit auch grundpfandrechtlich gesicherte Forderungen sowie Forderungen, die mit einer Beteiligung am Gewinn des Schuldners ausgestattet sind. – Entsprechend dem OECD-MA ist im neuen DBA auch eine Regelung für unangemessene Zinsen enthalten (Art. 11 Abs. 4 DBA).	– In den Niederlanden existiert keine Quellensteuer auf Zinszahlungen. – Bei der Berechnung des steuerbaren Ergebnisses für die niederländische Körperschaftsteuer sind unterschiedliche Vorschriften, die zur Einschränkung des Zinsabzuges führen können, zu berücksichtigen.

---

1) Deutschland hat mit den Niederlanden am 12.4.2012 ein neues DBA für Steuern vom Einkommen (Einkommensteuer) vereinbart. Dieser Vertrag wird voraussichtlich am 1.1.2015 in Kraft treten. Zum bisherigen DBA v. 16.6.1959 vgl. die Ausführungen im Steuerberater Handbuch 2013.

Land	Besonderheiten der jeweiligen Doppelbesteuerungsabkommen	Ertragsteuerliche Konsequenzen/Besonderheiten im Ausland
Österreich Art. 11 DBA	– Ausschließlich im Wohnsitzstaat besteuert. – Grundpfandrechtlich gesicherte Forderungen sind im Zinsenbegriff enthalten. – Vermeidung der Doppelbesteuerung erfolgt in Deutschland durch die Anrechnungsmethode.	– Zinsen aus Bankforderungen und Obligationen unterliegen der Kapitalertragsteuer. In bestimmten Fällen hat diese Abgeltungswirkung für die Einkommensteuer des Gläubigers (Endbesteuerung). Die Zinserträge werden nicht mehr im betrieblichen Gewinn erfasst (dies gilt nicht bei Kapitalgesellschaften!). Bemessungsgrundlage für die Kapitalertragsteuer sind die Zinsen. Der Steuersatz beträgt 25 %. Werbungskosten bzw. Betriebsausgaben sind nicht abzugsfähig; sie können aber im Veranlagungsverfahren geltend gemacht werden, wenn keine Abgeltungswirkung (Endbesteuerung) besteht.
Schweden Art. 11 DBA	– Ausschließlich im Wohnsitzstaat besteuert. – Im Fall einer unangemessen hohen Verzinsung kann der übersteigende Betrag nach dem Recht eines jeden Vertragsstaats und unter Berücksichtigung der anderen Bestimmungen des DBA besteuert werden. – Vermeidung der Doppelbesteuerung erfolgt in Deutschland durch die Freistellungsmethode.	– Einkünfte aus Kapitalvermögen bilden die Einkunftsart „Einkommen aus Kapital". Dazu zählen Zinsen auf Bankkonten, Obligationen und andere Forderungen, Dividenden auf Aktien und andere Wertpapiere, Gewinne aus Optionen u. Ä. Freibeträge sind nicht vorgesehen. Der Steuersatz für unbeschränkt steuerpflichtige Personen beträgt einheitlich 30 %, welche als Quellensteuer erhoben werden. – Beschränkt steuerpflichtige Personen unterliegen in Schweden nicht der Steuerpflicht für Zinseinkünfte aus Schweden, d.h., es werden keine Quellensteuern in Schweden erhoben.
Schweiz Art. 11 DBA	– Keine Quellensteuern auf Zinseinkünfte	– Bei im Ausland wohnhaften Leistungsempfängern unterliegen Zinsen, Gewinnanteile und sonstige Erträge aus Obligationen, Serienschuldbriefen, Schuldbuchguthaben sowie Kundenguthaben bei inländischen Banken und Sparkassen u. Ä. einer Verrechnungssteuer (Quellensteuer) mit Abgeltungswirkung i.H.v. 35 %. Für Renten beträgt die Verrechnungssteuer 15 %. – EU-Steuerrückbehalt in der Schweiz gem. Zinsbesteuerungsabkommen mit der EU[1]: 1.7.2005 – 30.6.2008: 15 %, 1.7.2008 – 30.6.2011: 20 %, ab 1.7.2011: 35 % für Zinszahlungen von CH-Zahlstellen (Banken, Effektenhändler, übrige Zahlstellen) an in der EU ansässige natürliche Personen.

---

1) Art. 1 Abs. 1 Zinsbesteuerungsabkommen CH-EU.

Land	Besonderheiten der jeweiligen Doppelbesteuerungsabkommen	Ertragsteuerliche Konsequenzen/Besonderheiten im Ausland
		– Erträge aus grund- und faustpfandgesicherten Forderungen unterliegen einer Quellensteuer von 3 % (Bund) zuzüglich Quellensteuern der Kantone und Gemeinden (Zürich 14 %). Gemäß DBA Besteuerung in CH ausgeschlossen, sofern Wohnsitz des Gläubigers in D. – Private Veräußerungsgewinne von beweglichem Privatvermögen werden beim Bund und bei den Kantonen nicht besteuert.
Spanien Art. 11 DBA Art. 12 DBA	– Ergänzender Verweis auf das nationale Steuerrecht des Quellenstaats zur Definition des Zinsbegriffs. – Das DBA mit Deutschland begrenzt die Quellensteuer auf 10 % im Fall der Zinsen und 5 % für Nutzungsgebühren. – Nach dem neuen Abkommen können Zinsen und Lizenzgebühren nur im Wohnsitzstaat besteuert werden.	– Die Quellensteuer auf Zinserträge beträgt 20 % und die Quellensteuer auf Nutzungsgebühren 20 % Zinsgläubiger aus dem EU-Ausland sind von der spanischen Quellensteuer befreit. – Die Quellensteuer wurde in Spanien auf Einkünfte in Form von Lizenzgebühren, die in einem Mitgliedstaat anfallen, abgeschafft.
USA Art. 11 DBA	– Grundsätzlich besteuert nur Wohnsitzstaat; jedoch unbegrenztes Besteuerungsrecht für Quellenstaat bei gewinnabhängigen Zinsen, die im Quellenstaat abzugsfähig sind (Art. 11 Abs. 2 i.V.m. Art. 10 Abs. 6). – Ergänzender Verweis auf das nationale Steuerrecht des Quellenstaats zur Definition des Zinsbegriffs. – Zuschläge für verspätete Zahlung gelten nicht als Zinsen i.S.d. Abkommens.	– Beschränkt steuerpflichtige natürliche Personen mit periodisch wiederkehrenden Einkünften wie Zinsen, die nicht mit einer US-Geschäftstätigkeit des Zahlungsempfängers in Verbindung stehen, unterliegen mit diesen Einkünften einer Quellensteuer von 30 % (grundsätzlich 0 %, gem. DBA). Erhöhte Dokumentationspflichten für die Inanspruchnahme von DBA-Vergünstigungen bestehen seit Einführung der „qualified intermediary"-Regelung (s. US Formblatt W-8BEN, W-9). – Zinsen aus Wertpapieren im Streubesitz (sog. „Portfolio interest") sowie Bankzinsen unterliegen i.d.R. keiner Quellensteuer. – Veräußerungsgewinne (capital gains) nichtansässiger Ausländer sind nur dann in den USA steuerpflichtig, wenn sie mit einer US-Geschäftstätigkeit in Verbindung stehen, wenn es sich dabei um Gewinne aus der Veräußerung von US-Immobilien handelt oder wenn sie als regelmäßig wiederkehrende Einkünfte gelten. Erst ab einer Verweildauer des Veräußerers von mindestens 183 Tagen im Jahr werden grundsätzlich Veräußerungsgewinne nichtansässiger Ausländer in den USA steuerpflichtig.

c) *Verkehrs-, Substanz-, Erbschaft- und Schenkungsteuerfolgen*

400 Das alleinige Besteuerungsrecht von Einkünften aus Forderungen wird nach Art. 7 des OECD-MA/ErbSt dem Wohnsitzstaat des Erblassers bzw. des Schenkenden zugewiesen. Im Übrigen gelten die gleichen DBA-rechtlichen Konsequenzen wie für die Ertragsteuern (→ Rz. 404).

d) Länderübersicht

401

Land	Sonstige Steuern	Erbschaft- und Schenkungsteuer
Belgien		– Der Umfang der Steuerpflicht richtet sich nach dem Wohnsitz des Erblassers bzw. Schenkenden. Liegt der Wohnsitz des Erblassers nicht in Belgien, so unterliegt nur das inländische Grundvermögen der Erbanfallsteuer. Schulden, die im Zusammenhang mit Grundbesitz bestehen, sind steuerlich abziehbar. Jedoch sind die Konditionen hierfür von Region zu Region unterschiedlich. – Bewegliches Vermögen wird bei einer Schenkung nur dann besteuert, wenn diese in Belgien notariell beurkundet ist. Da unbewegliches Vermögen eingetragen sein muss, unterliegt dieses bei Schenkung stets einer Besteuerung. – Die Höhe der Steuer variiert und ist vom Verwandtschaftsverhältnis sowie von der jeweiligen Region abhängig.
Frankreich		– Wenn der Erblasser bzw. Schenker in Frankreich ansässig ist, unterliegt das gesamte übertragene Vermögen der französischen Erbschaft- bzw. Schenkungsteuer. – Wenn weder der Erblasser oder Schenker noch der Erbe oder Beschenkte seinen steuerlichen Wohnsitz in Frankreich hatte, so beschränkt sich die Steuerpflicht auf die in Frankreich belegenen Vermögensgegenstände. Forderungen und Wertpapiere werden als französisch angesehen, sofern sich Wohnsitz oder Niederlassung des Schuldners bzw. der Sitz der Gesellschaft in Frankreich befindet. Als französisch gelten auch Aktien und Anteile von ausländischen Grundstücksgesellschaften, deren Grundvermögen in Frankreich belegen ist. – Wenn der Erblasser bzw. Schenker nicht in Frankreich ansässig ist, jedoch der Erbende bzw. Beschenkte, so unterliegt der Erbteil dieses Erbenden/Beschenkten der französischen Erbschaft- bzw. Schenkungsteuer. Diese Regelung gilt aber nur, wenn der Erbende/Beschenkte zum Zeitpunkt der Übertragung in Frankreich ansässig ist und im Laufe der letzten zehn Jahre dort mindestens sechs Jahre ansässig war. – Die oben beschriebenen Regeln sind anwendbar unter Vorbehalt des DBA Erbschaft-/Schenkungsteuer. – Progressiver Erbschaft- und Schenkungsteuertarif von 5 % bis 60 %.

Land	Sonstige Steuern	Erbschaft- und Schenkungsteuer
Griechenland DBA/ErbSt		– DBA/ErbSt: nur für bewegliches Vermögen anwendbar. – Schuldrechtliche Forderungen (dinglich besichert oder in Griechenland einklagbar) jeglicher Art unterliegen als bewegliches Anlagevermögen der Erbschaft- und Schenkungsteuer, sofern der Erblasser bzw. Schenkende einen Wohnsitz in Griechenland oder die griechische Staatsangehörigkeit besitzt.
Großbritannien		– Liegt das „domicile" oder „deemed domicile" des Erblassers bzw. Schenkenden nicht in Großbritannien, wird nur das in Großbritannien belegene Vermögen erfasst. Dieses wird zu Verkehrswerten im Zeitpunkt der Übertragung bewertet. – Zuwendungen unter Lebenden gelten zunächst als schenkungsteuerfrei (aber evtl. Kapitalgewinnbesteuerung); die Steuerbefreiung fällt nachträglich in Abhängigkeit von der Lebensdauer ganz oder teilweise weg, sofern der Zuwendende innerhalb von sieben Jahren verstirbt. – Der Erbschaft- und Schenkungsteuertarif besteht aus einer Nullzone (bis 325 000 £ (411 111 €) im Steuerjahr 2014/2015) und einem Proportionalsatz (40 %). Zweitversterbende Ehegatten und eingetragene Lebenspartner können den nicht verbrauchten Freibetrag des erstverstorbenen Partners nutzen.

Irland		– Erbschaft- und Schenkungsteuer kann in den folgenden Fällen erhoben werden:
		  – Der Erblasser oder der Erbe bzw. der Schenker oder der Beschenkte ist steuerlich in Irland ansässig („ordinary resident").
		  – Es handelt sich um irisches Vermögen (z.B. Grund und Boden).
		  – Der Erbschafts- und Schenkungsteuertarif für Erbschaften und Schenkungen nach dem 6.12.2012 beträgt 33 %, wobei in Abhängigkeit des Verwandtschaftsgrades verschiedene Freibeträge gewährt werden, z.B. für
		    – Kinder und Eltern 225 000 €
		    – Geschwister und Nichten/Neffen 31 150 €
		  – Alle Übrigen 15 075 €

Land	Sonstige Steuern	Erbschaft- und Schenkungsteuer
Italien		– Mit Gesetz Nr. 286/2006 wurde in Italien die 2001 abgeschaffte Erbschaft- und Schenkungsteuer wieder eingeführt. Bei Erbschaften und Schenkungen direkter Linie bzw. zu Gunsten des Ehepartners beträgt diese 4 % auf Beträge, die 1 Mio. € für den jeweiligen Erben/Begünstigten übersteigen. Bei Geschwistern und anderen Verwandten bis zum 4. Grad, bei Verschwägerten direkter Linie sowie bei Verschwägerten der Seitenlinie bis zum 3. Grad beträgt die Erbschaftsteuer 6 % (für Geschwister auf Beträge, die 100 000 € für den jeweiligen Begünstigten übersteigen), in allen anderen Fällen beträgt die Erbschaftsteuer 8 % – Bei Übertragung von in Italien belegenen Immobilien ist des Weiteren Kataster- und Hypothekarsteuer (je 1 % und 2 %) zu entrichten. Es bestanden erhebliche Indizien, dass die Register- und Katasterabgaben nach § 21d ErbStG auf die deutsche Erbschaft- und Schenkungsteuer anrechenbar wären. Dem ist die deutsche FinVerw entgegengetreten und vertritt nunmehr eine Nichtvergleichbarkeit und damit Nichtanrechnungsfähigkeit der italienischen Steuern[1] und die Gegenseitigkeitserklärung des italienischen und deutschen BMF wurde lt. Verlautbarung der OFD Düsseldorf und Münster v. 27.2.2004[2] gekündigt. – Bei Übertragung von Betrieben bzw. Gesellschaftsanteilen durch Erbschaft/Schenkung auf Nachfahren oder Ehepartner fällt keine Erbschaft-/Schenkungsteuer an, sofern die Nachfahren oder Ehepartner direkt den Betrieb fortführen bzw. fünf Jahre die Mehrheitsanteile halten.
Liechtenstein		– Keine Erbschafts- und Schenkungssteuer
Luxemburg		– Bei Vererbung von beweglichem Vermögen durch einen ehemals in Deutschland ansässigen Erblasser fällt keine Erbschaftsteuer (droit de succession) in Luxemburg an. Erbschaftsteuer wird nur dann fällig, wenn der Erblasser seinen Wohnsitz in Luxemburg hatte. – Bei Vererbung von beweglichem Vermögen fällt keine Nachlasssteuer (droit de mutation par décès) an (→ 4 Rz. 391). – Bei beweglichem Vermögen wird die Schenkungsteuer auf in Luxemburg notariell beurkundete Schenkungen unter Lebenden oder auf Schenkungen unter Lebenden, die in Luxemburg vollzogen werden, erhoben (→ 4 Rz. 391).

---

1) Vgl. BayFinMin v. 8.1.2004, 34 – S 3812 – 040 – 46918/03, IStR 2004, 174.
2) OFD Köln v. 27.2.2004, S 3812 – 16 – St 231–D; S 3812 – 18 – St 23–35, RIW 2004, 480.

Land	Sonstige Steuern	Erbschaft- und Schenkungsteuer
Niederlande		– Die Besitzwechselsteuer in der Erbschaft und Schenkungsteuer ist ab 1.1.2010 gestrichen.
Österreich DBA/ErbSt gekündigt per 31.12.2007		– Die Erbschaft- und Schenkungsteuer wurde zum 1.8.2008 abgeschafft. Die Schenkungssteuer wurde durch das Schenkungsmeldegesetz 2008 ersetzt. Das SchenkMG 2008 sieht zwingende Meldung von Schenkungen vor und dient als Kontrolle von Vermögensverschiebungen. – Das DBA/ErbSt wurde per 31.12.2007 von Deutschland aufgekündigt.
Schweden DBA/ErbSt		– DBA/ErbSt: alleiniges Besteuerungsrecht für Wohnsitzstaat des Erblassers. Die Erbschaft- und Schenkungsteuer ist ab 17.12.2004 abgeschafft worden.
Schweiz DBA/ErbSt		– DBA/ErbSt: alleiniges Besteuerungsrecht für Wohnsitzstaat des Erblassers (Ausnahme: ständige Wohnstätte/gewöhnlicher Aufenthalt des Erwerbers in D maßgebend, sofern Erblasser und Erwerber nicht CH-Staatsbürger). – DBA-ErbSt: D: grundsätzlich Anwendung der Anrechnungsmethode. CH: Freistellung mit Progressionsvorbehalt.
Spanien	– Steueranfall: 31.12. Freibetrag von 700 000 €, es sei denn, die „comunidad autónoma" (vergleichbar Bundesland) bestimmt einen anderen Freibetrag.	– Nicht in Spanien ansässige Personen sind nur mit den in Spanien belegenen Vermögensteilen sowie für Güter und Rechte, die in Spanien ausgeübt oder erfüllt werden können, steuerpflichtig (beschränkte Steuerpflicht). – Erbschaft- und Schenkungsteuertarif ist abhängig von der Höhe des Erbes (7,65 %–34 %) und wird multipliziert mit einem Koeffizienten, abhängig vom Verwandtschaftsgrad und von der Höhe des Vorvermögens des Erben. – Im Falle von Erbschaften werden verschiedene, vom Verwandtschaftsverhältnis abhängige Freibeträge gewährt, die von den einzelnen „comunidades autónomas" – vergleichbar Bundesland – festgelegt werden können. Auf Grund des Urteils des Europäisches Gerichtshofs (3.9.2014): Nicht-Residenten sollen nicht mehr gegenüber den Residenten in den jeweiligen Autonomen Regionen in Bezug auf die Erbschaftssteuer diskriminiert werden.

Land	Sonstige Steuern	Erbschaft- und Schenkungsteuer
USA DBA/ErbSt		– DBA/ErbSt: Besteuerungsrecht für Wohnsitzstaat des Erblassers. – DBA/ErbSt: Besitzt der Erblasser/Schenker die US-Staatsangehörigkeit, so erstreckt sich das US-Besteuerungsrecht auf den Gesamtnachlass. Hat der Erblasser/Schenker seinen Wohnsitz in den USA und der Erwerber in Deutschland, so gilt für das deutsche Besteuerungsrecht die unbeschränkte Inländerbesteuerung. Vermeidung der Doppelbesteuerung erfolgt jeweils durch die Anrechnungsmethode.[1]

7. Grundvermögen/unbewegliches Vermögen

a) DBA-rechtliche Konsequenzen

Der Begriff des „unbeweglichen Vermögens" nach Art. 6 des OECD-MA umfasst stets das Zubehör zum unbeweglichen Vermögen, das lebende und tote Inventar land- und forstwirtschaftlicher Betriebe, die Rechte, für die die Vorschriften des Privatrechts über Grundstücke gelten, Nutzungsrechte an unbeweglichem Vermögen sowie Rechte aus veränderlichen oder festen Vergütungen für die Ausbeutung oder das Recht auf die Ausbeutung von Mineralvorkommen, Quellen und anderen Bodenschätzen. Schiffe und Luftfahrzeuge gelten nicht als unbewegliches Vermögen.[2]

402

Die Abkommensanwendung erstreckt sich auch auf bewegliche körperliche Sachen, die zur dauernden Verwendung mit dem unbeweglichen Vermögen verbunden sind, so dass sie i. S. des Rechts des Staates, in dem das unbewegliche Vermögen liegt, als Zubehör gelten.[3]

Der Begriff des „Veräußerungsgewinns" bleibt i. R. der DBA regelmäßig undefiniert. Nach international übereinstimmendem Verständnis beinhaltet ein Veräußerungsgewinn in jedem Fall Gewinne aus dem Verkauf, der Teilveräußerung oder dem Tausch von Vermögenswerten, der Enteignung, der Einbringung in eine Gesellschaft sowie dem Verkauf von Rechten. Darüber hinausgehende Inhalte des Begriffes „Veräußerungsgewinn" bestimmen sich nach innerstaatlichem Recht.[4]

Die Besteuerung der Einkünfte (Art. 6 OECD-MA) sowie die Besteuerung von Gewinnen aus der Veräußerung (Art. 13 OECD-MA) von im Ausland belegenem unbeweglichem Vermögen erfolgen jeweils in dem Staat, in dem sich das unbewegliche Vermögen befindet („Belegenheitsprinzip"). Die Besteuerung am Ort der Belegenheit hat Vorrang vor allen anderen Verteilungsnormen.

Die Vermeidung der Doppelbesteuerung im Ansässigkeitsstaat Deutschland erfolgt in beiden Fällen durch die Freistellungsmethode mit Progressionsvorbehalt (→ Rz. 291).

Für die Ermittlung der Einkünfte sowie Veräußerungsgewinne von im Ausland belegenem unbeweglichem Vermögen ist auf das innerstaatliche Recht des Belegenheitsstaats zu verweisen. Bei Verlusten aus in einem Drittstaat belegenen unbeweglichen Vermögen ist die Regelung des § 2a Abs. 1 Nr. 6 EStG zu beachten (→ Rz. 331).

---

1) Wurm/Bödecker in Becker u.a. (Hrsg.), Teil 4 II DBA-USA/ErbSt Art. 11 Rz. 5 ff.
2) Reimer in Vogel/Lehner, 5. Aufl., Art. 6 Rz. 113.
3) Reimer in Vogel/Lehner, 5. Aufl., Art. 6 Rz. 78 ff.
4) Reimer in Vogel/Lehner, 5. Aufl., Art. 13 Rz. 10 ff.

403 b) *Länderübersicht*

Land	Besonderheiten der jeweiligen Doppelbesteuerungsabkommen	Ertragsteuerliche Konsequenzen/ Besonderheiten im Ausland
Belgien Art. 6 DBA Art. 13 DBA	– Entspricht dem OECD-MA.	– Amtliche Feststellung und jährliche Fortschreibung des Katastereinkommens (Nutzungswert), welches die Bemessungsgrundlage der Grundertragsteuer (1,25 %–2,5 % der Landesregierung zzgl. 20 %–30 % der Gebietskörperschaften) bildet; die Erhebung der Grundertragsteuer ist unabhängig von der Objektnutzung. – Spekulationsgewinne sind unabhängig von Besitzzeiten einkommensteuerpflichtig und unterliegen einem proportionalen Steuersatz von 33 % zzgl. einem kommunalen Zuschlag. – Veräußerungsgewinne von unbebauten Grundstücken sind bei einer Mindestbesitzzeit von acht Jahren steuerfrei; sie unterliegen einem Steuersatz von 33 % bei einer Besitzzeit bis 5 Jahren (bzw. 16,5 % bei einer Besitzzeit zwischen fünf und acht Jahren). – Veräußerungsgewinne von Gebäuden (mit Ausnahme des eigenen Wohnhauses) unterliegen einem Steuersatz von 16,5 %, soweit die Veräußerung innerhalb von fünf Jahren nach Erwerb erfolgt.
Frankreich Art. 3 DBA	– Anteile an steuerlich voll transparenten Immobiliengesellschaften zählen zum unbeweglichen Vermögen.[1] – Art. 3 Abs. 5 auch bei unbeweglichem Vermögen anwendbar, das Bestandteil von gewerblichem oder freiberuflichem Betriebsvermögen ist.	– Erlöse aus der Vermietung von unmöblierten, nicht ausgestatteten, unbeweglichen Wirtschaftsgütern (Gelände, Gebäude, Räume) unterliegen im Prinzip der steuerlichen Behandlung der Vermietung und Verpachtung, die sich durch eingeschränkte Verlustübertragungs- und Abschreibungsmöglichkeiten auszeichnet. – Einkünfte aus der Vermietung i. R. des Gewerbegeschäfts oder von möblierten oder ausgestatteten Räumen oder Gebäuden sind im Allgemeinen als gewerbliche Einkünfte qualifiziert. – Vermietungen ausgestatteter Gebäude oder Gelände unterliegen im Prinzip der Mehrwertsteuer („TVA"), Ausnahme u.a.: Vermietung möblierter Wohnungen. Vermietungen nicht ausgestatteter Gebäude oder Gelände unterliegen bis auf Ausnahmen nicht der Mehrwertsteuer.

---

1) Kramer in Wassermeyer, DBA-Frankreich, Art. 3 Rz. 11.

Land	Besonderheiten der jeweiligen Doppelbesteuerungsabkommen	Ertragsteuerliche Konsequenzen/ Besonderheiten im Ausland
		– Veräußerungsgewinne aus der Veräußerung von Immobilien: Nichtansässige natürliche Privatpersonen unterliegen einer sofortigen befreienden Quellenbesteuerung i.H.v. 33 $^1/_3$ % bzw. 19 % für die in Europa ansässigen Personen und 50 %/75 %[1] für Personen, die in einem nicht kooperierenden Staat oder Gebiet ansässig sind. Ab dem 1.1.2012 erzielte Einkünfte aus Vermietung und Verpachtung und ab dem 17.8.2012 erzielte Veräußerungsgewinne aus französischen Immobilien ausländischer Stpfl. (natürliche Personen) unterliegen zusätzlich zur Einkommensteuer auch den allgemeinen Sozialabgaben von 15,5 %. Für Veräußerungen ab dem 1.1. 2013 wurde eine zusätzliche Besteuerung von Veräußerungsgewinnen aus der Veräußerung von Immobilien eingeführt, die 50 000 € überschreiten. Der Steuersatz dieser Zusatzsteuer ist von 2 % bis 6 % gestaffelt und hängt von der Höhe des erzielten Veräußerungsgewinns ab. Bis Ende August 2013 bestand eine stufenweise Steuerbefreiung (Abschlag von 2 bis 8 % des Veräußerungsgewinns pro Jahr ab dem 6. Haltejahr), die nach Ablauf einer Haltedauer von mindestens 30 Jahren zu einer 100 %igen Steuerbefreiung führte. Dieser Befreiungsmechanismus ist mit Wirkung ab dem 1.9.2013 geändert worden: der Abschlag vom Veräußerungsgewinn beträgt 6 % pro Haltejahr vom 5. bis zum 21. Haltejahr und 4 % für das 22. Haltejahr (d.h. Steuerbefreiung von 100 % nach Ablauf von 22 Haltejahren); was die Sozialabgaben auf den Veräußerungsgewinn anbelangt, so ist ein eigener Befreiungsmechanismus vorgesehen, der nach Ablauf von einer Haltedauer von 30 Jahren zu einer vollständigen Steuerbefreiung führt. Außerdem ist für Veräußerungen von Immobilien (außer Bauland zur Errichtung von Gebäuden), die zwischen dem 1.9.2013 und dem 31.8.2014 durchgeführt werden, ein Sonderabschlag i.H.v. 25 % anwendbar. Für Veräußerungen von Bauland zur Errichtung ist ein Sonderabschlag i.H.v. 30 % anwendbar, wenn das Verkaufsversprechen zwischen dem 1.9.2014 und dem 31.12.2015 abgeschlossen wird und der Verkauf bis zum 31.12. des übernächsten Jahres durchgeführt wird.

---

1) 75 % für ab dem 1.1.2013 erzielte Veräußerungsgewinne.

Land	Besonderheiten der jeweiligen Doppelbesteuerungsabkommen	Ertragsteuerliche Konsequenzen/ Besonderheiten im Ausland
Griechenland Art. XIII DBA	– Entspricht dem OECD-MA.	– Einkünfte aus bebautem und unbebautem Grundbesitz (Vermietung und Verpachtung von Gebäuden, Mietwert der eigenen Wohnung, u.a.) unterliegen einer Steuer i.H.v. 33 % (11 % für die ersten 12 000 €). Dies gilt jedoch nur für natürliche Personen. Die Steuer für juristische Personen beträgt 26 %.
Großbritannien Art. 6 DBA Art. 13 DBA	– Entspricht dem OECD-MA.	– Steuerpflichtig ist der Einnahmeüberschuss über die Werbungskosten. Werbungskosten sind praktisch nur die laufenden Kosten, da Abschreibungen für Wohnbauten (wie bei den Betriebsausgaben) nicht abzugsfähig sind. Mieteinahmen ausländischer Vermieter unterliegen einem Steuerabzug in Höhe der Basic Rate (2013/2014 20 %) – Non-Resident Landlords Scheme. Diese Quellensteuer wird durch den Vermietungsagenten (letting agent) einbehalten und an die britischen Steuerbehörden abgeführt und kann auf die veranlagte britische Einkommensteuer angerechnet werden und hat somit keine Abgeltungswirkung. Auf Antrag kann unter bestimmten Voraussetzungen von dem Quellensteuerabzug abgesehen werden. – Bei natürlichen Personen werden nur die im Rahmen einer britischen Betriebsstätte anfallenden Veräußerungsgewinne steuerlich erfasst. Steuerpflichtig ist der erhaltene oder der unterstellte Veräußerungserlös abzüglich der ursprünglichen Kosten und der wertsteigernden Aufwendungen während der Besitzzeit.

Land	Besonderheiten der jeweiligen Doppelbesteuerungsabkommen	Ertragsteuerliche Konsequenzen/ Besonderheiten im Ausland
		– Bei nicht in Großbritannien ansässigen juristischen Personen (non-natural, non-UK residents) ist mit Wirkung ab 6.4.2013 neben der laufenden Besteuerung auf bestimmten in Großbritannien belegenen Grundbesitz für Grundbesitz im Wert von über 2 Mio. £ (2,5 Mio. €) eine Steuerpflicht auf Veräußerungsgewinne sowie eine Zusatzbesteuerung (annual tax on enveloped dwellings [ATED]) eingeführt worden. Bei einem Grundbesitzwert von über 2 Mio. £ bis 5 Mio. £ (2 500 000 € bis 6 350 000 €) werden jährlich 15 400 £ (19 480 €) erhoben, bei einem Wert von mehr als 20 Mio. £ (25 Mio. €) beträgt die jährliche Steuer 143 750 £ (181 875 €). Ab 1.4.2015 kommt ein „neues Band" zur Anwendung, die ATED beträgt für Immobilien im Wert von mehr als 1 Mio. £, aber weniger als 2 Mio. £ 7 000 £ pro Jahr. Ab 1.4.2016 wird ein weiteres „neues Band" für Immobilien im Wert von mehr als 500 000 £, aber weniger als 1 Mio. £ in Kraft treten, die jährliche ATED auf diese Immobilien wird 3 500 £ pro Jahr betragen. Der Steuersatz auf Veräußerungsgewinne beträgt 28 %.
Irland Art. 6 DBA Art. 13 DBA	– Entspricht dem OECD-MA.	– Bei Einkünften aus Vermietung und Verpachtung können Aufwendungen im Zusammenhang mit den Einnahmen abgezogen werden. – Bei Zahlungen an nichtansässige Vermieter ist eine Quellensteuer von 20 % einzubehalten; diese hat keine Abgeltungswirkung, sie wird vielmehr mit der veranlagten Steuer des beschränkt Stpfl. verrechnet (aus Vereinfachungsgründen wird i.d.R. auf die Veranlagung verzichtet). – Beschränkt Stpfl. unterliegen der Veräußerungsgewinnbesteuerung von 30 % bis 5.12.2012 und 33 % ab 6.12.2012 für inländisches Grundvermögen. – Veräußerungsgewinne von eigengenutzten Einfamilienhäusern sind steuerfrei. – Nutzungswert privat genutzter Immobilien ist nicht steuerbar.
Italien Art. 6 DBA Art. 13 DBA	– Sonderregelung für Wegzugsbesteuerung.	– Private Veräußerungsgewinne von Grundstücken und Gebäuden sind steuerpflichtig, sofern die Besitzdauer unter 5 Jahren liegt (gilt nicht für Bauland); steuerfrei bleiben Veräußerungsgewinne von geerbten Immobilien. – Besteuerung der Einkünfte aus Grundstücken und Gebäuden erfolgt nach periodisch aktualisierten Katasterwerten (rendita catastale = durchschnittl. Schätzwerte der Grundstücks- u. Gebäudeerträge); diese gelten sowohl für Eigen- als auch für Fremdnutzung.

Land	Besonderheiten der jeweiligen Doppelbesteuerungsabkommen	Ertragsteuerliche Konsequenzen/ Besonderheiten im Ausland
		– Falls die Mieteinnahmen, vermindert um einen Pauschalabzug von 5 % höher als Katasterertrag ausfallen, sind die Mieteinnahmen (95 %) als steuerpflichtige Einkünfte zu erklären. Eine Einzelperson kann bei Vermietung einer Wohnung für Wohnzwecke die Mieteinnahmen wahlweise mit einer Ersatzsteuer von 21% (in bestimmten Fällen reduziert auf 15%) besteuern.
Liechtenstein Art. 13 DBA	– Entspricht im Wesentlichen dem OECD-MA – Sonderregelung für Wegzugsbesteuerung.	– Eigentum von Grundstücken durch Personen im Ausland ist bewilligungspflichtig und streng begrenzt. – Veräußerungsgewinne von in Liechtenstein belegenem Grundvermögen und Vorgänge, die wirtschaftlich einer Veräußerung eines Grundstücks gleichgestellt sind, werden in Liechtenstein besteuert.
Luxemburg Art. 6 DBA Art. 13 Abs. 2 DBA	– Für den Begriff des unbeweglichen Vermögens auf das Recht des Belegenheitsstaats verwiesen. Der Ausdruck umfasst u.a. das Zubehör zum unbeweglichen Vermögen, das lebende und tote Inventar land- und forstwirtschaftlicher Betriebe, die Rechte, für die die Vorschriften des Privatrechts über Grundstücke gelten, und Nutzungsrechte an unbeweglichem Vermögen sowie Rechte auf veränderliche oder feste Vergütungen für die Ausbeutung oder das Recht auf Ausbeutung von Mineralvorkommen, Quellen und anderen natürlichen Ressourcen. – Schiffe und Luftfahrzeuge gelten nicht als unbewegliches Vermögen. – Anwendung des Art. 6 auch auf Einkünfte aus unbeweglichem Vermögen eines Unternehmens. – Art. 13 Abs. 2 DBA 2012 – Gewinne aus der Veräußerung von Anteilen an Immobiliengesellschaften (entspricht Art. 13 Abs.4 OECD-MA): Hiernach können Gewinne, die eine in einem Vertragsstaat ansässige Person aus der Veräußerung von Anteilen oder vergleichbaren Rechten an einer Gesellschaft bezieht, deren Wert zu mehr als 50 % mittelbar oder unmittelbar aus unbeweglichem Vermögen besteht, das im anderen Vertragsstaat liegt, im anderen Staat (Belegenheitsstaat) besteuert werden.	– Private Veräußerungsgewinne bei Immobilien werden bei unbeschränkt und beschränkt Stpfl. als „Sonstige Einkünfte" besteuert: Erfolgt die Veräußerung innerhalb einer Zwei-Jahres-Frist, so wird dieser Spekulationsgewinn (oder Wertzuwachs) mit dem normalen progressiven Steuersatz versteuert, es sei denn, es handelt sich um die Hauptwohnung des Stpfl. oder der Gewinn beträgt weniger als 500 €. Entsprechend der Höhe des jeweiligen steuerpflichtigen Jahreseinkommens des Stpfl. und seiner familiären Situation beträgt der Steuersatz max. 43,6 % (einschließlich der Solidaritätssteuer).[1)] Überschreitet die Besitzzeit zwei Jahre, so fließt der Veräußerungsgewinn unter Berücksichtigung eines Inflationsausgleichs in die Besteuerung ein, es sei denn, es handelt sich um die Hauptwohnung des Stpfl. Die Einkünfte werden in diesem Fall unter bestimmten Voraussetzungen um einen Freibetrag von 50 000 € (100 000 € bei Zusammenveranlagung) gemindert und mit einem Vorzugsteuersatz (halber Durchschnittsteuersatz bis höchstens 21,8 %) besteuert; bei in gerader Linie vererbten, selbst genutztem Elternwohnhaus kommt ein Freibetrag von 75 000 € hinzu. Dieser wird dem Stpfl. oder jedem der Ehegatten nur für eine einzige, unter den vorerwähnten Bedingungen ererbte Hauptwohnung gewährt.

---

1) Ab dem 1.1.2013 erhöht sich der maximale Steuersatz auf 43,6 %, inklusive Solidaritätszuschlag von 9 % für zu versteuernde Einkünfte, die 150 000 € (für die Steuerklassen 1 und 1a) oder 300 000 € (für die Steuerklasse 2) übersteigen.

Land	Besonderheiten der jeweiligen Doppelbesteuerungsabkommen	Ertragsteuerliche Konsequenzen/ Besonderheiten im Ausland
		Eine Wohnung, die im Eigentum des Stpfl. ist, gilt grundsätzlich dann als sein Hauptwohnsitz, wenn diese Wohnung seit ihrer Anschaffung oder Fertigstellung der gewöhnliche Aufenthaltsort des Stpfl. ist oder es mindestens 5 Jahre lang vor der Veräußerung war. Diese 5 Jahre Frist kann in verschiedenen Fällen nicht anwendbar sein (z.B. aus familiären oder beruflichen Gründen). – Einkünfte aus Vermietung sind neben der Vermietung und Verpachtung von beweglichem und unbeweglichem Vermögen auch der Nutzungswert der durch den Eigentümer benutzten Wohnung („valeur locative"). Der Nutzungswert wird pauschal ermittelt und entspricht 4 % des Einheitswerts, der 3 800 € nicht übersteigt (Verkehrswert vom 1.1.1941) zzgl. 6 % des über 3 800 € liegenden Teils des Einheitswerts. – Daraus resultierend können jedoch Ausgaben im Zusammenhang mit dem selbstgenutzten Wohnobjekt geltend gemacht werden. Die Höhe der abzugsfähigen Ausgaben ist gestaffelt und bestimmt sich nach der Dauer der Nutzung.
Niederlande[1] Art. 6 DBA, Art. 13 Abs. 1 DBA	DBA 2012: – Entspricht grundsätzlich dem OECD-MA. – Ergänzend enthält Art. 13 Abs. 2 DBA eine Sonderregelung bzgl. Immobiliengesellschaften: Gewinne, die eine in einem Vertragsstaat ansässige Person aus der Veräußerung von Aktien einer Gesellschaft oder von vergleichbaren, nicht an einer anerkannten Börse notierten Anteilen erzielt, deren Aktivvermögen zu mehr als 75 % mittelbar oder unmittelbar aus unbeweglichem Vermögen besteht, ausgenommen unbewegliches Vermögen, in dem diese Gesellschaft oder die Inhaber dieser Anteile ihre im anderen Vertragsstaat gelegene Geschäftstätigkeit ausüben, können im anderen Vertragsstaat besteuert werden. Diese Gewinne können jedoch nur im erstgenannten Staat besteuert werden, wenn	– Eine nichtansässige natürliche Person unterliegt der ESt, die auf das auf Grund des DBA in den Niederlanden zu versteuernde Einkommen erhoben wird. Das steuerpflichtige Einkommen wird in 3 Kategorien (Box 1, 2 und 3) unterteilt. Unter die Kategorie 1 fallen unter anderem gewerbliches Einkommen, Einkommen aus gegenwärtiger und vergangener nichtselbständiger Arbeit sowie sonstige Einkünfte. Unter die Kategorie 2 fallen Einkünfte aus wesentlichen Beteiligungen,[2] Kategorie 3 umfasst Kapitaleinkünfte. Wird das unbewegliche Vermögen durch den Stpfl. gewerblich genutzt, werden daraus entstehende Gewinne und Verluste als gewerbliche Einkünfte behandelt. Diese Einkünfte werden progressiv mit bis zu 52 % besteuert. Ist der Stpfl. nicht gewerblich tätig, fällt das unbewegliche Vermögen u.U. unter sonstige Einkünfte. In diesem Fall gelten

1) Deutschland hat mit den Niederlanden am 12.4.2012 ein neues DBA für Steuern vom Einkommen (Einkommensteuer) vereinbart. Dieser Vertrag wird voraussichtlich am 1.1.2015 in Kraft treten. Zum bisherigen DBA v. 16.6.1959 vgl. die Ausführungen im Steuerberater Handbuch 2013.
2) Eine wesentliche Beteiligung liegt gewöhnlich dann vor, wenn der Stpfl. allein oder zusammen mit dem Ehegatten oder Partner (oder Blutsverwandte oder angeheiratete Verwandte ersten Grads) direkt oder indirekt mindestens 5 % des ausgegebenen Grundkapitals oder mindestens 5 % einer bestimmten Aktiengattung an einer ansässigen oder nichtansässigen Gesellschaft hält.

Land	Besonderheiten der jeweiligen Doppelbesteuerungsabkommen	Ertragsteuerliche Konsequenzen/ Besonderheiten im Ausland
	a) der ansässigen Person vor der ersten Veräußerung weniger als 50 % der Aktien oder anderen vergleichbaren Anteile gehörten; oder b) die Gewinne im Rahmen einer Unternehmensumstrukturierung, -fusion, -spaltung oder ähnlichen Transaktion erzielt werden.	folgende Kriterien: (i) das Einkommen wird aus Tätigkeiten mit Dritten erzielt, (ii) es gilt nicht als gewerbliches Einkommen oder Einkommen aus nichtselbständiger Arbeit, (iii) der Stpfl. übt seine Tätigkeiten mit der Absicht auf Gewinnerzielung aus. Trifft dies zu, werden sonstige Einkünfte progressiv mit bis zu 52 % besteuert. Übt der Stpfl. letztgenannte Tätigkeiten nicht aus, erfolgt eine Besteuerung des unbeweglichen Vermögens ggf. nach Kategorie 3. Kategorie 3 regelt die Besteuerung von Kapitaleinkünften. Kategorie 3 ersetzt die gewöhnliche Besteuerung aller Einkunftsarten aus Kapitalvermögen, mit Ausnahme von Einkünften aus Wohngebäuden (Kategorie 1) sowie Dividenden und Veräußerungsgewinnen von wesentlichen Beteiligungen (Kategorie 2). Die Besteuerung in Kategorie 3 erfolgt pauschal und geht von einer Effektivverzinsung des Nettovermögens am 1.1. von 4 % aus und beträgt 30 % (1,2 % effektive Steuerlast). Bei Grundvermögen/ unbeweglichem Vermögen ist der Wert des Grundvermögens im Nettovermögen am 1.1. enthalten. Veräußerungsgewinne von Immobilien innerhalb Kategorie 3 sind steuerfrei.
Österreich Art. 6 DBA	– Entspricht dem OECD-MA (Belegenheitsprinzip). – Verweis für die Qualifikation der grundstücksgleichen Rechte auf das innerstaatliche Recht des Belegenheitsstaats.	– Zu Einkünften aus Grundvermögen zählen insbesondere die Einkünfte aus der außerbetrieblichen Vermietung und Verpachtung von Grundstücken, Gebäuden und Gebäudeteilen. Außerbetrieblich vermietete Gebäude sind mit 1,5 % der Bemessungsgrundlage abzuschreiben. Ein höherer AfA-Satz ist nur zulässig, wenn eine kürzere Nutzungsdauer nachgewiesen wird. – Der Nutzungswert von eigengenutztem Wohnraum ist nicht steuerbar.

Land	Besonderheiten der jeweiligen Doppelbesteuerungsabkommen	Ertragsteuerliche Konsequenzen/ Besonderheiten im Ausland
		– Veräußerungsgewinne von im Privatbesitz gehaltenem Grundvermögen unterliegen grundsätzlich der Immobilienertragsteuer i.H.v. 25 %. Die Bemessungsgrundlage ist der Unterschiedsbetrag zwischen Veräußerungserlös und den Anschaffungskosten, die um Herstellungs- und Instandsetzungsaufwendungen zu korrigieren sind. Ferner kann ab dem 11. Jahr nach dem Zeitpunkt der Anschaffung jährlich ein 2%iger Inflationsabschlag berücksichtigt werden, der jedoch max. 50 % beträgt. Nach Art. 13 Abs. 2 werden bei Gewinnen aus der Veräußerung von Aktien und sonstigen Anteilen an einer Gesellschaft, deren Aktivvermögen überwiegend aus unbeweglichen Vermögen besteht (bemessen auf der Basis der Unternehmensbilanzwerte), die Anteile an der Kapitalgesellschaft wie unbewegliches Vermögen behandelt und in dem Liegenschaftsstaat besteuert.
Schweden Art. 6 DBA Art. 13 DBA	– Entspricht dem OECD-MA. – Die Veräußerung von Anteilen an einer Immobiliengesellschaft wird der Veräußerung von unbeweglichem Vermögen gleichgestellt, wenn der Veräußerer an der Gesellschaft zu irgendeinem Zeitpunkt in den fünf der Veräußerung vorausgehenden Jahren zu mindestens 10 % an der Gesellschaft beteiligt war. Hierbei wird zur Vermeidung der Doppelbesteuerung die Anrechnungsmethode angewandt.	– Mieteinnahmen aus der Vermietung und Untervermietung von Privathäusern, Eigentums- und Mietwohnungen unterliegen als „Einkommen aus Kapital" einem Steuersatz von 30 % Die Abzugsfähigkeit von Aufwendungen, wie Erhaltungsaufwand, ist je Objekt auf 40 000 SEK/p. a. (ca. 4 330 €) (2014) begrenzt. Darüber hinaus können bei der Vermietung von Ein- und Zweifamilienhäusern 20 % der Mieteinnahmen abgezogen werden. Der Eigengebrauch von Eigentumswohnungen und Häusern ist nicht steuerbar. – Private Veräußerungsgewinne aus dem Verkauf von Grundvermögen werden unabhängig von der Besitzdauer nur zu 22/30 mit einem Steuersatz von 30 % belastet. Verluste sind zu 50 % absetzbar. – Möglichkeit eines Aufschubs der Steuerzahlungen, falls der Verkäufer spätestens in dem Jahr nach der Veräußerung neues Grundvermögen erwirbt. Der Betrag ist begrenzt auf 1 450 000 SEK (ca. 156 953 €) und unterliegt einer Verzinsung von 0,5 %.
Schweiz Art. 6 DBA Art. 13 DBA	– Entspricht dem OECD-MA (Belegenheitsprinzip). – D: Zur Vermeidung der Doppelbesteuerung kommt die Anrechnungsmethode zur Anwendung. Ausnahme: Freistellung mit Progressionsvorbehalt für Einkünfte aus unbeweglichem Vermögen, das einer Betriebsstätte oder der Ausübung eines freien Berufs dient, sowie für die Gewinne aus der Veräußerung dieses unbeweglichen Vermögens.	– Einkünfte aus unbeweglichem Vermögen, wie Einkünfte aus Vermietung und Verpachtung, Nießbrauch oder sonstiger Nutzen sowie der Eigenmietwert von selbst genutztem Wohneigentum, sind im Rahmen der Einkommensteuer steuerbar. Hierbei können Kosten für Unterhaltung, Versicherung, Hypotheken u. Ä. separat oder in Form einer Pauschale (i.d.R. bestimmter Prozentsatz der Miete) zum Abzug gebracht werden.

4 Beratungsschwerpunkte und deren Fallstricke

Land	Besonderheiten der jeweiligen Doppelbesteuerungsabkommen	Ertragsteuerliche Konsequenzen/ Besonderheiten im Ausland
	– CH: Freistellung mit Progressionsvorbehalt.	– Private Veräußerungsgewinne von beweglichem Privatvermögen werden beim Bund und bei den Kantonen nicht besteuert. Private Veräußerungsgewinne von unbeweglichem Privatvermögen unterliegen beim Bund ebenfalls nicht der Steuer. Dagegen werden solche Gewinne in sämtlichen Kantonen und/ oder Gemeinden mit einer separaten Grundstückgewinnsteuer belegt.
Spanien Art. 6 DBA Art. 13 DBA	– Zur Vermeidung der Doppelbesteuerung kommt die Anrechnungsmethode zur Anwendung.	– Bei Einkünften aus Vermietung und Verpachtung werden die Einnahmen bei vermieteten Grundstücken in Höhe der Mieten bei nichtansässigen natürlichen Personen mit 20 % pauschal besteuert (ab 2015), ohne dass Kosten in Abzug gebracht werden können, es sei denn, der Stpfl. hat seinen Wohnsitz im EU-Ausland. Verfügt der Nichtansässige nur über eine eigengenutzte Immobilie, zahlt er jährlich eine Einkommensteuer i.H.v. 20 % auf 1,1 % des revidierten Katasterwerts bzw. auf 2 % bei nicht revidiertem Katasterwert. – Ab 2015 werden Veräußerungsgewinne mit 20 % (19 % ab 2016) besteuert. – Nachweisliche erhebliche Aufwendungen in die Immobilie wie z.B. eine Fassadenrenovierung können abgesetzt werden. Bei Verkauf durch einen beschränkt Stpfl. wird eine Steuervorauszahlung i.H.v. 3 % einbehalten. – Nach dem neuen DBA können Gewinne aus der Veräußerung von Anteilen oder anderen Rechten, die den Eigentümer unmittelbar oder mittelbar zur Nutzung des unbeweglichen Vermögens berechtigten, das in einem Vertragsstaat liegt, in diesem Staat besteuert werden. – Bei einer natürlichen Person, die in einem Vertragsstaat während mindestens fünf Jahren ansässig war und im anderen Vertragsstaat ansässig geworden ist, kann der „erstgenannte Staat", den Vermögenszuwachs, den diese Person während ihrer Ansässigkeit im erstgenannten Staat aus Anteilen an einer Gesellschaft erzielt, nach seinen innerstaatlichen Rechtsvorschriften besteuern, vorausgesetzt, die Veräußerung der Anteile erfolgt innerhalb von fünf Jahren ab dem Zeitpunkt des Wegzugs der natürlichen Person aus dem „erstgenannten" Staat. Voraussetzung dafür ist, dass der Steuerpflichtige nicht in Spanien vor zehn Jahren ansässig gewesen wäre. Der Steuersatz beträgt bis 600 000 € 24 %. Ab diesem Betrag kommt ein Steuersatz von 45 % zur Anwendung.

Land	Besonderheiten der jeweiligen Doppelbesteuerungsabkommen	Ertragsteuerliche Konsequenzen/ Besonderheiten im Ausland
USA Art. 6 DBA Art. 13 DBA	– Veräußerungen von Anteilen an Immobiliengesellschaften sowie von Rechten an Grundvermögen werden der Veräußerung von unbeweglichem Vermögen gleichgestellt.[1]	– Miet- und Pachterträge sind i.d.R. mit dem Nettobetrag steuerpflichtig. Bei der Berechnung werden die üblichen Abschreibungen berücksichtigt. Der Nutzungswert von eigengenutztem Wohnraum bleibt unberücksichtigt. Verluste aus der Vermietung sind in einigen Fällen nicht mit anderem positiven Einkommen ausgleichsfähig (sog. „passive losses"). – Beschränkt steuerpflichtige natürliche Personen mit Erträgen aus der Vermietung von Grundvermögen, die nicht mit einer US-Geschäftstätigkeit des Zahlungsempfängers in Verbindung stehen (z.B. Nettomietvertrag), unterliegen mit diesen Brutto-Einkünften einer Quellensteuer von 30 %. Der Stpfl. hat die Möglichkeit, zur Nettobesteuerung der Einkünfte zu optieren. – Gewinne und Verluste aus Verfügungen über Rechte (z.B. Eigentumsrechte, eigentumsähnliche Rechte etc.) an US-Grundbesitz ausländischer nichtansässiger natürlicher Personen fallen unter die US-Steuerpflicht und werden je nach Einzelfall als „capital gains" besteuert. Zur Sicherung der Steuerzahlung wird eine Quellensteuer i.H.v. 10 % des Veräußerungserlöses erhoben.

c) Verkehrs-, Substanz-, Erbschaft- und Schenkungsteuerfolgen

DBA im Bereich der Erbschaft- und Schenkungsteuer (DBA/ErbSt) richten sich im Verhältnis zwischen den beiden Vertragsstaaten auf die Beseitigung der Doppelbesteuerung zwischen einerseits dem Wohnsitzstaat des Erblassers bzw. Schenkenden und dem Belegenheitsstaat, in dem vererbtes oder geschenktes Vermögen liegt, und andererseits zwischen dem Wohnsitzstaat des Erblassers bzw. Schenkenden und dem des Erben oder Beschenkten.

404

Das Besteuerungsrecht für Grundvermögen teilt Art. 5 OECD-MA zur Erbschaft- und Schenkungsteuer ohne Rücksicht auf die Art der Nutzung dem Belegenheitsstaat zu.[2]

Zur Bestimmung des Begriffs „unbewegliches Vermögen" wird – neben ausdrücklichen Hinweisen auf Rechte und Vermögenswerte, die stets als unbewegliches Vermögen gelten – das innerstaatliche Recht des Belegenheitsstaats hinzugezogen.[3]

Diese Definition ist deckungsgleich zum OECD-MA zur Einkommensteuer; es kann deshalb auf die obigen Ausführungen (→ Rz. 408) verwiesen werden.

Durch unbewegliches Vermögen gesicherte Forderungen sind wie bewegliches Vermögen zu behandeln. Sie fallen, soweit nicht Art. 6 OECD-MA Anwendung findet, unter die allgemeine Zuteilungsregel des Art. 7 OECD-MA.[4]

---

1) Reimer in Vogel/Lehner, 5. Aufl., Art. 13 Rz. 171.
2) OECD-MK/ErbSt Art. 5 Nr. 7; Jülicher in Wassermeyer, ErbSt-MA Art. 5 Rz. 26 ff.
3) OECD-MK/ErbSt Art. 5 Nr. 3; Jülicher in Wassermeyer, ErbSt-MA Art. 5 Rz. 11.
4) Bellstedt in Becker u.a. (Hrsg.), Teil 4 II OECD-MA/ErbSt Art. 5, Rz. 6.

405 *d) Länderübersicht*

Land	Sonstige Steuern	Erbschaft- und Schenkungsteuer
Belgien	– Keine Grundsteuer; jedoch hat die Besteuerung des Katastereinkommens im Fall der Eigennutzung einen grundsteuerähnlichen Charakter. – Grunderwerbsteuer i.H.v. 5 %–12,5 % der Gegenleistung.	– Der Umfang der Steuerpflicht richtet sich nach dem Wohnsitz des Erblassers bzw. Schenkenden. Liegt der Wohnsitz des Erblassers nicht in Belgien, so unterliegt nur das inländische Grundvermögen der Erbanfallsteuer. Schulden, die im Zusammenhang mit Grundbesitz bestehen, sind steuerlich abziehbar. Jedoch sind die Konditionen hierfür von Region zu Region unterschiedlich. – Die auf Erbschaften und Schenkungen entsprechend anzuwendenden Steuersätze variieren zwischen 3 % und 30 % für nahe stehende Verwandte bzw. zwischen 20 % und 80 % in allen anderen Fällen. – Die Bewertung erfolgt zu Markt- bzw. Verkaufswerten.
Frankreich	– Grunderwerbsteuer („Droit d'enregistrement") beträgt 5,09 % – Umsatzsteuerliche Regelungen seit dem 11.3.2010 (für Geschäftsvorgänge, die von Umsatzsteuerpflichtigen im Rahmen ihrer umsatzsteuerpflichtigen Tätigkeit ausgeführt werden): entgeltliche Lieferungen (Veräußerungen, Einbringungen, …) von Baugrundstücken, seit maximal fünf Jahren fertig gestellten Gebäuden oder gleichgestellten Rechten unterliegen der Umsatzsteuer. Lieferungen von Grundstücken, die nicht als Baugrundstücke zu definieren sind, oder seit mehr als fünf Jahren fertig gestellten Gebäuden können auf Option der Umsatzsteuer unterworfen werden. Je nach Umständen (umsatzsteuerpflichtiger Käufer oder nicht, Anwendung der Umsatzsteuer kraft Gesetzes oder auf Option, Eingehen einer Verpflichtung, das Grundstück zu bebauen / die Immobilie weiterzuveräußern oder nicht) unterliegt der Vorgang einer Grunderwerbssteuer i.H.v. 5,09 % oder 0,715 % oder kommt u.U. in den Genuss einer Steuerbefreiung. – Der Wohnsteuer („taxe d'habitation") unterliegt jede Person, der als Eigentümer oder Mieter eine Wohnung zur Verfügung steht (Bemessungsgrundlage ist das Produkt aus gemeindlichem Hebesatz und katastermäßigem Mietwert). Lokal unterschiedliche Abschläge können Anwendung finden. Es besteht auch ein Mechanismus zur Deckelung der Wohnsteuer für Steuerzahler, deren Einkünfte eine gewisse Grenze nicht überschreiten.	

Land	Sonstige Steuern	Erbschaft- und Schenkungsteuer
	– Zur Bemessungsgrundlage der Vermögensteuer („impôt de solidarité sur la fortune", kurz „ISF") zählt auch Grundvermögen (bei nicht in Frankreich ansässigen Personen wird das in Frankreich belegene Grundvermögen in Betracht genommen). Ab einem Gesamtvermögen von 1,3 Mio. € findet auf das Vermögen ab einem Wert von 800 000 € ein progressiver Vermögensteuersatz von 0,5–1,5 % Anwendung (Vermögensteuerreform ab 2013). Die Bewertung der steuerpflichtigen Vermögensgegenstände nach Abzug der Schulden erfolgt nach den für die Erbschaftsteuer maßgeblichen Grundsätzen, wobei stets von den Verkehrswerten auszugehen ist. Das Haushaltsgesetz für 2013 hat außerdem eine Deckelung der Gesamtsteuerlast (ISF und Einkommensteuer sowie Sozialabgaben etc.) i.H.v. 75 % der Einkünfte des Vorjahres eingeführt. – Grundsteuer („taxe foncière") wird auf unbebaute und bebaute Grundstücke erhoben. Bemessungsgrundlage ist das Produkt aus gemeindlichem Hebesatz und 50 % des katastermäßigen Mietwerts für bebaute Grundstücke/80 % des katastermäßigen Mietwerts für unbebaute Grundstücke. Ab 2012 ist die Grundsteuer für den Erstwohnsitz für Steuerzahler, deren Einkünfte eine gewisse Grenze nicht überschreiten, auf 50% der Einkünfte begrenzt.	
Griechenland DBA/ErbSt	– Stempelsteuer von 3,6 % auf Pachtverträge (nur für gewerbliche Pachtverträge), Auswahlmöglichkeit für Mehrwertsteuer. – Grunderwerbsteuer i.H.v. 3 % für Eigentumsübertragung ab 1.1.2014. – Mehrwertsteuer i.H.v. 23 % auf den Verkaufswert, für Grundstücke, deren Baulizenz nach dem 1.1.2006 ausgegeben wurde. Jährliche Steuer i.H.v. 15 % auf den „objektiven Wert", für Gesellschaften, die Gebäude in ihrem Eigentum haben. Jedoch viele Ausnahmen.	

Land	Sonstige Steuern	Erbschaft- und Schenkungsteuer
	– Grundvermögensteuer besteht aus der Haupt- und Ergänzungssteuer. Die Hauptsteuer berechnet sich gemäß der geographischen Lage, der Oberfläche, der Verwendung, dem Alter, dem Stock und der Anzahl von Gebäudefassaden. Die Ergänzungssteuer für natürliche Personen berechnet sich auf den Gesamtwert der Rechte, die Gegenstand der Hauptgrundvermögensteuer sind, und gemäß den Stufen des Einheitswertes. Die Ergänzungsgrundvermögensteuer für juristische Personen berechnet sich auf den Gesamtwert der Rechte, die den Gegenstand der Hauptgrundvermögensteuer darstellen, i.H.v. 0,5 % unabhängig von der Stufe.	
Großbritannien	– Stempelsteuer (stamp duty land tax) 0 % bis 5 % bei Grundstückstransaktionen. Die Höhe des stamp duty land tax hängt vom Marktwert des Objekts ab; bei einem Wert bis 125 000 £ (158 119 €) beträgt der Steuersatz 0 % und steigt bei einem Marktwert von 1 000 000 £ bis 2 000 000 £ (1 264 958 € bis 2 529 916 €) auf 5 % an. Bei Grundstückstransaktionen nach dem 22.3.2012 beträgt für Objekte mit einem Marktwert von über 2 000 000 £ (2 529 916 €) der Steuersatz 7 % und kann in bestimmten Konstellationen auf bis zu 15 % ansteigen. – Im Fall von „lease rents" (Mietverträge) kann ebenfalls die Stempelsteuer erhoben werden. – Wohnimmobilieneigentümer (im Falle der Selbstnutzung) bzw. Mieter unterliegen einer jährlichen Gemeindesteuer (Council Tax), welche sich an dem Marktwert des Grundstücks orientiert.	– Zuwendungen unter Lebenden gelten grundsätzlich zunächst als schenkungsteuerfrei (auch wenn schenkungsteuerbefreit, können andere Steuern auf die Zuwendung unter Lebenden anfallen); die Steuerbefreiung fällt nachträglich zumindest teilweise weg, sofern der Zuwendende innerhalb von sieben Jahren verstirbt. – Der Erbschaft- und Schenkungsteuertarif besteht aus einer Nullzone (bis 325 000 £ (411 111 €) im Steuerjahr 2014/2015) und einem Proportionalsatz (40 %). Zweitversterbende Ehegatten und eingetragene Lebenspartner können den nicht verbrauchten Freibetrag des erstverstorbenen Partners nutzen. – Liegt das „domicile" oder „deemed domicile" des Erblassers nicht in Großbritannien, so wird nur das in Großbritannien belegene Vermögen erfasst. Dieses wird zu Verkehrswerten im Zeitpunkt der Übertragung bewertet.
Irland	– Stempelsteuer (stamp duty) i.H.v. 1 %–2 % bei Grundstücken zu Wohnzwecken (bis 1 000 000 € 1 %, darüber hinaus 2 %), bei Grundstücken, welche anderen Zwecken dienen fällt eine Stempelsteuer von stets 2 % an.	– Erbschaft- u. Schenkungsteuertarif (Capital Acquisition Tax CAT) beträgt 30 % bis 5.12.2012 und 33 % ab 6.12.2012.
Italien	– Grunderwerbsteuer („Registersteuer" imposta di registro) beträgt im Normalsatz 7 %, bei landwirtschaftlichen Grundstücken 15 % etc. Ab 2014 wurde der Registersteuersatz auf 9 % vereinheitlicht. Hinzu kommen Hypothekar- und Katastersteuern von bis zu 3 % (ab 2014 vermindert auf einen Pauschalbetrag von 50 € je Steuer).	– Mit Gesetz Nr. 286/2006 wurde in Italien die 2001 abgeschaffte Erbschaft- und Schenkungsteuer wieder eingeführt. Bei Erbschaften und Schenkungen direkter Linie bzw. zu Gunsten des Ehepartners beträgt diese 4 % auf Beträge, die 1 Mio. € für den jeweiligen Erben/Begünstigten übersteigen. Bei Geschwistern und anderen Verwandten bis zum

Land	Sonstige Steuern	Erbschaft- und Schenkungsteuer
	– Wertzuwachssteuer (INVIM) wurde ab 1.1.2002 endgültig abgeschafft. – Kommunale Grundsteuer (IMU) beträgt i.d.R. 4 v.T.–7,6 v. T. der hierfür mit einem Faktor (z.B. Privatwohnungen 160, Büros 80, Industriegebäude 60, Geschäfte 55) multiplizierten Katasterertragswerten; (teilweise) Freistellung von IMU für bestimmte Liegenschaften (Wohnung mit Hauptwohnsitz) sind vorgesehen. Des Weiteren wurden die TASI und die TARI (geringe Hebesätze) eingeführt.	4. Grad, bei Verschwägerten direkter Linie sowie bei Verschwägerten der Seitenlinie bis zum 3. Grad beträgt die Erbschaftsteuer 6 % (für Geschwister auf Beträge, die 100 000 € für den jeweiligen Begünstigten übersteigen), in allen anderen Fällen beträgt die Erbschaftsteuer 8 % – Bei Übertragung von in Italien belegenen Immobilien ist des Weiteren Kataster- und Hypothekarsteuer (je 1 % und 2 %) zu entrichten. Es bestanden erhebliche Indizien, dass die Register- und Katasterabgaben nach § 21d ErbStG auf die deutsche Erbschaft- und Schenkungsteuer anrechenbar wären. Dem ist die deutsche FinVerw entgegengetreten und vertritt nunmehr eine Nichtvergleichbarkeit und damit Nichtanrechnungsfähigkeit der italienischen Steuern[1] und die Gegenseitigkeitserklärung des italienischen und deutschen BMF wurde lt. Verlautbarung der OFD Düsseldorf und Münster vom 27.2.2004[2] gekündigt. – Bei Übertragung von Betrieben bzw. Gesellschaftsanteilen durch Erbschaft/Schenkung auf Nachfahren oder Ehepartner fällt keine Erbschaft/Schenkungsteuer an, sofern die Nachfahren oder Ehepartner direkt den Betrieb fortführen bzw. fünf Jahre die Mehrheitsanteile halten. – Grundstücke werden mit den durchschnittlichen Verkehrswerten vergleichbarer Grundstücke bewertet, als Richtwert gilt mindestens das 90- bzw. 110/120-Fache (vorab erhöht um einen weiteren 25 %- bzw. 5 %-Zuschlag) des für Grundstücke bzw. Gebäude festgesetzten Katasterertragswerts.
Liechtenstein	– Keine Grundsteuer	– Keine Erbschafts- und Schenkungssteuer
Luxemburg	– Inländisches Grundvermögen von in- und ausländischen Körperschaften, Personenvereinigungen und Vermögensmassen unterliegt der Vermögensteuer von 0,5 % Zur Vermögensteuerermäßigung und -befreiung → 4 Rz. 391. – Grundsteuer (impôt foncier) wird von den Gemeinden erhoben und beträgt je nach Lage und Art des Grundstücks 1,05 bis 9 % (bei zu bebauenden Grundstücken nach drei Jahren bis zu 90 %) des Einheitswerts (valeur unitaire).	– Bei unbeschränkter Steuerpflicht des Erblassers fällt Erbschaftsteuer an (→ 4 Rz. 391). – Die Nachlasssteuer (→ Rz. 4 397)erstreckt sich bei beschränkter Steuerpflicht des Erblassers lediglich auf in Luxemburg belegenes Grundvermögen. – Schenkungen unter Lebenden von in Luxemburg belegenem Grundvermögen unterliegen der Schenkungsteuer (→ Rz. 397) („droit d'enregistrement sur

---

1) Vgl. BayFinMin v. 8.1.2004, 34 – S 3812 – 040 – 46918/03, IStR 2004, 174.
2) OFD Köln v. 27.2.2004, S 3812 – 16 – St 231-D; S 3812 – 18 – St 23–35, RIW 2004, 480.

Land	Sonstige Steuern	Erbschaft- und Schenkungsteuer
	- Beim Erwerb von in Luxemburg belegenem Grundvermögen fällt Grunderwerbsteuer („droit d'enregistrement") an. Die Grunderwerbsteuer beträgt i.d.R. 6 % (Normalsatz) der Gegenleistung; Immobilienverkäufe in Luxemburg-Stadt, die nicht als Wohngebäude oder Wohngrundstücke klassifiziert werden, unterliegen einem Zuschlag von 50 % der Grunderwerbsteuer (d.h. 9 %). Auch die Veräußerung von Anteilen an Personengesellschaften, die in Luxemburg belegenes Grundvermögen besitzen, unterliegt der Grunderwerbsteuer von 6 % bzw. 9 %. - Übertragungsgebühr bei Erwerb von Grundvermögen („droit de transcription") von 1 % des Gesamtkaufpreises. - Eintragungsgebühr für Hypotheken (droit d'inscription d'hypothèque) von 0,05 % der Hypothekenforderung.	les donations") und müssen über einen luxemburgischen Notar erfolgen. Falls sich die verschenkte Immobilie im Ausland befindet, fallen nur 12 € Schenkungsteuer an. Die Schenkungsteuer kann auch bei im Ausland vollzogenen Schenkungen unter Lebenden in Luxemburg belegenen Immobilien anfallen. - Die Schenkungsteuer wird auf Basis des Verkehrswerts (d.h., Marktwert der Immobilie) am Tag der Schenkung erhoben und der Schenkungsteuersatz variiert je nach Verwandtschaftsverhältnis zwischen 1,8 % und 14,4 %.
Niederlande	- Grunderwerbsteuer i.H.v. 6 % auf (2 % für Wohnungen) den Verkehrswert von Grundstückseigentum, sofern (u.U.) keine Pflicht zur Mehrwertsteuer besteht. - Kommunale Grundsteuer wird gleichzeitig vom rechtlichen Eigentümer und vom Nutzer (Mieter, Pächter, usw.) von bebauten und unbebauten Grundstücken erhoben. Somit werden diese Grundstücke doppelt belastet. Für ein eigengenutztes Grundstück hat der Eigentümer die Steuer zweifach zu zahlen. Bemessungsgrundlage ist der festgestellte Wert bzw. der Einheitswert; der Tarif ist von jeder Gemeinde autonom bestimmbar. Die Grundsteuer wird nicht vom Nutzer der Wohnungen erhoben.	- Die Besitzwechselsteuer in der Erbschaft- und Schenkungsteuer ist ab 1.1.2010 gestrichen.
Österreich DBA/ErbSt gekündigt per 31.12.2007	- Vermögensteuer wird seit 1.1.1994 nicht mehr erhoben. - Rechtsgeschäftsgebühren von 1 % (Bestandverträge) 2 % (Dienstbarkeiten). - Gerichtsgebühren bei Eintragungen in das Grundbuch. - Grunderwerbsteuer i.H.v. 2 % (bei Familienangehörigen) vom dreifachen Einheitswert, max. jedoch von 30 % des gemeinen Werts bzw. 3,5 % (in allen anderen Fällen) auf den gemeinen Wert inländischer Grundstücke. - Die Grundsteuer (in etwa 1 % vom Einheitswert) ergibt sich durch Anwendung eines gemeindeabhängigen Hebesatzes (max. 500 %) auf den Steuermessbetrag. Dieser wird mit einer Steuermesszahl (allgemein 1,62 v. T.) und dem Einheitswert ermittelt. Unbebaute Grundstücke unterliegen zusätzlich einer Bodenwertabgabe i.H.v. 1 % des Einheitswerts, soweit dieser 14 600 € übersteigt (Freibetrag).	- Die Erbschaft- und Schenkungsteuer wurde zum 1.8.2008 abgeschafft. Die Schenkungsteuer wurde durch das Schenkungsmeldegesetz 2008 ersetzt. Das SchenkMG 2008 sieht zwingende Meldung von Schenkungen vor und dient als Kontrolle von Vermögensverschiebungen. - Das DBA/ErbSt wurde per 31.12.2007 von Deutschland aufgekündigt.

Land	Sonstige Steuern	Erbschaft- und Schenkungsteuer
Schweden DBA/ErbSt	– Die Vermögensteuer wurde mit Wirkung zum Jahr 2007 abgeschafft. – Grunderwerbsteuer von 1,5 %; Bemessungsgrundlage ist der Anschaffungs- bzw. Einheitswert des Vorjahrs (je nachdem, welcher Wert höher ist). – Stempelsteuer von 2 % auf die Eintragung von Grundpfandrechten; Bemessungsgrundlage ist der Nennwert des Pfandrechts. – Grundsteuer i.H.v. 0,75 % des Einheitswerts, jedoch ist der maximale Steuerbetrag 6 825 SEK (ca. 738 €) (2013) für Privathäuser.	– DBA/ErbSt: Grundvermögen darf auch im Belegenheitsstaat besteuert werden. – DBA/ErbSt: Anwendung der Anrechnungsmethode. – Die Erbschaft- und Schenkungsteuer ist ab 17.12.2004 abgeschafft worden.
Schweiz DBA/ErbSt	– Die meisten Kantone belasten die Eigentumsübertragung von Grundstücken mit sog. „Handänderungsteuern". I. d. R. sind die Steuersätze proportional und betragen zwischen 10 v. T. bis 33 v. T.[1] Viele Kantone sehen für die Übertragung an Familienmitglieder sowie für andere privilegierte Sachverhalte reduzierte Steuersätze vor. – Der Bund sieht keine Vermögensteuer für natürliche Personen vor. Kantone und Gemeinden erheben von natürlichen Personen eine allgemeine Vermögensteuer vom Reinvermögen. Der beschränkten, kantonalen Vermögensteuerpflicht unterliegen Personen mit ihrem Reinvermögen (abzüglich Schulden), die zu einem bestimmten Steuergebiet (Kanton, Gemeinde) nur eine wirtschaftliche Beziehung, wie z.B. das Eigentum an Grundstücken, haben. Bei einem steuerbaren Vermögen von 500 000 CHF beträgt die Steuerbelastung in den Kantonshauptorten zwischen ca. 0,64 v. T. und ca. 5,23 v. T.[2] – Bewertungsmaßstab bildet regelmäßig der Verkehrswert. – Diverse Kantone erheben eine Grundsteuer (Liegenschaftssteuer). Die Belastung beträgt zwischen ca. 0,2 v. T. und 3 v. T. des Steuerwerts.[3] – Einige wenige Kantone erheben ferner kantonale Stempelsteuern auf Urkunden, welche mitunter die Eigentumsübertragung an unbeweglichen Sachen zum Gegenstand haben können.	– DBA/ErbSt: Besteuerung von Grundvermögen im Belegenheitsstaat. – DBA/ErbSt: D: Anwendung der Anrechnungsmethode, Ausnahme: Freistellung mit Progressionsvorbehalt, falls Erblasser CH-Staatsangehöriger. CH: Freistellung mit Progressionsvorbehalt. – Erbschaft- und Schenkungsteuer wird von den Kantonen erhoben. – Die Erbschaftsteuer direkter Nachkommen und Ehegatten ist in der Mehrzahl der Kantone abgeschafft worden. – Der Kanton Schwyz erhebt als einziger Kanton der Schweiz keine Erbschaft- und Schenkungsteuern. – Der Kanton Luzern erhebt grundsätzlich keine Schenkungsteuer, jedoch werden Schenkungen innerhalb von 5 Jahren vor dem Tod einer Person mit der Erbschaftsteuer belegt. – Je nach Kanton und Verwandtschaftsgrad bestehen große Steuersatzunterschiede. Die Tarife sind zumeist progressiv ausgestaltet. Bewertungsmaßstab ist der Verkehrswert zum Zeitpunkt des Todes- oder Schenkungstages.

---

1) Stand: Dezember 2013.
2) Belastung mit Kantons-, Gemeinde- und Kirchensteuern eines Verheirateten ohne Kinder (Stand: 2013).
3) Stand: 1.1.2012.

Land	Sonstige Steuern	Erbschaft- und Schenkungsteuer
Spanien	– Steueranfall: 31.12. Freibetrag von 700 000 €, es sei denn, die „comunidad autónoma" (vergleichbar Bundesland) bestimmt einen anderen Freibetrag. – Kommunale Wertzuwachssteuer „plusvalia municipal" entsteht im Fall des unentgeltlichen und des entgeltlichen Grundstücksübergangs; Bemessungsgrundlage ist der amtlich festgestellte Katasterwert des Grundstücks, ohne Berücksichtigung des Gebäudewerts. Ab 2015 werden die Katasterwerte nach oben korrigiert, d.h., der Verkauf von Gebäuden wird eine höhere Bemessungsgrundlage in der Wertzuwachssteuer haben. – Grunderwerbsteuer von ca. 7 % wird von der jeweiligen „comunidad autónoma" (vergleichbar Bundesland) festgelegt. Zu beachten ist, dass in bestimmten Fällen die Umsatzsteuer statt der Grunderwerbsteuer anfallen kann. Hinzu kommt i.d.R. eine Rechtsverkehrsteuer i.H.v. 1 %. – Ab Ende 2013 wird die Ausgabe, Einführung und Löschung von bestimmten Anleihen von Grunderwerbsteuer freigesetzt. – Art. 108.1 des spanischen Börsengesetzes (LMV) sieht vor, dass die Übertragung von Wertpapieren von einer Besteuerung i.S.d. Mehrwertsteuer, Vermögensübertragungssteuer sowie Stempelsteuer grundsätzlich befreit ist. Ausnahmen bestehen jedoch nach der Vorschrift des Art. 108.2 LMV im Rahmen von Wertpapierübertragungen und Kapitalerhöhungen, sofern die übertragenen bzw. ausgegebenen Wertpapiere Anteile am Kapital von Körperschaften repräsentieren, deren Aktiva sich zu mindestens 50 % aus in Spanien belegenen Immobilien zusammensetzen, oder deren Aktiva Werte umfassen, die die mittelbare Kontrolle über derartige Körperschaften erlauben. Dieser Art. 108 LMW wurde ab Ende 2012 reformiert, so dass in Spanien belegene Immobilien, die einer beruflichen oder unternehmerischen Tätigkeit dienen, bei der Ermittlung des Immobilienvermögens der Gesellschaft nicht berücksichtigt werden. – Grundsteuer i.H.v. 0,4 %–1,3 %, festgelegt von der Gemeinde, Bemessungsgrundlage ist der Katasterwert. Ab 2015 ist es vorgesehen, dass die Katasterwerte nach oben korrigiert werden.	– Nicht in Spanien ansässige Personen sind nur mit den in Spanien belegenen Vermögensteilen steuerpflichtig (beschränkte Steuerpflicht). – Erbschaft- und Schenkungsteuertarif ist abhängig vom Verwandtschaftsgrad (7,65 %–34 %). – Im Fall von Erbschaften werden verschiedene, vom Verwandtschaftsverhältnis abhängige Freibeträge gewährt. – Spanisches Grundvermögen ist mit dem für Zwecke der Vermögensteuer festgestellten Wert zu bewerten.

Land	Sonstige Steuern	Erbschaft- und Schenkungsteuer
	– Die Regeln für spanische REITs (SOCIMI) sind seit 1.1.2014 in Kraft getreten. Die neuen Regeln betreffen v.a. die Besteuerung, die praktisch vollständig auf die Ebene der Aktionäre zurückgeführt wird, die Haltefristen, den Immobilienmindestbestand, die Ausschüttungspflichten sowie die Fremdfinanzierungsgrenzen. Auch werden spanische REITs die Möglichkeit haben, an nicht regulierten, alternativen Märkten teilnehmen zu können.	
USA DBA/ErbSt	– Die meisten der Einzelstaaten und Gemeinden erheben eine den Grundsteuern ähnliche „property tax". Bemessungsgrundlage und Steuersätze werden innerhalb der allgemeinen, weit gefassten Grenzen der Verfassungen bzw. anderer allgemeiner Gesetze autonom festgesetzt. Innerhalb des Einzelstaats und der Gemeinden sind deshalb starke Schwankungen möglich. – Die Grunderwerbsteuer wird ebenfalls selbständig von Einzelstaaten und/oder Gemeinden erhoben. – Grundsteuer, Grunderwerbsteuer oder eine allgemeine Vermögensteuer werden auf Bundesebene nicht erhoben.	– DBA/ErbSt: Besteuerungsrecht von Grundvermögen für Belegenheitsstaat (keine Freistellung im Wohnsitzstaat). – DBA/ErbSt: Besitzt der Erblasser/Schenker die US-Staatsangehörigkeit, erstreckt sich das US-Besteuerungsrecht auf den Gesamtnachlass. Hat der Erblasser/Schenker seinen Wohnsitz in den USA und der Erwerber in Deutschland, gilt für das deutsche Besteuerungsrecht die unbeschränkte Inländerbesteuerung. Vermeidung der Doppelbesteuerung erfolgt jeweils durch die Anrechnungsmethode.[1] – Steuerausländer unterliegen beim Bund der beschränkten Nachlass- und Schenkungsteuerpflicht. Steuerobjekt ist jeweils das in den USA belegene Vermögen. – Der Höchststeuersatz für Erbschaft- und Schenkungsteuer ist ab 2013 40 %. Der bisherig geltende Freibetrag für die Nachlasssteuer, der grundsätzlich 60 000 US $ (48 107 €) für Steuerausländer beträgt, gilt nach wie vor. Unter Anwendung des DBA/ErbSt und Protokoll kann der Freibetrag auf den anteiligen Freibetrag für Steuerinländer von 5 340 000 US $ (4 281 590 €) (für 2014) erhöht werden (im Verhältnis US- zu Weltvermögen des Erblassers). Höhere Freibeträge werden auch für Übertragungen an den überlebenden Ehegatten gewährt. Das Nachlassvermögen wird im Allgemeinen mit dem Verkehrswert am Todestag bewertet. Die Schenkung von US-inländischem Vermögen (z.B. Immobilien) unterliegt der US-Schenkungsteuer.

---

1) Wurm/Bödecker in Becker u.a. (Hrsg.), Teil 4 II DBA-USA/ErbSt Art. 11 Rz. 5 ff.

Land	Sonstige Steuern	Erbschaft- und Schenkungsteuer
		Bemessungsgrundlage für die Steuer ist der Verkehrswert des übertragenen Vermögens, vermindert um bestimmte Abzüge. Pro Beschenktem wird ein jährlicher Freibetrag von 14 000 US $ (11 225 €) (2014) gewährt, der sich auf 145 000 US $ (116 260 €) (2014) erhöht, wenn es sich um Schenkungen an den Ehepartner, der nicht US-Staatsbürger ist, handelt. Keiner Schenkungsteuer unterliegen hingegen Übertragungen an Ehepartner, die die US-Staatsbürgerschaft besitzen. Einzelstaaten haben eigene Erbschaft- und Schenkungsteuern. Zumeist wird die Bemessungsgrundlage der Bundessteuer mit einigen Abänderungen erfasst. Die Steuern der Einzelstaaten sind begrenzt anrechenbar auf die Bundessteuer, um eine Doppelbesteuerung zu beseitigen bzw. zu mindern.

8. Formularhinweis

a) Lohnsteuer

406 Formular: Antrag für unbeschränkt einkommensteuerpflichtige Arbeitnehmer auf Erteilung einer Bescheinigung über die Freistellung des Arbeitslohns vom Steuerabzug auf Grund eines Abkommens zur Vermeidung der Doppelbesteuerung.

b) Dividenden und Zinsen

407 In der Tabelle mit ihrer Bezeichnung aufgeführte Formulare können über das Internetportal des Bundeszentralamtes für Steuern, www.steuerliches-info-center.de, heruntergeladen werden. Nicht aufgeführte Formulare müssen bei der jeweiligen ausländischen Finanzverwaltung angefordert werden. Für den Fall, dass ein anderer Staat im Verhältnis zu Deutschland kein spezielles Formular verwendet, muss der Antrag auf Erstattung der deutschen Abgabesteuern von Kapitalerträgen unter Benutzung des Formulars E-engl. allg. gestellt werden (steht ebenfalls unter der o. g. Internetadresse zum Download zur Verfügung)

	Formulare Dividenden	Formulare Zinsen
Belgien	N/Nr. 276 Div.-Aut.[1]	N/Nr. 276 Int.-Aut.
Frankreich	Mehrfachformular Nr. 5000 und 5001: Zahlung der Abzugsteuer auf Dividenden (wenn man bei Dividenden das vereinfachte Verfahren gewählt hat, ist lediglich das Formular Nr. 5000 einzureichen).	Bis zum 1.3.2010: Mehrfachformular Nr. 5000 und Nr. 5002: Zahlung und Erstattung der Abzugsteuer auf Zinsen (Wandelschuldverschreibungen, Kassenscheine, Depots und sonstige Forderungen) Ab 1.3.2010: keine Quellensteuer mehr auf Zinsen an Bezugsberechtigte außerhalb Frankreichs (außer bei Zahlung an Bezugsberechtigte in einem nicht kooperierenden Staat oder Gebiet) – ohne besondere Formalitäten

---

[1] Dem Antrag ist die betreffende Zins-/Dividendengutschrift beizufügen.

	Formulare Dividenden	Formulare Zinsen
Griechenland	In Bezug auf Deutschland: das allgemeine Formular für die Anwendung der verminderten Quellensteuersätze nach DBA	In Bezug auf Deutschland: das allgemeine Formular für die Anwendung der verminderten Quellensteuersätze nach DBA
Großbritannien	n/a	Form: Double Taxation treaty relief individual (DT-Individual) / company (DT-Company)
Irland	Composite Non Resident FORM V 2A-C – für die Befreiung von irischer Quellensteuer	
Italien	Form R/DE-I 1 für die Anwendung der verminderten Quellensteuersätze auf Dividenden nach DBA Form R/DE-I 2 und Form R/DE-I 2a für die Anwendung der verminderten Quellensteuersätze auf Zinsen nach DBA Form R/DE-I 3 für die Anwendung der verminderten Quellensteuersätze auf Royalties nach DBA Am 10.7.2013 haben die italienischen Steuerbehörden neue Vordrucke für die Erstattung und Freistellung von Quellensteuern gem. DBA auf Dividenden Modello A), auf Zinsen (Modello B), Royalties (Modello C) und sonstige Einkünfte (Modello D) erlassen. Die neuen Vordrucke Modello E und Modello F sind für die Erstattung oder die Freistellung von Quellensteuern auf Dividenden und von Zinsen/Royalties unter Anwendung der EU-Richtlinien bestimmt.	
Luxemburg	Modèle 900 (Steuerabzugserklärung auf Einkünften aus Kapitalvermögen) Modèle 901bis[1] (Antrag auf Ermäßigung/teilweise Erstattung der Quellensteuer auf Dividenden)	Modèle 910 (Erklärung der Quellensteuer im Bereich der Besteuerung von Zinserträgen im Rahmen der EU-Zinsrichtlinie)[2] Modèle 911 (Bescheinigung zwecks Nichtabzug der Quellensteuer im Bereich der Besteuerung von Zinserträgen)[3] Modèle 913 (Absichtserklärung zur Auskunftserteilung im Rahmen der EU-Zinsrichtlinie)[4] Modèle 930 (Erklärung der Abgeltungsquellensteuer auf bestimmte Zinserträge aus Spareinlagen) Modèle 931 (Erklärung der Abgeltungsquellensteuer auf bestimmten Zinserträgen die außerhalb Luxemburgs getätigt worden sind)
Niederlande	IB 92 (soweit die in das niederländische Steuerrecht umgesetzte Mutter-Tochter-Richtlinie keine Anwendung findet)	–
Österreich	Für Österreich: Formular ZS-QU 1 für natürliche Personen und Formular ZS-QU 2 für juristische Personen. Im Internet zu finden auf: http://www.bmf.gv.at/Service/Anwend/FormDB/show_det.asp?Typ=SD&STyp=fix&MIdVal=4484	–
Schweden	SRBRD	

---

1) Bei Dividenden und Zinsen auf Gewinnobligationen wird die luxemburgische Quellensteuer innerhalb von zwei Jahren nach Zufluss erstattet.
2) Die zum 1.1.2015 geplante Abschaffung der Quellensteuer auf Zinserträge im Rahmen der EU-Zinsrichtlinie zugunsten eines automatischen Informationsaustauschs über solche Erträge wird eine Abschaffung/Änderung des Formulars bewirken.
3) Die zum 1.1.2015 geplante Abschaffung der Quellensteuer auf Zinserträge im Rahmen der EU-Zinsrichtlinie zugunsten eines automatischen Informationsaustauschs über solche Erträge wird eine Abschaffung/Änderung des Formulars bewirken.
4) Die zum 1.1.2015 geplante Abschaffung der Quellensteuer auf Zinserträge im Rahmen der EU-Zinsrichtlinie zugunsten eines automatischen Informationsaustauschs über solche Erträge wird eine Abschaffung/Änderung des Formulars bewirken.

	Formulare Dividenden	Formulare Zinsen
Schweiz[1]	Formular R-D 1:	Antrag auf Erstattung der deutschen Abzugssteuern von Kapitalerträgen (natürliche Personen: Dividenden, Zinsen);
	Formular R-D 2:	Antrag auf Erstattung der deutschen Abzugssteuern von Kapitalerträgen (juristische Personen und Personengesellschaften) – Dividenden, Zinsen;
	Formular R-D 3:	Antrag auf Freistellung und/oder Erstattung deutscher Abzugssteuern (natürliche Personen: Lizenzgebühren);
	Formular R-D 4:	Antrag auf Freistellung und/oder Erstattung deutscher Abzugssteuern (juristische Personen und Personengesellschaften: Lizenzgebühren);
	Formular R-D 5:	Antrag auf (Teil-)Freistellung von der deutschen Abzugssteuer von Kapitalerträgen; Dividenden, Kapitalgesellschaften mit unmittelbarer Beteiligung von mindestens 10 % Dividenden);
	Formular 85:	Antrag auf Rückerstattung der CH-Verrechnungssteuer auf Dividenden und Zinsen;
	Form 823 B:	Grundgesuch um Meldung statt Entrichtung der CH-Verrechnungssteuer auf Dividendenzahlungen an eine ausländische Kapitalgesellschaft, welche eine wesentliche Beteiligung hält (gestützt auf ein DBA);
	Formular 823 C:	Grundgesuch um Meldung statt Entrichtung der CH-Verrechnungssteuer auf Dividendenzahlungen an eine in der EU ansässige Kapitalgesellschaft, welche eine wesentliche Beteiligung hält (gem. Art. 15 Abs. 1 Zinsbesteuerungsabkommen CH-EU).
Spanien	EE-RFA Devolución (Erstattung)[2] EE-RFA-Reducción (Ermäßigung)	
USA	W-8BEN – Certificate of Foreign Status of Beneficial Owner for United States Tax Withholding bzw. im Fall der Zwischenschaltung bestimmter Banken, Personengesellschaften u.Ä. Form W-8IMY – Certificate of Foreign Intermediary, Foreign Partnership, or Certain U.S. Branches for United States Tax Withholding. Der Zahlungspflichtige kann bei Erfüllung seiner Dokumentationspflichten (z.B. Vorlage der o.g. Vordrucke) die reduzierte Quellensteuer (nach DBA oder nationalem Recht) bereits bei Auszahlung berücksichtigen. Ein Erstattungsverfahren erübrigt sich damit. Wird ausnahmsweise eine zu hohe Steuer einbehalten und abgeführt, so erfolgt die Erstattung im Wege einer US-Einkommensteuererklärung als beschränkt Stpfl. Der Erklärungsvordruck 1040 NR bzw. 1120 F ist über den Internal Revenue Service (www.irs.gov) erhältlich. US-Staatsbürger und in den USA ansässige Personen müssen das US-Form W-9 einreichen, um ihren Status als in den USA unbeschränkt Stpfl. offen zu legen. Im Rahmen der Regelung über „qualified intermediaries (QI)" übernehmen ausländische Depotbanken mit dem QI-Status die o. g. Dokumentationspflichten, um die Reduzierung der US-Quellensteuer im Auftrag ihrer Kunden in Anspruch nehmen zu können.	

1) Einreichefrist für Formulare R-D bis spätestens am 1.10. des vierten auf den Zufluss der Dividenden, Zinsen oder Lizenzgebühren folgenden Kalenderjahrs bei der kantonalen Steuerbehörde.
2) Antragsfrist innerhalb von einem Jahr nach Zufluss der Dividenden/Zinsen.

X. Quellensteuersätze

Angegeben sind die Steuersätze, die im Regelfall zur Anwendung kommen; auf Grund der tabellarischen Übersicht konnten nicht sämtliche Ausnahmefälle berücksichtigt werden, so dass diese Darstellung eine detaillierte Überprüfung des konkreten Einzelfalls nicht ersetzen kann.

408

von \ an	Einkommensteuersatz (von/bis) in %	Körperschaftsteuersatz (von/bis) in %	Belgien				Deutschland				Frankreich			
			D	Z	L	DBA	D	Z	L	DBA	D	Z	L	DBA
Belgien	0/50	33,99	15/20/25	15/25	15/25	–	15/0	15/0	0	ja	15/10/0	15	0	ja
Deutschland	0/45 zzgl. SolZ und ggf. KiSt	15	15/0	15/0	0	ja	25 zzgl. SolZ, KiSt	25/15 zzgl. SolZ, KiSt	0	–	15/0	0	0	ja
Frankreich	0/45[1]	33 1/3[2]	15/10/0[3]	0[4]	0	ja	15/0	0	0	ja	0	0	0	–
Griechenland	0/42	26	0[5]/5/15	8/10	5/7	ja	0[6]/25	0/10	0	ja	25/0[7]	10/12	5	ja
Großbritannien	20/45[8]	20/21 [9]	0	15	0	ja	0	0	0	ja	15/0	0	0	ja
Irland	20/41	12,5/25	0	0/15	0	ja	0	0	0	ja	0	0	0	ja
Italien[10]	23/43[11]	27,5[12]	15/0	15/0	5/0	ja	15/10/0	15/10/0	5/0	ja	15/5/0	10/5	5/0	ja
Liechtenstein[13]	2,5 - 20	12,5	0	0	0	nein	0	0	0	ja	0	0	0	nein

---

1) Ohne Besteuerung i.H.v. 3 % bzw. 4 % bei einem Jahreseinkommen von 250 000 €/500 000 € bzw. 500 000 €/1 Mio. € für verheiratete oder über PACS verbundene Paare.
2) Ohne Zuschlag i.H.v. 3,3 % bzw. Sonderzuschlag i.H.v. 5 %/10,7 %.
3) Unter Einhaltung gewisser Bedingungen Steuerbefreiung nach Mutter-Tochter-Richtlinie möglich (umgesetzt in frz. Recht).
4) Ab 1.3.2010 keine Quellensteuer mehr auf Zinsen an Bezugsberechtigte außerhalb Frankreichs (Ausnahme: Bezugsberechtigte in nicht kooperierenden Staaten oder Gebieten).
5) Unter Einhaltung gewisser Bedingungen Steuerbefreiung nach Mutter-Tochter-Richtlinie möglich.
6) Unter Einhaltung gewisser Bedingungen Steuerbefreiung nach Mutter-Tochter-Richtlinie möglich.
7) Unter Einhaltung gewisser Bedingungen Steuerbefreiung nach Mutter-Tochter-Richtlinie möglich.
8) Mit Wirkung zum Fiskaljahr 2013/2014 wurde der Spitzensteuersatz auf 45 % für Einkommen von mehr als 150 000 £ (187 743 €) abgesenkt.
9) Der Steuersatz von 20 % gilt für sog. „small profits", die bei steuerbaren Gewinnen bis zu 300 000 £ (379 487 €) vorliegen. Ab 1.4.2014 beträgt der übliche Körperschaftsteuersatz (main rate of corporation tax) 21 % und ab 1.4.2015 20 %.
10) Unter Einhaltung gewisser Bedingungen sind Quellensteuerbefreiungen nach EU-Richtlinien für Dividenden-/Zins-/Lizenz-Zahlungen möglich.
11) Stand 2014, zzgl. Solidaritätsbeitrag von 3 % auf Einkommen über 300 000 €. Dieser Betrag ist vom Gesamtbetrag der Einkünfte abzugsfähig.
12) Erhöht um 6,5 % für bestimmte Gesellschaften, die im Bereich Energieproduktion/-vertrieb, Erdöl/Erdgasförderung tätig sind (sog. Robin tax). Eine zusätzliche Steuer von 10,5 % wird auch als Gesellschaften, die der Mindestbesteuerung unterliegen, sowie bei Gesellschaften mit systematischen Verlusten angewandt (sog. società di comodo).
13) Es besteht eine Verpflichtung zur Absteuerung von Reserven (bestehend am 31.12.2010) bis Ende 2015 zu 2,5 %. Bei gewissen Rechtsformen fallen bei einer Ausschüttung jedoch keine Couponsteuern an.

von \ an	Einkommen-steuersatz (von/bis) in %	Körperschaft-steuersatz (von/bis) in %	Belgien				Deutschland				Frankreich			
			D	Z	L	DBA	D	Z	L	DBA	D	Z	L	DBA
Luxemburg	0/40	20(21,4)/ 21(22,47)[1]	15/10/0	0/15 bzw. 35[2]	0	ja	15/5/0	0/15 bzw. 35	0/5	ja	15/5/0	0/15/35	0	ja
Niederlande[3]	8,35/52	20–25	15/5/0	0	0	ja	15/10/5/0	0	0	ja	15/5/0	0	0	ja
Österreich	0/50	25	15/0	15	0/10	ja	15/5/0	0	0	ja	15/0	0	0	ja
Schweden	0/60,33	22	15/0	0	0	ja	15/0	0	0	ja	15/0	0	0	ja
Schweiz	ca. 19/46[4]	12/24[5]	15/10/0[6]	10/0[7]	0	ja	15/0	0	0	ja	15/0	0	0	ja
Spanien	0/47[8]	28[9]	15/0	0	5	ja	15/5/0	0	0	ja	15/0	0	5/0	ja
USA	10/39,6	15/35	0/5/15	0/15	0	ja	0/5/15	0	0	ja	0/5/15	0	0	ja

Abkürzungsverzeichnis: D = Dividenden,
Z = Zinsen,
L = Lizenzgebühren,
DBA = Doppelbesteuerungsabkommen.

Stand 1.1.2015

1) Erhöht durch den Beitrag zum Beschäftigungsfonds i.H.v. 7 %.
2) Seit dem 1.7.2005 wurde eine Quellensteuer von 15 % auf Zinszahlungen erhoben, die von einem in Luxemburg niedergelassenen Wirtschaftsbeteiligten (auch Zahlstelle genannt) geleistet wurden an natürliche Personen, die in einem anderen EU-Mitgliedstaat ansässig sind, oder an Einrichtungen (residual entities). Seit dem 1.7.2011 beträgt der Quellensteuersatz 35 %. Von der einbehaltenen Quellensteuer werden 75 % an den jeweiligen EU-Mitgliedstaat abgeführt. Alternativ kann man sich für den Informationsaustausch entscheiden oder einen Nachweis der zuständigen Steuerbehörde des Mitgliedstaats vorlegen, in dem der wirtschaftliche Eigentümer der Zinszahlungen ansässig ist, so dass diese über die Herkunft der Zinszahlung informiert ist. In diesen beiden Fällen fällt keine Quellensteuer in Luxemburg an. Zum 1.1.2015 soll die Quellensteuer zugunsten vom automatischen Informationsaustausch abgeschafft werden.
3) Deutschland hat am 12.4.2012 mit den Niederlanden ein neues DBA für Steuern vom Einkommen (Einkommensteuer) vereinbart. Dieser Vertrag wird voraussichtlich am 1.1.2015 in Kraft treten.
4) Bund, Kanton und Gemeinde kombiniert.
5) Sätze für die ordentliche Besteuerung (effektive Steuerbelastung). Bei privilegiertem Steuerstatus sind niedrigere Sätze möglich.
6) Quellensteuersatz, der durch Art. 15 Abs. 1 Zinsbesteuerungsabkommen CH-EU eingeführt wurde und zur Befreiung von CH-Dividenden aus einer direkten Beteiligung von mindestens 25 % einer in der EU ansässigen Kapitalgesellschaft führt. Die Schweiz hat mit Belgien am 10.4.2014 ein Änderungsprotokoll zum bestehenden Doppelbesteuerungsabkommen unterzeichnet. Das Änderungsprotokoll ist noch nicht in Kraft und die neuen Bestimmungen werden vermutlich nicht vor 1.1.2016 anwendbar sein (Stand: 26.11.2014). Für Dividenden gilt neu ein Nullsatz bei einer qualifizierten Beteiligung von mindestens 10 % und einer ununterbrochenen Haltedauer von mindestens einem Jahr.
7) Nullsatz im direkten Konzernverhältnis gestützt auf Art. 15 Abs. 2 Zinsbesteuerungsabkommen CH-EU. Die Schweiz hat mit Belgien am 10.4.2014 ein Änderungsprotokoll zum bestehenden Doppelbesteuerungsabkommen unterzeichnet. Das Änderungsprotokoll ist noch nicht in Kraft und die neuen Bestimmungen werden vermutlich nicht vor 1.1.2016 anwendbar sein (Stand: 26.11.2014). Für Zinsen gilt neu ein Nullsatz u.a. dann, wenn die Zinsen aufgrund eines Darlehens jeglicher Art oder aufgrund eines von einem Unternehmen eines Vertragsstaats einem Unternehmen des anderen Vertragsstaats gewährten Kredits bezahlt werden.
8) Ab 2015 werden die Einkommsteuerstufen 20 %–47 % anwendbar sein.
9) Ab 2015 wird der Körperschaftsteuersatz von den aktuellen 30 % auf 28 % und ab 2016 auf 25 % sinken

an \ von	Einkommensteuersatz (von/bis) in %	Körperschaftsteuersatz (von/bis) in %	Großbritannien				Italien				Japan			
			D	Z	L	DBA	D	Z	L	DBA	D	Z	L	DBA
Belgien	0/50	33,99	10/0	10/0	0	ja	15/0	15/0	5	ja	15/5/0	10	10	Ja
Deutschland	0/45	15	5/10/15	0	0	ja	15/0	10/0	5/0	ja	15	10/0	10	Ja
Frankreich	0/45[1]	33 1/3[2]	15/0	0[9]	0	ja	15/5/0[3]	0[4]	5/0	ja	15/5/0	0[5]	0	Ja
Griechenland	0/42	26	0[6]	0	0	ja	0[7]/15	5/10	5	ja	10	15	20	Nein[8]
Großbritannien	20/45[9]	20/21 [10]	0	20	20	–	0	0/10	8	ja	0	0/10	0	Ja
Irland	20/41	12,5/25	0	0	0	ja	0	0/10	0	ja	0	0/10	0/10	Ja
Italien	23/43[11]	27,5[12]	15/5/0	10/0	8/0	ja	26/0	26/0	26/0	–	15/10	10/0	10	Ja
Liechtenstein[13]	2,5 - 20	12,5	0	0	0	ja[14]	0	0	0	nein	0	0	0	Nein

1) Ohne Besteuerung i.H.v. 3 % bzw. 4 % bei einem Jahreseinkommen von 250 000 €/500 000 € bzw. 500 000 €/1 Mio. € für verheiratete oder über PACS verbundene Paare.
2) Ohne Zuschlag i.H.v. 3,3 % bzw. Sonderzuschlag i.H.v. 5 %/10,7 %.
3) Unter Einhaltung gewisser Bedingungen Steuerbefreiung nach Mutter-Tochter-Richtlinie möglich (umgesetzt ins frz. Recht).
4) Ab 1.3.2010 keine Quellensteuer mehr auf Zinsen an Bezugsberechtigte außerhalb Frankreichs (Ausnahme: Bezugsberechtigte in nicht kooperierenden Staaten oder Gebieten).
5) Ab 1.3.2010 keine Quellensteuer mehr auf Zinsen an Bezugsberechtigte außerhalb Frankreichs (Ausnahme: Bezugsberechtigte in nicht kooperierenden Staaten oder Gebieten).
6) Unter Einhaltung gewisser Bedingungen Steuerbefreiung nach Mutter-Tochter-Richtlinie möglich.
7) Unter Einhaltung gewisser Bedingungen Steuerbefreiung nach Mutter-Tochter-Richtlinie möglich.
8) Administrative Richtlinien bzgl. der Anwendung der DBA-Artikel werden erwartet.
9) Ab 6.4.2013: 45 % bei Einkommen ab 150 000 £ (189 743 €).
10) Der Steuersatz von 20 % gilt für sog. „small profits", die bei steuerbaren Gewinnen bis zu 300 000 £ (379 487 €) vorliegen. Ab 1.4.2014 beträgt der übliche Körperschaftsteuersatz (main rate of corporation tax) 21 % und ab 1.4.2015 20 %.
11) Stand 2014, zzgl. Solidaritätsbeitrag von 3 % auf Einkommen, über 300 000 €. Dieser Betrag ist vom Gesamtbetrag der Einkünfte abzugsfähig. Quellensteuern Italien auf Dividenden und Zinsen sind seit 2014 auf 26% erhöht.
12) Erhöht um 6,5 % für bestimmte Gesellschaften, die im Bereich Energieproduktion/-vertrieb, Erdöl-/Erdgasförderung tätig sind (sog. Robin tax). Eine zusätzliche Steuer von 10,5 % wird bei Gesellschaften, die der Mindestbesteuerung unterliegen, sowie bei Gesellschaften mit systematischen Verlusten angewandt (sog. *società di comodo*).
13) Es besteht eine Verpflichtung zur Absteuerung von Reserven (bestehend am 31.12.2010) bis Ende 2015 zu 2,5 %. Bei gewissen Rechtsformen fallen bei einer Ausschüttung jedoch keine Couponsteuern an.
14) Das Fürstentum Liechtenstein und das Vereinigte Königreich haben am 11.6.2012 ein Doppelbesteuerungsabkommen unterzeichnet. Das unterzeichnete Abkommen trat am 1.1.2013 in Kraft.

von \ an	Einkommen-steuersatz (von/bis) in %	Körperschaft-steuersatz (von/bis) in %	Großbritannien				Italien				Japan			
			D	Z	L	DBA	D	Z	L	DBA	D	Z	L	DBA
Luxemburg	0/40	20 (21,4)/21 (22,47)	15/5/0	0/10 bzw. 35[1]	0/5	ja	15/0	0/10 bzw. 35	0/10	ja	15/5	0/10	0/10	Ja
Niederlande	8,35/52	20–25	15/10/0	0	0	ja	15/10/5/0	0	0	ja	15/5/0	0	0	Ja
Österreich	0–50	25	15/5/0	0	0/10	ja	15/0	10/0	0/10	ja	20/10	10	10	Ja
Schweden	0/60,33	22	5/0	0	0	ja	15/10/0	0	5	ja	15/5/0	0	10	Ja
Schweiz	ca. 19/46[2]	12/24[3]	15/0[4]	0[5]	0	ja	15/0[6]	12,5/0[7]	0	ja	10/5/0	10/0	0	Ja
Spanien	0/47	28	15/10/0	0	10	ja	15/0	0	8/4	ja	15/10	10	10	Ja
USA	10/39,6	15/35	0/5/15	0	0	ja	5/15	0/10/	5/8	ja	0/5/10	0/10	0	Ja

Abkürzungsverzeichnis: D = Dividenden,
Z = Zinsen,
L = Lizenzgebühren,
DBA = Doppelbesteuerungsabkommen.

Stand 1.1.2015

von \ an	Einkommen-steuersatz (von/bis) in %	Körperschaft-steuersatz (von/bis) in %	Luxemburg				Niederlande[8]				Österreich			
			D	Z	L	DBA	D	Z	L	DBA	D	Z	L	DBA
Belgien	0/50	33,99	15/10/0	15/0	0	ja	15/5/0	10/0	0	ja	15/0	15/0	0	Ja
Deutschland	0/45	15	15/10/0	0	5/0	ja	15/0	0	0	ja	15/5/0	0	0	Ja

1) Seit dem 1.7.2005 wurde eine Quellensteuer von 15 % auf Zinszahlungen erhoben, die von einem in Luxemburg niedergelassenen Wirtschaftsbeteiligten (auch Zahlstelle genannt) geleistet wurden an natürliche Personen, die in einem anderen EU-Mitgliedstaat ansässig sind, oder an Einrichtungen (residual entities). Seit dem 1.7.2011 beträgt der Quellensteuersatz 35 %. Von der einbehaltenen Quellensteuer werden 75 % an den jeweiligen EU-Mitgliedstaat abgeführt. Alternativ kann man sich für einen Informationsaustausch entscheiden oder einen Nachweis der zuständigen Steuerbehörde des Mitgliedstaats vorlegen, in dem der wirtschaftliche Eigentümer der Zinszahlungen ansässig ist, so dass diese über die Herkunft der Zinszahlung informiert ist. In diesen beiden Fällen fällt keine Quellensteuer in Luxemburg an. Zum 1.1.2015 soll die Quellensteuer zugunsten vom automatischen Informationsaustausch abgeschafft werden.
2) Bund, Kanton und Gemeinde kombiniert.
3) Sätze für die ordentliche Besteuerung (effektive Steuerbelastung). Bei privilegiertem Steuerstatus sind niedrigere Sätze möglich.
4) Gemäß Steuerabkommen v. 6.10.2011 zwischen der Schweiz und Großbritannien, Änderungsprotokoll v. 20.3.2012, hat die Schweiz eine Abgeltungssteuer von 40 bis 42,5 % auf bestimmte Dividendenerträge zu erheben. Das Steuerabkommen ist am 1.1.2013 in Kraft getreten.
5) Gemäß Steuerabkommen v. 6.10.2011 zwischen der Schweiz und Großbritannien, Änderungsprotokoll v. 20.3.2012, hat die Schweiz eine Abgeltungssteuer von 48 bis 50 % auf bestimmte Zinserträge zu erheben. Das Steuerabkommen ist am 1.1.2013 in Kraft getreten.
6) Quellensteuersatz, der durch Art. 15 Abs. 1 Zinsbesteuerungsabkommen CH-EU eingeführt wurde und zur Befreiung von CH-Dividenden aus einer direkten Beteiligung von mind. 25 % einer in der EU ansässigen Kapitalgesellschaft führt.
7) Nullsatz im direkten Konzernverhältnis gestützt auf Art. 15 Abs. 2 Zinsbesteuerungsabkommen CH-EU.
8) Deutschland hat mit den Niederlanden ein neues DBA für Steuern vom Einkommen (Einkommensteuer) vereinbart. Dieser Vertrag wird voraussichtlich am 1.1.2015 in Kraft treten.

Außensteuerrecht/Internationales Steuerrecht

an von	Einkommen-steuersatz (von/bis) in %	Körperschaft-steuersatz (von/bis) in %	Luxemburg				Niederlande				Österreich			
			D	Z	L	DBA	D	Z	L	DBA	D	Z	L	DBA
Frankreich	0/45[1]	33 1/3[2]	15/5/0[3]	10/0[4]	33,33/0	ja	15/5/0[1]	0[5]	0	ja	15/0	0	0	Ja
Griechenland	0/42	26	0[6]/7,5	5/8	5/7	ja	0[7]/5/15	5/8/10	5/7	ja	0[8]/5/15	5/8	5/7	Ja
Großbritannien	20/45[9]	20/21 [10]	0	0	5	ja	0	0	0	ja	0	0	0/10	Ja
Irland	20/41	12,5/25	0	0	0	ja	0	0	0	ja	0	0	0/10	Ja
Italien	23/43[11]	27,5[12]	15/0	10/0	10/0	ja	15/10/5/0	10/0	5/0	ja	15/0	10/0	0/10	Ja
Liechtenstein[13]	2,5 – 20	12,5	0[14]	0	0	ja	0	0	0	nein	15/0[15]	10/0[16]	0/5/10	Ja

1) Ohne Besteuerung i.H.v. 3 % bzw. 4 % bei einem Jahreseinkommen von 250 000 €/500 000 € bzw. 500 000 €/1 Mio. € für verheiratete oder über PACS verbundene Paare.
2) Ohne Zuschlag i.H.v. 3,3 % bzw. Sonderzuschlag i.H.v. 5 %/10,7 %.
3) Unter Einhaltung gewisser Bedingungen Steuerbefreiung nach Mutter-Tochter-Richtlinie möglich (umgesetzt ins frz. Recht).
4) Ab 1.3.2010 keine Quellensteuer mehr auf Zinsen an Bezugsberechtigte außerhalb Frankreichs (Ausnahme: Bezugsberechtigte in nicht kooperierenden Staaten oder Gebieten).
5) Ab 1.3.2010 keine Quellensteuer mehr auf Zinsen an Bezugsberechtigte außerhalb Frankreichs (Ausnahme: Bezugsberechtigte in nicht kooperierenden Staaten oder Gebieten).
6) Unter Einhaltung gewisser Bedingungen Steuerbefreiung nach Mutter-Tochter-Richtlinie möglich.
7) Unter Einhaltung gewisser Bedingungen Steuerbefreiung nach Mutter-Tochter-Richtlinie möglich.
8) Unter Einhaltung gewisser Bedingungen Steuerbefreiung nach Mutter-Tochter-Richtlinie möglich.
9) Ab 6.4.2013: 45 % bei Einkommen ab 150 000 £ (189 743 €).
10) Der Steuersatz von 20 % gilt für sog. „small profits", die bei steuerbaren Gewinnen bis zu 300 000 £ (379 487 €) vorliegen. Ab 1.4.2014 beträgt der übliche Körperschaftsteuersatz (main rate of corporation tax) 21 % und ab 1.4.2015 20 %.
11) Stand 2014, zzgl. Solidaritätsbeitrag von 3 % auf Einkommen, über 300 000 €. Dieser Betrag ist vom Gesamtbetrag der Einkünfte abzugsfähig.
12) Erhöht um 6,5 % für bestimmte Gesellschaften, die im Bereich Energieproduktion/-vertrieb, Erdöl-/Erdgasförderung tätig sind (sog. Robin tax). Eine zusätzliche Steuer von 10,5 % wird auch bei Gesellschaften, die der Mindestbesteuerung unterliegen sowie bei Gesellschaften mit systematischen Verlusten angewandt (sog. *società di comodo*).
13) Es besteht eine Verpflichtung zur Absteuerung von Reserven (bestehend am 31.12.2010) bis Ende 2015 zu 2,5 %. Bei gewissen Rechtsformen fallen bei einer Ausschüttung jedoch keine Couponsteuern an.
14) Mit Anwendung des DBA zwischen Liechtenstein und Luxemburg sollte eine Ausschüttung von Reserven, welche per 31.12.2010 bestanden haben, unter gewissen Bedingungen ohne Quellensteuerabzug erfolgen können.
15) Gemäß Steuerabkommen v. 29.1.2013 zwischen dem Fürstentum Liechtenstein und Österreich hat Liechtenstein eine Abgeltungssteuer von 25 % auf bestimmte Dividenden- und Zinserträge zu erheben.
16) Gemäß Steuerabkommen v. 29.1.2013 zwischen dem Fürstentum Liechtenstein und Österreich hat Liechtenstein eine Abgeltungssteuer von 25 % auf bestimmte Dividenden- und Zinserträge zu erheben.

von \ an	Einkommensteuersatz (von/bis) in %	Körperschaftsteuersatz (von/bis) in %	Luxemburg				Niederlande				Österreich			
			D	Z	L	DBA	D	Z	L	DBA	D	Z	L	DBA
Luxemburg	0/40	20 (21,4)/21 (22,47)	15/0	0/10	0	–	15/2,5/0	0/20[1]	0	ja	15/5/0	0/20	0/10	ja
Niederlande	8,35/52	20–25	2,5/15/0	0	0	ja	15/0	0	0	–	15/5/0	0	0	ja
Österreich	0–50	25	15/5/0	0	0/10	ja	15/5/0	0	0/10	ja	25/0	25/0	50/0	–
Schweden	0/60,33	22	15/0	0	0	ja	15/0	0	0	ja	10/5/0	0	10/0	ja
Schweiz	ca. 19/46[2]	12/24[3]	15/5/0	10/0	0	ja	15/0	0	0	ja	15/0[4]	0[5]	0	ja
Spanien	0/47 %	28	0/10/15	0	10	ja	0/5/10/15	0	6	ja	15/10/0	0	5	ja
USA	10/39,6	15/35	5/15	0	0	ja	0/5/15	0	0	ja	5/15	0	10/0	ja

Abkürzungsverzeichnis: D = Dividenden,
Z = Zinsen,
L = Lizenzgebühren,
DBA = Doppelbesteuerungsabkommen.

Stand 1.1.2015

von \ an	Einkommensteuersatz (von/bis) in %	Körperschaftsteuersatz (von/bis) in %	Schweiz				Spanien				USA				Nicht-DBA-Länder		
			D	Z	L	DBA	D	Z	L	DBA	D	Z	L	DBA	D	Z	L
Belgien	0/50	33,99	15/10/0	10	0	ja	15/0	10	5	ja	15/5/0	15/0	0	ja	25/21	21	15
Deutschland	0/45	15	0/5/15/30	0	0	ja	0/5/15	0	0	ja	0/5/15	0	0	ja	25 zzgl. SolZ	25 zzgl. SolZ	15 zzgl. SolZ

1) Seit dem 1.7.2005 wurde eine Quellensteuer von 15 % auf Zinszahlungen erhoben, die von einem in Luxemburg niedergelassenen Wirtschaftsbeteiligten (auch Zahlstelle genannt) geleistet wurden an natürliche Personen, die in einem anderen EU-Mitgliedstaat ansässig sind, oder an Einrichtungen (residual entities). Seit dem 1.7.2011 beträgt der Quellensteuersatz 35 %. Von der einbehaltenen Quellensteuer werden 75 % an den jeweiligen EU-Mitgliedstaat abgeführt. Alternativ kann man sich entweder für einen Informationsaustausch entscheiden oder einen Nachweis der zuständigen Steuerbehörde des Mitgliedstaats vorlegen, in dem der wirtschaftliche Eigentümer der Zinszahlungen ansässig ist, so dass diese über die Herkunft der Zinszahlung informiert ist. In diesen beiden Fällen fällt keine Quellensteuer in Luxemburg an. Zum 1.1.2015 soll die Quellensteuer zugunsten vom automatischen Informationsaustausch abgeschafft werden.
2) Bund, Kanton und Gemeinde kombiniert.
3) Sätze für die ordentliche Besteuerung (effektive Steuerbelastung). Bei privilegiertem Steuerstatus sind niedrigere Sätze möglich.
4) Gemäß Steuerabkommen v. 13.4.2012 zwischen der Schweiz und Österreich hat die Schweiz eine Abgeltungssteuer von 25 % auf bestimmte Dividendenerträge zu erheben. Das Steuerabkommen ist am 1.1.2013 in Kraft getreten.
5) Gemäß Steuerabkommen v. 13.4.2012 zwischen der Schweiz und Österreich hat die Schweiz eine Abgeltungssteuer von 25 % auf bestimmte Zinserträge zu erheben. Das Steuerabkommen ist am 1.1.2013 in Kraft getreten.

Außensteuerrecht/Internationales Steuerrecht 4

an von	Einkommensteuersatz (von/bis) in %	Körperschaftsteuersatz (von/bis) in %	Schweiz				Spanien				USA				Nicht-DBA-Länder		
			D	Z	L	DBA	D	Z	L	DBA	D	Z	L	DBA	D	Z	L
Frankreich	0/45[1]	33 1/3[2]	15/0	0	5	ja	15/0	0[3]	5/0	ja	15/5/0	0	0	ja	21/30/55[4]	0[5]/50[6]	33,33
Griechenland	0/42	26	0/5/15	5/7	5	ja	0[7]/5/10	5	5/6	ja	10[8]	0/9	0	ja	10	15	20[9]
Großbritannien	20/45[10]	20/21 [11]	0	0	0	ja	0	12	10	ja	0	0	0	ja	0	20	20
Irland	20/41	12,5/25	0	0	0	ja	0	0	5/0/8/10	ja	0	0	0	ja	20/0	20/0	20/0
Italien	23/43[12]	27,5[13]	15/0	12,5/0	5/0	ja	15/0	12/0	8/4/0	ja	15/5	10/0	8/5/0	ja	20+	20	30/22,5
Liechtenstein[14]	2,5–20	12,5	0	0	0	ja	0	0	0	nein	0	0	0	nein	0	0	0

1) Ohne Besteuerung i.H.v. 3 % bzw. 4 % bei einem Jahreseinkommen von 250 000 €/500 000 € bzw. 500 000 €/1 Mio. € für verheiratete oder über PACS verbundene Paare.
2) Ohne Zuschlag i.H.v. 3,3 % bzw. Sonderzuschlag i.H.v. 5 %/10,7 %.
3) Ab 1.3.2010 keine Quellensteuer mehr auf Zinsen an Bezugsberechtigte außerhalb Frankreichs (Ausnahme: Bezugsberechtigte in nicht kooperierenden Staaten oder Gebieten).
4) Steuersätze ab dem 1.1.2012 (früher 19 % / 25 % / 50 %).
5) Ab 1.3.2010 keine Quellensteuer mehr auf Zinsen an Bezugsberechtigte außerhalb Frankreichs (Ausnahme: Bezugsberechtigte in nicht kooperierenden Staaten oder Gebieten).
6) Quellensteuersatz bei Bezahlung an einen Bezugsberechtigten in einem nicht kooperierenden Staat oder Gebiet.
7) Unter Einhaltung gewisser Bedingungen Steuerbefreiung nach Mutter-Tochter-Richtlinie möglich.
8) Administrative Richtlinien bezüglich der Anwendung der DBA-Artikel werden erwartet.
9) Administrative Richtlinien bezüglich der Anwendung der DBA-Artikel werden erwartet.
10) Ab 6.4.2013: 45 % bei Einkommen ab 150 000 £ (187 500 €).
11) Der Steuersatz von 20 % gilt für sog. „small profits", die bei steuerbaren Gewinnen bis zu 300 000 £ (379 487 €) vorliegen. Ab 1.4.2014 beträgt der übliche Körperschaftsteuersatz (main rate of corporation tax) 21 % und ab 1.4.2015 20 %.
12) Stand 2014, zzgl. Solidaritätsbeitrag von 3% auf Einkommen, über 300 000 €. Dieser Betrag ist vom Gesamtbetrag der Einkünfte abzugsfähig.
13) Erhöht um 6,5 % für bestimmte Gesellschaften, die im Bereich Energieproduktion/-vertrieb, Erdöl-/Erdgasförderung tätig sind (sog. Robin tax). Eine zusätzliche Steuer von 10,5 % wird auch bei Gesellschaften, die der Mindestbesteuerung unterliegen sowie bei Gesellschaften mit systematischen Verlusten angewandt (sog. *società di comodo*). Nicht-DBA Länder: Quellensteuer auf Zinsen und Dividenden wird ab 2014 grundsätzlich auf 26 % vereinheitlicht. Quellensteuer ab 2008 vermindert auf 1,375 % auf bestimmte Dividenden an EU-Gesellschaften und EWR-Gesellschaften (soweit nicht in „*black list*"-Staat ansässig).
14) Es besteht eine Verpflichtung zur Absteuerung von Reserven (bestehend am 31.12.2010) bis Ende 2015 zu 2,5 %. Bei gewissen Rechtsformen fallen bei einer Ausschüttung jedoch keine Couponsteuern an.

von \ an	Einkommensteuersatz (von/bis) in %	Körperschaftsteuersatz (von/bis) in %	Schweiz				Spanien				USA				Nicht-DBA-Länder		
			D	Z	L	DBA	D	Z	L	DBA	D	Z	L	DBA	D	Z	L
Luxemburg	0/40	20 (21,4)/ 21 (22,47)	15/5/ 0	0	0	ja	15/5/ 0	0/15/ 20 bzw. 35[1)]	0/10	ja	15/5/ 0	0	0	ja	0/15	0/15/ 20/35	0
Niederlande	8,35/52	20–25	15/0	0	0	ja	15/ 10/5/ 0	0	0	ja	15/5/ 0[2)]	0	0	ja	15	0	0
Österreich	0–50	seit 2005 25	15/0	0	0	ja	15/ 10/0	0/5	0/5	ja	15/5/ 0	0	10/0	ja	0/25	0/25	0/20
Schweden	0/60,33	22	15/0	0	0	ja	0/10/ 15	0	10	ja	0/10	0	0	ja	30/0	0	0
Schweiz	ca. 19/46[3)]	12/24[4)]	0/35	0/35	0	–	15/0	0	0	ja	15/5	0	0	ja	35	0/35	0
Spanien	0/47	28	15/ 10	10/0	5	ja	21/0	21/0	24,75/ 10/0	–	15/10	10/ 0	10/8/ 5/0	ja	19	19	24,75
USA	10/39,6	15/35	5/15	0	0	ja	10/ 15	10	5/8/10	ja	0	0	0	–	30	30/0	30

Abkürzungsverzeichnis: D = Dividenden,
Z = Zinsen,
L = Lizenzgebühren,
DBA = Doppelbesteuerungsabkommen.

Stand 1.1.2015

BELGIEN: Zusätzlich 3 %ige Zusatzsteuer auf KSt (auch Steuerausländer); KSt: Reduzierte Steuersätze für kleinere Gesellschaften unter bestimmten Bedingungen; D: Niedrigere Steuersätze bei 10 bzw. 25 %-Mindestbeteiligung (DBA); keine Quellenbesteuerung bei 15 % (1.1.2009: 10 %)-Mindestbeteiligung und einer Haltedauer = 1 Jahr bei einer EU-Muttergesellschaft; Z/L: Keine Quellenbesteuerung auf bestimmte Zahlungen. Sehr unterschiedliche Abkommen; Seit dem 1.1.2007 sieht Belgien eine Quellensteuerbefreiung für Dividenden vor, die an Länder gezahlt werden, mit denen ein DBA vereinbart ist. Die Befreiung gilt unter den gleichen Bedingungen wie sie unter der Mutter-Tochter Richtlinie gelten. (Mindestbeteiligung von 10 %) an der Tochtergesellschaft über einen ununterbrochenen Zeitraum von zwölf Monaten). Voraussetzung ist dabei eine umfassende „exchange of information clause". (z.B. nicht im DBA Schweiz bzw. in DBAs mit einigen Staaten der ehemaligen UdSSR. KSt: Veräußerungsgewinne werden mit dem Regelsteuersatz besteuert. Der Steuersatz auf den Netto-Veräußerungsgewinn auf Aktien beträgt 0,412 % (bzw. 0 % wenn es sich um ein kleines Unternehmen handelt [SME]), wenn die Aktien mindestens ein Jahr lang gehalten wurden und Dividenden für solche Aktien den „Taxation Test" bestehen.

1) Seit dem 1.7.2005 wurde eine Quellensteuer von 15 % auf Zinszahlungen erhoben, die von einem in Luxemburg niedergelassenen Wirtschaftsbeteiligten (auch Zahlstelle genannt) geleistet wurden an natürliche Personen, die in einem anderen EU-Mitgliedstaat ansässig sind, oder an Einrichtungen (residual entities). Seit dem 1.7.2011 beträgt der Quellensteuersatz 35 %. Von der einbehaltenen Quellensteuer werden 75 % an den jeweiligen EU-Mitgliedstaat abgeführt. Alternativ kann man sich entweder für einen Informationsaustausch entscheiden oder einen Nachweis der zuständigen Steuerbehörde des Mitgliedstaats vorlegen, in dem der wirtschaftliche Eigentümer der Zinszahlungen ansässig ist, so dass diese über die Herkunft der Zinszahlung informiert ist. In diesen beiden Fällen fällt keine Quellensteuer in Luxemburg an. Zum 1.1.2015 wird die Quellensteuer zugunsten vom automatischen Informationsaustausch abgeschafft.
2) Protokoll seit 1.1.2004.
3) Bund, Kanton und Gemeinde kombiniert.
4) Sätze für die ordentliche Besteuerung (effektive Steuerbelastung). Bei privilegiertem Steuerstatus sind niedrigere Sätze möglich.

Wenn der „Taxation Test" bestanden ist, die Aktien aber nicht mindestens ein Jahr lang gehalten wurden, beträgt der Steuersatz 25,75 %. Wenn der „Taxation Test" nicht bestanden wird, wird der Regelsteuersatz fällig. 2013 hat Belgien eine sogenannte „fairness tax" i.H.v. 5,15 % eingeführt, die ab 2014 für alle Unternehmen gilt, die nicht als SME gem. belgischem Recht gelten und für Betriebsstätten ausländischer Unternehmen. Diese Steuer wurde eingeführt, falls bei einer Ausschüttung diese nicht komplett mit der belgischen Körperschaftsteuer i.H.v. 33,99 % besteuert wurden.

DEUTSCHLAND: Einkommensteuer: Grundfreibetrag ab 2010 für Alleinstehende: 8 004 €, für Verheiratete: 16 008 €; Eingangssteuersatz: 14,0 %, Spitzensteuersatz: 45 %, jeweils zzgl. 5,5 % Solidaritätszuschlag und ggf. Kirchensteuer; Körperschaftsteuer: KSt-Satz: 15 % zzgl. 5,5 % Solidaritätszuschlag; Gewerbesteuer: GewSt-Satz ca. 7 % - 17 % je nach Hebesatz der Gemeinde, GewSt ist für Zwecke der ESt und KSt nicht abzugsfähig, jedoch ggf. auf ESt anrechenbar (§ 35 EStG). D: 25 % Kapitalertragsteuer (zzgl. 5,5 % SolZ = 26,375 %) Z: 25 % Kapitalertragsteuer (zzgl. 5,5 % SolZ = 26,375 %). Jeweils geringere Werte, falls DBA-Begrenzung bzw. EU-Richtlinie Anwendung findet.

FRANKREICH: ESt Progressiver Tarif bis 45 % (für die Besteuerung der Einkünfte des Jahres 2012 und der Folgejahre wird eine zusätzliche Steuerstufe von 45 % für Einkünfte von über 150 000 € pro „part fiscale" eingerichtet); die Steuerstufen werden jährlich an die Inflationsrate angepasst. In den meisten Fällen Zusatzsteuern (Solidaritätsabgaben) CRDS von 0,5 % und CSG von 8,2 % (auf Kapitalerträge „revenus du capital") bzw. 7,5 % (auf Einkünfte aus beruflicher Tätigkeit) zzgl. einer Zusatzsteuer von 4,8 % / 6,8 % (3,4 % / 5,4 % „prélèvement social"[1] und 1,4 % „contribution additionnelle"); grundsätzlich schulden nur die steuerlich in Frankreich ansässigen Personen diese Zusatzsteuern (bei Einkünften aus beruflicher Tätigkeit auch nur bei Sozialversicherungspflicht in Frankreich); Einkünfte und Veräußerungsgewinne aus französischen Immobilien ausländischer Stpfl. (natürliche Personen) unterliegen jedoch zusätzlich zur Einkommensteuer auch den allgemeinen Sozialabgaben von 15,5 % (diese Regelung findet auf ab dem 17.8.2012 erzielte Veräußerungsgewinne und Einkünfte aus Vermietung und Verpachtung ab dem 1.1.2012 Anwendung). Der Steuersatz für Veräußerungsgewinne beträgt grundsätzlich 19 % zzgl. einer Zusatzsteuer von 0,5 % (CRDS), 8,2 % (CSG), 3,4 % bzw. 5,4 % („prélèvement social")[2] und 1,4 % „contributions additionelles", d.h. insgesamt 13,5 % bzw. 15,5 %. Es bestehen jedoch besondere Regelungen für private Veräußerungsgewinne natürlicher Personen aus der Veräußerung von Wertpapieren und Beteiligungen: Ab dem 1.1.2013 finden neue Regelungen Anwendung, wonach erstens ein allgemeiner Abschlag von 50 % zwischen zwei Jahren und acht Jahren Haltedauer und 65 % ab dem achten Haltejahr sowie zweitens – bei Einhaltung gewisser Bedingungen – ein besonderer Abschlag zur Förderung der Unternehmensgründung und Risikoübernahme von 50 % zwischen einem Jahr und vier Jahren Haltedauer, 65 % zwischen vier Jahren und acht Jahren Haltedauer und 85 % ab dem achten Haltejahr zur Anwendung kommen. Ab Besteuerung der Einkünfte des Jahres 2011 findet auf hohe Einkommen (Jahreseinkommen von 250 000 bzw. 500 000 € für einen allein stehenden Steuerzahler, 500 000 € bzw. 1 000 000 € für verheiratete oder über PACS verbundene Paare) eine Sonderabgabe

---

1) Erhöhung von 2,2 % auf 3,4 % ab 1.1.2011 / von 3,4 % auf 5,4 % ab 1.1.2012 für gewisse Einkunftsarten ("revenus du patrimoine") insbesondere Einkünfte aus Vermietung und Verpachtung und Veräußerungsgewinne aus der Veräußerung von Wertpapieren und ab 1.10.2011/ 1.7.2012 für weitere Einkunftsarten („produits de placement") insbesondere Zinsen, Dividenden, Veräußerungsgewinne aus der Veräußerung von Immobilien.
2) Erhöhung von 2,2 % auf 3,4 % ab 1.1.2011/von 3,4 % auf 5,4 % ab 1.1.2012 für gewisse Veräußerungsgewinne (Veräußerungsgewinne aus Wertpapieren) und ab 1.10.2011/1.7.2012 für weitere Veräußerungsgewinne (Veräußerungsgewinne aus Immobilien).

(Reichensteuer) von 3 % bzw. 4 % Anwendung; die Abgabe soll wieder abgeschafft werden, sobald das Haushaltsdefizit ausgeglichen ist). KSt: Grundsätzlich 33 1/3 %. Zuschlag i.H.v. 3,3 % der Körperschaftsteuer („contribution sociale") ab einer Körperschaftsteuerschuld von 763 000 €, es sei denn, der Umsatz liegt unter 7 630 000 € und 75 % der Anteile werden direkt oder indirekt von natürlichen Personen gehalten (effektiver Steuersatz beträgt somit 34,43 %). Für Wirtschaftsjahre, die zwischen dem 31.12.2011 und dem 30.12.2016 enden, Sonderzuschlag i.H.v. 5 %/10,7 %[1] auf den Standard-Körperschaftsteuersatz von 33 1/3 % (d.h. ohne den Zuschlag von 3,3 % für Gesellschaften mit einem Umsatz über 250 Mio. € (effektiver Steuersatz somit 36,1 %/38 %).

D: Niedrigere Steuersätze bei Mindestbeteiligungen von 10, 15 oder 25 % (je nach DBA); keine Quellenbesteuerung bei 10 % Mindestbeteiligung und 2 Jahre Haltedauer einer EU-Muttergesellschaft; Z: 0 %, wenn bestimmte Bedingungen erfüllt sind, ansonsten 15 % Quellensteuer; keine Quellenbesteuerung bei 25 % Mindestbeteiligung einer EU-Muttergesellschaft und 2 Jahre Haltedauer ; seit dem 1.3.2010 keine Quellensteuer mehr auf Zinsen, die an Bezugsberechtigte außerhalb Frankreichs bezahlt werden (Ausnahme: nicht kooperierende Staaten und Gebiete). L: 33,33 %, wenn DBA nicht anwendbar oder wenn das Einkommen nicht im Rahmen des DBA als Lizenz- oder Patentgebühren anerkannt ist; keine Quellenbesteuerung bei 25 % Mindestbeteiligung einer EU-Muttergesellschaft und 2 Jahre Haltedauer.

GRIECHENLAND: ESt: Progressiver Tarif bis 42 % KSt: 26 %. Griechische Dividendenausschüttungen: 10 % Z: 15 % wenn sie an nicht ansässige Gesellschaften bezahlt werden, die in Griechenland keine Betriebstätte unterhalten. Begrenzung, wenn es DBA gibt. L: 20 % wenn es kein DBA gibt.

GROSSBRITANNIEN: ESt: 20 % bis 31 865 £ (40 308 €), 40 % über 31 865 £ (40 308 €), 45 % über 150 000 £ (189 743 €), 10 % auf Spareinkommen bis 2 880 £ (3 643 €), wenn kein non-savings income vorliegt, ansonsten 20 %; zusätzlich Sozialversicherungsbeiträge von 12 % Arbeitnehmeranteil im Fall einer wöchentlichen Vergütung von 153,01 £ – 805 £ (193,55 – 1 018 €). Für den Betrag, der die Grenze von 805 £ (1 018 €) übersteigt, werden zusätzlich 2 % erhoben, 13,8 % Arbeitgeberanteil auf Wochenlöhne > 153 £ (193 €; KSt: Grundsätzlich 21 %, ab 1.4.2015 20 %, ab für kleine Unternehmen (diese Steuersätze gelten sowohl für Unternehmensgewinne als auch Veräußerungsgewinne). D: unterliegen keiner Quellensteuer; in GB ansässige natürliche Personen erhalten grds. einen Anrechnungsbetrag (tax credit) von $^{10}/_{90}$ bezogen auf die Dividende; ab dem 1.7.2009 grds. Freistellung für in GB ansässige Körperschaften. Z: 20 %, ggf. geringerer Wert, falls DBA-Begrenzung bzw. EU-Richtlinie Anwendung findet. L: 20 %, ggf. geringerer Wert, falls DBA-Begrenzung bzw. EU-Richtlinie Anwendung findet.

IRLAND: ESt: 20 % bis 32 800 €, 41 % ab 32 801 €; zusätzlich ab dem 1.1.2011 neu eingeführte Sozialabgabe („universal social charge", Zusammenfassung der bisherigen income levy und health levy) von 0 % – 4 004 €, 2 % bis 10 036 €, 4 % bis 16 016 € und 7 % ab 16 016 € und 10 % ab 100 000 €. Ab dem 1.1.2015 findet eine Absenkung der Sozialabgabe statt, 1,5 % bis 12 012 €, 3,5 % bis 17 576 €, 7 % bis 70 044 € und 8 % ab 100 000 €. Des Weiteren noch 4 % Sozialversicherungssteuer auf Einkommensteile („PRSI"); 22 % bis 7.4.2009, 25 % vom 8.4.2009 bis 6.12.2011 und 30 % ab dem 7.12.2011 auf Veräußerungsgewinne; KSt: 12,5 % auf Gewinne aus Handelstätigkeiten („trading") seit 1.1.2003, 25 % auf nicht gewerbliche Einkünfte; 22 % bis 7.4.2009 und 25 % ab dem 8.4.2009 auf Veräußerungsgewinne; D: 20 %, ggf. geringerer Wert, falls DBA-Begrenzung bzw. EU-Richtlinie Anwendung findet. Z: 20 %, ggf. geringerer

---

1) Erhöhung von 5 % auf 10,7 %, anwendbar auf Wirtschaftsjahre, die zwischen dem 31.12.2013 und dem 30.12.2016 enden.

Wert, falls DBA-Begrenzung bzw. EU-Richtlinie Anwendung findet.; L: 20 %, ggf. geringerer Wert, falls DBA-Begrenzung bzw. EU-Richtlinie Anwendung findet.

ITALIEN: ESt: Zzgl. 1,23 % regionaler Zuschlag; zzgl. regionale Wertschöpfungsteuer (IRAP) von 3,5 % auf Einkünfte aus gewerblicher und selbständiger Tätigkeit (erhöht um Zins- und z.T. Personalaufwand); KSt: 27,5 % (Erhöhung um 6,5% für bestimmte Gesellschaften, die im Bereich Energieproduktion/-vertrieb, Erdöl/Erdgasförderung tätig sind (sog. *Robin tax*); eine Erhöhung von 10,5 % gilt für Gesellschaften, die der Mindestbesteuerung unterliegen oder die systematische Verluste haben, sog. *Società di comodo*); Veräußerungsgewinne können einem Steuersatz von 26 % unterliegen oder bei qualifizierten Beteiligungsverkäufen sind 49,72 % des Veräußerungsgewinns mit progressivem ESt-Satz zu versteuern (50,28 % freigestellt). D: Keine Quellenbesteuerung bei 10 %-Direkt-Mindestbeteiligung Kapital (= 1 Jahr) einer EU-Muttergesellschaft (alternativ ist „refund" möglich). /Z/L: Keine Quellenbesteuerung bei 25 % Mindestbeteiligung Stimmrechte (= 1 Jahr) einer EU-Muttergesellschaft oder Zahlung an EU-Schwestergesellschaft (weitere Bedingungen zu beachten). Auch bei D/Z/L Zahlungen an Nicht-*black list*-EWR-Gesellschaften Befreiung vorgesehen (weitere Bestimmungen sind zu beachten).

LIECHTENSTEIN: Erwerbssteuer für natürliche Personen progressiv ausgestaltet; Gemeindesteuer wird von der betreffenden Gemeinde jährlich festgelegt, Berechnung hier auf Basis des Hauptortes Vaduz für 2013; Gewinnsteuertarif proportional ausgestaltet von 12,5 %. Es besteht eine Verpflichtung zur Absteuerung von Altreserven bis Ende 2015 zu 2.5%. Bei gewissen Rechtsformen fallen bei Ausschüttungen jedoch keine Couponsteuern an.

LUXEMBURG: ESt: Seit dem 1.1.2013 beträgt der progressive ESt-Tarif 8 % – 40 % zzgl. 7 %–9 % Beschäftigungsfondszuschlag; KSt: Seit dem 1.1.2013 erhöht sich der Beschäftigungsfondszuschlag auf 7 %, so dass sich der effektive Steuersatz einschl. Gewerbesteuer für Luxemburg-Stadt auf 29,22 % beläuft.[1] D: keine Quellenbesteuerung bei 10 % Mindestbeteiligung mit zwölf Monaten Haltedauer an einer lux. Kapitalgesellschaft durch eine EU- oder EWG-Muttergesellschaft oder deren Betriebstätte sowie durch eine Schweizer Kapitalgesellschaft, die nicht steuerbefreit ist und durch vollsteuerpflichtige Kapitalgesellschaften aus DBA-Staaten oder deren Betriebstätten; Z: 15 % bei Zinsen auf festverzinsliche Obligationen und ähnliche Wertpapiere mit einer an der Gewinnausschüttung des Schuldners ausgerichteten Zusatzverzinsung.

NIEDERLANDE: ESt: Zzgl. 28,15 % Sozialversicherungsbeiträge für Einkommen bis 33 589 € (10,25 % für Personen älter als 65); besondere Steuersätze für Einkünfte aus Kapitalvermögen sowie Einkünfte aus wesentlichen Beteiligungen; Veräußerungsgewinne von Kapitalvermögen sind steuerfrei. KSt: 20 % auf den Einkommensteil bis 200 000 €; 25 % auf den darüber hinausgehenden Gewinnteil; Veräußerungsgewinne werden wie ordentliche Gewinne versteuert. D: 15 %; keine Quellenbesteuerung bei Anwendung NL Schachtelprivileg (5 %) oder bei Vorliegen der EU-Mutter/Tochter-Richtlinie.

ÖSTERREICH: KSt: 25 % (bis 2004 34 %); gilt auch für Veräußerungsgewinne; Mindeststeuern für GmbH 1 750 €, für AG 3 500 €, für Banken und Versicherungen 5 452 €; Z: 25 % Quellensteuer bei Bankeinlagen und Obligationen, sonst keine Quel-

---

[1] Mit dem Gesetz v. 17.12.2010 (Änderung des Gesetzes v. 4.12.1967) wurde eine Mindestbesteuerung i.H.v. 1 500 € für „Holdinggesellschaften" (sog. SOPARFI) eingeführt, wenn deren Finanzanlagen (z.B. Beteiligungen und Wertpapiere), Sicherheiten und Bankguthaben 90 % des Aktivvermögens übersteigen. Erhöht durch den Beitrag zum Beschäftigungsfonds führt dies zu einer Mindestbesteuerung i.H.v. 1 575 € für den VZ 2012 und i.H.v. 3 210 € ab dem VZ 2013. Mit Wirkung ab dem VZ 2013 tritt die generelle Mindestkörperschaftsteuer zwischen 535 € und 21 400 €, abhängig von der Bilanzsumme, für alle der Körperschaftsteuer unterliegenden ansässigen Gesellschaften in Kraft.

lensteuerbelastung; L: 20 % auf Lizenzgebühren; D: 25 % niedrigere Steuersätze bei Mindestbeteiligungen von 10, 25, 50 bzw. 95 % (DBA); keine Quellenbesteuerung bei 10 %-Mindestbeteiligung (= 1 Jahr Haltedauer) einer EU-Muttergesellschaft; Österreich hat die Mutter-Tochter-Richtlinie, die Richtlinie zu Abschaffung der Quellensteuer auf Zahlungen von Zinsen und Lizenzgebühren sowie die EU-Quellensteuer Richtlinie (mit entsprechender Übergangsfrist) in nationales Recht umgesetzt.

SCHWEDEN: ESt: 0; 20, 25 % Bundessteuer; 29,15–35,33 % Gemeindesteuer; 30 % auf Kapitaleinkünfte; 31,42 % Sozialversicherung; KSt: 22 %; D: Niedrigere Steuersätze bei Mindestbeteiligungen von 10, 25, 50 bzw. 51 % (DBA); keine Quellenbesteuerung bei einer 15 % Mindestbeteiligung einer EU-Muttergesellschaft, seit dem 1.7.2003 sind Verkäufe von „business related shares" steuerfrei (Gesellschaften). Seit dem 1.1.2004 wird keine Quellensteuer erhoben, wenn die Aktien „business related" sind und der Empfänger keine Steuern hätte zahlen müssen, wäre er eine schwedische Gesellschaft.

SCHWEIZ: ESt/KSt: Bundes-, Kantons- und Gemeindesteuern (Höchstsätze); KSt: 12–24 % (Steuersätze für die ordentliche Besteuerung, tiefere Sätze bei privilegiertem Steuerstatus möglich); D: Niedrigere Steuersätze bei Mindestbeteiligungen von 10, 20, 25 bzw. 50 % (DBA); Z: Verrechnungssteuer (Quellensteuer) von 35 % wird in der Schweiz grundsätzlich nur auf Zinsen von Kundenguthaben bei inländischen Banken oder von Obligationen erhoben; L: Die Schweiz erhebt keine Quellensteuer auf Lizenzgebühren.

SPANIEN: Zum 1.1.2015 wird eine Steuerreform in Kraft treten, wobei Einkommensteuer, Körperschaftsteuer und Grundsteuer modifiziert werden. ESt: Es werden fünf neue Besteuerungsstufen von 19 % bis 45 % eingeführt. Die Steuerbefreiung von 1 500 € bei Kapitalerträgen wird ab 1.1.2015 abgeschafft. KSt: Bei der Körperschaftsteuer werden ab 2015 mehrere Änderungen vorgesehen, u.a.:

- Zinsen, die aufgrund eines Gesellschaftsdarlehen zwischen Gesellschaften der gleichen Gruppe (nach Bezeichnung des Handelsrechts) gezahlt werden, sind nicht mehr abziehbar (Ausnahme für Gesellschaftsdarlehen, die vor dem 20.6.2014 gewährt wurden).

- Aufwendungen bezüglich hybrider Finanzinstrumente sind nicht abziehbar, falls das Einkommen des Unternehmens unter 10 % besteuert wird oder steuerfrei ist.

Es werden folgende Änderungen, die Nichtansässige betreffen, vorgesehen:

- Betriebstätten werden mit dem gleichen Steuersatz wie ansässige Gesellschaften besteuert.

- Die Dividenden, Zinsen und Vermögensgewinne, die ohne Betriebstätte erzielt werden, werden i.H.v. 20 % in 2015 und 19 % in 2016 besteuert.

- Nichtansässige werden mit einem generellen Steuersatz i.H.v. 24 % besteuert, alternativ i.H.v. 19 % (20 % für 2015), wenn ein Austausch der Steuerinformation vorliegt.

USA: ESt: Regelsteuersätze von 10, 15, 25, 28, 33,35 und 39,6 %; ermäßigter Steuersatz von max. 20 % auf bestimmte Dividenden sowie auf Gewinne aus der Veräußerung langfristig (mehr als 1 Jahr) gehaltener Wirtschaftsgüter; KSt: Tarif begünstigt gestaffelt kleinere Gesellschaften mit zu versteuerndem Einkommen bis zu 18 333 333 US $ (14 699 593 €); über diesen Betrag hinausgehende Einkommen werden mit 35 % besteuert. Veräußerungsgewinne unterliegen ebenfalls 35 % KSt. Deutschland und die USA unterzeichneten 2006 ein Änderungsprotokoll zum DBA-USA mit umfangreichen Änderungen, z.B. Wegfall der US-Quellensteuer bei bestimmten Beteiligungen. Am 14.12.2007 hat der US-Senat das Protokoll zum DBA USA vom 1.6.2006 ratifiziert. Laut einer Pressemitteilung des BMF wurden die Ratifikationsurkunden am 28.12.2007 ausgetauscht. Das Protokoll ist damit am 28.12.2007 in Kraft getreten. Die

Regelungen des Protokolls bezüglich Quellensteuern (z.B. auch der Nullbesteuerung von Dividenden) finden insofern rückwirkend zum 1.1.2007 Anwendung, bezüglich der übrigen Steuern grundsätzlich ab dem 1.1.2008.

Betriebsaufspaltung

von Prof. Dr. Joachim Schiffers

INHALTSÜBERSICHT

	Rz.
I. Begriff, Erscheinungsformen und Gründe für die Wahl	409–418
1. Begriff	409
2. Erscheinungsformen	410–416
a) Typische Betriebsaufspaltung	410–411
b) Mitunternehmerische Betriebsaufspaltung	412
c) Kapitalistische Betriebsaufspaltung	413
d) Unechte Betriebsaufspaltung	414
e) Wiesbadener Modell	415
f) Umgekehrte Betriebsaufspaltung	416
3. Vor- und Nachteile einer Betriebsaufspaltung	417–418
a) Vorteile einer Betriebsaufspaltung	417
b) Nachteile einer Betriebsaufspaltung	418
II. Begründung einer Betriebsaufspaltung	419–420
1. Begründung der typischen Betriebsaufspaltung bei Aufnahme der Tätigkeit	419
2. Begründung der typischen Betriebsaufspaltung bei einer bestehenden gewerblichen Tätigkeit	420
III. Vertragsgestaltung der typischen Betriebsaufspaltung	421
IV. Voraussetzungen einer steuerlichen Betriebsaufspaltung	422–426
1. Personelle Verflechtung	422–423
2. Sachliche Verflechtung	424–425
3. Gewerblichkeit der Betriebsgesellschaft	426
V. Laufende Besteuerung der Betriebsaufspaltung	427–438
1. Steuerliche Rechtsfolgen	427–429
a) Grundsatz der Selbständigkeit beider Unternehmen	427
b) Rechtsfolgen	428
c) Nur-Besitzgesellschafter	429
2. Besonderheiten der laufenden Besteuerung	430–438
a) Zunächst nicht erkannte Betriebsaufspaltung	430
b) Pachtvermögen, Substanzerhaltungsverpflichtung	431
c) Aktivierung von Gewinnansprüchen aus der Betriebs-GmbH	432
d) Angemessenheit des Pachtzinses	433–435
e) Teilwertabschreibung auf die Anteile an der Betriebs-GmbH	436
f) Teilwertabschreibung auf Forderungen der Besitzgesellschaft an die Betriebsgesellschaft	437
g) Angemessenheit von Geschäftsführervergütungen bei der Betriebs-Kapitalgesellschaft	438

	Rz.
VI. Beendigung einer Betriebsaufspaltung.............................	439–442
1. Beendigung wegen Wegfalls der tatbestandlichen Voraussetzungen	439–440
a) Anwendungsfälle..	439
b) Steuerliche Folgen......................................	440
2. Gezielte Beendigung einer Betriebsaufspaltung...................	441–442
a) Verschmelzung der Betriebs-GmbH auf die Besitz-GmbH & Co. KG	441
b) Verschmelzung der Besitz-GmbH & Co. KG auf die Betriebs-GmbH	442

I. Begriff, Erscheinungsformen und Gründe für die Wahl

1. Begriff

409   Der Rechtsform bzw. richtiger der Rechtsformgestaltung „Betriebsaufspaltung" kommt in der Praxis eine außerordentlich **hohe Bedeutung** zu. Begrifflich wird dann von einer Betriebsaufspaltung gesprochen, wenn betriebliche Funktionen, die von einem Unternehmen wahrgenommen werden können, auf zwei oder mehr rechtlich selbständige Rechtsträger aufgeteilt werden und hinter diesen Rechtsträgern die gleichen Personen stehen.

Gesetzlich ist die Betriebsaufspaltung nicht definiert. Diese ist vielmehr ein Geschöpf der Finanzverwaltung und der Rechtsprechung.[1] Die fehlende gesetzliche Grundlage und die immer stärkere Ausweitung des Anwendungsbereichs durch die Rechtsprechung werden kritisch gesehen.[2]

2. Erscheinungsformen

a) Typische Betriebsaufspaltung

410   Auf Grund der fehlenden gesetzlichen Regelung sind die Erscheinungsformen vielfältig. Als „typische Betriebsaufspaltung" wird die Konstellation bezeichnet, dass ein Einzelunternehmer eine Ein-Personen-GmbH gründet oder auch die Gesellschafter einer Personengesellschaft eine beteiligungsidentische GmbH gründen, auf diese das Umlaufvermögen übertragen und an diese das Anlagevermögen verpachten. Das Einzelunternehmen bzw. die Personengesellschaft übt sodann die Funktion eines **Besitzunternehmens** aus und die GmbH wird als **Betriebsgesellschaft** bezeichnet.

411   Ist die Besitzgesellschaft alleiniger Anteilseigner der Betriebs-GmbH, so wird von einer **Einheits-Betriebsaufspaltung** gesprochen.[3]

b) Mitunternehmerische Betriebsaufspaltung

412   Bei der **mitunternehmerischen Betriebsaufspaltung** wird nicht nur die Besitzgesellschaft, sondern auch die Betriebsgesellschaft als Personengesellschaft geführt. Aus Haftungsgründen wird im Regelfall die GmbH & Co. KG gewählt. Vorteil der mitunternehmerischen Betriebsaufspaltung ist, dass auch bei der Betriebsgesellschaft die Vorteile der Personengesellschaft, insbesondere die hohe rechtliche Flexibilität und die Flexibilität hinsichtlich der Kapitalbereitstellung genutzt werden können.

---

1) Vgl. zu Nachweisen nur D. Carlé in Carlé, D./Carlé, Th./Bauschatz (2014), Rz. 1.
2) Vgl. Carlé, Th./Bauschatz (2014), Rz. 1; Bitz in Littmann/Bitz/Pust, § 15 Rz. 304 f. (November 2012).
3) Hierzu BFH v. 27.6.2006, VIII R 31/04, BStBl II 2006, 874.

c) Kapitalistische Betriebsaufspaltung

Als Pendant zur mitunternehmerischen Betriebsaufspaltung wird dann von einer **kapitalistischen Betriebsaufspaltung** gesprochen, wenn sowohl die Betriebsgesellschaft als auch das Besitzunternehmen in der Rechtsform einer Kapitalgesellschaft organisiert sind.[1] Steuerrechtlich soll eine kapitalistische Betriebsaufspaltung allerdings nur bei einer kapitalistischen Einheits-Betriebsaufspaltung, wenn also sämtliche Anteile an der Betriebsgesellschaft im Besitz der Besitzgesellschaft stehen, vorliegen.[2]

413

d) Unechte Betriebsaufspaltung

Von einer **unechten Betriebsaufspaltung** wird dann gesprochen, wenn die Aufspaltung nicht bereits von Beginn der unternehmerischen Tätigkeit erfolgt, sondern erst später geschieht. Klassischer Fall ist, dass der oder die Gesellschafter einer GmbH die an diese von einem Dritten verpachtete wesentliche Betriebsgrundlage erwerben. Die Verpachtung der wesentlichen Betriebsgrundlage an die GmbH bildet nun als Besitzgesellschaft einen Gewerbebetrieb.[3]

414

> **Hinweis:**
>
> Dies verdeutlicht, dass eine steuerliche Betriebsaufspaltung in der Praxis oft **unbemerkt begründet** (und dann später auch möglicherweise unbemerkt beendet) wird. Gerade bei der personenbezogenen GmbH sind diese Sachverhalte sorgfältig zu beobachten.

e) Wiesbadener Modell

Ist ausschließlicher Gesellschafter des Besitzunternehmens der eine Ehegatte und ausschließlicher Gesellschafter der Betriebsgesellschaft der andere Ehegatte, so wird mangels personeller Verflechtung keine steuerliche Betriebsaufspaltung begründet. Diese Fallkonstellation wird als **Wiesbadener Modell** bezeichnet.[4]

415

> **Hinweis:**
>
> Die **Anerkennung dieses Modells ist gefährdet**, wenn der eine Ehegatte die Anteile an der Betriebs-GmbH oder das Vermögen der Besitzgesellschaft vom anderen Ehegatten geschenkt bekommen hat und diese Schenkung frei widerruflich ist.[5] Auch wird die Gefahr eines verdeckten Gesellschaftsverhältnisses gesehen.[6]

f) Umgekehrte Betriebsaufspaltung

Von einer **umgekehrten Betriebsaufspaltung** wird dann gesprochen, wenn eine Kapitalgesellschaft ihren Betrieb oder einen Teilbetrieb pachtweise auf eine von ihren Gesellschaftern gegründete Personengesellschaft ausgliedert.[7] Mit der umgekehrten Betriebsaufspaltung soll eine Optimierung der Gewerbesteueranrechnung nach § 35 EStG erreicht werden.[8]

416

---

1) Vgl. BFH v. 26.2.1998, III B 170/94, BFH/NV 1998, 1258 und BFH v. 20.5.2010, III R 28/08, BFH/NV 2010, 1946 m.w.N.; FG Düsseldorf v. 7.3.2014, 12 K 946/11, EFG 2014, 1423.
2) Vgl. Carlé in Korn, § 15 EStG Rz. 420 m.w.N. und auch mit Nachweisen zu a.A. (März 2006).
3) Ein Einzelunternehmen (natürliche Person) kommt als Besitzunternehmen nur im Verhältnis zu einer Betriebs-Kapitalgesellschaft in Betracht, vgl. BFH v. 20.5.2010, III R 28/08, BStBl II 2014, 194 = HFR 2010, 1326. Im Verhältnis zu einer Betriebspersonengesellschaft wären die überlassenen WG als Sonderbetriebsvermögen der Personengesellschaft einzustufen.
4) Vgl. BFH v. 26.10.1988, I R 228/84, BStBl II 1989, 155.
5) Vgl. BFH v. 16.5.1989, VIII R 196/84, BStBl II 1989, 877.
6) Vgl. Wacker in Schmidt, 33. Aufl. 2014, § 15 Rz. 847.
7) BFH v. 16.9.1994, III R 45/92, BStBl II 1995, 75.
8) Vgl. Kessler/Teufel, DStR 2001, 869, 872; Hoffmann, GmbH-StB 2000, 347.

3. Vor- und Nachteile einer Betriebsaufspaltung

a) Vorteile einer Betriebsaufspaltung

417 Die Bestimmungsgründe für die Wahl einer Betriebsaufspaltung sind vielfältig und haben sich durch geänderte steuerliche Rahmenbedingungen in der Vergangenheit deutlich verändert. In der Praxis steht die Betriebsaufspaltung nach wie vor in Konkurrenz zu den Rechtsformen der einfachen GmbH, der GmbH & Co. KG und der GmbH & Still. **Steuerliche Aspekte** spielen aktuell regelmäßig keine ausschlaggebende Rolle mehr für die Wahl einer Betriebsaufspaltung.[1]

Als Hauptmotive für die Betriebsaufspaltung werden genannt:[2]

- **Optimierung der Haftungsbegrenzung** gegenüber der einfachen GmbH bzw. GmbH & Co. KG dadurch, dass das Anlagevermögen von der operativ tätigen Betriebsgesellschaft rechtlich getrennt wird. Somit wird das wertvolle Anlagevermögen nicht dem allgemeinen Marktrisiko aus der operativen Tätigkeit und der Produzentenhaftung ausgesetzt. Diese Haftungsbegrenzung wird allerdings dann – zumindest begrenzt – eingeschränkt, wenn das Vermögen des Besitzunternehmens zur Besicherung von Krediten der Betriebsgesellschaft eingesetzt wird. Zu vermeiden ist der sog. existenzvernichtende Eingriff im Zusammenhang mit der Gebrauchsüberlassung der WG des Anlagevermögens.[3]

    Hinweis:

    Im Falle einer Insolvenz der Betriebsgesellschaft sind allerdings die Regeln des § 135 Abs. 3 InsO zur sog. eigenkapitalersetzenden Nutzungsüberlassung zu beachten. Des Weiteren ist darauf zu achten, dass die Gründung der Betriebsaufspaltung nicht als verschleierte Sachgründung einzustufen ist, so dass die Gesellschafter nochmals für die Einlage in Anspruch genommen werden können.[4]

- **Verschleierung der Ertragskraft** des Unternehmensgebildes dadurch, dass das Ergebnis der publizitätspflichtigen Betriebsgesellschaft durch die Pachtzahlungen an die Besitzgesellschaft geschmälert wird, bei der Besitzgesellschaft aber eine Rechtsform gewählt werden kann, welche keine Handelsregisterpublizität nach sich zieht. Auch wird durch die Aufspaltung das Besitzunternehmen vielfach als kleine oder mittelgroße Gesellschaft i.S.d. § 267 HGB einzustufen sein, so dass sich Erleichterungen hinsichtlich der Prüfungs- und Publizitätspflichten ergeben.

- **Vorweggenommene Erbfolge** durch Beteiligung der Nachfolger zunächst nur an der Betriebsgesellschaft.

- Beabsichtigte **Aufnahme von Mitarbeitern** als Gesellschafter nur der Betriebs-Gesellschaft.

- **Aufnahme Dritter** nur in die Besitz- oder nur in die Betriebsgesellschaft.

- **Beschränkung der betrieblichen Mitbestimmung** auf die Betriebs-GmbH, da das Besitzunternehmen i.d.R. über keine Mitarbeiter verfügt.

- **Vorbereitung eines Verkaufs oder einer Fusion** des operativen Bereichs unter Zurückbehaltung der Immobilie.

    Hinweis:

    Steuerliche Vorteile, welche früher oftmals ausschlaggebend für die Wahl einer Betriebsaufspaltung waren, spielen aktuell regelmäßig keine ausschlaggebende Rolle.

---

1) Zu den steuerlichen Vor- und Nachteilen nur Bitz in L/B/P, § 15 Rz. 313–314 (November 2012).
2) Vgl. Carlé, D. in Carlé, D./Carlé, Th./Bauschatz (2014), Rz. 30 ff.; Bitz in L/B/P, § 15 Rz. 310 (November 2012).
3) Vgl. BGH v. 16.7.2007, II ZR 3/04, DB 2007, 1802.
4) Insoweit auch zu Recht kritisch zur Vorteilhaftigkeit der Betriebsaufspaltung Carlé in Korn, § 15 EStG, Rz. 428 (März 2006).

b) Nachteile einer Betriebsaufspaltung

Nicht verkannt werden dürfen die Nachteile einer Betriebsaufspaltung: **418**

- Gegenüber einer einfachen Struktur ergibt sich ein deutlich **höherer Verwaltungs- und Beratungsaufwand** durch doppelte Buchführung, Jahresabschluss, ggf. Prüfung und Publizität, rechtliche Beratung, usw.
- Die im Vergleich zu einer schlichten GmbH oder GmbH & Co. KG **komplexere Struktur** bedarf einer sorgfältigen Beratung und regelmäßigen Überprüfung. Dies gilt insbesondere für alle gesellschaftsrechtlichen Maßnahmen, wie Gesellschafterwechsel.
- Die Beendigung einer steuerlichen Betriebsaufspaltung führt regelmäßig zur **Aufdeckung stiller Reserven** und damit oftmals zu hohen Steuerbelastungen – ohne dass diesem ein Geldzufluss gegenüber steht! Problematisch ist nun für die Praxis, dass die Beendigung einer steuerlichen Betriebsaufspaltung auch ungewollt erfolgen kann, was erhebliche Risiken birgt.

Gestaltungshinweis:

Dabei droht nicht nur die Aufdeckung der stillen Reserven in den Wirtschaftsgütern des Besitzunternehmens, sondern auch in den Anteilen an der Betriebs-Gesellschaft, da diese nicht mehr dem SonderBV zuzuordnen sind und damit zwangsweise als entnommen gelten.[1]

Das Risiko der ungewollten Beendigung einer steuerlichen Betriebsaufspaltung kann dadurch verhindert werden, dass das Besitzunternehmen in der Rechtsform der GmbH & Co. KG betrieben wird und damit im Falle des Wegfalls der Voraussetzungen für eine steuerliche Betriebsaufspaltung die gewerbliche Prägung nach § 15 Abs. 3 Nr. 2 EStG greift.

II. Begründung einer Betriebsaufspaltung

1. Begründung der typischen Betriebsaufspaltung bei Aufnahme der Tätigkeit

Die Begründung einer Betriebsaufspaltung bereits bei Aufnahme der Tätigkeit ist **419** **zivilrechtlich unproblematisch**. Die errichtete Betriebs-GmbH erwirbt das Umlaufvermögen und nimmt den Geschäftsbetrieb auf. Der GmbH-Gesellschafter oder die Gesellschafter in Bruchteilsgesellschaft, Gesellschaft bürgerlichen Rechts, OHG oder GmbH & Co. KG erwerben das Anlagevermögen und verpachten es an die GmbH. Die Wahl der Rechtsform des Besitzunternehmens (insbesondere GbR oder GmbH & Co. KG) ist in erster Linie eine Frage der Haftungsbegrenzung auf das unternehmerische Vermögen.[2]

Steuerlich liegt in der Begründung einer solchen unechten Betriebsaufspaltung keine besondere Problematik. Hinzuweisen ist darauf, dass dann, wenn die Betriebsgesellschaft ein von dem des Besitzunternehmens abweichendes Wirtschaftsjahr wählt und dies zu einer Steuerpause führt, ein Gestaltungsmissbrauch i.S.d. § 42 AO gegeben sein kann.[3]

2. Begründung der typischen Betriebsaufspaltung bei einer bestehenden gewerblichen Tätigkeit

Aus einem bestehenden gewerblichen Einzelunternehmen oder einer Personengesell- **420** schaft heraus kann eine Betriebsaufspaltung **zivilrechtlich** vergleichsweise unproblematisch durch Ausgliederung oder Auf- bzw. Abspaltung gegründet werden.

---

1) Vgl. Strahl, KÖSDI 2008, 16027, 16033.
2) Zu den möglichen Rechtsformen Bitz in L/B/P, § 15 Rz. 302a (November 2012).
3) BFH v. 16.12.2003, VIII R 89/02, BFH/NV 2004, 936 = HFR 2004, 989.

Aus Vereinfachungsgründen erfolgt die Begründung der Betriebsaufspaltung nicht selten auch durch Neugründung der Betriebs-GmbH und Sacheinlage des Geschäftsbetriebs unter Zurückbehaltung des Anlagevermögens. Erfolgt zunächst eine Bargründung und sodann eine Sacheinlage, so wird regelmäßig eine verdeckte Sachgründung anzunehmen sein.[1]

Hinweis:

Der bei einer verschleierten Sachgründung bestehende Verstoß gegen § 5 Abs. 4 GmbHG i.V.m. § 19 Abs. 4 GmbHG führt dazu, dass keine Befreiung von der Einlagepflicht eintritt, aber eine Wertanrechnung. Zu raten ist also, einen Wertnachweis zu schaffen und zehn Jahre aufzubewahren.[2] Vermeidbar ist eine verschleierte Sachgründung dadurch, dass die Betriebs-GmbH das Umlaufvermögen gegen Übernahme von Schulden erwirbt und damit das Stammkapital unangetastet bleibt.[3]

Die Begründung einer echten Betriebsaufspaltung durch steuerneutrale Übertragung von Wirtschaftsgütern der Besitz-Personengesellschaft auf die Betriebs-Kapitalgesellschaft zum Buchwert ist seit dem 1.1.1999 **wegen § 6 Abs. 6 EStG ausgeschlossen**.

Steuerlich ist in diesen Fällen die Begründung einer Betriebsaufspaltung allenfalls nach dem sog. **Schrumpfungsmodell** möglich. Dabei werden zunächst nur solche Wirtschaftsgüter übertragen, die keine stillen Reserven beinhalten. Alle anderen Wirtschaftsgüter werden der Betriebsgesellschaft pachtweise zur Verfügung gestellt. Im weiteren Verlauf werden Neuanschaffungen dann sukzessive von der Betriebsgesellschaft vorgenommen. Insoweit kann allerdings ein sukzessives Übergehen der Geschäftschancen gesehen werden, was zu einer verdeckten Einlage in die Betriebs-Kapitalgesellschaft führen würde.

Im Falle einer mitunternehmerischen Betriebsaufspaltung können Grundstücke unter den Voraussetzungen des **§ 6b EStG** steuerneutral auf die Schwestergesellschaft übertragen werden.

III. Vertragsgestaltung der typischen Betriebsaufspaltung

421   Im Grundsatz sind Besitzunternehmen und Betriebsgesellschaft juristisch eigenständige Gebilde, wobei jeweils die rechtsformspezifischen Besonderheiten gelten. Aus Sicht der Vertragsgestaltung sind folgende Aspekte hervorzuheben:

– Die Gesellschaftsverträge sind insbesondere hinsichtlich der Beteiligungsverhältnisse **zu synchronisieren**. Dabei ist sicherzustellen, dass die Gesellschafter eine einheitliche Willensbildung ausüben können und Gesellschafterwechsel nach gleichen Regeln ablaufen.

– Große Bedeutung kommt der **Ausgestaltung des Pachtvertrages** zu. Dies gilt insbesondere hinsichtlich der Angemessenheit der Pacht (→ 4 Rz. 433 ff.) und einer eventuellen Substanzerhaltungsverpflichtung (→ 4 Rz. 431).

– **Gesellschafter-Geschäftsführerverträge** bedürfen der gleichen Sorgfalt wie bei einer GmbH, um Folgen einer verdeckten Gewinnausschüttung zu vermeiden (→ 4 Rz. 438/).

---

1) Vgl. Carlé, D. in Strahl, Problemfelder der steuerlichen Beratung – Ertragsteuern, „Betriebsaufspaltung", Rz. 26 ff. (Juli 2009).
2) Vgl. Mohr, GmbH-StB 2009, 134, 135.
3) Vgl. Carlé, KÖSDI 1995, 10199.

IV. Voraussetzungen einer steuerlichen Betriebsaufspaltung

1. Personelle Verflechtung

Voraussetzung ist eine personelle Verflechtung zwischen Besitzunternehmen und Betriebsgesellschaft, welche sich dadurch auszeichnet, dass die Personen, die hinter den beiden Unternehmen stehen, auf diese einen **einheitlichen geschäftlichen Betätigungswillen** ausüben können.[1] Entscheidend für die Willensdurchsetzung ist die Stimmenmehrheit. Dabei kann diese auf entsprechenden Kapitalbeteiligungen oder Stimmrechtsregelungen beruhen. Für die Beherrschung reicht der Einfluss auf die laufenden Geschäfte („**Geschäfte des täglichen Lebens**").[2] Eine personelle Verflechtung ist danach gegeben, wenn die Personen, die an beiden Unternehmen zusammen mehrheitlich beteiligt sind und damit die Betriebs-GmbH beherrschen, auch im Besitzunternehmen über die Mehrheit der Stimmen verfügen und im Besitzunternehmen kraft Gesetzes oder vertraglich wenigstens für Geschäfte des täglichen Lebens das Mehrheitsprinzip maßgeblich ist.[3] Dies verdeutlicht auch, dass bei der Prüfung des Vorliegens einer personellen Verflechtung nicht ausschließlich auf die Stimmverhältnisse abgestellt werden kann, sondern auch die Regelungen zur Geschäftsführung einbezogen werden müssen. Die Voraussetzungen der personellen Verflechtung sind für den einzelnen VZ zu prüfen.[4]

422

> **Gestaltungshinweis:**
>
> Die Betriebsaufspaltung kann **durch Gestaltung der Stimmrechte** in der Besitz- und Betriebsgesellschaft vermieden werden. So liegt z.B. dann keine Betriebsaufspaltung vor, wenn Beschlüsse über den Pachtvertrag von der Zustimmung eines Nur-Besitzgesellschafters abhängen.[5] Gilt also laut Gesellschaftsvertrag oder auch laut Gesetz (so z.B. § 709 Abs. 1 BGB für die GbR) für die Geschäfte des täglichen Lebens das Einstimmigkeitsprinzip, dann schließt ein auch nur geringfügig beteiligter Nur-Besitzgesellschafter i.d.R. Beherrschungsidentität aus.[6] Ist allerdings im Gesellschaftsvertrag einer GbR die Führung der Geschäfte einem Gesellschafter allein übertragen, dann beherrscht dieser Gesellschafter die Gesellschaft i.S.d. Rechtsprechungsgrundsätze zur Betriebsaufspaltung auch dann, wenn nach dem Gesellschaftsvertrag die Gesellschafterbeschlüsse einstimmig zu fassen sind.[7]
>
> Wichtiger ist vielfach allerdings die **Vermeidung einer ungewollten Beendigung** einer Betriebsaufspaltung durch Lösung der personellen Verflechtung. Hierzu werden oftmals Klauseln in die Gesellschaftsverträge aufgenommen, wonach die Übertragung von Anteilen an der Besitzgesellschaft auch entsprechende Anteilsübertragungen bei der Betriebs-GmbH voraussetzt und umgekehrt, um die Beteiligungsidentität zu sichern. Einfacher kann die personelle Verflechtung gesichert werden durch Einsatz einer Einheits-Betriebsaufspaltung (→ 4 Rz. 411).

Die Durchsetzung eines einheitlichen geschäftlichen Betätigungswillen setzt keine Beteiligungsidentität voraus. Ausreichend ist vielmehr eine Beherrschungsidentität. Vor diesem Hintergrund ist die **Personengruppentheorie** des BFH zu verstehen:

423

---

1) Nur BFH v. 8.11.1971, GrS 2/71, BStBl II 1972, 63; BFH v. 24.2.2000, IV R 62/98, BStBl II 2000, 417; BFH v. 28.11.2001, X R 50/97, BStBl II 2002, 363; BFH v. 1.7.2003, VIII R 24/01, BStBl II 2003, 757, m.w.N.; BFH v. 30.11.2005, X R 56/04, BStBl II 2006, 415.
2) BFH v. 10.4.1997, IV R 73/94, BStBl II 1997, 569; BFH v. 1.7.2003, VIII R 24/01, BStBl II 2003, 757.
3) BFH v. 16.5.2013, IV R 54/11, BFH/NV 2013, 1557–1561.
4) BFH v. 21.8.1996, X R 25/93, BStBl II 1997, 44.
5) BFH v. 19.10.2007, IV B 163/06, BFH/NV 2008, 212 (Ehegattenfall); BFH v. 21.1.1999, IV R 96/96, BStBl II 2002, 771.
6) BFH v. 11.5.1999, VIII R 72/96, BStBl II 2002, 722; BFH v. 1.7.2003, VIII R 24/01, BStBl II 2003, 757; BFH v. 15.3.2000, VIII R 82/98, BStBl II 2002, 774; BFH v. 16.5.2013, IV R 54/11, BFH/NV 2013, 1557–1561. Dieser Rechtsprechung folgt auch die FinVerw, vgl. BMF v. 7.10.2002, IV A 6-S 2240–134/02, BStBl I 2002, 1028. Auch Stoschek/Sommerfeld, DStR 2012, 215.
7) BFH v. 1.7.2003, VIII R 24/01, BStBl II 2003, 757.

danach ist die personelle Verflechtung gegeben, wenn eine Personengruppe beide Unternehmen beherrschen kann („Herrschaft über die Geschäfte des täglichen Lebens").[1]

Hinweis:

Im Grundsatz ist es unerheblich, ob die Personengruppe von der Möglichkeit der Willensdurchsetzung Gebrauch macht. Die Personengruppentheorie ist allerdings nicht anwendbar, wenn tatsächliche Interessengegensätze zwischen den Gesellschaftern nachgewiesen werden oder wenn vertragliche Stimmrechtsbindungen zu Gunsten Dritter bestehen.[2] Zu Einstimmigkeitsabreden – insbesondere auf Grund der gesellschaftsrechtlichen Vorgaben bei verschiedenen Rechtsformen – auch BMF v. 7.10.2002.[3]

Eine Beherrschungsidentität wird allerdings dann nicht angenommen, wenn die Beteiligungen an Besitzgesellschaft und Betriebsunternehmen eine **extrem entgegengesetzte Höhe** aufweisen.[4] Hierzu kann auf folgende bislang entschiedene Fälle verwiesen werden.

	Beteiligungsquote Gesellschafter			Betriebsaufspaltung laut BFH?
	A	B	Summe	
Besitzunternehmen	50 %	50 %	100 %	BASP[5]
Betriebsgesellschaft	88 %	12 %	100 %	
Besitzunternehmen	40 %	60 %	100 %	BASP[6]
Betriebsgesellschaft	60 %	40 %	100 %	
Besitzunternehmen	50 %	50 %	100 %	BASP[7]
Betriebsgesellschaft	98 %	2 %	100 %	
Besitzunternehmen	40 %	40 %	100 %	BASP[8]
Betriebsgesellschaft	60 %	40 %	100 %	

Hinweis:

Ehegatten oder nahe Angehörige werden bei der Anwendung der Personengruppentheorie grundsätzlich wie Fremde behandelt.[9] Dies gilt insbesondere auch für Ehegattenanteile, es sei denn, es liegen ausnahmsweise Beweisanzeichen für gleichgerichtete Interessen vor, wie etwa unwiderrufliche Stimmrechtsvollmachten oder Stimmbindungsverträge.[10] So liegt keine personelle Verflechtung vor, wenn der eine Ehegatte nur am Besitzunternehmen und der

---

1) BFH v. 2.8.1972, IV 87/65, BStBl II 1972, 796; BFH v. 24.2.1994, IV R 8–9/93, BStBl II 1994, 466; BFH v. 24.2.2000, IV R 62/98, BStBl II 2000, 417; BVerfG v. 25.3.2004, 2 BvR 944/00, NJW 2004, 2513. Kritisch zu den Anforderungen an die Personengruppentheorie Carlé in Korn, § 15 EStG Rz. 462 (März 2008).
2) BFH v. 7.1.2008, IV B 24/07, BFH/NV 2008, 784.
3) BMF v. 7.10.2002, IV A 6 – S 2240 – 134/02, BStBl I 2002, 1028. Zu dieser Problematik auch Bitz in L/B/P, § 15 Rz. 321 (November 2012).
4) BFH v. 12.10.1988, X R 5/86, BStBl II 1989, 152.
5) BFH v. 20.9.1973, IV R 41/69, BStBl II 1973, 869. Ähnlich auch BFH v. 24.2.1994, IV R 8–9/93, BStBl II 1994, 466.
6) BFH v. 24.2.2000, IV R 62/98, BStBl II 2000, 417, bestätigt durch BVerfG v. 25.3.2004, 2 BvR 944/00, HFR 2004, 691. Ebenso BFH v. 29.8.2001, VIII R 34/00, BFH/NV 2002, 185 = HFR 2002, 199.
7) BFH v. 24.2.1994, IV R 8–9/93, BStBl II 1994, 466.
8) BFH v. 24.2.2000, IV R 62/98, BStBl II 2000, 417.
9) BFH v. 28.5.1991, IV B 28/90, BStBl II 1991, 801; BFH v. 24.2.2000, IV R 62/98, BStBl II 2000, 417. Bestätigend H 15.7 (7) „Allgemeines" EStH 2012.
10) BVerfG v. 12.3.1985, 1 BvR 571/81, BStBl II 1985, 475; BFH v. 24.7.1986, IV R 98/85, BStBl II 1986, 913.

andere nur an der Betriebsgesellschaft beteiligt ist – sog. **Wiesbadener-Modell**.[1] Eine personelle Verflechtung ist allerdings dann gegeben, wenn sowohl die überlassenen wesentlichen Betriebsgrundlagen als auch die Mehrheit der Anteile an der Betriebskapitalgesellschaft zum Gesamtgut einer ehelichen Gütergemeinschaft gehören.[2]

Bestimmte Konstruktionen können aber für gleichgerichtete Interessen sprechen. So z.B. BFH v. 29.8.2001[3]: *„Haben Eheleute ein Grundstück zu Bruchteilen erworben, um es an eine GmbH, an der sie im umgekehrten Verhältnis wie an dem Grundstück beteiligt sind, für deren betriebliche Zwecke zu verpachten, dann handelt es sich bei dem Zusammenschluss der Eheleute in der Regel um eine Gesellschaft bürgerlichen Rechts und nicht nur um eine Gemeinschaft, weil die Eheleute die Doppelkonstruktion bewusst gewählt haben, um ihre über den Rahmen einer Vermietung und Vermögensverwaltung hinausgehenden gemeinsamen wirtschaftlichen Interessen zu verfolgen."*

Eine Betriebsaufspaltung wird auch dann angenommen, wenn die Ehegatten am Besitzunternehmen mit 60 % bzw. 40 % und an der Betriebsgesellschaft im umgekehrten Verhältnis beteiligt sind.[4]

Des Weiteren werden unter bestimmten Bedingungen **Anteile von Eltern und minderjährigen Kindern** zusammengerechnet.[5]

2. Sachliche Verflechtung

Eine sachliche Verflechtung liegt vor, wenn das Besitzunternehmen der Betriebsgesellschaft wenigstens eine für dessen Betrieb **funktional wesentliche Betriebsgrundlage** überlässt.[6] Ein Grundstück ist im Rahmen einer Betriebsaufspaltung wesentliche Betriebsgrundlage, wenn es nach dem Gesamtbild der Verhältnisse zur Erreichung des Betriebszwecks erforderlich ist und besonderes Gewicht für die Betriebsführung besitzt.[7] Insoweit werden allerdings von der Rechtsprechung immer geringere Anforderungen gestellt: Nach dem Urteil des X. Senats vom 2.4.1997[8] stellt ein Grundstück bereits dann eine wesentliche Betriebsgrundlage dar, wenn dieses für die Betriebsgesellschaft wirtschaftlich von nicht nur geringer Bedeutung ist. Eine besondere Gestaltung für den Unternehmenszweck der Betriebsgesellschaft ist nicht erforderlich; ausreichend ist vielmehr, dass ein Grundstück dieser Art für die Geschäftstätigkeit der Betriebsgesellschaft genutzt wird und es ihr ermöglicht, den Geschäftsbetrieb aufzunehmen oder auszuüben.[9] Unmaßgeblich ist, ob die überlassenen Wirtschaftsgüter im Eigentum des Besitzunternehmens stehen oder diesem selber zur Nutzung überlassen werden.[10]

424

Häufigster Anwendungsfall in der Praxis ist die Überlassung von Grundstücken. Wichtige Leitsätze aus der Rechtsprechung zur Einstufung von Immobilien als wesentliche Betriebsgrundlage:

– Ein von der Betriebs-GmbH genutztes Gebäude, das **Lager-, Betriebs- und Verwaltungsräume** umfasst, ist regelmäßig als wesentliche Betriebsgrundlage anzusehen.[11]

---

1) BFH v. 24.2.2000, IV R 62/98, BStBl II 2000, 417. Bestätigend H 15.7 (7) „Wiesbadener Modell" EStH 2012. Auch OFD Frankfurt a.M. v. 10.5.2012, S 2240 A – 28 – St 219, www.stotax-first.de.
2) BFH v. 26.11.1992, IV R 15/91, BStBl II 1993, 876; BFH v. 19.10.2006, IV R 22/02, BFH/NV 2007, 149. Ebenso H 15.7 (6) „Gütergemeinschaft" EStH 2012.
3) BFH v. 29.8.2001, VIII R 34/00, BFH/NV 2002, 185 = HFR 2002, 199.
4) So BVerfG v. 25.3.2004, 2 BvR 944/00, HFR 2004, 691.
5) Hierzu R 15.7 (8) EStR 2012.
6) Nur BFH v. 21.5.1974, VIII R 57/70, BStBl II 1974, 613; BFH v. 17.11.1992, VIII R 36/91, BStBl II 1993, 233.
7) Nur BFH v. 24.8.1989, IV R 135/86, BStBl II 1989, 1014.
8) BFH v. 2.4.1997, X R 21/93, BStBl II 1997, 565.
9) BFH v. 13.7.2006, IV R 25/05, BStBl II 2006, 804 m.w.N.
10) BFH v. 24.8.1989, IV R 135/86, BStBl II 1989, 1014; BFH v. 5.2.2002, VIII R 25/01, BFH/NV 2002, 781; BFH v. 18.8.2009, X R 22/07, BFH/NV 2010, 208.
11) BFH v. 2.3.2000, IV B 34/99, BFH/NV 2000, 1084.

- Fabrikgrundstücke sind i.d.R. wesentliche Betriebsgrundlage, da die Gebäude meist durch ihre Gliederung oder sonstige Bauart auf den Betrieb zugeschnitten sind. Davon ist zumindest dann auszugehen, wenn ein enger zeitlicher Zusammenhang zwischen Errichtung des Gebäudes, Vermietung und Aufnahme des Betriebs in diesem Gebäude besteht.[1)]
- Dasselbe wird regelmäßig für Laden- und Verkaufsräume angenommen, da diese die Eigenart des Betriebs prägen und der Kundenstamm mit ihnen verbunden ist.[2)] Bei mehreren Geschäftslokalen eines Filialeinzelhandelsbetriebs sind die einzelnen Geschäftslokale auch dann eine wesentliche Betriebsgrundlage, wenn auf das einzelne Geschäftslokal weniger als 10 % der gesamten Nutzfläche des Unternehmens entfällt.[3)]
- Eine sachliche Verflechtung i.S.d. Rechtsprechungsgrundsätze zur Betriebsaufspaltung liegt bei Nutzung eines Gebäudes bereits dann vor, wenn der Betrieb der Betriebsgesellschaft ein Gebäude dieser Art benötigt, das Gebäude für den Betriebszweck geeignet ist und es die räumliche und funktionale Grundlage des Betriebs bildet. Mietet der Geschäftsführer einer GmbH ein Gebäude zu diesem Zweck an, so ist regelmäßig davon auszugehen, dass es für den Betrieb erforderlich ist.[4)]
- Ein Grundstück ist wesentliche Betriebsgrundlage, wenn es die räumliche und funktionale Grundlage für die Geschäftstätigkeit der Betriebsgesellschaft bildet, und zwar auch dann, wenn es für den jeweiligen Unternehmenszweck der Betriebsgesellschaft nicht besonders gestaltet wurde.[5)]
- Die Wesentlichkeit eines Grundstücks kann nicht schon deshalb verneint werden, weil das Betriebsunternehmen jederzeit auf dem Markt ein für seine Belange gleichartiges Grundstück mieten oder kaufen könnte.[6)]
- Das Dachgeschoss eines mehrstöckigen Hauses ist eine funktional wesentliche Betriebsgrundlage, wenn es zusammen mit den übrigen Geschossen die räumliche und funktionale Grundlage für einen Betrieb bildet.[7)]
- Ein **Büro- und Verwaltungsgebäude** ist jedenfalls dann eine wesentliche Betriebsgrundlage i.S.d. Rechtsprechungsgrundsätze zur Betriebsaufspaltung, wenn es die räumliche und funktionale Grundlage für die Geschäftstätigkeit der Betriebsgesellschaft bildet.[8)] Vgl. hierzu allerdings die Übergangsregelung der FinVerw[9)], welche allerdings nicht zwingend vorteilhaft ist.[10)]
- Wird ein **Teil eines normalen Einfamilienhauses** von den Gesellschaftern der Betriebs-GmbH an diese als einziges Büro (Sitz der Geschäftsleitung) vermietet, so stellen die Räume auch dann eine wesentliche, die sachliche Verflechtung begründende Betriebsgrundlage i.S.d. Rechtsprechung zur Betriebsaufspaltung dar, wenn sie nicht für Zwecke des Betriebsunternehmens besonders hergerichtet und gestaltet sind. Das gilt jedenfalls dann, wenn der Gebäudeteil nicht die in § 8 EStDV genannten Grenzen unterschreitet.[11)]

---

1) Z.B. BFH v. 12.9.1991, IV R 8/90, BStBl II 1992, 347.
2) BFH v. 12.2.1992, XI R 18/90, BStBl II 1992, 723.
3) BFH v. 19.3.2009, IV R 78/06, BStBl II 2009, 803.
4) BFH v. 20.4.2004, VIII R 13/03, BFH/NV 2004, 1253.
5) BFH v. 3.6.2003, IX R 15/01, BFH/NV 2003, 1321.
6) BFH v. 26.5.1993, X R 78/91, BStBl II 1993, 718.
7) BFH v. 14.2.2007, XI R 30/05, BStBl II 2007, 524.
8) BFH v. 23.5.2000, VIII R 11/99, BStBl II 2000, 621. So auch BFH v. 23.1.2001, VIII R 71/98, BFH/NV 2001, 894 = HFR 2001, 759. Hierzu auch BMF v. 11.6.2002, IV A 6 – S 2240 – 70/02, BStBl I 2002, 647; BMF v. 18.9.2001, IV A 6 – S 2240 – 50/01, BStBl I 2001, 634.
9) OFD Frankfurt a.M. v. 10.5.2012, S 2240 A – 28 – St 219, www.stotax-first.de, unter 2.1.3.
10) Vgl. Carlé in Korn, § 15 EStG Rz. 443.1 (März 2008).
11) BFH v. 13.7.2006, IV R 25/05, BStBl II 2006, 804.

In Frage kommen neben Immobilien aber auch andere Wirtschaftsgüter des beweglichen Anlagevermögens oder auch immaterielle Vermögensgegenstände wie Patente, Warenzeichen usw., wenn sie der Erzielung eines nennenswerten Umsatzes dienen.[1] So hat das FG München mit Urteil v. 10.6.2010[2] entschieden, dass die pachtweise Überlassung des Mandantenstamms von einem Angehörigen eines freien Berufs an eine verflochtene GmbH eine Betriebsaufspaltung mit der Folge begründet, dass die von dem Verpachtungsunternehmen vereinnahmten Pachtzinsen als Einnahmen aus Gewerbebetrieb zu qualifizieren sind.

Die **sachliche Verflechtung beginnt** mit der tatsächlichen Überlassung von wesentlichen Betriebsgrundlagen. Dabei ist unerheblich, ob die Überlassung entgeltlich oder unentgeltlich erfolgt und ob die Überlassung auf einer schuldrechtlichen oder dinglichen Grundlage beruht.[3]   425

3. Gewerblichkeit der Betriebsgesellschaft

Eine Umqualifizierung der Tätigkeit des Besitzunternehmens als gewerbliche Tätigkeit erfolgt nur dann, wenn die Betriebs-Gesellschaft eine gewerbliche Tätigkeit ausübt bzw. eine Gewerblichkeit kraft Rechtsform oder Kraft gewerblicher Prägung vorliegt.[4] Insoweit wird auch eine GewSt-Befreiung der Betriebs-Gesellschaft auf das Besitzunternehmen übertragen.[5]   426

> **Hinweis:**
>
> Die Überlassung eines Praxisgrundstücks seitens einer ganz oder teilweise personenidentischen Miteigentümergemeinschaft an eine **Freiberufler-GbR** begründet keine mitunternehmerische Betriebsaufspaltung, da es an einem auf die Ausübung eines Gewerbebetriebs gerichteten Betätigungswillen mangelt, sofern die Betriebsgesellschaft keinen Gewerbebetrieb unterhält.[6] In diesem Fall werden die Grundstücksanteile der Miteigentümer bei der Freiberufler-GbR als Sonderbetriebsvermögen behandelt; verfahrensrechtlich wird zunächst für die Grundstücks-GbR eine gesonderte und einheitliche Feststellung der Einkünfte aus Vermietung und Verpachtung durchgeführt und im zweiten Schritt erfolgt dann ggf. eine Umqualifizierung der Einkünfte im Feststellungsbescheid der Freiberufler-GbR.[7]

V. Laufende Besteuerung der Betriebsaufspaltung

1. Steuerliche Rechtsfolgen

a) Grundsatz der Selbständigkeit beider Unternehmen

Trotz der engen Verflechtung zwischen Besitzunternehmen und Betriebsgesellschaft werden beide **steuerlich als selbständige Unternehmen betrachtet**.[8] Ebenso wenig besteht ein allgemeiner Grundsatz, dass bei einer Betriebsaufspaltung Besitz- und Betriebsunternehmen korrespondierend bilanzieren müssten.[9] Allerdings sind bei der Beurteilung der Frage, ob der Besitzunternehmer mit Gewinnerzielungsabsicht (§ 15   427

---

1) Nur BFH v. 20.7.2005, X R 22/02, BStBl II 2006, 457.
2) FG München v. 10.6.2010, 8 K 460/10, rkr., EFG 2011, 47.
3) BFH v. 12.12.2007, X R 17/05, BStBl II 2008, 579.
4) Ausführlich Wacker in Schmidt, 33. Aufl. 2014, § 15 Rz. 856 m.w.N.
5) BFH v. 29.3.2006, X R 59/00, BStBl II 2006, 661 und BFH v. 19.10.2006, IV R 22/02, BFH/NV 2007, 149. Bestätigend FinMin NRW v. 6.10.2010, G 1410 – 7 – V B 4, DStR 2010, 2462.
6) BFH v. 10.11.2005, IV R 29/04, BStBl II 2006, 173.
7) BFH v. 9.10.2008, IX R 72/07, BStBl II 2009, 231. Hierzu Steger, DStR 2009, 784 und zu Bilanzierungsfragen Pyszka, DStR 2010, 1372.
8) Nur BFH v. 14.1.1998, X R 57/93, BFH/NV 1998, 1160 = HFR 1998, 731. Ebenso H 2.4 (3) GewStH 2009.
9) Nur BFH v. 8.3.1989, X R 9/86, BStBl II 1989, 714.

Abs. 2 Satz 3 EStG) tätig wird, Gewinne und Ausschüttungen der Betriebsgesellschaft in die Betrachtung einzubeziehen.[1]

Hinweis:

Die steuerlich selbständige Betrachtung von Besitzunternehmen einerseits und Betriebsgesellschaft andererseits hat insbesondere die (negative) Auswirkung, dass **Verluste der Betriebs-Kapitalgesellschaft** nicht mit Gewinnen des Besitzunternehmens verrechnet werden können. Verstärkt wird diese Problematik ggf. noch durch Gesellschafter-Geschäftsführergehälter. Aus diesem Grunde ist eine genaue Ergebnisplanung für beide Einheiten notwendig.

b) Rechtsfolgen

428 Liegt eine Betriebsaufspaltung im steuerlichen Sinne vor, so folgt daraus nach der Rechtsprechung des BFH, dass das Besitzunternehmen keine Einkünfte aus Vermietung und Verpachtung erzielt, sondern solche aus Gewerbebetrieb.[2] Das Besitzunternehmen ist dementsprechend als **Gewerbebetrieb** i.S.d. § 2 Abs. 1 GewStG von dem Zeitpunkt an zu behandeln, in dem die Voraussetzungen für eine Betriebsaufspaltung erstmals erfüllt sind.[3] Die hieraus folgende Belastung mit Gewerbesteuer wird allerdings teilweise durch die Steuerermäßigung nach § 35 EStG wieder ausgeglichen.[4]

Gravierender ist die hiermit verbundene Folge, dass die zum Besitzunternehmen zählenden Wirtschaftsgüter nicht zum – außerhalb von § 23 EStG steuerlich irrelevanten – Privatvermögen, sondern zum steuerverhafteten Betriebsvermögen zählen.

Die **Anteile der Gesellschafter an der Betriebs-GmbH** werden dem **Sonderbetriebsvermögen** bei dem Besitzunternehmen zugeordnet. Dies setzt voraus, dass die Anteile dazu dienen, den geschäftlichen Betätigungswillen bei der Betriebsgesellschaft durchzusetzen.[5] Dies führt dazu, dass die Gewinnausschüttungen der Betriebsgesellschaft als Einkünfte aus Gewerbebetrieb eingestuft werden. Diese unterliegen damit nicht der Abgeltungsteuer, sondern dem Teileinkünfteverfahren.

c) Nur-Besitzgesellschafter

429 Die gewerbliche Tätigkeit des Besitzunternehmens umfasst auch die Anteile und die Einkünfte der Gesellschafter, die nur am Besitzunternehmen beteiligt sind (Nur-Besitzgesellschafter).[6] Diese werden mithin zwangsweise zu Gewerbetreibenden.[7] Endet die steuerliche Betriebsaufspaltung, so kommt es auch für die Nur-Besitzgesellschafter zu einer zwangsweisen Gewinnrealisation.

2. Besonderheiten der laufenden Besteuerung

a) Zunächst nicht erkannte Betriebsaufspaltung

430 Wird eine Betriebsaufspaltung zunächst nicht als solche erkannt, so müssen die Wirtschaftsgüter des Besitzunternehmens in einer zu erstellenden **Eröffnungsbilanz** für den ersten, verfahrensrechtlich noch änderbaren VZ mit den Werten ausgewiesen

---

1) BFH v. 14.1.1998, X R 57/93, BFH/NV 1998, 1160 = HFR 1998, 731.
2) Nur BFH v. 15.1.1998, IV R 8/97, BStBl II 1998, 478; BFH v. 18.6.1980, I R 77/77, BStBl II 1981, 39.
3) BFH v. 15.1.1998, IV R 8/97, BStBl II 1998, 478.
4) Die Kürzungsvorschrift des § 9 Nr. 1 Satz 2 GewStG ist insoweit nicht einschlägig (BFH v. 27.8.1992, IV R 13/91, BStBl II 1993, 134).
5) BFH v. 20.3.2006, X B 192/05, BFH/NV 2006, 1093; BFH v. 14.9.1999, III R 47/98, BStBl II 2000, 255. Zur weiten Abgrenzung des Betriebsvermögens eines Besitzunternehmens vgl. BFH v. 12.6.2013, X R 2/10, BStBl II 2013, 907 und hierzu Prinz, BStBl II 2013, 907.
6) BFH v. 2.8.1972, IV 87/65, BStBl II 1972, 796.
7) Kritisch Carlé in Korn, § 15 EStG Rz. 474 (März 2006).

werden, mit denen die bisher zu Unrecht nicht bilanzierten Wirtschaftsgüter auszuweisen wären, wenn die Bilanzierung von Anfang an erfolgt wäre. Dies hat insbesondere zur Folge, dass bislang **unterbliebene Abschreibungen nicht nachgeholt werden können**.[1]

Wird die Betriebsaufspaltung erst im Nachhinein erkannt und ist deshalb bis dahin keine Bilanzierung erfolgt, so besteht keine Wahl hinsichtlich der **Gewinnermittlungsmethode**.[2]

b) Pachtvermögen, Substanzerhaltungsverpflichtung

Da das Besitzunternehmen bürgerlich-rechtlicher und i.d.R. auch wirtschaftlicher Eigentümer hinsichtlich der Pachtgegenstände ist, hat dieses die Pachtgegenstände zu aktivieren. Dies gilt auch dann, wenn der Betriebsgesellschaft eine **Substanzerhaltungsverpflichtung** auferlegt wird (Rückgabe der Pachtgegenstände am Pachtende in dem bei Pachtbeginn gegebenem Zustand unter Berücksichtigung der technischen Entwicklung). Die verpachtende Besitzgesellschaft hat auch bei Ersatzbeschaffung durch die pachtende Betriebs-GmbH die Pachtgegenstände zu aktivieren und die AfA vorzunehmen.[3] **431**

Die verpachtende Besitzgesellschaft hat einen gegen die Betriebs-GmbH gerichteten Anspruch auf Substanzerhaltung zu aktivieren. Entsprechend hat die Betriebs-GmbH eine Rückstellung für die Pachterneuerungsverpflichtung zu bilden. Wegen des einheitlichen geschäftlichen Betätigungswillens hat eine Bilanzierung in gleicher Höhe zu erfolgen (**korrespondierende Bilanzierung**).[4]

c) Aktivierung von Gewinnansprüchen aus der Betriebs-GmbH

Nach dem Grundsatzurteil des BFH-Urteils v. 7.8.2000 sind **Gewinnansprüche** gegen eine Tochter-Kapitalgesellschaft für die am Bilanzstichtag der Muttergesellschaft noch kein Gewinnverwendungsbeschluss gefasst ist, grundsätzlich nicht zu aktivieren.[5] Dies gilt auch in Betriebsaufspaltungsfällen.[6] Mit Urteil v. 7.2.2007[7] wurde dies dahingehend konkretisiert, dass eine phasengleiche Gewinnvereinnahmung nur in den seltenen Ausnahmefällen in Frage kommt, wenn sich aus Vertrag oder Gesetz eine unmittelbare und für die Gesellschafter nicht mehr abänderbare Ausschüttungspflicht in bestimmter Höhe ergibt. **432**

d) Angemessenheit des Pachtzinses

aa) Fremdüblicher Pachtzins

Wird ein **fremdüblicher Pachtzins** festgelegt, so ergeben sich steuerlich keine Besonderheiten: der Pachtaufwand mindert den Gewinn der Betriebs-Gesellschaft und die Pachteinnahmen sind Betriebseinnahmen des Besitzunternehmens. Im Zusammenhang mit der Überlassung der Wirtschaftsgüter beim Besitzunternehmen entstehende Aufwendungen sind als Betriebsausgaben abzugsfähig.[8] **433**

---

1) Vgl. nur BFH v. 24.10.2001, X R 153/97, BStBl II 2002, 75.
2) So OFD Niedersachsen v. 17.2.2010, S 2130 – 30 – St 222/St 221, DStR 2010, 544.
3) BMF v. 21.2.2002, IV A 6 – S 2132 – 4/02, BStBl I 2002, 262.
4) BFH v. 8.3.1989, X R 9/86, BStBl II 1989, 714.
5) BFH v. 7.8.2000, GrS 2/99, BStBl II 2000, 632.
6) BFH v. 31.10.2000, VIII R 85/94, BStBl II 2001, 185; BFH v. 31.10.2000, VIII R 17/94, HFR 2001, 582.
7) BFH v. 7.2.2007, I R 15/06, BStBl II 2008, 340.
8) BMF v. 8.11.2010, IV C 6 – S 2128/07/10001 (2010/0805444), BStBl I 2010, 1292.

Hinweis:

Auf Grund der besonderen Verflechtung zwischen Besitzunternehmen und Betriebsgesellschaft müssen Höhe und Fälligkeit des Pachtzinses klar und eindeutig im Voraus vereinbart werden. Schriftform ist aus Nachweisgründen anzuraten.

bb) Überhöhter Pachtzins

434 Leistet die Betriebs-Kapitalgesellschaft einen überhöhten Pachtzins, so liegt eine **verdeckte Gewinnausschüttung** vor. Die Höhe des angemessenen Pachtzinses hängt vom Einzelfall ab. Wird das gesamte Anlagevermögen verpachtet, so muss der Pachtzins aus Sicht des verpachtenden Besitzunternehmens eine Kapitalverzinsung, den Wertverzehr (lineare AfA bemessen nach der tatsächlichen Nutzungsdauer) und den Geschäftswert mit abdecken.[1] Der Wertverzehr ist nicht zu berücksichtigen, wenn die pachtende Betriebs-GmbH eine Substanzerhaltungsverpflichtung trifft. Die Kapitalverzinsung hängt von den jeweiligen Marktverhältnissen ab. Genannt werden für Immobilien Sätze von 6 % bis 10 % und im Übrigen 5 % bis 8 %.[2] Auch muss die Ertragslage der Betriebskapitalgesellschaft einbezogen werden. Erzielt diese eine angemessene Verzinsung des eingesetzten Eigenkapitals (Stammkapital, Rücklagen und stille Reserven), so spricht dies gegen das Vorliegen einer verdeckten Gewinnausschüttung.[3] Umstritten ist die insoweit zu fordernde Mindestverzinsung. Meines Erachtens wird diese in Abhängigkeit von dem Risiko der Geschäftstätigkeit bei 10 % bis 20 % liegen; insoweit kann auf die Ermittlung des Kapitalisierungszinssatzes bei der Unternehmensbewertung zurückgegriffen werden.

Erheblich **verspätete Pachtzahlungen** der Betriebs-GmbH sind als vGA einzustufen, wenn die Zahlungen nicht aus finanziellen Gründen der GmbH unterbleiben mussten.[4] Stundungsvereinbarungen werden steuerlich nur dann anerkannt, wenn diese auf klaren zivilrechtlichen und im Voraus getroffenen Abmachungen beruhen und entsprechend auch verfahren wird.

cc) Fremdunüblich niedriger Pachtzins

435 Wird ein nicht fremdunüblich niedriger Pachtzins vereinbart, kommt es mangels Einlagefähigkeit des Nutzungsvorteils nicht zu einer **verdeckten Einlage** in die Betriebsgesellschaft, so dass bei dieser keine Gewinnkorrektur erfolgt.[5] Die Besitzgesellschaft darf dieser daher unentgeltlich und erst recht teilentgeltlich Nutzungen überlassen.

Erfolgt die Überlassung der Wirtschaftsgüter vom Besitzunternehmen an die Betriebskapitalgesellschaft allerdings unentgeltlich oder teilentgeltlich, d.h. zu nicht fremdüblichen Konditionen, ist auf Aufwendungen des Besitzunternehmens im Zusammenhang mit den überlassenen Wirtschaftsgütern grds. **§ 3c Abs. 2 EStG** anzuwenden, weil in diesem Fall die Aufwendungen ganz oder teilweise mit den aus der Betriebsgesellschaft erwarteten Einkünften des Gesellschafters, nämlich den Beteiligungserträgen in Form von Gewinnausschüttungen/Dividenden und den Gewinnen aus einer zukünftigen Veräußerung oder Entnahme des Anteils zusammenhängen.[6] Dies wurde

---

1) BFH v. 31.3.1971, I R 111/69, BStBl II 1971, 536; BFH v. 14.1.1998, X R 57/93, BFH/NV 1998, 1160 = HFR 1998, 731.
2) Z.B. Herden in VGA/VE, Fach 4 „Miet- und Pachtverhältnisse", Rz. 18 (August 2014).
3) BFH v. 4.5.1977, I R 11/75, BStBl II 1977, 679. Hierzu auch Niedersächsisches FG v. 21.9.1999, 6 K 166/97, rkr., EFG 2000, 647 (Auszug) = DStRE 2000, 862.
4) FG Baden-Württemberg v. 2.11.1995, 6 K 65/93, EFG 1996, 342.
5) BFH v. 26.10.1987, GrS 2/86, BStBl II 1988, 348.
6) BMF v. 8.11.2010, IV C 6 – S 2128/07/10001 [2010/0805444], BStBl I 2010, 1292; BFH v. 17.7.2013, X R 17/11, BStBl II 2013, 817; vgl. hierzu Harle/Schnabel, StBp 2013, 125; Ott, StuB 2013, 519; Hoffmann, StuB 2012, 529.

nun in § 3c Abs. 2 Satz 6 EStG im Rahmen des ZollkodexAnpG[1] auch gesetzlich verankert, wobei die Anwendung des § 3c Abs. 2 EStG an die Bedingung geknüpft ist, dass der das Wirtschaftsgut überlassende Gesellschafter zu mehr als 25 % beteiligt ist.

Zur Anwendung des § 3c Abs. 2 EStG hat der BFH entschieden:

- Zunächst wurde festgestellt, dass Aufwendungen, die dem Gesellschafter einer Kapitalgesellschaft durch die Nutzungsüberlassung eines Wirtschaftsguts an die Gesellschaft entstehen, nicht vorrangig durch die Beteiligungs-, sondern durch die Miet- oder Pachteinkünfte veranlasst und daher nicht von § 3c Abs. 2 EStG erfasst werden, sondern in vollem Umfang abziehbar sind, wenn die Nutzungsüberlassung zu Konditionen erfolgt, die einem Fremdvergleich standhalten.[2]

- Von dem Abzugsverbot des § 3c Abs. 2 EStG generell ausgenommen sind substanzbezogene Aufwendungen wie Absetzungen für Abnutzung (AfA) und Erhaltungsaufwendungen; diese sind unabhängig von den Gründen des Pachtverzichts stets in vollem Umfang abziehbar.[3] Ein Zusammenhang dieser Aufwendungen mit der Beteiligung kann nicht hergestellt werden; vielmehr sind diese unmittelbar durch die verpachteten Wirtschaftsgüter selbst verursacht.

- Auch kam bis zum VZ 2010 das Teilabzugsverbot des § 3c Abs. 2 EStG generell nicht zur Anwendung im Fall einer vollständig einnahmelosen Beteiligung.[4] Seit dem VZ 2011 reicht nach der neuen Fassung von § 3c Abs. 2 Satz 2 EStG für die Anwendung des § 3c Abs. 2 Satz 1 EStG die Absicht zur Erzielung von Betriebsvermögensmehrungen oder Einnahmen i.S.d. § 3 Nr. 40 EStG aus.

- Im Fall einer verbilligten (teilentgeltlichen) Überlassung seien die Aufwendungen nach Maßgabe des Verhältnisses zwischen dem tatsächlich gezahlten und dem fremdüblichen Pachtentgelt aufzuteilen. Aus diesem Grund ist eine sorgfältige Dokumentation ratsam.

- Bei einem Verzicht auf vertraglich vereinbarte Pachtzahlungen steht § 3c Abs. 2 EStG der Abziehbarkeit der durch die Nutzungsüberlassung entstehenden Aufwendungen nur entgegen, wenn der Verzicht durch das Gesellschaftsverhältnis veranlasst ist und daher einem Fremdvergleich nicht standhält.[5] Für eine Fremdüblichkeit einer Pachtreduzierung oder eines Pachtverzichts sprechen insbesondere wirtschaftliche Schwierigkeiten bei der Betriebsgesellschaft. So spricht für eine Fremdüblichkeit[6]
    - die Beteiligung auch gesellschaftsfremder Personen an der Sanierung,
    - eine nur vorübergehende Minderung der Pacht und
    - bislang hohe Gewinne aus der Verpachtung.

- Das Fehlen einer Befristung für den Pachtverzicht spricht gegen eine Fremdüblichkeit.[7]

- Andererseits wird der Bereich des fremdüblichen Verhaltens verlassen, wenn der Vollzug des Nutzungsüberlassungsvertrags durch willkürliche Aussetzung und anschließende Wiederaufnahme der Zahlungen sowie durch Schwankungen in der Höhe des Zahlbetrags gekennzeichnet ist, die nicht durch solche Änderungen

---

1) Gesetz zur Anpassung der Abgabenordnung an den Zollkodex der Union und zur Änderung weiterer steuerlicher Vorschriften (ZollkodexAnpG) v. 22.12.2014, BGBl I 2014, 2417.
2) BFH v. 17.7.2013, X R 17/11, BStBl II 2013, 817.
3) BFH v. 17.7.2013, X R 17/11, BStBl II 2013, 817; BFH v. 28.2.2013, IV R 49/11, BStBl II 2013, 802. So auch Crezelius, DB 2002, 1124 (1126).
4) BFH v. 25.6.2009, IX R 42/08, BStBl II 2010, 220.
5) BFH v. 17.7.2013, X R 17/11, BStBl II 2013, 817; BFH v. 28.2.2013, IV R 49/11, BStBl II 2013, 802.
6) BFH v. 17.7.2013, X R 17/11, BStBl II 2013, 817.
7) BFH v. 17.7.2013, X R 6/12, BFH/NV 2014, 21.

der Verhältnisse gerechtfertigt sind, die auch ein fremder Vertragspartner zum Anlass einer Vertragsänderung genommen hätte.[1]

Beratungshinweis:

Grundsätzlich trägt das FA die Feststellungslast für das Vorliegen der Voraussetzungen des § 3c Abs. 2 EStG. Der BFH betont allerdings, dass dennoch der Steuerpflichtige unter dem Gesichtspunkt des Fremdvergleichs jedenfalls bei einem Pachtverzicht, der endgültig und nicht lediglich für einen ganz kurzen Zeitraum ausgesprochen wird, gehalten ist, dem FA ein Mindestmaß an substantiierten Darlegungen sowohl zur regionalen Marktlage im Bereich der Gewerbeimmobilien als auch zu seiner Einschätzung der wirtschaftlichen Zukunftsaussichten der Pächterin zu unterbreiten.[2]

Die Frage, ob ein teilweiser oder vollständiger Pachtverzicht betrieblich oder gesellschaftsrechtlich veranlasst ist, ist für jeden VZ gesondert zu prüfen. Insofern kann sich der Veranlassungszusammenhang ändern.

Diese BFH-Rechtsprechung wird auch von der FinVerw angewandt. [3] In Tz. 6 des BMF-Schreibens v. 23.10.2013 wird allerdings nicht ganz deutlich, wann die FinVerw eine gesellschaftsrechtliche Veranlassung sieht. Meines Erachtens kann § 3c Abs. 2 EStG nur dann zur Anwendung kommen, wenn

- die Überlassung der Wirtschaftsgüter unentgeltlich oder teilentgeltlich erfolgt **und**
- dies aus gesellschaftsrechtlichen Gründen erfolgt.

D.h. im Fall einer unentgeltlich oder teilentgeltlichen Überlassung ist zunächst zu prüfen, wodurch diese veranlasst ist, insbesondere, ob auch ein fremder Dritter diese Konditionen der Überlassung zu Grunde legen würde und mithin die Konditionen fremdüblich sind.

Die Ergänzung des § 3c Abs. 2 EStG im Rahmen des ZollkodexAnpG zielt offensichtlich auf die Nichtanwendung des BFH-Urteils v. 28.2.2013. Der neue § 3c Abs. 2 Satz 6 EStG regelt diese Fälle entsprechend der Auffassung des BMF und stellt klar, dass es bei der Anwendung des 40 %igen Abzugsverbots nicht auf das Bestehen eines wirtschaftlichen Zusammenhangs der Aufwendungen mit Einnahmen, Betriebsvermögensmehrungen oder Vergütungen ankommt, die unter § 3 Nr. 40 oder § 40a EStG fallen. Unklar ist das Verhältnis des neuen Satz 6 zu Satz 1 dieser Vorschrift.

e) Teilwertabschreibung auf die Anteile an der Betriebs-GmbH

436 GmbH-Anteile, die zum steuerlichen Betriebsvermögen gehören, können im Grundsatz bei gegebener Wertminderung, z.B. auf Grund gesunkener Rentabilität, abgeschrieben werden. Dieser Grundsatz gilt aber nur eingeschränkt in Betriebsaufspaltungsfällen. Hierzu hat das FG Münster mit Urteil vom 1.9.2009[4] entschieden, dass allein die gesunkene Rentabilität der Betriebs-GmbH keine Teilwertabschreibung rechtfertige. Vielmehr müsse der Stpfl. nachweisen, dass ein Erwerber des Besitzunternehmens für die zu dessen Betriebsvermögen gehörenden Anteile an der Besitz-GmbH einen hinter den Anschaffungskosten zurückbleibenden Preis zahlen würde.

Hinweis:

Wenn also die gesunkene Rentabilität allein keine Abschreibungsmöglichkeit begründet, kommt es für die Stpfl. darauf an, weitere Anhaltspunkte für eine Wertminderung zu sammeln und zu belegen; dazu könnte z.B. eine außerplanmäßige Minderung des Vermögens der Betriebs-GmbH zählen. Dabei muss insgesamt eine Wertminderung vorliegen, d.h. eine schlichte Wertverschiebung von der Betriebs-GmbH zur Besitzgesellschaft genügt nicht.

---

1) BFH v. 17.7.2013, X R 17/11, BStBl II 2013, 817.
2) BFH v. 17.7.2013, X R 17/11, BStBl II 2013, 817.
3) BMF v. 23.10.2013, IV C 6 – S 2128/07/10001, DOK 2013/0935028, BStBl II 2013, 1269.
4) FG Münster v. 1.9.2009, 1 K 1936/06 E, EFG 2010, 322.

f) Teilwertabschreibung auf Forderungen der Besitzgesellschaft an die Betriebsgesellschaft

Nach denselben Kriterien und Überlegungen, nach denen die GmbH-Anteile des Betriebsunternehmens durch das Besitzunternehmen abgeschrieben werden können, können auch Forderungen gegenüber einer Betriebs-GmbH wertberichtigt werden (solche Forderungen können z.b. aus rückständigen Miet- und Pachtzahlungen der Betriebs-GmbH resultieren). Dies hat der BFH mit Urteil v. 14.10.2009[1] entschieden und dabei ausgeführt, dass es auf eine **Gesamtbetrachtung der Ertragsaussichten von Besitz- und Betriebsunternehmen ankomme**, da zwischen beiden Unternehmen eine enge wirtschaftliche Verbundenheit (personelle und sachliche Verflechtung) bestehe. **437**

g) Angemessenheit von Geschäftsführervergütungen bei der Betriebs-Kapitalgesellschaft

Angemessene Bezüge des (Gesellschafter-)Geschäftsführers der Betriebs-GmbH sind bei dieser – anders als bei der GmbH & Co. KG – als Betriebsausgaben abzugsfähig und beim Geschäftsführer als Einkünfte aus nichtselbständiger Arbeit (§ 19 EStG) einzustufen. Unangemessen hohe Vergütungen an den (Gesellschafter-)Geschäftsführer der Betriebs-GmbH können **vGA** darstellen. Diese Beträge sind dann bei der Betriebs-GmbH steuerlich nicht als Betriebsausgaben abzugsfähig und führen beim Gesellschafter zu (verdeckten) Gewinnausschüttungen, welche im Sonderbetriebsvermögen des Besitzunternehmens zu erfassen sind und damit nicht der Abgeltungsteuer, sondern dem Teileinkünfteverfahren unterliegen. **438**

Bei der **Prüfung der Angemessenheit** der Geschäftsführer-Gehälter sind bei bestehender Betriebsaufspaltung die Umsätze und Umsatzrenditen der Besitzgesellschaft nicht zu berücksichtigen, wenn eine Überprüfung im Wege eines externen Fremdvergleichs anhand von Gehaltsstrukturanalysen erfolgt ist. Dies hat der BFH mit seinem Beschluss vom 9.11.2009[2] entschieden und dabei ausschließlich auf das durch die Betriebs-GmbH gezahlte Gehalt abgestellt.

VI. Beendigung einer Betriebsaufspaltung

1. Beendigung wegen Wegfalls der tatbestandlichen Voraussetzungen

a) Anwendungsfälle

Die Unternehmensverflechtung zwischen Besitzunternehmen und Betriebs-GmbH fällt insbesondere in folgenden Fällen weg: **439**

- **Wegfall der personellen Verflechtung** z.B. wegen Anteilsverkauf, Schenkung oder Erbfall. Dies kann gewollt oder auch ungewollt geschehen.
- Das Pachtvermögen umfasst nicht mehr wenigstens eine wesentliche Betriebsgrundlage – so z.B. bei Betriebsverlagerung oder Strukturänderung.
- Aufhebung oder Kündigung des Pachtvertrags.
- **Insolvenz** der Betriebs-Kapitalgesellschaft.[3] Anders ist dies, wenn ein ganzer Betrieb verpachtet wird, da dann eine Betriebsverpachtung angenommen werden kann[4] und nicht eine Betriebsaufgabe erklärt wird.[5] Eine Betriebsaufgabe ist

---

1) BFH v. 14.10.2009, X R 45/06, BStBl II 2010, 274.
2) BFH v. 9.11.2009, I B 77/09, BFH/NV 2010, 472.
3) BFH v. 6.3.1997, XI R 2/96, BStBl II 1997, 460.
4) BFH v. 17.4.2002, X R 8/00, BStBl II 2002, 527.
5) BFH v. 18.8.2009, X R 20/06, BStBl II 2010, 222.

auch dann nicht anzunehmen, wenn die personelle Verflechtung nach Aufhebung oder Einstellung des Insolvenzverfahrens unverändert wieder auflebt, da dann lediglich eine Betriebsunterbrechung vorliegt.

Gestaltungshinweis:

Die negativen Folgen einer Betriebsaufgabe können regelmäßig dann vermieden werden, wenn das Besitzunternehmen als typische GmbH & Co. KG geführt wird und bei Beendigung der tatbestandlichen Voraussetzungen der Betriebsaufspaltung die gewerbliche Prägung nach § 15 Abs. 3 Nr. 2 EStG greift.

Des Weiteren bzw. ergänzend kann die personelle Verflechtung durch eine Einheits-Betriebsaufspaltung (→ 4 Rz. 405) gesichert werden.

b) Steuerliche Folgen

440 Die Beendigung der Betriebsaufspaltung durch Wegfall der sachlichen und/oder der personellen Verflechtung führt zwingend und ohne weiteres Zutun zu einer Betriebsaufgabe. Dies hat die **Versteuerung der stillen Reserven** zur Folge. Das Betriebsvermögen des Besitzunternehmens wird zu Privatvermögen. Dabei sind die Wirtschaftsgüter nach Entnahmegrundsätzen mit dem Teilwert zu bewerten (§ 6 Abs. 1 Nr. 4 EStG). Insoweit werden auch stille Reserven in den im bisherigen Sonderbetriebsvermögen ausgewiesenen Anteilen an der Betriebs-GmbH erfasst.[1] Hieran ändert auch die Tatsache nichts, dass die Anteile zukünftig regelmäßig nach § 17 EStG steuerverstrickt sind.

Vermieden werden kann die zwangsweise Betriebsaufgabe dann, wenn die Voraussetzungen einer **Betriebsverpachtung** gegeben sind. In diesem Fall besteht das Verpächterwahlrecht zur Weiterführung des Gewerbebetriebs.[2]

2. Gezielte Beendigung einer Betriebsaufspaltung

a) Verschmelzung der Betriebs-GmbH auf die Besitz-GmbH & Co. KG

441 Möglich ist eine Verschmelzung zur Aufnahme (§ 2 Nr. 1 UmwG) im Wege der Gesamtrechtsnachfolge.

Steuerlich kann die Verschmelzung zu Buchwerten erfolgen. Allerdings bewirkt die Verschmelzung gem. § 10 UmwStG auf Ebene der Anteilseigner der Betriebs-GmbH eine fiktive Vollausschüttung sämtlicher offenen Rücklagen, was zu erheblichen Steuerbelastungen führen kann.

b) Verschmelzung der Besitz-GmbH & Co. KG auf die Betriebs-GmbH

442 Die Verschmelzung der GmbH & Co. KG auf die Betriebs-GmbH gilt steuerlich als Einbringung i.S.d. §§ 20 bis 23 UmwStG und ist damit zu Buchwerten möglich. Kritischer Punkt ist, dass die im Sonderbetriebsvermögen befindlichen Anteile an der Betriebs-GmbH zivilrechtlich nicht mit eingebracht werden können. Ob die Zurückbehaltung dieser Anteile unschädlich ist, ist nicht sicher.

Zu beachten ist, dass dieser Vorgang **Grunderwerbsteuer** auslöst.

---

1) Nur BFH v. 22.10.2013, XR 14/11, DStR 2014, 80 m.w.N.
2) BFH v. 30.11.2005, X R 37/05, BFH/NV 2006, 1451; BFH v. 5.2.2003, VIII B 134/01, BFH/NV 2003, 909; BFH v. 23.4.1996, VIII R 13/95, BStBl II 1998, 325; BFH v. 6.3.1997, XI R 2/96, BStBl II 1997, 460. Insoweit ist allerdings wichtig, dass keine Betriebsaufgabe erklärt wird, vgl. FG Berlin-Brandenburg v. 15.5.2013, 12 K 12193/11, EFG 2013, 1400.

Betriebsprüfung

von Holm Geiermann

INHALTSÜBERSICHT Rz.

I. Einführung	443–444
II. Die Prüfungsanordnung	445–463
1. Allgemeines zur Prüfungsanordnung	445–447
2. Form und Inhalt der Prüfungsanordnung	448
3. Adressat der Prüfungsanordnung	449–453
a) Der Inhaltsadressat	450
b) Der Bekanntgabeadressat	451
c) Der Empfänger	452
d) Folgen einer fehlerhaften Bekanntgabe der Prüfungsanordnung	453
4. Prüfungsort	454–456
5. Prüfungsumfang	457–458
6. Bekanntgabe der Prüfungsanordnung in angemessener Zeit vor Prüfungsbeginn	459
7. Name des Prüfers	460
8. Begründung der Prüfungsanordnung	461
9. Rechtsbehelfe gegen die Prüfungsanordnung	462
10. Checkliste zur Prüfungsanordnung	463
III. Prüfungsvorbereitung aus der Sicht des Steuerpflichtigen	464
IV. Prüfungsablauf	465–485
1. Auskunfts- und Vorlagepflichten	465–471
a) Grundsätzliches	465
b) Auskunftspflicht	466–468
c) Vorlage von Urkunden	469
d) Zwangsmittel	470–471
2. Die digitale Außenprüfung	472–476
a) Einführung	472
b) Datenzugriffsrechte der Finanzverwaltung	473–476
3. Überprüfung der Einnahmen und des Umsatzes	477–484
a) Äußerer Betriebsvergleich	478
b) Innerer Betriebsvergleich	479
c) Vermögenszuwachs- und Geldverkehrsrechnung	480
d) Methoden der Verprobung und Schätzung des Umsatzes	481–484
4. Checkliste Prüfungsablauf	485
V. Abschluss der Außenprüfung	486–488
1. Schlussbesprechung	486–487
a) Allgemeines zur Schlussbesprechung	486
b) Checkliste zur Schlussbesprechung	487
2. Verbindliche Zusage im Anschluss an eine Außenprüfung	488
VI. Ermittlungsmaßnahmen außerhalb der Außenprüfung	489–490
1. Lohnsteuer-Nachschau (§ 42g EStG)	489
2. Umsatzsteuernachschau (§ 27b UStG)	490

I. Einführung

443 Die Grundlagen der Außenprüfung regelt die Abgabenordnung in den §§ 193 ff. AO. Darüber hinaus gibt es noch eine Reihe weiterer Vorschriften, die Aussagen zu bestimmten Bereichen der Außenprüfung treffen. Diese Vorschriften orientieren sich aber am Regelwerk der Abgabenordnung. Im Einzelnen sind das u.a. folgende Vorschriften:

1. § 42f EStG: Lohnsteueraußenprüfung,
2. § 50b EStG: Prüfung der Anrechnung oder Vergütung von Körperschaftsteuer und Kapitalertragsteuer sowie für die Nichtvornahme eines gesetzlich vorgesehenen Steuerabzugs,
3. § 5 FVG: Bundesamt für Finanzen.

Für die die Selbstbindung der Verwaltung und die Praxis der Betriebsprüfung ist auch die Betriebsprüfungsordnung (BpO) als Rechtsgrundlage von Bedeutung.

Die Lohnsteuernachschau (§ 42g EStG) und die Umsatzsteuernachschau (§ 27b UStG) sind keine Betriebsprüfungen i.S.d. § 193 AO (§ 42g Abs. 2 S. 2 und Abs. 4 S 1 EStG[1]) sowie § 27b Abs. 3 UStG).

444 Eine Außenprüfung ist nach § 193 Abs. 1 AO zulässig bei Stpfl., die einen gewerblichen oder land- und forstwirtschaftlichen Betrieb unterhalten, bzw. die freiberuflich tätig sind und bei Stpfl. i.S.d. § 147a AO (§ 193 Abs. 1 AO). § 147a AO umfasst alle Stpfl., deren Summe der positiven Einkünfte i.S.d. § 2 Abs. 1 Nr. 4–7 EStG mehr als 500 000 € im Kalenderjahr beträgt[2]).

Bei allen anderen Stpfl. ist eine Außenprüfung nur zulässig,

– soweit sie die Verpflichtung dieser Stpfl. betrifft, für Rechnung eines anderen Steuern zu entrichten oder Steuern einzubehalten und abzuführen (§ 193 Abs. 2 Nr. 1 AO) oder

– wenn die für die Besteuerung erheblichen Verhältnisse der Aufklärung bedürfen und eine Prüfung an Amtsstelle nach Art und Umfang des zu prüfenden Sachverhalts nicht zweckmäßig ist (§ 193 Abs. 2 Nr. 2 AO) oder

– wenn ein Stpfl. seinen Mitwirkungspflichten nach § 90 Abs. 2 Satz 3 nicht nachkommt (§ 193 Abs. 2 Nr. 3 AO).

Voraussetzung für eine Außenprüfung nach § 193 Abs. 1 AO ist nur, dass der Betroffene steuerpflichtig in dem dort beschriebenen Sinn ist und dass er einen (land- und forstwirtschaftlichen, gewerblichen oder freiberuflichen) Betrieb unterhält.

Eine Außenprüfung nach § 193 Abs. 2 Nr. 2 AO ist dann zulässig, wenn Anhaltspunkte vorliegen, die es nach den Erfahrungen der Finanzverwaltung als möglich erscheinen lassen, dass ein Besteuerungstatbestand erfüllt ist.[3]) § 193 Abs. 2 Nr. 2 AO kann insbesondere bei Stpfl. mit umfangreichen und vielgestaltigen Überschusseinkünften zur Anwendung kommen (AEAO zu § 193 Nr. 5).

II. Die Prüfungsanordnung

1. Allgemeines zur Prüfungsanordnung

445 Nach § 196 AO bestimmt die Finanzbehörde den Umfang der Außenprüfung in einer schriftlich zu erteilenden Prüfungsanordnung mit Rechtsbehelfsbelehrung (§ 356 AO).

---

1) BMF v. 16.10.2014, IV C 5 - S 2386/09/10002 :001, BStBl I 2014, 1408,Rz. 2.
2) Vgl. hierzu auch Goldshteyn, StBp 2011, 68 ff.
3) BFH v. 17.11.1992, VIII R 25/98, BStBl II 1993, 146.

Mit der Prüfungsanordnung wird festgelegt, dass ein bestimmter Stpfl. eine Außenprüfung im bestimmten Umfang dulden muss und insoweit auch zur Mitwirkung verpflichtet ist. Die Prüfungsanordnung ist rechtsbegründend.

Über eine Außenprüfung ergeht eine (einheitliche) Prüfungsanordnung. Die einheitliche Außenprüfung kann mehrere Besteuerungsarten und Besteuerungszeiträume enthalten (vgl. auch § 196 AO sowie § 5 Abs. 2 Satz 1 BpO). Umfasst die Prüfungsanordnung mehrere Besteuerungsarten und Besteuerungszeiträume, enthält sie mehrere selbständige Regelungen i.S.d. § 118 AO. Deshalb ist in einem solchen Fall für jede Steuerart gesondert zu prüfen, ob die Prüfungsanordnung u.a. den Inhaltsadressaten ausreichend bestimmt und hinreichend bezeichnet.[1)]

Für den Erlass der Prüfungsanordnung ist die Finanzbehörde zuständig, die auch für die prüfenden Steuern zuständig ist (§ 195 S. 1 AO). Bei gesonderten Feststellungen, ist die nach § 18 AO für die Feststellung zuständige Behörde.

Ändert sich die Zuständigkeit nach Bekanntgabe der Prüfungsanordnung ist die Außenprüfung auf der Grundlage der bereits ergangenen Prüfungsanordnung vom neu zuständigen Finanzamt fortzuführen (AEAO Nr. 5 zu § 195). Die Prüfungsanordnung ist nicht aufzuheben, sondern durch Benennung des Namens des neuen Betriebsprüfers zu ergänzen (AEAO zu Nr. 5 § 195). Die Außenprüfung kann aber auch (§ 26 Satz 2 AO) vom bisher zuständigen Finanzamt fortgeführt werden, wenn dieses unter Wahrung der Interessen der Beteiligten der einfachen und zweckmäßigen Durchführung des Verfahrens dient und die nunmehr zuständige Behörde zustimmt (§ 26 Satz 2 AO und AEAO Nr. 7 zu § 195). Hierzu soll der Stpfl. aber vorher gehört werden. Aus diesem Grund ist er von der Fortführung des Verfahrens zu unterrichten (AEAO zu Nr. 2 § 26).

Die Zustimmung der neu zuständigen Behörde ist kein Verwaltungsakt und damit nicht rechtsbehelfsfähig.[2)]

446 Für den Fall, dass eine Prüfungsanordnung ergänzt bzw. erweitert wird (Ausdehnung der Außenprüfung auf weitere Besteuerungszeiträume/Steuerarten), ist die Ergänzungsanordnung als selbständige Prüfungsanordnung zu behandeln (§ 5 Abs. 2 Satz 5 BpO).[3)] Es handelt sich hierbei um einen selbständigen Verwaltungsakt, der auch die Voraussetzungen des § 196 AO hinsichtlich Form und Inhalt erfüllen muss.[4)]

447 Die Prüfungsanordnung bildet im Übrigen die rechtliche Grundlage, die einzelne Vorschriften an das Verfahren der Außenprüfung knüpfen. Hierunter fallen insbesondere:

- Mit dem Beginn der Außenprüfung vor Ablauf der Festsetzungsfrist wird deren Fristablauf gehemmt (§ 171 Abs. 4 AO).
- Der Vorbehalt der Nachprüfung ist nach einer Außenprüfung aufzuheben (§ 164 Abs. 3 AO).
- Eintritt einer Sperrwirkung für Selbstanzeigen, soweit die Prüfung reicht (§ 371 Abs. 2 Nr. 1a AO).
- Nach dem Ende der Außenprüfung tritt eine Sperrwirkung hinsichtlich einer Berichtigung wegen neuer Tatsachen ein (§ 173 Abs. 2 AO).

Hinweis:
Die Prüfungsanordnung ist letztlich der Leitfaden, der die Außenprüfung beherrscht. Sie ist daher besonders kritisch auf ihre formelle Richtigkeit hin zu untersuchen und ggf. mit einem Rechtsbehelf anzufechten.

---

1) BFH v. 25.1.1989, X R 158/87, BStBl II 1989, 483, 487; BFH v. 18.10.1994, IX R 128/92, BStBl II 1995, 291 für die Prüfung verschiedener Steuerarten.
2) BFH v. 11.8.2010, VI B 43/09, BFH/NV 2010, 2230.
3) Vgl. auch Schwarz, AO Kommentar zu § 196 AO Rz. 3.
4) BFH v. 13.12.1989, X R 83/88, BFH/NV 1990, 548.

2. Form und Inhalt der Prüfungsanordnung

448 Die Prüfungsanordnung ist ein Verwaltungsakt (§ 118 AO). Die Anordnung ist schriftlich zu erteilen, ansonsten ist sie wegen Formmangels unwirksam.[1]

Die Prüfungsanordnung als Verwaltungsakt muss inhaltlich hinreichend bestimmt sein. Sie muss daher

- die Bezeichnung, bei wem die Außenprüfung durchgeführt werden soll,
- die Rechtsgrundlagen der Außenprüfung (bei einer abgekürzten Außenprüfung i.S.d. § 203 AO ist auf diese Rechtsgrundlage hinzuweisen),
- die zu prüfenden Steuerarten, Steuervergütungen, Prämien, Zulagen,
- gegebenenfalls zu prüfende bestimmte Sachverhalte sowie
- den Prüfungszeitraum

enthalten (§ 5 Abs. 2 BpO).

Die Bekanntgabe des Prüfungsbeginns, des Prüfungsorts und die Beauftragung eines anderen Finanzamts mit der Prüfung sind nicht Bestandteil der Prüfungsanordnung. Hierbei handelt es sich um rechtlich jeweils selbständige Verwaltungsakte, die lediglich äußerlich mit der Prüfungsanordnung verbunden sind (§ 5 Abs. 3 BpO, AEAO zu § 196 Nr. 1 Satz 2).[2]

Der Außenprüfung sind Hinweise auf die wesentlichen Rechte und Pflichten des Steuerpflichtigen bei der Außenprüfung beizufügen (§ 5 Abs. 2 Satz 1 BpO).

Die Anordnung einer Außenprüfung ist eine Ermessensentscheidung. Grundsätzlich sind Ermessensentscheidungen zu begründen. Wird die Außenprüfung aber auf die Vorschrift des § 193 Abs. 1 AO gestützt, bedarf es keiner Begründung. In diesen Fällen reicht die Angabe der gesetzlichen Norm. Hierunter fallen im Einzelnen:

- Stpfl., die einen gewerblichen oder land- und forstwirtschaftlichen Betrieb unterhalten, bzw. die freiberuflich tätig sind und
- Stpfl. i.S.d. § 147a AO und damit alle, deren Summe der positiven Einkünfte i.S.d. § 2 Abs. 1 Nr. 4 bis 7 EStG mehr als 500 000 € im Kalenderjahr beträgt.

3. Adressat der Prüfungsanordnung

449 Eine Außenprüfung kann nur auf der Grundlage einer wirksamen Prüfungsanordnung durchgeführt werden. Voraussetzung für die Wirksamkeit der Prüfungsanordnung ist, dass sie inhaltlich hinreichend bestimmt ist und dass sie demjenigen, für den sie bestimmt ist, bekannt gegeben wird (§ 122 AO, § 124 AO, § 197 AO und AEAO zu § 122 ff. bzw. 197). Hierbei sind außer den allgemeinen Grundsätzen zur Bekanntgabe von schriftlichen Verwaltungsakten besondere Regelungen zu beachten (AEAO zu § 197). Insbesondere muss die Prüfungsanordnung zum Adressaten folgende Angaben enthalten:

- Gegen wen richtet sich die Prüfungsanordnung (Inhaltsadressat)?
- Wem soll die Prüfungsanordnung bekannt gegeben werden (Bekanntgabeadressat)?
- Welcher Person ist die Anordnung zu übermitteln (Empfänger)?

---

1) Tipke/Kruse, AO, § 196 Rz. 15, Baum in ABC Betriebsprüfung, „Prüfungsanordnung", Tz. 14.
2) BFH v. 18.12.1986, I R 249/83, BStBl II 1987, 408; BFH v. 18.10.1988, VII R 123/85, BStBl II 1989, 76.

a) Der Inhaltsadressat

Der Inhaltsadressat der Prüfungsanordnung ist derjenige, an den sich die Prüfungsanordnung richtet und dem aufgegeben wird, die Außenprüfung im näher beschriebenen Umfang zu dulden und bei ihr mitzuwirken (AEAO zu § 197 Nr. 2.1). 450

b) Der Bekanntgabeadressat

Bei der Bekanntgabe der Prüfungsanordnung sind die allgemeinen Regelungen der AO (§ 122 AO) sowie die besonderen (vorrangigen) Weisungen der AEAO zu § 197 zu beachten. Danach ist der Bekanntgabeadressat derjenige, dem die Prüfungsanordnung bekannt zu geben ist. Er ist i.d.R. mit dem Prüfungssubjekt identisch. 451

Sollte im Einzelfall eine Bekanntgabe an das Prüfungssubjekt nicht möglich oder nicht zulässig sein, kommen Dritte als Bekanntgabeadressaten in Betracht (AEAO zu § 197 Tz. 2.2). Es handelt sich hierbei **insbesondere** um folgende Personen:

– Geschäftsführer einer nichtrechtsfähigen Personenvereinigung,
– Liquidator
– Eltern eines minderjährigen Kindes.

c) Der Empfänger

Der Empfänger der Prüfungsanordnung ist derjenige, dem die Prüfungsanordnung tatsächlich zugehen soll, damit sie durch Bekanntgabe wirksam werden soll. Das ist für den Regelfall der Bekanntgabeadressat. Eine Bekanntgabe an andere Personen ist möglich. Es handelt sich hierbei um Personen, für die eine Empfangsvollmacht des Bekanntgabeadressaten vorliegt oder denen die Finanzbehörde nach ihrem eigenen Ermessen den Verwaltungsakt übermitteln will (AEAO zu § 197 Nr. 2.3 und AEAO zu § 122 AO, Nr. 1.5.2 und 1.7). Danach ist auch eine Bekanntgabe der Prüfungsanordnung an den steuerlichen Berater zulässig. Hierbei ist allerdings zu prüfen, ob der Stpfl. den Steuerberater ausdrücklich zur Entgegennahme von Verwaltungsakten bevollmächtigt hat. Für den Fall, dass der Stpfl. den steuerlichen Berater zur Entgegennahme von Verwaltungsakten ausdrücklich bevollmächtigt hat, ist auch die Prüfungsanordnung dem Berater zwingend bekannt zu geben (AEAO zu § 197 Nr. 2.3 und AEAO zu § 122 Nr. 1.7.2, § 80 Abs. 3 Satz 1 AO). Sollte es an einer solchen ausdrücklichen Bevollmächtigung fehlen, hat das Finanzamt aber bislang Verwaltungsakte immer dem steuerlichen Berater übermittelt, dann kann das Finanzamt sich nach der AEAO nicht in Widerspruch zu seinem bisherigen Verhalten setzen und bei gleich liegenden Verhältnissen ohne ersichtlichen Grund sich an den Stpfl. selbst wenden.[1] In diesem Fall ist die Finanzverwaltung jedoch gehalten, eine schriftliche Vollmacht nachzufordern (AEAO zu § 122 Nr. 1.7.2). Für den Fall, dass die Prüfungsanordnung dem Bevollmächtigten und nicht dem Inhaltsadressaten bekannt gegeben werden soll, ist im Anschriftenfeld der Prüfungsanordnung der Bevollmächtigte mit seinem Namen und der postalischen Anschrift zu bezeichnen. In der Prüfungsanordnung ist über dieses der Stpfl. als Prüfungssubjekt anzugeben, damit klar wird, bei wem die Prüfung stattfinden soll (AEAO zu § 197 Nr. 2.3). 452

d) Folgen einer fehlerhaften Bekanntgabe der Prüfungsanordnung

Für den Fall, dass der Stpfl. als Inhaltsadressat in der Prüfungsanordnung nicht, falsch oder so ungenau bezeichnet wird, dass Verwechselungen möglich sind, ist die Prüfungsanordnung nichtig und damit unwirksam. In diesen Fällen ist eine Heilung des Fehlers nicht möglich (AEAO zu § 122 Nr. 4.1.1). Es muss eine neue Prüfungsanord- 453

---

1) BFH v. 11.8.1954, II 239/53 U, BStBl III 1954, 327.

nung mit richtiger Bezeichnung des Inhaltsadressaten verfügt und bekannt gegeben werden. Prüfungsfeststellungen auf Grund einer nichtigen Prüfungsanordnung unterliegen einem Verwertungsverbot.

Über dieses sind eine Menge weiterer Bekanntgabemängel denkbar, die allerdings die Wirksamkeit der erteilten Prüfungsanordnung nicht berühren bzw. heilbar sind. Hierbei handelt es sich u.a. um folgende Fälle:

- In der Prüfungsanordnung wird der richtige Inhaltsadressat lediglich ungenau bezeichnet (z.b. falsche Bezeichnung der Rechtsform, ohne dass Zweifel an seiner Identität bestehen (AEAO zu § 122 Nr. 4.2.1).

- Die fehlerhafte Bezeichnung des Bekanntgabeadressaten in der Prüfungsanordnung kann geheilt werden, wenn der von der Finanzverwaltung zutreffend bestimmte, aber fehlerhaft bezeichnete Bekanntgabeadressat tatsächlich vom Inhalt des Bescheids Kenntnis erhält (AEAO zu § 122 Nr. 4.2.3).

- Geringfügige Abweichungen bei der Bezeichnung des Inhaltsadressaten, des Bekanntgabeadressaten und des Empfängers, die auf technischen Fehlern oder Lesefehlern usw. beruhen, machen die Prüfungsanordnung weder unwirksam noch anfechtbar (AEAO zu § 122 Nr. 4.2.4).

4. Prüfungsort

454 Die Vorschriften der AO (§§ 196 bis 197 AO) enthalten keine Aussage dazu, dass der Prüfungsort in der Prüfungsanordnung anzugeben ist. Die Aufnahme dieser Angabe in die Prüfungsanordnung ist aber nicht nur zweckmäßig, sondern aus Gründen der Klarheit auch zwingend geboten. Die Bestimmung des Prüfungsorts ist allerdings ein eigenständiger Verwaltungsakt, der lediglich mit der Prüfungsanordnung verbunden ist.[1] Dieser Verwaltungsakt ist damit auch selbständig anfechtbar.

455 Die Außenprüfung ist in den Geschäftsräumen des Stpfl. durchzuführen (§ 6 Satz 1 BpO). Ein Ermessen steht der Finanzbehörde insoweit nicht zu.[2] Daher hat die Außenprüfung immer dann, wenn im Betrieb angemessene räumliche Voraussetzungen für eine Außenprüfung vorliegen, dort zu erfolgen.

Hinweis:

Ein geeigneter Geschäftsraum liegt vor, wenn er einen Arbeitsplatz gewährt, an dem der Prüfer ungestört die ihm vorgelegten Unterlagen prüfen kann. Der Raum oder Arbeitsplatz ist nur dann geeignet, wenn er die erforderlichen Einrichtungen besitzt, die die Prüfungstätigkeit erfordert, also Tisch, Stuhl, Beleuchtung und Heizung.[3]

456 Sollte ein geeigneter Geschäftsraum **nachweislich** nicht vorhanden sein und kann die Außenprüfung nicht in den Wohnräumen des Stpfl. stattfinden, dann ist an Amtsstelle zu prüfen (§ 200 Abs. 2 AO und § 6 Satz 2 BpO).[4] Ein anderer Prüfungsort (z.B. das Büro des Steuerberaters) kommt nur ausnahmsweise in Betracht (§ 6 Satz 3 BpO).

Hinweis:

Die AO sieht nicht ausdrücklich vor, dass die Außenprüfung in den Büroräumen des steuerlichen Beraters stattfinden darf. Das bedeutet jedoch nicht, dass eine Prüfung dort unzulässig ist. Auf der anderen Seite kann der Stpfl. aber nicht verlangen, dass bei dem Steuerberater geprüft wird, weil das Gesetz diesen Ort der Prüfung nicht vorsieht. Die Finanzverwaltung geht in der Praxis regelmäßig davon aus, dass nicht im Büro des Steuerberaters geprüft wird.[5]

---

1) BFH v. 24.2.1989, III R 36/88, BStBl II 1989, 445.
2) Vgl. BFH v. 11.3.1992, X R 116/90, BFH/NV 1992, 757; FG Baden-Württemberg v. 30.5.1990, II K 173/89, EFG 1991, 9; v. Wedelstädt, DB 2000, 1356.
3) Frotscher, in Schwarz, AO, § 200 Rz. 32.
4) BFH v. 26.7.2007, VI R 68/04, BStBl II 2009, 338.
5) Wedelstädt, v., DB 2000, 1356.

Der Stpfl. hat jedoch einen Anspruch darauf, dass das Finanzamt die Gründe für und gegen die in Betracht kommenden Prüfungsorte ermessensgerecht abwägt. In diesem Fall hat das Finanzamt unter Berücksichtigung der Belange der Verwaltung und den schutzwürdigen Interessen des Stpfl. eine Ermessensentscheidung zu treffen.[1] Danach ist einem Antrag des Stpfl., die angeordnete Außenprüfung im Büro des steuerlichen Beraters durchzuführen, unter dem Gesichtspunkt der Verhältnismäßigkeit immer dann zu entsprechen, wenn dem Antrag zumindest keine gleichwertigen Verwaltungsinteressen entgegenstehen.[2]

Mit diesen einschränkenden Regelungen soll letztlich verhindert werden, dass die Betriebsprüfung zu einer reinen Buch- und Belegprüfung wird.

Hinweis:

Die verpflichtende Aufforderung, einen bestimmten Prüfungsraum zur Verfügung zu stellen, ist nicht rechtmäßig und damit anfechtbar.[3]

5. Prüfungsumfang

Die Außenprüfung kann eine oder mehrere Steuerarten bzw. einen oder mehrere Besteuerungszeiträume umfassen (§ 194 Abs. 1 Satz 2 AO). Die Entscheidung, welche Besteuerungszeiträume geprüft werden sollen, liegt im pflichtgemäßen Ermessen der Finanzverwaltung (§ 4 Abs. 1 BpO). Bei Großbetrieben soll der Prüfungszeitraum an den vorhergehenden Prüfungszeitraum anschließen (Anschlussprüfung, § 4 Abs. 2 Satz 1 BpO). Bei anderen Betrieben (Mittel-, Klein- oder Kleinstbetriebe) soll der Prüfungszeitraum i.d.R. nicht mehr als drei zusammenhängende Besteuerungszeiträume umfassen (§ 4 Abs. 3 Satz 1 BpO). Für den Fall, dass bereits vor Erlass der Prüfungsanordnung bekannt ist, dass mit nicht unerheblichen Änderungen der Besteuerungsgrundlagen zu rechnen ist, kann bereits von vornherein ein längerer Prüfungszeitraum festgelegt werden (§ 4 Abs. 3 Satz 2 BpO).

457

Unabhängig davon kann eine laufende Prüfung erweitert werden, wenn

458

- mit nicht unerheblichen Änderungen der Besteuerungsgrundlagen zu rechnen ist oder
- wenn der Verdacht einer Steuerstraftat oder einer Steuerordnungswidrigkeit besteht (§ 4 Abs. 3 Satz 2 BpO).

Eine nicht unerhebliche Steuernachforderung liegt nach der Rechtsprechung[4] bei einem Mittelbetrieb bei einer Mehrsteuer von ca. 1 500 € je Kalenderjahr vor. Ob mit einer solchen Steuernachzahlung zu rechnen ist, beurteilt sich nach den Verhältnissen im Zeitpunkt der Anordnung der Erweiterung.

Hinweis:

Wird der Prüfungszeitraum willkürlich erweitert, d.h. ohne dass die Voraussetzungen des § 4 Abs. 3 Satz 2 BpO für die Erweiterung vorliegen, handelt das Finanzamt ermessensfehlerhaft und damit unrechtmäßig.[5]

Kommt eine Erweiterung des Prüfungszeitraums in Betracht, ist hierfür eine weitere Prüfungsanordnung zu fertigen.[6] Diese Erweiterung ist ein selbständiger Verwaltungsakt und damit auch gesondert anfechtbar. Das Finanzamt muss die Prüfungsanordnung entsprechend begründen. Es reicht in einem solchen Fall keineswegs aus,

---

1) BFH-Beschlüsse v. 10.2.1987, IV B 1/87, BStBl II 1987, 360; v. 30.11.1988, I B 73/88, BStBl II 1989, 265; und so auch BFH v. 28.11.20006, VI B 33/06, BFH/NV 2007, 646, Tipke/Kruse, AO/FGO, § 200 AO, Rz. 36; Frotscher in Schwarz, AO, § 200 Rz. 22 ff.
2) BFH-Beschluss v. 30.11.1988, I B 73/88, BStBl II 1989, 265; Urteil des Niedersächsischen FG v. 26.11.1992, XI 341/91, EFG 1993, 501.
3) FG Rheinland-Pfalz v. 30.8.1979, V 136/79, EFG 1980, 11.
4) BFH v. 24.11.1988, IV R 199/85, BFH/NV 1989, 548.
5) BFH v. 29.4.1970, IV R 259/69, BStBl II 1970, 714.
6) BFH v. 10.2.1983, IV R 104/79, BStBl II 1983, 286.

dass das Finanzamt auf die einschlägigen Vorschriften der BpO verweist. Es muss vielmehr die Tatsachen benennen, aus denen sich die Berechtigung für die Erweiterung der Außenprüfung ergibt.

Stützt das Finanzamt die Ausdehnung des Prüfungszeitraums auf die Erwartung nicht unerheblicher Nachforderungen, so handelt es sich um eine Zukunftsprognose, die aber durch Tatsachen gestützt sein muss, die entsprechend zu benennen sind.[1]

Fehlt einer Prüfungsanordnung die hiernach erforderliche Begründung, so kann dieser Mangel dadurch geheilt werden, dass die Begründung nachträglich (z.B. in einer Einspruchsentscheidung) gegeben wird.[2]

Die Verwertung von im Rahmen einer Außenprüfung ermittelten Tatsachen bei einer erstmaligen Steuerfestsetzung oder bei Änderung eines unter dem Vorbehalt der Nachprüfung ergangenen Steuerbescheids vor Ablauf der Festsetzungsfrist steht nicht entgegen, wenn dass die Finanzbehörde eine ohne weiteres zulässige Erweiterungs-Prüfungsanordnung nicht erlassen hat. Nach der Rechtsprechung des BFH hat in einem solchen Fall das Interesse an einer materiell-rechtlich gesetzmäßigen und gleichmäßigen Steuerfestsetzung Vorrang vor dem Interesse an einem formal ordnungsgemäßen Verfahren.[3]

Dem Erlass einer Prüfungsanordnung steht nicht entgegen, dass die zu prüfenden Steueransprüche möglicherweise bereits verjährt sind. Das gilt v.a. in den Fällen, in denen nur auf Grund der Außenprüfung tatsächlich beurteilt werden kann, ob die zu prüfenden Steueransprüche bereits verjährt sind.[4] Andererseits darf in den Fällen, in denen sicher feststeht, dass der Steueranspruch bereits verjährt ist, ein Steuerbescheid nicht mehr erlassen werden (§ 169 Abs. 1 AO). In diesen Fällen ist auch eine Außenprüfung unzulässig.

Vor dem Hintergrund lange laufender Betriebsprüfungen und großer Abstände zwischen Prüfungszeitraum und Beginn der Prüfung bei Groß- und Konzernbetrieben wurde in der BpO eine Vorschrift verankert, mit der künftig zeitnahe Betriebsprüfungen ermöglicht werden sollen.

Mit dem in § 4a BpO aufgenommenen Instrument der zeitnahen Betriebsprüfung können die Finanzbehörden künftig Stpfl. für eine solche Prüfung auswählen. Eine Betriebsprüfung ist zeitnah, wenn der Prüfungszeitraum einen oder mehrere gegenwartsnahe Besteuerungszeiträume umfasst. Eine solche Prüfung kann naturgemäß aber nur dann durchgeführt werden, wenn die Steuererklärungen für die betreffenden Besteuerungszeiträume vorliegen. Der Begriff „*gegenwartsnah*" ist gesetzlich nicht näher definiert. Nach der Auffassung der FinVerw[5] sind nur die Besteuerungszeiträume als gegenwartsnah anzusehen, bei denen zum Zeitpunkt des vorgesehenen Prüfungsbeginns das letzte Jahr des angeordneten Prüfungszeitraums **nicht länger als zwei Jahre** zurückliegt und der Prüfungszeitraum zudem **nicht mehr als zwei Veranlagungszeiträume** umfasst.

Die neue Vorschrift gilt erstmals für alle Außenprüfungen, die nach dem 1.1.2012 angeordnet werden.

6. Bekanntgabe der Prüfungsanordnung in angemessener Zeit vor Prüfungsbeginn

459 Die Prüfungsanordnung ist in angemessener Zeit vor Beginn der Prüfung bekannt zu geben, wenn der Prüfungszweck dadurch nicht gefährdet wird (§ 197 Abs. 1 Satz 1

---

1) BFH v. 6.12.1978, I R 135/75, BStBl II 1979, 162.
2) BFH v. 10.2.1983, IV R 104/79, BStBl II 1983, 286.
3) BFH v. 25.11.1987, VIII 4/94, BStBl II 1998, 461.
4) BFH v. 23.7.1985, VIII R 48/85, BStBl II 1986, 433.
5) Erlass FM NRW v. 10.9.2012, S 0401–10-V A 5, n.v.

AO). Die Frage der Angemessenheit der Bekanntgabe hängt von den Umständen des Einzelfalls ab. Die Vorschrift des § 197 Abs. 1 Satz 1 AO dient dem Schutz des Stpfl., der nicht durch eine Prüfung überrascht werden soll. Der Stpfl. soll vielmehr die Möglichkeit haben,

- sich ohne unzumutbaren Aufwand auf die Prüfung einstellen zu können,
- rechtliches Gehör beim Finanzamt zu finden,
- die Verlegung des Prüfungstermins zu beantragen (sofern dieser nicht bereits im Vorfeld telefonisch vereinbart wurde).

Für die Frage, wie lange vor Prüfungsbeginn die Prüfungsanordnung bekannt gegeben werden muss, kommt es darauf an, welche Vorbereitungshandlungen die konkrete Prüfung vom Stpfl. verlangt. Im Allgemeinen dürfte aber eine Frist von 14 Tagen ausreichend sein. Bei Großbetrieben ist eine Frist von vier Wochen i.d.R. ausreichend (§ 5 Abs. 4 Satz 2 BpO). Wird diese Frist ohne Vorliegen sachlicher Gründe nicht eingehalten, ist die Prüfungsanordnung rechtswidrig und kann vom Stpfl. unter Beantragung einer Aussetzung der Vollziehung angefochten werden. Er kann damit erreichen, dass ihm eine angemessene Zeitspanne bis zum Beginn der Prüfung eingeräumt wird. Bei Prüfungsanordnungen kurz vor dem Ende des Jahres kann das für ältere Besteuerungszeiträume dazu führen, dass sie verjähren.[1]

> **Hinweis:**
>
> Auf die Einhaltung der angemessenen Frist zwischen Bekanntgabe der Prüfungsanordnung und Prüfungsbeginn kann allerdings dann verzichtet werden, wenn der Erfolg der Außenprüfung dadurch gefährdet wird. Es handelt sich hierbei um Fälle, in denen die Gefahr besteht, dass der Stpfl. Maßnahmen einleiten wird, die den Prüfungserfolg schmälern (z.B. Stpfl. vernichtet beweiserhebliche Unterlagen).
>
> Der Stpfl. kann selbst auf die Einhaltung der angemessenen Frist verzichten (§ 197 Abs. 1 Satz 2 AO).

7. Name des Prüfers

Die Prüfungsanordnung soll darüber hinaus auch den Namen des Prüfers enthalten. Hierdurch wird gewährleistet, dass der Stpfl. prüfen kann, ob der vorgesehene Prüfer ggf. nicht befugt ist, die Außenprüfung durchzuführen, weil er nach § 82 AO ausgeschlossen (z.B. Angehöriger i.S.d. § 15 AO des Stpfl.) oder wohlmöglich befangen ist (§ 83 AO).

460

> **Hinweis:**
>
> Die Entscheidung, einen bestimmten Prüfer mit der Außenprüfung zu beauftragen (Prüfungsauftrag), ist kein Verwaltungsakt, sondern eine interne Maßnahme der Verwaltung.[2] Diese Maßnahme entfaltet keine Außenwirkung. Wird dem Antrag, einen bestimmten Prüfer zu beauftragen, nicht stattgegeben, handelt es sich nicht um einen anfechtbaren Verwaltungsakt.[3]

8. Begründung der Prüfungsanordnung

In den Fällen des § 193 Abs. 1 Nr. 1 AO bedarf es einer besonderen Begründung der Prüfungsanordnung grundsätzlich nicht.[4]

461

---

1) BFH v. 19.3.2009, IV R 26/08, BFH/NV 2009, 1405.
2) BFH v. 13.12.1994, VII R 46/94, BFH/NV 1995, 758.
3) BFH v. 13.12.1994, VII R 46/94, BFH/NV 1995, 758.
4) Schwarz, AO Kommentar zu § 196 Rz. 10.

Eine auf § 193 Abs. 2 Nr. 2 AO gestützte Prüfungsanordnung muss allerdings besonders begründet werden. Die Begründung muss ergeben, dass die gewünschte Aufklärung durch Einzelermittlung an Amtsstelle nicht erreicht werden kann.[1]

Hinweise:

Fehlt der Prüfungsanordnung eine danach notwendige Begründung, kann dieser Mangel nach § 126 Abs. 1 Nr. 2 geheilt werden.[2] Die Heilung kann durch die Rechtsbehelfsentscheidung, in geeigneten Fällen auch durch mündliche Erklärung erfolgen.

9. Rechtsbehelfe gegen die Prüfungsanordnung

462 Die Prüfungsanordnung und auch die Erweiterung der Prüfungsanordnung sind selbständige Verwaltungsakte und damit jeweils mit dem Rechtsmittel des Einspruchs anfechtbar.[3]

Mit der Prüfungsanordnung werden jedoch regelmäßig weitere Verwaltungsakte inhaltlich verbunden, die selbständig anfechtbare Verwaltungsakte sind. Folgende Verwaltungsakte kommen in Betracht:

– Bestimmung des Prüfungsorts,

– Festlegung des Prüfungsbeginns,

– Beauftragung eines anderen Finanzamts mit der Außenprüfung.

Ein Einspruch gegen die Prüfungsanordnung hat allerdings keine aufschiebende Wirkung (§ 361 Abs. 1 Satz 1 AO). Ein vorläufiger Rechtsschutz kann erst durch Aussetzung der Vollziehung erreicht werden (§ 361 AO oder § 69 FGO).

Wird die Prüfungsanordnung als Folge des Einspruchsverfahrens aufgehoben, die Rechtswidrigkeit oder aber ihre Nichtigkeit festgestellt, dürfen gegenüber dem Stpfl. Steuerbescheide nicht mehr auf Tatsachen oder Beweismittel gestützt werden, die dem Finanzamt erst durch die Außenprüfung bekannt geworden sind (Verwertungsverbot). Für den Fall, dass die auf Grund einer rechtswidrigen Prüfungsanordnung erlangten Erkenntnisse bereits Eingang in einen Steuerbescheid gefunden haben, muss auch zwingend dieser Verwaltungsakt mit dem Einspruch angefochten werden, um ein steuerliches Verwertungsverbot zu erlangen.[4]

463 ## 10. Checkliste zur Prüfungsanordnung

Prüfpunkt	Maßnahme
Ist bei der Bekanntgabe der Prüfungsanordnung eine bestehende Empfangsvollmacht beachtet worden (z.B. an den Steuerberater)?	Es liegt zwar ein Bekanntgabemangel vor, die Prüfungsanordnung ist demzufolge zunächst nicht wirksam bekannt gegeben worden. Dieser Fehler wird aber durch die Weiterleitung der Prüfungsanordnung an den Bevollmächtigten geheilt. Allerdings beginnt in diesen Fällen die Einspruchsfrist erst mit dem Erhalt des Bescheids durch den Bevollmächtigten.[5]

---

1) BFH v. 7.11.1985, IV R 6/85, BStBl II 1986, 435; BFH v. 9.11.1994, XI R 16/94, BFH/NV 1995, 578; vgl. insoweit auch die neuen Aufzeichnungspflichten nach § 147a AO.
2) FG Köln v. 20.12.1984, VIII K 268/84, EFG 1985, 477.
3) BFH v. 18.12.1986, I R 49/83, BStBl II 1987, 408.
4) BFH v. 14.8.1985, I R 188/82, BStBl II 1986, 2.
5) BFH v. 20.2.1990, IX R 83/88, BStBl II 1990, 789.

Prüfpunkt	Maßnahme
Wurde die Prüfungsanordnung **zutreffend** bekannt gegeben?	Vgl. Ausführungen zu → 4 Rz. 449 ff.
Wurde die Prüfungsanordnung **rechtzeitig** vor Prüfungsbeginn bekannt gegeben (§ 5 Abs. 4 Satz 2 BpO)?	Es ist ggf. beim Finanzamt eine Verschiebung des Prüfungsbeginns zu beantragen; wegen der Anfechtbarkeit des Verwaltungsakts (→ 4 Rz. 451).
Ist der Ort der Prüfung zutreffend?	Die Festlegung des Prüfungsortes ist ein selbständiger Verwaltungsakt. Dieser kann mit der Prüfungsanordnung verbunden und isoliert angefochten werden. Der Einspruch und ein Antrag auf Aussetzung der Vollziehung können sich auch nur auf die Anfechtung des Prüfungsortes beschränken (→ 4 Rz. 451).
Ist der Umfang der Prüfung/Prüfungserweiterung ordnungsgemäß? Wurde der Prüfungszeitraum willkürlich erweitert?	Im Falle der willkürlichen Erweiterung kann die Prüfungsanordnung mit dem Rechtsbehelf angefochten werden (→ 4 Rz. 451).
Soll ein weiteres Jahr in den Prüfungszeitraum mit einbezogen werden?	Ein entsprechender Antrag ist sofort beim Finanzamt zu stellen.
Ergeben sich aus den vorgenannten Punkten Gründe für einen Einspruch gegen die Außenprüfung?	Der Einspruch hat keine aufschiebende Wirkung. Deshalb muss der Einspruch mit einem „Antrag auf Aussetzung" verbunden werden.

III. Prüfungsvorbereitung aus der Sicht des Steuerpflichtigen

Die Vorbereitung auf die Prüfung ist von ganz besonderer Wichtigkeit, da hierdurch später auch ein zufriedenstellender Ablauf der Prüfung gewährleistet wird. Im Überblick ergeben sich folgende vorbereitende Maßnahmen: **464**

Vorfall	zu ergreifende Maßnahmen
A. Erhalt der Prüfungsanordnung	– Bestimmung von Ansprechpartnern; die übrigen Mitarbeiter sowie der Prüfer sind darauf hinzuweisen, dass nur der oder die Ansprechpartner auskunftsberechtigt sind. – Sicherstellen, dass auch der Steuerberater eine Kopie der Prüfungsanordnung erhält.
B. Vorbereitung der Unterlagen	– Finanzbuchhaltung – Anlagenbuchhaltung – Jahresabschlüsse – Berechnung der Rückstellung – Rechnungen (Vorsteuerabzug ok?) – Ausfuhrnachweise – Bewirtungsaufwendungen – Reisekostenabrechnungen – Spendenbelege – Geschenke

Vorfall	zu ergreifende Maßnahmen
C. Planung der sonstigen Organisation	– Gesellschaftsverträge (ggf. auch Ergänzungen) – Verträge mit Gesellschaftern – Miet-, Pacht und Leasingverträge – Pensionszusagen – Für den Fall, dass eine digitale Prüfung erfolgen soll: Ist eine Zugriffseinrichtung auf den PC eingerichtet und auf die Prüfungszeiträume beschränkt? – Wer ist dem Prüfer als Auskunftsperson zu benennen? – Gibt es u.U. Positionen, die noch nicht einkommensmindernd berücksichtigt wurden? – Welche Wahlrechte können noch ausgeübt oder geändert werden?

IV. Prüfungsablauf

1. Auskunfts- und Vorlagepflichten

a) Grundsätzliches

465 Eine der wesentlichsten Pflichten des Stpfl. ist die Mitwirkung bei der Ermittlung des Lebenssachverhalts, denn nur bei Kenntnis des Sachverhalts kann eine zutreffende Besteuerung durchgeführt werden. Zur Ermittlung des Lebenssachverhalts hat der Stpfl. insbesondere Auskünfte zu erteilen, Aufzeichnungen, Bücher und Geschäftspapiere und andere Urkunden zur Einsicht und Prüfung vorzulegen, die zum Verständnis der Aufzeichnung erforderlichen Erläuterungen zu geben und die Finanzbehörde bei der Erfüllung ihrer Befugnisse zum maschinellen Datenzugriff zu unterstützen (§ 200 Abs. 1 Satz 2 AO).

Konzernunternehmen haben auf Anforderung insbesondere vorzulegen:

– den Prüfungsbericht des Wirtschaftsprüfers über die Konzernabschlüsse der Konzernmuttergesellschaft,

– die Richtlinie der Konzernmuttergesellschaft zur Erstellung des Konzernabschlusses,

– die konsolidierungsfähigen Einzelabschlüsse (sog. Handelsbilanz II) der Konzernmuttergesellschaft,

– Einzelabschlüsse und konsolidierungsfähige Einzelabschlüsse (sog.. Handelsbilanz II) von in- und ausländischen Konzernunternehmen (AEAO zu § 200 Nr. 1 S. 3).

Im Rahmen von Geschäftsbeziehungen zwischen nahe stehenden Personen sind die Regelungen der Gewinnabgrenzungsaufzeichnungsverordnung und der Verwaltungsgrundsätze Verfahren[1] zu beachten (AEAO zu § 200 Nr. 1).

Hinweis:

Die Anforderung von Auskünften bzw. die Vorlage von Urkunden steht im Ermessen der Finanzbehörde. Der Stpfl. muss die Aufzeichnungen und Unterlagen vorlegen, die nach der Einschätzung der FinVerw. für eine ordnungsgemäße und effiziente Abwicklung der Außenprüfung erforderlich sind, ohne dass es ihm gegenüber einer zusätzlichen Begründung bedarf (AEAO zu § 200 Nr. 1). Die Anforderung der FinVerw. muss sich aber im Rahmen des Notwen-

---

1) BMF v. 12.4.2005, IV B 4 – S 1341 -1/05, BStBl I 2005, 570.

digen, Verhältnismäßigen, Erfüllbaren und Zumutbaren halten.[1] Sind diese Voraussetzungen nicht erfüllt, ist das Verlangen der Finanzbehörde rechtswidrig und sollte mit dem Einspruch angefochten werden.

Für den Fall, dass der Stpfl. seinen Mitwirkungsverpflichtungen nicht nachkommt, können daraus im Besteuerungsverfahren nachteilige Folgerungen, wie das Schätzen der Besteuerungsgrundlagen (§ 162 AO) gezogen werden. Eine Schätzung wegen Verletzung der Mitwirkungspflicht kommt allerdings bei einer Unfähigkeit zur Mitwirkung nicht in Betracht.[2]

b) Auskunftspflicht

Zu den Mitwirkungspflichten gehört die Auskunftspflicht. Hiernach haben der Stpfl. und die anderen Personen der Finanzbehörde die zur Feststellung eines für die Besteuerung erheblichen Sachverhalts erforderlichen Auskünfte zu erteilen (§ 200 Abs. 1 AO).[3] **466**

> **Hinweis:**
> Das Auskunftsverlangen braucht der Stpfl. nicht unbedingt selbst erfüllen. Er kann damit eine andere Person beauftragen. Der Prüfer kann allerdings auch andere Personen (z.B. Betriebsangehörige) um Auskunft ersuchen, wenn der Stpfl. oder die von ihm benannten Personen nicht in der Lage sind, die geforderten Auskünfte zu erteilen oder die Auskünfte zur Klärung des Sachverhalts unzureichend sind (§ 200 Abs. 1 Satz 3 AO).

Das Auskunftsersuchen braucht nicht schriftlich zu ergehen. Der Außenprüfer muss aber ein mündliches Auskunftsersuchen auf Verlangen des Stpfl. oder der anderen Personen schriftlich bestätigen. Dieses ist insbesondere dann erforderlich, wenn der Stpfl. oder die anderen Personen sich gegen das Auskunftsverlangen mit dem Rechtsmittel des Einspruchs wenden möchten.

Die Regelungen der AO kennen für den Stpfl. selbst kein Auskunftsverweigerungsrecht. Der Stpfl. muss vielmehr nach § 90 Abs. 1 AO Satz 2 seine für die Besteuerung relevanten Tatsachen und Sachverhalte offenlegen. Das gilt grundsätzlich auch dann, wenn sich der Stpfl. durch die Erfüllung der Verpflichtung der Gefahr einer Verfolgung wegen einer Steuerstraftat oder Steuerordnungswidrigkeit aussetzt. Allerdings kann in diesen Fällen die Erfüllung der Verpflichtung nicht mit Zwangsmitteln durchgesetzt werden (§ 393 Abs. 1 Satz 2 AO). Unterbleibt in einem solchen Fall die Mitwirkung, hat das Finanzamt aber das Recht, die Besteuerungsgrundlagen gem. § 162 AO zu schätzen. **467**

Für Dritte gelten allerdings die in §§ 101 ff. AO normierten Auskunfts- und Vorlageverweigerungsrechte.

Im Zusammenhang mit der Auskunftspflicht kommt der Verpflichtung zur Benennung von Gläubigern und Zahlungen nach § 160 AO eine zentrale Bedeutung zu. Diese Vorschrift versagt nämlich die steuerliche Berücksichtigung von Schulden und anderen Lasten, Betriebsausgaben, Werbungskosten und anderen Ausgaben, wenn der Stpfl. den Gläubiger bzw. Empfänger auf Aufforderung der Finanzbehörde nicht benennt. Nach § 160 AO muss der Stpfl. der Finanzbehörde die Gläubiger oder die Empfänger genau benennen; d.h. die Benennung muss daher Name, Anschrift und Zeitpunkt der Zahlung enthalten.[4] **468**

---

1) BFH v. 15.9.1992, VII R 66/91, BFH/NV 1993, 76.
2) FG Bremen v. 24.2.2004, 2 V 582/02 (n. v.) für den Fall, dass Geschäftsunterlagen durch die Staatsanwaltschaft beschlagnahmt wurden.
3) Zur Zulässigkeit massenhafter Auskunftsersuchen vgl. BFH v. 4.10.2006, VIII R 53/04, BStBl II 2007, 227.
4) BFH v. 25.8.1986, IV B 76/86, BStBl II 1987, 481; BFH v. 9.4.1987, IV R 142/85, BFH/NV 1987, 689.

Hinweis:

Das Verlangen in § 160 Satz 1 AO, die Empfänger von Betriebsausgaben, Werbungskosten und anderen Ausgaben genau zu benennen, ist kein Verwaltungsakt, sondern eine nichtselbständig anfechtbare Vorbereitungshandlung zur gesonderten Feststellung von Besteuerungsgrundlagen oder zur Steuerfestsetzung.[1]

c) Vorlage von Urkunden

469 Die Vorlage von Urkunden gehört zu den weiteren Mitwirkungspflichten, die insbesondere der Stpfl. während der Prüfung auf Verlangen des Prüfers zu erfüllen hat (§ 200 Abs. 1 Satz 2 AO). Die Pflicht zur Vorlage bezieht sich nicht nur auf solche Urkunden, deren Führung gesetzlich vorgeschrieben ist, sondern auch auf alle beweiserheblichen Dokumente, die tatsächlich erstellt wurden und deren Inhalt steuerlich von Bedeutung sein kann. Hierzu gehören:

- Kassenbücher,
- Sachkonten,
- Buchführungsbelege,
- Bilanzen,
- Abschlussberichte,
- Konten und Belege,
- Geschäftspapiere,
- Verträge,
- Gerichtsurteile usw.

Konzernunternehmen haben auf Anforderung insbesondere vorzulegen (AEAO zu § 200 Nr. 1 Satz 3):

- den Prüfungsbericht des Wirtschaftsprüfers über die Konzernabschlüsse der Konzernmuttergesellschaft,
- die Richtlinie der Konzernmuttergesellschaft zur Erstellung des Konzernabschlusses,
- die konsolidierungsfähigen Einzelabschlüsse (sog. Handelsbilanzen II) der Konzernmuttergesellschaft,
- Einzelabschlüsse und konsolidierungsfähige Einzelabschlüsse (sog. Handelsbilanzen II) von in- und ausländischen Konzernunternehmen.

d) Zwangsmittel

aa) Zwangsgeld

470 Die Mitwirkung des Stpfl. kann mit Zwangsmitteln (Zwangsgeld, Ersatzvornahme, unmittelbarer Zwang) durchgesetzt werden (§ 328 Abs. 1 AO). Von den gesetzlich möglichen Zwangsmitteln stellt nach den Grundsätzen der Verhältnismäßigkeit und der geringsten Beeinträchtigung (§ 328 Abs. 2 AO) regelmäßig das Zwangsgeld (§ 329 AO) das geeignete Mittel dar.

Zwangsmittel dürfen zur Durchsetzung aller Verwaltungsakte, die nicht auf eine Geldleistung gerichtet sind und die die Finanzbehörde im Rahmen ihrer Befugnisse zur Vorbereitung und Durchführung der Besteuerung erlässt, eingesetzt werden. Sie können im gesamten Besteuerungsverfahren (einschließlich des Außenprüfungs-, Vollstreckungs- und Rechtsbehelfsverfahrens) angewendet werden. Sie sind aller-

---

1) BFH v. 12.9.1985, VIII R 371/83, BStBl II 1986, 537, a.A. jedoch Schwarz, § 160 Rz. 37.

dings unzulässig, wenn der Stpfl. durch das Zwangsmittel gezwungen würde, sich selbst wegen einer von ihm begangenen Straftat oder Steuerordnungswidrigkeit zu belasten (§ 393 Abs. 1 Satz 2 AO, § 410 Abs. 1 Nr. 4 AO). Gegen einen Stpfl., gegen den ein Steuerstraf- oder Bußgeldverfahren eingeleitet wird, können daher keine Zwangsmittel angewendet werden (§ 393 Abs. 1 Satz 3 AO). Entsprechendes gilt für Personen, denen ein Auskunfts- oder Vorlageverweigerungsrecht (§§ 101 bis 104 AO) zusteht.

Abgesehen von diesen Ausnahmenfällen kann im Rahmen einer Außenprüfung die Erteilung von Auskünften und die Vorlage von Urkunden mit Zwangsmitteln also erzwungen werden. Im Übrigen kann aber auch ganz generell die Duldung einer Außenprüfung selbst und die damit verbundenen Mitwirkungspflichten mit Zwangsmitteln durchgesetzt werden. Ob die Mitwirkungspflicht mit Zwangsmitteln durchgesetzt werden soll, steht im Ermessen der Finanzbehörde. Diese hat nach § 5 AO den Zweck der Ermächtigung und die gesetzlichen Grenzen des Ermessens zu beachten. Sie entscheidet, ob das Zwangsverfahren eingeleitet (Entschließungsermessen) und welches Zwangsmittel in welchem Umfang eingesetzt wird (Auswahlermessen).

Die Zwangsmittel sind demjenigen anzudrohen und aufzuerlegen, der die Mitwirkungspflicht erfüllen muss. Hierbei ist zu beachten, dass die Anordnung dieser Pflicht nachzukommen und die Festsetzung des Zwangsmittels stets an denselben Adressaten zu richten ist.

Das Zwangsgeld ist ein Beugemittel. Es ist daher so zu bemessen, dass es seinem Zweck gerecht wird und damit gerechnet werden kann, dass der Verpflichtete nach der Androhung seiner Verpflichtung nachkommt. Von welchem Betrag (§ 332 Abs. 2 Satz 3 AO) dabei auszugehen ist, richtet sich nach

– der Art der durchzusetzenden Pflicht,
– den wirtschaftlichen Verhältnissen,
– dem bisherigen Verhalten des Verpflichteten,
– dem steuerlichen Ergebnis der zu erwartenden Handlung.

Sollte der Stpfl. trotz des angedrohten Zwangsgelds seiner Verpflichtung zur Mitwirkung innerhalb der in der Androhung bestimmten Frist nicht nachkommen, ist das angedrohte Zwangsgeld zeitnah festzusetzen (§ 333 AO).

Kommt der Stpfl. seiner Verpflichtung zur Mitwirkung jedoch nach, ist der Vollzug eines noch nicht entrichteten Zwangsgelds einzustellen (§ 335 AO).

bb) Verzögerungsgeld

471 Mit dem Jahressteuergesetz 2009 hat der Gesetzgeber der FinVerw neben der Schätzungsmöglichkeit eine weitere Reaktionsvariante für den Fall der Nichterfüllung der Mitwirkungspflichten durch den Stpfl. an die Hand gegeben. Es handelt sich hierbei um das sog. Verzögerungsgeld (§ 146 Abs. 2b AO). Danach kann u.a. in den Fällen, in denen ein Stpfl. der Aufforderung zur Erteilung von Auskünften oder zur Vorlage angeforderter Unterlagen i.S.d. § 200 Abs. 1 AO im Rahmen einer Außenprüfung innerhalb einer ihm bestimmten angemessenen Frist nach Bekanntgabe durch die zuständige Finanzbehörde nicht nachkommt, ein Verzögerungsgeld von 2 500 € bis 250 000 € festgesetzt werden.

Nach § 146 Abs. 2b AO ist die Festsetzung eines Verzögerungsgelds eine Ermessensentscheidung. Die FinVerw hat daher zunächst zu entscheiden, ob sie ein Verzögerungsgeld festsetzt (Entschließungsermessen) und in welcher Höhe die Festsetzung erfolgt (Auswahlermessen). Das gilt insbesondere deshalb, weil das Entschließungsermessen nicht in der Weise vorgeprägt ist, dass eine Verletzung der Mitwirkungspflichten im Rahmen der Außenprüfung zur Festsetzung des Verzögerungsgeldes regelmäßig ausreicht und insbesondere Verschuldensaspekte beim Entschließungsermessen nicht zu berücksichtigen wären.[1] Bei der Entscheidung über die Festsetzung ist im Übrigen der Verhältnismäßigkeitsgrundsatz zu beachten.[2] Die Entscheidungsgründe sind im Bescheid über das Verzögerungsgeld schriftlich darzulegen.

Im Hinblick auf die Höhe des geringsten Verzögerungsgelds i.H.v. 2 500,– € verlangen die Gerichte unter dem Gesichtspunkt des Verhältnismäßigkeitsgrundsatzes, dass die FinVerw in ihre Ermessensentscheidung auch einbezieht, ob der Stpfl. seiner Mitwirkungspflicht bereits vor der Festsetzung des Verzögerungsgelds nachgekommen ist. Aus der Tatsache, dass die Voraussetzungen für die Festsetzung eines Verzögerungsgelds vorliegen, folgt nämlich gerade nicht die Verpflichtung, ein solches auch festzusetzen.[3]

Nach der Rechtsprechung des BFH in einem Aussetzungsbeschluss ist es zumindest zweifelhaft, ob im Hinblick auf die fortdauernde Nichtvorlage derselben Unterlage ein Verzögerungsgeld mehrfach festgesetzt werden kann.[4] Die FinVerw. hat sich dieser Rechtsauffassung mittlerweile angeschlossen.[5]

Gegen die Festsetzung des Verzögerungsgelds ist der Einspruch gem. § 347 AO gegeben.

Hinweis:

Die Anwendung des Verzögerungsgeldes wird jedoch bei Verstoß gegen die Mitwirkungspflichten zumindest in der Literatur heftig bestritten.[6] Aus der Sicht der Finanzverwaltung können diese Bedenken wohl nicht durchgreifen. Der BFH[7] hat die Anwendung des Verzögerungsgelds im Rahmen einer Außenprüfung mittlerweile bestätigt. Allerdings ist es unzulässig, wegen der Verletzung derselben Verpflichtung mehrfach ein Verzögerungsgeld festzusetzen.[8]

Ungeklärt ist bislang in der Rechtsprechung des BFH, ob im Falle der Verletzung mehrerer Mitwirkungspflichten für jeden Pflichtverstoß jeweils ein gesondertes Verzögerungsgeld – z.B. in Höhe des Mindestbestbetrags i.H.v. 2 500,– € – ausgesprochen werden kann.[9]

2. Die digitale Außenprüfung

a) Einführung

472 Mit dem Steuersenkungsgesetz 2000 wurde den Prüfungsdiensten der Finanzverwaltung ein Zugriffsrecht auf elektronische Daten im Zuge einer steuerlichen Außenprüfung eingeräumt. Dieses Recht wird grundsätzlich auf seit dem 1.1.2002 stattfindenden Lohnsteuer-Außenprüfungen, Betriebsprüfungen und Umsatzsteuer-Sonderprüfungen angewendet. Die Regelung ermöglicht es, die Prüfungsmethoden an den modernen Buchführungstechniken auszurichten und die Überprüfbarkeit der zunehmend papierlosen Buchführung durch die Finanzverwaltung sicherzustellen.

Von den Regelungen sind alle Stpfl. betroffen, die nach den Steuergesetzen oder anderen Vorschriften zur Führung von Büchern oder anderen Aufzeichnungen verpflichtet sind. Das sind v.a. bilanzierende Unternehmer, aber nach Auffassung der

---

1) FG Berlin-Brandenburg v.23.10.2012, 5 V 5284/12, EFG 2013, 96 und BFH v. 28.8.2012, I R 10/12, BStBl II 2013, 266.
2) BFH v. 28.8.2012, I R 10/13, BStBl II 2013, 266.
3) FG Hamburg v. 12.12.2013, 6 K 187/13, EFG 2014, 514.
4) BFH v. 16.6.2011, IV B 120/10, BStBl II 2011, 855.
5) BMF v. 28.9.2011, Referat IV A, Frage 18, abrufbar unter www.budensfinanzministerium.de unter dem Stichwort Betriebsprüfung.
6) Drüen, Ubg. 08/2009, 549.
7) BFH v. 16.6.2011, IV B 120/10, BStBl II 2011, 855.
8) BFH v. 16.6.2011, IV B 120/10, BStBl II 2011, 855.
9) BFH v. 28.8.2012, I R 10/12, BStBl II 2013, 266 unter Rz. 14.

Finanzverwaltung und der Rechtsprechung auch diejenigen, die ihren Gewinn über eine Einnahme-Überschussrechnung ermitteln, z.B. Freiberufler wie Ärzte.[1]

b) Datenzugriffsrechte der Finanzverwaltung

Durch § 147 Abs. 6 AO wird der Finanzverwaltung das Recht eingeräumt, eine mithilfe eines Datenverarbeitungssystems erstellte Buchführung des Stpfl. durch Datenzugriff zu prüfen. Diese Prüfungsmethode tritt neben die Möglichkeit der herkömmlichen Prüfung. Die Möglichkeit des digitalen Datenzugriffs steht der Finanzverwaltung allerdings nur im Rahmen der steuerlichen Außenprüfungen zu. Ein digitaler Datenzugriff besteht daher im Falle der Lohnsteuernachschau nicht.[2] Im Hinblick auf die Umsatzsteuernachschau ist allerdings zu beachten, dass mit dem StVereinfG 2011[3] mit Wirkung zum 1.1.2012 das Einsichtsrecht des Amtsträgers im Rahmen der Nachschau auf digitalisierte Unterlagen erweitert wurde (§ 27b Abs. 2 Satz 2 UStG). **473**

Durch die Regelungen zum Datenzugriff wird der sachliche Umfang der Außenprüfung allerdings nicht erweitert und es soll keineswegs der FinVerw. i.R. der Außenprüfung ein Recht auf Einsichtnahme in sämtliche im Unternehmen gespeicherten Daten eingeräumt werden.[4] Nach § 146 Abs. 1 AO ist die FinVerw i.R. des digitalen Zugriffs anlässlich einer Außenprüfung berechtigt, auf die in § 146 Abs. 1 AO genannten Unterlagen zurückzugreifen. Das sind insbesondere folgende Aufzeichnungen:

- Bücher und Aufzeichnungen
- Inventare
- Jahresabschlüsse, Lageberichte
- empfangene Handels- oder Geschäftsbriefe
- Buchungsbelege
- Arbeitsanweisungen und Organisationsunterlagen
- sonstige Unterlagen von Bedeutung für die Besteuerung

Zu den sonstigen Unterlagen, die dem digitalen Datenzugriffsrecht unterliegen rechnen z.B.:

- Kassenzettel, Kassenbuch, Originalaufzeichnungen für Inventuren
- Schichtzettel im Taxigewerbe
- Beim Einsatz elektronischer Registrierkassen: die dazugehörigen Organisationsunterlagen

Dem digitalen Zugriffsrecht unterliegen damit nicht:

- interne Unterlagen zur Unternehmensführung,
- vertrauliche Kundeninformationen,
- Unterlagen zu Forschungs- und Entwicklungsprojekten sowie
- Daten, die einem Auskunftsverweigerungsrecht unterliegen.

Im Rahmen des § 147 Abs. 6 AO sind die folgenden drei verschiedenen Möglichkeiten des Datenzugriffs denkbar:

aa) Unmittelbarer Zugriff

Beim unmittelbaren Datenzugriff darf die Finanzverwaltung Einsicht in die gespeicherten Daten nehmen und das Datenverarbeitungssystem des Stpfl. zur Prüfung der **474**

---

1) Vgl. hierzu auch BFH v. 24.6.2009, VIII R 80/06, BStBl II 2010, 452.
2) BMF v. 16.10.2014, IV C 5 - S 2386/09/10002 :001, BStBl I 2014, 1408.
3) Steuervereinfachungsgesetz 2011 v. 1.11.2011, BGBl. I 2011, 213.
4) BFH v. 24.6.2009, VIII R 80/06, BStBl II 2010, 452.

Unterlagen nutzen. Der Außenprüfer kann auf die vom Unternehmer eingesetzte Hard- und Software zurückgreifen. Der unmittelbare Datenzugriff ist nicht nur beschränkt auf die Lesbarmachung, sondern umfasst auch das Filtern und Sortieren der Daten. Für diese Maßnahmen können vom Stpfl. installierte Auswertungsprogramme eingesetzt werden.

Hinweis:
Die Möglichkeit des unmittelbaren Datenzugriffs ist für die Finanzverwaltung mit erheblichen Nachteilen verbunden. Das liegt v.a. daran, dass der Außenprüfer vertiefte Kenntnisse der jeweils im Unternehmen verwendeten Software haben muss. Das dürfte jedoch kaum zu gewährleisten sein. Im Übrigen stellt sich die Frage, ob die Finanzverwaltung zu Schadenersatz verpflichtet ist, wenn der Prüfer im Rahmen seiner Prüfungstätigkeit Fehlbedienungen vornimmt.

Auf der Seite des Stpfl. ist der unmittelbare Datenzugriff aber auch nicht von Vorteil. Jedenfalls ist hier immer sicherzustellen, dass der Prüfer tatsächlich nur Zugang zu den steuerrelevanten Daten erhält.

bb) Mittelbarer Zugriff

475 Im Fall des sog. mittelbaren Datenzugriffs bedient sich der Außenprüfer der Hilfestellung des Stpfl. oder einer von ihm beauftragten Person. Von diesen Personen verlangt der Prüfer eine Datenauswertung nach den Vorgaben der Finanzverwaltung. Die ständige Einbindung des Stpfl. oder einer von ihm beauftragte Person in den Datenzugriff ist für alle Seiten belastend. Im Hinblick auf die Möglichkeit des unmittelbaren Datenzugriffs bzw. der Datenträgerüberlassung dürfte diese Prüfungsmöglichkeit künftig immer mehr an Bedeutung verlieren.

cc) Datenträgerüberlassung

476 Bei der Datenträgerüberlassung hat der Stpfl. der Finanzverwaltung mit den gespeicherten Unterlagen und Aufzeichnungen auch alle zur Auswertung der Daten notwendigen Informationen (z.B. über die Dateistruktur, die Datenfelder sowie interne und externe Verknüpfungen) in maschinell auswertbarer Form zur Verfügung zu stellen. Dies gilt auch in den Fällen, in denen sich die Daten bei Dritten – Steuerberater, Softwareanbieter wie DATEV usw. – befinden.

3. Überprüfung der Einnahmen und des Umsatzes

477 Die in der Betriebsprüfung angewandten Prüfungsmethoden zur Überprüfung der Einnahmen und des Umsatzes sind sehr unterschiedlich und hängen von der Art der Gewinnermittlung, des zu prüfenden Betriebes und letztlich davon ab, welchen Methoden der Prüfer den Vorrang gibt. Gesetzliche Vorgaben gibt es hierzu nicht, grundsätzlich ist jede Prüfungsmethode zulässig, die zum einen der Prüfung dient und zum anderen den Stpfl. nicht unangemessen belastet. Die meisten Prüfungsmethoden verfolgen das Ziel, die vorliegenden Buchführungsergebnisse (Betriebsvermögensvergleich) und Aufzeichnungen bei der Einnahmen-Überschussrechnung auf ihre Schlüssigkeit und Beweiskraft hin zu untersuchen.

Im Vorfeld des Einsatzes der vorbezeichneten Prüfungsmethoden sind jedoch gewisse Vorüberlegungen zu beachten. Nach § 158 AO besitzt nämlich eine Buchführung, die den Vorschriften der §§ 140 bis 148 AO entspricht und damit formell ordnungsgemäß ist, auch die Vermutung der sachlichen Richtigkeit und ist damit der Besteuerung zugrunde zu legen.

Zu den formalen Anforderungen an eine Buchführung gehört bei Stpfl., die nach dem HGB zur Führung von Büchern verpflichtet sind, dass auch die handelsrechtlichen Grundsätze ordnungsgemäßer Buchführung (GoB) beachtet werden. Im Übrigen hat der Stpfl., der seine Bücher oder sonstigen Aufzeichnungen auf maschinell lesbaren Datenträgern führt, die Grundsätze ordnungsmäßiger DV-gestützter Buchführungssysteme zu beachten (GoBS). Desweiteren müssen auch die besonderen steuerrechtlichen Ordnungsvorschriften erfüllt werden (z. B. § 4 Abs. 5 Satz 1 Nr. 2 EStG).

Nur dann, wenn die formelle Ordnungsmäßigkeit der Buchführung und damit auch die Vermutung des § 158 AO durch den Nachweis der Unrichtigkeit erschüttert wird, kommt eine vom Buchführungsergebnis abweichende Schätzung der Besteuerungsgrundlagen in Betracht (§ 162 AO).[1] Welche der nachstehenden Prüfungsmethoden im Einzelfall geeignet sind, diesen Nachweis zu erbringen, ist in der Rechtsprechung zum Teil umstritten.

a) Äußerer Betriebsvergleich

Mit dem äußeren Betriebsvergleich versucht man die Ergebnisse des Stpfl. mit den Ergebnissen vergleichbarer Unternehmen/Betriebe gegenüberzustellen. Regelmäßig werden durch die Finanzverwaltung für zahlreiche Branchen (Bäcker, Bauunternehmungen, Computerhandel als Beispiele) Kennzahlen ermittelt. Diese betriebswirtschaftlichen Kennzahlen werden als Richtsätze bezeichnet und dienen dem Finanzamt als Hilfsmittel zur Verprobung der Umsätze und Gewinne von Gewerbebetrieben. Eine Abweichung der erklärten Gewinne von den Zahlen der amtlichen Richtsatzsammlung alleine reicht noch nicht aus, um bei formell ordnungsgemäßen Buchführungssystemen eine Zuschätzung i.S.d. § 162 AO zu begründen.[2] Ein Indiz für zu niedrig erklärte Gewinne kann das Unterschreiten der Richtsätze sein, muss jedoch durch andere geeignete Verprobungsmethoden untermauert werden (Nachkalkulation, Mängel der Kassenführung, Buchführungsmängel).

478

b) Innerer Betriebsvergleich

Die Nachkalkulation ist einer der bedeutendsten Mittel des inneren Betriebsvergleichs. In der Praxis geschieht dies häufig bei der Prüfung von Handelsbetrieben, insbesondere bei Gaststätten. Bei Dienstleistungs- und Fertigungsbetrieben ist sie weniger gebräuchlich. Mithilfe der Umsatznachkalkulation kann der Prüfer auf Grundlage des Wareneinsatzes (Handelsbetriebe) bzw. Material- und Lohneinsatz (Fertigung/Produktion) nachvollziehen, welche Umsätze optimal erzielbar waren. Dies lässt auch Rückschlüsse auf den erzielten Gewinn zu. Eine Nachkalkulation kann nur dann ein zutreffendes Bild der Verhältnisse ergeben, wenn die Wareneinkäufe vollständig und richtig verbucht sind und der Warenbestand durch Inventur zum Jahresanfang und Jahresende zutreffend ermittelt worden sind.

479

Eine Nachkalkulation kann den Nachweis erbringen, dass selbst ein formell ordnungsmäßig ermitteltes Buchführungsergebnis unrichtig ist.[3]

c) Vermögenszuwachs- und Geldverkehrsrechnung

Diese Verprobungsmethoden werden als Hilfsmittel einer Schätzung nur angewendet, wenn die Einkommens- und Vermögensverhältnisse eines Stpfl. schwer überblickt werden können und die Annahme verschwiegener Einkünfte nahe liegt. Beide Verfahren beruhen auf dem Gedanken, dass niemand in einem bestimmten Zeitraum mehr Geld für Konsum und Vermögensbildung ausgeben kann, als ihm in diesem Zeitraum zur Verfügung gestanden hat.

480

---

1) BFH v. 17.1.1981, VII R 174/77, BStBl II 1981, 430.
2) Vgl. insoweit Schwarz, § 158 AO, Rz. 9.
3) BFH v. 17.11.1981, VIII R 174/74, BStBl II 1982, 430 und BFH v. 24.10.1985 IV R 75/84, BStBl II 1986, 233 und v. 8.9.1994, IV R 6/93, BFH/NV 1995, 573.

Aus der Gegenüberstellung der Anfangs- und Endvermögen und der jeweiligen Zu- und Abrechnungen ergeben sich die mutmaßlichen Einkünfte, die mit den erklärten Einkünften zu vergleichen sind.

Der Einsatz der Geldverkehrsrechnung ist dann denkbar, wenn die Buchführung wegen festgestellter Mängel nicht verwertbar ist.

d) Methoden der Verprobung und Schätzung des Umsatzes

aa) Nachkalkulation bei Handelsbetrieben

481 Die Aufschlagskalkulation ist die am häufigsten durchgeführte Überprüfungsmethode in der steuerlichen Betriebsprüfung. Sie erbringt selbst bei festgestellter Ordnungsmäßigkeit der Buchführung den Nachweis, dass das erklärte Ergebnis falsch ist. Die Aufschlagskalkulation knüpft bei Handelsbetrieben an den Wareneinsatz an, der mit Hilfe von ermittelten Aufschlagsätzen das Ergebnis darstellen soll, was optimal möglich gewesen wäre. Der Nachweis ist unter Berücksichtigung der tatsächlichen Verhältnisse des Betriebs zu führen.

Im Gegensatz zum Handel tritt bei Fertigungsbetrieben der Material-, Fertigungslohn- bzw. Maschineneinsatz in den Vordergrund.

Es ergibt sich folgendes beispielhaftes Kalkulationsschema (Handelsbetrieb):

Wirtschaftlicher Wareneinsatz		Warenanfangsbestand (Einkaufspreise ohne USt)
	+	Wareneingang (Lieferantenrechnungen ohne USt)
	–	Warenverluste (Schwund, Diebstahl, Verbrauch)
	–	Warenendbestand
		Verkaufspreis (laut Preisliste)
+ Rohgewinnaufschlagsatz	–	Einkaufspreis
		Ggf. RGA aus Richtsatzsammlung
= wirtschaftlicher Umsatz		
– erklärter Umsatz		
= Kalkulationsdifferenz		

Hinweis:

Da sich der Umsatz auf eine Mehrzahl von Warengruppen mit unterschiedlichen Aufschlagssätzen erstreckt, erfordert eine kalkulatorische Schätzung des wirtschaftlichen Umsatzes im Interesse einer möglichst genauen Berechnung, den Wareneinsatz, d.h. Wareneingang mit berücksichtigten Bestandsveränderungen am Anfang/Ende des Wirtschaftsjahres nach den verschiedenen Warengruppen aufzugliedern.

bb) Grafischer Zeitreihenvergleich

482 Der sog. grafische Zeitreihenvergleich (ZRV) ist u.a. wegen der Schwäche der Aufschlagskalkulation im Hinblick auf die Nichtaufklärung der Schwarzeinkäufe entwickelt worden. Der ZRV stellt für jede Kalenderwoche des Jahres aus dem Verhältnis der gebuchten Betriebseinnahmen und Betriebsausgaben den erzielten Rohgewinnaufschlag dar. Die erzielten Aufschläge werden verglichen und es werden Erklärungen für Ausreißer in anderen Perioden gesucht. Mit der Verknüpfung mehrerer

Methoden kann ein auf die Verhältnisse des Einzelfalles abgestimmtes Prüfungsnetz aufgebaut werden.

Hinweis:
In der Rechtsprechung ist der Zeitreihenvergleich bisher nur als Schätzungsmethode in Fällen angewendet worden, in denen die Buchführung nach § 158 AO aus anderen Gründen nicht der Besteuerung zu Grunde gelegt werden konnte.[1] Das FG Köln hat in seinem Urteil vom 27.1.2009[2] zur Beweiskraft des Zeitreihenvergleichs Stellung genommen und entschieden, dass eine ordnungsgemäße Buchführung durch den Zeitreihenvergleich nicht erschüttert werden kann. Hinsichtlich der Rechtsfrage, ob und ggf. unter welchen Voraussetzungen oder Einschränkungen der Zeitreihenvergleich eine geeignete Methode zur Schätzung der Besteuerungsgrundlagen ist, ist zurzeit beim BFH ein Revisionsverfahren anhängig.[3]

cc) Chi2-Test

483 Im Rahmen der Entwicklung neuer Methoden zum Aufspüren von Ungereimtheiten in der Buchführung und Bilanzierung werden zunehmend Erkenntnisse aus der Wahrscheinlichkeitsrechnung eingesetzt. Mit dem Chi2-Test, der die Erkenntnis ausnutzt, dass die Ziffern 0 bis 9 an bestimmten Stellen, etwa vor und hinter dem Komma, regelmäßig gleich häufig vorkommen, werden Buchführungen und andere Aufzeichnungen auf ihre Schlüssigkeit hin untersucht. Abweichungen von der wahrscheinlichen Verteilung werden mit psychologischen Faktoren erklärt, nämlich der unbewussten Mehrverteilung von Lieblingsziffern.

Fällt eine Mehrverteilung von bestimmten Ziffern im Sinne einer größeren systematischen Abweichung in einer Buchführung auf, wird daraus der Schluss gezogen, dass nicht die tatsächlichen Zahlen, sondern frei erfundenen Zahlen, nämlich unbewusst die Lieblingszahlen gebucht wurden.

Damit steht für den Prüfer fest, dass die Buchführung unrichtig ist. Für die Bestimmung der nicht in der Kasse erfassten Einnahmen ist der Test allerdings ungeeignet. Die Verwendung einer zusätzlichen Prüfungs- bzw. Verprobungsmethode wird in diesen Fällen nicht selten zu einer Ergänzungsschätzung beim „Umsatz" und „Gewinn" führen.

dd) Benford-Gesetz

484 Die Finanzbehörden bedienen sich zunehmend auch des statistischen Verfahrens „Benford-Gesetz". Auch diese Methode dient der Aufdeckung von Unregelmäßigkeiten. Ihr liegt die Erkenntnis zu Grunde, dass unter bestimmten Voraussetzungen die Ziffern von echten Daten Gesetzmäßigkeiten erfüllen, die gefälschte Daten nicht in gleichem Maße aufweisen. Nach dem Benford-Gesetz ist die Häufigkeit der Anfangsziffer einer normal verteilten Datenmenge unterschiedlich. Hieraus folgt, dass einzelnen Ziffern in Zahlen (z.B. in einer Buchführung) nicht gleichmäßig verteilt sind. Vielmehr treten sie in einer bestimmten Häufigkeitsverteilung auf.

Diese generellen Feststellungen lassen sich auch bei steuerlich relevanten Daten nutzen. Die notwendigen Voraussetzungen liegen vor. Es handelt sich um quantitative Daten, welche in ausreichend großer Menge vorliegen, um mögliche Abweichungen von der statistischen Normalverteilung ersichtlich zu machen.

Durch den Einsatz von Prüfsoftware und unterstützenden Prüfungsprogrammen ist auch die steuerliche Betriebsprüfung heute im Stande, in kurzer Zeit einen Überblick

---

1) FG Münster v. 17.2.1999, 9 V 5542/99, DStRE 2000, 549, Revision eingelegt, Az. des BFH: X B 183/12.
2) FG Köln v. 27.1.2009, 6 K 3954/07, EFG 2009, 1092.
3) BFH v. 20.8.2013, X R 20/13, Vorinstanz FG Münster v. 26.7.2012, 4 K 2071/09, EFG 2012, 1982.

über große Datenmengen zu erlangen und komplexe Kontrollvorgänge durchzuführen. Daher kann auch das Benford-Gesetz in die Prüfung eingebracht werden.

485 ## 4. Checkliste Prüfungsablauf

Vorfall	zu ergreifende Maßnahme
Eröffnungsgespräch	– Klärung des zeitlichen Ablaufs der Prüfung – Ermittlung der Prüfungsschwerpunkte – Hat der Prüfer Branchenerfahrung? – Dem Prüfer sind feste Ansprechpartner zu benennen.
Durchführung der Prüfung	– Unterlagen nur nach Aufforderung durch den Prüfer herausgegeben. Bereitstellung auf Anforderung ist besser als Gesamtübergabe aller Unterlagen. – Die für die Prüfung erforderlichen Unterlagen sollten vor der Übergabe an den Prüfer noch einmal gesichtet werden. – Gegebenenfalls den Prüfer nach dem Grund der Anforderung fragen. – Feststellungen des Prüfers sofort mit dem Steuerberater abstimmen. – Fragen des Prüfers, deren Hintergrund nicht klar ist, mit dem Steuerberater vor Beantwortung absprechen. – Wurde die Einleitung eines Straf- oder Bußgeldverfahrens mitgeteilt? **Wenn ja:** – Unbedingt spontane Reaktionen vermeiden und sofort den Steuerberater informieren. – Nach Absprache mit dem Steuerberater kann es gegebenenfalls sinnvoll sein, den Mitwirkungspflichten noch nachzukommen, um den Verdacht einer Steuerstraftat oder Ordnungswidrigkeit so schnell wie möglich zu entkräften. – Vor der Schlussbesprechung sollte der Außenprüfer seine gesamten Feststellungen schriftlich übergeben. – Anhand der Gesamtfeststellungen des Außenprüfers ist die Schlussbesprechung gründlich vorzubereiten.

V. Abschluss der Außenprüfung

1. Schlussbesprechung

a) Allgemeines zur Schlussbesprechung

486 Die Schlussbesprechung ist eine Form des rechtlichen Gehörs. Sie dient dazu, strittige Sachverhalte sowie die rechtliche Beurteilung der Prüfungsfeststellungen und ihrer zahlenmäßigen Auswirkungen zu erörtern. Der Stpfl. hat einen gesetzlichen Anspruch auf die Schlussbesprechung (§ 201 Abs. 1 AO). Der Termin der Schlussbesprechung ist dem Stpfl. angemessene Zeit vor der Besprechung bekannt zu geben (§ 11 BpO).

Der Termin für die Schlussbesprechung muss innerhalb eines Monats seit Beendigung der Ermittlungshandlungen liegen (AEAO zu § 201 Nr. 3).

Die Schlussbesprechung ist nur sinnvoll, wenn sie sowohl vom Finanzamt als auch vom Stpfl. vorbereitet wird. Diese Besprechung soll keinesfalls dazu dienen, den Stpfl. und seinen steuerlichen Berater mit den Prüfungsfeststellungen zu überraschen.

b) Checkliste zur Schlussbesprechung

487

Ablauf Schlussbesprechung/ Vorbereitung auf Besprechung	– Bei steuerrelevanten Änderungen sollte man zwingend auf einer Schlussbesprechung bestehen. – An der Schlussbesprechung sollte nicht nur der Prüfer, sondern auch dessen unmittelbarer Vorgesetzter teilnehmen, weil der Prüfer alleine nicht immer entscheidungsberechtigt ist. – Der Prüfer sollte angemessene Zeit vor der Schlussbesprechung die Besprechungspunkte der Finanzbehörde bekannt geben. – Wer übernimmt die Gesprächsführung bei der Schlussbesprechung (Steuerberater)? – Soweit die Besprechungspunkte bekannt sind, sollte innerhalb dieser Punkte eine Rangfolge festgelegt werden (z.B. Wechsel zwischen schwierigen, streitbefangenen und einfachen Themen). – In der Schlussbesprechung müssen nicht alle Punkte einvernehmlich geregelt werden. – Unterbrechungen der Besprechung zwecks Absprache zwischen Steuerberater und Mandanten sind häufig zweckmäßig. – Sitzordnung so vornehmen, dass Steuerberater und Mandant Blickkontakt halten können.

2. Verbindliche Zusage im Anschluss an eine Außenprüfung

Im Rahmen der Außenprüfung werden auch häufig Sachverhalte mit einer gewissen Dauerwirkung geprüft. Der Stpfl. dürfte in diesen Fällen besonders daran interessiert sein, Sicherheit in der steuerlichen Behandlung dieser Sachverhalte für die Zukunft zu erlangen. Daher ordnet § 204 AO an, dass das Finanzamt im Anschluss an eine Außenprüfung dem Stpfl. verbindlich zusagen soll, wie ein für die Vergangenheit geprüfter und im Prüfungsbericht dargestellter Sachverhalt in Zukunft steuerrechtlich behandelt wird. Voraussetzung ist allerdings, dass die Kenntnis der künftigen steuerrechtlichen Behandlung für die geschäftlichen Maßnahmen des Stpfl. von Bedeutung ist (§ 204 AO).

488

Über den Antrag auf Erteilung einer verbindlichen Zusage entscheidet die für die Auswertung der Prüfungsfeststellung zuständige Finanzbehörde.

Ob die verbindliche Zusage erteilt wird, hat die für die Auswertung der Prüfungsfeststellungen zuständige Stelle nach pflichtgemäßem Ermessen zu entscheiden. Das Ermessen ist aber in aller Regel zu Gunsten einer Zusage eingeschränkt. Eine Ablehnung der Erteilung einer Zusage dürfte lediglich in Ausnahmefällen in Betracht kommen. Das sind insbesondere Fälle, in denen sich das zu beurteilende Sachverhalt nicht für eine Zusage eignet (z.B. zukünftige Verrechnungspreise bei unübersichtlichen Marktverhältnissen) oder weil noch entsprechende Verwaltungsvorschriften erlassen werden sollen bzw. eine Grundsatzentscheidung des BFH bevorsteht (AEAO zu § 204 Nr. 5). Eine Ablehnung ist zu begründen (§ 121 Abs. 1 AO).

> **Hinweis:**
> Die Zusage bindet nicht nur die Finanzverwaltung, sondern auch die Gerichte. Das gilt selbst dann, wenn die erteilte Zusage rechtswidrig sein sollte und die Zusage nicht zu Ungunsten des Antragstellers wirkt (§ 206 Abs. 2 AO). Die Gerichte können nur prüfen, ob überhaupt eine wirksame Zusage nach §§ 204 AO vorliegt:[1]

---

1) Seer in Tipke/Kruse zu § 206, Rz. 16.

VI. Ermittlungsmaßnahmen außerhalb der Außenprüfung

1. Lohnsteuer-Nachschau (§ 42g EStG)

489 Mit dem Amtshilferichtlinie-Umsetzungsgesetz (AmtshilfeRLUmsG) wurde das Instrument der Lohnsteuer-Nachschau ab VZ 2013 in das EStG aufgenommen. Gem. § 42g Abs. 1 EStG dient die Nachschau der Sicherstellung einer ordnungsgemäßen Einbehaltung und Abführung der Lohnsteuer. Sie ist ein besonderes Verfahren zur zeitlichen Aufklärung steuererheblicher Sachverhalte und ist keine Außenprüfung i.S.d. §§ 193 ff. AO. Deshalb gelten die besonderen Vorschriften der Abgabenordnung für die Außenprüfung hier nicht. Deshalb darf der mit der Lohnsteuer-Nachschau beauftragte Amtsträger nur dann auf elektronische Daten des Arbeitgebers zugreifen, wenn der Arbeitgeber zustimmt. Stimmt der Arbeitgeber dem Datenzugriff nicht zu, kann der mit der Lohnsteuer-Nachschau beauftragte Amtsträger verlangen, dass ihm die erforderlichen Unterlagen in Papierform vorgelegt werden. Sollten diese nur in elektronischer Form existieren, kann er verlangen, dass diese unverzüglich ausgedruckt werden (vgl. § 147 Abs. 5 2. Halbsatz AO).[1]

Eine Lohnsteuer-Nachschau kommt insbesondere in Betracht[2]:

- bei Beteiligung an Einsätzen der Finanzkontrolle Schwarzarbeit,
- zur Feststellung der Arbeitgeber- oder Arbeitnehmereigenschaft,
- zur Feststellung der Anzahl der insgesamt beschäftigten Arbeitnehmer,
- bei Aufnahme eines neuen Betriebs,
- zur Feststellung, ob der Arbeitgeber eine lohnsteuerliche Betriebsstätte unterhält,
- zur Feststellung, ob eine Person selbständig oder als Arbeitnehmer tätig ist,
- zur Prüfung der steuerlichen Behandlung von sog. Minijobs (vgl. § 8 Abs. 1 und 2 SGB IV), ausgenommen Beschäftigungen in Privathaushalten,
- zur Prüfung des Abrufs und der Anwendung der elektronischen Lohnsteuerabzugsmerkmale (ELStAM) und
- zur Prüfung der Anwendung von Pauschalierungsvorschriften, z. B. § 37b Absatz 2 EStG.

Die Lohnsteuer-Nachschau findet während der üblichen Geschäfts- und Arbeitszeiten statt, ohne dass die FinVerw die Maßnahme vorher ankündigen müsste (§ 42g Abs. 2 EStG).

Geben die bei der Lohnsteuer-Nachschau getroffenen Feststellungen hierzu Anlass, kann ohne Vorlage einer Prüfungsanordnung zu einer Lohnsteueraußenprüfung übergegangen werden (§ 42g Abs. 4 EStG). Auf den Übergang muss schriftlich hingewiesen werden.

2. Umsatzsteuernachschau (§ 27b UStG)

490 Mit dem Steuerverkürzungsbekämpfungsgesetz (StVBG)[3] wurde die Umsatzsteuer-Nachschau in § 27b UStG aufgenommen. Hiermit soll in erster Linie ein Instrument geschaffen werden, dass der Vermeidung und Bekämpfung der Umsatzsteuerhinterziehung dient. In der Praxis wird diese Nachschau heute bereits auf eine Vielzahl weiterer Fälle angewendet.

---

1) BMF v. 16.11.2014, IV C 5 - S 2386/09/10002 :001, BStBl I 2014, 1408,Rz. 14.
2) BMF v. 16.11.2014, IV C 5 - S 2386/09/10002 :001, BStBl I 2014, 1408,Rz. 4.
3) Gesetz zur Bekämpfung von Steuerverkürzungen bei der Umsatzsteuer und zur Änderung anderer Steuergesetze (Steuerverkürzungsbekämpfungsgesetz – StVBG) vom 19.12.2001, BGBl. I 2001, 3922.

Die Umsatzsteuer-Nachschau stellt keine Außenprüfung i.S.d. §§ 193 ff. dar (Abschn. 27b.1 Abs. 1 UStAE), Deshalb gelten die besonderen Vorschriften der AO im Zusammenhang mit der Außenprüfung hier nicht.

Mit dem StVereinfG 2011[1)] wurde jedoch mit Wirkung zum 1.1.2012 das Einsichtsrecht des Amtsträgers im Rahmen der Nachschau auf digitalisierte Unterlagen erweitert (§ 27b Abs. 2 Satz 2 UStG).

Auch im Rahmen der Umsatzsteuer-Nachschau kann der Amtsträger ohne vorherige Ankündigung während des Geschäfts- und Arbeitszeiten die Grundstücke und Räume der Unternehmer betreten (§ 27b Abs. 1 Satz 1 UStG).

Betriebsveräußerung/Betriebsaufgabe

von Johannes C. Achter

INHALT   Rz.

I. Grundlagen	491–493
II. Die Veräußerungs-/Aufgabetatbestände	491–563
1. Übersicht	494–495
2. Betriebsveräußerung im Ganzen	496–498
3. Aufgabe des ganzen Betriebs	491–505
a) Definition	491–501
b) Aufgabezeitraum	502–505
4. Wesentliche Betriebsgrundlagen	506–511
5. Zurückbehaltung von Wirtschaftsgütern	512–525
a) Aufgabe der bisherigen Tätigkeit	514–519
b) Maßgeblicher Zeitpunkt	493
c) Einheitlicher Vorgang	521
d) Betriebsverlegung	522–525
aa) Betriebsverlegung im Inland	522
bb) Betriebsverlegung ins Ausland	523–525
6. Teilbetriebsaufgabe/-veräußerung	526–542
a) Definition des Teilbetriebs	526–494
b) 100 %-Beteiligung an einer Kapitalgesellschaft	531
c) Teilbetriebsveräußerung/-aufgabe	532–536
d) Wesentliche Teilbetriebsgrundlagen	537–539
e) Aufgabe der bisherigen Tätigkeit	495–541
f) Maßgeblicher Zeitpunkt	542
7. Veräußerung oder Aufgabe des gesamten Mitunternehmeranteils	543–554
a) Anteilsveräußerung	543–548
b) Anteilsaufgabe	549–553
c) Wesentliche Betriebsgrundlagen	554
8. Einbringungen	555–556
9. Realteilung	557–563
a) Definition	557–497

---

1) Steuervereinfachungsgesetz 2011 v. 1.11.2011, BGBl. I 2011, 2131.

	Rz.
b) Abgrenzung der Realteilung von der Aufgabe eines Mitunternehmeranteils	561
c) Gegenstand der Realteilung	562–563
III. Veräußerungs-/Aufgabegewinn	491–603
1. Berechnung	564–566
2. Veräußerungspreis	567–585
a) Wertansätze	567
b) Veräußerungsgewinn – laufender Gewinn – Zuordnung in Einzelfällen	568–585
aa) Einheitliches Geschäftskonzept	568
bb) Entnahmen	569
cc) Forderungen und Verbindlichkeiten	498–573
dd) Mitunternehmer	574
ee) Ratenzahlungen	575
ff) Rücklagen	576
gg) Rückstellungen	577
hh) Stundung	578
ii) Teilentgeltliche Übertragungen	579–499
jj) Veräußerung gegen Rente	581–584
(1) Leibrenten	581–582
(2) Zeitrenten	583–584
kk) Wettbewerbsverbote	585
3. Gemeiner Wert und Veräußerungsentgelte	491–597
a) Wertansätze	586
b) Aufgabegewinn – laufender Gewinn – Zuordnung in Einzelfällen	491–597
aa) Ansparrücklage	587
bb) Betriebszerstörung	588
cc) Büroeinrichtung	589
dd) Disagio	491
ee) Ein-Objekt-Unternehmen	591
ff) Forderungen und Verbindlichkeiten	592–593
gg) Forfaitierung	594
hh) Investitionsabzugsbetrag	595
ii) Produkt- und Warenveräußerungen	596
jj) Umlaufvermögen	597
4. Nachträgliche Entgelt- oder Wertänderungen	598
5. Nachträgliche Einkünfte	599–601
6. Verwirklichung eines privaten Veräußerungsgeschäfts	602
7. Veräußerungskosten	603
IV. Einkommensteuer	604–619
1. Veräußerungs-/Aufgabefreibetrag	604–615
a) Voraussetzungen	605–606
b) Vollendung des 55. Lebensjahres	607
c) Dauernde Berufsunfähigkeit	608–609
d) Mitunternehmer	502–611
e) Teileinkünfteverfahren	612–613
f) Teilentgeltliche Übertragungen	614
g) Veräußerung gegen wiederkehrende Bezüge	615
2. Ermäßigter Einkommensteuersatz	616–619
a) Fünftelregelung	616–617

	Rz.
b) Begünstigter Steuersatz.	618
c) 100 %-Beteiligungen an Kapitalgesellschaften	619
V. Gewerbesteuer	503–621
VI. Umsatzsteuer	622–623
VII. Grunderwerbsteuer	624
VIII. Erbschaft- und Schenkungsteuer	625

I. Grundlagen

491 Wird ein Betrieb im Ganzen veräußert, aufgegeben oder wird einer der gleichgestellten Tatbestände (→ 4 Rz. 494 ff.) erfüllt, sieht das Gesetz die Aufdeckung und Besteuerung der stillen Reserven des Betriebs vor. Der „Aufdeckungsgewinn" muss neben dem Gewinn aus der laufenden wirtschaftlichen Geschäftstätigkeit versteuert werden. Die aufgedeckten stillen Reserven können erheblich sein und dementsprechend auch der „Aufdeckungsgewinn", so z.B. häufig dann, wenn Grundstücke und Immobilien seit langem zum Betriebsvermögen gehören.

Zur Aufdeckung und Erfassung stiller Reserven werden Veräußerungs- Aufgabegewinne gem. §§ 14, 14a Abs. 1, 16 Abs. 1, Abs. 3 und 18 Abs. 3 EStG gesondert ermittelt.

492 Diese besonderen Gewinnermittlungsvorschriften bezwecken zum einen, die steuerliche Erfassung stiller Reserven sicherzustellen, und zum anderen, den „Aufdeckungsgewinn" begünstigt besteuern zu können (vgl. § 16 Abs. 4 EStG und § 34 EStG), um finanzielle Härten zu vermeiden, die entstünden, wenn die im Laufe eines längeren Zeitraums angesammelten stillen Reserven eines Betriebsvermögens in einem Zuge aufgedeckt und wie laufender Gewinn regulär nach dem progressiven Einkommensteuertarif besteuert werden würden.[1]

493 Bei der Frage, ob ein Betriebsveräußerungs-/Betriebsaufgabetatbestand erfüllt ist, geht es im Kern immer darum, ob ein dabei erzielter Gewinn laufender Gewinn oder begünstigter Gewinn bzw. Verlust darstellt.

II. Die Veräußerungs-/Aufgabetatbestände

1. Übersicht

494 Folgende Tatbestände stellen Betriebsveräußerungen bzw. Betriebsaufgaben dar:

1. Betriebsveräußerung/Betriebsaufgabe im Ganzen,
2. Veräußerung/Aufgabe eines Teilbetriebs,
3. Veräußerung/Aufgabe einer im Betriebsvermögen gehaltenen 100 %-Beteiligung an einer KapGes,
4. Veräußerung/Aufgabe eines Mitunternehmeranteils,
5. Veräußerung/Aufgabe eines KGaA-Vollhafter-Anteils.

Zudem gibt es noch folgende zwei Betriebsaufgabetatbestände:

6. Realteilung sowie
7. Ausschluss oder die Beschränkung des Besteuerungsrechts der Bundesrepublik Deutschland hinsichtlich des Gewinns aus der Veräußerung sämtlicher Wirtschaftsgüter des Betriebs oder eines Teilbetriebs.

---

1) BFH v. 9.8.1989, I R 119/81, BStBl II 1989, 973.

495 Alle Tatbestände gelten nicht nur für Gewerbebetriebe, sondern grds. auch für freiberufliche Praxen sowie land- und forstwirtschaftliche Betriebe (vgl. § 18 Abs. 3 Satz 1 EStG und § 14 EStG).

2. Betriebsveräußerung im Ganzen

496 Von einer Betriebsveräußerung spricht man, wenn der ganze Betrieb mit seinen wesentlichen Betriebsgrundlagen gegen Entgelt in der Weise in einem einheitlichen Vorgang auf einen Erwerber übertragen wird, dass der geschäftliche Organismus fortgeführt werden kann und der Veräußerer seine bisher mit dem veräußerten Betriebsvermögen entfaltete Tätigkeit aufgibt.[1)]

497 Werden hingegen nicht der Betriebsorganismus, sondern nur wichtige Betriebsmittel übertragen, während der Betriebsinhaber das Unternehmen in derselben oder in einer veränderten Form fortführt, liegt keine Betriebsveräußerung vor (H 16 Abs. 1 EStH 2011 „Betriebsfortführung").[2)]

498 Veräußerung des ganzen Gewerbebetriebs i.S.v. § 16 Abs. 1 Satz 1 Nr. 1 Satz 1 Alt. 1 EStG ist also:

- die nicht unentgeltliche Übertragung
- des Betriebs mit allen wesentlichen Betriebsgrundlagen
- an einen Erwerber,
- wenn der Veräußerer die mit dem Betriebsvermögen verbundene Tätigkeit aufgibt.[3)]

3. Aufgabe des ganzen Betriebs

a) Definition

499 Eine Aufgabe des ganzen Betriebs liegt vor, wenn[4)]

- auf Grund eines Entschlusses des Inhabers, den Betrieb aufzugeben,
- die bisher in diesem Betrieb entfaltete wirtschaftliche Tätigkeit endgültig eingestellt wird und
- **alle wesentlichen Betriebsgrundlagen** in einem **einheitlichen Vorgang**, d.h. innerhalb kurzer Zeit entweder
  - insgesamt klar und eindeutig, äußerlich erkennbar in das Privatvermögen überführt bzw. anderen betriebsfremden Zwecken zugeführt werden oder
  - insgesamt einzeln an **verschiedene** Erwerber veräußert oder
  - teilweise veräußert und teilweise in das Privatvermögen überführt werden,
- und dadurch der Betrieb aufhört, als „selbständiger Organismus des Wirtschaftslebens" zu bestehen.

Es handelt sich bei der Betriebsaufgabe um einen Entnahmevorgang (vgl. § 4 Abs. 1 Satz 2 EStG) in Form einer **Totalentnahme**.[5)]

---

1) BFH v. 17.7.2008, X R 40/07, BStBl II 2009, 43; BFH v. 12.6.1996, XI R 56, 57/95, BStBl II 1996, 527 m.w.N.; BFH v. 29.11.1988, VIII R 316/82, BStBl II 1989, 602.
2) BFH v. 3.10.1984, I R 116/81, BStBl II 1985, 131.
3) Zur verdeckten Einlage bei Verkauf eines Betriebs an eine KapG siehe BFH v. 1.7.1992, I R 5/92, BStBl II 1993, 131 und BFH v. 24.3.1987, I R 202/83, BStBl II 1987, 705 (H 16 Abs. 1 EStH 2011 „Verdeckte Einlage").
4) BFH v. 16.12.2009, IV R 7/07, BStBl II 2010, 431; BFH v. 28.10.2009, I R 99/08, DStZ 2010, 89; BFH v. 30.8.2007, IV R 5/06, BStBl II 2008, 113; BFH v. 19.5.2005, IV R 17/02, BStBl II 2005, 637; BFH v. 21.8.1996, X R 78/93, BFH/NV 1997, 226.
5) BFH v. 28.10.2009, I R 99/08, DStZ 2010, 89; BFH v. 7.11.1974, GrS 1/73, BStBl II 1975, 168.

Hinweis: 500

Bei besonders gelagerten Umständen des Einzelfalls können Wirtschaftsgüter im Rahmen einer Betriebsaufgabe auch ohne ausdrückliche Entnahmeerklärung notwendiges Privatvermögen werden. Der BFH hat dies in einem Fall angenommen, in dem der Betriebsinhaber das bewegliche Anlagevermögen veräußert und eine Angestelltentätigkeit aufgenommen hatte, Versuche, das Betriebsgrundstück zu verkaufen, aber fehlschlugen.[1] Ein solcher – von einer entsprechenden Erklärung unabhängiger – Übergang des letzten verbleibenden Wirtschaftsguts ins Privatvermögen setzt allerdings voraus, dass zum einen die endgültige Einstellung des Betriebs hinreichend deutlich erkennbar wird und dass zum anderen eine Veräußerung des Wirtschaftsguts nicht mehr in Betracht zu ziehen ist.[2]

Die Betriebsaufgabe ist nicht nur abzugrenzen von der Betriebsveräußerung und der Strukturänderung, sondern auch von der Betriebsunterbrechung und der allmählichen Betriebsabwicklung.[3] 501

b) Aufgabezeitraum

Eine Betriebsaufgabe muss grds. innerhalb „kurzer Zeit" vollzogen werden. Ob allerdings die Veräußerung und/oder Entnahme der wesentlichen Betriebsgrundlagen innerhalb eines kurzen und damit noch der Steuerbegünstigung unterfallenden Abwicklungszeitraums durchgeführt wird, richtet sich nach den Umständen des Einzelfalls. Da die Wirtschaftsgüter bei der Betriebsaufgabe im Gegensatz zur Betriebsveräußerung regelmäßig an mehrere Abnehmer veräußert werden, bedarf es für die Verkaufsabwicklung i.d.R. eines gewissen Zeitraums. Für dessen Bestimmung ist insbesondere die Marktgängigkeit der zum Verkauf stehenden Betriebsgrundlagen zu berücksichtigen. Es kann nach Ansicht des BFH dem Stpfl. nicht zugemutet werden, schwer verkäufliche Wirtschaftsgüter unter Zeitdruck unter ihrem Wert „loszuschlagen", nur um die Steuervergünstigung aus § 16 Abs. 4 i.V.m. § 34 Abs. 2 Nr. 1 EStG zu erhalten.[4] Eine Betriebsaufgabe kann sich somit über einen längeren Zeitraum erstrecken, innerhalb dessen alle wesentlichen Betriebsgrundlagen entnommen oder veräußert worden sein müssen. **Alle Teilakte müssen dabei aber auf einem einheitlichen Aufgabeentschluss beruhen.**[5] In – wie der BFH betont – besonders gelagerten Einzelfällen hat er steuerbegünstigte Betriebsaufgaben bejaht, in denen sich der Abwicklungszeitraum über 14, 15 bzw. 18 Monate und damit einer der Aufgabegewinn jeweils über zwei Veranlagungszeiträume erstreckte.[6] In einem der Urteilsfälle ließ der BFH anklingen, dass es evtl. schädlich sein könnte, wenn sich ein 15-monatiger Aufgabezeitraum über drei Veranlagungszeiträume erstreckt, ließ dies aber offen, da es in dem Fall auf die Klärung dieser Frage nicht ankam.[7] Einen Abwicklungszeitraum von 36 Monaten erkennt der BFH keinesfalls mehr als „kurzer" Betriebsaufgabezeitraum an.[8] 502

Hinweis: 503

Mit dem Steuervereinfachungsgesetz 2011[9] wurde die Behandlung der Fälle einer allmählichen (schleichenden) Betriebsaufgabe bei verpachteten und ruhenden Gewerbebetrieben nor-

---

1) BFH v. 21.5.1992, X R 77–78/90, BFH/NV 1992, 659.
2) BFH v. 26.4.2001, IV R 14/00, BStBl II 2001, 798; BFH v. 21.5.1992, X R 77–78/90, BFH/NV 1992, 659.
3) BFH v. 26.4.2001, IV R 14/00, BStBl II 2001, 798.
4) BFH v. 17.12.2008, IV R 11/06, BFH/NV 2009, 937 m.w.N.
5) BFH v. 3.9.2009, IV R 61/06, BFH/NV 2010, 404; BFH v. 24.8.2000, IV R 42/99, BStBl II 2003, 67.
6) BFH v. 17.12.2008, IV R 11/06, BFH/NV 2009, 937 m.w.N.; BFH v. 20.1.2005, IV R 14/03, BStBl II 2005, 395; BFH v. 21.10.1993, IV R 42/93, BStBl II 1994, 385.
7) Vgl. BFH v. 17.12.2008, IV R 11/06, BFH/NV 2009, 937.
8) BFH v. 26.4.2001, IV R 14/00, BStBl II 2001, 798; BFH v. 26.5.1993, X R 101/90, BStBl II 1993, 710.
9) Gesetz v. 1.11.2011, BStBl I 2011, 986.

miert. Werden die wesentlichen Betriebsgrundlagen eines verpachteten Betriebs veräußert oder so umgestaltet, dass eine Wiederaufnahme der betrieblichen Tätigkeit in gleicher Form nicht mehr möglich ist, kommt es nach den Grundsätzen der Betriebsverpachtung zwangsweise zu einer Betriebsaufgabe. Hierbei kann es insbesondere in den Fällen der Betriebsverpachtung zu aufwendigen Verwaltungsverfahren kommen, wenn der Stpfl. keine eindeutige Aufgabeerklärung abgegeben hat (vgl. R 16 Abs. 5 Satz 9 ff. EStR 2005).

Durch den neuen § 16 Abs. 3b EStG gilt bei einer Betriebsunterbrechung oder Betriebsverpachtung im Ganzen der Betrieb bis zur ausdrücklichen Betriebsaufgabeerklärung als fortgeführt.

Diese genannte Betriebsfortführungsfiktion ist gem. § 52 Abs. 34 Satz 9 EStG auf Betriebsaufgaben anzuwenden, die nach dem Inkrafttreten des Steuervereinfachungsgesetzes 2011[1] am 4.11.2011 erfolgen.

504 Eine Betriebsaufgabe ist erst mit dem wirtschaftlichen Übergang der letzten wesentlichen Betriebsgrundlage an den Erwerber abgeschlossen.[2]

505 Eine Betriebsaufgabe im Ganzen kann auch dann gegeben sein, wenn der Stpfl. einen neuen Betrieb – auch der gleichen Branche – beginnt, sofern der bisher geführte betriebliche Organismus aufhört zu bestehen und sich der neue Betrieb in finanzieller, wirtschaftlicher und organisatorischer Hinsicht von dem bisherigen Betrieb unterscheidet (H 16 Abs. 2 EStH 2011 „Eröffnung eines neuen Betriebs").[3]

4. Wesentliche Betriebsgrundlagen

506 Für eine Veräußerung eines Betriebs im Ganzen i.S.v. § 16 Abs. 1 Satz 1 Nr. 1 Satz 1 Alt. 1 EStG ist es nicht erforderlich, dass der gesamte Betrieb veräußert wird; die Veräußerung aller wesentlichen Betriebsgrundlagen ist ausreichend.[4]

507 Eine Betriebsaufgabe ist dadurch gekennzeichnet, dass **alle wesentlichen Betriebsgrundlagen** innerhalb kurzer Zeit und damit, wirtschaftlich gesehen, in einem einheitlichen Vorgang entweder in das Privatvermögen überführt oder an verschiedene Erwerber veräußert oder teilweise veräußert und teilweise in das Privatvermögen überführt werden.

508 Zur Beantwortung der Frage, ob eine wesentliche Betriebsgrundlage i.S.d. § 16 EStG vorliegt, ist eine **funktional-quantitative Betrachtung** vorzunehmen.[5] Als wesentliche Betriebsgrundlagen sind im Rahmen des § 16 EStG **alle entweder funktional oder quantitativ für den Betrieb wesentlichen Wirtschaftsgüter** anzusehen (**funktional-quantitative Betrachtungsweise**).[6]

509 Funktional wesentliche Grundlagen eines Betriebs sind die Wirtschaftsgüter, die zur Erreichung des Betriebszwecks erforderlich sind und ein besonderes wirtschaftliches Gewicht für die Betriebsführung besitzen (sog. **funktionale Betrachtungsweise**).[7]

510 Zu den wesentlichen Betriebsgrundlagen im Rahmen der Beurteilung eines Veräußerungstatbestands gem. §§ 16, 34 EStG gehören weiterhin auch solche Wirtschaftsgü-

---

1) Gesetz v. 1.11.2011, BStBl I 2011, 986.
2) BFH v. 17.12.2008, IV R 11/06, BFH/NV 2009, 937.
3) BFH v. 18.12.1996, XI R 63/96, BStBl II 1997, 573.
4) Vgl. BFH v. 12.12.2000, VIII R 10/99, BStBl II 2001, 282; BFH v. 12.6.1996, XI R 56, 57/95, BStBl II 1996, 527.
5) BFH v. 10.11.2005, IV R 7/05, BStBl II 2006, 176.
6) BFH v. 3.9.2009, IV R 61/06, BFH/NV 2010, 404; BFH v. 10.6.2008, VIII R 79/05, BStBl II 2008, 863; BFH v. 10.11.2005, IV R 7/05, BStBl II 2006, 176; BFH v. 16.12.2004, IV R 3/03, BFH/NV 2005, 879; BFH v. 2.10.1997, IV R 84/96, BStBl II 1998, 104.
7) BFH v. 12.6.1996, XI R 56, 57/95, BStBl II 1996, 527; BFH v. 19.1.1983, I R 57/79, BStBl II 1983, 312.

ter, in denen erhebliche stille Reserven gebunden sind (sog. **quantitative Betrachtung**).[1]

Hinsichtlich der funktionalen Wesentlichkeit von **Betriebsgrundstücken** kann insbesondere auf die Grundsätze, die die neuere Rechtsprechung des BFH zum Begriff der wesentlichen Betriebsgrundlage im Rahmen der Betriebsaufspaltung entwickelt hat, zurückgegriffen werden.[2] Danach ist z.b. ein Grundstück für den Betrieb wesentlich, wenn es die räumliche und funktionale Grundlage für die Geschäftstätigkeit bildet und es dem Unternehmen ermöglicht, seinen Geschäftsbetrieb aufzunehmen und auszuüben.[3] Demzufolge ist **grundsätzlich jedes vom Betrieb genutzte Grundstück eine funktional wesentliche Betriebsgrundlage**, es sei denn, es ist im Einzelfall ausnahmsweise nur von geringer wirtschaftlicher Bedeutung für den Betrieb.[4]

511

5. Zurückbehaltung von Wirtschaftsgütern

Bei der Beantwortung der Frage, ob eine einkommensteuerlich begünstigte Betriebsveräußerung vorliegt, kommt es nicht darauf an, was der Erwerber erhält, sondern darauf, was der Veräußerer im Betriebsvermögen zurückbehält.[5] Die Annahme einer Betriebsveräußerung im Ganzen wird nicht dadurch ausgeschlossen, dass der Veräußerer Wirtschaftsgüter, die nicht zu den wesentlichen Betriebsgrundlagen gehören, zurückbehält.[6] Das gilt auch, wenn einzelne, **nicht** zu den wesentlichen Betriebsgrundlagen gehörende Wirtschaftsgüter in zeitlichem Zusammenhang mit der Veräußerung in das Privatvermögen überführt oder anderen betriebsfremden Zwecken zugeführt werden (H 16 Abs. 1 EStH 2011 „Zurückbehaltene Wirtschaftsgüter".[7]

512

Einer begünstigten Praxisveräußerung im Ganzen steht nicht entgegen, wenn Patienten- oder Mandantenbeziehungen zurückbehalten werden, auf die in den letzten drei Jahren weniger als 10 % der Umsätze entfallen sind.[8]

513

a) Aufgabe der bisherigen Tätigkeit

Eine der Voraussetzungen von Betriebsveräußerung und Betriebsaufgabe ist, dass der Inhaber die mit dem Betriebsvermögen verbundene Tätigkeit aufgibt.[9] Die Beendigung der bisherigen Tätigkeit ist selbständiges Merkmal der Tatbestandsverwirklichung und losgelöst von dem Merkmal der Übertragung bzw. Entnahme der wesentlichen Betriebsgrundlagen zu sehen. Denn der Begriff des Betriebs ist tätigkeitsbezogen definiert. Ein Betrieb wird begründet durch eine mit Gewinnabsicht unternommene, selbständige und nachhaltige Tätigkeit, die sich u.a. als Beteiligung am allgemeinen wirtschaftlichen Verkehr darstellt. Da der Betriebsbegriff eine tätigkeitsbezogene Komponente aufweist, ist Voraussetzung, dass der Betriebsinhaber nicht nur die

514

---

1) BFH v. 10.7.2006, VIII B 227/05, BFH/NV 2006, 1837.
2) BFH v. 3.9.2009, IV R 61/06, BFH/NV 2010, 404; BFH v. 10.11.2005, IV R 7/05, BStBl II 2006, 176.
3) BFH v. 3.9.2009, IV R 61/06, BFH/NV 2010, 404; BFH v. 14.2.2007, XI R 30/05, BStBl II 2007, 524 m.w.N.
4) BFH v. 3.9.2009, IV R 61/06, BFH/NV 2010, 404; BFH v. 19.3.2009, IV R 78/06, BStBl 2009, 803; BFH v. 13.7.2006, IV R 25/05, BStBl II 2006, 804.
5) BFH v. 10.11.2005, IV R 7/05, BStBl II 2006, 176.
6) BFH v. 26.5.1993, X R 101/90, BStBl II 1993, 710; FG Münster v. 17.1.2012, 1 K 1936/09 E, EFG 2012, 916.
7) BFH v. 24.3.1987, I R 202/83, BStBl 1987, 705; BFH v. 29.10.1987, IV R 93/85, BStBl II 1988, 374.
8) BFH v. 10.11.2005, IV R 7/05, BStBl II 2006, 176; BFH v. 29.10.1992, IV R 16/91, BStBl II 1993, 182; BFH v. 7.11.1991, IV R 14/90, BStBl II 1992, 457.
9) BFH v. 12.6.1996, XI R 56, 57/95, BStBl II 1996, 527.

Betriebsmittel überträgt bzw. entnimmt, sondern auch seine durch den betrieblichen Organismus bestimmte Tätigkeit aufgibt.[1]

Eine Aufgabe der bisherigen Tätigkeit liegt auch dann vor, wenn der Veräußerer als selbständiger Unternehmer nach der Veräußerung des Betriebs **für den Erwerber tätig wird** (H 16 Abs. 1 EStH 2011 „Aufgabe der bisherigen Tätigkeit").[2] Diese Grundsätze gelten nach der Rechtsprechung auch für **Freiberufler** und auch dann, wenn der Veräußerer, z.B. einer Arztpraxis, – selbständig oder nichtselbständig – im bisherigen örtlichen Wirkungsbereich, aber **im Auftrag und für Rechnung des Erwerbers** tätig wird. Beschäftigt der Erwerber den bisherigen Praxisinhaber noch als Arbeitnehmer oder freien Mitarbeiter, bestehen zwischen dem Praxisveräußerer und den Patienten keine selbständigen Rechtsbeziehungen mehr. Die Patienten unterhalten Rechtsbeziehungen nur zu dem Erwerber. Allein der Erwerber ist dann der Inhaber der Honoraransprüche an die Patienten. Damit verfügt er allein zivilrechtlich und wirtschaftlich über die Vorteile aus dem Patientenstamm. Gemäß § 18 Abs. 3 EStG ist entscheidend, ob die bisherige Praxis mit ihren immateriellen Wirtschaftsgütern definitiv auf einen Erwerber übertragen wird.[3]

515   **Hinweis:**

Bleibt der Veräußerer eines Betriebs weiterhin selbständig tätig, ist es wichtig, dass er seine auf das veräußerte Betriebsvermögen bezogene unternehmerische Tätigkeit vollständig eingestellt und Unternehmerinitiative nur noch im Rahmen seiner neuen Geschäftstätigkeit entfaltet und ebenso nur noch diesbezüglich Unternehmerrisiko trägt. Die Nutzung der langjährigen Kundenkontakte und des Know-hows aus der Zeit vor der Betriebsveräußerung sind unschädlich, wenn sie lediglich als Grundlage für eine – von den bisherigen Betriebsgrundlagen unabhängige – unternehmerische Tätigkeit dienen und ab dem Zeitpunkt der Betriebsveräußerung im Interesse des Erwerbers genutzt werden.[4] Sogar die Zahlung eines erfolgsabhängigen Honorars kann unschädlich sein, wenn sich dadurch der Gewinn des Erwerbers nur unwesentlich mindert.[5]

516   Dass hingegen der Erwerber den Betrieb tatsächlich fortführt, ist nicht erforderlich (R 16 Abs. 1 Satz 2 EStR 2005).

517   **Hinweis:**

Bei einer PersG ist es nicht erforderlich, dass die Gesellschafter gleichzeitig mit der Betriebsveräußerung die Auflösung beschließen (H 16 Abs. 1 EStH 2011 „Personengesellschaft"[6]).

Eine Betriebsveräußerung kann auch dann vorliegen, wenn der Veräußerer mit den veräußerten wesentlichen Betriebsgrundlagen die eigentliche Geschäftstätigkeit noch nicht ausgeübt hat (H 16 Abs. 1 EStH 2011 „Fehlende gewerbliche Tätigkeit"[7]).

518   Allerdings liegt nicht notwendigerweise eine Betriebsaufgabe vor, wenn ein Unternehmer seine unternehmerische Tätigkeit einstellt. Die Einstellung kann auch als bloße Betriebsunterbrechung zu beurteilen sein, die den Fortbestand des Betriebs unberührt lässt. Gibt der Betriebsinhaber keine Aufgabeerklärung ab, ist davon auszugehen, dass er beabsichtigt, den unterbrochenen Betrieb künftig wieder aufzunehmen, sofern die zurückbehaltenen Wirtschaftsgüter dies ermöglichen.[8] Die Beurteilung als Betriebsaufgabe oder als bloße Betriebsunterbrechung hängt nicht davon ab,

---

1) Vgl. BFH v. 17.7.2008, X R 40/07, BStBl II 2009, 43; BFH v. 12.6.1996, XI R 56, 57/95, BStBl II 1996, 527 m.w.N.
2) BFH v. 17.7.2008, X R 40/07, BStBl II 2009, 43.
3) BFH v. 17.7.2008, X R 40/07, BStBl II 2009, 43; BFH v. 29.6.1994, I R 105/93, BFH/NV 1995, 109.
4) Vgl. BFH v. 17.7.2008, X R 40/07, BStBl II 2009, 43.
5) Vgl. BFH v. 17.7.2008, X R 40/07, BStBl II 2009, 43.
6) BFH v. 4.2.1982, IV R 150/78, BStBl II 1982, 348.
7) BFH v. 7.11.1991, IV R 50/90, BStBl II 1992, 380 (zu den Voraussetzungen einer Betriebsveräußerung bei einer Partenreederei).
8) BFH v. 7.4.2009, III B 54/07, BFH/NV 2009, 1620.

ob der Stpfl. seine ursprüngliche Tätigkeit gänzlich unverändert wieder aufnehmen kann, sondern davon, ob er in der Lage ist, den ehemaligen Betrieb im Wesentlichen identitätswahrend fortzuführen.[1] Dementsprechend führt die Veräußerung wesentlicher Teile des Betriebsvermögens auch ohne ausdrückliche Erklärung zur Betriebsaufgabe.[2] Zur Rechtslage ab dem 5.11.2011 → 4 Rz. 503.

Ein landwirtschaftlicher Betrieb wird nicht allein dadurch aufgegeben, dass der Landwirt nur noch im Nebenerwerb tätig wird oder die Selbstbewirtschaftung einstellt.[3] Nach st. Rspr. bleiben bisher landwirtschaftlich genutzte Grundstücke bei einer Nutzungsänderung, durch die sie nicht zu notwendigem Privatvermögen werden, ohne ausdrückliche Entnahmehandlung landwirtschaftliches Betriebsvermögen.[4] Es bedarf einer unmissverständlichen, von einem entsprechenden Entnahmewillen getragenen Entnahmehandlung; daran fehlt es, wenn der Stpfl. nicht die sich aus einer Entnahme ergebende Folgerung zieht, indem er, wie vom EStG gefordert, den Gewinn aus der Entnahme von Grund und Boden erklärt.[5] Es entspricht gefestigter Rechtsprechung, dass der Stpfl. die Beweislast (Feststellungslast) für das Vorliegen einer Betriebsaufgabe bzw. einer Entnahme eines ehemals landwirtschaftlich genutzten Grundstücks trägt.[6] Mit der Übertragung sämtlicher landwirtschaftlicher Nutzflächen an Dritte wird der landwirtschaftliche Betrieb aufgegeben. Ein zurückbehaltenes Hofgrundstück gilt als in das Privatvermögen überführt, soweit es nicht in ein anderes Betriebsvermögen desselben Stpfl. überführt wird.[7]

519

b) Maßgeblicher Zeitpunkt

Für die Entscheidung, ob eine Betriebsveräußerung im Ganzen vorliegt, ist auf den Zeitpunkt abzustellen, in dem das wirtschaftliche Eigentum an den veräußerten Wirtschaftsgütern übertragen wird (H 16 Abs. 1 EStH 2011 „Maßgeblicher Zeitpunkt")[8]. Erfolgt die Veräußerung unter einer aufschiebenden Bedingung, geht das wirtschaftliche Eigentum grundsätzlich erst mit dem Eintritt der Bedingung auf den Erwerber über, wenn ihr Eintritt nicht allein vom Willen und Verhalten des Erwerbers abhängt.[9]

520

c) Einheitlicher Vorgang

Die kurz vor einer Aufgabe eines Betriebs erfolgte Übertragung wesentlicher Betriebsgrundlagen **ohne** Aufdeckung der in ihnen gebundenen stillen Reserven steht einer Tarifbegünstigung des Aufgabegewinns entgegen, wenn beide Vorgänge auf einem vorher gefassten Plan beruhen. Diese sog. **Gesamtplanrechtsprechung** dient der Verwirklichung des Zwecks der Tarifvergünstigung nach §§ 16, 34 EStG, nämlich die zusammengeballte Realisierung der während vieler Jahre entstandenen stillen Reserven nicht dem progressiven Einkommensteuertarif zu unterwerfen. Die Tarifvergünstigung setzt deshalb voraus, dass alle stillen Reserven der wesentlichen Grundlagen des Betriebs in einem einheitlichen Vorgang aufgelöst werden. Eine geballte Realisierung

521

---

1) BFH v. 7.4.2009, III B 54/07, BFH/NV 2009, 1620.
2) BFH v. 7.4.2009, III B 54/07, BFH/NV 2009, 1620; BFH v. 22.9.2004, III R 9/03, BStBl II 2005, 160.
3) BFH v. 12.5.2010, IV B 137/08, BFHE 2010, 1850.
4) BFH v. 12.5.2010, IV B 137/08, BFHE 2010, 1850; BFH v. 27.8.2004, IV B 173/03, BFH/NV 2005, 334 m.w.N.
5) BFH v. 12.5.2010, IV B 137/08, BFHE 2010, 1850; BFH v. 7.2.2002, IV R 32/01, BFH/NV 2002, 1135.
6) BFH v. 26.2.2010, IV B 25/09, BFH/NV 2010, 1116; BFH v. 14.5.2009, IV R 44/06, BStBl II 2009, 811 m.w.N.; BFH v. 7.2.2002, IV R 32/01, BFH/NV 2002, 1135; BFH v. 2.3.1995, IV R 52/94, BFH/NV 1996, 110.
7) BFH v. 16.12.2009, IV R 7/07, BStBl II 2010, 431.
8) BFH v. 3.10.1984, I R 119/81, BStBl II 1985, 245.
9) BFH v. 25.6.2009, IV R 3/07, BStBl II 2010, 182.

stiller Reserven i.d.S. liegt aber nicht vor, wenn dem Betriebsinhaber noch stille Reserven verbleiben, die erst in einem späteren Veranlagungszeitraum aufgedeckt werden.[1]

d) *Betriebsverlegung*

aa) Betriebsverlegung im Inland

522 Wird ein Betrieb in andere Geschäftsräume verlegt, handelt es sich nicht um eine Betriebsaufgabe, selbst wenn die Verlegung mit einer vorübergehenden Betriebseinstellung verbunden ist.[2] Entscheidend ist, ob sich der ursprüngliche und der andernorts fortgeführte Betrieb bei wirtschaftlicher Betrachtung und unter Berücksichtigung der Verkehrsauffassung nach den Verhältnissen des Einzelfalls als **wirtschaftlich identisch** darstellen (z.B. weil die Betriebsmittel oder das Wirkungsfeld oder die Kundschaft unverändert geblieben sind) und demgemäß eine Fortführung des bisherigen Unternehmens evtl. unter Änderung der innerbetrieblichen Struktur oder der Rechtsform anzunehmen ist.[3]

bb) Betriebsverlegung ins Ausland

523 Nach der Rechtsprechung des BFH ist es wie eine Betriebsaufgabe zu behandeln, wenn ein Betrieb als wirtschaftlicher Organismus zwar bestehen bleibt, aber durch eine Handlung bzw. einen Rechtsvorgang in seiner ertragsteuerlichen Einordnung so verändert wird, dass die Erfassung der stillen Reserven nicht gewährleistet ist.[4] Nach diesen Grundsätzen sah die Rechtsprechung bis vor einiger Zeit eine Betriebsverlegung vom Inland in das Ausland als Betriebsaufgabe an, wenn der Gewinn **aus dem in das Ausland verlegten** Betrieb auf Grund eines Abkommens zur Vermeidung der Doppelbesteuerung (DBA) nicht der inländischen Besteuerung unterliegt (**sog. Theorie der finalen Betriebsaufgabe**).[5]

524 Der BFH war dann zu der Auffassung gelangt, dass die der Theorie der finalen Betriebsaufgabe zu Grunde liegende Annahme nicht zutrifft. Die Annahme war, der mit der Betriebsverlegung verbundene Wegfall des Besteuerungszugriffs auf die Einkünfte aus der **künftig** ausgeübten Tätigkeit habe zur Folge, dass auch die während der Ausübung der Tätigkeit im Inland – also vor der Betriebsverlegung – entstandenen stillen Reserven an den Gegenständen des Betriebsvermögens der Besteuerung durch den deutschen Fiskus entzogen seien, wenn sie sich zu einem späteren Zeitpunkt, z.B. durch eine Betriebsveräußerung, tatsächlich realisierten. Der BFH stellte nun fest, dass es sich durchaus um der inländischen Besteuerung unterliegende Einkünfte handelt, soweit der spätere Veräußerungsgewinn auf der Realisierung der **vormals im Inland erwirtschafteten** stillen Reserven beruht. Selbst wenn die unbeschränkte Steuerpflicht entfällt, weil der Betriebsinhaber nicht nur den Betrieb, sondern auch seinen Wohnsitz in einen ausländischen Staat verlegt, geht das Besteuerungsrecht im Hinblick auf die im Inland entstandenen stillen Reserven nicht verloren. Auch dann verliert der deutsche Fiskus weder nach innerstaatlichem Recht noch abkommensrechtlich das Recht, die im Inland entstandenen stillen Reserven des Betriebsvermögens im Falle einer späteren Realisierung zu besteuern, selbst wenn zum Realisierungszeitpunkt in Deutschland keine Betriebsstätte bzw. feste Einrichtung mehr besteht.

---

1) BFH v. 20.1.2005, IV R 14/03, BStBl II 2005, 395; BFH v. 6.9.2000, IV R 18/99, BStBl II 2001, 229; BFH v. 18.10.1999, GrS 2/98, BStBl II 2000, 123 m.w.N.
2) BFH v. 28.10.2009, I R 99/08, DStZ 2010, 89; BFH v. 3.10.1984, I R 119/81, BStBl II 1985, 245.
3) BFH v. 28.10.2009, I R 99/08, DStZ 2010, 89; BFH v. 28.6.2001, IV R 23/00, BStBl II 2003, 124.
4) BFH v. 14.3.2007, XI R 15/05, BStBl II 2007, 924; BFH v. 22.4.1998, XI R 28/97, BStBl II 1998, 665.
5) BFH v. 28.3.1984, I R 191/79, BStBl II 1984, 664; BFH v. 13.10.1976, I R 261/70, BStBl II 1977, 76.

Aus diesen Gründen hat der BFH seine **Rechtsprechung zur finalen Betriebsaufgabe aufgegeben**.[1] Als Reaktion auf diese Rechtsprechungsänderung wurde die **Theorie der finalen Betriebsaufgabe** durch das JStG 2010[2] mit Wirkung ab dem 14.12.2010[3] **gesetzlich festgeschrieben**. Durch das JStG 2010 wurden § 16 EStG um einen Abs. 3a und § 4 Abs. 1 EStG um einen Satz 4 ergänzt. Gem. § 16 Abs. 3a Halbs. 1 EStG n.F. steht der Ausschluss oder die Beschränkung des Besteuerungsrechts der Bundesrepublik Deutschland hinsichtlich des Gewinns aus der Veräußerung sämtlicher Wirtschaftsgüter des Betriebs oder eines Teilbetriebs einer Betriebsaufgabe gleich, wobei gem. § 16 Abs. 3a Halbs. 2 i.V.m. § 4 Abs. 1 Satz 4 EStG n.F. ein Ausschluss oder eine Beschränkung des Besteuerungsrechts hinsichtlich des Gewinns aus der Veräußerung fingiert wird, wenn die Wirtschaftsgüter nicht mehr einem inländischen, sondern einem ausländischen Betrieb zuzuordnen sind.

6. Teilbetriebsaufgabe/-veräußerung

a) Definition des Teilbetriebs

Ein Teilbetrieb ist ein mit einer gewissen Selbständigkeit ausgestatteter, organisch geschlossener Teil des Gesamtbetriebs, der für sich betrachtet alle Merkmale eines Betriebs i.S.d. EStG aufweist und für sich lebensfähig ist. Eine völlig selbständige Organisation mit eigener Buchführung ist nicht erforderlich.[4] Ob veräußerte Wirtschaftsgüter in ihrer Zusammenfassung einer sich von der übrigen wirtschaftlichen Tätigkeit des Veräußerers deutlich abhebenden Betätigung dienen und als Betriebsteil die für die Annahme eines Teilbetriebs erforderliche Selbständigkeit besitzen, ist nach dem **Gesamtbild der Verhältnisse** zu entscheiden.[5] Bei dieser Gesamtwürdigung sind die von der Rechtsprechung herausgearbeiteten **Abgrenzungsmerkmale** – z.B. räumliche Trennung vom Hauptbetrieb, eigener Wirkungskreis, gesonderte Buchführung, eigenes Personal, eigene Verwaltung, eigenes Anlagevermögen, ungleichartige betriebliche Tätigkeit, eigener Kundenstamm und eine die Eigenständigkeit ermöglichende interne Organisation – zu beachten.[6] **Diese Merkmale brauchen jedoch nicht sämtlich vorzuliegen**; der Teilbetrieb erfordert lediglich eine gewisse Selbständigkeit gegenüber dem Hauptbetrieb.[7]

Für die Annahme eines Teilbetriebs genügt nicht die Möglichkeit einer technischen Aufteilung des Betriebs. **Notwendig ist die Eigenständigkeit** des Teilbereichs. Bestimmte abgegrenzte Tätigkeitsgebiete können nicht durch eine bloße organisatorische Verselbständigung und durch gesonderten Vermögens- und Ergebnisausweis zu einem Teilbetrieb gemacht werden.

Voraussetzung einer Teilbetriebsveräußerung ist, dass der Unternehmer eine bestimmte unternehmerische Tätigkeit aufgibt. Erst wenn die Aufgabe einer unter-

---

1) BFH v. 28.10.2009, I R 99/08, DStZ 2010, 89; ebenfalls aufgegeben wurde vom BFH die sog. Theorie der finalen Entnahme bei der Überführung von Einzelwirtschaftsgütern in eine ausländische Betriebsstätte des gleichen Unternehmens, BFH v. 17.7.2008, I R 77/06, BStBl II 2009, 464; dazu Nichtanwendungsschreiben des BMF v. 20.5.2009, IV C 6 – S 2134/07/10005, BStBl I 2009, 671.
2) Gesetz v. 8.12.2010, BStBl I 2010, 1394.
3) Die §§ 16 und 4 EStG n.F. traten gem. Art. 32 JStG 2010 am Tag nach der Gesetzesverkündung, die am 13.12.2010 erfolgte, in Kraft.
4) BFH v. 15.3.2007, III R 53/06, BFH/NV 2007, 1661; BFH v. 16.11.2005, X R 17/03, BFH/NV 2006, 532 m.w.N; BFH v. 10.10.2001, XI R 35/00, BFH/NV 2002, 336.
5) BFH v. 15.3.2007, III R 53/06, BFH/NV 2007, 1661; BFH v. 16.11.2005, X R 17/03, BFH/NV 2006, 532; BFH v. 10.10.2001, XI R 35/00, BFH/NV 2002, 336.
6) BFH v. 15.3.2007, III R 53/06, BFH/NV 2007, 1661; BFH v. 16.11.2005, X R 17/03, BFH/NV 2006, 532; BFH v. 10.10.2001, XI R 35/00, BFH/NV 2002, 336.
7) BFH v. 15.3.2007, III R 53/06, BFH/NV 2007, 1661; BFH v. 10.10.2001, XI R 35/00, BFH/NV 2002, 336.

nehmerischen Tätigkeit festgestellt ist, stellt sich die Frage der weiteren Voraussetzung einer Teilbetriebsveräußerung, ob die aufgegebene Tätigkeit einen organisch geschlossenen, mit einer gewissen Selbständigkeit ausgestatteten Teil eines Gesamtbetriebs verkörpert, der für sich allein lebensfähig ist.[1]

529 Die §§ 16 und 34 EStG sind auch auf im Aufbau befindliche Teilbetriebe anzuwenden, die ihre werbende Tätigkeit noch nicht aufgenommen haben. Ein im Aufbau befindlicher Teilbetrieb liegt erst dann vor, wenn die wesentlichen Betriebsgrundlagen bereits vorhanden sind und bei zielgerechter Weiterverfolgung des Aufbauplans ein selbständig lebensfähiger Organismus zu erwarten ist (H 16 Abs. 3 EStH 2011 „Teilbetriebe im Aufbau").[2]

530 Insbesondere Filialen und Zweigniederlassungen können Teilbetriebe sein. Werden Zweigniederlassungen oder Filialen eines Unternehmens veräußert, so ist die Annahme Veräußerung oder Aufgabe eines Teilbetriebs nicht deshalb ausgeschlossen, weil das Unternehmen im Übrigen andernorts weiterhin eine gleichartige unternehmerische Tätigkeit ausübt. Erforderlich ist aber, dass das Unternehmen mit der Veräußerung oder Aufgabe des entsprechenden Betriebsteils **einen eigenständigen Kundenkreis aufgibt**.[3] Eine Einzelhandelsfiliale ist nur dann Teilbetrieb, wenn dem dort beschäftigten leitenden Personal eine Mitwirkung beim Wareneinkauf und bei der Preisgestaltung dieser Filiale eingeräumt ist (H 16 Abs. 3 EStH 2011 „Filialen und Zweigniederlassungen").[4]

b) 100 %-Beteiligung an einer Kapitalgesellschaft

531 Der Veräußerung oder Aufgabe eines Teilbetriebs i.S.v. § 16 Abs. 1 Satz 1 Nr. 1 Satz 1 Alt. 2 EStG gleichgestellt ist die Veräußerung einer Beteiligung an einer KapG, die deren gesamtes Nennkapital umfasst und die **ausschließlich im Betriebsvermögen** einer Person oder PersG gehalten wird (§ 16 Abs. 1 Satz 1 Nr. 1 Satz 2 EStG). Die Gleichstellung gilt auch für eine Beteiligung, die im Eigentum eines oder mehrerer Mitunternehmer derselben PersG steht und steuerlich zum Betriebsvermögen der PersG gehört. Um welche Art von Betriebsvermögen es sich handelt, spielt keine Rolle. Selbst das Halten der Beteiligung im gewillkürten Betriebsvermögen oder im Sonderbetriebsvermögen ist unschädlich. Die Beteiligung kann auch in verschiedenen Betriebsvermögen eines Stpfl. gehalten werden. Wird die Beteiligung hingegen auch nur zu einem kleinen Teil im Privatvermögen gehalten, ist § 16 Abs. 1 Satz 1 Nr. 1 Satz 2 EStG nicht anwendbar (vgl. R 16 Abs. 3 Satz 6 ff. EStR 2005).

c) Teilbetriebsveräußerung/-aufgabe

532 Wie auch bei der Veräußerung eines Betriebs im Ganzen setzt eine Teilbetriebsveräußerung die Übertragung der wesentlichen Betriebsgrundlagen **an einen Erwerber in einem einheitlichen Vorgang** gegen Entgelt voraus.

533 Das Erfordernis der Übertragung in einem einheitlichen Vorgang gilt auch für die Veräußerung einer 100 %-Beteiligung an einer KapG i.S.v. § 16 EStG. Allerdings ist hier ein einheitlicher Vorgang auch dann noch gegeben, wenn die gesamte Beteiligung im Laufe eines Wirtschaftsjahres veräußert wird. Auf das Erfordernis der Übertragung an einen Erwerber kommt es bei der Veräußerung einer 100 %-Beteiligung hingegen nicht an.[5]

---

1) Vgl. BFH v. 3.10.1998, I R 119/81, BStBl II 1985, 245.
2) BFH v. 1.2.1989, VIII R 33/85, BStBl II 1989, 458.
3) BFH v. 24.8.1989, IV R 120/88, BStBl II 1990, 55.
4) BFH v. 12.9.1979, I R 146/76, BStBl II 1980, 51.
5) So ausdrücklich BFH v. 24.6.1982, IV R 151/79, BStBl II 1982, 751.

Die Veräußerung eines Teilbetriebs ist demnach: 534
- die nicht unentgeltliche Übertragung
- eines organisch geschlossenen, mit einer gewissen Selbständigkeit ausgestatteten Teils eines Gesamtbetriebs, der für sich betrachtet alle Merkmale eines Betriebs aufweist und als solcher lebensfähig ist,
- mit allen wesentlichen Betriebsgrundlagen dieses Teilbetriebs,
- wenn der Veräußerer die mit dem Teil dieses Betriebsvermögens verbundene Tätigkeit aufgibt.

Ist Organträger eine natürliche Person oder eine PersG, stellen die Gewinne aus der Veräußerung von Teilbetrieben der Organgesellschaft keine Gewinne i.S.d. § 16 EStG dar (H 16 Abs. 8 EStH 2011 „Organschaft").[1] 535

Für die Aufgabe eines Teilbetriebs geltend dieselben Voraussetzungen wie für die Aufgabe eines Betriebs im Ganzen.[2] Ein Teilbetrieb wird aufgegeben, wenn der Stpfl. die bisher in diesem Teilbetrieb entfaltete Tätigkeit endgültig einstellt und sämtliche wesentlichen Betriebsgrundlagen in einem einheitlichen Vorgang insgesamt an verschiedene Erwerber veräußert oder entnimmt.[3] Die Betriebsaufgabe beginnt mit solchen Vorgängen, die objektiv auf die Auflösung des Betriebs als selbständigen Organismus des Wirtschaftslebens gerichtet sind, wie z.B. die Einstellung der werbenden Tätigkeit oder die Veräußerung bestimmter, für die Fortführung des Betriebs unerlässlicher Wirtschaftsgüter des Betriebsvermögens.[4] Alle zu diesem Zeitpunkt zu den wesentlichen Betriebsgrundlagen des Teilbetriebs gehörenden Wirtschaftsgüter müssen veräußert oder entnommen worden sein. 536

Wird eine KapG in der Weise aufgelöst, dass ihr Vermögen auf den Alleingesellschafter übertragen wird, der die gesamte Beteiligung im Betriebsvermögen hält, ist eine begünstigte Aufgabe eines Teilbetriebs gegeben. Es steht der Begünstigung nicht entgegen, wenn die untergehende KapG Betriebsunternehmen im Rahmen einer Betriebsaufspaltung war (H 16 Abs. 3 EStH 2011 „Auflösung einer Kapitalgesellschaft").[5]

d) Wesentliche Teilbetriebsgrundlagen

Die Wesentlichkeit von Teilbetriebsgrundlagen ist ebenfalls auf Grund der funktional-quantitativen Betrachtungsweise zu beurteilen. Dabei kommt es allein darauf an, welche Bedeutung das Wirtschaftsgut für den Teilbetrieb hat.[6] So liegt etwa funktional betrachtet eine Teilbetriebsveräußerung nicht vor, wenn wesentliche Betriebsgrundlagen, auch wenn sie keine erheblichen stillen Reserven enthalten, in den Hauptbetrieb verbracht werden (H 16 Abs. 3 EStH 2011 „Auflösung stiller Reserven").[7] 537

Besteht eine Betriebsaufspaltung, sind die **Anteile an einer Betriebskapitalgesellschaft** wesentliche Betriebsgrundlagen des Besitzunternehmens. Diese können nicht (quotal) den jeweiligen Teilbetrieben, sondern nur dem Besitzunternehmen insgesamt zugeordnet werden. Werden die Anteile an der Betriebskapitalgesellschaft nicht mit 538

---

1) BFH v. 22.1.2004, III R 19/02, BStBl II 2004, 515.
2) BFH v. 3.9.2009, IV R 61/06, BFH/NV 2010, 404; BFH v. 20.1.2005, IV R 14/03, BStBl II 2005, 395 m.w.N.
3) BFH v. 3.9.2009, IV R 61/06, BFH/NV 2010, 404; BFH v. 8.2.2007, IV R 65/01, BStBl II 2009, 699; BFH v. 20.1.2005, IV R 14/03, BStBl II 2005, 395 m.w.N.
4) BFH v. 20.1.2005, IV R 14/03, BStBl II 2005, 395; BFH v. 5.7.1984, IV R 36/81, BStBl II 1984, 711.
5) BFH v. 4.10.2006, VIII R 7/03, BStBl II 2009, 772.
6) BFH v. 15.10.2008, X B 170/07, BFH/NV 2009, 167 (zur Bedeutung eines Grundstücks).
7) BFH v. 19.1.1983, I R 57/79, BStBl II 1983, 312.

veräußert, kann nicht von einer begünstigten Teilbetriebsveräußerung ausgegangen werden (H 16 Abs. 3 EStH 2011 „Teilbetriebsveräußerung").[1]

539 Im Lichte der quantitativen Betrachtungsweise liegen weder eine Veräußerung noch eine Aufgabe eines Teilbetriebs vor, wenn z.b.

- bei der Einstellung der Produktion eines Zweigwerks nicht alle wesentlichen stillen Reserven – v.a. die in den Grundstücken enthaltenen – aufgelöst werden (H 16 Abs. 3 EStH 2011 „Auflösung stiller Reserven");[2]
- bei der Einstellung eines Teilbetriebs Wirtschaftsgüter von nicht untergeordneter Bedeutung, in denen erhebliche stille Reserven enthalten sind, als Betriebsvermögen in einen anderen Teilbetrieb desselben Stpfl. übernommen werden und deshalb die stillen Reserven nicht aufgelöst werden dürfen (H 16 Abs. 3 EStH 2011 „Auflösung stiller Reserven");[3]
- in einem zurückbehaltenen Wirtschaftsgut erhebliche stille Reserven vorhanden sind;[4] dies gilt auch dann, wenn das zurückbehaltene Wirtschaftsgut überwiegend von einem noch verbleibenden Restbetrieb genutzt wird (H 16 Abs. 3 EStH 2011 „Auflösung stiller Reserven").[5]

e) Aufgabe der bisherigen Tätigkeit

540 Eine Veräußerung oder eine Aufgabe eines Teilbetriebs erfordern – im Gegensatz zur Veräußerung oder Aufgabe eines Betriebs im Ganzen – **nicht**, dass der Inhaber seine geschäftlichen Tätigkeiten in **vollem** Umfang beendet. Es ist ausreichend, wenn er seine, mit den veräußerten wesentlichen Betriebsgrundlagen verbundenen Tätigkeiten, beendet.[6] Ein bloßes Auswechseln der Produktionsmittel unter Fortführung des Tätigkeitsgebiets stellt jedoch keine Teilbetriebsveräußerung dar (H 16 Abs. 1 EStH 2011 „Beendigung der bisherigen Tätigkeit"). So oder so hatte der BFH eine Teilbetriebsveräußerung in einem Fall verneint, in dem der Stpfl. in wirtschaftlichem und zeitlichem Zusammenhang mit der Veräußerung einer Offset-Druckerei in unmittelbarer Nachbarschaft einen Kupfertiefdruckbetrieb errichtete, in dem die gleichen Druckerzeugnisse für die bisherigen Kunden hergestellt wurden. In diesem Fall lag nach Ansicht des BFH lediglich eine Auswechslung der Produktionsmittel im Rahmen eines fortbestehenden Betriebs (Teilbetriebs) vor.[7] So hatte der BFH in einem Fall sowohl eine Teilbetriebsveräußerung als auch eine Teilbetriebsaufgabe verneint, in dem ein Spediteur, der auch mit eigenen Fernlastzügen das Frachtgeschäft betrieb, seine Fernlastzüge an verschiedene Erwerber veräußerte und in der Folgezeit seine bisherigen Kunden über die Spedition unter Einschaltung fremder Frachtführer weiter betreute (H 16 Abs. 3 EStH 2011 „Spediteur").[8]

541 Bei einer freiberuflichen Tätigkeit mit sachlich einheitlicher Praxis und gleichartiger Tätigkeit kommt die Annahme einer Teilpraxisveräußerung bzw. -aufgabe in Betracht, wenn die Praxis im Rahmen selbständiger Büros mit besonderem Personal, die sich i.d.R. aber nicht unbedingt an verschiedenen Orten befinden, in voneinander entfernten örtlichen Wirkungsbereichen mit getrennten Kundenkreisen ausgeübt wird. Eine steuerbegünstigte Teilpraxisveräußerung/aufgabe setzt dann die Veräußerung/Aufgabe des einen Büros samt den Kundenbeziehungen und die völlige Einstel-

---

1) BFH v. 4.7.2007, X R 49/06, BStBl II 2007, 772.
2) BFH v. 26.9.1968, IV 22/64, BStBl II 1969, 69.
3) BFH v. 30.10.1974, I R 40/72, BStBl II 1975, 232; BFH v. 28.10.1964, IV 102/64 U, BStBl III 1965, 88.
4) BFH v. 26.4.1979, IV R 119/76, BStBl II 1979, 557.
5) BFH v. 13.2.1996, VIII R 39/92, BStBl II 1996, 409.
6) BFH v. 9.8.1989, X R 62/87, BStBl II 1989, 973.
7) Vgl. BFH v. 3.10.1984, I R 119/81, BStBl II 1985, 245.
8) BFH v. 22.11.1988, VIII R 323/84, BStBl II 1989, 357.

lung der freiberuflichen Tätigkeit in dem dazugehörigen örtlich abgegrenzten Wirkungsbereich voraus. Die Einstellung der freiberuflichen Tätigkeit in dem bisherigen örtlichen Wirkungsbereich ist i.d.R. deshalb unbedingt erforderlich, weil es gerade der eigene, von der übrigen Praxis abgegrenzte örtliche Wirkungsbereich ist, der dem organisatorisch selbständigen Büro, trotz der sachlich einheitlichen freiberuflichen Praxis, das Gepräge einer selbständigen Teilpraxis verleiht.[1]

f) Maßgeblicher Zeitpunkt

Ob eine Summe von Wirtschaftsgütern einen Teilbetrieb darstellt, ist nach den tatsächlichen Verhältnissen im Zeitpunkt der Veräußerung bzw. Aufgabe zu entscheiden. Dies gilt auch dann, wenn die Wirtschaftsgüter die Eigenschaft als Teile eines Teilbetriebs erst durch die Zerstörung einer wesentlichen Betriebsgrundlage verloren haben (H 16 Abs. 3 EStH 2011 „Maßgeblicher Zeitpunkt").[2] **542**

7. Veräußerung oder Aufgabe des gesamten Mitunternehmeranteils

a) Anteilsveräußerung

Veräußerung eines ganzen Mitunternehmeranteils ist **543**

- die nicht unentgeltliche Übertragung
- des ganzen Mitunternehmeranteils, einschließlich der zum Sonderbetriebsvermögen gehörenden wesentlichen Betriebsgrundlagen des Mitunternehmers.

Eine Veräußerung eines Mitunternehmeranteils ist auch das **Ausscheiden gegen Abfindung** aus der Mitunternehmerschaft. Der **Tausch** von Mitunternehmeranteilen führt grds. zur Gewinnrealisierung (H 16 Abs. 4 EStH 2011 „Tausch von Mitunternehmeranteilen").[3]

Die Veräußerung eines Teils eines Mitunternehmeranteils wird seit dem 1.1.2002 nicht mehr als Betriebsveräußerung angesehen (Vgl. § 16 Abs. 1 Satz 2 EStG i.V.m. § 52 Abs. 34 EStG). **544**

Die Veräußerung des gesamten Betriebs durch eine PersG an **einen** Gesellschafter ist abzugrenzen von der Veräußerung eines Mitunternehmeranteils. Dabei ist auf die vertraglichen Vereinbarungen abzustellen. Haben die Vertragsparteien den Vertrag tatsächlich wie eine Betriebsveräußerung an einen bestimmten Gesellschafter behandelt, eine Schlussbilanz eingereicht und den Veräußerungsgewinn den Gesellschaftern dem allgemeinen Gewinnverteilungsschlüssel entsprechend zugerechnet, liegt eine Betriebsveräußerung im Ganzen an den Gesellschafter vor (H 16 Abs. 1 EStH 2011 „Personengesellschaft").[4] **545**

Bleibt beim Ausscheiden eines Gesellschafters die Abfindung hinter dem Buchwert seines Mitunternehmeranteils zurück, wird ein Gewinn von den verbleibenden Gesellschaftern jedenfalls dann nicht erzielt, wenn das Geschäft in vollem Umfang entgeltlich erfolgt ist (H 16 Abs. 4 EStH 2011 „Abfindung unter Buchwert").[5] Beim Ausscheiden eines Mitunternehmers unter **Übernahme eines negativen Kapitalkontos ohne Abfindungszahlung** kann eine entgeltliche oder unentgeltliche Übertragung **546**

---

1) BFH v. 24.8.1989, IV R 120/88, BStBl II 1990, 55; BFH v. 5.2.1987, IV R 121/83, BFH/NV 1987, 571; BFH v. 7.11.1985, IV R 44/83, BStBl II 1986, 335; BFH v. 27.4.1978, IV R 102/74, BStBl II 1978, 562.
2) BFH v. 16.7.1970, IV R 227/68, BStBl II 1970, 738.
3) BFH v. 8.7.1992, XI R 51/89, BStBl II 1992, 946.
4) BFH v. 20.2.2003, III R 34/01, BStBl II 2003, 700; BFH v. 6.12.2000, VIII R 21/00, BStBl II 2003, 194; BFH v. 24.8.2000, IV R 51/98, BStBl II 2005, 173; BFH v. 12.4.2000, XI R 35/99, BStBl II 2001, 26.
5) BFH v. 12.12.1996, IV R 77/93, BStBl II 1998, 180.

eines Mitunternehmeranteils vorliegen. Ein Erwerbsverlust entsteht beim übernehmenden Mitunternehmer jedoch nicht (H 16 Abs. 4 EStH 2011 „Negatives Kapitalkonto").[1)]

547 Die entgeltliche Übernahme aller Wirtschaftsgüter einer PersG durch die verbleibenden Gesellschafter bei **Ableben eines Gesellschafters** stellt eine Veräußerung eines Mitunternehmeranteils dar. Ein etwaiger Übergangsgewinn ist anteilig dem verstorbenen Gesellschafter zuzurechnen, auch wenn er im Wesentlichen auf der Zurechnung auf die anderen Gesellschafter übergehender Honorarforderungen beruht (H 16 Abs. 4 EStH 2011 „Tod eines Gesellschafters").[2)]

548 Der Verzicht auf die Ausübung gesellschaftsrechtlicher Befugnisse ist keine Veräußerung eines Mitunternehmeranteils (H 16 Abs. 4 EStH 2011 „Gesellschaftsrechtliche Befugnisse").[3)]

b) Anteilsaufgabe

549 Die Aufgabe eines Mitunternehmeranteils erfordert die Aufgabe aller wesentlichen Betriebsgrundlagen, die der Anteil umfasst (→ 4 Rz. 586 ff.).

550 Eine nach §§ 16, 34 EStG begünstigte Aufgabe des gesamten Mitunternehmeranteils liegt auch vor, wenn anlässlich der unentgeltlichen Übertragung eines Mitunternehmeranteils ein Wirtschaftsgut des Sonderbetriebsvermögens, das zu den wesentlichen Betriebsgrundlagen gehört, zurückbehalten und in das Privatvermögen überführt wird; zum Mitunternehmeranteil zählt neben dem Anteil am Vermögen der Gesellschaft auch etwaiges Sonderbetriebsvermögen (H 16 Abs. 4 EStH 2011 „Sonderbetriebsvermögen").[4)]

551 Überführt ein Stpfl. bei Einstellung des Betriebs einer Gesellschaft eine im Betriebsvermögen dieser Mitunternehmerschaft bilanzierte Beteiligung an einer anderen Gesellschaft zu Buchwerten in sein Sonderbetriebsvermögen einer anderen Gesellschaft, so liegt keine steuerbegünstigte Aufgabe eines Mitunternehmeranteils vor, wenn die Beteiligung – etwa auf Grund erheblicher stiller Reserven – zu den wesentlichen Betriebsgrundlagen der aufgegebenen Mitunternehmerschaft gehört.[5)]

552 Die Übernahme des Unternehmens einer zweigliedrigen PersG durch einen der beiden Gesellschafter hat keine Aufgabe des Mitunternehmeranteils durch den ausscheidenden Gesellschafter i.S.v. § 16 Abs. 3 EStG zur Folge.[6)] Die gesetzliche Rechtsfolge des **Erlöschens eines Gesellschaftsanteils** ist kein Fall der Aufgabe des Mitunternehmeranteils i.S.v. § 16 Abs. 3 EStG. Sie sagt, wie die **Anwachsung** des Gesellschaftsvermögens beim übernehmenden Gesellschafter, nichts über den Rechtsgrund des Ausscheidens aus. Insoweit gilt für die Übernahme des Unternehmens einer zweigliedrigen Gesellschaft durch einen der Gesellschafter nichts anderes als für die übrigen Fälle des Ausscheidens eines Gesellschafters aus einer (fortbestehenden) PersG. Es handelt sich steuerrechtlich entweder um eine Anteilsveräußerung i.S.v. § 16 Abs. 1 Nr. 2 EStG oder um eine unentgeltliche Anteilsübertragung; das Erlöschen des Gesellschaftsanteils beim ausscheidenden Gesellschafter und die Anwachsung des Gesellschaftsvermögens beim verbleibenden Gesellschafter bedeuten lediglich den dinglichen Vollzug der zu Grunde liegenden schuldrechtlichen Vereinbarung.[7)]

---

1) BFH v. 10.3.1998, XI R 41/88, BStBl II 1999, 269.
2) BFH v. 13.11.1997, IV R 18/97, BStBl II 1998, 290.
3) BFH v. 6.11.1991, XI R 41/88, BStBl II 1992, 335.
4) BFH v. 24.8.2000, IV R 51/98, BStBl II 2005, 173; BFH v. 31.8.1995, VIII B 21/93, BStBl II 1995, 890; BMF v. 3.3.2005, IV B 2 – S 2241 – 14/05, BStBl I 2005, 458 unter Berücksichtigung der Änderungen durch BMF v. 7.12.2006, IV B 2 – S 2241 – 53/06, BStBl I 2007, 766 Tz. 22 und 23.
5) BFH v. 2.10.1997, IV R 84/96, BStBl II 1998, 104.
6) Vgl. BFH v. 10.3.1998, VIII R 76/96, BStBl II 1999, 269.
7) Vgl. BFH v. 10.3.1998, VIII R 76/96, BStBl II 1999, 269 m.w.N.

Der Berücksichtigung von Übertragungen von Wirtschaftsgütern zu Buchwerten steht 553
nicht entgegen, wenn diese einige Wochen vor der Aufgabe einer Mitunternehmerschaft stattgefunden haben. Bei einer Betriebsaufgabe muss eine zeitraumbezogene Betrachtung angestellt werden, wenn der „Aufgabeplan" mehrere Teilakte umfasst.[1] Steht z.B. eine frühere Entnahme wesentlichen Betriebsvermögens in engem zeitlichem und wirtschaftlichem Zusammenhang mit einer späteren Anteilsveräußerung, kann sie als Bestandteil einer Aufgabe der Mitunternehmerschaft angesehen und der Entnahmegewinn ebenfalls dem begünstigten Steuersatz unterworfen werden. Die zeitraumbezogene Betrachtung kann sich aber nicht nur positiv, sondern auch negativ auswirken, indem die Entziehung stiller Reserven in engem zeitlichem Zusammenhang mit einer Anteilsveräußerung den gesamten Vorgang als nicht tarifbegünstigt erscheinen lässt.[2]

c) Wesentliche Betriebsgrundlagen

Ein Mitunternehmeranteil i.S.v. § 16 Abs. 1 Nr. 2 EStG umfasst nach der Rechtsprechung des BFH nicht nur den Anteil des Mitunternehmers am Vermögen der Gesellschaft, sondern **auch etwaiges Sonderbetriebsvermögen** des Gesellschafters.[3] Denn das Sonderbetriebsvermögen eines Mitunternehmers gehört zu seiner unternehmerischen Tätigkeit und damit zum Betriebsvermögen der Mitunternehmerschaft.[4] Nach der Rechtsprechung des BFH handelt es sich bei dem Sonderbetriebsvermögen um Wirtschaftsgüter, die einem Gesellschafter gehören und entweder in einem Zusammenhang mit dem Betrieb der Gesellschaft stehen (Sonderbetriebsvermögen I) oder zumindest der Beteiligung des Gesellschafters an der Gesellschaft förderlich sind (Sonderbetriebsvermögen II).[5] Das Sonderbetriebsvermögen ist damit auch zur Beurteilung der Frage heranzuziehen, ob alle dem Mitunternehmeranteil anteilig zuzuordnenden wesentlichen Betriebsgrundlagen veräußert bzw. aufgegeben worden sind.[6] Deshalb sind auch diejenigen Wirtschaftsgüter des Sonderbetriebsvermögens, die zwar funktional für die Mitunternehmerschaft nicht erforderlich sind, in denen aber erhebliche stille Reserven enthalten sind, als wesentliche Betriebsgrundlagen zu berücksichtigen. Denn zu einer den begünstigten Steuersatz rechtfertigenden Auflösung aller stillen Reserven kommt es nicht, finden also die §§ 16, 34 EStG keine Anwendung, wenn gleichzeitig wesentliche Betriebsgrundlagen des Sonderbetriebsvermögens zum Buchwert in ein anderes Betriebs- oder Sonderbetriebsvermögen des Mitunternehmers überführt[7] oder unentgeltlich auf den Erwerber des Mitunternehmeranteils übertragen werden (H 16 Abs. 4 EStH 2011 „Sonderbetriebsvermögen"),[8] oder wenn bei Veräußerung / Aufgabe der Mitunternehmerschaft Wirtschaftsgüter, die zu deren wesentlichen Betriebsgrundlagen gehören, etwa weil sie erhebliche stille Reserven enthalten, in den verbleibenden Betrieb des Stpfl. zu Buchwerten überführt wer- 554

---

1) Vgl. BFH v. 6.9.2000, IV R 18/99, BStBl II 2001, 229.
2) Vgl. BFH v. 19.3.1991, VIII R 76/87, BStBl II 1991, 635.
3) BFH v. 2.10.1997, IV R 84/96, BStBl II 1998, 104; BFH v. 31.8.1995, VIII B 21/93, BStBl II 1995, 890 m.w.N.
4) BFH v. 2.10.1997, IV R 84/96, BStBl II 1998, 104; BFH v. 16.2.1996, I R 183/94, BStBl II 1996, 342 m.w.N.
5) BFH v. 2.10.1997, IV R 84/96, BStBl II 1998, 104; BFH v. 14.4.1988, IV R 271/84, BStBl II 1988, 667 m.w.N.
6) BFH v. 2.10.1997, IV R 84/96, BStBl II 1998, 104; a.A: BFH v. 16.2.1996, I R 183/94, BStBl II 342.
7) BFH v. 2.10.1997, IV R 84/96, BStBl II 1998, 104; BFH v. 19.3.1991, VIII R 76/87, BStBl II 1991, 635.
8) BFH v. 6.12.2000, VIII R 21/00, BStBl II 2003, 194; BFH v. 2.10.1997, IV R 84/96, BStBl II 1998, 104; BFH v. 13.2.1996, VIII R 39/92, BStBl II 1996, 409.

den.[1] Dies gilt gleichermaßen für die Wirtschaftsgüter des Sonderbetriebsvermögens II.[2]

8. Einbringungen

555 Die Einbringung eines Betriebs, Teilbetriebs oder Mitunternehmeranteils in eine Mitunternehmerschaft oder KapG gegen Gewährung der Mitunternehmerstellung bzw. von neuen Gesellschaftsrechten steht als tauschähnlicher Vorgang einer Veräußerung gleich.[3] Die Rechtsfolgen bestimmen sich aber vorrangig nach den besonderen steuerlichen Regelungen und Wahlrechten des UmwStG. Bei der **Einbringung in eine KapG** gegen Gesellschaftsanteile ist § 16 Abs. 4 EStG nur anzuwenden, wenn der Einbringende eine natürliche Person ist, es sich nicht um die Einbringung eines Teils eines Mitunternehmeranteils handelt und die übernehmende KapG das eingebrachte Betriebsvermögen mit dem gemeinen Wert ansetzt (§ 20 Abs. 4 Satz 1 UmwStG). § 34 Abs. 1 und Abs. 3 EStG ist in diesen Fällen nur anzuwenden, soweit der Veräußerungsgewinn nicht nach § 3 Nr. 40 Satz 1 EStG i.V.m. § 3c Abs. 2 EStG teilweise steuerbefreit ist (§ 20 Abs. 4 Satz 2 UmwStG). Bei der **Einbringung in eine PersG** gegen Gewährung der Mitunternehmerstellung verhält es sich entsprechend (vgl. § 24 Abs. 3 Satz 2 UmwStG).

556 Zur Betriebseinbringung siehe auch H 16 Abs. 9 EStH 2011 „Betriebseinbringung" sowie Zur Einbringung eines Einzelunternehmens mit Zuzahlung s. BMF v. 25.3.1998[4] unter Berücksichtigung der Änderungen durch BMF v. 21.8.2001.[5]

9. Realteilung

a) Definition

557 Die Realteilung einer

- land- und forstwirtschaftlichen,
- freiberuflichen oder
- gewerblichen

Mitunternehmerschaft ist eine Betriebsaufgabe.

558 Die Realteilung ist eine Beendigung einer Mitunternehmerschaft in der Weise, dass eine reale Verteilung des Gesamthandvermögens an die Mitunternehmer erfolgt und das verteilte Vermögen Betriebsvermögenseigenschaft beibehält.

559 Die Realteilung i.S.d. § 16 Abs. 3 Satz 2 und 3 EStG ist durch den auf der Ebene der Mitunternehmerschaft verwirklichten Tatbestand der Betriebsaufgabe gekennzeichnet. **§ 16 Abs. 3 EStG hat Vorrang vor den Regelungen des § 6 Abs. 3 und 5 EStG.** Die Zahlung eines Spitzen- oder Wertausgleichs ist für die Annahme einer im Übrigen steuerneutralen Realteilung unschädlich.[6] Eine Realteilung setzt voraus, dass mindestens eine wesentliche Betriebsgrundlage nach der Realteilung weiterhin Betriebsvermögen eines Realteilers darstellt. Wesentliche Betriebsgrundlage i.S.d. § 16 Abs. 3 Satz 3 EStG sind Wirtschaftsgüter, in denen erhebliche stille Reserven ruhen (quantitative Betrachtungsweise) oder Wirtschaftsgüter, die zur Erreichung des Betriebs-

---

1) BFH v. 2.10.1997, IV R 84/96, BStBl II 1998, 104; BFH v. 19.3.1991, VIII R 76/87, BStBl II 1991, 635.
2) BFH v. 6.12.2000, VIII R 21/00, BStBl II 2003, 194.
3) BFH v. 17.9.2003, I R 97/02, BStBl II 2004, 686; BFH v. 29.10.1987, IV R 93/85, BStBl II 1988, 374.
4) BMF v. 25.3.1998, IV B 7 – S-1978 – 21/98/IV B 2 S 1909 – 33/98, BStBl I 1998, 268.
5) BMF v. 21.8.2001, IV A 6 – S 1909 – 11/01, BStBl I 2001, 543.
6) Hierzu BMF v. 28.2.2006, IV B 2 – S 2242 – 6/06, BStBl I 2006, 228.

zwecks erforderlich sind und denen ein besonderes wirtschaftliches Gewicht für die Betriebsführung zukommt (funktionale Betrachtungsweise). Es ist nicht erforderlich, dass jeder Realteiler wesentliche Betriebsgrundlagen des Gesamthandsvermögens erhält. Die in das Privatvermögen überführten oder übertragenen Wirtschaftsgüter stellen Entnahmen der Realteilungsgemeinschaft dar. Im Übrigen sind zwingend die Buchwerte fortzuführen.[1]

Eine begünstigte Realteilung i.S.v. § 16 Abs. 3 Satz 2 EStG ist insoweit nicht gegeben, als Einzelwirtschaftsgüter der real zu teilenden Mitunternehmerschaft unmittelbar oder mittelbar in das Betriebsvermögen einer Körperschaft, Personenvereinigung oder Vermögensmasse übertragen werden (§ 16 Abs. 3 Satz 4 EStG) und die Körperschaft nicht schon bisher mittelbar oder unmittelbar an dem übertragenen Wirtschaftsgut beteiligt war. Dies gilt auch dann, wenn an der real zu teilenden Mitunternehmerschaft ausschließlich Körperschaften, Personenvereinigungen oder Vermögensmassen beteiligt sind.[2]

560

b) Abgrenzung der Realteilung von der Aufgabe eines Mitunternehmeranteils

Von der Realteilung ist die Veräußerung oder die Aufgabe eines Mitunternehmeranteils bei Fortbestehen der Mitunternehmerschaft zu unterscheiden. Scheidet ein Mitunternehmer aus einer mehrgliedrigen Mitunternehmerschaft aus und wird diese im Übrigen von den verbleibenden Mitunternehmern fortgeführt, liegt kein Fall der Realteilung vor. Dies gilt auch dann, wenn der ausscheidende Mitunternehmer wesentliche Betriebsgrundlagen des Gesamthandsvermögens erhält. Es handelt sich in diesen Fällen um den Verkauf oder die Aufgabe eines Mitunternehmeranteils nach § 16 Abs. 1 Satz 1 Nr. 2 EStG oder § 16 Abs. 3 Satz 1 EStG. Ggf. ist eine Buchwertfortführung nach § 6 Abs. 3 oder Abs. 5 EStG in Betracht zu ziehen. Dies gilt insbesondere auch im Fall des Ausscheidens eines Mitunternehmers aus einer zweigliedrigen Mitunternehmerschaft unter Fortführung des Betriebes als Einzelunternehmen durch den verbleibenden Mitunternehmer.[3] Scheidet ein Mitunternehmer aus einer mehrgliedrigen Mitunternehmerschaft in der Weise aus, dass sein Mitunternehmeranteil allen verbleibenden Mitunternehmern anwächst und er einen Abfindungsanspruch gegen die Gesellschaft erhält (Sachwertabfindung), liegt ebenfalls kein Fall der Realteilung vor.[4]

561

c) Gegenstand der Realteilung

Gegenstand einer Realteilung ist das gesamte Betriebsvermögen der Mitunternehmerschaft einschließlich des Sonderbetriebsvermögens der einzelnen Realteiler. Die Realteilung kann durch Übertragung oder Überführung von Teilbetrieben, Mitunternehmeranteilen oder Einzelwirtschaftsgütern erfolgen. Mitunternehmeranteile in diesem Sinne sind auch Teile von Mitunternehmeranteilen.[5]

562

Zur Behandlung einer Realteilung im Einzelnen siehe BMF v. 28.2.2006, IV B 2 – S 2242 – 6/06, BStBl I 2006, 228.

563

---

1) BMF v. 28.2.2006, IV B 2 – S 2242 – 6/06, BStBl I 2006, 228.
2) BMF v. 28.2.2006, IV B 2 – S 2242 – 6/06, BStBl I 2006, 228.
3) Vgl. BFH v. 10.3.1998, VIII R 76/96, BStBl II 1999, 269.
4) BMF v. 28.2.2006, IV B 2 – S 2242 – 6/06, BStBl I 2006, 228.
5) BMF v. 28.2.2006, IV B 2 – S 2242 – 6/06, BStBl I 2006, 228.

III. Veräußerungs-/Aufgabegewinn

1. Berechnung

564 Ein Veräußerungsgewinn ermittelt sich wie folgt:

Veräußerungspreis bzw. gemeiner Wert der ins Privatvermögen überführten Wirtschaftsgüter (hierzu → **4** Rz. 573 ff.)
./. Veräußerungskosten (hierzu → **4** Rz. 601 ff.)
./. Wert des (Anteils am) Betriebsvermögens i.S.d. § 4 Abs. 1 oder § 5 EStG
= Veräußerungsgewinn

565 Ein Aufgabegewinn ermittelt sich wie folgt:

Gemeiner Wert der ins Privatvermögen überführten Wirtschaftsgüter zzgl. Preise veräußerter Wirtschaftsgüter
./. Aufgabekosten
./. Wert des Betriebsvermögens(anteils) gem. § 4 Abs. 1 EStG oder § 5 EStG
= Aufgabegewinn

566 Der Buchwert des Betriebsvermögens oder des Anteils muss stets nach § 4 Abs. 1 oder § 5 EStG ermittelt werden (§ 16 Abs. 2 Satz 2 EStG).

Dies gilt auch bei Einkünften aus selbständiger Tätigkeit (§ 18 Abs. 3 Satz 2 i.V.m. § 16 Abs. 2 Satz 2 EStG). Diejenigen Selbständigen, die ihren Gewinn nach § 4 Abs. 3 EStG ermitteln, sind deshalb so zu behandeln, als wären sie im Augenblick der Veräußerung/Aufgabe zunächst zur Gewinnermittlung nach § 4 Abs. 1 EStG übergegangen. Das hat zur Folge, dass zunächst ein Übergangsgewinn zu ermitteln und zu besteuern ist.[1]

Kein Veräußerungsgewinn, sondern ein laufender Gewinn liegt vor, soweit auf Seite des Veräußerers und auf Seite des Erwerbers dieselben Personen Unternehmer oder Mitunternehmer sind (§ 16 Abs. 2 Satz 3 EStG).

2. Veräußerungspreis

a) Wertansätze

567 In vielen Fallgestaltungen ist es erforderlich zu prüfen, welche Entgeltbestandteile dem Veräußerungsgewinn zuzurechnen sind, welche laufenden Gewinn darstellen, und wie sich Modalitäten, Besonderheiten und Ausgestaltungen im Einzelfall auswirken.

b) Veräußerungsgewinn – laufender Gewinn – Zuordnung in Einzelfällen

aa) Einheitliches Geschäftskonzept

568 Der Gewinn aus der Veräußerung von Wirtschaftsgütern des Anlagevermögens gehört zum laufenden und damit auch gewerbesteuerbaren Gewinn, wenn die Veräußerung Bestandteil eines einheitlichen Geschäftskonzepts der unternehmerischen Tätigkeit ist.[2]

---

1) BFH v. 14.11.2007, XI R 32/06, BFH/NV 2008, 385 m.w.N.; BFH v. 23.8.1991, IV B 69/90, BFH/NV 1992, 512.
2) BFH v. 26.6.2007, IV R 49/04, BStBl II 2009, 289; BMF v. 1.4.2009, IV C 6 – S 2240/08/10008, BStBl I 2009, 515.

bb) Entnahmen

Wird im zeitlichen Zusammenhang mit einer Teilbetriebsveräußerung ein wirtschaftlich nicht dem Teilbetrieb dienender Grundstücksteil in das Privatvermögen überführt, so gehört der bei diesem Entnahmevorgang verwirklichte Gewinn nicht zum Veräußerungsgewinn nach § 16 EStG (H 16 Abs. 9 EStH 2011 „Teilbetriebsveräußerung").[1]

569

cc) Forderungen und Verbindlichkeiten

Bleibt eine Forderung eines Gesellschafters gegenüber der Gesellschaft nach seinem Ausscheiden bestehen, ist der gemeine Wert dieser Forderung bei der Ermittlung des Veräußerungsgewinns wie ein Veräußerungserlös zu behandeln. Verzichtet der Gesellschafter beim Ausscheiden auf die Forderung, ergibt sich keine Gewinnauswirkung (H 16 Abs. 4 EStH 2011 „Gesellschafterforderungen").[2]

570

Der Erlass einer Verbindlichkeit, die bei Betriebsveräußerung im Betriebsvermögen verbleibt, erhöht den Gewinn i.S.d. § 16 EStG.[3]

571

Bei der Berechnung des Gewinns aus einer Betriebsveräußerung sind vom Erwerber übernommene betriebliche Verbindlichkeiten, die auf Grund von Rückstellungsverboten in der Steuerbilanz (z.B. für Jubiläumszuwendungen und für drohende Verluste aus schwebenden Geschäften) nicht passiviert worden sind, nicht gewinnerhöhend zum Veräußerungspreis hinzuzurechnen (H 16 Abs. 1 EStH 2011 „Berechnung des Veräußerungsgewinns").[4]

572

Teil des Veräußerungspreises ist auch eine Verpflichtung des Erwerbers, den Veräußerer von einer privaten Schuld gegenüber einem Dritten oder von einer betrieblichen, zu Recht nicht bilanzierten Schuld, z.B. einer betrieblichen Versorgungsverpflichtung, durch befreiende Schuldübernahme oder durch Schuldbeitritt mit befreiender Wirkung im Innenverhältnis freizustellen. Gleiches gilt für die Verpflichtung zur Freistellung von einer dinglichen Last, die ihrem Rechtsinhalt nach einer rein schuldrechtlichen Verpflichtung gleichwertig ist, z.B. Übernahme einer Nießbrauchslast (H 16 Abs. 10 EStH 2011 „Schuldenübernahme durch Erwerber").[5]

573

dd) Mitunternehmer

Scheidet ein Gesellschafter durch Veräußerung seiner (gesamten) Beteiligung aus einer PersG aus, ist der Veräußerungsgewinn oder -verlust der Unterschied zwischen dem Veräußerungspreis und dem Buchwert seiner Beteiligung (H 16 Abs. 4 EStH 2011 „Ermittlung des Veräußerungsgewinns").[6] Der Gewinn aus der Veräußerung eines Mitunternehmeranteils ist nicht nach §§ 16, 34 EStG begünstigt, wenn auf Grund einheitlicher Planung und in engem zeitlichen Zusammenhang mit der Anteilsveräußerung wesentliche Betriebsgrundlagen der PersG ohne Aufdeckung sämtlicher stillen Reserven aus dem Betriebsvermögen der Gesellschaft ausgeschieden sind.[7] Veräußert der Gesellschafter einer PersG seinen Mitunternehmeranteil an einen Mitgesellschafter und entnimmt er im Einverständnis mit dem Erwerber und den Mitgesellschaftern vor der Übertragung des Gesellschaftsanteils bestimmte Wirtschaftsgüter des Gesell-

574

---

1) BFH v. 18.4.1973, I R 57/71, BStBl II 1973, 700.
2) BFH v. 12.12.1996, IV R 77/93, BStBl II 1998, 180.
3) BFH v. 6.3.1997, IV R 47/95, BStBl II 1997, 509.
4) BFH v. 17.10.2007, I R 61/06, BStBl II 2008, 555.
5) BFH v. 12.1.1983, IV R 180/80, BStBl II 1983, 595.
6) BFH v. 27.5.1981, I R 123/77, BStBl II 1982, 211.
7) BFH v. 6.9.2000, IV R 18/99, BStBl II 2001, 229.

schaftsvermögens, so gehört der daraus entstehende Entnahmegewinn zum begünstigten Veräußerungsgewinn (H 16 Abs. 9 EStH 2011 „Mitunternehmeranteil").[1]

ee) Ratenzahlungen

575 Veräußert ein Stpfl. seinen Betrieb gegen einen in Raten zu zahlenden Kaufpreis, ist der Veräußerungspreis i.S.d. § 16 Abs. 2 EStG der Barwert der Raten, wenn die Raten während eines mehr als zehn Jahre dauernden Zeitraums zu zahlen sind und die Ratenvereinbarung sowie die sonstige Ausgestaltung des Vertrags eindeutig die Absicht des Veräußerers zum Ausdruck bringen, sich eine Versorgung zu verschaffen (H 16 Abs. 11 EStH 2011 „Ratenzahlungen").[2] In diesen Fällen sind die Raten nach Tabelle 2 zu § 12 BewG in einen Zins- und einen Tilgungsanteil aufzuteilen. Zur Vereinfachung kann der Zinsanteil auch in Anlehnung an die Ertragswerttabelle des § 55 Abs. 2 EStDV bestimmt werden. Der Zinsanteil unterliegt als nachträgliche Einkünfte i.S.v. § 24 Nr. 2 EStG im Jahr des Zuflusses der Besteuerung. Der Tilgungsanteil nach Verrechnung mit dem Buchwert der steuerlichen Kapitalkontos und etwaigen Veräußerungskosten im Jahr des Zuflusses als nachträgliche Einkünfte aus Gewerbebetrieb (§ 15 i.V.m. § 24 Nr. 2 EStG) zu versteuern.[3] Wird ein Anteil an einer KapG, der im Betriebsvermögen gehalten wird, im Rahmen der Veräußerung eines Betriebs, Teilbetriebs oder Mitunternehmeranteils gegen wiederkehrende Leistungen verkauft, so gelten die vorgenannten Regeln entsprechend, wobei die Zinsanteile Einkünfte aus Gewerbebetrieb darstellen. Die Zinsanteile sind im Jahr des Zuflusses als nachträgliche Einkünfte aus Gewerbebetrieb in vollem Umfang zu versteuern. Die jeweiligen Tilgungsanteile unterliegen nach Verrechnung mit dem Kapitalkonto und unter Berücksichtigung des Teileinkünfteverfahrens bei dem auf die Beteiligung entfallenden Teil ebenfalls als nachträgliche Einkünfte aus Gewerbebetrieb der ESt.[4]

ff) Rücklagen

576 Zum Veräußerungsgewinn gehören auch Gewinne, die sich bei der Veräußerung eines Betriebs aus der Auflösung von steuerfreien Rücklagen, z.B. Rücklage für Ersatzbeschaffung, Rücklage nach § 6b EStG, ergeben (EStH 16 Abs. 9 EStH 2011 „Rücklage").[5] Die spätere Auflösung einer anlässlich der Betriebsveräußerung gebildeten Rücklage nach § 6b EStG ist jedoch kein Veräußerungsgewinn (EStH 16 Abs. 9 EStH 2011 „Rücklage").[6] Hat eine PersG ihren Betrieb veräußert, ist der Anteil eines Gesellschafters am Veräußerungsgewinn auch dann begünstigt, wenn ein anderer Gesellschafter § 6b EStG in Anspruch genommen hat (H 16 Abs. 9 EStH 2011 „Personengesellschaft").[7] Zur Behandlung des Gewinns aus der Auflösung einer Ansparrücklage i.S.d. § 7g Abs. 3 bis 8 EStG a.F. siehe BMF v. 25.2.2004[8] Tz. 30 unter Berücksichtigung der Änderungen durch BMF v. 30.10.2007.[9]

gg) Rückstellungen

577 Der Gewinn aus der Auflösung einer Rückstellung ist nicht zum Veräußerungsgewinn zu rechnen, wenn die Auflösung der Rückstellung und die Betriebsveräußerung in

---

1) BFH v. 24.8.1989, IV R 67/86, BStBl II 1990, 132.
2) BFH v. 12.6.1968, IV 254/62, BStBl II 1968, 653; BFH v. 23.1.1964, IV 85/62 U, BStBl III 1964, 239.
3) BMF v. 3.8.2004, IV B 2 – S 2139b – 17/05, BStBl I 2004, 1187 Tz. 2 f.
4) BMF v. 3.8.2004, IV B 2 – S 2139b – 17/05, BStBl I 2004, 1187 Tz. 3.
5) BFH v. 17.10.1991, IV R 97/89, BStBl II 1992, 392; BFH v. 25.6.1975, I R 201/73, BStBl II 1975, 848.
6) BFH v. 4.2.1982, IV R 150/78, BStBl II 1982, 348.
7) BFH v. 30.3.1989, IV R 81/87, BStBl II 1989, 558.
8) BMF v. 25.2.2004, IV A 6 – S 2183b – 1/04, BStBl I 2004, 337.
9) BMF v. 30.10.2007, IV B 2 – S 2139b/07/0001, BStBl I 2007, 790.

keinem rechtlichen oder ursächlichen, sondern lediglich in einem gewissen zeitlichen Zusammenhang miteinander stehen (H 16 Abs. 9 EStH 2011 „Rückstellung").[1]

hh) Stundung

Eine gestundete Kaufpreisforderung ist bei der Ermittlung des Veräußerungsgewinns mit dem gemeinen Wert anzusetzen (H 16 Abs. 11 EStH 2011 „Kaufpreisstundung").[2]   578

ii) Teilentgeltliche Übertragungen

Bei einer teilentgeltlichen Betriebsübertragung im Wege der vorweggenommenen Erbfolge ist der Veräußerungsgewinn auch dann gem. § 16 Abs. 2 EStG zu ermitteln, wenn das Kapitalkonto negativ ist (H 16 Abs. 7 EStH 2011 „Negatives Kapitalkonto").[3]   579

Bei der teilentgeltlichen Veräußerung eines Betriebs, Teilbetriebs, Mitunternehmeranteils oder des Anteils eines persönlich haftenden Gesellschafters einer KGaA ist der Vorgang nicht in ein voll entgeltliches und ein voll unentgeltliches Geschäft aufzuteilen. Der Veräußerungsgewinn i.S.d. § 16 Abs. 2 EStG ist vielmehr durch Gegenüberstellung des Entgelts und des Wertes des Betriebsvermögens oder des Werts des Anteils am Betriebsvermögen zu ermitteln (H 16 Abs. 7 EStH 2011 „Veräußerungsgewinn").[4]   580

jj) Veräußerung gegen Rente

(1) Leibrenten

Die Betriebsveräußerung gegen Leibrente eröffnet dem Veräußerer ein **Wahlrecht**:   581

– sofortige Versteuerung des Rentenbarwerts (= Veräußerungspreis) und anschließende laufende Versteuerung des Ertragsanteils aus den Rentenzahlungen als sonstige Einkünfte i.S.d. § 22 Nr. 1 S. 3 EStG oder

– spätere (volle) Versteuerung der Rentenzahlungen (einschließlich Ertragsanteil) als nachträgliche reguläre Betriebseinnahmen i.S.d. § 24 Nr. 2 EStG; ein Gewinn entsteht erst dann, wenn die Rentenzahlungen das steuerliche Kapitalkonto des Veräußerers zuzüglich etwaiger Veräußerungskosten übersteigen.

Bei der Ermittlung des Barwerts der wiederkehrenden Bezüge ist von einem Zinssatz von 5,5 % auszugehen, wenn nicht vertraglich ein anderer Satz vereinbart ist (R 16 Abs. 11 EStR 2005 „Betriebsveräußerung gegen wiederkehrende Bezüge").[5]

Bei Betriebsveräußerung gegen festes Barentgelt und Leibrente bezieht sich das **Wahlrecht nur auf die Leibrente** (R 16 Abs. 11 EStR 2005 „Betriebsveräußerung gegen wiederkehrende Bezüge"). Entsprechendes gilt bei **langfristiger Ratenzahlung** und **langfristiger Zeitrente**.   582

(2) Zeitrenten

Das Wahlrecht zwischen einer begünstigten Sofortbesteuerung eines Veräußerungsgewinns und einer nicht begünstigten Besteuerung nachträglicher Einkünfte aus Gewerbebetrieb besteht auch bei der Veräußerung gegen eine Zeitrente mit einer   583

---

1) BFH v. 15.11.1979, IV R 49/76, BStBl II 1980, 150.
2) BFH v. 19.1.1978, IV R 61/73, BStBl II 1978, 295.
3) BFH v. 16.12.1992, XI R 34/92, BStBl II 1993, 436.
4) BFH v. 10.7.1986, IV R 12/81, BStBl II 1986, 811.
5) Zur Widerlegung der Vermutung einer privaten Veräußerungsrente bei einer Übertragung von Eltern auf Kinder s. BFH v. 30.7.2003, XR 12/01, BStBl II 2004, 2011.

langen, nicht mehr überschaubaren Laufzeit, wenn sie auch mit dem Nebenzweck vereinbart ist, dem Veräußerer langfristig eine etwaige zusätzliche Versorgung zu schaffen (H 16 Abs. 11 EStH 2011 „Zeitrente").[1]

584 Zu Betriebsübertragungen gegen wiederkehrende Leistungen s. auch BMF v. 16.9.2004.[2]

kk) Wettbewerbsverbote

585 Kommt der Verpflichtung zum Wettbewerbsverbot keine eigenständige wirtschaftliche Bedeutung zu, so gehört das dafür gezahlte Entgelt zum Veräußerungsgewinn nach § 16 Abs. 1 EStG (H 16 Abs. 9 EStH 2011 „Wettbewerbsverbot").[3]

3. Gemeiner Wert und Veräußerungsentgelte

a) Wertansätze

586 Werden im Rahmen einer Betriebsaufgabe einzelne Wirtschaftsgüter des Betriebsvermögens veräußert, sind die Veräußerungsentgelte anzusetzen (§ 16 Abs. 3 Satz 6 EStG). Für Wirtschaftsgüter, die nicht veräußert werden, ist deren gemeiner Wert im Zeitpunkt der Aufgabe anzusetzen (§ 16 Abs. 3 Satz 6 EStG).

Wichtig ist die Prüfung, welche Wertrealisierungen dem Aufgabegewinn zuzurechnen sind und welche laufenden Gewinn darstellen, und wie sich Modalitäten, Besonderheiten und Ausgestaltungen im Einzelfall auswirken. So etwa gilt der Gewinn aus der Aufgabe des Betriebs als laufender Gewinn, soweit einzelne dem Betrieb gewidmete Wirtschaftsgüter im Rahmen der Aufgabe des Betriebs veräußert werden und soweit auf der Seite des Veräußerers und auf der Seite des Erwerbers dieselben Personen Unternehmer oder Mitunternehmer sind (§ 16 Abs. 3 Satz 5 EStG).

b) Aufgabegewinn – laufender Gewinn – Zuordnung in Einzelfällen

aa) Ansparrücklage

587 Besteht bei Aufgabe des Betriebes noch eine Ansparrücklage, so ist der Ertrag aus der Auflösung nach Auffassung der Rechtsprechung[4] dem begünstigten Gewinn zuzurechnen, wenn die Rücklage ohne Betriebsaufgabe noch nicht hätte aufgelöst werden müssen. Dagegen steht die FinVerw[5] auf dem Standpunkt, dass dieser Ertrag stets dem laufenden Gewinn zuzurechnen ist.

Zur Behandlung des Gewinns aus der Auflösung einer Ansparrücklage i.S.d. § 7g Abs. 3 bis 8 EStG a.F. siehe BMF v. 25.2.2004[6] Tz. 30 unter Berücksichtigung der Änderungen durch BMF v. 30.10.2007[7] (EStH 16 Abs. 9 EStH 2010 „Rücklage").

bb) Betriebszerstörung

588 Wenn die Betriebsanlagen z.B. bei einem Brand total oder nahezu total zerstört werden und sich der Unternehmer in engem zeitlichen Zusammenhang mit dem Schadensereignis wegen der Betriebszerstörung zur Betriebsaufgabe entschließt, ist der

---

1) BFH v. 26.7.1984, IV R 137/82, BStBl II 1984, 829.
2) BMF v. 16.9.2004, IV C 3 – S 2255 – 354/04, BStBl I 2004, 922.
3) BFH v. 23.2.1999, IX R 86/95, BStBl II 1999, 590.
4) BFH v. 10.11.2004, XI R 56/03, BFH/NV 2005, 845; BFH v. 20.12.2006, X R 42/04, BFH/NV 2007, 883.
5) BMF v. 25.2.2004, IV A 6 – S 2183b – 1/04, BStBl I 2004, 337.
6) BMF v. 25.2.2004, IV A 6 – S 2183b – 1/04, BStBl I 2004, 337.
7) BMF v. 30.10.2007, IV B 2 – S 2139b/07/0001, BStBl I 2007, 790.

Gewinn aus der Realisierung der in den Anlagegütern enthaltenen stillen Reserven, der dadurch entsteht, dass die auf die Anlagegüter entfallenden Versicherungsleistungen die Buchwerte übersteigen, dem steuerbegünstigten Aufgabegewinn zuzuordnen (EStH 16 Abs. 9 EStH 2011 „Versicherungsleistungen").[1]

Der Annahme einer Betriebsaufgabe steht nicht entgegen, dass der Stpfl. zur Einstellung des Gewerbebetriebs gezwungen wird; auch Ereignisse, die von außen auf den Betrieb einwirken, können zu einer Betriebsaufgabe führen (EStH 16 Abs. 2 EStH 2011 „Zwangsweise Betriebsaufgabe").[2]

cc) Büroeinrichtung

Der Ertrag aus der Veräußerung einer Büroeinrichtung in Zusammenhang mit der Einstellung des Betriebs unterliegt dem Aufgabegewinn.[3] **589**

dd) Disagio

Wird ein Darlehen anlässlich der Betriebsaufgabe vorfristig zurückgezahlt, so ist ein aktiviertes Disagio zu Lasten des laufenden Gewinns, nicht zu Lasten des Aufgabegewinns auszubuchen.[4] **590**

ee) Ein-Objekt-Unternehmen

In Fällen, in denen die Gesamtheit der gewerblichen Tätigkeit aus Ankauf, Vermietung und Verkauf eines einzigen Wirtschaftsguts besteht (sog. Ein-Objekt-Unternehmen/Ein-Objekt-Gesellschaft), gehört die Veräußerung des vermieteten Wirtschaftsguts noch zum bisherigen objektiven Geschäftsfeld des Unternehmens/der Gesellschaft und gehört daher zum gewerbesteuerpflichtigen (laufenden) Geschäftsbetrieb. Auf den Gewinn aus dem Verkauf des vermieteten Wirtschaftsguts finden die §§ 16, 34 Abs. 1 oder 3 EStG auch dann keine Anwendung, wenn das Wirtschaftsgut zum Anlagevermögen gehört.[5] **591**

ff) Forderungen und Verbindlichkeiten

Scheidet ein Kommanditist aus einer KG aus und bleibt sein bisheriges Gesellschafterdarlehen bestehen, ist, wenn diese Forderung später wertlos wird, sein Veräußerungs- bzw. Aufgabegewinn mit steuerlicher Wirkung für die Vergangenheit gemindert (H 16 Abs. 10 EStH 2011 „Forderungsausfall").[6] **592**

Der Erlass einer Verbindlichkeit, die bei Betriebsveräußerung im Betriebsvermögen verbleibt, erhöht den Gewinn i.S.d. § 16 EStG. Wird die Verbindlichkeit nachträglich erlassen, so ist dieser Gewinn rückwirkend zu erhöhen (H 16 Abs. 9 EStH 2011 „Verbindlichkeiten").[7] **593**

gg) Forfaitierung

Der Gewinn aus der Auflösung eines nach Forfaitierung von Leasingforderungen gebildeten passiven Rechnungsabgrenzungspostens anlässlich einer Betriebsaufgabe ist Teil des Aufgabegewinns und unterliegt damit nicht der Gewerbesteuer.[8] **594**

---

1) BFH v. 11.3.1982, IV R 25/79, BStBl II 1982, 707.
2) BFH v. 3.7.1991, X R 163–164/87, BStBl II 1991, 802.
3) BFH v. 18.12.1996, XI R 63/96, BStBl II 1997, 573.
4) BFH v. 12.7.1984, IV R 76/82, BStBl II 1984, 713.
5) BMF v. 1.4.2009, IV C 6 – S 2240 / 08 / 10008, BStBl I 2009, 515.
6) BFH v. 14.12.1994, X R 128/92, BStBl II 1995, 465.
7) BFH v. 6.3.1997, IV R 47/95, BStBl II 1997, 509.
8) FG Münster v. 14.12.2007, 12 K 4369/04-G, EFG 2008, 618.

hh) Investitionsabzugsbetrag

595 Ist im Zeitpunkt der Betriebsaufgabe noch ein Abzugsbetrag für eine nicht mehr realisierbare Investition vorhanden, ist dieser Investitionsabzugsbetrag im Wirtschaftsjahr des Abzugs gem. § 7g Abs. 3 EStG rückgängig zu machen.[1] Investitionsabzugsbeträge, die mit einem ggf. verbleibenden „Restbetrieb"[2] im Zusammenhang stehen, können, sofern weiterhin Investitionsabsicht besteht und die Investitionsfrist noch nicht abgelaufen ist, bestehen bleiben.[3]

ii) Produkt- und Warenveräußerungen

596 Die Veräußerung von Produkten gehört nicht zum begünstigten Aufgabegewinn, wenn die Veräußerung wie im bisherigen laufenden Betrieb an den bisherigen Kundenkreis erfolgt und insoweit die bisherige normale Geschäftstätigkeit fortgesetzt wird (vgl. H 16 Abs. 9 EStH 2011 „Abwicklungsgewinne"). Dementsprechend gehört der Gewinn aus einem Räumungsverkauf nicht zum begünstigten Aufgabegewinn (H 16 Abs. 9 EStH 2011 „Räumungsverkauf").[4] Gewinne aus der Veräußerung von Umlaufvermögen gehören hingegen zum Aufgabegewinn, wenn die Veräußerung nicht den Charakter einer normalen gewerblichen Tätigkeit hat, sondern die Waren z.B. an frühere Lieferanten veräußert werden (H 16 Abs. 9 EStH 2011 „Umlaufvermögen").[5]

jj) Umlaufvermögen

597 Veräußert ein gewerblicher Grundstückshändler seinen gesamten Grundstücksbestand (Umlaufvermögen) an einen oder mehrere Erwerber, ist ein laufender Gewinn – kein Veräußerungs- oder Aufgabegewinn – gegeben (siehe auch H 16 Abs. 9 EStH 2011 „Gewerblicher Grundstückshandel).[6]

4. Nachträgliche Entgelt- oder Wertänderungen

598 Der Veräußerungs- oder Aufgabegewinn kann durch nachträgliche Ereignisse steuerlich beachtlich beeinflusst werden. So etwa

– ist die Herabsetzung des Kaufpreises für einen Betrieb auf Grund von **Einwendungen** des Käufers **gegen die Rechtswirksamkeit des Kaufvertrags** ein rückwirkendes Ereignis, das zur Änderung des Steuer-/Feststellungsbescheides führt, dem der nach dem ursprünglich vereinbarten Kaufpreis ermittelte Veräußerungsgewinn zu Grunde liegt (H 16 Abs. 10 EStH 2011 „Nachträgliche Änderungen des Veräußerungspreises oder des gemeinen Werts");[7]

– ist die spätere **vergleichsweise Festlegung eines strittigen Veräußerungspreises** auf den Zeitpunkt der Realisierung des Veräußerungsgewinns zurück zu beziehen (H 16 Abs. 10 EStH 2011 „Nachträgliche Änderungen des Veräußerungspreises oder des gemeinen Werts");[8]

– stellt es ein Ereignis mit steuerlicher Rückwirkung auf den Zeitpunkt der Veräußerung dar, wenn eine **gestundete Kaufpreisforderung** für die Veräußerung eines Gewerbebetriebs in einem späteren VZ ganz oder teilweise **uneinbringlich** wird

---

1) BMF v. 8.5.2009, IV C 6 – S 2139b/07/10002, BStBl I 2009, 633.
2) Vgl. BMF v. 8.5.2009, IV C 6 – S 2139b/07/10002, BStBl I 2009, 633.
3) BMF v. 8.5.2009, IV C 6 – S 2139b/07/10002, BStBl I 2009, 633.
4) BFH v. 29.11.1988, VIII R 316/82, BStBl II 1989, 602.
5) BFH v. 2.7.1981, IV R 136/79, BStBl II 1981, 798.
6) BFH v. 25.1.1995, X R 76, 77/92, BStBl II 1995, 388.
7) BFH v. 23.6.1988, IV R 84/86, BStBl II 1989, 41.
8) BFH v. 26.7.1984, IV R 10/83, BStBl II 1984, 786.

(H 16 Abs. 10 EStH 2011 „Nachträgliche Änderungen des Veräußerungspreises oder des gemeinen Werts");[1]
- liegt ein Ereignis mit steuerlicher Rückwirkung auf den Zeitpunkt der Veräußerung vor, wenn der Erwerber eines Gewerbebetriebs seine Zusage, den Veräußerer von der **Haftung** für alle vom Erwerber **übernommenen Betriebsschulden freizustellen**, nicht einhält und der Veräußerer deshalb in einem späteren VZ aus einem als Sicherheit für diese Betriebsschulden bestellten **Grundpfandrecht** in Anspruch genommen wird (H 16 Abs. 10 EStH 2011 „Nachträgliche Änderungen des Veräußerungspreises oder des gemeinen Werts");[2]
- mindert es den Veräußerungsgewinn mit steuerlicher Wirkung für die Vergangenheit, wenn ein Kommanditist aus einer KG ausscheidet, sein bisheriges **Gesellschafterdarlehen** bestehen bleibt und diese Forderung später **wertlos wird** (H 16 Abs. 10 EStH 2011 „Forderungsausfall");[3]
- ist der Gewinn rückwirkend zu erhöhen, wenn eine **Verbindlichkeit**, die bei Betriebsveräußerung im Betriebsvermögen verbleibt, **nachträglich erlassen wird** (H 16 Abs. 9 EStH 2011 „Verbindlichkeiten");[4]
- erhöht die spätere Nachzahlung den begünstigten Gewinn im Kalenderjahr der Betriebsaufgabe, wenn für die Veräußerung eines Wirtschaftsguts im Rahmen einer Betriebsaufgabe eine **nachträgliche Kaufpreiserhöhung** vereinbart wird (vgl. H 16 Abs. 10 EStH 2011 „Nachträgliche Änderungen des Veräußerungspreises oder des gemeinen Werts");[5]
- beeinflusst die Zahlung von **Schadensersatzleistungen** für betriebliche Schäden nach Betriebsaufgabe die Höhe des begünstigten Aufgabegewinns, weil sie ein rückwirkendes Ereignis auf den Zeitpunkt der Betriebsaufgabe darstellt (H 16 Abs. 10 EStH 2011 „Nachträgliche Änderungen des Veräußerungspreises oder des gemeinen Werts");[6]
- ist die spätere **vergleichsweise Festlegung eines strittigen Veräußerungspreises** für ein im Rahmen der Betriebsaufgabe veräußertes Wirtschaftsgut auf den Zeitpunkt der Realisierung des Gewinns zurück zu beziehen (vgl. H 16 Abs. 10 EStH 2011 „Nachträgliche Änderungen des Veräußerungspreises oder des gemeinen Werts");[7]
- ist der tatsächlich erzielte Veräußerungserlös bei der Ermittlung des Aufgabegewinnes zu berücksichtigen, wenn ein Grundstück im Rahmen einer Betriebsaufgabe veräußert und zu einem späteren Zeitpunkt der **Kaufpreis** aus Gründen, die im Kaufvertrag angelegt waren, **gemindert** wird. Gleiches gilt, wenn der ursprüngliche **Kaufvertrag aufgehoben** und das Grundstück zu einem geringeren Preis an neue Erwerber veräußert wird (H 16 Abs. 10 EStH 2011 „Nachträgliche Änderungen des Veräußerungspreises oder des gemeinen Werts").[8] Ein später auftretender **Altlastenverdacht** mindert hingegen nicht den gemeinen Wert eines Grundstücks im Zeitpunkt der Aufgabe (H 16 Abs. 10 EStH 2011 „Nachträgliche Änderungen des Veräußerungspreises oder des gemeinen Werts").[9]

---

1) BFH v. 19.7.1993, GrS 2/92, BStBl II 1993, 897.
2) BFH v. 19.7.1993, GrS 1/92, BStBl II 1993, 894.
3) BFH v. 14.12.1994, X R 128/92, BStBl II 1995, 465.
4) BFH v. 6.3.1997, IV R 47/95, BStBl II 1997, 509.
5) Vgl. BFH v. 31.8.2006, IV R 53/04, BStBl II 2006, 906.
6) BFH v. 10.2.1994, IV R 37/92, BStBl II 1994, 564.
7) Vgl. BFH v. 26.7.1984, IV R 10/83, BStBl II 1984, 786.
8) BFH v. 12.10.2005, VIII R 66/03, BStBl II 2006, 307.
9) BFH v. 1.4.1998, X R 150/95, BStBl II 1998, 569; zur Freistellung des Erwerbers durch den Veräußerer in Gewährleistungsfällen: Niedersächsisches FG v. 30.1.2012, 3 K 340/11, EFG 2012, 1051.

5. Nachträgliche Einkünfte

599 Auf den Zeitpunkt der Veräußerung oder der Aufgabe zurück zu beziehende Änderungen des Gewinns sind **von nachträglichen Einkünften abzugrenzen.** Soweit nach bereits erfolgter Steuerfestsetzung ein Ereignis mit steuerlicher Rückwirkung auf den Veräußerungs-/Aufgabezeitpunkt eintritt, ist die Steuerfestsetzung des entsprechenden Veranlagungszeitraums zu ändern.

600 Nach einer Betriebsveräußerung oder -aufgabe können Betriebseinnahmen und Betriebsausgaben anfallen, die zu nachträglichen betrieblichen Einkünften führen. Bei diesen nachträglichen Betriebseinnahmen und -ausgaben handelt es sich um Einkünfte aus einer ehemaligen Tätigkeit i.S.d. § 24 Nr. 2 EStG. Nachträgliche Einkünfte sind in den Jahren zu versteuern, in denen sie entstanden sind. Sie unterliegen der vollen Tarifversteuerung, sind also nicht nach § 34 EStG begünstigt. Negative Einkünfte können in den Jahren ihrer Entstehung mit positiven Einkünften verrechnet werden. Ihre Ermittlung erfolgt in sinngemäßer Anwendung des § 4 Abs. 3 EStG. Hält z.B. der Veräußerer eines Betriebs Wirtschaftsgüter, die nicht zu den wesentlichen Betriebsgrundlagen gehören, zurück, um sie später bei sich bietender Gelegenheit zu veräußern, so ist eine Gewinnermittlung auf Grund Betriebsvermögensvergleichs hinsichtlich dieser Wirtschaftsgüter nach der Betriebsveräußerung nicht möglich (H 16 Abs. 1 EStH 2011 „Gewinnermittlung").[1]

601 Wird ein Betrieb, Teilbetrieb oder Mitunternehmeranteil gegen einen **gewinnabhängigen oder umsatzabhängigen Kaufpreis** veräußert, ist das Entgelt zwingend als laufende nachträgliche Betriebseinnahme im Jahr des Zuflusses in der Höhe zu versteuern, in der die Summe der Kaufpreiszahlungen das – ggf. um Einmalleistungen gekürzte – Schlusskapitalkonto zuzüglich der Veräußerungskosten überschreitet (H 16 Abs. 11 EStH 2011 „Gewinn- oder umsatzabhängiger Kaufpreis").[2]

6. Verwirklichung eines privaten Veräußerungsgeschäfts

602 Nach § 23 Abs. 1 Satz 2 EStG gilt die Überführung eines Wirtschaftsguts in das Privatvermögen aus Anlass einer Betriebsaufgabe als Anschaffung im privaten Bereich.[3] Wird ein Grundstück nach der Überführung in den Privatbereich innerhalb der Behaltefrist des § 23 Abs. 1 Satz 1 Nr. 1 EStG veräußert, tätigt der Stpfl. ein privates Veräußerungsgeschäft. Der Veräußerungsgewinn ist nach § 23 Abs. 3 Satz 1 und 3 EStG zu ermitteln.

7. Veräußerungskosten

603 Veräußerungs- bzw. Aufgabekosten i.S.d. § 16 Abs. 2 EStG sind Aufwendungen, die in unmittelbarer sachlicher Beziehung zur Betriebsveräußerung/-aufgabe stehen.[4] Sie mindern auch dann den begünstigten Gewinn, wenn sie in einem VZ **vor** der Veräußerung oder Aufgabe entstanden sind (H 16 Abs. 12 EStH 2011 „Veräußerungskosten").[5]

IV. Einkommensteuer

1. Veräußerungs-/Aufgabefreibetrag

604 Die Regelungen der §§ 14, 14a, 16, 18 Abs. 3 und 34 EStG sind von besonderer Bedeutung für Stpfl., die das 55. Lebensjahr vollendet haben oder die dauernd berufsunfähig sind.

---

1) BFH v. 22.2.1978, I R 137/74, BStBl II 1978, 430.
2) BFH v. 14.5.2002, VIII R 8/01, BStBl II 2002, 532.
3) BMF v. 5.10.2000, IV C 3 – S 2256 – 263/00, BStBl I 2000, 1383.
4) BFH v. 6.10.1993, I R 97/92, BStBl II 1994, 287; BFH v. 26.3.1987, IV R 20/84, BStBl II 1987, 561.
5) BFH v. 6.10.1993, I R 97/92, BStBl II 1994, 287.

a) Voraussetzungen

Hat ein Stpfl. das 55. Lebensjahr vollendet oder ist er dauernd berufsunfähig, wird ihm **auf Antrag** bei der ESt ein **Freibetrag** von bis zu 45 000 € gewährt, sofern der Veräußerungs-/Aufgabegewinn 136 000 € nicht übersteigt. Soweit der Gewinn den Betrag von 136 000 € übersteigt, mindert sich der Freibetrag um den übersteigenden Betrag.

Der Freibetrag nach § 16 Abs. 4 EStG wird **personenbezogen** gewährt; er steht dem Stpfl. für alle Gewinneinkunftsarten insgesamt nur einmal zu. Außerdem wird der Freibetrag jedem Stpfl. nur einmal für ein bestimmtes begünstigtes Ereignis gewährt. Der Anspruch auf den Freibetrag ist auch dann erloschen, wenn er für ein früheres Ereignis zu Unrecht gewährt worden ist.[1]

> **Hinweis:**
>
> Dieser Antrag kann im Leben einer Person nur für einen Aufgabe- oder Veräußerungsgewinn gestellt werden. Nicht verbrauchte Teile des Freibetrags können nicht bei einer anderen Aufgabe oder Veräußerung in Anspruch genommen werden. Besteht bei einem Stpfl. die Möglichkeit, dass er in seinem Leben mehr als einen Aufgabe- oder Veräußerungsgewinn erzielen könnte, muss sorgfältig geprüft und abgewogen werden, für welchen Gewinn er den Freibetrag in Anspruch nehmen sollte. Entsprechendes gilt für die Tarifermäßigung nach § 34 EStG.
>
> Die Gewährung des Freibetrags nach § 16 Abs. 4 EStG ist ausgeschlossen, wenn dem Stpfl. für eine Veräußerung oder Aufgabe, die nach dem 31.12.1995 erfolgt ist, ein Freibetrag nach § 14 Satz 2, § 16 Abs. 4 oder § 18 Abs. 3 EStG bereits gewährt worden ist (R 16 Abs. 13 Satz 5 EStR 2005 „Gewährung des Freibetrags").

b) Vollendung des 55. Lebensjahres

Das Erfordernis der Vollendung des 55. Lebensjahres wird strikt gehandhabt. Auch wenn ein Stpfl. das 55. Lebensjahr zwar erst nach Beendigung der Betriebsveräußerung/-aufgabe, aber zumindest noch vor Ablauf des VZ vollendet, wird ihm weder der Freibetrag nach § 16 Abs. 4 EStG gewährt noch die Tarifermäßigung nach § 34 Abs. 3 EStG.[2]

c) Dauernde Berufsunfähigkeit

Das Steuerrecht knüpft hier an sozialversicherungsrechtliche Kriterien an. Berufsunfähig im sozialversicherungsrechtlichen Sinne sind Versicherte, deren Erwerbsfähigkeit wegen Krankheit oder Behinderung im Vergleich zur Erwerbsfähigkeit von körperlich, geistig und seelisch gesunden Versicherten mit ähnlicher Ausbildung und gleichwertigen Kenntnissen und Fähigkeiten auf weniger als sechs Stunden gesunken ist (§ 240 Abs. 2 SGB VI; R 16 Abs. 14 EStR 2005 „Dauernde Berufsunfähigkeit").

Zum Nachweis der dauernden Berufsunfähigkeit reicht die Vorlage eines Bescheides des Rentenversicherungsträgers aus, wonach die Berufsunfähigkeit oder Erwerbsunfähigkeit i.S.d. gesetzlichen Rentenversicherung vorliegt. Der Nachweis kann auch durch eine amtsärztliche Bescheinigung oder durch die Leistungspflicht einer privaten Versicherungsgesellschaft, wenn deren Versicherungsbedingungen an einen Grad der Berufsunfähigkeit von mindestens 50 % oder an eine Minderung der Erwerbsfähigkeit wegen Krankheit oder Behinderung auf weniger als sechs Stunden täglich anknüpfen, erbracht werden (H 16 Abs. 14 EStH 2011 „Dauernde Berufsunfähigkeit").

d) Mitunternehmer

Über die Gewährung des Freibetrags wird bei der Veranlagung zur ESt entschieden. Dies gilt auch im Falle der Veräußerung oder Aufgabe eines Mitunternehmeranteils;

---

1) BFH v. 21.7.2009, X R 2/09, BStBl II 2009, 963.
2) BMF v. 20.12.2005, IV B 2 – S 2242 – 18/05, BStBl I 2006, 7.

in diesem Fall ist im Verfahren zur gesonderten und einheitlichen Gewinnfeststellung nur die Höhe des auf den Gesellschafter entfallenden Veräußerungsgewinns festzustellen. Veräußert eine PersG, bei der die Gesellschafter als Mitunternehmer anzusehen sind, ihren ganzen Gewerbebetrieb oder gibt sie ihn auf, steht den einzelnen Mitunternehmern für ihren Anteil am Veräußerungs- bzw. Aufgabegewinn nach Maßgabe ihrer persönlichen Verhältnisse der Freibetrag in voller Höhe zu.

611 Wird der zum Betriebsvermögen eines Einzelunternehmers gehörende Mitunternehmeranteil im Zusammenhang mit der Veräußerung des Einzelunternehmens veräußert, ist die Anwendbarkeit des § 16 Abs. 4 EStG für beide Vorgänge getrennt zu prüfen. Liegen hinsichtlich beider Vorgänge die Voraussetzungen des § 16 Abs. 4 EStG vor, kann der Stpfl. den Abzug des Freibetrags entweder bei der Veräußerung des Einzelunternehmens oder bei der Veräußerung des Mitunternehmeranteils beantragen (R 16 Abs. 13 Satz 6 f. EStR 2005 „Gewährung des Freibetrags"). Die Veräußerung eines Anteils an einer Mitunternehmerschaft (Obergesellschaft), zu deren Betriebsvermögen die Beteiligung an einer anderen Mitunternehmerschaft gehört (mehrstöckige PersG), stellt für die Anwendbarkeit des § 16 Abs. 4 EStG einen einheitlich zu beurteilenden Veräußerungsvorgang dar (R 16 Abs. 13 Satz 8 EStR 2005 „Gewährung des Freibetrags"). Auch wenn teilweise sich dieselbe(n) Person(en) auf Veräußerer- und auf Erwerberseite befinden und insoweit der Veräußerungsgewinn als laufender Gewinn gilt (§ 16 Abs. 2 Satz 3 EStG), ist für den Teil des Veräußerungsgewinns, der nicht als laufender Gewinn gilt, der volle Freibetrag zu gewähren; der Veräußerungsgewinn, der als laufender Gewinn gilt, ist bei der Kürzung des Freibetrags nach § 16 Abs. 4 Satz 3 EStG nicht zu berücksichtigen (R 16 Abs. 13 Satz 9 EStR 2005 „Gewährung des Freibetrags").

e) Teileinkünfteverfahren

612 Umfasst der Veräußerungs-/Aufgabegewinngewinn auch einen Gewinn aus der Mitveräußerung/-aufgabe von Anteilen an Körperschaften, Personenvereinigungen oder Vermögensmassen, ist für die Berechnung des Freibetrags der im Rahmen des Teileinkünfteverfahrens nach § 3 Nr. 40 Satz 1 Buchst. b i.V.m. § 3c Abs. 2 EStG steuerfrei bleibende Teil nicht zu berücksichtigen (R 16 Abs. 13 Satz 10 EStR 2005 „Gewährung des Freibetrags"). Mit Urteil vom 14.7.2010 entschied der BFH, dass der Freibetrag des § 16 Abs. 4 EStG vorrangig mit dem Veräußerungs-/Aufgabegewinn zu verrechnen ist, auf den das Teileinkünfteverfahren anzuwenden ist.[1]

Beispiel:

A veräußert sein Einzelunternehmen. Der Veräußerungserlös beträgt 200 000 €, der Buchwert des Kapitalkontos 70 000 €. Im Betriebsvermögen befindet sich eine Beteiligung an einer GmbH, deren Buchwert 20 000 € beträgt. Der auf die GmbH-Beteiligung entfallende Anteil am Veräußerungserlös beträgt 50 000 €.

Der aus der Veräußerung des GmbH-Anteils erzielte Gewinn ist nach § 3 Nr. 40 Satz 1 Buchst. b, § 3c Abs. 2 EStG i.H.v. (30 000 € ./. 12 000 € =) 18 000 € steuerpflichtig. Der übrige Veräußerungsgewinn beträgt (150 000 € ./. 50 000 =) 100 000 €.

	Insgesamt	Teileinkünfteverfahren	Ermäßigte Besteuerung
Veräußerungsgewinn nach § 16 EStG	118 000 €	18 000 €	100 000 €
Freibetrag nach § 16 Abs. 4 EStG	45 000 €	18 000 €	27 000 €
Steuerpflichtig	73 000 €	0 €	73 000 €

---

1) BFH v. 14.7.2010, X R 61/08, BStBl II 2010, 1011.

Die FinVerw schloss sich der Ansicht des BFH an (vgl. H 16 Abs. 13 EStH 2011 „Teil- 613
einkünfteverfahren"). Bis dahin hatte die FinVerw die Auffassung vertreten, dass der
Freibetrag nach § 16 Abs. 4 EStG entsprechend den Anteilen der Gewinne, die dem
ermäßigten Steuersatz unterliegen und der Gewinne, die im Teileinkünfteverfahren
zu versteuern sind, am Gesamtgewinn aufzuteilen ist (vgl. die frühere Fassung von
H 16 Abs. 13 EStH „Teileinkünfteverfahren").

Beispiel:

Sachverhalt wie im vorangegangenen Beispiel. Frühere Lösung der FinVerw:

	Insgesamt	Teileinkünfteverfahren	Ermäßigte Besteuerung
Veräußerungsgewinn nach § 16 EStG	118 000 €	18 000 €	100 000 €
Freibetrag nach § 16 Abs. 4 EStG	45 000 €	6 864 €	38 136 €
Steuerpflichtig	73 000 €	11 136 €	61 864 €

f) Teilentgeltliche Übertragungen

Bei Übertragungen von Betrieben, Teilbetrieben oder Mitunternehmeranteilen im 614
Wege der vorweggenommenen Erbfolge gewährt die FinVerw den Freibetrag nach
§ 16 Abs. 4 EStG auch in den Fällen, in denen das Entgelt den Verkehrswert des
Betriebs, Teilbetriebs oder Mitunternehmeranteils nicht erreicht (teilentgeltliche Veräußerung) in voller Höhe.[1]

g) Veräußerung gegen wiederkehrende Bezüge

Der Freibetrag des § 16 Abs. 4 EStG und die Steuerbegünstigung nach § 34 EStG sind 615
nicht zu gewähren, wenn bei der Veräußerung gegen wiederkehrende Bezüge die
Zahlungen beim Veräußerer als laufende nachträgliche Einkünfte aus Gewerbebetrieb i.S.d. § 15 i.V.m. § 24 Nr. 2 EStG behandelt werden (H 16 Abs. 11 Satz 1 EStH
2011 „Freibetrag").[2]

Wird ein Betrieb gegen festen Kaufpreis und Leibrente veräußert, so ist für die Ermittlung des Freibetrags nach § 16 Abs. 4 EStG nicht allein auf den durch den festen
Barpreis realisierten Veräußerungsgewinn abzustellen, sondern auch der Kapitalwert
der Rente als Teil des Veräußerungspreises zu berücksichtigen (H 16 Abs. 11 Satz 2
EStH 2011 „Freibetrag").[3] Der Freibetrag kann jedoch höchstens in Höhe des durch
den festen Kaufpreis realisierten Teil des Veräußerungsgewinns gewährt werden
(H 16 Abs. 11 Satz 3 EStH 2011 „Freibetrag").[4]

2. Ermäßigter Einkommensteuersatz

a) Fünftelregelung

Stpfl. Veräußerungs-/Aufgabegewinne, die nicht schon nach dem Teileinkünfteverfahren zu besteuern sind und für die auch nicht ganz oder teilweise eine Rücklage 616
nach § 6b oder § 6c EStG gebildet worden ist (§ 34 Abs. 2 Nr. 1, Abs. 1 Satz 4 EStG,

---

1) BMF v. 20.12.2005, IV B 2 – S 2242 – 18/05, BStBl I 2006, 7, abweichend von Tz. 36 des BMF
 v. 13.1.1993, IV B 3 – S 2190 – 37/92, BStBl I 1993, 80.
2) BFH v. 21.12.1988, III B 15/88, BStBl II 1989, 409.
3) BFH v. 17.8.1967, IV R 81/67, BStBl II 1968, 75.
4) BFH v. 21.12.1988, III B 15/88, BStBl II 1989, 409.

617 unterliegen als außerordentliche Einkünfte einer ermäßigten Einkommensbesteuerung nach § 34 EStG. Die ermäßigte ESt auf Veräußerungs-/Aufgabegewinne beträgt regelmäßig das Fünffache der auf ein Fünftel des Veräußerungs-/Aufgabegewinns entfallenden ESt (sog. Fünftelregelung, § 34 Abs. 1 Satz 2 f. EStG).

Einkünfte aus Gewerbebetrieb			
– laufender Gewinn			50 350 €
– Veräußerungs-/Aufgabegewinn i.S.v. § 34 Abs. 2 Nr. 1 EStG			25 000 €
Gesamtbetrag der Einkünfte			75 350 €
Sonderausgaben			./. 3 200 €
Einkommen			72 150 €
Zu versteuerndes Einkommen			72 150 €
Zu versteuerndes Einkommen		72 150 €	
abzgl. Veräußerungs-/Aufgabegewinn		./. 25 000 €	
		47 150 €	
darauf entfallender Steuerbetrag			7 388 €
verbleibendes zu versteuerndes Einkommen		47 150 €	
zzgl. 1/5 des Veräußerungs-/Aufgabegewinns		5 000 €	
		52 150 €	
darauf entfallender Steuerbetrag		8 846 €	
abzgl. Steuerbetrag auf verbleibendes zu versteuerndes Einkommen		./. 7 388 €	
Unterschiedsbetrag		1 458 €	
Multipliziert mit Faktor 5		7 290 €	7 290 €
Tarifliche Einkommensteuer			14 678 €

b) Begünstigter Steuersatz

618 Liegen dieselben persönlichen Voraussetzungen, die auch für die Gewährung des Veräußerungs-/Aufgabefreibetrags des § 16 Abs. 4 EStG dem Grunde nach erfüllt sein müssen, vor, ermäßigt sich die ESt gem. § 34 Abs. 3 EStG **auf Antrag** bis zur Höhe eines Veräußerungs-/Aufgabegewinns von 5 Mio. € auf 56 % des durchschnittlichen Steuersatzes, jedoch mindestens 14 % (§ 34 Abs. 3 Satz 2 EStG i.d.F. des JStG 2010). Der Mindeststeuersatz wird an den jeweiligen Eingangssteuersatz angepasst.

Wie auch den Veräußerungs-/Aufgabefreibetrag des § 16 Abs. 4 EStG kann der Stpfl. die Ermäßigung nach § 34 Abs. 3 Satz 1 bis 3 EStG nur einmal im Leben in Anspruch nehmen (§ 34 Abs. 3 Satz 4 EStG), selbst dann, wenn der Stpfl. mehrere Veräußerungs- oder Aufgabegewinne innerhalb eines VZ erzielt (R 34.5 Abs. 2 Satz 1 EStR 2005), wobei allerdings die Inanspruchnahme einer Steuerermäßigung nach § 34 EStG in VZ vor dem 1.1.2001 unbeachtlich ist (R 34.5 Abs. 2 Satz 2 EStR 2005; § 52 Abs. 47 Satz 7 EStG).

Wird der zum Betriebsvermögen eines Einzelunternehmers gehörende Mitunternehmeranteil im Zusammenhang mit der Veräußerung oder Aufgabe des Einzelunternehmens veräußert bzw. aufgegeben, ist die Anwendbarkeit des § 34 Abs. 3 EStG für beide Vorgänge getrennt zu prüfen. Sind bei beiden Vorgängen die Voraussetzungen des § 34 Abs. 3 EStG erfüllt, kann der Stpfl. die ermäßigte Besteuerung nur für einen der beiden Vorgänge beantragen (R 34.5 Abs. 2 Satz 3 f. EStR 2005.

c) 100 %-Beteiligungen an Kapitalgesellschaften

Durch das Teileinkünfteverfahren (bzw. bis zum VZ 2008 durch das Halbeinkünfteverfahren) ist die Tarifbegünstigung nach § 34 Abs. 2 Nr. 1 EStG n.F. für 100 %-Beteiligungen entfallen und durch die 40 %-ige (bis 2008 50 %-ige) Freistellung von Veräußerungs-/Aufgabegewinnen ersetzt worden, mit der Folge, dass die Teilbetriebsfiktion bei 100 %-Beteiligungen nur noch im Hinblick auf den Freibetrag nach § 16 Abs. 4 EStG und bei Umstrukturierungen i.S.d. UmwStG von Bedeutung ist. **619**

V. Gewerbesteuer

Gewinne aus einer Betriebsveräußerung oder einer Betriebsaufgabe unterliegen grundsätzlich **nicht** der GewSt. **Dies gilt nicht für:** **620**

– Veräußerungs-/Aufgabegewinne bei KapG,
– Gewinne aus der Veräußerung oder der Aufgabe des (Teil-)Betriebs einer Mitunternehmerschaft, der Veräußerung oder Aufgabe des Mitunternehmeranteils sowie des Vollhafteranteils an einer KGaA, soweit diese Gewinne **nicht** auf natürliche Personen als unmittelbar beteiligte Mitunternehmer entfallen,
– Gewinne aus der Veräußerung oder Aufgabe einer 100 %igen Beteiligung an einer KapG, wenn
  – die Anteile zum Betriebsvermögen eines inländischen gewerblichen Betriebs gehören und
  – nicht im Zusammenhang mit der Veräußerung oder Aufgabe des Betriebs veräußert werden,
– Veräußerungsgewinne, soweit auf Seite des Veräußerers und auf Seite des Erwerbers dieselben Personen Unternehmer oder Mitunternehmer sind,
– Auflösungs-/Veräußerungsgewinne i.S.d. § 18 Abs. 4 UmwStG.

Hinweis: **621**

Eine Teil-/Betriebsveräußerung sowie die Veräußerung eines Mitunternehmeranteils bzw. die entsprechenden Aufgabetatbestände schränken die Verwendung eines evtl. vorhandenen Gewerbeverlusts ein; u.U. kann er insgesamt verloren gehen (vgl. § 10a Satz 10 GewStG).

VI. Umsatzsteuer

Umsatzsteuerlich stellt die Betriebsveräußerung im Ganzen regelmäßig eine nicht steuerbare Geschäftsveräußerung im Ganzen dar (§ 1 Abs. 1a UStG). Hiervon abzugrenzen sind Entnahmen sowie unentgeltliche Wertabgaben. In Folge einer Geschäftsveräußerung im Ganzen können Vorsteuerberichtigungen notwendig werden. Im Anschluss an eine Geschäftsveräußerung im Ganzen ist eine Differenzbesteuerung beim Erwerber nach § 25a UStG nur möglich, soweit beim Veräußerer die Voraussetzungen dafür erfüllt waren. **622**

Hinweis: **623**

Die Frage, ob ein Unternehmen im umsatzsteuerlichen Sinne „im Ganzen" i.S.v. § 1 Abs. 1a UStG übereignet wird, ist nicht nach nationalen ertragsteuerrechtlichen Kriterien, sondern nur unter Berücksichtigung der Regelung des Art. 5 Abs. 8 der Sechsten Richtlinie des Rats vom 17.5.1977 zur Harmonisierung der Rechtsvorschriften der Mitgliedstaaten über die Umsatzsteuern 77/38 8/EWG (Richtlinie 77/38 8/EWG) zu entscheiden, der zufolge die **Übertragung aller wesentlichen Betriebsgrundlagen nicht notwendig** ist.[1]

VII. Grunderwerbsteuer

624 Soweit Grundstücke zum veräußerten Vermögen oder zum im Rahmen einer Betriebsaufgabe veräußerten Vermögen gehören, unterliegt deren Veräußerung regelmäßig der Grunderwerbsteuer.

VIII. Erbschaft- und Schenkungsteuer

625 Soweit Betriebsübertragungen unentgeltlich erfolgen, unterliegen diese der Erbschaft- und Schenkungsteuer. Die Unternehmensnachfolge ist jedoch erbschaft- und schenkungsteuerlich begünstigt.

Siehe auch bei *Unternehmenskauf* → **4** Rz. 1670 ff.

Betriebsverpachtung

von *Johannes C. Achter*

INHALTSÜBERSICHT Rz.

	Rz.
I. Begriff.	626–633
1. Definition	626
2. Abgrenzungen	627–633
a) Betriebsunterbrechung – Betriebsverpachtung	628
b) Betriebsaufspaltung – Betriebsverpachtung	629–631
aa) Begriff der Betriebsaufspaltung	629
bb) Verhältnis Betriebsverpachtung – Betriebsaufspaltung	504–631
(1) Begründung einer Betriebsaufspaltung und Betriebsverpachtung	504
(2) Wegfall einer Betriebsaufspaltung und Betriebsverpachtung	631
c) Gewerblich geprägte Personengesellschaft	632–633
aa) Begriff der gewerblich geprägten Personengesellschaft	632
bb) Gewerbliche Prägung und Betriebsverpachtung	633
II. Wahlrecht des Betriebsverpächters	634–661
1. Voraussetzungen des Wahlrechts	634–655
a) Sachliche Voraussetzungen	635–505
aa) Verpachtung im Ganzen	635
bb) Keine Betriebsaufgabe	636
cc) Keine Betriebsaufgabeerklärung	637
dd) Nutzungsüberlassungsverhältnis	638
ee) Keine Betriebsaufspaltung	639
ff) Fortführbarkeit	505

---

1) BFH v. 10.11.2005, IV R 7/05, BStBl II 2006, 176; BFH v. 4.7.2002, V R 10/01, BStBl II 2004, 662.

	Rz.
b) Persönliche Voraussetzungen	641–643
aa) Verpachtung durch natürliche Person oder Personengesellschaft	641–642
bb) Eigenbewirtschaftung	643
c) Keine Zwangsbetriebsaufgabe	644–655
aa) Entfallen der Fortführbarkeit	645–648
(1) Umgestaltung des Betriebs	645–646
(2) Zeithorizont einer Betriebsverpachtung	647–648
bb) Veräußerung wesentlicher Betriebsgrundlagen	649–506
cc) Unschädlichkeit einer Einbringung eines verpachteten Betriebs	651
dd) Unschädlichkeit branchenfremder Verpachtung	652–654
ee) Übertragung auf den Pächter	655
2. Betriebsaufgabeerklärung	656–661
a) Formale Anforderungen	656–659
b) Rechtsfolgen	507–661
III. Wesentliche Betriebsgrundlagen	662–668
1. Wesentlichkeitsbegriff	662–663
2. Grundstücke	664
3. Bewegliches Anlagevermögen	665
4. Goodwill	666
5. Schrumpfungsmodelle	667–668
IV. Rechtsfolgen einer Betriebsverpachtung	669–676
1. Einkommensteuer	669–673
a) Fortbestehen eines gewerblichen Verpächterbetriebs	669–508
b) Gewinnermittlung	671–672
c) Veräußerungen	673
2. Gewerbesteuer	674–676
a) Keine Gewerbesteuerpflicht	674
b) Betriebsverpachtung durch gewerblich geprägte Personengesellschaft	675–676
aa) Gewerbesteuerpflicht	675
bb) Keine Anwendbarkeit von § 9 Nr. 1 Satz 2 GewStG	676
V. Sonderfälle	677–706
1. Verpachtung im Anschluss an einen Betriebserwerb	677–509
a) Verpachtung im Anschluss an einen entgeltlichen Erwerb	677
b) Verpachtung im Anschluss an einen unentgeltlichen Erwerb	678–679
c) Realteilung	509
2. Verpachtung einer freiberuflichen Praxis	681–687
a) Verpachtbarkeit einer freiberuflichen Praxis	681–683
b) Praxisverpachtung im Erbfall	684–687
aa) Verpachtung durch den noch nicht freiberuflich qualifizierten Rechtsnachfolger	685–686
bb) Verpachtung durch eine freiberuflich nicht qualifizierte Erbengemeinschaft	687
3. Verpachtung eines land- und forstwirtschaftlichen Betriebs	688–706
a) Keine Betriebsaufgabe	688–492
b) Fortführbarkeit	691–693
c) Erforderlicher Umfang des Betriebsvermögens	694
d) Einstellen der aktiven land- und forstwirtschaftlichen Tätigkeit	695

	Rz.
e) Zwangsaufgabe.	696–697
aa) Veränderungen des verpachteten Betriebs	696
bb) Zeithorizont der Betriebsverpachtung	697
f) Verpachtung des land- und forstwirtschaftlichen Betriebs im Ganzen . . .	698–704
aa) Verpachtung zumindest aller wesentlichen Betriebsgrundlagen.	698–511
bb) Parzellenweise Verpachtung	701
cc) Forstwirtschaftliche Flächen.	702
dd) Veräußerungen und Entnahmen.	703
ee) Unentgeltliche Übertragungen.	704
g) Gewinnermittlung	705–706

I. Begriff

1. Definition

626 Ein Betriebsverpachtung ist gegeben, wenn ein Stpfl. zwar selbst seine werbende Tätigkeit einstellt, aber entweder den Betrieb im Ganzen als geschlossenen Organismus oder zumindest alle wesentlichen Grundlagen des Betriebs verpachtet und gegenüber dem FA nicht ausdrücklich, d.h. klar und eindeutig, die Aufgabe des Betriebs erklärt.[1]

2. Abgrenzungen

627 Stellt ein Unternehmer seine werbende gewerbliche Tätigkeit ein, ist dies nicht zwingend eine Betriebsaufgabe.

a) Betriebsunterbrechung – Betriebsverpachtung

628 Die Einstellung kann auch nur als Betriebsunterbrechung zu beurteilen sein, die den **Fortbestand des Betriebes unberührt** lässt.[2] Die Betriebsunterbrechung kann darin bestehen, dass der Betriebsinhaber die wesentlichen Betriebsgrundlagen – i.d.R. einheitlich an einen anderen Unternehmer – verpachtet oder darin, dass er die gewerbliche Tätigkeit ruhen lässt.[3] Die Betriebsverpachtung ist eine Erscheinungsform einer Betriebsunterbrechung.[4]

b) Betriebsaufspaltung – Betriebsverpachtung

aa) Begriff der Betriebsaufspaltung

629 Eine Betriebsaufspaltung liegt vor, wenn wesentliche Betriebsgrundlagen an eine KapG oder PersG vermietet werden, und Vermieter und Mieter personell derart miteinander verflochten sind, dass sie die Geschicke beider Seiten bestimmen und lenken können. Infolgedessen werden beide Seiten als ein einheitlicher – wenn auch aufge-

---

1) BFH v. 1.4.2010, IV B 84/09, BFH/NV 2010, 1450; BFH v. 19.3.2009, IV R 45/06, BStBl II 2009, 902; BFH v. 17.4.1997, VIII R 2/95, BStBl II 1998, 388 m.w.N.; BFH v. 26.3.1991, VIII R 73/87, BFH/NV 1992, 227; grundlegend BFH v. 13.11.1963, GrS 1/63 S, BStBl III 1964, 124.
2) BFH v. 7.4.2009, III B 54/07, BFH/NV 2009, 1620; BFH v. 28.8.2003, IV R 20/02, BStBl II 2004, 10; BFH v. 27.2.1985, I R 235/80, BStBl II 1985, 456.
3) BFH v. 24.3.2006, VIII B 98/01, BFH/NV 2006, 1287; BFH v. 28.8.2003, IV R 20/02, BStBl II 2004, 10.
4) BFH v. 28.8.2003, IV R 20/02, BStBl II 2004, 10; BFH v. 28.9.1995, IV R 39/94, BStBl II 1996, 276.

spaltener – Betrieb angesehen, was zur Folge hat, dass der Vermieter Einkünfte aus Gewerbebetrieb erzielt und nicht aus VuV.[1)]

bb) Verhältnis Betriebsverpachtung – Betriebsaufspaltung
(1) Begründung einer Betriebsaufspaltung und Betriebsverpachtung

Die Voraussetzungen einer Betriebsaufspaltung und die Voraussetzungen einer Betriebsverpachtung können gleichzeitig erfüllt sein. **630**

Beispiel:
Der Einzelunternehmer gründet eine GmbH. Er ist der Alleingesellschafter-Geschäftsführer. Er verpachtet sodann seinen gesamten Einzelbetrieb an die GmbH, mit dem diese ihr operatives Geschäft ausübt.
Auf Grund der Verpachtung des Betriebs im Ganzen liegt eine Betriebsverpachtung vor. Diese stellt zugleich eine sachliche Verflechtung i. S. einer Betriebsaufspaltung dar. Der verpachtende Einzelunternehmer ist zugleich der Alleingesellschafter-Geschäftsführer der pachtenden GmbH. Somit kann er seinen geschäftlichen Willen beiderseits einheitlich ausüben. Dies konstituiert die personelle Verflechtung i.S. einer Betriebsaufspaltung. Wegen des Vorliegens von sowohl sachlicher als auch personeller Verflechtung ist (auch) eine Betriebsaufspaltung gegeben.

Eine Betriebsaufspaltung hat Vorrang vor einer Betriebsverpachtung. Der Vermieter bzw. Verpächter hat infolgedessen **kein** Wahlrecht, die Verpachtung als Betriebsverpachtung zu behandeln.[2)]

(2) Wegfall einer Betriebsaufspaltung und Betriebsverpachtung

Nach st. Rspr. des BFH führt der Wegfall einer der Voraussetzungen der Betriebsaufspaltung (personelle oder sachliche Verflechtung) grds. zu einer Betriebsaufgabe (§ 16 Abs. 3 EStG) beim Besitzunternehmen.[3)] Eine Ausnahme hiervon und der dadurch ausgelösten Zwangsprivatisierung des bisherigen BV des Besitzunternehmens ist jedoch nach inzwischen gefestigter Rechtsprechung des BFH auf Grund einer zweckgerecht einschränkenden Auslegung des in § 16 Abs. 3 EStG normierten Betriebsaufgabetatbestands u.a. dann geboten, wenn **im Zeitpunkt der Beendigung der Betriebsaufspaltung** die Voraussetzungen einer Betriebsverpachtung im Ganzen vorgelegen haben.[4)] Denn der Normalfall der Betriebsverpachtung ist dergestalt, dass ein Betrieb oder zumindest seine wesentlichen Grundlagen an einen fremden Dritten verpachtet werden. Hier hat der Verpächter ein Wahlrecht, ob er die Verpachtung als Betriebsaufgabe oder lediglich als Betriebsunterbrechung behandeln will. Daran ändert sich nach Auffassung des BFH nichts, wenn **neben den Voraussetzungen einer Betriebsverpachtung zeitweise auch die Voraussetzungen einer Betriebsaufspaltung** erfüllt sind.[5)] Der Verpächter verliere sein Wahlrecht nicht dadurch, dass er bei Begründung der Betriebsaufspaltung gezwungen ist, die Buchwerte des BV fortzuführen. Denn der Zwang zur Fortführung der Buchwerte bei Begründung einer Betriebsaufspaltung verhindert nicht, dass das **Verpächterwahlrecht wieder auflebt**, wenn die Voraussetzungen der Betriebsaufspaltung entfallen.[6)] Fällt die personelle Verflechtung fort und **631**

---

1) BFH v. 11.12.1974, R I 260/72, BStBl II 1975,266; BFH v. 8.11.1971, GrS 2/71, BStBl II 1972, 63.
2) Vgl. BFH v. 15.3.2005, X R 2/02, BFH/NV 2005, 1292.
3) BFH v. 11.10.2007, X R 39/04, BStBl II 2008, 220; BFH v. 15.3.2005, X R 2/02, BFH/NV 2005, 1292 m.w.N.
4) BFH v. 11.10.2007, X R 39/04, BStBl II 2008, 220; BFH v. 15.3.2005, X R 2/02, BFH/NV 2005, 1292 m.w.N.; BFH v. 17.4.2002, X R 8/00, BStBl II 2002, 527; BFH v. 23.4.1996, VIII R 13/95, BStBl II 1998, 325.
5) BFH v. 15.3.2005, X R 2/02, BFH/NV 2005, 1292 m.w.N.
6) BFH v. 17.4.2002, X R 8/00, BStBl II 2002, 527; BFH v. 23.4.1996, VIII R 13/95, BStBl II 1998, 325.

sind auch die Voraussetzungen der Betriebsverpachtung nicht erfüllt, bejaht der BFH die Fortführung als BV unter dem Aspekt der Betriebsunterbrechung bis zur ausdrücklichen Aufgabeerklärung.[1)]

c) Gewerblich geprägte Personengesellschaft

aa) Begriff der gewerblich geprägten Personengesellschaft

632 Bei einer gewerblich geprägten PersG handelt es sich um eine PersG, die nicht originär gewerblich tätig i.S.d. § 15 Abs. 1 Satz 1 Nr. 1 EStG ist, die aber auf Grund der Rechtspersönlichkeit und Stellung der persönlich haftenden Gesellschafter und der Geschäftsführer gesetzlich als einer KapG wesensähnlich gewertet und die Gewerblichkeit der PersG und ihrer Einkünfte fingiert wird. Eine PersG ist gem. § 15 Abs. 3 Nr. 2 EStG gewerblich geprägt, wenn persönlich haftende Gesellschafter ausschließlich eine oder mehrere KapG sind und nur diese und/oder ein Nicht-Gesellschafter die Geschäftsführungsbefugnis innehaben.

bb) Gewerbliche Prägung und Betriebsverpachtung

633 Eine gewerbliche Prägung gem. § 15 Abs. 3 Nr. 2 EStG einer PersG ist **nachrangig** zu einer bestehenden Betriebsverpachtung. Für eine gewerbliche Prägung i.S.d. § 15 Abs. 3 Nr. 2 EStG einer PersG ist nur Raum, wenn die Gesellschaft nicht bereits originär gewerbliche Einkünfte nach § 15 Abs. 1 Satz 1 Nr. 2 i.V.m. Abs. 1 Satz 1 Nr. 1 und Abs. 2 EStG erzielt. Sind bei einer PersG die Voraussetzungen der Betriebsverpachtung erfüllt, erzielt sie schon auf Grund dessen originär gewerbliche Einkünfte, so dass es auf die Frage der Gewerblichkeit auf Grund Prägung nicht ankommt.[2)]

II. Wahlrecht des Betriebsverpächters

1. Voraussetzungen des Wahlrechts

634 Die Verpachtung eines Gewerbebetriebs führt nicht zwangsläufig zu einer Betriebsaufgabe (§ 16 EStG) und damit zur Aufdeckung der stillen Reserven. Der Betriebsinhaber kann vielmehr **wählen**, ob die Verpachtung des Betriebs als **Betriebsaufgabe oder** als **Fortführung** des – wenn auch bei ihm ruhenden – Betriebs behandelt werden soll.[3)]

a) Sachliche Voraussetzungen

aa) Verpachtung im Ganzen

635 Eine Betriebsverpachtung setzt u.a. voraus, dass der Verpächter dem Pächter einen Betrieb zur Nutzung überlässt, den der Pächter im Wesentlichen fortsetzen kann.[4)] Dem Verpächter muss dabei aber objektiv die Möglichkeit verbleiben, seinen eingestellten Betrieb als solchen wieder aufzunehmen und fortzuführen.[5)] Demnach muss entweder der Betrieb im Ganzen als geschlossener Organismus oder **zumindest alle**

---

1) BFH v. 15.3.2005, X R 2/02, BFH/NV 2005, 1292 m.w.N.; BFH v. 11.5.1999, VIII R 72/96, BFH/NV 1999, 1422.
2) Vgl. BFH v. 1.4.2010, IV B 84/09, BFH/NV 2010, 1450.
3) BFH v. 24.3.2006, VIII B 98/01, BFH/NV 2006, 1287.
4) BFH v. 28.8.2003, IV R 20/02, BStBl II 2004, 10; BFH v. 26.6.1975, IV 122/71, BStBl II 1975, 885.
5) BFH v. 19.3.2009, IV R 45/06, BStBl II 2009, 902 m.w.N; BFH v. 28.8.2003, IV R 20/02, BStBl II 2004, 10; BFH v. 15.10.1987, IV R 66/86, BStBl II 1988, 260; BFH v. 26.3.1991, VIII R 73/87, BFH/NV 1992, 227, 228, BFH v. 17.4.1997, VIII R 2/95, BStBl II 1998, 388.

wesentlichen Grundlagen des Betriebs verpachtet werden,[1)] und gegenüber den Finanzbehörden eine ausdrückliche Erklärung der Betriebsaufgabe unterbleiben.[2)] Entscheidend ist, dass alle **funktional** wesentlichen Betriebsgrundlagen verpachtet werden.[3)] Der Verpachtung eines Betriebs im Ganzen steht die Verpachtung eines **Teilbetriebs** gleich (R 16 Abs. 5 Satz 4 EStR 2005).

bb) Keine Betriebsaufgabe

Stellt ein Unternehmer seine werbende Tätigkeit ein, so liegt darin nicht notwendigerweise eine Betriebsaufgabe. Die Einstellung kann auch nur als Betriebsunterbrechung zu beurteilen sein, die den Fortbestand des Betriebs unberührt lässt.[4)] Die Betriebsunterbrechung kann darin bestehen, dass der Betriebsinhaber seine unternehmerische Tätigkeit ruhen lässt oder eben darin, dass er die wesentlichen Betriebsgrundlagen – i.d.R. einheitlich an einen anderen Unternehmer – verpachtet.[5)] **636**

cc) Keine Betriebsaufgabeerklärung

Im Falle der Betriebsverpachtung ist grds. ohne zeitliche Begrenzung so lange von einer Fortführung des Betriebs auszugehen, wie eine Betriebsaufgabe nicht erklärt worden ist und die Möglichkeit besteht, den Betrieb fortzuführen. Wird keine Aufgabeerklärung abgegeben, so geht die Rechtsprechung davon aus, dass die Absicht besteht, den unterbrochenen Betrieb künftig wieder aufzunehmen. Hat ein Betriebsverpächter bei Einstellung seiner werbenden Tätigkeit von der Möglichkeit Gebrauch gemacht, die Aufdeckung der stillen Reserven zu vermeiden und den Betrieb fortzuführen, kann eine spätere Betriebsaufgabe nur dann angenommen werden, wenn sie den äußeren Umständen nach klar zu erkennen und der Zeitpunkt eindeutig zu bestimmen ist. Eine Feststellung anhand objektiver Anhaltspunkte, dass nach Pachtende wahrscheinlich eine Wiederaufnahme des Betriebs durch den Verpächter erfolgen wird, verlangt der BFH nicht mehr. Wesentlich ist nur die Erklärung der Betriebsaufgabe seitens des Verpächters. Solange diese Erklärung nicht abgegeben ist, kann die Absicht der Wiederaufnahme des Betriebes unterstellt werden. Auf etwaige innere Vorbehalte dagegen, auf Motive und Absichten kommt es nicht an.[6)] **637**

> **Hinweis:**
> Der Abschluss eines Pachtvertrags ohne Erklärung der Betriebsaufgabe verhindert die Betriebsaufgabe hingegen nicht, wenn der Betrieb **nach den tatsächlichen Umständen eindeutig endgültig aufgegeben wird**. Dies gilt auch, wenn der Inhaber von einer Betriebsfortführung ausgeht und Einkünfte aus Gewerbebetrieb erklärt.[7)]

dd) Nutzungsüberlassungsverhältnis

Vielfach liegt einer Betriebsverpachtung ein schuldrechtlicher Vertrag zu Grunde, der zivilrechtlich als Pachtvertrag (§§ 581 ff. BGB) zu qualifizieren ist, es kann sich aber auch um einen Mietvertrag (§§ 535 ff. BGB) oder um eine unentgeltliche schuldrechtli- **638**

---

1) BFH v. 19.3.2009, IV R 45/06, BStBl II 2009, 902 m.w.N.; BFH v. 28.8.2003, IV R 20/02, BStBl II 2004, 10; BFH v. 17.4.1997, VIII R 2/95, BStBl II 1998, 388; BFH v. 26.3.1991, VIII R 73/87, BFH/NV 1992, 227; BFH v. 13.11.1963, GrS 1/63 S, BStBl III 1964, 124.
2) St. Rspr.: BFH v. 28.8.2003, IV R 20/02, BStBl II 2004, 10 m.w.N.; BFH v. 17.4.1997, VIII R 2/95, BStBl II 1998, 388 m.w.N.
3) BFH v. 14.6.2005, VIII R 3/03, BStBl II 2005, 778; BFH v. 17.4.1997, VIII R 2/95, BStBl II 1998, 388, unter II.2.b zu § 16 Abs. 3 EStG.
4) BFH v. 28.8.2003, IV R 20/02, BStBl II 2004, 10; BFH v. 27.2.1985, I R 235/80, BStBl II 1985, 456.
5) BFH v. 24.3.2006, VIII B 98/01, BFH/NV 2006, 1287.
6) BFH v. 19.3.2009, IV R 45/06, BStBl II 2009, 902 m.w.N.
7) BFH v. 16.12.1997, VIII R 11/95, BStBl II 1998, 379; BFH v. 3.6.1997, IX R 2/95, BStBl II 1998, 373.

che Nutzungsüberlassung[1)] handeln. Einer Nutzungsüberlassung auf schuldrechtlicher Grundlage steht einer auf dinglicher Grundlage (z.B. Unternehmensnießbrauch, Vermächtnisnießbrauch)[2)] gleich.

ee) Keine Betriebsaufspaltung

639 Sind die Voraussetzungen einer Betriebsaufspaltung und die Voraussetzungen einer Betriebsverpachtung gleichzeitig erfüllt, hat die Behandlung als Betriebsaufspaltung **Vorrang**, mit der Folge, dass der Verpächter infolgedessen nicht das Wahlrecht hat, die Verpachtung als Betriebsaufgabe zu behandeln.[3)]

ff) Fortführbarkeit

640 Wesentlich ist, dass die Betriebsverpachtung derart ausgestaltet ist, dass der Verpächter oder sein Rechtsnachfolger den Betrieb nach Ablauf des Nutzungsverhältnisses ohne wesentliche Änderung fortführen kann. Dies folgt daraus, dass eine Betriebsverpachtung einen Unterfall der Betriebsunterbrechung darstellt, so dass es keinen Unterschied machen kann, ob der bisherige Betriebsinhaber das ihm gehörende Betriebsgrundstück zurückbehält, um den Betrieb später fortzuführen, oder ob er es zwischenzeitlich – ggf. auch branchenfremd – verpachtet.[4)] Entscheidend ist demnach nicht, ob der Pächter den bisherigen Betrieb fortführt.[5)]

b) Persönliche Voraussetzungen

aa) Verpachtung durch natürliche Person oder Personengesellschaft

641 Das Rechtsinstitut der Betriebsverpachtung kommt nur bei natürlichen Personen und PersG in Betracht. Nur bei diesen kann sich die Frage stellen, ob BV oder Privatvermögen verpachtet wird, ob also die Einkünfte aus der Verpachtung Einkünfte aus Gewerbebetrieb oder aus VuV sind. Eine KapG hingegen hat keine Privatsphäre, so dass ihre Einkünfte stets solche aus Gewerbebetrieb sind.

642 **Hinweis:**

Bei PersG kann das Verpächterwahlrecht nur einheitlich durch die Gesellschafter ausgeübt werden (H 16 Abs. 5 EStH 2011 „Personengesellschaft").[6)]

Ein Wirtschaftsgut des Sonderbetriebsvermögens, das bisher alleinige wesentliche Betriebsgrundlage des Betriebs einer PersG war, kann auch dann Gegenstand einer Betriebsverpachtung sein, wenn die PersG liquidiert wurde (H 16 Abs. 5 EStH 2011 „Sonderbetriebsvermögen").[7)]

bb) Eigenbewirtschaftung

643 Die Betriebsverpachtung setzt voraus, dass der Betrieb zuvor von dem Verpächter oder, im Fall des unentgeltlichen Erwerbs, von dem Rechtsvorgänger **selbst bewirtschaftet** worden ist (H 16 Abs. 5 EStH 2011 „Eigenbewirtschaftung").[8)] Wer einen

---

1) BFH v. 19.8.1998, X R 176/96, BFH/NV 1999, 454 (Vorweggenommene Erbfolge); BFH v. 7.8.1979, VIII R 153/77, BStBl II 1980, 181; EStH 16 Abs. 5 EStH 2011 „Betriebsüberlassungsvertrag".
2) Vgl. BFH v. 28.9.1995, IV R 7/94, BStBl II 1996, 440.
3) Vgl. BFH v. 15.3.2005, X R 2/02, BFH/NV 2005, 1292.
4) BFH v. 19.3.2009, IV R 45/06, BStBl II 2009, 902; BFH v. 28.8.2003, IV R 20/02, BStBl II 2004, 10; BFH v. 11.2.1999, III R 112/96, BFH/NV 1999, 1198.
5) BFH v. 19.3.2009, IV R 45/06, BStBl II 2009, 902; BFH v. 28.8.2003, IV R 20/02, BStBl II 2004, 10.
6) BFH v. 17.4.1997, VIII R 2/95, BStBl II 1998, 388.
7) BFH v. 6.11.2008, IV R 51/07, BStBl II 2009, 303.
8) BFH v. 17.4.2002, X R 8/00, BStBl II 2002, 527; BFH v. 20.4.1989, IV R 95/87, BStBl II 1989, 863.

Betrieb im unmittelbaren Anschluss an den Erwerb verpachtet, erzielt Einkünfte aus VuV.[1)] Dass der Rechtsnachfolger, der den Betrieb unentgeltlich erworben hat, insbesondere der Erbe, den Betrieb zunächst aktiv führen muss, ist hingegen nicht erforderlich (→ **4** Rz. 678).

c) Keine Zwangsbetriebsaufgabe

Die Voraussetzungen für eine Betriebsverpachtung im Ganzen müssen nicht nur zu Beginn der Verpachtung, sondern während der gesamten Dauer des Pachtverhältnisses erfüllt sein (R 16 Abs. 5 Satz 3 EStR 2005). **644**

aa) Entfallen der Fortführbarkeit

(1) Umgestaltung des Betriebs

Da es wesentlich ist, dass der bisherige Betrieb vom Vermieter oder Verpächter nach Ablauf des Vertragsverhältnisses ohne wesentliche Änderungen fortgeführt werden kann (→ **4** Rz. 640),[2)] können Umgestaltungen des Betriebs, insbesondere durch bauliche Veränderungen, gerade im Falle der VuV an einen Branchenfremden zur Folge haben, dass das Nutzungsobjekt nicht mehr zu den bisherigen Zwecken vor der Nutzungsüberlassung genutzt werden kann.[3)] **645**

> **Hinweis:** **646**
> Es sollte darauf geachtet werden, dass es dem Pächter vertraglich untersagt ist, das gepachtete Objekt v.a. baulich derart zu verändern, dass es dem Verpächter unmöglich werden würde, den bisherigen Betrieb nach Ablauf des Vertragsverhältnisses ohne erneute wesentliche Änderungen fortzuführen. So hat der BFH in einem Fall das Entfallen der Fortführungsmöglichkeit verneint, weil dem (branchenfremden) Pächter im Pachtvertrag lediglich „kleine bauliche Änderungen" gestattet waren.[4)]

(2) Zeithorizont einer Betriebsverpachtung

Zu Beginn und während einer Betriebsverpachtung muss für den Verpächter zumindest theoretisch die objektive Möglichkeit bestehen, den Betrieb wieder selbst fortzuführen. Eine zeitliche Höchstgrenze für eine Betriebsverpachtung bzw. einen konkreten Zeitraum, nachdem ein Verpächter die Verpachtung beenden und den Betrieb wieder fortführen muss, hat die Rechtsprechung bislang nicht festgelegt. Betriebsverpachtungen über einen Zeitraum von mind. 22 bis 43 Jahren wurden bisher als unschädlich angesehen. Hingegen hat der BFH einen Zeitraum von 80 Jahren als **mehrere** Generationen umspannend und damit zu lang für die Annahme einer Betriebsverpachtung angesehen.[5)] Allerdings lehnt der BFH eine für alle Fälle einer Betriebsverpachtung geltende, absolute Zeitgrenze ab.[6)] In seinem Urteil vom 19.3.2009 hat der BFH zwar Bedenken gegen eine Begrenzung einer Betriebsverpachtung auf maximal 80 Jahre geäußert, aber wegen nicht ausreichender Vergleichbarkeit der Fälle die Frage nicht abschließend entschieden.[7)] **647**

---

1) BFH v. 17.4.2002, X R 8/00, BStBl II 2002, 527.
2) BFH v. 19.3.2009, IV R 45/06, BStBl II 2009, 902; BFH v. 28.8.2003, IV R 20/02, BStBl II 2004, 10.
3) Siehe z.B. BFH v. 19.1.1983, I R 84/79, BStBl II 1983, 412 (Umgestaltung eines Bäckerei- und Konditoreibetriebs zur Diskothek).
4) BFH v. 28.8.2003, IV R 20/02, BStBl II 2004, 10.
5) BFH v. 19.2.2004, III R 1/03, BFH/NV 2004, 1231.
6) BFH v. 19.3.2009, IV R 45/06, BStBl II 2009, 902; BFH v. 14.3.2006, VIII R 80/03, BStBl II 2006, 591.
7) BFH v. 19.3.2009, IV R 45/06, BStBl II 2009, 902.

648 Hinweis:

Im Hinblick auf die BFH-Rechtsprechung zur Maximaldauer einer Betriebsverpachtung sollte wohl ab dem 5. Jahrzehnt einer Betriebsverpachtung mit dem zunehmenden Risiko gerechnet werden, dass die FinVerw und ggf. ihr folgend ein Gericht die konkrete Betriebsverpachtung aus zeitlichen Gründen als nicht (mehr) gegeben ansehen und eine Betriebsaufgabe unter Aufdeckung der stillen Reserven annehmen. Wenn die Aufdeckung der stillen Reserven ganz sicher vermieden werden soll, kann es sich empfehlen, beizeiten die wesentlichen Grundlagen des Betriebes bzw. den verpachteten Betrieb in eine gewerblich geprägte Personengesellschaft nach § 15 Abs. 3 Nr. 2 EStG einzubringen (→ 4 Rz. 651) oder in eine Mitunternehmerschaft, die einen Gewerbebetrieb i.S.v. § 15 Abs. 2 EStG betreibt. In manchen Fällen mag sich auch eine Betriebsaufspaltung als geeignete Gestaltung anbieten.

bb) Veräußerung wesentlicher Betriebsgrundlagen

649 Nach der st. Rspr. des BFH führt die Veräußerung wesentlicher Teile des BV auch ohne ausdrückliche Erklärung zur Betriebsaufgabe mit der Folge, dass dann nur noch die verbliebenen, dann dem Privatvermögen zuzurechnenden Gegenstände einzeln verpachtet sind.[1]

650 Hinweis:

Mit dem Steuervereinfachungsgesetz 2011[2] wurde die Behandlung der Fälle einer **allmählichen (schleichenden) Betriebsaufgabe** bei verpachteten und ruhenden Gewerbebetrieben normiert. Werden die wesentlichen Betriebsgrundlagen eines verpachteten Betriebs veräußert oder so umgestaltet, dass eine Wiederaufnahme der betrieblichen Tätigkeit in gleicher Form nicht mehr möglich ist, kommt es nach den Grundsätzen der Betriebsverpachtung zwangsweise zu einer Betriebsaufgabe. Hierbei kann es insbesondere in den Fällen der Verpachtung zu aufwendigen Verwaltungsverfahren kommen, wenn der Stpfl. keine eindeutige Aufgabeerklärung abgegeben hat (vgl. R 16 Abs. 5 Satz 9 ff. EStR 2005).

Durch den neuen § 16 Abs. 3b EStG gilt bei einer Betriebsunterbrechung oder Betriebsverpachtung im Ganzen der Betrieb bis zur ausdrücklichen Betriebsaufgabeerklärung als fortgeführt.

Diese genannte Betriebsfortführungsfiktion ist gem. § 52 Abs. 34 Satz 9 EStG allerdings nur auf Betriebsaufgaben anzuwenden, die nach dem Inkrafttreten des Steuervereinfachungsgesetzes 2011 erfolgen. Gemäß Art. 18 Abs. 2 des Steuervereinfachungsgesetzes 2011 ist § 16 Abs. 3a EStG bereits am Tag nach der Verkündung des Gesetzes, also am 5.11.2011 in Kraft getreten.[3]

cc) Unschädlichkeit einer Einbringung eines verpachteten Betriebs

651 Eine Einbringung eines verpachteten gewerblichen Einzelunternehmens in eine PersG zu Buchwerten gem. § 24 UmwStG unter Fortführung der Verpachtung durch die PersG führt nicht zu einer Beendigung der Betriebsverpachtung bzw. nicht dazu, dass die PersG dann Einkünfte aus VuV und nicht aus Gewerbebetrieb erzielt.[4] Die bloße Einbringung steht weder einer faktischen Betriebsaufgabe durch den einbringenden Einzelunternehmer noch einer eindeutigen und unmissverständlichen Betriebsaufgabeerklärung (→ 4 Rz. 637) gleich.[5]

---

1) BFH v. 19.3.2009, IV R 45/06, BStBl II 2009, 902; BFH v. 28.8.2003, IV R 20/02, BStBl II 2004, 10; BFH v. 17.4.1997, VIII R 2/95, BStBl II 1998, 388; BFH v. 22.10.1992, III R 7/91, BFH/NV 1993, 358; BFH v. 21.5.1992, X R 77–78/90, BFH/NV 1992, 659; BFH v. 19.1.1983, I R 84/79, BStBl II 1983, 412.
2) Gesetz v. 1.11.2011, BGBl. I 2011, 2131 = BStBl I 2011, 986.
3) .Gesetz v. 1.11.2011, BGBl. I 2011, 2131.
4) BFH v. 1.4.2010, IV B 84/09, BFH/NV 2010, 1450; BFH v. 20.6.1989, VIII R 100/86, BFH/NV 1990, 102.
5) Vgl. BFH v. 1.4.2010, IV B 84/09, BFH/NV 2010, 1450; BFH v. 20.6.1989, VIII R 100/86, BFH/NV 1990, 102.

dd) Unschädlichkeit branchenfremder Verpachtung

Stellt ein Unternehmen seine werbende Tätigkeit ein und verpachtet es sein bisheriges Betriebsgrundstück an ein anderes Unternehmen, so scheitert die Annahme einer Betriebsverpachtung nicht bereits daran, dass das pachtende Unternehmen einer anderen Branche angehört.[1] So steht es z.B. der Annahme einer Betriebsverpachtung nicht entgegen, wenn ein Großhandelsunternehmen sein bisheriges Betriebsgrundstück nicht ebenfalls an ein Unternehmen des Großhandels, sondern an eine Druckerei verpachtet.[2]

652

Früher hat die Rechtsprechung angenommen, die Vermietung des Betriebsgrundstücks an ein „branchenfremdes" Unternehmen führe stets zu einer Betriebsaufgabe, auch wenn diese nicht erklärt wird.[3] Von diesem Erfordernis ist der BFH jedoch in seinem Urteil vom 11.2.1999[4] abgerückt. Damals ging es um ein Großhandelsunternehmen, dessen Betriebsgebäude zunächst an ein Einzelhandelsunternehmen und danach an eine Kirchengemeinde vermietet wurde. Der III. Senat hielt es nicht für entscheidend, ob der Pächter den bisherigen Betrieb fortführt, **sondern ob der bisherige Betrieb vom Verpächter nach Ablauf des Vertragsverhältnisses ohne wesentliche Änderungen fortgeführt werden kann**.[5] Der XI. Senat des BFH entschied durch Urteil vom 20.12.2000, dass ein verpachteter Hotel- und Gaststättenbetrieb („Landgasthof") nicht allein deswegen aufgegeben wird, weil dem Pächter erlaubt wird, in den Räumen eine Nachtbar zu betreiben.[6] Entscheidend ist, ob der Verpächter nach Ablauf des Pachtverhältnisses in der Lage ist, seinen ehemaligen Betrieb im Wesentlichen identitätswahrend fortzuführen.[7]

653

Hinweis:

654

Allerdings kann die branchenfremde Vermietung **zusammen mit anderen Beweisanzeichen** darauf hindeuten, dass die Absicht, den Betrieb später fortzuführen, entfallen ist.[8] Wichtige Beweisanzeichen, die für den Willen des Verpächters sprechen, den verpachteten Betrieb nach Ablauf des Pachtvertrags wieder fortzuführen, sind neben dem Fehlen der Betriebsaufgabeerklärung die stete Behandlung der Einkünfte aus der Verpachtung in den Steuererklärungen als gewerbliche und die Vornahme von Gewinnermittlungen.[9]

ee) Übertragung auf den Pächter

Wird ein verpachteter Betrieb unentgeltlich auf den Pächter übertragen, enden damit der Verpachtungsbetrieb und das Verpächterwahlrecht. In diesem Fall liegt keine Betriebsaufgabe in der Person des Schenkers oder Erblassers vor, sondern eine unentgeltliche Betriebsübertragung nach § 6 Abs. 3 EStG.[10]

655

---

1) BFH v. 7.4.2009, III B 54/07, BFH/NV 2009, 1620; BFH v. 28.8.2003, IV R 20/02, BStBl II 2004, 10; BFH v. 11.2.1999, III R 112/96, BFH/NV 1999, 1198.
2) Vgl. BFH v. 28.8.2003, IV R 20/02, BStBl II 2004, 10.
3) Vgl. BFH v. 2.2.1990, III R 173/86, BStBl II 1990, 497 (Vermietung eines bisher als Ladengeschäft genutzten Gebäudes an einen Imbissbetrieb); BFH v. 26.6.1975, IV R 122/71, BStBl II 1975, 885 (Handel mit Lebensmitteln statt mit Haushaltswaren).
4) BFH v. 11.2.1999, III R 112/96, BFH/NV 1999, 1198.
5) So bereits FG Baden-Württemberg v. 12.3.1998, 14 K 215/95, EFG 1998, 1063 (Vermietung eines Hotelgebäudes an eine Massageschule).
6) BFH v. 28.8.2003, IV R 20/02, BStBl II 2004, 10; BFH v. 20.12.2000, XI R 26/00, BFH/NV 2001, 1106; vgl. FG Baden-Württemberg v. 12.7.2000, 2 K 307/98, EFG 2000, 1068 (Vermietung eines Grundstück eines Korbwaren- und Haushaltsartikel-Einzelhandels zur Nutzung zum Kunsthandwerk- und Mode-Einzelhandel); Niedersächsisches FG v. 2.3.1999, VII 668/94, EFG 2000, 170 (Vermietung eines Betriebsgebäudes eines Großhandels zur Nutzung als Warenhaus).
7) BFH v. 7.4.2009, III B 54/07, BFH/NV 2009, 1620.
8) BFH v. 28.8.2003, IV R 20/02, BStBl II 2004, 10; BFH v. 15.10.1987, V R 91/85, BStBl II 1988, 257; BFH v. 19.6.2001, X R 48/96, BFH/NV 2002, 153.
9) BFH v. 28.8.2003, IV R 20/02, BStBl II 2004, 10.
10) BFH v. 7.8.1979, VIII R 153/77, BStBl II 1980, 181.

2. Betriebsaufgabeerklärung

a) Formale Anforderungen

656 Für die für eine Betriebsaufgabe erforderliche, gegenüber dem FA abzugebende Aufgabeerklärung ist keine bestimmte Form vorgeschrieben. Die Betriebsaufgabe kann auch im Laufe einer Betriebsverpachtung erklärt werden. Die Aufgabe des Betriebs ist für den vom Verpächter gewählten Zeitpunkt anzuerkennen, wenn die Aufgabeerklärung spätestens drei Monate nach diesem Zeitpunkt abgegeben wird (**Drei-Monats-Frist**; R 16 Abs. 5 Satz 6 EStR 2005). Die Betriebsaufgabe kann also für einen bis zu drei Monate zurückliegenden Zeitpunkt rückwirkend erklärt werden. Dies gilt auch, wenn der vom Verpächter gewählte und innerhalb der Drei-Monats-Frist dem FA mitgeteilte Aufgabezeitpunkt im vorangegangenen Kalenderjahr liegt, für das hinsichtlich der Besteuerung des Aufgabegewinns eine gegenüber dem Kalenderjahr des Zugangs der Betriebsaufgabeerklärung abweichende gesetzliche Regelung zur Anwendung kommt (R 16 Abs. 5 Satz 7 EStR 2005).

657 **Hinweis:**

Die Vereinfachungsregelung in R 16 Abs. 5 Satz 6 EStR 2005 kann nicht angewandt werden, wenn erhebliche Wertsteigerungen des BV zwischen dem gewählten Aufgabezeitpunkt und dem Eingang der Aufgabeerklärung beim FA eingetreten sind (EStH 16 Abs. 5 EStH 2010 „Drei-Monats-Frist").[1]

658 Nach Übergang eines im Ganzen verpachteten, noch nicht aufgegebenen Betriebs durch Erbfall kann der Erbe innerhalb der Drei-Monats-Frist als Aufgabezeitpunkt frühestens den Zeitpunkt des Betriebsübergangs bestimmen (R 16 Abs. 5 Satz 8 EStR 2005).

659 Gibt ein Betriebsverpächter keine eindeutige Aufgabeerklärung ab, führt er die Einkünfte aus der Verpachtung in seiner Einkommensteuererklärung jedoch unter den Einkünften aus VuV auf, gilt dies grds. nicht als Aufgabeerklärung. Gibt der Stpfl. trotz Rückfrage des FA innerhalb der ihm gesetzten Frist keine eindeutige Aufgabeerklärung ab, ist von einer Fortführung des bisherigen Betriebs auszugehen mit der Folge, dass die Einkünfte als Gewinn aus Gewerbebetrieb zu erfassen sind. Teilt der Stpfl. mit, dass er den Betrieb als aufgegeben ansieht, ist die Abgabe der Einkommensteuererklärung, in der die Einkünfte aus der Verpachtung als Einkünfte aus VuV aufgeführt sind, als Aufgabeerklärung anzusehen. Die Aufgabe des Betriebs ist für den vom Stpfl. gewählten Zeitpunkt anzuerkennen, wenn die Aufgabeerklärung spätestens drei Monate nach diesem Zeitpunkt abgegeben wird; wird die Aufgabeerklärung erst nach Ablauf dieser Frist abgegeben, gilt der Betrieb erst im Zeitpunkt des Eingangs dieser Erklärung beim FA als aufgegeben. Da die Steuererklärungen nicht durchweg innerhalb von drei Monaten nach dem Zeitpunkt beim FA eingehen, von dem an die Einkünfte aus der Verpachtung als Einkünfte aus VuV erklärt werden, gilt der Betrieb i.d.R. im Zeitpunkt des Eingangs der Steuererklärung beim FA als aufgegeben (R 16 Abs. 5 Satz 9–13 EStR 2005).

b) Rechtsfolgen

660 Erklärt ein Verpächter die Betriebsaufgabe, gehen die Wirtschaftsgüter seines BV grds. in das Privatvermögen über mit der Folge, dass die in den Buchwertansätzen ruhenden stillen Reserven aufgedeckt und unter Gewährung der Vergünstigungen der §§ 16 Abs. 4 und 34 Abs. 1 und 2 Nr. 1 EStG versteuert werden.[2]

---

1) BFH v. 27.2.1985, I R 235/80, BStBl II 1985, 456; BFH v. 18.8.2005, IV R 9/04, BStBl II 2006, 581.
2) BFH v. 19.2.2004, III R 1/03, BFH/NV 2004, 1231; BFH v. 17.4.2002, X R 8/00, BStBl II 2002, 527; BFH v. 30.1.2002, X R 56/99, BStBl II 2002, 387; zur Betriebsverpachtung ohne Aufgabeerklärung: BFH v. 12.12.2013, IV R 17/10, DStR 2014, 252.

Hinweis: 661

Ein **Irrtum über die steuerlichen Folgen** einer eindeutigen und ausdrücklichen Betriebsaufgabeerklärung lässt ihre Wirksamkeit unberührt. Erklärt z.B. der Unternehmer ausdrücklich, den Betrieb endgültig eingestellt zu haben, kann er sich später nicht darauf berufen, diese rechtsgestaltende Erklärung sei wirkungslos, weil ihm nicht bewusst gewesen sei, dass mit der Betriebsaufgabe auch die stillen Reserven des verpachteten Betriebsgrundstücks aufzudecken seien.[1] **Hiervon zu unterscheiden** sind die Fälle, in denen nach der Rechtsprechung des BFH die als Aufgabeerklärung gewertete Äußerung des Unternehmers „erkennbar von dem Bewusstsein getragen sein müsse", dass als Folge die stillen Reserven zu versteuern seien. Diese Rechtsprechung bezieht sich auf Fälle, in denen **mangels ausdrücklicher** Aufgabeerklärung aus anderen Umständen, Handlungen oder Äußerungen auf eine Betriebsaufgabe geschlossen wird.[2] So hat der BFH in einem Fall, in dem der bisherige Betreiber eines Schuhgeschäfts mit Schuhwerkstatt das Schuhgeschäft zunächst an seinen Sohn verpachtet und, nachdem dieser das Geschäft verlegt hatte, das Betriebsgebäude an eine Buchhändlerin vermietete, seinen Gewerbebetrieb abgemeldet und gleichzeitig dem FA eine Abschrift hiervon übersandt hatte, entschieden, **die Gesamtumstände** sprächen dafür, dass der Verpächter die Absicht, den verpachteten Betrieb so oder im Wesentlichen gleichartig wieder aufzunehmen, endgültig aufgegeben habe.[3]

Wird zu Beginn oder während der Verpachtung des Gewerbebetriebs die Betriebsaufgabe erklärt, ist bei der Ermittlung des Aufgabegewinns **weder ein originärer noch ein derivativer Geschäfts- oder Firmenwert anzusetzen**. Der Geschäfts- oder Firmenwert ist dann zur Versteuerung heranzuziehen, wenn bei einer späteren Veräußerung des Unternehmens ein Entgelt für ihn geleistet wird.[4] Die Veräußerung des Geschäftswerts nach Betriebsaufgabe und anschließender Betriebsverpachtung führt zu nachträglichen, nicht nach §§ 16 und 34 EStG steuerbegünstigten Einkünften aus Gewerbebetrieb.[5]

III. Wesentliche Betriebsgrundlagen

1. Wesentlichkeitsbegriff

Eine Betriebsverpachtung hat v. a zur Voraussetzung, dass entweder der Betrieb im Ganzen als geschlossener Organismus oder **zumindest alle wesentlichen Grundlagen** des Betriebs verpachtet werden (→ **4** Rz. 637).[6] 662

Im Zusammenhang mit einer Betriebsverpachtung ist der Begriff der **wesentlichen Betriebsgrundlage rein funktional** zu verstehen; d.h. es müssen nur die wesentlichen, dem konkreten Betrieb im Lichte seiner sachlichen Erfordernisse[7] **das Gepräge gebende Betriebsgegenstände** verpachtet werden, nicht hingegen solche, die funktional gesehen für den Betrieb nicht erforderlich sind, in denen aber erhebliche stille Reserven ruhen.[8] Wesentliche Betriebsgrundlagen sind jedenfalls die Wirtschaftsgüter, die zur Erreichung des Betriebszwecks erforderlich sind und denen ein besonderes 663

---

1) BFH v. 22.9.2004, III R 9/03, BStBl II 2005, 160.
2) BFH v. 22.9.2004, III R 9/03, BStBl II 2005, 160 unter Verweis auf BFH v. 21.9.2000, IV R 29/99, BFH/NV 2001, 433, BFH v. 11.2.1999, III R 112/96, BFH/NV 1999, 1198, BFH v. 19.8.1998, X R 176/96, BFH/NV 1999, 454, BFH v. 27.11.1997, IV R 86/96, BFH/NV 1998, 834, BFH v. 7.12.1995, IV R 109/94, BFH/NV 1996, 663 und BFH v. 23.11.1995, IV R 36/94, BFH/NV 1996, 398.
3) BFH v. 19.6.2001, X R 48/96, BFH/NV 2002, 153.
4) BFH v. 30.1.2002, X R 56/99, BStBl II 2002, 387.
5) BFH v. 30.1.2002, X R 56/99, BStBl II 2002, 387.
6) BFH v. 28.8.2003, IV R 20/02, BStBl II 2004, 10; BFH v. 17.4.1997, VIII R 2/95, BStBl II 1998, 388; BFH v. 26.3.1991, VIII R 73/87, BFH/NV 1992, 227; BFH v. 13.11.1963, GrS 1/63 S, BStBl III 1964, 124.
7) BFH v. 11.10.2007, X R 39/04, BStBl II 2008, 220.
8) BFH v. 19.2.2004, III R 1/03, BFH/NV 2004, 1231; BFH v. 17.4.1997, VIII R 2/95, BStBl II 1998, 388; BFH v. 14.12.1993, VIII R 13/93, BStBl II 1994, 922.

wirtschaftliches Gewicht für die Betriebsführung zukommt.[1] Für diese Beurteilung kommt es auf die Verhältnisse des verpachtenden, nicht auf diejenigen des pachtenden Unternehmens an.[2]

2. Grundstücke

664　Grundstücke stellen zwar nach der Rechtsprechung im Allgemeinen eine wesentliche Betriebsgrundlage dar, soweit darin erhebliche stille Reserven gebunden sind.[3] Doch kommt es auch nach der Rechtsprechung bei einer Betriebsverpachtung auch bei Grundstücken allein darauf an, ob diese funktional für den Betrieb wesentlich sind. Wird also bei Verpachtung eines Betriebs ein Grundstück zurückbehalten und nicht mitverpachtet, steht dies allein einer Annahme einer Betriebsverpachtung im Ganzen nicht entgegen. Die jüngere Rechtsprechung geht davon aus, dass bei Groß- und Einzelhandelsunternehmen sowie bei Hotel- und Gaststättenbetrieben die gewerblich genutzten Räume regelmäßig den wesentlichen Betriebsgegenstand bilden, die dem Geschäft das Gepräge geben, jedoch nicht beim produzierenden Gewerbe.[4]

3. Bewegliches Anlagevermögen

665　Im produzierenden Gewerbe und im handwerklichen Bereich hat der BFH je nach Branche und Eigenart des Betriebs sowie nach den besonderen Umständen des Einzelfalls in der Vergangenheit **Maschinen, Geräte und Einrichtungsgegenstände als Wirtschaftsgüter von untergeordneter Bedeutung** beurteilt, wenn für den Umsatz und den Gewinn des konkreten Betriebs die Lage und der Zustand des Betriebsgrundstücks samt Aufbauten und Betriebsvorrichtungen ausschlaggebend und/oder das bewegliche Anlagevermögen leicht und kurzfristig wiederbeschaffbar waren. So hat der BFH mit Urteil vom 18.8.2009[5] erst jüngst wieder entschieden, dass es für die Anerkennung der gewerblichen Verpachtung ausreicht, wenn die wesentlichen, dem Betrieb **das Gepräge gebenden Betriebsgegenstände** verpachtet werden. Dabei kommt es für die Beantwortung der Frage, was unter den wesentlichen Betriebsgrundlagen zu verstehen ist, auf die **Verhältnisse des verpachtenden**, nicht auf diejenigen des pachtenden Unternehmens an.[6] Hierzu zählt bei einem Handwerksbetrieb nicht das jederzeit wiederbeschaffbare Werkstattinventar.[7] Wird hingegen bei Verpachtung eines Produktionsunternehmens der gesamte Maschinenpark veräußert, wird unbeschadet einer möglichen kurzfristigen Wiederbeschaffbarkeit einzelner Produktionsmaschinen keine wesentliche Betriebsgrundlage zur Nutzung überlassen, so dass die übrigen Wirtschaftsgüter zwangsweise entnommen werden und eine Betriebsaufgabe vorliegt.[8]

4. Goodwill

666　Der mit einer Betriebsverpachtung u.U. einhergehende Verlust an Goodwill des bisherigen Unternehmens, insbesondere im Fall einer branchenfremden Verpachtung (→ 4

---

1) BFH v. 17.4.1997, VIII R 2/95, BStBl II 1998, 388.
2) BFH v. 28.8.2003, IV R 20/02, BStBl II 2004, 10.
3) BFH v. 26.4.2001, IV R 14/00, BStBl II 2001, 798; BFH v. 2.10.1997, IV R 84/96, BStBl II 1998, 104.
4) BFH v. 28.8.2003, IV R 20/02, BStBl II 2004, 10; BFH v. 13.12.2000, X B 112/99, BFH/NV 2001, 766 (Großhandel); BFH v. 20.12.2000, XI R 26/00, BFH/NV 2001, 1106 (Hotel und Gaststätte); BFH v. 11.2.1999, III R 112/96, BFH/NV 1999, 1198 (Großhandel); FG Baden-Württemberg v. 12.7.2000, 2 K 307/98, EFG 2000, 1068; Niedersächsisches FG v. 2.3.1999, VII 668/94, EFG 2000, 170.
5) BFH v. 18.8.2009, X R 20/06, BStBl II 2010, 222.
6) BFH v. 28.8.2003, IV R 20/02, BStBl II 2004, 10; BFH v. 15.12.1988, IV R 36/84, BStBl II 1989, 363 unter 4.a).
7) BFH v. 18.8.2009, X R 20/06, BStBl II 2010, 222.
8) BFH v. 17.4.1997, VIII R 2/95, BStBl II 1998, 388.

Rz. 652 ff.), ist unerheblich.[1] Dies folgert die Rechtsprechung aus dem Vergleich einer Betriebsunterbrechung im weiteren Sinn – Betriebsverpachtung – mit der Betriebsunterbrechung im engeren Sinn – also ohne Verpachtung der wesentlichen Betriebsgrundlagen, aus dem sie den Schluss zieht, dass es nicht entscheidend ist, ob der Pächter den bisherigen Betrieb fortführt.[2]

5. Schrumpfungsmodelle

667 Nicht unproblematisch sind Gestaltungen, bei denen sich die Pachtgegenstände teilweise planmäßig wirtschaftlich verbrauchen, und der Verpächter keine Ersatzinvestitionen vornehmen muss (sog. Schrumpfungsmodelle). Es könnte argumentiert werden, dass ab einem bestimmten Zeitpunkt nicht mehr alle wesentlichen Betriebsgrundlagen Gegenstand der Verpachtung sind.

> **Hinweis:**[3] **668**
>
> Der Pachtvertrag sollte die Ersatzbeschaffungspflicht dem Verpächter auferlegen. Ist dazu im schriftlichen Pachtvertrag nichts geregelt, gilt dies ohnehin nach § 582 Abs. 2 Satz 1 BGB. Statt dessen kann auch entsprechend § 582a Abs. 2 BGB – steuerunschädlich – vereinbart werden, dass der Pächter die Ersatzbeschaffungen vornehmen muss, die sodann gem. § 582a Abs. 2 Satz 2 BGB sofort zivilrechtlich in das Eigentum des Verpächters übergehen, und bei Pachtende der Verpächter dem Pächter den Schätzwert zu vergüten hat. Der Verpächter wird auch wirtschaftlicher Eigentümer der Ersatzanschaffungen des Pächters.[4] Eine solche Gestaltung entspricht ebenfalls dem gesetzlichen Normalstatut eines Unternehmenspachtvertrages. Insbesondere ist dabei der Verpächter stets zivilrechtlicher und auch wirtschaftlicher Eigentümer aller wesentlichen Betriebsgrundlagen. Es kann daher nicht argumentiert werden, die steuerlichen Bedingungen der Betriebsverpachtung lägen mangels Verpachtung aller wesentlichen Betriebsgrundlagen nicht vor (→ **4** Rz. 650).

IV. Rechtsfolgen einer Betriebsverpachtung

1. Einkommensteuer

a) Fortbestehen eines gewerblichen Verpächterbetriebs

669 Gibt der Verpächter keine Betriebsaufgabeerklärung ab, besteht sein Betrieb fort; er wird lediglich in anderer Form genutzt. Auch nicht-mitverpachtete Wirtschaftsgüter bleiben BV des fortgestehenden Betriebs.[5] Dementsprechend erzielt der Verpächter Einkünfte aus Gewerbebetrieb, nicht aus VuV. Veräußert der Verpächter einzelne unwesentliche Wirtschaftsgüter des BV erzielt er Einkünfte aus Gewerbebetrieb.

670 Im Zuge einer Betriebsverpachtung entstehen gewissermaßen zwei Betriebe, ein ruhender Eigentümerbetrieb und ein aktiver Pächterbetrieb.[6] Verpächter und Pächter ermitteln ihren Gewinn grds. unabhängig voneinander, auch bei Bilanzierung.[7]

b) Gewinnermittlung

671 Ist der Pächter zur Substanzhaltung bzw. Ersatzbeschaffung unter Eigentumserwerb des Verpächters verpflichtet, ergeben sich folgende bilanziellen Auswirkungen:[8]

---

1) BFH v. 28.8.2003, IV R 20/02, BStBl II 2004, 10; BFH v. 20.12.2000, XI R 26/00, BFH/NV 2001, 1106.
2) BFH v. 28.8.2003, IV R 20/02, BStBl II 2004, 10.
3) Korn, § 16 EStG Rz. 396.
4) BFH v. 17.2.1998, VIII R 28/95, BStBl II 1998, 505.
5) BFH v. 26.4.1989, I R 163/85, BFH/NV 1991, 357.
6) BFH v. 28.9.1995, IV R 7/95, BStBl II 1996, 440.
7) BFH v. 26.6.1975, IV R 59/73, BStBl II 1975, 700.
8) Korn, § 16 EStG Rz. 397; BFH v. 17.2.1998, VIII R 28/95, BStBl II 1998, 505.

Der Verpächter nimmt auf seine bei Pachtbeginn vorhandenen Wirtschaftsgüter Abschreibungen vor. Gleichzeitig aktiviert er ratierlich einen Pachtgegenstanderneuerungsanspruch auf Wiederbeschaffungskostenbasis, mind. aber i. H. d. AfA.[1] Hat der Pächter das Ersatzwirtschaftsgut angeschafft, aktiviert der Verpächter die AK. Der Pachtgegenstanderneuerungsanspruch wird insoweit aufgelöst. Die AfA steht dem Verpächter zu, weil er wirtschaftlicher Eigentümer ist, jedoch muss er dagegen wiederum erneut ratierlich den Pachtgegenstanderneuerungsanspruch aktivieren. Der Pächter bildet für seine Ersatzverpflichtung ratierlich eine Pachtgegenstanderneuerungsrückstellung auf Wiederbeschaffungskostenbasis.[2] Kommt es zur Anschaffung durch den Pächter, ist die Rückstellung gegen den Anschaffungsaufwand aufzulösen. Sodann ist erneut für die Ersatzbeschaffung ratierlich eine Pachtgegenstanderneuerungsrückstellung zu bilden. Eine korrespondierende Bilanzierung beim Verpächter und Pächter wird nur dem Grund nach gefordert, der Höhe nach nur im Fall der Betriebsaufspaltung. Die ratierliche Ansammlung der Rückstellung ist seit 1.1.1999 in gleichen Raten vorzunehmen – und nicht nach wirtschaftlicher Inspruchnahme (vgl. § 6 Abs. 1 Nr. 3a Buchst. d EStG).

672 Bei Gestaltungen ohne Eigentumserwerb des Verpächters, aber mit der Verpflichtung des Pächters, das Inventar bei Pachtende zum Schätzwert zurückzugeben (sog. **eiserne Verpachtung**; hierzu s.a. BMF v. 21.2.2002[3]), hat der Verpächter einen Substanzerhaltungsanspruch zu aktivieren.[4] Verzichtet der Verpächter auf den Substanzerhaltungsanspruch, führt dies bei ihm zur Gewinnrealisierung. [5]

c) Veräußerungen

673 Die Veräußerung eines nicht aufgegebenen, verpachteten Betriebs ist eine Betriebsveräußerung i.S.d. § 16 EStG. Die Veräußerung verpachteter wesentlicher Betriebsgrundlagen des Betriebs führt zur Betriebsaufgabe i.S.d. § 16 EStG (→ 4 Rz. 649). In beiden Fällen sind die stillen Reserven im Rahmen des Veräußerungs- bzw. Aufgabegewinns zu versteuern.

2. Gewerbesteuer

a) Keine Gewerbesteuerpflicht

674 Der GewSt unterliegen nur „werbende", also aktiv betriebene Gewerbebetriebe.[6] Die Betriebsverpachtung hingegen ist eine Form einer Betriebsunterbrechung (→ 4 Rz. 628); der Verpächter stellt seine aktive Tätigkeit ein und lässt insoweit seinen Betrieb ruhen. Die Verpachtung eines Gewerbebetriebs im Ganzen oder eines Teilbetriebs ist grds. nicht als Gewerbebetrieb in gewerbesteuerrechtlichem Sinne anzusehen und unterliegt daher nicht der GewSt.[7] Deshalb muss für das Wirtschaftsjahr, in dem die Verpachtung beginnt, der auf die Zeit bis zum Pachtbeginn entfallende Gewinn für die GewSt besonders ermittelt werden. Für diese Gewinnermittlung gelten die allgemeinen Grundsätze. Die FinVerw beanstandet es aus Vereinfachungsgründen jedoch nicht, wenn der Gewinn des Wirtschaftsjahrs, in dem die Verpachtung beginnt, durch Schätzung auf die Zeiträume vor und nach Pachtbeginn aufgeteilt wird. Dabei kann etwa der Gewinn des Wirtschaftsjahres im Verhältnis des in der Zeit bis zum Pachtbeginn erzielten Bruttogewinns zur Pachteinnahme (z.B. Pachteinnahmen zum Warenrohgewinn) aufgeteilt werden. Entsprechendes gilt für die Hinzurech-

---

1) BFH v. 3.12.1991, VIII R 88/87, BStBl II 1993, 89 m.w.N.
2) BFH v. 3.12.1991, VIII R 88/87, BStBl II 1993, 89 m.w.N.
3) BMF v. 21.2.2002, IV A 6–S 2132–4/02, BStBl I 2002, 262.
4) Korn, § 16 EStG Rz. 398; BFH v. 24.6.1999, IV R 73/97, BStBl II 2000, 309.
5) Korn, § 16 EStG Rz. 398 m.w.N.
6) Vgl. BFH v. 18.6.1998, IV R 56/97, BStBl II 1998, 735.
7) Korn, § 16 EStG Rz. 7.2 und 388.1.

nungen und Kürzungen. Ist der Gewinn vor der Verpachtung nach § 4 Abs. 3 EStG ermittelt worden, ist für die Ermittlung des Gewerbeertrags bis zum Pachtbeginn für diesen Zeitpunkt der Übergang zum Vermögensvergleich zu unterstellen (R 2.2 GewStR 2009).

b) Betriebsverpachtung durch gewerblich geprägte Personengesellschaft

aa) Gewerbesteuerpflicht

Hingegen sind die Grundsätze, nach denen der BFH die gewerbliche Betriebsverpachtung nicht als gewerbesteuerpflichtig ansieht,[1] auf eine gewerblich geprägte PersG nicht anzuwenden,[2] so dass die Einkünfte, die eine gewerblich geprägte PersG aus der Verpachtung ihres Betriebs erzielt, der GewSt unterliegen. Gleiches gilt für die gewerbliche gefärbte PersG[3] sowie für Körperschaften/KapG.[4]

675

bb) Keine Anwendbarkeit von § 9 Nr. 1 Satz 2 GewStG

Bei einer Betriebsverpachtung ist die Vorschrift des § 9 Nr. 1 Satz 2 GewStG über die erweiterte Kürzung des Gewerbeertrags bei Eigenvermögensverwaltung grds. nicht anzuwenden. Denn eine Betriebsverpachtung stellt an sich keine begünstigte Vermögensverwaltung dar, weil nach der Zwecksetzung von § 9 Nr. 1 Satz 2 GewStG bei einer Betriebsverpachtung nicht nur im Sinne einer typischen Vermögensverwaltung Grundbesitz, sondern der lebende Organismus des Betriebs, d.h. typischerweise gerade auch Vermögen anderer Art verwaltet und genutzt wird. Anders wäre es nur dann, wenn es sich bei der Betriebsverpachtung als zusätzliche Nutzung um eine Nebentätigkeit handeln würde, die als zwingend notwendiger Teil einer wirtschaftlich sinnvoll gestalteten eigenen Grundstücksverwaltung und -nutzung anzusehen ist.[5]

676

V. Sonderfälle

1. Verpachtung im Anschluss an einen Betriebserwerb

a) Verpachtung im Anschluss an einen entgeltlichen Erwerb

Erwirbt ein Stpfl. einen Betrieb entgeltlich und verpachtet er diesen unmittelbar im Anschluss an den Erwerb, liegt mangels vorheriger Eigenbewirtschaftung keine den Gewinneinkünften zuzurechnende Betriebsverpachtung vor (H 16 Abs. 5 EStH 2011 „Eigenbewirtschaftung"). Diese Verpachtung ist vielmehr dem Privatvermögen zuzuordnen und führt zu Einkünften aus VuV.[6]

677

b) Verpachtung im Anschluss an einen unentgeltlichen Erwerb

Geht ein Betrieb unentgeltlich, insbesondere im Erbwege, über, so steht das Wahlrecht, bei einer Betriebsverpachtung die Betriebsaufgabe zu erklären oder den Betrieb als Verpachtungsbetrieb fortzuführen, dem Rechtsnachfolger zu. Dazu ist nicht erforderlich, dass der Rechtsnachfolger den Betrieb zunächst in eigener Person fortführt und erst später verpachtet. Vielmehr besteht das Wahlrecht auch, wenn der Rechts-

678

---

1) BFH v. 13.11.1963, GrS 1/63 S, BStBl III 1964, 124.
2) BFH v. 14.6.2005, VIII R 3/03, BStBl II 2005, 778; BFH v. 25.10.1995, IV B 9/95, BFH/NV 1996, 213; Korn, § 16 EStG Rz. 388.1.
3) BFH v. 18.6.1998, IV R 56/97, BStBl II 1998, 735.
4) Vgl. BFH v. 4.4.2007, I R 55/06, BStBl II 2007, 725.
5) BFH v. 14.6.2005, VIII R 3/03, BStBl II 2005, 778.
6) BFH v. 20.4.1989, IV R 95/87, BStBl II 1989, 863.

nachfolger alsbald den Betrieb verpachtet, ohne ihn zuvor selbst geführt zu haben (H 16 Abs. 5 EStH 2010 „Eigenbewirtschaftung").[1]

679 Geht der Betrieb im Wege der Erbfolge auf eine **Erbengemeinschaft** über, steht ihr als Rechtsnachfolger ebenfalls das Verpächterwahlrecht unabhängig davon zu, ob es sich zuvor um einen verpachteten oder aktiven Betrieb gehandelt hat (vgl. H 16 Abs. 5 EStH 2011 „Rechtsnachfolger").

c) Realteilung

680 Wird eine Mitunternehmerschaft real geteilt und erfolgt die Realteilung durch Übertragung von Teilbetrieben, können diese Teilbetriebe anschließend im Rahmen und unter den Voraussetzungen einer Betriebsverpachtung im Ganzen verpachtet werden.[2]

2. Verpachtung einer freiberuflichen Praxis

a) Verpachtbarkeit einer freiberuflichen Praxis

681 In vielen Fällen besteht schon gar nicht die Möglichkeit, eine freiberufliche Praxis zu verpachten, weil das Wesen der freiberuflichen Tätigkeit bzw. die im konkreten Fall untrennbare Verbundenheit der freiberuflichen Praxis mit der Person des Freiberuflers dem entgegenstehen. So wird die Verpachtbarkeit der freiberuflichen Praxis z.B. bei Notaren, Künstlern und Schriftstellern verneint.[3]

682 Nach der Rechtsprechung führt das Versterben des Freiberuflers nicht zu einer Betriebsaufgabe[4] (→ 4 Rz. 484.194). Wenn nicht einmal das Versterben des Freiberuflers per se zu einer Betriebsaufgabe führt, kann die Verpachtung der Praxis durch den innehabenden Freiberufler nicht per se eine Betriebsaufgabe sein. Eine **Ausnahme** besteht jedenfalls dann, wenn es sich um eine vorübergehende, d.h. **auf einen überschaubaren Zeitraum begrenzte Praxisverpachtung** handelt (→ 4 Rz. 907 ff.). [5]

683 Der Verpachtung einer freiberuflichen Praxis steht nach Auffassung der Rechtsprechung nicht entgegen, dass ein freiberuflicher Klientenstamm nicht übertragen werden kann. Denn auch bei gewerblichen Betrieben kann der Kundenstamm als solcher nicht übertragen und demzufolge auch nicht verpachtet werden. Die Betriebsverpachtung setzt demnach in Bezug auf den Kundenstamm nur voraus, dass mit den sachlichen und personellen Betriebsgrundlagen die **Möglichkeit** übergeht, **die geschäftlichen Beziehungen zu den bisherigen Kunden auch weiterhin fortzuführen**. Wenn im gewerblichen Bereich die bloße Chance des Pächters, die geschäftlichen Beziehungen zu den bisherigen Kunden des Verpächters fortzuführen, der Annahme einer Betriebsverpachtung nicht entgegensteht, steht einer Praxisverpachtung nicht von vornherein entgegen, dass der Klientenstamm nicht übertragbar ist, denn der Pächter einer freiberuflichen Praxis erhält – ebenso wie der Pächter eines Gewerbebetriebs – zumindest die Chance, die Geschäftsbeziehungen fortzuführen. Dass bei freiberuflichen Betrieben zwischen Praxisinhaber und Klienten ein besonderes Vertrauensverhältnis besteht, das bei gewerblichen Betrieben nicht in demselben Maße ausgeprägt sein muss und jedenfalls regelmäßig auch nicht dieselbe Bedeutung für den Fortbestand der Kundenbeziehung hat, hat kein ausreichend großes Gewicht, um eine Praxisver-

---

1) BFH v. 17.10.1991, IV R 97/89, BStBl II 1992, 392.
2) BMF v. 28.2.2006, IV B 2–S-2242–6/06, BStBl I 2006, 228, Abschn. IV.2. unter Verweis auf BFH v. 14.12.1978, IV R 106/75, BStBl II 1979, 300.
3) Korn, § 18 EStG Rz. 132.
4) BFH v. 12.3.1992, IV R 29/91, BStBl II 1993, 36 m.w.N.
5) Vgl. BFH v. 12.3.1992, IV R 29/91, BStBl II 1993, 36 m.w.N.

pachtung von vornherein gänzlich auszuschließen. Denn es ist unbestritten möglich, eine Praxis entgeltlich zu erwerben. Auch im Falle des entgeltlichen Erwerbs einer freiberuflichen Praxis erhält der Erwerber lediglich die Chance, den Klientenstamm des Praxisveräußerers auf sich überzuleiten. Die Möglichkeit und die Chance, den bisherigen Klientenstamm zu behalten, wird dem Pächter einer Praxis aber in gleicher Weise wie einem Praxiserwerber eröffnet. Infolgedessen ist auch eine freiberufliche Praxis verpachtbar, sofern nicht das Wesen der freiberuflichen Tätigkeit bzw. die untrennbare Verbundenheit der freiberuflichen Praxis mit der Person des Freiberuflers eine Verpachtbarkeit ausschließt.[1]

b) Praxisverpachtung im Erbfall

Das Ableben eines Freiberuflers führt weder zu einer Betriebsaufgabe,[2] noch geht das der freiberuflichen Tätigkeit dienende BV durch den Erbfall in das Privatvermögen der Erben über.[3]

aa) Verpachtung durch den noch nicht freiberuflich qualifizierten Rechtsnachfolger

Eine besondere Beurteilung ist nach Auffassung des BFH geboten und gerechtfertigt, wenn der Rechtsnachfolger im Zeitpunkt des unentgeltlichen Erwerbs zwar die freiberufliche Qualifikation noch nicht besitzt, jedoch im Begriff ist, sie zu erwerben, mit einer entsprechenden berufsbezogenen Ausbildung bereits begonnen und die Absicht bekundet hat, die Ausbildung abzuschließen und danach die Praxis fortzuführen. Die vorübergehende „Verpachtung" der Praxis, **aus der Einkünfte aus Gewerbebetrieb erzielt werden**, soll dann im Wesentlichen bewirken, dass die Praxis während eines Übergangszeitraums bis zur Übernahme durch den Rechtsnachfolger als wirtschaftlicher Organismus bestehen bleibt. Die Rechtsprechung vertritt die Auffassung, es sei nicht vertretbar, einerseits bei Verpachtung gewerblicher oder landwirtschaftlicher Betriebe von einer Realisierung der stillen Reserven – mitunter über Jahrzehnte – abzusehen, obwohl im Einzelfall eine Fortführung des Betriebs durch den früheren Unternehmer oder seine Erben tatsächlich nicht in Betracht kommt, andererseits bei einem freiberuflichen Betrieb auf der sofortigen Auflösung der stillen Reserven auch dann zu bestehen, wenn nach den objektiven und subjektiven Gegebenheiten mit einer baldigen Praxisfortführung durch den Rechtsnachfolger nach Erlangung der besonderen freiberuflichen Qualifikation zu rechnen ist. Wird die Berufsausbildung nicht abgeschlossen oder wird nach erfolgreichem Abschluss der Ausbildung die bisherige Praxis nicht fortgeführt, ist eine Betriebsaufgabe in dem Zeitpunkt anzunehmen, in dem die Berufsausbildung abgebrochen oder beendet wird. Infolgedessen führt vorübergehende Verpachtung einer freiberuflichen Praxis durch den Erben des verstorbenen Freiberuflers oder denjenigen, der die Praxis im Vermächtniswege erworben hat, bei Fehlen einer Betriebsaufgabeerklärung nicht zur Betriebsaufgabe, wenn der Rechtsnachfolger im Begriff ist, die für die beabsichtigte Praxisfortführung erforderliche freiberufliche Qualifikation zu erlangen.[4]

Hinweis:

Auch wenn eine Verpachtung einer freiberuflichen Praxis möglich ist, hängt die Qualifikation der Einkünfte, welche der Verpächter aus der Verpachtung erzielt, davon ab, ob er selbst

---

1) Vgl. BFH v. 12.3.1992, IV R 29/91, BStBl II 1993, 36.
2) BFH v. 14.12.1993, VIII R 13/93, BStBl II 1994, 922; BFH v. 12.3.1992, IV R 29/91, BStBl II 1993, 36; BFH v. 29.4.1993, IV R 16/92, BStBl II 1993, 716; BFH v. 23.8.1991, IV B 69/90, BFH/NV 1992, 512; BFH v. 19.5.1981, VIII R 143/78, BStBl II 1981, 665.
3) BFH v. 14.12.1993, VIII R 13/93, BStBl II 1994, 922; BFH v. 12.3.1992, IV R 29/91, BStBl II 1993, 36.
4) BFH v. 12.3.1992, IV R 29/91, BStBl II 1993, 36.

über die entsprechende freiberufliche Qualifikation verfügt oder nicht. Verpachtet ein (noch) Berufsfremder (Erbe) eine freiberufliche Praxis, erzielt er Einkünfte aus Gewerbebetrieb (Zur Ausnahme im Falle der reinen Abwicklung → 4 Rz. 687).[1]

bb) Verpachtung durch eine freiberuflich nicht qualifizierte Erbengemeinschaft

687 Eine Erbengemeinschaft wird erst beendet, wenn sich die Miterben hinsichtlich des gemeinsamen Vermögens nach den für PersG entwickelten Grundsätzen vollständig auseinandergesetzt haben.[2] Die Auflösung kann sich auch in Abschnitten durch Teilauseinandersetzung hinsichtlich einzelner Vermögensbestandteile vollziehen. Diese rechtliche Beurteilung hängt grds. nicht von der Länge des Zeitraums ab, in welchem die Erbengemeinschaft das Unternehmen weiter führt.[3] Eine freiberuflich nicht qualifizierte Erbengemeinschaft wird **i.d.R. gewerblich** tätig, weil die Erben eine freiberufliche Tätigkeit des Erblassers im Allgemeinen nicht fortsetzen können, **es sei denn**, es liegt eine **ausschließliche Abwicklungstätigkeit** in dem Sinne vor, dass die Erben lediglich die noch vom freiberuflichen Erblasser geschaffenen Werte realisieren.[4] Sind die Miterben berufsfremd, wird das im Erbweg übergegangene freiberufliche BV in gewerbliches BV umgewandelt.[5] Die von der Erbengemeinschaft eigenständig erzielten Einkünfte sind dann solche aus Gewerbebetrieb. Ein etwaig vorhandener Praxiswert wandelt sich in einen Geschäftswert um.[6]

3. Verpachtung eines land- und forstwirtschaftlichen Betriebs

a) Keine Betriebsaufgabe

688 Eine Betriebsaufgabe i.S.v. § 14 EStG setzt voraus, dass der Land- und Forstwirt auf Grund eines Entschlusses alle wesentlichen Betriebsgrundlagen in einem einheitlichen Vorgang entweder an verschiedene Erwerber veräußert, in das Privatvermögen überführt, z.B. durch eine Betriebsaufgabeerklärung, oder sie teilweise veräußert und teilweise in das Privatvermögen überführt.[7]

689 Verpachtet der Land- und Forstwirt die wesentlichen Betriebsgrundlagen ohne deren vollständige und schädliche Umgestaltung[8] oder ruht seine betriebliche Tätigkeit und gibt er keine eindeutige und unmissverständliche Aufgabeerklärung ab, ist davon auszugehen, dass er oder ein möglicher Rechtsnachfolger[9] beabsichtigt, den unterbrochenen LuF-Betrieb künftig identitätswahrend wieder aufzunehmen, sofern die zurückbehaltenen und nicht schädlich umgestalteten Wirtschaftsgüter dies ermöglichen.[10]

690 Die Annahme einer Betriebsunterbrechung setzt die Absicht des Land- und Forstwirts voraus, künftig seine LuF-Tätigkeit wieder aufzunehmen und fortzuführen und die

---

1) Vgl. BFH v. 14.12.1993, VIII R 13/93, BStBl II 1994, 922; BFH v. 13.2.1992, IV R 29/91, BStBl II 1993, 36.
2) BFH v. 5.7.1990, GrS 2/89, BStBl II 1990, 837.
3) BFH v. 14.12.1993, VIII R 13/93, BStBl II 1994, 922.
4) BFH v. 14.12.1993, VIII R 13/93, BStBl II 1994, 922; BFH v. 7.6.1973, V R 64/72, BStBl II 1993, 716; BFH v. 5.7.1990, GrS 2/89, BStBl II 1990, 837; BFH v. 30.3.1989, IV R 45/87, BStBl II 1989, 509.
5) BFH v. 14.12.1993, VIII R 13/93, BStBl II 1994, 922; BFH v. 7.6.1973, V R 64/72, BStBl II 1993, 716 m.w.N.
6) BFH v. 14.12.1993, VIII R 13/93, BStBl II 1994, 922.
7) OFD Koblenz v. 13.8.2008, S 2230 A – St 31 1, DATEV-Dok. Nr. 5231741 B 1.2.
8) Vgl. BFH v. 24.2.2005, IV R 28/00, BFH/NV 2005, 1062; BFH v. 3.6.1997, IX R 2/95, BStBl II 1998, 373.
9) Vgl. BFH v. 24.2.2005, IV R 28/00, BFH/NV 2005, 1062.
10) BFH v. 22.9.2004, III R 9/03, BStBl II 2005, 160.

Verwirklichung der Absicht muss nach den äußerlich erkennbaren Umständen wahrscheinlich sein, d.h. dass der Land- und Forstwirt den Betrieb innerhalb eines überschaubaren Zeitraums in gleichartiger, ähnlicher oder ggf. sogar erheblich reduzierter[1] Weise aufnehmen will. Die Absicht kann auch durch einen Einzel- oder Gesamtrechtsnachfolger verwirklicht werden.[2] Diese für die Besteuerung erheblichen Absichten müssen nach der Rechtsprechung – als innere Tatsache – ausschließlich anhand der objektiv nach außen hin in Erscheinung tretenden Umstände nachgewiesen werden. Hierbei sind die vom Land- und Forstwirt **gegenüber der für seinen LuF-Betrieb zuständigen Veranlagungsstelle** abgegebenen Erklärungen maßgebend.[3] Erklärungen gegenüber anderen Stellen des FA, z.B. die Bewertungs- oder Grunderwerbsteuerstelle oder/und öffentlich rechtlichen Körperschaften, z.B. Berufsgenossenschaft oder Alterskasse, sind **demgegenüber im Allgemeinen unbeachtlich.**[4]

b) Fortführbarkeit

691 Die im Eigentum befindlichen eigenbetrieblich genutzten LuF-Nutzflächen des bisherigen Betriebs werden nicht veräußert oder in das Privatvermögen in einem Umfang überführt, der der identitätswahrenden Wiederaufnahme des bisherigen Betriebs entgegen steht. Dies ist anzunehmen, wenn die weder veräußerten noch in Privatvermögen überführten Nutzflächen eine für die Annahme eines (fortgeführten) LuF-Betriebs ausreichende Größe haben.[5]

692 **Hinweis:**
Von einer für die Fortführung des LuF-Betriebs ausreichenden Nutzfläche ist auszugehen, wenn deren Größe **30 Ar** (ohne Sonderkulturen) nicht unterschreitet.[6] Zugleich ist von der Möglichkeit, den LuF-Betrieb nach Ablauf des Pachtverhältnisses identitätswahrend wieder aufzunehmen, auszugehen, wenn die 30-Ar-Grenze nicht unterschritten ist.[7]

693 Dass **die frühere, vor der Verpachtung ausgeübte LuF-Tätigkeit wieder aufgenommen werden kann, ist nicht erforderlich**. Ausreichend ist, wenn irgendeine LuF-Tätigkeit wieder aufgenommen bzw. fortgeführt werden kann. Ebenso ist eine **erhebliche Reduzierung oder Ausweitung des LuF-Betriebs unbeachtlich**. Die Verringerung der verpachteten LuF-Eigentumsflächen durch Veräußerung, unentgeltliche Übertragung oder Entnahme in das Privatvermögen – soweit dies zulässig ist[8] – ist im Regelfall unschädlich, solange noch für die Annahme eines LuF-Betriebes ausreichende Nutzflächen verbleiben.[9] Der Verkauf, der schädliche Umbau oder die Zerstörung der gesamten Wirtschaftsgebäude des LuF-Betriebs und die Veräußerung des toten und lebenden Inventars stehen der identitätswahrenden Wiederaufnahme des LuF-Betriebs ebenfalls nicht entgegen.[10] Auch die Vermietung der betrieblichen Wirtschaftsgüter an einen Branchenfremden ist unbeachtlich, sofern nicht alle wesentlichen Betriebsgrundlagen schädlich umgestaltet werden.[11] Die Bebauung ursprüng-

---

1) OFD Koblenz v. 13.8.2008, S 2230 A – St 31 1, DATEV-Dok. Nr. 5231741 B 1.4.4.
2) BFH v. 24.2.2005, IV R 28/00, BFH/NV 2005, 1062; BFH v. 17.10.1991, IV R 97/89, BStBl II 1992, 392; BFH v. 27.2.1985, I R 235/80, BStBl II 1985, 456.
3) BFH v. 22.9.2004, III R 9/03, BStBl II 2005, 160.
4) OFD Koblenz v. 13.8.2008, S 2230 A – St 31 1, DATEV-Dok. Nr. 5231741 B 1.4.4.
5) BFH v. 24.2.2005, IV R 28/00, BFH/NV 2005, 1062.
6) Vgl. OFD Koblenz v. 13.8.2008, S 2230 A – St 31 1, DATEV-Dok. Nr. 5231741 B 1.4.4.
7) BFH v. 24.2.2005, IV R 28/00, BFH/NV 2005, 1062; BFH v. 1.3.2005, X B 53/04, n. v.; BFH v. 3.6.1997, IX R 2/95, BStBl II 1998, 373.
8) Hierzu OFD Koblenz v. 13.8.2008, S 2230 A – St 31 1, DATEV-Dok. Nr. 5231741 B 2.12.
9) BFH v. 24.2.2005, IV R 28/00, BFH/NV 2005, 1062.
10) BFH v. 26.6.2003, IV R 61/01, BStBl II 2003, 755; BFH v. 10.6.2003, IV B 25/02, BFH/NV 2003, 1554; BFH v. 20.1.1999, IV B 99/98, BFH/NV 1999, 1073; BFH v. 7.5.1998, IV B 31/97, BFH/NV 1998, 1345.
11) BFH v. 20.1.2005, IV R 35/03, BFH/NV 2005, 1046.

lich landwirtschaftlich genutzter Flächen, z.B. mit Wohngebäuden, steht deshalb – sofern die flächenmäßigen Voraussetzungen erfüllt sind (→ 4 Rz. 689 f.) – der Betriebsverpachtung grds. nicht entgegen;[1] dies kann jedoch ausnahmsweise zur Zwangsentnahme der bebauten Grundstücke führen.[2] Wurde ursprünglich vom Land- und Forstwirt Viehhaltung betrieben, reicht beispielsweise die spätere Aufnahme einer reinen ackerbaulichen Tätigkeit aus.[3]

c) Erforderlicher Umfang des Betriebsvermögens

694 Die Ausübung der LuF setzt weder einen vollen landwirtschaftlichen Besatz mit Betriebsgebäuden noch Maschinen und sonstigen Betriebsmitteln voraus.[4] Deshalb stellt auch die **Bewirtschaftung von sog. Stückländereien** bei einem ausreichenden Flächenumfang (30-Ar-Grenze → 4 Rz. 690) einen LuF-Betrieb dar. Bei der Verpachtung der Stückländereien gelten die Grundsätze der Betriebsverpachtung ebenfalls.[5] Dass das Landwirtschaftsrecht für die Annahme eines landwirtschaftlichen Betriebs (vgl. z.B. § 8 Satz 1 Nr. 2 und § 9 Abs. 3 Nr. 1 des Grundstücksverkehrsgesetzes, § 4 Abs. 3 des Landpachtverkehrsgesetzes) möglicherweise stets und § 1 Abs. 1 Satz 1 HöfeO für einen Hof im Sinne dieser Vorschrift sogar ausdrücklich eine **Hofstelle** voraussetzt, ist steuerrechtlich unerheblich.[6]

d) Einstellen der aktiven land- und forstwirtschaftlichen Tätigkeit

695 Führt ein Land- und Forstwirt die **Urproduktion** nicht mehr fort, wird dadurch grds. seine aktive LuF-Betätigung und damit die werbende Tätigkeit beendet. Dies gilt aber nicht, sofern er auf seinen Flächen zwar keine Urproduktion mehr betreibt, jedoch diese im Rahmen einer **Flächenstilllegung ohne Verpflichtung zur endgültigen Aufgabe** der LuF-Tätigkeit weiterhin der Erzielung von öffentlichen Mitteln im Rahmen der Agrarförderung dienen, d.h. von Beihilfen oder Zuschüssen. Der Einsatz dieser Flächen für die Agrarförderung steht der Urproduktion gleich.[7]

e) Zwangsaufgabe

aa) Veränderungen des verpachteten Betriebs

696 Bei verpachteten LuF-Betrieben führen i.d.R. selbst wiederholte – ggf. umfangreiche – Veräußerungen, Entnahmen und Umstrukturierungen von Grundstücken des Pachtbetriebs nicht zu einer Zwangsbetriebsaufgabe.[8] Land- und Forstwirte müssen bei Veränderungen in der Zusammensetzung des BV des verpachteten LuF-Betriebs also nicht zwangsläufig die gesamten stillen Reserven versteuern.

bb) Zeithorizont der Betriebsverpachtung

697 Unter Verweis auf die Rechtsprechung hält die FinVerw eine Zeitspanne von 25[9] bis 35 Jahren[10] für die Annahme einer Betriebsverpachtung für unbedenklich[11] und weist

---

1) BFH v. 25.11.2004, IV R 51/03, BFH/NV 2005, 547; BFH v. 22.8.2002, IV R 57/00, BStBl II 2003, 16; BFH v. 10.12.1992, IV R 115/91, BStBl II 1993, 342.
2) Siehe im Einzelnen OFD Koblenz v. 13.8.2008, S 2230 A – St 31 1, DATEV-Dok. Nr. 5231741 B 4.4.
3) BFH v. 20.1.2005, IV R 35/03, BFH/NV 2005, 1046.
4) BFH v. 18.3.1999, IV R 65/98, BStBl II 1999, 398.
5) BFH v. 10.6.2003, IV B 25/02, BFH/NV 2003, 1554.
6) BFH v. 18.3.1999, IV R 65/98, BStBl II 1999, 398.
7) OFD Koblenz v. 13.8.2008, S 2230 A – St 31 1, DATEV-Dok. Nr. 5231741 B 1.4.3.1.
8) OFD Koblenz v. 13.8.2008, S 2230 A – St 31 1, DATEV-Dok. Nr. 5231741 A 3 unter Verweis auf BMF v. 1.12.2000, IV A 6 – S-2242 – 16/00, BStBl I 2000, 1556.
9) BFH v. 7.10.1998, VIII B 43/97, BFH/NV 1999, 350; BFH v. 22.3.2005, IV R 159/03, BFH/NV 2005, 1295.
10) BFH v. 7.5.1998 – IV B 31/97, BFH/NV 1998, 1345.
11) OFD Koblenz v. 13.8.2008, S 2230 A – St 31 1, DATEV-Dok. Nr. 5231741 B 1.4.5.

auch darauf hin, dass es – soweit ersichtlich – noch keine gerichtliche Entscheidung gibt, die eine zeitliche Begrenzung des Verpachtungszeitraums konkret festgelegt hat.[1)] Vgl. zu dieser Thematik auch → 4 Rz. 647 f.

f) Verpachtung des land- und forstwirtschaftlichen Betriebs im Ganzen

aa) Verpachtung zumindest aller wesentlichen Betriebsgrundlagen

Der Verpächter eines LuF-Betriebs kann die Fortführung des Betriebs wählen, wenn der ganze Betrieb, ein Teilbetrieb oder **zumindest die wesentlichen Grundlagen** eines Betriebes oder Teilbetriebes verpachtet werden und eine identitätswahrende Wiederaufnahme der LuF-Tätigkeit möglich ist.[2)] Es ist nicht erforderlich, dass der LuF-Betrieb oder Teilbetrieb als geschlossener Organismus, d. h als Ganzes, verpachtet wird.[3)] **698**

> **Hinweis:** **699**
> Von der Verpachtung der **zumindest die wesentlichen Grundlagen** eines LuF-Betriebs oder Teilbetriebs und der Möglichkeit einer identitätswahrenden Wiederaufnahme der LuF-Tätigkeit kann ausgegangen werden, wenn mind. 90 % der zuvor eigenbewirtschafteten LuF-Eigentumsfläche verpachtet werden.[4)] Wird hingegen ein ganz erheblicher Teil des LuF-Betriebs zwar verpachtet, aber mehr als 10 % der bisherigen LuF-Eigentumsfläche zurückbehalten **und weiter bewirtschaftet**, liegen die Voraussetzungen einer Betriebsverpachtung nicht vor und sind die verpachteten Wirtschaftsgüter sind grds. dem gewillkürten BV zuzuordnen.[5)]
>
> Ob die Hofstelle (→ 4 Rz. 694) bzw. Wirtschaftsgebäude sowie die ggf. im Betrieb vorhandenen weiteren Wirtschaftsgüter auch an den Pächter überlassen werden, hat für die Beurteilung der Verpachtung des Betriebes im Ganzen grds. keine Relevanz.[6)] **700**

bb) Parzellenweise Verpachtung

Von einer parzellenweisen Verpachtung ist auszugehen, wenn die im Zeitpunkt der Einstellung des aktiven LuF-Betriebs vorhandenen, funktional wesentlichen Betriebsgrundlagen (ca. 90 % oder mehr der zuvor eigenbewirtschafteten LuF-Eigentumsfläche → 4 Rz. 698 ff.)[7)] **an mehrere Pächter** überlassen werden. Auch in einem solchen Fall besteht das Verpächterwahlrecht uneingeschränkt wie bei der Verpachtung des Betriebs im Ganzen[8)] (H 16 Abs. 5 EStH 2010 „Parzellenweise Verpachtung") und zwar **unabhängig von der Laufzeit der einzelnen Pachtverträge**.[9)] **701**

cc) Forstwirtschaftliche Flächen

Forstwirtschaftlich genutzte Flächen sind grds. unbeachtlich. Haben forstwirtschaftlich genutzte Flächen eines LuF-Betriebs einen für die Annahme eines Forstbetriebs ausreichenden flächenmäßigen Umfang (= zumindest mehr als 1–3 ha je nach der **702**

---

1) OFD Koblenz v. 13.8.2008, S 2230 A – St 31 1, DATEV-Dok. Nr. 5231741 B 1.4.5.
2) BFH v. 20.1.2005, IV R 35/03, BFH/NV 2005, 1046; BFH v. 21.9.2000, IV R 29/99, BFH/NV 2001, 433; OFD Koblenz v. 13.8.2008, S 2230 A – St 31 1, DATEV-Dok. Nr. 5231741 B 2.1.4.
3) BFH v. 30.8.2007, IV R 5/06, BStBl II 2008, 113; BFH v. 18.3.1964, IV 114/61 S, BStBl III 1964, 303.
4) Vgl. OFD Koblenz v. 13.8.2008, S 2230 A – St 31 1, DATEV-Dok. Nr. 5231741 B 2.1.
5) OFD Koblenz v. 13.8.2008, S 2230 A – St 31 1, DATEV-Dok. Nr. 5231741 B 2.1.
6) OFD Koblenz v. 13.8.2008, S 2230 A – St 31 1, DATEV-Dok. Nr. 5231741 B 2.1.2.
7) BFH v. 24.2.2005, IV R 28/00, BFH/NV 2005, 1062 m.w.N.
8) BFH v. 26.8.2004, IV R 52/02, BFH/NV 2005, 674.
9) BFH v. 18.3.1999, IV R 65/98, BStBl II 1999, 398; BFH v. 28.11.1991, IV R 58/91, BStBl II 1992, 521; BFH v. 15.10.1987, IV R 91/85, BStBl II 1988, 257. Zur Behandlung einer parzellenweisen Verpachtung eines LuF-Betriebs mit Beginn vor dem 15.4.1988 s. OFD Koblenz v. 13.8.2008, S 2230 A – St 31 1, DATEV-Dok. Nr. 5231741 B 2.1.3.2 f.

Bestockung), liegt neben einem landwirtschaftlichen Teilbetrieb ein selbständiger aktiver forstwirtschaftlicher Teilbetrieb vor.[1] Sofern die Forstflächen diesen ausreichenden Umfang haben, führt deren Verpachtung im Allgemeinen nicht zur Beendigung der aktiven forstwirtschaftlichen Tätigkeit. Bei einem geringeren Umfang an Forstflächen teilen sie das Schicksal der landwirtschaftlichen Flächen.[2]

dd) Veräußerungen und Entnahmen

703 **Veräußerungen oder Entnahmen** von bisher eigenbetrieblich genutzten landwirtschaftlichen Grundstücken, z.B. auf Grund von Schenkungen an nahe Angehörige, im zeitlichen und sachlichen Zusammenhang mit der Einstellung der aktiven landwirtschaftlichen Tätigkeit und dem Beginn der Betriebsverpachtung sind **grds. ohne Einfluss** auf die Beurteilung der Betriebsverpachtung. Dies gilt selbst dann, wenn diese Flächen zu den wesentlichen Betriebsgrundlagen des aktiven landwirtschaftlichen Betriebs gehörten (= mehr als 10 % der eigenbetrieblich genutzten Flächen). Selbst wenn derartige Veräußerungen oder Entnahmen mehr als 50 % der bisher eigenbetrieblichen genutzten landwirtschaftlichen Flächen des Betriebs umfassen, ist dies für die Fortführung des Betriebs in Form der Betriebsverpachtung unschädlich,[3] sofern die verbleibenden Flächen einen für die Annahme eines landwirtschaftlichen Betriebs ausreichenden Flächenumfang (→ 4 Rz. 690) haben.

ee) Unentgeltliche Übertragungen

704 Werden **mehr als 90 %** der eigenbetrieblich genutzten landwirtschaftlichen Nutzflächen unentgeltlich – im Regelfall – an einen nahen Angehörigen übertragen, ist von einer **Betriebsübertragung im Ganzen nach § 6 Abs. 3 EStG** auszugehen. In einem solchen Fall sind grds. die funktional wesentlichen Betriebsgrundlagen des landwirtschaftlichen Betriebes übergegangen, weil im Allgemeinen die Flächengrenze von 10 % als Anhaltspunkt für das Vorliegen wesentlicher Betriebsgrundlagen angesehen wird.[4]

g) Gewinnermittlung

705 Für die Ermittlung des Gewinns aus der Verpachtung eines LuF-Betriebs gelten im Regelfall die allgemeinen ertragsteuerrechtlichen Grundsätze zum aktiven LuF-Betrieb, z.B. über die Gewinnermittlung nach § 4 Abs. 1 oder Abs. 3 EStG, die Bilanzierung, die Buchführung oder die Entnahme von Wirtschaftsgütern, entsprechend.[5]

706 **Hinweis:**

§ **13a EStG** (Gewinnermittlung nach Durchschnittssätzen) ist für die Ermittlung des Gewinns aus der Verpachtung eines LuF-Betriebs **nicht anwendbar**.[6]

---

1) BFH v. 18.5.2000, IV R 27/98, BStBl II 2000, 524.
2) OFD Koblenz v. 13.8.2008, S 2230 A – St 31 1, DATEV-Dok. Nr. 5231741 B 2.1.
3) BFH v. 21.9.2000, IV R 29/99, BFH/NV 2001, 433.
4) BFH v. 24.2.2005, IV R 28/00, BFH/NV 2005, 1062.
5) OFD Koblenz v. 13.8.2008, S-2230 A – St 31 1, DATEV-Dok. Nr. 5231741 B 2.1.
6) OFD Koblenz v. 13.8.2008, S-2230 A – St 31 1, DATEV-Dok. Nr. 5231741 B 2.1.

Bilanzposten-ABC

von Holm Geiermann

INHALTSÜBERSICHT

	Rz.
I. Vorbemerkung	707
II. Einzelne Bilanzposten	708–749
1. Arbeitsverträge mit nahen Angehörigen	708
2. Auslagerung von Versorgungszusagen	709–712
a) Vorbemerkung	709
b) Auslagerung auf einen Pensionsfonds	710
c) Auslagerung auf eine Unterstützungskasse	711
d) Auslagerung auf einen Pensionsfonds und eine Unterstützungskasse als Kombinationsmodell	712
3. Arbeitszimmer	713–720
a) Grundsatz	713
b) Begriff des häuslichen Arbeitszimmers	714
c) Betroffene Aufwendungen	715
d) Mittelpunkt der gesamten beruflichen oder betrieblichen Tätigkeit	716
e) Für die betriebliche oder berufliche Tätigkeit steht kein anderer Arbeitsplatz zur Verfügung	717
f) Ausschließliche berufliche/betriebliche Nutzung	718
g) Aufzeichnungspflichten	719
f) Bilanzierung	720
4. Herstellungskosten	721–731
a) Begriff	721
b) Einzelkosten	722
c) Materialkosten	723
d) Fertigungskosten	724
e) Sonderkosten der Fertigung	725
f) Materialgemeinkosten	726
g) Fertigungsgemeinkosten	727
h) Wertverzehr des Anlagevermögens	728
i) Verwaltungskosten	729
j) Vertriebskosten	730
k) Aufwendungen für soziale Einrichtungen	731
5. Kassenbuchführung	732–736
a) Übersicht	732
b) Verpflichtung zur Führung eines Kassenbuchs	733
c) Anforderungen an die Erfassung der Kasseneinnahmen	734
d) Besonderheiten bei Verwendung von Registerkassen	735
e) Einzelfälle	736
6. Rückstellungen	737–746
a) Begriff	737
b) Ausweis und Vermerkpflicht	738
c) Bewertung	739
d) Einzelfälle	740–746
aa) Abraumbeseitigung (§ 249 Abs. 1 Satz 2 HGB; R 5.7 Abs. 11 EStR 2012)	0–0
bb) Aufbewahrung von Geschäftsunterlagen	741

	Rz.
cc) Betriebsprüfung	742
dd) Garantieleistungen (§ 249 Abs. 1 Satz 1 HGB, R 5.7 Abs. 12 EStR 2012)	743
ee) Unterlassene Instandhaltung	744
ff) Jahresabschluss-, Prüfungs- und Beratungskosten	745
gg) Pensionsrückstellung (§ 249 Abs. 1 Satz 1 HGB; § 6a EStG)	746
hh) Steuern (§ 249 Abs. 1 Satz 1 HGB)	747
ii) Ungewisse Verbindlichkeiten (§ 249 Abs. 1 Satz 1 HGB, R 5.7 Abs. 2 EStR 2012)	746
7. Teilwertabschreibung	750
a) Allgemeines	749
b) Willkürliche Gestaltung	750
8. Verbindlichkeiten	749

I. Vorbemerkung

707 Die Bilanz eines Unternehmens ist bekanntlich nicht nur für die Finanzverwaltung von besonderem Interesse, sondern u.a. auch für Banken bei der Kreditvergabe. Deshalb sollte man sich frühzeitig über geeignete bilanzpolitische Maßnahmen (Minderung der Steuerbelastung und Steigerung der Kreditwürdigkeit) Gedanken machen. Nachfolgend werden einige Bilanzpositionen angesprochen, die bei jeder Betriebsprüfung von Interesse für den Prüfer sind, weil hier häufig ein besonderes Gestaltungspotenzial auf der Seite des Stpfl. besteht. Auf der anderen Seite wird aber auch angesprochen, wie das Bilanzbild im Hinblick auf die Verhandlungen mit den Banken verbessert werden kann. In diesem Zusammenhang wird insbesondere die Auslagerung einer Direktzusage aus der Bilanz angesprochen.

II. Einzelne Bilanzposten

1. Arbeitsverträge mit nahen Angehörigen

708 In der Praxis haben insbesondere Arbeitsverträge zwischen Ehegatten oder zwischen Eltern und Kindern eine besondere Bedeutung.

Ein solches Arbeitsverhältnis wird steuerlich nur anerkannt, wenn es

– vor Beginn des Leistungsaustauschs klar und eindeutig vereinbart wurde,
– ernsthaft gewollt ist (also bürgerlich-rechtlich wirksam ist),
– tatsächlich durchgeführt wird sowie
– einem Fremdvergleich standhält.

Im Zusammenhang mit dem Fremdvergleich ist zu beachten, dass nach der Rechtsprechung des BFH[1] nicht jede geringfügige Abweichung vom Üblichen die steuerrechtliche Anerkennung des Vertragsverhältnisses gefährdet. Vielmehr sind einzelne Kriterien des Fremdvergleichs im Rahmen der gebotenen Gesamtbetrachtung unter dem Gesichtspunkt zu würdigen, ob Sie den Rückschluss auf eine private Vereinbarung zulassen.

Sollten die vorgenannten Voraussetzungen vorliegen, sind die Aufwendungen als Betriebsausgaben abziehbar und stellen keine Entnahme dar. Dabei ist ferner zu beachten, dass es eine gesetzliche Beistandspflicht für Ehegatten aus der ehelichen

---

1) BFH v. 17.7.2013, X R 31/12, BStBl II 2013, 1015.

Lebensgemeinschaft (§ 1353 Abs. 1 Satz 2 BGB) und für Kinder eine Dienstleistungspflicht (§ 1619 BGB) gibt. Letztlich muss die Verpflichtung über übliche Unterhaltsleistungen hinausgehen.[1] In praxi ist es jedoch streitig, was noch unter die gesetzliche (unentgeltliche) Mitarbeitspflicht fällt und was Gegenstand eines Arbeitsverhältnisses sein kann.[2]

Auch wenn es gesetzlich nicht vorgeschrieben ist, empfiehlt es sich, den Anstellungsvertrag in Schriftform abzufassen, um die klare und eindeutige Vereinbarung zu späteren Zeitpunkten nachweisen zu können.[3] Der Nachweis wird insbesondere schwierig, wenn andere Arbeitnehmer deutlich benachteiligt werden.[4]

Von besonderer Wichtigkeit ist die tatsächliche Durchführung als Voraussetzung für die steuerliche Anerkennung des Anstellungsvertrags. Das vereinbarte Arbeitsentgelt sollte regelmäßig[5] auf ein eigenes Konto des Arbeitnehmer-Angehörigen[6] überwiesen werden. Die Überweisung des Arbeitsentgelts auf ein Bankkonto des Arbeitnehmer-Ehegatten, für das der Arbeitgeber-Ehegatte unbeschränkte Verfügungsvollmacht besitzt, steht der steuerlichen Anerkennung des Arbeitsvertrags nicht entgegen.[7]

„Arbeitsverträge" über gelegentliche Hilfeleistungen durch Angehörige können steuerlich nicht anerkannt werden, wenn sie zwischen Dritten so nicht vereinbart worden wären.[8]

Zahlungen der Eltern für Aushilfstätigkeiten erwachsener Kinder im Betrieb sind allerdings nicht schon deshalb vom Abzug als Betriebsausgaben ausgeschlossen, weil die Kinder familienrechtlich auf Grund von § 1619 BGB zur Mithilfe im Betrieb verpflichtet sind.[9]

Einem zwischen Eltern und minderjährigen Kindern geschlossenen Arbeitsvertrag ist auch nicht deswegen ertragsteuerlich die Anerkennung zu verweigern, weil der Vertrag ohne Mitwirkung eines Ergänzungspflegers geschlossen wurde.[10] Arbeitsverträge mit Kindern unter 15 Jahren verstoßen jedoch im Allgemeinen gegen das Jugendarbeitsschutzgesetz; sie sind nichtig und können deshalb auch steuerrechtlich nicht anerkannt werden.[11]

Der BFH hat allerdings Arbeitsverträgen mit Kindern dann die steuerliche Anerkennung versagt, wenn sie nur Hilfeleistungen zum Gegenstand haben, die innerhalb der Familie üblich sind,[12] oder wenn sie wegen ihrer Geringfügigkeit oder Eigenart üblicherweise nicht auf arbeitsvertraglicher Grundlage erbracht werden.[13]

Rückwirkend vereinbarte Tantiemezahlungen an Angehörige sind keine Betriebsausgaben.[14] Das Gleiche gilt für erst nach drei Jahren ausgezahlte Gewinntantiemen.

---

1) Vgl. insoweit auch Heinicke in Schmidt, 33. Aufl., § 4 EStG Rz. 520 („Angehörige").
2) Vgl. auch Frotscher, EStG Kommentar, § 19 EStG, Rz. 52d und 52e.
3) Zur Frage der Vereinbarung von Arbeitsverhältnissen zwischen Eltern und Kindern vgl. R 4.8 Abs. 3 EStR 2012.
4) Siehe z.B. FG München v. 19.2.2004, EFG 2004, 1037 – NZB abgelehnt: X B 27/04.
5) BFH v. 14.10.1981, I R 34/80, BStBl II 1982, 119.
6) BFH v. 24.3.1983, IV R 240/80, BStBl II 1983, 663.
7) BFH v. 16.1.1974, I R 176/72, BStBl II 1974, 294. Wegen weiterer Einzelheiten vgl. H 4.8 Arbeitsverträge mit Kindern und Arbeitsverträge zwischen Angehörigen EStH 2013.
8) BFH v. 17.3.1988, IV R 188/85, BStBl II 1988, 632.
9) BFH v. 25.1.1989, X R 168/87; BStBl II 1989, 453.
10) R 4.8 Abs. 3 Satz 1 EStR 2012.
11) R 4.8 Abs. 3 Satz 2 EStR 2012.
12) BFH v. 17.3.1988, IV R 188/85, BStBl II 1988, 632.
13) BFH v. 9.12.1993, IV R 14/92, BStBl II 1994, 298.
14) BFH v. 29.11.1988, VIII R 83/82, BStBl II 1989, 281.

Als umfangreiche Zusammenstellung der Rechtsprechung des BFH zu diesem Thema s. auch H 4.8 EStH 2013.

2. Auslagerung von Versorgungszusagen

a) Vorbemerkung

709 Die Bilanzberührung von Direktzusagen entwickelt sich in den Unternehmen in den letzten Jahren immer mehr zu einem zentralen Thema der steuerlichen Beratung. Dabei steht vielfach der Wunsch der Unternehmungen nach Auslagerung der Direktzusage im Vordergrund. Die Gründe dafür sind vielschichtig. Einige Unternehmungen wollen eine Herabstufung des Ratings und die damit verbundenen finanzielle Auswirkungen vermeiden. Häufig sind aber auch Unternehmensverkäufe sowie Nachfolgeregelungen Grund genug, um eine Auslagerung der Pensionsverpflichtungen ins Auge zu fassen. Hier werden nämlich diese Verpflichtungen vom Käufer bzw. Unternehmensnachfolger als störend empfunden und reduzieren im Falle des Unternehmensverkaufs den erzielbaren Kaufpreis erheblich bzw. machen den Verkauf sogar häufig unmöglich.

Die aufgezeigten Ausgangssituationen bedürfen jeweils unterschiedlicher Auslagerungsvarianten, die z.T. zur rechtlichen, aber auch in einigen Fällen nur zu einer wirtschaftlichen Enthaftung mit einer beim Unternehmen verbleibenden Sekundärhaftung führen. Weil diese Fälle vielfach auch im Zusammenhang mit der Versorgungszusage des (beherrschenden) Gesellschafter-Geschäftsführers einer GmbH auftreten, werden nachfolgend einige der wichtigsten Auslagerungsszenarien im Hinblick auf diesen Personenkreis angesprochen.

b) Auslagerung auf einen Pensionsfonds

710 Im Zusammenhang mit der Auslagerung der Zusage auf den Fonds ist insbesondere klärungsbedürftig, ob diese für die hier in Rede stehende GmbH als Arbeitgeberin Schuld befreiend ist. Die Lösung dieser Frage ist im Wesentlichen davon abhängig, ob die Regelungen des BetrAVG auf den beherrschenden Gesellschafter-Geschäftsführer Anwendung finden oder nicht. Soweit der Arbeitnehmer dem Schutzbereich des BetrAVG unterliegt, tritt durch die Auslagerung keine schuldbefreiende Wirkung ein. Insoweit bleibt die Haftung des Arbeitgebers gegenüber dem Arbeitnehmer auf Grund der gegebenen Versorgungszusage auch nach dem Wechsel des Durchführungswegs bestehen (sog. Subsidiärhaftung nach § 1 Abs. 1 Satz 3 BetrAVG). Kann also nach dem Wechsel im Leistungsfall der Pensionsfonds als primärer Schuldner die Versorgung nicht erbringen, hat der Arbeitgeber als Sekundärschuldner für die Erfüllung der Versorgung einzustehen. Der Wechsel des Durchführungswegs führt also lediglich zu einer wirtschaftlichen und nicht rechtlichen Enthaftung des Arbeitgebers.

In den hier zu beurteilenden Fällen der beherrschenden Gesellschafter-Geschäftsführer unterliegt die Versorgungszusage allerdings nicht den Regelungen des BetrAVG. Das liegt v.a. daran, dass nach § 17 Abs. 1 BetrAVG nur Arbeitnehmer oder arbeitnehmerähnliche Personen unter den Geltungs- und Schutzbereich des Gesetzes fallen. Unternehmer, die sich anlässlich einer Beschäftigung im eigenen Unternehmen eine Pensionszusage erteilt haben, fallen deswegen nicht unter das BetrAVG. Ob diese Fallgestaltung gegeben ist, kann nur anhand der Höhe des Kapitaleinsatzes und der Möglichkeit, Einfluss auf die Leitung des Unternehmens zu nehmen, beurteilt werden. Der beherrschende Gesellschafter-Geschäftsführer einer GmbH übt jedenfalls einen entsprechenden Einfluss im Unternehmen aus, so dass er nicht unter den Schutzbereich des BetrAVG fällt.

Weil die Versorgungszusage des beherrschenden Gesellschafter-Geschäftsführers nicht dem Schutz des BetrAVG unterliegt, kann sie auch mit schuldbefreiender Wirkung (§§ 415 ff. BGB) auf einen Pensionsfonds übertragen werden.[1]

Die Auslagerung der Direktzusage auf einen Pensionsfonds wird durch die Vorschriften der §§ 3 Nr. 66 EStG und § 4e Abs. 3 EStG steuerrechtlich flankiert. Danach führt die Übertragung der Zusage in Abhängigkeit mit der steuerlichen Behandlung beim Arbeitgeber zu einer Steuerbefreiung auf der Seite des Arbeitnehmers. Ob und in welchem Umfang eine Pensionszusage tatsächlich unter Anwendung der Steuerbefreiungsvorschrift des § 3 Nr. 66 EStG ausgelagert werden kann, ist im Einzelfall kritisch zu untersuchen. Die Finanzverwaltung hat sich hierzu bereits mehrfach geäußert.[2] Hierzu können folgende Grundaussagen getroffen werden:

– Nach § 3 Nr. 66 EStG können die Pensionsverpflichtungen sowohl zur teilweisen als auch zur vollständigen Finanzierung auf einen Pensionsfonds übertragen werden, ohne dass bei dem betroffenen Arbeitnehmer daraus steuerpflichtiger Arbeitslohn entsteht.

– Voraussetzung für die Steuerbefreiung ist allerdings, dass der Arbeitgeber auf seinen Antrag hin den etwaigen zusätzlichen Aufwand aus der Übertragung der bestehenden Versorgungsverpflichtungen bzw. Versorgungsanwartschaften in dem den Wirtschaftsjahren der Übertragung folgenden zehn Jahren verteilt als Betriebsausgabe abzieht (§ 4e Abs. 3 Satz 1 EStG).

– Die nach § 3 Nr. 66 EStG für den Arbeitnehmer steuerfreie Auslagerung kommt nur für mit unverfallbaren Anwartschaften ausgeschiedene bzw. für bereits in Pension befindliche Arbeitnehmer in Betracht. Für noch aktive Arbeitnehmer kommt die Übertragung der Versorgungszusage im Rahmen des § 3 Nr. 66 EStG nur bis zur Höhe der bereits erdienten Anwartschaften in Betracht. Diese bereits erdienten Ansprüche werden als past service bezeichnet. Hingegen dürfen Zahlungen an den Pensionsfonds für zukünftig noch zu erdienende Ansprüche nicht im Rahmen des § 3 Nr. 66 EStG berücksichtigt werden. Diese Zahlungen bezeichnet man als sog. future service.[3]

Gestaltungshinweis: Auslagerung Versorgungszusage von aktiven Beschäftigten

Weil eine Auslagerung der Versorgungsanwartschaften naturgemäß nur dann in Betracht kommt, wenn für den Arbeitnehmer kein Arbeitslohn entsteht, kommt damit regelmäßig eine Übertragung der (noch) zu erdienenden Anwartschaften (sog. future service) auf den Pensionsfonds gegen Einmalbetrag nicht in Betracht, weil hier die Regelungen des § 3 Nr. 66 EStG nicht greifen und auf Seiten des Arbeitnehmers sofort steuerpflichtiger Arbeitslohn entsteht.

Damit sollte die Übertragung der Versorgungsanwartschaft in solchen Fällen wie folgt vollzogen werden:

Auslagerung der bereits erdienten Versorgungsanwartschaften gegen Zahlung eines Einmalbetrags an den Pensionsfonds. Der Unternehmer (Arbeitgeber) stellt den Antrag, den zusätzlichen Aufwand aus der Übertragung der bereits erdienten Versorgungsanwartschaften in den dem Wirtschaftsjahr der Übertragung folgenden zehn Wirtschaftsjahren gleichmäßig verteilt als Betriebsausgaben abziehen zu können (§ 4e Abs. 3 Satz 1 EStG). Die Zahlungen für den

---

1) Bei vereinbarter vertraglicher Unverfallbarkeit tritt bei Vorliegen der vereinbarten Voraussetzungen keine Schuldbefreiung ein.
2) BMF v. 26.10.2006, IV B 2 – S 2144 – 57/06, BStBl I 2006, 709 und BMF v. 24.7.2013 IV C 3 – S 2015/11/10002, IV C 4 – S 2333/09/10005, BStBl I 2013, 1022, Rz. 321 f.
3) BMF v. 24.7.2013 IV C 3 – S 2015/11/10002, IV C 4 – S 2333/09/10005, BStBl I 2013, 1022, Rz. 321 f.

künftigen Aufbau der Anwartschaft erfolgen laufend. Hieraus ergeben sich folgende steuerrechtliche Konsequenzen:

- **Unternehmen:**

  Auf Grund der Einmalzahlung entfällt die gebildete Pensionsrückstellung in Höhe des bereits erdienten Teils der Versorgungsanwartschaft.[1] Dieses führt zu einer entsprechenden Gewinnerhöhung.

  Im Hinblick auf den (Verteilungs-)Antrag nach § 4e Abs. 3 Satz 1 EStG ist im Jahr der Übertragung in Teil der Einmalzahlung in Höhe der aufgelösten Rückstellung als Betriebsausgabe abziehbar. Im Ergebnis ist die Gewinnauswirkung im Jahr der Übertragung somit 0 €. Der Restbetrag der Einmalzahlung ist in den der Übertragung folgenden Wirtschaftsjahren gleichmäßig verteilt als Betriebsausgabe abziehbar.

- **Arbeitnehmer:**

  Auf Grund des arbeitgeberseitigen (Verteilungs-)Antrags i.S.d. § 4e Abs. 3 Satz 1 EStG führt die Einmalzahlung an den Pensionsfonds auf der Ebene des Arbeitnehmers nicht zu Arbeitslohn. Die Zahlungen für den künftigen Aufbau der Versorgungsanwartschaft (sog. future service) erfolgen laufend an den Pensionsfonds und können nur in den Grenzen des § 3 Nr. 63 EStG als steuerfreier Arbeitslohn berücksichtigt werden. Damit ist allerdings der Nachteil verbunden, dass die Zahlungen jährlich nur bis zu 4 % der Beitragsbemessungsgrenze in der allgemeinen Rentenversicherung als steuerfreier Arbeitslohn behandelt werden können.

Vor dem Hintergrund der eingeschränkten Möglichkeiten der Auslagerung von Pensionszusage aktiver Arbeitnehmer auf einen Pensionsfonds traten in der Praxis vermehrt Fälle auf, in denen im Rahmen eines Gesamtplans zunächst eine nach § 3 Nr. 66 EStG begünstigte Übertragung der erdienten Anwartschaften auf einen Pensionsfonds erfolgte. Anschließend wurden regelmäßig wiederkehrend (z.B. jährlich) die dann neu erdienten Anwartschaften auf den Pensionsfonds übertragen. Auch diese Zahlungen sollten der Vorschrift des § 3 Nr. 66 EStG unterliegen. Die FinVerw ist dieser Lösung jedoch mit BMF-Schreiben vom 24.7.2013[2] entgegengetreten. Danach sind die weiteren Übertragungen auf den Pensionsfonds nicht nach § 3 Nr. 66 EStG begünstigt, sondern nur im Rahmen des § 3 Nr. 63 EStG steuerfrei.

c) Auslagerung auf eine Unterstützungskasse

711 Die Auslagerung einer Direktzusage auf eine Unterstützungskasse wird in der Praxis zunehmend auch von den Beratern der betrieblichen Altersversorgung angeboten. Im Fokus steht hierbei insbesondere die Auslagerung auf eine rückgedeckte Unterstützungskasse i.S.d. § 4d Abs. 1 Satz 1 Nr. 1 Buchst. c EStG. Bei dieser wird das Versorgungskapital ausschließlich in Rückdeckungsversicherungen angelegt. Auf Grund dessen kann bei Leistungsanwärtern die künftige Ausfinanzierung der Versorgungsverpflichtungen nur über laufende und der Höhe nach gleich bleibende oder steigende Prämien zum Betriebsausgabenabzug beim Trägerunternehmen führen. Versorgungsverpflichtungen von Leistungsempfängern können hingegen auch über Einmalprämien finanziert werden, ohne dass deswegen der Betriebsausgabenabzug in Gefahr geriete.

Hinweis:

Auf Grund dieser in § 4d EStG festgelegten Restriktionen im Hinblick auf die Ausfinanzierung der Versorgungsverpflichtung bei Leistungsanwärtern ist dieser Auslagerungsvariante für diesen Personenkreis – unter dem Gesichtspunkt der vollständigen Auslagerung der Verpflichtung aus der Bilanz – nicht unbedingt der Vorzug zu geben.

---

1) So auch Prost in BetrAVG 1/2010, 26 ff. mit dem Hinweis darauf dass nur der erdiente Teil übertragen wird und deshalb für den noch zu erdienenden Teil eine Rückstellung auszuweisen ist.

2) BMF v. 24.7.2013 IV C 3 – S 2015/11/10002, IV C 4 – S 2333/09/10005, BStBl I 2013, 1022, Rz. 322.

Die Auslagerung der Direktzusage auf die Unterstützungskasse hat für den Arbeitnehmer und damit auch für den (beherrschenden) Gesellschafter-Geschäftsführer grundsätzlich keine steuerrechtlichen Auswirkungen. Das liegt zum einen daran, dass er während der Anwartschaftszeit keinen eigenen Anspruch auf die Leistung der Unterstützungskasse hat (§ 1b Abs. 4 BetrAVG), und zum anderen die Besteuerungssystematik im Versorgungsfall durch die Auslagerung nicht verändert wird. In diesem Fall stellen nämlich die Leistungen der Unterstützungskasse wie zuvor bei der Direktzusage Einnahmen aus nichtselbstständiger Arbeit dar.

Der betroffene Arbeitgeber kann entscheiden, in welchem Umfang er die Direktzusage auf die Unterstützungskasse auslagern möchte. Für den Fall der vollständigen Auslagerung der Versorgungszusage eines noch aktiv tätigen Gesellschafter-Geschäftsführers ergibt sich Folgendes:

– Aus steuerrechtlicher Sicht entfällt bei der Umstellung einer Direktzusage auf eine rückgedeckte Unterstützungskasse die Voraussetzung für die Bildung einer Pensionsrückstellung in der Steuerbilanz. Auf Grund dessen ist die in der Steuerbilanz ausgewiesene Rückstellung Gewinn erhöhend aufzulösen.

– Dieser Gewinn kann i.d.R. nicht durch die nach § 4d Abs. 1 Nr. 1 Buchstabe c EStG als Betriebsausgabe abzugsfähige laufende Zahlung an die Unterstützungskasse vollständig kompensiert werden, weil die Ausfinanzierung mit einer Einmalprämie für Leistungsanwärter nicht in Betracht kommt (nicht abziehbare Betriebsausgaben nach § 4d Abs. 1 Nr. 1 Buchst. c EStG).

– Die im Zuge der Auflösung der Pensionsrückstellung anfallende steuerliche Belastung kann ggf. durch die Verwertung einer im Einzelfall abgeschlossenen Rückdeckungsversicherung (z.B. Veräußerung des Versicherungsvertrags oder bloße Vertragsauflösung) teilweise wieder aufgefangen werden.

d) Auslagerung auf einen Pensionsfonds und eine Unterstützungskasse als Kombinationsmodell

Die geschilderten Übertragungen von Direktzusagen auf einen Pensionsfonds bzw. eine Unterstützungskasse sind isoliert betrachtet keine steueroptimalen Auslagerungsmodelle. In der Praxis versucht man daher, die Vorteile dieser beiden Modelle für die Zwecke der Auslagerung einer Direktzusage zu einem sog. Kombinationsmodell zu verbinden. **712**

Bei diesem Modell wird zunächst der bereits erdiente Teil der Versorgungsanwartschaft gegen Zahlung eines Einmalbeitrags auf einen Pensionsfonds übertragen. Der Arbeitgeber stellt einen Antrag nach § 4e Abs. 3 EStG. Diese Auslagerung führt wegen der möglichen Anwendung des § 3 Nr. 66 EStG im Zeitpunkt der Auslagerung nicht zu steuerpflichtigem Arbeitslohn. Der weitere (künftige) Aufbau der Versorgungsverpflichtung führt beim Arbeitnehmer in der Ansparphase nicht zu Arbeitslohn.

Die späteren Zahlungen des Pensionsfonds bei Eintritt des Versorgungsfalls gehören beim (ehemaligen) Arbeitnehmer zu den sonstigen Einkünften i.S.d. § 22 Nr. 5 EStG. Soweit diese auf Kapital beruhen, das steuerlich gefördert wurde (z.B. Steuerbefreiung nach § 3 Nr. 63 bzw. 66 EStG) unterliegen die Leistungen der vollen nachgelagerten Besteuerung (§ 22 Nr. 5 Satz 1 EStG). Die Leistungen, die hingegen auf Kapital beruhen, dass steuerlich nicht gefördert wurde, unterliegen der Ertragsanteilsbesteuerung (§ 22 Nr. 5 Satz 2 Buchst. a EStG).

Hinsichtlich des Betriebsvermögens des Arbeitgebers ergeben sich aus dem Kombinationsmodell folgende Auswirkungen:

Die in der Steuerbilanz gebildete Pensionsrückstellung entfällt. Hierdurch entsteht ein entsprechender Gewinn.

Hinweis:

In der Handelsbilanz tritt eine weitgehende Bereinigung ein. Nach § 249 Abs. 2 Satz 2 HGB darf eine Rückstellung nur insoweit aufgelöst werden, als der Grund für ihre Bildung entfallen ist. Der auf den past-service entfallende Teil der Rückstellung kann daher nur insoweit aufgelöst werden, als die übernommene Verpflichtung durch das zugehörige Pensionsfondsvermögen gedeckt ist. Im Hinblick auf die vorsichtige Kalkulation des Pensionsfonds ist jedenfalls im Zeitpunkt der Übertragung der Versorgungszusage davon auszugehen, dass der past-service noch vollständig ausfinanziert ist und deshalb die Rückstellung insoweit entfällt.

Die Zahlungen an den Pensionsfonds stellen grundsätzlich Betriebsausgaben dar. Wenn der Arbeitgeber jedoch einen Antrag auf Verteilung der dem Grunde nach abzugsfähigen Betriebsausgaben gestellt hat (§ 4e Abs. 3 EStG), ist der die Rückstellung übersteigende Einmalbetrag ab dem der Übertragung folgenden Jahr mit jeweils $^1/_{10}$ als Betriebsausgabe abziehbar.

In der Praxis dürfte das Kombinationsmodell das Modell sein, das sich am besten für die Zwecke der Auslagerung eignet. Das gilt deshalb, weil

– die Pensionsrückstellung vollständig aus der Bilanz entfernt wird,

– die Auslagerung der Anwartschaft des noch aktiven Gesellschafter-Geschäftsführers/Arbeitnehmers als Leistungsanwärter hinsichtlich des past-service mittels Einmalprämie erfolgen kann und

– die Finanzierung des future-service über die rückgedeckte Unterstützungskasse ebenfalls die Möglichkeit einer sicheren und unbegrenzten Ausfinanzierung ohne Beachtung der starren Grenzen des § 3 Nr. 63 EStG erfolgen kann.

3. Arbeitszimmer

a) Grundsatz

713 Aufwendungen für ein häusliches Arbeitszimmer stellen nach § 4 Abs. 5 Nr. 6b EStG grundsätzlich nicht abziehbare Betriebsausgaben dar. Nach den Änderungen durch das Steueränderungsgesetz 2007 galt das nur (noch) dann nicht, wenn das Arbeitszimmer den Mittelpunkt der gesamten betrieblichen und beruflichen Tätigkeit des Stpfl. bildete. Die bis dahin geltenden Regelungen, nach denen die Kosten für ein häusliches Arbeitszimmer auch dann abzugfähig waren, wenn

– dem Stpfl. für seine berufliche oder betriebliche Tätigkeit kein anderer Arbeitsplatz zur Verfügung stand bzw.

– die gesamte betriebliche oder berufliche Nutzung mehr als 50 % der gesamten betrieblichen oder beruflichen Tätigkeit betrug,

sind durch das Steueränderungsgesetz 2007 entfallen bzw. eingeschränkt worden. Gegen eine hiergegen erhobene Klage hat das BVerfG nach Vorlage durch das FG Münster mit Beschluss entschieden.[1] Danach ist die seit 2007 geltende Neuregelung zum häuslichen Arbeitszimmer verfassungswidrig. Nach der Auffassung des Gerichts verstößt die gesetzliche Neuregelung gegen den allgemeinen Gleichheitssatz insoweit, als in den Fällen, in denen dem Stpfl. für seine betriebliche oder berufliche Tätigkeit kein anderer Arbeitsplatz zur Verfügung steht, die steuerliche Berücksichtigung von Kosten des häuslichen Arbeitszimmers nicht möglich ist. Das Gericht hat allerdings nicht die Ausdehnung des Abzugsverbots auf die Fälle beanstandet, in denen das Arbeitszimmer zu mehr als 50 % betrieblich oder beruflich genutzt wird, aber nicht den Mittelpunkt der gesamten Tätigkeit des Stpfl. bildet.

Der Gesetzgeber hat auf die Rechtsprechung des BVerfG im Jahressteuergesetz (JStG) 2010 reagiert und lässt den Abzug von Kosten für ein häusliches Arbeitszimmer wieder zu, wenn

---

1) BVerfG v. 6.7.2010, 2 BvL 13/09, BStBl II 2010, BFH/NV 2010, 1767.

- für die betriebliche oder berufliche Nutzung kein anderer Arbeitsplatz zur Verfügung steht bis zu maximal 1 250 € bzw.
- das Arbeitszimmer den Mittelpunkt der gesamten betrieblichen oder beruflichen Tätigkeit darstellt in unbegrenzter Höhe (§ 4 Abs. 5 Nr. 6b EStG).

Diese Neuregelung gilt nach § 52 Abs. 12 Satz 9 EStG i.d.F. JStG 2010 erstmals ab dem VZ 2007 und stellt damit den Rechtszustand vor dem Steueränderungsgesetz 2007 wieder her.

b) Begriff des häuslichen Arbeitszimmers

Ein häusliches Arbeitszimmer ist ein Raum, der seiner Lage, Funktion und Ausstattung nach in die häusliche Sphäre des Stpfl. eingebunden ist, vorwiegend der Erledigung gedanklicher, schriftlicher, verwaltungstechnischer oder -organisatorischer Arbeiten dient und ausschließlich oder nahezu ausschließlich zu betrieblichen und/oder beruflichen Zwecken genutzt wird.[1]

714

Nicht unter die Abzugsbeschränkung des § 4 Abs. 5 Satz 1 Nr. 6b und § 9 Abs. 5 EStG fallen Räume, bei denen es sich um Betriebsräume, Lagerräume, Ausstellungsräume handelt, selbst wenn diese an die Wohnung angrenzen.[2]

c) Betroffene Aufwendungen

Zu den Aufwendungen für ein häusliches Arbeitszimmer gehören insbesondere die anteiligen Aufwendungen für:

715

- Miete,
- Gebäude-AfA, Absetzungen für außergewöhnliche technische oder wirtschaftliche Abnutzung, Sonderabschreibungen,
- Schuldzinsen für Kredite, die zur Anschaffung, Herstellung oder Reparatur des Gebäudes oder der Eigentumswohnung verwendet worden sind,
- Wasser- und Energiekosten,
- Reinigungskosten,
- Grundsteuer, Müllabfuhrgebühren, Schornsteinfegergebühren, Gebäudeversicherungen,
- Renovierungskosten.

d) Mittelpunkt der gesamten beruflichen oder betrieblichen Tätigkeit

Ein häusliches Arbeitszimmer ist der Mittelpunkt der gesamten betrieblichen und beruflichen Betätigung des Stpfl., wenn nach Würdigung des Gesamtbilds der Verhältnisse und der Tätigkeitsmerkmale dort diejenigen Handlungen vorgenommen und Leistungen erbracht werden, die für die konkret ausgeübte betriebliche oder berufliche Tätigkeit wesentlich und prägend sind. Der Tätigkeitsmittelpunkt i.S. des § 4 Abs. 5 Satz 1 Nr. 6b Satz 2 EStG bestimmt sich nach dem inhaltlichen (qualitativen) Schwerpunkt der betrieblichen und beruflichen Betätigung des Stpfl.[3]

716

Übt ein Stpfl. nur eine betriebliche oder berufliche Tätigkeit aus, die in qualitativer Hinsicht gleichwertig sowohl im häuslichen Arbeitszimmer als auch am außerhäuslichen Arbeitsort erbracht wird, so liegt der Mittelpunkt der gesamten beruflichen und

---

1) Wegen weiterer Einzelheiten vgl. auch BMF v. 2.3.2011, IV C 6 – S 2145/07/10002, BStBl I 2011, 195.
2) BFH v. 28.8.2003, IV R 53/01, BStBl II 2004, 55.
3) BMF v. 2.3.2011, IV C 6 – S 2145/07/10002, BStBl I 2011, 195, Rz.9.

betrieblichen Betätigung dann im häuslichen Arbeitszimmer, wenn der Stpfl. mehr als die Hälfte der Arbeitszeit im häuslichen Arbeitszimmer tätig wird.[1]

Übt ein Stpfl. mehrere betriebliche und berufliche Tätigkeiten nebeneinander aus, ist nicht auf eine Einzelbetrachtung der jeweiligen Betätigung abzustellen; vielmehr sind alle Tätigkeiten in ihrer Gesamtheit zu erfassen. Grundsätzlich lassen sich folgende Fallgruppen unterscheiden:[2]

– Bilden bei allen Erwerbstätigkeiten – jeweils – die im häuslichen Arbeitszimmer verrichteten Arbeiten den qualitativen Schwerpunkt, so liegt dort auch der Mittelpunkt der Gesamttätigkeit.

– Bilden hingegen die außerhäuslichen Tätigkeiten – jeweils – den qualitativen Schwerpunkt der Einzeltätigkeiten oder lassen sich diese keinem Schwerpunkt zuordnen, so kann das häusliche Arbeitszimmer auch nicht durch die Summe der darin verrichteten Arbeiten zum Mittelpunkt der Gesamttätigkeit werden.

– Bildet das häusliche Arbeitszimmer schließlich den qualitativen Mittelpunkt lediglich einer Einzeltätigkeit, nicht jedoch im Hinblick auf die übrigen Tätigkeiten, ist regelmäßig davon auszugehen, dass das Arbeitszimmer nicht den Mittelpunkt der Gesamttätigkeit bildet. Der Stpfl. hat jedoch die Möglichkeit, anhand konkreter Umstände des Einzelfalls glaubhaft zu machen oder nachzuweisen, dass die Gesamttätigkeit gleichwohl einem einzelnen qualitativen Schwerpunkt zugeordnet werden kann und dass dieser im häuslichen Arbeitszimmer liegt. Abzustellen ist dabei auf das Gesamtbild der Verhältnisse und auf die Verkehrsanschauung, nicht auf die Vorstellung des betroffenen Stpfl.

e) Für die betriebliche oder berufliche Tätigkeit steht kein anderer Arbeitsplatz zur Verfügung

717 – Ein anderer Arbeitsplatz i.S.d. § 4 Abs. 5 Satz 1 Nr. 6b Satz 2 EStG ist grundsätzlich jeder Arbeitsplatz, der zur Erledigung büromäßiger Arbeiten geeignet ist. Ein solcher steht dem Stpfl. dann zur Verfügung, wenn dieser ihn in dem konkret erforderlichen Umfang und in der konkret erforderlichen Art und Weise tatsächlich nutzen kann.

– Die Beurteilung, ob für die betriebliche oder berufliche Tätigkeit kein anderer Arbeitsplatz zur Verfügung steht, ist jeweils tätigkeitsbezogen vorzunehmen.[3]

f) Ausschließliche berufliche/betriebliche Nutzung

718 Die FinVerw. setzt für die Qualifikation eines Raumes als häusliches Arbeitszimmer eine (nahezu) ausschließliche betriebliche/berufliche Nutzung voraus. Lediglich eine untergeordnete private Mitbenutzung ist unschädlich.[4]

Nach der Auffassung der FinVerw. gilt das auch unter Berücksichtigung der Ausführungen im Beschluss des Großen Senats des BFH v. 21.9.2009.[5]

Mittlerweile hat der IX. Senat des BFH dem Großen Senat die Rechtsfrage, ob der Begriff des häuslichen Arbeitszimmers eine (nahezu) ausschließliche berufliche/ betriebliche Nutzung voraussetzt, vorgelegt. Der vorlegenden Senat vertritt die Auffassung, dass dies nicht erforderlich ist und würde deshalb eine Aufteilung der Kosten

---

1) BFH v. 23.5.2006, VI R 21/03, BStBl II 2006, 600 und BMF v. 2.3.2011, IV C 6 – S 2145/07/10002, BStBl I 2011, 195, 442, Rz. 12.
2) BMF v. 2.3.2011, IV C 6 – S 2145/07/10002, BStBl I 2011, 195, Rz. 11.
3) BMF v. 2.3.2011, IV C 6-S 2145/07/10002, BStBl I 2011, 195, Rz. 14 ff.
4) BMF v. 2.3.2011, IV C 6-S 2145/07/10002, BStBl I 2011, 195, Rz. 3.
5) BFH v. 21.9.2009 GrS 1/96, BStBl II 2010, 672.

bei gemischter Nutzung in beruflich/betrieblich und privat entsprechend der Grundsätze des Beschlusses des Großen Senats v. 21.9.2009 zulassen.[1]

g) Aufzeichnungspflichten

Nach § 4 Abs. 7 EStG dürfen Aufwendungen für ein häusliches Arbeitszimmer bei der Gewinnermittlung nur berücksichtigt werden, wenn sie besonders aufgezeichnet sind. Es bestehen keine Bedenken, wenn die auf das Arbeitszimmer anteilig entfallenden Finanzierungskosten im Wege der Schätzung ermittelt werden und nach Ablauf des Wirtschafts- oder Kalenderjahrs eine Aufzeichnung auf Grund der Jahresabrechnung des Kreditinstitutes erfolgt. Entsprechendes gilt für die verbrauchsabhängigen Kosten wie z.B. Wasser- und Energiekosten. Es ist ausreichend, Abschreibungsbeträge einmal jährlich – zeitnah nach Ablauf des Kalender- oder Wirtschaftsjahres – aufzuzeichnen.[2]

719

f) Bilanzierung

Das häusliche Arbeitszimmer rechnet grundsätzlich zum notwendigen Betriebsvermögen und zwar unabhängig davon, ob die Aufwendungen für diesen Raum (teilweise) der Abzugsbeschränkung des § 4 Abs. 5 Nr. 6b EStG unterliegen. Ein Ansatz im Betriebsvermögen kann unterbleiben, wenn der Wert des eigenbetrieblich genutzten Grundstücksteils (häusliches Arbeitszimmer) nicht mehr als 1/5 des gemeinen Werts des gesamten Grundstücks und nicht mehr als 20 500 € beträgt.

720

Eigenbetrieblich genutzte Grundstücksteile brauchen nicht als Betriebsvermögen behandelt zu werden, wenn ihr Wert nicht mehr als ein Fünftel des gemeinen Werts des gesamten Grundstücks und nicht mehr als 20 500 € beträgt (§ 8 EStDV).

4. Herstellungskosten

a) Begriff

Nach § 255 Abs. 2 Satz 1 HGB sind Herstellungskosten die Aufwendungen, die durch den Verbrauch von Gütern und die Inanspruchnahme von Diensten für die Herstellung eines Vermögensgegenstands, seine Erweiterung oder für eine über seinem ursprünglichen Zustand hinausgehende wesentliche Verbesserung entstehen. Nur wenn einer der in dieser Grundnorm angesprochenen Tatbestände erfüllt ist, können Aufwendungen überhaupt „Herstellungskosten" sein. Die weiteren Regelungen in § 255 Abs. 2 HGB umschreiben verbindlich die Herstellungskostenuntergrenze und die Herstellungskostenobergrenze für den handelsrechtlichen Jahresabschluss. Hier sollte mit den gesetzlichen Regelungen des BilMoG v. 25.5.2009[3] dafür Sorge getragen werden, dass die handelsrechtliche Herstellungskostenuntergrenze an die steuerliche Herstellungskostenuntergrenze angeglichen wird. Im Übrigen sollte mit dem BilMoG der handelsrechtliche Herstellungskostenbegriff an den produktionsbezogenen Vollkostenbegriff der internationalen Rechnungslegung angenähert werden. Des Weiteren wird den betroffenen Unternehmungen das Wahlrecht eingeräumt, in die Herstellungskosten auch solche Aufwendungen des Herstellungszeitraums einzubeziehen, die unabhängig von der Erzeugnismenge anfallen. Hierzu rechnen die Kosten der allgemeinen Verwaltung, Aufwendungen für soziale Einrichtungen und die betriebliche Altersversorgung. Unabhängig davon stellt das BilMoG auch klar, dass eine Aktivierung von Forschungskosten nicht in Betracht kommt. Das entspricht der

721

---

1) BFH v. 21.9.2009, GrS 1/96, BStBl II 2010, 672.
2) BMF v. 2.3.2011, IV C 6 – S 2145/07/10002, BStBl I 2011, 195, Rz. 25.
3) BilMoG v. 25.5.2009, BStBl I 2009, 650.

bisherigen Praxis, nach der Forschungskosten nicht als Herstellungskosten behandelt wurden. Im Detail ergibt sich Folgendes:

- Nach § 255 Abs. 2 Satz 2 HGB gehören (Gebot) die Materialkosten, die Fertigungskosten, die Sonderkosten der Fertigung sowie angemessene Teile der Materialgemeinkosten, der Fertigungsgemeinkosten und des Werteverzehrs des Anlagevermögens, soweit er durch die Fertigung veranlasst ist, zu den Herstellungskosten (erste Stufe).
- Nach § 255 Abs. 2 Satz 3 HGB dürfen (Wahlrecht) bei der Berechnung auch angemessene Teile der Kosten der allgemeinen Verwaltung sowie angemessene Aufwendungen für soziale Einrichtungen des Betriebs, für freiwillige soziale Einrichtungen und für betriebliche Altersversorgung einbezogen werden, soweit diese auf den Zeitraum der Herstellung entfallen (zweite Stufe).
- Nach § 255 Abs. 2 Satz 4 HGB dürfen die Forschungs- und Vertriebskosten nicht in die Herstellungskosten einbezogen werden.

Demnach umschreibt die **erste Stufe** die Herstellungskostenuntergrenze für den handelsrechtlichen Jahresabschluss, die nicht unterschritten werden darf, während die **Stufen 1 und 2** die handelsrechtliche Herstellungskostenobergrenze bezeichnen, die nicht überschritten werden darf. Das Steuerrecht übernimmt mangels eines entsprechenden Bewertungsvorbehalts grundsätzlich den Herstellungskostenbegriff des HGB unter Beachtung des Maßgeblichkeitsgrundsatzes. Allerdings wird dieser steuerrechtlich partiell durchbrochen, weil bei der steuerrechtlichen Gewinnermittlung nach § 6 Abs. 1 Nr. 2 Satz 1 EStG die Herstellungskosten anzusetzen sind, also alle Aufwendungen, die ihrer Art nach Herstellungskosten sind.[1] Dazu gehören auch die in § 255 Abs. 2 Satz 3 HGB aufgeführten Kosten der allgemeinen Verwaltung sowie die angemessenen Aufwendungen für freiwillige soziale Leistungen und für die betriebliche Altersversorgung und zwar auch dann, wenn der Kaufmann vom Ansatz dieser Kosten auf Grund des Wahlrechts handelsrechtlich absehen kann (R 6.3 Abs. 1 EStR 2012).[2] Diese Rechtsauffassung des BMF steht jedoch im Widerspruch zur bisherigen Richtlinienregelung. R 6.3 Abs. 4 EStR 2008 sah nämlich für die hier in Rede stehenden Kosten noch ein Ansatzwahlrecht in Abhängigkeit von der handelsrechtlichen Handhabung vor. Die Finanzverwaltung[3] beanstandet es daher nicht, wenn für Wirtschaftsjahre, die vor der Veröffentlichung der Einkommensteuerrichtlinien 2012 im BStBl enden, die unter § 255 Abs. 2 Satz 3 HGB genannten Kosten entsprechend R 6.3 EStR 2008 als Herstellungskosten in Abhängigkeit vom handelsrechtlich ausgeübten Wahlrecht einbezogen werden (R 6.3 Abs. 9 EStR 2012).

Nach R 6.3 Abs. 6 EStR 2012 gehören die Steuern vom Einkommen nicht zu den steuerlich abziehbaren Betriebsausgaben und damit auch nicht zu den Herstellungskosten. Das gilt auch für die Gewerbesteuer, die für Erhebungszeiträume seit 2008 festgesetzt wird (§ 4 Abs. 5b EStG). Die Umsatzsteuer gehört zu den Vertriebskosten, die die Herstellungskosten nicht berühren (R 6.3 Abs. 6 Satz 3 EStR 2012).

Das handelsrechtliche Bewertungswahlrecht für Fremdkapitalzinsen gilt auch für die steuerliche Gewinnermittlung. Soweit danach handelsrechtlich Fremdkapitalzinsen in die Herstellungskosten einbezogen worden sind, sind sie gem. § 5 Abs. 1 S. 1 Hs. 1 EStG auch in der steuerlichen Gewinnermittlung als Herstellungskosten zu beurteilen (R. 6.3 Abs. 5 EStR 2012).

---

1) BFH v. 21.10.1993, IV R 87/92, BStBl II 1994, 176 und BMF v. 12.3.2010, IV C 6 – S 2133/09/10001, BStBl I 2010, 239.
2) BMF v. 12.3.2010, IV C 6 – S 2133, BStBl I 2010, 239 Rz. 8.
3) BMF v. 12.3.2010, IV C 6 – S 2133, BStBl I 2010, 239 Rz. 8.

b) Einzelkosten

Einzelkosten müssen nach Menge und Zeit berechenbar sein.[1] Größen aus der Deckungsbeitragsrechnung oder der Betriebsgrößen- oder Verrechnungssatzkalkulation sind keine Einzelkosten i.S.d. § 255 Abs. 2 HGB.

722

c) Materialkosten

Materialkosten sind diejenigen Aufwendungen, die dem herzustellenden Vermögensgegenstand (steuerrechtlich: Wirtschaftsgut) für Rohstoffe und fremdbezogene Teilerzeugnisse zuzurechnen sind. Bewertungsmaßstab sind die Anschaffungskosten, einschließlich etwaiger Nebenkosten und abzüglich der Anschaffungskostenminderungen. Bei der Zuordnung von Fertigungsmaterial, welches in früheren Geschäftsjahren angeschafft worden ist, ist von dem Buchwert am vorangegangenen Bilanzstichtag auszugehen.[2]

723

d) Fertigungskosten

Hierzu rechnen in erster Linie Fertigungskosten, und zwar Bruttolöhne einschließlich der Sonderzulagen und Leistungsprämien. Gesetzliche Sozialabgaben gehören ebenfalls hierher (§ 255 Abs. 2 Satz 2 HGB). Anders freiwillige Sozialabgaben, Ergebnisbeteiligungen und Aufwendungen für betriebliche Altersversorgung, die nicht eingerechnet zu werden brauchen.

724

e) Sonderkosten der Fertigung

Sonderkosten der Fertigung sind Sonder-Einzelkosten.[3] Die Sonderkosten der Fertigung umfassen auch Entwicklungs- und Versuchskosten sowie besondere Konstruktionskosten, die im Hinblick auf einen abzuwickelnden Auftrag anfallen. Werden Entwicklungsarbeiten für Dritte durchgeführt, so sind sie ggf. am Bilanzstichtag als unfertige Arbeiten zu bewerten; Bewertungsmaßstab sind die Herstellungskosten, der Gesichtspunkt der verlustfreien Bewertung ist zu beachten. Grundlagenforschung ist auch unter dem Gesichtspunkt der Sonderkosten der Fertigung nicht zu aktivieren.

725

f) Materialgemeinkosten

Zu den Materialgemeinkosten gehören insbesondere die Kosten für die Lagerung und Wartung des Materials (s. auch Aufzählung nach R 6.3 Abs. 2 EStR 2012).

726

g) Fertigungsgemeinkosten

Nach R 6.3 Abs. 2 EStR 2012: Transport und Prüfung des Fertigungsmaterials, Vorbereitung und Kontrolle der Fertigung, Betriebsleitung, Unfallstationen und Unfallverhütungseinrichtungen der Fertigungsstätten, Lohnbüro, soweit in ihm die Löhne und Gehälter der in der Fertigung tätigen Arbeitnehmer abgerechnet werden. Aber auch Energie, Betriebsstoffe und Hilfsstoffe, Instandhaltung der Fertigungsanlagen, Werkstattverwaltung.

727

h) Wertverzehr des Anlagevermögens

Maßgebend sind die planmäßigen Absetzungen. Außerplanmäßige Absetzungen, steuerliche Sonderabschreibungen oder steuerliche erhöhte Absetzungen sind nicht

728

---

1) BFH v. 31.7.1967, I 219/63, BStBl II 1968, 22.
2) BFH v. 11.10.1960, I 175/60 U, BStBl III 1960, 492.
3) Schubert/Pastor in Beck Bil-Komm., 9. Aufl., § 255 HGB Rz. 424: Modelle, Gesenke, Schablonen, Schnitte, Sonderwerkzeug, Lizenzgebühren, soweit nicht Vertriebslizenzen.

zu berücksichtigen (R 6.3. Abs. 4 Satz 1 EStR 2012). Für Zwecke der Ermittlung der Herstellungskosten kann auch die steuerlich angesetzte degressive AfA durch die lineare AfA ersetzt werden (R 6.3 Abs. 4 Satz 2 EStR 2012). Zutreffend weisen Schubert/Pastor[1] darauf hin, dass die FinVerw hier ein Wahlrecht eingeräumt hat, dass also in die Herstellungskosten ggf. auch die – höheren – degressiven AfA eingerechnet werden können (*"es ist nicht zu beanstanden"*).

i) Verwaltungskosten

729 Sowohl handelsrechtlich (§ 255 Abs. 2 Satz 3 HGB) als auch steuerrechtlich wird zwischen der Verwaltung der Fertigung und der allgemeinen Verwaltung unterschieden. Aufwendungen für die Fertigungsverwaltung gehören zu den Fertigungsgemeinkosten.

j) Vertriebskosten

730 Vertriebskosten gehören weder handelsrechtlich noch steuerrechtlich zu den Herstellungskosten (§ 255 Abs. 2 Satz 4 HGB).

k) Aufwendungen für soziale Einrichtungen

731 Es gilt handelsrechtlich ein Aktivierungswahlrecht (§ 255 Abs. 2 Satz 3 HGB). Wegen der steuerlichen Behandlung dieser Aufwendungen → 4 Rz. 723.

5. Kassenbuchführung

a) Übersicht

732 Der Bestand an baren Zahlungsmitteln ist i.d.R. durch ein ordnungsmäßig geführtes Kassenbuch nachzuweisen. Die Kasse muss so geführt werden, dass jederzeit der rechnerische Bestand laut Kassenbuch mit dem tatsächlichen Bestand an Zahlungsmitteln in der Kasse physisch übereinstimmt (sog. Kassensturzfähigkeit). Hierbei wird überprüft, ob der tatsächliche Kassenbestand zum Prüfungszeitpunkt mit dem buchmäßigen Bestand übereinstimmt. Ist die Aufklärung etwaiger Differenzen zwischen Soll- und Istbestand nicht möglich, liegt die Vermutung nahe, dass bei einem höheren Istbestand Einnahmen nicht bzw. Ausgaben überhöht verbucht wurden.

Die Frage der ordnungsmäßigen Kassenführung berührt die Ordnungsmäßigkeit der Buchführung. Steuerlich folgt daraus, dass das FA eine nicht ordnungsmäßige (Kassen-)Buchführung verwerfen kann und zum Anlass für eine Schätzung nehmen kann.

b) Verpflichtung zur Führung eines Kassenbuchs

733 Das Kassenbuch ist eine Aufzeichnung über Bargeschäfte, also über Bareinnahmen und Barausgaben. Wer solche Geschäfte tätigt, muss ein Kassenbuch führen, dazu zählen Buchführungspflichtige und freiwillig Buchführende, also z.B. Einzelunternehmer, GbR, OHG, KG, GmbH. Allenfalls bei gelegentlichen, aus „privater Tasche" bezahlten Betriebsausgaben ist bei Buchführenden eine Buchung über „Privat" möglich (Ausnahme: GmbH oder wenn dies Gesellschafterinteressen widerspricht). Für buchführungspflichtige oder freiwillig buchführende Stpfl. folgt die Verpflichtung unmittelbar aus den handelsrechtlichen Buchführungsvorschriften über § 5 Abs. 1 EStG.

Stpfl., die ihren Gewinn nach § 4 Abs. 3 EStG ermitteln, sind nicht verpflichtet, ein Kassenbuch zu führen.[2] Gleichwohl haben diese Stpfl. aber im Hinblick auf die bei

---

1) Schubert/Pastor, Beck Bil-Komm, 9. Aufl., § 255 HGB Rz. 428.
2) BFH v. 22.2.1973. IV R 69/69, BStBl II 1973, 480.

Ausgangsumsätzen bestehenden Aufzeichnungspflichten, die Ausgangsrechnungen chronologisch nach dem Tag des Geldeingangs abzulegen und in handschriftliche Listen einzutragen.[1] Außerdem müssen alle Stpfl. mit Gewinnermittlung gem. § 4 Abs. 3 EStG ihre Bareinlagen und Barentnahmen für Zwecke der Feststellung von Überentnahmen gem. § 4 Abs. 4a EStG im Zusammenhang mit dem begrenzten steuerlichen Schuldzinsenabzug aufzeichnen.

c) Anforderungen an die Erfassung der Kasseneinnahmen

An die Verbuchung von Kasseneinnahmen und -ausgaben werden besonders hohe Anforderungen gestellt. Die Betriebsprüfer der Finanzverwaltung prüfen das Kassenbuch besonders kritisch, Kassenmängel berechtigen zu Schätzungen. **734**

Grundsatz: Eintragungen in den Geschäftsbüchern müssen vollständig, richtig, zeitgerecht und geordnet vorgenommen werden (§ 146 Abs. 1 Satz 1 AO). Der Grundsatz der Richtigkeit erfordert sowohl materiell als auch formell richtige Erfassung.

Nach § 146 Abs. 1 Satz 2 AO sollen Einnahmen und Ausgaben täglich festgehalten werden. Eine Verzögerung um einen Tag ist nur dann unschädlich, wenn zwingende geschäftliche Gründe der Erfassung am Tag der Einnahme entgegenstehen und den Buchungsunterlagen sicher entnommen werden kann, wie sich der sollmäßige Kassenstand entwickelt hat.[2]

Jeder Buchung muss ein Beleg zu Grunde liegen (ggf. Eigenbeleg anfertigen). Auch Privateinlagen und Privatentnahmen sind täglich aufzuzeichnen.

Bei privater Vorverauslagung und Erstattung aus der Kasse ist dies als Ausgabe zu erfassen. Datum ist das Datum der Auszahlung aus der Kasse.

Der Soll-Bestand nach dem Kassenbuch muss jederzeit mit dem Ist-Bestand der Kasse übereinstimmen (Kassensturzfähigkeit).

Das Entstehen von Kassenfehlbeträgen hat meist folgende Ursachen:
- zeitlich unzutreffende Erfassung von Bareinnahmen,
- zeitlich unzutreffende Erfassung von Barausgaben,
- mehrfache Buchung von Barausgaben,
- nicht erfasste Einlagen,
- nicht erfasste Betriebseinnahmen.

Kassenverluste durch Unterschlagungen und andere Vorgänge sind im Zeitpunkt des Eintritts oder der Entdeckung des Verlusts zu buchen.

d) Besonderheiten bei Verwendung von Registerkassen

Bei der Verwendung von elektronischen Registrierkassen sind alle Daten während der Dauer der Aufbewahrungsfrist von zehn Jahren (§ 147 Abs. 3 AO) jederzeit verfügbar, unverzüglich lesbar und maschinell auswertbar aufzubewahren (§ 147 Abs. 2 Nr. 2 AO).[3] Die Kassen müssen neben den Grundsätzen ordnungsmäßiger DV-gestützter Buchführungssysteme (GoBS) auch den Grundsätzen zum Datenzugriff und zur Prüfbarkeit digitaler Unterlagen (GDPdU) entsprechen.[4] **735**

Für den Fall, dass eine komplette Speicherung aller steuerlich relevanten Daten – bei Registrierkassen insbesondere Journal-, Auswertungs-, Programmier- und Stammda-

---

1) BFH v. 16.2.2006, X B 57/05 (NV), BFH/NV 2006, 940.
2) BFH v. 31.7.1974, I R 216/72, BStBl II 1975, 96.
3) BMF v. 26.11.2010, IV A 4 – S 0316/08/10004–07, BStBl I 2010, 1342.
4) BMF v. 26.11.2010, IV A 4 – S 0316/08/10004–07, BStBl I 2010, 1342 m.w.N.

tenänderungsdaten – nicht möglich ist, müssen diese Daten unveränderbar und maschinell auswertbar auf einem externen Datenträger gespeichert werden.[1]

Soweit eine Kasse diese Voraussetzungen bauartbedingt nicht oder nur teilweise erfüllt, können diese Geräte vom Stpfl. bis spätestens 31.12.2016 im Betrieb weiter eingesetzt werden. Grundsätzlich sollen in dieser Übergangsfrist die nötigen Softwareanpassungen vorgenommen werden. Bei Registrierkassen, die technisch nicht entsprechend aufgerüstet werden können, müssen die Voraussetzungen des BMF-Schreibens vom 9.1.1996[2] weiterhin vollumfänglich beachtet werden.[3]

e) Einzelfälle

736 Bargeschäfte im Einzelhandel: Die Einzelaufzeichnung der baren Betriebseinnahmen ist unter dem Aspekt der Zumutbarkeit nicht erforderlich, wenn Waren von geringem Wert an eine unbestimmte Vielzahl nicht bekannter und auch nicht feststellbarer Personen verkauft werden.[4] In diesen Fällen kann ein Tagesbericht geführt werden, in dem Einnahmen und Ausgaben mit Anfangs- und Endbestand der Kasse abgestimmt werden müssen.

Bei größeren Bargeschäften sind jedoch Einzelaufzeichnungen zu tätigen, insbesondere Inhalt des Geschäfts, Name oder Firma sowie Anschrift des Vertragspartners.[5]

Bei dem in Form des „Kassenberichts" geführten Kassenbuch müssen die Notizen über den täglichen Kassenbestand nicht aufbewahrt werden, wenn ihnen lediglich eine Transportfunktion zukommt; es muss aber täglich der Kassenbestand ermittelt werden. Beim fortlaufend geführten Kassenbuch muss keine tägliche Feststellung des Kassenbestands erfolgen; es müssen aber die Aufzeichnungen über die Tageseinnahmen aufbewahrt werden. Zuschätzungen zu den Umsatzerlösen können u.a. auf Grund einer Kalkulation oder auf Grund eines Sicherheitszuschlags erfolgen. Die Zuschätzungen können sich aber nur dann auf beide Methoden gleichzeitig stützen (eine Zuschätzung auf Grund Kalkulation und eine weitere Zuschätzung als Unsicherheitszuschlag), wenn sie nicht an dieselben Unsicherheiten anknüpfen. Das FG kann einen unberechtigten Unsicherheitszuschlag im Ergebnis ausgleichen, indem es von einem höheren Rohaufschlagsatz bei der Kalkulation ausgeht.[6]

6. Rückstellungen

a) Begriff

737 Rückstellungen sind Passivposten für Aufwendungen, die hinsichtlich ihrer Entstehung und/oder ihrer Höhe ungewiss sind und der Periode ihrer Verursachung zugerechnet werden sollen. Sie dienen also dazu, spätere Ausgaben bilanziell vorweg zu berücksichtigen.

§ 249 Abs. 1 HGB i.d.F. des BilMoG unterscheidet nicht mehr zwischen Verbindlichkeitsrückstellungen und Aufwandsrückstellungen. Die Vorschrift des § 249 Abs. 1 Satz 3 HGB zur Bildung von Aufwandsrückstellungen für unterlassene Instandhaltungen mit Nachholung innerhalb von zwölf Monaten und § 249 Abs. 2 HGB (Aufwandsrückstellungen für konkrete zukünftige, zeitlich aber ungewisse Aufwendungen) wurden durch das BilMoG aufgehoben. Die bestehenden Rückstellungen können nach Art. 67 Abs. 3 EGHGB beibehalten (Wahlrecht) oder bei einer Auflösung unmittelbar

---

1) BMF v. 26.11.2010, IV A 4 – S 0316/08/10004–07, BStBl I 2010, 1342.
2) BMF v. 9.1.1996, IV A 8 – S 0310 – 5/95, BStBl I 1996, 34.
3) BMF v. 26.11.2010, IV A 4 – S 0316/08/10004–07, BStBl I 2010, 1342.
4) BFH v. 12.5.1966, IV 472/60, BStBl III 1966, 371.
5) BMF v. 5.4.2004, IV D 2 – S 0315 – 9/04, BStBl I 2004, 419; Grenze 15 000 €.
6) FG Saarland v. 15.7.2003, 1 K 174/00, StEd 2003, 581.

in die Gewinnrücklagen eingestellt werden. Besteht handelsrechtlich ein Zwang zur Rückstellung, ist diese grundsätzlich auch zwingend in die Steuerbilanz zu übernehmen. Allerdings sind die steuerlichen Passivierungsbeschränkungen zu beachten. Nach § 249 HGB sind folgende Fälle zu unterscheiden:

Rückstellungen	Art der Berücksichtigung	geregelt in HGB	Behandlung in Steuerbilanz
für ungewisse Verbindlichkeiten	Passivierungszwang	§ 249 Abs. 1 Satz 1	Passivierungsgebot, beachte aber stl. Passivierungsbegrenzungen (§ 4 Abs. 5 EStG, § 5 Abs. 3 bis 4b EStG)
für drohende Verluste aus schwebenden Geschäften	Passivierungszwang	§ 249 Abs. 1 Satz 1	Ansatzverbot (§ 5 Abs. 4a EStG)
für unterlassene Instandhaltung (drei Monate)	Passivierungszwang	§ 249 Abs. 1 Satz 2 Nr. 1	Passivierungsgebot mit der Maßgabe, dass es sich um Erhaltungsaufwendungen handelt (R 5.7 Abs. 11 EStR 2012)
für Abraumbeseitigung (zwölf Monate)	Passivierungszwang	§ 249 Abs. 1 Satz 2 Nr. 1	Passivierungsgebot
für Gewährleistungen ohne rechtliche Verpflichtung	Passivierungszwang	§ 249 Abs. 1 Satz 2 Nr. 2	Passivierungsgebot

Mit dem BilMoG werden ab 2009 handelsrechtlich die Rückstellungen unter Berücksichtigung von künftigen Kosten- und Preisentwicklungen realistischer nach § 253 Abs. 2 HGB bewertet, insbesondere auch Pensionsrückstellungen. Rückstellungen mit einer Restlaufzeit von mehr als einem Jahr sind künftig abzuzinsen (Abzinsungspflicht), die Rückstellungen werden also dynamisiert. Maßgebend für die Abzinsung ist der durchschnittliche Marktzins der vergangenen sieben Jahre. Die steuerlichen Vorschriften nach § 6 Abs. 1 Nr. 3a EStG bleiben unverändert, steuerlich sind die Wertverhältnisse am Bilanzstichtag zu beachten; künftige Preis- und Kostensteigerungen sind insoweit nicht zu berücksichtigen.[1] Die steuerliche Vorschrift des § 6a EStG zur Bildung und Bewertung von Pensionsrückstellungen ist durch das BilMoG unverändert geblieben.

Auch eine öffentlich-rechtliche Verpflichtung kann Grundlage einer Verbindlichkeitsrückstellung sein. Voraussetzung ist jedoch, dass diese Verpflichtung hinreichend konkretisiert ist, d.h., es muss ein inhaltlich genau bestimmter Zeitraum vorgeschrieben sein; an die Verletzung der Verpflichtung müssen Sanktionen geknüpft sein.

---

1) Vgl. die Klarstellung in § 6 Abs. 1 Nr. 3a Buchst. f EStG.

b) Ausweis und Vermerkpflicht

738 Große und mittelgroße Kapitalgesellschaften (§ 267 Abs. 3 HGB) haben die folgenden Rückstellungsposten gesondert und in der angegebenen Reihenfolge auszuweisen § 266 Abs. 3 B. HGB):

- Rückstellungen für Pensionen und ähnliche Verpflichtungen,
- Steuerrückstellungen,
- sonstige Rückstellungen.

Nach § 274 Abs. 1 Satz 1 HGB ist eine Rückstellung für Steuerabgrenzung in der Bilanz gesondert anzugeben. Die Angabe in der Bilanz erfolgt in Form eines eigenen Postens „Passive latente Steuern" (vgl. § 266 Abs. 3 E. HGB). Für eine sich ergebende Steuerentlastung ist entsprechend auf der Aktivseite die Position „Aktive latente Steuern" zu bilden (vgl. § 266 Abs. 2 D. HGB).

Eine weitere Untergliederung ist zulässig (§ 265 Abs. 5 HGB).

Von großen und mittelgroßen Kapitalgesellschaften sind Rückstellungen, die unter dem Posten „sonstige Rückstellungen" nicht gesondert ausgewiesen werden, im Anhang zu erläutern, wenn sie einen nicht unerheblichen Umfang haben (§ 285 Nr. 12 HGB). Zur Beurteilung der Erheblichkeit solcher Rückstellungen wird auf deren Anteil am Gesamtbetrag des Postens „sonstige Rückstellungen" und auf die Bilanzsumme abzustellen sein.

Kleine Kapitalgesellschaften (§ 267 Abs. 1 HGB) brauchen nur eine verkürzte Bilanz aufzustellen, in der der Posten „Rückstellungen" nicht aufgegliedert wird (§ 266 Abs. 1 Satz 3 HGB und § 288 Abs. 1 HGB). Das gilt auch für Kleinstkapitalgesellschaften.

c) Bewertung

739 Die Bewertung von Rückstellungen erfolgt nach § 6 Abs. 1 Nr. 3a EStG. Dabei sind folgende Grundsätze anzuwenden.[1]

- Bei Rückstellungen für gleichartige Verpflichtungen ist die aus den Erfahrungen der Vergangenheit zu ermittelnde Wahrscheinlichkeit zu berücksichtigen, dass eine Inanspruchnahme nur z.T. erfolgen kann;
- bei Rückstellungen für Sachleistungsverpflichtungen erfolgt eine Bewertung mit den Einzelkosten zuzüglich angemessener Teile der notwendigen Gemeinkosten;
- voraussichtlich künftige Vorteile, sind wertmindernd zu berücksichtigen, soweit keine Aktivierung dieser Vorteile als Forderung erfolgt;
- Rückstellungen für Verpflichtungen, die im laufenden Betrieb entstehen, sind zeitanteilig in gleichen Raten anzusammeln. Dies gilt auch für Rückstellungen für die Verpflichtung zur Rücknahme und Verwertung von Erzeugnissen (z.B. Altautos) gem. § 6 Abs. 1 Nr. 3a Buchst. d Satz 2 EStG;
- Rückstellungen für Verpflichtungen mit einer Laufzeit von zwölf Monaten und mehr sind grundsätzlich mit einem Zinssatz von 5,5 % abzuzinsen;
- bei der Bewertung sind die Wertverhältnisse am Bilanzstichtag maßgebend; künftige Preis- und Kostensteigerungen dürfen nicht berücksichtigt werden,

    Nach dem EStR 2012 darf die Höhe der Rückstellung in der Steuerbilanz mit Ausnahme der Pensionsrückstellungen den zulässigen Ansatz in der Handelsbilanz nicht überschreiten. Diese Neuregelung in den EStR 2012 hat Bedeutung bei der Bewertung von Rückstellungen für Sachleistungsverpflichtungen. Nach dem Bil-

---

1) Vgl. zu § 6 Abs. 1 Nr. 3a EStG Kulosa in Schmidt, 33. Aufl., § 6 EStG Rz. 471 ff.

MoG hat sich nämlich die handelsrechtliche Bewertung für Sachleistungsverpflichtungen verändert. Anders als bisher sind die sachleistungsbezogenen Rückstellungen nach § 255 Abs. 2 HGB n. F. mit dem durchschnittlichen Marktzins am Bilanzstichtag bis zum Erfüllungszeitpunkt abzuzinsen. Steuerrechtlich sind dagegen Rückstellung für diese Verpflichtungen mit einem Zinssatz von 5,5 % abzuzinsen (§ 6 Abs. 1 Nr. 3a Buchstabe 4 EStG). Aufgrund der unterschiedlichen Abzinsungszeiträume und Abzinsungssätze im Handelsrecht einerseits und im Steuerrecht andererseits sind die Rückstellung für Sachleistungsverbindlichkeiten in der Handelsbilanz regelmäßig niedriger als in der Steuerbilanz. Im Hinblick auf den Maßgeblichkeitsgrundsatz finden die niedrigeren handelsrechtlichen Werte Eingang in die Steuerbilanz und lösen dort Auflösungsgewinne aus. In R 6.11 Abs. 3 EStR 2012 wird daher eingeräumt, dass für die Gewinne, die sich aus der Auflösung von Rückstellungen ergeben, die vor dem 1.1.2010 endenden Wirtschaftsjahre passiviert wurden, eine gewinnmindernde Rücklage i. H. v. 14/15 passiviert werden kann, die in den folgenden 14 Wirtschaftjahren jeweils mit mindestens 1/15 gewinnerhöhend aufzulösen ist. Für den Fall, dass die Verpflichtung, für die eine Rücklage passiviert wurde und bereits vor Ablauf des maßgebenden Auflösungszeitraumes nicht mehr besteht, ist die insoweit verbleibende Rücklage zum Ende des Wirtschaftsjahres des Wegfalls der Verpflichtung in vollem Umfang gewinnerhöhend aufzulösen (R 6.11 Abs. 3 EStR 2012).

d) *Einzelfälle*

Im Einzelnen gilt hinsichtlich der nachstehenden Rückstellungen Folgendes: **740**

aa) Abraumbeseitigung (§ 249 Abs. 1 Satz 2 HGB; R 5.7 Abs. 11 EStR 2012)

Handelsrechtlich besteht Rückstellungspflicht für im Geschäftsjahr unterlassene Aufwendungen für Abraumbeseitigung, die im folgenden Geschäftsjahr nachgeholt werden (§ 249 Abs. 1 Satz 2 Nr. 1 HGB). Rückstellungspflicht besteht daher in diesen Fällen jetzt auch in der Steuerbilanz.

Die Rückstellungspflicht für Abraumbeseitigung bezieht sich dabei auf die Beseitigung des Abraumrückstands, also die Deckschicht bei Gruben, die im Tagebau betrieben werden, die bis zum Schluss des Wirtschaftsjahrs bei wirtschaftlich ordnungsmäßiger Beseitigung hätte abgeräumt werden müssen, aber noch vorhanden ist. Bilanziell handelt es sich um unterlassene Aufwendungen.

Die erweiterten handelsrechtlichen Rückstellungspflichten haben nur Bedeutung für Aufwendungen für unterlassene Abraumbeseitigung ohne (öffentlich-)rechtliche Verpflichtung. Besteht dagegen eine (öffentlich-)rechtliche Verpflichtung, muss nach § 249 Abs. 1 Satz 1 HGB eine Rückstellung auch dann gebildet werden, wenn die Abraumbeseitigung in einem früheren Geschäftsjahr unterlassen wurde und/oder die Nachholung in einem späteren Geschäftsjahr erfolgen soll. Für das Steuerrecht so bereits bisher[1] auch vertreten zu Rückstellungen für Rekultivierungsaufwendungen nach dem Abgrabungsgesetz des Landes Nordrhein-Westfalen vom 21.11.1972.

bb) Aufbewahrung von Geschäftsunterlagen

Für die zukünftigen Kosten der Aufbewahrung von Geschäftsunterlagen, zu der das **741** Unternehmen gem. § 257 HGB und § 147 AO verpflichtet ist, ist im Jahresabschluss eine Rückstellung zu bilden. Der Ansatz der Sachleistungsverpflichtung erfolgt in

---

1) BFH v. 19.5.1983, IV R 205/79, BStBl II 1983, 670.

Höhe des voraussichtlichen Erfüllungsbetrags mit den Vollkosten.[1] Für die Berechnung der Rückstellung sind nur diejenigen Unterlagen zu berücksichtigen, die zum betreffenden Bilanzstichtag entstanden sind.[2] Eine Abzinsung gem. § 6 Abs. 1 Nr. 3a Buchst. e EStG erfolgt auch nach aktueller steuerlicher Rechtslage nicht.[3]

cc) Betriebsprüfung[4]

742 Die sich aus § 200 AO für den Stpfl. bei einer künftig zu erwartenden Betriebsprüfung ergebenden Mitwirkungspflichten sind zunächst lediglich latent vorhanden. Die einzelnen Pflichten, z.b. Bereithalten von Arbeitsräumen und Auskunftspersonen, werden erst durch die Aufforderung der Behörde konkretisiert. Das gilt auch für zusätzliche Buchhaltungsarbeiten. Eine Rückstellung ist nicht zulässig.

Rückstellungen für Betriebsprüfungskosten sind dann zulässig, wenn vor dem Abschlussstichtag eine korrespondierende Prüfungsanordnung (der im Folgejahr durchzuführenden Außenprüfung) ergangen ist.

In der Steuerbilanz einer als Großbetrieb eingestuften Kapitalgesellschaft i.S.v. § 3 BpO sind Rückstellungen für die im Zusammenhang mit einer Außenprüfung bestehenden Mitwirkungspflichten gem. § 200 AO, soweit diese die am jeweiligen Bilanzstichtag bereits abgelaufenen Wirtschaftsjahre (Prüfungsjahre) betreffen, grundsätzlich auch vor Erlass einer Prüfungsanordnung zu bilden.[5] Nach der Auffassung der FinVerw[6] gilt diese Rechtsprechung ausschließlich für Großbetriebe, da der für diese Betriebe geltende Grundsatz der Anschlussprüfung (§ 4 Abs. 2 BpO) tragender Grund für die Rechtsprechung war. Im Übrigen sollen nach Verwaltungsauffassung in die Rückstellung nur die Aufwendungen einbezogen werden, die in direktem Zusammenhang mit der Durchführung der Betriebsprüfung stehen (z.B. Kosten für die rechtliche oder steuerrechtliche Beratung im Zusammenhang mit der Betriebsprüfung). Nicht einzubeziehen sind u.a. allgemeine Verwaltungskosten, die bei der Verpflichtung zur Aufbewahrung von Geschäftsunterlagen (§ 257 HGB und § 147 AO), der Verpflichtung zur Anpassung des betrieblichen EDV-Systems an die Grundsätze zum Datenzugriff und zur Prüfbarkeit digitaler Unterlagen (GDPdU) berücksichtigt worden sind. Im Übrigen ist die Rückstellung als Sachleistungsverpflichtung nach § 6 Abs. 1 Nr. 3a Buchst. b EStG abzuzinsen.

dd) Garantieleistungen (§ 249 Abs. 1 Satz 1 HGB, R 5.7 Abs. 12 EStR 2012)[7]

743 Besteht für den Erbringer einer Leistung für einen gewissen Zeitraum eine rechtliche Verpflichtung, eventuell auftretende Schäden beseitigen zu müssen, so sind entsprechende Rückstellungen zu bilden.

Hinweis:

Da pauschale Rückstellungen für zukünftige Gewährleistung nur auf Grund von Erfahrungswerten aus der Vergangenheit gebildet werden dürfen, empfiehlt es sich, über die tatsächlichen Garantieleistungen Aufzeichnungen zu führen. Die Aufwendungen auf den entsprechenden Konten der Buchführung geben meist kein zutreffendes Bild, da eigene Löhne und Materialentnahmen aus dem Lager nicht erfasst werden (umgebucht) werden.

---

1) BFH v. 19.8.2002, VIII R 30/01, BStBl II 2003, 131 und v. 11.10.2012, I R 66/11, DB 2013, 622 zur Einbeziehung von nicht unmittelbar der Aufbewahrungsverpflichtung zuzuordnenden Zinsaufwendungen für Archivräume.
2) BFH v. 18.1.2010, X R 14/09, BStBl II 2011, 496.
3) OFD Münster, Kurzinformation 5/2005 v. 21.1.2005, NWB EN 2005, F 1, 56.
4) BFH v. 24.8.1972, VIII R 21/69, BStBl II 1973, 55.
5) BFH v. 6.6.2012, I R 99/10, BStBl II 2013, 196.
6) BMF v. 7.3.2013, IV C 6 – S 2137/12/10001, BStBl I 2013, 274.
7) BFH v. 30.6.1983, IV R 41/81, BStBl II 1984, 263.

ee) Unterlassene Instandhaltung

744 Rückstellungen für unterlassene Instandhaltungen sind zu bilden, wenn diese innerhalb von drei Monaten im folgenden Geschäftsjahr nachgeholt werden (§ 249 Abs. 1 Nr. 1 HGB).

Es muss sich dabei um eine an sich im abgelaufenen Geschäftsjahr notwendige Instandhaltungsmaßnahme handeln. Keinesfalls genügt die Verursachung einer späteren, nach weiterem Gebrauch notwendig werdenden Reparatur. Im Vorjahr zulässigerweise gebildete Rückstellungen, die aus irgendwelchen Gründen nicht in Anspruch genommen wurden, müssen aufgelöst werden.

ff) Jahresabschluss-, Prüfungs- und Beratungskosten

745 Für Kosten der Jahresabschlusserstellung sowie für Beratungs- und Prüfungskosten sind, soweit sie das abgelaufene Geschäftsjahr betreffen, Rückstellungen zu bilden. Eine öffentlich-rechtliche Verpflichtung kann auch zu einer Rückstellung i.S.d. § 249 Abs. 1 Satz 1 HGB führen. Dabei sind sowohl die „externen" Kosten (z.B. Steuerberaterhonorare) als auch die „internen" Kosten rückstellungsfähig. Voraussetzung ist, dass eine rechtliche Verpflichtung existiert, den Jahresabschluss zu erstellen usw. Der BFH[1] fordert den Ansatz der Vollkosten (Einzelkosten und Gemeinkosten).

§ 12 EStG ist zu beachten. Nicht rückstellungsfähig sind daher die Verpflichtungen zur Erstellung der Einkommensteuererklärung und der Erklärung zur gesonderten und einheitlichen Feststellung des Gewinns einer Personengesellschaft.

gg) Pensionsrückstellung (§ 249 Abs. 1 Satz 1 HGB; § 6a EStG)

746 Einem Mitarbeiter muss eine rechtsverbindliche Zusage gegeben sein, dass an ihn nach dem Ausscheiden aus dem Unternehmen eine laufende oder einmalige Zahlung gewährt wird. Dabei wird vom Zeitpunkt der Zusage an zu Lasten des Gewinns ein Passivposten in der Bilanz aufgenommen und jährlich aufgestockt (GuV: Personalaufwand, beim Gesamtkostenverfahren nach unter Nr. 6 Buchst. b des § 275 Abs. 2 HGB auszuweisen). Der Zinsanteil kann auch unter § 275 Abs. 2 Nr. 13 HGB ausgewiesen werden. Bei der späteren Zahlung erfolgt dann die Verrechnung mit der Rückstellung.

Gemäß § 249 Abs. 1 Satz 1 HGB besteht für rechtsverbindliche Zusagen (Direktzusagen) Passivierungspflicht. Dieser Grundsatz des neuen Rechts wird durch das in Art. 28 Abs. 1 Satz 1 EGHGB geregelte Wahlrecht in erheblicher Weise eingeschränkt. Für eine laufende Pension oder eine Anwartschaft auf eine Pension muss eine Rückstellung nur gebildet werden, wenn der Pensionsberechtigte einen Rechtsanspruch nach dem 31.12.1986 erworben hat (sog. Neuzusage). Für sog. Altzusagen (Zusagen vor dem 1.1.1987) und für Erhöhungen und Verbesserungen derartiger Zusagen braucht gem. § 249 Abs. 1 Satz 1 HGB i.V.m. Art. 28 Abs. 1 Satz 1 EGHGB eine Rückstellung nicht gebildet zu werden.

Für diese Zusagen bleibt es handelsrechtlich auch für die Zukunft beim Passivierungswahlrecht. Das gilt auch bei einem abweichenden Wirtschaftsjahr.

Entscheidend für die Abgrenzung zwischen Alt- und Neuzusagen ist der Zeitpunkt der erstmaligen Entstehens eines Rechtsanspruchs des Berechtigten auf Versorgungsleistungen. Noch nicht erfüllte Warte- und Vorschaltzeiten gem. den Versorgungsbestimmungen stehen dem rechtlichen Entstehen des Anspruchs nicht entgegen. Das gilt auch dann, wenn eine bewusst noch vor dem 1.1.1987 erteilte unmittelbare Zusage, die aber lediglich eine Minimalversorgung gewährt, nach dem 31.12.1986 auf ein angemessenes Niveau angepasst wird.[2]

---

1) BFH v. 25.2.1986, VIII R 134/80, BStBl II 1986, 788.
2) BMF v. 13.3.1987, IV B 1 – S 2176 – 12/87, BStBl I 1987, 365.

Das Gesetz stellt auf den Versorgungsanspruch des Berechtigten ab. Für eine evtl. Passivierungspflicht ist ein Übergang der Verpflichtung durch Gesamtrechtsnachfolge (Erbfall, Verschmelzung) oder kraft gesetzlicher Übernahme im Fall des § 613a BGB oder einzelvertraglicher Übernahme unerheblich. Im Fall des § 613a BGB ist jedoch zu beachten, dass die Übernahme von Versorgungsverpflichtungen Bestandteil des Entgelts für die Übernahme von Wirtschaftsgütern sein kann. Wenn ein Unternehmer einen Arbeitnehmer „abwirbt" und ihm eine seinem Anspruch gegenüber dem früheren Arbeitgeber entsprechende Versorgungszusage macht, liegt eine „Neuzusage" vor.

Nach § 249 Abs. 2 Satz 2 HGB gilt für gebildete Rückstellungen künftig ein generelles Auflösungsverbot. Auflösungen sind nur zulässig, wenn der Grund für die Bildung und Beibehaltung der Rückstellung entfallen ist. Damit ist – jedenfalls für Neuzusagen – die Auflösung der Rückstellung nach der buchhalterischen Methode unzulässig. Gleiches gilt für die freiwillig gebildeten Rückstellungen bei Altzusagen.

Das Nachholverbot des § 6a EStG ist steuerrechtlich auch zukünftig zu beachten.

Eine Neuzusage liegt z.B. auch vor, wenn nach dem 31.12.1986 die betriebliche Altersversorgung von einer mittelbaren Versorgungszusage (z.B. Unterstützungskasse) in eine unmittelbare Pensionszusage überführt wird. Eine Neuzusage liegt dagegen nicht vor, wenn der Arbeitgeber zunächst die Zahlung eines festen Rentenbetrags zugesagt hat, diese Zusage aber später an den letzten Arbeitslohn anknüpft. Die von vornherein bestehende arbeitsrechtliche Verpflichtung des Arbeitgebers bleibt dem Grunde nach unverändert. Geändert hat sich nur der Leistungsumfang der zugesagten Altersversorgung.

Pensionszusagen sind handelsrechtlich nach § 253 Abs. 2 Satz 1 HGB unter Berücksichtigung des Einzelbewertungsgrundsatzes zu bewerten. Es muss ein individueller Abzinsungszinssatz ermittelt werden. Dabei gilt, dass diese Rückstellungen mit dem ihrer Laufzeit entsprechenden durchschnittlichen Marktzinssatz der vergangenen sieben Geschäftsjahre abzuzinsen sind. Anstelle dessen dürfen die Rückstellungen für laufende Pensionen oder Anwartschaften auf Pensionen pauschal mit dem durchschnittlichen Marktzinssatz abgezinst werden, der sich bei einer angenommenen Laufzeit von 15 Jahren ergibt (§ 253 Abs. 2 HGB). Steuerrechtlich ist bei der Ermittlung der Rückstellung hingegen ein Rechnungszinsfuß von 6 % zu berücksichtigen (§ 6a Abs. 3 Satz 3 EStG).

hh) Steuern (§ 249 Abs. 1 Satz 1 HGB)

747 Für zu erwartende Steuerabschlusszahlungen (= Differenz zwischen Steuerschuld und Steuervorauszahlung) ist für ertragsabhängige Steuern eine handelsrechtliche Passivierungspflicht für eine Steuerrückstellung geboten. Dies ist dadurch begründet, weil nicht sicher ist, ob die FinVerw den vom Unternehmen ermittelten Gewinn anerkennen wird.

Nach der Rechtsprechung des BFH[1] ist eine Rückstellung im Hinblick auf aus zukünftigen Betriebsprüfungen zu erwartende Steuernachforderungen nicht zulässig.

ii) Ungewisse Verbindlichkeiten (§ 249 Abs. 1 Satz 1 HGB, R 5.7 Abs. 2 EStR 2012)[2]

748 Die Bildung einer Rückstellung für ungewisse Verbindlichkeiten setzt nach R 5.7 Abs. 2 EStR 2012 voraus,

---

1) BFH v. 13.1.1966, IV 51/62, BStBl III 1966, 189.
2) BFH v. 10.8.1972, VIII R 1/67, BStBl II 1973, 9.

- dass es sich um eine Verbindlichkeit gegenüber einem anderen oder um eine öffentlich-rechtliche Verpflichtung handelt,
- die Verpflichtung vor dem Bilanzstichtag begründet worden ist, d.h. wirtschaftlich verursacht wurde,
- mit einer Inanspruchnahme ernsthaft zu rechnen ist und
- die Aufwendungen in künftigen Wirtschaftsjahren nicht zu Anschaffungs- oder Herstellungskosten für ein Wirtschaftsgut führen.

Rückstellungen für ungewisse Verbindlichkeiten können mithin erst dann berücksichtigt werden, wenn sie rechtlich entstanden und wirtschaftlich verursacht sind.[1] Vor diesem Hintergrund gilt, dass öffentlich-rechtliche Verpflichtungen trotz einer behördlichen Anweisung i.d.R. erst gebildet werden dürfen, wenn die im Einzelfall eingeräumte Frist zu ihrer Erfüllung am maßgeblichen Bilanzstichtag bereits abgelaufen ist. Ansonsten fehlt es an der rechtlichen Verpflichtungsentstehung.[2]

7. Teilwertabschreibung

a) Allgemeines

Auch bei der steuerrechtlichen Bewertung von Wirtschaftsgütern ist eine Teilwertabschreibung zulässig. **749**

Für Wirtschaftsgüter des abnutzbaren Anlagevermögens ordnet § 6 Abs. 1 Nr. 1 Satz 1–2 EStG insoweit an, dass diese mit den um die Abschreibungen verminderten Anschaffungs- oder Herstellungskosten anzusetzen sind. Nur für den Fall, dass der Teilwert auf Grund einer voraussichtlich dauernden Wertminderung niedriger ist, kann dieser auch in der Bilanz angesetzt werden. Haben die in Rede stehenden Wirtschaftsgüter bereits am Schluss des vorangegangenen Wirtschaftsjahres zum Betriebsvermögen des Stpfl. gehört, sieht § 6 Abs. 1 Nr. 1 Satz 4 EStG vor, dass diese mit den um die Abschreibungen verminderten Anschaffungs- oder Herstellungskosten anzusetzen sind, wenn der Stpfl. nicht einen niedrigeren Teilwert nachweist.

Für andere Wirtschaftsgüter (Grund und Boden, Beteiligungen, Umlaufvermögen) ist ebenfalls nach § 6 Abs. 1 Nr. 2 EStG bei der Bewertung der Ansatz des niedrigeren Teilwerts zulässig. Ebenso wie bei abnutzbaren Wirtschaftsgütern muss aber für den Ansatz eines unter den Anschaffungs- oder Herstellungskosten liegenden Teilwerts eine dauernde Wertminderung vorliegen. Hinsichtlich der Frage, wann eine dauernde Wertminderung vorliegt, sind die Grundsätze des BMF-Schreibens v. 16.7.2014[3] zu beachten. Dabei ist für die Beurteilung einer voraussichtlich dauernden Wertminderung die Eigenart des Wirtschaftsguts (z.B. abnutzbares oder nicht abnutzbares Wirtschaftsgut) von maßgeblicher Bedeutung.[4] Insoweit sind die entsprechenden Ausführungen im BMF-Schreiben v. 16.7.2014[5] zu einzelnen Wirtschaftsgütern zu beachten.

---

1) BMF v. 21.3.203, IV A 6 – S 2137–2/03, BStBl I 2003, 125; BFH v. 13.12.2007, IV R 85/05, BStBl II 2008, 516; BFH v. 6.2.2013, I R 8/12, DB2013.
2) BFH v. 6.2.2013, I R 8/12, DB2013, 1087 und v. 13.12.2007 IV R 85/05, BStBl II 2008, 516.
3) BMF v. 16.7.2014, IV C 6 – S 2171-b/09/10002, BStBl I 2014, 1162.
4) BMF v. 16.7.2014, IV C 6 – S 2171-b/09/10002, BStBl I 2014, 1162, Rz. 7.
5) BMF v. 16.7.2014, IV C 6 – S 2171-b/09/10002, BStBl I 2014, 1162, Rz. 8 ff. Für Wirtschaftsjahre, die nach dem 31.12.2008 enden, sind bei der Vornahme von steuerrechtlichen Teilwertabschreibungen die Grundsätze des BMF-Schreibens v. 12.3.2010, IV C 6-S 2133/09/10001, BStBl I 2010, 239 zu beachten.

Der Teilwert kann nur im Wege der Schätzung nach den Verhältnissen des Einzelfalls ermittelt werden (R 6.7 Abs. 1 Satz 1 EStR 2012). Dabei sind die folgenden Teilwertvermutungen zu beachten:

- Im Zeitpunkt des Erwerbs oder der Fertigstellung eines Wirtschaftsguts entspricht der Teilwert den Anschaffungs- oder Herstellungskosten.[1]
- Bei nicht abnutzbaren Wirtschaftsgütern des Anlagevermögens entspricht der Teilwert auch zu späteren, dem Zeitpunkt der Anschaffung oder Herstellung nachfolgenden Bewertungsstichtagen den Anschaffungs- oder Herstellungskosten.[2]
- Bei abnutzbaren Wirtschaftsgütern des Anlagevermögens entspricht der Teilwert zu späteren, dem Zeitpunkt der Anschaffung oder Herstellung nachfolgenden Bewertungsstichtagen den um die lineare AfA verminderten Anschaffungs- oder Herstellungskosten.[3]
- Bei Wirtschaftsgütern des Umlaufvermögens entspricht der Teilwert grundsätzlich den Wiederbeschaffungskosten. Der Teilwert von zum Absatz bestimmten Waren hängt jedoch auch von deren voraussichtlichem Veräußerungserlös (Börsen- oder Marktpreis) ab.[4]
- Der Teilwert einer Beteiligung entspricht im Zeitpunkt ihres Erwerbs den Anschaffungskosten. Für ihren Wert sind nicht nur die Ertragslage und die Ertragsaussichten, sondern auch der Vermögenswert und die funktionale Bedeutung des Beteiligungsunternehmens, insbesondere im Rahmen einer Betriebsaufspaltung, maßgebend.[5]

Die Teilwertvermutung kann widerlegt werden, wenn der Stpfl. anhand konkreter Tatsachen und Umstände darlegt und nachweist, dass die Anschaffung oder Herstellung eines bestimmten Wirtschaftsguts von Anfang an eine Fehlmaßnahme war, oder dass zwischen dem Zeitpunkt der Anschaffung oder Herstellung und dem maßgeblichen Bilanzstichtag Umstände eingetreten sind, die die Anschaffung oder Herstellung des Wirtschaftsguts nachträglich zur Fehlmaßnahme werden lassen. Die Teilwertvermutung ist auch widerlegt, wenn der Nachweis erbracht wird, dass diese Wiederbeschaffungskosten am Bilanzstichtag niedriger als der vermutete Teilwert sind. Der Nachweis erfordert es, dass die behaupteten Tatsachen objektiv feststellbar sind (R 6.7 Satz 3–6 EStR 2012).

b) Willkürliche Gestaltung

750 Vermögensgegenstände des Anlage- und Umlaufvermögens sind bei voraussichtlich dauernder Wertminderung außerplanmäßig abzuschreiben (§ 253 Abs. 3 Satz 3 und Absatz 4 HGB). Nach § 6 Abs. 1 Nr. 1 Satz 2 und Nummer 2 Satz 2 EStG kann bei einer voraussichtlich dauernden Wertminderung der Teilwert angesetzt werden. Die Vornahme einer außerplanmäßigen Abschreibung in der Handelsbilanz ist nicht zwingend in der Steuerbilanz durch eine Teilwertabschreibung nachzuvollziehen; der Stpfl. kann darauf auch verzichten.

In diesem Zusammenhang betrachtet die Finanzverwaltung die Fälle kritisch, in denen der Stpfl. in einem Wirtschaftsjahr eine Teilwertabschreibung vorgenommen hat und er in einem darauf folgenden Jahr auf den Nachweis der dauernden Wertminderung verzichtet (z.B. im Zusammenhang mit Verlustabzügen). In solchen Fällen ist

---

1) BFH v. 13.4.1988, I R 104/86, BStBl 1988, 892, nicht ohne Weiteres anwendbar bei Erwerb eines Unternehmens oder Mitunternehmeranteils, BFH v. 6.7.1995, IV R 30/93, BStBl II 1995, 831.
2) BFH v. 21.7.1982, I R 177/77, BStBl II 1982, 758.
3) BFH v. 30.11.1988, II R 237/83, BStBl II 1989, 183.
4) BFH v. 27.10.1983, IV R 143/80, BStBl II 1984, 35.
5) BFH v. 6.11.2003, IV R 10/01, BStBl II 2004, 416.

nach der Auffassung der Finanzverwaltung zu prüfen, ob eine willkürliche Gestaltung vorliegt.[1]

8. Verbindlichkeiten

Verbindlichkeiten sind nach §§ 253 Abs. 1 Satz 2, 266 Abs. 3 HGB zu passivieren (Passivierungsgebot). Voraussetzungen hierfür sind: **751**

- die betriebliche Veranlassung der Verbindlichkeiten nach § 4 Abs. 4 EStG.
- Die Verbindlichkeit muss am Bilanzstichtag dem Grunde und der Höhe nach gewiss und quantifizierbar sein.
- Sie muss im abgelaufenen Wirtschaftsjahr verursacht sein, d.h., das abgelaufene Wirtschaftsjahr wirtschaftlich belastet haben.
- Das Bestehen der Verbindlichkeit muss dem Kaufmann bis zur Bilanzaufstellung bekannt geworden sein.

Für die Passivierung der Verbindlichkeit ist nicht erforderlich, dass diese fällig oder der Schuldner zahlungsfähig ist oder der Gläubiger im Falle einer Schuldübernahme nach §§ 414, 415 BGB zugestimmt hat.

Eine Passivierung ist jedoch ausgeschlossen (Passivierungsverbot) bei

- Verbindlichkeiten aus schwebenden Geschäften, es sei denn, es bestehen Erfüllungsrückstände oder Vorleistungen (erhaltene Anzahlungen, vgl. hierzu § 266 Abs. 3 C. 3. HGB).
- Schulden, die noch nicht verjährt sind, aber mit an Sicherheit grenzender Wahrscheinlichkeit nicht mehr erfüllt werden müssen. Insoweit fehlt es an der wirtschaftlichen Belastung.
- Schadensersatzverpflichtungen aus strafbaren Handlungen vor Entdeckung der Tat.
- Geldverbindlichkeiten sind nach § 253 Abs. 1 Satz 2 HGB mit dem Erfüllungsbetrag in Ansatz zu bringen.
- Für unverzinsliche Verbindlichkeiten gilt § 6 Abs. 1 Nr. 3 EStG: Abzinsung mit 5,5 % bei einer Laufzeit am Bilanzstichtag von mindestens zwölf Monaten.
- Für Rentenverbindlichkeiten bestimmt § 253 Abs. 2 Satz 3 HGB den Ansatz mit dem Barwert (Kapitalwert) am Bilanzstichtag.
- Sach- und Dienstleistungsverpflichtungen sind mit den erforderlichen Aufwendungen (üblicherweise Vollkosten) anzusetzen.

Die Bilanzposition Verbindlichkeiten ist häufig Gegenstand bilanzpolitischer Überlegungen. Im Einzelnen geht es in diesem Zusammenhang u.a. darum, die Bilanz des Unternehmens für eine Kreditaufnahme bzw. für einen möglichen Unternehmensverkauf – unter Beachtung der gesetzlich zulässigen Spielräume – in geeigneter Weise darzustellen. Im Fokus steht hierbei häufig die sogen. materielle und formelle Bilanzpolitik. Die materielle Bilanzpolitik stellt ab auf die Beeinflussung des im Jahresabschluss ausgewiesenen Gewinn und Verlustes. Die formelle Bilanzpolitik zielt hingegen auf die Gliederung, den Ausweis und die Erläuterung der Abschlussposten ab. Hierbei geht es im Wesentlichen um die Beeinflussung der Struktur der Bilanz und der Gewinn- und Verlustrechnung. In diesem Zusammenhang ergeben sich für die

---

1) BMF v. 12.3.2010, IV C 6 – S 2133/09/10001, BStBl I 2010, 239 Rz. 15.

Bilanzposition Verbindlichkeiten (einschl. Rückstellungen) beispielhaft folgende Maßnahmen:

- Verschiebung der Erhöhung von Pensionszusagen zur Vermeidung von Rückstellungszuführungen.
- Ausnutzung des (handelsrechtlichen) Passivierungswahlrechts bei sogen. Altersorgungszusagen (Art. 28 Abs. 1 Satz 1 EHGB).
- Auslagerung von Direktzusagen aus der Bilanz durch Übertragung der Verpflichtung auf eine Direktversicherung, Pensionskasse oder Pensionsfonds.
- Vorzeitige Rückführung eines Kredits zur Verkürzung der Bilanzsumme und Verbesserung der Bilanzstruktur.
- Kurzfristige Rückführung von Kreditverbindlichkeiten am Bilanzstichtag und Wiederaufnahme von Kreditverbindlichkeiten nach dem Bilanzstichtag.
- Ersatz von Lieferantenkrediten durch Bankkredite und umgekehrt.
- Verrechnung von Vermögensgegenständen (Planvermögen): Mit dem BilMoG wurde eine Verrechnungspflicht von Altersvorsorgeverpflichtungen oder vergleichbarer langfristig fälligen Verpflichtungen (z.b. Wertguthaben aus Lebensarbeitszeitkonten) mit bestimmten Vermögensgegenständen (Planvermögen), die zur Erfüllung dieser Verpflichtungen dienen (z.b. Rückdeckungsversicherungsansprüche, CTA-Modelle) eingeführt (§ 246 Abs. 2 Satz 2 HGB). Durch die Verrechnung tritt eine Verkürzung der Bilanzsumme ein. Gleichzeitig ist ein besserer Einblick in die Vermögenslage des Unternehmens möglich. Die zur Erfüllung der Verpflichtung dienenden Vermögensgegenstände werden mit ihrem Zeitwert bewertet und verrechnet, so dass auf der Passivseite eine den wirtschaftlichen Verhältnissen entsprechende Verpflichtung erfasst wird (§ 253 Abs. 1 Satz 4 HGB).

Einbringung in eine Kapitalgesellschaft oder Genossenschaft

von Volker Bock

INHALTSÜBERSICHT

	Rz.
I. Als Einbringung qualifizierende gesellschaftsrechtliche Maßnahmen	752–759
1. Überblick	752–755
a) Gesamtrechtsnachfolge (§ 1 Abs. 3 Nr. 1 und 2 UmwStG)	753
b) Formwechsel (§ 1 Abs. 3 Nr. 3 UmwStG)	754
c) Einzelrechtsnachfolge (§ 1 Abs. 3 Nr. 4 UmwStG)	755
2. Einzelrechtsnachfolge	756–759
II. Überblick über die steuerlichen Einbringungsvorschriften	760
III. Begünstigte Organisationseinheiten	761–764
IV. Steuerliche Rückwirkung	765
V. Gewährung neuer Anteile	766–767
VI. Besteuerung der übertragenden Gesellschafter	768–778
VII. Besteuerung der übernehmenden Kapitalgesellschaft	779–782
VIII. Einbringung in der Europäischen Union bzw. Drittlandsfälle	783–786

I. Als Einbringung qualifizierende gesellschaftsrechtliche Maßnahmen

1. Überblick

Folgende gesellschaftsrechtliche Maßnahmen werden als Einbringung durch das Gesetz erfasst (UmwStE Tz. 1.44): **752**

a) Gesamtrechtsnachfolge (§ 1 Abs. 3 Nr. 1 und 2 UmwStG)

Die Gesamtrechtsnachfolge erfolgt **753**

– durch Verschmelzung von Personenhandelsgesellschaften[1] auf eine bereits bestehende oder neu gegründete Kapitalgesellschaft (vgl. § 2 UmwG);
– durch Aufspaltung oder Abspaltung von Vermögensteilen einer Personenhandelsgesellschaft auf eine bereits bestehende oder neu gegründete Kapitalgesellschaft (vgl. § 123 Abs. 1 und 2 UmwG);
– durch Ausgliederung von Vermögensteilen i. S. des § 123 Abs. 3 UmwG auf eine bereits bestehende oder neu gegründete Kapitalgesellschaft oder
– jeweils vergleichbare ausländische Vorgänge (§ 1 Abs. 3 Nr. 1 und 3 UmwStG).

Dabei braucht die Gesamtrechtnachfolge sich nicht auf Sachgesamtheiten zu beziehen, sondern kann auch nur einzelne Vermögensgegenstände oder Verbindlichkeiten betreffen. Die Möglichkeit der Übertragung von Verbindlichkeiten im Wege der Gesamtrechtsnachfolge spielt insbesondere bei der Schaffung sog. „Rentner-GmbHs" eine Rolle.[2]

b) Formwechsel (§ 1 Abs. 3 Nr. 3 UmwStG)

Diese Umwandlungsform ist möglich als Formwechsel **754**

– einer Personenhandelsgesellschaft in eine Kapitalgesellschaft nach § 190 UmwG. Der Formwechsel wird steuerlich wie ein Rechtsträgerwechsel behandelt (vgl. § 25 UmwStG);
– oder vergleichbare ausländische Vorgänge (§ 1 Abs. 3 Nr. 3 UmwStG).

c) Einzelrechtsnachfolge (§ 1 Abs. 3 Nr. 4 UmwStG)

Die Einzelrechtsnachfolge erfolgt **755**

– durch Sacheinlage i.S.v. § 5 Abs. 4 GmbHG bzw. § 27 AktG bei der Gründung einer Kapitalgesellschaft oder
– durch Sacheinlage im Wege der Kapitalerhöhung (vgl. § 56 GmbHG, §§ 183, 194, 205 AktG) bei einer bestehenden Kapitalgesellschaft. Die sog. erweiterte Anwachsung (§ 738 BGB, § 142 HGB) wird ertragsteuerlich als Unterfall der Einzelrechtsnachfolge behandelt.[3]

2. Einzelrechtsnachfolge

Bei der Einbringung im Wege der Einzelrechtsnachfolge ist das den Rechtsgrund bildende Grundgeschäft streng vom Verfügungsgeschäft (dingliche Übertragung) zu **756**

---

1) Seit 1.8.1998 ist dies auch für Partnerschaftsgesellschaften möglich.
2) Vgl. den Fall des BFH v. 12.12.2012, I R 28/11, 4 BFHE 240, 22.
3) Vgl. Schumacher/Neumann, DStR 2008, 325, 330 f., die daran auch für das neue Recht festhalten, allerdings nur die Variante des sog. Übertragungsmodells (im Gegensatz zum Austrittsmodell) als Vorgang nach § 20 UmwStG qualifizieren; a.A. Widmann in Widmann/Mayer, § 20 UmwStG Rz. R 107.

trennen (sog. Abstraktionsprinzip).[1]) Das Grundgeschäft besteht bei der Einbringung im Wege der Einzelrechtsnachfolge in dem gesellschaftsrechtlichen Organisationsakt der Sachgründung oder Kapitalerhöhung gegen Sacheinlage.

757 Was im Einzelnen übertragen werden soll, muss der Einbringungsvertrag bestimmen. Bei der Einbringung eines ganzen Unternehmens werden alle Aktiva und Passiva erfasst, die im Zeitpunkt der Übertragung vorhanden sind. Zu den Aktiva zählen die Geschäftsgrundstücke, die beweglichen Sachen (z.b. Geschäftseinrichtung, Maschinen, Rohstoffe, Warenlager, Bargeld etc.) einschließlich der Handelsbücher, Geschäftsbriefe etc., weiter die Forderungen (Bonität prüfen!), aber auch alle sonstigen dem Unternehmen zugehörigen Rechte, wie z.b. Firmen- und Warenzeichenrechte, Hypotheken und sonstige Pfand- und Sicherungsrechte, Patente und sonstige gewerbliche Schutzrechte, Mitgliedschaftsrechte u.a.m., und schließlich auch die immateriellen Werte. Zu den Passiva gehören v.a. die Geschäftsschulden. Dabei darf nicht übersehen werden, dass die Einbringung der Geschäftsforderungen und die Übernahme der Schulden die Gläubiger und Schuldner nicht unmittelbar berühren; die diesbezüglichen Abmachungen sind im Außenverhältnis zu den Gläubigern und Schuldnern nicht unmittelbar bindend. Gegenüber den Schuldnern muss die Übertragung angezeigt und im Falle eines Zustimmungserfordernisses auch deren Zustimmung eingeholt werden. Gläubiger müssen der Schuldübernahme zustimmen.

Es gibt kein einheitliches Verfügungsgeschäft über das Unternehmen. Die einzelnen Bestandteile müssen nach den für jeden Einzelgegenstand geltenden Vorschriften übertragen werden.

Bei Grundstücken ist also die Auflassung und Eintragung (§§ 873, 925 BGB), bei beweglichen Sachen (z.B. Geschäftseinrichtung, Waren, Bargeld) die Einigung und Übergabe (§ 929 BGB) erforderlich, für die Forderungsübertragung bedarf es der Abtretung (§§ 398 ff. BGB.), bei Wertpapieren müssen die dafür geltenden Übertragungsformen eingehalten werden. Bei Inhaberaktien und regelmäßig auch bei Wandelschuldverschreibungen (§ 221 AktG) sind das Einigung und Übergabe (§ 929 BGB), bei Namensaktien zusätzlich noch das Indossament (§ 68 AktG). Sparkassenbücher, Postsparbücher, Leihhausscheine, Depotscheine der Banken und Versicherungsscheine auf den Inhaber (§ 4 Abs. 1 VVG) sind als Rektapapiere nicht durch Übereignung des Papiers, sondern durch Abtretung des Rechts aus dem Papier (§§ 398 ff. BGB) zu übertragen. Gleiches gilt für Hypotheken-, Grund- und Rentenschuldbriefe (vgl. § 952 BGB), die Anweisung des bürgerlichen Rechts (vgl. § 783 BGB), den Rektascheck (Art. 5 Abs. 1 ScheckG), den Rektawechsel (Art. 11 Abs. 2 WG), den protestierten Wechsel und Scheck sowie die nicht mit der Orderklausel versehenen Papiere i. S. des § 363 HGB. Inhaberschuldverschreibungen (§§ 793 ff. BGB) werden hingegen durch Einigung und Übergabe (§ 929 BGB) übertragen, indossabel sind die Orderschuldverschreibungen, also der Wechsel (Art. 11 Abs. 1 WG), der Namensscheck (Art. 14 ScheckG), der Zwischenschein (§ 68 Abs. 5 AktG) und die sieben kaufmännischen Orderpapiere (kaufmännische Anweisung, kaufmännischer Verpflichtungsschein, Konnossement, Ladeschein, Lagerschein, Bodmereibrief, Transportversicherungspolice).

Die Übertragbarkeit von Beteiligungen an Gesellschaften setzt deren Fungibilität voraus. So muss z.B. bei einer Personenhandelsgesellschaft und einer BGB-Gesellschaft die Vorschrift des § 717 BGB ausgeschlossen und die Zustimmung zur Übertragung erteilt sein. Die Mitgliedschaft an einer Genossenschaft ist hingegen nicht übertragbar.

---

1) Vgl. hierzu für den Fall der Einbringung Mayer in Widmann/Mayer, Anh. 5 UmwG Einbringung Rz. 73; Kallmeyer, ZIP 1994, 1746 ff.

Beschränkt persönliche Dienstbarkeiten (§ 1092 BGB), Nießbrauch (§ 1059 BGB) und Vorkaufsrechte (§ 1098 BGB) sind grundsätzlich im Wege der Einzelrechtsnachfolge nicht übertragbar (vgl. aber §§ 1059a ff. BGB). Gleiches gilt darüber hinaus für Urheberrechte an geschützten Werken (§ 29 UrhG), an denen lediglich – ihrerseits wiederum übertragbare – Nutzungsrechte eingeräumt werden können.

Vollmachten, Vertretungen und Aufträge müssen neu erteilt werden. Verträge können nicht einfach übernommen werden. Bei Schuldverträgen ist für die daraus begründeten Forderungen eine Abtretung und für die Verbindlichkeiten eine Schuldübernahme notwendig, die, wenn sie befreiend wirken soll, nur mit Zustimmung des Gläubigers möglich ist (§ 415 BGB).

Weitere Besonderheiten gelten bei der Übertragung von Firmen- und Markenrechten[1] (Warenzeichen sind auch losgelöst vom Betrieb übertragbar), von Patenten, Geschmacks- und Gebrauchsmustern, bei denen zusätzlich die Umschreibung in den jeweiligen Schutzrechtsregistern erfolgen muss. Die einzelnen Voraussetzungen sind dabei in den entsprechenden Einzelgesetzen im Detail geregelt.

Besondere arbeitsrechtliche Probleme ergeben sich für den Übergang der Rechte und Pflichten aus den bestehenden Arbeitsverhältnissen. Geht ein Betrieb oder Betriebsteil durch Rechtsgeschäft auf einen anderen Rechtsträger über, so tritt dieser in die Rechte und Pflichten aus den im Zeitpunkt des Übergangs bestehenden Arbeitsverhältnissen ein (§ 613a BGB). Der bisherige Arbeitgeber oder der neue Betriebsinhaber hat die vom Übergang betroffenen Arbeitnehmer vor dem Übergang in Textform über den Zeitpunkt oder den geplanten Zeitpunkt des Übergangs, den Grund für den Übergang, die rechtlichen, wirtschaftlichen und sozialen Folgen des Übergangs für die Arbeitnehmer und die hinsichtlich der Arbeitnehmer in Aussicht genommenen Maßnahmen zu unterrichten (§ 613a Abs. 5 BGB). Dies gilt nicht bei einer reinen Tätigkeitsnachfolge (Funktionsnachfolge).[2] Zu prüfen ist daher stets, ob der neue Inhaber nur die Aufgabe des alten Arbeitgebers oder auch diejenigen Betriebsmittel (Personen und/oder Sachen) übernimmt, deren Einsatz bei wertender Betrachtung den eigentlichen Kern des zur Wertschöpfung erforderlichen Funktionszusammenhangs ausmacht.[3]

Der Arbeitnehmer kann dem bevorstehenden Übergang des Arbeitsverhältnisses innerhalb eines Monats nach Zugang der Unterrichtung schriftlich widersprechen (§ 613a Abs. 6 BGB). Der Widerspruch ist auch in kollektiver Form möglich, wie das BAG in einem Fall klargestellt hat, in dem 18 von insgesamt 20 betroffenen Arbeitnehmern widersprochen hatten.[4] Setzt der Arbeitnehmer trotz Unterrichtung über den geplanten Betriebsübergang die Arbeit bei dem neuen Arbeitgeber ohne Vorbehalt fort, dann ist darin eine Zustimmung zu dem Übergang seines Arbeitsverhältnisses zu sehen.

Die Rechtsprechung zum Betriebsübergang nach § 613a BGB ist durch eine Vielzahl von Entscheidungen geprägt.[5] Dabei stellt sie hinsichtlich des Umfangs der Unterrichtungspflicht des Arbeitgebers sehr hohe Anforderungen.[6] Standardisierte Informationen reichen nicht ohne Weiteres aus, vielmehr muss der Inhalt der Unterrichtung eventuelle Besonderheiten des einzelnen Arbeitsverhältnisses berücksichtigen. Wie das BAG im Fall Siemens/BenQ festgestellt hat, können dazu auch Informationen zum Stammkapital, die Umstände eines negativen Kaufpreises und die Haftungsmasse des

---

1) Vgl. Bolt, BB 2013, 2568.
2) BAG v. 27.10.2005, 8 AZR 45/05, NZA 2006, 263.
3) BAG v. 15.2.2007, 8 AZR 431/06, BB 2007, 1675 m.w.N.
4) BAG v. 30.9.2004, 8 AZR 462/03, DB 2005, 56.
5) Vgl. die Rechtsprechungsübersicht bei Müller-Bonanni, NZA 2009, Beilage 7, 13.
6) BAG v. 13.7.2006, 8 AZR 305/05, BB 2006, 2583.

Erwerbers gehören.[1] Bei einer Verletzung des Unterrichtsrechts des Arbeitnehmers beginnt die Frist für den Widerspruch gegen den Betriebsübergang nicht zu laufen. Konsequenz ist, dass der Arbeitnehmer dem Übergang des Arbeitsverhältnisses bis zur Grenze der Verwirkung (§ 242 BGB) widersprechen kann.[2] Der Arbeitnehmer verwirkt z.b. sein Widerspruchsrecht, wenn er mit dem neuen Arbeitgeber einen Aufhebungsvertrag abschließt.[3] Im Übrigen drohen für den Fall einer fehlerhaften Unterrichtung Schadensersatzansprüche des Arbeitnehmers gegen die beteiligten Rechtsträger.[4]

Widerspricht der Arbeitnehmer dem Übergang seines Arbeitsverhältnisses auf den Betriebsnachfolger, dann braucht er seinem bisherigen Arbeitgeber nur seine Arbeitskraft anzubieten (§ 294 BGB); alle Voraussetzungen eines Annahmeverzuges sind dann erfüllt mit der Folge, dass der Arbeitgeber zur Weiterzahlung der vereinbarten Vergütung verpflichtet ist (§ 615 BGB). Sieht man von der Möglichkeit des Abschlusses eines Aufhebungsvertrages einmal ab, dann kann das Arbeitsverhältnis vom Arbeitgeber allerdings durch eine ordentliche Kündigung (aus betrieblichem Grund) beendet werden; bis dahin braucht sich der Arbeitnehmer auf den ihm zu zahlenden Lohn nur den Wert desjenigen anrechnen zu lassen, was er infolge des Unterbleibens der Dienstleistung erspart oder durch anderweitige Verwendung seiner Dienste erwirbt oder zu erwerben böswillig unterlässt. Jeder Betriebsveräußerer ist daher gut beraten, die betroffenen Arbeitnehmer nicht nur umfassend über die Folgen des Betriebsübergangs zu unterrichten, sondern vorsorglich auch ordentliche (betriebsbedingte) Kündigungen auszusprechen.

Der neue und alte Arbeitgeber haften als Gesamtschuldner für die aus dem Arbeitsverhältnis resultierenden Verpflichtungen, soweit sie vor dem Zeitpunkt des Übergangs entstanden sind und vor Ablauf von einem Jahr nach diesem Zeitpunkt fällig werden.[5] Werden solche Verpflichtungen nach dem Zeitpunkt des Übergangs fällig, so haftet der bisherige Arbeitgeber für sie jedoch nur in dem Umfang, der dem im Zeitpunkt des Übergangs abgelaufenen Teil ihres Bemessungszeitraums entspricht.

759 In zivilrechtlicher Hinsicht spielen bei der Entscheidung, ob eine Einbringung durch Gesamtrechtsnachfolge oder Einzelrechtsnachfolge durchgeführt werden sollte, insbesondere folgende Gesichtspunkte eine Rolle: Umwandlungsfähigkeit des Einbringungsobjekts, Übertragung von Verträgen, Forderungen sowie Verbindlichkeiten, Haftung und Kosten.[6]

II. Überblick über die steuerlichen Einbringungsvorschriften

760 Das SEStEG bringt für die Einbringung nach §§ 20–23 UmwStG mehrere grundlegende Änderungen. Zunächst wurde die bisherige Systematik, nach der § 20 UmwStG die Regelung für Inlands- und Auslandssachverhalte außerhalb der EU enthielt, wäh-

---

1) LAG Düsseldorf v. 29.4.2008, Lexinform-Dokument-Nr.: 1405625; BAG v. 23.7.2009, 8 AZR 538/08, NZA 2010, 255.
2) BAG v. 15.2.2007, BB 2007, 1675; vgl. auch Löwisch/Göpfert/Siegrist, DB 2007, 2538.
3) LAG Düsseldorf v. 29.4.2008, Lexinform-Dokument-Nr.: 1405625; BAG v. 23.7.2009, 8 AZR 538/08, NZA 2010, 255.
4) Vgl. Gaul/Otto, DB 2005, 2465, 2471.
5) Die Enthaftungsregelung des § 613a Abs. 2 BGB privilegiert nur den rechtsgeschäftlichen Betriebsübergang (Betriebsveräußerung, Betriebsverpachtung, Nießbrauchbestellung); bei Umwandlungen gilt diese Bestimmung gem. § 613a Abs. 3 BGB nicht, wenn dadurch eine juristische Person oder eine Personengesellschaft erlischt. Beim Gesellschafterwechsel ist die Nachhaftung des ausgeschiedenen Gesellschafters (§ 159 HGB) durch § 160 HGB, § 224 UmwG auf fünf Jahre begrenzt, vgl. Binz/Sorg, § 6 Gesetzesabk. Rz. 168 ff., § 28 Rz. 20.
6) Vgl. Perwein, GmbHR 2007, 1214.

rend EU-Einbringungssachverhalte in § 23 UmwStG zusammengefasst waren, durch folgende Einteilung ersetzt:
- § 20 UmwStG regelt die Sacheinlage;
- § 21 UmwStG regelt die Einbringung von Anteilen (Anteilstausch);
- § 22 UmwStG regelt die Besteuerung der Anteilseigner;
- § 23 UmwStG regelt die Auswirkungen bei der übernehmenden bzw. der erwerbenden Gesellschaft.

Weiterhin wurden die genannten Vorschriften – wie das gesamte UmwStG – europäisiert und in Teilen sogar globalisiert. Die Einbringung nach § 20 UmwStG (Einbringung von Betrieben, Teilbetrieben und Mitunternehmeranteilen) betrifft künftig auch grenzüberschreitende Einbringungen unter Beteiligung von Gesellschaften oder natürlichen Personen mit EU-/EWR-Ansässigkeit, d.h. Einbringende können EU-/EWR-Gesellschaften oder EU-/EWR-ansässige natürliche Personen, Übernehmende können EU-/EWR-Gesellschaften sein (§ 1 Abs. 4 Nr. 1 und Nr. 2 Buchst. a UmwStG). Bei einer Personengesellschaft als Einbringende ist auf die EU-/EWR-Ansässigkeit ihrer Gesellschafter abzustellen. Darüber hinaus werden Ansässige in Drittstaaten als Einbringende erfasst, wenn das deutsche Besteuerungsrecht an den erhaltenen Anteilen nicht ausgeschlossen oder beschränkt wird (§ 1 Abs. 4 Nr. 2 Buchst. b UmwStG). Ein deutsches Besteuerungsrecht besteht z.B. dann, wenn die erhaltenen Anteile zu einer inländischen Betriebsstätte gehören oder im Falle inländischer Ansässigkeit des Einbringenden mit dem Drittstaat kein DBA bzw. ein DBA besteht, das Deutschland das Besteuerungsrecht für die Anteile zuweist.

Der Anteilstausch nach § 21 UmwStG setzt voraus, dass die aufnehmende Gesellschaft eine EU-/EWR-Gesellschaft ist (§ 1 Abs. 4 Nr. 1 UmwStG). Einbringender kann jedoch jeder sein, da die in § 1 Abs. 4 Nr. 2 UmwStG enthaltenen Einschränkungen auf den Anteilstausch nicht anzuwenden sind.[1]

Das SEStEG hat das bisherige Konzept der einbringungsgeborenen Anteile durch das neue Konzept der nachträglichen Besteuerung des zu Grunde liegenden Einbringungsvorgangs ersetzt. Dies erfordert allerdings künftig nicht nur – wie bisher nach § 20 Abs. 3 UmwStG a.F. – bei Einbringungen durch ausländische Gesellschafter, sondern auch durch inländische Einbringende eine bis zu sieben Jahre zurückschauende Unternehmensbewertung, um den Einbringungsgewinn ermitteln zu können.

Eine weitere Komplizierung besteht darin, dass für „alt-einbringungsgeborene" Anteile die bisherigen Vorschriften auch künftig weiter gelten, und zwar
- § 8b Abs. 4 KStG a.F. und § 3 Nr. 40 Satz 3 und 4 EStG noch bis zum Ende einer im Zeitpunkt des Inkrafttretens des SEStEG (13.12.2006) bereits laufenden Sieben-Jahres-Frist (§ 34 Abs. 7a KStG n.F., § 52 Abs. 4b Satz 2 EStG n.F.; zu beachten ist, dass sich der Gewinn aus der Veräußerung einbringungsgeborener Anteile aus Alt-Einbringungen sowohl auf die stillen Reserven zum Zeitpunkt der [Alt-]Einbringung als auch auf die weiteren stillen Reserven bezieht, die bis zur Veräußerung entstanden sind).[2]
- § 21 UmwStG a.F. ohne zeitliche Begrenzung (§ 27 Abs. 3 Nr. 3 UmwStG n.F.).

III. Begünstigte Organisationseinheiten

Daneben muss die Einbringung spezifisch steuerliche Qualifikationsmerkmale erfüllen. Begünstigt ist nur die Einbringung von:
- (ganzen) Betrieben,
- (in sich abgeschlossenen) Teilbetrieben,

---

1) Vgl. Gesetzesbegründung, BT-Drucks. 16/2710, 36.
2) BFH v. 22.5.2003, I B 211/02, BFH/NV 2003, 1456.

- Mitunternehmeranteilen (oder Teilen eines Mitunternehmeranteils),
- Kapitalgesellschaftsanteilen, wenn die übernehmende Gesellschaft nach der Einbringung unmittelbar die Mehrheit der Stimmrechte hält (qualifizierter Anteilstausch).

762 In Fällen der rückwirkenden Einbringung gilt die bisherige Regelung, dass die Teilbetriebseigenschaft nicht (bereits) im Rückwirkungszeitpunkt erfüllt sein muss, sondern spätestens im Zeitpunkt des Beschlusses über die Ausgliederung oder des Abschlusses des Einbringungsvertrags vorgelegen haben muss, nur noch, wenn bis zur Veröffentlichung des UmwStE im BStBl der Umwandlungsbeschluss gefasst bzw. der Einbringungsvertrag abgeschlossen worden ist.[1] Nach Auslaufen dieser Übergangsregelung wendet die FinVerw ihre neue Auffassung an, nach der die Betriebs- bzw. Teilbetriebsvoraussetzungen bereits am steuerlichen Übertragungsstichtag vorgelegen haben müssen (UmwStE Tz. 20.14 i.V.m. Tz. 15.03). Ein Teilbetrieb im Aufbau reicht nicht aus (UmwStE Tz. 20.06 i.V.m. Tz. 15.03).

Hinsichtlich des Umfangs des bei einer Einbringung zu übertragenden Teilbetriebs wendet die FinVerw nunmehr einheitlich den europäischen Teilbetriebsbegriff an.[2] Dies erfordert die Übertragung des wirtschaftlichen Eigentums an sämtlichen Wirtschaftsgütern, die zu den wesentlichen Betriebsgrundlagen des Teilbetriebs gehören, sowie an den nach wirtschaftlichen Zusammenhängen dem Teilbetrieb zuordenbaren Wirtschaftsgütern.[3] Eine (zukünftige) Nutzungsüberlassung wesentlicher Wirtschaftsgüter einschließlich solcher im Sonderbetriebsvermögen eines Mitunternehmers reicht nicht aus.[4] Dies wird von Teilen der Literatur unter Berufung auf den europarechtlichen Begriff des Teilbetriebs nach der Fusionsrichtlinie teilweise anders gesehen.[5] Auch bestehende Beteiligungen an Kapitalgesellschaften können als wesentliche Betriebsgrundlage zu qualifizieren sein (UmwStE Tz. 20.06). Besondere Schwierigkeiten treten auf, soweit eine zivilrechtliche Übertragung nicht möglich ist (z.B. Grundstücke, Patente etc.). Wird ein Wirtschaftsgut (z.B. Grundstück) von mehreren Teilbetrieben genutzt, so ist zu prüfen, ob dieses Wirtschaftsgut in eine getrennte Gesellschaft isoliert werden kann, um so eine für die Teilbetriebseigenschaft schädliche konkurrierende Zurechnung mehrfach genutzter Wirtschaftsgüter zu vermeiden.[6] Unter Umständen könnte dies als Missbrauch rechtlicher Gestaltungsmöglichkeiten i.S.d. § 42 AO gelten. Ein weiterer Ausweg könnte eine Aufteilung in Bruchteilseigentum im Verhältnis der tatsächlichen Nutzung sein, wie sie von der FinVerw im Falle der Spaltung im Billigkeitswege zugelassen wird (UmwStE Tz. 15.08). Neue Gestaltungsmöglichkeiten ergeben sich nunmehr auf Grund des BFH-Urteils v. 2.8.2012,

---

1) BMF v. 25.3.1998, IV B 7 – S 1378 – 21/98, BStBl I 1998, 268, UmwStE Tz. 20.19; u.U. kann aber ein Teilbetrieb im Aufbau gegeben sein, vgl. BFH v. 2.1.1989, I R 184/87, BStBl II 1989, 458; vgl. hierzu auch Wacker, BB 1998, Beilage 8 zu Heft 26, 6; Dehmer, Erläuterung zu Tz. 20.19 UmwStE; UmwStE Tz. S. 04.
2) UmwStE Tz. 20.06 i.V.m. Tz. 15.02. f. und Tz. 15.07; die bisherigen Regelungen (BMF-Schreiben v. 16.8.2000, BStBl I 2000, 1253 sowie Tz. 15.10 einschließlich Tz. 15.07 – 15.09 des BMF-Schreibens v. 25.3.1998, BStBl I 1998, 268) können übergangsweise bis zur Veröffentlichung des UmwStE im BStBl angewendet werden, UmwStE Tz. S. 05; vgl. zum europäischen Teilbetriebsverständnis der FinVerw Schell/Krohn, DB 2012, 1119; anstelle einer einheitlichen Auslegung nach dem europäischen Begriffsverständnis befürwortet Graw, DB 2013, 1011, eine gespaltene Auslegung, nach der im Grundsatz vom nationalen Teilbetriebsverständnis und im Bereich der Fusionsrichtlinie von einem europarechtskonformen Begriffsverständnis auszugehen ist.
3) UmwStE Tz. 20.06 und Tz. 20.13 i.V.m. Tz. 15.02 und Tz. 15.07.; zur Umsetzung der Erlassanforderungen für Teilbetriebe im Einbringungsvertrag, vgl. Rothenfußer/Schell, GmbHR 2014, 1083.
4) BFH v. 16.2.1996, I R 183/94, BStBl II 1996, 342, BFH v. 7.4.2010, I R 96/08, BFH/NV 2010, 1749; UmwStE Tz. 20.06.
5) Vgl. Neumann, EStB 2002, 437, 441; Blumers, DB 2001, 722, 725 m.w.N.
6) Vgl. zu Gestaltungsmöglichkeiten, Hohnert/Obser, EStB 2012, 385.

nach dem die Aufdeckung der stillen Reserven in einem unentgeltlich übertragenen Kommanditanteil auch dann ausscheidet, wenn ein funktional wesentliches Betriebsgrundstück vorab oder zeitgleich zum Buchwert nach § 6 Abs. 5 EStG in eine KG übertragen worden ist.[1] Dieser Gedanke lässt sich auch auf die Übertragungen im Rahmen des § 20 UmwStG anwenden. Insgesamt ist eine Tendenz in der jüngeren BFH-Rechtsprechung zu erkennen, die bei Vorabauslagerungen im Vorfeld von Umwandlungen immer naheliegende Gesamtplan-Argumentation unter bestimmten Voraussetzungen einzuschränken.[2]

Auf Grund der vielen Unsicherheiten bei der Beurteilung des Vorliegens eines Teilbetriebs empfiehlt sich in Einbringungsfällen die Einholung einer verbindlichen Auskunft der FinVerw. Zuständig für die Erteilung der verbindlichen Auskunft ist das Körperschaftsteuer-Finanzamt der aufnehmenden Gesellschaft, das Finanzamt des Einbringenden soll im Wege der Amtshilfe mitwirken.[3]

Im Gegensatz zur Einbringung eines Teilbetriebs verlangt die FinVerw bei der Einbringung eines (ganzen) Betriebs, dass nur die funktional wesentlichen Betriebsgrundlagen übertragen werden (UmwStE Tz. 20.06, 2). Für den Begriff des „Betriebs" hat die FinVerw den zum Begriff des „Teilbetriebs" in Tz. 15.02 UmwStE formulierten Hinweis auf die „nach wirtschaftlichen Zusammenhängen zuordenbaren Wirtschaftsgüter" nicht in Tz. 20.06 UmwStE übernommen.

Sind auch die Anteile an der aufnehmenden Gesellschaft Gegenstand der Einbringung (z.B. Einbringung des Besitzunternehmens in die Betriebsgesellschaft zwecks Beendigung einer Betriebsaufspaltung, hier qualifizieren die Anteile an der Betriebsgesellschaft in aller Regel als wesentliche Betriebsgrundlage), so würde die Einbringung zu eigenen Anteilen führen. Zwecks Vereinfachung müssen diese Anteile jedoch nicht eingebracht werden. Sie gelten dennoch i.S.d. § 22 UmwStG als „steuerverstrickt", soweit die Einlage unter dem gemeinen Wert erfolgte.[4]

763

Die Zurückbehaltung wesentlicher Betriebsgrundlagen führt zur Aufdeckung aller stillen Reserven (keine Anwendung des § 20 UmwStG).[5] Ebenso werden bei Überführung nicht wesentlicher Betriebsgrundlagen in das Privatvermögen die darin enthaltenen stillen Reserven im Wege der Entnahme besteuert. Beide Maßnahmen können der Tarifermäßigung (§ 34 EStG) nur dann unterliegen, wenn die Einbringung einheitlich zum gemeinen Wert durch eine natürliche Person erfolgt.[6]

Ein Mitunternehmeranteil gilt auch bei Zugehörigkeit zum eingebrachten Betrieb oder Teilbetrieb als gesonderter Einbringungsgegenstand, so dass insoweit gesonderte Einbringungsvorgänge vorliegen; dies gilt allerdings nicht bei mehrstöckigen Personengesellschaften (UmwStE Tz. 20.12). Die Einbringung von Mitunternehmeranteilen kann sich auch auf einen Bruchteil der Beteiligung beschränken (UmwStE Tz. 20.11). Für diesen Fall bestimmt § 20 Abs. 4 Satz 1 UmwStG, dass die Begünstigungen des § 16 Abs. 4 i.V.m. § 34 EStG nicht zur Anwendung gelangen. Diese Verschärfung betrifft allerdings nur die Einbringung zum gemeinen Wert. Es bleibt weiterhin zulässig, bei Buchwertverknüpfungen auch nur Teile eines Mitunternehmeranteils zu übertragen.

764

---

1) BFH v. 2.8.2012, IV R 41/11, DB 2012, GmbHR 2012, 1260.
2) Vgl. Oenings/Lienicke, DStR 2014, 1997.
3) LfSt Bayern v. 5.3.2012, S-0224.2.1 – 21/1 St42, Der Konzern 2013, 155; Hageböke/Hendricks, Der Konzern 2013, 106 ff.
4) Vgl. Schumacher/Neumann, DStR 2008, 325, 331 f.; UmwStE Tz. 20.09 mit Fallbeispiel.
5) Zur Frage der Wesentlichkeit der Anteile an der Komplementär-GmbH bei Einbringung des Kommanditanteils, BFH v. 25.11.2009, I R 72/08, BStBl II 2010, 471; vgl. auch Schumacher, DStR 2010, 1606; Desens, Beihefter zu DStR 46/2010, 80.
6) BFH v. 25.9.1991, I R 184/87, BStBl II 1992, 406; UmwStE Tz. 20.27.

Bei der Einbringung von Kapitalgesellschaftsanteilen ist für den Buch- oder Zwischenwertansatz nur der Mehrheitsbesitz (der Stimmen) bei der Übernehmerin entscheidend (sog. qualifizierter Anteilstausch i. S. des § 21 Abs. 1 Satz 2 UmwStG). Dieser kann auch schon vor der Einbringung vorgelegen haben. Bestand vor der Einbringung noch keine Mehrheit, ist auch die gleichzeitige Einbringung mehrerer Beteiligungen durch mehrere Personen begünstigt, wenn in der Summe die Mehrheit erreicht wird (z.B. X-GmbH hält an der Y-GmbH 25 %, sechs Y-GmbH-Gesellschafter bringen ihren Anteil von je 5 % in die X-GmbH ein, X-GmbH hält nunmehr 55 %, also die Mehrheit).

IV. Steuerliche Rückwirkung

765 Gemäß § 20 Abs. 5 und 6 UmwStG besteht auch im Rahmen der Einbringung eine dem § 2 UmwStG vergleichbare Rückwirkungsfiktion. Die Rückwirkungsfiktion nach § 20 Abs. 5 und 6 UmwStG gilt unabhängig davon, ob die Einbringung durch das UmwG abgedeckt wird. Einkommen und Vermögen des Einbringenden und der übernehmenden Kapitalgesellschaft sind dementsprechend auf Antrag so zu ermitteln, als ob das eingebrachte Betriebsvermögen mit Ablauf des steuerlichen Übertragungsstichtages auf die Übernehmerin übergegangen wäre (§ 20 Abs. 5 UmwStG). Diese Rückwirkungsfiktion gilt nach § 20 Abs. 5 Satz 2 UmwStG allerdings nicht für Entnahmen und Einlagen. Insofern erfolgt die Besteuerung noch im Rahmen der untergehenden Personengesellschaft. Die Rückwirkungsfiktion gilt allerdings für Sondervergütungen eines Mitunternehmers, so dass § 15 Abs. 1 Satz 1 Nr. 2 EStG im Rückwirkungszeitraum nicht mehr anwendbar ist. Die Vergütungen sind Betriebsausgaben der übernehmenden Gesellschaft, soweit sie als angemessenes Entgelt für die Leistungen des Gesellschafters anzusehen sind, darüber hinausgehende Leistungen der Gesellschaft stellen nach § 20 Abs. 5 Satz 3 UmwStG zu behandelnde Entnahmen dar (UmwStE Tz. 20.16). Grundsätzlich führt die Rückwirkungsfiktion dazu, dass bereits ab dem letzten Bilanzstichtag alle Einkünfte als durch die aufnehmende Kapitalgesellschaft erzielt gelten (UmwStE Tz. 20.16). Die Rückwirkung ermöglicht nach Auffassung des BFH beim Formwechsel einer Personengesellschaft in eine Kapitalgesellschaft auch die Begründung einer Organschaft ab dem Beginn des Wirtschaftsjahres der aus der Personengesellschaft entstandenen Kapitalgesellschaft.[1] Die FinVerw[2] hat der BFH-Ansicht zwar für vergleichbare Sachverhalte zugestimmt, aber deren Anwendung auf den Fall der Einbringung eines Teilbetriebs in eine neu gegründete Tochtergesellschaft ohne überzeugende Gründe[3] abgelehnt. Der BFH hat sich allerdings mit Urteil vom 28.7.2010 der überwiegenden Literaturauffassung angeschlossen.[4] Auch die FinVerw wendet nunmehr die BFH-Ansicht an (UmwStE Tz. Org. 13). Nach dem durch das JStG 2009 eingeführten § 20 Abs. 6 Satz 4 UmwStG gilt die steuerliche Rückwirkungsfiktion nicht, soweit dadurch gestalterisch eine Verlust- oder Zinsvortragsnutzung erreicht werden kann, obwohl der Verlust oder Zinsvortrag wegen § 8c KStG bereits untergegangen ist.[5]

---

1) BFH v. 17.9.2003, I R 55/2, BStBl II 2004, 534, gegen BMF v. 25.3.1988, IV B 7 – S 1978 – 21/98, BStBl I 1998, 268; UmwStE a.F. Tz. 05, Org. 13, Org. 18.
2) BMF v. 24.5.2004 – IV A 2 – S 2770 – 15/04, BStBl I 2004, 549; ebenso UmwStE Tz. Org. 25.
3) Vgl. Plewka/Schienke, DB 2005, 1703.
4) BFH v. 28.7.2010, I R 89/09, DStR 2010, 2182.
5) FinMin Brandenburg v. 28.5.2014, 35-S 1978–1/09, Nr. 3 Sonstiges, DB 2014, 2135.

Die Rückwirkungsregelungen des § 20 Abs. 5, 6 UmwStG lassen einen Rückbezug von maximal acht Monaten zu.[1] Hierbei muss allerdings hinsichtlich der exakten Ausgestaltung dieser Frist differenziert werden:

- in Fällen der Verschmelzung (§ 2 UmwG) und Spaltung (§ 123 UmwG) darf die der Einbringung zu Grunde liegende Bilanz (§ 17 Abs. 2 UmwG) im Zeitpunkt der Anmeldung nicht älter als acht Monate sein (§ 20 Abs. 6 Satz 1 und 2 UmwStG),
- in allen anderen Fällen dürfen der Abschluss des Einbringungsvertrages und auch der Übergang des Vermögens nicht mehr als acht Monate nach dem Rückbezugstermin liegen (§ 20 Abs. 6 Satz 3 UmwStG).

Beispiel:

Eine Einbringung soll gem. § 20 Abs. 5 UmwStG auf den 1.1.2001 wirksam werden, es erfolgt eine Sacheinlage mit Kapitalerhöhung, kein Vorgang der Gesamtrechtsnachfolge: Einbringungsvertrag und Übergang des Vermögens müssen bis zum 31.8.2001 erfolgt sein (§ 20 Abs. 6 Satz 3 UmwStG), mit anderen Worten: Der Vorgang muss bis zu diesem Stichtag abgeschlossen sein, um eine Rückwirkung auszulösen.

Variante:

Die Übertragung erfolgt per Ausgliederung im Wege der Gesamtrechtsnachfolge: Die Anmeldung der Ausgliederung zum Handelsregister bis zum 31.8.2001 reicht aus (§ 20 Abs. 3 Satz 2 UmwStG).

Grundsätzlich wird die Einbringung im Zeitpunkt des Übergangs des wirtschaftlichen Eigentums wirksam (im Vertrag benannter Zeitpunkt des Übergangs von Nutzen und Lasten).

Veräußert ein Mitunternehmer im Interimszeitraum seine Beteiligung, nimmt er an der Rückwirkungsfiktion nicht teil, weil er zum Zeitpunkt des zivilrechtlichen Wirksamwerdens nicht mehr beteiligt ist. Er ist nicht Einbringender (UmwStE Tz. 20.16).

Eine bedeutsame Einschränkung der Rückwirkung gilt für den Anteilstausch nach § 21 UmwStG, für den ein Verweis auf § 20 Abs. 6 UmwStG fehlt (UmwStE Tz. 21.17). Allerdings wird im Schrifttum die Auffassung vertreten, dass für den Anteilstausch im Wege einer Ausgliederung nach § 123 Abs. 3 UmwG die allgemeine Rückwirkungsvorschrift des § 2 UmwStG subsidiär gilt.[2]

V. Gewährung neuer Anteile

Die Einbringung muss zumindest z.T. zwingend gegen Gewährung neuer Anteile erfolgen, d.h. die Sacheinlage muss mit einer Kapitalerhöhung einhergehen. Damit sind sowohl die verdeckte Einlage als auch die verschleierte Sachgründung nicht von der Vorschrift erfasst. In beiden Fällen entfällt damit die Möglichkeit einer steuerneutralen Einbringung. Allerdings reicht es aus, wenn bei einer Bargründung oder Barkapitalerhöhung der Gesellschafter zusätzlich zu der Bareinlage ein Sachagio in Form eines Betriebs, Teilbetriebs oder Mitunternehmeranteils übernimmt.[3]

Auch eine Anwachsung auf die Komplementär-GmbH durch Austritt des Kommanditisten ohne Gewährung neuer Anteilsrechte (§ 738 BGB, § 142 HGB) stellt keine begünstigte Einbringung dar.[4] Dagegen ist es für die Steuerneutralität der Einbringung nicht schädlich, wenn neben der Ausgabe eines neuen Anteils im Übrigen die

---

1) Zur steuerlichen Rückbeziehung des § 20 Abs. 5, 6 UmwStG vgl. auch Wacker, BB 1998, Beilage 8 zu Heft 26, 3.
2) Vgl. Stengel, DB 2008, 2329, 2331.
3) BFH v. 7.4.2010, I R 55/09, BStBl II 2010, 1094; UmwStE Tz. 1.44.
4) Vgl. Schumacher/Neumann, DStR 2008, 325, 331; UmwStE Tz. E 20.10.

Rücklagen angesprochen werden (§ 272 Abs. 2 Nr. 4 HGB, § 27 KStG), solange der bisherige Buchwert nicht überschritten wird (UmwStE Tz. E 20.11).

767 Neben Gesellschaftsanteilen können andere Gegenleistungen (steuerneutral bis zum Buchwert) gewährt werden (§ 20 Abs. 2 Satz 4 UmwStG; UmwStE Tz. E 20.11). Die Gegenleistung kann insoweit auch von Dritten gewährt werden. Als sonstige Gegenleistung kommt z.b. die Zahlung liquider Mittel oder die Einstellung einer Verbindlichkeit in der Gesellschaftsbilanz (= Begründung einer Forderung des einbringenden Gesellschafters) in Betracht. Die Zuzahlungen mindern die Anschaffungskosten der gewährten Anteile, d.h. ein späterer Veräußerungs- oder Entstrickungsgewinn erhöht sich entsprechend (§ 20 Abs. 3 Satz 3 UmwStG).

VI. Besteuerung der übertragenden Gesellschafter

768 Einbringender Rechtsträger ist der Rechtsträger, dem die Gegenleistung zusteht (UmwStE Tz. 20.02). Einbringende Personen können

– im EU/EWR-Gebiet ansässige Gesellschaften (§ 1 Abs. 4 Nr. 2 Buchst. a Doppelbuchst. aa 1. Alt. UmwStG),

– Personengesellschaften, soweit an ihr im EU/EWR-Gebiet ansässige Gesellschafter beteiligt sind (§ 1 Abs. 4 Nr. 2 Buchst. a Doppelbuchst. aa 2. Alt. UmwStG),

– im EU/EWR-Gebiet ansässige natürliche Personen (§ 1 Abs. 4 Nr. 2 Buchst. a Doppelbuchst. bb UmwStG),

– in Drittstaaten ansässige natürliche oder juristische Personen, auch als Gesellschafter einer einbringenden Personengesellschaft, soweit das deutsche Besteuerungsrecht hinsichtlich des Gewinns aus der Veräußerung der erhaltenen Anteile nicht ausgeschlossen oder beschränkt ist (§ 1 Abs. 4 Nr. 2 Buchst. b UmwStG) sowie

– juristische Personen des öffentlichen Rechts im Hinblick auf die Einbringung eines Betriebs gewerblicher Art

sein (UmwStE Tz. 1.53).

In Bezug auf die Einbringung von Mitunternehmeranteilen gelten stets die Gesellschafter (Mitunternehmer), nicht die Personengesellschaft als Einbringende.[1] Wird das Betriebsvermögen einer Personengesellschaft eingebracht, ist die Frage, wer Einbringender i.S.d. § 20 UmwStG ist, grundsätzlich danach zu entscheiden, ob die einbringende Personengesellschaft nach der Einbringung fortbesteht: Wird die Personengesellschaft, deren Betriebsvermögen übertragen wird, infolge der Einbringung aufgelöst und stehen die Anteile am übernehmenden Rechtsträger daher zivilrechtlich den Mitunternehmern zu (z.B. bei einer Verschmelzung i.S.d. § 2 UmwG), sind diese als Einbringende anzusehen. Besteht die übertragende Personengesellschaft dagegen auch nach der Einbringung als Mitunternehmerschaft fort und werden ihr die Anteile am übernehmenden Rechtsträger gewährt (z.B. bei einer Ausgliederung i.S.d. § 123 Abs. 3 UmwG), ist die übertragende Personengesellschaft als Einbringende anzusehen.[2]

769 Gemäß § 20 Abs. 3 Satz 1 UmwStG gilt der Wert, mit dem die übernehmende Kapitalgesellschaft das eingebrachte Betriebsvermögen ansetzt, für den Einbringenden als Veräußerungspreis und als Anschaffungskosten der gewährten Gesellschaftsanteile

---

1) BFH v. 16.2.1996, I R 183/94, BStBl II 1996, 342; vgl. hierzu auch Wacker, BB 1998, Beilage 8 zu Heft 26, 17.
2) UmwStE Tz. 20.03 mit Hinweisen auch zu doppel- und mehrstöckigen Personengesellschaften und zur Abspaltung i.S.d. § 123 Abs. 2 UmwG.

(Wertverknüpfung). Damit hängen die Steuerfolgen für die einbringenden Gesellschafter maßgeblich von der Behandlung auf der Ebene der übernehmenden Kapitalgesellschaft ab. Will sich der Einbringende gegen den Ansatz eines Veräußerungsgewinns wenden, muss er nach der Rechtsprechung des BFH den Körperschaftsteuerbescheid der aufnehmenden Kapitalgesellschaft im Wege der Drittanfechtung anfechten.[1] Die bei der Einbringung anfallende Grunderwerbsteuer gehört bei der übernehmenden Gesellschaft zu den aktivierungspflichtigen Anschaffungsnebenkosten.[2]

Entsprechend dem Grundkonzept des SEStEG schreibt § 20 Abs. 2 Satz 1 UmwStG als Grundregel für die Bewertung des eingebrachten Vermögens den Ansatz mit dem gemeinen Wert vor.[3] Auf Antrag der übernehmenden Kapitalgesellschaft, der spätestens bis zur erstmaligen Einreichung der steuerlichen Schlussbilanz beim für sie zuständigen Finanzamt zu stellen ist, kann das übernommene Betriebsvermögen jedoch unter folgenden Voraussetzungen einheitlich[4] mit dem Buch- oder Zwischenwert angesetzt werden:

Es muss sichergestellt sein, dass

– das eingebrachte Betriebsvermögen später bei der übernehmenden Kapitalgesellschaft der Besteuerung mit KSt unterliegt (§ 20 Abs. 2 Satz 2 Nr. 1 UmwStG),
– die Passivposten des eingebrachten Betriebsvermögens (ohne das Eigenkapital) nicht die Aktivposten (§ 20 Abs. 2 Satz 2 Nr. 2 UmwStG) überschreiten und
– das Recht Deutschlands hinsichtlich der Besteuerung des Gewinns aus der Veräußerung des eingebrachten Betriebsvermögens bei der übernehmenden Kapitalgesellschaft nicht ausgeschlossen oder beschränkt wird (§ 20 Abs. 2 Satz 2 Nr. 3 UmwStG).

Zur Frage der Reichweite des deutschen Besteuerungsrechts bei der Überführung von Wirtschaftsgütern vom Inland in das Ausland hat der BFH früher die sog. finale Entnahmetheorie vertreten, diese aber mit Urteil vom 17.7.2008 aufgegeben.[5] Auf das Urteil hat zunächst die FinVerw mit einem Nichtanwendungserlass reagiert.[6] Dem ist dann der Gesetzgeber im JStG 2010 gefolgt, indem er den Entstrickungstatbeständen den Zuordnungswechsel eines Wirtschaftsguts von einer inländischen zu einer ausländischen Betriebsstätte als Beispiel angefügt hat (§ 4 Abs. 1 Satz 4 EStG, § 52 Abs. 8b EStG, § 12 KStG, § 34 Abs. 8 KStG).[7] Danach ist der Ausschluss oder die Beschrän-

---
1) BFH v. 8.6.2011, I R 79/10, BStBl II 2012, 421; BFH v. 25.4.2012, I R 2/11, BFH/NV 2012, 1649; ausführlich zu den verfahrensrechtlichen Fragen der Drittanfechtungsrechtsprechung, FinMin Mecklenburg-Vorpommern v. 1.11.2012, IV 301-b/1978c (00000–2010/002), Der Konzern 2013, 154, sowie dazu Hageböke/Hendricks, Der Konzern 2013, 106 ff.
2) BFH v. 17.9.2003, I R 55/02, BStBl II 2004, 534.
3) Vgl. dazu Desens, GmbHR 2007, 1202.
4) Nach Krohn/Greulich, DStR 2008, 646, 648 bedeutet die Einfügung des Worts „einheitlich", dass beim Zwischenwertansatz die sog. Stufen-Theorie nicht mehr anwendbar ist, so dass die Aufstockung mit einem einheitlichen Prozentsatz über alle Wirtschaftsgüter einschließlich eines Firmenwerts im Wege des Dreisatzes vorzunehmen wäre; ebenso UmwStE Tz. 23.14 i.V.m. Tz. 3.25 f.; die bisherige Stufentheorie ist nur bis zum 31.12.2011 zulässig, UmwStE Tz. S. 03.
5) BFH v. 17.7.2008, I R 77/06, DB 2008, 2281.
6) BMF v. 20.5.2009, IV C 6 – S 2134/07/10005, BStBl I 2009, 671.
7) Auf Grund ihres angeblich klarstellenden Charakters sollen die präzisierten Vorschriften bereits rückwirkend für Wirtschaftsjahre, die nach dem 31.12.2005 enden, anzuwenden sein. Darüber hinaus wurde die zeitliche Anwendbarkeit der Entstrickungsregelungen allgemein rückwirkend auf Wirtschaftsjahre, die vor dem 1.1.2006 enden, erweitert (§ 52 Abs. 8b EStG). Da der BFH v. 28.10.2009, I R 28/09, BFH/NV 2010, 132 die finale Entnahmetheorie inzwischen auch für den Fall der finalen Betriebsaufgabe aufgegeben hat, schreibt das JStG 2010 auch insoweit die rückwirkende Anwendung der ursprünglichen BFH-Rechtsprechung auf alle noch offenen Fälle vor (§ 16 Abs. 3a EStG, § 52 Abs. 34 EStG).

kung des deutschen Besteuerungsrechts aus der Veräußerung eines Wirtschaftsguts insbesondere dann gegeben, wenn ein bisher einer inländischen Betriebsstätte zuzuordnendes Wirtschaftsgut einer ausländischen Betriebsstätte zuzuordnen ist (UmwStE Tz. 20.19. i.V.m. Tz. 3.18). Zur Vereinbarkeit der deutschen Entstrickungsregeln mit dem EU-Recht besteht nach wie vor Klärungsbedarf durch die Rechtsprechung.[1]

770 Abgesehen von Sonderfällen wird man regelmäßig eine Buchwerteinbringung anstreben. Das Bedürfnis nach einer Buchwertverknüpfung ist allerdings insbes. in Fällen der Übertragung von Beteiligungen an Kapitalgesellschaften durch Kapitalgesellschaften eher gering. Durch die umfassende Befreiung des § 8b Abs. 2 KStG auf Grund des Steuersenkungsgesetzes besteht hier grds. kein Anreiz mehr, eine Buchwertverknüpfung zu wählen. Nur die Schachtelsteuer auf die 5 %ige fiktive Hinzurechnung nach § 8b Abs. 5 KStG stellt ein Hindernis dar.[2] Im Hinblick auf u.U. in Zukunft drohende Gesetzesänderungen, die wieder zu einer (teilweisen) Steuerpflicht von Veräußerungsgewinnen aus Kapitalgesellschaftsbeteiligungen bei Körperschaften führen könnten, erscheint es nicht abwegig, die Regelung des § 8b Abs. 2 KStG zur Anwendung zu bringen, um durch Aufstockung stille Reserven insoweit zumindest i.H.v. 95 % steuerfrei aufzulösen. Es muss in diesem Zusammenhang jedoch sichergestellt sein, dass sich die Beteiligung im Zeitpunkt des Inkrafttretens des SEStEG (13.12.2006) nicht in der siebenjährigen Verstrickungsfrist gem. § 8b Abs. 4 KStG a.F. befunden hat.[3]

771 Soweit eine Buchwertverknüpfung gewünscht ist, müssen Gegenstand der Einbringung ein Betrieb, Teilbetrieb, Mitunternehmeranteil oder Anteile an einer Kapitalgesellschaft sein, wenn die übernehmende Kapitalgesellschaft auf Grund ihrer Beteiligung einschließlich der übernommenen Anteile nachweisbar unmittelbar die Mehrheit der Stimmrechte an der Kapitalgesellschaft hat, deren Anteile eingebracht werden.

Obwohl § 24 UmwG beim Formwechsel einer Personengesellschaft in eine Kapitalgesellschaft keine Anwendung findet, ist auf Grund des SEStEG nunmehr auch der Formwechsel gem. § 25 UmwStG zum gemeinen Wert, Buchwert oder Zwischenwert möglich. Die frühere anderslautende Auffassung der FinVerw[4] ist damit überholt. Die Literatur ging schon nach bisherigem Recht auch insoweit von einem Ansatzwahlrecht aus.[5] Der BFH hat sich mit Urteil vom 19.10.2005[6] der Auffassung der Literatur angeschlossen. Auch die FinVerw teilt inzwischen diese Ansicht (UmwStE Tz. 20.20).

772 Der Buchwertansatz hängt unter den Einschränkungen des § 20 Abs. 2 Satz 1–3 UmwStG ausschließlich von der Wahlrechtsausübung auf der Ebene der übernehmenden Kapitalgesellschaft ab. Die Kapitalgesellschaft kann das eingebrachte Betriebsvermögen mit dem Buchwert oder einem höheren Zwischenwert, aber maximal dem gemeinen Wert ansetzen (§ 20 Abs. 2 Satz 1 und 2 UmwStG). Ein Ansatz zum bisherigen Buchwert ist allerdings ausgeschlossen, wenn der gemeine Wert des Einbringungsgegenstands geringer ist (UmwStE Tz. 20.18 i.V.m. Tz. 3.12).

---

1) EuGH v. 23.1.2014, DMC, C-164/12; FG Düsseldorf v. 5.12.2013, 8 K 3664/11 F, IStR 2014, 73.
2) Vgl. OFD Münster, Kurzinformation Nr. 10/2008, zuletzt aktualisiert am 15.5.2012, DStR 2012, 776 zu Fragen der EU-rechtlichen Beurteilung der pauschalen Abzugsbeschränkung durch die Rspr.; BVerfG v. 12.10.2010, 1 BvL 12/07, BVerfGE 127, 224, zur Vereinbarkeit des § 8b Abs. 3 Satz 1 und Abs. 5 Satz 1 KStG mit dem GG.
3) Vgl. Widmann in Widmann/Mayer, § 20 UmwStG Grüne Blätter StSenkG Rz. 5 ff.
4) BMF v. 25.3.1998, IV B 7 – S 1978 – 21/98, BStBl I 1998, 268, UmwStE a.F. Tz. 20.30; vgl. Wacker, BB 1998, Beilage 8 zu Heft 26, 8; Thiel/Eversberg/van Lishaut/Neumann, GmbHR 1998, 397, 435.
5) Vgl. Schmitt in Schmitt/Hörtnagl/Stratz, 4. Aufl., § 25 UmwStG Rz. 39.
6) BFH v. 19.10.2005, I R 38/04, BStBl II 2006, 568.

Soweit die aufnehmende Kapitalgesellschaft einen höheren Wertansatz wählt, kommt es zu einer Erfassung/Besteuerung der aufgedeckten stillen Reserven auf der Ebene der einbringenden Gesellschafter. Hierbei wird nach § 20 Abs. 4 Satz 1 UmwStG nur bei Ansatz des gemeinen Werts (also nicht bei Zwischenwertansatz) die Freibetragsregelung des § 16 Abs. 4 EStG gewährt (nur für natürliche Personen). Des Weiteren gelten in diesem Fall nach § 20 Abs. 4 Satz 2 UmwStG die Vergünstigungen nach § 34 Abs. 1 und 3 EStG (beachte im letztgenannten Fall die betragsmäßige Beschränkung auf 56 % des Durchschnittssteuersatzes), allerdings nur insoweit, als der Veräußerungsgewinn nicht gem. § 3 Nr. 40 Satz 1 i.V.m. § 3c Abs. 2 EStG steuerbefreit ist. Ferner entfällt die Anwendung der Begünstigungsnormen, wenn nur der Teil eines Mitunternehmeranteils zum gemeinen Wert eingebracht wird (die Buchwerteinbringung des Teils eines Mitunternehmeranteils ist weiterhin möglich). Nach § 21 Abs. 3 UmwStG gilt im Falle der Einbringung einer Beteiligung an einer Kapitalgesellschaft zum gemeinen Wert nicht § 34 Abs. 1 EStG, sondern nur die Freibetragsregelungen des § 17 Abs. 3 EStG bzw. des § 16 Abs. 4 EStG (im letztgenannten Fall muss das gesamte Nennkapital Einbringungsgegenstand sein).

773 Ein Zwischenwertansatz und damit eine Buchwertaufstockung sind zwingend notwendig, soweit anderenfalls die Passivposten die Aktiva übersteigen würden (Verbot der Einbringung eines negativen Kapitals; UmwStE Tz. 20.19). Eine negative Größe kann z.B. auch durch Entnahmen während des Interimszeitraums (Zeitraum der Rückwirkung) entstehen (UmwStE Tz. 20.19). Mit einem Rangrücktritt belegte Verbindlichkeiten bleiben bei der Berechnung des Vermögens, das den Nennbetrag des Stammkapitals erreichen muss, außer Betracht.[1]

774 Die bisherige Auffassung der FinVerw, dass das Bewertungswahlrecht durch die Abgabe der Steuererklärung einschließlich Bilanz als ausgeübt gilt,[2] dürfte durch den neuen § 20 Abs. 2 Satz 3 UmwStG, nach dem der Antrag auf den Ansatz des Buch- oder Zwischenwerts spätestens bis zur erstmaligen Abgabe der Schlussbilanz der übernehmenden Gesellschaft zu stellen ist, bestätigt worden sein. Angesichts des Bezugs auf die „erstmalige" Abgabe sind nach diesem Zeitpunkt gestellte Anträge nicht unbeachtlich (UmwStE Tz. 20.21). Entsprechendes dürfte für eine spätere Änderung gelten. Dies hat der BFH inzwischen auch für die Rechtslage vor Inkrafttreten des SEStEG bestätigt.[3] Weder handels- noch steuerrechtlich ist eine Verpflichtung der aufnehmenden Gesellschaft zur Aufstellung einer Einbringungsbilanz vorgesehen, da sich die Einbringung als laufender Vorgang erst im Jahresabschluss auswirkt.[4] Aus den Angaben der übernehmenden Gesellschaft müssen sich der Einbringungszeitpunkt sowie der Wertansatz (Buch-, Zwischenwert, gemeiner Wert) ergeben. Diese Angaben sollten stets explizit erfolgen. Wird z.B. der Ansatz des gemeinen Werts gewählt, korrigiert aber die Betriebsprüfung den „gemeinen Wert", so ändert dies sowohl die Anschaffungskosten der neuen Anteile als auch den Veräußerungsgewinn für die Einbringenden. Es bleibt bei der Entstrickung. Wird dagegen ein höherer gemeiner Wert festgestellt, ohne dass eine Wahlrechtsausübung bzw. explizite Erklärung vorliegt, so kann nicht mehr wie bisher u.U. ein Zwischenwertansatz mit der Folge unterstellt werden, dass nunmehr von der Existenz nachsteuerauslösender Anteile auszugehen wäre,[5] da bei Fehlen eines Antrags nach § 20 Abs. 2 Satz 2 UmwStG der Ansatz des gemeinen Werts zwingend ist. Einzelfragen der Wahlrechtsausübung aus Sicht der Finanzverwaltung behandelt eine Verfügung des Bayerischen Landesamtes für Steuern vom 11.11.2014.[6]

---

1) OLG Naumburg, Beschluss v. 1.8.2003, 7 Wx 2/03, GmbHR 2003, 1432.
2) BMF v. 16.3.1988, UmwStE Tz. 20.31; Wacker, BB 1998, Beilage 8 zu Heft 26, 8.
3) BFH v. 28.5.2008, I R 98/06, DB 2008, 2003.
4) BFH v. 28.5.2008, I R 98/06, DB 2008, 2003.
5) BMF v. 25.3.1998, IV B 7 – S 1978 – 21/98, BStBl I 1998, 268, UmwStE Tz. 20.34; Dehmer, Erläuterung zu Tz. 20.34 UmwStE.
6) Bayerisches Landesamt für Steuern v. 11.11.2014, S 1978d.2.1.-17/10 St 32, DB 2014, 2681.

775 Für Einbringende in Drittstaaten besteht das Wahlrecht zum Ansatz unterhalb des gemeinen Werts nicht, wenn das Besteuerungsrecht der Bundesrepublik Deutschland hinsichtlich des Gewinns aus einer Veräußerung der dem Einbringenden gewährten Gesellschaftsanteile im Zeitpunkt der Sacheinlage ausgeschlossen oder beschränkt ist (§ 1 Abs. 4 Nr. 2 Buchst. b UmwStG). Dies ist z.b. dann der Fall, wenn der einbringende Gesellschafter Anteile erhält, die kraft DBA-Regelung nicht in Deutschland besteuert werden können (Einbringender ist im „DBA-Dritt-Ausland" ansässig). Gelangen die Anteile dagegen in ein inländisches Betriebsvermögen eines Steuerausländers, greift § 1 Abs. 4 Nr. 2 Buchst. b UmwStG nicht. Insoweit ist eine Buchwerteinbringung möglich.[1] Die frühere Regelung des § 20 Abs. 6 UmwStG a.f., nach der bei ausländischen Einbringenden im Falle der zwingenden Gewinnrealisierung die anfallende ESt oder KSt in jährlichen Teilbeträgen von mindestens 1/5 ohne Stundungszinsen entrichtet werden konnte, ist nach § 27 Abs. 3 Nr. 2 UmwStG nur noch auf unter das UmwStG a.f. fallende Einbringungen anzuwenden. Durch Umwandlung in eine KGaA, an der der Steuerausländer als persönlich haftender Gesellschafter beteiligt bleibt, könnten diese Konsequenzen z.b. vermieden werden. Gleiches gilt, wenn das einzubringende Betriebsvermögen Teil eines gewerblichen Inlandsvermögens darstellt, so dass die im Rahmen der Einbringung gewährten Anteile im Inland steuerverstrickt bleiben (z.B. Einlage eines Mitunternehmeranteils in eine weitere GmbH & Co. KG, die auch für DBA-Zwecke als Betriebsstätte qualifiziert wird). Die Variante der Einbringung in eine lediglich gewerblich geprägte oder infizierte Personengesellschaft verhindert nach dem durch das StÄndAnpG-Kroatien[2] neugefassten § 50i EStG die Entstrickungsbesteuerung nicht mehr.[3]

Für Einbringende in EU/EWR-Staaten gelten diese Einschränkungen nicht (§ 1 Abs. 4 Nr. 2 Buchst. a UmwStG). Im Falle der Veräußerung der durch eine Sacheinlage unter dem gemeinen Wert erhaltenen Anteile unterliegen EU/EWR-Einbringende wie inländische Einbringende dem neuen Konzept der nachträglichen Besteuerung des zu Grunde liegenden Einbringungsvorgangs nach § 22 UmwStG. Die EU-rechtlichen Bedenken der Literatur gegen § 20 Abs. 3 UmwStG a.F.,[4] der für EU/EWR- und Drittstaaten-Einbringende im Falle des Ausschlusses des deutschen Besteuerungsrechts hinsichtlich der erhaltenen Anteile die Aufdeckung der stillen Reserven durch den zwingenden Teilwertansatz vorsah, dürften damit ausgeräumt worden sein.

776 Setzt die aufnehmende Kapitalgesellschaft das eingebrachte Betriebsvermögen unter dem gemeinen Wert an, greift nach § 22 UmwStG das neue Konzept der nachträglichen Besteuerung des Einbringungsgewinns ein (Wegfall des früheren Konzepts der „einbringungsgeborenen" Anteile und damit der Verdoppelung der stillen Reserven): Soweit der Einbringende die erhaltenen Anteile innerhalb eines Zeitraums von sieben Jahren nach dem Einbringungszeitpunkt veräußert, hat er rückwirkend für das Jahr der Einbringung ungemildert den sog. Einbringungsgewinn I zu versteuern, wobei die Anteilsveräußerung ein rückwirkendes Ereignis i. S. des § 175 Abs. 1 Satz 1 Nr. 2 AO ist (§ 22 Abs. 1 Satz 1 und 2 UmwStG). Den Einbringungsgewinn I definiert § 22 Abs. 1 Satz 3 UmwStG wie folgt:

Gemeiner Wert des eingebrachten Betriebsvermögens im Zeitpunkt der Einbringung

./. Kosten für den Vermögensübergang
./. Wert, mit dem die übernehmende Kapitalgesellschaft das eingebrachte Betriebsvermögen angesetzt hat
= Einbringungsgewinn I im Zeitpunkt der Einbringung

---

1) UmwStE Tz. 1.53; die gegenteilige Auffassung von Mutscher, IStR 2007, 799 überzeugt nicht.
2) Gesetz zur Anpassung des nationalen Steuerrechts an den Beitritt Kroatiens zur EU und zur Änderung weiterer steuerlicher Vorschriften v. 25.7.2014, BGBl. I 2014, 1266.
3) Vgl. Kudert/Kahlenberg/Mroz, ISR 2014, 257; Bodden, DB 2014, 2371.
4) Vgl. Kessler/Spengel, DB-Beilage Nr. 6/2004, 6.

./. Verringerung um ein Siebtel für jedes seit dem Einbringungszeitpunkt bis zum Zeitpunkt der Veräußerung der Anteile abgelaufene Zeitjahr
= Zu versteuernder Einbringungsgewinn I

Die Ermittlung des gemeinen Werts des eingebrachten Betriebsvermögens zum Zeitpunkt der Einbringung erfolgt erst im späteren Zeitpunkt der Veräußerung der für die Einbringung erhaltenen Anteile, d.h. im Extremfall auf einen sieben Jahre zurückliegenden Zeitpunkt. Vor dem Hintergrund der zu erwartenden Schwierigkeiten bei dieser zurückschauenden Unternehmensbewertung dürfte es für den Stpfl. ratsam sein, vorsichtshalber im Zeitpunkt der Einbringung eine Bewertung des eingebrachten Betriebsvermögens zu machen.

Die Identifizierung einbringungsgeborener oder sperrfristbehafteter Anteile nach einem Aktiensplit hat nach Auffassung der BFH anhand objektiver Umstände zu erfolgen; im Falle von veräußerten Aktien ergibt sich dies aus dem Hinweis auf die Aktiennummer, im Falle von veräußerten GmbH-Anteilen durch den Hinweis auf die übergehenden GmbH-Anteile in der notariellen Urkunde.[1]

Der Einbringende hat im (späteren) Jahr der Realisierung einen Gewinn aus der Veräußerung der erhaltenen Anteile zu versteuern, auf den im Falle des deutschen Besteuerungsrechts die Regelungen des § 8b KStG bzw. des § 3 Nr. 40 EStG anzuwenden sind. Auf diesen Gewinn wirkt sich nach § 22 Abs. 1 Satz 4 UmwStG die nachträgliche Besteuerung des Einbringungsgewinns I insoweit aus, als dieser Gewinn als nachträgliche Anschaffungskosten der erhaltenen Anteile gilt. In dieser Höhe mindert sich also der Gewinn aus der Anteilsveräußerung. Außerdem kommt es auf der Ebene der aufnehmenden Gesellschaft auf Antrag zu einer Buchwertaufstockung i.H.d. versteuerten Einbringungsgewinns (§ 23 Abs. 2 UmwStG; UmwStE Tz. E 20.05).

Insgesamt sind die Regelungen für die steuerliche Behandlung von durch Sacheinlage unter dem gemeinen Wert erhaltenen Anteilen durch das SEStEG sehr komplex geworden. Die Belastungswirkungen des neuen Einbringungskonzepts kann man dahingehend zusammenfassen, dass der beim Einbringenden entstandene Gewinn aus der späteren Veräußerung der erhaltenen Anteile zerlegt wird, und zwar

– in einen ggf. nach der Siebtelregelung zu vermindernden, zu versteuernden Gewinn i. S. des § 16 EStG (Einbringungsgewinn I), auf den § 8b KStG bzw. § 3 Nr. 40 EStG (mit Ausnahme des anteilig auf im Betriebsvermögen enthaltene Kap-Ges-Anteile entfallenen Gewinns) **nicht** anzuwenden sind;

– in einen Gewinn i. S. des § 17 EStG aus dem Anteilsverkauf, der die nach dem Einbringungszeitpunkt entstandenen stillen Reserven sowie die dem linearen Abbau des Einbringungsgewinns I entsprechenden stillen Reserven umfasst (bei Verflüchtigung der stillen Reserven nach dem Einbringungszeitpunkt kann sich aus der Anteilsveräußerung auch ein Verlust ergeben), auf den § 8b KStG bzw. § 3 Nr. 40 EStG anzuwenden sind (UmwStE Tz. E 20.05 mit Fallbeispiel).

Verfahrensrechtlich wurde die Siebtelregelung durch eine strenge, jeweils zum 31.5. jährlich zu erfüllenden Nachweispflicht abgesichert (§ 22 Abs. 3 UmwStG). In Fällen der Sacheinlage hat der Einbringende eine schriftliche Erklärung darüber abzugeben, wem seit der Einbringung die erhaltenen Anteile als wirtschaftlichem Eigentümer zuzurechnen sind. Sind die Anteile zum maßgebenden Zeitpunkt dem Einbringenden zuzurechnen, hat er darüber hinaus eine Bestätigung der übernehmenden Gesellschaft über seine Gesellschafterstellung vorzulegen (UmwStE Tz. 22.30).

Nach dem koordinierten Ländererlass vom 5.1.2004[2] sind nach § 8b Abs. 4 KStG verstrickte Beteiligungen in einem eingebrachten Betriebsvermögen mit einzubringen,

777

---
1) BFH v. 11.12.2013, IX R 45/12, DB 2014, 928.
2) BMF v. 5.1.2004, IV A – S 2750a – 35/03, BStBl I 2004, 44; vgl. dazu Füger/Rieger, BB 2005, 517.

um zu einer steuerneutralen Einbringung zu gelangen; die Rückausnahme des § 8b Abs. 4 Satz 2 KStG greift bei der Veräußerung der nach § 8b Abs. 4 KStG verstrickten Anteile nicht ein. In diesem Zusammenhang ist für solche sog. „alt-einbringungsgeborenen" Anteile nach § 20 Abs. 3 Satz 4 UmwStG zu beachten, dass insoweit auch die erhaltenen Anteile als einbringungsgeborene Anteile i. S. des § 21 UmwStG a.f. gelten; insoweit entstehen somit auch nach dem neuen Recht neue einbringungsgeborene Anteile (UmwStE Tz. 20.39).

Die steuerverhafteten stillen Reserven einbringungsgeborener Anteile „springen" u.U. bei Kapitalerhöhungen oder unentgeltlicher Übertragung auf bestehende Altanteile über. Dieser Vorgang wirkt zwar als solcher nicht gewinnrealisierend, jedoch gelten auch diese Anteile als steuerverstrickt.[1] Das SEStEG hat in § 22 Abs. 7 UmwStG diese sog. Mitverstrickung von Anteilen dahingehend geregelt, dass die Altanteile, denen stille Reserven zuwachsen, insoweit ebenfalls als steuerverstrickt gelten (UmwStE Tz. 22.43). Es ist daher im Rahmen von Kapitalerhöhungen darauf zu achten, dass diese möglichst verhältniswahrend erfolgen. Hierdurch wird sichergestellt, dass keine stillen Reserven überspringen und bislang nicht steuerverstrickte Anteile als sog. derivative einbringungsgeborene Anteile dadurch in die Steuerverstrickung hineinwachsen. Außerdem sind bei disquotalen Einlagen zu Buchwerten etwaige schenkungsteuerliche Konsequenzen zu bedenken. Gründet z.b. ein Einzelunternehmer mit einem Angehörigen eine GmbH und bringt er dabei sein Unternehmen zu Buchwerten in die GmbH ein, kann darin eine schenkungsteuerpflichtige freigebige Zuwendung des GmbH-Geschäftsanteils an den Angehörigen liegen, deren Wert dem Unterschiedsbetrag zwischen dem gemeinen Wert des Geschäftsanteils nach der Einbringung des Unternehmens und der Stammeinlage des Angehörigen entspricht.[2] Dagegen liegt kein Fall der freigebigen Zuwendung vor, wenn ein Neugesellschafter sein Unternehmen über-pari im Rahmen einer Kapitalerhöhung in die Kapitalgesellschaft einbringt, ohne dass der Altgesellschafter einen neuen Anteil zeichnet.[3]

778 Außer bei einer Übertragung erfolgt eine Versteuerung des Einbringungsgewinns I u.a. auch, wenn Deutschland innerhalb von sieben Jahren nach dem Einbringungszeitpunkt das Besteuerungsrecht an den erhaltenen Anteilen verliert (§ 22 Abs. 1 Satz 6 Nr. 6 UmwStG), der Anteilseigner die Anteile verdeckt (unmittelbar oder mittelbar) in eine Kapitalgesellschaft einlegt (§ 22 Abs. 1 Satz 6 Nr. 1 UmwStG), die Kapitalgesellschaft aufgelöst und abgewickelt oder das Kapital herabgesetzt und zurückgezahlt wird oder Beträge aus dem steuerlichen Einlagekonto ausgeschüttet oder zurückgezahlt werden (§ 22 Abs. 1 Satz 6 Nr. 3 UmwStG). Fragen der Einlagenrückgewähr können sich insbesondere im Anschluss an Einbringungsvorgänge in eine Organ-Tochter ergeben (Problem der vororganschaftlich verursachten Mehrabführungen).[4] Dagegen ist eine der früheren Antragsbesteuerung einbringungsgeborener Anteile entsprechende Regelung der Besteuerung des Einbringungsgewinns auch auf Antrag des Anteilseigners nicht eingeführt worden. Weitere Fälle z.T. sehr komplizierter Veräußerungsersatztatbestände sind in § 22 Abs. 1 Satz 6 UmwStG aufgelistet. Außer der in § 22 Abs. 1 Satz 6 Nr. 2 UmwStG geregelten Ausnahme von der Besteuerung des Einbringungsgewinns I bei Einbringung der erhaltenen Anteile zum Buchwert fehlen zwar vom Gesetzeswortlaut her Ausnahmeregelungen für die Behandlung anderer Umwandlungsvorgänge (z.B. Verschmelzung der einbringenden oder der aufnehmenden Gesellschaft nach der Einbringung).[5] Die FinVerw behandelt aber

---

1) BFH v. 8.4.1992, I R 128/88, BStBl II 1992, 761; BFH v. 8.4.1992, I R 162/90, BStBl II 1992, 764; vgl. auch Wacker, BB 1998, Beilage zu Heft 26, 11; Thiel/Eversberg/van Lishaut/Neumann, GmbHR 1998, 397, 438.
2) BFH v. 12.7.2005, II R 8/04, BFH/NV 2005, 2128.
3) BFH v. 9.12.2009, II R 28/08, BStBl II 2010, 566.
4) Vgl. Schumacher/Neumann, DStR 2008, 325, 332 f.
5) Vgl. Schumacher/Neumann, DStR 2008, 325, 333 f.

Umwandlungen und Einbringungen grundsätzlich als Veräußerungen i.S.v. § 22 Abs. 1 Satz 1 UmwStG (UmwStE Tz. 22.22). Nach ihrer Auffassung führt daher grundsätzlich jede der Einbringung in eine Kapitalgesellschaft nachfolgende Umwandlung oder Einbringung sowohl des Einbringenden als auch der übernehmenden Kapitalgesellschaft zu einer Veräußerung i.S.d. § 22 Abs. 1 Satz 1 UmwstG, die die rückwirkende Einbringungsgewinnbesteuerung auslöst (UmwStE Tz. 22.23). Aus Billigkeitsgründen will sie im Einzelfall auch bei Umwandlungen zu Buchwerten auf übereinstimmenden Antrag aller Personen, bei denen ansonsten infolge des Umwandlungsvorgangs ein Einbringungsgewinn zu versteuern wäre, von einer rückwirkenden Einbringungsbesteuerung absehen, wenn zumindest

- keine steuerliche Statusverbesserung eintritt (d.h. die Besteuerung eines Einbringungsgewinns I bzw. II nicht verhindert wird),
- sich keine stillen Reserven von den nachsteuerauslösenden Anteilen auf Anteile eines Dritten verlagern, deutsche Besteuerungsrechte nicht ausgeschlossen oder eingeschränkt werden und
- die Antragsteller sich damit einverstanden erklären, dass auf alle unmittelbaren oder mittelbaren Anteile an einer an der Umwandlung beteiligten Gesellschaft § 22 Abs. 1 und 2 UmwStG entsprechend anzuwenden ist, wobei Anteile am Einbringenden regelmäßig nicht einzubeziehen sind.[1]

Als eine punktuelle Ausnahme, bei der die obigen Voraussetzungen als erfüllt angesehen werden, behandelt die FinVerw den Fall der Einbringung in eine Tochtergesellschaft zum Buch- oder Zwischenwert und der anschließenden Abspaltung der sperrfristbehafteten Anteile auf eine Schwestergesellschaft der einbringenden Gesellschaft.[2]

Sondervorschriften für die Bewertung und Besteuerung beim Einbringen gelten beim isolierten Anteilstausch. Die für die Besteuerung des Einbringenden maßgebende Bewertung der eingebrachten Anteile bei der übernehmenden Kapitalgesellschaft ist in § 21 UmwStG geregelt.[3] Danach ist entsprechend dem Grundkonzept des SEStEG grundsätzlich der gemeine Wert anzusetzen (§ 21 Abs. 1 Satz 1 UmwStG), jedoch ist auf Antrag der Buch- oder ein Zwischenwert wählbar, wenn die übernehmende Kapitalgesellschaft nach der Einbringung auf Grund ihrer Beteiligung einschließlich der eingebrachten Anteile nachweisbar unmittelbar die Mehrheit der Stimmrechte an der erworbenen Gesellschaft hat (qualifizierter Anteilstausch i.S.d. § 21 Abs. 1 Satz 2 UmwStG). Sofern der gemeine Wert nicht aus Verkäufen abgeleitet werden kann, kann auf ein allgemein anerkanntes ertragswert- oder zahlungsstromorientiertes Bewertungsverfahren einschließlich des vereinfachten Ertragswertfahrens nach §§ 11, 95 bis 109 und §§ 199 ff. BewG zurückgegriffen werden (UmwStE Tz. 3.07). Die für die Besteuerung des Einbringenden entscheidenden Größen, der Veräußerungspreis für die eingebrachten Anteile und die Anschaffungskosten der erhaltenen Anteile, werden nach § 21 Abs. 2 Satz 1 UmwStG qua Fiktion durch den Wert bestimmt, mit dem die übernehmende Kapitalgesellschaft die eingebrachten Anteile ansetzt. Nach dem Wortlaut des § 21 Abs. 2 Satz 2 UmwStG gelten von diesem Grundsatz der Wertverknüpfung wichtige Ausnahmen, wenn nämlich das Recht Deutschlands hinsichtlich der Besteuerung der eingebrachten Anteile oder der erhaltenen Anteile ausgeschlossen oder beschränkt ist. Insoweit hat der Einbringende, los-

---

[1] UmwStE Tz. 22.23 mit weiteren detaillierten Ausführungen zu den Voraussetzungen der Billigkeitsentscheidung.
[2] OFD Niedersachsen v. 22.8.2014, S 1978c-136-St 243, DB 2014, 2256.
[3] Werden Anteile an einer Kapitalgesellschaft oder Genossenschaft, die zum Betriebsvermögen eines Betriebs, Teilbetriebs oder Mitunternehmeranteils gehören, mit den Wirtschaftsgütern dieses Unternehmensteils in eine Kapitalgesellschaft oder Genossenschaft eingebracht, geht die Regelung des § 20 UmwStG der des § 21 UmwStG vor, UmwStE Tz. 21.01.

gelöst vom Wertansatz bei der übernehmenden Kapitalgesellschaft, zwingend den gemeinen Wert anzusetzen. Satz 3 des § 21 Abs. 2 UmwStG macht hiervon Rückausnahmen für zwei Fälle des qualifizierten Anteilstauschs und erlaubt insoweit den Ansatz des Buchwerts oder eines Zwischenwerts,

- wenn das Recht Deutschlands hinsichtlich der Besteuerung des Gewinns aus der Veräußerung der erhaltenen Anteile nicht ausgeschlossen oder beschränkt ist oder
- wenn der Gewinn aus dem Anteilstausch auf Grund Art. 8 FRL nicht besteuert werden darf; in diesem Fall unterliegt der Gewinn aus der späteren Veräußerung der erhaltenen Anteile ungeachtet entgegenstehender DBA-Bestimmungen in der gleichen Art und Weise der deutschen Besteuerung wie der Gewinn, der bei der Veräußerung der Anteile an der erworbenen Gesellschaft zu versteuern gewesen wäre (treaty override).

Eine weitere Sonderregelung für natürliche Personen als Einbringende enthält § 22 Abs. 2 UmwStG, die eine Nachfolgeregelung zu dem früheren § 8b Abs. 4 Satz 1 Nr. 2 KStG a.f. darstellt: Für den Fall, dass die übernehmende Kapitalgesellschaft die auf Grund Sacheinlage oder Anteilstausch unter dem gemeinen Wert eingebrachten Anteile innerhalb von sieben Jahren veräußert, ist der Gewinn aus der Einbringung im Jahr der Einbringung rückwirkend als Gewinn aus der Veräußerung von Anteilen zu besteuern (Einbringungsgewinn II). Wie durch ihre Vorgängervorschrift soll durch die neue Vorschrift verhindert werden, dass durch eine der Anteilsveräußerung vorgeschaltete Anteilseinbringung in eine Kapitalgesellschaft eine Verbesserung des steuerlichen Veräußererstatus vom Halb- bzw. Teileinkünfteverfahren zur 95 %igen Steuerbefreiung für Kapitalgesellschaften erreicht werden kann.[1] Auf Grund der Neufassung des § 22 Abs. 2 Satz 1 UmwStG durch das JStG 2009 ist nunmehr klargestellt, dass es auf die konkrete Anwendbarkeit des § 8b Abs. 2 KStG im Einbringungszeitpunkt ankommt.[2] Wie im Falle der Besteuerung des Einbringungsgewinns I verringert sich auch der zu versteuernde Einbringungsgewinn II um $1/7$ für jedes seit dem Einbringungszeitpunkt bis zum Zeitpunkt der Veräußerung der eingebrachten Anteile abgelaufene Zeitjahr (§ 22 Abs. 2 Satz 3 UmwStG). Das obige Ziel, Umgehungsgestaltungen durch natürliche Personen als Einbringende zu verhindern, wird durch eine weitere Sonderregelung abgesichert, die einer Verbesserung des steuerlichen Veräußererstatus durch einen qualifizierten Anteilstausch entgegenwirkt: § 21 Abs. 2 Satz 6 UmwStG i.V.m. § 20 Abs. 3 Satz 4 UmwStG regelt, dass die im Wege eines Anteilstauschs erhaltenen Anteile als einbringungsgeborene Anteile i. S. des § 21 UmwStG a.F. gelten.

Wie bei der Besteuerung des Einbringungsgewinns I lösen zahlreiche Veräußerungsersatztatbestände die rückwirkende Besteuerung des Einbringungsgewinns II (§ 22 Abs. 2 Satz 6 i.V.m. § 22 Abs. 1 Satz 6 UmwStG) aus. Da bei § 22 Abs. 2 UmwStG nicht der Einbringende selbst die Besteuerung der eingebrachten Anteile auslöst, er aber den Einbringungsgewinn II versteuern muss, sollte im Einbringungsvertrag eine zivilrechtliche Absicherung für den Einbringenden, insbesondere ein Zustimmungsvorbehalt, vorgesehen werden.[3]

VII. Besteuerung der übernehmenden Kapitalgesellschaft

779 Übernehmende Kapitalgesellschaften können sein:

- GmbH,
- AG,

---

1) Kritisch zu dieser Rechtfertigung, Desens, DStR, Beihefter zu Heft 46/2010, 87.
2) Vgl. Begründung Regierungsentwurf, BT-Drucks. 16/10189.
3) Vgl. Krohn/Greulich, DStR 2008, 646, 655.

- KGaA,
- Genossenschaft,
- EU/EWR-Gesellschaften,

die auf Grund von Sitz und Geschäftsleitung im Inland oder im EU/EWR-Gebiet der unbeschränkten Körperschaftsteuerpflicht unterliegen (§ 1 Abs. 4 Nr. 1 UmwStG).

Auch im Rahmen des § 20 UmwStG ist auf Grund des SEStEG der Maßgeblichkeitsgrundsatz nicht mehr zu beachten (UmwStE Tz. 20.20). Soweit handelsrechtlich ein Aufwertungszwang besteht (z.B. Erreichung Mindesteigenkapital bei Sachgründung einer GmbH, Darstellung zutreffender Wertverhältnisse (Aufdeckung stiller Reserven) zwecks zutreffender Gewinnverteilung bei mehreren Beteiligten, Existenz negativer Ergänzungsbilanzen; UmwStE Tz. 20.20), richten sich die steuerlichen Wertansätze dennoch allein nach den Bestimmungen des UmwStG (§§ 20 Abs. 2, 21 Abs. 1 und 2 UmwStG). Im Falle abweichender steuerlicher Ansätze kommt es somit in den steuerlichen Umwandlungsbilanzen zum Ausweis eines steuerlichen Mehr- oder Minderkapitals. Wenn steuerlich die Buchwerte fortgeführt werden, aber handelsrechtlich von der Möglichkeit Gebrauch gemacht wird, bei der aufnehmenden Kapitalgesellschaft höhere Anschaffungskosten gem. § 24 UmwG anzusetzen, sind nach dem Temporary-Konzept des BilMoG latente Steuern zu bilden.[1] Entsprechendes gilt bei einem handelsrechtlichen Aufwertungszwang, der steuerlich nicht nachvollzogen wird.

Soweit die aufnehmende Kapitalgesellschaft das eingebrachte Betriebsvermögen mit dem Buch- oder Zwischenwert ansetzt, kommt es grundsätzlich zu einem umfassenden Eintritt in die steuerliche Rechtsposition der einbringenden Personen (§ 4 Abs. 2 Satz 3 und § 12 Abs. 3 Halbs. 1 UmwStG[2] gelten entsprechend, § 23 Abs. 1 UmwStG). Einkommen- oder körperschaftsteuerliche Verlustvorträge verbleiben bei den einbringenden Personen (UmwStE Tz. 23.02). Allerdings findet nach dem BFH-Urteil vom 16.4.2014 beim unterjährigen Anteilstausch keine Besitzzeitanrechnung für Zwecke des gewerbesteuerlichen Schachtelprivilegs des § 9 Nr. 2a GewStG statt.[3] **780**

Erfolgt der Ansatz mit dem Zwischenwert, so gilt allerdings hinsichtlich der AfA ein modifizierter Eintritt in die Rechtsposition des Einbringenden (§ 23 Abs. 3 UmwStG; UmwStE Tz. 23.15). Es erfolgt eine anteilige Aufstockung der stillen Reserven, wobei auch selbst geschaffene, immaterielle Wirtschaftsgüter und der originäre Firmenwert Berücksichtigung finden.[4] **781**

Eine Anschaffungsfiktion greift nur, soweit ein Ansatz zum gemeinen Wert erfolgt und die Einbringung im Wege der Einzelrechtsnachfolge geschieht (§ 23 Abs. 4 Halbs. 1 UmwStG) (UmwStE Tz. 23.21). Eine Anwachsung gem. § 738 BGB, § 142 HGB stellt nach Auffassung der FinVerw keinen Fall der (begünstigten) Gesamtrechtsnachfolge dar (UmwStE Tz. 1.44). Insgesamt als Gesamtrechtsnachfolge soll dagegen der Fall zu qualifizieren sein, in dem neben der Gesamtrechtsnachfolge zugleich ein Übergang in Einzelrechtsnachfolge (z.B. KG-Anteil zzgl. Sonderbetriebsvermögen) erfolgt. Da die §§ 20–22 UmwStG eine einheitliche Würdigung vornehmen, sei der Vorgang einheitlich als Gesamtrechtsnachfolge zu würdigen.[5] Bei Einbringungen im Wege der **782**

---

1) Vgl. Herzig, DStR 2010, 1906.
2) Zur Neuregelung auf Grund des Gesetzes zur Fortsetzung der Unternehmenssteuerreform vgl. Ott, INF 1998, 385, 393; Kröner, DStR 1998, 1495, 1502 unter Berücksichtigung des Entwurfs v. 7.7.1998, BStBl I 1999, 455.
3) BFH v. 16.4.2014, I R 44/13, DB 2014, 1716; vgl. dazu Lenz/Adrian, DB 2014, 2670.
4) Nach Krohn/Greulich, DStR 2008, 646, 648 bedeutet die Einfügung des Worts „einheitlich", dass beim Zwischenwertansatz die sog. Stufen-Theorie nicht mehr anwendbar ist, so dass die Aufstockung mit einem einheitlichen Prozentsatz über alle Wirtschaftsgüter einschließlich eines Firmenwerts im Wege des Dreisatzes vorzunehmen wäre; ebenso UmwStE Tz. 23.14 .i.V.m. Tz. 3.25 f.; die bisherige Stufentheorie ist nur bis zum 31.12.2011 zulässig, UmwStE Tz. S 03.
5) BMF v. 25.3.1998, IV B 7 – S 1978 – 21/98, BStBl I 1998, 268, UmwStE Tz. 23.20.

Gesamtrechtsnachfolge gelten nach § 23 Abs. 4 Halbs. 2 UmwStG die Grundsätze über den Eintritt in die Rechtsposition des Einbringenden im Falle des Zwischenwertansatzes (§ 23 Abs. 3 UmwStG) entsprechend (UmwStE Tz. 23.19).

VIII. Einbringung in der Europäischen Union bzw. Drittlandsfälle

783 Die Sondervorschrift des § 23 UmwStG a.F., die enumerativ die begünstigten Einbringungsfälle innerhalb der EU[1] entsprechend der Fusionsrichtlinie in ihren Rechtsfolgen (Steuerneutralität) inländischen Einbringungsvorgängen weitgehend gleichgestellt hatte, ist auf Grund der Europäisierung bzw. teilweisen Globalisierung des subjektiven und objektiven Anwendungsbereichs des UmwStG durch das SEStEG in ihrem Regelungsgehalt in die allgemeinen Vorschriften über die Sacheinbringung (§ 20 UmwStG) und den Anteilstausch (§ 21 UmwStG) integriert worden. Die für Sacheinbringungen einschlägige Vorschrift des § 20 Abs. 2 Satz 2 UmwStG erlaubt – wie bisher – den Ansatz unter dem gemeinen Wert für folgende „Betriebsstätteneinbringungen":

– die Einbringung eines Betriebs oder Teilbetriebs durch eine unbeschränkt steuerpflichtige Kapitalgesellschaft in eine inländische Betriebsstätte einer beschränkt steuerpflichtigen EU-/EWR-Kapitalgesellschaft,

– die Einbringung eines Betriebs oder Teilbetriebs durch eine beschränkt steuerpflichtige EU-/EWR-Kapitalgesellschaft in eine unbeschränkt oder beschränkt steuerpflichtige EU-/EWR-Kapitalgesellschaft oder

– die Einbringung eines Betriebs oder Teilbetriebs durch eine unbeschränkt steuerpflichtige EU-/EWR-Kapitalgesellschaft in eine in einem anderen Mitgliedsstaat belegene Betriebsstätte einer beschränkt steuerpflichtigen EU-/EWR-Kapitalgesellschaft.

Beachtenswert ist in diesem Zusammenhang, dass bei den begünstigten Betriebseinheiten nunmehr auch der Mitunternehmeranteil erfasst ist, der in § 20 Abs. 1 UmwStG genannt ist. Einbringender kann auch eine im Drittland (Nicht-EU bzw. Nicht-EWR) ansässige natürliche oder juristische Person sein, wenn das deutsche Besteuerungsrecht an den erhaltenen Anteilen weder ausgeschlossen noch beschränkt ist (§ 1 Abs. 4 Satz 1 Nr. 2b UmwStG).[2] Dagegen kann für Zwecke der Anwendung der §§ 20, 21 UmwStG der übernehmende Rechtsträger nur eine nach den Rechtsvorschriften eines EU- oder EWR-Staates gegründete Gesellschaft i.S.d. Art. 54 AEUV oder des Art. 34 EWR-Abkommens sein, deren Sitz und Ort der Geschäftsleitung sich innerhalb des Hoheitsgebiets eines dieser Staaten befindet (UmwStE Tz. 1.54).

784 Durch diese Regelungen kann auch eine beschränkt steuerpflichtige EU-/EWR-Kapitalgesellschaft ihre inländische Betriebsstätte im Rahmen der Einbringung eines Betriebes oder Teilbetriebes zum Buch- oder Zwischenwert in eine unbeschränkt oder beschränkt steuerpflichtige EU-/EWR-Kapitalgesellschaft einbringen. Mit Ablauf von sieben Jahren wachsen die erhaltenen Anteile aus der Steuerverstrickung auf Grund der Siebtelregelung des § 22 Abs. 1 UmwStG heraus.

785 Darüber hinaus können Anteile an einer EU-/EWR-Kapitalgesellschaft in eine andere EU-/EWR-Kapitalgesellschaft zum Buch- oder Zwischenwert eingebracht werden, soweit auch hier die Voraussetzung erfüllt wird, dass nach der Einbringung die übernehmende Gesellschaft die Mehrheit der Stimmrechte hält (§ 21 Abs. 1 UmwStG). Die frühere Voraussetzung, dass die übernehmende Kapitalgesellschaft den steuerlichen

---

1) Zum Ganzen vgl. auch Wacker, BB 1998, Beilage 8 zu Heft 26, 12; Thiel/Eversberg/van Lishaut/Neumann, GmbHR 1998, 397, 439.
2) UmwStE Tz. 1.53 mit Fallbeispiel.

Buchwert der Übertragerin fortführt – „Buchwertverknüpfung über die Grenze" (§ 23 Abs. 4 UmwStG a.F.) –, wird durch das SEStEG aufgegeben. Damit soll offenbar einer drohenden Feststellung der EU-Widrigkeit dieser bisherigen Voraussetzung für die Steuerneutralität des grenzüberschreitenden Anteilstauschs innerhalb der EU durch den EuGH vorgebeugt werden, nachdem der EuGH die Vereinbarkeit der doppelten Buchwertverknüpfung über die Grenze mit der Fusionsrichtlinie auf Vorlage des BFH verneint hat.[1]

Im Hinblick auf etwaige Missbrauchs- und Umgehungsmöglichkeiten sei ergänzend darauf hingewiesen, dass die entsprechenden Sonderregelungen in § 26 Abs. 2 UmwStG a.F. durch das neue Konzept der nachträglichen Besteuerung des Einbringungsgewinns mit Siebtelregelung entbehrlich geworden sind. Allerdings wird durch das neue Konzept im Ergebnis ebenfalls eine siebenjährige Haltedauer der gewährten Anteile normiert, d.h., falls die übernehmende oder eine ihr nachgeordnete Kapitalgesellschaft die eingebrachte Beteiligung innerhalb der Haltefrist unmittelbar oder mittelbar veräußert oder auf einen Dritten überträgt, entfällt die Steuerfreiheit der ursprünglichen Anteilseinbringung – wie bisher nach § 26 Abs. 2 i.V.m. § 23 Abs. 4 UmwStG a.F. – rückwirkend (§ 22 Abs. 1 und 2 UmwStG).

786

Einbringung in eine Personengesellschaft

von Volker Bock

INHALTSÜBERSICHT   Rz.

I. Inhalt und Bedeutung.. 787–791

II. Begünstigte Fälle 792–795

III. Besteuerung der übertragenden Gesellschafter 796

IV. Besteuerung der aufnehmenden Personengesellschaft.................. 797–800

I. Inhalt und Bedeutung

Der Siebte Teil des UmwStG besteht nur aus einer Vorschrift. Sie ermöglicht die Einbringung zum gemeinen Wert, Buchwert oder Zwischenwert und erlaubt damit ebenfalls eine steuerneutrale Umwandlung bzw. Einbringung. Im Prinzip greift der gleiche Mechanismus wie bei den §§ 20 ff. UmwStG, d.h., grundsätzlich ist das eingebrachte Vermögen mit dem gemeinen Wert anzusetzen, unter bestimmten Voraussetzungen ist jedoch der Ansatz des Buchwerts oder eines höheren Zwischenwerts zulässig. Ein wichtiger Unterschied besteht darin, dass mittels positiver und negativer Ergänzungsbilanzen eine besondere Technik zur Erlangung der Buchwertfortführung gefunden wurde, die es ermöglicht, abweichende Steuerbilanzen zu erstellen. Entgegen der Regelung zu § 20 UmwStG ist nach § 24 UmwStG auch dann eine Buchwerteinbringung möglich, wenn das eingebrachte Betriebsvermögen negativ ist (UmwStE Tz. 24.04). Daneben reicht in Fällen des § 24 UmwStG auch eine Einbringung in das Sonderbetriebsvermögen (UmwStE Tz. 24.05). Ein weiterer Unterschied besteht darin, dass eine dem § 20 Abs. 2 Satz 2 UmwStG entsprechende Regelung in § 24 UmwStG fehlt. Dies führt zu einer anteiligen Gewinnrealisierung, wenn ein Teil der Gegenleis-

787

---

1) EuGH v. 11.12.2008, C-285/07, IStR 2009, 97; BFH v. 7.3.2007, I R 25/05, BFH/NV 2007, 1607; Vorinstanz: FG Baden-Württemberg v. 17.2.2005, 6 K 209/02, DStRE 2005, 1015.

tung nicht in Gesellschaftsrechten, sondern durch eine Verbuchung auf einem Darlehenskonto gewährt wird.[1]

788 Ein weiterer, wichtiger Unterschied zu den Einbringungen gem. § 20 UmwStG ist darin zu sehen, dass beschränkt Stpfl. generell ohne den Zwang zur Gewinnrealisierung Einbringende sein können. Ebenso wenig bestehen auf Seiten der aufnehmenden Personengesellschaft Einschränkungen hinsichtlich der Ansässigkeit. Das heißt, § 24 UmwStG ist unabhängig davon anzuwenden, ob der Einbringende bzw. die aufnehmende Personengesellschaft in einem EU/EWR-Staat oder einem Drittstaat ansässig sind (§ 1 Abs. 4 Satz 2 UmwStG).

Auf Grund der teilweise gleich lautenden Tatbestandsvoraussetzungen und Rechtsfolgen kann in Bezug auf die folgenden Ausführungen auf die unter → Rz. 985 ff. gemachten Erläuterungen verwiesen werden:

- Person des Einbringenden,[2]
- Definition der Einbringung des Betriebs/Teilbetriebs/Mitunternehmeranteils,[3]
- Bewertung des eingebrachten Betriebsvermögens,[4]
- Besteuerung des Einbringungsgewinns,[5]
- Eintritt in die steuerliche Rechtsposition des Einbringenden,[6]
- Nachversteuerung von Verlusten.[7]

Teilbetrieb i.S.v. § 24 Abs. 1 UmwStG war nach bisheriger Auffassung auch eine zu einem Betriebsvermögen gehörende 100 %ige Beteiligung an einer Kapitalgesellschaft.[8] Dies wurde in der Literatur teilweise bestritten.[9] Dieser abweichenden Literaturmeinung hat sich der BFH mit Urteil v. 17.7.2008 angeschlossen.[10] Die FinVerw hat auf das BFH-Urteil insoweit mit einem Nichtanwendungserlass reagiert[11] und hält weiterhin an ihrer bisherigen Auffassung fest (UmwStE Tz. 24.02).

789 Ergänzend zu § 24 UmwStG muss die teilweise Normierung des sog. Mitunternehmererlasses[12] in § 6 Abs. 5 EStG genannt werden. Im Rahmen dieser Regelung sind auch ertragsteuerneutrale Übergänge von einzelnen Wirtschaftsgütern zwischen Betriebsvermögen der Gesellschafter und der Gesellschaft möglich.[13] Die erheblichen Nebenbedingungen der Regelungen sind allerdings zu beachten. In diesem Zusammenhang ist höchst umstritten, ob die unentgeltliche Überlassung eines Wirtschaftsguts aus dem Betriebsvermögen einer gewerblich tätigen Personengesellschaft in das Betriebsvermögen einer beteiligungsidentischen anderen Personengesellschaft zur Aufdeckung der stillen Reserven führt.[14] Nicht erfasst von der Vorschrift wird eine Einlage aus dem Privatvermögen. Diese wird gem. § 6 Abs. 1 Nr. 5 EStG stets mit dem Teilwert bzw. den Anschaffungskosten bewertet.

---

1) Vgl. Crezelius/Rieger, Beihefter zu DStR Heft 46/2010, 79.
2) UmwStE Tz. 24.03 i.V.m. Tz. 20.03.
3) UmwStE Tz. 24.03 i.V.m. Tz. 20.05–20.08 und Tz. 20.10. ff.
4) UmwStE Tz. 24.03 i.V.m. Tz. 20.17 ff.
5) UmwStE Tz. 24.03 i.V.m. Tz. 20.25 ff.
6) UmwStE Tz. 24.03 i.V.m. Tz. 23.01 ff., 23.05 f., 23.14 f. und 23.17 ff.
7) UmwStE Tz. 24.03 i.V.m. Tz. 23.22.
8) Vgl. zu Teilbetriebsfiktionen als nationale Erweiterungen des Teilbetriebsbegriffs im Verhältnis zum europäischen Teilbetriebsbegriff, Graw, DB 2013, 1011, 1012.
9) Rasche, GmbHR 2007, 793.
10) BFH v. 17.7.2008, I R 77/06, DB 2008, 2281.
11) BMF v. 20.5.2009, IV C 6 – S 2134/07/10005, BStBl I 2009, 671.
12) BMF v. 20.12.1977, IV B 2 – S 2241 – 231/1, BStBl I 1978, 8.
13) BMF v. 8.12.2011, IV C 6 – S 2241/10/10002, BStBl I 2011, 1279.
14) Vgl. Schwedhelm/Olbing/Binnewies, GmbHR 2010, 1233, 1243 m.w.N.

In Fällen der Gesamtrechtsnachfolge verweist § 24 Abs. 4 Halbs. 2 UmwStG auf § 20 **790** Abs. 5 und 6 UmwStG. Damit besteht insoweit auch die unter → Rz. 993 beschriebene Rückwirkungsmöglichkeit. Die FinVerw qualifiziert die Anwachsung allerdings nicht als Fall der begünstigten Gesamtrechtsnachfolge (UmwStE Tz. 24.06). Erfolgt die Einbringung als Kombination von Einzel- und Gesamtrechtsnachfolge, so soll auch die Einzelrechtsnachfolge an der Rückbeziehung teilnehmen (UmwStE Tz. 24.06).

Daneben konnte in der Vergangenheit der Rechtsgedanke des § 24 UmwStG auf Spaltungen und Realteilungen („Ausbringungen") analog angewandt werden.[1] Nunmehr muss vom Vorrang des § 16 Abs. 3 Satz 2 EStG (Realteilung) ausgegangen werden. **791**

II. Begünstigte Fälle

Die Einbringung eines Betriebs, Teilbetriebs oder Mitunternehmeranteils in eine Personengesellschaft nach § 24 UmwStG ist durch Übertragung möglich (UmwStE Tz. 1.47): **792**

Im Wege der Einzelrechtsnachfolge **793**

- insbesondere durch Aufnahme eines Gesellschafters in ein Einzelunternehmen gegen Geldeinlage oder Einlage anderer Wirtschaftsgüter. Aus Sicht des § 24 UmwStG bringt dabei der Einzelunternehmer seinen Betrieb in die neu entstehende Personengesellschaft ein;
- durch Einbringung eines oder mehrerer Einzelunternehmen in eine neue oder bereits bestehende Personengesellschaft durch „Zusammenführung" der Einzelunternehmen;
- durch Eintritt eines weiteren Gesellschafters in eine bestehende Personengesellschaft gegen Geldeinlage oder Einlage anderer Wirtschaftsgüter;[2]
- indem die Gesellschafter einer Personengesellschaft I ihre Gesellschaftsanteile (Mitunternehmeranteile) in die übernehmende Personengesellschaft II gegen Gewährung von Mitunternehmeranteilen an dieser Gesellschaft einbringen und das Gesellschaftsvermögen der Personengesellschaft I der übernehmenden Personengesellschaft II anwächst (§ 738 BGB, § 142 HGB);
- durch Aufstockung eines Personengesellschaftsanteils.

Im Wege der Gesamtrechtsnachfolge, und zwar **794**

- durch Verschmelzung von Personenhandelsgesellschaften nach §§ 2, 39 ff. UmwG;
- durch Ausgliederung aus Körperschaften, Personenhandelsgesellschaften oder Einzelunternehmen auf Personenhandelsgesellschaften (§ 123 Abs. 3 UmwG) sowie auf Grund vergleichbarer ausländischer Vorgänge;
- durch Spaltung (Aufspaltung, Abspaltung) einer Personengesellschaft auf eine Personengesellschaft.[3]

§ 24 UmwStG ist auch anwendbar, wenn der Einbringende bereits Mitunternehmer **795** ist und seinen Mitunternehmeranteil durch einen Vorgang der oben beschriebenen Art weiter aufstockt. Das erfordert als Gegenleistung die Erhöhung des die Beteili-

---

1) BFH v. 10.12.1991, VIII R 69/86, BStBl II 1992, 385.
2) Die bisherigen Gesellschafter der Personengesellschaft bringen in diesem Fall – aus Sicht des § 24 UmwStG – ihre Mitunternehmeranteile an der bisherigen Personengesellschaft in eine neue, durch den neu hinzutretenden Gesellschafter vergrößerte Personengesellschaft ein. Der bloße Gesellschafterwechsel bei einer bestehenden Personengesellschaft – ein Gesellschafter scheidet aus, ein anderer erwirbt seine Anteile und tritt an seine Stelle – fällt nicht unter § 24 UmwStG.
3) UmwStE Tz. 1.48 i.V.m. Tz. 1.20 ff.

gung widerspiegelnden Kapitalkontos oder die Einräumung weiterer Gesellschafterrechte (UmwStE Tz. 24.07). Bei Verschmelzung von Körperschaften auf Personenhandelsgesellschaften und bei Aufspaltung und Abspaltung aus Körperschaften auf Personenhandelsgesellschaften gelten die §§ 3 ff., 16 UmwStG.[1] § 24 UmwStG ist nicht auf die formwechselnde Umwandlung einer Personengesellschaft (z.b. OHG in KG) sowie auf den Beitritt einer GmbH zu einer bestehenden Personengesellschaft ohne vermögensmäßige Beteiligung anzuwenden. In derartigen Fällen fehlt es an einem Übertragungsvorgang, so dass ein Gewinn i. S. des § 16 EStG nicht entstehen kann und eine Wertaufstockung nicht möglich ist.[2]

III. Besteuerung der übertragenden Gesellschafter

796 Der Einbringende muss zwingend Mitunternehmer der aufnehmenden Personengesellschaft werden. Hinsichtlich der Bewertung des eingebrachten Vermögens schreibt § 24 Abs. 2 Satz 1 UmwStG entsprechend dem Grundkonzept des SEStEG grundsätzlich den Ansatz des eingebrachten Vermögens mit dem gemeinen Wert vor.[3]). Ein Ansatz des gemeinen Werts ist auch dann grundsätzlich vorzunehmen, wenn eine realgeteilte Personengesellschaft die Wirtschaftsgüter zu Buchwerten ansetzt und diese Wirtschaftsgüter später in eine mit einem Dritten errichtete Personengesellschaft eingebracht werden.[4] Die Personengesellschaft kann das übernommene Betriebsvermögen einheitlich mit dem Buch- oder einem höheren Zwischenwert ansetzen, soweit das Recht Deutschlands hinsichtlich der Besteuerung des Gewinns aus der Veräußerung des eingebrachten Vermögens nicht ausgeschlossen oder beschränkt wird (§ 24 Abs. 2 Satz 2 UmwStG). Zu der Frage der Reichweite des deutschen Besteuerungsrechts bei Überführung von Wirtschaftsgütern vom Inland in das Ausland hat der BFH früher die sog. finale Entnahmetheorie vertreten, diese jedoch mit Urteil v. 17.7.2008 aufgegeben.[5] Auf das Urteil hat zunächst die FinVerw mit einem Nichtanwendungserlass reagiert.[6] Dem ist dann der Gesetzgeber im JStG 2010 gefolgt, indem er den Entstrickungstatbeständen den Zuordnungswechsel eines Wirtschaftsguts von einer inländischen zu einer ausländischen Betriebsstätte als Beispiel angefügt hat (§ 4 Abs. 1 Satz 4 EStG, § 52 Abs. 8b EStG, § 12 KStG, § 34 Abs. 8 KStG).[7] Danach ist der Ausschluss oder die Beschränkung des deutschen Besteuerungsrechts aus der Veräußerung eines Wirtschaftsguts insbesondere dann gegeben, wenn ein bisher einer inländischen Betriebsstätte zuzuordnendes Wirtschaftsgut einer ausländischen Betriebsstätte zuzuordnen ist (UmwStE Tz. 3.18). Der Antrag auf Ansatz des Buch- oder Zwischenwerts ist spätestens bis zur erstmaligen Einreichung der steuerlichen Schlussbilanz bei dem für die Besteuerung der übernehmenden Personengesellschaft zuständigen Finanzamt zu stellen (§ 24 Abs. 2 Satz 3 i.V.m. § 20 Abs. 2 Satz 3 UmwStG).

---

1) UmwStE Tz. 1.06 und Tz. 16.01.
2) BFH v. 21.6.1994, VIII R 5/92, BStBl II 1994, 856.
3) Vgl. dazu Desens, GmbHR 2007, 1202.
4) BFH v. 4.5.2004, XI R 7/03, BStBl II 2004, 893.
5) BFH v. 17.7.2008, I R 77/06, DB 2008, 2281.
6) BMF v. 20.5.2009, IV C 6 – S 2241 – 231/77, BStBl I 2009, 671.
7) Auf Grund ihres angeblich klarstellenden Charakters sollen die präzisierten Vorschriften bereits rückwirkend für Wirtschaftsjahre, die nach dem 31.12.2005 enden, anzuwenden sein. Darüber hinaus wurde die zeitliche Anwendbarkeit der Entstrickungsregelungen allgemein rückwirkend auf Wirtschaftsjahre, die vor dem 1.1.2006 enden, erweitert (§ 52 Abs. 8b EStG). Da der BFH v. 28.10.2009, I R 28/09, BFH/NV 2010, 132 die finale Entnahmetheorie inzwischen auch für den Fall der finalen Betriebsaufgabe aufgegeben hat, schreibt das JStG 2010 auch insoweit die rückwirkende Anwendung der ursprünglichen BFH-Rechtsprechung auf alle noch offenen Fälle vor (§ 16 Abs. 3a EStG, § 52 Abs. 34 EStG).

Abhängig von der Wahlrechtsausübung (Buchwert, Zwischenwert oder gemeiner Wert) auf der Ebene der Personengesellschaft entsteht bei dem übertragenden Gesellschafter ein Einbringungsgewinn (Ansatz über dem Buchwert) oder aber ein ertragsteuerneutraler Vorgang (Ansatz zum Buchwert) liegt vor. Ob der Buchwertansatz erfolgt, hängt nicht nur vom Bilanzansatz in der Gesamthandsbilanz ab, sondern auch von zusätzlichen (negativen) Ergänzungsbilanzen, durch die selbst bei einem Wertansatz über dem Buchwert in der Gesamthandsbilanz insgesamt ein steuerneutraler Vorgang gestaltet werden kann (UmwStE Tz. 24.13 ff Bei Einbringung eines Betriebs, Teilbetriebs oder Mitunternehmeranteils, für den die Gewinnermittlung bisher durch Einnahmen-/Überschussrechnung nach § 4 Abs. 3 EStG vorgenommen wurde, ist ein Übergang zur Gewinnermittlung durch Betriebsvermögensvergleich nach § 4 Abs. 1 EStG nicht erforderlich, sofern der Vermögensübergang zu Buchwerten erfolgt.[1] Für den einbringenden Gesellschafter gilt nach § 24 Abs. 3 Satz 1 UmwStG der Wertansatz auf der Ebene der Personengesellschaft als Veräußerungspreis. Die Vergünstigung des Freibetrags gem. § 16 Abs. 4 EStG wird nach § 24 Abs. 3 Satz 2 Halbs. 1 UmwStG nur bei Ansatz des gemeinen Werts und nicht bei Einbringung nur eines Teils eines Mitunternehmeranteils gewährt. In diesen Fällen sind nach § 24 Abs. 3 Satz 2 Halbs. 2 UmwStG die Vergünstigungen des § 34 Abs. 1 und 3 EStG nur anzuwenden, soweit der Veräußerungsgewinn nicht nach § 3 Nr. 40 Satz 1 Buchst. b i.V.m. § 3c Abs. 2 EStG teilweise steuerbefreit ist. Das Gleiche gilt, soweit der Mitunternehmer „an sich selbst verkauft" (UmwStE Tz. 24.16).[2] Insoweit liegt ein laufender, nicht begünstigter Gewinn vor, soweit dieselbe Person auf der Seite des Einbringenden und auf der Seite des Erwerbers Unternehmer oder Mitunternehmer ist (§ 24 Abs. 3 Satz 3 UmwStG i.V.m. § 16 Abs. 2 Satz 3 EStG). Werden nicht sämtliche eingebrachten Wirtschaftsgüter mit dem gemeinen Wert angesetzt, scheidet eine tarifbegünstigte Besteuerung des Einbringungsgewinns aus. Dies ist z.B. dann der Fall, wenn der Einbringende bei der Einbringung einer Einzelpraxis in eine Sozietät eine Verbindlichkeit der Einzelpraxis tilgt.[3]

Der Einbringende muss als Gegenleistung Gesellschaftsrechte der aufnehmenden Gesellschaft erwerben. (Zu-)Zahlungen (z.B. Verbuchung auf einem Darlehenskonto der Gesellschaft,[4] Zahlungen von Mitgesellschaftern, Tilgung von Verbindlichkeiten) sind schädlich (UmwStE Tz. 24.09). Im Hinblick auf Zuzahlungen kann auch keine negative Ergänzungsbilanz erstellt werden. Wird zeitnah nach Einbringung ein größerer Betrag entnommen, kann auch dies u.U. als Zuzahlung interpretiert werden.[5]

Eine Sonderregelung für natürliche Personen als Einbringende enthält § 24 Abs. 5 UmwStG für den Fall, dass im eingebrachten Betriebsvermögen enthaltene Anteile von der übernehmenden Personengesellschaft innerhalb von sieben Jahren nach der Einbringung weiterveräußert (bzw. auf einem Veräußerungsersatztatbestand i. S. des § 22 Abs. 1 Satz 6 Nr. 1–5 UmwStG beruhend weiterübertragen) werden und der Veräußerungsgewinn anteilig auf ebenfalls an der Personengesellschaft beteiligte körperschaftsteuerpflichtige Mitunternehmer entfällt.[6] § 24 Abs. 5 UmwStG sieht für diesen Fall die entsprechende Anwendung der Regelung über den Einbringungsgewinn II (§ 22 Abs. 2 UmwStG) insoweit vor, als der Gewinn aus der Veräußerung körperschaftsteuerpflichtigen Mitunternehmern anteilig zuzurechnen ist, d.h., insoweit hat die

---

1) OFD Frankfurt v. 24.10.2014, S 1978d A – 4 – St 510, StEd 2014, 766,
2) Vgl. zur Gewerbesteuer bei Einbringungen „an sich selbst", Keuthen, Ubg 2013, 480.
3) BFH v. 26.6.2003, XI B 194/01, BFH/NV 2003, 1420.
4) Zur Abgrenzung zwischen Darlehenskonto und Kapitalkonto vgl. BMF v. 30.5.1997, BStBl I 1997, 627 und v. 26.11.2004, BStBl I 2004, 1190; UmwStE Tz. 24.07.
5) BFH v. 8.12.1994, IV R 82/92, BStBl II 1995, 599; vgl. hierzu auch Wacker, BB 1998, Beilage 8 zu Heft 26, 29; Thiel/Eversberg/van Lishaut/Neumann, GmbHR 1998, 397, 442 f.; UmwStE Tz. 24.11.
6) Vgl. zu den zahlreichen Unklarheiten dieser Regelung, Müller-Etienne/Doster, DStR 2013, 1924.

natürliche Person als Einbringende einen Einbringungsgewinn II als laufenden, nicht begünstigten Gewinn im Jahr der Einbringung zu versteuern (UmwStE Tz. 24.18 ff.). Im Schrifttum wird eine einschränkende Auslegung des § 24 Abs. 5 UmwStG befürwortet, wenn dem nicht durch § 8b Abs. 2 KStG begünstigten Einbringenden die bestehenden stillen Reserven durch Erstellung von negativen Ergänzungsbilanzen zugeordnet werden.[1)]

IV. Besteuerung der aufnehmenden Personengesellschaft

797 Auf Grund des Transparenzprinzips treten die einkommen- bzw. körperschaftsteuerlichen Folgen der Einbringung nicht unmittelbar bei der aufnehmenden Personengesellschaft, sondern bei deren Gesellschaftern ein. Die Personengesellschaft ist lediglich Gewinnermittlungssubjekt. Für die Bemessung der AfA sowie den Eintritt in andere steuerlich relevante Rechtspositionen verweist § 24 Abs. 4 Halbs. 1 UmwStG auf § 23 Abs. 1, 3, 4 und 6 UmwStG. Hervorzuheben ist jedoch, dass durch die ggf. zusätzlich erstellten positiven und/oder negativen Ergänzungsbilanzen das AfA-Volumen je Gesellschafter stark divergieren kann.[2)]

798 Für Gesellschafter mit negativen Ergänzungsbilanzen führt deren Fortführung (Auflösung), die grds. spiegelverkehrt zur Abschreibung in der Bilanz (bzw. positiven Ergänzungsbilanz) verläuft, zu zusätzlichen steuerlichen Gewinnen, die im Ergebnis eine im Zeitablauf eintretende Nachversteuerung des zunächst steuerneutralen Einbringungsvorganges bewirken. Lediglich bzgl. nicht abschreibbarer Wirtschaftsgüter wird die Erfassung der stillen Reserven bis zu einer späteren Veräußerung hinausgeschoben.

799 Positive Ergänzungsbilanzen entstehen i.d.R. bei entgeltlichem Erwerb eines Mitunternehmeranteils bzw. entstanden im Rahmen einer Umwandlung gem. §§ 3 ff. UmwStG i.d.F. vor dem StSenkG. Sie weisen steuerliche Mehrwerte gegenüber dem in der Gesamthandsbilanz ausgewiesenen Kapitalkonto des jeweiligen Gesellschafters aus. Die Abschreibung hierauf führt zu Mehraufwand, also einem geringeren steuerlichen Ergebnis für den betreffenden Gesellschafter.

800 Auch um eine für die Gewinnverteilung adäquate Höhe der Beteiligungskonten darstellen zu können, wird häufig in der Gesamthandsbilanz eine „Aufstockung" vorgenommen (Bruttomethode). Dieser Vorgang kann dann in einer Ergänzungsbilanz neutralisiert werden.

Beispiel:[3)]

A unterhält ein Einzelunternehmen mit einem buchmäßigen Eigenkapital von 100 000 €. In den Buchwerten sind stille Reserven von 200 000 € enthalten. Der wahre Wert des Unternehmens beträgt also 300 000 €.

Die Schlussbilanz des A im Zeitpunkt der Einbringung sieht wie folgt aus:

Aktiva	100 000 €	Kapital	100 000 €

In das Einzelunternehmen des A tritt B als Gesellschafter ein; A bringt also sein Einzelunternehmen in die neue von ihm und B gebildete Personengesellschaft ein. A und B sollen an der neuen Personengesellschaft zu je 50 % beteiligt sein. B leistet deshalb eine Bareinlage von 300 000 €. Die Kapitalkonten von A und B sollen in der Bilanz der Personengesellschaft gleich hoch sein.

---

1) Vgl. IDW-Fachnachrichten 2007, 642, 654.
2) Vgl. zur Funktionsweise von positiven und negativen Ergänzungsbilanzen, Schmitt/Keuthen, DStR 2013, 1565.
3) UmwStE Tz. 24.14; vgl. auch Wacker, BB 1998, Beilage 8 zu Heft 26, 29.

Die Eröffnungsbilanz der Personengesellschaft lautet wie folgt:

Das von A eingebrachte Betriebsvermögen	100 000 €	Kapital A	200 000 €
Kasse Bareinlage des B)	300 000 €	Kapital B	200 000 €
	400 000 €		400 000 €

Da B eine Einlage von 300 000 € geleistet hat, hat er 100 000 € mehr gezahlt, als sein buchmäßiges Kapital in der Bilanz der neuen Personengesellschaft beträgt (B hat mit diesen 100 000 € praktisch dem A die Hälfte der stillen Reserven „abgekauft"). Er muss in diesem Fall sein in der Bilanz der Personengesellschaft nicht ausgewiesenes Mehrkapital von 100 000 € in einer positiven Ergänzungsbilanz ausweisen.

Die Ergänzungsbilanz des B hat den folgenden Inhalt:

Mehrwert für Aktiva	100 000 €	Mehrkapital	100 000 €

Das von A in die Personengesellschaft eingebrachte Betriebsvermögen ist danach in der Bilanz der Personengesellschaft einschl. der Ergänzungsbilanz des Gesellschafters B mit insgesamt 200 000 € ausgewiesen (mit 100 000 € in der Gesamtbilanz der Personengesellschaft und mit 100 000 € in der Ergänzungsbilanz des B). Es war bisher bei A nur mit 100 000 € angesetzt. Es würde sich danach für A ein Veräußerungsgewinn von 100 000 € ergeben.

A kann diesen Veräußerungsgewinn dadurch neutralisieren, dass er seinerseits eine Ergänzungsbilanz aufstellt und in dieser dem in der Ergänzungsbilanz des B ausgewiesenen Mehrwert für die Aktiva von 100 000 € einen entsprechenden Minderwert gegenüberstellt, sog. negative Ergänzungsbilanz.

Diese negative Ergänzungsbilanz des A sieht wie folgt aus:

Minderkapital	100 000 €	Minderwert für Aktiva	100 000 €

Das von A eingebrachte Betriebsvermögen ist nunmehr in der Bilanz der Personengesellschaft und den Ergänzungsbilanzen ihrer Gesellschafter insgesamt wie folgt ausgewiesen: mit 100 000 € in der Bilanz der Personengesellschaft zzgl. 100 000 € in der positiven Ergänzungsbilanz des B abzgl. 100 000 € in der negativen Ergänzungsbilanz des A, insgesamt also mit 100 000 €. Dieser Wert ist nach § 24 Abs. 3 UmStG für die Ermittlung des Veräußerungsgewinns des A bei der Einbringung maßgebend. Da der Buchwert des eingebrachten Betriebsvermögens in der Schlussbilanz des A ebenfalls 100 000 € betrug, entsteht für A kein Veräußerungsgewinn.

Die Ergänzungsbilanzen für A und B sind auch bei der künftigen Gewinnermittlung zu berücksichtigen und korrespondierend weiterzuentwickeln. Dabei ergibt sich z.B. gegenüber der Bilanz der Personengesellschaft für den Gesellschafter B aus seiner (positiven) Ergänzungsbilanz ein zusätzliches AfA-Volumen und für den Gesellschafter A aus seiner (negativen) Ergänzungsbilanz eine Minderung seines AfA-Volumens[1] gegenüber dem in der Gesamthandsbilanz zugewiesenen Aufwand.

Würde das von A eingebrachte Betriebsvermögen in der Eröffnungsbilanz der Personengesellschaft nicht mit seinem Buchwert von 100 000 €, sondern mit seinem wahren Wert von 300 000 € angesetzt werden und würden demgemäß die Kapitalkonten von A und B mit je 300 000 € ausgewiesen werden, so könnte A zur Vermeidung eines Veräußerungsgewinns eine negative Ergänzungsbilanz mit einem Minderkapital von 200 000 € aufstellen; für B entfiele in diesem Fall die Ergänzungsbilanz.

---

1) Vgl. hierzu auch BFH v. 28.9.1995, IV R 57/94, BStBl II 1996, 68; zum angegebenen BFH-Urteil vgl. auch Wacker, BB 1998, Beilage 8 zu Heft 26, 29.

Erbfolge und Nachfolgeplanung

von Dr. Eberhard Kalbfleisch

INHALTSÜBERSICHT

	Rz.
I. Vorbemerkungen	801–806
II. Nachfolgeplanung als Vorsorge für den Erbfall	807–843
1. Rechtliche und steuerliche Grundlagen	808–825
a) Gesetzliche und gewillkürte Erbfolge	808–822
b) Steuerliche Folgen des Erbfalls	823–825
2. Planungsfallen bei der Nachfolgegestaltung und ihre Vermeidung	826–843
a) Nachfolgeklauseln in Immobilien-GbRs	826–832
b) „Berliner" Tücken	833–837
c) Steuerfalle Betriebsaufspaltung	838–843

I. Vorbemerkungen

801 „*Mit dem Tode einer Person geht deren Vermögen als Ganzes auf eine oder mehrere andere Personen über.*"

Mit diesem schlichten Kernsatz beschreibt § 1922 Abs. 1 BGB umfassend das System der erbrechtlichen Nachfolge in Deutschland und bestimmt zugleich die zwei wesentlichen Merkmale der deutschen Erbfolgeregelung:

– Jeder Vermögensgegenstand „gehört" immer einer (oder mehreren) natürlichen oder juristischen Person(en). Dieser Zuordnungszusammenhang wird auch durch den Tod eines Menschen nicht unterbrochen, insbesondere bildet das Vermögen des Verstorbenen, also der Nachlass, nicht, wie etwa im anglo-amerikanischen Rechtskreis („estate"-Konzept), ein eigenständiges Rechtssubjekt, das selbst Träger von Rechten und Pflichten sein könnte. Vielmehr ordnet das Gesetz mit der zitierten Bestimmung an, dass die Zuordnung des Erblasservermögens von diesem auf seine Erben übergeht.

– Das Vermögen des Verstorbenen, also die Summe aller Rechte und Rechtspositionen, Verbindlichkeiten und Verpflichtungen, geht in toto auf den oder die Nachfolger über (Universalsukzession). Damit ist im Grundsatz sichergestellt, dass der in der Person des Erblassers vorhandene Zuordnungszusammenhang zwischen den Vermögensgegenständen und ihrem Träger durch dessen Tod nicht verändert wird. Der oder die Erben treten damit in vermögensrechtlicher Hinsicht zur Gänze an die Stelle des Erblassers – oder eben nicht, falls sie das Erbe nicht antreten sollten. Ein „Rosinenpicken" der Nachfolger zu Lasten Dritter oder der Sozialgemeinschaft wird auf diese Weise vermieden.

An dieses erbrechtliche Grundkonzept knüpft das Gesetz sodann auch die mit dem Erbfall verbundenen steuerlichen Folgen, indem der Erwerb von Todes wegen als Steuertatbestand (§ 1 Abs. 1 Nr. 1 ErbStG) und der Erwerber der Vermögensgegenstände als Steuerschuldner (§ 20 Abs. 1 Satz 1 ErbStG) bestimmt werden. Ob der Steuertatbestand erfüllt ist und wer der Steuerschuldner ist, bemisst sich damit nach zivilrechtlichen Grundsätzen, insbesondere ist dem Erbschaftsteuerrecht eine wirtschaftliche Betrachtungsweise wie bei den Ertragsteuern weitgehend fremd.[1]

---

1) Gebel in Troll/Gebel/Jülicher, Erbschaftsteuer- und Schenkungssteuergesetz, 47. Aufl. 2014, § 9 ErbStG Rz. 85, 92, m.w.N.

802 Diese Korrelation zwischen (erb-)rechtlichen Voraussetzungen und (erbschaft-)steuerlichen Folgen ist zu beachten, wenn die Vermögensfolge von Todes wegen nicht als schicksalhaft über die Beteiligten hereinbrechendes Ereignis erlebt werden soll, sondern eine aktive und vorausschauende Nachfolgeplanung Gestaltungen vorzeichnen soll, die bei Eintritt des Erbfalls umgesetzt werden können. Dabei orientieren sich die künftigen Erblasser regelmäßig an den folgenden Vorgaben, die zu erreichen Ziel der Gestaltungsplanung ist:

- Verteilung des Erblasservermögens entsprechend der familieninternen Langfristplanung,
- angemessene Versorgung des überlebenden Ehegatten,
- Übertragung des Unternehmensvermögens auf den/die unternehmerischen Nachfolger,
- Wahrung der Ansprüche der nicht-unternehmerischen Nachfolger,
- Separierung zweckgebundener Vermögensteile (Unternehmensstiftung, Dotation),
- Werterhalt in den Händen der Nachfolger,
- steuerliche Optimierung des Vermögensübergangs.

803 Gehört zum Vermögen des Erblassers ein Unternehmen, so sind diese Zielvorgaben auf Grund der besonderen Anforderungen an eine erfolgreiche Unternehmensnachfolge weiter zu spezifizieren. Besondere, durch die Nachfolgeplanung zu erreichende Ziele sind in diesem Fall regelmäßig:

- Bewahrung der unternehmerischen Entscheidungsfähigkeit,
- Sicherstellung der Kontinuität in der Unternehmensführung,
- Dokumentation langfristiger Unternehmensziele („unternehmerisches Legat"),
- Vermeidung bestandsgefährdender Liquiditätsabflüsse (Pflichtteile, Abfindungsleistungen, Steuern),
- Begrenzung von unternehmensfremden Einflussmöglichkeiten.

804 Maßgebend für die an den vorgenannten Zielvorgaben auszurichtenden Überlegungen sind dabei stets die bestehenden tatsächlichen und rechtlichen Verhältnisse in Bezug auf das persönliche Umfeld und das Vermögen des künftigen Erblassers. Nur bei einer umfassenden Betrachtung und Berücksichtigung aller relevanten Umstände des konkreten Einzelfalls kann sichergestellt werden, dass die mit der gezielten Nachfolgestruktur verfolgten Absichten bestmöglich erreicht werden können. Zu den zu beachtenden faktischen bzw. rechtlichen Gegebenheiten zählen insbesondere:

- Kreis der zu betrachtenden Personen:
  - Ehefrau,
  - Kinder,
  - Neffen/Nichten,
  - Enkel,
  - angeheiratete Verwandte,
  - familienfremde Personen,
- ehelicher Güterstand des relevanten Personenkreises,
- Minderjährige,
- bestehende testamentarische/erbvertragliche Bestimmungen,
- Auslandsbezug des relevanten Personenkreises (Staatsangehörigkeit, Wohnsitz/gewöhnlicher Aufenthalt, Wegzug aus Deutschland),
- Struktur des Privatvermögens (Fungibilität, Zweckbindung),

– bestehende Verfügungsbeschränkungen (z.b. Vorerbschaft, Vermächtnis/Schenkung unter Auflage),

– Vermögensgegenstände, die einer besonderen steuerlichen Behandlung unterliegen (z.b. land- und forstwirtschaftliches Vermögen, Betriebsvermögen, Kunstgegenstände von öffentlichem Interesse),

– Schenkungen der zurückliegenden zehn Jahre.

805 Speziell bezogen auf Unternehmensvermögen sollten zudem die folgenden Informationen erhoben und in die Planungsarbeiten einbezogen werden:

- Struktur des Unternehmens (Personen- oder Kapitalgesellschaften, Auslandsgesellschaften, Konzernstruktur),
- Gesellschafterstruktur der Obergesellschaft,
- gesellschaftsvertragliche Beschränkungen bei der Übertragung/Vererbung von Gesellschaftsanteilen (Vinkulierungsklauseln, Nachfolgeklauseln),
- Wirtschaftsgüter, die im Eigentum der Gesellschafter stehen und dem Unternehmen zur Nutzung überlassen werden (ertragsteuerliches Sonderbetriebsvermögen).

806 Sind diese Grundlagen festgestellt, kann die eigentliche Gestaltungsplanung in Angriff genommen werden. Soweit dabei die steuerlichen Folgen des Erbfalls betrachtet werden, gilt das Augenmerk nicht nur einer Minimierung der Einmalbelastung durch ErbSt, sondern in mindestens gleichem Maße möglichen ertragsteuerlichen Konsequenzen des Vermögensübergangs von Todes wegen. Dieser ist als unentgeltlicher Vorgang zwar grundsätzlich ertragsteuerneutral, insbesondere erfüllt der Vermögensübergang mangels Entgelt keine Veräußerungstatbestände. Die durch den Erbfall entstehende neue Vermögenszuordnung auf Ebene der Erben kann allerdings, etwa im Zusammenspiel mit dem bereits vorhandenen Vermögen der Erben, zu neuen Konstellationen führen, die die künftige ertragsteuerliche Beurteilung nachteilig beeinflussen können.

In diesem Zusammenspiel von erbrechtlichen und erbschaft- und ertragsteuerlichen Regelungen liegen die besonderen Herausforderungen der nachfolgeplanerischen Gestaltungsberatung. Die maßgebenden rechtlichen und steuerlichen Grundlagen sowie eine Reihe ausgewählter „Stolperfallen" im Erbfall und danach sollen im Folgenden dargestellt werden.

II. Nachfolgeplanung als Vorsorge für den Erbfall

807 Die wirtschaftliche Bedeutung der generationenbedingten Vermögensnachfolge ist beachtlich: Laut einer Studie des Deutschen Instituts für Altersvorsorge (DIA) vom 15.6.2011 wird bis zum Jahr 2020 ein Betrag von rd. 2,6 Billionen € (das sind knapp 28 % des ca. 9,4 Billionen € umfassenden Vermögensbestands der privaten Haushalte) vererbt.[1] Entsprechendes gilt für die Zahl der anstehenden Nachfolgen bei mittelständischen Unternehmen, die nach Schätzungen des Instituts für Mittelstandsforschung (IfM)[2] in dem Zeitraum 2014 bis 2018 bei jährlich rd. 135 000 liegen wird. Dabei ist davon auszugehen, dass sich die nachfolgebedingten Unternehmensübergaben wie folgt verteilen werden[3]

---

1) Quelle: http://www.dia-vorsorge.de/files/gesamt_pm_15–06–2011_1_1.pdf.
2) Institut für Mittelstandsforschung: Unternehmensnachfolgen in Deutschland 2014 bis 2018, Daten und Fakten Nr. 11, Bonn, Dezember 2013.
3) Institut für Mittelstandsforschung: Unternehmensnachfolgen in Deutschland 2014 bis 2018, Daten und Fakten Nr. 11, Bonn, Dezember 2013.

Weitergabe an Familienangehörige	ca. 54 %
Verkauf an externe Erwerber:	ca. 29%
Übertragung auf Mitarbeiter:	ca. 17%

Maßgebliches Kennzeichen jeglicher Nachfolge von Todes wegen ist, dass einerseits sicher feststeht, dass sie eintreten wird, andererseits der Zeitpunkt des Eintritts völlig offen ist. Angesichts der Fülle z.T. einschneidender rechtlicher und steuerlicher Folgen, die mit dem Erbfall verbunden sind, erfordert diese Kombination aus faktischer Gewissheit und zeitlicher Unbestimmtheit zwingend eine vorsorgende Betrachtung, ob und wie diese Folgen beeinflusst und für die Betroffenen günstiger gestaltet werden können. Nachfolgeplanung im Sinne einer solchen günstigen Gestaltung der gesetzlichen Folgen des Erbfalls wird damit zu einem unverzichtbaren Instrument verantwortungsbewusster Vorsorge im Interesse nachfolgender Generationen und stellt damit eine Alternative oder Ergänzung zu einer zielgerichteten planvollen Gestaltung der Vermögensnachfolge zu Lebzeiten dar (*Erbfolge, vorweggenommene* → 4 Rz. 846 ff.). Zur bestmöglichen Nutzung der sich bietenden Gestaltungsspielräume bedarf es zum einen einer Analyse der zu gestaltenden gesetzlichen Rechtsfolgen (→ 4 Rz. 809 ff.), zum anderen der Vermeidung möglicher ungewollter Effekte aus der Gestaltungsplanung (→ 4 Rz. 846 ff.).

1. Rechtliche und steuerliche Grundlagen

a) Gesetzliche und gewillkürte Erbfolge

Die zivilrechtlichen Regelungen betreffend die Nachfolge von Todes wegen finden sich im Fünften Buch des BGB, den §§ 1922–2385. Sie unterscheiden zwischen der gesetzlichen und der gewillkürten Erbfolge und bieten damit den rechtlichen Rahmen für die Gestaltung der vermögensrechtlichen Folgen des Erbfalles. Entsprechend dem generell im deutschen Zivilrecht herrschenden Grundsatz der Privatautonomie gebührt dabei der gewillkürten, also vom Erblasser bestimmten Erbfolge stets der Vorrang vor der gesetzlich vorgeschriebenen Reihenfolge möglicher Erben. In der forensischen Praxis besitzen daher Rechtsstreitigkeiten über die Wirksamkeit letztwilliger Verfügungen, insbesondere im Zusammenhang mit Fragen der Testierfähigkeit betagter Erblasser sowie der Formgültigkeit und Authentizität von privatschriftlichen Testamenten, besondere Bedeutung. Dies gilt insbesondere, wenn der Erblasser in seinen letztwilligen Verfügungen andere Personen als die kraft Gesetzes zur Erbfolge Berufenen zu seinen Vermögensnachfolgern bestimmt oder die Erbquoten abweichend von den – gemeinhin als „gerecht" empfundenen – gesetzlichen Bestimmungen festgelegt hat. 808

aa) Nachfolge von Gesetzes wegen

Fehlt es an individuellen Bestimmungen des Erblassers, tritt die Vermögensfolge in der gesetzlich vorgesehenen Reihenfolge ein. Das deutsche Erbrecht folgt dabei einem abstammungsbezogenen Konzept, d.h. erbberechtigt sind stets die Angehörigen eines Stamms nach dem Verstorbenen, wobei die einzelnen Stämme in Abhängigkeit zum Verwandtschaftsgrad des Erblassers in verschiedene Ordnungen eingeteilt sind. 809

Gesetzliche Erben erster Ordnung sind die Abkömmlinge des Erblassers, also dessen Kinder, Enkel, Urenkel etc., Erben zweiter Ordnung, seine Eltern und deren Abkömmlinge, also Geschwister, Neffen und Nichten, Großneffen und -nichten etc. Entsprechendes gilt für die dritte, vierte und folgenden Ordnung(en), die aus den Großeltern, Urgroßeltern sowie entfernteren Voreltern des Erblassers und deren jeweiligen Abkömmlingen bestehen.

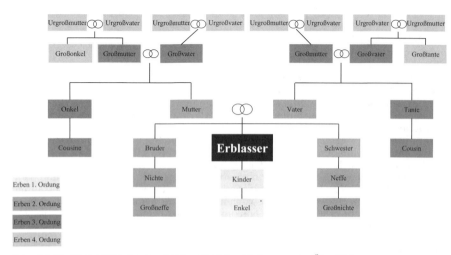

Schaubild 1: Die wichtigsten gesetzlichen Erbfolge-Ordnungen im Überblick

Angehörige einer näheren Ordnung verdrängen dabei diejenigen fernerer Ordnungen, und innerhalb einer Ordnung sind nur die dem Erblasser am nächsten verwandten Angehörigen eines Stamms zur Erbfolge berufen (Repräsentationsprinzip). Sind innerhalb einer Ordnung mehrere Stämme vorhanden, so partizipieren diese am Nachlass stets in gleicher Höhe; ebenso verteilt sich der auf einen Stamm entfallende Anteil unter mehreren gleichnahen Angehörigen dieses Stamms zu gleichen Teilen.

Diese Kombination aus Ordnungs- und Stammesprinzip kann dazu führen, dass die jüngere Generation bei der Erbfolge gegenüber dem engeren Verwandtschaftsgrad bevorzugt wird. Dies ist etwa der Fall, wenn ein unverheirateter, kinderloser Erblasser verstirbt und für ihn die gesetzliche Erbfolge greift. Hier sind die Erben zweiter Ordnung, also die Eltern des Erblassers und deren Abkömmlinge (also die Geschwister sowie Neffen und Nichten des Erblassers) zur Nachfolge berufen. Hinterlässt ein solcher Erblasser als nächste Verwandte z.B. eine Schwester und die Tochter einer zweiten, vorverstorbenen Schwester, sind diese zu je ½ Miterbinnen des Verstorbenen. Obwohl also die Nichte zum Erblasser entfernter verwandt ist als dessen noch lebende Schwester, ist sie dennoch zur Erbfolge (mit-)berufen.

810 Ebenfalls zu den gesetzlichen Erben gehört der Ehegatte des Verstorbenen. Hier gelten allerdings Sonderregelungen, die in Abhängigkeit des zum Zeitpunkt des Erbfalls bestehenden Güterstands der Eheleute sowie der neben dem überlebenden Ehegatten zur Erbfolge Berufenen unterschiedlich ausgestaltet sind. Der gesetzliche Erbteil des Ehegatten beträgt danach:

Erbteil des Ehegatten	Zugewinngemeinschaft	Gütergemeinschaft	Gütertrennung
neben einem Kind	(1/4 + 1/4* =) 1/2	1/4	1/2
neben zwei Kindern	(1/4 + 1/4* =) 1/2	1/4	1/3
neben sonstigen Erben 1. Ordnung	(1/4 + 1/4* =) 1/2	1/4	1/4

Erbteil des Ehegatten	Zugewinngemein-schaft	Güterge-meinschaft	Gütertren-nung
neben Erben 2. Ordnung oder Großeltern	(1/2 + 1/4* =) 3/4	1/2	1/2
neben sonstigen Verwandten	1	1	1

* Pauschalierter Zugewinnausgleich gem. § 1371 Abs. 1 BGB (→ 4 Rz. 811)

Lebten die Ehegatten zum Zeitpunkt des Erbfalls im gesetzlichen Güterstand der Zugewinngemeinschaft, erhält der Überlebende zusätzlich zu seinem gesetzlichen Erbteil als pauschalierten Zugewinnausgleich ein weiteres Viertel des Nachlasses, und zwar unabhängig davon, ob der Verstorbene tatsächlich einen Zugewinn erwirtschaftet hatte oder nicht, § 1371 Abs. 1 BGB. Soll diese Folge des ehelichen Güterrechts vermieden werden, ist erforderlich, durch Abschluss eines notariellen Ehevertrags den Güterstand der Zugewinngemeinschaft abzubedingen oder zu modifizieren. In Betracht kommen dabei insbesondere folgende Regelungen:

– Vereinbarung von Gütergemeinschaft oder Gütertrennung,

– Festschreibung des Bestands und des Werts des Vermögens jedes Ehegatten zu Beginn der Ehe,

– Ausschluss der Pauschalierung des Zugewinns im Erbfall und Ersetzung durch tatsächlich ermittelten Zugewinn,

– Herausnahme bestimmter Vermögensgegenstände (z.B. Unternehmen) aus der Berechnungsgrundlage zur Ermittlung des Zugewinns,

– Vereinbarung fester Werte oder bestimmter Bewertungsmethoden für einzelne Vermögensgegenstände (Unternehmen, Immobilien) zur Streitvermeidung.

Dem Umstand, dass im Falle der Gütertrennung dem überlebenden Ehegatten dieser zusätzliche Vermögenszuwachs nicht zusteht, trägt das Gesetz durch die erhöhten gesetzlichen Erbteile des Ehegatten neben einem bzw. zwei Kindern Rechnung. Im Falle der Gütergemeinschaft bedarf es einer solchen Korrektur des gesetzlichen Regelfalls dagegen nicht, weil hier per se nur die auf den Verstorbenen entfallende Hälfte des ehelichen Vermögens in den Nachlass fällt, während die andere Hälfte auf Grund des Güterstands dem überlebenden Ehegatten verbleibt. Durch eine Modifizierung der gesetzlichen Bestimmungen über den Zugewinnausgleich können die Ehepartner in erster Linie die güterrechtlichen Scheidungs- und Erbfolgen an ihre konkreten Vermögensverhältnisse anpassen, was sich insbesondere dann anbietet, wenn Unternehmensvermögen vorhanden ist.

Sind Verwandte oder ein Ehegatte eines Erblassers nicht vorhanden, so ist gesetzlicher Erbe der Fiskus. Auf diese Weise wird der bereits erwähnte Grundsatz manifestiert, dass der Zuordnungszusammenhang des Erblasservermögens auch durch dessen Tod nicht unterbrochen werden darf. Diese Bestimmung erlangt insbesondere dann besondere Bedeutung, wenn der Nachlass überschuldet ist und alle (gesetzlichen und gewillkürten) Erben das Erbe ausgeschlagen haben. In diesen Fällen ist durch den Fiskus ein geordnetes Nachlassinsolvenzverfahren durchzuführen, um alle Gläubiger gleichmäßig zu befriedigen.

Die Wirkungsweise der gesetzlichen Erbfolge in den in der Praxis häufigsten Fällen bei Vorhandensein von Erben erster und/oder zweiter Ordnung sowie Ehegatten soll die folgende Übersicht verdeutlichen:

4 Beratungsschwerpunkte und deren Fallstricke

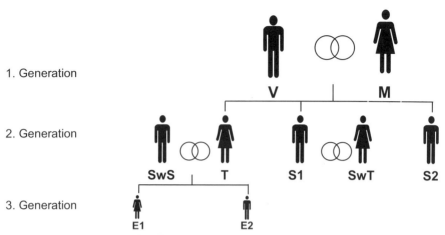

Schaubild 2: Die gesetzliche Erbfolge im engeren Familienkreis

Hat keiner der Betroffenen eine letztwillige Verfügung getroffen und leben alle Ehepaare im gesetzlichen Güterstand, so kommt die gesetzliche Erbfolge in vollem Umfang zum Tragen. Jeweils bei Tod eines Angehörigen der drei dargestellten Generationen verteilt sich dessen Nachlass mit folgenden Erbquoten auf seine Angehörigen:

1. Generation		2. Generation					3. Generation	
V oder M verstirbt		T verstirbt		S1 verstirbt		S2 verstirbt	E1 oder E2 verstirbt	
M oder V (1/4+1/4*=)	1/2	SwS (1/4+1/4*=)	1/2	SwT (1/2+1/4*=)	3/4	V 1/2	T	1/2
T	1/6	E1	1/4	V	1/8	M 1/2	SwS	1/2
S1	1/6	E2	1/4	M	1/8			
S2	1/6							

*Pauschaler Zugewinnausgleich des überlebenden Ehegatten

Insbesondere im Falle des Versterbens kinderlos Verheirateter sowie (ggf. noch minderjähriger) Angehöriger der 3. Generation (im Bsp. also S1 bzw. E1 oder E2) kann die gesetzliche Erbfolge leicht zu mutmaßlich unerwünschten Ergebnissen führen. Ohne testamentarische Regelungen wird mit deren Tod zwingend eine Erbengemeinschaft unter maßgeblicher Beteiligung eines „nur angeheirateten" Familienangehörigen (im Bsp. SwT bzw. SwS) gebildet, in die dann etwa auch Anteile an dem Familienunternehmen, die z.B. im Wege vorweggenommener Erbfolge auf die 2. und 3. Generation übertragen worden waren, fallen würden. Dies ist daher bereits bei Vornahme solcher lebzeitiger Verfügungen zu berücksichtigen, wobei zusätzliche Vorsicht zu walten hat, wenn die Empfänger noch minderjährig sind. Denn von der gesetzlichen Erbfolge abweichende Verfügungen durch ein korrespondierendes Testament oder einen Erbvertrag können die Empfänger erst erstellen, wenn sie das 16. bzw. 18. Lebensjahr vollendet haben (→ 4 Rz. 814).

bb) Letztwillige Verfügungen

814 Wesentlichstes Mittel zur Gestaltung der erbrechtlichen Nachfolge und damit zur Nachfolgeplanung ist das Recht des künftigen Erblassers, durch einseitige Verfügungen, die auf seinen Todesfall bedingt sind („von Todes wegen"), anzuordnen, wer anstelle der gesetzlich vorgesehenen Personen mit seinem Tode Vermögensinhaber seines Nachlasses werden soll. Das Gesetz unterscheidet dabei zwei Grundformen, nämlich

- das Testament, einschließlich dem gemeinschaftlichen oder Ehegatten-Testament, sowie
- den Erbvertrag,

wobei es die darin enthaltenen Verfügungen insgesamt als „Testament" oder „letztwillige Verfügung" bezeichnet (§ 1937 BGB). Vorliegend wird dagegen, dem allgemeinen Sprachgebrauch folgend, der Begriff der letztwilligen Verfügung als Oberbegriff für die Unterformen Testament und Erbvertrag verwendet.

Der Hauptunterschied zwischen Testament und Erbvertrag besteht darin, dass das (Einzel-)Testament eine einseitige, jederzeit widerrufliche oder änderbare Willensbekundung des Erblassers darstellt, die auch privatschriftlich niedergelegt werden kann. Der Erbvertrag dagegen ist ein zwingend notariell zu beurkundender Vertrag zwischen zwei oder mehr Personen, der zwischen diesen wechselseitige, nur unter bestimmten Voraussetzungen wieder zu lösende Verpflichtungen begründet. Das gemeinschaftliche Testament bildet insoweit eine Mischform, da es die Bindungswirkungen des Erbvertrages mit den Formerleichterungen des Einzeltestaments kombiniert.

Jede natürliche Person besitzt das Recht, letztwillige Verfügungen zu errichten (Grundsatz der Testierfreiheit). Zur Errichtung eines Testaments muss sie allerdings das 16. Lebensjahr vollendet haben, § 2229 Abs. 1 BGB, der Abschluss eines Erbvertrages ist sogar erst mit Volljährigkeit zulässig, § 2275 Abs. 1 BGB. Die Errichtung eines gemeinschaftlichen Testaments ist, wie der Beiname Ehegatten-Testament indiziert, Ehegatten vorbehalten, die wiederum das 16. Lebensjahr vollendet haben müssen.

(1) Inhalt der letztwilligen Verfügungen

Die wesentlichen Regelungsgegenstände des Testaments sind: **815**

- Benennung der Erben und Festsetzung der auf diese entfallenden Anteile am Nachlass (Erbquoten),
- ggf. Anordnung von Vorerbschaft mit Benennung der Nacherben, um den weiteren Erbgang nach dem Tod des unmittelbaren Nachfolgers festzuschreiben,
- Benennung von Personen, die im Falle des Todes der benannten Erben bzw. Nacherben an deren Stelle treten sollen (Ersatzerben bzw. Ersatznacherben),
- Aussetzung von Vermächtnissen zur Zuwendung einzelner Vermögensgegenstände an bestimmte Personen (Erben oder Dritte),
- Anordnung von Auflagen, die von den Erben zu erfüllen sind,
- Vorgaben zur Aufteilung des Nachlasses unter den Erben (Teilungsanordnungen),
- ggf. Anordnung von Testamentsvollstreckung, insbesondere mit folgenden Angaben:
  - Benennung der Person(en), die das Amt ausüben soll(en),
  - Benennung eines oder mehrerer Ersatztestamentsvollstrecker für den Fall des Wegfalls des/der Benannten, bei mehreren mit Bestimmung der Reihenfolge, in der diese zur Übernahme des Amts vorgesehen sind,
  - Festlegung, ob bei Wegfall aller Benannten weitere Ersatztestamentsvollstrecker durch das Nachlassgericht benannt werden sollen,

- möglichst genaue Beschreibung des Aufgabengebiets des Testamentsvollstreckers,
- ggf. zeitliche Befristung (z.b. bis zum Erreichen eines bestimmten Alters der Erben),
- möglichst genaue Festlegung der Vergütung für die Tätigkeit des Testamentsvollstreckers,
- Befreiung behandelnder Ärzte von ihrer Schweigepflicht im Falle von Zweifeln an der Testierfähigkeit des Erblassers.

In gemeinschaftlichen Testamenten und in Erbverträgen empfiehlt sich darüber hinaus, Angaben über die Wechselbezüglichkeit der getroffenen Regelungen aufzunehmen. Darin legen die Testierenden bzw. Vertragsschließenden fest, ob und in welchem Umfang der Überlebende nach dem Tode des Erstversterbenden die Regelungen des gemeinschaftlichen Testaments bzw. des Erbvertrags noch abändern können soll.

Zwischen Ehegatten weit verbreitet und mit typisierendem Inhalt (insbesondere wechselseitige Einsetzung der Ehegatten zu Alleinerben und der gemeinsamen Kinder als Schlusserben) versehen ist das sog. „Berliner Testament" (Einzelheiten → 4 Rz. 833 ff.).

(2) Form der Errichtung

816 Das Testament kann notariell beurkundet (öffentliches Testament) oder durch den Erblasser eigenhändig errichtet werden, wobei in letzterem Fall strenge Formvorschriften einzuhalten sind. *„Eigenhändig"* ist nämlich nicht mit *„schriftlich"* i.S.d. § 126 BGB gleichzusetzen, wofür die eigenhändige Unterzeichnung eines beliebig verfassten Schriftstücks ausreicht. Vielmehr ist das Erfordernis der Eigenhändigkeit nur erfüllt, wenn der gesamte Text der Verfügung von dem Erblasser eigenhändig geschrieben und sodann zusätzlich von ihm eigenhändig unterschrieben wird. Insbesondere ist auch eine Bezugnahme auf nicht eigenhändig geschriebene Anlagen wie Vermögensverzeichnisse oder ähnliche Listen nicht zulässig und führt zur Nichtigkeit der getroffenen Verfügungen, wenn es sich nicht um bloße erläuternde Anlagen (z.B. Adressliste der im Testament bedachten Personen, Beschreibungen von im Testament konkret bezeichneten Nachlassgegenständen wie Grundbuchauszüge, Wertgutachten, Fotografien etc.) handelt.[1] Die Angabe von Ort und Zeit der Errichtung ist dagegen für die Wirksamkeit des eigenhändigen Testaments nicht entscheidend, empfiehlt sich aber aus Klarstellungsgründen sowie zur Streitvermeidung, insbesondere falls der Erblasser mehrere Testamente wirksam errichtet hat.

817 Bei der Errichtung des eigenhändigen Ehegatten-Testaments ist erforderlich, aber auch ausreichend, wenn einer der beiden Ehegatten den gesamten Text eigenhändig verfasst und der andere lediglich mit unterzeichnet.

Formulierungsvorschlag:

Zur Vermeidung von Auslegungsfragen empfiehlt sich für den anderen Ehegatten allerdings darüber hinaus, durch einen Zusatz seinen eigenen Testierwillen zu dokumentieren, etwa mit dem Satz:

„Die vorstehenden Ausführungen entsprechen auch meinem Letzten Willen."

_____   _____
(Ort, Datum)   (eigenhändige Unterschrift)"

Nicht zulässig und damit wiederum formnichtig ist dagegen ein gemeinschaftliches Testament, bei dem die Ehegatten den Text zwar eigenhändig, aber einander

---

1) Litzenburger in Beck'scher Online-Kommentar zum BGB, § 2247 Rz. 13 ff.

abwechselnd niederschreiben, wenn nicht die Aufteilung des Texts in sinngebende Sachzusammenhänge erfolgt, etwa indem jeder Ehegatte diejenigen Verfügungen selbst schreibt, die nur ihn betreffen, während einer von beiden zusätzlich die gemeinsamen Verfügungen verfasst.[1]

Der Erbvertrag bedarf der notariellen Beurkundung, wobei beide Vertragsschließenden gleichzeitig vor dem Notar anwesend sein müssen. Eine Vertretung bei dem Vertragsschluss durch einen Bevollmächtigten ist nicht zulässig, soweit die Vertragsschließenden in dem Vertrag letztwillige Verfügungen treffen.[2] **818**

(3) Kosten

Bei der Wahl zwischen einem öffentlichen und einem privatschriftlichen Testament stehen regelmäßig zwei Kriterien im Zentrum der Betrachtung: **819**

- die Kosten der Errichtung sowie
- die Sicherheit der Verwahrung.

Letzteres sollte dabei allerdings nur dann maßgeblich sein, wenn der künftige Erblasser ernstlich Anlass zu der Befürchtung hat, sein privatschriftliches Testament könnte nach seinem Ableben durch Personen seines engsten persönlichen Umfelds beseitigt oder verändert werden. Aber selbst in diesen Fällen kann durch entsprechende Vorsorge sichergestellt werden, dass diese Befürchtungen nicht eintreten werden („Testament im Safe"). So empfiehlt sich auch bei einem eigenhändigen Testament, das Original an einem sicheren Ort (Bankschließfach) oder bei einer privaten Vertrauensperson, die idealerweise nicht zum Kreis der testamentarisch Bedachten gehört (Steuerberater, geschäftlich versierter guter Freund der Familie), zu verwahren und zugleich zu Beweiszwecken eine oder mehrere Kopien des Testaments bei den eigenen persönlichen Unterlagen sowie ggf. bei Familienmitgliedern, denen der Inhalt der Verfügungen bekannt ist, zu hinterlegen. Anzahl der Kopien sowie Ort der Verwahrung von Kopien und Original sollten in dem Testament selbst angegeben werden. Der Besitzer des Originals kann so unverzüglich über den Eintritt des Erbfalls informiert und so veranlasst werden, seiner Verpflichtung zur Ablieferung des Testaments bei dem Nachlassgericht nachzukommen.

Alternativ kommt für den künftigen Erblasser in Betracht, das (öffentliche wie privatschriftliche) Testament beim Nachlassgericht zu hinterlegen. Dieses wird, sobald es von dem Erbfall unterrichtet worden ist, von Amts wegen das Testament eröffnen und die testamentarischen Erben sowie nahen Angehörigen hierüber unterrichten. Durch die amtliche Verwahrung ist das Testament vor unrechtmäßigen Einflüssen durch das Umfeld des Verstorbenen geschützt.

Unterschiede zeigen sich allerdings bei den Kosten der unterschiedlichen Testamentsformen. Für die Errichtung eines notariellen Testaments fallen gesetzlich bemessene Gebühren an, deren Höhe sich mit degressivem Verlauf nach dem Gegenstandswert, also dem Wert des mit der Verfügung geregelten Nachlasses, richtet. Im Falle einer Änderung der letztwilligen Verfügungen in notarieller Form fallen diese bei jeder Beurkundung erneut an. Demgegenüber kann das privatschriftlich errichtete Testament jederzeit ohne solche Zusatzkosten geändert oder ergänzt werden. Vorteil des öffentlichen Testaments ist allerdings, dass dieses häufig als Nachweis der Nachfolge anerkannt wird und damit die Erteilung eines ebenfalls gebührenpflichtigen Erbscheins entbehrlich machen kann. Mit Inkrafttreten des Gerichts- und Notarkostengesetz (GNotKG) am 1.8.2013, das die bis dahin gültige Kostenordnung ersetzt, sind die Gebühren für die amtliche Hinterlegung und die Testamentseröffnung für öffentliche **820**

---

1) Musielak in Münchener Kommentar zum BGB, § 2267 Rz. 22.
2) Musielak in Münchener Kommentar zum BGB, § 2274 Rz. 2 ff.

wie privatschriftliche Testamente signifikat verringert worden. An die Stelle der früheren Wertgebühr nach dem Nachlasswert sind hier Pauschalgebühren i.H.v. 75 € für die Hinterlegung bzw. 100 € für die Testamentseröffnung getreten.

In der nachfolgenden Übersicht sind die mit einer Errichtung, Verwahrung und Änderung von öffentlichen und privatschriftlichen Testamenten verbundenen Notar- und Gerichtskosten (ohne Beratungskosten) bei einem angenommenen alternativen Nachlasswert von 2 Mio. € und 5 Mio. € aufgeführt.

Berechnungsbeispiel[1]: Kosten eines Testaments
Nachlasswert 2 Mio €/5 Mio €; 1/1 Gebühr nach GNotG: €/€

Kostenart	Kosten in € bei			
	notariellem		privatwirtschaftlichem	
	Testament			
	2 Mio	5 Mio	2 Mio	5 Mio
Errichtung	3 335,-	8 135,-	keine	
Hinterlegung	75,-		75,-	
Änderung des Testaments	3 335,-	8 135,-	keine	
Hinterlegung der Änderung	75,-		75,-	
Testamentseröffnung	100,-		100,-	
Erbscheinsverfahren[2]	3 335,-	8 135,-	3 335,-	8 135,-
Eidestattliche Versicherung[2]	3 335,-	8 135,-	3 335,-	8 135,-

[1] notarielle und gerichtliche Gebühren, ohne Beratungskosten (Stand 2015)
[2] kann bei notariellem Testament u.U. entfallen
Tabelle 1: Kosten eines Testaments.

Kostenseitig deutliche Vorteile bringt danach das privatschriftliche Testament insbesondere dann, wenn – etwa bei jüngeren Testierenden – zu erwarten ist, dass die getroffenen Verfügungen in der Zukunft sich ändernden Umständen angepasst werden müssen. Hinzu kommt, dass der größte Teil der Kosten, nämlich die Kosten der Erbscheinserteilung, bis nach dem Erbfall aufgeschoben sind. Gehören zum Nachlass keine Immobilien oder sonstigen in öffentlichen Registern geführte Vermögensgegenstände (z.B. Kommanditanteile), kann durch vorsorgende Gestaltung die Erteilung des Erbscheins u.U. ganz vermieden werden. Insbesondere empfiehlt sich in diesen Fällen die Erteilung einer öffentlich beglaubigte Vollmacht v.a. zur Verfügung über die zum Nachlass gehörenden Bankkonten zu Gunsten des testamentarischen Erben, mittels derer dieser über den Nachlass verfügen kann.

cc) Pflichtteilsansprüche als Korrektiv

821 Grenzen findet die Gestaltungsfreiheit des künftigen Erblassers über sein Vermögen in den gesetzlichen Vorschriften über den Pflichtteil, die durch letztwillige Verfügungen nicht abbedungen oder sonst unterlaufen werden können. Gemäß § 2303 BGB können die Abkömmlinge sowie die Eltern und der Ehegatte eines Erblassers gegen den oder die Erben einen Anspruch auf Zahlung eines Geldbetrags erheben, der der Höhe nach der Hälfte ihres gesetzlichen Erbteils entspricht.

Voraussetzung für die Geltendmachung des Pflichtteilsanspruchs ist, dass der Berechtigte von dem Erblasser entweder gar nicht als Erbe eingesetzt wurde oder mit der

Anordnung eines oder mehrerer der folgenden Beschwernisse belastet ist und die Erbeinsetzung ausgeschlagen hat:
- Einsetzung nur als Nacherbe,
- Aussetzung von Vermächtnissen zu Lasten seines Erbteils,
- Anordnung von Auflagen,
- Anordnung der Testamentsvollstreckung,
- Teilungsanordnungen.

Gleiches gilt, wenn der Pflichtteilsberechtigte mit einem Vermächtnis bedacht worden ist, dessen Wert den Pflichtteilsanspruch nicht erreicht oder er das Vermächtnis ausgeschlagen hat.

Unabhängig vom wirtschaftlichen Wert des Pflichtteils kann das Bestehen von Pflichtteilsansprüchen für den testamentarischen Erben mit erheblichen Belastungen verbunden sein. Denn der Pflichtteilsberechtigte hat einen umfassenden Auskunftsanspruch in Bezug auf den Bestand des Nachlasses und kann insbesondere die Erstellung eines Nachlassverzeichnisses verlangen (§ 2314 BGB). Das Verzeichnis hat dabei alle Nachlassgegenstände einzeln aufzuführen, eine Saldierung unter Sammelbegriffen („Hausrat", „persönliche Gegenstände" etc.) ist regelmäßig nicht ausreichend. Dies gilt auch für geringwertige Gegenstände wie Mobiliar, sonstige Einrichtungsgegenstände und Wohnungsinventar, Kleidung etc. sowie für Gegenstände, die nur im Mitbesitz des Erblassers gestanden haben.

Das Verzeichnis ist in Schriftform zu erstellen, die Vorlage von Fotos, auf denen die Gegenstände abgebildet sind, erfüllt diese Voraussetzung nicht. Darüber hinaus kann der Pflichtteilsberechtigte zwar nicht die Mitwirkung an der Erstellung des Verzeichnisses verlangen, wohl aber hat er das Recht, bei der Erstellung anwesend zu sein. Außerdem kann er die amtliche Aufnahme des Nachlassverzeichnisses durch einen Notar verlangen, § 2314 Abs. 1 Satz 3 BGB. Bestehen objektive Anhaltspunkte dafür, dass das Verzeichnis unvollständig und/oder unrichtig ist, etwa wenn dieser die Erstellung zunächst verweigert und/oder das erstellte Verzeichnis auf Einwendungen des Pflichtteilsberechtigten hin mehrfach korrigiert oder ergänzt hat, kann der Pflichtteilsberechtigte sogar gem. § 260 Abs. 2 BGB verlangen, dass der Erbe die Richtigkeit des Verzeichnisses an Eides statt versichert – mit den entsprechenden zivil- und strafrechtlichen Konsequenzen im Falle einer Unrichtigkeit dieser Versicherung!

Da der Nachlass zur Ermittlung des Pflichtteilsanspruches um den Wert von Schenkungen des Erblassers innerhalb der letzten zehn Jahre seit dem Erbfall zu erhöhen ist („fiktiver Nachlass", § 2325 BGB), erstreckt sich der Auskunftsanspruch des Pflichtteilsberechtigten auch auf diese Schenkungen an den Ehegatten des Verstorbenen, die sogar zeitlich unbegrenzt während der gesamten Ehezeit zu berücksichtigen sind. Ausnahmen bestehen nur für sog. Anstandsschenkungen, insbesondere Weihnachts-, Geburtstags-, Hochzeitsgeschenke etc., wenn diese in einem angemessenen Rahmen erfolgten (nicht etwa das Cabriolet zum bestandenen Abitur der Enkelin).

Die Ansprüche des pflichtteilsberechtigten Ehegatten auf Zugewinnausgleich, wenn die Eheleute im gesetzlichen Güterstand gelebt haben, bleiben unberührt, §§ 1371 Abs. 2 und 3; 2303 Abs. 2 Satz 2 BGB. Dem überlebenden Ehegatten steht in diesem Fall gegen die Erben des Verstorbenen neben seinem Pflichtteilsanspruch in Höhe des hälftigen gesetzlichen Erbteils ein Anspruch in Höhe des tatsächlichen (nicht: gem. § 1371 Abs. 1 BGB pauschalierten) Zugewinns des verstorbenen Ehegatten zu.

822 Die Regelungen über den Pflichtteil können die Nachfolgeplanung insbesondere dann empfindlich stören, wenn eine disproportionale Nachlassverteilung angestrebt wird, etwa weil das Unternehmensvermögen als Ganzes auf einen Nachfolger übergehen soll, während das nicht unternehmerische Vermögen unter allen übrigen Erben aufzuteilen ist. Um dem Erblasserwillen hier umfassend Geltung verschaffen zu können, ist erforderlich, mit allen Pflichtteilsberechtigten in notarieller Form vertragliche Vereinbarungen über die Pflichtteilsansprüche abzuschließen. Dies kann etwa im Zusammenhang mit einer Teilübertragung von Vermögen im Rahmen vorweggenommener Erbregelungen erfolgen, wobei sich in der Praxis ein wechselseitiger umfassender Verzicht auf sämtliche künftigen Pflichtteilsansprüche durchgesetzt hat. Zu beachten ist in diesem Zusammenhang allerdings, dass Pflichtteilsverzichtsvereinbarungen mit minderjährigen Kindern der vormundschaftsgerichtlichen Genehmigung bedürfen, §§ 1643 Abs. 2; 1822 Nr. 1 BGB.

Häufig werden Pflichtteilsverzichtsvereinbarungen mit einer Gegenleistung an den Verzichtenden verknüpft und können so als Gestaltungsmittel insbesondere zum Vermögensausgleich zwischen Eheleuten eingesetzt werden (sog. „Pflichtteilsverzicht gegen Abfindung" → 4 Rz. 873 ff.).

b) Steuerliche Folgen des Erbfalls

aa) Erbschaftsteuer

823 Der Vermögensübergang von Todes wegen unterliegt gem. § 1 Abs. 1 Nr. 1 ErbStG der Erbschaftsteuer; die unentgeltliche Übertragung unter Lebenden gem. § 1 Abs. 1 Nr. 2 ErbStG der Schenkungsteuer. Beide Steuertatbestände sind im ErbStG, das daher nicht zufällig mit vollem Wortlaut „Erbschaftsteuer- und Schenkungsteuergesetz" heißt, weitgehend identisch geregelt. Dementsprechend ordnet § 1 Abs. 2 ErbStG für Schenkungen (nicht allerdings umgekehrt für Erbfälle!) ausdrücklich an, dass die gesetzlichen Bestimmungen für Erwerbe von Todes wegen auch für Schenkungen gelten sollen. Hinsichtlich der allgemeinen Grundlagen der Besteuerung von Erwerben von Todes wegen kann daher auf die Darstellung der entsprechenden Folgen bei Vermögensübertragungen unter Lebenden verwiesen werden (→ 4 Rz. 852 ff.).

824 Erbfall und Schenkung werden erbschaftsteuerlich nur dort unterschiedlich behandelt, wo dies entweder im Gesetz ausdrücklich vorgesehen ist oder sich aus der Natur der Sache, also aus dem konzeptionellen Unterschied zwischen beiden Arten des Vermögensübergangs ergibt.[1] So finden die folgenden Regelungen nur auf Erwerbe von Todes wegen Anwendung:

- pauschaler Freibetrag für Erbfallkosten (§ 10 Abs. 5 Nr. 3 Satz 2 ErbStG),
- Eingruppierung der Eltern in Steuerklasse I (§ 15 Abs. 1 Nr. 4 ErbStG),
- Anzeigepflicht von Banken, Versicherungsunternehmen und ähnlichen Vermögensverwahrern (§ 33 ErbStG).

Nur auf Schenkungen anwendbar sind dagegen u.a.:

- Haftung des Schenkers für die Steuerschuld (§ 20 Abs. 1 ErbStG),
- Steuerbefreiung von Unterhalts- und Ausbildungszuwendungen (§ 13 Abs. 1 Nr. 12 ErbStG),
- Steuerbefreiung von üblichen Kleinzuwendungen („Gelegenheitsgeschenke", § 13 Abs. 1 Nr. 14 ErbStG).

bb) Ertragsteuern

825 Der unentgeltliche Übergang von Vermögensgegenständen, sei es einzeln oder als Vermögensgesamtheit (Nachlass), ist, da es an einem Entgelt und damit an einem Leistungsaustausch ja gerade fehlt, grundsätzlich ertragsteuerlich neutral. Auch dies

---

1) Jülicher in Troll/Gebel/Jülicher, Erbschaftsteuer- und Schenkungssteuergesetzt, 47. Aufl. 2014, § 1 ErbStG Rz. 61 ff.

gilt wiederum sowohl für Verfügungen unter Lebenden als auch für Erwerbe von Todes wegen. Wegen der mit unentgeltlichen Übertragungen gleichwohl ggf. zusammenhängenden bzw. zu beachtenden ertragsteuerlichen Aspekte kann daher ebenfalls auf die entsprechenden Ausführungen betreffend Vermögensübertragungen unter Lebenden verwiesen werden (*Erbfolge, vorweggenommene* → **4** Rz. 859 ff.).

2. Planungsfallen bei der Nachfolgegestaltung und ihre Vermeidung

a) Nachfolgeklauseln in Immobilien-GbRs

Gesellschaften bürgerlichen Rechts (GbR) sind auf Grund ihrer überschaubaren Struktur und geringen Formerfordernisse in der Rechtswirklichkeit beliebt und darum in der Beratungspraxis weit verbreitet. Insbesondere werden Immobilieninvestitionen privater Anleger mit einem kleinen Kreis von Investoren häufig in dieser Rechtsform getätigt; im Grundbuch der erworbenen Immobilie findet sich in diesen Fällen der Vermerk „in Gesellschaft bürgerlichen Rechts". Die Vorteile dieser Form der gemeinsamen Investition gegenüber der schlichten Rechtsgemeinschaft von Eigentümern (Bruchteilseigentum) liegen v.a. in den weit reichenden Möglichkeiten für die Gesellschafter, ihre Rechtsbeziehungen zueinander passgenau zu gestalten und in ihrem Gesellschaftsvertrag im Einzelnen niederzulegen. Dementsprechend finden sich in Gesellschaftsverträgen von GbR regelmäßig insbesondere Vorschriften darüber, ob, wann und zu welchen Bedingungen ein Gesellschafter aus der Gesellschaft ausscheidet und ein neuer Gesellschafter eintreten kann, einschließlich der Frage, was im Falle des Todes eines Gesellschafters mit dessen Beteiligung an dem gemeinsamen Grundstück geschehen soll. Webfehler in solchen sog. Nachfolgeklauseln, auf Grund derer die eigentliche Vorstellung der Gesellschafter über die Folgen eines Erbfalls nicht zutreffend abgebildet ist, können schnell zu nachteiligen erbschaftsteuerlichen Konsequenzen bei den betroffenen Erben und/oder den Mitgesellschaftern führen und damit zu einer Belastung des Verhältnisses der Gesellschafter insgesamt werden.

826

aa) Praxisfall GbR-Nachfolgeregelung

Beispiel:

827

Unternehmer U verstirbt im Alter von 62 Jahren und hinterlässt seine Ehefrau E sowie zwei Kinder, S und T. Zu seinem Vermögen gehört ein Anteil von 20 % an einer Grundstücksgesellschaft in der Rechtsform der GbR, die dieser im Jahre 1991 mit vier Geschäftspartnern errichtet hatte. Die GbR hatte seinerzeit in den neuen Bundesländern ein Grundstück mit aufstehendem Mehrfamilienhaus erworben, eine Grundsanierung durchgeführt und die Wohnungen dann an fremde Dritte vermietet.

In dem Gesellschaftsvertrag der GbR ist in dessen mit dem Wort „Nachfolge" überschriebenen § 9 geregelt: „Stirbt ein Gesellschafter, so wird die Gesellschaft unter den übrigen Gesellschaftern fortgesetzt. Für die Erben des Verstorbenen gilt § 10." In § 10 des Gesellschaftsvertrags finden sich sodann allgemein für den Fall des Ausscheidens eines Gesellschafters Regelungen, wonach der Ausscheidende von den übrigen Gesellschaftern eine Abfindung in Höhe des anteiligen, nach ertragsteuerlichen Vorschriften zu ermittelnden Buchwerts des Vermögens der GbR beanspruchen kann.

U und E hatten ein Berliner Testament errichtet, wonach sie sich wechselseitig zu Alleinerben und die gemeinsamen Kinder S und T zu Schlusserben des Letztversterbenden eingesetzt haben. E ist damit Alleinerbin des U und glaubt, dass sie so auch anstelle ihres verstorbenen Gatten Gesellschafterin der GbR geworden ist. Zu ihrer großen Überraschung teilt ihr jedoch der Steuerberater der GbR unter Verweis auf die Regelungen in dem Gesellschaftsvertrag mit, dass U mit seinem Tod aus der Gesellschaft ausgeschieden ist und ihr lediglich der Anspruch auf Abfindung des Buchwertes seiner Beteiligung zustehe. E dagegen möchte – im Übrigen im Einvernehmen mit den anderen Gesellschaftern der GbR – die lukrative Geldanlage ihres Manns in das Miethaus der GbR nicht aufgeben, zumal der Buchwert des Vermögens deutlich unter dem Verkehrswert der Immobilie, abzüglich Schulden, liegt.

Damit stellt sich für E die Frage, welche erbschaftsteuerlichen Folgen die vorliegende Gestaltung der Immobilien-GbR für sie selbst, aber auch für die Mitgesellschafter ihres verstorbenen Ehemanns hat und ob diese durch eine entsprechende Gestaltung geändert werden könnten.

bb) Lösungsansätze
(1) Erb- und gesellschaftsrechtliche Vorfrage

828 Stirbt ein Gesellschafter einer GbR, so hängt das rechtliche Schicksal seines Gesellschaftsanteils in erster Linie von den entsprechenden Regelungen in dem Gesellschaftsvertrag ab. Fehlen vertragliche Vereinbarungen, greifen die gesetzlichen Bestimmungen der §§ 727, 730 ff. BGB. Als mögliche Folgen des Versterbens eines GbR-Gesellschafters kommen dabei insbesondere in Betracht:

- **Liquidationslösung:** Die Gesellschaft wird mit dem Tod eines Gesellschafters aufgelöst und ihr Vermögen unter den Gesellschaftern, einschließlich des bzw. der Erben des verstorbenen Gesellschafters verteilt.

- **Fortsetzungslösung:** Die Gesellschaft wird unter den überlebenden Gesellschaftern unter Ausscheiden gegen Abfindung des verstorbenen Gesellschafters fortgesetzt.

- **Einfache Nachfolgelösung:** Die Gesellschaft wird unter den überlebenden Gesellschaftern mit allen Erben des verstorbenen Gesellschafters fortgesetzt.

- **Qualifizierte Nachfolgelösung:** Die Gesellschaft wird unter den überlebenden Gesellschaftern mit einem oder mehreren bestimmten Erben des verstorbenen Gesellschafters fortgesetzt.

- **Eintrittslösung:** Allen oder einzelnen Erben steht ein Wahlrecht zu, entweder gegen Abfindung aus der von den übrigen Gesellschaftern fortgesetzten Gesellschaft auszuscheiden oder dieser beizutreten.

Welche der genannten Alternativen die Gesellschafter wählen, hängt von den jeweiligen Gegebenheiten, insbesondere dem mit der Gesellschaft verfolgten Zweck sowie den Personen der Gesellschafter und deren Funktionen in der Gesellschaft, ab. Eher selten findet sich die Liquidationslösung, die dem in § 727 Abs. 1 BGB vorgesehenen gesetzlichen Regelfall entspricht und nur dann sachgerecht ist, wenn der Gesellschaftszweck nur unter Mitwirkung aller Gesellschafter persönlich verwirklicht werden kann. Die Fortsetzungslösung trägt dem häufig bestehenden Bedürfnis Rechnung, dass den Gesellschaftern einer GbR wegen der engen persönlichen Beziehung zueinander kein Außenstehender als Gesellschafter aufgezwungen werden soll, auch wenn dieser seinerseits in einem engen persönlichen oder verwandtschaftlichen Verhältnis zu dem verstorbenen Mitgesellschafter steht. Ist dieses Bedürfnis nicht vorhanden, etwa weil das finanzielle Engagement jedes einzelnen in der Gesellschaft gegenüber der Verwirklichung gemeinsamer Interessen und Ziele im Vordergrund steht, bieten sich die genannten Nachfolge- oder Eintrittslösungen an.

829 Erbrechtlich bedeuten die unterschiedlichen Lösungsansätze zugleich unterschiedliche Folgen für die Rechtsbeziehungen zwischen den Erben des verstorbenen Gesellschafters und den Mitgesellschaftern bzw. der Gesellschaft:

- Bei der Liquidations- und der Fortsetzungslösung fällt der Anspruch des verstorbenen Gesellschafters auf seinen Anteil am Liquidationserlös bzw. auf den Abfindungsbetrag in den Nachlass und kann von dessen Erben geltend gemacht werden.

- Bei der qualifizierten Nachfolge und der Eintrittslösung geht der Gesellschaftsanteil außerhalb des Nachlasses auf den oder die qualifizierten Nachfolger über. Den nicht qualifizierten Erben erwachsen daraus keine (gesellschaftsrechtlichen) Ansprüche gegen die Mitgesellschafter oder die GbR, sie erlangen allenfalls

außerhalb des Gesellschaftsverhältnisses (erbrechtliche) Ausgleichsansprüche gegen den oder die Nachfolger.
- Im Prinzip ebenso verhält es sich bei einer einfachen Nachfolgelösung, wobei hier allerdings Ausgleichsansprüche der Erben untereinander entfallen, da die Beteiligung an der Gesellschaft im Verhältnis der Erbquoten auf die Erben übergeht.

(Weitere Einzelheiten beim Stichwort *Rechtsformwahl* → 4 Rz. 1399 ff.)

Im vorliegenden Fall hatten sich U und seine Mitgesellschafter bei Begründung der GbR für eine Fortsetzungslösung entschieden. Mit dem Tod des U ist dieser daher aus der GbR ausgeschieden, und der Anspruch auf anteilige Abgeltung des Buchwerts seiner Beteiligung ist als Abfindungsanspruch in seinen Nachlass gefallen und kann von E gegenüber den Mitgesellschaftern und der Gesellschaft geltend gemacht werden.

(2) Erbschaftsteuerliche Folgen für die Erbin

Die erbschaftsteuerliche Beurteilung von Nachfolgefällen bei Gesellschaftsbeteiligungen folgt in aller Regel der erb- und gesellschaftsrechtlichen Beurteilung der Rechtslage, und zwar sowohl in Bezug auf die Frage, wem der Erwerb von Todes wegen erbschaftsteuerlich zuzurechnen ist, als auch hinsichtlich der Beurteilung, was Gegenstand dieses Erwerbs ist und welchen Bewertungsregelungen er unterliegt. § 10 Abs. 1 Satz 1 ErbStG definiert die „Bereicherung des Erwerbers", vorbehaltlich der Regelungen über Steuerbefreiungen sowie abzüglich der abzugsfähigen Nachlassverbindlichkeiten, als den steuerpflichtigen Erwerb.

830

Dementsprechend ist als erbschaftsteuerlicher Erwerb bei Nachfolgeregelungen in GbR-Anteile nach den vorstehend beschriebenen Nachfolgelösungen zu differenzieren:
- Erwerbsgegenstand bei der Liquidationslösung ist der Anspruch auf den Liquidationserlös, dessen Höhe sich letztlich nach dem Zerschlagungswert des Gesellschaftsvermögens der GbR bemisst.
- Bei der Fortsetzungslösung ergibt sich die Bereicherung i.S.d. Erbschaftsteuer aus der Höhe des dem weichenden Gesellschafter nach Gesetz oder Gesellschaftsvertrag zustehenden Abfindungsanspruchs. Dieser kann dem Verkehrswert der Beteiligung zum Stichtag entsprechen, aber auch nach einer vereinbarten Formel (Buchwert, Stuttgarter Verfahren etc.) zu ermitteln sein oder in einem pauschalierten bestimmten oder einfach bestimmbaren Festbetrag bestehen.
- Gegenstand der Erbschaftsteuerpflicht in den Nachfolge- und Eintrittslösungen ist jeweils der auf den Gesellschafter übergehende Anteil an der GbR, dessen Bewertung gem. § 12 ErbStG nach den Bestimmungen des BewG zu erfolgen hat.

Im vorliegenden Beispielsfall besteht also die steuerpflichtige Bereicherung von E in dem gegen die Mitgesellschafter von U bzw. die GbR gerichteten Geldanspruch auf Zahlung einer Abfindung, nicht in dem nach § 12 ErbStG i.V.m. den Bestimmungen des BewG zu ermittelnden Anteilswert an der GbR. Dieser Geldanspruch ist aber mit seinem Nominalbetrag anzusetzen (§ 12 Abs. 1 Satz 1 BewG) und dürfte voraussichtlich nicht mit dem Wert des Gesellschaftsanteils oder gar dem anteiligen Grundstückswert abzüglich Schulden übereinstimmen. Der in den §§ 9 und 10 des GbR-Vertrags vereinbarte Buchwert des GbR-Vermögens ermittelt sich nach ertragsteuerlichen Regelungen, während die nach BewG vorzunehmende Anteilsbewertung im Ergebnis im Wesentlichen dem anteiligen Immobilienwert, ermittelt nach dem Ertragswertverfahren (§ 146 BewG), entsprechen dürfte. Liegt Letzterer unter dem Ertragsteuerwert, was insbesondere bei älteren sowie vergleichsweise ertragsschwachen Immobilien häufig der Fall ist, kann schon die vorliegende Konstellation einer gesellschaftsvertraglichen Fortsetzungsklausel mit Buchwertabfindung zu spürbaren erbschaftsteuerlichen Nachteilen führen.

Verschärft wird dieser Befund darüber hinaus, wenn – wie im vorliegenden Fall – der tatsächliche Wert des GbR-Anteils dessen Buchwert deutlich übersteigt. In diesen Fällen besteht nämlich eine hohe Wahrscheinlichkeit, dass die Buchwertklausel in dem Vertrag unwirksam ist und E eine Abfindung zum Verkehrswert beanspruchen kann, die dann auch der erbschaftsteuerlichen Beurteilung zu Grunde gelegt würde. Der erbschaftsteuerliche Nachteil, der sich so aus der von den Gesellschaftern gar nicht gewollten Fortsetzungslösung ergibt, erhöht sich in diesem Fall entsprechend.

Etwas anderes ergibt sich auch nicht aus dem Urteil des BFH[1] zur erbschaftsteuerlichen Behandlung von Sachvermächtnissen, in dem dieser sein früheres, in der Beratungspraxis wie auch im Schrifttum viel beachtetes Urteil[2] in einem obiter dictum korrigiert. Im Jahr 2004 hatte der BFH nämlich, ebenfalls in einem obiter dictum, postuliert, dass Gegenstand der erbschaftsteuerlichen Bereicherung bei einem Vermächtnis, das auf die Übertragung eines Grundstücks gerichtet ist, nicht dieses Grundstück, sondern ein (schuldrechtlicher) Anspruch auf Eigentumsübertragung sei.[3] Konsequenz dieses – erbrechtlich durchaus zutreffenden – Verständnisses von Grundstücksvermächtnissen war, dass der Vermächtnisanspruch mit seinem Nennwert anzusetzen ist, der sich wiederum aus dem Verkehrswert der Immobilie und nicht aus dem nach den bewertungsrechtlichen Sondervorschriften zur Grundstücksbewertung ermittelten Wert ergibt.

Hiervon ist der BFH jedoch in seinem Urteil vom 2.3.2006 ausdrücklich wieder abgerückt, indem er feststellt, dass durch Vermächtnis zugewendete Sachen nicht mit den gemeinen Werten der Ansprüche aus dem Vermächtnis, sondern mit den Steuerwerten der zugewendeten Sachen anzusetzen sind. So liegt die Sachlage bei Abfindungsansprüchen bei Ausscheiden aus einer GbR indes nicht. Denn die vom erbrechtlichen Verständnis abweichende erbschaftsteuerliche Bewertung von Sachvermächtnissen rechtfertigt sich aus der Erwägung, dass der Anspruch aus solchen Vermächtnissen letztlich durch die vermachte Sache bestimmt wird und daher – wirtschaftlich betrachtet – die Sache und nicht ein Anspruch oder gar eine Kapitalforderung von Todes wegen zugewendet wird.

Demgegenüber tritt bei der Abfindungslösung in GbR-Verträgen der Abfindungsanspruch an die Stelle des GbR-Anteils, statt diesen wirtschaftlich zu repräsentieren. Hinzu kommt, dass der Abfindungsanspruch, anders als der auf Eigentumsverschaffung gerichtete Anspruch aus einem Sachvermächtnis, ein Anspruch auf Zahlung eines Geldbetrags ist und damit bewertungsrechtlich eine Kapitalforderung i.S.d. § 12 Abs. 1 Satz 1 BewG darstellt.

Es verbleibt somit bei dem Befund, dass E von U nicht einen GbR-Anteil, sondern einen Geldanspruch auf Zahlung einer Abfindung erworben hat, der für erbschaftsteuerliche Zwecke mit dem anteiligen steuerlichen Buchwert des Vermögens der GbR oder – je nach gesellschaftsrechtlicher Beurteilung – mit dem Verkehrswert, in jedem Fall aber nicht nach dem Ertragswertverfahren zu ermitteln ist.

(3) Erbschaftsteuerliche Folgen für die verbleibenden Gesellschafter

831 Die Unterschiede in der erbschaftsteuerlichen Bewertung von GbR-Anteilen und Abfindungsansprüchen können darüber hinaus zu unerwarteten weiteren erbschaftsteuerlichen Konsequenzen für die verbleibenden Gesellschafter der GbR führen. Gemäß § 7 Abs. 7 ErbStG gilt nämlich im Falle des Ausscheidens eines Gesellschafters

---

1) BFH v. 2.3.2006, II R 57/04, ZEV 2006, 373; zust. Geck/Messner, ZEV 2007, 72; Götz, NVW Fach 10 2007, 1595, 1597.
2) BFH v. 2.7.2004, II R 9/02, BStBl II 2004, 1039; vgl. nur Crezelius, ZEV 2004, 467, 477; Ebeling DStR 2005, 1633, 1634 f.; Geck ZEV 2006, 201.
3) BFH v. 2.7.2004, II R 9/02, BStBl II 2004, 1039.

aus einer Kapital- oder Personengesellschaft die Differenz zwischen dem Abfindungsanspruch und dem Steuerwert der Beteiligung i.S.d. § 12 ErbStG als Schenkung des Ausscheidenden an seine Mitgesellschafter.

Liegt mithin im vorliegenden Fall der anteilige ertragsteuerliche Buchwert des GbR-Vermögens unter dem nach § 146 BewG zu ermittelnden anteiligen Immobilienwert abzüglich Schulden, so ist die Differenz zu je einem Viertel den vier überlebenden Mitgesellschaftern des U erbschaftsteuerlicher Erwerb zuzurechnen. Nach Abzug des persönlichen Freibetrags von 5 200 € in der Steuerklasse III pro Mitgesellschafter wird der übersteigende Betrag dieser Schenkung mit einem Steuersatz von 30 oder (ab einem steuerpflichtigen Erwerb von mehr als 6 Mio. €) 50 % belegt – eine Liquiditätsbelastung, mit der die Gesellschafter bei Errichtung der Gesellschaft sicher nicht gerechnet hatten.

cc) Handlungsempfehlungen

Zur Vermeidung steuerlicher Nachteile im Zusammenhang mit der Vererbung von GbR-Anteilen ist dringend zu empfehlen, bestehende Gesellschaftsverträge auf das Vorhandensein und die konkrete Ausgestaltung von Nachfolgeregelungen zu überprüfen und mit dem von den Gesellschaftern tatsächlich Gewollten abzugleichen. Dabei ist insbesondere zu beachten:

- Identifizierung von etwaigem Korrekturbedarf der bisherigen vertraglichen Regelungen,
- Überprüfung des wirtschaftlichen Gehalts der gewünschten Nachfolgeregeln,
- Abstimmung der zu treffenden neuen Regelungen im Gesellschafterkreis mit den Interessen aller Beteiligten,
- sorgfältige Formulierung der zu vereinbarenden neuen Vertragsbestimmungen,
- Mitwirkung aller Gesellschafter bei der Umsetzung (Konsensprinzip),
- Formfreiheit auch bei Grundstücksgesellschaften (kein Notar und keine Änderung des Grundbuchs erforderlich),
- sofortige Wirksamkeit mit Abschluss durch alle Gesellschafter.

Aber auch wenn der Erbfall bereits eingetreten ist, lohnt sich eine sorgfältige Analyse des gegebenen Zustands. Häufig sind sich die Gesellschafter und auch die Nachkommen des Verstorbenen der genauen erb- und gesellschaftsrechtlichen Folgen des Erbfalls bei „ihrer" GbR gar nicht bewusst und haben sich u.U. schon seit Jahren abweichend zu den vertraglichen Vereinbarungen verhalten. Hinweise ergeben sich hier insbesondere aus der tatsächlichen Handhabung der gesellschaftsrechtlichen Verhältnisse nach dem Erbfall für einkommensteuerliche Zwecke (Teilnahme an der einheitlichen und gesonderten Gewinnfeststellung, Behandlung von Entnahmen und Einlagen, Gewinnzuweisungen etc.). Lassen sich insoweit Abweichungen der tatsächlichen Behandlung von der gesellschaftsvertraglichen Rechtslage erkennen, deutet dies auf das Vorliegen einer faktischen Gesellschaft und/oder einer konkludenten Änderung der ursprünglichen gesellschaftsvertraglichen Vereinbarungen hin. Hier empfiehlt sich, den Inhalt dieser faktischen bzw. konkludenten Vereinbarungen durch den Abschluss einer entsprechenden Feststellungsvereinbarung zwischen allen Beteiligten schriftlich zu dokumentieren. Gegebenenfalls sollte eine solche Vereinbarung mit einer entsprechenden Korrektur der bisherigen Nachfolgeregelungen in dem Gesellschaftsvertrag verbunden werden.

Sind sich die Gesellschafter allerdings über die „richtige" Nachfolgegestaltung oder die zu treffenden Regelungen uneins, kann eine an sich gebotene Korrektur des Gesellschaftsvertrags auf Schwierigkeiten stoßen. Denn die Gesellschafter dürften nur in Ausnahmefällen einen rechtlich durchsetzbaren Anspruch auf Vornahme einer konkreten Vertragsänderung gegen einen änderungsunwilligen Mitgesellschafter geltend machen können, etwa wenn dessen Weigerung, an der Vertragsanpassung mitzuwirken, im Einzelfall schikanös oder rechtsmissbräuchlich ist oder wenn eine bestimmte Nachfolgeregelung erkennbar Geschäftsgrundlage für den Abschluss des ursprünglichen Gesellschaftsvertrags gewesen war und diese sich in der Folgezeit geändert hat. Liegt ein solcher Ausnahmesachverhalt nicht vor, bleibt nur, die Fortsetzung des gemeinsamen Investments grundsätzlich zu hinterfragen und ggf. von Kündigungs- oder Austrittsrechten Gebrauch zu machen.

b) „Berliner" Tücken

aa) Allgemeines

833 Die wohl bekannteste und in der Praxis am weitesten verbreitete Testamentsform ist das sog. „Berliner Testament", ein Spezialfall des gemeinschaftlichen Testaments, das bestimmte typisierende Verfügungsinhalte aufweist. Wie jedes gemeinschaftliche Testament kann auch das Berliner Testament nur von Ehegatten errichtet werden, wobei ihnen als Errichtungsformen sowohl das notariell beurkundete öffentliche Testament als auch das handschriftlich verfasste eigenhändige Testament zur Verfügung stehen.

In dem Berliner Testament setzen sich die Eheleute wechselseitig als Alleinerben und die gemeinsamen Kinder – oder entferntere Abkömmlinge – zu gleichen Teilen als Schlusserben des Letztversterbenden ein. Damit wird bewirkt, dass dem überlebenden Ehegatten weiterhin die Nutznießung des gesamten ehelichen Vermögens zusteht und schon zu Lebzeiten beider verbindlich festgelegt wird, dass das Familienvermögen nach dem Ableben des Längstlebenden im engsten Familienkreis, z.B. an die gemeinsamen Nachkommen, weitergegeben wird. Hinzu treten regelmäßig weitere Anordnungen, die den Besonderheiten der konkreten persönlichen und wirtschaftlichen Umstände der Testierenden Rechnung tragen, etwa die Aussetzung von Vermächtnissen an entferntere Verwandte oder Familienfremde, die Anordnung einer Testamentsvollstreckung u.Ä. Formulierungsbeispiele für ein Berliner Testament finden sich in allen einschlägigen Formularhandbüchern.[1]

Trotz – oder vielleicht gerade wegen – der besonderen Verbreitung und Beliebtheit dieser Testamentsform und ihrer typisierenden Verfügungsinhalte hält das „klassische" Berliner Testament eine Reihe von Tücken bereit, die oft zu unerwünschten oder nachteiligen rechtlichen, tatsächlichen und/oder steuerlichen Folgen des Erbfalls führen.

bb) Doppelte Besteuerung der Erbeinsetzung

834 Die wechselseitige Einsetzung der Ehegatten als Alleinerben führt dazu, dass das Vermögen des erstversterbenden Ehegatten zweimal der ErbSt unterliegt – beim Tode des Erstversterbenden sowie beim Übergang vom überlebenden Ehegatten auf die Schlusserben. Liegt zwischen dem ersten und dem zweiten Erbfall nur ein kurzer Zeitraum, wirkt diese Steuerfolge wirtschaftlich wie eine (vermeidbare) Doppelbesteuerung. Diese Situation kann insbesondere in folgenden Fällen gegeben sein:

– hohes Alter und geringer Altersunterschied zwischen den Ehegatten,
– besondere gesundheitliche Risiken beider Ehegatten,
– besondere gemeinsame Unfallrisiken (Berufsrisiken, gemeinsam ausgeübte Risikosportarten) der Ehegatten.

Dieser nachteilige Effekt wird noch verstärkt, wenn das Familienvermögen zivilrechtlich überwiegend nur einem Ehegatten, häufig dem Ehemann, zugeordnet ist und die

---

1) Etwa bei Fenner in Hoffmann-Becking/Rawert, Formularbuch Bürgerliches, Handels- und Wirtschaftsrecht/8. Berliner Testament (Pflichtteilsklausel), 10. Aufl. 2010; Nieder in Münchener Vertragshandbuch, Band 6 Bürgerliches Recht II, 6. Aufl. 2010, XVI. 28, 1029 ff.

Eheleute nicht im gesetzlichen Güterstand der Zugewinngemeinschaft leben. Stirbt nun dieser Ehegatte zuerst, so unterliegt praktisch das gesamte Familienvermögen dem zweifachen Erbgang und wird beide Male vollumfänglich besteuert, da der Abzug des Zugewinnausgleichsanspruchs gem. § 5 Abs. 1 ErbStG entfällt.

Zur Vermeidung oder Abmilderung einer erbschaftsteuerlichen Doppelbelastung durch die wechselseitige Erbeinsetzung kommen insbesondere folgende Gestaltungsalternativen in Betracht: **835**

- **Vorsorge zu Lebzeiten**: Es empfiehlt sich, zur Sicherstellung der angemessenen Versorgung des längstlebenden Ehegatten schon zu Lebzeiten für eine gleichmäßige zivilrechtliche Verteilung der Ertragsquellen zwischen beiden Ehegatten zu sorgen. Bestehende Ungleichgewichte können dabei durch rückwirkende Vereinbarung der Zugewinngemeinschaft mit vorzeitigem Zugewinnausgleich (sog. „Güterstandsschaukel" → 4 Rz. 870 ff.) egalisiert werden. Die wechselseitige Erbeinsetzung zur Sicherstellung der Versorgung des Überlebenden ist dann nicht mehr erforderlich.

- **Zuwendungen von Todes wegen**: Die Doppelbelastung mit ErbSt kann dadurch abgemildert werden, dass der Überlebende nicht zum Alleinerben eingesetzt wird, sondern ihm (nur) dasjenige zugewendet wird, das für die angemessene Versorgung erforderlich ist. Hier bieten sich insbesondere die vermächtnisweise Zuwendung von einzelnen Vermögensgegenständen und/oder die Einräumung eines Nießbrauchs an bestimmten Ertragsquellen an. Das übrige Familienvermögen kann dann wiederum unmittelbar den Abkömmlingen zugewandt werden.

- **Verfügungen für den Fall des gleichzeitigen oder zeitlich zusammenfallenden Versterbens**: Für den Fall des gleichzeitigen Versterbens ist stets die unmittelbare Erbeinsetzung der Abkömmlinge vorzusehen. Darüber hinaus kann ggf. Vorsorge für den Fall eines zeitnahen Aufeinanderfolgens beider Erbfälle getroffen werden, indem die Erbeinsetzung des Längstlebenden auflösend bedingt wird durch den Eintritt des zeitnahen Versterbens desselben. Aus Gründen der notwendigen Bestimmtheit testamentarischer Verfügungen ist in diesem Fall allerdings erforderlich, die maßgebliche Zeitspanne zu definieren, indem eine genau bemessene Frist für den Eintritt der auflösenden Bedingung bestimmt wird.

- **Nutzung von Freibeträgen**: Eine weitere Möglichkeit der Abmilderung etwaiger Doppelbesteuerungsfolgen besteht darin, durch Schenkungen beider Ehegatten an ihre Abkömmlinge die persönlichen Freibeträge umfassend auszuschöpfen.

cc) Pflichtteilsansprüche

Die wechselseitige Einsetzung der Ehegatten als Alleinerben führt des Weiteren dazu, dass die gemeinsamen Kinder im ersten Erbfall von der Erbfolge ausgeschlossen sind. Sie haben damit gegen den überlebenden Ehegatten Pflichtteilsansprüche in Höhe der Hälfte ihres gesetzlichen Erbteils, die sich durch Bestimmungen in dem Testament auch nicht ausschließen lassen. **836**

Den künftigen Erblassern stehen aber mehrere Möglichkeiten zu, ungewollten Vermögensübertragungen auf Grund der Geltendmachung der Pflichtteilsansprüche zu begegnen:

- **Pflichtteilsverzicht**: Die testierenden Eltern schließen mit ihren Kindern (ggf. wechselseitige) Verzichtsvereinbarungen (→ 4 Rz. 822). Solange die Kinder minderjährig sind, bedarf dies allerdings der Zustimmung des Vormundschaftsgerichts. Mit dem Pflichtteilsverzicht fallen die Pflichtteilsansprüche der Abkömmlinge weg.

- **Pflichtteilsstrafklausel**: Die Testierenden ordnen an, dass diejenigen Abkömmlinge, die nach dem ersten Erbfall Pflichtteilsansprüche erheben, auch nach dem

Ableben des längstlebenden Ehegatten nicht (Schluss-)Erben werden sollen, sondern wiederum nur den Pflichtteil erhalten sollen. Gegebenenfalls kann im Interesse der Gleichbehandlung zusätzlich angeordnet werden, dass in diesem Fall auch die nicht den Pflichtteil verlangenden Abkömmlinge ein (Bar-)Vermächtnis in Höhe des Pflichtteils erhalten sollen. Der drohende Verlust der Erbeinsetzung nach dem Letztversterbenden wird die Abkömmlinge regelmäßig davon abhalten, nach dem ersten Erbfall den Pflichtteil zu verlangen.

- **Vermächtniszuwendung:** Wird die wechselseitige Erbeinsetzung von vermächtnisweisen Zuwendungen zu Gunsten der im ersten Erbfall nicht bedachten Abkömmlinge begleitet, entfällt der Pflichtteilsanspruch bis zur Höhe dieser Vermächtnisse. Diese Maßnahme bietet sich insbesondere bei Sachvermächtnissen an, wenn zum Nachlass des Erstversterbenden Vermögensgegenstände (z.B. Immobilien) gehören, die den Abkömmlingen ohnehin gegenständlich zugewiesen werden sollen.

Die genannten Maßnahmen können auch miteinander kombiniert werden.

dd) Wechselbezüglichkeit der Verfügungen

837 § 2270 Abs. 2 BGB statuiert als Auslegungsregel für gemeinschaftliche Testamente, dass sowohl die wechselseitige Erbeinsetzung der Eheleute als auch die Benennung der Abkömmlinge als Schlusserben „im Zweifel" als wechselbezüglich anzusehen sind. Nach dem Tode des Erstversterbenden können wechselbezügliche Verfügungen des überlebenden Ehegatten – abgesehen von seltenen Fällen besonders schwerer Verfehlungen des Bedachten gegen den Erblasser – nicht mehr aufgehoben oder geändert werden, § 2271 Abs. 2 Satz 1 BGB. Diese Folge kann insbesondere in Bezug auf die Schlusserbeneinsetzung der Abkömmlinge, aber auch für ausgesetzte Vermächtnisse, zu unerwünschten Einschränkungen des Längstlebenden hinsichtlich seiner Verfügungsfreiheit über das Ehevermögen führen.

Die vorgenannte Vorschrift ist allerdings lediglich eine Auslegungsregel für den Fall, dass in dem Berliner Testament keine abweichenden Bestimmungen getroffen wurden. Es ist daher zu empfehlen, dass die Eheleute bei Errichtung ihres Testamentes detaillierte Überlegungen darüber anstellen, welche ihrer gemeinschaftlich getroffenen letztwilligen Verfügungen wechselbezüglich, d.h. nach dem ersten Erbfall praktisch unveränderlich sein sollen und hinsichtlich welcher Regelungen der überlebende Ehegatte abweichende Bestimmungen auch noch allein treffen können soll. Hierzu sollten die Regelungen, für die die Wechselbezüglichkeit greifen sollen, in dem Testament genau bezeichnet und darüber hinaus klargestellt werden, dass der Längstlebende im Übrigen in der Disposition über den Nachlass frei sein soll.

c) Steuerfalle Betriebsaufspaltung

aa) Begriffsbestimmung

838 Unter einer Betriebsaufspaltung (*Rechtsformwahl* → 4 Rz. 1369 f.) versteht man Gestaltungen, bei denen ein wirtschaftlich einheitlicher Betrieb in zwei rechtlich selbständige Unternehmen aufgeteilt wird. Der einheitliche wirtschaftliche Betätigungswille wird auf eine Doppelgesellschaft bzw. auf ein Doppelunternehmen aufgespalten. Kennzeichen der Struktur ist dabei, dass die eine Gesellschaft („Besitzunternehmen") die wesentlichen Produktionsmittel, insbesondere die Betriebsimmobilie, aber auch Maschinen oder anderes Anlagevermögen hält, während die zweite Gesellschaft („Betriebsunternehmen") das eigentliche Unternehmen betreibt und am Markt auftritt. In der „klassischen" Betriebsaufspaltung ist das Besitzunternehmen i.d.R. ein Einzelunternehmen oder eine Personengesellschaft (meist GbR), während das Betriebsunternehmen aus Haftungsgründen eine Kapitalgesellschaft, meist eine

GmbH, ist. Voraussetzung für die Annahme einer Betriebsaufspaltung zwischen Besitz- und Betriebsunternehmen sind dabei:

- **Sachliche Verflechtung**: Das Besitzunternehmen muss den Betrieb des Betriebsunternehmens unterstützen, was i.d.R. durch Vermietung oder Verpachtung der Betriebsmittel (Immobilie, sonstiges Anlagevermögen) erfolgt.
- **Personelle Verflechtung**: An beiden Unternehmen müssen derselbe Gesellschafter bzw. eine Gruppe von Gesellschaftern mit einheitlichem Betätigungswillen mehrheitlich beteiligt sein und in diesen seinen/ihren Willen durchsetzen können.

Sind die Voraussetzungen für eine Betriebsaufspaltung erfüllt, wird das Besitzunternehmen zum gewerblichen Unternehmen mit der Folge, dass dessen Vermögen, also die dem Betriebsunternehmen überlassenen Betriebsmittel, aber auch die Anteile an der Betriebsgesellschaft selbst, Betriebsvermögen werden. Für die Begründung bzw. Beendigung einer Betriebsaufspaltung gelten die allgemeinen Vorschriften, d.h. durch die Begründung einer Betriebsaufspaltung wird das bisherige Privatvermögen in den Gewerbebetrieb eingelegt, mit der Beendigung daraus wieder entnommen.

Gehören zum Vermögen eines künftigen Erblassers sowohl ein gewerblich tätiges Unternehmen bzw. Anteile an einem solchen als auch – im „Privatvermögen" – Wirtschaftsgüter, die von diesem genutzt werden, so sind bei der Gestaltung der testamentarischen Verfügungen die dargestellten steuerlichen Besonderheiten der Betriebsaufspaltung genau zu beachten. Unterbleibt dies, kann der Erbfall leicht zu ungewollten und ggf. gravierend nachteiligen steuerlichen Folgen führen, wie die nachfolgend dargestellte Fallkonstellation verdeutlicht.

bb) Praxisfall Steuerfalle Betriebsaufspaltung

Beispiel: 839

Familie F besteht aus den im gesetzlichen Güterstand der Zugewinngemeinschaft lebenden Eheleuten MF und VF sowie deren beiden gemeinsamen Kindern SF und TF. Zum Familienvermögen der F gehört ein mittelständisches Unternehmen, die F Butter + Brot GmbH, das zwei Geschäfte des Lebensmitteleinzelhandels betreibt. VF, der das Unternehmen von seiner Mutter übernommen hatte und in dritter Generation fortführt, hat seine Frau mit 20 % und seine beiden Kinder mit je 9 % an dem Unternehmen beteiligt. Außerdem ist MF alleinige Eigentümerin zweier Immobilien in bester Innenstadtlage, in denen die F Butter + Brot GmbH ihre Ladenlokale unterhält.

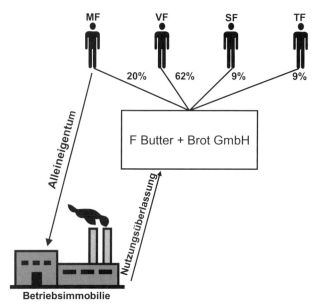

Schaubild 3: Beispielsfall Steuerfalle Betriebsaufspaltung

cc) Lösungsansätze

(1) Steuerlicher Status quo

840 Durch die vorliegende Gestaltung haben VF und MF bisher die Entstehung einer Betriebsaufspaltung vermieden, da es an der erforderlichen personellen Verflechtung fehlt. Weder VF, der nicht (Mit-)Inhaber der Betriebsimmobilie ist, noch MF, die an der F Butter + Brot GmbH nur eine Minderheitsbeteiligung hält, können Besitz und Betrieb des Einzelhandelsunternehmens allein beherrschen. Aber auch eine Zusammenrechnung der Beteiligungen der Eheleute, die zusammen beide Teile des Unternehmens kontrollieren, kommt nicht in Betracht, wenn nicht weitere Umstände bestehen, die auf einen gemeinschaftlichen Betätigungswillen schließen lassen.

(2) Ertragsteuerliche Folgen des Erbfalls

841 Diese scheinbar gesicherte Struktur gerät indes ertragsteuerlich grundlegend in Gefahr, wenn VF oder MF versterben und keine oder eine fehlerhafte Vorsorge getroffen wurde. Erbschaftsteuerlich können sich dagegen Vorteile ergeben, die die ertragsteuerlichen Nachteile abmildern oder gar aufwiegen können.

Stirbt VF, ohne ein Testament hinterlassen zu haben, so wird er zu $^1/_2$ durch seine Ehefrau MF sowie zu je $^1/_4$ von seinen beiden Kindern SF und TF beerbt. Alle drei bilden mit den genannten Erbquoten eine Erbengemeinschaft, in der sich insbesondere die 62 %ige Mehrheitsbeteiligung an der F Butter + Brot GmbH befindet. Damit aber erlangt MF rechnerisch die Mehrheit an dieser Gesellschaft, da ihr nunmehr sowohl ihre eigenen 20 % als auch die Hälfte der Mehrheitsbeteiligung des VF, also weitere 31 %, insgesamt also 51 % der Anteile an der GmbH, zuzurechnen sind. Da ihr Alleineigentum an den Betriebsimmobilien durch den Erbfall unberührt bleibt, kann MF nunmehr Besitz und Betrieb des Einzelhandelsunternehmens beherrschen – die für eine Betriebsaufspaltung erforderliche personelle Verflechtung wird durch das Ableben des VF automatisch begründet, ohne dass MF dies vermeiden kann!

Erbschaftsteuerlich dagegen ist das Entstehen einer Betriebsaufspaltung durch den Erbfall ohne Auswirkungen. MF, TF und SF können für die geerbten Anteile an der F Butter + Brot GmbH den Verschonungsabschlag gem. der §§ 13a Abs. 1 und 8, 13b Abs. 4 ErbStG in Anspruch nehmen, wenn die übrigen in § 13b Abs. 1 und 2 ErbStG genannten Voraussetzungen für das Vorliegen begünstigten Vermögens gegeben sind, da VF zum Zeitpunkt seines Ablebens zu mehr als 25 % an der Gesellschaft beteiligt war (§ 13b Abs. 1 Nr. 3 ErbStG). Dies gilt insbesondere auch für TF und SF, da für die Begünstigung die Beteiligungsquote des Erblassers maßgeblich ist und nicht die Höhe des geerbten Anteils.

Dies kann sich jedoch wieder ändern, sobald auch MF verstirbt. Nun gehen ihre Anteile an der GmbH und die beiden Betriebsimmobilien je hälftig auf ihre beiden Kinder SF und TF über, die damit je 50 % an der F Butter + Brot GmbH und an den Immobilien halten. Wenn in diesem Fall die Anteile beider Kinder – ausnahmsweise, etwa wenn nachweislich zwischen den Gesellschaftern Interessenkonflikte bestehen[1] – mangels Interessengleichheit nicht zusammenzurechnen sind, entfällt die in der Person von MF bestandene personelle Verflechtung wieder, es kommt zur „Zwangsentstrickung" der GmbH-Anteile und der Immobilien mit der Folge, dass zwischenzeitlich in diesen Vermögensgegenständen angesammelte stille Reserven aufzudecken und von SF und TF zu versteuern sind.

Das Bestehen der ertragsteuerlich u.U. nachteiligen Betriebsaufspaltung erweist sich erbschaftsteuerlich als erheblicher Vorteil. Zwar gilt hinsichtlich der GmbH-Anteile dasselbe wie im Ausgangsfall nach dem Tode von VF, da auch MF bei ihrem Tode zu mehr als 25 % an der Gesellschaft beteiligt war und damit die Voraussetzung des § 13b Abs. 1 Nr. 3 ErbStG erfüllt ist. Durch die Einbeziehung der Betriebsimmobilien in das Betriebsvermögen aber sind diese ebenfalls als begünstigtes Vermögen anzusehen (§ 13b Abs. 2 Satz 2 Nr. 1 Satz 2 Buchst. a ErbStG) und unterliegen damit dem Verschonungsabschlag, während sie ohne Betriebsaufspaltung als Privatvermögen in vollem Umfang erbschaftsteuerpflichtig wären. Durch den Betriebsvermögenzusammenhang reduziert sich somit die erbschaftsteuerliche Bemessungsgrundlage um 85 % des Werts der Immobilien, bei Verschonungsoption sogar in voller Höhe dieses Werts.

Anders verhält es sich dagegen, wenn MF zuerst verstirbt. Auch dann erben der überlebende Ehegatte zu $^{1}/_{2}$ und SF und TF je zu $^{1}/_{4}$. Allerdings wird durch diesen Erbfall eine Betriebsaufspaltung nicht begründet, da zwar die Mehrheitsbeteiligung des VF auf (62 % + $^{1}/_{2}$ × 20 % =) 72 % steigt, er aber nur die Hälfte und damit nicht die Mehrheit an den Betriebsimmobilien erwirbt. Zwischen Besitz und Betrieb besteht damit weiterhin keine personelle Verflechtung, wenn VF und seine Kinder dokumentieren können, dass sie keine Personengruppe mit gleichgerichteten Interessen bilden. Daran ändert sich auch nichts, wenn anschließend VF verstirbt, da nun das gesamte unternehmerische Vermögen je hälftig bei SF und TF liegt, ohne dass einer der beiden dieses mehrheitlich beherrscht.

Für Erbschaftsteuerzwecke können die Erben der MF die Begünstigungen der §§ 13a, b ErbStG nicht in Anspruch nehmen, da die Immobilien kein Betriebsvermögen sind und die GmbH-Beteiligung 25 % nicht übersteigt. Im Erbfall nach VF dagegen sind die dann 72 % der Anteile begünstigtes Vermögen, während die Immobilie weiterhin nicht begünstigtes Privatvermögen ist. Sind die jeweils beteiligten Familienmitglieder dagegen als Personengruppe anzusehen, können das Vorliegen einer Betriebsaufspaltung bejaht und die erbschaftsteuerlichen Begünstigungen der §§ 13a, b ErbStG für Betriebsvermögen beansprucht werden.

---

1) BFH v. 5.9.1991, BStBl II 1992, 349; BFH v. 16.6.1982, BStBl II 1982, 662; vgl. auch OFD Frankfurt v. 2.2.2011, S 2240 - 28 - St 219, Beck-Online BeckVerw 250799, Tz. 2.2.2.2.

842 Fatal dagegen wäre, wenn MF und VF, üblichen Gestaltungen folgend, ein Berliner Testament (→ 4 Rz. 833 ff.) errichten würden, wonach sie sich wechselseitig als Alleinerben und die gemeinsamen Kinder als Schlusserben des Längstlebenden von ihnen einsetzen. Unausweichliche Folge dieser „Gestaltung" wäre, dass mit dem Tod eines der Ehegatten der Überlebende 82 %iger Mehrheitsgesellschafter der F Butter + Brot GmbH und zugleich Alleineigentümer der Betriebsimmobilien würde und damit die Betriebsaufspaltung zwangsweise begründet würde. Mit dem zweiten Erbfall besteht zudem die Gefahr, dass diese ebenso zwangsweise wieder aufgehoben wird, wenn zwischen den Besitz und Betrieb nun je hälftig haltenden Kindern keine Interessengleichheit anzunehmen wäre. Besonders zu beachten ist in diesem Zusammenhang im Übrigen, dass die Beendigung der Betriebsaufspaltung nach dem Tode des Erstversterbenden auch nicht mehr durch abweichende testamentarische Verfügungen vermieden werden kann, da die Erbeinsetzung von SF und TF als Schlusserben des Längstlebenden im Zweifel wechselbezüglich und damit faktisch durch den überlebenden Ehegatten nicht mehr änderbar ist.

843 **Gestaltungshinweis:**

Um die ungewollte Begründung und anschließende Beendigung einer Betriebsaufspaltung zu vermeiden, müssen VF und MF sowohl die gesetzliche Erbfolge (jedenfalls für den Fall, dass VF zuerst verstirbt) als auch eine wechselseitige Erbeinsetzung vermeiden. Eine geeignete Nachfolgeplanung könnte daher in diesem Fall folgende Gestaltung darstellen:

VF und MF errichten ein gemeinschaftliches Testament oder schließen einen Erbvertrag, in dem sie jeweils SF und TF zu $^1/_2$ als ihre Erben einsetzen. Etwaige wechselseitige Zuwendungen zur Sicherstellung der Versorgung oder aus sonstigen Gründen werden durch Vermächtnisse vorgenommen. Gegebenenfalls werden die Maßnahmen durch einen wechselseitigen Pflichtteilsverzicht begleitet.

Alternativ könnten VF und MF eine dauerhafte Trennung von Besitz und Betrieb vorsehen, indem etwa VF SF und MF TF als Alleinerben einsetzt. In diesem Fall sind ggf. ein materieller Ausgleich zwischen den Kindern auf Grund der unterschiedlichen Zeitpunkte des Anfalls des jeweiligen Erbes vorzusehen und wiederum Pflichtteilsverzichtsvereinbarungen als Begleitmaßnahmen abzuschließen.

Die vorgenannten Maßnahmen sind allerdings vor einer Umsetzung umfassend darauf hin zu überprüfen, ob sie den persönlichen und wirtschaftlichen Gegebenheiten des zu betrachtenden Sachverhalts gerecht werden. Insbesondere sollte in Fällen der vorgestellten Art vor einer atypischen Gestaltung der testamentarischen Erbfolge Klarheit darüber geschaffen werden, ob nicht – im Hinblick auf die dargestellten erbschaftsteuerlichen Vorteile – die Begründung der Betriebsaufspaltung die insgesamt günstigere Alternative darstellt. Ist dies zu bejahen, kann die Umsetzung selbstverständlich bereits zu Lebzeiten der Eheleute durchgeführt werden.

Erbfolge, vorweggenommene

von Dr. Eberhard Kalbfleisch

INHALTSÜBERSICHT

	Rz.
I. Vorbemerkungen	844
II. Vorweggenommene Erbfolge als Mittel der gestalteten Generationenfolge	845–881
1. Rechtliche und steuerliche Grundlagen	846–865
a) Zivilrechtliche Aspekte	846–851
aa) Unentgeltliche Verfügungen	847

	Rz.
bb) Entgeltliche Rechtsgeschäfte	848
cc) Insbesondere: Vorweggenommene Unternehmensnachfolge	849–851
(1) Erscheinungsformen	849
(2) Unternehmensübertragungen an Minderjährige	850–851
b) Steuerliche Folgen unentgeltlicher Vermögensübertragungen unter Lebenden	852–865
aa) Erbschaftsteuer	852–858
(1) Überblick	852–853
(2) Die Entscheidung des BVerfG vom 17.12.2014 zur Vereinbarkeit des ErbStG mit dem Grundgesetz (GG)	854
(3) Steuerklassen und Steuersätze	855
(4) Persönliche Freibeträge	856
(5) Verschonung von Betriebsvermögen	857
(6) Bewertung des Betriebsvermögens	858
bb) Ertragsteuern	859–863
(1) Überblick	859
(2) Mittelbare Ertragsteuerfolgen des Erbfalls	860
(3) Erbauseinandersetzung	861
(4) Vermögensübergabe gegen Versorgungsleistungen	862
(5) Nießbrauchsvorbehalt	863
cc) Abgabenrechtliche Pflichten des Erben – Nachdeklaration von unversteuertem Auslandsvermögen	864–865
(1) Überblick	864
(2) Insbesondere: Anzeige- und Berichtigungspflicht nach § 153 AO	865
2. Planungsfalle bei der Gestaltung der vorweggenommenen Erbfolge	866–881
a) Poolvereinbarungen – die Verwandlung einer Minderheitsbeteiligung in begünstigtes Vermögen	866–869
aa) Praxisfall	866
bb) Lösungsansätze	867–868
(1) Erfordernis einer Poolung der KG-Anteile	867
(2) GmbH-Anteile als „Noch-"Verwaltungsvermögen	868
cc) Handlungsempfehlungen	869
b) Das Hin und Her bei der „Güterstandsschaukel"	870–881
aa) Praxisfall	870
bb) Lösungsansätze	871–880
(1) Zivilrechtliche Gestaltungsmöglichkeiten	871–874
(2) Erbschaftsteuerliche Bewertung	875–877
(3) Gläubigeranfechtung	878–880
cc) Handlungsempfehlungen	881

I. Vorbemerkungen

Der Begriff der vorweggenommenen Erbfolge ist – trotz der fraglos erheblichen praktischen Relevanz dieses Rechtsinstituts – gesetzlich nicht definiert. Dementsprechend können die unterschiedlichsten Gestaltungen darunter gefasst und die unterschiedlichsten Voraussetzungen und Rechtsfolgen daran geknüpft werden. **844**

Zivilrechtlich versteht man unter vorweggenommener Erbfolge üblicherweise die Übertragung von Vermögen oder Vermögensteilen durch einen künftigen Erblasser auf einen oder mehrere als Erben in Aussicht genommene Empfänger.[1] Erfolgt eine solche Übertragung, wie häufig, vollständig oder teilweise unentgeltlich, so handelt es sich um eine (ggf. gemischte) Schenkung i.S.d. §§ 516 ff. BGB. Im Übrigen kommen je nach dem konkreten Inhalt die unterschiedlichsten Vertragstypen oder auch ein Vertrag sui generis in Betracht, insbesondere wenn die Vermögensübertragung mit Gegenleistungen wie einer Rentenzahlung an den Übergeber oder Ausgleichszahlungen an nicht bedachte künftige Erben verbunden ist oder ein Unternehmen oder ein landwirtschaftlicher Betrieb Gegenstand der vorweggenommenen Erbfolge ist.[2]

Auch ertragsteuerlich wurde der Begriff, an den unterschiedliche steuerliche Folgen geknüpft sind, nicht gesetzlich normiert, sondern durch Rechtsprechung und Lehre entwickelt und entspricht in etwa dem zivilrechtlichen Verständnis.[3] Gesetzesrang dagegen erlangte der Begriff im Rahmen der erbschaftsteuerlichen Begünstigungen bei der lebzeitigen Übertragung von Betriebsvermögen gem. § 13a ErbStG. In der ab VZ 1996 gültigen Fassung dieser Bestimmung war nämlich geregelt, dass diese steuerlichen Erleichterungen nur dann zur Anwendung gelangen sollten, wenn die Übertragung des Betriebsvermögens im Rahmen einer vorweggenommenen Erbfolge erfolgte. Mangels genauerer Begriffsdefinition war allerdings der Inhalt dieses Tatbestandsmerkmals derart umstritten, dass der Gesetzgeber es mit dem Steueränderungsgesetz 2001[4] rückwirkend wieder aus dem ErbStG entfernte. Seither wird für die schenkungsteuerlichen Folgen einer Vermögensübertragung nicht mehr danach differenziert, ob damit eine Vorwegnahme des Erbfalls verbunden sein soll oder nicht.

Wesentlicher Anknüpfungspunkt für die Betrachtung von Maßnahmen der vorweggenommenen Erbfolge ist damit die zivil- und steuerrechtliche Behandlung von Schenkungen, deren Grundzüge im Rahmen dieses Kapitels aufgezeigt werden sollen. Die Darstellung der maßgebenden rechtlichen und steuerlichen Grundlagen wird dabei um eine Reihe ausgewählter Beispielsfälle ergänzt, anhand derer die Vorbereitung und Durchführung lebzeitiger Vermögensübergänge einschließlich der dabei zu umschiffenden Klippen der Gestaltungsberatung vorgestellt werden sollen.

II. Vorweggenommene Erbfolge als Mittel der gestalteten Generationenfolge

845   Die Generationenfolge i.S.d. Vermögenssukzession von der besitzenden an die nachfolgende Generation vollzieht sich automatisch und zwangsläufig mit dem Ableben des Vermögensträgers (= Erblassers) und führt zum Übergang seines Vermögens auf seine Nachfolger (= Erben). Die wirtschaftliche Bedeutung dieses naturbedingten Geschehensablaufes ist enorm: Laut einer Studie des Deutschen Instituts für Altersvorsorge (DIA) wird bis zum Jahr 2020 ein Betrag von rd. 2,6 Billionen € (das sind knapp 28 % des ca. 9,4 Billionen € umfassenden Vermögensbestandes der privaten Haushalte) vererbt.[5] Wann diese Nachfolge eintritt und wer zu diesem Zeitpunkt zum Kreis der Nachfolger zählen wird, ist nicht oder jedenfalls nicht sicher vorherzusehen. Um in diesen Punkten Planungssicherheit zu erlangen, kann die Vermögensfolge alternativ bereits zu Lebzeiten der künftigen Erblasser und Erben bewirkt und so der Zeitpunkt des Vermögensübergangs und Personenkreis der Vermögensempfänger willentlich festgelegt werden. Vermögensübertragungen im Wege

---

1) BGH v. 30.1.1991, IV ZR 299/89, NJW 1991, 1345; BGH v. 1.2.1995, IV ZR 36/94, NJW 1995, 1349.
2) Koch in Münchener Kommentar zum BGB, 6. Aufl. 2012, § 516 Rz. 84; Chiusi in Staudinger, BGB, 2013, § 516 Rz. 150 ff.
3) Ehmcke in Blümich, EStG, § 6 Rz. 170 m.w.N.
4) Gesetz v. 20.12.2001, BGBl. 2001, 3794, BStBl II 2002, 4.
5) Quelle: http://www.dia-vorsorge.de/files/gesamt_pm_15-06-2011_1_1.pdf.

der vorweggenommenen Erbfolge sind hierfür ein in der Praxis häufig und erfolgreich angewandtes Instrument der Nachfolgeplanung und stellt damit eine Alternative oder Ergänzung zu einer zielgerichteten planvollen Gestaltung der Erbfolge dar (*Erbfolge und Nachfolgeplanung* → **4** Rz. 802 ff.) Zur bestmöglichen Nutzung der sich bietenden Gestaltungsräume bedarf es zum einen einer genauen Analyse der rechtlichen und steuerlichen Grundlagen (→ **4** Rz. 846 ff.) zum anderen einer Vermeidung möglicher ungewollter Effekte der Gestaltungsplanung (→ **4** Rz. 866 ff.)

1. Rechtliche und steuerliche Grundlagen

a) Zivilrechtliche Aspekte

Die rechtlichen Gestaltungen für die Durchführung von Maßnahmen der vorweggenommenen Erbfolge sind vielfältig. Auf Grund der Vertragsfreiheit können der Übergeber des Vermögens und der oder die Bedachten die zu treffenden Regelungen umfassend an die Bedürfnisse des konkreten Einzelfalls anpassen. Aus zivilrechtlicher Sicht sind dabei allerdings zwei Grundformen zu unterscheiden, nämlich zum einen unentgeltliche Übertragungen, also Schenkungen, und zum anderen ein entgeltlicher Leistungsaustausch, insbesondere der Verkauf. Maßgebliches Abgrenzungskriterium ist dabei, ob die Parteien sich über die Unentgeltlichkeit der Leistung geeinigt haben oder ein synallagmatisches Austauschverhältnis von Leistung und Gegenleistung begründen wollten. Im Einzelfall kann diese Einordnung Schwierigkeiten bereiten,[1] etwa wenn die Gegenleistung nicht materieller Art ist (z.B. bei Vermögensübertragungen gegen Pflegeleistungen an den Schenker, bei einer „Schenkung" durch einen Ehegatten an den anderen zur Wiederherstellung der ehelichen Gemeinschaft), aber auch bei Zuwendungen an (künftige) Schwiegerkinder. Maßgeblich sind, wie stets in Auslegungsfällen, die konkreten Umstände des Einzelfalls, wobei subjektive Elemente der Tatbestandsverwirklichung aus der Sicht der anderen Partei zu beurteilen sind (sog. „objektiver Empfängerhorizont").

846

aa) Unentgeltliche Verfügungen

Wie schon das Erfordernis der Einigung über die Unentgeltlichkeit zeigt, ist die Schenkung ihrer Rechtsnatur nach ein zweiseitiger schuldrechtlicher Vertrag zwischen dem Schenker und dem Beschenkten („Schenkungsvertrag" oder „Schenkungsversprechen"), deren Ausführung im hier interessierenden Fall der Sachschenkung darüber hinaus die dingliche Übertragung (Übereignung, Abtretung) des zu schenkenden Vermögensgegenstandes erfordert. Keine Schenkung dagegen ist gem. § 517 BGB das Unterlassen eines Vermögenserwerbs, einschließlich der Ausschlagung einer Erbschaft oder eines Vermächtnisses.

847

Gem. § 518 Abs. 1 BGB bedarf der Abschluss eines Schenkungsvertrages grundsätzlich der notariellen Beurkundung, und zwar unabhängig davon, ob die Übertragung des Schenkungsgegenstands ebenfalls formbedürftig ist oder nicht. Jedoch wird das formunwirksame Schenkungsversprechen mit Ausführung der Schenkung, insbesondere also mit dinglicher Übertragung des Schenkungsgegenstands, wirksam, § 518 Abs. 2 BGB (sog. „Handschenkung").

Will der künftige Erblasser zwar schon heute den Kreis der zu Bedenkenden festlegen, aber die betroffenen Vermögensgegenstände bis zu seinem Tod noch selbst nutzen, kommt eine schenkweise Verfügung auf den Todesfall in Betracht, d.h. eine Schenkung, die auf den Eintritt des Erbfalls des Schenkers befristet und durch das Überleben des Beschenkten bedingt ist. Wird die Schenkung zu Lebzeiten des Schenkers nicht vollzogen, finden auf eine solche Vereinbarung die Regelungen über letztwillige

---

1) Einzelheiten bei Koch in Münchener Kommentar zum BGB, 6. Aufl. 2012, § 516 Rz. 24 ff.

Verfügungen, insbesondere die Bestimmungen über den Erbvertrag, entsprechende Anwendung, § 2301 Abs. 1 BGB. Vollzieht der Schenker die Schenkung dagegen noch zu Lebzeiten, gilt gem. § 2301 Abs. 2 BGB in vollem Umfang Schenkungsrecht.

Steht die Zurückbehaltung der Nutzungsmöglichkeit, insbesondere die Einkünfteerzielung aus dem Schenkungsgegenstand, im Vordergrund, kommt alternativ in Betracht, die Schenkung mit einem Nießbrauchsvorbehalt zu verknüpfen. Der Schenker überträgt in diesem Fall z.b. eine vermietete Wohnimmobilie unentgeltlich auf seinen Nachfolger, behält sich aber den Nießbrauch daran zurück. Damit kommen die Mieteinnahmen weiterhin dem Schenker zugute, der diese zur Bestreitung seines Lebensunterhaltes verwenden kann. Diese Gestaltung ist seit VZ 2009 auch nicht mehr erbschaftsteuerlich mit Doppelbesteuerung bedroht, da seither das Abzugsverbot des Nießbrauchswerts vom Wert des Schenkungsgegenstands gem. § 25 ErbStG a.F. aufgehoben ist. Nachteilig ist diese Gestaltung allerdings weiterhin insoweit, als eine Aufhebung des Nießbrauchs zu Lebzeiten des Schenkers, etwa weil er die Mieteinnahmen nicht mehr für seinen Lebensunterhalt benötigt oder weil die Immobilie im Einvernehmen zwischen Schenker und Beschenktem lastenfrei an einen Dritten veräußert werden soll, zu einer steuerpflichtigen Schenkung des Werts des Nießbrauchs zum Zeitpunkt des Verzichts führt.

bb) Entgeltliche Rechtsgeschäfte

848 Eine im Rahmen vorweggenommener Erbfolgemaßnahmen häufig anzutreffende Gestaltung kombiniert den Wunsch des Übergebers, Vermögensgegenstände auf seine Nachfolger zu übertragen, mit dem Bedürfnis, hierfür eine Gegenleistung, etwa eine Leibrente oder einen ratierlich zu tilgenden Kaufpreis, zu erhalten. Wird die Höhe der Gegenleistung zwischen den Parteien wie unter fremden Dritten ausgehandelt – ein Verhalten, das auch und gerade zwischen nahen Verwandten durchaus verbreitet ist –, so handelt es sich um ein gewöhnliches Verkehrsgeschäft (Kauf, Tausch o.Ä.), auf das die Bestimmungen des allgemeinen und besonderen Schuldrechts ohne Besonderheiten anzuwenden sind.

Eine Mischform zwischen entgeltlichen und unentgeltlichen Rechtsgeschäften ist die sog. gemischte Schenkung. Hierbei handelt es sich um einen Austauschvertrag, z.B. ein Veräußerungsgeschäft, bei dem ein objektives Missverhältnis zwischen Leistung und Gegenleistung besteht, die Vertragsschließenden dieses kennen und sich über die Unentgeltlichkeit der überschießenden Wertzuwendung einig sind.[1] Ist die Gegenleistung teilbar, also etwa die Kaufpreisforderung, wenn für einen Kaufgegenstand ein überhöhter Preis vereinbart wird, so liegen i.d.R. zwei Rechtsgeschäfte vor: ein entgeltliches (Kauf) und ein unentgeltliches (Geldschenkung), auf die jeweils „ihre" gesetzlichen Regelungen anzuwenden sind. Ist die Gegenleistung dagegen nicht teilbar, im genannten Beispiel also etwa der Kaufgegenstand, wenn der Kaufpreis unterhalb des Marktpreises liegt, ist eine gemischte Schenkung anzunehmen. Auf diese können sowohl Vorschriften des Schenkungs- als auch des Kauf- bzw. sonstigen Vertragsrechts Anwendung finden, so etwa die Beurkundungspflicht, schenkungsrechtliche Rückforderungsrechte oder kaufrechtliche Gewährleistungsbestimmungen.[2]

---

1) Koch in Münchener Kommentar zum BGB, 6. Aufl. 2012, § 516 Rz. 34 f.
2) Die Einzelheiten der anzuwendenden gesetzlichen Bestimmungen sind im Schrifttum äußerst umstritten; hierzu etwa Koch in Münchener Kommentar zum BGB, 6. Aufl. 2012, § 516 Rz. 36 ff.

cc) Insbesondere: Vorweggenommene Unternehmensnachfolge

(1) Erscheinungsformen

In den Jahren 2014 bis 2018 steht nach Schätzung des Instituts für Mittelstandsforschung (IfM)[1] bei rd. 135 000 deutschen Unternehmen eine Unternehmensnachfolge an. Unternehmensnachfolge versteht sich dabei als Übergang der unternehmerischen Leitung eines inhabergeführten Unternehmens von seinem bisherigen Inhaber auf dessen Nachfolger an. Aus der Sicht des übergabereifen Unternehmens kommen dabei eine Vielzahl von möglichen Gestaltungen in Betracht:

849

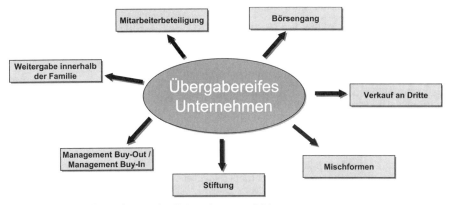

Schaubild 1: Gestaltungsformen der Unternehmensnachfolge

Nach den Untersuchungen des IfM[2] werden sich die nachfolgebedingten Unternehmensübergaben dabei wie folgt verteilen:

Weitergabe an Familienangehörige:	ca. 54%
Verkauf an externe Erwerber:	ca. 29%
Übertragung auf Mitarbeiter:	ca. 17%

(2) Unternehmensübertragungen an Minderjährige

Besondere Aufmerksamkeit ist geboten, wenn im Rahmen vorweggenommener Erbfolgemaßnahmen Unternehmensanteile von Eltern an ihre minderjährigen Kinder übertragen werden sollen. Minderjährige werden nämlich i.d.R. kraft elterlicher Sorge bei Abschluss von Rechtsgeschäften gesetzlich von ihren Eltern, und zwar von diesen gemeinschaftlich, vertreten, § 1629 Abs. 1 Satz 1 und 2 BGB, mit der Folge, dass die aus Gründen des grundsätzlich vorrangigen Minderjährigenschutzes anwendbaren Einschränkungen des Vertretungsrechts zu beachten sind. Dabei ist zu differenzieren:

850

– Kinder, die das siebte Lebensjahr vollendet haben, können selbst rechtswirksame Verträge schließen, wenn sie dadurch lediglich einen rechtlichen Vorteil erlangen, § 107 BGB. Ist das Rechtsgeschäft nicht lediglich rechtlich vorteilhaft, bedarf der Vertragsschluss der Einwilligung oder Vertretung durch die Eltern.

---

1) Institut für Mittelstandsforschung: Unternehmensnachfolgen in Deutschland 2014 bis 2018, Daten und Fakten Nr. 11, Bonn, Dezember 2013.
2) Institut für Mittelstandsforschung: Unternehmensnachfolgen in Deutschland 2014 bis 2018, Daten und Fakten Nr. 11, Bonn, Dezember 2013.

- Kinder, die das siebte Lebensjahr noch nicht vollendet haben, werden bei dem Abschluss von Rechtsgeschäften stets durch die Eltern vertreten.

Gem. der §§ 1629 Abs. 2; 1795; 181 BGB können Eltern ihre Kinder jedoch bei Rechtsgeschäften mit sich selbst nicht vertreten, und zwar wegen der diesen nur gemeinschaftlich zustehenden Vertretung auch dann nicht, wenn das Rechtsgeschäft nur gegenüber einem Elternteil vorgenommen werden soll.[1] Häufig übersehen wird in diesem Zusammenhang, dass § 1795 Abs. 1 Nr. 1 BGB das Vertretungsverbot darüber hinaus auf Rechtsgeschäfte zwischen dem minderjährigen Kind und einer in gerader Linie mit einem Elternteil verwandten Person ausweitet, womit insbesondere auch Übertragungsgeschäfte zwischen Großeltern und ihren minderjährigen Enkeln von den Einschränkungen der Vertretungsbefugnis erfasst werden.

Übergabeverträge zwischen Eltern oder Großeltern und minderjährigen Kindern, die letzteren eine Gegenleistung auferlegen, also etwa Anteilsveräußerungen oder Unternehmensübertragungen gegen Versorgungsleistungen, unterliegen diesem Vertretungsverbot, nicht dagegen die schenkweise Übertragung eines Vermögensgegenstandes unter gleichzeitigem Nießbrauchsvorbehalt.[2]

Nach einhelliger Meinung in Rechtsprechung und Schrifttum findet das Selbstkontrahierungsverbot der Eltern allerdings entsprechend dem Rechtsgedanken des § 107 BGB dann keine Anwendung, wenn das Rechtsgeschäft für den Minderjährigen lediglich rechtliche Vorteile bietet.[3] Dies ist dem Grundsatz nach bei Schenkungen gegeben, da es insoweit an einer Verpflichtung des Kindes zu einer Gegenleistung, die einen rechtlichen Nachteil bilden würde, gerade fehlt. Aber auch die Schenkung von Vermögensgegenständen kann als nicht lediglich rechtlich vorteilhaft anzusehen sein, wenn mit dem Erwerb derselben rechtliche Nachteile für den Minderjährigen verbunden sind.

Dies ist bei Unternehmensübertragungen regelmäßig der Fall:

- Bei der **AG** ist die Übertragung von Namensaktien wegen der möglichen Ausfallhaftung gem. § 64 Abs. 4 AktG, wenn die Aktien nicht voll eingezahlt sind, mit rechtlichen Nachteilen verbunden, nicht dagegen die Übertragung von Inhaberaktien, da diese stets voll eingezahlt sein müssen (§ 10 Abs. 2 AktG) und bei ihnen daher die Gefahr der Ausfallhaftung entfällt.

- Auch **GmbH-Anteile** können nach überwiegender Auffassung[4] nicht im Wege eines In-sich-Geschäfts übertragen werden, da auch mit diesen Haftungspflichten des Erwerbers verbunden sein können (z.B. gem. der §§ 24; 31 Abs. 3 GmbHG).

- Gleiches gilt für die Schenkung von Anteilen an **Personengesellschaften**, was sich bei OHG-Anteilen, der Stellung als Komplementär einer KG sowie nicht voll eingezahlten Kommanditanteilen bereits aus den gesetzlichen und vertraglichen Einlage- und Haftungspflichten ergibt. Bei voll eingezahlten Kommanditanteilen ist mittelbar dasselbe anzunehmen, und zwar auf Grund der gesellschaftsrechtlichen Treuepflicht.[5]

- Die Übertragung eines **Einzelunternehmens** („Asset Deal") schließlich ist schon deswegen rechtlich nachteilig, weil mit der Übertragung einer solchen Sachgesamtheit nota bene auch die Übertragung von Verbindlichkeiten und Verpflichtungen einhergeht.

Ist ein Elternteil aus den genannten Gründen an der Mitwirkung der Unternehmensübertragung im Wege der vorweggenommenen Erbfolge gehindert, ist gem. § 1909

---

1) Peschel-Gutzeit in Staudinger, BGB, 2007, § 1629 Rz. 188.
2) Knothe in Staudinger, BGB, 2012, § 107 Rz. 17.
3) Ausführlich Peschel-Gutzeit in Staudinger, BGB, 2007, § 1629 Rz. 221 ff. m.w.N.
4) Knothe in Staudinger, BGB, 2012, § 107 Rz. 29 (str.).
5) Knothe in Staudinger, BGB, 2012, § 107 Rz. 29 (str.).

Abs. 1 Satz 1 BGB durch das Familiengericht ein Ergänzungspfleger zu bestellen, der anstelle des verhinderten Elternteils die Kindsvertretung vornimmt. Dieses Erfordernis kann in Fällen der Eilbedürftigkeit, aber auch im Falle der Auswahl einer für das vorzunehmende Übertragungsgeschäft nicht besonders qualifizierten Person, zu einem entscheidenden Hemmnis für die Umsetzung geplanter Maßnahmen der vorweggenommenen Unternehmensnachfolge führen.

Unabhängig von der Frage der Vertretungsbefugnis der Eltern ist darüber hinaus zu beachten, dass der Erwerb eines Unternehmens oder von Anteilen daran zusätzlich der familiengerichtlichen Genehmigung bedarf. Im Falle des entgeltlichen Erwerbs (Kauf, Übergabevertrag mit Versorgungsleistungen) eines Einzelunternehmens ist dies in § 1822 Nr. 3 BGB explizit geregelt. Die Vorschrift gilt indes nicht für unentgeltliche Erwerbe, da insoweit die Haftungsbegrenzung des § 1829a BGB auf das Vermögen des Minderjährigen bei Eintritt der Volljährigkeit den verfassungsmäßig gebotenen Minderjährigenschutz gewährleistet.[1] Dem Erwerb eines Einzelunternehmens gleichgestellt sind im Übrigen der Eintritt eines Minderjährigen in eine Personengesellschaft sowie der Erwerb von sämtlichen Anteilen an einer GmbH und wohl auch der Erwerb von weniger als 100 % der Anteile an einer GmbH, wenn der Minderjährige damit eine unternehmerische Position in Bezug auf das von der Gesellschaft betriebene Unternehmen erlangt.[2]

Sind an einem Familienunternehmen Minderjährige bereits beteiligt, so gelten die vorstehenden Einschränkungen der elterlichen Befugnisse, für den Nachwuchs zu agieren, darüber hinaus auch während des laufenden „rechtlichen Betriebs" des Unternehmens. Insbesondere ist bei der Fassung von Gesellschafterbeschlüssen, der Änderung des Gesellschaftsvertrags und ähnlicher korporativer Maßnahmen stets im Einzelfall sorgfältig zu prüfen, ob die Vornahme der Maßnahme der Mitwirkung des Familiengerichts bedarf. Unterbleibt diese Mitwirkung, obwohl sie geboten war, so ist die vorgenommene Maßnahme unwirksam, was u.U. erheblich in die rechtliche Situation des Unternehmens eingreifen kann. Insbesondere ist in diesem Zusammenhang zu beachten, dass etwa fehlerhafte gesellschaftsvertragliche Vereinbarungen, soweit Minderjährige betroffen sind, auch nicht mittels des Rechtsinstituts der fehlerhaften Gesellschaft als für die Vergangenheit wirksam behandelt werden können.[3]

b) Steuerliche Folgen unentgeltlicher Vermögensübertragungen unter Lebenden

aa) Erbschaftsteuer

(1) Überblick

Der Vermögensübergang von Todes wegen unterliegt gem. § 1 Abs. 1 Nr. 1 ErbStG der Erbschaftsteuer; die unentgeltliche Übertragung unter Lebenden gem. § 1 Abs. 1 Nr. 2 ErbStG der Schenkungsteuer. Beide Steuertatbestände sind im ErbStG, das daher nicht zufällig mit vollem Wortlaut „Erbschaftsteuer- und Schenkungsteuergesetz" heißt, weitgehend identisch geregelt. Dementsprechend ordnet § 1 Abs. 2 ErbStG für Schenkungen (nicht allerdings umgekehrt für Erbfälle!) ausdrücklich an, dass die gesetzlichen Bestimmungen für Erwerbe von Todes wegen auch für Schenkungen gelten sollen. Unterschiede ergeben sich damit im Wesentlichen nur dort, wo eine unterschiedliche Behandlung von Erbfall und Schenkung entweder im Gesetz ausdrücklich vorgesehen ist oder sich aus der Natur der Sache, also dem konzeptionel-

---

1) BVerfG v. 13.5.1986, 1 BvR 1542/84, NJW 1986, 1859; Wagenitz in Münchener Kommentar zum BGB, 6. Aufl. 2012, § 1822 Rz. 13; Veit in Staudinger, BGB, 2014, § 1822 Rz. 44 ff.
2) I. E. str.; ausführlich Veit in Staudinger, BGB, 2014, § 1822 Rz. 56 ff. m.w.N.
3) So schon BGH v. 3.4.1955, II ZR 202/53, NJW 1955, 1067 ff.; ausführlich Maulitzsch, JuS 2003, 544 ff.

len Unterschied zwischen beiden Arten des Vermögensübergangs ergeben (→ 4 Rz. 823 f.). Die nachfolgenden Ausführungen stellen daher die wesentlichen Grundlagen des ErbStG ohne Unterscheidung zwischen Erwerben von Todes wegen oder unter Lebenden dar.

853 Seit dem 1.1.2009 gilt für unentgeltliche Vermögensübertragungen unter Lebenden sowie von Todes wegen ein grundlegend reformiertes Besteuerungsrecht. Nachdem der BFH bereits im Mai 2002[1](!) in einem Vorlagebeschluss an das BVerfG weite Teile des bis dahin gültigen Erbschaft- und Schenkungsteuerrechts für verfassungswidrig gehalten und das BVerfG dies im November 2006[2] bestätigt hatte, vergingen weitere zwei Jahre politischen Tauziehens, ehe das Reformgesetz alle Gesetzgebungshürden nehmen konnte. Das Ergebnis war eine umfassende, an den Vorgaben des BVerfG orientierte Reform des ErbStG, deren Ziel eine gleichmäßigere Besteuerung der unterschiedlichen Vermögensarten bei gleichzeitiger Rücksichtnahme auf kleine und mittlere Vermögen sowie mittelständische Unternehmerfamilien war.

Dabei erstrecken sich die für die Gestaltungspraxis relevanten Neuregelungen im Wesentlichen auf zwei Bereiche:

– Freibeträge und Steuersätze sowie
– Besteuerung der Unternehmensnachfolge.

Die mit der Reform 2009 neu geordnete Tarifstruktur in den Steuerklassen II und III wurde mit Wirkung ab VZ 2010 nochmals geändert, um die Steuerlast in den Steuerklassen I und II einander wieder etwas anzunähern. Außerdem wurden die Voraussetzungen für die Begünstigung von Betriebsvermögen (Behaltefrist, Lohnsumme) ab VZ 2010 gegenüber der Reform 2009 etwas gelockert.

Ob der Gesetzgeber mit der Reform die verfassungsrechtliche Vorgabe, wesentlich Gleiches im Wesentlichen gleich zu besteuern (Art. 3 Abs. 1 GG), erreicht hat, wurde auch nach Inkrafttreten des Reformgesetzes 2009 im Schrifttum z.T. bezweifelt.[3] Mit Beschluss vom 27.9.2012 hat sich der BFH[4] diese Zweifel zu Eigen gemacht und dem BVerfG erneut die Frage zur Entscheidung vorgelegt, ob die §§ 13a, b; 19 ErbStG verfassungswidrig sind. Am 17.12.2014 hat das BVerfG seine Entscheidung über diesen neuerlichen Vorlagebeschluss des BFH verkündet.

854 (2) Die Entscheidung des BVerfG vom 17.12.2014 zur Vereinbarkeit des ErbStG mit dem Grundgesetz (GG)

Das Urteil des BVerfG vom 17.12.2014[5] im Überblick

1. **Bedeutung der Entscheidung:**

Die Entscheidung des BVerfG über die Vereinbarkeit des ErbStG mit dem Grundgesetz[6] hat nicht nur in der Fachliteratur sondern auch in der Tagesberichterstattung der Wirtschaftspresse größte Beachtung gefunden. Schon im Vorfeld der Entscheidung, in den Tagen vor der angekündigten Urteilsverkündung am 17.12.2014, erschienen in den großen überregionalen Wirtschaftszeitungen wie FAZ, Börsenzeitung, Handelsblatt etc. Berichte,

---

1) BFH v. 22.5.2002, II R 61/99, BStBl II 2002, 598.
2) BVerfG v. 7.11.2006, 1 BvL 10/02, NJW 2007, 573 ff.
3) Piltz, DStR 2010, 1913.
4) BFH v. 27.9.2012, II R 9/11, DStR 2012, 2063 ff.
5) BVerfG v. 17.12.2014, 1 BvL 21/12, BStBl II 2015, 50.
6) BVerfG v. 17.12.2014, 1 BvL 21/12, BStBl II 2015, 50.

Analysen und Vorschauen auf die zu erwartende Entscheidung.[1] Seither ist praktisch keine Woche vergangen, in der nicht über die Auswirkungen der Entscheidung der Karlsruher Richter und damit das Schicksal der ErbStG Erwägungen angestellt und Äußerungen aus Politik, Wissenschaft und Beraterschaft wiedergegeben werden.[2] Schließlich finden sich in den ersten Ausgaben des Jahres 2015 vieler Fachzeitschriften erste Bewertungsversuche und Auswertungen der Entscheidung aus steuerrechtlicher Sicht.[3]

Der Grund hierfür ist insbesondere aus der Sicht von Familienunternehmen evident:

- Die Gestaltung der Nachfolge ist eine zentrale strategische Maßnahme zur Sicherung des langfristigen Überlebens des Unternehmens, die in den kommenden Jahren bei rd. 27 000 mittelständischen Unternehmen p.a. anstehen wird.[4]
- Finanzierende Banken haben im Rahmen ihrer Pflichten zur Begleitung und Unterstützung ihrer Kreditnehmer auf eine angemessene Berücksichtigung anstehender Nachfolgefragen bei der Mittelfristplanung zu achten.
- Die im Rahmen von Nachfolgemaßnahmen anfallende Schenkung- oder Erbschaftsteuer ist ein wichtiger, das Unternehmen u.U. erheblich beeinträchtigender Liquiditätsfaktor.
- Maßnahmen der Unternehmensnachfolge betreffen i.d.R. alle Bereiche des in Rede stehenden Unternehmens (vor allem Kunden, Lieferanten, Banken, sonstige Geschäftspartner, Mitarbeiter, Inhaberfamilie, Fiskus).

Dabei steht die öffentliche Wahrnehmung, die die ErbSt erlangt, in keinem Verhältnis zu ihrer fiskalischen Bedeutung. 2013 betrug das Steueraufkommen der ErbSt rd. 4,6 Mrd. € und entsprach damit in etwa einem Drittel von in der Öffentlichkeit weit weniger intensiv diskutierten oder gänzlich von der öffentlichen Wahrnehmung ausgesparten Steuerarten wie etwa der Tabaksteuer (13,8 Mrd. €), der Grundsteuer (12,4 Mrd. €) oder der Versicherungsteuer (11,6 Mrd. €).[5]

Dieser besonderen, über die wirtschaftliche Bedeutung der Steuer hinausgehenden öffentlichen Wahrnehmung dürfte auch geschuldet sein, dass das BVerfG mit seinem Urteil vom 17.12.2014 nunmehr bereits zum dritten Mal innerhalb von knapp 20 Jahren über die Vereinbarkeit des ErbStG mit dem Grundgesetz zu befinden hatte. Schon in seiner Doppelentscheidung vom 22.6.1995 zur Vermögen- und Erbschaftsteuer[6] und in seiner Entscheidung vom 7.11.2006[7] hatte das Gericht die Verfassungsfestigkeit der Besteuerung von Schenkungen und Erbfällen zu beurteilen gehabt. Auffällig ist, dass, wie auch jetzt geschehen, jeweils der Grad der Begünstigung bestimmter Vermögensgegenstände, namentlich des betrieblichen Vermögens, Anlass zu gleichheitsrechtlichen Beanstandungen gegeben hatten.

---

1) Z.B. FAZ v. 15.12.2014, S. 17 und 20; Handelsblatt online vom 15.12.2014, www.handelsblatt.com.
2) So finden sich etwa im Januar 2015 einschlägige Berichte zum Thema allein in der FAZ in deren Ausgaben vom 6., 10., 13., 15., 20. und 28.1.2015.
3) Etwa von Hiller/Eichholz/Kahle, DStR 2015, 183 ff.; Reich, BB 2015, 148 ff.; Piltz, DStR 2015, 97 ff.; Crezelius, ZEV 2015, 1 ff.; Haarmann, BB 2015, 32 ff.
4) Nach Schätzung des Instituts für Mittelstandsforschung: Unternehmensnachfolgen in Deutschland 2014 bis 2018, Daten und Fakten Nr. 11, Bonn, Dezember 2013.
5) Angaben nach Destatis, Statistisches Bundesamt, https://www.destatis.de/DE/ZahlenFakten.
6) BVerfG v. 22.6.1995, 2 BvL 37/91, DStR 1995, 1345 ff. (zur Vermögensteuer), sowie v. 22.6.1995, 2 BvL 552/91, DStR 1995, 1348 ff., (zur Erbschaftsteuer).
7) BVerfG v. 7.11.2006, 1 BvL 10/02, BStBl II 2015, 50.

2. Wesentlicher Inhalt der Entscheidung

Vor diesem Hintergrund lassen sich die zentralen Kernaussagen des Urteils des BVerfG vom 17.12.2014 aus der Sicht der Beratungspraxis stichwortartig wie folgt zusammenfassen und interpretieren:

Aussage des BVerfG	Bedeutung für die Praxis
– Die Verschonung von Erbschaftsteuer beim Übergang betrieblichen Vermögens ist angesichts ihres Ausmaßes und der eröffneten Gestaltungsmöglichkeiten mit Art. 3 Abs. 1 GG unvereinbar.[1]	Das ErbStG in seiner am 17.12.2014 geltenden Fassung kann ohne die Vornahme neuerlicher Änderungen durch den Gesetzgeber nicht dauerhaft weiter angewendet werden.
– Es liegt im Entscheidungsspielraum des Gesetzgebers, kleine und mittelständische Unternehmen, die in personaler Verantwortung geführt werden, zur Sicherung ihres Bestandes und damit auch zur Erhaltung der Arbeitsplätze von der Erbschaftsteuer weitgehend oder vollständig freizustellen.[2]	Die bisherige Systematik der erbschaftsteuerlichen Verschonungsregeln für Betriebsvermögen (§§ 13a, b ErbStG), bis hin zu der völligen Freistellung (Regelverschonung), ist grundsätzlich verfassungsgemäß.
– Die Privilegierung des unentgeltlichen Erwerbs betrieblichen Vermögens ist jedoch unverhältnismäßig, soweit die Verschonung über den Bereich kleiner und mittlerer Unternehmen hinausgreift, ohne eine Bedürfnisprüfung vorzusehen.[3]	Das BVerfG gibt keine konkreten Anhaltspunkte dafür, was unter einem Großunternehmern zu verstehen ist. Allerdings stellt es fest, dass es dem Gesetzgeber aus verfassungsrechtlicher Sicht unbenommen sei, sich an der Definition der EU-Kommission für kleinere und mittlere Unternehmen zu orientieren. Gem. der Empfehlung der Kommission vom 6.5.2003[4] sind dies Unternehmen, die weniger als 250 Arbeitnehmer beschäftigen und entweder einen Jahresumsatz von höchstens 50 Mio. € erzielen oder deren Jahresbilanzsumme höchstens 43 Mio. € beträgt.
– Die Lohnsummenregelung ist im Grundsatz verfassungsgemäß; die Freistellung von der Mindestlohnsumme privilegiert aber den Erwerb von Betrieben mit bis zu 20 Beschäftigten unverhältnismäßig.[5]	Die vom BVerfG geforderte Änderung des ErbStG wird die Ausnahme von der Lohnsummenfrist für Betriebe mit bis zu 20 Mitarbeitern einschränken oder ganz beseitigen müssen.

---

1) BVerfG v. 17.12.2014, 1 BvL 21/12, Leitsatz 4, Satz 1, BStBl II 2015, 50.
2) BVerfG v. 17.12.2014, 1 BvL 21/12, Leitsatz 4, Buchst. a, BStBl II 2015, 50.
3) BVerfG v. 17.12.2014, 1 BvL 21/12, Leitsatz 4, Buchst. b, BStBl II 2015, 50.
4) ABl.EU L 124 v. 20.5.2003, 36 ff.
5) BVerfG v. 17.12.2014, 1 BvL 21/12, Leitsatz 4, Buchst. c, BStBl II 2015, 50.

– Die Regelung über das Verwaltungsvermögen ist nicht mit Art. 3 Abs. 1 GG vereinbar, weil sie den Erwerb von begünstigtem Vermögen selbst dann uneingeschränkt verschont, wenn es bis zu 50 % aus Verwaltungsvermögen besteht, ohne dass hierfür ein tragfähiger Rechtfertigungsgrund vorliegt.[1]	Auch die „Mitverschonung" des nicht betrieblichen Zwecken dienenden Verwaltungsvermögens aufgrund der Schwellenregelung der 50 %-Grenze wird bei einer Änderung des ErbStG zur Wiederherstellung der Verfassungskonformität abzuschaffen sein.
– Das BVerfG erklärt § 13a und § 13b i.V.m. § 19 I ErbStG lediglich für unvereinbar mit Art. 3 Abs. 1 GG und ordnet zugleich deren Fortgeltung an. Der Gesetzgeber ist verpflichtet, eine Neuregelung spätestens bis zum 30.6.2016 zu treffen.[2]	Der Gesetzgeber ist aufgerufen, innerhalb von längstens 18 Monaten die als mit dem Grundgesetz unvereinbar erkannten Teile des ErbStG zu ändern und durch Regelungen zu ersetzen, die den Vorgaben des BVerfG entsprechen. Erste politische Äußerungen dazu, wie diese Änderungen im Einzelnen ausgestaltet werden könnten, finden sich bereits in den tagesaktuellen Publikationen.[3]
– Die Anordnung der Fortgeltung der verfassungswidrigen Normen begründet keinen Vertrauensschutz gegen eine auf den Zeitpunkt der Verkündung der Entscheidung des BVerfG bezogene rückwirkende Neuregelung, die einer exzessiven Ausnutzung gerade der als gleichheitswidrig befundenen Ausgestaltungen von § 13a und § 13b ErbStG die Anerkennung versagt.	Die vom BVerfG geforderte Änderung des ErbStG kann mit Rückwirkung auf den 17.12.2014 versehen werden, soweit dadurch Steuerbegünstigungen beseitigt werden, die das BVerfG als verfassungswidrig erkannt hat. Dies dürfte insbesondere die Begünstigung großer Unternehmen, die Ausnahme von der Lohnsummenregelung bei bis zu 20 Beschäftigten sowie die Begünstigung von Verwaltungsvermögen betreffen.

3. Würdigung und Handlungsempfehlungen

Das BVerfG hat zwar die Begünstigungsregelungen des derzeit bestehenden ErbStG im Grundsatz als mit dem Gleichheitssatz des Art. 3 Abs. 1 GG unvereinbar beurteilt. Im Unterschied zu seinen Entscheidungen der Jahre 1995 und 2006 hat es aber auf der Grundlage der vorhandenen Systematik der Verschonungsregelungen konkrete Vorgaben gemacht, inwieweit diese zu verändern wären, um eine verfassungskonforme Rechtsgrundlage für die Besteuerung zu schaffen. Das bedeutet, dass die vorzunehmenden Korrekturen der beanstandeten Regelungen über die erbschaftsteuerliche Verschonung von Betriebsvermögen die bestehende Struktur und Systematik des ErbStG in weiten Teilen unberührt lassen können.

---

1) BVerfG v. 17.12.2014, 1 BvL 21/12, Leitsatz 4, Buchst. d, BStBl II 2015, 50.
2) BVerfG v. 17.12.2014, 1 BvL 21/12, Tz. 288, 293, BStBl II 2015, 50.
3) Wiedergabe von Äußerungen von Vertretern des BMF etwa in FAZ vom 10.1.2015, S. 21, sowie vom 13.1.2015, 17.

Hierfür spricht auch, dass die Regierungsparteien im Koalitionsvertrag den Schutz mittelständischer Familienunternehmen vor bestandgefährdenden Belastungen mit Erbschaftsteuer vorgesehen haben. Jüngste politische Äußerungen deuten darauf hin, dass daran auch nach der Entscheidung des BVerfG vom 17.12.2014 festgehalten werden soll und nur punktuell eine Korrektur der verfassungsrechtlich beanstandeten Regelungen geplant ist.[1]

Für eine Beibehaltung der derzeitigen Verschonungssystematik spricht zudem, dass die Frist zur Beseitigung der verfassungsrechtlichen Mängel, die das Gericht dem Gesetzgeber gesetzt hat, eher kurz bemessen ist. In einem Zeitraum von insgesamt nur gut 18 Monaten eine vollständige Neukonzeption der Besteuerungssystematik von Erbfällen zu entwickeln und umzusetzen, erscheint bei den gegebenen politischen Verhältnissen sowie dem Umstand, dass hierfür eine enge Abstimmung von Bund und Ländern erforderlich wäre, eher unwahrscheinlich.

Ob darüber hinaus der Gesetzgeber von der ihm durch das Urteil des BVerfG eingeräumten Möglichkeit, eine Neuregelung der beanstandeten Passagen des ErbStG mit Rückwirkung auf den 17.12.2014 zu versehen, erscheint derzeit ebenfalls durchaus fraglich. Bei der Neufassung des ErbStG im Jahr 2008 hatte der Gesetzgeber von dieser Möglichkeit jedenfalls keinen Gebrauch gemacht und sogar im Gegenteil den Steuerpflichtigen für Erbfälle ein Wahlrecht an die Hand gegeben, ob diese nach altem oder neuem Recht behandelt werden sollten. Die bereits erwähnten[2] ersten politischen Äußerungen aus dem BMF deuten ebenfalls bereits an, dass – insbesondere bei einer schnellen Umsetzung der Vorgaben des BVerfG – auf die Anordnung einer Rückwirkung verzichtet werden könnte.

Vor diesem Hintergrund sollten Unternehmer, bei denen eine Überführung ihres Unternehmens in die nächste Generation ohnedies in naher Zukunft ansteht, die Zeit bis zu einer Änderung des ErbStG nutzen, ihr Vorhaben umzusetzen. Gelingt diese Umsetzung nämlich noch, bevor die Vorgaben aus Karlsruhe Gesetz geworden sind, besteht die Chance – die Abwesenheit einer Anordnung der Rückwirkung vorausgesetzt –, dass die zu erwartenden Einschränkungen der Begünstigungsregelungen der §§ 13a, 13b ErbStG noch vermieden werden können. Dies gilt insbesondere für Inhaber von Unternehmen mit weniger als 20 Beschäftigten, da für diese damit zu rechnen ist, dass auch für sie künftig eine Lohnsummenprüfung zu erfolgen haben wird, sowie für Unternehmen mit hohem Verwaltungsvermögen, das künftig vermutlich aus der Begünstigung herausgenommen sein wird.

Würde dagegen die Steueränderung mit Rückwirkung versehen, ist in diesen Fällen voraussichtlich nicht mit einer zusätzlichen Steuerlast bei kurzfristiger Umsetzung des Vorhabens zu rechnen, da lediglich derselbe Besteuerungstatbestand verwirklicht würde wie im Falle weiteren Zuwartens bis zum Inkrafttreten der Gesetzesänderungen. Im Übrigen kann bei entsprechender Gestaltung etwa von vertraglichen Rücktrittsrechten für den Fall nicht erwarteter Steuerbelastungen Vorsorge getroffen werden, die ermöglichen, dass die getroffenen Maßnahmen wieder aufgehoben werden können, wenn die Änderungen des ErbStG im Einzelfall zu nicht erwünschten oder nicht erwarteten Belastungen führen.

---

1) Berichte z.B. in der FAZ, Ausgaben vom 10. und 13.1. sowie 7.2.2015.
2) Berichte z.B. in der FAZ, Ausgaben vom 6., 10., 13., 15., 20. und 28.1.2013.

(3) Steuerklassen und Steuersätze

Der auf den einzelnen Vermögensübergang anzuwendende Steuersatz ist gem. § 19 Abs. 1 ErbStG progressiv ausgestaltet. Maßgeblich für die Höhe des anzuwendenden Erbschaftsteuersatzes sind dabei zwei Faktoren: der Wert des übertragenen Vermögens (steuerpflichtiger Erwerb) und der Verwandtschaftsgrad zwischen den Beteiligten (Steuerklasse). Daraus ergibt sich das folgende Bild:

855

Wert (bis €)	Steuerklasse I (in %)	Steuerklasse II (in %)			Steuerklasse III (in %)	
	unverändert	bis 2008	2009	ab 2010	bis 2008	ab 2009
75 000	7	12	30	15	17	30
300 000	11	17	30	20	23	30
600 000	15	22	30	25	29	30
6 000 000	19	27	30	30	35	30
13 000 000	23	32	50	35	41	50
26 000 000	27	37	50	40	47	50
darüber	30	40	50	43	50	50

(4) Persönliche Freibeträge

Darüber hinaus sind die erschaftsteuerlichen Erwerbe je nach Verwandtschaftsgrad des Erwerbers zu dem Übertrager in drei Steuerklassen (Steuerklassen I, II und III, § 15 Abs. 1 ErbStG) eingeteilt. Die Zuordnung der Erwerber zu den drei Steuerklassen, die zugleich für die diesen zustehenden sog. persönlichen Freibeträge nach § 16 Abs. 1 ErbStG relevant ist, stellt sich dabei (vereinfacht) wie folgt dar:

856

	Steuerklasse I (in €)		Steuerklasse II (in €)		Steuerklasse III (in €)	
	bis 2008	ab 2009	bis 2008	ab 2009	bis 2008	ab 2009
Ehegatte	307 000	500 000				
Kinder	205 000	400 000				
Enkel bei vorverstorbenen Eltern	205 000	400 000				
Enkel zu Lebzeiten deren Eltern	51 200	200 000				
Eltern*	51 200	100 000	10 300	20 000		
Sonstige					5 200	20 000**

* Im Erbfall Steuerklasse I, sonst Steuerklasse II.
** Eingetragener Lebenspartner: 500 000 €.

Die persönlichen Freibeträge können alle zehn Jahre in Anspruch genommen werden, wobei Zuwendungen nach bisherigem Recht und nach der Reform 2009 zusammengerechnet werden.

(5) Verschonung von Betriebsvermögen

857 Für unentgeltlich übertragenes Betriebsvermögen gilt ab VZ 2009 das sog. Verschonungsmodell. Nach dem Grundmodell dieser Verschonung bleiben 85 % des begünstigten Vermögens außer Ansatz (§ 13a Abs. 1 Satz 1, § 13b Abs. 4 ErbStG), die verbleibenden 15 % des übertragenen Vermögens unterliegen der Besteuerung. Diese Regelverschonung kommt unter folgenden Voraussetzungen zur Anwendung:

- Die 5-jährige Lohnsummenfrist (= Frist, innerhalb derer die Mindestlohnsumme von 400 % der Ausgangslohnsumme nicht unterschritten werden darf) wird eingehalten, § 13a Abs. 1 Satz 2 ErbStG.

- Die 5-jährige Haltefrist, innerhalb derer das erworbene Betriebsvermögen nicht veräußert werden darf, wird nicht verletzt, § 13a Abs. 5 ErbStG.

- Das erworbene Betriebsvermögen bzw. das Vermögen der (Personen- oder Kapital-)Gesellschaft, deren Anteile übertragen wurden, darf im Besteuerungszeitpunkt nicht zu mehr als 50 % aus Verwaltungsvermögen bestehen, § 13b Abs. 2 Satz 1 ErbStG.

Statt der Regelverschonung kann ein Wahlrecht auf einen Verschonungsabschlag von 100 %, mithin auf vollständige erbschaftsteuerliche Freistellung des übertragenen Betriebsvermögens, ausgeübt werden (**Verschonungsoption**), § 13a Abs. 8 ErbStG. An die Stelle der Lohnsummenfrist von 5 Jahren tritt in diesem Fall eine Lohnsummenfrist von 7 Jahren bei einer Mindestlohnsumme von 700 % statt 400 %, die Behaltefrist wird von 5 auf 7 Jahre verlängert, und das Verwaltungsvermögen darf nur höchstens 10 % statt 50 % betragen.

In der Übersicht stellen sich die erbschaftsteuerlichen Begünstigungsregelungen wie folgt dar:

	Regelverschonung		Verschonungsoption	
	2009	ab 2010	2009	ab 2010
Behaltensfrist (in Jahren)	7	5	10	7
Lohnsummensatz (in %)	650	400	1 000	700

Gehörte zum Nachlass des Verstorbenen in dieser Weise begünstigtes Betriebsvermögen und wird dieses von dem oder den Erben innerhalb der Behaltensfrist von 5 bzw. 7 Jahren weiterübertragen, so kann dies gem. § 13a Abs. 5 ErbStG zu einem vollständigen oder teilweisen Wegfall der zunächst gewährten erbschaftsteuerlichen Begünstigungen führen. Als schädliche Maßnahmen i.S.d. Regelung werden dabei im Gesetz insbesondere ausdrücklich die Folgenden genannt:

- Veräußerung des begünstigten Vermögens,

- „Überentnahmen" aus dem begünstigt erworbenen Betrieb oder der Personengesellschaft sowie entsprechende Gewinnausschüttungen der Kapitalgesellschaft,

- verdeckte Einlage von begünstigt erworbenen Anteilen an einer Kapitalgesellschaft in eine andere Kapitalgesellschaft,

- Auskehrung von Gesellschaftsvermögen nach Kapitalherabsetzung,

- Beendigung von Poolverträgen über begünstigt erworbene Anteile an einer Kapitalgesellschaft.

Soweit bei diesen Verstößen, insb. in den praktisch bedeutsamsten Fällen der Veräußerung des begünstigt erworbenen Betriebsvermögens, die in Anspruch genommene erbschaftsteuerliche Begünstigung nur zeitanteilig entfällt, ist dieser Wegfall wie folgt zu ermitteln:

Beispielsrechnung: Nichteinhaltung der Behaltensfrist bei Regelverschonung

Unternehmenswert:	10,0 Mio. €
Verschonungsabschlag:	8,5 Mio. €
Unternehmenserwerb:	1.1.2001
Behaltefrist:	5 Jahre
Unternehmensveräußerung:	am 23.12.2004
Verbleibende Behaltefrist:	2 Jahre

Wegfall des Verschonungsabschlages:
Verbleibende Behaltefrist (2) x 100 : Behaltefrist (5)= 40 %
Wegfall der Begünstigung:
40 % x 8,5 Mio. € = 3,4 Mio. €
Endgültiger Verschonungsabschlag:
8,5 Mio. € ./. 3,4 Mio. € = <u>5,1 Mio. €</u>

Veräußerungen und einer Veräußerung gleichgestellte Vorgänge i.S.d. § 13a Abs. 5 Satz 1 Nr. 1, 2 und 4 ErbStG (Betriebsaufgaben, verdeckte Einlagen, Kapitalherabsetzungen etc.) stellen keine schädlichen Verstöße gegen die Behaltensfrist dar, wenn der Veräußerungserlös innerhalb von sechs Monaten in produktives Vermögen des übertragenden Unternehmens reinvestiert wird, § 13a Abs. 5 Satz 4 ErbStG.

Umstritten ist dagegen, wie die Einbringung von Anteilen an einer Kapitalgesellschaft in eine andere Kapitalgesellschaft gegen Gewährung von Gesellschaftsrechten (Anteilstausch) im Hinblick auf einen möglichen Verstoß gegen die Behaltensfrist anzusehen ist, wenn die Einbringung gem. § 21 UmwStG zum Buchwert erfolgt.

Mit koordiniertem Ländererlass vom 20.11.2013[1] hat die Finanzverwaltung zu der Frage der erbschaftsteuerlichen Behandlung von Anteilstauschfällen erstmals Stellung genommen. Bislang war die grundsätzliche Steuerunschädlichkeit von Vorgängen, die dem UmwStG unterfallen, nur aufgrund der Regelung in § 13a Abs. 5 Satz 1 Nr. 1 Satz 2 ErbStG für Einbringungen gem. der §§ 20 und 24 UmwStG sowie nach R E 13a.9 Abs. 3 ErbStR 2011 für Umwandlungen i.S.d. §§ 3 bis 16 UmwStG geklärt.

Nunmehr stellt die Finanzverwaltung ausdrücklich fest, dass auch die Einbringung von Anteilen an einer Kapitalgesellschaft in eine Kapital- oder Personengesellschaft keinen Verstoß gegen die Behaltefrist des § 13a Abs. 5 Satz 1 Nr. 4 ErbStG darstellt, wenn die Einbringung gegen Gewährung von Gesellschaftsrechten erfolgt. Im Falle der Einbringung in eine Personengesellschaft muss allerdings zusätzlich die Voraussetzung gegeben sein, dass der Einbringende durch die Einbringung Mitunternehmer wird. Erst eine etwaige anschließende Veräußerung der im Rahmen der Einbringung erhaltenen Anteile innerhalb der Behaltefrist führt zu den in § 13a Abs. 5 ErbStG geregelten Rechtsfolgen.[2]

Dieser Grundsatz erfährt allerdings eine wichtige, von der FinVerw in dem Erlass nicht näher begründete Einschränkung dahingehend, dass der gemeine Wert der Anteile, die der Einbringende für die Übertragung der begünstigt erworbenen Anteile erhält, nicht niedriger sein darf als der gemeine Wert der eingebrachten Anteile (sog. „Wertkongruenz"). Dies soll auch dann gelten, wenn zwischen den Gesellschaftern der beiden Gesellschaften (Gesellschaft, deren Anteile eingebracht werden, und Gesellschaft, in die diese Anteile eingebracht werden) Personenidentität besteht. Übersteigt der Wert der eingebrachten Anteile den Wert der ausgegebenen Anteile, so soll in Höhe des Verhältnisses, in dem der übersteigende Wert zum Gesamtwert der

---

1) Erlass v. 20.11.2013, BStBl I 2013, 1508 f., zusammen mit einem weiteren koordinierten Ländererlass v. 21.11.2013 zur Ermittlung der Lohnsummen in Umwandlungsfällen auch „November-Erlasse" genannt.
2) Koordinierter Ländererlass v. 21.11.2013, Tz. 1.1, BStBl I 2013, 1508.

eingebrachten Anteile steht, eine anteilige steuerschädliche Verfügung anzunehmen sein.[1)]

Die Auffassung der Finanzverwaltung wird in der steuerlichen Literatur, die die „November-Erlasse" kommentiert, durchgängig kritisch beurteilt. Zu Recht wird u.a. darauf hingewiesen, dass die in dem Erlass wiedergegebene Auffassung im Gesetz keine Stütze findet und das Risiko einer Fehleinschätzung der Bewertung der einzubringenden und auszugebenden Anteile zu Unrecht dem Steuerpflichtigen aufgebürdet wird. Dieses kann im Übrigen auch nicht durch einen Antrag auf Erteilung einer verbindlichen Auskunft bei dem zuständigen Finanzamt abgemildert werden, da die Finanzbehörden zu Bewertungsfragen verbindliche Auskünfte nicht erteilt.[2)]

Dieser Kritik an der Auslegung der Vorschrift des § 13a Abs. 5 ErbStG durch die Finanzverwaltung ist zuzustimmen. Insbesondere steht die Annahme des Erfordernisses einer Wertkongruenz im klaren Widerspruch zu § 7 Abs. 8 ErbStG, in dem der Fall der Einbringung von Vermögen in eine Kapitalgesellschaft gegen nicht gleichwertige Gegenleistung ausdrücklich als Schenkung, mithin als unentgeltliche Verfügung behandelt wird. Ist der Einbringungsgegenstand ein nach den §§ 13a, 13b ErbStG begünstigtes Vermögen, kann dieser Vorgang dann nicht zugleich als steuerschädliche Verfügung behandelt werden, da eine unentgeltliche Verfügung über solches Vermögen in sonstigen Fällen eine Nachversteuerung gerade nicht auslöst.[3)]

Der Gestaltungspraxis bleibt gleichwohl bei aller Kritikwürdigkeit der Verwaltungsmeinung nur, die Auffassung der „November-Erlasse" bis auf weiteres zu beachten. Dies gilt insbesondere vor dem Hintergrund, dass betroffene Stpfl. gem. § 13a Abs. 6 Satz 2 ErbStG verpflichtet sind, der zuständigen Finanzbehörde etwaige Verfügungen i.S.d. § 13a Abs. 5 ErbStG anzuzeigen. Eine Verletzung dieser Verpflichtung kann als strafrechtlich relevantes Verhalten nach § 370 AO geahndet werden.[4)]

Bei Unterschreiten der Lohnsumme innerhalb der Behaltensfrist entfällt die Steuerfreiheit anteilig. Dagegen entfällt in Fällen von Überentnahmen/-ausschüttungen innerhalb der Behaltensfrist die in Anspruch genommene Steuerbegünstigung in voller Höhe, auch wenn diese am letzten Tag der Frist getätigt werden (sog. Fallbeil-Regelung).

Unternehmensvermögen ist nur dann begünstigt, wenn es sich nicht zu mehr als 50 % (Regelverschonung) bzw. 10 % (Verschonungsoption) aus sog. Verwaltungsvermögen zusammensetzt. Zum Verwaltungsvermögen gehören dabei insbesondere:

– Vermietete Grundstücke (Ausnahmen: Vermietung innerhalb des Konzerns, Betriebsaufspaltungen, Sonderbetriebsvermögen, ggf. Betriebsverpachtungen),

– Anteile an Kapitalgesellschaften im Inland, der EU oder dem EWR-Ausland von nicht mehr als 25 % des Nennkapitals,

– Anteile an Kapitalgesellschaften in Drittstaaten,

– Wertpapiere und vergleichbare Forderungen,

– Kunstgegenstände und ähnliches Vermögen,

– Beteiligungen an Gesellschaften, deren Verwaltungsvermögen über 50 % beträgt.

Mit Wirkung ab 7.6.2013 (s. § 37 Abs. 8 ErbStG) wurde diese Aufzählung in § 13b Abs. 2 ErbStG durch eine neue Nr. 4a[5)] ergänzt. Nach dieser Bestimmung gelten seit-

---

1) Koordinierter Ländererlass v. 21.11.2013, Tz. 1.2, BStBl I 2013, 1508 f.
2) Jülicher in Troll/Gebel/Jülicher, 47. Aufl. 2014, § 13a ErbStG Rz. 251; Viskorf/Haag, DStR 2014, 360, 361 f.; Rödder/Dietrich, Ubg 2014, 90, 91 ff.; Hannes/Reich, ZEV 2014, 174 f.; Weber/Schwind, ZEV 2014, 408 ff.
3) Viskorf/Haag, DStR 2014, 360, 361 f.
4) Darauf weisen insb. Viskorf/Haag, DStR 2014, 360, 361 f., ausdrücklich hin.
5) Art. 30 Ziff. 2 Buchst. a des Amtshilferichtlinie-Umsetzungsgesetzes v. 26.6.2013, BGBl. I 2013, 1809.

her auch Zahlungsmittel, Geschäftsguthaben sowie Geld- und andere Forderungen, abzüglich der Schulden, als Verwaltungsvermögen, soweit diese 20 % des Werts des Betriebsvermögens übersteigen (Freibetrag). Außerdem bestehen Bereichsausnahmen zu dieser Regelung zu Gunsten von Banken, Versicherungen und Finanzierungsgesellschaften.

Durch diese Gesetzesergänzung sollte einem der wesentlichen Kritikpunkte des BFH in dessen erneutem Vorlagebeschluss zum BVerfG[1] an der bis dahin für zulässig gehaltenen Gestaltung der sog. „Cash-GmbH" Rechnung getragen werden.[2] Bei dieser Gestaltung wurde Geld- und anderes Kapitalvermögen nicht direkt an künftige Erben verschenkt, sondern in eine vermögensverwaltende Gesellschaft, i.d.R. in der Rechtsform einer GmbH, eingelegt und sodann nach den §§ 13a, b ErbStG begünstigte Anteile an dieser „Cash-GmbH" im Wege der Schenkung steuerfrei übertragen.

Eine weitere Begünstigung der Übertragung von Betriebsvermögen ist schließlich in § 19a ErbStG enthalten. Danach kann der Erwerber von begünstigtem Betriebsvermögen, der der Steuerklasse II oder III angehört, von der auf diesem Vermögen lastenden ErbSt einen Entlastungsbetrag abziehen, der der Differenz zwischen der anteiligen tariflichen Steuerschuld seiner Steuerklasse und der entsprechenden Steuer bei Anwendung der Steuerklasse I entspricht (§ 19a Abs. 3 und 4 ErbStG). Unternehmensnachfolger der Steuerklassen II (z.B. Neffen/Nichten) und III (z.B. nicht gemeinnützige Stiftung) werden damit in Bezug auf das übertragene Betriebsvermögen Erwerber der Steuerklasse I gleichgestellt. Im Falle eines Verstoßes gegen die Behaltensfristen des § 13a Abs. 5 ErbStG entfällt auch der Entlastungsbetrag entsprechend dem Wegfall des Verschonungsabschlags rückwirkend zeitanteilig bzw. in voller Höhe.

(6) Bewertung des Betriebsvermögens

Mit der Reform 2009 wurden auch die Vorschriften zur Bewertung des Unternehmensvermögens neu gefasst. An die Stelle der bisherigen Bilanzbuchwerte (für Personengesellschaften) bzw. des „Stuttgarter Verfahrens" (für Kapitalgesellschaften) tritt für beide Rechtsformen eine Bewertung zum gemeinen Wert. Dieser ist in erster Linie aus Verkäufen unter fremden Dritten der zurückliegenden zwölf Monate abzuleiten. Sind solche nicht vorhanden, ist das Betriebsvermögen zu bewerten, und zwar entweder nach dem neu im BewG geregelten sog. „Vereinfachten Ertragswertverfahren" oder nach allgemein anerkannten betriebswirtschaftlichen Grundsätzen, insbesondere Standard nach „IDW S 1"). Das mit der Neugestaltung der Bewertungsregelungen für Unternehmensvermögen verfolgte Ziel, Anteile an Personen- und Kapitalgesellschaften rechtsformneutral zu besteuern, wurde dabei allerdings nur z.T. erreicht (Belastungsvergleich → 4 Rz. 1393).

858

bb) Ertragsteuern

(1) Überblick

Werden Vermögensgegenstände – einzeln oder als Vermögensgesamtheit (Nachlass) – unentgeltlich unter Lebenden oder von Todes wegen übertragen, ist dieser Vorgang grundsätzlich ertragsteuerlich neutral. Der Erwerber rückt durch die Übertragung in die ertragsteuerliche Rechtsposition des Übergebers, insbesondere führt er dessen Anschaffungskosten für Abschreibungszwecke fort und werden ihm dessen Besitzzeiten für die Berechnung von Spekulationsfristen und umwandlungsteuerliche Behaltefristen zugerechnet. Ferner gilt der Erbfall bzw. die unentgeltliche Übertragung gem. § 6 Abs. 3 EStG nicht als schädliche Veräußerung i.S.d. § 7g EStG,[3] so

859

---

1) BFH v. 27.9.2012, II R 9/11, BFHE 238, 241.
2) Stalleiken, DB 2013, 1382.
3) BMF v. 8.5.2009, IV C 6 – S 2139 - b/07/10002, BStBl I 2009, 633 Tz. 44.

dass die erforderliche Verbleibensvoraussetzung erfüllt ist, sofern das entsprechende Wirtschaftsgut im Betrieb des Rechtsnachfolgers verbleibt. Auch bei der Ermittlung der Sechs-Jahres-Frist gem. § 6b EStG wird die Besitzzeit des Rechtsvorgängers der Besitzzeit des Rechtsnachfolgers zugerechnet[1]. Schließlich können die Begünstigungen der Eigenheimzulage, sofern die entsprechenden Voraussetzungen gegeben sind, vom Rechtsnachfolger geltend gemacht werden.

Dies gilt jedoch nicht für personenbezogene Besteuerungsmerkmale, die höchstpersönlicher Natur sind und daher nicht auf den Nachfolger übergehen. Hierzu zählen insbesondere persönliche Verlustvorträge des Erblassers, sofern der Erbfall nach dem 18.8.2008 eingetreten ist.[2] Bei Erbfällen bis zum 18.8.2008 war ein Übergang der Verlustvorträge auf die Rechtsnachfolger dagegen möglich.[3] Auch im Falle des gewerblichen Grundstückshandels ist diese Regelung von Bedeutung: Bei der Ermittlung der Drei-Objekte-Grenze sind üblicherweise im Wege der Erbfolge übergegangene Grundstücke nicht zu berücksichtigen, es sei denn, der Erblasser hatte bereits einen gewerblichen Grundstückshandel, den die Rechtsnachfolger fortführen.[4]

Mit Übergang des Vermögens werden die daraus erzielten Einkünfte (z.B. Einkünfte aus Gewerbebrieb eines übertragenen Unternehmens oder aus Vermietung und Verpachtung einer übertragenen Immobilie) dem Erwerber zugerechnet. Im Erbfall bedeutet dies, dass der oder die Erben für den VZ, in dem der Erblasser verstorben ist, zwei Steuererklärungen zu erstellen haben – zum einen die Erklärung des Verstorbenen für den Zeitraum bis zu seinem Tode, zum anderen die eigene, in der die zugerechneten Einkünfte ab dem Erbfall mitzuberücksichtigen sind. Ergibt sich aus ersterer eine Steuerschuld zulasten des Verstorbenen, so geht diese als Nachlassverbindlichkeit ebenfalls auf den oder die Erben über und ist von ihnen zu begleichen.

(2) Mittelbare Ertragsteuerfolgen des Erbfalls

860 Die mit dem Vermögensanfall verbundene Liquiditätsbelastung insbesondere mit ErbSt kann allerdings zu mittelbaren ertragsteuerlichen Folgen führen, wenn das übertragene Vermögen zur Liquiditätsbeschaffung eingesetzt werden muss. Besteht z.B. das Vermögen eines Erblassers nur zu einem geringen Teil aus Geldvermögen, kann erforderlich werden, dass die Erben steuerverhaftete Nachlassgegenstände veräußern, um die Erbschaftsteuerschuld begleichen zu können. Hierzu gehören insbesondere:

- Betriebsvermögen,
- Anteile an Personengesellschaften,
- wesentliche Anteile an Kapitalgesellschaften (mindestens 1 %, § 17 Abs. 1 EStG),
- sperrfristbehaftete Anteile an Kapitalgesellschaften (§ 22 UmwStG),
- Grundstücke im Privatvermögen, für die die Spekulationsfrist von zehn Jahren noch nicht abgelaufen ist.

Erzielen die Erben in diesen Fällen aus der Veräußerung einen steuerpflichtigen Gewinn, so ist ihnen dieser nach allgemeinen Regeln zuzurechnen. Die daraus entstehende Steuerbelastung erhöht mittelbar die Steuerkosten des Erbfalls.

(3) Erbauseinandersetzung

861 Dagegen ist die Aufteilung der Nachlassgegenstände unter den Erben (Erbauseinandersetzung) grundsätzlich ertragsteuerneutral, wenn der Wert der zugeteilten Gegen-

---

1) R 6b.3 Abs. 5 EStR 2012.
2) R 10d EStR Abs. 9 2012.
3) H 10d EStH 2008, Stichwort: Verlustabzug im Erbfall.
4) BMF v. 26.3.2004, IV A 6 – S 2240–46/04, BStBl I 2004, 434, Tz. 9.

stände bei jedem Erben dessen Erbquote entspricht. Dies gilt jedoch nicht, wenn einem Erben Nachlassgegenstände, z.B. dem testamentarisch vorgesehenen Unternehmensnachfolger die Anteile an dem Unternehmen, zugewendet werden, deren Wert den Wert seiner Erbquote übersteigt, und der Empfänger dafür den Miterben einen Barausgleich (Gleichstellungsgelder) entrichtet. In Höhe dieses übersteigenden Betrags qualifiziert sich die Erbauseinandersetzung als Veräußerungsgeschäft der weichenden Erben und als Anschaffungsvorgang des Empfängers. Insbesondere wenn es sich bei den ausgleichspflichtigen Gegenständen um die vorgenannten Vermögensteile handelt, kann die Erbauseinandersetzung damit zusätzliche ertragsteuerliche Folgen auslösen. Bei einer Auseinandersetzung innerhalb von sechs Monaten wird i.d.R. eine rückwirkende Zurechnung der laufenden Einkünfte auf die einzelnen die Ertragsquelle erwerbenden Erben anerkannt.[1]

(4) Vermögensübergabe gegen Versorgungsleistungen

Vermögensgegenstände des Betriebs- und Privatvermögens werden oftmals an die nächste Generation mit der Maßgabe übertragen, den Übertragenden zu versorgen. Diese Übertragung gegen Versorgungsleistungen kann als unentgeltlich angesehen werden und somit unter Vermeidung der Aufdeckung und Versteuerung der stillen Reserven erfolgen, sofern gewisse Voraussetzungen erfüllt sind. Grundsätzlich ergeben sich die Voraussetzungen hierfür aus § 10 Abs. 1 Nr. 1a EStG. Die Finanzverwaltung hat zu diesem Thema ferner in regelmäßig aktualisierten BMF-Schreiben Stellung genommen.[2]

862

Als begünstigte Empfänger des Vermögens kommen i.d.R. gesetzlich Erbberechtigte in Betracht, u.U. aber auch andere Personen[3]. Empfänger der Versorgungsleistungen können neben dem Übergeber auch der Ehegatte sowie erb- und pflichtteilsberechtigte Abkömmlinge des Übergebers sein[4]. Gem. § 10 Abs. 1 Nr. 1a Satz 2 EStG können Mitunternehmeranteile an Personengesellschaften, (Teil-)Betriebe und unter weiteren Voraussetzungen auch Anteile an Kapitalgesellschaften steuerlich begünstigt übertragen werden.[5] Eine Versorgungsleistung im steuerlichen Sinn liegt nur dann vor, wenn das übertragene Vermögen ausreichend Ertrag bringt, um die Versorgung des Übergebers zumindest teilweise zu sichern. Langfristig muss der aus dem übergebenen Vermögen erzielbare Ertrag also höher als die Versorgungsleistung sein.[6] Weitere Voraussetzung ist, dass im Vorfeld der Übertragung eine klare und eindeutige Vereinbarung rechtswirksam geschlossen und auch tatsächlich durchgeführt wird.[7]

Sofern die vorgenannten Voraussetzungen erfüllt werden können, handelt es sich ertragsteuerlich um eine unentgeltliche Übertragung. Die laufenden Versorgungsleistungen sind beim Zahlenden abzugsfähige Sonderausgaben (§ 10 Abs. 1 Nr. 1a EStG) und beim Empfänger entsprechend steuerpflichtige sonstige Einkünfte (§ 22 Nr. 1a EStG).

(5) Nießbrauchsvorbehalt

Die Übertragung von Vermögen gegen Gewährung von Versorgungsleistungen ist auch unter Einräumung eines Vorbehaltsnießbrauches möglich. Dies setzt jedoch vor-

863

---

1) BMF v. 14.3.2006, IV B 2 – S 2242 – 7/06, BStBl I 2006, 253, Tz. 8.
2) Zuletzt BMF v. 11.3.2010, IV C 3 – S 2221/09/10004, BStBl I 2010, 227.
3) BMF v. 11.3.2010, IV C 3 – S 2221/09/10004, BStBl I 2010, 227, Tz. 4.
4) BMF v. 11.3.2010, IV C 3 – S 2221/09/10004, BStBl I 2010, 227, Tz. 50.
5) BMF v. 11.3.2010, IV C 3 – S 2221/09/10004, BStBl I 2010, 227, Tz. 7 ff.
6) BMF v. 11.3.2010, IV C 3 – S 2221/09/10004, BStBl I 2010, 227, Tz. 26 ff.
7) BMF v. 11.3.2010, IV C 3 – S 2221/09/10004, BStBl I 2010, 227, Tz. 59 ff.

aus, dass der Nießbrauch lediglich als Sicherheit dient und gleichzeitig die Ausübung des Nießbrauches gem. § 1059 BGB dem Übernehmer überlassen wird.[1]

Wird das Nießbrauchsrecht gegen wiederkehrende Zahlungen abgelöst (sog. „gleitende Vermögensübertragung"), können diese Zahlungen Versorgungsleistungen sein. Sofern der Nießbrauch lediglich dazu abgelöst wird, um das Vermögen lastenfrei übertragen zu können, gilt diese Regelung nicht.[2]

cc) Abgabenrechtliche Pflichten des Erben – Nachdeklaration von unversteuertem Auslandsvermögen

(1) Überblick

864 Stellt sich nach Eintritt eines Erbfalls heraus, dass der Erblasser in strafrechtlich relevanter Weise seinen steuerlichen Pflichten nicht nachgekommen ist (Bsp. „Schwarzgeldkonto" im Ausland, unversteuerte Unternehmensgewinne), kann dies auch für seine Hinterbliebenen erhebliche Konsequenzen nach sich ziehen. Erben erlangen mit dem Erbfall eine originäre Steuererklärungspflicht nach § 149 AO, die sich auch auf unversteuerte Vermögensteile des Erblassers („steuerkontaminiertes Vermögen") erstreckt. Gleiches gilt für Testamentsvollstrecker (§§ 31 f. ErbStG, 34 AO).

Problematisch ist dabei insbesondere, dass die Hinterbliebenen in diesen Fällen oftmals zunächst keine oder nur sehr rudimentäre Informationen über Existenz, Art und Umfang des ausländischen Vermögens haben, da der Erblasser regelmäßig keine schriftlichen Unterlagen über Bankkonten, Depots, Mittelherkunft und -verwendung etc. hinterlassen haben wird und die ausländischen Kreditinstitute aus aller Erfahrung regelmäßig nur begrenzt an der Sachaufklärung mitwirken. Formalerfordernisse wie eine förmliche Legitimation durch internationalen Erbschein, Konto- oder Generalvollmacht o.Ä. sowie unsachgemäß lange Bearbeitungsdauer sind dabei die am häufigsten anzutreffenden Hindernisse bei der Informationsbeschaffung. Darüber hinaus erheben ausländische Banken häufig Gebühren in nicht unbeträchtlicher Höhe für die Beschaffung bzw. Wiederherstellung der erforderlichen Unterlagen (Konto-Auszüge, Erträgnisaufstellungen etc.).

Hinzu kommen die für Erben und andere Gewährsträger des Verstorbenen bestehenden, aus dem Erbfall resultierenden abgabenrechtlichen Pflichten. So sind die Erben sowie ein ggf. eingesetzter Testamentsvollstrecker verpflichtet, Erbschaftsteuererklärungen abzugeben. Zudem trifft sie eine Anzeige- bzw. Berichtigungspflicht nach § 153 Abs. 1 AO hinsichtlich des unversteuerten Vermögens und der insoweit unrichtigen bzw. unvollständigen Steuererklärungen des Erblassers.

Die Anzeige- und Berichtigungspflicht betrifft sämtliche Steuern des Erblassers, für die noch keine Festsetzungsverjährung eingetreten ist, und bezieht sich auf alle Steuertatbestände, die der Verstorbene verwirklicht hat. Betroffen kann daher bei steuerkontaminiertem Auslandsvermögen neben der Einkommensteuer des Erblassers auf den Vermögensstamm (Mittelherkunft) und die laufenden Erträgnisse desselben insbesondere die Schenkungsteuer sein, wenn Familienangehörigen oder sonstigen Nahestehenden Teile dieses Vermögens unentgeltlich zugewendet wurden (Mittelverwendung). Es besteht jedoch eine zeitliche Begrenzung der Berichtigungspflicht auf die Zeit bis zum Ablauf der Festsetzungsfrist. Die Festsetzungsverjährung beträgt je nach den Umständen des Sachverhalts zehn (bei Steuerhinterziehung) bzw. fünf (bei leichtfertiger Steuerverkürzung) Jahre ab (§ 169 Abs. 2 Satz 2 AO), wenn nicht die Regelverjährung von vier Jahren (§ 169 Abs. 2 Satz 1 Nr. 2 AO) greift.[3]

---

1) BMF v. 11.3.2010, IV C 3 – S 2221/09/10004, BStBl I 2010, 227, Tz. 24.
2) BMF v. 11.3.2010, BStBl I 2010, 227, Tz. 25.
3) Str., a.A.: Stahl/Durst, ZEV 2008, 467, 469, die sich im Ergebnis bei Erbfällen generell für eine Festsetzungsverjährung von nur vier Jahren aussprechen.

Eine strafrechtliche Verfolgung der Nichtdeklaration durch den Erblasser ist zwar nicht mehr möglich, Erben oder sonst handelnde Personen können auch nicht für die Steuerunehrlichkeit des Erblassers steuerstrafrechtlich zur Verantwortung gezogen werden. Wohl aber können die erklärungspflichtigen Hinterbliebenen (Erben, Testamentsvollstrecker) eigene Steuerstraftaten verwirklichen, wenn sie ihren vorgenannten Pflichten nicht korrekt nachkommen. Insbesondere kann zur Verwirklichung einer Steuerhinterziehung bereits ausreichen, wenn die Genannten eine Anzeige oder Berichtigung nach § 153 Abs. 1 AO nicht oder verspätet vornehmen.[1]

In diesen Fällen besteht im Übrigen bis zur Erfüllung der abgabenrechtlichen Pflichten ein Entdeckungsrisiko, wenn Dritte zuvor die ihnen auferlegten Mitteilungspflichten erfüllen oder die Finanzbehörden sonst – wie etwa in den Fällen des Ankaufs sog. „Steuer-CDs" – von dem Sachverhalt Kenntnis erlangen. Grundsätzlich sollte daher eine genaue Abstimmung der Miterben einerseits untereinander und andererseits mit sonstigen beteiligten Personen (Testamentsvollstrecker, nicht als Erben bedachte nahen Angehörigen, persönliche Steuer- bzw. Rechtsberater des Verstorbenen etc.) andererseits angestrebt werden. Denn ansonsten besteht das Risiko der „Sperrwirkung" wegen Entdeckung der Tat, auf Grund derer eine strafbefreiende Nachdeklaration nicht mehr möglich ist.

(2) Insbesondere: Anzeige- und Berichtigungspflicht nach § 153 AO

§ 153 AO verpflichtet Erben und Verfügungsberechtigte i.S.v. § 35 AO (Testamentsvollstrecker), im Fall von Unrichtigkeiten der steuerlichen Erklärungspflichten des Erblassers einen erkannten Berichtigungsbedarf bei den zuständigen Finanzbehörden anzuzeigen und die unrichtigen Steuererklärungen zu berichtigen.[2] Nach § 153 Abs. 1 AO muss die Anzeige unverzüglich (i.S.v. § 121 BGB) erfolgen. Dies bedeutet (nur hinsichtlich der Anzeigepflicht), dass diese innerhalb von zwei bis max. vier Wochen zu erfolgen hat.[3]

865

Die eigentliche Berichtigung bzw. Richtigstellung der fehlerhaften Erklärung kann sodann innerhalb angemessener Zeit erfolgen, da dafür i.d.R. ein gewisser zeitlicher Aufwand erforderlich ist.[4] Die konkrete Zeitspanne dafür ist vom jeweiligen Einzelfall abhängig. Aus der Erfahrung in der Praxis ist insoweit festzustellen, dass die Finanzbehörden – bei rechtzeitiger Erfüllung der Anzeigepflicht – häufig bereit sein werden, praktikable Absprachen hinsichtlich der Zeitdauer zur Umsetzung der Berichtigungserklärungen zu treffen.

Die Anzeigefrist nach § 153 Abs. 1 AO („unverzüglich") beginnt mit der Kenntnis des Verpflichteten von dem Sachverhalt, aus dem sich das Berichtigungsbedürfnis ergibt. Die Anzeigepflicht wird dabei erst durch positive Kenntnis ausgelöst, nicht ausreichend sind also bloßes „Erkennenkönnen" oder „Erkennenmüssen". Auch eine aktive Nachforschungspflicht der Erklärungspflichtigen besteht insoweit nicht. In Zweifelsfällen muss das Finanzamt dem Verpflichteten das Vorhandensein einer solchen Kenntnis nachweisen. Zudem muss sich die erforderliche positive Kenntnis sowohl auf die Unrichtigkeit bzw. Unvollständigkeit der Steuererklärung als auch auf die begangene Steuerverkürzung beziehen.

Nicht erforderlich, um positive Kenntnis bejahen zu können, ist zwar, dass der nach § 153 AO Verpflichtete bereits alle Einzelheiten der Unrichtigkeit, insbesondere die

---

1) Steiner, ErbStB 2008, 152, 153; Tipke in Tipke/Kruse, AO, Nov. 2007, § 153, Rz. 18; a.A. Stahl/Durst, ZEV 2008, 467, 468.
2) Bruschke, DStZ 2011, 210, 211 f. m.w.N.
3) Vgl. Stahl/Durst, ZEV 2008, 467, 468; Steiner, ErbStB 2008, 152, 153; Helmrich, DStR 2009, 2132, 2134.
4) Tormöhlen, AO-StB 2010, 141, 144; Helmrich, DStR 2009, 2132, 2133.

genaue Höhe der unversteuerten Beträge und/oder der hinterzogenen Steuern kennt. Andererseits reicht in Bezug auf steuerkontaminiertes Auslandsvermögen nicht aus, wenn der Erbe/Testamentsvollstrecker zwar weiß, dass der Erblasser im Ausland ein Bankkonto unterhielt, er aber keine positive Kenntnis davon hat, dass die darauf befindlichen Mittel aus unversteuerten Quellen stammten und/oder die Erträge aus diesem ausländischen Kapitalvermögen im Inland nicht der Besteuerung unterworfen wurden.[1]

Hat der Verpflichtete die positive Kenntnis über den Berichtigungstatbestand erlangt und diesen der zuständigen Finanzbehörde rechtzeitig angezeigt, ist die Verpflichtung aus § 153 AO noch nicht erfüllt. Es besteht vielmehr sodann die Pflicht, den Sachverhalt nach besten Möglichkeiten vollständig aufzuklären und als fehlerhaft erkannte Steuererklärungen des Erblassers zu berichtigen. Bei unversteuertem Auslandsvermögen treffen den Erben/Testamentsvollstrecker zudem die erweiterten Mitwirkungspflichten bei Auslandssachverhalten gem. § 90 Abs. 2 und 3 AO.

Auf Grund der Berichtigungserklärung setzt das Finanzamt über die vom Erblasser pflichtwidrig nicht deklarierten Steuern Nachforderungen, jedoch ohne Verspätungszuschlag nach § 152 AO,[2] fest, die nach § 233a AO für bis zu zehn Jahre verzinst werden. Hinzu kommen Hinterziehungszinsen von monatlich 0,5 % nach §§ 235, 238 AO.

2. Planungsfallen bei der Gestaltung der vorweggenommenen Erbfolge

a) Poolvereinbarungen – die Verwandlung einer Minderheitsbeteiligung in begünstigtes Vermögen

aa) Praxisfall

Beispiel:

Die A&M-Gruppe ist ein Zusammenschluss in- und ausländischer Gesellschaften, die von 23 Mitgliedern zweier Familienstämme – den Nachkommen der beiden Gründergesellschafter A und M – gehalten werden. Die A&M-Gruppe produziert und vertreibt Montageteile und Zubehör für die Bauindustrie und besteht aus drei deutschen operativ tätigen GmbHs (nachfolgend kurz „Tochtergesellschaften" genannt). Außerdem gehören zu dem Konzern sieben ausländische Vertriebstochtergesellschaften (nachfolgend kurz „Enkelgesellschaften" genannt) in den wichtigsten Absatzländern des Unternehmens, die in ihren jeweiligen Ländern die einer deutschen GmbH vergleichbare Rechtsform besitzen.

Bis Mitte 2009 wurden die Tochtergesellschaften unmittelbar zu 100 % von den 23 Gesellschaftern gehalten, wobei alle Gesellschafter zu weniger als 25 %, jedoch zu mehr als 1 % an den Tochtergesellschaften beteiligt waren. Alleinige Gesellschafterin der Enkelgesellschaften ist jeweils eine der Tochtergesellschaften.

Mit wirtschaftlicher Wirkung zum 1.8.2009 gründeten die Gesellschafter der A&M-Gruppe die A&M Holding GmbH & Co. KG (nachfolgend kurz „Holding KG" genannt), eine Kommanditgesellschaft, an der die Gesellschafter als alleinige Kommanditisten und eine weitere GmbH als alleinige persönlich haftende Gesellschafterin beteiligt sind. Im Zuge der Gründung übertrugen die Gesellschafter jeweils ihre sämtlichen Anteile an den deutschen operativen Gesellschaften auf die Holding KG, die damit alleinige unmittelbare und mittelbare Anteilsinhaberin aller zehn Tochter- und Enkelgesellschaften wurde.

Die Holding KG ist eine Holdinggesellschaft, deren Beteiligungen an den drei Tochtergesellschaften ihr wesentliches Betriebsvermögen darstellen. Der Geschäftsbetrieb der Holding KG besteht in der Erbringung zentraler Dienstleistungen, insbesondere technischer, finanzieller und administrativer zentraler Dienste, für die Unternehmen der A&M-Gruppe. Das für die Erbringung dieser Dienstleistungen benötigte Anlagevermögen, d.h. in erster Linie eine entsprechende Betriebs- und Geschäftsausstattung sowie betriebsnotwendige finanzielle Mittel,

---

1) Stahl/Durst, ZEV 2008, 467468.
2) Helmrich, DStR 2009, 2132, 2135, Steiner, ErbStB 2008, 152.

ist wirtschaftlich von untergeordneter Bedeutung. Die Beteiligungen an den drei Tochtergesellschaften bilden nahezu das gesamte (über 90 %) Betriebsvermögen der Holding KG.

Die drei operativ tätigen Tochtergesellschaften verfügen über übliches, für das operative Geschäft notwendiges Betriebsvermögen sowie über die Beteiligungen an den ebenfalls operativ tätigen Enkelgesellschaften, an denen sie zu 100 % beteiligt sind. Das Betriebsvermögen der Enkelgesellschaften besteht ebenfalls nicht zu mehr als 50 % aus Verwaltungsvermögen i.S.d. § 13b Abs. 2 Satz 2 ErbStG.

Kommanditist K, mit 17 % einer der Hauptgesellschafter der Holding KG, beabsichtigt, noch im Laufe des Jahres 2010 im Wege der vorweggenommenen Erbfolge je 5,1 % seiner Anteile schenkweise auf seine drei Kinder zu übertragen. Dabei stellt sich für K die Frage, ob er bzw. die beschenkten Kinder die erbschaftsteuerlichen Begünstigungen der §§ 13a, 13b ErbStG in Anspruch nehmen können oder ob er – im Hinblick auf seine Beteiligungshöhe von weniger als 25 % an der Holding KG – zuvor mit anderen Mitgliedern seines Familienstamms eine Poolvereinbarung i.S.d. § 13b Abs. 1 Nr. 3 Satz 2 ErbStG über die KG-Anteile abschließen muss.

bb) Lösungsansätze

(1) Erfordernis einer Poolung der KG-Anteile

Gegen die Annahme, zur Erlangung der Begünstigungen der §§ 13a, 13b ErbStG müsse über die KG-Anteile eine Poolvereinbarung abgeschlossen werden, spricht zunächst, dass § 13b Abs. 1 Nr. 3 Satz 2 ErbStG seinem Wortlaut nach nur Anteile an Kapitalgesellschaften betrifft, während hier die schenkweise Übertragung von Mitunternehmeranteilen in Rede steht. Diese formale Betrachtung lässt allerdings außer Betracht, dass K vorliegend bis Mitte 2009 unmittelbar an Kapitalgesellschaften beteiligt war und das ErbStG für Fälle des Anteilstauschs von Kapital- in Personengesellschaftsanteile eine Regelungslücke enthält.

867

Das Erfordernis einer Poolvereinbarung könnte daher damit begründet werden, dass die Einbringung der Anteile an den drei Tochtergesellschaften in die Holding KG noch nicht länger als zwei Jahre zurückliegt. § 13b Abs. 2 Satz 3 ErbStG setzt nämlich voraus, dass

- das Betriebsvermögen der der Erbschaftsteuer unterliegenden Gesellschaft (hier: der Holding KG) nicht zu mehr als 50 % aus Verwaltungsvermögen i.S.d. § 13b Abs. 2 Satz 2 ErbStG besteht und
- das zu diesem Betriebsvermögen gehörende – 50 % oder weniger ausmachende – Verwaltungsvermögen noch nicht mindestens zwei Jahre dem Betrieb der KG zuzurechnen war.

Diese Voraussetzungen wären im vorliegenden Fall nur erfüllt, wenn die eingebrachten Anteile an den Tochtergesellschaften nicht als Verwaltungsvermögen anzusehen wären, da das übrige Betriebsvermögen einen hier vernachlässigbaren Umfang besitzt. Dies ist vorliegend zu bejahen, da es sich um Anteile an Kapitalgesellschaften von mehr als 25 % – durch die Einbringungen zum 1.8.2009 wurden die bisherigen Kleinbeteiligungen von weniger als 25 % zu Gesamthandsvermögen mit einer Beteiligungshöhe von jeweils 100 % – handelt und deren Betriebsvermögen wiederum nicht zu mehr als 50 % aus Verwaltungsvermögen i.S.d. § 13b Abs. 2 Satz 2 ErbStG besteht. Die Anteile an den Tochtergesellschaften stellen damit begünstigtes Vermögen der Holding KG i.S.d. § 13b Abs. 1 Nr. 3 ErbStG dar.

(2) GmbH-Anteile als „Noch-"Verwaltungsvermögen

Allerdings könnte eine Begünstigungsfähigkeit der KG-Anteile mit der Begründung verneint werden, dass die Holding KG die Anteile an den Tochtergesellschaften noch nicht länger als zwei Jahre in ihrem Betriebsvermögen hält (§ 13b Abs. 2 Satz 3 ErbStG). Eine unmittelbare Anwendung dieser Bestimmung kommt im vorliegenden

868

Fall allerdings deswegen nicht in Betracht, weil sich diese Vorschrift nur auf „... *Verwaltungsvermögen i.S.d. Satzes 2 Nr. 1 bis 5 ...*" bezieht. Die hier maßgebliche Nr. 3 aber definiert als zum nicht begünstigten Verwaltungsvermögen gehörig nur Kapitalgesellschaftsanteile, die nicht mehr als 25 % betragen, wohingegen die Holding KG jeweils zu 100 % an den Tochtergesellschaften beteiligt ist.

In Betracht käme aber, die Vorschrift nach ihrem Sinn und Zweck dahingehend erweiternd auszulegen bzw. analog anzuwenden, dass für Gegenstände des relevanten Betriebsvermögens, die noch nicht seit mindestens zwei Jahren die Qualität als begünstigtes Vermögen i.s.d. § 13b Abs. 1 ErbStG besessen haben („*Noch-*"Verwaltungsvermögen), die Begünstigung nicht in Anspruch genommen werden kann. Eine solche Auslegung des § 13b Abs. 2 Satz 3 ErbStG widerspricht jedoch dem Wortlaut *(„... kommt Satz 1 nicht zur Anwendung ...")* und der Systematik des Gesetzes, wonach für die Beurteilung des Ausschlusses der Begünstigung von Betriebsvermögen nach § 13b Abs. 2 Satz 3 ErbStG zunächst zu prüfen ist, ob überwiegendes Verwaltungsvermögen i.S.d. Satz 1 vorliegt. Bereits auf dieser Ebene muss daher entschieden werden, ob es sich bei dem Betriebsvermögen um Verwaltungsvermögen handelt oder nicht. Erst wenn nach § 13b Abs. 2 Satz 1 und 2 ErbStG das Vorliegen überwiegenden Verwaltungsvermögens verneint werden kann, kann es überhaupt zu einer Anwendung des § 13b Abs. 2 Satz 3 ErbStG kommen. Es muss also bereits vor und ohne die Anwendung des § 13b Abs. 2 Satz 3 ErbStG feststehen, ob Verwaltungsvermögen i.S.d. § 13b Abs. 2 Satz 1 und 2 ErbStG gegeben ist. Daher kann es für die Beurteilung, ob Verwaltungsvermögen vorliegt, nicht auf die Dauer der Zugehörigkeit des Wirtschaftsguts zum Betriebsvermögen ankommen.

Ein abweichendes Verständnis der genannten Norm würde im Übrigen die Begünstigung einer unentgeltlichen Übertragung der KG-Anteile nach den §§ 13a, 13b ErbStG selbst dann verneinen müssen, wenn die Anteile in einer Poolvereinbarung gebunden wären. Wenn nämlich die Anteile an den Tochtergesellschaften wegen Nichtablaufs der zweijährigen Haltefrist als „*Noch-*"Verwaltungsvermögen anzusehen wären, würde auch eine Poolung der KG-Beteiligungen diese Qualifikation nicht zu beseitigen vermögen, da die GmbH-Anteile nicht Gegenstand der Poolvereinbarung wären. Dies aber würde wiederum dem Zweck der Regelungen über die Poolung von Anteilen zur Herstellung der Eigenschaft als begünstigtes Vermögen nicht gerecht. Durch die Zusammenführung von Splitterbeteiligungen unter dem Dach einer gemeinsamen (Holding-)Gesellschaft wird nämlich dem Petitum des Gesetzgebers, nur Beteiligungen an Kapitalgesellschaften, die einen maßgebenden Einfluss auf diese vermitteln, erbschaftsteuerlich begünstigen zu wollen, ohne Weiteres Genüge getan. Die aufnehmende Gesellschaft bzw. deren Gesellschaftsvertrag tritt dabei an die Stelle der sonst erforderlich werdenden Poolvereinbarung; ein zusätzlicher Abschluss einer solchen über die Anteile an der poolenden Gesellschaft ist überflüssig.

cc) Handlungsempfehlungen

869 Aus dem Diskussionsstand in Rechtswissenschaft und Schrifttum über die Neuregelungen des ErbStG sind keine sicheren Hinweise zu entnehmen, welcher der genannten alternativen Auslegungen sich die Finanzverwaltung voraussichtlich anschließen wird. Es besteht damit die Gefahr, dass trotz Abschlusses einer Poolvereinbarung über die KG-Anteile eine erbschaftsteuerliche Begünstigung dieser Anteile versagt werden könnte, aber auch die Chance, dass es des Abschlusses einer Poolvereinbarung überhaupt nicht bedarf. Vorzugswürdig wäre daher, den Sachverhalt im Rahmen eines Antrags auf Erteilung einer verbindlichen Auskunft dem zuständigen Finanzamt vorzutragen, um die erforderliche Planungssicherheit zu erlangen.

Ist der Weg eines Antrags auf verbindliche Auskunft, gleich aus welchen Gründen, nicht gangbar, so empfiehlt sich aus Sicherheitsgründen der Abschluss einer Poolvereinbarung über die Anteile an der aufnehmenden Gesellschaft (vorliegend also der

Holding KG). Dieser sollte eine feste Befristung mindestens bis zum Ablauf von zwei Jahren seit Einbringung der GmbH-Anteile enthalten, damit eine unentgeltliche Übertragung von Anteilen innerhalb dieser Frist erbschaftsteuerlich begünstigungsfähig ist.

Die anschließende Beendigung der Poolvereinbarung durch Fristablauf stellt dabei keinen Verstoß gegen die Behaltefrist gem. § 13a Abs. 5 Nr. 5 ErbStG dar, da diese Vorschrift sich nur auf Anteile an Kapitalgesellschaften i.S.d. § 13b Abs. 1 Nr. 3 ErbStG bezieht und damit nicht auf die Anteile an der Holding KG, die Anteile an einer Personengesellschaft und damit Vermögen i.S.d. § 13b Abs. 1 Nr. 2 ErbStG darstellen, anwendbar ist. Allerdings ist auch insoweit zu beachten, dass die Finanzverwaltung – entsprechend den vorstehenden Überlegungen zu der zweijährigen Bindungsfrist des § 13b Abs. 2 Satz 3 ErbStG – auch in Bezug auf die siebenjährige Behaltensfrist materiell auf die eingebrachten GmbH-Anteile abstellen und damit § 13a Abs. 5 Nr. 5 ErbStG ebenfalls im Wege einer erweiternden Auslegung bzw. analog auf die vorliegende Fallkonstellation anwenden könnte. In diesem Fall müsste die Poolvereinbarung so ausgestaltet werden, dass deren Beendigung frühestens nach Ablauf von sieben Jahren nach Durchführung einer unentgeltlichen Übertragung (Erbfall, Schenkung) poolgebundener Anteile möglich ist.

b) Das Hin und Her bei der „Güterstandsschaukel"

aa) Praxisfall

Beispiel: 870

Die Eheleute ME und FE, deutsche Staatsangehörige, haben im Jahr 1978 miteinander die Ehe geschlossen. Einen Ehevertrag schlossen die Eheleute nicht, so dass beide im gesetzlichen Güterstand der Zugewinngemeinschaft lebten. Auf Grund der gemeinsamen Lebensplanung war ME als Inhaber eines Einzelunternehmens zur Herstellung von Farbpigmenten für die Automobil-Industrie allein berufstätig, während FE keiner Erwerbstätigkeit nachging, sondern sich der Führung des gemeinsamen Hausstands sowie der Erziehung der gemeinsamen Kinder widmete.

Am 1.4.1987 schlossen die Eheleute einen Ehevertrag, in dem sie mit Wirkung vom gleichen Tag den Güterstand der Gütertrennung begründeten. Der durch die Beendigung der Zugewinngemeinschaft ausgelöste Zugewinnausgleichsanspruch der Ehefrau wurde mit einer Zahlung eines entsprechenden Geldbetrags abgegolten.

In der Folgezeit erwarb ME weitere erhebliche Vermögenswerte, während sich der Kapitalstock, den FE im Jahr 1987 erlangt hatte, nur unwesentlich vermehrte. ME und FE sind sich vor dem Hintergrund dieser Entwicklung des Familienvermögens einig, dass die seinerzeitige Entscheidung, Gütertrennung zu vereinbaren, revidiert werden soll und ME seiner Ehefrau Vermögenswerte übertragen möchte, die insgesamt etwa der Hälfte des Familienvermögens (ohne Einzelunternehmen) entsprechen. Sie suchen daher nach Wegen, diesen Vermögensausgleich möglichst steuergünstig und – vor dem Hintergrund der potenziellen unternehmerischen Haftungsgefahren, denen ME mit seinem Einzelunternehmen ausgesetzt ist – möglichst sicher vor dem Zugriff von Gläubigern des Unternehmens vorzunehmen.

bb) Lösungsansätze

(1) Zivilrechtliche Gestaltungsmöglichkeiten

Die von den Eheleuten angestrebte Vermögensübertragung ist prinzipiell auf drei zivilrechtlichen Wegen umsetzbar, nämlich durch 871

- Schenkung,
- Vereinbarung eines Erb- und Pflichtteilsverzichts zwischen den Eheleuten gegen Abfindungszahlung oder
- Vereinbarung einer sog. „Güterstandsschaukel".

872 Für eine **Schenkung** von Teilen des Familienvermögens von ME auf FE gelten die allgemeinen Regelungen betreffend unentgeltliche Verfügungen unter Lebenden (→ **4** Rz. 846 f.).

873 Der **Erb- und Pflichtteilsverzicht** ist ein von einem künftigen Erblasser zu dessen Lebzeiten mit seinem Ehegatten oder sonstigen gesetzlich erb- und pflichtteilsberechtigten Verwandten abgeschlossener Vertrag, in dem der Erb-/Pflichtteilsberechtigte auf den Anfall seines künftigen gesetzlichen Erbrechts sowie auf seinen gesetzlichen Pflichtteil gegen Zahlung einer Abfindung verzichtet. Der Vertrag ist in den §§ 2346 ff. BGB gesetzlich normiert, er bedarf zu seiner Wirksamkeit der notariellen Beurkundung. Weitere Anforderungen an seine zivilrechtliche Wirksamkeit bestehen nicht (→ **4** Rz. 822)

874 Unter einer **Güterstandschaukel** versteht man den – zwei- oder mehrfachen – Wechsel des Güterstands zwischen Ehegatten. Beenden die Ehegatten dabei ehevertraglich den gesetzlichen Güterstand der Zugewinngemeinschaft, löst dies zwingend den gesetzlichen Zugewinnausgleichsanspruch aus (§ 1378 Abs. 3 Satz 1 BGB) aus. Im Regelfall („klassische" Güterstandsschaukel) wird eine bestehende Zugewinngemeinschaft durch Vereinbarung der Gütertrennung beendet, wodurch der Zugewinnausgleichsanspruch ausgelöst wird. Nach Erfüllung desselben heben die Ehegatten die Gütertrennung wieder auf und wechseln so zurück in den Güterstand der Zugewinngemeinschaft, um ggf. zu einem späteren Zeitpunkt einen erneuten Wechsel vornehmen und erneut Ausgleichsansprüche auslösen und erfüllen zu können.

Diese „klassische" Variante scheidet vorliegend aus, da der Güterstandswechsel vom gesetzlichen Güterstand zur Gütertrennung bereits 1987 vollzogen wurde. Zivilrechtlich ist es aber ohne Weiteres möglich, den gesetzlichen Güterstand der Zugewinngemeinschaft auch rückwirkend wieder herzustellen, da die Vereinbarung eines Güterstands dem Grundsatz der Vertragsautonomie unterliegt, § 1408 Abs. 1 BGB.[1] Eine Rückkehr in den gesetzlichen Güterstand der Zugewinngemeinschaft ist jederzeit möglich und könnte sogar – hätte man bereits im Zusammenhang mit der Eheschließung die Gütertrennung vereinbart – auch rückwirkend auf den Zeitpunkt der Eheschließung erfolgen. Da in dem hier interessierenden Fall für die ersten Ehejahre bis 1987 ein Zugewinnausgleich bereits durchgeführt wurde, bietet es sich an, den Rückwirkungszeitpunkt auf einen Tag nach dem 1.4.1987 festzulegen. Dadurch wird die Zugewinngemeinschaft (rückwirkend) erneut begründet und kann von FE und ME anschließend erneut beendet werden, um den Zugewinnausgleichsanspruch auszulösen.

Der Güterstandswechsel bedarf der notariellen Beurkundung. Basierend auf einer Entscheidung zur klassischen Güterstandsschaukel (von der Zugewinngemeinschaft in die Gütertrennung und wieder zurück), in der der BFH die Gestaltung in einer Urkunde zwar gebilligt, aber letztlich nicht selbst entschieden hat, sondern an das FG zurückverwiesen hat, wird für die klassische Güterstandsschaukel die Gestaltung in zwei Urkunden empfohlen.[2] Im vorliegenden Fall einer rückwirkenden Vereinbarung der Zugewinngemeinschaft mit anschließender Vereinbarung der Gütertrennung dürfte dies in gleicher Weise gelten.

Alle drei vorgenannten Wege sind damit zivilrechtlich zulässig und damit mögliche Gestaltungsinstrumente für ME und FE.

---

1) BGH v. 1.4.1998, XII ZR 278–96, NJW 1998, 1857; Brudermüller in Palandt, BGB, 71. Aufl. 2012, § 1408 Rz. 18; Kanzleiter in Münchener Kommentar zum BGB, 6. Aufl. 2013, § 1408 Rz. 14.
2) Münch in Bergschneider, Beck'sches Formularbuch Familienrecht, 4. Aufl. 2013, Formular H.I.3., Anm. 3.

(2) Erbschaftsteuerliche Bewertung

Auch steuerlich gelten bei der schlichten **Schenkung** vorliegend keine Besonderheiten. Der Wert des von ME auf FE zu übertragenden Vermögens, abzüglich etwaiger nicht ausgenutzter Freibeträge, unterliegt gem. § 1 Abs. 1 Nr. 2 ErbStG der Schenkungsteuer (→ 4 Rz. 852 ff.). 875

Gleiches gilt darüber hinaus bei der Vereinbarung eines **Erb- und Pflichtteilsverzichts**. § 7 Abs. 1 Nr. 5 ErbStG definiert die Abfindung für einen Erb- wie auch für einen Pflichtteilsverzicht[1)] als Schenkung unter Lebenden, d.h. sie wird wie eine Schenkung behandelt und unterfällt der Erbschaft- bzw. Schenkungsteuer. 876

Gem. § 5 Abs. 2 ErbStG ist eine Zugewinnausgleichszahlung bei vertraglicher Beendigung des Güterstands nicht steuerbar, d.h. die „klassische" **Güterstandsschaukel** (von der bestehenden Zugewinngemeinschaft in die Gütertrennung und wieder zurück) ist erbschaftsteuerlich unproblematisch, die Erfüllung der Zugewinnausgleichsforderung ist schenkungsteuerfrei. Voraussetzung ist aber, dass der entstandene Zugewinn tatsächlich ausgeglichen wird, was dem Finanzamt zur Erlangung der beabsichtigten Schenkungsteuerfreiheit darzulegen ist. Steht der genaue Betrag des Ausgleichsanspruchs bei Beurkundung der Vereinbarung noch nicht fest oder soll mit der Beurkundung vorab ein Vermögensgegenstand, etwa ein Grundstück, bereits mitübertragen werden und der restliche Anspruch auf Zugewinn später erfüllt werden, sollte der Vertrag eine Stundung des Restausgleichsanspruchs vorsehen. Umgekehrt sollte, wenn der übertragene Vermögensgegenstand wertvoller ist als der Zugewinn, eine darlehensweise Gewährung der überschießenden Zuwendung durch den Empfänger an den Leistenden vereinbart werden. 877

Aber auch für die hier interessierende Variante – rückwirkende Vereinbarung der Zugewinngemeinschaft und anschließender vertraglicher Ausgleich von Zugewinn nach erneuter Vereinbarung der Gütertrennung – hat der BFH die Steuerfreiheit nach § 5 Abs. 2 ErbStG anerkannt.[2)] Voraussetzung ist allerdings, dass eine „*tatsächliche güterrechtliche Abwicklung*" stattfindet, d.h. es ist der Zugewinnausgleich tatsächlich durchzuführen, und die Ermittlung der genauen Höhe der Ausgleichsforderung ist im Einzelnen darzulegen. Entscheidend sind die ernsthafte Beendigung des Güterstands und die rechnerische Nachvollziehbarkeit des Ausgleichsanspruchs, die sich aus dem abzuschließenden Ehevertrag oder dessen Anlagen ergeben müssen.[3)]

Die Finanzverwaltung hatte sich dieser Auffassung zunächst unter Berufung auf RL 12 Abs. 2 Satz 2 ErbStR 2003 nicht angeschlossen. Inzwischen aber haben sich die Oberfinanzdirektionen Rheinland und Münster sowie das Bayerische Landesamt für Steuern der geschilderten Ansicht des BFH angeschlossen und beanstanden die rückwirkende Vereinbarung der Zugewinngemeinschaft im Rahmen des § 5 Abs. 2 ErbStG nicht mehr.[4)] Die ErbSt-Richtlinien 2011 nehmen hierzu leider nur rudimentär Stellung.[5)]

---

1) Gebel in Troll/Gebel/Jülicher, ErbSt, 48. Aufl. 2014, § 7 Rz. 315 ff., 321.
2) BFH v. 12.7.2005, II R 29/02, ZEV 2005, 490 ff; Kogel, Strategien im Zugewinnausgleich, 4. Aufl. 2013, Rz. 15 ff.
3) Schlünder/Geißler, NJW 2007, 482 ff.
4) BayLAfSt, DStZ 2006, 782; OFD Rheinland und Münster, ErbStB 2007, 37.
5) Vgl. den lediglich indirekten Hinweis in R E 5.2 Abs. 2 Satz 4 ErbStRL 2011, wonach die rückwirkende Vereinbarung allein nicht zu einer erhöhten (und damit schenkungsteuerpflichtigen) Ausgleichsforderung führe, sowie den Hinweis „Vertragliche Beendigung der Zugewinngemeinschaft mit anschließender Neugründung" in H E 5.2 ErbStRL 2011 auf BFH v. 12.7.2005, II R 29/02, ZEV 2005, 490 ff.; zum Sachstand i.Ü. zusammenfassend Münch in Bergschneider, Beck'sches Formularbuch Familienrecht, 4. Aufl. 2013, Formular G.I.1., Anm. 3.

(3) Gläubigeranfechtung

878 Bei allen drei Gestaltungsvarianten ist zu berücksichtigen, dass Gläubiger des ME bzw. im Falle der Insolvenz des ME dessen Insolvenzverwalter die getroffenen Maßnahmen innerhalb bestimmter Fristen anfechten können. Insbesondere kommen dabei folgende Anfechtungsrechte in Betracht:

Frist	Maßnahme	Regelung
10 Jahre	Rechtshandlungen mit Vorsatz der Gläubigerbenachteiligung	§ 3 Abs. 1 AnfG; § 133 Abs. 1 InsO
4 Jahre	unentgeltliche Leistungen außer Gelegenheitsgeschenken	§ 4 Abs. 1 AnfG; § 134 Abs. 1 InsO
2 Jahre	entgeltliche Verträge mit nahestehenden Personen	§ 3 Abs. 2 AnfG; § 133 Abs. 2 InsO

Hinzu kommen die insolvenzspezifischen Anfechtungsrechte der §§ 129 ff. InsO im Falle von die Insolvenzmasse schmälernden Handlungen, die indes vorliegend nicht vertieft behandelt werden sollen. Ein Ausschluss bzw. eine Umgehung der Anfechtungsrechte ist nicht möglich.

Da vorliegend Anhaltspunkte für einen Vorsatz der Gläubigerbenachteiligung fehlen, kommt eine Anfechtung durch Gläubiger oder den Insolvenzverwalter nur innerhalb von zwei bzw. vier Jahren in Betracht, je nachdem ob die von ME und FE zu ergreifenden Maßnahmen als entgeltlich oder als unentgeltlich anzusehen sind.

Im Falle der **Schenkung** findet ohne Weiteres die vierjährige Anfechtungsfrist Anwendung, da es sich um ein unentgeltliches Rechtsgeschäft handelt.

879 Bei einem **Erb- oder Pflichtteilsverzicht** gegen Abfindung dagegen ist umstritten, ob es sich um eine unentgeltliche (vierjährige Anfechtungsfrist) oder eine entgeltliche Zuwendung (zweijährige Anfechtungsfrist) handelt.[1] Der BGH[2] hat die Unentgeltlichkeit der Abfindungsleistung bei einem Pflichtteilsverzicht bejaht, bezüglich der Abfindung bei Erbverzicht existiert dagegen – soweit ersichtlich – keine höchstrichterliche Rechtsprechung. Es ist jedoch davon auszugehen, dass auch insoweit die vierjährige Anfechtungsfrist Anwendung findet.

Für die Annahme der Unentgeltlichkeit spricht zwar, dass die Abfindung als wirtschaftliches Surrogat für den aufgegebenen späteren unentgeltlichen Erwerb von Todes wegen steht, so dass von einer objektiven Unentgeltlichkeit ausgegangen werden kann.[3] Andererseits wird jedoch argumentiert, dass, falls sich der Erblasser mit der Abfindung die Testierfreiheit erkauft, grundsätzlich von Entgeltlichkeit auszugehen sei, wobei nur dann von einem „Erkaufen" auszugehen sei, wenn sich die Abfindung im Rahmen der gesetzlichen Erberwartungen hält.[4]

Zu berücksichtigen ist in diesem Zusammenhang auch der Sinn und Zweck der gesetzlichen Regelung: §§ 3 und 4 AnfG sollen die Gläubiger entgeltlich begründeter Rechte gegen die Folgen unentgeltlicher Verfügungen des Schuldners innerhalb bestimmter Zeiträume vor Erhebung der Anfechtungsklage schützen; das Interesse des durch eine unentgeltliche Verfügung Begünstigten, das Empfangene zu behalten, soll dem Recht des Gläubigers auf Befriedigung seiner vollstreckbaren Forderung weichen. Dieser Zweck gebietet eine weite Auslegung des Begriffs der Unentgeltlich-

---
1) Vgl. Reul, MittRhNotK 1997, 373, 380.
2) BGH v. 8.7.1985, II ZR 150/84, NJW 1986, 127, 129.
3) Schotten in Staudinger, BGB, 2010, § 2346, Rz. 124 ff.
4) Vgl. Fisching/Graf, Nachlassrecht, 9. Aufl. 2008, Rz. 1.404.

keit.[1)] Es besteht mithin zumindest ein substanzielles Risiko, dass ein Gericht einen Erb- oder Pflichtteilsverzicht gegen Abfindungszahlung als unentgeltlich i.S.d. § 4 AnfG beurteilt und die vierjährige Anfechtungsfrist anwendet.

Auch bei der **Güterstandsschaukel** ist fraglich, ob ein erworbener Zugewinnausgleichsanspruch geeignet ist, eine „Entgeltlichkeit" i.S.d. anfechtungsrechtlichen Vorschriften und damit die Anwendbarkeit der kürzeren zweijährigen Anfechtungsfrist zu begründen.[2)] Denn das Entstehen dieses Anspruchs ist originäre gesetzliche Rechtsfolge des Wechsels des Güterstands und nicht eine Gegenleistung, die der ausgleichspflichtige Ehegatte dem anderen für die Erbringung einer Leistung – eben der Zustimmung zur Begründung der Gütertrennung – erbringt. Mangels anderslautender Rechtsprechung bleibt daher auch hier ein nicht unerhebliches Risiko, dass ein durch eine Güterstandsschaukel erworbener Zugewinnausgleichsanspruch nicht geeignet ist, eine „Entgeltlichkeit" i.S.d. anfechtungsrechtlichen Vorschriften und damit die Anwendbarkeit der zweijährigen Anfechtungsfrist zu begründen. 880

cc) Handlungsempfehlungen

Die ME und FE zivilrechtlich zur Verfügung stehenden Wege, den angestrebten Vermögensausgleich herbeizuführen – Schenkung, Erb- oder Pflichtteilsverzicht sowie Wechsel des ehelichen Güterstands –, können alle so ausgestaltet werden, dass sie wirtschaftlich zu dem erstrebten Ziel führen. Nur die güterrechtliche Lösung, lege artis umgesetzt, kann dabei aber als entgeltliches Rechtsgeschäft angesehen werden, bei dem Schenkungssteuer auf den Vermögenstransfer nicht anfällt. Bei allen drei Gestaltungsvarianten besteht darüber hinaus das nicht vermeidbare Risiko, dass Gläubiger oder der Insolvenzverwalter des ME innerhalb einer Frist von vier Jahren die Maßnahmen erfolgreich anfechten. 881

Aus den genannten steuerlichen Gründen erscheint damit die „Güterstandsschaukel" für ME und FE die am besten geeignete Gestaltung, den geplanten Vermögensausgleich herbeizuführen.

Existenzgründung

von Matthias Zeitz

INHALTSÜBERSICHT	Rz.
I. Existenzgründung	882–908
1. Existenzgründung als persönliche Herausforderung	883–884
a) Motivation	883
b) Anforderungen an den Unternehmensgründer	884
2. Gründungsablauf	885–908
a) Geschäftsidee	886–887
b) Standortwahl	888
c) Neugründung vs. Unternehmenskauf	889–890
d) Rechtsformwahl	891–892
e) Anmeldeformalitäten	893

---

1) Vgl. BGH v. 13.3.1978, VIII ZR 241/76, NJW 1978, 1326.
2) Ponath, ZEV 2006, 49 ff. m.w.N.

	Rz.
f) Businessplan	894
g) Gründungsfinanzierung	895–898
h) Fördermittel	899–907
i) Soziale Absicherung, Mitgliedschaft	908
II. Bedeutung der Unternehmensplanung	909–962
1. Planungsausrichtung	912–915
a) Unternehmenspolitik	912
b) Planungsebenen	913–915
2. Planungsvorbereitung und Analyse	916–933
a) Vorbemerkung	916
b) Vorbereitende Maßnahmen	917–924
c) Unternehmensanalyse	925–930
d) Umweltanalyse	931–933
3. Bestimmung der Unternehmensziele	934
4. Strategienfindung und Maßnahmenplanung	935–938
a) Produkt-Markt-Matrix	936
b) Wettbewerbsgerichtete Strategien	937
c) Normstrategie im Produktlebenszyklus	938
5. Bereichsbezogene Planung	939–946
a) Absatzplanung	939–941
b) Produktions-/Fertigungsplanung	942–944
c) Beschaffungs- und Lagerplanung	945–946
6. Bereichsübergreifende Planung	947–962
a) Personalplanung	947–952
b) Investitionsplanung	953–958
c) Finanzplanung	959–962
III. Plankontrolle als Steuerungsinstrument	963–969
1. Beziehung zwischen Planung, Kontrolle und Controlling	963
2. Aufgaben und Funktionen der Kontrolle	964–966
3. Abweichungsanalyse	967–969
a) Festlegung des Kontrollumfangs	967
b) Analyseverfahren	968
c) Fehlerquellen	969
IV. Typische Planungsfehler	970

I. Existenzgründung

882 Unternehmensgründungen spielen eine wichtige Rolle beim Strukturwandel, der Schaffung neuer Arbeitsplätze und der Stärkung des Wettbewerbs. Seit dem Jahr 2005 war die Zahl der Unternehmensgründungen rückläufig. Dieser Trend wurde lediglich in den Jahren 2009 und 2010 unterbrochen. Diese positive Entwicklung war im Wesentlichen auf die Einführung der Unternehmergesellschaft (UG) zum 1.11.2008 sowie die Zunahme von Existenzgründungen mit dem Ziel, Arbeitslosigkeit zu vermeiden bzw. zu beenden, zurückzuführen. Im ersten Halbjahr 2013 fiel der Rückgang mit über 7 % (ohne Nebenerwerbsbetriebe) besonders deutlich aus.

1. Existenzgründung als persönliche Herausforderung

a) Motivation

Die Gründe für die Aufnahme einer unternehmerischen Tätigkeit sind vielfältig. Neben dem finanziellen Anreiz eines hohen Einkommens sind das Streben nach Selbstverwirklichung, Unabhängigkeit, gesellschaftlichem Ansehen oder Unzufriedenheit mit der derzeitigen Tätigkeit (z.b. keine Aufstiegschancen, niedriges Gehalt, Unterforderung) Auslöser einer Existenzgründung.

883

In Zeiten hoher Arbeitslosigkeit und Kürzungen im sozialen Bereich zählt die Vermeidung oder Beendigung von Arbeitslosigkeit ebenfalls zu den Hauptmotiven. Auf Grund der aktuell guten Beschäftigungslage in Deutschland ist auch hier ein deutlicher Rückgang zu verzeichnen. Allerdings sind derartige „Notgründungen" häufig nicht von Erfolg gekrönt.

b) Anforderungen an den Unternehmensgründer

Der Schritt in die Selbständigkeit bedeutet für den Jungunternehmer eine deutliche Umstellung seiner bisherigen Arbeitsweise als Arbeitnehmer. War er bisher hauptsächlich ausführend tätig, erfordert die neue Tätigkeit ein hohes Maß an unternehmerischem Denken und Anpassungsfähigkeit an sich ständig ändernde Umweltbedingungen.

884

Zu den grundsätzlichen Eigenschaften, über die ein Unternehmer verfügen sollte, zählen:

- **Leistungsbereitschaft**, d.h. ein „Hineinstürzen" in die Arbeit, auch ohne anfänglich adäquate Erträge zu erzielen.
- Der Existenzgründer muss **Führungsfähigkeiten** besitzen und in der Lage sein, Entscheidungen unter Unsicherheit zu treffen und durchzusetzen.
- Eine **fachliche Qualifikation** ist selbstverständlich und i.d.R. vorhanden.
- Weniger ausgeprägt ist häufig die **kaufmännische Qualifikation**. Diese ist jedoch ein entscheidendes Merkmal, um die wirtschaftliche Situation des Unternehmens bestimmen und die richtigen Entscheidungen treffen zu können (z.B. bei der Angebotskalkulation, Planungsrechnung).
- Die Selbständigkeit ist nicht nur mit Chancen, sondern auch mit einem hohen finanziellen Risiko verbunden. Daher muss der Existenzgründer ein entsprechendes **Risikobewusstsein** aufweisen.
- Hilfreich ist auch eine gewisse „**Verkäufermentalität**". Viele Unternehmer (v.a. Freiberufler) vertreten den Standpunkt, dass sich eine gute Ware oder Dienstleistung von selbst verkauft. Da ein potenzieller Kunde die Leistung im Vorfeld jedoch schlecht bzw. gar nicht beurteilen kann, muss er davon überzeugt werden, dass er hier genau das erhält, was er erwartet.
- Trotz aller Ideen und Vorhaben sollte der **Realitätssinn** nicht verloren gehen, d.h. ggf. ist auch ein Scheitern einzugestehen und die entsprechenden Konsequenzen sind zu ziehen.

Wie erfolgreich sich der Existenzgründer in sein Unternehmen einbringen kann, hängt auch in starkem Maße von seinem persönlichen Umfeld ab. Da der mentalen Unterstützung durch die Familie eine nicht zu unterschätzende Bedeutung zukommt, sollte der Beschluss zur Unternehmensgründung nicht im Alleingang getroffen werden.

2. Gründungsablauf

Der Ablauf einer Existenzgründung vollzieht sich nach einem gewissen Grundmuster. Die hier aufgeführten Schritte laufen allerdings nicht starr nacheinander ab, sondern erfolgen auf Grund bestehender Interdependenzen auch parallel.

885

a) Geschäftsidee

886 Ausgehend von seinen persönlichen Fähigkeiten, Neigungen und Möglichkeiten bildet sich beim Existenzgründer eine Idee heraus, welchen Unternehmensgegenstand er verwirklichen will. Häufig wird das neue Unternehmen einen Bezug zur bisherigen beruflichen Tätigkeit des Gründers aufweisen, da der Gründer auf diesem Gebiet über das entsprechende Know-how verfügt. Hinzu kommt, dass Kontakte zu potenziellen Kunden und Lieferanten bestehen, auf die man zurückgreifen kann. Allerdings sollte man diese Kontakte nicht überbewerten. Nicht selten zeigt sich, dass die vermeintlichen Beziehungen viel mehr zur Position, die der Gründer in seinem ehemaligen Unternehmen innehatte, bestanden, als zur Person selbst. Dennoch sollten bestehende Kontakte gepflegt werden, da sich daraus auch noch nach Jahren positive Effekte ergeben können. Aus rechtlicher Sicht ist zu beachten, dass keine unzulässige Abwerbung erfolgt oder ein Wettbewerbsverbot besteht, die einen eventuellen Schadenersatzanspruch begründen (insbesondere bei Freiberuflern und Handelsvertretern).

887 Zu den Kernaufgaben des Unternehmers zählt, die richtige Marktnische zu erkennen. Um den Markt einschätzen zu können, empfiehlt sich bereits in diesem Stadium eine Marktanalyse. Zumindest sollten die potenziellen Zielgruppen, das Marktvolumen sowie auf dem Markt erzielbare Preise recherchiert werden.

b) Standortwahl

888 Einen entscheidenden Erfolgsfaktor bildet die Festlegung des Standortes. Sie muss wohlüberlegt erfolgen, da die getroffene Entscheidung auf Grund abgeschlossener Mietverträge oder der Anschaffung eines Betriebsgrundstücks kurzfristig nicht oder nur mit finanziellen Einbußen revidierbar ist. Der Gründer sollte für sich folgende Fragen beantworten:

- Erfordert die Art des Unternehmens eine exponierte/repräsentative Lage wie z.B. beim Einzelhandel, der Gastronomie oder bestimmten Dienstleistungsunternehmen?
- Welche wirtschaftlichen Rahmenbedingungen (Entwicklung, Infrastruktur, Kaufkraft oder Verfügbarkeit von Arbeitskräften) weist die Region auf?
- Über welches Einzugsgebiet verfügt der Standort oder erfolgt ohnehin ein überregionaler Absatz?
- Wie hoch sind die Mietkosten bzw. Grundstückspreise?
- Welche Fördermittel stehen am Standort zur Verfügung?
- Bestehen Erweiterungsmöglichkeiten?
- Bestehen besondere persönliche oder sachliche Verbindungen zur Region?
- Welche alternativen Standorte existieren?

c) Neugründung vs. Unternehmenskauf

889 Im Zuge seiner Planungen steht der Gründer vor der Frage, ob er sein Unternehmen komplett neu aufbaut oder ein schon existierendes Unternehmen erwirbt (→ 4 Rz. 1670 ff.). Für den Erwerb eines Unternehmens spricht v.a. seine bestehende Stellung am Markt. Es verfügt bereits über Kunden, Lieferanten, Mitarbeiter und marktfähige Produkte. Selbst ohne unmittelbar neue Produkte anzubieten, ermöglicht es dem Gründer, unternehmerisch tätig zu werden. Diese Vorteile haben aber ihren Preis. So ist neben den im Unternehmen vorhandenen (bilanzierungsfähigen) Sachgegenständen – die der Käufer größtenteils bei einer eigenen Gründung ebenfalls erwerben müsste – auch der (originäre) Firmenwert (Goodwill) zu vergüten. In Abhängigkeit von der Branche kann der Goodwill ein Vielfaches der Sachwerte betragen. Die

Kaufpreisfindung erfolgt auf Grundlage der Unternehmensbewertung (→ **4** Rz. 1528 ff.).

Aber auch beim Kauf eines existierenden Unternehmens erhält der Gründer keine Erfolgsgarantie. Aufgabe des Erwerbers ist daher die Bestimmung und Sicherung der Erfolgsquellen des zu übernehmenden Unternehmens. Dies ist umso wichtiger, wenn Schlüsselpersonen (z.B. Inhaber, Vertriebsleiter) im Zuge des Unternehmenskaufs ausscheiden. In solchen Fällen kann es sich empfehlen, eine überleitende Tätigkeit des bisherigen Firmeninhabers oder eine Übernahme in Raten zu vereinbaren.

Zivilrechtlich kann die Übertragung von Personen- und Kapitalgesellschaften als Rechtskauf (**share deal**) bzw. Vermögens- oder Sachkauf (**asset deal**) gestaltet werden (*Nachfolgeregelung* → **4** Rz. 1305 ff.). Während beim Rechtskauf die Gesellschaftsrechte (z.B. GmbH-Anteile) auf den Erwerber übergehen, sind einzelne Wirtschaftsgüter Gegenstand beim asset deal. Die Anschaffung der Wirtschaftsgüter beim asset deal erfolgt dabei durch ein vom Existenzgründer neu geschaffenes Unternehmen. Die steuerlichen Auswirkungen, die sich aus der Wahl des zivilrechtlichen Durchführungsweges ergeben, können erheblich sein. Das folgende Beispiel soll dies aus Sicht des Erwerbers verdeutlichen. **890**

Beispiel:
Der Unternehmer X möchte die Maschinenbau GmbH erwerben. Im Kaufpreis ist ein hoher Goodwill enthalten. Erfolgt der Kauf als share deal, d.h., Unternehmer X erwirbt die Gesellschaftsanteile an der Maschinenbau GmbH, führt der komplette Kaufpreis für X zu Anschaffungskosten seiner Beteiligung. Steuerliche Konsequenzen ergeben sich bei X erst bei einer Veräußerung oder Aufgabe der GmbH. Wird der Kaufpreis finanziert, hängt die Abziehbarkeit der Finanzierungskosten im Privatvermögen von der Beteiligungshöhe und einer beruflichen Tätigkeit für die Gesellschaft ab (§ 20 Abs. 9 EStG i.V.m. § 32d Abs. 2 Nr. 3 EStG). Beim asset deal hingegen erwirbt X durch eine von ihm gegründete Gesellschaft die einzelnen Vermögenswerte einschließlich des Firmenwerts von der Maschinenbau GmbH. Der Firmenwert führt nun zu einem bilanzierungspflichtigen Vermögensgegenstand, der steuerrechtlich über einen Zeitraum von 15 Jahren abzuschreiben ist (§ 7 Abs. 1 EStG) und damit die Ertragsteuerbelastung senkt.

d) *Rechtsformwahl*

Die für das Unternehmen optimale Rechtsform zu finden, erfordert ein nach Prioritäten geordnetes Zielsystem. Dabei können für den Existenzgründer verschiedene Ziele von Bedeutung sein. Generell lassen sich jedoch einige Zielsetzungen erkennen, die weitgehend unabhängig von der Art des Unternehmens als wesentlich gelten: **891**

- Begrenzung des **Haftungsrisikos**, insbesondere des Privatvermögens.
- Möglichst geringe **steuerliche Belastung**.
- Minimierung der direkten (z.B. notariell beurkundeter Gesellschaftsvertrag) und indirekten (z.B. jährliche Veröffentlichung im Bundesanzeiger) **Kosten**, die mit der Rechtsform zusammenhängen.
- **Zivilrechtliche Gestaltungsmöglichkeiten** (z.B. Mietvertrag zwischen Gesellschaft und Gesellschafter, Bestellung von Fremdgeschäftsführern).

Die bei der Gründung getroffene Wahl sollte in regelmäßigen Abständen auf ihre Zielerfüllung hin untersucht werden. Wurde wegen der Größe und des begrenzten Risikos ursprünglich ein Einzelunternehmen gewählt, ist diese Rechtsform bei stark gestiegenem Umsatz und damit einhergehender Zunahme des Risikos wahrscheinlich nicht mehr zweckmäßig und zu ändern. Zu Entscheidungshilfen für die Wahl zwischen einer Kapital- und Personengesellschaft (*Rechtsformwahl* → **4** Rz. 1364 ff.). **892**

e) Anmeldeformalitäten

893 Bei der Aufnahme einer gewerblichen Tätigkeit ist dies der zuständigen Behörde anzuzeigen. In Abhängigkeit von der Art des Gewerbes unterscheidet man zwischen erlaubnisfreien und erlaubnispflichtigen Tätigkeiten (§§ 30–34f GewO). Keine Gewerbeanmeldung ist bei den in § 6 GewO nicht abschließend aufgezählten Tätigkeiten erforderlich. Dazu gehören z.b. die freien Berufe. Das Gewerbeamt unterrichtet über die Aufnahme der unternehmerischen Tätigkeit das Finanzamt sowie weitere öffentliche und nicht öffentliche Stellen. Eine separate Anmeldung beim Finanzamt ist daher nur dann notwendig, wenn keine Gewerbeanmeldung erfolgte.

Weitere Verpflichtungen ergeben sich insbesondere für die freien Berufe aus der jeweiligen Berufsordnung oder für Handwerker aus der Handwerksordnung. Entsprechend der gewählten Rechtsform ist eine Eintragung beim Handels- bzw. Partnerschaftsregister vorzunehmen.

f) Businessplan

894 Unter einem Businessplan wird ein Gesamtkonzept verstanden, das die wesentlichen Informationen zum Geschäftsvorhaben und zur voraussichtlichen Unternehmensentwicklung enthält. Die Aufgabe des Businessplans und dessen Inhalt hängen vom Adressatenkreis ab. Für Existenzgründer ist dies i.d.R. das Kreditinstitut, das die finanziellen Mittel für die Unternehmensgründung bzw. Erweiterung bereitstellen soll. Daneben sind weitere Adressaten, wie potenzielle Gesellschafter, Kunden bzw. Lieferanten denkbar. Auf Grund dieser Empfängerbezogenheit muss der Businessplan die entscheidungsrelevanten Informationen des jeweiligen Adressaten enthalten.

Grundsätzlich zählen zu den Angaben des Businessplans, die auf der Unternehmensplanung (→ **4** Rz. 1124 ff.) aufbauen:

– Beschreibung der Geschäftsidee (angebotene Produkte und Dienstleistungen),
– Vorstellung der Gründer (Qualifikation, Kontakte),
– Informationen zum Markt und Kundennutzen, z.B. Marktanalyse, Marktpotenzial und Konkurrenzanalyse,
– Beschreibung der zur Zielerreichung geplanten Maßnahmen, z.B. Forschung und Entwicklung, Beschaffung, Produktion und Marketing,
– Finanzplanung (drei bis fünf Jahre).

g) Gründungsfinanzierung

895 Über ausreichende Eigenmittel zur Umsetzung der geplanten Investitionen verfügt nur ein geringer Teil der Existenzgründer. Daher müssen weitere finanzielle Ressourcen erschlossen werden. Eine Alternative besteht in der Aufnahme zusätzlicher Eigenkapitalgeber. Die Vorteile einer Beteiligung bestehen v.a. in der Vermeidung von Fremdkapitalzinsen und der Erhöhung des Haftungskapitals, die zu einer verbesserten Kreditwürdigkeit führen. Im Gegenzug erhält der Beteiligungskapitalgeber Mitspracherechte bei Unternehmensentscheidungen und partizipiert am Gewinn und Verlust sowie bei der Veräußerung seines Unternehmensanteils am Firmenwert. Als mögliche Eigenkapitalgeber kommen neben typischen Gesellschaftern insbesondere Venture Capital-Gesellschaften und Business Angels in Betracht. Die Bedingungen für eine Finanzierung durch Venture Capital-Gesellschaften und Business Angels werden jedoch nur wenige Existenzgründer erfüllen.

896 Fremdkapital in Form von Darlehen wird üblicherweise von privaten und staatlichen Kreditinstituten angeboten. Die Höhe der zu beantragenden Mittel ergibt sich aus der Finanzplanung (→ **4** Rz. 690 f.). Eine rechtzeitige Darlehensbeantragung ist entscheidend, wenn es in der Gründungsphase nicht zu Verzögerungen kommen soll. Für die

Bearbeitung des Kreditantrags ist von mehreren Monaten auszugehen. Weiterhin hat der Gründer für eine ausreichende Besicherung der Darlehen, z.B. durch eine Grundschuld, Abtretung oder Bürgschaft zu sorgen.

Grundlagen der Kreditentscheidung der Bank sind der Businessplan (→ 4 Rz. 894) und das persönliche Auftreten des Existenzgründers während der Verhandlungen. Um von Anfang an mit seinem Konzept zu überzeugen, kann in dieser Phase der Existenzgründung die Unterstützung durch einen Berater hilfreich sein. Bei den Vertragsverhandlungen mit dem Kreditinstitut ist das Vorhaben jedoch vom Existenzgründer selbst vorzustellen, unabhängig davon, ob er den Businessplan selbst oder unter Mitwirkung eines Beraters erstellt hat. Dies soll sicherstellen, dass sich der Existenzgründer mit seinen Plänen identifiziert. 897

Die Bestimmung des Kreditrahmens sollte nicht zu eng ausfallen. Grundsätzlich ergibt sich der Finanzierungsbedarf aus der Planung. Um Finanzierungslücken zu vermeiden, die z.B. aus höheren als den geplanten Kosten, einer Verzögerung der Produktionsaufnahme oder einer schlechten Zahlungsmoral der Kunden entstehen, empfiehlt sich, bei der Darlehensaufnahme eine Reserve einzuplanen. Ansonsten notwendige Nachfinanzierungen führen nicht nur zu Zweifeln am Gesamtkonzept seitens der Bank, sondern auch zu Verzögerungen bei der Realisierung des Vorhabens. 898

Neben der Zuführung von Eigenmitteln oder der Aufnahme von Fremdkapital kann die Finanzierung des Kapitalbedarfs (teilweise) durch nicht zurückzahlbare Zuschüsse erfolgen (→ 4 Rz. 904 f.).

h) Fördermittel

Bei den Fördermitteln unterscheidet man im Wesentlichen zwischen Darlehen, Zuschüssen, Bürgschaften, Unternehmensbeteiligungen und Beratungen. Obwohl viele Unternehmer Zuschüsse als die interessanteste Form der Förderung ansehen, darf nicht verkannt werden, dass insbesondere bei geringem Eigenkapital und einem hohen Investitionsvolumen Zuschüsse allein das Problem der Kapitalbeschaffung nicht lösen können. Vielmehr ist eine optimale Kombination der Fördermaßnahmen zu wählen. 899

Bei allen Fördermaßnahmen sollte darauf geachtet werden, die Anträge rechtzeitig, d.h. vor Beginn der Maßnahme, zu stellen. Eine Finanzierung von bereits begonnenen Vorhaben erfolgt nicht. Die hier wiedergegebenen Förderprogramme stellen nur einen kleinen Ausschnitt möglicher Programme dar, die jedoch für viele Gründer Relevanz besitzen. Bei der Beantragung und Zusammenstellung von Förderungen sollte der Gründer auf Grund der Vielzahl an Fördermaßnahmen einen Berater hinzuziehen. 900

Einen Überblick über weitere Förderprogramme enthalten das Handbuch Investitionsförderung (Stollfuß Medien) und die Förderdatenbank des Bundesministeriums für Wirtschaft und Technologie (www.foerderdatenbank.de). 901

aa) Darlehen

Die Vergabe von staatlich geförderten Darlehen ist grundsätzlich an die Erfüllung bestimmter Kriterien geknüpft. Dabei sind die Richtlinien des jeweiligen Förderprogramms, z.B. Schaffung von Arbeitsplätzen oder Durchführung von Forschungs- und Entwicklungsvorhaben, einzuhalten. Leistungen staatlicher Kreditinstitute können aber i.d.R. nicht direkt vom Kreditnehmer in Anspruch genommen werden. Die Zwischenschaltung der Hausbank und deren Befürwortung des Vorhabens sind erforderlich. 902

Zu den durch die Kreditanstalt für Wiederaufbau (www.kfw.de) und einzelnen Bundesländer vergebenen Existenzgründerdarlehen zählen u.a.:

- ERP-Kapital für Gründung,
- ERP-Gründerkredit – StartGeld, ERP-Gründerkredit – Universell und
- ERP-Regionalförderprogramm.

bb) Bürgschaft

903 Die Existenz öffentlicher Darlehensprogramme bedeutet für viele Unternehmensgründer nicht, dass sie auch einen Kredit erhalten. Der Grund liegt häufig in mangelnden Sicherheiten der potenziellen Kreditnehmer. Für Darlehen, die keine eigenkapitalähnliche Funktion besitzen (das ERP-Kapital für Gründung weist eine solche Funktion auf), verlangt die Hausbank ausreichende Sicherheiten. Über diese verfügt ein Großteil der Existenzgründer, v.a. bei größeren Vorhaben, nicht. In diesen Fällen kann eine Ausfallbürgschaft einer Bürgschaftsbank (www.vdb-info.de) – eine Selbsthilfeeinrichtung der privaten Wirtschaft – Abhilfe schaffen. Normalerweise wird der Gründer bei der Beantragung von Darlehen durch die Hausbank auf Bürgschaftsprogramme hingewiesen.

cc) Zuschüsse

904 Zu den direkten Zuschüssen an den Gründer zählt der Gründungszuschuss der Agentur für Arbeit (§ 93 SGB III).

Der Gründungszuschuss kann Arbeitnehmern gewährt werden, die durch die Aufnahme einer selbständigen, hauptberuflichen Tätigkeit die Arbeitslosigkeit beenden, wenn der Arbeitnehmer:

- bei Aufnahme der selbständigen Tätigkeit über einen Anspruch auf Arbeitslosengeld von mindestens 150 Tagen verfügt;
- die Tragfähigkeit der Existenzgründung nachweist und
- seine Kenntnisse und Fähigkeiten zur Ausübung der selbständigen Tätigkeit darlegt.

Die Förderung erfolgt in zwei Phasen. In den ersten sechs Monaten nach der Existenzgründung wird der Zuschuss in Höhe des Arbeitslosengeldes zzgl. 300 € pro Monat gezahlt. Werden die bisherige Geschäftstätigkeit und hauptberufliche unternehmerische Tätigkeiten dargelegt, kann für weitere neun Monate ein Zuschuss i.H.v. monatlich 300 € gewährt werden (§ 94 SGB III).

Die Antragstellung muss vor Aufnahme der selbständigen Tätigkeit erfolgen. Eine erneute Förderung ist i.d.R. nach frühestens 24 Monaten seit dem Ende einer Förderung der Aufnahme einer selbständigen Tätigkeit möglich (§ 93 Abs. 4 SGB III). Auf Grund des noch mindestens 150 Tage betragenden Restanspruchs auf Arbeitslosengeld kann mit der Aufnahme der selbständigen Tätigkeit nicht mehr bis kurz vor Ablauf des Anspruchs auf Arbeitslosengeld gewartet werden. Der mit dem Gründungszuschuss geförderte Zeitraum wird dabei auf den verbleibenden Arbeitslosengeldanspruch angerechnet.

905 Neben diesem Zuschuss der Agentur für Arbeit, der vorrangig der Absicherung privater Ausgaben dient, bestehen weitere Förderungsmöglichkeiten bei der Einstellung arbeitsloser Arbeitnehmer, z.B. durch den Eingliederungszuschuss. Den Schwerpunkt bei den Investitionszuschüssen bildet die Gemeinschaftsaufgabe „Verbesserung der regionalen Wirtschaftsstruktur" (GRW).

dd) Unternehmensbeteiligungen

Junge Technologieunternehmen können über das Förderprogramm ERP-Startfonds der KfW Beteiligungskapital erhalten. Auf Grund der sehr speziellen Anforderungen des Beteiligungsprogramms kommt es nur für einen geringen Teil der Existenzgründer in Frage. Informationen sind auch beim Bundesverband Deutscher Kapitalbeteiligungsgesellschaften – German Private Equity and Venture Capital Association e.V. (www.bvkap.de) erhältlich. **906**

ee) Beratungen

Einen Zuschuss zu Gründungsberatungen können Existenzgründer über das Programm „Gründercoaching Deutschland" (www.kfw.de) erhalten. **907**

i) Soziale Absicherung, Mitgliedschaft

Neben den rein betrieblichen Vorgängen hat der Gründer weitere Entscheidungen zu treffen, die durch die Selbständigkeit an Bedeutung gewonnen haben. So scheidet er i.d.R. mit der Aufnahme einer unternehmerischen Tätigkeit aus der Zwangsmitgliedschaft in den Sozialversicherungszweigen aus und kann zwischen einer privaten oder gesetzlichen Absicherung wählen.[1] Seit dem 1.2.2006 besteht für Unternehmer die Möglichkeit, freiwillige Beiträge zur Arbeitslosenversicherung zu zahlen (§ 28a SGB III). Mit dem Gesetz zur Stärkung des Wettbewerbs in der gesetzlichen Krankenversicherung wurde eine allgemeine Krankenversicherungspflicht ab dem 1.1.2009 eingeführt. **908**

Bei der Mitgliedschaft in Kammern, Verbänden, Vereinen und anderen Organisationen ist zwischen einer Zwangs- und einer freiwilligen Mitgliedschaft zu unterscheiden. Für Gewerbetreibende besteht eine Pflichtmitgliedschaft in der IHK,[2] für Handwerker in der Handwerkskammer[3] sowie für einen Großteil der selbständig Tätigen in der jeweiligen Berufskammer (Ärztekammer, Rechtsanwaltskammer etc.). Die Mitarbeit in Organisationen kann zu einem Informationsvorsprung gegenüber der Konkurrenz führen. Darüber hinaus können sich positive geschäftliche Kontakte ergeben.

II. Bedeutung der Unternehmensplanung

Die Komplexität von Produktionsprozessen und sich schnell ändernden Umweltbedingungen erfordert eine systematische Planung des Unternehmensgeschehens sowohl von Existenzgründern als auch etablierten Unternehmen. Mit einer zielgerichteten Planung wird versucht, zukünftige Entwicklungen vorwegzunehmen und Handlungsmöglichkeiten aufzuzeigen. Somit ist die Unternehmensplanung zentrales Element der Unternehmensführung. **909**

Ausgehend vom Ist-Zustand analysiert man im Planungsprozess eine Vielzahl von Einflussfaktoren, um auf deren Grundlage Entscheidungen zu treffen, die zur Zielverwirklichung notwendig sind.

Gegenstand der Planung ist nicht zuerst die monetäre Bewertung von Prozessen, sondern vielmehr das Aufzeigen von Lösungsstrategien und -alternativen, die erst in **910**

---

1) Die Rechtsgrundlagen ergeben sich bei der Arbeitslosenversicherung aus §§ 24 bis 28a SGB III, bei der Krankenversicherung aus §§ 5–10 SGB V, bei der Rentenversicherung aus §§ 1 bis 7 SGB VI und bei der Pflegeversicherung aus §§ 20 bis 27 SGB XI.
2) Vgl. § 2 IHK-Gesetz; BVerwG v. 21.7.1998, 1 C 32/97, NJW 1998, 3510 ff.; ebenso BVerfG v. 7.12.2001, 1 BvR 1806/98, NVwZ 2002, 335.
3) Vgl. BVerwG v. 17.12.1998, 1 C 7/98, NJW 1999, 2292 ff.

einem späteren Planungsstadium zu bewerten sind. Die von der Planung zu unterscheidende Prognoserechnung hingegen gibt die Auswirkungen von erwarteten Ereignissen in einem definierten Zeitraum wieder und ist daher ein Hilfsmittel zur Bewertung von Handlungsalternativen.

Wesentliche Kennzeichen der Planung, die einen Teilbereich des Controllings darstellt, sind somit: **Zukunftsbezogenheit, Systematik**, Setzen von **Zielvorgaben**, Bestimmung und Festlegung von **Handlungsmaßnahmen**, Treffen von **Entscheidungen** und **Zielkontrolle**.

911 Grundsätzliche Unterschiede bestehen zwischen dem Planungsverhalten in großen und kleinen Unternehmen. Ein systematisches Planen, wie in Mittel- und Großbetrieben, ist bei Kleinunternehmen häufig nicht erkennbar. Planung erfolgt hier meistens kurzfristig, nämlich dann, wenn das zu lösende Problem bereits aufgetreten ist. Viele Probleme in kleineren Unternehmen sind durch eine systematische und nicht nur sporadisch ausgerichtete Planung vermeidbar.

Dies verdeutlicht, dass die Notwendigkeit einer Planung nicht erkannt wird oder der Unternehmer auf Grund fehlender Kenntnisse alleine mit der Planung überfordert ist. Hier kann ein Berater unterstützend tätig sein und zu einem positiven Gelingen beitragen.

1. Planungsausrichtung

a) Unternehmenspolitik

912 Den Rahmen aller Planungsschritte bildet die Unternehmenspolitik, die auch als Grundsatzplanung angesehen wird. Mit ihr werden allgemeine langfristige Ziele, Grundsätze und Verhaltensnormen des Unternehmens festgelegt. Das dadurch geschaffene originäre Wertesystem betrifft alle Bereiche der unternehmerischen Tätigkeit. Es beinhaltet auch Aussagen zum Verhalten gegenüber Kunden, Lieferanten, Mitarbeitern, Konkurrenten, der Gesellschaft oder zum Umweltbewusstsein. Als Teil der Unternehmenspolitik ist die Corporate Identity zu verstehen.

b) Planungsebenen

913 Kennzeichnend für die auf oberster Führungsebene angesiedelte **strategische Planung** ist die Festlegung der langfristigen Entwicklung des Unternehmens. Sie umfasst i.d.R. einen Zeitraum von fünf bis zehn Jahren und beinhaltet auch zentrale unternehmenspolitische Ziele. Insbesondere sollen Erfolgspotenziale sowie deren Nutzbarmachung aufgezeigt werden.

914 In der **operativen Planung** erfolgt die Umsetzung der Vorgaben aus der strategischen Planung. Dazu werden mögliche Maßnahmen auf ihre Auswirkungen hin untersucht und konkrete Aktivitäten beschlossen. Die operative Planung erfolgt wesentlich detaillierter als die strategische Planung und wird zwischen den Unternehmensbereichen abgestimmt. Der Planungszeitraum kann bis zu fünf Jahren betragen.

915 Die **taktische Planung** wird auf der untersten Planungsebene durchgeführt. Sie legt die Teilpläne der Bereiche fest und erfolgt i.d.R. monatlich. Sie setzt die operative Planung um. In diesem Planungsstadium werden z.B. Preise für die Güter und Dienstleistungen festgelegt, konkrete Werbemaßnahmen oder die Einstellung bestimmter Arbeitnehmer beschlossen. Eine strikte Trennung zwischen operativer und taktischer Planung ist jedoch nicht immer möglich. Gemeinsamkeit besteht darin, dass im Gegensatz zur qualitativen strategischen Planung mit quantifizierten Zielgrößen geplant wird.

2. Planungsvorbereitung und Analyse

a) Vorbemerkung

Die Planung beginnt i.d.R. mit der Idee oder Vision des Unternehmers, aus der sich die Unternehmensziele ableiten. Aufbauend auf der Analyse der gesammelten Informationen erfolgt die Planung der Unternehmensstrategien. Mithilfe der operativen und taktischen Planung werden die jeweiligen Maßnahmen auf der Bereichsebene festgelegt. Abschließend erfolgt die Kontrolle der erreichten Werte mit den Planzielen.

916

Da sich die Planung als ein kreativer Prozess darstellt, wird sie selten nach einem starren Prinzip ablaufen. Ständig neu hinzutretende Informationen und Erkenntnisse werden bewusst oder unbewusst in die weitere Planung einbezogen.

Die folgende Abbildung stellt den schematischen Ablauf der Planung dar:

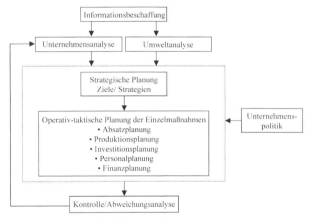

Abb. 1: Systematischer Planungsablauf

b) Vorbereitende Maßnahmen

In Abhängigkeit von der Größe des Unternehmens erfordert bereits die eigentliche Planung diverse Vorarbeiten. So müssen Informationen beschafft und bei größeren Vorhaben einheitliche Planungsrichtlinien entworfen werden.

917

aa) Informationsbeschaffung

Alle Planungsbereiche erfordern Informationen und bilden die Basis einer jeden Planung. Grundsätzlich steigt die Zuverlässigkeit der Planung, je vollkommener die Informationen und je sicherer die Zukunftserwartungen sind. Über vollständige Informationen, die Entscheidungen unter Sicherheit ermöglichen, verfügt der Unternehmensplaner regelmäßig nicht. Ebenso muss er prüfen, ob noch zu beschaffende Informationen den dazu erforderlichen Zeit- und Kapitalbedarf rechtfertigen.

918

Aussagefähigkeit der Informationen

919

Aus der Vielzahl der vorhandenen oder noch zu beschaffenden Daten müssen die für das Vorhaben relevanten Informationen selektiert werden. i.d.R. ist nicht die Quantität, sondern die Qualität der Informationen entscheidend. Dazu zählen beispielsweise:

- **Zukunftsrelevanz** (befindet sich z.B. eine Branche im Umbruch, besitzen Kennzahlen der Vorjahre relativ wenig Bedeutung),
- **Aktualität** (darauf ist besonders bei Branchenkennzahlen zu achten, da das veröffentlichte Zahlenmaterial häufig schon mehrere Jahre alt sein kann),

- **Regionalität** (nicht selten bestehen starke Strukturunterschiede zwischen Stadt und Land bzw. den einzelnen Bundesländern),
- weitgehende **Vollständigkeit** (einerseits sollte die Summe aller relevanten Informationen möglichst vollständig sein, andererseits auch die jeweilige Information selbst).

920 Primär- vs. Sekundärforschung

Sofern die Erhebung der Daten durch das Unternehmen selbst erfolgt, handelt es sich um Primärforschung. Beobachtung, Befragung und automatische Registrierung können als die Grundformen der Primärforschung angesehen werden. Beispiele dafür sind Testmärkte, Marktanalysen oder Kunden-/Lieferantenbefragungen (persönlich, schriftlich oder telefonisch). Wird hingegen ein anderes Unternehmen mit diesen Maßnahmen beauftragt oder auf bereits vorhandenes fremdes Informationsmaterial zurückgegriffen, liegt Sekundärforschung vor.

Die Vorteile der Primärforschung liegen in der schnelleren Reaktionszeit auf Veränderungen der Informationsbedürfnisse und dem aktiveren Auseinandersetzen mit dem jeweiligen Untersuchungsgegenstand.

Auf der anderen Seite bedingt die Primärforschung (zumindest im Absatzbereich) einen hohen zeitlichen Aufwand. Daneben setzt sie entsprechendes Fachwissen voraus, um qualitativ hochwertige Aussagen zu erhalten. Weiterhin können Marktforschungsinstitute auf Informationsquellen zugreifen, zu denen der Unternehmer keinen direkten Zugang besitzt.

921 Interne Informationsquellen

Als interne Informationsquellen sind alle Quellen innerhalb des Unternehmens anzusehen, unabhängig davon, ob die Daten ohnehin im Unternehmen erfasst oder ausschließlich zum Zweck der Informationsgewinnung erhoben werden. Dazu zählen insbesondere die Kostenrechnung und das Rechnungswesen. Aber auch andere nicht monetär messbare Informationen dürfen nicht vernachlässigt werden. So sprechen z.B. häufige Kundenreklamationen für eine schlechte Qualität bzw. mangelnden Service oder ein geringer Beschäftigungsgrad für Überkapazitäten.

922 Externe Informationsquellen

Zumindest im Anfangsstadium sind für den Existenzgründer interne Informationsquellen nicht verfügbar, da noch keinerlei eigenes Datenmaterial vorliegt. Daher wird der Existenzgründer auf externe, z.T. kostenpflichtige Informationsquellen zurückgreifen müssen. Dazu gehören insbesondere:

- Branchenkennzahlen, z.B. im Stollfuß Branchenhandbuch (Stollfuß Medien),
- Amtliche Statistiken, z.B. www.destatis.de,
- Veröffentlichungen von Kammern, Verbänden, Ministerien,
- Veröffentlichungen in Fachzeitschriften und Büchern,
- Mitteilungen in Zeitungen und Zeitschriften,
- Informationen aus früheren Arbeits-/Dienstverhältnissen,
- Veröffentlichungen von Markt- und Wirtschaftsforschungsinstituten, z.B. Gesellschaft für Konsumforschung (GfK), ifo Institut,
- Geschäftsberichte von Unternehmen, z.B. im Unternehmensregister einsehbar,
- Veröffentlichungen von Banken, Versicherungen etc.,
- Auskunfteien, z.B. Creditreform, Bürgel und
- Gutachten von mit der Informationsbeschaffung beauftragter Fremdfirmen.

bb) Planungsrichtlinien

Planungsrichtlinien werden v.a. dann benötigt, wenn mehrere Abteilungen oder Personen mit der Planung beauftragt sind. So verfügen mittlere und größere Unternehmen über eigene Planungsstellen oder -abteilungen. In kleineren Unternehmen liegt die Planung meistens in der Hand des Unternehmers. Dieser entwirft zwar nicht explizit Richtlinien, dennoch besitzt auch er ein bestimmtes Schema, nach dem seine Planung abläuft.

923

Auf Grund bestehender Allokationen zwischen den Unternehmensbereichen erfolgt die Planung nicht isoliert in den Abteilungen. Teil der Planungsrichtlinien ist auch die Koordinierung der einzelnen Aktivitäten. So ist die Planung des Wareneinkaufs oder des Personals nicht ohne entsprechende Informationen des Absatzes möglich.

cc) Planungsmethoden

Bei der **Top-down-Methode** erfolgt die Planung entsprechend der Unternehmenshierarchie von oben nach unten. Da jede untergeordnete Stelle die Vorgaben der übergeordneten Stelle umzusetzen hat, verringert diese zentralistische Vorgehensweise kosten- und zeitintensive Koordinierungsarbeiten. Die entgegengesetzte Planungsrichtung, von unten nach oben (**Bottom-up-Methode**), ist durch die Kumulierung der Planung der nächstniedrigeren Abteilungen gekennzeichnet. Eine Mischform aus der Top-down-Methode und der Bottom-up-Methode stellt das **Gegenstromverfahren** dar.

924

c) *Unternehmensanalyse*

Ziel der Unternehmensanalyse ist das Erkennen eigener Wertschöpfungspotenziale. Dazu stehen verschiedene Methoden zur Verfügung. Für Existenzgründer und kleinere Unternehmen sind diese jedoch nur bedingt geeignet, da sie bereits einen (umfangreichen) Geschäftsbetrieb voraussetzen.

925

Potenzialanalyse

926

In welchem Unternehmensbereich liegen welche Stärken und Ressourcen (z.B. Kapazität und Auslastungsgrad von technischen Anlagen, Stand der Forschung und Entwicklung, vorhandene Patente, verfügbare liquide Mittel)?

Stärken-/Schwächen-Analyse

927

Erfassen und Vergleichen der eigenen Stärken und Schwächen. Dazu werden die zu bewertenden Einheiten, wie z.B. Produktpalette, Qualität, Service, festgelegt und anschließend anhand eines Punktesystems bewertet. Die Stärken-/Schwächen-Analyse ermöglicht einen Vergleich mit konkurrierenden Unternehmen (Konkurrenzanalyse).

Kennzahlenanalyse

928

Unter Rückgriff auf Daten des internen und externen Rechnungswesens werden verschiedene Kennzahlen, z.B. zur Rentabilität, Produktivität oder Liquidität gebildet und mit Planvorgaben, Vergangenheitswerten oder Konkurrenzwerten verglichen.

Produktlebenszyklus-Analyse

929

Die Lebensdauer eines Produktes ist zeitlich begrenzt und vollzieht sich nach dem in Abb. 2 dargestellten Grundmuster. Kennt das Unternehmen die Stellung seiner eigenen Produkte im Lebenszyklus, kann es Strategien ableiten, um z.B. die Lebensdauer eines Gutes durch Produktinnovationen zu verlängern oder neue Verwendungsmöglichkeiten und Anwenderkreise zu erschließen. Ausgehend vom Kundennutzen muss ständig nach Verbesserungen gesucht werden.

Abb. 2: Produktlebenszyklus

930 Portfolioanalyse

Die ursprünglich aus dem Finanzmanagement stammende Portfolioanalyse wird dazu verwendet, Erfolgsbeiträge und Risiken einzelner strategischer Geschäftseinheiten (SGE) zu bestimmen und dadurch die Unternehmensressourcen vorrangig in die Bereiche zu leiten, in denen gute Marktaussichten und Wettbewerbsvorteile existieren. Dargestellt wird das Portfolio gewöhnlich als Matrix. Die wohl bekannteste Form ist diejenige der Boston Consulting Group (BCG), die u.a. auf der Erfahrungskurve aufbaut.

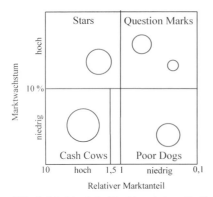

Abb. 3: Marktanteils-Marktwachstum-Portfolio der BCG

Der relative Marktanteil gibt dabei das Verhältnis des eigenen Marktanteils zum größten Konkurrenten wieder. Das Marktwachstum ist die erwartete Wachstumsrate in %. Die Grenze zwischen niedrigem und hohem Wachstum wird bei 10 % gesehen. Beim relativen Marktanteil liegt sie bei 1,5, d.h., der eigene Marktanteil beträgt 150 % des nächststärksten Konkurrenten. Die Größe der Kreise gibt den Umsatzanteil dieses Marktsegments am Gesamtumsatz wieder. Auf Grund der Positionierung innerhalb der Matrix lassen sich Normstrategien ableiten:

Cash Cows erwirtschaften einen hohen Cashflow, der in anderen SGE investiert werden kann. Auf Grund des geringen Wachstums sind kaum Investitionsausgaben notwendig.

Normstrategie: Haltestrategien, Abschöpfung der freigesetzten Mittel

Stars sind durch ein schnelles Wachstum und einen hohen Marktanteil gekennzeichnet. Der Cashflow ist bei einem hohen Kapitalbedarf negativ. Bei abnehmendem Wachstum entwickeln sie sich zu Cash Cows.

Normstrategie: Investitionsstrategien bzw. Haltestrategien

Die Entwicklungsrichtung der **Questions Marks** – i.d.R. Nachwuchsprodukte – ist noch offen. Auf Grund des geringen Marktanteils und hoher Wachstumsraten sind zusätzliche Finanzmittel erforderlich.

Normstrategie: Offensivstrategien, Investitionsstrategien, ggf. aber auch Defensivstrategie

Poor Dogs erzielen nur noch geringe Gewinne. Der Cashflow ist häufig negativ.

Normstrategie: Desinvestitionsstrategien

d) Umweltanalyse

aa) Markt- und Branchenanalyse

Das Erkennen von Umsatzsteigerungspotenzialen bei Alt- und Neukunden ist die wesentliche Aufgabe der Marktanalyse. Mit ihrer Hilfe werden alle relevanten Daten des eigenen Marktes, untergliedert nach Marktsegmenten, Produktgruppen etc., untersucht. Die Erhebung der Daten erfolgt entweder durch Primär- oder Sekundärforschung (→ 4 Rz. 920). Betrachtet werden sowohl quantitative (z.B. Marktvolumen, eigener Marktanteil, Absatzerwartungen, saisonale Entwicklung) als auch qualitative Merkmale (Warum kauft der Kunde genau dieses Produkt bei diesem Anbieter? Wie reagieren Kunden auf verkaufsfördernde Maßnahmen? Wie kann ein Ausweichen auf andere Produkte vermieden/erreicht werden?). 931

Neben dem eigenen Markt ist auch die Situation der gesamten Branche zu beobachten. Daraus lassen sich z.B. Rückschlüsse auf die zukünftige Entwicklung ziehen. Abhängig von der jeweiligen Branchensituation (aufstrebend, reif, schrumpfend) kann gezielt nach Nischen gesucht werden oder ein Rückzug aus dieser Branche angebracht sein.

bb) Konkurrenzanalyse

Ziel der Konkurrenzanalyse ist die Identifizierung, Erfassung und Auswertung von Informationen über bestehende und potenzielle Konkurrenten. Die Auswertung der erhobenen Daten erfolgt im Wesentlichen über eine Stärken-/Schwächen-Analyse (→ 4 Rz. 1162). Zu den zu ermittelnden Konkurrenzmerkmalen gehören z.B. Anzahl, Standorte, Marktanteil, Unternehmensgröße, Sortiment, Vertriebsnetz und Marketingaktivitäten. 932

cc) Umweltanalyse

Viele Rahmenbedingungen werden dem Unternehmen bereits durch das gesellschaftliche Umfeld vorgegeben. Auf diese kann sich das Unternehmen nur einstellen und sie selbst nicht verändern. Neben den gesetzlichen Umweltbedingungen (Wirtschaftsgesetze, Steuergesetze, Sozialgesetze, arbeitsrechtliche Regelungen, Umweltschutzvorschriften etc.), politische Bedingungen, der allgemeinen wirtschaftlichen Lage ist auch die gesellschaftliche Entwicklung von Bedeutung. 933

Im letzten Bereich, zu dem z.B. Einkommensniveau, Alter, Familienstand, Kaufgewohnheiten, Freizeit-, Umweltschutz- und Konsumverhalten gehören, bieten sich dem Unternehmer wohl die besten Chancen auf veränderte Kundenbedürfnisse einzugehen, um sich dadurch von der Konkurrenz abzuheben.

3. Bestimmung der Unternehmensziele

Oberstes Ziel einer jeden Unternehmung ist i.d.R. Gewinnmaximierung. Daneben existieren aber weitere gleichberechtigte oder untergeordnete Ziele. Vor allem bei Existenzgründungen stehen das Wachstum und eine gesicherte Liquidität im Vorder- 934 grund. Grundsätzlich müssen die Ziele realisierbar, durchsetzbar und kontrollierbar sein.

Monetäre Ziele: Gewinn, Umsatz, Kosten, Rentabilität, Cashflow, Deckungsbeitrag

Nicht monetäre Ziele: Prestige, Image, Qualität, Kundentreue, Service, Marktanteile, Erschließung neuer Märkte, soziales Ansehen

Die Planung der Ziele sollte möglichst konkret erfolgen und folgende Dimensionen enthalten:

- **Inhalt** – was soll erreicht werden?
- **Umfang** (Quantifizierung) – wie viel soll erreicht werden?
- **Zeit** – (bis) wann muss das Ziel erreicht werden?

Somit können später die Vorgaben überprüft und auf Abweichungen analysiert werden.

4. Strategienfindung und Maßnahmenplanung

935 Nach der Analyse der Ausgangsbedingungen und der Festlegung der Ziele kann mit der Planung der einzelnen Strategien und Maßnahmen begonnen werden. Die nachfolgende Betrachtungsweise orientiert sich dabei an einem funktionalen Aufbau.

Erfolgt die Planung nicht zentral an einer Stelle, ist sicherzustellen, dass in allen Bereichen alle notwendigen Informationen vorhanden sind, um eine koordinierte Planung zu gewährleisten.

Eine der schwierigsten Aufgaben der Planung ist die Suche nach den richtigen Strategien. Von ihnen hängt in entscheidendem Maße die Zukunft des Unternehmens ab. I. d. R. steht dem Planer eine Fülle von Strategien in allen Unternehmensbereichen zur Verfügung. Aufgabe des Planers ist es nun, unter den umsetzbaren Strategien diejenigen herauszufinden, die die Unternehmensziele am besten verwirklichen.

Die folgende Auswahl stellt nur einige Strategien dar.

a) Produkt-Markt-Matrix

936 Mit dem von Ansoff entwickelten Konzept der Lückenplanung werden die Bereiche Produkte und Märkte verknüpft. Im Ergebnis entstehen marktgerichtete Grundstrategien, die weiter zu konkretisieren sind.

Produkte \ Märkte	gegenwärtig	neu
gegenwärtig	Marktdurchdringung	Marktentwicklung
neu	Produktentwicklung	Diversifikation

Abb. 4: Produkt-Markt-Matrix nach Ansoff

Marktdurchdringung: Neukundengewinnung durch Abwerbung bei Konkurrenten oder bisherigen Nichtkonsumenten, Erhöhung der Verwendungsintensität

Marktentwicklung: Erschließung neuer Märkte (regional, international)

Produktentwicklung: komplett neue Produkte, Ergänzung der Produktpalette

Diversifikation: horizontal (Erweiterung der Wertschöpfungskette um neue Geschäftseinheiten, die in Bezug zu den bisherigen Produkten stehen, um Synergieeffekte zu erzielen), vertikal (Ausdehnung der Tätigkeit auf vor- oder nachgelagerte Produktionsstufen, z.B. durch Aufkauf von Zulieferern), lateral (Neuentwicklung von Produkten ohne Bezug zur bisherigen Tätigkeit)

b) Wettbewerbsgerichtete Strategien

Im Rahmen der Planung muss das Unternehmen festlegen, wo es sich auf dem Markt positionieren will. Auf dieses Ziel müssen alle Unternehmensbereiche ausgerichtet werden. Da es bei vielen Unternehmen diese Ausrichtung nicht gibt oder das angestrebte Ziel nicht erreicht werden kann, erzielen sie nur niedrige Gewinne. Diese Probleme haben vorrangig mittelgroße Unternehmen, da sie nicht über die Kostenführerschaft verfügen, aber andererseits für Marktnischen zu groß sind.

937

Es lassen sich drei Grundrichtungen bestimmen:

Kostenführerschaft: Verfolgung einer klaren Niedrigpreisstrategie (z.B. im Bereich der Haushaltselektronik).

Nischenstrategie: Ausnutzung von kleinen Teilmärkten, um dort qualitativ hochwertige Produkte abzusetzen. Die Unternehmen verfügen über Spezialkenntnisse und sind meist innovativ ausgerichtet.

Differenzierung: Kombination aus Preisführerschaft und Nischenstrategie. Hochwertige Leistungen werden zu hohen Preisen abgesetzt.

c) Normstrategie im Produktlebenszyklus

Ausgehend von den Phasen des Produktlebenszyklus (→ 4 Rz. 929) lassen sich folgende Normstrategien ableiten:

938

	Markteinführung	Marktwachstum	Marktreife	Marktsättigung	Marktdegeneration
Preispolitik	hoher Preis	hoher Preis, wenig Variation	Preisvariation	Preisvariation	fester Preis
Werbepolitik	sehr bedeutend	bedeutend	noch bedeutend	weniger bedeutend	unbedeutend
Produktpolitik	Produkt unverändert	leichte Modifikation, Behebung von Mängeln	Attraktivität steigern mit Produkt verbessern/differenzieren	Attraktivität steigern mit Produkt verbessern/differenzieren	Neuprodukte (Substitute) drängen in den Markt
Strategie	Kreation eines neuen Marktes	Ausdehnung des Marktvolumens	Kampf um Marktanteile, Bildung von Markentreue bei Kunden	Kampf um Marktanteile	Aufrechterhaltung eines Rumpfmarktes

Abb. 5: Marketingpolitik im Produktlebenszyklus

5. Bereichsbezogene Planung

a) Absatzplanung

Die Absatzplanung, die auch als Marketingplanung im engeren Sinn gilt, ist zentrales Element der Unternehmensplanung. In den westlichen Industriestaaten haben sich die meisten Märkte zu Käufermärkten entwickelt. Das heißt, für das Unternehmen stellt der Absatz den Engpassfaktor dar. Daher ist die gesamte Planung an den Bedürfnissen der Kunden marktorientiert auszurichten.

939

aa) Ablauf

940 Anhand der Umweltanalyse (→ 4 Rz. 931 ff.) wird das Absatzpotenzial nach produktbezogenen, räumlichen, zeitlichen und kundenspezifischen Gesichtspunkten ermittelt. Mithilfe des eigenen Marktanteils und der unter → 4 Rz. 926 ff. dargestellten Analysen wird der eigene Umsatz prognostiziert. Darauf aufbauend erfolgen die detaillierte Erstellung des Absatzplans und die Abstimmung mit anderen Unternehmensbereichen.

bb) Marketing-Mix

941 Unter Marketing-Mix versteht man die Kombination von Marketingmaßnahmen, die darauf gerichtet sind, die angestrebten Marketingziele am besten umzusetzen. Dabei ist die Auswahl der richtigen Marketinginstrumente auf Grund der Vielzahl möglicher Kombinationen, wegen zeitlicher und sachlicher Interdependenzen sowie Synergieeffekten nicht einfach. Darüber hinaus sind Unterschiede im Kosten-Nutzen-Verhältnis zu beachten.

Zu den klassischen vier Elementen zählen die:

– Produktpolitik: Sortiment, Qualität, Marke, Service.

– Kontrahierungspolitik: Preisgestaltung, Liefer- und Zahlungsbedingungen.

– Distributionspolitik: Absatzkanäle, Logistik.

– Kommunikationspolitik: Werbung, Öffentlichkeitsarbeit, Verkaufsförderung.

b) Produktions-/Fertigungsplanung

942 Die Planung in diesem Bereich befasst sich mit allen Fragen der Produktion/Fertigung. Zu den Hauptaufgaben zählt die Festlegung

– des Fertigungsprogramms: **Was** soll produziert werden?

– der Fertigungsmenge: **Wie viel** soll produziert werden (Gesamtmenge, Losgröße)?

– der Fertigungszeitpunkte: **Wann** soll produziert werden?

– des Produktionsprozesses: **Wie und womit** soll produziert werden?

Die zu fertigenden Produkte besitzen einen wesentlichen Einfluss auf die gesamte unternehmerische Entwicklung. Das Absatzprogramm bestimmt daher maßgeblich Art und Menge der Produkte. In diesem Zusammenhang ist auch die Frage zu beantworten, ob die (Teil-)Produkte selbst hergestellt oder von Fremdfirmen bezogen werden (Make-or-buy-Entscheidung). Im Wesentlichen hängt dies von Faktoren, wie Verfügbarkeit vergleichbarer Produkte, Kosten, Produktionskapazität oder Unabhängigkeit von Lieferanten, ab.

943 Neben einem reibungslosen Ablauf der Produktion ist auch die Gewährleistung des wirtschaftlichen Umgangs mit den Ressourcen des Unternehmens Aufgabe der Produktions-/Fertigungsplanung. Ein Hauptproblem ist häufig die hohe Kapitalbindung im Fertigungsbereich. Sie verursacht einerseits Zinsaufwendungen, die das Unternehmensergebnis belasten, andererseits wird Kapital gebunden, das in anderen Bereichen benötigt wird. Daher gehört zu den Aufgaben der Produktions-/Fertigungsplanung auch die Suche nach einer kostengünstigeren Produktion (verbesserte Verfahren, höhere Kapazitätsauslastung, schnellere Durchlaufzeiten).

Die Vorteile einer hohen Kapazitätsauslastung (z.B. Mehrschichtbetrieb) liegen nicht nur in einer verringerten Kapitalbindung (statt drei werden nur noch zwei Maschinen angeschafft). Gleichzeitig amortisieren sich die Investitionen schneller und wirken einer technischen Überalterung der Produktionsanlagen entgegen.

Als weiterer wichtiger Aspekt der Fertigungsplanung trägt die Qualitätssicherung zur Kundenzufriedenheit bei und erfolgt daher bereits während der Fertigung. Dadurch können auch frühzeitig Fehler entdeckt und beseitigt werden. Zur Qualitätssicherung zählt auch die Einhaltung von Fertigungs- und Lieferterminen, denn nicht rechtzeitige Fertigstellung bedeutet nicht nur Unzufriedenheit bei den Kunden, sondern ggf. auch Vertragsstrafen bei der Auftragsfertigung.

c) Beschaffungs- und Lagerplanung

Aufbauend auf den Vorgaben der Absatz- und Fertigungsplanung erfolgt die Planung des Beschaffungsbereichs. Nach der Art der Güter unterscheidet man zwischen Roh-, Hilfs-, Betriebsstoffen, Halbfabrikaten und Handelswaren.

Das eigentliche Sachziel – die Bereitstellung der für die Produktion erforderlichen Güter – hat ebenfalls unter Wirtschaftlichkeitsgesichtspunkten zu erfolgen. So sollte aus Rentabilitäts- und Liquiditätsgründen der Materialbestand möglichst niedrig sein. Die Ermittlung der optimalen Bestellmenge wird jedoch häufig von anderen Erwägungen und Zielsetzungen erschwert, weil z.B. lange Lieferzeiten zu berücksichtigen oder Einkäufe nur saisonal möglich sind.

Der Nutzen einer umfassenden und detaillierten Planung aller Materialbeschaffungen steht in keinem sinnvollen Verhältnis zu ihren Kosten. Mit der ABC-Analyse versucht man, aufbauend auf der Erfahrung, dass eine kleine Anzahl von Materialarten häufig einen hohen Anteil des gesamten Materialwertes verkörpert, die Planungsintensität entsprechend anzupassen. Die Analyse, Planung und Kontrolle ist bei den A-Gütern am intensivsten ausgeprägt, da sie innerhalb der Materialplanung das stärkste wirtschaftliche Gewicht besitzen.

	A-Güter	B-Güter	C-Güter
Anteil am Gesamtverbrauchswert	70–80 %	10–20 %	5–10 %
Anteil an Gesamtverbrauchsmenge	10–20 %	20–30 %	60–70 %

Abb. 6: ABC-Analyse in der Materialplanung

6. Bereichsübergreifende Planung

a) Personalplanung

Das Personal trägt wesentlich zum Erfolg eines Unternehmens bei. Im Rahmen der Personalbedarfsplanung sind Faktoren in qualitativer, quantitativer, zeitlicher und örtlicher Hinsicht zu berücksichtigen. Die Planung erfolgt i.d.R. auf Bereichsebene, da das Personal in den einzelnen Unternehmensbereichen unterschiedliche Aufgaben erfüllt und somit nicht beliebig austauschbar ist.

Insbesondere bei der Personalbeschaffung, der innerbetrieblichen Umsetzung und der Personalkostenplanung (mit zunehmender Qualifikation steigt auch die Vergütung) spielen qualitative Faktoren eine wichtige Rolle. In quantitativer Hinsicht sind sichere Veränderungen (Pensionierung, Kündigung) und statistisch zu erwartende Ausfälle (Krankheit, Mutterschaft) sowie Urlaub und Weiterbildung in die Planung einzubeziehen.

Motivation und Leistungsbereitschaft der Arbeitnehmer sind Voraussetzungen einer erfolgreichen Planumsetzung. Aus diesem Grund muss das Vergütungssystem die richtigen Anreize setzen. Da die Arbeitnehmer als Individuen unterschiedliche Ansprüche besitzen, lassen sich jedoch keine allgemeingültigen Aussagen treffen. Die Höhe des Gehalts wird aber i.d.R. die Leistungsbereitschaft bestimmen. Als weitere monetäre Anreize kommen Erfolgsbeteiligungen oder betriebliche Sozialleistungen infrage. Zu den nichtmonetären Anreizen, die in ihrer Bedeutung nicht zu unterschätzen sind, zählen z.b. Aufstiegsmöglichkeiten, Urlaubsanspruch, Betriebsklima, Fortbildungsmöglichkeiten, Arbeitsinhalt oder Arbeitsplatzsicherheit.

949 Drei Grundformen des Lohns lassen sich unterscheiden:

950 Zeitlohn

Ausgehend von einer Normalleistung wird ein Stundenlohn (Arbeiter) oder Monatsgehalt (Angestellte) festgelegt. Zwischen der erbrachten Leistung und dem gezahlten Lohn besteht keine direkte Beziehung (Ausnahme Fließbandfertigung). Der Nachteil dieser Entlohnungsform liegt in den mangelnden Leistungsanreizen, da der Lohn auch bei Unterschreiten der Normalleistung gezahlt wird. Die Gewährung einer Leistungszulage kann dem entgegenwirken. Angebracht ist Zeitlohn dennoch bei Tätigkeiten:

- die eine hohe Sorgfalt, Qualität und Gewissenhaftigkeit erfordern,
- deren Ergebnisse schwer messbar sind, wie z.b. dispositive Arbeiten, Büroarbeiten oder solche, die Kreativität erfordern und
- die gefährlich sind, um keinen Zeitdruck zu erzeugen.

951 Akkordlohn

Der Akkordlohn als leistungsabhängige Lohnform wird als Zeitakkord (pro Stück wird eine bestimmte Zeit vorgegeben und vergütet) oder Geldakkord (pro Stück wird ein bestimmter Betrag vergütet) angewendet. Neben dem Akkordlohn kann auch ein Mindestlohn vereinbart werden. Voraussetzungen für die Einführung eines Akkordlohns sind die Akkordfähigkeit und Akkordreife der Arbeit. Vorteile dieser Lohnform liegen in einem höheren Leistungsanreiz. Im Unterschied zu den variablen Lohnstückkosten beim Zeitlohn sind Lohnstückkosten beim Akkordlohn konstant und bilden somit eine bessere Kalkulationsbasis.

952 Prämienlohn

Der Prämienlohn als weitere Form einer leistungsabhängigen Lohnform setzt sich aus Grundlohn und Prämie zusammen. Er wird v.a. dann angewendet, wenn die Voraussetzungen für einen Akkordlohn nicht gegeben sind. Die Bezugsgröße, an der sich die Prämie bemisst, kann sowohl quantitativer als auch qualitativer Art (für gute Qualität, geringe Ausschussquote) sein. Anwendbar ist der Prämienlohn somit nicht nur im Fertigungsbereich. Die Prämie kann in Abhängigkeit von den zu erreichenden Zielen linear, degressiv oder progressiv bemessen werden. Die über die Normalarbeit hinausgehende Mehrleistung wird zwischen Arbeitnehmer und Unternehmen aufgeteilt. Dadurch sind für das Unternehmen fallende Lohnstückkosten bei gleichzeitig steigendem durchschnittlichem Stundensatz des Arbeitnehmers möglich.

b) Investitionsplanung

953 Investitionen bilden in den Unternehmen eine wesentliche Grundlage der Leistungserbringung. Eine Investitionsentscheidung bindet i.d.R. Kapital für einen langen Zeitraum und legt in Abhängigkeit vom Investitionsobjekt das Leistungsspektrum des Unternehmens fest. Unter Berücksichtigung knapper Kapitalmittel kommt somit der Investitionsentscheidung eine besondere Rolle zu, da Entscheidungen im Investitionsbereich nicht oder nur schwer revidierbar sind. Die Investitionsplanung erfolgt in enger Abstimmung mit der Finanzierungsplanung.

aa) Investitionsarten

954 Unter Investitionen im engeren Sinne werden Anschaffungen des materiellen Anlagevermögens verstanden. In diesem Bereich liegt gewöhnlich auch der Schwerpunkt der Investitionstätigkeit. In den nachfolgenden Ausführungen folgt der Investitionsbegriff jedoch einer weiten Auslegung. Zu den Investitionen gehören alle Vermögenswerte, in die Kapital fließt und die dem Unternehmen nicht nur kurzfristig dienen, unabhängig von ihrer Bilanzierungsfähigkeit. Eine Einteilungsmöglichkeit besteht in der Art der angeschafften Vermögensgegenstände.

Die Unterscheidung der verschiedenen Investitionsarten ist während der Planung aus mehreren Gründen sinnvoll:

Bilanz-/Gewinn- und Verlust-Planung 955

Die unterschiedlichen Investitionsausgaben führen auch in der Ergebnisplanung zu unterschiedlichen Wertansätzen. Während das abnutzbare Anlagevermögen grundsätzlich mit seinen planmäßigen Abschreibungen in der GuV Berücksichtigung findet, wirken sich die Ausgaben für nicht abnutzbares Anlagevermögen, Umlaufvermögen und Finanzinvestitionen erst dann im Gewinn und damit steuerpflichtigen Ergebnis aus, wenn eine Wertminderung eintritt bzw. die Wirtschaftsgüter veräußert werden (§ 6 Abs. 1 Nr. 1 und 2 EStG; Ausnahme: Umlaufvermögen bei Gewinnermittlung nach § 4 Abs. 3 EStG). Immaterielle Investitionen können unter bestimmten Voraussetzungen als Aktivposten in der Bilanz angesetzt werden (§ 248 Abs. 2 HGB), ansonsten stellen sie sofort abziehbare Aufwendungen dar.

Sicherheiten/Darlehen 956

In Abhängigkeit von der Investitionsart stellen die Investitionen Vermögenswerte dar, die als Sicherheiten bei der Darlehensbeschaffung dienen und Einfluss auf die Höhe des Zinssatzes haben.

Fördermittel 957

Die Gewährung von Fördermitteln setzt das Erfüllen der jeweiligen Richtlinien voraus. Je nach Schwerpunkt des Fördermittels werden nur bestimmte Investitionen unterstützt, z.B. die Anschaffung von Grundstücken, Maschinen oder die Forschung und Entwicklung. Im Rahmen staatlicher Fördermaßnahmen ist teilweise auch eine Unterscheidung in Erst-, Ersatz- oder Erweiterungsinvestitionen erforderlich.

bb) Investitionsrechnung

Nachdem die Ausgangslage analysiert und verschiedene Investitionsobjekte zur Verfügung stehen, werden diese auf ihre technische und wirtschaftliche Eignung geprüft. Die wirtschaftliche Beurteilung erfolgt mit Verfahren der Investitionsrechnung. Dazu gehören folgende Methoden: 958

Statische Verfahren	Dynamische Verfahren	Simultanmodelle
Kostenvergleichsrechnung	Kapitalwertmethode	Modellansätze des Operations Research
Gewinnvergleichsrechnung	Annuitätenmethode	
Rentabilitätsrechnung (RoI)	Interne Zinsfußmethode	
Amortisationsrechnung	Endwertmethode	

Abb. 7: Verfahren der Investitionsrechnung

c) Finanzplanung

Die Finanzplanung und die Finanzierung stehen in einem engen Verhältnis zueinander. Unter Finanzierung ist vorrangig die Beschaffung von Kapital zu verstehen, welches dem Unternehmen für Investitionen zur Verfügung steht. Durch Finanzpläne werden die erwarteten zukünftigen finanziellen Zahlungsströme der einzelnen Unternehmensbereiche zusammengeführt. Aus der Finanzplanung lässt sich somit bei einer Kapitalunterdeckung ein weiterer Finanzierungsbedarf ableiten. 959

aa) Sinn und Zweck der Finanzplanung

960 Die Hauptaufgabe der Finanzplanung besteht in der Sicherung der jederzeitigen Zahlungsfähigkeit (Liquiditätsfunktion). Daneben soll sie aufzeigen, wann und in welcher Höhe zusätzliches Kapital dem Unternehmen zuzuführen ist bzw. eine nicht rentable Überkapazität an Kapital besteht. Obwohl der Finanzplan selbst einen Teilplan darstellt, kommt ihm durch die bestehenden wechselseitigen Abhängigkeiten zu den anderen Unternehmensbereichen eine besondere Koordinierungsfunktion zu.

Erfolgt die Finanzplanerstellung in Anlehnung an die GuV-Planung, müssen dem Ergebnis alle nicht liquiditätswirksamen Aufwendungen, wie z.b. Abschreibungen oder Erhöhung der Rückstellungen, hinzugerechnet werden, um den Cashflow zu ermitteln. Entsprechend sind die sich aus der Bilanzplanung ergebenen Mittelverwendungen, wie z.b. die Anschaffung von Anlagevermögen, Zunahme von Forderungen, Abnahme von Verbindlichkeiten oder Gewinnausschüttungen, die keinen Niederschlag in der GuV finden, abzuziehen. Sinnvollerweise wird die GuV-, Bilanz- und Finanzplanung simultan vorgenommen.

bb) Budgetierung

961 Unter einem Budget wird die verbindliche wertmäßige Vorgabe für eine bestimmte organisatorische Einheit innerhalb einer Planungsperiode verstanden. Das Gesamtbudget erhält man aus der Summe der Teilbudgets (Produktionsbudget, Personalbudget etc.). Die im Allgemeinen aus der operativen Planung abgeleiteten Budgets können den einzelnen Funktions- oder Objektbereichen entweder als starre oder flexible Budgets zugewiesen werden.

cc) Steuerplanung

962 Die laufende Steuerplanung kann im Zuge der Bilanz-/GuV-Planung erfolgen. Stehen jedoch Entscheidungen an, die nicht zum laufenden Geschäftsablauf gehören, z.B. der Umzug des Unternehmens in eine andere Gemeinde (Hebesatz für die Gewerbesteuer), größere Investitionen oder Betriebsstätten im Ausland, empfiehlt sich spätestens dann einen Steuerberater hinzuzuziehen, sofern das Unternehmen nicht über eine eigene Steuerabteilung verfügt.

III. Plankontrolle als Steuerungsinstrument

1. Beziehung zwischen Planung, Kontrolle und Controlling

963 Unter Controlling wird im Wesentlichen die Unterstützung der Unternehmensführung durch die Koordination von Planung, Kontrolle und Informationsvermittlung gesehen. Ein einheitliches Controlling-Konzept hat sich allerdings bis heute nicht herausgebildet. Die Koordinationsfunktion des Controllings verdeutlicht, dass die einzelnen Unternehmensbereiche nicht isoliert voneinander betrachtet, sondern aufeinander abgestimmt werden müssen. Auf Grund der engen Verknüpfung zwischen Planung und Kontrolle gilt dies hier in besonderem Maße. Einerseits liefert die Kontrolle Informationen zur Verbesserung der Planung. Andererseits stellt die Planung Vergleichswerte für die Kontrolle bereit.

2. Aufgaben und Funktionen der Kontrolle

964 Die grundlegende Aufgabe der Kontrolle besteht in der Ermittlung und Analyse von Abweichungen gegenüber einem bestimmten Wertesystem, z.B. der Planung oder Branchenkennzahlen. Grundsätzlich können dabei alle Bereiche des Unternehmens einbezogen werden. Ebenso wie die Planung kann die Kontrolle auf strategischer und/

oder operativ-taktischer Ebene erfolgen. Die dafür erforderlichen Daten sind von den einzelnen Unternehmensbereichen, insbesondere der Kosten- und Leistungsrechnung, zur Verfügung zu stellen.

Die durch die Kontrolle gewonnenen Erkenntnisse erfüllen mehrere Funktionen. Zum einen soll durch die Abweichungsanalyse das Management eine genauere Informationsbasis für künftige Planungs- und Entscheidungsprozesse erhalten (**Entscheidungsfunktion**). Die Informationen erfüllen diese Funktion aber nur dann, wenn in der Zukunft Entscheidungen bei gleichen oder ähnlichen Sachverhalten anstehen. Handelt es sich hingegen um einen einmaligen Unternehmensvorgang, so besitzt die Kenntnis um die Abweichung keine Relevanz für die Zukunft. 965

> **Beispiel:**
> Bei der Materialkalkulation eines Produkts wurde bisher mit Verschnitt i.H.v. 8 % gerechnet. Tatsächlich liegt der Verschnitt aber technisch bedingt 5 % über der Planung. Sofern in der Zukunft dieses Produkt weiter produziert wird, ist mit einer Quote von 13 % zu planen.

Zum anderen dient die Kontrolle der Steuerung und Beeinflussung fremder Entscheidungen (**Verhaltenssteuerungsfunktion**). So bestehen in einem Unternehmen i.d.R. Zielkonflikte zwischen der Unternehmensleitung und weiteren Entscheidungsträgern (z.B. Bereichsleitern). Darüber hinaus sind die im Unternehmen vorhandenen Informationen unterschiedlich verteilt (asymmetrische Informationsverteilung). Bereichsleiter verfügen in ihrem Bereich gewöhnlich über einen höheren Informationsstand als das Management und können diesen Informationsvorsprung zur Verwirklichung eigener Zielsetzungen nutzen. Daher muss die Unternehmensführung so auf die Entscheidungen der Bereichsleiter (fremde Entscheidungsträger) einwirken, dass diese sich stärker an den Zielsetzungen der Gesamtunternehmung orientieren, z.B. indem sie Planabweichungen zu vertreten haben. Die Kontrolle ist dabei aber nicht alleiniges Mittel der Verhaltenssteuerung, sondern wird durch weitere Maßnahmen, wie z.B. erfolgsabhängige Vergütung, ergänzt. 966

3. Abweichungsanalyse

a) Festlegung des Kontrollumfangs

Bevor mit der eigentlichen Analyse begonnen werden kann, sind einige grundsätzliche Festlegungen zu treffen: 967

– **Was** soll kontrolliert werden? Es sind die zu prüfenden Sachverhalte bzw. Vorgänge festzulegen. Die Kontrolle kann dabei vollständig erfolgen oder nur Teilbereiche, z.B. einzelne Kostenstellen oder Kostenarten, umfassen.

– **Wann** und **wie oft** sollen Kontrollen stattfinden? Sie können planmäßig wöchentlich, monatlich etc. oder aber aus besonderem Anlass (z.B. Abschluss eines Großprojekts) erfolgen.

– **Welche** Sollgröße wird mit den Istwerten verglichen? In Abhängigkeit vom Kontrollzweck kommen verschiedene Sollgrößen infrage. Zu den häufigsten zählen Planwerte, Istwerte vergangener Perioden oder Branchenkennzahlen. Entsprechend der Vor- bzw. Nachteile der jeweiligen Sollgröße kann auch ein Vergleich mit mehreren Sollgrößen erfolgen. Die Festlegung des Kontrollumfangs muss dabei unter Beachtung des Kosten-Nutzen-Verhältnisses erfolgen. Um eine Vergleichbarkeit der Soll- mit den Istwerten zu gewährleisten, müssen beide Werte denselben sachlichen Inhalt besitzen.

b) Analyseverfahren

Aus der Gegenüberstellung der Soll- und Istwerte ergibt sich, sofern die Werte nicht identisch sind, eine Abweichung. Ausgehend von der Kontrollaufgabe ist zu ermitteln, 968 warum eine Abweichung vorliegt. Dazu ist eine Zerlegung der Gesamtabweichung in Einzelabweichungen erforderlich. Aber selbst wenn keine Gesamtabweichung vorliegt, können Einzelabweichungen vorliegen, die sich gegenseitig aufheben. In Abhängigkeit von ihrer Entstehungsursache unterscheidet man zwischen Preis-, Mengen- und Beschäftigungsabweichungen. Eine Aufsplittung der Gesamtdifferenz in Einzelabweichungen ist bei additiver Verknüpfung der einzelnen Kosten unproblematisch, z.B. setzen sich die Kosten einer Kostenstelle aus der Summe der Kostenarten zusammen. Wesentlich komplizierter ist die Aufsplittung bei nicht additiver Verknüpfung.

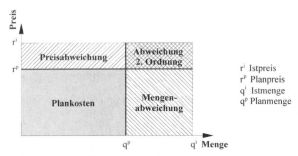

Abb. 8: Preis- und Mengenabweichung

Da in diesem Fall keine eindeutige Zuordnung möglich ist, werden in der Praxis verschiedene Methoden angewandt. Die Wahl der Methode hängt von der Funktion der Kontrolle ab. Zu den verbreitetsten Methoden zählen die differenzierte, die alternative, die kumulative, die symmetrische und die Min-Methode. Im folgenden Beispiel wird die Zerlegung anhand der differenzierten und der kumulativen Methode bei einer multiplikativen Verknüpfung der Kosten dargestellt.

Beispiel:

Die Planung sieht bei der Fertigung den Einsatz von 120 Einheiten zu einem Stückpreis von 90 vor. Die Feststellung der Istwerte ergibt einen Verbrauch von 150 Einheiten zu je 100. Aus der Differenz zwischen den Istkosten (100 × 150 = 15 000) und den Plankosten (90 × 120 = 10 800) ergibt sich die Gesamtabweichung (4 200).

Aufteilung bei differenzierter Methode

Eine Aufteilung der Abweichung 2. Ordnung erfolgt bei dieser Methode nicht.

Preisabweichung:	(100 - 90) × 120 =	1 200
Mengenabweichung;	90 × (150 - 120) =	2 700
Abweichung 2. Ordnung:	(100 - 90) × (150 - 120) =	300

Aufteilung bei kumulativer Methode

In Abhängigkeit von der Reihenfolge der Zurechnung auf die einzelnen Einflussgrößen ergeben sich unterschiedliche Einzelabweichungen.

Abspaltung zuerst nach der Preisabweichung

Preisabweichung:	100 × 150 - 90 × 150 =	1 500
Mengenabweichung:	90 × 150 - 90 × 120 =	2 700

Abspaltung zuerst nach der Mengenabweichung

Mengenabweichung:	100 × 150 - 100 × 120 =	3 000
Preisabweichung:	100 × 120 - 90 × 120 =	1 200

c) Fehlerquellen

Grundsätzlich lassen sich Abweichungen in beeinflussbare (betriebsinterne Faktoren) und nicht beeinflussbare Abweichungen (meist externe Faktoren wie z.b. die allgemeine Wirtschaftsentwicklung) einteilen. Da beeinflussbare Abweichungen vermeidbar oder zumindest bedingt vermeidbar sind, gilt es diese zu erkennen und zu minimieren.

969

In Abhängigkeit von den die Abweichung verursachenden Fehlern, die nicht nur in der eigentlichen Ausführung, sondern auch in der Planung oder Kontrolle selbst liegen können, sind durch die Unternehmensführung entsprechende Korrekturen vorzunehmen. Dies geschieht z.B. durch eine Anpassung des Budgets, Überarbeitung von Plänen oder Beseitigung von Unwirtschaftlichkeiten. Wesentlich für das Treffen richtiger Entscheidungen ist die richtige Interpretation der Abweichungen. So führen z.B. unterlassene Wartungsarbeiten vorerst zu einer Reduktion der Kosten, aber in späteren Perioden zu erhöhten Reparaturaufwendungen.

IV. Typische Planungsfehler

In der folgenden Übersicht werden in der Praxis häufig vorzufindende Fehler und Mängel in der Planung und Kontrolle dargestellt:

970

Mangel	Folgen	Notwendige Maßnahme
Planvorgaben nicht realisierbar	Demotivation der Mitarbeiter, da Zielvorgaben nicht erreichbar sind.	Überarbeitung der Planvorgaben mit realistischen Werten, ggf. Rücksprache mit den betroffenen Abteilungen
Prognose statt Planung	Eigentliche Planung (Lösungsstrategie) fehlt; es wird erst nach Lösung gesucht, wenn das Problem akut ist (Ad-hoc-Planung).	Ausarbeitung von Lösungsansätzen, Alternativplänen, Szenarien etc.
Unvollständige Informationen	Gefahr von Fehlentscheidungen (z.B. Ausbleiben von Einnahmen, da Nachfrage überschätzt und Ausgaben unterschätzt wurden.	Bessere Umwelt- und Unternehmensanalyse
Nur kurz- bis mittelfristige Planung/keine Planungskontinuität	Langfristige Probleme werden nicht erkannt, obwohl offensichtlich (z.B. das Einsetzen von Darlehenstilgung bei anfangs tilgungsfreien Krediten)	Erweiterung der Planung auf längere Zeiträume; permanente Überarbeitung der Pläne; rollierende Planung
Fehlende Kenntnisse der Planungstechnik	Planung ist unvollständig und fehlerhaft.	Hinzuziehung von Fachkräften
Unzureichende Abstimmung der Bereichspläne	Unternehmensbereiche arbeiten aneinander vorbei (z.B. Werbung für ein neues Produkt wird zu spät betrieben)	Verbesserung der Koordination, ggf. Verantwortliche festlegen

Mangel	Folgen	Notwendige Maßnahme
Unzureichende Verbindlichkeit und Kontrolle der Planung	Nichteinhaltung des Plans; erhöhte Kosten; Abweichungen können nicht den Verursachern zugeordnet werden; weitere Planung geht von fehlerhaften Voraussetzungen aus.	Verbesserung des Berichtswesens/Controllings; Abweichungsanalysen; Beratung mit den Verantwortlichen
Unterschätzung des Zeitaufwands bei der Unternehmensgründung	Verzögerungen bei Aufnahme der Unternehmensaktivitäten; zusätzliche Kosten z.B. durch Personal oder Mieten, obwohl noch wesentliche Betriebsgrundlagen fehlen.	Rechtzeitiger Planungsbeginn; Hinzuziehung von Fachkräften
Unzureichende Flexibilität	Auf veränderte Umwelt- und Unternehmensbedingungen kann nur schwer reagiert werden.	Alternativpläne; Erweiterung der Angebotspalette; Schaffung von Anpassungsmöglichkeiten

Finanzierung von mittelständischen Unternehmen

von Prof. Dr. Bert Kaminski

INHALTSÜBERSICHT   Rz.

I. Einleitung 971–977
II. Vorteilhaftigkeitsvergleich. 978–1015
   1. Überblick 978–979
   2. Zuflusszeitpunkt 980–982
   3. Berücksichtigung von Wertminderungen 983–1004
   4. Behandlung von Veräußerungsgewinnen (bei Erwerb nach dem 1.1.2009) . 1005–1009
   5. Quellensteuern. 1010
   6. Vorteilhaftigkeitsvergleich 1011–1015
III. Möglichkeiten zur Innenfinanzierung 1016–1023
   1. Gewinnthesaurierung 1016
   2. Finanzierung über Rückstellungen und Abschreibungen 1017–1020
   3. Umschichtung von Vermögen 1021–1022
   4. Zwischenfazit. 1023
IV. Überlegungen zur Außenfinanzierung 1024–1046
   1. Häufiger Ausfall der Kreditfinanzierung über Banken. 1024
   2. Einlagenfinanzierung durch den Gesellschafter 1025–1030
   3. Alternative Finanzierungsformen 1031–1046
      a) Wirtschaftsgutfinanzierung auf Ebene des Gesellschafters mit anschließender Vermietung 1031–1036
      b) Darlehensgewährung durch den Gesellschafter 1037–1038

	Rz.
c) Begründung einer atypisch stillen Gesellschaft.	1039–1041
d) Einsatz von typisch stillen Gesellschaften bzw. partiarischen Darlehen . .	1042–1046
aa) Typisch stille Gesellschaft	1042–1044
bb) Partiarische Darlehen	1045–1046
V. Qualifikation als Steuerstundungsmodell?	1047–1050
VI. Zusammenfassung	1051

I. Einleitung

Der Begriff der Finanzierung ist in der Betriebswirtschaftslehre nicht einheitlich definiert. Vielmehr wird ein teilweise unterschiedliches Begriffsverständnis verwendet. Beispielhaft seien die folgenden Definitionen genannt: **971**

– *„Der Begriff ‚Finanzierung' wird lediglich auf die Komponenten der Finanzwirtschaft bezogen, die sich als Mittelbeschaffung... darstellt; er soll hierbei aber möglichst umfassend herangezogen werden. D. h., dass sämtliche in einem bestimmten Zeitpunkt t (praktisch: Tag) stattfindenden Einzahlungen als Finanzierungsakte dieses Zeitpunktes angesehen werden. Es kann sich in diesem Zusammenhang um Bareinlagen im Rahmen eines Beteiligungsverhältnisses oder um die Inanspruchnahme von Zahlungsmitteln aus einem Kreditverhältnis handeln. In beiden Fällen ist die buchtechnische Auswirkung auf das künftige Bilanzbild, sofern bis zum nächsten Rechnungsabschluss keine Rückzahlungen vorgesehen sind, grundsätzlich bekannt; finanzwirtschaftlich kommt es aber primär auf Höhe und Zeitpunkt des tatsächlichen Mittelzuflusses an."* [1]

– *„Irgendeine Handlung für das Unternehmen, (die, der Verf.) durch einen zusätzlichen Zahlungsstrom gekennzeichnet ist, der mit Einnahmenüberschüssen beginnt und später Ausgaben- und Einnahmenüberschüsse in einzelnen Zahlungszeitpunkten erwarten lässt."* [2]

– *„In diesem Buch wird der Begriff der Finanzierung als Kapitalbeschaffung im weitesten Sinne verstanden. Finanzierung in diesem Sinne ist die Bereitstellung von finanziellen Mitteln jeder Art einerseits zur Durchführung der betrieblichen Leistungserstellung und Leistungsverwertung und andererseits zur Vornahme bestimmter außerordentlicher finanztechnischer Vorgänge wie z.B. Gründung, Kapitalerhöhung ...."* [3]

– *„Finanzierung umfasst alle zur Aufrechterhaltung des finanziellen Gleichgewichts der Unternehmung erforderlichen Maßnahmen."* [4]

Im Folgenden wird unter dem Begriff der Finanzierung die **Bereitstellung von Mitteln** zur Durchführung unternehmerischer Investitionen verstanden.[5]

Nach der **Herkunft** der Mittel wird zwischen Innen- und Außenfinanzierung unterschieden: Innenfinanzierung erfolgt durch Thesaurierung von Gewinnen im Unter- **972**

---

1) Köhler, ZfB 1969, 447 f.
2) Schneider, Investition, Finanzierung und Besteuerung, 7. Aufl., Wiesbaden 1992, 21, an veränderte Rechtschreibregeln angepasst.
3) Wöhe/Bilstein/Ernst/Häcker, Grundzüge der Unternehmensfinanzierung, 10. Aufl., München 2009, 5.
4) Süchting, Finanzmanagement, 6. Aufl., Wiesbaden 1995, 18, an veränderte Rechtschreibregeln angepasst.
5) Vgl. statt vieler Wöhe, Einführung in die Allgemeine Betriebswirtschaftslehre, 25. Aufl., München 2013, 472; Schneider, Investition, Finanzierung und Besteuerung, 7. Aufl., Wiesbaden 1992, 10 ff.

nehmen oder durch Bindung von Erlösen über Aufwendungen, denen keine zeitgleichen Auszahlungen gegenüberstehen (Finanzierung aus Abschreibungen oder Rückstellungen). Außenfinanzierung ist die Bereitstellung von Eigenkapital oder Fremdkapital von außerhalb des Unternehmens. Die folgende Abbildung systematisiert diese Differenzierung.

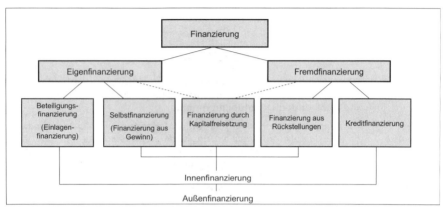

Quelle: Perridon/Steiner/Rathgeber, Finanzwirtschaft der Unternehmung, 16. Aufl., München 2012, 390.

973 Die weiteren Überlegungen gehen auf ausgewählte Finanzierungsmöglichkeiten für mittelständische Unternehmen und die hiermit verbundenen steuerlichen Implikationen ein. Zielsetzung ist es dabei, Finanzierungsformen aufzuzeigen, die unter Berücksichtigung der mit ihnen verbundenen betriebswirtschaftlichen und steuerlichen Folgen eine möglichst kostengünstige Finanzierung erlauben. Hingegen wird auf die Begrenzungen zum Abzug von Finanzierungskosten infolge der Zinsschranke (→ 4 Rz. 1951 ff.) oder die Regelungen des § 4 Abs. 4a EStG nicht eingegangen.[1]

974 Auf Grund der Folgen der Wirtschafts- und Finanzmarktkrise hat sich die Kreditvergabepraxis vieler Banken dramatisch geändert. Die Bundesregierung geht davon aus, dass sich dadurch die Kreditaufnahmebedingungen für Unternehmen verschärft haben.[2] Die Regelungen zur Eigenkapitalunterlegung von ausgereichten Krediten durch Banken („Basel III")[3] verschlechtern diese Lage weiter. Einerseits sind Banken gem. § 18 KWG verpflichtet, bei einer Darlehenssumme von mehr als 750 000 € die Bonität des Schuldners besonders zu überprüfen. Andererseits besteht nach den AGB der Banken für diese die Möglichkeit, bei einer Verschlechterung der Bonität des Schuldners eine Verstärkung von Sicherheiten zu verlangen.[4] Können diese nicht erbracht werden, ist die Bank zu einer außerordentlichen Kündigung des Darlehens berechtigt. Gleichzeitig sehen sich viele Unternehmen mit einer verschlechterten Zahlungsbereitschaft und -fähigkeit ihrer Kunden konfrontiert. Der Rückgang der Auftragseingänge hat die finanzielle Situation weiter verschärft. Bei vielen Unternehmen zeigt sich darüber hinaus die Notwendigkeit zu leistungswirtschaftlichen Sanierungsmaßnahmen (häufig verbunden mit der Anpassung der Beschäftigtenzahl). Diese Faktoren führen zu erheblichem zusätzlichem Kapitalbedarf. Da deutsche Unternehmen

---

1) Vgl. hierzu eingehend z.B. Kaminski/Strunk, Einfluss von Steuern auf unternehmerische Entscheidungen, 2. Aufl., Wiesbaden 2012, 309 ff., m.w.N.
2) Vgl. BT-Drucks. 17/1857, 2.
3) Quelle: http://www.bis.org/publ/bcbs189.pdf.
4) Nr. 13 AGB-Banken, https://bankenverband.de/media/file/40000_0214_oL_Muster.pdf.

traditionell durch Bankdarlehen finanziert sind (→ 4 Rz. 1024), erweist sich die Schwächung dieser Finanzierungsquelle als besonders schwerwiegend.

Die steuerlichen Folgen unterschiedlicher Finanzierungsalternativen sind von einer Vielzahl von Faktoren abhängig. Von besonderer Bedeutung sind hierbei die Rechtsform des Kapitalgebers und -nehmers, die nationalen und internationalen Steuervorschriften, die erwarteten Unternehmensergebnisse sowie die Ansässigkeit des Kapitalgebers. Im Folgenden wird unterstellt, dass die Beteiligten ausschließlich in der Bundesrepublik Deutschland ansässig sind und damit ausschließlich die inländischen steuerlichen Vorschriften einen Einfluss auf Finanzierungsentscheidungen entfalten. 975

Kapitalgeber führen bei einer Investitionsentscheidung regelmäßig eine sog. Nachsteuerbetrachtung durch, die entstehende steuerliche Mehr- oder Minderbelastungen berücksichtigt. Folglich muss ein Kapital suchendes Unternehmen sich nicht nur mit der steuerlichen Behandlung des aufgenommenen Kapitals und der hierfür gezahlten Vergütungen auseinandersetzen, sondern auch mit der Frage der Besteuerung beim Kapitalgeber. Nur so ist sichergestellt, dass eine gesellschaftsrechtliche und/oder schuldrechtliche Finanzierungsform gewählt wird, die sich für den potentiellen Kapitalgeber steuerlich als vorteilhaft erweist, so dass dieser bereit ist, sich hieran zu beteiligen. 976

Die zunehmende Komplexität der steuerrechtlichen Vorschriften sowie deren hohe Änderungsgeschwindigkeit machen es erforderlich, entsprechende steuerliche Überlegungen nicht nur einmalig, sondern laufend durchzuführen. Nur dadurch wird es möglich, wirtschaftliche Schäden infolge einer „falschen" Finanzierung zu vermeiden. Hieraus können weitere Nachteile entstehen, wenn es nicht möglich ist, die gewählte Finanzierungsstruktur an die veränderten Rahmenbedingungen anzupassen oder dies nur unter Inkaufnahme hoher Kosten erfolgen kann. Entscheidet sich ein Unternehmen zu einer langfristigen Finanzierung, so ist es erforderlich, die (steuerlichen) Risiken im Vorfeld abzuschätzen. Die Höhe dieser Nachteile gibt zugleich einen Anhaltspunkt für den Umfang möglicher Transaktionskosten (z.B. in Form einer Vorfälligkeitsentschädigung), wenn geprüft wird, ob aus der bestehenden Finanzierungsstruktur in eine andere – nunmehr als vorteilhaft identifizierte – Form gewechselt werden soll. Hierbei können z.T. überraschende gesetzliche Neuregelungen oder eine veränderte Rechtsprechung zu u. U. elementar anderen steuerlichen Rahmenbedingungen führen. Dies erschwert die Überlegungen zur steuerlichen Optimierung weiter. Folglich sind solche Gestaltungen zu bevorzugen, die vergleichsweise einfach an veränderte Bedingungen angepasst werden können. 977

II. Vorteilhaftigkeitsvergleich

1. Überblick

Im Rahmen von Finanzierungsentscheidungen sind rechtliche Aspekte und wirtschaftliche Überlegungen zu berücksichtigen. Diese beziehen sich insbesondere auf die Laufzeit, Verzinsung, Haftung, Stellung im Insolvenzfall, Kontrolle und der Behandlung bei einer Beendigung des Engagements sowie den Gesellschaftern zur Verfügung stehenden Finanzmitteln. 978

Die Dauer der Kapitalüberlassung ist v.a. für den Kapitalgeber von besonderer Bedeutung. Die Überlassung von Eigenkapital ist regelmäßig unbefristet und kann oftmals nur unter erheblichen wirtschaftlichen Verlusten beendet werden. Ursächlich hierfür sind insbesondere bei Kapitalgesellschaften die Kapitalerhaltungsvorschriften, die eine Ausschüttung des Nennkapitals verhindern sollen.[1] Folglich ist eine Rückgewähr der Einlagen nicht ohne Weiteres möglich und regelmäßig mit erheblichen Haftungsrisiken oder zumindest zu beachtenden formalen Anforderungen verbunden. Für den Investor ist die Möglichkeit, sich von seinem Engagement zu einem selbst bestimmten Zeitpunkt zu lösen, ein wesentliches Entscheidungskriterium. Deshalb sind Beteiligungen an börsennotierten Gesellschaften besonders attraktiv. Bei ihnen führt die Übertragung von Anteilen nicht zu einem Kapitalabfluss beim Unternehmen. Bedeutung hat ferner die generelle Möglichkeit der Veräußerung von Anteilen an Gesellschaften.

979 Sowohl aus der Sicht des zu finanzierenden Unternehmens als auch des Kapitalgebers ist der mit der Finanzierung verbundene Vermögensabfluss bzw. der Vermögenszuwachs nach Steuern das entscheidende Kriterium. Insoweit stellen Steuerzahlungen und deren Vermeidung einen Gestaltungsparameter für die Optimierung der Unternehmensfinanzierung dar. Für die Unternehmen steht hierbei die Erlangung von steuerlich möglichst vollständigen abzugsfähigen Betriebsausgaben zu einem möglichst frühen Zeitpunkt im Vordergrund. Dies gilt nicht nur für die Zinsen, sondern insbesondere auch für das Damnum, die Bereitstellungskosten sowie Vermittlungskosten. Den Kapitalgeber interessiert v.a. die Frage nach der Steuerbarkeit der Erträge aus der Kapitalüberlassung, dem ggf. anzuwendenden Steuersatz, dem Besteuerungszeitpunkt, den Möglichkeiten des steuermindernden Abzugs von Refinanzierungsaufwendungen und den eingetretenen oder zu erwartenden Wertminderungen. Da einige steuerliche Vorteile nur bestimmten Kapitalgebern, z.B. Privatpersonen,[2] zustehen, kann dies ein Grund sein, nicht nur die traditionellen Wege der Bankfinanzierung in Anspruch zu nehmen. Vielmehr bietet es sich an, Alternativen zu prüfen.

2. Zuflusszeitpunkt

980 Vor dem Hintergrund der Zielsetzung einer Gewinnmaximierung nach Steuern kommt der Frage besondere Bedeutung zu, wie eine Besteuerung der Kapitalüberlassungsentgelte beim Kapitalgeber erfolgt. Bei **privaten Anlegern** gilt grundsätzlich das Zuflussprinzip. Folglich sind Zahlungen, die für das Eigen- oder das Fremdkapital des Unternehmens geleistet werden, erst steuerlich zu erfassen, wenn der Anleger hierüber wirtschaftlich verfügen kann. Dies ist typischerweise beim Zufluss der Geldbeträge i.S.d. § 11 EStG gegeben. Diejenigen Kapitalanleger, die ihre Beteiligungen an der Gesellschaft bzw. ihre Forderung gegenüber dieser im **Betriebsvermögen** halten und ihren Gewinn nach § 4 Abs. 1 bzw. § 5 EStG ermitteln, müssen eine Erfassung nach den allgemeinen bilanziellen Grundsätzen vornehmen. Folglich wird nicht auf den Zahlungszeitpunkt, sondern auf die Begründung des Anspruchs abgestellt. Hierbei ist bei Dividenden der Zeitpunkt der Beschlussfassung durch die Gesellschafterversammlung der ausschüttenden Gesellschaft von entscheidender Bedeutung.[3]

981 Die Besteuerung bei Beendigung des Engagements folgt in zeitlicher Hinsicht der steuerlichen Behandlung der laufenden Erträge. Allerdings besteht bei Anteilen im Sinne von § 17 EStG eine Besonderheit: Abweichend vom Zufluss-Abfluss-Prinzip gilt der vereinbarte Kaufpreis unabhängig von der tatsächlichen Zahlung bereits zum Zeitpunkt des Vertragsabschlusses als steuerpflichtig zugeflossen.[4] Hierunter fallen Anteile im Privatvermögen, bei denen eine Beteiligung von mindestens 1 % am

---

1) Vgl. § 30 GmbHG und für die AG das Verbot jeglicher Einlagenrückgewähr (§ 57 Abs. 1 und 2 AktG), das prinzipielle Verbot, eigene Aktien zu erwerben (§§ 71 bis 71e AktG) und das Verbot, vor Auflösung der AG mehr als den Bilanzgewinn als Dividende auszuschütten (§ 57 Abs. 3 AktG).
2) Vgl. etwa den Abgeltungsteuersatz des § 32d EStG.
3) Vgl. BFH v. 7.8.2000, GrS 2/99, BStBl II 2000, 632.
4) Vgl. BFH v. 2.10.1984, VIII R 20/84, BStBl II 1985, 428.

gezeichneten Kapital der Gesellschaft besteht oder innerhalb der letzten fünf Jahre bestand. Dies ist insbesondere bei Veräußerungen unter Sicherungseinbehalt zur Absicherung des Käufers hinsichtlich der Einhaltung von Garantieversprechen seitens des Verkäufers wichtig. Hiermit können erhebliche Liquiditätseffekte verbunden sein, weil eine Besteuerung des gesamten vereinbarten Betrages erfolgt und nicht nur des ausgezahlten Betrags.

Beispiel:

Der Käufer des Unternehmens ist bereit, für eine 20 %ige Beteiligung an einer Kapitalgesellschaft dem Veräußerer einen Gesamtkaufpreis von 20 Mio. € zu bezahlen. Zum Zeitpunkt des Vertragsabschlusses wird ein Betrag von 10 Mio. € überwiesen. Den restlichen Kaufpreis begleicht der Käufer in zwei Raten von jeweils 5 Mio. € in den beiden Folgejahren. Die Beteiligung befand sich bisher im Privatvermögen.

Obwohl der Verkäufer im Zeitpunkt des Vertragsabschlusses erst über einen Betrag von 10 Mio. € verfügt, hat eine Besteuerung des Gewinns bereits in Höhe der Differenz zwischen den 20 Mio. € und den Anschaffungskosten der Beteiligung zu erfolgen. Dies ist unabhängig davon, dass der Zufluss erst in den Folgejahren eintreten wird. Kommt es beispielsweise auf Grund der Verletzung von Garantieversprechen nicht zur Zahlung des ursprünglich vereinbarten Kaufpreises, wird die Steuerfestsetzung des Veräußerungsjahres geändert. Hieraus resultiert dann eine Steuererstattung. Dieses steuerlich unliebsame Ergebnis ließe sich zwar grundsätzlich dadurch vermeiden, dass die Beteiligung nicht sofort in vollem Umfang erworben wird, sondern zunächst 10 % und in den folgenden beiden Jahren jeweils 5 %, doch wird dies in aller Regel gerade nicht den wirtschaftlichen Interessen von Käufer und Verkäufer entsprechen.

Erfolgt die Überlassung von Fremdkapital, sind die hierfür gezahlten Zinsen im Zuflusszeitpunkt i.S.v. § 11 EStG zu besteuern (Privatvermögen) bzw. zum Zeitpunkt der Entstehung des Anspruchs als Forderung zu aktivieren (Betriebsvermögen). **982**

3. Berücksichtigung von Wertminderungen

Da häufig nicht vollständig ausgeschlossen werden kann, dass die unternehmerische Betätigung nicht zum gewünschten Erfolg führt, stellt sich die Frage, inwieweit sich hiermit verbundene Wertminderungen steuerlich auswirken können. Diese sollen die wirtschaftlichen Auswirkungen der Vermögensschäden begrenzen, indem zumindest eine steuerliche Berücksichtigung des Wertrückgangs erfolgt. Hierbei ist zwischen der Beteiligung, einem ggf. vom Gesellschafter gewährten Darlehen und ggf. zur Nutzung durch die Gesellschaft überlassene Wirtschaftsgüter zu differenzieren. **983**

Bei **Beteiligungen an Kapitalgesellschaften**, die von natürlichen Personen in einem Betriebsvermögen gehalten werden, kommt es zu einer Berücksichtigung der Wertminderungen, sofern eine voraussichtliche Dauerhaftigkeit gegeben ist. Hierbei hat eine Abgrenzung gegenüber einer bloßen Wertschwankung zu erfolgen. Eine solche Dauerhaftigkeit soll vorliegen, wenn der aktuelle Teilwert den planmäßigen Restbuchwert während eines erheblichen Teils der Nutzungsdauer im Unternehmen nicht mehr erreichen wird[1] oder aus der Perspektive am Bilanzstichtag auf Grund objektiver Anzeichen ernstlich mit einem Anhalten der Wertminderung gerechnet werden muss.[2] Auch nach Auffassung der FinVerw soll es entscheidend darauf ankommen, ob die Gründe für die Wertminderung voraussichtlich anhalten werden.[3] Bei börsennotierten Anteilen ist von einer voraussichtlich dauerhaften Wertminderung auszugehen, wenn der Börsenkurs am Bilanzstichtag unter die Anschaffungskosten gesunken ist und zum Zeitpunkt der Bilanzerstellung keine konkreten Anhaltspunkte für eine baldige Wertaufholung vorliegen.[4] Etwas anderes soll nur dann gelten, wenn sich der **984**

---

1) Vgl. BFH v. 14.3.2006, I R 22/05, BStBl II 2006, 680.
2) Vgl. BFH v. 23.4.2009, IV R 62/06, BStBl II 2009, 778.
3) Vgl. nunmehr auch BMF v. 16.7.2014, IV C 6-S 2171-b/09/10002, BStBl I 2014, 1162, Rz. 11.
4) Vgl. BFH v. 26.9.2007, I R 58/06, BStBl II 2009, 294.

Kursverlust innerhalb einer Bagatellgrenze von 5 % bewegt.[1] Allerdings will der BFH bei „Informationsineffizienzen" bei der Bildung des Börsenkurses (wie z.b. äußerst geringe Umsätze des jeweiligen Wertpapiers) eine Einzelfallbetrachtung der Gründe für die Kursschwankungen vornehmen.[2]

985 Es kann steuerbilanziell eine Abschreibung auf den Teilwert der Beteiligung erfolgen.[3] Allerdings ist der Abschreibungsbetrag – als Differenz zwischen dem bisherigen Buchwert und dem Teilwert – nur i.H.v. 60 % ergebniswirksam. § 3c Abs. 2 EStG führt zu einer einkommenserhöhenden außerbilanziellen Korrektur i.H.v. 40 % dieses Differenzbetrags. Entsprechendes gilt, wenn die Anteile im Privatvermögen gehalten werden, aber die Beteiligungsschwelle des § 17 Abs. 1 EStG von mindestens 1 % überschritten ist. Allerdings erfolgt in diesem Fall die Berücksichtigung der Wertminderung erst zum Zeitpunkt der Realisierung der Verluste, also beim Verkauf oder der Verwirklichung eines Tatbestands, der diesem steuerlich gleichgestellt ist. Hingegen scheidet eine Teilwertabschreibung aus.[4]

986 Im Privatvermögen gehaltene Beteiligungen, bei denen die Beteiligungshöhe nicht mindestens 1 % am gezeichneten Kapital beträgt, können erst zum Zeitpunkt der Realisierung des Verlustes durch Verkauf steuermindernd geltend gemacht werden. Für die Behandlung dieser Veräußerungsverluste enthält § 20 Abs. 6 Satz 5 EStG eine Sonderregelung. Diese dürfen nicht nach Maßgabe des § 20 Abs. 6 Satz 2 EStG mit den anderen Einkünften aus Kapitalvermögen ausgeglichen werden. Vielmehr kann lediglich ein Ausgleich mit positiven Veräußerungsgewinnen erfolgen. Werden solche im laufenden Veranlagungszeitraum nicht erzielt, erfolgt ein – zeitlich unbeschränkter – Verlustvortrag, so dass die Veräußerungsverluste von den künftigen Veräußerungsgewinnen abgezogen werden. Durch eine gesonderte Feststellung dieser Verluste wird die verfahrensrechtliche Grundlage für die spätere Nutzung geschaffen.

987 Infolge des Systemwechsels bei der Besteuerung von im Privatvermögen gehaltenen Anteilen im Rahmen der Einführung der Abgeltungsteuer zum 1.1.2009 ist eine Sonderregelung zu beachten. Da bis zu diesem Wechsel Veräußerungsgewinne aus Beteiligungen im Rahmen des § 23 EStG angefallen sind, ist denkbar, dass Stpfl. noch über vorzutragende Verlustvorträge aus dem Verkauf von Anteilen von weniger als 1 % des Nennkapitals verfügen. Diese waren nach altem Recht lediglich mit anderen Einkünften aus § 23 EStG ausgleichsfähig, aber nicht in den allgemeinen Verlustausgleichs- bzw. -abzugsmechanismus einzubeziehen. § 20 Abs. 6 Satz 1 EStG sieht deshalb vor, dass die nach der Verrechnung i.S.d. § 43a Abs. 3 EStG verbleibenden positiven Einkünfte aus Kapitalvermögen zunächst mit Verlusten aus privaten Veräußerungsgeschäften nach Maßgabe des § 23 Abs. 3 Satz 9 und 10 EStG, also Verlusten aus privaten Veräußerungsgeschäften, die bis einschließlich 2008 entstanden sind, zu verrechnen.[5] Damit wird es dem Stpfl. ermöglicht, diese Verluste vorrangig vor anderen Verlusten aus Kapitalvermögen auszugleichen. Damit wird dem Umstand Rechnung getragen, dass die Altverluste aus § 23 EStG lediglich bis einschließlich VZ 2013 vorgetragen werden konnten (vgl. § 52a Abs. 11 EStG).

988 Bei **Fremdkapital**, das aus dem Betriebsvermögen einer natürlichen Person gewährt wurde, können Wertminderungen ergebniswirksam berücksichtigt werden, wenn sie voraussichtlich dauerhaft sind. Streitig war, in welchem Umfang sich diese Abschreibung steuerlich auswirken kann. Die FinVerw vertrat hierzu zunächst die Auffassung,

---

1) Vgl. BFH v. 21.9.2011, I R 89/10, BFH/NV 2012, 306 für Aktien und für Aktienfonds BFH v. 21.9.2011, I R 7/11, BFH/NV 2012, 310.
2) Vgl. BFH v. 21.9.2011, I R 89/10, BFH/NV 2012, 306.
3) Vgl. § 6 Abs. 1 Nr. 2 Satz 2 und 3 EStG.
4) Vgl. BFH v. 12.6.1978, GrS 1/77, BStBl II 1978, 620.
5) Vgl. auch BMF-Schreiben v. 9.10.2012, IV C 1-S 2252/10/10013, BStBl I 2012, 953, Rz. 118 f., mit entsprechenden Berechnungsbeispielen.

dass infolge von § 3c Abs. 2 EStG nur eine 60 %ige Berücksichtigung möglich sei.[1] Dem ist der BFH mit Urteil vom 18.4.2012[2] entgegengetreten. Er trennt zwischen dem Darlehen und den hierfür zu zahlenden Zinsen und der Beteiligung sowie evtl. Dividenden. Da die Zinsen vollumfänglich der Besteuerung unterliegen, geht er davon aus, dass auch evtl. Wertverluste nicht von § 3c Abs. 2 EStG erfasst werden. Hierfür sprach auch, dass eine dem § 8b Abs. 3 Satz 4 ff. KStG vergleichbare Regelung im EStG nicht enthalten ist. Dies gilt auch für den Fall, dass ein Darlehen als „kapitalersetzend" zu qualifizieren ist, also eine zu geringe Ausstattung der Gesellschaft mit Eigenkapital ausgleicht. Die FinVerw schloss sich später zunächst dieser Auffassung an.[3]

Allerdings hat der Gesetzgeber auf diese Rechtsprechung mit dem „Gesetz zur Anpassung der Abgabenordnung an den Zollkodex der Union und zur Änderung weiterer steuerlicher Vorschriften"[4] reagiert. Dies geschah durch eine Ergänzung des § 3c Abs. 2 EStG. Diese sieht vor, dass das anteilige Abzugsverbot auch dann gilt, wenn die Steuerpflichtige Betriebsvermögensminderungen oder Betriebsausgaben im Zusammenhang mit einem Darlehen oder der Gewährung von Sicherheiten für ein Darlehen an die Kapitalgesellschaft hat. Dies setzt jedoch voraus, dass der Steuerpflichtige unmittelbar oder mittelbar **zu mehr als einem Viertel** am Grund- oder Stammkapital der Kapitalgesellschaft beteiligt ist. Liegt diese Voraussetzung nicht vor, bleibt es bei der bisherigen Rechtslage. Ferner hat der Steuerpflichtige die Möglichkeit den Nachweis zu erbringen, dass unter ausschließlicher Berücksichtigung der Sicherheiten der Kapitalgesellschaften fremde Dritte dieses Darlehen ebenfalls gewährt hätten sowie die Möglichkeit, den Nachweis der Fremdüblichkeit der Vergütung zu führen.[5] Gelingt dieser Nachweis, kann ein umfassender Abzug erfolgen. Allerdings dürfte sich dies in der Praxis als schwierig erweisen, zumal häufig mehrere Gesellschafter-Darlehen bestehen und damit ein isoliertes Abstellen auf nur ein Darlehen nicht sachgerecht wäre.

989

Dieser Grundtatbestand wird erweitert, um Forderungen aus Rechtshandlungen, die einer Darlehensüberlassung wirtschaftlich vergleichbar sind. Hierunter fallen insbesondere alle Fälle einer sog. Betriebsaufspaltung, bei denen keine fremdübliche Vergütung erfolgt. Allerdings erfasst die Regelung auch alle anderen fremdunüblichen Vergütungen für die Überlassung von Wirtschaftsgütern. Bereits bei Gestaltung der Vereinbarung sollte sehr sorgfältig überlegt werden, wie der Nachweis der Fremdüblichkeit der Vereinbarung erbracht werden kann. Schließlich ist § 3c Abs. 2 EStG nur anwendbar, wenn eine Fremdunüblichkeit gegeben ist. Allerdings ist dieser Nachweis schwierig, insbesondere bei der Überlassung von mehreren Wirtschaftsgütern. Daher besteht hier ein nicht unerhebliches Risiko für künftige Betriebsprüfungen.

990

Diese Regelungen sind für Wirtschaftsjahre anzuwenden, die nach dem 31.12.2014 beginnen.[6] Daher sollte für den Abschluss 2014 bzw. 2014/15 eine Abschreibung erwogen werden. Dies fällt nicht in den Anwendungsbereich des § 3c Abs. 2 EStG n.F. Sie sind offensichtlich in enger Anlehnung an die Vorgaben in § 8b Abs. 3 Sätze 4 ff. (→ **4** Rz. 996) KStG verfasst worden. M.E. kann deshalb zu ihrer Auslegung grundsätzlich auf diese Vorschriften zurückgegriffen werden.

991

Befindet sich die Forderung hingegen im Privatvermögen, kann sich eine Wertminderung erst im Zeitpunkt der Realisierung des Wertverlustes auswirken. Dies ist z.B. zum

992

---

1) Vgl. BMF-Schreiben v. 8.11.2010, IV C 6–S 2128/07/10001, 2010/0805444, BStBl I 2010, 1292, Nr. 2.
2) BFH v. 18.4.2012, X R 5/10, BFH/NV 2012, 1358.
3) Vgl. BMF v. 23.10.2013, IV C 6–S 2128/07/100001, 2013/0935028, BStBl I 2013, 1269.
4) Vom 22.12.2014, BGBl. I 2014, 2417.
5) Vgl. zum Nachweis der Fremdüblichkeit das alte BMF-Schreiben vom 8.11.2010, IV C 6–S 2128/07/10001, BStBl I 2010, 1292. Ob diese Anforderungen zutreffen, ist m.E. zweifelhaft.
6) Vgl. § 52 Abs. 5 EStG i.d.F. des Zollkodexanpassungsgesetzes.

Zeitpunkt des Ausfalls der Forderung oder bei einem Forderungsverzicht der Fall. Hingegen scheidet eine frühere Berücksichtigung aus. Die Wertminderungen können nur mit anderen Kapitaleinkünften gem. § 20 EStG verrechnet werden (vgl. § 20 Abs. 6 Satz 2 EStG). Hingegen kann eine Einbeziehung in den allgemeinen Verlustausgleich nicht erfolgen. Entscheidend hierfür ist, dass diese Einkünfte der Abgeltungsteuer unterliegen, so dass eine auf diese Einkünfte bezogene Beschränkung erfolgen muss.

993 Bei Beteiligungen an Personengesellschaften ergeben sich folgende Besonderheiten: Verluste im Eigenkapital werden nicht gesondert erfasst, weil es sich bei Beteiligungen an Personengesellschaften nicht um ein Wirtschaftsgut handelt.[1] Vielmehr ist zu prüfen, inwieweit die Verluste der Personengesellschaft anteilig dem Gesellschafter zugerechnet und von diesem geltend gemacht werden können. Überlässt der Gesellschafter seiner Personengesellschaft Fremdkapital, wird die Darlehensforderung als Sonderbetriebsvermögen qualifiziert. Die voraussichtlich dauerhaften Wertminderungen eines im Sonderbetriebsvermögen des Gesellschafters befindlichen Darlehens können sich direkt als negative gewerbliche Einkünfte steuermindernd auswirken. Dies gilt auch, wenn der Gesellschafter nur in Höhe seiner Einlage für die Verbindlichkeiten der Personengesellschaft haftet. § 15a EStG führt insoweit nicht zu einer weiteren Einschränkung der Verlustberücksichtigungsmöglichkeiten, weil dieser auf Verluste aus dem Sonderbetriebsvermögen keine Anwendung findet.[2]

994 Gewährt die natürliche Person ein Darlehen an eine Personengesellschaft, an der sie nicht beteiligt ist, führt die Realisierung des Darlehensverlustes zu verrechenbaren Kapitaleinkünften i.S.d. § 20 Abs. 1 Nr. 7 EStG. Diese können jedoch nur mit anderen Einkünften aus § 20 EStG ausgeglichen werden.

995 Bei Kapitalgebern in der Rechtsform einer Kapitalgesellschaft können Wertminderungen bei Beteiligungen an anderen Kapitalgesellschaften gem. § 8b Abs. 3 Satz 3 KStG nicht berücksichtigt werden. Liegt eine mittelbare Beteiligung über eine zwischengeschaltete Personengesellschaft vor, gilt dies entsprechend (vgl. § 8b Abs. 6 Satz 1 KStG). Im letzteren Fall erfolgt eine Berücksichtigung der Verluste direkt auf der Ebene der Mitunternehmerkapitalgesellschaft, so dass sich in diesen Fällen tatsächlich die von einer Personengesellschaft erzielten Verluste zunächst zu 60 % auf der Ebene der Anteilseignerkapitalgesellschaft auswirken. Anschließend erfolgt eine außerbilanzielle Korrektur nach Maßgabe des § 8b Abs. 3 Satz 3 KStG, so dass im Ergebnis keine Gewinnminderung eintritt.

996 Wird Fremdkapital von einer Kapitalgesellschaft an eine andere Kapitalgesellschaft überlassen, können gem. § 6 Abs. 1 Nr. 2 EStG i.V.m. § 8 Abs. 1 KStG bei einer voraussichtlich dauerhaften Wertminderung Teilwertabschreibungen auf die Forderung vorgenommen werden (→ 4 Rz. 984). Handelt es sich um einen Gesellschafter, der zu mindestens 25 % an der Kapitalgesellschaft beteiligt ist, sind ergänzend § 8b Abs. 3 Sätze 4 ff. KStG zu beachten. Danach darf ein solches Gesellschafter-Darlehen nicht mit Wirkung für das steuerliche Ergebnis abgeschrieben werden, so dass eine außerbilanzielle Korrektur vorzunehmen ist. Etwas anderes gilt lediglich in den Fällen, in denen es dem Stpfl. gelingt, einen sog. Fremdvergleich zu führen (vgl. § 8b Abs. 3 Satz 6 KStG). Dies bereitet in der Praxis häufig Schwierigkeiten und ist mit erheblicher Unsicherheit verbunden, weil erst nach einer Betriebsprüfung feststeht, ob der Fremdvergleich anerkannt wird.

997 Ergänzend ist zu beachten, dass § 8b Abs. 7 KStG diese Regelungen für Anteile, die bei Kreditinstituten und Finanzdienstleistungsinstituten nach § 1a KWG dem Handelsbestand zuzuordnen sind, suspendiert. Dieser Begriff wird im Gesetz weit gefasst.

---

1) Vgl. BFH v. 26.6.1990, VIII R 81/85, BStBl II 1994, 645, Rz. 48 und BFH v. 25.2.1991, GrS 7/89, BStBl II 1991, 691.
2) Vgl. BFH v. 14.5.1991, VIII R 31/88, BStBl II 1992, 167.

Hierzu können auch Unternehmen gehören, deren Tätigkeit darin besteht, Beteiligungen zu erwerben und zu halten (vgl. § 1 Abs. 3 Satz 1 Nr. 1 KWG). Die deutsche FinVerw folgt diesem weiten Begriffsverständnis.[1)] Ferner muss das Ziel der Beteiligung darin bestehen, einen kurzfristigen Eigenhandelserfolg zu erlangen (§ 8b Abs. 7 Satz 2 f. KStG). Dies setzt voraus, dass zum Zeitpunkt des Erwerbs eine Handelsabsicht bestanden hat, sowie die Kurzfristigkeit der Marktrealisierung.[2)] Der BFH hat der bilanziellen Zuordnung zum Anlage- oder Umlaufvermögen zwar nur indizielle Bedeutung zugestanden,[3)] jedoch klar zu erkennen gegeben, dass die Absicht zum Zeitpunkt des Erwerbs entscheidend ist. Insoweit wird ein weites Verständnis zu Grunde gelegt. Eine entsprechende Regelung gilt nach Abs. 8 für Anteile, die bei Lebens- und Krankenversicherungsunternehmen den Kapitalanlagen zuzurechnen sind.

Im Rahmen der Pläne zu einem JStG 2013 wurde zunächst vorgeschlagen, die Steuerfreiheit nach § 8b KStG auf die Fälle zu begrenzen, bei denen die Beteiligungsquote zu Beginn des Veranlagungszeitraums mindestens 10 % des Grund- oder Stammkapitals betragen hat.[4)] Damit sollte dem Urteil des EuGH vom 20.10.2011[5)] Rechnung getragen werden. In diesem hatte der Gerichtshof entschieden, dass es mit EU-Recht nicht zu vereinbaren sei, wenn bei einer Beteiligung an einer Kapitalgesellschaft von weniger als 10 % (sog. Streubesitz), bei inländischen Gesellschaften eine Anrechnung von Kapitalertragsteuer erfolgt, während diese Belastung bei ausländischen Gesellschaften definitiv wird. Nachdem das Gesetzgebungsverfahren zum JStG 2013 scheiterte, brachte die Bundesregierung das Gesetz zur Umsetzung des EuGH-Urteils vom 20.10.2011 in der Rechtssache C-284/09 auf den Weg. Dieses wurde am 28.2.2013 im Bundestag und am 1.3.2013 im Bundesrat beschlossen. Die Veröffentlichung im BGBl. erfolgt am 28.3.2013.[6)] **998**

Nach § 8b Abs. 4 KStG unterliegen Streubesitzdividenden nunmehr der vollen Körperschaftsteuerbelastung. Diese Regelung gilt für alle nach dem 28.2.2013 zufließenden Dividenden.[7)] Eine Streubesitzdividende liegt vor, wenn die von einer Kapitalgesellschaft zu Beginn des Jahres gehaltene Beteiligung weniger als 10 % des Grund- bzw. Stammkapitals beträgt. Hierbei sind sowohl direkt als auch über eine Mitunternehmerschaft gehaltene Anteile zu berücksichtigen. Wird eine Beteiligung von mehr als 10 % unterjährig erworben, gilt die Beteiligung als zu Beginn des Jahres erworben, so dass keine Steuerbesitzbeteiligung vorliegt. Hingegen bleiben die Steuerbefreiungen für Gewinne aus der Veräußerung entsprechender Beteiligungen unverändert. Hierbei ist wichtig zu beachten, dass für Zwecke des KStG und des GewStG unterschiedliche Beteiligungsquoten bestehen: Während § 8b Abs. 4 KStG 10 % verlangt, ist für die gewerbesteuerliche Kürzung nach § 9 Nr. 7 GewStG eine Beteiligung seit Beginn des Erhebungszeitraums von ununterbrochen mindestens 15 % erforderlich. Außerdem ist ergänzend die Aktivitätsklausel zu beachten. **999**

Eine Finanzierung kann auch in der Weise erfolgen, dass der Gesellschafter der Gesellschaft Sachkapital überlässt. Bei einer Personengesellschaft handelt es sich bei den überlassenen Wirtschaftsgütern um Sonderbetriebsvermögen und die Vergütungen werden als Sonderbetriebseinnahmen qualifiziert, die die gewerblichen Einkünfte erhöhen. Sonderbetriebsausgaben können nach Maßgabe der allgemeinen Einkunftsermittlungsvorschriften berücksichtigt werden. **1000**

---

1) Vgl. BMF v. 25.7.2002, IV A 2 – S 2750a – 6/02, BStBl I 2002, 712.
2) Vgl. die Nachweise bei Gosch in Gosch (Hrsg.), KStG, 2. Aufl. 2009, § 8b Rz. 588.
3) Vgl. BFH v. 26.10.2011, I R 17/11, BFH/NV 2012, 613.
4) Vgl. BT-Drucks. 17/10604 v. 5.9.2012, 63 (zitiert nach der elektronischen Vorabfassung).
5) C-284/09, BFH/PR 2011, 454.
6) BGBl. I 2013, 561.
7) § 34 Abs. 7a Satz 2 KStG i.d.F. vom 18.12.2013.

1001 Erfolgt die Überlassung von Wirtschaftsgütern an eine Kapitalgesellschaft, sind die hierfür geleisteten Zahlungen auf Ebene der zahlenden Gesellschaft – vorbehaltlich einer Qualifikation als verdeckte Gewinnausschüttung und einer gewerbesteuerlichen Hinzurechnung nach § 8 Nr. 1 GewStG – abzugsfähige Betriebsausgaben. Auf Ebene des Empfängers liegen steuerbare und steuerpflichtige Einnahmen vor. Von diesen können Aufwendungen im Zusammenhang mit dem überlassenen Wirtschaftsgut als Betriebsausgaben oder Werbungskosten abgezogen werden. Hierbei erfolgt ein vollständiger Abzug und keine Einschränkung durch § 3c EStG. Etwas anderes gilt nach der Rspr. des BFH[1] nur, wenn eine Nutzungsüberlassung erfolge, um daraus Beteiligungserträge zu erzielen. Würden Wirtschaftsgüter verbilligt überlassen, sei eine anteilige Kürzung der Aufwendungen vorzunehmen. Auszugehen sei dabei regelmäßig von dem Verhältnis des tatsächlich gezahlten zum fremdüblichen Pachtentgelt. Nur in dem prozentualen Umfang, zu dem das tatsächlich gezahlte Pachtentgelt hinter dem fremdüblichen Entgelt zurückbleibe, unterfielen die Aufwendungen dem Teilabzugsverbot; im Übrigen seien sie in vollem Umfang abziehbar. War das Pachtentgelt ursprünglich fremdüblich und hat der Verpächter zu einem späteren Zeitpunkt auf die (noch nicht entstandenen) Pachtforderungen ganz oder teilweise verzichtet, komme es für die Frage, ob die geltend gemachten Aufwendungen weiterhin in vollem Umfang oder nach § 3c Abs. 2 EStG nur noch eingeschränkt abgezogen werden können, darauf an, aus welchen Gründen der Verpächter auf Pachteinnahmen verzichtet habe. Es ist danach zu differenzieren, ob der Verzicht durch das Pacht- oder das Gesellschaftsverhältnis veranlasst ist. Die Gründe des Verpächters seien anhand der gesamten Umstände des jeweiligen Einzelfalls zu ermitteln und unter dem Gesichtspunkt eines Fremdvergleichs zu würdigen. Das BMF hat sich mit Schreiben vom 23.10.2013 dieser Rechtsprechung angeschlossen und wendet sie auf alle noch nicht bestandskräftigen Fälle an.[2]

1002 Erfolge der (teilweise) Verzicht auf Pachtforderungen (z.B. weil die vergleichbaren marktüblichen Pachtentgelte generell gesunken seien und auch fremde Dritte eine Pachtanpassung vereinbart hätten, oder erfolge er zeitlich befristet im Rahmen von Sanierungsmaßnahmen, an denen auch gesellschafterfremde Personen teilnähmen), so spreche dies für einen durch das Pachtverhältnis veranlassten Verzicht. Hätte ein fremder Dritter in der konkreten Situation den Verzicht hingegen weder in zeitlicher Hinsicht noch der Höhe nach akzeptiert, sondern weiterhin auf der Zahlung des vereinbarten Pachtentgelts bestanden oder das Pachtverhältnis beendet, spreche dies dafür, dass der Verzicht durch das Gesellschaftsverhältnis veranlasst gewesen sei, die weitere Nutzungsüberlassung – jetzt zu nicht mehr fremdüblichen Konditionen – also erfolgt sei, um Einnahmen aus der Beteiligung zu erzielen.[3] Zweifel gingen zu Lasten des Finanzamts, denn § 3c Abs. 2 EStG schränke die Abziehbarkeit von grundsätzlich als Betriebsausgaben bzw. Werbungskosten zu berücksichtigenden Aufwendungen ein.

1003 Der BFH[4] führt aus, dass das Teilabzugsverbot für substanzbezogene Wertminderungen und Aufwendungen auf in einem Betriebsvermögen gehaltene Wirtschaftsgüter keine Anwendung finde. Dies gelte nicht nur für Teilwertabschreibungen und Forderungsverzichte auf im Betriebsvermögen gehaltenen Gesellschafterdarlehen, sondern auch für substanzbezogene Wertminderungen von sonstigen Wirtschaftsgütern des Betriebsvermögens, die der Gesellschafter einer Kapitalgesellschaft dieser zur Nutzung überlasse, sowie für substanzbezogene Aufwendungen auf solche Wirtschaftsgüter. Denn auch insoweit sei zu berücksichtigen, dass Substanzgewinne aus der Veräußerung oder Entnahme eines solchen Wirtschaftsguts voll steuerpflichtig

---

1) Vgl. BFH v. 28.2.2013, IV R 49/11, BFH/NV 2013, 1022.
2) BMF v. 23.10.2013, IV C 6–S 2128/07/100001, 2013/0935028, BStBl I 2013, 1269.
3) Vgl. BMF-Schreiben vom 23.10.2013, IV C 6-S 2128/07/10001, BStBl I 2013, 1269, Rz. 16.
4) Vgl. BFH v. 28.2.2013, IV R 49/11, BFH/NV 2013, 1022.

seien und dementsprechend auch substanzbezogene Wertminderungen und Aufwendungen nicht dem Teilabzugsverbot des § 3c Abs. 2 EStG unterfielen. Das Teilabzugsverbot des § 3c Abs. 2 EStG erstrecke sich insbesondere nicht auf Aufwendungen für AfA und Erhaltungsaufwendungen auf Wirtschaftsgüter des Betriebsvermögens, die der Gesellschafter einer Kapitalgesellschaft dieser zur Nutzung überlassen habe.

Allerdings sind für Wirtschaftsjahre, die nach dem 31.12.2014 beginnen, die gesetzlichen Neuregelungen in § 3c Abs. 2 EStG durch das „Gesetz zur Anpassung der Abgabenordnung an den Zollkodex der Union und zur Änderung weiterer steuerlicher Vorschriften"[1]) zu beachten, vgl. hierzu → **4** Rz. 989 ff. **1004**

4. Behandlung von Veräußerungsgewinnen (bei Erwerb nach dem 1.1.2009)

Ist eine Kapitalgesellschaft an einer anderen Kapitalgesellschaft beteiligt, sind etwaige Veräußerungsgewinne gem. § 8b Abs. 2 KStG steuerfrei. Da alle laufenden Aufwendungen im Zusammenhang mit der Beteiligung an einer Kapitalgesellschaft steuerlich abzugsfähig sind, sieht der Gesetzgeber eine nicht widerlegbare Pauschalierung vor.[2]) Gem. § 8b Abs. 3 Satz 1 KStG gelten 5 % des Veräußerungsgewinns als nicht abzugsfähige Betriebsausgaben. Folglich kommt es zu einer Erhöhung des Einkommens und damit der Bemessungsgrundlage der KSt und der GewSt in Höhe dieses Betrags. Diese Regelungen gelten auch, wenn Streubesitzdividenden (→ **4** Rz. 999) vorliegen. § 8b Abs. 4 KStG n.F. gilt nur für laufende Dividenden, nicht aber für Veräußerungsgewinne. **1005**

Die Veräußerung von Eigenkapital an einer Personengesellschaft[3]) durch eine Kapitalgesellschaft ist gem. § 8 Abs. 2 KStG i.V.m. § 16 EStG steuerbar und steuerpflichtig. Etwas anderes gilt lediglich insoweit, wie ein Veräußerungsgewinn auf Beteiligungen an anderen Kapitalgesellschaften entfällt, die sich im Betriebsvermögen der Personengesellschaft befinden. Eine Gewerbesteuerzahlung ist damit nicht verbunden. § 8b Abs. 2 KStG gilt auch für die Ermittlung des Gewerbeertrages und führt damit zu einer gewerbesteuerlichen Kürzung.[4]) **1006**

Demgegenüber ist bei natürlichen Personen, die ihre Beteiligung in einem Betriebsvermögen halten, der Gewinn aus der Veräußerung einer Kapitalgesellschaft gem. § 3 Nr. 40 Buchst. a EStG zu 60 % steuerpflichtig. Auch ein etwaig entstehender Veräußerungsverlust ist gem. § 3c Abs. 2 EStG nur i.H.v. 60 % abzugsfähig. **1007**

Bei Beteiligungen an Personengesellschaften ist der Aufgabegewinn vollständig steuerpflichtig. Etwas anderes gilt nur, wenn besondere Befreiungstatbestände und Begünstigungen bei Einhaltung bzw. Vorliegen bestimmter Kriterien anwendbar sind. Dies kann z.B. für die Möglichkeit der Bildung einer steuerfreien Rücklage nach § 6b EStG gelten. Bei Anteilen an Kapitalgesellschaften, die von natürlichen Personen im Betriebsvermögen gehalten werden, kommt es zur Anwendung des Teileinkünfteverfahrens gem. § 3 Nr. 40 Buchst. a EStG. **1008**

Werden Wirtschaftsgüter vom Gesellschafter an die Gesellschaft überlassen, die nun an einen fremden Dritten veräußert werden, ist zu differenzieren: Handelt es sich bei den veräußerten Wirtschaftsgütern um Sonderbetriebsvermögen oder Betriebsvermö- **1009**

---

1) Vom 22.12.2014, BGBl. I 2014, 2417.
2) Vgl. zur Verfassungsmäßigkeit BVerfG v. 12.10.2010, 1 BvL 12/07, BVerfGE 127, 224.
3) Eine Beteiligung an einer Personengesellschaft bildet steuerlich kein Wirtschaftsgut, vgl. BFH v. 26.6.1990, VIII R 81/85, BStBl II 1994, 645, Rz. 48 und BFH v. 25.2.1991, GrS 7/89, BStBl II 1991, 691.
4) Dies gilt unabhängig von der Höhe der Beteiligung an der verkauften Kapitalgesellschaft, weil § 9 Nr. 2a GewStG lediglich für Dividenden gilt, nicht aber für Veräußerungsgewinne, vgl. BFH v. 7.12.1971, VIII R 3/70, BStBl II 1972, 468.

gen, ist ein Veräußerungsgewinn immer steuerbar und – vorbehaltlich des § 8b KStG – auch steuerpflichtig. Ggf. kann eine Übertragung der aufgedeckten stillen Reserven auf ein Ersatzwirtschaftsgut mit Hilfe des § 6b EStG erfolgen. Handelt es sich hingegen um Wirtschaftsgüter des Privatvermögens, ist das Vorliegen eines privaten Veräußerungsgeschäfts zu prüfen.

5. Quellensteuern

1010 Die Quellensteuer hat seit 2009 sowohl Vorauszahlungs- als auch bei anderen Stpfl. Abgeltungscharakter. Seit dem 1.1.2009 hat sich die Besteuerung von Kapitaleinkünften für private Anleger grundlegend geändert. Es wird eine 25%ige Kapitalertragsteuer auf Zinsen, Veräußerungsgewinne und Dividenden einbehalten, die Abgeltungscharakter für den Stpfl. hat. Dies kann – verglichen mit der alten Rechtslage – bei Nichtvorliegen von Werbungskosten zu erheblichen Verbesserungen bzw. Begünstigungen für vermögende Privatpersonen führen. Schließlich entfällt durch die Abgeltungsteuer die Besteuerung z.B. der Zinsen aus Anleihen mit dem individuellen Einkommensteuersatz von bis zu 45 % (zzgl. SolZ und ggf. KiSt). Darüber hinaus können sich weitere Vorteile aus einer Minderung des Progressionsanstiegs ergeben. Schließlich haben die Kapitaleinkünfte früher dazu geführt, dass der auf die übrigen Einkünfte anzuwendende Steuersatz anstieg. Dies unterbleibt nunmehr. Eine Einbeziehung der Kapitaleinkünfte in den Progressionsvorbehalt erfolgt nicht. Hingegen können Werbungskosten nach § 20 Abs. 9 Satz 1 EStG nicht abgezogen werden. Dies gilt auch, wenn von der Möglichkeit Gebrauch gemacht wird, nach § 32d Abs. 6 EStG die Einkünfte aus Kapitalvermögen dem niedrigeren individuellen Steuersatz zu unterwerfen.[1]

6. Vorteilhaftigkeitsvergleich

1011 Vor dem Hintergrund der unterschiedlichen Behandlung von Zinsen und Gewinnen auf Ebene des Unternehmens und der steuerlichen Behandlung beim Gesellschafter stellt sich die Frage, welche Finanzierungsform steuerlich am vorteilhaftesten ist. Zu deren Beantwortung wird im Folgenden davon ausgegangen, dass eine Kapital- bzw. Personengesellschaft einen bestimmten Betrag (hier: 1 000 €) für Investitionen benötigt. Denkbar sind die folgenden Finanzierungsmöglichkeiten:

a) Der Gesellschafter tätigt eine Einlage in die Gesellschaft und erhält dafür den Gewinn (hier mit 100 € unterstellt) ausgeschüttet (Beteiligung an einer Kapitalgesellschaft) bzw. muss diesen bei der Personengesellschaftsalternative als gewerbliche Einkünfte nach § 15 Abs. 1 Satz 1 Nr. 2 EStG besteuern (Alternative EF = Eigenfinanzierung).

b) Es erfolgt die Vergabe eines Darlehens vom Gesellschafter an die Kapitalgesellschaft. Die Darlehenszinsen betragen jährlich 90 €. Bei der Personengesellschaft werden die hierfür gezahlten Vergütungen als Sonderbetriebseinnahmen gem. § 15 Abs. 1 Satz 1 Nr. 2 Halbs. 2 EStG in gewerbliche Einkünfte umqualifiziert, so dass die hiermit verbundenen steuerlichen Konsequenzen denen der Alternative a) entsprechen. Im Fall der Kapitalgesellschaftsalternative liegen Einkünfte aus Kapitalvermögen gem. § 20 Abs. 1 Nr. 7 EStG vor. Diese unterliegen jedoch infolge

---

1) Zumindest nach Auffassung des FG Baden-Württemberg v. 17.12.2012, 9 K 1637/10, EFG 2013, 1041, Rev. anhängig unter Az. VIII R 13/13, kann hierbei in bestimmten Fällen ein Abzug der Werbungskosten im Rahmen der Günstigkeitsprüfung verfassungsrechtlich geboten sein. Beim BFH ist unter Az. VIII R 18/14 als Revision gegen das Urteil des Thüringer FG Urteil vom 9.10.2013, 3 K 1035/11, juris, auch die Frage anhängig, inwieweit das Abzugsverbot für tatsächlich entstandene Werbungskosten einen Verstoß gegen das Leistungsfähigkeitsprinzip und das Prinzip der Folgerichtigkeit darstellt und inwieweit dies durch eine zulässige Typisierung und Pauschalierung gerechtfertigt werden kann.

von § 32d Abs. 2 Nr. 1 Buchst. b EStG nicht der Abgeltungsteuer[1], sondern der tariflichen Einkommensteuer. Vorliegend wird unterstellt, dass der Gesellschafter seine Einkünfte dem Spitzensteuersatz i.H.v. 45 % zu unterwerfen hat (Alternative Ges.-FF = Gesellschafterfremdfinanzierung). Auf Gesellschaftsebene ist die Hinzurechnung nach § 8 Nr. 1 GewStG zu beachten.

c) Die Gesellschaft verschuldet sich bei einer Bank zu den gleichen Konditionen[2], wie sie dies bei ihrem Gesellschafter könnte. Jährliche Zinsen betragen somit ebenfalls 90 € und führen zur gewerbesteuerlichen Hinzurechnung nach § 8 Nr. 1 GewStG. Der Gesellschafter legt sein vorhandenes Eigenkapital bei einer Bank an, was zu gleichhohen Zinsen wie im Fall b) führt. Ein Rückgriffsfall i.S.d. § 32d Abs. 2 Nr. 1 Buchst. c) EStG liegt nicht vor (Alternative Bank-FF = Bankfremdfinanzierung).

Die folgende Abbildung stellt die entstehenden steuerlichen Effekte dar.

	Personengesellschaft			Kapitalgesellschaft		
	EF	Ges.-FF	Bank-FF	EF	Ges.-FF	Bank-FF
Gewinn vor Steuern und Zinsen	100,00 €	100,00 €	100,00 €	100,00 €	100,00 €	100,00 €
Zinsen an Gesellschafter/Bank		-90,00 €	-90,00 €		-90,00 €	-90,00 €
Gewinn vor Steuern	100,00 €	100,00 €	10,00 €	100,00 €	10,00 €	10,00 €
Gewerbesteuer (h = 470%)	16,45 €	16,45 €	5,35 €	16,45 €	5,35 €	5,35 €
KSt zzgl. SolZ				15,83 €	1,58 €	1,58 €
Einkünfte aus Gewerbebetrieb	100,00 €	100,00 €	10,00 €			
Einkünfte aus Dividenden				67,73 €	3,07 €	3,07 €
Einkünfte aus Zinsen			90,00 €		90,00 €	90,00 €
ESt auf gewerbliche Einkünfte	31,70 €	31,70 €	3,17 €			
ESt auf Dividendeneinkünfte				16,93 €	0,77 €	0,77 €
ESt auf Zinseinkünfte			22,50 €		40,50 €	22,50 €
SolZ	1,74 €	1,74 €	1,41 €	0,93 €	2,27 €	1,28 €
Verfügbares Einkommen	50,11 €	50,11 €	67,57 €	49,86 €	49,53 €	68,52 €

---

1) Vgl. zur Frage der Verfassungsmäßigkeit – auch im Verhältnis zum alternativen Vorliegen einer vGA und der hiermit verbundenen Konsequenzen beim Gesellschafter – BFH vom 29.4.2014, VIII R 23/13, BStBl II 2014, 884. Hiergegen ist unter dem Az. 2 BvR 2325/14 eine Verfassungsbeschwerde anhängig.
2) Hierdurch wird im Fall der Gesellschafter-Fremdfinanzierung das Vorliegen einer vGA ausgeschlossen.

	Personengesellschaft			Kapitalgesellschaft		
	EF	Ges.-FF	Bank-FF	EF	Ges.-FF	Bank-FF
Steuersatz	49,89%	49,89%	32,43%	50,14%	50,47%	31,48%
Rangfolge	2	2	1	2	3	1

1012 Wie die Berechnungen zeigen, ist in allen Fällen die Verschuldung auf Ebene des Unternehmens und die Anlage des Kapitals durch den Gesellschafter bei einer Bank die vorteilhafteste Alternative. Dieses Ergebnis ändert sich auch bei niedrigeren Steuersätzen kaum. Wird etwa von einem ESt-Satz von 30 % ausgegangen, bleibt diese Variante immer noch die steuerlich vorteilhafteste. Damit wird deutlich, dass steuerliche Anreize für eine hohe Kreditfinanzierung bestehen. Dies ist vor dem Hintergrund der Funktion des Eigenkapitals als Haftungspuffer problematisch, da die steuerlich vorteilhafte Vorgehensweise tendenziell zur Verringerung der Eigenkapitalquote führt.

1013 Hierbei ist darauf hinzuweisen, dass im Belastungsvergleich von einer vollständigen Abzugsfähigkeit der Finanzierungskosten ausgegangen wird. Dies setzt voraus, dass die Regelungen der Zinsschranke (→ 4 Rz. 1951 ff.) nicht zu einer Begrenzung des Betriebsausgabenabzugs führen. Zugleich zeigt sich, dass der Gesetzgeber einerseits steuerliche Anreize für eine möglichst hohe Verschuldung der Unternehmen geschaffen hat, andererseits diese mit der Zinsschranke gerade begrenzen will.

1014 Hält eine natürliche Person die Anteile an einer Kapitalgesellschaft im Privat- oder Betriebsvermögen, wird auf Grund der in → 4 Rz. 988 dargestellten Möglichkeit zur vollen Berücksichtigung von Wertminderungen auf ein Gesellschafterdarlehen bei gleichzeitig nur teilweisen Abzugsfähigkeit von Wert- oder Veräußerungsverlusten auf Kapitalgesellschaftsbeteiligungen nach § 3c Abs. 2 EStG ein Anreiz für eine hohe Fremdfinanzierung des Unternehmens gesetzt. Hierbei führt die Darlehensgewährung durch den Gesellschafter dazu, dass die häufig bei Verhandlungen mit Banken bestehenden Probleme der Erhaltung einer Darlehenszusage nicht bestehen. Allerdings sollten in diesen Fällen die Regelung des § 39 Abs. 1 Nr. 5 InsO nicht unberücksichtigt bleiben. Bei einer Insolvenz der Kapitalgesellschaft, an der die Beteiligung besteht, haftet das gewährte Darlehen wie Eigenkapital, wenn der Gesellschafter mit mehr als 10 % beteiligt und deren Geschäftsführer ist.[1]

1015 Diese Belastungswirkungen zwingen Unternehmen, nach neuen Finanzierungsalternativen zu suchen. Die folgenden Überlegungen zeigen einige Möglichkeiten auf. Die im Rahmen des Unternehmensteuerreformgesetzes 2008[2] eingeführten Regelungen zur Abgeltungsteuer entfalten erhebliche Auswirkungen auf die steuerliche Abzugsfähigkeit von Refinanzierungskosten. Im Folgenden werden vor diesem Hintergrund unterschiedliche Finanzierungsansätze betrachtet.

III. Möglichkeiten zur Innenfinanzierung

1. Gewinnthesaurierung

1016 Eine der klassischen Finanzierungsquellen bildet die Finanzierung aus einbehaltenen Gewinnen. So haben in den letzten Jahren Unternehmen verstärkt ihre Gewinne the-

---

1) Dies gilt auch, wenn eine formale Bestellung als Geschäftsführer unterblieben ist, gleichwohl aber die Rolle eines faktischen Geschäftsführers eingenommen wird, vgl. Fleischer in Henssler/Strohn (Hrsg.), Gesellschaftsrecht, 2. Aufl., München 2014, § 39 InsO, Rz. 33, m.w.N.
2) Vgl. BGBl. I 2007, 1912 ff.

sauriert, wofür wohl auch der Wechsel vom körperschaftsteuerlichen Anrechnungsverfahren zu einem klassischen Körperschaftsteuersystem verantwortlich gewesen sein dürfte. Dies hat dazu geführt, dass in dem Zeitraum von 1998–2007 die Eigenkapitalquote der Unternehmen um 8 % auf durchschnittlich 25,5 % gestiegen[1] und 2012 bei 28,9 % angelangt ist.[2] Auch die Statistiken der Deutschen Bundesbank[3] weisen einen moderaten Anstieg der Eigenkapitalquote aus. Die Bundesregierung geht davon aus, dass dieser Anstieg durch die Wirtschafts- und Finanzmarktkrise nicht nur angehalten wurde, sondern dass sich die Eigenkapitalquote vieler Unternehmen inzwischen wieder deutlich verringert hat. Auf Grund der schlechten wirtschaftlichen Lage und der häufig hohen laufenden Verluste scheidet die Möglichkeit der Thesaurierung oft aus.[4] Allerdings sollte – sofern noch nicht geschehen – eine Anpassung der Steuervorauszahlungen beantragt werden, um den Abfluss von Liquidität zu verhindern.[5]

2. Finanzierung über Rückstellungen und Abschreibungen

Eine weitere klassische Quelle der Innenfinanzierung stellt die Bildung von Rückstellungen und die Nutzung von möglichst hohen Abschreibungen dar. Hierzu ist anzumerken, dass Unternehmen in der Krise – im Rahmen der gesetzlich zulässigen Grenzen – regelmäßig auf die Bildung von Rückstellungen verzichten, um damit die ohnehin schlechte wirtschaftliche Lage nicht noch weiter zu belasten. **1017**

Die Bundesregierung hatte durch das „Konjunkturpaket I"[6] die Möglichkeit zur degressiven AfA zunächst wieder eingeführt. Allerdings entsteht aus höheren Abschreibungen oder aus Rückstellungen nur dann ein wirtschaftlicher Vorteil, wenn diese zu niedrigen Steuerzahlungen führen. Sofern Unternehmen ohnehin Verluste erzielen, erhöhen die Abschreibungen bzw. die Rückstellungszuführungen lediglich den Verlust. Dessen ungeachtet kommt erschwerend hinzu, dass die degressive AfA für neue Investitionen mit Ende des Jahres 2010 ausgelaufen ist. Für die Erlangung künftiger Finanzierungsvorteile hieraus hätte es einer Investition bis zum Ende des Jahres 2010 bedurft. Entscheidend ist hierbei der Zeitpunkt, zu dem das Unternehmen das wirtschaftliche Eigentum an dem Wirtschaftsgut erlangt hat. **1018**

Infolge der Begrenzung der einkommen- und körperschaftsteuerlichen Vorschriften zum Rücktrag entstandener Verluste auf 511 500 €[7] lassen sich hiermit regelmäßig nur höhere Verlustvorträge erreichen. Durch das „Gesetz zur Änderung und Vereinfachung der Unternehmensbesteuerung und des steuerlichen Reisekostenrechts"[8] ist eine Erhöhung auf 1 Mio. € erfolgt. Diese sind jedoch häufig auf Grund der unterschiedlichen Verfallvorschriften nur bedingt in der Zukunft nutzbar. So führt die Rechtsprechung des Großen Senats des BFH zum Untergang von Verlustvorträgen[9] **1019**

---

1) Vgl. BT-Drucks. 17/18587, 3.
2) Vgl. Deutsche Bank/BDI (Hrsg.), Die größten Familienunternehmen in Deutschland, 5. Kennzahlen-Update, Stand: November 2014, 16.
3) www.bundesbank.de, abrufbar unter Veröffentlichungen/Statistische Sonderveröffentlichung 5 und 6 abrufbar unter http://www.bundesbank.de/Redaktion/DE/Downloads/Veroeffentlichungen/Statistische_Sonderveroeffentlichungen/Statso_5/statso5_2006_2013_EXCEL.xlsb?__blob=publicationFile (inzwischen nicht mehr abrufbar) und http://www.bundesbank.de/Redaktion/DE/Downloads/Veroeffentlichungen/Statistische_Sonderveroeffentlichungen/Statso_6/statso_6_2014_05_2010_2011.pdf?__blob=publicationFile.
4) Dies gilt für die Thesaurierungsbegünstigung gem. § 34a EStG entsprechend.
5) Vgl. zu den hierbei zu beachtenden Regelungen und Anforderungen Schiffers, Anpassung der Steuervorauszahlungen als Mittel zur Schonung der Liquidität, Stbg 2009, 341 ff.
6) Gesetz zur Umsetzung steuerrechtlicher Regelungen des Maßnahmenpakets „Beschäftigungssicherung durch Wachstumsstärkung" v. 21.12.2008, BGBl. I 2008, 2896.
7) Bei Personengesellschaften gilt diese Grenze je Mitunternehmer. Bekanntlich lässt § 10a GewStG keinen Rücktrag negativer Gewerbeerträge zu.
8) Gesetz v. 20.2.2013, BGBl. I 2013, 285.
9) Vgl. BFH v. 17.12.2007, GrS 2/04, BStBl II 2008, 608.

beim Erbgang zu erheblichen Risiken bei natürlichen Personen.[1] Bei Kapitalgesellschaften wurde zwar durch das Bürgerentlastungsgesetz Krankenversicherung[2] eine Entschärfung des § 8c KStG vorgenommen, doch drohen immer noch erhebliche Gefahren. Dies gilt einerseits infolge der Aussetzung der Sanierungsklausel nach § 8c Abs. 1a KStG auf Grund der von der EU-Kommission vorgenommenen Qualifikation als verdeckte Beihilfe.[3] Andererseits ist die Klausel zum Übergang von Verlustvorträgen in Höhe der stillen Reserven (vgl. § 8c Abs. 1 Satz 6 ff. KStG) mit erheblichen Anwendungsproblemen behaftet. Es ist zweifelhaft, ob sich Gläubiger und Gesellschafter vor diesem Hintergrund zu erheblichen Sanierungsbeiträgen motivieren lassen, zumal diese Vorschrift i.d.R. nur zu einer Begrenzung der untergehenden Verluste führt, aber nicht deren vollständigen Erhalt ermöglicht.

1020 Durch Sonderregelungen bei der GewSt und der dort erhobenen Forderung nach Unternehmens- und Unternehmeridentität (R 10a.2 und 10a.3 GewStR 2009) ist die Wahrscheinlichkeit des Untergangs von vorgetragenen negativen Gewerbeerträgen besonders hoch. Wenn dies vor dem Hintergrund des Objektsteuercharakters[4] der GewSt und der Zielsetzung, den stehenden Gewerbebetrieb zu besteuern,[5] betrachtet wird, ist es nicht nur unverständlich, sondern erschwert die Unternehmenssanierungen wesentlich.[6] Hinzu kommt, dass für evtl. Erlasse im Billigkeitsweg nicht das Finanzamt, sondern die jeweilige Gemeinde zuständig ist.[7] Der Gesetzgeber hat jedoch durch Nr. 8 in Art. 1 des Zollkodexanpassungsgesetzes[8] eine hiervon abweichende Regelung geschaffen, nach der allgemeine Billigkeitsmaßnahmen auch für die GewSt gelten. Diese Vorgabe ist nach § 10a EGAO i.d.F. des Zollkoedexanpassungsgesetzes auch für Billigkeitsmaßnahmen anzuwenden, die nach dem 31.12.2014 erlassen werden, und Besteuerungszeiträume vor dem 1.1.2015 betreffen. Damit führt ein Erlass für Zwecke der Einkommen- und Körperschaftsteuer zu einer unmittelbaren Minderung des Gewerbeertrages, ohne dass hierfür weitere Maßnahmen notwendig sind. Insgesamt erweisen sich alle Maßnahmen, die darauf beruhen, durch die Verrechnung eines höheren Aufwands einen Finanzierungseffekt herbeizuführen, für Unternehmen in der Krise als problematisch.

3. Umschichtung von Vermögen

1021 Eine Finanzierung kann auch durch die Umschichtung von Vermögen erfolgen. Die Unternehmen können z.B. im Rahmen eines Sale-and-lease-back-Verfahrens stille Reserven aufdecken, um damit das Bilanzbild und die Liquidität kurzfristig zu verbessern. Allerdings sind solche Maßnahmen vielfach in der Vergangenheit bereits genutzt worden, so dass diese Möglichkeit begrenzt sein dürfte. In diesem Zusammen-

---

1) Etwas anderes gilt jedoch nach h.M. für die Verlustvorträge i.S.v. § 15a EStG, vgl. z.B. Heuermann in Blümich, § 15a EStG Rz. 114 f. (April 2012); Baldi in Frotscher, § 15a EStG Rz. 333 (Juli 2009); Bitz in Littmann/Bitz/Pust, § 15a EStG Rz. 5b (August 2013).
2) Gesetz zur verbesserten steuerlichen Berücksichtigung von Vorsorgeaufwendungen v. 16.7.2009, BGBl. I 2009, 1959.
3) Vgl. Art. 108 Abs. 2 AEUV sowie BMF v. 30.4.2010, IV C 2 – S 2745 – a/08/10005 002, BStBl I 2010, 488 und zur Gewährung von AdV FG Münster v. 1.8.2011, 9 V 357/11 K, G, EFG 2012, 165. Vgl. zur Klage der Bundesregierung gegen die Qualifikation als Beihilfe: EuG v. 18.12.2012, T 205/11, Deutschland/Kommission, DStR 2013, 132.
4) Vgl. Güroff in Glanegger/Güroff, 8. Aufl. 2014, § 1 GewStG Rz. 14.
5) Vgl. Güroff in Glanegger/Güroff, 8. Aufl. 2014, § 2 GewStG Rz. 5.
6) Die hiermit verbundenen Probleme traten z.B. bei der Sanierung des Karstadt-Konzerns deutlich zu Tage, indem u.a. mit Gemeinden eine Lösung zum Erlass der infolge der Forderungsverzichte entstehenden Gewerbesteuer gefunden werden musste. Vgl. hierzu z.B. http://www.zeit.de/wirtschaft/unternehmen/2010–06/karstadt-insolvenz-steuern.
7) Vgl. BFH v. 25.4.2012, I R 24/11, BFH/NV 2012, 1516.
8) Gesetz zur Anpassung der Abgabenordnung an den Zollkodex der Union und zur Änderung weiterer steuerlicher Vorschriften vom 22.12.2014, BGBl. I 2014, 2417.

hang kann die Beschränkung der steuerlichen Verlustverrechnung zu gravierenden Problemen führen: Werden stille Reserven aufgedeckt, die über den laufenden Verlust hinausgehen, droht eine Steuerbelastung infolge der Mindestbesteuerung. Bekanntlich begrenzte § 10d Abs. 1 EStG den Verlustrücktrag nicht nur auf die Höhe des zvE des Vorjahres, sondern auch auf eine absolute Höchstgrenze von 511 500 €. Insoweit führt die Erhöhung dieses Betrags auf 1 Mio. € (→ 4 Rz. 1019) zu einer Erleichterung. Jenseits dieses Betrags ermöglicht § 10d Abs. 2 EStG lediglich einen Ausgleich von Verlustvorträgen mit laufenden Einkünften im Rahmen der Mindestbesteuerung.

Unabhängig von der Frage der möglichen Verfassungswidrigkeit[1] erweist sich die absolute Grenze des Sockelbetrags für den Verlustvortrag von lediglich 1 Mio. € als gravierendes Problem, weil dieser Betrag häufig überschritten wird. Ist dies der Fall, kann das 1 Mio. € übersteigende zvE nicht vollständig, sondern nur i.H.v. 60 % mit Verlustvorträgen ausgeglichen werden. Damit werden die positiven Effekte aus der Aufdeckung von stillen Reserven teilweise durch steuerliche Nachteile aufgezehrt. Dies gilt speziell, wenn Wirtschaftsgüter veräußert werden, die über erhebliche stille Reserven verfügen (insbesondere Immobilien). Häufig besteht keine Möglichkeit zu einer nur teilweisen Veräußerung (z.B. wegen der Unteilbarkeit des Grundstücks). Besonders gravierend sind diese Vorschriften für die GewSt und die KSt. Hier kommen die Begrenzungen auf Ebene der Gesellschaft zur Anwendung und nicht auf Ebene des Gesellschafters. Damit ist die Wahrscheinlichkeit, unter diese Regelung zu fallen, deutlich größer, während die mitunternehmerbezogene Betrachtung – ggf. unter Ausnutzung des doppelten Sockelbetrages im Rahmen des Splitting-Verfahrens – zu einer weniger gravierenden Belastung für die Gesellschafter einer Personengesellschaft führt. Bei der GewSt kommt hinzu, dass auf Grund der nicht bestehenden Möglichkeit zum Rücktrag negativer Gewerbeerträge die Grenze von 1 Mio. € vergleichsweise schnell erreicht wird. Dies muss für Gewinn erzielende Personengesellschaften nicht zwingend ein Nachteil sein, weil der Belastung mit GewSt eine Entlastung infolge von § 35 EStG gegenübertritt. Eine solche ist im vorliegenden Verlustfall jedoch nicht gegeben, weil das Auseinanderfallen der Bemessungsgrundlage von ESt und GewSt dazu führt, dass keine ESt, gleichwohl aber GewSt entsteht. Dieses Problem wurde durch die Neuregelung der Hinzurechnungstatbestände für Finanzierungskosten im Rahmen der Unternehmensteuerreform 2008[2] deutlich verschärft.[3]

1022

4. Zwischenfazit

Wie die vorstehenden Ausführungen gezeigt haben, lassen sich in der derzeitigen Situation kaum wesentliche Finanzierungseffekte aus dem Bereich der Innenfinan-

1023

---

1) Vgl. Lang/Englisch, Zur Verfassungswidrigkeit der neuen Mindestbesteuerung, StuW 2005, 3 ff. und im Zusammenhang mit § 8c KStG Vorlagebeschluss FG Hamburg v. 4.4.2011, 2 K 33/10, EFG 2011, 1460. Vgl. zu einer eingehenden Analyse z.B. Kessler/Hinz, Kernbereiche der Verlustverrechnung – Verfassungswidrigkeit des § 8c KStG, DB 2011, 1771 ff.; Hey, Verletzung fundamentaler Besteuerungsprinzipien durch die Gegenfinanzierungsmaßnahmen des Unternehmensteuerreformgesetzes 2008, BB 2007. 1303 ff., 1306 f.; Lang, Verfassungswidrigkeit des § 8c KStG – eine Bestandsaufnahme, GmbHR 2012, 57; Breuninger/Ernst, § 8c KStG im „Zangengriff" von Europa- und Verfassungsrecht. Sanierungsklausel und Beihilferecht nach der Negativentscheidung der EU-Kommission, GmbHR 2011, 673 ff. sowie BFH v. 26.8.2010, I B 49/10, BFH/NV 2010, 2356 sowie hierzu nunmehr auch das BMF-Schreiben v. 19.10.2011, IV C 2 – S 2741/10/10002 2010/1012683, BStBl I 2011, 974 ff. Der BFH geht in den Fällen der endgültigen Nichtnutzung von Verlusten von einer Verfassungswidrigkeit aus, vgl. BFH vom 26.2.2014, I R 59/12, BFH/NV 2014, 1674.
2) Unternehmensteuerreformgesetz 2008 v. 17.8.2007, BGBl. I 2007, 1912 ff. Vgl. hierzu z.B. Kessler/Ortmann-Babel/Zipfel, Unternehmensteuerreform 2008: Die geplanten Änderungen im Überblick, BB 2007, 523.
3) Vgl. zu den hiergegen gerichteten verfassungsrechtlichen Bedenken den Vorlagebeschluss des FG Hamburg v. 29.2.2012, 1 K 138/10, EFG 2012, 960, Az. des BVerfG: 1 BvL 8/12; sowie den Aussetzungsbeschluss des BFH v. 1.8.2012, IV R 55/11, BFH/NV 2012, 1826.

zierung erzielen. Selbst wenn das Unternehmen über erhebliche stille Reserven verfügen sollte und diese aufgedeckt werden könnten,[1] führt die Mindestbesteuerung u.U. zu gravierenden Schwierigkeiten, weil die entstehende Liquidität teilweise durch Steuerzahlungen aufgezehrt wird. Die Erhöhung des Verlustrücktrags auf 1 Mio. € (→ 4 Rz. 1019) führt nur zu einer Erleichterung, wenn im vorherigen VZ entsprechend hohe positive Einkünfte erzielt wurden. Hingegen bleibt die Maßnahme wirkungslos, sofern Verluste erzielt wurden oder die Einkünfte nicht höher waren, als die bisherige Höchstgrenze von 511 500 € bzw. nunmehr 1 Mio. €. Hinzu kommt, dass unverändert bei der Gewerbesteuer ein Verlustrücktrag nicht erfolgen kann. Hieraus folgt insbesondere für Kapitalgesellschaften eine vergleichsweise geringe Verbesserung der Liquiditätssituation.[2] Vor diesem Hintergrund wird deutlich, dass eine nachhaltige Verbesserung der finanziellen Lage nur über Instrumente der Außenfinanzierung erfolgen kann.

IV. Überlegungen zur Außenfinanzierung

1. Häufiger Ausfall der Kreditfinanzierung über Banken

1024 In der Bundesrepublik Deutschland ist die Kreditfinanzierung durch Banken das traditionelle Instrument der Außenfinanzierung.[3] Auf Grund der oben bereits geschilderten Situation und der dramatischen Veränderung der Refinanzierungssituation von Banken fällt dieses Instrument häufig aus bzw. wurde wesentlich verringert. Damit besteht die Notwendigkeit, nach alternativen Finanzierungsquellen zu suchen.

2. Einlagenfinanzierung durch den Gesellschafter

1025 Vor dem Hintergrund der möglichen persönlichen Konstellationen des Gesellschafters ist seine steuerliche Behandlung nach unterschiedlichen Fallgruppen zu differenzieren. Diese Unterscheidung betrifft nicht nur die Besteuerung von Vergütungen für überlassenes Kapital, sondern auch die steuerliche Berücksichtigung von Aufwand im Zusammenhang mit der Beteiligung. Gerade vor dem Hintergrund, dass die Unternehmenseigner nicht in unbegrenzter Höhe Privatvermögen besitzen, haben diese Überlegungen besonderes Gewicht.

1026 Regelmäßig muss der Gesellschafter eine Erhöhung seiner Einlage refinanzieren. Deshalb kommt der steuerlichen Behandlung dieser Kosten besondere Bedeutung zu. Dies gilt insbesondere, wenn während der Sanierungsphase für einen längeren Zeitraum keine Vergütungen für die Kapitalüberlassung gezahlt werden können, aber gleichwohl die Refinanzierungskosten vom Gesellschafter zu tragen sind. Die Nutzung dieser Finanzierungskosten im Rahmen des Verlustausgleichs trägt dazu bei, die steuerliche Belastung des Gesellschafters zu verringern und ihn zu entsprechenden Maßnahmen zu motivieren. Im Einzelnen ist zwischen den folgenden Fallgruppen zu differenzieren:

1027 Ist der Gesellschafter eine **Kapitalgesellschaft,** sind die Zinsen zur Refinanzierung der Einlage abzugsfähige Betriebsausgaben. Dies gilt unbeschadet des Umstands, dass

---

1) Hiergegen könnte z.B. sprechen, dass diese Wirtschaftsgüter Gläubigern des Unternehmens (insbesondere Banken) als Sicherheit zur Verfügung gestellt wurden. Deren Verkauf könnte dazu führen, dass die besicherten Kredite sofort fällig werden, so dass hieraus im Ergebnis eine Belastung der Finanzierungssituation des Unternehmens eintritt und nicht die erhoffte Verbesserung der Liquiditätssituation.
2) Bei einem maximalen Verlustrücktrag von 511 500 € beträgt die Erstattung 80 944,88 €, durch die Änderung steigt dieser Betrag auf 158 250 €.
3) Vgl. KfW, Unternehmensbefragung 2014, 7, https://www.kfw.de/PDF/Download-Center/Konzernthemen/Research/PDF-Dokumente-Unternehmensbefragung/Unternehmensbefragung-2014-LF.pdf.

§ 8b Abs. 1 KStG Dividenden von der Besteuerung befreit.[1] Allerdings sind die allgemeinen Regelungen zur Begrenzung der Abzugsfähigkeit von Fremdkapitalkosten zu beachten. Dies gilt sowohl für die Zinsschranke (→ 4 Rz. 1951 ff.) als auch für die gewerbesteuerliche Hinzurechnung nach § 8 Nr. 1 Buchst. a GewStG.

Ist der Gesellschafter eine **Personengesellschaft** mit natürlichen Personen[2] als Gesellschafter, kommt das Teileinkünfteverfahren zur Anwendung. Dies hat zur Folge, dass – neben der ohnehin zu beachtenden Begrenzung durch die Zinsschranke und die gewerbesteuerliche Hinzurechnung auf Ebene der Personengesellschaft – die Aufwendungen gem. § 3c Abs. 2 EStG nur i.H.v. 60 % abzugsfähig sind. Die übrigen 40 % der entstehenden Refinanzierungskosten werden steuerlich nicht berücksichtigt.   1028

Werden die Anteile im **Privatvermögen** einer natürlichen Person gehalten, ist zu differenzieren, ob die Regelungen zur Abgeltungsteuer Anwendung finden oder das Teileinkünfteverfahren. Im Anwendungsbereich der Abgeltungsteuer ist gem. § 20 Abs. 9 Satz 1 letzter Halbs. EStG der Abzug der tatsächlichen Werbungskosten ausgeschlossen[3], vielmehr kann lediglich der Sparer-Pauschbetrag i.H.v. 801,– € berücksichtigt werden. Dies bedeutet, dass die Refinanzierungskosten steuerlich nahezu vollständig unberücksichtigt bleiben, was diese Finanzierungsform nachhaltig verteuert. Eine andere Rechtsfolge entsteht, wenn sich der Gesellschafter auf die Ausnahme in § 32d Abs. 2 Nr. 3 EStG berufen kann. Danach besteht die antragsgebundene Möglichkeit, bei einer Beteiligungsquote von mindestens 25 % oder mindestens 1%iger Beteiligung und einer beruflichen Betätigung für die Gesellschaft[4] im Jahr der Antragstellung von der Abgeltungsteuer zum Teileinkünfteverfahren zu wechseln. Dieser Antrag hat eine Bindungsdauer von fünf Jahren und kann widerrufen werden. Wird hiervon Gebrauch gemacht, ist ein anschließender neuer Antrag nicht mehr möglich. Dies bedeutet, dass unter den genannten Voraussetzungen eine Abzugsfähigkeit der Refinanzierungskosten i.H.v. 60 % erreicht werden kann.[5]   1029

Die Ausführungen zeigen, dass bei der Notwendigkeit einer Refinanzierung der höheren Einlage bei natürlichen Personen als Gesellschafter (ggf. einer zwischengeschalteten Personengesellschaft) eine allenfalls 60 %ige Abzugsfähigkeit der Zinsen erfolgen kann. Dies dürfte dazu führen, dass die Bereitschaft des Gesellschafters, sich an einer fremdfinanzierten Kapitalerhöhung zu beteiligen, nicht sehr ausgeprägt sein wird. Etwas anderes gilt, wenn es sich beim Gesellschafter um eine Körperschaft handelt. Bei ihr können die Finanzierungskosten grundsätzlich vollständig abgezogen werden, allerdings ist die Hinzurechnung nach § 8 Nr. 1 Buchst. a GewStG zu beachten. Damit stellt sich die Frage, ob alternative Finanzierungsformen gefunden werden können, die nicht mit diesen steuerlichen Nachteilen verbunden sind, um so eine – auch unter Berücksichtigung der steuerlichen Belastung – günstigere Finanzierung zu ermöglichen.   1030

---

1) Allerdings ist auf die Fiktion von nicht abzugsfähigen Betriebsausgaben i.H.v. 5 % gem. § 8b Abs. 5 KStG zu verweisen, vgl. zur Diskussion um die Verfassungsmäßigkeit BVerfG-Beschluss v. 12.10.2010, 1 BvL 12/07, BGBl. I 2010, 1766.
2) Handelt es sich bei dem Gesellschafter hingegen um eine Kapitalgesellschaft, kommen gem. § 8b Abs. 6 KStG die Regelungen des ersten Anstrichs zur Anwendung, wobei allerdings zu berücksichtigen ist, dass die Personengesellschaft für Zwecke der GewSt als selbständiges Steuersubjekt qualifiziert wird.
3) Vgl. zur Frage der Verfassungsmäßigkeit das beim BFH unter Az. VIII R 18/14 anhängige Verfahren als Revision gegen das Urteil des Thüringer FG vom 09.10.2013, 3 K 1035/11, juris.
4) Vgl. zu den dabei zu beachtenden Anforderungen an diese Tätigkeit BMF-Schreiben v. 9.10.2012, IV C 1-S 2252/10/10013, BStBl I 2012, 953 und Schmitt-Homann, Abgeltungsteuer: Verlustanteil, Forderungsausfall, Bezugsrecht und Wertpapierleihe – Kritische Anmerkungen zum neuen BMF-Anwendungsschreiben, BB 2010, 351; Schmidt/Eck, Von der Jahressteuerbescheinigung zur Anlage KAP: Praxisorientierte Hinweise zur Abgeltungsteuer unter Berücksichtigung des BMF v. 22.12.2009, BB 2010, 1123.
5) Vgl. Weber-Grellet in Schmidt, EStG, 33. Aufl., München 2014, § 32d Rz. 12.

3. Alternative Finanzierungsformen

a) Wirtschaftsgutfinanzierung auf Ebene des Gesellschafters mit anschließender Vermietung

1031 Eine Lösungsmöglichkeit könnte darin gesehen werden, dass der Gesellschafter Wirtschaftsgüter erwirbt und diese an seine Kapitalgesellschaft vermietet. Diese Mietzinsen wären auf Ebene der Gesellschaft abzugsfähige Betriebsausgaben. Allerdings setzt dies voraus, dass deren Höhe angemessen ist, andernfalls ist der überhöhte Teil als verdeckte Gewinnausschüttung zu qualifizieren.[1] Das Problem der Angemessenheit wird sich regelmäßig dadurch relativ einfach lösen lassen, dass auf eine marktübliche Miete zurückgegriffen wird. Diese kann sich an einer Kostenmiete orientieren, die um eine angemessene Verzinsung des durchschnittlich gebundenen Kapitals erhöht wird.[2] Außerdem sind die gewerbesteuerlichen Hinzurechnungen zu beachten:[3] Diese betragen 5 % der Mieten bei beweglichen und 12,5 % bei unbeweglichen Wirtschaftsgütern. Andererseits fallen im Betriebsvermögen keine Abschreibungen auf das Wirtschaftsgut an. Sofern degressiv abgeschrieben werden kann,[4] wäre die Miete regelmäßig zu Beginn niedriger, bei einer linearen AfA entsprechend höher als die Abschreibungsbeträge.[5] Insgesamt sind die hiermit verbundenen Auswirkungen auf die Ergebnissituation des Unternehmens eher gering, so dass hieraus auch keine wesentlichen Auswirkungen auf das Rating entstehen werden.[6]

1032 Auf Ebene des Gesellschafters unterliegen die Mietzinszahlungen als Einkünfte aus Vermietung und Verpachtung der tariflichen Besteuerung. Die Werbungskosten im Zusammenhang mit dem vermieteten Objekt können vollständig abgezogen werden.[7] Damit wird erreicht, dass die Refinanzierungskosten für die Verstärkung des Betriebsvermögens von der vollständigen oder teilweisen Nichtabzugsfähigkeit in die vollständige Abzugsfähigkeit gelangen. Im Bereich der USt kann eine Option zur steuerbaren (und i.d.R. steuerpflichtigen) Vermietung erfolgen,[8] so dass insoweit keine steuerlichen Nachteile entstehen. Bei den vermieteten Wirtschaftsgütern handelt es sich um Privatvermögen, so dass anfallende Veräußerungsgewinne nach den allgemeinen Grundsätzen des § 23 EStG besteuert werden. Hierbei ist allerdings die verlängerte Frist von zehn Jahren gem. § 23 Abs. 1 Satz 1 Nr. 2 Satz 2 EStG zu beachten. Hingegen erfolgt keine erbschaftsteuerliche Begünstigung[9], wie sie bei Betriebsvermögen grundsätzlich möglich wäre.

---

1) Außerdem sind ggf. die Anforderungen für Verträge zwischen Kapitalgesellschaften und deren beherrschenden Gesellschaftern zu beachten, vgl. hierzu z.B. Kaminski/Strunk, Einfluss von Steuern auf unternehmerische Entscheidungen, 2. Aufl., Wiesbaden 2012, 59 f.
2) Vgl. hierzu z.B. Schulte/Behnes, ABC der verdeckten Gewinnausschüttung, BB 2007, Beilage Nr. 9, 10, 16.
3) Vgl. zur Diskussion um die mögliche Verfassungswidrigkeit → 4 Rz. 1022.
4) Dies setzt voraus, dass der Erwerb vor dem 1.1.2011 erfolgt ist.
5) Entscheidend hierfür ist die Einbeziehung der Kapitalverzinsung in die Ermittlung der Höhe der Mieten.
6) Ein Nachteil kann gegenüber der Eigenkapitalüberlassung allerdings darin bestehen, dass diese Maschinen nicht als zusätzliche Kreditsicherheiten verwendet werden können, weil der Gesellschafter diese regelmäßig zur Absicherung seiner Refinanzierung benötigen wird.
7) Etwas anderes würde lediglich dann gelten, wenn hierin nach § 4 Abs. 5 i.V.m. § 9 Abs. 5 EStG nicht abzugsfähige Betriebsausgaben enthalten wären.
8) Vgl. § 9 UStG und eingehend Pflüger in Hartmann/Metzenmacher, § 9 UStG Rz. 15 ff. (Juli 1996). Allerdings kommt ein Verzicht nur in den in § 9 Abs. 1 UStG genannten Fällen in Betracht, vgl. Schüler-Täsch in Sölch/Ringleb, § 9 UStG Rz. 25 (April 2014); Pflüger in Hartmann/Metzenmacher, § 9 UStG Rz. 15 (Juli 1996); Weitemeyer, Im aktuellen Überblick: Miete und Umsatzsteuer, NZM 2006, 887; sowie Abschn. 9.1 UStAE.
9) Vgl. zu Diskussion um deren grundsätzliche Zulässigkeit BFH v. 5.10.2011, II R 9/11, BStBl II 2012, 29, Az. beim BVerfG: 1 BvL 21/12. Vgl. hierzu z.B. Crezelius, Verfassungswidrigkeit des reformierten Erbschaft- und Schenkungsteuergesetzes?, ZEV 2012, 1 ff., und Theilacker, Ist die Steuerverschonung nach §§ 13a, 13b ErbStG ganz oder teilweise verfassungswidrig?, BWNotZ 2012, 2 ff.

Etwas anderes gilt, wenn der Gesellschafter wesentliche Betriebsgrundlagen an die Gesellschaft überlässt. Eine solche Qualifizierung erfolgt nach dem Betriebszweck der Betriebsgesellschaft. Wesentliche Betriebsgrundlagen sind Wirtschaftsgüter (v.a. solche des Anlagevermögens), die zur Erreichung des Betriebszwecks erforderlich sind und ein besonderes wirtschaftliches Gewicht für die Betriebsführung bei der Betriebsgesellschaft haben.[1] Ein Wirtschaftsgut ist in diesem Zusammenhang nicht allein deshalb als wesentliche Betriebsgrundlage anzusehen, weil erhebliche stille Reserven in ihm ruhen.[2] Hierin liegt eine eindeutige Abgrenzung zur Beurteilung einer wesentlichen Betriebsgrundlage bei einer Betriebsaufgabe oder -veräußerung, da in diesen Fällen auch auf das Kriterium der beachtlichen stillen Reserven abgestellt wird.[3] Das Vorliegen einer wesentlichen Betriebsgrundlage ist damit nach einer funktionalen Betrachtungsweise zu bestimmen, nicht nach einer quantitativen. Während die Zuordnung von Produktionsmaschinen, Patenten und ähnlichen Schutzrechten sowie Fabrikationsgrundstücken[4] zu den wesentlichen Betriebsgrundlagen regelmäßig unproblematisch ist,[5] ergeben sich bei der Zuordnung von Büro- und Verwaltungsgebäuden Schwierigkeiten. Nach der Rechtsprechung des BFH[6] ist ein solches Gebäude wesentliche Betriebsgrundlage, wenn es die räumliche und funktionale Grundlage für die Geschäftstätigkeit der Betriebsgesellschaft bildet. Dies gilt auch dann, wenn das Betriebsunternehmen jederzeit am Markt ein für seine Belange gleichwertiges Grundstück mieten oder kaufen kann.[7]

1033

Die Überlassung mindestens einer wesentlichen Betriebsgrundlage führt zur Begründung einer Betriebsaufspaltung, wenn zusätzlich eine sog. personelle Verflechtung vorliegt. Dies ist der Fall, wenn der Gesellschafter – ggf. gemeinsam mit anderen[8] – seinen Willen auch bei der zu finanzierenden Kapitalgesellschaft durchsetzen kann. Dies hätte zur Folge, dass die überlassenen Wirtschaftsgüter als Betriebsvermögen der Besitzpersonengesellschaft qualifiziert wären. Trotz deren rein vermögensverwaltenden Tätigkeit vermitteln sie ihrem Gesellschafter Einkünfte aus Gewerbebetrieb.[9] In diesem Rahmen sind die Finanzierungskosten als Betriebsausgaben abzugsfähig. In diesem Fall liegt auch für Zwecke der ErbSt Betriebsvermögen vor, das unter den allgemeinen Anforderungen (vgl. §§ 13a f., 19a ErbStG) begünstigungsfähig ist.[10]

1034

Insgesamt ist festzustellen, dass durch diese Vorgehensweise eine Besserstellung gegenüber der Beteiligungsfinanzierung erfolgt. Allerdings führt dies zu einer höheren Belastung mit GewSt. Die Besitzpersonengesellschaft muss ein Viertel der Refinanzierungskosten gem. § 8 Nr. 1 Buchst. a GewStG hinzurechnen, was bei den hohen Hebesätzen tendenziell zu noch höheren Anrechnungsüberhängen im Rahmen von § 35 EStG führt. Bei der Betriebskapitalgesellschaft muss ein Teil der Miete hinzugerechnet werden. Im Ergebnis entsteht damit infolge dieser doppelten Hinzurechnung

1035

---

1) Vgl. BFH v. 26.1.1989, IV R 151/86, BStBl II 1989, 455; sowie BFH v. 24.8.1989, IV R 135/86, BStBl II 1989, 1014.
2) Vgl. BFH v. 24.8.1989, IV R 135/86, BStBl II 1989, 1014.
3) Vgl. H 16 Abs. 8 EStH 2012.
4) Vgl. BFH v. 12.9.1991, IV R 8/90, BStBl II 1992, 347.
5) Weitere Beispiele: BFH v. 23.1.1991, X R 47/87, BStBl II 1991, 405; BFH v. 29.10.1991, VIII R 77/87, BStBl II 1992, 334; BFH v. 4.11.1992, XI R 1/92, BStBl II 1993, 245; BFH v. 26.3.1992, IV R 50/91, BStBl II 1992, 830; BFH v. 2.4.1997, X R 21/93, BStBl II 1997, 565.
6) Vgl. BFH v. 23.5.2000, VIII R 11/99, BStBl II 2000, 621.
7) Vgl. BFH v. 26.5.1993, X R 78/91, BStBl II 1993, 718.
8) Vgl. Wacker in Schmidt, 33. Aufl., München 2014, § 15 EStG Rz. 820 ff.
9) Vgl. grundlegend BVerfG v. 14.1.1969, 1 BvR 136/62, BStBl II 1969, 396; BFH v. 8.11.1971, GrS 2/71, BStBl II 1972, 63; BFH v. 24.2.2000, IV R 62/98, BStBl II 2000, 417; BFH v. 17.11.1992, VIII R 36/91, BStBl II 1993, 233; BFH v. 12.11.1985, VIII R 240/81, BStBl II 1986, 296; BFH v. 24.2.1981, VIII R 159/78, BStBl II 1981, 397 sowie BVerfG vom 12.3.1985, 1 BvR 571/81, 1 BvR 494/82, 1 BvR 47/83, BVerfGE 69, 188.
10) Vgl. hierzu auch BVerfG vom 17.12.2014, 1 BvL 21/12, BGBl. I 2015, 4.

eine höhere Belastung mit GewSt. Die hiermit verbundenen Nachteile – gerade in einer Gemeinde mit hohen Hebesätzen – wirken sich besonders gravierend aus, wenn die Hinzurechnungen so hoch sind, dass trotz eines operativen Verlusts ein positiver Gewerbeertrag der Besteuerung unterliegt. Hinzu kommt, dass bei einer ohnehin schon zu Verlusten führenden Tätigkeit die Mietzinsen den Verlust auf Ebene der Kapitalgesellschaft erhöhen und damit keinen unmittelbaren steuerlichen Vorteil vermitteln, sofern der Verlustrücktrag schon vollständig ausgeschöpft ist, und gleichzeitig auf Ebene des Gesellschafters steuerbare und steuerpflichtige Einkünfte vorliegen.

1036 Im Fall einer Personengesellschaft als zu finanzierende Gesellschaft führt die Vermietung infolge von § 15 Abs. 1 Nr. 2 Satz 1 Halbs. 2 EStG zu gewerblichen Einkünften. Zugleich wären die Wirtschaftsgüter als Sonderbetriebsvermögen des Gesellschafters zu qualifizieren, so dass die gezahlten Mietzinsen auf Ebene der Personengesellschaft nicht abzugsfähig sind und auch den Gewerbeertrag nicht verringern. Folglich unterbleibt eine Hinzurechnung nach § 8 Nr. 1 GewStG. Diese setzt voraus, dass der Gewerbeertrag durch die entsprechenden Zahlungen verringert wurde. Dies ist vorliegend nicht der Fall. Evtl. Finanzierungskosten für das Wirtschaftsgut sind als Sonderbetriebsausgaben abzugsfähig. Allerdings ist hierbei die Hinzurechnung nach § 8 Nr. 1 Buchst. a GewStG zu beachten. Die Qualifikation als Sonderbetriebsvermögen führt dazu, dass die Wirtschaftsgüter erbschaftsteuerlich als Betriebsvermögen gelten und damit grundsätzlich privilegierungsfähig werden. Ertragsteuerlich sind sie steuerverstrickt. Entstehen aus der Vermietung des Wirtschaftsguts Verluste (etwa infolge der erforderlichen Fremdfinanzierung des Kaufpreises oder bei einer Veräußerung), fallen diese nicht in den Anwendungsbereich des § 15a EStG, sondern können mit anderen Einkünften ausgeglichen bzw. nach § 10d EStG abgezogen werden.

b) Darlehensgewährung durch den Gesellschafter

1037 Der Gesellschafter könnte seiner Gesellschaft ein verzinsliches Darlehen[1] gewähren. Bei Einzelunternehmen und Mitunternehmern einer Personengesellschaft stellen die hierfür gezahlten Zinsen gewerbliche Einkünfte dar.

Hingegen werden bei Kapitalgesellschaften infolge des Trennungsprinzips solche Vereinbarungen – vorbehaltlich der Qualifikation als verdeckte Gewinnausschüttung – steuerlich anerkannt. Die gezahlten Zinsen sind auf Ebene der Kapitalgesellschaft als Betriebsausgaben abzugsfähig, wobei für Zwecke der GewSt die Hinzurechnung von 25 % nach § 8 Nr. 1 Buchst. a GewStG zu berücksichtigen ist. Beim Gesellschafter unterliegen die Zinsen nicht der Abgeltungsteuer, sofern er an der Kapitalgesellschaft zu mindestens 10 % beteiligt ist.[2] Dies gilt in gleicher Weise, wenn das Darlehen von einer nahe stehenden Person oder von einem rückgriffsberechtigten Dritten gewährt wurde (§ 32d Abs. 2 Nr. 1 EStG). In diesen Fällen erfolgt die Besteuerung mit der tariflichen ESt. Außerdem wird nunmehr auf die Einkünfte abgestellt. Folglich kann der Stpfl. die hiermit im Zusammenhang stehenden Werbungskosten geltend machen.[3]

1038 Diese Regelung hat zur Konsequenz, dass es für den Gesellschafter regelmäßig deutlich vorteilhafter ist, seine Gesellschaft mit Fremdkapital auszustatten, anstatt ihr Eigenkapital zu gewähren. Während bei letzterem eine Beschränkung des Abzugs der Werbungskosten gilt, ist dies bei ersterem nicht der Fall. Allerdings ist zu berücksichtigen, dass damit regelmäßig eine Verschlechterung des Ratings stattfindet, weil die Verschuldung der Gesellschaft erhöht wird.

---

1) Hingegen würde ein unverzinsliches Darlehen infolge von § 6 Abs. 1 Satz 1 Nr. 3 EStG auf Grund der gebotenen Abzinsung eine Steuerbelastung auslösen.
2) Vgl. zur Verfassungsmäßigkeit BFH vom 29.4.2014, VIII R 23/13, BFH/NV 2014, 1620.
3) Vgl. z.B. Lambrecht in Kirchhof, 13. Aufl., Köln 2014, § 32d EStG Rz. 9.

c) Begründung einer atypisch stillen Gesellschaft

Denkbar ist, dass sich der Gesellschafter einer Kapitalgesellschaft zusätzlich atypisch still an „seiner" Gesellschaft beteiligt. Eine stille Gesellschaft beruht auf einem Gesellschaftsvertrag, in dem sich die Gesellschafter zur Verfolgung eines gemeinsamen Zwecks verpflichten.[1] Hierbei ist stets eine Beteiligung am Gewinn vorzusehen. Die Höhe dieses Anteils richtet sich nach den vertraglichen Vereinbarungen. Ferner ist es üblich, dass der stille Gesellschafter an den Verlusten beteiligt wird. Er bekommt vergleichsweise intensive Kontrollrechte eingeräumt, insbesondere ein Mitspracherecht bei grundlegenden Unternehmensentscheidungen. Für den Fall des Ausscheidens aus dieser Innengesellschaft wird vorgesehen, dass der stille Gesellschafter nicht nur seine Einlage zurückbekommt, sondern auch an den zwischenzeitlich gebildeten stillen Reserven und einem möglichen Firmenwert partizipiert. Eine Übertragung der Rechte aus der Gesellschaft ist nur mit Zustimmung des Inhabers des Handelsgewerbes zulässig. In der Praxis finden sich sowohl befristete als auch unbefristete stille Gesellschaften. Ist die Gesellschaft unbefristet eingegangen, kann das Gesellschaftsverhältnis mit einer Frist von sechs Monaten und zum Schluss eines Geschäftsjahres gekündigt werden (vgl. § 234 Abs. 1 i.V.m. § 132 HGB).

1039

Die zusätzliche stille Beteiligung eines Gesellschafters neben seiner Beteiligung am Stammkapital wird in ständiger Rspr. steuerlich anerkannt,[2] zumal es i.d.R. außersteuerliche Gründe für eine solche Beteiligung gibt, so dass eine Qualifikation als Gestaltungsmissbrauch i.S.v. § 42 AO ausscheidet. Erfüllt die stille Beteiligung die Voraussetzungen einer Mitunternehmerschaft, kommen die Grundsätze zur Besteuerung von Personengesellschaften zur Anwendung. Dies ist bei der hier behandelten sog. atypisch stillen Gesellschaft der Fall. Für Zwecke der GewSt liegt ein selbständiges Steuersubjekt vor. Der zusätzlichen Belastung mit GewSt[3] tritt die Entlastung gem. § 35 EStG bei der ESt entgegen. Verluste, die der Gesellschafter aus der atypisch stillen Beteiligung erzielt, können im Rahmen des § 15a EStG, begrenzt auf den Umfang der tatsächlichen Haftung, steuerlich geltend gemacht werden. Die Beteiligung an der Kapitalgesellschaft wird zum Sonderbetriebsvermögen, so dass auf die hiermit im Zusammenhang stehenden Aufwendungen – unabhängig von der Möglichkeit der Antragstellung nach § 32d Abs. 2 Nr. 3 EStG – die Regelungen des Teileinkünfteverfahrens anzuwenden sind. Folglich sind 60 % dieser Aufwendungen steuerlich abzugsfähig. Wird die im Rahmen der stillen Beteiligung zu leistende Einlage fremdfinanziert, sind diese Finanzierungskosten in voller Höhe als Betriebsausgaben abzugsfähig. Sollte sich die krisenhafte Entwicklung zu einem späteren Zeitpunkt verschärfen und der Gesellschafter auf seine stille Beteiligung ganz oder teilweise verzichten, können diese Beträge ebenso wie laufende Verlustanteile im Rahmen des § 15a EStG steuerlich geltend gemacht werden. Im Regelfall führt diese Beteiligung

1040

---

1) Zu den konstitutiven und dispositiven Merkmalen einer stillen Gesellschaft vgl. Kaminskaite, Auswahl mezzaniner Finanzierungsinstrumente in mittelständischen Unternehmen als betriebswirtschaftliches Entscheidungsproblem, Göttingen 2011, 213–220, m.w.N.
2) Vgl. BFH v. 21.6.1983, VIII R 237/80, BStBl II 1983, 563; BFH v. 15.12.1992, VIII R 42/90, BStBl II 1994, 702; BFH v. 9.12.2002, VIII R 20/01, BFH/NV 2003, 601. Die Frage ist vielmehr, ob eine GmbH & typisch Still steuerlich möglich ist. Nunmehr ist durch die Rechtsprechung klargestellt, dass der alleinige Gesellschafter einer Einpersonen GmbH & Still hinsichtlich der stillen Beteiligung stets als atypisch stiller Gesellschafter und damit als Mitunternehmer anzusehen ist, wenn er gleichzeitig deren Geschäftsführer ist. Ist er nicht gleichzeitig Geschäftsführer, sondern bedient sich die Gesellschaft eines fremden Geschäftsführers, kommt es auf den Einzelfall an. Hierfür reicht die rechtliche Möglichkeit, auf die Geschäftsführung einzuwirken, aus, vgl. BFH v. 15.12.1992, VIII R 42/90, BStBl II 1994, 702. Dies entspricht auch der Verwaltungsauffassung, vgl. OFD Frankfurt am Main v. 3.11.2008, S 2241 A – 37 – St 213, Abschn. D, juris (ertragsteuerliche Behandlung der atypischen stillen Gesellschaft), und der h.M. im Schrifttum, vgl. z.B. Wacker in Schmidt, 33. Aufl., München 2014, § 15 EStG Rz. 355 ff.
3) Unter Berücksichtigung des Freibetrages nach § 11 Abs. 1 Satz 3 Nr. 1 GewStG i.H.v. 24 500 €.

zu einer deutlichen Verbesserung des Bilanzbildes, weil sie zumindest wirtschaftlich als Eigenkapital qualifiziert wird.[1)] Insoweit können hiermit positive Auswirkungen auf das Rating verbunden sein.

1041 Wie die Überlegungen zeigen, ist die atypisch stille Beteiligung durch den bisherigen Gesellschafter einer Erhöhung der bisherigen Einlage als Gesellschafter einer Kapitalgesellschaft steuerlich deutlich überlegen. Es lässt sich damit eine volle Abzugsfähigkeit der Refinanzierungskosten erreichen. Allerdings erfolgt hiermit ein vergleichsweise tief gehender Eingriff in die rechtliche Struktur, weil aus einer Kapitalgesellschaft steuerlich eine Beteiligung an einer Personengesellschaft entsteht. Vor diesem Hintergrund wird im Folgenden der Frage nachgegangen, ob alternative Finanzierungsmöglichkeiten bestehen, die zu einer vollständigen steuerlichen Berücksichtigung der Finanzierungskosten führen, aber keinen so schwerwiegenden Eingriff darstellen.

d) *Einsatz von typisch stillen Gesellschaften bzw. partiarischen Darlehen*

aa) Typisch stille Gesellschaft

1042 Die zivilrechtlichen Vorgaben zur stillen Gesellschaft in den §§ 230 ff. HGB entsprechen dem Leitbild der typisch stillen Gesellschaft. Allerdings kann durch die Ausgestaltung des Vertrages zwischen dem Inhaber des Handelsgewerbes und dem Stillen eine abweichende Rechtsstellung vereinbart werden. Hierbei handelt es sich um einen Gesellschaftsvertrag, der die Verfolgung eines gemeinsamen Zwecks vorsieht. Als Ausfluss dieses Vertrages und der darin enthaltenen Pflicht zur Leistung einer Einlage an den Inhaber des Handelsgewerbes erfolgt eine Beteiligung an den Gewinnen, die der Gesellschafter aus der Gesellschaft erzielt. Hingegen kann eine Beteiligung am Verlust gem. § 231 Abs. 2 Halbs. 1 HGB ausgeschlossen werden. Der Stille bekommt regelmäßig die Kontrollrechte, die § 233 HGB vorsieht. Bei der typisch stillen Gesellschaft wird häufig eine zeitlich begrenzte Dauer des Gesellschaftsverhältnisses vereinbart, wobei z.T. auch unbefristete Vereinbarungen getroffen werden. Bei Beendigung der stillen Gesellschaft erhält der Stille lediglich die von ihm geleistete Einlage zzgl. auf ihn entfallende Gewinnanteile ausgezahlt. Im Gegensatz zur atypisch stillen Gesellschaft ist er weder an den stillen Reserven noch an einem Geschäfts- oder Firmenwert beteiligt.[2)] Bei der Kündigung gelten die obigen Ausführungen im Rahmen der atypisch stillen Gesellschaft entsprechend.

1043 Die typisch stille Gesellschaft führt steuerlich nicht zur Begründung einer Mitunternehmerschaft, sondern wird wie eine Darlehensbeziehung behandelt. Folglich sind die an den stillen Gesellschafter gezahlten Vergütungen grundsätzlich abzugsfähige Betriebsausgaben auf Ebene der Kapitalgesellschaft. Etwas anderes gilt, wenn die Regelungen zur Zinsschranke diesen Abzug einschränken oder eine unangemessene Verzinsung erfolgt, was zu einer Qualifikation als vGA führt. Für Zwecke der GewSt ist gem. § 8 Nr. 1 Buchst. c GewStG eine Hinzurechnung von 25 % der Vergütung vorzunehmen, die den Gewerbeertrag verringert hat. Auf Ebene des Gesellschafters liegen Einkünfte aus Kapitalvermögen gem. § 20 Abs. 1 Nr. 4 EStG vor. Diese unterliegen jedoch gem. § 32d Abs. 2 Nr. 1 EStG nicht der Abgeltungsteuer, sondern der tariflichen Besteuerung. Hieraus folgt, dass die hiermit im Zusammenhang stehenden Refinanzierungskosten beim Gesellschafter in vollem Umfang als Werbungskosten geltend gemacht werden können. Sollte der Gesellschafter zu einem späteren Zeitpunkt – etwa bei einem weiteren Voranschreiten der Krise – auf einen Teil seiner

---

1) Vgl. Kaminskaite, Auswahl mezzaniner Finanzierungsinstrumente in mittelständischen Unternehmen als betriebswirtschaftliches Entscheidungsproblem, Göttingen 2011, 265–270.
2) Zur Abgrenzung der typischen und atypischen Variante der stillen Gesellschaft vgl. Kaminskaite, Auswahl mezzaniner Finanzierungsinstrumente in mittelständischen Unternehmen als betriebswirtschaftliches Entscheidungsproblem, Göttingen 2011, 223 f.

Beteiligung verzichten, kann er diesen Betrag bis zum Umfang seiner zivilrechtlichen Haftung steuerlich geltend machen (§ 20 Abs. 8 EStG i.V.m. § 15a Abs. 1 Satz 1 EStG). Zugleich bleibt die steuerliche Qualifikation der Anteile an der Kapitalgesellschaft als Privat- bzw. Betriebsvermögen unverändert, so dass bei einer späteren Ausschüttung insoweit keine Änderung eintritt und damit möglicherweise der niedrigere Steuersatz der Abgeltungsteuer genutzt werden kann. Da ohnehin regelmäßig Beteiligungen i.S.v. § 17 EStG vorliegen werden, ergeben sich hinsichtlich eines evtl. Veräußerungsgewinns keine weiteren steuerlichen Veränderungen.

Bilanziell erfolgt regelmäßig eine Qualifikation als handelsrechtliches Fremdkapital, insbesondere wenn die Beteiligung an evtl. Verlusten ausgeschlossen ist.[1] Gleichwohl kann für Zwecke des Ratings eine Einstufung als wirtschaftliches Eigenkapital erfolgen, wenn gleichzeitig ein Rangrücktritt vereinbart wird.[2] Hieraus lassen sich ggf. weitere Vorteile erzielen, weil damit eine Verbesserung des Ratings erreicht wird, die u.U. der Gesellschaft weitere Finanzierungsmöglichkeiten eröffnet.

1044

bb) Partiarische Darlehen

Die zivilrechtliche Abgrenzung zwischen einem partiarischen Darlehen und einer typisch stillen Gesellschaft ist umstritten.[3] Anders als bei der stillen Beteiligung liegt beim partiarischen Darlehen kein Gesellschaftsvertrag vor, sondern ein Darlehensvertrag, der zu einem Ausgleich der Interessen führen soll. Als Zinssatz wird regelmäßig eine gewinnabhängige Vergütung für die Überlassung des Kapitals vereinbart. Darüber hinaus kann vertraglich festgelegt werden, dass im Verlustfall keine Verzinsung zu zahlen ist. Ebenso ist es möglich, eine Mindestverzinsung zu vereinbaren, die nicht unterschritten werden darf. Ferner kann eine Obergrenze für die Höhe der Vergütung in den Darlehensvertrag aufgenommen werden. Hingegen ist eine Beteiligung am Verlust ausgeschlossen. Der Darlehensgeber bekommt keine besonderen Kontrollrechte mit Ausnahme des Rechts, eine Prüfung der Höhe des Gewinns vorzunehmen. Hierbei handelt es sich jedoch nicht um eine Einflussmöglichkeit auf die laufende Geschäftsführung, sondern ausschließlich um einen Interessenausgleich: Da die Verzinsung von der Höhe des Gewinns abhängig ist, hat der Darlehensgeber ein besonderes Interesse an einer Überprüfungsmöglichkeit. Die Kapitalüberlassung erfolgt in aller Regel für einen fest vereinbarten Zeitraum. Am Ende der Laufzeit ist nur das überlassene Kapital zurückzuzahlen. Hingegen scheidet eine Beteiligung an den stillen Reserven und einem evtl. Firmenwert aus. Eine Abtretung der Rechte aus dem Darlehensvertrag ist jederzeit möglich. Gemäß § 490 Abs. 1 BGB besteht ein außeror-

1045

---

[1] Zu den handelsrechtlichen Eigenkapitalkriterien vgl. Hense, Die stille Gesellschaft im handelsrechtlichen Jahresabschluss, 1990, 222; Küting/Kessler, Eigenkapitalähnliche Mittel in der Handelsbilanz und im Überschuldungsstatus, BB 1994, 2103, 2112; IDW, Stellungnahme HFA/ 1994: Zur Behandlung von Genussrechten im Jahresabschluss von Kapitalgesellschaften, WPg 1994, 419 f.; Küting/Kessler in Küting/Weber, Handbuch der Rechnungslegung – Einzelabschluss, Kommentar zur Bilanzierung und Prüfung, § 272 HGB Rz. 250 (Stand: April 2011); Kaminskaite, Auswahl mezzaniner Finanzierungsinstrumente in mittelständischen Unternehmen als betriebswirtschaftliches Entscheidungsproblem, Göttingen 2011, 135 ff.

[2] Zu den Qualifikationskriterien der stillen Einlage als wirtschaftliches Eigenkapital im Rating-Verfahren vgl. Kaminskaite, Auswahl mezzaniner Finanzierungsinstrumente in mittelständischen Unternehmen als betriebswirtschaftliches Entscheidungsproblem, Göttingen 2011, 142 ff.; Arbeitskreis „Mittelstandsfinanzierung" der Initiative Finanzstandort Deutschland (IFD), Entwicklung des Mezzanine-Marktes, Die Bank 2007, 56 f.

[3] Vgl. zum Diskussionsstand Jestädt, Partiarisches Darlehen oder Stille Gesellschaft? – Gibt es nach der neuesten Rechtsprechung des BFH Vorteile für die eine oder andere Gestaltung?, DStR 1993, 387, 389; Zacharias/Hebig/Rinnewitz, Die atypisch stille Gesellschaft. Recht, Steuer, Betriebswirtschaft, 2. Aufl. 2000, 33; Blaurock, Handbuch der Stillen Gesellschaft, 7. Aufl. 2010, Rz. 8.30; Kaminskaite, Auswahl mezzaniner Finanzierungsinstrumente in mittelständischen Unternehmen als betriebswirtschaftliches Entscheidungsproblem, Göttingen 2011, 220 ff.

dentliches Kündigungsrecht für den Darlehensgeber, wenn sich ihm überlassene Sicherheiten als nicht werthaltig erweisen oder sich die Bonität des Schuldners wesentlich verschlechtert. Dies sollte jedoch vertraglich ausgeschlossen werden, um eine Qualifikation als wirtschaftliches Eigenkapital nicht zu gefährden.

1046 In § 20 Abs. 1 Nr. 4 EStG wird das partiarische Darlehen neben der typisch stillen Gesellschaft genannt. In § 8 Nr. 1 Buchst. a und c GewStG ist für beide Fälle eine Hinzurechnung i.H.v. 25 % der Zinsen bzw. Gewinnanteile vorgesehen, die den Gewerbeertrag gemindert haben. Gemäß § 32d Abs. 2 Nr. 1 EStG werden beide Finanzierungsformen unter den gleichen Voraussetzungen aus dem Anwendungsbereich der Abgeltungsteuer herausgenommen. Insoweit erfolgt steuerlich eine Gleichbehandlung. Daher kommt den oben dargestellten zivilrechtlichen und betriebswirtschaftlichen Unterschieden dieser Instrumente besondere Bedeutung zu, um über deren Vorteilhaftigkeit entscheiden zu können.

V. Qualifikation als Steuerstundungsmodell?

1047 Die vorstehend aufgezeigten Lösungsansätze sind dadurch charakterisiert, dass sie in den ersten Jahren nach Vornahme der Investition zu Gewinnminderungen oder zu Verlusten führen. Diese resultieren daraus, dass auf Grund der wirtschaftlichen Lage der Kapitalgesellschaft häufig keine oder allenfalls geringe „Vergütungen" für die Kapitalüberlassung bezahlt werden können. Muss die Einlage fremdfinanziert werden, entsteht ein Verlust aus diesem Engagement. Hiermit ist die Gefahr verbunden, dass die aufgezeigten Vorgehensweisen als Steuerstundungsmodell gem. § 15b EStG qualifiziert werden. Dies hätte zur Konsequenz, dass kein sofortiger Verlustausgleich erfolgen kann, sondern lediglich eine Minderung der positiven Einkünfte, die der Stpfl. aus der gleichen Einkunftsquelle erzielt. Hieraus entstünden erhebliche Zins- und Liquiditätsnachteile; die Vorteilhaftigkeit der alternativen Finanzierungsformen wäre erheblich beeinträchtigt.

1048 Fraglich ist, ob ein Anwendungsfall des § 15b EStG gegeben ist. Dieser setzt voraus, dass modellhafte Gestaltungen vorliegen. Hierbei handelt es sich um ein sehr unbestimmtes Tatbestandsmerkmal.[1] Auch die Regierungsbegründung[2] gibt wenig Hinweise darauf, was der Gesetzgeber konkret regeln wollte. Aus ihr kann allerdings entnommen werden, dass ein vorgefertigtes Konzept erforderlich ist, das auf die Erzielung steuerlicher Vorteile auf Grund negativer Einkünfte ausgerichtet ist.[3] Als typisch wird der Vertrieb mit Hilfe eines Anlegerprospektes genannt. Aus der Modellhaftigkeit folgt, dass die Initiatoren darauf abzielen, das von ihnen entwickelte Investitionskonzept mehrfach zu gebrauchen. Insofern handelt es sich um eine Art Grundkonzeption, die in gleicher oder ähnlicher Weise bei unterschiedlichen Investoren wiederholt angewendet wird. Hierbei kann es sich sowohl um einzelne Personen als auch Gemeinschaften handeln, die diese Modelle verwenden. Ein Indiz hierfür ist, wenn die Initiatoren ein Bündel von Verträgen mit von ihnen ausgesuchten Projektbeteiligten anbieten. Damit geben die Initiatoren der Gesamtleistung bereits ein gewisses Gepräge mit der Folge, dass dem einzelnen Investor nur noch ein vergleichsweise geringer Einfluss verbleibt. Hierfür ist es nicht entscheidend, ob die einzelnen Beauftragten mit dem Initiator rechtlich und/oder finanziell verbunden sind.[4]

---

1) Vgl. zur Kritik hieran z.B. Kaminski in Korn (Hrsg.), § 15b EStG Rz. 72 ff. (Juli 2014).
2) Vgl. Reg.-Begr. des Gesetzesentwurfs v. 29.11.2005, BT-Drucks. 16/107.
3) Vgl. BT-Drucks. 16/107 v. 29.11.2005, 6.
4) Gl.A. z.B. Reiß in Kirchhof, 13. Aufl., Köln 2014, § 15b EStG Rz. 43 f. und Lüdicke/Naujok, Beschränkung der Verlustverrechnung im Zusammenhang mit Steuerstundungsmodellen, DB 2006, 744, 746.

Tz. 7 des Anwendungsschreibens zu § 15b EStG[1] nennt als mögliche Indizien für das Vorliegen eines solchen Modells, dass der Anleger vorrangig eine kapitalmäßige Beteiligung ohne Interesse an einem Einfluss auf die Geschäftsführung anstrebt. Diese Voraussetzungen sind vorliegend nicht erfüllt, weil gerade ein Einfluss auf die Geschäftsleitung besteht. In vielen Fällen wird der Gesellschafter zugleich Geschäftsführer der Kapitalgesellschaft sein, so dass eine größere Einflussnahme auf die Geschäftsführung denklogisch nicht möglich ist. Hinzu kommt, dass der BFH – allerdings im Rahmen eines Verfahrens zur Aussetzung der Vollziehung – entschieden hat, dass eine Modellhaftigkeit i.S.v. § 15b EStG nicht vorliegt, wenn eine Gestaltung vorgenommen wird, die auf die Verhältnisse einer Person zugeschnitten ist.[2] Da die Errichtung entsprechender Gesellschaften den Besonderheiten des Einzelfalls Rechnung trägt, wird dieses Kriterium nicht erfüllt sein. Ferner muss das vorgefertigte Konzept zu der Möglichkeit der Verlustverrechnung führen. Meines Erachtens ist diese Tatbestandsvoraussetzung ebenfalls nicht erfüllt. Der Gesetzgeber will mit dieser Regelung Sachverhalte erfassen, bei denen die Möglichkeit der Erzielung von steuerlichen Vorteilen durch Verlustzuweisungen in werblicher Weise herausgestellt wird.[3] Dies ist vorliegend nicht der Fall. Hingegen wird das dritte Tatbestandsmerkmal, wonach die Summe der prognostizierten Verluste größer als 10 % des nach dem Konzept aufzubringenden Kapitals sein muss, häufig erfüllt sein.

1049

Wie die vorstehenden Ausführungen gezeigt haben, liegen die übrigen Voraussetzungen für eine Anwendung des § 15b EStG nicht vor. Gleichwohl kann nicht ausgeschlossen werden, dass die Finanzverwaltung versuchen wird, entsprechende Finanzierungsstrukturen unter Hinweis auf diese Regelung anzugreifen. Daher sollte auf eine entsprechende Beweisvorsorge der nicht gegebenen Modellhaftigkeit geachtet werden.

1050

VI. Zusammenfassung

Im Koalitionsvertrag der damaligen Bundesregierung aus CDU/CSU und SPD aus dem Jahr 2005 wurde eine „weitgehende Finanzierungsneutralität" als Zielsetzung proklamiert.[4] Wird dieser Anspruch vor dem Hintergrund der aktuellen wirtschaftlichen Entwicklung in der Bundesrepublik Deutschland betrachtet, ist das Ergebnis ernüchternd. Es zeigt sich, dass die Regelungen nicht nur das angestrebte Neutralitätsziel nicht erreichen, sondern zu einer gravierenden Verschärfung der Krise beitragen.

1051

Selbst wenn der Gesellschafter in der Lage ist, seine Gesellschaft finanziell zu unterstützen, drohen ihm erhebliche steuerliche Nachteile im Fall einer Refinanzierung auf der Ebene des Privatvermögens. Diese liegen im Anwendungsbereich der Abgeltungsteuer in der nahezu vollständigen und bei Anwendung des Teileinkünfteverfahrens der teilweisen Nichtabzugsfähigkeit der Refinanzierungskosten. Dies erweist sich als besonders gravierend, wenn über einen längeren Zeitraum keine Ausschüttungen aus der Gesellschaft erfolgen können.

Insoweit bedarf es komplexerer Strukturen, um die drohenden steuerlichen Nachteile von Unterstützungsmaßnahmen zu vermeiden. Abgesehen davon, dass es häufig für die vorgestellten Gestaltungen wirtschaftlich beachtliche Gründe gibt (wie z.B. die kurzfristige Verbesserung der Liquiditätssituation), stellt sich die Grundsatzfrage, ob die Wertungsentscheidung des Gesetzgebers zutreffend ist. Er geht davon aus, dass er

---

1) Vgl. BMF v. 17.7.2007, IV B 2 – S 2241 – b/07/0001, BStBl I 2007, 542, Tz. 7.
2) Vgl. BFH v. 8.4.2009, I B 223/08, BFH/NV 2009, 1437.
3) Vgl. Seeger in Schmidt, 33. Aufl., München 2014, § 15b EStG Rz. 2.
4) Vgl. Koalitionsvertrag von CDU, CSU und SPD, 81, im Internet abrufbar unter http://www.cdu.de/sites/default/files/media/dokumente/05_11_11_Koalitionsvertrag_Langfassung_navigierbar_0.pdf.

stets einen bestimmten Prozentsatz der Refinanzierungskosten als nicht abzugsfähig definieren kann. Hingegen hat der BFH[1] – allerdings zu § 17 EStG – bereits in mehreren Fällen entschieden, dass ein vollständiger Abzug der Aufwendungen im Zusammenhang mit der Beteiligung zu erfolgen hat, wenn hieraus während der gesamten Beteiligungsdauer keine Erträge erzielt werden.[2] Der Gesetzgeber hat dieses Urteil zum Anlass genommen, um im Rahmen des JStG 2010[3] eine entsprechende Änderung in § 3c EStG vorzusehen. Danach soll die Absicht zur Erzielung von Betriebsvermögensmehrungen oder Einnahmen i.S.d. § 3 Nr. 40 ausreichend sein, um das Abzugsverbot des § 3c Abs. 2 EStG zur Anwendung gelangen zu lassen. Damit ist das Problem jedoch nicht gelöst, sondern lediglich vertagt. Es ist offensichtlich, dass diese Regelung mit dem objektiven Nettoprinzip[4] nicht zu vereinbaren ist. Daher wird die Regelung das Problem nicht lösen, sondern nur bis zu einer endgültigen höchstrichterlichen Entscheidung aufschieben. Das FG Baden-Württemberg hat mit Urteil vom 17.12.2012[5] entschieden, dass im Rahmen der Günstigkeitsprüfung nach § 32d Abs. 3 EStG ein Abzug der Werbungskosten zumindest dann verfassungsrechtlich geboten ist, wenn der individuelle Steuersatz bereits unter Berücksichtigung des Sparer-Pauschbetrags unter 25 % liegt. Außerdem ist fraglich, inwieweit der umfassende Ausschluss von Werbungskosten in allen Fällen gerechtfertigt werden kann, insbesondere ob die grundsätzliche Möglichkeit des Gesetzgebers hierfür ausreichend ist.[6]

In der Beratungspraxis bedarf es einer genauen Analyse des Einzelfalls, auch vor dem Hintergrund der erwarteten weiteren Entwicklung der Gesellschaft. Gleichwohl hat sich gezeigt, dass durch den Einsatz von stillen Gesellschaften oder die Vergabe eines partiarischen Darlehens die bestehenden Handlungsmöglichkeiten deutlich erweitert werden können. Hiermit wird es möglich, die sonst entstehenden steuerlichen Nachteile zu begrenzen oder ggf. ganz zu vermeiden. Der „Preis" hierfür liegt jedoch in einer deutlichen Verkomplizierung der Strukturen.

GmbH-Gründung

von Prof. Dr. Joachim Schiffers

INHALTSÜBERSICHT   Rz.

I. Überblick über die GmbH-Gründung 1052–1053
   1. Wege in die GmbH 1052
   2. Ablauf der Gründung 1053

---

1) Vgl. BFH v. 25.6.2009, IX R 42/08, BStBl II 2010, 220; BFH v. 14.7.2009, IX R 8/09, BFH/NV 2010, 399, dagegen BMF v. 15.2.2010, IV C 6 – S 2244/09/10002, BStBl I 2010, 181, und wiederum dagegen BFH v. 18.3.2010, IX B 227/09, BStBl II 2010, 627, und daraufhin Aufhebung des Nichtanwendungserlasses v. 15.2.2010 durch BMF v. 28.6.2010, IV C 6 – S 2244/09/10002/ 2010/0464101, BStBl I 2010, 599.
2) BFH v. 25.6.2009, IX R 42/08, BStBl II 2010, 220; BFH v. 18.3.2010, IX B 227/09, BStBl II 2010, 627.
3) Vgl. JStG 2010 v. 8.12.2010, BGBl. I 2010, 1768.
4) Vgl. zu diesem z.B. Weber-Grellet in Schmidt, 33. Aufl., München 2014, § 2 EStG Rz. 10.
5) FG Baden-Württemberg v. 17.12.2012, 9 K 1637/10, EFG 2013, 1041, Rev. anhängig unter Az. VIII R 13/13.
6) Revision (Az. des BFH, VIII R 18/14) gegen das Urteil des Thüringer FG vom 9.10.2013, 3 K 1035/11, juris.

GmbH-Gründung

	Rz.
II. Stadien der GmbH-Gründung	1054–1070
1. Vorgründungsgesellschaft	1054–1057
a) Gesellschaftsrechtliche Aspekte	1054–1055
b) Steuerliche Behandlung	1056–1057
2. Vorgesellschaft	1058–1065
a) Gesellschaftsrechtliche Aspekte	1058–1061
b) Steuerliche Behandlung	1062–1064
c) Rechnungslegung	1065
3. Eingetragene GmbH	1066–1067
a) Gesellschaftsrechtliche Aspekte	1066
b) Steuerliche Behandlung	1067
4. Persönliche Haftungsrisiken bei der Gründung	1068–1069
5. Steuerliche Anzeigepflichten	1070
III. Einlageleistung	1071–1080
1. Gesellschaftsrechtliche Aspekte	1071–1074
a) Mindestkapital, Besonderheiten bei Sacheinlagen	1071–1073
b) Missachtung der Sacheinlagevorschriften	1074
2. Steuerliche Aspekte	1075–1080
a) Erfolgsneutralität des Gründungsvorgangs	1075
b) Bargründung	1076
c) Sachgründung	1077–1080
IV. Anmeldung zum Handelsregister	1081–1082

I. Überblick über die GmbH-Gründung

1. Wege in die GmbH

Begrifflich ist zu unterscheiden: Errichtet ist eine GmbH als Vorgesellschaft mit Abschluss des Gesellschaftsvertrages. Unter Gründung (oder auch Entstehung) der GmbH wird dagegen der gesamte Prozess bis zur Eintragung der Gesellschaft in das Handelsregister verstanden. Die **Entstehung einer GmbH** kann insbesondere in folgender Weise erfolgen: **1052**

1. durch Neugründung und zwar abhängig von der Art der Einlagenleistung durch
   a) Bargründung,
   b) Sachgründung oder
   c) gemischte Gründung;
2. durch Umwandlung:
   a) Verschmelzung,
   b) Formwechsel,
   c) Spaltung;
3. durch Mantelverwendung: Eine vorhandene (meist inaktive) GmbH wird als Träger eines neuen Unternehmens verwandt. Der Vorteil liegt in der Vermeidung der zeitaufwendigen Gründungsformalitäten. Eine Nutzung bestehender Verlustvorträge ist allerdings regelmäßig wegen § 8c KStG nicht möglich. Auch können sich bei der Verwendung eines GmbH-Mantels haftungsrechtliche Fragen ergeben.[1]

---

1) Vgl. z.B. BGH v. 18.1.2010, II ZR 61/09, DStR 2010, 763.

Zu den **Vor- und Nachteilen der Rechtsform GmbH** siehe bei *Rechtsformwahl* → 4 Rz. 1364 ff.

Die Errichtung einer GmbH ist nach § 1 GmbHG zu jedem Zweck möglich, soweit es sich um zulässige Zwecke handelt (kein gesetzliches Verbot – § 134 BGB und kein Verstoß gegen die guten Sitten – § 138 BGB). Eine GmbH kann also nicht nur zum Betrieb eines Gewerbes errichtet werden, sondern auch für freiberufliche Tätigkeiten,[1] als Treuhandgesellschaft, als vermögensverwaltende Gesellschaft oder auch zu ideellen Zwecken. Unabhängig von der ausgeübten Tätigkeit gilt die GmbH nach § 13 Abs. 3 GmbHG i.V.m. § 6 Abs. 2 HGB stets als Handelsgesellschaft und Formkaufmann.

2. Ablauf der Gründung

1053 Im Regelfall – insbesondere also bei einer Neugründung durch Bareinlage – vollzieht sich die Entstehung der GmbH über folgende Stufen:

1. eine oder mehrere Personen beschließen die Gründung
2. notariell beurkundetes Gründungsprotokoll
3. notarielle Beurkundung des Gesellschaftsvertrages bzw. in bestimmten Standardfällen eines der dem § 2 GmbHG als Anlage beigefügten Musterprotokolle
4. privatschriftliche Gesellschafterliste
5. Bestellung eines oder mehrerer Geschäftsführer
6. Einfordern der Einlagen auf das Stammkapital durch die Geschäftsführer und Leistung durch die Gesellschafter
7. notariell beglaubigte Anmeldung der Gesellschaft zur Eintragung in das Handelsregister
8. Prüfung der Unterlagen durch das Gericht
9. Eintragung in das Handelsregister
10. Veröffentlichung der Eintragung

II. Stadien der GmbH-Gründung

1. Vorgründungsgesellschaft

a) Gesellschaftsrechtliche Aspekte

1054 Als Vorgründungsstadium wird die Zeit **bis zur Beurkundung des Gesellschaftsvertrags** bezeichnet. In vielen Fällen binden sich die Gründer in diesem Stadium noch nicht vertraglich, so dass keine Vorgründungsgesellschaft besteht, sondern lediglich ein vorvertragliches Vertrauensverhältnis.

Schließen sich die Gründer dagegen vertraglich zusammen, was konkludent durch gemeinschaftlich vorgenommene rechtsgeschäftliche Maßnahmen zur Vorbereitung der Gründung bzw. des Geschäftsbetriebs, wie die Beauftragung einer Marktstudie oder die Beauftragung eines Maklers zur Suche von Geschäftsräumen, geschehen kann, so entsteht eine **Vorgründungsgesellschaft**. Zivilrechtlich liegt regelmäßig eine Gesellschaft bürgerlichen Rechts (GbR) vor.[2] Nur in Ausnahmefällen wird bereits in diesem Stadium ein Handelsgewerbe betrieben, so dass eine OHG besteht.

---

1) Vorbehaltlich berufsrechtlicher Einschränkungen (hierzu z.B. Bayer in Lutter/Hommelhoff, GmbH-Gesetz, 18. Aufl. 2012, § 1 Rz. 8).
2) OLG Stuttgart v. 27.2.2002, 9 U 205/01, GmbHR 2002, 1067.

Hinweis:

Zu beachten ist, dass eine grundsätzlich unbeschränkte Haftung der an der Vorgründungsgesellschaft beteiligten Personen besteht (so ausdrücklich § 11 Abs. 2 GmbHG). Ein Auftreten im Geschäftsverkehr als „GmbH in Gründung" reicht als Nachweis der Haftungsbeschränkung nicht aus.[1)]

Die Vorgründungsgesellschaft endet mit dem Abschluss des GmbH-Gesellschaftsvertrages. Diese geht also nicht in der späteren GmbH auf. Etwa vorhandenes Vermögen muss durch **Einzelübertragung** auf die Vorgesellschaft oder die spätere GmbH übertragen werden, was auch konkludent, z.b. durch Buchungsvorgänge, erfolgen kann. Von der Vorgründungsgesellschaft begründete Rechte und Pflichten müssen nach den jeweiligen zivilrechtlichen Regelungen durch gesonderte Vereinbarung mit den Vertragspartnern auf die später entstehende Kapitalgesellschaft übertragen werden.[2)]

Die Vorgründungsgesellschaft ist nach den allgemeinen Regeln buchführungs- und bilanzierungspflichtig (§ 238 HGB, §§ 140, 141 AO, §§ 4–7 EStG).   **1055**

b) Steuerliche Behandlung

Die Vorgründungsgesellschaft, also die Tätigkeiten bis zum Abschluss des notariellen Gesellschaftsvertrags, wird unabhängig von der späteren Eintragung i.d.R. **als Personengesellschaft** zu qualifizieren und mithin nicht körperschaftsteuerpflichtig sein.[3)] Damit sind die positiven oder negativen Einkünfte der Vorgründungsgesellschaft auf Ebene der Gesellschaft nach den §§ 179, 180 Abs. 1 Nr. 2a AO einheitlich und gesondert festzustellen und sodann für die Zwecke der Besteuerung anteilig den Gesellschaftern zuzurechnen. Eine steuerliche Erfassung erfolgt auf Ebene der Gesellschafter. Übt die Vorgründungsgesellschaft bereits eine gewerbliche Tätigkeit aus, so liegen bei den Gesellschaftern Einkünfte i. S. des § 15 Abs. 1 Satz 1 Nr. 2 EStG vor. Da die Vorgründungsgesellschaft als Personengesellschaft einzustufen ist, gelten die Regeln über die verdeckte Gewinnausschüttung noch nicht. Die Einkunftsabgrenzung zwischen den Gesellschaftern und der Vorgründungsgesellschaft ist allerdings anhand der Regeln über Entnahmen und Einlagen vorzunehmen. Im Zusammenhang mit der GmbH-Gründung entstandene Beratungskosten sind als Anschaffungskosten der (späteren) GmbH-Anteile einzustufen und nicht etwa als Werbungskosten oder Betriebsausgaben abzugsfähig.[4)] Scheitert letztlich die GmbH-Gründung, so sollen im Zusammenhang mit der fehlgeschlagenen Gründung entstandene Beratungskosten weder als Werbungskosten bei den Einkünften aus Kapitalvermögen noch als Liquidationsverlust nach § 17 Abs. 4 EStG geltend gemacht werden können, wenn eine wesentliche Beteiligung an der Kapitalgesellschaft beabsichtigt war.[5)]   **1056**

Hinweis:

Negativ ist, dass wegen der fehlenden Personenidentität mit der späteren GmbH ein Verlustausgleich zwischen der Vorgründungsgesellschaft und der späteren Vorgesellschaft bzw. GmbH ausgeschlossen ist. Ein Ausgleich von Verlusten der Vorgründungsgesellschaft ist allerdings auf Gesellschafterebene mit anderen Einkünften möglich.

Führt die Vorgründungsgesellschaft selbst nachhaltige Leistungen gegen Entgelt aus (z.B. weil die unternehmerische Tätigkeit bereits in diesem Gründungsstadium aufgenommen wird oder weil ein bestehendes Unternehmen eines Gründers von der Vorgründungsgesellschaft übernommen und fortgeführt wird), ist die **Unternehmereigen-**   **1057**

---

1) OLG Hamm v. 24.1.1992, 11 U 91, rkr., GmbHR 1993, 105; BGH v. 9.3.1998, II ZR 366/96, GmbHR 1998, 633.
2) BGH v. 9.3.1998, II ZR 366/96, GmbHR 1998, 633.
3) H 2 „Vorgründungsgesellschaft" KStR 2004. BFH v. 5.9.2008, IV B 1/08, www.stotax-first.de; BFH v. 8.11.1989, I R 174/86, BStBl II 1990, 91.
4) Nur BFH v. 20.4.2004, VIII R 4/02, BStBl II 2004, 597.
5) BFH v. 20.4.2004, VIII R 4/02, BStBl II 2004, 597.

schaft der Vorgründungsgesellschaft zu bejahen. Führt eine Personengesellschaft nur Vorbereitungshandlungen für die noch zu gründende Kapitalgesellschaft aus und überträgt sie nach deren Gründung die bezogenen Leistungen in einem Akt entgeltlich auf die Kapitalgesellschaft, so wird die Personengesellschaft unternehmerisch tätig.[1)] Obwohl die Personengesellschaft nur ein einziges Geschäft ohne Wiederholungsabsicht ausführt, ist eine Nachhaltigkeit gegeben, da in diesem Fall für die Beurteilung der Nachhaltigkeit die von der Kapitalgesellschaft beabsichtigten Umsätze maßgebend sind; der Personengesellschaft steht daher der Vorsteuerabzug für die bezogenen Leistungen zu.[2)] Die entsprechenden steuerlichen Pflichten (Umsatzsteuervoranmeldungen, Umsatzsteuer-Jahreserklärung) obliegen dann der Vorgründungsgesellschaft.

2. Vorgesellschaft

a) Gesellschaftsrechtliche Aspekte

1058 Mit formgültigem Abschluss des Gesellschaftsvertrages entsteht die Vorgesellschaft und die GmbH ist errichtet. Gesellschaftsrechtlich wird die Vorgesellschaft als Personenvereinigung eigener Art eingestuft. Diese ist ausdrücklich auf eine künftige juristische Person ausgerichtet. Die spätere Eintragung der GmbH bewirkt keine Änderung des Rechtsträgers, sondern lediglich der Gestalt. So gehen alle **Rechte und Pflichten der Vorgesellschaft** mit Eintragung der GmbH auf die dann juristisch existierende GmbH über.

Die Vorgesellschaft führt den **Firmennamen** der späteren GmbH mit dem Zusatz „in Gründung" oder „i. G.". Vertreten wird die Vorgesellschaft durch den bzw. die bereits im Gründungsstadium bestellten Geschäftsführer. Die Vertretungsbefugnis der Geschäftsführer erstreckt sich allerdings wohl nur auf die mit dem Zweck der Vorgesellschaft, die GmbH zur Entstehung zu bringen, im Zusammenhang stehenden Rechtshandlungen.

Falls keine Eintragung beantragt wird oder diese nicht zustande kommt, kann die **„unechte" Vorgesellschaft** als GbR oder OHG fortbestehen.

1059 Die Gründung einer **Einmann-GmbH** vollzieht sich im Grundsatz wie bei einer Mehrpersonengründung. Während eine der Vorgründungsgesellschaft entsprechende Organisation nicht besteht, ist die Natur der Einmann-Vorgesellschaft strittig. Konsequent ist die Anerkennung eine vom Gründer getrennte Einmann-Vorgesellschaft als werdende juristische Person, welche selber Träger von Rechten und Pflichten sein kann.[3)]

1060 Nach § 2 Abs. 1a GmbHG kann eine GmbH in einem **vereinfachten Verfahren** gegründet werden, wenn diese

- höchstens drei Gesellschafter sowie
- nur einen Geschäftsführer hat und
- die Beurkundung auf der Grundlage des gesetzlich vorgesehenen **Musterprotokolls** erfolgt.[4)]

Das Musterprotokoll dient gleichzeitig als Gesellschafterliste, so dass keine zusätzliche Gesellschafterliste zu fertigen ist. Unterschieden wird zwischen einem Musterpro-

---

1) BFH v. 15.7.2004, VR 84/99, BStBl II 2005, 155 und EuGH v. 29.4.2004, C-137/02, HFR 2004, 708.
2) Hierzu auch OFD Koblenz v. 25.10.2006, S 7104 A – St 44 3, DStR 2007, 115 und OFD Frankfurt v. 31.10.2007, S 7104 A – 47 – St 11, www.stotax-first.de.
3) Hierzu Bayer in Lutter/Hommelhoff, GmbH-Gesetz, 18. Aufl. 2012, § 11 Rz. 31 m.w.N.
4) Ausführlich hierzu Wälzholz, GmbHR 2008, 841; Herrler/König, DStR 2010, 2138.

tokoll für die Gründung einer Einpersonengesellschaft und einem Musterprotokoll für die Gründung einer Mehrpersonengesellschaft. Es ist nur die Übernahme eines einheitlichen Geschäftsanteils je Gesellschafter zulässig; eine spätere Teilung der Geschäftsanteile ist jedoch nicht ausgeschlossen. Die Aufbringung der Stammeinlage wird entweder in voller Höhe oder zu 50 % zugelassen. Die von der GmbH zu tragenden Gründungskosten sind auf 300 € limitiert, maximal jedoch bis zum Betrag des Stammkapitals.[1] Einen besonderen Gesellschaftsvertrag gibt es neben dem Musterprotokoll nicht mehr; das Protokoll gilt als Gesellschaftsvertrag. Sacheinlagen sind bei der Gründung mit dem Mustergründungsprotokoll nicht vorgesehen.

> **Hinweis:**
> Vorteil der Gründung mit dem Musterprotokoll sind geringere Kosten. Zu beachten ist allerdings, dass dieses nicht auf den Einzelfall zugeschnitten ist und vielerlei Restriktionen beinhaltet. Empfehlenswert ist diese Gründungsform wohl nur für Konzerngesellschaften und für Einmann-GmbH.

Ein **Ausscheiden aus der Vorgesellschaft** ist nach der Rechtsprechung nicht durch Anteilsübertragung, sondern nur durch notariell beurkundete Satzungsänderung möglich.[2] **1061**

b) Steuerliche Behandlung

Die Vorgesellschaft wird für die Einkommensbesteuerung in Übereinstimmung mit dem Gesellschaftsrecht mit allen Konsequenzen **als Kapitalgesellschaft behandelt**, sofern sie später als GmbH ins Handelsregister eingetragen wird (sog. echte Vorgesellschaft).[3] Sie wird durch die Eintragung in das Handelsregister mit Wirkung vom Zeitpunkt des Abschlusses des notariellen Gesellschaftsvertrages an **körperschaftsteuerpflichtig**.[4] **1062**

> **Hinweis:**
> Eine vertragliche Rückbeziehung der Gründung auf einen Zeitpunkt vor Abschluss des Gesellschaftsvertrags wird nach der Rechtsprechung des BFH steuerlich nicht anerkannt.[5] In der Praxis werden insoweit allerdings Ausnahmen bei nur geringfügigen Zeitunterschieden gemacht.
>
> Zu beachten ist, dass auch bei der Vorgesellschaft die Regeln über die verdeckte Gewinnausschüttung gelten.

Dagegen setzt der **Beginn der Gewerbesteuerpflicht** der Vorgesellschaft eine nach außen gerichtete geschäftliche Tätigkeit voraus.[6] Die Verwaltung eingezahlter Teile des Stammkapitals und ein Anspruch auf Einzahlung von Teilen des Stammkapitals reichen hierzu nicht aus.[7] Vor der Aufnahme einer nach außen in Erscheinung tretenden geschäftlichen Tätigkeit anfallende Aufwendungen, wie v.a. Gründungskosten, sind unabhängig von deren körperschaftsteuerlichen Abziehbarkeit als Betriebsausgaben gewerbesteuerlich irrelevant und können daher auch nicht zu einem Gewerbeverlust i. S. des § 10a GewStG führen. Spätestens mit Eintragung der GmbH im Handelsregister sind deren Einkünfte qua Gesetz als gewerbliche Einkünfte einzustufen und damit beginnt spätestens in diesem Moment die Gewerbesteuerpflicht.[8] **1063**

---

1) Zu den Kosten der Gründung einer GmbH insgesamt vgl. Wachter, GmbHR 2013, R 241.
2) BGH v. 13.12.2004, II ZR 406/02, GmbHR 2005, 354; BGH v. 27.1.1997, II ZR 123/94, GmbHR 1997, 405.
3) BFH v. 13.12.1989, I R 98–99/86, BStBl II 1990, 468; BFH v. 14.10.1992, I R 17/92, BStBl II 1993, 352.
4) H 2 „Beginn der Steuerpflicht" KStH 2008.
5) BFH v. 20.10.1982, I R 118/78, BStBl II 1983, 247.
6) R 2.5 (2) GewStR 2009 und H 2.5 (2) GewStH 2009.
7) BFH v. 18.7.1990, I R 98/87, BStBl II 1990, 1073.
8) Hierzu ausführlich Behrens/Braun, BB 2013, 926 ff.

Hinweis:

Kommt es allerdings nicht zur Eintragung der Vorgesellschaft (sog. unechte Vorgesellschaft), so liegt auch bei der Vorgesellschaft eine Personengesellschaft oder ein Einzelunternehmen vor. Die fehlgeschlagene GmbH-Vorgesellschaft ist nicht körperschaftsteuerpflichtig.[1]

1064 **Umsatzsteuerpflicht** tritt ein, sobald die Vorgesellschaft unternehmerisch tätig wird. Die Unternehmereigenschaft der Vorgesellschaft kann allgemein unterstellt werden.[2] Die zivilrechtliche Behandlung der Gesellschaft bzw. des Gründungsstadiums ist insoweit nicht maßgeblich.[3] Mit der späteren GmbH ist die Vorgesellschaft als ein Unternehmen zu behandeln. Die an die Vorgesellschaft erbrachten Leistungen werden so behandelt, als seien sie an die eingetragene Kapitalgesellschaft bewirkt worden, mit der Folge, dass ihr auch der Vorsteuerabzug aus diesen Leistungen – soweit auch die übrigen Voraussetzungen des § 15 UStG erfüllt sind – zusteht.

c) Rechnungslegung

1065 Nach § 242 Abs. 1 Satz 1 HGB i.V.m. § 6 Abs. 1 HGB, § 13 Abs. 3 GmbHG besteht die Verpflichtung zur Aufstellung einer **Eröffnungsbilanz**. Die Eröffnungsbilanz ist insbesondere der Ausgangspunkt für die Buchführung und die Grundlage für die steuerliche Gewinnermittlung. Nach § 242 Abs. 1 Satz 2 HGB sind auf die Eröffnungsbilanz die für den Jahresabschluss geltenden Vorschriften entsprechend anzuwenden, soweit sie sich auf die Bilanz beziehen. Eine Gewinn- und Verlustrechnung macht zu Beginn der Tätigkeit keinen Sinn und ist daher nicht zu erstellen. Auch ist ein Anhang oder Lagebericht zur Eröffnungsbilanz nicht vorgeschrieben. Die Eröffnungsbilanz muss nach § 5b EStG elektronisch an die Finanzverwaltung übermittelt werden.

Die Frage des **Aufstellungsstichtages** der Eröffnungsbilanz ist umstritten.[4] Im Allgemeinen wird die Eröffnungsbilanz auf den Tag der Errichtung (Abschluss des Gesellschaftsvertrages) aufgestellt. Dies bietet sich an, da dann die Eröffnungsbilanz auch als Beginn der steuerlichen Gewinnermittlung dienen kann. Eine Verpflichtung ergibt sich mit dem Tag des Geschäftsbeginns, spätestens aber dem Tag der Eintragung (Entstehung der GmbH).

3. Eingetragene GmbH

a) Gesellschaftsrechtliche Aspekte

1066 Mit Eintragung im Handelsregister entsteht die GmbH in ihrer endgültigen Gestalt als juristische Person. Unabhängig von der ausgeübten Tätigkeit gilt die GmbH stets als Handelsgesellschaft und damit Kraft Rechtsform nach § 6 Abs. 1 HGB als Kaufmann. Als juristische Person erlangt die GmbH volle **Rechtsfähigkeit**. Ihr Bestand ist mithin losgelöst von dem der Gesellschafter.

b) Steuerliche Behandlung

1067 Die Eintragung der GmbH in das Handelsregister bedeutet keine Zäsur für die Besteuerung oder die Gewinn- oder Einkommensermittlung und führt insbesondere **nicht zur Beendigung des laufenden Wirtschaftsjahres**. Es bedarf keiner Aufteilung des im ersten Wirtschaftsjahr erwirtschafteten Gewinns oder Verlusts auf die Vorgesellschaft

---

1) BFH v. 18.3.2010, IV R 88/06, BStBl II 2010, 991. Hierzu auch Martini, DStR 2011, 337.
2) OFD Koblenz v. 25.10.2006, S 7104 A – St 44 3, DStR 2007, 115.
3) Zum Beginn der Unternehmereigenschaft der GmbH ausführlich OFD Koblenz v. 25.10.2006, S 7104 A – St 44 3, DStR 2007, 115 und OFD Frankfurt v. 31.10.2007, S 7104 A – 47 – St 11, www.stotax-first.de.
4) Zum Meinungsstand Förschle/Kropp/Schellhorn in Budde/Förschle/Winkeljohann, Sonderbilanzen, 4. Aufl. 2008, D 68 ff.

bzw. die Einpersonen-GmbH i.G. und die eingetragene GmbH. Vorgesellschaft bzw. die Einpersonen-GmbH i.G. und eingetragene GmbH sind vielmehr auf Grund ihrer gesellschaftsrechtlichen Identität ein und dasselbe Körperschaftsteuersubjekt. Die Vorgesellschaft bzw. Einpersonen-GmbH i.G. unterliegt daher unter der Voraussetzung der späteren Eintragung unabhängig von der Besteuerung ihrer Gesellschafter den für Kapitalgesellschaften geltenden Besteuerungsregeln. Sie kann z.B. bereits verdeckte Gewinnausschüttungen bewirken. Ein von ihr erwirtschafteter Verlust ist bei der eingetragenen GmbH vortragsfähig.

Hinweis:

Eine für das Gesellschaftsrecht existente Gesellschaft i.S. des GmbHG ist mithin auch für das Körperschaftsteuerrecht als Steuersubjekt existent, auch wenn sie auf einer Strohmann-, Vorrats- oder Mantelgründung beruht.

4. Persönliche Haftungsrisiken bei der Gründung

Nach § 13 Abs. 2 GmbHG haftet den Gläubigern der GmbH das Gesellschaftsvermögen und nicht das Vermögen der Gesellschafter. Insoweit kann sich eine persönliche Haftung der Gesellschafter nur in den Sonderfällen der **Durchgriffshaftung** – insbesondere bei Vermögensvermischung oder bei existenzgefährdendem Eingriff – ergeben. Diese Trennung der Vermögensbereiche tritt im Grundsatz aber erst mit Eintragung der GmbH ein. Im Gründungsstadium stellen sich dagegen Haftungsrisiken für die Gesellschafter. 1068

Insoweit gelten folgende Grundsätze:

– **Vorgründungsgesellschaft**: Bei einer wirksam vertretenen Vorgründungsgesellschaft wird diese selbst verpflichtet. Da es sich aber um eine GbR oder OHG handelt, haften die Gesellschafter unbeschränkt und persönlich.

– **Vorgesellschaft**: Eine Haftungsbegrenzung nach § 13 Abs. 2 GmbHG tritt erst mit Eintragung der Gesellschaft ein. Insoweit besteht auch bei der Vorgesellschaft im Ergebnis eine Haftung der Gesellschafter, soweit das Vermögen der Vorgesellschaft zur Verlustdeckung nicht ausreicht.

– **Haftung ab Eintragung**: Zu beachten ist, dass die Eintragung nur insoweit haftungsbefreiend wirkt, als zum Eintragungszeitpunkt ein ungeschmälertes Gesellschaftsvermögen (Stammkapital abzgl. zulässiger Gründungsaufwand) besteht. Andernfalls droht den Gesellschaftern eine verschuldungsunabhängige Inanspruchnahme durch die GmbH.

Unschädlich ist die Vorbelastung des Stammkapitals durch in der Satzung aufgeführten **Gründungsaufwand**. Hierzu zählen insbesondere der Notar, die Eintragungs- und die Bekanntmachungskosten. 1069

Hinweis:

Erforderlich ist es, dass die Gründungskosten in der Satzung mit ihrem Gesamtbetrag genannt sind. Ausreichend ist insoweit die Nennung eines Maximalbetrages.[1] Insoweit wird die Obergrenze bei 10 % des Stammkapitals gesehen. Soweit die GmbH ihre Gründungskosten ohne eine derartige Verpflichtung trägt, bewirkt sie, da der Gründungsaufwand im Grundsatz von den Gesellschaftern zu tragen ist, eine verdeckte Gewinnausschüttung, die bei ihrer Einkommensermittlung hinzuzurechnen ist[2] (§ 8 Abs. 3 Satz 2 KStG) und bei den Gesellschaftern im Verhältnis ihrer Beteiligungsquoten als verdeckte Gewinnausschüttung zu erfassen ist (§ 20

---

1) Steuerlich: OFD Karlsruhe v. 7.1.1999, S 2742 A – St 331, DB 1999, 177; OFD Kiel v. 22.9.1999, S 2742 A – St 191, GmbHR 1999, 1219. Vgl. Harle/Kulemann in Verdeckte Gewinnausschüttungen und verdeckte Einlagen, Fach 4 „Gründungsaufwand", Rz. 5 ff.
2) BFH v. 11.10.1989, I R 12/87, BStBl II 1990, 89; BFH v. 11.2.1997, I R 42/96, BFH/NV 1997, 711. Ausführlich Harle/Kulemann in Verdeckte Gewinnausschüttungen und verdeckte Einlagen, Fach 4 „Gründungsaufwand".

Abs. 1 Nr. 1 Satz 2 EStG). Ein hieraus resultierender Erstattungsanspruch der GmbH gegen die Gesellschafter ist eine Einlageforderung, durch die die verdeckte Gewinnausschüttung nicht mit steuerlicher Wirkung rückgängig gemacht werden kann.[1]

Formulierungsvorschlag:

In der Satzung kann die diesbezügliche Formulierung wie folgt lauten: „Die Gesellschaft übernimmt die Gründungskosten (Registergericht, Notar, ...) bis zu einem Gesamtbetrag von x €."

5. Steuerliche Anzeigepflichten

1070 Nach § 137 AO muss der Geschäftsführer dem zuständigen **Finanzamt** und der zuständigen **Gemeinde** (Gewerbeamt oder Ordnungsamt) die Gründung, den Erwerb der Rechtsfähigkeit, die Änderung der Rechtsform, die Verlegung von Geschäftsleitung oder Sitz der GmbH und deren Auflösung innerhalb eines Monats nach dem meldepflichtigen Ereignis mitteilen.

Des Weiteren muss nach § 138 Abs. 1 AO die GmbH die Eröffnung eines gewerblichen Betriebs (also die Aufnahme der Tätigkeit) oder einer Betriebsstätte außerhalb ihres Sitzes auf amtlich vorgeschriebenem Vordruck der Gemeinde, in der der Betrieb oder die Betriebsstätte eröffnet wird, mitteilen. Die Anzeige ist auf dem Vordruck nach Gewerbeordnung zu erstatten. Unternehmer i.S.d. § 2 UStG können die Anzeigepflicht nach § 138 Abs. 1 AO zusätzlich bei der für die Umsatzbesteuerung zuständigen Finanzbehörde elektronisch erfüllen (so § 138 Abs. 1a AO). Das Gewerbeamt erteilt einen Gewerbeschein, nimmt den Betreffenden in das Gewerberegister auf und gibt die Mitteilung über die Gewerbeanmeldung weiter an das Finanzamt, die Industrie- und Handelskammer/Handwerkskammer (insoweit ist also keine separate Anmeldung erforderlich), das Statistisches Landesamt, die Deutsche Gesetzliche Unfallversicherung e.V., die Bundesagentur für Arbeit, die Zollverwaltung und das Registergericht. Die steuerlichen Anzeigepflichten werden nach § 138 AO mit der Anzeige der Aufnahme des Gewerbes bei der Gemeinde erfüllt; die zuständige Behörde hat das Finanzamt über den Inhalt der Anzeige zu unterrichten. Trotzdem kann es vorteilhaft sein, wenn der Gewerbetreibende sich selbst rechtzeitig beim Finanzamt um die Zuteilung einer Steuernummer kümmert. Sozialversicherungspflichtige Mitarbeiter sind bei der zuständigen Krankenkasse und bei der Berufsgenossenschaft anzumelden.

Hinweis:

Die Anzeige der Aufnahme des Gewerbes ist gleichzeitig mit Beginn des Gewerbes bzw. des anmeldepflichtigen Ereignisses zu erstatten. Die Unterlassung der Anzeige kann als Ordnungswidrigkeit mit einem Bußgeld bis zu 1 000 € geahndet werden.

III. Einlageleistung

1. Gesellschaftsrechtliche Aspekte

a) Mindestkapital, Besonderheiten bei Sacheinlagen

1071 Die Einlage kann als Bar- oder Sacheinlage oder auch als Mischeinlage geleistet werden. Die Stammkapitalziffer, die einzelnen auf die übernommenen Geschäftsanteile und die Namen der einlagepflichtigen Gründungsgesellschafter zählen zum notwendigen Inhalt des Gesellschaftsvertrags. Insoweit wird die Einzahlungspflicht der Gründungsgesellschafter begründet.

Hinweis:

Bei Gründung einer Unternehmergesellschaft (haftungsbeschränkt) sind Sacheinlagen nach § 5a Abs. 2 Satz 2 GmbHG nicht zulässig. Soll bspw. ein Einzelunternehmen als Unternehmer-

---

1) BFH v. 11.2.1997, I R 42/96, BFH/NV 1997, 711.

gesellschaft (haftungsbeschränkt) fortgeführt werden, kommt nur eine Übertragung aller Aktiva und Passiva des Einzelunternehmens im Wege der Einzelrechtsübertragung in Betracht.[1]

Das **Mindeststammkapital** einer GmbH beträgt 25 000 € und das einer **Unternehmergesellschaft** (UG) 1 €. Der Nennbetrag jedes Geschäftsanteils muss auf volle Euro lauten. Ein Gesellschafter kann im Gegensatz zum Recht vor MoMiG mehrere Gesellschaftsanteile übernehmen. Dies erleichtert die spätere Aufnahme von Gesellschaftern. Sacheinlagen müssen vor Anmeldung der Gesellschaft stets voll erbracht werden.

1072

> **Hinweis:**
> Der Gründer wird von seiner Haftung für die Stammeinlage nur frei, wenn das Kapital wirksam aufgebracht ist. Insoweit ist der Gründer nachweispflichtig. Insbesondere zum Nachweis im Insolvenzfall ist anzuraten, die Nachweise der Aufbringung des Stammkapitals dauerhaft gut aufzubewahren.[2]

Zulässig sind **Überpari-Übernahmen**. Der über den Nennbetrag hinausgehende Anteil ist in die offene Rücklage nach § 272 Abs. 2 Nr. 1 HGB einzustellen. Steuerlich erhöht sich das Einlagenkonto nach § 27 KStG.

Bei Bareinlagen genügt die **Einzahlung eines Viertels des satzungsmäßigen Stammkapitals**. Die Summe aus Bar- und Sacheinlagen muss sich insgesamt auf mindestens 25 000 € belaufen. In der Bilanz sind ausstehende, nicht eingeforderte Einlagen auf der Passivseite von dem Posten „gezeichnetes Kapital" (in der Vorspalte) offen abzusetzen und der Differenzbetrag als „Eingefordertes Kapital" in der Hauptspalte auszuweisen.[3] Eingeforderte, aber noch nicht eingezahlte Einlagen sind unter den Forderungen auszuweisen.

> **Hinweis:**
> Nicht eingeforderte Stammeinlagen stellen aus Sicht der GmbH – Zahlungsfähigkeit und Zahlungswilligkeit der Gesellschafter vorausgesetzt – eine sehr flexible Möglichkeit der Eigenkapitalzuführung dar.

Werden **Sacheinlagen** geleistet, so bestehen aus Sicht der Gläubiger Risiken hinsichtlich der Bewertung. Dieser Gefahr wird wie folgt begegnet:

1073

– Sacheinlagen müssen offengelegt werden (§§ 5 Abs. 4 Satz 1, 8 Abs. 1 Nr. 4 und 5 und 10 Abs. 3 GmbHG);
– es ist ein Sachgründungsbericht zu erstellen (§ 5 Abs. 4 Satz 2 GmbHG);
– ist die Sacheinlage nicht voll werthaltig, so trifft den Einlegenden eine Differenzhaftung (§ 9 GmbHG);
– die Eintragung der GmbH wird versagt, wenn die Sacheinlage nicht nur unwesentlich überbewertet ist (§ 9c Abs. 1 Satz 2 GmbHG).

> **Formulierungsvorschlag:**
> Ein **Sachgründungsbericht** könnte wie folgt lauten: „Wir, die alleinigen, unterzeichneten Gesellschafter der XY-GmbH, erstatten folgenden Sachgründungsbericht: Der Gesellschafter X erbringt seine Sacheinlage i.H.v. 50 000 € durch Übertragung des in seinem Eigentum befindlichen Grundstücks in ... (genaue Bezeichnung und Lage). Das Grundstück ist unbelastet und hat eine Größe von xx qm. Die Gesellschaft wird das Grundstück und die darauf befindliche Produktionshalle im Rahmen ihres Gewerbebetriebes nutzen. Diesem Sachgründungsbericht werden ein Grundbuchauszug sowie das Wertgutachten vom (Datum) des verei-

---

1) OLG Karlsruhe v. 7.5.2014, 11 Wx 24/14, GmbHR 2014, 752, vgl. ausführlich Lohr, GmbH-StB 2014, 373.
2) BGH v. 13.9.2004, II ZR 137/02, GmbHR 2005, 230; OLG Frankfurt a.M. v. 18.7.2005, I U 109/05, NZG 2005, 898.
3) Vgl. Schubert/Krämer in Beck'scher Bilanzkommentar, 9. Aufl. 2014, § 266 Rz. 171.

digten Sachverständigen (Name, Anschrift) beigelegt. Danach hat das Grundstück einen Verkehrswert von 65 000 €."

b) Missachtung der Sacheinlagevorschriften

1074 Die aufwendigen und risikobehafteten Sacheinlagevorschriften werden nicht selten (bewusst oder unbewusst) umgangen. Dabei sind zwei Hauptfälle zu nennen:

(1) **verdeckte Sacheinlage**: Es erfolgt eine Bargründung und die Gesellschaft erwirbt sodann (mit einem zeitlichen und sachlichen Zusammenhang) mit diesen Barmitteln Wirtschaftsgüter von den Gesellschaftern oder

(2) **Fälle des Hin- und Herzahlens**: Die GmbH gibt die erhaltenen Bareinlagen als Forderung an die Gesellschafter aus.

Liegen die Voraussetzungen einer verdeckten Sacheinlage vor, so treten nach § 19 Abs. 4 GmbHG drei **Rechtsfolgen** ein. Die verdeckte Sacheinlage

– befreit den Gesellschafter nicht von seiner Geldeinlagepflicht,
– ist schuldrechtlich und dinglich wirksam und
– wird mit ihrem Wert auf die Geldeinlageverpflichtung angerechnet.

Hinweis:

Die Beweislast für den Wert der Sacheinlage trifft den einbringenden Gesellschafter. Anzuraten ist, die Wertfindung möglichst umfassend zu dokumentieren.

Ein Hauptanwendungsfall des Hin- und Herzahlens der geleisteten Einlage sind **Cash-Pooling-Situationen**. Geregelt sind diese Fälle in § 19 Abs. 4 GmbHG. Voraussetzung ist, dass eine Bareinlage geleistet wurde, vor Erbringung der Einlage dem Gesellschafter eine Leistungsvereinbarung gegeben wurde, die wirtschaftliche einer Rückzahlung der Einlage entspricht und nicht als verdeckte Sacheinlage zu beurteilen ist. Allerdings befreit die Leistung auch unter diesen Voraussetzungen den Gesellschafter von seiner Einlageverpflichtung, wenn die Leistung durch einen vollwertigen Rückgewähranspruch gedeckt ist, der jederzeit fällig ist oder fällig gestellt werden kann und die Leistung samt ihrer zu Grunde liegenden Vereinbarung bei Anmeldung zum Handelsregister angegeben wird.

Hinweis:

Diese Voraussetzungen sind vom Gesellschafter nachzuweisen; ansonsten besteht die Einlageverpflichtung in vollem Umfang fort. Anders als bei der verdeckten Einlage gibt es keine anteilige Erfüllung. Somit führt die fehlende Anmeldung sowie die mangelnde Vollwertigkeit oder Durchsetzbarkeit dazu, dass die Bareinlageverpflichtung fortbesteht.

2. Steuerliche Aspekte

a) Erfolgsneutralität des Gründungsvorgangs

1075 Gründungseinlagen haben – wie auch andere Einlagen in die GmbH – ihre Veranlassung im Gesellschaftsverhältnis. Die Verpflichtung zur Übernahme der Gründungseinlagen führt beim Gründer-Gesellschafter zu Anschaffungskosten der Beteiligung, und zwar nicht nur in Höhe des eingeforderten Betrags, sondern auch insoweit, als die Gründungseinlagen noch nicht fällig sind und deshalb zunächst noch nicht geleistet werden.[1] Bei Beteiligungen im Betriebsvermögen sind deshalb die GmbH-Anteile mit den geleisteten zuzüglich der geschuldeten Einlagen zu aktivieren und die geschuldeten Einlagen zu passivieren. Diese Bruttomethode hat z.B. zur Folge, dass die aktivierten Anschaffungskosten auch in Höhe der geschuldeten Einlagebeträge an einer spä-

---

1) FinMin Niedersachsen v. 30.1.1989, S 2171 – 3 – 31 1, GmbHR 1989, 226 (für Anteile im BV). Vgl. auch Weber-Grellet in Schmidt, 33. Aufl. 2014, § 17 EStG Rz. 157.

teren Teilwertabschreibung partizipieren können. Bei der GmbH führt die Gründungseinlage zwar zu einer Vermögensmehrung. Da diese aber durch das Gesellschaftsverhältnis veranlasst ist, darf sie Gewinn und Einkommen der Gesellschaft nicht beeinflussen. Dies wird bereits durch die Buchung „Geldkonto an gezeichnetes Kapital" erreicht, so dass insoweit eine Korrektur außerhalb der Bilanz entfällt. Ein etwaiges Agio ist bei der Einkommensermittlung der GmbH und der Gesellschafter ebenso zu behandeln wie die Gründungseinlage.

b) Bargründung

Verpflichten sich die Gesellschafter, die übernommenen Stammeinlagen in Geld zu leisten (Bargründung), handelt es sich insoweit sowohl bei der GmbH als auch bei den Gesellschaftern um einen steuerneutralen Vorgang. Die GmbH bucht die Einlage mit ihrem Nominalbetrag ein. Auf Seiten des Gesellschafters bildet die Bareinlage die Anschaffungskosten für die Beteiligung, welche sich aber grundsätzlich nur bei einer späteren Veräußerung der Anteile auswirken. **1076**

> **Gestaltungshinweis:**
>
> Die Finanzierung der GmbH erfolgt oftmals teilweise mit – ggf. unverzinslichen – Gesellschafterdarlehen. Dies stellt auch eine sinnvolle Alternative zu einem Aufgeld auf die Stammeinlagen dar. Zwar sind beide Vorgänge steuerneutral und auch die Rückgewähr eines gezahlten Aufgeldes ist steuerneutral möglich, jedoch ist die steuerneutrale Rückgewähr von Einlagen nur insoweit möglich, als die Ausschüttung den ausschüttbaren Gewinn übersteigt (§ 27 Abs. 1 Satz 3 ff. KStG). Soweit also z.B. thesaurierte Gewinne vorhanden sind, kann ein geleistetes Aufgeld nicht steuerneutral zurückgewährt werden.

c) Sachgründung

aa) Ebene des Gründer-Gesellschafters

Bei offenen Sacheinlagen findet ein **Tausch gegen Gewährung neuer Gesellschaftsanteile** statt. Der Tausch ist zivil- und steuerrechtlich ein Unterfall der entgeltlichen Veräußerung. Besteht die Sacheinlage in Wirtschaftsgütern eines Betriebsvermögens oder sonst steuerverhafteter Wirtschaftsgüter, so kommt es mithin auf der Steuerebene des Einbringenden grundsätzlich zur **Aufdeckung und Versteuerung der stillen Reserven** der Wirtschaftsgüter, die Gegenstand der Sacheinlage sind. Es handelt sich hierbei um den Unterschiedsbetrag zwischen dem Veräußerungspreis und dem Buchwert. Der Veräußerungspreis besteht in den für die Sacheinlage gewährten neuen Gesellschaftsanteilen. Deren Bewertung richtet sich grundsätzlich nach dem gemeinen Wert der als Sacheinlage verwendeten Wirtschaftsgüter des Betriebsvermögens. Der gemeine Wert dieser Wirtschaftsgüter bestimmt daher sowohl den Veräußerungspreis für die im Rahmen der Sachgründung gegen die neuen Gesellschaftsanteile getauschten Wirtschaftsgüter als auch die Anschaffungskosten der hierfür erhaltenen neuen Gesellschaftsanteile. Die Aufdeckung der stillen Reserven umfasst hiernach den Unterschiedsbetrag zwischen dem gemeinen Wert und dem Buchwert der als Sacheinlage verwendeten Wirtschaftsgüter des Betriebsvermögens. **1077**

Übertrifft der Wert der eingelegten Wirtschaftsgüter die Einlageforderung, liegt insoweit eine **verdeckte Einlage** vor, die nach § 6 Abs. 6 Satz 2 EStG mit dem Teilwert des eingelegten Wirtschaftsguts anzusetzen ist bzw. nach § 6 Abs. 6 Satz 3 EStG in den Fällen des § 6 Abs. 1 Nr. 5a EStG mit den niedrigeren Anschaffungskosten.[1]

bb) Ebene der GmbH

Sacheinlagen vermehren – wie andere Einlagen – das Betriebsvermögen der GmbH, dürfen aber wegen ihrer gesellschaftsrechtlichen Veranlassung Gewinn und Einkom- **1078**

---

[1] Zur Bewertung ausführlich Harle/Kulemann in Verdeckte Gewinnausschüttungen und verdeckte Einlagen, Fach 5, D.

men der GmbH nicht erhöhen. Sie werden **erfolgsneutral eingebucht** (Buchung: Anlagevermögen an Kapital). Gesellschaftsrechtliche Einlagen sind regelmäßig auch handelsrechtlich erfolgsneutral zu buchen, so dass es keiner steuerlichen Korrektur bedarf. Der über das Stammkapital hinausgehende Wert der Sacheinlage kann in die Kapitalrücklage eingestellt oder als Schuldposten (Kaufpreisverpflichtung) gegenüber dem einbringenden Gründer-Gesellschafter ausgewiesen werden.

Die GmbH hat das eingelegte Wirtschaftsgut ebenfalls **entgeltlich angeschafft**. Die offen eingelegten Wirtschaftsgüter sind bei der GmbH daher mit dem gemeinen Wert anzusetzen. Die Beschränkung des § 6 Abs. 1 Nr. 5a EStG ist bei der offenen Sacheinlage – im Gegensatz zur verdeckten Sacheinlage – nicht anwendbar.[1] Gehört die Sacheinlage zum abnutzbaren Anlagevermögen, mindern die Abschreibungen hierauf den Gewinn der GmbH. Hinsichtlich des AfA-Bemessungsgrundlage (nicht des Wertansatzes der Einlage![2]) des eingelegten Wirtschaftsguts ist dann eine Abweichung von dem Ansatz des gemeinen Wertes zu beachten, wenn es sich um ein abnutzbares Wirtschaftsgut handelt, das bisher im Privatvermögen zur Erzielung von Überschusseinkünften genutzt worden ist, da dann die Einschränkungen des § 7 Abs. 1 Satz 5 EStG gelten. Danach mindern sich die Anschaffungskosten des eingelegten Wirtschaftsguts um die Absetzungen für Abnutzung oder Substanzverringerung, Sonderabschreibungen oder erhöhte Abschreibungen, die bis zum Zeitpunkt der Einlage vorgenommen worden sind.[3]

Unter den Voraussetzungen des **§ 20 UmwStG**, insbesondere also, wenn Gegenstand der Sacheinlage ein Betrieb, Teilbetrieb, Mitunternehmeranteil oder mehrheitsvermittelnde Kapitalgesellschaftsanteile (§ 20 Abs. 1 Satz 2 UmwStG) ist, kann die im Wege der Sachgründung errichtete GmbH grundsätzlich wählen, ob sie die übernommenen Wirtschaftsgüter des Betriebsvermögens mit dem Teilwert, dem Buchwert oder einem beliebigen Zwischenwert in die Bilanz einbucht. Das Bewertungswahlrecht wird ausgeübt: bei Einbringung eines Betriebs, Teilbetriebs oder einer mehrheitsvermittelnden Kapitalbeteiligung mit Einreichung der Körperschaftsteuererklärung einschließlich der zugehörigen Bilanz für das Wirtschaftsjahr der Einbringung[4] und bei Einbringung eines Mitunternehmeranteils oder -teilanteils ohne Bindung an die Handelsbilanz in der der Feststellungserklärung der Personengesellschaft für das Wirtschaftsjahr der Einbringung beigefügten Steuerbilanz.[5] Der gewählte Wert ist beim Einbringenden als Veräußerungspreis und als Anschaffungskosten für die neuen Gesellschaftsanteile maßgebend. Gewährt die GmbH dem Einbringenden für die Betriebseinbringung neben den neuen Gesellschaftsanteilen einen zusätzlichen Kaufpreis in anderer Form, z.B. durch Einräumung einer Darlehens- oder Kaufpreisforderung, so tritt eine entsprechende Minderung der Anschaffungskosten der Beteiligung ein. Die Betriebseinbringung hat keine Aufdeckung stiller Reserven zur Folge, wenn die GmbH die übernommenen Wirtschaftsgüter mit dem Buchwert in ihre Bilanz übernimmt. Die nicht aufgedeckten stillen Reserven des eingebrachten Betriebs gehen aber auf die für die Einbringung gewährten neuen Gesellschaftsanteile über, deren Anschaffungskosten ebenfalls mit dem von der GmbH übernommenen Wert zu bewerten sind.

Hinweis:

Das Bewertungswahlrecht des § 20 UmwStG ermöglicht es, sich in Betriebseinbringungsfällen zwischen der Aktivierung von Abschreibungsvolumen (oder Mehrwerten nicht abnutzbarer Wirtschaftsgüter) mit der grundsätzlichen Folge der Entlastungswirkungen der Mehr-AfA bei der aufnehmenden GmbH und einer entsprechenden Steuerbelastung des Einbringenden

---

1) Weber-Grellet in Schmidt, 33. Aufl. 2014, § 5 EStG Rz. 636.
2) R 7.3 Abs. 6 EStR 2012; H 7.3 „Einlage eines Wirtschaftsguts" EStH 2012.
3) Hierzu BMF v. 27.10.2010, IV C 3 – S 2190/09/10007, DOK 2010/0764153, BStBl I 2010, 1204.
4) BMF v. 25.3.1998, IV B 7 – S 1978 – 21/98; IV B 2 – S 1909 – 33/98, BStBl I 1998, 268, Tz. 20.31.
5) BFH v. 30.4.2003, I R 102/01, BFH/NV 2003, 1515.

einerseits und dem Verzicht auf zusätzliches Abschreibungsvolumen mit der Folge der Vermeidung einer Steuerbelastung des Einbringenden andererseits zu entscheiden.

cc) Verkehrssteuern

Die **Einlage von Grundstücken** im Rahmen der Gründung oder auch einer Kapitalerhöhung unterliegt nach § 1 Abs. 1 Nr. 1 GrEStG der Grunderwerbsteuer. Bemessungsgrundlage bilden nach § 138 Abs. 2 oder 3 BewG die Grundbesitzwerte (§ 8 Abs. 2 Nr. 2 GrEStG). Im Zusammenhang mit einer Sacheinlage ggf. anfallende Grunderwerbsteuer ist als Anschaffungsnebenkosten zum Grundstück bei der GmbH zu aktivieren.

Ist der Gesellschafter Unternehmer i. S. des § 2 UStG, so unterliegt die Sacheinlage der Umsatzsteuer, sofern keine **Geschäftsveräußerung im Ganzen** nach § 1 Abs. 1a UStG vorliegt oder eine **Steuerbefreiung** greift, wie etwa bei der Einbringung von Grundstücken, Gesellschaftsanteilen, Wertpapieren oder Geldforderungen.

Hinweis:

Soweit die Einbringung nach § 4 UStG umsatzsteuerbefreit ist, sollte geprüft werden, ob eine Option zur Umsatzsteuer nach § 9 UStG möglich ist, was für die empfangende GmbH regelmäßig keine Nachteile mit sich bringt, Vorteile aber i.d.R. für den Einbringenden, da dann eine ggf. vorzunehmende Vorsteuerberichtigung nach § 15a UStG vermieden werden kann.

IV. Anmeldung zum Handelsregister

Nach Feststellung der Satzung, Geschäftsführerbestellung und Kapitalaufbringung ist weitere Voraussetzung für das Entstehen der GmbH die von einem **Notar beglaubigte Anmeldung** (§ 12 Abs. 1 HGB). Verantwortlich für die Anmeldung sind sämtliche zu diesem Zeitpunkt bestellten Gesellschafter.

Eine wirksame Anmeldung erfordert aus inhaltlicher Sicht nach § 8 Abs. 1 GmbHG, soweit im Einzelfall zutreffend, folgende Unterlagen:

– Gesellschaftsvertrag,
– Gründungsvollmachten,
– Legitimation der Geschäftsführer,
– Gesellschafterliste,
– Sachgründungsbericht und
– Wertnachweis bei Sacheinlagen.

Schließlich sind nach § 10 Abs. 1 GmbHG folgende Angaben in das Handelsregister einzutragen, welches für jeden einsehbar ist (auch unter www.unternehmensregister.de):

– Firma,
– Sitz,
– inländische Geschäftsadresse,
– Unternehmensgegenstand,
– Höhe des Stammkapitals,
– Abschlussdatum des Gesellschaftsvertrags,
– Namen der Geschäftsführer und
– Vertretungsbefugnis der Geschäftsführer.

Insolvenz

von Dr. Norbert Vogelsang

INHALTSÜBERSICHT

	Rz.
I. Insolvenzverfahren – Allgemeines	1083
II. Insolvenzeröffnungsverfahren	1084–1105
1. Mandant als Schuldner	1084–1095
a) Antragspflicht	1084
b) Insolvenzantrag	1085
c) Insolvenzgrund	1086–1089
d) Sicherungsmaßnahmen	1090
e) Bestellung eines vorläufigen Insolvenzverwalters	1091–1093
f) Offenbarungs- und Unterstützungspflichten	1094
g) Vorläufige Eigenverwaltung/Schutzschirmverfahren	1095
2. Mandant als Gläubiger	1096–1103
a) Informationsmöglichkeiten	1096
b) Sicherungsmaßnahmen	1097
c) Verwertungsstopp	1098
d) Bestehende Vertragsverhältnisse	1099
e) Lastschriftwiderruf	1100
f) Durchsetzung von Forderungen	1101–1102
g) Zahlungen an den Schuldner	1103
3. Rechtsposition des Beraters	1104–1105
a) Auswirkung des Insolvenzeröffnungsverfahrens	1104
b) Zurückbehaltungsrecht	1105
III. Eröffnetes Insolvenzverfahren	1106–1138
1. Mandant als Schuldner	1106–1114
a) Allgemeines	1106–1107
b) Zahlungspflichten der Gesellschafter	1108
c) Zivilrechtliche Haftung des Vertretungsorgans	1109–1113
d) Strafrechtliche Verfolgung	1114
2. Mandant als Gläubiger	1115–1124
a) Rechtsstellung	1115–1117
b) Anfechtung	1118–1119
c) Rückschlagsperre	1120
d) Laufende Vertragsverhältnisse	1121–1122
e) Laufende Prozesse	1123
f) Anmeldung zur Insolvenztabelle	1124
3. Rechtsposition des Beraters	1125–1138
a) Erlöschen des Steuerberatungsvertrags/Vollmachten	1125–1131
b) Strafrechtliche Ermittlungen und Beschlagnahmen	1132
c) Eigene Strafbarkeit	1133
d) Anfechtung	1134
e) Sicherung des Honorars	1135–1138

I. Insolvenzverfahren – Allgemeines

Die Insolvenzordnung unterscheidet zwei Arten des Insolvenzverfahrens: das Regelinsolvenzverfahren und das vereinfachte Insolvenzverfahren (sog. Verbraucherinsolvenzverfahren: **1083**

Normales Insolvenzverfahren	Vereinfachtes Insolvenzverfahren[1]
Schuldner ist – juristische Person oder – natürliche Person, die bei Antragstellung eine selbständige wirtschaftliche Tätigkeit ausübt – ein ehemaliger Unternehmer mit Schulden aus Arbeitsverhältnissen – ein ehemaliger Unternehmer mit mehr als 19 Gläubigern	Schuldner ist – eine natürliche Person, die bei Antragstellung keine selbständige wirtschaftliche Tätigkeit ausübt, unabhängig davon, wie viele Gläubiger vorhanden und wie hoch die Schulden sind (§ 304 Abs. 1 InsO) – ein ehemaliger Unternehmer ohne Verbindlichkeiten aus Arbeitsverhältnissen mit bis zu 19 Gläubigern

Unabhängig von der Verfahrensart setzt die Eröffnung jedes Insolvenzverfahrens stets einen **Insolvenzantrag**, das Vorliegen eines **Insolvenzgrundes** und eine die **Kosten des Insolvenzverfahrens deckende Insolvenzmasse** voraus. Erst wenn diese Voraussetzungen kumulativ erfüllt sind, eröffnet das Insolvenzgericht das Insolvenzverfahren. Die Gläubiger befinden im Berichtstermin (nur für Selbständige und Unternehmen)[2] darüber, ob das Vermögen des Schuldners versilbert, das schuldnerische Unternehmen liquidiert oder über einen Insolvenzplan eine anderweitige Befriedigung der Gläubigerinteressen herbeigeführt wird. Gerade das Insolvenzplanverfahren (§§ 217 ff. InsO) als kreative Haftungsverwirklichung eröffnet den Beteiligten vielfältige Befriedigungs- und letztlich Restschuldbefreiungsmöglichkeiten, da Vereinbarungen möglich sind über eine von den gesetzlichen Bestimmungen abweichende Befriedigung der Insolvenzgläubiger und der absonderungsberechtigten Gläubiger, über eine abweichende Verwertung/Verteilung der Insolvenzmasse und eine abweichende Haftung des Schuldners nach Beendigung des Insolvenzverfahrens (Nachhaftung).[3]

Nach Abschluss des Verfahrens können Insolvenzgläubiger ihre Restforderung (Differenz zwischen der erhaltenen Insolvenzquote und dem zur Insolvenztabelle angemeldeten Betrag) grundsätzlich wieder uneingeschränkt gegen den Schuldner (natürliche Person) geltend machen, es sei denn, dem Schuldner wurde die **Restschuldbefreiung** (§§ 286–303 InsO)[4] in Aussicht gestellt oder im Insolvenzplan ist eine andere Art der Nachhaftung vereinbart worden.[5]

Auch **mittellose natürliche Personen**, die nicht in der Lage sind, die Verfahrenskosten aufzubringen, können ein Insolvenzverfahren durchlaufen, um im Anschluss die Restschuldbefreiung zu erlangen. Der Insolvenzantrag nebst Restschuldbefreiungsantrag ist in diesem Fall mit einem **Kostenstundungsantrag** (§§ 4a ff. InsO) zu kombinieren.

---

1) Übersicht nach Zimmermann, 8. Aufl., Rz. 521.
2) Im vereinfachten Insolvenzverfahren wird lediglich ein Prüfungstermin vom Insolvenzgericht bestimmt.
3) Im vereinfachten Insolvenzverfahren ist ein Insolvenzplan unzulässig (§ 312 Abs. 2 InsO). Dessen Funktion übernimmt hier im Wesentlichen der Schuldenbereinigungsplan.
4) Das Restschuldbefreiungsverfahren ist ein rechtlich selbständiges Verfahren und wird nachfolgend nicht erörtert. Wegen der Einzelheiten hierzu wird auf die Ausführungen von Delhaes in Kraemer/Vallender/Vogelsang, Fach 3 Rz. 4 ff. verwiesen.
5) Zum Regierungsentwurf v. 18.7.2012 für ein Gesetz zur Verkürzung des Restschuldbefreiungsverfahrens und zur Stärkung der Gläubigerrechte (ZInsO 2012, 1461) siehe Buchholz, NZI 2012, 655; Frind, ZInsO 2012, 1455.

II. Insolvenzeröffnungsverfahren

1. Mandant als Schuldner

a) Antragspflicht

1084 Während natürliche Personen keiner Insolvenzantragspflicht unterliegen, besteht für Kapitalgesellschaften und Gesellschaften, für deren Verbindlichkeiten keine natürliche Person persönlich haftet (z.b. GmbH, AG, GmbH & Co. KG), eine entsprechende Verpflichtung (§ 15a Abs. 1, 2 InsO). Sie trifft primär die **Mitglieder des Vertretungsorgans** (sowie der Abwickler) bei Eintritt von Zahlungsunfähigkeit (§ 17 InsO) oder Überschuldung (§ 19 InsO), nicht aber bei drohender Zahlungsunfähigkeit i.S.d. § 18 InsO.[1] Die Frist hierfür beträgt maximal drei Wochen nach Eintritt des Insolvenzgrundes und ist eine Höchstfrist, in der erfolgreiche Sanierungsmaßnahmen zur Beseitigung der Eröffnungsgründe ergriffen werden können. Der Schuldner kann diese Frist nicht auf Grund gesonderter Vereinbarung mit den Gläubigern oder Dritten verlängern. Ist die Gesellschaft **führungslos** und hat der **Gesellschafter** einer GmbH oder jedes Mitglied des Aufsichtsrats einer AG oder einer Genossenschaft von der Zahlungsunfähigkeit und der Überschuldung oder der Führungslosigkeit Kenntnis, so sind auch diese Personen zur Antragstellung berechtigt und verpflichtet (§ 15a Abs. 3 InsO).

b) Insolvenzantrag

1085 Vor diesem Hintergrund hat der Berater hier besonders darauf zu achten, dass bestimmte **Formalien** eingehalten werden. Das heißt, der Insolvenzantrag muss die gesetzlichen **Formbestimmungen** berücksichtigen, **vollständig** und **rechtzeitig** gestellt werden. Denn nach § 15 Abs. 4 InsO macht sich strafbar, wer einen Insolvenzantrag „nicht richtig" stellt, also die gesetzlichen Formbestimmungen nicht einhält oder aber einen unvollständigen Antrag vorlegt. Dieses strafrechtliche Risiko trifft nicht nur das Vertretungsorgan der Gesellschaft (Geschäftsführer, Vorstand), sondern bei Führungslosigkeit auch jeden Gesellschafter der GmbH (GmbH & Co. KG) sowie jedes Mitglied des Aufsichtsrats der AG und der Genossenschaft (§ 15 Abs. 4 InsO). Das Merkmal der Führungslosigkeit wird in § 35 Abs. 1 Satz 2 GmbHG, § 78 Abs. 1 Satz 2 AktG und § 24 Abs. 1 Satz 2 GenG als Fehlen von Geschäftsführern bzw. eines Vorstands legaldefiniert. Hält der Schuldner die formalen Voraussetzungen nicht ein und mangelt es an der nötigen Darstellung, wurde der Insolvenzantrag nicht „richtig" i.S.d. § 15a Abs. 4 InsO gestellt, was **strafrechtliche Sanktionen** zur Folge haben kann.[2] Sollte der Insolvenzantrag nicht rechtzeitig gestellt sein, können sich für den genannten Personenkreis, u.U. aber auch für den Berater selbst, erhebliche **zivilrechtliche Haftungsrisiken** realisieren (→ 4 Rz. 1109). Hält der Schuldner die Formalia des Insolvenzantrags nicht ein, muss er damit rechnen, dass eine beantragte Eigenverwaltung vom Insolvenzgericht abgelehnt wird.[3]

Der Insolvenzantrag ist bei Gesellschaften und unternehmerisch tätigen natürlichen Personen im **Regelinsolvenzverfahren** zu stellen. Ist der Schuldner jedoch zur Personengruppe des § 304 InsO zu rechnen, muss zwingend das mehrstufige **Verbraucher-**

---

1) Wegen der Einzelheiten zur Beurteilung eingetretener oder drohender Zahlungsunfähigkeit bei Unternehmen wird auf den Prüfungsstandard des IDW PS 800 v. 6.3.2009 verwiesen. Der Fachausschuss Sanierung und Insolvenz (FAS) des IDW hat den Entwurf eines IDW-Standards „Beurteilung des Vorliegens von Insolvenzeröffnungsgründen" verabschiedet (Stand 6.5.2014) und veröffentlicht (DStR Beihefter2014, 71; ZInsO 2014, 1840).
2) Weyand, ZInsO 2008, 702.
3) AG Mannheim v.21.2.2014, 4 IN 115/14, NZI 2014, 412.

insolvenzverfahren gewählt werden.[1] Soll das Insolvenzverfahren der GmbH (eigenständiges Verfahren) mit einem Insolvenzverfahren über das Vermögen des Geschäftsführers zwecks Erreichen seiner persönlichen Restschuldbefreiung kombiniert werden, gilt es zu beachten, dass ein **angestellter GmbH-Geschäftsführer** ohne Kapitalbeteiligung als Nichtselbstständiger gilt, so dass für ihn ausschließlich die Durchführung des Verbraucherinsolvenzverfahren (→ **4** Rz. 1083) in Betracht kommt. Anders hingegen, wenn er gleichzeitig **Alleingesellschafter** ist oder zumindest eine mehrheitliche oder nennenswerte Beteiligung an der GmbH besitzt. Entsprechendes gilt in der Insolvenz einer **Personengesellschaft**. Hier kommt für die persönlich haftenden Gesellschafter oder die Mitgesellschafter einer BGB-Gesellschaft das Regelinsolvenzverfahren in Betracht, da ihnen die Tätigkeit der Gesellschaft zuzurechnen ist. In diesen Fällen bietet sich mit Blick auf die Restschuldbefreiung das Insolvenzplanverfahren (§§ 217 ff. InsO) an.

Der Insolvenzantrag ist schriftlich bei dem zuständigen Amtsgericht/Insolvenzgericht zu stellen (§§ 3, 13 InsO).[2] Der Eigenantrag des Schuldners muss ernsthaft auf Eröffnung gerichtet sein und nicht sachfremden Zwecken dienen. Erforderlich aber auch genügend ist, dass der Antrag Tatsachen enthält, welche die wesentlichen Merkmale eines Eröffnungsgrunds (→ **4** Rz. 1086 ff.) erkennen lassen, ohne dass der Schuldner den Eröffnungsgrund glaubhaft machen muss. Die Angaben müssen jedoch stets die Finanzlage des Schuldners nachvollziehbar darstellen, ohne dass sich daraus bei zutreffender Rechtsanwendung schon das Vorliegen eines Eröffnungsgrundes ergeben muss.

Bei einem Eigenantrag einer **juristischen Person** (z.B. GmbH, AG) oder einer **Gesellschaft ohne Rechtspersönlichkeit** (z.B. OHG, KG) ist jedes Mitglied des Vertretungsorgans sowie jeder persönlich haftende Gesellschafter, sowie jeder Abwickler zur Antragstellung berechtigt. Sollte die juristische Person führungslos sein, ist auch jeder Gesellschafter, bei einer AG oder Genossenschaft auch jedes Aufsichtsratsmitglied zur Antragstellung berechtigt. Kommt es unter den Antragsberechtigten (z.B. mehreren Geschäftsführern) zum **Streit** darüber, ob ein Insolvenzantrag gestellt werden soll muss (→ **4** Rz. 1084), verbleibt es bei der **Antragsberechtigung** jedes Einzelnen, jedoch muss in diesem Fall der Antragsteller den Eröffnungsgrund (→ **4** Rz. 1086 ff.) glaubhaft machen. Stellt ein Gesellschafter einer juristischen Person oder ein Aufsichtsratsmitglied den Insolvenzantrag, ist zudem die Führungslosigkeit glaubhaft zu machen. Das Insolvenzgericht ist in diesem Fall verpflichtet die übrigen Mitglieder des Vertretungsorgans, die persönlich haftenden Gesellschafter, die Gesellschafter der juristischen Person, die Mitglieder des Aufsichtsrats oder die Abwickler zu hören.

Mit den durch das Gesetz zur weiteren Erleichterung der Sanierung von Unternehmen (**ESUG**) v. 7.12.2011[3] eingeführten Ergänzungen des § 13 InsO ist der Eigenantrag für

---

1) Das Gesetz zur Verkürzung des Restschuldbefreiungsverfahrens und zur Stärkung der Gläubigerrechte vom 15.7.2013 (BGBl. I 2013, 2379) ist am 1.7.2014 in Kraft getreten. Es gilt für alle Verfahren, die nach dem 1.7.2014 beantragt werden. Für das Verbraucherinsolvenzverfahren ist von Bedeutung, dass nunmehr durch Streichung des § 312 InsO das Insolvenzplanverfahren als weiterer Lösungsweg zur schnelleren Restschuldbefreiung insbesondere für den (ehemaligen) Selbstständigen zur Verfügung steht, eingehend hierzu Frind, BB 2014, 2179; Lissner ZInsO 2014, 1835.
2) Nach § 3 Abs. 1 Satz 1 InsO ist örtlich ausschließlich zuständig, das Insolvenzgericht, in dessen Bezirk der Schuldner seinen allgemeinen Gerichtsstand hat. Liegt der Mittelpunkt einer selbständigen wirtschaftlichen Tätigkeit des Schuldners hingegen an einem anderen Ort, so ist ausschließlich das Insolvenzgericht zuständig, in dessen Bezirk dieser Ort liegt. Zur Entscheidung in einem positiven Kompetenzkonflikt zweier Insolvenzgerichte:OLG München v. 21.1.2014, 34 AR 277/13, ZInsO 2014, 741.
3) BGBl. I 2011, 2582 ff.

den Mandanten zunehmend komplexer geworden.[1] Bei nicht eingestelltem Geschäftsbetrieb soll der Schuldner nunmehr **Angaben** zu den Gläubigern mit den höchsten Forderungen, den höchsten gesicherten Forderungen, den Forderungen der Finanzverwaltung, den Forderungen der Sozialversicherungsträger und den Forderungen aus betrieblicher Altersvorsorge machen (§ 13 Abs. 1 Satz 4 InsO). Der Schuldner hat in diesem Fall auch Angaben zur Bilanzsumme, zu den Umsatzerlösen und zur durchschnittlichen Zahl der Arbeitnehmer des vorangegangenen Geschäftsjahres zu machen (§ 13 Abs. 1 Satz 5 InsO). Diese, an sich fakultativen, Angaben werden aber gem. § 13 Abs. 1 Satz 6 InsO verpflichtend, wenn der Schuldner Eigenverwaltung beantragt, er die Merkmale des § 22a Abs. 1 InsO erfüllt oder die Einsetzung eines vorläufigen Gläubigerausschusses nach § 22a Abs. 2 InsO beantragt wird. Zudem ist der Schuldner verpflichtet, seinem Insolvenzantrag eine Erklärung beizufügen, in der er versichert, dass seine Angaben in dem Gläubigerverzeichnis nach § 13 Abs. 1 Satz 3 InsO und die Angaben zu den Gläubigern mit den höchsten Forderungen sowie zur Bilanzsumme und zu den Umsatzerlösen (§ 13 Abs. 1 Satz 4 und 5 InsO) richtig und vollständig sind.

Der Schuldner und sein Berater haben die neuen Regelungen des § 13 InsO stets im Zusammenhang zu sehen mit der Möglichkeit und bei Vorliegen bestimmter Voraussetzungen sogar der Pflicht des Insolvenzgerichts, einen **vorläufigen Gläubigerausschuss** einzusetzen (§ 22a InsO). Das Insolvenzgericht ist verpflichtet einen vorläufigen Gläubigerausschuss nach § 21 Abs. 2 Satz 2 Nr. 1a InsO einzusetzen, wenn der Schuldner im vorangegangenen Geschäftsjahr mindestens zwei der drei nachstehenden Merkmale erfüllt hat:

1. mindestens 4 840 000 € Bilanzsumme nach Abzug eines auf der Aktivseite ausgewiesenen Fehlbetrags i.S.d. § 268 Abs. 3 HGB;
2. mindestens 9 680 000 € Umsatzerlöse in den zwölf Monaten vor dem Abschlussstichtag;
3. im Jahresdurchschnitt mindestens fünfzig Arbeitnehmer.

Es handelt sich um einen **Muss-Ausschuss**. Fakultativ ist die Einsetzung auf **Antrag des Schuldners**, des vorläufigen Insolvenzverwalters oder eines Gläubigers, wenn Personen benannt sind, die als Mitglieder des Ausschusses in Betracht kommen, und dem Antrag Einverständniserklärungen dieser Personen beigefügt worden sind (§ 22a Abs. 2 InsO, sog. **Soll-Ausschuss**).[2] § 22a Abs. 3 InsO stellt jedoch klar, dass unabhängig von Anträgen oder Schwellenwerten ein vorläufiger Gläubigerausschuss **nicht einzusetzen** ist, wenn der Geschäftsbetrieb des Schuldners eingestellt ist[3] oder die Einsetzung eines vorläufigen Ausschusses unverhältnismäßig[4] ist oder die mit der Einsetzung verbundene Verzögerung zu einer nachteiligen Veränderung der Vermögenslage des Schuldners führt.[5]

c) Insolvenzgrund

1086 Die Verfahrenseröffnung erfolgt nur dann, wenn ein Insolvenzgrund in Form der Zahlungsunfähigkeit (§ 17 InsO), der Überschuldung (§ 19) oder der drohenden Zahlungs-

---

1) Eine Erhebung beim AG Charlottenburg hat zu Tage gebracht, dass von 237 Eigenanträgen 216 (= 91 %) unzulässig waren, da sie den Anforderungen des § 13 InsO nicht genügten, vgl. ZInsO-aktuell, Heft 34/2012, III.
2) Auf die Schwellenwerte des § 22a Abs. 1 InsO kommt es nicht an.
3) AG Hamburg v. 26.09.2013, 67c IN 320/13, NZI 2014, 31.
4) AG Ludwigshafen v. 4.5.2012, 3 f IN 103/12, ZInsO 2012, 987 m.w.N. (Kosten des Gläubigerausschusses einschl. Versicherung); Haarmeyer, ZInsO 2012, 1441 (Kosten und/oder „rechtsmissbräuchliche Beantragung").
5) Eingehend zur Einsetzungsbremse Haarmeyer/Horstkotte, ZInsO 2012, 1441; Frind, ZInsO 2012, 2028.

unfähigkeit (§ 18 InsO) vorliegt.[1] Eine intensive Beschäftigung mit den Insolvenzgründen ist angezeigt, da sie im weiteren Verlauf des Verfahrens zentrale Bedeutung erlangen im Rahmen der Insolvenzanfechtung (→ 4 Rz. 1118), der zivilrechtlichen Haftung von Vertretungsorganen (→ 4 Rz. 1109 ff.), der drohenden Inanspruchnahme des Beraters (→ 4 Rz. 1128) und zudem die Strafvorschriften des Bankrott (§§ 283, 283a StGB) und der Insolvenzverschleppung (§ 15a InsO) die Überschuldung als Tatbestandsmerkmal beinhalten (→ 4 Rz. 1114).[2]

Der Schuldner ist **zahlungsunfähig**, wenn er nicht in der Lage ist, die fälligen Zahlungspflichten zu erfüllen (§ 17 Abs. 2 Satz 1 InsO), wobei die Zahlungsunfähigkeit gesetzlich vermutet wird, wenn er seine Zahlungen eingestellt hat (§ 17 Abs. 2 Satz 2 InsO). Ansonsten liegt nach ständiger Rechtsprechung des BGH[3] eine Zahlungsunfähigkeit vor, wenn zwischen den fälligen Gesamtverbindlichkeiten und den liquiden Mitteln eine Unterdeckung von **mindestens 10 %** besteht und nicht mit an Sicherheit grenzender Wahrscheinlichkeit davon auszugehen ist, dass die Liquiditätslücke innerhalb eines Zeitraums von drei Wochen vollständig oder fast vollständig beseitigt wird und den Gläubigern ein Zuwarten nach den besonderen Umständen des Einzelfalls zuzumuten ist. Beträgt hingegen die innerhalb von drei Wochen nicht zu beseitigende Liquiditätslücke des Schuldners **weniger als 10 %** seiner fälligen Gesamtverbindlichkeiten, ist regelmäßig von Zahlungsfähigkeit auszugehen, es sei denn, es ist bereits absehbar, dass die Lücke demnächst mehr als 10 % erreichen wird. Kann innerhalb des dreiwöchigen Planungszeitraums die Liquiditätslücke vollständig oder doch nahezu vollständig geschlossen werden, liegt keine Zahlungsunfähigkeit im Rechtssinne, sondern lediglich **Zahlungsstockung** vor, die keine Insolvenzantragspflicht auslöst.[4] Indizien einer Zahlungsstockung sind z.B. die Nichtabführung oder nur Teilzahlung von Steuern für mehrere Monate oder die verzögerte Zahlung von Löhnen. Da die Aussetzung der Vollziehung eines Steuerbescheids wegen ernstlicher Zweifel an dessen Rechtmäßigkeit (§ 361 AO) bewirkt, dass die Steuerforderung während der Dauer der Aussetzung nicht beglichen werden muss, ist bei der Prüfung der Zahlungsfähigkeit diese Forderung nicht in Ansatz zu bringen. Hat das Finanzamt eine Stundung zunächst abgelehnt, so führt eine spätere Bewilligung derselben mit Wirkung „ab Fälligkeit" nicht dazu, dass der Schuldner „rückwirkend" als zahlungsfähig anzusehen ist.[5] Es sind solche Forderungen nicht zu berücksichtigen, deren alsbaldige Erfüllung vom Gläubiger nicht verlangt wird. So sind etwa zivilrechtliche Forderungen, deren Erfüllung vom Gläubiger auf Grund eines Stillhalteabkommens einstweilen nicht durchgesetzt wird, auszuklammern. In Bezug auf Steuerschulden verlangt dies eine Stundung. Eine solche kann jedoch, auch wenn sie zurückwirkt, die Zahlungsunfähigkeit nicht für die Vergangenheit wiederherstellen.[6]

1087

Hinsichtlich der **Überschuldung** i.S.d. § 19 Abs. 2 InsO ist wie folgt zu differenzieren: In der bis zum Inkrafttreten des Finanzmarktstabilisierungsgesetzes v. 17.10.2008[7] (FMStG) geltenden Fassung liegt eine Überschuldung vor, wenn durch das Vermögen des Schuldners die bestehenden Verbindlichkeiten nicht mehr gedeckt sind, wobei nach Satz 2 der Vorschrift bei der Bewertung des schuldnerischen Vermögens die Fortführungswerte des Unternehmens (anstelle der Liquidationswerte) zu Grunde zu legen ist, wenn eine Fortführung nach den Umständen überwiegend wahrscheinlich ist. Eine **günstige Fortführungsprognose** setzt sowohl den Fortführungswillen des

1088

---
1) Eingehend hierzu nunmehr der Entwurf eines IDW-Standards „Beurteilung des Vorliegens von Insolvenzeröffnungsgründen" (Stand 6.5.2014), DStR Beihefter2014, 71; ZInsO 2014, 1840.
2) Eingehend zur Bedeutung des neuen Überschuldungsbegriffs für das Insolvenzstrafrecht, Büttner, ZInsO 2009, 841.
3) BGH v. 24.5.2005, IX ZR 123/04, ZIP 2005, 1426.
4) OLG Brandenburg v. 14.1.2014, 6 U 155/12, GmbHR 2015, 32.
5) OLG Brandenburg v. 6.3.2013, 7 U 23/11, ZIP 2013, 941.
6) OLG Braunschweig v. 6.3.2013, 7 U 23/11, ZInsO 2013, 987.
7) BGBl. I 2008, 1988.

Schuldners bzw. seiner Organe als auch die objektive Überlebensfähigkeit des Unternehmens voraus, was dann der Fall ist, wenn mittelfristig nicht mit dem Eintritt der Zahlungsunfähigkeit zu rechnen ist, d.h. die Gesellschaft in einem betriebswirtschaftlich überschaubaren Zeitraum Einnahmeüberschüsse erzielen wird, aus denen die gegenwärtigen und künftigen Verbindlichkeiten gedeckt werden können. Für die Prognoserechnung ist stets eine nach betriebswirtschaftlichen Grundsätzen durchzuführende **Ertrags- und Finanzplanung** erforderlich.[1] Hat der Geschäftsführer oder sein Berater keine Dokumentation erstellt, erhöht sich das Haftungsrisiko, da nunmehr Liquidationswerte in den Überschuldungsstatus eingestellt werden. Sollte hingegen von der Maßgeblichkeit der Fortführungswerte auszugehen sein, kann sich die Überschuldung ergeben, wenn sich in der Folge bei der Gegenüberstellung der Aktiva zu den Passiva ein Fehlbetrag entsteht. In diesem Fall besteht Insolvenzantragspflicht. Dieser Überschuldungsbegriff galt bis zum 17.10.2008 und sollte zum 1.1.2014 wieder zur Anwendung kommen.

1089 In der Zwischenzeit (18.10.2008 bis 31.12.2013)[2] gilt der Überschuldungsbegriff des § 19 Abs. 2 i.d.F. des FMStG. Danach liegt einen Überschuldung vor, wenn das Vermögen des Schuldners die bestehenden Verbindlichkeiten nicht mehr deckt, es sei denn, die Fortführung des Unternehmens ist nach den Umständen überwiegend wahrscheinlich. Das Prognoseelement wird nun nicht mehr bei der Bewertung des Schuldnervermögens (eine negative Prognose bedingt Liquidationswerte, positive Prognose führt zum Ansatz von Fortführungswerten) berücksichtigt, sondern hat unmittelbare Bedeutung für die Überschuldung. Selbst wenn eine rechnerische Überschuldung vorliegt, besteht keine insolvenzrechtliche Überschuldung, sofern eine positive Fortbestehensprognose gegeben ist.

Nach Ansicht des Gesetzgebers hat sich § 19 Abs. 2 InsO in der derzeit geltenden Fassung in der Praxis bewährt. Am 9.11.2012 hat der Bundestag im Rahmen des Gesetzes zur Einführung einer Rechtsbehelfsbelehrung im Zivilprozess (Art. 18 – Änderung des Finanzmarktstabilisierungsgesetzes)[3] die Entfristung des zweistufigen Überschuldungsbegriffs beschlossen. Von daher bleibt es bei der dauerhaften Anwendung des derzeit geltenden Überschuldungsbegriffs.

d) Sicherungsmaßnahmen

1090 Das Insolvenzgericht kann die Sicherungsmaßnahmen i.S.d. § 21, 22 InsO anordnen. In der Praxis wird in der Unternehmensinsolvenz i.d.R. ein schwacher vorläufiger Insolvenzverwalter mit Zustimmungsvorbehalt bestellt, die Einzelzwangsvollstreckung untersagt und laufende Vollstreckungsmaßnahmen einstweilen eingestellt. Daneben eröffnen sich die Möglichkeiten der Anordnung einer Postsperre sowie der Anordnung eines Verwertungsstopps.

e) Bestellung eines vorläufigen Insolvenzverwalters

1091 Eine der vordringlichsten Sicherungsmaßnahmen ist die Bestellung eines Insolvenzverwalters. Mit der Neuregelung des § 56 InsO erhält der Schuldner einen gewissen Einfluss auf die Auswahl und Bestellung der konkreten Person insofern, als ihm ein Vorschlagsrecht eingeräumt wird und zudem die erforderliche Unabhängigkeit des Insolvenzverwalters nicht schon dadurch ausgeschlossen wird, dass er von dem

---

1) BGH v. 9.10.2006, II ZR 303/05, ZIP 2006, 2171. Zu den Anforderungen an die Fortführungsprognose eingehend: Ehlers, NZI 2011, 161 und Aleth/Harlfinger, NZI 2011, 166.
2) Die ursprünglich bis zum 30.12.2010 befristete Änderung des Überschuldungsbegriffs wurde mit dem Gesetz zur Erleichterung der Sanierung von Unternehmen vom 29.9.2009 (BGBl. I 2009, 3151) zunächst bis zum 31.12.2013 verlängert.
3) BT-Drucks. 17/11385 bzw. BT-Drucks. 17/10490.

Schuldner vorgeschlagen wird und diesen vor dem Eröffnungsantrag in allgemeiner Form über den Ablauf eines Insolvenzverfahrens und dessen Folgen beraten hat.

Soll aus Sicht des Schuldners eine bestimmte Person zum vorläufigen Verwalter bestimmt werden, hat er zu beachten, dass der vorläufige Gläubigerausschuss eine zentrale Rolle spielen wird (§ 56a InsO). Das Insolvenzgericht hat vor der Bestellung des Verwalters dem vorläufigen Gläubigerausschuss Gelegenheit zu geben, sich zu den Anforderungen, die an den Verwalter zu stellen sind, und zur Person des Verwalters zu äußern (§ 56a Abs. 1 InsO), es sei denn, die Anhörung führt zu einer nachteiligen Veränderung der Vermögenslage des Schuldners. Bedenkt man, dass das Gericht von einem einstimmigen Vorschlag des vorläufigen Gläubigerausschusses zur Person des Verwalters nur abweichen darf, wenn die vorgeschlagene Person für die Übernahme des Amts nicht geeignet ist (§ 56a Abs. 2 Satz 1 InsO) und das Gericht zudem an die vom vorläufigen Gläubigerausschuss beschlossenen Anforderungen an die Person des Verwalters gebunden ist (§ 56 Abs. 2 Satz 2 InsO), wird es aus Sicht des Schuldners, der ggf. ein Insolvenzplanverfahren betreiben will, unabdingbar sein, sich im Vorfeld mit seinen wesentlichen Gläubigern hinsichtlich der Person des vorläufigen Verwalters abzustimmen. Das Insolvenzgericht ist nur dann in seiner Entscheidung frei, wenn sich die wesentlich beteiligten Gläubiger (§ 13 InsO) nicht auf eine Person verständigen können. Der Schuldner darf nicht darauf spekulieren, dass das Insolvenzgericht mit Rücksicht auf eine nachteilige Veränderung der Vermögenslage von einer Anhörung i.S.d. § 56a Abs. 1 InsO absieht und einen (eigenen) vorläufigen Verwalter bestellt. Sollte dies der Fall sein, kann der vorläufige Gläubigerausschuss in seiner ersten Sitzung einstimmig eine andere Person als die bestellte zum Insolvenzverwalter wählen (§ 56a Abs. 3 InsO).

Die Bestellung eines mit einem **Zustimmungsvorbehalt** ausgestatteten **vorläufigen schwachen Verwalters** hat zur Folge, dass der Schuldner zwar noch Verbindlichkeiten begründen kann, jedoch daran gehindert ist, Verfügungen wirksam vorzunehmen. Die Verfügung (z.B. die Zahlung einer Rechnung), die ohne Zustimmung des vorläufigen Verwalters erfolgt, ist unwirksam (§§ 21 Abs. 2 Nr. 2, 24 Abs. 1, 81 InsO), was in der Praxis letztlich zur Folge hat, dass nicht mehr der Geschäftsführer das Unternehmen führt, sondern der vorläufige Verwalter. Der schwache vorläufige Verwalter **verdrängt den Schuldner nicht aus seiner arbeits- oder steuerrechtlichen Rechtsposition**, so dass die entsprechenden Rechte und Pflichten beim Schuldner verbleiben. Dieser ist weiterhin zur rechtzeitigen Steueranmeldung und Zahlung verpflichtet.[1] Wenn jedoch der vorläufige Verwalter seine Zustimmung verweigert, ist der Geschäftsführer nicht verpflichtet, rechtlich gegen den Verwalter vorzugehen, um ihn dazu zu bewegen, der Steuerzahlung zuzustimmen. Während bislang einhellig die Ansicht vertreten wurde, dass die Anordnung der schwachen vorläufigen Insolvenzverwaltung nicht zur Beendigung der umsatzsteuerlichen Organschaft führt, hat der BFH mit Urteil vom 8.8.2013[2] seine Rechtsprechung dahingehend geändert, dass mit der Anordnung die organisatorische Eingliederung entfällt. Der schwache vorläufige Verwalter ist zudem **nicht berechtigt**, schuldnerisches Vermögen **zu verwerten**. Zu beachten ist, dass der endgültig bestellte Insolvenzverwalter nicht gehindert ist, die im Eröffnungsverfahren mit seiner Zustimmung als vorläufiger Verwalter erfolgten Rechtshandlungen anzufechten.

---

1) FG Köln v. 25.2.2014, 10 K 2954/10, EFG 2014, 1350 = ZInsO 2014, 1672 zur Geschäftsführerhaftung für Lohnsteuer bei Bestellung eines schwachen vorläufigen Insolvenzverwalters.
2) BFH v. 8.8.2013, V R 18/13, ZIP 2013, 1773. Der Vorsteuerberichtigungsanspruch nach § 17 Abs. 2 Nr. 1, Abs. 1 Satz 1 Nr. 2 UStG entsteht mit der Bestellung des vorläufigen Insolvenzverwalters mit Zustimmungsvorbehalt. Endet zugleich die Organschaft, richtet sich der Vorsteuerberichtigungsanspruch für Leistungsbezüge der Organgesellschaft, die unbezahlt geblieben sind, gegen den bisherigen Organträger. Ferner BFH v. 19.3.2014, V B 14/14, ZInsO 2014, 955.

Hinweis:

Wird der Steuerberater auch im Insolvenzeröffnungsverfahren für den Schuldner (mit Zustimmung des vorläufigen Verwalters) tätig, hat er zu beachten, dass die Verbindlichkeiten des Insolvenzschuldners aus dem Steuerschuldverhältnis, die von einem vorläufigen Insolvenzverwalter oder vom Schuldner mit Zustimmung eines vorläufigen Insolvenzverwalters begründet worden sind, nach Eröffnung des Insolvenzverfahrens als Masseverbindlichkeit gelten (§ 55 Abs. 4 InsO).[1] Der Begriff der „Zustimmung" ist weit auszulegen und setzt lediglich ein tatsächliches Einverständnis des vorläufigen schwachen Insolvenzverwalters mit der Handlung des Schuldners voraus und umfasst jede Art von aktiver oder konkludenter Billigung. Dies gilt auch für die Begründung von Umsatzsteuerschulden durch die Fortführung des schuldnerischen Unternehmens. Eine Zustimmung liegt mithin nicht vor, wenn der vorläufige Insolvenzverwalter den Umsatzgeschäften widerspricht.[2]

1092 Anders verhält es sich, wenn das Insolvenzgericht – in Ausnahmefällen – einen sog. **starken vorläufigen Insolvenzverwalter** bestellt. Dessen Rechtsstellung entspricht der des endgültig bestellten Insolvenzverwalters. Dieser verdrängt den Schuldner umfassend aus seiner Rechtsposition. Dies hat steuerrechtlich z.B. die unliebsame Folge, dass eine **Betriebsaufspaltung oder eine Organschaft beendet** ist. Die von dem starken vorläufigen Verwalter begründeten Verbindlichkeiten gelten im eröffneten Verfahren als Masseverbindlichkeit i.S.d. § 55 InsO.

1093 Jeder vorläufige Insolvenzverwalter erstellt bereits im Eröffnungsverfahren eine **Vermögensübersicht** entsprechend den Vorgaben der Aktivseite einer Handelsbilanz, jedoch ergänzt um **insolvenzspezifische Ansprüche** (z.B. nicht, bzw. nur teilweise erbrachte Stammeinlage, Verstoß gegen die Kapitalerhaltung, Insolvenzverschleppung, Anfechtungsansprüche (→ 4 Rz. 1118 ff.) Kostenbeiträge nach §§ 170, 171 InsO (→ Rz. 1349). Entsprechend festgestellte Ansprüche werden im eröffneten Verfahren weiter verfolgt.

f) Offenbarungs- und Unterstützungspflichten

1094 Ist der Insolvenzantrag zulässig, so ergibt sich aus §§ 20 Abs. 1, 22 Abs. 3 InsO, dass der Schuldner dem Insolvenzgericht und dem vorläufigen Insolvenzverwalter im Eröffnungsverfahren **umfassend Auskunft** über seine Vermögensverhältnisse zu erteilen hat (Verzeichnis seiner Gläubiger und Schuldner, Übersicht seiner Vermögensgegenstände). Betroffen sind auch Auskünfte über Honorarforderungen des Schuldners, obwohl er (z.B. als Steuerberater) diesbezüglich eine Verschwiegenheitspflicht reklamieren könnte. Darüber hinaus hat er auch **Tatsachen** zu offenbaren, die **geeignet sind, eine Verfolgung wegen einer Straftat oder einer Ordnungswidrigkeit herbeizuführen** (§§ 20 Abs. 1 Satz 2, 97 Abs. 1 Satz 2 InsO, z.B. Betrug oder Insolvenzstraftaten), wobei die erteilte Auskunft einem **Verwendungsverbot** in einem Straf- bzw. Ordnungswidrigkeitenverfahren unterliegt (§ 97 Abs. 1 Satz 3 InsO).[3]

Hinweis:

Zu beachten ist, dass das Verwendungsverbot nicht eingreift, wenn es um Informationen geht, die der Schuldner einem vom Insolvenzgericht eingesetzten Gutachter gegeben hat.[4] Die Mitwirkungspflichten des Schuldners und seiner organschaftlichen Vertreter greifen gegenüber dem Gutachter nicht ein. Sie bestehen vielmehr ausschließlich gegenüber den in § 97 Abs. 1 Satz 1 InsO genannten Personen (Insolvenzgericht, Insolvenzverwalter, Gläubigerausschuss und auf Anordnung des Insolvenzgerichts gegenüber der Gläubigerversammlung). Auch die Auskunftspflichten der §§ 20 Satz 2, 22 Abs. 3 Satz 3 InsO betreffen lediglich die Auskunftspflichten gegenüber dem Insolvenzgericht und dem vorläufigen Gläubigerausschuss, nicht gegenüber dem Gutachter.

---

1) Vgl. hierzu BMF v. 17.1.2012, IV A 3 – S 0550/10/10020 – 05, BStBl I 2012, 120; FG Düsseldorf v. 21.3.2012, 1 V 152/12, ZInsO 2012, 1036.
2) OLG Köln v. 29.1.2014, 2 W 4/14, NZI 2014, 332.
3) Zur Rechtsstellung des Beraters → 4 Rz. 1336 f.
4) OLG Jena v. 12.8.2010, 1 Ss 45/10, ZInsO 2011, 732.

Sollte es zur Aufklärung der wirtschaftlichen Verhältnisse erforderlich sein, hat der Schuldner auch schriftliche Unterlagen vorzulegen (z.b. Bilanzen, GuV-Rechnung etc.). Die Pflicht zur Vorlage von Unterlagen trifft den Schuldner bzw. dessen organschaftlichen Vertreter ausschließlich im Rahmen der allgemeinen Mitwirkungspflicht nach § 97 Abs. 2 InsO. Auf diese Mitwirkungspflicht aber erstreckt sich das Verwendungsverbot des § 97 Abs. 1 Satz 3 InsO nicht. Dies hat zur Folge, dass Geschäftsunterlagen, Handelsbücher, Bilanzen und sonstige Unterlagen des Rechnungswesens auch dann in einem Strafverfahren Verwendung finden, wenn sie vom Schuldner (dem organschaftlichen Vertreter) vorgelegt worden sind.[1] Auch die **Unterstützungspflicht** ist weit zu verstehen und umfasst neben der Verpflichtung, zur Verschwiegenheit verpflichtete Personen von deren Schweigepflicht zu entbinden, u.a. den Zutritt zu den Geschäftsräumen zu gestatten, Einsicht in die Bücher zu gewähren und die Unternehmens-EDV zur Verfügung zu stellen und zu erläutern. Kommt der Schuldner seinen Verfahrenspflichten nicht nach, muss er damit rechnen, dass das Insolvenzgericht **Zwangsmaßnahmen** ergreift (§§ 20, 97, 98 InsO, Versicherung an Eides statt, zwangsweise Vorführung, Haft) und im weiteren Verlauf die **Restschuldbefreiung abgelehnt** wird (§ 290 Abs. 1 Nr. 5 InsO).[2]

g) Vorläufige Eigenverwaltung/Schutzschirmverfahren

Mit den §§ 270a–270c InsO hat der Gesetzgeber ein besonderes Eröffnungsverfahren für Anträge auf Eigenverwaltung (§ 270 InsO) geschaffen.[3] Es zeichnet sich u.a. dadurch aus, dass das Gericht statt eines vorläufigen Insolvenzverwalters mit Zustimmungsvorbehalt einen vorläufigen Sachwalter bestellt und von der Anordnung eines allgemeinen Verfügungsverbots Abstand nimmt (§ 270a Abs. 1 Satz 1 InsO). Voraussetzung ist aber stets, dass der Schuldner die Eigenverwaltung beantragt und keine Umstände bekannt sind, die erwarten lassen, dass die Anordnung zu Nachteilen für die Gläubiger führen wird (§ 270 Abs. 2 InsO). Das Gericht wird die Eigenverwaltung ablehnen, wenn bereits eine „gewisse Wahrscheinlichkeit" für den Eintritt von Nachteilen spricht. Konkrete Umstände, die für solche Nachteilsprognosen geeignet sind, bestehen in einer unvollständigen Insolvenzantragstellung nach den Voraussetzungen des § 13 Abs. 1 InsO, in zu verfolgenden insolvenzspezifischen Ansprüchen gegen die Geschäftsführung oder in Anlässen, die die begründete Besorgnis i.S.d. Befangenheitsrechtsprechung rechtfertigen, die Geschäftsführung habe (private) Eigeninteressen an bestimmten Verfahrensergebnissen (Vergabe der übertragenden Sanierung).[4] Gegen die Anordnung der Eigenverwaltung spricht zudem die Uneinigkeit zwischen zwei alleinvertretungsberechtigten Geschäftsführern.[5]

1095

Der Schuldner bleibt im vorläufigen eigenverwalteten Insolvenzverfahren verfügungs- und verwaltungsbefugt, steht aber unter der Aufsicht des vorläufigen Sachwalters, der die Geschäftsführung sowie die Ausgaben für die Lebensführung (z.B. Gehalt des Geschäftsführers) zu überwachen hat (§§ 270a Abs. 2, 274 Abs. 2 InsO). Der Schuldner soll Verbindlichkeiten, die nicht zum gewöhnlichen Geschäftsbetrieb gehören, nur mit Zustimmung des vorläufigen Sachwalters eingehen (§§ 270a Abs. 2, 275 Abs. 1 InsO). Verbindlichkeiten, die zum gewöhnlichen Geschäftsbetrieb gehören, soll er nicht eingehen, wenn der vorläufige Sachwalter widerspricht (§§ 270a Abs. 2, 275 Abs. 1 InsO). Zu einer faktischen Übernahme des schuldnerischen Unternehmens kommt es, wenn der vorläufige Sachwalter die Kassenführung an sich zieht (§§ 270a Abs. 2, 275 Abs. 2 InsO), da er dann allein berechtigt ist, die eingehenden Zahlungen entgegenzuneh-

---

1) OLG Jena v. 12.8.2010, 1 Ss 45/10, ZInsO 2011, 732.
2) Zur Versagung der Restschuldbefreiung BGH v. 31.7.2013, IX ZA 37/12, ZInsO 2014, 712.
3) Zur Betriebsfortführung im Insolvenzeröffnungs- und Schutzschirmverfahren eingehend Ganter, NZI 2012, 433.
4) AG Hamburg v. 28.2.2014, 67c IN 1/14, ZInsO 2014, 566.
5) AG Mannheim v. 21.2.2014, 4 IN 115/14, NZI 2014, 412.

men und Zahlungen zu leisten. Streitig wird die Frage behandelt, ob der Schuldner im vorläufig eigenverwalteten Eröffnungsverfahren Masseverbindlichkeiten begründen kann und ob der vorläufige Sachwalter eingebunden werden muss.[1]

Zu beachten ist, dass § 55 Abs. 4 InsO im Rahmen des vorläufig eigenverwalteten Eröffnungsverfahrens nicht zur Anwendung kommt, es sei denn, das Insolvenzgericht hat einen Ermächtigungsbeschluss zur Begründung von Masseverbindlichkeiten erlassen.[2] Gleichwohl bleibt der Schuldner in seinen steuerlichen Rechten und Pflichten (insbesondere Anmeldungs- und Zahlungspflichten) verhaftet. Das Dilemma, dass er einerseits diese Pflichten zu erfüllen hat, andererseits aber bloße Insolvenzforderungen nicht mehr leisten darf, löst die Praxis in der Weise, dass die Finanzbehörde auf den Insolvenzantrag hingewiesen wird, die Zahlung unter Vorbehalt erfolgt und im eröffneten Verfahren angefochten wird.

Der Antrag des Schuldners, ein Schutzschirmverfahren nach § 270b InsO durchzuführen ist unabhängig von einem Antrag auf Durchführung eines vorläufigen Eigenverwaltungsverfahrens gem. § 270a InsO. Wird ein Antrag nach § 270b InsO zurückgewiesen, kommt daher dennoch eine Anordnung nach § 270a InsO in Betracht.[3] Anders als die Anordnung der vorläufigen Eigenverwaltung kommt das sog. Schutzschirmverfahren nur bei drohender Zahlungsunfähigkeit und Überschuldung in Betracht.[4] Liegt einer dieser Insolvenzgründe vor und beantragt der Schuldner die Eigenverwaltung, wobei die angestrebte Sanierung nicht aussichtslos sein darf,[5] so bestimmt das Insolvenzgericht auf Antrag des Schuldners eine Frist zur Vorlage eines Insolvenzplans von maximal drei Monaten. Der Schuldner hat mit dem Antrag eine mit Gründen versehene Bescheinigung eines in Insolvenzsachen erfahrenen Steuerberaters,[6] Wirtschaftsprüfers oder Rechtsanwalts oder einer Person mit vergleichbarer Qualifikation vorzulegen, aus der sich ergibt, dass drohende Zahlungsunfähigkeit oder Überschuldung, aber keine Zahlungsunfähigkeit vorliegt und die angestrebte Sanierung nicht offensichtlich aussichtslos ist. Ist der Schuldner bei Antragstellung bereits zahlungsunfähig, kann eine Schutzfrist nicht gewährt werden. Streitig wird die Frage diskutiert, ob der Bescheiniger bereits im Vorfeld beratend für den Schuldner tätig gewesen sein darf.[7]

Auch hier gilt, dass der Schuldner eine bestimmte Person als vorläufigen Sachwalter vorschlagen darf, der jedoch von dem Bescheiniger personenverschieden sein muss.

---

1) Für Ermächtigung des Schuldners LG Duisburg v. 29.11.2012, 7 T 185/12, ZInsO 2012, 2346; AG Köln v. 26.3.2012, 73 IN 125/12, ZIP 2012, 788; Buchalik/Kraus, ZInsO 2012, 2330; a.A. Nöll, ZInsO 2013, 745; für die des vorläufigen Sachwalters AG Hamburg v. 4.4.2012, 67g IN 74/12, ZIP 2012, 787. Gegen eine Begründbarkeit von Masseverbindlichkeiten mangels gesetzlicher Grundlage AG Fulda v. 28.3.2012, 91 IN 9/12, ZIP 2012, 1471; AG Bonn v. 29.4.2013, 96 IN 53/13, n.v. Schließlich vertritt das AG Montabaur (v. 27.12.2012, 14 IN 282/12, NZI 2013, 350) die Ansicht, dass der Schuldner auch ohne Ermächtigung Masseverbindlichkeiten begründen könne.
2) Zu Anwendungsfragen in Zusammenhang mit §§ 55 Abs. 4 InsO hat das BMF mit Schreiben vom 17.1.2012 (BStBl. I 2012, 120) Stellung genommen.
3) AG Ludwigshafen v. 4.7.2014, 3f IN 260/14, ZInsO 2014, 1452.
4) Ist der Schuldner im Antragszeitpunkt bereits zahlungsunfähig, ist das Schutzschirmverfahren nicht zulässig (§ 270b Abs. 1 Satz 1 InsO).
5) Zur Bedeutung betriebswirtschaftlicher Analysen in diesem Zusammenhang, Knief, DB 2012, 2353. Siehe auch die Handlungsempfehlungen von Haarmeyer unter http://www.restrukturierungsforum.de/assets/file/Handlungsempfehlungen-fr-die-neue-Insolvenzordnung.pdf.
6) Es hat sich eine lebhafte Diskussion entwickelt, ob sich in diesem Zusammenhang ein neues Betätigungsfeld für Steuerberater entwickelt, vgl. Ehlers, NWB 2011, 3120; Ehlers, Stbg 2012, 309; Fuchsen, Stbg 2012, 303. Das IDW hat einen Entwurf zum IDW Standard Bescheinigung nach § 270 b InsO (IDW ES 9) veröffentlicht, siehe www.idw.de (Verlautbarungen, Download von Entwürfen).
7) Zustimmend Ehlers, Stbg 2012, 309, 316; a.A. AG München v. 29.3.2012, 1507 IN 1125/12, ZInsO 2012, 745; Hölzle, ZIP 2012, 158.

Das Insolvenzgericht darf von dem Vorschlag nur bei persönlicher Ungeeignetheit abweichen (§ 270b Abs. 2 InsO). Der Schuldner sollte sich auch für das Schutzschirmverfahren mit seinen Gläubigern abstimmen, um Vertrags- bzw. Kreditkündigungen zu vermeiden (Eintritt der Zahlungsunfähigkeit ist zu vermeiden!). Zudem gilt es zu vermeiden, dass ein eingesetzter vorläufiger Gläubigerausschuss vor Ablauf der Frist die Aufhebung der Schutzanordnung (mit Kopfmehrheit) beantragt (§ 270b Abs. 4 Satz 1 Nr. 2 InsO). Antragsberechtigt sind im Übrigen jeder absonderungsberechtigte Gläubiger und jeder Insolvenzgläubiger, wenn sie gläubigerbenachteiligende Umstände glaubhaft machen können (§ 270b Abs. 4 Satz 1 Nr. 3 InsO).

Das Gericht kann vorläufige Sicherungsmaßnahmen nach § 21 Abs. 1 und 2 Nr. 1a, 3 bis 5 InsO anordnen (vorläufigen Gläubigerausschuss, Einstellung bzw. Untersagung der Einzelzwangsvollstreckung, Postsperre, Verwertungsstopp); es hat die Einstellung bzw. Untersagung der Einzelzwangsvollstreckung anzuordnen, wenn der Schuldner dies beantragt (§ 270b Abs. 2 Satz 3 InsO).

Zur besseren Planbarkeit des Insolvenzverfahrens haben der Schuldner und sein Berater zu beachten, dass über einen Antrag auf Ermächtigung zur Begründung von Masseverbindlichkeiten (§ 270b Abs. 3 Satz 1 InsO) die Kreditwürdigkeit im Schutzschirmverfahren gewährleistet werden kann. Die Anordnung gem. § 270 Abs. 3 InsO, dass der Schuldner Masseverbindlichkeiten begründet, erfolgt ohne materielle Prüfung des Gerichts. Die Anordnung kann auf die Begründung einzelner Masseverbindlichkeiten reduziert werden (Einzelermächtigung). Bei einer sog. Bündelermächtigung müssen die einzelnen Gläubiger exakt benannt und die Art der Verbindlichkeit konkret dargelegt werden.[1] Zu beachten ist, dass der Insolvenzplan innerhalb oder mit Ablauf der Vorlagefrist abgegeben wird, da das Schutzschirmverfahren mit dieser Fristbestimmung endet.[2] Wird die Frist versäumt, wird das Verfahren ohne weiteres als ein Verfahren nach § 270a InsO fortgeführt, jedoch mit der Folge, dass der Schuldner erneut einen Ermächtigungsbeschluss für bestimmte, abgrenzbare Arten von Maßnahmen beantragen muss, jedoch nunmehr mit einer materiellen Prüfungspflicht des Gerichts, ob die vor der Insolvenzeröffnung neu zu begründenden Verbindlichkeiten erfüllt werden können.[3]

2. Mandant als Gläubiger

a) Informationsmöglichkeiten

Der Gläubiger sollte stets über die wirtschaftliche Entwicklung seines Geschäftspartners hinreichend informiert sein. Während Unternehmensdaten unter www.unternehmensregister.de bzw. www.ebundesanzeiger.de sowie Handelsregistereintragungen unter www.handelsregister.de recherchiert werden können, stellt die zentrale Plattform www.insolvenzbekanntmachungen.de sämtliche Veröffentlichungen deutscher Insolvenzgerichte zur Auswertung zur Verfügung. Für internationale Insolvenzverfahren kann z.B. in England und Wales auf der Plattform www.insolvency.gov.uk[4] recherchiert werden. Für Frankreich stehen entsprechende Informationen unter www.societe.com zur Verfügung.[5] Die Informationsmöglichkeiten sollten unbedingt genutzt werden, wenn ausländische Lieferanten und Geschäftspartner in wirtschaftliche Schwierigkeiten geraten. Das internationale Insolvenzrecht geht nämlich von dem Grundsatz aus, dass ein Hauptinsolvenzverfahren eröffnet wird, welches dann das gesamte weltweite Vermögen des Schuldners (der schuldnerischen Gesellschaft)

1096

---
1) AG Ludwigshafen v. 10.4.2014, 3f IN 27/14, ZInsO 2014, 853.
2) AG Ludwigshafen v. 10.4.2014, 3f IN 27/14, ZInsO 2014, 853.
3) AG Ludwigshafen v. 10.4.2014, 3f IN 27/14, ZInsO 2014, 853 m.w.N.
4) www.insolvency.gov.uk/eiir/IIRNameSearchMapIE.asp.
5) Auch in anderen Ländern kann auf vergleichbare zentrale Informationsquellen Zugriff genommen werden.

erfasst (sog. Universalitätsprinzip). Auf der Ebene der EU (mit Ausnahme Dänemarks) wird die internationale Zuständigkeit durch die EuInsVO geregelt, wonach international zuständig für die Eröffnung des sog. Hauptinsolvenzverfahrens das Gericht am Mittelpunkt der hauptsächlichen Interessen des Schuldners ist (Ort, wo das schuldnerische Unternehmen üblicherweise und für Dritte erkennbar der Verwaltung seiner Interessen nachgeht). Innerhalb der EU wirken Entscheidungen über Eröffnung, Abwicklung und Beendigung des Insolvenzverfahrens sowie Entscheidungen in deren unmittelbarem Zusammenhang auch in allen übrigen Mitgliedstaaten.

Hinweis:

Sollte der Mandant als Gläubiger einen **Insolvenzantrag** stellen, ist dieser zulässig, wenn er ein rechtliches Interesse an der Eröffnung des Insolvenzverfahrens hat und seine Forderung und den Eröffnungsgrund glaubhaft macht. Zahlt der Schuldner daraufhin, gilt es, die Neuregelung des § 14 Abs. 1 Satz 2 InsO zu beachten. War in einem Zeitraum von zwei Jahren vor der Antragstellung bereits ein Antrag auf Eröffnung eines Insolvenzverfahrens über das Vermögen des Schuldners gestellt worden, so wird der Antrag nicht allein dadurch unzulässig, dass die Forderung erfüllt wird. In diesem Fall hat der Mandant als Gläubiger neben der vorherigen Antragstellung auch den Eröffnungsgrund glaubhaft zu machen (§ 14 Abs. 2 Satz 3 InsO).[1] Das Insolvenzverfahren kann dann fortgesetzt werden.

b) Sicherungsmaßnahmen

1097 Vorrangige Sicherungsmaßnahme des Insolvenzgerichts ist die Bestellung eines vorläufigen Insolvenzverwalters. Mit der Neuregelung der §§ 13, 56, 56a InsO hat sich die rechtliche Position des Gläubigers im Insolvenzeröffnungsverfahren wesentlich verbessert. Er erhält mit der Bestellung zum Mitglied des vorläufigen Gläubigerausschusses grundlegenden Einfluss auf den Verfahrensablauf, da er unter den Voraussetzungen des § 56a InsO in den Entscheidungsprozess der Auswahl des vorläufigen Verwalters eingebunden ist. Wegen der Einzelheiten wird auf die Ausführungen unter → 4 Rz. 1091 verwiesen. Auch wenn das Amt des Mitglieds des vorläufigen Gläubigerausschusses mit der Verfahrenseröffnung endet, darf die rechtliche und wirtschaftliche Bedeutung dieser Verfahrensposition nicht unterschätzt werden, zumal das Insolvenzgericht in aller Regel den vorläufigen Gläubigerausschuss personenidentisch mit der Verfahrenseröffnung neu bestellt und erst die Gläubigerversammlung im Berichtstermin die Einsetzung eines Gläubigerausschusses verhindern oder andere Mitglieder wählen kann. Vor diesem Hintergrund eröffnet sich dem Gläubiger die Möglichkeit, in der entscheidenden Phase des Insolvenz(eröffnungs)verfahrens wesentlichen Einfluss auf die Verfahrensabwicklung zu nehmen.

Das Insolvenzgericht kann die Einzelzwangsvollstreckung einstweilen einstellen oder ganz untersagen, soweit nicht unbewegliche Gegenstände betroffen sind (§ 21 Abs. 2 Satz 1 Nr. 3 InsO). Betroffen ist die Zwangsvollstreckung wegen Geldforderungen in das bewegliche Vermögen (§§ 803 ff. ZPO) sowie die Herausgabevollstreckung (§§ 883 ff. ZPO). Die vorläufige Einstellung friert die bisherige Vollstreckung ein und lässt ein bereits entstandenes Pfändungspfandrecht nicht entfallen. Hat das Insolvenzgericht die Einzelzwangsvollstreckung untersagt, sind verbotswidrige Vollstreckungsmaßnahmen unwirksam und bewirken kein Pfändungspfandrecht. Betreibt der Gläubiger die Einzelzwangsvollstreckung in das unbewegliche Vermögen, kann der vorläufige Verwalter die einstweilige Einstellung der Zwangsvollstreckung nach § 30d Abs. 4 ZVG bei dem Vollstreckungsgericht beantragen. Die Einstellung kann aber nur

---

1) Zur Neuregelung des § 14 Abs. 2 InsO BGH v. 11.4.2013, ZInsO 2013, 1087 m.w.N.; LG Berlin v. 5.6.2014, 51 T 320/14, ZInsO 2014, 1349; AG Köln v. 9.5.2011, 71 IN 57/11, ZInsO 2011, 1517; Frind, ZInsO 2011, 412.

c) Verwertungsstopp

Nach § 21 Abs. 2 Satz 1 Nr. 5 InsO kann das Insolvenzgericht ein Verbot aussprechen, **abzusondernde** (→ 4 Rz. 1117) oder **auszusondernde** (→ 4 Rz. 1116) **Gegenstände** an die Gläubiger zur Verwertung oder Einziehung herauszugeben, wenn diese Gegenstände zur Fortführung des schuldnerischen Unternehmens von erheblicher Bedeutung sind (sog. Verwertungsstopp).[1] Zugleich kann dem Schuldner bzw. dem vorläufigen Verwalter die Nutzungsbefugnis über diese Gegenstände übertragen werden. Diese Befugnis soll auch die Verarbeitung, Veräußerung und Verbrauch von Eigentumsvorbehaltsware umfassen. Im Gegenzug hat der vorläufige Verwalter einen wirtschaftlichen Ausgleich in Form von **Zinsen/Nutzungsentgelt und Wertersatz** an den Gläubiger zu leisten. Ordnet das Gericht als Sicherungsmaßnahme an, dass ein der Aussonderung unterliegender Gegenstand von dem Berechtigten nicht herausverlangt werden darf, steht dem Aussonderungsberechtigten gegen den vorläufigen Insolvenzverwalter wegen eines durch Nutzung oder Beschädigung eingetretenen Wertverlusts ein Ersatzanspruch zu.[2] Nach Verfahrenseröffnung gilt der Anspruch als Masseverbindlichkeit.[3]

1098

d) Bestehende Vertragsverhältnisse

Die Anordnung der vorläufigen Insolvenzverwaltung hat auf den Bestand bereits bestehender Verträge keinen Einfluss. Die §§ 103 bis 128 InsO gelten grundsätzlich erst ab der Insolvenzeröffnung. Handelt es sich bei dem Gläubiger um den **Vermieter** des Schuldners, gilt es die Kündigungssperre des § 112 InsO für Miet- und Pachtverhältnisse wegen Zahlungsverzugs zu beachten. Diese gilt bereits ab dem Insolvenzantrag. Hinsichtlich des Verzuges, der nach diesem Zeitpunkt eingetreten ist, steht die Kündigungssperre einer Kündigung nach den allgemeinen Regeln nicht entgegen. Hat der Gläubiger Ware unter **Eigentumsvorbehalt** geliefert, kann er die Ware nicht herausverlangen, da erst dem endgültig bestellten Insolvenzverwalter das Wahlrecht nach § 103 InsO zusteht, dessen Ausübung er grundsätzlich so lange aufschieben und die Ware solange in der Insolvenzmasse behalten kann, bis im Berichtstermin über den Fortgang des Verfahrens beschlossen wird. Der starke vorläufige Insolvenzverwalter ist berechtigt, für bestehende Vertragsverhältnisse des Schuldners **Kündigungen** auszusprechen.[4] Der schwache vorläufige Insolvenzverwalter benötigt hierfür eine besondere Ermächtigung des Insolvenzgerichts.

1099

e) Lastschriftwiderruf

Hat der Gläubiger versucht, seine Forderung gegenüber dem Schuldner im Wege des Einzugsermächtigungsverfahrens zu realisieren, droht ihm die Gefahr, dass er mit seiner Forderung leer ausgeht, da jeder vorläufige Insolvenzverwalter grundsätzlich befugt ist, den im Einzugsermächtigungsverfahren erfolgten Lastschriften zu widersprechen, unabhängig davon, ob dem Schuldner eine sachliche Einwendung gegen die Gläubigerforderung zusteht. Ist die Lastschrift jedoch unter Verwendung des **unpfändbaren Schuldnervermögens einer natürlichen Person** (§ 36 InsO) eingelöst worden, fehlt dem vorläufigen Verwalter die Rechtsmacht, die Genehmigung zu ver-

1100

---

1) Einen Überblick zur praktischen Anwendung der Norm gibt Wiche-Wendler, ZInsO 2011, 1530.
2) Zur Berechnung des Wertersatzanspruchs des Leasinggebers gegen den vorläufigen Insolvenzverwalter LG Erfurt v. 12.10.2012, 9 O 297/12, ZIP 2013, 281.
3) BGH v. 8.3.2012, IX ZR 78/11, BB 2012, 2142.
4) BAG v. 18.4.2002, 8 AZR 347/01, ZInsO 2002, 1198 (Kündigung von Arbeitsverhältnissen).

sagen.[1] Eine schematische Versagung aller Lastschriftbuchungen ist unzulässig. Im Übrigen kann es jedoch darauf ankommen, ob der Schuldner den Zahlungsvorgang bereits gegenüber seiner Bank genehmigt hat. Nach Ansicht des BGH[2] kann – jedenfalls im unternehmerischen Geschäftsverkehr – bei regelmäßig wiederkehrenden Zahlungen (Miete), ständigen Geschäftsbeziehungen oder bei Steuervorauszahlung im Einzelfall eine **konkludente Genehmigung**[3] vorliegen, wenn der Lastschriftschuldner in Kenntnis der Belastung dem Einzug nach Ablauf einer angemessenen Prüffrist nicht widerspricht und er einen früheren Einzug zuvor bereits genehmigt hatte. Die Zahlung kann jedoch der Insolvenzanfechtung unterliegen (→ **4** Rz. 1118 ff.). Der BGH hat zum Einziehungsermächtigungsverfahren alter Art entscheiden, dass die Zahlstelle die Belastungsbuchung zum Datum der Belastung zu berichtigen hat, wenn die Genehmigung einer Lastschrift verweigert wird.[4]

Hinweis:

Zu beachten ist, dass eine Zahlung, die mittels des im November 2009 neu eingeführten **SEPA-Lastschriftverfahrens** bewirkt wird, insolvenzfest ist.[5]

f) Durchsetzung von Forderungen

1101 Jeder vorläufige Verwalter darf Forderungen einzelner Gläubiger nur begründen und erfüllen, soweit dies insbesondere zur **Betriebsfortführung** im Interesse der Gläubigergesamtheit erforderlich oder wenigstens zweckmäßig erscheint, d.h. es müssen für die künftige Insolvenzmasse mehr Vor- als Nachteile zu erwarten sein. Soll z.B. die Nutzungsmöglichkeit des Geschäftslokals für die Insolvenzmasse erhalten bleiben, müssen zur Vermeidung einer Kündigung des **Miet- oder Pachtverhältnisses** durch den Vermieter die nach dem Eröffnungsantrag fällig werdenden Raten deshalb wieder vertragsgerecht gezahlt werden, zumindest in einer Größenordnung, die die Kündigung ausschließt. Die Bezahlung noch im Eröffnungsverfahren[6] ist anfechtungsfest, da sie als Bargeschäft i.S.d. § 142 InsO (→ **4** Rz. 1118) anzusehen ist. Entsprechendes gilt, wenn Gläubiger und vorläufiger Verwalter vereinbaren, dass dem Lieferanten die Forderung aus dem künftigen **Weiterverkauf** der gelieferten Ware in Höhe des Einkaufspreises abgetreten wird. Eine Gleichbehandlung erfolgt bei Dienstleistungen. In jedem Fall ist aber Voraussetzung, dass für die Zahlung bzw. Sicherheitenbestellung gleichwertige Vermögensgegenstände in das Schuldnervermögen gelangen.

1102 Hinsichtlich der **Befriedigung von** Forderungen, die bereits im Zeitpunkt der Insolvenzantragstellung bestehen (sog. **Altforderungen**) und der möglichen Anfechtung entsprechender Zahlungen im eröffneten Verfahren, gilt hingegen Folgendes: Einen für den Gläubiger schutzwürdigen Vertrauenstatbestand begründet der vorläufige Verwalter, wenn er neuen Verträgen vorbehaltlos zustimmt, die der Schuldner mit dem Gläubiger nach Anordnung von Sicherungsmaßnahmen geschlossen und in denen er im Zusammenhang mit an das Schuldnerunternehmen zu erbringenden Leistungen des Gläubigers Erfüllungszusagen für Altverbindlichkeiten gegeben hat. Die Zahlung der Altverbindlichkeit unterliegt im eröffneten Verfahren nicht der Anfech-

---

1) BGH v. 20.7.2010, IX ZR 37/09, ZInsO 2010, 1534.
2) BGH v. 20.7.2010, XI ZR 236/07, ZInsO 2010, 1538.
3) Eingehend BGH v. 26.7.2011, XI ZR 197/10; BGH v. 3.5.2011, XI ZR 152/09, ZInsO 2011, 1308; OLG Frankfurt v. 6.3.2013, 17 U 7/12, www.stotax-first.de; Nobbe, ZIP 2012, 1937. Die Überlegungsfrist beträgt (auch bei Teilnahme am Online-Banking) 14 Tage, vgl. BGH v. 1.12.2011, IX ZR 58/11, ZInsO 2012, 135; OLG Hamm v. 11.6.2013, I-27 U 4/13, ZInsO 2013, 1425.
4) BGH v. 26.6.2014, IX ZR 130/13, ZInsO 2014, 1561.
5) BGH v. 20.7.2010, XI ZR 236/07, ZInsO 2010, 1538.
6) Ansonsten sind die von einem starken vorläufigen Verwalter begründete Verbindlichkeiten im eröffneten Verfahren Masseverbindlichkeit (§ 55 Abs. 2 Satz 1 InsO). Für den schwachen vorläufigen Verwalter ist eine gesonderte Ermächtigung seitens des Insolvenzgerichts erforderlich.

tung.[1] An einem schutzwürdigen Vertrauenstatbestand fehlt es jedoch, wenn der vorläufige Verwalter vor Erteilung der Zustimmung deutlich zum Ausdruck gebracht hatte, er halte den vom Gläubiger erstrebten oder im Wege des Vertrags bereits begründeten Sondervorteil nicht für gerechtfertigt, jedoch zur Aufrechterhaltung des Geschäftsbetriebs gezwungen war, dem Begehren des Gläubigers nachzugeben.[2] Hat der Gläubiger aber für die Bezahlung von Altforderungen **auf Aus- oder Absonderungsrechte verzichtet**, fehlt es an einem mit dem Gläubigergleichbehandlungsgrundsatz nicht zu vereinbarenden Sondervorteil, es sei denn, der Wert dieser Rechte ist offenkundig weitaus geringer als die befriedigte Altforderung.

g) Zahlungen an den Schuldner

Befreiende Leistungen an den Schuldner nach Erlass des Verfügungsverbots oder eines Zustimmungsvorbehalts sind nach § 82 Satz 1 InsO nur noch möglich, wenn der Leistende zur Zeit der Leistung die Verfügungsbeschränkung nicht kannte, wofür er die Beweislast trägt.[3] Gelingt ihm der Nachweis nicht, läuft er Gefahr ein weiteres Mal leisten zu müssen.[4] Infolge des Vorrangs von § 81 InsO kommt einer Leistung eines gutgläubigen Drittschuldners an den von dem Schuldner zum Empfang Ermächtigten nach Verfahrenseröffnung keine schuldbefreiende Wirkung zu. Der Insolvenzverwalter ist jedoch berechtigt, eine unwirksame Leistung des Drittschuldners an einen von dem Schuldner Ermächtigten zu genehmigen und von diesem Erstattung der empfangenen Zahlung zu verlangen.[5]

1103

3. Rechtsposition des Beraters

a) Auswirkung des Insolvenzeröffnungsverfahrens

Das Insolvenzeröffnungsverfahren hat auf den bestehenden **Steuerberatungsvertrag** und die vom Schuldner erteilten Vollmachten keine Auswirkungen. Sie gelten unverändert fort. Soll der Berater **neue Beratungsleistungen** (z.B. Fortführung der Finanz- und Lohnbuchhaltung) erbringen, hat er mit Blick auf die Sicherung und Durchsetzung seines Honoraranspruchs zu beachten, dass der vorläufige schwache Insolvenzverwalter keine Masseverbindlichkeiten begründen kann. Hierzu bedarf er einer gesonderten gerichtlichen Ermächtigung. Hierauf sollte der Berater drängen, da er nur auf diesem Wege einen vollwertigen Honoraranspruch im eröffneten Verfahren erwirbt. Daneben verbleibt die Möglichkeit, seine Tätigkeit von der Zahlung von laufenden Vorschüssen abhängig zu machen. Dabei sollte er die Voraussetzungen des Bargeschäfts i.S.d. § 142 InsO genau beachten (→ **4** Rz. 1118).

1104

b) Zurückbehaltungsrecht

Solange das Insolvenzverfahren noch nicht eröffnet ist, steht dem Berater grundsätzlich ein Zurückbehaltungsrecht an den Handakten und den elektronisch gespeicher-

1105

---

1) BGH v. 15.12.2005, IX ZR 156/04, ZIP 2006, 431; BGH v. 10.1.2013, IX ZR 161/11, ZInsO 2013, 551.
2) BGH v. 15.12.2005, IX ZR 156/04, ZIP 2006, 431 (entsprechende Tatsachen muss jedoch der Insolvenzverwalter darlegen und beweisen); BGH v. 10.1.2013, IX ZR 161/11, ZInsO 2013, 551.
3) BGH v. 12.7.2012, IX ZR 210/11, ZInsO 2012, 1565; OLG Bremen v. 30.1.2014, 3 U 52/13, ZInsO 2014, 498.
4) Zur Frage, ob die Möglichkeit, die Information über eine Abfrage aus dem Internet unter www.insolvenzbekanntmachungen.de zu gewinnen, daran hindert, dass sich der Dritte auf die Unkenntnis der Eröffnung des Insolvenzverfahrens berufen kann (zustimmend OLG Bremen v. 30.1.2014, 3 U 52/13, ZInsO 2014, 498, Revision eingelegt, BGH, IX ZR 41/14); siehe auch BGH v. 15.4.2010, IX ZR 62/09, ZInsO 2010, 912.
5) BGH v. 26.6.2014, IX ZR 216/13, ZInsO 2014, 1662.

ten Daten zu (§ 66 StBerG).[1] Von daher kann er das Herausgabeverlangen des Schuldners oder des vorläufigen Verwalters von der Honorarzahlung abhängig machen. Im eröffneten Verfahren muss er jedoch damit rechnen, dass der Insolvenzverwalter die Zahlung anficht. **Kündigt** jedoch **der starke vorläufige Verwalter den Steuerberatungsvertrag** fristlos, hat dieser gegen den Steuerberater des Schuldners einen Anspruch auf Herausgabe der Steuerdaten, den er im Wege des einstweiligen Verfügungsverfahrens gem. § 935 ZPO durchsetzen kann.[2]

III. Eröffnetes Insolvenzverfahren

1. Mandant als Schuldner

a) Allgemeines

1106 Mit Eröffnung des Insolvenzverfahrens verliert der Schuldner zudem das Recht, das zur Insolvenzmasse gehörende Vermögen zu verwalten und darüber zu verfügen. Die **Verwaltungs- und Verfügungsbefugnis geht grundsätzlich auf den Insolvenzverwalter über** (§ 80 InsO). Eine Ausnahme bildet lediglich die Eröffnung des Verfahrens in Eigenverwaltung (§ 270 InsO). Mit der Verfahrenseröffnung erfolgt kraft Gesetzes die **Beschlagnahme** des gesamten schuldnerischen Vermögens, mit Ausnahme der Vermögensgegenstände, die der Einzelzwangsvollstreckung entzogen sind (§§ 35, 36 InsO). Erfasst wird das Vermögen, das dem Schuldner bei Verfahrenseröffnung gehört (sog. Altvermögen) sowie das Vermögen, das er während des Verfahrens noch erlangt (sog. Neuerwerb). Der Insolvenzverwalter ist aber nicht gehindert, bestimmte Vermögensgegenstände aus der Insolvenzmasse freizugeben (§ 35 InsO), was zur Folge hat, dass der Schuldner wieder über sie verfügen kann. Mit der **Freigabe des Vermögens aus selbständiger Tätigkeit** (§ 35 Abs. 2 und 3 InsO), die lediglich in der Insolvenz einer natürlichen Person zum Tragen kommen, können aus dieser Tätigkeit resultierende Verbindlichkeiten nur gegen den Schuldner und nicht gegen die Insolvenzmasse als Masseverbindlichkeiten geltend gemacht werden.[3] Nach Freigabe seiner selbständigen Tätigkeit ist der Schuldner verpflichtet, aus einem tatsächlich erwirtschafteten Gewinn dem Insolvenzverwalter den pfändbaren Betrag nach dem fiktiven Maßstab des § 295 Abs. 2 abzuführen.[4] Er hat umfassend über seine Einnahmen aus der selbständigen Tätigkeit Auskunft zu geben, wenn er geltend macht, im Hinblick auf mangelnde Erträge keine oder wesentlich niedrigere Beträge, wie nach dem fiktiven Maßstab des § 295 Abs. 2 InsO geboten ist, an die Insolvenzmasse abführen zu können.[5]

In der Regel kommt es zur Liquidierung des schuldnerischen Vermögens und zur Verteilung des Erlöses in Form der Insolvenzquote an die Gläubiger. Über das (vierteilige)[6] Insolvenzplanverfahren (§§ 217 ff. InsO) kann es auch zu einer abweichenden Haftungsverwirklichung (Befriedigung der absonderungsberechtigten Gläubiger, der Insolvenzgläubiger, die Verwertung und Verteilung der Insolvenzmasse sowie die Haftung des Schuldners) kommen.[7] Mit der Einführung des § 210a InsO ist nunmehr

---

1) Zur Legaldefinition der Handakte siehe § 66 Abs. 3 StBerG.
2) LG Berlin v. 3.3.2006, 28 O 92/06, ZIP 2006, 962.
3) Eingehend hierzu Wischemeyer, ZInsO 2009, 937.
4) BGH v. 13.3.2014, IX ZR 43/12, ZInsO 2014, 824 (auch zur Darlegungs- und Beweislast hinsichtlich der Voraussetzungen für die Feststellung der Höhe des an die Masse abzuführenden Betrags); BGH v. 13.6.2013, IX ZB 38/10, ZInsO 2013, 1586.
5) BGH v. 13.6.2013, IX ZB 38/10, ZInsO 2013, 1586 m.w.N.
6) Vier Abschnitte: Planvorlage, Vorprüfung durch das Insolvenzgericht, Erörterungs- und Abstimmungstermin und Durchführung der Abstimmung.
7) Vor dem Hintergrund der Beteiligtenautonomie sind folgende Arten von Insolvenzplänen möglich: Sanierungsplan, Plan zur übertragenden Sanierung, Liquidationsplan, sonstiger Plan (z.B. Restschuldbefreiungsplan).

auch die Durchführung eines Insolvenzplanverfahrens bei Masseunzulänglichkeit möglich.

Von besonderer praktischer Bedeutung ist, dass nunmehr auch die Anteilseigner in den Plan mit einbezogen und alle gesellschaftsrechtlich zulässigen Regelungen getroffen werden können (§§ 217 Satz 2, 225a InsO).[1] Darüber hinaus ist die in § 225a Abs. 2 InsO vorgesehene Möglichkeit eines Debt-Equity-Swaps zu beachten, mit dem Fremdkapital in Eigenkapital umgewandelt werden kann, wenn der Gläubiger zustimmt.[2] Die gesetzliche Regelung ist nicht unproblematisch, da sich für Mehrheitsgesellschafter die Möglichkeit eröffnet, das Insolvenzverfahren „zu missbrauchen", um auf diesem Wege eine gesellschaftsrechtliche Umstrukturierung (Trennung von einem Minderheitsgesellschafter) herbeizuführen (Suhrkamp-Entscheidung des BGH).[3]

Die Verfahrenseröffnung hat zur Folge, dass **Gesellschaften aufgelöst werden**, aber rechtlich fortbestehen (§§ 262 Abs. 1 Nr. 3 AktG, 60 Abs. 1 Nr. 4 GmbHG, 728 Abs. 1 Satz 1 BGB, 131 Abs. 1 Nr. 3 HGB). Von daher bleibt auch das **Gesellschaftsorgan** (Vorstand, Geschäftsführer) im Amt, seine Befugnisse treten aber zurück, soweit das Gesellschaftsvermögen beschlagnahmt ist und die Insolvenzverwaltung reicht. Das Vertretungsorgan bleibt innerhalb der gesellschaftsinternen Sphäre berechtigt und verpflichtet. Dabei nimmt es diejenigen Rechte und Aufgaben wahr, die die der Gesellschaft im eröffneten Verfahren als Schuldnerin wahrnehmen kann und muss.   1107

In der Eigenverwaltung einer juristischen Person oder einer Gesellschaft ohne Rechtspersönlichkeit gilt es zu beachten, dass der Aufsichtsrat, die Gesellschafterversammlung oder entsprechende Organe keinen Einfluss auf die Geschäftsführung haben. Die Abberufung und die Neubestellung von Mitgliedern der Geschäftsleitung ist nur wirksam, wenn der Sachwalter zustimmt (§ 276a Satz 2 InsO).

b) Zahlungspflichten der Gesellschafter

Der Insolvenzverwalter wird zunächst prüfen, ob das **Stammkapital** der Gesellschaft wirksam aufgebracht worden ist und ggf. Zahlungsansprüche geltend machen. Weitere Untersuchungen richten sich darauf, ob die Gesellschaft ihrer Pflicht zur **Rechnungslegung** nachgekommen ist. Ist der Jahresabschluss nichtig (§ 256 AktG (analog)[4] können sich insbesondere die Rückerstattung von Gewinnausschüttungen und Tantiemen ergeben (→ 4 Rz. 1322 ff.).[5]   1108

c) Zivilrechtliche Haftung des Vertretungsorgans

Die Eröffnung des Insolvenzverfahrens birgt ganz erhebliche Haftungsgefahren für jedes Vertretungsorgan, unabhängig von seiner internen Zuständigkeit.[6] Dies gilt in erster Linie für die **zivilrechtliche Haftung wegen Insolvenzverschleppung**, wenn die Insolvenzantragsfrist zumindest fahrlässig überschritten wird (§ 823 Abs. 2 BGB i.V.m.   1109

---

1) Eingehend hierzu Eidenmüller, NJW 2014, 17; Fölsing, KSI 2014, 123; Böcker, DZWIR 2014, 331; Müller, DB 2014, 41; Graf Brockdorff/Heintze/Rolle, BB 2014, 1859; Schäfer, ZIP 2013, 2237.
2) Jenal, KSI 2014, 112.
3) Zum Verfahren Suhrkamp: BGH v. 17.7.2014, IX ZB 13/14, ZInsO 2014, 1552; Brünkmanns/Uebele, ZInsO 2014, 265; Brinkmann, ZIP 2014, 458.
4) Zur Nichtigkeit des Jahresabschlusses auf Grund von Bewertungsfehlern, Jungius/Schmidt, A., DB 2012, 1697.
5) OLG Stuttgart v. 11.2.2004, 14 U 23/03, ZIP 2004, 909.
6) Ausführlich zur **Gesellschafterhaftung** in Krise und Insolvenz der GmbH: Bauer, ZInsO 2011, 1273 ff., 1335 ff. und 1379 ff.; Strohn, NZG 2011, 1161.

§ 15a InsO).[1] Dabei muss unterschieden werden zwischen dem sog. Quotenschaden der **Altgläubiger** (die Differenz zwischen der tatsächlich aus dem Insolvenzverfahren erzielten Quote und der hypothetisch bei rechtzeitiger Antragstellung erzielbaren Insolvenzquote) und dem sog. Individualschaden der **Neugläubiger** (Forderungsinhaber, deren Ansprüche gegen die insolvente Gesellschaft erst nach Entstehung der Antragspflicht und damit während des sog. *„Verschleppungszeitraums"* begründet worden sind, wobei der Schadensersatz im Umfang des gesamten negativen Interesses zu gewähren ist).[2] Während die Neugläubiger ihren vollen Vertrauensschaden als Individualschaden auch nach der Insolvenzeröffnung selbst verfolgen können,[3] handelt es sich bei dem Quotenschaden um einen Gesamtschaden i.S.d. § 92 InsO, der nur von dem Insolvenzverwalter geltend gemacht werden kann.[4]

1110 Von dem Geschäftsführer einer GmbH wird erwartet, dass er sich über die wirtschaftliche Lage der Gesellschaft stets vergewissert. Hierzu gehört insbesondere die Prüfung der Insolvenzreife. Wenn der Geschäftsführer erkennt, dass die GmbH zu einem bestimmten Stichtag nicht in der Lage ist, ihre fälligen und eingeforderten Verbindlichkeiten vollständig zu bedienen, hat er die Zahlungsfähigkeit der GmbH anhand einer Liquiditätsbilanz zu überprüfen. Er handelt fahrlässig, wenn er sich nicht rechtzeitig die erforderlichen Informationen und die Kenntnisse verschafft, die er für die Prüfung benötigt, ob er pflichtgemäß Insolvenzantrag stellen muss. Dabei muss sich der Geschäftsführer, sofern er nicht über ausreichende persönliche Kenntnisse verfügt, ggf. fachkundig beraten lassen.[5] Für den Geschäftsführer ist höchst problematisch, dass **gesetzlich widerleglich vermutet wird, dass die Insolvenzreife erkennbar war**.[6] Der für die Überschuldung darlegungs- und beweispflichtige Insolvenzverwalter ist im Vorteil, wenn die Handelsbilanz einen nicht durch Eigenkapital gedeckten Fehlbetrag ausweist, da er in diesem Fall lediglich verpflichtet ist, zu überprüfen und zu erläutern, ob und ggf. in welchem Umfang stille Reserven oder sonstige aus ihr nicht ersichtliche Vermögenswerte vorhanden sind. In der Folge ist es Sache des Geschäftsführers substantiiert vorzutragen, welche stillen Reserven oder sonstigen für eine Überschuldungsbilanz maßgeblichen Werte in der Handelsbilanz nicht abgebildet sind.[7]

1111 Zudem sieht sich das Vertretungsorgan einer Inanspruchnahme seitens des Insolvenzverwalters auf Rückerstattung der nach Insolvenzreife geleisteten Zahlungen ausge-

---

1) Eingehend Poertzgen, ZInsO 2007, 574; ZInsO 2011, 305; BGH v. 19.6.2012, II ZR 243/11, GmbHR 2012, 967.
2) Der Neugläubiger ist – ggf. Zug um Zug – gegen Abtretung seiner Insolvenzforderung gegen die schuldnerische GmbH so zu stellen, wie er stünde, wenn er mit der insolvenzreifen Gesellschaft keinen Vertrag geschlossen hätte. Der Schadensersatzanspruch umfasst nicht den aus dem abgeschlossenen Geschäft entgangenen Gewinn; der Neugläubiger kann allerdings einen Gewinn ersetzt verlangen (§ 252 BGB), den er ohne den Vertragsschluss mit dem Schuldner anderweitig hätte erzielen können, BGH v. 14.5.2012, II ZR 130/10, ZInsO 2012, 1367 m.w.N. (ausnahmsweise fällt auch der entgangene Gewinn hierunter; BGH 15.3.2011, II ZR 204709, ZInsO 2011, 970; OLG Koblenz v. 9.12.2010, 2 U 225/05, ZInsO 2011, 1012. Der Anspruch des Neugläubigers verjährt nach den für deliktische Ansprüche allgemein geltenden Vorschriften (§ 195 BGB); § 43 Abs. 4 GmbHG findet keine entsprechende Anwendung; BGH v. 15.3.2011, II ZR 204709, ZInsO 2011, 970.
3) Rechtsverfolgungskosten, die einem Neugläubiger durch die Geltendmachung seiner Ansprüche gegen die insolvente Gesellschaft entstanden sind, stellen einen ersatzfähigen Insolvenzverschleppungsschaden dar, BGH v. 27.4.2009, II ZR 253/07, ZInsO 2009, 1159.
4) BGH v. 5.2.2007, II ZR 234/05, ZInsO 2007, 376; OLG Stuttgart v. 11.10.2012, 13 U 49/12, ZInsO 2012, 2204.
5) BGH v. 27.3.2012, II ZR 171/10, ZInsO 2012, 1177; OLG München v. 23.10.2013, 7 U 50/13, juris.
6) BGH v. 15.3.2011, II ZR 204709, ZInsO 2011, 970 m.w.N.; BGH v. 14.5.2012, II ZR 130/10, ZInsO 2012, 1367.
7) BGH v. 19.11.2013, II ZR 229/11, ZInsO 2014, 197; BGH v. 15.3.2011, II ZR 204709, ZInsO 2011, 970 m.w.N.

setzt (sog. **Masseschmälerungshaftung**, § 64 Satz 1 GmbHG).[1)] Jeder Geschäftsführer ist der Gesellschaft zum Ersatz von Zahlungen verpflichtet, die nach Eintritt der Zahlungsunfähigkeit (→ 4 Rz. 1054) der Gesellschaft oder nach Feststellung ihrer Überschuldung (→ 4 Rz. 1056 f.) geleistet werden. Der Begriff der *„Zahlungen"* ist dabei weit auszulegen und erfasst ganz allgemein masseschmälernde Vermögensleistungen aus dem Gesellschaftsvermögen[2)], es sei denn, sie ist mit der Sorgfalt eines ordentlichen Geschäftsmanns vereinbar (z.B. Zahlungen auf die Wasser-, Strom-, Telefonrechnung).[3)] Gemeint sind Zahlungen, die im wohlverstandenen Interesse der Gläubigergesamtheit stehen, die also mehr Vor- als Nachteile für die Gesamtgläubigerschaft versprechen. Hierfür ist der Geschäftsführer darlegungs- und beisbelastet.[4)] Die gleiche Verpflichtung trifft den Geschäftsführer für **Zahlungen an Gesellschafter**, soweit diese zur Zahlungsunfähigkeit der Gesellschaft führen mussten, es sei denn, dies war auch bei Beachtung der in § 64 Satz 2 GmbHG bezeichneten Sorgfalt nicht erkennbar.

Darüber hinaus droht dem Vertretungsorgan eine Haftung im Zusammenhang mit dem Finanzierungsinstitut des **Cash-Poolings**.[5)] Der Geschäftsführer darf ein Darlehen zwar ausreichen, wenn der Rückforderungsanspruch vollwertig ist, muss es jedoch zurückfordern oder die Bestellung von Sicherheiten verlangen, bevor der Rückzahlungsanspruch seine Vollwertigkeit verliert. Die Pflicht zum fortlaufenden Controlling der Rückzahlungsbonität leitet der BGH[6)] für Organmitglieder der AG und GmbH-Geschäftsführer aus § 311 AktG sowie § 93 Abs. 1, § 116 AktG her. Bei Pflichtverletzung drohen entsprechende Schadensersatzansprüche aus §§ 317, 318 AktG bzw. § 93 Abs. 2 AktG, § 116 AktG.

1112

Ein besonderes Haftungsrisiko besteht zudem im Zusammenhang mit der **Nichtabführung der Arbeitnehmeranteile zur Sozialversicherung** (§ 823 Abs. 2 BGB i.V.m. § 266a Abs. 1 StGB, § 14 Abs. 1 Nr. 1 StGB)[7)] und der **Nichtabführung der Umsatz- und Lohnsteuer**. Hinsichtlich der Lohnsteuer gilt es zu beachten, dass allein der Antrag auf Eröffnung des Insolvenzverfahrens den GmbH-Geschäftsführer nicht von der Haftung wegen Nichtabführung der einbehaltenen Lohnsteuer befreit, wenn ein

1113

---

1) BGH v. 19.6.2012, II ZR 243/11, GmbHR 2012, 967 m.w.N.; OLG München v. 13.2.2013, 7 U 2831/12, ZInsO 2013, 446.
2) Erfasst sind insbesondere auch Einzahlungen von Gesellschaftsschuldnern auf ein debitorisches Konto der Schuldnerin nach Eintritt der Insolvenzreife. Denn für diesen Fall wird es dem Geschäftsführer der Schuldnerin angesonnen, dafür Sorge zu tragen, dass die Zahlungen auf ein neu einzurichtendes, im Haben befindliches Konto erfolgen, BGH v. 26.3.2007, II ZR 310/05, ZInsO 2007, 542; OLG München v. 6.11.2013, 7 U 571/13, GmbHR 2014, 139.
3) BGH v. 5.11.2007, II ZR 262/06, ZIP 2008, 72. Nicht gedeckt sind aber die Zahlung der Arbeitgeberbeiträge, BGH v. 8.6.2009, II ZR 147/08, ZIP 2009, 1468. Eingehend zur Masseschmälerungshaftung Strohn, NZG 2011, 1161.
4) OLG München v. 6.11.2013, 7 U 571/13, GmbHR 2014, 139. Der Hinweis auf die Vermeidung der sofortigen Einstellung des Geschäftsbetriebs verfängt in diesem Zusammenhang nicht.
5) Zur Insolvenzanfechtung gegenüber der kontoführenden Bank hinsichtlich der Umbuchung von Gutschriften vom Konto einer am Cash-Pool teilnehmenden Gesellschaft auf das Zielkonto des Cash-Pools und hinsichtlich der dort vorgenommenen Verrechnung, wenn alle am Cash-Pool teilnehmenden Gesellschaften Kreditnehmer des auf dem Zielkonto ausgereichten Kontokorrentkredits sind, BGH v. 13.6.2013, IX ZR 259/12, ZIP 2013, 1826; hierzu Kamm/Kropf, ZInsO 2014, ZInsO 2014, 689. Zu Cash-Pool-Zahlungen in der insolvenzrechtlichen Fortbestehensprognose, Küting/Eichenlaub, GmbHR 2014, 169. Allgemein zu verbotenen Zahlungen im Cash-Pooling Strohn, DB 2014, 1535.
6) BGH v. 1.12.2008, II ZR 102/07, GmbHR 2009, 199; BGH v. 4.11.2002, III ZR 224/00, GmbHR 2003, 113 (GmbH-Geschäftsführer).
7) BGH v. 18.12.2012, II ZR 220/10, ZIP 2013, 412; OLG München v. 6.11.2013, 7 U 571/13, GmbHR 2014, 139. Die Darlegungs- und Beweislast des Sozialversicherungsträgers, der den Geschäftsführer einer GmbH wegen Vorenthaltung von Sozialversicherungsbeiträgen aus § 823 Abs. 2 BGB, § 266a Abs. 1 StGB in Anspruch nimmt, erstreckt sich auf den Vorsatz des beklagten Geschäftsführers; diesen trifft lediglich eine sekundäre Darlegungslast.

vorläufiger Insolvenzverwalter mit Zustimmungsvorbehalt bestellt wird, der die Verfügungsbefugnis des Geschäftsführers nicht einschränkt.[1] Sind im Zeitpunkt der Lohnsteuer-Fälligkeit noch liquide Mittel zur Zahlung der Lohnsteuer vorhanden, besteht die Verpflichtung des Geschäftsführers zu deren Abführung so lange, bis ihm durch Bestellung eines (starken) Insolvenzverwalters oder Eröffnung des Insolvenzverfahrens die Verfügungsbefugnis entzogen wird.

d) Strafrechtliche Verfolgung

1114 Der Schuldner bzw. das Vertretungsorgan muss damit rechnen, dass die **Staatsanwaltschaft** zeitnah über Unternehmensinsolvenzen **unterrichtet wird** (Abschnitt XIIa Nr. 1 der „Anordnung über Mitteilungen in Zivilsachen", MiZi). Die Ermittlungsbehörde prüft insbesondere die strafrechtliche Verfolgung des Schuldners (der Vertretungsorgane) wegen **Insolvenzverschleppung** (§ 15a Abs. 4 InsO).[2] Darüber hinaus kommen als ergänzende Straftatbestände die sog. **klassischen Insolvenzdelikte** in Betracht: der Bankrott (§§ 283, 283a StGB), die Verletzung der Buchführungspflicht (§ 283b StGB), die Gläubiger- und Schuldnerbegünstigung (§§ 283c, 286d StGB), der Betrug (§ 263 StGB), der Subventions- und Kapitalanlagebetrug (§§ 264, 264a StGB), die Untreue (§ 266 StGB) und das Vorenthalten von Arbeitsentgelt (§ 266a StGB). Schließlich runden der Kreditbetrug, Wechsel- und Scheckbetrug (§ 265b StGB), die Unterschlagung (§ 246 StGB), die Vereitelung der Zwangsvollstreckung (§ 288 StGB), die falsche Versicherung an Eides statt (§ 156 StGB) sowie die Steuerstraftaten (§§ 370 ff. AO) das strafrechtliche Ermittlungsrepertoire ab.

2. Mandant als Gläubiger

a) Rechtsstellung

1115 Mit der Eröffnung des Insolvenzverfahrens gestalten sich die Rechte des Gläubigers höchst unterschiedlich, je nachdem, ob er als Aussonderungsberechtigter (§ 47 InsO), Absonderungsberechtigter (§§ 49–51 InsO), Massegläubiger (§§ 53–55 InsO) oder als Insolvenzgläubiger (§ 38 InsO) anzusehen ist.[3]

Aussonderungsberechtigte	Absonderungsberechtigte	Massegläubiger	Insolvenzgläubiger
– gehören nicht zu den Insolvenzgläubigern – Abwicklung erfolgt außerhalb des Insolvenzverfahrens	– nur vorrangige Befriedigung aus dem Erlös – Kostenpauschale für die Insolvenzmasse (§ 171 InsO)	– vorrangige Befriedigung aus der Insolvenzmasse – persönliche Haftung des Insolvenzverwalters (§ 61 InsO)	– Anmelde- und Prüfverfahren – nur quotale Ausschüttung der zur Verteilung noch verbleibenden Masse

---

1) BFH v. 23.9.2008, VII R 27/07, GmbHR 2009, 222; FG Köln v. 25.2.2014, 10 K 2954/10, EFG 2014, 1350.
2) Vormals § 84 Abs. 1 Nr. 2 GmbHG – bei der GmbH, § 401 AktG – bei der AG, § 130a HGB – bei der OHG und §§ 177a, 130a HGB – bei der KG. Die insolvenzrechtlichen Begriffe gelten uneingeschränkt auch für den Bereich des Strafrechts. Zur Strafbarkeit nach § 15a Abs. 4 InsO BGH v. 21.8.2013, 1 StR 665/12, NStZ 2014, 109; Bergmann, NZWiSt 2014, 81; Rönnau/Wegner, ZInsO 2014, 1025.
3) Nachfolgende Tabelle im Anschluss an Reischl, 2. Aufl. 89.

Aussonderungsberechtigte	Absonderungsberechtigte	Massegläubiger	Insolvenzgläubiger
(§ 47 Satz 2 InsO, z.B. § 985 BGB) – keine Kostenpauschale für die Insolvenzmasse	– sind Insolvenzgläubiger nur nach § 52 Satz 2 InsO – nur der Ausfall nimmt an der Verteilung teil (§ 190 InsO)	– besondere Befriedigungsreihenfolge bei Masseunzulänglichkeit	– Nachhaftung des Schuldners (§ 201 InsO)

Aussonderungsberechtigt ist, wer auf Grund eines dinglichen (z.B. (Vorbehalts-) Eigentum) oder persönlichen Rechts (z.B. Vermietung, Leihe) geltend machen kann, dass ein Gegenstand nicht zur Insolvenzmasse gehört. Der Insolvenzverwalter hat diesen Gegenstand herauszugeben. Wurde dem Schuldner von einem Gesellschafter ein Gegenstand zum Gebrauch oder zur Ausübung überlassen, so kann der Aussonderungsanspruch während der Dauer des Insolvenzverfahrens, höchstens aber für eine Zeit von einem Jahr ab der Verfahrenseröffnung, nicht geltend gemacht werden, wenn der Gegenstand für die Fortführung des Unternehmens von erheblicher Bedeutung ist (§ 135 Abs. 3 Satz 1 InsO). Zur Kompensation gebührt dem Gesellschafter ein Ausgleich (§ 135 Abs. 3 Satz 2 InsO). **1116**

Absonderungsberechtigt ist, wer einen bereits zum Zeitpunkt der Insolvenzeröffnung begründeten Anspruch auf vorzugsweise Befriedigung aus einem bestimmten Massegegenstand hat (z.B. aus einem Pfandrecht oder Sicherungsübereignung). Zur Durchsetzung des Absonderungsrechts: **1117**

– Befriedigung aus dem Verwertungserlös nach Verkauf, Versteigerung, Forderungseinzug,
– Anmeldung der persönlichen Ausfallforderung zur Insolvenztabelle (§ 52 Satz 2 InsO).

Verwertung durch den Gläubiger	Verwertung durch den Verwalter
– verpfändete Forderungen (§ 166 Abs. 2 InsO) – Sache ist im Besitz des Gläubigers (§ 173 Abs. 1 InsO) – Verwertung muss binnen einer vom Insolvenzgericht gesetzten Frist erfolgen (§ 173 Abs. 2 InsO) – Gläubiger kann die Sache zur Eigenverwertung übernehmen (§ 168 Abs. 3 Satz 1 InsO) – Besonderheit im Verbraucherinsolvenzverfahren (§ 313 Abs. 3 InsO)	– Sache ist im Besitz des Verwalters (§ 166 Abs. 1 InsO) – Sicherungszession (§ 166 Abs. 2 InsO) – Vorwegabzug der Kostenbeiträge für die Insolvenzmasse (§ 170 Abs. 1 Satz 1 InsO – 4 % Feststellungspauschale (§ 171 Abs. 1 InsO) – 5 % Verwertungspauschale (§ 171 Abs. 2 InsO) – Umsatzsteuer auf den Veräußerungserlös steht der Insolvenzmasse zu (§ 171 Abs. 2 Satz 2 InsO)

b) Anfechtung

Die Insolvenzanfechtung dient dazu, „Vermögensverschiebungen" rückgängig zu machen. Voraussetzung ist dabei stets, dass eine **Gläubigerbenachteiligung** vorliegt, d.h., die Befriedigungsmöglichkeiten der Insolvenzgläubiger wurden durch Verminderung der Aktivmasse, der Vermehrung der daraus zu begleichenden Verbindlichkeiten oder auf andere Weise beeinträchtigt. Daneben muss ein **Anfechtungsgrund** **1118** vorliegen. In der Praxis überwiegt die Deckungsanfechtung, wobei zwischen der **kongruenten** (§ 130 InsO) und der **inkongruenten Deckung** (§ 131 InsO) unterscheiden muss. Ausgehend von dem zwischen dem Schuldner und dem Gläubiger bestehenden Schuldverhältnis ist die Sicherung oder Befriedigung kongruent, wenn sie dem Gläubiger genauso zusteht, wie sie vereinbart und geschuldet ist, inkongruent, wenn er sie nicht in der Art oder nicht zu der Zeit beanspruchen konnte, d.h. objektiv nicht dem Anspruch des Gläubigers entspricht (z.B. Leistung auf nicht fällige Honorarzahlung, Abtretung eines Anspruchs zur Erfüllung des Honoraranspruchs). In den Anwendungsbereich der die Gläubiger **unmittelbar benachteiligenden Rechtsgeschäfte** (§ 132 InsO) fällt z.B. der Verkauf von Waren deutlich unter Wert oder das Anerkenntnis einer überhöhten Honorarforderung. Nimmt der Schuldner Rechtshandlungen mit dem **Vorsatz** vor, seine **Gläubiger zu benachteiligen**, ist diese Rechtshandlung gem. § 133 Abs. 1 InsO anfechtbar, wenn der andere Teil zur Zeit der Handlung den Vorsatz des Schuldners kannte (§ 133 InsO). In der Praxis bilden die außerhalb der Krise erlangten kongruenten wie inkongruenten Deckungen den Hauptanwendungsbereich (z.B. der Steuerberater erhält sein gesamtes Honorar, obwohl der Schuldner weiß oder sich sogar nur als möglich vorstellt, dass er nicht mehr alle Gläubiger in angemessener Zeit wird befriedigen können und der Steuerberater die wirtschaftliche Situation des Schuldners kennt).[1)] Gemäß § 134 InsO sind zudem **unentgeltliche Leistungen** anfechtbar (z.B. wenn der Steuerberater das Honorar für die steuerliche Beratung der Tochtergesellschaft von der Muttergesellschaft erhält und beide Gesellschaften später insolvent werden).[2)] Hat ein **Gesellschafter** Sicherung oder Befriedigung für einen Zahlungsanspruch aus einer **Darlehensgewährung** (§ 39 Abs. 1 Nr. 5 InsO) oder einen damit vergleichbaren Geschäfts erhalten, kommt eine Anfechtung nach § 135 InsO in Betracht. Von der Anfechtung ausgenommen ist das wertäquivalente **Bargeschäft** i.S.d. § 142 InsO, bei dem es sich um eine bloße Vermögensumschichtung handelt (Leistung und Gegenleistung bilden bei objektiver Gleichwertigkeit einen einheitlichen Vorgang und stehen in einem unmittelbaren zeitlichen Zusammenhang von bis zu zwei Wochen). Die aufgezeigten Anfechtungsmöglichkeiten des Insolvenzverwalters decken einen **Anfechtungszeitraum** bezogen auf den Insolvenzantrag von **einem Monat bis zu zehn Jahren** ab:

Rückwirkung bis	Anfechtungstatbestand		Wirtschaftliche Situation des Schuldners	Kenntnis des Gläubigers (= Anfechtungsgegner)
10 Jahre	§ 133 Abs. 1 InsO	vorsätzliche Gläubigerbenachteiligung	unerheblich	Kenntnis des Vorsatzes
	§ 135 Abs. 1 Nr. 1 InsO	Besicherung von Gesellschafterdarlehen	unerheblich	unerheblich

---

1) BGH v. 15.11.2012, IX ZR 205/11, ZInsO 2012, 2335; BGH v. 18.12.2003, IX ZR 199/02, ZIP 2004, 319, BGH v. 27.5.2003, IX ZR 169/02, ZIP 2003, 1506. Zur Anfechtung der Zahlung eines Sanierungsberaterhonorars, LG Berlin v. 26.6.2014, 63 O 11/14, ZIP 2014, 1688; LG Würzburg v. 16.12.2013, 92 O 2268/12, ZInsO 2014, 564.
2) Grundlegend BGH v. 6.12.2007, IX ZR 113/06, ZIP 2008, 232.

Rückwirkung bis	Anfechtungstatbestand		Wirtschaftliche Situation des Schuldners	Kenntnis des Gläubigers (= Anfechtungsgegner)
4 Jahre	§ 134 Abs. 1	unentgeltliche Leistung	unerheblich	unerheblich
2 Jahre	§ 133 Abs. 2 InsO	unmittelbar vorsätzliche Gläubigerbenachteiligung durch entgeltlichen Vertrag mit nahestehender Person	unerheblich	Kenntnis des Benachteiligungsvorsatzes (vermutet aber widerlegbar)
1 Jahr	§ 135 Abs. 1 Nr. 2 InsO	Befriedigung von Gesellschafterdarlehen; Befriedigung Dritter trotz Besicherung durch Gesellschafter	unerheblich	unerheblich
3 Monate	§ 130 Abs. 1 Nr. 1	kongruente Deckung	zahlungsunfähig	Kenntnis der Zahlungsunfähigkeit/ zwingende Schlussfolgerung
	§ 131 Abs. 1 Nr. 2 InsO	inkongruente Deckung	zahlungsunfähig	unerheblich
3 Monate	§ 131 Abs. 1 Nr. 3 InsO	inkongruente Deckung	unerheblich	Kenntnis der Zahlungsunfähigkeit/ zwingende Schlussfolgerung
	§ 131 Abs. 2	inkongruente Deckung und gegenüber nahestehenden Personen	unerheblich	Kenntnis der Benachteiligung; die Kenntnis wird vermutet.
	§ 132 Abs. 1 Nr. 1 InsO	unmittelbare Benachteiligung	zahlungsunfähig	Kenntnis der Zahlungsunfähigkeit
1 Monat	§ 131 Abs. 1 Nr. 1 InsO	inkongruente Deckung	unerheblich	unerheblich

Rückwirkung bis	Anfechtungstatbestand		Wirtschaftliche Situation des Schuldners	Kenntnis des Gläubigers (= Anfechtungsgegner)
nach dem Insolvenzantrag	§ 130 Abs. 1 Nr. 2 InsO	kongruente Deckung	bestehende oder drohende Zahlungsunfähigkeit/ Überschuldung	Kenntnis der Zahlungsunfähigkeit/ des Antrags oder zwingende Schlussfolgerung/ Vermutung bei nahestehenden Personen
	§ 132 Abs. 1 Nr. 2 InsO	unmittelbare Benachteiligung		Kenntnis der Zahlungsunfähigkeit/ des Antrags

1119 Während die Anfechtung im Regelinsolvenzverfahren durch den Insolvenzverwalter (§ 129 InsO) und in der Eigenverwaltung durch den Sachwalter (§ 280 InsO) erfolgt, ist im Verbraucherinsolvenzverfahren, die bis zum 30.6.2014 beantragt worden sind, der Insolvenzgläubiger in eigener Person für die Anfechtung verantwortlich (§ 313 Abs. 2 InsO a.F.). Die Gläubigerversammlung kann den Treuhänder oder einen Gläubiger mit der Anfechtung beauftragen (§ 313 Abs. 2 Satz 3 InsO a.F.). Durch die Streichung von § 312 –§ 314 InsO ist eine Anfechtung ab dem 1.7.2013 auch im Verbraucherinsolvenzverfahren originäre Aufgabe des Verwalters.

Vor dem Hintergrund der Entscheidung des Gemeinsamen Senats der obersten Gerichtshöfe des Bundes[1] ist hinsichtlich des **Rechtswegs** für Anfechtungsklagen des Insolvenzverwalters wie folgt zu differenzieren: Während die Anfechtungsklagen der Insolvenzverwalter und Treuhänder gegen Sozialversicherungsträger, die Finanzämter und andere Personen vor den ordentlichen Gerichten entschieden werden,[2] ist für eine Anfechtungsklage gegen einen Arbeitnehmer des Schuldners der Rechtsweg zu den Gerichten für Arbeitssachen gegeben.[3]

c) Rückschlagsperre

1120 Auch wenn das Insolvenzgericht die Einzelzwangsvollstreckung nicht eingestellt oder untersagt hat, muss der Gläubiger beachten, dass die Vollstreckungssperre des § 88 InsO eingreift und rückwirkend die **innerhalb eines Zeitraums von einem Monat** (drei Monaten bei einem Insolvenzantrag des Schuldners im Verbraucherinsolvenzverfahren, wenn das Verbraucherinsolvenzverfahren eröffnet wird, § 88 Abs. 2 InsO) vor Antragstellung durch die Zwangsvollstreckung erlangten Sicherungsrechte (z.B. Pfändungspfandrecht, Überweisung der Forderung, Zwangs- und Arresthypothek) aufhebt. Die Unwirksamkeit wirkt absolut. Für eine Erinnerung wegen eines Verstoßes gegen die Rückschlagsperre ist nicht das Vollstreckungs-, sondern das Insolvenzgericht zuständig.[4]

Hat die Zwangsvollstreckung zur Befriedigung des Gläubigers geführt, unterliegt das auf diesem Wege Erlangte der Insolvenzanfechtung (§§ 129 ff. InsO, → 4 Rz. 1118). Entsprechendes gilt, wenn die Zwangsvollstreckungsmaßnahme außerhalb der Monatsfrist erfolgte und dem Gläubiger ein Absonderungsrecht (→ 4 Rz. 1118) zusteht.

---

1) GmS-OGB v. 27.9.2010, GmS-OGB 1/09, ZInsO 2010, 2400.
2) BGH v. 24.3.2011, IX ZB 36/09, ZInsO 2011, 723 m.w.N.
3) BAG v. 8.5.2014, 6 AZR 465/12, ZInsO 2014, 1384.
4) AG Hamburg v. 3.6.2014, 67g IN 148/13, ZIP 2014, 1401.

zusteht. Für den Gläubiger ist es damit im Regelinsolvenzverfahren entscheidend, dass zwischen Pfändung, Auskehr und dem Tag der Insolvenzantragstellung mehr als drei Monate liegen. Bei der Pfändung von Arbeitseinkommen sind die Besonderheiten des § 114 Abs. 3 InsO zu beachten.

d) Laufende Vertragsverhältnisse

Die Verfahrenseröffnung hat keine Auswirkungen auf die laufenden Vertragsverhältnisse.[1)] Zu den Besonderheiten des Auftrags (§ 115 InsO), des Geschäftsbesorgungsvertrags (§ 116 InsO) und die Vollmacht (§ 117 InsO; (→ **4** Rz. 1125). Zu beachten ist, dass dem **Insolvenzverwalter grundsätzlich** ein **freies Wahlrecht zwischen Erfüllung und Nichterfüllung** zusteht (§ 103 InsO), **wenn die Leistung auf beiden Seiten noch nicht vollständig, auch nicht seitens eines Vertragspartners eine vollumfängliche Vorleistung erbracht worden ist.**[2)] Wählt der Verwalter die Erfüllung des Vertrags, muss der Vertragspartner leisten, sein Gegenanspruch auf die Vergütung ist als Masseverbindlichkeit zu berichtigen (§ 55 Abs. 1 Nr. 2 1. Alt. InsO). Für die Erfüllung haftet der Verwalter persönlich (§ 61 InsO). Hat der Vertragspartner vor der Insolvenzeröffnung teilweise geleistet und handelt es sich um eine **teilbare Leistung** (z.B. monatliche Buchhaltung), so tritt eine **Aufspaltung des Vertrags** ein. Der Vertragspartner kann den Preis für seine Leistung/Lieferung bis zum Tag der Insolvenzeröffnung nur als Insolvenzforderung geltend machen (§ 105 Satz 1 InsO) und erhält hierauf die Quote. Eine Rückforderung der Teilleistung ist ausgeschlossen (§ 105 Satz 2 InsO). Die weiteren, auf der Erfüllungswahl beruhenden Leistungen werden als Masseverbindlichkeit gezahlt (§§ 55 Abs. 1 Nr. 2 1. Alt. 103 InsO). Hat der Schuldner teilweise Vorleistungen erbracht, kann der Verwalter für diese Leistung den entsprechenden Preis als Gegenleistung verlangen. Wählt der Verwalter die Nichterfüllung, kann der Vertragspartner eine Schadensersatzforderung wegen Nichterfüllung zur Insolvenztabelle anmelden, gerichtet auf das Erfüllungsinteresse. Hierauf erhält er die Quote. Das **freie Wahlrecht entfällt** jedoch im Bereich der **Miet- und Pachtverträge** (soweit Grundstücke oder Räume betroffen sind) sowie bei **Arbeits- und Darlehensverträgen** (§ 108 InsO).[3)] Eine weitere Einschränkung des Wahlrechts kommt dem Gläubiger eines durch eine **Vormerkung** gesicherten Anspruchs zugute (§ 106 InsO). Während der Gläubiger Erfüllung verlangen kann, steht dem Verwalter kein Wahlrecht zu. Ist der **Vorbehaltsverkäufer** insolvent, kann der Verwalter die Erfüllung gegenüber dem vertragstreuen Käufer nicht ablehnen (§ 107 Abs. 1 InsO). Ist hingegen der Vorbehaltskäufer insolvent, steht dem Verwalter zwar ein Wahlrecht zu, er muss es aber nicht sofort ausüben, sondern damit bis zum Berichtstermin warten (§ 107 Abs. 2 InsO). Bis zu diesem Termin kann der Vertragspartner das Vorbehaltsgut auch nicht herausverlangen.

Der Gläubiger sollte versuchen, im Vorfeld der Insolvenz mit dem Vertragspartner sog. insolvenzunabhängige Auflösungsklauseln zu vereinbaren, die es ihm erlauben, sich von dem Vertrag zu lösen, wobei zu beachten ist, dass kein Verstoß gegen § 119 InsO vorliegt, indem das Wahl-, Rücktritts- oder Kündigungsrecht des Verwalters zu Lasten der Masse zielgerichtet beschränkt wird.

e) Laufende Prozesse

Rechtsstreitigkeiten, die in einem Bezug zur Insolvenzmasse stehen und bei Eröffnung des Insolvenzverfahrens anhängig waren, werden von Gesetzes wegen unterbrochen

---

1) Lösungsklauseln in Verträgen über die fortlaufende Lieferung von Waren oder Energie, die an den Insolvenzantrag oder die Insolvenzeröffnung anknüpfen, sind unwirksam, BGH v. 15.11.2012, IX ZR 169/11, ZInsO 2013, 292.
2) Reischl, Rz. 485 ff.
3) Zur Rechtsstellung des Mieters in der Insolvenz des Vermieters/Verpächters eingehend v. Wilmowsky, ZInsO 2011, 1473.

(§ 240 ZPO). Aus Sicht des Gläubigers kommt es für das weitere Prozedere darauf an, ob es sich um einen **aus Sicht der Insolvenzmasse Aktivprozess** (§ 85 InsO, Schuldner macht ein Recht/Forderung gegen den Gläubiger geltend) – oder **Passivprozess** (§ 86 InsO, Prozesse, in denen der Gläubiger ein Recht/Forderung gegen den Schuldner geltend macht) handelt. Bei einem **Aktivprozess** kann zunächst ausschließlich der Verwalter den Aktivprozess aufnehmen. Lehnt er die Aufnahme ab, können der Schuldner oder der Gläubiger den Prozess aufnehmen. Gewinnt der Gläubiger, sind die gesamten Prozesskosten Neuschulden des Schuldners. Der Gläubiger sollte vor der Aufnahme beachten, dass er trotz guter Prozessaussichten letztlich von der Justizkasse trotz Obsiegens als gebührenrechtlicher Kostenschuldner in Anspruch genommen werden kann (§§ 29, 31 GKG). Handelt es sich um einen **Passivprozess** und gehört der Gläubiger zum Kreis der Aussonderungsberechtigten (→ 4 Rz. 1116), Absonderungsberechtigten (→ 4 Rz. 1117) oder Massegläubigern, können Prozesse sofort von dem Verwalter oder dem Gläubiger aufgenommen werden. Verliert der Verwalter den Prozess, sind die Kosten Masseschulden (§ 55 Abs. 1 Nr. 1 InsO). Ist der Gläubiger lediglich einfacher Insolvenzgläubiger, bleiben die Rechtsstreite zunächst unterbrochen, da der Gläubiger seine Forderung nur innerhalb des Insolvenzverfahrens durch Anmeldung und Prüfung ihrer Forderungen verfolgen können (§§ 87, 174 ff. InsO). Erst wenn die Forderung vom Verwalter oder einem anderen Gläubiger bestritten wird, kann der Gläubiger den Prozess zwecks Feststellung der Forderung gegen den Bestreitenden aufnehmen (§ 180 Abs. 2 InsO). Bestreitet der Schuldner, kann der Prozess gegen den Schuldner aufgenommen werden (§ 184 Abs. 1 Satz 2 InsO).

f) Anmeldung zur Insolvenztabelle

1124 Die **Insolvenzgläubiger** (§ 38 InsO) müssen ihre Forderungen, die auf Tätigkeiten vor der Insolvenzantragstellung oder – bei schwacher vorläufiger Insolvenzverwaltung – auf die Tätigkeit während des Eröffnungsverfahrens entfallen als normale Insolvenzforderungen bei dem Insolvenzverwalter **zur Insolvenztabelle anmelden** (§ 174 InsO). Dies gilt auch dann, wenn die Forderung bereits tituliert ist. Eine Einzelzwangsvollstreckung aus dem ggf. vorliegenden Titel ist unzulässig (§ 89 InsO). Sollte die Forderung aus einer vorsätzlich begangenen unerlaubten Handlung (z.B. Betrug) herrühren, hat der Gläubiger dies konkret anzugeben (§ 174 Abs. 2 InsO). Dies ist für ihn besonderem Interesse, da diese Forderungen von der Restschuldbefreiung ausgenommen sind (§ 302 InsO). Die angemeldeten Forderungen werden in einer Gläubigerversammlung, dem **Prüfungstermin** geprüft (§ 176 InsO)[1]:

Niemand bestreitet	Nur der Schuldner bestreitet	Nichttitulierte Forderung wird vom Verwalter und/oder einem Gläubiger bestritten	Titulierte Forderung wird vom Verwalter und/oder einem Gläubiger bestritten
Forderung gilt als festgestellt, § 178 Abs. 1 InsO	Forderung gilt als festgestellt, § 178 Abs. 1 InsO	Positive Feststellungsklage des anmeldenden Gläubigers möglich, § 179 Abs. 1 InsO	Der Bestreitende kann gegen den Titel vorgehen, negative Feststellungsklage, § 179 Abs. 2 InsO

---

1) Zimmermann, Rz. 503.

Niemand bestreitet	Nur der Schuldner bestreitet	Nichttitulierte Forderung wird vom Verwalter und/oder einem Gläubiger bestritten	Titulierte Forderung wird vom Verwalter und/oder einem Gläubiger bestritten
Quote	Quote	Bleibt der Gläubiger untätig, erhält er keine Quote. Bei Klageerfolg erhält er die Quote, bei Unterliegen nichts	Gläubiger muss nichts unternehmen, erhält grds. die Quote. Nur bei erfolgreichem Vorgehen des Bestreitenden erhält der Gläubiger nichts
Nach Beendigung des Insolvenzverfahrens: Vollstreckung wegen des Restes aus dem Tabellenauszug, § 201 Abs. 2 InsO. Ausnahme Restschuldbefreiung oder Regelung im Insolvenzplan	Nach Beendigung des Insolvenzverfahrens: Vollstreckung wegen des Restes nicht aus dem Tabellenauszug, Klage notwendig. Wegen des Rests Hinweis auf Restschuldbefreiung oder Regelung im Insolvenzplan	Nach Beendigung des Insolvenzverfahrens: Vollstreckung wegen des Restes aus dem Tabellenauszug, bei Bestreiten durch den Schuldner Klage erforderlich. Wegen des Rests Hinweis auf Restschuldbefreiung oder Regelung im Insolvenzplan	Nach Beendigung des Insolvenzverfahrens: Vollstreckung wegen des Restes aus dem Tabellenauszug, bei Bestreiten aus dem Titel. Wegen des Restes Hinweis auf Restschuldbefreiung oder Regelung im Insolvenzplan

3. Rechtsposition des Beraters

a) Erlöschen des Steuerberatungsvertrags/Vollmachten

Gemäß §§ 115, 116, 117 InsO **erlöschen** mit Eröffnung des Insolvenzverfahrens **mit Wirkung für die Zukunft** Aufträge, Geschäftsbesorgungsverträge und Vollmachten die sich auf die Insolvenzmasse beziehen. Hierbei handelt es sich um zwingendes Recht, d.h. Schuldner und Berater haben nicht die Möglichkeit hiervon abweichende Abreden zu treffen (§ 119 InsO). **1125**

Der Berater ist von dem Zeitpunkt der Insolvenzeröffnung an grundsätzlich von der Erbringung von Steuerberatungsleistungen befreit. Er hat jedoch gem. § 115 Abs. 2 InsO die Besorgung des fremden Geschäfts fortzusetzen, wenn mit dem Aufschub Gefahr verbunden ist (sog. **Notgeschäftsführung**). Der Auftrag gilt insoweit als fortbestehend und erlischt erst, wenn der Insolvenzverwalter anderweitig Vorsorge treffen kann. Die Ersatz- und Vergütungsansprüche werden als Masseverbindlichkeiten berichtigt (§ 115 Abs. 2 Satz 3 InsO). **1126**

Da der Steuerberatungsvertrag als Geschäftsbesorgungsvertrag zu qualifizieren ist, ist der Berater zur **Rechnungslegung und Herausgabe** des durch die Geschäftsführung Erlangten verpflichtet (§§ 666, 667 BGB). Er hat insoweit über die von ihm geführte Buchhaltung in einem Maße Auskunft zu erteilen, dass der Verwalter in der Lage ist, seinen steuerlichen Verpflichtungen nachzukommen sowie alle Buchhaltungsunterlagen herauszugeben und zwar auch solche, die ihm von Dritter Seite (z.B. Steuerbescheide, Bilanzen, Urteile etc.) übergeben worden sind. Demgegenüber muss er **selbst erstellte Arbeitsunterlagen** (Lohnkonten, Hauptabschlussübersichten, Inventar- und **1127**

Anlageverzeichnisse) nicht herausgegeben. Für die von ihm vor der Verfahrenseröffnung erbrachten Tätigkeiten kann er einen Anspruch auf Aufwendungsersatz lediglich als **einfache Insolvenzforderung** geltend machen.

1128 Wird der Geschäftsführer von dem Insolvenzverwalter bzw. einem Neugläubiger aus § 823 BGB i.V.m. § 15a InsO bzw. § 64 GmbHG in Anspruch genommen, wird er versuchen, bei dem Steuerberater Rückgriff zu nehmen. Hierfür bieten sich zwei Wege an: die vertragliche Dritthaftung des Steuerberaters aus dem Steuerberatungsvertrag und die Dritthaftung des Beraters aus einem eigenständigen Prüfvertrag. Der BGH ist mit Urteil v. 13.10.2011[1] unter eingehender Prüfung der vier Grundvoraussetzungen eines Vertrags mit Schutzwirkung zu Gunsten Dritter (Leistungsnähe, berechtigtes Interesse des Vertragsgläubigers am Schutz des Dritten, Erkennbarkeit der Einbeziehung des Dritten für den Vertragsschuldner und eigenes Schutzbedürfnis des Dritten) zu dem Ergebnis gekommen, dass der Geschäftsführer als Dritter in den Schutzbereich eines **Steuermandats** einbezogen sein kann.

Welche Aufgaben der Steuerberater zu erfüllen hat, richtet sich nach dem Inhalt und Umfang des erteilten Mandats.[2] Der BGH hat mit seiner Grundsatzentscheidung v. 7.3.2013[3] den jahrelang in Rechtsprechung und Literatur bestehenden Streit dahingehend entschieden, dass es im Rahmen der **allgemeinen steuerlichen Beratung** der Gesellschaft nicht seine Aufgabe ist, „die Gesellschaft bei einer Unterdeckung in der Handelsbilanz darauf hinzuweisen, dass es die Pflicht des Geschäftsführers ist, eine Überprüfung vorzunehmen oder in Auftrag zu geben, ob Insolvenzreife eingetreten ist und ggf. gem. § 15a InsO Antrag auf Eröffnung eines Insolvenzverfahrens gestellt werden muss. Anders als bei einem ausdrücklichen Auftrag zur Prüfung der Insolvenzreife eines Unternehmens (s.u.) besteht eine solche Pflicht bei einem allgemeinen steuerrechtlichen Mandat nicht. Sie würde die Verantwortlichkeit des Beraters, sich mit den steuerrechtlichen Angelegenheiten zu befassen, erheblich erweitern. Der Berater müsste dann trotz der Beschränkung seiner Hauptpflichten auf die steuerrechtliche Beratung (vgl. § 33 StBerG) auch die allgemeine wirtschaftsrechtliche Beratung, zu der die Prüfung des Vorliegens von Insolvenzgründen zu zählen ist, im Blick haben und der Gesellschaft neben steuerrechtlichen Ratschlägen ohne besonderen Auftrag auch insolvenz- und gesellschaftsrechtliche Hinweise erteilen." Die im Schrifttum[4] mehrheitlich und vereinzelt auch in der Rechtsprechung[5] vertretene Auffassung, der Steuerberater habe im Rahmen seiner Vertragspflichten zur Beratung und Schadensverhütung kraft seines überlegenen Wissens den Geschäftsführer einer GmbH darüber aufzuklären, dass er verpflichtet sei, zur Klärung der Insolvenzreife eine Überschuldungsbilanz aufzustellen und bei Feststellung der Überschuldung die Eröffnung des Insolvenzverfahrens über das Vermögen der Gesellschaft fristgerecht zu beantragen, wenn Überschuldung der Gesellschaft gem. § 19 Abs. 2 InsO unmittelbar drohe oder bereits eingetreten sei, ist nach Ansicht des BGH[6] mit der Beschränkung der Pflichten des Steuerberaters auf die steuerliche Beratung bei einem allgemeinen steuerrechtlichen Mandat nicht in Übereinstimmung zu bringen. Auch aus der vertraglichen Nebenpflicht, den Mandanten vor Schaden zu bewahren, ergibt sich nicht die Verpflichtung des Steuerberaters, auf einen möglicherweise bestehenden

---

1) BGH v. 13.10.2011, IX ZR 193/10, ZInsO 2011, 2274 (Einbeziehung in den Schutzbereich eines Umsatzsteuermandats).
2) BGH v. 7.3.2013, IX ZR 64/12, ZInsO 2013, 826 m.w.N.
3) BGH v. 7.3.2013, IX ZR 64/12, ZInsO 2013, 826; bestätigt durch BGH v. 6.6.2013, IX ZR 204/12, ZInsO 2013, 1409; zustimmend Fischer, DB 2013, 2010; Gehrlein, NZG 2013, 961; Schaaf/Mushardt, DB 2013, 1890.
4) Gräfe, DStR 2010, 618; Mutschler, DStR 2012, 539, 540; Schmittmann, StuB 2009, 696; Wagner/Zabel, NZI 2008, 660; Zugehör, NZI 2008, 652, 653.
5) LG Wuppertal v. 6.7.2011, 3 O 359/10, ZInsO 2011, 1997; LG Saarbrücken v. 28.11.2011, 9 O 261/10, ZInsO 2012, 330.
6) BGH v. 7.3.2013, IX ZR 64/12, ZInsO 2013, 826.

Anlass zur Prüfung der Insolvenzreife hinzuweisen. Ein überlegenes Wissen im Hinblick auf eine drohende Überschuldung des Unternehmens im Fall einer bilanziellen Überschuldung hat der Steuerberater durch seine Aufgabe, Jahresabschlüsse zu fertigen, nicht. Sein Wissen steht vielmehr hinter dem des Geschäftsführers zurück, der nicht nur die reinen Zahlen kennt, sondern auch die für eine Fortführungsprognose maßgeblichen weiteren Umstände. Es ist originäre Aufgabe des Geschäftsführers, die Zahlungsfähigkeit und eine etwaige Überschuldung des von ihm geleiteten Unternehmens im Auge zu behalten und auf eventuelle Anzeichen für eine Insolvenzreife zu reagieren. Da der Steuerberater im Rahmen eines allgemeinen Beratungsmandats gegenüber der Gesellschaft (als Auftraggeberin) keine Schutzpflichten hinsichtlich der Aufklärung über eine möglicherweise bestehende Insolvenzantragspflicht hat, entfällt auch eine entsprechende Verpflichtung gegenüber dem Geschäftsführer. Die drittschützenden Pflichten aus einem solchen Vertrag können nicht weiter reichen als die dem Berater gegenüber seiner eigentlichen Vertragspartei obliegenden Warn- und Hinweispflichten.[1]

Der Steuerberater haftet der Gesellschaft gegenüber jedoch nach § 634 Nr. 4 BGB, wenn er anlässlich des allgemeinen Beratungsmandats die unzutreffende Aussage trifft, dass lediglich eine rein bilanzielle Überschuldung vorliege, die durch den immateriellen Firmenwert und Rangrücktrittsmöglichkeiten behoben werde und eine insolvenzrechtliche Überschuldung ausgeschlossen sei. Der Hinweis auf die Rangrücktrittsvereinbarungen und den Firmenwert offenbart nach Ansicht des BGH,[2] dass der Berater eine über die steuerliche Bilanzierung hinausgehende Leistung erbracht habe, die sich auf Grund der wirtschaftlichen und rechtlichen Bedeutung der Angelegenheit nicht als bloße Gefälligkeit, sondern als eine zusätzliche Prüfung darstelle, auf deren Richtigkeit die Gesellschaft vertrauen durfte. Der Steuerberater hat, wenn er über seinen eigentlichen Auftrag hinaus eine Beratungsleistung erbringt, für die Vollständigkeit und Richtigkeit seiner Angaben einzustehen. Wird der Insolvenzantrag der Gesellschaft infolge einer fehlerhaften Abschlussprüfung verspätet gestellt, trifft die Gesellschaft mit Rücksicht auf ihre Selbstprüfungspflicht i.d.R. ein Mitverschulden an dem dadurch bedingten Insolvenzverschleppungsschaden.

Den Steuerberater treffen jedoch weitergehende vertragliche Hinweispflichten, wenn er bei einem rein steuerrechtlichen Mandat mit dem Vertretungsorgan in konkrete Erörterungen über eine etwaige Insolvenzreife der von ihm beratenen Gesellschaft eintritt. Wird die Frage nach dem Insolvenzgrund in diesem Zusammenhang nicht beantwortet, hat er das Vertretungsorgan darauf hinzuweisen, dass eine verbindliche Klärung nur erreicht werden kann, indem ihm oder einem fachlich geeigneten Dritten ein entsprechender Prüfauftrag erteilt wird.[3]

Höchst gefahrenträchtig wird die Situation für den Steuerberater, wenn er einen selbständigen **Gutachtenvertrag** (Prüfvertrag) mit der GmbH geschlossen hat, in dem es um die **Frage nach der Insolvenzreife der GmbH** geht. Verpflichtet sich der Steuerberater zur Prüfung der Insolvenzreife eines Unternehmens, handelt es sich um einen Werkvertrag (§ 631 BGB), der keine steuerliche Beratung zum Gegenstand hat.[4] Ist

---

1) BGH v. 7.3.2013, IX ZR 64/12, ZInsO 2013, 826: „Der Dritte, der selbst keine vertraglichen Beziehungen zu dem Berater hat, kann nicht erwarten, dass dieser ihn über Gefahren und mögliche Risiken aufklärt, auf die er im Rahmen seines allgemeinen Mandats nicht hinzuweisen hat. Diese Pflichtenlage ist nur dann anders zu beurteilen, wenn der Berater ausdrücklich damit beauftragt ist, eine Überprüfung der Insolvenzreife vorzunehmen, denn hier wird die Feststellung, ob ein Insolvenzgrund vorliegt oder auszuschließen ist, dem Auftraggeber schon bei Erfüllung der Hauptpflicht geschuldet."
2) BGH v. 6.6.2013, IX ZR 204/12, ZInsO 2013, 1409 m.w.N.; BGH v. 6.2.2014, IX ZR 53/13, ZInsO 2014, 546.
3) BGH v. 6.2.2014, IX ZR 53/13, ZInsO 2014, 546.
4) BGH v. 14.6.2012, IX ZR 145/11, DB 2012, 1559 m.w.N.; BGH v. 7.2.2002, III ZR 1/01, WM 2002, 1406.

ein Gutachten als geschuldetes Werk mangelhaft (§ 633 BGB), weil der Gutachter gegen seine Vertragspflichten verstoßen hat, können dem Auftraggeber die Rechte gem. § 634 BGB – darunter ein Schadensersatzanspruch nach § 634 Nr. 4 BGB – zustehen.[1] Ist ein Dritter (hier der Geschäftsführer) bei einem Gutachtenvertrag mit Schutzwirkung zu seinen Gunsten geschädigt worden, kann dieser Dritte einen solchen Schadensersatzanspruch gegen den Gutachter haben.[2]

Wenden sich Gesellschafter und Geschäftsführer einer GmbH zur Klärung einer Insolvenzgefahr an den ständigen, auch mit der Abschlussprüfung befassten steuerlichen Berater des Unternehmens, und werden dabei Möglichkeiten der Insolvenzabwendung erwogen, kann sich der Berater nicht der Einsicht verschließen, dass er über die vermögensmäßigen Belange der GmbH hinaus zugleich diejenigen des Gesellschafters und des Geschäftsführers, die von einer Insolvenz ebenso unmittelbar wirtschaftlich betroffen sind, zu wahren hat. Er hat grundsätzlich von der Belehrungsbedürftigkeit seines Auftraggebers, auch wenn Letzterer rechtlich und wirtschaftlich erfahren ist, auszugehen. Der BGH[3] hat jedoch offen gelassen, ob eine Hinweispflicht des Beraters dann entfällt, wenn der Geschäftsführer sich der bestehenden Insolvenzgefahr bereits bewusst ist.

1129 War der Berater als **Abschlussprüfer** eingesetzt, der den Auftrag zur Prüfung des Jahresabschlusses unter Einbeziehung der Buchführung und des Lageberichts der Schuldnerin erhält (Pflichtprüfung nach §§ 264 ff., 316 HGB), ist verpflichtet, mit der nötigen Klarheit auf solche Tatbestände wie Insolvenzreife ausdrücklich hinzuweisen und damit den Organen der Gesellschaft die Gesetzeslage auch im Hinblick auf Insolvenzantragspflichten zu verdeutlichen, wenn er bei der Prüfung entsprechende Feststellungen trifft (z.B. bedrohliche Liquiditätslage).[4] Wenn dies unterlassen wird, **haftet** der Prüfer **dem schuldnerischen Unternehmen nach § 323 HGB**, jedoch begrenzt durch die Schranke des § 323 Abs. 2 Satz 1 und 2 HGB.[5] Der Schadensersatzanspruch wird von dem Insolvenzverwalter geltend gemacht.

1130 Der Steuerberater wird einer potenziellen Inhaftungnahme nur dadurch wirksam begegnen können, dass er in der Krise des Mandanten jeden Arbeitsschritt **schriftlich dokumentiert** und **im Zweifel frühzeitig** über die insolvenzrechtliche Situation und die damit einhergehenden Pflichten des Geschäftsführers **hinweist**. Zudem sollte er ggf. das Mandat sofort und rückhaltlos zum Ablauf der Drei-Wochen-Frist niederlegen und sich weiterer Beratungsleistungen enthalten.

1131 Sollte der Steuerberater mit seinem Mandanten einen „**Beratungsvertrag Sanierung**" geschlossen haben, wird der Insolvenzverwalter versuchen, die geleisteten Zahlungen unter dem Gesichtspunkt der ungerechtfertigten Bereicherung zurückzufordern. Dies kann ihm nur dann gelingen, wenn sich der Vertrag als nichtig erweist. Entscheidend sind dabei stets die Einzelheiten des Vertrags. Die Berufung des Verwalters auf § 57 Abs. 4 Nr. 1 StBerG (gewerbliche Tätigkeit) und Art. 1 § 1 RBerg bzw. § 3 RDG reicht hierfür grds. nicht aus.[6]

---

1) BGH v. 14.6.2012, IX ZR 145/11, DB 2012, 1559, 1560; Fischer, DB 2012, 1489 m.w.N.
2) BGH v. 14.6.2012, IX ZR 145/11, DB 2012, 1559, 1560; Fischer, DB 2012, 1489 m.w.N.
3) BGH v.7.3.2012, IX ZR 64/12, ZInsO 2013, 826. So auch OLG Celle v. 6.4.2011, 3 U 190/10, ZInsO 2011, 1004; OLG Celle v. 10.10.2012, 4 U 36/12, ZIP 2012, 2353; OLG Schleswig v. 28.5.1993, 10 U 13/92, GI 1993, 373, Revision nicht angenommen durch BGH v. 24.2.1994, IX ZR 126/93; LG Saarbrücken v. 28.11.2011, 9 O 242/11, ZInsO 2012, 330.
4) LG München v. 14.3.2008, 14 HK O 8038/06, ZIP 2008, 1123.
5) Zur Dritthaftung des Abschlussprüfers OLG Köln v. 24.2.2011, I – 8 U 29/10, ZIP 2012, 1084. Zur Haftung des Steuerberaters gegenüber dem Kreditgeber für einen falschen Jahresabschluss, OLG Hamm v. 5.3.2010, I-25 U 55/09, GI aktuell 2013, 150.
6) BGH v. 12.5.2011, III ZR 107/10, ZInsO 2011, 1303.

b) Strafrechtliche Ermittlungen und Beschlagnahmen

Der **Steuerberater ist Wissensträger**. „Von kaum einem anderen Zeugen als dem Steuerberater sind dabei im Rahmen der Ermittlungen so umfassende Kenntnisse der Tatsachen zu erwarten, die für die Frage der Beurteilung, ob solche Insolvenzdelikte begangen worden sind, entscheidend sind. Wenn er mit der Durchführung entsprechender Arbeiten betraut war, weiß er, ob Handelsbücher i.S.d. § 283 Abs. 1 Nr. 5 bzw. § 283b Abs. 1 Nr. 1 StGB geführt und ob diese nach den Grundsätzen ordnungsmäßiger Buchführung erstellt worden sind. Wenn er die Lohn- und Finanzbuchhaltung erledigt hat, kann er Aussagen darüber treffen, seit wann und wodurch ggf. Zahlungsschwierigkeiten des Mandanten/der Mandantin offenbar geworden sind. Er ist in der Lage, Angaben zu etwaigen Honorarrückständen ihm selbst gegenüber zu machen, die ein wesentliches Indiz für die Frage der Zahlungsunfähigkeit i.S.d. § 84 Abs. 1 Nr. 2 GmbHG, § 401 AktG, §§ 130a, 177b HGB sein können. Ihm ist bekannt, ob und ggf. wann etwaige Jahresabschlüsse gefertigt worden sind, was für die Beurteilung einer etwaigen Strafbarkeit nach den §§ 283 Abs. 1 Nr. 7b, 283b Abs. 1 Nr. 3b StGB unabdingbar ist. Hat er die Jahresabschlüsse gefertigt, weiß er, ob ggf. einer Überschuldung i.S.d. § 84 Abs. 1 Nr. 2 GmbHG, § 401 AktG, §§ 130a, 177b HGB entgegenstehende stille Reserven bestehen. Hat er die Buchhaltung gefertigt, liegen ihm i.d.R. Informationen darüber vor, gegenüber welchen Sozialversicherungsträgern eventuell i.S.d. § 266a StGB geschuldete Beiträge nicht erbracht worden sind."[1] Der Steuerberater ist als **Zeuge** zwar grds. nach § 161a Abs. 1 StPO verpflichtet, auf Ladung vor der Staatsanwaltschaft zu erscheinen und zur Sache auszusagen. Gleichwohl ist er nach § 53 Abs. 1 Nr. 3 StPO zur **Verweigerung des Zeugnisses** über das, was ihnen in dieser Eigenschaft anvertraut worden oder bekannt geworden ist, berechtigt. Lediglich für den Fall einer Schweigepflichtentbindung besteht nach § 53 Abs. 2 Satz 1 StPO ein solches Zeugnisverweigerungsrecht nicht. Zudem unterliegen gem. § 97 Abs. 1 Nr. 3 StPO Gegenstände, auf die sich das Zeugnisverweigerungsrecht des Steuerberaters nach § 53 Abs. 1 Satz 1 Nr. 3 StPO erstreckt, auch nicht der **Beschlagnahme**. Hierzu sind neben dem Briefverkehr zwischen dem Schuldner und dem Berater insbesondere dessen Handakte und persönliche Aufzeichnungen zu rechnen.[2] Gleichwohl greift dieses Beschlagnahmeverbot nicht ein, wenn es sich dabei um Unterlagen handelt, zu deren Aufbewahrung der Mandant (Schuldner) gesetzlich verpflichtet ist, insbesondere also Buchhaltungen mit zugehörigen Firmenbelegen und Bilanzen.[3] Buchhaltungsunterlagen, die der Schuldner im Zusammenhang mit einer Außenprüfung dem Steuerberater zwecks Prüfung durch die Finanzbehörde in den Räumen des Beraters überlassen hat, unterliegen nicht dem Beschlagnahmeverbot.[4]

1132

c) Eigene Strafbarkeit

Der Berater sollte beachten, dass der Schuldner (= Mandant) bereits mit Insolvenzantragstellung umfassend zur Auskunft verpflichtet ist (→ 4 Rz. 1094) und hierbei auch Umstände zur Sprache kommen können, die eine eigene strafrechtliche Verfolgung auslösen können. Dies gilt insbesondere in den Fällen, in denen der Berater als Sanierungsberater tätig war. Problematisch sind dabei insbesondere die unter (→ 4 Rz. 1109) dargestellten (Insolvenz-)Straftaten. Es muss jedoch zwischen den (straffreien) sozialadäquaten berufstypischen Handlungen und (strafbaren und damit regelmäßig haftungsbegründenden) Beihilfeakten des Beraters differenziert werden. Entscheidend ist die Solidarisierung des Beraters mit dem Tun seines Mandanten über

1133

---
1) Wörtlich Diversy, ZInsO 2004, 960.
2) Weyand, ZInsO 2011, 745.
3) LG Ulm v. 15.1.2007, 2 Qs 2002/07, ZInsO 2007, 827 m.w.N. eingehend Diversy, ZInsO 2004, 960.
4) LG Essen v. 12.8.2009, 56 Qs 7/09, wistra 2010, 431; Weyand, ZInsO 2011, 745.

das sozialadäquate Berufsverhalten hinaus.[1] **Berufstypische neutrale Handlungen sind prinzipiell strafrechtlich irrelevant.**[2] Demzufolge kann sich der Steuerberater, der z.B. anhand der von ihm erstellten Buchführung bzw. dem Jahresabschluss erkennt, dass ein Unternehmen insolvenzreif ist, durch bloße Fortsetzung seiner Buchhaltungs- und Abschlussarbeiten gerade nicht strafbar machen, auch wenn er den Unternehmer nicht explizit über vorliegende Insolvenzgründe informiert. Auch im Verhältnis zu Geschäftspartnern des Mandanten ist der Berater nicht als Garant anzusehen, der weitere wirtschaftliche Aktivitäten des Schuldners unterbinden muss. Eine Beihilfe wird aber anzunehmen sein, wenn der Berater vorsätzlich eine **qualifizierte Unterstützungshandlung** vornimmt (z.B. Vorlage unrichtiger bzw. unvollständiger betriebswirtschaftlicher Auswertungen bzw. Jahresabschlüsse zum Zwecke der Kreditgewährung oder Buchungen in der Unternehmenskrise, die den Grundsätzen ordnungsmäßiger Buchführung widersprechen).[3]

d) Anfechtung

1134 Den **Berater** treffen die Gefahren der Insolvenzanfechtung ganz besonders, da er anfechtungsrechtlich **als „nahestehende Person"** i.S.d. § 138 Abs. 1 Nr. 3 InsO anzusehen ist.[4] So wird z.B. gem. §§ 130 Abs. 2, Abs. 3, 138 Abs. 1 Nr. 3 InsO widerlegbar vermutet, dass er zum Zeitpunkt des Erhalts seines Honorars innerhalb des Anfechtungszeitraums die Zahlungsunfähigkeit des Schuldners kannte bzw. Kenntnis von Umständen hatte, die zwingend auf die Zahlungsunfähigkeit schließen lassen. Es ist dann Sache des Beraters diese gesetzliche Vermutung zu widerlegen (**Umkehr der Beweislast**). Dieser Nachweis wird ihm schwerfallen, wenn er umfassendes steuerrechtliches Dauermandat übernommen hatte (Erstellung der laufenden Buchführung nebst Umsatzsteuervoranmeldung, des Jahresabschlusses sowie der Jahressteuererklärung), aus dem sich der Berater über die wirtschaftlichen Verhältnisse des Insolvenzschuldners informieren konnte. Etwas anderes ist anzunehmen, wenn die Tätigkeit des Beraters in einer punktuellen oder einmaligen Leistungserbringung und Beratung besteht.[5]

Beauftragt der spätere Insolvenzschuldner einen Rechtsanwalt (Steuerberater) mit der Vorbereitung und Stellung eines ordnungsgemäßen Insolvenzantrags, die durch den Rechtsanwalt (Steuerberater) unter Sicherstellung des Zugangs durch persönliches Einwerfen des Antrags in den Nachtbriefkasten des Gerichts erbracht wird, so liegt eine dem Bargeschäftsprivileg unterfallende kongruente Leistung vor, die eine Rückforderung des eine Woche später gezahlten angemessenen und üblichen Honorars im Wege der Insolvenzanfechtung nach § 133 Abs. 1, § 142 InsO ausschließt.[6]

e) Sicherung des Honorars

1135 Der Berater sollte darauf bedacht sein, seine bereits erbrachten Leistungen insolvenzfest zu machen, indem er zeitnah abrechnet, um in den Genuss des anfechtungsrechtlich privilegierten Bargeschäfts i.S.v. § 142 InsO zu kommen. Dabei muss die Beratungsleistung **wertäquivalent** sein und die Leistungen des Beraters und die entsprechenden Honorarzahlung des Schuldners in einem engen zeitlichen Zusammenhang,

---

1) BGH v. 21.8.2014, 1 StR 13/14, juris; BGH v. 22.01.2014, 5 StR 468/12, NZWiSt 2014, 139; Weyand, ZInsO 2007, 593.
2) BGH v. 21.8.2014, 1 StR 13/14, NStZ-RR 2014, 316; BGH v. 1.8.2000, 5 StR 624/99, ZIP 2000, 1828.
3) OLG Köln v. 3.12.2010, 1 Ws 146/10–128, ZInsO 2011, 288; LG Stuttgart v. 16.7.2010, 14 StL 3/10, DStR 2011, 288; LG Lübeck v. 30.9.2011, 1 Ns 28/11, ZInsO 2012, 1481.
4) BGH v. 15.11.2012, IX ZR 205/11, ZInsO 2012, 2335.
5) AG Viersen v. 5.2.2008, 32 C 233/07, ZInsO 2009, 1452.
6) LG Würzburg v. 16.12.2013, 92 O 2268/12, ZInsO 2014, 564, LG Berlin v. 26.6.2014, 63 O 11/14, ZIP 2014, 1688.; BGH v. 6.12.2007, IX ZR 113/06, ZInsO 2008, 101.

nicht unbedingt Zug-um-Zug erbracht werden. Bei länger währenden Vertragsbeziehungen ist für die Annahme eines Bargeschäfts zu verlangen, dass die jeweiligen Leistungen und Gegenleistungen zeitlich oder gegenständlich teilbar sind und zeitnah – entweder in Teilen oder abschnittsweise – ausgetauscht werden. Wenn zwischen dem Beginn der beratenden Tätigkeit und der Zahlung des Honorars mehr als **30 Tage** liegen, liegt kein Bargeschäft mehr vor.[1] Von daher ist darauf zu achten, dass der Leistungsaustausch innerhalb von 30 Tagen erfolgt.

Wird ein **Vorschuss** i.S.d. § 8 StBGebV vereinbart, muss nicht nur eine ordnungsgemäße Rechnung erteilt werden, die den Anforderungen des § 9 StBGebV entspricht. Der Vorschuss hat zudem den Anforderungen an ein **Bargeschäft** i.S.v. § 142 InsO zu entsprechen. Das heißt, er darf nur in einer Höhe geltend macht werden, der der **wertäquivalenten Vergütung für die nächsten 30 Tage entspricht**.[2] Der Berater kann sich nicht mehr auf ein Bargeschäft berufen, wenn er trotz Nichtzahlung des Schuldners die Beratungsleistung aufnimmt und dem Schuldner auf diesem Wege Kredit durch Stundung gewährt. Schließlich kann zwischen den Parteien vereinbart werden, **Teilleistungen** gegen entsprechende Vergütung zu erbringen.[3]   1136

Verfügt der Berater über einen **vollstreckbaren Titel gegen den Schuldner**, wozu auch die Kostenfestsetzung gegen die eigene Partei gem. § 11 RVG i.V.m. § 45 StBGebV gehört[4], sollte er hiervon im Vorfeld der Insolvenz Gebrauch machen, da das Pfändungspfandrecht im eröffneten Verfahren ein Absonderungsrecht gewährt (→ **4** Rz. 1117). Dabei kommt dem Zeitfaktor mit Blick auf die Rückschlagsperre (→ **4** Rz. 1120) oder die Insolvenzanfechtung (→ **4** Rz. 1118) besondere Bedeutung zu. Im eröffneten Verfahren verliert der Titel seine Vollstreckbarkeit (§ 89 InsO), bietet aber im Rahmen der Forderungsanmeldung Vorteile → **4** Rz. 1124).   1137

Vor dem Hintergrund der Insolvenzanfechtung (→ **4** Rz. 888) wird der Versuch des Beraters, seine Honorarforderungen im Wege von deklaratorischen Schuldanerkenntnissen (unter Verzicht auf alle (un)bekannten, aktuellen und künftigen Einwendungen), der Verlängerung von Verjährungsfristen sowie der Unterwerfung unter die sofortige Zwangsvollstreckung in einem notariellen oder anwaltlichen Vergleich (§ 796a ZPO) zu sichern und zu realisieren, nur erfolgreich sein, wenn diese Maßnahmen außerhalb der Drei-Monats-Frist liegen und eine vorsätzliche Benachteiligung i.S.d. § 133 InsO ausscheidet.   1138

Siehe auch *Unternehmenskrise* → **4** Rz. 1694 ff.

---

1) BGH v. 10.7.2014, IX ZR 192/13, ZInsO 2014, 1602.
2) Zum Rechtsanwalt BGH v. 6.12.2007, IX ZR 113/06, ZIP 2008, 232.
3) BGH v. 10.7.2014, IX ZR 192/13, ZInsO 2014, 1602; BGH v. 15.12.2011, IX ZR 118/11, ZInsO 2012, 241.
4) Eingehend hierzu Wollweber, DStR 2010, 1801, 1805.

Jahresabschluss

von Holm Geiermann

INHALTSÜBERSICHT Rz.

I. Vorbemerkung	1139
II. Bilanz	1140
III. Gewinn- und Verlustrechnung	1141
IV. Anhang	1142–1143
1. Überblick	1142
2. Übersicht: Angabepflichten im Anhang	1143
V. Lagebericht	1144

I. Vorbemerkung

1139 Nach § 242 Abs. 3 HGB haben alle Kaufleute einen Jahresabschluss zu erstellen, der aus Bilanz und Gewinn- und Verlustrechnung gebildet wird. Kapitalgesellschaften haben diesen Jahresabschluss nach § 264 Abs. 1 HGB um einen Anhang (→ 4 Rz. 1142) zu erweitern sowie einen Lagebericht (→ 4 Rz. 1144) aufzustellen. Die Erstellung von Geschäftsberichten ist gesetzlich nicht mehr vorgeschrieben. In der Praxis aber sind derartig überschriebene Druckstücke durchaus noch anzutreffen, in denen Jahresabschluss inklusive Anhang und Lagebericht nebst sonstigen freiwilligen Angaben, Bildern, Grafiken, Schaubildern und Erläuterungen berichtsmäßig zusammengefasst und gebunden an die Unternehmensinteressenten herausgegeben werden.

Hinweis:

Das Bundesministerium für Justiz und Verbraucherschutz hat einen **Referentenentwurf** zur Umsetzung der EU-Rechnungslegungsrichtlinie vorgelegt. Am 7.1.2015 hat die Bundesregierung daraufhin einen Gesetzesentwurf zum Bilanzrichtlinienumsetzungsgesetz (BilRUG) vorgelegt. Durch das geplante Gesetz werden auch mit dem Jahresabschluss in Zusammenhang stehende Fragen berührt. Die weitere Entwicklung bleibt abzuwarten

II. Bilanz

1140 In der Bilanz sind das Anlage- und das Umlaufvermögen, das Eigenkapital, die Schulden sowie ggf. die Rechnungsabgrenzungsposten gesondert aufzuzeichnen und hinreichend aufzugliedern (§ 247 Abs. 1 HGB). Die hierbei zu beachtenden Grundsätze zur Form (Gliederung) und zum Inhalt (inklusive der Bewertung) sind in den §§ 243–256a HGB und für KapGes sowie KapCoGes. in §§ 264 HGB ff. geregelt.

Die Bilanz ist jeweils auf den Schluss eines jeden Geschäftsjahres aufzustellen. Das Geschäftsjahr kann dabei kürzer (Rumpfwirtschaftsjahr) aber nicht länger als zwölf Monate sein.

Die Gliederung der Bilanz erfolgt unter Beachtung des § 266 HGB. Danach haben große und mittelgroße Kapitalgesellschaften (§ 267 Abs. 3 HGB) auf der Aktivseite die in § 266 Abs. 2 HGB und auf der Passivseite die in § 266 Abs. 3 HGB bezeichneten Posten gesondert und in der vorgeschriebenen Reihenfolge auszuweisen (großes Bilanzschema). Kleine Kapitalgesellschaften (§ 267 Abs. 1 HGB) brauchen nur eine verkürzte Bilanz aufzustellen (§ 266 Abs. 1 Satz 3 HGB, kleines Bilanzschema).

Das Bilanzschema ist zum Zwecke des Periodenvergleichs stetig anzuwenden (§ 265 Abs. 1 HGB). Das Schema ist lediglich eine Mindestnorm für die Vorlage der Bilanz an die Gesellschafter. Es kann durch Satzung oder Gesellschaftsvertrag erweitert, aber nicht eingeschränkt werden. Für Zwecke der Offenlegung der Bilanz im elektronischen Bundesanzeiger gelten nach den §§ 326 und 327 HGB größenabhängige Erleichterungen. Mit dem Kleinstkapitalgesellschaften-Bilanzrechtsänderungsgesetz (MicroBilG)[1] wurden für Kapitalgesellschaften Erleichterungen bei der Erstellung der Bilanz, der Gewinn- und Verlustrechnung und des Anhangs eingeführt, wenn sie mindestens zwei der drei nachstehenden Merkmale nicht überschreiten (§ 267a Abs. 1 HGB i.d.F. MicroBilG):

– Umsatzerlöse bis zu 700 000 €, in den zwölf Monaten vor dem Abschlussstichtag;
– Bilanzsumme bis 350 000 €,
– im Jahresdurchschnitt Zahl der beschäftigten Arbeitnehmer bis zehn.

Erfüllt die in Betracht kommende Gesellschaft diese Voraussetzungen, braucht sie nur eine verkürzte Bilanz aufzustellen, in der die in § 266 Abs. 2 und 3 HGB bezeichneten Posten gesondert und in der vorgeschriebenen Reihenfolge aufgenommen werden (§ 266 Abs. 1 Satz 4 HGB). Für den Fall, dass die Kleinstkapitalgesellschaft von dem in § 266 Abs. 1 Satz 3 und 4 HGB genannten Wahlrecht Gebrauch macht, richtet sich die Gliederung der Bilanz nach der Ausübung dieses Wahlrechts. Diese Regelungen gelten erstmals für Jahres- und Konzernabschlüsse für Geschäftsjahre, die nach dem 30.12.2012 beginnen.

Bei Kleinstkapitalgesellschaften i.d. Form einer Aktiengesellschaft sind die Vorschriften des § 152 Abs. 1 bis 3 AktG (Ausweis des Grundkapitals, der Kapitalrücklage und einzelner Posten der Gewinnrücklage) nicht anzuwenden, wenn die Gesellschaft von den Erleichterungen i.S.d. § 266 Abs. 1 Satz 4 HGB Gebrauch macht (§ 152 Abs. 4 AktG). Diese Regelung findet nach § 26f des Einführungsgesetzes zum Aktiengesetz erstmals auf Jahres- und Konzernabschlüsse Anwendung, die sich auf einen nach dem 30.12.2012 liegenden Abschlussstichtag beziehen.

Wegen der **elektronischen Übermittlung** der Bilanz sowie der Gewinn- und Verlustrechnung an das Finanzamt vgl. die Ausführungen zur „Rechnungslegung" (→ 4 Rz. 1322 ff.), § 5b EStG sowie die entsprechenden Informationen unter www.esteuer.de.

III. Gewinn- und Verlustrechnung

Die Gewinn- und Verlustrechnung (GuV) ist notwendiger Bestandteil des handelsrechtlichen Jahresabschlusses (§ 242 Abs. 3 HGB). Inhalt und Form der GuV bestimmen sich für Kapitalgesellschaften nach den §§ 275 bis 278 HGB. Die GuV ist danach in Staffelform aufzustellen. Es kann das Gesamtkostenverfahren oder das Umsatzkostenverfahren angewendet werden. Beide Verfahren führen zum selben Ergebnis. **1141**

Beim Gesamtkostenverfahren (§ 275 Abs. 2 HGB) werden Bestandsänderungen berücksichtigt, d.h., den Umsatzerlösen (§ 275 Abs. 2 Nr. 1 HGB) werden die im Geschäftsjahr erbrachten, aber noch nicht verkauften Leistungen hinzugerechnet, während die verkauften, aber in einem anderen Geschäftsjahr erbrachten Leistungen abgezogen werden (jeweils einschl. unfertiger Erzeugnisse; § 275 Abs. 2 Nr. 2 HGB). Dieser Gesamtleistung einschließlich der anderen aktivierten Eigenleistungen (§ 275 Abs. 2 Nr. 3 HGB) und der sonstigen betrieblichen Erträge (§ 275 Abs. 2 Nr. 4 HGB) werden die im Geschäftsjahr angefallenen Aufwendungen gegenübergestellt, und zwar jeweils nach Aufwandsarten gegliedert. Der Vorteil dieses Verfahrens liegt darin, dass der Gesamtaufwand der Rechnungsperiode dargestellt wird, und zwar

---
[1] BGBl. I 2012, 2751.

untergliedert nach Materialaufwand (§ 275 Abs. 2 Nr. 5 HGB), Personalaufwand (§ 275 Abs. 2 Nr. 6 HGB) und Aufwand für Wertberichtigungen (§ 265 Abs. 2 Nr. 7 HGB). Das Gesamtkostenverfahren ist die bisher gebräuchlichste Darstellung in deutschen mittelständischen Unternehmen. Vorteile sind die Periodenabgrenzung des Erfolgs und die gleichzeitig mit der Gliederung vorliegende Kostenartenrechnung.

Beim Umsatzkostenverfahren (§ 275 Abs. 3 HGB) wird nicht nach Aufwandsarten, sondern nach Funktionsbereichen gegliedert. Es werden demzufolge Herstellungskosten (§ 275 Abs. 3 Nr. 2 HGB), Vertriebskosten (§ 275 Abs. 3 Nr. 4 HGB) und allgemeine Verwaltungskosten (§ 275 Abs. 3 Nr. 5 HGB) jeweils einschließlich der entsprechenden Abschreibungen gezeigt. Ein Vorteil des Umsatzkostenverfahrens wird darin gesehen, dass der betriebliche Aufwand den einzelnen Funktionsbereichen zugeordnet ist und dass das Betriebsergebnis dem Umsatzgewinn entspricht, sowie dass es hierfür ohne Bestandsermittlungen auskommt. Probleme liegen in der Ermittlung der dem Umsatz zuzurechnenden Kosten.

Für kleine und mittelgroße Kapitalgesellschaften bestehen bei der Darstellung Erleichterungen nach § 276 HGB. Die Erleichterungen bestehen darin, dass bei Anwendung des Gesamtkostenverfahrens die Posten Umsatzerlöse, Erhöhung oder Verminderung des Bestands an fertigen und unfertigen Erzeugnissen, andere aktivierte Eigenleistungen, sonstige betriebliche Erträge und Materialaufwand sowie beim Umsatzkostenverfahren die Posten Umsatzerlöse, Herstellungskosten der zur Erzielung der Umsatzerlöse erbrachten Leistung, Bruttoergebnis vom Umsatz und sonstige betriebliche Erträge zu dem Posten Rohergebnis zusammengefasst werden können.

Kleinstkapitalgesellschaften i.S.d § 267a HGB können an Selle der Staffelung nach § 275 Abs. 2 und 3 HGB (Gesamt- und Umsatzkostenverfahren) die Gewinn- und Verlustrechnung wie folgt gliedern (§ 275 Abs. 5 HGB):

1. Umsatzerlöse,
2. sonstige Erträge,
3. Materialaufwand,
4. Personalaufwand,
5. Abschreibungen,
6. sonstige Aufwendungen,
7. Steuern,
8. Jahresüberschuss,
9. Jahresfehlbetrag.

Diese Erleichterungen für die Kleinstkapitalgesellschaft gelten nach Art. 70 Abs. 1 EHGB erstmals für Jahres- und Konzernabschlüsse für Geschäftsjahre, die nach dem 30.12.2012 beginnen.

Nach dem § 276 Satz 2 HGB brauchen kleine Kapitalgesellschaften, die in § 277 Abs. 4 Satz 2 HGB verlangten Erläuterungen zu den Posten „außerordentliche Erträge" und „außerordentliche Aufwendungen" nicht zu machen. Für Kleinstkapitalgesellschaften gilt diese Erleichterung allerdings nicht, wenn die Gesellschaft von der Regelung des § 275 Abs. 5 HGB Gebrauch macht (§ 276 Satz 3 HGB).

Bei Kleinstkapitalgesellschaften i.d. Form einer Aktiengesellschaft sind die Gliederungsvorschriften des § 158 Abs. 1 und 2 AktG für die Gewinn- und Verlustrechnung nicht anzuwenden, wenn die Gesellschaft von der Erleichterung nach § 275 Abs. 5 HGB Gebrauch macht (§ 158 Abs. 3 AktG). Auch diese Vorschrift findet nach § 26f des Einführungsgesetzes zum Aktiengesetz erstmals auf Jahres- und Konzernabschlüsse Anwendung, die sich auf einen nach dem 30.12.2012 liegenden Abschlussstichtag beziehen.

IV. Anhang

1. Überblick

Für Kapitalgesellschaften (KapGes = AG, GmbH und KGaA) und für bestimmte Personenhandelsgesellschaften (= OHG und KG, bei denen nicht wenigstens ein persönlich haftender Gesellschafter eine natürliche Person oder eine OHG, KG oder andere Personengesellschaft mit einer natürlichen Person als persönlich haftender Gesellschafter ist, z.B. GmbH & Co. KG, AG & Co. OHG = KapCoGes) besteht der Jahresabschluss zusätzlich zur Bilanz und der Gewinn- und Verlustrechnung zwingend auch aus dem sog. Anhang (§ 264 Abs. 1 HGB). Der Anhang ist grundsätzlich von allen beschriebenen Gesellschaften aufzustellen. Für kleine und mittelgroße Gesellschaften gelten wahlweise Erleichterungsregeln. Dabei ist jedoch zu unterscheiden zwischen Erleichterungen bereits bei der Aufstellung des Jahresabschlusses (= für kleine KapGes verringerte Angabepflichten und für mittlere KapGes praktisch keine Erleichterungen) und bei der Offenlegung desselben (erhebliche Verkürzungen für kleine und mittlere KapGes und bestimmte Personengesellschaften).

1142

Nach MicroBilG[1)] dem können Kleinstkapitalgesellschaften auf die Erstellung eines Anhangs zur Bilanz vollständig verzichten, wenn sie bestimmte Angaben (z.B. zu Vorschüssen und Krediten an Mitglieder der Geschäftsführungs- oder Aufsichtsorgane und – im Fall einer AG – Angaben zu eigenen Aktien) unter der Bilanz ausweisen (§ 264 Abs. 1 HGB). Macht die Kleinstkapitalgesellschaft von dieser Regelung Gebrauch, wird vermutet, dass der Jahresabschluss den Erfordernissen des § 264 Abs. 2 Satz 1 HGB entspricht.

Kleinstkapitalgesellschaften sind kleine Kapitalgesellschaften, die mindestens zwei der drei nachstehenden Merkmale nicht überschreiten (§ 267a Abs. 1 HGB):

– Umsatzerlöse bis zu 700 000,– € in den zwölf Monaten vor dem Abschlussstichtag,
– Bilanzsumme bis 350 000,– € nach Abzug eines auf der Aktivseite ausgewiesenen Fehlbetrags (§ 268 Abs. 3 HGB),
– im Jahresdurchschnitt zehn Arbeitnehmer.

Diese Neuregelung gilt für Geschäftsjahre, deren Abschlussstichtag nach dem 30.12.2012 liegt (Art. 70 Abs. 2 EGHGB).

Neben den Pflichtangaben laut HGB sind außerdem noch einige wenige rechtsformspezifische, in den jeweiligen Spezialgesetzen vorgeschriebene Pflichtangaben im Anhang zu machen. In der folgenden Übersicht sind die Pflichtangaben laut HGB ergänzt um die Pflichtangaben für die GmbH und die AG dargestellt.

Für die Strukturierung des Anhangs hat sich überwiegend die sachliche Gliederung durchgesetzt. Andere Strukturen sind möglich (z.B. nach Paragrafen), jedoch weniger üblich. Die nachfolgende Übersicht basiert auf dem ursprünglichen Vorschlag von Küting/Weber.[2)] Der Aufbau des Anhangs nach dieser Grobgliederung hat sich in der Praxis wegen seiner Übersichtlichkeit bewährt. Insbesondere für kleine Kapitalgesellschaften ist zu empfehlen, die Angaben zur Gewinn- und Verlustrechnung gesondert von den übrigen Angaben darzustellen, da diese Angaben in der Offenlegungsversion nicht enthalten sein müssen.

Übersicht: Strukturierung des Anhangs

---

1) Gesetz zur Umsetzung der Richtlinie 2012/6/EU des Europäischen Parlaments und des Rates vom 14. März 2012 zur Änderung der Richtlinie 78/660/EWG des Rates über den Jahresabschluss von Gesellschaften bestimmter Rechtsformen hinsichtlich Kleinstbetrieben (Kleinstkapitalgesellschaften-Bilanzrechtsänderungsgesetz – MicroBilG v. 20.12.2012, BGBl. I 2012, 2751)
2) Küting/Weber, Der Übergang auf die neue Rechnungslegung, 4. Aufl., Stuttgart 1986, 142 ff.

1. Bilanzierungs-, Bewertungs- und Umrechnungsmethoden
2. Erläuterungen zum Jahresabschluss
3. Zusätzliche Angaben nach § 264 Abs. 2 HGB
4. Erläuterung der Bilanz
5. Erläuterung der Gewinn- und Verlustrechnung
6. Darstellung der Ergebnisverwendung
7. Entsprechenserklärung
8. Sonstige Angaben
9. Haftungsverhältnisse und sonstige finanzielle Verpflichtungen
10. Beziehungen zu verbundenen Unternehmen
11. Organkredite und Aufwendungen für Organe
12. Weitere Angaben

Unter Berücksichtigung der Zusatzangaben speziell für GmbHs und AGs ergeben sich unter Geltung des Bilanzrechtsmodernisierungsgesetzes (BilMoG) v. 25.5.2009 im Einzelnen folgende Angabepflichten im Anhang:

2. Übersicht: Angabepflichten im Anhang

Gegenstand der Berichtspflicht	Vorschrift	Angabe ist zu machen von[1]			Alternative Darstellung in anderen Teilen des Jahresabschlusses	Sonstiges/ Bemerkungen
		kleinen KapGes bzw. Kap-CoGes	mittelgroßen KapGes bzw. Kap-CoGes	großen KapGes bzw. Kap-CoGes		
1. Bilanzierungs-, Bewertungs- und Umrechnungsmethoden						Betrifft alle Größenklassen: Die Berichterstattung im Anhang hat insoweit zu unterbleiben, als es für das Wohl der Bundesrepublik Deutschland oder eines ihrer Länder erforderlich ist (§ 286 Abs. 1 HGB).
– Angabe der auf die Posten der Bilanz und der GuV angewandten Bilanzierungs- und Bewertungsmethoden	§ 284 Abs. 2 Nr. 1 HGB	×	×	×		
– Angabe und Begründung, wenn die Darstellungsstetigkeit unterbrochen wird	§ 265 Abs. 1 Satz 2 HGB	×	×	×		

1) Legende:
× = Angabe ist uneingeschränkt zu machen.
A = Angabe kann bereits bei der Aufstellung – also völlig – entfallen.
O = Angabe kann bei der Offenlegung entfallen, ist also bei der Aufstellung noch zu machen.

Jahresabschluss

Gegenstand der Berichtspflicht	Vorschrift	Angabe ist zu machen von			Alternative Darstellung in anderen Teilen des Jahresabschlusses	Sonstiges/ Bemerkungen
		kleinen KapGes bzw. Kap-CoGes	mittelgroßen KapGes bzw. Kap-CoGes	großen KapGes bzw. Kap-CoGes		
– Angabe und Erläuterung, wenn Beträge einzelner Abschlussposten nicht mit den Angaben des Vorjahres vergleichbar sind	§ 265 Abs. 2 Satz 2 HGB	×	×	×		*Erleichterungen für Konzern-Tochterunternehmen:* Unter den Voraussetzungen des § 264 Abs. 3 und 4 bzw. § 264b HGB brauchen bestimmte Tochterunternehmen im Konzern die ergänzenden Vorschriften für KapGes sowie bestimmte PersGes über den Jahresabschluss überhaupt nicht zu beachten, also auch keinen Anhang aufzustellen.
– Angabe und Erläuterung, wenn Vergleichszahlen des Vorjahres angepasst werden	§ 265 Abs. 2 Satz 3 HGB	×	×	×		
– Angabe und Begründung, wenn – bedingt durch mehrere Geschäftszweige – verschiedene Gliederungsvorschriften zu beachten sind	§ 265 Abs. 4 Satz 2 HGB	×	×	×		
– Angabe der Grundlagen für die Währungsumrechnung	§ 284 Abs. 2 Nr. 2 HGB	×	×	×		
– Angabe und Begründung von Abweichungen bei den Bilanzierungs- und Bewertungsmethoden sowie gesonderte Darstellung des Einflusses dieser Abweichungen auf die Vermögens-, Finanz- und Ertragslage	§ 284 Abs. 2 Nr. 3 HGB	×	×	×		*Bewertungsstetigkeit*

Gegenstand der Berichtspflicht	Vorschrift	Angabe ist zu machen von			Alternative Darstellung in anderen Teilen des Jahresabschlusses	Sonstiges/ Bemerkungen
		kleinen KapGes bzw. KapCoGes	mittelgroßen KapGes bzw. KapCoGes	großen KapGes bzw. KapCoGes		
– Angabe, wenn Fremdkapitalzinsen in die Herstellungskosten einbezogen werden	§ 284 Abs. 2 Nr. 5 HGB	×	×	×		
2. Erläuterungen zum Jahresabschluss						
2.1 Zusätzliche Angaben nach § 264 Abs. 2 HGB						
– Zusätzliche Angaben, wenn der Jahresabschluss ein den tatsächlichen Verhältnissen entsprechendes Bild der Vermögens-, Finanz- und Ertragslage nicht vermittelt	§ 264 Abs. 2 Satz 2 HGB	×	×	×		
2.2 Erläuterung der Bilanz						
Angabe, wenn ein – Vermögensgegenstand oder eine Schuld unter mehrere Posten der Bilanz fällt, falls für Klarheit und Übersichtlichkeit erforderlich	§ 265 Abs. 3 Satz 1 HGB	×	×	×	Bilanz	
– Gesonderter Ausweis von Abschlussposten, die in der Bilanz zulässigerweise zusammengefasst worden sind	§ 265 Abs. 7 Nr. 2 HGB	×	×	×	Bilanz	
– Erläuterung von Beträgen mit einem größeren Umfang, die für Vermögensgegenstände ausgewiesen werden, die erst nach dem Abschlussstichtag rechtlich entstehen	§ 268 Abs. 4 Satz 2 HGB	A	×	×		

Jahresabschluss 4

Gegenstand der Berichtspflicht	Vorschrift	Angabe ist zu machen von			Alternative Darstellung in anderen Teilen des Jahresabschlusses	Sonstiges/ Bemerkungen
		kleinen KapGes bzw. Kap-CoGes	mittelgroßen KapGes bzw. Kap-CoGes	großen KapGes bzw. Kap-CoGes		
– Erläuterung von Beträgen mit einem größeren Umfang, die für Verbindlichkeiten ausgewiesen werden, die erst nach dem Abschlussstichtag rechtlich entstehen	§ 268 Abs. 5 Satz 3 HGB	A	×	×		
– Darstellung des Anlagenspiegels	§ 268 Abs. 2 Satz 1 HGB	A	×	×	Bilanz	
– Angabe der Abschreibungen des Geschäftsjahrs auf die einzelnen Posten des Anlagevermögens	§ 268 Abs. 2 Satz 3 HGB	×	×	×	Bilanz	Kann im Anlagenspiegel mit dargestellt werden
– Angabe eines Gewinn- oder Verlustvortrags bei Aufstellung der Bilanz unter Berücksichtigung der teilweisen Verwendung des Jahresergebnisses	§ 268 Abs. 1 Satz 2 HGB	×	×	×	Bilanz	Zur Darstellung der Ergebnisverwendung bei der AG: Soweit sich das Jahresergebnis, der Vorschlag für die Verwendung, der Beschluss über die Verwendung aus der beim Handelsregister eingereichten Bilanz oder dem Anhang nicht ergeben, sind sie gesondert beizufügen.
– Angabe der Gründe, welche die Annahme einer betrieblichen Nutzungsdauer eines entgeltlich erworbenen Geschäfts- oder Firmenwerts von mehr als fünf Jahren rechtfertigt	§ 285 Satz 1 Nr. 13 HGB	×	×	×		
– Angabe eines nach § 250 Abs. 3 HGB in den Rechnungsabgrenzungsposten eingestellten Unterschiedsbetrags (Disagio)	§ 268 Abs. 6 HGB	A	×	×	Bilanz	

Geiermann 1047

Gegenstand der Berichtspflicht	Vorschrift	Angabe ist zu machen von			Alternative Darstellung in anderen Teilen des Jahresabschlusses	Sonstiges/ Bemerkungen
		kleinen KapGes bzw. Kap-CoGes	mittelgroßen KapGes bzw. Kap-CoGes	großen KapGes bzw. Kap-CoGes		
– Ausweis eines erheblichen Unterschiedsbetrags bei Anwendung einer Bewertungsmethode nach §§ 240 Abs. 4, 256 Satz 1 HGB, wenn der Börsenkurs bzw. Marktpreis erheblich von diesem Wertansatz abweicht	§ 284 Abs. 2 Nr. 4 HGB	A	×	×		N
– Angaben über die zu den Finanzanlagen (§ 266 Abs. 2 A. II. HGB) gehörenden Finanzinstrumente. Voraussetzung ist, dass diese über den beizulegenden Zeitwert ausgewiesen werden, weil eine außerplanmäßige Abschreibung nach § 253 Abs. 3 Satz 4 HGB unterblieben ist. Anzugeben ist: – der Buchwert und der beizulegende Zeitwert der Vermögensgegenstände oder angemessener Gruppierungen sowie – die Gründe für das Unterlassen der Abschreibung einschließlich der Anhaltspunkte, die darauf hindeuten, dass die Wertminderung voraussichtlich nicht von Dauer ist.	§ 285 Satz 1 Nr. 18, i.V.m. § 288 Satz 1 HGB	A	×	×		Erstmals auf Jahres- und Konzernabschlüsse für das nach dem 31.12.2009 beginnende Geschäftsjahr anzuwenden.

Jahresabschluss

Gegenstand der Berichtspflicht	Vorschrift	Angabe ist zu machen von			Alternative Darstellung in anderen Teilen des Jahresabschlusses	Sonstiges/ Bemerkungen
		kleinen KapGes bzw. Kap-CoGes	mittelgroßen KapGes bzw. Kap-CoGes	großen KapGes bzw. Kap-CoGes		
– Angaben zu den für jede Kategorie nicht zum beizulegenden Zeitwert bilanzierten derivativen Finanzinstrumenten. Im Einzelnen sind anzugeben: – Art und Umfang, – der beizulegende Zeitwert, soweit er sich nach § 255 Abs. 4 HGB verlässlich ermitteln lässt, unter Angabe der allgemein angewandten Bewertungsmethode, – der Buchwert und der Bilanzposten, in welchem der Buchwert, soweit vorhanden, erfasst ist – die Gründe dafür, warum der beizulegende Zeitwert nicht bestimmt werden kann.	§ 285 Satz 1 Nr. 19 HGB	×	×	×		
– Angabe des Gesamtbetrags der Verbindlichkeiten mit einer Restlaufzeit von mehr als fünf Jahren	§ 285 Satz 1 Nr. 1 Buchst. a HGB					Die Darstellung erfolgt zweckmäßigerweise in Form eines Verbindlichkeitenspiegels.
– Angabe des Gesamtbetrags der Verbindlichkeiten, die durch Pfandrechte oder ähnliche Rechte gesichert sind, unter Angabe von Art und Form der Sicherheiten	§ 285 Satz 1 Nr. 1 Buchst. b HGB	×	×	×		

Gegenstand der Berichtspflicht	Vorschrift	Angabe ist zu machen von			Alternative Darstellung in anderen Teilen des Jahresabschlusses	Sonstiges/ Bemerkungen
		kleinen KapGes bzw. Kap-CoGes	mittelgroßen KapGes bzw. Kap-CoGes	großen KapGes bzw. Kap-CoGes		
Aufgliederung der – gem. § 285 Satz 1 Nr. 1 Buchst. a und b gemachten Angaben für jeden Posten der Verbindlichkeiten, sofern nicht bereits aus der Bilanz ersichtlich	§ 285 Satz 1 Nr. 2 i.V.m. § 288 Abs. 1 bzw. § 327 Nr. 2 HGB	A	O	×		
Erläuterung der – „sonstigen Rückstellungen", die in der Bilanz nicht gesondert ausgewiesen werden und einen nicht unerheblichen Umfang haben	§ 285 Satz 1 Nr. 12 i.V.m. § 288 Abs. 1 bzw. § 327 Nr. 2 HGB	A	O	×	Bilanz	
– Angabe der in der Bilanz nicht ausgewiesenen Rückstellungen für laufende Pensionen, Anwartschaften auf Pensionen und ähnliche Verpflichtungen aus Altzusagen vor dem 1.1.1987	Art. 28 Abs. 2 EGHGB gilt gem. Art. 48 Abs. 6 EGHGB auch für Kap-CoKG	×	×	×		Angabepflicht, solange derartige nicht ausgewiesene Verpflichtungen bestehen.
Speziell für die AG:						
– Angabe der Einstellung des Eigenkapitalanteils von Wertaufholungen und steuerlichen Sonderposten in die anderen Gewinnrücklagen	§ 58 Abs. 2a AktG	×	×	×	Bilanz	
– Angabe des Betrags bei Einstellung in und bei Entnahme aus dem Posten „Kapitalrücklage"	§ 152 Abs. 2 AktG	×	×	×	Bilanz	

Jahresabschluss

Gegenstand der Berichtspflicht	Vorschrift	Angabe ist zu machen von			Alternative Darstellung in anderen Teilen des Jahresabschlusses	Sonstiges/ Bemerkungen
		kleinen KapGes bzw. Kap-CoGes	mittelgroßen KapGes bzw. Kap-CoGes	großen KapGes bzw. Kap-CoGes		
– Angabe der Beträge bei Einstellung in und Entnahme aus den einzelnen Posten der Gewinnrücklagen	§ 152 Abs. 3 AktG	×	×	×	Bilanz	
– Angaben über Bestand, Zugang und Verwertung von Vorzugsaktien und eigenen Aktien	§ 160 Abs. 1 Nr. 1 und 2 AktG	×	×	×		Die Berichterstattung nach § 160 Abs. 1 AktG hat insoweit zu unterbleiben, als es für das Wohl der Bundesrepublik Deutschland oder eines ihrer Länder erforderlich ist (§ 160 Abs. 2 AktG).
– Angaben über die Zahl und den Nennbetrag der Aktien jeder Gattung	§ 160 Abs. 1 Nr. 3 AktG	×	×	×	Bilanz	
– Angaben über das genehmigte Kapital	§ 160 Abs. 1 Nr. 4 AktG	×	×	×		
– Angaben über Bezugsrechte an Mitarbeiter/Mitglieder der Geschäftsführung, Wandelschuldverschreibungen und vergleichbare Wertpapiere	§ 160 Abs. 1 Nr. 5 AktG	×	×	×		
– Angaben über Genussrechte, Rechte aus Besserungsscheinen und ähnliche Rechte	§ 160 Abs. 1 Nr. 6 AktG	×	×	×		
– Angaben über das Bestehen einer Beteiligung an der Gesellschaft, die ihr nach § 20 Abs. 1 oder 4 AktG mitgeteilt worden ist	§ 160 Abs. 1 Nr. 8 AktG	×	×	×		

Gegenstand der Berichtspflicht	Vorschrift	Angabe ist zu machen von			Alternative Darstellung in anderen Teilen des Jahresabschlusses	Sonstiges/ Bemerkungen
		kleinen KapGes bzw. Kap-CoGes	mittelgroßen KapGes bzw. Kap-CoGes	großen KapGes bzw. Kap-CoGes		
– Erläuterung der Verwendung der bei vereinfachter Kapitalherabsetzung gewonnenen Beträge	§ 240 Satz 3 AktG	x	x	x		Zum gesonderten Ausweis in der GuV vgl. § 240 AktG.
– Angabe der Gründe und Beifügung einer Sonderregelung, falls eine anlässlich einer Sonderprüfung i.S.d. §§ 258 ff. AktG festgestellte Unterbewertung nicht mehr zu einer entsprechenden Korrektur der Bilanzansätze führt	§ 261 Abs. 1 Satz 3 und 4 AktG	x	x	x		Zusätzliche Angabe der Unterschiedsbeträge in der Bilanz und in der GuV, vgl. § 261 AktG.
Speziell für die GmbH:						
– Angabe der Einstellung des Eigenkapitalanteils von Wertaufholungen und steuerlichen Sonderposten in die anderen Gewinnrücklagen	§ 29 Abs. 4 GmbHG	x	x	x	Bilanz	
– Angaben zu Ausleihungen, Forderungen und Verbindlichkeiten gegenüber Gesellschaftern	§ 42 Abs. 3 GmbHG	x	x	x	Bilanz	
Speziell für die Kap-CoKG:						
– Angabe des Betrags der im Handelsregister gem. § 172 Abs. 1 HGB eingetragenen, jedoch noch nicht geleisteten Einlagen (ausstehende Einlagen)	§ 264c Abs. 2 Satz 9 HGB	x	x	x		

Jahresabschluss

Gegenstand der Berichtspflicht	Vorschrift	Angabe ist zu machen von			Alternative Darstellung in anderen Teilen des Jahresabschlusses	Sonstiges/ Bemerkungen
		kleinen KapGes bzw. Kap-CoGes	mittelgroßen KapGes bzw. Kap-CoGes	großen KapGes bzw. Kap-CoGes		
– Angabe der Ausleihungen, Forderungen und Verbindlichkeiten gegenüber Gesellschaftern	§ 264c Abs. 1 HGB	×	×	×	Bilanz	Vergleichbar mit § 42 Abs. 3 GmbHG; hier betrifft es Ansprüche und Verbindlichkeiten gegenüber Komplementären und Kommanditisten.
2.3 Erläuterung der Gewinn- und Verlustrechnung						*Kleine KapGes. und KapCoGes:* Angaben zur GuV können bei der Offenlegung entfallen (§ 326 HGB); aber bei Zweifeln über die Größenklasse kann vom Registergericht die Mitteilung der Umsatzerlöse und der durchschnittlichen Zahl der Arbeitnehmer angefordert werden (§ 329 Abs. 2 HGB).
– Gesonderter Ausweis von Abschlussposten, die in der GuV zulässigerweise zusammengefasst worden sind	§ 265 Abs. 7 Nr. 2 HGB	O	×	×	Anhang	
– Angabe des Betrags außerplanmäßiger Abschreibungen nach § 253 Abs. 3 Satz 3 und 4 HGB	§ 277 Abs. 3 Satz 1 HGB	O	×	×	Anhang	
Erläuterungen der – ausgewiesenen außerordentlichen Aufwendungen und Erträge hinsichtlich Betrag und Art, soweit die ausgewiesenen Beträge für die Beurteilung der Ertragslage nicht von untergeordneter Bedeutung sind	§ 277 Abs. 4 Satz 2 HGB	A	×	×		*Außerordentliche Aufwendungen und Erträge*

4 Beratungsschwerpunkte und deren Fallstricke

Gegenstand der Berichtspflicht	Vorschrift	Angabe ist zu machen von			Alternative Darstellung in anderen Teilen des Jahresabschlusses	Sonstiges/ Bemerkungen
		kleinen KapGes bzw. Kap-CoGes	mittelgroßen KapGes bzw. Kap-CoGes	großen KapGes bzw. Kap-CoGes		
– Erläuterungen periodenfremder Aufwendungen und Erträge hinsichtlich Betrag und Art, soweit diese für die Beurteilung der Ertragslage nicht von untergeordneter Bedeutung sind	§ 277 Abs. 4 Satz 3 i.V.m. Satz 2 HGB	A	×	×		*Periodenfremde Aufwendungen*
Aufgliederung der – Umsatzerlöse nach Tätigkeitsbereichen sowie nach geografisch bestimmten Märkten, soweit sich, unter Berücksichtigung der Organisation des Verkaufs von für die gewöhnliche Geschäftstätigkeit der KapGes typischen Erzeugnissen und der für die gewöhnliche Geschäftstätigkeit der KapGes typischen Dienstleistungen, die Tätigkeitsbereiche und geografisch bestimmten Märkte untereinander erheblich unterscheiden	§ 285 Satz 1 Nr. 4 i.V.m. § 288 Abs. 1 HGB	A	A	×		Die Aufgliederung kann auch bei großen KapGes unterbleiben, soweit die Aufgliederung nach vernünftiger kaufmännischer Beurteilung geeignet ist, der KapGes oder einem Unternehmen, von dem die KapGes mindestens den fünften Teil der Anteile besitzt, einen erheblichen Nachteil zuzufügen (§ 286 Abs. 2 HGB).
– Angabe, in welchem Umfang die Einkommens- und Ertragsteuern auf das ordentliche und das außerordentliche Ergebnis entfallen	§ 285 Satz 1 Nr. 6 i.V.m. § 326 Satz 3 HGB	A	×	×		*Außerordentliche Aufwendungen und Erträge*

1054 Geiermann

Gegenstand der Berichtspflicht	Vorschrift	Angabe ist zu machen von			Alternative Darstellung in anderen Teilen des Jahresabschlusses	Sonstiges/ Bemerkungen
		kleinen KapGes bzw. Kap-CoGes	mittelgroßen KapGes bzw. Kap-CoGes	großen KapGes bzw. Kap-CoGes		
– Angaben bei Anwendung des Umsatzkostenverfahrens: – Materialaufwand des Geschäftsjahrs, gegliedert nach § 275 Abs. 2 Nr. 5 HGB – Personalaufwand des Geschäftsjahrs, gegliedert nach § 275 Abs. 2 Nr. 6 HGB	§ 285 Satz 1 Nr. 8 i.V.m. § 288 Abs. 1 bzw. § 327 Nr. 2 HGB	A O	O ×	× ×		
Speziell für die AG:						
2.4 Darstellung der Ergebnisverwendung Fortschreibung des Jahresergebnisses um Gewinn-/Verlustvortrag, Entnahmen aus Kapitalrücklage, Entnahmen/ Einstellungen aus/in Gewinnrücklagen zum Bilanzergebnis	§ 158 Abs. 1 AktG	×	×	×	GuV	
2.5 Entsprechenserklärung (betrifft nur börsennotierte AG) – Angabe, dass die nach § 161 AktG vorgeschriebene Erklärung abgegeben wurde und wo sie öffentlich zugänglich gemacht worden ist.	§ 285 Satz 1 Nr. 16 HGB	×	×	×		

Gegenstand der Berichtspflicht	Vorschrift	Angabe ist zu machen von			Alternative Darstellung in anderen Teilen des Jahresabschlusses	Sonstiges/ Bemerkungen
		kleinen KapGes bzw. Kap-CoGes	mittelgroßen KapGes bzw. Kap-CoGes	großen KapGes bzw. Kap-CoGes		
3. Sonstige Angaben						
3.1 Haftungsverhältnisse und sonstige finanzielle Verpflichtungen						
– Angabe der in § 251 bezeichneten Haftungsverhältnisse unter Angabe der gewährten Pfandrechte und sonstigen Sicherheiten (jeweils gesondert)	§ 268 Abs. 7 HGB	x	x	x	Unter der Bilanz	Gesonderte Angabe derartiger Verpflichtungen gegenüber verbundenen Unternehmen
– Angabe von Art und Zweck sowie Risiken und Vorteilen von nicht in der Bilanz enthaltenen Geschäften, soweit dies für die Beurteilung der Finanzlage notwendig ist	§ 285 Satz 1 Nr. 3 i.V.m. § 288 Abs. 1 HGB	A	x	x		
– Angabe des Gesamtbetrags der sonstigen finanziellen Verpflichtungen, die nicht in der Bilanz erscheinen und nicht nach § 251 oder § 285 Nr. 3 HGB anzugeben sind, sofern diese Angabe für die Beurteilung der Finanzlage von Bedeutung ist	§ 285 Satz 1 Nr. 3a i.V.m. § 288 Abs. 1 HGB	A	x	x		

Jahresabschluss 4

Gegenstand der Berichtspflicht	Vorschrift	Angabe ist zu machen von			Alternative Darstellung in anderen Teilen des Jahresabschlusses	Sonstiges/ Bemerkungen
		kleinen KapGes bzw. Kap-CoGes	mittelgroßen KapGes bzw. Kap-CoGes	großen KapGes bzw. Kap-CoGes		
3.2 Beziehungen zu verbundenen Unternehmen						
– Angabe des Betrags der sonstigen finanziellen Verpflichtungen gegenüber verbundenen Unternehmen, die nicht in der Bilanz erscheinen und nicht nach § 251 anzugeben sind, sofern diese Angaben für die Beurteilung der Finanzlage von Bedeutung sind	§ 285 Satz 1 Nr. 3a i.V.m. § 288 Abs. 1 HGB	A	×	×		
– Angaben über das Bestehen von wechselseitigen Beteiligungen	§ 160 Abs. 1 Nr. 7 AktG	×	×	×		
– Angaben von Name und Sitz des Mutterunternehmens der KapGes, das den Konzernabschluss für den größten Kreis von Unternehmen aufstellt, und ihres Mutterunternehmens, das den Konzernabschluss für den kleinsten Kreis von Unternehmen aufstellt, sowie im Falle der Offenlegung der von diesen Mutterunternehmen aufgestellten Konzernabschlüsse der Ort, wo diese erhältlich sind	§ 285 Abs. 1 Nr. 14 HGB	×	×	×		

Geiermann   1057

Gegenstand der Berichtspflicht	Vorschrift	Angabe ist zu machen von			Alternative Darstellung in anderen Teilen des Jahresabschlusses	Sonstiges/ Bemerkungen
		kleinen KapGes bzw. Kap-CoGes	mittelgroßen KapGes bzw. Kap-CoGes	großen KapGes bzw. Kap-CoGes		
3.3 Organkredite und Aufwendungen für Organe						
– Angabe aller Mitglieder des Geschäftsführungsorgans und eines Aufsichtsrats, auch wenn sie im Geschäftsjahr oder später ausgeschieden sind, mit dem Familiennamen und mindestens einem ausgeschriebenen Vornamen einschließlich ausgeübten Beruf; der Vorsitzende eines Aufsichtsrats, seine Stellvertreter und ein etwaiger Vorsitzender des Geschäftsführungsorgans sind als solche zu bezeichnen	§ 285 Satz 1 Nr. 10 HGB	×	×	×		

Angabe der
– Vorschüsse und Kredite an Mitglieder
  – des Geschäftsführungsorgans/Vorstands,
  – des Aufsichtsrats,
  – des Beirats oder einer ähnlichen Einrichtung sowie der zu Gunsten dieses Personenkreises eingegangenen Haftungsverhältnisse, jeweils unter Angabe der Zinssätze und der wesentlichen sonstigen Bedingungen, jeweils getrennt nach Gruppen
	§ 285 Satz 1 Nr. 9 Buchst. c HGB	×	×	×		

Gegenstand der Berichts- pflicht	Vorschrift	Angabe ist zu machen von			Alternati- ve Dar- stellung in ande- ren Tei- len des Jahresab- schlusses	Sonstiges/ Bemerkungen
		kleinen KapGes bzw. Kap- CoGes	mittel- großen KapGes bzw. Kap- CoGes	großen KapGes bzw. Kap- CoGes		
– Angaben über die Gesamtbezüge der Mitglieder – des Geschäftsfüh- rungsorgans/Vor- stands, – des Aufsichtsrats, – des Beirats, – ähnlicher Einrich- tungen (ggf. Schutzklausel nach § 286 Abs. 4 HGB, sofern nur ein Organmit- glied) – sowie über die Gesamtbezüge der früheren Mitglieder der bezeichneten Organe und ihrer Hinterbliebenen getrennt nach Grup- pen; ferner der Betrag der für diese Personengruppe (= ehemalige Mitglie- der) gebildeten Rückstellungen für laufende Pensionen und Anwartschaften auf Pensionen und der Betrag der für diese Verpflich- tungen nicht gebil- deten Rückstel- lungen	§ 285 Satz 1 Nr. 9 Buchst. a und b HGB, § 288 Abs. 1 HGB	A	×	×		Bei den aktiven Mit- gliedern gehören Zuführungen zur Pensionsrückstellung und Arbeitgeberan- teile zur Sozialversi- cherung nicht zu den Gesamtbezügen. Gemeint sind alle Bezüge aus dem Dienst-/Anstellungs- vertrag, der Satzung oder sonstigen Ver- trägen einschließlich freiwilliger Zahlun- gen, die für die Dienste/Mitglied- schaft erfolgen. *Alle KapGes/Kap- CoGes*: Nach § 286 Abs. 4 HGB können diese Angaben unterblei- ben, wenn sich anhand dieser Anga- ben die Bezüge eines Mitgliedes dieses Organs feststellen lassen.
3.4 Weitere Angaben						
– Angabe der durch- schnittlichen Zahl der Arbeitnehmer während des Geschäftsjahrs getrennt nach Gruppen	§ 285 Satz 1 Nr. 7 i.V.m. § 288 Abs. 1 HGB	A	×	×		*Kleine KapGes bzw. KapCoGes*: Regis- tergericht kann Mit- teilung bei Zweifeln über Größenklasse fordern (§ 329 Abs. 2 HGB).

Gegenstand der Berichtspflicht	Vorschrift	Angabe ist zu machen von			Alternative Darstellung in anderen Teilen des Jahresabschlusses	Sonstiges/ Bemerkungen
		kleinen KapGes bzw. Kap-CoGes	mittelgroßen KapGes bzw. Kap-CoGes	großen KapGes bzw. Kap-CoGes		
– Angabe von Name, Sitz, Beteiligungsquote, Eigenkapital und letztem Jahresergebnis von Unternehmen, an denen die KapGes oder eine für Rechnung der KapGes handelnde Person mindestens den fünften Teil der Anteile besitzt	§ 285 Satz 1 Nr. 11 HGB	×	×	×		Für *große KapGes*: Möglichkeit der ausschließlichen Handelsregisterpublizität (§ 325 Abs. 2 HGB) Für *alle KapGes*: Möglichkeit, Angaben zu unterlassen bei untergeordneter Bedeutung oder drohenden Nachteilen (§ 286 Abs. 3 HGB)
– Angabe von Name, Sitz und Rechtsform der Unternehmen, deren unbeschränkt haftender Gesellschafter die KapGes ist	§ 285 Satz 1 Nr. 11a HGB	×	×	×		
Speziell für die Kap-CoGes:						
– Angabe von Name, Sitz der Gesellschaften, die persönlich haftende Gesellschafter sind, sowie deren gezeichnetes Kapital	§ 285 Satz 1 Nr. 15 HGB	×	×	×		
– Angabe des von dem Abschlussprüfer des Konzernabschlusses i.S.d. § 319 Abs. 1 Satz 1 und 2 HGB für das im Geschäftsjahr berechnete Gesamthonorar, aufgeschlüsselt in das Honorar für die Abschlussprüfungsleistungen, andere Bestätigungsleistungen, Steuerberatungsleistungen und sonstige Leistungen	§ 285 Satz 1 Nr. 17 HGB i.V.m. § 288 Abs. 1 HGB	A	A	×		

V. Lagebericht

Mittelgroße und große Kapitalgesellschaften und Personengesellschaften i.S.v. § 264a HGB sind verpflichtet, den Jahresabschluss um einen Lagebericht zu erweitern (§ 264 Abs. 1 HGB).

1144

Im Lagebericht sind nach § 289 Abs. 1 HGB der Geschäftsverlauf einschließlich des Geschäftsergebnisses und die Lage der Gesellschaft so darzustellen, dass ein den tatsächlichen Verhältnissen entsprechendes Bild vermittelt wird. Hierbei hat der Lagebericht eine ausgewogene und umfassende, dem Umfang und der Komplexität der Geschäftstätigkeit entsprechende Analyse des Geschäftsverlaufs und der Lage der Gesellschaft zu enthalten. In den Bericht sind die für die Geschäftstätigkeit bedeutsamsten Leistungsindikatoren einzubeziehen und unter Bezugnahme auf die im Jahresabschluss ausgewiesenen Beträge und Angaben zu erläutern. Ferner sind im Lagebericht die voraussichtliche Entwicklung mit ihren wesentlichen Chancen und Risiken zu beurteilen und zu erläutern; zu Grunde liegende Annahmen sind anzugeben.

Im Übrigen soll der Lagebericht nach § 289 Abs. 2 HGB auch eingehen auf:

- Vorgänge von besonderer Bedeutung, die nach dem Schluss des Geschäftsjahrs eingetreten sind;
- die Risikomanagementziele und -methoden der Gesellschaft,
- die Methoden zur Absicherung aller wichtigen Arten von Transaktionen, die im Rahmen der Bilanzierung von Sicherungsgeschäften erfasst werden;
- die Preisänderungs-, Ausfall- und Liquiditätsrisiken sowie die Risiken aus Zahlungsstromschwankungen, denen die Gesellschaft ausgesetzt ist in Bezug auf die Verwendung von Finanzinstrumenten durch die Gesellschaft und sofern dies für die Beurteilung der Lage oder der voraussichtlichen Entwicklung von Belang ist;
- den Bereich Forschung und Entwicklung,
- bestehende Zweigniederlassungen der Gesellschaft,
- die Grundzüge des Vergütungssystems einer börsennotierten AG für die in § 285 Nr. 9 HGB genannten Gesamtbezüge.

Mit dem BilMoG v. 25.5.2009[1] wurde § 289 HGB um einen Abs. 5 erweitert. Er sieht in Umsetzung von Art. 46a Abs. 1 Buchst. c der Bilanzrichtlinie i.d.F. der Abänderungsrichtlinie vor, dass kapitalmarktorientierte Unternehmen eine Beschreibung der wesentlichen Merkmale des internen Kontrollsystems und des internen Risikomanagementsystems im Hinblick auf den Rechnungslegungsprozess vornehmen müssen. Diese Neuregelung ist erstmals auf Jahres- und Konzernabschlüsse für nach dem 5.9.2008 beginnende Geschäftsjahre anzuwenden (Art. 66 EGHGB).

Für große Kapitalgesellschaften (§ 267 Abs. 3 HGB) besteht überdies die Pflicht, in den Bericht die für die Geschäftstätigkeit bedeutsamen nichtfinanziellen Leistungsindikatoren einzubeziehen und unter Bezugnahme auf die im Jahresabschluss ausgewiesenen Beträge und Angaben zu erläutern, soweit sie für das Verständnis des Geschäftsverlaufs oder die Lage von Bedeutung sind.

---

[1] Gesetz zur Modernisierung des Bilanzrechts (Bilanzrechtsmodernisierungsgesetz – BilMoG) vom 25.5.2009, BGBl. I 2009, 1102 = BStBl I 2009, 650.

Kirchensteuer

von Dr. Jens Petersen

INHALTSÜBERSICHT

	Rz.
I. Einführung	1145
II. Schuldner und Gläubiger der Kirchensteuer	1146–1147
1. Schuldner der Kirchensteuer	1146
2. Gläubiger der Kirchensteuer	1147
III. Höhe der Kirchensteuer	1148–1158
1. Kirchensteuerhebesatz	1148
2. Korrekturen der Bemessungsgrundlage für die Berechnung der Kirchensteuer	1149–1151
a) Berücksichtigung von Kindern	1150
b) Teileinkünfteverfahren und Anrechnung des Gewerbesteuermessbetrags	1151
3. Begrenzung der Kirchensteuer (sog. Kappung)	1152
4. Mindestbetrags-Kirchensteuer	1153
5. Kirchensteuer bei Lohnsteuerpauschalierung, einheitliche Pauschsteuer	1154–1156
6. Kirchensteuer nach dem Lohnsteuer-Faktorverfahren	1157
7. Kirchensteuer auf Kapitalertragsteuer (Abgeltungsteuer)	1158
IV. Besteuerung der Ehegatten / eingetragenen Lebenspartnerschaften	1159–1164
1. Allgemeines	1159
2. Konfessionsgleiche Ehe/Lebenspartnerschaft	1160
3. Konfessionsverschiedene Ehe/Lebenspartnerschaft	1161
4. Glaubensverschiedene Ehe/Lebenspartnerschaft	1162–1164
V. Beginn und Ende der Kirchensteuerpflicht	1165–1166
VI. Zwölftelung der Kirchensteuer	1167
VII. Erlass der Kirchensteuer	1168
VIII. Sonderausgabenabzug der Kirchensteuer	1169
IX. Abzug der Kirchenlohnsteuer durch den Arbeitgeber	1170–1171
X. Verwaltung der Kirchensteuer in den Bundesländern	1172

I. Einführung

1145 Kirchensteuer sind die Geldleistungen, die von den als Körperschaft des öffentlichen Rechts anerkannten Religionsgemeinschaften auf Grund der bürgerlichen Steuerlisten zur Finanzierung kirchlicher Aufgaben nach Maßgabe landesrechtlicher Bestimmungen von ihren Mitgliedern erhoben werden können (Art. 140 GG i.V.m. Art. 137 Abs. 6 WRV). Sie sind echte Steuern i.S.d. AO (§ 3 AO). Die wichtigste Form ist die als Zuschlag zur Lohn-, Einkommen- und Kapitalertragsteuer (→ Tabellen und Übersichten **5** B. Rz. 1 ff.).

II. Schuldner und Gläubiger der Kirchensteuer

1. Schuldner der Kirchensteuer

1146 Schuldner der Kirchensteuer ist das Kirchenmitglied mit Wohnsitz bzw. gewöhnlichem Aufenthalt (§§ 8 f. AO) im Gebiet einer steuererhebenden Religionsgemeinschaft.

Kirchensteuerpflichtig sind in der Bundesrepublik Deutschland nur natürliche, unbeschränkt steuerpflichtige, einer steuererhebenden Religionsgemeinschaft angehörende Personen. Ausländer sind kirchensteuerpflichtig, wenn sie in der Bundesrepublik ihren Wohnsitz (§§ 8 f. AO) haben und sie einer steuererhebenden Kirche angehören, gleichgültig, ob in ihrem Heimatland Kirchensteuer erhoben wird oder nicht. Deutsche Auslandsbeamte sind – trotz unbeschränkter Steuerpflicht – nicht kirchensteuerpflichtig, sofern sie ihren einzigen Wohnsitz im Ausland haben.

2. Gläubiger der Kirchensteuer

Gläubiger der Kirchensteuer ist diejenige Religionsgemeinschaft, in deren Gebiet das Kirchenmitglied seinen Wohnsitz (§§ 8 f. AO) hat (→ **4** Rz. 1166, 1170). **1147**

III. Höhe der Kirchensteuer

1. Kirchensteuerhebesatz

Die Kirchensteuer wird als Zuschlag zur Einkommen-, Lohn- und Kapitalertragsteuer mit folgendem **Hebesatz** erhoben: **1148**

- in Baden-Württemberg und Bayern 8 %;
- in den übrigen Bundesländern 9 %.

2. Korrekturen der Bemessungsgrundlage für die Berechnung der Kirchensteuer

Die Kirchensteuer wird bei zwei Fallgestaltungen abweichend berechnet. Sind Kinder vorhanden und/oder hat der Stpfl. Einkünfte i.S.v. § 3 Nr. 40 EStG (Teileinkünfte) bzw. solche aus Gewerbebetrieb (§ 35 EStG), wird die Bemessungsgrundlage korrigiert (§ 51a Abs. 2, 2a EStG). **1149**

a) Berücksichtigung von Kindern

Abweichend vom staatlichen Recht (vgl. § 31 EStG) werden für Zwecke der Berechnung der Kirchensteuer immer die Freibeträge nach § 32 Abs. 6 EStG mindernd berücksichtigt, selbst dann, wenn nach staatlichem Recht nur Kindergeld gezahlt wird (§ 51a Abs. 2, 2a EStG). Die Freibeträge (pro 0,5 Kind: Kinderfreibetrag: 2 184 €, Betreuungs-, Erziehungs-, Ausbildungsfreibetrag: 1 320 €) sind in die Tabellen eingearbeitet. **1150**

Beispiel: Berechnung Kirchensteuer bei zwei Kindern	
Zu versteuerndes Einkommen in €	35 000
Kinderfreibetrag nach § 32 Abs. 6 Satz 1 1. Hs. EStG (2 × 4 368)	./. 8 736
Freibetrag nach § 32 Abs. 6 Satz 1 2. Hs. EStG (2 × 2 640)	./. 5 280
Zu versteuerndes Einkommen (fiktiv)	20 984
Einkommensteuer (Splittingtabelle; fiktiv)	686
Kirchensteuer 9 %	61,74
ohne die Berücksichtigung der Kinder hätte die Kirchensteuer betragen:	355,32

b) Teileinkünfteverfahren und Anrechnung des Gewerbesteuermessbetrags

1151 Im Rahmen der Veranlagung zur Einkommensteuer wird die Bemessungsgrundlage für die Berechnung der Kirchensteuer um die steuerfreien Teileinkünfte nach § 3 Nr. 40 EStG korrigiert (Hinzu- bzw. Abrechnung).[1]

Der Gewerbesteuermessbetrag (§ 35 EStG) wird nicht angerechnet.[2]

§ 51a EStG wird auch bei der Kappung (→ 4 Rz. 1152), bei der Kirchensteuer in glaubensverschiedener (→ 4 Rz. 1162) und bei der Bemessungsgrundlage für das Kirchgeld in glaubensverschiedener Ehe / Lebenspartnerschaft (→ 4 Rz. 1162) berücksichtigt.

3. Begrenzung der Kirchensteuer (sog. Kappung)

1152 Die Kirchensteuer beträgt 8 % oder 9 % der Einkommensteuer, jedoch nicht mehr als einen gewissen Prozentsatz (2,75 % bis 4 %) des – auf den vollen Euro-Betrag abgerundeten – zu versteuernden Einkommens. Die Kirchensteuer wird in diesen Fällen nicht auf Grund der Bemessungsgrundlage „Steuerschuld", sondern vom „zu versteuernden Einkommen" berechnet.

Bundesland	KiSt-Satz in % der Steuer	Kappung in % des zu versteuernden Einkommens	Berücksichtigung
Baden-Württemberg[1]	8	2,75 bzw. 3,5	auf Antrag
Bayern	8	–	keine Kappung
Berlin	9	3	VAw (von Amts wegen)
Brandenburg	9	3	VAw
Bremen	9	3,5	VAw
Hamburg[2]	9	3	VAw
Hessen[3]	9	3,5 bzw. 4	auf Antrag
Mecklenburg-Vorpommern	9	3	VAw
Niedersachsen[4]	9	3,5	VAw
Nordrhein-Westfalen[3]	9	3,5 bzw. 4	auf Antrag
Rheinland-Pfalz[3]	9	3,5 bzw. 4	auf Antrag
Saarland[3]	9	3,5 bzw. 4	auf Antrag
Sachsen	9	3,5	VAw
Sachsen-Anhalt	9	3,5	VAw

---

1) Einzelheiten s. BVerwG v. 20.8.2008, 9 C 9.07, DStRE 2009, 483; BFH v. 1.7.2009, I R 76/08, DStR 2009, 1901; BFH v. 15.9.2011, I R 53/10, HFR 2012, 71; vgl. Homburg, Das Halbeinkünfteverfahren und die Kirchensteuer, FR 2008 S. 153 ff.; Homburg, Neues zur Kirchensteuer, DStR 2009 S. 2179 passim; Petersen in K/S/M, § 51a Rz. C 11 ff.; Petersen, Kirchensteuer kompakt, 2. Aufl. Kap. 12.2

2) Einzelheiten s. Petersen in K/S/M, § 51a Rz. C 51; Petersen, Kirchensteuer kompakt, 2. Aufl. Kap. 12.3

Bundesland	KiSt-Satz in % der Steuer	Kappung in % des zu versteuernden Einkommens	Berücksichtigung
Schleswig-Holstein	9	3	VAw
Thüringen	9	3,5	VAw

1) Ev. Kirche Württemberg 2,75 %; Ev. Kirche Baden und kath. Diözesen 3,5 %.
2) Ev.-luth. Kirche in Norddeutschland (Nordkirche; ehemals Nordelbische Ev.-Luth. Kirche): auch für die im Land Niedersachsen liegenden Gebietsteile.
3) Nur ev. Kirchen in diesen Bundesländern; kath. Diözesen 4 %.
4) Ev.-luth. Landeskirche Hannover: auch für die im Land Hamburg liegenden Gebietsteile.

Beispiel:

zu versteuerndes Einkommen	150 000 €
Einkommensteuer (Grundtabelle)	54 761 €
Kirchensteuer 9 %	4 928 €
Kirchensteuer bei Kappung 3 % des zvE	4 500 €
Kappungsvorteil	428 €

Beispiel: Beginn der Kappung bei einem zu versteuernden Einkommen von:			
KiSt-Satz in %	Kappungssatz in % des zvE	Grundtabelle €	Splittingtabelle €
8	2,75	108 058	216 116
8	3,5	1 260 913	2 521 826
9	3	95 070	190 140
9	3,5	257 913	515 826
9	4	2 837 061	5 674 122

Je anzurechnendes Kind erhöht sich die Grenze um 3 504 € (0,5 Kind) bzw. 7 008 € (1,0 Kind).

Bei Berücksichtigung der Kappung auf Antrag sind die Erlassanträge zu stellen an: Ev. Kirche von Westfalen bei den Kreiskirchenämtern, Ev. Kirche im Rheinland bei der Gemeinsamen Kirchensteuerstelle beim Landeskirchenamt, übrige Landeskirchen beim Landeskirchenamt; Kath. Kirche bei den Diözesen bzw. Generalvikariaten; andere Religionsgemeinschaften bei den Geschäftsstellen bzw. Gemeinden[1]).

Die Kappungsmöglichkeit ist zwar auch bei einem auf das zu versteuernde Einkommen umgerechneten Monatslohn/-gehalt möglich. Da jedoch eine monatsweise Berücksichtigung der Kappung eine Nacherhebung auf die Jahreskirchensteuer nicht ausschließt, sollte sie beim monatlichen Kirchensteuerabzug unbeachtet bleiben. Die Kappung kommt bei der Kirchensteuer als Zuschlag zur Kapitalertragsteuer nicht zur Anwendung.

4. Mindestbetrags-Kirchensteuer

Mindestbetrags-Kirchensteuer wird ab 2015 nicht mehr erhoben. **1153**

5. Kirchensteuer bei Lohnsteuerpauschalierung, einheitliche Pauschsteuer

Wird die Lohnsteuer pauschal erhoben (§§ 37a, 37b, 40, 40a Abs. 1, 2a und 3, 40b EStG, → 4 Rz. 1155), gilt dies auch für die Kirchensteuer. Schuldner ist in jedem Fall **1154**

---

1) Nachweise Teil 5 B.

der Arbeitgeber. Da persönliche Besteuerungsmerkmale des Arbeitnehmers durch die Typik des Verfahrens nicht berücksichtigt werden können, wird gegenüber dem allgemeinen Hebesatz ein niedriger Steuersatz angewandt. Der geringere Steuersatz berücksichtigt, dass nicht alle Arbeitnehmer, für die der Arbeitgeber die Pauschalierung wählt, kirchensteuerpflichtig sind (vereinfachtes Verfahren). Der Arbeitgeber kann aber die Erhebung der Kirchensteuer in bestimmten Fällen durch Nachweis der Nichtzugehörigkeit vermeiden (Nachweisverfahren).

Der Arbeitgeber hat bei der Kirchensteuer auf pauschale Lohnsteuer also zwei Möglichkeiten, das vereinfachte Verfahren und das Nachweisverfahren.[1]

1155 Beim **vereinfachten Verfahren** wird die Kirchensteuer bei pauschaler Lohnsteuer in einer Summe gesondert in der Lohnsteueranmeldung erfasst (Kennzahl 47 des Vordrucks; Muster für die LSt-Anmeldung 2015, BStBl 2014, 1239).

Bundesland	Pausch KiLSt in % vereinfachtes Verfahren
Baden-Württemberg	6
Bayern	7
Berlin	5
Brandenburg	5
Bremen (Bremerhaven)	7
Hamburg	4
Hessen	7
Mecklenburg-Vorpommern	5
Niedersachsen	6
Nordrhein-Westfalen	7
Rheinland-Pfalz	7
Saarland	7
Sachsen	5
Sachsen-Anhalt	5
Schleswig-Holstein	6
Thüringen	5

Beim **Nachweisverfahren** kann er von der Erhebung der Kirchensteuer für diejenigen Arbeitnehmer absehen, die nachgewiesenermaßen keiner steuererhebenden Religionsgemeinschaft angehören. Als Beleg für die Nichtzugehörigkeit zu einer steuererhebenden Religionsgemeinschaft dienen in den Fällen des § 40 und § 40b EStG grundsätzlich die vom Arbeitgeber beim Bundeszentralamt für Steuern abgerufenen elektronischen Lohnsteuerabzugsmerkmale (ELStAM; §§ 39, 39e EStG) oder ein Vermerk des Arbeitgebers, dass der Arbeitnehmer seine Nichtzugehörigkeit zu einer steuererhebenden Religionsgemeinschaft mit der vom Finanzamt ersatzweise ausgestellten Bescheinigung für den Lohnsteuerabzug (§ 39 Abs. 3 EStG) nachgewiesen hat.

---

1) Siehe gleichlautende Ländererlasse v. 23.10.2012 BStBl I 2012, 1083 und v. 28.12.2006, BStBl I 2007, 76; R 41.1 Abs. 4 LStR 2011/2013.

Liegen dem Arbeitgeber diese amtlichen Nachweise nicht vor, bedarf es zumindest einer schriftlichen Erklärung des Arbeitnehmers nach amtlich vorgeschriebenen Muster; in den Fällen des § 40a Abs. 1, 2a und 3 EStG genügt als Nachweis eine Erklärung nach amtlich vorgeschriebenen Muster.[1] Für die übrigen Arbeitnehmer ist die Kirchensteuer mit dem normalen Hebesatz (8 % oder 9 %) zu erheben, wobei § 51a EStG keine Anwendung findet.

Die Kirchensteuer wird getrennt nach Konfessionen abgeführt.

Der Arbeitgeber kann bei den sog. Mini-Jobs die Besteuerung mittels einer **einheitlichen Pauschsteuer** durchführen. Nach § 40a Abs. 2 EStG kann der Arbeitgeber bei den sog. Mini-Jobs (§§ 8 Abs. 1 Nr. 1, 8a SGB IV) unter Verzicht auf den Abruf von elektronischen Lohnsteuerabzugsmerkmalen oder die Vorlage einer Bescheinigung für den Lohnsteuerabzug die Lohnsteuer einschließlich Solidaritätszuschlag und Kirchensteuer (einheitliche Pauschsteuer) mit einem einheitlichen Pauschsteuersatz i.H.v. 2 % des Arbeitsentgelts erheben. Dies gilt auch, wenn der Arbeitnehmer keiner kirchensteuererhebenden Religionsgemeinschaft angehört. Für die Erhebung der einheitlichen Pauschsteuer nach § 40a Abs. 2 EStG ist die Deutsche Rentenversicherung Knappschaft-Bahn-See zuständig (§ 40a Abs. 6 EStG). 1156

Auf diese Form der vom Bundesgesetzgeber beschlossenen (zusammengefassten) Steuer sind die vorgenannten Ausführungen zur Erhebung der Kirchensteuer bei Pauschalierung der Lohnsteuer nicht anzuwenden. Es handelt sich um eine staatliche Steuer mit gesetzlicher Verwendungsbestimmung.

6. Kirchensteuer nach dem Lohnsteuer-Faktorverfahren

Wird die Lohnsteuer auf Antrag der Ehegatten nach dem Faktorverfahren (§ 39f EStG) berechnet, bemisst sich die Kirchensteuer nach der in diesem Verfahren berechneten Lohnsteuer (§ 51a Abs. 2a Satz 3 EStG). 1157

Beispiel:

Arbeitnehmer, Ehegatte 1, ev: 30 000 €, Lohnsteuerklasse IV: 4 052 €; Ehegatte 2, ev: 10 000 €, Lohnsteuerklasse IV: 0 €, Gesamtsteuer IV/IV: 4 052 € (X)

Gesamtsteuer nach Splittingverfahren: 3 800 € (Y) (wird vom Finanzamt ermittelt).

Faktor = Y/X = 3 800 €/4 052 € = 0,938. Der Faktor wird auf den Lohnsteuerkarten der Ehegatten jeweils neben Steuerklasse IV vom Finanzamt eingetragen.

	Bemessungsgrundlage	LSt × Faktor	Lohnsteuer	Kirchensteuer 9 %
Ehegatte 1	30 000	4 052 × 0,938	3 800,78	342,07
Ehegatte 2	10 000	0 × 0,938	0,00	0,00

7. Kirchensteuer auf Kapitalertragsteuer (Abgeltungsteuer)

Die Kirchensteuer auf Kapitalertragsteuer für im Privatvermögen erzielte Kapitalerträge beträgt für Kirchensteuerpflichtige mit Wohnsitz in Bayern oder Baden-Württemberg 8 % und in den übrigen Bundesländern 9 % von (maximal) 25 % Kapitalertragsteuer; der Steuerabzug hat abgeltende Wirkung. Die Wirkung des Sonderausgabenabzugs ist bei der Berechnung der Kirchensteuer gleich berücksichtigt. 1158

---

1) Vgl. Ziff. 2b gleichlautende Ländererlasse v. 23.10.2012, BStBl I 2012, 1083; in den Fällen der Pauschalierung nach § 40a Abs. 1, 2a und 3 EStG genügt als Nachweis eine Erklärung nach dem vorgeschriebenen Muster.

Beispiel vereinfacht		ESt gem. § 32a Abs. 1	2013
Kapitalerträge	100 000		
Einkommensteuer		25 560	
Kapitalertragsteuer 25 %[1])			24 450
Kirchensteuer 9 %		2 300,40	2 200

[1]) 24,45 % durch Sonderausgabenabzugswirkung

Sofern der persönliche Steuersatz unter 25 % liegt, erhält der Stpfl. im Rahmen der Veranlagung zuviel einbehaltene Kirchensteuer erstattet. Die bisher mögliche Steuerfreistellung von Kapitalerträgen (Sparer-Pauschbetrag, NV-Bescheinigung) bleibt erhalten.

Beispiel vereinfacht Günstigerprüfung		KapESt 25 %	ESt unter 25 %
Kapitalerträge	25 000		
Kapitalertragsteuer 25 %[1])		6 112	
Kirchensteuer 9 %		550	
Einkommensteuer			4 039
Kirchensteuer 9 %			363,51
Erstattung Kirchensteuer			186,49

[1]) 24,45 % durch Sonderausgabenabzugswirkung.

Beispiel vereinfacht Sparerpauschbetrag		KapErtSt 25 %
Kapitalerträge	750	
Sparerpauschbetrag	./. 801	
Verbleibt	0	
KapErtSt		0
Kirchensteuer		0

Kapitalerträge unterliegen – wie bisher – der Einkommen- und bei Kirchenmitgliedschaft auch der Kirchensteuer. Mit dem durch die Abgeltungsteuer eingeführten Verfahren wird nur die Erhebung geändert (vereinfacht; anonym); es wird weder eine neue Steuer eingeführt noch eine erhöht.

Auf Kapitalerträge, die nach dem 1.1.2015 zufließen, behalten die Abzugsverpflichteten neben der staatlichen Kapitalertragsteuer auch die Kirchensteuer als Zuschlag hierzu in Höhe von 8 % bzw. 9 % ein und führen sie an die steuererhebenden Religionsgemeinschaften ab. Da Kirchensteuer nur von Mitgliedern der jeweiligen steuererhebenden Religionsgemeinschaft erhoben werden dürfen, wird den Abzugsverpflichteten das Kirchensteuermerkmal in verschlüsselter Form als Kennziffer vom Bundeszentralamt für Steuern übermittelt. Die Abzugsverpflichteten dürfen das Merkmal nur für Zwecke der Steuererhebung verwenden und es in einer technisch abgeschlossenen Umgebung verarbeiten. Für Stpfl., die keiner steuererhebenden Religionsgemeinschaft angehören, wird ein neutrales Merkmal (0-Merker) geliefert und es werden keine Kirchensteuern einbehalten.

Bei Gemeinschaftskonten von Ehegatten wird ein hälftiger Anteil an den Kapitaleinkünften unterstellt. Einen abweichenden Anteil müssen sie i.R.d. Veranlagung erklären. Bei Konten von anderen Personenmehrheiten wird die Kirchensteuer nur i.R.d. Veranlagung erhoben.

Der Stpfl. kann der Übermittlung seiner Religionszugehörigkeit an den Abzugsverpflichteten widersprechen (Sperrvermerk nach amtlichen Vordruck), muss seine Kirchensteuer dann aber i.R.d. Veranlagung erklären. Die Veranlagungsoption bei einem persönlichen Steuersatz unter 25 % (Günstigerprüfung § 32d Abs. 6 EStG) bleibt erhalten.

Die rechtlichen Voraussetzungen sind durch das BeitreibungsRL-Umsetzungsgesetz[1], ergänzt durch das AmtshilfeRL-Umsetzungsgesetz[2] geschaffen und in die Kirchensteuergesetze der Länder übernommen werden.[3]

IV. Besteuerung der Ehegatten / eingetragenen Lebenspartnerschaften

1. Allgemeines

Die Kirchensteuer knüpft an die persönliche Kirchenmitgliedschaft des Ehegatten / Lebenspartners an (Grundsatz der Individualbesteuerung). Die Entscheidung des Bundesverfassungsgerichts zur steuerlichen Gleichbehandlung von eingetragenen[4] Lebenspartnerschaften mit Eheleuten ist in die Kirchensteuergesetze der Länder[5] übernommen worden. Bei verheirateten /verpartnerten Stpl. ist daher zu unterscheiden zwischen konfessionsgleicher, konfessionsverschiedener und glaubensverschiedener Ehe/Lebenspartnerschaft.

1159

2. Konfessionsgleiche Ehe/Lebenspartnerschaft

In einer konfessionsgleichen Ehe/Lebenspartnerschaft gehören beide Ehegatten/ Lebenspartner derselben steuererhebenden Religionsgemeinschaft an. Bei Zusammenveranlagung zur Einkommensteuer errechnet sich die Kirchensteuer aus der gemeinsam ermittelten Bemessungsgrundlage. Bei Einzelveranlagung wird die Kirchensteuer aus der Einkommensteuerschuld eines jeden Ehegatten/Lebenspartners errechnet.

1160

---

1) Gesetz zur Umsetzung der Beitreibungsrichtlinie sowie zur Änderung steuerlicher Vorschriften v. 7.12.2011, BGBl. I 2011, 2592; BStBl I 2011, 1171.
2) Gesetz zur Umsetzung der Amtshilferichtlinie sowie zur Änderung steuerlicher Vorschriften v. 26.6.2013, BGBl. I 2013, 1809; BStBl I 2013, 802
3) Z.B. G. zur Änderung des Kirchensteuergesetzes v. 16.12.2014, Nds. GVBl. 2014, 465. Weitere Einzelheiten s. Petersen in Kirchhof/Söhn/Mellinghoff, EStG, § 51a Rz. C 177 ff, 200 ff.; Petersen, Kirchensteuer kompakt, 2. Aufl. Kap. 7; Petersen, Die Einbindung der Erhebung der Kirchensteuer als Zuschlag zur Kapitalertragsteuer in die Philosophie der Abgeltungsteuer – § 51a Abs. 2c und e EStG i.d.F. des BeitreibungsRL-Umsetzungsgesetzes, npor 2012, 108; Petersen , Die Einbindung der Erhebung der Kirchensteuer als Zuschlag zur Kapitalertragsteuer in die Philosophie der Abgeltungsteuer (2) – § 51a Abs. 2c und e EStG i.d.F. des Gesetzes zur Umsetzung der Amtshilferichtlinie sowie zur Änderung steuerlicher Vorschriften, npor 2013, 125. BFH v. 18.1.2012, II R 49/10, DStR 2012, 283.
4) Lebenspartnern steht die Zusammenveranlagung für Zeiträume vor dem Inkrafttreten des Gesetzes nicht zu. Andere Formen des verbindlichen Zusammenlebens (z.B. notarieller Partnerschaftsvertrag) unterfallen nicht dem Gesetz; BFH v. 26.6.2014, III R 14/05, BStBl II 2014, 829; dies gilt auch für gegenseitige Unterhaltsverpflichtungen zwischen Verwandten.
5) http://steuer-forum-kirche.de/kistg-frame.htm.

3. Konfessionsverschiedene Ehe/Lebenspartnerschaft

1161 Bei einer konfessionsverschiedenen Ehe/Lebenspartnerschaft gehören die Ehegatten/Lebenspartner verschiedenen im betreffenden Bundesland steuererhebenden Religionsgemeinschaften an (z.B. ev/rk). Bei gemeinsamer Veranlagung werden sie auch gemeinsam zur Kirchensteuer herangezogen. Die Kirchensteuer wird für jeden Ehegatten/Lebenspartner berechnet und hälftig auf die Religionsgemeinschaften aufgeteilt (Halbteilungsgrundsatz) und an sie abgeführt. In Bayern wird von diesem Halbteilungsgrundsatz abgewichen, indem die volle Kirchensteuer des Stpfl. für die Religionsgemeinschaft einbehalten wird, der er angehört. Für Bremen und Niedersachsen gilt dies nur beim Einbehalt der Kirchenlohnsteuer. Die Ehegatten/Lebenspartner sind Gesamtschuldner der Kirchensteuer.

BeispielVeranlagung:

Ehepaar/Lebenspartner, wohnhaft in Hamburg, Ehegatte/Lebenspartner 1 röm.-katholisch, Ehegatte/Lebenspartner 2 evangelisch. Gemeinsame Einkommensteuer (= Bemessungsgrundlage 8 500 €); rk Kirchensteuer Ehegatte/Lebenspartner 1 9 % aus (1/2 von 8 500 €) 4 250 € = 382,50 €; ev. Kirchensteuer Ehegatte/Lebenspartner 2 9 % aus (1/2 von 8 500 €) 4 250 € = 382,50 €.

BeispielLohnsteuerabzug:

Wohnort Hamburg	Ehegatte/Lebenspartner 1 rk		Ehegatte/Lebenspartner 2 ev	
Lohnsteuerklasse	III		V	
Bruttomonatslohn	4 500 €		2 500 €	
Lohnsteuer	571,66 €		598,83 €	
Kirchensteuer 9 %	51,44 €		53,89 €	
hälftiger Betrag	25,72 €		26,94 €	
Arbeitgeber führt ab	rk	ev	rk	ev
	25,72 €	25,72 €	26,94 €	26,94 €

Wohnort Bayern	Ehegatte/Lebenspartner 1 rk		Ehegatte/Lebenspartner 2 ev	
Lohnsteuerklasse	III		V	
Bruttomonatslohn	4 500 €		2 500 €	
Lohnsteuer	571,66 €		598,83 €	
Kirchensteuer 8 %	45,73 €		47,90 €	
Arbeitgeber führt ab	rk	ev	rk	ev
	45,73 €	–	–	47,90 €

4. Glaubensverschiedene Ehe/Lebenspartnerschaft

1162 Gehört nur ein Ehegatte/Lebenspartner einer in dem betreffenden Bundesland steuererhebenden Religionsgemeinschaft an, der andere Ehegatte/Lebenspartner dagegen nicht, liegt eine glaubensverschiedene Ehe/Lebenspartnerschaft vor. Die monatliche Kirchenlohnsteuer wird nach den allgemeinen Grundsätzen vom Kirchensteuerpflichtigen einbehalten.

Im Rahmen der Veranlagung wird zur Feststellung des Kirchensteueranteils (im Beispiel Nr. 1) des kirchenangehörenden Ehemannes/Lebenspartners die Einkommensteuer beider Ehegatten/Lebenspartner (im Beispiel Nr. 2) im Verhältnis der Einkommensteuerbeträge aufgeteilt, die sich nach der Grundtabelle auf die Summe der Einkünfte eines jeden Ehegatten/Lebenspartners ergeben würde (im Beispiel Nr. 3).

	Summe der Einkünfte[1]	Ehemann / Lebenspartner	Ehefrau / Lebenspartner	Gesamt
		35 000 €	11 000 €	46 000 €
3	ESt lt. Grundtabelle	7 192 €	438 €	
3	Anteil daran	94,2 %	5,8 %	
	./. div. Hinzu-/Abzugsbeträge[2]			7 008 €
	Einkommen/zu versteuerndes Einkommen			38 992 €
2	ESt lt. Splittingtabelle = Bemessungsgrundlage für KiSt			4 966 €
1	Anteil Ehemann/Lebenspartner 94,2 % =	4 706 €		
1	KiSt Ehemann/Lebenspartner davon 9 % =	423,54 €		

[1] Unter Berücksichtigung von Korrekturen wegen des Halb- bzw. Teileinkünfteverfahrens.
[2] Im Beispiel Kinderfreibetrag nach § 32 Abs. 6 EStG für ein Kind.

Auch bei der Berechnung der Kirchensteuer in glaubensverschiedener Ehe/Lebenspartnerschaft werden die Freibeträge des § 32 Abs. 6 Satz 1 EStG berücksichtigt. Da die gemeinsame Einkommensteuer auf die Ehegatten/Lebenspartner nach deren Leistungsfähigkeit aufzuteilen ist, werden im Rahmen der Ermittlung der Anteile die dem Teileinkünfteverfahren unterworfenen Einkünfte bei den Ehegatten korrigiert. § 51a Abs. 2 Satz 2 EStG ist bei der Ermittlung der Einkünfte eines jeden Ehegatten entsprechend anzuwenden.

Das **Kirchgeld in glaubensverschiedener Ehe/Lebenspartnerschaft** (sog. besonderes Kirchgeld)[1] wird von dem der steuererhebenden Religionsgemeinschaft angehörenden nicht verdienenden oder – im Vergleich zum Ehepartner/Lebenspartner – geringer verdienenden Ehegatten/Lebenspartners erhoben. Hat das in einer glaubensverschiedener Ehe/Lebenspartnerschaft lebende Kirchenmitglied keine eigenen oder im Vergleich zum anderen Ehegatten/Lebenspartner geringere steuerpflichtige Einkünfte (bei höheren Einkünften → 4 Rz. 1161), so ist es nach Maßgabe seines „Lebensführungsaufwandes", ausgedrückt im gemeinsam zu versteuernden Einkommen – als Hilfsmaßstab zur Feststellung der wirtschaftlichen Leistungsfähigkeit der Eheleute/Lebenspartner – zu einem Kirchgeld in glaubensverschiedener Ehe/Lebenspartnerschaft (besonderes Kirchgeld) zu veranlagen. § 51a Abs. 2 und 2a EStG ist bei der Ermittlung der Bemessungsgrundlage anzuwenden. Die Erhebung und Festsetzung erfolgt im Rahmen der Vorauszahlungen und Steuerveranlagung. Bereits entrichtete Kirchenlohnsteuer wird angerechnet. Zwischen der Kirchensteuer und dem besonderen Kirchgeld wird eine Vergleichsberechnung durchgeführt und der höhere Betrag festgesetzt.

1163

Das besondere Kirchgeld wird von den evangelischen, einigen röm.-katholischen Kirchen sowie einigen kleineren steuererhebenden Religionsgemeinschaften nach folgender Tabelle erhoben:

---

1) Vom BVerfG bestätigt s. BVerfG v. 28.10.2010, 2 BvR 591/06 u.a., NJW 2011, 365; Petersen, ZevKR 2011, 188; Hammer, KuR 2011, 108, 109.

Stufe	Bemessungsgrundlage (gemeinsam zu versteuerndes Einkommen nach § 2 Abs. 5 EStG) €	jährliches besonderes Kirchgeld*) €
1	30 000 – 37 499	96
2	37 500 – 49 999	156
3	50 000 – 62 499	276
4	62 500 – 74 999	396
5	75 000 – 87 499	540
6	87 500 – 99 999	696
7	100 000 – 124 999	840
8	125 000 – 149 999	1 200
9	150 000 – 174 999	1 560
10	175 000 – 199 999	1 860
11	200 000 – 249 999	2 220
12	250 000 – 299 999	2 940
13	300 000 und mehr	3 600

*) Wird erhoben:
- **evang. Landeskirchen**; alle
- **röm.-kath. (Erz-) Bistümer**: Berlin, Dresden, Erfurt, Fulda, Görlitz, Hamburg, Hildesheim, Limburg, Magdeburg, Mainz, Osnabrück, Speyer, Trier, Vechta
- **alt.- Kath. Bistümer**: Berlin, Hamburg, Hannover, Hessen, Nordrhein-Westfalen, Schleswig-Holstein
- **freireligiöse Gemeinden**: Baden, Mainz, Offenbach
- **jüdische Kultusgemeinden**: Bad Nauheim, Darmstadt, Frankfurt, Fulda, Hamburg (auch in Schleswig-Holstein), Gießen, Kassel, Offenbach, Saar.

Beispiel:

gemeinsam zu versteuerndes Einkommen der Ehegatten/Lebenspartner	82 000 €
./. Kinderfreibeträge für 2 Kinder	14 016 €
Bemessungsgrundlage für das Kirchgeld	67 984 €
Kirchgeld lt. Tabelle Stufe 4	396 €
./. bereits entrichtete Kirchenlohnsteuer	240 €
verbleibende Kirchensteuer	156 €

Gehört ein Ehegatte/Lebenspartner einer Religionsgemeinschaft an, die eine Kirchensteuer oder damit vergleichbare (auch freiwillige)[1] Umlage erhebt, aber die Verwaltung nicht den Finanzbehörden übertragen hat (z.B. Mennoniten), kann das besondere Kirchgeld (evtl.) auf Antrag erstattet werden bzw. es wird erst gar nicht erhoben. Die Regelungen über das Ob und Wie sind in den einzelnen Bundesländern allerdings unterschiedlich. Neben den evangelischen Landeskirchen und röm.-kath. Bistümern

---

1) BFH v. 16.5.2007, I R 38/06, BStBl I 2008, 202.

wird diese Regelung teilweise auch von der Altkatholischen Kirche und jüdischen Gemeinden angewendet.

Kapitaleinkünfte werden mit der Einführung der Abgeltungsteuer grundsätzlich nicht mehr beim Gesamtbetrag der Einkünfte bzw. beim zu versteuernden Einkommen berücksichtigt. Die gesondert ermittelte Einkommensteuer/Kirchensteuer ist vielmehr dem kirchensteuerpflichtigen Ehegatten/Lebenspartner zuzurechnen, soweit die gesondert besteuerten Kapitaleinkünfte auf ihn entfallen.[1] Eine die Leistungsfähigkeit des kirchenangehörenden Ehegatten/Lebenspartners möglicherweise übersteigende Steuerbelastung durch die Hinzurechnung der Kirchensteuer auf gesondert besteuerte Einkünfte wird i.d.R.[2] durch einen antragsgebundenen Erlass aus Billigkeitsgründen vermieden.

V. Beginn und Ende der Kirchensteuerpflicht

Kirchensteuerpflichtig ist nur das Mitglied einer steuererhebenden Religionsgemeinschaft. Da die Kirchenmitgliedschaft durch die Taufe begründet wird, beginnt die Kirchensteuerpflicht frühestens zu diesem Zeitpunkt. I.Ü. **beginnt** sie bei **Zuzug** des Kirchenangehörigen mit dem Monat nach der Wohnsitznahme bzw. Begründung des gewöhnlichen Aufenthalts; beim **Kircheneintritt** (auch beim Wiedereintritt) mit Beginn des auf den Eintritt folgenden Monats; beim **Übertritt** aus einer anderen steuerberechtigten Religionsgemeinschaft mit Beginn des auf den Übertritt folgenden Monats, nicht jedoch vor dem Ende der bisherigen Kirchensteuerpflicht. Bei einem Wohnsitzwechsel innerhalb des Bundesgebietes in ein anderes Bundesland oder in das Erhebungsgebiet einer anderen Kirche innerhalb des Bundesgebiets bleibt die Kirchensteuerpflicht erhalten. Es kommt lediglich zu einem Wechsel der steuerberechtigten Kirche.

Die Steuerpflicht **endet** bei **Tod** des Kirchenmitgliedes mit Ablauf des Sterbemonats; durch **Wohnsitzwechsel** mit Ablauf des Kalendermonats, in dem der Wohnsitz im Gebiet der steuerberechtigten Religionsgemeinschaft aufgegeben wurde; durch **Kirchenaustritt** mit dem Ende des Monats, in dem der Austritt erklärt wird.[3] Für die Austrittserklärung sind in den verschiedenen Bundesländern unterschiedliche Stellen zuständig (eine für den Kirchenaustritt erhobene staatliche Gebühr verletzt nicht die Grundrechte des Austretenden[4]).

Der Austritt aus einer steuererhebenden Religionsgemeinschaft wird erklärt:

– gegenüber dem **Standesamt** in den Ländern: Baden-Württemberg, Bayern, Bremen, Hamburg, Mecklenburg-Vorpommern, Niedersachsen, Rheinland-Pfalz, Saarland, Sachsen, Schleswig-Holstein, Thüringen,

– gegenüber dem **Amtsgericht** in den Ländern: Berlin, Brandenburg, Hessen, Nordrhein-Westfalen, Sachsen-Anhalt,

– auch gegenüber der **Religionsgemeinschaft**: Bremische Evangelische Kirche.

Für den Arbeitgeber sind die Angaben aus den elektronischen Lohnsteuerabzugsmerkmalen (§§ 39, 39e EStG) oder der Bescheinigung für den Lohnsteuerabzug (§ 39 Abs. 3, § 39e Abs. 7 EStG) maßgebend.

---

1) Einzelheiten s. Petersen, Kirchensteuer kompakt, 2. Aufl. Kap. 7.11.
2) Jede steuererhebende Religionsgemeinschaft entscheidet über einen Erlass für sich.
3) Zu den formalen Anforderungen der Austrittserklärung s. BVerwG v. 28.9.2012, 6 C 7.12, www.bundesverwaltungsgericht.de.
4) BVerfG v. 2.7.2008, 1 BvR 3006/07, HFR 2008 S. 1068, NJW 2008, 2978.

VI. Zwölftelung der Kirchensteuer

1167 Im Rahmen der Veranlagung wird die Kirchensteuer bei unterjähriger Kirchenzugehörigkeit (→ 4 Rz. 1165 f.) gezwölftelt. Bemessungsgrundlage für die Kirchensteuer ist dabei die auf die Dauer der Kirchenzugehörigkeit entfallende Jahreseinkommensteuer. Abweichend davon endet die Steuerpflicht beim Tod des Stpfl. mit Ablauf des Sterbemonats.

> **Beispiel:**
> Kirchensteuerpflicht besteht für sieben Monate. Bei einer Einkommensteuer i.H.v. 6 000 € beträgt die Kirchensteuer (6 000 × 7/12 × 9 % =) 315 €.

Da die Kirchensteuer eine Jahressteuer ist, wird auch ein nach dem Kirchenaustritt erzieltes höheres Einkommen, z.B. auf Grund einer Gehaltssteigerung, in die Berechnung nach der Zwölftelungsmethode einbezogen. Dies gilt z.B. auch für eine kurz nach dem Austritt im selben Jahr gezahlte Abfindung, denn sie wird für die vorfristige Beendigung eines Arbeitsverhältnisses gewährt und ist damit während der Kirchenzugehörigkeit angelegt.[1] Nur bei außerordentlichen, nach der Kirchenzugehörigkeit erzielten Einkommenszuwächsen kann es im Einzelfall geboten sein, die Kirchensteuer im Wege des Erlasses auf eine den Gesamtumständen Rechnung tragende, dem Stpfl. zuzumutende und deshalb angemessenen Höhe zurückzuführen.[2]

> **Beispiel:**
> Der Stpfl. tritt mit Wirkung zum 30.6. aus der Kirche aus. Sein reguläres Einkommen beträgt 60 000 € p.a. Er erzielt am 15.12. einen steuerpflichtigen Veräußerungsgewinn i.h.v. 600 000 €. Bemessungsgrundlage für die Kirchensteuer kann 50 % (6/12) der auf 60 000 € entfallenden Einkommensteuer sein, sofern bei Einbezug des Veräußerungsgewinns die Grenze der Sachwidrigkeit überschritten ist.[3] Dies könnte z.B. der Fall sein, wenn die Grundlagen für die Erzielung des Veräußerungsgewinns erst nach Kirchenaustritt gelegt wurden.

VII. Erlass der Kirchensteuer

1168 Neben den Erlasstatbeständen des § 227 AO eröffnen die Kirchensteuergesetze der Länder den Religionsgemeinschaften einen Gestaltungsrahmen, über Anträge auf Erlass aus Billigkeitsgründen (sowie Anträge auf Stundung, Niederschlagung oder Erstattung), die nur die Kirchensteuer betreffen, unabhängig von der Maßstabsteuer zu entscheiden. Hierdurch werden kirchenspezifische Billigkeitsgründe anerkannt und abstrakt-gesetzlich normiert.[4] Jede Religionsgemeinschaft entscheidet dabei autonom für ihren Bereich, ob und in welcher Höhe sie von Erlassmaßnahmen Gebrauch macht. Auf Grund der Mitgliederbezogenheit darf die Kirchenzugehörig-

---

1) FG Köln v. 16.2.2005, 11 K 2/04, EFG 2005, 898.
2) BVerwG v. 12.2.1988, 8 C 16.86, BVerwGE 79, 62; VGH Hessen v. 12.10.2012, 5 A 1082/12.Z, juris A.A. VG Potsdam v. 4.12.2008, 10 K 5005/02, bestätigt durch OVB Berlin-Brandenburg v. 27.7.2012, OVG 9 N 20.09, n.v.
3) BVerwG v. 12.2.1988, 8 C 16.86, BVerwGE 79, 62.
4) Vgl. z.B. Evangelische Kirche von Westfalen: Richtlinien gem. § 3 Abs. 3 Nr. 4 Finanzausgleichsgesetz für die Arbeit der Gemeinsamen Kirchensteuerstelle (RiLi GemKiStStelle), v. 23.6.2005, KiABl. 2005, 178; Evangelische Kirche der Pfalz; § 1 Abs. 1 Ziff. 3 Kirchensteuerbeschluss, v. 5.5.1999, ABl. 1999, 109, zuletzt geändert durch Änderungsbeschluss vom 12.11.2008, ABl., 206; Evangelische Kirche im Rheinland: www.ekir.de/www/ueber-uns/teilerlass-15322.php; Evangelische Kirche in Mitteldeutschland: Verwaltungsanordnung zum Erlass von Kirchensteuern bei außerordentlichen Einkünften (VAO KiSt-Erlass) v. 11.12.2012, KiABl. 2013, 7.

keit nicht nur für die Steuerpflicht als solche, sondern auch für deren Reduzierung maßgebend sein.[1]

Beispiel:
Ein Stpfl. erzielt Einkünfte aus Vermietung und Verpachtung i.h.v. 100 sowie außerordentliche Einkünfte (Abfindung) i.H.v. 600 wegen Verlusts seines Arbeitsplatzes. Zur Vermeidung von Belastung mit Kirchensteuer tritt er im Jahr der Zahlung der Abfindung aus der Kirche aus. Im Folgejahr stellt er den Antrag, die auf die Abfindung entfallende Kirchensteuer um 50 % zu erlassen. Da der Stpfl. nicht mehr der Kirche angehört, kann die Kirche den Erlassantrag ablehnen.

Der Hauptanwendungsfall des Erlasses[2] ist die Ermäßigung der Kirchensteuer bei außerordentlichen Einkünften nach § 34 Abs. 2 EStG. Hat der Kirchensteuerpflichtige Einkünfte nach § 34 Abs. 2 EStG, wird die hierauf entfallende Kirchensteuer i.d.R. – aber nicht von allen steuererhebenden Religionsgemeinschaften – auf Antrag um (bis zu) 50 % ermäßigt.

Beispiel: 50 %-Erlass Kirchensteuer bei Veräußerungsgewinn (vereinfacht; Grundtabelle):

	KiSt mit V-Gewinn (lt. ESt-Bescheid)	KiSt ohne V-Gewinn	
Einkünfte aus ...	50 000 €	50 000 €	
Veräußerungsgewinn	50 000 €		
Gesamtbetrag der Einkünfte	100 000 €	50 000 €	
div. Abzüge	5 000 €	5 000 €	
zvE	95 000 €	45 000 €	
ESt	31 661 €	10 803 €	
KiSt 9 %	2 849,49 €	972,27 €	
KiSt-Differenz			1 877,22 €
50 % Erlass	./. 938,61 €		938,61 €
Endgültig zu zahlende KiSt	1 910,88 €		

Ein Erlass wird auf Antrag gewährt. Dem Antrag sind die notwendigen Unterlagen (z.B. Steuerbescheid, Bilanzen, GuV-Rechnungen etc.) beizufügen. Zuständig für einen Erlass ist grundsätzlich die Religionsgemeinschaft, in der der Stpfl. im Zeitpunkt der Antragstellung Mitglied ist. Die Erlassanträge sind zu stellen bei: Ev. Kirche von Westfalen bei den Kreiskirchenämtern, Ev. Kirche im Rheinland: gemeinsame Kirchensteuerstelle beim Landeskirchenamt, übrige ev. Landeskirchen beim Landeskirchenamt; röm.-kath. Kirche bei den Diözesen bzw. Generalvikariaten; übrige Religionsgemeinschaften bei den (Verbands-/Gemeinde-)Geschäftsstellen.

VIII. Sonderausgabenabzug der Kirchensteuer

Die im Kalenderjahr tatsächlich gezahlte Kirchensteuer ist – abzüglich eventueller Erstattungen – in voller Höhe als Sonderausgabe bei der Einkommensteuerveranlagung abziehbar (§ 10 Abs. 1 Nr. 4 Halbsatz 1 EStG[3]). Abzugsfähig sind Geldleistun-

---

1) BVerwG v. 21.5.2003, 9 C 12.02, BVerwGE 118, 201, NJW 2003, 3001; BFH v. 1.7.2009, I R 81/08, BB 2009, 2226, BFH/NV 2009, 1908.
2) Zu weiteren Erlasstatbeständen Petersen, Kirchensteuer kompakt, 2. Aufl. Kap. 18.
3) Zur Verrechnung von Erstattungsüberhängen s. § 10 Abs. 1 Nr. 4a, eingefügt durch StVerfG 2011 v. 1.11.2011, BGBl. I 2131; Meyerding/Gerhard, DStR 2012, 272.

gen (gezahlte Kirchensteuer, besonderes Kirchgeld), die von den als Körperschaften des öffentlichen Rechts anerkannten Religionsgemeinschaften von ihren Mitgliedern auf Grund gesetzlicher Bestimmungen erhoben werden. Abzugsfähig als Sonderausgabe sind auch Kirchensteuern, die an (bestimmte) in EU-/EWR-Staaten ansässige Religionsgemeinschaften geleistet werden.[1)]

Beiträge der Mitglieder von Religionsgemeinschaften (Kirchenbeiträge), die mindestens in einem Land als Körperschaft des öffentlichen Rechts anerkannt sind, aber während des ganzen Kalenderjahres keine Kirchensteuer erheben, sind aus Billigkeitsgründen wie Kirchensteuern abziehbar. Voraussetzung ist, dass der Stpfl. über die geleisteten Beiträge eine Empfangsbestätigung der Religionsgemeinschaft vorlegt. Der Abzug ist bis zur Höhe der Kirchensteuer zulässig, die in dem betreffenden Land von den als Körperschaften des öffentlichen Rechts anerkannten Religionsgemeinschaften erhoben wird. Bei unterschiedlichen Kirchensteuersätzen ist der höchste Steuersatz maßgebend (R 10.7 EStR, H 10.7 2013).

Freiwillige Kirchenbeiträge, die nicht wie Kirchensteuer als Sonderausgaben abgezogen werden, können als Zuwendungen im Rahmen des § 10b EStG steuerlich berücksichtigt werden.

Die Sonderausgabenabzugswirkung bei der Kirchensteuer auf Kapitalertragsteuer wird bereits im besonderen Hebesatz berücksichtigt (§ 32d Abs. 1 Satz 3, 4, § 10 Abs. 1 Nr. 4 Halbs. 2 EStG).

IX. Abzug der Kirchenlohnsteuer durch den Arbeitgeber

1170 Die Kirchensteuer ist getrennt von der Lohnsteuer und getrennt nach Religionsgemeinschaften im Lohnkonto zu buchen. Sie wird zusammen mit der Lohnsteuer vom Arbeitgeber einbehalten und für jeden Lohnzahlungszeitraum an das Finanzamt der Betriebsstätte abgeführt. Die Abführung erfolgt getrennt nach Konfessionen.

Bei der Einbehaltung und Abführung der Kirchenlohnsteuer hat sich der Arbeitgeber nach den elektronischen Lohnsteuerabzugsmerkmalen (§§ 39, 39e, 52b EStG) oder der Bescheinigung für den Lohnsteuerabzug (§ 39 Abs. 3, § 39e Abs. 7 EStG) ausgewiesenen Religionszugehörigkeitsschlüsseln (z.B. ev, rk) zu richten[2)] (§ 4 Abs. 1 Nr. 1 und Abs. 2 Nr. 8 LStDV, R 41.1 Abs. 4 LStR 2011/2013; H 39.1 LStH; Muster für die LSt-Anmeldung 2015, BStBl I 2014, 1239). Diese Merkmale werden von den einzelnen Bundesländern mit Gültigkeit für ihren Bereich exakt festgelegt. Bei verheirateten/verpartnerten Arbeitnehmern wird die Religionszugehörigkeit der Ehegatten/Lebenspartner nur noch bei konfessionsverschiedener Ehe/Lebenspartnerschaft nachgewiesen, in allen übrigen Fällen nur diejenige des Arbeitnehmers.

Religionszugehörigkeit		Nachweis
Arbeitnehmer	Ehegatte/Lebenspartner	Kirchensteuerabzug
ev	rk	ev rk
ev	ev	ev
rk	–	rk
–	ev	–
–	–	–

---

1) BMF-Schreiben v. 16.11.2011, BStBl I 2010, 1311.
2) BMF v. 7.8.2013, IV C 5-S 2363/13/10003, BStBl. 2013, 951.

Aus den Angaben müssen die Religionsgemeinschaften erkennbar sein, die die Erhebung der Kirchensteuer den Finanzbehörden übertragen haben. Im Muster für die LSt-Anmeldung werden folgende Abkürzungen ausgewiesen:

lt	evangelisch-lutherisch, protestantisch
ev	evangelisch
fr	französisch-reformiert (evangelisch)
rf	evangelisch-reformiert
fa, fb, fm, fg oder fs	freireligiöse Gemeinde
ib, il, is, iw, ih	israelitisch
jd, jh	jüdisch
ak	alt-katholisch
rk	römisch-katholisch
--*)	kein Kirchensteuerabzug

*) Der Nachweis „--" besagt nur, dass keine Zugehörigkeit zu einer kirchensteuererhebenden Religionsgemeinschaft gegeben ist. Er besagt nicht, dass diese Person keiner Religionsgemeinschaft angehört.[1]

Das Kirchensteuermerkmal und die Kirchensteuer sind im Lohnkonto aufzuzeichnen. Die für die Anmeldung und Abführung der Lohnsteuer geltenden Angaben sind auch für die Kirchenlohnsteuer zu machen.

Für den Kirchenlohnsteuerabzug gilt in allen Bundesländern das Prinzip der Betriebsstättenbesteuerung. Danach hat der Arbeitgeber die Kirchenlohnsteuer auch für solche kirchensteuerpflichtigen Arbeitnehmer (mit dem am Sitz der Betriebsstätte geltenden Hebesatz) einzubehalten und abzuführen, die ihren Wohnsitz oder gewöhnlichen Aufenthalt in einem anderen Bundesland als dem der Betriebsstätte haben. Ist in einem Bundesland nur der Merker „ev" zugelassen, hat der Arbeitgeber die Kirchenlohnsteuer auch von den Arbeitnehmern einzubehalten und als „ev" abzuführen, die eine Lohnsteuerkarte mit den Merkern „lt", „rf" oder „fr" vorlegen[2]. In Niedersachsen, Nordrhein-Westfalen und Rheinland-Pfalz kann er beim Finanzamt beantragen, die Kirchensteuer mit dem am Wohnsitz des Arbeitnehmers geltenden Hebesatz einzubehalten. In den übrigen Bundesländern wird es von der Finanzverwaltung i.d.R. nicht beanstandet, wenn der Arbeitgeber entsprechend verfährt.

Sofern ein Dritter die Pflichten des Arbeitgebers übernommen hat (§ 38 Abs. 3a EStG, R 38.5 LStR 2011/2013), gilt dies auch für die Kirchensteuer.

Zur einheitlichen Pauschsteuer bei den sog. Mini-Jobs nach § 40a Abs. 2 EStG → **4** Rz. 1156.

1171 Bei **Einkommensteuerpflichtigen** wird die Kirchensteuer – auch das Kirchgeld in glaubensverschiedener Ehe / Lebenspartnerschaft (→ **4** Rz. 1163) – im Rahmen der Vorauszahlungen festgesetzt und ist zu den Vorauszahlungsterminen zu leisten. Zur Kirchensteuer auf Kapitalertragsteuer (Abgeltungsteuer) → **4** Rz. 1158. Die Veranlagung zur

---

1) Siehe Heinig, Grundlegende Rechtsfragen des gegenwärtigen Kirchensteuereinzugs in Birk/Ehlers, Aktuelle Rechtsfragen der Kirchensteuer, 2012, 113, 121 ff.; BVerfG v. 30.9.2002, 1 BvR 1744/02, HFR 2003, 79.
2) Siehe Muster für die LSt-Anmeldung 2015, BStBl I 2014, 1239, expressis verbis bei Baden-Württemberg, Bayern, Brandenburg, Hessen, Niedersachsen und Saarland.

Kirchensteuer erfolgt durch die Finanzverwaltung; nur in Bayern durch die Steuerämter der steuererhebenden Religionsgemeinschaften.

X. Verwaltung der Kirchensteuer in den Bundesländern

1172 Die Verwaltung der Kirchensteuer ist von folgenden Religionsgemeinschaften der Finanzverwaltung des Bundeslandes übertragen worden:

Bundesland	Religionsgemeinschaft
In allen Bundesländern	Evangelische, Lutherische, Reformierte Landeskirchen; Röm.-katholische (Erz-)Diözesen
Baden-Württemberg	Altkatholische Kirche; Israelitische Religionsgemeinschaft Württemberg; Israelische Religionsgemeinschaft Baden; Freireligiöse Landesgemeinde Baden
Bayern*)	Altkatholische Kirche; Israelitische Kultusgemeinden
Berlin	Altkatholische Kirche
Brandenburg	Alt-katholische Kirche; Freireligiösen Gemeinde Mainz Israelitischen Kultusgemeinden in Bayern Jüdische Gemeinde in Hamburg Jüdischen Gemeinden in Hessen Jüdische Gemeinde Frankfurt am Main Jüdischen Gemeinden von Nordrhein Jüdischen Gemeinden von Westfalen-Lippe Synagogen-Gemeinde Köln
Hamburg	Altkatholische Kirche; Jüdische Gemeinde Hamburg
Hessen	Alt-katholische Kirche; jüdische Gemeinden in Frankfurt, Gießen, Kassel, Darmstadt, Bad Nauheim, freireligiöse Gemeinden Mainz und Offenbach
Niedersachsen	Altkatholische Kirchengemeinden Hannover-Niedersachsen
Nordrhein-Westfalen	Alt-katholische Kirche; Landesverbände der jüdischen Kultusgemeinde Nordrhein und Westfalen-Lippe und Synagogengemeinde Köln
Rheinland-Pfalz	Alt-katholische Kirche; jüdische Kultusgemeinde Koblenz, jüdische Kultusgemeinde Bad Kreuznach, freireligiöse Gemeinde Mainz, Freireligiöse Landesgemeinde Pfalz; Freie Religionsgemeinschaft Alzey
Saarland	Altkatholische Kirche; Synagogengemeinde Saar
Schleswig-Holstein	Altkatholische Kirche; Jüdische Gemeinde Hamburg

*) In Bayern erfolgt nur die Erhebung der Kirchensteuer als Zuschlag zur Lohn- und Kapitalertragsteuer durch die Finanzämter; ansonsten erfolgt die Verwaltung der Kirchensteuer durch die Kirchensteuerämter (→ **4** Rz. 1169)

Leasing

von Holm Geiermann

INHALTSÜBERSICHT

	Rz.
I. Begriffsbestimmung und Bedeutung	1173–1180
1. Leasing und seine Erscheinungsformen	1173–1176
2. Unterscheidung nach der Art des Leasinggegenstands	1177
3. Unterscheidung nach der Vertragsdauer und der Kündbarkeit	1178
4. Bedeutung	1179–1180
a) Leasing oder Kauf: Was ist günstiger?	1179
b) Steuergestaltung und Bilanzpolitik	1180
II. Operating Leasing	1181
III. Finanzierungsleasing	1182–1205
1. Allgemeines	1182
2. Finanzierungsleasing bei beweglichen Wirtschaftsgütern	1183–1193
a) Grundsätze für die Zurechnung der Leasinggegenstände	1183
b) Vollamortisationsverträge	1184–1187
c) Steuerliche Zurechnung unter Berücksichtigung der Auffassung der FinVerw	1188–1193
3. Finanzierungsleasing bei unbeweglichen Wirtschaftsgütern	1194–1197
a) Vollamortisationsverträge	1194–1196
b) Teilamortisationsverträge	1197
4. Besondere Gestaltungen	1198–1203
a) Forfaitierung	1198
b) Sale-and-lease-back-Verträge	1199
c) Cross-Border-Leasing	1200
d) Rent-Sharing (Pkw-Gemeinschaftsleasing)	1201
e) Container-Leasing	1202
f) Teilwertabschreibungen auf verleaste Wirtschaftsgüter	1203
5. Übersicht	1204–1205
a) Steuerliche Anerkennung von Leasingverträgen über bewegliche Wirtschaftsgüter gemäß Leasingerlass	1204
b) Steuerliche Anerkennung von Leasingverträgen über unbewegliche Wirtschaftsgüter gemäß Leasingerlass	1205

I. Begriffsbestimmung und Bedeutung

1. Leasing und seine Erscheinungsformen

Den Rechtsverhältnissen, die mit Leasing bezeichnet werden, ist gemeinsam, dass es sich um eine entgeltliche Gebrauchs- oder Nutzungsüberlassung von Wirtschaftsgütern handelt. In Deutschland gibt es kein eigenständiges Leasinggesetz, sondern auf Grund der Ähnlichkeit zur Miete werden überwiegend die gesetzlichen Regelungen über das Mietrecht (§§ 535 ff. BGB) auf das Leasing analog angewendet und in einzelnen Bereichen durch das Kaufrecht modifiziert.[1] Eine allgemeingültige Definition des Begriffs

1173

---

1) BGH v. 8.10.1975, VIII ZR 81/74, NJW 1977, 195; BGH v. 23.2.1977, VIII ZR 124/75, NJW 1977, 848.

Leasing gibt es allerdings nicht, weil unter diesen Begriff eine Vielzahl von Verträgen gefasst werden, die vom Mietvertrag bis zum (verdeckten) Ratenkaufvertrag reichen können.

1174 Für die **steuerrechtliche** Beurteilung solcher Verträge sind allein die wirtschaftlichen Vorgänge entscheidend. In der steuerrechtlichen Praxis werden bei den Leasingverträgen eine Vielzahl von Formen unterschieden, wobei letztlich vorherrschend lediglich zwei Leasingformen sind, bei denen entweder das Hauptinteresse der Leasingpartner bei der Finanzierung oder bei der Dienstleistung liegt.

Bei der steuerrechtlichen Beurteilung von Leasingverträgen geht es zunächst regelmäßig um die Frage, ob der Leasinggegenstand dem Leasinggeber oder aber dem Leasingnehmer als wirtschaftlichem Eigentümer zuzurechnen ist. Dahinter steht die Überlegung, dass die Zurechnung zum Betriebsvermögen eines Stpfl. sich nicht notwendigerweise nach zivilrechtlichen Gesichtspunkten richtet. Übt ein anderer als der bürgerlich-rechtliche Eigentümer die tatsächliche Herrschaft über ein Wirtschaftsgut in der Weise aus, dass er den Eigentümer im Regelfall für die gewöhnliche Nutzungsdauer von der Einwirkung auf das Wirtschaftsgut ausschließen kann, so ist ihm das Wirtschaftsgut zuzurechnen (§ 39 Abs. 2 Nr. 1 Satz 1 AO 1977).

Ein wirtschaftlicher Ausschluss des zivilrechtlichen Eigentümers in diesem Sinne wird u.a. angenommen, wenn dem Herausgabeanspruch des Eigentümers keine wirtschaftliche Bedeutung mehr zukommt.[1] Ob diese Voraussetzungen vorliegen, ist nach dem Gesamtbild der Verhältnisse im jeweiligen Einzelfall zu beurteilen.[2]

Auch das Handelsrecht folgt auf Grund der Änderungen durch das BilMoG nun auch dem steuerrechtlichen Konzept des wirtschaftlichen Eigentums (§ 246 Abs. 1 Satz 2 HGB). Letztlich dürften sich nach dieser Neuregelung insoweit übereinstimmende Ansätze in der Handels- und Steuerbilanz ergeben.

1175 Ist der Leasinggegenstand dem Leasinggeber zuzurechnen, ist der Leasingvertrag ertragsteuerlich wie ein Miet- oder Pachtvertrag zu behandeln. In der Folge sind die Leasingraten beim Leasingnehmer als Betriebsausgaben abziehbar.

> **Hinweis:**
> Für den Leasingnehmer stellt dieser Umstand i.d.R. einen besonderen Vorteil dar, weil beim Finanzierungsleasing die Grundmietzeit kürzer ist als die betriebsgewöhnliche Nutzungsdauer des Leasinggegenstandes. Die Leasingraten führen daher zu einem höheren Betriebsausgabenabzug als die AfA bei der Anschaffung oder der Herstellung des Wirtschaftsguts inklusive der Kreditzinsen.

Der Leasinggeber hat den Leasinggegenstand mit seinen Anschaffungs- oder Herstellungskosten zu aktivieren. Die AfA ist nach der betriebsgewöhnlichen Nutzungsdauer vorzunehmen. Die Leasingraten stellen Betriebseinnahmen dar.

Soweit der Leasinggegenstand dem Leasingnehmer zuzurechnen ist, weil er wirtschaftlicher Eigentümer des Leasinggegenstandes ist, hat er diesen in seinem Betriebsvermögen zu aktivieren und die AfA (ggf. erhöhte Absetzungen oder Sonderabschreibungen) nach der betriebsgewöhnlichen Nutzungsdauer des Wirtschaftsguts zu bemessen.

---

1) BFH v. 26.1.1970, IV R 144/66, BStBl II 1970, 264.
2) BFH v. 12.2.1991, III R 233/90, BStBl II 1992, 182; BFH v. 9.12.1999, III R 74/97, BStBl II 2001, 311.

Die FinVerw hat im Anschluss an das sog. Leasingurteil des BFH in den folgenden Leasingerlassen die Grundsätze zur steuerlichen Behandlung von Leasingverträgen zusammengefasst: 1176

- Teilamortisationserlass,[1]
- Immobilienleasingerlass,[2]
- Mobilienerlass.[3]

Unter Berücksichtigung der hier aufgestellten typisierenden Regelungen ist zu entscheiden, ob der Leasinggeber oder aber der Leasingnehmer den Leasinggegenstand aktiviert und in der Folge auch abschreibt.

Weil die Leasingerlasse eine typisierende Betrachtung beinhalten und damit im Ergebnis lediglich eine Auslegungshilfe der Zurechnungsgrundsätze des § 39 AO darstellen, ist immer dann, wenn in der Praxis nicht die typischen Fälle der Leasingerlasse angesprochen werden, eine Zuordnung des Wirtschaftsguts anhand der im Grundsatzurteil des BFH v. 27.1.1970[4] genannten Zurechnungsrundsätze vorzunehmen.[5]

2. Unterscheidung nach der Art des Leasinggegenstands

Leasingverträge kann man nach unterschiedlichen Gesichtspunkten einteilen. Einer davon ist die Einteilung nach der Art des Leasinggegenstands: 1177

- **Immobilienleasing**
  Bei diesen Leasingverträgen ist der Vertragsgegenstand ein Gebäude (z.B. Gebäude, das öffentlichen Zwecken dient, Verwaltungs- und Fabrikgebäude).
- **Mobilienleasing**
  Hier kann man zum einen nach dem Konsumgüterleasing, bei dem Vertragsgegenstand langlebige Gebrauchsgüter des Konsumbereichs mit einer relativ kurzen Vertragsdauer (Monate oder Tage) sind, und zum anderen nach dem Equipmentleasing unterscheiden, bei dem Vertragsgegenstand regelmäßig Investitionsgüter mit langlebiger Lebensdauer (wie z.B. Kraftfahrzeuge oder Maschinen aller Art) sind. Die regelmäßige Vertragsdauer beträgt hierbei drei bis sieben Jahre.

3. Unterscheidung nach der Vertragsdauer und der Kündbarkeit

Leasingverträge können aber auch nach der Vertragsdauer und der Kündbarkeit unterteilt werden. Im Einzelnen unterscheidet man hierbei das sog. Operating-Leasing und das Finanzierungsleasing. 1178

4. Bedeutung

a) Leasing oder Kauf: Was ist günstiger?

Nominell sind die Ausgaben beim Leasing im Regelfall größer als beim Kauf mit Fremd- oder Eigenfinanzierung, da der Leasinggeber mit den Raten nicht nur einen Gewinn erzielen will, sondern auch noch zusätzliche Kosten abdecken muss. Vorteile lassen sich für den Leasingnehmer erst bei einer Barwertbetrachtung und unter Einbeziehung von Steuereffekten errechnen, wenn bei voller Abzugsfähigkeit der Leasingraten diese 1179

---

1) BMF v. 22.12.1975, IV B 2 – S 2170 – 161/75, DB 1976, 172.
2) BMF v. 21.3.1972, F IV/B 2 – S 2170 – 11/72, BStBl I 1972, 188.
3) BMF v. 19.4.1971, IV B 2 – S 2170 – 31/71, BStBl I 1971, 264.
4) BFH v. 26.1.1970, IV R 144/66, BStBl II 1970, 264.
5) Vgl. insoweit auch Nieders. FG v. 16.5.2013, 10 K 148/10, n.v., wegen der Behandlung von Teilamortisationsverträgen vor Ergehen des BMF-Schreibens v. 23.12.1991, IV B 2 – S 2170 – 115/91, BStBl I 1992, 13 vgl. Revision beim BFH unter Az. IV R 23/13 anhängig.

höher sind als die Abschreibungen und dadurch Steuerstundungseffekte eintreten. Leasing ist für viele aber auch deshalb eine Alternative zum Kauf, weil die Eigenmittel und der Kreditrahmen bei der Bank geschont werden. Als Vorteil angesehen wird auch häufig die gleichmäßige, leicht kalkulierbare Belastung, die zudem noch durch die Höhe der Leasingsonderzahlung günstig beeinflusst werden kann.

b) Steuergestaltung und Bilanzpolitik

1180 Als Steuergestaltungsinstrument hat die Leasingsonderzahlung seit Einführung der Sonderabschreibung zur Förderung kleiner und mittlerer Betriebe nach § 7g EStG stark an Bedeutung verloren. Bei der Bilanzierung ging diese Gestaltung schon immer ins Leere, da die Sonderzahlung aktiv abzugrenzen ist. Zusätzliche Attraktivität gewinnen Leasingverträge, wenn nach Ablauf der Grundmietzeit die Aussicht auf eine günstige Ankaufmöglichkeit (z.b. innerhalb der Familie) besteht, wobei diese im Allgemeinen nicht fest vereinbart wird, um die steuerliche Anerkennung des Leasingvertrags nicht zu gefährden. Viele Leasingnehmer schätzen aber auch die unkomplizierten Verwertungsmöglichkeiten durch Rückgabe bei Ablauf von Leasingverträgen. Eine Entscheidung sollte daher immer anhand des konkreten Einzelfalls getroffen werden.

Bilanzpolitisch bedeutet Leasing statt Kauf auf Kredit eine Bilanzverkürzung, so dass insbesondere bei gegebenem Eigenkapital die Eigenkapitalquote gemessen am Gesamtkapital (Bilanzsumme) steigt. Hinsichtlich Steuerbelastung und Gewinnausweis sind Abschreibungen und Fremdkapitalkosten den Leasingraten gegenüberzustellen. Je nach Ertrags- und Liquiditätslage wird man sich für eine der Alternativen entscheiden.

II. Operating Leasing

1181 Beim Operating-Leasing ist charakteristisch, dass das Vertragsverhältnis jederzeit kündbar ist. Eine feste Grundmietzeit wird also nicht vereinbart.[1] Ziel des Vertrags ist nicht die Finanzierung des Wirtschaftsguts, sondern alleine die Gebrauchsüberlassung gegen ein Entgelt. Der Leasinggeber verpfichtet sich neben der Gebrauchsüberlassung dazu, das Wirtschaftsgut zu überwachen, instand zu halten und bei Bedarf auszutauschen (maintenance-leasing). Kennzeichnend für diese Art des Vertragsverhältnisses ist im Übrigen auch, dass der Leasingnehmer nicht weiß, wie lange er das Wirtschaftsgut benötigt und ob er es später einmal erwerben möchte. Beim Operating-Leasing werden i.d.R. Standardwirtschaftsgüter wie z.B. Konsumgüter überlassen. Diese Wirtschaftsgüter können ohne größere Schwierigkeiten weitervermietet (second-hand-leasing) oder aber verkauft werden. Das ist auch der Grund, warum der Leasinggeber bereit ist, einen solchen Vertrag einzugehen, denn die Leasingobjekte rentieren sich aus seiner Sicht nur, wenn mehrere Leasingnehmer diese hintereinander nutzen. Für den Leasingnehmer hat das Operating-Leasing den Vorteil, dass er das Wirtschaftsgut bei technischen Neuerungen sofort gegen das aktuellste austauschen kann. Das Operating-Leasing wird i.d.R. von Produzenten als Alternative zum Finanzierungsleasing angeboten.

> **Hinweis:**
>
> Das Operating-lease kann zwar noch unter den Begriff des Leasings im weiteren Sinne gefasst werden. Es soll aber bei der folgenden Betrachtung ausscheiden, da sich bei ihm wegen der gegebenen Kündigungsmöglichkeit die einzelnen laufenden Leasing-Raten als äquivalente Gegenleistung für die laufende Nutzungsüberlassung darstellen, so dass bilanzmäßig und steuerlich keine Probleme auftreten. Die ertragsteuerliche Behandlung erfolgt nach den für Dauerschuldverhältnisse, insbesondere nach den für Miete und Pacht geltenden Grundsätzen. Grundsätzlich lässt sich aber festhalten, dass die Leasinggegenstände hier regelmäßig dem Leasinggeber zuzurechnen sein dürften.

---

1) BFH v. 26.1.1970, IV R 144/66, BStBl II 1970, 264.

III. Finanzierungsleasing

1. Allgemeines

Beim Finanzierungsleasing ist im Unterschied zum Operating-Leasing eine wesentlich längere Vertragslaufzeit maßgebend. Es wird eine feste Grundmietzeit vereinbart, während der der Vertrag bei vertragsgemäßer Erfüllung von den Vertragspartnern nicht gekündigt werden kann (Grundmietzeit). Im Übrigen kann ein Finanzierungsleasing nur dann vorliegen, wenn der Leasingnehmer mit den in der Grundmietzeit zu entrichtenden Raten mindestens die Anschaffungs- oder Herstellungskosten sowie alle Nebenkosten (einschließlich der Finanzierungskosten) des Leasinggebers deckt.[1]

1182

Diese Gruppe von Leasingverträgen umfasst Mobilien (Investitionsgüter und Ausrüstungsgegenstände usw.) und Immobilien. Für den Fall, dass ein Produzent als Leasinggeber auftritt, spricht man von einem Hersteller-Leasing.

> **Hinweis:**
> Finanzierungsleasingverträge sind für alle diejenigen interessant, die ein Wirtschaftsgut über eine relativ lange Zeit nutzen, es aber nicht erwerben wollen. Durch einen solchen Leasingvertrag werden die finanziellen Ressourcen durch eine Beschränkung der Belastung auf einzelne Monatsraten geschont.

Beim Finanzierungsleasing sind zumeist drei Vertragspartner beteiligt:

– der Leasinggeber,
– der Leasingnehmer und
– der Lieferant.

Zwischen diesen Beteiligten werden zwei Verträge geschlossen: der Leasingvertrag und der Liefervertrag. Das Finanzierungsleasing ist abzugrenzen vom finanzierten Kauf, bei dem der Kunde gleichzeitig Käufer und Darlehensnehmer wird. Andererseits ist der Leasingvertrag auch vom sog. Mietkaufvertrag zu unterscheiden. Mietkaufverträge sind sonstige Finanzierungshilfen i.S.d. § 506 Abs. 1 BGB, aber keine Finanzierungsleasingverträge i.S.d. § 506 Abs. 2 BGB, da das wirtschaftliche Eigentum beim Mieter liegt und er die Sache bilanzieren muss. Ein Mietkauf ist letztlich nichts anderes als ein Mietvertrag mit Kaufoption ohne steuerliche Vergünstigung. Im Fall des Mietkaufs überlässt der Vermieter dem Mieter die Sache zur Nutzung mit der Einräumung eines Rechts oder aber einer Pflicht, durch eine einseitige Erklärung, das Wirtschaftsgut unter Anrechnung der bis dahin gezahlten Raten auf den Kaufpreis zu erwerben. Bei einem solchen Vertrag werden die Raten von Anfang an im Hinblick auf den späteren Eigentumserwerb gezahlt.

2. Finanzierungsleasing bei beweglichen Wirtschaftsgütern

a) Grundsätze für die Zurechnung der Leasinggegenstände

Der BFH[2] entscheidet bei Leasingverträgen für die Frage der Zurechnung der Leasinggegenstände nach den Umständen des Einzelfalls, ob der Leasingvertrag nach den für Mietverträge (schwebende Geschäfte) oder nach den für Ratenkaufverträge geltenden Grundsätzen zu behandeln ist. Die Zurechnung hängt dabei im Wesentlichen davon ab, ob der Leasinggegenstand wirtschaftlich gesehen dem Vermögen des Leasinggebers oder dem des Leasingnehmers zuzurechnen ist. Eine Zurechnung zum Vermögen des Leasingnehmers kommt nach der Rechtsprechung des BFH nur dann in Betracht, wenn

1183

---
1) BMF v. 19.4.1971, IV B 2 – S 2170 – 31/71, BStBl I 1971, 264.
2) BFH v. 26.1.1970, IV R 144/66, BStBl II 1970, 264.

- der Leasinggegenstand speziell auf die Bedürfnisse des Leasingnehmers zugeschnitten ist und nach Ablauf der Grundmietzeit nur noch bei ihm eine sinnvolle Verwendung finden kann,
- die betriebsgewöhnliche Nutzungsdauer des Leasinggegenstands und die Grundmietzeit sich annähernd decken oder
- die betriebsgewöhnliche Nutzungsdauer zwar erheblich länger ist als die Grundmietzeit, dem Leasingnehmer jedoch ein Recht auf Mietverlängerung oder Kauf zusteht, bei dessen Ausübung nur ein geringer Mietzins zu entrichten ist.

Dieser Rechtsprechung ist auch die FinVerw gefolgt und hat für die Frage der steuerrechtlichen Zurechnung den sog. Mobilienleasingerlass vom 19.4.1971[1] erlassen. Dieser musste aber im Laufe der Zeit an die geänderten Marktverhältnisse angepasst werden und um eine weitergehende Regelung zu den Fällen, in denen lediglich eine Teilamortisation erreicht wird, ergänzt werden. Diese Ergänzung liegt in Form eines weiteren Leasingerlasses vor. Mit diesen beiden Erlassen hat die Verwaltung die von der BFH-Rechtsprechung aufgestellten Zurechnungskriterien aufgegriffen und anhand dieser typisierende Regelungen geschaffen.

b) Vollamortisationsverträge

1184 Ein Finanzierungsleasing liegt nur dann vor, wenn

- der Vertrag über eine bestimmte Zeit geschlossen wird, während der Vertrag bei vertragsgemäßer Erfüllung von beiden Vertragsparteien nicht gekündigt werden kann (Grundmietzeit) und
- der Leasingnehmer mit den in der Grundmietzeit entrichteten Raten mindestens die Anschaffungs- oder Herstellungskosten sowie alle Nebenkosten einschließlich der Finanzierungskosten des Leasinggebers deckt.[2]

Im Falle eines Vollamortisationsvertrags zielt der Leasingvertrag dabei grundsätzlich darauf ab, die geleasten Wirtschaftsgüter während der Vertragsdauer voll zu amortisieren, d.h. die Anschaffungskosten und die Nebenkosten des Leasinggebers sowie einen Gewinn einzubringen.[3]

In der Praxis unterscheidet man im Wesentlichen die nachfolgenden Vertragstypen.

aa) Leasingverträge ohne Kauf- oder Verlängerungsoption

1185 Bei dieser Vertragskonstruktion unterscheidet man zwei verschiedene Fälle. In dem einen Modell deckt sich die Grundmietzeit mit der betriebsgewöhnlichen Nutzungsdauer des Leasinggegenstandes. In dem anderen Modell ist die Grundmietzeit hingegen geringer als die betriebsgewöhnliche Nutzungsdauer.[4] Der Leasingnehmer hat in beiden Fallgestaltungen am Ende der Grundmietzeit nicht das Recht, den Leasinggegenstand zu erwerben oder den Vertrag zu verlängern.

bb) Leasingverträge mit Kaufoption

1186 Bei einem solchen Vertrag hat der Leasingnehmer am Ende der Grundmietzeit, die regelmäßig kürzer ist als die betriebgewöhnliche Nutzungsdauer des Leasinggegenstandes, das Recht, diesen zu erwerben.[5]

---

1) BMF v. 19.4.1971, IV B 2 – S 2170 – 31/71, BStBl I 1971, 264.
2) BMF v. 19.4.1971, IV B 2 – S 2170 – 31/71, BStBl I 1971, 264.
3) BFH v. 30.5.1984, I R 146/81, BStBl II 1984, 825.
4) BMF v. 19.4.1971, IV B 2 – S 2170 – 31/71, BStBl I 1971, 264.
5) BMF v. 19.4.1971, IV B 2 – S 2170 – 31/71, BStBl I 1971, 264.

cc) Leasingverträge mit Mietverlängerungsoption

Bei einem Leasingvertrag mit einer Mietverlängerungsoption hat der Leasingnehmer das Recht, nach Ablauf der Grundmietzeit das Vertragsverhältnis auf unbestimmte Zeit zu verlängern. Für den Fall, dass der Leasingvertrag nicht ausdrücklich eine Mietverlängerungsoption vorsieht, ist er wie ein Leasingvertrag mit einer solchen Option zu behandeln, wenn eine Vertragsverlängerung nach Ablauf der Grundmietzeit für den Fall möglich ist, dass keine der Vertragsparteien den Vertrag kündigt. Das gilt aber dann nicht, wenn der Leasinggeber nachweislich in einer Vielzahl von Fällen bei Verträgen über gleiche Wirtschaftsgüter innerhalb eines Zeitraums von 9/10 der betriebsgewöhnlichen Nutzungsdauer das Vertragsverhältnis auf Grund seines Kündigungsrechts beendet hat.[1]

1187

c) Steuerliche Zurechnung unter Berücksichtigung der Auffassung der FinVerw

aa) Grundsätze

Nach dem sog. Mobilienleasingerlass[2] beurteilt sich die Zurechnung des Leasinggegenstandes nach der von den Parteien gewählten Vertragsgestaltung und deren tatsächlicher Durchführung. Dabei ist unter Würdigung der Gesamtumstände im Einzelfall zu entscheiden, wem der Leasinggegenstand steuerlich zuzurechnen ist.

1188

> **Hinweis:**
> Für die Zurechnung ist dabei aber keineswegs der versicherungsrechtliche Status des Leasinggebers von Bedeutung. In diesem Zusammenhang treten in der Praxis Fälle auf, in denen der Leasinggeber statt einen eigenen Vertrag über objekttypische Risiken (z.B. Feuer-, Einbruch-, Diebstahl-, Sturm-, Leitungswasserversicherungen) abzuschließen, mit dem Leasingnehmer eine Vereinbarung trifft, nach der dieser den Leasinggegenstand für Rechnung des Leasinggebers in einem bereits für den Leasingnehmer bestehenden Versicherungsvertrag mitversichert. Für sich alleine betrachtet spricht dieser Umstand weder für noch gegen eine Zurechnung des Leasinggegenstands beim Leasingnehmer oder Leasinggeber.[3]

Nach dem Mobilienleasingerlass bestehen die nachfolgenden typisierenden Zurechnungsregelungen.[4]

(1) Leasingverträge ohne Kauf- oder Verlängerungsoption

Bei Leasingverträgen ohne Kauf- oder Verlängerungsoption ist der Leasinggegenstand dem Leasinggeber zuzurechnen, wenn die Grundmietzeit mindestens 40 % und höchstens 90 % der betriebsgewöhnlichen Nutzungsdauer des Leasinggegenstandes beträgt. Beträgt dagegen die Grundmietzeit weniger als 40 % oder mehr als 90 % der betriebsgewöhnlichen Nutzungsdauer, ist der Leasinggegenstand dem Leasingnehmer zuzurechnen.[5]

1189

(2) Leasingverträge mit Kaufoption

In diesem Fall ist der Leasinggegenstand dem Leasinggeber zuzurechnen, wenn die Grundmietzeit mindestens 40 % und höchstens 90 % der betriebsgewöhnlichen Nutzungsdauer des Leasinggegenstandes beträgt und der für den Fall der Ausübung des Optionsrechts vorgesehene Kaufpreis nicht niedriger ist als der unter Anwendung der

1190

---

1) BMF v. 19.4.1971, IV B 2 – S 2170 – 31/71, BStBl I 1971, 264.
2) BMF v. 19.4.1971, IV B 2 – S 2170 – 31/71, BStBl I 1971, 264.
3) FinMin Schleswig-Holstein v. 6.7.2004, VI 304 – S 2170 – 565, DB 2004, 2400.
4) BMF v. 19.4.1971, IV B 2 – S 2170 – 31/71, BStBl I 1971, 264.
5) BMF v. 19.4.1971, IV B 2 – S 2170 – 31/71, BStBl I 1971, 264.

linearen AfA nach der amtlichen AfA-Tabelle ermittelte Buchwert oder der niedrigere gemeine Wert im Zeitpunkt der Veräußerung.

Hingegen ist der Leasinggegenstand dem Leasingnehmer zuzurechnen, wenn die Grundmietzeit weniger als 40 % oder mehr als 90 % der betriebsgewöhnlichen Nutzungsdauer beträgt. Eine Zurechnung beim Leasingnehmer kommt auch dann in Betracht, wenn bei einer Grundmietzeit von mindestens 40 % und höchstens 90 % der betriebsgewöhnlichen Nutzungsdauer der für den Fall der Ausübung des Optionsrechts vorgesehene Kaufpreis niedriger ist als der unter Anwendung der linearen AfA nach der amtlichen AfA-Tabelle ermittelte Buchwert oder der niedrigere gemeine Wert im Zeitpunkt der Veräußerung.[1]

Wenn der Kaufpreis für den Fall der Ausübung des Optionsrechts während oder nach Ablauf der Grundmietzeit festgelegt oder verändert wird, ist dieser Umstand bei der Entscheidung über die Zurechnung im Rahmen der vorgenannten Typisierungen zu berücksichtigen.[2]

(3) Leasingverträge mit Mietverlängerungsoption

1191 In den Fällen, in denen der Leasingvertrag eine Mietverlängerungsoption enthält, ist der Leasinggegenstand dem Leasinggeber zuzurechnen, wenn die Grundmietzeit mindestens 40 % und höchstens 90 % der betriebsgewöhnlichen Nutzungsdauer des Leasinggenstands beträgt. In diesem Fall muss aber auch die Anschlussmiete so bemessen sein, dass sie den Wertverzehr für den Leasinggegenstand deckt, der sich auf der Basis des unter Berücksichtigung der linearen AfA nach der amtlichen AfA-Tabelle ermittelten Buchwerts oder des niedrigeren gemeinen Werts und der Restnutzungsdauer laut AfA-Tabelle ergibt.

Hingegen erfolgt eine Zurechnung beim Leasingnehmer, wenn die Grundmietzeit weniger als 40 % oder mehr als 90 % der betriebsgewöhnlichen Nutzungsdauer des Leasinggegenstands beträgt. Eine Zurechnung beim Leasingnehmer kommt auch dann in Betracht, wenn bei einer Grundmietzeit von mindestens 40 % und höchstens 90 % der betriebsgewöhnlichen Nutzungsdauer die Anschlussmiete so bemessen ist, dass sie den Wertverzehr für den Leasinggegenstand nicht deckt, der sich auf der Basis des unter Berücksichtigung der linearen AfA nach der amtlichen AfA-Tabelle ermittelten Buchwerts oder des niedrigeren gemeinen Werts und der Restnutzungsdauer laut AfA-Tabelle ergibt.

Für den Fall, dass die Höhe der Leasingraten für den Verlängerungszeitraum während oder nach Ablauf der Grundmietzeit festgelegt oder verändert wird, ist dieser Umstand bei der Entscheidung über die Zurechnung im Rahmen der vorgenannten Typisierung zu berücksichtigen.[3]

bb) Zurechnung beim Leasingnehmer

1192 Erfolgt die Zurechnung zum Leasingnehmer, d.h., hat das Leasing eine reine Finanzierungsfunktion, spricht man von Finanzierungsleasing oder zur Vermeidung von Missverständnissen häufig auch von „Mietkauf", wobei die Verträge so konstruiert werden, dass die bilanzielle Zurechnung von Anfang an beim Leasingnehmer erfolgt.

Das Wirtschaftsgut ist mit den Anschaffungs- oder Herstellungskosten des Leasinggebers, die der Berechnung der Leasingraten zu Grunde gelegt worden sind, in der Bilanz des Leasingnehmers zu aktivieren. Dem Leasingnehmer steht in der Folge die AfA nach der betriebsgewöhnlichen Nutzungsdauer des Leasinggegenstands zu. Gleichzeitig

---

1) BMF v. 19.4.1971, IV B 2 – S 2170 – 31/71, BStBl I 1971, 264.
2) BMF v. 19.4.1971, IV B 2 – S 2170 – 31/71, BStBl I 1971, 264.
3) BMF v. 19.4.1971, IV B 2 – S 2170 – 31/71, BStBl I 1971, 264.

erfolgt der Ausweis einer Verbindlichkeit gegenüber dem Leasinggeber in gleicher Höhe.

Die Leasingraten sind in einen Zins- und Tilgungsanteil aufzuteilen. Hierbei ist zu berücksichtigen, dass sich der Zinsanteil durch die laufende Tilgung permanent verringert und der Tilgungsanteil sich entsprechend erhöht. Der Zins- und Kostenanteil ist eine sofort abzugsfähige Betriebsausgabe. Der restliche Teil der Zahlung ist beim Leasingnehmer als Tilgung der Kaufpreisschuld erfolgsneutral zu behandeln.

Der Leasinggeber hat die Leasingraten als Betriebseinnahmen zu erfassen.

cc) Zurechnung beim Leasinggeber

Soweit dem Leasinggeber der Leasinggegenstand zuzurechnen ist, hat er diesen mit seinen Anschaffungs- oder Herstellungskosten zu aktivieren. Die AfA ist nach der betriebsgewöhnlichen Nutzungsdauer vorzunehmen. Die Leasingraten stellen Betriebseinnahmen dar.[1]

1193

Der Leasingnehmer kann die Leasingraten als Betriebsausgaben geltend machen.

Leasingsonderzahlungen werden als aktiver Rechnungsabgrenzungsposten (Anzahlung) beim Leasingnehmer in die Bilanz aufgenommen. Die Auflösung geschieht linear über die Laufzeit des Leasingvertrages. Der Leasinggeber bilanziert sie spiegelbildlich auf der Passivseite.

3. Finanzierungsleasing bei unbeweglichen Wirtschaftsgütern

a) Vollamortisationsverträge

aa) Allgemeines

Der Immobilienleasingerlass vom 21.3.1972[2] setzt unter Hinweis auf den Mobilienleasingerlass die **volle** Amortisation der Anschaffungs- oder Herstellungskosten voraus.

1194

> **Hinweis:**
> Der Immobilienleasingerlass betrifft damit in der Praxis nur eine geringere Zahl von Fällen, weil beim Immobilienleasing i.d.R. eine gegenüber der betriebsgewöhnlichen Nutzungsdauer der Immobilie wesentlich kürzere Grundmietzeit zu Grunde liegt. Berücksichtigt man diesen Umstand, führt das im Ergebnis dazu, dass eine Vollamortisation innerhalb der Grundmietzeit zu unverhältnismäßig hohen Leasingraten führen muss, die letztlich einen solchen Vertrag wirtschaftlich uninteressant machen.

Nach seinem Wortlaut gilt der Erlass nur für unbewegliche Wirtschaftsgüter. Er findet damit keine Anwendung auf Betriebsvorrichtungen, weil diese ertragsteuerlich als bewegliche Wirtschaftsgüter gelten. Deshalb ist bei diesen für die Frage der Zurechnung auf den Mobilienleasingerlass[3] zurückzugreifen. Die Entscheidung, ob eine Betriebsvorrichtung vorliegt, erfolgt nach dem sog. Abgrenzungserlass vom 5.6.2013.[4] In der Folge trennt der Immobilienleasingerlass vom 21.3.1972[5] bei der Frage der Zurechnung auch konsequent zwischen Gebäude und Grund und Boden und prüft jeweils getrennt die Zurechnung zum Leasingnehmer oder Leasinggeber.[6] Für den Fall, dass ein Vertrag über ein unbewegliches Wirtschaftsgut nicht die Voraussetzung für die Annahme eines Finanzierungsleasingvertrags erfüllt, ist die Zurechnung des Leasing-

---

1) BMF v. 19.4.1971, IV B 2 – S 2170 – 31/71, BStBl I 1971, 264.
2) BMF v. 21.3.1972, F/IV B 2 – S 2170 – 11/72, BStBl I 1972, 188.
3) BMF v. 19.4.1971, IV B 2 – S 2170 – 31/71, BStBl I 1971, 264.
4) Gleichlautende Ländererlasse v. 5.6.2013, BStBl I 2013, 734.
5) BMF v. 21.3.1972, F/IV B 2 – S 2170 – 11/72, BStBl I 1972, 188.
6) BMF v. 21.3.1972, F/IV B 2 – S 2170 – 11/72, BStBl I 1972, 188, Tz. II Nr. 2 Buchst. a.

gegenstands nach den allgemeinen Grundsätzen, insbesondere nach den von der Rechtsprechung zu Mietkaufverträgen entwickelten Grundsätzen vorzunehmen.[1]

Für die Zurechnung des Leasinggegenstands sind grundsätzlich die von den Vertragsparteien gewählte Vertragsform und deren tatsächliche Durchführung maßgebend. Dabei muss aber die Tatsache beachtet werden, dass beim Immobilienleasing in Form der Vollamortisation, die während der Grundmietzeit zu entrichtenden Leasingraten sämtliche zur Finanzierung des Leasinggegenstands eingesetzten Mittel vollständig amortisieren und dass das auf den von Anfang an beabsichtigten vermögensmäßigen Erwerb durch den Leasingnehmer hindeutet, wenn er den Leasinggegenstand nach Ablauf der Grundmietzeit unentgeltlich oder gegen geringes Entgelt erwerben kann und nach den Gesetzen der Wahrscheinlichkeit auch erwerben wird.[2] Im Übrigen gilt nach dem Erlass[3] Folgendes:

bb) Zurechnung des Grund und Bodens

1195 Der Grund und Boden ist ausnahmsweise dann dem Leasingnehmer zuzurechnen, wenn eine Kaufoption vereinbart wurde und dem Leasingnehmer auch das Gebäude zugerechnet werden kann (z.B. auf Grund eines Spezialleasings).

cc) Zurechnung des Gebäudes

1196 Für die Zurechnung des Gebäudes gelten im Ergebnis dieselben Grundsätze wie bei der Zurechnung beweglicher Wirtschaftsgüter. Im Einzelnen ergibt sich Folgendes:

Die Zurechnung des Gebäudes erfolgt immer beim Leasingnehmer, wenn die Grundmietzeit kürzer als 40 % oder länger als 90 % der betriebsgewöhnlichen Nutzungsdauer des Gebäudes ist. Wird für das Gebäude die AfA nach der linearen (§ 7 Abs. 4 Satz 1 EStG) oder degressiven Methode (§ 7 Abs. 5 EStG) ermittelt, dann ist als betriebsgewöhnliche Nutzungsdauer die sich nach diesen Vorschriften ergebende typisierende Nutzungsdauer anzusetzen. Für Betriebsgebäude i.S.d. § 7 Abs. 4 Satz 1 Nr. 1 EStG folgt daraus, dass eine Nutzungsdauer von 33 Jahren anzusetzen ist.[4] Abweichend hiervon kann bei Erbbaurechtsgrundstücken, bei denen der Erbbaurechtszeitraum kürzer ist als die betriebsgewöhnliche Nutzungsdauer des Gebäudes, dieser kürzere Zeitraum als betriebsgewöhnliche Nutzungsdauer angesetzt werden.

Beim Immobilienleasing verbleibt jedoch nach Vertragsablauf im Einzelfall ein nicht unerheblicher Restwert. Unter Berücksichtigung der Leasingrechtsprechung des BFH[5] kann bei einem hohen Nutzungswert nach Ablauf der Vertragsdauer trotz annähernder Übereinstimmung von Mietzeit und betriebsgewöhnlicher Nutzungsdauer regelmäßig kein wirtschaftliches Eigentum beim Leasingnehmer angenommen werden. In einem solchen Fall kann daher m. E. die 90 %-Grenze i.d.R. nicht angewendet werden.[6] Diese Auffassung steht im Übrigen nicht in Widerspruch zur Rechtsauffassung der FinVerw. Sowohl der Mobilienleasing-[7] als auch der Immobilienleasingerlass[8] gestatten ein

---

1) BMF v. 21.3.1972, F/IV B 2 – S 2170 – 11/72, BStBl I 1972, 188, Tz. III.
2) BFH v. 30.5.1984, I R 146/81, BStBl II 1984, 825.
3) BMF v. 21.3.1972, F/IV B 2 – S 2170 – 11/72, BStBl I 1972, 188, Tz. II Buchst. b.
4) BMF v. 10.9.2002, IV A 6 – S 2196 – 1/02, DB 2002, 2245; BMF v. 9.6.1987, IV B 2 – S 2170 – 14/87, BStBl I 1987, 440 zur Frage der Nutzungsdauer unter Geltung des Gesetzes zur Verbesserung der Abschreibungsbedingungen für Wirtschaftsgebäude und für moderne Heizungs- und Warmwasseranlagen.
5) BFH v. 26.1.1970, IV R 144/66, BStBl II 1970, 264.
6) Anders Tonner in Herrmann/Heuer/Raupach, § 5 EStG Rz. 1139 m.w.H. auf Literaturmeinungen.
7) BMF v. 19.4.1971, IV B 2 – S 2170 – 31/71, BStBl I 1971, 264.
8) BMF v. 21.3.1972, F/IV B 2 – S 2170 – 11/72, BStBl I 1972, 188.

Abweichen von der typisierenden 90 %-Grenze, indem die Erlasse selbst die dort angesprochenen Zuordnungsregeln als widerlegbare Vermutung ansehen.

Im Übrigen dürfte auch die Zurechnung des Gebäudes beim Leasingnehmer, bei einer Grundmietzeit von weniger als 40 %, ohne dass eine Kaufoption vorliegt, durchaus als problematisch zu beurteilen sein. Meines Erachtens wird in einem solchen Fall beim Leasingnehmer nicht grundsätzlich wirtschaftliches Eigentum begründet.

Für den Fall, dass die Grundmietzeit mindestens 40 % und höchstens 90 % der betriebsgewöhnlichen Nutzungsdauer beträgt, ist zu unterscheiden, welcher Vertragstypus von den Vertragsbeteiligten gewählt wurde.

Wurde von den Vertragsbeteiligten ein Leasingvertrag ohne Kauf- oder Mietverlängerungsoption gewählt, ist das Gebäude grundsätzlich dem Leasinggeber zuzurechnen.

Haben die Beteiligten hingegen einen Vertrag mit einer Kaufoption gewählt, ist das Gebäude dem Leasinggeber nur zuzurechnen, wenn der für den Fall der Ausübung des Optionsrechts vorgesehene Gesamtkaufpreis nicht niedriger ist, als der unter Anwendung der linearen AfA ermittelte Buchwert des Gebäudes zuzüglich des Buchwerts für den Grund und Boden oder der niedrigere gemeine Wert des Grundstücks im Zeitpunkt der Veräußerung. Das gilt auch, wenn die Höhe des Kaufpreises während oder nach dem Ablauf der Grundmietzeit festgelegt oder verändert wird. In diesem Zusammenhang ist zu beachten, dass die FinVerw die Ermittlung des Restbuchwerts unter Berücksichtigung der degressiven AfA ablehnt. Der Grund wird m. E. zutreffend darin gesehen, dass man den Restbuchwert als einen objektiven Wert betrachtet, der nicht von einem rein subjektiven Wahlrecht abhängig sein darf.

Enthält der Leasingvertrag eine Mietverlängerungsoption, kann das Gebäude regelmäßig nur dem Leasinggeber zugerechnet werden. Voraussetzung ist allerdings, dass die Anschlussmiete mehr als 75 % des Mietentgelts beträgt, das für ein nach Art, Lage und Ausstattung vergleichbares Grundstück üblicherweise gezahlt wird. Wird die Höhe der Leasingraten während der Vertragslaufzeit festgelegt oder verändert, gilt Entsprechendes. Verträge, die keine Mietverlängerungsoption enthalten, bei denen aber bei Ablauf der Grundmietzeit eine Vertragsverlängerung erfolgt und keine der beiden Parteien den Vertrag kündigt, werden steuerlich wie ein Vertrag mit Mietverlängerungsoption behandelt.

Soweit nach den vorgenannten Grundsätzen der Leasinggegenstand dem Leasinggeber zuzurechnen ist, hat er diesen mit seinen Anschaffungs- oder Herstellungskosten zu aktivieren. Die Leasingraten stellen Betriebseinnahmen dar. Beim Leasingnehmer gehören in diesem Fall die Leasingraten zu den Betriebsausgaben.

Wird der Leasinggegenstand dem Leasingnehmer zugerechnet, hat er diesen mit seinen Anschaffungs- oder Herstellungskosten zu aktivieren. Wegen der Höhe der Anschaffungs- oder Herstellungskosten wird auf die Anschaffungs- oder Herstellungskosten abgestellt, die bei der Berechnung der Leasingraten zu Grunde gelegt worden sind. Sie sind ggf. zu erhöhen um etwaige weitere Anschaffungs- oder Herstellungskosten, die nicht in der Leasingrate enthalten sind. Die Leasingraten sind in einen Zins- und Kosten- und einen Tilgungsanteil aufzuteilen. Der Zins- und Kostenanteil stellt beim Leasingnehmer eine sofort abziehbare Betriebsausgabe dar. Beim Leasinggeber führt der Zins- und Kostenanteil spiegelbildlich zu entsprechenden Betriebseinnahmen.

b) Teilamortisationsverträge

Nach dem Leasingerlass zur Behandlung von Teilamortisationsverträgen über unbeweglicher Wirtschaftsgüter[1] ist ein Gebäude grundsätzlich dem Leasinggeber zuzurech-

---

1) BMF v. 23.12.1991, IV B 2 – S 2170 – 115/91, BStBl I 1992, 13.

nen.[1]) Der Grund und Boden ist demjenigen zuzurechnen, dem auch das Gebäude zugerechnet wird. Dem Leasingnehmer wird das Gebäude (und somit auch der Grund und Boden) ausnahmsweise in den folgenden Fällen zugerechnet:

- Die Grundmietzeit beträgt mehr als 90 % der betriebsgewöhnlichen Nutzungsdauer oder
- der vorgesehene Kaufpreis ist bei Verträgen mit Kaufoption geringer als der Restbuchwert unter Berücksichtigung der Gebäude-AfA nach § 7 Abs. 4 EStG oder
- die Anschlussmiete beträgt bei Verträgen mit Mietverlängerungsoption nicht mindestens 75 % des Mietentgelts, das für ein nach Art, Lage und Ausstattung vergleichbares Grundstück üblicherweise gezahlt wird.

Die Zurechnung erfolgt außerdem bei Verträgen mit Kauf- oder Mietverlängerungsoption stets beim Leasingnehmer, wenn diesem eine der folgenden Verpflichtungen auferlegt wird:

- Übernahme der Gefahr des zufälligen ganzen oder teilweisen Untergangs ohne Minderung der vertraglichen Leistungspflicht;
- Pflicht zur Wiederherstellung/zum Wiederaufbau auf eigene Kosten bei nicht zu vertretender, ganzer oder teilweiser Zerstörung auf Verlangen oder keine Minderung der vertraglichen Leistungspflicht;
- keine Minderung der vertraglichen Leistungspflicht bei langfristigem, nicht zu vertretendem Nutzungsausschluss;
- Erstattung der nicht gedeckten Kosten ggf. auch einschließlich pauschaler Verwaltungsgebühr bei vorzeitiger, nicht zu vertretender Vertragsbeendigung;
- Freistellung des Leasinggebers von allen Ansprüchen Dritter, die hinsichtlich des Leasinggegenstands geltend gemacht werden könnten;
- Zwang zum Erwerb des Leasinggegenstands, den der Leasinggeber als Erbbauberechtigter auf dem Grund und Boden des Leasingnehmers als Eigentümer errichtet hat, nach Ablauf der Grundmietzeit auf Grund des Erbbaurechtsvertrags unter wirtschaftlichen Gesichtspunkten.

4. Besondere Gestaltungen

a) Forfaitierung

1198 Bei der Forfaitierung verkauft der Leasinggeber seine Forderungen gegenüber dem Leasingnehmer an einen Dritten (z.B. eine Bank). Es kommt zu einem Gläubigertausch. Die Forfaitierung hat auf die Zurechnung des Leasinggegenstandes keinen Einfluss. Der Leasingnehmer zahlt die Leasingraten jetzt an die Bank. Beim Leasinggeber ist der Verkauf der Forderung an die Bank bilanzrechtlich entweder als Darlehensgewährung, als passive Rechnungsabgrenzung oder als erhaltene Anzahlung zu berücksichtigen.

b) Sale-and-lease-back-Verträge

1199 Eine andere Gestaltungs-Variante ist das sog. „sale-and-lease-back". Hier besitzt der Leasingnehmer (Mietkäufer) den Leasinggegenstand bereits (entweder weil er ihn gerade gekauft hat oder weil er sich schon länger in seinem Besitz befindet) und verkauft diesen dann einer Leasinggesellschaft, jedoch ohne tatsächlich zu liefern. Der Gegenstand verbleibt vielmehr direkt zur weiteren Nutzung beim Leasingnehmer, der sich jedoch in Höhe des Kaufpreises bei der Leasinggesellschaft refinanziert.

---

1) Wegen der Behandlung von Teilamortisationsverträgen vor Ergehen des BMF-Schreibens v. 23.12.1991, IV B 2 – S 2170 – 115/91, BStBl I 1992, 13 vgl. Nieders. FG v. 16.5.2013, 10 K 148/10, n.v., Revision beim BFH unter Az. IV R 23/13 anhängig.

Die weitere Ausgestaltung kann sowohl als „echter" Leasingvertrag mit Zurechnung zum Leasinggeber erfolgen (wenn z.B. eine Gewinnrealisierung zur Aufdeckung stiller Reserven gewollt ist) oder auch als Mietkaufvertrag mit weiterer Zurechnung zum Leasingnehmer (reine Finanzierungsfunktion). Die weitere Behandlung ist lediglich abhängig von der Zurechnung des Leasinggegenstands.

Der BFH hat in einem besonders gelagerten Einzelfall entschieden, dass in den Fällen des „sale-and-lease-back" umsatzsteuerrechtlich lediglich eine Sicherungs- und Finanzierungsfunktion anzunehmen ist.[1] Er beurteilte den Vorgang lediglich als Darlehensgewährung an den Leasingnehmer mit einem Entgelt in Höhe der Differenz zwischen dem Kaufpreis des Leasinggebers und der Gesamtvergütung aus dem Mietkaufvertrag. Wesentlich für den BFH war insoweit, dass die wirtschaftliche Verfügungsmacht über den Leasinggegenstand die ganze Zeit beim Leasingnehmer verblieb. Für den BFH wurde dem (vermeintlichen) Leasinggeber keine Verfügungsmacht an dem Leasinggegenstand verschafft. Nach der Auffassung des BFH müssen für die Verschaffung der Verfügungsmacht aber folgende Kriterien erfüllt sein:

– Befähigung, wie ein Eigentümer über einen körperlichen Gegenstand zu verfügen;
– Übertragung von Substanz, Wert und Ertrag;
– i.d.R., aber nicht notwendig, mit dem bürgerlich-rechtlichen Eigentum verbunden.

Die FinVerw wendet diese Rechtsprechung an, weist in Abschn. 3.5 Abs. 7 UStAE darauf hin, dass nach den Umständen des Einzelfalls in Fällen des sale-and-lease-back dem Übergang des zivilrechtlichen Eigentums an dem Gegenstand lediglich eine bloße Sicherungs- und Finanzierungsfunktion zukommen kann, so dass insgesamt eine Kreditgewährung des Leasinggebers an den Leasingnehmer vorliegt. Hiervon ist insbesondere auszugehen, wenn über die Rückvermietung eine Ratenkauf- oder Mietkaufvereinbarung geschlossen wird, auf Grund derer das zivilrechtliche Eigentum mit Ablauf der Vertragslaufzeit wieder auf den Leasingnehmer zurückfällt. Es ist daher jeweils eine Einzelfallprüfung angezeigt, ob aus den Rechnungen des Leasinggebers ein Vorsteuerabzug möglich ist.

c) Cross-Border-Leasing

Beim Cross-Border-Leasing („Über-die-Grenze-Leasing") sitzen Leasinggeber und Leasingnehmer in verschiedenen (Steuer-)Ländern. I.d.R. geht es darum, beim Leasinggeber Steuerstundungseffekte durch günstige Abschreibungsmöglichkeiten zu realisieren und dem Leasingnehmer eine günstige Finanzierung zu ermöglichen. Es handelt sich im Regelfall um Kapitalsammelmodelle mit Steuerspareffekt v.a. für Großprojekte (Flugzeuge, kommunale Entsorgungseinrichtungen o.Ä.). Hinsichtlich der bilanziellen Behandlung gelten insoweit keine Besonderheiten. Wegen der Ausgestaltung als Steuersparmodell ist die vertiefte Beschäftigung mit internationalem Steuerrecht erforderlich (z.B. Anzeigepflichten nach neuem US-Steuerrecht für Steuersparmodelle). **1200**

d) Rent-Sharing (Pkw-Gemeinschaftsleasing)

Schließen Arbeitgeber und Arbeitnehmer über denselben Leasinggegenstand (Pkw) einen Leasingvertrag ab, bei dem keiner von beiden eine Kaufoption hat und die Leasingrate mindestens der ertragsteuerlichen Privatnutzung entspricht, so sind beide Verträge anzuerkennen. Die Zurechnung erfolgt beim Leasinggeber. Der Arbeitgeber hat aus seinen Raten den Vorsteuerabzug. In anderen Fällen, insbesondere wenn der Leasinganteil des Arbeitnehmers unter der ertragsteuerlichen Privatnutzung bleibt, handelt es sich steuerlich um ein einheitliches Vertragswerk.[2] **1201**

---

1) BFH v. 9.2.2006, V R 22/03, BStBl II 2006, 727.
2) OFD Hannover v. 27.3.2003, S 7100 – 240 – StO 315/S 7100 – 544 – StH 446, DStR 2003, 886.

e) Container-Leasing

1202 Beim Container-Leasing kauft eine Gesellschaft Container, die sie an verschiedene Nutzer vermietet. Anschließend verkauft sie die Container an private Anleger, die in die Mietverträge eintreten und der Gesellschaft die weitere Verwaltung übertragen, wobei teilweise die Gesellschaft die Miete für eine bestimmte Zeit garantiert, die Gefahr des zufälligen Untergangs trägt und/oder den Rückkauf zu einem festen Preis andient. Die Zurechnung erfolgt beim Privatanleger (Leasinggeber) oder bei der Gesellschaft (als Leasingnehmer) grundsätzlich nach den Regeln der Leasing-Erlasse der FinVerw, wobei es wegen unterschiedlicher Vertragsgestaltungen und unterschiedlicher betriebsgewöhnlicher Nutzungsdauern je nach Art des Containers bzw. wegen verschiedener Änderungen der AfA-Tabellen im Laufe der Jahre zu entsprechend differenzierten Lösungen kommt. Bei Zurechnung bei der Gesellschaft erzielt der Privatanleger Einkünfte aus Kapitalvermögen i.S.d. § 20 Abs. 1 Nr. 7 EStG; bei Zurechnung beim Privatanleger erzielt dieser – sofern keine gewerbliche Betätigung vorliegt – Einkünfte aus der Vermietung beweglicher Wirtschaftsgüter i.S.d. § 22 Nr. 3 EStG. Vgl. zum Container-Leasing ausführlich OFD München v. 27.8.1998.[1]

f) Teilwertabschreibungen auf verleaste Wirtschaftsgüter

1203 Im Bereich des Mobilleasings sind Fallgestaltungen denkbar, in denen bei der Zurechnung des Wirtschaftsguts zum Leasinggeber im Laufe der Leasingzeit die aus dem Leasingvertrag (noch) zu erwartenden Zahlungen (einschließlich eines ggf. möglichen Veräußerungserlöses und des vertraglich vereinbarten Andienungswerts) unter dem jeweiligen Buchwert des Wirtschaftsguts liegen. Hier stellt sich die Frage, ob in einem solchen Fall die Summe der zum Vergleich herangezogenen (möglichen) Zahlungen dem Teilwertbegriff des § 6 Abs. 1 Nr. 1 Satz 3 EStG entspricht und in der Folge dessen bei Vorliegen einer dauerhaften Wertminderung eine Teilwertabschreibung vorgenommen werden kann.

Unter Beachtung des in § 6 Abs. 1 Nr. 1 Satz 3 EStG normierten Teilwertbegriffs dürften hiergegen keine Bedenken bestehen. Nach dieser Vorschrift ist der Teilwert nämlich der Betrag, den ein gedachter Erwerber des ganzen Betriebs im Falle der Fortführung im Rahmen eines Gesamtkaufpreises für das einzelne Wirtschaftsgut zahlen würde. Der gedachte Erwerber würde in den hier zu betrachtenden Fällen bei der Wertermittlung des Wirtschaftsguts immer den bestehenden Leasingvertrag mit den dort vereinbarten Komponenten zu berücksichtigen haben. Die bei diesen Fallgestaltungen herangezogene Summe, die sowohl Komponenten aus der Ertrags- und der Substanzbewertung enthält, dürfte m.E. damit dem Teilwertverständnis des § 6 Abs. 1 Nr. 1 Satz 3 EStG entsprechen.

---

1) OFD München v. 27.8.1998, S 2170 – 75/8 St 41, DStR 1998, 1916.

5. Übersicht

a) *Steuerliche Anerkennung von Leasingverträgen über bewegliche Wirtschaftsgüter gemäß Leasingerlass*

1204

Typ des Leasingvertrags	Ausgestaltung (GMZ = Grundmietzeit; ND = betriebsgewöhnliche Nutzungsdauer)		Zurechnung zum Leasinggeber	
			ja	nein
Vertrag ohne Kauf- und Verlängerungsoption Der Leasingnehmer hat nicht das Recht, nach Ablauf der Grundmietzeit den Leasinggegenstand zu erwerben oder den Vertrag zu verlängern. Der Leasingnehmer hat nicht das Recht, nach Ablauf der Grundmietzeit den Leasinggegenstand zu erwerben oder den Vertrag zu verlängern.	a.)	GMZ beträgt weniger als 40 % der ND.		×
	b.)	GMZ beträgt mind. 40 % und max. 90 % der ND.	×	
	c.)	GMZ beträgt mehr als 90 % der ND.		×
Vertrag mit Kaufoption Der Leasingnehmer hat das Recht, den Leasinggegenstand nach Ablauf der GMZ zu erwerben.	a.)	GMZ beträgt weniger als 40 % oder mehr als 90 % der ND.		×
	b.)	GMZ beträgt mind. 40 % und max. 90 % der ND und der Kaufpreis liegt nicht unter dem Buchwert bei linearer AfA gem. amtlicher AfA-Tabelle bzw. nicht unter dem niedrigeren gemeinen Wert zum Kaufzeitpunkt.	×	
	c.)	GMZ beträgt mind. 40 % und max. 90 % der ND und der Kaufpreis ist niedriger als der Buchwert bei linearer AfA gem. amtlicher AfA-Tabelle bzw. als der niedrigere gemeine Wert im Kaufzeitpunkt.		×

Typ des Leasingvertrags	Ausgestaltung (GMZ = Grundmietzeit; ND = betriebsgewöhnliche Nutzungsdauer)	Zurechnung zum Leasinggeber ja	nein
Vertrag mit Verlängerungsoption Der Leasingnehmer hat das Recht, nach Ablauf der GMZ das Vertragsverhältnis auf bestimmte oder unbestimmte Zeit zu verlängern.	a.) GMZ beträgt weniger als 40 % oder mehr als 90 % der ND.		×
	b.) GMZ beträgt mind. 40 % und max. 90 % der ND und die Anschlussmiete ist entsprechend dem Wertverzehr auf der Basis des Buchwerts bei linearer AfA gem. amtlicher AfA-Tabelle oder des niedrigeren gemeinen Werts und der Restnutzungsdauer gem. amtlicher AfA-Tabelle vereinbart.	×	
	c.) GMZ beträgt mind. 40 % und max. 90 % der ND und die Anschlussmiete ist niedriger als der nach (b) ermittelte Wert.		×

Hinweis:

Die Leasingerlasse der FinVerw bilden nur einen ersten – wenn auch sehr wichtigen – Anhaltspunkt für die Zurechnung des Leasinggegenstands, von dem aber durchaus abgewichen werden kann. So hat das Niedersächsische FG v. 19.6.2002, 2 K 457/99, DStRE 2003, 458 entschieden, dass ein Pkw dem Leasingnehmer zuzurechnen ist, obwohl die zu Grunde liegende Fallkonstellation nach den Leasingerlassen eine Zurechnung zum Leasinggeber vorsah. Im entschiedenen Fall deckten die vereinbarten Leasingraten die gesamten Kosten des Leasinggebers bei Weitem ab und der Leasingnehmer hatte das Recht, nach Ablauf der Grundmietzeit eine Person (Lebensgefährtin) zu benennen, an die der Pkw zum Restwert zu veräußern sei. Da von Anfang an abzusehen war, dass der Restwert unter dem Wiederbeschaffungswert liegen würde, war auch abzusehen, dass der Leasingnehmer diese Möglichkeit nutzen würde. Er konnte daher von Anfang an den Leasinggeber von der Nutzung des Wirtschaftsguts ausschließen.

b) Steuerliche Anerkennung von Leasingverträgen über unbewegliche Wirtschaftsgüter gemäß Leasingerlass

Typ des Leasingvertrags	Ausgestaltung (GMZ = Grundmietzeit; ND = betriebsgewöhnliche Nutzungsdauer)	Zurechnung zum Leasinggeber ja	nein
Vertrag ohne Kauf- und Verlängerungsoption	a.) GMZ beträgt weniger als 40 % oder mehr als 90 % der ND.		×
	b.) GMZ beträgt mind. 40 % und max. 90 % der ND.	×	

Typ des Leasingvertrags	Ausgestaltung (GMZ = Grundmietzeit; ND = betriebsgewöhnliche Nutzungsdauer)	Zurechnung zum Leasinggeber	
		ja	nein
Vertrag mit Kaufoption	a.) GMZ beträgt weniger als 40 % oder mehr als 90 % der ND.		×
	b.) GMZ beträgt mind. 40 % und max. 90 % der ND und Kaufpreis liegt nicht unter Buchwert des Gebäudes bei linearer AfA gem. amtlicher AfA-Tabelle zzgl. Buchwert des Grund und Bodens bzw. nicht unter niedrigerem gemeinen Wert des Grundstücks im Kaufzeitpunkt.	×	
	c.) GMZ beträgt mind. 40 % und max. 90 % der ND und Kaufpreis ist niedriger als Buchwert des Gebäudes bei linearer AfA gem. amtlicher AfA-Tabelle zzgl. Buchwert des Grund und Bodens bzw. als niedrigerer gemeiner Wert des Grundstücks im Kaufzeitpunkt.		×
Vertrag mit Verlängerungsoption	a.) GMZ beträgt weniger als 40 % oder mehr als 90 % der ND.		×
	b.) GMZ beträgt mind. 40 % und max. 90 % der ND und Anschlussmiete beträgt mehr als 75 % des Mietentgelts, das für ein nach Art, Lage und Ausstattung vergleichbares Grundstück üblicherweise gezahlt wird.	×	
	c.) GMZ beträgt mind. 40 % und max. 90 % der ND und Anschlussmiete beträgt nicht mehr als 75 % des Mietentgelts, das für ein nach Art, Lage und Ausstattung vergleichbares Grundstück üblicherweise gezahlt wird.		×

Lieferungen und sonstige Leistungen

von Frank Henseler

INHALTSÜBERSICHT   Rz.

I. Praxisrelevanz und Definition 1206–1210
   1. Bedeutung/Definition der Lieferung. 1206–1207
   2. Bedeutung/Definition der sonstigen Leistung. 1208–1210

II. Ort der Lieferungen 1211–1241
    1. Unentgeltliche Wertabgaben 1211
    2. Kommissionsgeschäft. 1212–1213
    3. Beförderungs- und Versendungslieferungen 1214–1216
    4. Reihengeschäft. 1217–1219
    5. Ruhende Lieferungen. 1220–1223
       a) Lieferung von Grundstücken 1221
       b) Werklieferungen 1222–1223
    6. Lieferungen nach § 3 Abs. 8 UStG 1224–1226
    7. Abgabe von Speisen und Getränken zum Verzehr an Ort und Stelle 1227
    8. Dienstleistungskommission (§ 3 Abs. 11 UStG). 1228–1229
    9. Ort der Lieferung in besonderen Fällen (§ 3c UStG) 1230–1235
   10. Ort der Lieferung des innergemeinschaftlichen Erwerbs (§ 3d UStG) 1236–1238
   11. Ort der Lieferung in einem Beförderungsmittel (§ 3e UStG) 1239–1240
   12. Ort der unentgeltlichen Lieferung und sonstigen Leistung (§ 3f UStG) 1241

III. Ort der sonstigen Leistung 1242–1294
     1. Ort der sonstigen Leistung (§ 3a Abs. 1 UStG). 1242–1243
     2. Ort der sonstigen Leistung (§ 3a Abs. 2 UStG). 1244–1261
     3. Leistungen im Zusammenhang mit einem Grundstück 1262–1263
     4. Kurzfristige Vermietung von Beförderungsmittel. 1264–1269
     5. Ort der Tätigkeit (§ 3a Abs. 3 Nr. 3 UStG) 1270–1282
        a) Kulturelle, künstlerische und ähnliche Leistungen 1271–1274
        b) Messen und Ausstellungen. 1275–1276
        c) Restaurationsleistungen 1277–1278
        d) Arbeiten an beweglichen, körperlichen Gegenständen 1279–1280
        e) Vermittlungsleistungen 1281
        f) Einräumung von Eintrittsberechtigungen. 1282
     6. Katalogleistungen (§ 3a Abs. 4 UStG) 1283
     7. Sonderregelung für auf elektronischem Weg erbrachte sonstige Leistungen
        (§ 3a Abs. 5 UStG). 1284–1285
     8. Sonderfälle des Orts der sonstigen Leistung (§ 3a Abs. 6 bis 8 UStG) 1286–1291
        a) Nutzung und Auswertung bestimmter sonstiger Leistungen im Inland (§ 3a
           Abs. 6 UStG). 1286–1287
        b) Kurzfristige Fahrzeugvermietung zur Nutzung im Drittlandsgebiet (§ 3a
           Abs. 7 UStG). 1289
        c) Sonstige im Drittlandsgebiet ausgeführte Leistungen an Unternehmer (§ 3a
           Abs. 8 UStG). 1290–1291
     9. Besteuerungsverfahren bei sonstigen Leistungen 1293–1294
        a) Leistungsort im Inland. 1293
        b) Leistungsort im EU-Ausland 1294

I. Praxisrelevanz und Definition

1. Bedeutung/Definition der Lieferung

In § 3 UStG werden die in § 1 UStG verwendete Begriffe „Lieferungen" und „sonstige Leistungen" und einige ihrer Sonderformen erläutert und der Ort der Lieferung bestimmt. Neben der Grunddefinition des Liefertatbestands (§ 3a Abs. 1 UStG) enthält § 3 UStG weitere Definitionen, um auch Rechtsvorgänge, die zivilrechtlich nicht zu einer Lieferung führen würden, umsatzsteuerlich als Lieferung zu behandeln. Die Regelungen zum Ort der Lieferung sind insbesondere für die Feststellung erforderlich, ob die Lieferung im Inland (steuerbar) oder im Ausland (nicht steuerbar) ausgeführt wurde. Unerheblich ist der Weg der Rechnungslegung. Der Ort der Lieferung bestimmt sich nach der tatsächlichen Warenbewegung. Bevor eine Ortsbestimmung nach § 3 Abs. 6 ff. UStG vorgenommen werden kann, ist grundsätzlich zu prüfen, ob die Voraussetzungen der §§ 3c, 3e, 3f oder 3g UStG vorliegen (§ 3 Abs. 5a UStG). 1206

Der Begriff der Lieferung wird über die gesetzliche Legaldefinition „Verschaffung der Verfügungsmacht" im § 3 Abs. 1 UStG bestimmt. Es müssen Wert, Substanz und Ertrag an einem Gegenstand auf einen Abnehmer übergehen. Grundsätzlich erfolgt eine Orientierung an dem wirtschaftlichen Eigentum. Entscheidend ist, dass eine Sache, also ein Liefergegenstand übertragen wird, an dem der Unternehmer dem Abnehmer die Verfügungsmacht verschafft. 1207

> **Hinweis:**
> Zu Ausnahmefällen, in denen der Lieferer zivilrechtlich nicht Eigentümer des Liefergegenstands ist und darüber hinaus beabsichtigt, den gelieferten Gegenstand vertragswidrig nochmals an einen anderen Erwerber zu liefern, vgl. BFH-Urteil vom 8.9.2011.[1]

2. Bedeutung/Definition der sonstigen Leistung

Der Begriff der sonstigen Leistung ergibt sich aus § 3 Abs. 9 UStG. Allerdings hat der Gesetzgeber neben dieser Begriffsbestimmung in § 3 Abs. 9a-11 UStG Ergänzungen vorgenommen, die Sondertatbestände beschreiben, die nach der allgemeinen Begriffsbestimmung nicht als sonstige Leistungen anzusehen wären. Der Ort der sonstigen Leistung wird nach §§ 3a, 3b, 3e und 3f UStG bestimmt. Maßgebend für diese Beurteilung ist der Zeitpunkt, in dem die Leistung an den Leistungsempfänger erbracht wird.[2] Um wirtschaftlich unerwünschte Ergebnisse zu vermeiden, enthalten § 3a Abs. 2–8 UStG verschiedene Regelungen zum Ort der sonstigen Leistung für bestimmte Dienstleistungen. Hierdurch sollen Doppelbesteuerung oder Nichtbesteuerung vermieden oder Wettbewerbsverzerrungen verhindert werden. Durch Regelungen, die eine Verlagerung des Orts der sonstigen Leistung nach sich ziehen, wird zusätzlich das als aufwendig empfundene Vorsteuer-Vergütungsverfahren vermieden. 1208

Zu weiteren Einzelheiten vgl. Abschn. 3a.1 bis 3a.16 UStAE.

Eine sonstige Leistung kann nur dann im Inland steuerbar sein, wenn der Ort dieser sonstigen Leistung nach den Vorschriften des deutschen Umsatzsteuerrechts im Inland liegt. Bei der Prüfung des Orts der sonstigen Leistung ist unbedingt eine systematische Reihenfolge einzuhalten. Der Begriff der sonstigen Leistung ist neben dem Begriff der Lieferung der Kernbegriff des Umsatzsteuerrechts. Lieferungen und sonstige Leistungen beschreiben alle Möglichkeiten, die im Rahmen eines Leistungsaustauschs gegeben sind. 1209

---

1) BFH v. 8.9.2011, V R 43/10, BStBl II 2014, 203 und Abschn. 3.1 Abs. 2 Satz 5 UStAE.
2) Vgl. Art. 25 der Durchführungsverordnung (EU) v. 15.3.2011, Nr. 282/2011, ABl.EU 2011 Nr. L 77, 1.

1210 Während der Begriff der Lieferung eigenständig als Verschaffung der Verfügungsmacht nach § 3 Abs. 1 UStG beschrieben ist, wird der Begriff der sonstigen Leistung dagegen als Ausschlussdefinition zum Begriff der Lieferung in § 3 Abs. 9 UStG bestimmt. Danach sind alle Leistungen, die keine Lieferung darstellen, als sonstige Leistungen anzusehen. Allerdings liegt eine sonstige Leistung nicht nur bei einem positiven Tun vor, sondern eine sonstige Leistung kann auch im Dulden oder Unterlassen einer Handlung bestehen.

II. Ort der Lieferungen

1. Unentgeltliche Wertabgaben

1211 Durch das Steuerentlastungsgesetz 1999/2000/2001 vom 24.3.1999 wurden die bisherigen Vorschriften des Eigenverbrauchs (§ 1 Abs. 1 Nr. 2 und 3 UStG a.F.) ab 1.4.1999 aufgehoben und durch Regelungen zur unentgeltlichen Wertabgabe (§ 3 Abs. 1b und § 3 Abs. 9a UStG) ersetzt.[1)]

2. Kommissionsgeschäft

1212 Beim Kommissionsgeschäft (§ 3 Abs. 3 UStG) liegt eine Lieferung des Kommittenten an den Kommissionär nach dem BFH-Urteil vom 25.11.1986[2)] erst im Zeitpunkt der Lieferung des Kommissionsgutes an den Abnehmer vor. Danach liegt bei der bloßen Übergabe des Kommissionsgutes an den Kommissionär umsatzsteuerlich noch keine Lieferung vor (vgl. Abschn. 3.1 Abs. 3 Satz 7 UStAE). Die vom BFH vertretene Auffassung wird in der neueren Literatur zunehmend angezweifelt. Die Auffassung des BFH werde den Erfordernissen des Binnenmarktes nicht gerecht. Die Unternehmer würden mit vollkommen überflüssigen Verwaltungskosten überzogen und dies verstoße gegen Art. 5 Abs. 4 Buchst. c der 6. EG-Richtlinie (= Art. 14 Abs. 2 Buchst. c MwStSystRL).

1213 Nach Literaturauffassung wären Lieferungen i.S.d. § 3 Abs. 3 UStG echte Lieferungen i.S.d. § 3 Abs. 1 UStG.[3)] Danach führe die Übergabe des Kommissionsgutes an den Verkaufskommissionär zur Lieferung i.S.d. § 3 Abs. 1 UStG. Im Verhältnis zwischen Kommittenten und Kommissionär wären die Regelungen zum Reihengeschäft und zum innergemeinschaftlichen Dreiecksgeschäft anzuwenden. Das Widerrufsrecht des Kommittenten entspräche umsatzsteuerlich dem Rücktrittsrecht des Abnehmers, das ebenfalls unstrittig die Annahme einer Lieferung nicht ausschließe.

> **Hinweis:**
>
> Da die in der Literatur vertretene Auffassung weder von den Gerichten noch von der FinVerw bisher bestätigt wird, sollte der Unternehmer im Zweifelsfall eine verbindliche Auskunft von dem für ihn zuständigen FA einholen.

3. Beförderungs- und Versendungslieferungen

1214 Nach § 3 Abs. 6 Satz 1 UStG gilt die Lieferung im Fall von Beförderungs- und Versendungslieferungen dort als ausgeführt, wo die Beförderung oder Versendung an den Abnehmer oder in dessen Auftrag an einen Dritten beginnt. Auch in Abholfällen richtet sich der Ort nach dem Beginn der Beförderung oder Versendung. Ebenfalls gilt der Ort des Beförderungsbeginns bei gebrochenen Beförderungs- und Versendungslieferungen als Leistungsort.

---

1) Weitere Erläuterungen vgl. Abschn. 3.2–3.4 UStAE.
2) BFH v. 25.11.1986, BStBl II 1987, 278 = UR 1987, 141.
3) Eschenbach, DStZ 2002, 429, 477; Klein, UVR 1999, 320.

Eine gebrochene Beförderungs- oder Versendungslieferung liegt vor, wenn der gesamte Transport eines Gegenstandes im Rahmen einer zusammenhängenden Beförderung oder Versendung nicht allein vom Lieferer bzw. in dessen Auftrag vorgenommen wird, sondern der Lieferer nur die erste Strecke übernimmt und der Kunde bzw. ein Dritter bzw. ein von diesen beauftragter Frachtführer den Weitertransport übernimmt.[1] 1215

Wird der Gegenstand der Lieferung nicht befördert oder versendet, bestimmt sich der Ort nach § 3 Abs. 7 Satz 1 UStG. Danach wird die Lieferung an dem Ort ausgeführt, wo sich der Gegenstand im Zeitpunkt der Verschaffung der Verfügungsmacht befindet. Die Verschaffung der Verfügungsmacht beinhaltet den von den Beteiligten endgültig gewollten Übergang der wirtschaftlichen Substanz, des Werts und Ertrags eines Gegenstands vom Leistenden auf den Leistungsempfänger.[2] Im Übrigen vgl. Abschn. 3.1 Abs. 2 UStAE. Insbesondere handelt es sich hierbei um Fälle, in denen der Abnehmer bereits im Besitz des Liefergegenstandes ist. In diesen Fällen wird die Verfügungsmacht, ohne dass eine Übernahme oder Fortbewegung des Gegenstandes erfolgt, mit der Einigung über den Eigentumsübergang verschafft. Anwendungsfälle des § 3 Abs. 7 UStG sind z.B. Werklieferungen, Verwertung von Sicherungsgut durch den Sicherungsnehmer, Abtretung des Herausgabeanspruchs (§ 931 HGB), Übergabe von Traditionspapieren (Lagerschein i.S.d. § 424 HGB, Ladeschein i.S.d. § 447 HGB, Konnossement i.S.d. § 363 Abs. 2 HGB). 1216

4. Reihengeschäft

Die Regelungen des § 3 Abs. 6 und 7 UStG betreffen den Fall, dass mehrere Unternehmer über denselben Gegenstand Umsatzgeschäfte abschließen und diese Umsatzgeschäfte dadurch erfüllt werden, dass der Liefergegenstand unmittelbar vom ersten Unternehmer an den letzten Abnehmer befördert oder versendet wird. Hieraus folgt, dass die Beförderung oder Versendung eines Gegenstandes nur einer der Lieferungen zugeordnet werden kann. Nur für diese Lieferung bestimmt sich der Ort nach § 3 Abs. 6 Satz 1 UStG, also nach dem Beginn der Beförderung oder Versendung.[3] 1217

Für die der Beförderungs- oder Versendungslieferung vorangehenden und nachfolgenden Lieferungen werden in § 3 Abs. 7 Satz 2 Nr. 1 und 2 UStG Lieferorte fingiert. Lieferungen, die der Beförderungs- oder Versendungslieferung vorangehen, gelten dort als ausgeführt, wo die Beförderung oder Versendung des Gegenstands beginnt. Lieferungen, die der Beförderungs- oder Versendungslieferung folgen, gelten dort als ausgeführt, wo die Beförderung oder Versendung des Gegenstands endet. 1218

Anders als bei der aus dem früheren § 3 Abs. 2 UStG abgeleiteten Auslegung des Reihengeschäfts bewirkt die Regelung, dass es für die ausgeführten Lieferungen keinen einheitlichen Lieferort mehr gibt. Die Lieferungen finden sowohl zeitlich als auch räumlich gedanklich nacheinander statt.[4] 1219

Hinweis:

Für die Frage, welcher Lieferung die innergemeinschaftliche Beförderung oder Versendung zuzurechnen ist, wenn diese von der Person, die als Ersterwerber und Zweitlieferant an beiden Lieferungen beteiligt war, oder für deren Rechnung durchgeführt wird, ist in der MwStSystRL keine § 3 Abs. 6 Satz 6 UStG entsprechende oder eine sonstige Regelung vorgesehen. Der BFH geht in seinem Urteil v. 28.5.2013[5] deshalb davon aus, dass § 3 Abs. 6 Satz 6 UStG trotz der Rechtsprechung des EuGH[6] zur Maßgeblichkeit der Umstände des Einzelfalls bei der Zuord-

---

1) BMF v. 18.3.1997, IV C 3 – S 7116a – 1/07, BStBl I 1997, 529, Tz. 5.
2) Vgl. BFH v. 18.11.1999, V R 13/99, BStBl II 2000, 153; BFH v. 16.3.2000, V R 44/99, BStBl II 2000, 361.
3) Radeisen, SteuK 14/2011, 291.
4) Weitere Einzelheiten vgl. Abschn. 3.14 UStAE.
5) Vgl. BFH v. 28.5.2013, XI R 11/09, BFHE 2013, 242.
6) Vgl. EuGH v. 27.9.2012, C-587/10, UVR 2012, 360.

nung (nur) einer innergemeinschaftlichen Beförderung oder Versendung zu einer von zwei aufeinander folgenden Lieferungen nach wie vor anwendbar ist, aber unionsrechtskonform ausgelegt werden muss. Die anderslautende Rechtsprechung des BFH-Urteils v. 11.8.2011[1]) könne nicht mehr aufrechterhalten werden. Soweit sich aus Abschn. 3.14. Abs. 7 Satz 1, 4 und 5 UStAE ergeben sollte, dass für die Zuordnung der Versendung allein auf die Auftragserteilung an den selbständigen Beauftragten oder die Frachtzahlkonditionen ohne umfassende Einzelfallwürdigung abzustellen ist, wäre dies mit der EuGH-Rechtsprechung nicht vereinbar. Es bleibt abzuwarten, welche Konsequenzen aus der Rechtsprechung des BFH und EuGH durch die Finanzverwaltung gezogen werden.

5. Ruhende Lieferungen

1220 Wird der Gegenstand einer Lieferung im Zusammenhang mit der Verschaffung der Verfügungsmacht weder befördert noch versendet (sog. ruhende Lieferung), bestimmt sich der Ort der Lieferung nach § 3 Abs. 7 Satz 1 UStG. Die Lieferung wird an dem Ort ausgeführt, an dem sich der Gegenstand der Lieferung zum Zeitpunkt der Verschaffung der Verfügungsmacht befindet.

a) Lieferung von Grundstücken

1221 Bei der Lieferung von Grundstücken bzw. von Gebäuden bestimmt sich der Ort der Lieferung regelmäßig nach § 3 Abs. 7 UStG. Danach entspricht der Lieferort eines Grundstücks immer dem Belegenheitsort. Hinsichtlich des Zeitpunkts der Lieferung ist, wenn wirtschaftliches und zivilrechtliches Eigentum gleichzeitig übergehen, auf den zivilrechtlichen Eigentumsübergang abzustellen. Der zivilrechtliche Eigentumsübergang erfolgt an dem Tag der Eintragung im Grundbuch. Gehen, wie in der Praxis üblich, Besitz, Nutzen und Lasten bereits vor der Eintragung im Grundbuch über, ist auf den Zeitpunkt der Übertragung des wirtschaftlichen Eigentums abzustellen.

b) Werklieferungen

1222 In den Fällen von Werklieferungen bestimmt sich der Leistungsort nach § 3 Abs. 7 UStG, wenn der Gegenstand der Lieferung dem Kunden oder dessen Beauftragten unmittelbar übergeben wird. Ist der Gegenstand der Werklieferung ein Gebäude, entspricht der Zeitpunkt der Lieferung i.d.R. dem Zeitpunkt der Abnahme des Bauwerks, es sei denn, die Übergabe hat zu einem früheren Zeitpunkt stattgefunden und das Gebäude wird bereits genutzt. Der Ort der Lieferung entspricht in diesen Fällen dem Belegenheitsort. Bei anderen Gegenständen als Gebäuden liegt der Ort dann am Bestimmungsort, wenn der Liefergegenstand durch den Lieferer oder durch einen vom Lieferer beauftragten Dritten am Bestimmungsort installiert oder montiert wird – sog. Montagelieferungen – (Art. 36 MwStSystRL).[2)]

1223 Erstreckt sich der Gegenstand einer Werklieferung auf das Gebiet verschiedener Staaten (z.B. bei der Errichtung von Verkehrsverbindungen, der Verlegung von Telefon- und Glasfaserkabel sowie von Elektrizitäts-, Gas- und Wasserleitungen), kann diese Werklieferung verschiedene Lieferorte haben, auf die die Bemessungsgrundlage jeweils aufzuteilen ist.[3)]

6. Lieferungen nach § 3 Abs. 8 UStG

1224 § 3 Abs. 8 UStG enthält für den Fall der Einfuhr eines Gegenstandes vom Drittlandsgebiet in das Gemeinschaftsgebiet eine vom Grundsatz abweichende Bestimmung für den Ort der Lieferung. Der Ort der Lieferung wird unter den Voraussetzungen des § 3 Abs. 8

---

1) Vgl. BFH v. 11.08.2011, V R 3/10, BFHE 2011, 235.
2) Weitere Einzelheiten vgl. Abschn. 3.12 Abs. 4 UStAE.
3) Vgl. Abschn. 3.12 Abs. 5 UStAE.

UStG – unabhängig davon, wo die Beförderung oder Versendung begonnen hat – in das Einfuhrland verlagert. Der Ort der Lieferung wird immer in das Inland verlagert, wenn der Schuldner der Einfuhrumsatzsteuer den Gegenstand aus dem Drittlandsgebiet in das Inland einführt.

Maßgebend ist, unabhängig von den Lieferkonditionen, wer nach zollrechtlichen Vorschriften Schuldner der Einfuhrumsatzsteuer ist (vgl. Abschn. 3.13 Abs. 1 Satz 2 UStAE). Schuldner der Einfuhrumsatzsteuer ist nach § 10 Abs. 3 Zollgesetz, wer die Abfertigung des einem Zollamt (auch Binnenzollamt) gestellten Einfuhrumsatzsteuerguts beantragt. I. d. R. ist dies ein Frachtführer. Der Frachtführer kann jedoch den Antrag auch in Vertretung einer anderen Person stellen, so dass diese Zollbeteiligte und Schuldner der Einfuhrumsatzsteuer wird. Es kann davon ausgegangen werden, dass der Lieferer oder sein Erfüllungsgehilfe als Zollbeteiligter auftritt, wenn die Lieferbedingungen „verzollt und versteuert" lauten. Lauten die Lieferbedingungen „unverzollt und unversteuert", ist i.d.R. der Abnehmer oder sein Erfüllungsgehilfe Zollbeteiligter.[1]

1225

Durch Urteil vom 21.3.2007 hat der BFH klargestellt, dass die Lieferortbestimmung nach § 3 Abs. 8 UStG auch dann zur Anwendung kommt, wenn die zu Grunde liegenden Umsätze zwar steuerbar, aber steuerfrei sind, also tatsächlich keine Einfuhrumsatzsteuer erhoben wird. Damit sind die Lieferungen als Inlandslieferungen steuerbar und mangels Steuerbefreiung i.S.d. § 4 UStG auch steuerpflichtig. Der zweite steuerbare Umsatz, die Einfuhr im Inland gem. § 1 Abs. 1 Nr. 4 UStG ist steuerfrei gem. § 5 UStG, da die Einfuhrumsatzbesteuerungs-Verordnung zur Anwendung kommt.[2] Die Entscheidung wurde entsprechend in Abschn. 3.13 Abs. 1 Satz 4 UStAE aufgenommen.

1226

7. Abgabe von Speisen und Getränken zum Verzehr an Ort und Stelle

Bei der Abgabe von Speisen und Getränken zum Verzehr an Ort und Stelle (Restaurationsleistung) richtet sich der Leistungsort nach dem Ort, an dem diese Leistung tatsächlich erbracht wird (§ 3a Abs. 3 Nr. 3 Buchst. b UStG). Die Restaurationsleistung muss aber als sonstige Leistung anzusehen sein.

1227

> **Hinweis:**
> Der EuGH und der BFH haben im Jahr 2011 in mehreren Urteilen zur Abgrenzung von Lieferungen und sonstigen Leistungen bei der Abgabe von Speisen und Getränken Recht gesprochen.[3] Das BMF hat mit Schreiben v. 20.3.2013[4] diese Urteile ausgewertet und ausgeführt, dass neben den genannten Urteilen für nach dem 30.6.2011 ausgeführte Umsätze Art. 6 MwStVO zu berücksichtigen ist. Nach Art. 6 Abs. 1 MwStVO gilt die Abgabe zubereiteter oder nicht zubereiteter Speisen und/oder von Getränken zusammen mit ausreichenden unterstützenden Dienstleistungen, die deren sofortigen Verzehr ermöglichen, als sonstige Leistung. Die Abgabe von Speisen und/oder Getränken ist nur eine Komponente der gesamten Leistung, bei der der Dienstleistungsanteil überwiegt. Soweit die genannten Urteile für die Beurteilung eines Umsatzes an die Komplexität der Zubereitung von Speisen anknüpfen, sind sie nach Auffassung der FinVerw für nach dem 30.6.2011 ausgeführte Umsätze nicht mehr anzuwenden (Abschn. I des BMF-Schreibens v. 20.3.2013). Außerdem wurde die neue Rechtslage in Abschn. 3.6 UStAE (einschl. zahlreicher Beispiele) eingearbeitet.

Die Ortsregelung des § 3a Abs. 3 Nr. 3 Buchst. b UStG gilt jedoch nicht für Restaurationsleistungen an Bord eines Schiffs, in einem Luftfahrzeug oder in einer Eisenbahn

---

1) Vgl. Abschn. 3.13 Abs. 2 UStAE.
2) Vgl. BFH v. 21.3.2007, V R 32/05, BFH/NV 2007, 1794 = UR 2007, 768.
3) Vgl. EuGH v. 10.3.2011, C-497/09 u.a., BStBl II 2013, 256; BFH v. 8.6.2011, XI R 37/08, BStBl II 2013, 238; v. 30.6.2011, V R 3/07, BStBl II 2013, 241; v. 30.6.2011, V R 35/08, BStBl II 2013, 244; v. 30.6.2011, V R 18/10, BStBl II 2013, 246; v. 12.10.2011, V R 66/09, BStBl II 2013, 250 und v. 23.11.2011, XI R 6/08, BStBl II 2013, 253.
4) Vgl. BMF v. 20.3.2013, IV D 2 - S 7100/07/10050–06 (2013/0077777), BStBl I 2013, 444.

während einer Beförderung im Inland oder im übrigen Gemeinschaftsgebiet. In diesen Fällen bestimmt sich der Leistungsort nach § 3e UStG.[1]

8. Dienstleistungskommission (§ 3 Abs. 11 UStG)

1228 Wird ein Unternehmer (Auftragnehmer) in die Erbringung einer sonstigen Leistung eingeschaltet und handelt er dabei im eigenen Namen und für fremde Rechnung (Dienstleistungskommission), gilt diese sonstige Leistung als an ihn und von ihm erbracht. Dabei wird eine Leistungskette fingiert. Sie behandelt den Auftragnehmer als Leistungsempfänger und zugleich Leistenden. Die Dienstleistungskommission erfasst die Fälle des sog. Leistungseinkaufs und des sog. Leistungsverkaufs. Ein sog. Leistungseinkauf liegt vor, wenn ein von einem Auftraggeber bei der Beschaffung einer sonstigen Leistung eingeschalteter Unternehmer (Auftragnehmer) für Rechnung des Auftraggebers im eigenen Namen eine sonstige Leistung durch einen Dritten erbringen lässt. Ein sog. Leistungsverkauf liegt vor, wenn ein von einem Auftraggeber bei der Erbringung einer sonstigen Leistung eingeschalteter Unternehmer (Auftragnehmer) für Rechnung des Auftraggebers im eigenen Namen eine sonstige Leistung an einen Dritten erbringt.

1229 Die Leistungen der Leistungskette, d.h. die an den Auftragnehmer erbrachte und die von ihm ausgeführte Leistung, werden bezüglich ihres Leistungsinhalts gleich behandelt. Die Leistungen werden zum selben Zeitpunkt erbracht. Im Übrigen ist jede der beiden Leistungen unter Berücksichtigung der Leistungsbeziehung gesondert für sich nach den allgemeinen Regeln des Umsatzsteuergesetzes zu beurteilen.[2]

Hinweis:

Durch das Gesetz zur Anpassung des nationalen Steuerrechts an den Beitritt Kroatiens zur EU und zur Änderung weiterer steuerlicher Vorschriften (KroatienG) v. 25.7.2014[3] wurde mit Wirkung zum **1.1.2015** § 3 Abs. 11a UStG neu in das UStG aufgenommen.

Nach § 45h Abs. 4 des Telekommunikationsgesetzes (TKG) wird bei Leistungen für umsatzsteuerliche Zwecke eine Dienstleistungskommission angenommen, wenn diese Leistungen über den Anschluss eines Teilnehmernetzbetreibers durch einen Endnutzer in Anspruch genommen werden. Dies gilt auch im Verhältnis der der Leistung vorgelagerten beteiligten Unternehmen. § 45h Abs. 4 TKG wurde durch das Gesetz zur Änderung telekommunikationsrechtlicher Vorschriften v. 18.2.2007 in Anlehnung an § 45h Abs. 1 TKG als rein umsatzsteuerrechtliche Norm (sog. Branchenlösung) aus Gründen der Vereinfachung und nicht zuletzt zur Verhinderung von Steuerausfällen eingefügt, da im Regelfall nur der Teilnehmernetzbetreiber über die für die Leistungsortbestimmung sowie Rechnungslegung erforderlichen Informationen verfügt und somit ohne Anwendung der Branchenlösung eine Versteuerung des Letztverbrauches nicht sichergestellt werden kann.

Da die Branchenlösung als rein umsatzsteuerrechtliche Regelung konzipiert ist, wird die Regelung aus gesetzessystematischen Gründen unter Beachtung der unionsrechtlichen und nationalen Umsatzsteuervorschriften in das Umsatzsteuergesetz eingefügt und dabei § 45h Abs. 4 TKG aufgehoben. Dies gilt insbesondere vor dem Hintergrund, dass nach Art. 58 der Richtlinie 2006/112/EG des Rates vom 28.11.2006 über das gemeinsame Mehrwertsteuersystem (Mehrwertsteuer-Systemrichtlinie – MwStSystRL) in der ab dem 1.1.2015 geltenden Fassung von Art. 5 Nr. 1 der Richtlinie 2008/8/EG des Rates vom 12.2.2008 zur Änderung der Richtlinie 2006/112/EG bezüglich des Ortes der Dienstleistung[4] als Leistungsort bei Telekommunikationsleistungen, Rundfunk- und Fernsehleistungen und bei elektronischen Weg erbrachten Leistungen an Nichtunternehmer der Ort festgelegt wird, an dem der Leistungsempfänger seinen Sitz, seinen Wohnsitz oder seinen gewöhnlichen Aufenthaltsort hat. Damit soll eine systematisch zutreffende Besteuerung am Verbrauchsort erreicht werden.[5]

---

1) Vgl. Abschn. 3e.1 und 3a.6 Abs. 9 UStAE.
2) Weitere Einzelheiten mit Beispielen enthält Abschn. 3.15 UStAE.
3) Gesetz v. 25.7.2014, BGBl. I 2014, 1266 = BStBl I 2014, 1126.
4) Abl.EU Nr. L 44 v. 20.2.2008, 11.
5) Vgl. Begründung BT-Drucks. 18/1529.

9. Ort der Lieferung in besonderen Fällen (§ 3c UStG)

§ 3c UStG bestimmt abweichend von § 3 Abs. 6–8a UStG den Ort der Lieferung in den Fällen, in denen der Lieferer den Gegenstand – ausgenommen neue Fahrzeuge i.S.d. § 1b Abs. 2 und 3 UStG und verbrauchsteuerpflichtige Waren – in einen anderen Mitgliedstaat befördert oder versendet und der Abnehmer einen innergemeinschaftlichen Erwerb nicht zu versteuern hat (sog. Versandhandels- oder Fernverkaufsregelung). Der Lieferort liegt in diesen Fällen am Ende der Beförderung oder der Versendung, also im Bestimmungsland. Maßgebend ist, ob die Lieferung im Bestimmungsland der Erwerbsbesteuerung unterliegt, d.h., ob der Erwerb dort steuerbar ist. Die Anwendung des § 3c UStG ist deshalb dann ausgeschlossen, wenn der Erwerb im anderen Mitgliedstaat zwar steuerbar, aber befreit ist. Außerdem ist die Anwendung des § 3c UStG ausgeschlossen, wenn der Abnehmer den Gegenstand der Lieferung selbst abholt oder er den Frachtauftrag für den Transport erteilt. **1230**

> **Hinweis:**
> Werden innergemeinschaftliche Lieferungen an nicht der Erwerbsbesteuerung unterliegende Personen ausgeführt und würde die Lieferschwelle im Bestimmungsland überschritten, sollte der Unternehmer die Ware nicht selbst befördern oder versenden, wenn der Steuersatz im Bestimmungsland höher ist als im Ursprungsland. Holt der Abnehmer den Gegenstand vereinbarungsgemäß selbst ab oder wird in dessen Namen der Frachtauftrag erteilt, wird die Lieferung zu dem niedrigeren Steuersatz des Ursprungslandes bewirkt.

Im Rahmen des § 3c UStG kann durch die Angabe einer USt-IdNr. weder der Lieferort verlagert noch uneingeschränkt ein unternehmerischer Bezug angenommen werden. Die Anwendung des § 3c UStG kann auch ohne Angabe einer USt-IdNr. ausgeschlossen sein. Fehlerhafte Angaben des Abnehmers führen nicht zu einem Gutglaubenschutz. **1231**

> **Hinweis:**
> Der Lieferer kann davon ausgehen, dass der Abnehmer mit dem Erwerb der Erwerbsbesteuerung unterliegt, wenn der Abnehmer dem Lieferer seine USt-IdNr. des Bestimmungslandes oder eines anderen Mitgliedstaates angibt.
>
> Der Lieferer sollte sich von dem Abnehmer bei Leistungsbezügen, deren unternehmerische Verwendung nicht offensichtlich ist, die Art der beabsichtigten unternehmerischen Verwendung schriftlich mitteilen lassen, wenn der Lieferer im Bestimmungsland bei Anwendung des § 3c UStG die Lieferschwelle überschreiten würde oder auf ihre Anwendung verzichtet hat. Im Fall der Verwendung einer USt-IdNr. für nicht unternehmerische Lieferungen durch den Abnehmer ist dies geboten, um Schwierigkeiten mit der FinVerw des Bestimmungslands zu vermeiden.

Bei der Ermittlung der Lieferschwelle sind nur die Umsätze zu berücksichtigen, bei denen der Lieferer die Gegenstände selbst transportiert oder den Frachtauftrag selbst erteilt hat und der Erwerber mit der Lieferung nicht der Erwerbsbesteuerung unterliegt. Nicht zu berücksichtigen sind insbesondere Umsätze an Personen i.S.d. § 3c Abs. 2 Nr. 2 UStG, bei denen die Lieferschwelle überschritten ist oder die auf die Anwendung der Erwerbsschwelle verzichtet haben. Im Fall der Organschaft ist zu bedenken, dass die übrigen EU-Mitgliedstaaten diese Rechtsform i.d.R. nicht kennen. In einem solchen Fall ist für die Lieferschwelle auf das jeweilige zivilrechtlich selbständige Rechtssubjekt abzustellen und die entsprechenden Umsätze des Organkreises sind nicht zusammenzurechnen.[1] **1232**

Bei der Ermittlung der Lieferschwelle ist die Summe der Lieferentgelte je EU-Mitgliedstaat zusammenzurechnen, die auf Umsätze i.S.d. § 3c Abs. 1 und Abs. 2 UStG beruhen. Deshalb sind z.B. Versendungs- bzw. Beförderungsumsätze, die zwar im Inland bewirkt, aber nicht im Rahmen einer Warenbewegung zwischen zwei Mitgliedstaaten durchgeführt wurden, bei der Ermittlung nicht einzubeziehen. **1233**

---

[1] Ebenso Lieb, IStR 1993, 360.

Hinweis:

Es ist vom Unternehmer jährlich zu prüfen, ob er die Lieferschwelle im jeweiligen Mitgliedstaat überschreitet. Der Lieferort kann nur nach § 3c UStG bestimmt werden, wenn in den betroffenen Mitgliedstaaten die Lieferschwelle überschritten wird oder auf deren Anwendung verzichtet wurde. Um die Summe der Umsätze ohne erhöhten Arbeitsaufwand feststellen zu können, sollte der Unternehmer für Lieferungen in andere Mitgliedstaaten an nicht der Erwerbsbesteuerung unterliegende Abnehmer je Mitgliedstaat ein eigenes Konto führen. Insbesondere bei evtl. zu erwartenden Rückfragen der FinVerw ist dies von Vorteil.

1234 Die Vorschrift des § 3c UStG bereitet jedoch Probleme. Der Unternehmer hat seine Versendungslieferungen zumindest immer dann im Bestimmungsmitgliedstaat zu besteuern, wenn die Lieferschwelle im vorangegangenen Kalenderjahr überschritten wurde und wenn nicht, bei Überschreiten der Lieferschwelle im laufenden Kalenderjahr. Die Projektion der voraussichtlichen Höhe der Versendungslieferungen an private Abnehmer entfällt, wenn der Lieferer die Lieferschwelle im vorangegangenen Kalenderjahr nicht überschritten hatte.

Hinweis:

Der Unternehmer hat bereits bei Vertragsabschluss zu prüfen, ob er die Lieferschwelle im Zeitpunkt des Entstehens der Steuerschuld, also im Zeitpunkt der tatsächlichen Lieferung an den Abnehmer, überschritten haben wird oder nicht. Dies kann dann zu Problemen führen, wenn zwischen Vertragsabschluss und tatsächlicher Lieferung ein größerer Zeitraum liegt oder wenn der Unternehmer zu einem späteren Zeitpunkt Verträge abschließt, die erfüllt werden, bevor andere Verträge mit früherem Abschlussdatum erfüllt werden können. Je nach Vertragsabschluss und Höhe des anzuwendenden Steuersatzes kann es dazu kommen, dass der Unternehmer Gewinneinbußen hinzunehmen hat.

Dies kann dadurch verhindert werden, dass im Zweifelsfall zur Besteuerung in dem EU-Mitgliedstaat optiert wird, in dem die Versendung der gelieferten Gegenstände endet.

Weitere Einzelheiten vgl. Abschn. 3c. 1 UStAE.

1235 Ob ein Verzicht (§ 3c Abs. 4 UStG) auf Anwendung der Lieferschwelle wirtschaftlich sinnvoll ist, richtet sich nach den Umständen des Einzelfalls. Der Unternehmer hat hierbei zu prüfen, welchem Steuersatz die Lieferungen im jeweiligen Bestimmungsland unterliegen. Ist der Steuersatz niedriger als im Ursprungsland, hat er zu prüfen, ob weitere Kosten (z.B. Kosten für eine Fiskalvertretung) im Bestimmungsland anfallen werden. Außerdem ist zu beachten, dass in den anderen Mitgliedstaaten ggf. eine über zweijährige Bindungsfrist an den Verzicht besteht. Nur wenn insgesamt ein Vorteil für den Unternehmer besteht, sollte von dem Verzicht Gebrauch gemacht werden. Die Erklärung über den Verzicht sollte gegenüber der Finanzbehörde des Ursprungslandes und der des Bestimmungslandes erklärt werden.

10. Ort der Lieferung des innergemeinschaftlichen Erwerbs (§ 3d UStG)

1236 Grundsätzlich wird der innergemeinschaftliche Erwerb in dem Gebiet des Mitgliedstaates bewirkt, in dem sich der Gegenstand am Ende der Beförderung oder Versendung befindet. Soweit für den Erwerb die USt-IdNr. eines anderen Mitgliedstaats verwendet wird, gilt der Erwerb solange als in dem Gebiet dieses Mitgliedstaates als bewirkt, bis der Erwerber nachweist, dass der Erwerb durch den Mitgliedstaat besteuert worden ist, in dem die Warenbewegung tatsächlich geendet hat oder nach § 25b Abs. 3 UStG als besteuert gilt, sofern der erste Abnehmer seiner Erklärungspflicht nach § 18a Abs. 4 Satz 1 Nr. 3 UStG nachgekommen ist. Die Vorschriften des § 3d UStG sind nebeneinander anwendbar.[1]

1237 Der EU-Mitgliedstaat, in dem der innergemeinschaftliche Erwerb bewirkt wird oder als bewirkt gilt, nimmt seine Besteuerungskompetenz unabhängig von der umsatzsteuerli-

---

1) BMF v. 12.10.1993, IV A 2 – S 7100 – 29/93, BStBl I 2010, 913.

chen Behandlung des Vorgangs im EU-Mitgliedstaat des Beginns der Beförderung oder Versendung des Gegenstands wahr. Dabei ist unbeachtlich, ob der Umsatz bereits im EU-Mitgliedstaat des Beginns der Beförderung oder Versendung besteuert wurde. Etwaige Anträge auf Berichtigung einer vom Abgangsstaat festgesetzten Steuer werden von diesem Staat nach dessen nationalen Vorschriften bearbeitet.[1)]

Die Erwerbsbesteuerung gilt auch als in dem Mitgliedstaat bewirkt, unter dessen USt-IdNr. der mittlere Unternehmer bei einem innergemeinschaftlichen Dreiecksgeschäft auftritt, wenn die Voraussetzungen des § 18a Abs. 4 Satz 1 Nr. 3 UStG vorliegen.

11. Ort der Lieferung in einem Beförderungsmittel (§ 3e UStG)

Ort der Lieferung von Gegenständen während einer Beförderung an Bord eines Schiffs, in einem Luftfahrzeug oder in einer Eisenbahn ist grundsätzlich nach § 3e UStG im Inland belegen, wenn die Beförderung im Inland beginnt bzw. der Abgangsort des Beförderungsmittels im Inland belegen ist und die Beförderung im Gemeinschaftsgebiet endet bzw. der Ankunftsort des Beförderungsmittels im Gemeinschaftsgebiet belegen ist. Ausgenommen sind dabei lediglich Lieferungen während eines Zwischenaufenthalts des Schiffs im Drittland, bei denen die Reisenden das Schiff, und sei es nur für kurze Zeit, verlassen können, sowie während des Aufenthalts des Beförderungsmittels im Hoheitsgebiet dieses Staats. Lieferungen von Gegenständen auf einem Schiff während eines solchen Zwischenaufenthalts und im Verlauf der Beförderung im Hoheitsgebiet dieses Staats, unterliegen der Besteuerungskompetenz des Staats, in dem der Zwischenaufenthalt erfolgt.[2)] Gilt der Abgangsort des Beförderungsmittels nicht als Ort der Lieferung, bestimmt sich dieser nach § 3 Abs. 6–8 UStG.[3)] § 3e UStG gilt nicht für die Lieferung von Gegenständen in Omnibussen.

Bei der Abgabe von Speisen und Getränken zum Verzehr an Ort und Stelle (Restaurationsleistung) richtet sich der Leistungsort nach dem Ort, an dem diese Leistung tatsächlich erbracht wird (§ 3a Abs. 3 Nr. 3 Buchst. b UStG). Die Restaurationsleistung muss aber als sonstige Leistung anzusehen sein; zur Abgrenzung zwischen Lieferung und sonstiger Leistung bei der Abgabe von Speisen und Getränken wird auf das BMF-Schreiben vom 16.10.2008 und vom 29.3.2010[4)] verwiesen. Die Ortsregelung des § 3a Abs. 3 Nr. 3 Buchst. b UStG gilt jedoch nicht für Restaurationsleistungen an Bord eines Schiffs, in einem Luftfahrzeug oder in einer Eisenbahn während einer Beförderung im Inland oder im übrigen Gemeinschaftsgebiet. In diesen Fällen bestimmt sich der Leistungsort nach § 3e UStG.[5)]

12. Ort der unentgeltlichen Lieferung und sonstigen Leistung (§ 3f UStG)

Nach § 3f UStG gilt ein einheitlicher Leistungsort für sämtliche unentgeltliche Lieferungen und sonstigen Leistungen (sog. unentgeltliche Wertabgaben). Grundsätzlich ist der Ort maßgebend, von dem aus der Unternehmer sein Unternehmen betreibt. Erfolgt die unentgeltliche Wertabgabe von einer Betriebsstätte, ist der Ort der Betriebsstätte maßgebend.[6)]

---

1) Vgl. Abschn. 3d.1 UStAE.
2) Vgl. EuGH v. 15.9.2005, C-58/04, BStBl II 2007, 150; BFH v. 20.12.2005, V R 30/02, BStBl II 2007, 139.
3) Vgl. Abschn. 3e.1 UStAE.
4) Vgl. auch BMF v. 16.10.2008, IV B 8 – S 7100/07/10050, 2008/0541679, BStBl I 2008, 949 und BMF v. 29.3.2010, IV D 2 – S 7100/07/10050, BStBl I 2010, 330.
5) Vgl. Abschn. 3e.1 und 3a.6 Abs. 9 UStAE.
6) Vgl. Abschn. 3 f.1 UStAE.

III. Ort der sonstigen Leistung

1. Ort der sonstigen Leistung (§ 3a Abs. 1 UStG)

1242 § 3a Abs. 1 Satz 1 UStG regelt grundsätzlich, dass sich der Leistungsort bei sonstigen Leistungen an dem Ort befindet, von dem aus der leistende Unternehmer sein Unternehmen betreibt; § 3a Abs. 1 Satz 2 UStG bestimmt eine Betriebsstätte des leistenden Unternehmers zum Leistungsort, wenn die sonstige Leistung von dort aus erbracht wird. Dies ist der Fall, wenn die Leistung ausschließlich oder überwiegend für die Betriebsstätte bestimmt ist, also dort verwendet werden soll.[1] Diese Regelungen gelten nur dann, wenn keine der abweichenden Regelungen zum Leistungsort (§ 3a Abs. 2 bis 8 UStG) und §§ 3b, 3e und 3f UStG) eingreift. § 3a Abs. 1 UStG gilt im Ergebnis bei bestimmten sonstigen Leistungen an Nichtunternehmer.

1243 Die Leistungsortbestimmung nach § 3a Abs. 1 UStG kommt z.B. in folgenden Fällen in Betracht:

– Reiseleistungen (§ 25 Abs. 1 Satz 4 UStG),
– Reisebetreuungsleistungen von angestellten Reiseleitern,
– Leistungen der Vermögensverwalter und Testamentsvollstrecker,
– Leistungen der Notare, soweit sie nicht Grundstücksgeschäfte beurkunden oder nicht selbständige Beratungsleistungen an im Drittlandsgebiet ansässige Leistungsempfänger erbringen,
– die in § 3a Abs. 4 Satz 2 UStG bezeichneten sonstigen Leistungen, wenn der Leistungsempfänger innerhalb der EG ansässig ist,
– sonstige Leistungen im Rahmen einer Bestattung, soweit diese Leistungen als einheitliche Leistungen anzusehen sind,
– langfristige Vermietung eines Beförderungsmittels (zur kurzfristigen Vermietung siehe § 3a Abs. 3 Nr. 2 Satz 1 und 2 UStG).

Zur Sonderregelung für den Ort der sonstigen Leistung nach § 3a Abs. 6–8 UStG → 4 Rz. 1286 ff.

2. Ort der sonstigen Leistung (§ 3a Abs. 2 UStG)

1244 § 3a Abs. 2 Satz 1 UStG regelt abweichend von § 3a Abs. 1 UStG grundsätzlich, dass sonstige Leistungen an einen Unternehmer regelmäßig an dem Ort ausgeführt werden, an dem der Leistungsempfänger seinen Sitz hat; maßgebend für diese Beurteilung ist der Zeitpunkt, in dem die Leistung erbracht wird.[2] Die Leistung muss für den unternehmerischen Bereich des Leistungsempfängers ausgeführt worden sein; hierunter fallen auch Leistungen an einen Unternehmer, wenn diese Leistungen für die Erbringung von nichtsteuerbaren Umsätzen bestimmt sind. Verwendet der Leistungsempfänger gegenüber seinem Auftragnehmer eine USt-IdNr., kann dieser davon ausgehen, dass die Leistung für dessen unternehmerischen Bereich bezogen wird. Der Leistungsort liegt nach § 3a Abs. 2 Satz 2 UStG am Ort einer Betriebsstätte des Leistungsempfängers, wenn die Leistung an diese Betriebsstätte ausgeführt wird. Voraussetzung für die Anwendung des § 3a Abs. 2 UStG ist, dass der Leistungsempfänger ein Unternehmer ist und die Leistung für sein Unternehmern bezogen hat oder eine nicht unternehmerisch tätige juristische Person ist, der eine USt-IdNr. erteilt worden ist, und bei einer sonstigen Leistung **an eine juristische Person**, die sowohl unternehmerisch als auch nicht unternehmerisch

---

1) Vgl. Art. 21 Abs. 2 der Durchführungsverordnung (EU) v. 15.3.2011, Nr. 282/2011, ABl.EU 2011 Nr. L 77, 1.
2) Vgl. Art. 25 der Durchführungsverordnung (EU) v. 15.3.2011, Nr. 282/2011, ABl.EU 2011 Nr. L 77, 1.

tätig ist; dies gilt nicht für sonstige Leistungen, die ausschließlich für den privaten Bedarf des Personals oder eines Gesellschafters bestimmt sind (§ 3a Abs. 2 Satz 3 UStG). Auch § 3a Abs. 2 UStG gilt nur dann, wenn nicht eine der weiteren – abweichenden – Regelungen (§ 3a Abs. 3 Nr. 1, 2, 3 Buchst. b und Nr. 5, Abs. 6 Satz 1 Nr. 1, Abs. 7 und Abs. 8 Satz 1 und 3 UStG und § 3b Abs. 1 Satz 1 und 2, § 3e und § 3f UStG) zum Leistungsort eingreift.

Als Leistungsempfänger im umsatzsteuerrechtlichen Sinn ist grundsätzlich derjenige zu behandeln, in dessen Auftrag die Leistung ausgeführt wird. [1] Aus Vereinfachungsgründen ist bei steuerpflichtigen Güterbeförderungen, bei steuerpflichtigen selbständigen Nebenleistungen hierzu und bei der steuerpflichtigen Vermittlung der vorgenannten Leistungen, bei denen sich der Leistungsort nach § 3a Abs. 2 UStG richtet, der Rechnungsempfänger auch als Leistungsempfänger anzusehen. **1245**

Bei Werbeanzeigen in Zeitungen und Zeitschriften und bei Werbesendungen in Rundfunk und Fernsehen oder im Internet ist davon auszugehen, dass sie ausschließlich oder überwiegend für im Ausland belegene Betriebsstätten bestimmt und daher im Inland nicht steuerbar sind, wenn die folgenden Voraussetzungen erfüllt sind, wobei es sich um folgende handelt: **1246**

– fremdsprachige Zeitungen und Zeitschriften, um fremdsprachige Rundfunk- und Fernsehsendungen oder um fremdsprachige Internet-Seiten oder

– deutschsprachige Zeitungen und Zeitschriften oder um deutschsprachige Rundfunk- und Fernsehsendungen, die überwiegend im Ausland verbreitet werden,

– die im Ausland belegenen Betriebsstätten sind in der Lage, die Leistungen zu erbringen, für die geworben wird.

Bei einer einheitlichen sonstigen Leistung ist es nicht möglich, für einen Teil der Leistung den Ort der Betriebsstätte und für den anderen Teil den Sitz des Unternehmens als maßgebend anzusehen und die Leistung entsprechend aufzuteilen. **1247**

Ist die Zuordnung zu einer Betriebsstätte nach den Grundsätzen des Abschn. 3a.2 Abs. 4 UStAE zweifelhaft und verwendet der Leistungsempfänger eine ihm von einem anderen EU-Mitgliedstaat erteilte USt-IdNr., kann davon ausgegangen werden, dass die Leistung für die im EU-Mitgliedstaat der verwendeten USt-IdNr. belegene Betriebsstätte bestimmt ist. Entsprechendes gilt bei Verwendung einer deutschen USt-IdNr. **1248**

Unternehmern gleichgestellt werden nach § 3a Abs. 2 Satz 3 UStG nicht unternehmerisch tätigen juristischen Personen. Hierunter fallen insbesondere juristische Personen des öffentlichen Rechts, aber auch juristische Personen, die nicht Unternehmer sind (z.B. eine Holding, die ausschließlich eine bloße Vermögensverwaltungstätigkeit ausübt). Voraussetzung ist aber, dass diesen juristischen Personen eine USt-IdNr. erteilt wurde, d.h. sie also für umsatzsteuerliche Zwecke erfasst sind. Juristische Personen, denen eine USt-IdNr. erteilt worden ist, müssen diese gegenüber dem leistenden Unternehmer verwenden, damit dieser die Leistungsortregelung des § 3a Abs. 2 UStG anwenden kann. Verwendet die juristische Person als Leistungsempfänger keine USt-IdNr., hat der leistende Unternehmer nachzufragen, ob ihr eine solche Nummer erteilt worden ist. **1249**

§ 3a Abs. 2 UStG regelt nicht, wie der leistende Unternehmer nachzuweisen hat, dass sein Leistungsempfänger Unternehmer ist, der die sonstige Leistung für den unternehmerischen Bereich bezieht. Bezieht ein im Gemeinschaftsgebiet ansässiger Unternehmer eine sonstige Leistung, die der Art nach unter § 3a Abs. 2 UStG fällt, für seinen unternehmerischen Bereich, muss er die ihm von dem EU-Mitgliedstaat, von dem aus er sein Unternehmen betreibt, erteilte USt-IdNr. für diesen Umsatz gegenüber seinem Auftragnehmer verwenden; wird die Leistung tatsächlich durch eine Betriebsstätte des **1250**

---

1) Vgl. Abschn. 15.2 Abs. 16 UStAE.

Leistungsempfängers bezogen, ist die der Betriebsstätte erteilte USt-IdNr. zu verwenden.[1] Dies gilt entsprechend für einen Unternehmer,

- der nur steuerfreie Umsätze ausführt, die zum Ausschluss vom Vorsteuerabzug führen,
- für dessen Umsätze Umsatzsteuer nach § 19 Abs. 1 UStG nicht erhoben wird oder
- der die Leistung zur Ausführung von Umsätzen verwendet, für die die Steuer nach den Durchschnittssätzen des § 24 UStG festgesetzt wird,

und der weder zur Besteuerung seiner innergemeinschaftlichen Erwerbe verpflichtet ist, weil er die Erwerbsschwelle nicht überschreitet, noch zur Erwerbsbesteuerung nach § 1a Abs. 4 UStG optiert hat. Verwendet der Leistungsempfänger gegenüber seinem Auftragnehmer eine ihm von einem Mitgliedstaat erteilte USt-IdNr., kann dieser regelmäßig davon ausgehen, dass der Leistungsempfänger Unternehmer ist und die Leistung für dessen unternehmerischen Bereich bezogen wird;[2] zu den Leistungen, die ihrer Art nach aber mit hoher Wahrscheinlichkeit nicht für das Unternehmen bezogen werden, siehe im Einzelnen Abschn. 3a.2 Abs. 11a UStAE; dies gilt auch dann, wenn sich nachträglich herausstellt, dass die Leistung vom Leistungsempfänger tatsächlich für nicht unternehmerische Zwecke verwendet worden ist. Voraussetzung ist, dass der leistende Unternehmer nach § 18e UStG von der Möglichkeit Gebrauch gemacht hat, sich die Gültigkeit einer USt-IdNr. eines anderen EU-Mitgliedstaates sowie den Namen und die Anschrift der Person, der diese Nummer erteilt wurde, durch das BZSt bestätigen zu lassen.[3]

Hat der Leistungsempfänger noch keine USt-IdNr. erhalten, eine solche Nummer aber bei der zuständigen Behörde des EU-Mitgliedstaats, von dem aus er sein Unternehmen betreibt oder eine Betriebsstätte unterhält, beantragt, bleibt es dem leistenden Unternehmer überlassen, auf welche Weise er den Nachweis der Unternehmereigenschaft und der unternehmerischen Verwendung führt.[4] Dieser Nachweis hat nur vorläufigen Charakter. Für den endgültigen Nachweis bedarf es der Vorlage der dem Leistungsempfänger erteilten USt-IdNr.; dieser Nachweis kann bis zur letzten mündlichen Verhandlung vor dem FG geführt werden. Verwendet ein im Gemeinschaftsgebiet ansässiger Leistungsempfänger gegenüber seinem Auftragnehmer keine USt-IdNr., kann dieser grundsätzlich davon ausgehen, dass sein Leistungsempfänger ein Nichtunternehmer ist oder ein Unternehmer, der die Leistung für den nicht unternehmerischen Bereich bezieht, sofern ihm keine anderen Informationen vorliegen.[5] In diesem Fall bestimmt sich der Leistungsort nach § 3a Abs. 1 UStG, soweit kein Tatbestand des § 3a Abs. 3 bis 8 UStG, des § 3b UStG, des § 3e oder des § 3f UStG vorliegt.

1251 Verwendet der Leistungsempfänger eine USt-IdNr., soll dies grundsätzlich vor Ausführung der Leistung erfolgen und in dem jeweiligen Auftragsdokument schriftlich festgehalten werden. Der Begriff „Verwendung" einer USt-IdNr. setzt ein positives Tun des Leistungsempfängers, i.d.R. bereits bei Vertragsabschluss, voraus. So kann z.B. auch bei mündlichem Abschluss eines Auftrags zur Erbringung einer sonstigen Leistung eine Erklärung über die Unternehmereigenschaft und den unternehmerischen Bezug durch Verwendung einer bestimmten USt-IdNr. abgegeben und dies vom Auftragnehmer auf-

---

1) Vgl. Art. 55 Abs. 1 der Durchführungsverordnung (EU) v. 15.3.2011, Nr. 282/2011, ABl.EU 2011 Nr. L 77, 1.
2) Vgl. Art. 18 Abs. 1 und Art. 19 Abs. 2 der Durchführungsverordnung (EU) v. 15.3.2011, Nr. 282/2011, ABl.EU 2011 Nr. L 77, 1.
3) Vgl. Art. 18 Abs. 1 Buchst. a der Durchführungsverordnung (EU) v. 15.3.2011, Nr. 282/2011, ABl.EU 2011 Nr. L 77, 1.
4) Vgl. Art. 18 Abs. 1 Buchst. b der Durchführungsverordnung (EU) v. 15.3.2011, Nr. 282/2011, ABl.EU 2011 Nr. L 77, 1.
5) Vgl. Art. 18 Abs. 2 der Durchführungsverordnung (EU) v. 15.3.2011, Nr. 282/2011, ABl.EU 2011 Nr. L 77, 1.

gezeichnet werden. Es reicht ebenfalls aus, wenn bei der erstmaligen Erfassung der Stammdaten eines Leistungsempfängers zusammen mit der für diesen Zweck erfragten USt-IdNr. zur Feststellung der Unternehmereigenschaft und des unternehmerischen Bezugs zusätzlich eine Erklärung des Leistungsempfängers aufgenommen wird, dass diese USt-IdNr. bei allen künftigen – unternehmerischen – Einzelaufträgen verwendet werden soll. Eine im Briefkopf eingedruckte USt-IdNr. oder eine in einer Gutschrift des Leistungsempfängers formularmäßig eingedruckte USt-IdNr. reicht allein nicht aus, um die Unternehmereigenschaft und den unternehmerischen Bezug der zu erbringenden Leistung zu dokumentieren. Unschädlich ist es im Einzelfall, wenn der Leistungsempfänger eine USt-IdNr. erst nachträglich verwendet oder durch eine andere ersetzt. In diesem Fall muss ggf. die Besteuerung in dem einen EU-Mitgliedstaat rückgängig gemacht und in dem anderen EU-Mitgliedstaat nachgeholt und ggf. die abgegebene Zusammenfassende Meldung berichtigt werden. In einer bereits erteilten Rechnung sind die USt-IdNr. des Leistungsempfängers (vgl. § 14a Abs. 1 UStG) und ggf. ein gesonderter Steuerausweis (vgl. §§ 14 Abs. 4 Nr. 8 und 14c Abs. 1 UStG) zu berichtigen. Die nachträgliche Angabe oder Änderung einer USt-IdNr. als Nachweis der Unternehmereigenschaft und des unternehmerischen Bezugs ist der Umsatzsteuerfestsetzung nur zu Grunde zu legen, wenn die Steuerfestsetzung in der Bundesrepublik Deutschland noch änderbar ist.

Erbringt der Unternehmer sonstige Leistungen, die unter § 3a Abs. 2 UStG fallen können, die ihrer Art nach aber mit hoher Wahrscheinlichkeit nicht für das Unternehmen, sondern für den privaten Gebrauch einschließlich des Gebrauchs durch das Personal des Unternehmers bestimmt sind, ist es – abweichend von Abschn. 3a.2 Abs. 9 und 11 UStAE – als Nachweis der unternehmerischen Verwendung dieser Leistung durch den Leistungsempfänger nicht ausreichend, wenn dieser gegenüber dem leistenden Unternehmer für diesen Umsatz seine USt-IdNr. verwendet bzw. seinen Status als Unternehmer nachweist. Vielmehr muss der leistende Unternehmer über ausreichende Informationen verfügen, die eine Verwendung der sonstigen Leistung für die unternehmerischen Zwecke dieses Leistungsempfängers bestätigen. Als ausreichende Information ist eine Erklärung des Leistungsempfängers anzusehen, in der dieser bestätigt, dass die bezogene sonstige Leistung für sein Unternehmen bestimmt ist.[1] **1252**

Ist der Leistungsempfänger im Drittlandsgebiet ansässig, kann der Nachweis der Unternehmereigenschaft durch eine Bescheinigung einer Behörde des Sitzstaats geführt werden, in der diese bescheinigt, dass der Leistungsempfänger dort als Unternehmer erfasst ist. Die Bescheinigung sollte inhaltlich der Unternehmerbescheinigung nach § 61a Abs. 4 UStDV entsprechen.[2] Kann der Leistungsempfänger den Nachweis nicht anhand der Bescheinigung erbringen, bleibt es dem leistenden Unternehmer überlassen, auf welche Weise er nachweist, dass der im Drittlandsgebiet ansässige Leistungsempfänger Unternehmer ist.[3] **1253**

Erbringt der leistende Unternehmer gegenüber einem im Drittlandsgebiet ansässigen Auftraggeber eine in § 3a Abs. 4 Satz 2 UStG bezeichnete Leistung, muss der leistende Unternehmer grundsätzlich nicht prüfen, ob der Leistungsempfänger Unternehmer oder Nichtunternehmer ist, da der Leistungsort – unabhängig vom Status des Leistungsempfängers – im Drittlandsgebiet liegt (§§ 3a Abs. 2 oder 3a Abs. 4 Satz 1 UStG). **1254**

Eine Prüfung der Unternehmereigenschaft entfällt auch bei Vermittlungsleistungen gegenüber einem im Drittlandsgebiet ansässigen Auftraggeber, wenn der Ort der vermittelten Leistung im Drittlandsgebiet liegt, da der Ort der Vermittlungsleistung – unab- **1255**

---

1) Vgl. Abschn. 3a.2 Abs. 11a UStAE.
2) Vgl. Abschn. 18.14 Abs. 7 UStAE.
3) Vgl. Art. 18 Abs. 3 der Durchführungsverordnung (EU) v. 15.3.2011, Nr. 282/2011, ABl.EU 2011 Nr. L 77, 1.

hängig vom Status des Leistungsempfängers – in solchen Fällen immer im Drittlandsgebiet liegt (§ 3a Abs. 2, Abs. 3 Nr. 1 oder 4 UStG).

1256 Bei Leistungsbezügen juristischer Personen des öffentlichen Rechts, die hoheitlich und unternehmerisch tätig sind, kommt es für die Frage der Ortsbestimmung nicht darauf an, ob die Leistung für den unternehmerischen oder den hoheitlichen Bereich ausgeführt worden ist; bei den Gebietskörperschaften Bund und Länder ist stets davon auszugehen, dass sie sowohl hoheitlich als auch unternehmerisch tätig sind. Der Leistungsort bestimmt sich in diesen Fällen – unabhängig davon, ob die Leistung für den hoheitlichen oder den unternehmerischen Bereich bezogen wird – nach § 3a Abs. 2 Satz 1 UStG. Ausgeschlossen sind nur die der Art nach unter § 3a Abs. 2 UStG fallenden sonstigen Leistungen, die für den privaten Bedarf des Personals der juristischen Person des öffentlichen Rechts bestimmt sind. Ist einer in Satz 1 genannten juristischen Person des öffentlichen Rechts eine USt-IdNr. erteilt worden, ist diese USt-IdNr. auch dann zu verwenden, wenn die bezogene Leistung ausschließlich für den hoheitlichen Bereich oder sowohl für den unternehmerischen als auch für den hoheitlichen Bereich bestimmt ist. Haben die Gebietskörperschaften Bund und Länder für einzelne Organisationseinheiten (z.B. Ressorts, Behörden und Ämter) von der Vereinfachungsregelung in Abschn. 27a.1 Abs. 3 Satz 4 und 5 UStAE Gebrauch gemacht, ist für den einzelnen Leistungsbezug stets die jeweilige, der einzelnen Organisationseinheit erteilte USt-IdNr. zu verwenden, unabhängig davon, ob dieser Leistungsbezug für den unternehmerischen Bereich, für den hoheitlichen Bereich oder sowohl für den unternehmerischen als auch für den hoheitlichen Bereich erfolgt. Dies gilt auch dann, wenn die einzelne Organisationseinheit ausschließlich hoheitlich tätig ist und ihr eine USt-IdNr. nur für Zwecke der Umsatzbesteuerung innergemeinschaftlicher Erwerbe erteilt wurde.

1257 Soweit inländische und ausländische Rundfunkanstalten des öffentlichen Rechts untereinander entgeltliche sonstige Leistungen ausführen, gelten hinsichtlich der Umsatzbesteuerung solcher grenzüberschreitender Leistungen deshalb die allgemeinen Regelungen zum Leistungsort. Der Leistungsort bestimmt sich bei grenzüberschreitender Leistungen der Rundfunkanstalten nach § 3a Abs. 2 UStG, wenn die die Leistung empfangende Rundfunkanstalt

– Unternehmer ist und die Leistung entweder ausschließlich für den unternehmerischen oder sowohl für den unternehmerischen als auch den nichtunternehmerischen Bereich bezogen wurde oder

– eine juristische Person des öffentlichen Rechts ist, die sowohl nicht unternehmerisch (hoheitlich) als auch unternehmerisch tätig ist, sofern die Leistung nicht für den privaten Bedarf des Personals bezogen wird,

– eine einem Unternehmer gleichgestellte juristische Person ist.

1258 Zu den sonstigen Leistungen, die unter die Ortsbestimmung nach § 3a Abs. 2 UStG fallen, sind insbesondere zu nennen:

– Arbeiten an beweglichen körperlichen Gegenständen und die Begutachtung dieser Gegenstände,

– alle Vermittlungsleistungen, soweit diese nicht unter § 3a Abs. 3 Nr. 1 UStG fallen,

– Leistungen, die in § 3a Abs. 4 Satz 2 UStG genannt sind,

– die langfristige Vermietung eines Beförderungsmittels,

– Güterbeförderungen, einschließlich innergemeinschaftlicher Güterbeförderungen sowie der Vor- und Nachläufe zu innergemeinschaftlichen Güterbeförderungen (Beförderungen eines Gegenstands, die in dem Gebiet desselben Mitgliedstaats beginnt und endet, wenn diese Beförderung unmittelbar einer innergemeinschaftlichen Güterbeförderung vorangeht oder folgt),

– das Beladen, Entladen, Umschlagen und ähnliche mit einer Güterbeförderung im Zusammenhang stehende selbständige Leistungen,

– Planung, Gestaltung sowie Aufbau, Umbau und Abbau von Ständen im Zusammenhang mit Messen und Ausstellungen. Unter die „Planung" fallen insbesondere Architektenleistungen, z.B. Anfertigung des Entwurfs für einen Stand. Zur „Gestaltung" zählt z.B. die Leistung eines Gartengestalters oder eines Beleuchtungsfachmanns.

Wird eine Güterbeförderungsleistung tatsächlich ausschließlich im Drittlandsgebiet erbracht und ist der Leistungsort für diese Leistung unter Anwendung von § 3a Abs. 2 UStG im Inland, wird es nicht beanstandet, wenn der Leistungsempfänger den Umsatz nicht der Umsatzbesteuerung in Deutschland unterwirft. **1259**

Wird ein Gegenstand im Zusammenhang mit einer Ausfuhr oder einer Einfuhr grenzüberschreitend befördert und ist der Leistungsort für diese Leistung unter Anwendung von § 3a Abs. 2 UStG im Inland, ist dieser Umsatz unter den weiteren Voraussetzungen des § 4 Nr. 3 UStG steuerfrei (§ 4 Nr. 3 Satz 1 Buchst. a UStG), auch wenn bei dieser Beförderung das Inland nicht berührt wird. **1260**

Nicht unter die Ortsregelung des § 3a Abs. 2 UStG fallen folgende sonstigen Leistungen: **1261**

– sonstige Leistungen im Zusammenhang mit einem Grundstück (§ 3a Abs. 3 Nr. 1 UStG),
– die kurzfristige Vermietung von Beförderungsmitteln (§ 3a Abs. 3 Nr. 2 und Abs. 7 UStG),
– die Einräumung der Eintrittsberechtigung zu kulturellen, künstlerischen, wissenschaftlichen, unterrichtenden, sportlichen, unterhaltenden oder ähnlichen Veranstaltungen wie Messen und Ausstellungen, sowie die damit zusammenhängenden sonstigen Leistungen,
– die Abgabe von Speisen und Getränken zum Verzehr an Ort und Stelle (Restaurationsleistungen) nach § 3a Abs. 3 Nr. 3 Buchst. b UStG und nach § 3e UStG,
– Personenbeförderungen (§ 3b Abs. 1 Satz 1 und 2 UStG).

3. Leistungen im Zusammenhang mit einem Grundstück

§ 3a Abs. 3 Nr. 1 UStG gilt sowohl für sonstige Leistungen an Nichtunternehmer als auch an Leistungsempfänger i.S.d. § 3a Abs. 2 UStG. **1262**

Für den Ort einer sonstigen Leistung – einschließlich Werkleistung – im Zusammenhang mit einem Grundstück ist die Lage des Grundstücks entscheidend. Der Grundstücksbegriff i.S.d. Umsatzsteuerrechts ist ein eigenständiger Begriff des Unionsrechts; er richtet sich nicht nach dem zivilrechtlichen Begriff eines Grundstücks. [1)] Unter einem Grundstück i.S.d. § 3a Abs. 3 Nr. 1 UStG ist zu verstehen: **1263**

– ein bestimmter über- oder unterirdischer Teil der Erdoberfläche, an dem Eigentum und Besitz begründet werden kann;
– jedes mit oder in dem Boden über oder unter dem Meeresspiegel befestigte Gebäude oder jedes derartige Bauwerk, das nicht leicht abgebaut oder bewegt werden kann;
– jede Sache, die einen wesentlichen Bestandteil eines Gebäudes oder eines Bauwerks bildet, ohne die das Gebäude oder das Bauwerk unvollständig ist , wie z.B. Türen, Fenster, Dächer, Treppenhäuser und Aufzüge;
– Sachen, Ausstattungsgegenstände oder Maschinen, die auf Dauer in einem Gebäude oder einem Bauwerk installiert sind, und die nicht bewegt werden können, ohne das Gebäude oder das Bauwerk zu zerstören oder zu verändern.

Weitere Einzelheiten vgl. Abschn. 3a.3 UStAE.

---

1) Vgl. Abschn. 3a.3 Abs. 3 UStAE.

4. Kurzfristige Vermietung von Beförderungsmittel

1264 Die Vermietung eines Beförderungsmittels, die nicht als kurzfristig i.S.d. § 3a Abs. 3 Nr. 2 Satz 2 UStG anzusehen ist, an einen Empfänger, der weder ein Unternehmer ist, für dessen Unternehmen die Leistung bezogen wird, noch eine nicht unternehmerisch tätige juristische Person, der eine USt-IdNr. erteilt worden ist, wird an dem Ort erbracht, an dem der Empfänger seinen Wohnsitz oder Sitz hat. Handelt es sich bei dem Beförderungsmittel um ein Sportboot, soll die Vermietungsleistung künftig an dem Ort ausgeführt werden, an dem das Sportboot dem Empfänger tatsächlich zur Verfügung gestellt wird, wenn sich auch der Sitz, die Geschäftsleitung oder eine Betriebsstätte des Unternehmers, von wo aus diese Leistung tatsächlich erbracht wird, an diesem Ort befindet.[1]

1265 Die Ortsbestimmung des § 3a Abs. 3 Nr. 2 Satz 1 und 2 UStG gilt für die kurzfristige Vermietungsleistung von Beförderungsmitteln sowohl an Nichtunternehmer als auch an Leistungsempfänger i.S.d. § 3a Abs. 2 UStG. Zum Ort der kurzfristigen Fahrzeugvermietung zur Nutzung im Drittlandsgebiet → **4** Rz. 1289 und Abschn. 3a.14 Abs. 4 UStAE und zum Ort der kurzfristigen Vermietung eines Beförderungsmittels durch einen im Drittlandsgebiet ansässigen Unternehmer zur Nutzung im Inland → **4** Rz. 1286 und Abschn. 3a.14 Abs. 1 und 2 UStAE.

1266 Der Ort bei der kurzfristigen Vermietung eines Beförderungsmittels ist regelmäßig der Ort, an dem das Beförderungsmittel dem Leistungsempfänger tatsächlich zur Verfügung gestellt wird, das ist der Ort, an dem das Beförderungsmittel dem Leistungsempfänger übergeben wird. Eine kurzfristige Vermietung liegt vor, wenn die Vermietung über einen ununterbrochenen Zeitraum von nicht mehr als 90 Tagen bei Wasserfahrzeugen und von nicht mehr als 30 Tagen bei anderen Beförderungsmitteln erfolgt.[2]

1267 Die Ortsbestimmung des § 3a Abs. 3 Nr. 2 Satz 3 UStG gilt nur für sonstige Leistungen an Nichtunternehmer. Leistungsort bei der langfristigen Vermietung eines Beförderungsmittels ist regelmäßig der Ort, an dem der Leistungsempfänger seinen Wohnsitz oder Sitz hat. Zur Definition des Wohnsitzes vgl. Abschn. 3a.1 Abs. 1 Satz 9 UStAE. Eine langfristige Vermietung liegt vor, wenn die Vermietung über einen ununterbrochenen Zeitraum von mehr als 90 Tagen bei Wasserfahrzeugen und von mehr als 30 Tagen bei anderen Beförderungsmitteln erfolgt.

1268 Die Ortsbestimmung des § 3a Abs. 3 Nr. 2 Satz 4 UStG gilt nur für sonstige Leistungen an Nichtunternehmer. Der Leistungsort bei der langfristigen Vermietung von Sportbooten an Nichtunternehmer richtet sich grundsätzlich nach dem Ort, an dem der Leistungsempfänger seinen Wohnsitz oder Sitz hat; Abschn. 3a.5 Abs. 7 bis 9 UStAE sind anzuwenden. Abweichend hiervon richtet sich der Leistungsort aber nach dem Ort, an dem das Sportboot dem Leistungsempfänger tatsächlich zur Verfügung gestellt, d.h. es ihm übergeben wird (§ 3a Abs. 3 Nr. 2 Satz 4 UStG), wenn sich auch der Sitz, die Geschäftsleitung oder eine Betriebsstätte des leistenden Unternehmers an diesem Ort befindet. Sportboote i.S.d. § 3a Abs. 3 Nr. 2 Satz 4 UStG sind unabhängig von der Antriebsart sämtliche Boote mit einer Rumpflänge von 2,5 bis 24 Metern, die ihrer Bauart nach für Sport- und Freizeitzwecke bestimmt sind, insbesondere Segelyachten, Motoryachten, Segelboote, Ruderboote, Paddelboote oder Motorboote.

1269 Der Ort der Vermietung eines Beförderungsmittels ist insbesondere von der Dauer der Vermietung abhängig. Dabei richtet sich die Dauer der Vermietung nach der tatsächlichen Dauer der Nutzungsüberlassung; wird der Zeitraum der Vermietung auf Grund höherer Gewalt verlängert, ist dieser Zeitraum bei der Abgrenzung einer kurzfristigen von einer langfristigen Vermietung nicht zu berücksichtigen. Wird ein Beförderungsmittel mehrfach unmittelbar hintereinander an denselben Leistungsempfänger für

---

1) AmtshilfeRLUmsG v. 26.6.2013, BGBl. I 2013, 1809.
2) Vgl. Art. 40 der Durchführungsverordnung (EU) v. 15.3.2011, Nr. 282/2011, ABl.EU 2011 Nr. L 77, 1.

einen Zeitraum vermietet, liegt eine kurzfristige Vermietung grundsätzlich nur dann vor, wenn der ununterbrochene Vermietungszeitraum von nicht mehr als 90 Tagen bzw. 30 Tagen insgesamt nicht überschritten wird. Wird ein Beförderungsmittel zunächst kurzfristig und anschließend über einen als langfristig geltenden Zeitraum an denselben Leistungsempfänger vermietet, sind die beiden Vermietungszeiträume abweichend getrennt voneinander zu betrachten, sofern diese vertraglichen Regelungen nicht zur Erlangung steuerrechtlicher Vorteile erfolgten. Werden aufeinander folgende Verträge über die Vermietung von Beförderungsmitteln geschlossen, die tatsächlich unterschiedliche Beförderungsmittel betreffen, sind die jeweiligen Vermietungen gesondert zu betrachten, sofern diese vertraglichen Regelungen nicht zur Erlangung steuerrechtlicher Vorteile erfolgten.[1)]

5. Ort der Tätigkeit (§ 3a Abs. 3 Nr. 3 UStG)

Die Regelung des § 3a Abs. 3 Nr. 3 UStG gilt nur für sonstige Leistungen, die in einem positiven Tun bestehen. Bei diesen Leistungen bestimmt sich der Leistungsort nach dem Ort, an dem die sonstige Leistung tatsächlich bewirkt wird.[2)] Der Ort, an dem der Erfolg eintritt oder die sonstige Leistung sich auswirkt, ist ohne Bedeutung.[3)] Dabei kommt es nicht entscheidend darauf an, wo der Unternehmer (z.B. als Künstler), im Rahmen seiner Gesamttätigkeit überwiegend tätig wird; vielmehr ist der jeweilige Umsatz zu betrachten. Es ist nicht erforderlich, dass der Unternehmer im Rahmen einer Veranstaltung tätig wird.

1270

a) Kulturelle, künstlerische und ähnliche Leistungen

§ 3a Abs. 3 Nr. 3 Buchst. a UStG gilt nur für sonstige Leistungen an Nichtunternehmer (vgl. Abschn. 3a.1 Abs. 1 UStAE). Die Regelung ist auch anzuwenden beim Verkauf von Eintrittskarten für kulturelle, künstlerische, wissenschaftliche, unterrichtende, sportliche oder ähnliche Veranstaltungen durch einen anderen Unternehmer als den Veranstalter. Durch den Verkauf von Eintrittskarten wird dem Erwerber das Recht auf Zugang zu der jeweiligen Veranstaltung verschafft. Die Vermittlung von Eintrittskarten fällt nicht unter § 3a Abs. 3 Nr. 3 Buchst. a UStG (vgl. Abschn. 3a.6 Abs. 13 Satz 7 UStAE). Leistungen, die im Zusammenhang mit Leistungen i.S.d. § 3a Abs. 3 Nr. 3 Buchst. a UStG unerlässlich sind, werden an dem Ort erbracht, an dem diese Leistungen tatsächlich bewirkt werden. Hierzu können auch tontechnische Leistungen im Zusammenhang mit künstlerischen oder unterhaltenden Leistungen gehören.[4)]

1271

Bei in § 3a Abs. 3 Nr. 3 Buchst. a UStG aufgeführten Leistungen – insbesondere den künstlerischen und wissenschaftlichen Leistungen – ist zu beachten, dass sich im Fall der Übertragung von Nutzungsrechten an Urheberrechten und ähnlichen Rechten (vgl. auch Abschn. 3a.9 Abs. 1 und 2 sowie Abschn. 12.7 UStAE) der Leistungsort nicht nach § 3a Abs. 3 Nr. 3 Buchst. a UStG richtet. Der Leistungsort bestimmt sich nach § 3a Abs. 1 UStG oder nach § 3a Abs. 4 Satz 1 UStG.

1272

> **Hinweis:**
> Bei kulturellen, künstlerischen, wissenschaftlichen, unterrichtenden, sportlichen, unterhaltenden oder ähnlichen Leistungen richtet sich der Ort nach der tatsächlichen Leistungserbringung nur, wenn der Leistungsempfänger ein Nichtunternehmer ist. Bei Leistungen an Unternehmer richtet sich der Leistungsort entsprechend § 3a Abs. 2 UStG nach dem Sitz oder der Betriebsstätte des Leistungsempfängers, wenn die Leistung tatsächlich an diese erbracht wird.

---

1) Vgl. Art. 39 der Durchführungsverordnung (EU) v. 15.3.2011, Nr. 282/2011, ABl.EU 2011 Nr. L 77, 1.
2) Vgl. EuGH v. 9.3.2006, C-114/05, EuGHE I 2006, 2427.
3) BFH v. 4.4.1974, V R 161/72, BStBl II 1974, 532.
4) EuGH v. 26.9.1996, C-327/94, EuGHE I 1996, 4595 = BStBl II 1998, 313.

Ausgenommen hiervon sind Eintrittsberechtigungen, wenn diese an Unternehmer erbracht werden. Nach § 3a Abs. 3 Nr. 5 UStG werden Eintrittsberechtigungen zu kulturellen, künstlerischen, wissenschaftlichen, unterrichtenden, sportlichen, unterhaltenden oder ähnlichen Veranstaltungen, wenn diese an einen Unternehmer erteilt worden ist, an dem Ort besteuert, an dem die Veranstaltung stattfindet.

1273 Eine Leistung i.S.d. § 3a Abs. 3 Nr. 3 Buchst. a UStG liegt – unbeschadet Abschn. 3a.9 Abs. 8a UStAE – auch bei der Planung, Gestaltung sowie dem Aufbau, Umbau und Abbau von Ständen im Zusammenhang mit Messen und Ausstellungen vor, wenn dieser Stand für eine bestimmte Messe oder Ausstellung im Bereich der Kultur, der Künste, des Sports, der Wissenschaften, des Unterrichts, der Unterhaltung oder einem ähnlichen Gebiet bestimmt ist. [1)]

1274 Eine sonstige Leistung, die darin besteht, der Allgemeinheit gegen Entgelt die Benutzung von Geldspielautomaten zu ermöglichen, die in Spielhallen aufgestellt sind, ist als unterhaltende oder ähnliche Tätigkeit nach § 3a Abs. 3 Nr. 3 Buchst. a UStG anzusehen.[2)] Für die Benutzung von Geldspielautomaten außerhalb von Spielhallen richtet sich der Leistungsort nach § 3a Abs. 1 UStG.[3)]

b) Messen und Ausstellungen

1275 Bei der Überlassung von Standflächen auf Messen und Ausstellungen durch die Veranstalter an die Aussteller handelt es sich um sonstige Leistungen im Zusammenhang mit einem Grundstück. Diese Leistungen werden im Rahmen eines Vertrags besonderer Art (vgl. Abschn. 4.12.6 Abs. 2 Nr. 1 UStAE) dort ausgeführt, wo die Standflächen liegen (§ 3a Abs. 3 Nr. 1 UStG).

1276 Handelt es sich um eine einheitliche Leistung – sog. Veranstaltungsleistung – (vgl. Abschn. 3.10 UStAE[4)]), bestimmt sich der Ort dieser sonstigen Leistung nach § 3a Abs. 2 UStG, wenn der Leistungsempfänger ein Leistungsempfänger i.S.d. § 3a Abs. 2 UStG ist (siehe Abschnitt 3a.2 Abs. 1 UStAE); zum Leistungsort bei Veranstaltungsleistungen im Zusammenhang mit Messen und Ausstellungen, wenn die Veranstaltungsleistung ausschließlich im Drittlandsgebiet genutzt oder ausgewertet wird, vgl. Abschn. 3a.14 Abs. 5 UStAE. Ist in derartigen Fällen der Leistungsempfänger ein Nichtunternehmer (siehe Abschn. 3a.1 Abs. 1 UStAE), richtet sich der Leistungsort nach § 3a Abs. 3 Nr. 3 Buchst. a UStG. Eine Veranstaltungsleistung kann dann angenommen werden, wenn neben der Überlassung von Standflächen zumindest noch drei weitere Leistungen der in Satz 2 genannten Leistungen vertraglich vereinbart worden sind. Werden nachträglich die Erbringung einer weiteren Leistung oder mehrere weitere Leistungen zwischen Auftragnehmer und Auftraggeber vereinbart, gilt dies als Vertragsergänzung und wird in die Beurteilung für das Vorliegen einer Veranstaltungsleistung einbezogen. Werden nachträglich die Erbringung einer weiteren Leistung oder mehrerer weiterer Leistungen zwischen Auftragnehmer und Auftraggeber vereinbart, gilt dies als Vertragsergänzung und wird in die Beurteilung für das Vorliegen einer Veranstaltungsleistung einbezogen.

c) Restaurationsleistungen

1277 § 3a Abs. 3 Nr. 3 Buchst. b UStG gilt sowohl für sonstige Leistungen an Nichtunternehmer (vgl. Abschn. 3a.1 Abs. 1 UStAE) als auch an Leistungsempfänger i.S.d. § 3a Abs. 2 UStG (vgl. Abschn. 3a.2 Abs. 1 UStAE).

---

1) Vgl. EuGH v. 27.10.2011, C-530/09, BStBl II 2012, 160.
2) Vgl. EuGH v. 12.5.2005, C-452/63, EuGHE I 2005, 3947.
3) Vgl. EuGH v. 4.7.1985, Rs. 168/84, EuGHE I 1985, 2251.
4) Siehe auch EuGH-Urteil vom 9.3.2006, C-114/05, EuGHE I 2006, 2427.

Bei der Abgabe von Speisen und Getränken zum Verzehr an Ort und Stelle (Restaurationsleistung) richtet sich der Leistungsort nach dem Ort, an dem diese Leistung tatsächlich erbracht wird (§ 3a Abs. 3 Nr. 3 Buchst. b UStG). Die Restaurationsleistung muss aber als sonstige Leistung anzusehen sein. **1278**

> **Hinweis:**
> Der EuGH und der BFH haben im Jahr 2011 in mehreren Urteilen zur Abgrenzung von Lieferungen und sonstigen Leistungen bei der Abgabe von Speisen und Getränken Recht gesprochen.[1] Das BMF hat mit Schreiben v. 20.3.2013[2] diese Urteile ausgewertet und die neue Rechtslage in Abschn. 3.6 UStAE (einschl. zahlreicher Beispiele) eingearbeitet.

Die Ortsregelung gilt nicht für Restaurationsleistungen an Bord eines Schiffs, in einem Luftfahrzeug oder in einer Eisenbahn während einer Beförderung im Inland oder im übrigen Gemeinschaftsgebiet. In diesen Fällen bestimmt sich der Leistungsort nach § 3e UStG.[3]

d) Arbeiten an beweglichen, körperlichen Gegenständen

Bei Arbeiten an beweglichen körperlichen Gegenständen und bei der Begutachtung dieser Gegenstände für Nichtunternehmer (vgl. Abschn. 3a.1 Abs. 1 UStAE) bestimmt sich der Leistungsort nach dem Ort, an dem der Unternehmer tatsächlich die Leistung ausführt (§ 3a Abs. 3 Nr. 3 Buchst. c UStG). Ist der Leistungsempfänger ein Leistungsempfänger i.S.d. § 3a Abs. 2 UStG, richtet sich der Leistungsort nach § 3a Abs. 2 UStG (vgl. Abschn. 3a.2 Abs. 1 UStAE). Zum Leistungsort bei Arbeiten an beweglichen körperlichen Gegenständen und bei der Begutachtung dieser Gegenstände, wenn diese Leistungen im Drittlandsgebiet genutzt oder ausgewertet werden, vgl. § 3a Abs. 8 Satz 1 UStG und Abschn. 3a.14 Abs. 5 UStAE. **1279**

Als Arbeiten an beweglichen körperlichen Gegenständen sind insbesondere Werkleistungen (§ 3 Abs. 10 UStG) in Form der Be- oder Verarbeitung von beweglichen körperlichen Gegenständen anzusehen. Wartungsleistungen an Anlagen, Maschinen und Kraftfahrzeugen können als Werkleistungen angesehen werden. Verwendet der Unternehmer bei der Be- oder Verarbeitung eines Gegenstands selbstbeschaffte Stoffe, die nicht nur Zutaten oder sonstige Nebensachen sind, ist keine Werkleistung, sondern eine Werklieferung gegeben (§ 3 Abs. 4 UStG). Baut der leistende Unternehmer die ihm vom Leistungsempfänger sämtlich zur Verfügung gestellten Teile einer Maschine nur zusammen und wird die zusammengebaute Maschine nicht Bestandteil eines Grundstücks, bestimmt sich der Ort der sonstigen Leistung nach § 3a Abs. 3 Nr. 3 Buchst. c UStG (vgl. Art. 8 und 34 der Durchführungsverordnung (EU) Nr. 282/2011),[4] wenn der Leistungsempfänger ein Nichtunternehmer ist. Bei der Begutachtung beweglicher körperlicher Gegenstände durch Sachverständige hat § 3a Abs. 3 Nr. 3 Buchst. c UStG Vorrang vor § 3a Abs. 4 Satz 1 und 2 Nr. 3 UStG. **1280**

e) Vermittlungsleistungen

Der Leistungsort einer Vermittlungsleistung bestimmt sich nur bei Leistungen an Nichtunternehmer (vgl. Abschn. 3a.1 Abs. 1 UStAE) nach § 3a Abs. 3 Nr. 4 UStG. Bei Leistungen an einen Unternehmer oder an eine gleichgestellte juristische Person richtet sich der Leistungsort nach § 3a Abs. 2 UStG (vgl. Abschn. 3a.2 Abs. 1 UStAE), bei der Ver- **1281**

---

1) Vgl. EuGH v. 10.3.2011, C-497/09 u.a., BStBl II 2013, 256; BFH v. 8.6.2011, XI R 37/08, BStBl II 2013, 238; v. 30.6.2011, V R 3/07, BStBl II 2013, 241; v. 30.6.2011, V R 35/08, BStBl II 2013, 244; v. 30.6.2011, V R 18/10, BStBl II 2013, 246; v. 12.10.2011, V R 66/09, BStBl II 2013, 250 und v. 23.11.2011, XI R 6/08, BStBl II 2013, 253.
2) Vgl. BMF v. 20.3.2013, IV D 2 – S 7100/07/10050–06, 2013/0077777, BStBl I 2013, 444.
3) Vgl. auch BMF v. 4.9.2009, IV B 9 – S 7117/08/10001, 2009/0580334, BStBl I 2009, 1005, Rz. 46 f.
4) ABl.EU 2011 Nr. L 77, 1.

mittlung von Vermietungen von Grundstücken nach § 3a Abs. 3 Nr. 1 UStG. Die Vermittlung einer nicht steuerbaren Leistung zwischen Nichtunternehmern wird an dem Ort erbracht, an dem die vermittelte Leistung ausgeführt wird.[1]

f) Einräumung von Eintrittsberechtigungen

1282 § 3a Abs. 3 Nr. 5 UStG gilt nur für Leistungen an einen Unternehmer für dessen unternehmerischen Bereich oder an eine einem Unternehmer gleichgestellte juristische Person; die Regelung ist auch anzuwenden beim Verkauf von Eintrittskarten im eigenen/fremden Namen und auf eigene Rechnung durch einen anderen Unternehmer als den Veranstalter an einen Unternehmer, für dessen unternehmerischen Bereich oder an eine einem Unternehmer gleichgestellte juristische Person. Werden die in der Vorschrift genannten sonstigen Leistungen an Nichtunternehmer erbracht, richtet sich der Leistungsort nach § 3a Abs. 3 Nr. 3 Buchst. a UStG.[2]

6. Katalogleistungen (§ 3a Abs. 4 UStG)

1283 Bei der Bestimmung des Leistungsorts für die in § 3a Abs. 4 Satz 2 UStG bezeichneten Leistungen sind folgende Fälle zu unterscheiden:

- Ist der Empfänger der sonstigen Leistungen ein Nichtunternehmer und hat er seinen Wohnsitz oder Sitz außerhalb des Gemeinschaftsgebiets (vgl. Abschn. 1.10 Abs. 1 UStAE) wird die sonstige Leistung dort ausgeführt, wo der Empfänger seinen Wohnsitz oder Sitz hat (§ 3a Abs. 4 Satz 1 UStG);

- ist der Empfänger der sonstigen Leistung ein Nichtunternehmer und hat er seinen Wohnsitz oder Sitz innerhalb des Gemeinschaftsgebiets (vgl. Abschn. 1.10 Abs. 1 UStAE), wird die sonstige Leistung dort ausgeführt, wo der leistende Unternehmer sein Unternehmen betreibt. Insoweit verbleibt es bei der Regelung des § 3a Abs. 1 UStG (vgl. jedoch § 3a Abs. 5 UStG, § 3a Abs. 6 UStG und Abschn. 3a.14 Abs. 1 bis 3 UStAE sowie § 3a Abs. 8 Satz 2 und 3 UStG und Abschn. 3a.14 Abs. 6 UStAE);

- ist der Empfänger der sonstigen Leistung ein Unternehmer oder eine einem Unternehmer gleichgestellte juristische Person, wird die sonstige Leistung dort ausgeführt, wo der Empfänger sein Unternehmen betreibt bzw. die juristische Person ihren Sitz hat (§ 3a Abs. 2 UStG).

7. Sonderregelung für auf elektronischem Weg erbrachte sonstige Leistungen (§ 3a Abs. 5 UStG)

1284 § 3a Abs. 5 UStG enthielt bis **31.12.2014** die Ortsregelung für auf elektronischem Weg erbrachte sonstige Leistungen durch im Drittlandsgebiet ansässige Unternehmer an im Gemeinschaftsgebiet ansässige Nichtunternehmer.

1285 Durch das Gesetz zur Anpassung des nationalen Steuerrechts an den Beitritt Kroatiens zur EU und zur Änderung weiterer steuerlicher Vorschriften (KroatienG) v. 25.7.2014[3] wurden mit Wirkung zum **1.1.2015** in § 3a Abs. 4 Satz 2 die Nummern 11 bis 13 UStG aufgehoben. Auf Grund der Neuregelung des § 3a Abs. 5 UStG bedurfte es der bisherigen Ortsbestimmung am Sitz des Leistungsempfängers (Verbrauchsort) bei Telekommunikationsdienstleistungen, bei Rundfunk- und Fernsehdienstleistungen und bei auf elektronischem Weg erbrachten sonstigen Leistungen, die an Nichtunternehmer mit Sitz oder Wohnsitz im Drittlandsgebiet erbracht werden, nicht mehr.

---

1) Vgl. EuGH v. 27.5.2004, C-68/03, EuGHE I 2004, 5879.
2) Weitere Einzelheiten vgl. Abschn. 3a.6 Abs. 13 UStAE.
3) Gesetz v. 25.7.2014, BGBl. I 2014, 1266 = BStBl I 2014, 1126.

Ist **ab 1.1.2015** der Empfänger einer sonstigen Leistung auf dem Gebiet der Telekommunikation, einer Rundfunk- und Fernsehdienstleistung oder einer auf elektronischem Weg erbrachten sonstigen Leistung (§ 3a Abs. 5 Satz 2 UStG)

– kein Unternehmer, für dessen Unternehmen die Leistung bezogen wird,
– keine ausschließlich nichtunternehmerisch tätige juristische Person, der eine USt-IdNr. erteilt worden ist,
– keine juristische Person, die sowohl unternehmerisch als auch nicht unternehmerisch tätig ist, bei der die Leistung nicht ausschließlich für den privaten Bedarf des Personals oder eines Gesellschafters bestimmt ist,

wird die sonstige Leistung an dem Ort ausgeführt, an dem der Leistungsempfänger seinen Wohnsitz, seinen gewöhnlichen Aufenthaltsort oder seinen Sitz hat (§ 3a Abs. 5 Satz 1 UStG).

8. Sonderfälle des Orts der sonstigen Leistung (§ 3a Abs. 6 bis 8 UStG)

a) Nutzung und Auswertung bestimmter sonstiger Leistungen im Inland (§ 3a Abs. 6 UStG)

Die Sonderregelung des § 3a Abs. 6 UStG betrifft sonstige Leistungen, die von einem im Drittlandsgebiet ansässigen Unternehmer oder von einer dort belegenen Betriebsstätte erbracht und im Inland genutzt oder ausgewertet werden. Die Ortsbestimmung richtet sich nur bei der kurzfristigen Vermietung eines Beförderungsmittels an Unternehmer und gleichgestellte juristische Personen oder an Nichtunternehmer und bei langfristiger Vermietung an Nichtunternehmer nach § 3a Abs. 6 Satz 1 Nr. 1 UStG. 1286

§ 3a Abs. 6 Satz 1 Nr. 2 UStG gilt nur für Leistungen an im Inland ansässige juristische Personen des öffentlichen Rechts, wenn diese Unternehmer sind und die Leistung nicht für ihr Unternehmen bezogen wird oder, soweit diese nicht Unternehmer sind und ihnen keine USt-IdNr. erteilt worden ist. Die Leistungen eines Aufsichtsratsmitglieds werden am Sitz der Gesellschaft genutzt oder ausgewertet. Sonstige Leistungen, die der Werbung oder der Öffentlichkeitsarbeit dienen, werden dort genutzt oder ausgewertet, wo die Werbung oder Öffentlichkeitsarbeit wahrgenommen werden soll. Wird eine sonstige Leistung sowohl im Inland als auch im Ausland genutzt oder ausgewertet, ist darauf abzustellen, wo die Leistung überwiegend genutzt oder ausgewertet wird. 1287

Durch das Gesetz zur Anpassung des nationalen Steuerrechts an den Beitritt Kroatiens zur EU und zur Änderung weiterer steuerlicher Vorschriften (KroatienG) v. 25.7.2014[1)] wurde § 3a Abs. 6 Satz 1 Nr. 3 UStG mit Wirkung zum **1.1.2015** redaktionell angepasst. Damit liegt der Leistungsort in den Fällen, in denen Telekommunikations- sowie Rundfunk- und Fernsehdienstleistungen von einem nicht im Gemeinschaftsgebiet ansässigen Unternehmer erbracht werden, weiterhin im Inland. Voraussetzung ist unverändert, dass die Leistung im Inland tatsächlich genutzt oder ausgewertet wird und an einen Nichtunternehmer erbracht wird. Damit erfolgt wie bisher eine zutreffende Besteuerung dieser Leistungen im Verbrauchsland. 1288

b) Kurzfristige Fahrzeugvermietung zur Nutzung im Drittlandsgebiet (§ 3a Abs. 7 UStG)

Die Sonderregelung des § 3a Abs. 7 UStG betrifft ausschließlich die kurzfristige Vermietung eines Schienenfahrzeugs, eines Kraftomnibusses oder eines ausschließlich zur Güterbeförderung bestimmten Straßenfahrzeugs, die an einen im Drittlandsgebiet ansässigen Unternehmer oder an eine dort belegene Betriebsstätte eines Unternehmers erbracht wird, das Fahrzeug für dessen Unternehmen bestimmt ist und im Drittlandsge- 1289

---

1) Gesetz v. 25.7.2014, BGBl. I 2014, 1266 = BStBl I 2014, 1126.

biet auch tatsächlich genutzt wird. Wird eine sonstige Leistung sowohl im Inland als auch im Drittlandsgebiet genutzt, ist darauf abzustellen, wo die Leistung überwiegend genutzt wird.

c) Sonstige im Drittlandsgebiet ausgeführte Leistungen an Unternehmer (§ 3a Abs. 8 UStG)

1290 § 3a Abs. 8 Satz 1 und 3 UStG gilt nur für sonstige Leistungen an Unternehmer für deren unternehmerischen Bereich, an diesen gleichgestellte juristische Personen oder an sowohl unternehmerisch als auch nicht unternehmerisch tätige juristische Personen, soweit die Leistung nicht für den privaten Bedarf des Personals der juristischen Person bestimmt ist. Güterbeförderungsleistungen, im Zusammenhang mit einer Güterbeförderung stehende Leistungen wie Beladen, Entladen, Umschlagen oder ähnliche mit der Beförderung eines Gegenstands im Zusammenhang stehende Leistungen (vgl. § 3b Abs. 2 UStG und Abschn. 3b.2 UStAE), Arbeiten an und Begutachtungen von beweglichen körperlichen Gegenständen (vgl. Abschn. 3a.6 Abs. 11 UStAE), Reisevorleistungen i.S.d. § 25 Abs. 1 Satz 5 UStG und Veranstaltungsleistungen im Zusammenhang mit Messen und Ausstellungen (vgl. Abschn. 3a.4 Abs. 2 Satz 2, 3, 5 und 6 UStAE) werden regelmäßig im Drittlandsgebiet genutzt oder ausgewertet, wenn sie tatsächlich ausschließlich dort in Anspruch genommen werden können. Ausgenommen hiervon sind Leistungen, die in einem der in § 1 Abs. 3 UStG genannten Gebiete (insbesondere Freihäfen) erbracht werden. Die Regelung gilt nur in den Fällen, in denen der Leistungsort für die in § 3a Abs. 8 Satz 1 UStG genannten Leistungen unter Anwendung von § 3a Abs. 2 UStG im Inland liegen würde und

- der leistende Unternehmer für den jeweiligen Umsatz Steuerschuldner nach § 13a Abs. 1 Nr. 1 UStG wäre, oder

- der Leistungsempfänger für den jeweiligen Umsatz Steuerschuldner nach § 13b Abs. 1 und Abs. 5 Satz 1 UStG wäre.

1291 § 3a Abs. 8 Satz 2 und 3 UStG gilt nur für Telekommunikationsleistungen an Nichtunternehmer. Zum Begriff der Telekommunikationsleistungen vgl. im Einzelnen Abschn. 3a.10 Abs. 1 bis 4 UStAE. Die Regelung gilt nur in den Fällen, in denen der Leistungsempfänger der Telekommunikationsleistung im Gemeinschaftsgebiet ansässig ist, sich aber tatsächlich vorübergehend im Drittlandsgebiet aufhält und der Leistungsort unter Anwendung von § 3a Abs. 1 UStG im Inland liegen würde. Telekommunikationsleistungen werden regelmäßig nur dann im Drittlandsgebiet genutzt oder ausgewertet, wenn sie tatsächlich ausschließlich dort in Anspruch genommen werden können. Ausgenommen hiervon sind die Telekommunikationsleistungen, die in einem der in § 1 Abs. 3 UStG genannten Gebiete (insbesondere Freihäfen) erbracht werden.

1292 Durch das Gesetz zur Anpassung des nationalen Steuerrechts an den Beitritt Kroatiens zur EU und zur Änderung weiterer steuerlicher Vorschriften (KroatienG) v. 25.7.2014 [1] wurde mit Wirkung zum **1.1.2015** § 3a Abs. 8 Satz 2 aufgehoben. § 3a Abs. 8 Satz 2 UStG sah bislang vor, dass bei Telekommunikationsdienstleistungen an im Gemeinschaftsgebiet ansässige Nichtunternehmer, die sich vorübergehend im Drittlandsgebiet aufhalten, der Leistungsort im Drittlandsgebiet liegt, wenn die Leistung tatsächlich nur im Drittlandsgebiet in Anspruch genommen werden kann. Auf Grund der Neuregelung in § 3a Abs. 5 UStG zum Leistungsort bei Telekommunikationsdienstleistungen an Nichtunternehmer, die regelmäßig eine Besteuerung am Verbrauchsort vorsieht, bedarf es der Sonderregelung nicht mehr.

---

1) Gesetz v. 25.7.2014, BGBl. I 2014, 1266 = BStBl I 2014, 1126.

9. Besteuerungsverfahren bei sonstigen Leistungen

a) Leistungsort im Inland

Bei im Inland erbrachten sonstigen Leistungen ist der leistende Unternehmer der Steuerschuldner, wenn er im Inland ansässig ist. Die Umsätze sind im allgemeinen Besteuerungsverfahren nach §§ 16 und 18 Abs. 1–4 UStG zu versteuern. Ist der leistende Unternehmer im Ausland ansässig, schuldet der Leistungsempfänger nach § 13b Abs. 5 Satz 1 UStG die Steuer, wenn er ein Unternehmer oder eine juristische Person des öffentlichen Rechts ist.[1] Ist der Empfänger einer sonstigen Leistung weder ein Unternehmer noch eine juristische Person des öffentlichen Rechts, hat der leistende ausländische Unternehmer diesen Umsatz im Inland im allgemeinen Besteuerungsverfahren nach §§ 16 und 18 Abs. 1–4 UStG zu versteuern.

1293

b) Leistungsort im EU-Ausland

Grundsätzlich ist der Unternehmer, der sonstige Leistungen in einem anderen EU-Mitgliedstaat ausführt, in diesem EU-Mitgliedstaat Steuerschuldner der Umsatzsteuer (Art. 193 MwStSystRL). Liegt der Ort einer sonstigen Leistung, bei der sich der Leistungsort nach § 3a Abs. 2 UStG bestimmt, in einem EU-Mitgliedstaat, und ist der leistende Unternehmer dort nicht ansässig, schuldet der Leistungsempfänger die Umsatzsteuer, wenn er in diesem EU-Mitgliedstaat als Unternehmer für Umsatzsteuerzwecke erfasst ist oder eine nicht steuerpflichtige juristische Person mit USt-IdNr. ist (vgl. Art. 196 MwStSystRL). Ist der Leistungsempfänger Steuerschuldner, darf in der Rechnung des in einem anderen EU-Mitgliedstaat ansässigen leistenden Unternehmers keine Umsatzsteuer im Rechnungsbetrag gesondert ausgewiesen sein. In der Rechnung ist auf die Steuerschuldnerschaft des Leistungsempfängers besonders hinzuweisen. Stpfl. sonstige Leistungen nach § 3a Abs. 2 UStG, für die der in einem anderen Mitgliedstaat ansässige Leistungsempfänger die Steuer dort schuldet, hat der leistende Unternehmer in der Umsatzsteuer-Voranmeldung und der Umsatzsteuer-Erklärung für das Kalenderjahr (§ 18b Satz 1 Nr. 2 UStG) und in der Zusammenfassenden Meldung (§ 18a UStG) anzugeben.

1294

Nachfolgeregelung

von Dr. Georg F.W. Bügler

INHALTSÜBERSICHT

	Rz.
I. Vorbemerkung	1295–1296
II. Zielsystem der Unternehmensnachfolge	1297–1299
III. Grundsätze für Nachfolgeregelungen	1300–1311
1. Grundsatz der plangestützten Vorbereitung und Realisierung	1301
2. Grundsatz der Bewertung des Unternehmens und des Privatvermögens	1302
3. Grundsatz der Konfliktvermeidung	1303
4. Grundsatz der Sicherung erwerbswirtschaftlicher Grundlagen	1304
5. Grundsatz der Beachtung betriebswirtschaftlicher Erfordernisse	1305–1306

---

1) Vgl. hierzu Abschn. 13b.1 UStAE.

	Rz.
6. Grundsatz der Beachtung rechtlicher Rahmenbedingungen.	1307–1308
7. Grundsatz der Steueroptimierung	1309–1311
IV. Instrumente zur Regelung der Nachfolge.	1312–1321

I. Vorbemerkung

1295 Zur Unternehmensnachfolge im Mittelstand lautet die gängige Annahme, dass viele Unternehmer verkaufen müssten, da häufig ein geeigneter Nachfolger im Familienkreis nicht zu finden sei. Neu ist das Nachfolgeproblem nicht. Jedoch steht der Generationswechsel für viele mittelständische Unternehmen an. Dabei handelt es sich häufig um in der Prosperität der (alten) Bundesrepublik gewachsene Familienbetriebe, die heute im schwierigen wirtschaftlichen Umfeld nicht selten von Ertragsschwäche und Finanzproblemen geplagt sind. Der Anpassungsprozess, den diese Unternehmen durchleben, findet damit zeitlich in der Phase der Nachfolgeregelung statt, wodurch deren Komplexität noch deutlich verschärft wird. Andererseits wird ermöglicht, ohnehin fällige Restrukturierungen des Familienunternehmens mit der Regelung der Nachfolge sinnvoll zu koordinieren.

Es ergibt sich außerdem die Chance, dass der Unternehmensnachfolger sich nicht ausschließlich in vorgegebene Strukturen einzufügen hat, sondern dass er schon in die vorbereitende Umgestaltung des Unternehmens zur Nachfolgeregelung eingebunden werden kann. Die grundsätzliche Eignung und die Bereitschaft zum unternehmerischen Engagement des designierten Nachfolgers können damit rechtzeitig erkennbar werden und in der weiteren Ausgestaltung der Nachfolgeregelung berücksichtigt werden.

1296 Aber auch die Entscheidungssituation des Unternehmensnachfolgers dürfte sich eher zu Gunsten des Familienunternehmens entwickelt haben. Das desaströse Scheitern der New Economy und des Shareholder Value sowie die anschließend verfehlte öffentliche Geld- und Zinspolitik haben zu einer anhaltenden Finanzkrise geführt. Mit dieser unsanften (Bruch-) Landung findet man sich wieder auf dem Boden der ökonomischen Realitäten, letztlich in der Old Economy. Diese jüngsten Vorkommnisse dürften auch bei potenziellen Nachfolgern die Bereitschaft gefördert haben, für die eigene Lebensplanung nicht unbedingt (Traum-)Karrieren in New Economy oder Big Business anzustreben, sondern eher ein Engagement im tradierten, mittelständischen Familienbetrieb ernsthaft in Erwägung zu ziehen und sich der damit verbundenen unternehmerischen Nachhaltigkeit und Verantwortung bewusst zu werden. Wenn dabei auch nicht zu verkennen ist, dass die allgemeinen Rahmenbedingungen für Familienunternehmen auf Grund des anhaltenden sozialstaatlichen Interventionismus unverändert kritisch zu beurteilen sind. So brachte die Reform der Erbschaftsteuer ab dem Jahr 2010 zwar eine wesentliche „Erleichterung der Unternehmensnachfolge" mit den Steuervergünstigungen der §§ 13a und 13b ErbStG. Diese hochkomplizierten Regelungen können aber für den Unternehmensnachfolger mit existenzgefährdenden Steuerrisiken behaftet sein und stehen auch noch unter dem Vorbehalt, dass der Umfang deren Anwendung aus verfassungsrechtlichen Gründen nicht sicher ist (→ 4 Rz. 1310).

II. Zielsystem der Unternehmensnachfolge

1297 Eine Nachfolgeregelung rechtzeitig zu treffen ist zwar allgemein als gebotene Vorsorgemaßnahme anerkannt. In der Praxis aber ist der Entscheidungsprozess oft von emotionalen Vorbehalten im Hinblick auf die Eignung potenzieller Nachfolger gehemmt und wird nicht selten vom Alltagsgeschäft in den Hintergrund gedrängt – letztlich auf bessere Zeiten vertagt. Dann ist es mitunter schon ein Fortschritt, wenn wenigstens für den

Unternehmensbereich Vorsorgeregelungen für unerwartete Unglücksfälle und testamentarische Verfügungen für den Todesfall getroffen werden.

Der Generationswechsel ist für mittelständische und personenbezogene Unternehmen zwar kein alltäglicher Vorgang, aber dennoch ist gerade für diese Unternehmen der Betriebsübergang im Rahmen einer Nachfolge kennzeichnend. Mit der Regelung der Nachfolge ist beim Eigentümer-Unternehmer oder maßgeblich beteiligten Gesellschafter-Geschäftsführer die Sicherung der weiteren Existenz seines Unternehmens und meist auch der Erhalt der Lebensgrundlage seiner Angehörigen untrennbar verknüpft.

Letztlich kann den Herausforderungen des Generationswechsels nur mit einem wohlüberlegten Gesamtkonzept begegnet werden, das den Unternehmensinteressen ebenso wie den persönlichen Belangen des Eigentümers und seiner Angehörigen gerecht wird sowie den rechtlichen Gegebenheiten und Gestaltungsspielräumen angemessen Rechnung trägt. Die zur Nachfolgeregelung anstehenden Maßnahmen betreffen damit die betriebswirtschaftliche Sphäre des Unternehmens, die persönliche Sphäre der Familie und die rechtliche Sphäre mit den Teilbereichen des Zivil- und Gesellschaftsrechts und des Steuerrechts. Zwischen diesen Sphären/Ebenen bestehen vielfältige Interdependenzen. Ein Konzept zur Unternehmensnachfolge ist daher als komplexes, mehrdimensionales Zielsystem zu sehen, dessen Ebenen und Elemente aus der folgenden Übersicht beispielhaft hervorgehen:

Zielsystem der Unternehmensnachfolge **1298**

Zielebene/Dimension	Zielkonkretisierung	Instrumente
Unternehmen	ertragbringende Substanz Finanzmittel Führungsqualität	Due Diligence Planung, Controlling Fremdvergleich
Familie	erwerbswirtschaftliche Grundlage Familiengut, Versorgung Konfliktvermeidung	familiärer Einfluss Ausbildung und Motivation der Nachfolger/Qualitätssicherung
Zivil- und Gesellschaftsrecht	Rechtsform des Unternehmens Rechtsbeziehung zwischen Familienmitgliedern und Unternehmen	gesellschaftsrechtliche Gestaltung, Todesfallregelung vorweggenommene Erbfolge, Pflichtteilsverzichte
Steuerrecht	Steuerminimierung für das Unternehmen und für die Familie	Gestaltungen bei ESt und KSt, ErbSt, GrESt und USt Pool-Regelungen

Aus den Interdependenzen der Ebenen und Elemente eines Nachfolgekonzepts ergeben sich Verfahrensregeln oder Grundsätze, die beachtet werden sollten, um zumindest die Voraussetzungen für einen erfolgreichen Generationswechsel zu schaffen.

Hierzu ist besonders darauf hinzuweisen, dass Vorstellungen, wie z.B. Erhaltung des Lebenswerks des Unternehmensgründers, Sicherung des Fortbestands des Unternehmens, Erhaltung des Familieneinflusses oder Minimierung der Steuerbelastung des Vermögensübergangs usw., zwar legitime und zu beachtende Teilaspekte einer Nachfolgeregelung sind. Diese Vorstellungen können im Einzelfall als wesentliche und vorrangige Ziele zu verfolgen sein, dürfen aber nicht andere notwendige Regelungen ausschließen oder konterkarieren. So ist insbesondere die für Nachfolgeregelungen beliebte Vorgabe der „Erhaltung des Unternehmens" sowohl für den Unternehmer als auch für dessen Nachfolger kein Selbstzweck, sondern nur als Erwerbsgrundlage unternehmerischer Tätigkeit ein auf Dauer anzustrebendes Ziel. **1299**

III. Grundsätze für Nachfolgeregelungen

1300 Für eine sachgerechte Nachfolgeregelung ist eine gründliche Planung unerlässlich. Grundlage dazu kann nur eine gewissenhafte Bestandsaufnahme und Analyse des Ist-Zustands des Unternehmens und der wirtschaftlichen Verhältnisse des Eigentümer-Unternehmers und seiner Familienangehörigen sein. Hierauf aufbauend bedarf es weiterhin einer an den Vorstellungen der Beteiligten orientierten Zieldefinition.

1. Grundsatz der plangestützten Vorbereitung und Realisierung

1301 Der Grundsatz der plangestützten Vorbereitung und Realisierung der Nachfolge konkretisiert sich in den folgenden Regeln:

1. Bestandsaufnahme und Analyse des betrieblichen und persönlichen Bereichs sowie der Ziele der angestrebten Unternehmensnachfolge (Due Diligence).
2. Entwicklung des Grobkonzepts für die Nachfolgeregelung.
3. Detailplanung der Instrumente der Nachfolgeregelung.
4. Ausarbeitung des Ablaufplans – Agenda der Realisierung.

Für den gesamten Entscheidungsprozess einer Nachfolgeregelung sind darüber hinaus die folgenden übergreifenden Grundsätze zu beachten:

2. Grundsatz der Bewertung des Unternehmens und des Privatvermögens

1302 Anlässlich der Nachfolgeregelung wird zwar der Wert des Unternehmens nach steuerlichen Maßgaben zumindest überschlägig ermittelt und meist auch schätzweise das übrige (Privat-) Vermögen mit den steuerlichen Werten in die Betrachtung einbezogen. Diese Werte sind primär fiskalischer Qualität, sie entsprechen häufig nicht den Marktwerten und werden auch kaum mit den (unterschiedlichen) Wertvorstellungen der Beteiligten in Einklang stehen. Um Fehlentscheidungen zu vermeiden und Konflikten in der Familie vorzubeugen, müssen bei den Beteiligten hinreichend **realistische (objektivierte) Wertvorstellungen** über die Vermögenswerte bestehen, die Gegenstand der Nachfolgeregelung sein sollen. Sie sollten daher grundsätzlich akzeptieren, dass subjektive und ideelle Wertkategorien nicht ökonomische oder betriebswirtschaftliche Gegebenheiten außer Kraft setzen können. In besonderem Maße gilt dies für den Unternehmenswert. Anerkanntermaßen hängt der Wert eines Unternehmens von seiner nachhaltigen Ertragskraft ab. Wird diese jedoch von der besonderen Qualifikation des Eigentümer-Unternehmers bestimmt, wie bei mittelständisch geprägten Unternehmen üblich, muss dieser **Management-Faktor** gesondert abgeschätzt (bewertet) werden. Soweit der Management-Faktor als nicht ersetzbar erscheint, ist er im Rahmen einer Objektivierung des Unternehmenswerts zu eliminieren (→ 4 Rz. 1582 ff.).

3. Grundsatz der Konfliktvermeidung

1303 Konfliktpotenzial besteht zwischen dem bisherigen Unternehmensinhaber und dessen Nachfolger, im Unternehmen selbst und ebenso innerhalb der Familie. Zur Konfliktvermeidung ist v.a. auf Transparenz, Klarheit und Verständlichkeit der Regelungen zur Nachfolge und deren Zielsetzungen zu achten. Der Gefahr von Missverständnissen ist mit angemessener und rechtzeitiger Information der betroffenen Personen vorzubeugen. Zur Wahrung des Familienfriedens ist darauf zu achten, dass die getroffenen Regelungen auch als sinnvoll und gerecht empfunden werden. Für die Konfliktvermeidung im Unternehmen ist für eine Übergangsphase ein konstruktives Zusammenwirken des bisherigen Inhabers und seines Nachfolgers wünschenswert. Dabei sollte auch die Unternehmensstrategie gemeinsam analysiert und definiert werden. Im Übrigen ist darauf zu achten, dass der Nachfolger frühzeitig in unternehmerische Entscheidungsprozesse eingebunden wird und Gelegenheit erhält, das Vertrauen und die Akzeptanz der Mitarbeiter zu gewinnen.[1]

Unter dem Aspekt der Konfliktvermeidung kann auch die Einsetzung eines Beirats erwogen werden. Die hierfür zu treffenden Vorgaben können sich allerdings als überaus komplex erweisen. Eine Beiratslösung sollte daher nur gewählt werden, wenn hierfür Persönlichkeiten verfügbar sind, die sowohl dem Unternehmen verbunden sind als auch von der Familie als Autoritäten akzeptiert werden.

4. Grundsatz der Sicherung erwerbswirtschaftlicher Grundlagen

Das mittelständische Unternehmen ist meist wesentliche Einkunftsquelle für den Eigentümer-Unternehmer. Mit der Unternehmensübertragung im Rahmen einer Nachfolgeregelung ist zu beachten, dass nicht nur die Versorgung des bisherigen Unternehmensinhabers und dessen Ehegatten gesichert sind, sondern der Nachfolger noch eine lebensfähige Unternehmenseinheit erhält, die auch für ihn eine ausreichende erwerbswirtschaftliche Grundlage darstellt.

Dabei sollte die Versorgung des bisherigen Inhabers grundsätzlich von der weiteren Entwicklung des Unternehmens abgekoppelt und möglichst mit übrigen Vermögenswerten gesichert werden. Dennoch werden im Rahmen der Nachfolgeregelung häufig wesentliche Werte des Betriebsvermögens (z.B. Betriebsgrundstücke) zur Absicherung der Versorgung des bisherigen Inhabers eingesetzt. Die hieraus resultierenden Belastungen (z.B. aus Pachtzahlungen) und Beeinträchtigungen der Finanzierungs- und Kapitalbasis für den Nachfolger sind im Hinblick auf die künftigen Entwicklungschancen des Unternehmens und seiner Fähigkeit, auch in wirtschaftlich schwierigem Umfeld bestehen zu können, sorgfältig abzuschätzen und innerhalb des Gesamtkonzepts der Nachfolgeregelung auf ein tragbares Maß zu begrenzen.

5. Grundsatz der Beachtung betriebswirtschaftlicher Erfordernisse

Die Neubesetzung von Führungspositionen im Unternehmen ist für sich schon eine personalpolitische Maßnahme von elementarer Bedeutung. Erfolgt sie jedoch im Rahmen eines Betriebsübergangs, wird die Auswahl des künftigen Geschäftsleiters zu einer entscheidenden Weichenstellung für den Fortbestand des Unternehmens. Die Präferenz für den Nachfolger aus dem Familienkreis ist zwar legitim, darf aber nicht dazu führen, dass dessen Eignung keiner objektiven Prüfung unterzogen wird. Zumindest eine hinreichend klare Vorstellung über das Anforderungsprofil sollte dabei einer Analyse der fachlichen Kompetenz und der Führungsqualitäten des Nachfolgers zu Grunde gelegt werden können. Richtschnur können dabei die Anforderungen sein, die sonst an einen fremden Bewerber gestellt würden. Ein solcher **Fremdvergleich** ist nicht nur **betriebswirtschaftlich zur Qualitätssicherung des Managements** geboten, sondern vermeidet zugleich auch, dass der Nachfolger mit überzogenen Anforderungen konfrontiert wird.

Erheblich erleichtert wird der Generationswechsel in der Geschäftsleitung, wenn der Nachfolger rechtzeitig auf seine Aufgabe vorbereitet wird. Es ist in mittelständischen Unternehmen daher gute Übung, dass der designierte Nachfolger nach Abschluss einer entsprechenden Ausbildung, zunächst berufliche Erfahrung möglichst durch eine Tätigkeit in einem fremden Betrieb erwirbt, bevor er im Familienunternehmen Verantwortung übernimmt.

Zur Wahrung der **Führungskontinuität** ist nicht nur die sorgfältige Einführung des Nachfolgers geboten, sondern die Entscheidungsstrukturen müssen auch für die Zukunft eine handlungsfähige Unternehmensleitung gewährleisten. Diese darf insbe-

---

1) Lutterbach, Steuerorientierte Planung der Unternehmensnachfolge, 2003, 35 f.

sondere nicht durch Kompetenzkonflikte mit anderen Familienmitgliedern blockiert werden.[1)]

1306 Vor dem Hintergrund, dass mit einer Unternehmensübertragung regelmäßig erhebliche Zahlungsabflüsse für Steuern sowie zur Abgeltung von Ausgleichs- und Abfindungsansprüchen stattfinden, ist ein besonderes Augenmerk auf die **Sicherung des finanziellen Gleichgewichts** des Unternehmens zu richten. Dabei steht die (kurzfristige) Liquiditätssicherung zwar im Vordergrund. Zur Unternehmenserhaltung ist aber ebenso darauf zu achten, dass neben einer befriedigenden Eigenkapitalausstattung auch in ausreichendem Umfang längerfristige Fremdmittel vorhanden sind oder das Unternehmen über die notwendigen Kreditsicherheiten zu deren Beschaffung verfügt.

Die zur Verbreitung und Planung des Generationswechsels unerlässliche Bestandsaufnahme und Analyse wird regelmäßig auch vorhandene Schwachstellen im Unternehmen offenlegen. Erkennbarem Handlungsbedarf sollte schon im Interesse des Unternehmens unverzüglich Rechnung getragen werden. Die notwendigen Anpassungsmaßnahmen dürfen nicht dem Nachfolger allein aufgebürdet werden, sondern sind mit ihm gemeinsam anzugehen.

6. Grundsatz der Beachtung rechtlicher Rahmenbedingungen

1307 Grundlage der Unternehmensnachfolge ist die verfassungsrechtliche Garantie des Eigentums und des Erbrechts (Art. 14 Abs. 1 GG). Der rechtliche Rahmen ergibt sich aus den umfangreichen Bestimmungen des Erb- und Familienrechts sowie des Gesellschaftsrechts. Diese Regelungen sind in ihrer ökonomischen Dimension von einem dichten Geflecht steuerlicher Vorschriften ergänzt und daher meist nur noch bei Einbeziehung steuerlicher Belastungswirkungen angemessen zu beurteilen.

Unmittelbar aus dem Eigentumsrecht folgt die Testierfreiheit und die damit grundsätzlich freie Übertragbarkeit von Unternehmensvermögen auf einen neuen Eigentümer (mittels Schenkung). Die hierauf basierende **vorweggenommene Erbfolge**[2)] hat für die Gestaltung und den rechtzeitigen Vollzug der Unternehmensnachfolge eine herausragende Bedeutung. Begrenzt wird sie jedoch von erbrechtlichen Mindestansprüchen der gesetzlichen Erben. Nach der Erbordnung des bürgerlichen Rechts sind gesetzliche Erben die Abkömmlinge und die übrigen Verwandten sowie der Ehegatte. Die gesetzliche Erbfolge tritt ein, wenn (vom Erblasser) nichts anderes bestimmt ist; sie ist mithin abdingbar. Dann allerdings verbleibt den weichenden Erben ein Mindestanspruch in Geld, der **Pflichtteil** (§ 2303 BGB), gegenüber den tatsächlichen Erben. Ergänzt wird diese erbrechtliche Regelung durch den **Pflichtteilsergänzungsanspruch** (§ 2325 BGB), wenn innerhalb von zehn Jahren vor dem Erbfall Schenkungen die Erbmasse gemindert haben.

Hierbei sind mit dem Erbrecht **familienrechtliche Aspekte** eng verknüpft. Es können z.B. das gesetzliche Ehegattenerbrecht durch die Wahl des Güterstandes oder der Erbanspruch von Abkömmlingen durch Adoption – jeweils einschließlich der entsprechenden Pflichtteilsansprüche – wesentlich verändert werden.

1308 Des Weiteren sind die **Bestimmungen des Gesellschaftsrechts** zu beachten. Die Unternehmensnachfolge ist regelmäßig nur innerhalb der im Einzelfall vorhandenen oder zu treffenden gesellschaftsvertraglichen Regelungen realisierbar. Ausgenommen hiervon

---
1) Lutterbach, Steuerorientierte Planung der Unternehmensnachfolge, 2003, 33 f.
2) Eine gesetzliche Normierung der vorweggenommenen Erbfolge besteht nicht; allgemein kann sie jedoch definiert werden als „*Vermögensübertragung unter Lebenden mit Rücksicht auf die künftige Erbfolge. Der Übernehmer soll nach dem Willen der Beteiligten wenigstens teilweise eine unentgeltliche Zuwendung erhalten. Der Vermögensübergang tritt nicht kraft Gesetz, sondern auf Grund einzelvertraglicher Regelungen ein*" (BMF v. 13.1.1993, IV B 3 – S 2190 – 37/92, BStBl I 1993, 80 Tz. 1).

ist das Einzelunternehmen, das auch nach der Übertragung unverändert in dieser Rechtsform fortgeführt wird. Ansonsten bedürfen wesentliche Regelungsbereiche der Unternehmensnachfolge der Abstimmung mit dem Gesellschaftsvertrag – oder meist sogar einer entsprechenden Satzungsänderung. Betroffen sind hiervon insbesondere Nachfolgeklauseln für den Erbfall, Beschränkungen der Abtretung von Gesellschaftsanteilen, Abfindungsregeln, Bestimmungen zur Sicherung des Einflusses der Familie oder von (bestimmten) Familienstämmen einschließlich Rechten zur Bestimmung von Geschäftsführern, Informationsrechten und Beiratsregelungen.

7. Grundsatz der Steueroptimierung

Der Generationswechsel stellt für das mittelständische Unternehmen eine kritische Entwicklungsphase dar. Häufig wird die Ausstattung mit Kapital und Finanzmitteln schon durch Abfindungs- und Ausgleichszahlungen, durch die Entnahme oder Zurückbehaltung wesentlicher Vermögenswerte (Betriebsgrundstück, private Darlehensforderungen u.a.) deutlich beeinträchtigt, so dass darüber hinaus durch den Unternehmensübergang ausgelöste Steuerlasten den Erfolg einer Nachfolgeregelung infrage stellen können. 1309

Eine sorgfältige Analyse der steuerlichen Rahmenbedingungen und die hierauf basierende Erwägung sachgerechter Gestaltungen zur Minimierung der in Kauf zu nehmenden Abgabenbelastung sind unerlässlich. Zu den Rahmenbedingungen sind hierbei nicht nur die individuell relevanten Besteuerungsmerkmale (wie Steuerklasse, Tarif, Freibeträge, Vorschenkungen u.a.) bei der **Erbschaftsteuer** oder eine potenzielle Realisierung von stillen Reserven im Betriebsvermögen bei der **Einkommensteuer** zu rechnen, sondern ebenso das allgemeine steuerpolitische Umfeld. Zu erwartende sich abzeichnende Änderungen in der Steuergesetzgebung sowie in der einschlägigen Rechtsprechung dürfen nicht außer Acht gelassen werden. Besonderer Beachtung bedürfen die Änderungen bei der Erbschaft- und Schenkungsteuer durch das ErbStRG[1] mit deutlichen Werterhöhungen beim Grundbesitz, bei Gewerbebetrieben und Beteiligungen[2] sowie hochkomplizierten Entlastungsregelungen für Unternehmensvermögen. Das Bundesverfassungsgericht hat die Regelungen zur Entlastung für sogenanntes „begünstigtes Vermögen" durch den Verschonungsabschlag von 85 % bzw. 100 % als verfassungswidrigen Verstoß gegen das Gleichheitsgebot des Art. 3 Abs. 1 GG beurteilt.[3] Die Vorschriften der §§ 13a, 13b ErbStG zur Verschonungsregelung und des § 19 Abs. 1 ErbStG zum Erbschaftsteuertarif gelten hiernach nur noch bis zum 30.6.2016; der Gesetzgeber muss bis zu diesem Zeitpunkt eine verfassungsgemässe Neuregelung treffen. Im Einzelfall kann daher **Handlungsbedarf** bestehen, um die derzeit noch anwendbaren Entlastungsregelungen auszuschöpfen. 1310

Auf Grund jüngster Rechtsprechung des BFH[4] gehen keine **Verlustvorträge** mehr auf die Erben über, so dass z.B. eine vorgezogene Realisierung von stillen Reserven bei Einzelunternehmen und Personengesellschaften geboten sein kann. Bei Kapitalgesellschaften hingegen ergibt sich nach der Auffassung der FinVerw für den unentgeltlichen Beteiligungserwerb im Erbfall und für die vorweggenommene Erbfolge – entgegen des Wortlauts des § 8c KStG – keine Einschränkung des Verlustabzugs.[5]

Des Weiteren können im Einzelfall, v.a. in Zusammenhang mit einer teilentgeltlichen Vermögensübertragung oder mit einer Umstrukturierung und Rechtsformwechsel des 1311

---

1) ErbStRG v. 24.12.2008, BGBl. I 2008, 3017.
2) Die Werterhöhungen gehen im Wesentlichen auf die Vorgaben des BVerfG (Beschluss v. 7.11.2006, 1 BvL 10/02, BStBl II 2007, 192) zurück.
3) BVerfG v. 17.12.2014, 1 BvL 21/12, DStR 2015, 31.
4) BFH v. 17.12.2007, GrS 2/04, BStBl II 2008, 608.
5) BMF v. 4.7.2008, IV C 7 – S 2745a/08/1001, BStBl I 2008, 736.

Unternehmens, auch wichtige **umsatz- und grunderwerbsteuerliche Aspekte** zu beachten sein.

IV. Instrumente zur Regelung der Nachfolge

1312   Nach Durchführung der Due Diligence und Festlegung des Grobkonzepts für die Nachfolgeregelung sind die entsprechenden Einzelmaßnahmen zu dessen Realisierung zu planen. Das Instrumentarium hierzu ergibt sich aus „Sachverhalts-Gestaltungsrechten"[1] im Rahmen des Erb- und Gesellschaftsrechts sowie des Steuerrechts.

Die Sachverhaltsgestaltungen basieren dabei im Wesentlichen auf dem **Prinzip der Rechtsnachfolge**[2] und der grundsätzlichen Unentgeltlichkeit des Vermögensübergangs im Rahmen jeder Erbfolge. Hieraus ergibt sich nicht nur, dass der Nachfolger die gleiche Rechtsstellung wie der Rechtsvorgänger erhält, sondern dass auch grundsätzlich kein Anschaffungsvorgang anzunehmen ist. Die Zuordnung zu bestimmten Vermögensarten wie z.B. Betriebsvermögen, Grund- oder Kapitalvermögen, bleibt insbesondere mit steuerlicher Wirkung unverändert, sofern nicht aus der Vermögensübertragung selbst eine entsprechende Umstrukturierung (z.B. durch Entnahme aus dem Betriebsvermögen) resultiert. Für die Regelung der Unternehmensnachfolge ist die Betriebsvermögenseigenschaft[3] in steuerlicher Hinsicht entscheidend.

Bei der **Erbschaft- und Schenkungsteuer** sind hiermit verknüpft die vorrangige Anwendung des Tarifs der Steuerklasse I (§ 19a ErbStG) sowie die Gewährung eines Freibetrags und eines Wertabschlags (§ 13a ErbStG) für begünstigtes Betriebsvermögen und Beteiligungen (§ 13b ErbStG).

1313   Seit der **Reform der Erbschaftsteuer** des Jahres 2009 ergeben sich durchweg höhere Werte für Unternehmensvermögen. Zum Ausgleich wurde der Wertabschlag von bisher 35 % auf 85 bzw. 100 % erhöht. Hierfür sind vom Rechtsnachfolger aber wesentlich verschärfte Bedingungen einzuhalten, sofern der übernommene Betrieb mehr als 20 Beschäftigte hat. Er darf 80 bzw. 100 % der früheren Lohnsumme für eine Dauer von fünf bzw. sieben Jahren nicht unterschreiten, sonst riskiert er eine partielle Nachversteuerung, und er kann den Betrieb oder Teile hiervon über fünf bzw. sieben Jahre nicht veräußern oder aufgeben, andernfalls entfällt die Vergünstigung anteilig entsprechend der nicht eingehaltenen Behaltefrist.[4]

1314   Begünstigt bleiben Beteiligungen an Kapitalgesellschaften mit einer Beteiligungsquote von mehr als 25 %, vorausgesetzt, die Beteiligungsgesellschaft selbst verfügt über ausreichend begünstigtes Betriebsvermögen. Eine wesentliche Verbesserung ergibt sich für **Familiengesellschaften**, indem zur Ermittlung der Beteiligungsquote auch die Anteile anderer Gesellschafter einbezogen werden, wenn mit diesen im Rahmen einer Pool-Vereinbarung gegenseitige Verfügungsbeschränkungen und eine Stimmrechtsbindung verbindlich vereinbart sind.[5]

---

1) Märkle/Franz, BB Beil. 5/1991, 20.
2) Bei der Erbschaft tritt Gesamtrechtsnachfolge (Universalsukzession) ein, das Eigentum geht kraft Gesetz über, für die vorweggenommene Erbfolge hingegen ergibt sich Einzelrechtsnachfolge durch Übertragung des Eigentums.
3) Einschließlich der Anteile an einer Kapitalgesellschaft, wenn die Beteiligung mehr als 25 % des Nennkapitals betrug (§§ 13a Abs. 5 Nr. 4 und 19a Abs. 1 ErbStG).
4) §§ 13a und 19a ErbStG i.d.F. des Wachstumsbeschleunigungsgesetzes – die Behaltefrist und Lohnsummenregelung wurde von bisher sieben bzw. zehn Jahre auf fünf bzw. sieben Jahre abgesenkt.
5) Zu den Voraussetzungen siehe Gleichlautende Ländererlasse v. 29.10.2010 zu § 13b ErbStG, BStBl I 2010, 1210 und Erbschaftsteuer-Richtlinien (ErbStR) sowie Amtliche Hinweise vom 19.12.2011, BStBl I Sonder-Nr. 1/2011, RE und HE 13b.

Bemerkenswert ist ferner, dass auch **Familienstiftungen** in die Begünstigungsregelung 1315
einbezogen sind (§ 13a Abs. 9 ErbStG). Der Wertabschlag nach § 13a ErbStG kommt
sowohl für die Errichtung der Familienstiftung als auch für die jeweils nach 30 Jahren
entstehende Erbersatzsteuer zum Zuge. Die (nicht gemeinnützige) Familienstiftung
könnte damit als Unternehmensträgerin eine attraktive Komponente im Rahmen von
Nachfolgeregelungen bei Familienunternehmen sein.

Ertragsteuerlich gilt das **Prinzip der Buchwertfortführung** nach § 6 Abs. 3 EStG (früher 1316
§ 7 Abs. 1 EStDV), eine Gewinnrealisierung für stille Reserven im Betriebsvermögen
tritt nicht ein. Zu beachten ist jedoch, dass eine Vermögensübertragung zur vorweggenommenen Erbfolge insoweit nicht mehr in jedem Falle unentgeltlich ist, als sie unter
der Auflage von Gegenleistungen (z.B. durch Abfindungszahlungen) steht, mithin für
die Einkommensteuer eine (partielle) Gewinnrealisierung eintreten kann.[1] Im Einzelfall mag die (teilweise) Entgeltlichkeit gezielt zur Buchwertaufstockung einsetzbar sein,
wenn z.B. auf Grund von Verlustvorträgen keine Einkommensteuer ausgelöst wird.
Ansonsten ist aber von dergleichen Auflagen eher abzuraten. Die steuerlichen Risiken
können sich bei der hier vorherrschenden Kasuistik als unkalkulierbar erweisen.[2] Vor
diesem Hintergrund kann statt der Auflage von Versorgungsleistungen die Zurückbehaltung bestimmter Nutzungsrechte (z.B. ein Nießbrauch) zu erwägen sein.

Für den **Vorbehaltsnießbrauch** im Rahmen vorweggenommener Erbfolge ist hinrei- 1317
chend sicher, dass ertragsteuerlich kein entgeltlicher Erwerb vorliegt.[3] Zudem wurde
mit dem ErbStRG der bisherige § 25 ErbStG gestrichen. Eine Nießbrauchslast kann
somit in Höhe ihres Kapitalwerts den erbschaftsteuerlichen Vermögenserwerb (wieder)
mindern. Eine früher interessante Gestaltungsmöglichkeit wird damit wieder häufiger
zur Anwendung gelangen.[4]

Bei der vorweggenommenen Erbfolge entstehen zwar unmittelbar keine **Pflichtteilsan-** 1318
sprüche, sie können aber bei einem anschließenden Erbfall zum Tragen kommen. Eine
Nachfolgeregelung ist daher auf potenzielle Pflichtteils- und Pflichtteilsergänzungsansprüche hin zu überprüfen. Zur Absicherung der gewünschten Nachfolgeregelung
kann die Vereinbarung eines Pflichtteilsverzichts mit den Berechtigten, wenn notwendig gegen Abfindungszahlungen, geboten sein.

Die Unternehmensnachfolge vollzieht sich meist durch Übertragung von Gesellschafts- 1319
anteilen. Die gesellschaftsvertraglichen Regelungen müssen die gewünschte Nachfolge
zulassen, vorhandene Nachfolgeklauseln[5] sind hierauf abzustimmen. Das **Gesell-**
schaftsrecht ist insoweit **vorrangig** zu beachten. Eine grundsätzliche Überprüfung des
Gesellschaftsvertrags anlässlich einer Nachfolgeregelung ist daher stets geboten. Dabei
sind auch jene gesellschaftsvertraglichen Bestimmungen zu treffen oder anzupassen,
die künftige Nachfolge- und Erbfälle regeln. Mit entsprechenden Nachfolgeklauseln
können nicht nur Aspekte wie die Sicherung des Einflusses der Familie oder eines Fami-
lienstammes, die begrenzte Zulässigkeit fremder Gesellschafter mit Verkaufsrechten
und Abfindungsregelungen u. Ä. berücksichtigt werden, sondern ebenso Regelungen
zur Substanzerhaltung durch Begrenzung von Entnahmerechten oder zur Bildung von
Gewinnrücklagen getroffen werden.

---

1) Änderung der Rechtsprechung mit Beschluss des Großen Senats des BFH v. 5.7.1990, GrS 4–
6/89, BStBl II 1990, 847; siehe hierzu u.a. Märkle/Franz, BB Beil. 5/1991, 20.
2) Siehe die Rentenerlasse des BMF, zuletzt v. 16.9.2004, IV C 3 – S 2255 – 354/04, BStBl I 2004,
922 ff. und die Beschlüsse des Großen Senats des BFH v. 12.5.2003, GrS 1/00 u. 2/00, BFH/NV
2003, 1480 u. 1484 zu Versorgungsleistungen bei Vorwegnahme der Erbfolge; Risthaus, DB
2003, 2190 ff.
3) Ertragsteuerliche Behandlung der vorweggenommenen Erbfolge, BMF v. 13.1.1993, IV B 3 – S
2190 – 37/92, BStBl I 1993, 80 ff., Tz. 10.
4) Schulze zur Wiesche, DB 2009, 2452.
5) Zu Fortsetzungs- und Nachfolgeklauseln siehe Steck/Schwedhelm, Steuerberater-Rechtshand-
buch, 830 ff.; Märkle/Franz, BB Beil. 5/1991, 12 ff.

1320 Im Rahmen einer die Nachfolge vorbereitenden Umgestaltung des Unternehmens können sowohl betriebswirtschaftliche Erfordernisse eine Anpassung der rechtlichen Strukturen des Unternehmens als auch gesellschaftsrechtliche und steuerliche Aspekte eine Änderung der Rechtsform erfordern.

1321 Ein bislang als Einzelunternehmen geführter Betrieb kann alleine schon deshalb in eine Gesellschaft zu überführen sein, weil nur so gesellschaftsvertraglich bindende Regelungen für den Nachfolger vorgegeben werden können. Dabei kann es zur Minimierung der Erbschaftsteuer zweckmäßig sein, ergänzend Vermögenswerte des Privatvermögens (z.B. betrieblich genutzter Grundbesitz) rechtzeitig in das Unternehmen zu überführen. Für hieran an Nachfolger zu übertragende Beteiligungen kommt dann der erbschaftsteuerliche Wertabschlag für Betriebsvermögen nach § 13a ErbStG zur Anwendung.[1] Außerdem wird damit im Einzelfall die Belastung mit Erbschaftsteuer an die der Steuerklasse I angenähert (§ 19a ErbStG), wenn ansonsten nach dem Verwandtschaftsgrad die Steuerklassen II oder III zum Zuge kämen.

Siehe auch bei *Erbfolge und Nachfolgeplanung* (→ 4 Rz. 801 ff.) und *Erbfolge, vorweggenommene* (→ 4 Rz. 844 ff.)

Rechnungslegung

von Prof. Dr. Joachim Schiffers

INHALTSÜBERSICHT

	Rz.
I. Handelsrechtliche Rechnungslegung	1322–1347
1. Einzelabschluss	1322–1336
a) Buchführungspflicht	1322–1324
b) Formale Anforderungen an die Buchführung	1325–1327
c) Jahresabschluss	1328–1333
d) Offenlegung (Publizität)	1334–1336
2. Konzernabschluss	1337–1347
a) Begriff und Bedeutung	1337
b) Aufstellungspflicht und anzuwendendes Recht	1338–1339
c) Konzernrechnungslegung nach HGB	1340–1347
II. Steuerliche Rechnungslegung	1348–1361
1. Steuerliche Buchführungspflicht	1348
2. Steuerliche Gewinnermittlung/Steuerbilanz	1349–1361
a) Regelungen zur steuerlichen Gewinnermittlung	1349
b) Steuerliche Gewinnermittlungspflichten	1350
c) Ausübung steuerlicher Wahlrechte	1351–1352
d) Abweichungen zwischen Handels- und Steuerbilanz	1353
e) Elektronische Übermittlung von Bilanz und GuV (E-Bilanz)	1354–1361
III. Rechnungslegung nach IAS/IFRS	1362–1363
1. Bedeutung der Rechnungslegung nach IAS/IFRS	1362
2. Wesentliche Unterschiede und Gemeinsamkeiten zwischen HGB und IAS/IFRS im Überblick	1363

---

[1] Zu beachten ist dabei eine Frist von zwei Jahren, um schädliches „junges Verwaltungsvermögen" zu vermeiden – § 13b Abs. 2 Satz 3 ErbStRG.

I. Handelsrechtliche Rechnungslegung

1. Einzelabschluss

a) Buchführungspflicht

aa) Persönlicher Anwendungsbereich

Nach § 238 Abs. 1 Satz 1 HGB ist *„jeder Kaufmann verpflichtet, Bücher zu führen und in diesen seine Handelsgeschäfte und die Lage seines Vermögens nach den Grundsätzen ordnungsmäßiger Buchführung ersichtlich zu machen"*. Der **Zweck der handelsrechtlichen Buchführungspflicht** liegt in der Dokumentation der Geschäftsvorfälle und damit dient sie dem Gläubigerschutz. Die Buchführung muss so beschaffen sein, dass sie einem sachverständigen Dritten innerhalb angemessener Zeit einen Überblick über die Geschäftsvorfälle und über die Lage des Unternehmens vermitteln kann; dabei müssen sich die Geschäftsvorfälle in ihrer Entstehung und Abwicklung verfolgen lassen (§ 238 Abs. 1 Satz 2 HGB).

1322

Wer als Kaufmann i.S.d. HGB eingestuft wird und damit buchführungspflichtig ist, regeln die §§ 1 ff. HGB. Zur Buchführungspflicht in Einzelfällen:

- **Scheinkaufleute** sind nicht buchführungspflichtig. Dies gilt unabhängig von einer eventuellen Eintragung in das Handelsregister.
- **Freiberufler**, wie Architekten, Ärzte, Rechtsanwälte oder Steuerberater sind keine Gewerbetreibenden und damit nicht zur handelsrechtlichen Buchführung verpflichtet. Üben diese allerdings ihre Berufstätigkeit in der Rechtsform einer GmbH aus, so besteht handelsrechtliche Buchführungspflicht als Formkaufmann.
  Der steuerrechtliche und der handelsrechtliche Gewerbebegriff sind nicht deckungsgleich. So werden z.B. Laborärzte steuerrechtlich als Gewerbetreibende, handelsrechtlich aber als Freiberufler eingestuft, so dass dann keine handelsrechtliche Buchführungspflicht besteht.[1]
- **Vermögensverwaltende Personengesellschaften** können nach Handelsrecht buchführungs- und bilanzierungspflichtig sein. Für steuerliche Zwecke ermitteln diese dagegen die Einkünfte nach § 2 Abs. 2 Satz 1 EStG als Überschuss der Einnahmen über die Werbungskosten. Vermögensverwaltende Personengesellschaften haben daher auch keine E-Bilanz zu übermitteln.[2]
- **Vorgesellschaften**, also die Phase der GmbH-Gründung nach Abschluss des Gesellschaftervertrags (→ 4 Rz. 1065) sind nach h.M.[3] mit dem ersten buchführungspflichtigen Geschäftsvorfall buchführungspflichtig.
- **Zweigniederlassungen** ausländischer Unternehmen sind buchführungspflichtig, soweit die Zweigniederlassung nach deutschem Recht als Kaufmann eingestuft wird. Für steuerliche Zwecke sind die Bücher grundsätzlich im Inland zu führen (§ 146 Abs. 2 Satz 1 AO) – zu Ausnahmen vgl. § 146 Abs. 2a AO.
- **Unternehmensträgerstiftungen** sind buchführungspflichtig, wenn diese die Voraussetzungen des § 1 HGB erfüllen.[4]

bb) Verpflichtete Person: Kaufmann

Die Buchführungspflicht trifft den **Kaufmann persönlich**. Bei Handelsgesellschaften trifft die Buchführungspflicht das **geschäftsführende Organ** (Vorstand oder Geschäfts-

1323

---

1) Vgl. FG Baden-Württemberg v. 12.2.2001, 10 K 279/97, rkr., EFG 2001, 807.
2) So Ley, KÖSDI 2012, 17889, 17891.
3) Zum Meinungsstand Förschle/Kropp/Schellhorn in Budde/Förschle/Winkeljohann, Sonderbilanzen, 4. Aufl. 2008, D 68 ff.
4) Hierzu IDW RS HFA 5 Rechnungslegung von Stiftungen, WPg 2014, 61.

führung – §§ 41 GmbHG bzw. 91 AktG), bei der OHG alle Gesellschafter und bei der KG die **persönlich haftenden Gesellschafter** (§§ 114 Abs. 1 und 164 HGB).

Die Buchführungspflicht kann als eine im öffentlichen Interesse begründete Verpflichtung weder durch Regelungen im Gesellschaftsvertrag noch dienstvertragliche Regelungen ausgeschlossen oder beschränkt, noch auf andere Organe übertragen werden.[1] Die gesetzliche Verpflichtung trifft dabei **jeden einzelnen Geschäftsführer bzw. persönlich haftenden Gesellschafter**. Auch wenn z.b. durch eine Geschäftsführungsordnung die Buchführungspflicht auf einen bestimmten Geschäftsführer übertragen wird, ändert dies grundsätzlich nichts an der Verpflichtung für alle Geschäftsführer. Allerdings reduziert sich dann die Verantwortung der anderen Geschäftsführer auf die sorgfältige Auswahl des zuständigen Geschäftsführers und dessen angemessene und kontinuierliche Überwachung. Die nicht zuständigen Geschäftsführer müssen sich also über die Buchführung und die Ergebnisse einer eventuellen Abschlussprüfung nach § 316 HGB informieren und bei eventuellen Beanstandungen geeignete Abhilfemaßnahmen treffen. Der Jahresabschluss ist in jedem Fall von allen Geschäftsführern bzw. persönlich haftenden Gesellschaftern zu unterzeichnen (§ 245 HGB).[2]

Unter den vorgenannten Voraussetzungen können die Buchführungsaufgaben auch an entsprechend ausgewählte und geeignete Mitarbeiter oder Externe, wie den Steuerberater, delegiert werden.

cc) Befreiung für bestimmte Einzelkaufleute (§ 241a HGB)

1324 Nach der durch das BilMoG eingeführten Regelung des § 241a HGB besteht für Einzelkaufleute, die an den Abschlussstichtagen von zwei aufeinanderfolgenden Geschäftsjahren **nicht mehr als 500 000 € Umsatzerlöse und 50 000 € Jahresüberschuss aufweisen**, ein Wahlrecht, die Vorschriften der §§ 238 bis 241 HGB über die Buchführung und die Aufstellung eines Inventars für die Zukunft (und nicht etwa rückwirkend)[3] nicht anzuwenden. Im Fall einer Neugründung besteht dieses Wahlrecht bereits, wenn diese Werte am ersten Abschlussstichtag nach der Neugründung nicht überschritten werden. Wird von dem Wahlrecht des § 241a HGB Gebrauch gemacht, so entfällt nach § 242 Abs. 4 HGB auch die Verpflichtung zur Aufstellung eines Jahresabschlusses.

> **Hinweis:**
>
> Dieses **Wahlrecht** gilt ausdrücklich nur für Einzelkaufleute. Auf Personengesellschaften, eingetragene Genossenschaften und Kapitalgesellschaften findet das Wahlrecht keine Anwendung.
>
> Mit dem Kleinstkapitalgesellschaften-Bilanzrechtsänderungsgesetz (MicroBilG)[4] wurden erstmals für Jahresabschlüsse, die sich auf einen nach dem 30.12.2012 liegenden Abschlussstichtag beziehen (regelmäßig also erstmals für den Jahresabschluss zum 31.12.2012), **Kleinstkapitalgesellschaften** und entsprechende Personengesellschaften i.S.d. § 264a HGB deutliche Erleichterungen bei der Erstellung des Jahresabschlusses gegeben. Im Grundsatz bleibt es aber auch für diese kleineren Kapitalgesellschaften bei der Buchführungs- und Bilanzierungspflicht. Deutlich abgesenkt wurden allerdings die Anforderungen an den Jahresabschluss.[5]

Hinsichtlich der zwei in § 241a Satz 1 HGB genannten Schwellenwerte, die beide nicht überschritten werden dürfen, gelten die Abgrenzungen des § 275 Abs. 2 Nr. 1 und Nr. 20 HGB. Wird ein Jahresabschluss aufgestellt, so können die maßgeblichen Werte also aus der GuV abgelesen werden. Wird nach § 242 Abs. 4 HGB kein Jahresabschluss aufgestellt, so sind diese Werte überschlägig zu ermitteln; sobald mit einem Überschrei-

---

1) So z.B. zur GmbH Crezelius in Scholz, GmbHG, 11. Aufl. 2014, § 41 Rz. 3.
2) Vgl. Hennrichs in Baetge/Kirsch/Thiele, Bilanzrecht, § 245 HGB Rz. 25 ff. (September 2002).
3) Vgl. Winkeljohann/Lawall in Beck'scher Bilanzkommentar, 9. Aufl. 2014, § 241a HGB Rz. 8.
4) Kleinstkapitalgesellschaften-Bilanzrechtsänderungsgesetz (MicroBilG) v. 20.12.2012, BGBl. I 2012, 2751.
5) Vgl. nur Schiffers, GmbH-StB 2013, 46.

ten einer der Grenzen zu rechnen ist, ist die Befreiungsmöglichkeit für die Zukunft nicht mehr anzuwenden.[1]

Hinweis:
Beim **Übergang von der einen auf die andere Gewinnermittlungsart** ist sicherzustellen, dass alle Geschäftsvorfälle erfasst werden, andererseits es aber auch zu keiner Doppelerfassung kommt. Insoweit ergibt sich regelmäßig ein **Übergangsgewinn**, der im ersten Jahr des Übergangs zu erfassen ist. Hinsichtlich der notwendigen Überleitung kann auf die steuerlichen Erfahrungen zurückgegriffen werden (R 4.6 EStR 2012 und die dazugehörige Anlage). Hiernach sind insbesondere folgende Berichtigungen vorzunehmen:

Übergang	Berichtigung des Gewinns im ersten Jahr nach dem Übergang:
1. Von der Einnahmenüberschussrechnung zum Bestandsvergleich	Der Gewinn des ersten Jahres ist insbesondere um die folgenden Hinzurechnungen und Abrechnungen zu berichtigen: + Warenbestand + Warenforderungsanfangsbestand + Sonstige Forderungen − Warenschuldenanfangsbestand + Sonstige Forderungen + aktive Rechnungsabgrenzungsposten in der ersten Bilanz − passive Rechnungsabgrenzungen in der ersten Bilanz − Rückstellungen in der ersten Bilanz.
2. Vom Bestandsvergleich zur Einnahmenüberschussrechnung	Der Überschuss der Betriebseinnahmen über die Betriebsausgaben ist im ersten Jahr insbesondere um die folgenden Hinzurechnungen und Abrechnungen zu berichtigen: + Warenschuldenbestand der letzten Bilanz − Warenendbestand der letzten Bilanz − Warenforderungsbestand der letzten Bilanz − Sonstige Forderungen der letzten Bilanz − aktive Rechnungsabgrenzungsposten nach der letzten Bilanz + passive Rechnungsabgrenzungen nach der letzten Bilanz + Rückstellungen nach der letzten Bilanz.

Rechtsfolge des Wahlrechts nach § 241a HGB ist, dass die §§ 248 bis 241 HGB (kaufmännische Buchführung, Zurückbehaltung von Briefkopien, Führung von Handelsbüchern und die Aufstellung eines Inventars) zur Disposition stehen.

Hinweis:
Dabei können auch lediglich einzelne Vorschriften nicht angewandt werden.[2] So ist es z.B. möglich, eine doppelte Buchhaltung einzurichten, aber auf die Aufstellung eines Inventars zu verzichten. Konsequenz ist dann allerdings, dass keine Bilanz erstellt werden kann. Für steuerliche Zwecke ist dann der Gewinn mittels Einnahmen-Überschussrechnung nach § 4 Abs. 3 EStG zu ermitteln. Soweit eine Einnahmen-Überschussrechnung nicht konsequent vollzogen wird, ist diese mittels Korrekturen aus der doppelten Buchhaltung herzuleiten.

b) Formale Anforderungen an die Buchführung

aa) Dokumentationsgrundsätze

Die Handelsbücher sind so zu führen, dass in ihnen die Geschäftsvorfälle vollständig, klar und nachprüfbar erfasst werden. Die Frage, welche Handelsbücher wie zu führen

1325

---

1) Vgl. Winkeljohann/Lawall in Beck'scher Bilanzkommentar, 9. Aufl. 2014, § 241a HGB Rz. 4.
2) Vgl. Winkeljohann/Lawall in Beck'scher Bilanzkommentar, 9. Aufl. 2014, § 241a HGB Rz. 6.

sind, bestimmt sich nach den **Grundsätzen ordnungsmäßiger Buchführung (GoB)**. Den Rahmen der Buchführung setzen die Dokumentationsgrundsätze:

- Die **äußere Form der Buchführung** wird für das Handelsrecht in § 239 HGB konkretisiert. Die steuerlichen Regelungen des § 146 Abs. 1 und 3 bis 5 AO sind weitgehend identisch mit denen des Handelsrechts. Die Buchführung darf nur in einer lebenden **Sprache** erfolgen. Nach der steuerlichen Regelung kann die Finanzbehörde Übersetzungen verlangen, wenn eine andere als die deutsche Sprache verwendet wird (§ 146 Abs. 3 Satz 2 AO). Keine Vorschriften existieren zur zu verwendenden **Währung**, so dass auch Buchhaltungen in Fremdwährung zulässig sind, was sich z.b. für Töchter ausländischer Muttergesellschaften anbieten kann. Dagegen ist der Jahresabschluss nach § 244 HGB zwingend in Euro aufzustellen. Die Verwendung von Abkürzungen, Ziffern, Buchstaben oder Symbolen ist zulässig, jedoch muss deren Bedeutung eindeutig feststehen, was im Zweifel durch ein entsprechendes Verzeichnis zu gewährleisten ist.

- Die Aufzeichnungen müssen **vollständig, richtig, zeitgerecht und geordnet** erfolgen (§ 239 Abs. 2 HGB). Vollständig bedeutet eine lückenlose Erfassung aller Geschäftsvorfälle. Die Forderung nach Richtigkeit der Eintragungen schließt fiktive Buchungen aus. Die Frage, was als zeitgerecht im Hinblick auf die Aufzeichnung der Geschäftsvorfälle anzusehen ist, hängt vom Einzelfall ab. Vergleichsweise strenge Anforderungen werden insoweit an die Kassenbuchführung und die Aufzeichnung von Bargeschäften im Einzelhandel gestellt.[1]

- Die Aufzeichnungen sind in dauerhafter Form vorzunehmen (§ 239 Abs. 3 HGB). Dies schließt eine nachträgliche Veränderung einmal erfasster Daten aus. Korrekturen dürfen vielmehr nur mittels **Storno- oder Korrekturbuchungen**, welche wiederum belegmäßig nachzuweisen sind, erfolgen.

- **EDV-gestützte Buchführungssysteme** sind nach § 239 Abs. 4 HGB und § 146 Abs. 5 AO ausdrücklich zugelassen, sofern die Daten während der Dauer der Aufbewahrungsfristen verfügbar sind und jederzeit innerhalb angemessener Frist lesbar gemacht werden können. Derartige Buchführungssysteme müssen die allgemeinen Ordnungsmäßigkeitskriterien (Vollständigkeit, Richtigkeit, Unveränderbarkeit, Zeitgerechtigkeit und Nachvollziehbarkeit) erfüllen. Von besonderer Bedeutung für eine Prüfbarkeit des Systems ist eine Verfahrensdokumentation, die Aufbau und Ablauf des Abrechnungsverfahrens dokumentiert. Im Detail sei auf die entwickelten **Grundsätze zur ordnungsmäßigen Führung und Aufbewahrung von Büchern, Aufzeichnungen und Unterlagen in elektronischer Form sowie zum Datenzugriff (GoBD)**[2] und die IDW Stellungnahme IDW RS FAIT 1[3] verwiesen. Zur Aufbewahrung digitaler Unterlagen bei Bargeschäften vgl. auch BMF v. 26.11.2010.[4]

- Um eine vollständige Erfassung aller Geschäftsvorfälle sicherzustellen, sind zunächst diese in **Grundbüchern (Journal)** chronologisch geordnet zu dokumentieren, wobei regelmäßig für jeden Geschäftsvorfall folgende Daten festzuhalten sind: Datum, Beleghinweis, Vorgang, Konto, Gegenkonto und Betrag.[5] Daneben ist eine Erfassung nach sachlichen Kriterien in den sog. **Hauptbüchern** vorzunehmen, welche i.d.R. aus den Sachkonten bestehen. Den Konten selbst liegt der nach den individuellen Verhältnissen ausreichend tief untergliederte Kontenrahmen zu Grunde. Weiterhin sind **Nebenbücher** (Hilfsbücher) zu führen, um bestimmte Einzelinforma-

---

1) Zum Identitätsnachweis bei der Verbuchung von Bargeschäften im Einzelhandel vgl. BMF v. 5.4.2004, IV D 2 – S 0315 – 9/04, BStBl I 2004, 419. Zur Aufbewahrung von Unterlagen zu Telecash- und Kreditkartenumsätzen im Einzelhandel vgl. OFD Düsseldorf v. 20.11.2000, S 0317 – 14 – St 411 – K, DB 2000, 2562.
2) BMF v. 14.11.2014 – IV A 4 - S 0316/13/10003, BStBl I 2014, 1450.
3) IDW RS FAIT 1, WPg 2002, 1157.
4) BMF v. 26.11.2010, IV A 4 – S 0316/08/10004 – 07, BStBl I 2010, 1342.
5) Hierzu auch IDW RS FAIT 1, WPg 2002, 1157.

tionen und Aufgliederungen in Bezug auf die Hauptbücher aufzunehmen. Dies betrifft die Kontokorrentbuchhaltung (Einzeldarstellung der Forderungen und Verbindlichkeiten), die Kassenbuchhaltung, die Lohn- und Gehaltsbuchhaltung, die Anlagenbuchhaltung und die Lagerbuchhaltung. Nicht selten werden darüber hinaus besonders vertrauliche Sachverhalte in einem eigenen Nebenbuch geführt.

– Zur Erfüllung der Belegfunktionen sind Angaben zur Kontierung, zum Ordnungskriterium für die Ablage und zum Buchungsdatum auf dem Beleg erforderlich.[1] Bei elektronischen Belegen kann diesem Erfordernis dadurch Rechnung getragen werden, dass an die Rechnung ein Datensatz angehängt wird, der die für die Buchung notwendigen Informationen erhält.[2] Als Beleg kann z.B. eine Ein- oder Ausgangsrechnung oder ein Bankauszug dienen. Ausreichend sind aber auch selbst erstellte Belege („Eigenbeleg"), wenn diese einen Nachweis des Geschäftsvorfalls erlauben.

– Eine handelsrechtliche Regelung, an welchem **Ort die Bücher zu führen** und aufzubewahren sind, existiert nicht. Maßgebend können insoweit nur die allgemeinen Kriterien sein, insbesondere muss die Dokumentationsfunktion der Buchführung gewährleistet sein. Zu den steuerlichen Regelungen vgl. § 149 Abs. 2 und 2a AO.

Hinweis:

Ein wichtiger Aspekt der formellen Ordnungsmäßigkeit ist gerade bei EDV-Buchführung das Vorhandensein einer **Verfahrensdokumentation** mit Informationen über die Dateneingaben, die Verarbeitungsregeln, Kontrollen und Abstimmungen, Fehlerbehandlungen, Beschreibung der Datenausgabe, Datensicherung, Sicherstellung der Einhaltung der Aufbewahrungspflichten usw.[3]

bb) Aufbewahrungs- und Vorlagepflichten

Übereinstimmend bestimmen § 257 Abs. 3 HGB und § 147 Abs. 3 AO folgende **Aufbewahrungsfristen**:

– **zehn Jahre** für Handelsbücher, Inventare, Eröffnungsbilanzen, Jahresabschlüsse, Lageberichte, Konzernabschlüsse, Arbeitsanweisungen und Organisationsanweisungen, soweit diese zum Verständnis der vorgenannten Unterlagen erforderlich sind, Prüfungsberichte des Abschlussprüfers, Kontenpläne, Buchungsbelege, Steuererklärungen sowie Verträge von handels- und steuerrechtlicher Bedeutung.

– **sechs Jahre** für empfangene Handelsbriefe und Kopien abgesandter Handelsbriefe.

Die **Frist beginnt** mit Schluss des Geschäftsjahres, in dem die Eintragung in das Handelsbuch erfolgt, die Bilanzen festgestellt oder der Buchungsbeleg entstanden ist.

Hinweis:

Nach § 147 Abs. 3 Satz 3 AO enden die steuerlichen Aufbewahrungsfristen allerdings nicht, solange die Unterlagen für Steuern von Bedeutung sind, für die die Festsetzungsfrist noch nicht abgelaufen ist. Bei sich lang hinziehenden Betriebsprüfungen und sich möglicherweise diesen anschließenden Rechtsstreitigkeiten kann sich die Aufbewahrungspflicht also über sehr lange Zeit hinauszögern. Insoweit ist es wichtig, dass die Vernichtung von Unterlagen nicht nach pauschalen Zeitplänen, welche auf den handelsrechtlichen Fristen beruhen, vorgenommen wird, sondern eine individuelle Prüfung auf Basis der steuerlichen Veranlagungen erfolgt.[4]

Gem. § 257 Abs. 3 HGB sind die Eröffnungsbilanz und die Jahres- und die Konzernabschlüsse im Original aufzubewahren. Alle anderen aufbewahrungspflichtigen Unterlagen können auch in anderer Form, insbesondere als Wiedergabe auf einem Bildträger

---

1) BMF v. 14.11.2014 – IV A 4 - S 0316/13/10003, BStBl. I 2014, 1450 (GoBD), Tz. 64.
2) BMF v. 14.11.2014 – IV A 4 - S 0316/13/10003, BStBl. I 2014, 1450 (GoBD), Tz. 64.
3) Vgl. BMF v. 14.11.2014, IV A 4 - S 0316/13/10003, BStBl. I 2014, 1450 (GoBD), Tz. 151 ff. und IDW RS FAIT 1, Tz. 52 ff., WPg 2002, 1157..
4) Auch Drüen in Tipke/Kruse, AO/FGO, § 147 AO Rz. 54 f. Zu Erleichterungen aber auch Drüen in Tipke/Kruse, AO/FGO, § 147 AO Rz. 56.

oder auf anderen Datenträgern (**elektronische Archivierungssysteme**) aufbewahrt werden, wenn dies den Grundsätzen ordnungsmäßiger Buchführung entspricht. Besonders wichtig ist in diesem Zusammenhang die Sicherstellungen des Schutzes vor Veränderungen und Verfälschungen der Daten und der Einhaltung der Aufbewahrungsfristen hinsichtlich der verwendeten Speichermedien.[1]

cc) Folgen von Pflichtverletzungen

1327 Durch Buchführungsmängel kann die Beweiskraft der Buchführung in Frage gestellt sein, so dass der steuerliche Gewinn – in Ausnahmefällen – zu schätzen ist (§ 162 AO). Die Finanzverwaltung kann die Erfüllung der Buchführungspflicht durch Androhung und Festsetzung eines **Zwangsgelds** erzwingen (§ 328 Abs. 1 AO). Die vorsätzliche oder leichtfertige Verletzung von Buchführungspflichten ist eine **Ordnungswidrigkeit**, welche nach § 379 AO (Steuergefährdung) oder § 378 AO (leichtfertige Steuerverkürzung) geahndet werden kann. Ob Dritte aus der Verletzung von Buchführungspflichten einen Schadensersatzanspruch nach § 823 Abs. 2 BGB herleiten können, ist umstritten.[2]

Kommt es zur Zahlungseinstellung oder Insolvenz, so greifen die §§ 283 und 283b StGB. Nach § 283b StGB wird mit Freiheitsstrafe bis zu zwei Jahren oder mit Geldstrafe bestraft, wer

- Handelsbücher, zu deren Führung er gesetzlich verpflichtet ist, zu führen unterlässt oder so führt oder verändert, dass die Übersicht über seinen Vermögensstand erschwert wird,

- Handelsbücher oder sonstige Unterlagen, zu deren Aufbewahrung er nach Handelsrecht verpflichtet ist, vor Ablauf der gesetzlichen Aufbewahrungsfristen beiseiteschafft, verheimlicht, zerstört oder beschädigt und dadurch die Übersicht über seinen Vermögensstand erschwert,

- entgegen dem Handelsrecht

    - Bilanzen so aufstellt, dass die Übersicht über seinen Vermögensstand erschwert wird oder

    - es unterlässt, die Bilanz seines Vermögens oder das Inventar in der vorgeschriebenen Zeit aufzustellen.

Im Falle einer Prüfungspflicht kann die Verletzung der Buchführungspflicht eine **Versagung oder Einschränkung des Bestätigungsvermerks** zur Folge haben:

- Einschränkung des Bestätigungsvermerks:[3] z.B. bei Fehlen erforderlicher Hauptbücher, Differenzen zwischen Haupt- und Nebenbüchern, Verstößen gegen Inventarvorschriften – soweit diese Mängel nicht behoben werden können und Auswirkungen auf die Rechnungslegung haben.

- Versagung des Bestätigungsvermerks:[4] bei wesentlichen, nicht behebbaren Mängeln, wie einer unvollständigen Erfassung wichtiger Geschäftsvorfälle oder der Unmöglichkeit einer sicheren Beurteilung wegen fehlender Beweiskraft der Buchführung.

---

1) Ausführlich hierzu IDW RS FAIT 3, WPg 2006, 1465.
2) Vgl. Crezelius in Scholz, GmbHG, 11. Aufl. 2014, § 41 Rz. 8 m.w.N.
3) Vgl. Schmidt/Küster in Beck'scher Bilanz-Kommentar, 9. Aufl. 2014, § 322 HGB Rz. 61.
4) Vgl. Schmidt/Küster in Beck'scher Bilanz-Kommentar, 9. Aufl. 2014, § 322 HGB Rz. 67.

c) Jahresabschluss
aa) Rechtsform- und größenabhängige Differenzierung

Die Vorschriften zum Jahresabschluss sind **rechtsform- und größenabhängig** ausgestaltet. Insofern ist zu differenzieren zwischen: **1328**

- Unternehmen i.S.d. § 241a HGB, welche nach § 242 Abs. 4 HGB keinen Jahresabschluss aufstellen müssen.
- Personenunternehmen (Einzelkaufmann, OHG, KG), welche einen Jahresabschluss bestehend aus Bilanz und GuV aufstellen müssen.
- Kapitalgesellschaften und denen nach § 264a HGB gleichgestellten Personengesellschaften, wobei insoweit nach § 267 HGB und § 267a HGB noch zwischen verschiedenen Größenklassen unterschieden wird.

Die **Größenklassen nach § 267 HGB** sind wie folgt umschrieben:

	kleine Kapitalgesellschaft	mittelgroße Kapitalgesellschaft	große Kapitalgesellschaft
Bilanzsumme	≤ 4,84 Mio. €	≤ 19,25 Mio. €	> 19,25 Mio. €
Umsatzerlöse	≤ 9,68 Mio. €	≤ 38,5 Mio. €	> 38,5 Mio. €
Arbeitnehmer	≤ 50 Personen	≤ 250 Personen	> 250 Personen

Hinweis:

Mit dem Bilanzrichtlinie-Umsetzungsgesetzes (BilRUG)[1] ist eine Anhebung der Schwellenwerte bereits für nach dem 31.12.2013 beginnende Geschäftsjahre, also bereits für den Jahresabschluss zum 31.12.2014, vorgesehen. Danach würden sich die Schwellenwerte wie folgt darstellen:

	kleine Kapitalgesellschaft	mittelgroße Kapitalgesellschaft	große Kapitalgesellschaft
Bilanzsumme	≤ 6 Mio. €	≤ 20 Mio. €	> 20 Mio. €
Umsatzerlöse	≤ 12 Mio. €	≤ 40 Mio. €	> 40 Mio. €
Arbeitnehmer	≤ 50 Personen	≤ 250 Personen	> 250 Personen

Insoweit sind in § 267 HGB auch folgende weitere Änderungen vorgesehen:

- In § 267 Abs. 4a HGB-E ist nun erstmals eine Definition der Bilanzsumme vorgesehen. Diese umfasst Anlagevermögen, Umlaufvermögen, RAP, aktive latente Steuern und den aktiven Unterschiedsbetrag aus der Vermögensverrechnung.
- Hinsichtlich des Merkmals Umsatzerlöse ist die Neudefinition in § 277 Abs. 1 HGB zu beachten. Da die vorgesehene Neudefinition der Umsatzerlöse zu einer deutlich weiteren Abgrenzung zu Lasten der Position „sonstige betriebliche Erträge" führen kann,[2] muss im

---

1) Bei Redaktionsschluss zum Steuerberater-Handbuch 2015 am 1.2.2015 lag der Gesetzentwurf des Bilanzrichtlinie-Umsetzungsgesetzes in der von der Bundesregierung am 7.1.2015 beschlossenen Fassung vor. Dem Regierungsentwurf war ein in einzelnen Punkten davon abweichender Referentenentwurf des Bundesministeriums der Justiz und für Verbraucherschutz vom 27.7.2014 vorausgegangen zur Umsetzung der Richtlinie 2013/34/EU des Europäischen Parlaments und des Rates v. 26.6.2013 über den Jahresabschluss, den konsolidierten Abschluss und damit verbundene Berichte von Unternehmen bestimmter Rechtsformen und zur Änderung der Richtlinie 2006/43/EG des Europäischen Parlaments und des Rates und zur Aufhebung der Richtlinien 78/660/EWG und 83/349/EWG des Rates (Bilanzrichtlinie-Umsetzungsgesetz – BilRUG). Der Gesetzentwurf ist auf der Internetseite des BMJV abrufbar unter www.bmjv.de unter Ministerium, Gesetze und Vorhaben.
2) Hierzu Schiffers, GmbH-StB 2014, 319 (323 f.).

Einzelfall sorgfältig geprüft werden, welche Konsequenzen sich insoweit auf die Einstufung nach § 267 HGB ergeben.[1]

Maßgebend ist das Über- bzw. Unterschreiten an zwei aufeinanderfolgenden Bilanzstichtagen von mindestens zwei der jeweiligen Schwellenwerte.

Hinweis:
In Fällen der **Neugründung** oder einer **Umwandlung** i.S.d. UmwG ist ausschließlich auf die Verhältnisse am ersten Abschlussstichtag abzustellen (§ 367 Abs. 4 Satz 2 HGB).[2]

Zu den Größenmerkmalen gelten folgende Besonderheiten:

- **Bilanzsumme** ist die Summe der Aktivseite abzgl. eines ggf. auf der Aktivseite ausgewiesenen Fehlbetrags i.S.d. § 268 Abs. 3 HGB bzw. eines Fehlbetrags i.S.d. § 264c Abs. 2 Satz 5 HGB (nicht durch Vermögenseinlagen gedeckter Verlustanteil persönlich haftender Gesellschafter einer KG).

- Die **Umsatzerlöse** sind i.S.d. § 277 Abs. 1 HGB abzugrenzen, umfassen also die Erlöse aus dem Verkauf und der Vermietung oder Verpachtung von für die gewöhnliche Geschäftstätigkeit der Gesellschaft typischen Erzeugnisse und Waren sowie aus für die gewöhnliche Geschäftstätigkeit typischen Dienstleistungen nach Abzug von Erlösschmälerungen.

- Maßgebend sind die **Umsatzerlöse** der letzten zwölf Monate vor dem Abschlussstichtag. Im Fall eines Rumpfgeschäftsjahrs ist daher eine gegenüber der Gewinn- und Verlustrechnung abweichende zeitliche Abgrenzung zu wählen. Konkret sind zu dem Umsatz des **Rumpfgeschäftsjahres** noch die Umsätze der entsprechenden Monate des Vorjahres zuzuzählen bis ein Zwölf-Monats-Zeitraum erreicht ist; diese Monate werden dann im Ergebnis zweimal berücksichtigt, nämlich auch hinsichtlich des Vorjahres.[3]

- Im Fall einer **Neugründung** und eines Rumpfgeschäftsjahrs sind dagegen die Umsatzerlöse des Rumpfgeschäftsjahres zu Grunde zu legen.[4]

- Der **Arbeitnehmerbegriff** entspricht dem des Arbeitsrechts. Maßgeblich ist die Zahl der Arbeitnehmer, so dass z.B. auch Teilzeitbeschäftigte voll gerechnet werden. Nicht mitgezählt werden dagegen die gesetzlichen Vertreter einer Kapitalgesellschaft (Geschäftsführer) und auch nicht Auszubildende.[5]

- Der **Jahresdurchschnitt** wird als der vierte Teil der Summe aus den Zahlen der jeweils am Quartalsende des Jahres Beschäftigten berechnet. Bei einem Rumpfgeschäftsjahr sind fehlende Quartalszahlen durch die entsprechenden Zahlen des Vorjahres zu ergänzen.[6]

1329 Mit dem „**Kleinstkapitalgesellschaften-Bilanzrechtsänderungsgesetz – MicroBilG**"[7] ist eine Umsetzung der Micro-Richtlinie in nationales Recht erfolgt. Diese am 14.3.2012 verabschiedete Richtlinie[8] eröffnet den Mitgliedstaaten die Möglichkeit der Deregulierung bei kleineren Kapitalgesellschaften. Im Grundsatz ist es auch für diese kleineren

---

1) So auch Oser/Orth/Wirtz, DB 2014, 1877.
2) Ausführlich Winkeljohann/Lawall in Beck'scher Bilanzkommentar, 9. Aufl. 2014, § 267 HGB Rz. 21 ff.
3) Vgl. Winkeljohann/Lawall in Beck'scher Bilanzkommentar, 9. Aufl. 2014, § 267 HGB Rz. 8.
4) Vgl. Winkeljohann/Lawall in Beck'scher Bilanzkommentar, 9. Aufl. 2014, § 267 HGB Rz. 8.
5) Zur Abgrenzung ausführlich Winkeljohann/Lawall in Beck'scher Bilanzkommentar, 9. Aufl. 2014, § 267 HGB Rz. 11.
6) Vgl. Winkeljohann/Lawall in Beck'scher Bilanzkommentar, 9. Aufl. 2014, § 267 HGB Rz. 13.
7) Kleinstkapitalgesellschaften-Bilanzrechtsänderungsgesetz (MicroBilG) v. 20.12.2012, BGBl. I 2012, 2751.
8) RL 2012/6/EU des Europäischen Parlaments und des Rates zur Änderung der Richtlinie 78/660/EWG des Rates über den Jahresabschluss von Gesellschaften bestimmter Rechtsformen hinsichtlich Kleinstbetrieben, Abl. L 81 v. 21.3.2012, 3.

Kapitalgesellschaften bei der Buchführungs- und Bilanzierungspflicht geblieben, jedoch wurden die Anforderungen an den Jahresabschluss wurden deutlich abgesenkt.

Nach § 267a HGB sind **Kleinstkapitalgesellschaften** (was entsprechend auch für Personengesellschaften i.S.d. § 264a HGB gilt) Kapitalgesellschaften, die an den Abschlussstichtagen von zwei aufeinanderfolgenden Geschäftsjahren mindestens zwei der drei nachstehenden Merkmale nicht überschreiten:[1]

- 350 000 € Bilanzsumme nach Abzug eines auf der Aktivseite ausgewiesenen Fehlbetrags;
- 700 000 € Umsatzerlöse in den zwölf Monaten vor dem Abschlussstichtag;
- im Jahresdurchschnitt zehn Arbeitnehmer.

Hinweis:

Nach dem Gesetzentwurf des BilRUG sollen nicht mehr als Kleinstgesellschaft eingestuft werden „andere Unternehmen, deren einziger Zweck darin besteht, Beteiligungen an anderen Unternehmen zu erwerben sowie die Verwaltung und Verwertung dieser Beteiligungen wahrzunehmen, ohne dass sie unmittelbar oder mittelbar in die Verwaltung dieser Unternehmen eingreifen, wobei die Ausübung der ihnen als Aktionär oder Gesellschafter zustehenden Rechte außer Betracht bleibt" (§ 267a Abs. 3 Nr. 3 HGB-E). Besondere Relevanz wird in der Praxis die vorstehend an dritter Stelle genannte Änderung betreffend **(Finanz-)Holding-/Beteiligungsgesellschaften** haben, welche nach derzeitigem Recht mangels Umsatzerlöse und regelmäßig auch mangels Arbeitnehmer in der Regel als Kleinstgesellschaft eingestuft werden und damit insbesondere im Hinblick auf die Jahresabschlusspublizität erhebliche Vorteile in Anspruch nehmen können.[2] Nicht betroffen von der vorgesehenen Gesetzesänderung sind solche Holdinggesellschaften, die aktiv in das laufende Tagesgeschäft der Tochtergesellschaften eingreifen – sog. Führungs- oder Funktionsholding.[3]

Den Kapitalgesellschaften gleichgestellt hinsichtlich der Rechnungslegungsvorschriften sind nach § 264a HGB Personengesellschaften, bei denen keine natürliche Person vollhaftender Gesellschafter ist. Betroffen ist damit insbesondere die **typische GmbH & Co. KG**. 1330

bb) Rechtsform- und größenabhängige Anforderungen an den Jahresabschluss

Im Wesentlichen ergeben sich je nach Rechtsform bzw. Größe des Unternehmens folgende **Anforderungen an die Rechnungslegung**: 1331

	kleine Kaufleute i.S.d. § 241a HGB	Kaufleute (Grundsatz)	Kleinst-Kap-Ges/PersGes i.S.d. § 267a HGB	kleine Kap-Ges/PersGes i.S.d. § 264a HGB	mittelgroße KapGes/Pers-Ges i.S.d. § 264a HGB	große KapGes/PersGes i.S.d. § 264a HGB
Bestandteile des Jahresabschlusses	–	Bilanz, GuV	Bilanz, GuV – ganz stark zusammengefasst; kein Anhang	Bilanz, GuV, Anhang (stark vereinfacht)	Bilanz, GuV, Anhang (vereinfacht)	Bilanz, GuV, Anhang

---

1) Insoweit ist im Rahmen des BilRUG keine Änderung vorgesehen.
2) So auch Oser/Orth/Wirtz, DB 2014, 1877; Theile, Jahresabschluss der Klein- und Kleinstgesellschaften, 2013, 32 f.
3) Vgl. Lüdenbach/Freiberg, BB 2014, 2219 (2221); Schiffers, GmbH-StB 2014, 319.

	kleine Kaufleute i.S.d. § 241a HGB	Kaufleute (Grundsatz)	Kleinst-Kap-Ges/PersGes i.S.d. § 267a HGB	kleine Kap-Ges/PersGes i.S.d. § 264 HGB	mittelgroße KapGes/Pers-Ges i.S.d. § 264a HGB	große Kap-Ges/PersGes i.S.d. § 264a HGB
Gliederungsvorschriften für Bilanz und GuV	–	keine wesentlichen und kein Anlagespiegel	§ 266 Abs. 1 Satz 4 HGB und § 275 Abs. 5 HGB) – ganz stark zusammengefasst	§§ 266 und 275 HGB (vereinfacht) und kein Anlagespiegel	§§ 266 und 275 HGB	§§ 266 und 275 HGB
Lagebericht	–	nein	nein	nein	ja	ja
Aufstellungsfrist	–	„einem ordnungsmäßigen Geschäftsgang" entsprechend	6 Monate	6 Monate	3 Monate	3 Monate
Prüfungspflicht	–	nein	nein	nein	ja	ja
Offenlegung (Publizität)	–	nein	elektronischer Bundesanzeiger (Vereinfachungen und ohne GuV) oder wahlweise Hinterlegung	elektronischer Bundesanzeiger (Vereinfachungen und ohne GuV)	elektronischer Bundesanzeiger (Vereinfachungen)	elektronischer Bundesanzeiger

1332 Herauszustellen sind die Erleichterungen für kleine und mittelgroße Gesellschaften bei der Aufstellung von Jahresabschluss und Lagebericht:

	Erleichterungen für	
	kleine Gesellschaften	mittelgroße Gesellschaften
Bilanz	Beschränkung des gesonderten Ausweises auf die mit Buchstaben und römischen Zahlen bezeichneten Positionen (§ 266 Abs. 1 Satz 3 HGB)	–
	Anlagegitter nach § 268 Abs. 2 HGB darf entfallen (§ 274a HGB)	–
GuV	Zusammenfassung bestimmter Positionen zum Rohergebnis (§ 276 Abs. 1 HGB)	
Anhang	entfallen dürfen Angaben/Erläuterungen nach: – § 284 Abs. 2 Nr. 4 HGB, – § 285 Nr. 2 HGB (Aufgliederung der Verbindlichkeiten nach Restlaufzeiten),	entfallen dürfen Angaben/ Erläuterungen nach: – § 285 Nr. 3 HGB: keine Darstellung der Risiken und Vorteile (nicht in der Bilanz enthaltene Geschäfte),

	Erleichterungen für	
	kleine Gesellschaften	mittelgroße Gesellschaften
	– § 285 Nr. 3 HGB (nicht in der Bilanz enthaltene Geschäfte), – § 285 Nr. 3a HGB (sonstige finanzielle Verpflichtungen), – § 285 Nr. 4 HGB (Aufgliederung der Umsatzerlöse), – § 285 Nr. 6 HGB (Belastung des Ergebnisses durch Steuern), – § 285 Nr. 7 HGB (Arbeitnehmerzahl), – § 285 Nr. 8 HGB (Material- und Personalaufwand bei Anwendung des Umsatzkostenverfahrens), – § 285 Nr. 9a und 9b HGB (Bezüge von Organmitgliedern) sowie – § 285 Nr. 12 HGB (Aufgliederung der sonstigen Rückstellungen), – § 285 Nr. 17 HGB (Gesamthonorar des Abschlussprüfers in aufgegliederter Form), – § 285 Nr. 19 HGB (Angaben zu derivativen Finanzinstrumenten), – § 285 Nr. 21 HGB (Geschäfte mit nahestehenden Personen), – § 285 Nr. 22 HGB (Gesamtbetrag der Forschungs- und Entwicklungsausgaben) und – § 285 Nr. 29 HGB (Angaben zu latenten Steuern), (§ 288 Abs. 1 HGB) – § 268 Abs. 4 Satz 2 HGB (Pflicht zur Erläuterung best. Forderungen), – § 268 Abs. 5 Satz 3 HGB (Erläuterung best. Verbindlichkeiten), § 274a Nr. 2 und 3 HGB) – Erläuterungen zu den Posten „außerordentliche Erträge" und „außerordentliche Aufwendungen" (§ 276 Satz 2 HGB)	– § 285 Nr. 4 HGB (Aufgliederung der Umsatzerlöse) – § 285 Nr. 17 HGB (Gesamthonorar des Abschlussprüfers in aufgegliederter Form) und – § 285 Nr. 21 HGB: Angaben nur erforderlich als AG (Geschäfte mit nahestehenden Personen), – § 285 Nr. 29 HGB (Angaben zu latenten Steuern), (§ 288 Abs. 2 HGB)
Lageberichtricht	keine Aufstellungspflicht (§ 264 Abs. 1 Satz 4 HGB)	

Hinweis:

Im Rahmen des BilRUG sollen die größenabhängigen Erleichterungen für kleine Gesellschaften deutlich erweitert werden.[1]

Wird eine Kapitalgesellschaft (oder Personengesellschaft, bei der keine natürliche Person voll haftet) als **Kleinstkapitalgesellschaft** eingestuft, so gelten zunächst alle Erleich- **1333**

---

1) Hierzu nur Schiffers, GmbH-StB 2014, 319.

terungen für kleine Gesellschaften. Darüber hinaus können (Wahlrecht) – erstmals für nach dem 30.12.2012 liegende Abschlussstichtage – folgende Erleichterungen in Anspruch genommen werden:

- Nach § 266 Abs. 1 Satz 4 HGB können Kleinstkapitalgesellschaften die Darstellung der Bilanz auf Buchstabenposten verkürzen.
- Nach § 275 Abs. 5 HGB kann die Gewinn- und Verlustrechnung deutlich verkürzt aufgestellt werden.
- Nach § 264 Abs. 1 Satz 5 HGB sind Kleinstkapitalgesellschaften von der Verpflichtung zur Aufstellung eines Anhangs befreit. Voraussetzung ist allerdings, dass folgende Angaben dann – soweit vorhanden – unterhalb der Bilanz gemacht werden:
  1. Haftungsverhältnisse,
  2. Angaben zu Vorschüssen und Krediten an Mitglieder der Geschäftsführung oder Aufsichtsorgane und
  3. bei Aktiengesellschaften und der KGaA auch Angaben zu eigenen Aktien.
- Nach § 326 HGB können Kleinstkapitalgesellschaften wählen, ob sie die Offenlegungspflicht
  1. durch Veröffentlichung (Bekanntmachung der Rechnungslegungsunterlagen) oder
  2. durch Hinterlegung der Bilanz beim elektronischen Bundesanzeiger erfüllen, wobei dann Interessierte Dritte eine Abschrift der Bilanz verlangen können.

d) Offenlegung (Publizität)

aa) Umfang und Art der Offenlegung

1334 Eine **Offenlegung des Jahresabschlusses (Publizität)** ist nur für Kapitalgesellschaften und Personengesellschaften i.S.d. § 264a HGB vorgesehen; im Übrigen ergibt sich nach dem Handelsgesetzbuch keine Publizitätspflicht.[1] Hinsichtlich der Publizitätspflicht ist zu differenzieren:

Größenklasse i.S.d. § 267 HGB	Kleinstkapitalgesellschaft i.S.d. § 267a HGB	kleine Gesellschaft	mittelgroße Gesellschaft	große Gesellschaft
Bilanz	ja, aber ganz deutlich verkürzt	ja, aber verkürzt aufgestellt	ja, aber verkürzte Gliederung	ja
Gewinn- und Verlustrechnung	nein	nein	ja, aber verkürzt aufgestellt	ja
Anhang	nein	ja, aber verkürzt aufgestellt und ohne Angaben zur Gewinn- und Verlustrechnung	ja, aber verkürzt aufgestellt	ja

---

1) Das BVerfG hat bereits mehrfach entschieden, dass mögliche Eingriffe in die Grundrechte durch die Offenlegung in § 325 Abs. 1 HGB verfassungsrechtlich nicht zu beanstanden sind. Vgl. nur BVerfG v. 16.3.2011, 1 BvR 412/11, www.stotax-first.de m.w.N.

Größenklasse i.S.d. § 267 HGB	Kleinstkapital-gesellschaft i.S.d. § 267a HGB	kleine Gesellschaft	mittelgroße Gesellschaft	große Gesellschaft
Lagebericht	nein	nein	ja	ja
Bestätigungsvermerk des Abschlussprüfers	nein	nein	ja	ja
Bericht des Aufsichtsrates	nein	nein	ja (soweit Aufsichtsrat vorhanden)	ja (soweit Aufsichtsrat vorhanden)

Hinweis:
Bei der Offenlegung kann – abweichend vom aufgestellten Jahresabschluss – von **Offenlegungserleichterungen** Gebrauch gemacht werden. In diesem Fall muss der offengelegte Bestätigungsvermerk mit dem Zusatz versehen werden, dass sich der Bestätigungsvermerk auf den vollständigen Jahresabschluss bezieht (§ 328 Abs. 1 Nr. 1, letzter Halbs. HGB).

Unabhängig von der Unternehmensgröße sind alle offenlegungspflichtigen Unterlagen beim Betreiber des Bundesanzeigers **elektronisch einzureichen** und im elektronischen Bundesanzeiger bekannt zu machen. Die Offenlegung des Jahresabschlusses muss unverzüglich nach seiner Vorlage an die Gesellschafter, jedoch spätestens vor Ablauf von zwölf Monaten nach Ende des Geschäftsjahrs erfolgen. Die offengelegten Unterlagen können dann von jedermann eingesehen werden unter www.unternehmensregister.de.

Nach § 326 Abs. 2 HGB können Kleinstkapitalgesellschaften wählen, ob sie die Offenlegungspflicht

a) durch Veröffentlichung (Bekanntmachung der Rechnungslegungsunterlagen) oder
b) durch Hinterlegung der Bilanz beim elektronischen Bundesanzeiger erfüllen, wobei dann interessierte Dritte eine Abschrift der Bilanz verlangen können.

Hinweis:
Weitergehende Publizitätspflichten können sich aus dem **Gesellschaftsvertrag** ergeben und sind dann neben der Jahresabschlusspublizität zu erfüllen (§ 325 Abs. 5 HGB). Auch können sich Offenlegungspflichten nach **§§ 9, 15 PublG** ergeben.

Daneben ist zu beachten, dass nach **§ 106 Abs. 1 BetrVG** in allen Unternehmen mit i.d.R. mehr als einhundert ständig beschäftigten Arbeitnehmern ein Wirtschaftsausschuss zu bilden ist. Der Unternehmer hat den Wirtschaftsausschuss rechtzeitig und umfassend über die wirtschaftlichen Angelegenheiten des Unternehmens unter Vorlage der erforderlichen Unterlagen zu unterrichten, soweit dadurch nicht die Betriebs- und Geschäftsgeheimnisse des Unternehmens gefährdet werden, sowie die sich daraus ergebenden Auswirkungen auf die Personalplanung darzustellen. Hierzu gehört auch die Erläuterung des Jahresabschlusses.

bb) Folgen von Pflichtverletzungen

Wird den handelsrechtlichen Publizitätspflichten nicht nachgekommen, so wird vom Bundesamt für Justiz zunächst ein Androhungs- und Festsetzungsbescheid versandt, in dem die Adressaten aufgefordert werden, die offenlegungspflichtigen Jahresabschlussunterlagen bei elektronischen Bundesanzeiger einzureichen oder innerhalb von sechs Wochen Einspruch einzulegen, falls keine Offenlegungspflicht besteht bzw. die Frist zur Offenlegung noch nicht abgelaufen ist. Diese Anhörungsbescheide sind mit einer Gebühr verbunden. Wird die sechswöchige Nachfrist für die Offenlegung überschritten, so sieht das Gesetz ein **Ordnungsgeld** vor, welches gegen die gesetzlichen Vertreter oder auch gegen die Gesellschaft selbst festgesetzt werden kann. Dieses beträgt nach § 335a HGB gestaffelt nach der Größenklasse: mindestens 500 € bei Kleinstgesellschaften i.S.d. § 267a HGB, mindestens 1 000 € bei kleinen Gesellschaften i.S.d. § 367 Abs. 1 HGB und ansonsten mindestens 2 500 €. Der Höchstbetrag beläuft sich auf 25 000 €. Wird die Offenlegungspflicht nicht binnen sechs Wochen nach Androhung des Ordnungsgelds erfüllt oder die Unterlassung mittels Einspruchs gerechtfertigt, so ist das Ordnungsgeld festzusetzen und erneut die Festsetzung eines Ordnungsgelds anzudrohen (§ 335 Abs. 3 HGB).[1] Das Ordnungsgeld wird immer wieder und so lange festgesetzt, bis das Unternehmen seinen Verpflichtungen nachkommt; die Möglichkeit eines „Freikaufs" von der Offenlegungspflicht besteht nicht.

cc) Strategien zur Gestaltung der Offenlegung

1336 In der mittelständischen Wirtschaft besteht regelmäßig das Bestreben, den Umfang der Offenlegung – meist im Hinblick auf die Vermeidung der Offenlegung oder einer Verringerung des Informationsgehalts aus den offengelegten Unterlagen – zu beeinflussen. Insofern bestehen **verschiedene Strategien:**

- Bei Personengesellschaften kann eine Offenlegungspflicht ganz vermieden werden, wenn mindestens ein **Gesellschafter eine persönliche Haftung übernimmt**. Umstritten ist, ob ein persönlich haftender Strohmanngesellschafter insoweit zielführend ist.

- Da die Offenlegungspflichten nach der Unternehmensgröße gestaffelt sind, kann Ziel der Bilanzpolitik sein, die maßgeblichen Größenmerkmale so zu beeinflussen, dass das Unternehmen als kleine oder zumindest mittelgroße Gesellschaft eingestuft wird und damit die größenabhängigen Offenlegungserleichterungen in Anspruch genommen werden können. Insbesondere brauchen kleine Gesellschaften die Gewinn- und Verlustrechnung und die hierzu im Anhang gemachten Angaben nicht offenzulegen.

- Wird diese **Frist zur Offenlegung** des Jahresabschlusses von zwölf Monaten nach Abschluss des jeweiligen Geschäftsjahres voll ausgeschöpft und ggf. auch noch eine Anforderung der Unterlagen abgewartet, so werden zumindest vergleichsweise veraltete Informationen preisgegeben.

- Eine Verpflichtung zur Offenlegung des Einzelabschlusses besteht dann nicht, wenn der Einzelabschluss seinerseits in einen **Konzernabschluss** einbezogen wird, welcher selbst veröffentlicht wird (§§ 264 Abs. 3 und 264b HGB).[2] Dies ist insofern hilfreich, als in den Konzernabschluss die Abschlüsse mehrerer Unternehmen einbezogen werden und damit u.U. Informationen über ein einzelnes Unternehmen, einen einzelnen Markt o. Ä. verschleiert werden. Auch können im Konzernabschluss Bewertungs- und Ansatzwahlrechte im Rahmen der gesetzlichen Möglichkeiten neu ausgeübt werden. Eine Befreiung von der Offenlegung der Einzelabschlüsse der Tochtergesellschaften entfällt bei Kapitalgesellschaften (anders bei Personengesellschaften – vgl. § 264b HGB) nach § 264 Abs. 3 Nr. 2 HGB allerdings nur dann, wenn eine Verpflichtung zur Verlustübernahme analog § 302 AktG, z.B. durch einen Gewinnabführungsvertrag, besteht. Fraglich ist, ob eine Offenlegung auch durch Einbezug in einen ausländischen Konzernabschluss vermieden werden kann.[3]

- Des Weiteren kommen sog. **Verschleierungsmodelle** zum Einsatz, welche darauf abzielen, die wirtschaftlichen Verhältnisse durch Einschaltung verschiedener Rechtssubjekte für Dritte schwer nachvollziehbar zu machen. Wird z.B. der betrie-

---

1) Zur steuerlichen Behandlung eines Ordnungsgelds vgl. Grashoff, DB 2006, 2641.
2) Hierzu Grottel in Beck'scher Bilanzkommentar, 9. Aufl. 2014, § 325 Rz. 22 f. m.w.N.
3) Hierzu Tromp/Nagler/Gehrke, GmbHR 2009, 641.

liche Grundbesitz auf eine separate Gesellschaft ausgegliedert, so mindert sich das Ergebnis der operativen Gesellschaft um das dann zu entrichtende Pachtentgelt. Andererseits ist die Grundstücksgesellschaft selbst vielfach gar nicht offenlegungspflichtig oder aber zumindest als kleine Gesellschaft einzustufen. Ähnliche Überlegungen gelten für Finanzierungen mittels stiller Beteiligungen oder partiarischer Darlehen. Auch können separate Vertriebs-, Produktions- oder z.B. Forschungsgesellschaften dazu führen, dass die wirtschaftlichen Verhältnisse des Gesamtunternehmens für Außenstehende schwerer nachvollziehbar sind.

Hinweis:

Eine optimale Strategie zur Vermeidung negativer Folgen einer Offenlegung kann nur für den Einzelfall gefunden werden. Insoweit muss für den konkreten Fall eine mittelfristige Strategie entwickelt werden.

2. Konzernabschluss

a) Begriff und Bedeutung

Unternehmen, welche als Mutter- oder Tochterunternehmen in den Konzernabschluss eines Mutterunternehmens nach den Vorschriften der Vollkonsolidierung einbezogen werden, werden als **verbundene Unternehmen** bezeichnet (§ 271 Abs. 2 HGB). Aufgabe des Konzernabschlusses ist die Information über die finanzwirtschaftlichen Verhältnisse der wirtschaftlichen Einheit Konzern, welche aus den Einzelbilanzen nicht gewonnen werden kann. **1337**

Der Konzernabschluss ist nicht Grundlage für die Gewinnverwendung und auch nicht für die Besteuerung. Der steuerliche Gewinn der einzelnen Unternehmen des Konzerns wird vielmehr ausschließlich auf Basis der Einzelabschlüsse unter Anwendung des Maßgeblichkeitsprinzips abgeleitet. Auch in Organschaftsfällen kommt dem Konzernabschluss insoweit keine Bedeutung zu.

Hinweis:

Allerdings hat der Konzernabschluss im Rahmen der Einschränkung des steuerlichen Zinsabzugs nach § 4h EStG (Zinsschranke) insoweit Bedeutung, als nach § 4h Abs. 2 Satz 1 Buchst. b EStG bzw. § 8a KStG der Zinsabzug durch Vergleich mit der Eigenkapitalquote des Konzernabschlusses sichergestellt werden kann. Insoweit kommt der Konzernsteuerbilanzpolitik und der insoweit beeinflussbaren Eigenkapitalquote für steuerliche Zwecke Bedeutung zu.

b) Aufstellungspflicht und anzuwendendes Recht

Die Konzernrechnungslegung ist in den §§ 290 bis 315 HGB geregelt. Die Pflicht zur Aufstellung eines Konzernabschlusses ergibt sich nach § 290 HGB, wenn eine Kapitalgesellschaft (Mutterunternehmen) auf ein anderes Unternehmen (Tochterunternehmen) unmittelbar oder mittelbar einen beherrschenden Einfluss ausüben kann. Ein **beherrschender Einfluss** besteht nach § 290 Abs. 2 HGB stets, wenn: **1338**

– dem Mutterunternehmen die Mehrheit der Stimmrechte der Gesellschafter zusteht,
– dem Mutterunternehmen das Recht zusteht, die Mehrheit der Mitglieder des die Finanz- und Geschäftspolitik bestimmenden Verwaltungs-, Leitungs- oder Aufsichtsorgans zu bestellen oder abzuberufen und es gleichzeitig Gesellschafter ist;
– dem Mutterunternehmen das Recht zusteht, die Finanz- und Geschäftspolitik auf Grund eines mit einem anderen Unternehmen geschlossenen Beherrschungsvertrags oder auf Grund einer Bestimmung in der Satzung des anderen Unternehmens zu bestimmen oder
– es sich bei dem Tochterunternehmen um eine sog. Zweckgesellschaft handelt.

Hinweis:

Umstritten ist, ob im Falle einer typischen GmbH & Co. KG die Komplementär-GmbH als Mutterunternehmen anzusehen ist und diese somit einen Konzernabschluss aufzustellen hat, in den die GmbH & Co. KG einzubeziehen ist. Die Komplementär-GmbH wird als Leitungsorgan i.S.d. § 290 Abs. 2 Nr. 2 HGB eingestuft, so dass grundsätzlich eine Konzernrechnungslegungspflicht besteht.[1] Anders wird dies dann gesehen, wenn, die Leitungsmacht der Komplementär-GmbH durch gesellschaftsvertragliche Einschränkungen so reduziert ist, dass die richtungsweisenden Entscheidungen von einem Kommanditisten getroffen werden.[2]

1339 Der Konzernabschluss ist nach **einheitlichem Recht** und zwar grds. nach deutschem HGB zu erstellen. Nach § 315a HGB kann (bzw. in bestimmten Fällen: muss) ein IFRS-Konzernabschluss aufgestellt werden und dieser ersetzt dann den HGB-Konzernabschluss. Insoweit ist zu differenzieren:

- Die Aufstellung eines **IFRS-Konzernabschlusses** ist verpflichtend für kapitalmarktorientierte Unternehmen. Ein kapitalmarktorientiertes Unternehmen liegt vor, wenn Wertpapiere (sowohl Eigen- als auch Fremdkapitaltitel) dieses Unternehmens auf einem geregelten Markt eines Mitgliedsstaates der EU gehandelt werden oder bis zum Bilanzstichtag ein Antrag auf Zulassung eines Wertpapiers an einem organisierten Markt gestellt wurde.

- Alle anderen Mutterunternehmen dürfen (Wahlrecht) den Konzernabschluss nach den IFRS-Vorschriften aufstellen.

c) Konzernrechnungslegung nach HGB

aa) Aufstellungspflicht

1340 Die Verpflichtung zur Konzernrechnungslegung entfällt nach § 293 HGB, wenn bestimmte **Größenkriterien** nicht überschritten werden. Zu deren Überprüfung sind am Abschlussstichtag des Mutterunternehmens und am vorhergehenden Abschlussstichtag wahlweise aus den Bilanzen des Mutterunternehmens und der Bilanzen der in einen Konzernabschluss einzubeziehenden Tochterunternehmen

- durch schlichte Addition **Summenbilanzen** zu bilden oder
- eine **konsolidierte Bilanz** zu erstellen.

Eine Verpflichtung zur Aufstellung eines Konzernabschlusses entfällt dann, wenn mindestens zwei der drei nachfolgenden Merkmale zutreffen.[3]

	Summenbilanz	konsolidierte Bilanz
Bilanzsumme	≤ 23,1 Mio. €	≤ 19,25 Mio. €
Umsatzerlöse	≤ 46,2 Mio. €	≤ 38,5 Mio. €
Arbeitnehmerzahl	≤ 250 Mitarbeiter	≤ 250 Mitarbeiter

Hinweis:

Ist ein Mutterunternehmen zugleich Tochterunternehmen eines Mutterunternehmens mit Sitz in einem EU/EWR-Staat, so braucht ein Konzernabschluss nach § 291 HGB für das inländische Mutterunternehmen dann nicht aufgestellt zu werden, wenn dieses in den Konzernabschluss des ausländischen Unternehmens einbezogen wird, dieser Konzernabschluss bestimmten Anforderungen genügt und dieser offengelegt wird.

---

1) Vgl. IDW RS HFA 7, WPg Supplement 1/2012, Anm. 61 ff.; Grottel/Kreher in Beck'scher Bilanzkommentar, 9. Aufl. 2014, § 290 Rz. 57.
2) Vgl. IDW RS HFA 7, WPg Supplement 1/2012, Anm. 61 ff.; Grottel/Kreher in Beck'scher Bilanzkommentar, 9. Aufl. 2014, § 290 Rz. 57.
3) Anhebung der Schwellenwerte geplant nach dem Gesetzentwurf des Bilanzrichtlinie-Umsetzungsgesetz – BilRUG (Stand 7.1.2015).

Rechnungslegung 4

Hinweis:
Im Rahmen des BilRUG ist eine Anhebung der Schwellenwerte nach § 293 HGB vorgesehen.

bb) Konsolidierungskreis

Der Kreis der in den Konzernabschluss einzubeziehenden Unternehmen kann wie folgt umschrieben werden: **1341**

- In den Konzernabschluss sind nach § 294 Abs. 1 HGB neben dem Mutterunternehmen **alle Tochterunternehmen einzubeziehen** und zwar unabhängig von der Rechtsform, der Größe und dem Sitz des Tochterunternehmens.
- Die Vorschrift des § 296 HGB enthält verschiedene Fälle, nach denen ein **Einbeziehungswahlrecht** für ein Tochterunternehmen besteht. Diese Fälle sind allerdings nach der herrschenden Meinung eng auszulegen, so dass in der Praxis im Wesentlichen nur zwei Fälle in Betracht kommen, nämlich
  - wenn die Anteile des Tochterunternehmens ausschließlich zum Zweck der Weiterveräußerung gehalten werden und
  - wenn für die Verpflichtung, ein den tatsächlichen Verhältnissen entsprechendes Bild der Vermögens-, Finanz- und Ertragslage des Konzerns zu vermitteln, das Tochterunternehmen von untergeordneter Bedeutung ist (Wesentlichkeitsgrundsatz).

Die Inanspruchnahme dieser Einbeziehungswahlrechte erfordert eine Begründung im Konzernanhang (§ 296 Abs. 3 HGB).

cc) Aufstellungsgrundsätze

Der Konzernabschluss ist von den Geschäftsführern des Mutterunternehmens **innerhalb von fünf Monaten** (bei kapitalmarktorientierten Unternehmen i.S.d. § 325 Abs. 4 Satz 1 HGB: vier Monate) nach Ablauf des Konzerngeschäftsjahres aufzustellen (§ 290 Abs. 1 HGB). **1342**

Der Konzernabschluss ist grds. auf den **Stichtag** des Jahresabschlusses des Mutterunternehmens aufzustellen. Die Jahresabschlüsse der in den Konzernabschluss einbezogenen Unternehmen sollen ebenfalls auf diesen Stichtag aufgestellt werden bzw. es ist ein Zwischenabschluss zu erstellen (§ 299 Abs. 2 HGB).

Der **Konzernabschluss besteht nach § 297 Abs. 1 HGB aus**

- Konzernbilanz, Konzern-Gewinn- und Verlustrechnung und dem Konzernanhang (§ 297 HGB);
- Konzern-Lagebericht (§ 315 HGB),
- Kapitalflussrechnung (Hinweis auf DRS 2) und Eigenkapitalspiegel (Hinweis auf DRS 7) (§ 297 HGB),
- wahlweise: Segmentberichterstattung (Hinweis auf DRS 3).

Hinweis: **1343**
Die Geschäftsführer einer GmbH müssen nach § 42a Abs. 1 i.V.m. § 42a Abs. 4 GmbHG den Konzernabschluss samt Konzernlagebericht den Gesellschaftern vorlegen. Allerdings wird dieser von den Gesellschaftern nicht festgestellt, sondern **lediglich gebilligt**.

Der Konzernabschluss hat in Deutschland keine Bedeutung für Gewinnausschüttungsansprüche und auch nicht für die Ermittlung der steuerlichen Bemessungsgrundlagen.

Der Konzernabschluss ist durch einen **Abschlussprüfer zu prüfen** (§ 316 Abs. 2 HGB). Soweit nicht ausdrücklich ein Abschlussprüfer für den Konzernabschluss bestellt worden ist, erfolgt die Prüfung durch den für den Einzelabschluss bestellten Prüfer (§ 318 Abs. 2 HGB).

Hinweis:

Auch der Konzernabschluss unterliegt der **Jahresabschlusspublizität** entsprechend den Regelungen zum Einzelabschluss (§ 325 Abs. 3 HGB).

dd) Ablauf der Erstellung des Konzernabschlusses

1344 Die Erstellung des Konzernabschlusses erfolgt in folgenden Schritten:

1. Grundlage des Konzernabschlusses sind die Einzelabschlüsse (sog. **Handelsbilanz I**) der einbezogenen Unternehmen.
2. Da alle in den Konzernabschluss einbezogenen Abschlüsse nach einheitlichen Regeln hinsichtlich Ansatz und Bewertung erstellt werden müssen, ggf. die Umrechnung ausländischer Abschlüsse in Euro erfolgen muss und darüber hinaus Ansatz- und Bewertungswahlrechte im Konzernabschluss gegenüber den Einzelabschlüssen neu ausgeübt werden können, sind ggf. die einzubeziehenden Einzelabschlüsse zu korrigieren, was zur Erstellung jeweils einer so genannten **Handelsbilanz II** führt.
3. Die jeweils übereinstimmenden Positionen aus den Handelsbilanzen II werden sodann zur **Summenbilanz** und Summen-Gewinn- und Verlustrechnung durch einfache Addition zusammengefasst (§ 300 Abs. 1 Satz 1 HGB).
4. In dem nächsten Schritt erfolgen dann die eigentlichen **Konsolidierungsbuchungen**, um zum Konzernabschluss zu gelangen.

ee) Vollkonsolidierung

1345 Grundsätzlich erfolgt eine Konsolidierung der Tochterunternehmen im Wege der Vollkonsolidierung (§ 300 HGB), d.h., in die Konzernbilanz werden sämtliche Aktiva und Passiva der Tochtergesellschaften aufgenommen. Soweit Minderheitsgesellschafter existieren, ist lediglich der auf diese entfallende Gewinnanteil und der auf diese entfallen Anteil am übrigen Eigenkapital (Stammkapital, Rücklagen usw.) gesondert auszuweisen.

Die Konsolidierungsmaßnahmen umfassen vier Bereiche:

1. **Kapitalkonsolidierung**: Zur Vermeidung einer Doppelerfassung wird der Beteiligungswert aus der Bilanz des Mutterunternehmens mit dem Eigenkapital aus der Bilanz des Tochterunternehmens aufgerechnet (Kapitalkonsolidierung). Ein sich ergebender Unterschiedsbetrag ist den aktivierten Aktiva und Passiva des Tochterunternehmens zuzuordnen oder soweit dies nicht möglich ist, als Firmenwert auszuweisen. In den Folgejahren wird der Unterschiedsbetrag fortgeschrieben.
2. **Schuldenkonsolidierung**: Forderungen und Schulden der in den Konzernabschluss einbezogenen Unternehmen untereinander sind gegeneinander aufzurechnen, da bei der Aufstellung des Konzernabschlusses davon ausgegangen wird, dass der Konzern eine rechtliche Einheit bildet und damit derartige Forderungen und Schulden nicht bestehen können (§ 303 HGB).
3. **Zwischenerfolgseliminierung**: Sind in dem Konzernabschluss Vermögensgegenstände enthalten, die aus Lieferungen oder Leistungen eines anderen Konzernunternehmens stammen, so sind bei diesen Leistungsbeziehungen realisierte Gewinne (Zwischenerfolge) zu eliminieren (§ 304 HGB). Relevant ist dies insbesondere für Bestände an fertigen Produkten.
4. **Aufwands- und Ertragskonsolidierung**: Erfolgen Lieferungs- und Leistungsbeziehungen zwischen den einzelnen Konzernunternehmen, so sind die hieraus resultierenden Erträge und Aufwendungen zu eliminieren.

ff) Anteilsmäßige Konsolidierung, assoziierte Unternehmen

Wird ein Beteiligungsunternehmen gemeinsam mit einem anderen Unternehmen geführt (**Gemeinschaftsunternehmen**), was im Zweifel dann gegeben ist, wenn die Beteiligungsquote 50 % beträgt, so werden die Aktiva, Passiva und die Ansätze der Gewinn- und Verlustrechnung des Beteiligungsunternehmens nur anteilsmäßig in die Konzernbilanz übernommen (§ 310 HGB).

1346

Ein assoziiertes Unternehmen liegt i.d.R. dann vor, wenn eine **Beteiligung zwischen 20 % und 50 %** besteht (§ 311 HGB). In diesem Fall werden die Bilanzwerte der Aktiva und Passiva des Beteiligungsunternehmens nicht in den Konzernabschluss übernommen. Vielmehr wird – vereinfacht ausgedrückt – die Beteiligung an dem assoziierten Unternehmen im Konzernabschluss mit dem Betrag ausgewiesen, der dem anteiligen Eigenkapital des assoziierten Unternehmens entspricht.

1347

II. Steuerliche Rechnungslegung

1. Steuerliche Buchführungspflicht

§ 140 AO bestimmt, dass die handelsrechtlichen Buchführungspflichten auch für die Besteuerung zu erfüllen sind.

1348

Greift § 140 AO nicht, so kann nach § 141 AO eine **originäre steuerliche Buchführungspflicht** bestehen. Betroffen sind gewerbliche Unternehmer sowie Land- und Forstwirte, die nach den Feststellungen der Finanzbehörde für den einzelnen Betrieb

– Umsätze einschließlich der steuerfreien Umsätze, ausgenommen der Umsätze nach § 4 Nr. 8 bis 10 UStG, von mehr als 500 000 € im Kalenderjahr oder
– selbst bewirtschaftete land- und forstwirtschaftliche Flächen mit einem Wirtschaftswert (§ 46 BewG) von mehr als 50 000 € im Wirtschaftsjahr oder
– einen Gewinn aus Gewerbebetrieb von mehr als 50 000 € im Wirtschaftsjahr oder
– einen Gewinn aus Land- und Forstwirtschaft von mehr als 50 000 € im Kalenderjahr

gehabt haben.

Hinweis:
Eine steuerliche Buchführungspflicht nach § 141 AO kann nur bei Einkünften aus Gewerbebetrieb und daher nicht bei Stpfl. mit Einkünften aus selbständiger Arbeit gegeben sein.

Stellt die Finanzverwaltung ein Überschreiten einer der Grenzen fest, so erfolgt eine **Aufforderung zur steuerlichen Buchführung**. Erst ab diesem Zeitpunkt besteht für den Stpfl. eine Buchführungspflicht.

Hinweis:
Daneben bestehen **weitere steuerliche Aufzeichnungspflichten**, so insbesondere für den Warenein- und -ausgang (§§ 143 bis 144 AO). Weiterhin sind bei Bilanzierung die Aufzeichnungspflichten nach § 4 Abs. 7 EStG herauszustellen:[1] Aufwendungen für Geschenke, Aufwendungen für Bewirtung aus geschäftlichem Anlass und Aufwendungen für ein häusliches Arbeitszimmer.

2. Steuerliche Gewinnermittlung/Steuerbilanz

a) Regelungen zur steuerlichen Gewinnermittlung

Weder das KStG noch das EStG enthält geschlossene Regelungen zur steuerlichen Gewinnermittlung. Vielmehr ist nach § 5 Abs. 1 Satz 1 EStG für den steuerlichen

1349

---
[1] Ausführlich Seifert in Korn, § 4 EStG Rz. 1250 ff. (August 2009).

Betriebsvermögensvergleich das Betriebsvermögen anzusetzen, dass nach den handelsrechtlichen GoB auszuweisen ist (sog. **Maßgeblichkeitsgrundsatz** – materielle Maßgeblichkeit).[1] Die Rechtsprechung des BFH hat den Maßgeblichkeitsgrundsatz wie folgt konkretisiert:

- Handelsrechtliche Aktivierungs- und Passivierungsgebote führen auch zu steuerlichen Aktivierungs- und Passivierungspflichten,
- handelsrechtliche Aktivierungs- und Passivierungsverbote führen zu steuerlichen Aktivierungs- und Passivierungsverboten,
- handelsrechtliche Aktivierungswahlrechte führen zur steuerlichen Aktivierungspflicht, handelsrechtliche Passivierungswahlrechte zum Passivierungsverbot.

Allerdings gilt ein **Vorrang steuerlicher Sondervorschriften** (§ 5 Abs. 6 EStG), so insbesondere:

- die Abgrenzung des betrieblichen und des privaten Vermögens durch Entnahmen und Einlagen (§ 4 Abs. 1 Satz 1 EStG und § 6 Abs. 1 Nr. 4 und 5 EStG),
- die Bilanzänderung (§ 4 Abs. 2 EStG),
- die Behandlung der nicht oder nur beschränkt abziehbaren Betriebsausgaben, insbesondere § 4 Abs. 4 bis 8 EStG, § 4b EStG (Direktversicherung), § 4c EStG (Zuwendungen an Pensionskassen), § 4d EStG (Zuwendungen an Unterstützungskassen) und § 9b EStG (Vorsteuer);
- die Bewertung, insbesondere die §§ 6, 6a, 6b, 6d EStG und § 80 EStDV, § 9 Satz 2 InvZulG), welche die Bewertung für Zwecke der Steuerbilanz in umfassender Form regeln, sog. allgemeiner Bewertungsvorbehalt, welcher allerdings auch nur dann und insoweit greift, als die steuerlichen Vorschriften von den handelsrechtlichen GoB abweichen und
- die Absetzung für Abnutzung oder Substanzverringerung, insbesondere die §§ 7 bis 7k EStG, §§ 81, 82a, 82f, 82g und 82i EStDV, §§ 4, 6 FördGG.

Steuerliche Wahlrechte sind nach der Änderung des § 5 Abs. 1 EStG durch das BilMoG[2] unabhängig von den handelsrechtlichen Ansätzen auszuüben (§ 5 Abs. 1 Satz 1, letzter Halbsatz EStG). Dies betrifft sowohl nicht GoB-konforme steuerliche Wahlrechte (z.B. Rücklagenübertragungen nach § 6b EStG oder steuerliche Sonderabschreibungen) als auch GoB-konforme steuerliche Wahlrechte (so z.B. die Wahl zwischen der linearen und der degressiven Abschreibungsmethode bei Wirtschaftsgütern des beweglichen Anlagevermögens).[3] Voraussetzung für die Ausübung steuerlicher Wahlrechte, wie z.B. von steuerlichen Sonderabschreibungen oder Teilwertabschreibungen, ist nach § 5 Abs. 1 Satz 2 EStG, dass die Wirtschaftsgüter, die nicht mit dem handelsrechtlich maßgeblichen Wert in der steuerlichen Gewinnermittlung ausgewiesen werden, in **besondere, laufend zu führende Verzeichnisse** aufgenommen werden.[4] Für die Bildung von steuerlichen Rücklagen ist die Aufnahme in das besondere steuerliche Verzeichnis entbehrlich, wenn die Rücklage auch in der Steuerbilanz gebildet wird.[5]

b) *Steuerliche Gewinnermittlungspflichten*

1350   Es besteht keine Verpflichtung zur Aufstellung einer **Steuerbilanz**. Allerdings ist dies nach § 60 Abs. 2 Satz 2 EStDV möglich. Notwendig erscheint dies dann, wenn deutliche Abweichungen zwischen Handels- und Steuerbilanz existieren. Wird eine Steuerbilanz

---

1) Ausführlich Schiffers in Korn, EStG, § 5 EStG Rz. 44 ff.
2) Gesetz v. 25.5.2009, BGBl. I 2009, 1102.
3) Vgl. BMF v. 12.3.2010, IV C 6 – S 2133/09/10001, BStBl I 2010, 239, Tz. 12 ff.
4) Vgl. BMF v. 12.3.2010, IV C 6 – S 2133/09/10001, BStBl I 2010, 239, Tz. 19 ff.; Schiffers, GmbH-StB 2009, 248.
5) BMF v. 12.3.2010, IV C 6 – S 2133/09/10001, BStBl I 2010, 239, Tz. 22.

erstellt, so ist diese der Steuererklärung beizufügen (§ 60 Abs. 2 EStDV). Mit der durch das BilMoG erfolgten deutlichen Erhöhung der Abweichungen zwischen Handels- und Steuerbilanz und auch zur Ermittlung eventueller **latenter Steuern** wird es zukünftig vielfach notwendig sein, eine Steuerbilanz zu erstellen.[1]

Vielfach wird auf die Aufstellung einer Steuerbilanz verzichtet und stattdessen der steuerliche Gewinn aus der Handelsbilanz abgeleitet. Dies erfordert die Aufstellung einer **Überleitungsrechnung** vom handelsrechtlichen zum steuerlichen Gewinn, um steuerliche Sondervorschriften bei Ansatz und Bewertung berücksichtigen zu können. Diese Überleitungsrechnung ist der Steuererklärung beizufügen (§ 60 Abs. 2 Satz 2 EStDV). Um die Überleitungsrechnung in einem überschaubaren Rahmen zu halten, werden handelsrechtliche Ansatzwahlrechte oftmals so ausgeübt, dass diese den steuerlichen Vorgaben entsprechen. Im günstigsten Fall entspricht die Handelsbilanz in vollem Umfang den steuerlichen Vorgaben und es wird von einer **Einheitsbilanz** gesprochen.

> **Hinweis:**
>
> Vor dem Hintergrund der deutlich zunehmenden Abweichungen zwischen Handels- und Steuerbilanz durch die Unternehmensteuerreform 2008 und das BilMoG ist die Aufstellung einer Einheitsbilanz vielfach nicht mehr möglich. Insoweit ist auch zu überprüfen, ob **Einheitsbilanzklauseln in Gesellschaftsverträgen** einer Änderung bedürfen.[2] Jedenfalls schränken solche Klauseln die Steuerbilanzpolitik unnötig ein.

c) Ausübung steuerlicher Wahlrechte

Der Gesetzgeber hat im Rahmen des BilMoG nicht nur den bisherigen § 5 Abs. 1 Satz 2 EStG, welcher die umgekehrte Maßgeblichkeit regelte, gestrichen, sondern in § 5 Abs. 1 Satz 1 EStG einen Halbsatz eingefügt, welcher die materielle Maßgeblichkeit nach § 5 Abs. 1 Satz 1 Halbsatz 1 EStG dann ausschließt, wenn im Rahmen der Ausübung eines steuerlichen Wahlrechts ein „anderer Ansatz" gewählt wird. Konsequenz des § 5 Abs. 1 Satz 1 Halbs. 2 EStG ist, dass steuerliche Wahlrechte nun unabhängig vom handelsrechtlichen Wertansatz ausgeübt werden können. Eingeschränkt wird diese Wahlrechtsausübung lediglich durch die allgemeinen handelsrechtlichen GoB, welche nach § 5 Abs. 1 Satz 1 Halbs. 1 EStG auch insoweit maßgeblich sind.

1351

Die autonome Ausübung steuerlicher Wahlrechte umfasst sowohl GoB-inkonforme, als auch GoB-konforme Wahlrechte. Als wichtige Beispiele für GoB-inkonforme, also **originär steuerliche Wahlrechte**, können genannt werden:

– **Teilwertabschreibung**: Nach § 6 Abs. 1 Nr. 1 Satz 2 bzw. Nr. 2 Satz 2 EStG „kann" der niedrigere Teilwert angesetzt werden, wenn eine voraussichtlich dauerhafte Wertminderung vorliegt. Dieses steuerliche Wahlrecht lief bislang auf Grund der handelsrechtlich vorgeschriebenen Abschreibung leer. Nun kann das Wahlrecht zur Teilwertabschreibung nach h.M. unabhängig von der Handelsbilanz ausgeübt werden.[3] Der Gesetzgeber vertrat dagegen die Ansicht, dass bei Vorliegen der Voraussetzungen eine steuerliche Teilwertabschreibung zwingend sei.[4]

– **Steuerliche Rücklagen (§ 6b EStG, R 6.6. EStR 2008)**: Dem handelsrechtlichen Passivierungsverbot steht ein steuerliches Passivierungswahlrecht gegenüber. Gleiches gilt für Anschaffungs-/Herstellungskostenminderung durch Übertragung stiller Reserven.

---

1) Vgl. Schiffers, GmbH-StB 2009, 248 m.w.N.
2) Vgl. auch Zwirner, BB 2010, 491.
3) Vgl. Dörfler/Adrian, Ubg 2009, 390; Herzig/Briesemeister, DB 2009, 976; Ortmann-Babel/Bolig/Gageur, DStR 2009, 935.
4) So die Gegenäußerung der Bundesregierung zur Stellungnahme des Bundesrats, Anlage 4 der BT-Drucks. 16/10067 v. 30.7.2008, 277. So Weber-Grellet, DB 2009, 2402, 2403.

- Abschreibung bei **retrograder Wertermittlung des Vorratsvermögens**: steuerliches Wahlrecht zur Berücksichtigung eines Rohgewinnaufschlags.[1]
- **Steuerliche Sonderabschreibung** nach den §§ 7c, 7d, 7h, 7i, 7k, 7g EStG und §§ 81, 82a, 82g, 82f und 82i EStDV sind nach Wegfall der umgekehrten Maßgeblichkeit autonom in der Steuerbilanz auszuüben.

Als wichtige Beispiele für **GoB-konforme**, also mit dem Handelsrecht übereinstimmende Wahlrechte, können genannt werden:

- **Abschreibung** beweglicher WG des Anlagevermögens im Rahmen der steuerlich zulässigen Methoden,
- **Zuschüsse**: steuerliches Wahlrecht diese unmittelbar erfolgswirksam zu vereinnahmen oder anschaffungskostenmindernd zu buchen,[2] welchem auch ein handelsrechtliches Wahlrecht gegenübersteht;[3]
- **Herstellungskosten**: Wahlbestandteile bei der Ermittlung der Herstellungskosten (Kosten der allg. Verwaltung, Fremdkapitalzinsen, usw.)[4] können nach Wegfall der umgekehrten Maßgeblichkeit steuerlich unabhängig vom handelsrechtlichen Ansatz einbezogen werden oder nicht.

Mit dem steuerlichen Wahlrechtsvorbehalt des § 5 Abs. 1 Satz 1 letzter Halbs. EStG werden den Stpfl. deutlich erhöhte **bilanzpolitische Spielräume** gegeben.[5] In weiten Bereichen kann die Steuerbilanzpolitik von der Handelsbilanzpolitik abgelöst werden, so dass man den unterschiedlichen Zielen beider Rechenwerke deutlich eher gerecht werden kann als bislang. Insbesondere bestehen nun viele Instrumente, die eine ergebnisorientierte Handelsbilanzpolitik ohne steuerliche Nachteile zulassen.

Die Ausübung steuerlicher Wahlrechte ist nach § 5 Abs. 1 Satz 2 EStG an die Voraussetzung geknüpft, dass die Wirtschaftsgüter, die nicht mit dem handelsrechtlich maßgeblichen Wert in der steuerlichen Gewinnermittlung ausgewiesen werden, in besondere, laufend zu führende Verzeichnisse aufgenommen werden.

Hinweis:

Bei der Dokumentation handelt es sich um eine **tatbestandliche Voraussetzung** für die Ausübung steuerlicher Wahlrechte, so dass dieser Dokumentation eine entsprechend hohe Beachtung beigemessen werden muss. Eine fehlende Dokumentation führt zur Versagung des steuerlichen Wahlrechts.[6]

Für die Bildung von steuerlichen Rücklagen ist die Aufnahme in das besondere steuerliche Verzeichnis entbehrlich, wenn die Rücklage auch in der Steuerbilanz gebildet wird.[7]

1352 Nach § 5 Abs. 1 Satz 3 EStG müssen folgende **Angaben aufgezeichnet** werden:

- der Tag der Anschaffung oder Herstellung,
- die Anschaffungs- oder Herstellungskosten,
- die Vorschrift des ausgeübten steuerlichen Wahlrechts und
- die vorgenommenen Abschreibungen.

---

1) R 6.8 Abs. 2 Satz 3 EStR 2012.
2) R 6.5 EStR 2012.
3) IDW HFA 1/1985, WPg 1984, 612; Schubert/Gadek in Beck'scher Bilanzkommentar, 9. Aufl. 2014, § 255 HGB Rz. 115.
4) R 6.3 (4) EStR 2012.
5) So auch Centrale für GmbH, GmbHR 2009, 1273 f.
6) Vgl. Ortmann-Babel/Bolik/Gageur, DStR 2009, 935; Dörfler/Adrian, Ubg 2009, 385, 387.
7) BMF v. 12.3.2010, IV C 6 – S 2133/09/10001, BStBl I 2010, 239 (geändert durch BMF v. 22.6.2010, IV C 6 – S 2133/09/10001, BStBl I 2010, 597).

Formvorschriften existieren für diese Dokumentation nicht. Eine Überleitungsrechnung nach § 60 Abs. 2 Satz 1 EStDV ist jedenfalls allein nicht ausreichend, da mit dieser keine Fortschreibung in Vorjahren entstandener Differenzen erfolgt.[1]

d) Abweichungen zwischen Handels- und Steuerbilanz

Insbesondere mit dem BilMoG[2] hat sich Zahl und Umfang der Abweichungen zwischen Handels- und Steuerbilanz deutlich vergrößert. Für die Praxis wichtige Vorbehaltsnormen werden im Folgenden genannt.[3]

1353

Durch das BilMoG unveränderte Vorbehaltsnormen:

- Aktivierungspflicht für **anschaffungsnahe Aufwendungen** (§ 6 Abs. 1 Nr. 1a EStG),
- **Aktivierungszeitpunkt von Gewinnausschüttungsansprüchen**: phasengleiche Aktivierung in der Handelsbilanz unter best. Bedingungen[4] gegenüber einer grundsätzlich phasenverschobenen Aktivierung in der Steuerbilanz[5];
- **Abgrenzung Eigen-/Fremdkapital bei Mitunternehmerschaften**;
- **Abgrenzung des steuerlichen Betriebsvermögens bei Personenunternehmen** und Sonderbetriebsvermögen bei Personengesellschaften, insbesondere auch der Vorrang des Sonderbetriebsvermögens vor dem eigenen Betriebsvermögen;
- **Beteiligungen an Personengesellschaften**: handelsrechtlicher Ansatz grds. mit den Anschaffungskosten und der Vereinnahmung des handelsrechtlichen Gewinnanteils – steuerlicher Ansatz nach der Spiegelbildmethode und phasengleiche Vereinnahmung des steuerlichen Gewinnanteils entsprechend der einheitlichen und gesonderten Gewinnfeststellung;
- **Gebäudeabschreibung**: steuerlich feste Abschreibungssätze nach § 7 Abs. 4 und 5 EStG gegenüber einer handelsrechtlichen Abschreibungsdauer nach vernünftigem kaufmännischem Ermessen;
- **Abschreibung beweglicher Wirtschaftsgüter**: steuerliche Abschreibung begrenzt auf linear, leistungsabhängig und degressiv (nur 2009 und 2010) – § 7 Abs. 1 bis 3 EStG;
- **geringwertige Wirtschaftsgüter**: steuerlich Wahlrecht zwischen Sofortabschreibung bei AK bis 410 € und Einstellung in jahresweisen Sammelposten und Auflösung über fünf Jahre bei Anschaffungskosten über 150 € und bis 1 000 € (§ 6 Abs. 2 und 2a EStG);[6] handelsrechtlich grundsätzlich normale AfA-Regeln – Sammelposten dann möglich, soweit keine wesentlichen Posten enthalten sind;[7]
- **Teilwertabschreibung bei nicht dauerhafter Wertminderung von Wirtschaftsgütern des Umlaufvermögens**: handelsrechtliche Abschreibungspflicht (§ 253 Abs. 4

---

1) So auch Dörfler/Adrian, Ubg 2009, 385, 387.
2) Bilanzrechtsmodernisierungsgesetz (BilMoG) v. 25.5.2009, BGBl. I 2009, 1102 = BStBl I 2009, 650.
3) Umfassend hierzu Herzig/Briesemeister, DB 2009, 1; Herzig/Briesemeister, WPg 2010, 63, 66. Weiterhin Breithecker in Schmiel/Breithecker (Hrsg.), Steuerliche Gewinnermittlung nach dem Bilanzrechtsmodernisierungsgesetz, Berlin 2008, 10 ff. und Bareis in Schmiel/Breithecker (Hrsg.), Steuerliche Gewinnermittlung nach dem Bilanzrechtsmodernisierungsgesetz, Berlin 2008, 42 ff.
4) BGH v. 21.1.1998, II ZR 82/93, DB 1998, 567. Hierzu auch Herzig, BB 2000, 2253.
5) BFH v. 7.8.2000, GrS 2/99, BStBl II 2000, 632. Zu Ausnahmen vgl. BFH v. 7.2.2007, I R 15/06, BStBl II 2008, 340.
6) § 6 Abs. 2 EStG neu gefasst mit Wirkung für Anschaffungen nach dem 31.12.2009 durch Gesetz zur Beschleunigung des Wirtschaftswachstums (Wachstumsbeschleunigungsgesetz) v. 22.12.2009, BGBl. 2009, 3950.
7) Vgl. HFA, IDW-FN 2007, 506.

HGB) gegenüber einem steuerlichen Abschreibungsverbot (§ 6 Abs. 1 Nr. 2 Satz 2 EStG);
- **Verpflichtungen, die nur bei Anfall künftiger Einnahmen bzw. Gewinne zu erfüllen sind**: Passivierungspflicht in der Handelsbilanz gegenüber einem Passivierungsverbot nach § 5 Abs. 2a EStG in der Steuerbilanz;
- **Drohverlustrückstellungen**: Passivierungspflicht nach § 249 Abs. 1 Satz 1 HGB gegenüber einem Passivierungsverbot nach § 5 Abs. 4a Satz 1 EStG (Ausnahme: Passivierungspflicht für Drohverlustüberhänge aus Bewertungseinheiten – § 5 Abs. 4a Satz 2 EStG i.V.m. § 5 Abs. 1a Satz 2 EStG);
- **Rückstellungen wegen öffentlich-rechtlicher Verpflichtungen** können steuerlich nur unter sehr engen Voraussetzungen passiviert werden;[1]
- **Rückstellungen wegen Verletzung fremder Schutzrechte**: steuerliche Passivierungspflicht nach § 5 Abs. 3 Satz 1 EStG unter der Voraussetzung, dass Ansprüche wegen der Rechtsverletzung geltend gemacht wurden bzw. ernsthaft zu erwarten sind[2] – Auflösung in der Handelsbilanz bei Wegfall des Grunds (§ 249 Abs. 2 Satz 2 HGB) gegenüber einer dreijährigen Auflösungsfrist in der Steuerbilanz (§ 5 Abs. 3 Satz 1 EStG);
- **Rückstellungen für Jubiläumszuwendungen**: handelsrechtliche Passivierungspflicht nach § 249 Abs. 1 Satz 1 HGB gegenüber einer eingeschränkten Passivierungspflicht in der Steuerbilanz (§ 5 Abs. 4 EStG – insbesondere nur bei Anwartschaftserwerb nach dem 31.12.1992, schriftliche erteilter Zusage und einem mindestens zehn Jahren bestehenden Dienstverhältnis);
- **Rückstellungen für künftig aktivierungspflichtige Aufwendungen**: grds. Passivierungsverbot (Steuerbilanz ausdrücklich nach § 5 Abs. 4b Satz 1 EStG) – handelsrechtliche Passivierungspflicht ausnahmsweise dann, wenn die künftigen AK/HK den Zeitwert des zu aktivierenden Vermögensgegenstands überschreiten (fehlende Werthaltigkeit);
- **Rückstellungen für künftige Aufwendungen, die einem steuerlichen Abzugsverbot unterliegen**: handelsrechtliche Passivierungspflicht (§ 249 Abs. 1 Satz 1 HGB) gegenüber einem steuerlichen Passivierungsverbot;[3]
- **Bewertung von unverzinslichen Verbindlichkeiten mit einer Laufzeit von mehr als einem Jahr**: Handelsbilanz: Erfüllungsbetrag (§ 253 Abs. 1 Satz 2 HGB) – Steuerbilanz: unter Zugrundelegung eines Zinssatzes von 5,5 % ermittelter Barwert des Erfüllungsbetrags (§ 6 Abs. 1 Nr. 3 EStG);
- **Steuerliche Ergänzungsbilanzen bei Personengesellschaften**.

Durch das BilMoG neu entstandene bzw. erweiterte Durchbrechungen auf Grund steuerlicher Vorbehaltsnormen:

- Der geschaffenen Möglichkeit der **Aktivierung selbstgeschaffener immaterieller Vermögensgegenstände des Anlagevermögens** in der Handelsbilanz nach § 248 Abs. 2 und § 255 Abs. 2a HGB steht das nach wie vor bestehende Aktivierungsverbot nach § 5 Abs. 2 EStG entgegen;
- **Pensionsrückstellungen**: Passivierungspflicht an die Voraussetzungen des § 6a Abs. 1 und 2 EStG gebunden – Bewertung in der Steuerbilanz nach den Regeln des § 6a EStG (Zinssatz 6 %, Verhältnisse zum Stichtag) gegenüber dem Marktzinssatz (mit Vereinfachungen) und dem erwarteten Erfüllungsbetrag in der Handelsbilanz;

---

1) Weber-Grellet in Schmidt, 33. Aufl. 2014, § 5 EStG Rz. 363 ff.
2) Einschränkend allerdings BFH v. 9.2.2006, IV R 33/05, BStBl II 2006, 517. Insoweit ist durch die Rechtsprechung des BFH eine deutliche Annäherung zwischen Handels- und Steuerrecht hinsichtlich der Rückstellungsbildung erfolgt.
3) Vgl. H 5.7 (1) EStH 2012 und BFH v. 9.6.1999, I R 64/97, BStBl II 1999, 656.

- **Bewertung von Rückstellungen**: Handelsbilanz: Erfüllungsbetrag unter Berücksichtigung zukünftiger Preis- und Kostenveränderungen und einer Abzinsung mit einem laufzeitkongruenten Zinssatz bei Laufzeit größer als ein Jahr (§ 253 Abs. 1 Satz 2 und Abs. 2 Satz 1 HGB) – Steuerbilanz: Erfüllungsbetrag ohne Berücksichtigung zukünftiger Preis- und Kostenveränderungen (Stichtagsprinzip) und einer Abzinsung mit 5,5 % bei Laufzeit größer als ein Jahr (§ 6 Abs. 1 Nr. 3a Buchst. f und Nr. 3a Buchst. e EStG).

Durch das BilMoG ganz oder teilweise entfallene Durchbrechungen:

- **Aktivierung von Aufwendungen für die Ingangsetzung und Erweiterung des Geschäftsbetriebs**: Wegfall der bisherigen Bilanzierungshilfe nach § 269 HGB a.F., welche bislang mangels Vorhandenseins eines steuerlichen Wirtschaftsguts in der Steuerbilanz nicht angesetzt werden durfte;
- **entgeltlich erworbener Geschäftswert**: Das Ansatzwahlrecht nach § 255 Abs. 4 HGB a.F. ist einer Ansatzpflicht unter Vornahme planmäßiger Abschreibungen (§ 246 Abs. 1 Satz 4 HGB) gewichen. Es verbleibt bei der steuerlichen Vorgabe für die Abschreibungsdauer von 15 Jahren (§ 7 Abs. 1 Satz 3 EStG);
- Wegfall der Möglichkeit der Bildung von **Aufwandsrückstellungen** nach § 249 Abs. 2 HGB a.F. sowie von Rückstellungen für unterlassene Instandhaltung bei einer Nachholung im vierten bis zwölften Monat des folgenden Geschäftsjahrs (§ 249 Abs. 1 Satz 3 HGB a.F.);[1]
- Angleichung der **Wertuntergrenze bei der Ermittlung der Herstellungskosten**: handelsrechtlich zwingender Einbezug von Material-/Fertigungsgemeinkosten (§ 255 Abs. 2 Satz 2 HGB, R 6.3 Abs. 1 EStR 2012).

Hinweis:

Das BMF hat mit Schreiben vom 12.3.2010[2] zu den steuerlichen Auswirkungen des BilMoG auf den Herstellungskostenansatz Stellung genommen. Nach diesem Schreiben soll das handelsrechtliche Wahlrecht des § 255 Abs. 2 Satz 3 HGB für die Einbeziehung von angemessenen Kosten der allgemeinen Verwaltung und angemessenen Aufwendungen für soziale Einrichtungen des Betriebs, freiwillige soziale Leistungen und die betriebliche Altersversorgung steuerlich zu einer Ansatzpflicht werden. Dies soll ab dem VZ 2009 gelten. Im Steuerrecht ist diese Ansicht einhellig auf Ablehnung gestoßen.[3] Die FinVerw hat auf diese Kritik insofern reagiert, als mit Schreiben vom 22.6.2010[4] bis zur Veröffentlichung einer geänderten Richtlinienfassung weiterhin von dem Wahlrecht nach R 6.3 Abs. 4 EStR 2008 ausgegangen werden kann. Nach R 6.3 (4) EStR 2012 besteht nun ein Einbeziehungsgebot. Diese Regelung ist aber nach BMF v. 25.3.2013, IV C 6 – S 2133/09/10001 :004, zunächst nicht zwingend anzuwenden.

e) Elektronische Übermittlung von Bilanz und GuV (E-Bilanz)

aa) Persönlicher Anwendungsbereich

Nach § 5b EStG müssen die Bilanz und GuV als Anlage zur (elektronisch einzureichenden) Steuererklärung ebenfalls elektronisch an die Finanzverwaltung übermittelt werden. Die Verpflichtung zur elektronischen Übermittlung betrifft nur Stpfl., die den Gewinn mittels **Bilanzierung** nach den §§ 4 Abs. 1, 5 oder 5a EStG ermitteln (§ 5b Abs. 1

---

1) Auch die steuerliche Zulässigkeit der Rückstellungen für Instandhaltungen, die innerhalb der ersten drei Monate nach Ablauf des Geschäftsjahres nachgeholt werden, wird in Frage gestellt. Hierzu Förster/Schmidtmann, BB 2009, 1342, 1343; Siegel in Schmiel/Breithecker (Hrsg.), Steuerliche Gewinnermittlung nach dem Bilanzrechtsmodernisierungsgesetz, Berlin 2008, 322 und ebenso Breithecker in Schmiel/Breithecker (Hrsg.), Steuerliche Gewinnermittlung nach dem Bilanzrechtsmodernisierungsgesetz, Berlin 2008, 16.
2) BMF v. 12.3.2010, IV C 6 – S 2133/09/10001, BStBl I 2010, 239.
3) Vgl. Kaminski, DStR 2010, 771; Herzig/Briesemeister, DB 2010, 917; Geberth/Blasius, FR 2010, 408; Günkel/Teschke, Ubg 2010, 401.
4) BMF v. 22.6.2010, IV C 6 – S 2133/09/10001, BStBl I 2010, 239.

Satz 1 EStG).[1] Dies umfasst sowohl bilanzierende Einkommensteuerpflichtige als auch auf Grund § 31 Abs. 1 Satz 1 KStG Körperschaftsteuerpflichtige. Nicht betroffen sind Gewinnermittlungen nach § 4 Abs. 3 EStG (in diesem Fall ist nach § 60 Abs. 4 EStDV die Anlage EÜR elektronisch zu übermitteln) und auch nicht die Überschusseinkunftsarten.[2]

Beratungshinweis:

Vermögensverwaltende Personengesellschaften sind nicht zur Übermittlung der E-Bilanz verpflichtet, da diese eine Bilanz nur für handelsrechtliche Zwecke aufstellen müssen, für steuerliche Zwecke aber den Überschuss der Einnahmen über die Werbungskosten (§ 2 Abs. 2 Satz 1 EStG) ermitteln.[3]

1355 **Auf Antrag** kann die Finanzbehörde nach § 5b Abs. 2 EStG zur Vermeidung unbilliger Härten auf eine elektronische Übermittlung verzichten. In diesem Fall sind nach § 60 Abs. 1 Satz 1 EStDV Bilanz, GuV und die Eröffnungsbilanz und nach § 60 Abs. 2 Satz 1 EStDV steuerbilanzielle Abweichungen in Papierform mit der Steuererklärung einzureichen. Hinsichtlich der Frage, wann eine unbillige Härte vorliegt, wird auf § 150 Abs. 8 AO verwiesen. Nach § 150 Abs. 8 Satz 1 AO ist einem solchen Antrag insbesondere zu entsprechen, wenn die elektronische Abgabe „*für den Steuerpflichtigen wirtschaftlich oder persönlich unzumutbar ist*". § 5b Abs. 2 EStG bestimmt weder Frist noch Form für einen solchen Antrag. Der **Härtefall-Antrag** dürfte auch konkludent mit Abgabe der entsprechenden Unterlagen in Papierform gestellt werden können.[4]

Beratungshinweis:

In der Praxis wird die Härtefallregelung wohl selten greifen. Dies gilt nicht zuletzt deshalb, weil bei kleineren Unternehmen die Erklärungs- und damit Übermittlungspflichten regelmäßig auf den Steuerberater ausgelagert werden und dieser die Voraussetzungen der Härtefallregelung nicht erfüllen wird.

bb) Zu übermittelnde Rechenwerke

1356 Gegenstand der Übermittlung sind die Bilanz und die GuV. Im Falle der Bilanzierung nach § 4 Abs. 1 EStG handelt es sich um die für steuerliche Zwecke aufgestellten Rechnungen, bei der Gewinnermittlung nach § 5 Abs. 1 EStG um die handelsrechtliche Bilanz und GuV. Die elektronische Übermittlung gilt auch für geänderte oder berichtigte Bilanzen bzw. GuV.[5] Bilanzen, die für die Besteuerung nicht relevant sind, wie Konzernbilanzen, Quartalsbilanzen oder Überschuldungsbilanzen werden nicht erfasst.[6] Nach wie vor sind – soweit vorliegend – in Papierform zu übermitteln der Anhang, der Lagebericht und der Prüfungsbericht (§ 60 Abs. 3 Satz 1 EStDV).[7]

Enthält die Handelsbilanz Ansätze oder Beträge, die den steuerlichen Vorschriften nicht entsprechen, so sind nach § 5b Abs. 1 Satz 2 EStG diese Ansätze oder Beträge „*durch Zusätze oder Anmerkungen den steuerlichen Vorschriften anzupassen*" und ebenfalls elektronisch zu übermitteln. Die Dokumentation dieser Ansätze ist für die Gewinnermittlung nach § 5 Abs. 1 EStG bereits durch § 5 Abs. 1 Satz 2 EStG i.d.F. des BilMoG,[8] im Übrigen auch bereits durch § 60 Abs. 2 Satz 1 EStDV vorgeschrieben.

---

1) Vgl. Bergan/Martin, DStR 2010, 1755.
2) Vgl. Bergan/Martin, DStR 2010, 1755.
3) So Ley, KÖSDI 2012, 17889, 17891.
4) So Bayerisches Landesamt für Steuern v. 4.2.2009, S 0321.1.1–3/3 St41, DStR 2009, 640.
5) Vgl. Bergan/Martin, DStR 2010, 1755, 1756.
6) Hofmeister in Blümich, § 5b EStG Rz. 27 (April 2009).
7) Bestätigt wird dies dadurch, dass der Bundesrat in seiner Stellungnahme zum Gesetzentwurf angeregt hat, dass auch Anhang und Lagebericht in elektronischer Form übermittelt werden (vgl. BT-Drucks. 16/10579 v. 15.10.2008, 6), was im weiteren Gesetzgebungsverfahren aber nicht berücksichtigt wurde.
8) Bilanzrechtsmodernisierungsgesetz – BilMoG v. 25.5.2009, BGBl. I 2009, 1102.

Wird eine eigenständige Steuerbilanz aufgestellt (§ 60 Abs. 2 Satz 2 EStDV), so kann der Stpfl. diese elektronisch übermitteln. Die Verpflichtung zur Erstellung einer zugehörigen GuV kann nicht gesehen werden, wird von der FinVerw aber erwartet.

1357 Eine Frist zur elektronischen Übermittlung wird in § 5b Abs. 1 EStG nicht gesetzt. Nach dem Sinn der Vorschrift müssen diese Unterlagen **mit der elektronisch übermittelten Steuererklärung** übermittelt werden.[1] Zwingend ist dies allerdings nicht, so dass die elektronische Übermittlung auch nach der Abgabe der Steuererklärung erfolgen kann.

1358 Nach Ansicht der FinVerw sind auch die anlässlich einer **Betriebsveräußerung, Betriebsaufgabe, Änderung der Gewinnermittlungsart oder in Umwandlungsfällen** aufzustellenden Bilanzen durch Datenfernübertragung zu übermitteln.[2] Gleiches soll gelten für Zwischenbilanzen, die auf den Zeitpunkt eines Gesellschafterwechsels aufgestellt werden, da diese als Sonderform einer Schlussbilanz angesehen werden, und ebenso sind Liquidationsbilanzen nach § 11 KStG durch Datenfernübertragung zu übermitteln.[3]

cc) Erstmalige Anwendung

1359 Nach § 52 Abs. 15a EStG i.d.F. der Rechtsverordnung vom 20.12.2010[4] ist die elektronische Übermittlung erstmals anzuwenden für **Wj., die nach dem 31.12.2011 beginnen**, also ab dem Wj. 2012 bzw. bei einem vom Kalenderjahr abweichenden Wj. ab dem Wj. 2012/2013. Als Folgeänderung entfällt die Verpflichtung zur Übermittlung in Papierform nach § 60 Abs. 1 Satz 2 EStDV, soweit nicht auf eine elektronische Übermittlung verzichtet wird. Mit dem Anwendungsschreiben zu § 5b[5] EStG wurde für das Erstjahr (i.d.R. das Jahr 2012) eine generelle **Nichtbeanstandungsregelung** gewährt: Für das erste Wirtschaftsjahr, das nach dem 31.12.2011 beginnt, wird es von der FinVerw. nicht beanstandet, wenn die Bilanz und die GuV für dieses Jahr noch nicht gem. § 5b EStG nach amtlich vorgeschriebenem Datensatz durch Datenfernübertragung übermittelt werden. Insoweit werden keinerlei Bedingungen an die Inanspruchnahme dieser Übergangsregelung gestellt. Des Weiteren werden für weitere Teilbereiche der elektronisch zu übermittelnden Rechenwerke Übergangsregelungen gewährt, so z.B. für die Kapitalkontenentwicklung bei Personengesellschaften und für die Übermittlung von Sonder- und Ergänzungsbilanzen.[6]

Beratungshinweis:

Zu beachten ist, dass unbeschadet der in dem BMF-Schreiben gegebenen Nichtbeanstandungsregelung für das Erstjahr die gesetzlichen Anwendungsbestimmungen unverändert geblieben sind. Wird die Nichtbeanstandungsregelung genutzt, so kann darin ein Verstoß gegen im Unternehmen bestehende Compliance-Grundsätze vorliegen, was nicht zuletzt für Tochtergesellschafter amerikanischer Unternehmen oder auch Gesellschaften mit öffentlich-rechtlicher Trägerschaft zum Problem werden könnte.

---

1) So auch Hofmeister in Blümich, § 5b EStG Rz. 36 (März 2011); Martin in Lademann, § 5b EStG Rz. 28 (Juli 2011); Levedag in H/H/R, § 5b EStG Rz. 11 (Mai 2009).
2) BMF v. 28.9.2011, IV C 6 – S 2133-b/11/10009, BStBl I 2011, 855, Tz. 1. So auch Schumann/Arnold, DStZ 2011, 226, 228.
3) BMF v. 28.9.2011, IV C 6 – S 2133-b/11/10009, BStBl I 2011, 855, Tz. 1. A.A. Herzig/Briesemeister/Schäperclaus, DB 2011, 1651, 1656; Ley, KÖSDI 2012, 17889, 17892.
4) Anwendungszeitpunktverschiebungsverordnung v. 20.12.2010, BGBl. I 2010, 2135.
5) BMF v. 28.9.2011, IV C 6 – S 2133-b/11/10009, DOK 2011/0770620, Tz. 27, BStBl I 2011, 855.
6) BMF v. 28.9.2011, IV C 6 – S 2133-b/11/10009, DOK 2011/0770620, Tz. 20–21 und 22, BStBl I 2011, 855.

dd) Übermittlungsform

1360 Die Übermittlung hat nach amtlich vorgeschriebenem Datensatz durch Datenfernübertragung zu erfolgen. Für die Übermittlung gelten die Grundsätze der **Steuerdaten-Übermittlungsverordnung** vom 28.1.2003 in der jeweils geltenden Fassung.[1] Die Finanzverwaltung hat sich auf eine Übertragung in Form eines **XBRL-Datensatzes**[2] verständigt.[3] Insoweit wurde der technische Übermittlungsstandard festgelegt. XBRL ist eine frei verfügbare elektronische Sprache für das Financial Reporting. Diese Sprache wird vielfach genutzt, so seit 2007 vom elektronischen Bundesanzeiger, von der Bundesbank und von Banken zur automatisierten Verarbeitung der Kreditwürdigkeitsprüfung und findet auch im Ausland weite Verbreitung.[4]

ee) Steuer-Taxonomie

1361 Nach § 51 Abs. 4 Nr. 1b EStG ist das BMF ermächtigt, im Einvernehmen mit den obersten Finanzbehörden der Länder durch BMF-Schreiben den Mindestumfang der zu übermittelnden Daten zu bestimmen. Basierend auf der HGB-Taxonomie des XBRL Deutschland e.V. hat die FinVerw eine spezielle **Steuer-Taxonomie** entwickelt.[5] Die aktuelle Steuer-Taxonomie Version 5.3 wurde mit dem BMF-Schreiben v. 13.6.2014[6] veröffentlicht. Diese geht von einem Mindestinhalt aus, der durch sog. Muss-Felder gekennzeichnet ist. Ist diesen kein Kontowert zuzuordnen, so ist ein NIL-Wert einzugeben (NIL steht für „not in list"). Daneben können individuelle Erweiterungen vorgenommen werden.[7]

Verpflichtend sind folgende **Mindestinhalte** zu übermitteln:

- **Stammdatenmodul** (GCD-Modul): Insbesondere Informationen zum Unternehmen, wie Rechtsform, Firmensitz, Steuernummer, Mutterunternehmen, Organschaftsverhältnisse, Angaben zu den Gesellschaftern bzw. Mitunternehmern, Angaben zum Wirtschaftsjahr.
- **Jahresabschlussmodul** (GAAP-Modul)
  - Bilanz (auf Basis des HGB),
  - GuV,
  - Ergebnisverwendungsrechnung,
  - Kapitalkontenentwicklung für Personenhandelsgesellschaften und andere Mitunternehmerschaften,
  - außerbilanzielle Korrekturen für Einzelunternehmen und Personengesellschaften (Berichtsbestandteil „steuerliche Gewinnermittlung"),
  - Überleitungsrechnung bzw. Umgliederung (Berichtsbestandteil „steuerliche Modifikationen"), wobei neben einer Überleitung der Bilanz auch eine solche der GuV verlangt wird.

---

1) Steuerdatenübermittlungsverordnung v. 28.1.2003, BGBl. I 2003, 139, zuletzt geändert durch Verordnung v. 8.1.2009, BGBl. I 2009, 31.
2) XBRL steht für eXtensible Business Reporting Language und ist ein international verbreiteter, freier Standard zum elektronischen Austausch von Unternehmensinformationen im Bereich der Finanzberichterstattung. Vgl. www.xbrl.org.
3) BMF v. 19.1.2010, IV C 6 – S 2133-b/0, BStBl I 2010, 47.
4) Insoweit auch Nunnenkamp/Paffenholz, WPg 2010, 1142.
5) Visualisierung und Erläuterung der Taxonomie unter www.esteuer.de. Hierzu auch Herzig/Briesemeister/Schäperclaus, DB 2010, Beilage 5, 1, 4 ff.; Richter/Kruczynski/Kurz, DB 2010, 1604, 1606 ff.; Fischer/Kalina-Kerschbaum, DStR 2010, 2114. Mit dem BMF-Schreiben vom 5.6.2012 hat das BMF eine aktualisierte Version der Taxonomien veröffentlicht, die nun für die Jahresabschlüsse, die nach dem 31.12.2012 gelten, verwendet wird.
6) BMF v. 13.6.2014, IV C 6 – S 2133-b/11/10016 :004, BStBl I 2014, 886.
7) Vgl. Herzig/Briesemeister/Schäperclaus, DB 2010, Beilage 5, 1, 4 ff.

Daneben sind weitere **fakultative Berichtskomponenten** vorgesehen, wie Eigenkapitalspiegel, Kapitalflussrechnung, Anhang einschließlich Anlagenspiegel und Lagebericht.

> **Hinweis:**
> Die Einführung der E-Bilanz wird gravierende Auswirkungen auf das Rechnungswesen haben und zu einer deutlich erhöhten steuerlichen Transparenz führen. Hierauf muss frühzeitig reagiert werden bzw. die notwendigen Vorbereitungsmaßnahmen getroffen werden.[1] Dabei zeigt sich zunächst, dass die E-Bilanz mehrere dieser bestehenden Teilprozesse betroffen sind. Dies ergibt sich insbesondere daraus, dass die Daten der E-Bilanz aus verschiedenen Quellen stammen, nämlich sowohl aus der handelsrechtlichen Rechnungslegung als auch aus dem Tax-Accounting und teilweise werden auch neue Datenanforderungen gestellt. Des Weiteren ergibt sich insoweit die Problematik, dass die von der E-Bilanz betroffenen Teilprozesse oftmals nicht in einer Hand (FiBu-Abteilung, Steuerabteilung, Steuerberater) liegen und die Ausgestaltung dieser Teilprozesse individuell sehr verschieden ist.
> Werden eine Standardsoftware und ein Standard-Kontenrahmen genutzt, so ist die Aufbereitung und Versendung der E-Bilanz-Daten mit einem sehr geringen laufenden Aufwand verbunden. Bei solchen eher kleineren Unternehmen wird die E-Bilanz zu einer Standardisierung der Prozesse im Rechnungswesen und bei der Steuerberechnung führen, um eine effektive Umsetzung dieser neuen gesetzlichen Anforderung gewährleisten zu können. Dies kann den Wechsel hin zu einem Standardkontenrahmen oder auch zu einer anderen EDV-Lösung erforderlich machen.

Bei mittleren Unternehmen wird der Vielfalt im Bereich des Rechnungswesens im Hinblick auf die Kontenpläne und die eingesetzte EDV regelmäßig nur dadurch begegnet werden können, dass die Aufbereitung und Übermittlung der E-Bilanz-Daten komplett auf den Steuerberater ausgelagert wird. In diesem Fall wird die Aufbereitung und Übermittlung der Daten oftmals mit einem speziellen E-Bilanz-Tool erfolgen.

Die Vorgehensweise bei der Einführung der E-Bilanz hängt maßgeblich von der individuellen **Tax-Compliance-Strategie** des Betriebs ab.[2] Dies beeinflusst insbesondere die Nutzung von Erleichterungen hinsichtlich der erstmaligen Anwendung der E-Bilanz und Erleichterungen hinsichtlich der Steuer-Taxonomie, wie z.B. Auffangpositionen.

Wird eine Strategie der maximalen Informationsbereitstellung verfolgt, so erfordert dies regelmäßig auch Eingriffe in das Buchungsverhalten, um die maximalen Informationsanforderungen der Steuer-Taxonomie erfüllen zu können. Ziel einer solchen Strategie kann insbesondere eine zeitnahe Steuerfestsetzung ohne Nachprüfungsvorbehalt sein.

Soll dagegen der Umstellungs- und Pflegeaufwand hinsichtlich der E-Bilanz minimiert werden, und wird daher eine „Minimal-Strategie" verfolgt, so steht für die Umstellung ein längerer Zeitraum zur Verfügung, und durch die Nutzung der Auffangpositionen können – zumindest für eine Übergangszeit – Eingriffe in das Buchungsverhalten weitgehend vermieden werden.

III. Rechnungslegung nach IAS/IFRS

1. Bedeutung der Rechnungslegung nach IAS/IFRS

Die Bedeutung der Rechnungslegung nach IFRS (International Financial Reporting Standards – bisher: „International Accounting Standards", IAS) ist in Deutschland nach wie vor begrenzt:

– **Einzelabschluss**: Der Einzelabschluss, welcher Grundlage für die Bemessung von Gewinnausschüttungen und für die steuerliche Gewinnermittlung ist, ist zwingend nach den Vorschriften des deutschen HGB zu erstellen. Wahlweise können aller-

1362

---

1) Hierzu ausführlich Schiffers, Stbg 2011, 7 und Schiffers, DStZ 2012, 36 und Schiffers, DStZ 2012, 164.
2) Hierzu ausführlich Herzig/Briesemeister/Schäperclaus, DB 2011, 2509, 2515.

dings große Kapitalgesellschaften nach § 325 Abs. 2a HGB anstelle des handelsrechtlichen Jahresabschlusses einen IFRS-Einzelabschluss veröffentlichen und – unter bestimmten weiteren Bedingungen, insbesondere der Veröffentlichung des Vorschlags für die Verwendung des Ergebnisses und gegebenenfalls des Beschlusses über seine Verwendung unter Angabe des Jahresüberschusses oder -fehlbetrags – hiermit die Publizitätspflichten erfüllen.

– **Konzernabschluss**: Grundsätzlich ist auch der Konzernabschluss nach den Regeln des deutschen HGB aufzustellen. Allerdings bestehen insoweit wichtige Ausnahmen:

  – nimmt das Unternehmen den Kapitalmarkt in Anspruch, so ist dieses verpflichtet, den Konzernabschluss nach IFRS aufzustellen (§ 315a Abs. 2 HGB);
  – in anderen Fällen besteht ein Wahlrecht, den Konzernabschluss nach HGB oder nach IFRS zu erstellen (§ 315a Abs. 3 HGB). Die Entscheidungsgründe zwischen HGB- und IFRS-Konzernabschluss sind vielfältig. Zu nennen sind insbesondere: Volumen und Komplexität der IFRS und deren Änderungsdynamik, die Volatilität des Ergebnisausweises eines IFRS-Konzernabschlusses, das Erfordernis doppelter Rechnungslegung, da nach wie vor ein HGB-Einzelabschluss zu erstellen ist, die Erschließung internationaler Kapitalmärkte durch Anwendung der IFRS, die Verbesserung des Unternehmensimages, die Harmonisierung von internen und externen Rechnungswesen und letztlich Zusatzkosten durch einen IFRS-Abschluss.

Wird ein IFRS-Konzernabschluss aufgestellt, so sind nach § 315a Abs. 1 HGB weiterhin folgende Regelungen des HGB zu beachten:

– § 294 Abs. 3 HGB: Vorlage- und Auskunftspflichten von Tochterunternehmen,
– § 297 Abs. 2 Satz 4 HGB: Konzernbilanzeid,
– § 298 Abs. 1 i.V.m. §§ 244 und 245 HGB: Pflicht zur Erstellung des Konzernabschlusses in deutscher Sprache und in Euro sowie Unterzeichnungspflicht,
– § 313 Abs. 2 und 3 HGB: Anteilsliste des Konzerns,
– § 314 Abs. 1 Nr. 4, 6, 8 sowie Abs. 2 Satz 2 HGB: Mitarbeiterzahlen, Organbezüge und Organbeziehungen, Angaben zum Honorar des Konzernabschlussprüfers,
– Konzernlagebericht,
– Vorschriften zur Offenlegung, Prüfung, Sanktionen usw.

Grundlage der internationalen Rechnungslegung sind die IFRS (International Financial Reporting Standards), welche vom IASB (International Accounting Standards Board) verabschiedet werden. Die IFRS sind Neufassungen der früheren IAS (International Accounting Standards), welche bis zu einer Neufassung als IFRS noch ihre Gültigkeit behalten. Da die IFRS von einer privaten Rechnungslegungsorganisation herausgegeben werden, haben diese zunächst noch keine Rechtsverbindlichkeit. Auf europäischer Ebene müssen diese einen Anerkennungs-Mechanismus (endorsement mechanism) durchlaufen. Erst in diesem Verfahren wird entschieden, ob ein IAS/IFRS ohne oder mit Modifikationen bzw. Auflagen oder überhaupt zur Anwendung kommt.

2. Wesentliche Unterschiede und Gemeinsamkeiten zwischen HGB und IAS/IFRS im Überblick

1363 Wesentliche Unterschiede zwischen der Rechnungslegung nach HGB und nach IAS/IFRS ergeben sich wie folgt:

	HGB	IAS/IFRS
Rechtsgrundlagen	Buchführungs- und Bilanzierungspflicht grds. für alle Kaufleute, GoB teilweise kodifiziert, Rechnungslegungspflicht rechtsform- und größenabhängig	Rechtsformunabhängiges Rahmenkonzept (framework) des International Accounting Standard Board (IASB), mit welchem die maßgeblichen Ziele und Anforderungen beschrieben sind. Neben dem Rahmenkonzept verbindliche Regelungen in International Financial Reporting Standards (IFRS) und Interpretationen
Bestandteile des Einzelabschlusses	Bilanz, GuV, bei Kapitalgesellschaft zusätzlich Anhang und Lagebericht (nur mittelgroße und große Kapitalgesellschaften)	Bilanz, GuV, Eigenkapitalspiegel, Kapitalflussrechnung, Angaben über die angewandten Bilanzierungs- und Bewertungsgrundsätze, Anhang (notes) – Lagebericht nicht vorgeschrieben aber möglich – bei börsennotierten Unternehmen zusätzlich: Ergebnis je Aktie und Segmentberichterstattung
Bestandteile des Konzernabschlusses	wie Einzelabschluss, zusätzlich Kapitalflussrechnung, Eigenkapitalspiegel und optional Segmentberichterstattung	wie Einzelabschluss
Aufstellungspflicht für Konzernabschluss	Mutterunternehmen gem. § 290 HGB bei einheitlicher Leitung oder beherrschendem Einfluss (Control-Konzept) – ggf. Aufstellungspflicht nach § 11 PublG – größenabhängige Befreiung von der Aufstellungspflicht (§ 293 HGB)	grds. für jedes Mutterunternehmen, unabhängig von Rechtsform und Größe – Einbezug sämtlicher Tochtergesellschaften, die einem beherrschenden Einfluss unterliegen (Control-Konzept)
Hauptzielsetzung des Jahresabschlusses	– Einzelabschluss: Gläubigerschutz, Information, Ausschüttungsbemessung und Basis für die Ermittlung des steuerlichen Gewinns – Konzernabschluss: Informationsfunktion	Vermittlung von Informationen über die Vermögens-, Finanz- und Ertragslage, die bei ökonomischen Entscheidungen nützlich sein sollen – IFRS-Abschluss keine Basis für die Ausschüttungsbemessung und auch nicht für die Ermittlung des steuerlichen Gewinns
Form- und Gliederungsvorschriften	Für Personenunternehmen keine Gliederungsvorschriften – für KapGes/KapCo-Gesellschaften detaillierte Gliederungsvorschriften (größenabhängig)	nur geringe formale Gliederungsvorgaben

	HGB	IAS/IFRS
Forschungs- und Entwicklungskosten	– Forschungskosten: Aktivierungsverbot – Entwicklungskosten: Aktivierungswahlrecht	grds. Aktivierungsverbot – Aktivierungspflicht für Entwicklungskosten unter best. Bedingungen
Steuerabgrenzung	– Einzelabschluss: Aktivierungswahlrecht für aktive latente Steuern, Aktivierungspflicht für passive latente Steuern – Konzernabschluss: wie Einzelabschluss, aber Aktivierungspflicht für aktive latente Steuern aus Konsolidierungsmaßnahmen	generelle Aktivierungs- bzw. Passivierungspflicht
Rückstellungen	– Ansatz: Rückstellungen bei wirtschaftlicher Verursachung oder rechtlicher Entstehung für ungewisse Verbindlichkeiten, drohende Verluste aus schwebenden Geschäften, unterlassener Instandhaltungen bei Nachholung innerhalb von drei Monaten, Gewährleistungen – nach BilMoG deutliche Angleichung an IFRS – Bewertung: voraussichtlicher Erfüllungsbetrag und Abzinsung bei Laufzeit > 12 Monaten mit vorgegebenem, laufzeitäquivalentem Zinssatz	– Ansatz: Rückstellungspflicht bei rechtlicher und tatsächlicher Verpflichtung gegenüber einem Dritten, ungewisse Verbindlichkeiten und drohende Verluste – Bewertung: wahrscheinlicher Schätzbetrag – Abzinsung, soweit die Zinsen erhebliche Auswirkung auf den Betrag haben
Gewinnrealisierung bei langfristiger Fertigung	grundsätzlich erst bei Abschluss der Gesamtarbeiten	wenn das Ergebnis des Fertigungsauftrags sicher geschätzt werden kann, erfolgt eine Gewinnrealisierung entsprechend dem Fertigungsgrad des Gesamtauftrags (Percentage-of-Completition-Methode)

Rechtsformwahl

von Dr. Eberhard Kalbfleisch

INHALTSÜBERSICHT Rz.

I. Vorbemerkungen 1364–1366
II. Entscheidungshilfen für die Wahl der Unternehmensform 1367–1416
   1. Überblick über die wesentlichen zur Wahl stehenden Rechtsformen 1367–1387
      a) Synoptische Darstellung der Hauptformen AG, GmbH, GmbH & Co. KG sowie GbR/OHG 1367–1368
      b) Kurzvorstellung weiterer Rechtsformen 1369–1383
      c) Ausländische Rechtsformen im Typenvergleich 1384–1387
   2. Steuerliche Vergleichsrechnungen 1388–1393
      a) Ertragsteuerlicher Belastungsvergleich bei Thesaurierung und Vollausschüttung/-entnahme 1388–1389
      b) Kirchensteuer 1390
      c) Besteuerung von Gewinnen bei der Veräußerung von Gesellschaftsanteilen 1391
      d) Wegzugsbesteuerung nach § 6 AStG 1392
      e) Erbschaftsteuer 1393
   3. Rechtsformspezifische Stolperfallen der Unternehmenspraxis 1394–1416
      a) Aktiengesellschaft: Der Steuerberater im Aufsichtsrat. 1394–1398
      b) Personengesellschaften: Vererblichkeit von Gesellschaftsanteilen 1399–1404
      c) Kapitalgesellschaften: Prüfungspflicht und Transparenz als Preis für die Haftungsbeschränkung 1405–1406
      d) Kapitalgesellschaften: Verlust steuerlicher Verluste 1407
      e) Investitions-GbR: Wo die Beurkundungspflicht nicht erwartet wird 1408–1409
      f) GmbH: UG (haftungsbeschränkt) – die deutsche Antwort auf die englische Ltd. 1410–1412
      g) SPE: Nur kleine Schwester der SE oder eigenständiges Profil? 1413–1416

I. Vorbemerkungen

Die Wahl der Rechtsform eines Unternehmens wird von einer Vielzahl unterschiedlicher, einander häufig widersprechender und mit gegensätzlichen Zielsetzungen versehener Determinanten bestimmt. Soll eine neue unternehmerische Idee verwirklicht werden, wird der Ausgangspunkt der Planungen regelmäßig nicht bei rechtlichen und/oder steuerlichen Strukturüberlegungen liegen. Vielmehr stehen in dieser ersten Phase einer Unternehmensgründung praktische Fragen wie die Absicherung der unternehmerischen Idee, die Gewinnung geeigneter Partner und Mitarbeiter, die Beschaffung und Finanzierung der Produktionsmittel, die Marketing- und Vertriebsstrategien, die Auswahl verlässlicher Lieferanten, die Festlegung und Umsetzung der Standortparameter bis hin zum Erwerb von Produktionsgenehmigungen und anderen ggf. erforderlichen behördlichen Erlaubnissen im Vordergrund. Hinzu treten betriebswirtschaftliche Aspekte, Finanzierungsfragen und organisatorische Anforderungen an die neue Unternehmung, die in die Entscheidungsfindung einfließen und diese beeinflussen. 1364

Erst wenn auf alle diese Fragen und Aufgabenstellungen zufrieden stellende Antworten und Lösungen gefunden sind, sollte der Blick auf die rechtlichen und steuerlichen Anforderungen und Konsequenzen der unterschiedlichen zur Verfügung stehenden Rechtsformen gerichtet und begonnen werden, das rechtliche Unternehmenskleid 1365

„nach Maß zu schneidern". Einen wesentlichen Teil dieser Phase der im Werden begriffenen unternehmerischen Aktivitäten bilden die Überlegungen zu den steuerrechtlichen Rahmenbedingungen der zu wählenden Rechtsform, die sich – will man böse Überraschungen vermeiden – nicht nur auf einen bloßen ertragsteuerlichen Belastungsvergleich beschränken dürfen, sondern auch die steuerlichen Folgen der Eigenkapitalbildung, der Gesellschafter- wie der Fremdfinanzierung, der Behandlung von Verlusten und Verlustvorträgen bis hin zu der Beendigung der Unternehmertätigkeit durch Verkauf oder sonstige Weitergabe an einen Nachfolger einbeziehen sollten.

Bei der Abschätzung und Evaluierung der steuerlichen Parameter ist außerdem zu beachten, dass die Regelungen über die Besteuerung von Unternehmen und Unternehmern einem ständigen Wandel unterworfen ist, der die Beurteilung der Vor- und Nachteile der einzelnen Rechtsformen aus steuerlicher Sicht erschwert und gewonnene Erkenntnisse binnen kurzer Frist in ihr Gegenteil verkehren kann. Spätestens seit Ende der 1980er Jahre ist es in Deutschland Usus geworden, jährlich größere oder kleinere Reparaturen an der bestehenden Besteuerungssystematik vorzunehmen oder gar tragende Grundprinzipien maßgeblich zu verändern oder ganz abzuschaffen, wie etwa bei der im Jahr 2001 erfolgten Ersetzung des seit 1977 geltenden körperschaftsteuerlichen Anrechnungsverfahrens durch das sog. „Halb-" bzw. (seit 2009) „Teileinkünfteverfahren". Häufig[1] wird dabei als tragende Motivation solcher Reformen und Reförmchen das Bestreben nach einer Angleichung der steuerlichen Behandlung von Personen- und Kapitalgesellschaften genannt, das allerdings, wie die real existierende Steuerlandschaft zeigt, bislang nicht oder zumindest nicht mit der erforderlichen Konsequenz umgesetzt wurde.

1366 Das Resultat all dieser Überlegungen zur rechtlichen und steuerlichen Ausgestaltung eines geplanten unternehmerischen Vorhabens ist naturgemäß keine feste Formel, aus der der richtige Entschluss gleichsam mit mathematischer Genauigkeit abgelesen werden kann. Die einzelnen Gesichtspunkte müssen vielmehr in jedem Einzelfall sorgfältig durchdacht, gewichtet, abgewogen und die darin gewonnenen Kenntnisse in der Folgezeit regelmäßig überprüft werden. Für die Wahl der „richtigen" Unternehmensform gibt es also kein Patentrezept – welcher rechtlichen Gestaltung der Vorzug zu geben ist, lässt sich weder generell festlegen, noch ist eine einmal getroffene Wahl für alle Zeit als „richtig" zementiert.

Aus diesen Gründen sollen die nachfolgenden Ausführungen nicht als den Anspruch auf Vollständigkeit erfüllende geschlossene Abhandlung oder gar als mechanisch anwendbare Gebrauchsanweisung zum Thema „Wahl der Unternehmensform" verstanden werden. Vielmehr zeigt die nachfolgende Darstellung, der generellen Konzeption des vorliegenden Handbuchs entsprechend, nach einem Überblick über wesentliche rechtliche Aspekte der Rechtsformwahl (→ 4 Rz. 1367 ff.) und deren steuerlichen Folgen (→ 4 Rz. 1388 ff.) mögliche Stolperfallen aus der Sicht der unternehmerischen Praxis auf (→ 4 Rz. 1394 ff.), die zu vermeiden sich empfiehlt, soll der wirtschaftliche Erfolg nicht durch außerhalb der eigentlichen unternehmerischen Aktivitäten liegende Umstände gefährdet werden.

---

[1] Vgl. nur die Begründung zu dem *„Entwurf eines Gesetzes zur Senkung der Steuersätze und zur Reform der Unternehmensbesteuerung"*, BT-Drucks. 14/2683, 14/3074.

II. Entscheidungshilfen für die Wahl der Unternehmensform

1. Überblick über die wesentlichen zur Wahl stehenden Rechtsformen

a) Synoptische Darstellung der Hauptformen AG, GmbH, GmbH & Co. KG sowie GbR/OHG

Ein Blick auf die Hitliste der in den deutschen Handelsregistern eingetragenen Rechtsformen[1] zeigt die GmbH mit über 1,1 Millionen eingetragenen Gesellschaften nach wie vor mit weitem Abstand als beliebteste Organisationsform der gesellschaftsrechtlichen Praxis – und zwar mit beachtlichem Abstand vor der GmbH & Co. KG (schätzungsweise rd. 80 % der insgesamt knapp 250 000 Kommanditgesellschaften). Mit rd. 16 000 Eintragungen noch deutlich weniger verbreitet ist demgegenüber die AG, da sie nach ihrer Organisationsstruktur eher auf Großunternehmen und den Kapitalmarkt ausgerichtet ist, woran auch die Einführung der sog. „Kleinen Aktiengesellschaft" nichts Grundlegendes geändert hat (Einzelheiten → 4 Rz. 1371). Gerade die wirtschaftliche Bedeutung der in der Rechtsform der AG geführten Unternehmen, aber auch das mit ihr im Markt verbundene Ansehen lohnen es indes für mittelständische Unternehmen und Familiengesellschaften, einen genaueren Blick auf die AG als Rechtsformalternative zu werfen.

1367

Geradezu den Gegenpol hierzu bildet die GbR, die Grundform aller Personengesellschaften, die in der vorstehend genannten Verbreitungsstatistik naturgemäß nicht enthalten ist, da sie nicht registrierungspflichtig ist. Verwendbar für jeden erlaubten Zweck lässt sie sich in allen erdenklichen Erscheinungsformen antreffen – als spontane Gelegenheitsgesellschaft des Alltagslebens (Fahrgemeinschaft, Lotto-Tippgemeinschaft u. Ä.), als Investitionsvehikel für Immobilien, Unternehmensbeteiligungen und andere Wirtschaftsgüter bis hin zu unternehmerischen Aktivitäten nicht gewerblicher Art (Freiberuflergemeinschaften, Joint Ventures, Arges der Bauwirtschaft etc.). Genau wegen dieser Verwendungsbreite, aber auch wegen der leichten, ggf. sogar unbemerkt-konkludenten Errichtung dürfte die Zahl der insgesamt existierenden GbRs (einschließlich des nicht-unternehmerischen Bereichs) diejenige der GmbH noch übertreffen.

In der nachfolgenden synoptischen Gegenüberstellung werden die wesenstypischen Gemeinsamkeiten und Unterschiede dieser vier Hauptformen des deutschen Gesellschaftsrechts zzgl. der selten gewordenen OHG (rd. 28 000 Gesellschaften) als nächster Verwandten der GbR, in den folgenden Bereichen stichpunktartig zusammengefasst:

1368

– Gesellschafterstruktur
– Gründungsvoraussetzungen
– Organisation
– Haftung
– Übertragbarkeit der Beteiligung unter den Lebenden und von Todes wegen
– Jahresabschluss

---

1) Statistische Auswertung aller deutschen Handelsregister-Eintragungen per 1.1.2014 bei Kornblum, GmbHR 2014, 694 ff.

Rechtsformvergleich

	Aktiengesellschaft	GmbH (ohne UG – haftungsbeschränkt)	GmbH & Co. KG	Gesellschaft bürgerlichen Rechts (GbR)/OHG
I. Gesellschaftsstruktur				
– Rechtsnatur	Kapitalgesellschaft; Grundform: Verein Juristische Person kraft Rechtsform (§ 1 Abs. 1 Satz 1 AktG)	Kapitalgesellschaft; Grundform: Verein Juristische Person kraft Rechtsform (§§ 11 Abs. 1; 13 Abs. 1 GmbHG)	Personengesellschaft; Grundform: GbR Gesamthandsgemeinschaft mit eigener Rechtspersönlichkeit (§§ 161 Abs. 2; 124 HGB)	Die GbR ist die Grundform der Personengesellschaft, sie ist eine Gesamthandsgemeinschaft. Nach bisheriger Rechtsprechung des BGH war die GbR als solche jedoch nicht (teil-)rechtsfähig und konnte insbesondere selbst keine Rechte erwerben und keine eigenen Verbindlichkeiten begründen. Stattdessen wurden ausschließlich die Gesellschafter höchst persönlich berechtigt und verpflichtet. Nach neuerer Rechtsprechung dagegen ist die GbR rechtsfähig. Sie kann also selbst Vertragspartner werden und Ansprüche und Verpflichtungen begründen, ist grundbuch- und insolvenzfähig. Aus ihrer Rechtsfähigkeit ergibt sich weiterhin ihre Parteifähigkeit im Zivilprozess, d.h. sie kann als Partei selbst klagen und Leistung an sich selbst verlangen. Ebenso kann die GbR als solche verklagt werden, es ist nicht mehr erforderlich, wenn auch ggf. aus prozesstaktischen Gründen weiterhin ratsam, jeden einzelnen Gesellschafter zu verklagen. OHG: wie GmbH & Co. KG

Rechtsformwahl

	Aktiengesellschaft	GmbH (ohne UG – haftungsbeschränkt)	GmbH & Co. KG	Gesellschaft bürgerlichen Rechts (GbR)/OHG
– Gesellschafter	Die Errichtung erfolgt durch eine oder mehrere Personen (§ 2 AktG). Die frühere Mindestzahl von fünf Personen wurde mit Einführung der „kleinen AG" abgeschafft.	Die Errichtung erfolgt durch eine oder mehrere Personen (§ 1 GmbHG); die früher übliche sog. Strohmann-Gründung ist nicht mehr erforderlich. Nicht zulässig ist die „Keinmann-Gesellschaft", d.h. der Rechtsakt, der zum Ausscheiden des letzten Gesellschafters führt, ist unwirksam.	Die Personengesellschaft erfordert nach ihrer Rechtsnatur als Vertragsbeziehung mindestens zwei Gesellschafter; bei der KG muss mindestens einer davon persönlich haftender Gesellschafter (Komplementär) und einer beschränkt haftend (Kommanditist) sein, wobei im allgemeinen Sprachgebrauch von GmbH & Co. KG v.a. dann die Rede ist, wenn alleinige persönlich haftende Gesellschafterin eine GmbH ist. In der „klassischen" GmbH & Co. KG ist einziger Komplementär eine GmbH, womit die Haftungsbeschränkung auf die Gesellschaftsvermögen von KG und Komplementär-GmbH erreicht ist. In dieser Gestaltung ist die Komplementär-GmbH regelmäßig am Vermögen und Ertrag der KG nicht beteiligt; sie erhält lediglich eine feste Vergütung für die Geschäftsführertätigkeit sowie die Übernahme der persönlichen Haftung. Außerdem besteht in diesen Fällen regelmäßig eine beteiligungsidentische Struktur, d.h. die Kommanditisten sind im Verhältnis ihrer Beteiligung an der KG zugleich Gesellschafter der Komplementär-GmbH. Gestaltungsvariante: sog. „Einheits-KG", bei der sämtliche Anteile an der Komplementär-GmbH von der KG gehalten werden; hier sind allerdings besondere Regelungen für die Ausübung der Gesellschafterrechte aus den GmbH-Anteilen in GmbH- und KG-Vertrag erforderlich.	Mindestens zwei Personen. Die OHG, bei der kein Gesellschafter eine natürliche Person ist, ist der GmbH & Co. KG gleichgestellt (§ 177a HGB).
– Organe	Organe der Gesellschaft sind: – Vorstand – Aufsichtsrat – Hauptversammlung	Organe der Gesellschaft sind: – Geschäftsführung – Gesellschafterversammlung – Auf Grund Satzungsregelung können weitere fakultative Organe (Aufsichtsrat, Beirat, Verwaltungsrat, Board, Ausschüsse) geschaffen werden. – Obligatorischer Aufsichtsrat nur bei mitbestimmten Gesellschaften mit mehr als 500 (DrittelBG) bzw. 2 000 Arbeitnehmern (MitBestG 1976).	Organe der Gesellschaft sind: – Gesellschafterversammlung – Auf Grund gesellschaftsvertraglicher Regelung können weitere fakultative Organe (Aufsichtsrat, Beirat, Verwaltungsrat, Board, Ausschüsse) geschaffen werden. – Obligatorischer Aufsichtsrat nur bei Gesellschaften mit mehr als 2 000 Arbeitnehmern (MitBestG 1976), der dann aber bei der Komplementär-GmbH zu bilden ist.	Organe der Gesellschaft sind: – Gesellschafterversammlung – Auf Grund gesellschaftsvertraglicher Regelung können weitere fakultative Organe (Aufsichtsrat, Beirat, Verwaltungsrat, Board, Ausschüsse) geschaffen werden; bei GbR allerdings auf Grund des nichtgewerblichen Gesellschaftszwecks eher selten. – OHG: Obligatorischer Aufsichtsrat bei mehr als 2 000 Arbeitnehmern (MitBestG 1976), wenn kein Gesellschafter eine natürliche Person ist.

Kalbfleisch

	Aktiengesellschaft	GmbH (ohne UG – haftungsbeschränkt)	GmbH & Co. KG	Gesellschaft bürgerlichen Rechts (GbR)/OHG
II. Gründungsvoraussetzungen				
– Gesellschaftsvertrag	Mindestinhalt (§ 23 AktG): – Gründer – Firma – Sitz – Gegenstand des Unternehmens – Höhe des Grundkapitals – Zerlegung des Grundkapitals entweder in Nennbetragsaktien oder in Stückaktien – Inhaber- oder Namensaktien – Zahl der Mitglieder des Vorstandes oder die Regeln, nach denen diese Zahl festgelegt wird – Form der Bekanntmachung	Mindestinhalt (§ 3 GmbHG): – Gründer – Firma – Sitz – Gegenstand des Unternehmens: jeder erlaubte Zweck (§ 1 GmbHG) – Betrag des Stammkapitals – Betrag der von jedem Gesellschafter auf das Stammkapital zu leistenden Einlage (Stammeinlage)	Mindestinhalt: – Gemeinsamer Zweck muss Betrieb eines Handelsgewerbes unter gemeinschaftlicher Firma sein (§§ 161 Abs. 1; 1 Abs. 2 HGB) – Rechtsform als Kommanditgesellschaft – Firma – Person des Komplementärs – Person des Kommanditisten und dessen Hafteinlage	Mindestinhalt: – Gemeinsamer Zweck: jeder erlaubte Zweck mit Ausnahme des Betriebs eines Handelsgewerbes (§§ 105 Abs. 1; 161 Abs. 1 HGB) – Pflicht der Gesellschafter, diesen zu fördern – OHG: muss Betrieb eines Handelsgewerbes sein (§§ 105 Abs. 1 HGB)
	Gestaltung der Satzung: Hier herrscht erhöhte Satzungsstrenge (im Vgl. zur GmbH). Es gilt das System der normativen Bestimmungen, § 23 Abs. 5 AktG: „Alles, was nicht ausdrücklich erlaubt ist, ist verboten."	Gestaltung der Satzung: Es gilt weitgehende Satzungsautonomie; zweckmäßig sind insbesondere Regelungen über – Geschäftsführung und Vertretung/Befreiung von den Beschränkungen des § 181 BGB (Verbot von Insich-Geschäften) – Gesellschafterversammlung – Bilanzierungsgrundsätze und Prüfungspflicht – Gewinnverwendung – Übertragbarkeit der Geschäftsanteile – Einziehung von Anteilen und sonstiges Ausscheiden von Gesellschaftern	Gestaltung der Satzung: Es gilt umfassende Vertragsfreiheit; zweckmäßig sind insbesondere Regelungen über – Geschäftsführung und Vertretung/Befreiung von den Beschränkungen des § 181 BGB (Verbot von Insich-Geschäften) – Einlagenleistung und Beteiligung am Gesellschaftsvermögen – Buchführungs- und Bilanzierungsgrundsätze – Gewinnverteilung – Entnahmerechte – Nachfolgeregelungen zu Lebzeiten und von Todes wegen – Kündigung und Abfindung	Gestaltung der Satzung: Es gilt umfassende Vertragsfreiheit; zweckmäßig sind insbesondere Regelungen über – Beiträge der Gesellschafter – Geschäftsführung und Vertretung, Verpflichtungen zu Lasten der Gesellschaft – Beteiligung an Vermögen und Ertrag der Gesellschaft – Nachfolgeregelungen zu Lebzeiten und von Todes wegen – Kündigung und sonstiges Ausscheiden von Gesellschaftern – Zweckerreichung/Auflösung und Abwicklung OHG i.Ü. wie GmbH & Co. KG

Rechtsformwahl

	Aktiengesellschaft	GmbH (ohne UG – haftungsbeschränkt)	GmbH & Co. KG	Gesellschaft bürgerlichen Rechts (GbR)/OHG
– Kapital	Grundkapital mindestens 50 000,00 €; es gilt der strenge Grundsatz der Kapitalaufbringung und -erhaltung. Kapitalaufbringung – durch Bareinlage – oder Sacheinlage möglich. Bei Sachgründung ist zusätzlich erforderlich: – Sachgründungsbericht durch die Gründer – Sachgründungsprüfung durch Vorstand, Aufsichtsrat und Gründungsprüfer – Nachweis über den Wert der Sacheinlage („Werthaltigkeitsbescheinigung") – Überprüfung der Angaben durch Registergericht Im Falle von bestimmten Erwerbsgeschäften der AG mit Gründern oder Aktionären außerhalb des gewöhnlichen Geschäftsbetriebs innerhalb von zwei Jahren seit Eintragung der Gesellschaft unterliegen als sog. Nachgründung (§ 52 AktG) besonderen Formalien sowie den Berichts- und Prüfungspflichten entsprechen einer Sachgründung.	Stammkapital mindestens 25 000 €; es gilt der strenge Grundsatz der Kapitalaufbringung und -erhaltung. Kapitalaufbringung: – durch Bareinlage – oder Sacheinlage möglich. Bei Sachgründung ist zusätzlich erforderlich: – Sachgründungsbericht der Gesellschafter – Nachweis über den Wert der Sacheinlage („Werthaltigkeitsbescheinigung") – Überprüfung der Angaben durch Registergericht Die Gesellschaft kann auch mit einem geringeren Stammkapital gegründet werden; sie hat dann die Bezeichnung „Unternehmergesellschaft (haftungsbeschränkt)" bzw. „UG (haftungsbeschränkt)" zu führen und unterliegt strengen bilanziellen Kapitalschonungsregelungen (§ 5a GmbHG).	Bei der Personengesellschaft ersetzt die persönliche Haftung mindestens eines Gesellschafters das Erfordernis eines Mindestkapitals, und zwar auch dann, wenn kein persönlich haftender Gesellschafter eine natürliche Person ist. Die Grundsätze der Kapitalaufbringung und -erhaltung finden auf die KG keine Anwendung, wohl aber auf die Komplementär-GmbH und deren Stammkapital nach den allgemeinen GmbH-Regelungen. Die Einlagen der Gesellschafter können frei festgesetzt werden, ebenso der Wert etwaiger Sacheinlagen, der insbesondere keiner Prüfung durch Gesellschaftsorgane oder Registergericht unterliegt. Nur, soweit der Wert der Sacheinlage eines Kommanditisten dessen Hafteinlage deckt, wird er von seiner persönlichen Haftung frei (§ 171 Abs. 1 HGB).	Wie GmbH & Co. KG; eine Haftungsbefreiung durch Einlageleistung entfällt.
– Firma	Firma grundsätzlich frei wählbar mit dem Zusatz „AG", es gilt jedoch der allgemeine Grundsatz der Firmenwahrheit und Firmenklarheit.	Firma grundsätzlich frei wählbar mit dem Zusatz „GmbH", es gilt jedoch der allgemeine Grundsatz der Firmenwahrheit und Firmenklarheit.	Firma grundsätzlich frei wählbar mit dem Zusatz „KG", es gilt jedoch der allgemeine Grundsatz der Firmenwahrheit und Firmenklarheit. Zusätzlich muss ein Hinweis auf die Haftungsverhältnisse („GmbH & Co.") in der Firma enthalten sein; bei der „klassischen" GmbH & Co. KG hat sich diese Bezeichnung auch als Firmenzusatz allgemein durchgesetzt. Außerdem muss sich die Firma der KG von Firma der GmbH unterscheiden, was häufig durch Beifügung eines den Gesellschaftszweck kennzeichnenden Zusatzes erreicht wird (z.B. Firma der KG: „Meier Maschinenbau GmbH & Co. KG", Firma der Komplementär-GmbH: Meier Verwaltungs-GmbH").	Eine Firma i.S.d. HGB kann die GbR nicht führen. Es ist jedoch üblich, bei auf eine gewisse Dauer angelegten GbR der Gesellschaft eine der Unterscheidung im Rechtsverkehr dienende Bezeichnung zu verleihen, die häufig einer handelsrechtlichen Firma nachgebildet und mit dem Zusatz „GbR" versehen ist. Mit dieser Bezeichnung kann die GbR dann auch im Handelsregister oder Grundbuch eingetragen werden. OHG: Firma ist grundsätzlich frei wählbar mit dem Zusatz „OHG", es gilt jedoch der allgemeine Grundsatz der Firmenwahrheit und Firmenklarheit. Ist keine natürliche Person an der OHG beteiligt, sind außerdem die zusätzlichen Erfordernisse wie bei GmbH & Co. KG zu beachten.

		Aktiengesellschaft	GmbH (ohne UG – haftungsbeschränkt)	GmbH & Co. KG	Gesellschaft bürgerlichen Rechts (GbR)/OHG
–	Formalien	Die Satzung muss durch notarielle Beurkundung festgestellt werden. Die Unterzeichnung durch Bevollmächtigte ist auf Grund einer notariell beglaubigten Vollmacht zulässig Bestellung des ersten Aufsichtsrats der Gesellschaft und des Abschlussprüfers für das erste Voll- und Rumpfgeschäftsjahr – notarielle Beurkundung; 1. Aufsichtsratssitzung: Bestellung des Vorstandes Gründungsbericht der Gründer, Gründungsprüfung durch die Mitglieder des Vorstandes und des Aufsichtsrats; ein zusätzlicher Gründungsprüfer ist dann erforderlich, wenn ein Mitglied des Vorstandes oder des Aufsichtsrats zu den Gründern gehört (Bestellung des Gründungsprüfers durch das Gericht). Anmeldung zur Eintragung im Handelsregister erforderlich: durch alle Gründer, Mitglieder des Vorstandes und des Aufsichtsrates, notariell beglaubigte Unterschriften	Notarielle Beurkundung des Gesellschaftsvertrags erforderlich sowie Feststellung des Gesellschaftsvertrags durch die Gründer und Ernennung der Geschäftsführung Die Unterzeichnung durch Bevollmächtigte ist auf Grund einer notariell beglaubigten Vollmacht zulässig. Anmeldung zur Eintragung im Handelsregister erforderlich: durch den Geschäftsführer notariell beglaubigte Unterschrift	Gesellschaftsvertrag der KG ist grundsätzlich formfrei und kann auch konkludent abgeschlossen werden. Schriftform empfiehlt sich allerdings aus Beweisgründen und als Nachweis gegenüber der Finanzverwaltung. Eine Ausnahme gilt dann, wenn der Gesellschaftsvertrag ein formbedürftiges Leistungsversprechen enthält, etwa wenn Gesellschaftszweck der Erwerb eines bestimmten oder bestimmbaren Grundstücks oder bestimmter oder bestimmbarer GmbH-Anteile ist. In diesen Fällen bedarf der Gesellschaftsvertrag insgesamt gem. § 311b Abs. 1 Satz 1 BGB bzw. § 15 Abs. 4 GmbHG der notariellen Beurkundung; die fehlende Form wird erst durch Wirksamwerden des Erwerbs (bei Immobilien-KG: Eintragung ins Grundbuch!) geheilt. Die Gesellschaft ist in notariell beglaubigter Form zum Handelsregister anzumelden.	Gesellschaftsvertrag der KG ist grundsätzlich formfrei und kann auch konkludent abgeschlossen werden. Schriftform empfiehlt sich allerdings aus Beweisgründen und als Nachweis gegenüber der Finanzverwaltung. Eine Ausnahme gilt dann, wenn der Gesellschaftsvertrag ein formbedürftiges Leistungsversprechen enthält, etwa wenn Gesellschaftszweck der Erwerb eines bestimmten oder bestimmbaren Grundstücks oder bestimmbarer GmbH-Anteile ist. In diesen Fällen bedarf der Gesellschaftsvertrag insgesamt gem. § 311b Abs. 1 Satz 1 BGB bzw. § 15 Abs. 4 GmbHG der notariellen Beurkundung; die fehlende Form wird erst durch Wirksamwerden des Erwerbs (bei Immobilien-GbR: Eintragung ins Grundbuch!) geheilt. Da die GbR kein Handelsgewerbe i.S.d. HGB betreibt, besteht keine Anmelde- und Eintragungspflicht. Für die OHG gilt das zur GmbH & Co. KG Gesagte.
–	Beginn	Mit der Eintragung in das Handelsregister entsteht die Aktiengesellschaft als juristische Person; die Eintragung hat konstitutive Wirkung.	Mit der Eintragung in das Handelsregister entsteht die GmbH als juristische Person; die Eintragung hat konstitutive Wirkung.	Im Innenverhältnis entsteht die KG mit Abschluss des Gesellschaftsvertrags, im Außenverhältnis mit Aufnahme der Geschäftstätigkeit, spätestens aber mit Eintragung der Gesellschaft in das Handelsregister. Bei nicht kaufmännischem Geschäftsbetrieb Beginn erst mit Eintragung im Handelsregister, davor GbR (str.). Die Haftungsbeschränkung des Kommanditisten setzt die Handelsregistereintragung voraus, es sei denn, die Haftungsbeschränkung ist dem Gläubiger bekannt.	Im Innenverhältnis entsteht die GbR mit Abschluss des Gesellschaftsvertrags, im Außenverhältnis mit Aufnahme der Geschäftstätigkeit (bei OHG spätestens mit Eintragung der Gesellschaft in das Handelsregister).

Rechtsformwahl

	Aktiengesellschaft	GmbH (ohne UG – haftungsbeschränkt)	GmbH & Co. KG	Gesellschaft bürgerlichen Rechts (GbR)/OHG
III. Organisation				
– Management	Fremdorganschaft ist zulässig, d.h. Organmitglied kann, muss aber nicht zugleich Gesellschafter sein. Vorstand vertritt und leitet die Gesellschaft in eigener Verantwortung; ihm gegenüber ist weder der Aufsichtsrat noch die Hauptversammlung weisungsbefugt. Der Vorstand besteht aus einem oder mehreren Mitgliedern und handelt im gesetzlichen Regelfall als Kollegialorgan. Die Anordnung von Einzel- oder (echter oder unechter) Gesamtvertretung in der Satzung ist möglich. Der Alleinaktionär einer Einperson-AG kann sich selbst zum Vorstand bestellen lassen. Anders als beim Geschäftsführer und Alleingesellschafter einer GmbH bedarf es keiner besonderen Regelung für In-sich-Geschäfte, weil eine AG gegenüber einem Vorstandsmitglied durch den Aufsichtsrat vertreten wird (§ 112 AktG) und der Alleinaktionär nicht gleichzeitig Vorstand und Aufsichtsrat sein kann. Eine Beschränkung der Vertretungsbefugnis wirkt nur im Verhältnis zur Gesellschaft (Gesellschaftsvertrag) – „Negativ-Katalog" der Befugnisse (Beschluss des Aufsichtsrats oder Satzung); Genehmigung der Geschäfte durch den Aufsichtsrat Neben der Organstellung als Vorstand besteht zwischen diesem und der Gesellschaft i.d.R. ein Dienstvertrag, bei dessen Abschluss, Änderung oder Beendigung die Gesellschaft durch den Aufsichtsrat vertreten wird. Die Laufzeit entspricht der Dauer der Bestellung als Vorstand, höchstens jedoch fünf Jahre (§ 84 Abs. 1 Satz 1 AktG).	Fremdorganschaft ist zulässig, d.h. Organmitglied kann, muss aber nicht zugleich Gesellschafter sein. Geschäftsführer vertritt und leitet die Gesellschaft nach Weisung der Gesellschafterversammlung. Die Geschäftsführung besteht aus einem oder mehreren Mitgliedern und handelt im gesetzlichen Regelfall als Kollegialorgan. Die Anordnung von Einzel- oder (echter oder unechter) Gesamtvertretung in der Satzung ist möglich. Die Befreiung von den Beschränkungen des § 181 BGB (Verbot von In-sich-Geschäften) ist möglich, wenn satzungsseitig vorgesehen, und insbesondere bei Einpersonen-GmbH (§ 35 Abs. 3 GmbHG) empfehlenswert. Eine Beschränkung der Vertretungsbefugnis wirkt nur im Verhältnis zur Gesellschaft (Gesellschaftsvertrag) – „Negativ-Katalog" der Befugnisse (Gesellschafterbeschluss oder Satzung). Neben der Organstellung als Geschäftsführer besteht zwischen diesem und der Gesellschaft i.d.R. ein Dienstvertrag, bei dessen Abschluss, Änderung oder Beendigung die Gesellschaft durch die Gesellschafterversammlung vertreten wird. Für die Laufzeit gilt der Grundsatz der Vertragsfreiheit; häufig anzutreffen sind auf 3–5 Jahre befristete Verträge.	Grundsatz der Selbstorganschaft; organschaftlicher Vertreter der Gesellschaft sind ausschließlich deren persönlich haftende Gesellschafter. Bei der GmbH & Co. KG wird die KG durch die Komplementär-GmbH vertreten, die ihrerseits durch ihren Geschäftsführer handelt, der damit (mittelbar) auch die KG vertritt. Jeder geschäftsführende Gesellschafter ist allein zur Geschäftsführung und Vertretung der Gesellschaft ermächtigt; einzelne persönlich haftende Gesellschafter können durch Gesellschaftsvertrag von der Geschäftsführung und Vertretung ausgeschlossen werden. Die Anordnung von (echter oder unechter) Gesamtvertretung im Gesellschaftsvertrag sowie eine Befreiung von den Beschränkungen des § 181 BGB (Verbot von In-sich-Geschäften) ist möglich. Die Komplementär-GmbH hat Anspruch auf Ersatz aller ihr durch die Geschäftsführungstätigkeit entstehenden Aufwendungen (§ 110 HGB), dies gilt insbesondere auch für die von ihr an ihre Geschäftsführung zu entrichtende Vergütung. Im Übrigen ist ihre Tätigkeit durch eine entsprechend bemessene Tätigkeits- und Haftungsvergütung abgegolten.	Grundsatz der Selbstorganschaft, organschaftliche Vertreter sind bei der GbR alle Gesellschafter gemeinschaftlich (bei OHG: wie GmbH & Co. KG). Einzelne Gesellschafter können durch Gesellschaftsvertrag von der Geschäftsführung und Vertretung ausgeschlossen werden. Die Anordnung von (echter oder unechter) Gesamtvertretung im Gesellschaftsvertrag sowie eine Befreiung von den Beschränkungen des § 181 BGB (Verbot von In-sich-Geschäften) ist möglich.

	Aktiengesellschaft	GmbH (ohne UG – haftungsbeschränkt)	GmbH & Co. KG	Gesellschaft bürgerlichen Rechts (GbR)/OHG
– Aufsichtsrat/ Unternehmensmitbestimmung	Überwachungs- und Kontrollorgan des Vorstands. Der Aufsichtsrat besteht aus mindestens drei Mitgliedern. Bestellung der Aufsichtsratsmitglieder durch die Hauptversammlung (Ausnahme: bei einem mitbestimmten Aufsichtsrat werden die Arbeitnehmervertreter von den Arbeitnehmern gewählt) Ein Drittel der Aufsichtsratsmitglieder muss aus Arbeitnehmervertretern bestehen bei – AG, die mehr als 500 Arbeitnehmer beschäftigen, sowie – Altgesellschaften (Eintragung vor dem 10.8.1994), die keine Familiengesellschaften sind. Bei AG mit i.d.R. mehr als 2 000 Arbeitnehmern muss die Hälfte der Mitglieder des Aufsichtsrats aus Arbeitnehmervertretern bestehen. Wesentliche Kompetenzen des Aufsichtsrats sind: – Bestellung und Abberufung der Mitglieder des Vorstandes – Abschluss der Anstellungsverträge mit den Vorstandsmitgliedern sowie sonstige Vertretung der Gesellschaft gegenüber Vorstandsmitgliedern – Überwachung der Geschäftsführung des Vorstands – Feststellung des Jahresabschlusses, soweit diese nicht der Hauptversammlung zugewiesen wird – Vetorecht bei zustimmungspflichtigen Geschäftsführungsmaßnahmen	Nicht generell vorgeschrieben, aber durch gesellschaftsvertragliche Regelung möglich (fakultativer Aufsichtsrat). Aufsichtsrat ist obligatorisch zu errichten bei mitbestimmten Gesellschaften; dann muss ein Teil der Aufsichtsratsmitglieder aus Arbeitnehmervertretern bestehen, und zwar – ein Drittel bei mehr als 500 Arbeitnehmern sowie – die Hälfte bei mehr als 2 000 Arbeitnehmern. Wichtige Kompetenzen nach Maßgabe aktienrechtlicher Bestimmungen: – Überwachung der Geschäftsführung – Recht, Jahresabschluss einzusehen und Kontrollen zu tätigen – Einberufung der Gesellschafterversammlung in bestimmten Fällen	Nicht generell vorgeschrieben, aber durch gesellschaftsvertragliche Regelung möglich (fakultativer Aufsichtsrat). Ein obligatorischer Aufsichtsrat existiert bei der GmbH & Co. KG nicht. Allerdings ist bei der Komplementär-GmbH ein Aufsichtsrat zu bilden, der zur Hälfte mit Arbeitnehmervertretern zu besetzen ist, wenn bei der KG mehr als 2 000 Arbeitnehmer beschäftigt sind.	Nicht generell vorgeschrieben, aber durch gesellschaftsvertragliche Regelung theoretisch möglich, praktisch jedoch selten. Ein mitbestimmter Aufsichtsrat existiert generell nicht; Ausnahme: bei OHG mit ausschließlich nichtnatürlichen Personen als Gesellschaftern Behandlung wie GmbH & Co. KG.

	Aktiengesellschaft	GmbH (ohne UG – haftungsbeschränkt)	GmbH & Co. KG	Gesellschaft bürgerlichen Rechts (GbR)/OHG
Einfluss der Gesellschafter	Aktionäre nehmen im Wesentlichen ihren Einfluss im Rahmen von Hauptversammlungen wahr. Es bestehen Auskunftsrechte gegenüber dem Vorstand (§ 131 AktG), nicht aber ein Weisungsrecht (§ 119 Abs. 2 AktG), ebenso nicht gegenüber den Mitgliedern des Aufsichtsrats. Die Einflussnahmemöglichkeiten der Aktionäre sind ausschließlich auf indirekte Einflussnahme über den Aufsichtsrat beschränkt. Die Hauptversammlung bestimmt über: – Bestellung der Mitglieder des Aufsichtsrates – Verwendung des Bilanzgewinns – die Entlastung der Mitglieder des Vorstandes und des Aufsichtsrates – Bestellung des Abschlussprüfers – Satzungsänderungen – Maßnahmen der Kapitalbeschaffung und der Kapitalherabsetzung – Bestellung von Sonderprüfern zur Prüfung von einzelnen Geschäftsführungs- oder Kapitalmaßnahmen (§ 142 Abs. 1 AktG) – Auflösung der Gesellschaft	Gesellschafterversammlung ist „oberstes Organ" der Gesellschaft und grundsätzlich „allzuständig". Sie kann Kompetenzen anderer Organe an sich ziehen, insbesondere besteht ein Weisungsrecht der Gesellschafter gegenüber der Geschäftsführung. Grenze: zwingende Zuständigkeiten (z.B. gesetzliche Vertretung der Gesellschaft, Aufstellung des Jahresabschlusses). Die Gesellschafterversammlung bestimmt insbesondere über: – Feststellung des Jahresabschlusses und Konzernabschlusses, Ergebnisverwendung – Einforderung von Einzahlungen auf die Stammeinlage – Rückzahlung von Nachschüssen – Teilung, Zusammenlegung und Einziehung von Geschäftsanteilen – Bestellung und Abberufung der Geschäftsführer sowie deren Entlastung – Abschluss, Änderung und Beendigung von Anstellungsverträgen mit den Geschäftsführern – Prozessvertretung gegenüber Geschäftsführern, nicht aber sonstige Rechtsgeschäfte mit Geschäftsführern (§ 46 Nrn. 5 und 8 GmbHG) – Erteilung (nicht: Widerruf!) von Prokuren und Handlungsvollmachten – Satzungsänderungen sowie Maßnahmen nach dem UmwG – Abschluss, Änderung und Beendigung von Anstellungsverträgen EAVs und anderen Unternehmensverträgen	Keine Differenzierung zwischen Gesellschafterstellung und Geschäftsführung/Vertretung (Grundsatz der Selbstorganschaft); wohl aber Unterscheidung zwischen den unterschiedlichen Gesellschafterarten: Komplementär-GmbH: – hat als geschäftsführende Gesellschafterin der KG umfassende Geschäftsführungsbefugnis – stellt den Jahresabschluss auf Kommanditisten: – Widerspruchsrecht auf außergewöhnliche Maßnahmen beschränkt – Kontrollrechte auf Prüfung des Jahresabschlusses und Einsichtsrecht in die Bücher beschränkt – stellen den Jahresabschluss fest Differenzierung trägt dem gesetzlichen Leitbild einer rein kapitalistischen Beteiligung des Kommanditisten an der Gesellschaft Rechnung. Abweichende Regelungen im Gesellschaftsvertrag sind in weitem Umfang möglich und üblich; häufig Erweiterung der Einflussmöglichkeiten des Kommanditisten in Anlehnung an GmbH-Gesellschafterversammlung. durch die i.d.R. gleichzeitig bestehende Beteiligungsidentität bzgl. der Komplementär-GmbH beherrschen die Kommanditisten zugleich die (ggf. Fremd-)Geschäftsführer; auf diese Weise kann die interne Struktur und Kompetenzverteilung zwischen Gesellschaftern und Geschäftsführung der GmbH & Co. KG insgesamt entsprechend der GmbH ausgestaltet werden.	Grundsatz der Selbstorganschaft: umfassende Einflussnahme aller Gesellschafter auf alle Belange der Gesellschaft durch Zuweisung von Geschäftsführungs- und Vertretungsbefugnis an alle Gesellschafter gemeinschaftlich (bei OHG: jeden Gesellschafter einzeln); zusätzlich umfassendes Auskunfts- und Einsichtsrecht jedes Gesellschafters in Bezug auf alle Belange der Gesellschaft. Bei Anordnung der Einzelgeschäftsführung oder der Gesamtgeschäftsführung durch einzelne, aber nicht alle Gesellschafter umfassendes Widerspruchsrecht jedes geschäftsführenden Gesellschafters gegenüber seinen Geschäftsführer-Kollegen. Abweichende Regelungen im Gesellschaftsvertrag sind in weitem Umfang möglich und je nach Verwendungszweck der Gesellschaft empfehlenswert; Grenze: in „Kernbereich der Mitgliedschaftsrechte" darf auch durch gesellschaftsvertragliche Regelungen nicht eingegriffen werden.

Aktiengesellschaft	GmbH (ohne UG – haftungsbeschränkt)	GmbH & Co. KG	Gesellschaft bürgerlichen Rechts (GbR)/OHG
	– Wahl der Aufsichtsratsmitglieder – Wahl des Abschlussprüfers – Auflösung der Gesellschaft		

IV. Haftung

Aktiengesellschaft	GmbH (ohne UG – haftungsbeschränkt)	GmbH & Co. KG	Gesellschaft bürgerlichen Rechts (GbR)/OHG
Gesellschaft: – nach allgemeinen Regeln – insgesamt auf das Gesellschaftsvermögen beschränkt Aktionär: – nach allgemeinen Regeln – vor Eintragung grundsätzlich unbeschränkt – sobald die Einlage geleistet ist, haftet der Aktionär grundsätzlich nicht über die geleistete Einlage hinaus – ausnahmsweise Durchgriffshaftung, diese unbeschränkt bei Beherrschung der Gesellschaft und nachteiligen Entscheidungen zu Lasten der Gesellschaft („existenzvernichtender Eingriff") Vorstand: – Die Vorstandsmitglieder haften, wenn sie bei ihrer Geschäftsführung nicht die Sorgfalt eines ordentlichen und gewissenhaften Geschäftsleiters anwenden Aufsichtsrat: – Wenn die Aufsichtsratsmitglieder nicht den Aufgaben mit der Sorgfalt eines ordentlichen und gewissenhaften Geschäftsleiters wahrnehmen, haften sie gegenüber der Aktiengesellschaft	Gesellschaft: – nach allgemeinen Regeln – insgesamt auf das Gesellschaftsvermögen beschränkt Gesellschafter: – nach allgemeinen Regeln – vor Eintragung grundsätzlich unbeschränkt – sobald die Einlage geleistet ist, haftet der Aktionär grundsätzlich nicht über die geleistete Einlage hinaus – ausnahmsweise Durchgriffshaftung diese unbeschränkt bei Beherrschung der Gesellschaft und nachteiligen Entscheidungen zu Lasten der Gesellschaft („existenzvernichtender Eingriff") Geschäftsführer: – Die Geschäftsführer haften, wenn sie bei ihrer Geschäftsführung nicht die Sorgfalt eines ordentlichen und gewissenhaften Geschäftsleiters anwenden.	Grundsätzlich Haftung der Gesellschafter für sämtliche Verbindlichkeiten der Gesellschaft; jedoch Differenzierung zwischen den unterschiedlichen Gesellschafterarten: Komplementär-GmbH: – haftet mit ihrem Gesellschaftsvermögen unbegrenzt für die KG-Verbindlichkeiten – Haftungsbeschränkung ergibt sich aber aus der Rechtsnatur als GmbH (s. dort) Kommanditisten: – Haftung grundsätzlich auf den Betrag der Einlage („Hafteinlage") beschränkt; vor Eintragung als Kommanditist jedoch unbegrenzte Haftung möglich – nach Leistung der Einlage keine persönliche Haftung mehr; Leistung von Anteilen an die Komplementär-GmbH befreit von Haftung nicht – Wiederaufleben der Haftung bei Einlagenrückgewähr oder Überentnahmen	Bei wirksam vertretener Gesellschaft haftet das Gesellschaftsvermögen für die Erfüllung der vertraglich begründeten Verbindlichkeiten; daneben haften ter der GbR kraft ungeschriebenen Grundsatzes des Zivilrechts persönlich akzessorisch (für die OHG in § 128 HGB ausdrücklich gesetzlich geregelt) Eine Haftungsbegrenzung kann durch die Verpflichtung der vertretungsberechtigten Gesellschafter im Gesellschaftsvertrag erreicht werden, wonach diese gegenüber Geschäftspartnern die Haftung der GbR auf das Gesellschaftsvermögen zu beschränken haben. Diese Beschränkung der Vertretungsbefugnis ist allerdings nur wirksam, wenn sie für einen Dritten objektiv, z.B. durch Vorlage des Gesellschaftsvertrags. erkennbar ist (der Hinweis „GbR mbH" o. Ä. reicht hierfür nicht!). Eine Haftungsbeschränkung auf das Gesellschaftsvermögen ist auch durch ausdrückliche Vereinbarung mit dem Dritten möglich. Die Gesellschafter werden dann als Teilschuldner entsprechend ihrer jeweiligen Beteiligung verpflichtet. Der Gesellschafter haftet nach dem Ausscheiden aus der Gesellschaft für die bis zu diesem Zeitpunkt begründeten Verbindlichkeiten für einen Zeitraum von fünf Jahren nach dem Ausscheiden. Ein neu in eine bestehende Gesellschaft eintretender Gesellschafter haftet für Schulden, die die Gesellschaft vor seinem Eintritt begründet hat, unbeschränkt.

Rechtsformwahl

Aktiengesellschaft	GmbH (ohne UG – haftungsbeschränkt)	GmbH & Co. KG	Gesellschaft bürgerlichen Rechts (GbR)/OHG
V. Übertragbarkeit der Beteiligung unter Lebenden und von Todes wegen			
Grundsätzlich frei übertragbar und vererblich. Satzung kann Einschränkungen vorsehen, z.B.: – Ausschluss der Übertragbarkeit – Zustimmungsvorbehalte der Gesellschaft und/oder der Aktionäre („Vinkulierung") Die rechtsgeschäftliche Übertragung unterliegt keinen Formerfordernissen; die Übertragung erfolgt formfrei, und zwar je nach Erscheinungsform der Aktien durch Abtretung nach den §§ 413, 398 BB (unverbriefte Aktien), Indossament (verbriefte, nicht in einem Depot verwahrte Namensaktien) oder Übereignung gem. der §§ 929 ff. BGB (verbriefte Inhaberaktien, deponierte Aktien). Im Erbfall gehen die Aktien als Teil des Nachlasses unmittelbar auf den oder die Erben über (§ 1922 BGB).	Grundsätzlich frei übertragbar und vererblich. Satzung kann Einschränkungen vorsehen, z.B.: – Ausschluss der Übertragbarkeit – Zustimmungsvorbehalte der Gesellschaft und/oder der Gesellschafter („Vinkulierung") Notarielle Form erforderlich für Übertragung (§ 15 GmbHG); formnichtiges schuldrechtliches Geschäft (Kaufvertrag, Schenkung) wird durch formgerechte Abtretung der Anteile geheilt. Beurkundung der Übertragung durch bestimmte (Schweiz) ausländische Notare wohl noch wirksam (gilt nicht für Kapitalmaßnahmen oder sonstige Satzungsänderungen!) Im Erbfall gehen die Geschäftsanteile als Teil des Nachlasses unmittelbar auf den oder die Erben über (§ 1922 BGB).	Der Gesellschaftsanteil an einer GmbH & Co. KG ist grundsätzlich nicht übertragbar (§§ 161 Abs. 2, 105 Abs. 2 HGB; 717 BGB). Abweichende Regelungen im Gesellschaftsvertrag möglich, z.B. freie Übertragbarkeit (selten), Vinkulierung, Festlegung eines bestimmten Kreises „zulässiger" Erwerber, etwa Mitgesellschafter, Angehörige von Gesellschaftern, Nachkommen des Firmengründers. Bei der rechtsgeschäftlichen Übertragung ist zu beachten: – Übertragung der Gesellschafterrechte grundsätzlich formfrei möglich – wenn jedoch – zur Wahrung der Beteiligungsidentität – Anteile an der Komplementär-GmbH mitübertragen werden sollen, bedarf auch die Übertragung der KG-Anteile der notariellen Form (Ausnahme: Einheits-KG!) – Anmeldung des Gesellschafterwechsels zum Handelsregister erforderlich – Gefahr des Wiederauflebens der Haftung bei Veräußerung von Kommanditanteilen; kann durch Abtretung unter der aufschiebenden Bedingung der Eintragung des Anteilswechsels in das Handelsregister vermieden werden Beim Tod eines Kommanditisten geht dessen Anteil auf seine Erben über (§ 177 HGB). Für den Komplementär gilt dasselbe wie bei OHG (in „klassischer" GmbH & Co. KG nicht möglich). Abweichende Regelungen im Gesellschaftsvertrag sind möglich und i.d.R. zu empfehlen (sog. Nachfolgeklauseln). In Betracht kommen u.a.: – Ausscheiden des verstorbenen Gesellschafters gegen Abfindung (Fortsetzungsklausel – bei OHG gesetzlicher Regelfall) – Übergang nur auf einen bestimmten Personenkreis, etwa Mitgesellschafter, Angehörige von Gesellschaftern, Nachkommen des Firmengründers zulässig (qualifizierte Nachfolgeklausel	Der Gesellschaftsanteil an einer GbR/OHG ist grundsätzlich nicht übertragbar (§ 717 BGB). Abweichende Regelungen im Gesellschaftsvertrag möglich, z.B. freie Übertragbarkeit (selten), Vinkulierung, Festlegung eines bestimmten Kreises „zulässiger" Erwerber, etwa Mitgesellschafter, Angehörige von Gesellschaftern, Nachkommen des Firmengründers. Übertragung der Gesellschafterrechte ist formfrei möglich, und zwar auch dann, wenn zum Gesellschaftsvermögen „formpflichtiges" Vermögen (Grundstücke, GmbH-Anteile) gehört. Beim Tod eines Gesellschafters wird die Gesellschaft aufgelöst und liquidiert (OHG: der Verstorbene scheidet gegen Abfindung aus der Gesellschaft aus, § 131 Abs. 3 Nr. 1 HGB, bei Tod des vorletzten Gesellschafters Anwachsung des Vermögens an den Verbliebenen). Abweichende Regelungen im Gesellschaftsvertrag sind möglich und i.d.R. zu empfehlen (sog. Nachfolgeklauseln). In Betracht kommen u.a.: – Ausscheiden des verstorbenen Gesellschafters gegen Abfindung (Fortsetzungsklausel – bei OHG gesetzlicher Regelfall) – Übergang des Anteils auf den oder die Erben des verstorbenen Gesellschafters (einfache Nachfolgeklausel – gesetzlicher Regelfall für Kommanditanteile) – Übergang nur auf einen bestimmten Personenkreis, etwa Mitgesellschafter, Angehörige von Gesellschaftern, Nachkommen des Firmengründers zulässig (qualifizierte Nachfolgeklausel) – Wahlrecht des Erben zwischen Übernahme des Anteils oder Abfindung (Eintrittsklausel – praktisch selten, da steuerlich gegenüber einfacher oder qualifizierter Nachfolgeklausel i.d.R. nachteilig) Bei qualifizierter Nachfolgeklausel geht der Gesellschaftsanteil im Wege der Sonderrechtsnachfolge „am Nachlass vorbei" unmittelbar auf den oder die Nachfolger über, auch wenn diese nicht Erben des

Aktiengesellschaft	GmbH (ohne UG – haftungsbeschränkt)	GmbH & Co. KG	Gesellschaft bürgerlichen Rechts (GbR)/OHG
		– Wahlrecht des Erben zwischen Übernahme des Anteils oder Abfindung (Eintrittsklausel – praktisch selten, da steuerlich gegenüber einfacher oder qualifizierter Nachfolgeklausel i.d.R. nachteilig) Bei qualifizierter Nachfolgeklausel geht der Gesellschaftsanteil im Wege der Sonderrechtsnachfolge „am Nachlass vorbei" unmittelbar auf den oder die Nachfolger über, auch wenn diese nicht Erben des verstorbenen Gesellschafters werden. Dies kann zu ungewolltem Auseinanderfallen von Kommanditanteilen und Anteilen an der Komplementär-GmbH führen, da letztere zwingend in den Nachlass fallen und damit auf den oder die Erben übergehen (wird bei Einheits-KG vermieden!).	verstorbenen Gesellschafters werden. Geht ein OHG-Anteil kraft (einfacher oder qualifizierter) Nachfolgeklausel auf Erben über, können diese die Einräumung der Stellung eines Kommanditisten verlangen (§ 139 Abs. 1 HGB).
VI. Jahresabschluss			
Die AG unterliegt der Pflicht zur Prüfung ihres Jahresabschlusses und des Lageberichtes, wenn mindestens zwei der drei nachstehenden Merkmale an zwei aufeinander folgenden Abschlussstichtagen erfüllt sind: – Eine Bilanzsumme von mehr als 4 840 000 € nach Abzug eines auf der Aktivseite ausgewiesenen Fehlbetrages – mehr als 9 680 000 € Umsatzerlöse in den 12 Monaten vor dem Abschlussstichtag – Im Jahresdurchschnitt mehr als 50 Arbeitnehmer Jahresabschluss ist zum Handelsregister einzureichen (Erleichterungen für kleine Gesellschaften i.S.d. § 267 Abs. 1 HGB)	Die GmbH unterliegt der Pflicht zur Prüfung ihres Jahresabschlusses und des Lageberichtes, wenn mindestens zwei der drei nachstehenden Merkmale an zwei aufeinander folgenden Abschlussstichtagen erfüllt sind: – Eine Bilanzsumme von mehr als 4 840 000 € nach Abzug eines auf der Aktivseite ausgewiesenen Fehlbetrages – mehr als 9 680 000 € Umsatzerlöse in den 12 Monaten vor dem Abschlussstichtag – Im Jahresdurchschnitt mehr als 50 Arbeitnehmer Jahresabschluss ist zum Handelsregister einzureichen (Erleichterungen für kleine Gesellschaften i.S.d. § 267 Abs. 1 HGB)	Ist kein Komplementär eine natürliche Person, so unterliegt die GmbH & Co. KG der Pflicht zur Prüfung ihres Jahresabschlusses und des Lageberichtes, wenn mindestens zwei der drei nachstehenden Merkmale an zwei aufeinander folgenden Abschlussstichtagen erfüllt sind: – Eine Bilanzsumme von mehr als 4 840 000 € nach Abzug eines auf der Aktivseite ausgewiesenen Fehlbetrages – mehr als 9 680 000 € Umsatzerlöse in den 12 Monaten vor dem Abschlussstichtag – Im Jahresdurchschnitt mehr als 50 Arbeitnehmer Jahresabschluss ist zum Handelsregister einzureichen (Erleichterungen für kleine Gesellschaften i.S.d. § 267 Abs. 1 HGB)	Für die GbR besteht grundsätzlich keine Buchführungspflicht und damit keine Pflicht zur Erstellung oder gar Prüfung eines Jahresabschlusses. Die OHG, bei der kein Gesellschafter eine natürliche Person ist, ist der GmbH & Co. KG gleichgestellt

b) *Kurzvorstellung weiterer Rechtsformen*

aa) Betriebsaufspaltung

1369 Unter einer Betriebsaufspaltung versteht man Gestaltungsmodelle, bei denen ein wirtschaftlich einheitlicher Betrieb in zwei rechtlich selbständige Unternehmen aufgeteilt wird. Der einheitliche wirtschaftliche Betätigungswille wird auf eine Doppelgesellschaft bzw. auf ein Doppelunternehmen aufgespalten.[1] Kennzeichen dieser Struktur ist dabei, dass die eine Gesellschaft („Besitzunternehmen") die wesentlichen Betriebsmittel, insbesondere die Betriebsimmobilie, aber auch Maschinen und anderes bewegliches Anlagevermögen oder – seltener – Patente u.ä. Schutzrechte hält, während eine zweite Gesellschaft („Betriebsunternehmen") das eigentliche Unternehmen betreibt und am Markt auftritt.

Das Besitzunternehmen muss den Betrieb des Betriebsunternehmens unterstützen („sachliche Verflechtung"), was i.d.R. durch Vermietung/Verpachtung der Betriebsmittel erfolgt, und an beiden Gesellschaften muss derselbe Gesellschafter bzw. dieselbe Gruppe von Gesellschaftern mehrheitlich beteiligt sein und dort seinen/ihren Willen durchsetzen können („personelle Verflechtung"). In der „klassischen" Betriebsaufspaltung ist das Besitzunternehmen ein Einzelunternehmen oder eine Personengesellschaft (meist GbR), während das Betriebsunternehmen aus Haftungsgründen eine Kapitalgesellschaft, i.d.R. eine GmbH, ist. Letztere kann aber auch eine weitere Personengesellschaft, etwa eine GmbH & Co. KG, sein (sog. „mitunternehmerische Betriebsaufspaltung"). Damit ist die Betriebsaufspaltung keine Unternehmensform im gesellschaftsrechtlichen Sinn, sondern eine besonders ausgestaltete Unternehmensstruktur, an die bei Vorliegen der vorgenannten Verflechtungsvoraussetzungen besondere steuerliche Konsequenzen (Gewerblichkeit der Besitzpersonengesellschaft) geknüpft werden.

Insbesondere können erhebliche erbschaft- und ertragsteuerliche Komplikationen auftreten, wenn ein an einer Betriebsaufspaltung beteiligter Gesellschafter stirbt, ohne für den Fall seiner Nachfolge adäquate rechtliche und steuerliche Vorsorge getroffen zu haben (Einzelheiten → 4 Rz. 838 ff.).

1370 Vor Inkrafttreten des Steuersenkungsgesetzes[2] galt es, Betriebsaufspaltungen möglichst zu vermeiden. Da die sachliche Verflechtung kaum noch Raum für Gestaltungen ließ,[3] blieb nur die personelle Verflechtung, deren Vermeidung in aller Regel erhebliche kautelarjuristische Verrenkungen erforderlich machte, um die Annahme dieses Rechtsinstitutes zu vermeiden.[4] Mit der Abschaffung des Körperschaftsteuer-Anrechnungsverfahrens ab VZ 2001 hat sich dies grundlegend geändert. Die Betriebsaufspaltung bietet sich gerade für die Fälle an, in denen aktive Gesellschafter und bereits aus der aktiven Geschäftsleitung ausgeschiedene Gesellschafter ihren Lebensunterhalt über eine Besitzpersonengesellschaft beziehen, während die einbehaltenen Gewinne der operativen GmbH auf Dauer steuerbillig thesauriert werden. Die Aufwendungen für die Überlassung von Wirtschaftsgütern oder Kapital sind auf der Ebene der Körperschaft abzugsfähig und führen zu gewerbesteuerpflichtigen Einnahmen bei der Besitzpersonengesellschaft und damit bei sämtlichen Gesellschaftern, auch wenn diese nicht zugleich Gesellschafter des Betriebsunternehmens sind. Die Gewerbesteuer ist aber bei den Gesellschaftern auf deren Einkommensteuer grundsätzlich[5] anrechenbar (§ 35 EStG). Von der Gesamtsteuerbelastung her gesehen ist diese Gestaltung deutlich besser als ein Dividendenbezug von der operativen Kapitalgesellschaft.[6] Auch ist daran zu denken, die Neuinvestitionen auf die Betriebskapitalgesellschaft zu verlagern oder eine sog. umgekehrte Betriebsaufspaltung zu installieren, um die Begünstigung des Thesaurierungssteuersatzes nutzendes Eigenkapital in der Besitzkapitalgesellschaft zu bilden. Seit 2008 hat sich diese Gestaltungsmöglichkeit allerdings stark relativiert, da die Rechtsformunterschiede bei der Besteue-

---

1) Vgl. hierzu Krüger, Zweckmäßige Wahl der Unternehmensform, 7. Aufl., 2002, 268 ff.
2) Gesetz zur Senkung der Steuersätze und zur Reform der Unternehmensbesteuerung (Steuersenkungsgesetz – StSenkG) vom 23.10.2000, BGBl. I 2000, 1433.
3) Grundlegend m.w.N. Wacker in Schmidt, § 15 EStG Rz. 808 ff.; Krüger, 272 ff.
4) Zur personellen Verflechtung vgl. Wacker in Schmidt, § 15 EStG Rz. 820 ff.; Krüger, 275 ff.
5) Voraussetzung ist ein gemeindlicher Mindesthebesatz i.H.v. 200 %.
6) Vgl. Fallstudie von Kulemann/Harle, GmbHR 2000, 972 ff.

rung von Personen- und Kapitalgesellschaften sowohl für Thesaurierung als auch für Ausschüttung von Gewinnen substanziell verringert wurden (Belastungsvergleich → 4 Rz. 1388 ff.).

bb) Die „kleine AG"

1371 Durch Gesetz vom 2.8.1994[1)] wurde im Wege der Änderung des AktG und des damaligen BetrVG 1952 die sog. „Kleine AG" als neue Form der AG insbesondere für die mittelständische Wirtschaft eingeführt.[2)] Ziel der Neuregelungen war, die personalistisch strukturierte, nicht börsennotierte Aktiengesellschaft der Rechtsform der GmbH anzunähern. Die Rechtsform der AG sollte damit insbesondere für Familienunternehmen in der mittelständischen Wirtschaft attraktiver gemacht und die Vorbereitungen für einen Gang an die Börse erleichtert werden. Gesetzessystematisch wurde keine neue, neben die bisherige AG tretende Gesellschaftsform geschaffen, sondern es wurden punktuelle Sonderbestimmungen für nicht börsennotierte Gesellschaften mit überschaubarem Gesellschafterkreis eingeführt. Die Änderungen betreffen dabei im Wesentlichen die folgenden Bereiche:

Wenn die Aktionäre der Gesellschaft namentlich bekannt sind, bedarf die Einberufung der Hauptversammlung nicht der Bekanntmachung in den Gesellschaftsblättern, vielmehr reicht eine Einberufung mit eingeschriebenem Brief (§ 121 Abs. 4 Satz 2 AktG). Auch die Tagesordnung kann auf diesem Weg bekannt gemacht werden. Wenn alle Aktionäre erschienen oder vertreten sind, kann die Hauptversammlung Beschlüsse ohne Einhaltung der Bestimmungen über die Einberufung der Hauptversammlung fassen. Damit ist es, wie bei der GmbH, auch bei der Aktiengesellschaft möglich, Hauptversammlungen unter Verzicht auf alle Frist- und Formvorschriften durchzuführen, wenn alle Aktionäre erschienen oder vertreten sind. Als weitere Erleichterung sieht das Gesetz vor, dass Beschlüsse der Hauptversammlung nicht notariell beurkundet werden müssen, wenn die Aktien der Gesellschaft nicht an einer Börse zum Handel zugelassen sind. In diesen Fällen reicht eine vom Vorsitzenden des Aufsichtsrats zu unterzeichnende Niederschrift aus, soweit kein Beschluss gefasst werden soll, für den das Gesetz eine Dreiviertel- oder größere Mehrheit bestimmt.

Die notwendige Mindestanzahl der Gründer gem. § 2 AktG wurde von fünf auf einen verringert. Die bisher praktizierten Treuhandlösungen („Strohmann-Gründung") sind seither nicht mehr notwendig.

Die Mitbestimmung der Arbeitnehmer im Aufsichtsrat („Unternehmensmitbestimmung") greift nur dann, wenn bei der AG mindestens 500 Arbeitnehmer beschäftigt sind. Die AG wurde damit mitbestimmungsrechtlich der GmbH gleichgestellt, d.h. das DrittelBG gilt. Für vor dem Inkrafttreten des Gesetzes zur Einführung der „Kleinen AG" am 10.8.1994 eingetragene AG (sog. „Altgesellschaften", § 1 Abs. 1 Nr. 1 Satz 2 DrittelBG) bleibt allerdings die bis dahin gültige gesetzliche Regelung bestehen, wonach die drittelparitätische Mitbestimmung auch bei weniger als 500 Arbeitnehmern gilt, es sei denn, die AG ist Familiengesellschaft, d.h. alle Aktionäre sind miteinander verwandte natürliche Personen (§ 1 Abs. 1 Nr. 1 Satz 3 DrittelBG).

Eine weitere Vereinfachungsvorschrift betrifft nicht die „Kleine AG", sondern börsennotierte Gesellschaften. Um die Durchführung einer Kapitalerhöhung zu erleichtern und zu beschleunigen, sieht § 186 Abs. 3 Satz 4 AktG vor, dass ein Ausschluss des Bezugsrechts immer dann zulässig ist, wenn die Kapitalerhöhung gegen Bareinlagen 10 % des Grundkapitals nicht übersteigt und der Ausgabebetrag den Börsenpreis

---

1) Gesetz für kleine Aktiengesellschaften und zur Deregulierung des Aktienrechts, BGBl. I 1994, 1961.
2) Überblicke bei Lutter, AG 1994, 429 ff.; Hoffmann/Becking, ZIP 1995, 1 ff.; Hahn, DB 1994, 1659 ff.; Planck, GmbHR 1994, 501 ff.

nicht wesentlich unterschreitet. Der Gesetzgeber ist der Auffassung, dass durch die Beschränkung der Kapitalerhöhung auf nicht mehr als 10 % des Grundkapitals und die Bindung der Bezugsrechtsbedingungen an den Börsenkurs die Rechte der Altaktionäre hinreichend gewahrt sind.

Durch die Annäherung der „Kleinen AG" an die GmbH ist die AG für Familienunternehmen bzw. Gesellschaften mit kleinem Aktionärskreis erheblich attraktiver geworden. Interessant ist die Deregulierung gegebenenfalls auch für eine juristische Person als alleinige Gesellschafterin, so dass die „Kleine AG" auch als Rechtsform für deutsche Tochtergesellschaften einer im Ausland domizilierenden Konzernmutter attraktiver geworden ist.

cc) Kommanditgesellschaft auf Aktien – KGaA

Die KGaA, die wie die AG im AktG geregelt ist (§§ 278 bis 290 AktG), ist eine Kapitalgesellschaft, deren Aufbau allerdings z.T. Merkmale einer Personengesellschaft aufweist. Ihre Organisationsstruktur bestimmt sich weitgehend nach den Grundsätzen des Personengesellschaftsrechts, ihre Kapitalstruktur nach dem Recht der Kapitalgesellschaften. Die KGaA ist eine Gesellschaft mit eigener Rechtspersönlichkeit und verfügt wie die AG über ein in Aktien zerlegtes Mindestgrundkapital von 50 000 €. Die Gründungsvorschriften entsprechen weitgehend denen der AG. Die KGaA besitzt ebenfalls zwingend drei Organe: die persönlich haftenden Gesellschafter (Komplementäre), den Aufsichtsrat und die Hauptversammlung. Die persönlich haftenden Gesellschafter führen wie die AG die Geschäfte der KGaA und vertreten sie nach außen. Sie haften den Gesellschaftsgläubigern gegenüber unbeschränkt. Die Geschäftsführungskompetenzen können weitgehend autonom durch die Satzung gestaltet werden. Der Aufsichtsrat der KGaA hat, ähnlich dem Aufsichtsrat der AG, die Geschäftsführung zu überwachen. Auch er unterliegt der Unternehmensmitbestimmung durch das DrittelBG bzw. das MitbestG 1976. Allerdings besitzt der Aufsichtsrat der KGaA keine Personalkompetenz, da Eintritt und Ausscheiden von Komplementären wie bei der KG durch Gesellschaftsvertragsänderung erfolgen und nicht durch den korporativen Akt der Bestellung und Abberufung. Die Hauptversammlung ist die Versammlung aller Kommanditaktionäre ohne die persönlich haftenden Gesellschafter, es sei denn, diese sind zugleich Kommanditaktionäre. Der Umfang der Kontroll- und Mitwirkungsrechte der Kommanditaktionäre entspricht im Wesentlichen denen der Hauptversammlung einer AG, jedoch bedürfen Beschlüsse der Kommanditaktionäre stets der Zustimmung der persönlich haftenden Gesellschafter.

1372

Auf Grund ihrer besonderen Struktur als Kapitalgesellschaft mit Merkmalen der Personengesellschaft unterliegt die KGaA insoweit steuerlich einer besonderen Behandlung, als der auf die persönlich haftenden Gesellschafter entfallende Gewinnanteil bei diesen gem. § 15 Abs. 1 Nr. 3 EStG unmittelbar besteuert wird. Daraus hat die Finanzverwaltung ableiten wollen, dass eine KGaA in Höhe des Kapitalanteils der persönlich haftenden Gesellschafter nicht an der Schachtelbefreiung für Dividenden gem. DBA teilnimmt. Dem ist jedoch der BFH[1] zu Recht unter Hinweis darauf, dass die KGaA zivilrechtlich juristische Person ist und steuerlich in § 1 Abs. 1 Nr. 1 KStG ausdrücklich als Kapitalgesellschaft bezeichnet wird, ohne dass hinsichtlich der persönlich haftenden Gesellschafter und/oder der Vorschrift des § 15 Abs. 1 Nr. 3 EStG differenziert würde, entgegengetreten. Daraus lässt sich ersehen, dass bei der steuerlichen Behandlung der KGaA jeweils im Einzelnen zu prüfen ist, ob die Körperschafts- oder die Personengesellschaftsstruktur maßgeblich ist.

---

1) BFH v 19.5.2010, I R 62/09, DStR 2010, 1712 ff.

dd) Erwerbs- und Wirtschaftsgenossenschaft – eG/Europäische Genossenschaft – SCE

1373 Gesetzliche Grundlage für die Erwerbs- und Wirtschaftsgenossenschaften bildet das Gesetz betreffend die Erwerbs- und Wirtschaftsgenossenschaften (Genossenschaftsgesetz – GenG)[1]. Erstmals kodifiziert im Jahr 1889, blieb das Gesetz seit 1973 nahezu unverändert („GenG 1973"), ehe es 2006 eine grundlegende Modernisierung erfuhr. So erfolgte u.a. eine umfassende sprachliche Überarbeitung des Gesetzestextes sowie eine partielle Neufassung zentraler Termini dieser Rechtsform, etwa die Ersetzung der Begriffe „Genosse" durch „Mitglied" sowie „Statut" durch „Satzung".[2]

Ihren Ursprung hatte die Genossenschaft dabei in der Idee der förderwirtschaftlichen Mitgliederselbsthilfe, wie sich aus der nicht abschließenden Aufzählung der – vom seinerzeitigen Gesetzgeber als wesentlich erachteten – Erscheinungsformen in § 1 Abs. 1 GenG 1973 ersehen lässt:

- Vorschuss- und Kreditvereine,
- Rohstoffvereine,
- Vereine zum gemeinschaftlichen Verkauf landwirtschaftlicher oder gewerblicher Erzeugnisse (Absatzgenossenschaften, Magazinvereine),
- Vereine zur Herstellung von Gegenständen und zum Verkauf derselben auf gemeinschaftliche Rechnung (Produktivgenossenschaften),
- Vereine zum gemeinschaftlichen Einkauf von Lebens- oder Wirtschaftsbedürfnissen im Großen und Ablass im Kleinen (Konsumvereine),
- Vereine zur Beschaffung von Gegenständen des landwirtschaftlichen oder gewerblichen Betriebs und zur Benutzung derselben auf gemeinschaftliche Rechnung und
- Vereine zur Herstellung von Wohnungen.

Bis vor wenigen Jahren hatte die Rechtsform – außerhalb der agrarwirtschaftlichen Erzeugung – ihre praktisch wichtigste Verbreitung noch auf dem genossenschaftlichen Finanzsektor, da insbesondere alle mehr als 1 100 Volksbanken und Raiffeisenbanken als Genossenschaften organisiert sind. In jüngerer Zeit erfährt die Rechtsform jedoch im Zusammenhang mit den sich durch die sog. Energiewende stellenden Herausforderungen an die Erschließung alternativer Energieversorgung eine regelrechte Renaissance. In den Jahren 2008 bis 2013 stieg die Zahl sog. „Energiegenossenschaften" in Deutschland um mehr als das Sechsfache von 136 auf 888.[3] Dabei handelt es sich um Genossenschaften, in denen sich Betreiber und sonstige Beteiligte, insbesondere Bürger der betroffenen Region, zu Errichtung und Betrieb von Windkrafträdern, Solaranlagen, aber auch Anlagen zur Energiegewinnung aus Biomasse, Erdwärme oder Wasserkraft, in der Rechtsform der Genossenschaft zusammenschließen.

Gründe für die wachsende Beliebtheit der Genossenschaft auf diesem Gebiet dürften neben dem das Gemeinschaftsgefühl der Mitglieder in besonderem Maße ansprechenden Solidaritäts- und Förderkonzept v.a. einige rechtliche Erleichterungen gegenüber alternativen Strukturen sein.[4] Insbesondere unterliegt die Kapitalbündelung durch die Ausgabe von Genossenschaftsanteilen weder der Prospektpflicht gem.

---

1) Gesetz v. 18.8.2006, BGBl. I 2006, 1911.
2) Überblick bei Pöhlmann/Fandrich/Bloehs, Genossenschaftsgesetz, 4. Aufl. 2012, Einführung Rz. 1 ff.; erstes Resümee von Schulze/Wiese, ZfgG 29 (2009), 134 ff.
3) Angaben nach Agentur für Erneuerbare Energien, Grafik-Dossier: Energiegenossenschaften in Deutschland, www.unendlich-viel-energie.de.
4) V. Kaler/Kneuper, NVwZ 2012, 791, 793 ff.

§ 2 Nr. 1 VermAnlG, noch handelt es sich um ein der Bankenaufsicht unterliegendes Bankgeschäft i.S.d. § 2 S. 2 Nr. 1 KWG.

Die Genossenschaft ist ihrer Struktur nach eine Sonderform des rechtsfähigen Wirtschaftsvereins. Sie stellt sich als eine Mischform aus Kapitalgesellschaft (insbesondere Aktiengesellschaft) und Verein dar, in der mitgliedschaftlich („vereinsartige") und kapitalistische Elemente miteinander kombiniert werden. Gemäß § 1 Abs. 1 GenG sind Genossenschaften *„Gesellschaften von nicht geschlossener Mitgliederzahl, deren Zweck darauf gerichtet ist, den Erwerb oder die Wirtschaft ihrer Mitglieder oder deren soziale oder kulturelle Belange durch gemeinschaftlichen Geschäftsbetrieb zu fördern"*. Die Leistungen, die die Genossenschaft im Rahmen ihres Geschäftsbetriebs erbringt, sollen in erster Linie den Mitgliedern selbst zugutekommen. Seit der Gesetzesnovellierung 2006 darf es sich neben ökomischen auch um kulturelle und soziale Zwecke handeln.

1374

Die Genossenschaft ist juristische Person und nach § 17 GenG Formkaufmann. Daraus resultiert, dass sie automatisch Kaufmann i.S.d. Handelsrechts ist.

Für die Gründung der Genossenschaft reichen seit der Novellierung des GenG 2006 drei (vorher: sieben) Mitglieder, § 4 GenG. Diese können natürliche oder juristische Personen sein. Jedes Mitglied ist zugleich Nutznießer und Eigentümer.

1375

Die Errichtung der Genossenschaft erfolgt durch Abschluss der schriftlichen (§ 5 GenG) Satzung durch ihre Mitglieder (Genossen); die Mindestmitgliederzahl beträgt sieben (§ 4 GenG). Als „Verfassung" der Genossenschaft legt sie Zweck, Struktur, innere Organisation und die körperschaftlichen Rechtsverhältnisse zu den Mitgliedern fest. Der Mindestinhalt der Satzung umfasst folgende Punkte (§§ 6, 7 GenG):

– die Firma und den Sitz der Genossenschaft;
– den Gegenstand des Unternehmens;
– Bestimmungen darüber, ob die Mitglieder im Insolvenzfall Nachschüsse zu leisten haben;
– Bestimmungen über die Form für die Einberufung und Durchführung der Generalversammlung sowie für die Beschlussfassung;
– Bestimmungen über die Form der Bekanntmachungen der Genossenschaft;
– den Betrag, bis zu welchem sich die Mitglieder mit Einlagen beteiligen können, sowie die Einzahlungen auf den Geschäftsanteil, zu welche jedes Mitglied verpflichtet ist;
– Regelungen über die Bildung einer gesetzlichen Rücklage zur Verlustdeckung.

Die Gründung einer Genossenschaft erfordert kein gesetzlich vorgeschriebenes Mindestkapital. Das Eigenkapital der Genossenschaft setzt sich aus den Geschäftsguthaben der Mitglieder und den Rücklagen zusammen und steht und fällt mithin mit der Anzahl ihrer Mitglieder. Um der dadurch bedingten Gefahr der Unterkapitalisierung entgegenzuwirken, ist seit 2006 in § 8a GenG die Möglichkeit vorgesehen, in der Satzung ein Mindestkapital festzulegen, das durch Abfindungsguthaben an ausscheidende Mitglieder nicht gemindert werden darf.

Die Genossenschaft entsteht rechtswirksam erst durch ihre Eintragung in das Genossenschaftsregister (§ 13 GenG) und ist nach ihrer Eintragung als juristische Person selbständige Trägerin ihrer Rechte und Pflichten (§ 17 Abs. 1 GenG). Für die Verbindlichkeiten der Genossenschaft haftet den Gläubigern gegenüber nur das Vermögen der Genossenschaft (§ 2 GenG).

Die Firma der Genossenschaft kann eine Sach-, Personen oder Phantasiefirma sein. Sie muss jedoch in jedem Fall die Bezeichnung *„eingetragene Genossenschaft"* oder die Abkürzung *„eG"* enthalten (§ 3 Abs. 2 GenG).

1376 Nach der Anmeldung der Satzung zum Genossenschaftsregister wird die die Mitgliedschaft durch Abgabe einer schriftlichen Beitrittserklärung und Zulassung durch die Genossenschaft erworben (§ 15 GenG). Die Mitgliedschaft selbst ist nicht übertragbar, wohl aber ein positives Geschäftsguthaben des Mitglieds (§ 76 GenG)[1]. Mit dem Tod eines Mitglieds rückt dessen Erbe bis zum Ende des Geschäftsjahres, in dem der Erbfall eingetreten ist, in die Genossenschaftsstellung des Erblassers ein (§ 77 GenG).

1377 Die Genossenschaft hat drei obligatorische Organe:
- einen Vorstand von mindestens zwei Personen,
- einen Aufsichtsrat von mindestens zwei Personen sowie
- die Generalversammlung.

Sowohl der Vorstand als auch der Aufsichtsrat werden durch die Generalversammlung gewählt. Bei einer Mitgliederzahl von weniger als 20 Personen kann die Satzung bestimmen, dass der Vorstand nur aus einer Person besteht (§ 24 Abs. 2 Satz 3 GenG) und auf einen Aufsichtsrat verzichtet wird (§ 9 Abs. 1 Satz 2 GenG). Des Weiteren kann in der Satzung vorgesehen werden, dass bei einer Mitgliederzahl von mehr als 1 500 eine Vertreterversammlung, die aus mindestens 50 von den Mitgliedern gewählten Vertretern besteht, an die Stelle der Generalversammlung tritt (§ 43a GenG).

Der Vorstand ist der gesetzliche Vertreter der Genossenschaft und vertritt diese gerichtlich und außergerichtlich (§ 24 Abs. 1 GenG). Dem Aufsichtsrat obliegen, ähnlich wie bei AG und GmbH, die Kontrolle der Geschäftsführung (§ 38 Abs. 1 GenG) sowie die Vertretung der Genossenschaft gegenüber dem Vorstand (§ 39 Abs. 1 GenG). Der Aufsichtsrat unterliegt der paritätischen Unternehmensmitbestimmung nach dem MitBestG 1976 und der Drittelparität nach dem DrittelBG.

1378 Wie Kapitalgesellschaften ist die Genossenschaft verpflichtet, Bücher zu führen sowie einen Jahresabschlusses und einen Lagebericht zu erstellen (§ 33 GenG). Es gelten insoweit die Vorschriften des HGB. Mindestens in jedem zweiten Jahr sind die Einrichtungen, die Vermögenslage sowie die Geschäftsführung der Genossenschaft einschließlich der Führung der Mitgliederliste zu prüfen. Dies dient der Feststellung der wirtschaftlichen Verhältnisse und der Ordnungsmäßigkeit der Geschäftsführung bei der Genossenschaft. Die Genossenschaft muss dafür Mitglied in einem genossenschaftlichen Prüfverband werden (§§ 53 ff. GenG).

1379 Ebenfalls zu den Genossenschaften zählt die Europäische Genossenschaft (Societas Cooperativa Europaea – „SCE"), eine nach dem Vorbild der SE geschaffene weitere europäische Rechtsform für die kooperative Betätigung in den Mitgliedsländern der EU. Rechtsgrundlage für diese supranationale Genossenschaft ist die Verordnung (EG) des Rates über das Statut der Europäischen Genossenschaft (SCE), die sog. SCE-VO, nebst RL 2003/72/EG, die durch das SCEAG sowie das SCEBG in das nationales Recht transformiert wurde. Die SE ist ihrer Struktur nach einer deutschen eG vergleichbar und ist unbeschränkt steuerpflichtiges KSt-Subjekt, wenn sie Sitz oder Geschäftsleitung im Inland hat.

Eine SCE kann mit dem Zweck der Bedarfsdeckung ihrer Mitglieder sowie der Förderung von deren wirtschaftlicher oder sozialer Betätigung errichtet werden, wenn Beziehungen zu mindestens zwei EU-Mitgliedsstaaten bestehen. Die Errichtung der SCE erfolgt durch Gründung durch mindestens fünf natürliche oder juristische Personen, durch Verschmelzung nach nationalen Vorschriften eines EU-Mitgliedsstaats oder durch Formwechsel. Das Mindestkapital der SCE beträgt 30 000 €. Die (inländische) SCE entsteht durch Eintragung in das Genossenschaftsregister. Im Übrigen gelten die Bestimmungen des GenG für die SCE entsprechend.

---

[1] Pöhlmann/Fandrich/Bloehs, Genossenschaftsgesetz, 4. Aufl. 2012, § 76 Rz. 2.

Die Verbreitung der SCE mit (Stand: November 2011) insgesamt nur 24 (!) in Europa gegründeten Europäischen Genossenschaften[1] blieb bislang deutlich hinter den Erwartungen der EU zurück.

ee) Versicherungsverein auf Gegenseitigkeit – VVaG

Die Rechtsverhältnisse des VVaG[2] sind in den §§ 15 ff. VAG[3] gesetzlich normiert, ohne dass sich allerdings in diesen Vorschriften nähere Regelungen über die Rechtsform des VVaG fänden. Gemäß § 7 VAG ist das Betreiben von Versicherungsgeschäften nur in den Rechtsformen der AG, des VVaG sowie der Anstalt des öffentlichen Rechts zulässig. Eine Legaldefinition des VVaG enthält das Gesetz nicht, er ist aber als Sonderform des wirtschaftlichen Vereins i.S.d. § 22 Satz 1 BGB einzuordnen. Seine Struktur weist jedoch große Ähnlichkeiten mit der anderer Unternehmen der Versicherungswirtschaft auf, was nicht zuletzt daran liegt, dass zentrale Bereiche insbesondere der Innenorganisation des VVaG den gesetzlichen Bestimmungen des AktG unterliegen.[4] Gegenstand des VVaG ist die Versicherung seiner Mitglieder nach dem Grundsatz der Gegenseitigkeit, d.h. die dem einzelnen Mitglied aus einem bestimmten Ereignis erwachsenden Schäden in Höhe einer festgesetzten Summe werden aus den von der Gesamtheit der Mitglieder durch Beiträge aufgebrachten Mitteln ersetzt.

1380

Die Gründung des VVaG erfolgt durch mindestens zwei Personen im Wege der Feststellung der notariellen Satzung. Gemäß § 15 VAG wird der VVaG dadurch rechtsfähig, dass ihm die Aufsichtsbehörde erlaubt, als *„Versicherungsverein auf Gegenseitigkeit"* Geschäfte zu betreiben; die Eintragung in das Vereinsregister hat insoweit nur deklaratorische Bedeutung. § 53 VAG differenziert zwischen größeren und kleineren VVaG. Auf die größeren VVaG finden die wesentlichen Vorschriften des AktG unmittelbar oder entsprechend Anwendung. Sie werden handelsrechtlich wie ein Kaufmann behandelt. Gemäß § 21 Abs. 2 VAG dürfen größere VVaG auch Nichtmitglieder gegen feste Prämien versichern, wenn dies in der Satzung ausdrücklich vorgesehen ist.

Organe des VVaG sind der Vorstand als gesetzliches Vertretungsorgan, der Aufsichtsrat als Kontrollorgan der Geschäftsführung und die Mitgliederversammlung als oberstes Organ. Der VVaG unterliegt nicht der Unternehmensmitbestimmung. Die Mitgliederversammlung des VVaG kann unter bestimmten Voraussetzungen, ähnlich wie bei der Genossenschaft, durch eine Vertreterversammlung ersetzt werden.

ff) Partnerschaftsgesellschaft – PartG/PartG mbB

Die PartG ist eine Sonderrechtsform für Angehörige der freien Berufe[5] und ist als *„Schwesterfigur zur OHG"*[6] konzipiert und mithin Personen- und nicht Kapitalgesellschaft. Alleiniger zulässiger Zweck der PartG ist der Zusammenschluss von Angehörigen der freien Berufe zur gemeinsamen Berufsausübung, wobei § 1 Abs. 2 PartGG den Kreis der zulässigen Partner in Anlehnung an die Aufzählung der freien Berufe für ertragsteuerliche Zwecke in § 18 EStG definiert.[7] Partner können nur natürliche Personen sein, also insbesondere nicht Rechtsanwalts-, Steuerberatungs- und/oder Wirtschaftsprüfungsgesellschaften. Verliert ein Partner seine berufsrechtlich vorge-

1381

---

1) Bericht der Europäischen Kommission v. 23.2.2012, COM(2012) 72 final, http://eur-lex.europa.eu/homepage.html.
2) Überblick über diese Rechtsform bei Prölss/Schmidt/Sasse, § 7 VAG Anm. 1 ff.
3) Gesetz über die Beaufsichtigung der privaten Versicherungsunternehmungen v. 6.6.1931, RGBl. I 1931, 315, 750.
4) Langheid in Münchener Kommentar zum VVG, 1. Aufl. 2010, Rz. 330 ff.
5) Gesetz zur Schaffung von Partnerschaftsgesellschaften v. 25.7.1994, BGBl. I 1994, 1744; Überblick bei Seibert, DB 1994, 2381, m.w.N.
6) Begründung BR-Drucks. 516/93, 15.
7) Begründung BR-Drucks. 516/93, 20 f.

schriebene Zulassung, so scheidet er kraft Gesetzes aus der PartG aus (§ 9 Abs. 3 PartGG).

Im Übrigen finden auf die PartG die gesetzlichen Bestimmungen für die GbR sowie zusätzlich – kraft ausdrücklicher Einzelverweisungen im PartGG – die wichtigsten Vorschriften der §§ 105 ff. HGB für die OHG Anwendung. Unterschiede zur GbR und OHG bestehen im Wesentlichen in folgenden Punkten:

– Der Firmenzusatz „& Partner" ist, von einigen Altfällen abgesehen, der PartG vorbehalten; insbesondere Sozietäten in der Rechtsform der GbR müssen sich mit ihrer Bezeichnung, unter der sie im Rechtsverkehr auftreten, entsprechend abgrenzen.

– Der Gesellschaftsvertrag bedarf zu seiner Wirksamkeit der Schriftform.

– Abweichend vom Grundsatz der unbeschränkten persönlichen Haftung aller Partner haften für Verpflichtungen auf Grund von Berufsfehlern neben dem Gesellschaftsvermögen nur der oder die Partner, die mit der Bearbeitung des zu Grunde liegenden Auftrags nicht nur untergeordnet befasst waren (§ 8 Abs. 2 PartGG).

Mit Gesetz vom 15.7.2013[1] wurde mit der Partnerschaftsgesellschaft mit beschränkter Berufshaftung (PartG mbB) eine Unterform der PartG geschaffen, deren wesentliches Merkmal darin besteht, dass – bei Erfüllung bestimmter Voraussetzungen – die Partner der Gesellschaft für Schadensersatzansprüche auf Grund fehlerhafter Berufsausübung nicht mehr persönlich in Anspruch genommen werden können.[2] Damit soll den Angehörigen der freien Berufe, insbesondere Rechtsanwälten und Steuerberatern, eine deutschem Recht unterliegende Alternative zu der insbesondere bei angloamerikanischen Anwaltskanzleien häufig anzutreffenden Rechtsform der LLP („limited liability partnership") an die Hand gegeben werden. Materiell-rechtlich sollen mit dieser Rechtsform die (insbesondere steuerlichen) Vorteile der PartG als Personengesellschaft/Mitunternehmerschaft mit dem haftungsrechtlichen Schutz der Gesellschafter, der sonst nur durch Kapitalgesellschaften oder die GmbH & Co. KG zu erreichen ist, verbunden werden. „Erkauft" werden diese Vorteile allerdings durch die Voraussetzung, dass die PartG mbB eine Haftpflichtversicherung unterhält, deren Mindestversicherungssumme deutlich über der liegt, die Kanzleien abschließen müssen, deren Inhaber persönlich für Berufsversehen einstehen. Hinzu kommt, dass – wie schon bei der Grundform der PartG – der Schutz der Haftungsbeschränkung auf die Folgen beruflichen Fehlverhaltens beschränkt ist. Die persönliche Haftung der Partner für sonstige Verbindlichkeiten und Verpflichtungen, etwa aus Arbeitsverträgen mit Mitarbeitern der Gesellschaft, Mietverträgen über die von ihr genutzten Büroräume etc., bleibt insoweit unberührt. Vor diesem Hintergrund bleibt abzuwarten, ob diese neue Rechtsform für Freiberufler in der Praxis entsprechenden Anklang finden wird oder ob diejenigen Berufsträger, die eine wirksame Haftungsbeschränkung für ihre Tätigkeit begründen wollen, dann nicht lieber gleich die Rechtsform der GmbH wählen. Auf dem Gebiet der Wirtschaftsprüfung und Steuerberatung ist diese, neben der gleichfalls zulässigen AG, seit langem die anerkannte und häufig geschätzte Rechtsform freiberuflichen Wirkens.

gg) Societas Europaea – SE

1382 Seit 2004 existiert mit der Rechtsform der Europäischen Aktiengesellschaft (Societas Europaea – „SE") erstmals eine europäische Kapitalgesellschaft mit eigener Rechtspersönlichkeit. Rechtsgrundlage für diese erste supranationale juristische Person ist

---

1) Gesetz zur Einführung einer Partnerschaftsgesellschaft mit beschränkter Berufshaftung und zur Änderung des Berufsrechts der Rechtsanwälte, Patentanwälte, Steuerberater und Wirtschaftsprüfer v. 15.7.2013, BGBl. I 2013, 2386.
2) Überblick über die Neuregelung bei Grunewald, GWR 2013, 393 ff.

die Verordnung (EG) des Rates über das Statut der Europäischen Gesellschaft (SE), die sog. SE-VO, die durch das SEEG in das deutsche Recht transformiert wurde. Die SE ist damit ihrer Struktur nach einer deutschen Kapitalgesellschaft, namentlich der AG, vergleichbar.

Nach den Bestimmungen der (unmittelbar als geltendes Recht anzuwendenden) SE-VO und dem ergänzenden SEEG hat die SE ein Mindestgrundkapital von 120 000 €. Sie hat ihren Sitz in einem Mitgliedsstaat der EU, wobei der statutarische Sitz mit dem Ort der Hauptverwaltung identisch sein muss. Fallen beide auseinander, kann die Gesellschaft von Amts wegen aufgelöst werden. SE mit Sitz im Inland sind nach den Bestimmungen für AG im Handelsregister einzutragen.

Die Gründung einer SE kann nur auf fünf gesetzlich vorgeschriebenen Wegen erfolgen:

- **Gründung durch grenzüberschreitende Verschmelzung**
  Zwei Aktiengesellschaften verschiedener Nationalität (z.B. eine deutsche AG und eine italienische S.p.A.) können durch Aufnahme, d.h., eine der beiden ist übernehmender Rechtsträger i.S.d. UmwG, oder Neugründung zu einer „Verschmelzungs-SE" verschmolzen werden (Art. 2 Abs. 1 i.V.m. 17 bis 31 SE-VO).
- **Gründung als Holding-SE**
  Zwei oder mehrere verschieden nationale Kapitalgesellschaften oder zwei oder mehrere gleich nationale Kapitalgesellschaften, die seit mindestens zwei Jahren mindestens eine fremd nationale Tochtergesellschaft oder Betriebsstätte unterhalten, können eine Holding-SE als künftige gemeinsame Muttergesellschaft gründen (Art. 2 Abs. 2 i.V.m. 32 bis 34 SE-VO).
- **Gründung als Tochter-SE**
  Zwei oder mehrere verschieden nationale Kapitalgesellschaften oder zwei oder mehrere gleich nationale Kapitalgesellschaften, die seit mindestens zwei Jahren mindestens eine fremd nationale Tochtergesellschaft oder Betriebsstätte unterhalten, können eine gemeinsame Tochter-SE gründen (Art. 2 Abs. 3 i.V.m. 35 f. SE-VO).
- **Gründung durch Formwechsel**
  Eine AG, die seit mindestens zwei Jahren mindestens eine fremd nationale Tochtergesellschaft hält, kann im Wege des Formwechsels in eine „Umwandlungs-SE" umgewandelt werden (Art. 2 Abs. 4 i.V.m. 37 SE-VO).
- **Gründung einer Tochter-SE durch eine SE**
  Eine SE kann eine Tochter-SE gründen (Art. 2 Abs. 5 SE-VO).

Gemäß Art. 38 SE-VO hat die SE zwei Organe, die Hauptversammlung der Aktionäre und die Exekutive, wobei letztere entweder aus einem gemeinsamen Verwaltungsorgan („Monistisches System", das den Verhältnissen im anglo-amerikanischen Rechtskreis nachgebildet ist) oder aus einem Leitungs- und einem Aufsichtsorgan („Dualistisches System", das der bei deutschen Gesellschaften üblichen Kompetenzverteilung entspricht) besteht. Zusätzlich unterliegt die SE auf Unternehmens- wie auf betrieblicher Ebene der Mitbestimmung der Arbeitnehmer, deren Ausgestaltung im Einzelnen komplexen Detailregelungen unterworfen sind (vgl. Art. 7, 12 SE-VO sowie die Bestimmungen des SE-Beteiligungsgesetzes).

hh) Europäische Wirtschaftliche Interessenvereinigung – EWIV

Die EWIV[1] ist ein Zusammenschluss natürlicher Personen, Gesellschaften und anderer juristischer Einheiten, die neue Möglichkeiten der grenzüberschreitenden Zusammenarbeit von Unternehmen und Angehörigen freier Berufe unter dem Dach einer

1383

---
1) Überblick über die gesellschafts- und steuerrechtliche Struktur der EWIV bei Krüger, Rz. 249 ff.

europäischen Unternehmensform eröffnen soll. Gemäß § 1 EWIV-Ausführungsgesetz[1] sind auf eine EWIV mit Sitz in der Bundesrepublik Deutschland die Vorschriften über die OHG weitgehend entsprechend anzuwenden.[2] Allerdings ist der EWIV die Ausübung einer eigenen Geschäftstätigkeit mit Gewinnerzielungsabsicht verwehrt, sie kann vielmehr überwiegend nur für grenzüberschreitende Koordinationsfunktionen eingesetzt werden. In der Praxis hat die EWIV daher seit ihrer Einführung keine große Verbreitung gefunden.

c) Ausländische Rechtsformen im Typenvergleich

1384 Nicht nur beim Aufbau unternehmerischer Aktivitäten im Inland ist die „richtige" Wahl der Unternehmensform zu treffen. In entsprechender Weise, aber wesentlich schwieriger zu beantworten, stellt sich diese Frage, wenn man den vertrauten Rechtskreis verlässt und sein geschäftliches Wirken über die Grenzen Deutschlands erstreckt.

Die zivilrechtliche Qualifikation eines ausländischen Rechtssubjekts unterliegt den Regelungen des deutschen internationalen Privatrechts, in concreto den Bestimmungen des deutschen Internationalen Gesellschaftsrechts. Danach besteht eine ungeschriebene Kollisionsnorm, derzufolge die gesamte Rechtsstellung und Organisation der ausländischen Rechtsperson durch das sog. Personal- oder Gesellschaftsstatut bestimmt wird,[3] d.h. ausländische Gesellschaften, die im Ausland errichtet worden sind und im Ausland geführt werden, unterliegen vollumfänglich den Rechtsregeln des Heimatlandes. Die Beiziehung eines dortigen anwaltlichen Beraters bei Auswahl, Errichtung und Betrieb einer ausländischen Tochtergesellschaft ist damit i.d.R. unumgänglich.

Bei allen Unterschieden im Detail lassen sich indes bei einem Blick über die Grenze schnell eine Reihe von prinzipiellen Gemeinsamkeiten feststellen, die alle oder zumindest viele Rechtsordnungen in Bezug auf „ihre" Gesellschaftsformen teilen, insbesondere die Unterscheidung zwischen Kapital- und Personengesellschaft sowie ggf. das Vorhandensein von Mischformen. Auf Grund dieser Erkenntnis hat die FinVerw[4] einen Katalog erstellt, in dem die Gesellschaftsformen einer Vielzahl von Ländern anhand eines Typenvergleichs den entsprechenden inländischen (Personen- oder Kapital-)Gesellschaften zugeordnet werden und der insbesondere für die steuerliche Einordnung der ausländischen Rechtsformen maßgebend ist. Diese Zuordnung mag aber zugleich aus rechtlicher Sicht einen ersten Anhaltspunkt dafür vermitteln, wie die Organisationsform der geplanten Tochterunternehmung in dem betreffenden Land ausgestaltet werden könnte. Die nachfolgenden Übersichten stellen die Zuordnung der FinVerw regional sortiert dar.

aa) Der europäische Raum

1385 Wirtschaftlich wichtigstes Betätigungsfeld für deutsche Unternehmen ist fraglos das Gebiet der Europäische Union (EU), die seit 1.7.2013, dem Datum der bislang letzten Erweiterung, aus 28 Mitgliedsländern (Belgien, Bulgarien, Dänemark, Deutschland, Estland, Finnland, Frankreich, Griechenland, Irland, Italien, Kroatien, Lettland,

---

1) Gesetz v. 14.4.1988, BGBl. I 1988, 514.
2) Krüger, Rz. 253 ff.
3) Sog. Einheitstheorie, statt aller BGH v. 21.3.1986, V ZR 10/85, BGHZ 97, 269, 271; BGH v. 5.11.1980, VIII ZR 230/79, BGHZ 78, 318, 334; BGH v. 30.1.1970, V ZR 139/68, BGHZ 53, 181, 182 f.; Großfeld in Staudinger, IntGesR Rz. 537 ff.; Westermann in Scholz, Einl. Rz. 87; Heldrich in Palandt, Anh. Art. 12 EGBGB Rz. 1 f.
4) Vgl. Tabelle 1 zu den Betriebsstätten-Verwaltungsgrundsätzen, BMF v. 24.12.1999, IV B 4 – S 1300 – 111/99, BStBl I 1999, 1076, 1114 ff.; Rengers in Blümich/Falk, § 1 KStG Rz. 146; Frotscher in Frotscher/Maas, § 1 KStG Anm. 62 Fn. 19.

Litauen, Luxemburg, Malta, Niederlande, Österreich, Polen, Portugal, Rumänien, Schweden, Slowakei, Slowenien, Spanien, Tschechien, Ungarn, Vereinigtes Königreich, Zypern) besteht. Hinzu kommen die Mitgliedstaaten der Europäischen Freihandelsassoziation EFTA (Island, Liechtenstein und Norwegen), die zusammen mit den EU-Staaten den Europäischen Wirtschaftsraum (EWR) bilden, sowie einige weitere EU-Beitrittskandidaten und Anrainerstaaten wie Kroatien, Mazedonien, Russland, die Schweiz und die Türkei.

Aus diesen europäischen Ländern sind die folgenden Rechtsformen von der Finanzverwaltung erfasst und dem Typenvergleich unterworfen worden:

Land	Bezeichnung der ausländischen Gesellschaftsform	Gebräuchliche ausländische Abkürzung	Vergleichbare inländische Gesellschaftsform/deutsche Übersetzung
Belgien	Société privée à responsabilité limiteé oder Besloten vennootschap met beperkte aansprakelijkheid	SPRL oder BVBA	GmbH
	Société d'une personne à responsabilité limitée	SPRLU	Einmann GmbH
	Société anonyme oder Naamloze Vennootschap	S. A. oder N. V.	AG
	Société Cooperative oder Kooperative Vennootschap		Kooperative Gesellschaft
	Société en commandite par actions		KGaA
	Société en commandite simple oder Kommanditaire Vennootschap		KG
Bulgarien	Drushestwo s orgranitschena otgowornost	ocD	GmbH
	Aktiv nierno drushestwo	AD	AG
	Komanditno drushestwo s akzii	KDA	KGaA
Dänemark	Anpartsselskab	Aps	GmbH
	Aktieselskab	A/S	AG
	Kommanditselskab	K/S	KG
	Kommanditselskab (mit AG als Kommanditist)		KGaA
	Interessenselskab	I/S	OHG
	Andelsselskab	AmbA	Eingetragene Genossenschaft mbH
Estland	Osaühing	OÜ	GmbH
	Aktsiaselts	AS	AG

Land	Bezeichnung der ausländischen Gesellschaftsform	Gebräuchliche ausländische Abkürzung	Vergleichbare inländische Gesellschaftsform/deutsche Übersetzung
	Tulundusühistu		Genossenschaft
Finnland	Osakeyhtiö	OY	AG
	Kommandittiyhtiö		KG
	Avoin Ightiö		OHG
	Osuuskunta		Genossenschaft
Frankreich	Société à responsabilitée limitée	SARL	GmbH
	Société anonyme	SA	AG
	Société en commandite simple		KG
	Société en commandite par actions		KGaA
	Société en nom collectif	SNC	OHG
	Groupement d'intérêt economique	GIE	ARGE
	Société cooperative		Genossenschaft
	Société en participation	SP	Stille Gesellschaft
	Société civile	SC	GbR
	Société crée de fait		Faktische Gesellschaft
	Entreprise unipersonnelle à responsabilité limitée	EURL	Einmann-GmbH
Griechenland	Etairia periorismenis evthinis	EPE	GmbH
	Anonymos Etairia	AE	AG
	Eterrorrythmos	EE	KG
	Omorrythmos	O. E.	OHG
Großbritannien	Private Company limited by shares	Ltd.	GmbH
	Public Company limited by shares	Plc	AG
	Limited Partnership		KG
	Partnership		OHG
	Unlimited Company		GbR
	Cooperative society		Genossenschaft

Rechtsformwahl 4

Land	Bezeichnung der ausländischen Gesellschaftsform	Gebräuchliche ausländische Abkürzung	Vergleichbare inländische Gesellschaftsform/deutsche Übersetzung
Irland	Company limited by guarantee		Gemeinnützige Körperschaft
	Statuary Company		Öffentliche Versorgungsgesellschaft
	Private Company limited by shares	PrC	GmbH
	Public Company limited by shares	PLC	AG
	Limited Partnership	Ldt.	KG
	Partnership		OHG
	Cooperative Society		Genossenschaft
	Company limited by guarantee		Gemeinnützige Körperschaft
	Statuary Company		Öffentliche Versorgungsgesellschaft
	Chartered Company		Kapitalgesellschaft
	Overseas Company		Kapitalgesellschaft
	Unlimited Company		Kapitalgesellschaft
Italien	Società à responsabilità limitata	S. r. l.	GmbH
	Società per azioni	S. p. A.	AG
	Società in accomandita	S. a.	KG
	Società in accomandita per azioni	S.a.p.a.	KGaA
Kroatien	Obtschestwo/Organisazia za Organitschenom otgowornosti		GmbH
	Akzonarskoje Obtschestwo		AG
Lettland	Sabiedriba ar ierobe–otu atbildibu	SIA	GmbH
	Akciju sabiedriba	AS	AG
Liechtenstein	Gesellschaft mit beschränkter Haftung	GmbH	GmbH
	Aktiengesellschaft	AG	AG
	Anstalt		Juristische Person
	Stiftung		Stiftung

Kalbfleisch 1187

Land	Bezeichnung der ausländischen Gesellschaftsform	Gebräuchliche ausländische Abkürzung	Vergleichbare inländische Gesellschaftsform/deutsche Übersetzung
	Treuunternehmen		Keine vergleichbare Rechtsform vorhanden
Litauen	U–daroji akcine bendrove	UAB	GmbH
	Akcine bendrove	AB	AG
Luxemburg	Société à responsabilité limitée	S. à. r. l.	GmbH
	Société anonyme	S. A.	AG
	Société en commandite		KG
	Société en commandite par actions		KGaA
Niederlande	Besloten Vennootschap met beperkte aansprakelijkheid	BV	GmbH
	Naamloze Vennootschap	NV	AG
	Commanditaire Vennootschap op Aandelen	CVoA	KGaA
	Commanditaire Vennootschap	CV	KG
	Vennootschap onder Firma	VoF	OHG
Österreich	Gesellschaft mit beschränkter Haftung	GmbH oder Ges.m.b.H.	GmbH
	Aktiengesellschaft	AG	AG
	Kommanditgesellschaft	KG	KG
	Offene Handelsgesellschaft	OHG	OHG
Polen	Spólka Akcyjna	S. A.	AG
	Spólka z organiczona odpowiedzialnoscia	Sp. Z. O. O.	GmbH
Portugal	Sociedade por quotas (Firmenzusatz: sociedade com responsabilidade limitada oder limitada – lda)	L. da	GmbH
	establecimento mercantil individual de responsabilidade limitada	EIRL	Einzelhandelsgesellschaft mit beschränkter Haftung
	sociedade anonima (sociedade anonima responsabilidade limitada)	S. A. (SARL)	AG

Land	Bezeichnung der ausländischen Gesellschaftsform	Gebräuchliche ausländische Abkürzung	Vergleichbare inländische Gesellschaftsform/deutsche Übersetzung
	sociedade em commandita		KG
	sociedade em nome colectivo		OHG
	sociedade civil		GbR
	sociedade civil parcarias maritimas		Partenreederei
Rumänien	Societate pe activni	SA	AG
	Societate cu respundere limitata	S. R. L.	GmbH
	Societate in comandita per activni	S. C. A.	KGaA
Russische Förderation	Obschestvo s Ogranichennoj Otvetstvennostju	OOO	GmbH
San Marino	Società a responsabilità limitata	Srl	GmbH
	Società per azioni	SpA	AG
	Società anonima per azioni	SA	AG
Schweden	Aktiebolag	AB	AG
	Handelsbolag		OHG
	Kommanditbolag		KG
	Enkelt bolag		GbR
	Enskild Firma		Einzelkaufmann
	Kreditavtel med delta gande vid vinst och förlust		Stille Gesellschaft
Schweiz	Gesellschaft mit beschränkter Haftung	GmbH	GmbH
	Aktiengesellschaft	AG/SA	AG
	Kommanditaktiengesellschaft		KGaA
	Kommanditgesellschaft	KG	KG
	Einfache Gesellschaft		GbR
	Genossenschaft		Genossenschaft
Slowakische Republik	Spolecnosts rucenim omezenim/rucenim omezenim	Spol. s. r. o./ s. r. o.	GmbH
	Akiová spulecnost	a. s.	AG

Land	Bezeichnung der ausländischen Gesellschaftsform	Gebräuchliche ausländische Abkürzung	Vergleichbare inländische Gesellschaftsform/deutsche Übersetzung
Slowenien	Druba z omejeno odgovornostjo	d. o. o.	GmbH
	Delnika druba	d. d.	AG
	Komanditna delnika druba	k. d. d.	KGaA
Spanien	Sociedad de responsabilidad limitada (Sociedad limitada)	SPL	GmbH
	Sociedad anónima	SA	AG
	Sociedad en comandita	SC	KG
	Sociedad regular colectiva	SrC	OHG
	Sociedad comanditaria por acciones		KGaA
Tschechische Republik	Spolecnosts rucenim omezenim/rucenim omezenim	Spol. s. r. o./ s. r. o.	GmbH
	Akiová spulecnost	a. s.	AG
Türkei	Anonim Sirket	A. S.	AG
	Limited Sirket		GmbH
	Kollektiv Sirket	Kol. Srk.	OHG
	Komandit Sirket	Kom. Srk.	KG
	Hisseli Komandit Sirket		KGaA
Ungarn	Reszvenytarsasag	Rt	AG
	Karlatolt felelözsegü tarsasag	Kft	GmbH
	Közkere seti tarsasag	Kkt	OHG
	Keteti tarsasag	Bt	KG
	Ikari Szeöwetkezet		Industriegenossenschaft

bb) Nord- und Südamerika

1386 Einige Staaten Nord- und Südamerikas – Gesellschaftsformen mittelamerikanischer Länder sind bislang noch gar nicht vertreten – sind mit folgenden Rechtsformen in dem Typenvergleich der FinVerw enthalten:

Land	Bezeichnung der ausländischen Gesellschaftsform	Gebräuchliche ausländische Abkürzung	Vergleichbare inländische Gesellschaftsform/deutsche Übersetzung
Argentinien	Sociedad de responsabilidad limitada		GmbH
	Sociedad anónima		AG
	Sociedad en comandita por acciones		KGaA
	Sociedad en comandita		KG
	Sociedad colectiva		OHG
	Sociedad cooperativa		Genossenschaft
	Sociedad accidental o en participación		Gelegenheitsgesellschaft
Brasilien	Sociedade por quotas de responsabilidade limitada	Ltda	GmbH
	Sociedade anonima	SA	AG
	Sociedade anonima de capital aberto	Compania aberta	Offene AG
	Sociedade anonima de capital fechada	Compania fechada	Geschlossene AG
	Sociedade em comandita		KG
	Sociedade em Nome colective		OHG
	Sociedade em contra de participacóo		Stille Gesellschaft
Chile	Sociedad de responsabilidad limitada		GmbH
Kanada	Corporation		AG
	Limited Partnership		KG
	General Partnership		OHG
USA	Business Corporation (Public Corporation, Close Corporation)	Corp./Inc./Ltd.	AG
	Joint Stock Association (Company)	JSA	Mischform Kapital-/Personengesellschaft
	Limited Partnership		KG
	General Partnership		OHG
	Unicorporated Joint Venture		Gelegenheitsgesellschaft (GbR)

Land	Bezeichnung der ausländischen Gesellschaftsform	Gebräuchliche ausländische Abkürzung	Vergleichbare inländische Gesellschaftsform/deutsche Übersetzung
	Business Trust		Keine vergleichbare Rechtsform vorhanden
	Public Traded Limited	PTLP	KG mit Börsenzulassung (Kapitalgesellschaft)

cc) Sonstige relevante Wirtschaftsräume

1387 Außerhalb des europäischen und des amerikanischen Kontinents finden sich die wirtschaftlich wichtigsten Betätigungsfelder deutscher Unternehmen in Australien, dem asiatischen Raum sowie in Südafrika. Hier sind die folgenden, deutschen Gesellschaftsformen vergleichbaren Rechtsformen anzutreffen:

Land	Bezeichnung der ausländischen Gesellschaftsform	Gebräuchliche ausländische Abkürzung	Vergleichbare inländische Gesellschaftsform/deutsche Übersetzung
Australien	Proprietary limited Company	Pty Ltd	GmbH
	Public Company limited by shares	PC Ltd	AG
	Limited Partnership		KG
	Partnership		OHG
China	Youxian gongsi		GmbH
	Gufen youxian gongsi		AG
Japan	Mitsubishi Kaisha		GmbH
	Kabushiki Kaisha		AG
	Goshi Kaisha		KG
	Gomei Kaisha		OHG
Singapur	Private Company limited by shares (als Private oder Public Company möglich)		GmbH
	Company limited by guarantee		Kapitalgesellschaft
	Company limited by guarantee		Kapitalgesellschaft
	Unlimited Company		Kapitalgesellschaft
	Limited Partnership		KG
	Partnership		OHG

Land	Bezeichnung der ausländischen Gesellschaftsform	Gebräuchliche ausländische Abkürzung	Vergleichbare inländische Gesellschaftsform/deutsche Übersetzung
Südafrika	Private oder Propriety Company (limited by shares)	(Pty) Ltd	GmbH
	Public Company (limited by shares)	Ltd oder BpK	AG
	Company by guarantee		Mitunternehmerschaft
	Partnership		OHG

2. Steuerliche Vergleichsrechnungen

a) Ertragsteuerlicher Belastungsvergleich bei Thesaurierung und Vollausschüttung/-entnahme

Kapital- und Personengesellschaften werden in Deutschland hinsichtlich der Besteuerung der von ihnen erwirtschafteten Erträge grundlegend unterschiedlich behandelt. Während die Kapitalgesellschaften entsprechend der Legaldefinition in § 1 Abs. 1 Nr. 1 KStG als Körperschaften eigene Steuersubjekte sind, die der KSt und der GewSt unterliegen, gilt dies bei der Personengesellschaft nur für die GewSt (§ 5 Abs. 1 Satz 3 GewStG) – und das auch nur, wenn die Gesellschaft gewerblich tätig ist. Im Übrigen werden die Erträge der Personengesellschaft den Gesellschaftern anteilig zugerechnet und auf deren Ebene der ESt oder KSt unterworfen. Daraus ergab sich in der Vergangenheit stets ein signifikanter Unterschied der ertragsteuerlichen Behandlung dieser Rechtsformen, insbesondere im Hinblick auf die Besteuerung der thesaurierten, also nicht an die Anteilseigner ausgeschütteten Gewinne.

1388

Die Abschaffung des bis 2000 geltenden Körperschaftsteuer-Anrechnungsverfahrens durch das StSenkG brachte für Unternehmen und Unternehmer gravierende steuerliche Veränderungen, die zugleich massive Auswirkungen auf die steuerlich relevanten Aspekte der Rechtsformenwahl entfalteten. Die damit einhergehenden Steuersatzabsenkungen für juristische (ab 2001) und natürliche Personen (ab 2004) bewirkten, dass ein Umdenken im Zusammenhang mit Steuerbelastungsvergleichen erforderlich wurde. Bis dahin galt, dass thesaurierte Gewinne steuerlich geringer belastet waren als ausgeschüttete Gewinne, was die Rechtsform der Kapitalgesellschaft spürbar gegenüber Personengesellschaften begünstigte, bei der – auf Grund des Transparenzprinzips bei der Besteuerung von Personengesellschaften – quasi stets eine Vollausschüttung fingiert wurde. Im Falle der Vollausschüttung dagegen waren Kapitalgesellschaften auch nach der Ablösung des Anrechnungsverfahrens durch das Halbeinkünfteverfahren Personengesellschaften gegenüber im Nachteil, was – neben dem weiterhin bestehenden Steuersatzgefälle und der unterschiedlichen Struktur der Behandlung ausgeschütteter Gewinne beim Gesellschafter – zu einem guten Teil an der Anrechenbarkeit der Gewerbesteuer bei Personengesellschaften lag.

Seit 2008 hat sich dieser Befund z.T. deutlich verändert. Neben der Absenkung der Körperschaftsteuer von 25 % auf 15 % und der Einführung einer Thesaurierungsbegünstigung bei Personengesellschaften (Anwendung eines besonderen Thesaurierungssteuersatzes von 28,25 % auf alle nicht entnommenen Gewinne) sind insoweit insbesondere die Änderungen der Dividendenbesteuerung bei natürlichen Personen zu nennen. Bis einschließlich VZ 2008 unterlagen Gewinnausschüttungen einer Kapitalgesellschaft an ihre Gesellschafter, die natürliche Personen sind, zur Hälfte deren

Kalbfleisch 1193

individuellen Einkommensteuersatz (sog. „Halbeinkünfteverfahren"), d.h. im Maximum 42 % bzw. ab VZ 2008 45 %, die sog. „Reichensteuer" für Bezieher hoher Einkommen (über 250 000 €/500 000 € p. a.). Seit 1.1.2009 dagegen ist hinsichtlich der Anteile zu differenzieren: Dividenden an natürliche Personen, die die Anteile im Privatvermögen halten, unterliegen ab diesem Zeitpunkt einer Quellensteuer von 25 % (sog. „Abgeltungssteuer") der Dividende ohne Abzugsmöglichkeiten. Dividenden aus Anteilen, die zu einem Betriebsvermögen des Stpfl. gehören, werden weiterhin mit dem Individualsteuersatz (max. 45 % „Reichensteuer") besteuert, jedoch werden nur 60 % (statt bis 2008 50 %) der Dividende als steuerpflichtige Einkünfte angesetzt – Übergang vom „Halbeinkünfte-" zum „Teileinkünfteverfahren". Mit demselben Prozentsatz können Betriebsausgaben, die im Zusammenhang mit den Dividendenerträgen stehen, in Abzug gebracht werden.

Entsprechendes gilt dann auch für Gewinnentnahmen bei Personengesellschaften. Auf Grund des bisherigen Transparenzprinzips, wonach der gesamte steuerpflichtige Gewinn der Personengesellschaft deren Gesellschaftern zugerechnet wurde und der individuellen Einkommensbesteuerung unterlag, waren nachfolgend getätigte Entnahmen steuerfrei. Seit 2008 dagegen werden Entnahmen von solchen Gewinnanteilen, für die zuvor die Thesaurierungsbegünstigung in Anspruch genommen wurde, wie Dividenden von Kapitalgesellschaften einem Abgeltungssteuersatz von 25 % unterworfen.

1389 Die nachfolgende Übersicht stellt die Entwicklung der Steuerbelastung seit 2004 auf der Ebene der Kapital- und der Personengesellschaft (Thesaurierung) sowie auf der Ebene von deren Gesellschaftern (Vollausschüttung) einander gegenüber, wobei für Zwecke der Berechnung natürliche Personen als Gesellschafter unterstellt wurden.

Rechtsformspezifisch ergibt sich folgender tabellarischer Belastungsvergleich:

– Thesaurierung

	Kapitalgesellschaft				Personengesellschaft			
	2004	2007	2008	2009 ff.	2004	2007	2008	2009 ff.
Gewinn vor Steuern	100,00	100,00	100,00	100,00	100,00	100,00	100,00	100,00
GewSt	16,67	16,67	14,00	14,00	16,67	16,67	14,00	14,00
KSt-/ESt-pfl. Gewinn	83,33	83,33	100,00	100,00	83,33	83,33	100,00	100,00
KSt/ESt	20,83	20,83	15,00	15,00	35,00	37,50	28,25	28,25
GewSt-Anrechnung	–	–	–	–	7,50	7,50	13,30	13,30
Solidaritätszuschlag	1,15	1,15	0,83	0,83	1,51	1,65	0,82	0,82
Gewinn nach Steuern	61,35	61,35	70,17	70,17	54,32	51,68	70,23	70,23
Thesaurierungsbelastung	38,65	38,65	29,83	29,83	45,68	48,32	29,77	29,77

– Vollausschüttung/-entnahme

	Kapitalgesellschaft					Personengesellschaft			
	2004	2007	2008	2009 ff.		2004	2007	2008	2009 ff.
				PV	BV				
Dividende/Entnahme	61,35	61,35	70,17	70,17	70,17	54,32	51,68	70,23	70,23
davon stpfl.	30,67	30,67	35,09	70,17	42,10	–	–	70,23	70,23
ESt	12,88	13,80	15,79	17,54	18,95	–	–	17,56	17,56
Solidaritätszuschlag	0,71	0,76	0,87	0,96	1,04	–	–	0,97	0,97
Ertrag nach Steuern	47,76	46,79	53,51	51,67	50,18	54,32	51,68	51,70	51,70
Thesaurierungsbel.	38,65	38,65	29,83	29,83	29,83	45,68	48,32	29,77	29,77
St. last Gesellschafter	13,59	14,56	16,66	18,50	19,99	–	–	18,53	18,53
Gesamtbelastung	52,24	53,21	46,49	48,33	49,82	45,68	48,32	48,30	48,30

Wenn auch seit 2008 der Thesaurierungsvorteil der Kapitalgesellschaft gegenüber der Personengesellschaft praktisch egalisiert und auch die Gesamtsteuerbelastung beider Varianten annähert gleichgestellt worden ist, kann daraus nicht ohne Weiteres geschlossen werden, dass die Kapitalgesellschaft dadurch als Unternehmensform steuerlich unattraktiv geworden wäre. Vielmehr empfiehlt sich namentlich bei Unternehmungen, deren Träger ihren Lebensunterhalt aus den erwirtschafteten Gewinnen bestreiten, eine genaue, einzelfallbezogene Detailrechnung. Außer der in dem vorstehenden Belastungsvergleich dargestellten abstrakten Steuerlast für Gewinne und Ausschüttungen bzw. Entnahmen sind insbesondere die gewerbesteuerlichen Effekte bei der unterschiedlichen Behandlung von an die Gesellschafter gezahlten Vergütungen für Tätigkeit, Überlassung von Wirtschaftsgütern oder Kapital etc., aber auch Effekte aus ggf. abzuführender Kirchensteuer in die Gesamtbetrachtung mit einzubeziehen.

b) Kirchensteuer

Auch die Kirchensteuer beeinflusst den Belastungsvergleich zwischen den Rechtsformen Kapital- und Personengesellschaft. Unverändert gilt dabei, dass eine Kapitalgesellschaft nicht der Kirchensteuer unterliegt. Damit bleibt es für die Kapitalgesellschaft im Thesaurierungsfall bei einer Gesamtsteuerbelastung von 38,65 % bzw. ab VZ 2008 von 29,83 % Im Fall der Ausschüttung und insbesondere bei den Personengesellschaften kommt zu der Gesamtsteuerbelastung noch die Kirchensteuerbelastung hinzu, die aber ihrerseits bei der Einkommensteuer als Sonderausgabe abgezogen werden kann (§ 10 Abs. 4 Nr. 4 EStG)[1]. Bei einem angenommenen[2] Steuersatz von 9 % der festgesetzten Einkommensteuer ergibt sich für den Belastungsvergleich zwischen Kapital-

1390

---

1) Übersicht vgl. Rausch, NWB Fach 12, 1471.
2) Die tatsächliche Höhe des Steuersatzes kann in den verschiedenen Bundesländern unterschiedlich sein.

und Personengesellschaft folgende Weiterentwicklung der steuerlichen Gesamtbelastung bei Thesaurierung bzw. Vollausschüttung:

- Thesaurierung

	Kapitalgesellschaft				Personengesellschaft			
	2004	2007	2008	2009 ff.	2004	2007	2008	2009 ff.
KSt-/ESt-pfl. Gewinn	83,33	83,33	100,00	100,00	83,33	83,33	100,00	100,00
KSt/ESt	20,83	20,83	15,00	15,00	35,00	37,50	28,25	28,25
GewSt-Anrechnung	–	–	–	–	7,50	7,50	13,30	13,30
Solidaritätszuschlag	1,15	1,15	0,83	0,83	1,51	1,65	0,82	0,82
Kirchensteuer	–	–	–	–	3,15	3,38	2,54	2,54
Gewinn nach Steuern	61,35	61,35	70,17	70,17	51,17	48,30	67,69	67,69
Thesaurierungsbelastung	38,65	38,65	29,83	29,83	48,83	51,70	32,31	32,31

- Vollausschüttung/-entnahme

	Kapitalgesellschaft					Personengesellschaft			
	2004	2007	2008	2009 ff. PV	2009 ff. BV	2004	2007	2008	2009 ff.
stpfl. Div./Entn.	30,67	30,67	35,09	70,17	42,10	–	–	67,69	67,69
ESt	12,88	13,80	15,79	17,54	18,95	–	–	16,92	16,92
Solidaritätszuschlag	0,71	0,76	0,87	0,96	1,04	–	–	0,93	0,93
Kirchensteuer	1,16	1,24	1,42	1,58	1,71	–	–	1,52	1,52
Ertrag nach Steuern	46,60	45,55	52,09	50,09	48,47	54,32	51,68	48,32	48,32
Thesaurierungsbel.	38,65	38,65	29,83	29,83	29,83	48,83	51,70	32,31	32,31
St. last Gesellschafter	14,75	15,80	18,08	20,08	21,70	–	–	19,37	19,37
Gesamtbelastung	53,40	54,45	47,91	49,91	51,53	48,83	51,70	51,68	51,68

Da die Gewinne von Personengesellschaften mit natürlichen Personen als Gesellschaftern in vollem Umfang, die von Kapitalgesellschaften (Dividenden) dagegen nur zur Hälfte bzw. ab VZ 2009 nur mit dem Abgeltungssteuersatz von 25 % besteuert werden, werden Erstere auch überproportional durch die Kirchensteuer belastet. Seit 2008 führt dies dazu, dass die Gesamtsteuerlast für Personengesellschaften nicht mehr in etwa gleich hoch, sondern leicht höher liegt als bei Kapitalgesellschaften.

c) Besteuerung von Gewinnen bei der Veräußerung von Gesellschaftsanteilen

Die ertragsteuerlichen Folgen der Veräußerung von Gesellschaftsanteilen sind je nach Anteilsart und Vermögensklassifizierung unterschiedlich geregelt. Die steuerliche Situation in diesen Fällen ergibt dadurch ein schwer überschaubares Bild. **1391**

Gewinne einer natürlichen Person aus der Veräußerung von privaten, nicht wesentlichen Anteilen an Kapitalgesellschaften sind unter Beachtung einer einjährigen Spekulationsfrist steuerfrei (§§ 17, 23 EStG). Beträgt die Beteiligung innerhalb der letzten fünf Jahre vor der Veräußerung zu irgendeinem Zeitpunkt 1 % oder mehr und wird sie im Privatvermögen gehalten, unterliegen Veräußerungserträge aus Anteilen i.S.d. § 17 EStG sowie aus Spekulationsgewinnen i.S.d. § 23 EStG gem. § 3 Nr. 40 Satz 1 Buchst. c und j EStG dem Teileinkünfteverfahren (60 % des Gewinns unterliegen der individuellen Einkommensteuer des Veräußernden). Gleiches gilt auch für Veräußerungsgewinne aus sog. einbringungsgeborenen Anteilen (§ 3 Nr. 40 Satz 1 Buchst. b EStG), jedoch nach einer Behaltefrist von sieben Jahren (§ 3 Nr. 40 Satz 3 und 4 EStG; § 20 Abs. 1 Satz 1 UmwStG).

Veräußerungsgewinne aus Anteilen im Privatvermögen, die nach dem 31.12.2008 angeschafft worden sind und nicht wesentliche Anteile i.S.d. § 17 EStG sind, unterliegen wie Dividenden der Abgeltungssteuer i.H.v. 25 % ohne Abzugsmöglichkeiten. Werden wesentliche Anteile im Privatvermögen oder jegliche Anteile an Kapitalgesellschaften im Betriebsvermögen veräußert, unterliegen die Veräußerungsgewinne wiederum dem Teileinkünfteverfahren.

Gewinne einer Kapitalgesellschaft aus einer Veräußerung/verdeckten Einlage von Anteilen an einer anderen Körperschaft sowie aus der Auflösung/Herabsetzung des Nennkapitals einer anderen Kapitalgesellschaft bleiben bei der Einkommensermittlung grundsätzlich außer Ansatz (§ 8b Abs. 2 KStG). Die Steuerfreiheit kommt allerdings gem. § 8b Abs. 2 Satz 5 KStG nicht zur Anwendung, wenn von den Anschaffungskosten für die veräußerten Anteile zuvor Abzüge gem. § 6b EStG erfolgt sind. Außerdem sieht § 8b Abs. 5 KStG vor, dass 5 % des von der Körperschaft erzielten Veräußerungsgewinns als (fiktive) nicht abzugsfähige Betriebsausgaben gelten, die dem steuerpflichtigen Gewinn hinzuzurechnen sind. Bei einer effektiven Steuerlast (KSt, GewSt und SolZ) der Körperschaft von unter 30 % werden Gewinne aus der Veräußerung von Anteilen an einer Kapitalgesellschaft bzw. diesen gleich gestellten Körperschaften i.S.d. § 8b Abs. 2 KStG mithin einer Gesamtbesteuerung von rd. 1,5 % unterworfen.

Gewinne aus der Veräußerung eines Mitunternehmeranteils, die eine natürliche Person erzielt, unterliegen als Einkünfte aus Gewerbebetrieb der regulären Besteuerung zum vollen Einkommensteuersatz. Gemäß § 34 EStG kann allerdings jede natürliche Person, die 55 Jahre und älter bzw. berufsunfähig ist, einmal im Leben bei der Veräußerung eines Personenunternehmens oder eines Mitunternehmeranteils den halben Steuersatz beanspruchen, und zwar wenn der gesamte Anteil eines Gesellschafters, der als Unternehmer/Mitunternehmer anzusehen ist, veräußert wird (§ 16 Abs. 1 Nr. 2 EStG). Der Veräußerung ist die Betriebsaufgabe gleichgestellt. Vor dem 1.1.2001 erfolgte Veräußerungsvorgänge bzw. Betriebsaufgaben werden bei der „Einmal-im-Leben-Regel" nicht berücksichtigt. Veräußerungsgewinne werden maximal begünstigt bis zu einem Gewinn von 5 Mio. €; es wird ein Mindeststeuersatz erhoben, der dem Eingangssteuersatz entspricht. Nicht von dieser Regelung erfasst sind Veräußerungsvorgänge, bei denen nur ein Teil eines Mitunternehmeranteiles veräußert wird.

Übersichtsartig stellt sich die Sachlage bei Anteilsveräußerung damit wie folgt dar:

4 Beratungsschwerpunkte und deren Fallstricke

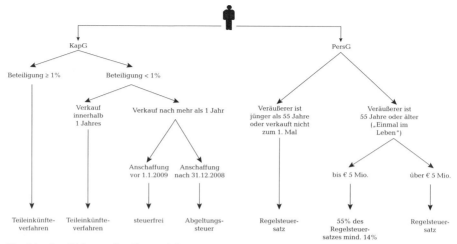

Zur Verdeutlichung der Steuerfolgen mag das folgende Besprechungsbeispiel dienen:

Beispiel

Unternehmer Ulli U ist Gesellschafter der U Weinhandel en gros et en detail („UWh"). U beabsichtigt, seine Beteiligung an der UWh an den Verein zur Erhaltung und Verbreitung des Frühburgunders („VEVF") zu veräußern und fragt sich, welche einkommensteuerlichen Folgen ein solcher Verkauf haben könnte.

Der nachstehenden Belastungsvergleichsrechnung liegen die folgenden steuerrelevanten Annahmen zu Grunde:

- U ist 54 Jahre alt und unterliegt im Jahr der Veräußerung dem maximalen Einkommensteuersatz.
- U ist nicht KiSt-pflichtig.
- Der VEVF zahlt U für seine Beteiligung an der UWh 1 000 GE. Der daraus resultierende Veräußerungsgewinn beträgt weniger als 5 Mio. €.
- U hat seine Beteiligung an der UWh für 150 GE erworben. Im Rahmen der Veräußerung entstehen ihm Kosten i.H.v. 50 GE.
- Die UWh wird alternativ in der Rechtsform der GmbH oder der GmbH & Co. KG geführt. Den GmbH-Anteil hält U alternativ im Betriebs- oder im Privatvermögen.

Abwandlung

Ausgangssituation und Annahmen sind wie vor. U ist aber zum Zeitpunkt der Veräußerung bereits 60 Jahre alt.

Nach den vorstehenden Ausführungen ist die von U auf den von ihm erzielten Veräußerungsgewinn zu zahlende ESt und der ihm verbleibende Nettozufluss aus dem Anteilsverkauf für den Grundfall und die Abwandlung wie folgt zu ermitteln:

Belastungsvergleichsrechnung

	Regelbesteuerung	Teileinkünfte-verfahren	Abgeltungssteuer	„Einmal im Leben"-Begünstigung
VP	1.000	1.000	1.000	1.000
./. AK	./. 150	./. 150	./. 150	./. 150
./. VK	./. 50	./. 50	./. 50	./. 50
VG	800	800	800	800
Steuersatz	45%	27%	25%	14% - 25,2%
St_{VG}	360	216	200	112-202
Nettozufluss	1.000	1.000	1.000	1.000
	./. 50	./. 50	./. 50	./. 50
	./. 360	./. 216	./. 200	./. 112-202
	510	734	750	838-748

d) Wegzugsbesteuerung nach § 6 AStG

Erwägt eine natürliche Person, ihren Wohnsitz oder gewöhnlichen Aufenthalt im Inland aufzugeben, dann kann sich eine Beteiligung an einer Kapitalgesellschaft als ruinös erweisen. Nach § 6 AStG muss jede Person, die im Inland mindestens zehn Jahre unbeschränkt steuerpflichtig war, bei einer wesentlichen Beteiligung (1 % oder mehr) an einer inländischen Kapitalgesellschaft (vgl. § 17 EStG) hält, unabhängig von ihrer Staatsangehörigkeit bei einem Wohnsitzwechsel ins Ausland einen fiktiven Veräußerungsgewinn versteuern, der sich grds. aus der Differenz zwischen den Anschaffungskosten und dem gemeinen Wert zum Zeitpunkt des Wegzugs errechnet. Ob die Person in ein DBA-Land verzieht, ist ebenso unbeachtlich wie die Feststellung, ob es sich bei dem neuen Ansässigkeitsstaat um ein Hoch- oder Niedrigsteuerland handelt. Handelt es sich nicht nur um eine vorübergehende Abwesenheit, dann wird in jedem Fall an der Grenze Kasse gemacht. Entsprechendes gilt bei sog. einbringungsgeborenen Anteilen, wenn der Anteilseigner beschränkt einkommensteuerpflichtig oder beschränkt körperschaftsteuerpflichtig wird oder das deutsche Besteuerungsrecht hinsichtlich des Gewinns aus der Veräußerung der Anteile durch ein DBA ausgeschlossen wird (vgl. § 21 Abs. 2 UmwStG). 1392

Für eine Beteiligung an einer Personengesellschaft gibt es keine entsprechende Regelung. Allerdings unterliegt der Personengesellschafter auch nach seinem Wegzug mit seinen laufenden Einkünften aus der Gesellschaft wie auch mit einem Veräußerungsgewinn der (dann nur noch beschränkten) Einkommensteuerpflicht. Dieser Effekt wird aber häufig dadurch gemildert sein, dass – durch die wegzugsbedingte Verlagerung des Schwerpunkts der unternehmerischen Tätigkeit – die wirtschaftliche Bedeutung des inländischen Geschäftsbetriebs in der Folgezeit zurückgehen wird. Altgeschäft erschöpft und verbraucht sich, Neugeschäft wird am neuen Mittelpunkt der Lebensinteressen entstehen, Aufgaben und Kompetenzen in der Gruppe werden neu verteilt. Demgegenüber können Wertminderungen einer Kapitalgesellschaft nach Durchführung der Wegzugsbesteuerung gem. § 6 AStG nicht mehr steuermindernd geltend gemacht werden, selbst wenn der zum Zeitpunkt des Wegzugs angesetzte Unternehmenswert unterschritten wird (Stichtagsprinzip).

Im Gefolge des EuGH-Urteils in der Rechtssache Hughes de Lasteyrie du Saillant vs. Ministère de l'Économie, des Finances et de l'Industrie[1], in dem das Gericht die

---
1) EuGH v. 11.3.2004, C-9/02, NJW 2004, 2439 ff.

französischen Bestimmungen über die Wegzugsbesteuerung als Einschränkung in die Freizügigkeit und damit als europarechtswidrig angesehen hat, sind die Bestimmungen des § 6 AStG europakonform geändert worden. Ist der Wegziehende ein Staatsangehöriger eines EU- oder EWR-Staates und unterliegt er in dem Zuzugsstaat einer der deutschen unbeschränkten Einkommensteuerpflicht vergleichbaren Steuerpflicht, so ist die Wegzugssteuer gem. § 6 AStG zinslos und ohne Sicherheitsleistung zu stunden. Gleiches gilt bei Vorliegen einiger zusätzlicher Voraussetzungen bei den dem Wegzug gleichgestellten Tatbeständen des § 6 Abs. 1 Satz 2 AStG. Die Stundung endet und ist zu widerrufen, wenn der Stpfl. die steuerbefangenen Anteile veräußert oder einen der Veräußerung gleichgestellten Tatbestand i.S.d. § 6 Abs. 5 AStG verwirklicht. Weitere Voraussetzung ist, dass durch Amtshilfe- und Unterstützungsregelungen sichergestellt sein muss, dass der Zuzugsstaat die Beitreibung der gestundeten Steuer bei Beendigung der Stundung gewährleistet. Außerdem treffen den Wegziehenden erhöhte Mitwirkungspflichten zur Sicherung des deutschen Steueranspruchs, insbesondere die Verpflichtung, jährlich bis zum 31.1. schriftlich seine aktuelle Anschrift mitzuteilen sowie binnen eines Monats eine etwaige Veräußerung dem Finanzamt anzuzeigen.

e) Erbschaftsteuer

1393 Mit Wirkung ab VZ 2009 hat der Gesetzgeber die Besteuerung von Schenkungen und Erbfällen auf Veranlassung des BVerfG umfassend neu geregelt. Wesentliche mit der Reform verfolgte Ziele waren dabei, eine gleichmäßigere Besteuerung der unterschiedlichen Vermögensarten zu erreichen und zugleich kleine und mittlere Vermögen sowie mittelständische Unternehmerfamilien erbschaftsteuerlich schonender zu behandeln als bisher (zur aktuellen Diskussion der Verfassungswidrigkeit → 4 Rz. 853).

Angesichts dieser Vorgaben und Zielsetzungen hätte nahegelegen, die Neufassung des Gesetzes dazu zu nutzen, die unterschiedliche Behandlung von Personen- und Kapitalgesellschaften im alten ErbStG zu beseitigen, was indes nur z.T. erfolgt ist. So wurde zwar die unterschiedliche Bewertung von Personen- und Kapitalgesellschaften – Steuerbilanzwerte bei ersteren und das sog. „Stuttgarter Verfahren" bei letzteren – abgeschafft, im Rahmen der insbesondere für die Gestaltungspraxis bei der Nachfolgeplanung von Unternehmen relevanten Begünstigungsvorschriften der §§ 13a, b ErbStG (Regelverschonung, Begünstigungsoption, Einzelheiten bei *Erbfolge, vorweggenommene* → 4 Rz. 853 ff.) wurde dagegen ein maßgeblicher Unterschied beibehalten. Während nämlich Anteile an Personengesellschaften, die auf Grund unentgeltlicher Verfügungen unter Lebenden oder von Todes wegen auf einen Nachfolger übergehen, bei Vorliegen der Voraussetzungen im Übrigen generell steuerlich begünstigt sind, gilt dies für Anteile an Kapitalgesellschaften nur, wenn der Schenker bzw. Erblasser zu mehr als 25 % am Kapital der Gesellschaft beteiligt war (sog. Mindestbeteiligung, § 13b Abs. 1 Nr. 3 Satz 1 ErbStG). Welche Auswirkungen die Gesellschaftsform vor diesem Hintergrund auch auf die erbschaftsteuerliche Belastung von Unternehmern entfalten kann, zeigt der nachfolgende Belastungsvergleich.

Beispiel:
Der alleinstehende kinderlose Unternehmer Ottfried O ist u.a. zu einem Viertel Mitgesellschafter der Initiative für Innovative Ideen („iii"), einem Unternehmen, das die Erforschung und Entwicklung zukunftsträchtiger Technologien zum Gegenstand hat. O beabsichtigt, zum Zwecke der Ausnutzung der Zehn-Jahres-Frist der persönlichen Freibeträge bei der ErbSt diese Beteiligung im Wege der Schenkung auf seinen Neffen Nikolaus N zu übertragen.

Der nachstehenden Belastungsvergleichsrechnung liegen die folgenden steuerrelevanten Annahmen zu Grunde:

– iii wird alternativ in der Rechtsform einer GmbH und einer GmbH & Co. KG betrieben.

– Das Betriebsvermögen der iii besteht zu mehr als 10 %, aber nicht zu mehr als 50 % aus Verwaltungsvermögen i.S.d. § 13b Abs. 2 Satz 2 ErbStG.

- Der erbschaftsteuerliche Wert des zu übertragenden Anteils an der iii beträgt 6 Mio. €.
- O hat in den letzten zehn Jahren vor Ausführung der Schenkung an N diesem keine sonstigen Vermögensgegenstände unentgeltlich zugewandt.

Steuerlast:

Ausgangspunkt zur Ermittlung der Steuerlast der geplanten Schenkung ist der Steuerwert der zu übertragenden Beteiligung. Handelt es sich dabei um einen Kommanditanteil, so ist dieser um den Regelverschonungsabschlag von 85 % des Anteilswertes zu reduzieren, §§ 13a Abs. 1; 13b Abs. 4 ErbStG. Bei dem GmbH-Anteil entfällt dieser Abschlag, da Anteile an Kapitalgesellschaften nur dann zum begünstigten Vermögen i.S.d. § 13b Abs. 1 ErbStG gehören, wenn die Mindestbeteiligung (mehr als 25 %) erreicht ist. Dies ist bei genau 25 % der Anteile nicht der Fall.

Der verbleibende Betrag verringert sich um den persönlichen Freibetrag, der zwischen Angehörigen der Steuerklasse II, zu denen auch Onkel und Neffe zählen, 20 000 € beträgt. Auf den so ermittelten steuerpflichtigen Erwerb findet sodann der Steuersatz von 30 % (bei Steuerklasse II oder III und einem steuerpflichtigen Erwerb von mehr als 600 000 € bis höchstens 6 Mio. €) Anwendung. Soweit von der Zuwendung jedoch begünstigtes Vermögen betroffen ist, kann der Erwerber, wenn er der Steuerklasse II oder III angehört, einen Entlastungsbetrag geltend machen, der der Mehrsteuerbelastung für dieses Vermögen der Steuerklasse II bzw. III im Vergleich zu der Steuerklasse I entspricht, § 19a Abs. 1 und 4 ErbStG. Faktisch wird N damit im Falle der Schenkung eines Kommanditanteils so gestellt, als ob er im Verhältnis zu O der Steuerklasse I angehört, der steuerpflichtige Erwerb mithin nur mit 19 % besteuert würde. Bei der Übertragung eines 25 %-igen GmbH-Anteils kommt dagegen auch dieser Entlastungsbetrag nicht zur Anwendung.

Damit ergibt sich für die beabsichtigte Schenkung des O an N folgende Belastungsvergleichsrechnung:

	Kommanditanteil (alle Beträge in €)	GmbH-Anteil (alle Beträge in €)
Steuerwert des Anteils	6 000 000	6 000 000
./. Regelverschonungsabschlag	(5 100 000)	0
Zwischensumme	900 000	6 000 000
./. persönlicher Freibetrag	(20 000)	(20 000)
Stpfl. Erwerb	880 000	5 980 000
Tarifliche ErbSt (30 %)	264 000	1 794 000
./. Entlastungsbetrag ([30–19] % x stpfl. Erwerb)	(96 800)	0
Tatsächliche Steuerschuld	167 200	1 794 000
Nettowertzuwachs bei N	5 832 800	4 206 000
Steuervorteil Kommanditanteil	1 626 800	

3. Rechtsformspezifische Stolperfallen der Unternehmenspraxis

a) Aktiengesellschaft: Der Steuerberater im Aufsichtsrat

Gestaltet sich die Mandatsbeziehung zwischen einem Steuerberater (oder Rechtsanwalt) und einem Unternehmen über einen längeren Zeitraum positiv, kommt es, gerade in Familienunternehmen, nicht selten vor, dass der vertraute Berater von dem Unternehmer gebeten wird, sich sowie seine Kenntnisse und Erfahrungen als Berater über das alltägliche Beratungsverhältnis hinaus in das unternehmerische Geschehen einzubringen. Geradezu prädestiniert hierfür scheint zu sein, dem Berater die Übernahme einer Position als Aufsichtsrat oder Beirat in dem entsprechenden Gesellschaftsorgan des Unternehmens anzutragen. Wird das betreffende Unternehmen allerdings in der Rechtsform der AG geführt, kann sich der mit der Wahl des Beraters in den Aufsichtsrat zum Ausdruck gebrachte besondere Vertrauensbeweis leicht als eine (aktien-)rechtliche Stolperfalle erweisen, die auf Seiten der Gesellschaft wie auf Seiten des Beraters besondere Beachtung erfordert.

Denn nach den Bestimmungen der §§ 113, 114 AktG sind bei dem Abschluss von Beratungsverträgen zwischen der AG und einem ihrer Aufsichtsratsmitglieder besondere Anforderungen zu erfüllen, die darüber hinaus auch dann gelten, wenn der Vertrag mit einer WP-, StB- oder RA-Gesellschaft oder –Sozietät geschlossen wird, der ein Aufsichtsratsmitglied der beratenen Gesellschaft angehört. Im Folgenden soll dabei aus Gründen der Vereinfachung der Fall eines in Einzelpraxis beratenden Steuerberaters Gegenstand der Betrachtung sein, der in personam zugleich Mitglied des Aufsichtsrats der von ihm beratenen AG ist. Die Problematik der genannten Vorschriften liegt dabei in der Abgrenzung zwischen zulässigen, aber zustimmungsbedürftigen Verträgen gem. § 114 AktG einerseits und unzulässigen und damit nicht zustimmungsfähigen Verträgen gem. § 113 AktG andererseits, die sich aus einer entsprechenden Abgrenzung der originären Pflichten eines Aufsichtsrats gegenüber dem vertragsgemäßen Inhalt des abzuschließenden Beratungsvertrages ergibt. Daran schließt sich die weitere Frage an, inwieweit der abzuschließende Beratervertrag in Bezug auf den Gegenstand der von dem Aufsichtsrat zu erbringenden Leistung und der Ausgestaltung der Vergütung bestimmt und konkretisiert sein müssen, damit ihnen die Zustimmung gem. § 114 AktG erteilt werden kann.

aa) Abgrenzung der Beratungsinhalte

1395 Wie der BGH in seinen Grundsatzentscheidungen vom 25.3.1991[1] und vom 4.7.1994[2] entschieden hat, sind Beratungsverträge einer AG mit Aufsichtsratsmitgliedern über Tätigkeiten, welche bereits von der zur Überwachungsaufgabe des Aufsichtsrats gehörenden Beratungspflicht umfasst werden, gem. der §§ 113 AktG, 134 BGB nichtig und somit nicht genehmigungsfähig. Bestandteil der Überwachungsaufgabe des Aufsichtsrates ist hierbei auch die in die Zukunft hineinwirkende Überwachung, insbesondere die ständige Diskussion mit dem Vorstand und dessen Beratung in grundsätzlichen Fragen der laufenden Geschäftsführung sowie der künftigen Geschäftspolitik.

Beratungsverträge über Dienstleistungen, die nicht in den Aufgabenbereich des Aufsichtsrats fallen[3] und mit einer Gesellschaft abgeschlossen werden, an der das Mitglied des Aufsichtsrats beteiligt ist und diesem somit wenigstens mittelbar Leistungen der Aktiengesellschaft zufließen, sind hingegen zulässig, aber in ihrer Wirksamkeit grundsätzlich von der Zustimmung des Aufsichtsrats nach § 114 AktG abhängig (Genehmigungsbedürftigkeit). Einzige Ausnahme hierzu sind Verträge, die nicht im Widerspruch zu den mit den §§ 113, 114 AktG verfolgten Zielen einer unabhängigen Wahrnehmung der organschaftlichen Überwachungstätigkeit eines Aufsichtsratsmitglieds stehen. Die Schwelle, ab wann mittelbare Leistungen die unabhängige Wahrnehmung der organschaftlichen Überwachungstätigkeit gefährden, sieht der BGH jedoch bereits dann als überschritten an, wenn es sich bei den mittelbaren Zuwendungen um – abstrakt bezeichnet – nicht nur geringfügige Leistungen handelt oder wenn

---

1) BGH v. 25.3.1991, II ZR 188/89, NJW 1991, 1830.
2) BGH v. 4.7.1994, II ZR 197/93, NJW 1994, 2484.
3) Vgl. § 114 Abs. 1 AktG; BGH v. 4.7.1994, II ZR 197/93, NJW 1994, 2484.

diese im Vergleich zu den von der Hauptversammlung durch Satzungsbestimmung oder durch Einzelbeschluss festgesetzten Aufsichtsratsvergütungen einen nicht zu vernachlässigenswerten Umfang haben.[1]

Die Abgrenzung zwischen einer vertraglichen Beratung nach § 114 AktG und den organschaftlichen Pflichten des Aufsichtsrats ist nach inhaltlichen Kriterien, d.h. an Hand des Beratungsgegenstands vorzunehmen und nicht danach, ob der erforderliche zeitliche Einsatz über das normale Maß eines Aufsichtsratsmitglieds hinausgeht, da das Aufsichtsratsmitglied auch einen den üblichen Rahmen übersteigenden Einsatz zu leisten hat, wenn dies die Verhältnisse der Gesellschaft erfordern.[2]

Zur Abgrenzung der Tätigkeit des aus einem Beratungsvertrag verpflichteten Aufsichtsratsmitgliedes gegenüber seinen Organpflichten stellt der BGH auf die Frage ab, ob die Beratung in *„Fragen eines besonderen Fachgebietes"* oder bei *„speziellen Geschäften"* erfolgt ist. Demnach ist die Grenze der organschaftlichen Beratung überschritten und die rechtliche Möglichkeit eines zulässigen Beratungsvertrages nach § 114 AktG eröffnet, wenn die von dem Aufsichtsratsmitglied zu leistenden Dienste nicht nur die Beratung in *„allgemeinen Bereichen der Unternehmensführung"* oder in *„übergeordneten allgemeinen Fragen der Unternehmenspolitik"* betreffen, sondern spezielle Kenntnisse des jeweiligen Aufsichtsratsmitglieds erfordern.[3] Die Bearbeitung von Spezialfragen der Geschäftsführung, insbesondere sofern dafür Fach- oder Spezialkenntnisse erforderlich sind, sowie Arbeiten zur Vorbereitung oder Durchführung von Vorstandsbeschlüssen und Einzelfragen des Tagesgeschäfts zählen im Unterschied zu den wesentlichen Geschäftsvorfällen und Vorgängen von grundsätzlicher Bedeutung demnach nicht zu den organschaftlichen Beratungspflichten eines Aufsichtsratsmitglieds und können deshalb nach § 114 AktG zum Gegenstand eines Beratungsvertrags gemacht werden. Hiervon umfasst sind i.d.R. Spezialfragen der Steuerberatung, Wirtschaftsprüfung, Rechtsberatung oder der Prozessführung. Der bloße Einsatz von Spezialkenntnissen allein reicht jedoch nicht aus, die Zulässigkeit eines Beratungsvertrags nach § 114 AktG zu begründen. Vielmehr sind Aufsichtsratsmitglieder verpflichtet, neben einer Mindestqualifikation auch darüber hinausgehende individuelle Spezialkenntnisse im Rahmen ihrer Überwachungsaufgabe in die organschaftliche Beratung einzubringen, da ihre spezielle Qualifikation nicht selten der Grund für ihre Wahl in den Aufsichtsrat ist.[4] Dies gilt in verstärktem Maß für den Aufsichtsratsvorsitzenden oder die Mitglieder eines Aufsichtsratsausschusses, denen weitergehende Überwachungs- und Beratungspflichten obliegen als dem einfachen Aufsichtsratsmitglied.[5]

Strenger dürfte dies indes zu beurteilen sein, wenn der Aufsichtsrat Ausschüsse eingesetzt hat, da dann der Abgrenzung zwischen der Organpflicht und der vertraglichen Beratung im Hinblick auf den Vergütungsvorbehalt des § 113 AktG zu Gunsten der Satzung bzw. Hauptversammlung besondere Bedeutung zukommt. Da das Ziel der Einrichtung eines Aufsichtsratsausschusses gerade darin besteht, die im Aufsichtsrat verfügbare besondere Fachkompetenz für die Gesellschaft verstärkt nutzbar zu machen, kommt die Anerkennung von Beratungsverträgen mit Aufsichtsratsmitgliedern im Zuständigkeitsbereich des Aufsichtsrates i.d.R. wohl nicht in Betracht, und zwar unabhängig davon, ob das Aufsichtsratsmitglied dem Ausschuss angehört oder nicht.[6] Wird dagegen der Beratungsvertrag (ausnahmsweise) nicht durch den Vorstand, sondern durch den Aufsichtsrat bzw. den Ausschuss direkt abgeschlossen, ist der Schutzwzeck der Unabhängigkeit der Aufsichtsratsmitglieder von Entscheidun-

---

1) BGH, 20.11.2006, II ZR 279/05, MittBayNot 2007, 138.
2) BGH v. 25.3.1991, II ZR 188/89, NJW 1991, 1830, 1831.
3) BGH v. 25.3.1991, II ZR 188/89, NJW 1991, 1830, 1831.
4) BGH v. 25.3.1991, II ZR 188/89, NJW 1991, 1830, 1831, OLG Hamburg, ZIP 2007, 814, 817.
5) Vetter, ZIP 2008, 7.
6) Hopt, ZIP 2005, 461, 467; Vetter, AG 2006, 176.

gen des Vorstandes nicht tangiert.[1] In diesen Fällen kann daher eine Beratung erfolgen, wenn die Beratungsgegenstände konkretisiert sind und nicht den Bereich der organschaftlichen Pflichten des Aufsichtsratsmitglieds berühren.

bb) Inhaltliche Anforderungen an den zu genehmigenden Beratungsvertrag

1396 Um dem Aufsichtsrat eine Prüfung bezüglich der Frage, ob ein Beratungsvertrag genehmigungsbedürftig und genehmigungsfähig ist, zu ermöglichen, muss der Beratungsvertrag die geschuldeten Leistungen, idealerweise durch die Angabe der Fachgebiete, auf denen beraten werden soll, sowie die Beratungsgegenstände individualisieren und konkretisieren. Maßgebend für die erforderliche Abgrenzung ist nicht der quantitative Umfang der Beratung, sondern ihr Gegenstand. Es ist unumgänglich, dass der Vertrag eindeutige Feststellungen darüber ermöglicht, ob die zu erbringende Leistung außerhalb oder innerhalb der organschaftlichen Pflichten liegt.

Angesichts des Normzwecks des § 114 AktG muss sich der Aufsichtsrat außerdem davon überzeugen können, dass der Vertrag keine verdeckten Sonderzuwendungen an das durch ihn begünstigte Aufsichtsratsmitglied enthält. Dazu gehört, dass die speziellen Einzelfragen, in denen das Aufsichtsratsmitglied den Vorstand beraten soll, sowie das für diese Leistungen von der Gesellschaft zu entrichtende Entgelt so konkret bezeichnet werden, dass sich der Aufsichtsrat ein eigenständiges Urteil über die Art und Leistung, ihren Umfang sowie die Höhe und Angemessenheit der Vergütung bilden kann.[2] Die Unwirksamkeit des Vertrags gem. der §§ 113 AktG, 134 BGB ist auch dann gegeben, wenn sich eine klare Unterscheidung zwischen den organschaftlichen und den außerorganschaftlichen Beratungspflichten nicht vornehmen lässt. Die Angaben müssen nach Ansicht des BGH grundsätzlich im Beratungsvertrag selbst enthalten sein.[3] Vereinzelt wird in der Literatur davon ausgegangen, dass hierunter nicht ausschließlich der reine Vertragstext zu verstehen ist, sondern der ursprüngliche Vertrag unter Berücksichtigung etwaiger Änderungen und Ergänzungen, die durch den Aufsichtsratsbeschluss erfolgt und im Aufsichtsratsprotokoll festgehalten sind.[4] Genügt der Aufsichtsratsbeschluss diesen Anforderungen, so soll im Ausnahmefall auch ein mündlich abgeschlossener Vertrag in Betracht kommen.[5]

cc) Zustimmung des Aufsichtsrats/nachträgliche Konkretisierungen

1397 Die Zustimmung des Aufsichtsrats zu genehmigungsfähigen und genehmigungsbedürftigen Verträgen kann sowohl vorab als Einwilligung als auch nachträglich in Form einer Genehmigung erteilt werden (§ 182 Abs. 1 BGB). Über die Zustimmung hat der Aufsichtsrat Beschluss zu fassen. Nach § 114 Abs. 2 Satz 1 AktG kann die Zustimmung des Aufsichtsrats zu einem abgeschlossenen Vertrag auch noch erteilt werden, nachdem die Beratungsleistung erbracht und das Honorar bereits gezahlt worden ist. Ob im Rahmen einer nachträglichen Genehmigung auch eine bisher noch nicht erfolgte Konkretisierung vorgenommen werden kann, wurde vom BGH ausdrücklich offen gelassen.[6] Das OLG Frankfurt/M. hat dies wegen eines vermeintlichen „*Loyalitätsdilemmas*" der übrigen Aufsichtsratsmitglieder gegenüber dem Aufsichtsratsmitglied, das in der Gefahr stünde, unentgeltlich gearbeitet zu haben, ausdrücklich abgelehnt.[7]

---

1) Hüffer, AktG, § 114 Rz. 1.
2) BGH v. 2.4.2007, II ZR 325/05, DNotZ 2007, 952, 954.
3) BGH v. 3.7.2006, II ZR 151/04, ZIP 2006, 1529, 1533.
4) Vetter, ZIP 2008, 8.
5) OLG Frankfurt/M, v. 21.9.2005, 1 U 14/05, ZIP 2005, 2322, 2324.
6) BGH v. 20.11.2006, II ZR 279/05, ZIP 2007, 22, 24.
7) OLG Frankfurt/M, v. 21.9.2005, 1 U 14/05, ZIP 2005, 2322, 2324.

Die herrschende Literaturmeinung hält eine nachträgliche Konkretisierung hingegen grundsätzlich für zulässig.[1]

dd) Rechtsfolgen bei Verstoß

Beratungsverträge, die sich auf eine Aufsichtsratstätigkeit beziehen, sind gem. § 134 BGB nichtig, weil die Mandatswahrnehmung vergütet wird, obwohl dafür die Voraussetzungen des § 113 Abs. 1 Satz 2 AktG fehlen.[2] Beratungsverträge, bei denen die geschuldete Tätigkeit außerhalb der Mandatswahrnehmung liegt zunächst schwebend, bei Versagung der Zustimmung dann endgültig unwirksam (§ 114 Abs. 1 AktG). Unklarheiten oder pauschalisierende Regelungen gehen zu Lasten des Aufsichtsratsmitglieds und führen im Zweifel zur Unwirksamkeit des gesamten Vertrags wegen Verstoßes gegen § 113 AktG i.V.m. § 134 BGB.[3] Dies gilt auch, wenn sich eine klare Abgrenzung zwischen den organschaftlichen Pflichten und den außerorganschaftlichen Pflichten nicht vornehmen lässt.[4] Gleichwohl erbrachte Leistungen unterliegen in beiden Fällen der aktienrechtlichen Rückgewährpflicht nach § 114 Abs. 2 AktG. Dieser Rückforderungsanspruch verjährt nach den allgemeinen Vorschriften, mithin innerhalb von drei Jahren[5] gerechnet ab dem Ende des Jahres, in dem das Honorar gezahlt wurde.

1398

b) Personengesellschaften: Vererblichkeit von Gesellschaftsanteilen

Beteiligungen an Kapitalgesellschaften sind grds. vererblich; bei einer GmbH kann die Vererblichkeit des Geschäftsanteils als solche durch den Gesellschaftsvertrag nicht ausgeschlossen werden.[6] Praktikable Alternativgestaltungen, die im Ergebnis wie Nachfolgeklauseln bei Personengesellschaften wirken, können indes jedenfalls bei der GmbH in die Satzung aufgenommen werden. So kann etwa bestimmt werden, dass nur bestimmte Personen (z.B. Ehegatten oder Abkömmlinge eines Gesellschafters) Gesellschafter sein können und Gesellschafter, die nicht zu diesen gehören, erworbene Anteile an die Gesellschaft oder eine von dieser zu benennenden Person abzutreten haben oder ihre Anteile eingezogen werden können.

1399

Anders ist dies bei Personengesellschaften. Nach den dispositiven gesetzlichen Regelungen wird eine GbR durch den Tod eines Gesellschafters aufgelöst (§ 727 Abs. 1 BGB). Der Tod des Gesellschafters einer OHG hat dessen Ausscheiden aus der Gesellschaft zur Folge (vgl. § 131 Abs. 3 Nr. 1 HGB); Gleiches gilt, falls der Komplementär einer KG stirbt. Der Tod eines Kommanditisten dagegen führt nach der gesetzlichen Bestimmung nicht einmal zu dessen Ausscheiden. Vielmehr treten, sofern im Gesellschaftsvertrag nicht etwas anderes vereinbart wurde, dessen Erben unmittelbar und „am Nachlass vorbei" anstelle des verstorbenen Kommanditisten im Verhältnis ihrer Erbquoten in die Gesellschaft ein (vgl. § 177 HGB).[7] Die Stille Gesellschaft schließlich endet zwar mit dem Tod des Geschäftsinhabers, nicht aber mit dem Tod des Stillen (§ 234 HGB). Soweit diese gesetzlichen Folgen von den Gesellschaftern nicht oder nicht in vollem Umfang als für ihren konkreten Fall sachgerecht angesehen werden, können sie die Rechtsfolgen des Versterbens eines Gesellschafters im Gesellschaftsvertrag abweichend bestimmen (sog. „gesellschaftsvertragliche Nachfolgeklauseln"). Als häufigste Gestaltungsformen sind dabei anzutreffen:

---

1) Bosse, NZG 2007, 172, 174; Vetter, ZIP 2008, 8.
2) BGH v. 20.11.2006, II ZR 279/05, ZIP 2007, 22.
3) BGH v. 4.7.1994, II ZR 197/93, NJW 1994, 2484.
4) BGH v. 2.4.2007, II ZR 325/05, DNotZ 2007, 952, 954.
5) Vorausgesetzt, der Anspruch ist nach dem 1.1.2002 entstanden; i.Ü. gilt das vor der Schuldrechtsreform anzuwendende Verjährungsrecht.
6) Vgl. Winter in Scholz, 10. Aufl. § 15 Nr. 26 ff.; Baumbach/Hueck, 18. Aufl., § 15 Rz. 12.
7) Vgl. zu den Änderungen auf Grund des Handelsrechtsreformengesetzes insbesondere Schmidt, NJW 1998, 2161 ff.; Schmidt, DB 1998, 61 ff.; Gustavus, GmbHR 1998, 17.

1400 Fortsetzung der Gesellschaft unter den verbleibenden Gesellschaftern
Die Gesellschafter können eine sog. Fortsetzungsklausel ohne Nachfolgeklausel vereinbaren mit der Folge, dass die Gesellschaft beim Tode eines Gesellschafters durch die verbleibenden Gesellschafter unter Ausschluss der Erben des Verstorbenen fortgesetzt wird.

Eine solche Klausel empfiehlt sich vornehmlich in den Fällen, in denen Gesellschafter nur nach ihrer Person und nicht vermögensmäßig an der Gesellschaft beteiligt sein sollen. Darüber hinaus ist eine solche Klausel ein probates Mittel für Familiengesellschaften. Soll etwa die Tochter an der Gesellschaft eine Gesellschafterstellung eingeräumt bekommen, dann ist bei der Abfassung des Gesellschaftsvertrages zu bedenken, dass beispielsweise durch ihren Tod der Gesellschaftsanteil an ihren Ehemann fallen kann. Für diesen Fall bietet sich die Bestimmung an, dass bei kinderloser Ehe der Anteil beim Tode des Ehemanns oder bei dessen Wiederverheiratung entschädigungslos an die übrigen Gesellschafter zurückfällt.[1] Eine entsprechende Regelung ist i.d.R. geboten, wenn etwa ein langjähriger Mitarbeiter, der sich um das Unternehmen besonders verdient gemacht hat, beteiligt werden soll; auch hier sollte sichergestellt werden, dass nach dessen Ableben keine familien- und betriebsfremden Personen Einfluss auf das Unternehmen gewinnen können. Demzufolge muss eine Klausel in den Gesellschaftsvertrag aufgenommen werden, wonach der Gesellschaftsanteil (ggf. entschädigungslos) an die Gründerfamilie zurückfallen soll.

Die Mitgliedschaftsrechte des verstorbenen Gesellschafters wachsen den übrigen Gesellschaftern zu. Mangels entgegenstehender gesellschaftsvertraglicher Regelungen wandelt sich der Kapitalanteil in ein Auseinandersetzungsguthaben, das den Erben zusteht. Um Streitigkeiten über die Höhe des Auseinandersetzungsguthabens zu vermeiden, sollte im Gesellschaftsvertrag ein Berechnungsmodus vereinbart werden (Pauschalierung, Buchwert der Kapitalanteile, Wertgutachten eines bestimmten Wirtschaftsprüfers etc.). Um Liquiditätsproblemen aufseiten der Gesellschaft vorzubeugen, kann eine ratenweise Tilgung des Auseinandersetzungsguthabens angeordnet werden. Im Gesellschaftsvertrag kann aber auch durch eine Verfügung des Erblassers über sein künftiges Auseinandersetzungsguthaben zu Gunsten der Mitgesellschafter bewirkt werden, dass den Erben der Anspruch auf jenes Guthaben entzogen wird. In einem solchen Fall wäre – was rechtlich zulässig ist – über das Auseinandersetzungsguthaben bereits zu Lebzeiten mit Wirkung auf den Todesfall verfügt, so dass dieser Vermögenswert nicht mehr in den Nachlass fällt und auch dem Zugriff etwaiger Nachlassgläubiger entzogen ist.[2] Eine Beschränkung oder auch ein Ausschluss des Abfindungsanspruchs ist ferner zweckmäßig, wenn die Kinder des Erblassers bereits als Gesellschafter in die Gesellschaft aufgenommen worden sind und ihnen ohnehin sein Kapitalanteil zuwächst.

1401 Übertragung des Gesellschaftsanteils unter Lebenden mit Wirkung auf den Todesfall
Besteht kein Zweifel mehr daran, dass eine bestimmte Person Nachfolger werden soll, dann bietet sich eine Übertragung des Gesellschaftsanteils unter Lebenden mit Wirkung auf den Todesfall an. Es wird dann über den Gesellschaftsanteil unter Lebenden verfügt, der Vollzug aber wird auf den Todesfall hinausgeschoben. Demzufolge muss in den Gesellschaftsvertrag eine Bestimmung aufgenommen werden, wonach der bisherige Gesellschafter für den Fall, dass er von dem vorgesehenen Nachfolger überlebt wird, auf diesen seinen Gesellschaftsanteil überträgt, und dass das Gesellschaftsverhältnis mit den übrigen Gesellschaftern fortgesetzt werden soll. Dem aufschiebend bedingten Eintritt in die Gesellschaft muss die als Nachfolger vorgesehene Person zustimmen, da die Gesellschafterstellung neben Rechten auch Pflichten mit sich

---

1) Vgl. hierzu Westermann in Westermann u.a., 3. Aufl., I Rz. 457.
2) Vgl. hierzu BGH v. 22.11.1956, II ZR 222/55, NJW 1957, 180 f.

bringt, Letztere aber dem Nachfolger nicht gegen seinen Willen auferlegt werden können.

Fortsetzung der Gesellschaft mit den Erben 1402
Wünschen die Gesellschafter die Fortsetzung des Gesellschaftsverhältnisses mit einem, mit einigen oder mit allen Erben eines Gesellschafters, dann kommt es für die Ausgestaltung des Gesellschaftsvertrages darauf an, ob die Gesellschafterstellung unmittelbar auf den bzw. die Erben übergehen soll (Nachfolgeklausel) oder ob die Erben mit dem Tode eines Gesellschafters das Recht erwerben sollen, von den übrigen Gesellschaftern die Aufnahme in die Gesellschaft zu verlangen (Eintrittsklausel).

Wird eine Nachfolgeklausel gesellschaftsvertraglich vereinbart, dann treten die Nachfolger an die Stelle des verstorbenen Gesellschafters, ohne dass die verbleibenden Gesellschafter mit diesen erst einen Aufnahmevertrag schließen müssen; es ist zwischen einer rechtsgeschäftlichen und einer erbrechtlichen Nachfolgeklausel zu unterscheiden:

Soll mit dem Tode eines Gesellschafters die Gesellschafterstellung automatisch auf einen Nichterben übergehen, dann kommt es darauf an, ob der Begünstigte ein Mitgesellschafter des Verstorbenen oder ein fremder Dritter ist. Handelt es sich um einen fremden Dritten, dann ist das Rechtsverhältnis als – rechtlich unwirksamer – Verfügungsvertrag zu Gunsten und zu Lasten Dritter zu klassifizieren. In diesem Fall kann eine solche Klausel nur in eine Eintrittsklausel umgedeutet werden.

Soll mit dem Tode eines Gesellschafters dessen Gesellschafterstellung automatisch auf einen oder mehrere Erben übergehen, dann ist zu beachten, dass die Begünstigten mit dem Tode den Anteil unmittelbar im Ganzen erwerben. Nachfolger in den Anteil eines Gesellschafters wird also nicht die Erbengemeinschaft, auch nicht zwingend alle Erben, sondern entsprechend der testamentarischen und gesellschaftsvertraglichen Regelung im Wege der Sonderrechtsnachfolge der bzw. die als Nachfolger berufenen Erben. Demzufolge kann in einem mit dem Testament abgestimmten Gesellschaftsvertrag vorgesehen sein, dass die Gesellschaft mit allen oder nur mit bestimmten Erben fortgesetzt werden soll (beispielsweise nur mit den männlichen Erben, mit Abkömmlingen, die eine bestimmte Ausbildung beendet oder ein bestimmtes Lebensjahr erreicht haben etc.).[1]

Bei einer Eintrittsklausel spaltet sich die Nachfolge in einen schuldrechtlichen und in 1403 einen vollziehenden Teil auf; der Nachfolgevorgang vollzieht sich nicht durch den Erbfall, sondern wird durch ein Rechtsgeschäft unter Lebenden bewirkt, dessen Abschluss der Gesellschaftsvertrag durch die Eintrittsklausel sichert („Nach dem Tode des Gesellschafters X ist sein Erbe Y berechtigt, an seine Stelle in die Gesellschaft einzutreten": Statt des Erben Y kann auch den Nicht-Erbe Z berechtigt werden). Für den Fall, dass der Berechtigte von seinem Eintrittsrecht keinen Gebrauch macht, ist im Gesellschaftsvertrag zu regeln, ob die Gesellschaft unter den übrigen Gesellschaftern fortbestehen soll. Wichtig ist ferner die Regelung der Frage, welches Schicksal der Kapitalanteil des Verstorbenen haben soll. Mit dem Tode wandelt sich der Kapitalanteil in einen Abschichtungsanspruch um: Dieser ist Nachlassgegenstand und steht den Erben zu. Es muss eine Bestimmung darüber getroffen werden, mit welcher Kapitalbeteiligung der Nachfolger das Gesellschaftsverhältnis fortsetzen soll. Testamentarisch muss daher sichergestellt werden, dass beispielsweise der ganze Abschichtungsanspruch (oder ein Höhe der Erbquote etc.) gegen die Gesellschaft dem Eintrittsberechtigten zufällt (durch Teilungsanordnung oder Vermächtnis; praktikabel ist auch die vermächtnisweise Zuwendung eines Rechts, demzufolge die Übernahme des der Erbengemeinschaft zustehenden Auseinandersetzungsguthabens zu bestimmten Konditionen verlangt werden kann).

---

1) Vgl. hierzu BFH v. 4.5.2000, IV R 10/99, DStR 2000, 1051 ff.; Geck, DStR 2000, 1383 ff.

Entscheidender Nachteil von Eintrittsklauseln ist allerdings, dass diese zunächst das Ausscheiden des verstorbenen Gesellschafters aus der und sodann, im Falle der Ausübung des Eintrittsrechts, den Beitritt des Nachfolgers in die Gesellschaft bewirken. Damit können insbesondere in ertragsteuerlicher Hinsicht (bei entsprechenden Konstellationen aber auch z.B. in Bezug auf grunderwerbsteuerliche Folgen) u.U. erhebliche steuerliche Nachteile verbunden sein, da durch diese rechtliche Konstruktion eine steuerneutrale Fortführung der steuerlichen Position des Erblassers durch den Erben nicht ermöglicht wird. Eintrittsklauseln sind aus diesem Grund in der gesellschaftsrechtlichen Praxis nur in Ausnahmefällen zu finden.

1404 Auch wenn die gesetzlichen Bestimmungen in der Mehrzahl der Fälle zumindest einen Fortbestand des Unternehmens im Falle des Todes eines Gesellschafters vorsehen, sind Nachfolgeklauseln in Gesellschaftsverträgen nach wie vor ein ebenso probates wie erforderliches Mittel, Vorsorge für das Ableben von Gesellschaftern zu treffen. Insbesondere bei der GbR wird deren Auflösung regelmäßig nicht im Interesse der Überlebenden liegen, eine Fortsetzungs- oder einfache Nachfolgeklausel dürfte hier zu sachgerechteren Ergebnissen führen. Aber auch das Ausscheiden des einzigen Komplementärs oder – sicherlich selten – das gleichzeitige Versterben aller OHG-Gesellschafter führt ohne gesellschaftsvertragliche Vorkehrungen zum rechtlichen Ende der Gesellschaft und sollte vermieden werden.

c) Kapitalgesellschaften: Prüfungspflicht und Transparenz als Preis für die Haftungsbeschränkung

1405 Bei den Rechnungslegungs-, Prüfungs- und Offenlegungspflichten bestehen grundsätzliche, auf EU-Recht zurückgehende Unterschiede zwischen Einzelkaufleuten und Personengesellschaften einerseits und Kapitalgesellschaften (Genossenschaften) und Kapitalgesellschaften & Co. KGs andererseits. Insbesondere für die GmbH, AG und GmbH & Co. KG gelten ungleich strengere Vorschriften als etwa für die OHG mit mindestens einer natürlichen Person als Gesellschafter oder gar die GbR. Dies gilt sowohl hinsichtlich des Umfangs des Jahresabschlusses (Anhang, Lagebericht), die Gliederungs- und Bewertungsnormen als auch hinsichtlich der zu beachtenden Fristen für die Aufstellung und Feststellung des Jahresabschlusses. Für die Aufstellung, die Prüfungspflicht und den Umfang der Offenlegung des Jahresabschlusses sind größenklassenmäßige Einstufungen maßgebend, wobei zwischen kleinen, mittelgroßen und großen Kapitalgesellschaften bzw. Kapitalgesellschaften & Co. KG (§§ 267, 264a HGB) unterschieden wird, bei denen von den drei Größenmerkmalen jeweils zwei erfüllt sein müssen.[1]

	Kleine KapG./ KapG. & Co. KG	Mittelgroße KapG./ KapG. & Co. KG	Große KapG./ KapG. & Co. KG
Bilanzsumme	bis 4,84 Mio. €	über 4,84 Mio. € bis 19,25 Mio. €	über 19,25 Mio. €
Umsatzerlöse	bis 9,68 Mio. €	über 9,68 Mio. € bis 38,5 Mio. €	über 38,5 Mio. €
Arbeitnehmer	bis 50	über 50 bis 250	über 250

Nach § 264a HGB lässt sich die Publizität dadurch vermeiden, dass statt der Komplementärkapitalgesellschaft oder zusätzlich zu ihr eine (weitere) natürliche Person als persönlich haftender Gesellschafter in die Gesellschaft eintritt. Eine gesellschaftsver-

---

1) Vgl. hierzu Morck in Koller/Roth/Morck, 6. Aufl., § 267 HGB Rz. 2 ff., 8.

tragliche Absicherung der natürlichen Person ist ebenso unschädlich wie der Ausschluss von der Geschäftsführung und Vertretung. Sie muss auch keine Kapitaleinlage leisten und braucht nicht am Gewinn und Verlust beteiligt zu sein.[1]

Für alle Unternehmensformen ergibt sich daneben noch eine Prüfungs- und Publizitätspflicht nach dem Publizitätsgesetz. Ein Unternehmen fällt unter die Vorschriften des Publizitätsgesetzes, wenn es an drei aufeinanderfolgenden Stichtagen zwei der drei Größenkriterien überschreitet:

Bilanzsumme:	über 65 Mio. €,
Umsatzerlöse:	über 130 Mio. €,
Arbeitnehmer:	mehr als 5 000.

Mit der Einführung des elektronisch geführten Handelsregisters zum 1.1.2007 hat sich auch die Pflicht zur Veröffentlichung von Jahresabschlüssen geändert. Die jeweiligen Abschlussunterlagen sind nicht mehr bei dem zuständigen Handelsregister, sondern bei der Bundesanzeiger Verlagsgesellschaft mbH, Köln, dem Betreiber des elektronischen Bundesanzeigers, einzureichen, und zwar wahlweise statt in Papierform auch elektronisch (keine PDF-Dateien!) über die Webseite https://publikations-serviceplattform.de. Zugleich wurde die Überwachung der Einhaltung der Veröffentlichungspflichten automatisiert mit der Folge, dass im Falle nicht fristgerechter Einreichung der Abschlussunterlagen gem. § 329 Abs. 4 HGB automatisch das Bundesamt für Justiz informiert wird. Dort wird sodann ein Ordnungswidrigkeitenverfahren eingeleitet, in dessen Rahmen Bußgelder von 2 500 € bis 25 000 € verhängt werden können.

1406

d) Kapitalgesellschaften: Verlust steuerlicher Verluste

Die in der Vergangenheit vorhandenen Vorteile der Kapitalgesellschaft gegenüber der Personengesellschaft, wenn diese Verluste erleidet, sind seit dem StSenkG weitgehend verloren gegangen. Während früher solche Verluste auf der Ebene des Gesellschafters, der selbst Körperschaft ist, dadurch steuerlich effektuiert werden konnten, dass der Gesellschafter auf Grund nachhaltiger Wertminderung auf die Beteiligung eine Teilwertabschreibung vorgenommen hatte, ist dies gem. § 8b Abs. 3 KStG heute nicht mehr möglich. Damit ist der ehemalige Vorteil der Kapitalgesellschaft gegenüber der Personengesellschaft beseitigt, bei der sich eingetretene Verluste schon immer nur einmal auswirkte, nämlich auf Ebene des Gesellschafters und dann ggf. auch nur in den Grenzen des § 15a EStG.

1407

Aber auch die Übertragung von Verlusten von der Kapitalgesellschaft auf einen anderen Rechtsträger, die bei der Personengesellschaft stets ausgeschlossen war, ist nur noch eingeschränkt möglich. Nach Umwandlungssteuerrecht gehen bei Verschmelzung, Auf- und Abspaltung von Kapitalgesellschaften auf Kapitalgesellschaften nur noch ausnahmsweise Verlustvorträge über. Im Falle des Vermögensüberganges auf Personengesellschaften ist lediglich eine Generierung von Aufstockungspotenzial durch den Übernahmeverlust möglich, nicht aber systembedingt ein Übergang von Verlustvorträgen. Einschränkungen bei der Verlustnutzung ergeben sich schließlich auch aus den Bestimmungen des § 8c KStG, deren Ziel die Unterbindung des unerwünschten Handels mit sog. „Verlustmänteln" ist. Auch auf der Ebene der Kapitalgesellschaft gehen nämlich nach dieser Vorschrift Verlustvorträge verloren, wenn innerhalb von fünf Jahren direkt oder indirekt mehr als 50 % der Anteile an der Gesellschaft an einen Erwerber übertragen oder ein vergleichbarer Sachverhalt (z.B. Vermögensübertragungen durch Einbringungen oder Umwandlungen, Stimmbindungsvereinbarungen oder ähnliche Maßnahmen, durch die sich die Kapital- oder

---

1) Vgl. hierzu Hoffmann, INF 2000, 271 ff.; Ebeling/Wettin/Baumann/Pöller, DStR 2001, 1131 ff.

Stimmverhältnisse in der Gesellschaft ändern)[1], verwirklicht wird. Bei einer Änderung der Anteile von direkt oder indirekt mehr als 25 % bis zu 50 % gehen die Verlustvorträge quotal in dem Verhältnis unter, in dem der schädliche Anteilswechsel stattfindet.

Gemäß § 8c Abs. 1a KStG[2] sollte der Verlustvortrag jedoch erhalten bleiben, wenn der an sich schädliche Anteilswechsel in den VZ 2008 oder 2009 zum Zwecke der Sanierung, d.h. zur Verhinderung oder Beseitigung der Insolvenzreife des Unternehmens unter Beibehaltung seiner wesentlichen Betriebsstrukturen, erfolgt ist. Die Anwendbarkeit dieser Vorschrift wurde allerdings auf Betreiben der EU-Kommission mit Wirkung ab dem 24.2.2010 ausgesetzt.[3] Mit Wirkung ab VZ 2010 können Verlustvorträge außerdem gem. § 8c Abs. 1 Satz 5 KStG bei bestimmten konzerninternen Umstrukturierungen erhalten bleiben. Gleiches gilt insoweit, wie die entsprechende Gesellschaft zum Zeitpunkt des schädlichen Anteilsinhaberwechsels über stille Reserven verfügt (§ 8c Abs. 1 Satz 6–8 KStG).

Gemäß § 10a Satz 10 GewStG findet § 8c KStG auch auf gewerbesteuerliche Verlustvorträge Anwendung, so dass Personen- und Kapitalgesellschaften in Bezug auf die Gewerbesteuer gleichgestellt sind.

Einschränkungen erfahren diese restriktiven Bestimmungen der Verlustnutzung durch das Wachstumsbeschleunigungsgesetz, wonach diese Ausnahme für sanierungsbedingte Anteilswechsel künftig unbefristet auch für nach dem 31.12.2009 stattfindende Anteilswechsel fortgelten soll. Außerdem sollen bei konzerninternen Beteiligungserwerben die vorhandenen Verluste in Höhe der auf die übertragenen Anteile entfallenden stillen Reserven, also der Differenz zwischen dem anteiligen steuerlichen Eigenkapital der Gesellschaft und dem für die Anteile entrichteten Entgelt, erhalten bleiben.

e) Investitions-GbR: Wo die Beurkundungspflicht nicht erwartet wird

1408 Die Gründung einer GbR erfolgt mit Abschluss des Gesellschaftsvertrages durch die Gesellschafter, § 705 BGB. Grundsätzlich ist dieser formfrei möglich, also auch ohne schriftliche Dokumentation oder sogar durch schlüssiges Verhalten der Parteien.[4] Diese Formfreiheit gilt darüber hinaus, abgesehen von der PartG (→ **4** Rz. 1381), deren Gesellschaftsvertrag gem. § 3 Abs. 1 PartGG der Schriftform bedarf, auch für die sonstigen Personengesellschaften, namentlich die OHG und die GmbH & Co. KG. Allerdings existieren von diesem Grundsatz einige weniger bekannte Ausnahmen, von denen die nachfolgend im Einzelnen dargestellte eine echte steuerliche Stolperfalle für Immobilien-GbRs bedeuten kann.

Denn auf Grund einzelner spezialgesetzlicher Formvorschriften kann die Einhaltung einer bestimmten Abschlussform ausnahmsweise auch für GbR-Verträge erforderlich werden. Dies gilt v.a. dann, wenn sich ein Gesellschafter auf Grund des Gesellschaftsvertrages zur Erbringung einer Sacheinlage verpflichtet, deren Übertragung einer besonderen, i.d.R. der notariellen, Form bedarf. Hierunter fallen insbesondere gem. § 311b Abs. 1 Satz 1 BGB Grundstücke sowie gem. § 15 Abs. 4 Satz 1 GmbHG GmbH-Anteile. Ist einer dieser Vermögensgegenstände Gegenstand einer Sacheinlage in eine GbR, OHG oder GmbH & Co. KG, so ist der gesamte Gesellschaftsvertrag zu beurkunden.

---

1) Vgl. BMF v. 4.7.2008, IV C 7 – S 2745-a/08/10001, BStBl I 2008, 736 ff., Tz. 7.
2) Eingeführt durch das „Bürgerentlastungsgesetz Krankenversicherung", Gesetz v. 16.7.2009, BGBl. I 1959.
3) BMF v. 30.4.2010, IV C 2 – S 2745-a/08/10005 :002, BStBl I 2010, 488.
4) Statt aller Ulmer in Münchener Kommentar zum BGB, 5. Aufl. 2009, § 705 Rz. 32.

Allerdings strahlt die Schutzwirkung der vorgenannten Formvorschriften noch weiter. Ist nämlich Zweck einer GbR der Erwerb eines in dem Gesellschaftsvertrag konkret bestimmten oder zumindest anhand der vertraglichen Regelungen bestimmbaren Grundstücks, so gilt dies als Verpflichtung der Gesellschafter zum Erwerb eines Grundstücks. Auch in diesem Fall wird mithin schon der Abschluss des Gesellschaftsvertrages beurkundungspflichtig.[1] Zu beachten sind somit die Vorschriften des Beurkundungsgesetzes, insbesondere diejenigen über die Beurkundung von Willenserklärungen (§§ 6 ff. BeurkG). Dass der sich anschließende Kaufvertrag, durch den der Gesellschaftszweck umgesetzt wird, ebenfalls der notariellen Form bedarf, ist insoweit irrelevant.

Schließen sich mithin die Mitglieder einer Investorengemeinschaft zu einer GbR mit dem Ziel zusammen, gemeinsam eine zuvor identifizierte Immobilieninvestition zu tätigen, so bedarf schon der Abschluss des Gesellschaftsvertrages – nicht erst der Abschluss des Grundstückskaufvertrages – der notariellen Beurkundung. Fehlt es hieran, ist der Gesellschaftsvertrag grundsätzlich gem. § 125 Satz 1 BGB nichtig mit der Folge, dass die auf Grund des Vertrages erbrachten Leistungen, z.B. die Gesellschafterbeiträge, zurückzugewähren sind. Haben jedoch die Gesellschafter die Unwirksamkeit des Gesellschaftsvertrages nicht erkannt oder zumindest nicht beanstandet, greifen die Grundsätze der sog. „fehlerhaften Gesellschaft". Danach wird eine auf Grund unwirksamen Gesellschaftsvertrages errichtete und gelebte Gesellschaft für die Vergangenheit als wirksam behandelt, so dass eine Rückabwicklung der Leistungsbeziehungen seit Beginn der Gesellschaft nicht zu erfolgen hat. Mit Wirkung für die Zukunft allerdings kann jeder Gesellschafter das fehlerhafte Gesellschaftsverhältnis ohne Einhaltung einer Kündigungsfrist kündigen, so dass mangels abweichender Vereinbarungen die Gesellschaft aufgelöst ist und abzuwickeln ist.[2]

1409

Im Falle der Immobilien-GbR kommt darüber hinaus eine Heilungsmöglichkeit in Betracht, die dazu führt, dass die zunächst fehlerhafte Gesellschaft nachträglich insgesamt rechtswirksam wird. § 311b Abs. 1 Satz 2 BGB sieht nämlich vor, dass formunwirksame Grundstücksverträge wirksam werden, wenn das betreffende Grundstück formwirksam aufgelassen und der Eigentumswechsel im Grundbuch eingetragen wurde. Hierbei muss sich die Auflassung auf die zu heilende schuldrechtliche Vereinbarung beziehen und rechtswirksam sein. Eine rechtswirksame Auflassung nach § 925 BGB setzt voraus, dass eine Einigung i.S.d. § 873 BGB zwischen Veräußerer und Erwerber bei gleichzeitiger Anwesenheit beider Teile vor einer zuständigen Stelle in Erfüllung des (formunwirksamen) Vertrags erfolgt. Eine zusammen mit dem schuldrechtlichen Verpflichtungsvertrag in einer Urkunde erklärte Auflassung begründet nicht ihre Formungültigkeit.[3]

Die Eintragung im Grundbuch als zweite Voraussetzung der Heilungswirkung nach § 311b Abs. 1 Satz 2 BGB erfordert, dass sich Auflassung und Eintragung entsprechen und die Eintragungsumschreibung selbst vorgenommen ist. Im Falle einer Eintragungsvormerkung kommt dieser nicht die heilende Kraft der Eintragung zu.[4]

Die Vorschrift des § 311b Abs. 1 Satz 2 BGB ist ohne Weiteres auch auf Gesellschaftsverträge, die einen Grundstückserwerb zum Gegenstand haben, anwendbar. Bleibt also bei einer mündlich oder privatschriftlich errichteten Immobilien-GbR, was häufig der Fall ist, der vorstehend erläuterte Formmangel des Gesellschaftsvertrages unter den Beteiligten unentdeckt oder zumindest unbeanstandet und wird die geplante Immobilieninvestition sachenrechtlich vollzogen, ist die ursprüngliche Formunwirk-

---

1) BGH v. 22.10.1990, II ZR 247/89, NJW-RR 1991, 613, 614; Ulmer in Münchener Kommentar zum BGB, 5. Aufl. 2009, § 705 Rz. 37.
2) Einzelheiten bei Ulmer in Münchener Kommentar zum BGB, 5. Aufl. 2009, § 705 Rz. 342 ff.
3) BGH NJW 1985, 3006; Dauner/Lieb/Langen, BGB, Schuldrecht, 2. Aufl. 2012, § 311 b, Rz. 57.
4) Staudinger, BGB (Neubearbeitung 2011), § 311 b Abs. 1, Rz. 292.

samkeit geheilt, so dass sich kein Gesellschafter mehr auf den ursprünglichen Formfehler berufen kann.

Rechtsfolge der Heilung, nachdem Auflassung und Eintragung im Grundbuch vorgenommen wurden, ist somit das Wirksamwerden des Vertrags.[1] Allerdings tritt diese nur ex nunc ein, so dass der Heilung keine Rückwirkung zukommt. Der wegen Formmangels nichtige Veräußerungsvertrag wird erst in dem Zeitpunkt gültig, in dem Auflassung und Eintragung erfolgt sind,[2] und umfasst nur Formmängel aus der fehlenden Beurkundung. Die Heilung bezieht sich auf den gesamten Inhalt des Vertrags einschließlich aller Neben- und Änderungsvereinbarungen,[3] auch soweit diese für sich allein nicht formbedürftig, aber wegen des sachlichen Zusammenhangs mit dem beurkundungspflichtigen Geschäft (Grundsatz der Einheitlichkeit der Urkunde) zu beurkunden waren.[4]

Kritischer aber liegt die Sachlage, wenn zwischen formfreiem Abschluss des Gesellschaftsvertrages und der Eintragung des Eigentümerwechsels im Grundbuch – einem Zeitraum, der leicht sechs bis acht Monate betragen kann! – Änderungen eintreten, z.B. ein Gesellschafter aus der GbR ausscheiden oder seine Beteiligung an einen anderen Investor übertragen möchte. Ist in diesem Fall der Grundstückskaufvertrag bereits abgeschlossen, aber noch nicht dinglich vollzogen worden, ist nicht auszuschließen, dass die Finanzverwaltung auf Grund des nichtigen Gesellschaftsverhältnisses annimmt, dass nicht ein GbR-Anteil, sondern eine anteilige Rechtsposition an dem Grundstückskaufvertrag übertragen wird. Während Ersteres – unterhalb der 95 %-Grenze – grunderwerbsteuerfrei möglich wäre, würde die Annahme der Übertragung einer Vertragsposition als sog. Zwischengeschäft anteilig erneut Grunderwerbsteuer auslösen. In diesen Fällen empfiehlt sich daher dringend, vor Umsetzung der eingetretenen Sachstandsänderung (Gesellschafterwechsel) Schutzmaßnahmen vor nachteiligen Steuerkonsequenzen aus der fehlerhaften Gesellschaft zu ergreifen und z.B. den formnichtigen Gesellschaftsvertrag nachzubeurkunden.

Entsprechendes gilt, wenn die GbR kein Grundstück, sondern Anteile an einer GmbH hält. Auch hier bedürfen die Abtretung wie auch die Verpflichtung zur Abtretung der notariellen Form, § 15 Abs. 3 und 4 GmbHG. Rechtsfolge der nicht eingehaltenen Form ist auch hier die Nichtigkeit des Vertrags gem. § 125 Satz 1 BGB. Entsprechend § 311b Abs. 1 Satz 2 BGB für Grundstückskaufverträge sieht § 15 Abs. 4 Satz 2 GmbHG auch für Verpflichtungsgeschäfte über GmbH-Anteile eine Heilungsmöglichkeit von Formverstößen vor.

Demzufolge wird ein Gesellschaftsvertrag über die Errichtung einer GbR mit dem Zweck des Erwerbs eines bestimmten GmbH-Anteils, der nicht notariell beurkundet worden ist, durch Abschluss eines wirksamen Abtretungsvertrags über den zu erwerbenden Anteil gültig. Die damit erfolgte Vornahme des Erfüllungsgeschäfts heilt alle Formmängel und damit zugleich das gesamte Verpflichtungsgeschäft.[5] Durch die wirksame Abtretung des Geschäftsanteils wird auch hier der gesamte Gesellschaftsvertrag einschließlich sämtlicher Nebenabreden wirksam.[6] Die Heilungswirkung tritt allerdings wiederum nur ex nunc ein, entfaltet also keine Rückwirkung.[7]

---

1) Jauernig, Bürgerliches Gesetzbuch, 14. Aufl. 2011, § 311 b, Rz. 42.
2) Jauernig, Bürgerliches Gesetzbuch, 14. Aufl. 2011, § 311 b, Rz. 42.
3) BGHZ 59, 272.
4) BGHZ 89, 48; BGH NJW 94, 720.
5) Reichert/Weller in Münchener Kommentar zum GmbHG, 1. Aufl. 2010, § 15, Rz. 124.
6) Henssler/Strohn, Gesellschaftsrecht, 1. Aufl. 2011, § 15 GmbHG Rz. 80.
7) Roth/Altmeppen, GmbHG, 7. Aufl. 2012, § 15 Rz. 18.

f) GmbH: UG (haftungsbeschränkt) – die deutsche Antwort auf die englische Ltd.

Seit Ende 2008 ist die Unternehmergesellschaft (UG) haftungsbeschränkt gesetzlich normiert. Nach dem erklärten Willen des Gesetzgebers sollte damit dem Rechtsverkehr eine Gesellschaftsform an die Hand gegeben werden, die die Möglichkeiten der Haftungsbeschränkung mit den Vorteilen einer geringen oder gar keiner Kapitalbindung verbinde und so eine deutsche Alternative zu der immer beliebter gewordenen Ltd. englischen Rechts darstellen sollte. Diese Absicht ist ersichtlich erreicht worden. Per 1.1.2014 ist die Zahl der UG (haftungsbeschränkt) in Deutschland seit ihrer Einführung 2008 auf fast 100 000 gestiegen, während zugleich der Bestand an englischen Ltds. von rund 20 000 (Stand 1.1.2009) auf gut 10 000 (Stand 1.1.2014) zurückgegangen ist.[1] ist keine eigenständige Rechtsform, sondern eine Sonderform der GmbH, die in § 5a GmbHG geregelt ist. Als GmbH-Form ist auch die UG eine juristische Person und hat eine eigenständige Rechtspersönlichkeit. Auch das Vermögen der UG ist strikt vom Vermögen der Gesellschafter zu trennen.

1410

Wesenstypisches Merkmal der UG ist, dass sie zwar rechtlich eine GmbH ist, sich aber im Geschäftsverkehr nicht als GmbH bezeichnen darf. Sie muss stattdessen den Zusatz „Unternehmergesellschaft (haftungsbeschränkt)" oder „UG (haftungsbeschränkt)" tragen. Eine Abkürzung des Klammerzusatzes ist nicht zulässig. Die Regelung dient dem Schutz möglicher Geschäftspartner. Es soll nach Außen erkennbar sein, dass es sich um eine GmbH handelt, die mit weniger als 25 000 € Stammkapital gegründet wurde.

Da die UG eine Sonderform der GmbH ist, gelten für sie alle Regeln, die auch für die herkömmliche GmbH gelten. Für Verbindlichkeiten der UG steht den Gläubigern als Haftungsmasse grundsätzlich nur das Gesellschaftsvermögen zur Verfügung. Die Gläubiger haben i.d.R. nicht die Möglichkeit, zu ihrer Befriedigung auf das Privatvermögen der Gesellschafter zuzugreifen. Dies gilt selbst für den Fall der Insolvenz der UG. In der Insolvenz haben die Gesellschafter also lediglich den wirtschaftlichen Verlust ihrer Einlage zu fürchten. Sollten die Gesellschafter ihre Einlage noch nicht vollständig erbracht haben, beschränkt sich ihre Haftung auf den noch ausstehenden Betrag. Die Beschränkung der persönlichen Haftung gilt für die Gesellschafter aber erst mit der Eintragung der UG in das Handelsregister.

Die UG zeichnet sich insbesondere dadurch aus, dass für ihre Gründung auch weniger als 25 000 € Stammkapital ausreichen. Theoretisch ist damit die Gründung mit nur 1 € Stammkapital möglich. Der zu wählende Betrag sollte sich nach dem zu erwartendem Finanzbedarf richten. Hierbei ist darauf zu achten, dass eine unterkapitalisierte Gesellschaft von Anfang an insolvenzbedroht ist.

1411

Die UG ist als Einstiegsvariante in die GmbH konzipiert. Nach den Vorstellungen des Gesetzgebers soll die UG Schritt für Schritt zu einer normalen GmbH werden. Es besteht daher die Pflicht, Kapital anzusparen. Die UG darf nicht den kompletten Jahresgewinn an ihre Gesellschafter ausschütten, sondern muss ein Viertel des Jahresüberschusses in eine Rücklage einstellen. Die Rücklage darf nur zum Verlustausgleich vorangegangener Jahre oder für Stammkapitalerhöhungen verwandt werden. Auch wenn die Rücklage 25 000 € erreicht, darf sich die UG nicht automatisch GmbH nennen. Vielmehr ist es erforderlich, das Stammkapital zunächst auf einen Betrag von mindestens 25 000 € zu erhöhen. Für die Kapitalerhöhung kann die Rücklage verwendet werden (sog. Kapitalerhöhung aus Gesellschaftsmitteln). Erst nach Eintragung der

---

1) Kornblum, GmbHR 2010, 739, 746; ders. GmbHR 2114, 694, 695.

Kapitalerhöhung darf der Firmenzusatz „UG (haftungsbeschränkt)" durch den Zusatz „GmbH" ersetzt werden.

Eine Sacheinlage (z.b. Maschinen, Forderungen, Geschäftsbetriebe) ist bei der UG nur im Rahmen einer Kapitalerhöhung zulässig, wenn dadurch die Mindeststammkapitalziffer der GmbH von 25 000 € erreicht wird.[1] Erst wenn das im Gesellschaftsvertrag vereinbarte Stammkapital vollständig eingezahlt wurde, kann die UG zum Handelsregister angemeldet werden.

1412 Wie die GmbH kann die UG durch eine Person („Ein-Mann-UG") oder mehrere Personen gegründet werden. Als Gründer können sowohl natürliche Personen als auch Gesellschaften auftreten. Zur Gründung bedarf es eines Gesellschaftsvertrags, den die Gesellschafter individuell aushandeln oder auf ein als Anlage zum GmbH-Gesetz verfügbares Musterprotokoll zurückgreifen können. Voraussetzung für die Verwendung des Musterprotokolls ist, dass die UG maximal drei Gesellschafter und nur einen Geschäftsführer hat. Die Verwendung des Musterprotokolls bei Gründung einer UG führt zu einer Reduzierung der Notarkosten für die Errichtung – nicht aber der Gebühren für die Eintragung der Gesellschaft in das Handelsregister, die für UG und GmbH identisch sind. Die Höhe der Notarkosten hängt von der Höhe des gewählten Stammkapitals ab. Nachteil des Gesellschaftsvertrags per Musterprotokoll ist, dass darin keine vom Gesetz abweichenden Bestimmungen getroffen werden können. Hierzu gehört insbesondere – besonders praxisrelevant! –, dass der Geschäftsführer nicht von dem Verbot der Mehrfachvertretung und der Selbstkontrahierung (§ 181 BGB) befreit werden kann. Bei einem individuell zugeschnittenen Gesellschaftsvertrag dagegen können die Bedürfnisse der Gesellschafter berücksichtigt werden, z.b. bei Regelungen über die Abhaltung von Gesellschafterversammlungen, Kündigung/Ausscheiden eines Gesellschafters, Übertragung von Geschäftsanteilen, Beschränkungen der Geschäftsführung. Spätere Änderungen und Anpassungen des dem Musterprotokoll entnommenen Gesellschaftsvertrags sind zwar ohne Einschränkung zulässig, beseitigen dann aber auf Grund der neuerlichen Beurkundungspflicht den ursprünglichen Kostenvorteil bei den Notargebühren.

g) SPE: Nur kleine Schwester der SE oder eigenständiges Profil?

1413 Basierend auf Artikel 308 des EG-Vertrages ist geplant, auf der Grundlage eines Vorschlages für eine Verordnung des Rates über das Statut der Europäischen Privatgesellschaft (Societas Privata Europaea – SPE) vom 25.6.2008 im Rahmen der EU-Initiative „Small Business Act" mit der SPE eine neue europäische Gesellschaftsform in den Europäischen Mitgliedsstaaten einzuführen.

Mit der SPE angestrebtes Ziel ist es, die bestehenden europäischen Gesellschaftsformen, insbesondere die Europäische Aktiengesellschaft, zu ergänzen, um den Bedürfnissen von kleineren und mittleren Unternehmen, die grenzüberschreitende Geschäftstätigkeiten im Binnenmarkt anstreben, besser gerecht zu werden. Die SPE soll eine einheitliche europäische Unternehmensform bilden, die ihre Rechtsgrundlage in einer europäischen Verordnung hat und damit in allen Mitgliedsstaaten unmittelbare Geltung haben wird. Der Rückgriff auf nationales Recht beschränkt sich auf das Steuerrecht, Rechnungslegungsvorschriften, das Arbeitsrecht (die Arbeitnehmermitbestimmung ist jedoch speziell in der Verordnung geregelt), das Insolvenzrecht sowie das Delikts- und Strafrecht. Die SPE-Verordnung regelt u.a. die Punkte Gründung, Mindeststammkapital, Kapitalaufbringung, Kapitalerhaltung, Haftung der Gesellschafter sowie verschiedene Bereiche der Gesellschaftsstruktur und Unternehmensführung und verpflichtet im Übrigen die Gesellschafter zur Regelung einer in der Verordnung vorgegebenen Reihe von Punkten im Gesellschaftsvertrag.

---

1) BGH v. 19.4.2011, II ZB 25/10, NJW 2011, 1881 ff., m. ausf. Nachweisen zum bis dahin gegebenen Streitstand.

Anders als die SE kann die SPE von einer oder mehreren natürlichen Personen oder juristischen Personen gegründet werden. Daneben kann die SPE auch durch den Formwechsel einer nationalen Gesellschaft oder Verschmelzung mit oder Abspaltung von einer bestehenden Gesellschaft nach dem jeweiligen nationalen Recht entstehen.

1414 Zur Gründung der SPE bedarf es eines Gesellschaftsvertrages, im Gegensatz zur GmbH ist eine notarielle Beurkundung jedoch nicht erforderlich. Als juristische Person existiert die SPE jedoch erst mit Registereintragung.

1415 Das Mindestkapital der SPE soll nach derzeitigem Stand 1 € betragen, Sacheinlagen sind zulässig, müssen aber in voller Höhe erbracht werden. Die Gesellschafter der SPE sind im Gegensatz zur Unternehmergesellschaft (haftungsbeschränkt) jedoch nicht zur Rücklagenbildung bis zu einem Mindeststammkapital (25 000 €) verpflichtet.

Die SPE-Verordnung enthält keine strikten Regelungen zur Kapitalaufbringung und -erhaltung (z.b. keine Pflicht zur Volleinzahlung des Kapitals bei Gründung, keine strikten Vorgaben für die Bewertung von Sacheinlagen, kein Mindestkapital – vorbehaltlich abweichender Gesellschaftsvertragsregelung). Im Rahmen der Kapitalerhaltung können die Gesellschafter jedoch im Gesellschaftsvertrag einen sog. Solvenztest vorsehen, wonach eine Ausschüttung erst vorgenommen werden darf, wenn das Leitungsorgan der SPE zuvor bestätigt hat, dass die SPE in der Lage sein wird, in dem auf die Ausschüttung folgenden Jahr ihre Schulden bei deren Fälligkeit im Rahmen ihrer normalen Geschäftstätigkeit zu begleichen.

Die Verordnung beschränkt die Haftung der Gesellschafter der SPE auf deren Kapitaleinlage, die Gesellschafter haften nicht für Verbindlichkeiten der SPE. Die Haftung vor Eintragung der SPE unterliegt jeweiligem einzelstaatlichem Recht. Eine weitergehende Haftung kann sich nur auf Grund anwendbaren nationalen Rechts (z.B. Deliktsrecht) ergeben.

Die Anteile an der SPE sind frei übertragbar, können jedoch nicht öffentlich angeboten oder gehandelt werden. Die Übertragung der Anteile bedarf der Schriftform und folgt einzelstaatlichem Recht; eine notarielle Beurkundung ist nicht erforderlich. Die Satzung kann weitere Einzelheiten der Anteilsübertragung regeln (z.B. Zustimmungsvorbehalt, Ausschluss der Übertragbarkeit).

1416 Die Gesellschafter legen in der Satzung fest, ob die SPE monistisch oder dualistisch ausgestaltet ist (also eine oder zwei Organebenen besitzen soll), wobei den Erfordernissen einer eventuellen Arbeitnehmermitbestimmung Rechnung zu tragen ist. Das Leitungsorgan der SPE ist für alle Geschäftstätigkeiten der SPE verantwortlich und besitzt Dritten gegenüber grundsätzlich unbeschränkte Vertretungsmacht.

Der eingetragene Sitz und der Sitz der Hauptverwaltung einer SPE können sich in verschiedenen Mitgliedsstaaten befinden und anders als die GmbH/Unternehmergesellschaft (haftungsbeschränkt) kann die SPE ihren Satzungssitz unter Wahrung ihrer Rechtspersönlichkeit in einen anderen Mitgliedsstaat verlegen (außer im Fall ihrer Auflösung/Liquidation).

Selbstanzeige

von Dr. Rainer Spatscheck

INHALTSÜBERSICHT Rz.

I. Einleitung	1417–1418
II. Form und Inhalt der Selbstanzeige	1419–1427
III. Wer kann Selbstanzeige erstatten?	1428–1430
IV. Die gesetzlichen Ausschlussgründe	1431–1449
1. Bekanntgabe der Prüfungsanordnung	1432
2. Bekanntgabe der Einleitung des Strafverfahrens	1433–1435
3. Erscheinen des Prüfers	1436–1440
4. Tatentdeckung	1441–1446
a) Objektive Komponente der „Entdeckung"	1443–1444
b) Subjektive Komponente der Kenntnis (bzw. des Kennen-Müssens)	1445–1446
5. Steuerhinterziehung von mehr als 25 000 €	1447
6. Sperre bei Vorliegen von Regelbeispielen (§ 371 Abs. 2 Nr. 5 AO)	1448
7. Selbstanzeige trotz Vorliegens eines Ausschlussgrundes?	1449
V. Folgen der Selbstanzeige	1450–1453

I. Einleitung

1417 Mit der Selbstanzeige (§ 371 AO) hat das *Steuerstrafrecht* (→ 4 Rz. 1528 ff.) die einzigartige Rechtsfolge geschaffen, **rückwirkend die Strafbarkeit der Steuerhinterziehung zu beseitigen.** Der Staat „verkauft" das Fiskalgeld. Sieht man von den dabei anfallenden Hinterziehungszinsen ab, ist der „Kaufpreis" denkbar gering: Es sind nur die Steuern nachzuentrichten, die bereits bei ordnungsgemäßer Steuererklärung zu zahlen gewesen wären. Seit Kurzem wird vom Staat – neben den Zinsen – bei Hinterziehungen von mehr als 50 000 € ein „Aufgeld" von 5 % verlangt. Die **Freiwilligkeit** ist nicht Bedingung der Selbstanzeige. Selbstanzeigen wegen der Gefahr der Entdeckung sind wirksam. In der Regel ist die Entdeckungsgefahr Auslöser für eine Selbstanzeige.

1418 Bereits im Anschluss an die durch den Kauf gestohlener Bankdaten ausgelöste Welle von Nacherklärungen war in den Jahren 2008/2009 eine rechtspolitische Diskussion über die Zukunft der Selbstanzeige entbrannt. Im Mai 2010 hat dann auch noch der 1. Strafsenat des BGH in diese Diskussion eingegriffen und in Form von „obiter dicta" höchst missverständliche Leitlinien zur Selbstanzeige formuliert, die erkennen lassen, dass der Senat einer Einschränkung der bestehenden Selbstanzeigemöglichkeiten wohlwollend gegenübersteht.[1]

Die Anregungen des BGH sind im Gesetzgebungsverfahren aufgegriffen worden. Der Bundesrat hatte sich in einer Beschlussempfehlung zum Jahressteuergesetz 2010 der Entscheidung des 1. Strafsenats angeschlossen und zunächst noch weit über die Anregung des BGH hinausgehende Einschränkungen von § 371 AO vorgeschlagen. Die Vorschläge des Bundesrats wurden im Gesetzgebungsverfahren als zu weitreichend kritisiert und deshalb zunächst nicht in das Jahressteuergesetz 2010 aufgenommen.

Die Bundesregierung stellte stattdessen am 14.12.2010 den Entwurf für ein „Schwarzgeldbekämpfungsgesetz" vor, mit dem das Projekt der Einschränkung von § 371 AO

---

1) Vgl. BGH v. 20.5.2010 1 StR 577/09, BGHSt 55, 180.

in revidierter Form vorangetrieben wurde. Auch die dortigen Formulierungen wurden in der Sachverständigenanhörung kritisiert und als zu weitgehend gebrandmarkt. Die Kritik bezog sich v.a. darauf, dass der Gesetzgeber zunächst die Absicht hatte, strafbare Selbstanzeigen nur noch dann anzuerkennen, wenn „aus sämtlichen strafrechtlichen bisher noch nicht verjährten Besteuerungszeiträumen (…) sämtliche Unrichtigkeiten vollumfänglich berichtigt" würden.

Gesetz geworden ist dann eine etwas abgeschwächte Regelung, die hinsichtlich der Vollständigkeit der Erklärung nur noch alle (noch nicht verjährten) Taten einer Steuerart einbezieht. Das neue Gesetz wurde am 17.3.2011 im Bundestag und sodann am 15.4.2011 im Bundesrat verabschiedet. Der Bundespräsident hat das Gesetz am 28.4.2011 unterzeichnet und damit „ausgefertigt". Die Veröffentlichung im BGBl. erfolgte kurze Zeit später, bereits am 2.5.2011.[1] Der praktische Einsatz der Selbstanzeige z.B. im Bereich von Unternehmen hat hierdurch an Praktikabilität und Attraktivität verloren.

Damit sind die Neuregelungen zum 3.5.2011 – am Tag nach der Verkündung – in Kraft getreten. Nachdem das neue Gesetz kaum zwei Jahre wirksam war, lösten die öffentlichkeitswirksamen Fälle Uli Hoeneß und Alice Schwarzer aber erneut eine Debatte über die Zukunft der Selbstanzeige aus. Sachliche Pressestimmen waren zu dieser Zeit eher die Ausnahme.

Die Finanzminister der Länder haben daraufhin eine Arbeitsgruppe von Fachleuten eingesetzt, die im Winter 2013/2014 Vorschläge für eine mögliche Reform des § 371 AO erarbeitet haben. Im Ergebnis plädierten die Fachleute der Finanzverwaltung für eine Beibehaltung des Rechtsinstituts, stellten in ihrem Bericht aber denkbare Ansätze für eine inhaltliche Verschärfung dar. Auf Basis dieses Berichts hat sich die Große Koalition im Bund im Frühjahr auf eine erneute Reform des § 371 AO verständigt. Das BMF legte am 27.8.2014 einen Referentenentwurf vor.[2] Schwerpunkt der Neuregelung in dieser Fassung war die einheitliche Verlängerung der Strafverfolgungsverjährung in allen Fällen der Steuerhinterziehung auf zehn Jahre (mit dem Ziel, die Steuerpflichtigen bei Dauersachverhalten stets zur Berichtigung von zehn Jahren zu zwingen) und die Erhöhung der Auflagenzahlungen nach § 398a AO unter gleichzeitiger Herabsenkung des Grenzwerts auf einen Hinterziehungsbetrag von 25 000 €. Nach der Abstimmung der Fachressorts und der Einholung von Stellungnahmen wurde am 26.9.2014 der darauf aufbauende Regierungsentwurf veröffentlicht.[3] Gegenüber dem Referentenentwurf enthielt dieser Entwurf noch einmal signifikante Änderungen. Insbesondere ist nicht länger die allgemeine Verlängerung der Strafverfolgungsverjährung von fünf auf zehn Jahre beabsichtigt, sondern die gewünschte Ausweitung des „Berichtigungszeitraums" soll durch eine isolierte Anordnung in § 371 Abs. 1 AO herbeigeführt werden. Ferner soll das seit dem Jahr 2011 bestehende Vollständigkeitsgebot teilweise wieder gelockert werden.

Die Neuregelung gilt für Selbstanzeigen, die ab dem 1.1.2015 abgegeben werden.

II. Form und Inhalt der Selbstanzeige

Das Gesetz schreibt für die Selbstanzeige **keine Form** vor. Sie kann schriftlich oder mündlich erstattet werden. Um späteren Streit um die Frage auszuschließen, ob, wann

1419

---

1) BGBl. I 2011, 676.
2) Abrufbar unter http://www.bundesfinanzministerium.de/Content/DE/Gesetzestexte/Referentenentwuerfe/2014–08-27-G-zur-Aenderung-der-Abgabenordnung-und-Einfuehrungsgesetz-zur-Abgabenordnung.html.
3) BR-Drucks. 431/14.

und mit welchem Inhalt eine Selbstanzeige erstattet wurde, sollte die Selbstanzeige aber stets **schriftlich** erfolgen.

Hinweis:

Die Selbstanzeige muss **nicht den Begriff „Selbstanzeige"** beinhalten. Es ist auch nicht erforderlich, dass sich der Anzeigende einer Hinterziehung bezichtigt. Er kann sich auf die reine Nacherklärung der relevanten Zahlen beschränken.

Die **Regelungen zur Verjährung in § 376 AO** werfen die Frage auf, für **welche Zeiträume** eine Selbstanzeige abgegeben bzw. die Erforderlichkeit einer Selbstanzeige überprüft werden sollte. Generell gilt: Eine Selbstanzeige macht nur Sinn für die Sachverhalte, hinsichtlich derer noch ein strafrechtliches Risiko besteht. Taten oder Zeiträume, hinsichtlich derer mit Sicherheit Strafverfolgungsverjährung eingetreten ist, sollten nicht in eine Selbstanzeige einbezogen werden. Für die strafrechtlich bereits verjährten Zeiträume hat eine Selbstanzeige nur noch steuerliche Wirkung, sofern nicht bereits auch insofern Verjährung eingetreten ist. In der Praxis musste in der Vergangenheit damit gerechnet werden, dass Finanzämter auch nach den nur noch steuerlich „offenen" Altjahren fragen.

Hinweis:

Wer eine Selbstanzeige mit kurzer Bearbeitungsdauer abgeben möchte, tat schon in der Vergangenheit gut daran, gleich den kompletten Zehn-Jahres-Zeitraum zu erklären. Nachfragen der Finanzverwaltung führten normalerweise zu Verzögerungen. Sollten für die Altjahre (z.B. 2001 f.) keine Bankunterlagen mehr zur Verfügung stehen, musste auf der Grundlage der für die Folgejahre bekannten Werte geschätzt werden. Regelmäßig akzeptierte das Finanzamt einen sinnvollen Schätzungsvorschlag des Beraters. Zur Vermeidung jeglicher zivilrechtlicher Haftungsansprüche sollte der Mandant darauf hingewiesen werden, dass man im Moment mehr erklärt, als zur Beseitigung des strafrechtlichen Risikos erforderlich ist.

Achtung! Für Selbstanzeigen ab dem 1.1.2015 gilt eine Berichtigungspflicht von **mindestens zehn Kalenderjahren vor Abgabe der Selbstanzeige**.

1420 Zur Abgrenzung, welche Veranlagungsjahre oder Sachverhalte in die Nacherklärung einbezogen werden sollen, ist somit eine **Überprüfung der strafrechtlichen Verjährung** erforderlich (→ 4 Rz. 1528 ff.). D.h. im ersten Schritt: Prüfung der eingetretenen Verjährung nach alter Rechtslage. Die Taten, für die vor dem 25.12.2008 die Verjährungsfrist alten Rechts abgelaufen ist, scheiden aus der Nacherklärung aus. Im zweiten Schritt: Prüfung der Verjährungsfrage unter Anwendung von § 376 AO n.F. Für die Auslegung von § 370 Abs. 3 AO ist hierbei von einem denkbar weiten Anwendungsbereich auszugehen (d.h. Taten mit einem Verkürzungsbetrag ab 50 000 € sollten im Zweifel einbezogen werden). In Zweifelsfällen gilt stets, dass die Selbstanzeige lieber zu umfangreich als zu eingegrenzt ausfallen sollte. Die zum 1.1.2015 in Kraft getretene Gesetzesfassung sieht vor, dass die Berichtigungspflicht auf **mindestens zehn Kalenderjahre vor Abgabe der Selbstanzeige** für alle Fälle der Steuerhinterziehung verlängert wird. Das bedeutet, dass auch in Fällen der einfachen Steuerhinterziehung ungeachtet einer zwischenzeitlich eingetretenen Strafverfolgungsverjährung zehn Kalenderjahre rückwirkend zu korrigieren sind, um eine Vollständigkeit der Selbstanzeige zu gewährleisten.

Nach § 371 Abs. 1 AO müssen **„nur" die unrichtigen oder unvollständigen Angaben berichtigt oder unterlassene Angaben nachgeholt** werden. Maßstab für den Umfang und den Inhalt ist die ordnungsgemäße Erklärung. Das Finanzamt muss auf Grund der Selbstanzeige in der Lage sein, die notwendigen Steuerfolgen zu ziehen und über die Steuerbescheide zu verfügen (sog. **Materiallieferung**). Hinreichend ist damit, dass das Finanzamt ohne langwierige Nachforschungen den Sachverhalt aufklären und die Steuern berechnen kann. Eine gewisse eigene Ermittlungstätigkeit wird dem Finanzamt also durchaus zugemutet. In Ausnahmesituationen kann die Überlassung der

Buchführung mit der Bezeichnung des strafbezogenen Bereichs ausreichend sein, ohne dass der Stpfl. die relevanten Zahlen selbst zusammenstellt.[1]

Hinweis:

Seitdem die Selbstanzeigen als Massenphänomen bei den Finanzämtern aufgetreten sind, erhalten die Berater trotz Einreichung einer übersichtlichen tabellarischen Darstellung aller steuerlich relevanter Zahlen **von dem Veranlagungsfinanzamt häufig noch die Anforderung, zusätzlich aktualisierte Anlagen (z.B. KAP) nachzureichen.**

Das Finanzamt hat auf eine wiederholte Einreichung **keinen Anspruch**. Zur Wirksamkeit der Selbstanzeige müssen lediglich die Fakten vorgetragen werden – gleich in welcher Form.

Hintergrund der Aufforderung ist, dass die Flut von Berichtigungserklärungen im Zusammenhang mit Auslandsanlegern bei den Finanzämter zu zeitlichen Engpässen bei der Eingabe der steuerlichen Bemessungsgrundlagen in die EDV führt. Deshalb suchen sie nach jeder Form der Vereinfachung der Arbeitsabläufe.

Hinweis:

Auch hier gilt: Wer eine schnelle, unproblematische Bearbeitung der Berichtigungserklärung erreichen möchte, sollte **an dieser Stelle kooperieren**. Über zusätzliche Kosten durch die Erstellung der Anlagen sollte der **Mandant informiert** werden.

Die Selbstanzeige sollte **so formuliert** sein, **dass das Finanzamt sofort Steuerbescheide fertigen kann**. Auf Zahlenangaben darf auf keinen Fall verzichtet werden. Eine Ausnahme besteht nur dann, wenn die bisher erklärten Zahlen zutreffend und nur die bisherige Qualifikation bzw. Zuordnung unrichtig war. Hier kann man sich auf die Korrektur der Qualifikation bzw. Zuordnung beschränken. 1421

Häufig können die konkreten Zahlen nicht in der erforderlichen Zeit beschafft werden. In einem solchen Fall bietet sich die Selbstanzeige in Stufen an: Dem Finanzamt werden **zunächst geschätzte Zahlen** nacherklärt, verbunden mit der **Bitte, die konkreten Zahlen innerhalb einer bestimmten Frist nachreichen zu können** oder im Rahmen einer angekündigten Betriebsprüfung zusammen mit dem Finanzamt abzustimmen. Eine solche Selbstanzeige in Stufen wird in der Praxis als **ausreichend** angesehen. Der BGH hat deren Wirksamkeit in dem Beschluss vom 20.5.2010 ausdrücklich bestätigt.[2]

Wichtig ist die **Abgrenzung zur schädlichen „pauschalen" Selbstanzeige**. Es müssen immer – wenn auch geschätzte – Zahlen mitgeteilt werden, die den einzelnen Steuern konkret zugeordnet werden. Die Schätzung ist ausdrücklich als solche zu bezeichnen. Die Schätzungen müssen **begründbar** sein. Die Schätzungsgrundlagen können, müssen aber nicht in die Selbstanzeige aufgenommen werden. Um die Wirkung der Selbstanzeige abzusichern, sollte der Stpfl. zu seinen Lasten **eher zu hoch als zu niedrig** schätzen. Unter strafrechtlichen Gesichtspunkten muss allerdings nicht so hoch geschätzt werden wie unter steuerrechtlichen. Der Stpfl. muss also die mögliche Bandbreite der Schätzung nicht vollständig zu seinem Nachteil ausnutzen, auch wenn dies steuerlich bei Verletzung der Mitwirkungspflichten zulässig wäre. 1422

Ist eine **genaue Ermittlung** der nachzuerklärenden Beträge **auch innerhalb einer angemessenen Frist nicht möglich**, bleibt die Selbstanzeige auch mit geschätzten Zahlen wirksam. Der Stpfl. muss die Schätzung jedoch als solche bezeichnen und ggf. die Schätzungsgrundlage angeben. Auch hier ist **eher zu hoch als zu niedrig** zu schätzen. 1423

Die Angabe zu hoher Beträge zum Zwecke einer möglichst sicheren Straffreiheit führt **nicht** dazu, dass man **an diese Zahlen auch steuerlich gebunden** ist. Der Stpfl. kann gegen die Steuerbescheide, die die Selbstanzeige auswerten, Einspruch einlegen. 1424

---

1) Vgl. BGH v. 16.6.2005, 5 StR 118/05, NJW 2005, 2723, unter Hinweis auf BGH v. 5.5.2004, 5 StR 548/03, wistra 2004, 309.
2) 1 StR 577/09, wistra 2010, 304.

Sogar ein Antrag auf Aussetzung der Vollziehung ist möglich; hat das Finanzamt eine strafrechtliche Nachzahlungspflicht gesetzt, muss zunächst vorläufig gezahlt und dann der Antrag auf Aufhebung der Vollziehung gestellt werden.[1] Gestritten werden kann sowohl um die Höhe der nacherklärten Beträge als auch um die rechtliche Qualifikation.

Hinweis

Nicht übersehen werden darf, dass man in der Praxis von dem selbst genannten Schätzungsniveau nur in Ausnahmefällen wieder herunterkommt.

1425 Nach alter Rechtsprechung des 5. Strafsenats war auch die sog. „**Teilselbstanzeige**" wirksam. „Insoweit" berichtigt wurde, erlangte der Betroffene Straffreiheit.

Diese Rechtsprechung ist durch den Beschluss des 1. Strafsenats des BGH vom 20.5.2010 geändert worden. Nach dieser Entscheidung sollte Straffreiheit nur dann eintreten, wenn der Täter hinsichtlich der jeweils zu beurteilenden Tat im materiellen Sinn (i.d.R. definiert nach Steuerart/Steuerpflichtigem/Veranlagungszeitraum) **vollständige Angaben** macht.[2]

Der Gesetzgeber hatte diesen Wandel der Rechtsprechung aufgegriffen und § 371 AO verschärft. Nach der Diskussion unterschiedlicher Formulierungsvorschläge im Gesetzgebungsverfahren hatte man sich dann im Jahr 2011 für eine Lösung entschieden, die noch über die vom BGH formulierten Anforderungen hinausgeht. Nach § 371 Abs. 1 AO i.d.F. des SchwGeldBekG muss der Betroffene **alle strafrechtlich noch verfolgbaren Taten derselben Steuerart** (also z.B. noch nicht strafrechtlich verjährte Einkommensteuerhinterziehungen) in einem Schritt „vollständig" anzeigen, um Straffreiheit zu erreichen.

Man unterscheidet zwischen Vollständigkeit in „**vertikaler" (zeitlicher)** und „**horizontaler" (sachlicher)** Hinsicht.

Seitdem besteht das Erfordernis einer zeitraumübergreifenden **Nacherklärungspflicht**. Während nach altem Recht – auch i.S.d. Rechtsprechung des 1. Strafsenats – auf die einzelne Tat im materiellen Sinn und damit notwendigerweise auf den einzelnen Veranlagungszeitraum abzustellen war, um die Vollständigkeit zu prüfen, ist nach der eindeutigen gesetzgeberischen Entscheidung auf alle „**unverjährten Steuerstraftaten**" abzustellen („**Berichtigungsverbund**").

Aus der Gesetzesbegründung ergibt sich, dass insoweit die strafrechtliche Verjährung gemeint ist. Die Bestimmung des notwendigen „vertikalen" Umfangs der Nacherklärung (d.h. in zeitlicher Hinsicht) wird dadurch von einer komplexen rechtlichen Prüfung abhängig gemacht. Um die Reichweite des maßgeblichen Berichtigungsverbunds zu bestimmen, muss ermittelt werden, wann für die einzelnen Taten Verfolgungsverjährung eingetreten ist. Dies war schon immer – für sich gesehen – kompliziert, wird aber noch dadurch erschwert, dass die Verlängerung der Verjährungsfristen von fünf auf zehn Jahre durch § 376 AO n.F. zu berücksichtigen ist.

Beispiel:

Die Selbstanzeige soll wegen eines verschwiegenen Auslandskontos erfolgen. Der Stpfl. verfügt offiziell nur über Renteneinkünfte und hat daher in der Vergangenheit keine Einkommensteuererklärung abgegeben. In den Jahren 2004 und 2005 sind jeweils hohe Kapitaleinkünfte wegen der Fälligkeit sog. „Zero-Bonds" eingetreten, so dass die Einkommensteuernachzahlung sich auf jeweils rund 60 000 € beläuft. Ob diese Taten im Mai 2014 noch nacherklärt werden müssen, hängt für bis 31.12.2014 abgegebene Selbstanzeigen davon ab, ob die Steuerverkürzungen der Jahre 2001 und 2002 von der gesetzlichen Neuregelung in § 376 AO n.F. („Verkürzung in großem Ausmaß") erfasst werden, was auf Grundlage des Gesetzeswortlauts

---

1) Dies ist gem. BFH v. 22.1.1992, I B 77/91, BStBl II 1992, 618, 621, zulässig.
2) 1 StR 577/09, wistra 2010, 304; zur Kritik vgl. nur WULF, wistra 2010, 286 ff.

allein sicher kaum vorherzusagen ist. Seit dem 1.1.2015 abgegebene Selbstanzeigen müssen ohnehin mindestens die letzten zehn Kalenderjahre vor deren Einreichung abdecken.

Die Praxis wird sich damit behelfen, im Zweifel lieber „ein Jahr zu viel" zu erklären und vorsorglich denkbar weit zurückzugehen. Dies kann allerdings Probleme bereiten, z.B. in dem Fall, dass die nicht erfassten Einnahmen eines Gewerbebetriebs nacherklärt werden müssen und man vor der Schwierigkeit einer sachgerechten Schätzung steht oder in dem Fall, dass in einem der älteren Jahre ein erheblicher Zufluss auf dem Auslandskonto sichtbar wird, den man nicht offenbaren müsste, wenn das betreffende Jahr nicht mehr strafbefangen ist.

Neben der Frage, wie weit die Nacherklärung in die Vergangenheit reichen muss, sollte das Problem der aktuellen Erklärungsfristen berücksichtigt werden:

Beispiel:

Steuerberater S bereitet für seinen Mandanten M die Abgabe einer Selbstanzeige für ein verschwiegenes Auslandskonto vor. Er berücksichtigt die Jahre 2004 – 2012, für die bereits (unrichtige) Einkommensteuerbescheide vorliegen. Parallel hierzu arbeitet er gegenwärtig an der Erstellung der Einkommensteuererklärung für das Jahr 2013, die überfällig ist, da nach dem 31.12.2014 kein Antrag auf weitergehende Fristverlängerung gestellt wurde.

In einem solchen Fall sollte vorsorglich die Selbstanzeige für die Jahre 2004 – 2012 zeitgleich mit der (vervollständigten) Einkommensteuererklärung für 2013 eingereicht werden, da bei strenger Betrachtung auch für die Einkommensteuer 2013 bereits der Vorwurf einer (versuchten) Steuerhinterziehung erhoben werden könnte. Ob solche Versuchstaten in den Berichtigungsverbund einzubeziehen sind, oder isoliert hiervon ein Rücktritt nach § 24 StGB erfolgen kann, ist nicht geklärt.

Der **Begriff der Steuerart** ist gesetzlich nicht definiert. In der Gesetzesbegründung wird angeführt, dass z.B. alle strafrechtlich noch nicht verjährten „Einkommensteuerhinterziehungen" angegeben werden müssen. Sicher ist damit zunächst, dass alle Fehler mit Auswirkung auf die Einkommensteuer zu berichten sind, unabhängig von der Einkunftsart und der Frage, ob es sich um identische, gleichgelagerte (wie z.B. zwei unterschiedliche Auslandskonten) oder völlig unterschiedliche Sachkomplexe handelt (z.B. Zinseinnahmen und überhöhte Sonderausgaben oder etwa eine parallel zu verschwiegenen Einnahmen zu Unrecht in Anspruch genommene Zusammenveranlagung getrennt lebender Ehegatten).

Unklar ist, welche Fälle darüber hinaus als Steuerstraftat „einer Steuerart" anzusehen sind:

Beispiel 1:

A will eine Selbstanzeige wegen der bislang verschwiegenen Kapitaleinkünfte eines Auslandskontos abgeben. Er berichtet seinem Steuerberater, dass er darüber hinaus auch in den Betriebskostenabrechnungen eines Vermietungsobjekts überhöhte Werbungskosten berücksichtigt hat und dass er eine Haushaltshilfe für monatlich 500 € beschäftigt, die bei den Finanz- und Sozialbehörden nicht angemeldet ist.

Beispiel 2:

B führt als Einzelunternehmer einen Handwerksbetrieb. Die Betriebsprüfung hat sich telefonisch angekündigt. Er selbst hat für Privatleute in jedem Jahr für ca. 20 000 € Arbeiten „ohne Rechnung" ausgeführt. Zudem hat er bei verschiedenen Kunden Arbeiten, die er in deren Privathaus verrichtet hat, auf das Unternehmen der Kunden abgerechnet, wobei es sich teilweise um Einzelunternehmen der Kunden, teilweise aber auch um GmbHs (und deren Gesellschafter-Geschäftsführer) handelt. In einem Fall hat er die Rechnung auf eine inländische GmbH ausgestellt, obwohl Leistungsempfängerin eigentlich eine ausländische Schwestergesellschaft war.

Beispiel 3:

C war Inhaber eines Handelsunternehmens in der Rechtsform einer GmbH & Co. KG. Er hat noch von seinem Vater in den 80er-Jahren ein Schwarzgeldkonto bei einer Schweizer Bank geerbt. Sein eigenes Unternehmen hat er im Jahr 2003 verkauft. Im Unternehmen gab es bis zuletzt betriebliche Schwarzeinnahmen, aus denen Löhne bezahlt worden sind. Er fragt, ob er hinsichtlich der Kapitaleinkünfte aus dem Schweizer Konto eine Selbstanzeige abgeben kann.

Beispiel 4:

D ist Geschäftsführer einer GmbH & Co. KG. Als Kommanditisten sind sowohl natürliche Personen als auch weitere GmbHs beteiligt. Das Unternehmen hat in den letzten Jahren Verluste erzielt. Tatsächlich ist man – über einen Treuhänder zur Verdeckung der gesellschaftsrechtlichen Beziehungen – zu 100 % an einer ausländischen Partnergesellschaft beteiligt, deren Gewinne nach den Regelungen des AStG hinzugerechnet werden müssten. D, der an der Gesellschaft selbst als Kommanditist nicht beteiligt ist, hat in der Vergangenheit im Rahmen seiner Einkommensteuererklärung unzutreffende Fahrtkosten abgerechnet. Er möchte dies korrigieren.

Die neue Fassung des Gesetzes lässt offen, ob sich das Kriterium der „Steuerart" nur auf die begangenen Steuerhinterziehungen des konkreten Stpfl. bezieht oder ob ggf. auch die Beteiligung an „gleichartigen" Steuerhinterziehungen verschiedener Stpfl. einzubeziehen ist. Aus der Gesetzgebungsgeschichte lässt sich hierzu nichts entnehmen. Dort wurde stets nur das Problem der Nacherklärung ausländischer Kapitaleinkünfte diskutiert. Die aus der Beteiligung verschiedener Personen entstehenden Probleme hat der Gesetzgeber komplett übersehen.

M.E. ist es erforderlich, den Wortlaut einschränkend dahin gehend auszulegen, dass nur die „Steuerart" **ein und desselben Steuerschuldners** einbezogen wird. Bei dieser Lösung sind auch Abzugsteuerbeträge wie z.B. Lohnsteuern (als besondere Erhebungsform der Einkommensteuer des Arbeitnehmers) von dem Vollständigkeitsmaßstab ausgenommen. Dagegen wird man nicht so weit gehen können, verfahrensrechtlich abgesonderte Ermittlungsbereiche der Bemessungsgrundlage (also z.B. die Hinzurechnungsbeträge nach dem AStG) von der nachzuerklärenden „Steuerart" auszunehmen.

Die Möglichkeiten des folgenfreien Irrtums sind begrenzt. So stellt der BGH[1] klar, dass im Falle einer undolos zu gering abgegebenen Selbstanzeige eine Toleranz von **bis zu 5 % der Steuerschuld** (!) nicht schädlich ist. Bei der Vorbereitung einer Selbstanzeige muss deshalb auf Vollständigkeit geachtet werden.

1426 Die Selbstanzeige ist „**bei der Finanzbehörde**" zu erstatten. Damit ist zunächst das **örtlich und sachlich zuständige Finanzamt** richtiger Adressat. Sind mehrere Finanzämter für einen Hinterziehungstatbestand zuständig (Einkommensteuer beim Finanzamt A, Umsatzsteuer bei dem Finanzamt B), kann die gesamte Selbstanzeige wohl bei einem Finanzamt abgegeben werden. Die Finanzbehörden sind untereinander zur Weitergabe von Nacherklärungen verpflichtet. Sicherer ist es jedoch, bei jedem zuständigen Finanzamt einzureichen. Ist für mehrere Personen eine Selbstanzeige abzugeben (z.B. Ehegatte, Mitgesellschafter, GmbH und Gesellschafter bei einer Hinterziehung durch vGA), muss die Selbstanzeige bei jedem der zuständigen Finanzämter abgegeben werden. Hier ist besondere Sorgfalt darauf zu verwenden, dass die Anzeigen zeitgleich eingehen.

1427 Hinweis:

Riskant ist die Abgabe einer **Selbstanzeige gegenüber der Staatsanwaltschaft**. Zwar ist auch diese als Behörde zur Weitergabe an das zuständige Finanzamt verpflichtet. Höchstrichterlich ist aber nicht geklärt, ob dies ausreicht.

III. Wer kann Selbstanzeige erstatten?

1428 Jeder Beteiligte, der § 370 AO verletzt, sei er Alleintäter, Mittäter, mittelbarer Täter, Anstifter oder Gehilfe, kann Selbstanzeige erstatten. Jeder erstattet grundsätzlich für

---

1) BGH v. 25.7.2011, 1 StR 631/10, wistra 2011, 428.

sich **persönlich** Selbstanzeige. Es ist jedoch nicht erforderlich, dass die Selbstanzeige höchstpersönlich abgegeben wird. Der Täter **kann sich vertreten lassen**. Der Bevollmächtigte muss jedoch auf Grund einer entsprechenden **Vollmacht** handeln. Wie die Vollmacht erteilt worden ist, ist irrelevant. Es reicht eine **mündliche oder telefonische** Bevollmächtigung.

> **Beispiel:**
> Eine GmbH hat zu Unrecht Vorsteuern in Anspruch genommen. Daran beteiligt waren der Fremd-Geschäftsführer, der Alleingesellschafter und dessen in der Buchhaltung angestellte Ehefrau. Soll die Rolle des Alleingesellschafters und dessen Ehefrau zunächst nicht offengelegt werden, kann man in Erwägung ziehen, gegenüber dem Finanzamt zunächst nur für den Fremd-Geschäftsführer Selbstanzeige zu erstatten.

Der BGH hat allerdings zuletzt Zweifel geäußert, ob die Selbstanzeige zugunsten des anderen bei **verdeckter Stellvertretung** wirksam ist. Denn gegenüber dem unbekannten Beteiligten sei es nicht möglich, eine strafrechtliche Zahlungsfrist nach § 371 Abs. 3 AO zu setzen.[1] Richtigerweise sollte dies aber nur zur Folge haben, dass die gesetzte Nachfrist auch gegenüber den Vertretenen gilt.[2] Bei Gesellschaften ist zudem durch die Rechtsprechung anerkannt, dass die Selbstanzeige des zuständigen Geschäftsführers auch für die anderen Organe und Mitarbeiter strafbefreiend wirkt, selbst wenn diese in der Nacherklärung nicht gesondert aufgelistet sind.[3] In anderen Fällen sollte dieses Problem bedacht werden.[4]

Vorsichtshalber sollte in einem **internen Protokoll** festgehalten werden, dass die Selbstanzeige auch für die – namentlich benannten (!) – anderen Beteiligten erklärt wird. Erkennt das Finanzamt die Beteiligung der anderen und eröffnet es gegen diese ein Strafverfahren, kann die bisher verdeckte Stellvertretung unter Vorlage der Vollmachten und des internen Protokolls offengelegt werden. Die Selbstanzeige wirkt dann u. E. auch für diese.

Heute nicht mehr möglich ist die verdeckte Stellvertretung in den Fällen des § 398a AO, bei dem – unabhängig vom persönlichen Vorteil für jeden Beteiligten – ein Strafzuschlag in Höhe von 10–20 % (seit 1.1.2015) der Verkürzungsbeträge in Betracht kommt.[5] Werden die Beteiligten dem Finanzamt gegenüber nicht offengelegt, kann auch kein Zuschlag nach § 398a AO erhoben werden.

Problematisch wird es, wenn die Tatbeteiligten nicht in einem Lager stehen.

> **Beispiel:**
> Der Händler arbeitet einvernehmlich mit dem Lieferanten mit unrichtigen Einkaufsbelegen; Selbstanzeige eines Steuerberaters wegen der Hinterziehung durch einen Mandanten, an der er beteiligt war.

Hier ist zu beachten, dass die Selbstanzeige eines Beteiligten die **Sperre des § 371 Abs. 2 Nr. 2 AO** für den anderen Beteiligten herbeiführt, wenn die Selbstanzeige die Beteiligungsform erkennen lässt. In derartigen Fällen sollten sich die Beteiligten vor der Selbstanzeige abstimmen. Jedoch **Vorsicht bei Meinungsverschiedenheiten**: Jeder, der sich jetzt streitenden Beteiligten kann dem anderen durch eine „voreilige" Selbstanzeige die Möglichkeit zu einer eigenen Selbstanzeige nehmen.

> **Hinweis:**
> Möchte man bei einer unübersichtlichen Interessenlage sichergehen, dass ein potentieller Mittäter sich entweder gar nicht beteiligt oder zu früh, d.h. isoliert eine Berichtigungserklärung

---

1) Vgl. BGH v. 5.5.2004, 5 StR 548/03, wistra 2004, 309, 310.
2) Vgl. BGH v. 21.6.1994, 5 StR 105/94, HFR 1995, 225.
3) Vgl. BGH v. 24.10.1984, 3 StR 315/84, wistra 1985, 74.
4) Zu Einzelheiten vgl. auch Alvermann, Stbg 2008, 544.
5) In diesem Sinne bspw. Jäger in Klein, AO, 12. Aufl., 2014, § 398a Rz. 50 ff.

einreicht, hat sich in der Praxis als sinnvoll erwiesen, die Berichtigungserklärung des eigenen Mandanten am Freitagabend oder vor einem Feiertag beim Finanzamt einzureichen und den potentiellen Mit-Anzeigenerstatter hierüber zu informieren. Bis zum Arbeitsbeginn bei den Finanzämtern am Montagmorgen oder nach dem Feiertag dürfte noch keine Tatentdeckung eingetreten sein, weshalb der Mit-Anzeigenerstatter noch nachziehen kann. Lässt er diese Chance verstreichen, muss er damit rechnen, keine wirksame Selbstanzeige mehr abgeben zu können.

IV. Die gesetzlichen Ausschlussgründe

1431 Vor der Abgabe der Selbstanzeige muss geprüft werden, ob eine der gesetzlichen Sperren eingetreten ist. Seit Inkrafttreten des SchwGeldBekG reicht es i.d.R. für die Unwirksamkeit der Selbstanzeige insgesamt aus, wenn eine der Sperren des Abs. 2 Nr. 1 und 2 für eine der berichtigten Tage eintritt. Die Sperren aus § 371 Abs. 2 AO sind:

– Bekanntgabe einer Prüfungsanordnung nach § 196 AO, Nr. 1a,
– Bekanntgabe der Einleitung eines Ermittlungsverfahrens, Nr. 1b,
– Erscheinen des Prüfers zur steuerlichen Prüfung, Nr. 1c,
– Erscheinen eines Amtsträgers zur Ermittlung wegen einer Steuerstraftat oder -ordnungswidrigkeit, Nr. 1d,
– Erscheinen eines Amtsträgers zur steuerlichen Nachschau, Nr. 1e,
– Entdeckung der Tat, Nr. 2,
– Steuerhinterziehung von mehr als 25 000 €, Nr. 3,
– Vorliegen der Voraussetzungen eines Regelbeispiels aus dem Katalog des § 370 Abs. 3, Nr. 4 AO.

In der Gesetzesfassung bis zum 31.12.2007 war zusätzlich zu bedenken, dass eine wirksame Selbstanzeige ausgeschlossen war, wenn die Voraussetzungen des § 370a AO vorlagen. Mit **Aufhebung des Verbrechenstatbestands** zum 1.1.2008 ist dieses Problem entfallen.

1. Bekanntgabe der Prüfungsanordnung

1432 Der Gesetzgeber hat mit dem SchwGeldBekG die durch eine steuerliche Außenprüfung eintretende Sperrwirkung zeitlich vorverlagert.

Während die Sperrwirkung zuvor erst im Zeitpunkt des körperlichen Erscheinens des Prüfers eintrat, stellt § 371 Abs. 2 Nr. 1a AO seitdem bereits auf die Bekanntgabe der Prüfungsanordnung ab (der Sperrgrund des Erscheinens des Prüfers bleibt inhaltlich unverändert als Abs. 2 Nr. 1c bestehen). Der Gesetzgeber hat insoweit einen Mittelweg gewählt, indem er einerseits der – argumentativ kaum untermauerten – Forderung nach einer Verschärfung in diesem Bereich nachgekommen ist, andererseits aber dem Vorschlag des Bundesrats nicht gefolgt ist, der die Sperrwirkung bereits mit dem Absenden der Prüfungsanordnung hatte eintreten lassen wollen.[1]

Die Regelung stellt auf die Bekanntgabe einer „Prüfungsanordnung nach § 196 AO" ab und bedient sich damit der feststehenden Terminologie der Abgabenordnung. Mündliche oder telefonische Ankündigungen entfalten keine Sperrwirkung, denn § 196 AO setzt ausdrücklich die Schriftform voraus.

Für den Zeitpunkt der Bekanntgabe gilt **nach bislang noch nicht von der Rechtsprechung bestätigter Literaturmeinung** § 122 AO. Damit finden auch die gesetzlichen

---

1) BT-Drucks. 318/10, 79 f.

Bekanntgabefiktionen von § 122 Abs. 2 und Abs. 2a AO Anwendung. Für die Neuregelung hat dies erhebliche Bedeutung, da die Zeit zwischen dem Eingang der Prüfungsanordnung und dem Datum, das sich nach Anwendung der Bekanntgabefiktion von drei Tagen nach Aufgabe zur Post ergibt, noch für die Einreichung einer Selbstanzeige genutzt werden kann. Ob die Rechtsprechung eines Tages – entgegen der hier vorgetragenen Rechtsansicht – von einem abweichenden ausschließlich „strafrechtlichen" Bekanntgabezeitpunkt ausgehen wird, der auf die bloße Kenntnisnahme abstellt, bleibt abzuwarten.

Wird die Prüfungsanordnung fristgerecht mit dem Einspruch angefochten und später aufgehoben oder erweist sie sich z.B. wegen eines Mangels in der zutreffenden Bezeichnung des Inhaltsadressaten als nichtig, so dürfte die Sperrwirkung ebenfalls nicht eintreten – dies folgt aus der Verknüpfung mit den verfahrensrechtlichen Vorgaben der Abgabenordnung und entspricht der Linie der bisherigen Rechtsprechung des BGH.[1]

Früher konnte der Berater seinem Mandanten noch im Vorfeld der Betriebsprüfung zur Selbstanzeige raten, um mögliche Strafbarkeitsrisiken auszuräumen. Seit der Neuregelung geraten Mandant und Berater nun in eine Zwangslage, sobald die Bekanntgabe wirksam erfolgt ist: Der Mandant wird faktisch gezwungen, die fraglichen Sachverhalte zusätzlich zu verschleiern, um nicht in der Betriebsprüfung entdeckt zu werden; der Weg in die Legalität ist ihm verbaut.

> **Hinweis:**
>
> Der **Berater ist rechtlich nicht zu einer Anzeige des Mandanten verpflichtet**, dies bleibt unverändert. Er muss aber darauf achten, dass er im Gespräch mit dem Prüfer zu den fraglichen Sachverhaltskomplexen keine Angaben macht, die ihm später als unzutreffende Tatsachenangaben ausgelegt werden könnten. Denn **unrichtige Tatsachenangaben des Beraters** in dieser Situation können den Straftatbestand einer eigenen Steuerhinterziehung oder der Beihilfe des Beraters begründen.
>
> Der inhaltliche Umfang der Sperrwirkung bestimmt sich bei einer Außenprüfung sachlich, zeitlich und persönlich nach der Prüfungsanordnung. Die Prüfung der Gewinnfeststellung bei einer Personengesellschaft sperrt nach bisherigen Verständnis die Abgabe einer Selbstanzeige hinsichtlich der Einkommensteuer der Gesellschafter nicht. § 371 Abs. 2 Nr. 1a AO i.d.F. des SchwarzGBekG sieht eine Sperre ferner nur vor, wenn „*dem Täter oder seinem Vertreter*" die Prüfungsanordnung bekannt gegeben worden ist.
>
> Dieser Fehler wurde mit der **Neufassung zum 1.1.2015** bereinigt. Die neue Formulierung führt eine umfassende Sperrwirkung herbei, indem die Bekanntgabe gegenüber jedem Tatbeteiligten oder dem durch die Tat nach § 370 AO Begünstigten sowie gegenüber deren jeweiligen Vertreter ausreicht, um die Sperre herbeizuführen. Die neue Formulierung erfasst auf den ersten Blick alle denkbaren Konstellationen, so dass zukünftig die Bekanntgabe der Prüfungsanordnung **in persönlicher Hinsicht eine umfassende Sperrwirkung** für alle aktuellen und ehemaligen Mitarbeiter eines Unternehmens auslösen dürfte.
>
> Dagegen ergibt sich zum 1.1.2015 eine Erleichterung im Hinblick auf die gesperrten Zeiträume. Die Sperrwirkung wird **beschränkt auf den „sachlichen und zeitlichen Umfang der angekündigten Außenprüfung"**. Für Veranlagungszeiträume, die nicht Gegenstand der Prüfungsanordnung sind, bleibt der Weg zur Strafbefreiung damit offen, d.h. insofern wird der Berichtigungsverbund aufgebrochen.

2. Bekanntgabe der Einleitung des Strafverfahrens

Die Einleitung eines Straf- oder Bußgeldverfahrens (**§ 371 Abs. 2 Nr. 1b AO**) ist in der Handhabung i.d.R. unproblematisch. Die Einleitung des Verfahrens als solches reicht nicht aus. Zusätzlich ist die amtliche **Bekanntgabe erforderlich**. Der **Umfang** der Sperre richtet sich nach dem Inhalt der Einleitung.

1433

---

1) Vgl. BGH v. 16.6.2005, 5 StR 118/05, wistra 2005, 381, 383.

1434 Die Einleitungsverfügung darf nicht bloß resigniert zur Kenntnis genommen werden, sie ist auf ihre Wirksamkeit zu überprüfen. Ist sie so ungenau und pauschal (z.b. „wegen AO", „wegen Steuerhinterziehung", „für nicht verjährte Zeiträume"), dass nicht festgestellt werden kann, worauf sich der Vorwurf erstreckt, tritt keine Sperrwirkung ein. Ist eine Einleitung des Steuerstrafverfahrens trotz der **Reform des Verjährungsrechts** zunächst nur für den „Fünf-Jahres-Zeitraum" erfolgt, so sind mögliche Steuerstraftaten aus vorangegangenen Zeiten, die nach § 376 AO n.F. noch verfolgt werden können, für eine Selbstanzeige nicht gesperrt.

1435 Auch bei § 371 Abs. 2 Nr. 1b AO lebt die Möglichkeit zur Selbstanzeige **nach dem Abschluss des Straf- oder Bußgeldverfahrens** wieder auf. Dieses Wiederaufleben wird jedoch nur bei Einstellungen nach § 153 StPO, § 398 AO oder § 170 Abs. 2 StPO relevant. Soweit der Abschluss des Verfahrens in einer Form erfolgt, die den **Strafklageverbrauch** bewirkt (z.B. Freispruch, Urteil, Strafbefehl, Einstellung gegen Geldauflage nach Erfüllung der Auflage gem. § 153a StPO), stellt sich diese Frage nicht mehr, da der unentdeckte Teil der Tat nicht mehr verfolgbar ist.

3. Erscheinen des Prüfers

1436 Mit dem Erscheinen des Prüfers ist eine Selbstanzeige nicht mehr möglich (§ 371 Abs. 2 Nr. 1c AO n.F.).

1437 Maßgeblich ist das **körperliche Erscheinen des Prüfers** auf dem Grundstück mit den Betriebs- oder Wohnräumen des Stpfl. oder dessen Steuerberaters.[1)] **Nicht ausreichend** sind Ermittlungsmaßnahmen bei Dritten, z.B. Bankdurchsuchungen. Hier ist nach zutreffender Ansicht noch eine Selbstanzeige im vollen Umfang möglich. Findet die Außenprüfung nach der Prüfungsanordnung oder einer entsprechenden Absprache im Finanzamt statt, so soll die Selbstanzeige mit Übergabe der Unterlagen im Amt ausgeschlossen sein.[2)]

1438 Der **Umfang der Sperrwirkung** bestimmt sich sachlich, zeitlich und persönlich bei einer Außenprüfung nach der Prüfungsanordnung. Die **Fahndungsprüfung** setzt eine Prüfungsanordnung nicht voraus. Abzustellen ist hier auf den Inhalt der Bekanntgabe des Strafverfahrens bzw. den Inhalt des Durchsuchungsbeschlusses. Bedeutet das Erscheinen der Steuerfahndung ausnahmsweise keine Einleitung des Strafverfahrens nach § 371 Abs. 2 Nr. 1b AO, bestimmt sich bei ihrem Erscheinen die Sperrwirkung nach dem sachlichen Umfang der Prüfung.

1439 **Nach Abschluss der Prüfung** lebt die Möglichkeit der Selbstanzeige wieder auf. Maßgebend für das Wiederaufleben ist die Bekanntgabe des Berichtigungsbescheids[3)] bzw. die Mitteilung gem. § 202 Abs. 1 Satz 3 AO.[4)]

1440 Der BGH geht in seinem Beschluss vom 20.5.2010[5)] davon aus, dass der Sperrgrund auch für nicht unmittelbar in den Ermittlungen stehende Sachverhalte bereits vorliegt, wenn die Steuerfahndung zur Prüfung erschienen ist und wegen engen Sachzusammenhangs nach dem üblichen Lauf der Ermittlungen eine Einbeziehung in die Überprüfung zu erwarten ist. Im reinen Betriebsprüfungsverfahren wird der Prüfungsgegenstand nach wie vor durch die Prüfungsanordnung eindeutig bestimmt.[6)]

---

1) Vgl. zur Abgrenzung Joecks in Franzen/Gast/Joecks, 7. Aufl. 2009, § 371 Rz. 143 ff.; instruktiv OLG Stuttgart v. 22.5.1989, 3 Ss 21/89, NStZ 1989, 436; dort übergab der Stpfl. dem Prüfer die Unterlagen auf dem Betriebsparkplatz, das OLG ließ dies für ein „Erscheinen" vor Ort ausreichen.
2) Vgl. BFH v. 9.3.2010, VIII R 50/07, BStBl II 2010, 709.
3) BGH v. 23.3.1994, 5 StR 38/94, wistra 1994, 228.
4) Vgl. Joecks in Franzen/Gast/Joecks, 7. Aufl. 2009, § 371 Rz. 206.
5) Vgl. BGH v. 20.5.2010, 1 StR 577/09, DStR 2010, 1133 ff., Tz. 14 ff.
6) Vgl. Spatscheck/Willems, Steueranwaltsmagazin 2010, 165.

Mit der Reform zum 1.1.2015 ist die Frage einer möglichen **Sperrwirkung in den Fällen der Umsatzsteuernachschau (§ 27b UStG) und den Fällen der Lohnsteuernachschau (§ 42g EStG)** durch das Gesetz entschieden worden. Die Sperrwirkung wurde in § 371 Abs. 2 Nr. 1 e AO verankert.

Die Sperrgründe des § 371 Abs. 2 AO setzen allerdings alle voraus, dass der Betroffene prinzipiell erkennen kann, ob die Sperre eingetreten ist. Um dies auch für die Fälle der Nachschau zu gewährleisten, bestimmt das Gesetz, dass die Sperrwirkung erst eintritt, wenn der Amtsträger sich im Rahmen der Nachschau legitimiert, d. h., „sich ausgewiesen hat". Fraglich ist, wie förmlich diese Voraussetzung zu handhaben ist.

> **Beispiel:**
> Der Prüfer P kündigt dem ihm persönlich bekannten Steuerberater S gegenüber telefonisch an, dass er am Donnerstag erscheinen werde, um Einsicht in bestimmte Eingangsrechnungen zu nehmen. Nachdem der Prüfer vor Ort ist und man gemeinsam die Unterlagen sichtet, fällt dem Steuerberater auf, dass die Rechnungen eines Lieferanten formell unzureichend sind. Er verlässt unter einem Vorwand den Raum und veranlasst telefonisch, dass das Unternehmen unmittelbar korrigierte Umsatzsteueranmeldungen an das Finanzamt übersendet.

Fraglich wäre in diesem Fall, ob die Voraussetzung des „Sich-ausgewiesen-Habens" erfüllt ist. Dies wird zukünftig davon abhängen, wie förmlich die Beteiligten solche Termine eröffnen. Zudem ist zu berücksichtigen, dass die Maßnahme nur dann sperren kann, wenn sie inhaltlich den Voraussetzungen der Rechtsgrundlage entspricht. § 27b UStG setzt beispielsweise voraus, dass Räume des Unternehmers zum Zweck der Sachverhaltsfeststellung betreten werden. Ein Termin in den Räumen des Steuerberaters kann damit keine „Nachschau" i.S.v. § 371 Abs. 2 AO i.V.m. § 27b UStG darstellen.

Das Gesetz erwähnt ausdrücklich die Umsatzsteuer- und die Lohnsteuernachschau. Welche weiteren Fälle der „Nachschau" relevant werden können ist nicht abschließend geklärt. Denkbar sind Fälle im Zoll- und Verbrauchsteuerrecht. Die hier mögliche **Nachschau auf Basis von § 210 AO** dürfte eine Sperre nach § 371 Abs. 2 Nr. 1e AO, jeweils bezogen auf die geprüfte Abgabenart, herbeiführen. Dagegen sind rein verwaltungsrechtliche Maßnahmen (vgl. nur § 29 GewO) nicht ausreichend, da ihnen der steuerliche Bezug fehlt.

Inhaltlich ist die Sperrwirkung der Nachschau nach der bisherigen Formulierung stets umfassend, also bezogen auf alle Taten des Berichtigungsverbunds („Infektionswirkung", vgl. den Einleitungssatz in § 371 Abs. 2 Nr. 1 AO).

4. Tatentdeckung

Sehr viel problematischer ist **§ 371 Abs. 2 Nr. 2 AO**, wonach die Sperrwirkung auch dann eintritt, wenn die Tat ganz oder teilweise entdeckt ist und der Täter dies wusste oder bei verständiger Würdigung der Sachlage damit rechnen musste. | 1441

Das Merkmal wird durch eine objektive und eine subjektive Komponente bestimmt. Der Wortlaut dieses Sperrgrunds wurde durch das SchwGeldBekG geringfügig modifiziert, im Kern blieb die Regelung allerdings unverändert. | 1442

a) Objektive Komponente der „Entdeckung"

Die Schwierigkeit dieses Tatbestands liegt darin, dass er nicht klar und eindeutig zu konkretisieren ist. Wann ist die Tat entdeckt? Wann muss der Täter bei „verständiger Würdigung" damit rechnen? Die Strafverfolgungsbehörden möchten hier naturgemäß eine möglichst weitgehende Auslegung vornehmen. Die ältere Rechtsprechung des BGH hat versucht, diese Tendenz einzuschränken und klare Leitlinien zu formulieren. Danach gilt Folgendes: | 1443

Spatscheck

Eine **Tatentdeckung liegt noch nicht vor, wenn ein Tatverdacht gegeben ist.** Gleiches gilt, wenn Ermittlungen lediglich aufgenommen worden sind. Eine Tatentdeckung ist selbst dann nicht gegeben, wenn das Finanzamt zu der Schlussfolgerung kommt, eine Steuerverkürzung sei objektiv vorgenommen worden. Vielmehr bedarf es *„einer Konkretisierung des Tatverdachts, die gegeben ist, wenn bei vorläufiger Tatbewertung die Wahrscheinlichkeit eines verurteilenden Erkenntnisses gegeben ist."*[1]

Der 1. Strafsenat des BGH hat diese Definition der objektiven Komponente der Tatentdeckung in seiner Entscheidung vom 20.5.2010 ausdrücklich bestätigt. Er hat (inhaltlich zutreffend) allerdings darauf hingewiesen, dass es sich um eine Bewertung auf vorläufiger Tatsachenbasis handelt, so dass der Begriff nicht mit dem Begriff des „hinreichenden Tatverdachts" nach einem auserermittelten Strafverfahren gleichgesetzt werden kann.[2]

Gleichwohl wird diese Entscheidung vielfach als Beleg für eine Verschärfung der objektiven Komponente der Tatentdeckung herangezogen. Dies ist bei Interpretation der nachfolgenden Einzelfälle zu bedenken.

1444 Einzelfälle:
- Die **Kenntnis von dem fruchtlosen Ablauf einer steuerlichen Erklärungsfrist** bedeutet noch nicht die objektive Entdeckung einer Steuerhinterziehung, weil das Fristversäumnis noch keinen Rückschluss auf eine Steuerschuld und auf den Vorsatz der Steuerhinterziehung erlaubt.
- Der Umstand, dass ein Stpfl. es zu **Schätzungen und zu Haftungsbescheiden** kommen lässt, rechtfertigt für sich allein noch nicht die Annahme, dass die Steuerhinterziehung entdeckt ist.
- Werden an einer **Grenzkontrolle** Belege über Konten oder Schließfächer bei ausländischen Banken gefunden, ist die Tat erst dann entdeckt, wenn ein für die Steuersache zuständiger Beamter feststellt, dass der Stpfl. entsprechende Vermögensgegenstände und/oder Einkünfte in seiner Steuererklärung nicht erklärt hat.[3] Regelmäßig setzt dies den Abgleich mit der Steuerakte voraus. Ausnahmsweise soll eine Tatentdeckung hiervon unabhängig möglich sein, wenn sich nämlich bereits aus den gefundenen Unterlagen selbst ergibt (z.B. durch handschriftliche Anmerkungen etc.), dass es sich um bislang nicht erklärte Einkünfte handelt.
- **Kontrollmitteilungen**, die beim Finanzamt über bestimmte Geschäftsvorfälle eingehen, schließen eine strafbefreiende Selbstanzeige solange nicht aus, bis das Finanzamt erfährt oder selbst feststellt, dass die betreffenden Geschäfte nicht verbucht worden sind (str.).
- **Veröffentlichungen in Presse oder Rundfunk** bieten im Allgemeinen nur Anhaltspunkte für einen Tatverdacht. Eine Tatentdeckung kann nur ausnahmsweise bei einer sehr eingehenden und detaillierten Berichterstattung angenommen werden, aus der ein Betroffener als Leser Rückschlüsse bzgl. seiner individuellen Situation ziehen kann.[4]

Nach altem Recht war es bereits ausreichend, wenn die Tat „zum Teil" entdeckt war. Nach dem Urteil des BGH vom 5.4.2000 bestimmt sich die Tat in diesem Sinn nach Steuerpflichtigem, Steuerart und Veranlagungszeitraum.[5] Nach aktuellem Recht löst

---

1) Grundlegend BGH v. 13.5.1983, 3 StR 82/83, NStZ 1983, 415.
2) BGH v. 20.5.2010, 1 StR 577/09, NJW 2010, 2146, Tz. 25.
3) Zum Umfang der zulässigen Kontrollmaßnahmen FG Baden-Württemberg v. 27.3.2007 11 K 297/02, DStRE 2007, 1575.
4) Zu dem Problem der Tatentdeckung bei „Liechtenstein"-Ermittlungen u.a. Randt/Schauf, DStR 2008, 489; Schwedhelm/Wulf, Stbg 2008, 294.
5) BGH v. 5.4.2000 5 StR 226/99 „Konzertveranstalter", wistra 2000, 219, 225.

die Entdeckung eines Teils stets die Sperre für den gesamten „Berichtigungsverbund" aus.

Nach Ansicht des BGH soll es wohl nicht darauf ankommen, dass auch die konkrete Person des Täters individuell (d.h. namentlich) bekannt ist.[1] Angesichts der strafrechtlichen Kernbedeutung des Ausschlussgrunds erscheint diese Auffassung allerdings fragwürdig. Mit der neuen Gesetzeslage ist dieses weite Verständnis noch weniger zu vereinbaren.

Wer die Tat entdeckt hat, ist nach herrschender Ansicht schließlich irrelevant. Typischerweise ist von dem zuständigen Sachbearbeiter auszugehen. Es kommen jedoch auch Dritte in Betracht (z.B. Familienrichter, Polizei, ausländische Behörden, Privatpersonen). Bei diesen Dritten ist jedoch für die Sperrwirkung erforderlich, dass diese nicht nur die tatsächlichen Umstände kennen, sondern auch den Sinngehalt – d.h. die Qualifizierung des Geschehens als Steuerhinterziehung – erfassen und dass ergänzend damit zu rechnen ist, dass sie ihre Kenntnis der zuständigen Behörde weiterleiten[2].

b) Subjektive Komponente der Kenntnis (bzw. des Kennen-Müssens)

1445 Der Täter muss mit der Entdeckung rechnen, wenn er aus ihm – nachweislich – bekannten Tatsachen den Schluss ziehen muss, dass jemand seine Tat entdeckt hat. Die Wendung „bei verständiger Würdigung" bezieht sich nicht auf den Stand der Kenntnis, sondern darauf, ob er auf Grund seiner Kenntnis die Folgerung auf die Entdeckung seiner Tat gezogen hat.[3]

Die fälschliche Annahme des Täters, seine Tat sei entdeckt, schließt die Straffreiheit nicht aus.[4]

Wird der Stpfl. vom Finanzamt aufgefordert, sich zu einem bestimmten Sachverhalt zu erklären (z.B. die Erkenntnisse aus einer Kontrollmitteilung zu erläutern, die mit den Steuererklärungen unvereinbar erscheinen), so kommt es auf den genauen Wortlaut der Aufforderung an. Auskunftsersuchen und Mitwirkungsverlangen des Finanzamts sind grundsätzlich verpflichtend und vollstreckbar. Besteht nur der Anfangsverdacht einer Steuerhinterziehung (also weniger als „Tatentdeckung"), so muss das Finanzamt den Betroffenen auf seine möglichen Schweigerechte hinweisen (§ 393 Abs. 1 Satz 4 AO). Fehlt in dem Anschreiben ein entsprechender Hinweis, so darf der Stpfl. davon ausgehen, dass keine Tatentdeckung eingetreten ist. Zumindest die subjektiven Voraussetzungen von § 371 Abs. 2 Nr. 2 AO liegen dann nicht vor.

1446 **Ist zweifelhaft, ob die Tat entdeckt ist**, sollte gleichwohl eine Selbstanzeige erstattet werden. Die Begründung ist einfach: Ist die Tat noch nicht entdeckt, wirkt die Selbstanzeige. Ist die Tat bereits entdeckt, kann durch die Selbstanzeige nur selten etwas verschlimmert werden. Im Gegenteil, es kann auch die missglückte Selbstanzeige Vorteile bringen.

5. Steuerhinterziehung von mehr als 25 000 €

1447 Im Gesetzgebungsverfahren war zunächst vorgeschlagen worden, die strafbefreiende Wirkung der Selbstanzeige generell von der Zahlung eines **Zuschlags i.H.v. 5 %** auf die hinterzogene Steuer abhängig zu machen.[5] Hiergegen wurden verfahrensökono-

---

1) BGH v. 5.5.2004 5 StR 548/03, wistra 2004, 309.
2) Näher Joecks in Franzen/Gast/Joecks, Steuerstrafrecht, 7. Aufl., 2009, § 371 Rz. 192 ff.
3) Joecks in Franzen/Gast/Joecks, Steuerstrafrecht, 7. Aufl., 2009, § 371 Rz. 198.
4) Schauf in Kohlmann, Steuerstrafrecht, § 371 Rz. 236 (Nov. 2010).
5) § 371 Abs. 3 AO-E i.d.F. der Bundesratsempfehlungen zum JStG 2010, BT-Drucks. 318/1/10, 80.

mische und verfassungsrechtliche Einwände erhoben.[1] Nach den Sachverständigenanhörungen einigte man sich im Finanzausschuss dann darauf, einen solchen Zuschlag nur in den Fällen der Steuerhinterziehung mit einem „Schaden" von mehr als 50 000 € zu erheben.

Zum 1.1.2015 ist die Sperre verschärft worden. Sie greift jetzt ab einer Steuerverkürzung oder Vorteilserlangung von **mehr als 25 000 € pro Tat** ein. Ferner hat sich die Höhe des Zuschlags geändert. Nach neuem Recht ergibt sich ab dem 1.1.2015 **folgende Staffelung**:

Verkürzung	Zuschlag	Zahlungsauflage pro Tat
bis 25 000 €	–	*keine Auflage*
ab 25 001 €	10 %	2 500 €–10 000 €
ab 100 000 €	15 %	15 000 €–150 000 €
> 1 Mio. €	20 %	200 000 € Minimum

Das Prozedere des § 371 Abs. 2 Nr. 3 AO ist der **Regelung des „§ 153 a StPO nachempfunden"**, wie es in dem Bericht des Finanzausschusses ausdrücklich heißt:[2] Der Täter wird nicht straffrei, sondern hat gem. **§ 398a AO** lediglich einen Anspruch auf Einstellung des Verfahrens, wenn er neben der vorenthaltenen Steuerschuld einen weitergehenden Betrag *„in Höhe von 10–20 % der hinterzogenen Steuer an die Staatskasse zahlt"*. Unklar ist, ob der Zuschlag insgesamt nur einmal zu bezahlen ist, wozu die Literatur tendiert, oder ob er von jedem Täter zu entrichten ist, was sich in Diskussionen mit Richtern als mögliche Rechtsprechung herausbilden könnte. In der ab dem 1.1.2015 geltenden Neufassung ist wohl eine Klarstellung erfolgt. Zur Auflagenzahlung verpflichtet sind dann **„alle an der Tat Beteiligten"** und zwar unabhängig davon, ob sie einen Vorteil erlangt haben.

Man wird davon ausgehen müssen, dass das Verfahren sich vom Ablauf her an der zu § 153a StPO geläufigen Praxis orientieren wird: Die Strafverfolgungsbehörde (d.h. die Staatsanwaltschaft oder – an ihrer Stelle – die StraBu) verfügt die **vorläufige Einstellung** des Verfahrens und teilt ihre Entscheidung dem Betroffenen mit. Gleichzeitig wird der Täter über die im Gesetz vorgesehene Zahlungspflicht für Steuernachzahlung und den Zuschlag belehrt. Erfolgt die Zahlung dann fristgemäß, folgt die **endgültige Verfahrenseinstellung** nach § 398a AO.

Auch wenn der Wortlaut eine andere Interpretation ermöglicht, ist die Vorschrift doch jedenfalls in dem Sinne gemeint, dass die Sperrwirkung des § 371 Abs. 2 Nr. 3 AO **bezogen auf jede einzelne Tat (im materiellen Sinne) zu prüfen** ist,[3] was dazu führt, dass aus dem „Berichtigungsverbund" des § 371 Abs. 1 AO einzelne Taten ausscheiden, für die keine Strafbefreiung durch die abgegebene Selbstanzeige eintritt. Für das Tatbestandsmerkmal „je Tat" ist auf den materiellen Tatbegriff abzustellen. Im Regelfall also: pro Steuerpflichtigem, pro Steuerart, pro Veranlagungsjahr.

Die **Rechtsnatur des „Zuschlags"** ist ungeklärt. Der Finanzausschuss zieht in seinem Bericht die Parallele zu § 153a StPO. Demnach müsste es sich um eine Zahlungsauflage strafrechtlicher Natur handeln. Folgerichtig müsste die Frage, ob § 398a AO einschlägig ist, durch die Strafverfolgungsbehörde getroffen werden. Das Gesetz schweigt aber zu der Frage, welches Verfahren hierfür gilt.

---

1) Vgl. nur Mack, Stbg 2011, 162.
2) BT-Drucks. 17/5067 (neu), 20.
3) BT-Drucks. 17/5067 (neu), 21.

Die Zahlung des „festgesetzten" **Zuschlagbetrags führt ein Verfahrenshindernis** herbei. Stellt sich nachträglich heraus, dass der Täter entgegen § 371 Abs. 1 AO nicht alle erklärungsbedürftigen Taten des „Berichtigungsverbunds" angegeben hat, so dürfte das strafrechtliche Ermittlungsverfahren wieder aufgenommen werden. Anders als in § 153a StPO **enthält § 398a AO keine Regelung zum Strafklageverbrauch.** Die gezahlten Beträge müssten ggf. zurückerstattet oder als „Guthaben" mit den möglichen weitergehenden Folgen nach Abschluss des „neuen" Strafverfahrens (weitergehende Steuernachzahlung und/oder Geldstrafen oder Bewährungsauflagen) verrechnet werden. Die gesetzliche Neuregelung ab 1.1.2015 sieht in § 398a Abs. 4 AO vor, dass im Falle einer unwirksamen Selbstanzeige nach § 398a Abs. 1 AO gezahlte Beträge zwar nicht erstattet, aber auf eine zu verhängende Strafe angerechnet werden können.

6. Sperre bei Vorliegen von Regelbeispielen (§ 371 Abs. 2 Nr. 5 AO)

Zum 1.1.2015 ist ein weiterer Sperrgrund in Kraft getreten. Ausgeschlossen ist die Selbstanzeige nunmehr auch in den Fällen, in denen einer der in § 370 Abs. 3 Nr. 1– Nr. 5 genannten **besonders schweren Fälle** vorliegt.   1448

Das Regelbeispiel der Hinterziehung von Steuern **„in großem Ausmaß"** spielt insoweit allerdings keine Rolle, denn dies würde einen Steuerschaden von mehr als 50.000 € pro Tat voraussetzen. Eine strafbefreiende Selbstanzeige ist aber durch § 371 Abs. 2 Nr. 4 AO in jedem Fall bereits ab einer Verkürzung von nur 25 000 € gesperrt.

Damit verbleiben als mögliche Anwendungsfälle nur die Steuerhinterziehung unter **Beteiligung von Amtsträgern** (§ 370 Abs. 3 Nr. 2 und Nr. 3 AO), die wiederholte Steuerhinterziehung unter **Verwendung gefälschter Urkunden** (§ 370 Abs. 3 Nr. 4 AO) und die **bandenmäßige Umsatz- und Verbrauchsteuerhinterziehung** (§ 370 Abs. 3 Nr. 5 AO).

Die praktische Bedeutung tendiert gegen Null, denn Selbstanzeigen kommen in diesen Konstellationen kaum vor.

Rechtsfolge ist – wie bei § 371 Abs. 2 Nr. 4 AO –, dass der Beteiligte nur die Einstellung des Ermittlungsverfahren gegen **Zahlung einer Geldauflage** erreichen kann.

7. Selbstanzeige trotz Vorliegens eines Ausschlussgrundes?

Generell galt in der Vergangenheit: Ist die Selbstanzeige **gesperrt, kann sie gleichwohl sinnvoll sein.** Die Sperren bezogen sich nur auf bestimmte Jahre und Sachverhalte. Nachdem der Gesetzgeber mit dem SchwGeldBekG den „Berichtigungsverbund" eingeführt hat, bei dem eine Selbstanzeige insgesamt unwirksam ist, wenn es nur Teile von ihr sind, muss dieser allgemeine Ratschlag neu überdacht werden. Der Vorteil einer als bewusst unwirksam abgegebenen Selbstanzeige kann sich nur noch im Bereich der Strafzumessung auswirken, was im Einzelfall genau zu prüfen ist.   1449

V. Folgen der Selbstanzeige

Die Straffreiheit einer Selbstanzeige tritt nur ein, soweit die hinterzogenen Steuern – und ab 1.1.2015 auch die nach § 235 AO angefallenen Hinterziehungszinsen (ggf. nach Anrechnung der Zinsen nach § 233a AO) – innerhalb einer vom Finanzamt bestimmten, angemessenen Frist gezahlt werden (**§ 371 Abs. 3 AO**). **Wie die Tilgung erfolgt, ist irrelevant.** Auch ein unbeteiligter Dritter kann die noch zu entrichtenden Steuern zahlen.[1] Diese Bedingung muss bei der **Abwägung**, ob eine Selbstanzeige zu   1450

---

1) Vgl. Joecks in Franzen/Gast/Joecks, 7. Aufl. 2009, § 371 Rz. 126 ff.

erstatten ist, berücksichtigt werden. Ist absehbar, dass der Stpfl. die Zahlung innerhalb der gesetzten Frist nicht erbringen kann, scheidet eine Selbstanzeige häufig aus.

In der Praxis spielt die **Zahlungsfrist eine merkwürdig geringe Rolle**. Bei der Fristbestimmung handelt es sich nach h.M. um eine **strafrechtliche Frist**. Sie muss ausdrücklich als solche bestimmt werden. Die üblichen steuerlichen Fristen auf dem Steuerbescheid sind isoliert gesehen keine Fristen i.S.d. § 371 AO.[1]

1451 Die **steuerlichen Folgen** einer Hinterziehung werden durch eine Selbstanzeige nicht eingeschränkt. Dies gilt insbesondere für:

– die Haftung des Hinterziehers nach § 71 AO;

– die Verlängerung der Festsetzungsfrist nach § 169 Abs. 2 Satz 2 AO;

– die Abänderungsbefugnis nach § 173 Abs. 2 AO;

– die Hinterziehungszinsen nach § 235 AO.

Auch in diesem Bereich hat die Selbstanzeige **Vorteile**: Stellt die Strafverfolgungsbehörde wegen der Selbstanzeige das Strafverfahren ein, muss das Finanzamt selbständig die Hinterziehung ermitteln. Es trägt die objektive Beweislast und kann nicht auf Strafakten zurückgreifen. Es sind keine strafprozessualen Eingriffe wie Durchsuchung oder Beschlagnahme zulässig.

1452 Die Selbstanzeige ist **kein Geständnis** im strafrechtlichen Sinne.[2] Auch wer „vorsorglich" eine Selbstanzeige erstattet, kann später jede Hinterziehung verneinen. Er kann auch um die Höhe der nacherklärten Beträge streiten. Dieser rein steuerrechtliche Streit um die richtige Besteuerung ist nicht mit dem **Widerruf der Selbstanzeige** zu verwechseln, der zur Unwirksamkeit der Selbstanzeige führen kann. Der Anzeigenerstatter ist steuerlich nicht an die zunächst erklärten Zahlen gebunden. Dies ist insbesondere bei der Selbstanzeige in Stufen wichtig. Die bewusst zu hoch geschätzten Beträge können im Besteuerungsverfahren korrigiert werden. Gegen die Steuerbescheide kann damit das reguläre Rechtsbehelfsverfahren geführt werden. Wichtig ist vor dem Hintergrund des § 371 Abs. 3 AO nur, dass zunächst die festgesetzten Steuern gezahlt werden. Eine eventuelle Aussetzung der Vollziehung sollte deshalb – wenn überhaupt – nur im Nachhinein durch den Antrag auf Aufhebung der Vollziehung versucht werden.

1453 Die Selbstanzeige unterliegt zwar dem **Steuergeheimnis** nach § 30 AO, dieses kennt aber Durchbrechungen. Trotz der Selbstanzeige bleiben **Disziplinarmaßnahmen** gegen Beamte, Richter und Soldaten zulässig. Ähnliches gilt für gewerberechtliche oder **sonstige Aufsichtsmaßnahmen**, soweit für deren Eingreifen keine Verurteilung wegen Steuerhinterziehung Voraussetzung ist (z.B. § 35 GewO). Auch hier gilt allerdings: Eine wirksame Selbstanzeige belässt die objektive Beweislast hinsichtlich eines strafrechtlich relevanten Verschuldens bei der Behörde. In jüngerer Zeit greifen auch die Steuerberaterkammern mit regional unterschiedlicher Intensität Selbstanzeigefälle von Steuerberatern in eigener Sache auf. Trotz Straffreiheit im Hinblick auf den Hinterziehungsvorwurf nach § 371 AO kann ein berufsrechtliches Verfahren folgen.

---

1) Vgl. OLG Karlsruhe v. 22.12.2006, 3 Ss 129/06, wistra 2007, 159.
2) Vgl. Streck/Spatscheck, Die Steuerfahndung, 4. Aufl. 2006, Rz. 285.

Spaltung von Körperschaften auf andere Körperschaften

von Volker Bock

INHALTSÜBERSICHT	Rz.
I. Überblick über die umwandlungsrechtlichen und umwandlungssteuerlichen Regelungen	1454–1457
1. Umwandlungsrechtliche Regelungen	1454
2. Umwandlungssteuerliche Regelungen	1455–1457
II. Besteuerung der übertragenden Körperschaft	1458–1460
III. Besteuerung der übernehmenden Körperschaft	1461
IV. Besteuerung der beteiligten Gesellschafter	1462

I. Überblick über die umwandlungsrechtlichen und umwandlungssteuerlichen Regelungen

1. Umwandlungsrechtliche Regelungen

Mit Ausnahme der Spaltung der von der Treuhandanstalt verwalteten Unternehmen („Spaltungsgesetz" [SpTrUG]) sowie der Spaltung nach §§ 4 bis 12 Landwirtschaftsanpassungsg war die Spaltung von Rechtsträgern bis zum UmwG 1995 nicht möglich. Daher stellen die zivilrechtlichen und handelsrechtlichen Regelungen der Spaltung eine der grundlegenden Neuerungen des UmwG dar. **1454**

Im Gegensatz zu einer Verschmelzung, bei der Vermögensmassen durch Gesamtrechtsnachfolge zusammengefügt werden, erfolgt bei der Spaltung die Trennung von Vermögensmassen, die im Wege der partiellen Gesamtrechtsnachfolge zugeordnet werden.[1]

Das Gesetz spricht nur von Vermögensteilen, die im Wege der Spaltung übergehen. Ein bestimmter (Mindest-)Umfang bzw. qualitativer innerer Zusammenhang wird nicht vorausgesetzt. Damit stehen im Handelsrecht einer Spaltung nicht die besonderen Bestimmungen wie im Steuerrecht bzgl. der Teilbetriebsqualifikation entgegen. Prinzipiell können damit auch nur einzelne bzw. wenige Vermögensgegenstände spaltweise übertragen werden. Besondere praktische Bedeutung erlangt diese Möglichkeit bei der Schaffung einer sog. „Rentner-GmbH", bei der Pensionsverbindlichkeiten im Wege der Spaltung auf einen gesonderten Rechtsträger übertragen werden.[2] Da der bisherige § 132 UmwG durch das Zweite Gesetz zur Änderung des UmwG v. 19.4.2007[3] abgeschafft wurde, ist nunmehr gesetzlich klar geregelt, dass auch Versorgungsverpflichtungen zustimmungsfrei abgespalten werden können.[4] Allerdings beträgt die Nachhaftungsfrist nach § 133 Abs. 3 Satz 2 UmwG für übergehende Versorgungsverpflichtungen zehn Jahre. Die Schaffung einer Rentner-GmbH scheitert häufig an den damit verbundenen lohnsteuerlichen Problemen.[5]

---

1) Vgl. Teichmann in Lutter, § 123 UmwG Rz. 8 f.; kritisch zum Begriff der partiellen Gesamtrechtsnachfolge BGH v. 6.12.2000, XII ZR 219/98, BB 2001, 385.
2) Vgl. dazu Klemm/Hamisch, BB 2005, 2409; Louis/Nowak, DB 2005, 2354.
3) UmwG v. 19.4.2007, BGBl. I 2007, 542.
4) Bejahend bereits für die Rechtslage unter Geltung des § 132 UmwG a.F. BAG v. 11.3.2008, 3 AZR 358/06, DB 2008, 2369.
5) Vgl. Heeg/Schramm, DStR 2007, 1706.

Die Spaltung ist in drei Varianten möglich, nämlich als Aufspaltung (§ 123 Abs. 1 UmwG), als Abspaltung (§ 123 Abs. 2 UmwG) und als Ausgliederung (§ 123 Abs. 3 UmwG).

Als Aufspaltung wird der Fall bezeichnet, in dem ein übertragender Rechtsträger sein gesamtes Vermögen unter Auflösung ohne Abwicklung aufteilt und die Vermögensteile auf mindestens zwei andere schon bestehende oder neugegründete Rechtsträger im Wege der Sonderrechtsnachfolge überträgt. Als Gegenleistung erhalten die Anteilseigner des übertragenden Rechtsträgers Anteile des übernehmenden oder neuen Rechtsträgers.

Bei der Abspaltung bleibt hingegen der übertragende Rechtsträger bestehen. Er überträgt nur einen Teil seines Vermögens auf einen anderen oder mehrere andere, bereits bestehende oder neue Rechtsträger. Dies erfolgt ebenfalls gegen Gewährung von Anteilen an die Anteilseigner des übertragenden Rechtsträgers.

Die Ausgliederung (Ausgründung) unterscheidet sich von den vorgenannten Spaltungsvarianten dadurch, dass die Gegenleistung für die Ausgliederung eines Teils des Vermögens eines Rechtsträgers auf einen anderen Rechtsträger nicht an dessen Anteilseigner, sondern vielmehr in das Vermögen des übertragenden Rechtsträgers gelangt. Durch Ausgliederung seines Unternehmens in eine Kapitalgesellschaft kann insbesondere ein Einzelunternehmer seine Haftung beschränken.[1]

Ausnahmen vom Grundsatz der Anteilsgewährung sehen die durch das Zweite Gesetz zur Änderung des UmwG v. 19.4.2007[2] eingeführten Vorschriften der §§ 54 Abs. 1 Satz 3, 68 Abs. 1 Satz 3 UmwG vor, nach denen die übernehmende Gesellschaft von der Gewährung von Anteilen absehen darf, wenn alle Anteilsinhaber der übertragenden Gesellschaft darauf in notarieller Form verzichtet haben (sog. „Spaltung zu Null").[3] Diese Regelungen gelten durch den Verweis in § 125 Satz 1 UmwG auch bei Spaltungen in den Formen der Auf- oder Abspaltung, nicht jedoch bei Ausgliederungen.[4]

Gemäß § 123 Abs. 4 UmwG kann die Spaltung auch in der Weise erfolgen, dass eine gleichzeitige Übertragung auf bestehende (Spaltung zur Aufnahme) und neue Rechtsträger (Spaltung zur Neugründung) stattfindet.

2. Umwandlungssteuerliche Regelungen

1455 Die Aufspaltung, Abspaltung und die hier nicht näher dargestellte Teilübertragung auf andere Körperschaften wurde erstmals im UmwStG 1995 im Rahmen des § 15 UmwStG gesetzlich geregelt. § 16 UmwStG enthält darüber hinaus eine gesetzliche Regelung für die Auf- oder Abspaltung auf Personengesellschaften. Da es sich hierbei inhaltlich jedoch um eine reine Verweisvorschrift bzgl. des Vermögensüberganges von Körperschaften auf Personengesellschaften handelt (§§ 3–8, 15 ff. UmwStG), kann auf die dazu unter → 4 Rz. 1807 ff. gemachten Ausführungen verwiesen werden. Die nachfolgende Darstellung beschränkt sich daher auf die Spaltungsvorschriften in Bezug auf Körperschaften.

Die Auf- und Abspaltung von Körperschaften auf andere Körperschaften ist zwar im Vierten Teil des UmwStG geregelt, darüber hinaus finden auf die Auf- und Abspaltung aber auch die Vorschriften des Zweiten, Dritten und Fünften Teils ergänzende Anwendung. Diese Teile gelten nach § 1 Abs. 1 Nr. 1 UmwStG in sachlicher Hinsicht nur für Auf- und Abspaltungen i.S.d. § 123 Abs. 1 und 2 UmwG, vergleichbare ausländische Vorgänge sowie Vorgänge i.S.d. Art 17 SE-VO und 19 SCE-VO.

---

1) OLG Karlsruhe v. 19.8.2008, 1 U 108/08, DB 2008, 2241.
2) UmwG v. 19.4.2007, BGBl. 2007, 542.
3) OLG München v. 10.7.2013, 31 Wx 131/13, DB 2013, 1714.
4) Vgl. Heinz/Wilke, GmbHR 2012, 889, 891.

In persönlicher Hinsicht gelten die Teile Zwei bis Fünf nach § 1 Abs. 2 Satz 1 Nr. 1 UmwStG bei den genannten Spaltungsvorgängen nur, wenn die übertragenden und die übernehmenden Rechtsträger nach dem Recht eines EU- oder EWR-Staats gegründete Gesellschaften i. S. der Art. 48 EGV oder Art. 34 EWR-Abkommen (Niederlassungsfreiheit) sind oder als solche gegründet werden (bei Auf- oder Abspaltung zur Neugründung) und sich deren Sitz und Ort der Geschäftsleitung im Hoheitsgebiet eines EU- oder EWR-Staats befindet.[1] Damit wurden die umwandlungssteuerlichen Vorschriften zur Auf- und Abspaltung zwar europäisiert. Allerdings trifft dies nicht auf die umwandlungsrechtlichen Vorschriften für Spaltungen zu, da die Regelungen der Verschmelzungsrichtlinie vom 26.10.2005[2] sonstige Umwandlungsarten nicht erfassen, so dass sich insoweit die Frage stellt, ob diese Umwandlungsarten auf der Basis der EuGH-Entscheidungen *Centros, Überseering, Inspire Art, Sevic* und *Cartesio*[3] unter direkter Berufung auf die Niederlassungsfreiheit zugelassen werden müssen.[4] Neue Impulse dürften auch von der zum grenzüberschreitenden identitätswahrenden Formwechsel ergangenen EuGH-Entscheidung *Vale*[5] ausgehen, obwohl der Fall der Abspaltung den EuGH noch nicht beschäftigt hat.[6]

In der Grundkonzeption geht es bei einer Spaltung um die Trennung einer Vermögensmasse durch vollständigen Vermögensübergang auf mindestens zwei Rechtsträger (Aufspaltung) oder teilweisen Vermögensübergang auf mindestens einen Rechtsträger (Abspaltung) und damit aus Sicht der oder des aufnehmenden Rechtsträger(s) um eine Teilverschmelzung. Diese Verwandtschaft zur Verschmelzung erkennt man insbesondere daran, dass § 15 UmwStG in wesentlichen Teilen auf die Vorschriften für die Verschmelzung (§§ 11–13 UmwStG) verweist. Damit ist insbes. auch die Möglichkeit der spaltweisen Übertragung von Verlustvorträgen entfallen (§§ 15 Abs. 1 Satz 1, 12 Abs. 3, 4 Abs. 2 Satz 2 UmwStG). Zusätzlich werden lediglich spezielle Missbrauchstatbestände definiert sowie Spaltungsbesonderheiten behandelt. **1456**

Für Spaltungsfälle ist zwar eine ertragsteuerlich neutrale Behandlung möglich. Diese unterliegt jedoch durch eine Reihe äußerst restriktiv gefasster und ausgelegter Voraussetzungen sowie spezieller Missbrauchsbestimmungen starken Beschränkungen.[7]

Handelsrechtlich kann z.B. auch ein einzelner Vermögensgegenstand im Wege der Sonderrechtsnachfolge spaltweise übertragen werden. Steuerlich wird dagegen als kleinste Einheit ein Teilbetrieb, Mitunternehmeranteil oder eine 100 %-Beteiligung an einer Kapitalgesellschaft als Spaltmasse für eine steuerneutrale Spaltung (§ 15 Abs. 1 Satz 2 und 3 UmwStG) vorausgesetzt.

Eine weitere wesentliche Besonderheit besteht darin, dass im steuerlichen Bereich nur die Auf- und Abspaltung im Rahmen der Spaltungsvorschriften behandelt werden, die Ausgliederung dagegen steuerlich als Einbringung gem. §§ 20 ff. UmwStG gilt (§ 1 Abs. 3 Nr. 2 UmwStG).[8] **1457**

---

1) UmwStE Tz. 1.49 ff.
2) Richtlinie Nr. 2005/56/EG v. 26.10.2005, ABl.EU 2005 Nr. L 310, 1.
3) EuGH v. 9.3.1999, C-212/97, Rs. Centros, EuGHE I 1999, 1459; EuGH v. 5.11.2002, C-208/00, Rs. Überseering, EuGHE I 2002, 9919; EuGH v. 30.9.2003, C-167/01, Rs. Inspire Art, EuGHE I 2003, 10155; EuGH v. 13.12.2005, C-411/03, Rs. Sevic, DStR 2006, 49; EuGH v. 16.12.2008, C-210/06, Cartesio, NJW 2009, 569.
4) Vgl. Drinhausen/Gesell, BB-Spezial 8/2006, 3, 14 f.
5) EuGH v. 12.7.2012, C-387/10, Rs. Vale, NJW 2012, 2715.
6) Vgl. Kruis/Widmayer, Corporate Finance Law 2012, 349 ff.
7) Zu der Missbrauchsregelung des § 15 Abs. 3 UmwStG vgl. auch Thiel/Eversberg/van Lishaut/Neumann, GmbHR 1998, 397, 426 f.
8) UmwStE Tz. 1.06 und Tz. 1.43.

II. Besteuerung der übertragenden Körperschaft

1458 Ebenso wie bei der Verschmelzung ergeben sich bei der Spaltung handelsbilanzielle Implikationen auf Grund der Vorschriften der §§ 17 Abs. 2, 24 UmwG,[1] deren Kenntnis wichtig ist, um die verschiedenen Gestaltungsmöglichkeiten im Einzelfall gezielt nutzen zu können.

Die übertragende Körperschaft ist hinsichtlich des übertragenen Vermögens zur Erstellung und Abgabe einer steuerlichen Schlussbilanz auf den steuerlichen Übertragungsstichtag verpflichtet (§ 15 Abs. 1 Satz 1 i.V.m. §§ 11 Abs. 1 Satz 1, 3 Abs. 1 Satz 1 UmwStG); d.h., bei der Abspaltung eines Teilbetriebs ist eine steuerliche Schlussbilanz auf den steuerlichen Übertragungsstichtag isoliert nur für den abgespaltenen Teilbetrieb zu erstellen (UmwStE Tz. 15.14 i.V.m. Tz. 11.02). Die steuerliche Schlussbilanz ist nach Auffassung der FinVerw eine eigenständige, von der Gewinnermittlung nach § 4 Abs. 1 EStG bzw. § 5 Abs. 1 EStG zu unterscheidende Bilanz; die reguläre Steuerbilanz gilt nur auf ausdrücklichen, unwiderruflichen Antrag als Schlussbilanz i.S.d. UmwStG n.F. (UmwStE Tz. 15.14 i.V.m. Tz. 11.02 und Tz. 3.01).

Nach § 15 Abs. 1 Satz 1 UmwStG i.V.m. § 11 Abs. 1 UmwStG sind die Wirtschaftsgüter des übergehenden Vermögens in der steuerlichen Schlussbilanz der übertragenden Körperschaft mit dem **gemeinen Wert** anzusetzen. Die Bewertung mit dem gemeinen Wert statt wie bisher mit dem Teilwert zieht sich wie ein roter Faden durch das gesamte SEStEG.[2] Der gemeine Wert ist gem. § 9 BewG der Betrag, der für das Wirtschaftsgut nach seiner Beschaffenheit im gewöhnlichen Geschäftsbetrieb bei seiner Veräußerung zu erzielen wäre, während nach § 6 Abs. 1 Nr. 1 Satz 3 EStG der Teilwert der Betrag ist, den ein Erwerber des gesamten Betriebs im Rahmen des Gesamtkaufpreises für das einzelne Wirtschaftsgut zahlen würde, wenn er den Betrieb fortführte. Die Bewertung zum gemeinen Wert hat dabei nicht bezogen auf jedes einzelne übergehende Wirtschaftsgut, sondern auf die Gesamtheit der übergehenden aktiven und passiven Wirtschaftsgüter zu erfolgen (Bewertung als Sachgesamtheit). Sofern der gemeine Wert nicht aus Verkäufen abgeleitet werden kann, kann auf ein allgemein anerkanntes ertragswert- oder zahlungsstromorientiertes Bewertungsverfahren einschließlich des vereinfachten Ertragswertverfahrens nach §§ 11, 95 bis 109 und §§ 199 ff. BewG zurückgegriffen werden (UmwStE Tz. 15.14 i.V.m. Tz. 11.04 und Tz. 3.07). Der gemeine Wert der Sachgesamtheit ist analog § 6 Abs. 1 Nr. 7 EStG im Verhältnis der Teilwerte der übergehenden Wirtschaftsgüter auf die einzelnen Wirtschaftsgüter zu verteilen (UmwStE Tz. 15.14 i.V.m. Tz. 11.04 und Tz. 3.07).

Der Ansatz mit dem gemeinen Wert gilt auch für nicht entgeltlich erworbene und selbst geschaffene immaterielle Wirtschaftsgüter einschließlich des originären Geschäftswerts. Lediglich hinsichtlich der Bewertung von Pensionsrückstellungen ist auf § 6a EStG zurückzugreifen (§ 3 Abs. 1 UmwStG). Da somit der i.d.R. höhere gemeine Wert der Pensionsverpflichtung nicht abgezogen werden darf, ergibt sich tendenziell ein überhöhter steuerlicher gemeiner Wert des übergehenden Vermögens.[3] Im Übrigen sind die Passiva unter Berücksichtigung stiller Lasten ebenfalls mit dem gemeinen Wert anzusetzen (UmwStE Tz. 15.14 i.V.m. Tz. 11.04 und Tz. 3.07). **Auf**

---

1) Vgl. zu den Auswirkungen einer Spaltung auf den handelsrechtlichen Jahresabschluss, IDW RS HFA 43, IDW-Fachnachrichten 2012, 714 ff.
2) Klingberg/van Lishaut, Der Konzern 2005, 704 rechtfertigen das Abstellen auf den gemeinen Wert mit seiner Nähe zum Fremdvergleichspreis als internationalem Bewertungsmaßstab.
3) Vgl. das Beispiel UmwStE Tz. 15.14 i.V.m. Tz. 11.04 und Tz. 3.08.

Antrag können die übergehenden Wirtschaftsgüter nach § 3 Abs. 2 Satz 1 UmwStG **einheitlich** mit dem **Buchwert**[1] oder einem **Zwischenwert**[2] angesetzt werden, soweit

- die spätere Besteuerung der stillen Reserven bei der übernehmenden Körperschaft sichergestellt ist,
- das Besteuerungsrecht Deutschlands hinsichtlich der Besteuerung des Gewinns aus der Veräußerung der übertragenen Wirtschaftsgüter bei der übernehmenden Körperschaft nicht ausgeschlossen oder beschränkt **und**
- eine Gegenleistung nicht gewährt wird oder in Gesellschaftsrechten besteht.

Zu der Frage der Reichweite des deutschen Besteuerungsrechts bei Überführung von Wirtschaftsgütern vom Inland in das Ausland hat der BFH früher die sog. finale Entnahmetheorie vertreten, diese jedoch mit Urteil v. 17.7.2008 aufgegeben.[3] Auf das Urteil hat zunächst die FinVerw mit einem Nichtanwendungserlass reagiert.[4] Dem ist dann der Gesetzgeber im JStG 2010[5] gefolgt, indem er den Entstrickungstatbeständen den Zuordnungswechsel eines Wirtschaftsguts von einer inländischen zu einer ausländischen Betriebsstätte als Beispiel angefügt hat (§ 4 Abs. 1 Satz 4 EStG, § 52 Abs. 8b EStG, § 12 KStG, § 34 Abs. 8 KStG).[6] Danach ist der Ausschluss oder die Beschränkung des deutschen Besteuerungsrechts aus der Veräußerung eines Wirtschaftsguts insbesondere dann gegeben, wenn ein bisher einer inländischen Betriebsstätte zuzuordnendes Wirtschaftsgut einer ausländischen Betriebsstätte zuzuordnen ist (UmwStE Tz. 3.18).

Darüber hinaus musste nach § 15 Abs. 1 Satz 2 UmwStG a.F. im Falle der Abspaltung das bei der übertragenden Gesellschaft zurückbleibende Vermögen ebenfalls zu einem Teilbetrieb gehören (sog. doppeltes Teilbetriebserfordernis). Nach dem durch das SEStEG geänderten Wortlaut des § 15 Abs. 1 Satz 2 UmwStG n.F. wird zwar am doppelten Teilbetriebserfordernis festgehalten, er lässt jedoch die Möglichkeit offen, dass bei der übertragenden Gesellschaft Vermögen zurückbleibt, dass keinem Teilbetrieb zugeordnet werden kann. Dies hat inzwischen zu der Streitfrage geführt, ob das doppelte Teilbetriebserfordernis (auch doppeltes Ausschließlichkeitsgebot genannt) trotz des geänderten Wortlauts noch gilt.[7] Die FinVerw hält am doppelten Teilbetriebserfordernis weiterhin fest (UmwStE Tz. 15.01). Als fiktive Teilbetriebe gelten nach § 15 Abs. 1 Satz 3 UmwStG auch Mitunternehmeranteile oder die 100 %ige Beteiligung an einer Kapitalgesellschaft.

Hinsichtlich des Umfangs des bei einer Einbringung zu übertragenden Teilbetriebs wendet die FinVerw nunmehr einheitlich den europäischen Teilbetriebsbegriff an

---

1) Siehe zum Begriff des Buchwerts nunmehr die Legaldefinition in § 1 Abs. 5 Nr. 4 UmwStG.
2) Nach Krohn/Greulich, DStR 2008, 646, 648, bedeutet die Einfügung des Worts „einheitlich", dass beim Zwischenwertansatz die sog. Stufen-Theorie nicht mehr anwendbar ist, so dass die Aufstockung mit einem einheitlichen Prozentsatz über alle Wirtschaftsgüter einschließlich eines Firmenwerts im Wege des Dreisatzes vorzunehmen wäre; ebenso UmwStE Tz. 23.14 i.V.m. Tz. 3.25 f. und Tz. 3.11 – 3.24; die bisherige Stufentheorie ist nur noch übergangsweise bis zum 31.12.2011 anzuwenden, wenn der Spaltungsbeschluss bis zu diesem Tag erfolgt ist, UmwStE Tz. S 03.
3) BFH v. 17.7.2008, I R 77/06, DB 2008, 2281.
4) BMF v. 20.5.2009, IV C 6 – S 2134/07/10005, BStBl I 2009, 671.
5) JStG 2010 v. 8.12.2010, BGBl. I 2010, 1768.
6) Auf Grund ihres angeblich klarstellenden Charakters sollen die präzisierten Vorschriften bereits rückwirkend für Wirtschaftsjahre, die nach dem 31.12.2005 enden, anzuwenden sein. Darüber hinaus wurde die zeitliche Anwendbarkeit der Entstrickungsregelungen allgemein rückwirkend auf Wirtschaftsjahre, die vor dem 1.1.2006 enden, erweitert (§ 52 Abs. 8b EStG). Da der BFH v. 28.10.2009, I R 28/09, BFH/NV 2010, 132 die finale Entnahmetheorie inzwischen auch für den Fall der finalen Betriebsaufgabe aufgegeben hat, schreibt das JStG 2010 auch insoweit die rückwirkende Anwendung der ursprünglichen BFH-Rechtsprechung auf alle noch offenen Fälle vor (§ 16 Abs. 3a EStG, § 52 Abs. 34 EStG).
7) Vgl. Schumacher/Neumann, DStR 2008, 325, 326.

(UmwStE Tz. 15.02. f. und Tz. 15.07).[1] Dies erfordert die Übertragung zumindest des wirtschaftlichen Eigentums an sämtlichen Wirtschaftsgütern, die zu den wesentlichen Betriebsgrundlagen des Teilbetriebs gehören, sowie an den nach wirtschaftlichen Zusammenhängen dem Teilbetrieb zuordenbaren Wirtschaftsgütern (UmwStE Tz. 15.02 und Tz. 15.07). Eine (zukünftige) Nutzungsüberlassung wesentlicher Wirtschaftsgüter reicht nicht aus.[2] Dies wird von Teilen der Literatur unter Berufung auf den europarechtlichen Begriff des Teilbetriebs nach der Fusionsrichtlinie teilweise anders gesehen.[3] Besondere Schwierigkeiten treten auf, soweit eine zivilrechtliche Übertragung nicht möglich ist (z.b. Grundstücke, Patente etc.). Wird ein Wirtschaftsgut (z.b. Grundstück) von mehreren Teilbetrieben genutzt, so ist zu prüfen, ob dieses Wirtschaftsgut in eine getrennte Gesellschaft isoliert werden kann, um so eine für die Teilbetriebseigenschaft schädliche konkurrierende Zurechnung mehrfach genutzter Wirtschaftsgüter zu vermeiden. Allerdings gilt es dabei, die besondere Missbrauchsvorschrift des § 15 Abs. 2 Satz 1 UmwStG und einen Missbrauch rechtlicher Gestaltungsmöglichkeiten nach der Generalnorm des § 42 AO zu vermeiden. Ein weiterer Ausweg könnte eine Aufteilung in Bruchteilseigentum im Verhältnis der tatsächlichen Nutzung sein; sie wird von der FinVerw im Billigkeitswege zugelassen (UmwStE Tz. 15.08).

Damit besteht unter den obigen Voraussetzungen ein Wahlrecht zur Buchwertfortführung oder anteiligen bzw. vollständigen Aufdeckung der stillen Reserven. Der Antrag ist spätestens bis zur erstmaligen Abgabe der steuerlichen Schlussbilanz beim für den übertragenden Rechtsträger zuständigen Finanzamt zu stellen (§ 3 Abs. 2 Satz 2 UmwStG; UmwStE Tz. 15.14. i.V.m. Tz. 11.12 und Tz. 3.27). Da im Falle der Aufspaltung der übertragende Rechtsträger im Zeitpunkt der Abgabe der Steuererklärung zivilrechtlich schon untergegangen sein kann, kommen als Antragsteller nur die übernehmenden Rechtsträger als Gesamtrechtsnachfolger in Betracht. Der Antrag bedarf keiner besonderen Form und ist bedingungsfeindlich sowie unwiderruflich. Wenn die ausdrückliche Erklärung abgegeben wird, dass die Steuerbilanz i.S.d. §§ 4 Abs. 1, 5 Abs. 1 EStG gleichzeitig die steuerliche Schlussbilanz sein soll, ist in dieser Erklärung gleichzeitig ein konkludenter Antrag auf Ansatz der Buchwerte zu sehen (UmwStE Tz. 15.12. i.V.m. Tz. 11.12 und Tz. 3.29).

Lag nach bisherigem Recht die doppelte Teilbetriebsvoraussetzung des § 15 Abs. 1 UmwStG nicht vor, so griff der Verweis auf die §§ 11–13 UmwStG insgesamt nicht. Folglich kam es sowohl auf Ebene der Körperschaft als auch der Anteilseigner zu einer liquidationsähnlichen Gewinnrealisierung. Dieser Zustand trat außer bei Nichterfüllung der Teilbetriebsvoraussetzung(en) auch bei Einzelrechtsnachfolge ein.[4]

Dagegen ordnet § 15 Abs. 1 Satz 2 UmwStG auf Grund des SEStEG nur die Nichtanwendung des § 11 Abs. 2 und des § 13 Abs. 2 UmwStG an. Dies hat zur Folge, dass

- einerseits bei der übertragenden Körperschaft nach § 11 Abs. 1 UmwStG der gemeine Wert anzusetzen ist,
- bei der übernehmenden Körperschaft § 12 UmwStG anzuwenden ist und
- auf Gesellschafterebene an Stelle einer Sachausschüttung künftig eine Anteilsveräußerung zum gemeinen Wert nach § 13 Abs. 1 UmwStG fingiert wird.[5]

---

1) Die bisherigen Regelungen (BMF-Schreiben v. 16.8.2000, BStBl I 2000, 1253 sowie Tz. 15.10 einschließlich Tz. 15.07–15.09 des BMF-Schreibens v. 25.3.1998, BStBl I 1998, 268) können übergangsweise bis zum 31.12.2011 angewendet werden, wenn der Spaltungsbeschluss bis zu diesem Tag erfolgt ist, UmwStE Tz. S 05.
2) BFH v. 16.2.1996, I R 183/94, BStBl II 1996, 342, BFH v. 7.4.2010, I R 96/08, BFH/NV 2010, 1749; UmwStE Tz. 15.07.
3) Vgl. Neumann, EStB 2002, 437, 441; Blumers, DB 2001, 722, 725 m.w.N.
4) Vgl. ausführlich hierzu Herzig, WP-Handbuch der Unternehmensberatung, Ergänzungsband 1995, Rz. 315 ff.
5) Vgl. Dötsch/Pung, DB 2006, 2704, 2714; UmwStE Tz. 15.12 f.

Soweit eine Besteuerung zum gemeinen Wert oder Zwischenwert erfolgt, entsteht ein laufender steuerlicher Gewinn, der den allgemeinen Vorschriften zu unterwerfen ist (u.U. „Verbrauch von Verlustvorträgen"). Eine Anwendung von § 8b Abs. 2 KStG erscheint zweifelhaft.

Weniger scharf sind die Besteuerungsfolgen dagegen, wenn lediglich die besonderen Missbrauchsbestimmungen des bisherigen § 15 Abs. 3 UmwStG (nunmehr Abs. 2 auf Grund des SEStEG) nicht erfüllt werden. Da § 15 Abs. 2 UmwStG im Verstoßfall nur die Nichtanwendbarkeit des § 11 Abs. 2 UmwStG normiert, entfällt im Rahmen der Missbrauchsbestimmung lediglich die Buchwertfortführung auf Gesellschaftsebene. Die Gesellschafter werden dagegen ohne Einschränkung nach den Bestimmungen des § 13 UmwStG behandelt, so dass auf ihrer Ebene eine Besteuerung zum gemeinen Wert nach § 13 Abs. 2 UmwStG vermieden werden kann. **1459**

Die Missbrauchsvorschrift des § 15 Abs. 2 Satz 1 UmwStG stellt zum einen darauf ab, dass die Mitunternehmeranteile und 100 %igen Beteiligungen nicht innerhalb der letzten drei Jahre vor dem steuerlichen Übertragungszeitpunkt durch Übertragung von Wirtschaftsgütern, die nicht unter die Teilbetriebsfiktion fallen, geschaffen oder aufgestockt wurden (missbräuchliche Herstellung der Voraussetzungen für einen fiktiven Teilbetrieb). So gilt z.B. die Einlage einer 60 %-GmbH-Beteiligung in eine andere Gesellschaft, die zu 100 % gehalten wird, als schädlich. Die Aufstockung der Beteiligung ist dagegen nicht schädlich, wenn sie nicht durch die übertragende Kapitalgesellschaft erfolgt (UmwStE Tz. 15.19). Als kritisch muss die Ansicht der FinVerw angesehen werden, dass jede Einlage von Wirtschaftsgütern mit stillen Reserven drei Jahre vor Spaltung in eine Mitunternehmerschaft als schädliche Aufstockung des Mitunternehmeranteils gilt (UmwStE Tz. 15.18). Dies würde faktisch fast jeder Spaltung unter Beteiligung von Mitunternehmeranteilen als „Spaltmasse" entgegenstehen. Hier können nur gezielte, wertsignifikante Übertragungen angesprochen sein (relativ und absolut hohe Werte/stille Reserven).

Als weiterer Missbrauchstatbestand gilt nach § 15 Abs. 2 Satz 2–4 UmwStG eine Spaltung, die die Voraussetzung für eine Veräußerung schafft. Davon ist nach der gesetzlichen Vermutung insbes. dann auszugehen, wenn innerhalb von fünf Jahren nach dem steuerlichen Übertragungsstichtag Anteile an einer an der Spaltung beteiligten Körperschaft, die mehr als 20 % der Wirksamkeit der Spaltung an der Körperschaft bestehenden Anteile ausmachen, veräußert werden. **1460**

Im Grundsatz ist damit jede im Rahmen einer Spaltung vorbereitete Veräußerung von der Missbrauchsvorschrift bedroht bzw. erfasst. Sie ist dahingehend zu verstehen, dass die Spaltung insgesamt nicht mehr steuerneutral erfolgen kann, wenn mehr als 20 % der vor Wirksamkeit der Spaltung an der Körperschaft bestehenden Anteile veräußert werden.[1] Hierdurch entsteht eine „Schicksalsgemeinschaft". Jeder der „Spaltgesellschafter" kann, soweit er über einen hinreichenden Anteil an einer Spaltgesellschaft verfügt, mit nachteiliger Wirkung für alle Gesellschafter die Buchwertfortführung des § 11 Abs. 2 UmwStG innerhalb der fünfjährigen Nachlauffrist zur Unanwendbarkeit bringen (UmwStE Tz. 15.31). Vertragliche Absicherungen sind daher von großer Bedeutung, wie der dem Urteil des FG Düsseldorf[2] vom 27.4.2004 zu Grunde liegende Streitfall zeigt.[3] Der Missbrauchstatbestand nach § 15 Abs. 2–4 UmwStG ist nicht anzuwenden, wenn es zu Quoten- oder Wertverschiebungen zwischen den Anteilseignern kommt („nichtverhältniswahrende Auf- oder Abspaltung"; UmwStE Tz. 15.44). Nach Auffassung der FinVerw können im Einzelfall auch Veräußerungen im Anschluss an eine Aufspaltung oder Abspaltung, die nicht die 20 %-Grenze über-

---

1) Vgl. Dötsch in Dötsch/Patt/Pung/Jost, § 15 UmwStG Rz. 136.
2) FG Düsseldorf v. 27.4.2004, 6 K 5068/01 K, F, EFG 2004, 1647; bestätigt durch BFH v. 3.8.2005, I R 62/04, BStBl II 2006, 391.
3) Vgl. Haritz, FR 2004, 1098, 1101.

schreiten, missbräuchlich sein, da § 15 Abs. 2 Satz 3 UmwStG einen eigenständigen Anwendungsbereich hat, der über die Reichweite des § 15 Abs. 2 Satz 4 UmwStG hinausgeht.[1]

Soweit schließlich die Spaltung der Trennung von Gesellschafterstämmen dienen soll, tritt nach § 15 Abs. 2 Satz 5 UmwStG als weitere Voraussetzung hinzu, dass die Beteiligungen an der übertragenden Körperschaft mindestens fünf Jahre vor dem steuerlichen Übertragungsstichtag bestanden haben müssen. Der Begriff „Gesellschafterstämme" wird zutreffend als unscharf bezeichnet.[2] Nach Ansicht der FinVerw liegt eine Trennung von Gesellschafterstämmen vor, wenn im Fall der Aufspaltung an den übernehmenden Körperschaften und im Fall der Abspaltung an der übernehmenden und der übertragenden Körperschaft nicht mehr alle Anteilseigner der übertragenden Gesellschaft beteiligt sind (UmwStE Tz. 15.37). Die typisierenden Missbrauchsregelungen des § 15 Abs. 2 Satz 2–5 UmwStG werden im Schrifttum als Verstöße gegen die Fusionsrichtlinie betrachtet, da sie nicht die Möglichkeit eines Gegenbeweises zulassen.[3]

III. Besteuerung der übernehmenden Körperschaft

1461 Für die übernehmende Gesellschaft verweist § 15 auf § 12 UmwStG. Dieser verweist wiederum auf § 4 Abs. 1 UmwStG. Damit gilt auch hier zwingend eine Wertverknüpfung. Die übernehmende Gesellschaft tritt gem. § 12 Abs. 3 UmwStG in vollem Umfang in die steuerliche Rechtsstellung der übertragenden Gesellschaft ein (→ 4 Rz. 1885).

Auf Grund des SEStEG geht der Verlustabzug nicht mehr anteilig (im Verhältnis der übergehenden Vermögensteile) auf die übernehmende Körperschaft über.[4] Aus diesem Grund geht bei einer Aufspaltung der Verlustvortrag der sich ohne Abwicklung auflösenden Spaltgesellschaft vollständig verloren. Im Falle einer Abspaltung mindert sich ein verbleibender Verlustvortrag der übertragenden Körperschaft in dem Verhältnis, in dem bei Zugrundelegung des gemeinen Werts das Vermögen auf eine andere Körperschaft übergeht (§ 15 Abs. 3 UmwStG; UmwStE Tz. 15.41). Die frühere vorrangige Bezugnahme auf die Angaben zum Umtauschverhältnis der Anteile im Spaltungs- und Übernahmevertrag oder im Spaltungsplan (§ 15 Abs. 4 UmwStG a.F.) ist auf Grund des SEStEG entfallen.

Mit Wegfall des körperschaftsteuerlichen Anrechnungssystems ist kein vEK mehr zu verteilen. Durch das SEStEG wurde das System der ratierlichen Auszahlung des KSt-Guthabens eingeführt (→ 4 Rz. 1748.). Diese Systemumstellung gilt nunmehr auf Grund des JStG 2008 auch für die im Restbestand der EK 02 schlummernde KSt-Erhöhung (→ 4 Rz. 1857). Mit Ausnahme der Spaltung der in § 34 Abs. 16 KStG n.F. genannten ehemals gemeinnützigen Wohnungsunternehmen und steuerbefreiten Körperschaften ist für nach dem 31.12.2006 steuerlich wirksame Spaltungen der bisherige § 40 Abs. 2 KStG, nach dem der Betrag des EK 02 nach § 38 KStG entsprechend dem „Spaltungsverhältnis" den übernehmenden Rechtsträgern zuzuordnen war, obsolet geworden.[5]

Wie im Falle der Verschmelzung sind bei einer Aufspaltung oder Abspaltung die Eigenkapitalbestandteile der aufnehmenden Kapitalgesellschaft anzupassen. Dies

---

1) FinMin. Brandenburg, Erlass v. 16.7.2014 – 35-S 1978b-2014/001, DB 2014, 2257.
2) Vgl. Dötsch in Dötsch/Patt/Pung/Jost, § 15 UmwStG Rz. 139.
3) Vgl. Schumacher/Neumann, DStR 2008, 325, 329.
4) Vgl. zur Rechtslage bei Abspaltungen vor Inkrafttreten des SEStEG, BFH v. 14.3.2012, I R 13/11, BFH/NV 2012, 1271.
5) Vgl. Dötsch/Pung, DB 2007, 2669, 2677 ff.

regelt § 29 Abs. 1–4 KStG, ohne dass insoweit Änderungen durch das SEStEG eingetreten sind. Hervorzuheben ist allerdings, dass nunmehr § 27 Abs. 1 Satz 4 KStG das Entstehen eines negativen Einlagekontos i.d.R. ausschließt. Die Anpassung erfolgt in folgenden Schritten:

1. Als erstes gilt das Nennkapital der übertragenden Kapitalgesellschaft als in vollem Umfang herabgesetzt (§ 29 Abs. 1 KStG i.V.m. § 28 Abs. 2 KStG),[1] Nach § 28 Abs. 2 Satz 1 KStG ist im Fall der Herabsetzung des Nennkapitals zunächst ein etwaiger, zum Schluss des vorangegangenen Wirtschaftsjahres ausgewiesener Sonderausweis i.S.v. § 29 Abs. 1 Satz 3 KStG zu mindern und ein den Sonderausweis übersteigender Betrag des Nennkapitals dem steuerlichen Einlagekonto gutzuschreiben.[2]
2. Der Bestand des sich nach dieser Umbuchung des Nennkapitals ergebenden Einlagekontos der übertragenden Kapitalgesellschaft ist anschließend dem steuerlichen Einlagekonto einer übernehmenden Kapitalgesellschaft im Verhältnis der übergehenden Vermögensteile zu dem bei der übertragenden Kapitalgesellschaft vor dem Übergang bestehenden Vermögen in dem in § 29 Abs. 2 und 3 KStG geregelten Umfang gutzuschreiben.[3]
3. Wird das Nennkapital der übernehmenden Kapitalgesellschaft zur Durchführung der Verschmelzung erhöht, so verweist § 29 Abs. 4 KStG auf § 28 Abs. 1 KStG: Danach ist die spaltungsbedingte Kapitalerhöhung wie eine Umwandlung von Rücklagen in Nennkapital zu behandeln. Dabei ist die Verwendungsfiktion des § 28 Abs. 1 KStG zu berücksichtigen, wonach ein positiver Bestand des steuerlichen Einlagekontos als vor den sonstigen Rücklagen für die Kapitalerhöhung verwendet gilt.[4]

IV. Besteuerung der beteiligten Gesellschafter

Nach § 15 Abs. 1 Satz 1 UmwStG i.V.m. § 13 Abs. 2 UmwStG können die Anteile an der übernehmenden Körperschaft auf Antrag mit dem Buchwert der Anteile an der Überträgerin angesetzt werden, wenn

– das deutsche Besteuerungsrecht hinsichtlich der Anteile an der übernehmenden Körperschaft nicht ausgeschlossen oder beschränkt wird oder
– die EU-/EWR-Mitgliedstaaten im Falle der Abspaltung Art. 8 der Fusionsrichtlinie anwenden müssen (was bei grenzüberschreitenden Abspaltungen innerhalb von EU oder EWR stets der Fall ist).

Die Anwendung des § 15 Abs. 1 i.V.m. § 13 Abs. 1 und 2 UmwStG erfordert eine Aufteilung der Anschaffungskosten bzw. des Buchwerts der Anteile an der übertragenden Körperschaft. Dies kann grundsätzlich anhand des Umtauschverhältnisses der Anteile im Spaltungs- oder Übernahmevertrag oder im Spaltungsplan, hilfsweise nach dem Verhältnis der gemeinen Werte der übergehenden Vermögensteile zu dem vor der Spaltung vorhandenen Vermögen vorgenommen werden (UmwStE Tz. 15.43).

Ein Zwischenwertansatz ist nicht zulässig. Für den Fall des Buchwertansatzes sieht § 13 Abs. 2 Satz 2 UmwStG nunmehr eine umfassende Infizierungstheorie vor, die auf

---

1) Die fiktive Herabsetzung des Nennkapitals auf null gilt auch bei der Abspaltung, bei der nur ein teilweiser Vermögensübergang von der übertragenden Kapitalgesellschaft stattfindet. Nach der weiteren Fiktion des § 29 Abs. 4 KStG i.V.m. § 28 Abs. 1 KStG gilt das Nennkapital der übertragenden Kapitalgesellschaft anschließend wieder von null auf seinen Bestand nach der Abspaltung erhöht.
2) UmwStE K. 03.
3) UmwStE K. 04 und K. 09.
4) UmwStE K 015.

eine wert- und qualitätsmäßige Verknüpfung der Anteile zielt. Qualitativ und quantitativ erfolgt daher eine Verknüpfung mit den „Altanteilen". Insoweit kann auf die Ausführungen im Rahmen der Verschmelzung verwiesen werden (→ 4 Rz. 1888).

Soweit dagegen die doppelte Teilbetriebsvoraussetzung des § 15 Abs. 1 Satz 2 UmwStG nicht vorliegt, wird künftig eine Anteilsveräußerung zum gemeinen Wert nach § 13 Abs. 1 UmwStG fingiert.[1] Insoweit gilt das Konzept der Veräußerungs- und Anschaffungsfiktion.

Im Falle nicht wesentlicher Beteiligungen ordnete § 20 Abs. 4a S. 1 EStG bisher u.a. bei Aufspaltungen mit Auslandsbezug die Steuerneutralität auf der Anteilseignerebene an. Durch das JStG 2010 wurde der Auslandsbezug gestrichen, so dass künftig auch in Inlandsfällen der Aufspaltung nicht mehr § 13, § 21 UmwStG, sondern die Regelung des § 20 Abs. 4a Satz 1 EStG beim nicht wesentlich Beteiligten anzuwenden ist. Damit entfällt in diesen Fällen zur Erreichung der Steuerneutralität des Umwandlungsvorgangs für den nicht wesentlich Beteiligten die Notwendigkeit eines Antrags auf Buchwertfortführung. In den Fällen der Abspaltung ist für den nicht wesentlich Beteiligten die Sonderregelung des § 20 Abs. 4a Satz 5 EStG zu beachten.[2]

Steuerfahndung – Rolle des Steuerberaters

von Dr. Rainer Spatscheck

INHALTSÜBERSICHT

	Rz.
I. Beteiligungsgefahren	1463–1469
II. Sicherungstechniken	1470–1473
III. Verhalten im Strafverfahren des Mandanten: Verschwiegenheitpflicht und Beschlagnahmeverbote	1474–1482
IV. Steuerliche Haftungsgefahr, § 71 AO	1483–1490
V. Berufsrechtliche Sanktionen	1491–1498

I. Beteiligungsgefahren

1463 Die **Grenzziehung** zwischen Steuerberatung und Beteiligung an der Vorsatztat des Mandanten einerseits sowie zwischen Beteiligung an der vorsätzlichen Tat und der leichtfertigen Steuerverkürzung andererseits sind mit hinreichender Bestimmtheit nur schwer zu ziehen. In der Praxis erfolgt die Grenzziehung zumeist weniger auf Grund eines Erkenntnisakts als durch eine Willensentscheidung.

1464 Geht man davon aus, dass die Mehrzahl der Mandanten unrichtige Steuererklärungen abgibt und dies auch weiß (folglich Steuerhinterzieher sind), so ist der Berater, bereitet er diese falsche Steuererklärung vor, **Gehilfe im objektiven Sinne**. Er leistet einen wesentlichen Tatbeitrag zur hinterziehenden Tat. Er fertigt die falsche Steuererklärung. Weiß er nicht, dass die Steuererklärung falsch ist, ist er nicht Gehilfe. Weiß er allerdings, dass die Steuererklärung falsch ist, ist er Gehilfe im strafrechtlichen Sinne.

---

1) Vgl. Dötsch/Pung, DB 2006, 2704, 2714.
2) UmwStE Tz. 15.12 zum Fall, dass das doppelte Teilbetriebserfordernis i.S.d. § 15 Abs. 1 Satz 2 UmwStG nicht erfüllt wird. Der Fall, dass die Teilbetriebsvoraussetzungen eingehalten werden, wurde nunmehr durch das AmtshilfeRLUmsG v. 29.6.2013, BGBl. I 2013, 1809, ebenfalls geregelt, vgl. Haisch/Helios/Niedling, DB 2013, 1444, 1446.

Jedem Berater muss bewusst sein, dass ihn nur dieses **Wissen** um die richtige oder falsche Steuererklärung vor dem strafrechtlichen Vorwurf einer Gehilfenschaft schützt. Auch muss er deutlich sehen, dass in der **Praxis der Steuerstrafverfolgung** bei ihm als dem „Fachmann" eher das Wissen vermutet wird, als dass man von seinem Nichtwissen ausgeht. Es ist mithin nicht übertrieben, wenn man von einer hohen Brisanz ausgeht. Allerdings wird diese Brisanz dadurch erträglich, dass die Steuerstrafverfolgung, wie jede Strafverfolgung, an die „justizförmig" ermittelte Wahrheit, nicht an die absolute Wahrheit anknüpft. Die Mitwisserschaft muss im strafrechtlichen Sinn beweisbar sein. Weiß der Steuerberater konkret um die Steuerhinterziehung (→ 4 Rz. 1501 f., 1524) des Mandanten, ist dieses Wissen aber in einem Steuerstrafverfahren nicht beweisbar, gibt es im strafrechtlichen Sinne kein steuerliches Beteiligungsdelikt. 1465

Ausgehend von der Praxis hier einige **Beispiele**, in welchen sich der Steuerstrafverdacht (auch) gegen den Berater richtete, weil bei ihm das Wissen angenommen wurde. 1466

– Verspätete Abgabe von Steuererklärungen, wobei es der Steuerberater unterließ, Fristverlängerungen zu beantragen;

– Vermittlung von Scheinrechnungen;

– Transfer von Geld ins Ausland durch den Steuerberater, Nichterklärung der hier angefallenen Zinsen;

– Bilanz für das Finanzamt, andere Bilanzen für die Bank;

– Wissen von Schwarzgeldkonten, die der Bank als Sicherheit dienen, weil der Steuerberater bei den Kreditverhandlungen anwesend war;

– Einschaltung von Basisgesellschaften;

– Verhandlungen über Stundungen oder über einen Vollstreckungsaufschub, obwohl der Berater wusste, dass die angegebenen Billigkeitsgründe nicht vorliegen;

– Rückdatierungen;

– Vorlage einer falschen eidesstattlichen Versicherung im Aussetzungsverfahren;

– Umsatzsteuererstattungen auf Grund von fingierten Eingangsrechnungen,

– Angabe von umsatzsteuerfreien Umsätzen, obwohl diese umsatzsteuerpflichtig waren;

– Vollabschreibung von Herstellungskosten;

– Übernahme von unschlüssigen Einnahmedaten des Mandanten, zu geringe Hinzuschätzungen durch den Berater.

In den Verdacht der Begünstigung und Strafvereitelung gerät der Berater, wenn **Belege in Prüfungen nachgefertigt werden**, unvermutet Kopien auftauchen, Unterlagen vernichtet oder nachträglich Treuhandverhältnisse vorgetragen werden. 1467

Ausgehend von der allgemeinen Rechtsverschärfung hat sich abstrakt auch das entsprechende Risiko des Steuerberaters verändert: Durch die **neuere BGH-Rechtsprechung** drohen qualitativ, bei der Überschreitung gewisser Grenzbeträge, empfindlichere Strafen. Spricht das Strafgericht eine Bestrafung wegen eines Falles schwerer Steuerhinterziehung aus (§ 370 Abs. 3 AO), so dürfte dies auch für ein Berufsgericht Anlass sein, über die schwerwiegende Sanktion, den Widerruf der Zulassung, nachzudenken (→ 4 Rz. 1512). 1468

Durch die **Verlängerung der Verjährungsfristen** droht einem vom rechten Wege abgekommen steuerlichen Berater in entsprechenden Fällen über zehn Jahre das Risiko einer strafrechtlichen Verfolgung. 1469

II. Sicherungstechniken

1470 Wie kann sich der Steuerberater dem hinterziehungsgeneigten Mandanten gegenüber **zur Wehr setzen**, ohne das Mandat zu verlieren? Mögliche Schutztechniken sind:

Der **Berater muss abstrakt davon ausgehen**, d.h. in Rechnung stellen, **dass sein Mandant Steuern hinterzieht**. Das abstrakte Wissen darf nicht konkret werden. Richtig ist die stillschweigende Ausklammerung aus dem Beratungsverhältnis.

Der Berater ist **nicht verpflichtet**, im Beratungsverhältnis festgestellte Steuerstraftaten des Mandanten den Strafverfolgungsbehörden **anzuzeigen**. Sein abstraktes Wissen um die Möglichkeit der Steuerhinterziehung des Mandanten muss er niemandem mitteilen.

Ausgehend von dem abstrakten Wissen (oder: der abstrakten Möglichkeit) muss der Berater eine klare **Sphären- und Risikotrennung** durchführen. Die etwaige Hinterziehung ist Sache des Mandanten. Der Berater ist nicht für die Steuermoral des Mandanten verantwortlich; auf der anderen Seite darf der Mandant den Berater nicht etwa derart zum Komplizen machen, dass in gemeinsamer Tat hinterzogen wird.

Konkrete Hilfestellung bringt den Berater nicht nur in die Gefahr der Steuerstrafverfolgung, sondern zwingt ihn auch **in der Zukunft zur größeren Hilfe**, die sodann schwer abgelehnt werden kann.

Die Ablehnung jeder Hilfeleistung muss mit großer **Eindeutigkeit** vollzogen werden. Hier darf auch nicht der umsatzträchtige Mandant besser stehen als der kleine Mandant.

Droht der Mandant mit dem Mandatsentzug, muss es bei der Ablehnung bleiben. Der Berater wird i.d.R. feststellen, dass der **Mandant die Haltung des Steuerberaters akzeptiert**. Kündigt dieser gleichwohl das Mandat, ist dies eine positive Investition in die Zukunft. Der Mandant wird den Berater nicht in den Strudel eines eigenen Verfahrens ziehen.

Der Berater muss immer daran denken, dass im Konfliktfall der **Mandant** sein **erster Belastungszeuge** ist.

Da die Steuerstrafverfolgung sich i.d.R. auf Urkunden, Schreiben und Vermerke stützt, muss den **schriftlichen Unterlagen** eine besondere Aufmerksamkeit gewidmet werden. Da es im Strafrecht nicht um die objektive Wahrheit, sondern um die justizförmig beweisbare Wahrheit geht, ist die notwendige Beweisvorsorge legitim.

1471 In **positiver Hinsicht** sollten Richtigkeits- und Vollständigkeitserklärungen des Mandanten festgehalten werden; so sollten z.B. Erklärungen über Zinsen in die Akten aufgenommen werden. Auch sonstige Schreiben des Mandanten hinsichtlich seiner Korrektheit sind von Wichtigkeit. **Negative Seite**: Die Beraterhandakte kann zum primären Belastungsdokument für den Berater werden. Telefonvermerke oder dergleichen, von schneller flüchtiger Feder geschrieben – vielleicht zur Absicherung eines Mitarbeiters –, können bei ihrer Erfassung ungewollte Auswirkungen haben. Das Beschlagnahmeprivileg des § 97 StPO bringt keinen vollständigen Schutz. Jährlich wiederkehrende Anweisungen und Hinweise für die Mitarbeiter halten die notwendige Sorgfalt und Abgrenzung fest.

Auf die Frage, in **welcher Situation** der **Berater das Mandat niederzulegen hat**, geben Rechtsprechung und Literatur unzureichende Antworten. Für den Berater kann folgende **Verhaltensregel** gelten:

Er ist **nicht verpflichtet**, sein **Mandat niederzulegen**, weil er **abstrakt** davon ausgeht, dass auch sein Mandant Steuern hinterzieht. Der Berater hat das Recht, seinem Mandanten eher zu glauben als dem Finanzamt. Nur dann, wenn der Mandant von ihm verlangt, in konkreter Weise Gehilfe oder Mittäter zu werden, kann er das Mandat nicht weiterführen.

Beispiel:
Weiß der Berater nachträglich, dass der Mandant bis 2010 ein Konto in Luxemburg hatte, dessen Zinsen nicht erklärt wurden, ist er nicht gehindert, die Steuererklärung 2014 vorzubereiten. Anders: Weiß der Berater, dass der Mandant auch noch ein laufendes Konto im Jahr 2014 hatte, dessen Zinsen nicht erfasst sind, muss er auf der Zinsdeklaration bestehen.

Aus diesen Regeln folgt auch das Verhalten bei einem nicht befolgten Rat zur **Selbstanzeige** (→ **4** Rz. 1417 ff.). Diese Beratungssituation umschließt die Offenbarung einer Hinterziehung gegenüber dem Berater. Folgt nunmehr der Mandant einem positiven Rat zur Selbstanzeige nicht, so hat das Wissen um die Hinterziehung nur dann Auswirkung auf die laufende Steuerberatung, wenn die Hinterziehung fortgesetzt werden soll. Kein Problem also für den Berater, wenn es sich um einen abgeschlossenen Hinterziehungstatbestand handelt. Soll allerdings das Luxemburger Konto, um dessen mögliche Aufdeckung es geht, weiter als Schwarzkonto geführt werden, so kann der Berater seine Hand nachfolgenden Erklärungen nicht reichen. 1472

Aus diesen Regeln folgt schließlich auch die Handhabung im Bereich des § 153 AO. Hat der Mandant irrtümlich in der Vergangenheit falsche Erklärungen abgegeben, so sollte der Berater ihn auf die Fehler hinweisen. Ob der Mandant sodann der Pflicht des § 153 AO, d.h. der Berichtigungspflicht, folgt oder nicht, ist seine Sache. Ist der Sachverhalt, um den es hier geht, abgeschlossen, ist die Sache erledigt. Handelt es sich um einen Dauersachverhalt, müssen allerdings die Steuererklärungen, die der Berater nach der Aufdeckung des Fehlers vorbereitet, richtig sein. 1473

III. Verhalten im Strafverfahren des Mandanten: Verschwiegenheitspflicht und Beschlagnahmeverbote

Auch Rechtsanwälte, Notare, Wirtschaftsprüfer, Steuerberater, Steuerbevollmächtigte und Rechtsbeistände gehören zu den Dritten, die als **Auskunftspersonen** oder **Zeugen** in Anspruch genommen werden können. Für die Steuerberatung gilt:[1] 1474

Aus dem Vertrauensverhältnis zwischen Mandant und Berater folgt die **berufsrechtliche Verschwiegenheitspflicht**, normiert in § 57 Abs. 1 StBerG. Strafrechtlich wird die Verschwiegenheitspflicht durch § 203 StGB geschützt. Spiegelbildlich hierzu fügt sich das Aussageverweigerungsrecht des § 53 Abs. 1 Nr. 3 StPO – strafprozessual – und das gleichzeitig einschlägige Verweigerungsrecht des § 102 AO – abgabenrechtlich – nahtlos ein. 1475

Aus dem Aussageverweigerungsrecht folgt sachlogisch das **Verbot**, die Unterlagen und Gegenstände **zu beschlagnahmen**, die von diesem Beratungsverhältnis umschlossen werden. 1476

Die Angehörigen der steuerberatenden Berufe sind nach § 53 Abs. 1 Nr. 3 StPO **zur Verweigerung des Zeugnisses berechtigt**. Allerdings fahren Steuerberater, die nicht ausschließlich als Strafverteidiger tätig sind, seit dem 1.1.2008 im Übrigen nur noch „zweiter Klasse". Nach dem zum 1.1.2007 neu geschaffenen § 160a Abs. 2 StPO dürfen gerade auch heimliche Untersuchungsmaßnahmen – wie die TKÜ (Telekommunikationsüberwachung) – auch gegen Steuerberater hinsichtlich der Taten von Mandanten angeordnet werden, soweit dies der Verhältnismäßigkeit entspricht. Die Kommunikation ist insoweit nicht absolut geschützt. Gleichwohl – das Recht zur Verweigerung des Zeugnisses ist geblieben. Ein Eidesverweigerungsrecht besteht daneben allerdings nicht. 1477

---

1) Vgl. Streck/Spatscheck, Die Steuerfahndung, 4. Aufl., 2006, Rz. 709 ff.

1478 Auf das Verweigerungsrecht nach § 53 Abs. 1 Nr. 3 StPO können sich auch **Sozien** einer Beratungspraxis berufen, die nicht unmittelbar die Beratung durchgeführt haben und für die § 53a StPO nicht gilt. Für die **sog. Berufshelfer** gilt § 53a StPO, der das Aussageverweigerungsrecht auf diese Berufsgruppe ausdehnt. Hierzu zählen alle Mitarbeiter, Angestellte und in Ausbildung befindliche Personen der Beratungspraxis.

1479 Das Aussageverweigerungsrecht der Berater bezieht sich auf das, „was ihnen in dieser Eigenschaft anvertraut worden oder bekannt geworden ist", § 53 Abs. 1 Nr. 3 StPO. Über die **Ausübung** des **Aussageverweigerungsrechts entscheidet der Berater frei**, eigenständig und in eigener Verantwortung. **Gleichwohl**: Wegen § 57 Abs. 1 StBerG und der Strafsanktion des § 203 StGB ist der Berater grundsätzlich nicht frei: **Er darf nicht aussagen.** Er muss von seinem Aussageverweigerungsrecht Gebrauch machen, es sei denn, die Aussage ist gesetzlich oder durch andere Rechtfertigungsgründe gerechtfertigt. Eine solche Rechtfertigung kann es sein, wenn gegen den Steuerberater selbst eine Strafverfolgung gerichtet ist.

1480 Entbindet der **Mandant** den **Berater von der Verpflichtung zur Verschwiegenheit, so muss** – steht ihm kein anderes Weigerungsrecht zur Seite – der **Berater aussagen**, § 53 Abs. 2 StPO. Die Entbindung kann auch nur hinsichtlich bestimmter Sachverhaltskomplexe erfolgen. Die Entbindung kann widerrufen werden.

1481 § 97 Abs. 1 StPO formuliert für die beratenden Berufe ein Beschlagnahmeverbot. Dieses **Beschlagnahmeverbot** gilt entsprechend bei den beruflichen Hilfspersonen i.S.v. § 53a StPO (§ 97 Abs. 4 StPO).

1482 Eine **freiwillige Herausgabe** von Mandantenunterlagen **verletzt das Verschwiegenheitsgebot** und möglicherweise § 203 StGB. Die freiwillige Herausgabe ist folglich i.d.R. untersagt.

Erfolgen Durchsuchung und Beschlagnahme, ist sorgfältig darauf zu achten, dass das **Protokoll** über die Beschlagnahme nicht von einer „freiwilligen Herausgabe" spricht.

IV. Steuerliche Haftungsgefahr, § 71 AO

1483 Bei einer Beteiligung des Beraters an einer Steuerhinterziehung (→ 4 Rz. 1524) des Mandanten droht für den Berater die Gefahr, neben steuerstrafrechtlicher Verfolgung über die Hinterzieherhaftung auch noch die Steuern des Mandanten zahlen zu müssen. Wer eine Steuerhinterziehung begeht oder an einer solchen Tat teilnimmt (um diese Alternative wird es meistens gehen, wenn ein Steuerberater haften soll), **haftet für die verkürzten Steuern, § 71 AO.** Das Finanzamt kann den Gehilfen in voller Höhe der hinterzogenen Steuer in Anspruch nehmen, ohne den Grad der Pflichtverletzung des Gehilfen im Verhältnis zum Haupttäter oder anderen Mittätern bei der Auswahl des Haftenden oder der Höhe der Haftungssumme berücksichtigen zu müssen.

1484 Das Finanzamt hat die Frage, ob eine Hinterziehung vorlag, **eigenständig zu prüfen** und trägt insofern die Feststellungslast. Diese **Nachweispflicht des Finanzamts** gilt selbst dann, wenn der Berater von einem Strafgericht bereits wegen Beihilfe verurteilt worden ist.

1485 Das Finanzamt kann sich allerdings im Haftungsverfahren auf **Feststellungen des Strafgerichts** berufen. Hier hilft es nicht, sich mit der Pauschalbehauptung zu verteidigen, es sei niemals eine Steuerhinterziehung begangen worden, das Strafurteil sei deshalb falsch und seine Feststellungen seien unbeachtlich. Allein auf solche allgemeinen Floskeln hin muss kein Finanzamt und kein Finanzgericht noch einmal in eigene Sachverhaltsermittlungen einsteigen; zumindest solange sich ihm nicht selbst Zweifel an der Richtigkeit des Strafurteils aufdrängen. Anders aber, wenn der Haftungsschuldner dezidiert rügt, wo im Strafurteil Fehler liegen, und er eine eigene abweichende Sachverhaltsdarstellung mit Beweisanträgen stützt. In diesem Fall kann das Finanzgericht sich nicht ohne Weiteres auf das Strafurteil zurückziehen, sondern muss ggf. noch einmal selbst voll in die Sachverhaltsermittlung einsteigen und hier zu eigenen Ergebnissen kommen.

Selbst wenn im Haftungsverfahren nicht ernsthaft an den Feststellungen eines vorangegangenen Steuerstrafverfahrens gerüttelt werden kann und das Finanzamt sich auf diese Feststellungen beruft, heißt das nicht, dass der Haftungsbescheid automatisch kampflos hingenommen werden muss: **Hinterzieherhaftung** auf der einen und **Steuerstrafrecht** auf der anderen Seite sind verschiedene Verfahren **mit nur teilweise identischen Voraussetzungen**. 1486

Dies kann sich zum **Vorteil** wie auch zum **Nachteil** des Betroffenen auswirken. So verhindert beispielsweise eine wirksame Selbstanzeige zwar eine Bestrafung wegen Steuerhinterziehung bzw. wegen Beihilfe (→ 4 Rz. 1417 ff.). Die Selbstanzeige ist dagegen jedoch kein Ausweg aus der Haftungsgefahr: Sie nimmt nur die Strafbarkeit, ändert aber nichts am Vorliegen der Steuerhinterziehung selbst, d.h., sie schafft nicht die Haftungsvoraussetzung „Steuerhinterziehung" aus der Welt. 1487

Zu Gunsten des Haftungsschuldners wirkt dagegen, dass es im Haftungsverfahren nicht wie im Steuerstrafverfahren um eine Bestrafung des Hinterziehers bzw. des Gehilfen geht, sondern lediglich darum, den Steuerbetrag einzutreiben. 1488

Für den Haftungsschuldner **lohnt** deshalb **immer der Blick hin zum Steuerschuldner**: Auch wenn für den Erlass eines Haftungsbescheids nicht Voraussetzung ist, dass die Steuerschuld gegenüber dem Steuerschuldner zuvor bereits festgesetzt worden ist, sollte kein Haftungsbescheid ohne vorherige Information über den Veranlagungsstand beim Steuerschuldner akzeptiert werden. Ist nämlich der Anspruch aus dem Steuerschuldverhältnis einmal festgesetzt, begrenzt diese Festsetzung den Haftungsanspruch: Der Haftungsanspruch kann keinesfalls höher sein als der festgesetzte Anspruch aus dem Steuerschuldverhältnis. 1489

Häufig werden ganze **Prüfungsmehrergebnisse pauschal** in den Haftungsbescheid übernommen. Tatsächlich beschränkt sich die Hinterzieherhaftung nur auf die Mehrergebnisse, die gerade auf der Steuerhinterziehung beruhen. 1490

V. Berufsrechtliche Sanktionen

Fällt das Stichwort Berufsrecht im Zusammenhang mit einem Hinterziehungsvorwurf, fürchtet der Berater sofort eine Ausschließung aus dem Beruf. Tatsächlich ist die Ausschließung jedoch eine im Zusammenhang mit dem Vorwurf der Steuerhinterziehung zu Gunsten des Mandanten nur äußerst selten ausgesprochene Sanktion. I.d.R. erfolgen weit weniger einschneidende Sanktionen. 1491

Welche berufsrechtlichen Maßnahmen es gibt, zählt das Steuerberatungsgesetz abschließend auf. Dies beginnt mit der Rüge, die von der Steuerberaterkammer bzw. dem Kammervorstand ausgesprochen werden kann. Hier geht es um Berufspflichtverletzungen mit geringem Schuldgehalt. 1492

Gewichtiger werden die Sanktionsmöglichkeiten im förmlichen berufsgerichtlichen Verfahren, das in erster Instanz beim Landgericht ausgetragen wird. Hier steht auf der anderen Seite nicht mehr die Kammer, sondern die Staatsanwaltschaft. 1493

Die Strafmöglichkeiten sind Warnung, Verweis, Geldbußen bis zu einem Höchstbetrag von 50 000 € und Ausschließung aus dem Beruf (§ 90 Abs. 1 StBerG). Andere Maßnahmen als diese vier dürfen im berufsgerichtlichen Verfahren nicht verhängt werden. Die Sanktionen dürfen auch nicht nebeneinander ausgesprochen werden. Eine Ausnahme gilt nur bei Verweis und Geldbuße. Diese beiden Maßnahmen können miteinander verbunden werden. 1494

1495 Voraussetzung für jede berufsgerichtliche Sanktion ist – so die Generalklausel des § 89 Abs. 1 StBerG –, dass der Berater seine Berufspflichten schuldhaft verletzt hat. I.d.R. wird bei einer Beihilfe oder Mittäterschaft des Steuerberaters hinsichtlich der Hinterziehung des Mandanten eine Verletzung des Ansehens des Berufsstands im Raum stehen (§ 57 StBerG). Insofern kann sich für den Berater eine lange Verfahrensdauer auszahlen. Je mehr Zeit vergeht, umso mehr verblasst die Erinnerung auch an die schwerste Berufspflichtverletzung. Damit sinkt auch die Ansehensschädigung des Berufs, d.h., es sinkt das berufsrechtliche Sanktionserfordernis.

1496 Angesichts der existenzvernichtenden Wirkung der Ausschließung sind Sorgen von Beratern, die in ein Hinterziehungsverfahren verwickelt sind, ohne Weiteres verständlich. Auf der anderen Seite führt gerade diese existenzgefährdende Wirkung dazu, dass die Ausschließung aus dem Beruf tatsächlich nur allerletztes Mittel sein kann, ihr Ausspruch daher nur unter extrem engen Voraussetzungen zulässig ist. Zum einen muss das Verhalten des Beraters in solchem Umfang berufswidrig gewesen sein, dass er infolgedessen objektiv für den Berufsstand untragbar erscheint. Außerdem muss auf der subjektiven Seite feststehen, dass das sanktionierte Verhalten auf einer bewussten und böswilligen Missachtung des Berufspflichtigen beruht.

1497 Speziell die Steuerhinterziehung gilt zwar in der Rechtsprechung als „in besonderem Maße geeignet, das Vertrauen in die Achtung des Berufsstands zu erschüttern". Entscheidend sind immer die Einzelumstände, wie finanzielles Ausmaß der Hinterziehung, eventuelle Vorverurteilungen des Berufsangehörigen, Dauer der Hinterziehungshandlung und sonstige Einzelumstände. Hier kommt die neue Rechtsprechung des BGH[1] ins Spiel. Die von dem 1. Strafsenat formulierten Strafzumessungserwägungen[2] sind in den Bereich des § 89 StBerG zu übersetzen. Es ist durchaus möglich, dass sich auch die Berufsgerichte verstärkt an der Höhe des eingetretenen Steuerschadens orientieren. Ob dies bei der fremdnützigen Beteiligung eines Beraters an der Hinterziehung eines größeren Unternehmers angemessen sein kann, erscheint allerdings zweifelhaft.

1498 Für die Verjährung ist § 93 StBerG zu beachten: Die berufsrechtliche Verjährungsfrist beträgt (unverändert) fünf Jahre. Schwerwiegende Verstöße, die eine Ausschließung aus dem Beruf rechtfertigen, verjähren nie. § 376 AO n.F. hat also für das Berufsrecht nur mittelbare Bedeutung insofern, als länger zurückliegende Pflichtverletzungen strafrechtlich überhaupt noch aufgegriffen werden und dann die Aufmerksamkeit der Kammer auf sich ziehen, wo nach altem Recht mangels eines Strafverfahrens auch keine berufsrechtlichen Ermittlungen mehr erfolgten. Bei einer langjährigen Beteiligung an Steuerstraftaten bleibt zu bedenken, dass das Strafgericht auch isoliert und neben den Vorschriften des Berufsrechts ein Berufsverbot nach § 70 StGB verhängen kann. Relevant wird all dies aber selbstverständlich nur in den ganz gravierenden Fällen.

---

1) BGH v. 2.12.2008, 1 StR 416/08, BGHSt 53, 71 ff.; BB 2009, 312 ff.
2) Eine Steuerhinterziehung „in großem Ausmaß" i.S.d. Regelbeispiels aus § 370 Abs. 3 Nr. 1 AO ist danach anzunehmen, wenn der Steuerschaden im Einzelfall mehr als 50 000 € beträgt. Jedenfalls bei einem Schaden ab 100 000 € kommt die Verhängung einer Geldstrafe somit nur bei Vorliegen von gewichtigen Milderungsgründen in Betracht. Bei einem Steuerschaden ab 1 Mio. € kommt eine aussetzungsfähige Freiheitsstrafe nur bei Vorliegen von besonders gewichtigen Milderungsgründen noch in Betracht. Dies bedeutet gleichzeitig, dass diese Fälle für eine Erledigung im Strafbefehlsverfahren regelmäßig nicht geeignet erscheinen.

Steuerstrafrecht

von Dr. Rainer Spatscheck

INHALTSÜBERSICHT   Rz.

I. Vorbemerkung	1499
II. Steuerhinterziehung (§ 370 AO)	1500–1537
1. Tatbestandsmerkmale der Steuerhinterziehung	1500–1502
a) Objektiver Tatbestand	1500
b) Subjektiver Tatbestand und Irrtum	1501–1502
2. Regelbeispiele zur gewerbs- oder bandenmäßigen Steuerhinterziehung und bandenmäßige Umsatz- und Verbrauchsteuerhinterziehung (§ 370 Abs. 3 AO)	1503
3. § 42 AO und Steuerhinterziehung	1504–1505
4. Höhe der Steuerhinterziehung, Kompensationsverbot und Schätzung	1506–1511
5. Strafrahmen und Strafzumessung	1512
6. Vorbereitung, Versuch und Vollendung	1513–1520
7. Täterschaft/Teilnahme (Bankenverfahren)	1521–1525
8. Verjährung	1526–1535
a) Steuerliche Fristen der Festsetzungsverjährung (§§ 169–171 AO)	1526–1527
b) Strafrechtliche Verfolgungsverjährung	1528–1530
c) Spezialprobleme	1531–1532
d) Unterbrechung (§ 78c StGB)	1533–1535
9. Konkurrenzen	1536–1537
III. Steuerordnungswidrigkeiten	1538–1541
1. Allgemeiner Teil	1538
2. Leichtfertige Steuerverkürzung	1539
3. Sonstige Ordnungswidrigkeiten	1540
4. Konkurrenzen	1541

I. Vorbemerkung

Die **Strafvorschriften** sind in §§ 369–376 AO geregelt. Im Mittelpunkt der Strafvorschriften steht die Steuerhinterziehung, § 370 AO (→ **4** Rz. 1417 ff.).   **1499**

II. Steuerhinterziehung (§ 370 AO)

1. Tatbestandsmerkmale der Steuerhinterziehung

a) Objektiver Tatbestand

Wer   **1500**

– den Finanzbehörden oder anderen Behörden über steuerlich erhebliche Tatsachen unrichtige oder unvollständige Angaben macht,
– die Finanzbehörden pflichtwidrig über steuerlich erhebliche Tatsachen in Unkenntnis lässt oder
– pflichtwidrig die Verwendung von Steuerzeichen oder Steuerstempeln unterlässt

und dadurch – gleichgültig ob zu eigenen Gunsten oder zu Gunsten eines Dritten – Steuern verkürzt oder nicht gerechtfertigte Steuervorteile erlangt, handelt strafbar.

Steuerverkürzung heißt demnach: vollständige **Nichtfestsetzung**, Nichtfestsetzung **in voller Höhe** oder **nicht rechtzeitige Festsetzung** der Steuer. Die Vorläufigkeit der Veranlagung oder der Vorbehalt der Nachprüfung haben keinen Einfluss auf die Verkürzung. Hingegen ist für die Tatbestandserfüllung der Steuerhinterziehung unerheblich, ob die erklärte und festgesetzte Steuerschuld gezahlt wird.

b) Subjektiver Tatbestand und Irrtum

1501 Der **Vorsatz** des Täters muss sich auf den gesamten objektiven Tatbestand, bestehend aus **Tathandlung** (unrichtige, unvollständige oder keine Angaben gegenüber Finanzbehörden), **Tatererfolg** (Steuer wird nicht, nicht in voller Höhe oder nicht rechtzeitig festgesetzt) und zwischen beiden bestehende **Kausalität** erstrecken, wobei „bedingter Vorsatz" ausreichend ist. Letzterer liegt vor, wenn der Täter den Tatererfolg für möglich hält und ihn im Falle seines Eintritts billigt.

Ein **Tatbestandsirrtum** schließt den Vorsatz aus (§ 16 StGB). Er liegt vor, wenn der Stpfl. einen Umstand nicht kennt, der zum gesetzlichen Tatbestand gehört, d.h., er irrt über die Verwirklichung eines Tatbestandsmerkmals. Ist ein Tatbestandsirrtum gegeben, kommt nur noch eine Bestrafung wegen besonderer Fahrlässigkeit, d.h. wegen leichtfertiger Steuerverkürzung, in Betracht, soweit deren Voraussetzungen vorliegen.

Der Irrtum kann auf **tatsächlichem Gebiet** liegen: Durch einen nicht erkannten Fehler in der Buchhaltung wird der dem FA mitgeteilte Gewinn zu gering ermittelt und die Steuer deshalb unzutreffend festgesetzt.

1502 Denkbar ist auch, dass ein Irrtum im **steuerrechtlichen Bereich** vorliegt. Zum Vorsatz der Steuerhinterziehung gehört, dass der Täter den angegriffenen Steueranspruch kennt und ihn trotzdem verkürzen will. Ein Irrtum über – oft äußerst schwierige – steuerrechtliche Normen schließt demnach den Vorsatz aus.[1]

Beim **Verbotsirrtum** nimmt der Stpfl. auf Grund einer falschen Wertung irrig an, sein objektiv strafbares Verhalten sei rechtmäßig (§ 17 StGB). Straffreiheit tritt ein, wenn der Irrtum für den Täter unvermeidbar war, andernfalls kommt eine fakultative Strafminderung in Betracht. Ein Verbotsirrtum liegt z.B. vor, wenn ein Unternehmer in wirtschaftlich schwieriger Situation zur Rettung von Arbeitsplätzen Steuern hinterzieht, weil er meint, die Sicherheit von Arbeitsplätzen überwiege gegenüber der Pflicht, zutreffende Steuererklärungen abzugeben. War es dem Unternehmer möglich, in diesem Punkt einen Berater zu konsultieren, was er aber nicht tat, dürfte es sich um einen vermeidbaren Verbotsirrtum handeln.

2. Regelbeispiele zur gewerbs- oder bandenmäßigen Steuerhinterziehung und bandenmäßige Umsatz- und Verbrauchsteuerhinterziehung (§ 370 Abs. 3 AO)

1503 § 370 Abs. 3 AO enthält Regelbeispiele, welche auf der Ebene der Strafzumessung zu berücksichtigen sind. Dabei ist v.a. hervorzuheben, dass die bandenmäßige Steuerhinterziehung (§ 370 Abs. 3 Satz 2 Nr. 5 AO) nur im Fall der Hinterziehung von Umsatz- und Verbrauchsteuern einen besonders schweren Fall darstellt. Erfasst werden sollen dabei nach der Idee des Gesetzgebers in erster Linie die sog. „Umsatzsteuerkarusselle". Andere Steuerarten sind von dessen Wortlaut nicht betroffen.

---

1) Vgl. BGH v. 19.5.1989, 3 StR 590/88, wistra 1989, 263; Blüte, Der Irrtum über das Verbot im Wirtschaftsstrafrecht, NStZ 2013, 65.

3. § 42 AO und Steuerhinterziehung

Nach § 42 AO kann das Steuergesetz durch **Missbrauch von rechtlichen Formen und Gestaltungsmöglichkeiten** nicht umgangen werden. Eine Umgehung liegt nach der Rspr. des BFH vor, wenn eine Gestaltung gewählt wird, die – gemessen an dem erstrebten Ziel – unangemessen ist, der Steuerminderung dienen soll und durch wirtschaftliche Gründe nicht zu rechtfertigen ist.[1]

Der Rechtsgestaltungsmissbrauch führt als solcher noch nicht zur Steuerhinterziehung.[2] Zu der Steuerverkürzung hinzutreten muss zumindest die **Nicht- oder nicht vollständige Angabe von steuerlich erheblichen Tatsachen**.[3] Nach h.M. kann der Gestaltungsmissbrauch demnach dann zur Strafbarkeit führen, wenn der Stpfl. das Finanzamt über Tatsachen, die ihn zur Wahl einer ungewöhnlichen Gestaltung bewogen haben, oder über einzelne Merkmale der Gestaltung oder die dadurch geregelten Verhältnisse getäuscht oder bewusst im Unklaren gelassen und dadurch dem Finanzamt die **Möglichkeit der Prüfung versperrt oder erschwert hat**.[4]

Eine falltypische Gestaltung für § 42 AO ist nach der Rspr. die Einschaltung einer **Basisgesellschaft in Niedrigsteuerländern**, wenn dafür keine wirtschaftlichen oder sonstigen beachtlichen Gründe vorliegen und diese Gesellschaften keine eigenen wirtschaftlichen Tätigkeiten entfalten.[5] Dieser Missbrauch von Gestaltungsmöglichkeiten ist auch insbesondere dann als Steuerhinterziehung anzusehen, wenn der Stpfl. den Missbrauch verschleiert und deshalb eine Steuerverkürzung eintritt.[6]

Das Landgericht Frankfurt[7] hat die Grenzen einer Strafbarkeit des Missbrauchs von Gestaltungsmöglichkeiten enger gezogen: Nach dem Landgericht scheidet eine Verurteilung wegen Steuerhinterziehung auf der Grundlage der allgemeinen Grundsätze zu § 42 AO wegen **Verstoßes gegen das Bestimmtheitsgebot** nach Art. 103 Abs. 2 GG aus.[8] Die Unbestimmtheit der Tatbestandsmerkmale des § 42 AO und die „Leerformelhafte" abstrakte Auslegung der Steuerrechtsprechung ermögliche keine verlässliche Orientierung über die Grenzen zwischen nicht zu beanstandenden Steuerersparnismaßnahmen und unerlaubter Steuerumgehung.[9]

Eine „Hintertür" lässt das Landgericht Frankfurt[10] im Anschluss an BGH v. 27.1.1982[11] allerdings für „festumschriebene Fallgruppen" des § 42 AO offen: Insbesondere die Gewinnverlagerungen in das niedrigbesteuerte Ausland durch Einschaltung von

---

1) Vgl. BFH v. 31.7.1984, IX R 379, BStBl II 1985, 33, 35, m.w.N.
2) Vgl. BFH v. 1.2.1983, VIII R 30/80, BStBl II 1983, 534; Ransiek in Kohlmann, § 370 AO Rz. 1237 (Okt. 2008).
3) Vgl. BGH v. 19.12.1990, 3 StR 90/90, wistra 1991, 138, 143; Meine, wistra 1992, 81, 84.
4) Siehe z.B. BFH v. 1.2.1983, VII R 30/80, wistra 1983, 202; OLG Bremen v. 26.4.1985, Ws 111/84, Ws 115/84, Ws 116/84, StV 1985, 282; OLG Düsseldorf v. 26.8.1988, 3 Ws 512/88, wistra 1989, 72; Ransiek in Kohlmann, § 370 AO Rz. 1237 (Nov. 2014); Joecks in Franzen/Gast/Joecks, 7. Aufl., 2009, § 370 AO Rz. 139.
5) Vgl. BFH v. 10.6.1992, I R 105/89, BStBl II 1992, 1029; BFH v. 10.11.1983, IV R 62/82, BStBl II 1984, 605; BFH v. 1.2.1983, VIII R 30/80, BStBl II 1983, 534, 53689.
6) Vgl. BGH v. 30.5.1990, 3 StR 55/90, wistra 1990, 307; Ransiek in Kohlmann, § 370 AO Rz. 1237 (Nov. 2014).
7) Vgl. LG Frankfurt v. 28.3.1996, 5/13 KLs 94 Js 36385/88 (M3/96), 5/13 KLs 94 Js 36385/88, wistra 1997, 152 ff., rkr.
8) Vgl. LG Frankfurt v. 28.3.1996, 5/13 KLs 94 Js 36385/88 (M3/96), 5/13 KLs 94 Js 36385/88, wistra 1997, 152, 153.
9) Ulsenheimer, wistra 1983, 12, 15 ff.; a.A. Joecks in Franzen/Gast/Joecks, 7. Aufl. 2009, § 370 AO Rz. 140.
10) Vgl. LG Frankfurt v. 28.3.1996, 5/13 KLs 94 Js 36385/88 (M3/96), 5/13 KLs 94 Js 36385/88, wistra 1997, 152.
11) 3 StR 217/81, wistra 1982, 108, 109.

Basisgesellschaften sei auf Grund der in der Rspr. des BGH herausgearbeiteten Grundsätze ausreichend bestimmt.

4. Höhe der Steuerhinterziehung, Kompensationsverbot und Schätzung

1506 Spätestens in den Urteilsgründen muss nach den einzelnen Steuerarten und Veranlagungszeiträumen getrennt der jeweilige **Verkürzungserfolg** betragsgenau und nachvollziehbar zur Rechtfertigung des Strafmaßes angegeben werden.[1] Regelmäßig ist dieser Hinterziehungsbetrag als Differenz zwischen der Steuer aus dem zuvor erklärten, „falschen" Sachverhalt oder – falls keine Erklärung abgegeben wurde – einer Nullsteuer und der Steuer, die sich aus dem als zutreffend erachteten Besteuerungssachverhalt ergibt, zu ermitteln.

Hierbei besteht nach § 370 Abs. 4 Satz 3 AO ein **Kompensationsverbot**. Eine eingetretene Verkürzung kann grundsätzlich nicht dadurch beseitigt werden, dass die Steuern aus anderen Gründen hätten ermäßigt werden müssen. Was das im Einzelfall bedeutet, ist kompliziert festzustellen: So sollen nach der Einschätzung des BGH[2] Gründe aus einer anderen Besteuerungsgrundlage ausscheiden. Innerhalb einer Besteuerungsgrundlage sei ein enger wirtschaftlicher Zusammenhang erforderlich. Eine Steuerminderung sei nur dann zu berücksichtigen, wenn sie sich bei wahrheitsgemäßer Erklärung ohne Weiteres ergeben hätte.

1507 Häufige **Fallgruppen**:

Beispiel 1:

Der Stpfl. S gibt in seiner Einkommensteuererklärung Betriebseinnahmen zu gering an. Nach Tatentdeckung trägt er vor, er habe noch **außergewöhnliche Belastungen und Sonderausgaben**, die steuermindernd zu berücksichtigen seien. Sowohl den antragsgebundenen (außergewöhnliche Belastung) als auch den sonstigen Ermäßigungsgründen, die nachträglich geltend gemacht werden, fehlt der innere Zusammenhang zu dem Tatkomplex „Betriebseinnahmen". Sie finden deshalb im Strafverfahren keine Berücksichtigung.

Beispiel 2:

S verschweigt Betriebseinnahmen. Im Strafverfahren macht er noch **Betriebsausgaben** geltend, die jedoch mit den Betriebseinnahmen nichts zu tun haben. Nur dieselbe Einkunftsart reicht für den inneren, engen wirtschaftlichen Zusammenhang nicht aus. Ein solcher läge vor, wenn bei einem ganz bestimmten Geschäftsvorfall die dazugehörigen Einnahmen und Ausgaben zu beurteilen sind. Wegen des Kompensationsverbots bleiben die Betriebsausgaben hier unberücksichtigt.

1508 Nach einer sehr umstrittenen BGH-Rechtsprechung[3] wird bei der **Umsatzsteuer** sogar die Vorsteuer als tatfremd und somit nicht abziehbar zur Ausgangs-Umsatzsteuer angesehen, selbst wenn sie sich auf denselben Geschäftsvorfall bezieht.

S erklärt den gewerblichen Gewinn zu gering. Nach Tatentdeckung macht er einen aus dem Vorjahr noch vorhandenen **Verlustvortrag nach** § 10d EStG geltend, so dass sich letztlich keine Mehrsteuer ergibt. Da der Verlustvortrag nicht aus dem Hinterziehungs-Veranlagungszeitraum stammt, fehle ihm – so der BGH[4] – der unmittelbare Zusammenhang mit der Hinterziehung. Nach dem Kompensationsverbot mindert der Verlustvortrag den Verkürzungsbetrag demnach nicht.

1509 Nach umstrittener Ansicht fällt hingegen die nach inzwischen überholter gesetzlicher Systematik zwingend vorzunehmende **Anrechnung des Körperschaftsteuerguthabens**

---

1) Vgl. BGH v. 3.1.1990, 3 StR 399/89, wistra 1990, 150; BGH v. 18.12.1991, 5 StR 599/91, wistra 1992, 103.
2) Vgl. BGH v. 4.5.1990, 3 StR 72/90, wistra 1991, 27.
3) Vgl. BGH v. 24.10.1990, 3 StR 16/90, wistra 1991, 107.
4) Vgl. BGH v. 26.6.1984, 5 StR 322/84, wistra 1984, 183; a.A. noch BayObLG v. 21.4.1982, RReg 4 St 20/82, wistra 1982, 199.

nach § 36 Abs. 2 Satz 2 Nr. 3 EStG a.F. im Falle von *verdeckten Gewinnausschüttungen* (→ **4** Rz. 1732 ff.) bei der Bestimmung der Höhe der Einkommensteuerhinterziehung nicht unter das Kompensationsverbot.[1] In der Praxis wird für zulässig angesehen, von Anfang an nur den Nettobetrag der verdeckten Gewinnausschüttung (Nettodividende) bei der Berechnung der Höhe der Einkommensteuer anzusetzen, so dass sich die Anrechnungsproblematik nicht stellt. Je nach Höhe des anrechenbaren Körperschaftsteuerguthabens und persönlichem Steuersatz kann der Stpfl. im zweiten Fall deutlich schlechter stehen. Es lohnt sich deshalb immer eine vergleichende Berechnung und entsprechende Argumentation im Strafverfahren.

Ein Kompensationsverbot greift ebenso wenig ein, wenn im Rahmen der **Körperschaftsteuerhinterziehung** bei der Berechnung des Hinterziehungsbetrags die zusätzlich geschuldete Gewerbe- und Umsatzsteuer gewinnmindernd angesetzt wird.[2]

1510 Der Strafrichter darf die Höhe des hinterzogenen Betrags grundsätzlich durch eine **Schätzung** ermitteln.[3] Anders als das Finanzamt, das nach § 162 AO versucht, den Steuerbetrag festzustellen, für den die größtmögliche Wahrscheinlichkeit spricht, hat er den Sachverhalt allein nach den wesentlich strengeren Regeln des Strafprozessrechts zu ermitteln. Eine Bindung an bestandskräftige Steuerbescheide besteht nicht.[4] Steuerliche Beweislastregeln gelten im Strafverfahren ebenso wenig. Auch § 160 AO, der bei unzureichender Empfängerbenennung bzw. Mitwirkung steuerlich zum Wegfall des Betriebsausgabenabzugs Anlass geben kann, führt nur in Ausnahmefällen zur Strafbarkeit,[5] und die nach § 90 Abs. 2 AO für das Besteuerungsverfahren normierte, erhöhte Mitwirkungspflicht bei Auslandssachverhalten wird im Strafverfahren durch den Grundsatz „in dubio pro reo" überlagert.[6] Allerdings ist anerkannt, dass steuerliche Nachweiserfordernisse, die materielle Voraussetzung für die gewünschten steuerlichen Folgen sind, auch im Strafrecht ihre Bedeutung haben.[7] So ist beispielsweise der Ausfuhrnachweis durch Belege häufig materielle Voraussetzung für die Steuerbefreiung von Ausfuhrlieferungen. Während steuerrechtlich von einem Sachverhalt ausgegangen werden kann, für den die größte Wahrscheinlichkeit für sich hat, kommt es steuerstrafrechtlich auf die Feststellung solcher Besteuerungsgrundlagen an, die nach der vollen Überzeugung des Strafrichters als erwiesen anzusehen sind.[8] Zwar bedeutet dies nicht, dass schon jeder Zweifel zwangsläufig zu einem Freispruch führen muss. Doch hat der Richter das Vorliegen steuerlich erheblicher Umstände und damit die Existenz der Steuerverkürzung nach dem Maßstab der üblichen, im Strafverfahren geltenden, strengen Beweisanforderungen zu beurteilen.

1511 Vor diesem Hintergrund wird deutlich, dass die Schätzung von Besteuerungsgrundlagen bzw. die hieraus errechnete angebliche Steuerverkürzung im Strafverfahren nur eine sehr **eingeschränkte Bedeutung** haben kann. Voraussetzung jeder Schätzung ist eine tatsächliche Ungewissheit über das Ausmaß der verwirklichten Besteuerungsgrundlagen. Gerade dies ist jedoch die Situation, in der bei „Nicht-Steuerdelikten" der Angeklagte wegen der Unmöglichkeit weiterer Sachverhaltsermittlung nach dem Grundsatz „in dubio pro reo" freizusprechen ist. Andererseits würde es nach einer in der Rechtsprechung und Literatur vertretenen Ansicht[9] der Gerechtigkeit widersprechen, wenn der Täter einer Steuerhinterziehung nur deshalb Straffreiheit erlangt, weil

---

1) Vgl. BGH v. 12.1.2005, 5 StR 301/04, wistra 2005, 144.
2) Vgl. BGH v. 15.11.1989, 3 StR 211/89, wistra 1990, 59.
3) Vgl. Streck/Spatscheck, wistra 1998, 334.
4) Vgl. Joecks in Franzen/Gast/Joecks, 7. Aufl., 2009, § 370 AO Rz. 55.
5) Vgl. Heuel in Kohlmann, § 370 Rz. 1218 (Nov. 2014).
6) Vgl. BGH v. 13.10.1994, 5 StR 134/94, wistra 1995, 67.
7) Vgl. Joecks in Franzen/Gast/Joecks, 7. Aufl., 2009, § 370 AO Rz. 56.
8) Vgl. Joecks in Franzen/Gast/Joecks, 7. Aufl., 2009, § 370 AO Rz. 56, Joecks, wistra 1990, 54.
9) Vgl. BGH v. 16.6.1954, 3 StR 222/53, NJW 1954, 1819; Joecks in Franzen/Gast/Joecks, 7. Aufl., 2009, § 370 AO Rz. 59.

die Strafgerichte zu einer genauen Ermittlung der Besteuerungsgrundlagen außerstande sind, obwohl der Täter diesen Mangel, z.b. durch pflichtwidriges Unterlassen oder durch Vernichten von Aufzeichnungen, selbst herbeigeführt hat. Deshalb wird es für zulässig angesehen, wenn der Strafrichter die Besteuerungsgrundlagen schätzt.[1] Hierbei sind ihm jedoch **engste Schranken** auferlegt: Eine Schätzung ist nur zulässig, wenn genügend Sachverhaltsinformationen vorhanden sind, die es ermöglichen, eine konservative Schätzungsmethode anzuwenden. Hierzu sollen Vermögensvergleich, Geldverkehrsrechnung und die Berechnung unter Zugrundelegung der amtlichen Richtsätze der Finanzverwaltung gehören.[2] Doch auch bei der Anwendung wissenschaftlich anerkannter Schätzungsmodelle kann einer strafrechtlichen Beurteilung nach dem Grundsatz „in dubio pro reo" stets nur der **rechnerisch ermittelte Mindestbetrag** zu Grunde gelegt werden.[3] Hierfür sind ggf. nochmals **Sicherheitsabschläge** vorzunehmen. Unzulässig ist demnach in jedem Fall eine freie Schätzung ohne hinreichende Tatsachengrundlage. Der Tatrichter muss schon dann auf Freispruch erkennen, wenn er auf Grund der vorliegenden Anhaltspunkte trotz Anwendung aller geeigneten Erkenntnismittel nicht davon überzeugt ist, dass der Angeklagte Besteuerungsgrundlagen in Höhe eines bestimmten Mindestbetrags hinterzogen hat. Insofern fehlt es an einer für den Schuldspruch erforderlichen Voraussetzung.[4]

5. Strafrahmen und Strafzumessung

1512 Strafzumessung

Der **Strafrahmen** ermöglicht die Verhängung einer Freiheitsstrafe bis zu fünf Jahren oder Geldstrafe. Die Geldstrafe wird nach Tagessätzen bemessen (mindestens 5, höchstens 360 Tagessätze, bei Gesamtstrafen für mehrere Taten höchstens 720 Tagessätze). Der Tagessatz bestimmt sich nach dem monatlichen Nettoeinkommen.

Beispiel:

Monatliches Einkommen nach Steuern 3 000 €; Tagessatz = 3 000 € : 30 = 100 €.

Der Tagessatz darf 1 € nicht unterschreiten, 30 000 € nicht überschreiten (vgl. § 40 Abs. 2 Satz 3 StGB).

Bei einem **schweren Fall der Steuerhinterziehung** kommt eine Freiheitsstrafe von sechs Monaten bis zehn Jahren in Betracht.

Mit der Entscheidung des BGH vom 2.12.2008[5] wurde die Strafzumessung in Deutschland mehr und mehr vereinheitlicht. Seitdem wird – angepasst auf den jeweiligen Einzelfall – von folgenden Grundsätzen ausgegangen: Bei einem strafrechtlich nicht verjährten Steuergesamtschaden ab 100 000 € kommt die Verhängung einer Geldstrafe somit nur bei Vorliegen von gewichtigen Milderungsgründen in Betracht. Bei einem strafrechtlich noch offenen Gesamtsteuerschaden ab 1 Mio. € kommt eine aussetzungsfähige Freiheitsstrafe nur bei Vorliegen von besonders gewichtigen Milderungsgründen noch in Betracht. Hierdurch scheidet eine nichtöffentliche Erledigung durch Verfahrenseinstellung gegen Zahlung einer Geldauflage nach § 153a StPO oder im Strafbefehlsverfahren in diesen Fällen aus.

6. Vorbereitung, Versuch und Vollendung

1513 Eine reine **Vorbereitungshandlung**, durch die noch nicht zur Verwirklichung des eigentlichen Tatbestands angesetzt wird, ist **straflos**. Der Tatgeneigte schafft lediglich die Vorbedingungen.

---

1) Vgl. BGH v. 4.2.1992, 5 StR 655/91, wistra 1992, 147.
2) Vgl. Joecks in Franzen/Gast/Joecks, 7. Aufl., 2009, § 370 AO Rz. 59.
3) Vgl. Dörn, wistra 1993, 4.
4) Vgl. Joecks in Franzen/Gast/Joecks, 7. Aufl., 2009, § 370 AO Rz. 59.
5) BGH v. 2.12.2008, 1 StR 416/08, BGHSt 53, 71 ff. = BB 2009, 312 ff.

Beispiel:

Die unzutreffende Steuererklärung wird ausgefüllt und unterschrieben, aber noch nicht abgegeben. Betriebseinnahmen werden nicht gebucht, um sie später bei der Steuererklärung nicht anzugeben (ggf. als Steuergefährdung nach § 379 Abs. 1 Nr. 1 AO relevant). Geldanlage im Ausland, um die Einkünfte bei der nachfolgenden Steuererklärung nicht anzugeben.

Versuch: Er ist strafbar, § 370 Abs. 2 AO, kann jedoch milder als die vollendete Tat bestraft werden (§ 23 StGB). Der Täter überschreitet das straflose Vorbereitungsstadium und **setzt nach seiner Vorstellung von der Tat unmittelbar zur Tatbestandsverwirklichung an** (§ 22 StGB). Weil die Tathandlung nicht zu Ende geführt werden kann oder weil der Erfolg, d.h. i.d.R. eine zu niedrige Steuerfestsetzung, nicht eintritt, bleibt das tatsächlich Realisierte hinter dem ursprünglich Gewollten zurück. 1514

Beispiel:

Abgabe der falschen Erklärung; vor Veranlagung erscheint die Steuerfahndung. Die unrichtige Steuererklärung wird mit der Post versandt, geht aber auf dem Postweg verloren, weshalb das Finanzamt die zutreffende Steuer ermittelt und festsetzt.

Die Steuerhinterziehung ist **vollendet**, wenn alle Tatbestandsmerkmale erfüllt sind, d.h. insbesondere, wenn der in § 370 AO beschriebene Verkürzungserfolg durch vollständige Nichtfestsetzung, Nichtfestsetzung in voller Höhe oder nicht rechtzeitige Festsetzung der Steuer eingetreten ist. 1515

Bei der Fallgruppe „**Nichtfestsetzung in voller Höhe**" ist der Vollendungszeitpunkt eindeutig zu bestimmen: Er tritt ein mit dem Wirksamwerden des unzutreffenden Steuerbescheids durch Bekanntgabe an den Stpfl. (§ 124 Abs. 1 AO).

Für die Fallgruppen „**vollständige Nichtfestsetzung**" und „**nicht rechtzeitige Festsetzung**" kann der Vollendungszeitpunkt nur mittels einer Hilfsüberlegung bestimmt werden. Abzustellen ist auf den fiktiven Zeitpunkt, in dem die Steuer bei pflichtgemäßem Verhalten des Stpfl. festgesetzt worden wäre.

Bei den **Veranlagungssteuern** (z.B. ESt, GewSt) ist der Zeitpunkt maßgebend, in dem das Veranlagungsfinanzamt für den Stpfl. die Festsetzungsarbeiten für den Veranlagungszeitraum im Allgemeinen abgeschlossen hat, wobei ein Bearbeitungsstand von 90 % nicht ausreichend[1] ist. Zu Gunsten des Stpfl. wird angenommen, dass seine Steuererklärung bei noch rechtzeitiger Abgabe zu den zuletzt bearbeiteten gehört hätte. 1516

Beispiel:

Der Stpfl. hat die Einkommensteuererklärung 2002 nicht abgegeben. Bei zutreffender Veranlagung hätte sich eine Steuerschuld i.H.v. 10 000 € ergeben. Die Veranlagungsarbeiten für 2002 wurden beim Veranlagungsfinanzamt Ende 2004 vollständig abgeschlossen. Die Steuerhinterziehung ist **mit Ablauf des Jahres 2004 vollendet**. Für die Höhe der Verkürzung ist die volle Einkommensteuerschuld maßgeblich.

Abwandlungen:

a) Mitte des Jahres 2004, d.h. noch vor Abschluss der Veranlagungsarbeiten, ergeht ein Schätzungsbescheid über 12 000 €. Eine vollendete Steuerhinterziehung liegt wegen der **rechtzeitigen und ausreichenden Steuerfestsetzung** nicht vor, aber ein Versuch. Seit dem Ablauf der Erklärungsfrist 2002 Ende Mai 2003 (§ 149 Abs. 2 Satz 1 AO i.V.m. § 25 Abs. 2 EStG) ist ein „unmittelbares Ansetzen" zur Steuerhinterziehung durch pflichtwidriges Unterlassen gegeben. 1517

b) Lautet der Schätzungsbescheid in der Abwandlung a) nur auf eine Steuerschuld i.H.v. 7 000 €, ist mit Zugang des Schätzungsbescheids eine **vollendete Steuerhinterziehung** i.H.v. 3 000 € verwirklicht. In Höhe von 7 000 € liegt ein Versuch vor.[2] 1518

---

1) Vgl. OLG Hamburg v. 16.12.1965, 2b Ss 23/65, NJW 1966, 843.
2) Vgl. zum Konkurrenzverhältnis von vollendeter und versuchter Tat in Unterlassungsfällen → 4 Rz. 1541.

1519 Soweit **Fälligkeitssteuern** betroffen sind, gilt für die wichtige Untergruppe der Anmeldungssteuern (Lohnsteuer § 41a EStG und Umsatzsteuer § 18 UStG): Die Steueranmeldung steht einer Steuerfestsetzung unter Vorbehalt der Nachprüfung gleich (§ 168 AO). Ist der Anmeldezeitpunkt verstrichen, ist gleichzeitig der unter normalen Umständen anzunehmende Festsetzungszeitpunkt abgelaufen und somit Tatvollendung eingetreten.

Beispiel:
Der Unternehmer U gibt die zutreffende Umsatzsteuer-Voranmeldung für Januar 2015 erst am 20.2.2015 ab. Mit Ablauf des 10.1.2015, der Abgabefrist für die Voranmeldung (§ 18 Abs. 1 Satz 1 UStG), trat Vollendung der Umsatzsteuerhinterziehung ein.

1520 Bei der Steuerhinterziehung fallen regelmäßig **Beendigung** und Vollendung zusammen. Die Tat ist beendet, wenn der letzte gewollte Teilerfolg eingetreten ist, d.h. keine oder eine unzutreffende Steuerfestsetzung und somit eine Steuerverkürzung erfolgt ist. Bis zur Beendigung ist **Beihilfe** möglich und ab Beendigung der Tat beginnt die Frist für die **Verfolgungsverjährung**.

7. Täterschaft/Teilnahme (Bankenverfahren)

1521 Die einfachste Beteiligungsform ist die **Alleintäterschaft** i.S.d. § 25 Abs. 1, 1. Alt. StGB. Demnach ist Täter, wer die Tat selbst begeht, d.h., wer selbst eine inhaltlich unzutreffende Steuererklärung abgibt. Unerheblich ist insofern, ob er in eigenem oder fremden Nutzen handelt, wie z.B. der Geschäftsführer einer GmbH, der für diese dem FA zu geringe Beträge erklärt. Denkbar ist auch, dass der Steuerberater – ohne Absprache mit seinem Mandanten – einen Erlassantrag stellt, der auf unzutreffenden Sachverhaltsmitteilungen beruht. In diesem Fall ist nur der Berater Alleintäter einer Steuerhinterziehung.

1522 Bei der Begehungsform der **mittelbaren Täterschaft** i.S.d. § 25 Abs. 1, 2. Alt. StGB begeht der Täter die Tat „durch einen anderen", d.h. durch einen gutgläubigen Dritten, der die Tatumstände nicht kennt oder selbst strafrechtlich nicht verantwortlich ist, d.h. letztlich als „Werkzeug" des eigentlichen Täters eingesetzt wird. Beauftragt beispielsweise der Stpfl. seinen Berater mit der Stellung eines Erlassantrags, wobei er ihm hierzu gefälschte oder unvollständige Unterlagen an die Hand gibt, handelt der Steuerberater, der die wahre Situation nicht kennt, vorsatzlos und somit straflos, §§ 15, 16 StGB. Er wurde nur als „Werkzeug" des Stpfl. benutzt, der selbst als mittelbarer Täter einer Steuerhinterziehung strafbar ist.

Begehen mehrere eine Steuerhinterziehung „gemeinschaftlich", d.h. in „bewusstem und gewolltem Zusammenwirken", liegt **Mittäterschaft** i.S.d. § 25 Abs. 2 StGB vor. In diesem Fall müssen sich die Tatbeteiligten die Tatbeiträge der anderen jeweils zurechnen lassen. Das ist z.B. dann der Fall, wenn zusammenveranlagte Eheleute übereinkommen, die Einkünfte aus Kapitalvermögen zu gering zu erklären, oder wenn zwei Gesellschafter einer OHG sich darüber einig sind, die Einnahmen in der Buchhaltung, auf deren Grundlage die Steuererklärungen erstellt werden, um 10 % zu kürzen.

1523 Nach § 26 StGB wird als **Anstifter** gleich einem Täter bestraft, wer vorsätzlich einen anderen zu dessen vorsätzlich begangener rechtswidriger Tat bestimmt hat („doppelter Anstiftervorsatz"). Hierzu ist erforderlich, dass ein noch nicht gänzlich entschlossener Täter zum Tatentschluss gebracht wird. Ein bereits fest entschlossener Täter kann nicht mehr angestiftet werden. Versuchte Anstiftung zur Steuerhinterziehung ist straflos. Die Anstiftung ist zur Haupttat insofern akzessorisch, als eine tatbestandsmäßige und rechtswidrige Haupttat vorliegen muss. Hinsichtlich der Schuld sind Täter und Anstifter jeweils gesondert zu beurteilen (§ 29 StGB). Eine Anstiftung zur Steuerhinterziehung liegt beispielsweise vor, wenn dem in Liquiditätsengpässen befindlichen Einzelunternehmer von seinem Lieferanten vorgeschlagen wird, verschiedene

Eingangsrechnungen, denen keine wirklichen Leistungen zu Grunde liegen, in die Buchhaltung einzubauen, was von dem Stpfl. auch wirklich realisiert wird.

Als Gehilfe wird bestraft, wer vorsätzlich einem anderen zu dessen vorsätzlich begangener rechtswidriger Tat Hilfe geleistet hat (§ 27 Abs. 1 StGB, „doppelter Gehilfenvorsatz"). Bei der **Beihilfe** ist der Strafrahmen gemildert (§ 27 Abs. 2 Satz 2 StGB i.V.m. § 49 Abs. 1 StGB). Als Beihilfehandlungen kommen alle Arten von Unterstützungen in Betracht, die häufig vor der eigentlichen Tathandlung geleistet werden. Neben der physischen Beihilfe, wie z.B. das Fälschen von Belegen und Bilanzen von Mitarbeitern auf Anweisung ihres Chefs, kommen auch Fälle bloßer psychischer Beihilfe in Betracht, bei denen der Gehilfe den Haupttäter durch Zureden in dessen Entschluss unterstützt. 1524

Zur Diskussion in Literatur und Rechtsprechung hat die steuerstrafrechtliche Einordnung von sog. „**neutralen Handlungen**" geführt, die häufig in den „Bankenverfahren" vorkamen. Eine strafrechtlich nicht tatbestandsmäßige und somit neutrale Handlung ist grundsätzlich anzunehmen, wenn z.B. ein Bankmitarbeiter für einen Kunden einen Auslandsgeldtransfer nach Luxemburg oder in die Schweiz durchführt. Ob dieser Kunde später eventuelle Kapitalerträge in Deutschland seinem FA erklärt oder nicht, hat zunächst mit dem rein banktechnischen Transfervorgang nichts zu tun. Nach der Rechtsprechung des BGH[1]) sollen diese bloßen, technischen Übertragungsvorgänge ihren steuerstrafrechtlich neutralen Charakter verlieren, wenn der Bankmitarbeiter bei deren Durchführung es für „*überaus wahrscheinlich hielt*", dass die Bankkunden die zukünftigen Erträge ihrem FA nicht erklärten. Unter dieser Voraussetzung lasse sich der Bankmitarbeiter „*die Förderung dieser Taten angelegen sein*". 1525

Das Hinterziehungsziel der Bankkunden werde v.a. dadurch gefördert, dass der einheitliche Übertragungsvorgang – der mit einer einzigen Überweisung zu bewerkstelligen gewesen wäre – „ohne jeden sonstigen Anlass" allein deshalb in eine Barauszahlung vom Girokonto und eine anschließende Bareinzahlung aufgeteilt wurde, um den eigentlichen Übertragungsvorgang anonym vornehmen zu können. Der fünfte Strafsenat des BGH kommt in seinem Urteil zur Strafbarkeit des Bankmitarbeiters wegen Beihilfe an der Steuerhinterziehung der Kunden. Wegen der Ungewissheit der Haupttat und des mangelnden zeitlichen Zusammenhangs zwischen Vermögenstransfer und Abgabe der Steuererklärung wird diese Einschätzung von weiten Teilen der Literatur nicht geteilt.[2])

8. Verjährung

a) Steuerliche Fristen der Festsetzungsverjährung (§§ 169–171 AO)

Die **strafrechtliche** Verjährung ist von der **steuerlichen** zu trennen. 1526

Grundsätzlich gilt eine Frist von **vier Jahren**, die allerdings bei den wichtigsten Steuerarten erst mit Ablauf des Jahres der Steuererklärung oder Steueranmeldung oder spätestens mit Ablauf des dritten Kalenderjahrs nach Entstehung der Steuer beginnt.

Diese Frist verlängert sich bei leichtfertiger Steuerverkürzung auf fünf Jahre und **bei Steuerhinterziehung** auf **zehn Jahre**. Sie endet nicht, bevor die Verfolgung der Steuerhinterziehung oder Steuerordnungswidrigkeit verjährt ist (§ 171 Abs. 7 AO). Die deliktische Fristverlängerung tritt nach § 169 Abs. 2 Satz 3 AO auch ein, wenn die Tat durch Dritte und nicht durch den Steuerschuldner selbst begangen ist (Ausnahme: Der Steuerschuldner hat keinen Vermögensvorteil erlangt und die erforderliche Sorgfalt angewandt).

---

1) Vgl. BGH v. 1.8.2000, 5 StR 624/99, wistra 2000, 340.
2) Vgl. Spatscheck, DB 2000, 492, m.w.N.

1527 Problemfall: Beim FA waren bereits zu einem frühen Zeitpunkt alle Informationen vorhanden, die zu einer Schätzung erforderlich sind. Dennoch hat man abgewartet. Ob auch hier eine Fristverlängerung in Frage kommt, ist umstritten.[1]

Die *Steuerfahndung* (→ 4 Rz. 1463 ff. und die Bekanntgabe der **Einleitung des Verfahrens hemmen** den steuerlichen Fristablauf zusätzlich (§ 171 Abs. 5 AO).

b) Strafrechtliche Verfolgungsverjährung

1528 Die Frist beträgt grundsätzlich **fünf Jahre** (§ 78 StGB, bei Ordnungswidrigkeiten vgl. § 384 AO).

Der Gesetzgeber hat die Verlängerung der strafrechtlichen Verfolgungsverjährung eingeführt. § 376 AO, Verfolgungsverjährung, hat mit Wirkung vom 1.1.2009 folgenden Wortlaut:

„(1) *In den in § 370 Abs. 3 Satz 2 Nr. 1 bis 5 genannten Fällen besonders schwerer Steuerhinterziehung beträgt die Verjährungsfrist 10 Jahre.*

(2) Die Verjährung der Verfolgung einer Steuerstraftat wird auch dadurch unterbrochen, dass dem Beschuldigten die Einleitung des Bußgeldverfahrens bekanntgegeben oder diese Bekanntgabe angeordnet wird."

Damit hat der Gesetzgeber der in der Literatur vorgetragenen Kritik zumindest teilweise Rechnung getragen und die „normale" Steuerhinterziehung hinsichtlich der strafrechtlichen Verfolgungsverjährung in dem Bereich der übrigen Vermögensdelikte bei fünf Jahren belassen. Es ist nunmehr jeweils die Aufgabe des Beraters, bei Selbstanzeigen zu entscheiden, ob es sich um eine Steuerhinterziehung in einem besonders schweren Fall handelt und somit die zehnjährige strafrechtliche Verjährungsfrist für die Einreichung der Unterlagen maßgeblich ist oder ob – wie bisher – strafrechtlich ein Zurückgehen um fünf Jahre ausreichend ist. Schon jetzt ist erkennbar, dass hierin Streitpotenzial liegt.

Die absolute Verfolgungsverjährung tritt nach zehn Jahren ein (§ 78c Abs. 3 Satz 2 StGB).

Die Verjährung ist für **jede Steuer und jeden Besteuerungsabschnitt gesondert** zu berechnen; eine Zusammenfassung mehrerer Abschnitte durch den sog. Fortsetzungszusammenhang gibt es nicht mehr.

Die Verjährung beginnt mit **Beendigung der Tat** (§ 78a StGB). Der Erfolg der Steuerverkürzung tritt nach § 370 Abs. 4 AO ein, wenn die Steuern nicht in voller Höhe oder nicht rechtzeitig festgesetzt werden. Insofern ist zu unterscheiden:

1529 Bei **Veranlagungssteuern** (Einkommensteuer, Körperschaftsteuer, Gewerbesteuer, Vermögensteuer, Grundsteuer) beginnt die Verjährung mit der Bekanntgabe des Steuerbescheids (Erstbescheid, der eine zu niedrige Steuer festsetzt).

Wird **keine Erklärung** abgegeben und ergeht kein Bescheid, tritt die Beendigung erst **mit Abschluss der Veranlagungsarbeit** des zuständigen FA ein. Vorher ist die Tat mit Ablauf der Erklärungsfrist lediglich versucht. Zu Gunsten des Beschuldigten muss vermutet werden, dass seine Erklärung als eine der Ersten bearbeitet worden wäre, was zu einem früheren Verjährungsbeginn führt.[2]

1530 Bei **Fälligkeitssteuern** (Umsatzsteuer, Lohnsteuer) ist nach § 168 AO eine Selbstberechnung, d.h. eine Steueranmeldung und vorläufige Steuerfestsetzung, vom Stpfl. durchzuführen. Die Tat ist mit dem gesetzlichen Erklärungstermin beendet.

---

1) Vgl. Bilsdorfer, NJW 1996, 169, 174.
2) Vgl. Schmitz, wistra 1993, 248.

Ausnahme: Führt die Umsatzsteuererklärung zu einer Steuervergütung (§ 18 Abs. 1 UStG), gelten die Ausführungen unter → 4 Rz. 1519 f.

c) Spezialprobleme

Die **Wiederholung der falschen Angaben** aus den monatlichen Umsatzsteuervoranmeldungen in der Umsatzsteuerjahreserklärung führt zu einer Beendigung i.d.R. mit dem Eingang der Jahressteuererklärung beim FA.[1] **1531**

Eine **Tat im natürlichen Sinne** ist anzunehmen, wenn der Täter einen noch nicht fehlgeschlagenen Steuerhinterziehungsversuch durch wahrheitswidrige Angaben im Betriebsprüfungs- bzw. Rechtsmittelverfahren zu stützen versucht.[2]

Achtung! Berater können insbesondere in diesem Stadium noch **Beihilfe** leisten. Besonders versteckt: Beihilfe zur Steuerhinterziehung und Strafvereitelung durch Mitwirkung im Rahmen einer tatsächlichen Verständigung.[3] **1532**

d) Unterbrechung (§ 78c StGB)

Die Verjährung wird durch die unter § 78c Abs. 1 Nr. 1–12 StGB im Einzelnen aufgezählten Handlungen **unterbrochen**. Das bedeutet, dass nach jeder Unterbrechung die **Verjährung von Neuem beginnt** (§ 78c Abs. 3 Satz 1 StGB). **1533**

Die Unterbrechung wirkt nur gegenüber **demjenigen, auf den sich die Handlung bezieht** (§ 78c Abs. 4 StGB).

Für eine **Durchsuchungsanordnung** soll zur Verjährungsunterbrechung ausreichend sein, wenn der Tatverdächtige anhand konkreter Informationen bestimmbar ist.[4] Das ist nicht der Fall bei einer Durchsuchungsanordnung, die sich „gegen die Verantwortlichen" eines größeren Unternehmens richtet.[5] **1534**

Bei mehreren selbständigen Straftaten ist auf den **Verfolgungswillen** der Strafverfolgungsorgane abzustellen.[6]

In der Diskussion ist die Frage, wie folgender Fall zu beurteilen ist: **1535**

A hat Kapitalerträge nicht erklärt und Einkünfte aus Gewerbebetrieb zu niedrig angegeben. Das Ermittlungsverfahren wird **ausschließlich** und ausdrücklich für einen bestimmten Veranlagungszeitraum wegen der **Hinterziehung von Kapitalerträgen** eingeleitet. Nach zutreffender, aber umstrittener Ansicht hat dies für die Einkünfte aus Gewerbebetrieb **keine** verjährungsunterbrechende Wirkung.[7]

Die Einleitung des Steuerstrafverfahrens bzw. Durchsuchungs- und Beschlagnahmebeschlüsse unterbrechen nur dann die Verjährung, wenn sie **bestimmt genug** sind. Gegenstand und Umfang des Verdachts müssen möglichst konkret wiedergegeben werden.[8]

Ferner ist eine **Sachverhaltsschilderung** beizufügen, die als Tatsachengrundlage des Verdachts zusammen mit der Einleitung dem Betroffenen übergeben wird.[9]

---

1) Vgl. BGH v. 3.3.1989, 3 StR 552/88, wistra 1989, 188.
2) Vgl. BGH v. 17.7.1991, 5 StR 225/91, NJW 1991, 3227.
3) Vgl. BGH v. 26.10.1998, 5 StR 746/97, mit Anmerkung von Spatscheck/Mantas, PStR 1999, 198.
4) Vgl. BGH v. 12.3.1991, 1 StR 38/91, wistra 1991, 217.
5) Vgl. LG Dortmund v. 7.11.1990, 14 (III) K 5/88, wistra 1991, 186.
6) Vgl. BGH v. 23.5.1990, 3 StR 163/89, wistra 1990, 304.
7) Vgl. Volk, wistra 1998, 281.
8) Vgl. Volk, wistra 1998, 281.
9) Vgl. LG Hildesheim v. 5.10.1992, 22 KLs 93 Js 38131/89, StV 1993, 368.

Durch die **Erhebung einer Anklage**, die nicht den Voraussetzungen des § 200 StPO entspricht, wird die Verjährung nach § 78c Abs. 1 Nr. 6 StGB nicht unterbrochen.[1]

Ein Strafverfahren kann bis zur Beendigung des Steuerverfahrens **ausgesetzt** werden; für diese Zeit ruht die Verjährung (§ 396 AO).

9. Konkurrenzen

1536 Bei Nichtabgabe mehrerer Steuererklärungen für verschiedene Veranlagungszeiträume liegt **Tatmehrheit** vor. Es gibt keinen Fortsetzungszusammenhang.

Einkommen-/Körperschaftsteuer- und Gewerbesteuerhinterziehung stehen im Verhältnis der **Tateinheit** (strittig, teilweise eine Tat im natürlichen Sinne).

Der **Umsatzsteuerjahreserklärung** kommt im Verhältnis zu den vorangegangenen **Umsatzsteuervoranmeldungen** in demselben Kalenderjahr ein selbständiger Unrechtsgehalt zu. Es handelt sich nicht um eine mitbestrafte Nachtat.[2]

1537 Hinterziehung von Umsatzsteuern und **Fälschung von Rechnungen** stehen zueinander im Verhältnis der Tateinheit, wenn der Stpfl. bei der Geltendmachung erhöhter Vorsteuern diese gefälschten Rechnungen einsetzt.[3] Tatmehrheit besteht zwischen § 370 AO und § 267 StGB, wenn der Beschuldigte dem gutgläubigen Steuerberater gefälschte Belege zur Fertigung einer Steuererklärung übergeben hat.[4]

Wird eine Betriebsausgabe fingiert und dadurch außer der Steuerhinterziehung auch eine **Untreue** zum Nachteil einer GmbH begangen, besteht insoweit weder Tateinheit noch eine Tat i. S. des § 264 StPO.[5]

Ist unklar, wie viele **Einzelhandlungen** i. S. der §§ 52, 53 StGB vorliegen, ist zu Gunsten des Täters oder Teilnehmers davon auszugehen, dass er nur eine Handlung/Beihilfetat begangen hat.[6]

III. Steuerordnungswidrigkeiten

1. Allgemeiner Teil

1538 Die Bußgeldvorschriften sind in §§ 377–384 AO geregelt. Nach § 377 Abs. 2 AO gelten die allgemeinen Vorschriften des **Gesetzes über Ordnungswidrigkeiten** (OWiG).

Ein wesentlicher Unterschied zu „echten" Straftatbeständen ist, dass bei den Steuerordnungswidrigkeiten nicht nach Täterschaft und Teilnahme abgegrenzt wird, sondern man von dem Begriff des **Einheitstäters** ausgeht (§ 14 OWiG). Steuerordnungswidrigkeiten **verjähren in fünf Jahren** (§ 384 AO). Gegen den Täter wird eine **Geldbuße** – keine „Strafe" – festgesetzt, die mindestens 5 € (§ 17 OWiG) beträgt und den wirtschaftlichen Vorteil der Tat jedenfalls abschöpfen, ggf. sogar übersteigen soll.

Juristische Personen und Personenvereinigungen sind nicht deliktsfähig. Strafrechtlich verantwortlich sind nur die in deren Namen handelnden Personen. Als Ausnahme lässt § 30 OWiG die Festsetzung von Geldbußen gegen juristische Personen und Personenvereinigungen zu. In den **Luxemburg-Banken-Verfahren** wurde die Vorschrift häufig angewandt, um die gegen verschiedene Mitarbeiter und Vorstände von Ban-

---

1) Vgl. OLG Bremen v. 24.7.1989, Ws 104/89 (BL 138/89), StV 1990, 25.
2) Vgl. BGH v. 1.11.1995, 5 StR 535/95, wistra 1996, 105.
3) Vgl. BGH v. 15.7.1988, 3 StR 137/88, wistra 1988, 345.
4) Vgl. BGH v. 7.6.1994, 5 StR 272/94, wistra 1994, 268.
5) Vgl. BGH v. 20.12.1995, 5 StR 412/95, wistra 1996, 184.
6) Vgl. BGH v. 19.11.1996, 1 StR 572/96, wistra 1997, 61.

ken eingeleiteten Ermittlungsverfahren durch eine Geldbuße gegen das Bankinstitut verfahrensökonomisch abschließen zu können.

2. Leichtfertige Steuerverkürzung

Hinsichtlich des objektiven Tatbestands verweist die **leichtfertige Steuerverkürzung** (§ 378 AO) auf die Vorschriften zur Steuerhinterziehung in § 370 Abs. 1 und Abs. 4–6 AO. **Leichtfertig handelt**, wer die objektiv erforderliche und ihm subjektiv mögliche und zumutbare Sorgfalt in besonders grobem Maße **außer Acht** lässt, wer also aus besonderem Leichtsinn oder aus besonderer Gleichgültigkeit fahrlässig handelt. Das Bußgeld kann bis zu 50 000 € betragen (§ 378 Abs. 2 AO). **1539**

3. Sonstige Ordnungswidrigkeiten

In den §§ 379 ff. AO werden weitere **Steuergefährdungstatbestände** normiert, die regelmäßig bloße Vorbereitungshandlungen einer Steuerhinterziehung darstellen und somit nur in Betracht kommen, wenn keine solche vorliegt. **1540**

4. Konkurrenzen

Treffen **mehrere leichtfertige Steuerverkürzungen** zusammen, wird im Falle von Tateinheit nur eine Geldbuße verhängt (§ 19 OWiG), bei Tatmehrheit wird jede einzelne Geldbuße gesondert festgesetzt (§ 20 OWiG). Eine Gesamtstrafenbildung i.S.d. § 53 StGB erfolgt nicht. **1541**

Die leichtfertige Steuerverkürzung (§ 378 AO) geht den **anderen Steuerordnungswidrigkeiten** (§§ 379–382 AO) vor.

Trifft eine leichtfertige Steuerverkürzung mit einer **Steuerhinterziehung** i.S.d. § 370 AO zusammen, geht der Straftatbestand dem Bußgeldtatbestand vor (§ 21 Abs. 1 OWiG).

Stiftungen

von Dr. Eberhard Kalbfleisch

INHALTSÜBERSICHT	Rz.
I. Vorbemerkungen	1542
II. Rechtliche Grundlagen der Stiftung	1543–1564
1. Die rechtsfähige Stiftung des Privatrechts	1544–1556
a) Errichtung der rechtsfähigen Stiftung unter Lebenden	1545–1550
b) Errichtung der rechtsfähigen Stiftung von Todes wegen	1551–1555
c) Staatliche Aufsicht	1556
2. Die nicht rechtsfähige (unselbständige) Stiftung	1557–1564
a) Errichtung der unselbständigen Stiftung unter Lebenden	1558–1563
b) Errichtung der unselbständigen Stiftung von Todes wegen	1564
III. Steuerliche Behandlung	1565–1576
1. Die inländische Stiftung als Steuersubjekt	1566
2. Gemeinnützige Stiftungen	1567–1571
a) Verfolgung steuerbegünstigter Zwecke i.S.d. §§ 52–54 AO	1568

	Rz.
b) Art der Zweckverfolgung	1569
c) Mischformen steuerbegünstigter Tätigkeiten	1570
d) Anforderungen an die Satzung	1571
3. Besonderheiten bei der Stiftung von Todes wegen	1572–1575
a) Rechtliche Vorfragen	1573
b) Erbschaftsteuer	1574
c) Körperschaftsteuer	1575
4. Exkurs: Erhöhter Abzug von Spenden an Stiftungen	1576
IV. Die Familienstiftung	1577–1579
1. Rechtliche Grundlagen	1578
2. Steuerliche Behandlung	1579
V. Die Unternehmensstiftung	1580–1581
1. Bedeutung	1580
2. Rechtsformwahl	1581

I. Vorbemerkungen

1542 Stiftungen haben in Deutschland buchstäblich eine jahrtausendealte Tradition: als älteste heute noch bestehende Stiftung gilt die Hospital-Stiftung zu Wemding (Bayern), deren Errichtung auf das Jahr 917 datiert wird[1)] und die bis heute in Nürnberg tätig ist. Während der Stiftungsgedanke ursprünglich religiösen Hintergrund besaß und der Zweck dieser frühen Einrichtungen regelmäßig auf karitative Aktivitäten ausgerichtet war, hat die Stiftung als Rechtsform heute auch im Zusammenhang mit unternehmerischer Betätigung in maßgeblicher Weise ihren Platz gefunden. Unternehmensnahe Stiftungen im Umfeld großer Unternehmen wie Bertelsmann, Volkswagen, Carl Zeiss, Vorwerk oder Siemens sind mit ihren Aktivitäten längst auch einer breiten Öffentlichkeit bekannt geworden.

Derzeit gibt es in Deutschland knapp 20 150 rechtsfähige Stiftungen, davon wurden im Jahr 2013 638 neu errichtet.[2)] Da nur diese, nicht aber nicht rechtsfähige und kirchliche Stiftungen der Staatsaufsicht unterliegen und im Stiftungsverzeichnis der jeweiligen Bundesländer registriert sind, liegen über letztere verlässliche statistische Daten nicht vor. Unbestätigten Verlautbarungen u.a. im Internet zufolge sollen sich die Zahlen zwischen 30 000 bis 80 000 für nicht rechtsfähige zivilrechtliche sowie für kirchliche Stiftungen in vergleichbarer Höhe bewegen.

Aber auch in mittelständischen Unternehmen wird das Thema Stiftung regelmäßig virulent, und zwar im Zusammenhang mit Überlegungen des Unternehmers über die Gestaltung seiner unternehmerischen Nachfolge. Insbesondere, wenn ein Unternehmensnachfolger aus dem Kreise der engeren Verwandten nicht erkennbar ist, scheint sich eine Gestaltung unter Einbeziehung der Rechtsform der Stiftung anzubieten, um das Unternehmen unabhängig von künftigen Erbgängen in der Inhaberfamilie zu strukturieren und zu stabilisieren.

Im Folgenden sollen daher die rechtlichen Grundlagen und einige wesentliche steuerliche Aspekte im Zusammenhang mit der Errichtung einer Stiftung und deren Aktivi-

---

1) Elisabeth Kraus, Private Initiative als Programm: Stiftungswesen und Mäzenatentum im 19. und 20. Jahrhundert am Beispiel Münchens, in Jahrbuch 1999 der Arbeitsgemeinschaft historischer Forschungsgemeinschaften in der Bundesrepublik Deutschland e.V.
2) Stiftungen bürgerlichen Rechts, die der staatlichen Aufsicht unterliegen, ohne kirchliche Stiftungen, die der Aufsicht der Kirchenbehörden unterstellt sind, Stand: 31.12.2013; Angaben gem. Bundesverband Deutscher Stiftungen, veröffentlicht unter http://www.stiftungen.org/no_cache/de/statistiken.html.

täten skizziert werden. Die nachstehenden Ausführungen sind dabei allerdings auf die Erscheinungsformen der rechtsfähigen und der nicht rechtsfähigen bürgerlich-rechtlichen Stiftung beschränkt und lassen weitere Rechtsformen und Gestaltungen wie kirchliche und andere öffentlich-rechtliche Stiftungen, Treuhandstiftungen u.ä. außer Betracht.

II. Rechtliche Grundlagen der Stiftung

Die rechtlichen Grundlagen des Stiftungsrechts sind auf Grund der historischen Entwicklung der Bundesrepublik Deutschland auch nach dem Erlass des Gesetzes zur Modernisierung des Stiftungsrechts vom 15.7.2002[1] nicht einheitlich geregelt. Vielmehr kommen neben dem Bundesstiftungsrecht im BGB (§§ 80 ff.) auch die Landesstiftungsgesetze der Bundesländer zur Anwendung.[2] Bei Regelungsüberschneidungen bleibt das Bundesrecht vorrangig. Im Rahmen der Errichtung stehen dem Stifter die rechtsfähige Stiftung und die nicht rechtsfähige (unselbständige) Stiftung zur Auswahl. 1543

1. Die rechtsfähige Stiftung des Privatrechts

Bei der rechtsfähigen Stiftung des Privatrechts handelt es sich um eine juristische Person, die durch ein Stiftungsgeschäft festgelegte Zwecke mit Hilfe eines Vermögens verfolgt und dem Stiftungszweck dauerhaft gewidmet ist.[3] Die Stiftung wird durch das Stiftungsgeschäft des bzw. der Stifter errichtet und erlangt mit der staatlichen Anerkennung ihre Rechtsfähigkeit. 1544

a) Errichtung der rechtsfähigen Stiftung unter Lebenden

aa) Stiftungsgeschäft

Das Stiftungsgeschäft stellt eine einseitige, nicht empfangsbedürftige Willenserklärung des Stifters dar, die auf die Errichtung einer juristischen Person gerichtet ist (organisationsrechtlicher Teil).[4] Dabei kann der Stifter sowohl eine natürliche als auch eine juristische Person oder eine rechtsfähige Personengesellschaft sein.[5] Die Willenserklärung wird zumeist in einer Stiftungsurkunde durch den Stifter festgehalten, sie kann aber auch im Rahmen eines Vertrags abgegeben werden.[6] Hierbei muss allerdings beachtet werden, dass der Vertrag, jedenfalls soweit das Stiftungsgeschäft betroffen ist, für den Stifter nicht unwiderruflich sein darf, um die Voraussetzungen des § 81 Abs. 2 Satz 1 BGB (Grundsatz der Widerruflichkeit des Stiftungsgeschäfts bis zur Anerkennung der Stiftung) zu wahren. Sofern mehrere Personen eine Stiftung gemeinsam errichten, greift hinsichtlich des Widerrufs § 139 BGB, so dass der Widerruf durch einen Stifter grundsätzlich zur Nichtigkeit des gesamten Stiftungsgeschäfts führt.[7] Ferner ist der Widerruf des Stiftungsgeschäfts nach der Antragstellung bei der zuständigen Anerkennungsbehörde nur noch gegenüber dieser möglich (§ 81 Abs. 2 Satz 2 BGB). Erben eines Stifters sind zum Widerruf nur berechtigt, wenn der Stifter nicht mehr zu Lebzeiten den Antrag auf Anerkennung der Stiftung gestellt oder einen Notar mit der Antragstellung beauftragt hat. Sobald die Stiftung anerkannt wurde, erlischt das Widerrufsrecht. 1545

---

1) Gesetz v. 15.7.2002, BGBl. I 2002, 2634; vgl. Andrick/Suerbaum, NJW 2002, 2905 ff.
2) Backert in Beck'scher Onlinekommentar zum BGB, § 80 Rz. 1 und 2.
3) Schick/Schmidt/Ries/Walbröl, Praxis-Handbuch Stiftungen, 30 Rz. 1.
4) Reuter, MüKo BGB, 6. Aufl. 2012, § 81 BGB Rz. 3.
5) Reuter, MüKo BGB, 6. Aufl. 2012, § 81 BGB Rz. 4.
6) Hüttemann/Rawert, Staudinger, BGB – Neubearbeitung 2011; § 81 BGB Rz. 2.
7) Hüttemann/Rawert, Staudinger, BGB – Neubearbeitung 2011; § 81 BGB Rz. 2.

bb) Stiftungserklärung

1546 Darüber hinaus muss das Stiftungsgeschäft die verbindliche Erklärung des Stifters enthalten, ein Vermögen zur Erfüllung eines von ihm vorgegebenen Zwecks zu widmen. Der Zweck der Stiftung kann dabei durch den Stifter frei gewählt werden, sofern dieser nicht gemeinwohlschädlich ist. Gegen das Gemeinwohl ist der Zweck gerichtet, sobald ein Verstoß gegen einfaches Gesetzesrecht vorliegt[1] oder Güter mit Verfassungsrang beeinträchtigt sind.[2] Private und gemeinnützige Zwecke können unproblematisch verfolgt werden. Letztere liegen u.a. bei der Unterstützung oder Wahrnehmung von mildtätigen, kirchlichen[3], sozialen, gesellschaftlichen oder auch wissenschaftlichen Aufgaben vor.

Historisch gesehen sollte die Stiftung auf „ewig" angelegt sein und damit u.a. eine Abgrenzung zur bloßen Spende bilden. Dies sollte durch den Grundsatz der Kapitalerhaltung erreicht werden, nach dem ein Verbrauch des Substanz- oder Grundstockvermögens unzulässig ist und der Stiftungszweck allein aus den Erträgen des Stiftungskapitals verwirklicht wird. Dieser Grundsatz wurde allerdings durch die im Rahmen des Gesetzes zur Stärkung des Ehrenamtes mit Wirkung zum 29.3.2013[4] vorgenommene Ergänzung des § 80 Abs. 2 Satz 2 BGB stark relativiert. Die Verbrauchsstiftung, deren Stiftungszweck durch Verbrauch des Grundstockvermögens verwirklicht werden soll, war zwar schon vor dieser Gesetzesänderung in der Praxis angekommen,[5] wird nun aber in § 80 Abs. 2 Satz 2 BGB sowie auch in den meisten Landesstiftungsgesetzen der Bundesländer explizit zugelassen.[6] Nach der Legaldefinition dieser Vorschrift ist eine Verbrauchsstiftung eine Stiftung, die für eine bestimmte Zeit errichtet ist und deren Vermögen für die Zweckverfolgung verbraucht werden soll. Die Verbrauchsstiftung sollte jedoch für mindestens zehn Jahre errichtet werden. Dabei muss die Satzung nicht die genaue Dauer der Stiftung festschreiben, es ist vielmehr auch ausreichend, wenn sich aus der Satzung eine Mindestdauer von zehn Jahren ergibt.[7] Neben der Befristung hat der Stifter in der Satzung auch einen Verbrauchsschlüssel anzugeben, um zu verhindern, dass das Vermögen bereits zu Beginn der Stiftung stark verbraucht wird.[8] Sie ist gerade für Stiftungen mit kleinerem Vermögen unterhalb einer Schwelle von 1–2 Mio. € attraktiv, da diese auf Grund des niedrigen Zinsniveaus als Dauerstiftung oftmals unterkapitalisiert sind.[9]

Ferner bietet die Verbrauchsstiftung einen Schutz gegen die Entwertung des Stiftungsnamens, da viele ewige Stiftungen auf Grund von Kriegen, Krisen oder schlechter Vermögensverwaltung „weder sterben noch leben" können.

Demgegenüber ist bei der Errichtung einer klassischen Stiftung das Grundstockvermögen ungeschmälert zu erhalten und der Stiftungszweck mittels der Erträge zu erfüllen. Ein Teil der Erträge kann dabei auch zum weiteren Aufbau des Grundstockver-

---

1) Rechtsausschuss, BT-Drucks 14/8894, 10.
2) BVerwGE 106, 177; BVerwG NJW 1998, 2545.
3) Schlüter/Stolte, Stiftungsrecht, 1. Aufl. 2007, Kapitel 1: Einleitung, Rz. 52.
4) Gesetz v. 21.3.2013, BGBl. I 2013, 556; Backert in Beck'scher Online-Kommentar zum BGB, Stand: 1.8.2014, § 80 Rz. 4; zu den daraus sich ergebenden Gestaltungsmöglichkeiten für Unternehmerfamilien („Familienverbrauchsstiftung") vgl. Tielmann, NJW 2013, 2934 ff.
5) Bekanntestes Beispiel dürfte die von der Bundesregierung und der deutschen Wirtschaft im Jahre 2000 errichtete Stiftung „Erinnerung, Verantwortung und Zukunft" sein, deren Stiftungskapital zwischen 2001 und 2007 satzungsgemäß zur Entschädigung von Zwangsarbeitern während der Zeit des Nationalsozialismus verbraucht wurde.
6) Z.B. § 7 Abs. 2 Satz 1 RhpfStiftG; dagegen nicht vorgesehen sind Verbrauchsstiftungen in den Bundesländern Bremen, Hessen, Niedersachsen und Bayern. Allerdings sind auch hier teilweise Ausnahmeregelungen vorhanden.
7) Tielmann, NJW 2013, 2934, 2935.
8) Tielmann, NJW 2013, 2934, 2936.
9) Vgl. Tielmann, NJW 2013, 2934.

mögens eingesetzt werden (Thesaurierung). Bei gemeinnützigen Stiftungen sind die Erträge zeitnah zu verwenden (§ 55 Abs. 1 Nr. 5 Satz 3 AO).

Mit der Vorgabe des Stiftungszwecks ist zwingend auch ein Ausstattungsversprechen verbunden, das den Stifter verpflichtet, einen Vermögenswert auf die Stiftung zu übertragen (vermögensrechtlicher Teil).[1] Der Vermögenswert ist gesetzlich nicht näher definiert, so dass alle übertragbaren Vermögenswerte (u.a. Bargeld, Aktien oder GmbH-Anteile) erfasst sind. Fraglich ist allerdings der nötige Umfang des Vermögens. Eine gesetzliche Regelung bezüglich eines Mindeststiftungsvermögens wie im GmbH- oder Aktienrecht besteht nicht. Während man vor dem Stiftungsmodernisierungsgesetz grundsätzlich eine symbolische Grundausstattung ablehnte, muss dies heute als zulässig angesehen werden, sofern weitere ausreichende Zustiftungen bzw. Zuwendungen mit einer gewissen Sicherheit zu erwarten sind, anhand derer der Stiftungszweck erfüllt werden kann.[2] Dies ergibt sich neben der amtlichen Begründung zu § 80 Abs. 2 BGB auch aus dem Wortlaut des § 81 Abs. 1 Satz 2 BGB, der gerade nicht von einem ausreichenden Anfangsvermögen spricht. Allerdings sind Stiftungen, die zur Erfüllung des Zwecks kein Vermögen benötigen (Funktionsstiftung), nicht vom Gesetz erfasst.[3] Dies ergibt sich ebenfalls aus § 81 Abs. 1 Satz 2 BGB, der einen Zweck voraussetzt, dessen Erfüllung mittels eines Vermögens erreicht werden muss. Auch die Vorratsstiftung, die ohne ausreichendes Vermögen ausgestattet wird und nur eine vage Aussicht auf einen späteren Vermögensanspruch in Form einer letztwilligen Verfügung gegen den Stifter hat, ist nicht anerkennungsfähig, da der nötige Erwerb des Vermögens nicht von einer objektiv überprüfbaren Prognose abhängt, sondern von einer beliebigen Entscheidung des Stifters.[4] In der Praxis ist damit zu rechnen, dass die Genehmigungsbehörden die erforderliche Dauerhaftigkeit der Stiftung nur annehmen, wenn die Stiftung bei ihrer Errichtung mit einem Vermögensgrundstock von mindestens 50 000 bis 100 000 € ausgestattet wird. Dies ist insbesondere zu bedenken, wenn die Errichtung einer Anlaufstiftung erwogen wird, also die Stiftung schon zu Lebzeiten des Stifters errichtet und tätig wird, ihre volle Vermögensausstattung aber erst mit dem Tod des Stifters erhalten soll. Liegt schon ein ausreichender Vermögensgrundstock vor, kann dieser durch spätere Zustiftungen erhöht werden.

cc) Mindestinhalt der Stiftungssatzung

Des Weiteren ist die Errichtung einer Satzung zwingend. Diese muss Regelungen über den Namen, den Sitz, den Zweck, das Vermögen und die Bildung des Vorstands der Stiftung enthalten (§ 81 Abs. 1 Satz 3 BGB). Die Norm erfasst hierbei lediglich die zwingenden Mindestangaben und ist nicht abschließend, so dass u.a. die Bildung weiterer Stiftungsorgane (Aufsichtsrat, Verwaltungsrat, Stiftungsrat) sowie Förder- und Beratungsgremien (Kuratorium, Beirat, Freundeskreis) möglich bleibt. Auch die Aufnahme weiterer Regelungen in der Satzung, etwa Einzelheiten zur Mittelverwendung, Erhalt oder – bei der nunmehr gesetzlich ausdrücklich zugelassenen Verbrauchsstiftung – Verzehr des Grundstockvermögens, Kompetenzabgrenzung zwischen den einzelnen Stiftungsorganen oder zur Rechnungslegung der Stiftung, sind zulässig und in der Praxis häufig anzutreffen.

Der Stiftungsname dient der Individualisierung im Rechtsverkehr und wird durch § 12 BGB geschützt. Grundsätzlich kann der Name frei gewählt werden, sofern er nicht die Namensrechte eines Dritten verletzt und dem Grundsatz der Namenswahrheit entspricht. Darüber hinaus sind neben den Voraussetzungen des § 12 BGB willkürliche

---

1) Backert in Beck'scher Onlinekommentar zum BGB, § 81 Rz. 4.
2) BT-Drucks 14/8765, 8, vgl. auch Reuter, MüKo BGB, 6. Aufl. 2012, § 81 BGB Rz. 13.
3) Reuter, MüKo BGB, 6. Aufl. 2012, § 81 BGB Rz. 12.
4) Reuter, MüKo BGB, 6. Aufl. 2012, § 81 BGB Rz. 16.

Buchstaben- und Zahlenanreihungen untersagt.[1] Ist die Stiftung Kaufmann, sind zudem die handelsrechtlichen Anforderungen an die kaufmännische Firma (Firmenklarheit, Irreführungsverbot etc., vgl. §§ 18 Abs. 2, 30 HGB; 16 UWG) zu beachten. In der Praxis häufig und zulässig ist die Aufnahme des Stiftungszwecks in den Stiftungsnamen. Ob die Bezeichnung „Stiftung" Namensbestandteil sein muss, ist im Schrifttum umstritten.[2] Schon im Hinblick auf das grundsätzlich positive Image, das der Geschäftsverkehr mit dem Begriff „Stiftung" verbindet, aber auch, um Auseinandersetzungen mit den Genehmigungsbehörden a priori auszuweichen, empfiehlt sich, die Bezeichnung „Stiftung" im Stiftungsnamen zu führen.

Der Stiftungssitz kann ebenfalls frei gewählt werden, so dass z.T. sogar empfohlen wird, bewusst Orte in Bundesländern als Stiftungssitz zu wählen, deren Aufsichtspraxis großzügiger ausfällt.[3] Zu beachten ist allerdings, dass ein rein fiktiver Rechtssitz ohne Bezug zur Stiftungstätigkeit nicht möglich ist.[4] Sinnvollerweise sollte der zukünftige Ort der Hauptverwaltung auch als Stiftungssitz gewählt werden. Der Rechtssitz, der abgrenzend zum Verwaltungssitz auch die landesrechtliche Zuständigkeit bestimmt, sollte auf Grund der landesrechtlichen Besonderheiten und aus Gründen der Rechtssicherheit nur für einen Ort bestimmt werden. Eine spätere Sitzverlegung stellt eine Satzungsänderung dar und muss von der zuständigen Anerkennungsbehörde beim Altsitz bzw., je nach Ausgestaltung des Landesrechts, auch von der zuständigen Anerkennungsbehörde beim neuen Sitz genehmigt werden.

Der Stiftungszweck ist ebenfalls in der Stiftungssatzung zu manifestieren, da er nicht nur die notwendige Voraussetzung für die Stiftungserklärung, sondern auch eines der Kernelemente der Stiftung bildet. Um Rechtsunsicherheit vorzubeugen, bedarf es einer hinreichenden Bestimmung des Stiftungszwecks, der einerseits nicht zu weit gefasst sein darf, um das konkrete Stiftungsziel sowie dessen Erreichung erkennen zu lassen, andererseits aber so allgemein ausgestaltet sein sollte, um mit der Förderidee ein möglichst breites Publikum anzusprechen. In jedem Fall aber muss den Stiftungsorganen ein klarer Auftrag zukommen, der eine eigene Willensbildung im Sinne einer eigenständigen Zweckbildung durch die Organe verhindert.[5] Werden die vorstehenden Grundsätze eingehalten, können auch mehrere Stiftungszwecke entweder neben (sog. gemischte Stiftung) oder auch nacheinander (sog. Sukzessivstiftung) in die Satzung aufgenommen werden. Sollte der Stifter eine spätere Änderung des Stiftungszwecks beabsichtigen oder zumindest vorsehen wollen, ist es ratsam, die Voraussetzungen und Inhalte hierfür bereits bei Errichtung der Stiftung möglichst genau in der Satzung festzuschreiben. Die Zweckänderung kann dann entweder zu Lebzeiten von dem Stifter selbst oder nach seinem Tod von einem Stiftungsorgan nach dem mutmaßlichen Willen des Stifters vorgenommen werden.[6]

Auch das Stiftungsvermögen als weiteres Kernelement der Stiftung ist neben dem Stiftungsgeschäft separat in die Satzung aufzunehmen. Dabei ist zu beachten, dass die Anerkennungsbehörde ihre Prognose, ob der Stiftungszweck anhand des Stiftungsvermögens zu erreichen ist, auf die in dem Stiftungsgeschäft und der Satzung vorgegebenen Angaben stützt. Ferner empfiehlt es sich, in der Satzung Bestimmungen über Einzelheiten der Verwaltung, Verwendung, Umschichtung, Rücklagenbildung oder Verbrauch des Stiftungsvermögens zu treffen. Gleiches gilt für die Möglich-

---

1) RegE, BT-Drucks 14/8675, 10.
2) Dafür: Reuter, MüKo BGB, 6. Aufl. 2012, § 81 BGB Rz. 17; dagegen: Hüttemann/Rawert; Staudinger, BGB – Neubearbeitung 2011; § 81 BGB Rz. 35; wohl auch Schlüter in Henssler/Strohn, Gesellschaftsrecht, München 2011, § 81 Rz. 3.
3) Schauhoff, Handbuch der Gemeinnützigkeit, 3. Aufl. 2010, § 3 Stiftungsrecht Rz. 66.
4) LG Berlin, 84 T 372, 98, NJW-RR 1999, 335; Backert in Beckscher Onlinekommentar zum BGB, § 81 Rz. 7.
5) BGHZ 68, 142, 148.
6) BVerwG 7 B 155/90 v. 29.11.1990, NJW 1991, 713.

keit von späteren Zustiftungen. Das Stiftungsvermögen stellt den wichtigsten Parameter dar, anhand dessen die Anerkennungsbehörde die Prognose trifft, ob die Erfüllung des Stiftungszwecks erreicht werden kann. Gibt sie Zweifel hieran zu erkennen, kann ein vom Stifter zu entwickelndes Konzept helfen, anhand dessen die für die Zweckerfüllung notwendigen Mittel zu erlangen sind. Liegen mehrere Stiftungszwecke vor, die nicht im Zusammenhang zueinander stehen, erfolgt die Prognose durch die Anerkennungsbehörde danach, ob der erste Stiftungszweck durch das Stiftungsvermögen erreicht werden kann.[1] Finanzierungsvorschläge bezüglich des ersten Stiftungszwecks sollten daher vorrangig dargestellt werden.

Gesetzliches Vertretungsorgan der Stiftung ist der Vorstand. Die Satzung muss daher Regelungen über die personelle Besetzung, Bestellung und Abberufung sowie Angaben zur Größe des Vorstands (genaue Anzahl oder Bandbreite) enthalten. Bei der Bestellung von Vorstandsmitgliedern, die entweder schon im Stiftungsgeschäft oder im Rahmen eines Sonderrechts in der Satzung benannt sind, ist die Zustimmung der Betroffenen nötig, da mit dem Vorstandsamt auch Organpflichten einhergehen. Der Bestellungsvorgang der Organmitglieder kann entweder durch den Stifter selbst, durch Beschluss des Vorstands oder eines Kontrollorgans (Kuratorium, Beirat, Stiftungsrat) sowie durch außenstehende Dritte erfolgen. Um Interessenkonflikten vorzubeugen, sollte Letzterer nicht die Anerkennungsbehörde sein. Ist eine Beschlussfähigkeit auf Grund mangelnder Satzungsangaben oder externer Faktoren nicht herzustellen, erhält die Aufsichtsbehörde in einigen Bundesländern die Kompetenz, eine Notbestellung vorzunehmen.[2] Die Berufungsdauer des Stiftungsvorstands kann frei festgelegt werden und beträgt üblicherweise drei bis fünf Jahre. Nach § 86 Satz 1 i.V.m. § 27 Abs. 3 BGB erhält der Vorstand grundsätzlich keine Vergütung für seine Tätigkeit. Sollen die Vorstandsmitglieder davon abweichend eine Vergütung erhalten, ist dies in der Satzung zu regeln. In diesem Zusammenhang ist zu bedenken, dass für Organmitglieder, die unentgeltlich oder für eine Vergütung von höchstens 720 € im Jahr tätig sind, das Haftungsprivileg des § 86 Satz 1 i.V.m. § 31a Abs. 1 BGB (Organhaftung nur bei Vorsatz oder grober Fahrlässigkeit)[3] gilt. Neben dem Vorstand als gesetzlichem Vertreter der Stiftung ist auch die Einsetzung besonderer Vertreter für einzelne Geschäftszweige möglich (§ 86 BGB, § 30 BGB). Insbesondere kann die laufende Geschäftsführung wahrgenommen werden.[4] Sofern darüber hinaus noch weitere Organe neben dem Vorstand vorgesehen sind, sollten explizite Satzungsregelungen getroffen werden, die zum einen die Organbefugnisse festlegen und zum anderen die Beziehung zu den Bestimmungen über den Vorstand widerspruchsfrei und nachvollziehbar kenntlich machen. Ferner sehen einzelne Landesstiftungsgesetze weitere Angaben u.a. über Berufungsverfahren, Aufgaben, Kompetenzen und Geschäftsabläufe vor.[5]

Bleibt die Satzung trotz der Aufforderung zur Vervollständigung durch die Anerkennungsbehörde unvollständig, wird die Anerkennung verweigert. Etwas anderes ergibt sich, wenn der Stifter vor der Anerkennung verstirbt. In diesem Fall kann die Aufsichtsbehörde unter Berücksichtigung des mutmaßlichen Stifterwillens die Satzung in dem erforderlichen Maß ergänzen, so dass das Stiftungsgeschäft nicht schlechter gestellt wird, als bei einer Stiftung von Todes wegen.

---

1) Reuter, MüKo BGB, 6. Aufl. 2012, § 81 BGB Rz. 33.
2) Schauhoff, Handbuch der Gemeinnützigkeit, 3. Aufl. 2010, § 3 Stiftungsrecht Rz. 72.
3) Dieses seit 2009 bereits für das gesetzliche Vertretungsorgan geltende Haftungsprivileg wurde durch das Gesetz zur Stärkung des Ehrenamtes v. 21.3.2013, BGBl. I 2013, 556, mit Wirkung zum 29.3.2013 auf die Mitglieder aller Organe einer Stiftung ausgedehnt, vgl. Backert in Beck'scher Online-Kommentar zum BGB, Stand: 1.8.2014, § 86 Rz. 7.
4) Schauhoff, Handbuch der Gemeinnützigkeit, 3. Aufl. 2010, § 3 Stiftungsrecht Rz. 73.
5) Schlüter/Stolte, Stiftungsrecht, 1. Aufl. 2007, Kapitel 2: Die Errichtung einer Stiftung, Rz. 48.

dd) Form des Stiftungsgeschäfts

1548 Grundsätzlich genügt für das Stiftungsgeschäft unter Lebenden die Schriftform (§ 81 Abs. 1 Satz 1 BGB), so dass die Stiftungsurkunde vom Stifter eigenhändig unterschrieben oder von einem Notar beurkundet werden muss. Die einfache Schriftform genügt dabei auch dann, wenn der Stifter im Stiftungsgeschäft die Übertragung von Grundstücken oder GmbH-Anteilen zusichert.[1)] Eine Beurkundung des Stiftungsgeschäfts ist auch in diesen Fällen – anders als etwa bei der Errichtung einer GbR, die auf den Erwerb bestimmter Grundstücke oder GmbH-Anteile gerichtet ist – nicht erforderlich, wohl aber die dingliche Übertragung der der Stiftung zugedachten Grundstücke oder GmbH-Anteile. Dies gilt indes selbstverständlich dann nicht, wenn das Immobilienvermögen bzw. die Anteile zum Nachlass des Stifters gehören und die Stiftung dessen Alleinerbin geworden ist, da in diesem Fall der Rechtsübergang durch Universalsukzession kraft Gesetzes erfolgt und die Stiftung nur noch eine Berichtigung des Grundbuchs bzw. der Gesellschafterliste zu bewirken hat. Bei Stiftungserrichtung zu Lebzeiten kann der dingliche Rechtsübergang von Gesellschaftsanteilen zudem ggf. gem. § 82 Satz 2 BGB im Wege der Legalzession erfolgen, wenn nicht der Stifter aus Gründen der Rechtssicherheit etwas Abweichendes bestimmt.

ee) Anerkennung

1549 Durch die staatliche Anerkennung erhält die Stiftung ihre Rechtsfähigkeit und wird zur Trägerin von Rechten und Pflichten. Die Voraussetzungen für die Anerkennung der Stiftung wurden im Rahmen des Gesetzes zur Modernisierung des Stiftungsrechts bundesweit vereinheitlicht. Dabei erfolgt die Eröffnung des Anerkennungsverfahrens mit der Stellung des Antrags bei der zuständigen Behörde, wobei die Beantragung durch den Stifter selbst, seinen Vertreter oder Erben vorgenommen werden kann. Gemäß § 80 Abs. 2 BGB ist die Stiftung als rechtsfähig anzuerkennen, wenn das Stiftungsgeschäft den Anforderungen des § 81 Abs. 1 BGB (Mindestinhalt der Satzung, → 4 Rz. 1547) genügt, die dauerhafte und nachhaltige Erfüllung des Stiftungszwecks gesichert erscheint und der Stiftungszweck das Gemeinwohl nicht gefährdet. Liegen die Voraussetzungen vor, besteht ein Rechtsanspruch auf Erteilung der Anerkennung durch die zuständige Behörde.

Bei der Zuständigkeit der Anerkennungsbehörde ist zwischen der sachlichen und örtlichen Zuständigkeit zu unterscheiden. Erstere bestimmt sich nach den Landesstiftungsgesetzen, so dass z.B. in Hessen gem. der §§ 3, 1. Alt. 11 Abs. 1 HessStiftG das Regierungspräsidium, in dessen Bezirk die Stiftung ihren Sitz hat, sachlich zuständig ist. Die örtliche Zuständigkeit ergibt sich aus der Satzung, so dass ein gewisser Gestaltungsspielraum verbleibt.

Bis zur Anerkennung der Stiftung kann der Antrag auf Anerkennung jederzeit zurückgenommen werden. Grundsätzlich gilt hierbei, dass das Stiftungsgeschäft und der Rücknahmeantrag bezüglich der Anerkennung unabhängig voneinander zu behandeln sind. Folglich zieht die Rücknahme des Anerkennungsantrags nicht die Nichtigkeit bzw. Unwirksamkeit des Stiftungsgeschäfts nach sich. Bei Errichtung einer Stiftung durch mehrere Stifter liegt ein wirksamer Anerkennungsantrag nur dann vor, wenn keiner der Stifter seinen Antrag zurücknimmt.[2)]

Noch nicht abschließend geklärt ist, ob im Zeitraum zwischen der Beantragung und der Anerkennung der Stiftung – wie in anderen Fällen der Vorstufe der im Werden begriffenen juristischen Person, etwa der bekanntesten Rechtsfigur, der Vor-GmbH, –

---

1) OLG Schleswig DNotZ 1996, 770; Reuter, MüKo BGB, 6. Aufl. 2012, § 81 BGB Rz. 7; neuestens auch Hüttemann/Rawert; Staudinger, BGB – Neubearbeitung 2011; § 81 BGB Rz. 15 mit Hinweis auf die abl. Voraufl.
2) Reuter, MüKo BGB, 6. Aufl. 2012, § 81 BGB Rz. 48.

eine sog. Vorstiftung besteht mit der Folge, dass Rechtshandlungen, die in der Schwebezeit vorgenommen werden, schon für und gegen die Vorstiftung wirken und von dieser ohne weiteren Rechtsakt auf die anerkannte Stiftung übergehen (→ **4** Rz. 1573).[1]

Nach der erfolgten Anerkennung verliert der Stifter grundsätzlich die Dispositionsbefugnis über die Stiftungsorganisation und den Stiftungszweck.[2] Ferner tritt die Bindungswirkung der Satzung bezüglich der Stiftungsorgane und ihrer Mitglieder ein und der Anspruch der Stiftung gegenüber dem Stifter auf Übertragung der Vermögensausstattung kann geltend gemacht werden. Dabei bedarf es im Rahmen der Vermögensübertragung eines gesonderten dinglichen Übertragungsakts, sofern das Vermögen nicht ipso jure im Wege der Legalzession auf die Stiftung übergeht. Gemäß § 82 Satz 2 BGB gehen nämlich Rechte, für deren Übertragung ein Abtretungsvertrag genügt, also insbesondere auch Anteile an Unternehmen (GmbH-Anteile, KG-Anteile), mit der Anerkennung der Stiftung kraft Gesetzes auf die Stiftung über.[3] Da allerdings bei Gesellschaftsanteilen häufig zur Wirksamkeit der Übertragung noch Zustimmungserklärungen eingeholt werden müssen und im Übrigen der Zeitpunkt der Anerkennung und damit des Wirksamwerdens der Legalzession ungewiss ist, empfiehlt sich ggf., die Übertragung einem gesonderten Abtretungsvertrag vorzubehalten, der dann allerdings ggf. der notariellen Beurkundung bedarf (→ **4** Rz. 1548) Erfüllt der Stifter den Anspruch der Stiftung nicht, richtet sich die Haftung in Analogie zum Schenkungsrecht, die der Vorstand als gesetzlicher Vertreter geltend machen muss.[4]

Etwaige Mängel im Stiftungsgeschäft werden nach h.M. nicht durch den staatlichen Anerkennungsakt geheilt.[5] Darüber hinaus bleiben die Anerkennung und die damit einhergehende Rechtsfähigkeit der Stiftung bis zur Aufhebung durch die Erlassbehörde bestehen.[6]

Bei einer gemeinnützigen Stiftung ist eine separate Anerkennung der Finanzbehörden nötig, die unabhängig von der vorliegenden staatlichen Anerkennung zu beantragen ist (→ **4** Rz. 1567).

ff) Erbrechtliche Konsequenzen

Neben der dauerhaften Sicherung des Stifterwillens ist der Schutz des Vermögens im Erbfall einer der größten Vorteile der Stiftung. Allerdings sind Vermögensverfügungen des Stifters auf die Stiftung als schenkungsähnliche Vermögensübertragungen anzusehen, so dass der Pflichtteilsergänzungsanspruch (§ 2325 Abs. 1 BGB) zumindest analog Anwendung findet.[7] Dies hat zur Folge, dass sich Pflichtteilsansprüche von berechtigten Erben erhöhen und die Stiftung als „Beschenkte" in Anspruch genommen werden könnte. Kann die Anerkennungsbehörde vor diesem Hintergrund nicht zweifelsfrei feststellen, ob das Stiftungsvermögen zur Zweckerfüllung ausreicht, besteht die Gefahr einer Negativentscheidung bzgl. der Anerkennung. Spätere Zustiftungen und Spenden sind ebenfalls vom Pflichtteilsergänzungsanspruch erfasst.[8] Die

1550

---

1) LG Heidelberg v. 3.4.1991, 8 O 392/90, NJW-RR 1991, 969; a.A. statt vieler Reuter, MüKo BGB, 6. Aufl. 2012, § 81 BGB Rz. 70 f.; Backert in Beck'scher Onlinekommentar zum BGB, § 80 Rz. 52 m.w.N. zum aktuellen Streitstand.
2) Schiffer K. Jan in Heidel/Hüßtege/Mansel/Noack, BGB AT, 1. Aufl. 2005, § 80 BGB Rz. 28.
3) Hüttemann/Rawert; Staudinger, BGB – Neubearbeitung 2011; § 82 BGB Rz. 3; Schlüter in Henssler/Strohn, Gesellschaftsrecht, 2011, § 82 BGB Rz. 1.
4) Hüttemann/Rawert; Staudinger, BGB – Neubearbeitung 2011; § 82 BGB Rz. 11.
5) Reuter, MüKo BGB, 6. Aufl. 2012, § 81 BGB Rz. 2.
6) Schiffer K. Jan in Heidel/Hüßtege/Mansel/Noack, BGB AT, 1. Aufl. 2005, § 80 BGB Rz. 36.
7) RGZ 54, 399, 400; OLG Hamburg, OLGE 38, 235, 238; Cornelius, ZErb 2006, 230, 232.
8) BGH, ZEV 2004, 115.

Gefahr das Stiftungsvermögen belastender Pflichtteilsansprüche entfällt nach § 2325 Abs. 3 Satz 2 BGB allerdings, wenn die Stiftungserrichtung zehn Jahre vor dem Erbfall erfolgte oder der Stifter mit den Pflichtteilsberechtigten Pflichtteilsverzichtsverträge abgeschlossen hat.

b) Errichtung der rechtsfähigen Stiftung von Todes wegen

aa) Stiftungsgeschäft

1551 Beruht das Stiftungsgeschäft auf einer Verfügung von Todes wegen, sind neben den stiftungsrechtlichen Anforderungen auch die besonderen Regelungen des Erbrechts zu beachten. Die Willenserklärung im Rahmen des Stiftungsgeschäfts erfolgt durch Testament oder Erbvertrag und ist als solche höchstpersönlich. Daher ist eine Vertretung bei der Errichtung nicht möglich (§§ 2064, 2274 BGB), und die Stiftungsfähigkeit ist auf natürliche Personen beschränkt. Das Stiftungsgeschäft muss auch bei der Errichtung von Todes wegen auf die Errichtung einer juristischen Person gerichtet sein (organisationsrechtlicher Teil), während die sachliche Ausstattung durch eine letztwillige Vermögenszuweisung versprochen wird (vermögensrechtlicher Teil).[1] Die Stiftung kann dabei grundsätzlich als Begünstigte eines Vermächtnisses oder einer Auflage sowie als Erbin eingesetzt werden, auch wenn sie erst nach dem Tod des Stifters anerkannt wird, da die Rechtsfähigkeit in diesen Fällen gem. § 84 BGB rückwirkend auf die Zeit vor den Erbfall fingiert wird.

Die Widerruflichkeit des Stiftungsgeschäfts richtet sich vor dem Tod des Stifters nach den erbrechtlichen Grundsätzen und ergibt sich aus den jeweiligen anwendbaren erbrechtlichen Regelungen. Das Einzeltestament ist dabei frei widerruflich (§§ 2253 ff. BGB), während beim gemeinschaftlichen Testament die Beschränkungen der §§ 2270 ff. BGB und beim Erbvertrag des § 2290 BGB zu beachten sind. Den Erben des Stifters steht lediglich nur dann ein Widerrufsrecht zu, sofern dies der Stifter ausdrücklich in der Verfügung vorgesehen hat. Das in § 81 Abs. 2 Satz 3 BGB genannte Widerrufsrecht gilt nur für Stiftungsgeschäfte zu Lebzeiten. Liegt ein Berliner Testament vor, das im Todeszeitpunkt des Letztversterbenden eine Stiftungserrichtung vorsieht, ist das Stiftungsgeschäft als wechselseitige Verfügung schon beim Tod des Erstversterbenden unwiderruflich.

Dagegen ist die Errichtung einer Stiftung durch eine Schenkung auf den Todesfall (§ 2301 BGB) oder durch einen Vertrag zu Gunsten Dritter auf den Todesfall (§ 331 BGB) nicht möglich. Bei der Schenkung auf den Todesfall fehlt es an den Tatbestandsvoraussetzungen. Die Stiftung würde den Erblasser nicht i.S.d. § 2301 BGB überleben,[2] da sie erst mit oder nach seinem Tod errichtet wird. Der Vertrag zu Gunsten Dritter auf den Todesfall ist kein Stiftungsgeschäft von Todes wegen, da die Stiftung ihre Vermögensausstattung in Form des Anspruchs gegen den Versprechenden schon durch lebzeitige Zuwendung erhält.[3]

bb) Stiftungserklärung

1552 Hinsichtlich der Zweckbestimmung ergeben sich keine weiteren Besonderheiten gegenüber der Errichtung unter Lebenden. Bei der Vermögenszuwendung, die entweder durch Erbeinsetzung oder Vermächtnis erfolgt, sind jedoch Besonderheiten im Zusammenhang mit der Gestaltung durch den Stifter zu beachten.

Ist die Stiftung Alleinerbin, erhält sie das Stiftungsvermögen im Rahmen der Universalsukzession (§ 1922 BGB). Existieren jedoch noch weitere Erben, bleiben auch nach

---

1) Hüttemann/Rawert; Staudinger, BGB – Neubearbeitung 2011, § 83 BGB Rz. 3 und 4.
2) Hüttemann/Rawert, Staudinger BGB – Neubearbeitung 2011, § 83 BGB Rz. 15;a.A. Schewe, ZSt 2004, 270, 273 f.
3) Hüttemann/Rawert; Staudinger, BGB – Neubearbeitung 2011, § 83 BGB Rz. 16.

vollständiger Übertragung des Stiftervermögens auf die Stiftung deren Pflichtteilsansprüche bestehen. Dasselbe gilt für Pflichtteilsergänzungsansprüche, die durch Vermögensübertragungen vor dem Erbfall entstanden sind und nicht länger als zehn Jahre zurückliegen. Dies kann zu erheblichen Unsicherheiten im Rahmen der behördlichen Prognoseentscheidung führen, ob das Vermögen den Stiftungszweck erfüllen kann. Um einer negativen Anerkennungsentscheidung vorzubeugen, könnten u.a. Pflichtteilsverzichtserklärungen der Erben gegen eine Abfindung vereinbart werden oder die Erben erhalten direkt eine Leistung aus der Stiftung, die dem Pflichtteil entspricht.

Soll die Stiftung eine Miterbin sein, wird sie Teil der Erbengemeinschaft, so dass eine Vermögensbestimmung erst nach der Auseinandersetzung erfolgen kann. Die Praxis zeigt, dass eine Auseinandersetzung meist nicht zeitnah zu erreichen ist. Daher empfiehlt sich eine klare Teilungsanordnung durch den Stifter und die Beauftragung eines Testamentsvollstreckers, der die Erbengemeinschaft abzuwickeln bzw. die Teilungsanordnung umzusetzen hat.

Für Stiftungen auf Zeit kann die Stiftung auch als Vorerbin eingesetzt werden, sofern der Zweck in der voraussichtlichen Dauer erfüllt werden kann. Eine Nacherbschaft bedarf der Voraussetzung, dass das zur späteren Zweckerfüllung nötige Vermögen bestehen bleibt.

Wird die Stiftung mit einem Vermächtnis bedacht, steht ihr ein schuldrechtlicher Anspruch gegen die Erben zu. Auf Grund der schuldrechtlichen Rechtspflicht muss dem Stifter bewusst sein, dass die Erben die Vermächtnisleistung nicht als Spende steuermindernd geltend machen können.[1]

Die Stiftung kann auch Begünstigte einer Auflage sein. Dies bedeutet aber, dass kein rechtlicher Anspruch auf den Erhalt der Begünstigung besteht, da die Leistung vom Willen des Beschwerten abhängt, der die Auflage zu vollziehen hat. Der Erblasser ist in dieser Konstellation nur Stifter, wenn der Beschwerte ein vollständiges Stiftungsgeschäft des Erblassers vollziehen muss. Liegt kein vollständig vollziehbares Stiftungsgeschäft vor, errichtet der Beschwerte die Stiftung unter Lebenden.[2]

cc) Mindestinhalt der Stiftungssatzung

Bezüglich des Mindestinhalts der Satzung gelten grundsätzlich die Prinzipien der Errichtung unter Lebenden. Rechtsmängel des Stiftungsgeschäfts können durch die Stiftungsbehörde geheilt werden.[3] Dies geschieht durch Erstellung oder Vervollständigung der Stiftungssatzung unter Berücksichtigung des Stifterwillens. Allerdings bedarf es zur Auslegung des Stifterwillens zumindest der Angabe eines Stiftungszwecks und einer verbindlichen Vermögenszusage.[4] Dies gilt auch, sofern ein Testamentsvollstrecker durch den Stifter ermächtigt wurde, eine Satzung zu entwerfen oder eine vorhandene anzupassen.[5] Die erbrechtlichen Grundsätze der Auslegung und Anfechtung können dabei nicht auf die Stiftungssatzung übertragen werden.[6]

1553

dd) Form des Stiftungsgeschäfts

Im Rahmen des Stiftungsgeschäfts von Todes wegen bedarf es der Form, die für die letztwillige Verfügung vorgesehen ist.[7] Daher ist das Testament entweder eigenhän-

1554

---

1) Schlüter/Stolte, Stiftungsrecht, 1. Aufl. 2007, Kap. 2: Die Errichtung einer Stiftung, Rz. 113.
2) Hüttemann/Rawert, Staudinger BGB – Neubearbeitung 2011, § 83 BGB Rz. 14.
3) RegE, BT-Drucks 14/8765, 11.
4) Schiffer K. Jan in Heidel/Hüßtege/Mansel/Noack, BGB AT, 1. Aufl. 2005, § 83 BGB Rz. 7.
5) LG Wuppertal StiftRSpr IV 121, 133; Schauhoff, Handbuch der Gemeinnützigkeit, 3. Aufl. 2010, § 3 Stiftungsrecht Rz. 34 .
6) Reuter, MüKo BGB, 6. Aufl. 2012, § 83 BGB Rz. 1.
7) Schaub/Mayer/Reimann/Bengel/Klumpp, Bengel/Reimann, Handbuch der Testamentsvollstreckung 4. Aufl. 2010, Kap. 5 Rz. 284.

dig zu verfassen (§ 2247, § 2267 BGB) oder notariell zu beurkunden (§ 2232 BGB). Der notariellen Beurkundung bedarf ebenfalls der Erbvertrag (§ 2276 BGB).

ee) Anerkennung

1555 Anders als bei der Stiftungserrichtung zu Lebzeiten ist bei der Stiftung von Todes wegen zwar möglich, aber nicht erforderlich, dass einer der Beteiligten (Erben, Testamentsvollstrecker) einen Antrag auf Anerkennung der Stiftung stellt. Dieser wird vielmehr durch das Gesuch des Nachlassgerichts an die zuständige Anerkennungsbehörde ersetzt. Bestehen auf Seiten des Stifters Bedenken bzgl. einer späteren Anerkennung durch die Behörde, kann er vor seinem Tod eine Zusage auf Anerkennung i.S.d. § 38 VwVfG beantragen.

c) Staatliche Aufsicht

1556 Neben der erforderlichen staatlichen Anerkennung besteht eine laufende staatliche Überwachung der Stiftung. Diese umfasst eine reine Rechtmäßigkeitskontrolle, in deren Rahmen überprüft wird, ob die Stiftungsorgane in Übereinstimmung mit der Stiftungssatzung und den Stiftungsgesetzen handeln. Liegt kein gesetzes- bzw. satzungskonformes Verhalten vor, stehen der Aufsichtsbehörde sowohl präventive als auch repressive Maßnahmen zur Verfügung, die als ultima ratio zu einer Schließung der Stiftung gem. § 87 BGB führen kann. Dabei rechtfertigt sich der staatliche Eingriff aus dem garantierten Schutz, den Stifterwillen aufrechtzuerhalten. Ist der Stifterwille jedoch bereits hinreichend geschützt, sehen einige Bundesländer ein liberaleres Aufsichtsrecht vor. Ein hinreichender Schutz soll u.a. dann angenommen werden, wenn eine effektive Selbstkontrolle durch stiftungsinterne Aufsichtsorgane übernommen wird oder der Stifter die Einhaltung seines Willens selbst überwacht.[1] Liegt eine privatnützige Stiftung vor, kommt es in den meisten Bundesländern zu einer Abschwächung der Stiftungsaufsicht.[2]

2. Die nicht rechtsfähige (unselbständige) Stiftung

1557 Bei der nicht rechtsfähigen (unselbständigen, treuhänderischen, fiduziarischen) Stiftung handelt es sich um eine natürliche Person oder einen anderen mit Rechtsfähigkeit ausgestatteten Vermögensträger („Stiftungsträger"), der sich durch eine Vermögenszuwendung des Stifters gegenüber diesem vertraglich verpflichtet, einen Zweck i.S.d. Stifterwillens zu verfolgen. Ferner ist der Stiftungsträger verpflichtet, das Stiftungsvermögen als Sondervermögen getrennt vom eigenen Vermögen zu verwalten.[3] Die unselbständige Stiftung ist im BGB im Gegensatz zum nicht rechtsfähigen Verein gem. § 54 BGB nicht geregelt. Daher können zu ihrer Beurteilung weder die §§ 80 ff. BGB noch die Landesstiftungsgesetze analog herangezogen werden.

a) Errichtung der unselbständigen Stiftung unter Lebenden

aa) Stiftungsgeschäft

1558 In Abgrenzung zur rechtsfähigen Stiftung wird die unselbständige Stiftung nicht durch eine einseitige empfangsbedürftige Willenserklärung errichtet, sondern durch einen Vertragsschluss zwischen dem Stifter und dem Stiftungsträger. Aus dem Vertragsschluss folgt auch, dass Stifter und Stiftungsträger zwei rechtlich verschiedene Personen sein müssen; eine Eigenstiftung ist unzulässig. Das Stiftungsgeschäft kann dabei als Schenkung unter Auflage (§ 516 BGB, § 525 BGB) oder als Treuhandgeschäft

---

1) Schlüter/Stolte, Stiftungsrecht, 1. Aufl. 2007, Kap. 3: Die Stiftungsaufsicht, Rz. 3.
2) Reuter, MüKo BGB, 6. Aufl. 2012, Vorbemerkung zu § 80 BGB, Rz. 90.
3) Backert in Beckscher Onlinekommentar zum BGB, § 80 Rz. 22.

ausgestaltet werden. Letzteres besteht in Form des Auftrags (§ 662 ff. BGB), des Geschäftsbesorgungsvertrags (§ 675 BGB), des Dienstleistungsvertrags (§ 611 ff. BGB) oder des gemischttypischen Vertrags. Sofern möglich, sollte bei der Gestaltung des Stiftungsgeschäfts die Vertragsart explizit festgelegt werden, um spätere Auslegungsunsicherheiten zu vermeiden. Ferner kann bei der Errichtung einer gemeinnützigen unselbständigen Stiftung eine steuerliche Anerkennung nur dann erfolgen, sofern das Vermögen dauerhaft übertragen wurde.[1]

Je nach Ausgestaltung bestimmt sich auch das Widerrufs- bzw. Auflösungsrecht. Neben der besonderen Widerrufs- und/oder Kündigungsmöglichkeiten im Auftrags-, Dienstleistungs- und Schenkungsrecht sind auch die allgemeinen Widerrufs- und Anfechtungsrechte des BGB anwendbar.

Die unselbständige Stiftung entsteht nicht mit Abschluss des Stiftungsvertrags, sondern erst mit der Übertragung des Stiftungsvermögens auf den Stiftungsträger.[2]

bb) Inhalt des vertraglichen Stiftungsgeschäfts

1559 Mangels spezieller Regelungen muss der Stiftungsvertrag die Rechte und Pflichten der Parteien ausgestalten. Unverzichtbar ist die Angabe eines Stiftungszwecks, der sich in den allgemeinen Grenzen des BGB (kein Verstoß gegen ein gesetzliches Verbot, keine Sittenwidrigkeit) halten muss. Zwingend ist auch die Angabe der vertraglichen Hauptpflichten. Darunter fallen zumindest die Übertragung des Stiftungsvermögens auf den Stiftungsträger sowie die Verfolgung des Stiftungszwecks mittel des zuvor übertragenen Vermögens durch den Stiftungsträger selbst. Weitere Ausgestaltungen sind sowohl im Stiftungsgeschäft als auch in der Satzung möglich. Allerdings müssen nicht alle Pflichten des Stiftungsträgers geregelt werden. Auffangtatbestand bilden die Treuepflichten, die sich aus der treuhänderischen Bindung ergeben und zumindest eine ordnungsgemäße Wirtschaftsführung durch den Stiftungsträger verlangen.

Bei der Übertragung des Stiftungsvermögens ist auf die allgemeinen zivilrechtlichen Vorschriften zurückzugreifen. Um mögliche Zwangsvollstreckungs- und Insolvenzrisiken zu verringern, ist eine Vereinbarung über die gesonderte Verwaltung des Stiftungsvermögens zu treffen. Darüber hinaus ist auch die Aufnahme einer Vermögensplanung ins Stiftungsgeschäft zu empfehlen, um eine Vermögenserhaltung zu gewährleisten. Ein Mindestkapital ist nicht notwendig.

cc) Mindestinhalt der Stiftungssatzung

1560 Hinsichtlich der Satzung unterscheiden sich die Angaben zur rechtsfähigen Stiftung nur marginal. Zu beachten ist allerdings, dass der Stiftungsträger nicht als Organ handelt, sondern nur das Vermögen verwaltet. Dies begründet sich u.a. durch die mangelnde Rechtsfähigkeit der unselbständigen Stiftung, die eine Vertretung nicht zulässt. Darüber hinaus können verschiedene Entscheidungsgremien vertraglich gebildet werden. In diesem Zusammenhang ist speziell die Installierung von Aufsichtsgremien in Form eines Beirats oder Kuratoriums zu empfehlen, um eine hinreichende Kontrolle des Stiftungsträgers zu ermöglichen. Dies rechtfertigt sich vornehmlich daraus, dass eine staatliche Rechtsaufsicht vorliegend nicht existiert. Ferner kann der Sitz nicht frei bestimmt werden, da er sich nach dem Sitz des Stiftungsträgers richtet.

Satzungsänderungen sind möglich. Jedoch empfiehlt es sich, die Voraussetzungen einer Zweckänderung, der Verfügung über Stiftungsvermögen oder gar einer Auflö-

---

1) Schlüter/Stolte, Stiftungsrecht, 1. Aufl. 2007, Kap. 4: Die Errichtung einer Stiftung, Rz. 8.
2) Schlüter/Stolte, Stiftungsrecht, 1. Aufl. 2007, Kap. 2: Die Errichtung einer Stiftung, Rz. 130.

sung der Stiftung in der Satzung detailliert zu regeln. Dabei kann auch der Stiftungsträger zur einseitigen Satzungsänderung befugt werden. Bestehen keine expliziten Regelungen, bedarf es eines Abänderungsvertrags.

dd) Form des Stiftungsgeschäfts

1561 Mangels gesetzlicher Regelungen ist die unselbständige Stiftung formfrei. Dies gilt jedoch nicht, sofern die Vermögensübertragung einer speziellen Form unterliegt (z.B. Grundstücke, Gesellschaftsanteile, etc.) oder die Regelungen der Schenkung greifen. Mündliche Vereinbarungen sind allerdings hinsichtlich der Beweisführung nachteilhaft, so dass eine schriftliche Fixierung zu empfehlen ist.

ee) Anerkennung

1562 Die unselbständige Stiftung bedarf keiner staatlichen Anerkennung und unterliegt keiner Staatsaufsicht. Verfolgt sie einen gemeinnützigen Zweck, ist eine Anerkennung der Gemeinnützigkeit durch das zuständige Finanzamt nötig. Dies ist trotz fehlender Rechtspersönlichkeit möglich, da die unselbständige Stiftung als eigenes Steuersubjekt gilt, § 1 Abs. 1 Nr. 5 KStG.

ff) Haftung der Beteiligten

1563 Vorliegend sind die Haftungen des Stifters und des Stiftungsträgers zu unterscheiden. Der Stiftungsträger haftet für alle Verbindlichkeiten, die er im Rahmen der Erfüllung des Stiftungszwecks eingegangen ist. Hierbei erstreckt sich die Haftung sowohl auf das Stiftungs- als auch auf das Privatvermögen des Stiftungsträgers. Eine Haftung des Stifters ist vorliegend ausgeschlossen. Bei deliktischen Handlungen durch den Stiftungsträger kann sowohl bei einem Treuhandvertrag als auch bei einer Schenkung unter Auflage Zugriff auf das Stiftungsvermögen genommen werden. Allerdings hat der Stifter bei Vereinbarung eines Treuhandvertrags als wirtschaftlicher Eigentümer die Möglichkeit der Drittwiderspruchsklage gem. § 771 ZPO.[1] Für vorsätzliche Pflichtverletzungen aus dem Treueverhältnis haftet der Stiftungsträger mit seinem persönlichen Vermögen gegenüber dem Stifter.

Die Haftung des Stifters kann sich aus dem Stiftungsvertrag und aus Ansprüchen gegenüber Dritten ergeben. Hinsichtlich Letzterem ist auch hier wieder zwischen einer Auflagenschenkung und einem Treuhandvertrag zu unterscheiden. Durch die Auflagenschenkung wird das Vermögen dem Stifter nicht mehr zugerechnet, so dass Dritten nur noch eine Anfechtung der Schenkung nach § 134 InsO, § 4 AnfG verbleibt. Im Zusammenhang mit einem Treuhandvertrag greifen die Verbindlichkeiten auch auf das Stiftungsvermögen über. Einen teilweisen Schutz bietet die Verweigerung des Treuhänders, in seinem Gewahrsam zu vollstrecken (§ 808 Abs. 1 ZPO, § 809 ZPO, § 864 ff. ZPO i.V.m. § 766 ZPO). Vollstreckt der Dritte jedoch in das Kündigungsrecht des Stifters, besteht kein Schutz mehr hinsichtlich der Rückübereignungsansprüche.

b) Errichtung der unselbständigen Stiftung von Todes wegen

1564 Auch hier ergeben sich kaum Unterschiede zu der rechtsfähigen Stiftung. Das Stiftungsgeschäft kann mittels Erbeinsetzung oder eines Vermächtnisses unter Auflage gegenüber dem Stiftungsträger erfolgen. Hierbei sind wiederum die erbrechtlichen Formerfordernisse zu beachten. Bezüglich der Vollziehung der Auflage gilt § 2194 BGB. Unterschiede ergeben sich hauptsächlich im Rahmen der Haftung. Etwaige Schulden des Erblassers sind vor der Stiftungserrichtung zu begleichen. Ferner muss

---

[1] RGZ 105, 305 307; Schlüter/Stolte, Stiftungsrecht, 1. Aufl. 2007, Kap. 2: Die Errichtung einer Stiftung, Rz. 154.

beachtet werden, dass eine letztwillige Verfügung zur Übertragung des Eigentums führt und daher das Stiftungsvermögen auch für Verbindlichkeiten eines Dritten gegenüber dem Stiftungsträger herangezogen werden kann.

III. Steuerliche Behandlung

Nicht zuletzt auf Grund der Modernisierung des Stiftungsrechts im Jahre 2002[1] und der Verbesserungen in der Besteuerung durch das Gesetz zur weiteren steuerlichen Förderung von Stiftungen im Jahre 2000[2] und das Gesetz zur Stärkung des Bürgerlichen Engagements aus dem Jahr 2007[3] wächst die Zahl der Stiftungen stetig und hat sich zwischen 2001 und 2013 von etwas mehr als 10 000 auf 20 150 nahezu verdoppelt.[4] Dass sich dieser Trend auch in den kommenden Jahren fortsetzen wird, steht zu erwarten, zumal der Gesetzgeber mit dem Gesetz zur Stärkung des Ehrenamtes[5] die steuerlichen Rahmenbedingungen für gemeinnützige Organisationen weiter verbessert hat. Dementsprechend rückt die steuerliche Behandlung der Stiftung zunehmend auch in den Blickpunkt steuerlicher Beratung.

1. Die inländische Stiftung als Steuersubjekt

Stiftungen sind Steuersubjekte. Bereits ab dem Stiftungsgeschäft bis ggf. zum Abschluss des Anerkennungsverfahrens ist das Stiftungsvermögen als ein Zweckvermögen selbst unmittelbar Körperschaftsteuersubjekt, wenn das Einkommen der Stiftung weder nach dem KStG noch nach dem EStG unmittelbar bei einer anderen Person zu versteuern ist.[6] Dabei sind die rechtsfähige Stiftung nach § 1 Abs. 1 Nr. 4 KStG, die unselbständige Stiftung nach § 1 Abs. 1 Nr. 5 KStG und die öffentlich-rechtliche Stiftung nach § 1 Abs. 1 Nr. 6 KStG unbeschränkt körperschaftsteuerpflichtig, wenn ihre Geschäftsleitung oder ihr Sitz sich im Inland befinden. Nach § 8 Abs. 1 KStG und § 2 EStG können Stiftungen Einkünfte in allen Einkunftsarten erzielen, wenn Körperschaftsteuerpflicht besteht; die Fiktion gewerblicher Einkünfte des § 8 Abs. 2 KStG greift für diese Steuersubjekte nicht. Zudem ist die rechtsfähige – nicht aber die unselbstständige – Stiftung, die einen wirtschaftlichen Geschäftsbetrieb unterhält, insoweit nach § 2 Abs. 3 GewStG gewerbesteuerpflichtig.

Die rechtsfähige Stiftung ist nach § 2 Abs: 1 Nr. 1 Satz 2 Buchst. d ErbStG ein eigenständiges Erbschaftsteuersubjekt, so dass Zuwendungen an eine Stiftung grundsätzlich der Erbschaft- bzw. Schenkungsteuer unterliegen.[7] Bei Stiftungen von Todes wegen entsteht die Erbschaftsteuer nach § 9 Abs. 1 Nr. 1 Buchst. c ErbStG mit der Anerkennung durch die zuständige Landesbehörde und im Falle der Entstehung einer Stiftung durch Rechtsgeschäft unter Lebenden entsteht die Schenkungssteuer nach § 9 Abs. 1 Nr. 2 ErbStG im Zeitpunkt der Zuwendung.

2. Gemeinnützige Stiftungen

Rund 95 % aller neu gegründeten Stiftungen sind gemeinnützige Stiftungen.[8] Die gemeinnützigen Stiftungen sind weitgehend steuerprivilegiert. Zuwendungen an

---

1) BGBl. I 2002 2332; dazu Hüttemann, ZHR 167, 35 ff.
2) BGBl. I 2000, 1034.
3) BGBl. I 2007, 2332.
4) Angaben gem. Bundesverband Deutscher Stiftungen e.V., veröffentlicht unter http://www.stiftungen.org/no_cache/de/statistiken.html.
5) Gesetz v. 21.3.2013, BGBl. I 2013, 556; Überblick über die steuerlichen Änderungen bei Krebbers, BB 2013, 2071 ff.
6) FG Hessen v. 8.3.2010, 11 K 3768/05, BeckRS 2010, 26029024.
7) Schulte, Erbschaftsteuerrecht, § 13 Rz. 915.
8) Angaben gem. Bundesverband Deutscher Stiftungen e.V., veröffentlicht unter http://www.stiftungen.org/no_cache/de/statistiken.html.

gemeinnützige Stiftungen sind nach § 13 Abs. 1 Nr. 16 Buchst. b ErbStG erbschaftsteuerfrei. Die gemeinnützige Stiftung ist darüber hinaus gem. § 5 Abs. 1 Nr. 9 KStG von der Körperschaftssteuer sowie gem. § 3 Nr. 6 GewStG von der Gewerbesteuer befreit, soweit diese nicht einen wirtschaftlichen Geschäftsbetrieb unterhält.

Die Steuerbefreiung wird erlangt, wenn die Stiftung die Voraussetzungen der §§ 51 bis 68 AO über die Verfolgung steuerbegünstigter Zwecke erfüllt. Die Anerkennung des Status der Gemeinnützigkeit erfolgt durch das zuständige Finanzamt, das eine vorläufige Bescheinigung ausstellt und im Rahmen des späteren Veranlagungsverfahrens einen Freistellungsbescheid erlässt.[1]

a) Verfolgung steuerbegünstigter Zwecke i.S.d. §§ 52–54 AO

1568 Die wesentliche Voraussetzung der Steuerbefreiung ist, dass die Stiftung ausschließlich die in den §§ 52 bis 54 AO genannten, steuerbegünstigten Zwecke verfolgt.

Nach § 52 AO liegt ein gemeinnütziger Zweck vor, wenn die Allgemeinheit auf materiellem, geistigem oder sittlichem Gebiet gefördert wird. Den Begriff der „Förderung der Allgemeinheit" beschreibt der § 52 Abs. 1 Satz 2 AO negativ: Immer, wenn die Förderung eines fest abgeschlossenen Personenkreises bezweckt wird, fehlt es an dem Merkmal der Allgemeinförderung. Die Förderung muss dabei auf materiellem, geistigem oder sittlichem Gebiet stattfinden, wobei das Gesetz zwischen gemeinnützigen (§ 52 AO), mildtätigen (§ 53 AO) und kirchlichen (§ 54 AO) Zwecken differenziert.

Zum Begriff der Gemeinnützigkeit enthält § 52 Abs. 2 Satz 1 AO einen Beispielskatalog,[2] in dem insbesondere die Förderung der Wissenschaft, Religion, Kunst sowie des Schutzes des Menschen als gemeinnützig bezeichnet wird. Aus einem Umkehrschluss zu § 52 Abs. 2 Satz 1 Nr. 24 AO ergibt sich, dass die Verfolgung politischer Zwecke prinzipiell nicht gemeinnützig ist.[3] Nach der Rechtsprechung des BFH ist es aber unschädlich, wenn gelegentlich zu tagespolitischen Themen im Rahmen des Satzungszwecks Stellung genommen wird, sofern die Tagespolitik nicht Mittelpunkt der Tätigkeit der Körperschaft ist oder wird, sondern der Vermittlung der Ziele der Körperschaft dient.[4] Die Rechtsprechung des der Finanzgerichte stellt jedoch strikt auf den Zusammenhang zwischen den politischen Äußerungen und dem satzungsmäßigen Ziel ab: In einem vom BFH im Jahre 2011[5] zu entscheidenden Fall hatte ein Verein seinen Status als „gemeinnützig" eingebüßt, weil er auf seiner Internet-Homepage weitere eigenständige politische Zweck verfolgt hatte, die über den satzungsmäßigen Zweck hinausgingen. Der Beispielskatalog des § 52 Abs. 2 Satz 1 AO enthält eine abschließende Aufzählung. Nach § 52 Abs. 2 Satz 2 und 3 AO ist jedoch eine nachträgliche Anerkennung solcher Zwecke möglich, die zwar die Voraussetzungen des § 52 Abs. 1 AO erfüllen, aber nicht unter den Beispielskatalog des Abs. 2 fallen.

Für die Annahme mildtätiger Zwecke, also der Unterstützung bedürftiger Personen, ist nach § 53 AO erforderlich, dass eine bestimmte Personengruppe unterstützt wird. Die Personengruppe die steuerbegünstigt gefördert werden kann, ist in die Gruppe der gesundheitlich beeinträchtigten (§ 53 Nr. 1 AO) und in die Gruppe der wirtschaftlich benachteiligten (§ 53 Nr. 2 AO) Personen unterteilt.

Kirchliche Zwecke i.S.d. steuerlichen Begünstigung setzen voraus, dass eine als Körperschaft des öffentlichen Rechts anerkannte Religionsgemeinschaft gefördert werden

---

1) Anwendungserlass zur Abgabenordnung zu § 56 AO Nr. 4–8.
2) Hierzu ausführlich Pahlke/Koenig, § 53 AO Rz. 28–66.
3) Vgl. Hüttemann, ErbR 2012, 5.
4) Vgl. Urteile des BFH v. 29.8.1984 I R 203/81, BFHE 142, 51, BStBl II 1984, 844; v. 23.11.1988, I R 11/88, BFHE 155, 461, BStBl II 1989, 391.
5) BFH v. 9.2.2011, I R 19/10, BeckRS 2011, 95363.

soll. § 54 Abs. 2 AO enthält eine beispielhafte, jedoch nicht abschließende Aufzählung typischer kirchlicher Förderzwecke.

b) Art der Zweckverfolgung

Weitere Voraussetzung für die Anerkennung der Gemeinnützigkeit ist, dass die Stiftung ihre steuerbegünstigten Zwecke selbstlos, unmittelbar und ausschließlich verfolgt. Selbstlosigkeit liegt vor, wenn durch die Tätigkeit nicht in erster Linie eigenwirtschaftliche Zwecke verfolgt werden. Die Selbstlosigkeit muss sich nach § 60 AO[1] bereits aus dem Satzungstext ergeben.[2] Unmittelbarkeit bedeutet, dass die steuerbegünstigten Zwecke durch die Stiftung selbst verfolgt werden, wozu allerdings zahlreiche Ausnahmen bestehen (insbesondere in den §§ 57 Abs. 1 Satz 2; 58 Nr. 1 bis Nr. 12 AO). Schließlich muss die Stiftung prinzipiell ausschließlich im Rahmen ihres Satzungszwecks tätig werden. Es ist jedoch steuerlich unschädlich, wenn auf Grund der Satzung mehrere steuerbegünstigte Zwecke nebeneinander verfolgt werden, wenn sie alle aus der Satzung ergeben.[3] Aus dem Ausschließlichkeitsgrundsatz ergibt sich zugleich das Gebot der gemeinnützigen Mittelverwendung.[4] Diese muss durch entsprechende Aufzeichnungen i.S.v. § 63 Abs. 3 AO nachgewiesen werden.

1569

c) Mischformen steuerbegünstigter Tätigkeiten

Soweit die Stiftung neben dem gemeinnützigen Zweck auch einen wirtschaftlichen Geschäftsbetrieb unterhält, erfordern der Grundsatz der wettbewerbsneutralen Besteuerung und das Gebot steuerrechtlicher Gleichbehandlung, dass die Steuerbefreiung insoweit eingeschränkt wird.[5] Nach § 14 AO ist ein wirtschaftlicher Geschäftsbetrieb eine selbständige, nachhaltige Tätigkeit, durch die Einnahmen oder sonstige wirtschaftliche Vorteile erzielt werden und die über den Rahmen einer Vermögensverwaltung hinausgeht. Die Absicht, Gewinn zu erzielen, ist nicht erforderlich. Die Beteiligung an einer Kapitalgesellschaft wird nach der Rechtsprechung[6] der Vermögensverwaltung und damit der steuerbefreiten Tätigkeit zugerechnet. Anders wird dies jedoch bewertet, wenn die Stiftung planmäßig Unternehmenspolitik betreibt oder in anderer Weise entscheidenden Einfluss auf die Geschäftsführung der Kapitalgesellschaft ausübt und damit durch sie mittelbar selbst am allgemeinen wirtschaftlichen Verkehr teilnimmt.[7]

1570

Betreibt die gemeinnützige Stiftung einen wirtschaftlichen Geschäftsbetrieb, ist die Steuerbefreiung dennoch ausnahmsweise nicht ausgeschlossen, wenn ein Zweckbetrieb vorliegt. Es konkurrieren hier die Allgemeininteressen an den steuerbegünstigten Zwecken und der Schutz des potentiellen Wettbewerbs. Ein Zweckbetrieb setzt nach § 65 Nr. 1 AO voraus, dass er in seiner Gesamtausrichtung dazu dient, die steuerbegünstigten Zwecke der Stiftung zu verwirklichen. Darüber hinaus dürfen diese Zwecke nach § 65 Nr. 2 AO nur durch einen solchen Geschäftsbetrieb erreichbar sein. Die wirtschaftliche Betätigung darf nach § 65 Nr. 3 AO nicht zu einem vermeidbaren Wettbewerb mit nicht steuerbegünstigten Betrieben führen.[8] In den Vorschriften der

---

1) Vgl. Mustersatzung Anlage 1 der AO.
2) BFH v. 6.9.2010, I 55/08, BStBl II 2010, 335.
3) Anwendungserlass zur Abgabenordnung zu § 56 AO Nr. 1.
4) Vgl. Hüttemann, ErbR 2012, 5.
5) Pahlke/Koenig, § 65 AO Rz. 1.
6) BFH v. 25.8.2010, I R 97/09; v. 30.6.1971 I R 57/70, BFHE 103, 56, BStBl II 1971, 753; v. 27.3.2001 I R 78/99, BFHE 195, 239, BStBl II 2001, 449; Beschluss des BFH v. 19.8.2002 II B 122/01, BFH/NV 2003, 64.
7) BFH v. 25.8.2010, I R 97/09; ähnlich Urteil des EuGH v. 10.1.2006,0 C-222/04 „Cassa di Risparmio di Firenze", Slg. 2006, I-289, Rz 143; R 16 Abs. 5 Satz 4 ff. KStR 2004.
8) Diese Regelung dient auch dem Schutz der mit Zweckbetrieben konkurrierenden steuerlich nicht begünstigten Betriebe (vgl. BT-Drucks. 7/4292, 21; Knobbe-Keuk BB 1982, 385; BFH v. 15.10.1997, I R 10/92, BStBl II 1998, 63; BFH v. 19.7.2010, I B 203/09, BFH/NV 2011, 1).

§§ 66 bis 68 AO findet sich ein Beispielskatalog bereichsspezifisch definierter Zweckbetriebe, bei denen das Zusammentreffen steuerlich förderwürdiger Zwecke mit dem Erfordernis wirtschaftlicher Betätigung in der Praxis typischerweise vorzufinden ist.

d) Anforderungen an die Satzung

1571 Die von der Stiftung verfolgten Zwecke und deren Verwirklichung müssen so genau in der Satzung beschrieben sein, dass auf Grund der Satzung geprüft werden kann, ob der Verwendungszweck steuerbegünstigt ist, § 60 Abs. 1 Satz 1 AO. Bei der Gestaltung der Satzung sollte man sich daher jedenfalls insoweit an der als Anlage 1 der AO beigefügten Mustersatzung orientieren.

3. Besonderheiten bei der Stiftung von Todes wegen

1572 Die Errichtung einer Stiftung von Todes wegen, die zugleich (Allein-)Erbin des Stifters werden soll, ist dadurch gekennzeichnet, dass zum Zeitpunkt des Erbfalls die Erbin Stiftung als juristische Person noch nicht existiert. Diese entsteht nämlich erst mit der Anerkennung der Stiftung durch die zuständige Stiftungsaufsicht (Einzelheiten → 4 Rz. 1555 ff.). Hieraus ergeben sich eine Reihe steuerlicher Besonderheiten und Gefahren, die bei der Gestaltung dieser Form der Stiftungserrichtung beachtet werden sollten.

a) Rechtliche Vorfragen

1573 Im Recht der Körperschaften ist allgemein anerkannt, dass in dem Zeitraum zwischen Errichtung derselben und ihrer Entstehung als juristische Person ein Rechtsgebilde sui generis („Vor-Verein", „Vor-AG", „Vor-GmbH") besteht, das – soweit nicht die Eigenschaft als juristische Person Voraussetzung ist – dem Recht der künftigen Körperschaft unterliegt.[1] Dieser während des Gründungsvorgangs bestehenden Vorstufe von Kapitalgesellschaften und Vereinen wird bereits eine Teilrechtsfähigkeit zuerkannt, insbesondere die Fähigkeit, Trägerin von Vermögen zu sein sowie zu klagen und verklagt werden zu können.[2]

Im Rahmen der Errichtung einer rechtsfähigen Stiftung dagegen ist umstritten, ob es in dem Stadium nach dem Stiftungsgeschäft, aber vor der Anerkennung durch die zuständige Behörde eine analoge Rechtsfigur im Sinne einer Vor-Stiftung gibt.[3] Für die Existenz der Vor-Stiftung spricht, dass die Situation mit der des Vor-Vereins und der Vor-GmbH vergleichbar ist und dass bei Vorliegen der Voraussetzungen nach §§ 80, 81 BGB ein Anspruch auf Anerkennung besteht. Hauptargumente gegen die Existenz einer Vor-Stiftung sind die Vorschriften über die Widerrufsmöglichkeit des Stifters für den Zeitraum zwischen Errichtung und Anerkennung (§ 81 Abs. 2 Satz 1 BGB), sowie die Rückwirkungsfiktion des § 84 BGB, wonach die Entstehung der Stiftung für den Fall der Zuwendung durch den Stifter zeitlich auf den Zeitpunkt der Zuwendung zurückwirkt. Diese Vorschrift schafft für die Stiftung eine mit dem Erb-

---

1) Allg. M. BGH v. 12.7.1956, II ZR 218/54, BGHZ 21, 242 ff., formuliert dies für den am häufigsten entstehenden Fall der GmbH, dass die Vor-GmbH „einem Sonderrecht untersteht, das aus den im Gesetz oder im Gesellschaftsvertrag gegebenen Gründungsvorschriften und dem Recht der rechtsfähigen Gesellschaft, soweit es nicht die Eintragung voraussetzt, besteht".
2) Statt aller Ziemons/Jäger in Beck'scher Online-Kommentar zum GmbHG, Stand: 1.6.2012, § 11 Rz. 6 m.w.N.
3) Dagegen die wohl noch h.M., z.B. Hütteman in FS Spiegelberger, 1292; Schiffer/Pruns, StiftungsBrief 2010, 203; Staudinger/Hüttemann/Rawert (2011), § 80 Rz. 38 ff.; ebenso aus steuerlicher Sicht FG Schleswig-Holstein v. 4.6.2009, 1 K 156/04, DStRE 2009, 1386; a.A.: LG Heidelberg v. 3.4.1991, 8 O 392/90, NJW-RR 1991, 969; Werner, Die Vorstiftung – zivil- und steuerrechtliche Aspekte, ZErb 2011, 237 ff.; jeweils m.w.N.; zum Meinungsstand allgemein: Schiffer/Pruns in Heidel/Hüßtege/Mansel/Noack, BGB § 80 Rz. 14–17.

recht des noch ungeborenen Lebens vergleichbare Situation (§ 1923 Abs. 2 BGB) und wäre ohne eigenständigen Regelungsgehalt, wenn eine Vor-Stiftung existieren würde, die Empfängerin der Zuwendung sein könnte.

Praktische Relevanz erlangt diese zivilrechtliche Streitfrage allerdings primär im Zusammenhang mit der steuerlichen Behandlung der Stiftung in dem Stadium zwischen Errichtung und Anerkennung, und zwar sowohl aus erbschaftsteuerlicher wie auch aus ertragsteuerlicher Sicht. Es bedarf daher besonderer steuerplanerischer Vorkehrungen, um in diesen Fällen steuerliche Nachteile zu vermeiden, die sich aus der rechtlichen Unsicherheit des Vorstadiums der „werdenden Stiftung" ergeben.

b) Erbschaftsteuer

Erbschaftsteuerlich kann die Stiftung von Todes wegen zu einer Doppelbesteuerung der Erträge aus dem Stiftungsvermögen, die in der Zeit zwischen dem Erbfall und der Anerkennung der Stiftung und der damit verbundenen Verleihung der Rechtsfähigkeit erwirtschaftet werden. Die Erbschaftsteuer entsteht nach § 9 Abs. 1 Nr. 1 Buchst. c ErbStG mit der Anerkennung der Stiftung und nicht bereits im Zeitpunkt des Erbfalls. Eine der zivilrechtlichen Regelung des § 84 BGB entsprechende Rückwirkungsfiktion auf den Zeitpunkt des Erbfalls besteht für Zwecke der Erbschaftsteuer nicht.[1] Umstritten ist daher, ob die vor der Anerkennung aus dem Stiftungsvermögen erwirtschafteten Erträge zusätzlich der Erbschaftsteuer unterliegen.[2] Der BFH[3] bejaht dies unter Hinweis auf § 11 ErbStG, da diese Vorschrift für die Bemessung der Steuer auf den Zeitpunkt ihrer Entstehung abstelle, im Falle der Erbschaftsteuer also auf den Zeitpunkt der Anerkennung. Die Literatur argumentiert demgegenüber, dass eine Besteuerung mit Erbschaftsteuer eine unzulässige steuerliche Doppelerfassung dieser Erträge darstelle, da die Erträge bereits mit Körperschaftsteuer belastet seien.[4] Es liege damit eine Doppelbesteuerung des Vermögenszuwachses bei ein und derselben Person vor, die einen Verstoß gegen das Gebot der steuerlichen Gleichbehandlung bedeute.[5]

Es erscheint allerdings fraglich, ob in diesen Fällen tatsächlich derselbe Vorgang bei derselben Person zweimal besteuert wird. Bezüglich der Körperschaftsteuer auf die erzielten Erträge ist das Zweckvermögen bereits vor Anerkennung der Stiftung nach § 1 Abs. 1 Nr. 5 KStG Steuersubjekt, für die Erbschaftsteuer dagegen ist die Stiftung erst mit der Anerkennung nach § 2 Abs. 1 Nr. 1 Satz 2 Buchst. b ErbStG steuerpflichtig. Damit stellt sich die Frage, ob die Stiftung vor und nach der Anerkennung dieselbe Person ist. Dieselbe Person wäre nur dann gegeben, wenn man die Existenz der Vorstiftung annehmen würde. Geht man dagegen mit der noch herrschenden Meinung davon aus, dass eine Vorstiftung nicht existiert, wird nicht dieselbe Person besteuert.

Darüber hinaus ist zweifelhaft, ob tatsächlich derselbe Vorgang besteuert wird. Wegen des unterschiedlichen Besteuerungsansatzes von Einkommen-/Körperschaftsteuer einerseits und Erbschaftsteuer andererseits ist eine Doppelbesteuerung denklogisch unmöglich: bei der Einkommens-/Körperschaftssteuer ist nämlich Grundlage das Markteinkommen und bei der Erbschaftsteuer das von Dritten zugewendete, das eben kein Markteinkommen ist.[6] Der Vorgang, der besteuert wird, ist die Werterhöhung der Zuwendung durch den erzielten Vermögenszuwachs in der Schwebezeit. Es handelt sich hierbei um Markteinkommen und ist damit Gegenstand der Einkommen-/Körperschaftsteuer. Die Fiktion des § 11 ErbStG führt aber dazu, dass die

---
1) Werner, ZErb 2011, 237.
2) Zum Streitstand Werner, ZErb 2011, 237.
3) BFH v. 25.10.1995, II R 20/92, BStBl II 1996, 99.
4) Werner, ZErb 2011, 237.
5) Vgl. Werner, ZErb 2011, 237 m.w.N.
6) Vgl. Schulte, Erbschaftsteuerrecht, § 1 Rz. 31.

Anknüpfung für die Besteuerung nach dem ErbStG nicht mehr der Vermögenszuwachs, sondern die Zuwendung durch den Erbfall ist. Rechtlich gesehen liegt nicht ein und derselbe Vorgang vor.[1] Dieses Ergebnis erscheint zwar unbillig, eine Korrektur durch eine teleologische Reduktion des § 11 ErbStG, indem der Anwendungsbereich der Norm auf Erwerbe, die nicht Markteinkommen sind, begrenzt wird, erscheint wegen des zwingenden Charakters[2] des § 11 ErbStG nicht möglich.

Um eine Doppelbelastung der Erträge aus dem Stiftungsvermögen mit Erbschaftsteuer und Körperschaftsteuer zu vermeiden, sollte der Stifter erwägen, die Stiftung bereits zu Lebzeiten zu errichten und mit einem Teil des ihr für den Todesfall zugedachten Vermögens auszustatten (sog. „Anlaufstiftung"). Die Errichtung der Anlaufstiftung unterliegt als Rechtsgeschäft unter Lebenden der Erbschaftsteuer nach den allgemeinen Regelungen, ohne dass eine doppelte Belastung von Erträgen zu befürchten wäre. Gehen dann später die übrigen Vermögenswerte kraft Erbgangs auf die Stiftung über, stellt sich das geschilderte Problem wiederum nicht. Da die Stiftung als Erbin nun bereits als rechtsfähige juristische Person existiert, entsteht die Erbschaftsteuer nun bereits mit dem Erbfall; § 11 ErbStG findet keine Anwendung. Weitere Vorteile der Anlaufstiftung bestehen darin, dass – falls eine Steuerbefreiung der Stiftung wegen Gemeinnützigkeit angestrebt wird – der Erblasser den Stiftungszweck noch zu Lebzeiten so gestalten kann, dass seine persönlichen Vorstellungen über diesen mit den Anforderungen der steuerlichen Vorschriften über die Gemeinnützigkeit in Einklang gebracht werden. Schließlich kann durch eine entsprechende Gestaltung der Stiftungsorganisation das Stiftungsleben sozusagen unter Anleitung des Stifters „geübt" und dadurch Anlaufschwierigkeiten nach dem Erbfall vermieden werden.

Kommt die Errichtung einer Anlaufstiftung zu Lebzeiten nicht in Betracht, kann das dargestellte Risiko einer Doppelbelastung ggf. dadurch verringert werden, dass zunächst eine nichtrechtsfähige Stiftung mit gleichem Stiftungszweck gegründet wird, auf die das testamentarisch zugedachte Stiftungsvermögen übertragen wird. Sobald das Anerkennungsverfahren für die „eigentliche" Stiftung abgeschlossen ist, wird das Vermögen von der nichtrechtsfähigen Stiftung auf die rechtsfähige Stiftung übertragen. Auf diese Weise kann der steuerliche Status der Gemeinnützigkeit, den auch eine unselbständige Stiftung beanspruchen kann, bereits vor Anerkennung der Stiftung ausgenutzt und so die Belastung der ab dem Erbfall erwirtschafteten Erträge mit Körperschaftsteuer vermieden werden. Soll der von dem Stifter verfolgte Stiftungszweck allerdings nicht gemeinnützig sein, ist diese Gestaltung nicht geeignet, die geschilderte drohende steuerliche Doppelbelastung zu vermeiden.

c) Körperschaftsteuer

1575 Soll eine Stiftung von Todes wegen als gemeinnützige Stiftung errichtet werden, stellt sich des Weiteren die Frage, welchen steuerlichen Status diese Stiftung in dem Zeitraum zwischen Errichtung und Anerkennung hat. Dies kann u.U. erhebliche wirtschaftliche Auswirkungen entfalten, wie der dem Urteil des BFH vom 25.10.1995[3] zu Grunde liegende Sachverhalt zeigt: dort hatte sich das Anerkennungsverfahren über einen Zeitraum von mehr als vier Jahren erstreckt, innerhalb dessen Erträge in zweistelliger Millionenhöhe erwirtschaftet wurden, die dann mit einer Doppelbelastung durch Erbschaft- und Körperschaftsteuer belegt wurden.

Bereits vor Abschluss des Anerkennungsverfahrens ist die Stiftung nach § 1 Abs. 1 Nr. 5 KStG ein Körperschaftsteuersubjekt, weil das Stiftungsvermögen als Zweckver-

---

1) Vgl. Zum Parallelfall bei nachträglichen Anfall von Erbschaftsteuer nach § 13a Abs. 5 ErbStG: Schulte, Erbschaftsteuerrecht, § 1 Rz. 31.
2) Meincke, ErbStG § 11 Rz. 8.
3) BFH v. 25.10.1995, II R 20/92, BStBl II 1996, 99.

mögen Körperschaftsteuersubjekt ist.[1] Darüber hinaus wird die zivilrechtliche Rückwirkung des § 84 BGB auch steuerrechtlich anerkannt, so dass die Stiftung bereits ab dem Todestag i.S.v. § 1 Abs. 1 Nr. 4 KStG ein Körperschaftsteuersubjekt ist.[2] Entscheidend ist damit die Frage, ob die Stiftung auch rückwirkend den Status der Gemeinnützigkeit erhält. Der BFH geht davon aus, dass sich die Rückwirkung nicht auf die Steuerbefreiung nach § 5 Abs. 1 Nr. 9 KStG erstreckt.[3] Demgegenüber wird in der Literatur vorgeschlagen, die geltende Praxis bei Kapitalgesellschaften auf die Stiftung zu übertragen.[4] Denn bei gemeinnützigen Kapitalgesellschaften ist allgemein anerkannt, dass die Steuerbefreiung der eingetragenen Gesellschaft auf das Stadium der Vorgesellschaft zurück wirkt.[5]

In der Praxis lässt sich eine Tendenz erkennen, im Vorgriff auf die spätere Entstehung der gemeinnützigen Stiftung auch eine Gemeinnützigkeit des Zweckvermögens vor Erteilung der Anerkennung der Stiftung anzuerkennen, wenn

– das Stiftungsgeschäft mit einer für steuerliche Zwecke ausreichenden Satzung abgeschlossen worden ist,
– das Stiftungsvermögen auf ein Sonderkonto eingezahlt wurde, über das nur der Vorstand der Stiftung verfügen kann,
– der Stifter auf sein Widerrufsrecht nach § 81 BGB gegenüber der Genehmigungsbehörde verzichtet hat und
– die Stiftung später tatsächlich durch die Stiftungsbehörde anerkannt wird.

Unter diesen Voraussetzungen soll auch die in § 5 Abs. 1 Nr. 9 KStG angeordnete Körperschaftsteuerbefreiung zurückwirken.[6]

4. Exkurs: Erhöhter Abzug von Spenden an Stiftungen

Durch die Geltung erhöhter Abzugsgrenzen (innerhalb von zehn Jahren Abzug von bis zu 1 Mio. €, § 10b Abs. 1a EStG) werden Zuwendungen an steuerbegünstigte Stiftungen gegenüber Zuwendungen an andere gemeinnützige Einrichtungen privilegiert. Der sachliche Grund für die Ungleichbehandlung wird darin gesehen, dass die mitgliederlose Stiftung im erhöhten Maße auf Zuwendungen des Stifters und Dritter angewiesen ist.[7]

Die Zuwendungen müssen nach § 10b Abs. 1a EStG folgende Voraussetzungen erfüllen:

– Die Zuwendung muss in Form einer Spende i.S.d. § 10b Abs. 1 Satz 1 EStG erfolgen und sie muss zur Förderung steuerbegünstigter Zwecke i.S.d. §§ 52–54 AO geleistet werden. Die Spende selbst, nicht nur die durch sie erzielten Erträge, muss dazu bestimmt sein, für steuerbegünstigte Zwecke verwendet zu werden.[8]
– Empfänger der Spende muss eine inländische oder ausländische Stiftung sein, die besondere, in § 10b Abs. 1 Satz 2–6 EStG näher bezeichnete Voraussetzungen erfüllt.
– Die Spende muss in den Vermögensstock der Stiftung geleistet werden.

---

1) Streck StuW 75, 135.
2) BFH v. 17.9.2003, I R 85/02, ZEV 2004, 85 m. Anm. Fischer; Wachter ZEV 2003, 445 ff.; Orth ZEV 1997, 327 ff; Hüttemann in FS Spiegelberger 1292 ff.
3) BFH v. 17.9.2003, I R 85/02, ZEV 2004, 85; a.A. Hüttemann in FS Spiegelberger 1292, 1299 f.; Staudinger/Hüttemann/Rawert; § 84 BGB Rz. 13.
4) Werner, ZErb 2011, 237.
5) BFH v. 17.9.2003, I R 85/02, ZEV 2004, 85.
6) FG Düsseldorf v. 8.10.1999, 6 V 5427/99, ZEV 2000, 79 f.
7) So BFH v. 15.9.2010, X R 11/08, BFH/NV 2011,769.
8) Vgl. BFH v. 5.2.1992, I R 63/91, BStBl II 92, 748.

An dem Merkmal „Spende" fehlt es jedoch bei Zuwendungen von Todes wegen, so dass der Abzug nach § 10b Abs. 1a EStG dem Erben nicht gewährt wird. Eine Spende i.S.d. § 10b Abs. 1 EStG ist eine Ausgabe,[1] die freiwillig und unentgeltlich geleistet wird, um steuerbegünstigte Zwecke fremdnützig zu fördern.[2] In der Person des Erblassers fehle es an dem Merkmal der Ausgabe, weil es bei ihm zu keinem Vermögensabfluss zu Lebzeiten gekommen sei, und in der Person des Erben fehle es an dem Merkmal der Freiwilligkeit.[3]

IV. Die Familienstiftung

1577 Die Familienstiftung stellt keine Sonderform der Stiftung dar, sondern dient einem privatnützigen familienbezogenen Zweck. Mit dem primären Ziel der Sicherung der Familie des Stifters geht häufig der Wunsch nach einer Sicherung eines Unternehmens einher, wobei in diesem Falle das Unternehmen zugleich die Versorgung der Angehörigen ermöglichen soll[4].

1. Rechtliche Grundlagen

1578 Trotz der hohen Praxisrelevanz existiert keine einheitliche Definition der Familienstiftung. Die im Stiftungszivilrecht, dem Erbschaftsteuergesetz und dem Außensteuergesetz festgelegten Definitionen sind nicht kongruent.[5] Allen Definitionen ist jedoch gemein, dass der Zweck der Familienstiftung dem Interesse einer bestimmten oder mehrerer Familien gewidmet sein muss. Der geforderte Umfang des Familienbezugs fällt dagegen in den § 1 Abs. 1 Nr. 4 ErbStG, § 15 Abs. 2 AStG und den Landesgesetzen der Bundesländer unterschiedlich aus. Ferner folgt aus dem Familienbezug und dem damit einhergehenden beschränkten Familienkreis von Destinatären, dass eine Gemeinnützigkeit i.S.d. Abgabenordnung nicht besteht. Sollen jedoch auch gemeinnützige Zwecke verfolgt werden, empfiehlt sich die Kombination von einer Familien- und einer gemeinnützigen Stiftung (Doppelstiftung). In der Praxis wird diese Kombination durch eine weitere Kapitalgesellschaft erweitert, auf die eine Vermögensübertragung stattfindet und sodann die Gesellschaftsanteile auf die beiden Stiftungen übertragen werden. Dabei wird der größte Kapitalanteil von der gemeinnützigen Stiftung und der kleinere Kapitalanteil von der Familienstiftung gehalten. Bezüglich der Stimmrechte verhält es sich umgekehrt. Dies hat zur Folge, dass die Familie die Kapitalgesellschaft weiter in ihrem Sinne steuern kann. Allerdings sollte dem Stifter bewusst sein, dass ein Großteil der Ausschüttungen in die gemeinnützige Stiftung fließen muss.[6]

Die Errichtung der Familienstiftung kann sowohl in der Form der selbständigen als auch unselbständigen Stiftung vorgenommen werden.[7]

Die Familienstiftungen unterliegen anders als gemeinnützige Stiftungen grundsätzlich nur einer eingeschränkten staatlichen Kontrolle. Hierbei ist jedoch zu beachten, dass sich der Umfang der staatlichen Aufsicht je nach Bundesland unterscheidet. Dessen

---

1) BFH v. 20.2.1991, X R 191/87, BStBl II 91, 690.
2) BFH v. 12.9.1990, I R 65/86, BStBl II 91, 258; v. 22.9.1993, X R 107/91, BStBl II 93, 874; v. 22.3.1995, X B 285/94, BFH/NV 95, 963; v. 2.8.6, XI R 6/03, BStBl II 07, 8; s. a. Fischer FR 06, 1001.
3) BFH v. 22.9.1993, X R 107/91, BStBl II 1993, 874; v. 23.10.1996, X R 75/94; BStBl. II 1997, 966; v. 16.2.2011, X R 46/09, DB 2011, 966.
4) Zu der Sonderausprägung der Familienstiftung als „Familienverbrauchsstiftung" vgl. Tielmann, NJW 2013, 2934 ff.
5) Schiffer, Die Stiftung in der Beraterpraxis, 2. Aufl. , § 2 Rz. 14 und 18.
6) Scherer, Münchner Anwaltshandbuch Erbrecht, § 3 Kompendium für die Beratung, Rz. 53.
7) Stumpf, Stumpf/Suerbaum/Schulte/Pauli, Stiftungsrecht Kommentar, 15 Rz. 17.

ungeachtet ist allerdings festzustellen, dass die Aufsichtsführung eher großzügig gehandhabt wird, da in der Vergangenheit nur selten größere Verstöße durch die Behörden registriert wurden.[1]

Im Rahmen der Nachfolgeplanung dient die Familienstiftung neben der Sicherung der Familie auch der Erhaltung des Nachlassvermögens, dessen Verlust regelmäßig durch das Auseinanderfallen des Vermögens im Wege des Erbgangs droht. Im Gegensatz zur direkten Erbschaft ist es den Gläubigern der Destinatäre auch nicht möglich, auf das Nachlass- bzw. Stiftungsvermögen zuzugreifen. Darüber hinaus sichert der Stifterwille die Familie in Abgrenzung zur Dauertestamentsvollstreckung auch über den Zeitraum von 30 Jahren hinaus. Ferner ist die Familienstiftung auch als Nachfolgeregelung sinnvoll, sofern sich Unternehmen oder Unternehmensbeteiligungen im Nachlassvermögen befinden. Werden diese auf die Stiftung übertragen, erfolgt die Verwaltung durch die Stiftung im Rahmen ihrer Befugnisse aus der Stiftungssatzung. Eine Zersplitterung wird vermieden. Vor diesem Hintergrund können Familienangehörigen nach dem Willen des Stifters reine Empfänger von Begünstigungen bleiben oder die Rechte am Unternehmen durch die aktive Stiftungsverwaltung i.S.d. Stifters bzw. der Stiftungssatzung ausüben. Letzteres kann u.a. durch die Besetzung von Stiftungsorganen geschehen.[2]

2. Steuerliche Behandlung

Auch die Familienstiftung ist nach § 2 Abs. 1 Nr. 1 Satz 2 Buchst. d ErbStG steuerpflichtig. Der Status der Gemeinnützigkeit dürfte für eine Familienstiftung i.d.R. nicht erreichbar sein, da es in der Natur der Familienstiftung liegt, dass sie einen eng begrenzten Personenkreis fördert und nicht die Allgemeinheit. Bei im Inland errichteten Familienstiftungen ist für Besteuerung nach § 15 Abs. 2 Satz 1 ErbStG das Verwandtschaftsverhältnis des nach der Stiftungsurkunde entferntest Berechtigten zum Erblasser zu Grunde zu legen.

1579

Zusätzlich unterliegt die Familienstiftung der sog. Ersatzerbschaftsteuer gem. § 1 Abs. 1 Nr. 4 ErbStG,[3] durch die das Vermögen einer Stiftung alle dreißig Jahre der Erbschaftsteuer unterworfen wird. Dadurch wird jedoch die Erhebung der normalen Erbschaftsteuer bei Errichtung der Stiftung nicht berührt. Diese Regelung soll verhindern, dass Vermögenswerte, die über den Umweg einer Stiftung der Familie des Stifters zugutekommen, dauerhaft der Erbschaftsbesteuerung entzogen wird.[4]

Die Ersatzerbschaftsteuer wird durch einen fiktiven Ansatz errechnet: die Berechnung erfolgt auf der Grundlage, dass auf zwei Kinder übertragen wird. Die Steuer berechnet sich nach den Prozentsätzen der Steuerklasse I für die Hälfte des Stiftungsvermögens und zudem wird zweimal der Freibetrag i.H.v. 400 000 € gewährt (§ 15 Abs. 2 Satz 3 ErbStG).[5] Damit entspricht die Ersatzerbschaftsteuer einem alle 30 Jahre anfallenden Erbgang auf zwei Kinder.

---

1) Bericht der Bund-Länder-Arbeitsgruppe Stiftungsrecht v. 19.1.2001, 56 ff.; Schiffer, Die Stiftung in der Beraterpraxis, 2. Aufl., § 2 Rz. 20.
2) Schlüter/Stolte, Stiftungsrecht, 1. Aufl. 2007, Kap. 1: Einleitung, Rz. 63.
3) Kritisch Meincke, ErbStG § 1 Rz. 13.
4) Auch das BVerfG (BStBl II 83, 779) hat in seiner Entscheidung zur Verfassungswidrigkeit des § 1 Abs. 1 Nr. 4 ErbStG die Stiftung instrumental gesehen und das Stiftungsvermögen als Vermögen betrachtet, das trotz der Verselbstständigung der Stiftung nach wie vor von der hinter der Stiftung stehenden Familie gehalten wird.
5) Vgl. Reimann, DNotZ 2012, 250.

V. Die Unternehmensstiftung

1. Bedeutung

1580 Die Rechtsform der Stiftung gewinnt zunehmend auch im Bereich unternehmerischer Betätigung an Ansehen und Bedeutung. Prominente Beispiele, in denen große Stiftungsorganisationen maßgeblichen Einfluss auf die Geschäftstätigkeit bedeutender Unternehmen ausüben, lassen auch im Umfeld mittelständischer Unternehmerfamilien die Frage nach Alternativstrukturen unter Einbezug der (selbständigen) Stiftung immer aktueller werden. Es liegt auf der Hand, dass die Frage, ob und unter welchen Gegebenheiten eine „Unternehmensstiftung" sinnvoll ist, nicht anhand allgemeingültiger Kriterien beantwortet werden kann. Vielmehr sind alle relevanten Umstände des konkreten Einzelfalls zu betrachten und ggf. gewichtet in die Überlegungen einzubeziehen.

2. Rechtsformwahl

1581 In ihrer Grundstruktur weist die Stiftung Charakteristika auf, die ihre Verwendungsfähigkeit und ihr potentielles Einsatzfeld prägen. Die nachstehende Gegenüberstellung der Stiftung mit den im deutschen Mittelstand derzeit populärsten Gesellschaftsformen, der GmbH und der GmbH & Co. KG, zeigt Gemeinsamkeiten und Unterschiede dieser Strukturen, die für die Entscheidungsfindung erhebliche Bedeutung erlangen können.

	GmbH	GmbH & Co. KG	Stiftung
– Rechtsnatur	Kapitalgesellschaft; Grundform: Verein Juristische Person kraft Rechtsform (§ 11 Abs. 1 GmbHG)	Personengesellschaft; Grundform: GbR Gesamthandsgemeinschaft mit eigener Rechtspersönlichkeit (§§ 161 Abs. 2; 124 HGB)	Besondere Rechtsform durch verselbstständigte Vermögensmasse, die einem bestimmten Zweck dient. Juristische Person kraft Rechtsform (§ 80 Abs. 2 BGB).
– Gesellschafter	Die Errichtung erfolgt durch eine oder mehrere Personen (§ 1 GmbHG); die früher übliche sog. Strohmann-Gründung ist nicht mehr erforderlich. Nicht zulässig ist die „Keinmann-Gesellschaft", d.h. der Rechtsakt, der zum Ausscheiden des letzten Gesellschafters führt, ist unwirksam.	Die Personengesellschaft erfordert nach ihrer Rechtsnatur als Vertragsbeziehung mindestens zwei Gesellschafter; bei der KG muss mindestens einer davon persönlich haftender Gesellschafter (Komplementär) und einer beschränkt haftend (Kommanditist) sein, wobei im allgemeinen Sprachgebrauch von GmbH & Co. KG v.a. dann die Rede ist, wenn alleinige persönlich haftende Gesellschafterin eine GmbH ist.	Die Errichtung erfolgt durch das Stiftungsgeschäft und den behördlichen Anerkennungsakt (§ 80 Abs. 1 BGB). Die Stiftung hat keine Gesellschafter, Eigentümer oder Mitglieder.

	GmbH	GmbH & Co. KG	Stiftung
		In der „klassischen" GmbH & Co. KG ist einziger Komplementär eine GmbH, womit die Haftungsbeschränkung auf die Gesellschaftsvermögen von KG und Komplementär-GmbH erreicht ist. In dieser Gestaltung ist die Komplementär-GmbH regelmäßig am Vermögen und Ertrag der KG nicht beteiligt; sie erhält lediglich eine feste Vergütung für die Geschäftsführertätigkeit sowie die Übernahme der persönlichen Haftung. Außerdem besteht in diesen Fällen eine beteiligungsidentische Struktur, d.h. die Kommanditisten sind im Verhältnis ihrer Beteiligung an der KG zugleich Gesellschafter der Komplementär-GmbH. Gestaltungsvariante: sog. „Einheits-KG", bei der sämtliche Anteile an der Komplementär-GmbH von der KG gehalten werden; hier sind allerdings besondere Satzungsregelungen für Ausübung der Gesellschafterrechte in der GmbH erforderlich.	
– Organe	Organe der Gesellschaft sind: – Geschäftsführung – Gesellschafterversammlung – Auf Grund Satzungsregelung können weitere fakultative Organe (Aufsichtsrat, Beirat, Verwaltungsrat, Board, Ausschüsse) geschaffen werden.	Organe der Gesellschaft sind: – Gesellschafterversammlung – Auf Grund gesellschaftsvertraglicher Regelung können weitere fakultative Organe (Aufsichtsrat, Beirat, Verwaltungsrat, Board, Ausschüsse) geschaffen werden.	Organe der Stiftung sind: – Vorstand (§§ 86; 26 BGB) – Weitere Organe können/müssen durch die Satzung geschaffen werden (Aufsichtsrat, Verwaltungsrat, Stiftungsrat, Beirat, Kuratorium, etc.).

	GmbH	GmbH & Co. KG	Stiftung
	– Obligatorischer Aufsichtsrat nur bei mitbestimmten Gesellschaften mit mehr als 500 (DrittelBG) bzw. 2 000 Arbeitnehmern (MitBestG 1976).	– Obligatorischer Aufsichtsrat nur bei Gesellschaften mit mehr als 2 000 Arbeitnehmern (MitBestG 1976), der dann aber bei der Komplementär-GmbH zu bilden ist.	
– Gesellschaftsvertrag	Mindestinhalt (§ 3 GmbHG): – Gründer – Firma – Sitz – Gegenstand des Unternehmens: jeder erlaubte Zweck (§ 1 GmbHG) – Betrag des Stammkapitals – Betrag der von jedem Gesellschafter auf das Stammkapital zu leistenden Einlage (Stammeinlage)	Mindestinhalt: – Gemeinsamer Zweck muss Betrieb eines Handelsgewerbes unter gemeinschaftlicher Firma sein (§§ 161 Abs. 1; 1 Abs. 2 HGB) – Rechtsform als Kommanditgesellschaft – Firma – Person des Komplementärs – Person des Kommanditisten und dessen Hafteinlage	Ein Gesellschaftervertrag besteht nicht. Allerdings ist zumindest ein Stiftungsgeschäft in Form einer nicht empfangsbedürftigen Willenserklärung nötig, das den Stiftungszweck und das Vermögen bestimmt, mit dessen Hilfe der Zweck erreicht werden soll. Mindestinhalt: (§ 81 BGB): – Name – Sitz – Zweck – Vermögen – Bildung des Vorstands
	Gestaltung der Satzung: Es gilt weitgehende Satzungsautonomie; zweckmäßig sind insbesondere Regelungen über – Geschäftsführung und Vertretung/ Befreiung von den Beschränkungen des § 181 BGB (Verbot von In-sich-Geschäften) – Gesellschafterversammlung – Bilanzierungsgrundsätze und Prüfungspflicht – Gewinnverwendung – Übertragbarkeit der Geschäftsanteile – Einziehung von Anteilen und sonstiges Ausscheiden von Gesellschaftern	Gestaltung der Satzung: Es gilt umfassende Vertragsfreiheit; zweckmäßig sind insbesondere Regelungen über – Geschäftsführung und Vertretung/ Befreiung von den Beschränkungen des § 181 BGB (Verbot von In-sich-Geschäften) – Einlagenleistung und Beteiligung am Gesellschaftsvermögen – Buchführungs- und Bilanzierungsgrundsätze – Gewinnverteilung – Entnahmerechte – Nachfolgeregelungen zu Lebzeiten und von Todes wegen – Kündigung und Abfindung	Zweckmäßige weitere Regelungen der Satzung sind: – Bildung weiterer Stiftungsorgane (Aufsichtsrat, Verwaltungsrat, Stiftungsrat) sowie Förder- und Beratungsgremien (Kuratorium, Beirat, Freundeskreis) – Voraussetzungen für die Änderung des Stiftungszwecks – Genaue Abgrenzung der Organkompetenzen, personelle Besetzung, Bestellung, Abberufung und Vergütung der Organmitglieder

	GmbH	GmbH & Co. KG	Stiftung
– Kapital	Stammkapital mindestens 25 000 €; es gilt der strenge Grundsatz der Kapitalaufbringung und -erhaltung Kapitalaufbringung: – durch Bareinlage – oder Sacheinlage möglich. Bei Sachgründung ist zusätzlich erforderlich: – Sachgründungsbericht der Gesellschafter – Nachweis über den Wert der Sacheinlage („Werthaltigkeitsbescheinigung") – Überprüfung der Angaben durch Registergericht Die Gesellschaft kann auch mit einem geringeren Stammkapital gegründet werden; sie hat dann die Bezeichnung „Unternehmergesellschaft (haftungsbeschränkt)" bzw. „UG (haftungsbeschränkt)" zu führen und unterliegt strengen bilanziellen Kapitalschonungsregelungen (§ 5a GmbHG).	Bei der Personengesellschaft ersetzt die persönliche Haftung mindestens eines Gesellschafters das Erfordernis eines Mindestkapitals, und zwar auch dann, wenn kein persönlich haftender Gesellschafter eine natürliche Person ist. Die Grundsätze der Kapitalaufbringung und -erhaltung finden auf die KG keine Anwendung, wohl aber auf die Komplementär-GmbH und deren Stammkapital nach den allgemeinen GmbH-Regelungen. Die Einlagen der Gesellschafter können frei festgesetzt werden, ebenso der Wert etwaiger Sacheinlagen, der insbesondere keiner Prüfung durch Gesellschaftsorgane oder Registergericht unterliegt. Nur, soweit der Wert der Sacheinlage eines Kommanditisten dessen Hafteinlage deckt, wird er von seiner persönlichen Haftung frei (§ 171 Abs. 1 HGB).	Es besteht keine gesetzliche Regelung bezüglich eines Mindeststiftungsvermögens. Notwendig ist aber, dass der Stiftungszweck durch das Stiftungsvermögen erreicht werden kann. In der Praxis ist damit zu rechnen, dass die Aufsichtsbehörden eine Ausstattung der Stiftung mit einem Vermögen von mindestens 50 000 bis 100 000 € verlangen. Ebenfalls nicht gesetzlich normiert ist die Art der Kapitalaufbringung. Daher sind u.a. Bargeld, Aktien oder GmbH-Anteile möglich.

	GmbH	GmbH & Co. KG	Stiftung
– Firma	Firma grundsätzlich frei wählbar mit dem Zusatz „GmbH", es gilt jedoch der allgemeine Grundsatz der Firmenwahrheit und Firmenklarheit.	Firma grundsätzlich frei wählbar mit dem Zusatz „KG", es gilt jedoch der allgemeine Grundsatz der Firmenwahrheit und Firmenklarheit. Zusätzlich muss ein Hinweis auf die Haftungsverhältnisse („GmbH & Co.") in der Firma enthalten sein; bei der „klassischen" GmbH & Co. KG hat sich diese Bezeichnung auch als Firmenzusatz allgemein durchgesetzt. Außerdem muss sich die Firma der KG von Firma der GmbH unterscheiden, was häufig durch Beifügung eines den Gesellschaftszweck kennzeichnenden Zusatzes erreicht wird (z.B. Firma der KG: „Meier Maschinenbau GmbH & Co. KG", Firma der Komplementär-GmbH: Meier Verwaltungs-GmbH").	Der Name der Stiftung ist frei wählbar, es gilt jedoch der allgemeine Grundsatz der Namenswahrheit und Namensklarheit. Darüber hinaus sind willkürliche Buchstaben- und Zahlenaneinanderreihungen untersagt. Soweit die Stiftung Kaufmann ist, gelten die Vorschriften über die kaufmännische Firma. In der Praxis häufig und zulässig ist die Aufnahme des Stiftungszwecks in den Stiftungsnamen. Ein Rechtsformzusatz ist nicht erforderlich, aber empfehlenswert.

	GmbH	GmbH & Co. KG	Stiftung
– Formalien	Notarielle Beurkundung des Gesellschaftsvertrags erforderlich sowie Feststellung des Gesellschaftsvertrags durch die Gründer und Ernennung der Geschäftsführung Die Unterzeichnung durch Bevollmächtigte ist auf Grund einer notariell beglaubigten Vollmacht zulässig. Anmeldung zur Eintragung im Handelsregister erforderlich: durch den Geschäftsführer notariell beglaubigte Unterschrift	Gesellschaftsvertrag der KG ist grundsätzlich formfrei und kann auch konkludent abgeschlossen werden. Schriftform empfiehlt sich allerdings aus Beweisgründen und als Nachweis gegenüber der Finanzverwaltung. Eine Ausnahme gilt dann, wenn der Gesellschaftsvertrag ein formbedürftiges Leistungsversprechen enthält, etwa wenn Gesellschaftszweck der Erwerb eines bestimmten oder bestimmbaren Grundstücks oder bestimmter oder bestimmbarer GmbH-Anteile ist. In diesen Fällen bedarf der Gesellschaftsvertrag insgesamt gem. § 311b Abs. 1 Satz 1 BGB bzw. § 15 Abs. 4 GmbHG der notariellen Beurkundung; die fehlende Form wird erst durch Wirksamwerden des Erwerbs (bei Immobilien-KG: Eintragung ins Grundbuch!) geheilt. Die Gesellschaft ist in notariell beglaubigter Form zum Handelsregister anzumelden.	Für die Errichtung der Stiftung ist die einfache Schriftform ausreichend (§ 81 Abs. 1 Satz 1 BGB), auch wenn zum Stiftungsvermögen Grundstücke oder GmbH-Anteile gehören sollen.

	GmbH	GmbH & Co. KG	Stiftung
– Beginn	Mit der Eintragung in das Handelsregister entsteht die GmbH als juristische Person; die Eintragung hat konstitutive Wirkung.	Im Innenverhältnis entsteht die KG mit Abschluss des Gesellschaftsvertrags, im Außenverhältnis mit Aufnahme der Geschäftstätigkeit, spätestens aber mit Eintragung der Gesellschaft in das Handelsregister. Die Haftungsbeschränkung des Kommanditisten setzt die Handelsregistereintragung voraus, es sei denn, die Haftungsbeschränkung ist dem Gläubiger bekannt.	Die Stiftung entsteht mit der behördlichen Anerkennung.

	GmbH	GmbH & Co. KG	Stiftung
– Management	Fremdorganschaft ist zulässig, d.h. Organmitglied kann, muss aber nicht zugleich Gesellschafter sein. Geschäftsführer vertritt und leitet die Gesellschaft nach Weisung der Gesellschafterversammlung. Die Geschäftsführung besteht aus einem oder mehreren Mitgliedern und handelt im gesetzlichen Regelfall als Kollegialorgan. Die Anordnung von Einzel- oder (echter oder unechter) Gesamtvertretung in der Satzung ist möglich. Die Befreiung von den Beschränkungen des § 181 BGB (Verbot von In-sich-Geschäften) ist möglich, wenn satzungsseitig vorgesehen, und insbesondere bei Einpersonen-GmbH (§ 35 Abs. 3 GmbHG) empfehlenswert. Eine Beschränkung der Vertretungsbefugnis wirkt nur im Verhältnis zur Gesellschaft (Gesellschaftsvertrag) – „Negativ-Katalog" der Befugnisse (Gesellschafterbeschluss oder Satzung). Neben der Organstellung als Geschäftsführer besteht zwischen diesem und der Gesellschaft i.d.R. ein Dienstvertrag, bei dessen Abschluss, Änderung oder Beendigung die Gesellschaft durch die Gesellschafterversammlung vertreten wird. Für die Laufzeit gilt der Grundsatz der Vertragsfreiheit; häufig anzutreffen sind auf 3–5 Jahre befristete Verträge.	Grundsatz der Selbstorganschaft; organschaftlicher Vertreter der Gesellschaft sind ausschließlich deren persönlich haftende Gesellschafter. Bei der GmbH & Co. KG wird die KG durch die Komplementär-GmbH vertreten, die ihrerseits durch ihren Geschäftsführer handelt, der damit (mittelbar) auch die KG vertritt. Jeder geschäftsführende Gesellschafter ist allein zur Geschäftsführung und Vertretung der Gesellschaft ermächtigt; einzelne persönlich haftende Gesellschafter können durch Gesellschaftsvertrag von der Geschäftsführung und Vertretung ausgeschlossen werden. Die Anordnung von (echter oder unechter) Gesamtvertretung im Gesellschaftsvertrag sowie eine Befreiung von den Beschränkungen des § 181 BGB (Verbot von In-sich-Geschäften) ist möglich. Die Komplementär-GmbH hat Anspruch auf Ersatz aller ihr durch die Geschäftsführungstätigkeit entstehenden Aufwendungen (§ 110 HGB), dies gilt insbesondere auch für die von ihr an ihre Geschäftsführung zu entrichtende Vergütung. Im Übrigen ist ihre Tätigkeit durch eine entsprechend bemessene Tätigkeits- und Haftungsvergütung abgegolten.	Der Vorstand vertritt und leitet die Stiftung i.S.d. Stiftungszwecks. Der Zweck begründet und begrenzt den Handlungsspielraum des Vorstandes. Die personelle Besetzung, Bestellung, Abberufung und Vergütung kann frei ausgestaltet werden.

	GmbH	GmbH & Co. KG	Stiftung
– Aufsichtsrat/ Unternehmensmitbestimmung	Nicht generell vorgeschrieben, aber durch gesellschaftsvertragliche Regelung möglich (fakultativer Aufsichtsrat). Aufsichtsrat ist obligatorisch zu errichten bei mitbestimmten Gesellschaften; dann muss ein Teil der Aufsichtsratsmitglieder aus Arbeitnehmervertretern bestehen, und zwar – ein Drittel bei mehr als 500 Arbeitnehmern sowie – die Hälfte bei mehr als 2 000 Arbeitnehmern. Wichtige Kompetenzen nach Maßgabe aktienrechtlicher Bestimmungen: – Überwachung der Geschäftsführung – Recht, Jahresabschluss einzusehen und Kontrollen zu tätigen – Einberufung der Gesellschafterversammlung in bestimmten Fällen	Nicht generell vorgeschrieben, aber durch gesellschaftsvertragliche Regelung möglich (fakultativer Aufsichtsrat). Ein obligatorischer Aufsichtsrat existiert bei der GmbH & Co. KG nicht. Allerdings ist bei der Komplementär-GmbH ein Aufsichtsrat zu bilden, der zur Hälfte mit Arbeitnehmervertretern zu besetzen ist, wenn bei der KG mehr als 2 000 Arbeitnehmer beschäftigt sind.	Aufsichts- und Beratungsorgane können separat installiert werden. Eine Pflicht dazu besteht grundsätzlich nicht. Allerdings erfolgt eine staatliche Aufsicht in Form einer Rechtmäßigkeitskontrolle, ob die Stiftungsorgane in Übereinstimmung mit der Stiftungssatzung und den Stiftungsgesetzen (§§ 80 ff. BGB und Landesstiftungsgesetze) handeln. Der Umfang der Aufsicht ist in den einzelnen Bundesländern unterschiedlich ausgestaltet. Die Stiftung unterliegt nicht der Unternehmensmitbestimmung des DrittelBG und des MitbestG 1976.
– Einfluss der Gesellschafter	Gesellschafterversammlung ist „oberstes Organ" der Gesellschaft und grundsätzlich „allzuständig". Sie kann Kompetenzen anderer Organe an sich ziehen, insbesondere besteht ein Weisungsrecht der Gesellschafter gegenüber der Geschäftsführung. Grenze: zwingende Zuständigkeiten (z.B. gesetzliche Vertretung der Gesellschaft, Aufstellung des Jahresabschlusses).	Keine Differenzierung zwischen Gesellschafterstellung und Geschäftsführung/Vertretung (Grundsatz der Selbstorganschaft); wohl aber Unterscheidung zwischen den unterschiedlichen Gesellschafterarten: Komplementär-GmbH: – hat als geschäftsführende Gesellschafterin der KG umfassende Geschäftsführungsbefugnis – stellt den Jahresabschluss auf	Entfällt.

GmbH	GmbH & Co. KG	Stiftung
Die Gesellschafterversammlung bestimmt insbesondere über: – Feststellung des Jahresabschlusses und Konzernabschlusses, Ergebnisverwendung – Einforderung von Einzahlungen auf die Stammeinlage – Rückzahlung von Nachschüssen – Teilung, Zusammenlegung und Einziehung von Geschäftsanteilen – Bestellung und Abberufung der Geschäftsführer sowie deren Entlastung – Abschluss, Änderung und Beendigung von Anstellungsverträgen mit den Geschäftsführern – Prozessvertretung gegenüber Geschäftsführern, nicht aber sonstige Rechtsgeschäfte mit Geschäftsführern (§ 46 Nrn. 5 und 8 GmbHG) – Erteilung (nicht: Widerruf!) von Prokuren und Handlungsvollmachten – Satzungsänderungen sowie Maßnahmen nach dem UmwG – Abschluss, Änderung und Beendigung von Anstellungsverträgen EAVs und anderen Unternehmensverträgen – Wahl der Aufsichtsratsmitglieder – Wahl des Abschlussprüfers – Auflösung der Gesellschaft	Kommanditisten: – Widerspruchsrecht auf außergewöhnliche Maßnahmen beschränkt – Kontrollrechte auf Prüfung des Jahresabschlusses und Einsichtsrecht in die Bücher beschränkt – stellen den Jahresabschluss fest Differenzierung trägt dem gesetzlichen Leitbild einer rein kapitalistischen Beteiligung des Kommanditisten an der Gesellschaft Rechnung. Abweichende Regelungen im Gesellschaftsvertrag sind in weitem Umfang möglich und üblich; häufig Erweiterung der Einflussmöglichkeiten der Kommanditisten in Anlehnung an GmbH-Gesellschafterversammlung durch die i.d.R. Gleichzeitig bestehende Beteiligungsidentität bzgl. der Komplementär-GmbH beherrschen die Kommanditisten zugleich die (ggf. Fremd-)Geschäftsführer; auf diese Weise kann die interne Struktur und Kompetenzverteilung zwischen Gesellschaftern und Geschäftsführung der GmbH & Co. KG insgesamt entsprechend der GmbH ausgestaltet werden.	

GmbH	GmbH & Co. KG	Stiftung
Gesellschaft: – nach allgemeinen Regeln – insgesamt auf das Gesellschaftsvermögen beschränkt Gesellschafter: – nach allgemeinen Regeln – vor Eintragung grundsätzlich unbeschränkt – sobald die Einlage geleistet ist, haftet der Aktionär grundsätzlich nicht über die geleistete Einlage hinaus – ausnahmsweise Durchgriffshaftung; diese unbeschränkt bei Beherrschung der Gesellschaft und nachteiligen Entscheidungen zu Lasten der Gesellschaft („existenzvernichtender Eingriff") Geschäftsführer: – Die Geschäftsführer haften, wenn sie bei ihrer Geschäftsführung nicht die Sorgfalt eines ordentlichen und gewissenhaften Geschäftsleiters anwenden.	Grundsätzlich Haftung der Gesellschafter für sämtliche Verbindlichkeiten der Gesellschaft; jedoch Differenzierung zwischen den unterschiedlichen Gesellschafterarten: Komplementär-GmbH: – haftet mit ihrem Gesellschaftsvermögen unbegrenzt für die KG-Verbindlichkeiten – Haftungsbeschränkung ergibt sich aber aus der Rechtsnatur als GmbH (s. dort) Kommanditisten: – Haftung grundsätzlich auf den Betrag der Einlage („Hafteinlage") beschränkt; vor Eintragung als Kommanditist jedoch unbegrenzte Haftung möglich – nach Leistung der Einlage keine persönliche Haftung mehr; Leistung von Anteilen an der Komplementär-GmbH befreit von Haftung nicht – Wiederaufleben der Haftung bei Einlagenrückgewähr oder Überentnahmen	Stiftung: – nach allgemeinen Regeln – insgesamt auf das Stiftungsvermögen beschränkt Vorstand: – Nach § 86 BGB i.V.m. § 31 BGB kommt die Organhaftung zur Anwendung. Im Innenverhältnis haftet der Vorstand nach Auftragsgrundsätzen. Eine Haftungsmilderung tritt gem. § 31a BGB ein, sofern die Vorstandstätigkeit ehrenamtlich oder mit jährlich nicht mehr als 500 € vergütet wird. Im Außenverhältnis ist die Haftung unbeschränkt. Gem. § 86 Satz 1 BGB i.V.m. § 31a Abs. 2 BGB besteht jedoch ein Anspruch auf Befreiung von der Verbindlichkeit, sofern im Innenverhältnis nicht gehaftet werden müsste und der Vorstand eine Vergütung von nicht mehr als 500 € im Jahr für seine Tätigkeit erhält. Staatliche Aufsichtsbehörde: – Sofern schuldhaft eine Amtspflicht gegenüber dem Anspruchsteller verletzt wurde und ein Schaden entstanden ist, besteht ein Schadensersatzanspruch gegenüber dem Bundesland als Träger der Stiftungsaufsicht aus Amtshaftung gem. Art. 34 GG i.V.m. § 839 BGB.

	GmbH	GmbH & Co. KG	Stiftung
			Stifter: – Der Stifter ist nach der Anerkennung der zuständigen Landesbehörde verpflichtet, das Stiftungsvermögen zu übertragen. Erfüllt der Stifter den Anspruch der Stiftung nicht, richtet sich die Haftung in Analogie zum Schenkungsrecht. Gegenüber den Destinatären besteht keine Haftung des Stifters aus § 82 BGB.
– Übertragbarkeit der Beteiligung unter Lebenden und von Todes wegen	Grundsätzlich frei übertragbar und vererblich. Satzung kann Einschränkungen vorsehen, z.B.: – Ausschluss der Übertragbarkeit – Zustimmungsvorbehalte der Gesellschaft und/oder der Gesellschafter („Vinkulierung") Notarielle Form erforderlich für Übertragung (§ 15 GmbHG); formnichtiges schuldrechtliches Geschäft (Kaufvertrag, Schenkung) wird durch formgerechte Abtretung der Anteile geheilt. Beurkundung der Übertragung durch bestimmte (Schweiz) ausländische Notare wohl noch wirksam (gilt nicht für Kapitalmaßnahmen oder sonstige Satzungsänderungen!) Im Erbfall gehen die Geschäftsanteile als Teil des Nachlasses unmittelbar auf den oder die Erben über (§ 1922 BGB).	Der Gesellschaftsanteil an einer GmbH & Co. KG ist grundsätzlich nicht übertragbar (§§ 161 Abs. 2, 105 Abs. 2 HGB; 717 BGB). Abweichende Regelungen im Gesellschaftsvertrag möglich, z.B. freie Übertragbarkeit (selten), Vinkulierung, Festlegung eines bestimmten Kreises „zulässiger" Erwerber, etwa Mitgesellschafter, Angehörige von Gesellschaftern, Nachkommen des Firmengründers. Bei der rechtsgeschäftlichen Übertragung ist zu beachten: – Übertragung der Gesellschafterrechte grundsätzlich formfrei möglich – wenn jedoch – zur Wahrung der Beteiligungsidentität – Anteile an der Komplementär-GmbH mitübertragen werden sollen, bedarf auch die Übertragung der KG-Anteile der notariellen Form (Ausnahme: Einheits-KG!)	Entfällt.

GmbH	GmbH & Co. KG	Stiftung
	– Anmeldung des Gesellschafterwechsels zum Handelsregister erforderlich – Gefahr des Wiederauflebens der Haftung bei Veräußerung von Kommanditanteilen; kann durch Abtretung unter der aufschiebenden Bedingung der Eintragung des Anteilswechsels in das Handelsregister vermieden werden Beim Tod eines Kommanditisten geht dessen Anteil auf seine Erben über (§ 177 HGB). Für den Komplementär gilt dasselbe wie bei OHG (in „klassischer" GmbH & Co. KG nicht möglich). Abweichende Regelungen im Gesellschaftsvertrag sind möglich und i.d.R. zu empfehlen (sog. Nachfolgeklauseln). In Betracht kommen u.a.: – Ausscheiden des verstorbenen Gesellschafters gegen Abfindung (Fortsetzungsklausel – bei OHG gesetzlicher Regelfall) – Übergang nur auf einen bestimmten Personenkreis, etwa Mitgesellschafter, Angehörige von Gesellschaftern, Nachkommen des Firmengründers zulässig (qualifizierte Nachfolgeklausel)	

	GmbH	GmbH & Co. KG	Stiftung
		– Wahlrecht des Erben zwischen Übernahme des Anteils oder Abfindung (Eintrittsklausel – praktisch selten, da steuerlich gegenüber einfacher oder qualifizierter Nachfolgeklausel i.d.R. nachteilig) Bei qualifizierter Nachfolgeklausel geht der Gesellschaftsanteil im Wege der Sonderrechtsnachfolge „am Nachlass vorbei" unmittelbar auf den oder die Nachfolger über, auch wenn diese nicht Erben des verstorbenen Gesellschafters werden. Dies kann zu ungewolltem Auseinanderfallen von Kommanditanteilen und Anteilen an der Komplementär-GmbH führen, da letztere zwingend in den Nachlass fallen und damit auf den oder die Erben übergehen (wird bei Einheits-KG vermieden!).	
– Jahresabschluss	Die GmbH unterliegt der Pflicht zur Prüfung ihres Jahresabschlusses und des Lageberichtes, wenn mindestens zwei der drei nachstehenden Merkmale an zwei aufeinander folgenden Abschlussstichtagen erfüllt sind: – Eine Bilanzsumme von mehr als 4 840 000 € nach Abzug eines auf der Aktivseite ausgewiesenen Fehlbetrages – Mehr als 9 680 000 € Umsatzerlöse in den zwölf Monaten vor dem Abschlussstichtag	Ist kein Komplementär eine natürliche Person, so unterliegt die GmbH & Co. KG der Pflicht zur Prüfung ihres Jahresabschlusses und des Lageberichtes, wenn mindestens zwei der drei nachstehenden Merkmale an zwei aufeinander folgenden Abschlussstichtagen erfüllt sind: – Eine Bilanzsumme von mehr als 4 840 000 € nach Abzug eines auf der Aktivseite ausgewiesenen Fehlbetrags – Mehr als 9 680 000 € Umsatzerlöse in den	Es besteht keine grundsätzliche Pflicht zur Erstellung eines Jahresabschlusses. Allerdings verpflichten viele Landestiftungsgesetze zur Erstellung einer Jahresabrechnung, verbunden mit einer Vermögensübersicht. Ist die Stiftung handelsrechtlicher Kaufmann, gelten die Buchführungsregelungen des HGB. Bei Erreichen der Größenkriterien des PublG gilt für die Stiftung die Rechnungslegungspublizität der §§ 325–329, 339 HGB. Unterhalb dieser Grenze ist die Stiftung publizitätsfrei.

GmbH	GmbH & Co. KG	Stiftung
– Im Jahresdurchschnitt mehr als 50 Arbeitnehmer Jahresabschluss ist zum Handelsregister einzureichen (Erleichterungen für kleine Gesellschaften i.S.d. § 267 Abs. 1 HGB)	zwölf Monaten vor dem Abschlussstichtag – Im Jahresdurchschnitt mehr als 50 Arbeitnehmer Jahresabschluss ist zum Handelsregister einzureichen (Erleichterungen für kleine Gesellschaften i.S.d. § 267 Abs. 1 HGB)	

Unternehmensbewertung

von Dr. Georg F.W. Bügler

INHALTSÜBERSICHT   Rz.

I. Vorbemerkung	1582–1584
II. Durchführung von Unternehmensbewertungen nach betriebswirtschaftlichen Erkenntnissen	1585–1588
III. Unternehmenswert und Funktionen der Unternehmensbewertung	1589–1593
IV. Ertragswert	1594–1611
1. Zukunftserfolgswert	1595–1599
2. Modifiziertes Ertragswertverfahren	1600–1603
3. Berechnung des Ertragswerts	1604–1611
a) Prognoseproblem	1605–1608
b) Phasenmethode	1609–1611
V. Probleme und Grundsätze der Unternehmensbewertung	1612–1646
1. Grundsatz der Äquivalenz von Unternehmensertrag und Kalkulationszinsfuß	1612–1620
2. Ausschüttungsgrundsatz	1621–1624
3. Bewertung der wirtschaftlichen Unternehmenseinheit	1625–1629
a) Bewertungseinheit	1625–1627
b) Normalisierung der Finanzstruktur	1628
c) Gesonderte Bewertung nicht betriebsnotwendigen Vermögens	1629
4. Bewertung der vorhandenen Ertragskraft	1630–1635
a) Maßgeblichkeit der vorhandenen Ertragskraft	1631–1634
b) Zukunftsbezogenheit der Bewertung	1635
5. Interdependenzen zwischen Unternehmenssubstanz und Ertrag	1636–1642
a) Bedeutung des Substanzwertes für die Unternehmensbewertung	1637–1640
b) Grundsatz der Substanzbezogenheit des Erfolgs	1641
c) Grundsatz der erfolgsorientierten Substanzerhaltung	1642
6. Berücksichtigung personenbezogener Wertfaktoren	1643–1646
a) Bewertung des Management-Faktors	1644–1645
b) Berücksichtigung von Synergie-Effekten	1646

	Rz.
VI. Besondere Bewertungsanlässe	1647–1656
1. Bewertung von Beteiligungen für den handelsrechtlichen Jahresabschluss	1647–1651
a) Bilanzierung von Beteiligungen	1647–1648
b) Bewertung von Beteiligungen nach dem Ertragswertverfahren	1649–1651
2. Besonderheiten der Unternehmensbewertung bei vermögensrechtlichen Auseinandersetzungen im Familien- und Erbrecht	1652–1656
a) Zugewinnausgleich	1653–1654
b) Besondere Rechtsverhältnisse	1655
c) Ableitung des fairen Einigungswerts	1656
VII. Praxisfall zur Unternehmenswertermittlung	1657–1669
1. Berechnungsgrundlagen	1657–1661
a) Kalkulationszinsfuß	1658
b) Zukunftserfolge	1659
c) Liquidationswert	1660
d) Nicht betriebsnotwendiges Vermögen	1661
2. Ableitung des Kalkulationszinsfußes	1662
3. Diskontierung der Zukunftserfolge	1663–1667
a) Ertragswertanteil Phase I (EI)	1664
b) Ertragswertanteil Phase II (EII)	1665
c) Ertragswertanteil Phase III (EIII)	1666
d) Ertragswert	1667
4. Barwert des nicht betriebsnotwendigen Vermögens	1668
5. Bestimmung des Unternehmenswertes	1669

I. Vorbemerkung

Es gehört zu den Aufgaben des StB/StBv, Bewertungen von ganzen Unternehmen oder von Unternehmensanteilen durchzuführen; jedoch geschieht dies überwiegend zu steuerlichen Zwecken. Das bei solchen Bewertungsanlässen i.d.R. anzuwendende Bewertungsverfahren ist auf der Grundlage des § 11 Abs. 2 BewG geregelt. Die bisher von der FinVerw mit dem sog. „Stuttgarter Verfahren"[1]) vorgegebene Bewertungsmethode wurde mit der Erbschaftsteuerreform[2]) durch ein „vereinfachtes Ertragswertverfahren" ersetzt.[3]) Damit wurde zwar die wenig sachgerechte Kombination von Ertragswert und Substanzwert des bisherigen Bewertungsverfahrens aufgegeben. Die schematische Ableitung des Ertragswerts aus den Betriebsergebnissen der Vergangenheit wurde aber beibehalten und als Kapitalisierungszins die Umlaufrendite öffentlicher Anleihen (Basiszins[4])) zuzüglich eines pauschalierten Risikozuschlags[5]) vorgeschrieben. Aus Gründen der Praktikabilität mag dies als „geeignetes Schätzverfahren"[6]), wie zuvor das Stuttgarter Verfahren, hinzunehmen sein, zumal nun alternativ auch

1582

---

1) Erbschaftsteuer-Richtlinien 2003, Abschn. 95–108, BStBl I 2003, Sonder-Nr. 1.
2) ErbStRefG v. 24.12.2008, BGBl. I 2008, 3017.
3) Siehe §§ 11 Abs. 2, 199–203 BewG i.d.F. des ErbStRefG und Gleichlautende Ländererlasse v. 29.10.2010, BStBl. 2010, 1210 und Gleichlautende Ländererlasse v. 29.10.2010, BStBl I 2010, 1210.
4) Der von der Deutschen Bundesbank nach § 203 Abs. 2 BewG ermittelte Basiszins beträgt auf den 1.1.2015 0,99 %, BMF v 02.01.2015, IV D 4 – S 3102/07/10001, DOK 2015/0000036, DStR 2015, 76.
5) § 203 Abs. 1 BewG i.d.F. des ErbStRefG schreibt typisierend einen festen Risikozuschlag von 4,5 % vor, der mit dem variablen Basiszins, abgeleitet aus der „langfristig erzielbaren Rendite öffentlicher Anleihen" (§ 203 Abs. 2 BewG), nicht immer kompatibel sein dürfte.
6) BFH v. 26.1.2000, II R 15/97, BStBl II 2000, 251.

eine gutachterliche Ermittlung des Unternehmenswerts nach einer „anerkannten für nichtsteuerliche Zwecke üblichen Methode" in Frage kommt (§ 11 Abs. 2 Satz 2 BewG n.F.).[1]

1583   Grundsätzlich kann damit auch für steuerliche Zwecke der gemeine Wert von Unternehmen nach anerkannten betriebswirtschaftlichen Regeln ermittelt werden; allerdings gehen die u.U. erheblichen Kosten einer gutachterlichen Unternehmensbewertung zu Lasten des Stpfl.

1584   Neben der steuerlichen Beratung und Vertretung gehört es zu den Aufgaben der StB, in betriebswirtschaftlichen Angelegenheiten beratend und gutachterlich tätig zu sein (§ 57 Abs. 3 StBerG). Auf Grund der Verpflichtung des StB zur gewissenhaften Berufsausübung (§ 57 Abs. 1 StBerG) hat er sich über die Entwicklungen in der Betriebswirtschaftslehre und damit auch über deren Erkenntnisse zur Unternehmensbewertung auf dem Laufenden zu halten und diese in seine Überlegungen als Berater oder Gutachter einzubeziehen.

II. Durchführung von Unternehmensbewertungen nach betriebswirtschaftlichen Erkenntnissen

1585   Die über Jahrzehnte geführte Diskussion in Theorie und Praxis über die richtige Bewertungsmethode kann als abgeschlossen gelten, da heute der Ertragswert als der einzige Wert des Unternehmens anerkannt ist.[2] Damit ist allein der Grundgedanke entscheidend, dass ein Unternehmen unter finanziellen Gesichtspunkten nur so viel wert ist, wie es in Zukunft an entnahmefähigen Gewinnen erwarten lässt. Der Zukunftserfolg bzw. die Entnahmemöglichkeiten bestimmen den Wert, nicht die Kosten, die zur Errichtung des Unternehmens erforderlich waren, oder die Gewinne, die früher erzielt worden sind. Der Substanzwert hat dabei eine Hilfsfunktion, z.B. für die Bemessung der Abschreibungen, der Finanzierungskosten u.a. m. Auch der Liquidationswert eines (unrentablen) Unternehmens kann i. S. des Ertragswerts definiert werden, als die Einnahmeüberschüsse aus der Abwicklung.

1586   Die Unternehmensbewertung ist letztlich der Investitionstheorie zuzuordnen. Auch die Praxis hat sich längst an die Theorie der Unternehmensbewertung angenähert.[3] Ein bemerkenswertes Ergebnis dieser Entwicklung war die Stellungnahme des Instituts der Wirtschaftsprüfer über „Grundsätze zur Durchführung von Unternehmensbewertungen" im Jahre 1983.[4]

1587   Die Aufgabenstellung des StB als betriebswirtschaftlicher Berater oder als Gutachter ist im Rahmen von Unternehmensbewertungen wohl ohne Weiteres mit des Wirtschaftsprüfers vergleichbar. Die den aktuellen Wissensstand zur Unternehmensbewertung zusammenfassenden „Grundsätze zur Durchführung von Unternehmensbewertungen" des Instituts der Wirtschaftsprüfer und deren überarbeitete Neufassung[5] dürften deshalb auch dem Steuerberater wertvolle Hinweise für seine Arbeit geben. In der folgenden Darstellung wird deshalb der IDW Standard (S 1) besondere Berücksichtigung finden.

---

1) Söffing, DStZ 2008, 857.
2) Dies gilt auch weitgehend für die Rechtsprechung der Zivilgerichte, so z.B. LG Berlin v. 24.11.1982, 98 Akt E 3/80, AG 1983, 135 f.; BGH v. 24.9.1984, II ZR 256/83, GmbHR 1985, 113 f.
3) WP-Handbuch 1985/86, 1053 ff.; UEC-Kommission für Fachfragen und Forschung: Empfehlung zur Vorgehensweise von Wirtschaftsprüfern bei der Bewertung ganzer Unternehmen, 1980.
4) IDW/HFA 2/1983, WPg 1983, 468 ff.
5) IDW Standard: Grundsätze zur Durchführung von Unternehmensbewertungen, i.d.F. 2008, IDW FN 2008, 271 ff. – im Folgenden zitiert als IDW/S 1.

Hingegen wird hier auf die sogenannten Praktikerverfahren nicht näher eingegangen, da sie bereits in der Literatur ausführlich dargestellt und kritisiert wurden.[1]

III. Unternehmenswert und Funktionen der Unternehmensbewertung

Darüber, ob der Wert eines Unternehmens als ein objektiver oder als ein subjektiver Wert zu verstehen ist, wurde eine lange Diskussion geführt; sie beruhte weitgehend auf Missverständnissen, die sich überwiegend dadurch ergaben, dass die Bedeutung unterschiedlicher Bewertungsanlässe für die vom Bewerter anzulegenden Bewertungsmaßstäbe und zu Grunde zu legenden Nutzenvorstellungen zu wenig beachtet wurde. Bei der heutigen aufgabenbezogenen „funktionalen" Bewertungslehre steht hingegen der Zweck der Bewertung im Vordergrund. Es wird dabei im Wesentlichen zwischen dem Entscheidungswert und dem Arbitriumwert (Schiedswert) unterschieden.[2]

Der Unternehmenswert wird als ein Entscheidungswert interpretiert,[3] der auf den individuellen Nutzenvorstellungen (Nutzenvergleich mit optimaler Investitionsalternative) und Dispositionsmöglichkeiten des Interessenten (Käufer oder Verkäufer) beruht. Da der Wert eines Unternehmens vom Nutzen, den der Eigentümer von ihm hat, abhängt, muss dessen subjektive Nutzeneinschätzung für die Bewertung maßgeblich sein.[4] Eine Bewertung des Objekts „Unternehmen" ist ohne Klärung der subjektiven Wertvorstellungen des Adressaten (Käufer oder Verkäufer) schlechterdings nicht möglich. Der Bewertungsvorgang ist damit dem Grunde nach immer subjektiv geprägt. Einen Wert „aus der Sicht des Unternehmens", isoliert von dieser Subjekt-Objekt-Beziehung, gibt es genauso wenig, wie den Wert des Unternehmens „an sich". Die subjektiven Wertvorstellungen des Verkäufers bestimmen die Preisuntergrenze, jene des Käufers die Preisobergrenze;[5] der realisierbare Preis liegt innerhalb dieses Verhandlungsrahmens. In der Nähe von welchem dieser Entscheidungswerte (Grenzpreise) der Einigungspreis liegt, hängt dabei nicht nur von den rationalen, finanziellen Überlegungen und Wertvorstellungen ab, sondern ebenso vom Verhandlungsgeschick, Ausnutzen von Machtpositionen und nicht zuletzt auch von emotionalen, irrationalen Einflüssen, wie z.B. Prestige.

Intersubjektiv nachprüfbar sind die wertbestimmenden Faktoren eines derartigen Verhandlungspreises nur partiell; als solcher ist er einer gutachterlichen Ermittlung auch kaum zugänglich.

Die Bewertung durch neutrale Gutachter erfolgt daher in der Praxis meist zu einem „objektivierten Unternehmenswert".[6] Dieser entspricht dem Wert, der sich auf Grund des Unternehmens; „wie es steht und liegt", mit den Zukunftsaussichten im vorhandenen Konzept, ergibt. Der objektivierte Wert liegt sehr nahe am Entscheidungswert des Verkäufers und kann als Ausgangswert für die Preisverhandlungen angesehen werden. In ihm steckt nur, was der bisherige Eigentümer aus dem Unternehmen gemacht hat, jedoch nicht, was der Käufer aus ihm machen kann.[7]

---

1) Siehe u.a. Jacob, ZfB 1960, 113 ff. u. 209 ff.; Kenntemich, WPg 1964, 593; zur Kritik siehe u.a. Helbling, Unternehmensbewertung und Steuern, 9. Aufl. 1998, 111 ff.
2) Helbling, Unternehmensbewertung und Steuern, 9. Aufl. 1998, 27; Sieben/Schildbach, DStR 1979, 445 m.w.N.
3) Zum entscheidungstheoretischen Ansatz: Busse von Colbe, Der Zukunftserfolg, 1957.
4) WP-Handbuch 2014 Bd. II, Abschn. A, 3.
5) Moxter, Grundsätze ordnungsmäßiger Unternehmensbewertung, 2. Aufl. 1983, 10.
6) WP-Handbuch 2014 Bd. II, 7; UEC-Empfehlung, Abschn. 2/b.
7) Piltz, Die Unternehmensbewertung in der Rechtsprechung, 3. Aufl. 1994, 12.

Das Bewertungskalkül des objektivierten Werts basiert somit auf den tatsächlich vorhandenen, intersubjektiv nachprüfbaren Wertargumenten des Verkäufers. Die Gegenposition hierzu ist der subjektive Entscheidungswert des Käufers, der das Unternehmen in einem mehr oder weniger modifizierten Fortführungskonzept erfasst. Der Arbitrium- oder Schiedswert hingegen stellt den von einem Schiedsgutachter ermittelten „fairen" Einigungspreis dar, der zwischen den subjektiven Wertvorstellungen eines Käufers und eines Verkäufers liegt.[1)]

Den Zusammenhang zeigt folgende Übersicht:

Funktion des externen Bewerters	Unternehmenswert = potenzieller Preis	Maßgebliche Wertelemente
Berater	Entscheidungswerte = Grenzpreise	subjektive Nutzenvorstellungen
	Entscheidungswert des Verkäufers = Preisuntergrenze	subjektive Wertargumente des Verkäufers
	Entscheidungswert des Käufers = Preisobergrenze	subjektive Wertvorstellungen des Käufers bei einem mehr oder weniger veränderten Fortführungskonzept
neutraler Gutachter	objektivierter Wert	Zukunftsaussichten im vorhandenen Unternehmenskonzept – intersubjektiv nachprüfbare Wertargumente
Schiedsgutachter	fairer Einigungspreis oder -wert	Kompromiss unter Einbeziehung angemessener Teile subjektiver Nutzenvorstellungen der Interessenten

1592 Die jeweilige Funktion des Bewerters ergibt sich aus den verschiedenen Bewertungsanlässen, wie z.B.:
– Kauf und Verkauf von Unternehmen oder Unternehmensanteilen,
– Kapitalerhöhungen, Fusionen, Umwandlungen,
– Abfindung von Gesellschaftern, vermögensrechtliche Auseinandersetzung im Familien- und Erbrecht,
– Wertfeststellungen für die Besteuerung, Teilwertabschreibung von Beteiligungen.

1593 Zu beachten ist, dass der Steuerberater im Rahmen eines jeden Auftrags eindeutig klarstellen sollte, in welcher Funktion er die Bewertung vorgenommen hat.[2)] Nur dann kann jeder erkennen, auf welcher Grundlage die Wertermittlung erfolgt ist; Fehlinterpretationen und Missbräuchen mit u.U. nachteiligen Folgen für einzelne Adressaten kann damit vorgebeugt werden.

IV. Ertragswert

1594 Zwar ist der Ertragswert als der allein maßgebende Unternehmenswert in Theorie und Praxis anerkannt, das Konzept der Betriebswirtschaftslehre, die zu bewertende

---
1) UEC-Empfehlung, Abschn. 2/b.
2) UEC-Empfehlung, Abschn. 2/c; IDW/HFA 2/1983, Abschn. B/4; IDW/S 1, Tz. 186.

Ertragskraft anhand der zukünftigen Einnahmen-Überschüsse (des Investors) zu ermitteln, ist aber ohne Kompromisse in die Bewertungspraxis kaum übertragbar.

1. Zukunftserfolgswert

Das theoretisch richtige Verfahren zur Unternehmensbewertung baut auf der Investitionsrechnung auf. Beurteilungsgrundlage sind, wie bei jeder anderen Investitionsmaßnahme auch, die mit ihr verknüpften Zahlungsströme. Der Wert einer Unternehmung entspricht danach dem Barwert aller zukünftigen Nettoeinnahmen.[1] Die Methode der Ermittlung des Zukunftserfolgswerts basiert auf einer Einnahmen-Überschussrechnung des zu bewertenden Unternehmens und ist von der Kapitalwertmethode der Investitionstheorie abgeleitet. Es ergibt sich folgende Berechnungsformel unter der Verwendung der Symbole: 1595

i = Kapitalisierungszinssatz
t = Periodenindex
E = Einnahme
A = Ausgabe

$$\text{Zukunftserfolgswert } (U_z) = \sum_{t=1}^{n} \frac{E_t - A_t}{(1+i)^t}$$

Als zukünftige Nettoeinnahmen kapitalisierbar sind allerdings nur die Überschüsse, die dem Unternehmen bei Erhaltung seiner ertragbringenden Substanz auf Dauer entzogen werden können; hinzuzurechnen ist dagegen der Barwert der Unternehmenssubstanz bei Liquidation als letzte erzielbare Einnahme. 1596

Mit dieser Art der Einnahmen-Überschussrechnung wird unterstellt, dass die Zahlungen zwischen dem Investor und seiner Investition mit jenen zwischen dem Unternehmen und dessen Umwelt gleichgesetzt werden können.[2] Die Einnahmen-Überschüsse werden unmittelbar dem Eigentümer zugerechnet. Dieser Kunstgriff ist jedoch nicht unbedenklich, da weder die Identität der Interessen noch die rechtlichen Voraussetzungen immer gegeben sind, vorhandene Geldüberschüsse auch tatsächlich dem Unternehmen entziehen zu können. Die Entnahme von Geldüberschüssen ist für Einzelunternehmer oder für den voll haftenden Gesellschafter meist problemlos, dagegen bestehen bei Kapitalgesellschaften erhebliche handelsrechtliche Restriktionen. Für die Ausschüttung bedarf es nicht nur des formellen Gewinnausschüttungsbeschlusses der zuständigen gesellschaftsrechtlichen Organe, sondern es ist v.a. auch erforderlich, dass in der Bilanz ein entsprechender Gewinn ausgewiesen wird, und dieser wird eben nicht nach den Grundsätzen einer Einnahmen-Ausgaben-Rechnung, sondern in einer Ertragsrechnung ermittelt. Es können im Einzelfall zwar Geldüberschüsse vorliegen, die aber mangels gleichzeitig ausschüttbaren Gewinns dem Investor erst in späteren Perioden zugänglich sind. 1597

Es ist unerlässlich, eine Annahme über das Ausschüttungsverhalten zu treffen, um nur die voraussichtlich zu erwartenden Netto-Einnahmen aus der Unternehmung zu erfassen. Die betriebswirtschaftlich richtige Unternehmenswertermittlung besteht in der Kapitalisierung dieser voraussichtlichen Netto-Entnahmen. Es handelt sich um die Anwendung der Ertragswertmethode auf Grund der Netto-Entnahmen aus dem 1598

---

1) Busse von Colbe, Der Zukunftserfolg, 1957, 16; Helbling, Unternehmensbewertung und Steuern, 9. Aufl. 1998, 74 ff. u. 301 ff.
2) UEC-Empfehlung, Abschn. 3 – diese Vorgehensweise liegt auch den in den USA verbreiteten Discounted-Cashflow-/DCF-Verfahren zu Grunde.

Unternehmen.[1] Der Unternehmenswert entspricht somit nach Hax[2] dem Barwert der Ausschüttungen. Bei Verwendung der Symbole

U_{AS} = Unternehmenswert als Barwert der Ausschüttungen
AS = Ausschüttung

ergibt sich folgende Formel:

$$U_{AS} = \sum_{t=1}^{\infty} \frac{AS_t}{(1+i)^t}$$

1599 Dieser theoretisch klare und bestechend einfache Bewertungsansatz stößt allerdings in der praktischen Anwendung auf erhebliche Schwierigkeiten. Diese liegen einerseits in dem grundsätzlichen Prognoseproblem: Die Unsicherheit über die erwarteten Zahlungen führt zu mehrwertigen Ergebnissen, so dass verschiedene Prognosen jeweils mit ihrer Eintrittswahrscheinlichkeit gewichtet werden müssen. Andererseits führt die Einbeziehung zahlreicher Details im Einzelfall zu äußerst komplexen Modellen. Solche, wegen vielfältiger Interdependenzen meist nur noch in einem Simulationsmodell erfassbaren Gesichtspunkte sind u.a.: Steuerliche Wirkungen beim Eigentümer; Vergünstigungen, die der Investor und ihm nahestehende Personen von Dritten erhalten; Synergie-Effekte (→ 4 Rz. 1646) aus der Realisierung von Kapitalgewinnen bedingte Zahlungen.[3]

2. Modifiziertes Ertragswertverfahren

1600 Die Bewertungspraxis arbeitet mit einem modifizierten Ertragswertverfahren.[4] Die Modifikationen dienen dazu, zeitliche Divergenzen zwischen Aufwendungen und Ausgaben sowie zwischen Erträgen und Einnahmen zu korrigieren, um den jeweiligen Erträgen die adäquaten Aufwendungen periodengerecht zuzuordnen.

1601 Die erheblichen Schwierigkeiten, zukünftige Einnahmenüberschüsse (Ausschüttungen) unmittelbar zu bestimmen und zu periodisieren, werden dadurch gemildert, dass statt von einer Einnahmenüberschussrechnung von einer Aufwands- und Ertragsrechnung ausgegangen wird. Diese ist nicht nur kompatibel mit den vorhandenen Zahlengrundlagen der Bilanz und der Erfolgsrechnung, sondern hat auch den Vorteil, dass sie eine relativ gute Periodenabgrenzung bietet.

Das modifizierte Ertragswertverfahren rechnet somit nicht mit Ausschüttungen, sondern mit der betriebswirtschaftlichen Größe „Gewinn". Damit wird nicht mehr der erwartete Zahlungsstrom zwischen Investor und Unternehmung gemessen, sondern die zwischen der Unternehmung und deren Umwelt entstehenden Aufwendungen und Erträge. Es wird nun unterstellt, dass der Gewinn als positiver Saldo dieser Erträge und Aufwendungen voll ausschüttbar sei, und Gewinnthesaurierungen eine Kapitaleinlage darstellen. Damit ergibt sich wieder die „Brücke zur Investitionsrechnung": Die Gewinne entsprechen den Ausschüttungserwartungen.[5]

1602 Die Ausgestaltung des modifizierten Ertragswertverfahrens und die bei seiner Anwendung zu beachtenden Regeln sind v.a. unter diesem investitionstheoretischen Gesichtspunkt zu sehen.

---

1) Helbling, Unternehmensbewertung und Steuern, 9. Aufl. 1998, 96.
2) Hax, Der Einfluss der Investitions- und Ausschüttungspolitik auf den Zukunftserfolgswert, FS Münstermann, 1969, 359–380, 368.
3) Helbling, Unternehmensbewertung und Steuern, 9. Aufl. 1998, 133.
4) Verschiedentlich wird auch der Begriff „modifizierte Ertragsüberschussrechnung" verwendet, so IDW/HFA 2/1983.
5) Helbling, Unternehmensbewertung und Steuern, 9. Aufl. 1998, 136.

Besonderes Augenmerk ist dabei zu richten auf:
- die Periodisierung nach der Verursachung; Aufwand und Ertrag müssen dem Zeitraum ihrer Verursachung zugeordnet werden;
- die Berücksichtigung langfristiger Kapitalbindungen und -freisetzungen; es bedarf einer langfristigen Finanzbedarfsrechnung für die Sektoren, in denen Zahlungsvorgänge zeitlich stark von der Ertragsrechnung divergieren (Sachanlagen, Pensionsverpflichtungen u. Ä.), um z.B. den Eigenkapitalbedarf für die Erhaltung der Produktionskapazitäten zu decken und langfristige Zinswirkungen aus dem extern zu deckenden Finanzbedarf nicht zu vernachlässigen.

Das modifizierte Ertragswertverfahren weist damit im Ergebnis keine wesentlichen Unterschiede mehr zur theoretisch richtigen Einnahmenüberschussrechnung auf.

Die hierzu entwickelten Anwendungsregeln können daher zu Recht als Grundsätze zur Ermittlung von Unternehmenswerten qualifiziert werden.[1]

Das in Deutschland gängige (modifizierte) Ertragswertverfahren ist damit den in den USA üblichen **Discounted-Cashflow-(DCF-)Verfahren** gleichwertig. In beiden Fällen wird auf der Grundlage des Kapitalwertkalküls der Unternehmenswert aus dem Barwert zukünftiger finanzieller Überschüsse ermittelt. Unter der Voraussetzung gleicher Bewertungsannahmen führen beide Verfahren zu den gleichen Ergebnissen.[2] Es bestehen aber auch die gleichen Grundprobleme hinsichtlich der Abschätzung der künftigen Entwicklung (Prognose der Zahlungsflüsse), der Risikoeinschätzung und der Bestimmung des Kalkulationszinses, ebenso sind Modifikationen und Annahmen zu treffen, u.a. auf Grund der Kapitalstruktur, des Ausschüttungsverhaltens oder zur Einbeziehung von Steuereffekten.[3]

Auf eine gesonderte Darstellung der DCF-Verfahren wird daher hier verzichtet. Kritisch ist jedoch auf eine Besonderheit der DCF-Verfahren hinzuweisen: Der Diskontierungsfaktor wird bei diesen Verfahren (theoretisch) auf der Grundlage von Kapitalmarktmodellen (Capital Asset Pricing Model – CAPM) bestimmt. In der praktischen Anwendung sind aber die entscheidenden Komponenten des Risikozuschlags (Marktrisikoprämie und sog. Beta-Koeffizient) oft empirisch nicht nachweisbar, so dass sich erhebliche Ermessensspielräume bei den notwendigen Annahmen und Typisierungen zur Risikobestimmung ergeben.[4]

1603

3. Berechnung des Ertragswerts

Zur Bestimmung des Ertragswerts ist eine Prognose der zukünftigen Erfolge des Unternehmens erforderlich. Für diese Prognoserechnung sind die Verhältnisse zum Bewertungsstichtag, insbesondere die hiernach erkennbaren Chancen und Risiken, zu Grunde zu legen. Wertvolle Anhaltspunkte zur Planung der Zukunftserfolge liefern dabei die Ergebnisse der Vergangenheit, i.d.R. die der letzten drei bis fünf Geschäftsjahre, die auf Ertrags- und Verlustquellen hin zu untersuchen und um außerordentliche und betriebsfremde Ergebnisse zu bereinigen sind.

1604

Wie jede in die Zukunft gerichtete Aussage basiert die Prognose der Ertragsentwicklung auf unsicheren Erwartungen.

a) Prognoseproblem

Bei einer Prognose lässt sich die Unsicherheit der Erwartungen nicht ausschließen; sie kann jedoch dadurch begrenzt werden, dass die Chancen und Risiken analysiert wer-

1605

---
1) Dazu insbesondere die in dem IDW Standard (S 1) zur Unternehmensbewertung formulierten Grundsätze.
2) IDW/S 1, Tz. 7 u. 124.
3) Siehe im Einzelnen IDW/S 1, Tz. 134 ff., WP-Handbuch 2014 Bd. II, 108 ff.
4) Böcking/Nowak, DB 1998, 685 ff.

den und der Planungszeitraum in einzelne Phasen unterschiedlicher Schätzgenauigkeiten zerlegt wird. Die Analyse der Chancen und Risiken erfolgt durch eine Charakterisierung, Bewertung und Gewichtung der einzelnen Unsicherheitsfaktoren. Zu unterscheiden sind dabei unternehmensspezifische und generelle Einflüsse. Unternehmensspezifische Unsicherheitsfaktoren, wie z.b. die Verhältnisse am Beschaffungsmarkt und am Absatzmarkt, die Produktionsstruktur, das Management, technische Entwicklungen, gelten als eher abwägbar; sie wären grundsätzlich durch eine unmittelbare Abschätzung ihres Gewichts direkt in die Erfolgsplanung einzubeziehen.

1606 Häufig sind diese Unsicherheitsfaktoren aber nur in einer Bandbreite zwischen einer optimistischen und einer pessimistischen Einschätzung darstellbar, so dass sich mehrwertige Ertragsrechnungen ergeben, die mit dem Bewertungsauftrag i.d.R. nicht vereinbar sind. Der Bewerter müsste daher den Einfluss solcher spezifischer Faktoren nach ihrer Bedeutung gewichten und in einem eindeutigen Wertansatz veranschlagen.[1]

1607 Es gestaltet sich jedoch meist recht schwierig, die speziellen Unternehmensrisiken in der Erfolgsprognose (mit Ertragsabschlägen) hinreichend und v.a. intersubjektiv nachprüfbar zu quantifizieren. In der Bewertungspraxis werden daher sämtliche Unternehmensrisiken – einschließlich der speziellen Risiken – ausschließlich beim Kalkulationszinsfuß mit einem Zuschlag erfasst.[2]

1608 Die Planbarkeit und die Genauigkeit zukünftiger Entwicklungen nehmen grundsätzlich mit der Entfernung vom Bewertungszeitpunkt ab. In der Bewertungspraxis werden daher häufig die zukünftigen Erfolge auf ein durchschnittliches Niveau geglättet, so dass mit einem durchschnittlichen zukünftigen Erfolg gerechnet wird. Die Annahme, dass die Entwicklung auf konstantem Niveau verlaufe, dürfte jedoch wenig realistisch sein und erscheint als Resignation vor dem Problem der Ertragsprognose und damit letztlich vor der eigentlichen Bewertungsaufgabe. Die Anwendung dieses „pauschalen" Verfahrens kommt daher nur in solchen Ausnahmefällen in Betracht, in denen die Ertragsentwicklung nur geringe Schwankungen sowie keine eindeutig steigende oder fallende Tendenz erwarten lässt. Der Ertragswert ergibt sich dann, bei unbegrenzter Lebensdauer des Unternehmens, unmittelbar durch Kapitalisierung nach der Formel der ewigen Rente.

b) Phasenmethode

1609 Dem Problem der in die Zukunft hinein abnehmenden Prognosegenauigkeit kann dadurch begegnet werden, dass der Planungszeitraum in Phasen abnehmender Schätzgenauigkeit zerlegt wird. Dadurch wird eine Äquivalenz zwischen dem technischen Prognoseverfahren und der jeweils möglichen Detailgenauigkeit der Planung hergestellt, die umso weniger konkret ausgestaltet werden kann, je mehr sie in die Zukunft hineinreicht. Diese Vorgehensweise ist auch unter dem Gesichtspunkt der Kapitalisierung der einzelnen Periodenergebnisse sinnvoll, da durch die Abzinsung deren wertmäßige Bedeutung mit zunehmender Entfernung vom Bewertungsstichtag abnimmt. Ungenauigkeiten der Schätzung, die in fernerer Zukunft unweigerlich zunehmen, verlieren damit im Rahmen des gesamten Unternehmenswerts an Gewicht.

1610 Die Einteilung und der Umfang der einzelnen Phasen sind entsprechend den Verhältnissen des einzelnen Bewertungsfalls vorzunehmen. Beispielhaft kann der unendliche Zeithorizont wie in dem nachfolgend abgedruckten Schema eingeteilt werden.[3]

---

1) IDW/HFA 2/1983, Abschn. B/b/1.
2) Das IDW verzichtet auf die bisherige Unterscheidung zwischen unternehmensspezifischen und allgemeinen Risiken, IDW/S 1, Tz. 88 ff.
3) Zur Phasenmethode siehe u.a. UEC-Empfehlung; IDW/S 1, Tz. 75 ff.

Besonders für die Phase I kann von Fall zu Fall ein unterschiedlich langer Zeitraum gewählt werden, je nachdem, für welche Jahre noch ausreichend exakte Daten ermittelt werden können. Ebenso sind Fälle denkbar, in denen nur zwei Phasen bestimmbar sind, weil z.B. kein ausreichend bestimmbarer Trend für die Phase II erkennbar ist.

Planungsphasen:	I	II	III
Zeithorizont:	<nächste Zukunft>	<noch überschaubare Zukunft>	<fernere Zukunft>
Planintensität:	detaillierte Planung	Grobplanung mit Trenderwartungen	Annahmen über durchschnittliche Erfolgsentwicklung
Plangrundlagen:	Einzelpläne, Budgetierung	Entwicklung der Phase I	Trendergebnis der Phase II
Planergebnis:	individuell bestimmte Jahreserfolge	jährliche Trendergebnisse	durchschnittlich zu erwartender Jahreserfolg
Jahre: (t)	1 2 ... (m)	5 6 7 ... (n)	10 11 12 ... ... ∞

Bei der Phasenmethode werden die Einzelergebnisse der Phasen I und II auf den Bewertungsstichtag abgezinst; das durchschnittlich zu erwartende Jahresergebnis der Phase III wird nach der Formel der ewigen Rente auf den Beginn der III. Phase bewertet und insgesamt ebenfalls auf den Bewertungsstichtag abgezinst.[1] Es ergibt sich folgende Berechnungsformel bei Verwendung der Symbole:

    i   = Kapitalisierungszinssatz
    t   = Periodenindex
    m   = Dauer der Phase I
    n   = Dauer der Phase II
    Gt   = Jahreserfolg (Phasen I und II)
    Gm   = durchschnittlicher Jahreserfolg (Phase III)
    E   = Ertragswert

$$E = \sum_{t=1}^{m} \frac{G_t}{(1+i)^t} + \sum_{t=m+1}^{m+n} \frac{G_t}{(1+i)^t} + \frac{G_m}{i} \times \frac{1}{(1+i)^{m+n}}$$

        (Phase I)   (Phase II)   (Phase III)

V. Probleme und Grundsätze der Unternehmensbewertung

1. Grundsatz der Äquivalenz von Unternehmensertrag und Kalkulationszinsfuß

Der Zinssatz, mit dem die künftigen Erfolge des Unternehmens auf den Bewertungsstichtag abgezinst werden müssen, ist grundsätzlich der **interne Zinsfuß (Rentabilität)**

---

1) Ein Berechnungsbeispiel zur Phasenmethode ist unter → **4** Rz. 1657 ff. dargestellt.

der günstigsten nutzenäquivalenten Alternativinvestition. Die zukünftigen Unternehmensgewinne werden so mit den erwarteten Überschüssen aus der Investitionsalternative verglichen. Handelt es sich dabei um die Alternative des Käufers, führt dies zur Preisobergrenze; auf Grund der Alternative des Verkäufers ergibt sich die Preisuntergrenze. Die Wahl der Vergleichsinvestition wird damit wesentlich durch den Bewertungszweck bestimmt. Entsprechend der Funktion des neutralen Gutachters hat dieser in typisierender Weise einen „objektivierten" Wert für die Unternehmung zu ermitteln. Er greift daher i.d.R. auf den landesüblichen Zinssatz (nominaler Kapitalzins) für eine langfristige quasi risikofreie Anlage in öffentlichen Anleihen als **Basiszinssatz** zurück. Zweckmäßigerweise orientiert er sich an den von der Deutschen Bundesbank veröffentlichten Umlaufrenditen für Anleihen der öffentlichen Hand[1] und leitet hieraus den **zu erwartenden** laufzeitadäquaten Kapitalisierungszins ab.[2] Dabei können **am Kapitalisierungszins Korrekturen geboten** sein, wenn die Preisbildung am Kapitalmarkt nachhaltig, z.b. durch staatliche Intervention (**Niedrigzinspolitik und finanzielle Repression**) beeinträchtigt worden ist.[3]

Streng genommen müssten erwartete Zinsänderungen (= Veränderung der Rendite der Vergleichsinvestition) im Zeitablauf berücksichtigt werden,[4] so dass z.b. für die Phasen I bis III unterschiedliche Zinsfüße anzuwenden wären. Das Zinsänderungsrisiko wird jedoch der Einfachheit halber meist nur durch die Bildung eines Durchschnittswerts berücksichtigt. Eine Differenzierung beim Kapitalisierungszins wird aber dann notwendig, wenn für die nahe Zukunft (Phase I) besondere Verhältnisse am Kapitalmarkt zu erwarten sind, wie z.b. niedrige Nominalzinsen bei hohen Inflationsrisiken.

1613 Bei Zugrundelegung des landesüblichen Zinssatzes ist zu beachten, dass dieser im Vergleich zu den Unternehmenserträgen risikoneutral sein muss, so dass die zu bewertenden Ertragserwartungen und der Kapitalzins die gleiche Unsicherheitsdimension aufweisen.[5] Ebenso gleichwertig (neutral) muss der Kalkulationszinsfuß auch hinsichtlich der Wirkungen von Geldwertänderungen und der Besteuerung sein, um zum Unternehmensertrag äquivalent zu sein.[6]

1614 Die Unternehmensrisiken sind mit einem **Zuschlag zum Basiszins** zu berücksichtigen. Dieser **Risikozuschlag** ist markt- und branchenbezogen nach der individuellen Risikosituation des Unternehmens und nach dem Unsicherheitsgrad der prognostizierten Zukunftserfolge zu bemessen.[7] Er setzt sich zusammen aus der Marktrisikoprämie und der unternehmensindividuellen Risikohöhe. Das allgemeine Unternehmerwagnis ist zwar nicht nur mit Risiken, sondern ebenso mit Chancen verbunden, die sich kompensieren können, aber dennoch ist allgemein feststellbar, dass Marktteilnehmer Risiken stärker gewichten als zukünftige Chancen. Auf Grund dieser „Risikoaversion" sind deutliche Zuschläge zum Kalkulationszins als unternehmerische Risikoprämie üblich, die im Einzelfall noch durch die unternehmens- und branchenspezifische Komponente zu ergänzen bzw. zu gewichten sind. Mit dem unternehmensspezifischen Risikozuschlag soll dabei insbesondere dem operativen Risiko aus der Investitions- und Betriebstätigkeit sowie auch dem vom Verschuldungsgrad abhängigen Finanzie-

---

1) Moxter, Grundsätze ordnungsmäßiger Unternehmensbewertung, 2. Aufl. 1983, 146.
2) Das IDW empfiehlt hierbei eine Orientierung an der aktuellen von der Deutschen Bundesbank veröffentlichten Zinsstrukturkurve, IDW/S 1, Tz. 117.
3) Die aus der Zinsstruktur von der Bundesbank abgeleiteten Renditen für Bundeswertpapiere weisen für die Jahre ab 2000 gegenüber dem vorangegangenen Jahrzehnt einen Renditerückgang von durchschnittlich etwa 3 Prozentpunkten aus.
4) Helbling, Unternehmensbewertung und Steuern, 9. Aufl. 1998, 80.
5) Moxter, Grundsätze ordnungsmäßiger Unternehmensbewertung, 2. Aufl. 1983, 155 ff.
6) Coenenberg, DB 1986, Beil. 2/86, 5.
7) WP-Handbuch 2014 Bd. II, 105 ff.

rungsrisiko Rechnung getragen werden.[1] Der Risikozuschlag ist jedoch auch davon abhängig, wie „vorsichtig" die Planergebnisse ermittelt wurden: Wenn deren Erwartungswert (Sicherheitsstandard) dem der Vergleichsinvestition entspricht, besteht für einen Zuschlag kein Raum mehr. Allenfalls kann dann ein Zuschlag noch für die geringere Fungibilität einer Unternehmensbeteiligung im Vergleich zu einer Rentenanlage in Frage kommen.

Die konkrete **Höhe des Risikozuschlags** ist allerdings nur anhand von Erfahrungs- und Vergleichswerten sowie **mit Hilfe von Typisierungen zu bestimmen**. Auf Grund empirischer Untersuchungen zu börsennotierten Unternehmen wurden „Marktrisikoprämien" vor persönlichen Einkommensteuern in einer Größenordnung von 4 bis 5 % und nach persönlichen Einkommensteuern von 5 bis 6 % ermittelt,[2] die mit der unternehmensspezifischen Risikohöhe gewichtet zum gesamten Risikozuschlag führen sollen. Solche aus Aktienrenditen mit „Kapitalmarkt-Preis-Modellen" abgeleitete Marktrisikoprämien können schon infolge der Finanzmarktkrise zu verzerrten und nicht mehr plausiblen Bewertungsergebnissen führen. Gegenüber der Vergangenheit wäre im Rahmen des CAPM von einer höheren Marktrisikoprämie auszugehen.[3] Notwendige Zuschläge zur Anpassung des Kapitalisierungszinses erweisen sich für den Bewerter im Einzelfall als schwer begründbar und sind meist kaum hinreichend zu quantifizieren.[4] Für kleinere und mittelgroße Unternehmenseinheiten (KMU), die regelmäßig keinen Bezug zum Kapitalmarkt aufweisen, kann die Aktienrendite kaum (mehr) eine angemessene Basis zur Bestimmung des Kapitalisierungszinses und seiner wesentlichen Komponente Marktrisikoprämie darstellen. Unter dem Gesichtspunkt der Äquivalenz von Unternehmensertrag und Kalkulationszins erscheint die Ableitung des Kalkulationszinses aus der **Preisentwicklung nicht börsennotierter Unternehmenseinheiten** geboten und sachgerecht.

Die am Markt für Unternehmensbeteiligungen (Mergers and Acquisition/M&A) feststellbare Preisentwicklung kann Hinweise auf die Risikoeinschätzungen der Marktteilnehmer geben. Zu M&A-Transaktionen zusammengestellte Marktdaten[5] lassen erkennen, dass die Risikoeinschätzungen für KMU deutlich von jenen für börsennotierte Unternehmen (nach oben) abweichen. Weiterhin ist erkennbar, dass die Risikoprämie mit der Größe der Unternehmenseinheit abnimmt. Die im M&A üblichen Multiplen (Kapitalisierungsfaktoren auf EBIT-Basis) sind für börsennotierte Unternehmen im Vergleich zu jenen für KMU um rd. 40% bis fast 50 % im Durchschnitt höher. Der im Kapitalisierungsfaktor (Multiple) implizit berücksichtigte Kapitalisierungszins kann derzeit für kleinere Unternehmen (Small-Cap bis 50 Mio. € Jahresumsatz) auf durchschnittlich rd. 14 % und für mittelgroße Unternehmenseinheiten (Mid-Cap 50–250 Mio. € Jahresumsatz) auf 12 % veranschlagt werden.

Zu Zeiten des körperschaftsteuerlichen Anrechnungsverfahrens wurde der Unternehmensertrag meist ohne die vom Anteilseigner zu tragende Einkommensteuer ermittelt. Das Unternehmensergebnis vor Einkommensteuer wurde mit dem Kapitalertrag aus einer verzinslichen Geldanlage ebenfalls vor Einkommensteuer verglichen. Es wurde unterstellt, dass die persönliche Steuerlast der Eigentümer den objektivierten Unternehmenswert nicht verändert. Dennoch konnten auch hier Korrekturen erforderlich werden, z.B. wenn Thesaurierungen zur Substanzerhaltung einer unterschiedlichen Steuerbelastung unterliegen,[6] bei der Veräußerung nicht betriebsnotwendigen Ver-

1615

---
1) IDW/S 1, Tz. 91.
2) Diesen Untersuchungen liegen Kapitalmarktmodelle (Capital Asset Pricing Model/CAPM) zu Grunde, die insbesondere i.V.m. den DCF-Verfahren angewendet werden – siehe hierzu im Einzelnen WP-Handbuch 2014 Bd. II, 123 ff.
3) IDW-FAUB WPg 2012, 568.
4) Ihlau/Duscha, WPg 2012 489.
5) Finanz-Magazin, Dez. 2014/Jan. 2015, 81 f – siehe auch www.finance-magazin.de.
6) Coenenberg, DB 1986, Beil. 2/86, 14.

mögens, bei Verlustvorträgen oder bei Erbteilungen auf Grund latenter Steuern. Vor allem ist aber bei der Kapitalisierung von im Zeitablauf schwankenden finanziellen Überschüssen nicht gewährleistet, dass eine Bewertung vor und nach Einkommensteuer zu gleichen Ergebnissen führt.[1]

Grundsätzlich ist daher auch die unmittelbare **Einbeziehung von Ertragsteuern der Unternehmenseigner in die Unternehmensbewertung** geboten.[2] Die Einkommensteuer der Eigentümer ist dann von den Zukunftserfolgen abzusetzen und der Kapitalisierungszinsfuß um den entsprechenden Steuersatz zu mindern, so dass der Kapitalisierungszins und der Unternehmensertrag wieder steuerneutral sind.[3]

Zur Ermittlung eines objektivierten Unternehmenswerts wird dabei eine Typisierung der künftigen Steuerbelastung notwendig. Hierzu wird bei voller Besteuerung der Überschüsse aus Personenunternehmen ein Steuersatz von 35 % als sachgerecht angesehen.[4] Für die Bewertung von Kapitalgesellschaften ist infolge der Abgeltungssteuer mit einem Steuersatz von 25 % zuzüglich Solidaritätszuschlag zu rechnen. Bei **personenbezogenen Kapitalgesellschaften** kann im Einzelfall auch das Teileinkünfteverfahren anzuwenden sein.[5] Bei der Ermittlung subjektiver Entscheidungswerte hingegen sind die konkreten steuerlichen Verhältnisse in jedem Fall zu Grunde zu legen.[6]

Bei **kapitalmarktbezogenen Unternehmen** kann alternativ unterstellt werden, dass die finanziellen Überschüsse aus dem Bewertungsobjekt und aus der Alternativinvestition (in einem Aktienportfolio) durch die Abgeltungssteuer einer vergleichbaren persönlichen Besteuerung unterliegen. Auf der Grundlage dieser **mittelbaren Typisierung** wird dann, wie international üblich, auf die unmittelbare Berücksichtigung der persönlichen Einkommensteuern gänzlich verzichtet.[7]

1616 Weiterhin ist nach dem Äquivalenzerfordernis grundsätzlich eine **Inflationsbereinigung** des Kapitalisierungszinsfußes vorzunehmen. Im nominalen Kapitalzins wird zumindest tendenziell die Geldentwertungsrate eskomptiert. Die Inflationslage und v.a. die Inflationserwartungen fließen in den Kapitalmarktzins ein, ohne dass dies jedoch empirisch exakt nachweisbar ist.[8] Werden die zu kapitalisierenden Unternehmensgewinne inflationsfrei auf der einheitlichen Preisbasis des Bewertungsstichtags ermittelt, so muss auch der Kapitalisierungszinsfuß inflationsbereinigt werden.

1617 Der hierzu erforderliche Abschlag vom Kapitalzins ist nach der zukünftig zu erwartenden (durchschnittlichen) Geldentwertungsrate und nicht nach den zum Bewertungszeitpunkt feststellbaren Preissteigerungen zu bemessen. Der inflationsbereinigte Kapitalisierungszinsfuß dürfte damit der künftigen längerfristigen Realverzinsung einer fest verzinslichen Kapitalanlage entsprechen. Zur Plausibilitätsprüfung des vom Gutachter zu schätzenden Inflationsabschlags kann hier die bisherige Entwicklung des Realzinses einen Anhaltspunkt liefern. Der Realzins pendelte seit den 50er-Jahren bis zum Ende der 90er-Jahre im Durchschnitt um 4 %, innerhalb einer Spanne von

---

1) König/Zeidler, DStR 1996, 1098.
2) IDW/S 1, Tz. 32 ff.
3) IDW/S 1, Tz. 101.
4) IDW/S1 Tz. 54.
5) Siehe § 32d Abs. 2 Nr. 3 EStG i.d.F. des Jahressteuergesetzes 2008.
6) IDW/S1 Tz. 66.
7) Zu den Auswirkungen der Unternehmenssteuerreform 2008 auf die Ermittlung objektivierter Unternehmenswerte siehe IDW, WPg 2007, 633 f.
8) Siehe hierzu Gutachten der Deutschen Bundesbank v. 22.9.1977 für das BVerfG: Monatsberichte der Deutschen Bundesbank 8/1977, 20 ff.

etwa 3 bis 5 %.¹⁾ Wegen besonderer Verhältnisse an den Geld- und Kapitalmärkten („Niedrigzinspolitik") ist er seit geraumer Zeit deutlich unter die Marke von 3 % (seit 2003) abgesunken und dürfte bei der aktuellen Finanz- und Staatsschuldenkrise kaum mehr einen positiven Wert erreichen.

Bei der Unternehmensbewertung wird üblicherweise unterstellt, dass sich Kosten- und Erlössteigerungen zur Geldentwertung parallel entwickeln, so dass die zur Substanzerhaltung notwendigen Gewinnthesaurierungen aus dem versteuerten Ertrag erfolgen können. **1618**

Bei eher moderaten Inflationserwartungen kann für die Unternehmensbewertung auch alternativ eine **reine Nominalrechnung** zu Grunde gelegt werden. Eine Inflationsbereinigung ist nicht vorzunehmen, wenn die finanziellen Überschüsse und der Kapitalisierungszinssatz die erwarteten Preissteigerungen (äquivalent) berücksichtigen. Allenfalls kann dann noch ein Wachstumsabschlag vom Kapitalisierungszins der ferneren Phase (III) in Betracht kommen.²⁾ **1619**

Die Nominalrechnung hat zudem den Vorteil, dass sie die Berücksichtigung der Ertragssteuerbelastung erleichtert, da diese ohnehin auf nominaler Basis zu ermitteln ist.³⁾ **1620**

2. Ausschüttungsgrundsatz

Die finanziellen Zuflüsse beim Investor stellen für das zu bewertende Unternehmen Ausgaben bzw. Ausschüttungen dar. Nur diese sind auch für den Investor die Erträge, die es zu bewerten gilt. Bei der Gewinnkapitalisierung im Rahmen des modifizierten Ertragswertverfahrens ist deshalb darauf zu achten, dass nur solche Gewinne kapitalisiert werden, die **nachhaltig ausschüttbar** sind. Diese stehen zumindest potenziell für den Erwerber zur freien Verfügung und können als Obergrenze für die Netto-Entnahmewerterwartungen des Investors angesehen werden. Die Untergrenze wird bestimmt durch den Liquidationsnettowert (Veräußerungserlöse abzgl. Liquidationskosten); dieser kommt unter finanziellen Gesichtspunkten zum Zuge, wenn der Ertragswert aus der laufenden Geschäftstätigkeit niedriger ist, das Unternehmen also seinen wirtschaftlichen Sinn verloren hat.⁴⁾ **1621**

Aus dem Ausschüttungsgrundsatz leiten sich die Prinzipien der Vollausschüttung und des Doppelzählungsverbots ab: Die Vollausschüttung der Gewinne ist die Voraussetzung dafür, dass die vorhandene Ertragskraft vollständig in die Bewertung einbezogen wird. Das zu unterstellende Ausschüttungsverhalten orientiert sich damit an den nachhaltig entziehbaren Gewinnen und weicht i.d.R. von dem tatsächlichen Verhalten ab. Das Erfordernis der Vollausschüttung wird auch mit dem Gedanken der angemessenen Abfindung z.B. eines Minderheitsgesellschafters begründet. Nur auf der Basis der potenziellen Ausschüttungen erhält dieser eine volle Entschädigung für den Verlust seiner Rechtsposition.⁵⁾ **1622**

---

1) Gutachten der Deutschen Bundesbank, 23 f. zur Zinsentwicklung und Zinsstruktur seit Anfang der achtziger Jahre, Monatsberichte der Deutschen Bundesbank, Juli 1991, 31 ff. (39) – Der Realzins ist hier ermittelt anhand der jährlichen Veränderung des Preisindexes für die Lebenshaltung und der Umlaufrendite für fest verzinsliche Wertpapiere. – Zur rechnerischen Ableitung des Realzinses siehe Moxter, Grundsätze ordnungsmäßiger Unternehmensbewertung, 2. Aufl. 1983, 189; zur Umlaufrendite und zum Preisindex siehe Monatsberichte der Deutschen Bundesbank, statistischer Teil.
2) Zur inzwischen üblichen Nominalrechnung siehe IDW/S 1, Tz. 94 ff.
3) IDW/S 1, Tz. 93.
4) IDW/S 1, Tz. 35 u. 140.
5) Moxter, Grundsätze ordnungsmäßiger Unternehmensbewertung, 2. Aufl., 85 mit Hinweis auf BVerfG v. 7.8.1962, 1 BvL 16/60, NJW 1962, 1667.

Auf Grund des Teileinkünfteverfahrens oder der Abgeltungssteuer für die Dividendenbesteuerung kann jedoch die Gewinnthesaurierung bei Kapitalgesellschaften steuerlich vorteilhaft sein.[1] Den Grundsatz der Vollausschüttung aufzugeben und durch eine **Vollthesaurierungsannahme** zu ersetzen, ist aber **nicht geboten**. Mit der Vollthesaurierung würde unterstellt, dass für die Lebensdauer des Unternehmens keine Ausschüttungen an die Anteilseigner vorgenommen werden; mithin erst bei der Liquidation des Unternehmens oder beim Anteilsverkauf ein entsprechender Kursgewinn irgendwann in der Zukunft realisiert wird. Eine solche Annahme ist jedoch schon unter Liquiditäts- und Risikogesichtspunkten unrealistisch. Der Eigentümer würde auf absehbare Zeit keine Einnahmen aus seinem Investment erzielen und hätte obendrein noch die Ungewissheit über Höhe und Zeitpunkt eines späteren Kursgewinns.[2] Eine **(teilweise) Thesaurierung** soll hingegen dann zu berücksichtigen sein, wenn hierfür konkrete Anhaltspunkte beim zu bewertenden Unternehmen vorliegen und künftige Veräußerungsgewinne keiner Besteuerung unterliegen. In IDW/S 1[3] wird für die Detailplanungsphasen I und II grundsätzlich eine Ausschüttungsannahme für erforderlich gehalten. Die Voraussetzung hierfür liegt allerdings bei personenbezogenen Kapitalgesellschaften mangels Steuerfreiheit von Veräußerungsgewinnen nicht vor, so dass das Ausschüttungsverhalten dieser Gesellschaften zu vernachlässigen ist.

1623 Werden im Einzelfall Gewinnthesaurierungen berücksichtigt,[4] können vergleichsweise komplexe Auswirkungen zu beachten sein. Dies liegt v.a. daran, dass die Einbehaltung von Gewinnen zu einer Mehrung der erfolgsbildenden Substanz führt, also in der Folgezeit zusätzliche Erträge zu berücksichtigen sind. Wird jedoch angenommen, dass die Wertsteigerung aus diesen zusätzlichen Erträgen lediglich die thesaurierten Minderausschüttungen kompensiert, kann im Rahmen einer objektivierten Unternehmensbewertung an dem Grundsatz der Vollausschüttung unverändert festgehalten werden.[5]

1624 **Zu beachten ist dann das Doppelzählungsverbot**: Der thesaurierte Gewinn selbst darf nicht in die Kapitalisierung einbezogen werden, da andernfalls die Substanzmehrung und die Zusatzerfolge hieraus bewertet, demnach doppelt erfasst würden.

3. Bewertung der wirtschaftlichen Unternehmenseinheit

a) Bewertungseinheit

1625 Das Unternehmen wird als organisierte Kombination von materiellen und immateriellen Faktoren in seiner Funktion insgesamt bewertet. Hierzu gehören alle mit dem Unternehmensprozess verbundenen, betriebsnotwendigen Vermögensgegenstände und Finanzmittel. Dabei kommt es nicht auf deren rechtliche Verknüpfung an, sondern auf die tatsächliche oder mögliche sachliche **Gesamtheit** eines Unternehmenskomplexes. Der Gesamtwert der wirtschaftlichen Unternehmenseinheit i.S.d. Gebrauchswerts (Nutzen) des Investors ist **nicht** gleich der Summe der Einzelwerte.[6]

1626 Das in dieser Bewertungseinheit enthaltene (bewertete) Eigenkapital ist für die gesellschaftsrechtlichen Unternehmensanteile die Bezugsgrundlage, die durch den Eigentümerwechsel nicht verändert werden darf. Andernfalls änderte sich die Kapitalausstattung, und dies würde wegen davon ausgehender Zinseffekte den Ertragswert beeinflussen.[7]

---

1) Hötzel/Beckmann, WPg 2000, 696 ff.
2) Löhr, BB 2001, 351 ff.
3) IDW/S 1, Tz. 35 f.
4) → 4 Rz. 1625.
5) Schultze/Fischer, WPg 2013, 421.
6) Münstermann, Wert und Bewertung der Unternehmung, 3. Aufl., 19; IDW/S 1, Tz. 18 f.
7) Bei subjektiven Entscheidungswerten können hingegen Änderungen der Kapitalstruktur zu berücksichtigen sein – IDW/S 1, Tz. 48 ff.

Allerdings ist zu beachten, dass im Einzelfall die Vermögensstruktur und die Kapitalausstattung Besonderheiten aufweisen können, die Korrekturen erforderlich machen. Es sind dies einerseits Überschussbestände an (nicht betriebsnotwendigen) Vermögens- und Schuldposten sowie andererseits Fehlbestände[1] an Eigenkapital. Dies sind letztlich Aspekte der Planung eines optimalen Investitions- und Finanzbudgets, für das zwar Modellansätze der Betriebswirtschaftslehre bestehen, deren praktische Anwendbarkeit aber nur sehr begrenzt ist.[2] Für den Anlass der Unternehmensbewertung durch einen neutralen Gutachter erscheint es ausreichend, solche Überschuss- oder Fehlbestände nur dann zu „beseitigen", wenn ihr Einfluss auf den Unternehmenswert erheblich ist. Das Erfordernis „normalisierender" Korrekturen kann hier v.a. unter dem Gesichtspunkt der Objektivierung geboten sein; insbesondere auch dann, wenn die Ungleichgewichte aus persönlichen Faktoren des Eigentümers resultieren.

1627

b) Normalisierung der Finanzstruktur

Der Gutachter muss hier auf Grund von Erfahrungswerten (z.B. branchenübliche Kapitalausstattung) sowie auf Grund von Anhaltspunkten (relativ hoher Aufwand für Fremdkapital) und Kontrollrechnungen (Vergleich der Gesamtkapitalrendite mit dem Kreditzinssatz) entscheiden, welche „Normalisierung der Finanzstruktur"[3] vorzunehmen ist. Liegt die Eigenkapitalausstattung außerhalb einer noch als üblich anzusehenden Bandbreite, ist auf der Basis normalisierter Verhältnisse ein Unternehmenswert zu ermitteln, der korrigiert um den Barwert des fehlenden oder überschüssigen Eigenkapitals den Gesamtwert des Unternehmens ergibt.

1628

Häufig wird der Fall des „fehlenden Eigenkapitals" bei personenbezogenen Unternehmen, insbesondere Familiengesellschaften, auftreten, so dass hier der Betrag der notwendigen Eigenkapitalzuführung vom normalisierten Unternehmenswert abzusetzen ist.[4]

c) Gesonderte Bewertung nicht betriebsnotwendigen Vermögens

Nicht betriebsnotwendige Vermögensgegenstände stehen nicht in einem zwangsläufigen Zusammenhang mit dem Unternehmensertrag. Sie müssen ohne Beeinträchtigung der zukünftig geplanten Geschäftstätigkeit aus dem Unternehmensverband herauslösbar sein.[5] Finanzwirtschaftliches Kriterium für die gesonderte Bewertung ist, dass die Vermögensteile bei ihrer unmittelbaren, bestmöglichen Verwertung einen Überschuss ergeben, der höher als ihr (anteiliger) Ertragswert im Rahmen des Unternehmensertragswerts ist. Abweichend vom Grundsatz der gesonderten Bewertung nicht betriebsnotwendigen Vermögens können allerdings bei einer subjektiven Unternehmensbewertung andere Kriterien, z.B. bei Synergieeffekten, zum Zuge kommen.[6]

1629

Zu beachten ist, dass dem nicht betriebsnotwendigen Vermögen entsprechende Deckungsmittel der Passivseite der Bilanz zugeordnet werden und sich dabei u.U. das Verhältnis von Eigenkapital zu Fremdkapital verändert, so dass Auswirkungen auf den Zinsaufwand zu berücksichtigen sein können.[7]

---

1) Grundsätzlich kann hier auch der Fall des Überbestands an Eigenkapital in Frage kommen. Zum Einfluss auf den Unternehmenswert bei der „Beseitigung von Überbeständen oder Fehlbeständen" siehe Käfer, FS Münstermann, 328.
2) Schneider, Investition und Finanzierung, 4. Aufl., 192 f.
3) Elmendorff/Thoennes, FS Schmaltz 1970, 35 ff. (52).
4) Für den Fall des fehlenden Eigenkapitals s. WP-Handbuch 1992 Bd. II, 34.
5) Zu dem hier bestehenden Abgrenzungsproblem s. Helbling, Unternehmensbewertung und Steuern, 9. Aufl. 1998, 185 ff. mit weiteren Hinweisen zur Literatur.
6) IDW/S 1, Tz. 59 ff.
7) IDW/S 1, Tz. 62 f.

4. Bewertung der vorhandenen Ertragskraft

1630 Die Ermittlung und Bewertung der die Ertragskraft darstellenden zukünftigen Erfolge ist das eigentliche Kernstück der Unternehmensbewertung. Die als zweckmäßig angesehene Vorgehensweise ist in einer „Checkliste zur Ertragswertermittlung" unter → 5 C Rz. 1 dargestellt. Für die dabei zu bestimmenden Ertragsfaktoren ist der Grundsatz der „Bewertung der vorhandenen Ertragskraft" maßgebend.

a) Maßgeblichkeit der vorhandenen Ertragskraft

1631 Grundsätzlich darf nur das bewertet werden, was zum Bewertungsstichtag an Ertragskraft vorhanden ist. Aus dem vorhandenen Ertragspotenzial werden in einer Planungsrechnung die zukünftigen Erfolge abgeleitet. In welchem Umfang dabei auch Maßnahmen einzubeziehen sind, die das Unternehmen bereits in seine eigene Planung aufgenommen hat, hängt vom Bewertungsauftrag ab. Ist ein „objektivierter" Unternehmenswert zu ermitteln, können solche Vorhaben nur insoweit bei der Erfolgsplanung berücksichtigt werden, als bereits vorbereitende Maßnahmen eingeleitet und sich hinreichend konkretisiert haben, z.B. in Entwicklungs- und Forschungsergebnissen oder in Anlageinvestitionen.[1] Dagegen sind Gestaltungsmöglichkeiten des Erwerbers i.d.R. nicht zu berücksichtigen.[2]

1632 Ausgangspunkt für die Beurteilung der Ertragskraft sollte immer eine **Vergangenheitsanalyse** sein. Die Notwendigkeit der Analyse der Vergangenheitserfolge beruht darauf, dass ohne Kenntnis der Ertrags- und Verlustursachen und deren Determinanten keine willkürfreie Vorhersage der zukünftigen Erfolge stattfinden kann.[3] Analysezweck ist jedoch nicht, „eine in die Zukunft extrapolierbare Ertragsreihe abzuleiten",[4] sondern der, eine tragfähige und im Einzelnen nachprüfbare Grundlage für die Planung der Zukunftserfolge zu gewinnen.

1633 Außerordentlich wichtig ist sowohl für die Vergangenheitsanalyse als auch für die Vorschaurechnung, dass der Bewerter ausreichende Informationen über das Unternehmen und seine spezifischen Umweltbedingungen verfügbar hat, und er die ihm vorgelegten Unterlagen verifiziert. Der Gutachter wird zumindest mit Plausibilitätskontrollen das Datenmaterial auf seine Glaubwürdigkeit hin überprüfen (Grundsatz der Verwendung abgesicherter Bewertungsunterlagen) und hat vom Unternehmen eine **Vollständigkeitserklärung** einzuholen.[5]

Als hilfreich für die Informationsbeschaffung haben sich Checklisten über die in Frage kommenden Datenbestände erwiesen; eine solche listenmäßige Zusammenstellung ist unter → 5 C Rz. 2 gegeben.

1634 Für die Vergangenheitsanalyse sind das Revisionsprinzip und das Prinzip der Bereinigung der Vergangenheitsergebnisse ergänzend zu beachten. Die aus dem Rechnungswesen des Unternehmens verfügbare Ertragsrechnung kann nicht nur wegen Verstößen gegen die Grundsätze ordnungsmäßiger Buchführung – die nach dem Revisionsprinzip zu eliminieren wären[6] –, sondern v.a. auf Grund handelsrechtlicher Rechnungslegungsvorschriften nicht periodengerechte Ergebnisse aufweisen. Die Vergangenheitsergebnisse sind unter dem Gesichtspunkt einer periodengerechten Erfolgszuordnung um die Auswirkungen der Bewertung auf Basis der Anschaffungs-

---

1) IDW/S 1, Tz. 32.
2) UEC-Empfehlung, Abschn. 51 f.
3) UEC-Empfehlung, Abschn. 51 f., vgl. u.a. Moxter, Grundsätze ordnungsmäßiger Unternehmensbewertung, 2. Aufl., 97 ff.
4) Moxter, Grundsätze ordnungsmäßiger Unternehmensbewertung, 2. Aufl., 101.
5) IDW/S 1, Tz. 81–84.
6) Zum Revisionsprinzip siehe Moxter, Grundsätze ordnungsmäßiger Unternehmensbewertung, 99.

oder Herstellungskosten, des Imparitätsprinzips usw., sowie um die Ergebniseinflüsse aus der Ausübung von Bilanzansatz- und Bewertungswahlrechten zu bereinigen. Des Weiteren sind Bereinigungen auf Grund persönlicher Faktoren (z.B. Berücksichtigung eines Unternehmerlohns), nicht betriebsnotwendigen Vermögens, atypischer Finanzierungsverhältnisse oder auf Grund von Folgeänderungen bei Zinsen und Steuern vorzunehmen.[1]

Liegen der Ertragsrechnung des Unternehmens bereits internationale Standards der Rechnungslegung zu Grunde, so kann zwar eine grundsätzlich periodengerechte Ergebniszurechnung unterstellt werden. Wegen der erheblichen Ermessensspielräume im Rahmen der Fair-Value-Bewertung dürften aber auch hier Korrekturen notwendig sein, um die tatsächliche Entwicklung der Ergebnisse im Zeitverlauf richtig wiederzugeben.[2]

b) Zukunftsbezogenheit der Bewertung

Die Zukunftsbezogenheit des Unternehmenswerts bedingt eine vorausschauende Planungsrechnung, in die die Erkenntnisse der Vergangenheitsanalyse einfließen. Maßgebend sind dabei die Verhältnisse am Stichtag, zu dem die Unternehmensbewertung erfolgt (Stichtagsprinzip).[3] Die zu diesem Zeitpunkt erkennbare Entwicklung des Unternehmensumfangs und seiner Marktstellung ist der Zukunftsplanung zu Grunde zu legen. Im Einzelnen konkretisiert der Bewerter diese erkennbare Entwicklung in einer Umsatzprognose, einem Investitionsplan und einer Prognose des Abschreibungsbedarfs sowie einer Finanzbedarfsrechnung und einer Zinsprognose, und er leitet aus den (bereinigten) Vergangenheitsergebnissen ein **Mengengerüst** für die Zukunftserfolgsrechnung ab. Entsprechend dem Stichtagsprinzip sind für dieses Mengengerüst die Wertverhältnisse zum Bewertungszeitpunkt maßgebend. Die Prognosen müssen klar und eindeutig gestellt werden und ausreichend begründet sein. Hierbei ist offen zu legen, welche Einschätzung (Bewertung) von Risiken und Chancen erfolgt ist (Grundsatz eindeutiger Bewertungsansätze). Bei der Einschätzung der Unsicherheit künftiger Entwicklungen ist das Vorsichtsprinzip außer Acht zu lassen. Es würde bei seiner Befolgung wegen der Vernachlässigung von Chancen i.d.R. den Verkäufer benachteiligen.[4]

1635

5. Interdependenzen zwischen Unternehmenssubstanz und Ertrag

Die gegenseitige Abhängigkeit von Substanz und Ertrag zeigt sich am besten an dem für jedes Unternehmen charakteristischen Umwandlungsprozess von Geld – Ware – Geld. Von seiner Gründung bis zu seinem Ende kann ein Unternehmen als Folge solcher geldlicher Umwandlungsprozesse gesehen werden. *„Aus Geld soll Mehrgeld werden und dieses Mehr an Geld ist der Erfolg der Unternehmung, um dessentwillen sie ins Leben gerufen wurde."*[5] Der wirkliche Erfolg ist dann erst feststellbar, wenn alle Umwandlungsprozesse abgeschlossen sind.[6] Die zu einem Stichtag vorhandene Substanz resultiert somit aus in der Vergangenheit begonnenen und erst in der Zukunft sich abschließenden unternehmerischen Umwandlungsprozessen. Die (vorübergehend) in Sachwerten gebundenen Geldbeträge wirken mit ihrer späteren Geld-

1636

---

1) IDW/S 1, Tz. 103.
2) Zur Unternehmensbewertung bei IAS/IFRS siehe Moser/Doleczik, BB 2003, 1664; WP-Handbuch 2014, 194 ff.
3) IDW/S 1, Tz. 22 f.
4) IDW/S 1, Tz. 64.
5) Barth, Die Jahresbilanz der Unternehmung, 5.
6) Eine ähnliche Betrachtung liegt der „Totalrechnung" in der Bilanzauffassung von Rieger zu Grunde.

werdung erfolgsmäßig in die Zukunft hinein. Die Substanz stellt danach einen Bestandteil der zukünftigen Erfolge des Unternehmens dar.[1]

a) Bedeutung des Substanzwertes für die Unternehmensbewertung

1637 Nach *Sieben* bedeutet die Unternehmenssubstanz „vorgeleistete Ausgaben", deren Wert in der Ausgabenersparnis des Erwerbers bei der Übertragung der Unternehmung zu sehen ist.[2]

Der Substanzwert hat als Zwischenwert des betrieblichen Umwandlungsprozesses keine selbständige Bedeutung; er ist unmittelbar **kein Bestandteil des Unternehmenswerts**. Für die Ertragswertermittlung hat der Substanzwert jedoch sehr wichtige Hilfsfunktionen.

1638 Der Begriff des Substanzwerts ist vieldeutig. Im Wesentlichen ist er zu unterscheiden in den Vollreproduktionswert (Kapitalbedarf bei Neuerrichtung eines Unternehmens mit gleichem Ertragspotenzial) und den Teilreproduktionswert (Kapital bei Neubewertung des vorhandenen Vermögens und der Schulden). Maßgeblich für diese Werte sind die Wiederbeschaffungspreise.[3] Ferner wird der Liquidationswert einer Unternehmung ebenfalls als Substanzwert interpretiert, für den hingegen die Veräußerungspreise gelten. Dieser entspricht dann dem Kapitalwert, der aus dem Unternehmen bei dessen Zerschlagung herausgelöst werden kann.

1639 Vor allem als **Teilreproduktionswert** ist der Substanzwert eine unentbehrliche Bezugsgröße für die Ertragswertermittlung. Seine Bedeutung (Hilfsfunktion[4]) liegt darin,

- das betriebsnotwendige Kapital zum Zeitwert zu bestimmen,
- den Finanzbedarf für die Zukunftsplanung zu liefern,
- Konkurrenzrisiken und Krisenanfälligkeit erkennen zu helfen,
- die rechnerischen Grundlagen für alle Ertragswertpositionen zu liefern, die von der Substanz abhängen,
- durch Darstellung der Substanz das zu bewertende Unternehmen zu beschreiben.[5]

Des Weiteren ist der Teilreproduktionswert eine wesentliche Grundlage zur Ermittlung eines steuerlich abschreibbaren **Geschäftswerts**. Der Geschäfts- oder Firmenwert, resultierend aus dem Überschuss des Kaufpreises für einen Anteil an einer Personengesellschaft, für einen Betrieb oder für einen Teilbetrieb über dessen Substanzwert, gilt seit der Umsetzung der 4. EG-Richtlinie in deutsches Recht als (steuerlich) abschreibbares Wirtschaftsgut (§ 7 Abs. 1 EStG). Im Rahmen der Ertragswertermittlung sind diese Abschreibungen zwar nicht erfolgsmindernd anzusetzen, da sie lediglich eine Teilamortisation des Kaufpreises darstellen; ihre steuerliche Wirkung ist aber als geringerer Gewerbesteueraufwand unmittelbar in die Unternehmensbewertung einzubeziehen und kann außerdem als Einkommensteuerersparnis mittelbar für die Preisfindung zu berücksichtigen sein.[6]

1640 Als Rentabilitätsmaßstab hingegen dürfte der Substanzwert i. S. eines Teilreproduktionswerts weniger geeignet sein, da allenfalls der Liquidationswert als Netto-Überschuss aus der Abwicklung des Unternehmens mit dem Ertragswert verglichen wer-

---

1) WP-Handbuch 2014 Bd. II,159.
2) Sieben, Der Substanzwert der Unternehmung, 95 f.
3) Moxter, Grundsätze ordnungsmäßiger Unternehmensbewertung, 41 ff.
4) WP-Handbuch 2014 Bd. II,160.
5) IDW/HFA 2/1983, Abschn. C/3.
6) Breidenbach, DB 1989, 136 ff.

den kann, und er somit die finanzwirtschaftliche Untergrenze für den Unternehmenswert darstellt.[1] Die Alternative „Ertragswert oder höherer Liquidationswert" setzt die Möglichkeit und den Willen zur Liquidation im Einzelfall voraus. Insbesondere bei chronisch defizitären Unternehmen können jedoch außerbetriebliche (subjektive) Interessen, z.B. bei öffentlichen Betrieben, der Liquidation entgegenstehen.[2]

Wegen der Wechselwirkung von Substanz und Ertrag sind für die Unternehmensbewertung die Grundsätze der Substanzbezogenheit des Erfolgs und der erfolgsorientierten Substanzerhaltung besonders zu beachten:

b) Grundsatz der Substanzbezogenheit des Erfolgs

Wie bereits hervorgehoben wurde, ist die Kenntnis der vergangenen Entwicklung und damit auch deren als Substrat vorhandenen Unternehmenssubstanz unerlässlich. **1641**

Die Analyse der Substanz ist die Grundlage für die Investitionsplanung (Reinvestitionen), die Finanzbedarfsplanung und die Zinsprognose sowie für die Ermittlung der tatsächlichen Kapitalausstattung. Die Ermittlung der Wiederbeschaffungswerte der einzelnen Vermögensteile ist die Voraussetzung für den verursachungsgerechten Ansatz der Abschreibungen in der Zukunftserfolgsrechnung. Eine Unternehmensbewertung, bei der der Substanzwert nicht ermittelt wird, kann somit als „nicht fachgerecht" bezeichnet werden.[3]

c) Grundsatz der erfolgsorientierten Substanzerhaltung

Die genaue Kenntnis der Substanz bzw. des bewerteten Eigenkapitals ist ebenfalls erforderlich, um bei der Zukunftserfolgsplanung den entnahmefähigen Erfolg von den zur Erhaltung der erfolgsbildenden Substanz notwendigen Aufwendungen abgrenzen zu können. Nur wenn die vorhandene „Leistungskapazität" erhalten bleibt und ständig regeneriert werden kann, sind die Erfolgsgrundlagen gesichert.[4] Bei Ausschüttung der Überschüsse ändert sich dann der ermittelte Ertragswert nicht, weil nur die Mehrerträge und keine Substanz abgeschöpft werden. Die für die Ertragswertermittlung grundsätzlich unterstellte Vollausschüttung der Erfolge kann daher theoretisch als der Zins auf den Zukunftserfolgswert i. S. des „ökonomischen Gewinns" interpretiert werden.[5] **1642**

Die Bedingung der Erhaltung der erfolgsbildenden Substanz ist in einer Zukunftsrechnung zwangsläufig nur näherungsweise zu erfüllen: Vor allem der technische Wandel ist in der Ertragswertberechnung nur schwer quantifizierbar; Geldwertänderungen sind zwar wegen der zum Bewertungszeitpunkt fixierten Preisbasis für die Zukunftserfolgsrechnung grundsätzlich eliminiert, einseitig auf die Kosten oder Erlöseseite wirkende Preisänderungen können aber dennoch den Substanzwert im Laufe der Zeit verändern.

6. Berücksichtigung personenbezogener Wertfaktoren

Bei der Ermittlung eines objektivierten Unternehmenswerts dürfen nur die übertragbaren Wertfaktoren berücksichtigt werden. **1643**

Wesentliches Kriterium für die Einbeziehung personenbezogener Wertfaktoren ist, ob sich diese bei einem Eigentümerwechsel verändern oder u.U. erst durch die Verbin-

---

1) Moxter, Grundsätze ordnungsmäßiger Unternehmensbewertung, 43.
2) IDW/S 1, Tz. 152 f.
3) Siehe Helbling, Unternehmensbewertung und Steuern, 9. Aufl. 1998, 74.
4) WP-Handbuch 2002 Bd. II, 31.
5) Lippmann, Der Beitrag des ökonomischen Gewinns zur Theorie und Praxis der Erfolgsermittlung, 47.

dung mit dem neuen Eigentümer oder mit dessen bestehendem Unternehmen wirksam werden.

a) Bewertung des Management-Faktors

1644 Die persönliche Qualifikation des Managements ist allgemein ein wesentlicher Faktor des Unternehmenserfolgs. Verbleibt das Management beim Eigentümerwechsel nicht beim Unternehmen, ist eine Trennung der objektiviert vorhandenen Ertragskraft von dem Managementeinfluss geboten. Die dazu erforderliche Verselbständigung der Erfolgsgröße Management ist allerdings in der Praxis nur schätzungsweise möglich.[1]

1645 Ähnlich ist z.b. auch zu verfahren bei einem Unternehmens-Verbund oder bei sonstigen Einflüssen personeller oder familiärer Art. So können im Einzelfall Bereinigungen wegen besonderer Einkaufs- oder Absatzverhältnisse erforderlich sein oder bei Personengesellschaften und Einzelunternehmen ein kalkulatorischer Unternehmerlohn anzusetzen sein.[2]

b) Berücksichtigung von Synergie-Effekten

1646 Ein durch den Unternehmenserwerb auftretender Synergie-Effekt ist Bestandteil des subjektiven Entscheidungswerts. Im Rahmen einer objektivierten Bewertung darf er daher nicht berücksichtigt werden. Denn ein – positiver oder negativer – Synergie-Effekt entsteht erst durch die Verbindung des erworbenen Unternehmens mit dem bestehenden Unternehmen des Erwerbers, wenn der Gesamtertragswert des Unternehmensverbunds von der Summe der Einzelertragswerte abweicht.[3]

Besonders problematisch ist die Zuordnung oder Aufteilung des Synergie- oder Verbund-Effekts v.a. dann, wenn ein Unternehmensteil aus dem Verbund herausgetrennt werden soll. Hier ist eine gedankliche Herauslösung, somit die Fiktion eines selbständigen Unternehmens, das ohne Verbundeffekt zu bewerten ist, notwendig.[4]

VI. Besondere Bewertungsanlässe

1. Bewertung von Beteiligungen für den handelsrechtlichen Jahresabschluss

a) Bilanzierung von Beteiligungen

1647 Beteiligungen sind Anteile an anderen Unternehmen, die dazu bestimmt sind, dem eigenen Geschäftsbetrieb durch eine dauerhafte Verbindung mit diesen Unternehmen zu dienen (§ 271 Abs. 1 Satz 1 HGB). Für Anteile an Personengesellschaften wird grundsätzlich Daueranlageabsicht i.S.d. § 247 Abs. 2 HGB unterstellt, so dass diese regelmäßig als Beteiligungen im Finanzanlagevermögen bilanziert werden.[5] Bei Kapitalgesellschaften gelten im Zweifel Anteile von mehr als 20 % des Nennkapitals als Beteiligung (§ 271 Abs. 1 Satz 3 HGB).

1648 Zu bewerten sind Beteiligungen mit ihren Anschaffungskosten oder dem niedrigeren beizulegenden Wert. Ist einer Beteiligung zum Bilanzstichtag ein niedrigerer Wert

---

1) IDW/S 1, Tz. 38–42.
2) WP-Handbuch 2014 Bd. II, 82 u. 155 f..
3) Zur Berücksichtigung sogenannter echter Synergieeffekte bei der Ermittlung subjektiver Entscheidungswerte: IDW/S 1, Tz. 48–55.
4) Zur Problematik der Bewertung bei Unternehmensverbindungen s. Moxter, Grundsätze ordnungsmäßiger Unternehmensbewertung, 90 ff.
5) IDW RS HFA 18, Tz. 3.

beizulegen, darf eine außerplanmäßige Abschreibung vorgenommen werden, sie muss vorgenommen werden, wenn eine voraussichtlich dauernde Wertminderung vorliegt (§ 253 Abs. 3 Satz 2 und 3 HGB). Regelmäßig ist der einer Beteiligung am Bilanzstichtag beizulegende Wert aus dem Ertragswert abzuleiten.[1] Handelsrechtlich gilt dies gleichermaßen für Beteiligungen an Personengesellschaften und an Kapitalgesellschaften. Für die Besteuerung ist bei Beteiligungen an Kapitalgesellschaften bei einer voraussichtlich dauernden Wertminderung zwar eine (Teilwert-)Abschreibung entsprechend der handelsrechtlich gebotenen Abschreibung auf den niedrigeren Wert zulässig,[2] sie wird aber für die Gewinnermittlung entweder nach § 8b Abs. 3 KStG meist gar nicht oder nach § 3c Abs. 2 EStG nur zum Teil (60 %) berücksichtigt. Hingegen kommt der Bewertung von Beteiligungen an Personengesellschaften wegen der eigenständigen Gewinnermittlung für Mitunternehmerschaften überhaupt keine Bedeutung zu. Die Beteiligung wird hier als Anteil an den Wirtschaftsgütern des Gesellschaftsvermögens gesehen, sie verkörpert demnach nur die Summe dieser anteiligen Wirtschaftsgüter.[3]

b) Bewertung von Beteiligungen nach dem Ertragswertverfahren

Die Ermittlung des niedrigeren beizulegenden Wertes einer Beteiligung zum Bilanzstichtag ist ein Anwendungsfall der Unternehmensbewertung nach betriebswirtschaftlichen Grundsätzen, wie sie insbesondere in dem IDW Standard S1 konkretisiert sind.[4] Entsprechend der aufgabenorientierten „funktionalen" Unternehmensbewertung sind für Beteiligungen die folgenden Aspekte besonders zu beachten. **1649**

Für Zwecke des Jahresabschlusses ist grundsätzlich ein **subjektiver Unternehmenswert aus der Perspektive des bilanzierenden Unternehmens** zu ermitteln. Eine Ausnahme hiervon ergibt sich nur, wenn die Veräußerung der Beteiligung beabsichtigt ist. **Bei Veräußerungsabsicht** ist dann entweder der **objektivierte Unternehmenswert** auf der Grundlage einer „Stand-alone-Bewertung" maßgeblich oder ggf. der Kaufpreis, wenn vom potenziellen Erwerber bereits ein verbindliches Angebot vorliegt.[5]

Ist hingegen von der Fortsetzung der Unternehmensverbindung auszugehen, sind insbesondere hieraus resultierende **Synergien** in die Bewertung einzubeziehen. Es handelt sich um Synergieeffekte, die durch das bilanzierende Unternehmen, die zu bewertende Beteiligungsgesellschaft oder durch Tochtergesellschaften dieser beiden Unternehmen realisierbar sind. Einzubeziehen sind dabei im Rahmen der subjektiven Unternehmensbewertung auch die Auswirkungen geplanter, aber noch nicht begonnener Verbesserungen im operativen Geschäft wie auch geplanter Änderungen bei der Unternehmensfinanzierung und im Management.[6] Nicht einzubeziehen sind jedoch die Synergieeffekte, die nur in einem über den Beteiligungsbereich der bilanzierenden Gesellschaft hinausgehenden Konzernverbund (Muttergesellschaft und Schwestergesellschaften) realisiert werden könnten. **1650**

Zur Berücksichtigung von **Ertragsteuern** ist zu beachten, dass nur die von der Beteiligungsgesellschaft zu tragenden Unternehmenssteuern (Gewerbe- und Körperschaft- **1651**

---

1) IDW RS HFA 10, Tz. 3.
2) Grundsätzlich ist der für ertragsteuerliche Zwecke zu ermittelnde Beteiligungswert nach den gleichen Regeln zu ermitteln wie für die handelsrechtliche Abschreibung, so dass auch hier das Ertragswertverfahren maßgeblich ist, BMF v. 22.9.2011, BStBl I 2011, 859. Zur Nichtanwendbarkeit des früheren Stuttgarter Verfahrens siehe Bewertung von (Anteilen an) Kapitalgesellschaften für ertragsteuerliche Zwecke, Leitfaden der OFD Düsseldorf und Münster, 3. Fassung 09/2002.
3) Richter in Herrmann/Heuer/Raupach, EStG/KStG, § 6 EStG Rz. 825.
4) Zur Anwendung von IDW S1 zur Bewertung von Beteiligungen für den handelsrechtlichen Jahresabschluss siehe IDW RS 10, Tz. 3, WPg 2005, 1322 f.
5) IDW RS 10, Tz. 11 ff.
6) IDW RS HFA 10 Tz. 5 mit Hinweis auf IDW S 1, Tz. 57 und 60 ff.

steuer) und die bei der bilanzierenden Gesellschaft aus dem Beteiligungsertrag resultierenden Ertragsteuern den zu diskontierenden Nettozufluss (Ertragswert) aus der Beteiligung mindern. Die Steuerbelastung der Gesellschafter der bilanzierenden Gesellschaft ist dagegen nicht zu berücksichtigen. Entsprechendes gilt für die Ermittlung des (äquivalenten) Kapitalisierungszinses; auch hier ist die Ertragsteuerbelastung des bilanzierenden Unternehmens abzusetzen, die Steuerbelastung der Gesellschafter der bilanzierenden Gesellschaft bleibt hingegen unberücksichtigt.[1]

2. Besonderheiten der Unternehmensbewertung bei vermögensrechtlichen Auseinandersetzungen im Familien- und Erbrecht

1652 Auch für die Bewertung von Unternehmen oder Unternehmensanteilen anlässlich vermögensrechtlicher Auseinandersetzungen nach Familien- oder Erbrecht gelten die allgemeinen Grundsätze zur Unternehmensbewertung. Es können aber Besonderheiten zu beachten sein, die sich aus dem Bewertungsanlass oder aus den jeweiligen Rechtsverhältnissen sowie auf Grund des Bewertungszwecks (Auffinden eines fairen Auseinandersetzungswerts) ergeben.[2]

a) Zugewinnausgleich

1653 Bei Beendigung der Zugewinngemeinschaft sind das Anfangsvermögen und das Endvermögen zu ermitteln (§ 1376 BGB). Frühester Stichtag für die Bestimmung des Anfangsvermögens ist der 1.7.1958, auch wenn die Ehe schon früher bestand.[3] Für das im Endvermögen zu bewertende Unternehmen ist bei der Ehescheidung der Zeitpunkt der Rechtsanhängigkeit des Scheidungsantrags als Stichtag maßgeblich (§ 1384 BGB).

Die Bewertung eines Unternehmens im Anfangsvermögen und im Endvermögen muss jeweils zu den gleichen (heute anerkannten) Grundsätzen vorgenommen werden. Dabei ist von den tatsächlichen Verhältnissen des jeweiligen Bewertungsstichtags auszugehen (strenges Stichtagsprinzip).[4]

Bei familienrechtlich oder erbrechtlich veranlassten Unternehmensbewertungen sind die Informationsmöglichkeiten für den Gutachter häufig eingeschränkt, da zwischen Stichtag und Durchführung der Bewertung oft eine größere Zeitspanne liegt, Unterlagen nicht mehr vorhanden oder Auskunftspersonen nicht mehr verfügbar sind. Hilfsweise können dann zur Bestimmung der Ertragserwartungen auch die Vermögens- und Ertragsverhältnisse einer bestimmten Anzahl von Jahren vor und nach dem Bewertungsstichtag herangezogen und anhand von Daten über die allgemeine wirtschaftliche Entwicklung (Statistiken, Archive, Monatsberichte der Deutschen Bundesbank u. Ä.) gewichtet werden.

Die hieraus resultierenden Unsicherheiten der Bewertung müssen im Gutachten deutlich zum Ausdruck gebracht werden. Die unzureichende Information darf weder durch Abschläge vom zu kapitalisierenden Ertrag noch durch Zuschläge auf den Kapitalisierungszinssatz berücksichtigt werden.[5]

1654 Zum Ausgleich der Geldentwertung ist das Anfangsvermögen mit dem Index der Lebenshaltungskosten auf die Preisbasis des Bewertungsstichtags des Endvermögens

---

1) IDW RS HFA 10, Tz. 8 f.
2) IDW/HFA 2/1995, Abschn. I.
3) Gleichberechtigungsgesetz v. 18.6.1957, BGBl. I 1957, 609.
4) IDW/HFA 2/1995, Abschn. II/1.
5) IDW/HFA 2/1995, Abschn. II/3.

umzurechnen.[1)] Wenn der Gutachtenauftrag diese Umrechnung nicht bereits erfordert, sollte der Gutachter hierauf hinweisen.

b) Besondere Rechtsverhältnisse

Gegenüber den Grundsätzen zur Unternehmensbewertung sind gesetzliche Vorschriften (zur Bewertung landwirtschaftlicher Betriebe), einzelvertragliche Regelungen (ehevertragliche Ermittlung des Zugewinnausgleichs) oder testamentarische Festlegungen (Vorgabe eines bestimmten Bewertungsverfahrens) vorrangig. Gesellschaftsvertragliche Abfindungsklauseln bleiben hingegen weitgehend unberücksichtigt, da sie für den einzelnen Gesellschafter sowohl mit Risiken als auch mit Chancen verknüpft sind.

1655

Der Liquidationswert ist grundsätzlich auch bei familien- und erbrechtlich veranlassten Bewertungen die Wertuntergrenze. Nur bei einem rechtlichen oder tatsächlichen Zwang zur Fortführung eines unrentablen Unternehmens kann der Liquidationswert unterschritten werden.[2)]

Bei familien- oder erbrechtlichen Auseinandersetzungen ist der Verkehrswert vorrangiger Wertmaßstab. Wenn zeitnah (ein bis zwei Jahre vor oder nach dem Bewertungsstichtag) ein Veräußerungsvorgang feststellbar ist und der dabei realisierte Preis unter gewöhnlichen Umständen zu Stande gekommen ist, so ist dieser die Orientierungsmarke für die Bewertung.

Auch gegenüber dem gesellschaftsrechtlichen Grundsatz, dass der Anteilswert dem quotalen Unternehmenswert entspricht, kann der Vorrang des Verkehrswerts zu einer abweichenden Bewertung führen. Dies tritt ein, wenn der Mehrheits- oder Minderheitsstellung mit einem Paketzuschlag oder einem Abschlag wegen mangelnden Einflusses auf die Geschäftsführung Rechnung zu tragen ist.[3)]

c) Ableitung des fairen Einigungswerts

An die Ermittlung des objektivierten Unternehmenswerts schließt sich in einem zweiten Bewertungsschritt die Ableitung des fairen Einigungswerts an. Hier sind die individuellen Verhältnisse der beteiligten Personen zu beachten, um unter Einbeziehung von Folgewirkungen der Abfindung ein angemessenes Ergebnis zu erzielen. Dabei handelt es sich im Wesentlichen um zusätzliche Belastungen aus der Finanzierung von Ausgleichsbeträgen und um Steuerwirkungen.

1656

Für die Steuerwirkung entscheidend ist, ob es sich um einen entgeltlichen Vorgang (Erbauseinandersetzung) oder um einen unentgeltlichen Vorgang (Erbfall oder Zugewinnausgleich) handelt. Beim entgeltlichen Erwerb hat der weichende Erbe den Nachteil, dass er einen Veräußerungsgewinn zu versteuern hat, der fortführende Erbe hingegen hat den Vorteil, dass er steuerlich wirksame Anschaffungskosten erhält. Im Rahmen eines unentgeltlichen Erwerbs trägt der Ausgleichsverpflichtete den Nachteil einer latenten Steuerlast auf die stillen Reserven, der Ausgleichsberechtigte hat dagegen den Vorteil, dass er keinen Veräußerungsgewinn zu versteuern hat.[4)]

VII. Praxisfall zur Unternehmenswertermittlung

1. Berechnungsgrundlagen

Im Folgenden wird ein Beispiel zur Ableitung des Kalkulationszinsfußes und zur Diskontierung der Zukunftserfolge mit anschließender Bestimmung des Unternehmenswerts dargestellt.

1657

---

1) BGH v. 14.11.1973, IV ZR 147/72, BGHZ 61, 385.
2) BGH v. 17.3.1982, IVa ZR 27/81, BB 1982, 887.
3) IDW/HFA 2/1995, Abschn. III.
4) IDW/HFA 2/1995, Abschn. IV.

Der Bewertungsauftrag habe die Ermittlung eines „objektivierten Unternehmenswertes" zum 31.12.2014 für eine Kapitalgesellschaft (GmbH) zum Gegenstand. Nach Durchführung der Analyse der Ertragskraft und der Unternehmenssubstanz sowie der Planung der Zukunftserfolge seien für eine gutachterliche Unternehmensbewertung abschließend folgende Daten und Annahmen zu Grunde zu legen:

a) Kalkulationszinsfuß

1658 Vergleichsinvestition zur Ableitung des Kalkulationszinsfußes sei eine Anlage in fest verzinslichen Bundeswertpapieren. Für die nächste Zukunft (Phase I) werden eine (um Effekte der Finanzkrise/Niedrigzinspolitik bereinigte) Nominalverzinsung von 5 % und eine Inflationsrate von 2 % angenommen. Für die fernere Zukunft (Phasen II und III) schätzt der Gutachter die durchschnittliche Nominalverzinsung auf rd. 6 % und veranschlagt die Inflationsrate ebenfalls auf 2 %. Der Gutachter geht weiter von der Annahme aus, dass das zu bewertende Unternehmen bei diesen Inflationsraten keine Schmälerung der (realen) Ertragskraft erleidet.

Zur Berücksichtigung der Einkommensteuer wird typisierend ein Steuersatz von 26,5 % zu Grunde gelegt.

Für das allgemeine Marktrisiko einer Unternehmensbeteiligung im Vergleich zu einer Anlage in öffentlichen Anleihen wird eine Risikoprämie von 4 bis 5 % vor persönlichen Einkommensteuern angenommen. Einschließlich unternehmens- und branchenspezifischer Risiken sowie der geringeren Fungibilität von GmbH-Beteiligungen hält der Gutachter insgesamt einen Risikozuschlag von 7 % für angemessen.

b) Zukunftserfolge

1659 Bei unbegrenzter Lebensdauer des Unternehmens wurden in einer Nominalrechnung und nach Abzug einer typisierten Einkommensteuerbelastung mit Berücksichtigung der Abgeltungssteuer die folgenden Zukunftserfolge ermittelt:

Phase I	2015	1 000 T€
(individuell bestimmte Jahresergebnisse)	2016	1 100 T€
	2017	1 150 T€
	2018	1 175 T€
Phase II	2019	1 190 T€
(jährliche Trendergebnisse)	2020	1 200 T€
	2021	1 205 T€
	2022	1 205 T€
Phase III		
(durchschnittlich zu erwartender Jahreserfolg)	2023 und folgende Jahre	1 200 T€

c) Liquidationswert

1660 Eine überschlägige Berechnung ergab für das Unternehmen einen Liquidationswert von rd. 10 Mio. € (nach Abzug der Ertragsteuern auf den Liquidationsgewinn).

d) Nicht betriebsnotwendiges Vermögen

1661 Die Analyse des künftig zu erwartenden Betriebsumfanges ergab, dass Reservegrundstücke mit einem Buchwert von 1 000 T€ und einem Verkaufswert von 1 500 T€ als nichtbetriebsnotwendiges Vermögen aus dem Unternehmen herausgelöst werden könnten. Nach Ablösung eines zu 8 % verzinslichen Bankdarlehens i.H.v. 1 000 T€

zum 31.12.2015 könnte der nach Steuern verbleibende Überschuss ausgekehrt werden.

2. Ableitung des Kalkulationszinsfußes

Die Zukunftserfolge wurden in einer **Nominalrechnung** ermittelt, eine Inflationsbereinigung des Vergleichszinssatzes (Nominalzins einer fest verzinslichen Wertpapieranlage) ist somit für die Phasen I und II nicht erforderlich. Für die Phase III wird ein Wachstumsabschlag von 2 % berücksichtigt.

Der Nominalzins (Basiszinsfuß) ist um den Risikozuschlag von 7 % zu erhöhen und um die Ertragsteuerbelastung der Unternehmenseigner (typisierter Steuersatz 26,5 %) zu vermindern. Es ergibt sich der folgende Kalkulationszinsfuß (i):

Phase I	$i = (0{,}05 + 0{,}07) \times (1 - 0{,}265) = \underline{8{,}8\ \%}$
Phase II	$i = (0{,}06 + 0{,}07) \times (1 - 0{,}265) = \underline{9{,}6\ \%}$
Phase III	$i = (0{,}06 + 0{,}07 - 0{,}02) \times (1 - 0{,}265) = \underline{8{,}1\ \%}$

3. Diskontierung der Zukunftserfolge

Nach der zuvor (→ 4 Rz. 1611) dargestellten Formel zur Diskontierung der Zukunftserfolge nach der Phasenmethode ergibt sich folgende Berechnung:

a) Ertragswertanteil Phase I (E_I)

$$E_I = \sum_{t=1}^{m} G_t \frac{1}{(1+i)^t} \qquad (m = 4, i = 0{,}088)$$

Setzt man die Werte für den Abzinsungsfaktor $\frac{1}{(1+i)^t}$ ein, ergibt sich:

t=1 (2015): 1 000 T€ × 0,91912 =	919 T€
t=2 (2016): 1 100 T€ × 0,84478 =	929 T€
t=3 (2017): 1 150 T€ × 0,77645 =	893 T€
t=4 (2018): 1 175 T€ × 0,71365 =	839 T€
E_I =	3 580 T€

b) Ertragswertanteil Phase II (E_{II})

$$E_{II} = \sum_{t=m+1}^{m+n} G_t \frac{1}{(1+i)^t} \qquad (n = 4, i = 0{,}096)$$

t=5 (2019): 1 190 T€ × 0,63234 =	752 T€
t=6 (2020): 1 200 T€ × 0,57695 =	692 T€
t=7 (2021): 1 205 T€ × 0,52641 =	634 T€
t=8 (2022): 1 205 T€ × 0,48030 =	579 T€
E_{II} =	2 657 T€

Bügler

c) *Ertragswertanteil Phase III (E_{III})*

1666

$$E_{III} = \frac{G_m}{i} \quad (i = 0,081) \quad \times \quad \frac{1}{(1+i)^{m+n}} \quad (m+n = 8, i = 0,096)$$

$$E_{III} = \tfrac{T\!€\ 1200}{0,081} \times 0,4803 = \underline{\underline{\mathit{7\ 115\ T€}}}$$

d) *Ertragswert*

1667 E = E_I + E_{II} + E_{III} = <u>13 352 T€</u>

1668

4. Barwert des nicht betriebsnotwendigen Vermögens

Verkaufswert der Reservegrundstücke		1 500 T€
Darlehenstilgung	1 000 T€	
Darlehenszinsen 2015	80 T€	– 1 080 T€
Zwischensumme		+ 420 T€
Gewerbeertragsteuer und Körperschaft-/Einkommensteuer (48,5 %)		– 204 T€
Nettoerlös (Ende 2015)		216 T€
<u>Barwert</u> (216 T€ × 0,9191)		rd. 199 T€

1669

5. Bestimmung des Unternehmenswertes

Barwert (E) der Zukunftserfolge	13 352 T€
+ Barwert des nicht betriebsnotwendigen Vermögens	199 T€
<u>insgesamt</u>	13 551 T€

Ergebnis: Der vom Gutachter überschlägig ermittelte Liquidationswert des Unternehmens beträgt rd. 10 Mio. €, so dass dieser als Wertuntergrenze nicht zum Zuge kommt. Der Unternehmenswert kann hier somit mit rd. 13,6 Mio. € veranschlagt werden.

Unternehmenskauf

von Dr. Georg F.W. Bügler

INHALTSÜBERSICHT   Rz.

I. Vorbemerkung	1670
II. Motive für den Unternehmenskauf	1671–1679
1. Strategische Unternehmensübernahmen	1673–1674
2. Unternehmensübernahme durch Management Buy-out und Buy-in	1675–1679
III. Unternehmen als Kaufgegenstand	1680–1686
1. Asset-Deal	1681–1682
2. Share-Deal	1683
3. Gewinnabgrenzung	1684–1686
IV. Der Kaufpreis	1687–1689
V. Due Diligence	1690–1693
1. Aufgabenstellung	1690–1691
2. Themenbereiche der Due Diligence	1692
3. Ablauf des Unternehmenskaufs mit Due Diligence	1693

I. Vorbemerkung

Der letzte Boom bei den Unternehmensübernahmen erreichte seinen Höhepunkt im Jahre 2000 mit Tausenden von Transaktionen und einem geschätzten Volumen von 400 Mrd. €. Bei nicht wenigen Unternehmen war Merger & Acquisition zum vorrangigen Wachstumsvehikel geworden. In manchen Marktsegmenten sind dabei innerhalb kürzester Zeitspannen bemerkenswerte Preissteigerungen für Unternehmen zu verzeichnen gewesen, die kaum mit hinreichend professionellen Methoden ermittelt und auch nicht auf Grund sachgerechter Würdigung der Ertragskraft des Kaufobjekts untermauert sein konnten. Die zwischenzeitliche Wirtschaftsentwicklung hat hier allerdings zu einem grundlegenden Wandel vom Verkäufer- zum Käufermarkt geführt. Diese Korrektur hat auch bewirkt, dass die eigentlich mit dem Merger & Acquisition verknüpfte Methodik zur systematischen Steuerung des Prozesses eines Unternehmenskaufs mit Einsatz von Due-Diligence-Verfahren zum Standard des Unternehmenskaufs geworden ist. **1670**

Die Hinwendung zu mehr realitätsbezogenen Beurteilungen hat die Akzeptanz für professionelle Verfahren bei Unternehmenskäufen deutlich verstärkt. Dabei ist v.a. eine kritischere Analyse strategischer Potenziale und möglicher Synergien, der Ertragsaussichten des Unternehmens sowie der Risiken und Chancen zu beobachten. Der hierzu notwendige Einsatz von Experten mit entsprechenden Kosten ist bei größeren Unternehmensakquisitionen üblich und gerechtfertigt. Im mittelständischen Bereich hingegen sind schon aus Kostengründen in besonderem Maße die für die Unternehmen der potenziellen Vertragspartner tätigen Berater (Steuerberater, Wirtschaftsprüfer und Rechtsanwalt) gefordert. Sie sind in der Pflicht, das Instrumentarium für Unternehmenstransaktionen angemessen einzusetzen und die Spielregeln/Usancen des Merger & Acquisition zu beachten bzw. auf deren Einhaltung durch ihre Auftraggeber zu drängen.

II. Motive für den Unternehmenskauf

1671 In Verbindung mit Unternehmensübernahmen wird vorrangig über die Gründe nachgedacht, die den bisherigen Eigentümer zu seinem Verkaufsentschluss bewogen haben. Die Ursachen können von dem Wunsch reichen, sich aus Altersgründen oder wegen des Problems, einen geeigneten Nachfolger zu finden, aus dem Geschäft zurückzuziehen, bis hin zu strategischen Veräußerungen von Betriebsteilen zur Verbesserung der Unternehmensstruktur.

Zweifellos ist es für den Käufer wichtig zu wissen, warum ein Unternehmen zum Verkauf ansteht. Bedeutsam ist dies nicht nur für seine Verhandlungsstrategie, sondern auch für Hinweise darauf, wo besondere Risiken des Unternehmens vermutet werden können. Zur Beurteilung einer Unternehmenstransaktion und der Wahl der angemessenen Vorgehensweise sind hingegen die Motive des Käufers ausschlaggebend. Letztlich wird der Erfolg eines Unternehmenserwerbs danach zu beurteilen sein, ob sich das Geschäft später tatsächlich entsprechend den Vorstellungen des Käufers entwickelt und die Investition mindestens die Rentabilität aufweist, die zum Zeitpunkt des Kaufs angenommen wurde.

1672 Grundlage für Planung und Durchführung eines Unternehmenskaufs ist somit eine hinreichend klare Definition des mit dem Erwerb angestrebten Ziels. Grundsätzlich unterscheiden sich die Motive danach, ob das Erwerbsobjekt als selbständiges Unternehmen in mehr oder weniger veränderter Verfassung weitergeführt wird, oder ob es in das Unternehmen oder den Unternehmensverbund des Erwerbers eingegliedert wird. Als Motive können dem Unternehmenserwerb danach insbesondere zu Grunde liegen:

– Strukturverbesserungen des eigenen Unternehmens (des Käufers),
– Unternehmensübernahmen durch Buy-out oder Buy-in (vorhandenes und/oder externes Management),
– Finanzinvestments.

Finanzinvestments haben meist nur einen Beteiligungserwerb durch institutionelle Anleger, wie Versicherungen, Spezialbanken zur Finanzierung von Risikokapital oder durch Private-Equity-Fonds zum Gegenstand. Eine vollständige Unternehmensübernahme oder zumindest eine Mehrheitsbeteiligung werden dabei selten angestrebt, so dass im eigentlichen Sinne ein Unternehmenskauf nicht vorliegt. Allerdings haben Finanzinvestments i.V.m. anderen Erwerbstypen, insbesondere beim Buy-out oder Buy-in mittelständischer Unternehmen, größere Bedeutung erlangt.

1. Strategische Unternehmensübernahmen

1673 Dem Erwerb eines Unternehmens und dessen Integration in das Unternehmen des Käufers können verschiedene strategische Überlegungen zu Grunde liegen. Es kann eine **Diversifikation** zur Abrundung und Ergänzung der Tätigkeitsbereiche des Unternehmens vorliegen. Diese kann sowohl horizontal hinsichtlich der Produkte, des Leistungsspektrums oder auf neue Märkte ausgerichtet sein, als auch vertikal in vor- oder nachgelagerte Produktionsstufen oder gar in völlig neue Geschäftsbereiche erfolgen. Seit geraumer Zeit ist jedoch eher eine Abkehr von Diversifikationsstrategien zu beobachten. Aktuelle Konzepte basieren derzeit eher auf einer Konzentration auf die angestammten Geschäftsfelder eines Unternehmens, wo auch dessen Stärken (Know-how, Produktionsverfahren, Marktstellung) voll zum Tragen kommen. Im Vordergrund steht dann bei Unternehmensübernahmen die Erzielung von **Synergien**. Solche Verbundeffekte werden mit einem Unternehmenskauf in vielfältiger Weise angestrebt. Sei es durch den (mittelbaren) Erwerb von speziellem Know-how, von Human Capital, neuen technologischen Verfahren oder dass mit der Unternehmensübernahme ein Konkurrent ausgeschaltet wird und eine Marktbereinigung eintritt, sei es durch die

Ausschöpfung neuer Rationalisierungspotentiale in Produktion, Forschung und Entwicklung oder im Vertrieb; sei es durch Zusammenlegung bis hin zur Schließung von einzelnen Standorten zur optimalen Ausnutzung von Produktionskapazitäten.

So reizvoll und plausibel es auch erscheint, Wachstum im Kerngeschäft kurzfristig durch Unternehmensübernahmen zu generieren und den Kauf durch erwartete Synergieeffekte zu rechtfertigen, so schwierig ist es aber auch, dies tatsächlich zu realisieren. Die Integration eines Unternehmens oder eines Unternehmensteils in eine andere bestehende Unternehmenseinheit ist ein höchst diffiziler und komplexer Vorgang, der nur mit Sorgfalt und Einfühlungsvermögen erfolgreich sein kann, und der auch meist nicht kurzfristig realisierbar ist. Die Imponderabilien und Risiken der Integration können die erhofften Synergien in hohem Maße absorbieren. Selbst bei gründlicher Analyse der Synergiepotentiale im Einzelfall und bei Abwägung ihrer Realisierbarkeit bleibt deren Effekt mit erheblichen Unsicherheiten behaftet und ist meist nur bedingt berechenbar. Die hinreichende Bestimmung und **Quantifizierung der erwarteten Synergien** erscheint daher als **wesentliche Schwierigkeit des strategischen Unternehmenskaufs**.

1674

Eine vergleichbare Situation ist oft auch bei **Joint Ventures** anzutreffen, wenn zwei Unternehmensteile aus unterschiedlichen Unternehmen ausgegliedert und zu einer Gemeinschaftsgründung eingebracht werden. Auch hier kann der Integrationsprozess zu erheblichen Friktionen führen und die Freisetzung der erhofften Synergien neutralisieren.

2. Unternehmensübernahme durch Management Buy-out und Buy-in

Beim Kauf eines Unternehmens durch ein anderes verliert das übernommene Unternehmen meist seine bisherige Selbständigkeit und Identität. Beim Erwerb durch einzelne oder mehrere Personen steht hingegen die Erhaltung der Selbständigkeit oder die Verselbständigung eines (auszugliedernden) Unternehmensteils im Vordergrund. Handelt es sich bei den Erwerbern um leitende Mitarbeiter des Unternehmens, wird hierfür der Begriff des **Management Buy-out** verwendet. Erfolgt der Kauf durch außenstehende Personen/Manager, liegt ein **Buy-in** vor. Kennzeichnend für ein Buy-out oder Buy-in ist, dass die Käufer nicht nur die unternehmerische Verantwortung übernehmen, sondern dass sie auch persönlich wesentliche Funktionen in der Unternehmensleitung wahrnehmen.

1675

Die Anwendungsbereiche des Buy-out und Buy-in reichen von der Übernahme mittelständischer Unternehmen – wenn z.B. zum Generationswechsel kein geeigneter Nachfolger vorhanden ist – über die Ausgliederung und Veräußerung von Unternehmensteilen zur Bereinigung einer Konzernstruktur bis zur Sanierung insolvenzgefährdeter Unternehmen. Die möglichen Gestaltungsvarianten sind entsprechend vielfältig. Zentraler Punkt ist hier aber regelmäßig die Finanzierung der Unternehmensübernahme.

Beim Management Buy-out (MBO) besitzt der Käufer auf Grund seiner bisherigen Tätigkeit zwar gute Kenntnisse über das Unternehmen, er verfügt aber meist nicht über das erforderliche Kapital für dessen Übernahme. Der Kaufpreis muss daher überwiegend fremdfinanziert werden (= Leveraged Management Buy-out). Für die hier notwendige **Finanzierung von Risikokapital** ist kennzeichnend, dass die zur Amortisation des Darlehens erforderlichen Mittel von dem Unternehmen erwirtschaftet werden müssen und auch das Unternehmen selbst zur Besicherung des Darlehens dient. Dabei ist eine vollständige Darlehensfinanzierung oft nicht darstellbar, so dass ergänzend ein Finanzinvestor einbezogen wird.[1]

1676

---

1) Zum Management Buy-out siehe u.a. Beisel/Klumpp, 4. Aufl., 229 ff.

1677 Die Unternehmensübernahme wird hier meist als Share-Deal vorgenommen, d.h., es werden Beteiligungsrechte erworben. Der Asset-Deal findet nur Anwendung, wenn das zu übernehmende Unternehmen über nennenswerte stille Reserven verfügt, denen zugleich in ausreichendem Umfang steuerliche Verlustvorträge gegenüberstehen, die beim Unternehmensübergang untergehen würden.

1678 Beim Share-Deal kann die Übernahme der Gesellschaftsanteile an dem Kaufobjekt unmittelbar durch die Käufer oder durch eine für den Unternehmenskauf neu errichtete Gesellschaft – NewCo – vollzogen werden. Die Darlehensfinanzierung des Unternehmenskaufs wird über die NewCo vorgenommen, wenn erforderlich, wird ein Finanzinvestor als Gesellschafter auf Zeit an ihr beteiligt. Insbesondere seit der Unternehmenssteuerreform 2000 wurden NewCo-Modelle unter dem Aspekt favorisiert, dass bei einem späteren Ausstieg der Veräußerungsgewinn in der NewCo steuerbegünstigt realisiert werden kann. Sei es, dass beim Verkauf einer mitunternehmerischen Beteiligung nur der günstige Körperschaftsteuertarif (15 %) zum Zug kommt oder der Beteiligungsverkauf an einer Kapitalgesellschaft weitgehend steuerbefreit ist.[1] Diese vermeintlichen Vorteile der Kapitalgesellschaft relativieren sich jedoch, wenn in Betracht gezogen wird, dass (Finanzierungs-)Aufwendungen nur noch bedingt steuerlich wirksam werden können, wenn diesen fast nur steuerbefreite Erträge gegenüberstehen.

1679 Außerdem sind die Einschränkungen der Gesellschafterfremdfinanzierung durch die Unternehmenssteuerreform 2008 zu beachten. Im Rahmen der Regelungen zur „Zinsschranke" (§ 4h EStG, § 8a KStG) ist der Abzug von Finanzierungsaufwendungen für Gesellschafterdarlehen grundsätzlich auf 10 % eines negativen Zinssaldos begrenzt (§ 8a Abs. 2 und 3 KStG), soweit dieser insgesamt die Freigrenze von **3 Mio. €** überschreitet.[2]

III. Unternehmen als Kaufgegenstand

1680 Gegenstand des Unternehmenskaufs ist in wirtschaftlicher Hinsicht immer eine „Unternehmenseinheit" oder ein „Unternehmen als Ganzes". Rechtlich stellt sich der Kaufgegenstand entweder als Beteiligungsrecht (Gesellschaftsanteile) beim Share-Deal oder als eine Gesamtheit einzelner Sachen und Rechte beim Asset-Deal dar.

1. Asset-Deal

1681 Beim **Asset-Deal** ist zu beachten, dass es zum Vollzug des Kaufs der **Einzelübertragung** der zum Unternehmen gehörenden Vermögenswerte bedarf. Grundlage ist die Einzelerfassung und Auflistung aller zu übertragender Vermögensgegenstände mit deren genauer Bestimmung.[3] Die einzuhaltenden rechtlichen Formalien (notarielle Beurkundung für Grundvermögen, Abtretung von Forderungen, Zustimmung von Vertragspartnern zur Übertragung von Miet-, Pacht-, Nutzungs- und Darlehensverträgen usw.) sind vielfältig. Eine gewisse Erleichterung kann eine auf den Übertragungsstichtag aufzustellende Bilanz bringen.

Abgesehen von nicht bilanzierbaren originären (selbst geschaffenen immateriellen) Werten sind aber zudem viele Rechtsverhältnisse als solche aus der Unternehmensbilanz nicht ersichtlich. Dennoch ist deren hinreichend genaue Bestimmung im Kaufver-

---

1) Von einem Veräußerungsgewinn gelten 5 % als nicht abziehbare Betriebsausgabe, § 8b Abs. 3 KStG.
2) Die Freigrenze des § 4h Abs. 2/a EStG wurde rückwirkend ab 2008 von 1 Mio. € auf 3 Mio. € erhöht, BürgerentlastungsG v. 16.7.2009 (BGBl. I 2009, 1959) und WachstumsbeschleunigungsG v. 22.12.2009 (BGBl. I 2009, 3950).
3) Siehe Beisel/Klumpp, 4. Aufl., 68 ff.

trag und die Überleitung der zu Grunde liegenden Vertragsverhältnisse (Miet- und Pachtverträge, Leasingverträge, Lizenzverträge, Darlehensverträge, Bürgschaften, Verträge mit Handelsvertretern usw.) unabdingbar.

Zur Gesamtheit von Sachen und Rechten eines Unternehmens gehören implizit auch jene immateriellen Werte, die mit der Unternehmenseinheit untrennbar verknüpft sind, jedoch als solche kaum bestimmbar/konkretisierbar (und auch nicht bilanzierbar) sind, wie z.B. die betriebliche Organisation, Erfahrungen, Geschäftsbeziehungen, (originärer) **Goodwill**. Es handelt sich hierbei um schwer fassbare, aber dennoch für die Qualität (Wert) des Kaufgegenstands wesentliche Faktoren, die regelmäßig zum Gegenstand des Erwerbs gehören. Deren Einbeziehung in das Vertragswerk beim Asset-Deal spiegelt sich in entsprechend ausführlichen Zusicherungen zur Beschaffenheit des Unternehmens sowie in Garantie- und Gewährleistungsabreden wider.

1682

Einer besonderen Überleitung bedarf es jedoch nicht für arbeitsrechtliche Verträge. Die **Ansprüche von Arbeitnehmern** gehen nach § 613a BGB auf den Unternehmenskäufer „als dem neuen Betriebsinhaber" kraft Gesetz über. Eine Ausnahme hiervon kann nur beim Unternehmenserwerb im Rahmen eines Insolvenzverfahrens eintreten.[1]

2. Share-Deal

Keine Übertragung einzelner Werte oder von Vertragsverhältnissen erfolgt hingegen beim Erwerb von Beteiligungsrechten (**Share-Deal**). Beim Beteiligungskauf verbleibt das Unternehmen unverändert in der rechtlichen Zuständigkeit der Gesellschaft, es geht letztlich nur mittelbar durch die Abtretung der Gesellschaftsanteile auf den Käufer über.

1683

Eine Kombination des Beteiligungskaufs mit der Einzelübertragung von Vermögenswerten kann dann erforderlich werden, wenn (wesentliche) Betriebsgrundlagen im persönlichen Eigentum des Gesellschafters stehen und der Gesellschaft zur Nutzung überlassen werden. Meist handelt es sich dabei um Fälle der Betriebsaufspaltung mit einer Betriebskapitalgesellschaft oder um Sonderbetriebsvermögen bei Personenhandelsgesellschaften (Mitunternehmerschaften). Hier bedarf der Beteiligungskauf einer ergänzenden vertraglichen Regelung, mit der die weitere Nutzung durch das Unternehmen gesichert oder eine Beendigung des bisherigen Nutzungsverhältnisses geregelt wird. Die weitere Nutzung im Rahmen der „wirtschaftlichen Unternehmenseinheit" kann dabei mit einem schlichten Kauf durch den Erwerber der Beteiligung oder auch durch die Gesellschaft gesichert werden; ebenso infrage kommen kann eine Fortführung oder Neuregelung der Nutzungsvereinbarungen mit neuen Konditionen – ggf. ergänzt um Optionsrechte zum späteren Ankauf.

3. Gewinnabgrenzung

Zur **Gewinnabgrenzung** ist beim Share-Deal zu beachten, dass das bis zum Übertragungsstichtag erwirtschaftete Ergebnis der Personengesellschaft beim Veräußerer verbleibt; bei Kapitalgesellschaften hingegen geht das Gewinnbezugsrecht mit dem Gesellschaftsanteil auf den Erwerber über.

1684

Wird eine Beteiligung an einer **Personengesellschaft** im Verlauf des (Geschäfts-)Jahrs übertragen, so ist das Ergebnis der Gesellschaft auf den Veräußerer und auf den Erwerber aufzuteilen. Dies kann mit einer plausiblen Schätzung durch die Vertragsparteien (z.B. zeitanteilig) oder auf der Grundlage eines Zwischenabschlusses zum Übertragungstag vorgenommen werden.[2]

---

1) Beisel/Klumpp, 4. Aufl., 79 ff.
2) Aretz/Bühler, BB 1993, 1335 (1341).

1685 In diesem Zusammenhang ist bei der Personengesellschaft zu beachten, dass entsprechend den jeweiligen gesellschaftsvertraglichen Bestimmungen auch Regelungen zu den Kapital- und Gesellschafterkonten (Darlehens-, Privat- und Verrechnungskonten) zu treffen sind, die meist mit einer Eigenkapitalgarantie verknüpft werden. Der Veräußerer sichert dabei einen bestimmten Bilanzwert für das Eigenkapital (Kapitaleinlage und Rücklagen) zu, ein Unterschiedsbetrag wird dann oft über den Kaufpreis ausgeglichen. Als Abrechnungsgrundlage wird möglichst die Jahresbilanz herangezogen, wenn der Abschluss des Kaufvertrags in zeitlicher Nähe zum Geschäftsjahresende liegt. Ansonsten wird hier ein Zwischenabschluss unumgänglich sein.

Soll die Übergabe auf den Bilanzstichtag eines bereits abgelaufenen Geschäftsjahrs zurückbezogen werden, so kann diese mit steuerlicher Wirkung nur vereinbart werden, wenn es sich um eine **kurzfristige Rückbeziehung** (bis zu drei Monate) handelt.[1]

1686 Grundsätzlich anders gelagert sind die Aspekte einer **Gewinnabgrenzung bei der Kapitalgesellschaft** (GmbH). Der Gewinnanspruch ist mit dem Geschäftsanteil verknüpft und geht beim Kauf der Beteiligung mit dieser auf den Erwerber über. Einer Gewinnabgrenzung auf der Ebene der Gesellschaft bedarf es daher nicht. Jedoch kann intern zwischen dem Veräußerer und dem Erwerber eine Aufteilung vereinbart und für den anteiligen Gewinnanspruch ein besonderes Entgelt vertraglich geregelt werden. Diese Aufteilung kann durch eine sachgerechte Schätzung oder auf der Grundlage eines Zwischenabschlusses getroffen werden. Für den Käufer ist hierbei meist von Vorteil, dass der gesondert vergütete Gewinnanspruch nicht Teil der Anschaffungskosten der Beteiligung ist, sondern steuerlich ein besonderes Wirtschaftsgut darstellt, mit dem die spätere Dividende erfolgsneutral zu verrechnen ist.[2]

IV. Der Kaufpreis

1687 Der zentrale Verhandlungsgegenstand beim Unternehmenskauf – und zwar sowohl beim Asset-Deal als auch beim Share-Deal – ist die Kaufpreisvereinbarung. Dabei ist es üblich, einen einheitlichen Gesamtkaufpreis auszuhandeln, der letztlich immer ein Kompromiss ist zwischen den Wertvorstellungen des Verkäufers (über Substanz und Ertragsaussichten seines Unternehmens) sowie denen des Käufers (über den nach seiner Beurteilung angemessenen, um notwendige Risikoabschläge geminderten Preis). Auf Grund der dem Kaufgegenstand „Unternehmen" immanenten Unsicherheiten bezüglich dessen wertbestimmenden „Qualitäten" werden häufig Korrekturklauseln in den Kaufvertrag aufgenommen, so dass nur ein vorläufiger Kaufpreis vereinbart wird. Die Kaufpreisvereinbarung weist dann **variable Kaufpreisklauseln** auf. Diese können in Gewährleistungsabsprachen zu einzelnen Sachverhalten (Bewertung von Forderungen, Rückstellungen – Bilanzgarantieklausel) und bestimmten Risikobereichen (angemessene Finanzausstattung, steuerliche Betriebsprüfung, Gewinnabgrenzung u.a.) bestehen oder insgesamt den als Preisbasis zu Grunde gelegten Unternehmenswert betreffen. Zu diesem kann insbesondere eine gutachterliche Überprüfung und eine zwingende Kaufpreisanpassung vereinbart werden, wenn die vom Gutachter festgestellte Wertdifferenz wesentlich ist bzw. eine festgelegte Bandbreite über- oder unterschreitet. Darüber hinaus sind noch Klauseln zu erwähnen, bei denen die Kaufpreiskorrektur an die Entwicklung der künftigen Unternehmensergebnisse geknüpft ist. Solche **Earn-out-Klauseln**[3] sind allerdings nur zweckmäßig, wenn der künftige Geschäftsverlauf (z.B. bei Sanierungen) nicht als hinreichend abschätzbar erscheint,[4] oder wenn über die Realisierung von Synergieeffekten (z.B. bei Joint Ventures) unter-

---
1) Schmidt, § 16 EStG Rz. 443 f.
2) BFH v. 30.10.1973, I R 67/72, BStBl II 1974, 234.
3) Hilgard, BB 2010, 2912.
4) Von Braunschweig, DB 2002, 1815 ff.

schiedliche Auffassungen bestehen. Insbesondere bei Joint Ventures kann zur Berücksichtigung von Synergien der Earn-out in einer (zeitlich limitierten) inkongruenten (von den nominellen Beteiligungen abweichenden) Gewinnverteilung bestehen. Das inkongruente oder disproportionale Gewinnbezugsrecht wird bei der Personengesellschaft regelmäßig auch steuerlich anerkannt. Grundsätzlich gilt dies auch für die Kapitalgesellschaft, wenn sie in unterschiedlichen Beiträgen der Beteiligten zum Gesellschaftszweck begründet ist.[1)]

Basis des Kaufpreises ist der Unternehmenswert, auf den sich die Vertragsparteien geeinigt haben. Der Kompromiss über den Unternehmenswert wird sich dann als tragfähig erweisen, wenn die vom Verkäufer offen gelegten Unternehmensdaten und Ertragskomponenten einer sorgfältigen Analyse unterzogen wurden, und dies in ein sachgerechtes **Bewertungskalkül** eingeflossen ist. Grundlage hierfür ist die professionelle Durchführung einer Due Diligence. Damit wird für den Erwerber nicht nur gewährleistet, dass er alle notwendigen Informationen über das Unternehmen erhält, sondern dass zugleich auch die wesentlichen Grundlagen, Daten und Aspekte zur Durchführung einer Unternehmensbewertung ermittelt werden. Schließlich handelt es sich bei den im Due-Diligence-Verfahren zu erhebenden Unternehmensdaten weitgehend um die gleichen Informationen, die auch Grundlage zur Unternehmensbewertung sind (→ *Unternehmensbewertung* **4** Rz. 1815 ff.).

1688

Ausgangsgröße für den Kaufpreiskompromiss ist der „Wert" des Unternehmens. In Theorie und Praxis wird inzwischen in weitgehender Übereinstimmung **der Unternehmenswert** als **Zukunftserfolgswert** der diskontierten Überschüsse aus dem betriebsnotwendigen und dem nicht betriebsnotwendigen Vermögen definiert. Die hierauf basierenden Unternehmensbewertungen[2)] – wie z.B. nach den „Vorgaben" des Instituts der Wirtschaftsprüfer[3)] – sind jedoch meist sehr aufwendig und zeitraubend. Aus praktischen Gründen werden daher bei Unternehmenstransaktionen überwiegend vereinfachte Bewertungsverfahren angewendet. Es handelt sich dabei meist um **Multiplikatorverfahren**, bei denen eine durchschnittliche Erfolgsgröße (meist EBIT[4)]) mittels eines Multiplikators kapitalisiert wird. Grundsätzlich kann eine solche Wertermittlung den gleichen investitionstheoretischen Grundlagen und finanzwirtschaftlichen Überlegungen Rechnung tragen wie eine komplette Unternehmensbewertung. Wesentlich ist, dass auch beim Einsatz von vereinfachten Verfahren die zu kapitalisierende Erfolgsgröße auf einer sorgfältigen Analyse des Unternehmens (Due Diligence) beruht, und dass diese Erfolgsgröße als Durchschnittswert eine begründete Annahme über die künftige Unternehmensentwicklung plausibel abbildet. In dem Multiplikator (Kapitalisierungsfaktor) spiegeln sich im Wesentlichen die gleichen Bestimmungsgrößen (Zins der Vergleichsinvestition und Risikozuschlag) wie im Diskontierungszins bei der sonst üblichen Barwertermittlung wider. Die Bestimmung des Multiplikators im konkreten Einzelfall orientiert sich in der Praxis an der Bandbreite marktüblicher Werte.

1689

Anzumerken ist zu der meist üblichen **EBIT-Bewertung**, dass mit der Eliminierung des Zinsergebnisses nicht nur die Ertragskraft des Unternehmens weitgehend unabhängig von seiner Finanzierung gezeigt wird, sondern entsprechend auch der Unternehmenswert um die Nettoverschuldung des Unternehmens zu mindern ist.

---

1) Schulz/Brunner/Werz, BB 2005, 2 ff.; zur Kapitalgesellschaft mit Hinweis auf BFH v. 19.8.1999, I R 77/96, BStBl II 2001, 43 ff. und hierzu Nichtanwendungserlass des BMF v. 7.12.2000, IV A 2 – S 2810 – 4/00, BStBl I 2001, 47.
2) → *Unternehmensbewertung* **4** Rz. 1582 ff.
3) Institut der Wirtschaftsprüfer, WPg Supplement 3/2007, 11 (IDW, 1).
4) EBIT = Earning before interest and tax/Betriebsergebnis vor Zinsen und Ertragssteuern.

V. Due Diligence

1. Aufgabenstellung

1690 Die Durchführung einer Due Diligence beim Unternehmenskauf hat in den letzten Jahren zunehmende Bedeutung erlangt.[1] Dies kann kaum verwundern, denn mit der Due Diligence wird der Transaktionsprozess eines Unternehmenskaufs grundsätzlich systematisiert und einer eher „dilettantischen" Vorgehensweise vorgebeugt.

Im Rahmen einer Unternehmenstransaktion hat die Due Diligence die systematische und detaillierte Untersuchung von Daten und Informationen sowie deren sorgfältige Analyse zum Gegenstand. Ziel dabei ist, entscheidungsrelevante Informationen über das zu erwerbende Unternehmen zu gewinnen. Mit einem Due Diligence-Verfahren wird eine sachgerechte Vorgehensweise beim Unternehmenskauf gewährleistet und dokumentiert. Zur ordnungsgemäßen Durchführung eines Unternehmenskaufs ist daher eine Due Diligence-gestützte Vorgehensweise grundsätzlich geboten.[2] Obwohl sie nicht vorgeschrieben ist, wird die Due Diligence inzwischen als üblich und der Verkehrssitte entsprechend eingestuft. Unterlässt der Käufer eine Due Diligence, kann dies zu seinem Nachteil als grob fahrlässiges Handeln interpretiert werden.[3]

1691 Im Einzelnen hat die Due Diligence die Aufgabe/Funktion der

– **Informationsbeschaffung** zur Beseitigung des Informationsdefizits des Käufers über die wirtschaftliche und rechtliche Situation des Unternehmens,

– **Ermittlung und Analyse der Risiken** einschließlich deren angemessener Berücksichtigung im weiteren Transaktionsprozess, z.B. bei notwendigen Restrukturierungen des Unternehmens, erforderlichen Garantien und Gewährleistungen,

– **Dokumentation** aller wesentlichen Sachverhalte, die der Transaktion und deren Ausgestaltung zu Grunde liegen, mithin für den Vertragsabschluss und die vereinbarten Konditionen als maßgeblich angesehen werden können. Bei Streitigkeiten nach Vertragsabschluss können die im Rahmen der Due Diligence dokumentierten Verhältnisse des Unternehmens „zum Zeitpunkt des Erwerbs" als Beweismittel dienen.[4]

2. Themenbereiche der Due Diligence

1692

Themenbereich	Gegenstand der Informationserhebung und Analyse
Financial Due Diligence	Jahresabschlüsse, Planungsrechnungen, kurzfristige Erfolgsrechnung
Commercial Due Diligence	Marktstellung und Wettbewerber, Unternehmensstrategie, Leistungsprogramm, Geschäftsmodell
Legal Due Diligence	rechtliche Grundlagen und Rahmenbedingungen des Unter-- nehmens; rechtliche Gestaltung der Transaktion
Tax Due Diligence	Stand der Steuerveranlagungen, Steuerrückstellungen, steuerliche Risiken; steuerliche Aspekte der Transaktion, einschließlich Garantien und Gewährleistungen (Steuerklauseln) des Verkäufers und ggf. auch des Erwerbers

---

1) Spill, DStR 1999, 1786 ff.
2) Goette, DStR 2014, 1776 ff.
3) WP Handbuch 2014, Bd. II, Abschnitt D: Due Diligence, 309 ff. (311).
4) WP Handbuch 2014, Bd. II, Abschnitt D: Due Diligence, 309 ff. (310).

Themenbereich	Gegenstand der Informationserhebung und Analyse
Business Due Diligence (übrige Themenbereiche)	Management und Personal (Human Resources), Produktion und technische Verfahren, organisatorische Strukturen, Informationssysteme, Umweltrisiken, Versicherungen, Compliance-Mangement u.a.

3. Ablauf des Unternehmenskaufs mit Due Diligence

Der Transaktionsprozess kann bei Anwendung des Due Diligence-Verfahrens etwa wie folgt ablaufen: **1693**

Voranalyse und Auswahl möglicher Akquisitionsobjekte	Festlegung der Akquisitionsstrategie, Bestimmung des Finanzrahmens; Auswahl potenzieller Kaufobjekte (Zielunternehmen), erste Kontaktaufnahmen, Bonitätsprüfung, nähere Auswahl
Vertraulichkeits- und Geheimhaltungsvereinbarung	Informations-Memorandum des Zielunternehmens, Analyse der grundlegenden Informationen und Daten, Entscheidung über die Fortführung von Verhandlungen
Letter of Intent / LOI (Absichtserklärung ohne vorvertragliche Verpflichtung)	Festlegung der Inhalte des LOI (Geheimhaltungs- und Nichtverwendungspflichten, Vertragsstrafe, Exklusivität, Anzahlung)
Informationserhebung und Analyse; Management-Präsentation	Durchführung der eigentlichen Due Diligence, detaillierte Informationsgewinnung und Analyse in den einzelnen relevanten Themenbereichen (Einsatz von Checklisten[1]); Darstellung des Unternehmens in einer Management-Präsentation; Aufbereitung der Ergebnisse – Grundlagen für die Unternehmensbewertung und Festlegung von Risikobereichen mit Verhandlungsbedarf
Vertragsverhandlungen	Detailverhandlungen, Dokumentation von Gesprächsergebnissen zu einzelnen Verhandlungsgegenständen (Punktationen), Entwürfe der begleitenden Verträge, Vorbereitung der Schlussverhandlung
Schlussverhandlung	Ausarbeitung der begleitenden Verträge, Vertragsabschluss (Signing) mit Festlegung des Übergabestichtags (Closing)

---

[1] Zu Checklisten für die Informationserhebung bei der Due Diligence siehe u.a. Jungblut, 2003; WP Handbuch 2014, Bd. II, Abschnitt D: Due Diligence, 395 ff. Zu wesentlichen Themenbereichen der Due Diligence sind auch die zur Unternehmensbewertung gängigen Checklisten verwendbar, → *Unternehmensbewertung* **4** Rz. 1901 ff.

Unternehmenskrise

von Dr. Günter Trutnau

INHALTSÜBERSICHT Rz.

I. Unternehmenskrise	1694–1723
1. Definition der Unternehmenskrise	1694–1695
2. Risikofaktoren	1696–1704
a) Risikodefinition	1697
b) Systematisierung und Typisierung der Risikofaktoren	1698–1704
3. Unternehmenskrise und ihre Anzeichen	1705–1714
a) Gesellschafter	1706
b) Management	1707
c) Personal	1708
d) Produkte und Wettbewerb	1709
e) Finanzen	1710–1714
4. Erkennen von Krisenanzeichen	1715
5. Arten und Formen der Krise	1716–1723
a) Strategiekrise	1717–1721
b) Ergebniskrise	1722
c) Liquiditätskrise	1723
II. Frühwarnung und Krisenvermeidung	1724–1731
1. Frühwarnung	1724–1728
a) Aufgabenstellung	1724
b) Gesetzliche Vorgaben	1725–1726
c) Die Frühwarnindikatoren	1727–1728
2. Organisation eines Krisenvermeidungssystems	1729–1731
a) Unternehmerische Frühwarnsysteme	1729
b) Risikomanagement und Krisenvermeidung	1730–1731

I. Unternehmenskrise

1. Definition der Unternehmenskrise

1694 Es lassen sich vier Stadien einer Unternehmenskrise unterscheiden:

– **Vorkrise**, mit der Feststellung signifikanter Krisenmerkmale,
– **akute Krise**, wenn eine ernsthafte Existenzgefährdung des Unternehmens erkennbar wird,
– eingetretene **Insolvenz** als institutionell konkretisiertes Krisenstadium (→ **4** Rz. 1083 ff.),
– und die **Liquidation** als finales Krisenstadium.

1695 Die aufgezeigten Krisenstadien orientieren sich an der Qualität und dem Charakter der Handlungsmöglichkeiten. Während im ersten Stadium, der Vorkrise, ein breites Spektrum an betriebswirtschaftlichen und Managementinstrumentarien heranzuziehen ist, bei dem die zu ergreifenden Maßnahmen i.d.R. in einen länger zu steuernden Prozess implementiert und erprobt werden können, wird es in dem zweiten Stadium erforderlich sein, kurzfristig und nachhaltig in die Strukturen des Unternehmens und der Funktionsabläufe einzugreifen. Das dritte Stadium bewegt sich insofern in einem verengten Korsett, als es sich um ein reglementiertes und formalisiertes Verfahren handelt, in dem die Handlungsspielräume genau definiert sind. In dem vierten Stadium sind die Handlungsalternativen schließlich auf ein Minimum reduziert, wobei zugleich die Funktion des Wirtschaftsunternehmens aufgegeben wird.

2. Risikofaktoren

Noch bevor ein Unternehmen in eine krisenhafte Entwicklung eintritt und bevor ein Vorkrisenstadium angenommen werden kann, können häufig schon Risikofaktoren für eine zukünftige Krise ausgemacht werden. **1696**

Risikofaktoren können sich dynamisch entwickeln und unmittelbar auf den Unternehmensprozess auswirken. Die Risikofaktoren wandeln sich dann zu Krisenanzeichen.

a) Risikodefinition

Unternehmenskrise **1697**

Das Risiko kann als Zustand oder Prozess innerhalb oder außerhalb des Unternehmens begriffen werden, durch den das Unternehmen beeinträchtigt werden könnte, also etwas, das **latent** vorhanden ist.[1] Dieses Risikoverständnis deckt sich mit der Regelung des Gesetzes in § 317 Abs. 2 Satz s HGB, wonach der Abschlussprüfer zu überprüfen hat, ob im Lagebericht die **Chancen und Risiken** der zukünftigen Entwicklung zutreffend dargestellt sind.

b) Systematisierung und Typisierung der Risikofaktoren

Unternehmenskrise **1698**

Voraussetzung für ein effizientes Risikomanagement zur Beseitigung und Beherrschung von Risikofaktoren ist, dass die potenziellen Risikofaktoren systematisiert, typisiert und in ein Risikomanagement eingestellt werden.

Für die systematische Erfassung von Risikofaktoren ist es wichtig, dass Risiken vollständig erkannt, in einen vernünftigen Kontext zur Unternehmensstrategie und -praxis gestellt und damit in ein Risikomanagement eingebaut werden können. Auf dieser Grundlage könnte folgendes Profil für Risikofaktoren aufgestellt werden (es kann ohne Weiteres aber auch anders entwickelt und dargestellt und insbesondere an die spezifischen Charakteristika eines Unternehmens angepasst werden):

Risikofaktoren	Konkretes Unternehmensrisiko
EXOGENE FAKTOREN	
Katastrophen und Kriege	
Naturkatastrophen/Erdbeben/ Überschwemmungen/Brände	Beeinträchtigung von Produktion, Absatz und Beschaffung
Technische Katastrophen/ Kraftwerksunfälle u. Ä.	Beeinträchtigung von Produktion, Absatz und Beschaffung
Kriege und Unruhen	Zerstörung von betrieblichen Einrichtungen, Logistik o. Ä.
Politische Risiken	
Enteignungsrisiken	Möglichkeit des Entzugs von Vermögenspositionen und Dispositionsbefugnissen

---

1) Vgl. § 317 Abs. 2 Satz 2 HGB.

4 Beratungsschwerpunkte und deren Fallstricke

Risikofaktoren	Konkretes Unternehmensrisiko
Sicherheitsrisiken	Bedrohung von Vermögenswerten, Gesundheit und Leben der Eigner und Mitarbeiter
Dispositionsrisiken	Beschränkung von Produktionsfaktoren und Entscheidungskompetenzen durch rechtliche Vorschriften
Transferrisiken	Beschränkung von Finanz- oder Warentransfers
Fiskalische Risiken	Streichung von Subventionen, Erhöhung von Steuern, Abgaben und Zöllen, Kostenerhöhungen auf Grund staatlicher Vorgaben
Gesellschaftliche Risiken	
Demografierisiken	Verringerung und Transformation des Kundenpotentials
Kulturrisiken	Veränderung von Geschmacks-, Wert- und Nutzungsvorstellungen des Kundenpotentials
Transformationsrisiken	Veränderung von Verhaltenserwartungen (bei Unternehmensleitung und Mitarbeitern), Leistungserwartungen (bei Kunden, staatlichen Stellen und gesellschaftlichen Gruppen) und damit Auswirkungen auf die Handlungsmöglichkeiten des Unternehmens
Allgemeine wirtschaftliche Risiken	
Konjunkturrisiken	Auswirkungen konjunktureller Entwicklungen auf Produktion und Planung des Unternehmens
Strukturrisiken	Auswirkungen struktureller wirtschaftlicher Entwicklungen auf die Branche des Unternehmens
Währungsrisiken	Auswirkung von Währungsbewegungen auf die Einnahmesituation des Unternehmens
Zinsrisiken	Einfluss der Zinsentwicklung auf die wirtschaftlichen Handlungsmöglichkeiten des Unternehmens
Wettbewerbsrisiken/Absatzrisiken	
Verdrängungsrisiken	Das Unternehmen wird durch neu auftretende, potente Wettbewerber bedrängt; Preisdumping, Qualitätswettbewerb.
Verengungsrisiken	Zahl der Abnehmer verringert sich ungesund zu einer Abhängigkeit.
Verlustrisiken	Kunden gehen durch Insolvenz, gewaltsam oder sonstige externe Einflüsse verloren.
Beschaffungsrisiko	
Spionagerisiken	Gefahr, dass betriebsinternes Know-how illegal abgeschöpft wird.

Risikofaktoren	Konkretes Unternehmensrisiko
Quellenrisiken	Beschaffungsquellen gehen gewaltsam, durch Insolvenz oder sonstige übergeordnete Ereignisse verloren.
ENDOGENE FAKTOREN	
Managementrisiken	
Kompetenzrisiken	Das Management des Unternehmens verfügt ganz oder in Teilen nicht über ausreichende fachliche oder unternehmerische Kompetenz.
Konfliktrisiken	Innerhalb der Unternehmensleitung oder zwischen Unternehmensleitung und Eigner entwickeln sich Konflikte.
Strategierisiken	
Zielbildungsrisiken	Unrealistisch und unsystematisch entwickelte Zielsetzungen
Analyse- und Prognoserisiken	Fehlerhafte Feststellung und Entwicklung der Rahmenkriterien für das Unternehmen
Ausfallrisiken	Fehlerhafte Auswahl einer Strategie und der Umsetzungsmechanismen
Umsetzungsrisiken	Mangelhafte Umsetzung der Strategie in der täglichen Unternehmenspraxis
Überwachungsrisiken	Unzureichende Kontrolle der Umsetzung, der Ergebnisse und der Weiterentwicklung der Strategie
Organisationsrisiken	
Strukturrisiken	Gefahr, dass das Unternehmen über keine optimierte und effiziente Struktur und Organisation verfügt.
Personalrisiken	Gefahr, dass das Unternehmen über keine optimierte Personalausstattung (hinreichend qualifiziert) zukunftsorientierte Personalressourcen, ausgewogene Alters- und Qualifikationsstruktur, Motivation und Unternehmenskultur verfügt.
EDV-Risiken	Nicht kosten-, organisations- und effizienzoptimiertes EDV-Systems
Risiken im Rechnungswesen	
Planungsrisiken	Keine ausreichende, sachgerechte oder realistische Planung von Ertrag und Liquidität
Buchhaltungsrisiken	Keine sachgerechte, auf die Spezifika des Unternehmens zugeschnittene Buchhaltung mit geringer Transparenz und unzureichender Planungsleistung

Risikofaktoren	Konkretes Unternehmensrisiko
Kalkulationsrisiken	Gefahr einer unzureichenden oder wirklichkeitsfremden Kalkulation
Controllingrisiken	Keine hinreichende Controllingstruktur und hinreichende institutionelle Absicherung im Unternehmen, keine Umsetzung der Controllingergebnisse
Finanzrisiken	
Ausstattungsrisiken	Keine hinreichende Ausstattung des Unternehmens mit Eigenkapital
Fremdkapitalrisiken	Gefährdung oder Ausfall einer Fremdkapitalfinanzierung
Ausfallrisiken	Gefahr des Ausfalls von anderweitigen kalkulierten Mittelzuflüssen
Kostenrisiken	Gefahr, dass nicht erwartete und kalkulierte Kosten anfallen.
Investitionsrisiken	
Sachinvestitionsrisiken	Nicht unternehmensadäquate Investitionstätigkeit, Fehlplanungen
Personalinvestitionsrisiken	Keine unternehmensadäquate Investition in qualifiziertes Personal
Immaterielle Investitionsrisiken	Keine unternehmensadäquate Investition in eigenentwickeltes oder fremdakquiriertes Know-how
Akquisitionsrisiken	Gefahr eines fehlerhaften Erwerbs von Unternehmen und Unternehmensteilen sowie der Integration des eigenen Unternehmens
Risiken bei Forschung und Entwicklung	
Ergebnisrisiken	Kein unternehmensadäquater Einsatz und keine ausreichende Effizienz von F & E
Umsetzungsrisiken	Keine markt- und produktorientierte Entwicklung im F & E-Bereich
Verwertungsrisiken	Unzureichende rechtliche Absicherung von Entwicklungsergebnissen
Innovationsrisiken	Fehlende marktmäßige Umsetzung von Entwicklungsergebnissen
Produktionsrisiken	
Unterbrechungsrisiken	Gefahr der Behinderung der Produktion durch betriebsinterne Defizite
Qualitätsrisiken	Gefahr der Fehlproduktion durch Mängel der Produktionsergebnisse

Risikofaktoren	Konkretes Unternehmensrisiko
Haftungsrisiken	Gefahr der haftungsrechtlichen Inanspruchnahme des Unternehmens auf Grund von Produktionsprozessen und Produktionsergebnissen
Absatzrisiken	
Sortimentsrisiken	Gefahr, dass das Sortiment zu wenig an den Marktbedürfnissen ausgerichtet ist (Unter- oder Übersortimentierung).
Mengenrisiken	Gefahr einer inadäquaten Zahl von Produkten oder der Belieferung einer unternehmensinadäquaten Zahl von Endabnehmern
Qualitätsrisiken	Gefahr, dass die Produkte hinsichtlich Qualität und technischem Standard nicht den Abnehmerbedürfnissen entsprechen
Preisrisiken	Gefahr, dass die Produktpreise nach Höhe und Struktur nicht den Markterfordernissen entsprechen.
Distributionsrisiken	Gefahr, dass die Produkte mit zu hohen Kosten, unzuverlässig oder nicht zeitgerecht zu den Abnehmern gelangen.
Servicerisiken	Gefahr, dass der Service mangelhaft oder zu teuer ist.
Bonitätsrisiken	Gefahr, dass die Gegenleistung für die Produktauslieferung nicht hinreichend abgesichert ist.
Kundenstrukturrisiken	Gefahr, dass durch eine zu geringe Zahl von Kunden eine Abhängigkeit geschaffen wird.
Wettbewerbsrisiken	Gefahr, dass den spezifischen Produktangeboten des Wettbewerbs nicht hinreichend Paroli geboten werden kann.
Beschaffungsrisiken	
Qualitätsrisiken	Gefahr, dass die Zulieferprodukte die notwendigen Qualitätsstandards nicht erfüllen.
Mengenrisiken	Gefahr, dass keine ausreichenden Mengen an Vorprodukten zugeliefert werden oder eine unternehmensinadäquate Zahl an Vorlieferanten besteht.
Terminrisiken	Gefahr, dass infolge von Zeitdifferenzen Lieferungen des Vormaterials nicht produktionsgerecht erfolgen.
Preisrisiken	Gefahr, dass die Preise zu hoch sind oder sich unkalkulierbar entwickeln.
Transportrisiken	Gefahr der Beschädigung oder des Verlustes von Rohstoffen oder Vorprodukten

Risikofaktoren	Konkretes Unternehmensrisiko
Lagerrisiken	Gefahr einer nicht produktionsorientierten Einlagerung (Lagerfristen) und eines Verlustes von Rohstoffen und Vorprodukten
Lieferantenstrukturrisiken	Gefahr, dass durch eine einseitige Lieferantenorientierung Abhängigkeiten geschaffen werden.

Zielsetzung des Risikomanagements ist es, eine Unternehmenskrise zu vermeiden. Risikomanagement kann also definiert werden als alle Maßnahmen, die dazu dienen, Bedrohungen für die anhaltende Effizienz, die Rentabilität und den Erfolg der betrieblichen Prozesse zu kontrollieren und zu reduzieren.[1]

Jede Krise beinhaltet die potenzielle Gefahr eines völligen Zusammenbruchs des Unternehmens. Maßnahmen zur Krisenvermeidung dienen aber auch der Verhinderung von Schäden und damit der Verhinderung von unnötigen Kosten und letztlich wirtschaftlichen Verlusten. Vorbeugen geht deshalb immer vor Therapieren.

aa) Ermittlung der Risikofaktoren

1699 Am Beginn des Risikomanagements steht die Typisierung und Systematisierung von Risikofaktoren (→ 4 Rz. 1689 ff.). Das aufgestellte Typisierungsschema ist auf die spezifischen Besonderheiten des betreffenden Unternehmens abzustellen und weiter zu entwickeln, insbesondere in kritischen Teilbereichen (**Risikothemen**) detailliert auszudifferenzieren.

Ein für das Unternehmen individualisiertes Risikofaktorenschema ist anhand folgender Programmschritte zu entwickeln:

1700 Es muss eine ausdrücklich formulierte Unternehmensstrategie mit Zieldefinitionen und ausdifferenzierter Unternehmensplanung vorliegen (nur wenn man weiß, wo die Reise hingeht, kann man mögliche zukünftige „Unfallstellen" erkennen).

Typische Risikofaktoren in der Branche des betreffenden Unternehmens sind ausfindig zu machen, evtl. über einen Kennzahlenvergleich.

Weitere potenzielle Risikofaktoren sind über einen Vergleich mit unmittelbaren Wettbewerbern ausfindig zu machen.

Weitere Risikofaktoren sind anhand der Ermittlung branchenunabhängiger, besonderer Eigenheiten des Unternehmens zu identifizieren (solche Eigenheiten können aus der besonderen Entwicklungsgeschichte des Unternehmens, aus dem Persönlichkeitsbild des Managements oder des Unternehmers oder aus Eigenheiten des Produktes herrühren).

Die Ermittlung der Risikofaktoren wird durch die Unternehmensleitung bzw. die jeweiligen Bereichsverantwortlichen in dem Unternehmen zu erfolgen haben. Bereits bei Gründung eines Unternehmens sollte eine derartige Risikoabschätzung vorgenommen werden. Der Katalog der Risikofaktoren sollte danach in regelmäßigen Abständen überprüft, aktualisiert und überarbeitet werden.

bb) Quantifizierung und Qualifizierung der Risikofaktoren

1701 Ist anhand des Musterschemas ein, bezogen auf das Unternehmen, spezifiziertes Risikofaktorenschema aufgestellt und sind aus diesem Schema einzelne Risikofaktoren für das Unternehmen als relevant herausgefiltert worden, geht es im nächsten Schritt

---

1) Vgl. dazu auch IDW-PS 340, Ziff. 2 (4).

daran, die herausgefilterten Risikofaktoren näher zu bestimmen. Sind diese Risikofaktoren oder besser die Folgen eines Risikoeintritts zu quantifizieren, sind folgende Einschätzungen vorzunehmen:

- Wie hoch ist die Eintrittswahrscheinlichkeit einer auf Grund des Risikofaktors zu erwartenden Beeinträchtigung des Unternehmens?
- Wie hoch ist das geschätzte Schadensvolumen, das nach einer Risikorealisierung eintreten kann?

1702

Sind die Risiken nicht quantifizierbar, ist eine qualitative Gewichtung des **Beeinträchtigungspotenzials** für das Unternehmen vorzunehmen.

Anhand dieser Quantifizierungs- und Qualifizierungsmerkmale sind die Risikofaktoren in **Risikoklassen** einzuordnen, die dann eine strategische Entscheidung über die weitere Behandlung zulassen.

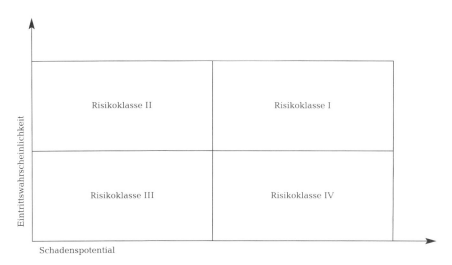

Aus dem Diagramm ist zu ersehen, dass die Risikoklasse I den höchsten und die Risikoklasse III den niedrigsten **Gefährdungswert** für das Wirtschaftsunternehmen hat.[1]

Aus der Zuordnung der Risikofaktoren zu den einzelnen Risikoklassen lassen sich auf Grund einer unternehmerischen Entscheidung die **Toleranzgrenzen** für die jeweiligen Risikofaktoren festlegen.

1703

cc) Instrumente des Risikomanagements

Aus der vorangegangenen Darstellung ist festzuhalten, dass sich ein Risikomanagement in folgende Handlungsabschnitte aufteilen lässt:

1704

- Ermittlung der Risikofaktoren,
- Beurteilung der Risikofaktoren nach Risikoklassen,
- Festlegung der Toleranzgrenzen,

---

1) Vgl. hierzu Wieben, Rz. 103–117.

- Eliminierung oder Beherrschung der Risikofaktoren,
- Fortlaufende Kontrolle der Risikofaktoren.

3. Unternehmenskrise und ihre Anzeichen

1705 Die betrachteten Risikofaktoren (→ 4 Rz. 1696 ff.) beschreiben nur die Möglichkeit einer negativen Entwicklung und damit des Eintritts in die Unternehmenskrise. Nachfolgend geht es nun um den Eintritt einer solchen Unternehmenskrise und die Anzeichen, die einen solchen Eintritt zu erkennen geben.

Hat im Rahmen des Risikomanagements eine Risikoanalyse stattgefunden und zeigt sich bei einzelnen Risikofaktoren eine Verwirklichung des **Risikopotenzials**, kann von einem Krisenanzeichen gesprochen werden. Die Ermittlung der Krisenursachen ist notwendige Voraussetzung für eine erfolgreiche Durchführung des Krisenmanagements und eine Beseitigung der Krise.

Hat eine Risikoanalyse nicht stattgefunden, oder sind unerwartet Krisenmerkmale aufgetreten, lassen sich Krisenanzeichen vielfach an Merkmalen feststellen, die regeltypisch auftreten. Einige solcher regeltypischer Krisenmerkmale sollen im Nachfolgenden vorgestellt werden.

a) Gesellschafter

1706 Eine erfolgreiche Unternehmenspraxis setzt einen rationalen und optimalen Entscheidungsprozess bei der Festlegung der Unternehmensziele voraus. Ein solcher wird gefährdet, wenn es zu Streitigkeiten unter Gesellschaftern kommt. Entweder setzen sich irrationale Elemente durch, Entscheidungen werden nicht mehr getroffen oder sie werden blockiert oder erheblich verzögert. Typische Beispiele für Auseinandersetzungen im Gesellschafterkreis finden sich häufig in den Unternehmen, in denen an die Stelle der ursprünglichen Gründungsgesellschafter Erben getreten sind. Die Interessen dieser Erben streben häufig sehr stark auseinander und lassen sich bisweilen mit den Bedürfnissen des Unternehmens nicht zur Deckung bringen. Ähnliche Probleme treten auf, wenn sich die geschäftlichen oder persönlichen Interessen und Ansichten der Gesellschafter in einem Unternehmen auseinanderentwickeln. Auch dann kann es zu Konflikten kommen, die die Zusammenarbeit in der Gesellschaft erheblich erschweren können. Sich vertiefende Auseinandersetzungen innerhalb des Gesellschafterkreises sind regelmäßig Krisenanzeichen, die erst später zu unmittelbaren wirtschaftlichen Auswirkungen bei dem Unternehmen führen.

Ein anderes Krisenanzeichen kann übrigens sein, wenn nicht frühzeitig genug Nachfolgeregelungen für einen Gesellschafter getroffen werden oder es an der notwendigen führungstechnischen Transformation auf einen Nachfolger fehlt.

b) Management

1707 Ein Wirtschaftsunternehmen stellt sich ebenso wie seine ökonomische Umwelt als ein dynamischer Organismus dar, der so lange anpassungsfähig bleibt, als das Management selbst in seiner Organisation und seinen Personen anpassungs- und reaktionsfähig bleibt. Krisen sind wahrscheinlicher, wenn eine Überhierarchisierung und eine übermäßige Strukturfestigung festzustellen sind. Es liegt nämlich auch auf der Hand, dass ein Unternehmen dann nicht anpassungsfähig ist und auf Bedürfnisse seiner Umwelt nicht zu reagieren vermag, wenn die Organisationsstrukturen des Unternehmens so schwerfällig sind, dass eine zeitnahe Anpassung überhaupt nicht möglich ist. Dies bedeutet weiter, dass die vorhandenen Betriebs- und Managementstrukturen ebenso einer ständigen kritischen Prüfung unterworfen werden müssen. Was bei einer bestimmten Betriebsgröße noch ausgereicht hat, um zeitnahe Anpassungsprozesse zu ermöglichen, kann bei einer gewachsenen Betriebsgröße möglicherweise zu organisatorischen Schwierigkeiten führen. Die Managementstrukturen selbst müssen deshalb so angelegt sein, dass sie ohne Weiteres den im Betrieb und der sich im Unternehmensumfeld ergebenden Veränderungen angepasst werden können. Organisatorische Strukturen sind immer nur so gut und erfolgreich wie die Personen, die sie ausfüllen. Das Führungspersonal muss daher in gleicher Weise einer Überprüfung und Kontrolle unterworfen werden, ob es bereit und in der Lage ist, sich verändernden Bedingungen innerhalb und außerhalb des Betriebes anzupassen.

In gleicher Weise wie sich Streitigkeiten im Gesellschafterkreis lähmend auf die Entscheidungs- und Entwicklungsfähigkeit des Unternehmens auswirken, gilt dies auch für Streitigkeiten unter dem Führungspersonal, weil sich hier die Entscheidungsschwäche unmittelbar im täglichen Betriebsablauf auswirkt.

Entscheidungsschwäche wirkt sich auch dann negativ aus, wenn die Unternehmensleitung auf Grund mangelnder Fach- oder Kommunikationskompetenz entweder die Notwendigkeit zu treffender Entscheidungen nicht erkennt oder die Entscheidungsalternativen nicht herausgearbeitet hat oder schließlich den Entscheidungsprozess nicht zu einem sinngebenden Ende führt.

c) Personal

1708 Die Überlebensfähigkeit eines Unternehmens hängt davon ab, dass gesunde Personalressourcen und eine gesunde Personalstruktur vorhanden sind. Zu einer gesunden Personalstruktur gehört eine zukunftsorientierte Altersschichtung (klassische Struktur: ein Drittel ältere, erfahrene Mitarbeiter, ein Drittel leistungsfähige Mitarbeiter mittleren Alters und ein Drittel junge und entwicklungsfähige Mitarbeiter). Ähnliches gilt für das Qualifikationsniveau des Personals. Einerseits muss eine genügende Zahl hochqualifizierter Mitarbeiter vorhanden sein, die in der Lage sind, Kompetenzen an nachfolgende Betriebsgenerationen weiterzugeben. Zum anderen müssen genügend Mitarbeiter vorhanden sein, die für neuere Entwicklungen aufnahmefähig und weiterbildungsbereit sind. Kommt es zu Brüchen in dieser Personalstruktur, führt dies zu Wettbewerbsnachteilen und Entwicklungsstagnationen. Zu den Risikofaktoren ist auch die Tatsache zu zählen, dass nicht genügend qualifizierte Mitarbeiter vorhanden sind, um Führungsaufgaben und Entscheidungsverantwortung zu übernehmen. Das Gleiche gilt aber auch, wenn zwar entsprechend geeignetes Personal vorhanden ist, diesem aber keine ausreichenden Kompetenzen eingeräumt werden, um das Potenzial an fachlichen- und Führungsfähigkeiten auszuschöpfen. Dies bedeutet letztlich nichts anderes, als dass Ressourcen des Unternehmens nicht genutzt werden. Außerdem führt es zu Enttäuschungen und mittel- bis langfristig zu einer Gefahr der Abwanderung qualifizierten Personals.

Ein deutliches Anzeichen für bevorstehende krisenhafte Entwicklungen ist die Tatsache, dass wichtige Mitglieder des Führungspersonals, besonders qualifizierte Mitarbeiter oder sonstige Leistungsträger in kürzerem Abstand aus einem Unternehmen ausscheiden. Ein Krisenanzeichen ist es jedenfalls dann, wenn Ursache dafür eine Verschlechterung des Betriebsklimas, der Führungsstruktur oder der Entwicklungsperspektiven ist.

Als negatives Krisenanzeichen ist auch zu werten, wenn sich das Betriebsklima nach Einschätzung des Personals wesentlich verschlechtert.

d) Produkte und Wettbewerb

1709 Die wirtschaftliche Zukunft eines Unternehmens hängt davon ab, inwieweit es in der Lage ist, auch zukünftig noch seine Produkte und Leistungen im Vergleich zum Wettbewerb sicher an den Kunden zu bringen. Ob es zukünftig zu einer Absatzkrise kommen könnte, hängt deshalb davon ab, ob die alte oder neue Konkurrenz über neue Produktentwicklungen besser Fuß gefasst hat als das eigene Unternehmen. Damit hängt auch die Frage zusammen, ob es dem Unternehmen gelungen ist, in den letzten Jahren Produktverbesserungen und Leistungsverbesserungen oder Neuentwicklungen zu erreichen. Ist das nicht der Fall, ist es als Anzeichen dafür zu werten, dass die Produktentwicklung stagniert und deshalb die Gefahr besteht, dass der Wettbewerb in absehbarer Zeit sich mit besseren Produkten gegenüber den Kunden durchsetzen könnte. Damit hängt weiter die Frage zusammen, ob das Unternehmen in den letzten Jahren Neuinvestitionen in den Bereichen Forschung und Entwicklung, Vertrieb, Organisation etc. vorgenommen hat. Triff das nicht zu, ist es auch hier ein Anzeichen dafür, dass das Unternehmen stagniert und möglicherweise gegenüber den Unternehmen, die sich anpassungs- und entwicklungsfähiger zeigen, demnächst ins Hintertreffen geraten wird. Ein wichtiger Indikator für die Entwicklung der Marktposition des Unternehmens ist, wie das Wachstum des Unternehmens zu bewerten ist. Wachsen die Hauptkonkurrenten des Unternehmens in letzter Zeit stärker, zeigt dies, dass das Unternehmen an Durchsetzungskraft verloren hat und möglicherweise bald den Anschluss verliert.

Ein besonderes Krisenanzeichen ist eine Zunahme der Qualitäts- und Servicerügen. Ist ein Kunde veranlasst, Schlechtleistungen und Servicedefizite geltend zu machen, verschlechtert dies das Image des Unternehmens und damit seine Absatzchancen für die Zukunft. Die Leistungsverschlechterungen, die für den Kunden offenkundig sind, werden i.d.R. als wesentliches Verkaufsargument von der Konkurrenz genutzt.

Stellt sich heraus, dass die Produktpreise durchschnittlich höher als beim Wettbewerber liegen, kann das zunächst seine Ursache darin haben, dass im Vergleich dazu quantitativ oder qualitativ höhere Leistungen geboten werden. Solange das im Markt ausreichend erkannt und akzeptiert wird, besteht kein Anlass zur Sorge. Bedenklich wird es aber dann, wenn sich das Leistungsniveau gegenüber dem Wettbewerb angleicht und damit deutlich Wettbewerbsnachteile gegenüber dem Kunden offenbar werden. Dies ist ein Krisenindikator, weil die Absatzchancen sich für die Zukunft tendenziell verschlechtern.

e) *Finanzen*

1710 Soweit Krisenmerkmale im Finanzbereich zu diagnostizieren sind, wird die Krise i.d.R. bereits das Vorkrisenstadium verlassen haben. Die drohende Krise beginnt sich zu manifestieren.

Solche nachhaltigen Krisenanzeichen sind, wenn in den letzten Jahren wesentliche Teile des Betriebsvermögens veräußert worden sind. Hier wird zur Generierung von Liquiditätsreserven häufig das sale-und lease-back-Verfahren verwendet. Lässt sich anhand des Zahlenwerks im Rechnungswesen feststellen, dass die Kosten schneller wachsen als der Umsatz, ist mittelfristig mit einem schwindenden Ertrag bis hin zu einer Verlustsituation zu rechen.

Haben sich die Lagerbestände in den letzten Monaten durchschnittlich wesentlich erhöht, führt dies zwangsläufig zu einer Liquiditätseinengung. Bezieht sich der Lageraufbau insbesondere auf die gefertigten Produkte, ist das ein zusätzlicher Hinweis darauf, dass sich der Produktabsatz nicht mehr in der gewohnten Weise realisieren lässt.

Deutliche Hinweise auf eine sich verschärfende Krise sind aus der Tatsache zu entnehmen, dass Zahlungsziele ohne Skontoziehung ausgeschöpft werden und sich die Zahlungsweise schleppend entwickelt. Dies sind signifikante Krisenanzeichen, die in einer schwachen Liquidität ihre Ursachen haben. Derartige Entwicklungen können sich bald nach außen durch eine Verschlechterung der Bewertung des Unternehmens durch Kreditversicherer und Auskunfteien und im Rahmen des Rankings im Rahmen der Kreditvergabe niederschlagen.

Die dargestellten Krisenmerkmale können teilweise auch bei einer Analyse der Jahresabschlüsse über einen längeren Zeitraum anhand der Entwicklung einzelner Kennzahlen festgestellt werden. Insbesondere die Banken bedienen sich entsprechender automatisierter Auswertungsverfahren von Jahresabschlüssen und sonstigen betrieblichen Kennzahlen.[1)]

Werden im Übrigen Krisenanzeichen von anderen Personen, d.h. von außenstehenden Dritten erkannt und möglicherweise sogar vor dem Unternehmensmanagement erkannt, kann dies die negativen Folgen für das Unternehmen vertiefen und damit ein Krisenmanagement erschweren.

aa) Kreditinstitute und Hausbanken

Auf Grund der zumindest potenziell großen Kontroll- und Einsichtsmöglichkeiten der Kreditinstitute können Krisenanzeichen von den betreuenden Banken wahrgenommen werden. Dies hängt davon ab, wie intensiv das Engagement der betreffenden Banken für das Unternehmen ist. Soweit ein größeres Kreditvolumen betroffen ist, besteht eine sich aus § 18 KWG ergebende Verpflichtung, die wirtschaftliche Situation des kreditempfangenden Unternehmens fortlaufend zu überprüfen und zu kontrollieren. Entsprechend der Betreuungspraxis der Banken wird sich dies i.d.R. darauf beschränken, das Zahlenwerk des Unternehmens (Jahresabschlüsse, laufende betriebswirtschaftliche Auswertungen) auf mögliche Krisenanzeichen hin zu überprüfen. Eine weitere Erkenntnismöglichkeit ist auch die Entwicklung der Salden auf den Kontokorrentkonten. Werden zunehmend Kontokorrentkredite in Anspruch genommen, kann dies ein Anzeichen für eine ungesunde Liquiditätssituation des Unternehmens sein. Von einigen Banken werden zur Kontrolle fortlaufend Kontoprofile erstellt, um Entwicklungen im Zahlungsverhalten festzustellen. In dem Zahlungsverhalten eines Unternehmens ist beispielsweise auch der verstärkte Übergang von Überweisungszahlungen zu Scheckzahlungen bemerkenswert, um die Zahlungsfristen hinauszuschieben. Da aber die Banken i.d.R. keinen Einblick in die Betriebsabläufe des Unternehmens und die Marktsituation haben, sind die Erkenntnismöglichkeiten kreditierender Banken relativ beschränkt. Die Erkenntnismöglichkeiten verringern sich in dem Maße, in dem mehrere Banken beteiligt sind oder wesentliche Kredite von dem Unternehmen nicht in Anspruch genommen werden. Werden die Krisenmerkmale im Unternehmen von den Banken noch vor dem Unternehmensmanagement erkannt, muss u.U. mit erheblichen Konsequenzen gerechnet werden. Die Bank wird nämlich nicht nur das Krisenanzeichen selbst im Hinblick auf ihr weiteres Kreditengagement werten, sondern im besonderen Maße auch die Tatsache, dass das Unternehmensmanagement diese Krisenanzeichen nicht selbst erkannt hat. Dies wird das Vertrauen der kreditgebenden Bank in das Unternehmensmanagement erheblich erschüttern. Dies wird wiederum zur Folge haben, dass möglicherweise weiter erforderliche Kreditmittel nicht mehr oder nicht in dem notwendigen Umfang zur Verfügung gestellt werden. Dies wird besonders dann der Fall sein, wenn die betreffenden Banken über ausreichende Sicherheiten verfügen.

1711

bb) Steuerberater und Wirtschaftsprüfer

Krisenhafte Entwicklungen können von dem Steuerberater und/oder Wirtschaftsprüfer des Unternehmens erkannt werden. Voraussetzung ist, dass der das Unternehmen betreuende Steuerberater oder der Abschlussprüfer bereit und in der Lage ist, über möglicherweise eng gefasste Aufträge hinaus eine betriebswirtschaftliche Sichtweise zu Grunde zu legen und die notwendigen betriebswirtschaftlichen Schlussfolgerungen zu ziehen. Dies ist erfahrungsgemäß nicht allen Steuerberatern und Wirtschaftsprüfern zu unterstellen. Die weitestgehende Erkenntnismöglichkeit wird bei

1712

---

1) Vgl. dazu Wittig in Schmidt/Uhlenbruck, 12 ff.

einem Steuerberater bestehen, dem die Erledigung der Buchhaltung des Unternehmens übertragen worden ist. Der Steuerberater hat hier die Möglichkeit, fortlaufend die Ertragssituation des Unternehmens zu überprüfen und auf Grund der allgemein zugänglichen Kennziffern Branchenvergleiche herzustellen. Die gleichen Möglichkeiten eröffnen sich für den Berater, der im Auftrag des Unternehmens den Jahresabschluss fertigt. Auch hier besteht die Möglichkeit, die Ertragssituation, die Kapitalstruktur und die Umsatzentwicklung zu durchleuchten und die maßgeblichen Kennzahlen mit den Branchenkennzahlen zu vergleichen. Ähnliche Erkenntnismöglichkeiten eröffnen sich für einen Jahresabschlussprüfer, der entweder auf Grund einer Pflichtprüfung (§ 316 HGB) oder einer freiwilligen Prüfung tätig wird. Zwar wird sich aus der Natur der Sache heraus der Prüfungsauftrag nicht auf eine Analyse des betriebswirtschaftlichen Erfolgs des Unternehmens erstrecken. Ein verantwortungsbewusster Prüfer wird jedoch in der Lage sein, aus den von ihm gewonnenen Prüfungsergebnissen betriebswirtschaftliche Schlussfolgerungen zu ziehen und diese der Unternehmensführung zu übermitteln. In bestimmten Fällen ist der Abschlussprüfer hierzu verpflichtet. Dies gilt jedoch nur für Kapitalgesellschaften und zwar solche, für die gem. § 316 Abs. 1 HGB eine gesetzliche Prüfungspflicht besteht. Prüfungspflichtig sind nur mittelgroße und große Kapitalgesellschaften, wie sie in § 267 HGB definiert sind. Für die prüfungspflichtigen Gesellschaften sind von dem Prüfer demnach gesetzliche Mindeststandards einzuhalten, die u.a. in § 321 definiert sind. Regelungsstandard des § 321 HGB ist der Inhalt des Berichtes des Prüfers. Danach muss der Prüfbericht des Prüfers zwei wichtige Bestandteile enthalten, die für die Risikobeurteilung des Unternehmens von Bedeutung sind. Es handelt sich einmal

– um eine Stellungnahme zu der Beurteilung des Fortbestandes und der künftigen Entwicklung des Unternehmens durch die Unternehmensleitung

– und zum anderen um einen Bericht über Tatsachen, die den Bestand des Unternehmens gefährden oder seine Entwicklung wesentlich beeinträchtigen können.

Der erste Teil betrifft nur die so genannte „Vorwegberichterstattung" zu der durch die Unternehmensleitung getroffenen Selbsteinschätzung. Der Erkenntniswert ist im Sinne einer Hilfestellung für den Unternehmer sehr gering, weil diese Regelung eigentlich auf eine Unterstützung der Aufsichtsorgane bei der Überwachung der Unternehmensleitung zielt.[1] Der Prüfer soll also an dieser Stelle zu einer Einschätzung Stellung nehmen, die zuvor von dem geschäftsführenden Organ der Gesellschaft bereits geleistet worden ist. Werden die erforderlichen Aussagen von dem geschäftsführenden Organ gar nicht getroffen, geht die Berichtspflicht des Prüfers ohnehin ins Leere.[2] Wesentlich aufschlussreicher im Sinne einer Hilfestellung für das Leitungsorgan des Unternehmens dürfte die Berichterstattung des Abschlussprüfers gem. § 321 Abs. 1 Satz 3 HGB über die Tatsachen sein, die den Bestand des Unternehmens gefährden oder seine Entwicklung wesentlich beeinträchtigen können. Die Berichtsverpflichtung des Abschlussprüfers ist deshalb so bedeutungsvoll, weil sich die Berichterstattungspflicht nicht erst dann eröffnet, wenn bereits eine Gefährdung eingetreten ist, sondern wenn Umstände erkannt werden, die zu einer Gefährdung führen können.[3] Gleichwohl werden in der Literatur hauptsächlich Erscheinungsbilder als Indikatoren einer entwicklungsbeeinträchtigenden Situation aufgezählt, die als deutliche Krisenmerkmale zu beurteilen sind.[4]

Steuerberater und Wirtschaftsprüfer können im Ergebnis eine wesentliche Bedeutung für eine Krisenfrüherkennung und für ein Krisenmanagement haben.

---

1) Pfitzer/Orth in Baetge/Kirsch/Thiele, § 321 Rz. 41; Baumbach/Hopt, Handelsgesetzbuch, 34. Aufl. 2010, § 317 Rz. 1.
2) Winkeljohann/Poullie in Beck'scher Bilanzkommentar, § 321 Rz. 19 (7. Aufl. 2010).
3) Winkeljohann/Poullie § 321 Rz. 37; Pfitzer/Orth in Baetge/Kirsch/Thiele, § 321 Rz. 64, IDW, PS 450 Rz. 36.
4) Vgl. dazu Pfitzer/Orth in Baetge/Kirsch/Thiele, § 321 Rz. 61 u. 63.

cc) Belegschaft, deren Betriebsrat (und Wirtschaftsausschuss)

Viele Krisenanzeichen können von der Belegschaft oder deren Vertretung (Betriebsrat, Wirtschaftsausschuss) gesehen werden. Ein gut funktionierender Betriebsrat kann geradezu eine natürliche Erkenntnisquelle zur Feststellung von Unternehmenskrisen sein. Dies resultiert aus dem Umstand, dass der Betriebsrat seiner Natur nach für die Beschäftigten eines Betriebes eine „Kommunikations- und Beschwerdezentrale" darstellt. Unzufriedenheiten über persönliche Arbeitsbedingungen (innerbetriebliche Streitereien, Verschlechterung des Betriebsklimas, Auseinandersetzungen mit Vorgesetzten, Unzufriedenheiten mit der Arbeitssituation etc.) und über die betriebliche Situation werden im Zweifel an den Betriebsrat herangetragen. Dieser müsste demnach einen vollständigen Überblick über die Entwicklungen in den einzelnen Betriebsbereichen haben. Bei einer normal funktionierenden Kommunikation innerhalb der Belegschaft und mit dem Betriebsrat werden von den Mitarbeitern auch betriebsbezogene Tatsachen an den Betriebsrat weitergeleitet werden. Der Betriebsrat müsste deshalb auch frühzeitig Informationen über Fehlentwicklungen, Schwachstellen und Krisenanzeichen erhalten. Das Verhältnis zwischen Geschäftsleitung und Betriebsrat ist infolgedessen maßgeblich dafür, ob die Erkenntnisse des Betriebsrates über krisenhafte Entwicklungen an die Geschäftsleitung weitergegeben und dort verarbeitet werden können. **1713**

dd) Kunden und Lieferanten

Krisenhafte Entwicklungen können schließlich auch von Kunden und Lieferanten wahrgenommen werden. Besonders massiv betrifft dies Leistungsstörungen, die im Verhältnis des Unternehmens zu Kunden und Lieferanten auftreten können. Im Falle derartiger Leistungsstörungen besteht die Gefahr, dass die Krisenhaftigkeit sich bereits so stark aktualisiert hat, dass ein fortgeschrittenes Krisenstadium angenommen werden muss. Darüber hinaus ist die Krisenerkenntnis durch Kunden und Lieferanten redundant, d.h. Kunden und Lieferanten, die Krisensymptome bei dem Unternehmen festgestellt haben, werden im Zweifel zurückhaltender bei der Eingehung von Vertragsbeziehungen zu dem Krisenunternehmen sein. Folglich wird eine solche Situation die Krisenentwicklung eher verschärfen. **1714**

4. Erkennen von Krisenanzeichen

Für die weitere Entwicklung des Unternehmens, d.h. für den Eintritt in die Krise und für ihre Bewältigung ist von Bedeutung, von welchen Personen die Krisenanzeichen erkannt und ggf. verarbeitet werden. Die Krisenfrüherkennung kann mit unterschiedlichen Konsequenzen von folgenden Gruppen erfolgen: **1715**

– Unternehmensmanagement
– Dritte (z.B. Steuerberater und Wirtschaftsprüfer, Kreditinstitute und Hausbanken, Belegschaft und deren Betriebsrat oder Wirtschaftsausschuss, Kunden und Lieferanten).

5. Arten und Formen der Krise

Häufig auftretende Krisentypen sind: **1716**

– Krisentyp 1 (Unternehmen auf brechenden Stützpfeilern)
– Krisentyp 2 (Unternehmen, das unvorbereitet expandiert)
– Krisentyp 3 (patriarchisch geführtes Unternehmen)
– Krisentyp 4 (abhängiges Unternehmen)
– Krisentyp 5 (Unternehmen mit unkorrekten Mitarbeitern)

- Krisentyp 6 (Unternehmen mit Führungsproblemen)
- Krisentyp 7 (Unternehmen mit mangelnder Qualifikation)[1]

Mit der Zuordnung zu bestimmten Krisentypen werden häufig auch die Ursachen der Krise mit erklärt werden können.

Ansonsten werden die Erscheinungsformen der Krise auf der Zeitachse der Krisenentwicklung dargestellt. Allgemein werden mithin in der Krisenentwicklung drei hintereinander folgende Krisenstufen unterschieden, nämlich die **Strategiekrise**, die **Ergebniskrise** und die **Liquiditätskrise**. Kennzeichnend für die Krisenentwicklung, die in diesen Stadien durchlaufen wird, ist, dass sich der Handlungsspielraum mit dem Zeitablauf zunehmend verengt, während der Handlungsdruck auf Grund der sich verschärfenden Krisensymptome fortlaufend zunimmt.

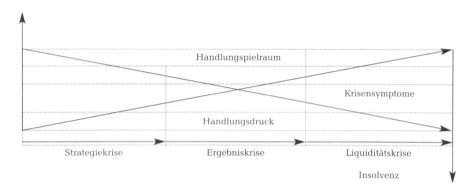

a) *Strategiekrise*

1717 Eine **Strategiekrise** kann angenommen werden, wenn grundlegende oder für die Zukunft des Unternehmens wichtige Entscheidungen nicht oder falsch getroffen werden.

Die Strategiekrise lässt sich entsprechend den identifizierbaren Problemzonen in verschiedene Erscheinungsformen auffächern.

aa) Absatzkrise

1718 Als besonders gravierend erweist sich die **Absatzkrise**, weil sich der Produktabsatz häufig sehr zeitnah und unmittelbar auf die finanziellen Grundlagen des Unternehmens auswirkt, nämlich auf die Einnahmenseite des Unternehmens. Entweder können die Produkte und Leistungen nur noch zu geringeren Preisen vertrieben oder sie können nur noch in geringerem Umfang abgesetzt werden.

bb) Kostenkrise

1719 Die **Kostenkrise** berührt die Ausgabenseite des Unternehmens. Dabei müssen die Kosten und eventuelle Steigerungen der Kosten immer im Vergleich zu Konkurrenzunternehmen oder Konkurrenzprodukten gesehen werden. Kostensteigerungen sind mithin nur dann ertragswirksam relevant, wenn Kosten im Vergleich zu Konkurrenzunternehmen höher sind. Dies gilt in gleichem Maße für produktbezogene Kosten (z.B.

---

1) Leker in Leker/Möllmann-Mahlau/Wieben, Rz. 248 ff.

Materialbeschaffung, Herstellungskosten etc.) wie für nicht produktbezogene Kosten (z.B. Verwaltungs- und Vertriebskosten).

cc) Management und Führungskrise

Kennzeichnend für die **Management- und Führungskrise** ist, dass entweder keine Entscheidungen stattfinden oder sich die Zahl der unternehmerischen Fehlentscheidungen überdurchschnittlich häufen. Daraus entwickelt sich dann ein strukturelles Defizit des Unternehmens. 1720

dd) Organisationskrise

Eine **Organisationskrise** kann angenommen werde, wenn wesentliche organisatorische Bestandteile eines Unternehmens wie Produktion, Verwaltung, Vertrieb oder Rechnungswesen nicht in dem erforderlichen Maße funktionieren und dadurch Störungen beim Betriebsablauf auftreten. Organisationsdefizite wirken sich je nach den betroffenen Bereichen auch unterschiedlich aus. Diese Auswirkungen werden aber umso gravierender sein, je mehr sie auf die Ertragssituation des Unternehmens unmittelbar durchschlagen. 1721

b) Ergebniskrise

Soweit die Ertragssituation des Unternehmens betroffen ist, kann von einer **Ergebniskrise** gesprochen werden. Die Ergebniskrise berührt unmittelbar die finanzielle Grundlage des Unternehmens. Eine Krise beginnt dort, wo das Unternehmen einen geringeren Ertrag erwirtschaftet als dies in vergleichbaren Unternehmen üblich ist. Die Ergebniskrise kann sowohl von der Kostenseite wie auch von der Einkommensseite her bestimmt werden. Das bedeutet, dass entweder bei gleichbleibendem Absatz die Kosten steigen und damit die Marge drücken oder bei gleichbleibenden Kosten die Umsätze zurückgehen und damit ebenfalls zu niedrigeren Ergebnissen führen. 1722

c) Liquiditätskrise

Sind die finanziellen Grundlagen des Unternehmens betroffen, weitet sich die Situation zu einer Finanzierungs- und Liquiditätskrise aus. Die Krisensituation geht damit in ein akutes Stadium über, das bereits die Existenzbedrohung des Unternehmens beinhalten kann. Die Liquiditätskrise stellt ein Vorstadium zur Zahlungsunfähigkeit dar. 1723

II. Frühwarnung und Krisenvermeidung

1. Frühwarnung

a) Aufgabenstellung

Unternehmenskrise 1724

Bisher betrachtet wurden die Risikofaktoren, die ein Unternehmen beeinträchtigen können und die Krisenanzeichen, die zeigen können, dass das Unternehmen vielleicht von einer nur latenten Risikobelastung in eine effektive Krisenlage hineingeraten ist. Jetzt geht es um Instrumente, deren Einsatz die Verwirklichung einer Unternehmenskrise verhindern kann. Es handelte sich also um ein **Krisenvermeidungssystem**.

b) Gesetzliche Vorgaben

Der Gesetzgeber geht in § 321 Abs. 4 HGB und § 91 AktG als selbstverständlich davon aus, dass die nach dem Gesetz zu prüfenden Kapitalgesellschaften über ein effizientes 1725

Krisenvermeidungssystem verfügen. Wie ein solches Gesetz funktioniert oder wie umfassend es wirken soll, wird im Gesetz nicht definiert. Es besteht lediglich Einigkeit darüber, dass ein umfassendes Risikomanagement bestehen soll.[1] Das im Gesetz unterstellte Risikomanagementsystem wird deshalb drei ineinandergreifenden Bereichen zugeordnet, die organisatorisch eine Krisenvermeidung ermöglichen sollen. Diese Bereiche umfassen eine betriebsinterne Risikovermeidung (**internes Überwachungssystem**) und die analytische und planerische Bewältigung von auftretenden Risiken (**Controlling**).[2]

1726 Von Gesetzes wegen sind daher keine besonderen Vorgaben zu erkennen, es sei denn allein die Tatsache, dass ein installiertes Krisenvermeidungssystem im Hinblick auf die Zielsetzung effizient sein soll.[3] Demgegenüber soll nur das Risikofrüherkennungssystem Gegenstand einer Abschlussprüfung sein, wenngleich es notwendiger Bestandteil eines umfassenderen Risikomanagementsystems ist.

c) Die Frühwarnindikatoren

1727 Wesentliche Bestandteile eines Krisenvermeidungssystems sind die Auswahl und die Analyse der Frühwarnindikatoren. Ausgangspunkt sind hier die unter A. II. 2. dargestellten Risikofaktoren (→ 4 Rz. 1698 ff.). Wie schon bisher zu entwickeln versucht worden ist, manifestieren sich die Risikofaktoren in späteren Krisenanzeichen. Die Risikofaktoren mutieren also praktisch zu Frühwarnindikatoren.

1728 Im Ergebnis kann man zu dem System der Frühwarnindikatoren zusammenfassend Folgendes festhalten:

– Die Frühwarnindikatoren lassen sich herleiten aus den Risikofaktoren.

– Für jedes Unternehmen ist individuell ein Schema der Frühwarnindikatoren nach den einzelnen Risikobereichen zusammenzustellen.

– Die Frühwarnindikatoren/Risikofaktoren sind qualitativ und/oder quantitativ inhaltlich zu bestimmen.

– Bei den Frühwarnindikatoren ist (entsprechend der Toleranzgrenze bei den Risikofaktoren) eine Warngrenze festzusetzen, wann der Frühwarnindikator „anschlägt", d.h. Maßnahmen zur Risikobeseitigung einzuleiten sind.

– Strukturell ist ein Handlungssystem vorzubereiten, das operative Gegenmaßnahmen nach dem Feststellen des „Anschlags" des Frühwarnindikators vorsieht.

2. Organisation eines Krisenvermeidungssystems

a) Unternehmerische Frühwarnsysteme

1729 Unternehmerische Krisenvermeidungssysteme müssen sich einerseits auf die laufenden maßgeblichen Wirtschaftsdaten des Unternehmens stützen, aber in gleicher Weise auch die wesentlichen beobachtbaren Faktoren, die die Produktion, den Organisationsablauf, die Produktentwicklung und den Vertrieb etc. bestimmen, ferner alle wesentlichen außerhalb des Unternehmens liegenden Faktoren, die in irgendeiner Weise Einfluss auf den Absatz der Produkte des Unternehmens haben.[4] Die Entwicklungsprognose für ein Unternehmen hängt deshalb vorrangig von der Analyse der wesentlichen Kennzahlen des Unternehmens ab. Dabei geht es zunächst um eine Auswertung der Kennzahlen und ihrer Entwicklung aus der Vergangenheit heraus bis in

---

1) Winkeljohann/Poullier, § 321 Rz. 70; Lück, Elemente eines Risiko-Management-Systems, 9.
2) Lück, Elemente eines Risiko-Management-Systems, 9 ff.
3) Nach IDW, PS 340 Ziff. 2 (6).
4) Vgl. Maus in Schmidt/Uhlenbruck, 4 ff.

die Gegenwart als „**operative Analyse**" und um einen Vergleich zwischen den laufenden Kennzahlen und den strategischen Planvorgaben als „**strategische Analyse**".

Da ein Unternehmen ein hochkomplexer Mechanismus ist, reichen die analysierten Wirtschaftskennzahlen allein nicht aus, um den Zustand des Unternehmens und die voraussichtliche weitere Entwicklung ausreichend zu beschreiben. Es muss deshalb eine Fülle von weiteren Tatsachen aus der Existenz des Unternehmens und seines Umfeldes gesammelt, verarbeitet und diskutiert werden. Wenn sich mögliche Krisenentwicklungen aus der Personalstruktur, der Organisation des Unternehmens, dem Management, der Funktionsweise der einzelnen Unternehmensteile, aus den Entwicklungen des Marktes, der Technik, der Kunden und anderer Merkmale ergeben, kann die Zukunft des Unternehmens nur wirksam abgebildet und prognostiziert werden, wenn all diese Gesichtspunkte beobachtet und in Bezug auf die strategische Planung des Unternehmens fortlaufend diskutiert werden.

b) Risikomanagement und Krisenvermeidung

In dem IDW-Prüfungsstandard PS 340 wird das **Risikomanagement** als Gesamtheit aller organisatorischen Regelungen und Maßnahmen zur Risikoerkennung und zum Umgang mit den Risiken unternehmerische Betätigung bezeichnet.[1] Das Risikomanagement zur Krisenvermeidung entpuppt sich damit als ein umfassendes System, deren Bestandteile im Einzelnen zu untersuchen sind. Der Umfang und die Detailstruktur eines solchen Krisenvermeidungssystems hängen maßgeblich von der Größe des Unternehmens ab. In einem kleinen mittelständischen Unternehmen wird sich die Struktur des Krisenvermeidungssystems auf ein Minimum beschränken. **1730**

Eine Voraussetzung ist zunächst, dass das Unternehmen so organisiert wird, dass bestimmte Risiken von vornherein ausgeschlossen sind. Dazu gehört das Ergreifen bestimmter organisatorischer Sicherungsmaßnahmen, die eigentlich zum Standard eines jeden Unternehmens gehören, wie die Installation von Diebstahls- und Unterschlagungsmechanismen, die Einhaltung des Grundsatzes der Funktionstrennung etc. (**internes Überwachungssystem**).

Ferner gehört dazu bei größeren Unternehmen die Etablierung einer **Innenrevision** und die Durchführung von prozessabhängigen **Kontrollen**.[2] **1731**

Folgende weitere Elemente kommen hinzu, die die Krisenvermeidung zu einem System ausgestalten:

- Alle in dem Unternehmen mit Verantwortung ausgestatteten Mitarbeiter aus sämtlichen Bereichen müssen auf die Funktionsweise und die Struktur des Risikomanagements vorbereitet und geschult werden. Da es nicht nur um die Risikobeseitigung, sondern auch um die Risikoaufdeckung geht, kann sich diese Maßnahme nicht auf die Mitarbeiter von Risikobereichen beschränken. Es geht darum, die Mitarbeiter für die Problemstellung der Krisenvermeidung und des Risikomanagements zu sensibilisieren und die Mitwirkungsverantwortung erkennen zu lassen. Die Schulung muss regelmäßig und fortlaufend erfolgen.

- Die Kompetenzen und Verpflichtungen der Mitarbeiter zur Risikoaufdeckung und Risikobehandlung müssen mit sanktionsbewehrter Weisung von der Unternehmensleitung verbindlich festgelegt werden.

- Mit der Festlegung der Kompetenzen und Verpflichtungen einzelner Mitarbeiter müssen zugleich im Unternehmen Informationskanäle eröffnet werden mit dem Ziel, dass Erkenntnisse aus Risikofaktoren und deren Weiterentwicklung an die

---

1) IDW PS 340 2 (4).
2) Lück, Elemente eines Risiko-Management-Systems, 10.

zur Risikobehebung verantwortlichen Personen kommuniziert werden. Es ist eine verbindliche Berichtspflicht für alle Mitarbeiter zu begründen.

- Je nach Größe des Unternehmens sollte eine Projektgruppe gebildet werden, in der die Risikoentwicklungen zusammengetragen, Risikobewertungen vorgenommen und Handlungsmodelle für Krisensituationen entwickelt und bereitgehalten werden. Auch die Kompetenzen und Aufgaben dieser Projektgruppe sind genau zu definieren und festzulegen. Zu einem effektiven Funktionieren sollten folgende Voraussetzungen erfüllt sein.
- Es sollte ein unbeschränkter Zugriff auf Daten und Informationen des Unternehmens bestehen.
- Es sollte eine freie Kommunikation der Gremienmitglieder untereinander und in den Betrieb hinein stattfinden.
- Es sollte eine unmittelbare Umsetzung der Erkenntnisse in die Unternehmensleitung möglich sein.
- Die personelle Zusammensetzung sollte dergestalt dynamisch ausgestaltet sein, dass möglichst alle Teile und Sichtweisen des Unternehmens in wechselnden Abständen repräsentiert sind. In Betracht kommen Mitarbeiter aus den verschiedenen Unternehmensbereichen, Vertreter des Führungspersonals und ggf. externe Berater.
- Das gesamte System der Krisenvermeidung ist vollständig zu dokumentieren. Dies bezieht sich sowohl auf die Verantwortlichkeiten, die Berichts- und Handlungspflichten und die Zeitabläufe. Üblicherweise wäre die Dokumentation im Betriebshandbuch des Unternehmens zu vollziehen. Die für das Funktionieren des Krisenvermeidungssystems wichtigen Faktoren sind zu definieren (wer/wann/was).

Verdeckte Gewinnausschüttungen, verdeckte Einlagen – Systematik

von Prof. Dr. Joachim Schiffers

INHALTSÜBERSICHT   Rz.

I. Systematik der verdeckten Gewinnausschüttungen 1732–1748
   1. Begriffsbestimmung. 1732–1734
       a) Tatbestandsmerkmale der vGA. 1732
       b) Wirkungen einer vGA. 1733
       c) Verhältnis zum Gesellschaftsrecht. 1734
   2. Hauptmerkmale der verdeckten Gewinnausschüttung 1735–1741
       a) Veranlassung durch das Gesellschaftsverhältnis. 1735–1736
       b) Besonderheiten bei beherrschenden Gesellschaftern. 1737–1740
       c) Nachweis. 1741
   3. Rechtsfolgen der vGA 1742–1748
       a) Rechtsfolgen auf Seiten der vorteilsgewährenden Kapitalgesellschaft ... 1742–1744
       b) Rechtsfolgen auf Seiten des vorteilsempfangenden Gesellschafters. ... 1745–1746
       c) Korrespondenz zwischen der steuerlichen Behandlung bei der Gesellschaft und beim Gesellschafter. 1747–1748

	Rz.
II. Systematik der verdeckten Einlagen	1749–1755
1. Begriff und Grundsätze der steuerlichen Behandlung	1749–1750
a) Steuerneutralität von Einlagen	1749
b) Begriff der verdeckten Einlage	1750
2. Einlagefähige Vermögensvorteile	1751
3. Auswirkungen der verdeckten Einlage	1752–1755
a) Gesellschafter	1752–1753
b) Kapitalgesellschaft	1754
c) Schenkungsteuerliche Folgen	1755

I. Systematik der verdeckten Gewinnausschüttungen

1. Begriffsbestimmung

a) Tatbestandsmerkmale der vGA

Die Besteuerung der Kapitalgesellschaften folgt grds. dem strikten **Trennungsprinzip**. Daher ist die Ebene der Gesellschaft bei der Ermittlung des Einkommens von der der Gesellschafter zu trennen. Vorgänge, die durch die gesellschaftsrechtlichen Beziehungen zwischen Gesellschafter und Gesellschaft beeinflusst sind, sind zu eliminieren. Diesem Zweck dienen die Instrumente der verdeckten Gewinnausschüttung (vGA) und der verdeckten Einlage. Mit dem Instrument der vGA wird eine Trennung zwischen Einkommenserzielung und Einkommensverwendung auf Ebene der Kapitalgesellschaft erreicht.[1]

1732

Die vGA ist in § 8 Abs. 3 Satz 2 KStG zwar angesprochen und mit dieser Vorschrift werden die Folgen einer vGA bei der Einkommensermittlung geregelt, jedoch ist der Begriff der vGA selbst im Gesetz nicht definiert. Die bis heute grundlegende Definition der vGA erfolgte mit dem BFH-Urteil v. 22.2.1989.[2] Danach sind (kumulative) **Tatbestandsmerkmale der vGA**:

1. Vermögensminderung oder verhinderte Vermögensmehrung bei der GmbH: Eine Vermögensminderung liegt vor, wenn die Kapitalgesellschaft Aufwand trägt, der das steuerbilanzielle Ergebnis mindert. Eine verhinderte Vermögensmehrung liegt vor, wenn die Kapitalgesellschaft auf eine Betriebseinnahme verzichtet.
2. Veranlassung des Vorgangs durch das Gesellschaftsverhältnisses: Abgrenzung mittels Fremdvergleichs am Maßstab eines ordentlichen und gewissenhaften Geschäftsleiters.
3. Die Vermögensminderung oder verhinderte Vermögensmehrung muss sich auf die Höhe des Unterschiedsbetrags gem. § 4 Abs. 1 Satz 1 EStG i.V.m. § 8 Abs. 1 KStG ausgewirkt haben.
4. Es besteht kein Zusammenhang mit einer offenen Gewinnausschüttung.
5. Die Unterschiedsbetragsminderung bei der Kapitalgesellschaft muss die Eignung haben, beim Gesellschafter einen sonstigen Bezug i.S.d. § 20 Abs. 1 Nr. 1 Satz 2 EStG auszulösen.

---

[1] Vgl. Neumann, VGA und verdeckte Einlagen, 2. Aufl. 2006, 1; Harle/Kulemann in vGA/vE, Fach 3 A, Rz. 1 ff. (Juli 2011).
[2] BFH v. 22.2.1989, I R 44/85, BStBl II 1989, 475. Ergänzt und konkretisiert durch BFH v. 7.8.2002, I R 2/02, BStBl II 2004, 131. Aktuell auch BFH v. 11.9.2013, I R 28/13, BStBl II 2014, 726.

Nicht Voraussetzung für das Vorliegen einer vGA ist, dass korrespondierend zur Vermögensminderung bzw. zur verhinderten Vermögensmehrung auf Seiten des Gesellschafters ein Vermögensvorteil zufließt.[1]

Da eine Kapitalgesellschaft keine außerbetriebliche Sphäre hat,[2] mindern alle Aufwendungen einer GmbH als Betriebsausgaben den Gewinn der Steuerbilanz. Sind Aufwendungen gesellschaftsrechtlich veranlasst, so sind diese außerhalb der Bilanz, also auf der **zweiten Gewinnermittlungsstufe** gem. § 8 Abs. 3 Satz 2 KStG hinzuzurechnen (zu korrigieren).[3] Abgrenzungskriterium ist der Fremdvergleich als Kriterium des Veranlassungsprinzips.

Klassische **Anwendungsfälle** der vGA sind:

– unangemessen hoch angesetzte Leistungsvergütungen oder Kaufpreiszahlungen an den Gesellschafter,

– fehlende von vornherein klar und eindeutige Vereinbarung über Leistung und Entgelt im Verhältnis zu einem beherrschenden Gesellschafter,

– von den Vereinbarungen abweichende Durchführung von Leistungsbeziehungen oder

– zivilrechtlich unwirksame Vereinbarungen mit einem beherrschenden Gesellschafter.

b) Wirkungen einer vGA

1733 Eine vGA kann bis zu **drei verschiedene Wirkungen** entfalten:

1. Minderung des Einkommens der GmbH,
2. Vermögensabfluss bei der GmbH[4] und
3. Zufluss beim Gesellschafter.

Von Bedeutung ist, dass diese drei Wirkungen nicht alle auftreten müssen und daneben auch zeitlich auseinanderfallen können. Hierzu folgende klassische Beispiele:

– eine (teilweise) nicht anerkannte Pensionszusage an den Gesellschafter-Geschäftsführer hat eine Einkommenskorrektur, aber weder einen Abfluss bei der Gesellschaft noch einen Zufluss beim Gesellschafter zur Folge;

– die Zuwendung von Barmitteln an den Gesellschafter zu Lasten der offenen Rücklagen führt nicht zu einer Einkommensminderung, sehr wohl aber zu einem Abfluss bei der Gesellschaft und einem Zufluss beim Gesellschafter;

– der Erwerb eines Wirtschaftsguts vom Gesellschafter zu einem überhöhten Preis führt bei der GmbH dazu, dass diese steuerlich das Wirtschaftsgut nur mit dem angemessenen Kaufpreis aktivieren kann und der darüber hinausgehende Betrag als Abfluss an den Gesellschafter zu sehen ist.

Beratungshinweis:

Neben den ertragsteuerlichen Wirkungen kann eine vGA auch schenkungsteuerliche Folgen nach sich ziehen, → 4 Rz. 1754.

---

1) Vgl. dazu Wassermeyer, DB 1993, 1260 f.
2) BFH v. 4.12.1996, I R 54/95, BFHE 182, 123 = HFR 1997, 327. Kritisch hierzu Weber-Grellet, BB 2014, 2263.
3) Kritisch Briese, BB 2014, 1943.
4) Nach Abschaffung des körperschaftsteuerlichen Anrechnungsverfahrens und der Nichtmehranwendung des § 38 KStG (Körperschaftsteuererhöhung) für Leistungen, die nach dem 31.12.2006 erfolgt sind (§ 38 Abs. 4 Satz 4 KStG), hat der Abfluss bei der GmbH grundsätzlich keine Bedeutung mehr.

c) Verhältnis zum Gesellschaftsrecht

Bei einer AG sind vGA gesellschaftsrechtlich nach den §§ 57 und 58 AktG grundsätzlich untersagt. Dagegen sind vGA bei einer GmbH gesellschaftsrechtlich grundsätzlich zulässig (gesellschaftsrechtlicher Terminus auch: verdeckte Vermögenszuwendungen[1]).[2] Sehr wohl ist zu beachten, dass die Abgrenzung zwischen steuerlicher und gesellschaftsrechtlicher vGA nicht deckungsgleich ist. Dies folgt aus der unterschiedlichen Zielrichtung. Während steuerlich die Einkommensabgrenzung im Vordergrund steht, ist dies gesellschaftsrechtlich der Schutz der anderen Gesellschafter.[3]

1734

Umstritten ist, ob eine verdeckte Vermögenszuwendung z.B. auf einer zu hohen Gegenleistung bei einem Austauschgeschäft mit einem Gesellschafter zu Erstattungsansprüchen der GmbH führt. Dies wird in der Literatur überwiegend bejaht, ist aber höchstrichterlich noch nicht entschieden.[4] Ein Rückforderungsanspruch der Gesellschaft ergibt sich jedenfalls in zwei Fällen:

1. Existieren **gesellschaftsvertragliche Klauseln**, welche bei Begünstigung eines Gesellschafters einen Rückforderungsanspruch auslösen, so wird die vGA zwar realisiert, der GmbH steht danach aber ein Rückforderungsanspruch zu.
2. Liegt eine unzulässige **Kapitalrückgewähr i.S.d. § 30 GmbHG** vor, so führt dies zu Rückforderungsansprüchen seitens der GmbH. Besonders problematisch sind überhöhte Gesellschafter-Geschäftsführer-Gehälter oder überhöhte Mietzahlungen, wenn sich die Gesellschaft in der Krise befindet und damit das Stammkapital angegriffen oder gar verbraucht ist.

Fraglich ist, ob gesellschaftsvertragliche Klauseln über die Erstattung von vGA („**Steuerklauseln**") Sinn machen. Da zunächst festzustellen ist, dass die Rückzahlung des gewährten Vorteils die steuerlichen Folgen einer vGA nicht rückgängig macht, sondern vielmehr als Einlage einzustufen ist,[5] kann bei **Einmann-GmbHs** von gesellschaftsvertraglichen Rückforderungsklauseln nur abgeraten werden.[6]

Differenzierter ist die Situation bei der **Mehrpersonen-GmbH**. Zwar ist auch in diesem Fall eine Rückforderungsklausel nicht mit steuerlichen Vorteilen verbunden, jedoch kann diese aus gesellschaftsrechtlichen bzw. wirtschaftlichen Gründen anzuraten sein. Insoweit ist m. E. zu unterscheiden:

- Beruht die Vorteilsgewährung auf einem gesellschaftsrechtlichen Beschluss, so besteht kein Schutzbedürfnis für die übrigen Gesellschafter hinsichtlich des steuerlich z.B. als vGA eingestuften überhöhten Gehalts. Ausgleichspflichtig können aber durch die steuerliche Umqualifizierung nicht beabsichtigte steuerliche Folgen sein.
- Anders ist dies dann, wenn der Vorteilsgewährung kein gesellschaftsrechtlicher Beschluss zu Grunde liegt. In diesem Fall kann aus Sicht der anderen Gesellschafter eine Rückforderung angezeigt sein. Steuerklauseln bieten dann insbesondere eine klare Rückforderungsgrundlage.

---

1) Vgl. Verse in Scholz, GmbHG, 11. Aufl. 2012, § 29 Rz. 115.
2) Verse in Scholz, GmbHG, 11. Aufl. 2012, § 29 Rz. 101 ff.
3) Hierzu ausführlich Verse in Scholz, GmbHG, 11. Aufl. 2012, § 29 Rz. 115.
4) Ausführlich Verse in Scholz, GmbHG, 11. Aufl. 2012, § 29 Rz. 123 ff. m.w.N.
5) BFH v. 25.5.1999, VIII R 59/97, BStBl II 2001, 226; BFH v. 29.8.2000, VIII R 7/99, BStBl II 2001, 173; BFH v. 13.9.1989, I R 41/86, BStBl II 1989, 1029; BFH v. 29.5.1996, I R 118/93, BStBl II 1997, 92. Ausführlich Harle/Kulemann in vGA und vE, Fach 3, Teil A, Rz. 162 ff. Kritisch Schulz, DStR 2014, 2165.
6) Ebenso Harle/Kulemann in vGA und vE, Fach 3, Teil A, Rz. 171.

Formulierungsvorschlag:[1]

Soweit Gesellschaftern oder diesen nahestehenden Personen Vorteile gewährt werden, die nach fremdüblichen Kriterien nicht gewährt würden, sind die unangemessenen Vorteile der Gesellschaft zu erstatten. Hinsichtlich der Anwendung des Fremdvergleichsmaßstabs ist die steuerliche Einstufung als verdeckte Gewinnausschüttung maßgebend.

Die Höhe des Vorteils bestimmt sich nach der unanfechtbaren Entscheidung der Finanzverwaltung, hilfsweise des Finanzgerichts. Der Vorteil aus der Anwendung der Abgeltungsteuer ist ebenfalls zu erstatten. Dieser Rückgewähranspruch ist ab dem Zeitpunkt des Zuflusses bis zur Erstattung zu verzinsen mit xx, xx %. Schuldner des Anspruchs ist grundsätzlich der Gesellschafter, auch wenn der Vorteil einer dem Gesellschafter nahestehenden Person zugeflossen ist.

Hat der Wertzuwendung die einfache Mehrheit der nicht durch die Zuwendung begünstigten Gesellschafter zugestimmt, so ist der Vorteil auch dann nicht zu erstatten, wenn steuerlich eine verdeckte Gewinnausschüttung vorliegt.

2. Hauptmerkmale der verdeckten Gewinnausschüttung

a) Veranlassung durch das Gesellschaftsverhältnis

1735 Eine vGA kann nur dann vorliegen, wenn die Vermögensminderung oder verhinderte Vermögensmehrung durch das Gesellschaftsverhältnis veranlasst ist. Eine **gesellschaftsrechtliche Veranlassung** wird dann angenommen, wenn ein ordentlicher und gewissenhafter Geschäftsführer (§ 43 Abs. 1 GmbHG) den Vermögensvorteil einer Person, die nicht Gesellschafter ist, unter sonst gleichen Umständen nicht gewährt hätte (**Fremdvergleich**).[2] Eine Abweichung vom Fremdvergleich ist ein widerlegbares Indiz für eine Veranlassung durch das Gesellschaftsverhältnis.[3]

1736 Eine vGA kann auch an eine dem Gesellschafter **nahestehende Person** erfolgen. Das ist dann der Fall, wenn die Vorteilsziehung nicht unmittelbar durch den Gesellschafter, sondern durch eine ihm nahestehende Person erfolgt, z.B. als Folge überhöhter Gehaltszahlungen der GmbH an die nahestehende Person. Die Hinzurechnung der vGA bei der Einkommensermittlung der GmbH setzt nicht voraus, dass damit tatsächlich ein Vorteil für den Gesellschafter selbst verbunden ist.[4] Zum Kreis der dem Gesellschafter nahestehenden Personen gehören v.a. nahe Angehörige wie z.B. Kinder, Eltern, Geschwister, der Ehegatte, aber auch z.B. Schwestergesellschaften.[5] Auch in diesen Fällen ist der der nahestehenden Person zugewendete Vermögensvorteil steuerlich dem Gesellschafter zuzurechnen.[6]

b) Besonderheiten bei beherrschenden Gesellschaftern

1737 Vertragsverhältnisse zwischen der Kapitalgesellschaft und beherrschenden Gesellschaftern werden **nur dann anerkannt**, wenn diese

– zivilrechtlich wirksam und

---

1) Ähnlich Kanzleiter in Kersten/Bühling, Formularbuch und Praxis der freiwilligen Gerichtsbarkeit, 21. Aufl. 2001, § 143 Rz. 121 M. Auch Wälzholz in Fuhrmann/Wälzholz, Formularbuch Gesellschaftsrecht, Köln 2012, 749.
2) Vgl. H 36 III. „Allgemeines" KStH 2008 und die dort zitierte Rspr. Ausführlich auch Harle/Kulemann in vGA/vE, Fach 3 A Rz. 28 (Juli 2011).
3) Vgl. BFH v. 19.3.1997, I R 75/96, BStBl II 1997, 577; BFH v. 23.10.2013, I R 60/12, BFE 244, 256..
4) BFH v. 18.12.1996, I R 139/94, BStBl II 1997, 301 und BFH v. 22.2.2005, VIII R 24/03, BFH/NV 2005, 1266 = HFR 2005, 753. Ebenso R 36 Abs. 1 Satz 3 KStR 2004.
5) Ausführlich Harle/Kulemann in vGA/vE, Fach 3 A Rz. 147 ff. (Juli 2011).
6) BFH v. 22.2.2005, VIII R 24/03, BFH/NV 2005, 1266 = HFR 2005, 753. Ebenso H 36 III. „Nahe stehende Person" KStH 2008.

- im Vorhinein klar und eindeutig getroffen wurden und
- tatsächlich durchgeführt werden.[1]

Grundgedanke dieses **formellen Fremdvergleichs** ist, dass der beherrschende Gesellschafter es in der Hand hat, jederzeit das steuerliche Ergebnis nachträglich durch Leistungsvergütungen zu beeinflussen.

> **Hinweis:**
> Im Gegensatz zur früheren Rechtsprechung ist bei Vorliegen dieser Voraussetzungen aber nicht zwingend eine vGA gegeben; vielmehr liegt nur ein Indiz für eine vGA vor.[2]

Eine beherrschende Stellung erfordert grundsätzlich die **Stimmenmehrheit**. Sie bietet dem Gesellschafter die Möglichkeit, den Abschluss des zu beurteilenden Rechtsgeschäfts zu erzwingen und den entscheidenden Beschluss durchzusetzen.[3] Die beherrschende Stellung muss im Zeitpunkt der Vereinbarung der maßgeblichen Vorteilszuwendung vorliegen.[4]

> **Hinweis:**
> Beherrschend können auch mehrere geschäftsführende Minderheitsgesellschafter sein, wenn sie gleich gelagerte Interessen verfolgen.[5] Solche gleich gerichteten Interessen liegen z.B. vor, wenn mehrere Minderheitsgesellschafter-Geschäftsführer gleichzeitig eine Gehaltserhöhung veranlassen.

Die mit dem beherrschenden Gesellschafter im Voraus abgeschlossenen Vereinbarungen müssen **zivilrechtlich wirksam** sein; andernfalls wird die mangelnde Ernsthaftigkeit und damit das Vorliegen einer vGA angenommen.[6] Voraussetzung für die Rechtswirksamkeit der Vereinbarungen mit dem beherrschenden Gesellschafter ist, dass

1738

- die Vereinbarungen seitens der GmbH von dem hierfür **rechtszuständigen Organ** abgeschlossen werden. Rechtszuständig ist nicht nur für den Abschluss, sondern nach der von der früheren Rechtsprechung abweichenden Entscheidung des BGH[7] auch für die Änderung, die Kündigung und die vertragliche Aufhebung des **Anstellungsvertrags des Gesellschafter-Geschäftsführers** vorbehaltlich anderweitiger Rechtszuständigkeitsbestimmungen des Gesellschaftsvertrags oder eines Gesetzes die Gesellschafterversammlung,[8] für **andere Verträge** grundsätzlich der Geschäftsführer;
- der Gesellschafter-Geschäftsführer bei sog. In-sich-Geschäften vom **Selbstkontrahierungsverbot** des § 181 BGB befreit ist, und zwar auch im Fall der Ein-Personen-GmbH;
- bei einer **zwingenden Schriftformklausel** in den schriftlichen Entgeltsvereinbarungen zwischen GmbH und Gesellschafter-Geschäftsführer auch über die

---

1) Nur BFH v. 28.1.2004, I R 50/03, BStBl II 2005, 524, m.w.N. Ausführlich Harle/Kulemann in vGA/vE, Fach 3 A Rz. 146 ff. (Juli 2011).
2) So Harle/Kulemann in vGA/vE, Fach 3 A Rz. 108 (Juli 2011) mit Verweis auf BFH v. 13.6.2006, I R 58/05, BStBl II 2006, 928.
3) BFH v. 13.12.1989, I R 99/87, BStBl II 1990, 454.
4) So zum Merkmal des „Nahestehens" BFH v. 18.12.1996, I R 139/94, BStBl II 1997, 301.
5) BFH v. 18.2.1999, I R 51/98, BFH/NV 1999, 1384 = HFR 1999, 1006.
6) Nur BFH v. 16.12.1998, I R 96/95, BFH/NV 1999, 1125 = HFR 1999, 655; BFH v. 23.10.1996, I R 71/95, BStBl II 1999, 35.
7) BGH v. 25.3.1991, II ZR 169/90, DB 1991, 1065.
8) Ggf. Vertrauensschutz gem. § 176 Abs. 1 Nr. 3 AO, darüber hinaus Übergangsregelung für vor dem 1.1.1996 gezahlte Bezüge gem. BMF v. 16.5.1994, IV B 7 – S 2742 – 14/94, GmbHR 1994, 425 und u.U. gem. BMF v. 21.12.1995, IV B 7 – S 2742 – 68/95, DB 1996, 17, für die zu Gunsten eines Gesellschafter-Geschäftsführers in den Steuerbilanzen eines vor dem 1.1.1997 endenden Wirtschaftsjahrs gebildeten Pensionsrückstellungen.

Änderung der Entgeltsvereinbarungen schriftlich im Voraus klare und eindeutige Vereinbarungen abgeschlossen werden. Nur mündlich vereinbarte Entgeltserhöhungen sind aber rechtswirksam, wenn der Schluss berechtigt ist, dass damit die in den schriftlichen Entgeltsvereinbarungen enthaltene Schriftformverpflichtung aufgehoben wurde.[1] Der hierfür erforderliche Aufhebungswille kann indessen nicht unterstellt werden, wenn die Vertragsparteien zunächst für längere Zeit die Schriftformvereinbarung bei Entgeltserhöhungen beachten, dann aber zu mündlichen Vereinbarungen über Entgeltserhöhungen übergehen.[2] Bei einer Schriftformklausel, die eine Befreiung vom Schriftformzwang durch mündliche Vereinbarung ausdrücklich für rechtsunwirksam erklärt, führt eine nur mündlich vereinbarte Erhöhung der Entgeltszahlung an den Gesellschafter wegen Rechtsunwirksamkeit zur Veranlassung durch das Gesellschaftsverhältnis und damit zu verdeckten Gewinnausschüttungen,[3] es sei denn, die eine mündliche Aufhebung der schriftlichen Schriftformverpflichtung ausschließende Schriftformklausel trifft die streitige, mündlich vereinbarte Entgeltserhöhung gar nicht.[4]

Hinweis:
Beim beherrschenden Gesellschafter-Geschäftsführer sollte geprüft werden, ob der Dienstvertrag und etwaige Änderungs- und Ergänzungsabreden mit dem zuständigen Gesellschaftsorgan abgeschlossen worden sind. Ist dies nicht der Fall, sollte zur Schadensbegrenzung das zuständige Gesellschaftsorgan den Dienstvertrag sowie Änderungs- und Ergänzungsverträge einschließlich Pensionsverträgen bestätigen. Ausreichend dürfte insoweit aber bereits sein, wenn der Gesellschafter-Geschäftsführervertrag von allen Gesellschaftern unterschrieben wurde.[5]

1739 Des Weiteren müssen Vereinbarungen mit dem beherrschenden Gesellschafter im Voraus getroffen werden. Der Grund für das **Rückwirkungsverbot** liegt v.a. in der Vermeidung von Gewinnmanipulationen[6] oder willkürlichen Gewinnbeeinflussungen[7] und rückwirkenden steuerlichen Gestaltungen. Ein Verstoß gegen das Rückwirkungsverbot liegt bei Geschäftsführerverträgen insbesondere vor, wenn das laufende Gehalt nachträglich erhöht wird oder Sonderzahlungen oder Tantiemen nachträglich vereinbart bzw. erhöht werden.

1740 Mangelnde Durchführung der (im Voraus getroffenen klaren) Vereinbarungen mit dem beherrschenden Gesellschafter lässt regelmäßig den Schluss auf die Tatbestandsvoraussetzungen einer verdeckten Gewinnausschüttung zu, auch wenn die Ernsthaftigkeit der Vereinbarungen hierdurch nicht infrage gestellt wird[8]. Dieser Schluss kommt z.B. in Betracht, wenn die mit dem beherrschenden Gesellschafter-Geschäftsführer vereinbarten Entgelte nicht oder nicht bei Fälligkeit ausgezahlt werden,[9] wenn es also zu unregelmäßigen Gehaltsauszahlungen kommt.[10]

Hinweis:
Mangelnde Durchführung einer Vereinbarung wird auch angenommen, wenn das Rechtsgeschäft in der Bilanz der Gesellschaft nicht zutreffend abgebildet wird und ein ordentlicher und gewissenhafter Geschäftsführer dies ohne Weiteres hätte erkennen können.[11]

---

1) BFH v. 24.1.1990, I R 157/86, BStBl II 1990, 645 m.w.N. aus der BGH-Rechtsprechung.
2) BFH v. 24.7.1996, I R 115/95, BStBl II 1997, 138.
3) BFH v. 31.7.1991, I S 1/91, BStBl II 1991, 933.
4) BFH v. 17.3.1997, I B 110/96, BFH/NV 1997, 808.
5) So Neumann in GmbH-HdB, Rz. III 1109 (April 2011).
6) BFH v. 17.12.1997, I R 70/97, BStBl II 1998, 545; s. auch BVerfG v. 7.11.1995, 2 BvR 802/90, BStBl II 1996, 34.
7) BFH v. 23.10.1985, I R 247/81, BStBl II 1986, 195; BFH v. 16.12.1987, I R 222/83, BFH/NV 1989, 103.
8) BFH v. 6.12.1995, I R 88/94, BStBl II 1996, 383.
9) BFH v. 2.3.1988, I R 103/86, BStBl II 1988, 786.
10) BFH v. 13.11.1996, I R 53/95, BFH/NV 1997, 622.
11) So BFH v. 13.6.2006, I R 58/05, BStBl II 2006, 928 für den Fall einer unzutreffend abgebildeten Pensionszusage gegenüber dem alleinigen Gesellschafter-Geschäftsführer.

c) Nachweis

Zur **Abwendung einer etwaigen verdeckten Gewinnausschüttung** muss die GmbH in Beherrschungsfällen den Nachweis erbringen, dass den Entgeltsleistungen an den beherrschenden Gesellschafter eine rechtswirksam im Voraus abgeschlossene klare und eindeutige Vereinbarung zu Grunde liegt und dass diese Vereinbarung vollzogen worden ist[1]. Der Nachweis erfordert, dass *„ein außenstehender Dritter zweifelsfrei erkennen kann, dass die Leistung der Gesellschaft auf Grund einer entgeltlichen Vereinbarung mit dem Gesellschafter erbracht wurde".*[2]

1741

Hinweis:

Zur Vermeidung von Nachweisschwierigkeiten gegenüber den Finanzbehörden empfiehlt es sich grundsätzlich, Entgeltsvereinbarungen mit dem beherrschenden Gesellschafter schriftlich abzuschließen, dabei aber auf Schriftformklauseln zu verzichten. Mündlich abgeschlossene Verträge können u.U. auch nachgewiesen werden, z.B. bei Dauerschuldverhältnissen mit regelmäßig wiederkehrendem Leistungsaustausch, indem aus den laufenden Entgeltleistungen alle Konsequenzen (monatliche Auszahlung, Verbuchung, ggf. Einbehaltung und Abführung von Lohnsteuer und dergl.) zeitnah gezogen werden.[3]

3. Rechtsfolgen der vGA

a) Rechtsfolgen auf Seiten der vorteilsgewährenden Kapitalgesellschaft

aa) Einkommenskorrektur

Soweit durch die vGA das Einkommen der vorteilsgewährenden GmbH gemindert worden ist, erfolgt eine Korrektur des Einkommens nach § 8 Abs. 3 Satz 2 KStG. Die Korrektur des Einkommens erfolgt **außerhalb der Steuerbilanz**.[4] Die Einkommenserhöhung hat zur Folge, dass der Betrag der verdeckten Gewinnausschüttung der normalen Ertragsteuerbelastung bei der GmbH unterliegt, nämlich Gewerbesteuer, Körperschaftsteuer und SolZ. Diese Steuerbelastung wird definitiv.

1742

Der **Erhöhungsbetrag** bemisst sich je nach Tatbestand der vGA:

- bei der Hingabe von Wirtschaftsgütern nach dem gemeinen Wert,[5]
- bei Nutzungsüberlassungen nach der erzielbaren Vergütung,[6]
- bei Dienstleistungen nach dem allgemeinen Marktpreis der Dienstleistung,[7]
- bei nicht refinanzierte Darlehensgewährung der GmbH an den Gesellschafter zu einem unangemessen niedrigen Zins nach dem Mittelwert zwischen Soll- und Habenzinssatz („Teilung der Marge"),[8]
- bei refinanzierte Darlehensgewährung an den Gesellschafter zu einem unangemessen niedrigen Zins nach den Sollzinsen zzgl. einem Aufschlag für die Haftungsübernahme und für Verwaltungskosten.[9]

---

1) Gl. A. Erlass FinMin Hessen v. 15.4.1994, S 2742 A – 30 – II B 3a, FR 1994, 445.
2) BFH v. 24.1.1990, I R 157/86, BStBl II 1990, 645.
3) BFH v. 24.1.1990, I R 157/86, BStBl II 1990, 645; vgl. aber auch BFH v. 29.7.1992, I R 18/91, BStBl II 1993, 139 für Rentenverpflichtungen der GmbH.
4) Nur BFH v. 28.1.2004, I R 21/03, BStBl II 2005, 841; BFH v. 21.8.2007, I R 74/06, BStBl II 2008, 277; kritisch hierzu Weber-Grellet, BB 2014, 2263; Briese, GmbHR 2005, 597; Briese, BB 2014, 1567.
5) BFH v. 18.10.1967, I 262/63, BStBl II 1968, 105; BFH v. 27.11.1974, I R 250/72, BStBl II 1975, 306.
6) BFH v. 27.11.1974, I R 250/72, BStBl II 1975, 306; BFH v. 9.3.1977, I R 203/74, BStBl II 1977, 569; BFH v. 28.2.1990, I R 83/87, BStBl II 1990, 649. Auch OFD Hannover v. 2.11.1998, S 2742 – 201 – StH 231/S 2742 – 109 – StO 214, DB 1998, 2345.
7) So z.B. BFH v. 23.6.1993, I R 72/92, BStBl II 1993, 801.
8) BFH v. 28.2.1990, I R 83/87, BStBl II 1990, 649; BFH v. 19.1.1994, I R 93/93, BStBl II 1994, 725.
9) BFH v. 28.2.1990, I R 83/87, BStBl II 1990, 649; BFH v. 26.2.1992, I R 23/91, BStBl II 1992, 846.

- bei der Unterhaltung eines Wirtschaftsguts im Interesse der Gesellschafter („Liebhabereiverluste") nach den entstandenen Kosten zzgl. eines Gewinnaufschlags.[1)]

Hinweis:

Fraglich ist die Bemessung der vGA allerdings dann, wenn die eigenen Kosten der GmbH höher sind als die am Markt erzielbare Vergütung.

Löst eine vGA **Umsatzsteuer** aus, ist diese Bestandteil der nach § 8 Abs. 3 Satz 2 KStG bei der Einkommensermittlung hinzuzurechnenden vGA. Sie ist deshalb nicht gesondert oder gar zusätzlich nach § 10 Nr. 2 KStG hinzuzurechnen.[2)]

Der **Umsetzung** der vom BFH[3)] entwickelten Grundsätze über die außerbilanzmäßige Korrektur der vGA erläutert das BMF v. 28.5.2002[4)]. Zur vGA bei Passivierung von Verbindlichkeiten heißt es:

„Ist eine Vereinbarung mit dem Gesellschafter, die in der Steuerbilanz zu einer Passivierung geführt hat (Verbindlichkeit oder Rückstellung), ganz oder teilweise als verdeckte Gewinnausschüttung zu beurteilen, hat dies auf die Passivierung der Verpflichtung keinerlei Einfluss. Das Betriebsvermögen ist in der Steuerbilanz zutreffend ausgewiesen; der gebildete Passivposten ist im Hinblick auf die verdeckte Gewinnausschüttung nicht zu korrigieren.

Für den betreffenden Passivposten in der Steuerbilanz ist zum Zwecke der weiteren steuerlichen Behandlung der verdeckten Gewinnausschüttung eine Nebenrechnung durchzuführen. In Höhe der verdeckten Gewinnausschüttung ist ein Teilbetrag I zu bilden. Die Höhe des Teilbetrags I ist nicht davon abhängig, dass ein entsprechender Betrag im Rahmen der Einkommensermittlung der Gesellschaft hinzugerechnet worden ist. Ergänzend ist festzuhalten, in welchem Umfang der Teilbetrag I bei der Einkommensermittlung dem Steuerbilanzgewinn hinzugerechnet worden ist (Teilbetrag II). Die Nebenrechnung als Folge einer verdeckten Gewinnausschüttung ist für jeden betroffenen Passivposten gesondert vorzunehmen.

Die beiden Teilbeträge sind entsprechend der Entwicklung des Passivpostens in der Steuerbilanz fortzuschreiben. Sie sind aufzulösen, soweit die Verpflichtung [...] in der Steuerbilanz gewinnerhöhend aufzulösen ist. Die Gewinnerhöhung, die sich durch die Auflösung der Verpflichtung in der Steuerbilanz ergibt, ist, soweit sie anteilig auf den durch das Gesellschaftsverhältnis veranlassten Teil der Verpflichtung entfällt, bis zur Höhe des aufzulösenden Teilbetrags II außerhalb der Steuerbilanz vom Steuerbilanzgewinn zur Vermeidung einer doppelten Erfassung abzuziehen."

bb) Kapitalertragsteuer

1743 Soweit die vGA einen Mittelabfluss bei der Gesellschaft bewirkt, ist **Kapitalertragsteuer** einzubehalten (§ 43 Abs. 1 Satz 1 Nr. 1 EStG), und zwar i.H.v. 25 % soweit der Gesellschafter die Kapitalertragsteuer trägt, bzw. 33 1/3 %, soweit die Gesellschaft die Steuer für den Gesellschafter trägt. I.d.R. wird bei einer vGA aber kein Kapitalertragsteuerabzug vorgenommen werden, da sowohl die Gesellschaft als auch der Gesellschafter als Gläubiger der Kapitalerträge davon ausgehen, dass eine vGA nicht vorliegt.

---

1) BFH v. 4.12.1996, I R 54/95, BFHE 182, 123 = HFR 1997, 327.
2) R 37 KStR 2004. Vgl. auch ausführlich Neumann, VGA und verdeckte Einlage, 2. Aufl. 2006, 484 f.
3) BFH v. 29.6.1994, I R 137/93, BStBl II 2002, 366, ferner BFH v. 12.10.1995, I R 27/95, BStBl II 2002, 367; BFH v. 8.11.2000, I R 70/99, BStBl II 2005, 653; BFH v. 24.1.2001, I R 14/00, BFH/NV 2001, 1147; BFH v. 7.11.2001, I R 79/00, BStBl II 2005, 659.
4) BMF v. 28.5.2002, IV A 2 – S 2742 – 32/02, BStBl I 2002, 603.

Hinweis:

Wird eine vGA im Nachhinein, z.B. im Rahmen einer steuerlichen Außenprüfung, aufgedeckt, so war bislang regelmäßig eine Haftbarmachung des Schuldners der Kapitalerträge nicht gerechtfertigt, jedenfalls dann, wenn sichergestellt ist, dass eine Besteuerung der Kapitalerträge durch die Veranlagung des Gläubigers erfolgt,[1] bzw. wenn die vGA einer inländischen Körperschaft zufließt und damit nach § 8b KStG steuerfrei gestellt ist.[2] Eine andere Beurteilung kann allerdings bei vGA an ausländische Anteilseigner gegeben sein.[3]

Übernimmt die vorteilsgewährende Kapitalgesellschaft die Kapitalertragsteuer, so liegt insoweit eine weitere vGA vor.[4]

Hinweis:

Sofern die Kapitalgesellschaft die Kapitalertragsteuer auf eine vGA an das Finanzamt zahlt, sollte unmittelbar das Verrechnungskonto des Gesellschafters belastet werden bzw. ein Rückforderungsanspruch geltend gemacht werden.

cc) Umsatzsteuer

1744 Verdeckte Gewinnausschüttungen lösen nicht nur im Bereich der Ertragsteuern Konsequenzen aus, vielmehr können auch **umsatzsteuerliche Folgen** eintreten, wenn die Gesellschaft umsatzsteuerbare und -pflichtige Leistungen an den Gesellschafter erbringt. Umsatzsteuerlich wird bei einer Lieferung oder sonstigen Leistung an den Anteilseigner der Steuertatbestand des § 1 Abs. 1 Satz 1 Nr. 1 UStG i.V.m. § 3 Abs. 1b Satz 1 Nr. 3 bzw. Abs. 9a Satz 1 Nr. 1 UStG erfüllt. Bemessungsgrundlage sind nach § 10 Abs. 4 UStG (Mindestbemessungsgrundlage) entweder die Selbstkosten der GmbH im Falle einer Lieferung oder die entstandenen Kosten im Falle einer sonstigen Leistung. Bei der Ermittlung der umsatzsteuerlichen Bemessungsgrundlage sind solche Kosten auszuscheiden, bei denen kein Vorsteuerabzug vorgenommen wurde, wie z.B. Versicherungsbeiträge oder Kfz-Steuer.

Ist Umsatzsteuer zu berücksichtigen, so ist diese bei der Körperschaftsteuer als nicht abziehbare Betriebsausgabe zu qualifizieren (§ 10 Nr. 2 KStG).[5] Die Umsatzsteuer i.H.v. 19 Punkten auf eine vGA i.H.v. 100 Punkten ist also aus versteuertem Einkommen zu tragen. Soweit allerdings als Bemessungsgrundlage der vGA der gemeine Wert anzusetzen ist, also ein Bruttobetrag, wie z.B. bei der Übertragung eines Wirtschaftsguts, bedarf es keiner Hinzurechnung nach § 10 Nr. 2 KStG.[6]

b) Rechtsfolgen auf Seiten des vorteilsempfangenden Gesellschafters

aa) Natürliche Person als Gesellschafter

1745 Auf Seiten des vorteilsempfangenden Gesellschafters ergeben sich steuerliche Konsequenzen zunächst nur dann, wenn die vGA bei diesem zu einem Zufluss geführt hat bzw. dieser über die vGA verfügt hat. Ist auf Seiten des Gesellschafters ein Zufluss gegeben, so erfolgt eine steuerliche Umqualifizierung dieses Zuflusses in eine (verdeckte) Gewinnausschüttung mit den üblichen Folgen, also regelmäßig der Anwendung der Abgeltungsteuer (bzw. des Teileinkünfteverfahrens im Falle eines Antrags

---

1) Vgl. z.B. BFH v. 21.10.1981, I R 230/78, BStBl II 1982, 139 und BFH v. 27.1.1982, I R 5/78, BStBl II 1982, 374. Ebenso BMF v. 22.12.2009, IV C 1-S 2252/08/10004, BStBl I 2010, 94; OFD Münster v. 7.11.2007, S 2408a – 1 – St 22 – 31, FR 2008, 47.
2) So Hey, GmbHR 2001, 3. Auch OFD Münster v. 7.11.2007, S 2408a – 1 – St 22 – 31, FR 2008, 47.
3) Vgl. BFH v. 4.7.1984, I R 195/81, BStBl II 1984, 842.
4) BGH v. 3.3.1993, 5 StR 546/92, NJW 1993, 1604.
5) Vgl. auch zur früher teilweise anderen Gesetzeslage Hollatz in Herrmann/Heuer/Raupach, EStG/KStG § 10 KStG Anm. K 33.
6) Vgl. Hollatz in Herrmann/Heuer/Raupach, EStG/KStG, § 10 KStG Anm. K 65 a. E.

nach § 32d Abs. 2 Nr. 3 EStG). Im Regelfall führt daher auf Seiten des Gesellschafters die Aufdeckung der vGA zu einem deutlichen Vorteil, da der Zuflussbetrag nicht mehr mit dem normalen Tarif belastet wird, sondern im Regelfall nur noch mit dem Abgeltungsteuersatz von 25 %.

In der folgenden Tabelle ist dargestellt, welche Belastungsfolgen sich unter der Abgeltungsteuer ergeben, wenn ein Gesellschafter-Geschäftsführer-Gehalt als vGA eingestuft wird.

	Gehalt	offene GA	vGA Wirkung	vGA zu Gehalt	vGA zur offenen GA
Gesellschaft:					
Gewinn vor Steuern/Gehalt	100,00	100,00	100,00		
Gehalt	100,00	0,00	0,00		
Gewinn vor Steuern	0,00	100,00	100,00		
GewSt (425 %)	0,00	14,88	14,88		
KSt (15 %)	0,00	15,00	15,00		
SolZ (5,5 %)	0,00	0,83	0,83		
Gewinn nach Steuern	0,00	69,29	69,29		
Vermögen nach Steuern	0,00	0,00	–30,71	–30,71	–30,71
Gesellschafter:					
Zufluss	100,00	69,29	100,00		
ESt (45 %/25 %)	45,00	17,32	25,00		
SolZ (5,5 %)	2,48	0,95	1,38		
Vermögen nach Steuern	52,52	51,02	73,62	+21,10	+22,60
Gesamtvermögen	**52,52**	**51,02**	**42,91**	**–9,61**	**–8,11**

Es zeigen sich zwei wesentliche Effekte:

1. Die Mehrbelastung auf Grund der vGA auf Seiten der GmbH entspricht der normalen Steuerbelastungsquote. Aufseiten des Gesellschafters zeigt sich dagegen eine Steuerentlastung auf Grund des Steuersatzvorteils. Per Saldo führt die Aufdeckung einer vGA in diesem Grundfall zu einer steuerlichen **Mehrbelastung** von 9,61 %-Punkten bezogen auf den Betrag der vGA.
2. Durch die vGA ergeben sich deutliche **Vermögensverschiebungen** zu Gunsten des die vGA empfangenden Gesellschafters und zu Lasten der Gesellschaft bzw. der anderen Gesellschafter.
3. Die vGA taugt nicht als Gestaltungsinstrument. Sollen bzw. müssen Gewinn auf die Gesellschafterebene transferiert werden – so z.B. für Zwecke des privaten Konsums des Gesellschafters – so ist es günstiger dies über angemessene Leistungsvergütungen oder gar kurzfristige Darlehensgewährung der GmbH zu bewerkstelligen.

Hinweis:

Allerdings hängen die Steuerfolgen einer vGA von den Verhältnissen des jeweiligen Falls ab. Maßgebend ist insoweit, welcher Art die Korrektur auf Gesellschafterebene ist:[1)]

1. vGA tritt an die Stelle bereits versteuerter Bezüge (z.b. als vGA einzustufendes Gesellschafter-Geschäftsführer-Gehalt),
2. vGA-Vorteile führen zu bisher nicht erfassten Einkünften (z.b. die Gesellschaft hat dem Gesellschafter ein Darlehen gewährt, für das von vornherein keine ernsthafte Rückzahlungsabsicht bestand),
3. vGA sind beim Gesellschafter gegenläufig als Aufwendungen absetzbar (z.b. die Gesellschaft gewährt dem Gesellschafter ein unverzinsliches Darlehen, das der Gesellschafter zur Finanzierung eines vermieteten Grundstücks nutzt),
4. vGA besteht in Kaufpreiskorrekturen für aktivierungspflichtige Erwerbe von Wirtschaftsgütern (an den Gesellschafter wird ein Wirtschaftsgut zu einem unter Wert liegenden Entgelt übertragen).

Diese unterschiedlichen Folgen einer vGA erschweren auch die Formulierung von Steuerklauseln in Gesellschaftsverträgen (→ 4 Rz. 1734).

bb) Kapitalgesellschaft als Gesellschafter

Ist der die vGA empfangende Gesellschafter selbst eine GmbH, so führt die vGA – eine Beteiligung von mindestens 10 % vorausgesetzt (§ 8b Abs. 4 KStG) – im Grundsatz **zu keiner Änderung der Gesamtsteuerbelastung**, vielmehr wird nur die bislang bei der empfangenden Gesellschaft erfolgte Besteuerung verlagert auf die begünstigende Gesellschaft. Dies hat allerdings entsprechende Vermögensverschiebungen zur Folge. Bei der empfangenden GmbH ergibt sich aber insoweit eine geringfügige Mehrbelastung, als die vGA nach § 8b KStG nicht vollständig, sondern im Ergebnis nur zu 95 % steuerfrei ist. 1746

c) *Korrespondenz zwischen der steuerlichen Behandlung bei der Gesellschaft und beim Gesellschafter*

Auf Grund des Trennungsprinzips erfolgt die Besteuerung der GmbH grundsätzlich unabhängig davon, wie die vGA beim Anteilseigner behandelt wird. Dies kann allerdings zu wirtschaftlich unangemessenen Belastungen führen. So z.B., wenn die Einkommenskorrektur aufseiten der GmbH erfolgt, auf Seiten des Gesellschafters aber eine Umqualifizierung z.B. der überhöhten Gehaltszahlung in eine Gewinnausschüttung aus verfahrensrechtlichen Gründen nicht mehr erfolgen kann. Aus diesem Grunde bestehen Regelungen zur korrespondierenden Besteuerung der vGA auf Ebene der Gesellschaft und auf Ebene des Gesellschafters eingeführt (**formelle Korrespondenz**). Diese Korrespondenzvorschriften wirken zweifach: 1747

(1) Die Anwendung der Abgeltungsteuer beim Gesellschafter wird davon abhängig gemacht, dass die vGA das Einkommen der GmbH nicht gemindert hat (§ 3 Nr. 40d Sätze 2 und 3 EStG und § 8b Abs. 1 Satz 2 bis 4 KStG), und

(2) es wurde mit § 32a KStG eine eigenständige Korrekturvorschrift eingeführt, nach der im Falle einer durch eine vGA bedingten Korrektur eines Steuerbescheids der GmbH eine Folgeänderung des entsprechenden Bescheids gegen den Gesellschafter erfolgt.

---

1) Vgl. auch Korn, KÖSDI 2001, 12812 f. Allgemein soll durch die Vorschriften zur vGA der Zustand hergestellt werden, der gegeben wäre, wenn der Leistungsaustausch zu angemessenen Preisen und gleichzeitig eine entsprechende offene Gewinnausschüttung stattgefunden hätte (vgl. grundlegend BFH v. 15.11.1960, I 189/59 S, BStBl III 1961, 80 und BFH v. 14.8.1975, IV R 30/71, BStBl II 1976, 88).

Nach § 32d Abs. 2 Nr. 4 EStG gilt die Abgeltungswirkung der 25 %igen Kapitalertragsteuer zu Gunsten des empfangenden Gesellschafters ab dem VZ 2011 nur, soweit die vGA auch bei der Kapitalgesellschaft steuerlich berücksichtigt wurde, also auf dieser Ebene bereits eine Vorbelastung gegeben ist. Insoweit wurde eine **materiellrechtliche Korrespondenz** für vGA eingeführt. Diese materielle Korrespondenz gilt allerdings nicht, soweit die vGA das Einkommen einer dem Gesellschafter nahestehenden Person erhöht hat und § 32a KStG auf die Veranlagung dieser nahestehenden Person keine Anwendung findet.

1748 Nach der jüngsten Rechtsprechung des BFH scheint geklärt, dass vGA keine freigiebige Zuwendung bewirken können und damit keine **Schenkungsteuer** auslösen.[1] Dieses Urteil ist allerdings noch nicht im BStBl veröffentlicht und wird mithin von der Finanzverwaltung noch nicht allgemein angewandt. Bislang ging die Finanzverwaltung davon aus, dass vGA auch schenkungsteuerliche Folgen auslösen können.[2] Allerdings ergeben sich insofern noch Zweifelsfragen.[3] Eine Schenkung kann dagegen bei einer vGA ab einer dem Gesellschafter nahe stehende Person gegeben sein.[4]

II. Systematik der verdeckten Einlagen

1. Begriff und Grundsätze der steuerlichen Behandlung

a) Steuerneutralität von Einlagen

1749 Da Einlagen durch das Gesellschaftsverhältnis veranlasste Vermögensmehrungen sind, dürfen sie den steuerlichen Gewinn nicht erhöhen, egal, ob sie offen oder verdeckt erbracht werden. Soweit sie das in der (Steuer-)Bilanz am Schluss des laufenden Wirtschaftsjahres ausgewiesene Steuerbilanzergebnis erhöht haben, sind sie bei der Ermittlung des Einkommens außerhalb der Bilanz wieder abzuziehen (§ 4 Abs. 1 Satz 1 EStG und § 8 Abs. 3 Satz 4 KStG).

Voraussetzung für die Einkommenskorrektur im Falle einer verdeckten Einlage ist allerdings, dass diese das Einkommen des Gesellschafters gemindert hat (korrespondierende Behandlung zwischen GmbH und Gesellschafter).[5] Beim Gesellschafter erhöhen sämtliche von ihm erbrachten Einlagen, also alle durch das Gesellschaftsverhältnis veranlassten Kapitalzuführungen des Gesellschafters in die GmbH, die **Anschaffungskosten der Anteile**.

b) Begriff der verdeckten Einlage

1750 Eine verdeckte Einlage liegt vor, wenn[6]

- ein Gesellschafter oder eine ihm nahestehende Person
- der Kapitalgesellschaft
- einen einlagefähigen Vermögensvorteil

---

1) BFH v. 30.1.2013, II R 6/12, BStBl II 2013, 930.
2) Hierzu ausführlich Gleichlautender Ländererlass v. 14.3.2012, BStBl I, 2012, 331, Tz. 2.6 und 6.6.
3) Vgl. Dorn, ZEV 2013, 488; Zimmert, DStR 2013, 1654; Riedel, GmbH-StB 2013, 216.
4) Ausführlich Wochinger in Verdeckte Gewinnausschüttungen und verdeckte Einlagen, Fach 4 „Schenkungsteuer", Rz. 79 ff. (Februar 2014).
5) Hierzu nur Harle/Kulemann in vGA/vE, Fach 5 C Rz. 5 f. (Oktober 2011).
6) BFH v. 20.7.2005, X R 22/02, BStBl II 2006, 457; BFH v. 9.6.1997, GrS 1/94, BStBl II 1998, 307. Ebenso R 40 Abs. 1 KStR 2004. Ausführlich Harle/Kulemann in vGA/vE, Fach 5 B Rz. 1 ff. (Oktober 2011).

– ohne Gegenleistung zuwendet
– und diese Zuwendung durch das Gesellschaftsverhältnis veranlasst ist.

Hinweis:

Der steuerliche Einlagebegriff geht über den handelsrechtlichen insoweit hinaus, als auch verdeckte Einlagen zu erfassen sind.[1]

2. Einlagefähige Vermögensvorteile

Gegenstand einer verdeckten Einlage können nur einlagefähige Vermögensvorteile, also Wirtschaftsgüter, sein. Diese müssen das in der Steuerbilanz der Gesellschaft ausgewiesene Betriebsvermögen erhöhen, was auf die Entstehung oder der Erhöhung eines Aktivpostens oder auf dem Wegfall oder der Verminderung eines Passivpostens beruhen kann.[2] Es muss sich also um einen **bilanzierbaren Vermögensvorteil** handeln. Für die Beurteilung der Einlagefähigkeit ist mithin das Bilanzsteuerrecht maßgebend.[3]

1751

Als Beispiele für einlagefähige Vermögensvorteile können genannt werden

– materielle Wirtschaftsgüter, z.B. Maschinen, Grundstücke, Bargeld, Forderungen,
– immaterielle Wirtschaftsgüter, z.B. im Rahmen der unentgeltlichen Übertragung eines Einzelunternehmens auf die GmbH auch der originäre Geschäftswert[4] – insoweit ist das Aktivierungsverbot nach § 5 Abs. 2 EStG ohne Bedeutung,[5]
– Anteile an einer Kapitalgesellschaft,
– ein Betrieb, Teilbetrieb oder Mitunternehmeranteil[6].

Verdeckte Einlagen liegen daneben unter der Voraussetzung einer Veranlassung durch das Gesellschaftsverhältnis vor, wenn der Gesellschafter

– (unentgeltlich) auf eine Darlehens- oder Vergütungsforderung gegen die GmbH **verzichtet**, soweit die **Forderung** werthaltig ist,[7] auch wenn der Verzicht mit der Bedingung des Wiederauflebens der Forderung im Besserungsfall verbunden wird,[8]
– (unentgeltlich) auf eine werthaltige Pensionsanwartschaft verzichtet, wobei die verdeckte Einlage mit der Differenz zwischen dem Barwert der Anwartschaft aus der Pensionszusage und dem Barwert des bis zum Änderungszeitpunkt erdienten Teils aus der bisherigen Pensionszusage aus Sicht des berechtigten Gesellschafters einerseits als zugeflossener Arbeitslohn und andererseits als verdeckte Einlage anzusetzen ist,[9]
– Wirtschaftsgüter an seine GmbH mit Rücksicht auf das Gesellschaftsverhältnis zu einem unangemessen niedrigen Kaufpreis veräußert, wobei die verdeckte Einlage

---

1) BFH v. 29.5.1996, I R 118/93, BStBl II 1997, 92.
2) H 40 „Einlagefähiger Vermögensvorteil" KStH 2008.
3) Z.B. BFH v. 24.5.1984, I R 166/78, BStBl II 1984, 747; BFH v. 26.10.1987, GrS 2/86, BStBl II 1988, 348.
4) BFH v. 24.3.1987, I R 202/83, BStBl II 1987, 705.
5) BFH v. 20.8.1986, I R 150/82, BStBl II 1987, 455; BFH v. 26.10.1987, GrS 2/86, BStBl II 1988, 348.
6) BFH v. 18.12.1990, VIII R 17/85, BStBl II 1991, 512.
7) BFH v. 9.6.1997, GrS 1/94, BStBl II 1998, 307.
8) BFH v. 30.5.1990, I R 41/87, BStBl II 1991, 588.
9) BFH v. 9.6.1997, GrS 1/94, BStBl II 1998, 307; BFH v. 15.10.1997, I R 58/93, BStBl II 1998, 305. Zur Ermittlung der Höhe der verdeckten Einlage OFD Karlsruhe v. 17.9.2010, S 274.2/107 – St 221, DStR 2010, 2250 und FinMin Nordrhein-Westfalen v. 17.12.2009, S 2743 – 10 – V B 4, DStR 2010, 603.

hier in der Differenz zwischen Veräußerungspreis und Wert der Wirtschaftsgüter besteht,[1]
- seiner GmbH nachträglich Preissenkungen gewährt,[2]
- seiner GmbH zur Abdeckung eines Bilanzverlusts einen Zuschuss gewährt,[3]
- seine GmbH als seine Erbin einsetzt. In diesem Fall ist das Nachlassvermögen bei der Gesellschaft nach Einlagegrundsätzen anzusetzen und zu bewerten.[4]

Mit der bloßen Abgabe einer **Bürgschaftsübernahme** des Gesellschafters zu Gunsten der Gesellschaft liegt mangels Vorliegens eines einlagefähigen Wirtschaftsguts keine verdeckte Einlage vor.[5] Wird der Gesellschafter aber aus der Bürgschaft in Anspruch genommen und war dies gesellschaftsrechtlich veranlasst, so liegt eine verdeckte Einlage vor, soweit der Gesellschafter auf seine dadurch entstandene Regressforderung verzichtet.[6]

Gebrauchs- oder Nutzungsvorteile können nicht Gegenstand einer verdeckten Einlage sein;[7] weil sie nicht zu einer Erhöhung des in der Steuerbilanz ausgewiesenen Betriebsvermögens führen und daher keine einlagefähigen Vermögensvorteile sind. Keine einlagefähigen Nutzungsvorteile sind damit insbesondere:

- eine unentgeltliche oder verbilligte Gebrauchs- oder Nutzungsüberlassung eines Wirtschaftsguts,[8]
- unentgeltliche oder verbilligte Dienstleistungen[9] und
- unverzinslich oder geringverzinslicher Darlehensgewährung an die GmbH.[10]

Gestaltungshinweis:

In der Anlaufphase einer neu gegründeten GmbH oder in wirtschaftlich schwierigen Zeiten kann es steuerlich sinnvoll sein, dass der Gesellschafter-Geschäftsführer seine Geschäftsführungsleistung unentgeltlich erbringt. Vermieden wird dadurch, dass auf Seiten des Gesellschafters zu versteuernde Einkünfte (Gehalt) anfallen, welche sich auf Seiten der GmbH möglicherweise wegen einer Verlustsituation nicht unmittelbar steuermindernd auswirken.

Gleiches gilt für zinslose oder zinsgünstige Darlehen des Gesellschafters. Allerdings hat die GmbH ein zinsloses Darlehen mit einem Zinssatz von 5,5 % abzuzinsen, wenn die Darlehenslaufzeit am Bilanzstichtag weniger als zwölf Monate beträgt (§ 6 Abs. 1 Nr. 3 EStG). Der Abzinsungszwang kann durch Vereinbarung eines niedrigen Zinses vermieden werden.[11] Abzugrenzen ist hiervon aber der Verzicht des Gesellschafters auf eine bereits entstandene Zins-, Pacht- oder Gehaltsforderung, welche auf Seiten der GmbH als Verbindlichkeit ausgewiesen wurde. Insoweit liegt eine verdeckte Einlage vor.

---

1) BFH v. 26.7.1967, I 138/68, BStBl III 1967, 733; BFH v. 12.2.1980, VIII R 114/77, BStBl II 1980, 494.
2) BFH v. 14.8.1974, I R 168/72, BStBl II 1975, 123.
3) BFH v. 12.2.1980, VIII R 114/77, BStBl II 1980, 494.
4) Vgl. BFH v. 24.3.1993, I R 131/90, BStBl II 1993, 799.
5) BFH v. 19.5.1982, I R 102/79, BStBl II 1982, 631 und H 40 „Bürgschaftsübernahme des Gesellschafters zu Gunsten der Gesellschaft" KStH 2008. Auch OFD München v. 30.4.1996, S 2244 – 8 St 42, FR 1996, 431. Ausführlich Schiffers in vGA/vE, Fach 6 „Bürgschaftsübernahme" Rz. 3.
6) BFH v. 15.5.2006, VIII B 186/04, BFH/NV 2006, 1472.
7) BFH v. 26.10.1987, GrS 2/86, BStBl II 1988, 348 und ebenso H 40 „Nutzungsvorteile" KStH 2008 m.w.N. aus der BFH-Rechtsprechung.
8) BFH v. 3.2.1971, I R 51/66, BStBl II 1971, 408.
9) BFH v. 19.5.1982, I R 102/79, BStBl II 1982, 631; BFH v. 14.3.1989, I R 8/85, BStBl II 1989, 633.
10) BFH v. 26.10.1987, GrS 2/86, BStBl II 1988, 348.
11) So Strahl in Korn, § 6 EStG Rz. 368 m.w.N.

3. Auswirkungen der verdeckten Einlage

a) Gesellschafter

aa) Unmittelbare Folgen der verdeckten Einlage

Beim Gesellschafter führt die verdeckte Einlage in voller Höhe ihres Werts zu **nachträglichen Anschaffungskosten auf seine Beteiligung**. Die Bewertung erfolgt grds. mit dem Teilwert (§ 6 Abs. 6 Satz 2 EStG). Grundsätzlich besteht aber keine unmittelbare Verknüpfung zwischen dem Wertansatz bei der empfangenden Kapitalgesellschaft und dem Gesellschafter.[1]   1752

Da eine verdeckte Einlage ein unentgeltliches Rechtsgeschäft ist, entsteht kein Veräußerungsgewinn im eigentlichen Sinne.[2] Bei **Beteiligungen i. S. des § 17 EStG** greift aber der Ersatztatbestand des § 17 Abs. 1 Satz 2 EStG. Werden Wirtschaftsgüter des Betriebsvermögens verdeckt in eine GmbH eingelegt, kommt es ebenfalls zur Aufdeckung der stillen Reserven.[3] Bei nach § 23 EStG steuerverhafteten Grundstücken gilt die verdeckte Einlage als Veräußerung (§ 23 Abs. 1 Satz 5 Nr. 1 EStG).

bb) Werbungskostenabzug bei unentgeltlicher oder teilentgeltlicher Nutzungsüberlassung

Überlässt ein Gesellschafter seiner GmbH ein Wirtschaftsgut zur Nutzung, so ist hinsichtlich der Frage, in welchem Umfang **Werbungskosten im Zusammenhang mit dem überlassenen Wirtschaftsgut** steuerlich berücksichtigt werden können, in einem ersten Schritt zu prüfen, ob die Nutzungsüberlassung entgeltlich oder unentgeltlich erfolgt.[4] Gegebenenfalls ist die Nutzungsüberlassung in einen entgeltlichen und einen unentgeltlichen Teil aufzuteilen. Soweit es sich um eine **entgeltliche Nutzungsüberlassung** handelt, sind die damit zusammenhängenden Werbungskosten beim Gesellschafter im Rahmen der jeweiligen Einkunftsart steuerlich zu berücksichtigen.   1753

Soweit die **Überlassung** dagegen **unentgeltlich** erfolgt, stellen die damit im Zusammenhang stehenden Aufwendungen des Gesellschafters keine nachträglichen Anschaffungskosten auf die Beteiligung dar. Hinsichtlich der insoweit beim Gesellschafter anfallenden Werbungskosten bzw. Betriebsausgaben ist nach der Auffassung der Finanzverwaltung **zu differenzieren**:[5]

- Sind an der Kapitalgesellschaft **auch nahe Angehörige des Gesellschafters beteiligt**, so ist zu prüfen, aus welchen Gründen die Nutzungsüberlassung unentgeltlich erfolgt. Handelt der Gesellschafter im Interesse der Angehörigen, um den Wert der Gesellschaftsanteile zu erhöhen, so sind die mit der Nutzungsüberlassung im Zusammenhang stehenden Aufwendungen als Kosten der privaten Lebensführung nach § 12 Nr. 1 oder Nr. 2 EStG steuerlich nicht zu berücksichtigen.[6]
- Handelt der Gesellschafter bei der unentgeltlichen Nutzungsüberlassung dagegen in **eigenem wirtschaftlichem Interesse**, z.B. zur wirtschaftlichen Stützung der GmbH, so sind die mit der Nutzungsüberlassung zusammenhängenden Kosten als Betriebsausgaben bzw. Werbungskosten bei den Einkünften aus Kapitalvermögen anzusetzen, so dass diese Ausgaben nur teilweise (Halb- bzw. Teileinkünfteverfahren) bzw. gar nicht (Abgeltungsteuer) abzugsfähig sind.

---

1) Vgl. Harle/Kulemann in vGA/vE, Fach 5 D Rz. 35 ff. (Oktober 2011) mit Verweis auf BFH v. 18.12.2001, VIII R 10/01, BStBl II 2002, 463.
2) BFH v. 27.7.1988, I R 147/83, BStBl II 1989, 271.
3) Vgl. zur verdeckten Einlage einzelner Wirtschaftsgüter des Betriebsvermögens § 6 Abs. 6 Satz 2 EStG.
4) Hierzu ausführlich OFD Frankfurt v. 18.10.2007, S 2128 A – 4 – St 219, DB 2008, 92.
5) OFD Frankfurt v. 18.10.2007, S 2128 A – 4 – St 219, DB 2008, 92.
6) BFH v. 28.3.2000, VIII R 68/96, BFH/NV 2000, 1278.

b) Kapitalgesellschaft

1754 Bei der GmbH erhöhen die verdeckten Einlagen das Betriebsvermögen. Die Bewertung erfolgt mit dem Teilwert (§ 6 Abs. 1 Nr. 5 Satz 1 EStG i.V.m. § 8 Abs. 1 KStG). Sind abnutzbare Wirtschaftsgüter des Anlagevermögens Gegenstand der verdeckten Einlage, erhöht sich mithin das **Abschreibungsvolumen** der Gesellschaft, soweit sich aus § 7 Abs. 1 Satz 5 EStG keine Einschränkungen ergeben, weil die verdeckt eingelegten Wirtschaftsgüter vor der Einlage im Privatvermögen der Erzielung von Überschusseinkünften gedient haben.[1]

Die verdeckten Einlagen dürfen aber das Einkommen der Gesellschaft nicht erhöhen (§ 8 Abs. 3 Satz 4 KStG). Soweit sie den der Einkommensermittlung zu Grunde gelegten Gewinn (Jahresüberschuss oder Steuerbilanzgewinn) erhöht haben, sind sie mithin außerhalb der Bilanz wieder abzuziehen.

Die auf der verdeckten Einlage beruhende Vermögensmehrung ist dem **steuerlichen Einlagekonto** zuzuführen (§ 27 Abs. 1 Satz 1 KStG).

c) Schenkungsteuerliche Folgen

1755 Verdeckte Einlagen können schenkungsteuerliche Folgen auslösen. Zwar hat der BFH mit Urteil vom 9.12.2009[2] entschieden, dass wenn ein Gesellschafter einer Kapitalgesellschaft im Wege einer offenen oder verdeckten Einlage einen Vermögenswert zuführt und sich infolge dieses Vermögenszugangs der gemeine Wert sämtlicher Anteile an der Kapitalgesellschaft erhöht, die Werterhöhung der Beteiligungsrechte der anderen Gesellschafter grundsätzlich keine steuerbare Zuwendung i.S.d. § 7 Abs. 1 Nr. 1 ErbStG an diese darstellt; jedoch ist für Erwerbe, für die die Steuer nach dem 13.12.2011 entsteht, die als Folge dieser Rechtsprechung vorgenommene Gesetzesänderung des § 7 Abs. 8 Satz 1 ErbStG zu prüfen.[3] Seit Inkrafttreten der Gesetzesänderung ist gesetzlich festgelegt, dass auch die bloße Werterhöhung von Anteilen an einer Kapitalgesellschaft schenkungsteuerbar sein kann (§ 7 Abs. 8 Satz 1 ErbStG). Kommt es zu einer Schenkung durch eine Kapitalgesellschaft, ist bezüglich der Besteuerung nicht auf das Verhältnis zwischen der Kapitalgesellschaft und dem Beschenkten abzustellen, sondern stattdessen kommt es auf das persönliche Verhältnis des Beschenkten zu derjenigen natürlichen Person an, die an der Kapitalgesellschaft beteiligt ist und die die Schenkung veranlasst hat (§ 15 Abs. 4 ErbStG), was sich v.a. im Hinblick auf die maßgebende Steuerklasse und Freibeträge günstig auswirkt. Auch hat der Gesetzgeber festgelegt, dass verdeckte Gewinnausschüttungen und verdeckte Einlagen zwischen verbundenen Körperschaften grundsätzlich keine freigebigen Zuwendungen darstellen (§ 7 Abs. 8 Satz 2 ErbStG).

Für Erwerbe, für die die Steuer nach dem 13.12.2011 entsteht, fingiert § 7 Abs. 8 Satz 1 ErbStG eine Schenkung zwischen dem an eine Kapitalgesellschaft Leistenden und der natürlichen Person oder Stiftung, die an der Kapitalgesellschaft unmittelbar oder mittelbar beteiligt ist, und deren Anteile an der Gesellschaft durch die Leistung im gemeinen Wert steigen. Anders als nach § 7 Abs. 1 Nr. 1 ErbStG kommt es im Rahmen des § 7 Abs. 8 Satz 1 ErbStG weder auf die unmittelbare Zuwendung von Sachsubstanz an den Bedachten noch auf den Willen zur Unentgeltlichkeit an.

Leistungen i.S.d. § 7 Abs. 8 Satz 1 ErbStG sind insbesondere Sacheinlagen und Nutzungseinlagen. Sofern allerdings auch die anderen Gesellschafter in einem zeitlichen und sachlichen Zusammenhang Leistungen an die Gesellschaft erbringen, die insge-

---

1) Zu § 7 Abs. 1 Satz 5 EStG vgl. BMF v. 27.10.2010, IV C 3 – S 2190/09/10007, DStR 2010, 2304.
2) BFH v. 9.12.2009, II R 28/08, BStBl II 2010, 566; BFH v. 25.10.1995, BStBl II 1996, 160.
3) Hierzu ausführlich Gleichlautender Ländererlass v. 14.3.2012, BStBl I 2012, 331.

samt zu einer den Beteiligungsverhältnissen entsprechenden Werterhöhung der Anteile aller Gesellschafter führen, ist keine steuerbare Leistung i.S.d. § 7 Abs. 8 Satz 1 ErbStG gegeben.[1] Damit unterliegen insbesondere die durch disquotale Einlagen in eine Kapitalgesellschaft verursachten Anteilswerterhöhungen derjenigen Gesellschafter der Schenkungsteuer, die keine entsprechenden Einlagen geleistet haben.

Beratungshinweis:

Gegenstand der Steuerbefreiung nach §§ 13a, 13b Abs. 1 Nr. 3 ErbStG ist der Erwerb von Anteilen an Kapitalgesellschaften, nicht aber die Werterhöhung solcher Anteile, die sie auf Grund von Leistungen an die Kapitalgesellschaft i.S.d. § 7 Abs. 8 ErbStG erfahren. Daher ist die Steuerbefreiung nach § 13a ErbStG in den Fällen des § 7 Abs. 8 ErbStG nicht zu gewähren.[2]

Verluste im Einkommensteuerrecht

von Lothar Rosarius

INHALTSÜBERSICHT   Rz.

I. Vorbemerkung 1756–1759
II. Besondere Verlustausgleichsbeschränkungen 1760–1794
   1. Bedeutung besonderer Verlustausgleichsbeschränkungen 1760–1764
   2. Verluste aus gewerblicher Tierzucht und gewerblicher Tierhaltung 1765–1766
   3. Verluste aus gewerblichen Differenzgeschäften 1767–1768
   4. Verluste bei beschränkter Haftung 1769
   5. Verluste aus der Veräußerung von Beteiligungen an Kapitalgesellschaften . 1770–1773
   6. Verluste aus stillen Beteiligungen 1774–1775
   7. Verluste bei Einkünften aus Kapitalvermögen 1776–1779
   8. Verluste aus sonstigen Leistungen 1780
   9. Verluste aus privaten Veräußerungsgeschäften 1781–1782
  10. Negative ausländische Einkünfte 1783–1786
  11. Verluste im Zusammenhang mit Steuerstundungsmodellen 1787–1794
III. Verlustrücktrag und Verlustvortrag nach § 10d EStG 1795–1802
IV. Verlustverrechnung nach Maßgabe des § 10d EStG 1803–1805

I. Vorbemerkung

Im deutschen Einkommensteuerrecht gilt grundsätzlich das sog. **Nettoprinzip**. Dies bedeutet insbesondere, dass der Stpfl. nur mit den Einkünften besteuert wird, die ihm nach Abzug seiner Aufwendungen im Rahmen seines Erwerbseinkommens (die sieben Einkunftsarten) zur Verfügung stehen (**objektives Nettoprinzip**). Sind die Aufwendungen in einer Einkunftsart höher als die Erträge innerhalb derselben Einkunftsart, entsteht ein Verlust bzw. ein Unterschuss. Das Nettoprinzip gebietet es grundsätzlich, diesen Verlust bzw. Unterschuss mit anderen positiven Einkünften desselben

1756

---

1) Hierzu ausführlich Gleichlautender Ländererlass v. 14.3.2012, BStBl I 2012, 331.
2) So Gleichlautender Ländererlass v. 14.3.2012, BStBl I 2012, 331.

Veranlagungszeitraums auszugleichen. Insoweit ist das Nettoprinzip gleichzeitig Ausprägung des verfassungsrechtlichen Gebots der Besteuerung nach der Leistungsfähigkeit.

1757 Dem objektiven Nettoprinzip stehen jedoch **typisierende Regelungen** im besonderen Steuerrecht nicht entgegen.[1)] Insbesondere ist der Gesetzgeber nicht verpflichtet, sämtliche Verluste sofort und in vollem Umfang zum Ausgleich oder zur Verrechnung zuzulassen. Es genügt vielmehr verfassungsrechtlichen Grundsätzen, dass die Verluste überhaupt irgendwann steuerlich berücksichtigt werden.[2)]

1758 Sowohl innerhalb der einzelnen Einkunftsarten (horizontaler Verlustausgleich) als auch zwischen den einzelnen Einkunftsarten (vertikaler Verlustausgleich) ist ein uneingeschränkter Verlustausgleich möglich, soweit nicht die im EStG ansonsten enthaltenen, besonderen Verlustausgleichsbeschränkungen eingreifen. Außerdem ist – allerdings nur jährlich bis zu einer bestimmten Obergrenze – eine periodenübergreifende Verlustverrechnung möglich.

1759 Bei der **Zusammenveranlagung von Ehegatten** werden nach § 26b EStG die von diesen erzielten Einkünfte zusammengerechnet, den Ehegatten gemeinsam zugerechnet und, soweit nichts anderes vorgeschrieben ist, die Ehegatten sodann gemeinsam als ein Stpfl. behandelt. Entsprechendes gilt nach § 2 Abs. 8 EStG für Lebenspartner. § 2 EStG enthält keine gesonderten Regelungen zum Verlustausgleich bei der Ehegattenbesteuerung, so dass eine einheitliche und gemeinsame Ermittlung der Summe der Einkünfte durchzuführen ist. Dies hat auch zur Folge, dass Verluste des einen Ehegatten ohne jede Einschränkung mit positiven Einkünften des anderen Ehegatten ausgeglichen werden können. Beim Wechsel zwischen Zusammenveranlagung und Einzelveranlagung (bzw. bis 2012 zwischen Zusammenveranlagung und getrennter Veranlagung) können die Verluste aus Jahren der Zusammenveranlagung bei der getrennten oder Einzelveranlagung nur insoweit verrechnet werden, wie sie der einzelne Stpfl. selbst erlitten hat. Eine Verrechnung zwischen den Ehegatten erfolgt nach § 62d Abs. 1 EStDV nicht.

II. Besondere Verlustausgleichsbeschränkungen

1. Bedeutung besonderer Verlustausgleichsbeschränkungen

1760 Steuerpolitischer Hintergrund der besonderen Verlustausgleichsbeschränkungen des EStG ist es, eine Steuerminderung durch die Verrechnung positiver Einkünfte mit Verlusten aus volkswirtschaftlich nicht erwünschter Tätigkeit zu verhindern (z.B. § 15b EStG) oder Verluste von der Verrechnung auszuschließen, die der Stpfl. wirtschaftlich nicht zu tragen hat (z.B. § 15a EStG). Des Weiteren wird die Verrechnung von Verlusten dann ausgeschlossen, wenn und soweit eine Steuergestaltung nur zur „Produktion" von Verlusten möglich wäre, ohne dass ein wirtschaftlich vernünftiger Hintergrund für eine solche Gestaltung besteht (z.B. § 23 Abs. 3 Satz 7 EStG).

1761 Schließen die nachfolgend dargestellten Vorschriften den Ausgleich mit positiven Einkünften aus, ist regelmäßig auch die periodenübergreifende Verlustverrechnung ausgeschlossen. Im Verhältnis zu § 10d EStG sind diese Sondervorschriften stets vorrangig zu beachten. Die allgemeinen Verlustverrechnungsbeschränkungen des § 10d EStG kommen somit hinsichtlich dieser Verluste nur zur Anwendung, wenn nach den besonderen Verlustausgleichsbeschränkungen ein Ausgleich und eine Verrechnung der Verluste überhaupt möglich sind.

---

1) BVerfG v. 10.4.1997, 2 BvL 77/92, BStBl II 1997, 518.
2) BVerfG v. 30.9.1998, 2 BvR 1818/91, BGBl. I 1998, 3430.

Die Sonderregelungen des EStG sind zunächst in **einkunftsartbezogene** und **einkunftsartunabhängige Verlustausgleichsbeschränkungen** zu unterscheiden. Nach der logischen Hierarchie der Regelungen zueinander sind zunächst die einkunftsartbezogenen Regelungen zu prüfen. Besteht danach keine Ausgleichsbeschränkung, sind im zweiten Schritt die einkunftsartunabhängigen Regelungen zu prüfen. Erst wenn feststeht, dass auch danach keine Ausgleichsbeschränkung besteht, ist im letzten Schritt § 10d EStG zu beachten. Beim Zusammentreffen mehrerer einschlägiger Verlustausgleichsbeschränkungen ist dabei stets diejenige mit den weitergehenden Einschränkungen zu berücksichtigen. Besteht danach keine Ausgleichsbeschränkung, sind im zweiten Schritt die einkunftsartunabhängigen Regelungen zu prüfen. Erst wenn feststeht, dass auch danach keine Ausgleichsbeschränkung besteht, ist im letzten Schritt § 10d EStG zu beachten. 1762

Zu den **einkunftsartbezogenen Sonderregelungen** gehören: 1763

– § 15 Abs. 2 Satz 1 EStG: Verluste aus gewerblicher Tierzucht und gewerblicher Tierhaltung,
– § 15 Abs. 4 Satz 3 EStG: Verluste aus gewerblichen Differenzgeschäften,
– § 15 Abs. 4 Satz 6 EStG: Verluste aus atypischen stillen Beteiligungen, Unterbeteiligungen und sonstigen Innengesellschaften an einer Kapitalgesellschaft,
– § 15a EStG: Verluste bei beschränkter Haftung,
– § 17 Abs. 2 EStG: Verluste aus der Veräußerung von Beteiligungen,
– § 20 Abs. 6 EStG: Verluste bei Einkünften aus Kapitalvermögen,
– § 22 Nr. 3 EStG: Verluste aus sonstigen Leistungen und
– § 23 Abs. 3 Satz 7 f. EStG: Verluste aus privaten Veräußerungsgeschäften.

Einkunftsartunabhängige Verlustausgleichsbeschränkungen enthält das EStG in: 1764

– § 2a Abs. 1 EStG: negative ausländische Einkünfte sowie in
– § 15b EStG: Verluste im Zusammenhang mit Steuerstundungsmodellen.

2. Verluste aus gewerblicher Tierzucht und gewerblicher Tierhaltung

Verluste, die aus gewerblicher Tierzucht oder gewerblicher Tierhaltung erwirtschaftet werden, sind nach § 15 Abs. 4 Satz 1 EStG **weder innerhalb der Einkünfte aus Gewerbebetrieb noch mit anderen Einkünften ausgleichsfähig**.[1)] Werden solche Einkünfte in mehreren verschiedenen Betrieben desselben Stpfl. oder des mit dem Stpfl. zusammenveranlagten Ehegatten erzielt, ist insoweit ein horizontaler Verlustausgleich möglich.[2)] Zusätzlich ist eine Verrechnung der nicht ausgleichsfähigen Verluste über den Verlustvor- und -rücktrag mit in den Vor- oder Rücktragsjahren erwirtschafteten Einkünften aus gewerblicher Tierzucht oder gewerblicher Tierhaltung oder entsprechenden Gewinnen des mit dem Stpfl. zusammenveranlagten Ehegatten möglich.[3)] Allerdings sind im Rahmen des Verlustvor- oder -rücktrags zusätzlich die Beschränkungen des § 10d EStG zu beachten. 1765

Unter gewerblicher Tierzucht und Tierhaltung ist jede Tätigkeit zu verstehen, die sich mit der Zucht, Aufzucht oder Haltung von Tieren befasst und die deshalb als Gewerbebetrieb eingestuft wird, weil keine ausreichenden Nutzflächen als Futtergrundlage zur Verfügung stehen.[4)] Verluste aus einer Tierzucht oder -haltung, die keine hinrei- 1766

---
1) § 15 Abs. 4 EStG ist weder verfassungsrechtlich noch europarechtlich zu beanstanden; BFH v. 24.4.2012, IV B 84/11, BFH/NV 2012, 1313.
2) BFH v. 6.7.1989, IV R 116/87, BStBl II 1989, 787.
3) BFH v. 1.2.1990, IV R 45/89, BStBl II 1991, 625.
4) BFH v. 12.8.1982, IV R 69/79, BStBl II 1983, 36.

chende Futtergrundlage in Gestalt von Pflanzen oder Pflanzenteilen voraussetzt (z.B. Nerzzucht), unterliegen deshalb auch nicht dem Verlustausgleichsverbot.[1] Die erforderlichen Nutzflächen sind nach § 13 Abs. 1 EStG i.V.m. §§ 51, 51a BewG zu berechnen. Soweit ein land- und forstwirtschaftlicher Betrieb, der Tierzucht oder Tierhaltung betreibt, aus anderen Gründen als Gewerbebetrieb eingestuft wird, greift das Verlustausgleichsverbot des § 15 Abs. 4 Satz 1 EStG nicht ein. Dies gilt auch, wenn die Tierzucht oder Tierhaltung als Nebenbetrieb einer gewerblichen Tätigkeit ausgeübt wird.[2] Ist die gewerbliche Tierzucht oder Tierhaltung dagegen die Haupttätigkeit des Betriebs und werden daneben noch weitere gewerbliche Tätigkeiten in demselben Betrieb ausgeübt, dürfen Verluste i.S.d. § 15 Abs. 4 Satz 1 EStG nicht mit Gewinnen aus diesen anderen gewerblichen Einkünften aus demselben Betrieb verrechnet werden.[3]

3. Verluste aus gewerblichen Differenzgeschäften

1767 Termin- oder Differenzgeschäfte im Privatvermögen unterliegen bei Erwerb des Rechts oder Rechtsbegründung nach dem 31.12.2008 der Besteuerung nach § 20 EStG. Für Verluste aus solchen Geschäften im Privatvermögen gelten damit automatisch auch die Verlustausgleichsbeschränkungen des § 20 Abs. 6 EStG. Zur Gleichbehandlung solcher Geschäfte, die im Privat- und im Betriebsvermögen getätigt werden, besteht nach § 15 Abs. 4 Satz 3 EStG ein entsprechendes **Verlustausgleichsverbot auch für gewerbliche Einkünfte**. Danach dürfen Verluste aus Differenzgeschäften im betrieblichen Bereich nur mit Gewinnen aus gleichartigen Geschäften ausgeglichen werden. Dies gilt auch für den Ausgleich mit Gewinnen innerhalb desselben Gewerbebetriebs. Soweit ein Verlustausgleich mit Gewinnen i.S.d. § 15 Abs. 4 Satz 3 EStG in demselben Veranlagungszeitraum nicht möglich ist, ist ein Verlustabzug im Wege des Verlustvor- oder -rücktrags nach Maßgabe des § 10d EStG mit in den Vor- oder Rücktragsjahren erzielten gewerblichen Einkünften aus Differenzgeschäften möglich.

1768 Das Verlustausgleichsverbot des § 15 Abs. 4 Satz 3 EStG greift grundsätzlich nicht ein, wenn und soweit die Differenzgeschäfte **zum gewöhnlichen Geschäftsverkehr** bei Kreditinstituten, Finanzdienstleistungsinstituten und Finanzunternehmen i.S.d. Kreditwesengesetzes[4] gehören. Gleichfalls gilt das Verlustausgleichsangebot dann nicht, wenn das Differenzgeschäft zur **Absicherung von Geschäften des gewöhnlichen Geschäftsverkehrs** dient (z.B. Devisentermingeschäft zur Risikominimierung einer Auslandsverbindlichkeit). Soweit es sich um Differenzgeschäfte auf Aktien handelt, die zur Absicherung von Aktiengeschäften dienen (Hedging), besteht auf jeden Fall ein Verlustausgleichsverbot. Damit werden insbesondere Verluste aus Sicherungsgeschäften im Aktienhandel durch Optionen und andere Termingeschäfte von der Verrechnung mit anderen Einkünften ausgeschlossen, wenn der Veräußerungsgewinn aus dem Grundgeschäft ganz oder teilweise nicht besteuert wird. Dies ist in der Privilegierung von Gewinnen aus Aktiengeschäften durch § 3 Nr. 40 EStG und § 8b KStG begründet. Ohne dieses Verlustverrechnungsverbot wäre es möglich, Gewinne aus Aktiengeschäften ganz oder zumindest teilweise steuerfrei zu vereinnahmen, Verluste aus Sicherungsgeschäften dagegen mit anderen Einkünften zu verrechnen.

4. Verluste bei beschränkter Haftung

1769 Verlustanteile, die nach gesellschaftsrechtlicher Vereinbarung einem **beschränkt haftenden Gesellschafter** zugerechnet werden, dürfen nach § 15a Abs. 1 EStG weder mit

---

1) BFH v 19.12.2002, IV R 47/01, BStBl II 2003, 507.
2) BFH v. 1.2.1990, IV R 45/89, BStBl II 1991, 625.
3) BFH v. 21.9.1995, IV R 96/94, BStBl II 1996, 85.
4) Gesetz über das Kreditwesen i.d.F. des Art. 2 Nr. 2 des Gesetzes v. 27.6.2013, BGBl. I 2013, 1862, zuletzt geändert durch das Gesetz zur Anpassung von Gesetzen auf dem Gebiet des Finanzmarktes v. 15.7.2014, BGBl. I 2014, 934.

anderen Einkünften ausgeglichen noch im Wege des Verlustabzugs zurück- oder vorgetragen werden, wenn durch diese Verlustzurechnung bei diesem Gesellschafter ein negatives Kapitalkonto entsteht oder sich ein bereits bestehendes negatives Kapitalkonto erhöht. Bei der Verlustausgleichsbeschränkung nach § 15a EStG handelt es sich um ein Verrechnungsverbot auf der Ebene der Ermittlung der Einkünfte. Soweit einem Kommanditisten zuzurechnende Verluste nach § 15a EStG ausgleichsfähig sind oder in späteren Jahren werden, sind zusätzlich die übrigen Ausgleichs- und Abzugsbeschränkungen, insbesondere § 15b EStG zu beachten, die der Anwendung des § 15a EStG vorgehen.[1]

5. Verluste aus der Veräußerung von Beteiligungen an Kapitalgesellschaften

Nach § 17 Abs. 1 EStG unterliegen Einkünfte aus der Veräußerung von Beteiligungen an Kapitalgesellschaften der Einkommensbesteuerung. Zur Anwendung des § 17 EStG reicht nach derzeit geltendem Recht bereits eine Beteiligung von **mindestens 1 %** aus. Entstehen durch diese Veräußerung der Gesellschaftsanteile eines in dieser Höhe Beteiligten Verluste, können diese grundsätzlich mit anderen Einkünften ausgeglichen werden. Veräußerungsgewinne aus einer nichtwesentlichen Beteiligung unterlagen dagegen zumindest bis einschließlich 2008 – abgesehen von privaten Veräußerungsgeschäften nach § 23 Abs. 1 Satz 1 Nr. 2 EStG – nicht der Besteuerung. Verluste aus der Veräußerung einer nichtwesentlichen Beteiligung konnten somit auch nicht mit steuerpflichtigen Einkünften verrechnet werden. Bei Erwerb einer nicht wesentlichen Beteiligung ab 2009 greifen die Besteuerung nach § 20 Abs. 2 Nr. 1 EStG und das Verlustausgleichsverbot nach § 20 Abs. 6 EStG ein. **1770**

Zur Verhinderung von Missbräuchen, insbesondere zur Vermeidung der Umstrukturierung von verlustbringenden nichtwesentlichen Beteiligungen in Beteiligungen i.H.v. mindestens 1 % enthält § 17 Abs. 2 EStG für bestimmte Fälle eine Einschränkung zur steuerlichen Berücksichtigung der Verluste. Soweit dieses **Verlustberücksichtigungsverbot** eingreift, werden die Verluste so gestellt, als wenn sie von einem nicht wesentlich Beteiligten erwirtschaftet worden wären. Sie können somit bei der Besteuerung **nicht berücksichtigt und ausgeglichen** werden. **1771**

Betroffen davon sind nach § 17 Abs. 2 Satz 6 Buchst. a EStG Verluste aus der Veräußerung von Beteiligungen, die der veräußernde Stpfl. erst innerhalb der letzten fünf Jahre unentgeltlich erworben hat, wenn nicht der Rechtsvorgänger den Veräußerungsverlust steuerlich hätte geltend machen können. Dadurch wird vermieden, dass durch die unentgeltliche **Zusammenfassung einer nicht wesentlichen Beteiligung mit anderen Anteilen** eine Beteiligung i.H.v. mindestens 1 % entsteht oder sich erhöht und damit der an sich nicht berücksichtigungsfähige Verlust in die Besteuerung einbezogen wird. **1772**

Gleiches gilt nach § 17 Abs. 2 Satz 6 Buchst. b EStG für die Veräußerung solcher Beteiligungen, die der veräußernde Stpfl. zwar entgeltlich erworben hat, die aber nicht innerhalb der gesamten letzten fünf Jahre vor der Veräußerung zu einer Beteiligung i.H.v. mindestens 1 % des Stpfl. gehört haben, soweit nicht durch den Erwerb eine Beteiligung i.H.v. mindestens 1 % begründet wurde oder eine bereits bestehende solche Beteiligung aufgestockt wurde. Durch diese Regelung soll verhindert werden, dass bei einer bestehenden nichtwesentlichen verlustträchtigen Beteiligung nur **durch den Hinzuerwerb weiterer Anteile eine Verlustausgleichsmöglichkeit geschaffen** wird. Hinsichtlich der vor Begründung der Beteiligung i.H.v. mindestens 1 % bereits vom Stpfl. gehaltenen Anteile ist eine Berücksichtigung der Verluste nicht möglich. **1773**

---

1) Vgl. BMF v. 17.7.2007, IV B 2 – S 2241 – b/07/0001, BStBl I 2007, 542.

6. Verluste aus stillen Beteiligungen

1774 Gewinnanteile, die eine Kapitalgesellschaft aus einer Beteiligung an einer anderen Kapitalgesellschaft bezieht, sind unter den Voraussetzungen des § 8b Abs. 1 KStG steuerfrei. Korrespondierend dazu dürfen Verluste aus einer solchen Beteiligung nicht als Betriebsausgabe berücksichtigt werden. Dieses Ergebnis könnte dadurch umgangen werden, dass eine Kapitalgesellschaft sich nicht unmittelbar an einer anderen Kapitalgesellschaft beteiligt, sondern mit ihr eine atypische stille Gesellschaft eingeht. Verlustanteile aus einer stillen Gesellschaft sind und bleiben auch bei Anwendung des § 8b KStG Betriebsausgaben.

1775 Dieses Ergebnis wird dadurch verhindert, dass in § 15 Abs. 4 Satz 6 EStG Verluste aus einer atypischen stillen Beteiligung, Unterbeteiligung oder sonstigen Innengesellschaft an einer Kapitalgesellschaft, bei welcher der Gesellschafter oder Beteiligte wiederum eine Kapitalgesellschaft und als Mitunternehmer anzusehen ist, ein Verlustausgleichsverbot aufgenommen wurde.[1] Verluste aus einer derartigen Beteiligung sind danach nur unter den Voraussetzungen des § 10d EStG mit Gewinnen aus derselben Unterbeteiligung oder Innengesellschaft verrechenbar. Dieses Verlustausgleichsverbot gilt nach § 20 Abs. 1 Nr. 4 Satz 2 EStG sinngemäß auch bei der Beteiligung als typischer stiller Gesellschafter und anderen Unterbeteiligungen und Innengesellschaften, bei denen eine Mitunternehmerschaft anzunehmen ist.

7. Verluste bei Einkünften aus Kapitalvermögen

1776 Bei den Einkünften aus Kapitalvermögen können Verluste nach § 20 Abs. 6 Satz 2 EStG nicht mit anderen positiven Einkünften ausgeglichen werden. Auch eine Verlustverrechnung mit anderen Einkünften nach § 10d EStG ist ausgeschlossen. § 20 Abs. 6 EStG sieht vielmehr einen Verlustausgleich und eine Verlustrechnung nur innerhalb der Einkünfte aus Kapitalvermögen vor. Ein Ausgleich und eine Verrechnung von negativen Einkünften aus anderen Einkunftsarten mit positiven Einkünften aus Kapitalvermögen ist dagegen grundsätzlich möglich. Hierzu ist jedoch eine Option zur Einbeziehung der Einkünfte aus Kapitalvermögen in die Einkommensteuerveranlagung nach § 32d Abs. 6 EStG erforderlich. Dies gilt nicht für Verluste aus privaten Veräußerungsgeschäften i.S.d. § 23 Abs. 1 EStG a.F., die letztmalig im Veranlagungszeitraum 2013 mit positiven Kapitaleinkünften ausgeglichen oder verrechnet werden konnten (§ 23 Abs. 3 Satz 9 EStG).

1777 Positive Einkünfte aus Kapitalvermögen werden nach § 20 Abs. 6 Satz 1 EStG zunächst mit in demselben Veranlagungszeitraum erzielten negativen Kapitalerträgen ausgeglichen, die bereits im Rahmen des Kapitalertragsteuerabzugs nach § 43a Abs. 3 EStG berücksichtigt wurden. Dies gilt insbesondere für vom Stpfl. bezahlte Stückzinsen und für Verluste aus der Veräußerung von Kapitalanlagen i.S.d. § 20 Abs. 2 EStG. Verbleibt nach Abzug der negativen Einkünfte desselben Veranlagungszeitraums ein positiver Betrag, kann dieser mit Verlusten aus privaten Veräußerungsgeschäften i. S. des § 23 Abs. 1 EStG a.F. letztmalig im Veranlagungszeitraum 2013 nach Maßgabe des § 23 Abs. 3 Satz 9 und 10 EStG verrechnet werden.

1778 Verluste aus Kapitalvermögen desselben Veranlagungszeitraums, die noch nicht beim Kapitalertragsteuerabzug nach § 43a Abs. 3 EStG berücksichtigt werden konnten, sind anschließend mit den verbleibenden positiven Einkünften auszugleichen. Ist ein Ausgleich in demselben Veranlagungszeitraum nicht möglich, sind sie in den folgenden Veranlagungszeiträumen mit dann erzielten Kapitalerträgen zu verrechnen. § 10d EStG ist weder unmittelbar anwendbar, noch wird auf diese Vorschrift Bezug genom-

---

1) Steuervergünstigungsabbaugesetz v. 16.5.2003, BGBl. I 2003, 660 = BStBl I 2003, 321; vgl. Anwendungsschreiben des BMF v. 19.11.2008, IV C 6 – S 2119/07/10001, BStBl I 2008, 970.

men. Dies hat u.a. zur Folge, dass die dort bestehende Begrenzung des Verlustvortrags für den Vortrag negativer Kapitalerträge nicht gilt.

Beim Verlustausgleich und bei der Verlustverrechnung innerhalb der Einkünfte aus Kapitalvermögen sind zusätzlich folgende Besonderheiten zu berücksichtigen. 1779

- Verluste, die aus der Veräußerung von Aktien entstehen, dürfen nur mit Gewinnen verrechnet werden, die gleichfalls aus der Veräußerung von Aktien entstehen.
- Verluste aus Kapitalvermögen, die der Kapitalertragsteuer unterliegen, dürfen in den Folgejahren nur verrechnet werden, wenn der Stpfl. eine Bescheinigung i.S.d. § 43a Abs. 3 Satz 4 EStG vorlegen kann. Beantragt der Stpfl. diese Bescheinigung nicht, berechtigt dies die auszahlende Stelle, in den Folgejahren bereits beim Kapitalertragsteuerabzug einen Verlustübertrag vorzunehmen. Der Verlustvortrag entfällt deshalb in diesen Fällen.

8. Verluste aus sonstigen Leistungen

Nach § 22 Nr. 3 EStG dürfen Verluste aus sonstigen Leistungen im Jahr ihres Entstehens **nicht mit anderen Einkünften ausgeglichen** werden und nicht durch Verlustrück- oder -vortrag zu einer Verrechnung mit anderen Einkünften führen. Ein **Ausgleich mit in demselben Veranlagungszeitraum entstehenden Überschüssen** aus sonstigen Leistungsgeschäften ist zulässig. Auch ein Abzug von Leistungsverlusten von in anderen Veranlagungszeiträumen anzusetzenden Überschüssen aus § 22 Nr. 3 EStG ist nach Maßgabe des § 10d EStG möglich. 1780

9. Verluste aus privaten Veräußerungsgeschäften

Die gleichen Verrechnungsbeschränkungen wie bei Verlusten aus privaten Leistungsgeschäften bestehen auch hinsichtlich der Verluste aus privaten Veräußerungsgeschäften i.S.d. § 23 EStG. Auch hier ist nur ein **Ausgleich von Verlusten** mit Überschüssen aus privaten **Veräußerungsgeschäften in demselben Veranlagungszeitraum** nach § 23 EStG möglich. Verluste aus privaten Veräußerungsgeschäften, die nicht in demselben Jahr mit Gewinnen aus solchen Geschäften ausgeglichen werden können, sind nach Maßgabe des § 10d EStG rücktrags- und vortragsfähig. Sie stehen dann in diesen Jahren zur Verrechnung mit Gewinnen aus privaten Veräußerungsgeschäften zur Verfügung. 1781

Verluste aus privaten Veräußerungsgeschäften i.S.d. § 23 EStG a.F. können auch mit Einkünften aus Kapitalvermögen i.S.d. § 20 Abs. 2 EStG n.F. ausgeglichen und nach Maßgabe § 10d EStG verrechnet werden. Zu beachten ist dabei aber, dass ein Verlustausgleich und eine Verlustverrechnung nur in Betracht kommen, wenn der Stpfl. die Einbeziehung der Einkünfte aus Kapitalvermögen nach § 32d Abs. 4 EStG in die Steuerfestsetzung beantragt. Diese Verlustverrechnung von Altverlusten aus privaten Veräußerungsgeschäften mit Einkünften aus Kapitalvermögen war letztmals für den Veranlagungszeitraum 2013 anzuwenden (§ 52a Abs. 11 Satz 11 EStG). 1782

10. Negative ausländische Einkünfte

Nach § 2a Abs. 1 EStG können Verluste aus bestimmten ausländischen Einkünften nicht mit positiven Einkünften aus anderen Staaten und mit inländischen Einkünften ausgeglichen oder von diesen abgezogen werden. Es ist lediglich ein Ausgleich mit **in demselben Jahr erwirtschafteten oder zukünftigen positiven Einkünften** der jeweils selben Art aus demselben Staat möglich. § 2a Abs. 1 EStG betrifft nur ganz spezifische, in der Vorschrift selbst aufgeführte Einkünfte und ist unabhängig davon anzuwenden, ob mit dem Staat, in dem die Einkünfte erwirtschaftet werden, ein DBA besteht oder nicht. Betroffen sind insbesondere negative Einkünfte aus einer in einem ausländi- 1783 schen Staat gelegenen land- und forstwirtschaftlichen oder gewerblichen Betriebsstätte.

1784 Das Verlustverrechnungsverbot nach § 2a Abs. 1 EStG gilt nach § 2a Abs. 2 EStG insbesondere dann nicht, wenn nachgewiesen werden kann, dass die negativen Einkünfte aus einer **gewerblichen Betriebsstätte** im Ausland stammen, die ausschließlich oder fast ausschließlich die Herstellung oder Lieferung von Waren, die Gewinnung von Bodenschätzen oder die Bewirkung von gewerblichen Leistungen zum Gegenstand hat. Die Herstellung von Waffen, Leistungen im Bereich des Fremdenverkehrs und die bloße Überlassung von Wirtschaftsgütern eröffnen diese Verlustverrechnungsmöglichkeit nicht.

1785 Erwirtschaftet ein Stpfl. gewerbliche Verluste aus einer Betriebsstätte in einem ausländischen Staat, mit dem ein DBA besteht, umfassen die Regelungen dieses DBA regelmäßig auch diese Verluste. Dabei wird das Besteuerungsrecht für die Einkünfte aus gewerblichen Betriebsstätten regelmäßig dem Belegenheitsstaat zugewiesen. Verluste aus solchen gewerblichen Betriebsstätten unterliegen somit ebenfalls nicht der deutschen Besteuerung und können im Rahmen der deutschen Besteuerung folglich auch nicht ausgeglichen werden. Nach DBA steuerbefreite Auslandsverluste können sich somit nur im Rahmen des sog. **negativen Progressionsvorbehalts** nach § 32b EStG auswirken.

1786 Nachdem der EuGH in zwei Urteilen die Europarechtswidrigkeit des § 2a EStG festgestellt hat,[1] wurde § 2a EStG dahingehend geändert, dass das Verlustausgleichsverbot nur noch im Verhältnis zu Drittstaaten gilt. Dies sind alle Staaten, die nicht Mitgliedsstaaten der EU oder des EWR sind, mit Ausnahme von Liechtenstein. Die Regelung ist rückwirkend in allen noch offenen Fällen anzuwenden. Gleichzeitig wurde durch das JStG 2009[2] das EStG dahingehend geändert, dass der negative Progressionsvorbehalt für bestimmte, nach DBA freigestellte Einkünfte, insbesondere für Verluste aus Betriebsstätten und unbeweglichem Vermögen, nicht mehr anzuwenden ist.

11. Verluste im Zusammenhang mit Steuerstundungsmodellen

1787 § 15b EStG betrifft die Beteiligung des Stpfl. an einem sog. Steuerstundungsmodell. Die Anwendung dieser Vorschrift hat zur Folge, dass die betreffenden Verluste weder mit anderen Einkünften ausgeglichen noch über den Verlustrück- oder -vortrag mit anderen Einkünften verrechnet werden können.[3] Andere Einkünfte in diesem Sinne sind nicht nur positive Einkünfte aus anderen Einkunftsarten, sondern auch positive Einkünfte aus derselben Einkunftsart, die aus anderen Einkunftsquellen stammen. Die Verluste können lediglich in folgenden Kalenderjahren mit positiven Einkünften aus derselben Einkunftsquelle verrechnet werden. Ein Verlustrücktrag ist ausgeschlossen, auch wenn in der Vergangenheit bereits positive Einkünfte aus dieser Einkunftsquelle bezogen worden sein sollten.

1788 Bei der Anwendung des § 15b EStG stellt sich die Frage, welche Einkünfte unter diese Regelung fallen. Der Gesetzgeber hat hier zur Bezeichnung der fraglichen Einkunftsquelle den neuen Begriff „Steuerstundungsmodell" gewählt. Was unter einem Steuerstundungsmodell zu verstehen ist, wird in § 15b Abs. 2 EStG definiert. Danach liegt ein solches vor, wenn auf Grund modellhafter Gestaltung steuerliche Vorteile in Form negativer Einkünfte erzielt werden sollen. Dies soll der Fall sein, wenn dem Stpfl. auf Grund eines vorgefertigten Konzepts die Möglichkeit geboten werden soll, zumindest

---

1) EuGH v. 21.2.2006, C-152/03, BFH/NV Beilage 2006, 225; EuGH v. 29.3.2007, C-347/04, BStBl II 2007, 492.
2) Jahressteuergesetz 2009 v. 19.12.2008, BGBl. I 2008, 2794 = BStBl I 2009, 74.
3) Zur Anwendung des § 15b EStG vgl. BMF v. 17.7.2007, IV B 2 – S 2241 – b/07/0001, BStBl I 2007, 542, das dieser Darstellung zu Grunde liegt.

in der Anfangsphase der Investition Verluste mit übrigen Einkünften zu verrechnen. Entscheidend ist für die Anwendung des § 15b EStG somit nicht die bloße Tatsache, dass Verluste erzielt werden. Vielmehr muss die modellhafte Konzeption bereits die Möglichkeit der Verlustverrechnung anbieten. Für die Modellhaftigkeit typisch ist die Bereitstellung eines Bündels an Haupt-, Zusatz- und Nebenleistungen, die es nach dem Konzept ermöglichen, den abziehbaren Aufwand zu erhöhen. Die bloße Möglichkeit, dass u.U. auch Verluste entstehen, wie es bei jeder unternehmerischen Beteiligung der Fall und Bestandteil des Mitunternehmerrisikos ist, reicht für die Anwendung des § 15b EStG nicht aus.[1] Auch Verluste, die nach der Konzeption nicht abzusehen waren (z.B. unerwarteter Mietausfall, Verlust oder Beschädigung des Anlagegegenstands), werden nicht betroffen.

1789 § 15b Abs. 3 EStG enthält eine Nichtbeanstandungsgrenze. Danach kommt die Vorschrift nicht zur Anwendung, wenn zwar in der Konzeption Verluste prognostiziert werden, diese aber in der Anfangsphase in ihrer Summe nicht mehr als 10 % des gezeichneten und nach dem Konzept auch aufzubringenden Kapitals ausmachen. Bei Einzelinvestoren wird dabei ausdrücklich auf das aufzubringende Eigenkapital abgestellt.

1790 § 15b EStG ist nicht nur bei gewerblichen Beteiligungen und Einkünften, sondern auch bei den Einkünften aus selbständiger Arbeit, Kapitalvermögen, Vermietung und Verpachtung und den sonstigen Einkünften anzuwenden.

1791 § 15b EStG betrifft vorrangig gewerblich tätige geschlossene Investmentfonds, die bisher mit hohen Verlustzuweisungsquoten Anleger zum Beitritt bewogen haben. Dies dürften v.a. die bisher mit dieser Intention betriebenen Film- und Fernsehfonds, Windenergiefonds, Schiffsbeteiligungsfonds und Wertpapierhandelsfonds sein. Letztlich kommt es aber auf die zivilrechtliche Art der Beteiligung (Gesellschaft oder Gemeinschaft) nicht an. § 15b EStG erfasst auch modellhafte Anlage- und Investitionstätigkeiten einzelner Stpfl. außerhalb einer Gesellschaft oder Gemeinschaft. Auch eine modellhafte gemeinsame Betätigung mehrerer Einzelpersonen (im Sinne eines Gesamtobjekts) ist nicht Voraussetzung. Betroffen sind damit auch Einzelpersonen, wenn diese eine Investition mit modellhaftem Charakter tätigen. Dies gilt z.B. dann, wenn sämtliche zum Vertrieb angebotenen Anteile von einem Anleger übernommen werden.

1792 Fonds und andere Beteiligungs- und Anlagemodelle, die nicht vorrangig darauf angelegt sind, ihren Anlegern Verluste zuzuweisen, sondern die ihren Anlageerfolg in der Steuerfreiheit ihrer Renditen sehen und damit werben, sind nicht von den Regelungen des § 15b EStG betroffen. Dies gilt z.B. für vermögensverwaltende Venture Capital Fonds und Private Equity Fonds.

1793 Die nach § 15b Abs. 1 EStG nicht ausgleichsfähigen Verluste sind jährlich gesondert festzustellen. Der Feststellungsbescheid nach § 15b Abs. 4 EStG ist Grundlagenbescheid für die Verlustverrechnung in späteren Wirtschafts- oder Kalenderjahren. Der im jeweiligen Wirtschafts- oder Kalenderjahr entstehende Verlust wird im Rahmen des zu erlassenden Feststellungsbescheids dem bisherigen Verlustverrechnungsvolumen hinzugerechnet. Dabei ist der erneute Feststellungsbescheid nur insoweit anfechtbar, als sich der Verlust gegenüber dem zum Ende des letzten Kalenderjahres festgestellten Verlust verändert hat.

1794 Die Verlustverrechnung in späteren Wirtschafts- oder Kalenderjahren erfolgt nach § 15b Abs. 1 Satz 2 EStG. Diese Vorschrift enthält weder die Anweisung, dass § 10d EStG sinngemäß anzuwenden ist, noch dass die Verlustverrechnung nach Maßgabe des § 10d EStG zu erfolgen hat. Dies bedeutet insbesondere, dass die Verluste ohne Beschränkung der Höhe nach weder in einem gesonderten Verrechnungskreis noch

---

1) Vgl. BFH v. 6.2.2014, IV R 59/10, BStBl II 2014, 465.

mit Einfluss auf die Höhe der ggf. im Übrigen zu verrechnenden Verluste verrechnet werden können.

III. Verlustrücktrag und Verlustvortrag nach § 10d EStG

1795 Nach § 10d EStG besteht die Möglichkeit, im jeweiligen Veranlagungszeitraum nicht ausgeglichene negative Einkünfte in das Vorjahr zurückzutragen oder zeitlich unbefristet vorzutragen. Diese **Verlustverrechnung nach** § 10d EStG bezieht sich nach dem Gesetzeswortlaut auf negative Einkünfte, die bei der Ermittlung des Gesamtbetrags der Einkünfte nicht ausgeglichen werden können. Diese Formulierung des Gesetzes ist etwas irreführend. Nach § 10d EStG werden nicht etwa Negativbeträge aus den einzelnen Einkunftsarten verrechnet, der Verlustrück- und -vortrag wird vielmehr hinsichtlich des verbleibenden negativen Saldos aus allen Einkunftsarten vorgenommen, soweit kein einkunftsartspezifisches Verlustverrechnungsverbot besteht. Die periodenübergreifende Verlustverrechnung ist auf Verluste des Stpfl. bzw. der Zusammenveranlagungsgemeinschaft beschränkt. Die früher von der Rechtsprechung entwickelten Grundsätze zur Vererbbarkeit eines Verlustvortrags[1] wurden zwischenzeitlich aufgehoben. Der Erbe kann danach vom Erblasser nicht ausgenutzte Verlustabzüge nicht bei seiner eigenen Veranlagung geltend machen.[2]

1796 Nach der Systematik des § 10d EStG ist zunächst die Möglichkeit des Verlustrücktrags in den dem Verlustentstehungsjahr vorangegangenen Veranlagungszeitraum zu prüfen. Der **Verlustrücktrag** ist dabei grundsätzlich nicht von einem Antrag des Stpfl. abhängig, sondern von Amts wegen durch die FinVerw vorzunehmen. Der Stpfl. hat allerdings die Möglichkeit, durch einen formlosen Antrag auf die Durchführung des Verlustrücktrags ganz oder teilweise zu verzichten. Eine Begründung für einen solchen Antrag ist nicht erforderlich. Der Antrag kann bis zum Eintritt der Bestandskraft des Verlustfeststellungsbescheids des Verlustentstehungsjahres gestellt, geändert oder widerrufen werden.[3]

1797 Der Verlustrücktrag ist ab dem Verlustentstehungsjahr 2013 auf einen **Betrag von 1 Mio. € je Stpfl. begrenzt**.[4] Für in Vorjahren nicht ausgleichsfähige Verluste galt eine Begrenzung auf 511 500 €. Bei zusammen zur Einkommensteuer veranlagten Ehegatten verdoppeln sich diese Beträge auf 2 Mio. € bzw. 1 023 000 €. Der danach vorzunehmende Verlustrücktrag ist rechnerisch vor dem Abzug der Sonderausgaben, außergewöhnlichen Belastungen und sonstigen Abzüge vom Gesamtbetrag der Einkünfte vorzunehmen. Die Verrechnung der Verluste erfolgt dabei grundsätzlich bis zur vollen Höhe des Gesamtbetrags der Einkünfte, soweit nicht vom Stpfl. eine Begrenzung des Verlustrücktrags beantragt wurde. Sonderausgaben, außergewöhnliche Belastungen sowie sonstige Abzüge einschließlich der Grundfreibeträge können bei nicht sachgerechter Antragsausübung somit ggf. ohne Auswirkung bleiben.

1798 Soweit ein bei der Ermittlung des Gesamtbetrags der Einkünfte nicht ausgeglichener Verlust nicht im Wege des Verlustrücktrags verrechnet wird, ist er **zeitlich unbegrenzt im Wege des Verlustvortrags** in den auf das Verlustentstehungsjahr folgenden Veran-

---

1) Vgl. BFH v. 13.11.1979, VIII R 193/77, BStBl II 1980, 188; BFH v. 16.5.2001, I R 76/99, BStBl II 2002, 487.
2) BFH v. 17.12.2007, GrS 2/04, BStBl II 2008, 608; vgl hierzu Vfg. der OFD Rheinland v. 21.2.2012, S 2225-St 143, www.stotax-first.de.; vgl. hierzu auch R 10d Abs. 9 EStR 2012, insbesondere zur Übertragung zwischen Ehegatten und bei der Übertragung eines Betriebs, Teilbetriebs oder Mitunternehmeranteils.
3) BFH v. 17.9.2008, IX R 72/06, BStBl II 2009, 639.
4) Änderung des § 10d Abs. 1 EStG durch das Gesetz zur Änderung und Vereinfachung der Unternehmensbesteuerung und des steuerlichen Reisekostenrechts v. 20.2.2013, BGBl. I 2013, 285.

lagungszeiträumen zu verrechnen. Auch hier erfolgt die Verrechnung vorrangig vor Abzug der Sonderausgaben, außergewöhnlichen Belastungen und sonstigen Abzüge. Der Stpfl. hat im Gegensatz zum Verlustrücktrag allerdings hier weder dem Grunde noch der Höhe nach ein Wahlrecht. Der Verlustvortrag erfolgt stets von Amts wegen und bis zur vollen Höhe des Gesamtbetrags der Einkünfte. Sonderausgaben, außergewöhnliche Belastungen und sonstige Abzüge einschließlich des Grundfreibetrags bei der Einkommensteuerberechnung können somit ins Leere gehen.[1]

1799 Der Verlustvortrag ist im jeweiligen Verrechnungsjahr nicht in unbegrenzter Höhe vorzunehmen. Der Abzugsbetrag ist vielmehr begrenzt auf einen **Höchstbetrag von 1 Mio. € zzgl. 60 % des über 1 Mio. € hinausgehenden Gesamtbetrags der Einkünfte**. Bei zur Einkommensteuer zusammenveranlagten Ehegatten beträgt der Sockelbetrag 2 Mio. €.

> **Beispiele:**
> Der ledige Stpfl. A kann im Veranlagungszeitraum 2013 einen Verlust aus Gewerbebetrieb von 2 000 000 € nicht mit positiven Einkünften ausgleichen. Auf den Verlustrücktrag in den VZ 2012 verzichtet A, weil für dieses Jahr die Einkommensteuer bereits mit 0 € festgesetzt ist. Im VZ 2014 beträgt der Gesamtbetrag seiner Einkünfte
> a) 900 000 €
> b) 1 200 000 €
>
> Der Verlustvortrag in den VZ 2014 ist grundsätzlich auf 1 Mio. € zzgl. 60 % des 1 Mio. € übersteigenden Gesamtbetrags der Einkünfte begrenzt. Der Verlustvortrag beträgt somit
> a) 900 000 €
> b) 1 000 000 € zzgl. 60 % von 200 000 € = 1 120 000 €.
>
> Im Fall b) verbleibt somit ein Einkommen vor Abzug der Sonderausgaben, außergewöhnlichen Belastungen und sonstigen Abzugsbeträge i.H.v. 80 000 €. Der nicht verrechnete Verlustvortrag i.H.v. 1 100 000 € im Fall a) und 880 000 € im Fall b) ist nach § 10d Abs. 4 EStG als verbleibender Verlustvortrag gesondert festzustellen.

1800 Weder durch Verlustausgleich im Entstehungsjahr noch durch Verlustrücktrag oder -vortrag ausgeglichene Verluste sind zum Schluss jeden Veranlagungszeitraums nach § 10d Abs. 4 EStG gesondert festzustellen. Der Feststellungsbescheid nach § 10d Abs. 4 EStG ist Grundlagenbescheid i.S.d. § 171 Abs. 10 AO für die künftige Berücksichtigung von Verlustvorträgen. Über die Berücksichtigung und die Höhe eines Verlustrücktrags ist dagegen unabhängig vom Vorliegen eines Feststellungsbescheids im jeweiligen Rücktragsjahr zu entscheiden.[2] Weder der Einkommensteuerbescheid des Verlustentstehungsjahres noch ein evtl. bereits erlassener Feststellungsbescheid nach § 10d Abs. 4 EStG besitzen insoweit eine Bindungswirkung.[3] Die Änderung des Einkommensteuerbescheids für das Rücktragsjahr und damit die Durchführung des Verlustrücktrags ist auch nicht davon abhängig, ob für das Verlustentstehungsjahr bereits ein Einkommensteuerbescheid erlassen wurde oder überhaupt noch ergehen kann.[4] Das Wahlrecht, einen Verlust zurückzutragen oder vom Verlustrücktrag ganz oder teilweise abzusehen, kann bis zum Eintritt der Festsetzungsverjährung des zum Ende des Verlustentstehungsjahrs zu erlassenden Feststellungsbescheids nach § 10d Abs. 4 EStG ausgeübt, geändert oder widerrufen werden.[5]

1801 Im Rahmen eines **Verlustvortrags** können Verluste dagegen nur berücksichtigt werden, wenn sie **zuvor in einem Feststellungsbescheid** nach § 10d Abs. 4 EStG geson-

---
1) Verfassungsrechtlich nicht zu beanstanden; BFH v. 9.4.2010, IX B 191/09, BFH/NV 2010, 1270 m.w.N.
2) BFH v. 5.10.2005, XI B 39/04, BFH/NV 2006, 286.
3) BFH v. 23.1.2003, IV R 64/01, BFH/NV 2003, 904.
4) FG Köln v. 26.6.2003, 10 K 9022/98, EFG 2003, 1447 (rkr.).
5) BFH v. 17.9.2008, IX R 72/06, BStBl II 2009, 639.

dert festgestellt worden sind. Wurden die Verluste im Entstehungsjahr nicht bei der ESt-Festsetzung berücksichtigt und wurde folglich auch kein Feststellungsbescheid erlassen, ist grundsätzlich auch kein Verlustvortrag möglich. Der Feststellungsbescheid kann jedoch auch bei bereits vorliegendem ESt-Bescheid für das Verlustentstehungsjahr noch nachträglich erlassen werden. Nach Auffassung des BFH kann in einem solchen Fall die Feststellung des verbleibenden Verlustabzugs bis zum Eintritt der Feststellungsverjährung jederzeit nachgeholt werden.[1]

1802 Ist der **ESt-Bescheid ergangen, verfahrensrechtlich bestandskräftig** und weder unter dem Vorbehalt der Nachprüfung noch hinsichtlich des Bereichs, den der Verlust betrifft, vorläufig ergangen, bestand nach älterer BFH-Rechtsprechung **keine Möglichkeit mehr zum Erlass eines Feststellungsbescheids.**[2] Das Recht auf Durchführung des Verlustvortrages war damit erloschen. Diese restriktive Rechtsprechung hat der BFH zwischenzeitlich aufgegeben. Ein verbleibender Verlustvortrag ist demnach auch dann erstmals gesondert festzustellen, wenn der ESt-Bescheid des Verlustentstehungsjahres zwar formell- und materiellrechtlich bestandskräftig ist, darin aber keine nicht ausgeglichenen negativen Einkünfte oder solche unzutreffend berücksichtigt worden sind.[3] Ist die Verlustfeststellung trotz im Rahmen des ESt-Bescheids erfasster, aber nicht ausgeglichener Verluste unterblieben, kann die Feststellung solange nachgeholt werden, wie die Feststellungsfrist noch nicht abgelaufen ist. Diese endet nach Auffassung des BFH solange nicht, als die unterbliebene Feststellung für künftige ESt-Festsetzungen oder Verlustfeststellungen von Bedeutung ist.[4] Ein verbleibender Verlustabzug aus früheren Veranlagungszeiträumen kann aber nicht mehr gesondert festgestellt werden, wenn der Stpfl. in den folgenden, aber bereits festsetzungsverjährten Veranlagungszeiträumen, in die der Verlust hätte vorgetragen werden müssen, über zur Verlustkompensation ausreichende Beträge verfügt hat.[5] Nach dem nachträglich in das Gesetz eingefügten § 10d Abs. 4 Satz 6 EStG gilt dies jedoch nur bis zum Ablauf der Festsetzungsfrist für den Veranlagungszeitraum, auf dessen Ende die Verlustfeststellung durchzuführen ist.

Bei Abgabe einer Erklärung zur Feststellung des Verlustes nach dem 31.12.2010 sind die Verluste so festzustellen, wie sie im ESt-Bescheid berücksichtigt wurden. Der ESt-Bescheid gilt insoweit als Grundlagenbescheid i.S.d. § 171 Abs. 10 AO.[6]

IV. Verlustverrechnung nach Maßgabe des § 10d EStG

1803 Einige einkunftsartbezogene Verlustausgleichsbeschränkungen enthalten die Regelung, dass nicht im Jahr der Verlustentstehung mit positiven Einkünften derselben Art ausgleichsfähige Verluste nach Maßgabe des § 10d EStG rück- und vortragsfähig sind. Solche Regelungen finden sich z.B. in §§ 2b, 15 Abs. 4 Satz 2, 22 Nr. 3 und 23 Abs. 3 EStG. Da der Verlustrück- und -vortrag für die nicht den Ausgleichsbeschränkungen unterliegenden Verluste bereits der Höhe nach beschränkt ist, stellt sich die Frage,

---

1) BFH v.1.3.2006, XI R 33/04, BStBl II 2007, 919; BFH v. 2.8.2006, XI R 65/05, BStBl II 2007, 921; BFH v. 11.7.2007, XI R 25/05, BFH/NV 2007, 2261; BFH v. 11.2.2009, I R 15/08, BFH/NV 2009, 1585.
2) BFH v. 9.5.2001, XI R 25/99, BStBl II 2002, 817.
3) BFH v. 17.9.2008, IX R 69/06, BFH/NV 2009, 555; BFH v. 11.11.2008, IX R 44/07, BStBl II 2010, 31; BFH v. 17.9.2008, IX R 81/07, BFH/NV 2009, 386; BFH v. 17.9.2008, IX R 70/06, BStBl II 2009, 897; BFH v. 14.7.2009, IX R 52/08, BStBl II 2011, 26; BFH v. 6.4.2010, IX B 139/09, BFH/NV 2010, 1626.
4) BFH v. 12.6.2002, XI R 26/01, BStBl II 2002, 681; BFH v. 2.11.2004, XI S 15/04, BFH/NV 2005, 490.
5) BFH v. 22.4.2013, IX B 13/13, BFH/NV 2013, 1381; v. 14.5.2013, IX B 6/13, BFH/NV 2013, 1418.
6) § 10d Abs. 4 Satz 4 und 5 EStG i.d.F. des JStG 2010 v. 8.12.2010, BGBl. I 2010, 1348 = BStBl I 2010, 1394.

wie zusätzlich rück- oder vortragsfähige, im Jahr ihres Entstehens beschränkt ausgleichsfähige Verluste in dieses Berechnungsschema des § 10d EStG einzubeziehen sind.

Verlustverrechnung „nach Maßgabe des § 10d EStG" bedeutet nicht, dass die beschränkt ausgleichsfähigen Verluste unmittelbar in die Berechnung des § 10d EStG für andere Verluste eingehen. Es sind lediglich auf solche Verluste dieselben Regeln wie bei § 10d EStG anzuwenden. Dies bedeutet aber auch, dass für diese Verluste eine **gesonderte Berechnung** der rück- und vortragsfähigen Verluste vorzunehmen ist. Dabei ist sowohl der absolute Höchstbetrag für den Verlustrücktrag von 1 Mio. € bzw. 511 500 € als auch der Umfang der rücktragsfähigen Verluste jeweils gesondert zu berechnen. **1804**

Der Verlustrück- bzw. -vortrag von im Entstehungsjahr nur beschränkt ausgleichsfähigen Verlusten nach Maßgabe des § 10d EStG ist in einer **vorgeschalteten Berechnung** vor der allgemeinen Anwendung des § 10d auf andere Verluste vorzunehmen (besonderer Verrechnungskreis vgl. H 10d EStH 2013). Dies ergibt sich aus den Regelungen in den einzelnen gesetzlichen Tatbeständen, wonach die Verluste mit den Einkünften im Rück- bzw. Vortragsjahr zu verrechnen sind.[1] Der Höchstbetrag des § 10d EStG von 1 Mio. € bzw. 511 500 € gilt jeweils für jeden besonderen Verrechnungskreis. Eine Inanspruchnahme dieses Höchstbetrags in einem Verrechnungskreis führt somit nicht zu einer Anrechnung in einem anderen Verrechnungskreis. So können z.B. Verluste aus privaten Veräußerungsgeschäften bis zum Höchstbetrag zurückgetragen und im Rücktragsjahr mit entsprechenden Gewinnen verrechnet werden, ohne dass dadurch der Verlustrücktrag anderer Einkünfte begrenzt wird. **1805**

Vermögensübergang von Kapitalgesellschaften auf Personengesellschaften oder natürliche Personen

von Volker Bock

INHALTSÜBERSICHT Rz.

I. Überblick über die umwandlungsrechtlichen und umwandlungssteuerlichen Regelungen	1806–1807
1. Umwandlungsrechtliche Regelungen	1806
2. Umwandlungsteuerliche Regelungen	1807
II. Neue Systematik auf Grund des SEStEG	1808
III. Besteuerung der übertragenden Kapitalgesellschaft	1809–1816
1. Steuerliche Rückwirkung/Stichtag	1809
2. Schlussbilanz	1810–1814
3. Körperschaftsteuerminderung/-erhöhung	1815–1816
IV. Besteuerung der Übernehmerin und deren Gesellschafter	1817–1838
1. Vermögensübergang in ein Betriebsvermögen	1819–1836
a) Unbeschränkt steuerpflichtige Anteilseigner und steuerlich relevante Beteiligung	1820–1828
b) Nicht wesentlich Beteiligter	1829–1830
c) Ausländische Anteilseigner (beschränkt Steuerpflichtige)	1831–1836

---

[1] Vgl. BMF v. 29.11.2004, IV C 8 – S 2225 – 5/04, BStBl I 2004, 1097, zum Verlustabzug nach § 10d EStG; zu den Auswirkungen und Gestaltungsmöglichkeiten vgl. Ewald, DStR 2005, 1556.

	Rz.
2. Vermögensübertragung auf eine Personengesellschaft oder natürliche Person ohne Betriebsvermögen.	1837
3. Gewerbesteuerliche Verstrickung nach § 18 Abs. 3 UmwStG	1838

I. Überblick über die umwandlungsrechtlichen und umwandlungssteuerlichen Regelungen

1. Umwandlungsrechtliche Regelungen

1806 Dem umwandlungssteuerlichen Vermögensübergang von Kapitalgesellschaften auf Personengesellschaften kann umwandlungsrechtlich eine Verschmelzung oder ein Formwechsel zu Grunde liegen. Zu den umwandlungsrechtlichen Regelungen zur Verschmelzung siehe das Stichwort *Verschmelzung oder Vermögensübertragung unter Beteiligung von Körperschaften* → 4 Rz. 1839 ff.

Die umwandlungsrechtlichen Regelungen zum Formwechsel sind im 5. Buch des UmwG (§§ 190–304 UmwG) enthalten. Danach ist es Rechtsträgern möglich, unter Wahrung ihrer Identität ihr „Rechtskleid" zu wechseln. Der Gesetzgeber hat damit die im Rahmen des Umwandlungsgesetzes 1969 und der entsprechenden aktienrechtlichen Regelungen erforderliche Unterscheidung zwischen der formwechselnden und der errichtenden Umwandlung zu Gunsten eines einheitlichen, identitätswahrenden Formwechsels aufgegeben. Dies eröffnet in vielen Fällen neue Möglichkeiten des Formwechsels. Insbesondere die Umwandlung einer Personenhandelsgesellschaft in eine Kapitalgesellschaft oder Genossenschaft, die bis zum UmwG 1995 nur über die errichtende Umwandlung möglich war, ist als identitätswahrender Formwechsel wesentlich vereinfacht worden. Die Gesetzesbegründung weist in diesem Zusammenhang auf die dadurch vom Gesetzgeber anerkannte weitgehende Verselbständigung der Gesamthand der Personengesellschaft hin („*Dies entspricht einer modernen Auffassung von der Natur der Personengesellschaft*").[1]

Auf Grund der fortbestehenden Identität des Rechtsträgers erfolgt beim Formwechsel im Unterschied zu den übrigen Umwandlungsarten, d.h. zur Verschmelzung, zur Spaltung sowie zur Vermögensübertragung, keine Übertragung des Vermögens durch den Umwandlungsakt.

2. Umwandlungsteuerliche Regelungen

1807 Anders als Kapitalgesellschaften, die als juristische Personen eigenständige Steuersubjekte sind, unterliegen Personenhandelsgesellschaften nicht selbst, sondern nur ihre Gesellschafter der ESt bzw. KSt. Gleichwohl sind Personenhandelsgesellschaften eigenständige Gewinnerzielungs- und Gewinnermittlungssubjekte.[2] Auf der sog. ersten Gewinnermittlungsstufe wird auf der Grundlage des Gesamthandsvermögens der Gewinn der Gesellschaft auf Gesellschaftsebene ermittelt; auf der zweiten Gewinnermittlungsstufe erfolgt in einem nächsten Schritt die Gewinnermittlung unter Einbeziehung des Sonderbetriebsvermögens und unter Berücksichtigung eventueller Sondervergütungen; dieser Gewinn wird dann in aller Regel entsprechend dem Gewinn-/Verlustverteilungsschlüssel den Gesellschaftern zugewiesen und von diesen gem. § 15 Abs. 1 Satz 1 Nr. 2 EStG als Einkünfte aus Gewerbebetrieb versteuert. Anders die Kapitalgesellschaft: Sie unterliegt der KSt. Die Anteilseigner erzielen aus der Gesellschaft erst Einkünfte, falls offen oder verdeckt ausgeschüttet wird. Es ergibt sich somit bei Umwandlung einer Kapitalgesellschaft auf eine Personenhandelsgesellschaft ein

---

1) Vgl. hierzu Decher in Lutter, § 190 UmwG Rz. 2.
2) Vgl. Knobbe-Keuk, 361 ff.

"Systemwechsel" hinsichtlich der steuerlichen Behandlung. Die umwandlungsbedingten Steuerfolgen treten auf allen drei möglichen Ebenen auf:
- Ebene der übertragenden Kapitalgesellschaft (§ 3 UmwStG),
- Ebene der übernehmenden Personenhandelsgesellschaft (§ 4 UmwStG) und
- Gesellschafterebene der Personenhandelsgesellschaft (§ 5 UmwStG).

Auf Grund der Transparenz der Personengesellschaft können die steuerlichen Konsequenzen für die übernehmende Personengesellschaft (§ 4 UmwStG) und deren Gesellschafter (§ 5 UmwStG) zusammengefasst dargestellt werden.

II. Neue Systematik auf Grund des SEStEG

Die Systematik der Umwandlung einer Kapital- auf eine Personengesellschaft oder natürliche Person ist durch das SEStEG vollkommen umgestellt worden. Bis dahin wurde die Umwandlung wie eine Vollausschüttung besteuert, wobei die Besteuerung beim Anteilseigner abschließend in §§ 4, 7 UmwStG a.F. geregelt war.

1808

Nunmehr wird die Umwandlung in eine **Ausschüttung der offenen Rücklagen**, die nach § 7 UmwStG besteuert wird, und einen **Veräußerungsgewinn für die stillen Reserven**, der nach § 4 Abs. 6 und 7 UmwStG besteuert wird, aufgeteilt. Zur Vermeidung von Doppelbelastungen wird der Betrag der Ausschüttung i.S.d. § 7 UmwStG bei der Ermittlung des Veräußerungsgewinns i.S.d. § 4 UmwStG eliminiert (§ 4 Abs. 5 Satz 2 UmwStG).

Durch die durchgängige Aufteilung des Übernahmeergebnisses in einen Kapitalertrag i. S. des § 20 Abs. 1 Satz 1 Nr. 1 EStG (Dividendenteil) und in einen Übernahmegewinn bzw. -verlust i. S. des § 4 Abs. 4 und 5 UmwStG (Veräußerungsteil) will der Gesetzgeber insbesondere gegenüber ausländischen Gesellschaftern, die mit mindestens 1 % an der Überträgerin beteiligt sind, das Recht Deutschlands an einem Kapitalertragsteuerabzug auf die Bezüge i. S. des § 7 UmwStG sichern.[1] Flankierend wurde durch das SEStEG in § 43b Abs. 1 EStG ein neuer Satz 4 eingefügt. Die Aussetzung des KapESt-Abzugs auf Grund der Mutter-Tochter-Richtlinie soll nicht für Kapitalerträge i. S. des § 20 Abs. 1 Nr. 1 EStG gelten, die anlässlich der Liquidation oder Umwandlung zufließen. Allerdings wird bezweifelt, ob § 43b Abs. 1 Satz 4 EStG für Umwandlungsfälle durch eine EU-Ermächtigung auf Grund der Mutter-Tochter-Richtlinie gedeckt ist.[2]

III. Besteuerung der übertragenden Kapitalgesellschaft

1. Steuerliche Rückwirkung/Stichtag

Für die Verschmelzung i.S.d. §§ 3 ff. gilt § 2 UmwStG. Damit besteht i.V.m. § 17 Abs. 2 UmwG grundsätzlich die Möglichkeit einer achtmonatigen Rückwirkung. Einkommen und Vermögen der übertragenden Körperschaft sowie der Übernehmerin sind folglich so zu ermitteln, als ob das Vermögen mit Ablauf des Stichtags der Bilanz, die dem Vermögensübergang zu Grunde liegt (steuerlicher Übertragungsstichtag), ganz oder teilweise auf die Übernehmerin übergegangen wäre.

1809

Während zivilrechtlich eine gesetzliche Rückwirkung nicht vorgesehen ist, sondern lediglich aus Vereinfachungsgründen die letzte Bilanz dem erst mit Eintragung wirksamen Verschmelzungsakt zu Grunde gelegt werden kann, stellt sich die steuerliche

---
1) Vgl. Krohn/Greulich, DStR 2008, 646, 648; kritisch Dötsch/Pung, DB 2006, 2704, 2708.
2) Vgl. Krohn/Greulich, DStR 2008, 646, 650.

Rückwirkung als Fiktion dar. Am Ende des steuerlichen Übertragungsstichtags, d.h. auf den Ablauf des Stichtags der Bilanz, die dem Vermögensübergang zu Grunde liegt, gilt die Verschmelzung als vollzogen. Sämtliche laufenden Geschäfte und das Vermögen werden zu diesem Zeitpunkt bereits der Übernehmerin steuerlich zugerechnet.

Die durch das Amtshilferichtlinie-Umsetzungsgesetz[1] eingefügten Sätze 3 – 6 des § 2 Abs. 4 UmwStG haben über die bereits bestehenden Verlustverrechnungsrestriktionen von Satz 1 und 2 hinaus auch für die Verrechnung von positiven Einkünften der übertragenden Körperschaft im Rückwirkungszeitraum mit Verlusten bzw. Zinsvorträgen der Gesellschafter der übernehmenden Personengesellschaft Einschränkungen gebracht.[2]

2. Schlussbilanz

1810 Jede übertragende Körperschaft ist nach § 3 Abs. 1 Satz 1 UmwStG zur Erstellung und Abgabe einer steuerlichen Schlussbilanz auf den steuerlichen Übertragungsstichtag verpflichtet. Dies gilt z.B. auch, wenn zwar die übertragende Körperschaft nicht der inländischen Steuerpflicht unterliegt, jedoch ein Mitunternehmer der übernehmenden Personengesellschaft oder die übernehmende natürliche Person in Deutschland unbeschränkt oder beschränkt steuerpflichtig ist (UmwStE Tz. 3.02). Die steuerliche Schlussbilanz ist nach Auffassung der FinVerw eine eigenständige, von der Gewinnermittlung nach § 4 Abs. 1 EStG bzw. § 5 Abs. 1 EStG zu unterscheidende Bilanz; die reguläre Steuerbilanz gilt nur auf ausdrücklichen, unwiderruflichen Antrag als Schlussbilanz i.S.d. UmwStG n.F. (UmwStE Tz. 3.01). Für die steuerliche Schlussbilanz gilt die Verpflichtung zur Abgabe in elektronischer Form entsprechend § 5b EStG (UmwStG Tz. 3.04).

Nach § 3 Abs. 1 UmwStG n.F. sind die übergehenden Wirtschaftsgüter in der steuerlichen Schlussbilanz der übertragenden Kapitalgesellschaft mit dem **gemeinen Wert** anzusetzen. Der Ansatz mit dem gemeinen Wert gilt auch für nicht entgeltlich erworbene und selbst geschaffene immaterielle Wirtschaftsgüter einschließlich des originären Geschäftswerts sowie Passivposten, für die in der Steuerbilanz ein Ansatzverbot gilt. Lediglich hinsichtlich der Bewertung von Pensionsrückstellungen ist auf § 6a EStG zurückzugreifen (§ 3 Abs. 1 UmwStG); da somit der i.d.R. höhere gemeine Wert der Pensionsverpflichtung nicht abgezogen werden darf, ergibt sich tendenziell ein überhöhter steuerlicher gemeiner Wert des übergehenden Vermögens.[3] Andererseits mindert sich als Folge der Realisierung von – über entsprechende Passivierungsverbote in der Steuerbilanz gesperrten – stillen Lasten der steuerliche Übertragungsgewinn.[4] Der gemeine Wert ist auch dann zwingend anzusetzen, wenn er niedriger als der Buchwert ist.[5] Die Bewertung mit dem gemeinen Wert statt wie bisher mit dem Teilwert zieht sich wie ein roter Faden durch das gesamte SEStEG.[6] Der gemeine Wert ist gem. § 9 BewG der Betrag, der für das Wirtschaftsgut nach seiner Beschaffenheit im gewöhnlichen Geschäftsbetrieb bei seiner Veräußerung zu erzielen wäre, während nach § 6 Abs. 1 Nr. 1 Satz 3 EStG der Teilwert der Betrag ist, den ein Erwerber des gesamten Betriebs im Rahmen des Gesamtkaufpreises für das einzelne Wirtschaftsgut zahlen würde, wenn er den Betrieb fortführte. Die Bewertung zum gemei-

---

1) BGBl. I 2013, 1809 ff.
2) Vgl. FinMin Brandenburg v. 28.5.2014, 35-S 1978–1/09, DB 2014, 2135; Behrendt/Simon, BB 2013, 1815; Mückl, GmbHR 2013, 1084; Tomm, DB 2014, 2617.
3) Vgl. das Beispiel UmwStE Tz. 3.08.
4) Vgl. Schell/Krohn, DB 2012, 1057, 1059.
5) UmwStE Tz. 11.06 i.V.m. Tz. 3.12.
6) Klingberg/van Lishaut, Der Konzern 2005, 704, rechtfertigen das Abstellen auf den gemeinen Wert insbesondere mit seiner Nähe zum Fremdvergleichspreis als internationalem Bewertungsmaßstab.

nen Wert hat dabei nicht bezogen auf jedes einzelne übergehende Wirtschaftsgut, sondern auf die Gesamtheit der übergehenden aktiven und passiven Wirtschaftsgüter zu erfolgen (Bewertung als Sachgesamtheit). Sofern der gemeine Wert nicht aus Verkäufen abgeleitet werden kann, kann auf ein allgemein anerkanntes ertragswert- oder zahlungsstromorientiertes Bewertungsverfahren einschließlich des vereinfachten Ertragswertverfahrens nach §§ 11, 95 bis 109 und §§ 199 ff. BewG zurückgegriffen werden (UmwStE Tz. 3.07). Der gemeine Wert der Sachgesamtheit ist analog § 6 Abs. 1 Nr. 7 EStG im Verhältnis der Teilwerte der übergehenden Wirtschaftsgüter auf die einzelnen Wirtschaftsgüter aufzuteilen (UmwStE Tz. 3.09 Satz 2).

Einen Ansatz der Sachgesamtheit zum gemeinen Wert fordert die FinVerw auch bei einer Umwandlung einer GmbH in eine KG im Rahmen des sog. Treuhandmodells.[1]

Auf Antrag können die übergehenden Wirtschaftsgüter nach § 3 Abs. 2 Satz 1 UmwStG **einheitlich** mit dem **Buchwert** (s. zum Begriff des Buchwerts nunmehr die Legaldefinition in § 1 Abs. 5 Nr. 4 UmwStG) oder einem **Zwischenwert**[2] angesetzt werden, soweit

1811

– sie Betriebsvermögen der übernehmenden Personengesellschaft oder natürlichen Person werden,
– die spätere Besteuerung der stillen Reserven sichergestellt ist,
– das Besteuerungsrecht Deutschlands hinsichtlich der übertragenen Wirtschaftsgüter bei den Gesellschaftern der Übernehmerin gewahrt bleibt **und**
– eine Gegenleistung nicht gewährt wird oder in Gesellschafterrechten besteht.

Damit besteht unter den obigen Voraussetzungen ein Wahlrecht zur Buchwertfortführung[3] oder anteiligen bzw. vollständigen Aufdeckung der stillen Reserven. Der Antrag ist spätestens bis zur erstmaligen Abgabe der steuerlichen Schlussbilanz beim für die übertragende Körperschaft zuständigen Finanzamt zu stellen (§ 3 Abs. 2 Satz 2 UmwStG; UmwStE Tz. 3.27). Da der übertragende Rechtsträger im Zeitpunkt der Abgabe der Steuererklärung zivilrechtlich schon untergegangen sein kann, kommt in diesem Fall als Antragsteller nur der übernehmende Rechtsträger als Gesamtrechtsnachfolger in Betracht. Der Antrag bedarf keiner besonderen Form und ist bedingungsfeindlich sowie unwiderruflich. Wenn die ausdrückliche Erklärung abgegeben wird, dass die Steuerbilanz i.S.d. §§ 4 Abs. 1, 5 Abs. 1 EStG gleichzeitig die steuerliche Schlussbilanz sein soll, ist in dieser Erklärung gleichzeitig ein konkludenter Antrag auf Ansatz der Buchwerte zu sehen (UmwStE Tz. 3.29).

Die Voraussetzungen des Buch- oder Zwischenwertansatzes sind entsprechend dem Gesetzeswortlaut für jeden Mitunternehmer der übernehmenden Personengesellschaft gesondert zu prüfen. Der Buch- oder Zwischenwertansatz ist z.B. nicht möglich, wenn ein Gesellschafter der übernehmenden Personengesellschaft subjektiv steuerbefreit ist (UmwStE Tz. 3.17). Auch werden die Voraussetzungen für einen Buch- oder Zwischenwertansatz nicht erfüllt, wenn vor der Verschmelzung eine Doppelbesteuerung laut DBA durch Anrechnung und nach der Verschmelzung durch Freistellung vermieden wird. Zu der Frage der Reichweite des deutschen Besteuerungsrechts bei Überführung von Wirtschaftsgütern vom Inland in das Ausland hat der BFH früher die

---

1) OFD Niedersachsen v. 7.2.2014, S 1978 – 97 – St 243, DStR 2014, 533.
2) Nach Krohn/Greulich, DStR 2008, 646, 648, bedeutet die Einfügung des Worts „einheitlich", dass beim Zwischenwertansatz die sog. Stufen-Theorie nicht mehr anwendbar ist, so dass die Aufstockung mit einem einheitlichen Prozentsatz über alle Wirtschaftsgüter einschließlich eines Firmenwerts im Wege des Dreisatzes vorzunehmen ist. Nach UmwStE S.03 kann die Stufentheorie noch bis zum 31.11.2011 angewendet werden, wenn bis dahin der Umwandlungsbeschluss erfolgt ist.
3) Änderungen auf Grund einer Betriebsprüfung oder Ähnliches sind bei der aufnehmenden Gesellschaft zu beachten.

sog. finale Entnahmetheorie vertreten, diese jedoch mit Urteil v. 17.7.2008 aufgegeben.[1] Auf das Urteil hat zunächst die FinVerw mit einem Nichtanwendungserlass reagiert.[2] Dem ist dann der Gesetzgeber im JStG 2010 gefolgt, indem er den Entstrickungstatbeständen den Zuordnungswechsel eines Wirtschaftsguts von einer inländischen zu einer ausländischen Betriebsstätte als Beispiel angefügt hat (§ 4 Abs. 1 Satz 4 EStG, § 52 Abs. 8b EStG, § 12 KStG, § 34 Abs. 8 KStG). Danach ist der Ausschluss oder die Beschränkung des deutschen Besteuerungsrechts aus der Veräußerung eines Wirtschaftsguts insbesondere dann gegeben, wenn ein bisher einer inländischen Betriebsstätte zuzuordnendes Wirtschaftsgut einer ausländischen Betriebsstätte zuzuordnen ist (UmwStE Tz. 3.18). Auf Grund ihres angeblich klarstellenden Charakters sollen die damit präzisierten Vorschriften bereits rückwirkend für Wirtschaftsjahre, die nach dem 31.12.2005 enden, anzuwenden sein. Darüber hinaus wurde die zeitliche Anwendbarkeit der Entstrickungsregelungen allgemein rückwirkend auf Wirtschaftsjahre, die vor dem 1.1.2006 enden, erweitert (§ 52 Abs. 8b EStG). Da der BFH die finale Entnahmetheorie inzwischen auch für den Fall der finalen Betriebsaufgabe aufgegeben hat,[3] schreibt das JStG 2010 auch insoweit die rückwirkende Anwendung der ursprünglichen BFH-Rechtsprechung auf alle noch offenen Fälle vor (§ 16 Abs. 3a EStG, § 52 Abs. 34 EStG).

Der Buchwertansatz nach § 3 Abs. 2 Satz 1 Nr. 3 UmwStG scheidet ferner insoweit aus, als für den Vermögensübergang eine nicht in Gesellschafterrechten bestehende Gegenleistung gewährt wird. Eine solche Gegenleistung liegt insbesondere bei Leistung barer Zuzahlungen (z.B. Spitzenausgleich nach § 54 Abs. 4 UmwG oder § 68 Abs. 3 UmwG) oder Gewährung anderer Vermögenswerte (z.B. Darlehensforderungen) durch den übernehmenden Rechtsträger oder diesem nahestehende Personen gegeben (UmwStE Tz. 3.21). Im Rahmen des § 3 UmwStG werden damit künftig die gleichen Abgrenzungsfragen wie bei § 24 UmwStG auftreten, d.h. die Abgrenzung zwischen den Kapitalkonten I und II und dem Darlehenskonto.[4] Zahlungen an ausscheidende Gesellschafter auf Grund von Barabfindung nach §§ 29, 125 oder 207 UmwG stellen keine Gegenleistungen i.S.d. § 3 Abs. 2 Nr. 3 UmwStG dar (UmwStE Tz. 3.22).

Soweit eine Buchwertfortführung auf Ebene der Kapitalgesellschaft erfolgt, ergeben sich auf dieser Ebene keine weiteren ertragsteuerlichen Folgerungen. Bei Ansatz eines Zwischenwerts oder des gemeinen Werts entsteht ein laufender, voll steuerpflichtiger Ertrag. Dieser unterliegt sowohl der KSt als auch der GewSt (§ 18 Abs. 1 UmwStG). Eine Stundung oder Ermäßigung dieser Steuerlast ist nicht vorgesehen.

1812 Früher wurde sowohl von Seiten der FinVerw als auch z.T. von Seiten des Schrifttums bezweifelt, ob auf Grund der Maßgeblichkeit der Handelsbilanz für die Steuerbilanz (§ 5 Abs. 1 EStG i.V.m. § 17 Abs. 2 UmwG) ein Ansatz über den handelsrechtlichen Buchwerten überhaupt möglich ist.[5] Nachdem die Rechtsprechung dieser Auffassung mehrfach widersprochen hatte,[6] geht inzwischen auch die FinVerw davon aus, dass

---

1) BFH v. 17.7.2008, I R 77/06, DB 2008, 2281.
2) BMF v. 20.5.2009, IV C 6 – S 2241 – 231/77, BStBl I 2009, 671.
3) BFH v. 28.10.2009, I R 28/08, BFH/NV 2010, 432.
4) BMF v. 26.11.2004, IV B 2 – S 2178 – 2/04, BStBl I 2004, 1190; vgl. dazu Patt in Dötsch/Jost/Pung/Witt, § 24 UmwStG (vor SEStEG) Rz. 44 ff.
5) Die FinVerw sah auch nach Veröffentlichung des zu § 25 UmwStG ergangenen BFH-Urteils v. 19.10.2005, I R 38/04, BStBl II 2006, 568, zunächst keine Veranlassung, für die Zeit vor Inkrafttreten des SEStEG außerhalb des § 25 UmwStG von ihrer im BMF-Schreiben v. 25.3.1998, IV B 7 – S 1978 – 21/98, BStBl I 1998, 268, Tz. 3.01 vertretenen Auffassung abzugehen, s. Kurz-Info der OFD Münster v. 28.8.2006, BB 2006, 2130.
6) BFH v. 19.10.2005, I R 38/04, BStBl II 2006, 568 (Formwechsel einer Personengesellschaft in eine Kapitalgesellschaft nach § 25 UmwStG); BFH v. 5.6.2007, I R 97/06, BStBl II 2008, 650 (Verschmelzung von Kapitalgesellschaften, d.h. im Rahmen des § 11 UmwStG); FG Hamburg v. 29.3.2007, 1 K 155/06, DStRE 2007, 1380, rkr.; BFH-(Einstellungs-)Beschluss v. 16.10.2007, I R 33/07, n.v. (Verschmelzung einer Kapitalgesellschaft in eine Personengesellschaft, d.h. im Rahmen des § 3 UmwStG).

§ 3 UmwStG eine eigenständige steuerliche Ansatz- und Bewertungsvorschrift ist.[1] Die steuerlichen Ansatzverbote des § 5 EStG gelten daher nicht für die steuerliche Schlussbilanz, es sei denn, die Buchwerte werden fortgeführt (UmwStE Tz. 3.06).

Soweit das Wahlrecht i. S. des § 3 UmwStG ausübbar ist, ist der Ansatz eines Zwischenwertes oder des gemeinen Wertes nur dann vorteilhaft, wenn Verlustvorträge bestehen, die im Rahmen der Umwandlung untergehen (Verlustvorträge i. S. des § 10d EStG bzw. § 10a GewStG gehen bei einem Vermögensübergang auf Personenunternehmen nicht über, § 4 Abs. 2 Satz 2 UmwStG). Insoweit ist eine Aufwertung auf der Ebene der übertragenden Kapitalgesellschaft vorteilhaft, weil dem auf Seiten der Übernehmerin ein entsprechend höheres AfA-Volumen gegenübersteht. Allerdings ist die Mindestbesteuerung nach § 8 Abs. 1 KStG i.V.m. § 10d Abs. 2 EStG bzw. § 10a GewStG zu beachten. Hiernach können steuerliche Verlustvorträge bis zu einem Gesamtbetrag der Einkünfte von 1 Mio. € unbeschränkt, darüber hinaus nur noch bis 60 % des 1 Mio. € überschreitenden Gesamtbetrags der Einkünfte abgezogen werden. Außerdem können sich verfahrensrechtliche Fallstricke ergeben, wenn der Ansatz von Wirtschaftsgütern über dem Buchwert zum Zweck der Verlustnutzung bei der übertragenden Körperschaft strittig ist und sich für diese kein positiv zu versteuerndes Einkommen ergibt. Nach Auffassung des BFH fehlt in diesem Fall einer Anfechtungsklage der übertragenden Gesellschaft gegen ihren Körperschaftsteuerbescheid das Rechtsschutzbedürfnis,[2] so dass die übernehmende Personengesellschaft Einwände gegen Folgewirkungen von Wertansätzen in der steuerlichen Schlussbilanz der übertragenden Körperschaft im Rahmen ihrer einheitlichen und gesonderten Gewinnfeststellung geltend machen muss.

Auch ausländische Unternehmensteile sind in eine eventuell mögliche oder notwendige Aufstockung einzubeziehen. Der entstehende Gewinn unterliegt allerdings nur in den Schranken der deutschen DBA der deutschen Besteuerung.

Für (ausländische) Beteiligungen, die grundsätzlich nach § 8b Abs. 2 KStG begünstigt sind, soll diese Befreiungsvorschrift im Falle der Aufstockung nicht greifen.[3] Eine solche Beteiligung könnte daher z.B. zuvor von der Übernehmerin „herausgekauft" werden. Hierdurch erhöhen sich jedoch zugleich die offenen Reserven der Überträgerin (Erhöhung des Übernahmegewinns, der wiederum nach § 4 Abs. 7 UmwStG begünstigt ist). Allerdings würde dann sowohl auf der Ebene der Überträgerin als auch der Ebene der Übernehmerin Steuer auf die 5 %ige Betriebsausgabenpauschalierung anfallen.

Soweit keine Betriebsvermögensverknüpfung nach der Umwandlung (Übergang auf einen Rechtsträger ohne Betriebsvermögen) gegeben ist, erfolgt der Ansatz zwingend zum gemeinen Wert (§ 8 i.V.m. 3 Abs. 1 UmwStG). Steuerlich ist von einer Liquidation auszugehen (§§ 11 und 40 KStG).

Eine Sonderregelung besteht nach § 3 Abs. 3 UmwStG für den Fall, dass übergehende Wirtschaftsgüter einer in einem anderen EU-Staat befindlichen Betriebsstätte der unbeschränkt steuerpflichtigen übertragenden Körperschaft zuzurechnen sind und Deutschland die Doppelbesteuerung bei der übertragenden Körperschaft gem. dem einschlägigen DBA nicht durch die Freistellungsmethode vermeidet. § 3 Abs. 3 UmwStG betrifft insbesondere den Fall der Verschmelzung einer Körperschaft mit Geschäftsleitung im Inland auf eine Personengesellschaft ausländischer Rechtsform, die die Voraussetzungen des Art. 3 Fusions-RL erfüllt (UmwStE Tz. 3.31).

---

1) BMF v. 4.7.2006, IV B 2 – S 1909 – 12/06, BStBl I 2006, 445; OFD Rheinland, Kurzinformation Körperschaftsteuer Nr. 13/2008 v. 25.2.2008, DStR 2008, 1241 und nunmehr Tz. 3.04 UmwStE.
2) BFH v. 19.12.2012, I R 5/12, BFH/NV 2013, 743.
3) BMF v. 25.3.1998, IV B 7 – S 1978 – 21/98, BStBl I 1998, 268, Tz. 3. 11.

In den Fällen des § 3 Abs. 3 UmwStG sind die übergehenden Wirtschaftsgüter mit dem gemeinen Wert anzusetzen, so dass bei der übertragenden Körperschaft ein Übertragungsgewinn entsteht. Auf die darauf erhobene inländische Steuer ist eine fiktive Steuer anzurechnen, die im Falle der Veräußerung der übertragenen Wirtschaftsgüter zum gemeinen Wert nach den Vorschriften des anderen EU-Staates erhoben worden wäre. Sieht das ausländische Steuerrecht anlässlich der Umwandlung ein Wahlrecht zur Aufdeckung der stillen Reserven vor, kann nur die tatsächlich im Ausland erhobene Steuer nach § 26 KStG angerechnet werden.

3. Körperschaftsteuerminderung/-erhöhung

1815 Das beim Wechsel vom früheren Anrechnungs- zum heutigen Halbeinkünfteverfahren für eine 18-jährige Übergangszeit eingeführte System einer ausschüttungsabhängigen KSt-Minderung bei ordnungsgemäßen Gewinnausschüttungen ist zu Gunsten einer ausschüttungsunabhängigen ratierlichen Auszahlung des restlichen KSt-Guthabens aufgegeben worden.[1)] Nach § 37 Abs. 4 Satz 1 KStG wird ein KSt-Guthaben letztmalig auf den 31.12.2006 ermittelt und festgestellt. Bei Umwandlungen i. S. des § 1 Abs. 1 UmwStG findet gem. § 37 Abs. 4 Satz 2 KStG die letzte Ermittlung und Feststellung des KSt-Guthabens auf den vor dem 31.12.2006 liegenden Übertragungsstichtag statt, wenn die Anmeldung zur Eintragung der Umwandlung in ein öffentliches Register nach dem 12.12.2006 (Tag der Verkündung des SEStEG) erfolgt ist.

Nach § 37 Abs. 5 KStG hat die Körperschaft, der gegenüber die Schlussfeststellung des KSt-Guthabens ergangen ist, oder deren Rechtsnachfolger innerhalb eines Auszahlungszeitraums von 2008 bis 2017 einen Anspruch auf Auszahlung des zuletzt festgestellten KSt-Guthabens in zehn gleichen Jahresbeträgen jeweils zum 30.9. In der Handelsbilanz der begünstigten Körperschaft ist der gesamte Auszahlungsanspruch zum 31.12.2006 erfolgswirksam zu aktivieren, da er zu diesem Zeitpunkt entsteht.[2)] Auf Grund der Unverzinslichkeit des Anspruchs erfolgt die Bewertung mit dem Barwert (§ 253 Abs. 3 HGB). Für die Diskontierung ist ein fristadäquater risikofreier Zinssatz zu verwenden, wobei als Orientierungshilfe auf die Verzinsung von Bundesanleihen zurückgegriffen werden kann.[3)] In der Steuerbilanz ist mangels steuerrechtlicher Spezialvorschriften entsprechend zu verfahren.[4)]

Der aus der Aktivierung des Auszahlungsanspruchs sich ergebende Bilanzgewinn gehört nach § 37 Abs. 7 KStG nicht zu den steuerpflichtigen Einkünften und ist daher außerbilanziell zu neutralisieren. Entsprechendes gilt für den jeweiligen Zinsanteil bei Vereinnahmung der zehn Jahresraten.[5)]

Der mit seinem Barwert aktivierte Auszahlungsanspruch geht bei Umwandlung der Kapitalgesellschaft in eine Personengesellschaft oder ein Einzelunternehmen in die Übertragungsbilanz ein und führt zu höheren Kapitaleinkünften i. S. des § 7 UmwStG i.V.m. § 20 Abs. 1 Satz 1 Nr. 1 EStG. Soweit diese Kapitalerträge auf Körperschaften als Anteilseigner entfallen, sind sie mit 5 % steuerpflichtig (§ 8b Abs. 1 und 5 KStG); soweit die Anteilseigner natürliche Personen mit betrieblichen Einkünften oder Einkünften nach § 17 EStG sind, ergibt sich eine 60 %ige (bis 2008 hälftige) Besteuerung nach § 3 Nr. 40d EStG; ansonsten (unterhalb der 1 %-Schwelle des § 17 EStG) greift nach § 32d EStG die Abgeltungsteuer von 25 % (zuzüglich SolZ) (bis 2008 hälftige Besteuerung nach § 3 Nr. 40d EStG). Darüber hinaus ist auf den Barwert des Auszahlungsanspruchs Kapitalertragsteuer i.H.v. 25 % (zuzüglich SolZ) abzuführen, die bei

---

1) Vgl. Dötsch/Pung, DB 2006, 2648, 2653.
2) Vgl. Förster/Felchner, DStR 2006, 1725, 1728.
3) Vgl. HFA des IDW v. 28./29.11.2006.
4) Vgl. Dötsch/Pung, DB 2006, 2704, 2712.
5) BMF v. 14.1.2008, IV B 7 – S 2861/07/0001, BStBl I 2008, 280; bestätigt durch BFH v. 15.7.2008, I B 16/08, DB 2008, 2005.

Anteilseignern mit Übernahmeergebnis anzurechnen ist und bei Anteilseignern ohne Übernahmeergebnis Abgeltungswirkung hat.

Eine Änderung wird hat sich auf Grund des JStG 2008[1)] auch bei der KSt-Erhöhung ergeben, die sich bisher nach § 38 Abs. 2 KStG a.F. auf $^3/7$ des zur Ausschüttung verwendeten Betrags belief. Analog zu den Altbeständen des KSt-Guthabens wird die bisherige ausschüttungsbedingte KSt-Erhöhung nunmehr durch eine zwingende, ausschüttungsunabhängige, pauschal auf zehn Jahre verteilte Abschlagszahlung ersetzt (§ 38 Abs. 4 bis 9 KStG n.F.). Zum 31.12.2006 sieht § 38 Abs. 4 Satz 1 KStG n.F. die Feststellung des Endbetrags des EK 02 vor. Die Steuerschuld (soweit sie die Bagatellgrenze von 1 000 € übersteigt) ist innerhalb eines Zahlungszeitraums von 2008 bis 2017 in zehn gleichen Jahresraten zu 3 % des zum 31.12.2006 festgestellten EK-02-Endbetrags (jedoch begrenzt auf den Erhöhungsbetrag, der sich bei einer unterstellten Vollausschüttung zum 31.12.2006 ergeben würde) jeweils zum 30.9. zu entrichten. Das Ratenzahlungsprinzip gilt nicht bei Liquidation oder Sitzverlegung (§ 38 Abs. 8 und 9 KStG n.F.). Die betroffene Gesellschaft kann beantragen, den gesamten KSt-Erhöhungsbetrag in einer Summe zu begleichen (§ 38 Abs. 7 Satz 1 KStG n.F.). In diesem Fall sind die noch nicht fälligen Jahresbeträge mit 5,5 % abzuzinsen. **1816**

Der durch die Zwangsversteuerung resultierende (nach § 38 Abs. 6 Satz 8 KStG n.F. nicht verzinsliche) KSt-Erhöhungsbetrag entsteht zu Gunsten des Fiskus zum 1.1.2007 und ist erstmals im Jahresabschluss auf einen Bilanzstichtag im Jahr 2007 zu berücksichtigen. Im Hinblick auf die Tilgungsmöglichkeit zum Barwert ist davon auszugehen, dass die Schuld einen verdeckten Zinsanteil enthält. Handelsrechtlich sind Verbindlichkeiten, die einen Zinsanteil enthalten, nach § 253 Abs. 1 Satz 2 HGB mit dem Barwert anzusetzen.[2)] Legt man den gesetzlichen Zinssatz von 5,5 % zu Grunde und setzt vereinfachend voraus, dass die erste Rate am 30.9.2008 und die letzte Rate am 30.9.2017 fällig werden, so ergibt sich am 31.12.2007 eine Restlaufzeit von 9,75 Jahren und damit ein Barwertfaktor von 7,6392. Gewinnminderungen und Erträge, die sich bilanziell aus der Anwendung der Neuregelung ergeben, sind außerbilanziell zu eliminieren, d.h. sie gehören nicht zu den Einkünften des EStG (§ 38 Abs. 10 i.V.m. § 37 Abs. 7 Satz 1 KStG n.F.), verringern jedoch bei der übertragenden Kapitalgesellschaft das übergehende Vermögen und den Übernahmegewinn bei den Gesellschaftern der übernehmenden Personengesellschaft.

Auf Grund der obigen Neuregelung ist die Körperschaftsteuererhöhung nach § 10 UmwStG, die sich nach bisherigem Recht bei der Umwandlung einer Kapitalgesellschaft in eine Personengesellschaft i.H.v. 3/7 des als ausgeschüttet geltenden Betrags („EK 02-Falle") ergab, für nach dem 31.12.2006 steuerlich wirksame Umwandlungen von Körperschaften (mit Ausnahme der in § 34 Abs. 16 KStG n.F. genannten ehemals gemeinnützigen Wohnungsunternehmen und steuerbefreiten Körperschaften) in Personengesellschaften obsolet geworden.

IV. Besteuerung der Übernehmerin und deren Gesellschafter

Anders als bei Vermögensübergängen zwischen Kapitalgesellschaften kann im Rahmen des Vermögensübergangs auf eine Personengesellschaft keine strikte steuerliche Trennung zwischen der Ebene der Gesellschaft und den Gesellschaftern vorgenommen bzw. aufrechterhalten werden. Zwar stellt die Personengesellschaft ein eigenständiges Gewinnerzielungssubjekt dar, da die Besteuerung jedoch hinsichtlich der Einkommen- bzw. Körperschaftsteuer nur auf der Ebene der beteiligten Gesellschafter erfolgt, hängen die Besteuerungsfolgen (auch) unmittelbar von den dahinter stehen- **1817**

---

1) JStG 2008 v. 20.12.2008, BGBl. I 2007, 3150.
2) Vgl. Glanegger in Schmidt, § 6 EStG Rz. 402.

den Gesellschaftern und deren Steuersituation ab. Es ist daher für die Besteuerung zu unterscheiden, ob das auf eine Personengesellschaft oder eine natürliche Person übergehende Vermögen hier zu Betriebsvermögen oder Privatvermögen wird und – soweit Ersteres zutrifft – die untergehenden Anteile an der Kapitalgesellschaft im Betriebsvermögen oder Privatvermögen gehalten wurden, wesentliche oder nicht wesentliche Beteiligungen, einbringungsgeborene bzw. nachsteuerauslösende Anteile oder aber Anteile ausländischer Anteilseigner sind.

1818 Nach **altem** Recht wurde für die übernehmende Personengesellschaft und die an der Umwandlung teilnehmenden Gesellschafter mit Ausnahme der nicht i.S.v. § 17 EStG wesentlich beteiligten Anteilseigner ein Übernahmegewinn bzw. -verlust ermittelt. Der Übernahmegewinn bzw. -verlust wurde für jeden teilnehmenden Gesellschafter personenbezogen ermittelt.[1] Er ergab sich aus dem Unterschiedsbetrag zwischen seinen Anschaffungskosten bzw. dem Buchwert seiner (wegfallenden) Beteiligung an der Überträgerin und deren übergehendem, anteilig ihm zurechenbaren Betriebsvermögen. Lediglich für nicht wesentlich (privat) beteiligte Anteilseigner schrieb § 7 UmwStG eine Besteuerung der anteilig auf sie entfallenden offenen Rücklagen der Überträgerin als Kapitalertrag i.S.v. § 20 Abs. 1 Satz 1 Nr. 1 EStG vor, ohne dass sie die Anschaffungskosten für ihre Beteiligung steuerlich geltend machen konnten.[2]

Das SEStEG dehnt den bisher nur für private Anteilseigner geltenden § 7 UmwStG auf **alle** Anteilseigner aus. Nach **neuem** Recht werden daher die offenen Rücklagen der übertragenden Körperschaft (Eigenkapital abzüglich Bestand des Einlagekontos) allen Anteilseignern prozentual entsprechend ihrer Beteiligung am Nennkapital als Kapitaleinkünfte i.s.v. § 20 Abs. 1 Satz 1 Nr. 1 EStG zugerechnet, und zwar unabhängig davon, ob für den Anteilseigner ein Übernahmeergebnis nach den §§ 4 und 5 UmwStG ermittelt wird.

1. Vermögensübergang in ein Betriebsvermögen

1819 Die Betriebsvermögenseigenschaft ist nicht zwingend an das Vorliegen gewerblicher Einkünfte geknüpft. So erfüllen z.b. auch freiberufliche Einkünfte der Übernehmerin nach § 18 EStG die Bedingung des Übergangs in ein Betriebsvermögen. Daher könnte der Fall eintreten, dass es in Bezug auf die Gewerbesteuer zu einer endgültigen Entstrickung ohne Gewerbesteuerbelastung kommt (z.B. Formwechsel einer „freiberuflichen GmbH" in eine GbR).[3]

a) *Unbeschränkt steuerpflichtige Anteilseigner und steuerlich relevante Beteiligung*

1820 Die nachfolgenden Ausführungen gelten für alle Personenunternehmen und Einzelunternehmer mit Betriebsvermögen, soweit sich die Anteile an der übertragenden Körperschaft in diesem Betriebsvermögen befinden oder als in dieses eingelegt gelten (§ 5 Abs. 1 UmwStG, § 5 Abs. 4 UmwStG a.F. i.V.m. § 27 Abs. 3 Nr. 1 UmwStG). Vor Durchführung der eigentlichen Ermittlung des Übernahmeergebnisses wird also ein Mutter/Tochter-Verhältnis zwischen der übernehmenden Personengesellschaft bzw. dem übernehmenden Einzelunternehmen und der übertragenden Tochtergesellschaft hergestellt.

1821 Es werden grundsätzlich alle Anteile, die im Falle einer Veräußerung der Besteuerung unterlägen, in die Ermittlung des Übernahmeerfolgs (§ 4 Abs. 4 UmwStG) einbezogen.

---

1) Vgl. Pung in Dötsch/Jost/Pung/Witt, § 4 UmwStG Rz. 39 und § 5 UmwStG Rz. 5.
2) Vgl. zum Verlust der ursprünglichen Anschaffungskosten als Abzugsposten bei einer späteren Veräußerung des Mitunternehmeranteils BFH v. 12.7.2012, IV R 39/09, BStBl II 2012, 728.
3) Vgl. Dötsch/Wochinger, DB 1994, Beilage, 14, 31; ebenso UmwStE Tz. 3.17.

Nach § 5 Abs. 1 bis 3 UmwStG bzw. § 5 Abs. 4 UmwStG a.F. i.V.m. § 27 Abs. 3 Nr. 1 UmwStG sind dies folgende Anteile:

- Anteile, die nach dem steuerlichen Übertragungsstichtag angeschafft wurden bzw. aus der Abfindung eines Anteilseigners stammen (§ 5 Abs. 1 UmwStG);
- Anteile i. S. des § 17 EStG, die nicht zu einem Betriebsvermögen eines unbeschränkt steuerpflichtigen Gesellschafters gehören (§ 5 Abs. 2 UmwStG). Die Frage, ob eine Beteiligung i. S. des § 17 EStG vorliegt, richtet sich nach der zum Zeitpunkt der Eintragung der Umwandlung im Handelsregister geltenden Fassung des § 17 Abs. 1 EStG. Für alle wesentlichen Anteile i. S. des § 17 EStG gilt nunmehr somit die Einlagefiktion.
- Anteile, die sich zum Übertragungsstichtag in einem Personenunternehmen mit Gewinneinkunftsart befinden (§ 5 Abs. 3 UmwStG);
- einbringungsgeborene Anteile (§ 5 Abs. 4 UmwStG a.F. i.V.m. § 27 Abs. 3 Nr. 1 UmwStG).

Ausgeschlossen ist nur der nicht wesentlich Beteiligte (Anteile i. S. des § 20 Abs. 2 Satz. 1 Nr. 1 EStG, § 23 Abs. 1 Satz 1 Nr. 2 EStG und Anteile außerhalb der Jahresfrist).[1]

Von den steuerlichen Folgen der Umwandlung werden die Anteilseigner erfasst, die im Zeitpunkt der zivilrechtlichen Wirksamkeit der Umwandlung beteiligt sind. Veräußern folglich Anteilseigner im Interimszeitraum zwischen steuerlichem Übertragungsstichtag und Eintragung in das relevante Handelsregister die Beteiligung, so liegt auch für steuerliche Zwecke die Veräußerung/der Erwerb von Kapitalgesellschaftsanteilen vor.[2] Von der steuerlichen Rückwirkungsfiktion wird in diesem Fall nur der Erwerber erfasst. Die Anteile gelten als am steuerlichen Umwandlungsstichtag angeschafft (UmwStE Tz. 5.04).

Als relevante Buchwerte gelten grundsätzlich die Buchwerte der Anteile. Kam es innerhalb der letzten fünf Jahre vor dem steuerlichen Übertragungsstichtag zu einer Einlage der Anteile in das Betriebsvermögen eines Gesellschafters oder das Betriebsvermögen der übernehmenden Personengesellschaft, waren nach § 5 Abs. 3 Satz 2 und 3 UmwStG a.F. zur Verhinderung von Missbräuchen jedoch die Anschaffungskosten anzusetzen, soweit diese den Buchwert unterschritten. Hierdurch sollte durch Ansatz eines zeitnahen niedrigeren Einlagewerts ein erhöhtes Aufstockungsvolumen verhindert werden. Alternativ zur Einlage konnte nach bisherigem Recht bei nicht wesentlichen Anteilen eine Veräußerung aus dem Privatvermögen in ein Betriebsvermögen hinein vorgenommen werden; dies ermöglichte (jedenfalls nach dem Gesetzeswortlaut) insoweit eine steuerneutrale Aufwertung. Die FinVerw ging in diesen Fällen allerdings von einem Missbrauch i. S. des § 42 AO aus.[3] Diese Regelungen wurden nicht in das UmwStG n.F. übernommen.

1822

Der neue § 4 Abs. 1 Satz 2 UmwStG regelt hinsichtlich der Anteile der Übernehmerin an der Überträgerin eine Ausnahme von der Bewertung nach § 6 EStG („erweiterte Wertaufholung"; UmwStE. Tz. 4.05 ff.). Danach ist der Buchwert der Anteile um steuerwirksame Teilwertabschreibungen in früheren Jahren sowie um § 6b-Abzüge und ähnliche Abzüge, höchstens bis zum gemeinen Wert, zu erhöhen. Fallen der reguläre Bilanzstichtag der Übernehmerin und der steuerliche Übertragungsstichtag zusammen, so kann es zur Konkurrenz zwischen dem Wertaufholungsgebot nach § 6 Abs. 1 Nr. 2 Satz 2 EStG und der Zuschreibung nach § 4 Abs. 1 Satz 2 UmwStG kommen.[4]

---

1) Vgl. Haisch, UbG 2009, 96, 97.
2) BFH v. 6.5.2008, BFH/NV 2008, 1452.
3) BMF v. 25.3.1998, IV B 7 – S 1978 – 21/98, BStBl I 1998, 268, Tz. 5.15 bis 5.20 mit zahlreichen Beispielvarianten; s. a. Thiel/Eversberg/van Lishaut/Neumann, GmbHR 1998, 397, 414.
4) Vgl. Dötsch/Pung, DB 2006, 2704, 2710.

Nach Auffassung der FinVerw sind steuerwirksame Teilwertabschreibungen vor nicht voll steuerwirksamen Teilwertabschreibungen hinzuzurechnen.[1)]

1823 Beim Übergang in ein Betriebsvermögen hat das aufnehmende Personenunternehmen die übergehenden Wirtschaftsgüter mit den in der steuerlichen Schlussbilanz der übertragenden Körperschaft angesetzten Werten zwingend zu übernehmen (§ 4 Abs. 1 UmwStG). Dieser Grundsatz der Buchwertverknüpfung erlaubt i.V.m. dem Buchwertansatz in der Schlussbilanz der übertragenden Körperschaft die (steuerneutrale) Buchwertfortführung. Aber auch bei einem möglichen Zwischenwertansatz oder Ansatz des gemeinen Werts auf der Ebene der übertragenden Kapitalgesellschaft sind zwingend die dort gewählten Wertansätze durch das aufnehmende Personenunternehmen fortzuführen.

1824 Es erfolgt ein umfassender Eintritt in die steuerliche Rechtsposition der übertragenden Kapitalgesellschaft. § 4 Abs. 2 Satz 1 UmwStG normiert den Grundsatz, dass das übernehmende Personenunternehmen in die steuerliche Rechtsstellung der übertragenden Körperschaft eintritt, insbesondere bzgl. der Bewertung der übernommenen Wirtschaftsgüter, der AfA und der den steuerlichen Gewinn mindernden Rücklagen. Ein in der steuerlichen Schlussbilanz der übertragenden Körperschaft entgegen § 5 EStG angesetztes Wirtschaftsgut ist nach Auffassung der FinVerw in der Steuerbilanz der übernehmenden Personengesellschaft auszuweisen und in der Folgezeit unter Anwendung des § 5 EStG ertragswirksam aufzulösen (UmwStE Tz. 4.16).[2)]

Ein verbleibender Verlustvortrag i.S.d. §§ 2a, 10d, 15 Abs. 4 oder 15a EStG geht nicht über (§ 4 Abs. 2 Satz 2 UmwStG). Ist die Dauer der Zugehörigkeit eines Wirtschaftsgutes zum Betriebsvermögen für die Besteuerung bedeutsam, so ist der Zeitraum seiner Zugehörigkeit zum Betriebsvermögen der übertragenden Körperschaft der übernehmenden Personengesellschaft anzurechnen (§ 4 Abs. 2 Satz 3 UmwStG). Dieser Eintritt in die Rechtsposition hängt nicht davon ab, ob die übertragende Körperschaft die Buchwerte beibehalten hat. Die Steuerfreiheit der Vermögensmehrung auf Grund einer Investitionszulage begründet keine steuerliche Rechtsstellung der übertragenden Körperschaft, in die die übernehmende Personengesellschaft eintreten kann.[3)]

1825 Soweit es zu einer Wertzuschreibung im Rahmen des Vermögensübergangs kommt, spiegelt sich diese nach § 4 Abs. 3 UmwStG auch in einem erhöhten AfA-Volumen wider. In den Fällen des § 7 Abs. 4 Satz 1 und Abs. 5 EStG (bei Gebäuden) erhöht sich die bisherige Bemessungsgrundlage um den Unterschiedsbetrag zwischen dem Buchwert der einzelnen Wirtschaftsgüter und dem Wert, mit dem die Körperschaft die Wirtschaftsgüter in der steuerlichen Schlussbilanz angesetzt hat.

Beispiel:[4)]

Bemessung der AfA in den Fällen des § 7 Abs. 4 Satz 1, Abs. 5 EStG:

Die A-GmbH hat am 1.1.2000 ein Gebäude angeschafft, für das lineare AfA nach § 7 Abs. 4 Satz 1 Nr. 1 EStG vorgenommen worden ist. Die bisherige Bemessungsgrundlage betrug 500 000 € (= Anschaffungskosten). Zum 1.1.2005 wird die A-GmbH auf die B-KG verschmolzen; in der steuerlichen Schlussbilanz der A-GmbH zum 31.12.2004 wird das Gebäude mit dem gemeinen Wert von 700 000 € angesetzt.[5)]

	€
Anschaffungskosten	500 000
÷ AfA 2000 bis 2004 5 × 2 % × 500 000 €	50 000
Buchwert 1.1.2000	450 000

---

1) UmwStE Tz. 4.07; a.A. BFH v. 19.8.2009, I R 2/09, BStBl II 2010, 760.
2) Zur Kritik an der Auffassung der FinVerw, Schell/Krohn, DB 2012, 1057, 1059.
3) BFH v. 24.4.2008, IV R 69/05, BFH/NV 2008, 1550.
4) Vgl. Sagasser in Sagasser/Bula/Brünger, Umwandlungen, L Rz. 27 und 98.
5) Dieser Ansatz war bereits nach bisherigem Recht zulässig (→ **4** Rz. 1811).

Gemeiner Wert 1.1.2005	700 000
Aufstockungsbetrag	250 000
bisherige Bemessungsgrundlage	500 000
neue Bemessungsgrundlage	750 000

jährliche AfA: 750 000 € × 2 % = 15 000 € p. a.

Die verbleibende Abschreibungsdauer beträgt somit (700 000 €/15 000 € p. a.) 46 Jahre und 8 Monate. Beträgt die tatsächliche Restnutzungsdauer des Gebäudes nur noch 45 Jahre, dann kann die AfA nach der tatsächlichen Restnutzungsdauer bemessen werden:[1]

700 000 €/45 Jahre = 15 556 € p. a.

In allen anderen Fällen bemisst sich die AfA gem. § 4 Abs. 3 UmwStG nach dem Wertansatz, mit dem die Wirtschaftsgüter übernommen werden, sowie der Restnutzungsdauer. Nach Ansicht der FinVerw soll die Restnutzungsdauer nach den Verhältnissen am steuerlichen Übertragungsstichtag neu geschätzt werden.[2] Unklar ist, wie dies mit dem (vollen) Eintritt in die steuerliche Rechtsposition des Übertragenden zu vereinbaren ist. Die Ansicht der FinVerw entspricht vielmehr der These einer (verdeckten) Anschaffung. Jedoch soll insbesondere keine Neuanschaffung für Zwecke der Investitionszulage sowie der Begünstigungen nach § 6 Abs. 2 EStG und § 6b EStG angenommen werden, da es gerade an der Anschaffung mangelt (UmwStE Tz. 4.14. und 4.15).

Selbst bei einer Buchwertfortführung ergibt sich immer eine steuerrelevante Größe: der zweistufig zu ermittelnde Übernahmegewinn bzw. -verlust (§ 4 Abs. 4 und 5 UmwStG). Das Übernahmeergebnis ist nach folgendem Schema zu berechnen:[3]

1826

1. Wert, mit dem die übergegangenen Wirtschaftsgüter nach § 4 Abs. 1 UmwStG zu übernehmen sind (gekürzt um den anteiligen Wert der Wirtschaftsgüter, der auf Anteile entfällt, die nicht an der Ermittlung des Übernahmeergebnisses teilnehmen, § 4 Abs. 4 Satz 3 UmwStG),
2. Hinzurechnung nach § 4 Abs. 4 Satz 2 UmwStG,
3. KSt-Erhöhung nach § 10 UmwStG (entfällt für Umwandlungen mit steuerlicher Wirkung nach dem 31.12.2006),
4. Kosten des Vermögensübergangs,
5. Buchwert der Anteile an der übertragenen Körperschaft (ggf. erhöht um steuerwirksame Teilwertabschreibungen sowie § 6b-Abzüge und ähnliche Abzüge),
6. Übernahmegewinn/-verlust i. S. des § 4 Abs. 4 UmwStG,
7. Sperrbetrag nach § 50c EStG,
8. Kapitalerträge i. S. des § 7 UmwStG (§ 4 Abs. 5 Satz 2 UmwStG),
9. Übernahmegewinn/-verlust i. S. des § 4 Abs. 5 UmwStG.

Neu ist in § 4 Abs. 4 Satz 1 UmwStG die Erwähnung der Kosten für den Vermögensübergang, so dass Umwandlungskosten bei der Ermittlung des Übernahmeergebnisses abzuziehen sind, was im Ergebnis die volle oder hälftige Nichtabziehbarkeit der Kosten zur Folge hat. Bedeutung hat dies insbes. für die GrESt, die nach Auffassung der FinVerw zu den Umwandlungskosten[4] zählt und damit nicht wie nach bisherigem Recht voll abziehbar wäre. Die FinVerw hat diese Auffassung inzwischen mit Schreiben vom 18.1.2010 bestätigt.[5]

---

[1] UmwStE Tz. 4.10.
[2] BMF v. 25.3.1998, IV B 7 – S 1978 – 21/98, BStBl I 1998, 268, Tz. 04.03; Thiel/Eversberg/van Lishaut/Neumann, GmbHR 1998, 397, 407; bestätigt durch BFH v. 29.11.2007, IV R 73/02, BStBl II 2008, 407; BFH v. 29.11.2007; ebenso UmwStE Tz. 4.10.
[3] Ähnlich Dötsch/Pung, DB 2006, 2704, 2711.
[4] BMF v. 25.3.1998, IV B 7 – S 1978 – 21/98, BStBl I 1998, 268, Tz. 04.43.
[5] BMF v. 18.1.2010, IV C 2 – S 1978 – b/0, BStBl I 2010, 70.

Neu ist ferner die Regelung des § 4 Abs. 4 Satz 2 UmwStG für den Ansatz von Wirtschaftsgütern der übertragenden Körperschaft, bei denen kein deutsches Besteuerungsrecht hinsichtlich des Gewinns aus einer Veräußerung besteht. Unterhält die übertragende Körperschaft eine Betriebsstätte in einem DBA-Land mit Freistellungsmethode, so hat die Übernehmerin das übergehende ausländische Betriebsvermögen (sog. **neutrales Vermögen**) zwingend mit dem gemeinen Wert anzusetzen. Dadurch soll eine bisherige Besteuerungslücke geschlossen werden, die sich daraus ergab, dass bei einer Veräußerung der Beteiligung an der Überträgerin deren Gesellschafter die in der ausländischen Betriebsstätte vorhandenen stillen Reserven mittelbar auch in Deutschland hätten versteuern müssen, dieses Besteuerungsrecht nach der Umwandlung in eine Personengesellschaft aber entfallen ist, während das Besteuerungsrecht für den auf die DBA-Betriebstätte entfallenden Teil des Veräußerungsgewinns dem jeweiligen ausländischen Staat zusteht.[1]

Neu ist schließlich die durch den Systemwechsel zur Aufspaltung des Übernahmeergebnisses erforderlich gewordene Regelung des § 4 Abs. 5 Satz 2 UmwStG, nach der Kapitalerträge i. S. des § 7 UmwStG einen Übernahmegewinn vermindern oder einen Übernahmeverlust erhöhen.

Auf Grund des obigen Berechnungsschemas sind Differenzen zwischen dem Wert der übergehenden Wirtschaftsgüter und dem Buchwert der Anteile steuerlich zu berücksichtigen. Im Fall eines zeitnahen Anteilserwerbs dürfte sich regelmäßig ein Übernahmeverlust ergeben, da zwar die Anteile den vollen Verkehrswert widerspiegeln, die Buchwerte der Kapitalgesellschaft dagegen stille Reserven beinhalten dürften. Soweit es sich um „historische Anteile" von Gründungsgesellschaftern handelt, werden sich i.d.R. stille Reserven gebildet haben, die zu einem positiven Übernahmegewinn führen.

1827 Ist der verbleibende Betrag negativ (Übernahmeverlust), bleibt dieser wie bisher grundsätzlich außer Ansatz, soweit er auf eine Körperschaft als Mitunternehmerin der übernehmenden Personengesellschaft entfällt (§ 4 Abs. 6 Satz 1 UmwStG). Die in den Anteilen der übertragenden Kapitalgesellschaft enthaltenen stillen Reserven können somit nicht in abschreibbare Wirtschaftsgüter transformiert werden. Vielmehr führt die Ermittlung des Übernahmeergebnisses zu einer „Vernichtung" der ursprünglichen Anschaffungskosten für die Beteiligung an der Kapitalgesellschaft.[2] Damit fehlt ein wichtiger steuerplanerischer Baustein bei einem Unternehmenserwerb in Deutschland.

In den Sonderfällen der § 8b Abs. 7 und Abs. 8 Satz 1 KStG (den Handelsbüchern von Kredit- oder Finanzdienstleistungsinstituten bzw. den Kapitalanlagen von Lebens- oder Krankenversicherungsunternehmen zuzurechnende Anteile) ist der Übernahmeverlust nach § 4 Abs. 6 Satz 2 und 3 UmwStG bis zur Höhe der Kapitalerträge nach § 7 UmwStG zu berücksichtigen. Entfällt der Übernahmeverlust auf an der übernehmenden Personengesellschaft beteiligte natürliche Personen, ist er nach § 4 Abs. 6 Satz 4 UmwStG zu 60 % (bis 2008 zur Hälfte), höchstens jedoch zu 60 % (bis 2008 höchstens jedoch bis zur Hälfte) der Kapitalerträge nach § 7 UmwStG, zu berücksichtigen. Als Rückausnahme zu den genannten Ausnahmen bleibt der Übernahmeverlust nach § 4 Abs. 6 Satz 5 UmwStG in vollem Umfang unberücksichtigt und damit die volle oder 60 %ige (bis 2008 hälftige) Steuerpflicht der Kapitalerträge nach § 7 UmwStG erhalten, soweit bei Veräußerung der Anteile an der übertragenden Körperschaft ein Veräußerungsverlust nach § 17 Abs. 2 Satz 5 EStG steuerlich nicht zu berücksichtigen wäre oder die Anteile an der übertragenden Körperschaft innerhalb der letzten fünf Jahre vor dem steuerlichen Übertragungsstichtag erworben wurden.

---

1) Vgl. Dötsch/Pung, DB 2006, 2704, 2711.
2) BFH v. 12.7.2012, IV R 39/09, BStBl II 2012, 728; BFH v. 24.6.2014, VIII R 35/10, BFH/NV 2014,1660.

Der Übernahmegewinn wird nach dem Systemwechsel zur Aufspaltung des Übernahmeergebnisses als „liquidationsähnlicher" Ertrag qualifiziert (Gedanke des § 17 Abs. 4 EStG). Entsprechend werden auf den um die Kapitalerträge nach § 7 UmwStG verminderten Übernahmegewinn die Regelungen für Liquidationsbezüge angewendet. § 4 Abs. 7 Satz 1 UmwStG ordnet an, dass auf den Übernahmegewinn § 8b KStG anzuwenden ist, soweit er auf eine Körperschaft entfällt (95 %ige Steuerbefreiung). Soweit der Übernahmegewinn durch natürliche Personen als bezogen gilt, ist er nach § 3 Nr. 40 Satz 1 und 2 EStG zu 60 % (bis 2008 zur Hälfte) anzusetzen (§ 4 Abs. 7 Satz 2 UmwStG). Die (teilweise) Steuerfreistellung ist auf der höchsten Ebene der Mitunternehmer anzuwenden, d.h. bei mehrstöckigen Personengesellschaften auf der obersten Stufe der Mitunternehmer.[1] Diese teilweise Steuerbefreiung für natürliche Personen gilt auch dann, wenn die Anteile an der Kapitalgesellschaft einbringungsgeboren (bzw. nunmehr nachsteuerauslösend nach § 22 UmwStG) sind und im Falle einer Veräußerung der Veräußerungserlös in voller Höhe steuerpflichtig wäre (bzw. nunmehr zu 95 % oder 40 % [bis 2008 zu 50 %] steuerbefreit ist; UmwStE Tz. 4.45). Der Gewerbeertragsteuer unterliegt der Übernahmegewinn indes nicht (§ 18 Abs. 2 Satz 1 UmwStG). Entsprechend entfällt die Anwendung von § 35 EStG. Für Kapitalerträge i. S. des § 7 UmwStG sieht § 18 Abs. 2 Satz 2 UmwStG eine Freistellung von der Gewerbesteuer vor, wenn die Anteile im Privatvermögen gehalten werden. Im Umkehrschluss bedeutet dies eine Gewerbesteuerpflicht der Kapitalerträge i. S. des § 7 UmwStG aus Anteilen, die im Betriebsvermögen gehalten werden und nicht dem Schachtelprivileg des § 9 Nr. 2a GewStG unterliegen.[2]

1828

Nunmehr ist durch ausdrücklichen Verweis in § 4 Abs. 7 Satz 2 UmwStG klargestellt, dass im Falle natürlicher Personen als Anteilseigner § 3c EStG anzuwenden ist.

b) Nicht wesentlich Beteiligter

Der nicht wesentlich beteiligte Gesellschafter, der Anteile im Privatvermögen hält, wird von der oben dargestellten Methodik der Ermittlung des Übernahmeergebnisses ausgeschlossen. Wie nach bisherigem Recht kann er die Anschaffungskosten seiner Beteiligung im Rahmen der Umwandlung der übertragenden Körperschaft in eine Personengesellschaft steuerlich nicht geltend machen. Der Kreis der hiervon betroffenen Gesellschafter hat sich auf Grund der Absenkung der Mindestbeteiligungsgrenze auf 1 % im Rahmen des § 17 EStG erheblich verkleinert. Für diesen Personenkreis fingiert § 7 UmwStG – wie nunmehr für alle Anteilseigner – eine Ausschüttung der anteiligen offenen Reserven der übertragenden Gesellschaft. Der zuzurechnende Ausschüttungsbetrag ermittelt sich nach Abzug des steuerlichen Einlagekontos (§ 27 KStG) unter Anwendung des § 29 Abs. 1 KStG. Die Höhe der Zurechnung bemisst sich nach dem Verhältnis der Anteile zum Nennkapital der übertragenden Gesellschaft ohne Berücksichtigung eigener Anteile. Als „Bezüge aus Kapitalvermögen i. S. des § 20 Abs. 1 Nr. 1 EStG" unterliegen diese fiktiven Ausschüttungsbeträge bei Anteilseignern unterhalb der 1 %-Schwelle des § 17 EStG der Abgeltungsteuer nach § 32d EStG von 25 % (zuzüglich SolZ). Die darauf entfallende Kapitalertragsteuer nach § 43 Abs. 1 Nr. 1 EStG entsteht im Zeitpunkt des Wirksamwerdens der Umwandlung (UmwStE Tz. 7.08).

1829

Eine Vernichtung von Anschaffungskosten findet gem. § 4 Abs. 6 Satz 6 UmwStG auch bei Inhabern von Anteilen i. S. des § 17 Abs. 2 Satz 6 EStG statt. Für diesen Personenkreis werden daher im Rahmen der Umwandlung auf ein Personenunternehmen bislang nicht steuerlich verstrickte Anteile an Kapitalgesellschaften (keine

1830

---

1) Vgl. Schmitt/Schloßmacher, Umwandlungssteuererlass, Anm. zu Tz. 4.40 zur Nichtberücksichtigung eines Übernahmeverlusts bei der Oberpersonengesellschaft im Falle einer mittelbaren Personengesellschaftsbeteiligung.
2) Vgl. Krohn/Greulich, DStR 2008, 646, 650.

Anwendung § 17 EStG) zu steuerlich relevanten Beteiligungen an Personenunternehmen (§ 16 Abs. 1 Nr. 2 EStG). Dadurch entsteht in Bezug auf spätere Veräußerungsgewinne eine deutliche Verschlechterung der Steuerposition des Anteilseigners („Vernichtung" von Anschaffungskosten). Die bislang in den Anteilen ruhenden, nicht steuerverhafteten stillen Reserven unterliegen im Falle der Veräußerung der Besteuerung. Jedoch werden z.b. Finanzierungskosten für den Anteilserwerb nach Umwandlung als Sonderbetriebsausgaben auf Ebene der Personengesellschaft abzugsfähig (UmwStE Tz. 4.36).

c) Ausländische Anteilseigner (beschränkt Steuerpflichtige)

1831 Bzgl. der Behandlung von ausländischen Anteilseignern bestanden unter dem alten Recht weitreichende Meinungsunterschiede. Die FinVerw vertrat die Ansicht, dass die Anteile ausländischer Anteilseigner nur dann in die Ermittlung des Übernahmegewinns/-verlusts einbezogen werden dürfen, wenn das Besteuerungsrecht für die Anteile nach § 49 Abs. 1 Nr. 2 Buchst. e EStG in Deutschland liegt und nicht durch ein DBA dem Wohnsitzstaat des ausländischen Anteilseigners zugewiesen ist (UmwStE a.F. Tz. 5.12).

1832 Demgegenüber stellte die h.M. in der Literatur auf den Wortlaut des § 5 Abs. 2 UmwStG ab, nach dem auch beschränkt Stpfl., die über eine wesentliche Beteiligung i. S. des § 17 bzw. § 49 Abs. 1 Nr. 2 Buchst. e EStG verfügen, von der Einlagefiktion erfasst und dementsprechend in die Berechnung des Übernahmegewinns/-verlusts einbezogen werden.[1] Dieser Ansicht folgend wurde ein Übernahmegewinn wie bei einem wesentlich beteiligten Inländer berechnet. Im Lager der Befürworter einer Einbeziehung von Steuerausländern wurde zusätzlich dahingehend unterschieden, wie bezüglich eines Übernahmegewinns zu verfahren ist. Die einen vertraten die Meinung, dass der Übernahmegewinn in einer inländischen Betriebsstätte, nämlich der übernehmenden Personengesellschaft, anfällt und daher im Rahmen des allgemeinen Betriebsstättenvorbehalts der deutschen Besteuerung unterliegt.[2] Andererseits fand sich aber auch die Ansicht, dass die Besteuerung des Übernahmegewinns auf Grund eines DBA entsprechend der Zuordnung des Besteuerungsrechts für Veräußerungsgewinne ausgeschlossen sein kann.[3]

1833 Der Streit um die Behandlung der Steuerausländer hatte bereits durch das StSenkG stark an Bedeutung verloren, da dadurch die steuerplanerisch bedeutendste Größe („step-up" des Übernahmeverlusts sowie Erstattung gespeicherter Körperschaftsteuer) entfiel.[4] Darüber hinaus kann es, nachdem auf Grund des SEStEG in § 5 Abs. 2 UmwStG auch die Worte „unbeschränkt steuerpflichtigen" gestrichen worden sind, nunmehr keinerlei Zweifel unterliegen, dass auch Anteile ausländischer Gesellschaf-

---

1) Vgl. Bogenschütz, WP-Handbuch der Unternehmensbesteuerung, Ergänzungsband 1995, Rz. 136 ff.; Jakobs/Plewka, DB 1995, 1630.
2) Vgl. Bogenschütz, WP-Handbuch der Unternehmensbesteuerung, Ergänzungsband 1995, Rz. 137.
3) Vgl. Jakobs/Plewka, DB 1995, 1630, 1635.
4) Durch das StSenkG wurde die Ermittlung des Aufstockungspotenzials abgeschafft, indem in § 4 Abs. 6 UmwStG bestimmt wurde: „*Ein Übernahmeverlust bleibt außer Ansatz.*" Darüber hinaus konnte die durch den Wechsel vom Anrechnungs- zum Halbeinkünfteverfahren neukonzipierte Körperschaftsteuerminderung gem. § 10 UmwStG i.V.m. § 37 KStG nicht mit der Körperschaftsteuererstattung unter altem Recht verglichen werden. Unter altem Recht wurde die volle, geleistete KSt erstattet (z.B. 40 % Thesaurierungssatz ab 1999). Die Körperschaftsteuerminderung nach § 37 KStG repräsentierte dagegen nur die Differenz zwischen dem Thesaurierungssatz (40 %) und dem Ausschüttungssatz von 30 % Diese Minderung hätte auch ein Steuerausländer durch Vollausschüttung vor Umwandlung in der Vergangenheit bereits erzielen können und stellt daher keinen besonderen Vorteil dar. Durch die nunmehrige ratierliche Auszahlung des KSt-Guthabens nach § 37 Abs. 5 KStG n.F. und die Ausdehnung des § 7 UmwStG auf alle Anteilseigner wird dieses Ergebnis bestätigt.

ter an der Ermittlung des Übernahmeergebnisses teilhaben. Dieser Auffassung hat sich nunmehr auch die FinVerw ausdrücklich angeschlossen (UmwStE Tz. 5.07).

Ferner hat sich die bisher ebenfalls streitige Frage, ob auch für wesentlich beteiligte ausländische Anteilseigner durch Einbeziehung in die Übernahmeergebnisermittlung der Kapitalertragsteuerabzug für Bezüge i. S. des § 7 UmwStG entfällt,[1] durch die Ausdehnung des § 7 UmwStG auf alle Anteilseigner mit Ausnahme der nicht i.S.d. § 17 EStG wesentlich beteiligten Anteilseigner erledigt. Der Gesetzgeber wollte nämlich mit dieser Erweiterung des Anwendungsbereichs des § 7 UmwStG insbesondere gegenüber ausländischen Gesellschaftern, die mit mindestens 1 % an der Überträgerin beteiligt sind, das Recht Deutschlands an einem KapESt-Abzug auf die Bezüge i. S. des § 7 UmwStG sichern.[2]

Als verbleibender Problemkreis muss im Zusammenhang mit der Behandlung ausländischer Anteilseigner die Regelung des § 50c EStG angesprochen werden (soweit diese Vorschrift nach § 52 Abs. 59 EStG noch greift). Der Ansicht von Füger/Rieger,[3] nach der die fingierte Einlage des Ausländers in das Inland nicht als ein von § 50c EStG erfasster Vorgang anzusehen ist, sind andere Autoren[4] entgegengetreten: Die Einlage führe entweder gem. § 50c Abs. 1 EStG oder mittelbar über den Ersatztatbestand des § 50c Abs. 6 EStG generell zum Entstehen von „§ 50c EStG behafteten Anteilen". **1834**

Der vorstehende Streit betraf die Frage, ob durch die Einlagefiktion selbst ein Sperrbetrag nach § 50c EStG ausgelöst werden konnte. Dieser Streit hat sich für Umwandlungen ab dem VZ 2002 erledigt, da § 50c EStG im Rahmen der Unternehmenssteuerreform 2001 mit Wirkung ab 2002 aufgehoben wurde. Für Altfälle bleibt er aber weiter zu beachten, da der EuGH inzwischen entschieden hat, dass § 50c EStG europarechtskonform ist.[5] **1835**

Eine andere Frage ist, ob bereits mit einem Sperrbetrag nach § 50c EStG behaftete Anteile von der Einlagefiktion erfasst werden und damit auch zu einer Erhöhung des Übernahmeergebnisses führen können. Diese Rechtsfolge der Erhöhung des Übernahmeergebnisses steht im Fall der Umwandlung der Kapitalgesellschaft in eine Personengesellschaft der Wortlaut des § 5 Abs. 2 UmwStG nicht entgegen, nach dem die fingierte Einlage der Anteile zum Buchwert oder den Anschaffungskosten erfolgt. Die Anschaffungskosten können danach mit einem 50c-Sperrbetrag behaftet sein. **1836**

2. Vermögensübertragung auf eine Personengesellschaft oder natürliche Person ohne Betriebsvermögen

Die Vorschrift des § 8 UmwStG regelt den Vermögensübergang auf eine Personengesellschaft oder eine natürliche Person, bei der das Vermögen nicht zu Betriebsvermögen wird. Dies ist z.B. bei einer reinen vermögensverwaltenden GmbH als Überträgerin (z.B. Immobilienbesitz, Wertpapierverwaltung) denkbar.[6] Geht das Vermögen in **1837**

---

1) Nach Dötsch/Pung, DB 2004, 208, 209, sollten nur die ausländischen Anteilseigner von der KapESt betroffen sein, deren Anteile nicht die Voraussetzungen des § 17 EStG erfüllen. Da jedoch die FinVerw (BMF v. 25.3.1998, IV B 7 – S 1978 – 21/98, BStBl I 1998, 268, Tz. 05.12.) ausländische Anteilseigner mit DBA-befreiter Beteiligung generell von der Ermittlung des Übernahmeergebnisses ausschloss, stellte sich das Problem des KapESt-Abzugs auch für wesentlich beteiligte ausländische Gesellschafter mit DBA-Freistellung.
2) Vgl. Dötsch/Pung, DB 2006, 2704, 2708.
3) Vgl. Füger/Rieger, IStR 1995, 257, 419.
4) Vgl. Herfort/Strunk, IStR 1995, 415.
5) EuGH v. 17.9.2009, C-182/08, HFR 2009, 1255; BFH v. 2.7.2014, I R 57/12, BFH/NV 2015, 11.
6) Einer derartigen „Zwangsaufdeckung" der stillen Reserven kann durch eine entsprechende Gestaltung entgegengewirkt werden, z.B. mittels Anwendung der gesetzlich normierten Geprägerechtsprechung gem. § 15 Abs. 2 EStG.

die Privatsphäre über, muss die übertragende Kapitalgesellschaft zwingend gemeine Werte ansetzen.[1)]

Daneben erfolgt u.U. eine Versteuerung der in den Anteilen enthaltenen stillen Reserven. Abhängig davon, in welcher Vermögenssphäre die Anteile gehalten werden, treten unterschiedliche steuerliche Folgen ein. Gehören die Anteile zu einem Betriebsvermögen, kann sich infolge des Vermögensübergangs ein Veräußerungsgewinn im Bereich gewerblicher Einkünfte ergeben. Ein steuerpflichtiger Veräußerungsgewinn entsteht auch bei wesentlichen Anteilen i. S. des § 17 EStG. Ebenso werden einbringungsgeborene (nunmehr nachsteuerauslösende) Anteile gem. § 21 (nunmehr § 22) UmwStG erfasst. Nach wohl herrschender Ansicht unterfallen diese Einkünfte – soweit die Voraussetzungen vorliegen – dem Teileinkünfteverfahren (bis 2008 dem Halbeinkünfteverfahren).[2)] Soweit für einbringungsgeborene Anteile alten Rechts die Sieben-Jahres-Frist des § 3 Nr. 40 Satz 3 und 4 EStG noch nicht abgelaufen ist, greift das Halbeinkünfteverfahren allerdings nicht ein (§ 52 Abs. 4d Satz 2 EStG).[3)] Im Bereich der nachsteuerauslösenden Anteile greift das Teileinkünfteverfahren (bis 2008 das Halbeinkünfteverfahren) grundsätzlich ein; ob eine Nachversteuerung eines Einbringungsgewinns I nach § 22 UmwStG zu erfolgen hat, ist allerdings fraglich, da die Umwandlung der Kapitalgesellschaft im Gesetz nicht als Veräußerungsersatztatbestand erwähnt ist.

Sofern eine Körperschaft an einem derartigen Umwandlungsvorgang teilnimmt, gelten grundsätzlich die Befreiungsregelungen des § 8b Abs. 2 i.V.m. Abs. 5 KStG. Nach früherem Recht galten für einbringungsgeborene Anteile die Gegenausnahmen des § 8b Abs. 4 KStG a.F. Nur im Rahmen dieser Gegenausnahmen unterlag folglich der Vermögensübergang gem. § 8 UmwStG voll der KSt. Im Bereich der nachsteuerauslösenden Anteile bleibt es bei der 95 %igen Steuerfreistellung; ob eine Nachversteuerung eines Einbringungsgewinns I nach § 22 UmwStG zu erfolgen hat, ist allerdings fraglich, da die Umwandlung der Kapitalgesellschaft im Gesetz nicht als Veräußerungsersatztatbestand erwähnt ist.

Darüber hinaus werden die Vorschriften über Spekulationsgewinne (§ 22 Nr. 2 EStG) sowie die Ermäßigungsregelung des § 17 Abs. 3 EStG für unanwendbar erklärt (§ 8 Abs. 2 UmwStG).

3. Gewerbesteuerliche Verstrickung nach § 18 Abs. 3 UmwStG

1838 Eine umwandlungsspezifische gewerbesteuerliche Verstrickungsregelung im Anschluss an die Umwandlung einer Kapitalgesellschaft in eine Personengesellschaft oder ein Einzelunternehmen enthält § 18 Abs. 3 UmwStG. Wird der Betrieb der aufnehmenden Personengesellschaft oder natürlichen Person innerhalb von fünf Jahren nach der Umwandlung aufgegeben oder veräußert, so unterliegt ein Auflösungs- oder Veräußerungsgewinn nach § 18 Abs. 3 Satz 1 UmwStG der Gewerbesteuer. Entsprechendes gilt nach § 18 Abs. 3 Satz 2 UmwStG, soweit ein Teilbetrieb oder Anteil an der aufnehmenden Personengesellschaft aufgegeben oder veräußert wird. Hierzu hat der BFH mit Urteil vom 11.12.2001[4)] entschieden, dass auch ein Wertzuwachs beim übergegangenen Vermögen im Zeitraum zwischen der Umwandlung bis zur Veräußerung der Anteile an der übernehmenden Personengesellschaft der Gewerbesteuer gem. § 18 Abs. 4 UmwStG a.F. (Abs. 3 n.F.) unterliegt. Darüber hinaus hat der BFH mit Urteilen v. 20.11.2006 entgegen der Auffassung der FinVerw nunmehr entschieden, dass der Veräußerungs- oder Aufgabegewinn i. S. des § 18 Abs. 4 UmwStG a.F.

---

1) Vgl. Widmann in Widmann/Mayer, § 3 UmwStG Rz. 515.
2) Vgl. Widmann in Widmann/Mayer, § 8 UmwStG Grüne Blätter StenkG Rz. 4.
3) Vgl. Schmitt in Schmitt/Hörtnagl/Stratz, § 8 UmwStG Rz. 22.
4) BFH v. 11.12.2001, VIII R 23/01, BStBl II 2004, 474; BFH v. 26.6.2007, IV R 58/06, BFH/NV 2007, 2024; dagegen FG Münster v. 24.6.2005, 11 K 3961/04, DB 2005, 1665.

(Abs. 3 n.F.) diejenigen stillen Reserven der übernehmenden Personengesellschaft nicht umfasst, die deren bereits vor der Umwandlung vorhandenem Vermögen zuzurechnen sind.[1] Wegen weiterer Einzelheiten wird auf die BFH-Urteile v. 11.12.2001 und 20.11.2006 sowie die Darstellung von Haritz[2] verwiesen. Die Auffassung der Fin-Verw ist jedoch auf Grund des JStG 2008 durch eine Änderung des § 18 Abs. 3 UmwStG festgeschrieben worden.[3] Wird eine Kapitalgesellschaft in eine Personengesellschaft umgewandelt und anschließend der (übergegangene) Betrieb von der Personengesellschaft veräußert, mindert die nach § 18 Abs. 4 UmwStG 2002 anfallende Gewerbesteuer als Veräußerungskosten den Veräußerungsgewinn.[4] Nach Auffassung des BFH liegt eine Veräußerung innerhalb von fünf Jahren nach der Umwandlung auch dann vor, wenn die Umwandlung zwar rein tatsächlich der Veräußerung nachfolgt, die Umwandlung aber durch die steuerliche Rückwirkung vor dem Vollzug der Veräußerung steuerlich wirksam wird.[5]

Verschmelzung oder Vermögensübertragung unter Beteiligung von Körperschaften

von *Volker Bock*

INHALTSÜBERSICHT

	Rz.
I. Überblick über die umwandlungsrechtlichen und umwandlungssteuerlichen Regelungen	1839–1841
1. Umwandlungsrechtliche Regelungen	1839–1840
2. Umwandlungssteuerliche Regelungen	1841
II. Grundstruktur des Umwandlungsverfahrens am Beispiel der Verschmelzung	1842–1861
1. Vorbereitungsmaßnahmen	1843
2. Information der Anteilseigner	1844
3. Umwandlungsprüfung	1845
4. Umwandlungsbeschluss	1846
5. Anmeldung zur Registereintragung	1847–1848
6. Wirkungen der Eintragung	1849–1851
7. „Rückwirkung"	1852
8. Regelungen zum Schutz der Anteilseigner	1853
9. Regelungen zum Schutz der Gläubiger	1854
10. Kapitalschutzvorschriften	1855
11. Schutz der Arbeitnehmer	1856–1861
III. Steuerliche Verschmelzungsfähigkeit	1862–1863
IV. Einkommen-/körperschaftsteuerliche Behandlung der Verschmelzung	1864–1888
1. Steuerliche Rückwirkung/Stichtag	1864–1867
2. Besteuerung der übertragenden Körperschaft	1868–1881
a) Implikationen des Umwandlungsgesetzes	1868–1873
b) Körperschaftsteuerliche Behandlung der Übertragerin	1874–1881

---

1) BFH v. 20.11.2006, VIII R 47/05, VIII R 45/05, BFH/NV 2007, 637 und 2007, 793.
2) Vgl. Haritz, FR 2004, 1098, 1099 f.
3) JStG 2008 v. 20.12.2008, BGBl. I 2007, 3150.
4) BFH v. 16.12.2009, IV R 22/08, BStBl II 2010, 736.
5) BFH v. 26.4.2012, IV R 24/09, BFH/NV 2012, 1398.

	Rz.
3. Besteuerung der übernehmenden Körperschaft	1882–1886
4. Behandlung der Rücklagen	1887
5. Besteuerung der Gesellschafter der übertragenden Körperschaft	1888

I. Überblick über die umwandlungsrechtlichen und umwandlungssteuerlichen Regelungen

1. Umwandlungsrechtliche Regelungen

1839 Die schon nach altem Recht mögliche[1] Umwandlung von Rechtsträgern durch Verschmelzung wird in den Vorschriften der §§ 2–122l UmwG detailliert geregelt. Im Wege der Verschmelzung kann das Vermögen eines Rechtsträgers oder mehrerer Rechtsträger auf einen anderen schon bestehenden Rechtsträger (Verschmelzung durch Aufnahme) oder neugegründeten Rechtsträger (Verschmelzung durch Neugründung) durch Gesamtrechtsnachfolge unter Auflösung ohne Abwicklung übertragen werden. Die Anteilseigner (Gesellschafter, Aktionäre, Genossen, Mitglieder) des übertragenden Rechtsträgers erhalten im Tausch gegen ihre bisherigen Anteile an dem übertragenden (untergehenden) Rechtsträger Anteile an dem neuen Rechtsträger (§ 2 UmwG). Ausnahmen vom Grundsatz der Anteilsgewährung und damit erhebliche Erleichterungen insbesondere für die Verschmelzung von Schwestergesellschaften sehen die durch das Zweite Gesetz zur Änderung des UmwG v. 19.4.2007[2] eingeführten Vorschriften der §§ 54 Abs. 1 Satz 3, 68 Abs. 1 Satz 3 UmwG vor, nach der die übernehmende Gesellschaft von der Gewährung von Anteilen absehen darf, wenn alle Anteilsinhaber der übertragenden Gesellschaft darauf in notarieller Form verzichten.[3]

An der Verschmelzung können als beteiligte Rechtsträger Personenhandelsgesellschaften, Kapitalgesellschaften, eingetragene Genossenschaften, eingetragene Vereine, genossenschaftliche Prüfungsverbände, Versicherungsvereine auf Gegenseitigkeit, wirtschaftliche Vereine, soweit sie übertragender Rechtsträger sind, und natürliche Personen, die als Alleingesellschafter einer Kapitalgesellschaft deren Vermögen übernehmen, teilnehmen (§ 3 Abs. 1, Abs. 2 UmwG). Somit kann an einer Verschmelzung eine Gesellschaft bürgerlichen Rechts nicht beteiligt werden. Allerdings wirkt § 105 Abs. 2 HGB für die GbR als Pforte ins UmwG: Diese Vorschrift ermöglicht es sowohl kleingewerblichen als auch lediglich vermögensverwaltenden GbR, sich als OHG bzw. KG in das Handelsregister eintragen zu lassen. Hat man auf diese Weise den Status als Personenhandelsgesellschaft erreicht, so finden alle Vorschriften des UmwG für Personenhandelsgesellschaften Anwendung.[4]

An einer grenzüberschreitenden Verschmelzung können nach § 122b Abs. 1 UmwG als übertragende, übernehmende oder neue Gesellschaften nur Kapitalgesellschaften i. S. des Art. 2 Nr. 1 der Verschmelzungsrichtlinie v. 26.10.2005 beteiligt sein, die nach dem Recht eines EU/EWR-Mitgliedstaats gegründet worden sind und ihren satzungsmäßigen Sitz, ihre Hauptverwaltung oder Hauptniederlassung im EU/EWR-Raum haben. Genossenschaften oder Gesellschaften, die Publikumssondervermögen verwalten, können nicht grenzüberschreitend verschmolzen werden (§ 122b Abs. 2 UmwG). Personengesellschaften scheiden ebenfalls als Subjekte einer grenzüberschreitenden Verschmelzung aus.

---

1) Aber auf AG, KGaA, GmbH, Versicherungsvereine auf Gegenseitigkeit, Genossenschaften und bergrechtliche Gewerkschaften beschränkt; Personengesellschaften konnten weder untereinander noch mit Kapitalgesellschaften und Ausschluss der Abwicklung fusioniert werden.
2) BGBl. I 2007, 542.
3) Vgl. Heckschen, DB 2008, 1363, 1365 f.
4) Vgl. Priester, DStR 2005, 788, 789.

Eine grenzüberschreitende Verschmelzung innerhalb des EU-/EWR-Raums kann als Verschmelzung einer deutschen Gesellschaft auf eine in einem anderen EU-/EWR-Staat ansässige Gesellschaft (sog. Herausverschmelzung) oder umgekehrt als Verschmelzung einer in einem anderen EU-/EWR-Staat ansässigen Gesellschaft auf eine deutsche Gesellschaft (sog. Hineinverschmelzung)[1] vollzogen werden.

Zur EU-weiten Sitzverlegung von Körperschaften fehlen europarechtliche Vorgaben, da eine Sitzverlegungsrichtlinie bisher scheiterte.[2] Neue Impulse dürften jedoch von der EuGH-Entscheidung *Vale*[3] ausgehen, nach der ein grenzüberschreitender identitätswahrender Formwechsel innerhalb der EU, der faktisch einer Sitzverlegung entspricht, auf Grund der Niederlassungsfreiheit (Art. 49, 54 AEUV) nicht an entgegenstehenden nationalen Rechtsvorschriften scheitern darf.[4] In der Praxis der Registergerichte werden sowohl Zuzugs- als auch Wegzugsfälle von Rechtsträgern bereits vollzogen.[5] Die generelle Verfahrensweise für derartige Fälle haben die Richter des AG Charlottenburg (Handelsregister) in einer Checkliste beschrieben.[6]

Die §§ 174–189 UmwG regeln die Umwandlung im Wege der Vermögensübertragung. Danach kann eine Vollübertragung des Vermögens (§ 174 Abs. 1 UmwG) oder eine Teilübertragung des Vermögens (§ 174 Abs. 2 Nr. 1–3 UmwG) erfolgen. Im Unterschied zur Verschmelzung oder Spaltung geschieht die Vermögensübertragung **nicht** gegen Gewährung von Anteilen an den übernehmenden Rechtsträger, sondern an ihre Stelle treten auf Grund der besonderen Struktur der beteiligten Rechtsträger andere Gegenleistungen, die regelmäßig in Geld bestehen werden, aber keineswegs müssen.

1840

Da die Vermögensübertragung nur von einer Kapitalgesellschaft auf die öffentliche Hand und zwischen Versicherungsunternehmen möglich ist, wird man in der Praxis der Vermögensübertragung ungleich seltener begegnen als der Verschmelzung, der Spaltung oder dem Formwechsel.

2. Umwandlungssteuerliche Regelungen

Mit der Abschaffung der Übertragung von KSt-Verlustvorträgen und GewSt-Fehlbeträgen durch das SEStEG ist die materiell wichtigste Änderung der steuerlichen Behandlung der Verschmelzung durch das UmwStG 1995 entfallen, indem nunmehr für KSt-Verlustvorträge in § 12 Abs. 3 Halbs. 2 UmwStG auf § 4 Abs. 2 Satz 2 UmwStG sowie für GewSt-Fehlbeträge in § 19 Abs. 2 UmwStG auf § 12 Abs. 3 UmwStG verwiesen wird. Damit hat die „eiserne Beratungsregel"[7] wieder Geltung, nach der immer nur auf die Verlustgesellschaft zu verschmelzen war (beachte in diesen Fällen § 8 Abs. 4 KStG, ab 2008 § 8c KStG) und nicht diese selbst. Ebenso hat auch die Realisation stiller Reserven in der übertragenden Gesellschaft vor einer Verschmelzung zum Verbrauch des Verlustvortrages in den Grenzen der Mindestbesteuerung nach § 10d Abs. 2 EStG grds. wieder ihre Berechtigung. Die ebenfalls durch das UmwG 1995 ermöglichte Vermögensübertragung (§§ 174 ff. UmwG) ist grds. nicht zu Buchwerten, also nicht steuerneutral, möglich. Etwas anderes gilt nur dann, wenn die Übertragung ohne Gegenleistung erfolgt (z.B. 100 % Kapitalgesellschaft wird auf die „Gesellschafter-Gemeinde" übertragen; UmwStE Tz. 11.15). Diese Umwandlungsform wird nachstehend nicht näher behandelt.

1841

---

1) Vgl. zum Fall der Hineinverschmelzung einer englischen Ltd. auf eine GmbH, Tebben/Tebben, DB 2007, 2355.
2) Vgl. den Entwurf einer Sitzverlegungsrichtlinie, ZIP 2007, 1721.
3) EuGH v. 12.7.2012, C-387/10, Rs.Vale, NJW 2012, 2715.
4) Vgl. Kruis/Widmayer, Corporate Finance Law 2012, 349 ff.
5) Vgl. Melchior, GmbHR im Blickpunkt 2014, R 305 f.
6) Vgl. Checkliste „Grenzüberschreitende Sitzverlegungen", GmbHR 2014, R 311 f.
7) Vgl. Schaumburg/Rödder, § 11 UmwStG Rz. 2.

II. Grundstruktur des Umwandlungsverfahrens am Beispiel der Verschmelzung

1842 Auf Grund der speziellen Verweisungstechnik des UmwG werden wesentliche Regelungen des Umwandlungsverfahrens einheitlich im Rahmen der Vorschriften über die Verschmelzung geregelt („Baukastenprinzip"). Die Grundstruktur einer Umwandlung ist daher prinzipiell für alle Umwandlungsarten ähnlich bzw. identisch und kann folglich einheitlich und beispielhaft dargestellt werden. Ohne Anspruch auf Vollständigkeit werden daher lediglich einige wesentliche Abweichungen anderer Umwandlungsarten angesprochen.[1]

Der Gesetzgeber hat jedes Umwandlungsverfahren in ein dreiteiliges Grundschema gegliedert: Vorbereitungs-, Beschluss- und Vollzugsphase.

In der Vorbereitungsphase ist i.d.R. durch die Leitungsorgane der beteiligten Rechtsträger der Entwurf eines Umwandlungsvertrags oder -plans bzw. eines Umwandlungsberichts zu erstellen (§ 192 UmwG im Falle des Formwechsels), die Anteilsinhaber sind mittels eines Berichtes zu informieren sowie eine Prüfung der Umwandlung vorzunehmen.

In der zweiten Phase werden die notwendigen Beschlüsse gefasst. Hierfür sind i.d.R. die für Satzungsänderungen erforderlichen Mehrheiten zu beachten. Strengere Anforderungen durch den Gesellschaftsvertrag bzw. die Satzung sind vorrangig. Besonderheiten gelten bei Personengesellschaften (vgl. §§ 43 Abs. 1 und 2, 217 Abs. 1 UmwG). In Sonderfällen ist die Zustimmung einzelner Anteilsinhaber vorgeschrieben.[2] Entsprechend ist hierauf bereits bei der Formulierung von Gesellschaftsverträgen das besondere Augenmerk zu legen.

In der Vollzugs- oder Schlussphase erfolgen Anmeldung, Eintragung und Bekanntmachung. Mit der Eintragung wird die Umwandlung wirksam. Mängel der notariellen Beurkundung, des Umwandlungsvertrages oder -planes und das Fehlen erforderlicher Zustimmungs- oder Verzichtserklärungen werden geheilt (§ 20 Abs. 1 Nr. 4 UmwG).[3] Bezüglich sonstiger Mängel entfaltet die Eintragung keine Wirkung. So gehen z.B. im Falle der Abspaltung oder Ausgliederung nicht hinreichend genau bestimmte Vermögensgegenstände nicht auf den neuen Rechtsträger über.[4]

Eine Umwandlung erfolgt im Wesentlichen nach dem folgenden Verfahren:

1. Vorbereitungsmaßnahmen

1843 Die Vorbereitung der Umwandlung obliegt i.d.R. den Vertretungsorganen der an der Umwandlung beteiligten Rechtsträger. Dabei bedarf es für die Umwandlung durch Verschmelzung, Spaltung oder Vermögensübertragung des Abschlusses eines Vertrags in notarieller Form. Der Mindestinhalt des Vertrages ist gesetzlich vorgeschrieben. Bei der Spaltung zur Neugründung wird mangels Vertragspartner der Vertrag durch einen Spaltungsplan ersetzt (§ 136 UmwG). Ebenso ist im Falle einer EU-/EWR-

---

1) Einen detaillierten Überblick über die wichtigsten Schritte einer Umwandlung – ähnlich einer Checkliste – gibt Mayer in Widmann/Mayer, Einf. UmwG Rz. 149; zu Anfechtung und Abfindung (Negativerklärung als Eintragungsvoraussetzung, Umwandlung trotz Klage, Klageausschluss, Verbesserung des Umtauschverhältnisses, Barabfindung, Verwertung durch anderweitige Veräußerung, Spruchverfahren), vgl. Köhler in Krüger, Zweckmäßige Wahl der Unternehmensform, 7. Aufl. 2002, Rz. 66 ff.
2) Vgl. §§ 13 Abs. 2, 193 Abs. 2 UmwG; z.B. wenn die Abtretung der Anteile eines übertragenden Rechtsträgers von der Zustimmung bestimmter Anteilsinhaber abhängt.
3) Vgl. Mayer in Widmann/Mayer, Einf. UmwG Rz. 158; Stratz in Schmitt/Hörtnagl/Stratz, § 20 UmwG Rz. 121 ff.
4) Vgl. Mayer in Widmann/Mayer, § 126 UmwG Rz. 267.1.

Verschmelzung ein Verschmelzungsplan statt eines Verschmelzungsvertrags aufzustellen (§ 122c UmwG) und spätestens einen Monat vor der Beschlussfassung der Anteilseigner beim Handelsregister der an der Verschmelzung beteiligten deutschen Gesellschaften einzureichen und von diesem bekannt zu machen (§ 122d UmwG). Beim Formwechsel wird der Vertrag durch den Entwurf eines Umwandlungsbeschlusses ersetzt, dessen notwendiger Inhalt ebenfalls gesetzlich fixiert ist (§ 194 UmwG).

2. Information der Anteilseigner

Die Anteilseigner der beteiligten Rechtsträger sind grundsätzlich über die Umwandlung mittels eines Berichtes, der durch die Vertretungsorgane zu erstellen ist, umfassend zu informieren. Der Umwandlungsbericht dient als Grundlage für die Entscheidung der Anteilseigner. Dabei liegt der Schwerpunkt der Berichterstattung auf der Erläuterung und der Begründung der Angemessenheit des Umtauschverhältnisses oder anderer Gegenleistungen. 1844

Der Umwandlungsbericht ist jedoch dann nicht erforderlich, wenn alle Anteilsinhaber aller beteiligten Rechtsträger auf seine Erstattung verzichten oder sich alle Anteile des übertragenden Rechtsträgers in der Hand des übernehmenden Rechtsträgers befinden. Der Verzicht der Anteilsinhaber auf die Erstattung eines Berichtes ist notariell zu beurkunden (§ 8 Abs. 3 UmwG). Diese Erleichterung gilt im Falle einer EU/EWR-Verschmelzung nicht, da § 8 Abs. 3 UmwG nach § 122e Abs. 3 UmwG nicht anzuwenden ist.

3. Umwandlungsprüfung

Gemäß §§ 9–12 UmwG erfolgt in bestimmten Fällen der Umwandlung eine Prüfung des Umwandlungsvorgangs, insbesondere des Umtauschverhältnisses der Anteile durch unabhängige Sachverständige. Dieses gesetzliche Institut dient dem Schutz der Anteilsinhaber. Die Umwandlungsprüfung ist jedoch nicht generell für alle Umwandlungen zwingend vorgeschrieben. So ist beispielsweise mangels Anteilstauschs im Falle der Ausgliederung eine Spaltungsprüfung gem. § 125 Satz 2 UmwG nicht erforderlich. 1845

Eine Umwandlungsprüfung kann außerdem in den vom Gesetz vorgeschriebenen rechtsformspezifischen Fällen erforderlich werden. So ist eine Umwandlungsprüfung für eine Personenhandelsgesellschaft dann erforderlich, wenn sie von einem der Gesellschafter verlangt wird (§§ 44, 125, 135 Abs. 1 UmwG). Das Gleiche gilt für eine GmbH (§§ 48, 56, 125, 135 Abs. 1 UmwG). Demgegenüber ist bei der Beteiligung von Aktiengesellschaften eine Umwandlungsprüfung grundsätzlich vorgeschrieben (§§ 60, 73, 125, 135 Abs. 1 UmwG).

Soweit das Gesetz eine Umwandlungsprüfung vorsieht, kann darauf durch notariell beurkundete Erklärung sämtlicher Anteilsinhaber aller beteiligten Rechtsträger verzichtet werden (§ 9 Abs. 3 i.V.m. § 8 Abs. 3 UmwG). Für die Verschmelzung einer 100 %igen Tochtergesellschaft auf ihre Muttergesellschaft ist eine Verschmelzungsprüfung gem. § 9 Abs. 2 UmwG nicht erforderlich, soweit sie die Aufnahme der Tochtergesellschaft betrifft. Diese beiden Erleichterungen gelten auch im Falle einer EU/EWR-Verschmelzung (§ 122f Satz 1 UmwG). Für die Auf- und Abspaltung besteht gem. § 125 Satz 1 UmwG die Möglichkeit, auf die Umwandlungsprüfung zu verzichten. Die Umwandlung mittels Rechtsformwechsel erfolgt ebenfalls ohne Umwandlungsprüfung, da kein Vermögen übertragen wird.

Als Umwandlungsprüfer kommen Wirtschaftsprüfer und Wirtschaftsprüfungsgesellschaften in Betracht (§ 11 Abs. 1 UmwG i.V.m. § 319 HGB). Bei mittelgroßen GmbH können auch vereidigte Buchprüfer und Buchprüfungsgesellschaften die Prüfungen durchführen. Entsprechendes gilt für mittelgroße und kleine Rechtsträger, deren

Rechnungslegung keiner gesetzlichen Prüfungspflicht durch Wirtschaftsprüfer oder Wirtschaftsprüfungsgesellschaften unterliegt.[1]

4. Umwandlungsbeschluss

1846 Die Anteilseigner der beteiligten Rechtsträger entscheiden über die Umwandlung durch Beschluss in der für die jeweilige Rechtsform vorgesehenen Anteilseignerversammlung. Grundsätzlich ist die für eine Satzungsänderung erforderliche Mehrheit notwendig. Soweit durch die Umwandlung Sonderrechte verändert werden oder entstehen oder für Anteilseigner im Rahmen der Umwandlung zusätzliche Risiken entstehen (z.B. Übernahme der persönlichen Haftung), bedarf es der Zustimmung der betroffenen Anteilsinhaber. Zur Vorbereitung des Umwandlungsbeschlusses müssen den Anteilsinhabern der Vertrag, der Bericht der Vertretungsorgane, der Prüfungsbericht, soweit vorgesehen, die Jahresabschlüsse und Lageberichte der letzten drei Geschäftsjahre zugänglich gemacht und in der Anteilseignerversammlung erläutert werden.

Der Umwandlungsbeschluss ist gem. §§ 62 Abs. 1, Abs. 2, 125 UmwG in Anlehnung an § 352b AktG a.F. im Fall der Konzernverschmelzung bzw. -spaltung für die übernehmende Aktiengesellschaft nicht erforderlich, wenn sie zu 90 % an der übertragenden Kapitalgesellschaft beteiligt ist und nicht eine Minderheit von 5 % des Grundkapitals die Einberufung der Hauptversammlung verlangt. Ebenso wenig ist im Falle einer EU/EWR-Verschmelzung ein Beschluss der Gesellschafter der übernehmenden Gesellschaft erforderlich, wenn die übernehmende Gesellschaft alle Anteile an der übertragenden Gesellschaft hält (§ 122g Abs. 2 UmwG).

Der Umwandlungsbeschluss sowie eventuell erforderliche Zustimmungserklärungen bedürfen der notariellen Beurkundung.

5. Anmeldung zur Registereintragung

1847 Die Umwandlung ist von den zuständigen Vertretungsorganen der beteiligten Rechtsträger zum Handelsregister anzumelden. Gemäß §§ 16 Abs. 2, 36 Abs. 1, 125, 135 Abs. 1 UmwG haben die Vertretungsorgane bei der Anmeldung der Verschmelzung oder Spaltung zu erklären, dass eine Klage gegen die Wirksamkeit des Umwandlungsbeschlusses nicht fristgerecht oder nicht erfolgreich erhoben wurde. Sofern diese Negativerklärung fehlt, trägt der Registerrichter die Umwandlung nicht ein, es sei denn, die klageberechtigten Anteilsinhaber verzichten durch notariell beurkundete Erklärung auf eine Klage (§ 16 Abs. 2 Satz 2 UmwG).

1848 Vor dem Hintergrund der Rechtsprechung des BGH[2] enthält § 16 Abs. 3 UmwG eine Eindämmung sog. missbräuchlicher Anfechtungsklagen in Verschmelzungssituationen. Danach kann gem. § 16 Abs. 3 Satz 2 UmwG die Verschmelzung auch dann eingetragen werden, wenn das alsbaldige Wirksamwerden der Verschmelzung nach freier Überzeugung des Gerichts unter Berücksichtigung der Schwere der mit der Klage geltend gemachten Rechtsverletzungen zur Abwendung der vom Antragsteller dargestellten wesentlichen Nachteile für die an der Verschmelzung beteiligten Rechtsträger und ihre Anteilsinhaber vorrangig erscheint.[3] Ein klagender Anteilsinhaber, dessen Klage sich letztlich doch als begründet erweist, wird durch Schadenersatzansprüche gegen den Rechtsträger geschützt, der den Beschluss erwirkt hat (§§ 16 Abs. 3 Satz 6, 25 Abs. 2, 36 Abs. 1, 125, 135 Abs. 1 UmwG).

---

1) Vgl. Ganske, WPg 1994, 157 ff.; s. hierzu auch Lutter/Drygala in Lutter, § 11 UmwG Rz. 5.
2) BGH v. 22.5.1989, II ZR 206/88, BGHZ 107, 296; BGH v. 29.10.1990, II ZR 146/89, ZIP 1990, 1560.
3) Die einschlägige Rechtsprechung ist kaum noch zu überblicken, vgl. Rechtsprechungsübersicht bei Heckschen in Widmann/Mayer, Rechtsprechung § 16 UmwG Rz. 1 ff.

Im Falle von EU-/EWR-Verschmelzungen führt das Registergericht der übertragenden Gesellschaft eine sog. Rechtmäßigkeitsprüfung durch und erteilt bei Einhaltung der Vorschriften des Verschmelzungsverfahrens eine sog. Verschmelzungsbescheinigung. Die Verschmelzungsbescheinigung ist sodann bei der Anmeldung der Verschmelzung beim Registergericht der übernehmenden Gesellschaft vorzulegen (§ 122k Abs. 3 UmwG).

6. Wirkungen der Eintragung

Mit der Eintragung der Verschmelzung und des Formwechsels in das jeweils zuständige Register (Handels-, Genossenschafts-, Vereinsregister) des Sitzes des übernehmenden bzw. des neuen Rechtsträgers werden die Verschmelzung und der Formwechsel wirksam (§§ 20, 202 UmwG). Bei der Spaltung und bei der Vermögensübertragung ist das für das übertragende Unternehmen maßgebende Register zuständig (§§ 131, 176 Abs. 3, 177 Abs. 2 UmwG).

Gemäß § 20 Abs. 1 Nr. 4 UmwG heilt die Eintragung im zuständigen Register den Mangel der Beurkundung. Mängel der Umwandlung lassen die Wirkungen der Eintragung unberührt (§ 20 Abs. 2 UmwG). Mit der Eintragung der Verschmelzung gehen grundsätzlich sämtliche Aktiva und Passiva des übertragenden Rechtsträgers im Wege der Gesamtrechtsnachfolge, bei der Spaltung entsprechend der im Spaltungs- und Übernahmevertrag bzw. -plan vorgesehenen Verteilung im Wege der Sonderrechtsnachfolge, auf den übernehmenden Rechtsträger über. Der übertragende Rechtsträger erlischt bei der Verschmelzung und Aufspaltung ohne Rücksicht auf die im Falle einer Liquidation zu beachtenden Vorschriften. Bei der Verschmelzung, der Aufspaltung sowie der Abspaltung werden die Anteilsinhaber des übertragenden Rechtsträger Anteilsinhaber des übernehmenden Rechtsträgers, wobei sich die Rechte Dritter an den durch Anteilstausch erworbenen Anteilen fortsetzen (§§ 20 Abs. 1, 36 Abs. 1, 87, 96, 131 Abs. 1, 135 Abs. 1 UmwG). Gemäß §§ 131 Abs. 1, 2, 135 Abs. 1 UmwG sind ausnahmsweise bei der Spaltung jedoch die allgemeinen Vorschriften des Zivilrechts über die Übertragbarkeit von Gegenständen zu beachten, so dass diese Vorschriften durch die Wirkung der Eintragung unberührt bleiben. Dies betrifft z.B. die Vorschriften über akzessorische Sicherungsrechte, Abtretungsverbote oder die Unübertragbarkeit verschiedener Rechte.[1]

Lediglich bei der Umwandlung in der Form des Formwechsels hat die Eintragung im Handelsregister nicht zur Folge, dass das Vermögen übergeht, da sich durch den Rechtsformwechsel lediglich das „Rechtskleid" ändert. Eine Vermögensübertragung erfolgt insgesamt nicht.

7. „Rückwirkung"

Gemäß § 17 Abs. 2 Satz 4 UmwG kann die als Anlage zur Anmeldung der Umwandlung zum Registergericht beizufügende Bilanz auf einen höchstens acht Monate vor der Anmeldung liegenden Stichtag aufgestellt werden. Auf den Zeitpunkt der Eintragung in das Register kommt es insoweit nicht an. Sofern die Vertragsparteien eine maximal acht Monate alte Bilanz der Übertragung zu Grunde legen, wird dies zugleich auch häufig zum Anlass genommen, vertraglich eine (schuldrechtliche) Rückwirkung auf den Bilanzstichtag zu vereinbaren. Die maximale Rückwirkung von acht Monaten gilt für den Formwechsel nicht, da es an einem Vermögensübergang hier fehlt. Der Formwechsel kann jedoch ebenfalls wie die übrigen Umwandlungsarten mit steuerlicher Rückwirkung auf einen höchstens acht Monate vor der Anmeldung liegenden Stichtag erfolgen.

---

1) Vgl. dazu Passarge/Stark, GmbHR 2007, 803.

8. Regelungen zum Schutz der Anteilseigner

1853 Sämtlichen Anteilseignern steht das Recht zur Anfechtung oder, falls dieses gesetzlich eingeschränkt ist, der Überprüfung der Angemessenheit des Umtauschverhältnisses oder der Abfindung durch das gerichtliche Spruchverfahren gleichermaßen zu. Im Falle einer EU-/EWR-Verschmelzung gilt Entsprechendes. Da jedoch einige der anderen EU-/EWR-Mitgliedsstaaten ein solches Verfahren nicht vorsehen, können die Minderheitsgesellschafter von dieser Möglichkeit nur dann Gebrauch machen, wenn die Anteilseigner der an der Verschmelzung beteiligten ausländischen Gesellschaft der Durchführung eines solchen Verfahrens ausdrücklich zustimmen.

Ein Austrittsrecht gegen Barabfindung besitzen die Anteilseigner bei der übertragenden Umwandlung auf einen Rechtsträger sowie beim Formwechsel (§§ 29, 207 UmwG).

Unterliegt im Falle einer EU-/EWR-Verschmelzung die übernehmende Gesellschaft oder der neue Gesellschafter nicht deutschem Recht, hat die übertragende Gesellschaft jedem Anteilseigner, der seinen Widerspruch zur Niederschrift erklärt, im Verschmelzungsplan bzw. in dessen Entwurf den Erwerb seiner jeweiligen Anteile gegen Zahlung einer angemessenen Barabfindung anzubieten (§ 122i Abs. 1 UmwG). Der Abfindungsanspruch richtet sich zunächst gegen die übertragende Gesellschaft und ab dem Zeitpunkt des Wirksamwerdens gegen die übernehmende bzw. neugegründete Gesellschaft.

Als Gesamtschuldner sind die Mitglieder der Verwaltungs- und Aufsichtsorgane der jeweils beteiligten Rechtsträger den Anteilseignern zum Ersatz des Schadens verpflichtet, der diesen durch die Umwandlung entsteht (§§ 25, 125, 176, 177, 205 UmwG).

Darüber hinaus sieht das UmwG für Inhaber von Sonderrechten, die kein Stimmrecht haben, einen Verwässerungsschutz vor, indem sie Anspruch auf Einräumung eines wirtschaftlich gleichwertigen Rechts erhalten (§§ 23, 125, 133, 178, 179, 204 UmwG).

9. Regelungen zum Schutz der Gläubiger

1854 Die Gläubiger des übertragenden sowie übernehmenden Rechtsträgers haben einen Anspruch auf Sicherheitsleistungen, soweit sie keine Befriedigung erlangen und eine Gefährdung der Erfüllung ihrer Forderungen durch die Umwandlung glaubhaft gemacht wird (§§ 22, 36 Abs. 1, 125, 133 Abs. 1 Satz 2, 135 Abs. 1 UmwG). Der Nachweis der Gefährdung wird nicht mehr verlangt.

Besondere Regelungen zum Schutz der Gläubiger im Falle einer grenzüberschreitenden Verschmelzung enthalten die §§ 122k, 122j Abs. 1 Satz 3 und 314a UmwG.[1]

Für die Umwandlung durch Rechtsformwechsel sieht das UmwG keine besonderen Gläubigerschutzvorschriften vor, da das Vermögen des rechtsformwechselnden Rechtsträgers nicht übertragen wird.

Für den Fall der Spaltung wird dem Gläubigerschutz in besonderer Weise dadurch Rechnung getragen, dass alle beteiligten Rechtsträger gesamtschuldnerisch für die Verbindlichkeiten des übertragenden Rechtsträgers haften, soweit diese vor dem Wirksamwerden der Umwandlung begründet worden sind (§ 133 Abs. 1 UmwG). Die gesamtschuldnerische Haftung ist auf fünf Jahre begrenzt (§ 133 Abs. 3 UmwG).

10. Kapitalschutzvorschriften

1855 Durch das UmwG bleiben die für die jeweiligen Rechtsformen maßgeblichen Gründungsvorschriften unberührt. Darüber hinaus ordnet das Gesetz zusätzliche Schutzre-

---

1) Vgl. Begründung BT-Drucks. 12/6699, 93.

gelungen an (vgl. §§ 58, 75, 125, 144, 159, 165, 170, 176, 177, 197 UmwG). Die Durchführung von Kapitalerhöhungen oder -herabsetzungen hat i. R. der Umwandlung im Vorhinein zu erfolgen (§§ 53, 66, 78, 125, 139 Satz 2, 176, 177 UmwG).

11. Schutz der Arbeitnehmer

Der Schutz der Arbeitnehmer im Umwandlungsrecht, das umstrittenste Problem des neuen Rechts in der Schlussphase seiner Beratung, wird dadurch erreicht, dass der Umwandlungsvertrag unter anderem Informationen bzgl. der Folgen der Umwandlung für die Arbeitnehmer und ihre Vertretungen sowie die insoweit vorgesehenen Maßnahmen zwingend enthalten muss (§§ 5 Abs. 1 Nr. 9, 126 Abs. 1 Nr. 11, 194 Abs. 1 Nr. 7 UmwG).[1] Darüber hinaus muss der Entwurf des jeweiligen Umwandlungsvertrags spätestens einen Monat vor dem Tag der Versammlung der Anteilsinhaber, die die Umwandlung beschließen sollen, dem zuständigen Betriebsrat der jeweils beteiligten Rechtsträger zugeleitet werden (§§ 5 Abs. 3, 126 Abs. 3, 194 Abs. 2 UmwG).[2] Als Anlage zur Einreichung zum Register ist eine Bescheinigung des Betriebsrats beizufügen, aus der ersichtlich ist, dass die Ein-Monats-Frist eingehalten wurde (§§ 17 Abs. 1, 199 UmwG). Die Zuleitung der Entwürfe zu den jeweiligen Betriebsräten der betroffenen Rechtsträger dient lediglich dazu, diese zu informieren. Ein Mitbestimmungsrecht haben die Betriebsräte nicht. Soweit die betroffenen Rechtsträger einen Wirtschaftsausschuss gebildet haben, ist dieser bei einem Zusammenschluss oder einer Spaltung von Unternehmen oder Betrieben ebenfalls rechtzeitig zu informieren (§ 106 Abs. 3 Nr. 8 BetrVG 1972). Darüber hinaus ist § 111 BetrVG 1972 zu beachten.

1856

§ 324 UmwG bestimmt, dass § 613a Abs. 1, 4–6 BGB durch die Wirkungen der Eintragung einer Verschmelzung, Spaltung oder Vermögensübertragung (nicht aber bei einem Formwechsel) unberührt bleiben.[3] Allerdings steht dem Arbeitnehmer nach Auffassung des BAG kein Widerspruchsrecht nach § 613a Abs. 6 BGB zu, wenn durch die gesellschaftsrechtliche Umstrukturierung der bisherige Rechtsträger erlischt.[4]

1857

§ 325 UmwG normiert die Beibehaltung der Mitbestimmung der Arbeitnehmer im Aufsichtsrat, soweit diese für bestimmte Fälle im Rahmen der Umwandlung entfällt.

1858

Die Mitbestimmung der Arbeitnehmer bei einer grenzüberschreitenden Verschmelzung regelt das gleichlautende Gesetz v. 21.12.2006 (MgVG), das dem Modell der Verhandlungslösung mit einer Auffangregelung in Anlehnung an die SE-Lösung folgt.[5]

1859

Die kündigungsrechtliche Stellung eines Arbeitnehmers wird im § 323 UmwG geregelt. Danach verschlechtert sich die kündigungsrechtliche Stellung des Arbeitnehmers auf Grund einer Spaltung oder einer Teilübertragung für die Dauer von zwei Jahren ab dem Zeitpunkt ihrer Wirksamkeit nicht.

1860

§ 21a BetrVG regelt Besonderheiten für den Betriebsrat. Der Betriebsrat des abgespaltenen Betriebs erhält ein Übergangsmandat, sofern die Voraussetzungen des § 1 BetrVG erfüllt sind (mind. fünf ständig wahlberechtigte Arbeitnehmer) und in dem übernehmenden Rechtsträger kein Betriebsrat besteht. Für diesen Fall ist ein neuer Betriebsrat zu wählen.

1861

---

1) Vgl. hierzu Lutter/Drygala in Lutter, § 5 UmwG Rz. 50 ff.
2) Vgl. hierzu grundlegend und bei fehlendem Betriebsrat Lutter/Drygala in Lutter, § 5 UmwG Rz. 98 ff.
3) Vgl. Joost in Lutter, § 324 UmwG Rz. 6 ff., insbesondere zum Betriebsbegriff des BAG zu § 613a BGB und dem allgemeinen arbeitsrechtlichen Betriebsbegriff.
4) BAG v. 21.2.2008, 8 AZR 157/07, DB 2008, 1578. Im Urteilsfall ging es zwar um eine Anwachsung, das BAG will diese aber genauso behandeln wie die Fälle der umwandlungsrechtlichen Gesamtrechtsnachfolge, vgl. auch Fandel/Hausch, BB 2008, 2402.
5) Gesetz über die Mitbestimmung bei einer grenzüberschreitenden Verschmelzung (MgVG) v. 21.12.2006, BGBl. I 2006, 3332; vgl. dazu Krause/Janko, BB 2007, 2194.

III. Steuerliche Verschmelzungsfähigkeit

1862 Die Verschmelzung von Körperschaften auf Körperschaften ist zwar im Dritten Teil des UmwStG geregelt, darüber hinaus finden auf die Verschmelzung aber auch die Vorschriften des Zweiten, Vierten und Fünften Teils ergänzende Anwendung. Diese Teile gelten nach § 1 Abs. 1 Nr. 1 UmwStG in sachlicher Hinsicht nur für Verschmelzungen i. S. des § 2 UmwG, vergleichbare ausländische Vorgänge sowie Vorgänge i. S. des Art. 17 SE-VO und 19 SCE-VO.

In persönlicher Hinsicht gelten die Teile zwei bis fünf nach § 1 Abs. 2 Satz 1 Nr. 1 UmwStG bei den genannten Verschmelzungsvorgängen nur, wenn die übertragenden und die übernehmenden Rechtsträger nach dem Recht eines EU- oder EWR-Staats gegründete Gesellschaften i. S. des Art. 48 EGV oder Art. 34 EWR-Abkommen (Niederlassungsfreiheit) sind oder als solche gegründet werden (bei Umwandlung zur Neugründung) und sich deren Sitz und Ort der Geschäftsleitung im Hoheitsgebiet eines EU- oder EWR-Staats befinden. Bei natürlichen Personen als übernehmende Rechtsträger ist nach § 1 Abs. 2 Satz 1 Nr. 2 UmwStG erforderlich, dass sie ihren Wohnsitz oder gewöhnlichen Aufenthalt in einem EU- oder EWR-Staat haben und nicht auf Grund eines DBA mit einem Drittland als außerhalb des EU- oder EWR-Gebiets ansässig anzusehen sind. Nach § 1 Abs. 2 Satz 2 UmwStG gelten SE und SCE als im EU- bzw. EWR-Gebiet ansässig.

Durch die obige, auf Grund des SEStEG eingeführte Erweiterung des Anwendungsbereichs des UmwStG werden EU-rechtliche Vorgaben umgesetzt.[1] Die bisherige Beschränkung auf Verschmelzungsvorgänge unter Beteiligung unbeschränkt steuerpflichtiger Rechtsträger ist damit zu Gunsten einer Europäisierung entfallen. Europäisierung bedeutet, dass das UmwStG n.F. grundsätzlich anwendbar ist, wenn die an der Verschmelzung beteiligten übertragenden und übernehmenden Rechtsträger Gesellschaften oder natürliche Personen sind, die im EU- oder EWR-Gebiet ansässig sind, so dass künftig insoweit grenzüberschreitende Verschmelzungen möglich sind. Auch sog. transparente Gesellschaften können an grenzüberschreitenden Verschmelzungen beteiligt sein. Das sind Gesellschaften, die nach dem Recht des einen Mitgliedstaats als Körperschaft, nach dem Recht des anderen Staats jedoch als Personengesellschaft zu behandeln sind.[2]

1863 § 12 Abs. 2 KStG ergänzt das UmwStG für Verschmelzungen nach dem Recht eines Drittstaats. Gemäß § 12 Abs. 2 Satz 1 KStG kommt es in diesem Fall in Bezug auf das inländische Betriebsstättenvermögen nicht zur Gewinnrealisierung, wenn Vermögen eines beschränkt KSt-Pflichtigen als Ganzes auf eine beschränkt steuerpflichtige Körperschaft desselben ausländischen Staats übertragen wird, dieser Vorgang mit einer Verschmelzung nach § 2 UmwG vergleichbar ist, bei der übernehmenden Körperschaft die spätere deutsche Besteuerung hinsichtlich des Betriebsstättenvermögens sichergestellt ist, das Besteuerungsrecht der Bundesrepublik Deutschland durch diese Verschmelzung nicht beschränkt wird und eine Gegenleistung nicht gewährt wird oder in Gesellschaftsrechten besteht. Nach dem Wortlaut des § 12 Abs. 2 KStG werden nur Betriebsstätten erfasst. In der gleichen Weise sollten auch die abkommensrechtlich als Betriebsstätten zu behandelnden Anteile an Personengesellschaften in den Kreis der begünstigten Übertragungsobjekte einbezogen werden.

Hinsichtlich der Vergleichbarkeit des ausländischen Verschmelzungsvorgangs zu einer der in § 2 UmwG genannten Umwandlungsmaßnahmen sei darauf hingewiesen, dass das Gesetz ausdrücklich nicht die Identität der Umwandlungsvorgänge verlangt, sondern nur eine Vergleichbarkeit. Dabei ist nach Auffassung der FinVerw ein umfangreicher Kriterienkatalog zu beachten (UmwStE Tz. 1.20 ff.).

---

1) Vgl. Thiel, DB 2005, 2316.
2) Vgl. Dötsch/Pung, DB 2006, 2704.

IV. Einkommen-/körperschaftsteuerliche Behandlung der Verschmelzung

1. Steuerliche Rückwirkung/Stichtag

Für Verschmelzungstatbestände i.S.d. §§ 11–13 UmwStG gilt § 2 UmwStG. Damit greift i.V.m. § 17 Abs. 2 UmwG grundsätzlich die Möglichkeit einer achtmonatigen Rückwirkung. Einkommen und Vermögen der übertragenden Körperschaft sowie der Übernehmerin sind folglich so zu ermitteln, als ob das Vermögen mit Ablauf des Stichtags der Bilanz, die dem Vermögensübergang zu Grunde liegt (steuerlicher Übertragungsstichtag), ganz oder teilweise auf die Übernehmerin übergegangen wäre. **1864**

Während zivilrechtlich eine gesetzliche Rückwirkung nicht vorgesehen ist, sondern lediglich aus Vereinfachungsgründen die letzte Bilanz dem erst mit Eintragung wirksamen Verschmelzungsakt zu Grunde gelegt werden kann, stellt sich die steuerliche Rückwirkung als Fiktion dar. Am Ende des steuerlichen Übertragungsstichtags, d.h. auf den Ablauf des Stichtags der Bilanz, die dem Vermögensübergang zu Grunde liegt, gilt die Verschmelzung als vollzogen. Sämtliche laufenden Geschäfte und das Vermögen werden zu diesem Zeitpunkt bereits der Übernehmerin steuerlich zugerechnet. Einschränkungen der Rückwirkungsfiktion des § 2 Abs. 1 und 2 UmwStG ergeben sich in Bezug auf eine wie immer geartete Verlustnutzung (Verlustvortrag, laufender Verlust, Zinsvortrag, EBITDA-Vortrag, etc.) aus § 2 Abs. 4 UmwStG (→ 4 Rz. 1886). **1865**

Da dies ebenfalls für die Ermittlung der ertragsteuerlichen Bemessungsgrundlage gilt, ist es mittels der Rückwirkungsfiktion z.B. in einer „Mutter-Tochter-Konstellation" auch möglich, verdeckte Gewinnausschüttungen, die im Interimszeitraum (also dem Zeitraum zwischen dem steuerlichen Übertragungsstichtag und der Eintragung der Verschmelzung im Handelsregister) entstanden sind, steuerlich zu neutralisieren. Durch die Rückwirkungsfiktion gelten ab dem steuerlichen Übertragungsstichtag sämtliche Geschäftsvorfälle zwischen den zu verschmelzenden Gesellschaften als steuerlich nicht existent. Geschäftsvorfälle, die zu einer vGA führen könnten, werden daher zu „In-sich-Geschäften". **1866**

Fraglich ist in diesem Zusammenhang in Bezug auf die Zinsschranke nach § 4h EStG (bzw. den früheren § 8a KStG a.F.), ob dem Eigenkapitalvergleich nach § 4h Abs. 2 Satz 1 Buchst. c EStG n.F. (bzw. der „Safe-haven-Berechnung" nach dem früheren § 8a KStG a.F.) auch bereits rückwirkend ein fiktiv erhöhtes handelsbilanzielles Eigenkapital zu Grunde zu legen ist. Nach dem Wortlaut der Vorschrift des § 4h Abs. 2 Satz 1 Buchst. c EStG n.F. (bzw. des § 8a KStG a.F.) wird ausschließlich auf die Handelsbilanz (ab 2008 auch auf die Abschlüsse nach den IFRS oder einem sonstigen Konzernrechnungslegungsstandard) abgestellt, die aber nicht rückwirkend Gegenstand der Verschmelzung ist, so dass auch keine rückwirkende Eigenkapitalerhöhung eintritt. Will man aber zu einem wirtschaftlich sinnvollen Ergebnis bei Anwendung der Rückwirkungsfiktion gelangen, so erscheint es durchaus vertretbar bzw. geboten, auch für Zwecke des § 4h EStG n.F. (bzw. des früheren § 8a KStG a.F.) die steuerliche Rückwirkungsfiktion in Bezug auf das relevante Eigenkapital zuzulassen. **1867**

Die FinVerw teilt diese Ansicht nicht. Nach ihrer Ansicht soll das erhöhte Kapital bei Verschmelzung zur Aufnahme erstmals in dem Jahr nach der handelsregisterlichen Eintragung (bei Verschmelzung zur Neugründung sei die Eröffnungsbilanz relevant) herangezogen werden.[1] Gleichwohl soll der erhöhte Zinsaufwand bereits rückwirkend bei der Übernehmerin berücksichtigt werden.[2] Dieses Ergebnis mag man zwar

---

1) BMF v. 25.3.1998, IV B 7 – S 1978 – 21/98, BStBl I 1998, 268, UmwStE a.F. Tz. 8a.04.
2) BMF v. 25.3.1998, IV B 7 – S 1978 – 21/98, BStBl I 1998, 268, UmwStE a.F. Tz. 8a.01.

auf Grund der unterschiedlichen gesetzlichen Anknüpfungspunkte begründen können, es ist dennoch unbillig.

2. Besteuerung der übertragenden Körperschaft

a) Implikationen des Umwandlungsgesetzes

1868 Ohne dies ausdrücklich im Gesetzeswortlaut anzusprechen, geht das SEStEG von der Nichtgeltung des Maßgeblichkeitsgrundsatzes bei der Ausübung von Wahlrechten in steuerlichen Umwandlungsbilanzen in den §§ 3 und 11 UmwStG aus.[1] Nachdem der BFH die frühere gegenteilige Auffassung der FinVerw zur Rechtslage vor Inkrafttreten des SEStEG mehrfach abgelehnt hat,[2] geht inzwischen auch die FinVerw davon aus, dass § 3 UmwStG eine eigenständige steuerliche Ansatz- und Bewertungsvorschrift ist.[3] Die steuerlichen Ansatzverbote des § 5 EStG gelten daher nicht für die steuerliche Schlussbilanz, es sei denn, die Buchwerte werden fortgeführt (UmwStE Tz. 3.06). Trotz Unmaßgeblichkeit der Handelsbilanz für die Steuerbilanz in Umwandlungsfällen (UmwStE Tz. 11.05) ist dennoch auch die Kenntnis der einschlägigen handelsbilanziellen Grundsätze wichtig, um die verschiedenen Gestaltungsmöglichkeiten im Einzelfall gezielt nutzen zu können.

1869 Auf Grund des § 24 UmwG ist es handelsbilanziell möglich, in der Jahresbilanz des übernehmenden Rechtsträgers als Anschaffungskosten die in der Schlussbilanz des übertragenden Rechtsträgers angesetzten Werte zu übernehmen.[4] Die Ausgestaltung als Wahlrecht macht deutlich, dass auch ein anderer, höherer Wertansatz möglich ist. Ein Verschmelzungsverlust kann somit durch Ansatz höherer Werte vermieden werden. Das Wahlrecht wird auf der Ebene der übernehmenden Gesellschaft ausgeübt. Beachtenswert ist, dass handelsbilanziell keine Beschränkung des höheren Wertansatzes auf die Anschaffungskosten der Beteiligung am übertragenden Rechtsträger gilt.[5] Im Gegensatz dazu ist das ggf. bestehende steuerliche Wahlrecht zum Ansatz des Buchwerts, Zwischenwerts oder gemeinen Werts für steuerliche Zwecke gem. § 11 UmwStG auf der Ebene der übertragenden Körperschaft auszuüben.

Damit sind insgesamt vier Komponenten bei der Wahlrechtsausübung zu beachten.

1870 Auf handelsbilanzieller Ebene sind dies:
– die Schlussbilanz der übertragenden Kapitalgesellschaft (hier besteht gem. § 17 Abs. 2 UmwG eine Fortführungspflicht auf der Basis des Stetigkeitsgrundsatzes),
– die Bilanz der aufnehmenden Gesellschaft (hier besteht gem. § 24 UmwG ein Wahlrecht zum Ansatz eines höheren Werts).

1871 Auf steuerbilanzieller Ebene sind dies:
– die steuerliche Schlussbilanz (hier besitzt die übertragende Körperschaft unter bestimmten Voraussetzungen ein Wahlrecht zum Ansatz des Buchwerts, Zwischenwerts oder des gemeinen Werts)

---

1) Vgl. Dötsch/Pung, DB 2006, 2704, 2706.
2) BFH v. 19.10.2005, I R 38/04, BStBl II 2006, 568 (Formwechsel einer Personengesellschaft in eine Kapitalgesellschaft nach § 25 UmwStG); BFH v. 5.6.2007, I R 97/06, BStBl II 2008, 650 (Verschmelzung von Kapitalgesellschaften, d.h. im Rahmen des § 11 UmwStG); FG Hamburg v. 29.3.2007, 1 K 155/06, DStRE 2007, 1380, rkr.; BFH-(Einstellungs-)Beschluss v. 16.10.2007, I R 33/07, n.v. (Verschmelzung einer Kapitalgesellschaft in eine Personengesellschaft, d.h. im Rahmen des § 3 UmwStG).
3) BMF v. 4.7.2006, IV B 2 – S 1909 – 12/06, BStBl I 2006, 445; OFD Rheinland, Kurzinformation Körperschaftsteuer Nr. 13/2008 v. 25.2.2008, DStR 2008, 1241 und nunmehr UmwStE Tz. 3.04.
4) Zu den Auswirkungen einer Verschmelzung auf den handelsrechtlichen Jahresabschluss, IDW RS HFA 42, IDW-Fachnachrichten 2012, 701 ff.
5) Vgl. IDW RS HFA 42, Tz. 46: Buchwert oder Zeitwert der untergehenden bzw. hingegebenen Anteile oder erfolgsneutraler Zwischenwert.

– und die Steuerbilanz der übernehmenden Körperschaft (hier gilt gem. § 12 Abs. 1 Satz 1 i.V.m. § 4 Abs. 1 Satz 2 und 3 UmwStG eine zwingende Fortführung mit den Werten, die durch die übertragende Körperschaft angesetzt wurden).

Überblick: Wahlrechtsausübung in Handels- und Steuerbilanz bei Verschmelzung 1872

	Handelsbilanz	Steuerbilanz
Überträgerin (Schlussbilanz)	Buchwerte (ggf. Durchbrechung des Grundsatzes der Ansatz- und Bewertungsstetigkeit[1])	Buchwert Zwischenwert Gemeiner Wert
Übernehmerin (Jahresbilanz)	Buchwert oder höherer Wert, § 24 UmwG	Bindung an den Wertansatz der Überträgerin (Schlussbilanz)

Es zeigt sich, dass die Wahlrechte in Handels- und Steuerbilanz nicht gleichlaufend ausgestaltet, sondern voneinander abgekoppelt wurden.

Dies eröffnet die Möglichkeit, steuerlich eine Buchwertfortführung vorzunehmen, aber handelsrechtlich dennoch aufzuwerten.[2] Prinzipiell bewirken die unterschiedlichen Wahlrechte eine erhebliche Erleichterung von Verschmelzungsvorgängen. Durch die wertmäßige Abkopplung von Handels- und Steuerbilanz kann der handelsrechtliche Verschmelzungsverlust vermieden werden. Es ergibt sich allerdings eine erhöhte laufende Abschreibung aus der Amortisierung der aufgestockten Mehrwerte in der Handelsbilanz. Außerdem sind unter der Geltung des Temporary-Konzepts des BilMoG latente Steuern zu bilden.[3] Insgesamt besteht weitgehende Flexibilität der Bewertung im Rahmen einer Verschmelzung, die in steuerlicher Hinsicht nicht zu verschmelzungsspezifischen Zusatzbelastungen führt, d.h. diejenigen Mehrbelastungen nicht überschreitet, die sich auf Grund der allgemeinen Pflicht zur Wertaufholung nach § 6 Abs. 1 Nr. 1 Satz 4 und Nr. 2 Satz 3 EStG ohnehin, d.h. auch ohne die Verschmelzung, ergeben. 1873

b) Körperschaftsteuerliche Behandlung der Überträgerin

Jede übertragende Körperschaft ist nach §§ 11 Abs. 1 Satz 1, 3 Abs. 1 Satz 1 UmwStG zur Erstellung und Abgabe einer steuerlichen Schlussbilanz auf den steuerlichen Übertragungsstichtag verpflichtet (UmwStE Tz. 11.02). Die steuerliche Schlussbilanz ist nach Auffassung der FinVerw eine eigenständige, von der Gewinnermittlung nach § 4 Abs. 1 EStG bzw. § 5 Abs. 1 EStG zu unterscheidende Bilanz; die reguläre Steuerbilanz gilt nur auf ausdrücklichen, unwiderruflichen Antrag als Schlussbilanz i.S.d. UmwStG n.F. (UmwStE Tz. 11.02 i.V.m. Tz. 3.01). 1874

Nach § 11 Abs. 1 UmwStG sind die übergehenden Wirtschaftsgüter in der steuerlichen Schlussbilanz der übertragenden Körperschaft mit dem **gemeinen Wert** anzusetzen. Die Bewertung mit dem gemeinen Wert statt wie bisher mit dem Teilwert zieht sich wie ein roter Faden durch das gesamte SEStEG.[4] Der gemeine Wert ist gem. § 9 BewG der Betrag, der für das Wirtschaftsgut nach seiner Beschaffenheit im gewöhnlichen Geschäftsbetrieb bei seiner Veräußerung zu erzielen wäre, während nach § 6 Abs. 1 Nr. 1 Satz 3 EStG der Teilwert der Betrag ist, den ein Erwerber des gesamten Betriebs im Rahmen des Gesamtkaufpreises für das einzelne Wirtschaftsgut zahlen würde,

---
1) Vgl. IDW RS HFA 42, Tz. 17.
2) Der entgegenstehenden Ansicht von Fischer, DB 1995, 485, 488 kann nicht zugestimmt werden; ebenso tritt die FinVerw dieser Ansicht entgegen, UmwStE Tz. 11.01 i.V.m. Tz. 3.04.
3) Vgl. Herzig, DStR 2010, 1900, 1906 für die Einbringung.
4) Klingberg/van Lishaut, Der Konzern 2005, 704 rechtfertigen das Abstellen auf den gemeinen Wert mit seiner Nähe zum Fremdvergleichspreis als internationalem Bewertungsmaßstab.

wenn er den Betrieb fortführte. Die Bewertung zum gemeinen Wert hat dabei nicht bezogen auf jedes einzelne übergehende Wirtschaftsgut, sondern auf die Gesamtheit der übergehenden aktiven und passiven Wirtschaftsgüter zu erfolgen (Bewertung als Sachgesamtheit). Sofern der gemeine Wert nicht aus Verkäufen abgeleitet werden kann, kann auf ein allgemein anerkanntes ertragswert- oder zahlungsstromorientiertes Bewertungsverfahren einschließlich des vereinfachten Ertragswertverfahrens nach §§ 11, 95 bis 109 und §§ 199 ff. BewG zurückgegriffen werden (UmwStE Tz. 11.04 i.V.m. Tz. 3.07). Der gemeine Wert der Sachgesamtheit ist analog § 6 Abs. 1 Nr. 7 EStG im Verhältnis der Teilwerte der übergehenden Wirtschaftsgüter auf die einzelnen Wirtschaftsgüter zu verteilen (UmwStE Tz. 11.04 i.V.m. Tz. 3.09).

Der Ansatz mit dem gemeinen Wert gilt auch für nicht entgeltlich erworbene und selbstgeschaffene immaterielle Wirtschaftsgüter einschließlich des originären Geschäftswerts. Lediglich hinsichtlich der Bewertung von Pensionsrückstellungen ist auf § 6a EStG zurückzugreifen (§ 3 Abs. 1 UmwStG); da somit der i.d.R. höhere gemeine Wert der Pensionsverpflichtung nicht abgezogen werden darf, ergibt sich tendenziell ein überhöhter steuerlicher gemeiner Wert des übergehenden Vermögens.[1] Im Übrigen sind Passiva unter Berücksichtigung stiller Lasten ebenfalls mit dem gemeinen Wert anzusetzen (UmwStE Tz. 11.04 i.V.m. Tz. 3.07). Der gemeine Wert ist auch dann zwingend anzusetzen, wenn er niedriger als der Buchwert ist.[2]

1875 **Auf Antrag** können die übergehenden Wirtschaftsgüter nach § 11 Abs. 2 Satz 1 UmwStG **einheitlich** mit dem **Buchwert**[3] oder einem **Zwischenwert** angesetzt werden, soweit

– die spätere Besteuerung der stillen Reserven bei der übernehmenden Körperschaft sichergestellt ist,

– das Besteuerungsrecht Deutschlands hinsichtlich der Besteuerung des Gewinns aus der Veräußerung der übertragenen Wirtschaftsgüter bei der übernehmenden Körperschaft nicht ausgeschlossen oder beschränkt wird **und**

– eine Gegenleistung nicht gewährt wird oder in Gesellschaftsrechten besteht.

Zu der Frage der Reichweite des deutschen Besteuerungsrechts bei der Überführung von Wirtschaftsgütern vom Inland in das Ausland hat der BFH früher die sog. finale Entnahmetheorie vertreten, diese jedoch mit Urteil vom 17.1.2008 aufgegeben.[4] Auf das Urteil hat zunächst die FinVerw mit einem Nichtanwendungserlass reagiert.[5] Dem ist dann der Gesetzgeber im JStG 2010 gefolgt, indem er den Entstrickungstatbeständen den Zuordnungswechsel eines Wirtschaftsguts von einer inländischen zu einer ausländische Betriebsstätte als Beispiel angefügt hat (§ 4 Abs. 1 S. 4 EStG, § 52 Abs. 8b EStG, § 12 KStG, § 34 Abs. 8 KStG).[6] Danach ist der Ausschluss oder die Beschränkung des deutschen Besteuerungsrechts aus der Veräußerung eines Wirtschaftsguts insbesondere dann gegeben, wenn ein bisher einer inländischen Betriebsstätte zuordnendes Wirtschaftsgut einer ausländischen Betriebsstätte zuzuordnen ist (UmwStE Tz. 11.09 i.V.m. Tz. 3.18).

---

1) Vgl. das Beispiel UmwStE Tz. 3.08.
2) UmwStE Tz. 11.06 i.V.m. Tz. 3.12.
3) Siehe zum Begriff des Buchwerts nunmehr die Legaldefinition in § 1 Abs. 5 Nr. 4 UmwStG.
4) BFH v. 17.7.2008, I R 77/06, DB 2008, 2281.
5) BMF v. 20.5.2009, IV C 6 – S 2241 – 231/77, BStBl I 2009, 671.
6) Auf Grund ihres angeblich klarstellenden Charakters sollen die präzisierten Vorschriften bereits rückwirkend für Wirtschaftsjahre, die nach dem 31.12.2005 enden, anzuwenden sein. Darüber hinaus wurde die zeitliche Anwendbarkeit der Entstrickungsregelungen allgemein rückwirkend auf Wirtschaftsjahre, die vor dem 1.1.2006 enden, erweitert (§ 52 Abs. 8b EStG). Da der BFH v. 28.10.2009, I R-28/09, BFH/NV 2010, 132 die finale Entnahmetheorie inzwischen auch für den Fall der finalen Betriebsaufgabe aufgegeben hat, schreibt das JStG 2010 auch insoweit die rückwirkende Anwendung der ursprünglichen BFH-Rechtsprechung auf alle noch offenen Fälle vor (§ 16 Abs. 3a EStG, § 52 Abs. 34 EStG).

Bei der Verschmelzung auf eine Organgesellschaft ist nach Auffassung der FinVerw die Besteuerung mit Körperschaftsteuer nur sichergestellt, soweit das so **zugerechnete** Einkommen der Besteuerung mit Körperschaftsteuer unterliegt. Entsprechendes gilt, wenn der Organträger selbst wiederum Organgesellschaft ist. Soweit das so zugerechnete Einkommen der Besteuerung mit Einkommensteuer unterliegt, können aus Billigkeitsgründen die übergehenden Wirtschaftsgüter dennoch einheitlich mit dem Buchwert angesetzt werden, wenn sich alle an der Verschmelzung Beteiligten (übertragender Rechtsträger, übernehmender Rechtsträger und Anteilseigner des übertragenden und übernehmenden Rechtsträgers) übereinstimmend schriftlich damit einverstanden erklären, dass auf die aus der Verschmelzung resultierenden Mehrabführungen § 14 Abs. 3 Satz 1 KStG anzuwenden ist.[1]

Damit besteht unter den obigen Voraussetzungen ein Wahlrecht zur Buchwertfortführung oder anteiligen bzw. vollständigen Aufdeckung der stillen Reserven. Der Antrag ist spätestens bis zur erstmaligen Abgabe der steuerlichen Schlussbilanz beim für die übertragende Körperschaft zuständigen Finanzamt zu stellen (§ 11 Abs. 3 i.V.m. § 3 Abs. 2 Satz 2 UmwStG; UmwStE Tz. 11.12 i.V.m. Tz. 3.27). Da der übertragende Rechtsträger im Zeitpunkt der Abgabe der Steuererklärung zivilrechtlich schon untergegangen sein kann, kommt in diesem Fall als Antragsteller eigentlich nur der übernehmende Rechtsträger als Gesamtrechtsnachfolger in Betracht. Der Antrag bedarf keiner besonderen Form und ist bedingungsfeindlich sowie unwiderruflich (UmwStE Tz. 11.12 i.V.m. Tz. 3.29). Wenn die ausdrückliche Erklärung abgegeben wird, dass die Steuerbilanz i.S.d. §§ 4 Abs. 1 bzw. 5 Abs. 1 EStG gleichzeitig die steuerliche Schlussbilanz sein soll, ist in dieser Erklärung gleichzeitig ein konkludenter Antrag auf Ansatz der Buchwerte zu sehen (UmwStE Tz. 11.12 i.V.m. Tz. 3.29).

Das Wahlrecht, den Buchwert oder Zwischenwert anzusetzen, kann für das übertragene Vermögen nur einheitlich ausgeübt werden.[2] Eine Beschränkung auf einzelne Wirtschaftsgüter ist nicht zulässig.

1876 Barabfindungen (z.B. gem. § 29 UmwG) an widersprechende Gesellschafter, die ausscheiden, sind keine Gegenleistungen i.S.d. § 11 Abs. 2 UmwStG (UmwStE Tz. 11.10 i.V.m. Tz. 3.22). Bei den Anteilseignern stellen nicht in Gesellschaftsrechten bestehende Gegenleistungen einen Veräußerungserlös für ihre Anteile dar (UmwStE Tz. 13.02).

1877 Werden Schwestergesellschaften verschmolzen, stellen die gewährten Anteile keine (schädliche) Gegenleistung dar.[3] Auch die Verschmelzung der Mutter- auf die Tochtergesellschaft unterliegt den Vorschriften der §§ 11 bis 13 UmwStG, ist also unter den allgemeinen Voraussetzungen steuerneutral möglich (UmwStE Tz. 11.17–11.19). Das gilt jedoch nicht, wenn hinsichtlich der den Anteilseignern der Muttergesellschaft als Abfindung gewährten Anteile an der Tochtergesellschaft das Besteuerungsrecht Deutschlands ausgeschlossen oder beschränkt wird (UmwStE Tz. 11.19). Von der Muttergesellschaft an der Tochtergesellschaft gehaltene Anteile sind nach § 11 Abs. 2 Satz 2 UmwStG mindestens mit dem Buchwert, erhöht um in früheren Jahren steuerwirksam vorgenommene Abschreibungen, Abzüge nach § 6b EStG und ähnliche Abzüge, höchstens jedoch mit dem gemeinen Wert anzusetzen (UmwStE Tz. 11.17). Ein sich hieraus ergebender Gewinn ist entsprechend § 8b Abs. 2 Satz 4 und 5 KStG

---

1) UmwStE Tz. 11.08.
2) Beim Zwischenwertansatz sind die stillen Reserven und Lasten um einen einheitlichen Prozentsatz aufzulösen, UmwStE Tz. 11.11 i.V.m. Tz. 3.25.
3) Vgl. hierzu auch die Gegenüberstellung von unschädlichen und schädlichen Gegenleistungen bei Thiel/Eversberg/von Lishaut/Neumann, GmbHR 1998, 397, 419. Insbesondere bei Verschmelzungen von Schwestergesellschaften innerhalb eines Konzerns ist die nach §§ 54 Abs. 1 Satz 3, 68 Abs. 1 Satz 3 UmwG bestehende Möglichkeit des Verzichts auf eine Kapitalerhöhung interessant.

als laufender Gewinn zu versteuern.¹⁾ Wenn im Wege eines Down-Stream-Mergers ein Schuldenüberhang auf die Tochtergesellschaft übergeht, führt dies nicht zu einer verdeckten Gewinnausschüttung der Tochtergesellschaft an die Anteilseigner der Muttergesellschaft.²⁾

1878 Im Rahmen einer Aufstockung auf einen Zwischenwert oder den gemeinen Wert bei der übertragenden Gesellschaft zur Nutzung vorhandener Verlustvorträge ist zu beachten, dass ggf. der gewerbesteuerliche Verlust geringer sein kann und somit eine Gewerbesteuerbelastung auslöst. Allerdings wird der Nutzen einer solchen Buchwertaufstockung durch die ab 2004 geltende Mindestbesteuerung (§ 10d Abs. 2 EStG) erheblich eingeschränkt.

1879 Wird eine Gegenleistung gewährt, die nicht in Gesellschaftsrechten besteht, ist deren Wert die Grundlage für den Ansatz des übergegangenen Vermögens. Der Wert ist gleichmäßig zu verteilen (UmwStE Tz. 11.04 i.V.m. Tz. 3.09).

1880 Ein Übertragungsgewinn unterliegt der laufenden Besteuerung nach allgemeinen Grundsätzen (KSt und GewSt [§ 19 UmwStG]). Er entsteht mit Ablauf des Übertragungsstichtags. Die Anwendung des § 8b Abs. 2 KStG muss als zweifelhaft angesehen werden, da der Wortlaut diese Fälle nicht deutlich anspricht.

1881 Eine Sonderregelung besteht nach § 11 Abs. 3 UmwStG i.V.m. § 3 Abs. 3 UmwStG für den Fall, dass übergehende Wirtschaftsgüter einer in einem anderen EU-Staat befindlichen Betriebsstätte der unbeschränkt steuerpflichtigen übertragenden Körperschaft zuzurechnen sind und Deutschland die Doppelbesteuerung bei der übertragenden Körperschaft gem. dem einschlägigen DBA nicht durch die Freistellungsmethode vermeidet. In diesen Fällen sind die übergehenden Wirtschaftsgüter mit dem gemeinen Wert anzusetzen, so dass bei der übertragenden Körperschaft ein Übertragungsgewinn entsteht. Auf die darauf erhobene inländische Steuer ist eine fiktive Steuer anzurechnen, die im Falle der Veräußerung der übertragenen Wirtschaftsgüter zum gemeinen Wert nach den Vorschriften des anderen EU-Staates erhoben worden wäre. Sieht das ausländische Steuerrecht anlässlich der Umwandlung ein Wahlrecht zur Aufdeckung der stillen Reserven vor, kann nur die tatsächlich im Ausland erhobene Steuer nach § 26 KStG angerechnet werden.

3. Besteuerung der übernehmenden Körperschaft

1882 Die Übernehmerin hat zwingend die Ansätze der steuerlichen Schlussbilanz der übertragenden Körperschaft zu übernehmen. Kommt es z.B. zu einem späteren Zeitpunkt auf Grund einer steuerlichen Außenprüfung zu Änderungen der Wertansätze in der steuerlichen Schlussbilanz der Überträgerin, ergeben sich hieraus auch zwingend entsprechende Folgeänderungen bei der Übernehmerin.³⁾

1883 Außer diesem Grundsatz der Wertverknüpfung regelt § 12 Abs. 2 Satz 1 UmwStG die Behandlung eines Übernahmeverlusts oder -gewinns der übernehmenden Körperschaft. Sowohl ein Verschmelzungsgewinn als auch ein Verschmelzungsverlust bleiben für die Besteuerung grundsätzlich außer Ansatz. Dadurch, dass § 12 Abs. 2 Satz 1 UmwStG vom um die Umwandlungskosten gekürzten Übernahmeergebnis spricht, ist nunmehr explizit geregelt, dass Umwandlungskosten nicht abziehbar sind.⁴⁾ Nach

---

1) § 11 UmwStG betrifft den Ansatz in der Bilanz der Überträgerin; § 12 UmwStG betrifft den Wertansatz in der Bilanz der Übernehmerin, vgl. Dötsch/Pung, DB 2006, 2704, 2707.
2) Vgl. Wassermeyer, Der Konzern 2005, 424. Die Finanzverwaltung will dagegen eine verdeckte Gewinnausschüttung annehmen, soweit ein (außer Ansatz bleibender) Übernahmeverlust nicht durch Gewinn- und Kapitalrücklagen gedeckt ist, vgl. OFD Koblenz v. 9.1.2006, S 1978 A – St 332, FR 2006, 439; vergleichbar auch FG Münster v. 20.5.2005, 9 K 3656/03, EFG 2005, 1561.
3) Vgl. Dötsch in Dötsch/Patt/Pung/Jost, § 12 UmwStG n.F. Rz. 5; vgl. auch Thiel/Eversberg/van Lishaut/Neumann, GmbHR 1998, 397, 419; Dehmer, Erläuterung zu Tz. 11.21 UmwStE.
4) Vgl. Dötsch/Pung, DB 2006, 2704, 2707.

§ 12 Abs. 2 Satz 2 UmwStG ist § 8b KStG und damit auch die 5 %ige Pauschalierung nichtabziehbarer Ausgaben nach § 8b Abs. 7 oder 8 KStG auf einen um die Umwandlungskosten gekürzten Übernahmegewinn anzuwenden, soweit er dem Anteil der übernehmenden Körperschaft an der übertragenden Körperschaft entspricht (Fall des Up-Stream-Mergers; UmwStE Tz. 12.06). Wenn die übernehmende Körperschaft nicht an der übertragenden Körperschaft beteiligt ist (Seitwärtsverschmelzung, Abwärtsverschmelzung/Down-Stream-Merger), ist § 12 Abs. 2 Satz 2 UmwStG und damit die 5 %ige Hinzurechnung nicht anwendbar.[1)] Der Übernahmegewinn bzw. Übernahmeverlust entsteht am steuerlichen Übertragungsstichtag. Er ist außerhalb der Bilanz zu neutralisieren.

Die Ertragsteuerneutralität einer Aufwärtsverschmelzung ist noch weiter eingeschränkt. § 12 Abs. 1 Satz 2 UmwStG i.V.m. § 4 Abs. 1 Satz 2 UmwStG regelt hinsichtlich der Anteile der Übernehmerin an der Überträgerin eine Ausnahme von der Bewertung nach § 6 EStG. Danach ist der Buchwert der Anteile um steuerwirksame Teilwertabschreibungen in früheren Jahren sowie um § 6b-Abzüge und ähnliche Abzüge, höchstens bis zum gemeinen Wert, zu erhöhen („erweiterte Wertaufholung"). Fallen der reguläre Bilanzstichtag der Übernehmerin und der steuerliche Übertragungsstichtag zusammen, so kann es zur Konkurrenz zwischen dem Wertaufholungsgebot nach § 6 Abs. 1 Nr. 2 Satz 2 EStG und der Zuschreibung nach § 4 Abs. 1 Satz 2 UmwStG kommen.[2)] Nach Auffassung der FinVerw sind steuerwirksame Teilwertabschreibungen vor nicht voll steuerwirksamen Teilwertabschreibungen hinzuzurechnen (UmwStE Tz. 4.07).[3)] Damit soll sichergestellt werden, dass stille Reserven in den Anteilen besteuert werden, soweit die tatsächlichen Anschaffungskosten, höchstens jedoch der gemeine Wert, den Buchwert der Anteile übersteigen. Hiermit werden vorangegangene Teilwertabschreibungen rückgängig gemacht, nicht jedoch Ausschüttungen aus dem Einlagekonto (vor dem Systemwechsel vom Anrechnungs- zum Halbeinkünfteverfahren Ausschüttungen aus dem EK 04). Beachtlich ist dabei, dass auch ein ggf. entstehender Verschmelzungsverlust nicht zunächst mit einem solchen Gewinn aus der Nachversteuerung einer Teilwertabschreibung saldiert wird. Vielmehr kann es nebeneinander zu einem Verschmelzungsverlust und einem gleichwohl steuerpflichtigen Beteiligungskorrekturgewinn kommen.[4)] Nach dem BFH-Urteil vom 30.7.2014 kann es im Falle einer Aufwärtsverschmelzung bei einem gemeinen Wert der übergehenden Wirtschaftsgüter unter deren Buchwert zu einem nicht berücksichtigungsfähigen Beteiligungskorrekturverlust kommen.[5)]

Ein steuerpflichtiger Übernahmegewinn nach § 12 Abs. 1 Satz 2 i.V.m. § 4 Abs. 1 Satz 2 und 3 UmwStG lässt sich wohl nicht mehr durch Ausweggestaltungen vermeiden. Das liegt daran, dass flankierend zu den Änderungen der §§ 11 und 12 UmwStG durch das SEStEG in § 13 Abs. 2 Satz 2 UmwStG erstmals klar und umfassend die sog. Infektionstheorie ins Gesetz geschrieben worden ist. Danach treten, wenn Anteile an der übertragenden Körperschaft zum Buchwert angesetzt worden sind, die Anteile an der übernehmenden Körperschaft an die Stelle der Anteile an der übertragenden Körperschaft. Damit wird einer in der Vergangenheit praktizierten Gestaltung die steuerliche Anerkennung versagt, einer drohenden Rückgängigmachung einer Teilwertabschreibung dadurch zu entgehen, dass die Gesellschaft, an der die Nachversteuerungssanktion hängt, durch Umwandlung auf einen anderen Rechtsträger beseitigt wird. Bewerkstelligen ließ sich dies nach Ansicht von Widmann dadurch, dass nicht die Tochter auf die Mutter, sondern umgekehrt die Mutter auf die Tochtergesell-

1884

---

1) Vgl. IDW-Fachnachrichten, 2007, 649, vgl. zur Behandlung von Umwandlungskosten, insbesondere der GrESt, BMF v. 18.1.2010, IV C 2 – S 1978 – b/0, BStBl I 2010, 70.
2) Vgl. Dötsch/Pung, DB 2006, 2704, 2710.
3) A.A. BFH v. 19.8.2009, I R 2/09, BStBl II 2010, 760.
4) Vgl. Widmann in Widmann/Mayer, § 12 UmwStG Rz. 368.
5) BFH v. 30.7.2014, I R 58/12, BFHE 246, 453; Helios/Philipp, DB 2014, 2923 ff.

schaft verschmolzen wird („Down-Stream-Merger").[1)] Die FinVerw vertrat dazu die Ansicht, dass hier in gleicher Weise – also letztlich spiegelbildlich – eine Zuschreibung vorzunehmen sei.[2)] Bei der Verschmelzung von Schwestergesellschaften stellte sich das Problem der Behandlung eines potenziellen Zurechnungsbetrags ebenfalls. Der Gestaltung, zunächst eine Seitwärtsverschmelzung durchzuführen und danach die aufnehmende Gesellschaft auf die Muttergesellschaft zu verschmelzen, ist durch die Verankerung der Infektionstheorie in § 13 Abs. 2 Satz 2 UmwStG gesetzlich der Boden entzogen worden.[3)] Zu den Rechtsfolgen der Infektionstheorie zählt nach Auffassung der FinVerw insbesondere der Übergang der Wertaufholungsverpflichtung nach § 6 Abs. 1 Nr. 2 Satz 3 EStG bei im Betriebsvermögen gehaltenen Anteilen (UmwStE, Tz 13.11).

1885 § 12 Abs. 3 i.V.m. § 4 Abs. 2 und 3 UmwStG regeln in umfassender Weise den Eintritt in die steuerliche Rechtsposition des übertragenden Rechtsträgers bei Ansatz des Buchwerts, Zwischenwerts oder gemeinen Werts im Falle der Verschmelzung:[4)]

– AfA	ja
– erhöhte AfA	ja
– Sonderabschreibungen	ja
– Bewertungsfreiheit	ja
– Bewertungsabschlag	ja
– Rücklagen (z.B. § 6b EStG)	ja
– § 6 Abs. 1 Nr. 2 Satz 2 und 3 EStG	ja
– Frist i. S. des § 5 Abs. 2 KapEStG	ja
– Verlustabzug § 10d EStG	nein
– Anrechnung Zugehörigkeitsdauer	ja

Der Eintritt in die Rechtsposition der übertragenden Körperschaft bewirkt nicht, dass ein von der übertragenden Körperschaft erwirtschafteter Gewinn mit einem im Verschmelzungsjahr bis zum steuerlichen Übertragungsstichtag bei der übernehmenden Körperschaft anfallenden Verlust verrechnet werden kann.[5)]

1886 Die bedeutsamste Änderung durch das UmwStG 1995 im Bereich der Verschmelzungsvorschriften stellte die prinzipielle Möglichkeit dar, dass auch ein verbleibender

---

1) Vgl. Widmann in Widmann/Mayer, § 12 UmwStG Rz. 375; s. hierzu auch Thiel/Eversberg/van Lishaut/Neumann, GmbHR 1998, 397, 419 f.; Ott, INF 1998, 385, 392.
2) Nunmehr UmwStE Tz. 11.17: Bei einer Abwärtsverschmelzung schlägt sich der sog. Beteiligungskorrekturgewinn in der steuerlichen Schlussbilanz der Muttergesellschaft nieder; insoweit erhöht sich der laufende Gewinn der Muttergesellschaft.
3) Vgl. Dötsch/Pung, DB 2004, 208, 211 f.
4) UmwStE Tz. 12.04 i.V.m. Tz. 4.09 – 4.17; zur Kritik an der Auffassung der FinVerw zur phasenverschobenen Auflösung von in der steuerlichen Schlussbilanz der übertragenden Gesellschaft gebildeten Passivposten bei der übernehmenden Gesellschaft, Schell/Krohn, DB 2012, 1057, 1059.
5) BFH v. 13.2.2008, BFH/NV 2008, 1538.

Verlustabzug i. S. des § 10d EStG im Rahmen der Verschmelzung übergeht.[1] Das SEStEG hat demgegenüber für körperschaftsteuerliche Verlustvorträge auf Grund des in § 12 Abs. 3 2. Halbs. UmwStG enthaltenen Verweises auf § 4 Abs. 2 Satz 2 UmwStG sowie für GewSt-Fehlbeträge auf Grund des Verweises in § 19 Abs. 2 UmwStG auf § 12 Abs. 3 UmwStG die Rechtslage vor Inkrafttreten des UmwStG 1995 wiederhergestellt. Es verbleibt nur noch die Möglichkeit, nicht verbrauchte Verlustabzüge der Überträgerin durch Buchwertaufstockung in ihrer steuerlichen Schlussbilanz und durch Verrechnung mit dem dabei realisierten Übertragungsgewinn vor dem Untergang zu retten. Dabei sind allerdings die Einschränkungen durch die Mindestbesteuerung nach § 10d Abs. 2 EStG zu beachten. Weiterhin ist wiederum unter Beachtung von § 8 Abs. 4 KStG a.F. (bzw. § 8c KStG n.F.) verstärkt eine Verschmelzung auf die Verlustgesellschaft in Erwägung zu ziehen.[2] Eine solche Verschmelzung der Gewinngesellschaft auf die Verlustgesellschaft ist nach dem BFH-Urteil vom 18.12.2013 nicht per se missbräuchlich.[3] Allerdings hat das Amtshilferichtlinie-Umsetzungsgesetz[4] durch Einfügung von Satz 3 - 6 des § 2 Abs. 4 UmwStG auch für diese Variante Einschränkungen für die Verrechnung von Verlusten der übernehmenden Gesellschaft mit positiven Einkünften der übertragenden Gesellschaft im umwandlungssteuerlichen Rückwirkungszeitraum gebracht.[5]

4. Behandlung der Rücklagen

Die gliederungsmäßige Behandlung einer Verschmelzung wurde bis zum StSenkG außerhalb des Umwandlungssteuerrechts in § 38 KStG geregelt. Dieser sah eine relativ komplexe Berechnung vor, die die Besonderheiten der Eigenkapitalgliederung nach dem körperschaftsteuerlichen Anrechnungssystem widerspiegeln musste. Durch den Wegfall des Anrechnungsverfahrens hat sich die Berechnung bereits wesentlich vereinfacht (angesiedelt in § 37 KStG für die KSt-Minderung und in § 38 KStG für die KSt-Erhöhung). Durch die auf Grund des SEStEG eingeführte ausschüttungsunabhängige, ratierliche Auszahlung des KSt-Guthabens wurde § 37 KStG entscheidend verändert (→ 4 Rz. 1815).

1887

Wegen dieser Änderungen des § 37 KStG ist der Übergang des KSt-Guthabens im Rahmen der nach dem Systemwechsel vom Anrechnungs- zum Halbeinkünfteverfahren verbliebenen Restgrößen des verwendbaren Eigenkapitals entfallen; vielmehr geht der Anspruch auf Auszahlung des KSt-Guthabens im Falle der Verschmelzung von der übertragenden auf die übernehmende Körperschaft als Teil der Gesamtrechtsnachfolge über.[6] Auf Grund des JStG 2008[7] ist auch bei der KSt-Erhöhung, die sich bisher nach § 38 Abs. 2 KStG a.F. auf $3/7$ des zur Ausschüttung verwendeten Betrags belief, eine Änderung eingetreten, die bereits im SEStEG fällig gewesen wäre. Analog zu den Altbeständen des KSt-Guthabens wird die bisherige ausschüttungsbedingte

---

1) Zu den Änderungen auf Grund des StVergAbG vgl. Krüger, Zweckmäßige Wahl der Unternehmensform, 7. Aufl., Rz. 1057 f.; vgl. zu § 12 Abs. 3 Satz 2 UmwStG a.F. neuerdings BFH v. 25.8.2009, I R 95/08, DB 2009, 2356 zum Verschmelzungsstichtag als Anknüpfungspunkt für die Vergleichsbetrachtung, BFH v. 27.5.2009, I R 94/08, DB 2009, 1738 zum Fall der Fortführung des übergegangenen Betriebs durch einen Dritten sowie BFH v. 28.10.2009, I R 4/09, GmbHR 2010, 435 zum Untergang des Verlustabzugs bei Verschmelzung einer Holdinggesellschaft auf ihre Tochtergesellschaft.
2) Zu Überlegungen zur Verlustnutzung vor dem Hintergrund des Entlassentwurfs des BMF v. 7.7.1998 zu § 8 Abs. 4 KStG und § 12 Abs. 3 Satz 2 UmwStG vgl. Kröner, DStR 1998, 1495; vgl. auch den Erlass des BMF v. 16.4.1999, IV C 6 – S 2745 – 12/99, BStBl I 1999, 455.
3) BFH v. 18.12.2013, I R 25/12, HFR 2014, 626.
4) BGBl. I 2013, 1809 ff.
5) Vgl. FinMin Brandenburg v. 28.5.2014, 35-S 1978–1/09, DB 2014, 2135; Behrendt/Simon, BB 2013, 1815; Mückl, GmbHR 2013, 1084; Tomm, DB 2014, 2617.
6) Vgl. Dötsch/Pung, DB 2006, 2648, 2654.
7) JStG 2008 v. 20.12.2008, BGBl. I 2007, 3150.

KSt-Erhöhung nunmehr durch eine zwingende, ausschüttungsunabhängige, pauschal auf zehn Jahre verteilte Abschlagszahlung ersetzt (§ 38 Abs. 4 bis 9 KStG n.F.). Zum 31.12.2006 sieht § 38 Abs. 4 Satz 1 KStG n.F. die Feststellung des Endbetrags des EK 02 vor. Die Steuerschuld (soweit sie die Bagatellgrenze von 1 000 €, was einem EK 02-Bestand von 33 366 € entspricht,[1] übersteigt) ist innerhalb eines Zahlungszeitraums von 2008 bis 2017 in zehn gleichen Jahresraten zu 3 % des zum 31.12.2006 festgestellten EK 02-Endbetrags (jedoch begrenzt auf den Erhöhungsbetrag, der sich bei einer unterstellten Vollausschüttung zum 31.12.2006 ergeben würde) jeweils zum 30.9. zu entrichten. Die betroffene Gesellschaft kann beantragen, den gesamten KSt-Erhöhungsbetrag in einer Summe zu begleichen (§ 38 Abs. 7 Satz 1 KStG n.F.). In diesem Fall sind die noch nicht fälligen Jahresbeträge mit 5,5 % abzuzinsen. Zur zwangsweisen Fälligstellung des gesamten Ablösebetrags unter Anwendung der 5,5 %igen Abzinsung kommt es nach § 38 Abs. 9 Satz 1 und 2 KStG n.F. im Sonderfall der Verschmelzung auf eine in einem Drittstaat ansässige, nicht unbeschränkt steuerpflichtige Körperschaft. Dagegen verbleibt es bei der Hinausverschmelzung auf eine in einem anderen EU/EWR-Mitgliedsstaat ansässige Körperschaft bei der Grundregel der ratierlichen Ablösung (§ 38 Abs. 9 Satz 3 KStG n.F.).

Der durch die Zwangsversteuerung resultierende (nach § 38 Abs. 6 Satz 8 KStG n.F. nicht verzinsliche) KSt-Erhöhungsbetrag entsteht zu Gunsten des Fiskus zum 1.1.2007 und ist erstmals im Jahresabschluss auf einen Bilanzstichtag im Jahr 2007 zu berücksichtigen. Im Hinblick auf die Tilgungsmöglichkeit zum Barwert ist davon auszugehen, dass die Schuld einen verdeckten Zinsanteil enthält. Handelsrechtlich sind Verbindlichkeiten, die einen Zinsanteil enthalten, nach § 253 Abs. 1 Satz 2 HGB mit dem Barwert anzusetzen.[2] Legt man den gesetzlichen Zinssatz von 5,5 % zu Grunde und setzt vereinfachend voraus, dass die erste Rate am 30.9.2008 und die letzte Rate am 30.9.2017 fällig werden, so ergibt sich am 31.12.2007 eine Restlaufzeit von 9,75 Jahren und damit ein Barwertfaktor von 7,6392. Gewinnminderungen und Erträge, die sich bilanziell aus der Anwendung der Neuregelung ergeben, sind außerbilanziell zu eliminieren, d.h. sie gehören nicht zu den Einkünften des EStG (§ 38 Abs. 10 i.V.m. § 37 Abs. 7 Satz 1 KStG n.F.), verringern jedoch bei der übertragenden Körperschaft das übergehende Vermögen und den Übernahmegewinn bei der übernehmenden Körperschaft. Für nach dem 31.12.2006 steuerlich wirksame Verschmelzungen geht die Verpflichtung zur Entrichtung der Ablöseraten von der übertragenden auf die übernehmende Körperschaft als Teil der Gesamtrechtsnachfolge über.

Als Folgewirkung der Streichung der ausschüttungsabhängigen KSt-Erhöhung ist § 40 KStG a.F. grundsätzlich entbehrlich geworden. Weiterhin benötigt wird die Vorschrift jedoch für die in § 34 Abs. 16 KStG n.F. genannten ehemals gemeinnützigen Wohnungsunternehmen und steuerbefreiten Körperschaften, bei denen auf Antrag die §§ 38, 40 KStG a.F. auch künftig unverändert weiter anzuwenden sind.[3]

Mit der Verschmelzung zweier Kapitalgesellschaften sind auch die steuerlichen Eigenkapitalbestandteile der aufnehmenden Kapitalgesellschaft anzupassen. Dies regelt § 29 Abs. 1 bis 4 KStG, ohne dass insoweit Änderungen durch das SEStEG eingetreten sind. Hervorzuheben ist allerdings, dass nunmehr § 27 Abs. 1 Satz 4 KStG das Entstehen eines negativen Einlagekontos i.d.R. ausschließt. Die Anpassung erfolgt in folgenden Schritten:

1. Als erstes gilt das Nennkapital der übertragenden Kapitalgesellschaft als in vollem Umfang herabgesetzt (§ 29 Abs. 1 i.V.m. § 28 Abs. 2 KStG). Nach § 28 Abs. 2 Satz 1 KStG ist im Fall der Herabsetzung des Nennkapitals zunächst ein etwaiger, zum Schluss des vorangegangenen Wirtschaftsjahres ausgewiesener Sonderausweis

---

1) Vgl. Dötsch/Pung, DB 2007, 2669, 2676.
2) Vgl. Glanegger in Schmidt, § 6 EStG Rz. 402.
3) Vgl. Dötsch/Pung, DB 2007, 2669, 2678.

i.S.v. § 29 Abs. 1 Satz 3 KStG zu mindern und ein den Sonderausweis übersteigender Betrag des Nennkapitals dem steuerlichen Einlagekonto gutzuschreiben (UmwStE K. 03).

2. Der Bestand des sich nach dieser Umbuchung des Nennkapitals ergebenden Einlagekontos der übertragenden Kapitalgesellschaft ist anschließend dem steuerlichen Einlagekonto der übernehmenden Kapitalgesellschaft in dem in § 29 Abs. 2 und 3 KStG geregelten Umfang gutzuschreiben (UmwStE K. 04 und K. 09). Bei einer Aufwärtsverschmelzung unterbleibt daher bei der übernehmenden Muttergesellschaft eine Hinzurechnung des Bestands des steuerlichen Eigenkapitals der übertragenden Tochtergesellschaft in dem Verhältnis der Beteiligung der Muttergesellschaft an der Tochtergesellschaft (UmwStE K. 010 mit Beispiel).

3. Wird das Nennkapital der übernehmenden Kapitalgesellschaft zur Durchführung der Verschmelzung erhöht, so verweist § 29 Abs. 4 KStG auf § 28 Abs. 1 KStG: Danach ist die verschmelzungsbedingte Kapitalerhöhung wie eine Umwandlung von Rücklagen in Nennkapital zu behandeln. Dabei ist die Verwendungsfiktion des § 28 Abs. 1 KStG zu berücksichtigen, wonach ein positiver Bestand des steuerlichen Einlagekontos als vor den sonstigen Rücklagen für die Kapitalerhöhung verwendet gilt (UmwStE K .015).

5. Besteuerung der Gesellschafter der übertragenden Körperschaft

§ 13 Abs. 1 UmwStG regelt, entsprechend dem durchgängigen Konzept des neuen UmwStG, als Grundsatz, dass die Anteile an der übertragenden Körperschaft als zum gemeinen Wert veräußert und die Anteile an der übernehmenden Körperschaft als zum gemeinen Wert angeschafft gelten. Für den Grundfall gilt somit weiterhin das bisherige Konzept der Veräußerungs- und Anschaffungsfiktion (UmwStE Tz. 13.05).

Für den Fall, dass

– das deutsche Besteuerungsrecht hinsichtlich der Anteile an der übernehmenden Körperschaft nicht beschränkt wird oder

– die EU/EWR-Mitgliedstaaten bei der Verschmelzung Art. 8 der Fusionsrichtlinie anwenden müssen (was bei grenzüberschreitenden Verschmelzungen innerhalb von EU oder EWR stets der Fall ist),

erlaubt § 13 Abs. 2 UmwStG auf bedingungsfeindlichen und unwiderruflichen Antrag, die Anteile an der übernehmenden Körperschaft mit dem Buchwert der Anteile an der Überträgerin anzusetzen (UmwStE Tz. 13.10). Ein Zwischenwertansatz ist nicht zulässig (UmwStE Tz. 13.10). Für den Fall des Buchwertansatzes sieht § 13 Abs. 2 Satz 2 UmwStG nunmehr eine umfassende Infizierungstheorie vor, die auf eine wert- und qualitätsmäßige Verknüpfung der Anteile zielt (UmwStE Tz. 13.11). Sowohl die Buchwerte als auch die steuerliche Qualifikation, z.B. als wesentliche Beteiligung, einbringungsgeborene Anteile, § 50c EStG-Anteile, bleiben im Rahmen der Verschmelzung erhalten. Diese Verknüpfung nach § 13 UmwStG gilt unabhängig von der Wahlrechtsausübung auf der Ebene der übertragenden Körperschaft im Rahmen des § 11 UmwStG.

Soweit Anteile zu einem Betriebsvermögen gehören, gilt die Verknüpfung auch hinsichtlich einer Wertaufholungsverpflichtung nach vorangegangener steuerwirksamer Teilwertabschreibung oder Übertragung von § 6b-EStG-Abzügen oder sonstiger Abzüge.[1] Trotz des Antrags auf Buchwertfortführung soll es daher bei einer Verschmelzung einer Verlustkapitalgesellschaft, deren Anteile auf den niedrigeren Teilwert abgeschrieben worden waren, auf eine Gewinnkapitalgesellschaft bereits im Verschmelzungsstichtag zu einer Steuerbelastung auf Grund einer Wertaufholung

---

1) Vgl. Dötsch/Pung, DB 2006, 2704, 2713.

nach § 6 Abs. 1 Nr. 2 Satz 3 EStG kommen können.[1] Dies gilt nach Auffassung des BFH jedoch nicht für die Rechtslage vor Inkrafttreten des SEStEG am 13.12.2006[2] und wird auch für die Rechtslage danach entsprechend vertreten.[3]

Gehören die Anteile nicht zu einem Betriebsvermögen, sind aber die Voraussetzungen des § 17 EStG erfüllt, treten die „neuen" Anteile an Stelle der „alten" Anteile zu deren Anschaffungskosten. Werden erstmals Anteile wesentlich i. S. des § 17 EStG, gilt der gemeine Wert als deren Anschaffungskosten am steuerlichen Übertragungsstichtag. Das erstmalige Entstehen von wesentlichen Anteilen i. S. des § 17 EStG dürfte weniger die Fälle der Verschmelzung als vielmehr der Spaltung betreffen. Gemäß § 15 Abs. 1 Satz 1 UmwStG sind auf die Spaltung die §§ 11–13 UmwStG über die Verschmelzung entsprechend anzuwenden.

War der Anteilseigner vor dem Vermögensübergang wesentlich i.S.v. § 17 EStG an der übertragenden Körperschaft beteiligt und wird die geltende Beteiligungsgrenze von 1 % des Kapitals an der übernehmenden Körperschaft nach dem Vermögensübergang nicht mehr erreicht, so bleibt § 17 EStG bei der späteren Veräußerung dieser sog. verschmelzungsgeborenen Anteile dennoch anwendbar (UmwStE Tz. 13.11).

Im Fall von einbringungsgeborenen Anteilen (bzw. nachsteuerauslösenden Anteilen i. S. des § 22 UmwStG) kommt es ebenfalls zu einer Wert- und Qualitätsverknüpfung. Das Gleiche gilt für Anteile i. S. des § 50c EStG, soweit diese Vorschrift noch anwendbar ist (§ 52 Abs. 59 EStG; UmwStE Tz. 13.11).

Im Falle nicht wesentlicher Beteiligungen ordnete § 20 Abs. 4a Satz 1 EStG bisher bei Auslandsverschmelzungen die Steuerneutralität auf der Anteilseignerebene an. Durch das JStG 2010 wurde der Auslandsbezug gestrichen, so dass künftig auch in Inlandsfällen der Verschmelzung, der Aufspaltung und des qualifizierten Anteilstauschs (§ 21 UmwStG) nicht mehr die §§ 13, 21 UmwStG, sondern die Regelung des § 20 Abs. 4a S. 1 EStG bei nicht wesentlich Beteiligten anzuwenden ist (UmwStE Tz. 13.01). Damit entfällt in diesen Fällen zur Erreichung der Steuerneutralität des Umwandlungsvorgangs für den nicht wesentlich Beteiligten die Notwendigkeit eines Antrags auf Buchwertfortführung. In den Fällen der Abspaltung ist für den nicht wesentlich Beteiligten die Sonderregelung des § 20 Abs. 4a Satz 5 EStG zu beachten.

Vorsteuerabzug und Rechnungserteilung

von Frank Henseler

INHALTSÜBERSICHT   Rz.

I. Praxisrelevanz 1889–1899
   1. Bedeutung der Rechnung 1889–1891
   2. Überblick über die Rechnungsvorschriften 1892–1899
II. Einzeldarstellung 1900–1950
   1. Rechnungsbegriff 1900–1907
      a) Rechnungsvoraussetzungen   1900

---

1) Vgl. Krohn/Greulich, DStR 2008, 646, 654; UmwStE Tz. 13.11.
2) Vgl. BFH v. 11.7.2012, I R 47/11, BFH/NV 2013, 18 und BFH v. 11.7.2012, I R 50/11, BFH/NV 2013, 40.
3) Vgl. Cordes, Der Konzern 2013, 273, 276.

		Rz.
	b) Rechnung in Form einer Gutschrift	1901
	c) Elektronisch übermittelte Rechnung	1902–1906
	d) Elektronisch übermittelte Gutschriften	1907
2.	Pflichtangaben in einer Rechnung	1908–1912
3.	Berichtigung von Rechnungen	1914–1915
4.	Rechnungsausstellung bei An- und Abschlagszahlungen	1916–1917
5.	Unrichtiger Steuerausweis	1918–1929
	a) Zu hoher Steuerausweis (§ 14c Abs. 1 Satz 1 UStG)	1918–1922
	b) Berichtigung eines zu hohen Steuerausweises (§ 14c Abs. 1 Satz 1 UStG)	1923–1925
	c) Zu niedriger Steuerausweis	1926–1929
6.	Unberechtigter Steuerausweis	1930–1937
7.	Rechnungsausstellung in besonderen Fällen	1938
8.	Vorsteuerabzug und ordnungsgemäße Rechnung	1940–1945
9.	Aufbewahrung von Rechnungen	1946–1950

I. Praxisrelevanz

1. Bedeutung der Rechnung

Der Leistungsempfänger hat ein besonderes Interesse daran, dass der leistende Unternehmer eine **vollständige und richtige Rechnung** ausstellt, die alle **Pflichtangaben** der §§ 14 und 14a UStG enthält, da das Vorliegen einer Rechnung i.S.d. § 14 UStG eine **Voraussetzung für den Vorsteuerabzug** ist. Die Rechnung hat für die Vorsteuerabzugsbegehrenden die Funktion eines Belegnachweises.[1] Da die Regelungen in § 14 UStG sehr formalistisch sind, kommen die beteiligten Unternehmer nicht umhin, ihre Geschäftsabwicklungen hiernach auszurichten, um eine Belastung mit USt zu vermeiden.[2]

1889

Ohne ordnungsgemäße Rechnung mit gesondertem Ausweis der Umsatzsteuer ist ein Abzug als Vorsteuer beim unternehmerischen Leistungsempfänger nicht zulässig. Als Rechnung gilt auch eine vom Leistungsempfänger erteilte Gutschrift. Für Leistungen im Zusammenhang mit Grundstücken ist die Ausstellung und auch für Nichtunternehmer die Aufbewahrung von Rechnungen verpflichtend. Wird in der Rechnung Umsatzsteuer zu hoch oder unberechtigt ausgewiesen, schuldet diese der Rechnungsaussteller; der Leistungsempfänger erhält keinen Vorsteuerabzug. Besondere Regelungen gelten für Rechnungen über innergemeinschaftliche Leistungen.

1890

Die Vorschriften zur Rechnungsausstellung und -aufbewahrung sowie zum unrichtigen oder unberechtigten Steuerausweis in Rechnungen finden sich in den §§ 14 und 14a bis 14c UStG. Die Definition des Begriffs der Rechnung ergibt sich aus § 14 Abs. 1 UStG. Danach sind Rechnungen auf Papier oder vorbehaltlich der Zustimmung des Empfängers der Rechnung elektronisch zu übermitteln (§ 14 Abs. 1 Satz 7 UStG). Die Zustimmung des Empfängers der elektronisch übermittelten Rechnung bedarf keiner besonderen Form; es muss lediglich Einvernehmen zwischen Rechnungsaussteller und Rechnungsempfänger darüber bestehen, dass die Rechnung elektronisch übermittelt werden soll.[3] Der zivilrechtliche Anspruch auf Rechnungserteilung bleibt durch § 14 UStG unberührt.

1891

---

1) Ebenso BFH v. 12.6.1986, V R 75/78, BStBl II 1986, 721.
2) Zu näheren Einzelheiten vgl. Abschn. 14.1 UStAE.
3) Vgl. Abschn. 14.4 Abs. 1 UStAE.

Hinweis:
Verweigert der Leistende die Ausstellung einer Rechnung, muss der Leistungsempfänger dies vor den ordentlichen Gerichten durchsetzen. Ist die Steuerpflicht der Leistung ernstlich zweifelhaft, entscheiden die ordentlichen Gerichte erst nach erfolgter bestandskräftiger Entscheidung durch das FA des Leistenden (ggf. durch das FG). Zur Beschleunigung kann der Leistungsempfänger beim FG einen Antrag zur Feststellung der Steuerpflicht des strittigen Umsatzes stellen. Ist in einem Klageverfahren die Steuerpflicht der bezogenen Leistung strittig, hat dies auch Auswirkungen auf den Vorsteuerabzug des Rechnungsempfängers. Deshalb kann der Rechnungsempfänger vom Gericht zum Rechtsstreit des Leistenden beigezogen werden.[1] Ist beim Leitungsempfänger ein Insolvenzverfahren eröffnet worden, muss ggf. der Insolvenzverwalter die Rechnung ausstellen (Abschn. 14.1 Abs. 5 UStAE).

2. Überblick über die Rechnungsvorschriften

1892 Gegenüber einem unternehmerischen Leistungsempfänger ist der Aussteller eines Abrechnungspapiers über eine steuerpflichtige Leistung zivilrechtlich zur Erteilung einer Rechnung i.S.d. § 14 UStG verpflichtet. Insoweit ist eine schuldrechtliche Nebenpflicht zum Vertrag gegeben.[2] Bei unklarer Rechtslage hinsichtlich der Steuerpflicht der Leistung gilt dies jedoch nicht. Wird USt gesondert in Rechnung gestellt, ist zu beachten, dass hierdurch ggf. die Tatbestände des § 14c Abs. 1 oder § 14c Abs. 2 UStG verwirklicht werden können. Die Verpflichtung zur Rechnungsausstellung ist nicht durch Hinweis auf festgelegte allgemeine Geschäftsbedingungen abdingbar.[3] Ebenso besteht keine Rechnungslegungspflicht, wenn die Parteien vereinbarungsgemäß darauf verzichtet haben.[4] Nach Eröffnung des Insolvenzverfahrens ist der Anspruch auf Ausstellung einer Rechnung nach § 14 Abs. 1 UStG vom Insolvenzverwalter auch dann zu erfüllen, wenn die Leistung vor Eröffnung des Insolvenzverfahrens bewirkt wurde.[5]

1893 Der Leistungsempfänger hat einen Anspruch auf eine berichtigte Rechnung, die den Erfordernissen des § 14 UStG entspricht, wenn eine nicht vollständige Rechnung ausgestellt wurde. Bis zur Erteilung einer ordnungsgemäßen Rechnung steht dem Leistungsempfänger ein Rückbehaltungsrecht nach § 273 Abs. 1 BGB zu. Das Rückbehaltungsrecht beschränkt sich regelmäßig auf die anteilige USt am Gesamtbruttoentgelt.[6]

1894 Der leistende Unternehmer hat nach § 14a Abs. 1 UStG in der Rechnung auch die USt-IdNr. des Leistungsempfängers anzugeben, wenn ein Unternehmer eine sonstige Leistung erbringt, bei der sich der Leistungsort danach richtet, wo der Leistungsempfänger seinen Sitz oder eine Betriebsstätte hat, an die die Leistung erbracht wird und der Leistungsempfänger die Steuer nach § 13b UStG schuldet. Die Angabe der USt-IdNr. des Leistungsempfängers ist auch deshalb erforderlich, weil der leistende Unternehmer diese Nummer für die Angabe in seiner Zusammenfassenden Meldung benötigt.

1895 Nach § 14 Abs. 2 UStG ist der Unternehmer bei Ausführung von Lieferungen oder sonstigen Leistungen an einen anderen Unternehmer für dessen Unternehmen oder an eine juristische Person, die nicht Unternehmer ist, stets verpflichtet, eine Rechnung

---

1) BFH v. 10.7.1997, V R 94/96, BStBl II 1997, 707 und BFH v. 1.2.2001, V B 199/00, BStBl II 2001, 418.
2) Ebenso BFH v. 4.3.1982, V R 55/80, BStBl II 1982, 309.
3) Vgl. AG Rastatt v. 28.2.1995, 1 C 558/94, UR 1996, 391.
4) Vgl. OLG Hamm v. 10.12.1996, 19 U 53/96, UR 1997, 478 zu Schwarzgeschäften. Zu der Möglichkeit des Leistungsempfängers, die Steuerpflicht des Vorgangs auch durch eine Feststellungsklage nach § 41 FGO klären zu lassen, vgl. BFH v. 10.7.1997, V R 94/96, BStBl II 1997, 707.
5) BGH v. 6.5.1981, VIII Z R 45/80, UR 1982, 55 = DB 1981, 1770 zum Konkursverfahren.
6) Ebenso Stadie in Rau/Dürrwächter/Flick/Geist, § 14 UStG Rz. 108.

auszustellen. Die Steuerpflicht ist in diesen Fällen nicht Voraussetzung für die Verpflichtung zur Rechnungserteilung. Eine Rechnung kann durch den leistenden Unternehmer selbst oder durch einen von ihm beauftragten Dritten, der im Namen und für Rechnung des Unternehmers abrechnet (§ 14 Abs. 2 Satz 5 UStG), ausgestellt werden. Der Leistungsempfänger kann nicht Dritter sein. Bedient sich der leistende Unternehmer zur Rechnungserstellung eines Dritten, hat der leistende Unternehmer sicherzustellen, dass der Dritte die Einhaltung der sich aus §§ 14 und 14a UStG ergebenden formalen Voraussetzungen gewährleistet.

Der Anspruch nach § 14 Abs. 2 UStG auf Erteilung einer Rechnung mit gesondert ausgewiesener USt steht dem umsatzsteuerrechtlichen Leistungsempfänger zu, sofern er eine juristische Person oder ein Unternehmer ist, der die Leistung für sein Unternehmen bezogen hat.

Nach § 14 Abs. 2 Satz 1 Nr. 1 UStG ist der leistende Unternehmer, soweit er eine steuerpflichtige Werklieferung oder sonstige Leistung im Zusammenhang mit einem Grundstück ausführt, verpflichtet, innerhalb von sechs Monaten nach Ausführung der Leistung eine Rechnung auszustellen. Diese Verpflichtung zur Erteilung einer Rechnung besteht auch dann, wenn es sich bei dem Leistungsempfänger nicht um einen Unternehmer, der die Leistung für sein Unternehmen bezieht, handelt. Wird in diesen Fällen das Entgelt oder ein Teil des Entgelts vor Ausführung der Leistung vereinnahmt, ist die Rechnung innerhalb von sechs Monaten nach Vereinnahmung des Entgelts oder des Teilentgelts auszustellen. Die Verpflichtung zur Erteilung einer Rechnung besteht auch dann, wenn es sich beim Leistungsempfänger nicht um einen Unternehmer handelt, der die Leistung für sein Unternehmen bezieht, und ist nicht davon abhängig, ob der Empfänger der steuerpflichtigen Werklieferung oder sonstigen Leistung der Eigentümer des Grundstücks ist. Die Verpflichtung zur Erteilung einer Rechnung bei steuerpflichtigen Werklieferungen oder sonstigen Leistungen im Zusammenhang mit einem Grundstück gilt auch für Kleinunternehmer i.S.d. § 19 Abs. 1 UStG und Land- und Forstwirte, die die Durchschnittssatzbesteuerung nach § 24 UStG anwenden. Für steuerpflichtige sonstige Leistungen der in § 4 Nr. 12 Satz 1 und 2 UStG bezeichneten Art, die weder an einen anderen Unternehmer für dessen Unternehmen noch an eine juristische Person erbracht werden, besteht keine Rechnungserteilungspflicht.[1] **1896**

Nach § 14 Abs. 2 Satz 1 Nr. 2 UStG ist der leistende Unternehmer zur Rechnungsausstellung innerhalb von sechs Monaten nach Ausführung der Leistung verpflichtet, soweit er den Umsatz an einen anderen Unternehmer für dessen Unternehmen oder an eine juristische Person, soweit diese nicht Unternehmer ist, ausführt.[2] **1897**

Eine Verpflichtung zur Ausstellung von Rechnungen besteht nach § 14 Abs. 2 Nr. 1 Satz 2 UStG nicht, wenn der Umsatz nach § 4 Nr. 8 bis 28 UStG steuerfrei ist. **1898**

Durch das Steuervereinfachungsgesetz 2011 vom 1.11.2011[3] wurden durch Änderungen im UStG die bislang sehr hohen Anforderungen an die elektronische Übermittlung von Rechnungen reduziert und so Bürokratiekosten der Wirtschaft in Milliardenhöhe abgebaut. Das Steuervereinfachungsgesetz 2011 sieht eine rückwirkende Anwendung der Vereinfachung der elektronischen Rechnungsstellung zum 1.7.2011 vor. Die Änderungen entsprechen dem Bestrebungen auf unionsrechtlicher Ebene. Am 13.7.2010 war die Richtlinie 2010/45/EU[4] des Rates zu den Rechnungsstellungsvorschriften verabschiedet worden, die zum 1.1.2013 in nationales Recht umzusetzen ist. Hiernach sind ab dem 1.1.2013 zwingend Papier- und elektronische Rechnungen gleich zu behandeln. **1899**

---
1) Vgl. Abschn. 14.1 Abs. 3 Satz 1 ff. UStAE. Nähere Ausführungen enthält Abschn. 14.2 UStAE.
2) Vgl. Abschn. 14.1 Abs. 3 Satz 6 ff. UStAE.
3) BGBl. I 2011, 2131 = BStBl I 2011, 986.
4) ABl.EU Nr. L 189, 1 und ABl.EU Nr. L 299, 46.

Die Neufassung des § 14 Abs. 1 UStG dient der umsatzsteuerlichen Gleichstellung von Papier- und elektronischen Rechnungen. § 14 Abs. 1 Satz 8 UStG definiert eine elektronische Rechnung als eine Rechnung, die in einem elektronischen Format ausgestellt und empfangen wird. Hierunter fallen Rechnungen, die per E-Mail, im EDI-Verfahren, als PDF- oder Textdatei, per Computer-Telefax oder Fax-Server (nicht aber Standard-Telefax) oder im Wege des Datenträgeraustauschs übermittelt werden.[1]

II. Einzeldarstellung

1. Rechnungsbegriff

a) Rechnungsvoraussetzungen

1900 Nach § 14 Abs. 1 UStG i.V.m. § 31 Abs. 1 UStDV ist eine Rechnung jedes Dokument oder eine Mehrzahl von Dokumenten, mit denen über eine Lieferung oder sonstige Leistung abgerechnet wird. Rechnungen i.S.d. § 14 UStG brauchen nicht ausdrücklich als solche bezeichnet zu werden. Es reicht aus, wenn sich aus dem Inhalt des Dokuments ergibt, dass der Unternehmer über eine Leistung abrechnet. Keine Rechnungen sind Schriftstücke, die nicht der Abrechnung einer Leistung dienen, sondern sich ausschließlich auf den Zahlungsverkehr beziehen (z.B. Mahnungen, Kontoauszüge) – auch wenn sie alle in § 14 Abs. 4 UStG geforderten Angaben enthalten. Rechnungen können auf Papier oder – vorbehaltlich der Zustimmung des Empfängers – auf elektronischem Weg übermittelt werden (Abschn. 14.1 Abs. 1 und 2 UStAE).

> **Hinweis:**
> Unbeachtlich ist, ob eine Rechnung als solche bezeichnet ist. Entscheidend ist, dass alle Rechnungsangaben, die nach § 14 UStG erforderlich sind, enthalten sind. Deshalb können z.B. Verträge wie bisher Rechnungen sein. Eine Rechnung kann auf mehrere Dokumente verteilt sein. In einem der Dokumente müssen aber mindestens das Entgelt und der darauf entfallende Steuerbetrag angegeben sein. Außerdem müssen alle anderen Dokumente bezeichnet sein, aus denen sich die erforderlichen Rechnungsangaben insgesamt ergeben. Des Weiteren müssen die Angaben leicht und eindeutig nachprüfbar sein.

b) Rechnung in Form einer Gutschrift

1901 Eine Gutschrift ist eine Rechnung, die vom Leistungsempfänger ausgestellt wird (§ 14 Abs. 2 Satz 2 UStG). Eine Gutschrift kann auch durch juristische Personen, die nicht Unternehmer sind, ausgestellt werden. Der Leistungsempfänger kann mit der Ausstellung einer Gutschrift auch einen Dritten beauftragen, der im Namen und für Rechnung des Leistungsempfängers abrechnet (§ 14 Abs. 2 Satz 4 UStG). Die am Leistungsaustausch Beteiligten können frei vereinbaren, ob der leistende Unternehmer oder der in § 14 Abs. 2 Satz 2 UStG bezeichnete Leistungsempfänger abrechnet. Die Vereinbarung hierüber muss vor der Abrechnung getroffen sein. Eine Gutschrift kann auch ausgestellt werden, wenn über steuerfreie Umsätze abgerechnet wird oder wenn beim leistenden Unternehmer nach § 19 Abs. 1 UStG die Steuer nicht erhoben wird. Dies kann dazu führen, dass der Empfänger der Gutschrift unrichtig oder unberechtigt ausgewiesene Steuer nach § 14c UStG schuldet. Keine Gutschrift ist die im allgemeinen Sprachgebrauch ebenso bezeichnete Korrektur einer zuvor ergangenen Rechnung.[2]

> **Hinweis:**
> Eine Gutschrift kann auch bei steuerfreien Umsätzen erteilt werden. Dabei kann es zu einem unrichtigen oder unberechtigten Steuerausweis kommen, wenn der Leistungsempfänger die Steuer offen ausweist, obwohl es sich um einen nicht steuerbaren, steuerfreien oder um einen

---

1) Weitere Einzelheiten vgl. Abschn. 14.4 UStAE.
2) Vgl. auch Abschn. 14.1 UStAE.

Umsatz an einen Kleinunternehmer nach § 19 Abs. 1 UStG handelt. Für den leistenden Unternehmer kann dies zu unangenehmen Folgen führen, wenn er nicht unverzüglich der Gutschrift widerspricht.

c) Elektronisch übermittelte Rechnung

Nach der seit dem 1.7.2011 geltenden Rechtslage sind Rechnungen auf Papier oder vorbehaltlich der Zustimmung des Rechnungsempfängers elektronisch zu übermitteln (§ 14 Abs. 1 Satz 7 UStG). Die Zustimmung des Empfängers der elektronisch übermittelten Rechnung bedarf dabei keiner besonderen Form; es muss lediglich Einvernehmen zwischen Rechnungsaussteller und Rechnungsempfänger darüber bestehen, dass die Rechnung elektronisch übermittelt werden soll. Die Zustimmung kann z.B. in Form einer Rahmenvereinbarung erklärt werden. Sie kann auch nachträglich erklärt werden. Es genügt aber auch, dass die Beteiligten diese Verfahrensweise tatsächlich praktizieren und damit stillschweigend billigen.[1]

1902

Beratungshinweis:

Abschnitt 14.4 UStAE wurde durch das BMF-Schreiben vom 2.7.2012 neu gefasst.[2] Die Grundsätze der Regelungen sind nach Art. 18 Abs. 3 des Steuervereinfachungsgesetzes 2011 vom 1.11.2011 (BGBl. I 2011, 2131) ab dem 1.7.2011 anzuwenden und gelten für alle Rechnungen über Umsätze, die nach dem 30.6.2011 ausgeführt worden sind (§ 27 Abs. 18 UStG). Wird eine elektronische Rechnung über einen Umsatz, der vor dem 1.7.2011 ausgeführt und abgerechnet worden ist (vgl. § 27 Abs. 18 UStG), nach dem 30.6.2011 berichtigt, wird es nicht beanstandet, wenn für die Berichtigung der Rechnung die ab dem 1.7.2011 geltende gesetzliche Regelung des § 14 UStG zu Grunde gelegt wird.

Eine elektronische Rechnung i.S.d. § 14 Abs. 1 Satz 8 UStG ist eine Rechnung, die in einem elektronischen Format ausgestellt und empfangen wird. Der Rechnungsaussteller ist – vorbehaltlich der Zustimmung des Rechnungsempfängers – frei in seiner Entscheidung, in welcher Weise er elektronische Rechnungen übermittelt. Elektronische Rechnungen können z.B. per E-Mail (ggf. mit Bilddatei- oder Textdokumentanhang) oder De-Mail (vgl. De-Mail-Gesetz vom 28.4.2011, BGBl. I 2011, 666), per Computer-Fax oder Faxserver, per Web-Download oder per EDI übermittelt werden. Eine von Standard-Telefax an Standard-Telefax oder von Computer-Telefax/Fax-Server an Standard-Telefax übermittelte Rechnung gilt als Papierrechnung.

1903

Papier- und elektronische Rechnungen werden ordnungsgemäß übermittelt, wenn die Echtheit der Herkunft, die Unversehrtheit des Inhalts und die Lesbarkeit der Rechnung gewährleistet sind; sie sind auch inhaltlich ordnungsgemäß, wenn alle erforderlichen Angaben nach § 14 Abs. 4 und § 14a UStG enthalten sind. Die Echtheit der Herkunft einer Rechnung ist gewährleistet, wenn die Identität des Rechnungsausstellers sichergestellt ist. Die Unversehrtheit des Inhalts einer Rechnung ist gewährleistet, wenn die nach dem UStG erforderlichen Angaben während der Übermittlung der Rechnung nicht geändert worden sind. Eine Rechnung gilt als lesbar, wenn sie für das menschliche Auge lesbar ist; Rechnungsdaten, die per EDI-Nachrichten, XML-Nachrichten oder anderen strukturierten elektronischen Nachrichtenformen übermittelt werden, sind in ihrem Originalformat nicht lesbar, sondern erst nach einer Konvertierung.

1904

Die Echtheit der Herkunft, die Unversehrtheit des Inhalts und die Lesbarkeit der Rechnung müssen, sofern keine qualifizierte elektronische Signatur verwendet oder die Rechnung per elektronischem Datenaustausch (EDI) übermittelt wird, durch ein innerbetriebliches Kontrollverfahren, das einen verlässlichen Prüfpfad zwischen Rechnung und Leistung schaffen kann, gewährleistet werden (§ 14 Abs. 1 Satz 5 und 6 UStG).[3]

1905

---

1) Abschn. 14.4 Abs. 1 UStAE.
2) BMF v. 2.7.2012, IV D 2 – S 7287-a/09/10004 :003, BStBl I 2012, 726.
3) Weitere Einzelheiten vgl. Abschn. 14.4 Abs. 4 ff. UStAE.

1906 Beispiel:

Beispiele für Technologien, die die Echtheit der Herkunft und die Unversehrtheit des Inhalts bei einer elektronischen Rechnung gewährleisten, sind zum einen die qualifizierte elektronische Signatur (§ 2 Nr. 3 SigG) oder die qualifizierte elektronische Signatur mit Anbieter-Akkreditierung (§ 2 Nr. 15 SigG) und zum anderen der elektronische Datenaustausch (EDI) nach Art. 2 der Empfehlung 94/820/EG der Kommission vom 19.10.1994 über die rechtlichen Aspekte des elektronischen Datenaustauschs (ABl.EG 1994, L 338, 98), wenn in der Vereinbarung über diesen Datenaustausch der Einsatz von Verfahren vorgesehen ist, die die Echtheit der Herkunft und die Unversehrtheit der Daten gewährleisten (§ 14 Abs. 3 Nr. 1 und 2 UStG).[1]

d) Elektronisch übermittelte Gutschriften

1907 Die Regelungen zur Ausstellung von Rechnungen gelten entsprechend für Gutschriften (§ 14 Abs. 2 Satz 2 UStG), Rechnungen, die im Namen und für Rechnung des Unternehmers oder eines in § 14 Abs. 2 Satz 1 Nr. 2 UStG bezeichneten Leistungsempfängers von einem Dritten ausgestellt werden (§ 14 Abs. 2 Satz 4 UStG) sowie für Anzahlungsrechnungen (§ 14 Abs. 5 UStG). Wird eine Gutschrift ausgestellt, ist der leistende Unternehmer als Gutschriftsempfänger zur Durchführung des innerbetrieblichen Kontrollverfahrens verpflichtet. Der Dritte ist nach § 93 ff. AO verpflichtet, dem FA die Prüfung des Verfahrens durch Erteilung von Auskünften und Vorlage von Unterlagen in seinen Räumen zu gestatten. Der Empfänger einer elektronischen Rechnung, die mit einer qualifizierten elektronischen Signatur versehen wurde, kann die ihm nach den GDPdU vorgeschriebenen Prüfungsschritte auch auf einen Dritten übertragen. Dies gilt insbesondere für die entsprechende Prüfung einer elektronischen Rechnung in Form einer Gutschrift mit einer qualifizierten elektronischen Signatur.[2]

2. Pflichtangaben in einer Rechnung

1908 §§ 14 Abs. 4 und 14a UStG gelten nur für Rechnungen an andere Unternehmer oder an juristische Personen, soweit sie nicht Unternehmer sind, sowie an andere Leistungsempfänger, die in § 14a UStG bezeichnet sind. Dabei ist es unerheblich, ob es sich um steuerpflichtige oder steuerfreie Leistungen oder um Teilleistungen handelt oder ob die Sonderregelungen nach den §§ 23–25c UStG angewendet werden. Die Pflichtangaben ergeben sich aus §§ 14 Abs. 4, 14a UStG sowie aus den §§ 33 und 34 UStDV. Die Gesamtheit aller Dokumente, die die nach §§ 14 Abs. 4 und 14a UStG geforderten Angaben insgesamt enthalten, bildet die Rechnung. In einem Dokument fehlende Angaben müssen in anderen Dokumenten enthalten sein. In einem dieser Dokumente müssen mindestens das Entgelt und der Steuerbetrag angegeben werden. Außerdem sind in diesem Dokument alle anderen Dokumente zu bezeichnen, aus denen sich die nach §§ 14 Abs. 4 und 14a UStG erforderlichen Angaben insgesamt ergeben (§ 31 Abs. 1 UStDV). Alle Dokumente müssen vom Rechnungsaussteller erstellt werden. Im Fall der Gutschrift muss deshalb der Gutschriftaussteller alle Dokumente erstellen. Ist ein Dritter mit der Rechnungserstellung beauftragt (§ 14 Abs. 2 Satz 4 UStG), ist auch derjenige, der den Dritten mit der Rechnungserstellung beauftragt hat, zur Erstellung der fehlenden Dokumente berechtigt. Hinsichtlich der Leistungsbeschreibung ist es zulässig, auf den vom leistenden Unternehmer erstellten Lieferschein Bezug zu nehmen.[3]

1909 Eine ordnungsgemäße Rechnung muss folgende Angaben enthalten:

1. den vollständigen Namen und die Anschrift des leistenden Unternehmers,
2. den vollständigen Namen und die Anschrift des Leistungsempfängers,

---

1) Weitere Einzelheiten vgl. Abschn. 14.4 Abs. 8 und 9 UStAE.
2) Vgl. Abschn. 14.4 Abs. 10 UStAE.
3) Vgl. Abschn. 14.5 Abs. 1 Satz 10 und 11 UStAE.

3. die Menge und die handelsübliche Bezeichnung des Gegenstands der Lieferung oder die Art und den Umfang der sonstigen Leistung,
4. das Ausstellungsdatum,
5. die Rechnungsnummer,

   Hinweis:
   Gewährleistet sein muss, dass die jeweilige Rechnung leicht und eindeutig dem jeweiligen Nummernkreis zugeordnet werden kann und die Rechnungsnummer einmalig ist (z.B. durch Vergabe einer bestimmten Klassifizierung für einen Nummernkreis). Bei Verträgen ist es ausreichend, wenn sie eine einmalige Nummer enthalten (z.B. Wohnungs- oder Objektnummer, Mieternummer). Zahlungsbelege müssen keine gesonderte fortlaufende Nummer enthalten.

6. den Zeitpunkt der Lieferung oder der sonstigen Leistung,
7. das nach Steuersätzen und einzelnen Steuerbefreiungen aufgeschlüsselte Entgelt für die Lieferung oder sonstige Leistung (§ 10 UStG) und jede im Voraus vereinbarte Minderung des Entgelts, sofern sie nicht bereits im Entgelt berücksichtigt ist;

   Hinweis:
   Anzugeben ist auch jede im Voraus vereinbarte Minderung des Entgelts, sofern sie nicht bereits im Entgelt berücksichtigt ist. In der Rechnung ist auf die entsprechende Vereinbarung allgemein hinzuweisen.

8. den anzuwendenden Steuersatz sowie den auf das Entgelt entfallenden Steuerbetrag,
9. ggf. einen Hinweis auf die Steuerbefreiung der Leistung,
10. die Steuernummer des leistenden Unternehmers (§ 14 Abs. 1a UStG) oder die ihm vom Bundesamt für Finanzen erteilte USt-IdNr.
11. Hinweis auf die Aufbewahrungspflicht des Leistungsempfängers in den Fällen des § 14b Abs. 1 Satz 5 UStG.
12. in den Fällen der Gutschrift (vgl. § 14 Abs. 2 Satz 2 UStG) die Angabe „Gutschrift".

1910 Art. 226 Nr. 7 MwStSystRL ist dahingehend zu verstehen, dass der Zeitpunkt der Lieferung oder der sonstigen Leistung stets in der Rechnung anzugeben ist. Dies gilt auch in den Fällen, in denen der Tag der Leistung mit dem Ausstellungsdatum der Rechnung übereinstimmt. Bei Rechnungen über An- oder Vorauszahlungen ist eine Angabe des Zeitpunkts der Vereinnahmung des Entgelts oder eines Teils des Entgelts hingegen nur dann erforderlich, wenn der Tag der Vereinnahmung bei der Rechnungsausstellung bekannt ist und nicht mit dem Ausstellungsdatum der Rechnung übereinstimmt. Weitere Einzelheiten enthält Abschn. 14.5 Abs. 16 UStAE.

Hinweis:
Die Pflichtangaben sind Voraussetzung für den Vorsteuerabzug. Der Leistungsempfänger hat einen Anspruch darauf, dass alle Pflichtangaben in der Rechnung enthalten sind. Es ist sorgfältig darauf zu achten, dass in der Rechnung die erforderlichen Pflichtangaben enthalten sind.

1911 Statt der Steuernummer darf der leistende Unternehmer auch seine USt-IdNr. angeben. Seit dem 1.7.2004 sind alle Unternehmer berechtigt, eine USt-IdNr. zu verwenden, auch wenn sie die USt-IdNr. nicht für innergemeinschaftliche Umsätze oder für Umsätze i.S.d. § 3a Abs. 2 Nr. 3 Buchst. c, § 3a Abs. 2 Nr. 4, § 3b Abs. 3 bis 6 oder § 25b Abs. 2 UStG benötigen.

1912 Nach § 14 Abs. 6 Nr. 5 UStG, § 31 Abs. 5 UStDV kann eine Rechnung berichtigt werden, wenn sie nicht alle Angaben nach §§ 14 Abs. 4 und 14a UStG enthält oder wenn Angaben in der Rechnung unzutreffend sind. Dabei müssen nur die fehlenden oder unzutreffenden Angaben ergänzt oder berichtigt werden. Die Berichtigung muss durch ein Dokument erfolgen, das spezifisch und eindeutig auf die Rechnung bezogen ist. Dies ist regelmäßig der Fall, wenn in diesem Dokument die fortlaufende Nummer der ursprünglichen Rechnung angegeben ist. Das Dokument, mit dem die Berichtigung durchgeführt werden soll, muss die formalen Anforderungen der §§ 14 und 14a UStG erfüllen. Dies bedeutet insbesondere bei elektronischer Übermittlung, dass die Voraussetzungen des § 14 Abs. 3 UStG gegeben sein müssen.

1913 Führt ein Unternehmer, der in einem anderen EU-Mitgliedstaat ansässig ist, einen Umsatz im Inland aus, für den der Leistungsempfänger die Steuer nach § 13b UStG schuldet, und hat der Unternehmer im Inland weder seinen Sitz noch seine Geschäftsleitung, eine Betriebsstätte, die an der Erbringung dieses Umsatzes beteiligt ist, oder in Ermangelung eines Sitzes seinen Wohnsitz oder gewöhnlichen Aufenthalt im Inland, so gelten abweichend von § 14 Abs. 1 bis 6 UStG für die Rechnungserteilung die Vorschriften des Mitgliedstaats, in dem der Unternehmer seinen Sitz, seine Geschäftsleitung, eine Betriebsstätte, von der aus der Umsatz ausgeführt wird, oder in Ermangelung eines Sitzes seinen Wohnsitz oder gewöhnlichen Aufenthalt hat. Dies gilt nicht, wenn eine Gutschrift nach § 14 Abs. 2 Satz 2 UStG vereinbart worden ist.[1]

3. Berichtigung von Rechnungen

1914 Die Berichtigung einer Rechnung kann nur durch den Rechnungsaussteller selbst vorgenommen werden. Lediglich in dem Fall, in dem ein Dritter mit der Ausstellung der Rechnung beauftragt wurde (§ 14 Abs. 2 Satz 5 UStG), kann die Berichtigung durch den leistenden Unternehmer selbst oder im Fall der Gutschrift durch den Gutschriftaussteller vorgenommen werden. Der Abrechnungsempfänger kann von sich aus den Inhalt der ihm erteilten Abrechnung nicht mit rechtlicher Wirkung verändern. Insbesondere kann der gesonderte Ausweis der Steuer nur vom Abrechnenden vorgenommen werden. Der Leistungsempfänger kann den in einer ihm erteilten Rechnung enthaltenen Gesamtkaufpreis selbst dann nicht mit rechtlicher Wirkung in Entgelt und darauf entfallende Steuer aufteilen, wenn diese Änderung der Rechnung im Beisein des leistenden Unternehmers vorgenommen wird. Eine Berichtigung oder Ergänzung des Abrechnungspapiers durch den Abrechnungsempfänger ist jedoch anzuerkennen, wenn sich der Abrechnende die Änderung zu eigen macht und dies aus dem Abrechnungspapier oder anderen Unterlagen hervorgeht, auf die im Abrechnungspapier hingewiesen ist.[2] Zu der Möglichkeit des Rechnungsempfängers, in § 14 Abs. 4 Satz 1 Nr. 5 und 6 UStG bezeichnete Angaben für Zwecke des Vorsteuerabzugs selbst zu ergänzen, vgl. Abschn. 15.11 Abs. 3 Satz 6 UStAE.

1915 Da der Leistungsempfänger nach § 15 Abs. 1 Satz 1 Nr. 1 UStG im Besitz einer nach §§ 14, 14a UStG ausgestellten Rechnung sein muss, kann er vom Rechnungsaussteller eine Berichtigung verlangen, wenn die Rechnung nicht diesen Anforderungen genügt und dadurch der Vorsteuerabzug beim Leistungsempfänger gefährdet würde.[3]

Hinweis:

Um dem Leistungsempfänger den Vorsteuerabzug zu sichern, ist die Möglichkeit der Rechnungsberichtigung erforderlich. Eine Rechnung, die nicht alle Pflichtangaben enthält, berechtigt nicht zum Vorsteuerabzug nach § 15 Abs. 1 Satz 1 Nr. 1 UStG. Deshalb hat der Leistungsempfänger einen zivilrechtlichen Anspruch darauf, dass im Fall des Fehlens einer Pflichtangabe diese durch ein weiteres Dokument erfolgt oder dass die Rechnung berichtigt wird.

4. Rechnungsausstellung bei An- und Abschlagszahlungen

1916 Aus Rechnungen über Zahlungen vor Ausführung der Leistung muss sich ergeben, dass mit Voraus- oder Anzahlungen abgerechnet wird, z.B. durch Angabe des voraus-

---

1) Vgl. Abschn. 14.1 Abs. 6 UStAE.
2) Vgl. BFH v. 17.4.1980, V S 18/79, BStBl II 1980, 540.
3) Zum zivilrechtlichen Anspruch vgl. Abschn. 14.1 Abs. 5 UStAE und Abschn. 14.11 Abs. 3 UStAE.

sichtlichen Zeitpunkts der Leistung. Werden die berechneten Voraus- oder Anzahlungen nicht geleistet, tritt eine Besteuerung nach § 14c UStG nicht ein. Dies gilt auch dann, wenn die Leistung nicht ausgeführt wird, es sei denn, die Leistung war von vornherein nicht beabsichtigt. Über Voraus- oder Anzahlungen kann auch mit Gutschriften abgerechnet werden. § 14 Abs. 2 Satz 3 UStG gilt entsprechend.

> **Hinweis:**
> Wurde in Anzahlungsrechnungen USt gesondert ausgewiesen, müssen in der Schlussrechnung die vor Ausführung der Leistung vereinnahmten Anzahlungen und die darauf entfallenden Umsatzsteuerbeträge abgesetzt werden (Abschn. 14.8 Abs. 7 und 8 UStAE).

§ 14 Abs. 4 UStG ist für Rechnungen über Voraus- oder Anzahlungen sinngemäß anzuwenden. Statt des Zeitpunkts der Lieferung oder sonstigen Leistung (§ 14 Abs. 4 Satz 1 Nr. 6 UStG) ist der voraussichtliche Zeitpunkt oder der Kalendermonat der Leistung anzugeben.[1]   **1917**

5. Unrichtiger Steuerausweis

a) Zu hoher Steuerausweis (§ 14c Abs. 1 Satz 1 UStG)

Weist der leistende Unternehmer oder der von ihm beauftragte Dritte in einer Rechnung einen höheren Steuerbetrag aus, als der leistende Unternehmer nach dem Gesetz schuldet (unrichtiger Steuerausweis), schuldet der leistende Unternehmer auch den Mehrbetrag (§ 14c Abs. 1 UStG). Die Rechtsfolgen treten unabhängig davon ein, ob die Rechnung alle in §§ 14 Abs. 4 und 14a UStG aufgeführten Angaben enthält. Die Angabe des Entgelts als Grundlage des gesondert ausgewiesenen Steuerbetrags ist jedoch unverzichtbar. Die Vorschrift des § 14c Abs. 1 UStG gilt für Unternehmer, die persönlich zum gesonderten Steuerausweis berechtigt sind und für eine Lieferung oder sonstige Leistung einen Steuerbetrag in der Rechnung gesondert ausgewiesen haben, obwohl sie für diesen Umsatz keine oder eine niedrigere Steuer schulden. Hiernach werden von § 14c Abs. 1 UStG Rechnungen mit gesondertem Steuerausweis erfasst: **1918**

1. für steuerpflichtige Leistungen, wenn eine höhere als die dafür geschuldete Steuer ausgewiesen wurde,
2. für steuerfreie Leistungen,
3. für nicht steuerbare Leistungen (unentgeltliche Leistungen, Leistungen im Ausland und Geschäftsveräußerungen i.S.d. § 1 Abs. 1a UStG) und außerdem
4. für nicht versteuerte steuerpflichtige Leistungen, wenn die Steuer für die Leistung wegen des Ablaufs der Festsetzungsfrist (§§ 169–171 AO) nicht mehr erhoben werden kann.

Nähere Ausführungen enthält Abschn. 14c.1 UStAE.

Die zu hoch ausgewiesene Steuer wird vom Unternehmer geschuldet, obwohl der Leistungsempfänger diese Steuer nicht als Vorsteuer abziehen kann.[2]   **1919**

> **Hinweis:**
> Der unternehmerische Leistungsempfänger erhält aus der Rechnung mit zu hohem Steuerausweis **keinen Vorsteuerabzug**, da sie nicht gesetzlich geschuldet wird. Hat er den Vorsteuerabzug bereits erhalten, ist die Rückzahlung an das FA für den Besteuerungszeitraum vorzunehmen, in dem er den ursprünglichen Vorsteuerabzug erhalten hatte.

Ein zu hoher Steuerausweis i.S.d. § 14c Abs. 1 UStG liegt auch vor, wenn in Rechnungen über Kleinbeträge (§ 33 UStDV) ein zu hoher Steuersatz oder in Fahrausweisen   **1920**

---
[1] § 31 Abs. 4 UStDV. Zu weiteren Einzelheiten vgl. Abschn. 14.8 UStAE.
[2] Vgl. Abschn. 15.2 Abs. 1 Satz 1 bis 3 UStAE.

(§ 34 UStDV) ein zu hoher Steuersatz oder fälschlich eine Tarifentfernung von mehr als 50 Kilometern angegeben ist.

1921 Die Regelung des § 14c Abs. 1 UStG ist auch auf Gutschriften (§ 14 Abs. 2 Satz 3 UStG) anzuwenden, soweit der Gutschriftempfänger einem zu hohen Steuerbetrag nicht widerspricht.[1)]

1922 § 14c Abs. 1 UStG gilt auch, wenn der Steuerbetrag von einem zu hohen Entgelt berechnet wurde (bei verdecktem Preisnachlass vgl. Abschn. 10.5 Abs. 4 UStAE). Sind für ein und dieselbe Leistung mehrere Rechnungen ausgestellt worden, ohne dass sie als Duplikat oder Kopie gekennzeichnet wurden, schuldet der leistende Unternehmer den hierin gesondert ausgewiesenen Steuerbetrag.[2)] Dies gilt nicht, wenn inhaltlich identische (vgl. § 14 Abs. 4 UStG) Mehrstücke derselben Rechnung übersandt werden. Besteht eine Rechnung aus mehreren Dokumenten, sind diese Regelungen für die Dokumente in ihrer Gesamtheit anzuwenden.

b) Berichtigung eines zu hohen Steuerausweises (§ 14c Abs. 1 Satz 1 UStG)

1923 Der leistende Unternehmer oder der von ihm beauftragte Dritte kann den Steuerbetrag gegenüber dem Leistungsempfänger berichtigen. In diesem Fall ist § 17 Abs. 1 UStG entsprechend anzuwenden. Die Berichtigung des geschuldeten Mehrbetrags ist folglich für den Besteuerungszeitraum vorzunehmen, in welchem dem Leistungsempfänger die berichtigte Rechnung erteilt wurde. Zur Berichtigung von Rechnungen vgl. im Übrigen Abschn. 14.11 UStAE.

1924 Die Folgen des § 14c Abs. 1 UStG treten nicht ein, wenn in Rechnungen für nicht steuerpflichtige Lieferungen lediglich der Gesamtpreis einschließlich Umsatzsteuer in einem Betrag angegeben wird. Ist die Steuer für einen nicht steuerpflichtigen Umsatz in der Rechnung gesondert ausgewiesen worden, z.B. für eine Ausfuhrlieferung, eine innergemeinschaftliche Lieferung oder eine nicht steuerbare Lieferung im Ausland, kann der leistende Unternehmer den ausgewiesenen Steuerbetrag berichtigen.[3)] Die Berichtigung der zu hoch ausgewiesenen Umsatzsteuer i.S.d. § 14 Abs. 2 UStG erfolgt durch Berichtigungserklärung gegenüber dem Leistungsempfänger.[4)] Dem Leistungsempfänger muss eine hinreichend bestimmte, schriftliche Berichtigung tatsächlich zugehen. Es können mehrere Berichtigungen in einer einzigen Korrekturmeldung zusammengefasst werden, wenn sich daraus erkennen lässt, auf welche Umsatzsteuerbeträge im Einzelnen sich die Berichtigung beziehen soll.[5)] Wird der für eine Leistung geschuldete Kaufpreis auf Grund einer nachträglichen Vereinbarung wirksam herabgesetzt, bedarf es keiner Berichtigung der ursprünglichen Rechnung.[6)]

1925 Hat ein Unternehmer – insbesondere im Einzelhandel – über eine Lieferung an einen Abnehmer aus einem Drittland eine Rechnung mit gesondertem Steuerausweis (§ 14 Abs. 4 UStG) bzw. eine Kleinbetragsrechnung i.S.d. § 33 UStDV (z.B. einen Kassenbon mit Angabe des Steuersatzes) erteilt, schuldet er die Steuer nach § 14c Abs. 1 UStG, wenn nachträglich die Voraussetzungen für die Steuerbefreiung als Ausfuhrlieferung im nichtkommerziellen Reiseverkehr (sog. Export über den Ladentisch) erfüllt werden.[7)] Die Steuerschuld nach § 14c Abs. 1 UStG erlischt erst, wenn der Lieferer die Rechnung wirksam berichtigt. Aus Vereinfachungsgründen ist die Rechnungsberichtigung entbehrlich, wenn der ausländische Abnehmer die ursprüngliche Rechnung

---

1) Vgl. BFH v. 23.4.1998, V R 13/92, BStBl II 1998, 418.
2) Vgl. BFH v. 27.4.1994, XI R 54/93, BStBl II 1994, 718.
3) Vgl. BFH v. 19.9.1996, V R 41/94, BStBl II 1999, 249.
4) Vgl. BFH v. 10.12.1992, V R 73/90, BStBl II 1993, 383.
5) Vgl. BFH v. 25.1.1993, V R 112/91, BStBl II 1993, 643.
6) Vgl. BFH v. 30.11.1995, V R 57/94, BStBl II 1996, 206.
7) Vgl. im Einzelnen Abschn. 6.11 UStAE.

bzw. den ursprünglichen Kassenbon an den Unternehmer zurückgibt und dieser den zurückerhaltenen Beleg aufbewahrt.

c) Zu niedriger Steuerausweis

Bei zu niedrigem Steuerausweis schuldet der Unternehmer die gesetzlich vorgeschriebene Steuer. Der Unternehmer hat in diesem Fall die Steuer unter Zugrundelegung des maßgeblichen Steuersatzes aus dem Gesamtrechnungsbetrag herauszurechnen.   **1926**

Der Leistungsempfänger darf als Vorsteuer nur den in der Rechnung ausgewiesenen Steuerbetrag abziehen. Es bleibt aber dem leistenden Unternehmer unbenommen, den zu niedrig ausgewiesenen Steuerbetrag zu berichtigen.   **1927**

Hat der Leistungsempfänger entgegen § 15 Abs. 1 Satz 1 Nr. 1 UStG einen höheren Betrag als die für die Lieferung oder sonstige Leistung gesetzlich geschuldete Steuer als Vorsteuer geltend gemacht, hat er den Mehrbetrag an das FA zurückzuzahlen. Die Rückzahlung ist für den Besteuerungszeitraum vorzunehmen, für den der Mehrbetrag als Vorsteuer abgezogen wurde.   **1928**

In den Fällen eines unrichtigen Steuerausweises bei Umsätzen im Rahmen einer Geschäftsveräußerung an einen anderen Unternehmer für dessen Unternehmen (§ 1 Abs. 1a UStG) und bei Rückgängigmachung des Verzichts auf die Steuerbefreiung nach § 9 UStG ist die Berichtigung des geschuldeten Betrags jedoch nur zulässig, wenn die Rechnung berichtigt wird und soweit die Gefährdung des Steueraufkommens beseitigt ist (§ 14c Abs. 1 Satz 3 UStG).   **1929**

6. Unberechtigter Steuerausweis

Wer in einer Rechnung einen Steuerbetrag ausweist, obwohl er dazu nicht berechtigt ist (unberechtigter Steuerausweis), schuldet den ausgewiesenen Betrag (§ 14c Abs. 2 Satz 1 und 2 UStG). Dies betrifft v.a. Kleinunternehmer, bei denen die Umsatzsteuer nach § 19 Abs. 1 UStG nicht erhoben wird, gilt aber auch, wenn jemand wie ein leistender Unternehmer abrechnet und einen Steuerbetrag ausweist, obwohl er nicht Unternehmer ist oder eine Lieferung oder sonstige Leistung nicht ausführt. Die Rechtsfolgen treten unabhängig davon ein, ob die Rechnung alle in §§ 14 Abs. 4 und 14a UStG aufgeführten Angaben enthält. Die Angabe des Rechnungsausstellers und des Entgelts als Grundlage des gesondert ausgewiesenen Steuerbetrags ist jedoch unverzichtbar.[1] Bei Kleinbetragsrechnungen (§ 33 UStDV) hat der angegebene Steuersatz die Wirkung des gesonderten Ausweises einer Steuer. Entsprechendes gilt für Fahrausweise.[2]   **1930**

Von § 14c Abs. 2 UStG werden die folgenden Fälle erfasst: **1931**

1. Ein Unternehmer weist in der Rechnung einen Steuerbetrag aus, obwohl er nach § 19 Abs. 1 UStG dazu nicht berechtigt ist (§ 14c Abs. 2 Satz 1 UStG). Ein gesonderter Steuerausweis liegt auch vor, wenn der Rechnungsaussteller in einer Umlagenabrechnung über eine (Neben-)Leistung, z.B. Heizkostenabrechnung, den auf den jeweiligen Leistungsempfänger entfallenden Anteil am Gesamtbetrag der Kosten nicht ausschließlich als Bruttobetrag darstellt, sondern auch die anteilige Umsatzsteuer aufführt.[3]

2. Ein Unternehmer erteilt eine Rechnung mit gesondertem Steuerausweis, obwohl er eine Leistung nicht ausführt, z.B. eine Schein- oder Gefälligkeitsrechnung oder in den Fällen des Schadensersatzes. Hierunter fallen nicht Rechnungen, die vor

---

1) Vgl. BFH v. 27.7.2000, V R 55/99, BStBl II 2001, 426.
2) § 34 UStDV; vgl. auch Abschn. 14c.2 UStAE.
3) Vgl. BFH v. 18.5.1988, X R 43/81, BStBl II 1988, 752.

Ausführung der Leistung erteilt werden und die ihrer Aufmachung (z.B. durch die Bezeichnung) oder ihrem Inhalt nach (z.b. durch Hinweis auf einen erst in der Zukunft liegenden Zeitpunkt der Leistung) eindeutig als Vorausrechnungen erkennbar sind.[1] Steht der Leistungszeitpunkt noch nicht fest, muss dies aus der Rechnung oder aus anderen Unterlagen, auf die in der Rechnung hingewiesen wird, hervorgehen. Unterbleibt nach Erteilung einer Vorausrechnung mit Steuerausweis die zunächst beabsichtigte Leistung, z.b. bei Rückgängigmachung eines Kaufvertrags, so ist § 14c Abs. 2 UStG nicht anzuwenden.[2] Das gilt unabhängig davon, ob die angeforderten Voraus- oder Anzahlungen geleistet werden (vgl. Abschn. 14.8 Abs. 2 UStAE). Wer dagegen eine Vorausrechnung mit gesondertem Steuerausweis erteilt, obwohl bereits feststeht, dass er die darin aufgeführte Leistung nicht mehr ausführen wird, schuldet diese Steuer nach § 14c Abs. 2 UStG.[3]

3. Ein Unternehmer erteilt eine Rechnung mit gesondertem Steuerausweis, in der er statt des tatsächlich gelieferten Gegenstands einen anderen, von ihm nicht gelieferten Gegenstand aufführt, oder statt der tatsächlich ausgeführten sonstigen Leistung eine andere, von ihm nicht erbrachte Leistung angibt (unrichtige Leistungsbezeichnung). Der leistende Unternehmer schuldet die gesondert ausgewiesene Steuer nach § 14c Abs. 2 UStG neben der Steuer für die tatsächlich ausgeführte Leistung.[4]

1932 Die in Rechnungen mit ungenauer Angabe der Leistungsbezeichnung gesondert ausgewiesenen Steuerbeträge werden dagegen nicht nach § 14c Abs. 2 UStG geschuldet. Ungenaue Angaben liegen vor, wenn die Rechnungsangaben nicht so eingehend und eindeutig sind, dass sie ohne weiteres völlige Gewissheit über Art und Umfang des Leistungsgegenstands verschaffen.

1. Ein Unternehmer erteilt eine Rechnung mit gesondertem Steuerausweis für eine Leistung, die er nicht im Rahmen seines Unternehmens ausführt – z.B. Verkauf eines Gegenstands aus dem Privatbereich.

2. Ein Nichtunternehmer, z.B. eine Privatperson oder ein Hoheitsbetrieb einer juristischen Person des öffentlichen Rechts, weist in einem Dokument einen Steuerbetrag gesondert aus. Das gilt auch für denjenigen, der Abrechnungen dadurch in den Verkehr bringt, dass er sie einem anderen zur beliebigen Verwendung überlässt oder ein blanko unterschriebenes Papier zum Ausfüllen als Kaufvertrag aushändigt, ohne ausdrücklich den gesonderten Steuerausweis zu untersagen.[5] Der Nichtunternehmer schuldet den Steuerbetrag, gleichgültig ob er eine Leistung ausführt oder nicht. Hat ein Nichtunternehmer über seine Leistung abgerechnet, schuldet er den gesondert ausgewiesenen Steuerbetrag auch dann nach § 14 Abs. 3 UStG, wenn im zwischenunternehmerischen Abrechnungsverkehr nach den Grundsätzen über die Verteilung der Abrechnungsbefugnis mit einer Gutschrift des Leistungsempfängers statt mit einer Rechnung des leistenden Unternehmers abzurechnen gewesen wäre.[6]

Soweit der Aussteller der Rechnung den unberechtigten Steuerausweis gegenüber dem Belegempfänger für ungültig erklärt hat und die Gefährdung des Steueraufkommens beseitigt wurde, ist dem Schuldner des Steuerbetrags die Möglichkeit zur Berichtigung einzuräumen (§ 14c Abs. 2 Satz 3 ff. UStG). § 17 Abs. 1 UStG ist entsprechend anzuwenden. Auf den guten Glauben des Ausstellers der betreffenden Rechnung kommt es nicht an.[7] Die Gefährdung des Steueraufkommens ist beseitigt, wenn

---

1) Vgl. BFH v. 20.3.1980, V R 131/74, BStBl II 1980, 287.
2) Vgl. BFH v. 21.2.1980, V R 146/73, BStBl II 1980, 283.
3) Vgl. BFH v. 5.2.1998, V R 65/97, BStBl II 1998, 415.
4) Vgl. BFH v. 8.9.1994, V R 70/91, BStBl II 1995, 32.
5) Vgl. auch BFH v. 5.8.1988, X R 66/82, BStBl II 1988, 1019.
6) Vgl. BFH v. 13.9.1984, V B 53/83, BStBl II 1985, 20.
7) Vgl. BFH v. 22.2.2001, V R 5/99, BStBl II 2004, 143.

ein Vorsteuerabzug beim Empfänger der Rechnung nicht durchgeführt oder die geltend gemachte Vorsteuer an das FA zurückgezahlt worden ist.

Der Schuldner des unberechtigt ausgewiesenen Betrags hat die Berichtigung des geschuldeten Steuerbetrags bei dem für seine Besteuerung zuständigen FA gesondert und schriftlich zu beantragen. Diesem Antrag hat er ausreichende Angaben über die Identität des Rechnungsempfängers beizufügen. Das FA des Schuldners des unberechtigt ausgewiesenen Betrags hat durch Einholung einer Auskunft beim FA des Rechnungsempfängers zu ermitteln, in welcher Höhe und wann ein unberechtigt in Anspruch genommener Vorsteuerabzug durch den Rechnungsempfänger zurückgezahlt wurde. Nach Einholung dieser Auskunft teilt das FA des Schuldners des unberechtigt ausgewiesenen Betrags diesem mit, für welchen Besteuerungszeitraum und in welcher Höhe die Berichtigung des geschuldeten Steuerbetrags vorgenommen werden kann. Die Berichtigung des geschuldeten Steuerbetrags ist in entsprechender Anwendung des § 17 Abs. 1 UStG für den Besteuerungszeitraum vorzunehmen, in dem die Gefährdung des Steueraufkommens beseitigt worden ist (§ 14c Abs. 2 Satz 5 UStG). Wurde beim Empfänger der Rechnung kein Vorsteuerabzug vorgenommen, ist der wegen unberechtigten Steuerausweises geschuldete Betrag beim Aussteller der Rechnung für den Zeitraum zu berichtigen, in dem die Steuer gem. § 13 Abs. 1 Nr. 4 UStG entstanden ist. **1933**

Hat ein Kleinunternehmer eine Erklärung nach § 19 Abs. 2 Satz 1 UStG abgegeben, aber vor Eintritt der Unanfechtbarkeit der Steuerfestsetzung (vgl. Abschn. 19.2 Abs. 6 UStAE) zurückgenommen, muss er die in der Zwischenzeit erteilten Rechnungen mit gesondertem Steuerausweis berichtigen und kann den geschuldeten unberechtigt ausgewiesenen Steuerbetrag unter den bezeichneten Voraussetzungen berichtigen. **1934**

Steuerschuldner nach § 14c Abs. 2 UStG ist der Aussteller der Rechnung (§ 13 Abs. 2 UStG). Eine GmbH schuldet die Steuer nach § 14c Abs. 2 UStG, wenn ein nur zur Gesamtvertretung berechtigter Geschäftsführer ohne Mitwirkung des anderen Geschäftsführers das Abrechnungspapier mit unberechtigtem Steuerausweis erstellt, ohne den allgemeinen Rahmen des ihm übertragenen Geschäftskreises zu überschreiten.[1] Wirkt dagegen der in der Rechnung als Aussteller Bezeichnete in keiner Weise bei der Erstellung des Dokuments mit, kommt eine Inanspruchnahme nach § 14c Abs. 2 UStG nicht in Betracht.[2] **1935**

Der Steueranspruch aus § 14c Abs. 2 UStG besteht vorbehaltlich Abschn. 14c.2 Abs. 4 UStAE unabhängig davon, ob der Rechnungsempfänger die gesondert ausgewiesene Umsatzsteuer unberechtigt als Vorsteuer abgezogen hat oder nicht. **1936**

Für die Berichtigung der auf Grund des unberechtigt ausgewiesenen Steuerbetrags nach § 14c Abs. 2 UStG ergangenen Steuerbescheide gelten die allgemeinen verfahrensrechtlichen Vorschriften der Abgabenordnung. **1937**

7. Rechnungsausstellung in besonderen Fällen

§ 14a UStG regelt die zusätzlichen Pflichten bei der Ausstellung von Rechnungen in besonderen Fällen. § 14a UStG ergänzt § 14 UStG. Soweit nichts anderes bestimmt ist, bleiben die Regelungen des § 14 UStG unberührt. Dies schließt die nach § 14 Abs. 4 UStG geforderten Angaben ein (Abschn. 14a.1 UStAE). Entsprechend § 14 Abs. 2 Satz 3 UStG kann auch mit Gutschrift abgerechnet werden. **1938**

Für innergemeinschaftliche Lieferungen (§ 6a UStG) und für im Inland steuerpflichtige Leistungen eines im übrigen Gemeinschaftsgebiet ansässigen Unternehmers (§ 13b **1939**

---

1) Vgl. BFH v. 28.1.1993, V R 75/88, BStBl II 1993, 357.
2) Vgl. BFH v. 16.3.1993, XI R 102/90, BStBl II, 531. Zur Frage, wem die Rechnung zuzurechnen ist, die ein Vermittler auf den Namen seines Auftraggebers ausgestellt hat, vgl. BFH v. 4.3.1982, BStBl II 1993, 315.

Abs. 1 UStG) ist spätestens am 15. Tag des Folgemonats eine Rechnung auszustellen (vgl. § 14a Abs. 1 Satz 2 UStG und § 14a Abs. 3 Satz 1 UStG). Ferner muss die Rechnung im Fall der Steuerschuldnerschaft des Leistungsempfängers die Angabe „Steuerschuldnerschaft des Leistungsempfängers" enthalten (vgl. § 14a Abs. 5 Satz 1 UStG). Außerdem muss die Rechnung in den Fällen der Besteuerung von Reiseleistungen (§ 25 UStG) die Angabe „Sonderregelung für Reisebüros" und in den Fällen der Differenzbesteuerung nach § 25a UStG die Angabe „Gebrauchtgegenstände/Sonderregelung", „Kunstgegenstände/Sonderregelung" oder „Sammlungsgegenstände und Antiquitäten/Sonderregelung" enthalten (vgl. § 14a Abs. 6 Satz 1 UStG). Nähere Einzelheiten enthält Abschn. 14a.1 UStAE.

8. Vorsteuerabzug und ordnungsgemäße Rechnung

1940 Der Vorsteuerabzug setzt u.a. eine von einem anderen Unternehmer empfangene Lieferung oder sonstige Leistung voraus sowie eine dem Leistungsempfänger vorliegende vollständige und richtige Rechnung mit allen Pflichtangaben der §§ 14 und 14a UStG. Nach Auffassung der FinVerw muss der Leistungsempfänger die Rechnungsangaben auf ihre Vollständigkeit und Richtigkeit überprüfen, da er die Feststellungslast für die Erfüllung der Anspruchsvoraussetzungen des Vorsteuerabzugs trägt.[1)]

> **Hinweis:**
>
> Hierbei gilt der Grundsatz der Verhältnismäßigkeit. Sind die in Rechnungen angegebene Steuernummer oder USt-IdNr. und die Rechnungsnummer unrichtig und konnte der Unternehmer dies nicht erkennen, bleibt der Vorsteuerabzug erhalten, wenn die übrigen Voraussetzungen für den Vorsteuerabzug gegeben sind.
>
> Für die übrigen nach §§ 14, 14a UStG erforderlichen Angaben hat der Rechnungsempfänger dagegen die inhaltliche Richtigkeit der Angaben zu prüfen.
>
> Bei unrichtigen Angaben entfällt ein Vorsteuerabzug.
>
> Ungenauigkeiten führen nicht zur Versagung des Vorsteuerabzugs, wenn trotzdem eine eindeutige und zweifelhafte Identifizierung der am Leistungsaustausch Beteiligten, der Leistung und des Leistungszeitpunkts möglich ist und die Schreibfehler nicht sinnentstellend sind.

1941 Der Vorsteuerabzug ist dann nicht zulässig, wenn der Rechnungsaussteller die ausgewiesene USt nicht geschuldet hatte (§ 15 Abs. 1 Satz 1 Nr. 1 UStG). Dies ist der Fall bei zu hohem Steuerausweis und beim unberechtigten Ausweis der USt durch Nichtunternehmer. Der Vorsteuerabzug ist auch gefährdet, wenn die Identität des Leistenden mit den Rechnungsangaben nicht übereinstimmt oder wenn über nicht ausgeführte Leistungen abgerechnet wird (vgl. Abschn. 15.2a Abs. 6 Satz 7 UStAE).

> **Hinweis:**
>
> Abschnitt 15.2 UStAE wurde durch Abschn. II. des BMF-Schreibens v. 2.1.2014[2)] neugefasst und die Abschn. 15.2a bis 15.2d UStAE neu angefügt.[3)]
>
> Die Grundsätze der Neuregelungen gelten in allen offenen Fällen. Es wird nicht beanstandet, wenn der Unternehmer sie erst für Leistungen anwendet, die nach dem 31.12.2013 bezogen werden. Bei Gebäuden ist insoweit auf den rechtswirksam abgeschlossenen obligatorischen Vertrag oder gleichstehenden Rechtsakt oder auf den Beginn der Herstellung (vgl. § 27 Abs. 16 Satz 2 UStG) abzustellen.

1942 Da der Leistungsempfänger hinsichtlich des Vorsteuerabzugs ein erhebliches Risiko trägt, sollten Eingangsrechnungen unverzüglich auf ihre Richtigkeit geprüft werden.

---

1) Vgl. Abschn. 15.2 Abs. 2 und 3 UStAE.
2) Vgl. BMF v. 2.1.2014, IV D 2 – S 7300/12/10002 :001, BStBl I 2014, 119.
3) Abschn. 15.2a UStAE: Ordnungsgemäße Rechnung als Voraussetzung für den Vorsteuerabzug; Abschn. 15.2b UStAE: Leistungen für das Unternehmen; Abschn. 15.2c UStAE: Zuordnung von Leistungen zum Unternehmen und Abschn. 15.2d UStAE: Regelungen zum Vorsteuerabzug in Einzelfällen.

Ggf. ist durch Rückfrage beim Rechnungsaussteller zu klären, ob der gesonderte Ausweis der USt zu Recht erfolgt ist. Fehlen die erforderlichen Rechnungsangaben ganz oder erfolgen zu im Voraus vereinbarten Entgeltsminderungen wie Skonti, Rabatte und Boni keine oder unzureichende Angaben, ist unverzüglich eine Rechnungsberichtigung zu verlangen. Es empfiehlt sich, bis zur Klärung nur den Nettobetrag der Rechnung zu bezahlen.

Wird der Vorsteuerabzug wegen eines schuldhaften Verhaltens des Rechnungsausstellers beim Leistungsempfänger versagt, kann sich für den Leistungsempfänger ein Schadensersatzanspruch gegen den Leistenden ergeben. In Zweifelsfällen ist zur zivilrechtlichen Absicherung im Vertrag die Klausel aufzunehmen, dass bei einer Versagung des Vorsteuerabzugs ggf. der Rechnungsaussteller die bezahlte USt dem Leistungsempfänger zurückzuzahlen hat, und der Leistungsempfänger zur Zahlung der ausgewiesenen USt nur dann verpflichtet ist, wenn die erforderlichen Pflichtangaben in der Rechnung vollständig und richtig enthalten sind. **1943**

Der Vorsteuerabzug kann erst zu dem Zeitpunkt geltend gemacht werden, in dem sowohl die Leistung erbracht wurde und auch eine ordnungsgemäße Rechnung mit gesondertem Steuerausweis vorliegt. Hat jedoch der Leistungsempfänger bereits vor Ausführung der Leistung Anzahlungen geleistet, kann er den Vorsteuerabzug geltend machen, sofern ihm darüber eine Rechnung des Leistenden vorliegt. Bei berichtigten Rechnungen ist der Vorsteuerabzug zeitlich erst bei Zugang der berichtigten Rechnung beim Leistungsempfänger möglich. **1944**

Eine vom Leistungsempfänger ausgestellte Gutschrift wird als vorsteuerabzugsfähige Rechnung anerkannt, wenn sie dem leistenden Unternehmer übermittelt worden ist und dieser der ihm erteilten Gutschrift nicht widerspricht. **1945**

9. Aufbewahrung von Rechnungen

Nach § 14b Abs. 1 UStG hat der Unternehmer ein Doppel der Rechnung, die er selbst oder ein Dritter in seinem Namen und für seine Rechnung ausgestellt hat und alle Rechnungen, die er erhalten oder die ein Leistungsempfänger oder die ein Dritter in dessen Namen und für dessen Rechnung ausgestellt hat, aufzubewahren. Die Aufbewahrungsfrist beträgt zehn Jahre und beginnt mit dem Ablauf des Kalenderjahres, in dem die Rechnung ausgestellt wird. Die Aufbewahrungsfrist läuft jedoch nicht ab, soweit und solange die Unterlagen für Steuern von Bedeutung sind, für welche die Festsetzungsfrist noch nicht abgelaufen ist (§ 147 Abs. 3 Satz 3 AO). In den Fällen des § 14 Abs. 2 Satz 1 Nr. 1 UStG hat der Leistungsempfänger die Rechnung, einen Zahlungsbeleg oder eine andere beweiskräftige Unterlage zwei Jahre aufzubewahren, soweit er nicht Unternehmer ist oder Unternehmer ist, aber Leistungen für seinen nichtunternehmerischen Bereich verwendet (§ 14b Abs. 1 Satz 4 UStG).[1] **1946**

Die Rechnungen müssen über den gesamten Aufbewahrungszeitraum die Anforderungen des § 14 Abs. 1 Satz 2 UStG erfüllen: Echtheit der Herkunft, Unversehrtheit des Inhalts und Lesbarkeit der Rechnung. Nachträgliche Änderungen sind nicht zulässig. Sollte die Rechnung auf Thermopapier gedruckt sein, ist sie durch einen nochmaligen Kopiervorgang auf Papier zu konservieren, das für den gesamten Aufbewahrungszeitraum nach § 14b Abs. 1 UStG lesbar ist. Dabei ist es nicht erforderlich, die ursprüngliche, auf Thermopapier ausgedruckte Rechnung aufzubewahren. **1947**

Die Vorschriften der Abgabenordnung (insbesondere §§ 146, 147, 200 AO), die „Grundsätze ordnungsmäßiger DV-gestützter Buchführungssysteme – GoBS –" (Anlage zum BMF-Schreiben vom 7.11.1995[2]) sowie die „Grundsätze zum Datenzu- **1948**

---

1) Weitere Einzelheiten vgl. Abschn. 14b.1 UStAE.
2) BMF v. 7.11.1995, IV A 8 – S 0316 – 52/95, BStBl I 1995, 738.

griff und zur Prüfbarkeit digitaler Unterlagen" (GDPdU) bleiben unberührt. Wird eine elektronische Rechnung mit einer qualifizierten elektronischen Signatur übermittelt, ist auch die Signatur an sich als Nachweis über die Echtheit und die Unversehrtheit der Daten aufzubewahren, selbst wenn nach anderen Vorschriften die Gültigkeit dieser Nachweise bereits abgelaufen ist.

Hinweis:
Wenn die Rechnungen nicht im Inland oder in einem der in § 1 Abs. 3 UStG bezeichneten Gebiete aufbewahrt werden, muss dem FA der Aufbewahrungsort mitgeteilt werden. Diese Verpflichtung gilt auch ohne Aufforderung durch das FA. Auf Verlangen des FA müssen alle aufzubewahrenden Rechnungen und Daten oder die an deren Stelle tretenden Bild- und Datenträger unverzüglich zur Verfügung gestellt werden, wenn der Unternehmer nicht im Inland ansässig ist. Wird dieser Verpflichtung nicht nachgekommen, kann das FA verlangen, dass die Rechnungen im Inland oder in einem der in § 1 Abs. 3 UStG bezeichneten Gebiete aufbewahrt werden.

1949 Werden die Rechnungen elektronisch im EU-Ausland aufbewahrt, ist das zuständige FA oder das Bundeszentralamt für Steuern berechtigt, die Rechnungen für Zwecke der Umsatzsteuerkontrolle über Online-Zugriff einzusehen, herunterzuladen und zu verwenden. Dabei muss sichergestellt werden, dass die zuständigen Finanzbehörden die Rechnungen unverzüglich über Online-Zugriff einsehen, herunterladen und verwenden können.

1950 Verletzt der Unternehmer seine Aufbewahrungspflichten nach § 14b UStG, kann dies als eine Ordnungswidrigkeit i.S.d. § 26a Abs. 1 Nr. 2 UStG geahndet werden. Der Anspruch auf Vorsteuerabzug nach § 15 Abs. 1 Satz 1 Nr. 1 UStG bleibt hiervon zwar unberührt, der Unternehmer trägt nach allgemeinen Grundsätzen jedoch die objektive Feststellungslast für alle Tatsachen, die den Anspruch begründen. Verletzungen der Grundsätze ordnungsgemäßer DV-gestützter Buchführungssysteme (GoBS) und der „Grundsätze zum Datenzugriff und zur Prüfbarkeit digitaler Unterlagen" (GDPdU) wirken sich ebenfalls nicht auf den ursprünglichen Vorsteuerabzug aus, sofern die Voraussetzungen für den Vorsteuerabzug nachgewiesen werden (vgl. Abschn. 15.11 Abs. 1 Satz 3 UStAE). Sind Unterlagen für den Vorsteuerabzug unvollständig oder nicht vorhanden, kann das FA die abziehbare Vorsteuer unter bestimmten Voraussetzungen schätzen oder aus Billigkeitsgründen ganz oder teilweise anerkennen, sofern im Übrigen die Voraussetzungen für den Vorsteuerabzug vorliegen (vgl. Abschn. 15.11 Abs. 5 ff. UStAE).

Zinsschranke

von Johannes C. Achter

INHALTSÜBERSICHT

	Rz.
I. Allgemeiner Überblick	1951–1958
1. Begriffsbestimmung/Kurzdarstellung	1951
2. Anwendungsbereich	1952–1957
a) Persönlicher Anwendungsbereich	1952
b) Sachlicher Anwendungsbereich	1953
c) Zeitlicher Anwendungsbereich	1954–1956
d) Verfassungsrechtliche Zweifel	1957
3. Betroffene Vorschriften	1958

	Rz.
II. Einzeldarstellungen	1959–2045
1. Zinsschrankenregelungen	1959–2021
a) Begriff und Normen	1959
b) Verhältnis zu anderen Regelungen	1960
c) Struktur und Funktionsweise	1961–1975
aa) Allgemeine Grundsätze	1961
bb) Berechnungsgrößen Zinserträge, verrechenbares EBITDA, maßgeblicher Gewinn, maßgebliches Einkommen	1962
cc) EBITDA – Gewinn bzw. Einkommen i.S.d. §§ 4h EStG, 8a KStG	1963–1965
dd) Verrechenbares EBITDA	1966
ee) Betriebsbezogenheit der Zinsschranke	1967–1970
ff) Wirtschaftsjahr-Bezogenheit der Zinsschranke	1971
gg) Begriff der Zinsaufwendungen	1972–1975
d) EBITDA-Vortrag	1976–1978
e) Fiktiver EBITDA-Vortrag	1979
f) Zinsvortrag	1980–1983
g) Verlust von EBITDA-Vortrag und Zinsvortrag	1984–1986
aa) Vortragsschädliche Ereignisse	1984–1985
bb) Verlust von EBITDA- und Zinsvortrag	1986
h) Ermittlung des Zinsabzugsbetrags und des Zinsvortrags	1987–1990
aa) Berechnung der abziehbaren und nicht abziehbaren Zinsaufwendungen sowie des Zinsvortrags gem. § 4h Abs. 1 EStG i.d.F. des WaBeschG	1988–1989
(1) Zinsaufwendungen > 30 % verrechenbares EBITDA	1988
(2) Zinsaufwendungen < 30 % verrechenbares EBITDA	1989
bb) Berechnung der abziehbaren und nicht abziehbaren Zinsaufwendungen sowie des Zinsvortrags gem. § 4h Abs. 1 EStG i.d.F. vor dem WaBeschG	1990
i) Ausnahmetatbestände	1991–2000
aa) Freigrenze (§ 4h Abs. 2 Satz 1 Buchst. a EStG)	1993–1995
bb) Keine vollständige (potenzielle) Konzernzugehörigkeit des Betriebs (§ 4h Abs. 2 Satz 1 Buchst. b EStG)	1996–1998
cc) Öffnungsklausel bei (potenzieller) Konzernzugehörigkeit des Betriebs – Vergleich der Eigenkapitalquoten (§ 4h Abs. 2 Satz 1 Buchst. c EStG)	1999–2000
j) Konzernzugehörigkeit	2001–2010
aa) Konzernzugehörigkeit auf Grund Konsolidierung oder Konsolidierbarkeit	2002–2005
(1) Maßgeblicher Rechnungslegungsstandard	2002–2003
(2) Vollkonsolidierungsfähigkeit	2004–2005
bb) Konzernzugehörigkeit auf Grund einheitlicher Bestimmung der Finanz- und Geschäftspolitik	2006–2010
k) Eigenkapitalvergleich nach § 4h Abs. 2 Satz 1 Buchst. c ff. EStG	2011–2021
aa) Vergleich der Eigenkapitalquoten	2011
bb) Maßgeblicher Rechnungslegungsstandard/Überleitungsrechnung	2012–2014
cc) Maßgeblicher Zeitpunkt	2015
dd) Ausnahmen von der Einbeziehung aller Konzernbetriebe in den Konzernabschluss	2016
ee) Modifizierung des Abschluss-Eigenkapitals des Betriebs	2017–2019
ff) Modifizierung der Abschluss-Bilanzsumme des Betriebs	2020–2021

		Rz.
2.	Die Zinsschranke bei Personengesellschaften	2022–2030
	a) Zinsaufwendungen aus dem Sonderbetriebsvermögen	2022–2023
	b) Körperschaft als Mitunternehmerin – Entsprechende Anwendung von § 8c KStG auf den Zinsvortrag	2024
	c) Mitunternehmerwechsel	2025
	d) Verringerung der Beteiligungsquote	2026
	e) Betriebsaufgabe, Teilbetriebsaufgabe und Betriebsübertragung	2027–2029
	f) Unentgeltlicher Betriebsübergang, vorweggenommene Erbfolge, Erbfall	2030
3.	Die Zinsschranke bei Körperschaften	2031–2045
	a) Körperschaftsteuerliches EBITDA	2031–2032
	b) Unschädliche Gesellschafter-Fremdfinanzierung	2033–2041
	aa) Zusätzliche Voraussetzungen für die Anwendung der Ausnahmetatbestände des § 4h Abs. 2 Satz 1 Buchst. b und c EStG	2033–2036
	bb) Schädliche Gesellschafter-Fremdfinanzierung bei nicht vollständiger Konzernzugehörigkeit des Betriebs (§ 4h Abs. 2 Satz 1 Buchst. b EStG i. V. m. § 8a Abs. 2 KStG)	2037–2038
	cc) Schädliche Gesellschafter-Fremdfinanzierung bei Konzernzugehörigkeit (§ 4h Abs. 2 Satz 1 Buchst. c EStG i. V. m § 8a Abs. 3 KStG)	2039–2041
	c) Organschaft	2042–2043
	d) Kommanditgesellschaft auf Aktien (KGaA)	2044
	e) Körperschaften nachgeordnete Personengesellschaften	2045

I. Allgemeiner Überblick

1. Begriffsbestimmung/Kurzdarstellung

1951 Mit dem Begriff Zinsschranke werden die Regelungen des § 4h EStG und des § 8a KStG i.d.F. des Unternehmensteuerreformgesetzes (UntStRefG) 2008[1] zur Beschränkung der Abziehbarkeit von Entgelten für Fremdkapital („Zinsaufwendungen") als Betriebsausgaben bezeichnet.

2. Anwendungsbereich

a) Persönlicher Anwendungsbereich

1952 Die Zinsschrankenregelungen des § 4h EStG und des § 8a KStG i.d.F. des UntStRefG 2008[2] betreffen sowohl unbeschränkt als auch beschränkt ESt- und KSt-StPfl.

b) Sachlicher Anwendungsbereich

1953 Die Abzugsbeschränkungen durch die sog. Zinsschranke sind abhängig von der Höhe der Zinsaufwendungen, der Zugehörigkeit eines Betriebs zu einem Konzern i.S.d. Zinsschrankenregelungen und einem Eigenkapitalvergleich. Die Zinsschrankenregelungen sind im Wesentlichen relevant für konzernzugehörige Betriebe mit – nach Saldierung mit Zinserträgen verbleibenden – Zinsaufwendungen von mindestens 3 Mio. €. Zu beachten ist, dass der Konzernbegriff der Zinsschrankenregelungen nicht identisch ist mit dem handelsrechtlichen Konzernbegriff (→ 4 Rz. 2001 ff.).

c) Zeitlicher Anwendungsbereich

1954 Die Zinsschrankenregelungen der §§ 4h EStG, 8a KStG fanden erstmals Anwendung auf das Wirtschaftsjahr eines Stpfl., das nach dem 25.5.2007 begonnen hatte, es sei

---

1) Gesetz v. 14.8.2007, BGBl. I 2007, 1912 = BStBl I 2007, 630.
2) Gesetz v. 14.8.2007, BGBl. I 2007, 1912 = BStBl I 2007, 630.

denn, es handelte sich um ein Rumpfwirtschaftsjahr, das noch in 2007 wieder endete (vgl. § 52 Abs. 12d EStG, § 34 Abs. 6a Satz 3 KStG).

Abweichende Regelungen für die Anwendbarkeit der Zinsschranke gelten in Fällen, in denen eine Rückgriffsmöglichkeit eines Dritten besteht, die allein auf einer Gewährträgerhaftung einer Gebietskörperschaft oder einer anderen Einrichtung des öffentlichen Rechts gegenüber Gläubigern eines Kreditinstituts für Verbindlichkeiten beruht (vgl. § 34 Abs. 6a Satz 4 KStG), also in erster Linie bei Rückgriffsmöglichkeiten eines Dritten gegenüber einer Sparkasse oder Landesbank auf Grund der Gewährträgerhaftung. **1955**

Hinweis: **1956**

Vorteilszuwendungen, die nach den Maßgaben des § 8a KStG a.F. zur Gesellschafter-Fremdfinanzierung als vGA zu qualifizieren sind, sind bei einem einkommensteuerpflichtigen Zuwendungsempfänger auch dann noch als Einnahmen aus Kapitalvermögen in Form von sonstigen Bezüge i.S.d. § 20 Abs. 1 Nr. 1 Satz 2 EStG zu erfassen, wenn der Zufluss in 2008 erfolgte.

d) Verfassungsrechtliche Zweifel

Seit ihrer Einführung ist die Zinsschranke erheblichen verfassungsrechtlichen Bedenken ausgesetzt (→ 4 Rz. 2036, → 4 Rz. 2041).[1] **1957**

3. Betroffene Vorschriften

Betroffen sind folgende Vorschriften: **1958**

- § 4h EStG,
- § 8a KStG,
- § 15 Satz 1 Nr. 3 KStG,
- §§ 4 Abs. 2 Satz 2, 15 Abs. 3, 20 Abs. 9 und 24 Abs. 6 UmwStG sowie
- § 10 Abs. 3 Satz 4 Halbs. 1 a. E. AStG.

II. Einzeldarstellungen

1. Zinsschrankenregelungen

a) Begriff und Normen

Mit dem UntStRefG 2008[2] wurde die sog. Zinsschranke eingeführt. Dieser Begriff bezeichnet die Regelungen zur Beschränkung der Abziehbarkeit von Entgelten für die Überlassung von Fremdkapital („Zinsaufwendungen") als Betriebsausgaben. Die Zinsschranke ist zentral in § 4h EStG geregelt. § 8a KStG regelt die Anwendbarkeit des § 4h EStG für die Zwecke der Ermittlung des Einkommens einer Körperschaft und enthält ergänzende Sonderregelungen.[3] Daneben enthält § 15 Satz 1 Nr. 3 KStG Sonderbestimmungen für Organkreise. Die §§ 4 Abs. 2 Satz 2, 15 Abs. 3, 20 Abs. 9 und 24 Abs. 6 UmwStG sehen Regelungen über den Wegfall bzw. die Minderung des Zinssowie des EBITDA-Vortrags in Umwandlungsfällen vor. **1959**

---

1) Vgl. FG Nieders. v. 18.2.2010, 6 V 21/10, EFG 2010, 981; FG München v. 1.6.2011, 7 V 822/11, EFG 2010, 1830; BFH v. 13.2.2012, I B 111/11, DStR 2012, 955; FG Berlin-Brandenburg v. 13.10.2011, 12 V 12089/11, FR 2012, 167, jeweils m.w.N.
2) Gesetz v. 14.8.2007, BGBl. I 2007, 1912 = BStBl I 2007, 630.
3) Zu bestimmten Anwendungsfragen OFD v. 11.7.2013, S 2742a – St 137, DB 2013, 1580; vgl. außerdem BFH v. 18.12.2013, I B 85/13, BStBl II 2014, 947 (AdV-Beschluss), hierzu Nichtanwendungserlass: BMF v. 13.11.2014, IV C 2 – S 2742-a/07/1001 :009, www.stotax-first.de.

b) Verhältnis zu anderen Regelungen

1960 § 4 Abs. 4a EStG (Überentnahmen) geht den Zinsschrankenregelungen vor, da er regelt, in welchem Umfang Zinsaufwendungen Betriebsausgaben darstellen. § 8 Abs. 3 Satz 1 KStG (vGA) geht den Zinsschrankenregelungen ebenfalls vor, da sich nach ihm u.a. auch bestimmt, ob und inwieweit Zinsaufwendungen Betriebsausgaben darstellen. Vorrangig sind die Zinsschrankenregelugen gegenüber den Verlustabzugsbeschränkungen (§§ 10d, 2a, 15a, 15b EStG, § 8c KStG), da sie den Umfang regeln, in dem Zinsaufwendungen, die Betriebsausgaben darstellen, abgezogen werden dürfen, und damit, ob und inwieweit es ggf. zu Verlusten kommt. § 8 Nr. 1a GewStG (Hinzurechnung von Schuldentgelten) knüpft an die Zinsschrankenregelungen an. Schuldentgelte, die auf Grund der Zinsschranke nicht abgezogen werden dürfen, bleiben bei der Hinzurechnung außer Ansatz. § 1 AStG (Einkünfteberichtigung) folgt den Zinsschrankenregelungen. Nur soweit Zinsaufwendungen nach § 4h EStG abgesetzt werden können, kann eine Entgeltminderung gegeben sein, die dem Fremdvergleich nach § 1 AStG unterliegt. Im Rahmen der §§ 7 ff. AStG (Hinzurechnungsbesteuerung) bleiben die Zinsschrankenregelungen bei der Ermittlung des Hinzurechnungsbetrags unberücksichtigt (§ 10 Abs. 3 Satz 4 Halbs. 1 AStG).

c) Struktur und Funktionsweise

aa) Allgemeine Grundsätze

1961 Die Anwendung der Abzugsbeschränkung für Fremdkapitalentgelte (Zinsaufwendungen) als Betriebsausgaben ist abhängig von der Höhe der Zinsaufwendungen, der Zugehörigkeit eines Betriebs zu einem Konzern i.S.d. Zinsschrankenregelungen und einem Eigenkapitalvergleich. Letztendlich sind die Zinsschrankenregelungen im Wesentlichen nur relevant für Betriebe mit – nach Saldierung mit Zinserträgen verbleibenden – Zinsaufwendungen (Fremdkapitalentgelte) von mind. 3 Mio. €, die einem Konzern i.S.d. Zinsschranke zugehörig sind und deren Eigenkapitalquote diejenige des Konzerns unterschreitet.

bb) Berechnungsgrößen Zinserträge, verrechenbares EBITDA, maßgeblicher Gewinn, maßgebliches Einkommen

1962 Ist die Zinsschranke anzuwenden, ermitteln sich die Beträge der abzugsfähigen und der nichtabzugsfähigen Zinsaufwendungen gestuft. Wichtige Berechnungsgrößen hierfür sind der Betrag der Fremdkapitalentgelte, der Betrag der Zinserträge und das sog. verrechenbare EBITDA. Bis zur Novellierung des § 4h EStG durch das Wachstumsbeschleunigungsgesetz (WaBeschG) vom 22.12.2009[1] war nicht das verrechenbare EBITDA Berechnungsgröße, sondern der maßgebliche Gewinn (vgl. § 4h Abs. 1 Satz 1 EStG a.F.) bzw. das maßgebliche Einkommen (§ 8a Abs. 1 Satz 1 KStG i.V.m. § 4h Abs. 1 Satz 1 EStG a.F.).

cc) EBITDA – Gewinn bzw. Einkommen i.S.d. §§ 4h EStG, 8a KStG

1963 Ein zentraler Begriff der Zinsschrankenregelungen ist das EBITDA. Diese Abkürzung steht für **Earnings Before Interest, Taxes, Depreciation and Amortization**, d.h. Gewinn/Einkommen vor Zinsen, Steuern, Abschreibungen und Wertminderungen. Dieses **steuerliche** EBITDA stellt die Bemessungsgrundlage für die prozentuale Abzugsbegrenzung dar.

---

1) Gesetz v. 22.12.2009, BGBl. I 2009, 3950 = BStBl I 2010, 2.

Bei Personenunternehmen ermittelt sich das steuerliche EBITDA wie folgt: **1964**

	Stpfl. Gewinn nach EStG vor Anwendung des § 4h EStG
./.	Zinserträge
+	Zinsaufwendungen
+	Abschreibungen nach § 6 Abs. 2 Satz 1 EStG
+	Abschreibungen nach § 6 Abs. 2a EStG
+	Abschreibungen nach § 7 EStG
=	Steuerliches EBITDA

Bei Körperschaften bestehen zusätzlich die Vorgaben des § 8a Abs. 1 Satz 2 KStG, so dass sich deren steuerliches EBITDA folgendermaßen ermittelt: **1965**

	Stpfl. Einkommen nach § 8 Abs. 1 KStG vor Anwendung des § 4h EStG
./.	Zinserträge
+	Zinsaufwendungen
+	Abschreibungen nach § 6 Abs. 2 EStG
+	Abschreibungen nach § 6 Abs. 2a EStG
+	Abschreibungen nach § 7 EStG
+	Verlustabzug nach § 10d EStG
+	Zuwendungsabzug nach § 9 Abs. 1 Nr. 2 KStG
=	Steuerliches EBITDA

dd) Verrechenbares EBITDA

Nach der Saldierung mit Zinserträgen verbleibende Zinsaufwendungen eines Betriebs sind bis zur Höhe des verrechenbaren EBITDA (§ 4h Abs. 1 Satz 1 Halbs. 2 EStG i.d.F. des WaBeschG[1]) als Betriebsausgaben abziehbar. § 4h Abs. 1 Satz 1 Halbs. 2 EStG n.F. legt das **verrechenbare EBITDA** auf **30 % des steuerlichen EBITDA** fest. Bis zur Novellierung des § 4h EStG war als Abzugsbegrenzung für die nach Saldierung mit Zinserträgen verbleibenden Zinsaufwendungen direkt der Betrag von 30 % des steuerlichen EBITDA festgelegt (vgl. § 4h Abs. 1 Satz 1 EStG a.F.). Die Einführung des verrechenbaren EBITDA steht in Zusammenhang mit der Einführung des EBITDA-Vortrags (→ 4 Rz. 1976 ff.). **1966**

ee) Betriebsbezogenheit der Zinsschranke

Die Zinsschrankenregelungen beziehen sich jeweils auf einen Betrieb. Hat ein Stpfl. mehrere Betriebe, sind die Regelungen auf jeden Betrieb gesondert anzuwenden. **1967**

Der Begriff Betrieb ist gesetzlich nicht definiert. Für die Zwecke des § 4h EStG dient der Begriff Betrieb der Erfassung der unternehmerischen Sphäre bzw. einer Unternehmenseinheit, auf die allein die Zinsschranke Anwendung findet. Nur Zinsaufwendungen, die durch die Erzielung von Gewinneinkünften veranlasst sind, sollen Berück- **1968**

---

1) Gesetz v. 22.12.2009, BGBl. I 2009, 3950 = BStBl I 2010, 2.

sichtigung finden oder anders formuliert, nur wenn und soweit ein Betriebsausgabenabzug grds. möglich ist, kann die Zinsschranke zur Anwendung kommen.

1969 Dementsprechend ist eine vermögensverwaltende PersG mangels Gewinneinkünften kein Betrieb i.S.d. Zinsschranke, es sei denn, ihre Einkünfte gelten nach § 15 Abs. 3 Nr. 2 EStG kraft gewerblicher Prägung als Gewinneinkünfte.[1] Eine Mitunternehmerschaft hat für die Zwecke der Zinsschranke stets nur einen Betrieb, der neben dem Gesamthandsvermögen auch das Sonderbetriebsvermögen der Mitunternehmer i.S.d. § 15 Abs. 1 Satz 1 Nr. 2 und 3 EStG umfasst.[2]

1970 Hinweis:

Die Betriebsbezogenheit eröffnet Gestaltungsspielraum. Es kann im Einzelfall praktikabel und vorteilhaft sein, den Umstand zu nutzen, dass die Freigrenze je Betrieb gilt, und durch zusätzliche Betriebe die Freigrenze für den Abzug von Zinsaufwendungen zu erhöhen.

ff) Wirtschaftsjahr-Bezogenheit der Zinsschranke

1971 Die Abzugsfähigkeit von Zinsaufwendungen ist **jeweils für das Wirtschaftsjahr** zu ermitteln. Darauf, ob das Wirtschaftsjahr kalendergleich oder kalenderabweichend oder ein Rumpfwirtschaftsjahr ist, kommt es nicht an.

gg) Begriff der Zinsaufwendungen

1972 Ein weiterer zentraler Begriff der Zinsschrankenregelungen ist der Begriff **Zinsaufwendungen**. Das Gesetz versteht darunter **alle Entgelte für die Überlassung von Fremdkapital**, die den Gewinn bzw. das Einkommen gemindert haben (§ 4h Abs. 3 Satz 2 EStG); dabei stellt es im Grundtatbestand des § 4h EStG keine näheren Anforderungen an die Art der Entgelte, die Dauer der Überlassung, den Empfänger oder wie die Entgelte bei diesem steuerlich behandelt werden.

1973 Sonderregelungen bestehen für Körperschaften für Fälle einer sog. schädlichen Gesellschafter-Fremdfinanzierung oder bei Rückgriffsmöglichkeiten (§ 8a Abs. 2 und 3 KStG). Hier finden sich vertraute Regelungen der vorhergehenden Fassung des § 8a KStG zur Gesellschafter-Fremdfinanzierung wieder.

1974 Hinweis:

Zu beachten ist, dass die Auf- und Abzinsung unverzinslicher oder niedrig verzinslicher Verbindlichkeiten oder Kapitalforderungen ebenfalls zu Zinsaufwendungen (und Zinserträgen) führen (§ 4h Abs. 3 Satz 4 EStG).[3]

Zinsanteile in Leasingraten können je nach Ausgestaltung zu Zinsaufwendungen bzw. Zinserträgen führen.[4] Auch bei Abtretungen/Factoring kann es je nach Ausgestaltung zu Zinsaufwendungen bzw. -erträgen kommen.[5]

Die Aktivierung von Zinsen nach § 255 Abs. 3 Satz 2 HGB, die auf die fremdfinanzierte Herstellung von Anlagevermögen oder Umlaufvermögen entfallen, kann vorteilhaft sein; durch sie kann ggf. die Einhaltung der Freigrenze erreicht oder der Zinsvortrag verringert werden.[6]

1975 Entgelte für die Überlassung von **Sachkapital** stellen keine Zinsaufwendungen i.S.d. § 4h EStG dar. Insbesondere Miet- und Pachtzinsen sowie Lizenzgebühren unterliegen nicht der Zinsschranke. Auch Abschreibungsaufwand ist kein Entgelt für eine Fremdgeldüberlassung.[7]

---

1) So auch BMF v. 4.7.2008, IV C 7 – S 2742a/07/10001, BStBl I 2008, 718, Tz. 5.
2) BMF v. 4.7.2008, IV C 7 – S 2742a/07/10001, BStBl I 2008, 718, Tz. 6.
3) S. hierzu BMF v. 4.7.2008, IV C 7 – S 2742a/07/10001, BStBl I 2008, 718, Tz. 27 f.
4) S. hierzu BMF v. 4.7.2008, IV C 7 – S 2742a/07/10001, BStBl I 2008, 718, Tz. 25 ff.
5) S. hierzu BMF v. 4.7.2008, IV C 7 – S 2742a/07/10001, BStBl I 2008, 718, Tz. 14 und 29 ff.
6) Vgl. hierzu auch BMF v. 4.7.2008, IV C 7 – S 2742a/07/10001, BStBl I 2008, 718, Tz. 20.
7) Vgl. BFH v. 30.4.2003, I R 19/02, BStBl II 2004, 192.

d) EBITDA-Vortrag

Die wesentlichste Änderung, die durch das WaBeschG[1)] an den Zinsschrankenregeln erfolgte, war die Einführung des EBITDA-Vortrags. Das EBITDA im Sinne von § 4h Abs. 1 EStG ist zu verstehen als der steuerliche Gewinn vor Anwendung der Zinsschranke, der noch um Zinsaufwendungen und Abschreibungen zu erhöhen und um Zinserträge zu vermindern ist. Zinsaufwendungen sind zunächst in Höhe etwaiger Zinserträge als Betriebsausgaben abziehbar. Erstmals in Wirtschaftsjahren, die nach dem 31.12.2009 enden (§ 52 Abs. 12d Satz 4 EStG), sind die nach der Saldierung mit Zinserträgen verbleibenden Zinsaufwendungen sodann mit dem EBITDA zu verrechnen. Das verrechenbare EBITDA beläuft sich auf 30 % des EBITDA bzw. des steuerlichen Ergebnisses vor Anwendung der Zinsschranke.

	EBITDA-Vortrag zum Schluss des vorangegangenen Wirtschaftsjahres[2)]
+	EBITDA-Vortrag des laufenden Wirtschaftsjahres,
./.	Verbrauch eines EBITDA-Vortrags aus vorangegangenen Wirtschaftsjahren im laufenden Wirtschaftsjahr,
./.	(ggf.) auf Grund Zeitablauf zu kappender EBITDA-Vortrag (aus dem fünften, dem Wirtschaftsjahr vorangegangenen Wirtschaftsjahr).
=	EBITDA-Vortrag zum Schluss des Wirtschaftsjahres.

Wenn der Betrag der Zinsaufwendungen, der nach der Saldierung mit Zinserträgen verbleibt, **kleiner** ist als das verrechenbare EBITDA – das Zinsaufwendungsabzugspotenzial des Wirtschaftsjahres also nicht ausgeschöpft wird, ist der nicht durch Verrechnung verbrauchte Teil des verrechenbaren EBITDA in das folgende Wirtschaftsjahr vorzutragen. Der Vortrag ist auf fünf Wirtschaftsjahre begrenzt. (§ 4h Abs. 1 Satz 3 EStG n.F.). Die Summe der EBITDA-Vorträge erhöht den Betrag der als Betriebsausgaben abziehbaren Zinsaufwendungen in den Folgejahren, indem Zinsaufwendungen, die nach der Verrechnung mit Zinserträgen und dem verrechenbaren EBITDA des Wirtschaftsjahres verbleiben, darüber hinaus mit der Summe der EBITDA-Vorträge aus den vorangegangenen Wirtschaftsjahren zu verrechnen sind. Sollten die vorhandenen EBITDA-Vorträge nicht ausreichen, sind die überschüssigen Zinsaufwendungen nicht abziehbar und gehen in den Zinsvortrag ein. Der EBITDA-Vortrag ist wie auch der Zinsvortrag gesondert festzustellen (§ 4h Abs. 4 EStG), und zwar in einer Summe, nicht als Einzelvorträge der jeweiligen Wirtschaftsjahre.[3)] Für ein Wirtschaftsjahr mit einem positiven Zinsüberschuss (= Zinserträge eines Betriebs sind gleich hoch oder höher als die Zinsaufwendungen) entsteht kein EBITDA-Vortrag.[4)]

Hinweis:
Die EBITDA-Vorträge aus vorangegangenen Wirtschaftsjahren haben Einfluss auf die Einhaltung der Freigrenze im laufenden Wirtschaftsjahr.[5)]

e) Fiktiver EBITDA-Vortrag

Neben dem periodischen EBITDA-Vortrag wurde ein antragsgebundener fiktiver EBITDA-Vortrag eingeführt, welcher den etwaigen Überschuss an verrechenbarem EBITDA der Wirtschaftsjahre 2007–2009 betrifft. Auf Antrag können auch für Wirt-

---

1) Gesetz v. 22.12.2009, BGBl. I 2009, 3950 = BStBl I 2010, 2.
2) Ermittlung des EBITDA-Vortrags gem. FinMin Schleswig-Holstein v. 10.8.2012, VI 301 – S 2741 – 109, DStR 2012, 1755.
3) FinMin Schleswig-Holstein v. 10.8.2012, VI 301 – S 2741 – 109, DStR 2012, 1755.
4) Hess. FinMin v. 6.7.2012, S 2742b A – 001 – II 41, DStR 2012, 1660.
5) BMF v. 4.7.2008, IV C 7 – S 2742a/07/10001, BStBl I 2008, 718, Tz. 46; Köhler, DStR 2007, 598.

schaftsjahre 2007–2009 EBITDA-Vorträge gebildet und gebündelt dem verrechenbaren EBITDA des ersten Wirtschaftsjahres hinzugerechnet werden, das nach dem 31.12.2009 endet (§ 52 Abs. 12d Satz 5 EStG).[1]

f) Zinsvortrag

1980 Soweit die Zinsaufwendungen des laufenden Wirtschaftsjahrs auf Grund der Zinsschranke nicht abziehbar sind, sind sie vorzutragen (§ 4h Abs. 1 Satz 5 EStG n.F. = § 4h Abs. 1 Satz 2 EStG a.F.). **Der Zinsvortrag ist gesondert festzustellen** (§ 4h Abs. 4 EStG).

1981 Die vorgetragenen Zinsaufwendungen vorangegangener Wirtschaftsjahre sind den Zinsaufwendungen des laufenden Wirtschaftsjahrs hinzuzurechnen (§ 4h Abs. 1 Satz 6 EStG n.F. = § 4h Abs. 1 Satz 3 EStG a.F.).

1982 **Hinweis:**

Die vorgetragenen Zinsen vorangegangener Wirtschaftsjahre haben somit Einfluss auf die Einhaltung der Freigrenze im laufenden Wirtschaftsjahr.[2]

1983 Durch das WaBeschG[3] wurde die Regelung des § 8a Abs. 1 Satz 3 KStG dahingehend geändert, dass § 8c KStG mit der Maßgabe auf den Zinsvortrag nach § 4h Abs. 1 Satz 5 EStG anzuwenden ist, dass stille Reserven i.S.d. § 8c Abs. 1 Satz 7 EStG nur zu berücksichtigen sind, soweit sie die nach § 8c Abs. 1 Satz 6 KStG nicht abziehbaren Verluste übersteigen.

g) Verlust von EBITDA-Vortrag und Zinsvortrag

aa) Vortragsschädliche Ereignisse

1984 Bei Aufgabe oder Übertragung eines Betriebs gehen ein nicht verbrauchter EBITDA-Vortrag sowie ein nicht verbrauchter Zinsvortrag unter (§ 4h Abs. 5 Satz 1 EStG). Scheidet ein Mitunternehmer aus einer Gesellschaft aus, gehen der EBITDA-Vortrag sowie der Zinsvortrag anteilig mit der Quote unter, mit der der ausgeschiedene Gesellschafter an der Gesellschaft beteiligt war (§ 4h Abs. 5 Satz 2 EStG).[4] Auch ein Anteilserwerb nach § 8c KStG bei einer Kapitalgesellschaft ist schädlich für die Vorträge.

1985 Durch das JStG 2009[5] wurde § 4h Abs. 5 EStG um Satz 3 ergänzt, demzufolge § 8c KStG auf den Zinsvortrag einer Gesellschaft entsprechend anzuwenden ist, soweit an dieser unmittelbar oder mittelbar eine Körperschaft als Mitunternehmerin beteiligt ist. Gemäß § 52 Abs. 12d Satz 2 EStG ist diese Regelung auf alle schädlichen Beteiligungserwerbe nach dem 28.11.2008 anzuwenden, deren sämtliche Erwerbe und gleichgestellte Rechtsakte nach dem 28.11.2008 stattfinden.

bb) Verlust von EBITDA- und Zinsvortrag

1986 Kommt es unterjährig zu einem schädlichen Ereignis (§ 4h Abs. 5 EStG, Regelungen des Umwandlungssteuergesetzes, für den Zinsvortrag auch: § 8a Abs. 1 Satz 3 i.V.m. § 8c KStG), steht für die Gewinnermittlung dieses Wirtschaftsjahres ein zum Ende des vorangegangenen Wirtschaftsjahres festgestellter Zinsvortrag und ein festgestellter EBITDA-Vortrag nicht mehr – auch nicht anteilig bis zu dem schädlichen Ereignis – zur Verfügung. Entsprechendes gilt im sog. Rückwirkungszeitraum von 2007 bis 2009

---

1) Eingehend zum EBITDA-Vortrag Herzig/Liekenbrock, DB 2010, 690.
2) BMF v. 4.7.2008, IV C 7 – S 2742a/07/10001, BStBl I 2008, 718, Tz. 46; Köhler, DStR 2007, 598.
3) Gesetz v. 22.12.2009, BGBl. I 2009, 3950 = BStBl I 2010, 2.
4) Zur Problematik der Ermittlung der für den anteiligen EBITDA- und Zinsvortrag maßgeblichen Quote Korn, § 4h EStG Rz. 178.
5) Gesetz v. 19.12.2008, BGBl. I 2008, 2794 = BStBl I 2009, 74.

für einen fiktiven, nicht festgestellten EBITDA-Vortrag i.S.d. § 52 Abs. 12d Satz 5 EStG.[1]

Von einem unterjährigen schädlichen Ereignis dagegen nicht betroffen sind die laufenden Zinsaufwendungen und das laufende verrechenbare EBITDA des Wirtschaftsjahres, in dem das schädliche Ereignis stattfindet. Sie bleiben vollständig erhalten und gehen ggf. in den Vortrag zum Ende dieses Wirtschaftsjahres ein.[2]

h) Ermittlung des Zinsabzugsbetrags und des Zinsvortrags

Die Beträge der als Betriebsausgaben abziehbaren bzw. nicht abziehbaren Zinsaufwendungen, des EBITDA-Vortrags und des Zinsvortrags ermitteln sich dann wie folgt: **1987**

aa) Berechnung der abziehbaren und nicht abziehbaren Zinsaufwendungen sowie des Zinsvortrags gem. § 4h Abs. 1 EStG i. d. F. des WaBeschG

(1) Zinsaufwendungen > 30 % verrechenbares EBITDA

1988

1.		Zinsaufwendungen des laufenden Wirtschaftsjahres		
	+	Zinsvortrag nach § 4h Abs. 1 Satz 5, Abs. 4 EStG		
	=	Zinsaufwendungen gesamt		
	./.	Zinserträge	→	Abzugsbetrag I (max. Betrag der Zinsaufwendungen)
	=	Zinsaufwendungen nach Verrechnung mit Zinserträgen (Nettozinsaufwendungen)		
2.	./.	30 % des verrechenbaren EBITDA	→ +	Abzugsbetrag II
	=	Zinsaufwendungen nach EBITDA-Verrechnung		
3.	./.	EBITDA-Vorträge	→ +	Abzugsbetrag III
	=	Nicht abziehbare Zinsaufwendungen des Wirtschaftsjahrs	=	Abziehbare Zinsaufwendungen
	=	Vorzutragende Zinsaufwendungen (Zinsvortrag)		

(2) Zinsaufwendungen < 30 % verrechenbares EBITDA

1989

1.		Zinsaufwendungen des laufenden Wirtschaftsjahres		
	+	Zinsvortrag nach § 4h Abs. 1 Satz 5, Abs. 4 EStG		
	=	Zinsaufwendungen gesamt		
	./.	Zinserträge	→	Abzugsbetrag I (max. Betrag der Zinsaufwendungen)
2.	=	Zinsaufwendungen nach Verrechnung mit Zinserträgen (Nettozinsaufwendungen)	→ =	Abzugsbetrag II Abziehbare Zinsaufwendungen

---

1) FinMin Schleswig-Holstein v. 27.6.2012, VI 3011 – S 2741 – 109, DStR 2012, 1897.
2) FinMin Schleswig-Holstein v. 27.6.2012, VI 3011 – S 2741 – 109, DStR 2012, 1897.

3. 30 % des verrechenbaren EBITDA
./. Nettozinsaufwendungen
= EBITDA-Vortrag

bb) Berechnung der abziehbaren und nicht abziehbaren Zinsaufwendungen sowie des Zinsvortrags gem. § 4h Abs. 1 EStG i.d.F. vor dem WaBeschG

1990

1.   Zinsaufwendungen des laufenden Wirtschaftsjahres
   + Zinsvortrag nach § 4h Abs. 1 Satz 5, Abs. 4 EStG
   = Zinsaufwendungen gesamt
   ./. Zinserträge → Abzugsbetrag I
   = Zinsaufwendungen nach Verrechnung mit Zinserträgen
2. ./. 30 % des steuerlichen EBITDA → + Abzugsbetrag II
   = Nicht abziehbare Zinsaufwendungen = Abziehbare Zinsaufwendungen
   des Wirtschaftsjahrs
   = Vorzutragende Zinsaufwendungen (Zinsvortrag)

i) *Ausnahmetatbestände*

1991 § 4h Abs. 2 Satz 1 EStG regelt Ausnahmetatbestände, bei deren Vorliegen die Zinsschranke keine Anwendung findet. Diese sind:

– kein Überschreiten der Freigrenze gem. § 4h Abs. 2 Satz 1 Buchst. a EStG,
– keine Konzernzugehörigkeit des Betriebs (§ 4h Abs. 2 Satz 1 Buchst. b Alt. 1 EStG),
– nur anteilsmäßige Konzernzugehörigkeit des Betriebs (§ 4h Abs. 2 Satz 1 Buchst. b Alt. 2 EStG) oder
– die Eigenkapitalquote des Betriebs unterschreitet nicht die Eigenkapitalquote des Konzerns, dem er angehört (Eigenkapitalvergleich gem. § 4h Abs. 2 Satz 1 Buchst. c EStG).

1992 Dabei ist für Körperschaften die Anwendbarkeit der Ausnahmetatbestände des § 4h Abs. 2 Satz 1 Buchst. b und c EStG an die **weitere Voraussetzung** geknüpft, dass keine sog. schädliche Gesellschafter-Fremdfinanzierung vorliegt (vgl. § 8a Abs. 2 und 3 KStG; → **4** Rz. 2033 ff.).

aa) Freigrenze (§ 4h Abs. 2 Satz 1 Buchst. a EStG)

1993 Gemäß § 4 Abs. 2 Satz 1 Buchst. a EStG findet die Zinsschranke keine Anwendung, wenn der Betrag der Zinsaufwendungen, soweit er den Betrag der Zinserträge übersteigt, **weniger** als 3 Mio. € beträgt. Die Freigrenze gilt für die Bereiche ESt und KSt gleichermaßen.

1994 Durch das Gesetz zur verbesserten steuerlichen Berücksichtigung von Vorsorgeaufwendungen (Bürgerentlastungsgesetz Krankenversicherung) vom 16.7.2009[1] hat der Gesetzgeber die Freigrenze für die Begrenzung des Zinsabzugs von 1 Mio. € auf einen Zinssaldo (nach Verrechnung mit Zinserträgen verbleibende Zinsaufwendungen) von 3 Mio. € angehoben. Diese erhöhte Freigrenze sollte zeitlich befristet für Wirtschafts-

---

1) Gesetz v. 16.7.2009, BGBl. I 2009, 1959 = BStBl I 2009, 782.

jahre gelten, welche vor dem 1.1.2010 enden. Durch das WaBeschG[1)] wurde die **Befristung** der erhöhten **Freigrenze von 3 Mio. € aufgehoben.**

Hinweis: 1995

Insbesondere für Zwecke der Steuergestaltung ist der Charakter des § 4 Abs. 2 Satz 1 Buchst. a EStG als Freigrenze zu beachten. Beläuft sich nach Saldierung mit Zinserträgen der Betrag der Zinsaufwendungen auf mind. 3 Mio. €, ist die Zinsschranke anzuwenden, es sei denn, die Voraussetzungen der anderen beiden Ausnahmetatbestände des § 4 Abs. 2 Satz 1 Buchst. b oder Buchst. c EStG sind erfüllt. Für Körperschaften sind die zusätzlichen Ausnahmevoraussetzungen des § 8a Abs. 2 KStG zu § 4 Abs. 2 Satz 1 Buchst. b EStG und des § 8a Abs. 3 KStG zu § 4 Abs. 2 Satz 1 Buchst. c EStG zu beachten (→ **4** Rz. 2032 ff.).

bb) Keine vollständige (potenzielle) Konzernzugehörigkeit des Betriebs (§ 4h Abs. 2 Satz 1 Buchst. b EStG)

Die Zinsschranke kommt nicht zur Anwendung, wenn ein Betrieb nicht oder nur anteilsmäßig zu einem Konzern gehört (§ 4h Abs. 2 Satz 1 Buchst. b EStG). 1996

Für die Zwecke der Zinsschrankenregelungen gehört ein Betrieb zu einem Konzern, wenn 1997

- er nach dem maßgeblichen Rechnungslegungsstandard mit einem oder mehreren anderen Betrieben konsolidiert wird (Konzernzugehörigkeit; § 4h Abs. 3 Satz 5 Alt. 1 EStG; → **4** Rz. 2002 ff.),
- er nach dem maßgeblichen Rechnungslegungsstandard mit einem oder mehreren anderen Betrieben konsolidiert werden könnte (potenzielle Konzernzugehörigkeit; § 4h Abs. 3 Satz 5 Alt. 2EStG; → **4** Rz. 2002 ff.) **oder**
- seine Finanz- und Geschäftspolitik mit einem oder mehreren anderen Betrieben einheitlich bestimmt werden kann (einheitliche Bestimmbarkeit, § 4h Abs. 3 Satz 6 EStG; → **4** 2002 ff.).

Hinweis: 1998

Ob ein Betrieb (nur) anteilsmäßig einem Konzern angehört, bestimmt sich nicht nach dem Anteil der Muttergesellschaft am Grund- oder Stammkapital des Rechtsträgers des Betriebs, entscheidend ist die Beherrschung durch ein Mutterunternehmen (arg. § 4h Abs. 3 Satz 6 EStG). So ist ein Betrieb auch dann voll konzernangehörig, wenn das Mutterunternehmen zwar nicht zu 100 % an seinem Grund- oder Stammkapital beteiligt ist, er von ihm aber dennoch beherrscht wird.[2)]

cc) Öffnungsklausel bei (potenzieller) Konzernzugehörigkeit des Betriebs – Vergleich der Eigenkapitalquoten (§ 4h Abs. 2 Satz 1 Buchst. c EStG)

Zweck der Zinsschrankenregelungen ist v.a. zu verhindern, dass deutsche Tochtergesellschaften internationaler Konzerne überproportional mit Fremdkapital finanziert werden und durch den Abzug der Zinsaufwendungen als Betriebsausgaben überproportional inländische Gewinne vermindert werden, während die ausländischen Konzernbetriebe stärker mit Eigenkapital finanziert werden. 1999

§ 4h Abs. 2 Satz 1 Buchst. c EStG enthält die sog. **Escape-Klausel.** Nach dieser Regelung gilt die Zinsschranke nicht für einen konzernzugehörigen Betrieb, dessen Eigenkapitalquote am Schluss des vorangegangenen Abschlussstichtags mindestens so hoch ist wie die Eigenkapitalquote des Gesamtkonzerns, wobei ein Unterschreiten der Durchschnittsquote des Konzerns um bis zu 2 % unschädlich ist (§ 4h Abs. 2 Satz 2 EStG). Mit dem WaBeschG[3)] wurde die **Toleranzquote** von 1 % auf 2 % erhöht. Die 2000

---

1) Gesetz v. 22.12.2009, BGBl. I 2009, 3950 = BStBl I 2010, 2.
2) Vgl. BMF v. 4.7.2008, IV C 7 – S 2742a/07/10001, BStBl I 2008, 718, Tz. 60.
3) Gesetz v. 22.12.2009, BGBl. I 2009, 3950 = BStBl I 2010, 2.

erhöhte Toleranzquote ist für Wirtschaftsjahre anzuwenden, die nach dem 31.12.2009 enden (§ 52 Abs. 12d Satz 4 EStG).

Zur Ermittlung des Vergleichseigenkapitals → 4 Rz. 2011 ff.

j) Konzernzugehörigkeit

2001 Wesentlich für die Bestimmung der Konzernzugehörigkeit des Betriebs ist, welcher Rechnungslegungsstandard maßgeblich ist sowie, ob seine Finanz- und Geschäftspolitik und die eines oder mehrerer anderer Betriebe einheitlich bestimmt werden kann (§ 4h Abs. 3 Satz 5 und 6 EStG).

aa) Konzernzugehörigkeit auf Grund Konsolidierung oder Konsolidierbarkeit

(1) Maßgeblicher Rechnungslegungsstandard

2002 Nach § 4h Abs. 3 Satz 5 EStG ist ein Betrieb konzernzugehörig, wenn er mit anderen Betrieben konsolidiert werden könnte. Es muss somit eine Verpflichtung oder ein Recht dazu bestehen, einen Konzernabschluss zu erstellen.

> **Hinweis:**
>
> Eine Konzernabschlusspflicht oder ein Konzernabschlussrecht für einen Betrieb kann nur durch nationale Vorschriften begründet sein. Die Rechnungslegungsstandards bestimmen nur den Konzernkreis, nicht jedoch, wann eine Pflicht oder ein Recht zur Aufstellung eines Konzernabschlusses besteht.[1] Nach nationalem Recht ergibt sich eine Pflicht zur Konzernrechnungslegung aus § 290 HGB und § 11 PublG, ein Abschlussrecht besteht nach § 296 HGB.[2]

Die für die Zinsschrankenregeln in Frage kommenden Rechnungslegungsstandards nennt § 4h Abs. 2 Satz 8 ff. EStG, wobei folgende Rangfolge vorgegeben ist:

– vorrangig maßgeblich sind die IFRS,[3]

– sodann das HGB oder ein vergleichbares Bilanzrecht eines anderen Mitgliedstaats der EU und

– zuletzt die US-GAAP (Generally Accepted Accounting Principles der USA).

2003 Besteht eine Verpflichtung, einen Konzernabschluss nach IFRS zu erstellen und offen zu legen, sind maßgeblicher Rechnungslegungsstandard die IFRS. Die IFRS sind ebenfalls maßgeblicher Rechnungslegungsstandard, wenn ohne Verpflichtung in den letzten fünf Jahren ein Konzernabschluss nach IFRS erstellt wurde. Wenn weder eine Verpflichtung besteht, einen Konzernabschluss nach IFRS zu erstellen und zu veröffentlichen, noch in den letzten fünf Wirtschaftsjahren (freiwillig) ein Konzernabschluss nach IFRS erstellt wurde, ist maßgeblicher Rechnungslegungsstandard das Handelsrecht eines Mitgliedstaats der EU. Besteht auch keine Verpflichtung nach dem maßgeblichen nationalen Handelsrecht zur Erstellung und Offenlegung eines Konzernabschlusses, sind die US-GAAP maßgeblicher Rechnungslegungsstandard, sofern eine Verpflichtung besteht, nach diesem Rechnungslegungsstandard einen Konzernabschluss aufzustellen und offenzulegen.

---

1) FG München v. 14.12.2011, 7 V 2442/11, EFG 2012, 453 (rkr.) unter Verweis auf Goebel/Eilinghoff, DStZ 2010, 487, 489; Heuermann in Blümich, EStG, KStG, GewStG, § 4h EStG Rz. 57; Hoyos/Ritter-Thiele in Beck'scher Bilanz-Kommentar, 6. Aufl., § 315a HGB, Rz. 5.
2) FG München v. 14.12.2011, 7 V 2442/11, EFG 2012, 453 (rkr.).
3) Mit IFRS meint das Gesetz nur die von der EU anerkannten Standards, Kirsch, Der Konzern 2007, 657.

(2) Vollkonsolidierungsfähigkeit

Ist der maßgebliche Rechnungslegungsstandard bestimmt, hängt die Konzernzugehörigkeit davon ab, ob der Betrieb nach diesem Rechnungslegungsstandard mit einem oder mehreren anderen Betrieben konsolidiert wird oder konsolidiert werden könnte. Zu dem komplexen Thema der Konsolidierung bzw. Konsolidierungsfähigkeit nach den in Frage kommenden Rechnungslegungsstandards wird auf die entsprechende Spezialliteratur verwiesen.[1]

2004

> **Hinweis:**
> Nur vollkonsolidierte oder vollkonsolidierbare Unternehmen gehören zu einem Konzern i.S.d. Zinsschrankenregelungen. Ein Betrieb, der nach den maßgeblichen Rechnungslegungsstandards nicht oder nur anteilsmäßig in einen Konzernabschluss einbezogen wird oder werden könnte, ist nicht konzernzugehörig i.S.d. § 4h Abs. 2 und 3 EStG.[2] Somit gehören z.B. gemeinschaftlich geführte Unternehmen i.S.d. § 310 HGB, assoziierte Unternehmen i.S.d. § 311 HGB oder vergleichbare Unternehmen nach den anderen Rechnungslegungsstandards nicht zu einem Konzern i.S.d. Zinsschranke.[3]

2005

bb) Konzernzugehörigkeit auf Grund einheitlicher Bestimmung der Finanz- und Geschäftspolitik

Ein Betrieb ist auch dann konzernzugehörig i.S.d. Zinsschranke, wenn seine Finanz- und Geschäftspolitik mit einem oder mehreren anderen Betrieben einheitlich bestimmt werden kann (§ 4h Abs. 3 Satz 6 EStG). Das BMF interpretiert das „kann" wohl dahingehend, dass der Tatbestand erst dann erfüllt ist, wenn die Finanz- und Geschäftspolitik auch tatsächlich einheitlich bestimmt wird, so dass dann die bloße Möglichkeit der Bestimmung nicht ausreichen würde.[4]

2006

Das Kriterium der einheitlichen Bestimmung der Finanz- und Geschäftspolitik ist dann von Bedeutung, wenn entweder das Unternehmen auf Grund der §§ 290, 315a HGB bzw. § 11 PublG keinen Konzernabschluss nach IFRS oder HGB aufstellen muss oder kann, oder wenn keine Vollkonsolidierung möglich ist.

2007

Ausweislich der Gesetzesbegründung[5] wollte der Gesetzgeber für Zwecke der Zinsschranke einen erweiterten Konzernbegriff einführen. Zum einen sollen diejenigen Konstellationen erfasst werden, in denen ein Beherrschungsverhältnis nach IAS 27 vorliegt. Daneben soll diese Vorschrift bei Gleichordnungskonzernen (→ 4 Rz. 2010), bei denen eine natürliche Person an der Spitze steht, ebenfalls zur Anwendung kommen.[6] Ein Konzern i.S.d. § 4h Abs. 2 Satz 1 Buchst. b EStG liegt demnach dann vor, wenn – unabhängig von einer Konzernrechnungslegungspflicht nach nationalem Recht – nach IAS 27 ein Beherrschungsverhältnis besteht. In IAS 27.4 sind die maßgeblichen Definitionen enthalten. Danach ist ein Mutterunternehmen ein Unternehmen mit einem oder mehreren Tochterunternehmen. Ein Tochterunternehmen ist ein Unternehmen, das von einem anderen Unternehmen beherrscht wird. Beherrschung ist die Möglichkeit, die Finanz- und Geschäftspolitik eines Unternehmens zu bestimmen, um aus dessen Tätigkeit Nutzen zu ziehen. Nach IAS 27.13 wird die Beherrschung dann angenommen, wenn das Mutterunternehmen entweder direkt oder indi-

2008

---

1) Einen Überblick zur Konsolidierung nach IFRS, HGB und US-GAAP gibt Heuermann in Blümich, § 4h EStG Rz. 54 ff.
2) BMF v. 4.7.2008, IV C 7 – S 2742a/07/10001, BStBl I 2008, 718, Tz. 61.
3) BMF v. 4.7.2008, IV C 7 – S 2742a/07/10001, BStBl I 2008, 718, Tz. 61.
4) Vgl. BMF v. 4.7.2008, IV C 7 – S 2742a/07/10001, BStBl I 2008, 718, Tz. 60, 62.
5) BT-Drucks 16/4841, 50.
6) Zum erweiterten Konzernbegriff s.a. Frotscher, § 4h EStG, Rz. 166; Ganssauge/Mattern, DStR 2008, 213, 216; Goebel/Eilinghoff, DStZ 2010, 487, 495; Hick in Hermann/Heuer/Raupach, § 4h EStG, Rz. 95; Heuermann in Blümich, § 4h EStG, Rz. 66f; Hoffmann in Littmann/Bitz/Pust, § 4h EStG, Rz. 163.

Achter

rekt über Tochterunternehmen über mehr als die Hälfte der Stimmrechte eines Unternehmens verfügt; es sei denn, unter außergewöhnlichen Umständen lässt sich eindeutig nachweisen, dass trotz alledem eine Beherrschung nicht besteht.[1] Aus dem mit dem Gesetz verfolgten Ziel folgt ebenfalls, dass für die einheitliche Bestimmung der Finanz- und Geschäftspolitik eine Beherrschung erforderlich ist. Zweck der Zinsschranke ist die Sicherung des inländischen Steuersubstrats sowie die Vermeidung missbräuchlicher Steuergestaltungen.[2] Durch einen konzernweiten Vergleich der Eigenkapitalquote sollen einseitige Verlagerungen von Fremdfinanzierungsaufwand ins Inland verhindert werden.[3] Es sollen asymmetrische Finanzierungsstrukturen von Konzernen zu Lasten Deutschlands bekämpft werden.[4] Diese Verlagerung von Fremdfinanzierungsaufwand ohne realen wirtschaftlichen Hintergrund und nur zum Zwecke der Steuerersparnis setzt voraus, dass die inländische Tochter durch eine Mutter beherrscht wird. Nur wenn die inländische Kapitalgesellschaft einer Konzernspitze zu deren Nutzen dient, wird sie bereit sein bzw. muss es hinnehmen, zu Lasten des eigenen Gewinns fremde Kredite zu übernehmen und zu bedienen.[5]

2009 **Hinweis:**

Eine aus der Identität der handelnden natürlichen Personen herrührende faktische Möglichkeit, die Finanz- und Geschäftspolitik verschiedener Betriebe zu steuern, reicht für den Konzernbegriff des § 4h Abs. 3 Satz 6 EStG allein nicht aus. Hinzukommen muss die Beherrschung dieser Betriebe durch eine Konzernspitze.[6]

2010 **Hinweis:**

Dem BMF zufolge erfasst § 4h Abs. 3 Satz 6 EStG nur sog. Gleichordnungskonzerne.[7] Ein Konzern auf Grund einheitlicher Bestimmung der Finanz- und Geschäftspolitik kann auch dann vorliegen, wenn eine natürliche Person Beteiligungen an den beherrschten Unternehmen im Privatvermögen hält. Auch eine vermögensverwaltend tätige Gesellschaft kann Konzernspitze sein (→ 4 Rz. 1969). In derartigen Fällen, in denen die Konzernspitze selbst keinen Betrieb i.S.d. § 4h Abs. 1 EStG darstellt oder unterhält, wird sie selbst in den Konzernabschluss nicht einbezogen, sondern nur die beherrschten Betriebe.[8]

k) *Eigenkapitalvergleich nach § 4h Abs. 2 Satz 1 Buchst. c ff. EStG*

aa) Vergleich der Eigenkapitalquoten

2011 Die Anwendung der Zinsschranke auf einen konzernzugehörigen Betrieb durch Berufung auf die Escape-Klausel zu vermeiden, setzt den Nachweis voraus, dass dessen Eigenkapitalquote mindestens so hoch ist wie die Eigenkapitalquote des Konzerns (§ 4h Abs. 2 Satz 1 Buchst. c EStG).[9] Ein Unterschreiten der Eigenkapitalquote des Konzerns bis zu zwei Prozentpunkten ist jedoch unschädlich (§ 4h Abs. 2 Satz 2 EStG; → 4 Rz. 2000).

bb) Maßgeblicher Rechnungslegungsstandard/Überleitungsrechnung

2012 Der Vergleich der Eigenkapitalquoten des Konzernbetriebs und des Gesamtkonzerns erfordert einen Betriebsabschluss sowie einen Konzernabschluss, der grds. den Ver-

---

1) FG München v. 14.12.2011, 7 V 2442/11, EFG 2012, 453 (rkr.).
2) BT-Drucks 16/4841, 35.
3) BT-Drucks 16/4841, 48.
4) BT-Drucks 16/4841, 31.
5) FG München v. 14.12.2011, 7 V 2442/11, EFG 2012, 453 (rkr.).
6) Vgl. FG München v. 14.12.2011, 7 V 2442/11, EFG 2012, 453 (rkr.).
7) BMF v. 4.7.2008, IV C 7 – S 2742a/07/10001, BStBl I 2008, 718, Tz. 60.
8) BMF v. 4.7.2008, IV C 7 – S 2742a/07/10001, BStBl I 2008, 718, Tz. 60.
9) Zum sog. umgekehrten Münchhauseneffekt und anderen Fehleffekten des Eigenkapitalquotenvergleichs in Einzelfällen: Lüdenbach/Hoffmann, DStR 2007, 639; Töben, FR 2007, 742.

gleichsbetrieb einschließen muss. Die für den Eigenkapitalvergleich erforderlichen Abschlüsse sind einheitlich nach dem maßgeblichen Rechnungslegungsstandard zu erstellen, Wahlrechte einheitlich auszuüben bzw. die Abschlüsse entsprechend zu modifizieren (vgl. § 4h Abs. 2 Satz 4 Halbs. 1 EStG).

Wurde der Jahresabschluss oder Einzelabschluss nicht nach denselben Rechnungslegungsstandards wie der Konzernabschluss aufgestellt, ist die Eigenkapitalquote des Betriebs in einer Überleitungsrechnung nach den für den Konzernabschluss geltenden Rechnungslegungsstandards zu ermitteln (§ 4h Abs. 2 Satz 11 EStG). 2013

Hinweis: 2014

Die Überleitungsrechnung nach § 4h Abs. 2 Satz 11 EStG ist einer **prüferischen Durchsicht** zu unterziehen (§ 4h Abs. 2 Satz 12 EStG). Die Finanzbehörde kann verlangen, dass die Überleitungsrechnung von einem Abschlussprüfer geprüft wird, der die Voraussetzungen des § 319 HGB erfüllt (§ 4h Abs. 2 Satz 13 Alt. 2 EStG). Die Berechtigung, eine Prüfung zu verlangen, hat die Finanzbehörde aber auch, wenn reguläre Abschlüsse dem Eigenkapitalvergleich zu Grunde gelegt werden (§ 4h Abs. 2 Satz 13 Alt. 1 EStG).

cc) Maßgeblicher Zeitpunkt

Grds. sind dem Vergleich die Eigenkapitalquoten am Schluss des vorangegangenen Abschlussstichtags zu Grunde zu legen (§ 4h Abs. 2 Satz 1 Buchst. c EStG). Bei Neugründung eines Betriebs wird auf das Eigenkapital laut der Eröffnungsbilanz abgestellt.[1] Weicht der Abschlussstichtag des Betriebs vom Abschlussstichtag des Konzerns ab, ist der Betriebsabschluss maßgeblich, der in den Konzernabschluss eingegangen ist. Es darf sich dabei auch um einen Zwischenabschluss handeln.[2] 2015

dd) Ausnahmen von der Einbeziehung aller Konzernbetriebe in den Konzernabschluss

Der Konzernabschluss muss grds. den Vergleichsbetrieb umfassen. Abweichend hiervon wird bei Neugründung eines Betriebs auf das Eigenkapital laut der Eröffnungsbilanz abgestellt und der neugegründete Betrieb nicht in den Konzernabschluss einbezogen.[3] Wurden konzernzugehörige Betriebe nach dem maßgeblichen Rechnungslegungsstandard ordnungsgemäß nicht mit in den Konzernabschluss aufgenommen, muss der Konzernabschluss nicht um diese Betriebe erweitert werden. Bestehende Konzernabschlüsse dürfen für den Eigenkapitalvergleich grds. unverändert herangezogen werden.[4] 2016

ee) Modifizierung des Abschluss-Eigenkapitals des Betriebs

Die Eigenkapitalquote ist das Verhältnis des Eigenkapitals zur Bilanzsumme; sie bemisst sich nach dem Konzernabschluss, der den Betrieb umfasst, und dem Jahresabschluss oder Einzelabschluss des Betriebs (§ 4h Abs. 2 Satz 3 EStG). 2017

Wahlrechte sind im Konzernabschluss und im Abschluss des Betriebs einheitlich auszuüben bzw. die Abschlüsse für den Vergleich entsprechend zu modifizieren (§ 4h Abs. 2 Satz 4 Halbs. 1 EStG). Im Fall von – wahlrechtsähnlichen – gesellschaftsrechtlichen Kündigungsrechten ist insoweit mindestens das Eigenkapital anzusetzen, das sich nach den Vorschriften des HGB ergeben würde (§ 4h Abs. 2 Satz 4 Halbs. 2 EStG). Es handelt sich hier um eine Sonderregelung für PersG. 2018

---

1) BMF v. 4.7.2008, IV C 7 – S 2742a/07/10001, BStBl I 2008, 718, Tz. 70.
2) BMF v. 4.7.2008, IV C 7 – S 2742a/07/10001, BStBl I 2008, 718, Tz. 70.
3) BMF v. 4.7.2008, IV C 7 – S 2742a/07/10001, BStBl I 2008, 718, Tz. 70.
4) BMF v. 4.7.2008, IV C 7 – S 2742a/07/10001, BStBl I 2008, 718, Tz. 72.

2019 Das Eigenkapital des Betriebs ist vor der Einstellung in den Vergleich noch – wie nachfolgend dargestellt – zu modifizieren (§ 4h Abs. 2 Satz 5 und 7 EStG); Vermögensgegenstände und Schulden, einschließlich Rückstellungen, Bilanzierungshilfen, Rechnungsabgrenzungsposten u.Ä. sind dabei mit den im Konzernabschluss abgebildeten Werten anzusetzen, sofern sie in diesem enthalten sind:[1]

	Eigenkapital des Betriebs gem. Abschluss
+	Im Konzernabschluss enthaltener Firmenwert, soweit er auf den Betrieb entfällt, ggf. unter Anpassung der Bilanzsumme
+	Im Konzernabschluss enthaltene stille Reserven aus einem entgeltlichen Beteiligungserwerb, soweit sie auf den erworbenen Betrieb entfallen[2]
+/./.	Korrektur der Wertansätze der Vermögensgegenstände und Verbindlichkeiten dahingehend, dass sie den im Konzernabschluss ausgewiesenen Werten entsprechen
+	Die Hälfte des Sonderpostens mit Rücklageanteil nach § 273 HGB
./.	Eigenkapital, das keine Stimmrechte vermittelt – mit Ausnahme von Vorzugsaktien
./.	Anteile an anderen Konzerngesellschaften (Mitunternehmerschaften eingeschlossen), unabhängig von der Beteiligungshöhe (keine Kürzung um eigene Anteile und Anteile an nichtkonzernzugehörigen Gesellschaften)
./.	Einlagen der letzten sechs Monate vor dem maßgeblichen Abschlussstichtag, soweit ihnen Entnahmen oder Ausschüttungen innerhalb der ersten sechs Monate nach dem maßgeblichen Abschlussstichtag gegenüberstehen
+/./.	Sonderbetriebsvermögen – dieses ist dem Betrieb der Mitunternehmerschaft zuzuordnen.
=	Vergleichseigenkapital des Betriebs i.S.d. § 4h Abs. 2 EStG

ff) Modifizierung der Abschluss-Bilanzsumme des Betriebs

2020 Die Bilanzsumme des Betriebs ist ebenfalls zu modifizieren, nach Maßgabe von § 4h Abs. 2 Satz 6 und 7 EStG wie folgt:

	Bilanzsumme des Betriebs laut Abschluss
./.	Kapitalforderungen, die nicht im Konzernabschluss enthalten sind und denen Verbindlichkeiten i.S.d. § 4 Abs. 3 EStG in mindestens gleicher Höhe gegenüberstehen
+/./.	Sonderbetriebsvermögen – dieses ist dem Betrieb der Mitunternehmerschaft zuzuordnen
=	Gemäß § 4h Abs. 6 und 7 EStG modifizierte Bilanzsumme

2021 Dem BMF zufolge sind zudem die Modifikationen des Eigenkapitals bei der Bilanzsumme weitestgehend nachzuvollziehen, ausgenommen die Hinzurechnung der

---

[1] BMF v. 4.7.2008, IV C 7 – S 2742a/07/10001, BStBl I 2008, 718, Tz. 73.
[2] Diese Modifikation hat nach Ansicht des BMF v. 4.7.2008, IV C 7 – S 2742a/07/10001, BStBl I 2008, 718, Tz. 73 ebenfalls zu erfolgen, lässt sich aber dem Gesetz nicht entnehmen.

Hälfte des Sonderpostens mit Rücklageanteil und die Kürzung um das Eigenkapital, das keine Stimmrechte vermittelt,[1] also:

	gem. § 4h Abs. 6 und 7 EStG modifizierte Bilanzsumme
+	Im Konzernabschluss enthaltener Firmenwert, soweit er auf den Betrieb entfällt, ggf. unter Anpassung der Bilanzsumme
+	Im Konzernabschluss enthaltene stille Reserven aus einem entgeltlichen Beteiligungserwerb, soweit sie auf den erworbenen Betrieb entfallen[2]
+/./.	Korrektur der Wertansätze der Vermögensgegenstände und verbindlich dahingehend, dass sie den im Konzernabschluss ausgewiesenen Werten entsprechen
./.	Anteile an anderen Konzerngesellschaften (Mitunternehmerschaften eingeschlossen), unabhängig von der Beteiligungshöhe (keine Kürzung um eigene Anteile und Anteile an nichtkonzernzugehörigen Gesellschaften)
./.	Einlagen der letzten sechs Monate vor dem maßgeblichen Abschlussstichtag, soweit ihnen Entnahmen oder Ausschüttungen innerhalb der ersten sechs Monate nach dem maßgeblichen Abschlussstichtag gegenüberstehen
=	modifizierte Bilanzsumme (wie nach Ansicht des BMF zu ermitteln)

2. Die Zinsschranke bei Personengesellschaften

a) Zinsaufwendungen aus dem Sonderbetriebsvermögen

Gemäß § 4h Abs. 1 Satz 2, Abs. 4 Satz 1 EStG, § 8a Abs. 1 Satz 1 KStG sind die Zinsaufwendungen, die nach den Schrankenregelungen nicht abgezogen werden dürfen, gesondert festzustellen und vorzutragen.

Hinweis:

Die Begrenzung des Betriebsausgabenabzugs kann bei Fehlen entsprechender gesellschaftsvertraglicher Regelungen zu Verwerfungen bei der Gewinnverteilung führen. So kann etwa der nicht zulässige Sonderbetriebsausgabenabzug eines Gesellschafters unmittelbar die Einkünfte der anderen Gesellschafter erhöhen. Zurechnungsprobleme können sich aus dem Zusammentreffen von Zinsaufwendungen eines Gesellschafters mit Zinsauswendungen aus dem Gesamthandsbereich ergeben.

b) Körperschaft als Mitunternehmerin – Entsprechende Anwendung von § 8c KStG auf den Zinsvortrag

Durch das JStG 2009[3] wurde § 4h Abs. 5 EStG um Satz 3 ergänzt, demzufolge § 8c KStG auf den Zinsvortrag einer Mitunternehmerschaft entsprechend anzuwenden ist, soweit an dieser unmittelbar oder mittelbar eine Körperschaft als Mitunternehmerin beteiligt ist. Das bedeutet, dass bei Gesellschafterwechsel über 25 % der Zinsvortrag entsprechend der geänderten Beteiligungsquote und bei Gesellschafterwechsel über 50 % vollends entfällt.[4] Gemäß § 52 Abs. 12d Satz 2 EStG ist diese Regelung auf alle schädlichen Beteiligungserwerbe nach dem 28.11.2008 anzuwenden, deren sämtliche Erwerbe und gleichgestellte Rechtsakte nach dem 28.11.2008 stattfinden.

---

1) BMF v. 4.7.2008, IV C 7 – S 2742a/07/10001, BStBl I 2008, 718, Tz. 76.
2) Diese Modifikation hat nach Ansicht des BMF v. 4.7.2008, IV C 7 – S 2742a/07/10001, BStBl I 2008, 718, Tz. 73 ebenfalls zu erfolgen, lässt sich aber dem Gesetz m. E. nicht entnehmen.
3) Gesetz v. 19.12.2008, BGBl. I 2008, 2794 = BStBl I 2009, 74.
4) Korn, § 4h EStG Rz. 182.

c) Mitunternehmerwechsel

2025 Scheidet ein Mitunternehmer aus einer PersG aus, gehen der EBITDA-Vortrag sowie der Zinsvortrag anteilig mit der Quote unter, mit der der ausgeschiedene Gesellschafter an der Gesellschaft beteiligt war (§ 4h Abs. 5 Satz 2 EStG, → 4 Rz. 1986 ff.).

d) Verringerung der Beteiligungsquote

2026 § 4h Abs. 5 Satz 2 EStG regelt als steuerschädlich nur das Ausscheiden eines Mitunternehmers. Der Gesetzeswortlaut umfasst nicht die Verringerung der Beteiligungsquote, die deshalb den Zinsvortrag unberührt lässt, unabhängig davon, ob die verringerte Beteiligungsquote den bisherigen Mitgesellschaftern zuwächst oder den Teilanteil ein (neuer) Gesellschafter erwirbt. Der auf die veränderten Beteiligungsquoten entfallende Teil des Zinsvortrags ist den Gesellschaftern nach Maßgabe der veränderten Beteiligungsquote zuzurechnen, wenn man bei Mitunternehmerschaften nicht zu einer Individualisierung des Zinsvortrags gelangt. Dann ist bei einem späteren Ausscheiden des Mitunternehmers, der zuvor seine Beteiligungsquote verringert hat (abgesehen von gesamtplanmäßigen Umgehungsgestaltungen), vom Untergang des Zinsvortrags nur noch die zuletzt relevante Beteiligungsquote betroffen.[1]

e) Betriebsaufgabe, Teilbetriebsaufgabe und Betriebsübertragung

2027 Wird ein Betrieb im Ganzen aufgegeben oder übertragen, gehen ein nicht verbrauchter EBITDA-Vortrag und ein nicht verbrauchter Zinsvortrag unter (§ 4h Abs. 5 Satz 1 EStG). Unschädlich hingegen ist die Übertragung eines Teilbetriebs – wenn die betriebliche Einheit erhalten bleibt[2] – oder von Einzelwirtschaftsgütern, vorbehaltlich der Sonderregelungen des UmwStG.[3]

2028 **Hinweis:**

Die FinVerw hingegen geht bei der Übertragung von Teilbetrieben von einem anteiligen Untergang des Zinsvortrags aus.[4]

2029 **Hinweis:**

Ein etwaiger Aufgabe- oder Übertragungsgewinn gehört zum Verrechnungspotenzial.[5]

f) Unentgeltlicher Betriebsübergang, vorweggenommene Erbfolge, Erbfall

2030 Nach dem Gesetzeswortlaut werden sowohl entgeltliche als auch unentgeltliche Übertragungen erfasst. Es kann jedoch wohl davon ausgegangen werden, dass die FinVerw zumindest unentgeltliche Erwerbe durch vorweggenommene Erbfolge und Erbfall als unschädlich betrachtet. Bei der Anwendung des § 8c KStG hält sie unentgeltlich vorweggenommene Erbfolgen für unschädlich.[6] Der Übergang durch Erbfolge einschließlich Erbauseinandersetzung stellt keine „Übertragung" dar.[7]

---

1) Korn, § 4h EStG Rz. 179.
2) Korn, § 4h EStG Rz. 177 m.w.N., u.a. Huken, DB 2008, 544, 546; Köhler/Hahne, DStR 2008, 1505, 1513; Hallerbach, StuB 2008, 624, 629; Hölzer/Nießner, FR 2008, 845, 847; Goebel/Eilinghoff/Kim, DStZ 2008, 630, 636; Schwedhelm/Finke, GmbHR 2009, 2081, 2084; Hierstetter, DB 2009, 79, 80; kritisch zur Verwaltungsauffassung auch Beußer, FR 2009, 49, 52.
3) Hierzu Korn, § 4h EStG Rz. 181.
4) BMF v. 4.7.2008, IV C 7 – S 2742 – a/07/10001, BStBl I 2008, 718, Tz. 47.
5) Korn, § 4h EStG Rz. 175.
6) BMF v. 4.7.2008, IV C 7 – S 2745 – a/08/10001, BStBl I 2008, 736, Rz. 4.
7) Korn, § 4h EStG Rz. 175.

3. Die Zinsschranke bei Körperschaften

a) Körperschaftsteuerliches EBITDA

Im Bereich der KSt ist Bemessungsgrundlage für die Zinsschranke das maßgebliche Einkommen (§ 8a Abs. 1 Satz 1 KStG). Es tritt an die Stelle des maßgeblichen Gewinns i.S.d. § 4h Abs. 1 Satz 1 EStG. **2031**

Das maßgebliche Einkommen ist zunächst das nach den Vorschriften des EStG und des KStG ermittelte Einkommen, ohne Berücksichtigung **2032**
- einer etwaigen Abzugsbeschränkung durch die Zinsschranke des § 4h EStG,
- des Verlustabzugs nach § 10d EStG und
- des Zuwendungsabzugs nach § 9 Abs. 1 Nr. 2 KStG (§ 8a Abs. 1 Satz 2 EStG).

Zum steuerlichen EBITDA von Körperschaften für die Zwecke der Zinsschranke → **4** Rz. 1974.

Bei Körperschaften i.S.d. § 1 Abs. 1 Nr. 1–3 KStG ist das (steuerpflichtige) Einkommen der um außerbilanzielle Zu- und Abrechnungen korrigierte Steuerbilanzgewinn.

b) Unschädliche Gesellschafter-Fremdfinanzierung

aa) Zusätzliche Voraussetzungen für die Anwendung der Ausnahmetatbestände des § 4h Abs. 2 Satz 1 Buchst. b und c EStG

Für Körperschaften ist die Anwendbarkeit der Ausnahmetatbestände des § 4h Abs. 2 Satz 1 Buchst. b und c EStG an die zusätzliche Bedingung geknüpft, dass keine sog. schädliche Gesellschafter-Fremdfinanzierung gegeben ist (vgl. § 8a Abs. 2 und 3 KStG). Dieser Rückausnahmetatbestand enthält viele Merkmale, die der Tatbestand der Gesellschafter-Fremdfinanzierung i.S.d. § 8a KStG a.F. umfasste, wobei dieser eine Umqualifizierung übermäßiger Fremdkapitalvergütungszahlungen von Betriebsausgaben in vGA zur Rechtsfolge hatte. **2033**

Eine sog. schädliche Gesellschafter-Fremdfinanzierung liegt vor, wenn die Körperschaft mehr als 10 % der Entgelte für Fremdkapital (Zinsaufwendungen), die nach Verrechnung mit Zinserträgen verbleiben, zahlt **2034**
- an einen Anteilseigner, der zu mehr als 25 % unmittelbar oder mittelbar am Grund- oder Stammkapital beteiligt ist,
- an eine Person, die einem solchen Anteilseigner i.S.d. § 1 Abs. 2 AStG nahe steht, **oder**
- an einen Dritten, der auf einen solchen Anteilseigner oder die nahe stehende Person zurückgreifen kann.

Unmittelbare und mittelbare Beteiligungen werden für die Beurteilung, ob ein Gesellschafter wesentlich beteiligt ist, zusammengerechnet; mittelbare Beteiligungen reichen aus.[1] Eine Rückgriffsmöglichkeit besteht schon dann, wenn der Anteilseigner oder die ihm nahestehende Person dem Dritten gegenüber faktisch für die Erfüllung der Schuld einsteht.[2] **2035**

> **Hinweis:** **2036**
> Der BFH hat in einem Beschluss v. 13.3.2012[3] im Rahmen eines AdV-Verfahrens ernsthafte Zweifel daran geäußert, ob § 8a Abs. 2 Alt. 3 KStG 2002 n.F. jedenfalls insoweit verfassungs-

---
1) BMF v. 4.7.2008, IV C 7 – S 2742a/07/10001, BStBl I 2008, 718, Tz. 81.
2) BMF v. 4.7.2008, IV C 7 – S 2742a/07/10001, BStBl I 2008, 718, Tz. 83.
3) BFH v. 13.3.2012, I B 111/11, BFH/NV 2012, 1073; hierzu Wiese, GmbHR 2012, 646; Rosen/Hütig, StuB 2012, 475; Prinz, FR 2012, 541; Schwetlik, EStB 2012, 195.

rechtlichen Anforderungen standhält, als dadurch nicht nur sog. Back-to-back-Finanzierungen, sondern auch übliche Fremdfinanzierungen von KapG bei Banken erfasst und damit die entsprechenden Zinsaufwendungen der Betriebsausgabenabzugsbeschränkung der sog. Zinsschranke unterworfen werden.

Der Senat hat im Hinblick auf den allgemeinen Gleichheitssatz des Art. 3 Abs. 1 GG verfassungsrechtliche Bedenken gegen die Einschränkung der sog. Stand-alone-Klausel des § 4 Abs. 2 Satz 1 Buchst. b EStG durch § 8a Abs. 2 KStG 2002 n.F. in seiner 3. Regelungsalternative.

Auf dieser Grundlage hat der Senat Bedenken gegen die Verhältnismäßigkeit des typisierenden § 8a Abs. 2 Alt. 3 KStG 2002 n.F. Es ist fraglich, ob die Vorschrift zur Vermeidung von Finanzierungsgestaltungen zwischen einer Körperschaft und ihrem Anteilseigner[1] erforderlich ist; auf Grund ihres weit gefassten Wortlauts hat sie einen deutlich überschießenden Anwendungsbereich.

§ 8a Abs. 2 Alt. 3 KStG 2002 n.F. erfasst auch die Fälle, in denen eine Bank ein Darlehen gewährt, hierfür aber eine Bürgschaft oder eine anderweitige Sicherheit eines Gesellschafters oder einer nahestehenden Person verlangt, obwohl es sich hierbei grundsätzlich nicht um eine auf Gewinnverlagerung gerichtete Finanzierungsgestaltung zwischen der Körperschaft und ihrem Anteilseigner handelt. Die Bürgschaft oder Sicherheit ist i.d.R. allein erforderlich, damit die Gesellschaft das Darlehen erhält.[2]

Damit hat § 8a Abs. 2 Alt. 3 KStG 2002 n.F. aber nicht nur einen überschießenden Anwendungsbereich, sondern führt gerade im Bereich üblicher Fremdfinanzierungen zu unverhältnismäßigen Belastungswirkungen, durch die sich insbesondere die Situation insolvenzbedrohter Unternehmen weiter verschlechtert. Jenseits missbräuchlicher Gestaltungen belastet § 8a Abs. 2 Alt. 3 KStG 2002 n.F. gerade finanz- und ertragsschwache Unternehmen in besonderem Maße, die auf Fremdkapital angewiesen sind, um ihren Geschäftsbetrieb aufrechtzuerhalten, die aber Fremdkapital nur erhalten, wenn sie durch ihre Gesellschafter Sicherheiten stellen können.[3]

bb) **Schädliche Gesellschafter-Fremdfinanzierung bei nicht vollständiger Konzernzugehörigkeit des Betriebs (§ 4h Abs. 2 Satz 1 Buchst. b EStG i. V. m. § 8a Abs. 2 KStG).**

2037 Gehört der Betrieb nicht oder nur anteilsmäßig einem Konzern an (§ 4h Abs. 2 Satz 1 Buchst. b EStG), ist die Zinsschranke dennoch auf den Betrieb anwenden, wenn eine sog. schädliche Gesellschafter-Fremdfinanzierung gegeben ist (§ 8a Abs. 2 KStG) oder der Körperschaft der Beweis misslingt, dass keine schädliche Gesellschafter-Fremdfinanzierung besteht.

2038 **Hinweis:**

Eine nicht-konzernzugehörige Körperschaft muss v.a. auch **nachweisen (können)**, dass keine schädliche Gesellschafter-Fremdfinanzierung vorliegt, um die Anwendung der Zinsschranke auf der Grundlage des Ausnahmetatbestands der Nicht-Konzernzugehörigkeit (§ 4 Abs. 2 Satz 1 Buchst. b EStG) abzuwenden.

cc) **Schädliche Gesellschafter-Fremdfinanzierung bei Konzernzugehörigkeit (§ 4h Abs. 2 Satz 1 Buchst. c EStG i. V. m § 8a Abs. 3 KStG)**

2039 Ist die Eigenkapitalquote des Betriebs einer konzernzugehörigen Körperschaft mindestens so hoch wie die Eigenkapitalquote des Konzerns, dem er angehört (§ 4h Abs. 2 Satz 1 Buchst. c EStG), ist die Zinsschranke dennoch auf den Betrieb anzuwenden, wenn eine sog. schädliche Gesellschafter-Fremdfinanzierung gegeben ist (§ 8a Abs. 3 KStG) **oder der Körperschaft der Beweis misslingt, dass keine schädliche Gesell-**

---

1) Vgl. Gesetzesbegründung BT-Drucks 16/4841, 74 f.
2) BFH v. 13.3.2012, I B 111/11, BFH/NV 2012, 1073.
3) BFH v. 13.3.2012, I B 111/11, BFH/NV 2012, 1073.

schafter-Fremdfinanzierung besteht. Schädlich können dabei allerdings nur Verbindlichkeiten sein, die in dem vollkonsolidierten Konzernabschluss nach § 4h Abs. 2 Satz 1 Buchst. c EStG ausgewiesen sind und bei Finanzierung durch einen Dritten einen Rückgriff gegen einen **nicht zum Konzern gehörenden Gesellschafter** oder eine diesem nahestehende Person auslösen. Konzerninterne Gesellschafter-Fremdfinanzierungen sind unbeachtlich.

Hinweis: 2040

> Konzerninterne Finanzierungen führen nicht zu einer schädlichen Gesellschafter-Fremdfinanzierung.[1)] Dafür, dass keine schädliche Gesellschafter-Fremdfinanzierung gegeben ist, trägt die Körperschaft die Beweislast (vgl. § 8a Abs. 2 a. E. und Abs. 3 Satz 1 a. E. KStG). Das BMF vertritt den Standpunkt, dass ein zu einem Konzern gehörender Rechtsträger die Escape-Klausel des § 4h Abs. 2 Satz 1 Buchst. c EStG nur in Anspruch nehmen kann, wenn es ihm gelingt nachzuweisen, dass bei keinem einzigen konzernzugehörigen Rechtsträger eine schädliche „Außen-Gesellschafter-Fremdfinanzierung" gegeben ist.[2)] Dies war wohl die ursprüngliche Intention des Gesetzgebers, doch besteht für den Standpunkt des BMF keine tragfähige gesetzliche Grundlage.[3)]

Hinweis: 2041

> Das FG Niedersachsen hat mit Beschluss vom 18.2.2010[4)] eine Aussetzung der Vollziehung gewährt auf Grund ernsthafter Zweifel, ob Zinsaufwendungen mehrerer wesentlich Beteiligter bei der Anwendung der Rückausnahme des § 8a Abs. 3 Satz 1 KStG zur Zinsschranke zu addieren sind. Eine Holdinggesellschaft hatte im Veranlagungsverfahren einen unbeschränkten Abzug von Zinsaufwendungen als Betriebsausgaben geltend gemacht und Einspruch gegen den abweichenden GewSt-Messbescheid eingelegt mit der Begründung, dass die Eigenkapitalquote am 31.12.2007 höher gewesen sei als diejenige des Konzerns. Ferner war die Antragstellerin der Auffassung, dass keine steuerschädliche Gesellschafter-Fremdfinanzierung vorliege. Das FG vertrat in seinem Beschluss eine andere Auslegung des § 8a Abs. 3 Satz 1 KStG als das BMF.[5)] Nach Ansicht des Gerichts bestehen bei der Schädlichkeitsbetrachtung verschiedene theoretische Lösungsmöglichkeiten. Unklar sei, ob die Betriebsfiktion des § 15 Satz 1 Nr. 3 Satz 2 KStG auch für die Zwecke des § 8a Abs. 3 KStG gelte. Angesichts der offenen Auslegungs-, Verfassungs- und EU-Rechtsfragen sollte in Betracht gezogen werden, einschlägige Fälle durch Rechtsbehelfe offen zu halten.[6)]

c) Organschaft

Die Zinsschrankenregelungen finden bei Organgesellschaften keine Anwendung (vgl. § 15 Abs. 3 Satz 1 KStG). Vielmehr gelten Organgesellschaften und Organträger als ein Betrieb i.S.d. § 4h Abs. 1 EStG (§ 15 Abs. 3 Satz 2 KStG). Sind in dem Einkommen der Organgesellschaften, die dem Organträger zugerechnet werden, Zinserträge und Zinsaufwendungen i.S.d. § 4h Abs. 3 EStG enthalten, sind diese bei der Anwendung der Zinsschranke beim Organträger mit einzubeziehen (§ 15 Abs. 3 Satz 3 KStG).[7)] 2042

Infolgedessen 2043

- finden die Schrankenregelungen des § 4h EStG ausschließlich auf der Ebene des Organträgers Anwendung,
- kann die Freigrenze nur einmal in Anspruch genommen werden (sie gilt für den gesamten Organkreis) und
- gilt die Zinsschranke nicht für Finanzbeziehungen innerhalb des Organkreises.

---

1) BMF v. 4.7.2008, IV C 7 – S 2742a/07/10001, BStBl I 2008, 718, Tz. 80.
2) BMF v. 4.7.2008, IV C 7 – S 2742a/07/10001, BStBl I 2008, 718, Tz. 80.
3) S. zu dieser Problematik die ausführliche Abhandlung von Staats/Enger, DStR 2007, 1801.
4) FG Niedersachsen v. 18.2.2010, 6 V 21/10, DStR 2010, 597.
5) Vgl. BMF v. 4.7.2008, IV C 7 – S 2742a/07/10001, BStBl I 2008, 718, Tz. 82.
6) Hierzu a. Behrens, BB 2010, 1132.
7) S.a. Schmid/Mertgen DB 2012, 1830.

Hinweis:

Dem BMF zufolge ist während der Organschaft die Nutzung eines vororganschaftlichen Zinsvortrags von Organgesellschaften nicht zulässig; die Grundsätze zu § 15 Satz 1 Nr. 1 KStG gälten entsprechend.[1] Diese Ansicht dürfte nicht im Einklang mit dem Gesetz stehen.

d) Kommanditgesellschaft auf Aktien (KGaA)

2044 Das BMF vertritt die Ansicht, dass bei einer KGaA nur ein Betrieb i.S.d. Zinsschranke bestehe, dessen Einkommen auch den Gewinnanteil des persönlich haftenden Gesellschafters umfasse, da § 9 Abs. 1 Nr. 1 KStG nicht anzuwenden sei.[2] Diese Meinung ist mit dem Gesetz nicht vereinbar. § 9 Abs. 1 Nr. 1 KStG schreibt vor, dass der Gewinnanteil des persönlich haftenden Gesellschafters nicht Teil des Einkommens der Körperschaft ist. Für die Zwecke der Zinsschranke ergibt sich aus § 8a Abs. 1 Satz 2 KStG nichts anderes, sondern bestätigt das.

e) Körperschaften nachgeordnete Personengesellschaften

2045 § 8a Abs. 2 und 3 KStG ordnet Rückausnahmen für die Ausnahmetatbestände des § 4h Abs. 2 Satz 1 Buchst. b (keine vollständige – potenzielle – Konzernzugehörigkeit) und Buchst. c EStG (Escape-Klausel) an. Gemäß § 4h Abs. 2 Satz 2 EStG gelten diese Rückausnahmetatbestände auch für eine PersG, bei der die Gesellschafter als Mitunternehmer anzusehen sind, und die einer Körperschaft unmittelbar oder mittelbar nachgeordnet ist.

---

1) BMF v. 4.7.2008, IV C 7 – S 2742a/07/10001, BStBl I 2008, 718, Tz. 48.
2) BMF v. 4.7.2008, IV C 7 – S 2742a/07/10001, BStBl I 2008, 718, Tz. 8, 44.

TEIL 5
Tabellen und Übersichten

INHALTSÜBERSICHT

	Rz.
A. ABC der Zahlen, Daten, Fakten	1–2
B. Kirchensteuer	1–6
I. Kirchensteuer-Übersicht	1
II. Auskünfte in Kirchensteuerfragen	2–6
1. Evangelische Landeskirchen	3
2. Katholische Kirchen	4
3. Weitere Religionsgemeinschaften	5
4. Servicetelefone (Auswahl)	6
C. Unternehmensbewertung	1–2
I. Checkliste zur Ertragswertermittlung	1
II. Checkliste zur Informationserhebung	2
D. Nachfolgeregelung	1–2
I. Bestandsaufnahme und Analyse der betrieblichen Grundlagen	1
II. Bestandsaufnahme und Analysen im persönlichen Bereich	2
E. Rechnungslegung	1–9
I. Vorbemerkung	1
II. Rechnungslegung nach HGB	2–9
1. Größenklassen nach §§ 267, 267a HGB	2
2. Bilanzgliederung nach § 266 HGB	3–6
a) Bilanzgliederung der Kleinstkapitalgesellschafteni.S.d. § 267a HGB	3
b) Bilanzgliederung der kleinen Kapitalgesellschaften i.S.d. § 267 Abs. 1 HGB	4
c) Bilanzgliederung der mittelgroßen Kapitalgesellschaften i.S.d. § 267 Abs. 2 HGB	5
d) Bilanzgliederung der großen Kapitalgesellschaften i.S.d. § 267 Abs. 3 HGB	6
3. Gliederung der Gewinn- und Verlustrechnung nach § 275 HGB	7–9
a) Gesamtkostenverfahren nach § 275 Abs. 2 HGB	7
b) Umsatzkostenverfahren nach § 275 Abs. 3 HGB	8
c) Gewinn- und Verlustrechnung bei Kleinstkapitalgesellschaften, § 275 Abs. 5 HGB	9
F. Ermittlung des Gegenstandswerts/Geschäftswerts	1–9
I. Vervielfältiger für die Abzinsung einer unverzinslichen Forderung oder Schuld, die nach bestimmter Zeit in einem Betrag fällig ist, im Nennwert von 1,– €	1
II. Kapitalwert einer wiederkehrenden, zeitlich beschränkten Nutzung oder Leistung im Jahresbetrag von 1,– €	2
III. Tabelle zur Berechnung der Barwerte der Zinsdifferenzen für hoch- und niedrigverzinsliche Kapitalforderungen und Schulden mit Ratentilgung	3

	Rz.
IV. Tabelle der Kapitalwerte der Zinsdifferenzen für niedrigverzinsliche Kapitalforderungen und -schulden mit Annuitätentilgung und einer Annuität im Jahresbetrag von 1,– € Grenzzinsfuß: 3 %.	4
V. Tabelle der Kapitalwerte der Zinsdifferenzen für hochverzinsliche Kapitalforderungen und -schulden mit Annuitätentilgung und einer Annuität im Jahresbetrag von 1,– € Grenzzinsfuß: 9 %.	5
VI. Kapitalwert einer lebenslänglichen Nutzung oder Leistung im Jahresbetrag von 1,– € für Bewertungsstichtage ab 1.1.2011.	6
VII. Kapitalwert einer lebenslänglichen Nutzung oder Leistung im Jahresbetrag von 1,– € für Bewertungsstichtage ab 1.1.2012.	7
VIII. Kapitalwert einer lebenslänglichen Nutzung oder Leistung im Jahresbetrag von 1 € für Bewertungsstichtage ab 1.1.2013/1.1.2014/1.1.2015	8
IX. Vervielfältiger zu § 185 Abs. 3 Satz 1, § 193 Abs. 3 Satz 2, § 194 Abs. 3 Satz 3 und § 195 Abs. 2 Satz 2 und Abs. 3 Satz 3 BewG	9
G. Pfändungstabelle	1–6
I. Allgemeines.	1–4
II. Pfändungstabelle	5–6
H. Steuerberatervergütungsverordnung	1–16
I. Gebührenübersichten	1–10
1. Gebührentatbestände.	1–8
2. Streitwertübersicht im FG-Verfahren	9
3. Abrechnung von vereinbaren Tätigkeiten	10
II. Gebührentabellen.	11–16
1. Beratungstabelle (Tabelle A)	11
2. Abschlusstabelle (Tabelle B)	12
3. Buchführungstabelle (Tabelle C).	13
4. Landwirtschaftliche Tabelle (Tabelle D, Teil a – Betriebsfläche)	14
5. Landwirtschaftliche Tabelle (Tabelle D, Teil b – Jahresumsatz)	15
6. Rechtsbehelfstabelle (Tabelle E)	16

A. ABC der Zahlen, Daten, Fakten

1 ABC der **Freibeträge, Freigrenzen, Pauschbeträge, Höchstbeträge** u. Ä. für die Jahre 2014 und 2015 im Steuer-, Sozialversicherungs- und Arbeitsrecht

Aufbau der nachfolgenden Übersicht

In der nachfolgenden, alphabetisch geordneten Übersicht enthält

- die **erste Spalte** das Stichwort,
- die **zweite Spalte** jeweils das Rechtsgebiet,
- die **dritte Spalte** jeweils eine Kurzbeschreibung der Regelung, wobei drei aufeinanderfolgende Punkte als Platzhalter für die Beträge in den Spalten vier und fünf fungieren;
- in **Spalte vier** ist der Betrag für das Jahr 2014 wiedergegeben,

A. ABC der Zahlen, Daten, Fakten

- in **Spalte fünf** steht der **ab** 2015 geltende Betrag nach dem Rechtsstand bei Redaktionsschluss,
- **Spalte sechs** enthält die Fundstelle.

Die nachfolgende Tabelle erhebt keinen Anspruch auf Vollständigkeit.

Stichwort	Rechtsgebiet	Inhalt der Regelung	2014 (€)	2015 (€)	Fundstelle
Abrundung	AO	zu verzinsender Betrag …	50,–	50,–	§ 238 Abs. 2 AO
		rückständiger Steuerbetrag (bei Festsetzung von Säumniszuschlägen) …	50,–	50,–	§ 240 Abs. 1 Satz 1 AO
	ErbStG	steuerpflichtiger Erwerb auf volle …	100,–	100,–	§ 10 Abs. 1 Satz 6 ErbStG
Altersentlastungsbetrag	EStG	Personen mit Vollendung 64. Lebensjahr:			§ 24a Satz 1 EStG
		… v. Arbeitslohn und Summe anderer positiver Einkünfte	25,6 %	24 %	
		jährlich jedoch ≤ … (bei Zusammenveranlagung jeder Ehegatte bzw. eingetragene Lebenspartner mit Möglichkeit des Erhalts v. Altersentlastungsbetrag; Versorgungsbezüge und Renten nicht begünstigt)	1 216,–	1 140,–	
Altersvorsorgebeiträge	EStG	Geltendmachung als Sonderausgaben bis zu …	2 100,–	2 100,–	§ 10a Abs. 1 EStG
Altersvorsorgezulage	EStG	Grundzulage …	154,–	154,–	§ 84 EStG
		Kinderzulage:			§ 85 EStG
		– je Kind …	185,–	185,–	
		– je Kind nach dem 31.12.2007 geboren …	300,–	300,–	
Anmeldezeitraum	EStG	Lohnsteuer:			§ 41a Abs. 2 Satz 2 EStG
		jährlich, wenn abzuführende LSt im vorangegangenen KJ ≤ …	1 000,–	1 080,–	
		quartalsweise, wenn die abzuführende LSt im vorangegangenen KJ > …,	1 000,–	1 080,–	
		aber ≤ …	4 000,–	4 000,–	
		monatlich, wenn die abzuführende LSt im vorangegangenen KJ > …	4 000,–	4 000,–	
Anspruch auf Arbeitnehmer-Sparzulage	5. VermBG	– Einkommensgrenzen bei Anlagen i. S. d. § 2 Abs. 1 Nr. 1–3 5. VermBG (verschiedene Arten der Unternehmensbeteiligung):			§ 13 Abs. 1 5. VermBG

1461

Stichwort	Rechtsgebiet	Inhalt der Regelung	2014 (€)	2015 (€)	Fundstelle
Anspruch auf Arbeitnehmer-Sparzulage	5. VermBG	– bei Ledigen ...	20 000,–	20 000,–	
		– bei Zusammenveranlagung ...	40 000,–	40 000,–	
		– in allen anderen Fällen:			
		– bei Ledigen ...	17 900,–	17 900,–	
		– bei Zusammenveranlagung ...	35 800,–	35 800,–	
		Höchstbetrag			§ 13 Abs. 2 5. VermBG
		– Wohnungsbau ...	470,–	470,–	
		– Beteiligungen ...	400,–	400,–	
Anzeigepflicht	AO	bei Erwerb von Beteiligungen, wenn Anschaffungskosten aller Beteiligungen > ...	150 000,–	150 000,–	§ 138 Abs. 2 Nr. 3 AO
	VermBDV	Bagatellgrenze Kreditinstitute ...	150,–	150,–	§ 8 Abs. 1 Nr. 2 VermBDV
Arbeitgeberdarlehen		→ Zinsersparnisse			
Arbeitnehmereigenschaft Handelsvertreter	ArbGG	durchschnittlicher Monatsverdienst ≤ ...	1 000,–	1 000,–	§ 5 Abs. 3 ArbGG
Arbeitseinkommensgrenze Künstler/Publizisten	KSVG/ SGB V	Befreiungsmöglichkeit Krankenversicherungspflicht nach KSVG bei Überschreitung Dreijahreseinkommengrenze von ...	160 650,–	164 700,–	§ 7 Abs. 1 KSVG i.V.m. § 6 Abs. 6 SGB V
Arbeitsentgelt, fiktives	SGB III/ SGB IV	freiwillige Arbeitslosenversicherung (mtl.) bei Beschäftigungen mit Erfordernis			§ 152 SGB III i.V.m. § 18 SGB IV
		– Hochschul-/Fachhochschulausbildung			
		– Ost ...	2 814,–	2 898,–	
		– West ...	3 318,–	3 402,–	
		– Fachschulabschluss			
		– Ost ...	2 345,–	2 415,–	
		– West ...	2 765,–	2 835,–	
		– abgeschlossener Ausbildung in Ausbildungsberuf			
		– Ost ...	1 876,–	1 932,–	
		– West ...	2 212,–	2 268,–	
		– keiner Ausbildung			
		– Ost ...	1 407,–	1 449,–	
		– West ...	1 659,–	1 701,–	

A. ABC der Zahlen, Daten, Fakten

Stichwort	Rechtsgebiet	Inhalt der Regelung	2014 (€)	2015 (€)	Fundstelle
Aufmerksamkeiten	LStR	aus persönlichem Anlass je Anlass und je Arbeitnehmer brutto einschl. USt (außer Geldgeschenke) ...	40,–	60,–	R 19.6 Abs. 1 Satz 2–3 LStR 2013 bzw. 2015
Ausbildungsfreibetrag	EStG	für ein Kind in Berufsausbildung, wenn Anspruch auf Kindergeld oder Kinderfreibetrag besteht:			§ 33a Abs. 2 EStG
		– Kind unter 18 Jahren, auswärts untergebracht ...	0,–	0,–	
		– Kind über 18 Jahren, auswärts untergebracht ...	924,–	924,–	
		– nicht auswärts untergebracht ...	0,–	0,–	
		angerechnet werden Ausbildungszuschüsse aus öffentlichen Mitteln (z. B. BAföG-Zuschüsse) zu ...	100 %	100 %	
Ausgleichsgeld	EStG	nach dem Gesetz zur Förderung der Einstellung der landwirtschaftlichen Tätigkeit steuerfrei bis ...	18 407,–	18 407,–	§ 3 Nr. 27 EStG
Auslandsaufenthalt	SGB XI	mtl. Beitragsbemessungsgrundlage zur freiwilligen Pflegeversicherung ...	460,83	472,50	§ 57 Abs. 5 SGB XI
Außergewöhnliche Belastungen	EStG	Abziehbarkeit zwangsläufig anfallender größerer Aufwendungen als bei überwiegender Mehrzahl von Personen gleicher Einkommensverhältnisse, gleicher Vermögensverhältnisse und gleichen Familienstands abziehbar, soweit > als zumutbare Belastung (= Eigenanteil); zumutbare Belastung beträgt			§ 33 EStG
		– bei Gesamtbetrag der Einkünfte bis ...	15 340,–	15 340,–	
		– bei Alleinstehenden ohne Kinder ...	5 %	5 %	
		– bei Verheirateten ohne Kinder ...	4 %	4 %	
		– bei Personen mit 1 oder 2 Kindern ...	2 %	2 %	
		– und bei Personen mit drei oder mehr Kindern ...	1 %	1 %	
		– bei einem Gesamtbetrag der Einkünfte > 15 340,– € bis ...	51 130,–	51 130,–	
		– bei Alleinstehenden ohne Kinder ...	6 %	6 %	

Stichwort	Rechtsgebiet	Inhalt der Regelung	2014 (€)	2015 (€)	Fundstelle
Außergewöhnliche Belastungen	EStG	– bei Verheirateten ohne Kinder …	5 %	5 %	
		– bei Personen mit 1 oder 2 Kindern … und	3 %	3 %	
		– bei Personen mit drei oder mehr Kindern …	1 %	1 %	
		– bei einem Gesamtbetrag der Einkünfte > …	51 130,–	51 130,–	
		– bei Alleinstehenden ohne Kinder …,	7 %	7 %	
		– bei Verheirateten ohne Kinder …,	6 %	6 %	
		– bei Personen mit 1 oder 2 Kindern … und	4 %	4 %	
		– bei Personen mit drei oder mehr Kindern …	2 %	2 %	
Bagatellgrenze	AO	Kostenerstattung einer Amtshilfe …	25,–	25,–	§ 115 Abs. 1 Satz 2 AO
		Absehen von Steuerfestsetzung …	10,–	10,–	§ 156 Abs. 1 AO
		Festsetzung von Zinsen …	10,–	10,–	§ 239 Abs. 2 AO
	ErbStDV	Anzeigepflicht der Vermögensverwalter …	5 000,–	5 000,–	§ 1 Abs. 4 Nr. 2 ErbStDV
		Anzeigepflicht der Versicherungsunternehmen …	5 000,–	5 000,–	§ 3 Abs. 3 ErbStDV
		Anzeigepflicht der Gerichte, Notare und sonstiger Urkundspersonen in Erbfällen, wenn bei berechtigter Annahme			§ 7 Abs. 4 Nr. 1 ErbStDV
		außer Werte Hausrat ≤ …	12 000,–	12 000,–	
		nur noch Vermögen ≤ … vorhanden	20 000,–	20 000,–	
		Anzeigepflicht der Gerichte, Notare und sonstige Urkundspersonen bei Schenkungen und Zweckzuwendungen, wenn Schenkungsgegenstand			§ 8 Abs. 3 ErbStDV
		nur Hausrat im Wert von ≤ …	12 000,–	12 000,–	
		und anderes Vermögen im reinen Wert von … vorliegend	20 000,–	20 000,–	
	ErbStG	Haftung ≤ …	600,–	600,–	§ 20 Abs. 7 ErbStG

A. ABC der Zahlen, Daten, Fakten

Stichwort	Rechtsgebiet	Inhalt der Regelung	2014 (€)	2015 (€)	Fundstelle
Bagatellgrenze	EStG	Rückforderung von zu wenig erhobener LSt bei verabsäumter Anzeigepflicht des Stpfl. bzgl. Wegfall der Voraussetzungen einer günstigeren Steuerklasse oder geringerer Zahl von Kinderfreibeträgen u. Ä. bei LSt-Betrag ≤ …	10,–	10,–	§ 39 Abs. 5 Satz 5 EStG
	GrEStG	steuerpflichtiger Grundstückserwerb …	2 500,–	2 500,–	§ 3 Nr. 1 GrEStG
		gesonderte Feststellung Besteuerungsgrundlagen …	2 500,–	2 500,–	§ 17 Abs. 4 Satz 1 Nr. 2 GrEStG
	GrStG	Zerlegungsanteil …	25,–	25,–	§ 22 Abs. 2 GrStG
		Zerlegungsänderung …	10,–	10,–	§ 23 Abs. 2 GrStG
	KBV	Änderung/Berichtigung Steuerfestsetzungen …	10,–	10,–	§ 1 Abs. 1 Satz 1, Abs. 2 Satz 1 KBV
		Änderung/Berichtigung Festsetzung GewSt-Messbetrag …	2,–	2,–	§ 2 KBV
		Änderung/Berichtigung gesonderte Feststellung Einkünfte …	20,–	20,–	§ 3 Abs. 1–2 KBV
		Festsetzung Investitions-/Eigenheimzulage …	10,–	10,–	§ 4 KBV
		Rückforderung Wohnungsbauprämien …	10,–	10,–	§ 5 KBV
	UStDV	Vorsteuerberichtigung …	1 000,–	1 000,–	§ 44 Abs. 1–2 UStDV
	UStG	Beförderungseinzelbesteuerung …	2,50	2,50	§ 18 Abs. 5 Nr. 3 UStG
Bedürftigkeit, eigenes Vermögen	EStG/EStR	Unterhaltsaufwendungen abziehbar bei Bedürftigkeit des Empfängers; keine Bedürftigkeit bei eigenem Vermögen ≥ …	15 500,–	15 500,–	§ 33a Abs. 1 EStG, R 33a.1 Abs. 2 EStR 2012
Behinderten-Pauschbeträge	EStG	Behinderungsgrad			§ 33b Abs. 3 EStG
		– von 25 und 30 % …	310,–	310,–	
		– von 35 und 40 % …	430,–	430,–	
		– von 45 und 50 % …	570,–	570,–	
		– von 55 und 60 % …	720,–	720,–	
		– von 65 und 70 % …	890,–	890,–	
		– von 75 und 80 % …	1 060,–	1 060,–	

1465

Stichwort	Rechtsgebiet	Inhalt der Regelung	2014 (€)	2015 (€)	Fundstelle
Behinderten-Pauschbeträge	EStG	– von 85 und 90 % ...	1 230,–	1 230,–	
		– von 95 und 100 % ...	1 420,–	1 420,–	
		– bei auf fremde Hilfe angewiesene Blinden und Hilflosen ...	3 700,–	3 700,–	
		bei Behinderungsgrad **> 50 %** Gewährung Pauschbetrag nur, wenn			
		– behinderungsbedingt Rentenbezüge zustehen oder			
		– dauernde Einbuße körperlicher Beweglichkeit vorliegt oder			
		– die Behinderung auf typischer Berufskrankheit basiert			
Beitragsbemessungsgrenze	SGB III	Arbeitslosenversicherung West (mtl.) ...	5 950,–	6 050,–	§ 341 Abs. 4 SGB III
		Arbeitslosenversicherung Ost (mtl.) ...	5 000,–	5 200,–	§ 408 Nr. 2 SGB III
	SGB V	Krankenversicherung (mtl.) ...	4 050,–	4 125,–	§ 223 Abs. 3 SGB V i.V.m. § 6 Abs. 7 SGB V
	SGB VI	– allgemeine Rentenversicherung West (mtl.) ...	5 950,–	6 050,–	§ 159 SGB VI
		– knappschaftliche Rentenversicherung West (mtl.) ...	7 300,–	7 450,–	
		– allgemeine Rentenversicherung Ost (mtl.) ...	5 000,–	5 200,–	§ 275a SGB VI
		– knappschaftliche Rentenversicherung Ost (mtl.) ...	6 150,–	6 350,–	
	SGB XI	Pflegeversicherung (mtl.) ...	4 050,–	4 125,–	§ 55 Abs. 2 SGB XI
Beitragsbemessungsgrundlage	SGB III	für Personen, die für **Erwerbstätigkeit befähigt** werden sollen bzgl. Arbeitslosenversicherung (mtl.)			§ 345 Nr. 1 i.V.m. § 408 Nr. 1 SGB III
		– Ost ...	469,–	483,–	
		– West ...	553,–	567,–	
	SGB V	für Personen, die für **Erwerbstätigkeit befähigt** werden sollen bzgl. Krankenversicherung (mtl.) ...	553,–	567,–	§ 235 Abs. 1 Satz 5 SGB V
	SGB VI	für Personen, die für **Erwerbstätigkeit befähigt** werden sollen			§ 162 Nr. 3 SGB VI
		– Rentenversicherung Ost (mtl.) ...	469,–	483,–	

Stichwort	Rechtsgebiet	Inhalt der Regelung	2014 (€)	2015 (€)	Fundstelle
Beitragsbemessungsgrundlage	SGB VI	– Rentenversicherung West (mtl.) …	553,–	567,–	
	SGB XI/ SGB V	für Personen, die für eine **Erwerbstätigkeit befähigt** werden sollen: Pflegeversicherung (mtl.) …	553,–	567,–	§ 57 Abs. 1 SGB XI i.V.m. § 235 Abs. 1 Satz 5 SGB V
Beitragszuschuss	SGB V	Höchstbetrag für privat krankenversicherte Arbeitnehmer (mtl.) …	295,65	301,13	§ 257 Abs. 2 Satz 2 SGB V
		Höchstbetrag für privat krankenversicherte Vorruhestandsgeldbezieher (mtl.) …	265,28	301,13	§ 257 Abs. 4 Satz 2 SGB V
	SGB XI	Höchstbetrag zur privaten Pflegeversicherung …	41,51	48,47	§ 61 Abs. 2 SGB XI
		in Sachsen …	21,26	27,84	
		für freiwillige private Pflegezusatzversicherung (mtl.) …	5,–	5,–	§ 127 Abs. 1 Satz 1 SGB XI
Belegschaftsrabatt	EStG/ LStR	Freibetrag pro Kalenderjahr abzgl. 4 % vom Verbraucherendpreis …	1 080,–	1 080,–	§ 8 Abs. 3 EStG, R 8.2 LStR 2013 bzw. 2015
Belohnungsessen	EStG/ LStR	bei Beurteilung als Sachbezug monatlich (auch → *Essen für Arbeitnehmer*) …	60,–	60,–	§ 8 Abs. 2 Satz 8 EStG, R 8.1 LStR 2013 bzw. 2015
Bemessungsgrundlage	SolZG	einkommensteuerpflichtige Personen bei Splittingverfahren ab …	1 944,–	1 944,–	§ 3 Abs. 3 Nr. 1 SolZG
		in anderen Fällen als § 3 Abs. 3 Nr. 1 SolZG ab …	972,–	972,–	§ 3 Abs. 3 Nr. 2 SolZG
		monatliche Lohnzahlungen Steuerklasse III ab …	162,–	162,–	§ 3 Abs. 4 Satz 1 Nr. 1a SolZG
		monatliche Lohnzahlungen Steuerklassen I, II, IV–VI ab …	81,–	81,–	§ 3 Abs. 4 Satz 1 Nr. 1b SolZG
		wöchentl. Lohnzahlungen Steuerklasse III ab …	37,80	37,80	§ 3 Abs. 4 Satz 1 Nr. 2a SolZG

Stichwort	Rechtsgebiet	Inhalt der Regelung	2014 (€)	2015 (€)	Fundstelle
Bemessungsgrundlage	SolZG	wöchentl. Lohnzahlungen Steuerklassen I, II, IV–VI ab …	18,90	18,90	§ 3 Abs. 4 Satz 1 Nr. 2b SolZG
		tägl. Lohnzahlungen Steuerklasse III ab …	5,40	5,40	§ 3 Abs. 4 Satz 1 Nr. 3a SolZG
		tägl. Lohnzahlungen Steuerklassen I, II, IV–VI ab …	2,70	2,70	§ 3 Abs. 4 Satz 1 Nr. 3b SolZG
		Lohnsteuerjahresausgleich:			§ 3 Abs. 5 SolZG
		– Steuerklasse III ab …	1 944,–	1 944,–	
		– Steuerklassen I, II, IV ab …	972,–	972,–	
Berufsausbildung	EStG	Höchstbetrag bei Sonderausgaben für Aufwendungen zur Ausbildung in nicht ausgeübtem Beruf bzw. Berufsausbildung …	6 000,–	6 000,–	§ 10 Abs. 1 Nr. 7 EStG
Berufskleidung	EStG/ LStR	Überlassung an Arbeitnehmer bzw. Ausgleich für selbst beschaffte typische Berufskleidung …	steuerfrei	steuerfrei	§ 3 Nr. 31 EStG, R 3.31 LStR 2013 bzw. 2015
Betreuungsgeld	BEEG	mtl. für jedes Kind …	150,–	150,–	§ 4b BEEG
Betriebsausgabenpauschale		→ Künstler → Lehrtätigkeit → Prüfungstätigkeit → Schriftsteller → Vortragstätigkeit			
Betriebsveranstaltung/ Freigrenze bzw. Freibetrag	LStR	je Arbeitnehmer und max. 2 Veranstaltungen pro Jahr (auch mehrtägig) …; bei mehr als 2 Veranstaltungen Auswahlmöglichkeit bei Arbeitgeber bzgl. begünstigter Veranstaltung; Brutto-Betrag (inkl. USt) bis 31.12.2014 als Freigrenze, d. h. bei Überschreitung Besteuerung des ganzen Betrags, ab 1.1.2015 als Freibetrag	110,–	110,–	§ 19 Abs. 1 Nr. 1a, R 19.5 Abs. 4 Satz 2 LStR 2013 bzw. 2015
Bewirtung in eigener Kantine	EStR	in betriebseigener Kantine pauschaler Ansatz pro Mahlzeit mit …	15,–	15,–	R 4.10 Abs. 6 EStR 2012
Bewirtungsaufwendungen	KSV-EntgV	keine Hinzurechnung üblicher Aufwendungen zum Entgelt i. S. d. § 25 Abs. 2 Satz 1 KSVG			§ 1 Nr. 2 KSVEntgV
Bewirtungskosten, Nachweis	EStR	in Gaststätten Nachweiserleichterung bei Rechnungsbetrag ≤ …	150,–	150,–	R 4.10 Abs. 8 EStR 2012

A. ABC der Zahlen, Daten, Fakten

Stichwort	Rechtsgebiet	Inhalt der Regelung	2014 (€)	2015 (€)	Fundstelle
Bezieher von Versorgungsbezügen	SGB V	mtl. Einnahmenuntergrenze für Beiträge zur Krankenversicherung aus Versorgungsbezügen und Arbeitseinkommen ...	138,25	141,75	§ 226 Abs. 2 SGB V
	SGB XI/ SGB V	mtl. Einnahmenuntergrenze für Beiträge Pflegeversicherung aus Versorgungsbezügen und Arbeitseinkommen ...	138,25	141,75	§ 57 Abs. 1 SGB XI i.V.m. § 226 Abs. 2 SGB V
Bezugsgröße	SGB IV	– Jahresbetrag West ...	33 180,–	34 020,–	§ 18 Abs. 1 SGB IV
		Monatsbetrag West ...	2 765,–	2 835,–	
		– Jahresbetrag Ost ...	28 140,–	28 980,–	§ 18 Abs. 2 SGB IV
		Monatsbetrag Ost ...	2 345,–	2 415,–	
Buchführungspflicht	AO	bei Umsatz > ...	500 000,–	500 000,–	§ 141 Abs. 1 Satz 1 Nr. 1 AO
		bei Wirtschaftswert > ...	25 000,–	25 000,–	§ 141 Abs. 1 Satz 1 Nr. 3 AO
		bei Gewinn aus Gewerbebetrieb > ...	50 000,–	50 000,–	§ 141 Abs. 1 Satz 1 Nr. 4 AO
		bei Gewinn aus LuF > ...	50 000,–	50 000,–	§ 141 Abs. 1 Satz 1 Nr. 5 AO
Bundesfreiwilligendienst		→ Freiwilliges soziales oder ökologisches Jahr oder Bundesfreiwilligendienst			
Direktversicherung	EStG	Höchstbetrag von ...	1 752,–	1 752,–	§ 40b Abs. 2 EStG
		zur Pauschalierung bei begünstigten Versicherungen (bei Abschlüssen ab 2005 nur noch an Pensionskassen bei nicht kapitalgedeckter Altersversorgung) bei Sammelvertrag für mehrere Arbeitnehmer ...	2 148,–	2 148,–	
		als **Unfallversicherung** (ohne Versicherungssteuer) ...	62,–	62,–	§ 40b Abs. 3 EStG
Doppelte Haushaltsführung	EStG	Pauschbeträge für **Verpflegungsmehraufwand** begrenzt auf 3 Monate (bzgl. Höhe → *Verpflegungsmehraufwendungen*)			§ 4 Abs. 5 Nr. 5 i.V.m. § 9 Abs. 4a EStG
		Unterkunftskosten am Beschäftigungsort mtl. ≤ ...	1000,–	1000,–	§ 4 Abs. 5 Nr. 6a EStG

1469

Stichwort	Rechtsgebiet	Inhalt der Regelung	2014 (€)	2015 (€)	Fundstelle
Doppelte Haushaltsführung	EStG	bei Fahrzeugen im **Betriebsvermögen** sind die Kosten, die über pro Entfernungs-km von … hinausgehen, nicht abziehbar. Differenzermittlung bei:	0,30	0,30	i.V.m. § 9 Abs. 1 Satz 3 Nr. 5a EStG; § 9 Abs. 1 Satz 3 Nr. 5 EStG
		– einem Fahrtenbuch nach den tatsächlichen Kosten			
		– Pauschalierung mit 0,002 % vom inländischen Listenpreis im Zeitpunkt der Erstzulassung des Fahrzeugs je Entfernungs-km			
		(Aufwendungen als Betriebsausgaben abziehbar)			
		Familienheimfahrt höchstens 1 × pro Woche je Entfernungs-km verkehrsmittelunabhängig …	0,30	0,30	
Durchschnittsbeförderungsentgelt	UStDV	je Personenkilometer …	0,0443	0,0443	§ 25 UStDV
Durchschnittssätze	UStDV	Prozentsätze des Umsatzes für Berechnung eines Teils der Vorsteuerbeträge bei			§ 70 Abs. 2 UStDV i.V.m. Abschnitt B Anlage zu §§ 69, 70 UStDV
		– Architekten …	1,9 %	1,9 %	
		– Hausbandweber …	3,2 %	3,2 %	
		– Patentanwälte …	1,7 %	1,7 %	
		– Rechtsanwälte und Notare …	1,5 %	1,5 %	
		– Schornsteinfeger …	1,6 %	1,6 %	
		– wirtschaftliche Unternehmensberatung, Wirtschaftsprüfung …	1,7 %	1,7 %	
Durchschnittssätze LuF-Betriebe	UStG	gegliedert nach Steuersatz/Vorsteuersatz in % bei			§ 24 UStG
		– Lieferung forstwirtschaftlicher Erzeugnisse außer Sägewerkserzeugnisse …	5,5%/5,5%	5,5%/5,5%	
		– Lieferungen der in Anlage 2 nicht aufgeführten Sägewerkserzeugnisse und Getränke sowie von alkoholischen Flüssigkeiten, außer Lieferungen in das Ausland und die im Ausland bewirkten Umsätze, und für sonstige Leistungen, soweit Abgabe der in Anlage 2 nicht aufgeführte Getränke vorliegend …	19,0 %/ 10,7 %	19,0 %/ 10,7 %	
		– übrige Umsätze i. S.d. § 1 Abs. 1 Nr. 1 UStG …	10,7 %/ 10,7 %	10,7 %/ 10,7 %	

Stichwort	Rechtsgebiet	Inhalt der Regelung	2014 (€)	2015 (€)	Fundstelle
Einkommensteuer-Vorauszahlungen	EStG	Zahlungstermine zum 10. 3., 10. 6., 10. 9. und 10. 12 bei Festsetzung ≥ ...	400,–	400,–	§ 37 Abs. 3 und 5 EStG
		pro Jahr und pro Vorauszahlungszeitpunkt ...	100,–	100,–	
		bestimmte Sonderausgaben und außergewöhnliche Belastungen bleiben unberücksichtigt, wenn sie insgesamt ≤ ...	600,–	600,–	
		Anpassung innerhalb von 15 Monaten nach Ablauf eines Jahrs; Voraussetzung: Erhöhung ≥ ...	5 000,–	5 000,–	
Einnahmen-Überschuss-Rechnung		→ Buchführungspflicht			
Elterngeld	BEEG	mtl. Höchstbetrag ...	1 800,–	1 800,–	§ 2 Abs. 1 BEEG
		mtl. Mindestbetrag ...	300,–	300,–	§ 2 Abs. 4 BEEG
Entfernungs-Pauschale		→ Fahrten zur Betriebsstätte/ersten Tätigkeitsstätte			
Entlastungsbetrag	ErbStG	Wegfall, wenn Differenz zwischen Entnahmen und Einlagen und Gewinnen > ...	150 000,–	150 000,–	§ 13a Abs. 5 Nr. 3 ErbStG
	EStG	i. H. v. ... für Alleinstehende, wenn	1 308,–	1 308,–	§ 24b EStG
		– diese mit mindestens 1 Kind eine Haushaltsgemeinschaft in der gemeinsamen Wohnung bildend,			
		– das Kind 18. Lebensjahr noch nicht vollendet,			
		– Alleinstehender und Kind in der gemeinsamen Wohnung mit Hauptwohnsitz gemeldet (Bildung Haushaltsgemeinschaft Alleinstehender mit anderen Personen (außer den Kindern) schädlich)			
Erhaltungsaufwendungen	EStR	Aufwendungen für Baumaßnahme von ≤ ... (Rechnungsbetrag ohne USt) Sofortaufwand (Vereinfachungsregelung)	4 000,–	4 000,–	R 21.1 Abs. 2 EStR 2012
Erholungsbeihilfen	EStG	Pauschalierungshöchstbetrag			§ 40 Abs. 2 Nr. 3 EStG
		– Arbeitnehmer ...	156,–	156,–	
		– Ehegatten ...	104,–	104,–	
		– je Kind ...	52,–	52,–	

Stichwort	Rechtsgebiet	Inhalt der Regelung	2014 (€)	2015 (€)	Fundstelle
Ermäßigung	GewStG	für Hausgewerbetreibenden gleichgestellte Personen bei Umsätzen ≤ ...	25 000,–	25 000,–	§ 11 Abs. 3 Satz 2 GewStG
Ersatzbemessungsgrundlage	GrStG	– Wohnungen mit Bad, Innen-WC, Sammelheizung je qm ...	1,–	1,–	§ 42 Abs. 2 GrStG
		– andere Wohnungen je qm ...	0,75	0,75	
		– Garagenabstellplatz ...	5,–	5,–	
Erwerbsschwelle	UStG	Gesamtbetrag Entgelte ≤ ...	12 500,–	12 500,–	§ 1a Abs. 3 Nr. 2 UStG
Essen für Arbeitnehmer	LStR	bei außergewöhnlichem Arbeitseinsatz kein Arbeitslohn je Anlass bei Ausgaben ≤ ...	40,–	60,–	R 19.6 Abs. 2 LStR 2013 bzw. 2015
Fahrten zur Betriebsstätte/ersten Tätigkeitsstätte	EStG	je Entfernungskilometer verkehrsmittelunabhängig:			§ 4 Abs. 5 Nr. 6, § 9 Abs. 1 Nr. 4 u. 5 und Abs. 2 EStG; BMF v. 24.10.2014, IV C 5 - S 2353/14/ 10002, BStBl 2014, 1412; BMF v. 23.12.2014, IV C 6 - S 2145/10/ 10005 :001, BStBl I 2015, 26
		– ab dem 1. Entfernungskilometer ...,	0,30	0,30	
		– pro Jahr höchstens ...	4 500	4 500	
		– (keine Höchstgrenze bei Verwendung eigenen oder zur Nutzung überlassenen Kfz)			
Fahrtkosten	EStG	Pauschbeträge je km bei Dienst- und Geschäftsreisen mit privatem			§ 9 Abs. 1 Nr. 4a EStG
		– Pkw ...	0,30	0,30	
		– für jedes andere motorbetriebene Fahrzeug ...	0,20	0,20	
Fälligkeit	GrStG	– Kleinbeträge Zahlung Jahresbetrag ...	15,–	15,–	§ 28 Abs. 2 GrStG
		– Zahlung halber Jahresbetrag ...	30,–	30,–	
Familienversicherung	SGB V	– mtl. Einkommensgrenze in Krankenversicherung ...	395,–	405,–	§ 10 Abs. 1 Nr. 5 SGB V
		– für geringfügig Beschäftigte ...	450,–	450,–	
	SGB XI	– mtl. Einkommensgrenze in der Pflegeversicherung ...	395,–	405,–	§ 25 Abs. 1 Nr. 5 SGB XI
		– für geringfügig Beschäftigte ...	450,–	450,–	

A. ABC der Zahlen, Daten, Fakten 5

Stichwort	Rechtsgebiet	Inhalt der Regelung	2014 (€)	2015 (€)	Fundstelle
Fehlgeldentschädigungen	LStR	Mankogeld bei Mitarbeitern im Kassen- und Zähldienst, steuerfreie Pauschale von mtl. ≤ ...	16,–	16,–	R 19.3 Abs. 1 Nr. 4 LStR 2013 bzw. 2015
Festsetzung Arbeitnehmer-Sparzulage	VermBDV	Bagatellgrenze			§ 6 Abs. 3 VermBDV
		– nicht rechtzeitig verwendete Beträge ...	150,–	150,–	
		– nicht wieder verwendete Erlöse ...	150,–	150,–	
Freibetrag	ErbStG	– Hausrat Steuerklasse I ...	41 000,–	41 000,–	§ 13 Abs. 1 Nr. 1 ErbStG
		– andere bewegliche Gegenstände Steuerklasse I ...	12 000,–	12 000,–	
		– Hausrat und andere bewegliche Gegenstände Steuerklasse II und III ...	12 000,–	12 000,–	
		Leistung von Pflege und Unterhalt ...	20 000,–	20 000,–	§ 13 Abs. 1 Nr. 9 ErbStG
		Übertragung von Betriebsvermögen übersteigender Wert wird mit ... angesetzt	85 % oder 100 %	85 % oder 100 %	§ 13a Abs. 8 Nr. 4 ErbStG
		Wegfall bei Übertragung von Betriebsvermögen, wenn die Differenz zwischen Entnahmen und Einlagen und Gewinnen > ...	150 000,–	150 000,–	§ 13a Abs. 5 Nr. 3 ErbStG
		– Ehegatten (ab 2009 auch für Lebenspartner) ...	500 000,–	500 000,–	§ 16 Abs. 1 ErbStG
		– Kinder ...	400 000,–	400 000,–	
		– Kinder der Kinder ...	200 000,–	200 000,–	
		– übrige Personen der Steuerklasse I ...	100 000,–	100 000,–	
		– Personen der Steuerklasse II ...	20 000,–	20 000,–	
		– Personen der Steuerklasse III ...	20 000,–	20 000,–	
		beschränkt Stpfl. ...	2 000,–	2 000,–	§ 16 Abs. 2 ErbStG
		Mitgliederbeiträge ...	300,–	300,–	§ 18 ErbStG
	GewStG	natürliche Personen und PersGes ...	24 500,–	24 500,–	§ 11 Abs. 1 Satz 3 Nr. 1 GewStG
		bestimmte Körperschaften ...	5 000,–	5 000,–	§ 11 Abs. 1 Satz 3 Nr. 2 GewStG

1473

Stichwort	Rechtsgebiet	Inhalt der Regelung	2014 (€)	2015 (€)	Fundstelle
Freibetrag	KStG	bestimmte Körperschaften ...	5 000,-	5 000,-	§ 24 Satz 1 KStG
		Erwerbs- und Wirtschaftsgenossenschaften sowie Vereine mit LuF ...	15 000,-	15 000,-	§ 25 Abs. 1 Satz 1 KStG
Freibetrag Lohnsteuerabzugsverfahren	EStG	Beantragung nur möglich, wenn Werbungskosten, außergewöhnliche Belastung und Sonderausgaben zusammen berücksichtigungsfähig ≥ ...	600,-	600,-	§ 39a Abs. 2 EStG
Freigrenze	AO	bei wirtschaftlichen Geschäftsbetrieben ...	35 000,-	35 000,-	§ 64 Abs. 3 AO
		Annahme eines Zweckbetriebs bei Sportvereinen ...	45 000,-	45 000,-	§ 67a Abs. 1 Satz 1 AO
	AStG	Zwischeneinkünfte mit Kapitalcharakter (Zwischengesellschaften) ...	80 000,-	80 000,-	§ 7 Abs. 6 AStG
		gemischte Einkünfte ...	80 000,-	80 000,-	§ 9 AStG
	ErbStG	Erwerb durch Eltern unter bestimmten Voraussetzungen ...	41 000,-	41 000,-	§ 13 Abs. 1 Nr. 6 ErbStG
Freiwilliges soziales oder ökologisches Jahr oder Bundesfreiwilligendienst	SGB III	Beitragsbemessungsgrundlage Arbeitslosenversicherung (mtl.)			§ 344 Abs. 2 i.V.m. § 408 Nr. 1 SGB III
		– Ost ...	2 345,-	2 415,-	
		– West ...	2 765,-	2 835,-	
Gebühr → auch *Pfändungsgebühr, Wegnahmegebühr, Wertgebühren*	AÜKostV	Erteilung oder Verlängerung befristeter Erlaubnis ...	750,-	750,-	§ 2 Nr. 1 AÜKostV
		Erteilung unbefristeter Erlaubnis ...	2 000,-	2 000,-	§ 2 Nr. 2 AÜKostV
Geldbuße	AEntG	Höchstbeträge			§ 23 Abs. 3 AEntG
		– schwere Ordnungswidrigkeiten ...	500 000,-	500 000,-	
		– Verweigerung erforderlicher Mitwirkung bei behördlichen Prüfungen ...	30 000,-	30 000,-	
	AltTZG	Höchstbeträge bei Verstoß gegen			§ 14 Abs. 2 AltTZG
		– Mitwirkungs- und Duldungspflichten Arbeitnehmer und Arbeitgeber ...	1 000,-	1 000,-	

A. ABC der Zahlen, Daten, Fakten

Stichwort	Rechtsgebiet	Inhalt der Regelung	2014 (€)	2015 (€)	Fundstelle
Geldbuße	AltTZG	– Verpflichtung zur rechtzeitigen und korrekten Zurverfügungstellung von gespeicherten Daten in automatisierten Dateien gem. § 13 AltTZG i.V.m. § 319 Abs. 2 Satz 1 SGB III ggü. den Agenturen für Arbeit …	30 000,–	30 000,–	
	ArbSchG	Höchstbetrag bei Zuwiderhandlung			§ 25 Abs. 2 ArbSchG
		– einer Rechtsverordnung nach § 18 Abs. 1 oder § 19 ArbSchG oder als Beschäftigter einer vollziehbaren Anordnung nach § 22 Abs. 3 Satz 1 Nr. 1 ArbSchG …	5 000,–	5 000,–	
		– einer vollziehbaren Anordnung nach § 22 Abs. 3 ArbSchG als Arbeitgeber oder als verantwortliche Person …	25 000,–	25 000,–	
	ArbZG	Höchstbetrag bei			§ 22 Abs. 2 ArbZG
		– Verstößen in Fällen des § 22 Abs. 1 Nr. 1–7, 9 und 10 ArbZG …	15 000,–	15 000,–	
		– Verstoß gem. § 22 Abs. 1 Nr. 8 ArbZG …	2 500,–	2 500,–	
	ASiG	Höchstbetrag minderschwere Verstöße durch Arbeitgeber …	500,–	500,–	§ 20 Abs. 2 ASiG
		Höchstbetrag schwere Verstöße durch Arbeitgeber …	25 000,–	25 000,–	§ 20 Abs. 2 i.V.m. § 12 Abs. 1 ASiG
	AÜG	Höchstbeträge bei			§ 16 Abs. 2 AÜG
		– Arbeitnehmerüberlassung ohne Erlaubnis, Einsatz eines ohne Erlaubnis überlassenen Arbeitnehmers, Arbeitnehmerüberlassung in Betrieben des Baugewerbes oder Einsatz überlassener Arbeitnehmer in solchen Betrieben …	30 000,–	30 000,–	
		– Einsatz eines überlassenen ausländischen Leiharbeitnehmers ohne Arbeitserlaubnis …	500 000,–	500 000,–	
		– unterlassener oder fehlerhafter Anzeige genehmigungsfreier Arbeitnehmerüberlassung, bei Nichtbeachtung einer bei Genehmigung der Arbeitnehmerüberlassung erlassenen Auflage, bei Überlassung Leiharbeitnehmer an Dritte über Zeitraum > 12 Monate …	2 500,–	2 500,–	

1475

Stichwort	Rechtsgebiet	Inhalt der Regelung	2014 (€)	2015 (€)	Fundstelle
Geldbuße	AÜG	– fehlende oder nicht hinreichende Beachtung formeller Verpflichtungen …	1 000,–	1 000,–	
	BBiG	Höchstbetrag bei			§ 102 Abs. 2 BBiG
		– wesentlichen Verstößen i. S. v. § 102 Abs. 1 Nr. 3–6 BBiG …	5 000,–	5 000,–	
		– in übrigen Fällen …	1 000,–	1 000,–	
	BEEG	Höchstbetrag bei vorsätzlich oder fahrlässig gemachten unrichtigen, unvollständigen oder nicht rechtzeitigen Angaben gem. §§ 8, 9 BEEG bzw. § 60 Abs. 1 Satz 1 Nr. 1–3 SGB I …	2 000,–	2 000,–	§ 14 Abs. 2 BEEG
	BetrVG	Höchstbetrag bei Verstoß Arbeitgeber bzgl. nicht wahrheitsgemäßer, vollständiger oder verspäteter Aufklärungs-/Auskunftspflichten ggü. Betriebsrat …	10 000,–	10 000,–	§ 121 Abs. 2 BetrVG
	ChemG	Höchstbetrag Verstoß durch Arbeitgeber gegen Maßnahmen zum Schutz von Beschäftigten beim Umgang mit Gefahrstoffen …	50 000,–	50 000,–	§ 26 Abs. 1 Nr. 8 Buchst. b, Abs. 2 ChemG
	EBRG	Höchstbetrag Verstoß gegen Aufklärungs-/Auskunftspflichten ggü. Arbeitnehmervertretung bzw. Europ. Betriebsrat …	15 000,–	15 000,–	§ 45 Abs. 2 EBRG
	EStG	Höchstbetrag Verstoß bei vorsätzlicher oder leichtfertiger Verwendung eines LSt-Merkmals oder dessen Offenbarung ohne gesetzliche Erlaubnis seitens des Arbeitgebers …	10 000,–	10 000,–	§ 39 Abs. 8–9 EStG
		Höchstbetrag Verstoß gegen Mitteilungspflicht ggü. Bundeszentralamt für Steuern …	5 000,–	5 000,–	§ 50e Abs. 1 Satz 2 EStG
		Höchstbetrag Verstoß gegen § 22a Abs. 1 Nr. 1 …	50 000,–	50 000,–	§ 50f Abs. 2 EStG
		in übrigen Fällen …	10 000,–	10 000,–	
	HAG	Höchstbetrag Verstoß gegen HAG …	10 000,–	10 000,–	§ 32 Abs. 2 HAG
		Höchstbetrag			§ 32a Abs. 3 HAG
		– Verstoß gegen Verbot Ausgabe/Weitergabe von Heimarbeit …	10 000,–	10 000,–	
		– sonstige Verstöße gegen bußgeldbewährte Normen HAG …	2 500,–	2 500,–	

Stichwort	Rechtsgebiet	Inhalt der Regelung	2014 (€)	2015 (€)	Fundstelle
Geldbuße	JArbSchG	Höchstbetrag verbotswidrige Beschäftigung Kinder und Jugendliche …	15 000,–	15 000,–	§ 58 Abs. 4 JArbSchG
		Höchstbetrag Verstoß gegen formelle Schutzvorschriften JArbSchG …	2 500,–	2 500,–	§ 59 Abs. 3 JArbSchG
	LSchlG	Höchstbetrag Verstoß gegen – Sonn- und Feiertagsregelungen nach § 17 Abs. 1–3 LSchlG … – sonstige Ordnungswidrigkeiten LSchlG …	2 500,– 500,–	2 500,– 500,–	§ 24 Abs. 2 LSchlG
	MiLoG	Höchstbetrag Verstöße in schweren Fällen …		500 000,–	§ 21 Abs. 3 Halbs. 1 MiLoG
		Höchstbetrag Verstöße in minderschweren Fällen …		30 000,–	§ 21 Abs. 3 Halbs. 2 MiLoG
	MuSchG	Höchstbetrag Verstöße in schweren Fällen …	15 000,–	15 000,–	§ 21 Abs. 2 1. Alt. MuSchG
		Höchstbetrag Verstöße in minderschweren Fällen …	2 500,–	2 500,–	§ 21 Abs. 2 2. Alt. MuSchG
	ProdSG	– Höchstbetrag minderschwere Ordnungswidrigkeiten … – Höchstbetrag schwerwiegende Ordnungswidrigkeiten …	10 000,– 100 000,–	10 000,– 100 000,–	§ 39 Abs. 2 ProdSG
	SchwarzArbG	Höchstbeträge bei Verstoß gegen – Anzeige- u. Mitteilungspflichten bzw. beauftragte Leistungserbringung mit vorsätzlichem Verstoß nach Abs. 1 Nr. 1 … – Anzeige- und Eintragungspflichten … – Übermittlungs-, Duldungs- und Mitwirkungspflichten … – Mitführungs- und Vorlagepflichten … – Vorschriften in übrigen Fällen …	300 000,– 50 000,– 30 000,– 5 000,– 1 000,–	300 000,– 50 000,– 30 000,– 5 000,– 1 000,–	§ 8 Abs. 3 SchwarzArbG
	SeeArbG	Höchstbetrag Ordnungswidrigkeiten (z. B. Verstoß gegen Besatzungsvorschriften) …	50 000,–	50 000,–	§ 145 Abs. 3 1. Alt. SeeArbG

Stichwort	Rechtsgebiet	Inhalt der Regelung	2014 (€)	2015 (€)	Fundstelle
Geldbuße	SeeArbG	Höchstbetrag weitere Ordnungswidrigkeiten ...	10 000,–	10 000,–	§ 145 Abs. 3 2. Alt. SeeArbG
		Höchstbetrag sonstige bußgeldbewährte Fälle ...	5 000,–	5 000,–	§ 145 Abs. 3 3. Alt. SeeArbG
	SprAuG	Höchstbetrag Verstoß Arbeitgeber gegen Unterrichtungs- und Mitteilungspflichten ggü. Sprecherausschuss für leitende Angestellte ...	10 000,–	10 000,–	§ 36 Abs. 2 SprAuG
	UStG	– Höchstbetrag ...	5 000,–	5 000,–	§ 26a Abs. 2 UStG
		– bei Verstoß gegen zweijährige Aufbewahrungspflicht bei Werklieferungen im Zusammenhang mit Grundstücken ...	500,–	500,–	
		bei Schädigung des Umsatzsteueraufkommens bis zu ...	50 000,–	50 000,–	§ 26b Abs. 2 UStG
Geringfügige Beschäftigung	EStG	pauschale Besteuerung mit 2 % möglich, bei Erhebung pauschaler Rentenversicherungsbeiträge von 15 % und Arbeitslohn monatlich nicht > ... durch Pauschalierung von 2 % Abgeltung LSt, KiSt, SolZ (auch → Teilzeitbeschäftigung)	450,–	450,–	§ 40a Abs. 2 EStG
Geringfügigkeitsgrenze	EStG	Nacherhebung LSt nur, wenn Betrag > ...	10,–	10,–	§ 39 Abs. 7 EStG
	SGB IV	mtl. Arbeitsentgeltgrenze für Versicherungsfreiheit geringfügig Beschäftigter ...	450,–	450,–	§ 8 Abs. 1 Nr. 1 SGB IV
Geringverdienergrenze	SGB IV	mtl. Arbeitsentgeltgrenze für Auszubildende bei alleiniger Beitragstragung durch Arbeitgeber ...	325,–	325,–	§ 20 Abs. 3 SGB IV
	SGB V	mtl. Arbeitsentgeltgrenze für behinderte Menschen für alleinige Tragung Beiträge zur Krankenversicherung durch Arbeitgeber ...	553,–	567,–	§ 251 Abs. 2 Nr. 2 i.V.m. § 235 Abs. 3 SGB V
	SGB VI/ SGB IV	mtl. Arbeitsentgeltgrenze für behinderte Menschen bei alleiniger Beitragstragung zur Rentenversicherung durch Arbeitgeber-West ...	553,–	567,–	§ 168 Abs. 1 Nr. 2 SGB VI i.V.m. § 18 Abs. 1 SGB IV

A. ABC der Zahlen, Daten, Fakten 5

Stichwort	Rechtsgebiet	Inhalt der Regelung	2014 (€)	2015 (€)	Fundstelle
Geringverdienergrenze	SGB VI/ SGB IV	mtl. Arbeitsentgeltgrenze für behinderte Menschen bei alleiniger Beitragstragung zur Rentenversicherung durch Arbeitgeber-Ost ...	469,–	483,–	§ 168 Abs. 1 Nr. 2 SGB VI i.V.m. § 18 Abs. 2 SGB IV
		mtl. Arbeitsentgeltgrenze für Mitglieder geistlicher Genossenschaften bei alleiniger Tragung der Rentenversicherungsbeiträge durch Arbeitgeber West ...	1 106,–	1 134,–	§ 168 Abs. 1 Nr. 4 SGB VI i.V.m. § 18 Abs. 1 SGB IV
		mtl. Arbeitsentgeltgrenze für Mitglieder geistlicher Genossenschaften bei alleiniger Tragung der Rentenversicherungsbeiträge durch Arbeitgeber Ost ...	938,–	966,–	§ 168 Abs. 1 Nr. 4 SGB VI i.V.m. § 18 Abs. 2 SGB IV
		mtl. Arbeitsentgeltgrenze für behinderte Menschen bei alleiniger Beitragstragung Pflegeversicherung durch Arbeitgeber ...	553,–	567,–	§ 59 Abs. 1 SGB XI i.V.m. § 251 Abs. 2 Nr. 2 SGB V
Geringwertiges Wirtschaftsgut	EStG	Sofortabzug als Werbungskosten/ Betriebsausgabe, wenn			§ 6 Abs. 2 EStG
		– Ausgabe WG netto ≤ ... und	150,–	150,–	
		– selbständig nutzbar ist (bei Werbungskosten bleiben 410 €), alternativ ..., wenn keine WG im Sammelposten eingestellt	410,–	410,–	
		Einstellung in **Sammelposten**, wenn AK/HK > ...,	150,–	150,–	§ 6 Abs. 2a EStG
		jedoch ≤ ...	1 000,–	1 000,–	
Gesamtdifferenzbesteuerung	UStG	Einkaufspreisobergrenze ...	500,–	500,–	§ 25a Abs. 4 UStG
Geschäftsreisen/Dienstreisen	EStG	**Verpflegungspauschale** bei täglicher Abwesenheit von			§ 4 Abs. 5 Nr. 5 i.V.m. § 9 Abs. 4a EStG; BMF v. 24.10.2014,
		– ≥ 8 Stunden ...	12,–	12,–	
		– 24 Stunden ...	24,–	24,–	

1479

Stichwort	Rechtsgebiet	Inhalt der Regelung	2014 (€)	2015 (€)	Fundstelle
Geschäftsreisen/Dienstreisen	EStG	Für jeweils An- und Abreisetag bei Reise mit mehrtägiger Tätigkeit und auswärtiger Übernachtung Pauschale von ...	12,–	12,–	IV C 5 - S 2353/14/ 10002, BStBl I 2014, 1412; BMF v. 23.12.2014, IV C 6 - S 2145/10/ 10005 :001, BStBl I 2015, 26
	LStR	**Fahrtkosten** mit Privat-Pkw je gefahrenen km ...	0,30	0,30	R 9.5 Abs. 1 LStR 2013 bzw. 2015
		Übernachtungskosten mit Möglichkeit steuerfreier Erstattung an Arbeitnehmer i. H. v. ... (ansonsten Einzelnachweis erforderlich)	20,–	20,–	R 9.7 Abs. 3 LStR 2013 bzw. 2015
Geschenke	EStG	Abziehbarkeit bei Darreichung an Nichtarbeitnehmer bei Betrag ≤ ...pro Person und Jahr	35,–	35,–	§ 4 Abs. 5 Nr. 1 EStG
Gewerbesteuererklärung	GewStDV	Abgabe von natürlichen Personen bzw. Personengesellschaften bei Gewerbeertrag > ...	24 500,–	24 500,–	§ 25 Abs. 1 Nr. 1 GewStDV
		Abgabe von bestimmten Körperschaften bei Gewerbeertrag > ...	5 000,–	5 000,–	§ 25 Abs. 1 Nr. 3–5 GewStDV
Größenklassen nach BpO	BpO	Einteilung jeweils nach Betriebsart in Groß- (G), Mittel- (M) und Kleinbetriebe (K), jeweils nach Umsatzerlösen (UE) sowie steuerlichem Gewinn bzw. sonstigen Merkmalen (keine Berücksichtigung sonstiger Fallarten etc.): Handelsbetriebe: – G			§ 3 BpO i.V.m. BMF v. 22.6.2012, IV A - S 1450/09/ 10001, BStBl I 2012, 689
		– UE > ... oder	7 300 000,–	7 300 000,–	
		– Gewinn > ...	280 000,–	280 000,–	
		– M			
		– UE > ... oder	900 000,–	900 000,–	
		– Gewinn > ...	56 000,–	56 000,–	
		– K			
		– UE > ... oder	170 000,–	170 000,–	
		– Gewinn > ...	36 000,–	36 000,–	
		Fertigungsbetriebe: – G			

A. ABC der Zahlen, Daten, Fakten

Stichwort	Rechtsgebiet	Inhalt der Regelung	2014 (€)	2015 (€)	Fundstelle
Größenklassen nach BpO	BpO	– UE > ... oder	4 300 000,–	4 300 000,–	
		– Gewinn > ...	250 000,–	250 000,–	
		– M			
		– UE > ... oder	510 000,–	510 000,–	
		– Gewinn > ...	56 000,–	56 000,–	
		– K			
		– UE > ... oder	170 000,–	170 000,–	
		– Gewinn > ...	36 000,–	36 000,–	
		Freie Berufe:			
		– G			
		– UE > ... oder	4 700 000,–	4 700 000,–	
		– Gewinn > ...	580 000,–	580 000,–	
		– M			
		– UE > ... oder	830 000,–	830 000,–	
		– Gewinn > ...	130 000,–	130 000,–	
		– K			
		– UE > ... oder	170 000,–	170 000,–	
		– Gewinn > ...	36 000,–	36 000,–	
		Andere Leistungsbetriebe:			
		– G			
		– UE > ... oder	5 600 000,–	5 600 000,–	
		– Gewinn > ...	330 000,–	330 000,–	
		– M			
		– UE > ... oder	760 000,–	760 000,–	
		– Gewinn > ...	63 000,–	63 000,–	
		– K			
		– UE > ... oder	170 000,–	170 000,–	
		– Gewinn > ...	36 000,–	36 000,–	
		Kreditinstitute:			
		– G			
		– Aktivvermögen > ... oder	140 000 000,–	140 000 000,–	
		– Gewinn > ...	560 000,–	560 000,–	
		– M			
		– Aktivvermögen > ... oder	35 000 000,–	35 000 000,–	
		– Gewinn > ...	190 000,–	190 000,–	
		– K			

Stichwort	Rechtsgebiet	Inhalt der Regelung	2014 (€)	2015 (€)	Fundstelle
Größenklassen nach BpO	BpO	– Aktivvermögen > ... oder	11 000 000,–	11 000 000,–	
		– Gewinn > ...	46 000,–	46 000,–	
		Versicherungsunternehmen/Pensionskassen:			
		– G			
		– Jahresprämieneinnahmen > ...	30 000 000,–	30 000 000,–	
		– M			
		– Jahresprämieneinnahmen > ...	5 000 000,–	5 000 000,–	
		– K			
		– Jahresprämieneinnahmen > ...	1 800 000,–	1 800 000,–	
		LuF-Betriebe:			
		– G			
		– Wirtschaftswert selbstbewirtschaftete Fläche > ... oder	230 000,–	230 000,–	
		– Gewinn > ...	125 000,–	125 000,–	
		– M			
		– Wirtschaftswert selbstbewirtschaftete Fläche > ... oder	105 000,–	105 000,–	
		– Gewinn > ...	65 000,–	65 000,–	
		– K			
		– Wirtschaftswert selbstbewirtschaftete Fläche > ... oder	47 000,–	47 000,–	
		– Gewinn > ...	36 000,–	36 000,–	
Grundfreibetrag	EStG	in Einkommensteuertarif berücksichtigt:			§ 32a EStG
		– bei Alleinstehenden ... (Grundtabelle),	8 354,–	[1] 8 354,–	
		– bei Verheirateten bzw. eingetragener Lebenspartnerschaft ... (Splittingtabelle)	6 708,–	16 708,–	
Grundstück (untergeordneter Wert)	EStDV	bei eigenbetrieblich genutzten Grundstücken von untergeordnetem Wert keine Ausweispflicht als Betriebsvermögen, wenn:			§ 8 EStDV

1) Wahrscheinlich wird der Grundfreibetrag 2015 steigen, was auch rückwirkend geschehen kann. Gemäß einem Entwurf für den neuen Existenzminimumbericht der Regierung muss der steuerliche Grundfreibetrag in zwei Stufen bis 2016 um insgesamt 298 € auf 8 652 € im Jahr angehoben werden; für 2015 beträgt der Grundfreibetrag wahrscheinlich 8 472 €.

A. ABC der Zahlen, Daten, Fakten

Stichwort	Rechtsgebiet	Inhalt der Regelung	2014 (€)	2015 (€)	Fundstelle
Grundstück (untergeordneter Wert)	EStDV	– betrieblicher Anteil ≤ Marktwert des gesamten Grundstücks,			
		– jedoch ≤ …	20 500,–	20 500,–	
Haushaltshilfe	SGB V	bei Selbstbeschaffung des Dienstleisters Erstattungshöchstbetrag je Stunde …	8,75	8,88	§ 38 Abs. 4 SGB V
Haushaltsnahe Beschäftigung/Handwerkerleistungen	EStG	Steuerermäßigung mit folgenden Möglichkeiten:			§ 35a EStG
		– bei geringfügigem Beschäftigungsverhältnis (bis 450 € mtl.) mit pauschalen Abgaben von 12 % Abziehbarkeit von Steuerschuld i. H. v. …	20 %	20 %	
		der Aufwendungen, höchstens jedoch …	510,–	510,–	
		– bei sozialversicherungspflichtiger Beschäftigung Abziehbarkeit von Steuerschuld i. H. v. … der Aufwendungen,	20 %	20 %	
		– bei Inanspruchnahme haushaltsnaher Dienstleistungen (ohne Arbeitsverhältnis, z. B. durch Reinigungsunternehmen) Abziehbarkeit von Steuerschuld i. H. v. … der Aufwendungen (Nachweis durch Rechnungen/Zahlung durch Überweisung auf Unternehmer-Konto; keine Barzahlung),	20 % zusammen mit SV-Beschäftigung max. 4 000,–	20 % zusammen mit SV-Beschäftigung max. 4 000,–	
		– bei Handwerkerrechnungen ≤ … des Arbeitslohns (kein Material),	20 %	20 %	
		höchstens jedoch …	1 200,–	1 200,–	
Haushaltsscheckverfahren	SGB IV	Anwendung: mtl. Arbeitsentgeltgrenze …	450,–	450,–	§ 28a Abs. 7 SGB IV
Heimarbeiterzuschläge	LStR	bis zu … des Grundlohns	10 %	10 %	R 9.13 Abs. 2 LStR 2013 bzw. 2015
Hinterbliebenen-Pauschbetrag	EStG	bei Vorliegen von Anspruch auf Hinterbliebenenbezüge …	370,–	370,–	§ 33b Abs. 4 EStG
Hinzurechnungen	GewStG	Entgelt für Schulden, Renten und dauernde Lasten, Gewinnanteile des stillen Gesellschafters, Miet- und Pachtzinsen jeweils mit einem Teilbetrag bei Überschreitung von …	100 000,–	100 000,–	§ 8 Nr. 1 GewStG

1483

Stichwort	Rechtsgebiet	Inhalt der Regelung	2014 (€)	2015 (€)	Fundstelle
Hinzuverdienstgrenze	SGB VI	Bezieher von Vollrente wegen Alters vor Vollendung 65. Lebensjahrs sowie für Bezieher einer Rente wegen voller Erwerbsminderung (mtl.) …	450,–	450,–	§ 34 Abs. 3 Nr. 1, § 96a Abs. 2 Nr. 2 SGB VI
Höchstbetrag	AO	Gebühr für Abwendung der Verwertung …	20,– ab 31.12.2014: 26,–	26,–	§ 341 Abs. 4 Satz 1 AO
		Geldbuße bei leichtfertiger Steuerverkürzung …	50 000,–	50 000,–	§ 378 Abs. 2 AO
		Geldbuße Gefährdung von Abzugssteuern …	25 000,–	25 000,–	§ 380 Abs. 2 AO
		Geldbuße Steuergefährdung …	5 000,–	5 000,–	§ 379 Abs. 4 AO
		Geldbuße Verbrauchsteuergefährdung …	5 000,–	5 000,–	§ 381 Abs. 2 AO
		Geldbuße Gefährdung von Eingangsabgaben …	5 000,–	5 000,–	§ 382 Abs. 3 AO
		Geldbuße unzulässiger Erwerb von Steuererstattungs- und Vergütungsansprüchen …	50 000,–	50 000,–	§ 383 Abs. 2 AO
		Verspätungszuschlag …	25 000,–	25 000,–	§ 152 Abs. 2 Satz 1 AO
		Zwangsgeld …	25 000,–	25 000,–	§ 329 AO
	KStDV	jährliche Leistungen bei Steuerbefreiung von Kassen mit Rechtsanspruch der Leistungsempfänger als:			§ 2 Abs. 1 KStDV
		– Pension …	25 769,–	25 769,–	
		– Witwengeld …	17 179,–	17 179,–	
		– Waisengeld jede Halbwaise …	5 154,–	5 154,–	
		– Waisengeld jede Vollwaise …	10 308,–	10 308,–	
		– Sterbegeld …	7 669,–	7 669,–	
		jährliche Leistungen als:			§ 2 Abs. 2 KStDV
		– Pension …	38 654,–	38 654,–	
		– Witwengeld …	25 769,–	25 769,–	
		– Waisengeld jede Halbwaise …	7 731,–	7 731,–	
		– Waisengeld jede Vollwaise …	15 461,–	15 461,–	
		– Befreiung kleinerer Versicherungsvereine von der KSt bei Betrieb von Lebens-/Krankenversicherungen …	797 615,–	797 615,–	§ 4 KStDV

A. ABC der Zahlen, Daten, Fakten

Stichwort	Rechtsgebiet	Inhalt der Regelung	2014 (€)	2015 (€)	Fundstelle
Höchstbetrag	KStDV	– übrige Versicherungsvereine …	306 775,–	306 775,–	
Istversteuerung	UStG	Wahlmöglichkeit zur Istversteuerung, wenn Gesamtumsatz Vorjahr ≤ …	500 000,–	500 000,–	§ 20 Satz 1 Nr. 1 UStG
Jahresarbeitsentgeltgrenze	SGB V	Krankenversicherungsfreiheit bei Überschreitung von …	53 550,–	54 900,–	§ 6 Abs. 1 Nr. 1 i.V.m. Abs. 6 SGB V
		für wegen Überschreitens der Jahresentgeltgrenze bereits befreite Personen …	48 600,–	49 500,–	§ 6 Abs. 1 Nr. 1 i.V.m. Abs. 7 SGB V
Kinder: Betreuungs-, Erziehungs- und Ausbildungs-Freibetrag	EStG	– Gewährung als Freibetrag zusätzlich zum Kinderfreibetrag je Elternteil i. H. v. …	1 320,–	1 320,–	§ 32 Abs. 6 EStG
		– bei zusammenveranlagten Ehegatten i. H. v. …	2 640,–	2 640,–	
Kinderbetreuungskosten	EStG	Arbeitgeberzuschüsse zur Kinderbetreuung zu nicht schulpflichtigen Kindern bei Vorliegen eines Arbeitsverhältnisses (Ehegatten-Arbeitsverhältnis unschädlich) unbegrenzt …, wenn Zuschuss zusätzlich zum ohnehin geschuldeten Arbeitsentgelt bezahlt	steuerfrei	steuerfrei	§ 3 Nr. 33 EStG i.V.m. § 32 Abs. 1 EStG
		Sonderausgabenabzug für gesamtes Kalenderjahr für jedes begünstigte Kind, das 14. Lebensjahr noch nicht vollendet hat oder wg. vor Vollendung des 25. Lebensjahrs eingetretener körperlicher, geistiger oder seelischer Behinderung der Selbstunterhaltung außerstande ist, jeweils i. H. v. … der Aufwendungen,	2/3	2/3	§ 10 Abs. 1 Nr. 5 i.V.m. § 32 Abs. 1 EStG i.V.m. BMF v. 14.3.2012, IV C 4 - S 2221/07/0012 :12, BStBl I 2012, 307
		höchstens je Kind jedoch …	4 000,–	4 000,–	
Kinderfreibetrag	EStG	Freibetrag je Elternteil von …,	2 184,–	2 184,–	§ 32 Abs. 4 und 6 EStG
		bei zusammenveranlagten Eltern von …;	4 368,–	4 368,–	
		steuerunschädliche Einkünfte – wenn nach Abschluss der ersten Berufsausbildung bzw. bei Erreichen des 25. Lebensjahrs das Kind neben der Ausbildung ≤ 20 Std. erwerbstätig oder			
		– nur geringfügige Beschäftigung ausübt mit Monatsverdienst ≤ …	450,–	450,–	

Stichwort	Rechtsgebiet	Inhalt der Regelung	2014 (€)	2015 (€)	Fundstelle
Kindergartenbeiträge	EStG/ LStR	Arbeitgeberleistungen (zusätzlich zum normalen Arbeitslohn) zur Unterbringung und Betreuung von nicht schulpflichtigen Kindern der Arbeitnehmer in Kindergärten und vergleichbaren Institutionen ...	steuerfrei	steuerfrei	§ 3 Nr. 33 EStG, R 3.33 LStR 2013 bzw. 2015
Kindergeld	EStG	steuerunschädliche Einkünfte, wenn nach Abschluss der ersten Berufsausbildung oder Erststudiums bzw. bei Erreichen des 25. Lebensjahrs das Kind neben der Ausbildung ≤ 20 Std. erwerbstätig oder nur geringfügige Beschäftigung ausübt mit Monatsverdienst ≤ ...	450,–	450,–	§ 63 Abs. 1 Satz 2 EStG/§ 32 Abs. 4 Satz 2–3 EStG
		Anrechnung der Zahlung anderer Leistungen für Kinder und Auszahlung nur der Differenz, wenn dieselbe > ...	5,–	5,–	§ 65 Abs. 2 EStG
	EStG/ BKGG	vorrangig gewährtes Kindergeld mtl.			§ 66 Abs. 1 EStG, § 6 Abs. 1 BKGG
		– für das 1. Kind ...	184,–	184,–	
		– für das 2. Kind ...	184,–	184,–	
		– für das 3. Kind ...	190,–	190,–	
		– für das 4. Kind und jedes weitere Kind ...	215,–	215,–	
Kleinbetragsgrenze	ErbStG	...	50,–	50,–	§ 22 ErbStG
	GewStG	Steuermessbetrag ≤ ...	10,–	10,–	§ 34 GewStG
	ZerlG	keine Überweisung an steuerberechtigtes Land, wenn Betrag ≤ ...	25 000,–	25 000,–	§ 1 Abs. 3 Satz 3 ZerlG
Kleinbetragsrechnung	UStDV	Betrag ≤ ...	150,–	150,–	§ 33 UStDV
Kleinunternehmer	UStG	– Vorjahresumsatz ≤ ... und	17 500,–	17 500,–	§ 19 Abs. 1 UStG
		– laufender Jahresumsatz voraussichtlich ≤ ...	50 000,–	50 000,–	
Krankengeld	SGB V	– Höchstregelentgelt für Berechnung ...	135,–	137,50	§ 47 Abs. 1 SGB V
		– Höchstbetrag ...	94,50	96,25	

A. ABC der Zahlen, Daten, Fakten

Stichwort	Rechtsgebiet	Inhalt der Regelung	2014 (€)	2015 (€)	Fundstelle
Künstler	EStH	pauschaler Betriebsausgabenabzug bei nebenberuflicher Tätigkeit 25 % der Betriebseinnahmen, höchstens ..., soweit keine Tätigkeit i. S. v. § 3 Nr. 26 EStG vorliegt	614,–	614,–	H 18.2 EStH 2013
Kurzfristige Beschäftigung		→ Teilzeitbeschäftigung			
Lehrtätigkeit	EStH	pauschaler Betriebsausgabenabzug bei nebenberuflicher Tätigkeit von 25 % der Betriebseinnahmen, höchstens ..., soweit keine Tätigkeit i. S. v. § 3 Nr. 26 EStG vorliegt	614,–	614,–	H 18.2 EStH 2013
Lieferschwelle	UStG	Lieferer mit Gesamtbetrag der Entgelte ≤ ...	100 000,–	100 000,–	§ 3c Abs. 3 Satz 2 Nr. 1 UStG
Lohnsteuer-Anmeldung		→ Anmeldezeitraum			
Mindestbeitragsbemessungsgrundlage Krankenversicherung	SGB V	selbständige Künstler/Publizisten (mtl.) ...	460,83	472,50	§ 234 Abs. 1 SGB V
		behinderte Menschen (mtl.) ...	553,–	567,–	§ 235 Abs. 3 SGB V
		Rentenantragsteller (mtl.) ...	921,67	945,–	§ 239 i.V.m. § 240 Abs. 4 Satz 1 SGB V
		freiwillig Versicherte allgemein (mtl.) ...	921,67	945,–	§ 240 Abs. 4 Satz 1 SGB V
		freiwillig versicherte Selbständige (mtl.) ...	2 073,75	2 126,25	§ 240 Abs. 4 Satz 2 SGB V
	SGB XI/ SGB V	selbständige Künstler/Publizisten (mtl.) ...	460,83	472,50	§ 57 Abs. 1 SGB XI i.V.m. § 234 Abs. 1 SGB V

Stichwort	Rechtsgebiet	Inhalt der Regelung	2014 (€)	2015 (€)	Fundstelle
Mindestbeitragsbemessungsgrundlage Krankenversicherung	SGB XI/ SGB V	behinderte Menschen (mtl.) ...	553,-	567,-	§ 57 Abs. 1 SGB XI i.V.m. § 235 Abs. 3 SGB V
		freiwillig Versicherte allgemein (mtl.) ...	921,67	945,-	§ 57 Abs. 4 Satz 1 SGB XI i.V.m. § 240 Abs. 4 Satz 1 SGB V
		freiwillig versicherte Selbständige (mtl.) ...	2 073,75	2 126,25	§ 57 Abs. 4 Satz 1 SGB XI i.V.m. § 240 Abs. 4 Satz 2 SGB V
		Rentenantragsteller (mtl.) ...	921,67	945,-	§ 57 Abs. 4 Satz 2 SGB XI i.V.m. § 239 SGB V
Mindestbeitragsbemessungsgrundlage Rentenversicherung	SGB VI	geringfügig Beschäftigte bei Verzicht auf die Rentenversicherungsfreiheit (mtl.) ...	175,-	175,-	§ 163 Abs. 8 SGB VI
		selbständig Tätige (mtl.) ...	450,-	450,-	§ 165 Abs. 1 Nr. 1 SGB VI
		selbständige Künstler/Publizisten (mtl.) ...	325,-	325,-	§ 165 Abs. 1 Nr. 3 SGB VI
		Entwicklungshelfer West (mtl.) ...	3 966,87	4 033,54	§ 166 Abs. 1 Nr. 4 i.V.m. § 159 SGB VI
		Entwicklungshelfer Ost (mtl.) ...	3 333,50	3 466,84	§ 166 Abs. 1 Nr. 4 i.V.m. § 275a SGB VI
		freiwillig Versicherte (mtl.) ...	450,-	450,-	§ 167 SGB VI
		Hebammen (mtl.) ...	1 106,-	1 134,-	§ 279 Abs. 1 SGB VI

Stichwort	Rechtsgebiet	Inhalt der Regelung	2014 (€)	2015 (€)	Fundstelle
Mindestbeitragsbemessungsgrundlage Rentenversicherung	SGB VI/ SGB IV	Auszubildende und Praktikanten West (mtl.) ...	27,65	28,35	§ 162 Nr. 1 SGB VI i.V.m. § 18 Abs. 1 SGB IV
		Auszubildende und Praktikanten Ost (mtl.) ...	23,45	24,15	§ 162 Nr. 1 SGB VI i.V.m. § 18 Abs. 2 SGB IV
		behinderte Menschen West (mtl.) ...	2 212,–	2 268,–	§ 162 Nr. 2 SGB VI i.V.m. § 18 Abs. 1 SGB IV
		behinderte Menschen Ost (mtl.) ...	1 876,–	1 932,–	§ 162 Nr. 2 SGB VI i.V.m. § 18 Abs. 2 SGB IV
		Mitglieder geistlicher Genossenschaften ohne Anwartschaft auf Versorgung West (mtl.) ...	1 106,–	1 134,–	§ 162 Nr. 4 SGB VI i.V.m. § 18 Abs. 1 SGB IV
		Mitglieder geistlicher Genossenschaften ohne Anwartschaft auf Versorgung Ost (mtl.) ...	938,–	966,–	§ 162 Nr. 4 SGB VI i.V.m. § 18 Abs. 2 SGB IV
Mindestbetrag	GKG	Gebühr ...	15,–	15,–	§ 34 Abs. 2 GKG
Mindestlohn	MiLoG	je Zeitstunde brutto grds. ...		8,50	§ 1 Abs. 2 Satz 1 MiLoG
Mitteilungspflicht	MV	Ausnahme bei Zahlungen ≤ ...	1 500,–	1 500,–	§ 7 Abs. 2 Satz 1 MV
Multiplikator Entgelt	UStG	Ermittlung Entgelt aus Bruttobetrag			§ 12 Abs. 1 und 2 UStG
		– Steuersatz 19 % ...	0,8403	0,8403	
		– Steuersatz 7 % ...	0,9346	0,9346	
Multiplikator Vorsteuerberechnung	UStG	Ermittlung Vorsteuer aus Bruttobetrag			§ 12 Abs. 1 und 2 UStG
		– Steuersatz 19 % ...	0,1597	0,1597	
		– Steuersatz 7 % ...	0,0654	0,0654	
Mutterschaftsgeld	MuSchG	Höchstbetrag je Kalendertag ...	13,–	13,–	§ 13 Abs. 1 MuSchG

Stichwort	Rechtsgebiet	Inhalt der Regelung	2014 (€)	2015 (€)	Fundstelle
Nebenberufliche Tätigkeit (ehrenamtlich)	EStG	Freibetrag von ... bei nebenberuflich Tätigkeiten im gemeinnützigen, mildtätigen oder kirchlichen Bereich; durch Aufwandspauschale Abgeltung aller entstehenden Kosten bei ehrenamtlich Tätigen (z. B. Vereinsvorständen, Platzwarten etc.)	720,–	720,–	§ 3 Nr. 26a EStG
Notstandsbeihilfen	LStR	Lohnsteuerfreiheit bis zu ... bei Zahlungen an Arbeitnehmer durch privaten Arbeitgeber	600,–	600,–	R 3.11 Abs. 2 Satz 4 LStR 2013 bzw. 2015
Ordnungsgeld	BetrVG	Höchstbetrag Bestellung von mit der Durchführung der betrieblichen Berufsbildung Beauftragten bei entgegenstehender rechtskräftiger arbeitsgerichtlicher Entscheidung ...	10 000,–	10 000,–	§ 98 Abs. 5 Satz 2 BetrVG
Ordnungsgeld/Zwangsgeld	BetrVG	Höchstbetrag bei Zuwiderhandlung durch Arbeitgeber bei rechtskräftiger Verurteilung zu Handeln, Dulden oder Unterlassen bei grober Verletzung sich aus dem BetrVG ergebender Pflichten ...	10 000,–	10 000,–	§ 23 Abs. 3 Satz 5 BetrVG
Pauschbetrag	ErbStG	Erbfallkosten (keine Verwaltungskosten) ...	10 300,–	10 300,–	§ 10 Abs. 5 Nr. 3 ErbStG
Pauschbeträge unentgeltliche Wertabgaben	UStG	Jahreswert für 1 Person (netto) für Gewerbezweige zu je 7 %/19 % / insgesamt			BMF v. 16.12.2013, IV A 4 – S 1547/13/ 10001–01, BStBl I 2013, 1608 bzw. BMF v. 12.12.2014, IV A 4 - S 1547/13/ 10001–02, BStBl I 2014, 1575
		– Bäckerei ...	1 176,–/ 397,–/ 1 573,–	1 192,–/ 402,–/ 1 594,–	
		– Fleischerei ...	912,–/ 820,–/ 1 732,–	925,–/ 831,–/ 1 756,–	
		– Gast- und Speisewirtschaften mit Abgabe von			
		– kalten Speisen ...	1 150,–/ 965,–/ 2 115,–	1 166,–/ 978,–/ 2 144,–	
		– kalten und warmen Speisen ...	1 586,–/ 1 731,–/ 3 317,–	1 608,–/ 1 755,–/ 3 363,–	
		– Getränkeeinzelhandel ...	93,–/ 291,–/ 384,–	94,–/ 295,–/ 389,–	
		– Café und Konditorei ...	1 137,–/ 635,–/ 1 772,–	1 152,–/ 643,–/ 1 795,–	

A. ABC der Zahlen, Daten, Fakten

Stichwort	Rechtsgebiet	Inhalt der Regelung	2014 (€)	2015 (€)	Fundstelle
Pauschbeträge unentgeltliche Wertabgaben	UStG	– Milch, Milcherzeugnisse, Fettwaren und Eier, (Eh.) …	635,–/ 67,–/ 702,–	643,–/ 67,–/ 710,–	
		– Nahrungs- und Genussmittel, (Eh.) …	1 295,–/ 740,–/ 2 035,–	1 313,–/ 750,–/ 2 063,–	
		– Obst, Gemüse, Südfrüchte und Kartoffeln, (Eh.) …	291,–/ 212,–/ 503,–	295,–/ 215,–/ 510,–	
Pfändungsgebühr	AO	von beweglichen Sachen, Tieren, Früchten, die vom Boden noch nicht getrennt sind, von Forderungen und anderen Vermögensrechten …	20,– ab 31.12.2014: 26,–	26,–	§ 339 Abs. 3 AO
Pflegeeltern/ Tagesmütter	EStG	sonstige selbständige Tätigkeit bei Tages- und Wochenmüttern bei: – tagsüber erfolgender Fremdkinderbetreuung und – gleichzeitigem Erhalt des Pflegegelds von unmittelbar privater Seite pauschaler Betriebsausgabenabzug bei voller Tagespflege je betreutes Kind und Monat von …	300,–	300,–	BMF v. 20.5.2009, IV C 6 – S 22246/07/10002, BStBl I 2009, 642
Pflegepauschbetrag	EStG	Freibetrag von … ohne Kostennachweis für die Pflege einer anderen hilflosen Person in deren oder in der eigenen Wohnung bei Nichterhalt von Pflegegeld (kein zusätzlicher Abzug der tatsächlichen Kosten bei den allgemeinen außergewöhnlichen Belastungen)	924,–	924,–	§ 33b Abs. 6 EStG
Prüfungstätigkeit	EStH	pauschaler Betriebsausgabenabzug bei nebenberuflicher Tätigkeit von 25 % der Betriebseinnahmen, höchstens jedoch …, soweit keine Tätigkeit i. S. v. § 3 Nr. 26 EStG vorliegt	614,–	614,–	H 18.2 EStH 2013
Realsplitting	EStG	Unterhaltsleistungen an geschiedene oder dauernd getrennt lebende Ehegatten, Höchstbetrag: … (Besteuerung beim Empfänger als sonstige Einkünfte); Erhöhung des Höchstbetrags um die im jeweiligen VZ für die Absicherung des geschiedenen oder dauernd getrennt lebenden unbeschränkt einkommensteuerpflichtigen Ehegatten aufgewandten Beiträge	13 805,–	13 805,–	§ 10 Abs. 1 Nr. 1 Satz 1–2 i.V.m. Abs. 1 Nr. 3 EStG bzw. ab 1.1.2015 § 10 Abs. 1a Nr. 1 Satz 1–2 i.V.m. Abs. 1 Nr. 3 EStG

Stichwort	Rechtsgebiet	Inhalt der Regelung	2014 (€)	2015 (€)	Fundstelle
Regelpflichtbeitrag	SGB VI/ SGB IV	mtl. Beitragsbemessungsgrundlage Rentenversicherung von selbständig Tätigen – West ...	2 765,–	2 835,–	§ 165 Abs. 1 Nr. 1 SGB VI i.V.m. § 18 Abs. 1 SGB IV
		mtl. Beitragsbemessungsgrundlage Rentenversicherung von selbständig Tätigen – Ost ...	2 345,–	2 415,–	§ 165 Abs. 1 Nr. 1 SGB VI i.V.m. § 18 Abs. 2 SGB IV
		mtl. Beitragsbemessungsgrundlage Rentenversicherung für halben Beitrag von selbständig Tätigen – West ...	1 382,50	1 417,50	§ 165 Abs. 1 Satz 2 SGB VI i.V.m. § 18 Abs. 1 SGB IV
		mtl. Beitragsbemessungsgrundlage Rentenversicherung für halben Beitrag von selbständig Tätigen – Ost ...	1 172,50	1 207,50	§ 165 Abs. 1 Satz 2 SGB VI i.V.m. § 18 Abs. 2 SGB IV
Regelsteuersatz	UStG	steuerpflichtige Umsätze i. S.d. §§ 10, 11, 25 Abs. 3, 25a Abs. 3 und 4 UStG ...	19 %	19 %	§ 12 Abs. 1 UStG
Reisekosten		→ auch Geschäftsreisen/Dienstreisen			
	KSV-EntgV	keine Hinzurechnung nachgewiesener Aufwendungen bei Übernahme des zur Abgabe Verpflichteten zum Entgelt i. S. d. § 25 Abs. 2 Satz 1 KSVG, soweit diese ≤ als die in § 3 Nr. 16 EStG genannten			§ 1 Nr. 1 KSVEntgV
Rückforderung Arbeitnehmer-Sparzulage	Verm-BDV	Bagatellgrenze ...	5,–	5,–	§ 9 Satz 2 VermBDV
Rundung	GewStG	Gewerbeertrag ...	100,–	100,–	§ 11 Abs. 1 Satz 3 GewStG
		Arbeitslöhne ...	1 000,–	1 000,–	§ 29 Abs. 3 GewStG

A. ABC der Zahlen, Daten, Fakten

Stichwort	Rechtsgebiet	Inhalt der Regelung	2014 (€)	2015 (€)	Fundstelle
Sachbezüge	EStG/ LStR	Zuwendungen (z. B. Wohnung, Kost, Waren, Dienstleistungen und sonstige Sachbezüge) steuerfrei, wenn zugewendeter Vorteil monatlich insgesamt nicht > ... (Freigrenze); keine Einbeziehung pauschal versteuerter Zuwendungen	44,–	44,–	§ 8 Abs. 2 Satz 11 EStG, R 8.1 Abs. 3 LStR 2013 bzw. 2015
Sachbezugswerte	SvEV	– Abendessen (mtl.) ...	90,–	90,–	§ 2 Abs. 1 SvEV
		– Frühstück (mtl.) ...	49,–	49,–	
		– Mittagessen (mtl.) ...	90,–	90,–	
		– Verpflegung insgesamt (mtl.) ...	229,–	229,–	
		Unterkunft allg. für volljährige Arbeitnehmer (mtl.) ...	221,–	223,–	§ 2 Abs. 3 Satz 1 SvEV
		Unterkunft allg. für Auszubildende und Jugendliche (mtl.) ...	187,85	189,55	§ 2 Abs. 3 Nr. 2 SvEV
Sachprämien zur Kundenbindung	EStG	Steuerfreiheit bei Gewährung für persönliche Inanspruchnahme von Dienstleistungen eines Unternehmens, wenn Verfahren jedem zugänglich bis ≤ ...	1 080,–	1 080,–	§ 3 Nr. 38 EStG
Sachzuwendungen	EStG	pauschale Besteuerung bei Gewährung an Arbeitnehmer oder Kunden bis ...;	30 %	30 %	§ 37b EStG
		Grenze von ... sowohl für Summe der Zuwendung pro Person und Jahr als auch für einzelne Zuwendung	10 000,–	10 000,–	
Sammelbeförderung von Arbeitnehmern	EStG	unentgeltlich oder verbilligt aus betrieblichem Anlass bei Anrechnung auf Entfernungspauschale des Arbeitnehmers ...	steuerfrei	steuerfrei	§ 3 Nr. 32 EStG
Schreibauslagen	AO	pro Seite ... ab 31.12.2014:	0,50		§ 344 Abs. 1 Nr. 1 Satz 1–2 AO
		– für die ersten 50 Seiten pro Seite ...	0,50	0,50	
		– jede weitere ...	0,15	0,15	
		– für die ersten 50 Seiten in Farbe ...	1,–	1,–	
		– jede weitere in Farbe ...	0,30	0,30	
		– bei Überlassung elektronisch gespeicherter Dateien je Datei ...	1,50	1,50	
Schriftsteller	EStH	pauschaler Betriebsausgabenabzug			H 18.2 EStH 2013

Stichwort	Rechtsgebiet	Inhalt der Regelung	2014 (€)	2015 (€)	Fundstelle
Schriftsteller	EStH	– bei nebenberuflicher Tätigkeit 25 % der Betriebseinnahmen, höchstens ...	614,–	614,–	
		– bei selbständig ausgeübter Haupttätigkeit 30 % der Betriebseinnahmen, höchstens ...	2 455,–	2 455,–	
Schulgeld	EStG	für ein Kind bei Anspruch auf Kinderfreibetrag oder Kindergeld bis ... des Entgelts, höchstens bis zu ... abziehbar bei staatlich anerkannter Ersatzschule/Ergänzungsschule (Zahlungen für Beherbergung, Betreuung und Verpflegung nicht begünstigungsfähig)	30 % 5 000,–	30 % 5 000,–	§ 10 Abs. 1 Nr. 9 EStG
Solidaritätszuschlag	SolZG	Einbehaltung nur dann, wenn Bemessungsgrundlage (= ESt) beim Splittingverfahren > ..., in anderen Fällen > ...	1 944,–/972,–	1 944,–/972,–	§ 3 Abs. 3 SolZG
		– Grenzwert beim laufenden Arbeitslohn bei **mtl.** Lohnzahlung:			§ 3 Abs. 4–5 SolZG
		– Steuerklasse III ...	162,–	162,–	
		– Steuerklassen I, II, IV bis VI ...	81,–	81,–	
		– Grenzwert beim laufenden Arbeitslohn bei **wöchentl.** Lohnzahlung:			
		– Steuerklasse III ...	37,80	37,80	
		– Steuerklassen I, II, IV bis VI ...	18,90	18,90	
		– Grenzwert beim laufenden Arbeitslohn bei **tägl.** Lohnzahlung:			
		– Steuerklasse III ...	5,40	5,40	
		– Steuerklassen I, II, IV bis VI ...	2,70	2,70	
		– beim Lohnsteuer-Jahresausgleich nur zu ermitteln, wenn Bemessungsgrundlage (= ESt) in			
		– Steuerklasse III > ...	1 944,–	1 944,–	
		– Steuerklasse I, II, IV bis VI > ...	972,–	972,–	
Sonderabschreibung	EStG	– Begünstigung für Einnahmen-Überschuss-Rechner, wenn Vorjahresgewinn ≤ ...	100 000,–	100 000,–	§ 7g Abs. 1 und 2 bzw. Abs. 4 und 5 EStG
		– Bilanzierende, wenn Betriebsvermögen Vorjahr ≤ ...	235 000,–	235 000,–	

A. ABC der Zahlen, Daten, Fakten

Stichwort	Rechtsgebiet	Inhalt der Regelung	2014 (€)	2015 (€)	Fundstelle
Sonderabschreibung	EStG	– LuF-Betriebe, wenn Einheitswert ≤ ...	125 000,–	125 000,–	
		– Sonderabschreibungshöhe innerhalb von 5 Jahren bis insgesamt ... (bei beliebiger Verteilung)	20 %	20 %	
Sonderausgaben-Pauschbetrag	EStG	– Ledige ...	36,–	36,–	§ 10c EStG
		– Verheiratete ...	72,–	72,–	
Sonstige Bezüge	EStG	Pauschalierung je Arbeitnehmer bis höchstens ...	1 000,–	1 000,–	§ 40 Abs. 1 EStG
Sonstige Einkünfte	EStG	jährliche Freigrenze (z. B. bei Einkünften aus gelegentlicher Vermittlung und aus der Vermietung beweglicher Gegenstände) bei Einkünften > ...	256,–	256,–	§ 22 Nr. 3 EStG
Sparerfreibetrag	EStG	bei Alleinstehenden ...	801,–	801,–	§ 20 Abs. 9 EStG
		bei zusammenveranlagten Ehegatten ... (hälftig für jeden Ehegatten; bei Nichtausschöpfung automatische Übertragung auf anderen Ehegatten)	1 602,–	1 602,–	
Sparvertrag über Wertpapiere oder andere Vermögensbeteiligungen	5. VermBG	rechtzeitige Verwendung ...	150,–	150,–	§ 4 Abs. 3 5. VermBG
		vorzeitige Verfügung ...	150,–	150,–	§ 4 Abs. 4 Nr. 6 5. VermBG
Spekulationsgeschäfte	EStG	Freigrenze für private Veräußerungsgewinne von ... (Gewinne und Verluste nur miteinander innerhalb eines Kalenderjahrs verrechenbar; seit 1999 auch i.R. des Verlustrück- und -vortrags ausgleichbar)	600,–	600,–	§ 23 Abs. 3 Satz 5 EStG
Spenden (abzug)	EStG	Förderung mildtätiger, kirchlicher, religiöser, wissenschaftlicher und anerkannt gemeinnütziger Zwecke zu ...	20 %	20 %	§ 10b Abs. 1 EStG
		abzugsfähig bzw. bis ... vom Gesamtbetrag der Einkünfte oder der Summe der Umsätze und Löhne/Gehälter	0,4 %	0,4 %	
		(Bei Überschreitung der Höchstbeträge Abzugsmöglichkeit i. R. der Höchstbeträge in den Folgejahren als Sonderausgaben)			
Spenden an politische Parteien	EStG	Über § 34 EStG hinausgehende Beiträge Behandlung als Sonderausgaben bis ...	1 650,–	1 650,–	§ 10b Abs. 2 EStG

Stichwort	Rechtsgebiet	Inhalt der Regelung	2014 (€)	2015 (€)	Fundstelle
Spenden an politische Parteien	EStG	bei zusammenveranlagten Ehegatten bis …	3 300,–	3 300,–	§ 34g EStG
		Mitgliedsbeiträge (auch an Wählervereinigungen)			
		– bei Alleinstehenden als Abzug von der Steuerschuld …der Ausgaben, höchstens …	50 % 825,–	50 % 825,–	
		– bei Verheirateten als Abzug von der Steuerschuld … der Ausgaben, höchstens …	50 % 1 650,–	50 % 1 650,–	
Spendennachweis	EStDV	Bareinzahlungsbeleg oder Buchungsbestätigung eines Kreditinstituts, wenn Zuwendung ≤ … (dann keine Spendenbescheinigung notwendig)	200,–	200,–	§ 50 Abs. 2 Nr. 2 EStDV
Steuerhinterziehung	AO	Keine Strafffreiheit bei Selbstanzeige, wenn Hinterziehungsbetrag je Tat > …	50 000,–	25 000,–	§ 371 Abs. 2 Nr. 3 AO
Steuermesszahl Grundstücke	GrStG	Sockelbetrag für Ermittlung Steuermesszahl bei Einfamilienhäusern …	38 346,89	38 346,89	§ 15 Abs. 2 Nr. 1 GrStG
Steuerpflichtiger Erwerb	ErbStG	Steuerklasse I II III			§ 19 Abs. 1 ErbStG
		Steuersatz (%) 7 15 30 bis zu …	75 000,–	75 000,–	
		11 20 30 bis zu …	300 000,–	300 000,–	
		15 25 30 bis zu …	600 000,–	600 000,–	
		19 30 30 bis zu …	6 000 000,–	6 000 000,–	
		23 35 50 bis zu …	13 000 000,–	13 000 000,–	
		27 40 50 bis zu …	26 000 000,–	26 000 000,–	
		30 43 50 über …	26 000 000,–	26 000 000,–	
Steuersatz, ermäßigter	UStG	z. B. die Lieferungen, die Einfuhr und den innergemeinschaftlichen Erwerb der in der Anlage 2 des Gesetzes bezeichneten Gegenstände …	7 %	7 %	§ 12 Abs. 2 UStG
Steuerstrafrechtliche Werte (Tagessätze)	StGB/ EStG	– Mindestsatz …	5	5	§ 40 Abs. 1 Satz 2 StGB i.V.m. § 4 Abs. 5 Satz 1 Nr. 8 EStG
		– Höchstsatz … (jeweils vorbehaltlich anderer Gesetzesbestimmung)	360	360	
		– Mindestbetrag …	1,–	1,–	§ 40 Abs. 2 Satz 3 StGB i.V.m. § 4 Abs. 5 Satz 1 Nr. 8 EStG
		– Höchstbetrag …	30 000,–	30 000,–	

A. ABC der Zahlen, Daten, Fakten

Stichwort	Rechtsgebiet	Inhalt der Regelung	2014 (€)	2015 (€)	Fundstelle
Stiftungszuwendungen	EStG	Höchstbetrag – steuerbegünstigte Zwecke … – bei nach §§ 26, 26b EStG zusammen veranlagten Ehegatten …	1 000 000,– 2 000 000,–	1 000 000,– 2 000 000,–	§ 10b Abs. 1a EStG
Streitwert	FGO	bei Verfahren nach billigem Ermessen von höchstens …	500,–	500,–	§ 94a FGO
Studentenkrankenversicherung	SGB V	Beitragsbemessungsgrundlage (mtl.) bzgl. Studenten, Praktikanten, Auszubildenden ohne Arbeitsentgelt …	597,–	597,–	§ 236 Abs. 1 SGB V i.V.m. § 13 Abs. 1 Nr. 2 u. Abs. 2 BAföG
Tarifstufen	GewStG	Ermittlung Steuermesszahl bei natürlichen Personen und PersGes einheitlich zu … von Gewerbeertrag	3,5 %	3,5 %	§ 11 Abs. 2 GewStG
Teilzeitbeschäftigung	EStG	a) Kurzfristig Beschäftigte: pauschaler Lohnsteuerabzug mit 25 %, wenn – Lohn pro Arbeitstag ≤ … und – Stundenlohn ≤ … b) geringfügig Beschäftigte: pauschaler Lohnsteuerabzug mit 2 %, wenn mtl. Arbeitslohn ≤ …	 62,– 12,– 450,–	 62,– 12,– 450,–	§ 40a EStG
Telekommunikationsleistungen	EStG/LStR	steuerfreier Auslagenersatz von 20 % monatlich, höchstens …	20,–	20,–	§ 3 Nr. 50 EStG, R 3.50 Abs. 2 Satz 3–4 LStR 2013 bzw. 2015
Trinkgelder	EStG	freiwillig von Dritten gezahlt für Arbeitnehmer …	steuerfrei	steuerfrei	§ 3 Nr. 51 EStG
Übergangsgeld	SGB VI/SGB IX	Höchstberechnungsgrundlage bzgl. Rentenversicherung West …	198,33	201,67	§ 21 i.V.m. § 159 SGB VI i.V.m. § 46 Abs. 1 SGB IX
		Höchstberechnungsgrundlage bzgl. Rentenversicherung Ost …	166,67	173,34	§ 21 i.V.m. § 275a SGB VI i.V.m. § 46 Abs. 1 SGB IX

1497

Stichwort	Rechtsgebiet	Inhalt der Regelung	2014 (€)	2015 (€)	Fundstelle
Übungsleiter	EStG	steuerfrei bei Einnahmen aus nebenberuflicher, selbständiger oder nicht selbständiger Tätigkeit bis zu ... bei Tätigkeit als Übungsleiter, Ausbilder, Erzieher, Betreuer oder vergleichbarer Tätigkeit zur Förderung gemeinnütziger, mildtätiger oder kirchlicher Zwecke im Dienst oder im Auftrag inländischer Person öffentlichen Rechts oder anderer gemeinnütziger Einrichtung (daneben keine weiteren Kosten abziehbar)	2 400,–	2 400,–	§ 3 Nr. 26 EStG
Umzugskosten (bei Beendigung des Umzugs)	LStR	Höchstbetrag für umzugsbedingte Unterrichtskosten für ein Kind i. S. d. § 9 Abs. 2 BUKG ...	bis 28.2.2014: 1 752,– ab 1.3.2014: 1 802,–	bis 28.2.2015: 1 802,– ab 1.3.2015: 1 841,–	R 9.9 Abs. 2 LStR 2013 bzw. 2015 i.V.m. §§ 6–10 BUKG i.V.m. BMF v. 1.10.2012, IV C 5 - S 2353/08/ 10007, BStBl I 2012, 942 bzw. BMF v. 6.10.2014, IV C 5 - S 2353/08/ 10007, BStBl. I 2014, 1342
		Pauschbetrag für sonstige Umzugskosten nach § 10 Abs. 1 BUKG:			
		– für Verheiratete, Lebenspartner und Gleichgestellte ...	bis 28.2.2014: 1 390,– ab 1.3.2014: 1 429,–	bis 28.2.2015: 1 429,– ab 1.3.2015: 1 460,–	
		– für Ledige ...	bis 28.2.2014: 695,– ab 1.3.2014: 715,–	bis 28.2.2015: 715,– ab 1.3.2015: 730,–	
		– Erhöhung für jede weitere Person i. S. d. § 6 Abs. 3 Satz 2–3 BUKG (Ausnahme Ehegatte) ...	bis 28.2.2014: 306,– ab 1.3.2014: 315,–	bis 28.2.2015: 315,– ab 1.3.2015: 322,–	
Unterhalt/Berufsausbildung	EStG	Höchstbetrag von ... bei Unterstützenden ohne Anspruch auf Kindergeld oder Kinderfreibetrag für Unterstützten	8 354,–	8 354,–[1]	§ 33a Abs. 1 EStG
		bei gesetzlicher Unterhaltspflicht (oder Kürzung öffentlicher Mittel bei unterstützter Person wegen Einkommens des Unterstützenden) Anrechnung eigene Einkünfte und Bezüge, soweit > ... im Jahr (bei voller Anrechnung der Ausbildungszuschüsse aus öffentlichen Mitteln)	624,–	624,–	

---

1) Wahrscheinlich wird der Grundfreibetrag 2015 steigen, was auch rückwirkend geschehen kann. Gemäß einem Entwurf für den neuen Existenzminimumbericht der Regierung muss der steuerliche Grundfreibetrag in zwei Stufen bis 2016 um insgesamt 298 € auf 8 652 € im Jahr angehoben werden; für 2015 beträgt der Grundfreibetrag wahrscheinlich 8 472 €.

A. ABC der Zahlen, Daten, Fakten

Stichwort	Rechtsgebiet	Inhalt der Regelung	2014 (€)	2015 (€)	Fundstelle
Unterhalt für Ehegatten		→ Realsplitting			
Unterrichtungspflicht der BA und der HZÄ	AEntG	Zollverwaltung ggü. Gewerbezentralregister bei rechtskräftiger Bußgeldentscheidung ≥ ...	200,–	200,–	§ 20 Abs. 3 AEntG
Veräußerung (freiberufliches Betriebsvermögen)	EStG	Freibetrag Veräußerungsgewinn i. H. v. ...;	45 000,–	45 000,–	§ 18 Abs. 3 EStG i.V.m. § 16 Abs. 4 EStG
		Ermäßigung bei Veräußerungsgewinn > ...	136 000,–	136 000,–	
		(identische Regelung wie bei Gewerbebetriebsveräußerung)			
Veräußerung (Gewerbebetrieb)	EStG	einmaliger Freibetrag bei Aufgabe/Veräußerung von ..., wenn Unternehmer, 55. Lebensjahr vollendet oder sozialversicherungsrechtlich berufsunfähig	45 000,–	45 000,–	§ 16 Abs. 4 EStG
		Ermäßigung Freibetrag um Veräußerungs- bzw. Aufgabegewinn übersteigenden Betrag von ...	136 000,–	136 000,–	
Veräußerung (LuF)	EStG	identische Regelung bei Veräußerung Gewerbebetrieb; Freibetrag bei der Veräußerung/Entnahme landwirtschaftlicher Grundstücke zur Abfindung weichender Erben bei der Hofnachfolge von ...; stufenweise Verminderung, wenn Einkommen >	61 800,–	61 800,–	§ 14 i.V.m. § 16 Abs. 4, § 14a Abs. 4, § 14a Abs. 6 EStG
		... bzw.	18 000,–	18 000,–	
		bei Ehegatten > ...;	36 000,–	36 000,–	
		bei Einkommen > dieser Betrag, Kürzung Freibetrag für jede angefangene ...	250,–	250,–	
		um ...;	10 300,–	10 300,–	
		bei zusammenveranlagten Ehegatten Kürzung Freibetrag für jede angefangene ...	500,–	500,–	
		um ...	10 300,–	10 300,–	
Veräußerung (wesentliche Beteiligung)	EStG/ EStR	Freibetrag pro Veräußerung bzgl. Anteile an KapGes bei wesentlicher Beteiligung innerhalb letzter 5 Jahre (Anteil von mind. 1 % vor 2001: 10 % an der KapGes) von ... , wobei quotaler Freibetrag bzgl. veräußertem Anteil an KapGes (z. B. bei Verkauf 10 %-Anteils Freibetrag von nur 1 030 bzw. 906 €).	9 060,–	9 060,–	§ 17 Abs. 3 EStG, R 17 EStR 2012

Stichwort	Rechtsgebiet	Inhalt der Regelung	2014 (€)	2015 (€)	Fundstelle
Veräußerung (wesentliche Beteiligung)	EStG/ EStR	Ermäßigung Freibetrag um den Betrag, um Veräußerungsgewinn übersteigenden Betrag von ...	36 100,–	36 100,–	
		Bei Veräußerung nur eines Anteils (z. B. 10 %) Ermäßigung des Betrags von 41 000 € bzw. 36 100 € entsprechend veräußertem Anteil an der KapGes (z. B. bei 10 % auf 4 100 bzw. 3 610 €). (**Hinweis**: Bei Anwendung HEV nur 50 % Gewinn steuerpflichtig)			
Verlustabzug (= Verlustrücktrag und Verlustvortrag)	EStG	– Verlustrücktrag nur möglich für Verluste ≤ ...	1 000 000,–	1 000 000,–	§ 10d EStG
		– bei zusammenveranlagten Ehegatten ≤ ...	2 000 000,–	2 000 000,–	
		– Verlustvortrag möglich bis zu ...	1 000 000,–	1 000 000,–	
		– bei Ehegatten bis zu ...	2 000 000,–	2 000 000,–	
		– darüber hinausgehende Verluste abziehbar i. H. v. ...	60 %	60 %	
Vermietung, Geringfügigkeit	EStR	Nichtbesteuerung von Einnahmen aus Vermietung von Teilen eines Einfamilienhauses, wenn Einnahmen im Jahr ≤ ...	520,–	520,–	R 21.2 Abs. 1 EStR 2012
Vermögensbeteiligung	EStG	jährlicher Freibetrag für Überlassung von Vermögensbeteiligungen an Arbeitnehmer von bis zu ...	360,–	360,–	§ 19a EStG a. F. i.V.m. § 52 Abs. 27; § 3 Nr. 39 EStG
Vermögenswirksame Anlage von Teilen des Arbeitslohns	5. VermBG	Mindestbetrag			§ 11 Abs. 3 Satz 1 5. VermBG
		– monatlich ...	13,–	13,–	
		– vierteljährlich bzw. jährlich ...	39,–	39,–	
Verpflegungsmehraufwendungen	EStG	Zulässigkeit des Abzugs folgender Pauschalen, gestaffelt nach der tägl. Abwesenheit von			§ 4 Abs. 5 Nr. 5 i.V.m. § 9 Abs. 4a EStG
		– ≥ 8 Stunden ...	12,–	12,–	
		– 24 Stunden ...	24,–	24,–	
		Für jeweils An- und Abreisetag bei Reise mit mehrtägiger Tätigkeit und auswärtiger Übernachtung Pauschale von ...	12,–	12,–	
Versicherungen, Anzeigepflicht	EStDV	Verpflichtung von VersGes zur Mitteilung an FA, wenn LV zur Tilgung oder Sicherung von Darlehen > ... eingesetzt (Geltung nur für Lebensversicherungen mit Abschluss vor 1.1.2005)	25 565,–	25 565,–	§ 29 Satz 3 EStDV

Stichwort	Rechtsgebiet	Inhalt der Regelung	2014 (€)	2015 (€)	Fundstelle
Versorgungsfreibetrag	ErbStG	– Ehegatten …	256 000,–	256 000,–	§ 17 Abs. 1 ErbStG
		– Lebenspartner …	256 000,–	256 000,–	
		Kinder			§ 17 Abs. 2 ErbStG
		– mit Alter ≤ 5 Jahre …	52 000,–	52 000,–	
		– Alter > 5 und ≤ 10 Jahre …	41 000,–	41 000,–	
		– Alter > 10 und ≤ 15 Jahre …	30 700,–	30 700,–	
		– Alter > 15 und ≤ 20 Jahre …	20 500,–	20 500,–	
		– Alter > 20 bis Vollendung 27. Lebensjahr …	10 300,–	10 300,–	
	EStG	Versorgungsbezüge als Zuflüsse aus Altersgründen, wegen Berufs- oder Erwerbsunfähigkeit oder als Hinterbliebenenbezüge gewährt (z. B. betriebliche Pensionen) steuerfrei i. H. v. …,	25,6 %	24 %	§ 19 Abs. 2 EStG
		höchstens …;	1 920,–	1 800,–	
		Zuschlagsbetrag i. H. v. …	576,–	540,–	
Voranmeldungszeitraum	UStG	monatlich bei einer Vorjahressteuer > … bzw. in den beiden ersten Jahren einer Existenzgründung	7 500,–	7 500,–	§ 18 Abs. 2 Satz 2 UStG
		Möglichkeit der Befreiung bei Vorjahressteuer ≤ …	1 000,–	1 000,–	§ 18 Abs. 2 Satz 3 UStG
		Wahlmöglichkeit von 1 Monat bei Vorjahresüberschuss > …	7 500,–	7 500,–	§ 18 Abs. 2a UStG
Vorauszahlungen	GewStG	Mindestbetrag …	50,–	50,–	§ 19 Abs. 5 GewStG
Vorsorgeaufwendungen/ Alterseinkünftegesetz	EStG	Beiträge zur gesetzlichen Rentenversicherung, zur landwirtschaftlichen Alterskasse und zu berufsständischen Versorgungseinrichtungen mit Leistungserbringung vergleichbar mit denen zur gesetzlichen Rentenversicherung (z. B. die Versorgungskasse der Rechtsanwälte); abziehbar sowohl Arbeitnehmer- wie auch Arbeitgeberanteile:			§ 10 Abs. 1 Nr. 2 Buchst. a i.V.m. Abs. 3 EStG
		– tatsächliche Aufwendungen, höchstens jedoch …,	21 988,–	22 172,–	
		– bei Ehegatten/Lebenspartnern höchstens jedoch … im Jahr	43 976,–	44 344,–	
		– sich danach ergebender Betrag mit … abzügl. Arbeitgeberanteil anzusetzen	78 %	80 %	

1501

Stichwort	Rechtsgebiet	Inhalt der Regelung	2014 (€)	2015 (€)	Fundstelle
Vorsorgeaufwendungen/ Alterseinkünftegesetz	EStG	Beiträge zum Aufbau einer kapitalgedeckten Altersversorgung mit Vertrag in Form von Zahlung Leibrente frühestens ab 62. Lebensjahr (Rürup-Rente):			§ 10 Abs. 1 Nr. 2 Buchst. b i.V.m. Abs. 3 EStG
		– tatsächliche Aufwendungen, höchstens jedoch …,	21 988,–	22 172,–	
		– bei Ehegatten höchstens jedoch … im Jahr	43 976,–	44 344,–	
		– (der sich danach ergebende Betrag ist mit … abzügl. Arbeitgeberanteil anzusetzen)	78 %	80 %	
		Beiträge zu Versicherungen gegen Erwerbslosigkeit, zu Berufs- und Erwerbsunfähigkeitsversicherungen (soweit nicht unter §§ 10 Abs. 1 Nr. 2 Buchst. b EStG fallend), Pflege-, Unfall- und Haftpflichtversicherungen sowie für Risikoversicherungen mit Leistung nur für Todesfall			§ 10 Abs. 1 Nr. 3a i.V.m. Abs. 4 EStG
		Aufwendungen abziehbar höchstens … im Jahr	2 800,–	2 800,–	
		aber: Betragsverringerung auf … im Jahr bei Zahlung steuerfreier Arbeitgeberanteile zur KV bzw. bei Übernahme Krankheitskosten durch Arbeitgeber	1 900,–	1 900,–	
		Krankenversicherung: Aufwendungen abziehbar im Jahr höchstens … im Jahr ab 2010 voller Abzug, soweit Versicherungsschutz mit Entsprechung gesetzlicher Krankenversicherung	2 800,–	2 800,–	§ 10 Abs. 1 Nr. 3 Buchst. a i.V.m. Abs. 4 EStG
		aber: Betragsverringerung auf … im Jahr bei Zahlung steuerfreier Arbeitgeberanteile zur KV bzw. bei Übernahme Krankheitskosten durch Arbeitgeber	1 900,–	1 900,–	
		Kapitallebensversicherungen und alle anderen Versicherungen, die nicht unter §§ 10 Abs. 1 Nr. 2 Buchst. a, b und 10 Abs. 1 Nr. 3 EStG fallen, soweit diese Versicherungen vor 1.1.2005 abgeschlossen bei Zahlung ersten Beitrags (Hinweis: Änderungen ab 1.1.2010 durch Bürgerentlastungsgesetz, auch hinsichtlich der Vorsorgepauschale)			§ 10 Abs. 1 Nr. 3 Buchst. b i.V.m. Abs. 4 EStG
		Aufwendungen abziehbar im Jahr höchstens … im Jahr	2 800,–	2 800,–	

Stichwort	Rechtsgebiet	Inhalt der Regelung	2014 (€)	2015 (€)	Fundstelle
Vorsorgeaufwendungen/ Alterseinkünftegesetz	EStG	**aber**: Betragsverringerung auf ... im Jahr bei Zahlung steuerfreier Arbeitgeberanteile zur KV bzw. bei Übernahme Krankheitskosten durch Arbeitgeber	1 900,–	1 900,–	
Vorsorgepauschale LSt-Abzugsverfahren	EStG	– für sonstige Aufwendungen (Mindestvorsorgepauschale) ... des Arbeitslohns, höchstens jedoch ...,	12 % 1 900	12 % 1 900	§ 39b Abs. 2 Nr. 3 u. Abs. 4 EStG
		(bei Ehegatten bzw. Zusammenveranlagung ...)	3 000	3 000	
		– Höchstbetrag von ..., wenn	2 800	2 800	
		– kein Zuschuss von Arbeitgeber gezahlt und			
		– kein Anrecht auf Beihilfe bestehend			
		– RV-Beitrag i. H. v. ...	56 %	60 %	
Vorsteuerberechtigung	UStDV	Höchstbetrag im Jahr der Änderung der Verhältnisse ...	6 000,–	6 000,–	§ 44 Abs. 3 UStDV
Vorsteuerdurchschnittssätze	UStDV	Umsatzgrenze ...	61 356,–	61 356,–	§ 69 Abs. 3 UStDV
		Prozentsätze des Umsatzes zur Berechnung sämtlicher Vorsteuerbeträge folgender Unternehmer/Unternehmen (vorbehaltlich spezifischer Einzelregelungen) – Handwerk			§ 70 Abs. 1 UStDV i.V.m. Abschnitt A Anlage zu §§ 69, 70 UStDV
		– Bäckerei ...	5,4 %	5,4 %	
		– Bau- und Möbeltischlerei ...	9,0 %	9,0 %	
		– Beschlag-, Kunst- und Reparaturschmiede ...	7,5 %	7,5 %	
		– Buchbinderei ...	5,2 %	5,2 %	
		– Druckerei ...	6,4 %	6,4 %	
		– Elektroinstallation ...	9,1 %	9,1 %	
		– Fliesen- und Plattenlegerei, sonstige Fußbodenlegerei und -kleberei ...	8,6 %	8,6 %	
		– Friseure ...	4,5 %	4,5 %	
		– gewerbliche Gärtnerei ...	5,8 %	5,8 %	
		– Glasergewerbe ...	9,2 %	9,2 %	
		– Hoch- und Ingenieurhochbau ...	6,3 %	6,3 %	
		– Klempnerei, Gas- und Wasserinstallation ...	8,4 %	8,4 %	

1503

Stichwort	Rechtsgebiet	Inhalt der Regelung	2014 (€)	2015 (€)	Fundstelle
Vorsteuerdurchschnittssätze	UStDV	– Maler- und Lackierergewerbe, Tapezierer …	3,7 %	3,7 %	
		– Polsterei- und Dekorateurgewerbe …	9,5 %	9,5 %	
		– Putzmacherei …	12,2 %	12,2 %	
		– Reparatur von Kraftfahrzeugen …	9,1 %	9,1 %	
		– Schlosserei und Schweißerei …	7,9 %	7,9 %	
		– Schneiderei …	6,0 %	6,0 %	
		– Schuhmacherei …	6,5 %	6,5 %	
		– Steinbildhauerei und Steinmetzerei …	8,4 %	8,4 %	
		– Stukkateurgewerbe …	4,4 %	4,4 %	
		– Winder und Scherer …	2,0 %	2,0 %	
		– Zimmerei …	8,1 %	8,1 %	
		– Einzelhandel			
		– Blumen und Pflanzen …	5,7 %	5,7 %	
		– Brennstoffe …	12,5 %	12,5 %	
		– Drogerien …	10,9 %	10,9 %	
		– elektrotechnische Erzeugnisse, Leuchten, Rundfunk-, Fernseh- und Phonogeräte …	11,7 %	11,7 %	
		– Fahrräder und Mopeds …	12,2 %	12,2 %	
		– Fische und Fischerzeugnisse …	6,6 %	6,6 %	
		– Kartoffeln, Gemüse, Obst und Südfrüchte …	6,4 %	6,4 %	
		– Lacke, Farben und sonstiger Anstrichbedarf …	11,2 %	11,2 %	
		– Milch, Milcherzeugnisse, Fettwaren und Eier …	6,4 %	6,4 %	
		– Nahrungs- und Genussmittel …	8,3 %	8,3 %	
		– Oberbekleidung …	12,3 %	12,3 %	
		– Reformwaren …	8,5 %	8,5 %	
		– Schuhe und Schuhwaren …	11,8 %	11,8 %	
		– Süßwaren …	6,6 %	6,6 %	
		– Textilwaren verschiedener Art …	12,3 %	12,3 %	

Stichwort	Rechtsgebiet	Inhalt der Regelung	2014 (€)	2015 (€)	Fundstelle
Vorsteuerdurchschnittssätze	UStDV	– Tiere und zoologischer Bedarf ...	8,8 %	8,8 %	
		– Unterhaltungszeitschriften und Zeitungen ...	6,3 %	6,3 %	
		– Wild und Geflügel ...	6,4 %	6,4 %	
		– sonstige Gewerbebetriebe			
		– Eisdielen ...	5,8 %	5,8 %	
		– Fremdenheime und Pensionen ...	6,7 %	6,7 %	
		– Gast- und Speisewirtschaften ...	8,7 %	8,7 %	
		– Gebäude- und Fensterreinigung ...	1,6 %	1,6 %	
		– Personenbeförderung mit Personenkraftwagen ...	6,0 %	6,0 %	
		– Wäschereien ...	6,5 %	6,5 %	
		– freie Berufe			
		– Bildhauer ...	7,05 %	7,05 %	
		– Grafiker ...	5,25 %	5,25 %	
		– Kunstmaler ...	5,25 %	5,25 %	
		– selbständige Mitarbeiter bei Bühne, Film, Funk, Fernsehen und Schallplattenproduzenten ...	3,65 %	3,65 %	
		– Hochschullehrer ...	2,95 %	2,95 %	
		– Journalisten ...	4,85 %	4,85 %	
		– Schriftsteller ...	2,65 %	2,65 %	
	UStG	Umsatzgrenze für begünstigte Körperschaften, Personenvereinigungen und Vermögensmassen bei ...	35 000,–	35 000,–	§ 23a Abs. 2 UStG
Vorsteuer-Vergütungsverfahren	UStDV	Mindestbetrag			§ 61 Abs. 2 UStDV
		– Umsatz oder Einfuhr ≥ ...	1 000,–	1 000,–	
		– bei Rechnung(en) über Bezug von Kraftstoff ≥ ...	250,–	250,–	
		– Mindestbetrag ...	400,–	400,–	§ 61 Abs. 3 UStDV
		– Mindestbetrag bei Vergütung für Kalenderjahr oder den letzten Zeitraum des Kalenderjahres ...	50,–	50,–	
		bei nicht im Gemeinschaftsgebiet ansässigen Unternehmern:			§ 61a Abs. 3 UStDV
		– Mindestbetrag ...	1 000,–	1 000,–	

Stichwort	Rechtsgebiet	Inhalt der Regelung	2014 (€)	2015 (€)	Fundstelle
Vorsteuer-Vergütungsverfahren	UStDV	– Mindestbetrag bei Vergütung für Kalenderjahr oder den letzten Zeitraum des Kalenderjahrs ...	500,–	500,–	
Vortragstätigkeit	EStH	pauschaler Betriebsausgabenabzug bei nebenberuflicher Tätigkeit 25 % der Betriebseinnahmen, höchstens ..., soweit keine Tätigkeit i. S. v. § 3 Nr. 26 EStG vorliegt	614,–	614,–	H 18.2 EStH 2013
Wegnahmegebühr	AO	beweglicher Sachen einschl. Urkunden ...	20,– ab 31.12.2014: 26,–	26,–	§ 340 Abs. 3 Satz 1 AO
Wegzugsbesteuerung	AStG	anzuwenden bei VZ mit Einkünften > ...	16 500,–	16 500,–	§ 2 Abs. 1 Satz 2 AStG
		Einkommen ≤ ... zur Anwendung der Niedrigbesteuerung	77 000,–	77 000,–	§ 2 Abs. 2 Nr. 1 AStG
		wesentliches wirtschaftliches Interesse			§ 2 Abs. 3 Nr. 2–3 AStG
		– bei Einkünften ≥ ...	62 000,–	62 000,–	
		– bei inländischem Vermögen ≥ ...	154 000,–	154 000,–	
Werbegeschenke	EStG/ EStR	an Personen, nicht Arbeitnehmer des zuwendenden Unternehmers, i. H. v. ... Freigrenze für Betriebsausgaben- bzw. Werbungskostenabzug pro Person und Jahr; bei Berechtigung zum Vorsteuerabzug Netto-, sonst Bruttobetrag	35,–	35,–	§ 4 Abs. 5 Nr. 1 EStG, § 9 Abs. 5 EStG, R 4.10 EStR 2012
Werbungskosten-Pauschbeträge	EStG	– nichtselbständige Arbeit (Arbeitnehmer-Pauschbetrag) ...	1 000,–	1 000,–	§ 9a EStG
		– wiederkehrende Bezüge und Ehegattenunterhalt gem. § 22 EStG ...	102,–	102,–	
Werkzeuggeld	EStG/ LStR	Entschädigung für die Benutzung von Werkzeugen des Arbeitnehmers im Betrieb ...	steuerfrei	steuerfrei	§ 3 Nr. 30 EStG, R 3.30 LStR 2013 bzw. 2015
Wertgebühren	GKG	Streitwert bis €:			§ 34 Abs. 1 Satz 3 i.V.m. Anlage 2 GKG
		– 500 ...	35,–	35,–	
		– 1 000 ...	53,–	53,–	
		– 1 500 ...	71,–	71,–	

A. ABC der Zahlen, Daten, Fakten

Stichwort	Rechtsgebiet	Inhalt der Regelung	2014 (€)	2015 (€)	Fundstelle
Wertgebühren	GKG	– 2 000 …	89,–	89,–	
		– 3 000 …	108,–	108,–	
		– 4 000 …	127,–	127,–	
		– 5 000 …	146,–	146,–	
		– 6 000 …	165,–	165,–	
		– 7 000 …	184,–	184,–	
		– 8 000 …	203,–	203,–	
		– 9 000 …	222,–	222,–	
		– 10 000 …	241,–	241,–	
		– 13 000 …	267,–	267,–	
		– 16 000 …	293,–	293,–	
		– 19 000 …	319,–	319,–	
		– 22 000 …	345,–	345,–	
		– 25 000 …	371,–	371,–	
		– 30 000 …	406,–	406,–	
		– 35 000 …	441,–	441,–	
		– 40 000 …	476,–	476,–	
		– 45 000 …	511,–	511,–	
		– 50 000 …	546,–	546,–	
		– 65 000 …	666,–	666,–	
		– 80 000 …	786,–	786,–	
		– 95 000 …	906,–	906,–	
		– 110 000 …	1 026,–	1 026,–	
		– 125 000 …	1 146,–	1 146,–	
		– 140 000 …	1 266,–	1 266,–	
		– 155 000 …	1 386,–	1 386,–	
		– 170 000 …	1 506,–	1 506,–	
		– 185 000 …	1 626,–	1 626,–	
		– 200 000 …	1 746,–	1 746,–	
		– 230 000 …	1 925,–	1 925,–	
		– 260 000 …	2 104,–	2 104,–	
		– 290 000 …	2 283,–	2 283,–	
		– 320 000 …	2 426,–	2 426,–	
		– 350 000 …	2 641,–	2 641,–	
		– 380 000 …	2 820,–	2 820,–	
		– 410 000 …	2 999,–	2 999,–	

1507

Stichwort	Rechtsgebiet	Inhalt der Regelung	2014 (€)	2015 (€)	Fundstelle
Wertgebühren	GKG	– 440 000 …	3 178,–	3 178,–	
		– 470 000 …	3 357,–	3 357,–	
		– 500 000 …	3 536,–	3 536,–	
Wettbewerbsausschluss	AEntG	Ausschluss von Teilnahme an Wettbewerb um Liefer-, Bau- oder Dienstleistungsauftrag bei Belegung mit Bußgeld ≥ …	2 500,–	2 500,–	§ 21 Abs. 1 AEntG
Zerlegung	GewStG	keine Berücksichtigung sonstiger Vergütungen > …	50 000,–	50 000,–	§ 31 Abs. 4 GewStG
		Unternehmerlohn …	25 000,–	25 000,–	§ 31 Abs. 5 GewStG
	ZerlG	Grundlagen KSt …	500 000,–	500 000,–	§ 2 Abs. 1 Satz 1 ZerlG
		verbleibende KSt …	500 000,–	500 000,–	§ 3 Abs. 2 Satz 1 ZerlG
		Abrechnung …	500 000,–	500 000,–	§ 5 Abs. 2 Satz 1 ZerlG
Zinsaufwendungen	EStG	Sockelbetrag bei Abzug von Schuldzinsen bei betrieblichen Konten (z. B. Kontokorrentkonten) …	2 050,–	2 050,–	§ 4 Abs. 4a EStG
Zinsersparnisse	EStG	– steuerfrei bei Darlehen bei Ende Lohnzahlungszeitraum ≤ …	2 600,–	2 600,–	§ 8 Abs. 2 EStG i.V.m. BMF v. 1.10.2008, IV C 5 S 2334/07/0009, BStBl I 2008, 892
		– bei höheren Darlehen Zinsvorteile als geldwerter Vorteil steuerpflichtig			
		Zinsvorteil vorliegend, wenn tatsächlicher Zinssatz bei Vertragsabschluss > zuletzt von Deutscher Bundesbank veröffentlichte Effektivzinssätze (gewichtete Durchschnittssätze)			
Zukunftssicherungsleistungen	SvEV	mtl. Kürzungsbetrag für dem Arbeitsentgelt hinzuzurechnende fiktive Bemessungsgrundlage für beamtenähnliche Zusatzversorgungsregelungen …	13,30	13,30	§ 1 Abs. 1 Satz 3 SvEV

A. ABC der Zahlen, Daten, Fakten

Stichwort	Rechtsgebiet	Inhalt der Regelung	2014 (€)	2015 (€)	Fundstelle
Zusammen-fassende Meldung	UStG	vierteljährlich möglich, soweit Summe Bemessungsgrundlagen innergemeinschaftliche Warenlieferungen und Lieferungen i. S. d. § 25b Abs. 2 UStG laufendes Kalendervierteljahr bzw. für eines der vier vorangegangenen Kalendervierteljahre jeweils ≤ ...	50 000,–	50 000,–	§ 18a Abs. 1 Satz 2 UStG i.V.m. BMF v. 15.6.2010, IV D 3 - S 7424/08/ 1003–03, BStBl I 2010, 569
		monatlich, wenn Summe der Bemessungsgrundlagen für innergemeinschaftliche Warenlieferungen und für Lieferungen i. S. d. § 25b Abs. 2 im Laufe eines Kalendervierteljahrs > ...	50 000,–	50 000,–	§ 18a Abs. 1 Satz 3 UStG i.V.m. BMF v. 15.6.2010, IV D 3 - S 7424/08/ 1003–03, BStBl I 2010, 569
		jährlich möglich, wenn			§ 18a Abs. 9 Nr. 1–2 UStG
		– im Vorjahr Summe der Lieferungen und sonstigen Leistungen ≤ ... und	200 000,–	200 000,–	
		– Summe der innergemeinschaftlichen Warenlieferungen oder sonstigen Leistungen i.S.v. § 3a Abs. 2 UStG ≤ ...	15 000,–	15 000,–	
		Höchstbetrag Verspätungszuschlag ...	2 500,–	2 500,–	§ 18a Abs. 11 UStG
Zuschlag-steuern	EStG	ESt unter Abzug von Kinderfreibeträgen und Kinderbetreuungsfreibeträgen als Bemessungsgrundlage für Zuschlagsteuern (Solidaritätszuschlag und Kirchensteuer); Ermittlung Zuschlagsteuern bei laufendem Abzug vom Arbeitslohn zu ermitteln bei			§ 51a Abs. 2a EStG
		– Steuerklassen I, II, III unter Abzug Kinderfreibetrag von ...	4 368,–	4 368,–	
		– unter Abzug Freibetrag für Betreuungs- und Erziehungs- oder Ausbildungsbedarf ...	2 640,–	2 640,–	
		– Steuerklasse IV unter Abzug Kinderfreibetrag von ...	2 184,–	2 184,–	
		– unter Abzug Freibetrag für Betreuungs- und Erziehungs- oder Ausbildungsbedarf von ...	1 320,–	1 320,–	

1509

Stichwort	Rechtsgebiet	Inhalt der Regelung	2014 (€)	2015 (€)	Fundstelle
Zuwendungen	GewStG	– Spenden und Mitgliedsbeiträge aus Betriebsmitteln zur Förderung steuerbegünstigter Zwecke bis zu ... des um die Hinzurechnungen erhöhten Gewinns oder um ... der Summe der gesamten Umsätze zuzüglich Löhne und Gehälter; für darüber hinausgehende Beträge können die Kürzungen in den folgenden Erhebungszeiträumen vorgenommen werden	20 % 0,4 %	20 % 0,4 %	§ 9 Nr. 5 GewStG
		– zu Vermögensstock von Stiftung (ab 1.1.2013: in das zu erhaltende Vermögen (Vermögensstock) einer Stiftung) Vornahme Kürzungen bis zu ... in Zahlungsjahr und folgenden 9 Erhebungszeiträumen möglich	1 000 000,–	1 000 000,–	
	KStG	Spenden und Mitgliedsbeiträge aus Betriebsmitteln zur Förderung steuerbegünstigter Zwecke bis zu ... des Einkommens oder	20 %	20 %	§ 9 Abs. 1 Nr. 2 KStG
		um ... der Summe der gesamten Umsätze zzgl. Löhne und Gehälter. (darüber hinausgehende Beträge i.R. der Höchstbeträge in folgenden VZ abziehbar)	0,4 %	0,4 %	
Zwangsgeld	BetrVG	Höchstbetrag bei Nichtabberufung mit der Durchführung der betrieblichen Berufsbildung Beauftragten bei entgegenstehender rechtskräftiger arbeitsgerichtlicher Entscheidung für jeden Tag der Zuwiderhandlung ...	250,–	250,–	§ 98 Abs. 5 Satz 3 BetrVG
		Höchstbetrag – bei Aufrechterhaltung einer Maßnahme i. S.d. § 99 Abs. 1 Satz 1 BetrVG bei entgegenstehender rechtskräftiger arbeitsgerichtlicher Entscheidung für jeden Tag der Zuwiderhandlung ...	250,–	250,–	§ 101 Satz 3 BetrVG
		– bei Aufrechterhaltung einer vorläufigen personellen Maßnahme entgegen § 100 Abs. 2 Satz 3 oder Abs. 3 BetrVG auf Antrag des Betriebsrats bei entgegenstehender rechtskräftiger arbeitsgerichtlicher Entscheidung für jeden Tag der Zuwiderhandlung ...	250,–	250,–	

Stichwort	Rechtsgebiet	Inhalt der Regelung	2014 (€)	2015 (€)	Fundstelle
Zwangsgeld	BetrVG	Höchstbetrag bei Unterlassen der Entlassung oder Versetzung betriebsstörender Arbeitnehmer bei entgegenstehender rechtskräftiger arbeitsgerichtlicher Entscheidung für jeden Tag der Zuwiderhandlung ...	250,–	250,–	§ 104 Satz 3 BetrVG
	FGO	bis zu ...	1 000,–	1 000,–	§ 154 FGO

B. Kirchensteuer

von Dr. Jens Petersen

I. Kirchensteuer-Übersicht

Bundesland	KiSt-Satz %	Kappung des zu versteuernden Einkommens[1)]%	KiSt-Satz bei pauschaler LSt %	Besonderes Kirchgeld in glaubensverschiedener Ehe/Lebenspartnerschaft €
Baden-Württemberg	8	2,75 bzw. 3,5 (auf Antrag)	6	96 – 3 600[2)]
Bayern	8	–	7	96 – 3 600[2)]
Berlin	9	3	5	96 – 3 600
Brandenburg	9	3	5	96 – 3 600
Bremen	9	3,5	7	96 – 3 600
Bremerhaven	9	3,5	7	96 – 3 600
Hamburg	9	3	4	96 – 3 600
Hessen	9	3,5 bzw. 4 (auf Antrag)	7	96 – 3 600
Mecklenburg-Vorpommern	9	3	5	96 – 3 600
Niedersachsen	9	3,5	6	96 – 3 600
Nordrhein-Westfalen	9	3,5 bzw. 4 (auf Antrag)	7	96 – 3 600[2)]
Rheinland-Pfalz	9	3,5 bzw. 4 (auf Antrag)	7	96 – 3 600
Saarland	9	3,5 bzw. 4 (auf Antrag)	7	96 – 3 600[2)]

Bundesland	KiSt-Satz %	Kappung des zu versteuernden Einkommens[1] %	KiSt-Satz bei pauschaler LSt %	Besonderes Kirchgeld in glaubensverschiedener Ehe/Lebenspartnerschaft €
Sachsen	9	3,5	5	96 – 3 600
Sachsen-Anhalt	9	3,5	5	96 – 3 600
Schleswig-Holstein	9	3	6	96 – 3 600
Thüringen	9	3,5	5	96 – 3 600

[1] Zu den unterschiedlichen Kappungsregelungen bei den Kirchen im Einzelnen → 4 Rz. 1152.
[2] Nur ev. Kirche.

II. Auskünfte in Kirchensteuerfragen

Bei Einzel- oder in Zweifelsfragen erteilen die örtlichen Finanzämter oder die folgenden Religionsgemeinschaften Auskunft:

1. Evangelische Landeskirchen

Evang. Landeskirche	Bezeichnung	Str./Ort	Tel.	Fax
Anhalt	Landeskirchenrat der Ev. Kirche Anhalts	Friedrichstr. 22/24 06844 Dessau www.landeskirche-anhalts.de	0340 2526-0	2526–130
Baden	Ev. Oberkirchenrat Baden	Blumenstr. 1–7 76133 Karlsruhe www.ekiba.de	0721 9175-0	9175–550
Bayern	Landeskirchenamt der Ev.-Luth. Landeskirche in Bayern	Katharina-v.-Bora-Str. 11–13 80333 München www.bayern-evangelisch.de	089 5595-0	5595–444
Berlin-Brandenburg-schlesische Oberlausitz	Ev. Zentrum Berlin-Brandenburg-schlesische Oberlausitz	Georgenkirchstr. 69/70 10249 Berlin www.ekbo.de	030 24344-0	24344–500
Braunschweig	Landeskirchenamt der Ev.-luth. Landeskirche in Braunschweig	Dietr.-Bonhoeffer- Str. 1 38300 Wolfenbüttel www.landeskirche-braunschweig.de	05331 802-0	802–700
Bremen	Kirchenkanzlei der Bremischen Ev. Kirche	Franziuseck 2–4 28199 Bremen www.kirche-bremen.de	0421 5597-0	5597–265

B. Kirchensteuer

Evang. Landes-kirche	Bezeichnung	Str./Ort	Tel.	Fax
Hannover	Landeskirchen-amt der Ev.-luth. Landeskirche Hannover	Rote Reihe 6 30169 Hannover www.landeskirche-hannover.de	0511 1241–0	1241–266
Hessen-Nassau	Kirchenverwal-tung der Ev. Kirche in Hessen und Nassau	Paulusplatz 1 64285 Darmstadt www.ekhn.de	06151 405–0	405–440
Kurhessen-Waldeck	Landeskirchen-amt der Ev. Kirche in Kurhessen-Waldeck	Wilhelmshöher Allee 330 34131 Kassel www.ekkw.de	0561 9378–0	9378–400
Lippe	Landeskirchen-amt der Lippi-schen Landes-kirche	Leopoldstr. 97 32756 Detmold www.lippische-landes-kirche.de	05231 976–60	976–8164
Mitteldeutsch-land	Landeskirchen-amt der EKM	Michaelisstraße 39 99084 Erfurt www.ekmd.de	0361 51800–0	51800–198 678355
Nordkirche[1]	Landeskirchen-amt der Ev.-Luth. Kirche in Nord-deutschland	Münzstr. 8 19055 Schwerin Dänische Str. 21/35 24103 Kiel www.kirche-im-norden.de	0385 5185–0 0431 9797–0	5185–170 9797–999
Oldenburg	Oberkirchenrat der Ev.-Luth. Kirche in Oldenburg	Philosophenweg 1 26121 Oldenburg www.ev-kirche-olden-burg.de	0441 7701–0	7701–299
Pfalz	Landeskirchenrat Ev. Kirche der Pfalz	Domplatz 5 67346 Speyer www.evpfalz.de	06232 667–0	667–199
Reformierte Kirche	Reformierter Synodalrat	Saarstraße 6 26789 Leer www.reformiert.de	0491 9198–0	9198–251
Rheinland	Landeskirchen-amt der Ev. Kirche im Rheinland	H.-Böckler-Str. 7 40476 Düsseldorf www.ekir.de	0211 4562–0	4562–444
Sachsen (Lan-deskirche)	Landeskirchen-amt der Ev.-Luth. Landeskirche Sachsens	Lukasstr. 6 01069 Dresden www.landeskirche-sachsen.de	0351 4692–0	4692–144

Evang. Landeskirche	Bezeichnung	Str./Ort	Tel.	Fax
Schaumburg-Lippe	Landeskirchenamt der Ev.-Luth. Landeskirche Schaumburg-Lippe	Herderstr. 27 31675 Bückeburg www.landeskirche-schaumburg-lippe.de	05722 960-0	960-10
Westfalen	Landeskirchenamt der Ev. Kirche von Westfalen	Altstädter Kirchplatz 5 33602 Bielefeld www.ekvw.de	0521 594-0	594-129
Württemberg	Ev. Oberkirchenrat	Gänsheidestr. 2 70184 Stuttgart www.elk-wue.de	0711 2149-0	2149-236

[1] Ev.-Luth. Kirche in Norddeutschland: Zusammenschluss der Nordelbischen Ev.-Luth. Landeskirche, der Ev.-Luth. Landeskirche Mecklenburg und der Pommerschen Ev. Kirche zum 27.5.2012 (Sitz des Bischofs: Schwerin; Sitz der Verwaltung: Kiel).

2. Katholische Kirchen

(Erz-)Bistum	Str./Ort	Tel.	Fax
Aachen	Klosterplatz 7 52062 Aachen www.bistum-aachen.de	0241 452-0	452-496
Augsburg	Fronhof 4 86152 Augsburg www.bistum-augsburg.de	0821 3166-0	3166-209
Bamberg	Domplatz 1-5 96049 Bamberg www.erzbistum-bamberg.de	0951 502-0	502-279
Berlin	Niederwallstr. 8-9 10117 Berlin ww.erzbistumberlin.de	030 32684-0	32684-276
Dresden	Käthe-Kollwitz-Ufer 84 01309 Dresden www.bistum-dresden-meissen.de	0351 3364-6	3364-791
Eichstätt	Luitpoldstr. 2 85072 Eichstätt www.bistum-eichstaett.de	08421 50-0	50-209
Erfurt	Hermannsplatz 9 99084 Erfurt www.bistum-erfurt.de	0361 6572-0	6572-444
Essen	Zwölfling 16 45127 Essen www.bistum-essen.de	0201 2204-1	2204-570

B. Kirchensteuer

(Erz-)Bistum	Str./Ort	Tel.	Fax
Freiburg	Schoferstr. 2 79098 Freiburg www.erzbistum-freiburg.de	0761 2188–0	2188–505
Fulda	Paulustor 5 36037 Fulda www.bistum-fulda.de	0661 87–0	87–578
Görlitz	C. v. Ossietzky-Str. 41 02826 Görlitz www.bistum-goerlitz.de	03581 4782–0	4782–12
Hamburg	Danziger Str. 52a 20099 Hamburg www.erzbistum-hamburg.de	040 24877–0	24877–233
Hildesheim	Domhof 18 31134 Hildesheim www.bistum-hildesheim.de	05121 307–0	307–488
Köln	Marzellenstr. 32 50668 Köln www.erzbistum-koeln.de	0221 1642–0	1642–1700
Limburg	Roßmarkt 4 65549 Limburg www.bistumlimburg.de	06431 295–0	295–476
Magdeburg	Max-Josef-Metzger-Str. 1 39104 Magdeburg www.bistum-magdeburg.de	0391 5961–0	5961–100
Mainz	Bischofsplatz 2 55116 Mainz www.bistum-mainz.de	06131 253–0	253–401
München-Freising	Rochusstr. 5 80333 München www.erzbistum-muenchen-und-freising.de	089 2137–0	2137–1585
Münster	Domplatz 27 48143 Münster www.bistummuenster.de	0251 495–0	495–6086
Osnabrück	Hasestr. 40a 49074 Osnabrück www.bistum-osnabrueck.de	0541 318–0	318–117
Paderborn	Domplatz 3 33098 Paderborn www.erzbistum-paderborn.de	05251 125–0	125–1470
Passau	Residenzplatz 8 94032 Passau www.bistum-passau.de	0851 393–0	393–830

(Erz-)Bistum	Str./Ort	Tel.	Fax
Regensburg	Niedermünstergasse 1 93043 Regensburg www.bistum-regensburg.de	0941 597–01	597–1055
Rottenburg- Stuttgart	Eugen-Bolz-Platz 1 72108 Rottenburg www.drs.de	07472 169–0	169–561
Speyer	Kleine Pfarrengasse 16 67346 Speyer www.bistum-speyer.de	06232 102–0	102–300
Trier	Hinter dem Dom 6 54290 Trier www.bistum-trier.de	0651 7105–0	7105–498
Vechta	Bahnhofstr. 6 49377 Vechta www.bistummuenster.de	04441 872–0	872–199
Würzburg	Domerschulstraße 2 97070 Würzburg www.bistum-wuerzburg.de	0931 386–0	386–334

3. Weitere Religionsgemeinschaften

	Str./Ort	Tel.	Fax
Katholisches Bistum der Alt-Katholiken in Deutschland	Gregor-Mendel-Straße 28 53115 Bonn www.alt-katholisch.de	0228 232285	238314
Freie Religionsgemeinschaft Alzey	Am Rabenstein 14 55232 Alzey www.sb-az.de/gemeinde/ index.htm	06731 2591	
Freireligiöse Landesgemeinde Baden	T 6, 26 68161 Mannheim www.freireligioese-baden.de	0621 22805	28289
Freireligiöse Landesgemeinde Mainz	Gartenfeldstr. 1 55118 Mainz www.freireligioesegemeinde-mainz.de	06131 674940	611095
Freireligiöse Gemeinde Offenbach	Schillerplatz 1 63067 Offenbach www.freireligioese-offenbach.de	069 8008060	80080610
Freireligiöse Landesgemeinde Pfalz	Wörthstr. 6 a 67059 Ludwigshafen www.freireligioese-pfalz.de	0621 512582	626633
Israelitische Religionsgemeinschaft Baden	Gartenstraße 76–80 76135 Karlsruhe www.irg-baden.de	0721 972500	97250–20

B. Kirchensteuer

	Str./Ort	Tel.	Fax
Jüdische Gemeinde Bad Nauheim	Karlstr. 34 61231 Bad Nauheim www.jg-badnauheim.de	06032 5605	938956
Landesverband der Israelitischen Kultusgemeinden (Bayern)	Effnerstraße 68 81925 München www.ikg-bayern.de	089 989442	9827354
Jüdische Gemeinde Darmstadt K.d.ö.R.	Wilhelm-Glässing-Str. 26 64283 Darmstadt	06151 28897	296320
Jüdische Gemeinde Frankfurt/M.	Westendstraße 43 60325 Frankfurt/M www.jg-ffm.de	069 7680360	768036149
Jüdische Gemeinde Gießen	Burggraben 4–6 35390 Gießen www.jg-giessen.de	0641 932890	9328925
Jüdische Gemeinde Hannover	Haeckelstr. 10 30173 Hannover http://www.jg-hannover.de	0511 810472	852983
Jüdische Gemeinde Hamburg	Grindelhof 30 20146 Hamburg www.jghh.org	040 44094443	4108430
Landesverband der Jüdischen Gemeinden in Hessen	Hebelstr. 6 60318 Frankfurt/M. www.lvjgh.de	069 444049	431455
Jüdische Gemeinde Kassel	Bremer Str. 3 34117 Kassel	0561 7880930	78809312
Synagogengemeinde Köln	Ottostraße 85 50823 Köln-Ehrenfeld www.sgk.de	0221 716620	71662599
Landesverband der Jüdischen Kultusgemeinden von Nordrhein	Paul-Spiegel-Platz 1 40476 Düsseldorf www.zentralratjuden.de/de/topic/59.html?landesverband=13	0211 446809	488401
Landesverband der Jüdischen Gemeinden Rheinland-Pfalz	Synagogenplatz 1 55118 Mainz www.zentralratjuden.de/de/topic/59.html?landesverband=14	06131 9729810	97298151
Synagogengemeinde Saar	Lortzingstraße 8 66111 Saarbrücken www.synagogengemeindesaar.de	0681 910380	9103813
Landesverband der Jüdischen Gemeinden von Schleswig-Holstein	Jean-Labowsky-Weg 1 23795 Bad Segeberg www.lvjgsh.de	–	–

	Str./Ort	Tel.	Fax
Landesverband der Jüdischen Gemeinden von Westfalen-Lippe	Prinz-Friedrich-Karl-Str. 12 44135 Dortmund www.zentralratdjuden.de/de/topic/ 59.html?landesverband=19	0231 528495	5860372
Israelitische Religionsgemeinschaft Württemberg	Hospitalstraße 36 70174 Stuttgart www.irgw.de	0711 228360	2283618

4. Servicetelefone (Auswahl)

Servicetelefon	Evangelische Kirche in Deutschland	0800 5040602
Kontaktstelle Kirche	Ev.-Luth. Landeskirche Sachsens	0800 000 24 12
Kirchensteuer-Hotline	Ev.-luth. Kirche in Norddeutschland (Nordkirche)	0800 118 12 04
Fragen zur Kirchensteuer	Evangelische Kirche von Westfalen	0800 354 72 43
Kirchensteuertelefon	Evangelische Landeskirche in Württemberg und Evangelische Landeskirche in Baden	0800 713 713 7
Fragen zur Kirchensteuer und zum besonderen Kirchgeld	Evangelische Kirche im Rheinland	0800 000 10 34
Info-Telefon	Evangelische Kirche in Düsseldorf	0800 0 81 82 83

C. Unternehmensbewertung

von Dr. Georg F.W. Bügler

I. Checkliste zur Ertragswertermittlung

Eine zweckmäßige Vorgehensweise für die Durchführung der Ertragswertermittlung ergibt folgende Checkliste zum Ablaufplan:

Schritt 1: Bereinigung der Vergangenheitsergebnisse

Einzubeziehen sind mindestens die letzten drei bis fünf Geschäftsjahre; zu eliminieren sind die Einflüsse nicht betriebsnotwendiger Vermögens- und Schuldposten. Aufwendungen und Erträge sind nach der Verursachung periodengerecht zuzuordnen. Im Einzelnen sind insbesondere folgende **Modifizierungen der Ergebnisse** vorzunehmen:

- ☐ Abschreibung auf der Basis von Wiederbeschaffungskosten
- ☐ Eliminierung von Ergebniseinflüssen des Imparitätsprinzips

C. Unternehmensbewertung

- Ausschaltung von Bilanzierungs- und Bewertungswahlrechten
- Bereinigung um den Unternehmerlohn u.a. persönliche Faktoren bei mittelständischen Unternehmen
- Bereinigung um außerordentliche, einmalige Einflüsse
- Eliminierung von Aufwendungen und Erträgen des nicht betriebsnotwendigen Vermögens
- Berücksichtigung von Folgeänderungen, insbesondere beim Zinsaufwand und beim Steueraufwand

Schritt 2: Analyse der Ertragskraft

Die zum Bewertungsstichtag vorhandene Ertragskraft wird aus den letzten repräsentativen Abrechnungszeiträumen abgeleitet. Aus den bereinigten Vergangenheitsergebnissen wird auf der Basis des letzten Geschäftsjahrs, das gewissermaßen als Brücke dient, das **Mengengerüst** für die Zukunftserfolgsplanung ermittelt. Die Bewertung orientiert sich dabei an der Kostenrechnung. Preisbasis ist der Bewertungsstichtag. Kosten und Erlösänderungen durch Inflationierung des Geldwerts werden **nicht** berücksichtigt.

Bei Anwendung der Phasenmethode ist entsprechend der möglichen Schätzgenauigkeit der Prognosezeitraum in Planungsphasen zu zerlegen.

Im Einzelnen bestehen folgende Analysebereiche:

- **Umsatzprognose**
  - Umsatzerwartungen der einzelnen Produktbereiche, ggf. auf Grund von Marktanalysen, sind zu prognostizieren.
  - Strukturelle Änderungen (technischer Fortschritt u. Ä.) sind soweit als möglich einzubeziehen.

- **Erstellung des Investitionsplanes und Prognose des Abschreibungsbedarfs**
  - Entsprechend der Altersstruktur der vorhandenen Produktionsanlagen erfolgt die Bestimmung der voraussichtlichen Reinvestitionszeitpunkte.
  - Sachliche Aufgliederung nach Investitionsarten (Ersatz, Rationalisierung, Erweiterung usw.).
  - Ermittlung der Abschreibungen auf der Basis der Wiederbeschaffungskosten zum Bewertungsstichtag, i.d.R. lineare Aufwandsverrechnung oder unmittelbare Bestimmung der zukünftigen Reinvestitionsraten.
  - Abschreibungen für nicht betriebsnotwendige Anlagen bleiben außer Ansatz.
  - Für die Ertragssteuerermittlung sind die steuerlichen Abschreibungen in einer Nebenrechnung zu erfassen.
  - Feststellung der Auswirkungen der geplanten Investitionen auf die Kostenstruktur, z.B. günstigere Betriebskosten, Umsatz und Finanzbedarf.

- **Finanzbedarfsrechnung und Zinsprognose**
  - Einzubeziehen sind in die Finanzbedarfsrechnung die längerfristigen Investitions- und Finanzierungsvorgänge.
  - Der Finanzbedarf ermittelt sich insbesondere aus den Ausgaben für Neu- und Reinvestitionen, Kredittilgungen und anderen Ausgaben, die nicht Aufwand sind.
  - Die Finanzdeckung besteht im Wesentlichen aus Abschreibungen, Kreditaufnahme, Rückstellungen (für Pensionen) und anderen Aufwendungen, die nicht ausgabenwirksam sind.
  - Korrektur des Zinsaufwands auf Grund der ermittelten (kumulierten) Über- oder Unterdeckung aus der Finanzbedarfsrechnung.

- ☐ Feststellung von Finanzierungsrisiken (ausreichende Eigenkapitalausstattung).
- ☐ Gegebenenfalls Festlegung des Verhältnisses von Eigen- und Fremdkapital.

• **Prognose des Steuerbedarfs**
- ☐ Erforderlich ist eine Nebenrechnung zur Ermittlung der voraussichtlichen steuerlichen Gewinne.
- ☐ Einschließlich der Ertragsteuerbelastung der Unternehmenseigner sind zu berücksichtigen bei
  - ☐ Kapitalgesellschaften: Gewerbeertragsteuer, Körperschaftsteuer und persönliche Einkommensteuer der Gesellschafter nach dem Teileinkünfteverfahren oder der Abgeltungssteuer
  - ☐ Personenunternehmen: Gewerbeertragsteuer und persönliche Einkommensteuer abzüglich Steuerermäßigung für gewerbliche Einkünfte nach § 35 EStG
- ☐ Liegt der prognostizierte betriebswirtschaftliche Erfolg unter dem voraussichtlichen steuerlichen Ergebnis – bei der Abschreibung auf Wiederbeschaffungskosten-Basis dürfte dies die Regel sein – ist für den Unterschiedsbetrag die Ertragsteuerbelastung zu berücksichtigen.

• **Prognose der Ergebnisse für den Bereich des betriebsnotwendigen Vermögens**
- ☐ Für die Perioden der Phase I sind die Erfolgskomponenten detailliert auf Grund der Einzelpläne (Umsatz-, Investitions-, Finanzbedarfs-Plan usw.) zusammenzustellen.
- ☐ Zu Kontrollzwecken können die Einzelpläne der Phase I in Planbilanzen verdichtet werden.
- ☐ Für die Phase II sind die Trendergebnisse und für die Phase III das durchschnittliche nachhaltige Ergebnis zu schätzen.
- ☐ Mit Ausnahme des allgemeinen Unternehmenswagnisses sind alle erkennbaren Unsicherheiten (Risiken und Chancen) in ihrer wertmäßigen Auswirkung zu veranschlagen soweit diese nicht im Risikozuschlag beim Kapitalisierungszinsfuß berücksichtigt sind.
- ☐ Durchführung der Barwertermittlung entsprechend den Formeln (→ 4 *Unternehmensbewahrung* Rz. 1735).

• **Berücksichtigung persönlicher Faktoren**

In Abhängigkeit vom Bewertungsauftrag können subjektive Wertfaktoren zusätzlich zu berücksichtigen sein:
- ☐ Synergieeffekte sind darzustellen und in ihrer wertmäßigen Auswirkung abzuschätzen.
- ☐ Steuerliche Verhältnisse des Veräußerers/Investors; Besteuerung von Veräußerungsgewinnen.

• **gesonderte Bewertung des nicht betriebsnotwendigen Vermögens**
- ☐ Vermögens- und Schuldposten, die nicht in einem zwangsläufigen Zusammenhang mit dem Unternehmensgegenstand stehen, sind unter dem Gesichtspunkt ihrer bestmöglichen Verwertung und Tilgung zu veranschlagen.
- ☐ Ertragsteuern aus der Realisierung stiller Reserven und aus der Ausschüttung[1] an den Anteilsigner sind direkt bei der gesonderten Wertermittlung zu berücksichtigen.

---

1) Die zusätzliche Belastung mit Einkommensteuer ist insbesondere dann zu berücksichtigen, wenn keine (steuerfreie) Kapitalherabsetzung in Frage kommt, vgl. Helbling, Unternehmensbewertung und Steuern, 9. Aufl. 1998, 607 ff.

C. Unternehmensbewertung

Schritt 3: Bestimmung des Unternehmenswerts

Der Wert des Unternehmens als Ganzes setzt sich im Normalfall zusammen:

- **bei unbegrenzter Lebensdauer**
  - ☐ Barwert der zukünftigen Ergebnisse des betriebsnotwendigen Vermögens
  - ☐ zuzüglich: Barwert des Nettoerlöses aus der Verwertung des nicht betriebsnotwendigen Vermögens
- **bei begrenzter Lebensdauer**
  - ☐ Barwert der zukünftigen Ergebnisse des betriebsnotwendigen Vermögens bis zur Betriebsbeendigung
  - ☐ zuzüglich: Barwert des Nettoerlöses aus der Verwertung des nicht betriebsnotwendigen Vermögens
  - ☐ zuzüglich: Barwert des Liquidationsüberschusses nach Betriebsbeendigung

II. Checkliste zur Informationserhebung[1)]

1. Allgemeine Informationen

a) Gegenstand des Auftrags, Auftraggeber

- ☐ Auftraggeber
- ☐ Zweck der Unternehmensbewertung (Entscheidungswert/Schiedspreis)
- ☐ Bewertungsstichtag (möglichst zum Geschäftsjahresende)
- ☐ Abgrenzung des Bewertungsgegenstands (Gesamtunternehmen, selbständiger oder unselbständiger Betriebsteil)
- ☐ Auskunftspersonen
- ☐ Termin zur Vorlage des Bewertungsergebnisses
- ☐ voraussichtliche Kosten der Bewertung
- ☐ schriftlicher Auftrag

b) Grundinformationen

- ☐ Jahresabschlüsse der letzten (fünf) Geschäftsjahre mit Erläuterungsberichten, ggf. Berichte des Abschlussprüfers hierzu, Kontrollberichte der Innenrevision
- ☐ Gesellschaftsvertrag, Satzung, Geschäftsordnung, einschl. deren Änderungen in der letzten Zeit
- ☐ Gesellschafterliste; verwandtschaftliche Bindungen zwischen Gesellschaftern, Poolverträge, vertragliche Vorrechte
- ☐ Verbindungen mit anderen Unternehmungen, rechtlicher und organisatorischer Art (Verbundeffekte)
- ☐ Betriebsteile, Produktionsstätten, Verwaltung(en), Niederlassungen, Tochtergesellschaften (Betriebsbesichtigung)
- ☐ Grundriss der Entwicklungsgeschichte des Unternehmens – bemerkenswerte Veränderungen
- ☐ Fertigungsprogramm, aktuelle Änderungen

---

1) Die Checkliste lehnt sich z.T. an das Beispiel bei Helbling, Unternehmensbewertung und Steuern, 9. Aufl. 1998, 607 ff., an.

- ☐ Kapazitätsausnutzung, derzeitige Absatzlage
- ☐ Auftragsbestand, ggf. Aufgliederungen (regional, nach Produkten, Lieferzeiten u. Ä.)
- ☐ Zusammensetzung der Geschäftsleitung, Funktionen, Qualifikationen; Geschäftserfolg von bestimmten Personen stark abhängig?
- ☐ geschäftspolitische Zielvorstellungen und Grundsätze
- ☐ Organisationsplan, -Anweisungen, Kontrollinstitutionen, Compliance
- ☐ wichtige Verträge (Miet- und Pachtverträge, Abnahmeverpflichtungen, Lieferverträge, Leasing-, Darlehensverträge, Bürgschaften, Gewährleistungsverträge, Vertreterverträge, Kooperationsverträge usw.)
- ☐ Patente, Lizenzen, Produktionsverfahren
- ☐ besondere Risiken aus Prozessen, einzelnen Geschäften usw.

Ergänzend können u.a. noch folgende Angaben oder Unterlagen zu erheben sein:

- ☐ Protokolle der letzten Gesellschafterversammlungen und Aufsichtsratssitzungen
- ☐ Branchenberichte aus dem Tätigkeitsbereich des Unternehmens
- ☐ Auskünfte von Banken und Auskunfteien
- ☐ steuerliche Anteilswerte (anlässlich von Erbfällen oder Schenkungen)
- ☐ vorhandene Gutachten zum Bewertungsgegenstand oder Teilen davon
- ☐ sonstige Analysen oder Untersuchungsergebnisse externer oder interner Stellen

c) Angaben zum Leistungsprogramm

- ☐ Produktpalette/Arten von Leistungen, die angeboten werden, Zusammensetzung, Anteile einzelner Gruppen, Homogenität des Leistungsprogramms; Entwicklung der letzten Jahre
- ☐ Produktionsverfahren; Einzelfertigung, Serienfertigungen usw.
- ☐ besondere Verfahrenstechniken, Forschungs- und Entwicklungsstand (Vergleich zur Konkurrenz)
- ☐ Produktionsapparat: Altersstruktur, technischer Zustand, räumliche Verhältnisse, Auslastungsgrad usw.
- ☐ zwingend notwendige Veränderungen, mögliche Verbesserungen, Rationalisierungsvorhaben, geplante Erweiterungen und neue Produktionen
- ☐ wichtige Lieferanten, Abhängigkeit von bestimmten Zulieferern
- ☐ Produktivitätsentwicklung
- ☐ Lagerumschlagsgeschwindigkeit; saisonale Lagerschwankungen
- ☐ Besonderheiten (Umweltschutz, starke Preisschwankungen bei verarbeiteten Rohstoffen, Standortvorteile, -nachteile usw.)

d) Angaben zur Absatzlage

- ☐ Umsätze der letzten (fünf) Jahre, gegliedert nach Produktgruppen, Regionen, verbundenen Unternehmen usw.
- ☐ Anteil der Handelswaren (Zukäufe), Zusammensetzung und Entwicklung
- ☐ Umsätze nach Kundengruppen, wichtigen Kunden, Abhängigkeiten von Großabnehmern, verbundenen Unternehmen

- ☐ Marktstrukturen (wenige/potente Konkurrenten – viele kleinere Mitbewerber, transparenter Markt, Marktnischen, Modeabhängigkeit, Beständigkeit einzelner Produkte)
- ☐ Kundenpflege (Kundendienstorganisation, Garantien, Werbung)
- ☐ Verkaufsorganisation (Vertreter, eigene Geschäftsstellen usw.)
- ☐ vorhandene Marktanalysen
- ☐ neue Produkte, Absatzerwartungen
- ☐ Preisentwicklung des Verkaufsprogramms in den letzten Jahren; Entwicklung und Differenzierungen der Marge (Inland–Ausland, Großabnehmer, Mengenrabatte)

e) Angaben zum Personalwesen

- ☐ Mitarbeiterzahlen der letzten (fünf) Jahre, Zusammensetzung nach Lohn- und Gehaltsempfängern sowie Lehrlingen
- ☐ Personalaufwand, davon Sozialaufwand der letzten (fünf) Jahre, Aufgliederungen nach Produktionsbereichen, Verwaltung, Verkauf usw.
- ☐ produktionsbedingte Besonderheiten (Schichtbetrieb, Überstunden, Sonntagsarbeit usw.)
- ☐ fachliche Qualität und Erfahrung der Mitarbeiter, Abhängigkeit von Spezialisten
- ☐ Einschätzung des Betriebsklimas, Fluktuationsrate (tarifvertragliche Situation, gewerkschaftlicher Organisationsgrad, Betriebsrat)
- ☐ Sozialeinrichtungen (Unterstützungskasse, Kantine u. Ä.)
- ☐ Pensionsverpflichtungen, Vorruhestandsregelungen (versicherungsmathematische Gutachten, Rückstellungen passiviert, zu erwartende Zahlungen)
- ☐ Bezüge geschäftsführender Gesellschafter (einschließlich Nebenleistungen und Versorgungszusagen)

f) Angaben zu den steuerlichen Verhältnissen

- ☐ Einheitswerte des Grundvermögens
- ☐ Gewerbeertrag der letzten (drei) Jahre; Zusammensetzung von Zu- und Abrechnungen; Verlustvorträge
- ☐ Körperschaft-/einkommensteuerpflichtige Ergebnisse der letzten (drei) Jahre; Zusammensetzung von Zu- und Abrechnungen der Einkommensermittlung; steuerfreie Einkünfte z.B. aus ausländischen Betriebsteilen oder Beteiligungen; Verlustvorträge;[1] Steuerbilanzen
- ☐ entsprechende Angaben zu Organgesellschaften
- ☐ Entwicklung des steuerlichen Einlagenkontos und des ausschüttbaren Gewinns (§ 27 KStG)
- ☐ Welche Veranlagungszeiträume sind endgültig veranlagt? Betriebsprüfungsberichte
- ☐ besondere steuerliche Risiken, z.B. bei ausländischen Betriebsteilen, aus steuerfreien Rücklagen, verdeckten Gewinnausschüttungen usw.

g) Persönliche Wertfaktoren und Verbundeffekte

- ☐ bei Einzelunternehmen und Personengesellschaften: kalkulatorischer Unternehmerlohn, angemessene Bezüge mitarbeitender Familienmitglieder, Abhängigkeit

---

[1] Zur Einbeziehung von steuerlichen Verlustvorträgen siehe Kupke/Nestler, BB 2003, 2279 ff.

des Erfolgs von besonderen Leistungen des Inhabers oder nahe stehender Personen, Einkommensteuerersparnis aus der Abschreibung eines Geschäfts- oder Firmenwerts.
- ☐ Sonderbetriebsvermögen bei Mitunternehmerschaften: Angemessenes Nutzungsentgelt (Erfolgsrechnung), Mitübertragung bei Unternehmensübergang vorgesehen/oder erforderlich?
- ☐ Verbleiben des Managements im Unternehmen bei einem Eigentümerwechsel?
- ☐ Eliminierung von Kosten der privaten Sphäre der Gesellschafter
- ☐ besondere Einkaufs- und Absatzverhältnisse auf Grund persönlicher Beziehungen oder nahe stehender Unternehmen
- ☐ Auswirkungen der persönlichen Vermögensverhältnisse des Eigentümers auf die Kapitalausstattung (Eigenkapital, Höhe der Fremdkapitalzinsen), persönliche Bürgschaften für Unternehmensverbindlichkeiten
- ☐ unbeschränkte Steuerpflicht des Käufers/Verkäufers?
- ☐ steuerliche Behandlung eines Veräußerungsgewinns bzw. -verlusts

h) *Qualität und Vollständigkeit der vorgelegten Unterlagen*
- ☐ Umfang der Rechnungslegung (externe und interne)
- ☐ System und Organisation des Rechnungswesens
- ☐ Stand der Datenverarbeitung
- ☐ internes Kontrollsystem – besteht eine Innenrevision: Tätigkeitsplan und Berichte
- ☐ Risikofrüherkennungssystem: Aufbau und Funktionsweise, Auswertungen
- ☐ Organisation des Finanzwesens
- ☐ Art und Aufbau von Kostenrechnungen, Kalkulation, kurzfristige Erfolgsrechnung
- ☐ vorhandene betriebsinterne Statistiken und sonstige Auswertungen
- ☐ besteht eine Unternehmensplanung: Welche Einzelpläne, Planungshorizont, Aktualität der Planungsunterlagen, Plausibilität
- ☐ wenn keine Jahresabschlussprüfungen durch Sachverständige erfolgt sind: Vollständigkeitserklärung der Geschäftsleitung zu den Abschlüssen, die ausgewertet werden sollen
- ☐ Vollständigkeitserklärung zu den vorgelegten Unterlagen und Auskünften

2. Informationen und Hinweise zur Ermittlung des Substanzwerts[1]

a) *Anlagevermögen*
- ☐ Grundbuchauszüge, Verzeichnis der Grundstücke und Gebäude mit genauen Orts- und qm-Angaben, umbauter Raum, Baujahre, Versicherungswerte, Einheitswerte, ggf. Verkehrswertschätzungen, nicht betriebsnotwendige (Vorrats-)Grundstücke, Erbbaurechte; Bauten auf fremden Grundstücken und Einbauten in fremde Grundstücke
- ☐ Anlagenkartei (Aufgliederung nach Zugangsjahren, Angaben zu den Anschaffungskosten), Abschreibungsliste (Abschreibungsverfahren, Festwerte, Behandlung größerer Reparaturen, selbst erstellte Anlagen)
- ☐ technischer Zustand, Nachholbedarf an Investitionen und Reparaturen

---

1) Zur Ermittlung der Berechnungsgrundlagen des Substanzwerts s. WP-Handbuch 2008 Bd. II, 158 ff.

- Anhaltspunkte für die Wiederbeschaffungskosten bei Grundstücken, tatsächlich gezahlte Kaufpreise, Schätzungen (Gutachten); Vergleichspreise (Auskünfte der Gemeinde, von Immobilienmaklern und Architekten)
- Schätzung der Reproduktionskosten der Gebäude (Zeitwerte) sollte i.d.R. durch Fachexperten erfolgen. Überschlägige Globalbewertungen können z.B. erfolgen:
  - durch Umrechnung der jahrgangsweise zusammengefassten Restwerte mit Preisindizes (Baukostenindex) auf die Zeitwerte (ggf. Abschläge für unorganischen Zuschnitt, techn. Überalterung, Anhaltewerte als Untergrenze)
  - auf Grund des umbauten Raumes oder der Nutzflächen
  - anhand von Einheitswerten oder Feuerversicherungswerten
- Zeitwertschätzung der Maschinen, masch. Anlagen und der übrigen Gegenstände des Sachanlagevermögens z.B. durch
  - Umrechnung der Buchwerte (jahrgangsweise) durch Preisindizes (ggf. mit Berücksichtigung von Anhaltewerten)
- Konzessionen, Lizenzen u. Ä.: Schätzung der Wiederbeschaffungswerte
- Beteiligungen
  - Organgesellschaft ist mit dem Mutterunternehmen einheitlich zu bewerten
  - selbständiges Unternehmen: Gesonderte Wertermittlung
- sonstiges Finanzanlagevermögen
  - betriebsnotwendig (Nominalwerte und Verkehrswerte)
  - nicht betriebsnotwendig (Nettoveräußerungspreise)
- Zusammenstellung des nicht betriebsnotwendigen Anlagevermögens, Rechte Dritter hieran (Pfandrechte zur Kreditsicherung)

b) *Umlaufvermögen*

- Zusammensetzung und Bewertung des Vorratsvermögens der letzten (drei) Jahre: Änderungen der Bewertungsmethode im Jahresabschluss, Warenumschlagshäufigkeit, Ordnungsmäßigkeit der Inventuren, Rechte Dritter (Sicherungsübereignungen)
- Vorräte an Roh-, Hilfs- und Betriebsstoffen: Einstandspreise am Bewertungsstichtag, Überbestände zu Nettoverkaufspreisen
- Halb- und Fertigfabrikate: Vollkosten (Preisbasis zum Bewertungsstichtag) oder retrograde Ermittlung des Wertansatzes durch Abzug der Gewinnspanne vom Verkaufspreis am Markt
- besondere Risiken: z.B. Rohstoffpreisschwankungen, modische Artikel, verderbliche Waren, Substitution durch neue Produkte u. Ä.
- Warenforderungen: Saldenlisten für die letzten (zwei) Bilanzstichtage und nach dem aktuellen Stand, wenn möglich mit Verkehrszahlen; Währungsforderungen (Kursrisiken), Zahlungskonditionen, Entwicklung des durchschnittlichen Zahlungsziels, Forderungsausfälle der letzten (drei) Jahre, Warenkreditversicherungen und deren Inanspruchnahmen, Saldenbestätigungen, Abtretungen zur Kreditsicherung
- Bewertung der Forderungen für die Substanzwertermittlung: i.d.R. zum Nominalwert; Abzinsung bei niedrig verzinslichen oder unverzinslichen längerfristigen Forderungen nur im Ausnahmefall, wenn dem Zinsverlust kein anderweitiger betrieblicher Vorteil gegenübersteht; Delkredere ist aktivisch abzusetzen
- Zusammensetzung des übrigen Umlaufvermögens, besondere Risiken, nicht betriebsnotwendige Posten

c) *Verbindlichkeiten und Rückstellungen*

- ☐ Zusammensetzung und Entwicklung der Verbindlichkeiten: Kreditoren-Saldenlisten der letzten (drei) Jahre (Abhängigkeiten von einzelnen Lieferanten, beanspruchte Zahlungsziele, Skontoertrag) Bankverbindlichkeiten (Besicherung, Konditionen, Kreditlinien), Beschaffungsmöglichkeiten für weitere Kredite, Gesellschafter-Darlehen, bei einem Eigentümerwechsel zu tilgende Verbindlichkeiten
- ☐ Zusammensetzung und Entwicklung der Rückstellungen der letzten (fünf) Jahre, Angemessenheit und Vollständigkeit (Garantierückstellungen, Pensionsverpflichtungen), Posten ohne nennenswerte Veränderungen
- ☐ Bewertung von Verbindlichkeiten und Rückstellungen: Erfolgt für die Substanzwertermittlung grundsätzlich zum Nennwert, entsprechend der Fälligkeit kann ein Barwertansatz erforderlich sein (z.B. bei Pensionsverpflichtungen), Rückstellungen für Instandhaltung und andere zukünftige Aufwendungen und Verluste sind nicht anzusetzen (Imparitätsprinzip ist bei Substanzbewertung nicht anzuwenden)
- ☐ Steuerrückstellungen: Risiken aus Betriebsprüfungen (ggf. Risikoübernahme durch den Verkäufer); bei Kapitalgesellschaften sind (wegen Fortführung der steuerlichen Buchwerte) die Steuerrückstellungen um latente Ertragsteuern auf die stillen Reserven, die bei der Substanzwertermittlung „aufgedeckt" wurden, zu ergänzen. Diese latenten Steuern sind zum Barwert, entsprechend der voraussichtlichen Realisierung, zu bewerten; eine Rückstellung für latente Steuern entfällt, wenn eine Gewinnrealisierung nicht in Betracht kommt (z.B. bei Grundstücken des betriebsnotwendigen Vermögens)

d) *Eigenkapital*

- ☐ Zusammensetzung und Entwicklung des Nennkapitals, der Rücklagen und des Gewinn-/Verlustvortrags, vorgesehene Verwendung des (letzten) Bilanzgewinns
- ☐ steuerfreie Rücklagen sind gekürzt um den Ertragsteueranteil (Barwert der latenten Ertragsteuern) dem Eigenkapital zuzurechnen
- ☐ auf Grund der Substanzwertermittlung ergibt sich eine Neubewertung des Eigenkapitals und eine veränderte Relation von Eigenkapital zu Fremdkapital

3. Informationen und Hinweise zur Analyse der Erfolgsrechnung und zur Vorbereitung der Zukunftserfolgsplanung

a) *Erfolgsrechnung*

- ☐ Unterlagen der Kostenrechnung, Betriebsabrechnung, Nachkalkulation
- ☐ Bruttogewinne der einzelnen Produktgruppen, Kostendeckungsbeiträge (Entwicklung in den letzten Jahren und in der jüngsten Vergangenheit)
- ☐ besonders verlust-/gewinnträchtige Produkte oder Leistungen
- ☐ signifikante Veränderungen in der Erlös- und Kostenstruktur (Ursachenanalyse, Verbesserungsmöglichkeiten)
- ☐ Vergleiche mit Konkurrenzunternehmen und der Branchenentwicklung
- ☐ Überprüfung der Periodenabgrenzungen
- ☐ außerordentliche und betriebsfremde Ergebniseinflüsse
- ☐ Auswirkungen der Neubewertung des Vermögens und der Schulden auf Grund der Substanzwertermittlung auf die Ertragsrechnung (Abschreibungen auf Wiederbeschaffungskosten, Bestandsänderung beim Vorratsvermögen, Zinseffekte usw.)

C. Unternehmensbewertung

- ☐ Bereinigungen wegen persönlicher Faktoren (z.B. Ansatz eines Unternehmerlohns) oder wegen Verbund-Effekten (z.B. Wegfall günstiger Warenbezugsbedingungen)
- ☐ Ermittlung der Aufwendungen und Erträge des nicht betriebsnotwendigen Vermögens
- ☐ Zinskorrekturen, wenn eine Normalisierung der Kapitalausstattung erforderlich ist (z.B. bei ungewöhnlich hohem Fremdkapitalanteil), Zinsänderungsrisiken

b) Informationen zur Zukunftserfolgsplanung

- ☐ vorhandene unternehmensinterne Planungsunterlagen:
  - ☐ Investitionsplan (Sachanlagen, Beteiligungen, Forschung/Entwicklung)
  - ☐ Finanzplan (kurzfristig, längerfristig)
  - ☐ Organisationsplan
  - ☐ Personal-/Stellenplan
  - ☐ Kostenplan
  - ☐ marktstrategische Pläne
  - ☐ Planbilanzen und Planerfolgsrechnungen
- ☐ Abstimmung der Einzelpläne untereinander, Planaktualisierungen, Analyse von Abweichungen, Planhorizonte
- ☐ Vergleich der Grunddaten mit Branchenstatistiken u. Ä.
- ☐ Plausibilitätskontrollen der Annahmen und Schlussfolgerungen
- ☐ Entwicklungsaussichten der Branche
- ☐ auslaufende Produkte, vor der Einführung stehende Artikel, Eigenentwicklungen
- ☐ Verlängerungs-/Kündigungsmöglichkeiten von Mietverträgen, Nutzungsrechten u. Ä.
- ☐ Anpassungsmöglichkeiten bei Änderungen am Beschaffungs- oder Absatzmarkt
- ☐ Entwicklungsaussichten der einzelnen Produkte, am Markt zu erwartende Novitäten; neue Konkurrenten
- ☐ Verwertungsmöglichkeiten von Patenten, besonderen Produktionsverfahren u. Ä.
- ☐ bei unrentablen Betriebsteilen: Kosten der Stilllegung, Personalumbesetzungen, Kosten eines Sozialplans
- ☐ sonstige Risiken (z.B. bei hohem Exportanteil aus der Änderung von Währungsparitäten, aus Sale- & Rent-back-Verträgen von Betriebsgrundstücken) oder Chancen (z.B. bei einem konjunkturellen Aufschwung aus der Nutzung freier Produktionskapazitäten)

c) Zusätzliche Informationen für den subjektiven Entscheidungswert des Käufers

- ☐ besondere Verwertungsmöglichkeiten für nicht betriebsnotwendige Vermögensteile
- ☐ Synergie-Effekte z.B. durch Abrundung der eigenen Produktpalette, Ausschaltung eines Konkurrenten, Rationalisierungseffekte durch Produktionszusammenlegung, Einsparungen in der Verwaltung, bessere gemeinsame Beschaffungsmöglichkeiten usw.

- [ ] steuerliche Gesichtspunkte: Steuerpflicht/Steuerfreiheit eines späteren Gewinns bei Wiederverkauf des Anteilsbesitzes, Abschreibung eines Geschäfts- oder Firmenwerts
- [ ] Zusicherungen und Gewährleistungen des Verkäufers

D. Nachfolgeregelung

von Dr. Georg F. W. Bügler

I. Bestandsaufnahme und Analyse der betrieblichen Grundlagen

1 Zur allgemeinen Sachverhaltsermittlung im betrieblichen Bereich kann auf die gängigen Checklisten,[1] wie sie insbesondere auch zum Unternehmenskauf üblich sind, zurückgegriffen werden. Im Hinblick auf die Nachfolgeregelung können hieraus vorrangig die folgenden Punkte in die Ermittlung einzubeziehen sein:

Feststellungen im Rahmen der **Legal & Financial Diligence**

Rechtsform des Unternehmens	
Aktueller Handelsregisterauszug	
Aktueller Gesellschaftsvertrag – Sonderrechte einzelner Gesellschafter(-gruppen) – Eintrittsrechte, Nachfolgeklauseln – Verkaufsrechte, Abfindungsregelungen usw.	
Nennkapital und aktuelle Gesellschafterliste	Entwicklung
Kapitalerhöhungen gegen Sacheinlagen	Einbringungsvertrag
Geschäftsführung – Gesellschafter-Geschäftsführer – andere Geschäftsführer – Geschäftsbereiche/Zuständigkeiten	Anstellungsverträge Tantiemeregelungen
Beirat oder Ähnliches	Kompetenzen, Protokolle
Gesellschafterversammlungen	Protokolle
Gesellschafter – Entwicklung der Gesellschafterverhältnisse – Gesellschaftergruppen – Belastung/Verpfändung von Geschäftsanteilen – Nießbrauchrechte/sonstige Rechte an Geschäftsanteilen	Beteiligungshöhe

---

[1] Siehe u.a. Jungblut, Due Diligence – Die wichtigsten Instrumente und Werkzeuge für die Analyse mittelständischer Unternehmen 2003, 157 ff.

– Vorkaufsrechte/Optionen/Treuhandverhältnisse an Geschäftsanteilen – Vereinbarungen unter Gesellschaftern/Stimmenpool u.a.	
Vereinbarungen zwischen der Gesellschaft und Gesellschaftern und diesen nahe stehenden Personen	Miet-/Pacht-/Darlehens-/Beraterverträge
Sicherheiten von/oder für Gesellschafter	
Verzeichnis zum Grundbesitz und Gebäudebestand, Nutzungsart, Belastungen, Grundbuchauszüge, Wertgutachten	Aktuelle Käufe/Verkäufe, geplante Maßnahmen
Entwicklung des Anlagevermögens	Anlagespiegel
Laufende u. geplante Investitionsvorhaben	Investitionsplan
Wesentliche Miet-, Pacht- und Leasingverträge	sonstige finanzielle Verpflichtungen
Sonstige wesentliche Verträge (Service-, Joint Venture-, Franchise-, Gewährleistungsverträge u.a.)	
Betriebsstätten	Gegenstand
Beteiligungsgesellschaften, Gegenstand der Geschäftstätigkeit	Beteiligungsübersicht, Verträge, Jahresabschlüsse
Öffentliche Genehmigungen, Konzessionen	
Umweltrechtliche Auflagen, Risiken aus Kontaminierungen	
Verpflichtungen aus staatlichen Subventionen u.Ä.	
Lizenzen und Patente, gewerbliche Schutzrechte, besondere Nutzungs- oder Produktionsrechte u.Ä.	
Marktverhältnisse – branchen- oder produktabhängige Besonderheiten – Exportanteil, währungspolitische oder allgemeinpolitische Risiken – besondere Abhängigkeiten von einzelnen Märkten/Abnehmern oder Lieferanten	Wettbewerbssituation, Marktstrukturen, Produktqualität, technischer Trend
Darstellung der Finanzlage – Bankverbindlichkeiten/Darlehensverträge – sonstige Darlehen	Verbindlichkeitsspiegel mit Fälligkeiten und Besicherung
Sicherungsübereignungen, Bürgschaften usw.	
Personalausstattung – Zusammensetzung – Mitarbeiterzahlen – leitende Angestellte	Verbundenheit mit dem Eigentümer/Familie, im Betrieb tätige Familienangehörige

Unternehmensführung und -planung – eingesetzte Instrumente (Kostenrechnung, kurzfristige Erfolgsrechnung, Kalkulation, Controlling usw.) – Plausibilität der Planung	Beurteilung der Effektivität
Rechnungslegung – Jahresabschlüsse – kurzfristige Erfolgsrechnung	Jahresabschlüsse geprüft? Bilanzpolitik (solide, neutral oder kreativ)
Entwicklung der Ertrags-, Finanz- und Vermögenslage – Kennziffern – signifikante Veränderungen – Besonderheiten (Branche, Konjunktur, Eigentümer u.a.)	Beurteilung der Perspektiven
Steuerliche Verhältnisse – Entwicklung der ertragsabhängigen Steuerbelastung/Steuerquote – steuerinduzierte (Fehl-) Investitionen/Steuersparmodelle – (Mehr-) Ergebnis auf Grund steuerlicher Außenprüfung – Verlustvorträge – Organschaft mit Tochtergesellschaften/ Gewinnabführungsverträge, Betriebsaufspaltung u.a. – sonstige steuerliche Risiken (vGA, Umsatzsteuer, Lohnsteuer u.a.)	Gestaltungsmöglichkeiten zur Minderung der Steuerbelastung in Erwägung zu ziehen oder ausgeschöpft?
Unternehmensbewertung – liegen Wertermittlungen für steuerliche Zwecke (mit Bewertung des Grundvermögens) vor? – sonstige gutachterliche Wertermittlungen – sind von vergleichbarem Unternehmen Bewertungsmaßstäbe (Ertragswert/EBIT-Multiplikatoren) bekannt?	Bodenrichtwerte, Anteilswerte auf Grund von Verkäufen

II. Bestandsaufnahme und Analysen im persönlichen Bereich

2   Die zur vorgesehenen Nachfolgeregelung notwendige **Personal Due Diligence** betrifft im Wesentlichen die folgenden Feststellungen:

Familien- und erbrechtliche Verhältnisse des Unternehmers/Gesellschafters – Ehegatte, Güterstand – gesetzliche Erben, Kinder (Alter, Ausbildung, Beruf) – erbrechtliche Stellung des designierten Nachfolgers	Steuerklassen Vorschenkungen

D. Nachfolgeregelung

Bereits getroffene letztwillige Verfügungen, Testament, Erbvertrag, vorgesehene Testamentvollstreckung	Änderungsmöglichkeiten
Gesellschaftsvertragliche Regelungen zur Nachfolge – Analyse der vorhandenen Regelungen – Anpassung an vorgesehene Nachfolgeregelung	Vorrangigkeit gesellschaftsvertraglicher Regelungen ist zu beachten
Vermögens- und Einkommensverhältnisse des Unternehmers und seiner Familie – Privatvermögen (Struktur und Verfügbarkeit), Einkünfte hieraus – Immobilienbesitz (fremdvermietet?) – Verkehrswerte und steuerlich relevante Werte	Belastungen/Sicherung betrieblicher Verbindlichkeiten? private Verbindlichkeiten
Altersvorsorge des Unternehmers und seines Ehegatten – betriebliche und/oder private Renten- und Pensionsanwartschaften – sonstige Absicherung durch Privatvermögen	betriebliche Pensionszusage, Rückdeckungsversicherung private Lebensversicherung
Wirtschaftliche Abhängigkeit anderer Familienangehöriger – Verpflichtungen aus Leibrenten u.Ä. – Unterhaltsansprüche	
Abschätzung des Risikos aus möglichen Pflichtteilsansprüchen	Finanzierbarkeit, Pflichtteilsverzicht
Steuerliche Verhältnisse des Unternehmers und seiner Nachfolger – Einkommensteuer des Unternehmers/Belastung der Einkünfte aus dem Unternehmen und anderer Einkünfte – Steuerbelastung bei Umstrukturierung, Anwendbarkeit des ermäßigten Steuersatzes nach § 34 Abs. 3 EStG – künftige Einkommensteuer des Nachfolgers	Verlustvorträge zu erwartende Änderung der Einkommensteuerbelastung, latente Ertragssteuern auf stille Reserven, Entlastung nach § 35b EStG Bei Auslandsbezug: Risiko einer Wegzugsbesteuerung
Erbschaftsteuerliche Situation der Nachfolger – Abschätzung der zu erwartenden Erbschaftsteuer – Sicherstellung der Finanzierung der Steuerzahlung	Steuerklasse, Freibeträge, Vorschenkungen, Umfang des Betriebsvermögens bzw. des begünstigten Vermögens
Risiken aus Umstrukturierung anlässlich der Nachfolgeregelung – Gewinnrealisierung bei Beendigung einer Betriebsaufspaltung/Betriebsaufgabe – Bestand von Verlustvorträgen	ermäßigter Steuersatz nach § 34 Abs. 3 EStG (für Gewinne bis 5 Mio. €) Betriebsprüfungsrisiko

Abschätzung des erbschaftsteuerlichen Risikos aus Behaltefristen bei Betriebsvermögen – Entwicklung der Lohnsumme der letzten fünf Jahre	§§ 13a Abs. 1 u. 5, 19a Abs. 5 ErbStG

E. Rechnungslegung

I. Vorbemerkung

1 Im Folgenden werden die Größenklassen der Kapitalgesellschaften sowie die Gliederungen von Bilanz und Gewinn- und Verlustrechnung nach HGB dargestellt. Bezüglich des Anhangs nach HGB wird auf die tabellarische Übersicht in → *4 Jahresabschluss* Rz. 1139 ff. verwiesen. Zur Konzernrechnungslegung ist → *4 Rechnungslegung* Rz. 1322 ff. zu beachten. Die folgende Übersicht lässt den von der Bundesregierung am 7.1.2015 von der Bundesregierung beschlossenen Entwurf eines Bilanzrichtlinie-Umsetzungsgesetzes (BilRUG) noch unberücksichtigt. Erläuterungen zu diesen Reformbestrebungen und zu den u.a. geplanten Änderungen der Größenklassen durch eine Reform des § 267 HGB finden sich unter → *4 Rechnungslegung* Rz. 1328 f., 1332, 1340.

II. Rechnungslegung nach HGB

1. Größenklassen nach §§ 267, 267a HGB

2

	Kleinstkapitalgesellschaft	kleine Kapitalgesellschaft	mittelgroße Kapitalgesellschaft	große Kapitalgesellschaft
Bilanzsumme	≤ 350 000 €	≤ 4,84 Mio. €	≤ 19,25 Mio. €	> 19,25 Mio. €
Umsatzerlöse	≤ 700 000 €	≤ 9,68 Mio. €	≤ 38,5 Mio. €	> 38,5 Mio. €
Arbeitnehmer	≤ 10 Personen	≤ 50 Personen	≤ 250 Personen	> 250 Personen

Maßgebend ist das Über- bzw. Unterschreiten an zwei aufeinanderfolgenden Bilanzstichtagen von mindestens zwei der jeweiligen Schwellenwerte (§ 267 Abs. 4 Satz 1 HGB).[1]

---

[1] Erläuterungen zu den nach dem am 7.1.2015 von der Bundesregierung beschlossenen Entwurf eines Bilanzrichtlinie-Umsetzungsgesetzes (BilRUG) geplanten Änderungen der Größenklassen in § 267 HGB → **4** Rz. 1328.

E. Rechnungslegung

2. Bilanzgliederung nach § 266 HGB

a) *Bilanzgliederung der Kleinstkapitalgesellschaften[1] i.S.d. § 267a HGB*

Aktivseite 3
- A. Anlagevermögen
- B. Umlaufvermögen
- C. Rechnungsabgrenzungsposten
- D. Aktive latente Steuern
- E. Aktiver Unterschiedsbetrag aus der Vermögensverrechnung

Passivseite
- A. Eigenkapital
- B. Rückstellungen
- C. Verbindlichkeiten
- D. Rechnungsabgrenzungsposten
- E. Passive latente Steuern

b) *Bilanzgliederung der kleinen Kapitalgesellschaften i.S.d. § 267 Abs. 1 HGB[2]*

Aktivseite 4
- A. Anlagevermögen
  - I. Immaterielle Vermögensgegenstände
  - II. Sachanlagen
  - III. Finanzanlagen
- B. Umlaufvermögen
  - I. Vorräte
  - II. Forderungen und sonstige Vermögensgegenstände
  - III. Wertpapiere
  - IV. Kassenbestand, Bundesbankguthaben, Guthaben bei Kreditinstituten und Schecks
- C. Rechnungsabgrenzungsposten
- D. Aktive latente Steuern
- E. Aktiver Unterschiedsbetrag aus der Vermögensberechnung

Passivseite
- A. Eigenkapital
  - I. Gezeichnetes Kapital

---

1) Erläuterungen zu der nach dem am 7.1.2015 beschlossenen Entwurf eines Bilanzrichtlinie-Umsetzungsgesetzes (BilRUG) Einengung des Begriffs „Kleinstkapitalgesellschaften" → **4** Rz. 1329. Danach sollen aus dem Begriff der Kleinstkapitalgesellschaft sog. „andere Unternehmen" herausgenommen werden, „deren einziger Zweck darin besteht, Beteiligungen an anderen Unternehmen zu erwerben sowie Verwaltung und Verwertungen dieser Beteiligungen wahrzunehmen, ohne dass sie unmittelbar oder mittelbar in die Verwaltung dieser Unternehmen eingreifen, wobei die Ausübung der ihnen als Aktionär oder Gesellschafter zustehenden Rechte außer Betracht bleibt". Zur geplanten Ausweitung der Bilanzierungserleichterungen für kleine Gesellschaften → **4** Rz. 1332.
2) Zu den Befreiungsvorschriften für kleine KapGes i.S.d. § 267 Abs. 1 HGB siehe §§ 266 Abs. 1 Satz 2 und 274a HGB.

II. Kapitalrücklage

III. Gewinnrücklagen

IV. Gewinnvortrag/Verlustvortrag

V. Jahresüberschuss/Jahresfehlbetrag

B. **Rückstellungen**

C. **Verbindlichkeiten**

D. **Rechnungsabgrenzungsposten**

E. **Passive latente Steuern**

c) *Bilanzgliederung der mittelgroßen Kapitalgesellschaften i.S.d. § 267 Abs. 2 HGB*

5 **Aktivseite**

A. **Anlagevermögen**

I. Immaterielle Vermögensgegenstände

1. Selbst geschaffene gewerbliche Schutzrechte und ähnliche Rechte und Werte
2. entgeltlich erworbene Konzessionen, gewerbliche Schutzrechte und ähnliche Rechte und Werte sowie Lizenzen an solchen Rechten und Werten
3. Geschäfts- oder Firmenwert
4. geleistete Auszahlungen

II. Sachanlagen

1. Grundstücke, grundstücksgleiche Rechte und Bauten einschließlich der Bauten auf fremden Grundstücken
2. technische Anlagen und Maschinen
3. andere Anlagen, Betriebs- und Geschäftsausstattung
4. geleistete Anzahlungen und Anlagen im Bau

III. Finanzanlagen

1. Anteile an verbundenen Unternehmen
2. Ausleihungen an verbundene Unternehmen
3. Beteiligungen
4. Ausleihungen an Unternehmen, mit denen ein Beteiligungsverhältnis besteht
5. Wertpapiere des Anlagevermögens
6. sonstige Ausleihungen

B. **Umlaufvermögen**

I. Vorräte

1. Roh-, Hilfs- und Betriebsstoffe
2. unfertige Erzeugnisse, unfertige Leistungen
3. fertige Erzeugnisse und Waren
4. geleistete Anzahlungen

II. Forderungen und sonstige Vermögensgegenstände

1. Forderungen aus Lieferungen und Leistungen
2. Forderungen gegen verbundene Unternehmen

3. Forderungen gegen Unternehmen, mit denen ein Beteiligungsverhältnis besteht
4. sonstige Vermögensgegenstände

III. Wertpapiere
1. Anteile an verbundenen Unternehmen
2. sonstige Wertpapiere

IV. Kassenbestand, Bundesbankguthaben, Guthaben bei Kreditinstituten und Schecks

C. **Rechnungsabgrenzungsposten**
D. **Aktive latente Steuern**
E. **Aktiver Unterschiedsbetrag aus der Vermögensverrechnung**

Passivseite

A. **Eigenkapital**
I. Gezeichnetes Kapital
II. Kapitalrücklage
III. Gewinnrücklagen
1. gesetzliche Rücklage
2. Rücklage für Anteile an einem herrschenden oder mehrheitlich beteiligten Unternehmen
3. satzungsmäßige Rücklagen
4. andere Gewinnrücklagen

IV. Gewinnvortrag/Verlustvortrag
V. Jahresüberschuss/Jahresfehlbetrag

B. **Rückstellungen**
1. Rückstellungen für Pensionen und ähnliche Verpflichtungen
2. Steuerrückstellungen
3. sonstige Rückstellungen

C. **Verbindlichkeiten**
1. Anleihen, davon konvertibel
2. Verbindlichkeiten gegenüber Kreditinstituten
3. erhaltene Anzahlungen auf Bestellungen
4. Verbindlichkeiten aus Lieferungen und Leistungen
5. Verbindlichkeiten aus der Annahme gezogener Wechsel und Ausstellung eigener Wechsel
6. Verbindlichkeiten gegenüber verbundenen Unternehmen
7. Verbindlichkeiten gegenüber Unternehmen, mit denen ein Beteiligungsverhältnis besteht
8. sonstige Verbindlichkeiten, davon aus Steuern, davon im Rahmen der sozialen Sicherheit

D. **Rechnungsabgrenzungsposten**
E. **Passive latente Steuern**

d) *Bilanzgliederung der großen Kapitalgesellschaften i.S.d. § 267 Abs. 3 HGB*

6 **Aktivseite**

A. Anlagevermögen

I. Immaterielle Vermögensgegenstände
1. Selbst geschaffene gewerbliche Schutzrechte und ähnliche Rechte und Werte
2. entgeltlich erworbene Konzessionen, gewerbliche Schutzrechte und ähnliche Rechte und Werte sowie Lizenzen an solchen Rechten und Werten
3. Geschäfts- oder Firmenwert
4. geleistete Auszahlungen

II. Sachanlagen
1. Grundstücke, grundstücksgleiche Rechte und Bauten einschließlich der Bauten auf fremden Grundstücken
2. technische Anlagen und Maschinen
3. andere Anlagen, Betriebs- und Geschäftsausstattung
4. geleistete Anzahlungen und Anlagen im Bau

III. Finanzanlagen
1. Anteile an verbundenen Unternehmen
2. Ausleihungen an verbundene Unternehmen
3. Beteiligungen
4. Ausleihungen an Unternehmen, mit denen ein Beteiligungsverhältnis besteht
5. Wertpapiere des Anlagevermögens
6. sonstige Ausleihungen

B. Umlaufvermögen

I. Vorräte
1. Roh-, Hilfs- und Betriebsstoffe
2. unfertige Erzeugnisse, unfertige Leistungen
3. fertige Erzeugnisse und Waren
4. geleistete Anzahlungen

II. Forderungen und sonstige Vermögensgegenstände
1. Forderungen aus Lieferungen und Leistungen
2. Forderungen gegen verbundene Unternehmen
3. Forderungen gegen Unternehmen, mit denen ein Beteiligungsverhältnis besteht
4. sonstige Vermögensgegenstände

III. Wertpapiere
1. Anteile an verbundenen Unternehmen
2. sonstige Wertpapiere

IV. Kassenbestand, Bundesbankguthaben, Guthaben bei Kreditinstituten und Schecks

C. Rechnungsabgrenzungsposten

D. **Aktive latente Steuern**
E. **Aktiver Unterschiedsbetrag aus der Vermögensverrechnung**

Passivseite

A. **Eigenkapital**
  I. Gezeichnetes Kapital
  II. Kapitalrücklage
  III. Gewinnrücklagen
   1. gesetzliche Rücklage
   2. Rücklage für Anteile an einem herrschenden oder mehrheitlich beteiligten Unternehmen
   3. satzungsmäßige Rücklagen
   4. andere Gewinnrücklagen
  IV. Gewinnvortrag/Verlustvortrag
  V. Jahresüberschuss/Jahresfehlbetrag

B. **Rückstellungen**
  1. Rückstellungen für Pensionen und ähnliche Verpflichtungen
  2. Steuerrückstellungen
  3. sonstige Rückstellungen

C. **Verbindlichkeiten**
  1. Anleihen, davon konvertibel
  2. Verbindlichkeiten gegenüber Kreditinstituten
  3. erhaltene Anzahlungen auf Bestellungen
  4. Verbindlichkeiten aus Lieferungen und Leistungen
  5. Verbindlichkeiten aus der Annahme gezogener Wechsel und Ausstellung eigener Wechsel
  6. Verbindlichkeiten gegenüber verbundenen Unternehmen
  7. Verbindlichkeiten gegenüber Unternehmen, mit denen ein Beteiligungsverhältnis besteht
  8. sonstige Verbindlichkeiten, davon aus Steuern, davon im Rahmen der sozialen Sicherheit

D. **Rechnungsabgrenzungsposten**
E. **Passive latente Steuern**

3. Gliederung der Gewinn- und Verlustrechnung nach § 275 HGB[1)]

a) Gesamtkostenverfahren nach § 275 Abs. 2 HGB

1. Umsatzerlöse 7
2. Erhöhung oder Verminderung des Bestands an fertigen und unfertigen Erzeugnissen
3. andere aktivierte Eigenleistungen
4. sonstige betriebliche Erträge

---

1) Zu größenabhängigen Erleichterungen für kleine und mittelgroße KapGes siehe § 276 HGB.

5. Materialaufwand:
   a) Aufwendungen für Roh-, Hilfs- und Betriebsstoffe und für bezogene Waren
   b) Aufwendungen für bezogene Leistungen
6. Personalaufwand:
   a) Löhne und Gehälter
   b) soziale Abgaben und Aufwendungen für Altersversorgung und für Unterstützung, davon für Altersversorgung
7. Abschreibungen:
   a) auf immaterielle Vermögensgegenstände des Anlagevermögens und Sachanlagen
   b) auf Vermögensgegenstände des Umlaufvermögens, soweit diese die in der Kapitalgesellschaft üblichen Abschreibungen überschreiten
8. sonstige betriebliche Aufwendungen
9. Erträge aus Beteiligungen, davon aus verbundenen Unternehmen
10. Erträge aus anderen Wertpapieren und Ausleihungen des Finanzanlagevermögens, davon aus verbundenen Unternehmen
11. sonstige Zinsen und ähnliche Erträge, davon aus verbundenen Unternehmen
12. Abschreibungen auf Finanzanlagen und auf Wertpapiere des Umlaufvermögens
13. Zinsen und ähnliche Aufwendungen, davon an verbundene Unternehmen
14. Ergebnis der gewöhnlichen Geschäftstätigkeit
15. außerordentliche Erträge
16. außerordentliche Aufwendungen
17. außerordentliches Ergebnis
18. Steuern vom Einkommen und vom Ertrag,
19. sonstige Steuern
20. Jahresüberschuss/Jahresfehlbetrag

b) Umsatzkostenverfahren nach § 275 Abs. 3 HGB

1. Umsatzerlöse
2. Herstellungskosten der zur Erzielung der Umsatzerlöse erbrachten Leistungen
3. Bruttoergebnis vom Umsatz
4. Vertriebskosten
5. allgemeine Verwaltungskosten
6. sonstige betriebliche Erträge
7. sonstige betriebliche Aufwendungen
8. Erträge aus Beteiligungen, davon aus verbundenen Unternehmen
9. Erträge aus anderen Wertpapieren und Ausleihungen des Finanzanlagevermögens, davon aus verbundenen Unternehmen
10. sonstige Zinsen und ähnliche Erträge, davon aus verbundenen Unternehmen
11. Abschreibungen auf Finanzanlagen und auf Wertpapiere des Umlaufvermögens
12. Zinsen und ähnliche Aufwendungen, davon an verbundene Unternehmen
13. Ergebnis der gewöhnlichen Geschäftstätigkeit
14. außerordentliche Erträge
15. außerordentliche Aufwendungen

16. außerordentliches Ergebnis
17. Steuern vom Einkommen und vom Ertrag
18. sonstige Steuern
19. Jahresüberschuss/Jahresfehlbetrag

c) *Gewinn- und Verlustrechnung bei Kleinstkapitalgesellschaften, § 275 Abs. 5 HGB*

Kleinstkapitalgesellschaften i.S.v. § 275a (→ **5** Rz. 3) können die Gewinn- und Verlustrechnung anstelle der oben dargestellten Staffelung (→ **5** Rz. 7 u. 8) wie folgt darstellen: **9**

1. Umsatzerlöse
2. sonstige Erträge
3. Materialaufwand
4. Personalaufwand
5. Abschreibungen
6. sonstige Aufwendungen
7. Steuern
8. Jahresüberschuss/Jahresfehlbetrag

F. Ermittlung des Gegenwartswerts/Kapitalwerts

I. Vervielfältiger für die Abzinsung einer unverzinslichen Forderung oder Schuld, die nach bestimmter Zeit in einem Betrag fällig ist, im Nennwert von 1,– €[1)]

Der Gegenwartswert ist der Nennbetrag nach Abzug von Zwischenzinsen unter Berücksichtigung von Zinseszinsen (§ 12 Abs. 3 BewG). Dabei ist ein Zinssatz von 5,5 % angesetzt worden. **1**

---

1) Vgl. die gleich lautenden Erlasse der obersten Finanzbehörden der Länder vom 10.10.2010, Bewertung und Kapitalforderungen und Kapitalschulden sowie von Ansprüchen/Lasten bei wiederkehrenden Nutzungen und Leistungen nach dem 31. Dezember 2009 für Zwecke der Erbschaft- und Schenkungsteuer, Tabelle 1 (zu § 12 Abs. 3 BewG).

Anzahl der Jahre	Vervielfältiger	Anzahl der Jahre	Vervielfältiger	Anzahl der Jahre	Vervielfältiger
1	0,948	37	0,138	73	0,020
2	0,898	38	0,131	74	0,019
3	0,852	39	0,124	75	0,018
4	0,807	40	0,117	76	0,017
5	0,765	41	0,111	77	0,016
6	0,725	42	0,106	78	0,015
7	0,687	43	0,100	79	0,015
8	0,652	44	0,095	80	0,014
9	0,618	45	0,090	81	0,013
10	0,585	46	0,085	82	0,012
11	0,555	47	0,081	83	0,012
12	0,526	48	0,077	84	0,011
13	0,499	49	0,073	85	0,011
14	0,473	50	0,069	86	0,010
15	0,448	51	0,065	87	0,009
16	0,425	52	0,062	88	0,009
17	0,402	53	0,059	89	0,009
18	0,381	54	0,056	90	0,008
19	0,362	55	0,053	91	0,008
20	0,343	56	0,050	92	0,007
21	0,325	57	0,047	93	0,007
22	0,308	58	0,045	94	0,007
23	0,292	59	0,042	95	0,006
24	0,277	60	0,040	96	0,006
25	0,262	61	0,038	97	0,006
26	0,249	62	0,036	98	0,005
27	0,236	63	0,034	99	0,005
28	0,223	64	0,032	100	0,005
29	0,212	65	0,031		
30	0,201	66	0,029		
31	0,190	67	0,028		
32	0,180	68	0,026		
33	0,171	69	0,025		
34	0,162	70	0,024		
35	0,154	71	0,022		
36	0,146	72	0,021		

II. Kapitalwert einer wiederkehrenden, zeitlich beschränkten Nutzung oder Leistung im Jahresbetrag von 1,– €[1)]

2   Der Kapitalwert ist unter Berücksichtigung von Zwischenzinsen und Zinseszinsen mit 5,5 % errechnet worden. Er ist der Mittelwert zwischen dem Kapitalwert für jährlich vorschüssige und jährlich nachschüssige Zahlungsweise.

---

1) Vgl. Anlage 9a (zu § 13) BewG.

F. Ermittlung des Gegenwartswerts/Kapitalwerts

Laufzeit in Jahren	Kapitalwert	Laufzeit in Jahren	Kapitalwert
1	0,974	52	17,528
2	1,897	53	17,588
3	2,772	54	17,645
4	3,602	55	17,699
5	4,388	56	17,750
6	5,133	57	17,799
7	5,839	58	17,845
8	6,509	59	17,888
9	7,143	60	17,930
10	7,745	61	17,969
11	8,315	62	18,006
12	8,856	63	18,041
13	9,368	64	18,075
14	9,853	65	18,106
15	10,314	66	18,136
16	10,750	67	18,165
17	11,163	68	18,192
18	11,555	69	18,217
19	11,927	70	18,242
20	12,279	71	18,264
21	12,613	72	18,286
22	12,929	73	18,307
23	13,229	74	18,326
24	13,513	75	18,345
25	13,783	76	18,362
26	14,038	77	18,379
27	14,280	78	18,395
28	14,510	79	18,410
29	14,727	80	18,424
30	14,933	81	18,437
31	15,129	82	18,450
32	15,314	83	18,462
33	15,490	84	18,474
34	15,656	85	18,485
35	15,814	86	18,495
36	15,963	87	18,505
37	16,105	88	18,514
38	16,239	89	18,523
39	16,367	90	18,531
40	16,487	91	18,539
41	16,602	92	18,546
42	16,710	93	18,553
43	16,813	94	18,560
44	16,910	95	18,566
45	17,003	96	18,572
46	17,090	97	18,578
47	17,173	98	18,583
48	17,252	99	18,589
49	17,326	100	18,593
50	17,397	101	18,598
51	17,464	mehr als 101	18,600

III. Tabelle zur Berechnung der Barwerte der Zinsdifferenzen für hoch- und niedrigverzinsliche Kapitalforderungen und Schulden mit Ratentilgung[1)]

3   Bei hoch- oder niedrigverzinslichen Forderungen oder Schulden von bestimmter Dauer, die mindestens vier Jahre laufen, ist der Nennwert um den Kapitalwert der jährlichen Zinsdifferenz (bezogen auf den Grenzzinssatz von 9 % bzw. 3 %) zu erhöhen oder zu vermindern. Bei der Berechnung des Kapitalwerts der jährlichen Zinsdifferenz ist von mittelschüssiger Zahlungsweise auszugehen (§ 12 Abs. 1 BewG).

Anzahl der Jahre	Kapitalwert	Anzahl der Jahre	Kapitalwert
1	0,487	33	9,661
2	0,949	34	9,823
3	1,394	35	9,980
4	1,824	36	10,133
5	2,240	37	10,281
6	2,641	38	10,425
7	3,028	39	10,565
8	3,402	40	10,701
9	3,764	41	10,833
10	4,113	42	10,961
11	4,451	43	11,086
12	4,777	44	11,207
13	5,093	45	11,325
14	5,398	46	11,440
15	5,694	47	11,551
16	5,979	48	11,660
17	6,255	49	11,766
18	6,523	50	11,869
19	6,782	51	11,969
20	7,032	52	12,066
21	7,275	53	12,161
22	7,510	54	12,254
23	7,737	55	12,344
24	7,957	56	12,432
25	8,171	57	12,517
26	8,378	58	12,601
27	8,578	59	12,682
28	8,773	60	12,762
29	8,961	61	12,839
30	9,144	62	12,914
31	9,322	63	12,988
32	9,494	64	13,060

1) Vgl. die gleich lautenden Erlasse der obersten Finanzbehörden der Länder vom 10.10.2010, Bewertung und Kapitalforderungen und Kapitalschulden sowie von Ansprüchen/Lasten bei wiederkehrenden Nutzungen und Leistungen nach dem 31. Dezember 2009 für Zwecke der Erbschaft- und Schenkungsteuer, Tabelle 3 (zu § 12 Abs. 1 BewG).

F. Ermittlung des Gegenwartswerts/Kapitalwerts

Anzahl der Jahre	Kapitalwert	Anzahl der Jahre	Kapitalwert
65	13,130	83	14,151
66	13,199	84	14,196
67	13,265	85	14,241
68	13,331	86	14,285
69	13,395	87	14,328
70	13,457	88	14,370
71	13,518	89	14,411
72	13,577	90	14,451
73	13,635	91	14,491
74	13,692	92	14,530
75	13,748	93	14,568
76	13,802	94	14,605
77	13,855	95	14,641
78	13,907	96	14,677
79	13,958	97	14,713
80	14,008	98	14,747
81	14,056	99	14,781
82	14,104	100	14,814

IV. Tabelle der Kapitalwerte der Zinsdifferenzen für niedrigverzinsliche Kapitalforderungen und -schulden mit Annuitätentilgung und einer Annuität im Jahresbetrag von 1,– € Grenzzinsfuß: 3 %[1)]

| Anzahl der Jahre | Vertraglicher Zinsfuß in % | | | | | Anzahl der Jahre |
	0,5 %	1,0 %	1,5 %	2,0 %	2,5 %	
1	0,012	0,010	0,007	0,005	0,002	1
2	0,047	0,038	0,028	0,019	0,009	2
3	0,104	0,083	0,062	0,041	0,020	3
4	0,182	0,144	0,107	0,071	0,035	4
5	0,280	0,222	0,164	0,109	0,054	5
6	0,397	0,314	0,232	0,153	0,076	6
7	0,532	0,420	0,310	0,204	0,101	7
8	0,685	0,539	0,398	0,261	0,129	8
9	0,854	0,671	0,495	0,324	0,159	9
10	1,039	0,815	0,600	0,392	0,192	10
11	1,239	0,970	0,712	0,465	0,228	11

1) Vgl. die gleich lautenden Erlasse der obersten Finanzbehörden der Länder vom 10.10.2010, Bewertung und Kapitalforderungen und Kapitalschulden sowie von Ansprüchen/Lasten bei wiederkehrenden Nutzungen und Leistungen nach dem 31. Dezember 2009 für Zwecke der Erbschaft- und Schenkungsteuer, Tabelle 4 (zu § 12 Abs. 1 BewG).

Anzahl der Jahre	Vertraglicher Zinsfuß in %					Anzahl der Jahre
	0,5 %	1,0 %	1,5 %	2,0 %	2,5 %	
12	1,454	1,136	0,833	0,543	0,265	12
13	1,681	1,312	0,960	0,624	0,305	13
14	1,922	1,497	1,093	0,710	0,346	14
15	2,175	1,691	1,232	0,799	0,389	15
16	2,440	1,893	1,377	0,891	0,433	16
17	2,716	2,103	1,527	0,986	0,478	17
18	3,002	2,320	1,682	1,084	0,525	18
19	3,298	2,544	1,841	1,185	0,572	19
20	3,603	2,774	2,003	1,287	0,621	20
21	3,918	3,010	2,170	1,391	0,670	21
22	4,240	3,251	2,339	1,497	0,720	22
23	4,570	3,497	2,512	1,605	0,770	23
24	4,907	3,748	2,687	1,714	0,821	24
25	5,252	4,003	2,864	1,824	0,872	25
26	5,602	4,262	3,044	1,934	0,923	26
27	5,959	4,524	3,225	2,046	0,974	27
28	6,321	4,790	3,408	2,158	1,026	28
29	6,689	5,058	3,592	2,270	1,078	29
30	7,061	5,329	3,777	2,383	1,129	30
31	7,438	5,602	3,963	2,495	1,181	31
32	7,819	5,877	4,149	2,608	1,232	32
33	8,204	6,154	4,336	2,721	1,283	33
34	8,592	6,432	4,523	2,833	1,334	34
35	8,984	6,712	4,711	2,945	1,384	35
36	9,378	6,992	4,898	3,057	1,434	36
37	9,775	7,273	5,085	3,168	1,483	37
38	10,175	7,555	5,272	3,278	1,533	38
39	10,576	7,837	5,458	3,388	1,581	39
40	10,980	8,119	5,644	3,497	1,629	40
41	11,385	8,401	5,829	3,605	1,677	41
42	11,791	8,683	6,013	3,712	1,724	42
43	12,199	8,964	6,196	3,818	1,770	43
44	12,607	9,245	6,377	3,923	1,816	44

F. Ermittlung des Gegenwartswerts/Kapitalwerts

Anzahl der Jahre	Vertraglicher Zinsfuß in %					Anzahl der Jahre
	0,5 %	1,0 %	1,5 %	2,0 %	2,5 %	
45	13,017	9,526	6,558	4,027	1,861	45
46	13,427	9,805	6,738	4,130	1,905	46
47	13,837	10,084	6,916	4,232	1,949	47
48	14,248	10,362	7,093	4,332	1,992	48
49	14,659	10,638	7,268	4,431	2,034	49
50	15,070	10,914	7,442	4,529	2,076	50
51	15,481	11,188	7,614	4,626	2,117	51
52	15,891	11,460	7,784	4,721	2,157	52
53	16,301	11,731	7,953	4,815	2,196	53
54	16,710	12,001	8,120	4,908	2,235	54
55	17,119	12,268	8,285	4,999	2,273	55
56	17,527	12,534	8,449	5,088	2,310	56
57	17,934	12,798	8,610	5,177	2,346	57
58	18,340	13,061	8,770	5,264	2,382	58
59	18,744	13,321	8,928	5,349	2,417	59
60	19,148	13,579	9,084	5,433	2,451	60
61	19,550	13,835	9,238	5,516	2,485	61
62	19,951	14,090	9,390	5,597	2,517	62
63	20,351	14,342	9,539	5,677	2,549	63
64	20,749	14,591	9,687	5,755	2,581	64
65	21,145	14,839	9,833	5,832	2,611	65
66	21,540	15,084	9,977	5,908	2,641	66
67	21,933	15,328	10,119	5,982	2,671	67
68	22,325	15,568	10,259	6,054	2,699	68
69	22,714	15,807	10,397	6,126	2,727	69
70	23,102	16,043	10,532	6,195	2,754	70
71	23,488	16,277	10,666	6,264	2,780	71
72	23,872	16,509	10,798	6,331	2,806	72
73	24,254	16,738	10,928	6,397	2,831	73
74	24,633	16,964	11,055	6,461	2,856	74
75	25,011	17,189	11,181	6,524	2,880	75
76	25,387	17,411	11,305	6,586	2,903	76
77	26,761	17,630	11,427	6,646	2,926	77

Anzahl der Jahre	Vertraglicher Zinsfuß in %					Anzahl der Jahre
	0,5 %	1,0 %	1,5 %	2,0 %	2,5 %	
78	26,132	17,848	11,546	6,706	2,948	78
79	26,502	18,062	11,664	6,763	2,969	79
80	26,869	18,275	11,780	6,820	2,990	80
81	27,234	18,485	11,894	6,875	3,011	81
82	27,597	18,693	12,006	6,930	3,031	82
83	27,958	18,898	12,117	6,983	3,050	83
84	28,316	19,101	12,225	7,034	3,069	84
85	28,673	19,301	12,331	7,085	3,087	85
86	29,027	19,500	12,436	7,135	3,104	86
87	29,378	19,695	12,539	7,183	3,122	87
88	29,728	19,889	12,640	7,230	3,138	88
89	30,075	20,080	12,740	7,276	3,154	89
90	30,420	20,269	12,837	7,321	3,170	90
91	30,763	20,456	12,933	7,366	3,185	91
92	31,103	20,640	13,027	7,409	3,200	92
93	31,441	20,822	13,120	7,450	3,215	93
94	31,777	21,002	13,210	7,491	3,229	94
95	32,111	21,180	13,300	7,531	3,242	95
96	32,442	21,356	13,387	7,570	3,255	96
97	32,772	21,529	13,473	7,609	3,268	97
98	33,099	21,700	13,558	7,646	3,280	98
99	33,423	21,869	13,640	7,682	3,292	99
100	33,746	22,036	13,722	7,717	3,304	100

V. Tabelle der Kapitalwerte der Zinsdifferenzen für hochverzinsliche Kapitalforderungen und -schulden mit Annuitätentilgung und einer Annuität im Jahresbetrag von 1,– € Grenzzinsfuß: 9 %[1)]

Anzahl der Jahre	Vertraglicher Zinsfuß in %									Anzahl der Jahre
	9,5 %	10,0 %	10,5 %	11,0 %	11,5 %	12,0 %	12,5 %	13,0 %	13,5 %	
1	0,002	0,005	0,007	0,009	0,012	0,014	0,016	0,018	0,021	1
2	0,009	0,017	0,026	0,034	0,043	0,051	0,059	0,067	0,075	2
3	0,019	0,037	0,055	0,073	0,091	0,108	0,125	0,142	0,159	3
4	0,032	0,063	0,094	0,124	0,154	0,183	0,212	0,240	0,268	4
5	0,048	0,094	0,140	0,185	0,229	0,273	0,315	0,357	0,398	5
6	0,066	0,130	0,194	0,255	0,316	0,375	0,433	0,490	0,545	6
7	0,086	0,171	0,253	0,333	0,411	0,488	0,562	0,635	0,707	7
8	0,109	0,214	0,317	0,417	0,514	0,609	0,701	0,791	0,879	8
9	0,132	0,261	0,385	0,506	0,623	0,737	0,847	0,955	1,059	9
10	0,157	0,309	0,456	0,598	0,736	0,870	0,999	1,124	1,246	10
11	0,183	0,359	0,530	0,694	0,853	1,006	1,154	1,298	1,436	11
12	0,209	0,411	0,605	0,792	0,972	1,145	1,312	1,473	1,628	12
13	0,236	0,463	0,681	0,891	1,092	1,285	1,471	1,649	1,821	13
14	0,264	0,516	0,758	0,990	1,212	1,425	1,629	1,825	2,013	14
15	0,291	0,569	0,835	1,089	1,332	1,564	1,786	1,999	2,203	15
16	0,319	0,622	0,912	1,187	1,451	1,702	1,942	2,171	2,390	16
17	0,346	0,675	0,987	1,285	1,568	1,837	2,094	2,339	2,573	17
18	0,373	0,727	1,062	1,380	1,683	1,970	2,243	2,504	2,751	18
19	0,400	0,777	1,135	1,474	1,795	2,100	2,389	2,663	2,925	19
20	0,426	0,827	1,207	1,565	1,905	2,226	2,530	2,818	3,092	20
21	0,451	0,876	1,277	1,654	2,011	2,348	2,666	2,968	3,254	21
22	0,476	0,924	1,344	1,740	2,114	2,466	2,798	3,112	3,409	22
23	0,500	0,970	1,410	1,824	2,213	2,579	2,925	3,250	3,558	23
24	0,524	1,014	1,473	1,904	2,308	2,689	3,046	3,383	3,700	24
25	0,547	1,057	1,534	1,981	2,400	2,793	3,162	3,510	3,836	25
26	0,568	1,098	1,593	2,055	2,488	2,893	3,273	3,630	3,966	26

---

1) Vgl. die gleich lautenden Erlasse der obersten Finanzbehörden der Länder vom 10.10.2010, Bewertung und Kapitalforderungen und Kapitalschulden sowie von Ansprüchen/Lasten bei wiederkehrenden Nutzungen und Leistungen nach dem 31. Dezember 2009 für Zwecke der Erbschaft- und Schenkungsteuer, Tabelle 5 (zu § 12 Abs. 1 BewG).

Anzahl der Jahre	Vertraglicher Zinsfuß in %									Anzahl der Jahre
	9,5 %	10,0 %	10,5 %	11,0 %	11,5 %	12,0 %	12,5 %	13,0 %	13,5 %	
27	0,589	1,138	1,649	2,126	2,572	2,989	3,379	3,745	4,089	27
28	0,610	1,176	1,703	2,194	2,652	3,079	3,480	3,854	4,206	28
29	0,629	1,213	1,754	2,258	2,728	3,166	3,575	3,958	4,316	29
30	0,648	1,247	1,803	2,320	2,800	3,248	3,665	4,055	4,420	30
31	0,665	1,280	1,850	2,378	2,869	3,325	3,751	4,148	4,519	31
32	0,682	1,312	1,894	2,433	2,934	3,399	3,831	4,235	4,612	32
33	0,698	1,342	1,936	2,486	2,995	3,468	3,907	4,317	4,699	33
34	0,713	1,370	1,976	2,535	3,053	3,533	3,979	4,394	4,781	34
35	0,728	1,397	2,013	2,582	3,107	3,594	4,046	4,467	4,858	35
36	0,742	1,422	2,048	2,626	3,159	3,652	4,109	4,535	4,930	36
37	0,755	1,446	2,082	2,667	3,207	3,706	4,169	4,598	4,998	37
38	0,767	1,469	2,113	2,706	3,252	3,757	4,224	4,658	5,061	38
39	0,778	1,490	2,142	2,742	3,294	3,804	4,276	4,713	5,120	39
40	0,789	1,510	2,170	2,776	3,334	3,849	4,324	4,765	5,175	40
41	0,799	1,529	2,196	2,808	3,371	3,890	4,370	4,814	5,226	41
42	0,809	1,546	2,220	2,838	3,406	3,929	4,412	4,859	5,274	42
43	0,818	1,562	2,243	2,866	3,438	3,965	4,451	4,901	5,318	43
44	0,826	1,578	2,264	2,892	3,468	3,998	4,488	4,940	5,360	44
45	0,834	1,592	2,284	2,916	3,496	4,030	4,522	4,977	5,398	45
46	0,841	1,605	2,302	2,939	3,522	4,059	4,553	5,010	5,434	46
47	0,848	1,618	2,319	2,959	3,546	4,086	4,582	5,042	5,467	47
48	0,854	1,629	2,335	2,979	3,569	4,110	4,610	5,071	5,497	48
49	0,860	1,640	2,350	2,997	3,589	4,134	4,635	5,097	5,526	49
50	0,866	1,650	2,363	3,014	3,609	4,155	4,658	5,122	5,552	50
51	0,871	1,659	2,376	3,029	3,627	4,178	4,679	5,145	5,576	51
52	0,876	1,668	2,388	3,043	3,643	4,193	4,699	5,166	5,599	52
53	0,880	1,676	2,398	3,057	3,658	4,210	4,718	5,186	5,619	53
54	0,884	1,683	2,408	3,069	3,672	4,226	4,734	5,204	5,638	54
55	0,888	1,690	2,418	3,080	3,685	4,240	4,750	5,221	5,656	55
56	0,891	1,696	2,426	3,090	3,697	4,253	4,764	5,236	5,672	56
57	0,895	1,702	2,434	3,100	3,708	4,265	4,778	5,250	5,687	57
58	0,897	1,707	2,441	3,109	3,718	4,276	4,790	5,263	5,701	58

F. Ermittlung des Gegenwartswerts/Kapitalwerts

Anzahl der Jahre	Vertraglicher Zinsfuß in %									Anzahl der Jahre
	9,5 %	10,0 %	10,5 %	11,0 %	11,5 %	12,0 %	12,5 %	13,0 %	13,5 %	
59	0,900	1,712	2,448	3,117	3,727	4,287	4,801	5,275	5,714	59
60	0,903	1,717	2,454	3,124	3,736	4,296	4,811	5,286	5,725	60
61	0,905	1,721	2,459	3,131	3,743	4,305	4,820	5,296	5,736	61
62	0,907	1,724	2,464	3,137	3,750	4,313	4,829	5,305	5,746	62
63	0,909	1,728	2,469	3,142	3,757	4,320	4,837	5,314	5,755	63
64	0,911	1,731	2,473	3,148	3,763	4,326	4,844	5,322	5,763	64
65	0,912	1,734	2,477	3,152	3,768	4,332	4,851	5,329	5,771	65
66	0,914	1,736	2,480	3,156	3,773	4,338	4,857	5,335	5,778	66
67	0,915	1,741	2,484	3,160	3,778	4,343	4,862	5,341	5,784	67
68	0,916	1,743	2,486	3,164	3,782	4,347	4,867	5,347	5,790	68
69	0,917	1,744	2,489	3,167	3,785	4,352	4,872	5,352	5,795	69
70	0,918	1,746	2,491	3,170	3,789	4,355	4,876	5,356	5,800	70
71	0,919	1,747	2,493	3,172	3,792	4,359	4,880	5,360	5,805	71
72	0,920	1,749	2,495	3,175	3,794	4,362	4,883	5,364	5,809	72
73	0,921	1,750	2,497	3,177	3,797	4,365	4,886	5,367	5,812	73
74	0,921	1,751	2,499	3,179	3,799	4,367	4,889	5,371	5,816	74
75	0,922	1,752	2,500	3,181	3,801	4,369	4,892	5,373	5,819	75
76	0,922	1,752	2,501	3,182	3,803	4,371	4,894	5,376	5,822	76
77	0,923	1,752	2,502	3,183	3,805	4,373	4,896	5,378	5,824	77
78	0,923	1,753	2,503	3,185	3,806	4,375	4,898	5,380	5,827	78
79	0,923	1,754	2,504	3,186	3,807	4,376	4,900	5,382	5,829	79
80	0,924	1,754	2,505	3,187	3,808	4,378	4,901	5,384	5,831	80
81	0,924	1,755	2,506	3,187	3,809	4,379	4,903	5,386	5,832	81
82	0,924	1,755	2,506	3,188	3,810	4,380	4,904	5,387	5,834	82
83	0,924	1,755	2,507	3,189	3,811	4,381	4,905	5,388	5,836	83
84	0,924	1,756	2,507	3,189	3,812	4,382	4,906	5,389	5,837	84
85	0,925	1,756	2,507	3,190	3,812	4,383	4,907	5,390	5,838	85
86	0,925	1,756	2,508	3,190	3,813	4,383	4,908	5,391	5,839	86
87	0,925	1,756	2,508	3,191	3,813	4,384	4,908	5,392	5,840	87
88	0,925	1,756	2,508	3,191	3,814	4,384	4,909	5,393	5,841	88
89	0,925	1,757	2,508	3,191	3,814	4,385	4,909	5,394	5,842	89
90	0,925	1,757	2,508	3,191	3,814	4,385	4,910	5,394	5,842	90

Anzahl der Jahre	Vertraglicher Zinsfuß in %								Anzahl der Jahre
	9,5 %	10,0 %	10,5 %	11,0 %	11,5 %	12,0 %	12,5 %	13,0 %	13,5 %	
91	0,925	1,757	2,508	3,191	3,814	4,385	4,910	5,395	5,843	91
92	0,925	1,757	2,508	3,191	3,815	4,386	4,911	5,395	5,844	92
93	0,925	1,757	2,509	3,192	3,815	4,386	4,911	5,396	5,844	93
94	0,925	1,757	2,509	3,192	3,815	4,386	4,911	5,396	5,845	94
95	0,925	1,757	2,508	3,192	3,815	4,386	4,911	5,396	5,845	95
96	0,925	1,757	2,508	3,192	3,815	4,386	4,912	5,396	5,845	96
97	0,925	1,756	2,508	3,192	3,815	4,386	4,912	5,397	5,846	97
98	0,925	1,756	2,508	3,192	3,815	4,386	4,912	5,397	5,846	98
99	0,925	1,756	2,508	3,192	3,815	4,386	4,912	5,397	5,846	99
100	0,925	1,756	2,508	3,192	3,815	4,386	4,912	5,397	5,846	100

VI. Kapitalwert einer lebenslänglichen Nutzung oder Leistung im Jahresbetrag von 1,– € für Bewertungsstichtage ab 1.1.2011[1)]

6   Der Kapitalwert ist nach der am 4.11.2010 veröffentlichten Sterbetafel 2007/2009 des Statistischen Bundesamts unter Berücksichtigung von Zwischenzinsen und Zinseszinsen mit 5,5 % errechnet worden. Der Kapitalwert der Tabelle ist der Mittelwert zwischen dem Kapitalwert für jährlich vorschüssige und jährlich nachschüssige Zahlungsweise.

Vollendetes Lebensalter	Männer		Frauen	
	Durchschnittliche Lebenserwartung	Kapitalwert	Durchschnittliche Lebenserwartung	Kapitalwert
0	77,33	18,384	82,53	18,457
1	76,65	18,373	81,79	18,448
2	75,67	18,357	80,81	18,435
3	74,69	18,339	79,83	18,422
4	73,70	18,321	78,84	18,408
5	72,71	18,301	77,85	18,393
6	71,72	18,280	76,85	18,377
7	70,73	18,258	75,86	18,360
8	69,73	18,235	74,87	18,343
9	68,74	18,211	73,87	18,324
10	67,75	18,185	72,88	18,304

1) BMF v. 8.11.210, IV D 4 - S 3104/09/10001, Anlage zu § 14 Abs. 1 BewG, BStBl I 2010, 1288.

F. Ermittlung des Gegenwartswerts/Kapitalwerts

Vollendetes Lebensalter	Männer		Frauen	
	Durchschnittliche Lebenserwartung	Kapitalwert	Durchschnittliche Lebenserwartung	Kapitalwert
11	66,75	18,158	71,88	18,284
12	65,76	18,129	70,89	18,262
13	64,77	18,099	69,89	18,239
14	63,77	18,067	68,90	18,215
15	62,78	18,034	67,91	18,189
16	61,79	17,998	66,92	18,163
17	60,81	17,962	65,93	18,134
18	59,83	17,923	64,94	18,105
19	58,87	17,883	63,95	18,073
20	57,90	17,840	62,97	18,040
21	56,93	17,795	61,98	18,005
22	55,96	17,748	60,99	17,969
23	54,99	17,698	60,01	17,930
24	54,02	17,646	59,02	17,889
25	53,06	17,591	58,03	17,846
26	52,09	17,533	57,05	17,801
27	51,12	17,472	56,06	17,753
28	50,15	17,407	55,08	17,703
29	49,18	17,339	54,09	17,650
30	48,21	17,268	53,11	17,594
31	47,24	17,193	52,12	17,535
32	46,28	17,114	51,14	17,473
33	45,31	17,030	50,15	17,407
34	44,35	16,943	49,17	17,339
35	43,38	16,851	48,19	17,266
36	42,42	16,754	47,21	17,190
37	41,46	16,652	46,23	17,110
38	40,50	16,545	45,26	17,026
39	39,54	16,433	44,28	16,937
40	38,59	16,315	43,32	16,845
41	37,64	16,192	42,35	16,747
42	36,69	16,062	41,38	16,644

1551

Vollendetes Lebensalter	Männer		Frauen	
	Durchschnittliche Lebenserwartung	Kapitalwert	Durchschnittliche Lebenserwartung	Kapitalwert
43	35,75	15,927	40,42	16,536
44	34,82	15,786	39,46	16,423
45	33,89	15,638	38,51	16,305
46	32,97	15,485	37,56	16,181
47	32,06	15,325	36,61	16,051
48	31,16	15,159	35,68	15,916
49	30,27	14,987	34,74	15,774
50	29,39	14,809	33,81	15,625
51	28,51	14,622	32,89	15,471
52	27,65	14,431	31,97	15,309
53	26,79	14,231	31,06	15,140
54	25,94	14,023	30,15	14,963
55	25,10	13,809	29,25	14,780
56	24,28	13,590	28,35	14,587
57	23,45	13,359	27,46	14,387
58	22,64	13,123	26,57	14,178
59	21,84	12,880	25,69	13,960
60	21,04	12,626	24,81	13,733
61	20,26	12,368	23,94	13,497
62	19,49	12,102	23,08	13,252
63	18,72	11,825	22,22	12,997
64	17,97	11,544	21,37	12,732
65	17,22	11,251	20,52	12,455
66	16,49	10,955	19,67	12,165
67	15,76	10,647	18,83	11,865
68	15,04	10,332	18,00	11,555
69	14,33	10,008	17,17	11,232
70	13,63	9,677	16,36	10,901
71	12,95	9,343	15,55	10,556
72	12,28	9,002	14,75	10,201
73	11,63	8,659	13,98	9,844
74	11,00	8,315	13,22	9,477

F. Ermittlung des Gegenwartswerts/Kapitalwerts

Vollendetes Lebensalter	Männer		Frauen	
	Durchschnittliche Lebenserwartung	Kapitalwert	Durchschnittliche Lebenserwartung	Kapitalwert
75	10,40	7,977	12,47	9,100
76	9,81	7,633	11,74	8,718
77	9,24	7,291	11,03	8,332
78	8,69	6,950	10,34	7,942
79	8,17	6,619	9,68	7,556
80	7,67	6,292	9,04	7,168
81	7,19	5,969	8,43	6,786
82	6,73	5,652	7,84	6,404
83	6,29	5,342	7,28	6,030
84	5,87	5,038	6,76	5,673
85	5,47	4,743	6,26	5,320
86	5,10	4,464	5,79	4,980
87	4,76	4,203	5,36	4,661
88	4,46	3,968	4,99	4,380
89	4,17	3,738	4,63	4,102
90	3,89	3,512	4,30	3,842
91	3,58	3,259	3,96	3,569
92	3,32	3,042	3,69	3,349
93	3,11	2,866	3,43	3,134
94	2,90	2,687	3,20	2,942
95	2,72	2,532	2,98	2,755
96	2,54	2,375	2,79	2,592
97	2,39	2,244	2,61	2,436
98	2,24	2,111	2,44	2,288
99	2,11	1,996	2,29	2,156
100 und darüber	1,98	1,879	2,15	2,031

VII. Kapitalwert einer lebenslänglichen Nutzung oder Leistung im Jahresbetrag von 1,– € für Bewertungsstichtage ab 1.1.2012[1)]

7   Der Kapitalwert ist nach der am 20.9.2011 veröffentlichten Sterbetafel 2008/2010 des Statistischen Bundesamtes unter Berücksichtigung von Zwischenzinsen und Zinseszinsen mit 5,5 % errechnet worden. Der Kapitalwert der Tabelle ist der Mittelwert zwischen dem Kapitalwert für jährlich vorschüssige und jährlich nachschüssige Zahlungsweise.

Vollendetes Lebensalter	Männer		Frauen	
	Durchschnittliche Lebenserwartung	Kapitalwert	Durchschnittliche Lebenserwartung	Kapitalwert
0	77,51	18,387	82,59	18,457
1	76,81	18,376	81,85	18,448
2	75,83	18,360	80,87	18,436
3	74,85	18,342	79,89	18,423
4	73,86	18,324	78,90	18,408
5	72,87	18,304	77,91	18,394
6	71,88	18,284	76,91	18,378
7	70,89	18,262	75,92	18,361
8	69,89	18,239	74,93	18,344
9	68,90	18,215	73,93	18,325
10	67,90	18,189	72,94	18,306
11	66,91	18,162	71,94	18,285
12	65,91	18,134	70,95	18,263
13	64,92	18,104	69,95	18,240
14	63,93	18,072	68,96	18,216
15	62,94	18,039	67,97	18,191
16	61,95	18,004	66,98	18,164
17	60,97	17,968	65,99	18,136
18	59,99	17,929	65,00	18,106
19	59,02	17,889	64,01	18,075
20	58,05	17,847	63,03	18,042
21	57,08	17,802	62,04	18,008
22	56,11	17,756	61,05	17,971
23	55,14	17,706	60,07	17,933
24	54,17	17,654	59,08	17,892

1) BMF v. 26.9.2011, IV D 4-S 3104/09/10001, Anlage zu § 14 Abs. 1 BewG, BStBl I 2011, 834.

F. Ermittlung des Gegenwartswerts/Kapitalwerts

Vollendetes Lebensalter	Männer		Frauen	
	Durchschnittliche Lebenserwartung	Kapitalwert	Durchschnittliche Lebenserwartung	Kapitalwert
25	53,20	17,599	58,09	17,849
26	52,23	17,542	57,11	17,804
27	51,26	17,481	56,12	17,756
28	50,29	17,417	55,14	17,706
29	49,32	17,350	54,15	17,653
30	48,36	17,279	53,16	17,597
31	47,39	17,204	52,18	17,539
32	46,42	17,126	51,20	17,477
33	45,46	17,044	50,21	17,411
34	44,49	16,956	49,23	17,343
35	43,53	16,865	48,25	17,271
36	42,56	16,768	47,27	17,195
37	41,60	16,668	46,29	17,115
38	40,64	16,561	45,32	17,031
39	39,69	16,451	44,34	16,942
40	38,73	16,333	43,37	16,850
41	37,78	16,210	42,40	16,752
42	36,84	16,083	41,44	16,650
43	35,89	15,947	40,47	16,542
44	34,96	15,808	39,52	16,430
45	34,03	15,661	38,56	16,312
46	33,11	15,508	37,61	16,188
47	32,19	15,348	36,66	16,058
48	31,29	15,184	35,73	15,924
49	30,39	15,011	34,79	15,781
50	29,50	14,832	33,86	15,633
51	28,63	14,648	32,94	15,479
52	27,76	14,456	32,02	15,318
53	26,90	14,257	31,11	15,150
54	26,05	14,051	30,20	14,973
55	25,21	13,838	29,29	14,788
56	24,38	13,617	28,40	14,598

Vollendetes Lebensalter	Männer		Frauen	
	Durchschnittliche Lebenserwartung	Kapitalwert	Durchschnittliche Lebenserwartung	Kapitalwert
57	23,56	13,390	27,50	14,397
58	22,75	13,156	26,61	14,187
59	21,95	12,914	25,73	13,971
60	21,16	12,665	24,85	13,743
61	20,37	12,405	23,98	13,508
62	19,60	12,140	23,12	13,264
63	18,84	11,869	22,26	13,009
64	18,08	11,586	21,41	12,745
65	17,33	11,295	20,56	12,468
66	16,59	10,997	19,72	12,182
67	15,87	10,694	18,89	11,887
68	15,14	10,376	18,05	11,574
69	14,44	10,059	17,23	11,255
70	13,74	9,730	16,41	10,922
71	13,05	9,393	15,60	10,578
72	12,38	9,053	14,80	10,224
73	11,72	8,707	14,01	9,858
74	11,08	8,359	13,25	9,492
75	10,47	8,017	12,49	9,110
76	9,87	7,669	11,77	8,734
77	9,29	7,321	11,05	8,343
78	8,74	6,982	10,36	7,954
79	8,21	6,645	9,70	7,568
80	7,71	6,318	9,06	7,180
81	7,22	5,990	8,44	6,792
82	6,76	5,673	7,85	6,411
83	6,32	5,363	7,28	6,030
84	5,89	5,053	6,75	5,666
85	5,49	4,758	6,25	5,313
86	5,11	4,472	5,78	4,972
87	4,76	4,203	5,34	4,646
88	4,44	3,953	4,94	4,342

F. Ermittlung des Gegenwartswerts/Kapitalwerts

Vollendetes Lebensalter	Männer		Frauen	
	Durchschnittliche Lebenserwartung	Kapitalwert	Durchschnittliche Lebenserwartung	Kapitalwert
89	4,16	3,730	4,60	4,078
90	3,88	3,504	4,27	3,818
91	3,61	3,283	3,96	3,569
92	3,35	3,067	3,68	3,341
93	3,11	2,866	3,42	3,126
94	2,91	2,695	3,19	2,933
95	2,72	2,532	2,97	2,747
96	2,55	2,384	2,78	2,584
97	2,39	2,244	2,60	2,428
98	2,24	2,111	2,43	2,279
99	2,11	1,996	2,28	2,147
100 und darüber	1,99	1,888	2,15	2,031

VIII. Kapitalwert einer lebenslänglichen Nutzung oder Leistung im Jahresbetrag von 1 € für Bewertungsstichtage ab 1.1.2013/ 1.1.2014/1.1.2015[1)]

Der Kapitalwert ist nach der am 2.10.2012 veröffentlichten Sterbetafel 2009/2011 des Statistischen Bundesamtes unter Berücksichtigung von Zwischenzinsen und Zinseszinsen mit 5,5 Prozent errechnet worden. Der Kapitalwert der Tabelle ist der Mittelwert zwischen dem Kapitalwert für jährlich vorschüssige und jährlich nachschüssige Zahlungsweise.

Da das Statistische Bundesamt im Jahr 2013 keine aktuelle Sterbetafel veröffentlichte, sind die Vervielfältiger zur Berechnung des Kapitalwerts lebenslänglicher Nutzungen oder Leistungen, die nach der am 2.10.2012 veröffentlichten Sterbetafel 2009/2011 ermittelt wurden, nicht nur für Bewertungsstichtage ab dem 1.1.2013, sondern gemäß § 14 Abs. 1 Satz 2 BewG auch für Bewertungsstichtage ab dem 1.1.2014 anzuwenden (vgl. BMF v. 13.12.2013, IV D 4 – S 3104/09/10001, www.stotax-first.de).

Vollendetes Lebensalter	Männer		Frauen	
	Durchschnittliche Lebenserwartung	Kapitalwert	Durchschnittliche Lebenserwartung	Kapitalwert
0	77,72	18,391	82,73	18,459

---

1) Vgl. BMF v. 26.10.2012, IV D 4-S 3104/09/10001, BStBl I 2012, 950. Zur Verlängerung der Anwendbarkeit dieser ursprünglich für das Jahr 2013 verkündeten Werte auf die Jahre 2014 und 2015 siehe BMF vom 13.12.2013, IV D 4-S 3104/09/10001, BStBl I 2013, 1609, und BMF v. 21.11.2014, IV D 4-S3104/09/10001, BStBl I 2014, 1576.

Vollendetes Lebensalter	Männer		Frauen	
	Durchschnittliche Lebenserwartung	Kapitalwert	Durchschnittliche Lebenserwartung	Kapitalwert
1	77,02	18,379	81,99	18,450
2	76,04	18,363	81,01	18,438
3	75,06	18,346	80,02	18,424
4	74,07	18,328	79,03	18,410
5	73,08	18,308	78,04	18,396
6	72,09	18,288	77,05	18,380
7	71,09	18,266	76,05	18,363
8	70,10	18,244	75,06	18,346
9	69,11	18,220	74,06	18,328
10	68,11	18,195	73,07	18,308
11	67,12	18,168	72,08	18,288
12	66,12	18,140	71,08	18,266
13	65,13	18,110	70,09	18,244
14	64,14	18,079	69,09	18,220
15	63,15	18,046	68,10	18,194
16	62,16	18,012	67,11	18,168
17	61,17	17,975	66,12	18,140
18	60,20	17,938	65,13	18,110
19	59,22	17,898	64,14	18,079
20	58,25	17,856	63,16	18,047
21	57,28	17,812	62,17	18,012
22	56,31	17,765	61,18	17,976
23	55,34	17,717	60,20	17,938
24	54,37	17,665	59,21	17,897
25	53,40	17,611	58,22	17,855
26	52,43	17,554	57,24	17,810
27	51,46	17,494	56,25	17,762
28	50,49	17,430	55,26	17,712
29	49,52	17,364	54,28	17,660
30	48,56	17,294	53,29	17,605
31	47,59	17,220	52,31	17,547
32	46,62	17,142	51,32	17,485

F. Ermittlung des Gegenwartswerts/Kapitalwerts

Vollendetes Lebensalter	Männer		Frauen	
	Durchschnittliche Lebenserwartung	Kapitalwert	Durchschnittliche Lebenserwartung	Kapitalwert
33	45,66	17,061	50,34	17,420
34	44,69	16,975	49,36	17,352
35	43,72	16,884	48,38	17,281
36	42,76	16,789	47,40	17,205
37	41,80	16,689	46,42	17,126
38	40,84	16,584	45,45	17,043
39	39,88	16,473	44,47	16,954
40	38,93	16,358	43,50	16,862
41	37,98	16,237	42,53	16,765
42	37,03	16,109	41,57	16,664
43	36,08	15,975	40,60	16,557
44	35,15	15,837	39,64	16,445
45	34,22	15,691	38,69	16,328
46	33,29	15,539	37,74	16,205
47	32,37	15,380	36,79	16,076
48	31,47	15,217	35,85	15,941
49	30,56	15,044	34,91	15,800
50	29,67	14,867	33,98	15,653
51	28,79	14,683	33,06	15,500
52	27,92	14,492	32,13	15,337
53	27,06	14,294	31,22	15,170
54	26,21	14,090	30,31	14,995
55	25,37	13,879	29,41	14,813
56	24,54	13,661	28,51	14,622
57	23,72	13,435	27,62	14,424
58	22,90	13,200	26,73	14,216
59	22,10	12,960	25,84	13,998
60	21,31	12,713	24,96	13,772
61	20,53	12,458	24,10	13,541
62	19,76	12,196	23,23	13,296
63	18,99	11,923	22,38	13,045
64	18,23	11,643	21,53	12,783

Vollendetes Lebensalter	Männer		Frauen	
	Durchschnittliche Lebenserwartung	Kapitalwert	Durchschnittliche Lebenserwartung	Kapitalwert
65	17,48	11,354	20,68	12,508
66	16,74	11,058	19,84	12,224
67	16,01	10,754	19,01	11,930
68	15,30	10,447	18,18	11,624
69	14,58	10,123	17,35	11,303
70	13,89	9,801	16,53	10,972
71	13,20	9,467	15,72	10,630
72	12,52	9,125	14,92	10,278
73	11,86	8,782	14,13	9,915
74	11,21	8,431	13,36	9,546
75	10,58	8,079	12,60	9,166
76	9,97	7,727	11,87	8,787
77	9,38	7,376	11,15	8,398
78	8,82	7,032	10,45	8,005
79	8,28	6,690	9,78	7,615
80	7,77	6,358	9,13	7,223
81	7,28	6,030	8,51	6,837
82	6,81	5,708	7,91	6,450
83	6,36	5,392	7,34	6,071
84	5,93	5,082	6,80	5,701
85	5,52	4,780	6,29	5,342
86	5,13	4,487	5,81	4,994
87	4,76	4,203	5,37	4,668
88	4,43	3,945	4,96	4,357
89	4,12	3,698	4,58	4,063
90	3,84	3,472	4,25	3,802
91	3,56	3,242	3,94	3,553
92	3,32	3,042	3,68	3,341
93	3,10	2,857	3,43	3,134
94	2,89	2,678	3,19	2,933
95	2,71	2,523	2,97	2,747
96	2,54	2,375	2,78	2,584

1560

F. Ermittlung des Gegenwartswerts/Kapitalwerts

Vollendetes Lebensalter	Männer		Frauen	
	Durchschnittliche Lebenserwartung	Kapitalwert	Durchschnittliche Lebenserwartung	Kapitalwert
97	2,38	2,235	2,60	2,428
98	2,23	2,103	2,43	2,279
99	2,10	1,987	2,28	2,147
100 und darüber	1,98	1,879	2,14	2,022

IX. Vervielfältiger zu § 185 Abs. 3 Satz 1, § 193 Abs. 3 Satz 2, § 194 Abs. 3 Satz 3 und § 195 Abs. 2 Satz 2 und Abs. 3 Satz 3 BewG[1)]

9

Restnutzungs- dauer; Restlauf- zeit des Erbbau- rechts bzw. des Nutzungsrechts (in Jahren)	Zinssatz									
	3 %	3,5 %	4 %	4,5 %	5 %	5,5 %	6 %	6,5 %	7 %	7,5 %	8 %
1	0,97	0,97	0,96	0,96	0,95	0,95	0,94	0,94	0,93	0,93	0,93
2	1,91	1,90	1,89	1,87	1,86	1,85	1,83	1,82	1,81	1,80	1,78
3	2,83	2,80	2,78	2,75	2,72	2,70	2,67	2,65	2,62	2,60	2,58
4	3,72	3,67	3,63	3,59	3,55	3,51	3,47	3,43	3,39	3,35	3,31
5	4,58	4,52	4,45	4,39	4,33	4,27	4,21	4,16	4,10	4,05	3,99
6	5,42	5,33	5,24	5,16	5,08	5,00	4,92	4,84	4,77	4,69	4,62
7	6,23	6,11	6,00	5,89	5,79	5,68	5,58	5,48	5,39	5,30	5,21
8	7,02	6,87	6,73	6,60	6,46	6,33	6,21	6,09	5,97	5,86	5,75
9	7,79	7,61	7,44	7,27	7,11	6,95	6,80	6,66	6,52	6,38	6,25
10	8,53	8,32	8,11	7,91	7,72	7,54	7,36	7,19	7,02	6,86	6,71
11	9,25	9,00	8,76	8,53	8,31	8,09	7,89	7,69	7,50	7,32	7,14
12	9,95	9,66	9,39	9,12	8,86	8,62	8,38	8,16	7,94	7,74	7,54
13	10,63	10,30	9,99	9,68	9,39	9,12	8,85	8,60	8,36	8,13	7,90
14	11,30	10,92	10,56	10,22	9,90	9,59	9,29	9,01	8,75	8,49	8,24
15	11,94	11,52	11,12	10,74	10,38	10,04	9,71	9,40	9,11	8,83	8,56
16	12,56	12,09	11,65	11,23	10,84	10,46	10,11	9,77	9,45	9,14	8,85
17	13,17	12,65	12,17	11,71	11,27	10,86	10,48	10,11	9,76	9,43	9,12
18	13,75	13,19	12,66	12,16	11,69	11,25	10,83	10,43	10,06	9,71	9,37

1) Vgl. Anlage 21 (zu § 185 Abs. 3 Satz 1, § 193 Abs. 3 Satz 2, § 194 Abs. 3 Satz 3 und § 195 Abs. 2 Satz 2 und Abs. 3 Satz 3) BewG.

Restnutzungsdauer; Restlaufzeit des Erbbaurechts bzw. des Nutzungsrechts (in Jahren)	Zinssatz										
	3 %	3,5 %	4 %	4,5 %	5 %	5,5 %	6 %	6,5 %	7 %	7,5 %	8 %
19	14,32	13,71	13,13	12,59	12,09	11,61	11,16	10,73	10,34	9,96	9,60
20	14,88	14,21	13,59	13,01	12,46	11,95	11,47	11,02	10,59	10,19	9,82
21	15,42	14,70	14,03	13,40	12,82	12,28	11,76	11,28	10,84	10,41	10,02
22	15,94	15,17	14,45	13,78	13,16	12,58	12,04	11,54	11,06	10,62	10,20
23	16,44	15,62	14,86	14,15	13,49	12,88	12,30	11,77	11,27	10,81	10,37
24	16,94	16,06	15,25	14,50	13,80	13,15	12,55	11,99	11,47	10,98	10,53
25	17,41	16,48	15,62	14,83	14,09	13,41	12,78	12,20	11,65	11,15	10,67
26	17,88	13,89	15,98	15,15	14,38	13,66	13,00	12,39	11,83	11,30	10,81
27	18,33	17,29	16,33	15,45	14,64	13,90	13,21	12,57	11,99	11,44	10,94
28	18,76	17,67	16,66	15,74	14,90	14,12	13,41	12,75	12,14	11,57	11,05
29	19,19	18,04	16,98	16,02	15,14	14,33	13,59	12,91	12,28	11,70	11,16
30	19,60	18,39	17,29	16,29	15,37	14,53	13,76	13,06	12,41	11,81	11,26
31	20,00	18,74	17,59	16,54	15,59	14,72	13,93	13,20	12,53	11,92	11,35
32	20,39	19,07	17,87	16,79	15,80	14,90	14,08	13,33	12,65	12,02	11,43
33	20,77	19,39	18,15	17,02	16,00	15,08	14,23	13,46	12,75	12,11	11,51
34	21,13	19,70	18,41	17,25	16,19	15,24	14,37	13,58	12,85	12,19	11,59
35	21,49	20,00	18,66	17,46	16,37	15,39	14,50	13,69	12,95	12,27	11,65
36	21,83	20,29	18,91	17,67	16,55	15,54	14,62	13,79	13,04	12,35	11,72
37	22,17	20,57	19,14	17,86	16,71	15,67	14,74	13,89	13,12	12,42	11,78
38	22,49	20,84	19,37	18,05	16,87	15,80	14,85	13,98	13,19	12,48	11,83
39	22,81	21,10	19,58	18,23	17,02	15,93	14,95	14,06	13,26	12,54	11,88
40	23,11	21,36	19,79	18,40	17,16	16,05	15,05	14,15	13,33	12,59	11,92
41	23,41	21,60	19,99	18,57	17,29	16,16	15,14	14,22	13,39	12,65	11,97
42	23,70	21,83	20,19	18,72	17,42	16,26	15,22	14,29	13,45	12,69	12,01
43	23,98	22,06	20,37	18,87	17,55	16,36	15,31	14,36	13,51	12,74	12,04
44	24,25	22,28	20,55	19,02	17,66	16,46	15,38	14,42	13,56	12,78	12,08
45	24,52	22,50	20,72	19,16	17,77	16,55	15,46	14,48	13,61	12,82	12,11
46	24,78	22,70	20,88	19,29	17,88	16,63	15,52	14,54	13,65	12,85	12,14
47	25,02	22,90	21,04	19,41	17,98	16,71	15,59	14,59	13,69	12,89	12,16
48	25,27	23,09	21,20	19,54	18,08	16,79	15,65	14,64	13,73	12,95	12,19
49	25,50	23,28	21,34	19,65	18,17	16,86	15,71	14,68	13,77	12,95	12,21
50	25,73	23,46	21,48	19,76	18,26	16,93	15,76	14,72	13,80	12,97	12,23

F. Ermittlung des Gegenwartswerts/Kapitalwerts

Restnutzungsdauer; Restlaufzeit des Erbbaurechts bzw. des Nutzungsrechts (in Jahren)	Zinssatz									
	3 %	3,5 %	4 %	4,5 %	5 %	5,5 %	6 %	6,5 %	7 %	7,5 %	8 %
51	25,95	23,63	21,62	19,87	18,34	17,00	15,81	14,76	13,83	13,00	12,25
52	26,17	23,80	21,75	19,97	18,42	17,05	15,86	14,80	13,86	13,02	12,27
53	26,37	23,96	21,87	20,07	18,49	17,12	15,91	14,84	13,89	13,04	12,29
54	26,58	24,11	21,99	20,16	16,57	17,17	15,95	14,87	13,92	13,06	12,30
55	26,77	24,26	22,11	20,25	18,63	17,23	15,99	14,90	13,94	13,08	12,32
56	25,97	24,41	22,22	20,33	18,70	17,28	16,03	14,93	13,96	13,10	12,33
57	27,15	24,55	22,33	20,41	18,76	17,32	16,06	14,96	13,98	13,12	12,34
58	27,33	24,69	22,43	20,49	18,82	17,37	16,10	14,99	14,00	13,13	12,36
59	27,51	24,82	22,53	20,57	18,88	17,41	16,13	15,01	14,02	13,15	12,37
60	27,68	24,94	22,62	20,64	18,93	17,45	16,16	15,03	14,04	13,16	12,38
61	27,84	25,07	22,71	20,71	18,98	17,49	16,19	15,05	14,06	13,17	12,39
62	28,00	25,19	22,80	20,77	19,03	17,52	16,22	15,07	14,07	13,18	12,39
63	28,16	25,30	22,89	20,83	19,08	17,56	16,24	15,09	14,08	13,19	12,40
64	28,31	25,41	22,97	20,89	19,12	17,59	16,27	15,11	14,10	13,20	12,41
65	28,45	25,52	23,05	20,95	19,16	17,62	16,29	15,13	14,11	13,21	12,42
66	28,60	25,62	23,12	21,01	19,20	17,65	16,31	15,14	14,12	13,22	12,42
67	28,73	25,72	23,19	21,06	19,24	17,68	16,33	15,16	14,13	13,23	12,43
68	28,87	25,82	23,26	21,11	19,28	17,70	16,35	15,17	14,14	13,24	12,43
69	29,00	25,91	23,33	21,16	19,31	17,73	16,37	15,19	14,15	13,24	12,44
70	29,12	26,00	23,39	21,20	19,34	17,75	16,38	15,20	14,16	13,25	12,44
71	29,25	26,09	23,46	21,25	19,37	17,78	16,40	15,21	14,17	13,25	12,45
72	29,37	26,17	23,52	21,29	19,40	17,80	16,42	15,22	14,18	13,26	12,45
73	29,48	26,25	23,57	21,33	19,43	17,82	16,43	15,23	14,18	13,27	12,45
74	29,59	26,33	23,63	21,37	19,46	17,84	16,44	15,24	14,19	13,27	12,46
75	29,70	26,41	23,68	21,40	19,48	17,85	16,46	15,25	14,20	13,27	12,46
76	29,81	26,48	23,73	21,44	19,51	17,87	16,47	15,26	14,20	13,28	12,46
77	29,91	26,55	23,78	21,47	19,53	17,89	16,48	15,26	14,21	13,28	12,47
78	30,01	26,62	23,83	21,50	19,56	17,90	16,49	15,27	14,21	13,29	12,47
79	30,11	26,68	23,87	21,54	19,58	17,92	16,50	15,28	14,22	13,29	12,47
80	30,20	26,75	23,92	21,57	19,60	17,93	16,51	15,28	14,22	13,29	12,47
81	30,29	26,81	23,93	21,59	19,62	17,94	16,52	15,29	14,23	13,30	12,48
82	30,38	26,87	24,00	21,62	19,63	17,96	16,53	15,30	14,23	13,30	12,48

Restnutzungsdauer; Restlaufzeit des Erbbaurechts bzw. des Nutzungsrechts (in Jahren)	Zinssatz									
	3 %	3,5 %	4 %	4,5 %	5 %	5,5 %	6 %	6,5 %	7 %	7,5 %	8 %
83	30,47	26,93	24,04	21,65	19,65	17,97	16,53	15,30	14,23	13,30	12,48
84	30,55	26,98	24,07	21,67	19,67	17,97	16,54	15,31	14,24	13,30	12,48
85	30,63	27,04	24,11	21,70	19,68	17,99	16,55	15,31	14,24	13,30	12,48
86	30,71	27,09	24,14	21,72	19,70	18,00	16,56	15,32	14,24	13,31	12,48
87	30,79	27,14	24,18	21,74	19,71	18,01	16,56	15,32	14,25	13,31	12,47
88	30,86	27,19	24,21	21,76	19,73	18,02	16,57	15,32	14,25	13,31	12,49
89	30,93	27,23	24,24	21,78	19,74	18,03	16,57	15,33	14,25	13,31	12,49
90	31,00	27,28	24,27	21,80	19,75	18,03	16,58	15,33	14,25	13,31	12,49
91	31,07	27,32	24,30	21,82	19,76	18,04	16,58	15,33	14,26	13,31	12,49
92	31,14	27,37	24,32	21,83	19,78	18,05	16,59	15,34	14,26	13,32	12,49
93	31,20	27,41	24,35	21,85	19,79	18,06	16,59	15,34	14,26	13,32	12,49
94	31,26	27,45	24,37	21,87	19,80	18,06	16,60	15,34	14,26	13,32	12,49
95	31,32	27,48	24,40	21,88	19,81	18,07	16,60	15,35	14,26	13,32	12,49
96	31,38	27,52	24,42	21,90	19,82	18,08	16,60	15,35	14,24	13,32	12,49
97	31,44	27,56	24,44	21,91	19,82	18,08	16,61	15,35	14,27	13,32	12,49
98	31,49	27,59	24,46	21,92	19,83	18,09	16,61	15,35	14,27	13,32	12,49
99	31,55	27,62	24,49	21,94	19,84	18,09	16,61	15,35	14,27	13,32	12,49
100	31,60	27,66	24,50	21,95	19,85	18,10	16,62	15,36	14,27	13,32	12,49

In den Fällen anderer Zinssätze der Gutachterausschüsse ist der Vervielfältiger nach folgender Formel zu bilden:

$$V \text{ (Vervielfältiger)} = \frac{1}{q^n} \times \frac{q^n - 1}{q - 1}$$

q = Zinsfaktor = 1 + p : 100
p = Zinssatz
n = Restnutzungsdauer/Restlaufzeit

G. Pfändungstabelle

I. Allgemeines

1 Die Pfändungsfreigrenzen für Arbeitseinkommen sind in § 850c ZPO gesetzlich geregelt. Durch die Pfändungsfreigrenzenbekanntmachung 2013[1)] wurden die Pfändungs-

---

1) Bekanntmachung zu § 850c der Zivilprozessordnung (Pfändungsfreigrenzenbekanntmachung 2013) v. 26.3.2013, BGBl. I 2013, 710.

freigrenzen für den Zeitraum ab 1.7.2013 neu bekannt gegeben. Danach ist das ab 1.7.2013 ausgezahlte Arbeitseinkommen unpfändbar, wenn es nicht mehr als
- 1 045,04 € monatlich,
- 240,40 € wöchentlich oder
- 48,10 € täglich

beträgt. Die unpfändbaren Beträge bleiben bis zum 30.6.2015 unverändert.

Gewährt der Schuldner auf Grund einer gesetzlichen Verpflichtung seinem Ehegatten, einem früheren Ehegatten, seinem Lebenspartner, einem früheren Lebenspartner oder einem Verwandten oder nach §§ 1615l, 1615n BGB einem Elternteil Unterhalt, so erhöht sich der Betrag, bis zu dessen Höhe Arbeitseinkommen unpfändbar ist, auf bis zu

- 2 314,82 € monatlich,
- 532,73 € wöchentlich oder
- 106,55 € täglich,

und zwar um

- 393,30 € monatlich,
- 90,51 € wöchentlich oder
- 18,10 € täglich

für die erste Person, der Unterhalt gewährt wird, und um je

- 219,12 € monatlich,
- 50,43 € wöchentlich oder
- 10,09 € täglich

für die zweite bis fünfte Person.

Übersteigt das Arbeitseinkommen den Betrag, bis zu dessen Höhe es je nach der Zahl der Personen, denen der Schuldner Unterhalt gewährt, unpfändbar ist, so ist es hinsichtlich des überschießenden Betrages zu einem Teil unpfändbar, und zwar i. H. v. drei Zehnteln, wenn der Schuldner keiner der o. g. genannten Personen Unterhalt gewährt, zwei weiteren Zehnteln für die erste Person, der Unterhalt gewährt wird, und je einem weiteren Zehntel für die zweite bis fünfte Person. Der Teil des Arbeitseinkommens, der 3 203,67 € monatlich/737,28 € wöchentlich/147,46 € täglich übersteigt, bleibt bei der Berechnung des unpfändbaren Betrags unberücksichtigt.

Bei der Berechnung des pfändbaren Teils des Arbeitseinkommens ist das Arbeitseinkommen nach unten abzurunden, und zwar bei Auszahlung für Monate auf einen durch 10 €, bei Auszahlung für Wochen auf einen durch 2,50 € oder bei Auszahlung für Tage auf einen durch 50 Cent teilbaren Betrag.

II. Pfändungstabelle

Die nachfolgende Tabelle weist ausgehend vom monatlichen Nettolohn den pfändbaren Betrag in Abhängigkeit von der Anzahl unterhaltspflichtiger Personen aus.

Die unpfändbaren Beträge nach § 850c Abs. 1 und 2 Satz 2 der Zivilprozessordnung bleiben bis zum 30.6.2015 unverändert.

Tabelle gültig ab 1.7.2013 bis 30.6.2015[1)]

---

1) Vgl. Pfändungsfreigrenzenbekanntmachung 2013 v. 26.3.2013, BGBl. I 2013, 710, 711. Die ab 30.6.2015 gültige Pfändungstabelle war bei Redaktionsschluss zum Steuerberater-Handbuch 2015 noch nicht bekannt gegeben worden.

Nettolohn monatlich	Pfändbarer Betrag bei Unterhaltspflicht für ... Personen					
	0	1	2	3	4	5 und mehr
	in €					
bis 1 049,99	–	–	–	–	–	–
1 050,00 bis 1 059,99	3,47	–	–	–	–	–
1 060,00 bis 1 069,99	10,47	–	–	–	–	–
1 070,00 bis 1 079,99	17,47	–	–	–	–	–
1 080,00 bis 1 089,99	24,47	–	–	–	–	–
1 090,00 bis 1 099,99	31,47	–	–	–	–	–
1 100,00 bis 1 109,99	38,47	–	–	–	–	–
1 110,00 bis 1 119,99	45,47	–	–	–	–	–
1 120,00 bis 1 129,99	52,47	–	–	–	–	–
1 130,00 bis 1 139,99	59,47	–	–	–	–	–
1 140,00 bis 1 149,99	66,47	–	–	–	–	–
1 150,00 bis 1 159,99	73,47	–	–	–	–	–
1 160,00 bis 1 169,99	80,47	–	–	–	–	–
1 170,00 bis 1 179,99	87,47	–	–	–	–	–
1 180,00 bis 1 189,99	94,47	–	–	–	–	–
1 190,00 bis 1 199,99	101,47	–	–	–	–	–
1 200,00 bis 1 209,99	108,47	–	–	–	–	–
1 210,00 bis 1 219,99	115,47	–	–	–	–	–
1 220,00 bis 1 229,99	122,47	–	–	–	–	–
1 230,00 bis 1 239,99	129,47	–	–	–	–	–
1 240,00 bis 1 249,99	136,47	–	–	–	–	–
1 250,00 bis 1 259,99	143,47	–	–	–	–	–
1 260,00 bis 1 269,99	150,47	–	–	–	–	–
1 270,00 bis 1 279,99	157,47	–	–	–	–	–
1 280,00 bis 1 289,99	164,47	–	–	–	–	–
1 290,00 bis 1 299,99	171,47	–	–	–	–	–
1 300,00 bis 1 309,99	178,47	–	–	–	–	–
1 310,00 bis 1 319,99	185,47	–	–	–	–	–
1 320,00 bis 1 329,99	192,47	–	–	–	–	–
1 330,00 bis 1 339,99	199,47	–	–	–	–	–

G. Pfändungstabelle

Nettolohn monatlich	Pfändbarer Betrag bei Unterhaltspflicht für ... Personen					
	0	1	2	3	4	5 und mehr
	in €					
1 340,00 bis 1 349,99	206,47	–	–	–	–	–
1 350,00 bis 1 359,99	213,47	–	–	–	–	–
1 360,00 bis 1 369,99	220,47	–	–	–	–	–
1 370,00 bis 1 379,99	227,47	–	–	–	–	–
1 380,00 bis 1 389,99	234,47	–	–	–	–	–
1 390,00 bis 1 399,99	241,47	–	–	–	–	–
1 400,00 bis 1 409,99	248,47	–	–	–	–	–
1 410,00 bis 1 419,99	255,47	–	–	–	–	–
1 420,00 bis 1 429,99	262,47	–	–	–	–	–
1 430,00 bis 1 439,99	269,47	–	–	–	–	–
1 440,00 bis 1 449,99	276,47	0,83	–	–	–	–
1 450,00 bis 1 459,99	283,47	5,83	–	–	–	–
1 460,00 bis 1 469,99	290,47	10,83	–	–	–	–
1 470,00 bis 1 479,99	297,47	15,83	–	–	–	–
1 480,00 bis 1 489,99	304,47	20,83	–	–	–	–
1 490,00 bis 1 499,99	311,47	25,83	–	–	–	–
1 500,00 bis 1 509,99	318,47	30,83	–	–	–	–
1 510,00 bis 1 519,99	325,47	35,83	–	–	–	–
1 520,00 bis 1 529,99	332,47	40,83	–	–	–	–
1 530,00 bis 1 539,99	339,47	45,83	–	–	–	–
1 540,00 bis 1 549,99	346,47	50,83	–	–	–	–
1 550,00 bis 1 559,99	353,47	55,83	–	–	–	–
1 560,00 bis 1 569,99	360,47	60,83	–	–	–	–
1 570,00 bis 1 579,99	367,47	65,83	–	–	–	–
1 580,00 bis 1 589,99	374,47	70,83	–	–	–	–
1 590,00 bis 1 599,99	381,47	75,83	–	–	–	–
1 600,00 bis 1 609,99	388,47	80,83	–	–	–	–
1 610,00 bis 1 619,99	395,47	85,83	–	–	–	–
1 620,00 bis 1 629,99	402,47	90,83	–	–	–	–
1 630,00 bis 1 639,99	409,47	95,83	–	–	–	–

Nettolohn monatlich	Pfändbarer Betrag bei Unterhaltspflicht für ... Personen					
	0	1	2	3	4	5 und mehr
	in €					
1 640,00 bis 1 649,99	416,47	100,83	–	–	–	–
1 650,00 bis 1 659,99	423,47	105,83	–	–	–	–
1 660,00 bis 1 669,99	430,47	110,83	1,02	–	–	–
1 670,00 bis 1 679,99	437,47	115,83	5,02	–	–	–
1 680,00 bis 1 689,99	444,47	120,83	9,02	–	–	–
1 690,00 bis 1 699,99	451,47	125,83	13,02	–	–	–
1 700,00 bis 1 709,99	458,47	130,83	17,02	–	–	–
1 710,00 bis 1 719,99	465,47	135,83	21,02	–	–	–
1 720,00 bis 1 729,99	472,47	140,83	25,02	–	–	–
1 730,00 bis 1 739,99	479,47	145,83	29,02	–	–	–
1 740,00 bis 1 749,99	486,47	150,83	33,02	–	–	–
1 750,00 bis 1 759,99	493,47	155,83	37,02	–	–	–
1 760,00 bis 1 769,99	500,47	160,83	41,02	–	–	–
1 770,00 bis 1 779,99	507,47	165,83	45,02	–	–	–
1 780,00 bis 1 789,99	514,47	170,83	49,02	–	–	–
1 790,00 bis 1 799,99	521,47	175,83	53,02	–	–	–
1 800,00 bis 1 809,99	528,47	180,83	57,02	–	–	–
1 810,00 bis 1 819,99	535,47	185,83	61,02	–	–	–
1 820,00 bis 1 829,99	542,47	190,83	65,02	–	–	–
1 830,00 bis 1 839,99	549,47	195,83	69,02	–	–	–
1 840,00 bis 1 849,99	556,47	200,83	73,02	–	–	–
1 850,00 bis 1 859,99	563,47	205,83	77,02	–	–	–
1 860,00 bis 1 869,99	570,47	210,83	81,02	–	–	–
1 870,00 bis 1 879,99	577,47	215,83	85,02	–	–	–
1 880,00 bis 1 889,99	584,47	220,83	89,02	1,03	–	–
1 890,00 bis 1 899,99	591,47	225,83	93,02	4,03	–	–
1 900,00 bis 1 909,99	598,47	230,83	97,02	7,03	–	–
1 910,00 bis 1 919,99	605,47	235,83	101,02	10,03	–	–
1 920,00 bis 1 929,99	612,47	240,83	105,02	13,03	–	–
1 930,00 bis 1 939,99	619,47	245,83	109,02	16,03	–	–

G. Pfändungstabelle

Nettolohn monatlich	Pfändbarer Betrag bei Unterhaltspflicht für ... Personen					
	0	1	2	3	4	5 und mehr
	in €					
1 940,00 bis 1 949,99	626,47	250,83	113,02	19,03	–	–
1 950,00 bis 1 959,99	633,47	255,83	117,02	22,03	–	–
1 960,00 bis 1 969,99	640,47	260,83	121,02	25,03	–	–
1 970,00 bis 1 979,99	647,47	265,83	125,02	28,03	–	–
1 980,00 bis 1 989,99	654,47	270,83	129,02	31,03	–	–
1 990,00 bis 1 999,99	661,47	275,83	133,02	34,03	–	–
2 000,00 bis 2 009,99	668,47	280,83	137,02	37,03	–	–
2 010,00 bis 2 019,99	675,47	285,83	141,02	40,03	–	–
2 020,00 bis 2 029,99	682,47	290,83	145,02	43,03	–	–
2 030,00 bis 2 039,99	689,47	295,83	149,02	46,03	–	–
2 040,00 bis 2 049,99	696,47	300,83	153,02	49,03	–	–
2 050,00 bis 2 059,99	703,47	305,83	157,02	52,03	–	–
2 060,00 bis 2 069,99	710,47	310,83	161,02	55,03	–	–
2 070,00 bis 2 079,99	717,47	315,83	165,02	58,03	–	–
2 080,00 bis 2 089,99	724,47	320,83	169,02	61,03	–	–
2 090,00 bis 2 099,99	731,47	325,83	173,02	64,03	–	–
2 100,00 bis 2 109,99	738,47	330,83	177,02	67,03	0,86	–
2 110,00 bis 2 119,99	745,47	335,83	181,02	70,03	2,86	–
2 120,00 bis 2 129,99	752,47	340,83	185,02	73,03	4,86	–
2 130,00 bis 2 139,99	759,47	345,83	189,02	76,03	6,86	–
2 140,00 bis 2 149,99	766,47	350,83	193,02	79,03	8,86	–
2 150,00 bis 2 159,99	773,47	355,83	197,02	82,03	10,86	–
2 160,00 bis 2 169,99	780,47	360,83	201,02	85,03	12,86	–
2 170,00 bis 2 179,99	787,47	365,83	205,02	88,03	14,86	–
2 180,00 bis 2 189,99	794,47	370,83	209,02	91,03	16,86	–
2 190,00 bis 2 199,99	801,47	375,83	213,02	94,03	18,86	–
2 200,00 bis 2 209,99	808,47	380,83	217,02	97,03	20,86	–
2 210,00 bis 2 219,99	815,47	385,83	221,02	100,03	22,86	–
2 220,00 bis 2 229,99	822,47	390,83	225,02	103,03	24,86	–
2 230,00 bis 2 239,99	829,47	395,83	229,02	106,03	26,86	–

Nettolohn monatlich	Pfändbarer Betrag bei Unterhaltspflicht für ... Personen					
	0	1	2	3	4	5 und mehr
	in €					
2 240,00 bis 2 249,99	836,47	400,83	233,02	109,03	28,86	–
2 250,00 bis 2 259,99	843,47	405,83	237,02	112,03	30,86	–
2 260,00 bis 2 269,99	850,47	410,83	241,02	115,03	32,86	–
2 270,00 bis 2 279,99	857,47	415,83	245,02	118,03	34,86	–
2 280,00 bis 2 289,99	864,47	420,83	249,02	121,03	36,86	–
2 290,00 bis 2 299,99	871,47	425,83	253,02	124,03	38,86	–
2 300,00 bis 2 309,99	878,47	430,83	257,02	127,03	40,86	–
2 310,00 bis 2 319,99	885,47	435,83	261,02	130,03	42,86	–
2 320,00 bis 2 329,99	892,47	440,83	265,02	133,03	44,86	0,52
2 330,00 bis 2 339,99	899,47	445,83	269,02	136,03	46,86	1,52
2 340,00 bis 2 349,99	906,47	450,83	273,02	139,03	48,86	2,52
2 350,00 bis 2 359,99	913,47	455,83	277,02	142,03	50,86	3,52
2 360,00 bis 2 369,99	920,47	460,83	281,02	145,03	52,86	4,52
2 370,00 bis 2 379,99	927,47	465,83	285,02	148,03	54,86	5,52
2 380,00 bis 2 389,99	934,47	470,83	289,02	151,03	56,86	6,52
2 390,00 bis 2 399,99	941,47	475,83	293,02	154,03	58,86	7,52
2 400,00 bis 2 409,99	948,47	480,83	297,02	157,03	60,86	8,52
2 410,00 bis 2 419,99	955,47	485,83	301,02	160,03	62,86	9,52
2 420,00 bis 2 429,99	962,47	490,83	305,02	163,03	64,86	10,52
2 430,00 bis 2 439,99	969,47	495,83	309,02	166,03	66,86	11,52
2 440,00 bis 2 449,99	976,47	500,83	313,02	169,03	68,86	12,52
2 450,00 bis 2 459,99	983,47	505,83	317,02	172,03	70,86	13,52
2 460,00 bis 2 469,99	990,47	510,83	321,02	175,03	72,86	14,52
2 470,00 bis 2 479,99	997,47	515,83	325,02	178,03	74,86	15,52
2 480,00 bis 2 489,99	1 004,47	520,83	329,02	181,03	76,86	16,52
2 490,00 bis 2 499,99	1 011,47	525,83	333,02	184,03	78,86	17,52
2 500,00 bis 2 509,99	1 018,47	530,83	337,02	187,03	80,86	18,52
2 510,00 bis 2 519,99	1 025,47	535,83	341,02	190,03	82,86	19,52
2 520,00 bis 2 529,99	1 032,47	540,83	345,02	193,03	84,86	20,52
2 530,00 bis 2 539,99	1 039,47	545,83	349,02	196,03	86,86	21,52

G. Pfändungstabelle

Nettolohn monatlich	Pfändbarer Betrag bei Unterhaltspflicht für ... Personen					
	0	1	2	3	4	5 und mehr
	in €					
2 540,00 bis 2 549,99	1 046,47	550,83	353,02	199,03	88,86	22,52
2 550,00 bis 2 559,99	1 053,47	555,83	357,02	202,03	90,86	23,52
2 560,00 bis 2 569,99	1 060,47	560,83	361,02	205,03	92,86	24,52
2 570,00 bis 2 579,99	1 067,47	565,83	365,02	208,03	94,86	25,52
2 580,00 bis 2 589,99	1 074,47	570,83	369,02	211,03	96,86	26,52
2 590,00 bis 2 599,99	1 081,47	575,83	373,02	214,03	98,86	27,52
2 600,00 bis 2 609,99	1 088,47	580,83	377,02	217,03	100,86	28,52
2 610,00 bis 2 619,99	1 095,47	585,83	381,02	220,03	102,86	29,52
2 620,00 bis 2 629,99	1 102,47	590,83	385,02	223,03	104,86	30,52
2 630,00 bis 2 639,99	1 109,47	595,83	389,02	226,03	106,86	31,52
2 640,00 bis 2 649,99	1 116,47	600,83	393,02	229,03	108,86	32,52
2 650,00 bis 2 659,99	1 123,47	605,83	397,02	232,03	110,86	33,52
2 660,00 bis 2 669,99	1 130,47	610,83	401,02	235,03	112,86	34,52
2 670,00 bis 2 679,99	1 137,47	615,83	405,02	238,03	114,86	35,52
2 680,00 bis 2 689,99	1 144,47	620,83	409,02	241,03	116,86	36,52
2 690,00 bis 2 699,99	1 151,47	625,83	413,02	244,03	118,86	37,52
2 700,00 bis 2 709,99	1 158,47	630,83	417,02	247,03	120,86	38,52
2 710,00 bis 2 719,99	1 165,47	635,83	421,02	250,03	122,86	39,52
2 720,00 bis 2 729,99	1 172,47	640,83	425,02	253,03	124,86	40,52
2 730,00 bis 2 739,99	1 179,47	645,83	429,02	256,03	126,86	41,52
2 740,00 bis 2 749,99	1 186,47	650,83	433,02	259,03	128,86	42,52
2 750,00 bis 2 759,99	1 193,47	655,83	437,02	262,03	130,86	43,52
2 760,00 bis 2 769,99	1 200,47	660,83	441,02	265,03	132,86	44,52
2 770,00 bis 2 779,99	1 207,47	665,83	445,02	268,03	134,86	45,52
2 780,00 bis 2 789,99	1 214,47	670,83	449,02	271,03	136,86	46,52
2 790,00 bis 2 799,99	1 221,47	675,83	453,02	274,03	138,86	47,52
2 800,00 bis 2 809,99	1 228,47	680,83	457,02	277,03	140,86	48,52
2 810,00 bis 2 819,99	1 235,47	685,83	461,02	280,03	142,86	49,52
2 820,00 bis 2 829,99	1 242,47	690,83	465,02	283,03	144,86	50,52
2 830,00 bis 2 839,99	1 249,47	695,83	469,02	286,03	146,86	51,52

Nettolohn monatlich	Pfändbarer Betrag bei Unterhaltspflicht für ... Personen					
	0	1	2	3	4	5 und mehr
in €						
2 840,00 bis 2 849,99	1 256,47	700,83	473,02	289,03	148,86	52,52
2 850,00 bis 2 859,99	1 263,47	705,83	477,02	292,03	150,86	53,52
2 860,00 bis 2 869,99	1 270,47	710,83	481,02	295,03	152,86	54,52
2 870,00 bis 2 879,99	1 277,47	715,83	485,02	298,03	154,86	55,52
2 880,00 bis 2 889,99	1 284,47	720,83	489,02	301,03	156,86	56,52
2 890,00 bis 2 899,99	1 291,47	725,83	493,02	304,03	158,86	57,52
2 900,00 bis 2 909,99	1 298,47	730,83	497,02	307,03	160,86	58,52
2 910,00 bis 2 919,99	1 305,47	735,83	501,02	310,03	162,86	59,52
2 920,00 bis 2 929,99	1 312,47	740,83	505,02	313,03	164,86	60,52
2 930,00 bis 2 939,99	1 319,47	745,83	509,02	316,03	166,86	61,52
2 940,00 bis 2 949,99	1 326,47	750,83	513,02	319,03	168,86	62,52
2 950,00 bis 2 959,99	1 333,47	755,83	517,02	322,03	170,86	63,52
2 960,00 bis 2 969,99	1 340,47	760,83	521,02	325,03	172,86	64,52
2 970,00 bis 2 979,99	1 347,47	765,83	525,02	328,03	174,86	65,52
2 980,00 bis 2 989,99	1 354,47	770,83	529,02	331,03	176,86	66,52
2 990,00 bis 2 999,99	1 361,47	775,83	533,02	334,03	178,86	67,52
3 000,00 bis 3 009,99	1 368,47	780,83	537,02	337,03	180,86	68,52
3 010,00 bis 3 019,99	1 375,47	785,83	541,02	340,03	182,86	69,52
3 020,00 bis 3 029,99	1 382,47	790,83	545,02	343,03	184,86	70,52
3 030,00 bis 3 039,99	1 389,47	795,83	549,02	346,03	186,86	71,52
3 040,00 bis 3 049,99	1 396,47	800,83	553,02	349,03	188,86	72,52
3 050,00 bis 3 059,99	1 403,47	805,83	557,02	352,03	190,86	73,52
3 060,00 bis 3 069,99	1 410,47	810,83	561,02	355,03	192,86	74,52
3 070,00 bis 3 079,99	1 417,47	815,83	565,02	358,03	194,86	75,52
3 080,00 bis 3 089,99	1 424,47	820,83	569,02	361,03	196,86	76,52
3 090,00 bis 3 099,99	1 431,47	825,83	573,02	364,03	198,86	77,52
3 100,00 bis 3 109,99	1 438,47	830,83	577,02	367,03	200,86	78,52
3 110,00 bis 3 119,99	1 445,47	835,83	581,02	370,03	202,86	79,52
3 120,00 bis 3 129,99	1 452,47	840,83	585,02	373,03	204,86	80,52
3 130,00 bis 3 139,99	1 459,47	845,83	589,02	376,03	206,86	81,52

Nettolohn monatlich	Pfändbarer Betrag bei Unterhaltspflicht für ... Personen					
	0	1	2	3	4	5 und mehr
	in €					
3 140,00 bis 3 149,99	1 466,47	850,83	593,02	379,03	208,86	82,52
3 150,00 bis 3 159,99	1 473,47	855,83	597,02	382,03	210,86	83,52
3 160,00 bis 3 169,99	1 480,47	860,83	601,02	385,03	212,86	84,52
3 170,00 bis 3 179,99	1 487,47	865,83	605,02	388,03	214,86	85,52
3 180,00 bis 3 189,99	1 494,47	870,83	609,02	391,03	216,86	86,52
3 190,00 bis 3 199,99	1 501,47	875,83	613,02	394,03	218,86	87,52
3 200,00 bis 3 203,67	1 508,47	880,83	617,02	397,03	220,86	88,52
Der Mehrbetrag über 3 203,67 € ist voll pfändbar.						

H. Steuerberatervergütungsverordnung

von Dr. Christoph Goez

I. Gebührenübersichten

1. Gebührentatbestände

Beratungstätigkeiten

StBVV	Art der Tätigkeiten	Wert	Gebühren-rahmen	Tabelle
§ 21 Abs. 1 Satz 1	Rat, Auskunft	Wert des Interesses	1/10–10/10	A
§ 21 Abs. 1 Satz 2	Erstberatung eines Verbrauchers		bis 190 €	
§ 21 Abs. 2 Satz 1	Abrategebühr bei Prüfung der Erfolgsaussichten einer Berufung oder Revision	Wert des Interesses	13/20	E
§ 22	Gutachten	Wert des Interesses	10/10–30/10	A
§ 23 Nr. 1	Berichtigung einer Erklärung	als Berichtigung sich ergebender Betrag	2/10–10/10	A

StBVV	Art der Tätigkeiten	Wert	Gebührenrahmen	Tabelle
§ 23 Nr. 2	Antrag auf Stundung	Wert des Interesses	2/10–8/10	A
§ 23 Nr. 3	Antrag auf Anpassung der Vorauszahlung	Differenzbetrag	2/10–8/10	A
§ 23 Nr. 4	Antrag auf abweichende Steuerfestsetzung aus Billigkeitsgründen	Differenzbetrag	2/10–8/10	A
§ 23 Nr. 5	Erlassantrag	zu erlassender Betrag	2/10–8/10	A
§ 23 Nr. 6	Antrag auf Erstattung	zu erstattender Betrag	2/10–8/10	A
§ 23 Nr. 7	Antrag auf Aufhebung oder Änderung eines Steuerbescheides oder einer Steueranmeldung	wegfallender Steuerbetrag	2/10–10/10	A
§ 23 Nr. 8	Antrag auf Rücknahme oder Widerruf eines Verwaltungsaktes	zu erreichende Verbesserung	4/10–10/10	A
§ 23 Nr. 9	Antrag auf Wiedereinsetzung in den vorigen Stand	Wert des Interesses	4/10–10/10	A
§ 23 Nr. 10	Sonstige Anträge, soweit sie nicht in Steuererklärungen gestellt werden	Wert des Interesses	2/10–10/10	A

2 Sonstige Tätigkeiten

StBVV	Art der Tätigkeiten	Wert	Gebührenrahmen	Tabelle
§ 28	Prüfung eines Steuerbescheides		Zeitgebühr	
§ 29 Nr. 1	Teilnahme an einer besonderen Prüfung, insbesondere an einer Außen- oder Zollprüfung einschließlich Schlussbesprechung und Prüfung des Prüfungsberichtes, Ermittlung der Besteuerungsgrundlagen oder an einer Maßnahme der Steueraufsicht		Zeitgebühr	
§ 29 Nr. 2	Schriftliche Einwendungen gegen den Prüfungsbericht	Wert des Interesses	5/10–10/10	A

StBVV	Art der Tätigkeiten	Wert	Gebührenrahmen	Tabelle
§ 30	Selbstanzeige	Summe der berichtigten, ergänzenden und nachgeholten Angaben, mindestens 8 000 €	10/10–30/10	A
§ 31	Besprechungen	Wert des Interesses	5/10–10/10	A

Steuererklärungen

StBVV	Art der Tätigkeiten	Wert	Gebührenrahmen	Tabelle
§ 24 Abs. 1 Nr. 1	Einkommensteuererklärung ohne Ermittlung der einzelnen Einkünfte	Summe der positiven Einkünfte, mindestens 8 000 €	1/10–6/10	A
§ 24 Abs. 1 Nr. 2	Feststellung der Einkünfte, ohne Einkunftsermittlung	Summe der positiven Einkünfte, mindestens 8 000 €	1/10–5/10	A
§ 24 Abs. 1 Nr. 3	Körperschaftsteuererklärung	Einkommen vor Berücksichtigung eines Verlustabzugs, mindestens 16 000 €; bei der Anfertigung einer Körperschaftsteuererklärung für eine Organgesellschaft Einkommen der Organgesellschaft vor Zurechnung; das entsprechende Einkommen ist bei Gegenstandsberechnung des Organträgers zu kürzen	2/10–8/10	A
§ 24 Abs. 1 Nr. 5	Gewerbesteuer	Gewerbeertrag vor Freibetrag und Verlust, mindestens 8 000 €	1/10–6/10	A
§ 24 Abs. 1 Nr. 6	Gewerbesteuerzerlegungserklärung	10 % der als Zerlegungsmaßstab erklärten Arbeitslöhne, mindestens 4 000 €	1/10–6/10	A

StBVV	Art der Tätigkeiten	Wert	Gebühren-rahmen	Tabelle
§ 24 Abs. 1 Nr. 7	Umsatzsteuervoranmeldung sowie hierzu ergänzender Anträge und Meldungen	10 % der Summe aus dem Gesamtbetrag der Entgelte und der Entgelte, für die der Leistungsempfänger Steuerschuldner ist, jedoch mindestens 650 €	1/10–6/10	A
§ 24 Abs. 1 Nr. 8	Umsatzsteuererklärung für das Kalenderjahr einschließlich ergänzender Anträge und Meldungen	10 % der Entgelte und der Entgelte, für die der Leistungsempfänger Steuerschuldner ist, jedoch mindestens 8 000 €	1/10–8/10	A
§ 24 Abs. 1 Nr. 10	Vermögensteuererklärung oder Vermögensfeststellung	Rohvermögen bei natürlichen Personen mindestens 12 500 € bei Körperschaften, Personenvereinigungen und Vermögensmassen mindestens 25 000 €	1/20–18/20	A
§ 24 Abs. 1 Nr. 11	Feststellungen nach dem BewG oder ErbStG	Erklärter Wert, mindestens 25 000 €	1/20–18/20	A
§ 24 Abs. 1 Nr. 12	Erbschaftsteuererklärung ohne Ermittlung der Zugewinnausgleichsforderung	Bruttonachlass, mindestens 16 000 €	2/10–10/10	A
§ 24 Abs. 1 Nr. 13	Schenkungsteuererklärung	Rohwert der Schenkung, mindestens 16 000 €	2/10–10/10	A
§ 24 Abs. 1 Nr. 14	Kapitalertragsteueranmeldung sowie jede weitere Erklärung in Zusammenhang mit Kapitalerträgen	Summe der kapitalsteuerpflichtigen Erträge, mindestens 4 000 €	1/20–6/20	A
§ 24 Abs. 1 Nr. 15	Lohnsteuer-Anmeldung	20 % der Arbeitslöhne, mindestens 1 000 €	1/20–6/20	A
§ 24 Abs. 1 Nr. 16	Einfuhr- und Ausfuhrabgaben und Verbrauchsteuern als Einfuhrabgaben	Abgabenbetrag nach Höchstsatz, mindestens 1 000 €	1/10–3/10	A
§ 24 Abs. 1 Nr. 17	Anmeldungen/Erklärungen von Verbrauchsteuern, die nicht als Einfuhrabgaben geschuldet sind	angemeldeter oder festgesetzter Betrag, mindestens 1 000 €	1/10–3/10	A

StBVV	Art der Tätigkeiten	Wert	Gebühren-rahmen	Tabelle
§ 24 Abs. 1 Nr. 18	Verbrauchsteuervergütung, Verbrauchsteuererstattung	beantragte Vergütung oder Erstattung, mindestens 1 000 €	1/10–3/10	A
§ 24 Abs. 1 Nr. 19	Investitionszulage	Bemessungsgrundlage	1/10–6/10	A
§ 24 Abs. 1 Nr. 20	Anträge auf Steuervergütung nach § 4a UStG	beantragte Vergütung	1/10–6/10	A
§ 24 Abs. 1 Nr. 21	Vorsteuervergütung	beantragte Vergütung, mindestens 1 300 €	1/10–6/10	A
§ 24 Abs. 1 Nr. 22	Kapitalertragsteuererstattung und Vergütung der anrechenbaren KSt	beantragte Erstattung, mindestens 1 000 €	1/10–6/10	A
§ 24 Abs. 1 Nr. 23	Antrag auf Kindergeld	beantragtes Jahreskindergeld	2/10–10/10	A
§ 24 Abs. 1 Nr. 25	Anmeldung über den Steuerabzug von Bauleistungen	angemeldeter Steuerabzugsbetrag, jedoch mindestens 1 000 €	1/10–6/10	A
§ 24 Abs. 1 Nr. 26	Erstellung sonstiger Steuererklärungen	jeweilige Bemessungsgrundlage, mindestens 8 000 €	1/10–6/10	A
§ 24 Abs. 2	Ermittlung der Zugewinnausgleichsforderung	ermittelter Betrag, mindestens 12 500 €	5/10–15/10	A
§ 24 Abs. 3	Antrag auf Lohnsteuerermäßigung (Eintragung von Freibeträgen)	voraussichtlicher Jahresarbeitslohn, mindestens 4 500 €	1/20–4/20	A
§ 24 Abs. 4 Nr. 2	Arbeiten zur Feststellung des verrechenbaren Verlustes nach § 15a EStG		Zeitgebühr	
§ 24 Abs. 4 Nr. 3	Anfertigung einer Meldung über die Beteiligung an ausländischen Körperschaften usw.		Zeitgebühr	
§ 24 Abs. 4 Nr. 5	Sonstige Anträge und Meldungen nach EStG		Zeitgebühr	

StBVV	Art der Tätigkeiten	Wert	Gebühren-rahmen	Tabelle
§ 24 Abs. 4 Nr. 11	Überwachung und Meldung der Lohnsumme sowie der Behaltensfrist (§ 13a Abs. 1, i. V. m. Abs. 6 Satz 1, 5 i. V. m. Abs. 6 Satz 2 ErbStG)		Zeitgebühr	
§ 24 Abs. 4 Nr. 12	Berechnung des Begünstigungsgewinnes i.S.v. § 34a Abs. 1 Satz 1 EStG (nicht entnommene Gewinne)		Zeitgebühr	
§ 27 Abs. 1	Überschussermittlung bei den Einkünften aus nichtselbständiger Arbeit, Kapitalvermögen, Vermietung und Verpachtung oder sonstigen Einkünften	der jeweils höhere Betrag, der sich aus der Summe der Einnahmen oder der Summe der Werbungskosten ergibt, mindestens 8 000 €	1/20–12/20	A
§ 27 Abs. 3	Erhebliche Vorarbeiten zu Abs. 1		Zeitgebühr	

4 Abschlussarbeiten/Buchführung

StBVV	Art der Tätigkeiten	Wert	Gebührenrahmen	Tabelle
§ 25 Abs. 1	Überschussermittlung	der jeweils höhere Betrag, der sich aus der Summe der Betriebseinnahmen oder der Summe der Betriebsausgaben ergibt, mindestens 12 500 €	5/10–20/10	B
§ 25 Abs. 2	Vorarbeiten zur Überschussermittlung, die über das übliche Maß hinaus gehen		Zeitgebühr	
§ 25 Abs. 4	Aufstellung schriftlicher Erläuterungsberichte zur Ermittlung des Überschusses	bemisst sich nach § 25 Abs. 1 Satz 2 (s. dort)	2/10–12/10	B
§ 26	Gewinnermittlung nach Durchschnittssätzen	Durchschnittssatzgewinn nach § 13a Abs. 3 Satz 1 EStG	5/10–20/10	B
§ 32	Hilfeleistung bei der Einrichtung einer Buchführung i.S.v. §§ 33 und 34		Zeitgebühr	

StBVV	Art der Tätigkeiten	Wert	Gebührenrahmen	Tabelle
§ 33 Abs. 1	Buchführung oder Führen steuerlicher Aufzeichnungen einschließlich Kontieren	Jahresumsatz oder höhere Aufwandssumme	2/10–12/10	C
§ 33 Abs. 2	Kontieren der Belege	Jahresumsatz oder höhere Aufwandssumme	1/10–6/10	C
§ 33 Abs. 3	Buchführung oder Führen steuerlicher Aufzeichnungen nach kontierten Belegen oder erstellten Kontierungsunterlagen	Jahresumsatz oder höhere Aufwandssumme	1/10–6/10	C
§ 33 Abs. 4	Buchführung oder Führen steuerlicher Aufzeichnungen per Datenverarbeitung beim Auftraggeber	Jahresumsatz oder höhere Aufwandssumme	1/20–10/20 zzgl. Datenverarbeitungskosten	C
§ 33 Abs. 5	laufende Überwachung der Buchführung oder der steuerlichen Aufzeichnungen	Jahresumsatz oder höhere Aufwandssumme	1/10–6/10	C
§ 33 Abs. 7	Hilfeleistung bei sonstigen Tätigkeiten im Zusammenhang mit Buchführung oder das Führen steuerlicher Aufzeichnungen		Zeitgebühr	
§ 34 Abs. 1	Erstmalige Einrichtung von Lohnkonten und Aufnahme der Stammdaten		5–16 € je Arbeitnehmer	
§ 34 Abs. 2	Führung von Lohnkonten und Anfertigung von Lohnabrechnungen		5–25 € je Arbeitnehmer und Abrechnungszeitraum	
§ 34 Abs. 3	Führung von Lohnkonten und Anfertigung der Lohnabrechnung nach vom Auftraggeber erstellten Buchungsunterlagen		2–9 € je Arbeitnehmer und Abrechnungszeitraum	
§ 34 Abs. 4	Führung von Lohnkonten und Anfertigung der Lohnabrechnung per Datenverarbeitung beim Auftraggeber		1–4 € je Arbeitnehmer und Abrechnungszeitraum zzgl. Datenverarbeitungskosten	

StBVV	Art der Tätigkeiten	Wert	Gebührenrahmen	Tabelle
§ 34 Abs. 5	Hilfeleistung bei sonstigen Tätigkeiten im Zusammenhang mit dem Lohnsteuerabzug und der Lohnbuchführung		Zeitgebühr	
§ 35 Abs. 1 Nr. 1 Buchst. a	Aufstellung des Jahresabschlusses	Mittel zwischen der berichtigten Bilanzsumme und der betrieblichen Jahresleistung (im Einzelnen vgl. Abs. 2 Satz 2–9)	10/10– 40/10	B
§ 35 Abs. 1 Nr. 1 Buchst. b	Erstellung des Anhangs	wie Nr. 1 Buchst. a	2/10–12/10	B
§ 35 Abs. 1 Nr. 2	Zwischenabschluss oder vorläufiger Abschluss	wie Nr. 1 Buchst. a	10/10– 40/10	B
§ 35 Abs. 1 Nr. 3 Buchst. a	Ableitung des steuerlichen Ergebnisses aus dem Handelsbilanzergebnis	wie Nr. 1 Buchst. a	2/10–10/10	B
§ 35 Abs. 1 Nr. 3 Buchst. b	Entwicklung der Steuerbilanz aus der Handelsbilanz	wie Nr. 1 Buchst. a	5/10–12/10	B
§ 35 Abs. 1 Nr. 4	Eröffnungsbilanz	berichtigte Bilanzsumme (vgl. Abs. 2 Satz 2)	5/10–12/10	B
§ 35 Abs. 1 Nr. 5	Auseinandersetzungsbilanz	berichtigte Bilanzsumme (vgl. Abs. 2 Satz 2)	5/10–20/10	B
§ 35 Abs. 1 Nr. 6	schriftlicher Erläuterungsbericht zu Nr. 1–5	Gegenstandswert, der für die dem Erläuterungsbericht zugrunde liegenden Abschlussarbeiten maßgeblich ist	2/10–12/10	B
§ 35 Abs. 1 Nr. 7 Buchst. a	beratende Mitwirkung beim Jahresabschluss	wie Nr. 1 Buchst. a	2/10–10/10	B

StBVV	Art der Tätigkeiten	Wert	Gebührenrahmen	Tabelle
§ 35 Abs. 1 Nr. 7 Buchst. b	Beratung bei der Erstellung des Anhangs	wie Nr. 1 Buchst. a	2/10–4/10	B
§ 35 Abs. 1 Nr. 7 Buchst. c	Beratung bei der Erstellung des Lageberichts	wie Nr. 1 Buchst. a	2/10–4/10	B
§ 35 Abs. 3	Anfertigung/Berichtigung von Inventurunterlagen und sonstige Abschlussvorarbeiten bis zur abgestimmten Saldenbilanz		Zeitgebühr	
§ 36 Abs. 1	Prüfung einer Buchführung, einzelner Konten, einzelner Posten des Jahresabschlusses, eines Inventars, einer Überschussrechnung oder von Bescheinigungen für steuerliche Zwecke und für die Berichterstattung hierüber		Zeitgebühr	
§ 36 Abs. 2 Nr. 1	Prüfung einer Bilanz, einer Gewinn- und Verlustrechnung usw.	wie § 35 Abs. 2	2/10–10/10, sowie Zeitgebühr	B
§ 36 Abs. 2 Nr. 2	Bericht über Prüfung einer Bilanz, einer Gewinn- und Verlustrechnung usw.		Zeitgebühr	
§ 37 Nr. 1	Erstellung eines Vermögensstatus oder Finanzstatus	Summe der Vermögens- bzw. Finanzwerte	5/10–15/10	B
§ 37 Nr. 2	Status aus übergebenen Endzahlen (ohne Prüfungsarbeiten)	Summe der Vermögens- bzw. Finanzwerte	2/10–6/10	B
§ 37 Nr. 3	schriftlicher Erläuterungsbericht zu Nr. 1	Summe der Vermögens- bzw. Finanzwerte	1/10–6/10	B
§ 38 Abs. 1	Erteilung einer Bescheinigung	vgl. § 35 Abs. 2	1/10–6/10	B

StBVV	Art der Tätigkeiten	Wert	Gebührenrahmen	Tabelle
§ 38 Abs. 2	Mitwirkung an der Erteilung von Steuerbescheinigungen		Zeitgebühr	

5 Land- und forstwirtschaftliche Buchführung

StBVV	Art der Tätigkeiten	Wert	Gebührenrahmen	Tabelle
§ 39 Abs. 2 Nr. 1	Buchführung mit Kontieren	a) Betriebsfläche b) Jahresumsatz gem. Abs. 5 und 6	3/10–20/10	D
§ 39 Abs. 2 Nr. 2	Buchführung nach kontierten Belegen oder erstellten Kontierungsunterlagen	wie Nr. 1	3/20–20/20	D
§ 39 Abs. 2 Nr. 3	Buchführung per Datenverarbeitung	wie Nr. 1	1/20–16/20	D
§ 39 Abs. 2 Nr. 4	Überwachung der Buchführung, jährlich	wie Nr. 1	1/10–6/10	D
§ 39 Abs. 3 Nr. 1	Abschlussvorarbeiten	wie Nr. 1	1/10–5/10	D
§ 39 Abs. 3 Nr. 2	Abschluss	wie Nr. 1	3/10–10/10	D
§ 39 Abs. 3 Nr. 3	Steuerbilanz nach Handelsbilanz usw.	wie Nr. 1	3/20–10/20	D
§ 39 Abs. 3 Nr. 4	Beratung bei Erstellen des Abschlusses	wie Nr. 1	1/20–10/20	D
§ 39 Abs. 3 Nr. 5	Prüfung eines Abschlusses für steuerliche Zwecke	wie Nr. 1	1/10–8/10	D
§ 39 Abs. 3 Nr. 6	Steuerlicher Erläuterungsbericht zum Jahresabschluss	wie Nr. 1	1/10–8/10	D
§ 39 Abs. 4 Nr. 1	Hilfeleistung bei der Einrichtung einer Buchführung	Betriebsfläche gem. Abs. 6	1/10–6/10	D
§ 39 Abs. 4 Nr. 2	Erfassung der Anfangswerte bei Buchführungsbeginn	wie Nr. 1	3/10–15/10	D

Rechtsbehelfsverfahren 6

Vorbemerkung: Durch die „Verordnung zum Erlass und zur Änderung steuerlicher Verordnungen"[1] wurde der **Gegenstandswert** neu – und wohl fehlerhaft – gefasst. Hierzu findet sich zur Tabelle E nunmehr die Anmerkung: „Vom Mehrbetrag bis 500.000,00 EUR je angefangene 50.000,00 EUR" 158,00 €; gemeint ist aber wohl – wie unter Gültigkeit der alten StBGebV: „Vom Mehrbetrag über 500.000,00 EUR je angefangene 50.000,00 EUR 150,00 EUR".

Ansonsten wäre nach der Logik aus dem Wortlaut eine Deckelung des Gegenstandswertes auf „1 Mio. Euro" die Folge, welches aber – auch im Vergleich zu den identischen Tätigkeiten von Rechtsanwälten – nicht gerechtfertigt wäre und sich auch nicht aus den Gesetzesmotiven erklären ließe. Hier ist der Verordnungsgeber zur Klarstellung aufgefordert.

StBVV	Art der Tätigkeiten	Wert	Gebührenrahmen	Tabelle
§ 40 Abs. 1 Satz 1	Geschäftsgebühr	Wert des Interesses = strittiger Steuerwert	$^{5}/_{10}$–$^{25}/_{10}$ nach Maßgabe der Regelungen in § 41 Abs. 1–7 (mehr als $^{13}/_{10}$ nur bei umfangreicher und schwieriger Tätigkeit	E
§ 40 Abs. 1 Satz 3	Schreiben einfacher Art	Wert des Interesses	3/10	E
§ 40 Abs. 1	Minderungen gem. Abs. 2, Abs. 3, Abs. 4 und Abs. 6; Erhöhung bei Mehrvertretungen gem. Abs. 5			
§ 40 Abs. 8	Erledigung durch Rücknahme, Widerruf, Aufhebung, Änderung oder Berichtigung des angefochtenen Verwaltungsakts	Wert des Interesses	10/10	E

Verwaltungsvollstreckung 7

StBVV	Art der Tätigkeiten	Wert	Gebührenrahmen	Tabelle
§ 44	richtet sich nach RVG	Wert des Interesses (→ **5** Rz. 9)		

---

1) Verordnung zum Erlass und zur Änderung steuerlicher Verordnungen v. 11.12.2012, BGBl. I 2012, 2637.

8 **Gerichtliche und andere Verfahren**

StBVV	Art der Tätigkeiten	Wert	Gebührenrahmen	Tabelle
§ 45	richtet sich nach RVG	im Finanz-, Sozial- oder Verwaltungsgerichtsverfahren (s. „Streitwertübersicht im FG-Verfahren" unter 2.) im Steuerstraf- und Bußgeldverfahren – Betragsrahmengebühr gem. Nr. 4000 ff./5000 ff. VV-RVG		gem. § 13 Abs. 1 RVG
§ 46	richtet sich nach RVG	bei Prozesskostenhilfe §§ 45, 49 f. RVG, 115 ZPO		gem. § 49 RVG

2. Streitwertübersicht im FG-Verfahren

9 Maßgebend für die Berechnung des Streitwertes in einem finanzgerichtlichen Verfahren ist die Bedeutung der Sache für den Kläger, wie sie sich aus seinem Klageantrag ergibt (§ 52 Abs. 1 GKG). Der so ermittelte Streitwert ist Grundlage für die Berechnung der Gerichtskosten und der außergerichtlichen Kosten, somit der Vergütung des Prozessvertreters. Dessen Gebühren im finanzgerichtlichen Verfahren sind in Teil 3, Abschnitt 2 und 5, sowie Teil 7 (Auslagen) des Vergütungsverzeichnisses des RVG geregelt.

Als Besonderheit ist zu berücksichtigen, dass eine „Terminsgebühr" (Nr. 3202 VV-RVG) auch dann anfällt, wenn ohne mündliche Verhandlung (§§ 79a Abs. 2, 90a, 94a FGO) entschieden wird.

Für Steuerberater sind diese Regeln des Rechtsanwaltsvergütungsgesetzes über § 45 StBVV anzuwenden.

Regelmäßig wird über einen konkreten (Steuer-)Betrag gestritten; dieser ist sodann als Streitwert festzusetzen (§ 52 Abs. 3 GKG). Hilfreich ist allerdings, dass seit dem 1.7.2004 ein Mindeststreitwert von 1 000 € – bis auf AdV-Verfahren (BFH v. 14.12.2007, BFH/NV 2008, 307) – gilt (§ 52 Abs. 4 GKG). Dieser gilt auch für das Steuerberaterhonorar in solchen Fällen (FG Niedersachsen v. 9.6.2005, 11 KO 19/05, n.v.).

Eine weitere Hilfestellung für nicht festzustellende Gegenstandswerte eines Verfahrens bietet § 52 Abs. 2 GKG mit dem sogenannten „Auffangwert". Dieser ist mit 5 000 € (bis zum 1.7.2004: 4 000 €) festgesetzt.

Ansonsten hat die Rechtsprechung für viele Verfahren Grundsätze zur Bestimmung des Gegenstands- und Streitwertes in strittigen Fällen festgelegt, wie sie sich aus der nachfolgenden Übersicht für die häufigsten finanzgerichtlichen Problemkreise (hierzu auch „Streitwert-ABC" in Meyer/Goez/Schwamberger, Die Vergütung der steuerberatenden Berufe, Loseblattkommentar, Stand Februar 2014, Kennziffer 5200) ergeben:

Abgabenvergünstigung	Höhe der Abgabenvergünstigung, zumindest zu erwartender Reingewinn (BFH v. 25.5.1976, BStBl II 1976, 568)
Abrechnungsbescheid	Gemäß finanziellem Klägerinteresse (strittig, so FG Düsseldorf v. 1.9.1972, VI 8/71, EFG 1972, 354; nach Hessischem FG v. 2.9.1966, EFG 1967, 26, nur 1/5 bis 1/10 des Hauptanspruchs)

Akteneinsicht	Gemäß Klägerinteresse, beispielsweise bei Erlassantrag 25 % des Steuerbetrages (so: FG Düsseldorf v. 29.11.1994, EFG 1995, 401)
Anschlussrevision	Für Revision und Anschlussrevision ist ein Streitwert festzustellen gemäß den Interessen beider Parteien (BFH v. 23.8.1967, BStBl II 1968, 60
Ansparrücklage	Streitwert: 10 % des streitigen Gewinnes bzw. Verlustes durch die Bildung der Ansparrücklage nach § 7 g Abs. 3 EStG (FG Thüringen v. 10.11.2006, EFG 2007, 449)
Arrest	Streitwert ist die Hälfte der Arrest- bzw. Hinterlegungssumme (BFH v. 17.3.1982, BStBl II 1982, 328)
Aufrechnung	Gemäß Wert der zur Aufrechnung gestellten Gegenforderung (BFH v. 29.1.1991, BStBl II 1991 S. 467), wenn über die Gegenforderung insgesamt gestritten wird, sonst nur der Betrag, bezüglich dessen die Aufrechnung bestritten wird (BFH v. 24.1.1962, BStBl III 1962, 144)
Auskunft	Gemäß finanziellem Klägerinteresse an der Nichterteilung der Auskunft, hilfsweise Auffangwert von 5 000 € (BFH v. 11.7.1986, BFH/NV 1987, 99)
Außenprüfung	50 % der voraussichtlich zu erwartenden steuerlichen Auswirkung (BFH v. 6.3.1985, IX R 273/84; und v. 29.7.2009, VIII E 4/09, BFH/NV 2009, 1823), sonst Auffangwert von 5 000 €
Aussetzung des Verfahrens	10 % des Hauptsacheverfahrens (FG Hamburg v. 20.1.1972, EFG 1972 S. 351); bei Begründung mit laufenden Musterprozessen nur 5 % des Wertes des Hauptsacheverfahrens (BFH v. 18.11.1970, BStBl II 1971 S. 154)
Aussetzung der Vollziehung	Regelmäßig 10 % des Hauptsacheverfahrens (seit BFH v. 25.9.1985, VII R 45/85), mindestens jedoch Auffangwert von 5 000 €
Bedarfswertermittlung	Die Ermittlung für Zwecke der Erbschaft-/Schenkungsteuer (bis zum 1.1.2009) ist in Abhängigkeit vom Grundstückswert zu schätzen, somit 10 % der streitigen Differenz des Grundstückswertes bis 512 000 € (BFH v. 9.4.2009, BFH/NV 2009, 1138), sodann 20 % der Differenz bzw. 25 % der streitigen Differenz (BFH v. 11.1.2006, BStBl II 2006, 333); ab dem 1.1.2009 entsprechend der Folgewirkung bei der Steuerfestsetzung (hier ist die Rechtsprechung abzuwarten)

Befangenheitsantrag	10 % des Streitwertes der Hauptsache (BFH v. 22.11.1994, BFH/NV, 720)
Beiladung	Bei gleichgelagertem Interesse des Beigeladenen gemäß Streitwert des Hauptgegenstandes, sonst anteilig (FG Berlin v. 6.2.1969, EFG 1969, 363)
Bescheidbekanntgabe	10 % des Wertes für die Klage gegen den bekanntzugebenden Bescheid (BFH v. 20.1.1988, BFH/NV 1989, 247), sonst Auffangwert von 5 000 €
Bestellung eines Bevollmächtigten	10 % des Gegenstandswertes im Hauptsacheverfahren (BFH v. 15.11.1995, BFH/NV 1996, 351)
Betriebsprüfung	→ Außenprüfung
Buchführungsverpflichtung	Bei Klage gegen die Anordnung der Buchführungspflicht ist der Auffangwert von 5 000 € maßgebend (BFH v. 12.3.1999, BFH/NV 1999, 1346)
Duldungsbescheid	Gemäß der Höhe der Steuerforderung, wegen der der Duldungsbescheid erlassen wurde; ansonsten der Wert des Vollstreckungsgegenstandes (BFH v. 9.1.1992, BFH/NV 1992, 690)
Durchsuchung	Wird gegen die Anordnung der Durchsuchung vorgegangen, richtet sich der Streitwert nach dem Vollstreckungsbetrag (BFH v. 20.5.1980, BStBl II 1980, 561)
Eidesstattliche Versicherung	50 % der Steuerrückstände, höchstens 500 000 € (BFH v. 23.10.2003, BFH/NV 2004, 351); ist nur die Ladung zur Abgabe strittig, halbiert sich der Wert (FG Baden-Württemberg v. 23.8.1996, 9 K 162/97, n.v.)
Eigenheimzulage	Das Achtfache des strittigen Jahresbetrages bei Rechtsstreit für den gesamten Förderzeitraum (BFH v. 21.8.2002, BFH/NV 2003 S. 66), ansonsten der streitige Betrag (BFH v. 13.6.2008, BFH/NV 2008, 1516)
Einfuhrumsatzsteuer	Betrag der umstrittenen Einfuhrumsatzsteuer – auch bei Vorsteuerabzugsberechtigung (BFH v. 10.9.1974, BStBl II 1975, 196)
Einheitliche und gesonderte Feststellung	sowohl bei der Feststellung von Einkünften wie bei der Feststellung von Gewinn regelmäßig 25 % der festzustellenden Beträge; ohne einkommensteuerliche Auswirkungen allerdings lediglich 1 % des streitigen Feststellungsbetrages (FG Baden-Württemberg v. 21.1.1994, EFG 1994, 740); bei Gewinnfeststellung kann der Satz höher oder niedriger sein (vgl. BFH v. 10.10.2006, BFH/NV 2007, 155)

Einheitswert	bei Grundvermögen 8 % (Hessisches FG v. 15.8.2004, EFG 2005, 567) nach Wegfall der Vermögensteuer; bei Klage auf Aufhebung ohne steuerliche Auswirkungen wird der Auffangwert von 5.000 € angesetzt (FG Niedersachsen v. 2.5.1988, I 1/88 KO).
Einkommensteuer	Differenz zwischen begehrter und ursprünglicher Steuerfestsetzung ohne Folgesteuern und Nebenabgaben (BFH v. 22.9.1999, IV E 3/99, BFH/NV 2000, 334)
Einkunftsart	→ Gewinnfeststellung
Einstweilige Anordnung	1/3 des Wertes der Hauptsache (BFH v. 16.11.1976, BStBl II 1977, 80); bei Antrag auf einstweilige Einstellung der Zwangsvollstreckung 10 % des Zwangsvollstreckungsbetrags (BFH v. 28.1.1986, BFH/NV 1996, 424)
Erlass	Begehrter Erlassbetrag (BFH v. 23.1.1991, BStBl II 1991, 528); bei Antrag auf Neubescheidung gem. § 101 Satz 2 FGO lediglich 50 % des Erlassbetrages (FG Baden-Württemberg v. 9.12.1994, EFG 1995, 401)
Erledigung in der Hauptsache	Gemäß Summe der gerichtlichen und erstattungsfähigen außergerichtlichen Kosten (FG Bremen v. 2.6.1994, EFG 1994, 975)
Erstattung	Gemäß begehrtem Erstattungsbetrag (BFH v. 30.6.1971, BStBl II 1971, 603)
Fälligkeit einer Steuerforderung	Bei Klage gegen den Fälligkeitszeitpunkt 10 % der Steuerforderung (FG Düsseldorf v. 31.5.1974, EFG 1974, 435)
Feststellungsklage	Streitwert ist 20 % geringer als bei Anfechtungs- bzw. Verpflichtungsklagen (KG v. 13.1.1955, NJW 1955, 797), wenn nicht beantragt wird, dass eine bestimmte Steuerhöhe festzusetzen ist, dann entsprechend der steuerlichen Auswirkung (FG Hessen v. 4.12.1967, EFG 1968, 313); dieselben Grundsätze gelten für Fortsetzungsfeststellungsklagen (BFH v. 9.7.1996, BFH/NV 1996, 927)
Freistellungsbescheinigung	– Bescheinigung nach § 44a Abs. 5 EStG: Das Dreifache des Zinsverlustes, den der Kläger ohne Vorliegen der Bescheinigung durch Einbehaltung der Zinsabschlagsteuer erleidet (FG Saarland v. 12.1.1995, EFG 1995, 401) – Bescheinigung nach § 48b EStG: 10 % vom Gesamtbetrag der Abzugsteuern (Sächsisches FG v. 6.10.2003, EFG 2004, 61)

	– Bescheinigung nach § 50d Abs. 3 Satz 1 EStG: Gemäß der zu erwartenden Steuerersparnis (BFH v. 18.6.1999, BFH/NV 1999, 1505)
Fristverlängerung	Regelmäßig der Auffangwert von 5 000 €, ggf. der zu erwartende Verspätungszuschlag (BFH v. 20.12.1985, BFH/NV 1986, 481)
Gemeinnützigkeit	Auffangwert von 5 000 € (FG Baden-Württemberg v. 26.1.1995, EFG 1995, 855)
Gesamtschuldnerschaft	Auch bei einer Mehrzahl von Klägern ist nur ein Streitwert zu ermitteln; die Gerichtskasse kann sich den Schuldner „aussuchen". Bei getrennten Klagen gegen denselben Verwaltungsakt in jedem Verfahren gemäß der Höhe der vollen Haftungssumme (BFH v. 24.11.1994, BFH/NV 1995, 720)
Gesonderte Feststellung	siehe zunächst unter „Gewinnfeststellung"; bei der gesonderten Feststellung von Verlusten nach § 15a Abs. 4 EStG 10 % des streitigen Verlustbetrags (BFH v. 5.12.1996, BFH/NV 1997, 350)
Gewerbesteuermessbetrag	Gemäß strittigem Messbetrag multipliziert mit dem Hebelsatz der Gemeinde ohne Berücksichtigung evtl. Folgewirkungen auf andere Steuerarten (BFH v. 14.9.1995, BFH/NV 1996, 244; BFH v. 26.9.2011, VIII E 3/11, BFH/NV 2012, 60)
Gewinnfeststellung	Wird über die Einkunftsart (§ 15 oder § 21 EStG) gestritten, beträgt der Streitwert 1 % des streitigen Betrages (BFH v. 30.6.1989, BFH/NV 1989, 802)
Grunderwerbsteuer	Gemäß streitigem Steuerbetrag (BFH v. 2.2.1977, BStBl II 1977, 484)
Grundlagenbescheid	Wird um die Berechtigung zur gesonderten und einheitlichen Feststellung von Einkünften gestritten, gilt der Auffangwert von 5 000 €, auch bei Klage auf Aussetzung der Vollziehung (FG Hamburg v. 1.7.1999, EFG 1999, 1157)
Grundsteuer	Bei Klage auf Änderung der Festsetzung des Grundsteuermessbetrages ist das Vierfache der Jahressteuer, die auf den streitigen Messbetrag entfällt, anzusetzen (BFH v. 10.2.1994, BFH/NV 1994, 818)
Haftungsbescheid	Gemäß Steuerbetrag, für den gehaftet werden soll (BFH v. 13.3.2009, BFH/NV 2009, 1276)
Hinterziehungszinsen	Gemäß Differenz zwischen festgesetzten und begehrten Zinsansatz; bei vollständiger Anfechtung entsprechend dem Gesamtbetrag (BFH v. 28.2.1978, BStBl II 1978, 314)

Insolvenz	Gemäß zu erwartender Insolvenzquote, sonst gemäß Auffangwert, auch bei Unsicherheit über die Eröffnung des Insolvenzverfahrens (FG Saarland v. 2.6.2004, 1 K 437/02).
Kindergeld	Gemäß Jahresbetrag des Kindergeldes zzgl. rückständiger Beträge (BFH v. 12.10.2005, BFH/NV 2006, 325)
Kirchensteuer	→ Nebenforderung
Klagehäufung	Addition der Interessen aller Streitgenossen, falls kein wirtschaftlich identischer Streitwert (FG Bremen v. 7.1.1997, EFG 1997, 495)
Körperschaftsteuer	Gemäß strittigem Körperschaftsteuerbetrag; bei Verlust 10 % des streitigen Verlustbetrages (BFH v. 27.11.1985, BFH/NV 1986, 625)
Kontrollmitteilung	Regelmäßig Auffangwert von 5 000 € (BFH v. 8.7.1971, BStBl II 1971, 562)
Kostenfestsetzung	Das Rechtsmittel der „Erinnerung" gegen den Kostenansatz ist gebührenfrei; bei Antrag auf Streitwertfestsetzung für das Erinnerungsverfahren gemäß der Höhe der streitigen Gerichtskosten
Kraftfahrzeugsteuer	Gemäß dem einmaligen strittigen Steuerbetrag (BFH v. 16.1.1974, BStBl II 1974, 432); bei weiteren streitigen Rückständen erfolgt eine entsprechende Anpassung (BFH v. 4.10.2005, BFH/NV 2006, 319)
Lohnsteuer	Bei Klage auf Eintragung eines Freibetrags 10 % der auf diesen Betrag entfallenden Lohnsteuer (FG Hamburg v. 24.3.1993, EFG 1993, 602); Zinsvorteile bleiben außer Betracht (BFH v. 25.9.1989, BFH/NV 1990, 319)
Mehrere Streitgegenstände	Gemäß § 139 Abs. 1 GKG sind diese zu addieren; bei einheitlichem Klagegegenstand mit steuermindernden und steuererhöhenden Konsequenzen ist der Saldo anzusetzen (BFH v. 25.2.1991, BFH/NV 1992, 127)
Nebenforderung	Nebenforderungen und Folgesteuern werden zwar grundsätzlich bei Klage wegen steuerlicher Hauptfragen außer Acht gelassen (§ 43 Abs. 1 GKG); wird aber über Solidaritätszuschläge oder Kirchensteuer u. ä. alleine gestritten, ist gemäß § 43 Abs. 2 und 3 GKG von deren Werten auszugehen.
Nichtzulassungsbeschwerde	Gemäß Streitwert des Klageverfahrens, ggf. herabgesetzt, falls im Revisionsverfahren die Klage nicht mehr in vollem Umfang fortgeführt werden soll (BFH v. 9.4.2008, BFH/NV 2008, 1496)

Pfändung	→ *Vollstreckung*
Prozesskostenhilfe	Verfahren über die Gewährung von PKH sind gerichtsgebührenfrei; bei Antrag auf Streitwertfestsetzung ist der Gegenstandswert nach den dem Kläger durch die Rechtsverfolgung entstehenden Kosten zu bestimmen (BFH v. 13.1.1987, BStBl II 1987, 201); dabei evtl. Schätzung der Beraterkosten (BFH v. 24.11.1998, VII S 25/98, BFH/NV 1999, 654)
Prüfungsanordnung	→ *Außenprüfung*
Richterablehnung	→ *Befangenheit*
Ruhen des Verfahrens	→ *Aussetzung des Verfahrens*
Säumniszuschlag	→ *Nebenforderung*
Solidaritätszuschlag	→ *Nebenforderung*
Sonderabschreibung	Entsprechend den Folgewirkungen bei den Steuern vom Einkommen bzw. vom Ertrag (FG Hamburg v. 14.5.1985, EFG 1985, 466)
Steuerberaterangelegenheiten	Bei Begehren der Zulassung zur StB-Prüfung bislang 4 000 € (BFH v. 14.10.1989, BFH/NV 1990, 389); dies dürfte aber zukünftig deutlich angehoben werden. Bei Klagen gegen StB-Prüfungsentscheidungen bis zu 50 000 € (Hessisches FG v. 2.4.2001, EFG 2001, 1073); es scheint sich ein einheitlicher Satz von 25 000 € beispielsweise auch bei Streit über die Befreiung von StB-Prüfungen durchzusetzen (BFH v. 18.11.2003, BFH/NV 2004, 515). Auch bei einem Streit um die Anerkennung als Steuerberatungsgesellschaft wurde früher von einem Gegenstandswert von 25 000 € ausgegangen (BFH v. 2.3.1992, BFH/NV 1992, 691). Derselbe Gegenstandswert wird bei einer Klage zur Erlangung einer Ausnahmegenehmigung einer „besonders befähigten Person" als Geschäftsführer einer Steuerberatungsgesellschaft gemäß § 50 Abs. 3 StBerG angesetzt (FG Hamburg v. 2.9.2004, StB 2004, 690); nunmehr beträgt der Streitwert bei Anerkennung, der Rücknahme oder Widerruf 50 000 €, bei großen Gesellschaften 100 000 € (BFH v. 10.12.2009, VII R 39/07, BFH/NV 2010, 661)
Steuererklärungspflicht	Bei Streit um das Verlangen der Finanzverwaltung, eine Steuererklärung abzugeben, wird der Streitwert auf 50 % der zu erwartenden Steuern festzusetzen sein (FG Baden-Württemberg v. 20.7.1982, DStZ E 1983, 70). Lässt sich der Streitwert (noch) nicht ermitteln, ist der Auffangwert in Höhe von 5 000 € anzusetzen (FG Berlin v. 15.3.1988, EFG 1988, 504)

Steuervergünstigung	Unproblematisch ist der Gegenstandswert dann festzustellen, wenn es um eine Vergünstigung für einen Veranlagungszeitraum geht; soll die Steuervergünstigung jedoch für eine unbestimmte Zahl von Jahren erlangt werden, ist dennoch ebenfalls der Gegenstandswert entsprechend einem Jahresbetrag anzusetzen (BFH v. 18.6.1969, BStBl II 1969, 587). Geht es um eine vorläufige Entscheidung über die Steuervergünstigung, ist ein Drittel des Streitwerts anzusetzen (BFH v. 18.7.1968, BStBl II 1968, 743)
Stundung	Grundsätzlich 10 % des zu stundenden Betrags (BFH v. 9.11.1962, BStBl III 1963, 76)
Umsatzsteuer	Regelmäßig die Differenz zwischen festgesetzter und begehrter Umsatzsteuer; bei Streit um die abzugsfähige Vorsteuer ist der streitige Vorsteuerbetrag zu Grunde zu legen (BFH v. 17.2.1994, VII E 3/93, BFH/NV 1994, 819)
Unbedenklichkeitsbescheinigung	Für die Gegenstandswertbestimmung sind neben den steuerlichen auch die außersteuerlichen Aspekte zu berücksichtigen (BFH v. 12.7.1972, HFR 1972, 596), der Betrag ist zu schätzen
Untätigkeitsklage	Gegenstandswert ist die Höhe des streitigen Steuerbetrages entsprechend einer Anfechtungsklage nach Rechtsbehelfsverfahren, da § 46 Abs. 1 FGO lediglich von Letzterem suspendiert (BFH v. 5.5.1970, BStBl II 1970, 551); wird das Tätigwerden des FA begehrt, 10 % des Einspruchswerts (BFH v. 30.8.1967, I B 43/67, BStBl III 1967, 786)
Untersagung von Steuerrechtshilfe	Bei einer Untersagungsverfügung im Sinne von § 5 StBerG ist Gegenstandswert das letzte Jahreseinkommen des Klägers (BFH v. 27.6.1978, BStBl II 1978, 631).
Urteilsberichtigung	Der Beschwerdestreitwert ist mit 10 % desjenigen der Hauptsache festzusetzen (BFH v. 26.11.2002, BFH/NV 2003, 339)

Verlustabzug	Grundsätzlich ist nur die Verlustwirkung im Streitjahr zu berücksichtigen, auch wenn die Entscheidung Auswirkung für die Folgeveranlagungszeiträume hat (BFH v. 1.12.2004, BFH/NV 2005, 572); sind Auswirkungen im Streitjahr nicht gegeben, ist der „Auffangwert" anzusetzen (BFH v. 11.10.1985, BFH/NV 1986, 159). Für die Feststellung des verbleibenden Verlustvortrags i.S.v. § 10d EStG sind hingegen die steuerlichen Auswirkungen für die entsprechenden Jahre zu berücksichtigen, in die der Verlustübertrag erfolgt (BFH v. 5.5.2009, BFH/NV 2009, 1446); sollten die Auswirkungen nicht berechnet werden können, sind 10 % der strittigen Verluste anzusetzen (BFH v. 26.1.2006, BFH/NV 2006, 1112)
Vermögensteuer	Gegenstandswert ist das Dreifache des Jahresbetrags, so keine kürzere Geltungsdauer der klagegegenständlichen Festsetzung gegeben ist (BFH v. 3.3.1988, BFH/NV 1990, 49).
Vermögensverzeichnis	→ eidesstattliche Versicherung
Vollstreckung	Bei dem Begehren nach einstweiliger Einstellung der Zwangsvollstreckung beträgt der Streitwert 10 % des Zwangsvollstreckungsbetrages (BFH v. 2.6.1967, BStBl III 1967, 512), ansonsten entsprechend der Höhe der zu vollstreckenden Forderung (BFH v. 27.10.2005, BFH/NV 2006, 345)
Vorauszahlung	Gegenstandwert ist der umstrittene Vorauszahlungsbetrag (BFH v. 16.8.1991, BFH/NV 1992, 262); auch bei Vorauszahlungsbescheiden über mehrere Jahre wird nur der konkret angegangene Veranlagungszeitraum zu Grunde gelegt.
Vorbehalt der Nachprüfung	Bei Klage gegen den „Vorbehalt der Nachprüfung" ist der Auffangwert von 5 000 € zu Grunde zu legen (BFH v. 23.11.1994, BFH/NV 1995, 537)
Zinsen	→ Nebenforderung
Zolltarifauskunft	Gegenstandswert in Verfahren zur Erlangung einer verbindlichen Zolltarifauskunft ist der Auffanggegenstandswert von 5 000,00 € (BFH v. 18.12.1991, BFH/NV 1992, 542; BFH v. 30.1.2001, VII R 83/99, HFR 2001, 491)
Zurückweisung des Prozessvertreters	10 % des Gegenstandswerts der Hauptsache (BFH v. 5.6.2003, V B 48/03, BFH/NV 2003, 1341)

Zwangsgeld	Gemäß festgesetztem Zwangsgeld (BFH v. 5.2.1993, 5 K 1581/92, StE 1993, 518); bei Klage lediglich gegen die Androhung von Zwangsgeld allerdings nur 50 % des angedrohten Betrags (FG Bremen v. 12.12.1989, IV K 26/87, EFG 1991, 99)
Zwangsverwaltung	Bei Anfechtung des Antrags der Finanzverwaltung auf Anordnung der Zwangsverwaltung gemäß Jahresbetrag des an den Zwangsverwalter zu zahlenden Miete (FG Saarland v. 16.10.1998, 1 K 193/98, 1 K 193/98)
Zwangsvollstreckung	→ *Vollstreckung* und → *Einstweilige Anordnung*

3. Abrechnung von vereinbaren Tätigkeiten

Neben der jeweiligen vereinbaren Tätigkeit werden stichwortartig die gesetzliche Fundstelle für die entsprechende Abrechnung bzw. sonstige Abrechnungsmodalitäten angegeben. Im Einzelfall sollte aber eine genaue Überprüfung der Rechtsgrundlage erfolgen. In vielen Fällen wird auf die „angemessene Vergütung" aus einem Geschäftsbesorgungsvertrag (§§ 675, 611, 612 oder §§ 631, 632 BGB) verwiesen; hier wird regelmäßig ein Stundenhonorar unter Berücksichtigung der individuellen Tätigkeit und der Erfahrung des Beraters (vgl. auch die Kriterien in § 11 StBGebV) anzusetzen sein (→ *2 D* Rz. 2); regelmäßig dürfte die nachgewiesene Arbeit mit 130 € bis 250 €, bei Spezialisten teilweise auch deutlich höher, abrechnungsfähig sein. Auf der sicheren Seite dürfte sein, wer im Rahmen der Spanne des § 13 Satz 2 StBVV (bis 140,00 €/Stunde) bleibt. 10

Vereinbare Tätigkeiten	Abrechnung
Abwickler: – Notabwickler bei Vereinen (gem. § 29 BGB)	Aufwendungsersatz gem. § 670 BGB bzw. wie Insolvenzverwalter gem. InsVV
– Abwickler gem. § 265 Abs. 2 AktG	§ 265 Abs. 2 AktG; Vergütung entsprechend dem Betrag für Vorstandsmitglieder als Abwickler
Allgemeiner Vertreter (§ 69 StBerG)	Angemessene Vergütung gem. §§ 675, 611, 612 BGB; ersatzweise Festlegung durch die Steuerberaterkammer; Kammer haftet als Bürge für Vergütung
Anderkonten- und Depotverwalter (Verwaltung fremden Vermögens i.S.v. § 57 Abs. 3 Nr. 2 StBerG)	Hebegebühr gem. Nr. 1009 VV-RVG analog (Staffelung von 1 % bis 0,25 %); bei Depotverwaltung ersatzweise gem. der üblichen Bankgebühren
Anlageberatung	Gem. Vereinbarung, zumindest angemessene Vergütung gem. §§ 675, 611, 612 BGB aus Geschäftsbesorgungsvertrag
Betreuer	→ *Vormund (§ 1836 BGB)*
Betriebswirtschaftliche Beratung	→ *Unternehmens- und Wirtschaftsberater*

Vereinbare Tätigkeiten	Abrechnung
Controlling	Einmalige oder dauerhafte Hilfestellung für Unternehmen, angemessene Vergütung wie Anlageberater
Ehrenamtlicher Richter	Gem. §§ 15 bis 18 JVEG; dasselbe gilt gem. § 104 StBerG für StB als Richter im berufsgerichtlichen Verfahren
Existenzgründungsberater	Wie Unternehmens- und Wirtschaftsberater; bei steuerlichen Fragen i.S.v. § 33 StBerG gem. §§ 21 oder 22 StBVV
Finanzierungsberater bei Kredit-, Fördermittel oder Finanzierungsbeschaffung und zur Erfüllung der Vorgaben der Kreditwirtschaft (Basel II; § 18 KWG)	Angemessene Vergütung gem. §§ 675, 611, 612 BGB
Fiskalvertreter (§ 22a UStG)	Angemessene Vergütung gem. § 675 i.V.m. § 612 oder § 632 BGB
Gegenvormund	→ Vormund
Gutachter	→ Sachverständiger
Hausverwalter	Gem. § 612 BGB; als angemessen ist wohl auch 1,5 % der Jahresrohmiete anzusehen
Insolvenzberatung	Wie Unternehmens- und Wirtschaftsberater
Insolvenzverwalter	Gem. §§ 63, 64 Abs. 1 InsO i.V.m. §§ 1 ff. InsVV; Regelvergütung nach dem Wert der Insolvenzmasse (s. Schlussabrechnung); Festsetzung durch Insolvenzgericht (§ 64 InsO; § 8 InsVV); dabei Staffelung v. 40 % (bis 25 000 €), 25 % (Mehrbetrag bis 50 000 €), 7 % (Mehrbetrag bis 250 000 €), 3 % (Mehrbetrag bis 500 000 €), 2 % (Mehrbetrag bis 2,5 Mio. €) usw.
Liquidator:	
– In den Fällen des § 265 Abs. 4 AktG	Antrag beim Registergericht, sonst analog InsVV
– bei § 146 Abs. 1 HGB	Gem. Gesellschafterbeschluss der OHG, ansonsten weder Vergütungs- noch Auslagenanspruch
Mediator	Gem. Vereinbarung (insbes. Festbetrag); sonst angemessene Vergütung gem. §§ 675, 611, 612 BGB
Mitglied im Gläubigerausschuss/-beirat	Gem. § 73 InsO i.V.m. § 17 InsVV regelmäßig 30 € bis 95 €/Stunde; auch Pauschalvereinbarung möglich; analog §§ 8 und 16 InsVV Festsetzung durch Insolvenzgericht
Nachlasspfleger	→ Pfleger bzw. Vormund

Vereinbare Tätigkeiten	Abrechnung
Nachlassverwalter	Gem. § 1987 BGB; regelmäßig je nach Wert zwischen 1 % und 5 % des Aktivvermögens des Nachlasses; auf Antrag oder von Amts wegen entscheidet das Nachlassgericht
Notgeschäftsführer	Angemessene Vergütung gem. §§ 675, 611, 612 BGB
Pfleger	→ Vormund (§§ 1915, 1835 und 1836 BGB i.V.m. § 67a Abs. 3 FGG)
Praxisabwickler und -treuhänder	Angemessene Vergütung gem. §§ 70 Abs. 3, 69 Abs. 4 bzw. § 71 Abs. 2 StBerG; im Zweifel Bestimmung durch die Steuerberaterkammer; zzgl. Aufwendungsersatz; Kammer haftet als Bürge bei Praxisabwicklung.
Prüfungen:	
– Freiwillige Prüfungen	Angemessene Vergütung gem. § 675 i.V.m. § 612 bzw. § 632 BGB (ähnlich Vergütung bei Wirtschaftsprüfer); bei steuerlicher Beratung i.S.v. § 33 StBerG gilt die StBVV
– Prüfung auf Plausibilität	Vgl. § 18 KWG; siehe auch Finanzierungsberatung
– Prüfungen nach § 34c GewO i.V.m. § 16 MaBV	Gem. § 675 i.V.m. § 612 bzw. § 632 BGB
– Gründungs- und Sonderprüfungen (§§ 33, 143, 183 AktG)	Gem. § 675 i.V.m. § 612 bzw. § 632 BGB
Rechtsbeistand	Gem. RVG; wenn Mitglied einer Rechtsanwaltskammer, sonst gem. Vereinbarung
Sachverständiger	In Gerichtsverfahren durch Gerichtsbeschluss gem. § 1 Abs. 1 Nr. 1 i.V.m. §§ 8 bis 14 JVEG (gestaffeltes Stundenhonorar von 50 bis 85 € nach Art der Begutachtung sowie Fahrtkosten und Aufwendungsersatz; in steuerlichen Angelegenheiten gem. § 22 StBVV; im Übrigen gem. Vereinbarung
Sachwalter	§ 270 InsO i.V.m. § 12 InsVV (in der Regel 60 % der Vergütung des Insolvenzverwalters)
Schiedsrichter und -gutachter	Gem. Vereinbarung (bspw. nach den Regeln zum Schiedsgerichtsverfahren gem. 3100 – Verfahrensgebühr – und 3104 Abs. 1 Nr. 3 – Terminsgebühr – VV RVG) bzw. nach evtl. bestehender Verbandsschiedsgerichtsordnung; sonst angemessene Vergütung gem. § 675 i.V.m. §§ 611, 612 BGB; bei Erstellung eines steuerlichen Gutachtens gem. § 22 StBVV

Vereinbare Tätigkeiten	Abrechnung
Sequester	Gem. §§ 848, 855, 938 ZPO. Entschädigung entsprechend der VO über die Vergütung des Zwangsverwalters (→ *Insolvenzverwalter*)
Vorläufiger Insolvenzverwalter	Bei Bestellung gem. § 21 InsO i.V.m. §§ 10, 11 InsVV ca. 25 % der Vergütung eines Insolvenzverwalters (→ *Zwangsverwalter*)
Testamentsvollstrecker	Gem. § 2221 BGB, falls vom Erblasser nicht durch Testament ausgeschlossen; üblicherweise Konstituierungs- und Verwaltungsgebühr, errechnet nach der Aktivmasse zzgl. Auslagenersatz (§ 2218 BGB); zumeist Anwendung der „Rheinischen Tabelle": 1,5 % – bei über 5 Mio. € Nachlasswert – bis 4 % bei Nachlasswert bis 250 000 €; keine zusätzliche Umsatzsteuer, da Vergütung als Bruttoentgelt angesehen wird (h.M.)
Treuhänder im vereinfachten Insolvenzverfahren	Gem. § 313 InsO i.V.m. § 13 InsVV (in der Regel 15 % der Insolvenzmasse); Festsetzung durch Insolvenzgericht (§ 16 InsVO)
Treuhänder für Mandanten	Angemessene Vergütung gem. § 675 i.V.m. §§ 611, 612 BGB; bei Kontenverwaltung ggf. analog Nr. 1009 RVG VV; bei Depotverwaltung entsprechend den üblichen Bankgebühren (s. Anderkontenverwalter)
Unternehmens- und Wirtschaftsberater	Angemessene Vergütung gem. § 675 i.V.m. §§ 611, 612 BGB, regelmäßig gem. Zeitaufwand (z. Zt. ca. 130 €–250 €/Stunde) auch kann die Anwendung von Honorartabellen, gestaffelt nach Gegenstandswerten, vereinbart werden.
Vereidigter Buchprüfer	→ *Wirtschaftsprüfer*
Verfahrenspfleger	Im Betreuungs- oder Unterbringungsverfahren (§§ 67, 70 FGG) wie Pfleger bzw. Vormund
Vermögensverwalter	Angemessene Vergütung gem. § 675 i.V.m. §§ 611, 612 BGB; ggf. entsprechend Testamentsvollstrecker oder Zwangsverwalter in mit solcher Funktion vergleichbaren Fällen.
Vertreter eines verstorbenen Schuldners (vgl. § 779 ZPO)	→ *Nachlassverwalter*
Vertreter in Gesellschafterversammlungen	Angemessene Vergütung gem. § 675 i.V.m. §§ 611, 612 BGB, regelmäßig gem. Zeitaufwand (bis ca. 200 €/Stunde) oder gem. gesonderter Vereinbarung

Vereinbare Tätigkeiten	Abrechnung
Vormund	Gem. § 1836 Abs. 1 BGB unentgeltlich, aber Aufwendungsersatz gem. § 1835 BGB und Aufwandsentschädigung nach § 1835a BGB; ansonsten auf Grund gerichtlicher Feststellung als „berufsmäßig" – insbesondere bei erheblichem Umfang der Tätigkeit – Bestimmung einer angemessenen Vergütung durch Vormundschaftsgericht gem. dem Vormünder- und Betreuungsvergütungsgesetz (VBVG), dort Nr. 3 (bei Steuerberatern regelmäßig 33,50 €/Stunde netto; Gericht kann angemessen erhöhen)
Wirtschaftsprüfer	Trotz §§ 55 WPO besteht keine Gebührenordnung; angemessene Vergütung i.S.v. §§ 675, 611, 612 oder § 632 BGB nach „Tageswerken" (= Stundensätze) entsprechend Berufserfahrung zzgl. Auslagenersatz; dabei sehr große Spannweite der Stundenhonorare (zwischen 50 € und 250 €, teilweise deutlich höher)
Zustellungsbevollmächtigter und -vertreter (gem. § 7 Abs. 2 ZVG)	Entscheidung über Höhe durch das Vollstreckungsgericht; keine zusätzliche Vergütung des StB bei Zustellungsvollmacht im steuerlichen Mandat (bspw. gegenüber Finanzamt)
Zwangsverwalter	Gem. § 153 ZVG i.V.m. § 23 der VO über die Geschäftsführung und Vergütung des Zwangsverwalters (ZwVwV) v. 19.12.2003 (bei Immobilien 10 % der eingezogenen Mieten; ansonsten angemessene Zeitvergütung zwischen 35 € und 95 €/Stunde); Festsetzung durch das Gericht; heute regelmäßig Ansatz des Doppelten der Regelvergütung. Schuldner erhält als Zwangsverwalter keine Vergütung (§§ 150b, 150e ZVG).

II. Gebührentabellen

1. Beratungstabelle (Tabelle A)

11 Beratungstabelle (gültig ab 20.12.2012[1]) **Anlage 1 der StBVV**, redaktionell ergänzt um Bruchteilsgebührenwerte:

Gegenstandswert in € bis	Volle Gebühr in €	Bruchteilsgebühr in € (* Mindestgebühr 10 €)								
	10/10	1/20	1/10	2/10	3/10	4/10	5/10	6/10	7/10	8/10	9/10
300	26	1,30*	2,60*	5,20*	7,80*	10,40	13,00	15,60	18,20	20,80	23,40
600	47	2,35*	4,70*	9,40*	14,10	18,80	23,50	28,20	32,90	37,60	42,30
900	68	3,40*	6,80*	13,60	20,40	27,20	34,00	40,80	47,60	54,40	61,20
1 200	89	4,45*	8,90*	17,80	26,70	35,60	44,50	53,40	62,30	71,20	80,10
1 500	110	5,50*	11,00	22,00	33,00	44,00	55,00	66,00	77,00	88,00	99,00
2 000	140	7,00*	14,00	28,00	42,00	56,00	70,00	84,00	98,00	112,00	126,00
2 500	169	8,45*	16,90	33,80	50,70	67,60	84,50	101,40	118,30	135,20	152,10
3 000	198	9,90*	19,80	39,60	59,40	79,20	99,00	118,80	138,60	158,40	178,20
3 500	228	11,40	22,80	45,60	68,40	91,20	114,00	136,80	159,60	182,40	205,20
4 000	257	12,85	25,70	51,40	77,10	102,80	128,50	154,20	179,90	205,60	231,30
4 500	287	14,35	28,70	57,40	86,10	114,80	143,50	172,20	200,90	229,60	258,30
5 000	316	15,80	31,60	63,20	94,80	126,40	158,00	189,60	221,20	252,80	284,40
6 000	355	17,75	35,50	71,00	106,50	142,00	177,50	213,00	248,50	284,00	319,50
7 000	394	19,70	39,40	78,80	118,20	157,60	197,00	236,40	275,80	315,20	354,60
8 000	433	21,65	43,30	86,60	129,90	173,20	216,50	259,80	303,10	346,40	389,70
9 000	471	23,55	47,10	94,20	141,30	188,40	235,50	282,60	329,70	376,80	423,90
10 000	510	25,50	51,00	102,00	153,00	204,00	255,00	306,00	357,00	408,00	459,00
13 000	552	27,60	55,20	110,40	165,60	220,80	276,00	331,20	386,40	441,60	496,80
16 000	594	29,70	59,40	118,80	178,20	237,60	297,00	356,40	415,80	475,20	534,60
19 000	636	31,80	63,60	127,20	190,80	254,40	318,00	381,60	445,20	508,80	572,40
22 000	678	33,90	67,80	135,60	203,40	271,20	339,00	406,80	474,60	542,40	610,20
25 000	720	36,00	72,00	144,00	216,00	288,00	360,00	432,00	504,00	576,00	648,00
30 000	796	39,80	79,60	159,20	238,80	318,40	398,00	477,60	557,20	636,80	716,40
35 000	872	43,60	87,20	174,40	261,60	348,80	436,00	523,20	610,40	697,60	784,80
40 000	947	47,35	94,70	189,40	284,10	378,80	473,50	568,20	662,90	757,60	852,30
45 000	1 023	51,15	102,30	204,60	306,90	409,20	511,50	613,80	716,10	818,40	920,70
50 000	1 098	54,90	109,80	219,60	329,40	439,20	549,00	658,80	768,60	878,40	988,20
65 000	1 179	58,95	117,90	235,80	353,70	471,60	589,50	707,40	825,30	943,20	1 061,10
80 000	1 260	63,00	126,00	252,00	378,00	504,00	630,00	756,00	882,00	1 008,00	1 134,00
95 000	1 341	67,05	134,10	268,20	402,30	536,40	670,50	804,60	938,70	1 072,80	1 206,90

1) Beachte auch die Übergangsregelungen nach § 47a StBVV.

Gegen-standswert in € bis	Volle Gebühr in €	Bruchteilsgebühr in € (* Mindestgebühr 10 €)								
	10/10	1/20	1/10	2/10	3/10	4/10	5/10	6/10	7/10	8/10	9/10
110 000	1 422	71,10	142,20	284,40	426,60	568,80	711,00	853,20	995,40	1 137,60	1 279,80
125 000	1 503	75,15	150,30	300,60	450,90	601,20	751,50	901,80	1 052,10	1 202,40	1 352,70
140 000	1 583	79,15	158,30	316,60	474,90	633,20	791,50	949,80	1 108,10	1 266,40	1 424,70
155 000	1 664	83,20	166,40	332,80	499,20	665,60	832,00	998,40	1 164,80	1 331,20	1 497,60
170 000	1 745	87,25	174,50	349,00	523,50	698,00	872,50	1 047,00	1 221,50	1 396,00	1 570,50
185 000	1 826	91,30	182,60	365,20	547,80	730,40	913,00	1 095,60	1 278,20	1 460,80	1 643,40
200 000	1 907	95,35	190,70	381,40	572,10	762,80	953,50	1 144,20	1 334,90	1 525,60	1 716,30
230 000	2 031	101,55	203,10	406,20	609,30	812,40	1 015,50	1 218,60	1 421,70	1 624,80	1 827,90
260 000	2 155	107,75	215,50	431,00	646,50	862,00	1 077,50	1 293,00	1 508,50	1 724,00	1 939,50
290 000	2 279	113,95	227,90	455,80	683,70	911,60	1 139,50	1 367,40	1 595,30	1 823,20	2 051,10
320 000	2 408	120,40	240,80	481,60	722,40	963,20	1 204,00	1 444,80	1 685,60	1 926,40	2 167,20
350 000	2 464	123,20	246,40	492,80	739,20	985,60	1 232,00	1 478,40	1 724,80	1 971,20	2 217,60
380 000	2 519	125,95	251,90	503,80	755,70	1 007,60	1 259,50	1 511,40	1 763,30	2 015,20	2 267,10
410 000	2 573	128,65	257,30	514,60	771,90	1 029,20	1 286,50	1 543,80	1 801,10	2 058,40	2 315,70
440 000	2 624	131,20	262,40	524,80	787,20	1 049,60	1 312,00	1 574,40	1 836,80	2 099,20	2 361,60
470 000	2 674	133,70	267,40	534,80	802,20	1 069,60	1 337,00	1 604,40	1 871,80	2 139,20	2 406,60
500 000	2 724	136,20	272,40	544,80	817,20	1 089,60	1 362,00	1 634,40	1 906,80	2 179,20	2 451,60
550 000	2 796	139,80	279,60	559,20	838,80	1 118,40	1 398,00	1 677,60	1 957,20	2 236,80	2 516,40
600 000	2 867	143,35	286,70	573,40	860,10	1 146,80	1 433,50	1 720,20	2 006,90	2 293,60	2 580,30
vom Mehr-betrag bis 5 000 000 € je angefangene 50 000 €	126	6,30	12,60	25,20	37,80	50,40	63,00	75,60	88,20	100,80	113,40
vom Mehr-betrag über 5 000 000 € bis 25 000 000 € je angefangene 50 000 €	95	4,75	9,50	19,00	28,50	38,00	47,50	57,00	66,50	76,00	85,50
vom Mehr-betrag über 25 000 000 € je angefangene 50 000 €	74	3,70	7,40	14,80	22,20	29,60	37,00	44,40	51,80	59,20	66,60

2. Abschlusstabelle (Tabelle B)

12 Abschlusstabelle (gültig ab 20.12.2012)[1]; **Anlage 2 der StBVV**, redaktionell ergänzt um Bruchteilsgebührenwerte:

Gegenstandswert in € bis	Volle Gebühr in €	Bruchteilsgebühr in € (* Mindestgebühr 10 €)								
	10/10	1/10	2/10	4/10	5/10	6/10	12/10	15/10	20/10	36/10	40/10
3 000	41	4,10*	8,20*	16,40	20,50	24,60	49,20	61,50	82,00	147,60	164,00
3 500	48	4,80*	9,60*	19,20	24,00	28,80	57,60	72,00	96,00	172,80	192,00
4 000	57	5,70*	11,40	22,80	28,50	34,20	68,40	85,50	114,00	205,20	228,00
4 500	64	6,40*	12,80	25,60	32,00	38,40	76,80	96,00	128,00	230,40	256,00
5 000	72	7,20*	14,40	28,80	36,00	43,20	86,40	108,00	144,00	259,20	288,00
6 000	81	8,10*	16,20	32,40	40,50	48,60	97,20	121,50	162,00	291,60	324,00
7 000	88	8,80*	17,60	35,20	44,00	52,80	105,60	132,00	176,00	316,80	352,00
8 000	97	9,70*	19,40	38,80	48,50	58,20	116,40	145,50	194,00	349,20	388,00
9 000	102	10,20	20,40	40,80	51,00	61,20	122,40	153,00	204,00	367,20	408,00
10 000	108	10,80	21,60	43,20	54,00	64,80	129,60	162,00	216,00	388,80	432,00
12 500	113	11,30	22,60	45,20	56,50	67,80	135,60	169,50	226,00	406,80	452,00
15 000	127	12,70	25,40	50,80	63,50	76,20	152,40	190,50	254,00	457,20	508,00
17 500	140	14,00	28,00	56,00	70,00	84,00	168,00	210,00	280,00	504,00	560,00
20 000	150	15,00	30,00	60,00	75,00	90,00	180,00	225,00	300,00	540,00	600,00
22 500	161	16,10	32,20	64,40	80,50	96,60	193,20	241,50	322,00	579,60	644,00
25 000	170	17,00	34,00	68,00	85,00	102,00	204,00	255,00	340,00	612,00	680,00
37 500	181	18,10	36,20	72,40	90,50	108,60	217,20	271,50	362,00	651,60	724,00
50 000	221	22,10	44,20	88,40	110,50	132,60	265,20	331,50	442,00	795,60	884,00
62 500	255	25,50	51,00	102,00	127,50	153,00	306,00	382,50	510,00	918,00	1 020,00
75 000	285	28,50	57,00	114,00	142,50	171,00	342,00	427,50	570,00	1 026,00	1 140,00
87 500	297	29,70	59,40	118,80	148,50	178,20	356,40	445,50	594,00	1 069,20	1 188,00
100 000	311	31,10	62,20	124,40	155,50	186,60	373,20	466,50	622,00	1 119,60	1 244,00
125 000	356	35,60	71,20	142,40	178,00	213,60	427,20	534,00	712,00	1 281,60	1 424,00
150 000	396	39,60	79,20	158,40	198,00	237,60	475,20	594,00	792,00	1 425,60	1 584,00
175 000	431	43,10	86,20	172,40	215,50	258,60	517,20	646,50	862,00	1 551,60	1 724,00
200 000	462	46,20	92,40	184,80	231,00	277,20	554,40	693,00	924,00	1 663,20	1 848,00
225 000	490	49,00	98,00	196,00	245,00	294,00	588,00	735,00	980,00	1 764,00	1 960,00
250 000	516	51,60	103,20	206,40	258,00	309,60	619,20	774,00	1 032,00	1 857,60	2 064,00
300 000	540	54,00	108,00	216,00	270,00	324,00	648,00	810,00	1 080,00	1 944,00	2 160,00
350 000	587	58,70	117,40	234,80	293,50	352,20	704,40	880,50	1 174,00	2 113,20	2 348,00
400 000	629	62,90	125,80	251,60	314,50	377,40	754,80	943,50	1 258,00	2 264,40	2 516,00

1) Beachte auch die Übergangsregelungen nach § 47a StBVV.

H. Steuerberatervergütungsverordnung

Gegen-standswert in € bis	Volle Gebühr in €	Bruchteilsgebühr in € (* Mindestgebühr 10 €)								
		10/10	1/10	2/10	4/10	5/10	6/10	12/10	15/10	20/10	36/10	40/10
450 000	666	66,60	133,20	266,40	333,00	399,60	799,20	999,00	1 332,00	2 397,60	2 664,00
500 000	701	70,10	140,20	280,40	350,50	420,60	841,20	1 051,50	1 402,00	2 523,60	2 804,00
625 000	734	73,40	146,80	293,60	367,00	440,40	880,80	1 101,00	1 468,00	2 642,40	2 936,00
750 000	815	81,50	163,00	326,00	407,50	489,00	978,00	1 222,50	1 630,00	2 934,00	3 260,00
875 000	885	88,50	177,00	354,00	442,50	531,00	1 062,00	1 327,50	1 770,00	3 186,00	3 540,00
1 000 000	948	94,80	189,60	379,20	474,00	568,80	1 137,60	1 422,00	1 896,00	3 412,80	3 792,00
1 250 000	1 005	100,50	201,00	402,00	502,50	603,00	1 206,00	1 507,50	2 010,00	3 618,00	4 020,00
1 500 000	1 115	111,50	223,00	446,00	557,50	669,00	1 338,00	1 672,50	2 230,00	4 014,00	4 460,00
1 750 000	1 212	121,20	242,40	484,80	606,00	727,20	1 454,40	1 818,00	2 424,00	4 363,20	4 848,00
2 000 000	1 299	129,90	259,80	519,60	649,50	779,40	1 558,80	1 948,50	2 598,00	4 676,40	5 196,00
2 250 000	1 377	137,70	275,40	550,80	688,50	826,20	1 652,40	2 065,50	2 754,00	4 957,20	5 508,00
2 500 000	1 447	144,70	289,40	578,80	723,50	868,20	1 736,40	2 170,50	2 894,00	5 209,20	5 788,00
3 000 000	1 513	151,30	302,60	605,20	756,50	907,80	1 815,60	2 269,50	3 026,00	5 446,80	6 052,00
3 500 000	1 644	164,40	328,80	657,60	822,00	986,40	1 972,80	2 466,00	3 288,00	5 918,40	6 576,00
4 000 000	1 760	176,00	352,00	704,00	880,00	1 056,00	2 112,00	2 640,00	3 520,00	6 336,00	7 040,00
4 500 000	1 865	186,50	373,00	746,00	932,50	1 119,00	2 238,00	2 797,50	3 730,00	6 714,00	7 460,00
5 000 000	1 961	196,10	392,20	784,40	980,50	1 176,60	2 353,20	2 941,50	3 922,00	7 059,60	7 844,00
7 500 000	2 291	229,10	458,20	916,40	1 145,50	1 374,60	2 749,20	3 436,50	4 582,00	8 247,60	9 164,00
10 000 000	2 663	266,30	532,60	1 065,20	1 331,50	1 597,80	3 195,60	3 994,50	5 326,00	9 586,80	10 652,00
12 500 000	2 965	296,50	593,00	1 186,00	1 482,50	1 779,00	3 558,00	4 447,50	5 930,00	10 674,00	11 860,00
15 000 000	3 217	321,70	643,40	1 286,80	1 608,50	1 930,20	3 860,40	4 825,50	6 434,00	11 581,20	12 868,00
17 500 000	3 431	343,10	686,20	1 372,40	1 715,50	2 058,60	4 117,20	5 146,50	6 862,00	12 351,60	13 724,00
20 000 000	3 616	361,60	723,20	1 446,40	1 808,00	2 169,60	4 339,20	5 424,00	7 232,00	13 017,60	14 464,00
22 500 000	3 852	385,20	770,40	1 540,80	1 926,00	2 311,20	4 622,40	5 778,00	7 704,00	13 867,20	15 408,00
25 000 000	4 070	407,00	814,00	1 628,00	2 035,00	2 442,00	4 884,00	6 105,00	8 140,00	14 652,00	16 280,00
30 000 000	4 477	447,70	895,40	1 790,80	2 238,50	2 686,20	5 372,40	6 715,50	8 954,00	16 117,20	17 908,00
35 000 000	4 851	485,10	970,20	1 940,40	2 425,50	2 910,60	5 821,20	7 276,50	9 702,00	17 463,60	19 404,00
40 000 000	5 199	519,90	1 039,80	2 079,60	2 599,50	3 119,40	6 238,80	7 798,50	10 398,00	18 716,40	20 796,00
45 000 000	5 524	552,40	1 104,80	2 209,60	2 762,00	3 314,40	6 628,80	8 286,00	11 048,00	19 886,40	22 096,00
50 000 000	5 832	583,20	1 166,40	2 332,80	2 916,00	3 499,20	6 998,40	8 748,00	11 664,00	20 995,20	23 328,00
vom Mehr-betrag bis 125 000 000 € je angefan-gene 5 000 000 €	230	23,00	46,00	92,00	115,00	138,00	276,00	345,00	460,00	828,00	920,00

Gegen-standswert in € bis	Volle Gebühr in €	Bruchteilsgebühr in € (* Mindestgebühr 10 €)								
		10/10	1/10	2/10	4/10	5/10	6/10	12/10	15/10	20/10	36/10	40/10
vom Mehr-betrag über 125 000 000 € bis 250 000 000 € je angefangene 12 500 000 €	402	40,20	80,40	160,80	201,00	241,20	482,40	603,00	804,00	1 447,20	1 608,00
vom Mehr-betrag über 250 000 000 € je angefangene 25 000 000 €	573	57,30	114,60	229,20	286,50	343,80	687,60	859,50	1 146,00	2 062,80	2 292,00

3. Buchführungstabelle (Tabelle C)

13 Buchführungstabelle (gültig ab 20.12.2012[1]); **Anlage 3 der StBVV**, redaktionell ergänzt um Bruchteilsgebührenwerte:

Gegenstandswert in € bis	Volle Gebühr in €	Bruchteilsgebühr in € (* Mindestgebühr 10 €)					
		10/10	1/20	1/10	2/10	5/10	6/10	12/10
15 000	61	3,05*	6,10*	12,20	30,50	36,60	73,20
17 500	67	3,35*	6,70*	13,40	33,50	40,20	80,40
20 000	74	3,70*	7,40*	14,80	37,00	44,40	88,80
22 500	79	3,95*	7,90*	15,80	39,50	47,40	94,80
25 000	85	4,25*	8,50*	17,00	42,50	51,00	102,00
30 000	91	4,55*	9,10*	18,20	45,50	54,60	109,20
35 000	98	4,90*	9,80*	19,60	49,00	58,80	117,60
40 000	103	5,15*	10,30	20,60	51,50	61,80	123,60
45 000	109	5,45*	10,90	21,80	54,50	65,40	130,80
50 000	116	5,80*	11,60	23,20	58,00	69,60	139,20
62 500	122	6,10*	12,20	24,40	61,00	73,20	146,40
75 000	133	6,65*	13,30	26,60	66,50	79,80	159,60
87 500	146	7,30*	14,60	29,20	73,00	87,60	175,20
100 000	158	7,90*	15,80	31,60	79,00	94,80	189,60
125 000	176	8,80*	17,60	35,20	88,00	105,60	211,20
150 000	194	9,70*	19,40	38,80	97,00	116,40	232,80
200 000	231	11,55	23,10	46,20	115,50	138,60	277,20
250 000	267	13,35	26,70	53,40	133,50	160,20	320,40

---

1) Beachte auch die Übergangsregelungen nach § 47a StBVV.

Gegenstandswert in € bis	Volle Gebühr in €	Bruchteilsgebühr in € (* Mindestgebühr 10 €)					
		10/10	1/20	1/10	2/10	5/10	6/10	12/10
300 000	303	15,15	30,30	60,60	151,50	181,80	363,60
350 000	340	17,00	34,00	68,00	170,00	204,00	408,00
400 000	371	18,55	37,10	74,20	185,50	222,60	445,20
450 000	400	20,00	40,00	80,00	200,00	240,00	480,00
500 000	431	21,55	43,10	86,20	215,50	258,60	517,20
vom Mehrbetrag über 500 000 € je angefangene 50 000 €	30	1,50	3,00	6,00	15,00	18,00	36,00

4. Landwirtschaftliche Tabelle (Tabelle D, Teil a – Betriebsfläche)

Landwirtschaftliche Tabelle – Betriebsfläche (gültig ab 20.12.2012[1]); **Anlage 4 der StBVV**, redaktionell ergänzt um Bruchteilsgebührenwerte:

Betriebsfläche bis ... Hektar	Volle Gebühr in €	Bruchteilsgebühr in €								
		10/10	1/20	1/10	3/20	3/10	5/10	6/10	8/10	15/10	20/10
40	311	15,55	31,10	46,65	93,30	155,50	186,60	248,80	466,50	622,00
45	333	16,65	33,30	49,95	99,90	166,50	199,80	266,40	499,50	666,00
50	354	17,70	35,40	53,10	106,20	177,00	212,40	283,20	531,00	708,00
55	374	18,70	37,40	56,10	112,20	187,00	224,40	299,20	561,00	748,00
60	394	19,70	39,40	59,10	118,20	197,00	236,40	315,20	591,00	788,00
65	412	20,60	41,20	61,80	123,60	206,00	247,20	329,60	618,00	824,00
70	428	21,40	42,80	64,20	128,40	214,00	256,80	342,40	642,00	856,00
75	444	22,20	44,40	66,60	133,20	222,00	266,40	355,20	666,00	888,00
80	459	22,95	45,90	68,85	137,70	229,50	275,40	367,20	688,50	918,00
85	473	23,65	47,30	70,95	141,90	236,50	283,80	378,40	709,50	946,00
90	485	24,25	48,50	72,75	145,50	242,50	291,00	388,00	727,50	970,00
95	496	24,80	49,60	74,40	148,80	248,00	297,60	396,80	744,00	992,00
100	506	25,30	50,60	75,90	151,80	253,00	303,60	404,80	759,00	1 012,00
110	531	26,55	53,10	79,65	159,30	265,50	318,60	424,80	796,50	1 062,00
120	555	27,75	55,50	83,25	166,50	277,50	333,00	444,00	832,50	1 110,00
130	579	28,95	57,90	86,85	173,70	289,50	347,40	463,20	868,50	1 158,00
140	602	30,10	60,20	90,30	180,60	301,00	361,20	481,60	903,00	1 204,00
150	625	31,25	62,50	93,75	187,50	312,50	375,00	500,00	937,50	1 250,00
160	647	32,35	64,70	97,05	194,10	323,50	388,20	517,60	970,50	1 294,00

---

1) Beachte auch die Übergangsregelungen nach § 47a StBVV.

Betriebs-fläche bis ... Hektar	Volle Gebühr in €	Bruchteilsgebühr in €								
	10/10	1/20	1/10	3/20	3/10	5/10	6/10	8/10	15/10	20/10
170	668	33,40	66,80	100,20	200,40	334,00	400,80	534,40	1 002,00	1 336,00
180	689	34,45	68,90	103,35	206,70	344,50	413,40	551,20	1 033,50	1 378,00
190	709	35,45	70,90	106,35	212,70	354,50	425,40	567,20	1 063,50	1 418,00
200	729	36,45	72,90	109,35	218,70	364,50	437,40	583,20	1 093,50	1 458,00
210	748	37,40	74,80	112,20	224,40	374,00	448,80	598,40	1 122,00	1 496,00
220	767	38,35	76,70	115,05	230,10	383,50	460,20	613,60	1 150,50	1 534,00
230	785	39,25	78,50	117,75	235,50	392,50	471,00	628,00	1 177,50	1 570,00
240	802	40,10	80,20	120,30	240,60	401,00	481,20	641,60	1 203,00	1 604,00
250	819	40,95	81,90	122,85	245,70	409,50	491,40	655,20	1 228,50	1 638,00
260	836	41,80	83,60	125,40	250,80	418,00	501,60	668,80	1 254,00	1 672,00
270	852	42,60	85,20	127,80	255,60	426,00	511,20	681,60	1 278,00	1 704,00
280	866	43,30	86,60	129,90	259,80	433,00	519,60	692,80	1 299,00	1 732,00
290	881	44,05	88,10	132,15	264,30	440,50	528,60	704,80	1 321,50	1 762,00
300	895	44,75	89,50	134,25	268,50	447,50	537,00	716,00	1 342,50	1 790,00
320	924	46,20	92,40	138,60	277,20	462,00	554,40	739,20	1 386,00	1 848,00
340	953	47,65	95,30	142,95	285,90	476,50	571,80	762,40	1 429,50	1 906,00
360	982	49,10	98,20	147,30	294,60	491,00	589,20	785,60	1 473,00	1 964,00
380	1 009	50,45	100,90	151,35	302,70	504,50	605,40	807,20	1 513,50	2 018,00
400	1 036	51,80	103,60	155,40	310,80	518,00	621,60	828,80	1 554,00	2 072,00
420	1 063	53,15	106,30	159,45	318,90	531,50	637,80	850,40	1 594,50	2 126,00
440	1 089	54,45	108,90	163,35	326,70	544,50	653,40	871,20	1 633,50	2 178,00
460	1 114	55,70	111,40	167,10	334,20	557,00	668,40	891,20	1 671,00	2 228,00
480	1 138	56,90	113,80	170,70	341,40	569,00	682,80	910,40	1 707,00	2 276,00
500	1 162	58,10	116,20	174,30	348,60	581,00	697,20	929,60	1 743,00	2 324,00
520	1 187	59,35	118,70	178,05	356,10	593,50	712,20	949,60	1 780,50	2 374,00
540	1 210	60,50	121,00	181,50	363,00	605,00	726,00	968,00	1 815,00	2 420,00
560	1 232	61,60	123,20	184,80	369,60	616,00	739,20	985,60	1 848,00	2 464,00
580	1 254	62,70	125,40	188,10	376,20	627,00	752,40	1 003,20	1 881,00	2 508,00
600	1 276	63,80	127,60	191,40	382,80	638,00	765,60	1 020,80	1 914,00	2 552,00
620	1 297	64,85	129,70	194,55	389,10	648,50	778,20	1 037,60	1 945,50	2 594,00
640	1 317	65,85	131,70	197,55	395,10	658,50	790,20	1 053,60	1 975,50	2 634,00
660	1 337	66,85	133,70	200,55	401,10	668,50	802,20	1 069,60	2 005,50	2 674,00
680	1 356	67,80	135,60	203,40	406,80	678,00	813,60	1 084,80	2 034,00	2 712,00
700	1 374	68,70	137,40	206,10	412,20	687,00	824,40	1 099,20	2 061,00	2 748,00
750	1 416	70,80	141,60	212,40	424,80	708,00	849,60	1 132,80	2 124,00	2 832,00
800	1 454	72,70	145,40	218,10	436,20	727,00	872,40	1 163,20	2 181,00	2 908,00

Betriebs-fläche bis ... Hektar	Volle Gebühr in €	Bruchteilsgebühr in €								
	10/10	1/20	1/10	3/20	3/10	5/10	6/10	8/10	15/10	20/10
850	1 486	74,30	148,60	222,90	445,80	743,00	891,60	1 188,80	2 229,00	2 972,00
900	1 513	75,65	151,30	226,95	453,90	756,50	907,80	1 210,40	2 269,50	3 026,00
950	1 535	76,75	153,50	230,25	460,50	767,50	921,00	1 228,00	2 302,50	3 070,00
1 000	1 552	77,60	155,20	232,80	465,60	776,00	931,20	1 241,60	2 328,00	3 104,00
2 000 je ha	1,42	0,071	0,142	0,213	0,426	0,710	0,852	1,136	2,130	2,840
3 000 je ha	1,29	0,065	0,129	0,194	0,387	0,645	0,774	1,032	1,935	2,580
4 000 je ha	1,16	0,058	0,116	0,174	0,348	0,580	0,696	0,928	1,740	2,320
5 000 je ha	1,03	0,052	0,103	0,155	0,309	0,515	0,618	0,824	1,545	2,060
6 000 je ha	0,90	0,045	0,090	0,135	0,270	0,450	0,540	0,720	1,350	1,800
7 000 je ha	0,78	0,039	0,078	0,117	0,234	0,390	0,468	0,624	1,170	1,560
8 000 je ha	0,64	0,032	0,064	0,096	0,192	0,320	0,384	0,512	0,960	1,280
9 000 je ha	0,51	0,026	0,051	0,077	0,153	0,255	0,306	0,408	0,765	1,020
10 000 je ha	0,38	0,019	0,038	0,057	0,114	0,190	0,228	0,304	0,570	0,760
11 000 je ha	0,25	0,013	0,025	0,038	0,075	0,125	0,150	0,200	0,375	0,500
12 000 je ha	0,13	0,007	0,013	0,020	0,039	0,065	0,078	0,104	0,195	0,260
ab 12 000 je ha	0,13	0,007	0,013	0,020	0,039	0,065	0,078	0,104	0,195	0,260

5. Landwirtschaftliche Tabelle (Tabelle D, Teil b – Jahresumsatz)

Landwirtschaftliche Tabelle – Jahresumsatz (gültig ab 20.12.2012[1]); **Anlage 4 der StBVV**, redaktionell ergänzt um Bruchteilsgebührenwerte: 15

Jahresumsatz i. S. v. § 39 Abs. 5 StBVV in € bis ...	Volle Gebühr in €	Bruchteilsgebühr in €								
	10/10	1/20	1/10	3/20	3/10	5/10	6/10	8/10	15/10	20/10
40 000	323	16,15	32,30	48,45	96,90	161,50	193,80	258,40	484,50	646,00
42 500	339	16,95	33,90	50,85	101,70	169,50	203,40	271,20	508,50	678,00
45 000	355	17,75	35,50	53,25	106,50	177,50	213,00	284,00	532,50	710,00
47 500	372	18,60	37,20	55,80	111,60	186,00	223,20	297,60	558,00	744,00
50 000	387	19,35	38,70	58,05	116,10	193,50	232,20	309,60	580,50	774,00
55 000	419	20,95	41,90	62,85	125,70	209,50	251,40	335,20	628,50	838,00
60 000	449	22,45	44,90	67,35	134,70	224,50	269,40	359,20	673,50	898,00
65 000	481	24,05	48,10	72,15	144,30	240,50	288,60	384,80	721,50	962,00
70 000	510	25,50	51,00	76,50	153,00	255,00	306,00	408,00	765,00	1 020,00
75 000	541	27,05	54,10	81,15	162,30	270,50	324,60	432,80	811,50	1 082,00

1) Beachte auch die Übergangsregelungen nach § 47a StBVV.

5 Tabellen und Übersichten

Jahresumsatz i. S. v. § 39 Abs. 5 StBVV in € bis ...	Volle Gebühr in € 10/10	Bruchteilsgebühr in €							
		1/20	1/10	3/20	3/10	5/10	6/10	8/10	15/10	20/10
80 000	571	28,55	57,10	85,65	171,30	285,50	342,60	456,80	856,50	1 142,00
85 000	601	30,05	60,10	90,15	180,30	300,50	360,60	480,80	901,50	1 202,00
90 000	630	31,50	63,00	94,50	189,00	315,00	378,00	504,00	945,00	1 260,00
95 000	659	32,95	65,90	98,85	197,70	329,50	395,40	527,20	988,50	1 318,00
100 000	688	34,40	68,80	103,20	206,40	344,00	412,80	550,40	1 032,00	1 376,00
105 000	716	35,80	71,60	107,40	214,80	358,00	429,60	572,80	1 074,00	1 432,00
110 000	744	37,20	74,40	111,60	223,20	372,00	446,40	595,20	1 116,00	1 488,00
115 000	773	38,65	77,30	115,95	231,90	386,50	463,80	618,40	1 159,50	1 546,00
120 000	801	40,05	80,10	120,15	240,30	400,50	480,60	640,80	1 201,50	1 602,00
125 000	828	41,40	82,80	124,20	248,40	414,00	496,80	662,40	1 242,00	1 656,00
130 000	856	42,80	85,60	128,40	256,80	428,00	513,60	684,80	1 284,00	1 712,00
135 000	883	44,15	88,30	132,45	264,90	441,50	529,80	706,40	1 324,50	1 766,00
140 000	911	45,55	91,10	136,65	273,30	455,50	546,60	728,80	1 366,50	1 822,00
145 000	938	46,90	93,80	140,70	281,40	469,00	562,80	750,40	1 407,00	1 876,00
150 000	965	48,25	96,50	144,75	289,50	482,50	579,00	772,00	1 447,50	1 930,00
155 000	992	49,60	99,20	148,80	297,60	496,00	595,20	793,60	1 488,00	1 984,00
160 000	1 019	50,95	101,90	152,85	305,70	509,50	611,40	815,20	1 528,50	2 038,00
165 000	1 046	52,30	104,60	156,90	313,80	523,00	627,60	836,80	1 569,00	2 092,00
170 000	1 072	53,60	107,20	160,80	321,60	536,00	643,20	857,60	1 608,00	2 144,00
175 000	1 098	54,90	109,80	164,70	329,40	549,00	658,80	878,40	1 647,00	2 196,00
180 000	1 125	56,25	112,50	168,75	337,50	562,50	675,00	900,00	1 687,50	2 250,00
185 000	1 151	57,55	115,10	172,65	345,30	575,50	690,60	920,80	1 726,50	2 302,00
190 000	1 177	58,85	117,70	176,55	353,10	588,50	706,20	941,60	1 765,50	2 354,00
195 000	1 203	60,15	120,30	180,45	360,90	601,50	721,80	962,40	1 804,50	2 406,00
200 000	1 229	61,45	122,90	184,35	368,70	614,50	737,40	983,20	1 843,50	2 458,00
205 000	1 255	62,75	125,50	188,25	376,50	627,50	753,00	1 004,00	1 882,50	2 510,00
210 000	1 280	64,00	128,00	192,00	384,00	640,00	768,00	1 024,00	1 920,00	2 560,00
215 000	1 305	65,25	130,50	195,75	391,50	652,50	783,00	1 044,00	1 957,50	2 610,00
220 000	1 331	66,55	133,10	199,65	399,30	665,50	798,60	1 064,80	1 996,50	2 662,00
225 000	1 357	67,85	135,70	203,55	407,10	678,50	814,20	1 085,60	2 035,50	2 714,00
230 000	1 381	69,05	138,10	207,15	414,30	690,50	828,60	1 104,80	2 071,50	2 762,00
235 000	1 406	70,30	140,60	210,90	421,80	703,00	843,60	1 124,80	2 109,00	2 812,00
240 000	1 431	71,55	143,10	214,65	429,30	715,50	858,60	1 144,80	2 146,50	2 862,00
245 000	1 455	72,75	145,50	218,25	436,50	727,50	873,00	1 164,00	2 182,50	2 910,00
250 000	1 479	73,95	147,90	221,85	443,70	739,50	887,40	1 183,20	2 218,50	2 958,00

H. Steuerberatervergütungsverordnung

Jahresumsatz i.S.v. § 39 Abs. 5 StBVV in € bis ...	Volle Gebühr in €	Bruchteilsgebühr in €								
	10/10	1/20	1/10	3/20	3/10	5/10	6/10	8/10	15/10	20/10
255 000	1 504	75,20	150,40	225,60	451,20	752,00	902,40	1 203,20	2 256,00	3 008,00
260 000	1 529	76,45	152,90	229,35	458,70	764,50	917,40	1 223,20	2 293,50	3 058,00
265 000	1 552	77,60	155,20	232,80	465,60	776,00	931,20	1 241,60	2 328,00	3 104,00
270 000	1 576	78,80	157,60	236,40	472,80	788,00	945,60	1 260,80	2 364,00	3 152,00
275 000	1 599	79,95	159,90	239,85	479,70	799,50	959,40	1 279,20	2 398,50	3 198,00
280 000	1 622	81,10	162,20	243,30	486,60	811,00	973,20	1 297,60	2 433,00	3 244,00
285 000	1 645	82,25	164,50	246,75	493,50	822,50	987,00	1 316,00	2 467,50	3 290,00
290 000	1 668	83,40	166,80	250,20	500,40	834,00	1 000,80	1 334,40	2 502,00	3 336,00
295 000	1 691	84,55	169,10	253,65	507,30	845,50	1 014,60	1 352,80	2 536,50	3 382,00
300 000	1 713	85,65	171,30	256,95	513,90	856,50	1 027,80	1 370,40	2 569,50	3 426,00
305 000	1 735	86,75	173,50	260,25	520,50	867,50	1 041,00	1 388,00	2 602,50	3 470,00
310 000	1 757	87,85	175,70	263,55	527,10	878,50	1 054,20	1 405,60	2 635,50	3 514,00
315 000	1 778	88,90	177,80	266,70	533,40	889,00	1 066,80	1 422,40	2 667,00	3 556,00
320 000	1 799	89,95	179,90	269,85	539,70	899,50	1 079,40	1 439,20	2 698,50	3 598,00
325 000	1 820	91,00	182,00	273,00	546,00	910,00	1 092,00	1 456,00	2 730,00	3 640,00
330 000	1 841	92,05	184,10	276,15	552,30	920,50	1 104,60	1 472,80	2 761,50	3 682,00
335 000	1 861	93,05	186,10	279,15	558,30	930,50	1 116,60	1 488,80	2 791,50	3 722,00
340 000	1 881	94,05	188,10	282,15	564,30	940,50	1 128,60	1 504,80	2 821,50	3 762,00
345 000	1 901	95,05	190,10	285,15	570,30	950,50	1 140,60	1 520,80	2 851,50	3 802,00
350 000	1 919	95,95	191,90	287,85	575,70	959,50	1 151,40	1 535,20	2 878,50	3 838,00
355 000	1 939	96,95	193,90	290,85	581,70	969,50	1 163,40	1 551,20	2 908,50	3 878,00
360 000	1 958	97,90	195,80	293,70	587,40	979,00	1 174,80	1 566,40	2 937,00	3 916,00
365 000	1 976	98,80	197,60	296,40	592,80	988,00	1 185,60	1 580,80	2 964,00	3 952,00
370 000	1 995	99,75	199,50	299,25	598,50	997,50	1 197,00	1 596,00	2 992,50	3 990,00
375 000	2 013	100,65	201,30	301,95	603,90	1 006,50	1 207,80	1 610,40	3 019,50	4 026,00
380 000	2 025	101,25	202,50	303,75	607,50	1 012,50	1 215,00	1 620,00	3 037,50	4 050,00
385 000	2 049	102,45	204,90	307,35	614,70	1 024,50	1 229,40	1 639,20	3 073,50	4 098,00
390 000	2 065	103,25	206,50	309,75	619,50	1 032,50	1 239,00	1 652,00	3 097,50	4 130,00
395 000	2 082	104,10	208,20	312,30	624,60	1 041,00	1 249,20	1 665,60	3 123,00	4 164,00
400 000	2 099	104,95	209,90	314,85	629,70	1 049,50	1 259,40	1 679,20	3 148,50	4 198,00
410 000	2 132	106,60	213,20	319,80	639,60	1 066,00	1 279,20	1 705,60	3 198,00	4 264,00
420 000	2 164	108,20	216,40	324,60	649,20	1 082,00	1 298,40	1 731,20	3 246,00	4 328,00
430 000	2 197	109,85	219,70	329,55	659,10	1 098,50	1 318,20	1 757,60	3 295,50	4 394,00
440 000	2 228	111,40	222,80	334,20	668,40	1 114,00	1 336,80	1 782,40	3 342,00	4 456,00
450 000	2 259	112,95	225,90	338,85	677,70	1 129,50	1 355,40	1 807,20	3 388,50	4 518,00

Jahresumsatz i. S. v. § 39 Abs. 5 StBVV in € bis ...	Volle Gebühr in €	Bruchteilsgebühr in €							
	10/10	1/20	1/10	3/20	3/10	5/10	6/10	8/10	15/10	20/10
460 000	2 289	114,45	228,90	343,35	686,70	1 144,50	1 373,40	1 831,20	3 433,50	4 578,00
470 000	2 318	115,90	231,80	347,70	695,40	1 159,00	1 390,80	1 854,40	3 477,00	4 636,00
480 000	2 347	117,35	234,70	352,05	704,10	1 173,50	1 408,20	1 877,60	3 520,50	4 694,00
490 000	2 373	118,65	237,30	355,95	711,90	1 186,50	1 423,80	1 898,40	3 559,50	4 746,00
500 000	2 399	119,95	239,90	359,85	719,70	1 199,50	1 439,40	1 919,20	3 598,50	4 798,00
vom Mehrbetrag über 500 000 € je angefangene 50 000 €	139	6,95	13,90	20,85	41,70	69,50	83,40	111,20	208,50	278,00

6. Rechtsbehelfstabelle (Tabelle E)

16 Rechtsbehelfstabelle (ab 20.12.2012[1]); **Anlage 5 der StBVV**, redaktionell ergänzt um Bruchteilsgebührenwerte:

Gegenstandswert in € bis	Volle Gebühr in €	Bruchteilsgebühr in € (* Mindestgebühr 10 €)							
	10/10	1/10	3/10	5/10	7,5/10	8/10	13/10	20/10	25/10
300	26	2,60*	7,80*	13,00	19,50	20,80	33,80	52,00	65,00
600	47	4,70*	14,10	23,50	35,25	37,60	61,10	94,00	117,50
900	68	6,80*	20,40	34,00	51,00	54,40	88,40	136,00	170,00
1 200	89	8,90*	26,70	44,50	66,75	71,20	115,70	178,00	222,50
1 500	110	11,00	33,00	55,00	82,50	88,00	143,00	220,00	275,00
2 000	140	14,00	42,00	70,00	105,00	112,00	182,00	280,00	350,00
2 500	169	16,90	50,70	84,50	126,75	135,20	219,70	338,00	422,50
3 000	198	19,80	59,40	99,00	148,50	158,40	257,40	396,00	495,00
3 500	228	22,80	68,40	114,00	171,00	182,40	296,40	456,00	570,00
4 000	257	25,70	77,10	128,50	192,75	205,60	334,10	514,00	642,50
4 500	287	28,70	86,10	143,50	215,25	229,60	373,10	574,00	717,50
5 000	316	31,60	94,80	158,00	237,00	252,80	410,80	632,00	790,00
6 000	355	35,50	106,50	177,50	266,25	284,00	461,50	710,00	887,50
7 000	394	39,40	118,20	197,00	295,50	315,20	512,20	788,00	985,00
8 000	433	43,30	129,90	216,50	324,75	346,40	562,90	866,00	1 082,50
9 000	471	47,10	141,30	235,50	353,25	376,80	612,30	942,00	1 177,50
10 000	510	51,00	153,00	255,00	382,50	408,00	663,00	1 020,00	1 275,00

---

1) Beachte auch die Übergangsregelungen nach § 47a StBVV.

H. Steuerberatervergütungsverordnung

Gegenstandswert in € bis	Volle Gebühr in €	Bruchteilsgebühr in € (* Mindestgebühr 10 €)							
	10/10	1/10	3/10	5/10	7,5/10	8/10	13/10	20/10	25/10
13 000	552	55,20	165,60	276,00	414,00	441,60	717,60	1 104,00	1 380,00
16 000	594	59,40	178,20	297,00	445,50	475,20	772,20	1 188,00	1 485,00
19 000	636	63,60	190,80	318,00	477,00	508,80	826,80	1 272,00	1 590,00
22 000	678	67,80	203,40	339,00	508,50	542,40	881,40	1 356,00	1 695,00
25 000	720	72,00	216,00	360,00	540,00	576,00	936,00	1 440,00	1 800,00
30 000	796	79,60	238,80	398,00	597,00	636,80	1 034,80	1 592,00	1 990,00
35 000	872	87,20	261,60	436,00	654,00	697,60	1 133,60	1 744,00	2 180,00
40 000	947	94,70	284,10	473,50	710,25	757,60	1 231,10	1 894,00	2 367,50
45 000	1 023	102,30	306,90	511,50	767,25	818,40	1 329,90	2 046,00	2 557,50
50 000	1 098	109,80	329,40	549,00	823,50	878,40	1 427,40	2 196,00	2 745,00
65 000	1 179	117,90	353,70	589,50	884,25	943,20	1 532,70	2 358,00	2 947,50
80 000	1 260	126,00	378,00	630,00	945,00	1 008,00	1 638,00	2 520,00	3 150,00
95 000	1 341	134,10	402,30	670,50	1 005,75	1 072,80	1 743,30	2 682,00	3 352,50
110 000	1 422	142,20	426,60	711,00	1 066,50	1 137,60	1 848,60	2 844,00	3 555,00
125 000	1 503	150,30	450,90	751,50	1 127,25	1 202,40	1 953,90	3 006,00	3 757,50
140 000	1 583	158,30	474,90	791,50	1 187,25	1 266,40	2 057,90	3 166,00	3 957,50
155 000	1 664	166,40	499,20	832,00	1 248,00	1 331,20	2 163,20	3 328,00	4 160,00
170 000	1 745	174,50	523,50	872,50	1 308,75	1 396,00	2 268,50	3 490,00	4 362,50
185 000	1 826	182,60	547,80	913,00	1 369,50	1 460,80	2 373,80	3 652,00	4 565,00
200 000	1 907	190,70	572,10	953,50	1 430,25	1 525,60	2 479,10	3 814,00	4 767,50
230 000	2 031	203,10	609,30	1 015,50	1 523,25	1 624,80	2 640,30	4 062,00	5 077,50
260 000	2 155	215,50	646,50	1 077,50	1 616,25	1 724,00	2 801,50	4 310,00	5 387,50
290 000	2 279	227,90	683,70	1 139,50	1 709,25	1 823,20	2 962,70	4 558,00	5 697,50
320 000	2 402	240,20	720,60	1 201,00	1 801,50	1 921,60	3 122,60	4 804,00	6 005,00
350 000	2 526	252,60	757,80	1 263,00	1 894,50	2 020,80	3 283,80	5 052,00	6 315,00
380 000	2 650	265,00	795,00	1 325,00	1 987,50	2 120,00	3 445,00	5 300,00	6 625,00
410 000	2 774	277,40	832,20	1 387,00	2 080,50	2 219,20	3 606,20	5 548,00	6 935,00
440 000	2 898	289,80	869,40	1 449,00	2 173,50	2 318,40	3 767,40	5 796,00	7 245,00
470 000	3 022	302,20	906,60	1 511,00	2 266,50	2 417,60	3 928,60	6 044,00	7 555,00
500 000	3 146	314,60	943,80	1 573,00	2 359,50	2 516,80	4 089,80	6 292,00	7 865,00
vom Mehrbetrag bis 500 000 € je angefangene 50 000 €	158	15,80	47,40	79,00	118,50	126,40	205,40	316,00	395,00

Redaktionelle Anmerkung:

Der Gegenstandswert ist hier geändert ausgedruckt als bei der bis Ende 2012 gültigen StBGebV; gemeint ist weiterhin "vom Mehrbetrag über 500.000,00 EUR je angefangene 50.000,00 EUR 158,00 EUR" (s. Vorbemerkung zum Rechtsbehelfsverfahren I.1. (**5** →Rz. 6)

Stichwortverzeichnis

Die Fundstellen sind durch die jeweiligen **fetten Zahlen** (= Teile), die *kursiven Buchstaben* (= Gliederungsbuchstabe eines Beitrags) sowie die mageren Zahlen (= Randziffern) gekennzeichnet
(z.B. **1** *B* 11 = Teil 1 Großbuchstabe B Randziffer 11).

A

ABC der Zahlen, Daten, Fakten **5** *A* 1

Abführung
- der Kirchensteuer **4** 1167

Abgabenordnung
- wichtige €-Werte im Überblick **5** *A* 2

Abgeltende Wirkung **4** 1

Abgeltungsteuer **4** 299
- Abgeltende Wirkung **4** 1, 39
- Abgeltungswirkung **4** 40 ff.
- Abspaltung **4** 53
- Abweichende Rechtsauffassung **4** 13
- akkumulierte ausschüttungsgleiche Erträge **4** 5
- Aktien **4** 65
- aktienähnliche Genussrechte **4** 78
- Aktienanleihen **4** 68
- Aktiensplit **4** 54
- Aktienverlusttopf **4** 20, 65
- Aktienverlusttopfbescheinigung **4** 44
- All-in-Fee **4** 4
- Altbestandsregelung **4** 60
- Altverluste **4** 93
- American Depository Receipts **4** 66
- andere Einkunftsarten **4** 63
- Anschaffungsdaten, Depotübertrag **4** 31
- Anschaffungskosten **4** 6
- Anschaffungstag, Depotübertrag **4** 6
- Anteile ohne Gegenleistung **4** 57
- Anteilstausch **4** 52
- ausländische Banken **4** 36
- ausländische Quellensteuer **4** 41
- ausländischer thesaurierender Fonds **4** 5
- Ausnahmen vom Abgeltungsverfahren **4** 46 ff.
- Ausschüttung aus steuerlichem Einlagekonto **4** 62
- Back-to-back-Finanzierung **4** 47
- Bagatellgrenze **4** 14
- Bemessungsgrundlage **4** 2 ff., 87
- Berechnung **4** 9 ff., 14 ff.
- Bescheinigung nach § 24c EStG **4** 43
- beschränkte Steuerpflicht **4** 88, 90 ff.
- betriebliche Kapitalerträge **4** 16
- Bezugsrechte **4** 56
- Darlehen, partiarische **4** 81
- Depotübertrag **4** 6, 31
- Depotübertrag, ausländische Banken **4** 36
- Depotübertrag, entgeltlich **4** 35
- Depotübertrag, Erbfall **4** 34
- Depotübertrag, Ersatzbemessungsgrundlage **4** 35
- Depotübertrag, Gläubigerwechsel **4** 33
- Depotübertrag ohne Gläubigerwechsel **4** 32
- Depotübertrag, Schenkung **4** 33
- Depotübertrag, Treuhandverhältnis **4** 34
- Depotübertrag, vollständiger **4** 32
- Dividende **4** 65
- Ehegatten **4** 23
- eingetragene Lebenspartner **4** 23
- Einkünfte, inländische **4** 89 f.
- Einzelunternehmer **4** 16
- Ersatzbemessungsgrundlage **4** 5
- fehlende Bewertung **4** 59
- Fehlerkorrektur **4** 41
- festverzinsliche Wertpapiere **4** 96
- Festzinsanleihen **4** 77
- FIFO-Methode **4** 3
- Freistellung **4** 16
- Freistellungsauftrag **4** 11, 19
- Fremdwährungsgeschäft **4** 7
- Genussrechte, aktienähnliche **4** 78
- Gesellschaften, typisch stille **4** 81
- Global Depository Receipts **4** 66
- GmbH-Anteile **4** 65
- Grenzsteuersatz **4** 40
- Grundstücke **4** 94 f.
- Günstigerprüfung **4** 10, 40
- Halbeinkünfteverfahren **4** 1 f., 65
- inländische Einkünfte **4** 92
- International Depository Receipts **4** 66
- Investmentfonds **4** 67
- Jahresbescheinigung **4** 43
- Jahressteuerbescheinigung **4** 44

1611

- Kapitalerhöhung aus Gesellschaftsmitteln 4 61
- Kapitalerhöhung gegen Einlage 4 56
- Kapitalerträge, laufende 4 2
- Kapitalertragsteuer 4 1
- Kapitalgesellschaft 4 16
- Kapitalherabsetzung 4 62
- Kapitalmaßnahmen 4 52 ff.
- Kirchensteuer 4 37
- Kreditinstitute als Organe der Steuererhebung 4 13
- Lebensversicherung 4 74
- Liquidität 4 15
- Meldung an das Bundeszentralamt für Steuern 4 12
- Meldung an das Finanzamt 4 5
- Meldung Bundeszentralamt für Steuern 4 19
- Mieterträge, inländische 4 91
- Nichtveranlagungsbescheinigung 4 12
- Nominalbetrag 4 58
- Option zum Teileinkünfteverfahren 4 48
- Optionsveranlagung 4 39
- Per-Country-Limitation 4 10
- Personengesellschaft 4 16
- Pflichtveranlagung 4 39
- Progression 4 1
- Quellensteuer, ausländische 4 10
- Quellensteuerbescheinigung 4 44
- Quellensteuertopf 4 21
- REIT-Anteile 4 82
- Rentenversicherung 4 74
- Reverse-Split 4 54
- Riester-Versicherung 4 50
- Riester-Vertrag 4 75
- Rürup-Versicherung 4 50
- Rürup-Vertrag 4 75
- Schadenersatz 4 84
- schädliche Finanzierung 4 46
- Sparerfreibetrag 4 11
- Sparerpauschbetrag 4 1, 11, 19
- Spekulationsfrist 4 1
- Spekulationsgewinn 4 8
- Spekulationsverluste 4 26, 28
- Spin-off 4 53
- Steuerabzug 4 9 ff.
- Steuererklärung 4 39
- Steuerermäßigung, Handwerkerleistungen 4 42
- Steuerermäßigung, haushaltsnahe Dienstleistungen 4 42

- Steuererstattungszinsen 4 83
- Steuersatz 4 9
- Steuervorauszahlung 4 16
- Stillhaltergeschäfte 4 27
- Stillhalterprämie 4 16, 27, 71
- Storno nach vorne 4 41
- Stückzinsen 4 5 f.
- Stückzinsmodell 4 97 ff.
- Swap-Modell 4 103
- Tausch von Wertpapieren 4 55
- Teileinkünfteverfahren 4 48
- Termingeschäft 4 70 ff.
- Transaktionskosten 4 1, 4
- Übergangsregelung, Bestandsschutz 4 38
- Übergangsregelung, Halbeinkünfteverfahren 4 38
- Übergangsregelung, Millionärsfonds 4 38
- Übergangsregelung, Spekulationsfrist 4 38
- Übergangsregelung, steueroptimierter Geldmarktfonds 4 38
- Übergangsregelung, Termingeschäft 4 38
- Übergangsregelung, Vollrisikozertifikat 4 38
- Umwandlung 4 52
- Veräußerung ohne Gutschrift 4 24
- Veräußerungsgewinne 4 3, 44
- Veranlagungsverfahren 4 39 ff.
- verdeckte Gewinnausschüttung 4 49, 1747
- Verfall, wertloser 4 24 f.
- Verlustbescheinigung 4 22
- Verlustnutzung 4 94 f., 101, 104
- Verlustnutzungsreihenfolge 4 28
- Verlustrücktrag 4 17
- Verlusttopfbescheinigung 4 44 f.
- Verlustverrechnung 4 17 ff., 30, 64, 102
- Verlustverrechnungstopf 4 28
- Versicherung 4 50
- Vollrisikozertifikate 4 58, 76
- Währungsgewinn 4 8
- Wandelanleihen 4 80
- Werbungskosten 4 1, 4, 40
- Werbungskostenpauschbetrag 4 11
- wesentliche Beteiligung 4 65
- Zerobonds 4 69
- Zweibankenmodell 4 99 f.
- Zweipersonenmodell 4 100
- Zwischengewinn 4 5

Abgrenzung
- Betriebsaufgabe 4 627
- Betriebsaufspaltung 4 629 ff.
- Betriebsunterbrechung 4 628
- Betriebsverpachtung 4 628 ff.
- gewerbliche Prägung 4 632 f.

Abnutzung
- technische 4 113
- wirtschaftliche 4 114

Abrechnungsbescheid
- widerstreitende Festsetzungen 1 *A* 98

Abrundung 5 *A* 2

Absatzkrise 4 1718

Abschreibungen
- abnutzbare Wirtschaftsgüter 4 112
- Abschreibungsbeginn 4 116
- Abschreibungsende 4 117
- Abschreibungsmethoden 4 120
- Änderung der Abschreibungsmethode 4 121
- Änderung der Nutzungsdauer 4 119
- außerplanmäßige 4 124 ff.
- Bemessungsgrundlage 4 127
- erhöhte Absetzungen 4 125
- Finanzierung 4 1017 f.
- Gesetzesgrundlagen 4 110
- Grundlagen 4 109
- im Zugangsjahr 4 122
- Leasing 4 1203
- nach Einlage 4 128
- nach Entnahme 4 129
- nachträgliche Anschaffungs- und Herstellungskosten 4 131
- nicht abnutzbare Wirtschaftsgüter 4 115
- Niederstwertprinzip 4 124
- Nutzungsdauer 4 118
- planmäßige 4 111
- Restwert 4 130
- Sonderabschreibungen 4 125
- Sonderabschreibungen § 7g EStG 4 126
- technische Abnutzung 4 113
- überhöhte 4 123
- unterlassene 4 123
- wirtschaftliche Abnutzung 4 114
- Zinsschranke 4 1975

Absehen von Strafverfolgung
- Zuschläge 1 *A* 85

Abspaltung
- Spin-off 4 53

Abweichungsanalyse 4 967

AG, Beratervertrag mit Aufsichtsratsmitglied
- Konkretisierung 4 1396
- Unwirksamkeit 4 1398
- zulässiger Vertragsinhalt 4 1395
- Zustimmung des Aufsichtsrats 4 1397
- Zustimmungspflicht des Aufsichtsrats 4 1394

AG, kleine
- Bezugsrecht bei Kapitalerhöhungen 4 1371
- Gründung 4 1371
- Hauptversammlung 4 1371
- Mitbestimmung 4 1371
- rechtliche Gestaltung 4 1371

Akquisitionsmaßnahmen 2 *B* 9

Aktien
- Aktienüberlassung an Arbeitnehmer 1 *B* 1
- Aktienverlusttopf 4 65
- Dividende 4 65
- GmbH-Anteile 4 65
- Halbeinkünfteverfahren 4 65
- Wahldividende 4 65
- wesentliche Beteiligung 4 65

Aktienähnliche Genussrechte 4 78

Aktienanleihen
- Aktienandienung 4 68
- laufender Zinsertrag 4 68
- Stückzinsen 4 68

Aktiensplit
- Reverse-Split 4 54

Aktienverlusttopf
- besondere Verlustverrechnung 4 20
- Verluste aus Aktien 4 20

Allgemeine Geschäftsbedingungen
- Mandatsvertrag 2 *A* 23

All-in-Fee 4 4

Altbestandsregelung
- Übergangsregelung 4 60

Altersentlastungsbetrag 1 *B* 1; 5 *A* 2

Altersteilzeit
- Geldbuße bei Verstoß gegen gesetzliche Pflichten 5 *A* 2

Altersteilzeitgesetz
- wichtige €-Werte im Überblick 5 *A* 2

1613

Altersvorsorge
- AltZertG, Änderung 2014   1 A 7
- Auslagerung der Versorgungszusage   4 177 f.
- Auslagerung Versorgungszusage   4 172 ff.
- Basisrente   4 141 f.
- Berufsständische Versorgungseinrichtung   4 148 ff.
- Betriebliche Altersversorgung   4 151 ff., 156
- Direktversicherung   4 157 ff.
- Direktzusage   4 164 ff.
- Erwerbsminderung   1 A 171
- Gesetzliche Rentenversicherung   4 143 ff.
- Lebenspartner   1 A 7
- Mütterrente   1 A 167 ff., 172
- Pensionsfonds   4 160 ff.
- Pensionskasse   4 152 ff.
- private   4 132
- Rente mit 63   1 A 167 ff.
- Riester-Rente   4 133 ff.
- StVÄndV   1 A 65
- Unterstützungskasse   4 168 ff.

Altersvorsorgebeiträge   5 A 2

Altersvorsorgeberatung
- vereinbare Tätigkeiten   3 B 56 ff.

Altersvorsorgezulage   5 A 2

Altverluste
- Spekulationsverlust   4 93
- Verlust aus privaten Veräußerungsgeschäften   4 93

American Depository Receipts
- ADR   4 66

Andere Einkunftsarten   4 51

Anfechtbarkeit der Zahlungen des Insolvenzschuldners vor Krise   2 A 80

Angehörige   1 B 1

Angemessenheit
- Honorar   2 B 60
- Honorargestaltung   2 B 58
- Zeiterfassung   2 B 58

Anmeldezeitraum   5 A 2

Anrufungsauskunft   1 B 1

Anschaffungskosten
- Abschreibungen   4 127

Anschaffungskosten, Herstellungskosten   1 B 1

Anspruch auf Arbeitnehmersparzulage   5 A 2

Anstifter
- Steuerhinterziehung   4 1523

Anteile ohne Gegenleistung   4 57

Anteilstausch
- Bewertung der eingebrachten Anteile   4 778

Anwachsung   4 179
- Ausscheiden unter Verkehrswert   4 184
- Ausscheiden zum Buchwert   4 184
- einfache Anwachsung   4 184
- ertragsteuerliche Behandlung   4 183 f.
- erweitertes Anwachsungsmodell   4 185
- Gestaltungsmöglichkeiten   4 180
- Gewerbesteuer   4 188
- GmbH-Besonderheiten   4 185
- Grunderwerbsteuer   4 187
- Rückbeziehung   4 182
- Umsatzsteuer   4 186
- Umwandlungsstichtag   4 182
- zivilrechtliche Behandlung   4 181

Anwendbarkeit der Verrechnungspreismethoden
- Maßstab des Fremdvergleichs   4 350

Anzeigen
- Existenzhinweise   2 B 36
- Werbemaßnahme   2 B 36

Anzeigepflichten   5 A 2

AO
- Ablaufhemmung   1 A 94
- Betriebsverlagerungen   1 A 96
- Billigkeitsregelungen   1 A 97
- Geldwäsche   1 A 92
- Gemeinnützigkeit   1 A 48
- Identitätsmerkmal   1 A 93
- Lebenspartner   1 A 6
- Mitteilungspflichten   1 A 47
- redaktionelle Änderungen   1 A 45, 100
- Vollstreckungskosten   1 A 99
- Wohnsitzverlagerungen   1 A 96
- ZollkodexAnpG   1 A 91
- Zuständigkeit   1 A 46

AOÄndG
- Kapitalerträge, Verjährung   1 A 81
- Selbstanzeige   1 A 80, 86 f.
- Selbstanzeige, Sperrwirkung   1 A 82
- Selbstanzeige, Zinsen   1 A 84

- Strafverfolgung, Absehen von **1** *A* 85
- Umsatzsteuervoranmeldung, Korrektur **1** *A* 83

Arbeitgeber
- Haftung für Lohnsteuer **1** *B* 1
- Zukunftssicherungsleistungen **1** *B* 1

Arbeitgeberdarlehen **5** *A* 2

Arbeitgeberpflichten
- Kirchensteuer **4** 1167

Arbeitnehmer-Entsendegesetz
- wichtige €-Werte im Überblick **5** *A* 2

Arbeitnehmerentsendung
- Geldbuße bei Ordnungswidrigkeiten nach dem AEntG **5** *A* 2
- Unterrichtungspflicht der Bundesanstalt für Arbeit und der Hauptzollämter **5** *A* 2
- Wettbewerbsausschluss **5** *A* 2

Arbeitnehmertätigkeit **3** *C* 1 f.

Arbeitnehmerüberlassung
- Gebühr für die Erteilung oder Verlängerung einer Erlaubnis **5** *A* 2
- Geldbuße bei Verstoß gegen das AÜG **5** *A* 2

Arbeitnehmerüberlassungserlaubnis – Kostenverordnung
- wichtige €-Werte im Überblick **5** *A* 2

Arbeitnehmerüberlassungsgesetz
- wichtige €-Werte im Überblick **5** *A* 2

Arbeitseinkommen
- Ermittlung des pfändbaren Anteils **5** *G* 4
- Pfändungsfreigrenze **5** *G* 1

Arbeitsentgelt
- fiktives **5** *A* 2

Arbeitsförderung
- wichtige €-Werte im Überblick **5** *A* 2

Arbeitsgerichtsgesetz
- Arbeitnehmereigenschaft **5** *A* 2
- Verfahrensgebühr **5** *A* 2
- wichtige €-Werte im Überblick **5** *A* 2

Arbeitsrecht
- Abmahnung, Abwehrrechte des Arbeitnehmers **4** 239
- Abmahnung, Betriebsratsbeteiligung **4** 237
- Abmahnung, Checkliste **4** 242
- Abmahnung, Entbehrlichkeit **4** 231
- Abmahnung, Erklärungsfrist **4** 236
- Abmahnung, Formerfordernisse **4** 235
- Abmahnung, Grundlagen **4** 226
- Abmahnung, inhaltliche Anforderungen **4** 238
- Abmahnung, Kündigungsvorbereitung **4** 229
- Abmahnung, mildere Mittel **4** 228
- Abmahnung, Mindestanzahl **4** 233
- Abmahnung, Pflichtverletzung im Vertrauensbereich **4** 230
- Abmahnung, Risiko des Arbeitgebers **4** 240
- Abmahnung, Verbrauch des Abmahnungssachverhalts **4** 243
- Abmahnung, wiederholte einschlägige Pflichtverletzung **4** 232
- Abmahnung, Zweck **4** 227
- Abmahnungsberechtigung **4** 234
- Abmahnungsprozess **4** 241
- AGG **4** 211 f., 214 ff.
- AGG, Vorbeugung von Schadensersatzansprüchen **4** 215
- Befristung, Änderung einzelner Arbeitsbedingungen **4** 225
- Befristung, Arten der **4** 219
- Befristung, Kündigung **4** 224
- Befristung mit Sachgrund **4** 220
- Befristung ohne Sachgrund **4** 221
- Befristung, Schriftformerfordernis **4** 223
- Befristung, Veränderungssperre bei der Verlängerung sachgrundloser Befristungen **4** 222
- betriebliches Eingliederungsmanagement **4** 256
- Einstellung **4** 211 ff.
- Einzelrechtsnachfolge **4** 758
- Fragerecht des Arbeitgebers nach AGG **4** 216 f.
- Krankheit **4** 255 f.
- Krankheit, Anzeige- und Nachweispflichten **4** 257
- Kündigung, Beendigungszeitpunkt **4** 202
- Kündigung, Bevollmächtigung bei der Kündigungserklärung **4** 201
- Kündigung, einzelvertragliche Vereinbarungen **4** 207
- Kündigung, Europarechtswidrigkeit des § 622 Abs. 2 Satz 2 BGB **4** 205
- Kündigung, krankheitsbedingte **4** 255
- Kündigung, Schriftform **4** 197 f.
- Kündigung, Sonderkündigungsschutz bei Schwerbehinderung **4** 251

1615

- Kündigung, tarifliche Kündigungsregelungen   4 206
- Kündigung und Befristung   4 224
- Kündigung, Zugang   4 199 f.
- Kündigungsfristen   4 190, 203 f., 208 f.
- Kündigungsfristen, Berechnungsbeispiel   4 210
- Offenbarungspflicht des Arbeitnehmers   4 218
- Probezeit, Beispiel einer Bewährungszusage   4 193
- Probezeit, besondere Vereinbarung   4 189
- Probezeit, Betriebsratsbeteiligung   4 194
- Probezeit, Bewährung   4 192
- Probezeit, Dauer   4 191
- Probezeit, Kündigungsfrist   4 190
- Probezeit, Sonderkündigungsschutz   4 195
- Probezeit, Sonderkündigungsschutz für schwerbehinderte Beschäftigte   4 196
- Probezeit, Zweck   4 189
- Schwerbehinderung   4 251 ff.
- Spaltung   4 1860
- Stellenanzeige, AGG-konforme   4 211, 213
- Umwandlungsrecht   4 1856 ff.
- Urlaubsabgeltung   4 249
- Urlaubsanspruch, Beispiel   4 246
- Urlaubsanspruch, Besonderheiten bei lang andauernder Arbeitsunfähigkeit von Mitarbeitern   4 250
- Urlaubsanspruch, gesetzliche Grundlagen   4 244
- Urlaubsanspruchsdauer   4 245
- Urlaubsgewährung   4 247
- Vorstellungsgespräch, AGG-konformes   4 214

Arbeitsschutzgesetz
- Geldbuße bei Verstoß gegen das ArbSchG   5 A 2
- wichtige €-Werte im Überblick   5 A 2

Arbeitsstättenverordnung
- Gesetzesvorhaben 2015   1 A 188 f.

Arbeitszeitgesetz
- Geldbuße bei Verstoß gegen das ArbZG   5 A 2
- wichtige €-Werte im Überblick   5 A 2

Asset-Deal
- Unternehmenskauf   4 1681 f.

AStG
- Geschäftsbeziehungen   1 A 119
- Stille Reserven   1 A 120

Atypisch stille Gesellschaft
- bilanzielle Behandlung   4 1040
- Rating   4 1040
- Refinanzierungskosten   4 1040
- steuerliche Behandlung   4 1040
- Wesensmerkmale   4 1039

Aufbewahrungs- und Vorlagepflichten
- Buchführung   4 1326
- Jahresabschluss   4 1326

Aufbewahrungsfrist   2 A 43

Aufbewahrungspflichten
- handelsrechtliche   2 A 44
- Mandatsvertrag   2 A 39
- steuerliche   2 A 44
- Unterlagen   2 A 40

Aufbewahrungszeiten
- Verjährungsfrist   2 A 45

Aufbewahrungszeiträume
- Differenzierung   2 A 43

Aufenthalt
- gewöhnlicher   4 263

Aufgabefreibetrag
- 55. Lebensjahr   4 607
- Bedeutung   4 604
- dauernde Berufsunfähigkeit   4 608 f.
- Lebensbezogenheit   4 606
- Mitunternehmer   4 610
- Teileinkünfteverfahren   4 612 f.
- Voraussetzungen   4 605

Aufgabegewinn   4 2029
- Berechnung   4 565
- Betriebsvermögensvergleich   4 566
- Fünftelregelung   4 616, 618

Aufgabekosten
- Definition   4 603

Aufgaben des Kanzleiinhabers
- Honorargestaltung   2 B 57

Aufgabetatbestände
- Freiberuflerpraxis   4 495
- Land- und Forstwirtschaftlicher Betrieb   4 495
- Übersicht   4 494

Aufgabewert
- Ansparrücklage   4 587
- Büroeinrichtung   4 589
- Disagio   4 590
- Entnahme   4 602
- Forfaitierung   4 594

- gemeiner Wert 4 586
- Gesellschafterforderung 4 592
- Grundstücke 4 597
- Investitionsabzugsbetrag 4 595
- nachträgliche Veränderung 4 598
- Produktveräußerungen 4 596
- Schadensereignisse 4 588
- Veräußerungsentgelte 4 586
- Verbindlichkeiten 4 593
- Warenveräußerungen 4 596

Aufhebungsvereinbarung
- Mandatsvertrag 2 A 58

Aufmerksamkeiten 5 A 2

Aufsichtsratstätigkeit
- Aufgabenbereich 3 B 8 ff.
- Beiratstätigkeit 3 B 2
- Haftung 3 B 23 f.
- Risiken 3 B 23 f.
- vereinbare Tätigkeiten 3 B 1 ff.
- Vergütung 3 B 18 ff.
- Voraussetzungen 3 B 8 ff.

Auftragsannahme 2 A 84

Auftragserteilung, konkludente
- Mandatsvertrag 2 A 17

Aufwendungsersatz 2 A 85

Ausbildung
- Berufsausbildungskosten 1 B 1

Ausbildungsfreibetrag 5 A 2

Ausbildungskosten 1 B 1

Ausgleichsgeld 5 A 2

Auskunft in Kirchensteuerfragen 5 B 2

Auskunfts- und Rechenschaftspflichten
- Mandatsvertrag 2 A 35 f.

Auskunftspflicht
- Mandatsvertrag 2 A 37

Ausländische Anteilseigner
- Umwandlung KapGes/PersGes 4 1831

Ausländische Banken
- Depotübertrag 4 36
- Drittstaat 4 36
- EU-Zinsrichtlinie 4 36
- EWR-Staat 4 36

Ausländische Einkünfte
- Verluste 4 1783 ff.

Ausländische Verluste
- Betriebsstätte 4 332

- DBA-Freistellung 4 332
- Marks & Spencer 4 333
- Organschaft 4 333
- Tochtergesellschaft 4 333

Auslagerung Versorgungszusage
- beherrschender Gesellschafter-Geschäftsführer 4 174, 176
- Betriebsvermögen 4 174, 176
- Pensionsfonds 4 173 f.
- Schuldbefreiung 4 175
- Unterstützungskasse 4 175 f.
- Vorbemerkung 4 172

Auslandsbetriebsstätten
- Tätigkeitsvoraussetzungen, förderungswürdige 4 327

Auslandseinkünfte
- Besteuerung von 4 383 f.

Auslandsengagement 4 298

Auslandsinvestitionen
- Anrechnung 4 304
- Steuerabzug 4 304

Auslegung
- Mandatsvertrag 2 A 11

Außenfinanzierung
- Begriff 4 972
- Quellen 4 972

Außenprüfung
- Zulässigkeit 4 444

Außen-Sozietät 2 B 5

Außensteuergesetz
- Familienstiftungen 4 380
- wichtige €-Werte im Überblick 5 A 2
- Zwischeneinkünfte mit Kapitalanlagecharakter 4 377

Außensteuerrecht 4 258
- § 2a EStG 4 316 ff.
- Abgeltungsteuer 4 299
- Abkommensrecht 4 308
- Anrechnung 4 312 f.
- Anwendungsfälle für das internationale Steuerrecht 4 259
- AStG 4 360 f.
- Aufenthalt, gewöhnlicher 4 263
- Auskunftsklauseln 4 287
- Begriff 4 259
- Betriebsstättenbegriff 4 281
- Betriebsstättengewinnermittlung 4 351 f.
- DBA-Gewinn, Korrekturklausel 4 339 f.

1617

- Dokumentationsvorschriften 4 341
- Doppelbesteuerung 4 267 f.
- Doppelbesteuerungsabkommen
  4 274 ff., 286 f., 300, 303, 305
- Erbschaftsteuer 4 315
- EU-Richtlinien 4 288
- Freistellung 4 298
- Fusionsrichtlinie 4 288, 292 ff.
- Gewerbesteuer 4 314
- Gewinnberichtigung 4 335 ff.
- Höchstbetragsberechnung 4 270
- Internationales Steuerrecht 4 260
- Investitionen 4 304
- Investitionen in ausländische Kapitalgesellschaften 4 307 f.
- Investitionen in Betriebsstätten
  4 301 ff., 309 ff.
- Investitionen in Personengesellschaften 4 301 ff., 309 ff.
- Kapitalgesellschaft 4 299, 306 ff.
- Kapitalgesellschaft als Gesellschafter
  4 307 f.
- kollisionsbegründende Normen 4 259
- Lizenzgebührenrichtlinie 4 295 ff.
- LuF, Verluste aus 4 319
- Maßstab des Fremdvergleichs 4 350
- Mittelpunkt der geschäftlichen Oberleitung 4 264
- Mitunternehmerschaft 4 307 f.
- Mitwirkungspflichten 4 340
- Mutter-Tochter-Richtlinie 4 288 ff.
- natürliche Personen 4 298 ff., 309 ff.
- Organschaft 4 298
- Ort der Geschäftsleitung 4 264
- Personengesellschaften 4 298 ff., 309 ff.
- Quellenbesteuerung 4 266, 279 ff.
- Schenkungsteuer 4 315
- Sitz 4 265
- Souveränitätsprinzip 4 260
- Steuerabzug 4 271, 312 f.
- Steueranrechnung 4 269 f., 298, 307 f.
- Steueranrechnung, DBA 4 286
- Steuerbefreiung, DBA 4 285
- Steuererlass 4 273
- Steuerpauschalierung 4 272
- Steuerpflicht 4 260, 263
- Steuerpflicht, beschränkte 4 266
- Teileinkünfteverfahren 4 299
- Unternehmensgewinn 4 281
- verdeckte Einlage 4 337
- verdeckte Gewinnausschüttung 4 336
- Verlustausgleichsbeschränkung 4 317 f.
- Verluste 4 316
- Wegzugsbesteuerung 4 360
- Welteinkommensbesteuerung 4 261
- Wohnsitz, Abgeschlossenheit 4 262
- Wohnsitz, Baracke 4 262
- Wohnsitz, Ferienhaus 4 262
- Wohnsitz, Nutzungsabsicht 4 262
- Wohnsitz, Wohnung 4 262
- Wohnsitz, Zweitwohnung 4 262
- Zins- und Lizenzgebührenrichtlinie
  4 288
- Zinsrichtlinie 4 295 ff.
- Zwischengesellschaften 4 361

Außergewöhnliche Belastungen 1 B 1; 4 1507
- zumutbare Belastung 5 A 2

Außerplanmäßige Abschreibungen
4 124 ff.

Ausstattung 2 B 24

B

Back-to-back-Finanzierung
- Belastungsvorteil 4 47
- einheitlicher Plan 4 47
- Finanzierungszusammenhang 4 47
- Marktüblichkeit 4 47

Bagatellgrenze 5 A 2

Bandbreite 4 350

Bandbreite von Verrechnungspreisen
- Maßstab des Fremdvergleichs 4 350

Banden- und Trikotwerbung
- Werbemaßnahme 2 B 39

Bandenmäßige Steuerhinterziehung
4 1503, 1512

Bandenmäßige Umsatzsteuerhinterziehung 4 1503

Bankgeheimnis 4 105

Bargeschäft 2 A 81

Bargründung
- Besteuerung 4 1076
- GmbH 4 1076

Barwert
- Tabellen 5 F 3

Basel III
- Finanzierung 4 974

Basisrente
- Ansparphase 4 141

- Auszahlungsform **4** 141
- Auszahlungszeitpunkt **4** 141
- Kapitaldeckung **4** 141
- nachgelagerte Besteuerung **4** 142

Beendigung
- Mandatsvertrag **2** *A* 59, 61 f.

Beendigung durch Betriebsaufgabe des Mandanten **2** *A* 82

Beendigung durch Tod des Steuerberaters **2** *A* 76

Beförderungs- und Versendungslieferungen **4** 1216

Beherrschender Gesellschafter
- verdeckte Gewinnausschüttung **4** 1737

Behinderten-Pauschbeträge **5** *A* 2

Beihilfe
- zur Steuerhinterziehung **4** 1524, 1532

Beiratstätigkeit
- Aufgabenbereich **3** *B* 8 ff.
- Haftung **3** *B* 23 f.
- Risiken **3** *B* 23 f.
- vereinbare Tätigkeiten **3** *B* 1, 3 ff.
- Vergütung **3** *B* 18 ff.
- Voraussetzungen **3** *B* 8 ff.

Beitragsbemessungsgrenze **5** *A* 2

Beitragsbemessungsgrundlage **5** *A* 2

Beitragszuschuss **5** *A* 2

Bekanntgabe
- Verwaltungsakt **1** *B* 1

Belastungsvergleich Personen-/Kapitalgesellschaft
- Erbschaftsteuer **4** 1393
- Ertragsteuern **4** 1388
- Kirchensteuer **4** 1390
- Thesaurierung/Vollausschüttung **4** 1389
- Veräußerungsgewinn **4** 1391
- Wegzug innerhalb der EU **4** 1392
- Wegzugsbesteuerung **4** 1392

Belegschaftsrabatt **5** *A* 2

Belgien **4** 384 f., 387, 389, 391, 393, 395, 397, 399, 401, 403, 405, 407 f.

Belohnungsessen **5** *A* 2

Bemessungsgrundlagen **5** *A* 2
- Ausbildungsfreibetrag **4** 87
- außergewöhnliche Belastungen **4** 87
- Kindergeld **4** 87
- Spenden **4** 87

Beratungsgespräch **2** *B* 16

Berechnung
- EBITDA-Vortrag **4** 1987 ff.
- Zinsabzugsbetrag **4** 1987 ff.
- Zinsvortrag **4** 1987 ff.

Berechnungsgrößen
- maßgeblicher Gewinn **4** 1962
- maßgebliches Einkommen **4** 1962
- verrechenbares EBITDA **4** 1962
- Zinserträge **4** 1962

Berechnungszeitraum
- Zinsschranke **4** 1971

Berichtigung
- von Einkünften (§ 1 AStG) **4** 338

Berufsausbildung **5** *A* 2

Berufsausbildungskosten **1** *B* 1

Berufsbildungsgesetz **5** *A* 2

Berufshaftpflichtversicherung **2** *A* 89
- Prämiennachlass **2** *B* 27

Berufskammer **2** *A* 94

Berufskleidung **5** *A* 2

Berufspflichten **2** *A* 91

Berufspflichtverletzung **2** *A* 92, 94
- Regelfall **2** *A* 96

Berufsrecht
- Mandantenschutz **2** *A* 90

Berufsständische Versorgungseinrichtung
- Besteuerung Auszahlungsphase **4** 150
- Grundsätzliches **4** 148
- Öffnungsklausel **4** 150
- Sonderausgabenabzug **4** 148
- vergleichbare Leistungen **4** 149

Beschränkte Haftung
- Verluste **4** 1769

Beschränkte Steuerpflicht **1** *B* 1

Beteiligungen
- Finanzierung **4** 984, 1008
- i. S. des § 17 EStG, Verlustausgleichsbeschränkungen **4** 322
- Personengesellschaft **4** 1008
- Wertminderungen **4** 984

Beteiligungsbewertung
- Ertragsteuern **4** 1651
- Synergien **4** 1650

1619

Stichwortverzeichnis

Beteiligungserwerb
- körperschaftsteuerlicher Zinsvortrag 4 2024

Beteiligungsfinanzierung 4 1026

Betreuer
- vereinbare Tätigkeiten 3 B 29 ff.

Betreuungsgeld
- Höhe 5 A 2

Betrieb
- Begriff 4 1968
- Freigrenze 4 1970
- Mitunternehmerschaft 4 1969

Betriebliche Altersversorgung
- Begriff 4 151
- biometrisches Risiko 4 151
- Direktversicherung 4 156
- Hinterbliebenenversorgung 4 151
- Modelle mit Sparcharakter 4 151
- Pensionskasse 4 152 ff.

Betriebliche Kapitalerträge
- Einzelunternehmer 4 16
- Kapitalgesellschaft 4 16
- Personengesellschaft 4 16
- Steuervorauszahlung 4 16
- Stillhalterprämie 4 16

Betriebsaufgabe 4 492 f.
- Bedeutung 4 491
- Betriebsaufspaltung 4 440
- E-Bilanz 4 1358
- nachträgliche Einkünfte 4 599 f.
- Teilbetriebsaufgabe 4 2027

Betriebsaufgabe durch Mandanten 2 A 82

Betriebsaufgabe im Ganzen
- Abgrenzungen 4 501
- Abschluss 4 504
- Aufgabezeitraum 4 502
- Betriebsgrundstücke 4 511
- Betriebsverlegung 4 522 ff.
- Definition 4 499
- einheitlicher Vorgang 4 521
- Entnahmeerklärung 4 500
- finale Betriebsaufgabe 4 523 ff.
- funktionale Betrachtungsweise 4 509, 511
- funktional-quantitative Betrachtungsweise 4 508
- Neueröffnung 4 505
- quantitative Betrachtungsweise 4 510

- Tätigkeitsaufgabe 4 514, 518 f.
- wesentliche Betriebsgrundlagen 4 507

Betriebsaufspaltung 4 1034
- Beendigung 4 439 ff.
- Begriff 4 409
- Begründung 4 419 f., 425
- Besteuerung 4 427
- Betriebsausgabenabzugsbeschränkung (§ 3c EStG) 4 435
- Betriebsverpachtung 4 440
- Ehegatten 4 423
- Einheits-Betriebsaufspaltung 4 411
- Erscheinungsformen 4 410, 1369
- Gewerblichkeit 4 426, 428
- Gewinnausschüttungen 4 428, 432
- Haftungsbegrenzung 4 417
- Insolvenz 4 439
- kapitalistische Betriebsaufspaltung 4 413
- Kinder 4 423
- korrespondierende Bilanzierung 4 431
- Mitarbeiterbeteiligung 4 417
- mitunternehmerische Betriebsaufspaltung 4 412
- Nachteile 4 418
- Nur-Besitzgesellschafter 4 429
- Pachtvermögen 4 431
- Pachtzins 4 433, 435
- personelle Verflechtung 4 422
- Personengruppentheorie 4 422 f.
- Publizität 4 417
- Rechtsfolgen 4 428
- sachliche Verflechtung 4 424
- Schrumpfungsmodell 4 420
- Sonderbetriebsvermögen 4 428
- steuerliche Behandlung 4 1370
- steuerliche Vorteile 4 417
- Substanzerhaltungsverpflichtung 4 431
- Teilwertabschreibung 4 436 f.
- typische Betriebsaufspaltung 4 410
- umgekehrte Betriebsaufspaltung 4 416
- unechte Betriebsaufspaltung 4 414
- unerkannte Betriebsaufspaltung 4 430
- verdeckte Gewinnausschüttung 4 434, 438
- Verluste 4 427
- Vertragsgestaltung 4 421
- Vorteile 4 417
- wesentliche Betriebsgrundlage 4 424
- Wiesbadener Modell 4 415, 423

Betriebsaufspaltung, Steuerfalle
- Ausgangssituation 4 840

- Beispielsfall 4 839
- Berliner Testament 4 842
- ertragsteuerliche Folgen des Erbfalls 4 841
- Gestaltungshinweis 4 843
- Voraussetzungen 4 838

Betriebsausgaben 4 1507
- nichtabzugsfähige 1 B 1

Betriebsausgabenabzugsbeschränkung (§ 3c EStG)
- Betriebsaufspaltung 4 435

Betriebsausgabenpauschale
- Künstler 5 A 2
- Lehrtätigkeit 5 A 2
- Prüfungstätigkeit 5 A 2
- Schriftsteller 5 A 2
- Vortragstätigkeit 5 A 2

Betriebsbezogenheit 4 1967

Betriebserwerb
- Anschlussverpachtung 4 677 ff.
- Betriebsverpachtung 4 677 ff.
- Realteilung 4 680

Betriebsfortbestand
- Betriebsverpachtung 4 669 f.

Betriebsprüfung 4 466
- Aufbewahrungszeiten 2 A 45
- Auskunfts- und Vorlagepflichten 4 465
- Auskunftspflicht 4 467 f.
- Auskunftsverweigerungsrecht 4 467
- Außenprüfung 4 444
- Benennung von Gläubigern und Zahlungen 4 468
- Benford-Gesetz 4 484
- Checkliste 4 485
- Chi2-Test 4 483
- Datenträgerüberlassung 4 476
- digitale Außenprüfung 4 472 ff.
- Ermittlungsmaßnahmen 4 489 f.
- Geldverkehrsrechnung 4 480
- grafischer Zeitreihenvergleich 4 482
- Grundsätzliches 4 465
- innerer Betriebsvergleich 4 479
- mittelbarer Zugriff 4 475
- Nachkalkulation Handelsbetrieb 4 481
- Prüfungsablauf 4 465, 467
- Prüfungsanordnung 4 445 ff.
- Prüfungsvorbereitung 4 464
- Rechte und Pflichten 4 465
- Rechtsgrundlagen 4 443
- Schätzung Umsatz 4 481
- Schlussbesprechung 4 486 f.
- Überprüfung der Einnahmen 4 477, 479 f.
- unmittelbarer Zugriff 4 474
- verbindliche Zusage 4 488
- Vermögenszuwachsrechnung 4 480
- Verprobung Umsatz 4 481
- Verzögerungsgeld 4 471
- Vorlage von Unterlagen 4 469
- Zugriffsmöglichkeiten 4 473 ff.
- Zwangsmittel 4 470

Betriebsprüfungsordnung
- andere Leistungsbetriebe 5 A 2
- Fertigungsbetriebe 5 A 2
- freie Berufe 5 A 2
- Größenklassen nach § 3 BpO 5 A 2
- Handelsbetriebe 5 A 2
- Kreditinstitute 5 A 2
- LuF-Betriebe 5 A 2
- Versicherungsunternehmen 5 A 2

Betriebssicherheitsverordnung
- Gesetzesvorhaben 2015 1 A 185 ff.

Betriebsstätte
- Außensteuerrecht 4 281, 301 ff., 309 ff.
- DBA 4 389
- gewerbliche Auslandsbetriebsstätten 4 320
- Investition in eine ausländische 4 301 ff., 309 ff.
- landwirtschaftliches bewirtschaftetes Grundstück 1 B 1
- Switch-Over-Klausel 4 379
- Symmetriethese 4 332
- Treaty Override 4 379
- Verluste, DBA 4 332

Betriebsstättengewinnermittlung
- Authorized OECD Approach 4 353
- direkte Methode 4 352
- Dotationskapital 4 358
- Entstrickung 4 359
- Geschäftsvorfälle, Betriebsstätte/Stammhaus 4 359
- indirekte Methode 4 352
- Kapitalausstattung 4 358
- Notwendigkeit 4 351
- Überführung von Wirtschaftsgütern 4 359
- Zuordnung von Wirtschaftsgütern 4 356 ff.

Betriebsübertragung
- EBITDA-Vortrag 4 2027
- Zinsvortrag 4 2027

1621

Betriebsveräußerung 4 492 f.
- Bedeutung 4 491
- Differenzbesteuerung 4 622
- E-Bilanz 4 1358
- Geschäftsveräußerung im Ganzen 4 622 f.
- nachträgliche Einkünfte 4 599
- wesentliche Betriebsgrundlagen 4 623

Betriebsveräußerung im Ganzen
- Betriebsfortführung 4 497, 516
- Definition 4 496, 498
- maßgeblicher Zeitpunkt 4 520
- Tätigkeitsaufgabe 4 514 ff.
- Zurückbehaltung von Wirtschaftsgütern 4 512

Betriebsveranstaltung/Freigrenze 5 A 2

Betriebsverfassungsgesetz
- Ordnungsgeld, Zwangsgeld bzw. Geldbuße bei Gesetzesverstoß 5 A 2
- wichtige €-Werte im Überblick 5 A 2

Betriebsverpachtung
- Abgrenzung 4 627 ff.
- Betriebserwerb 4 677 ff.
- Betriebsfortbestand 4 669 f.
- Definition 4 626
- freiberufliche Praxis 4 681 ff.
- Gewerbesteuerpflicht 4 674 ff.
- Gewinnermittlung 4 671 f.
- land- und forstwirtschaftlicher Betrieb 4 688 f.
- Veräußerung 4 673
- Wahlrecht 4 634 ff.
- wesentliche Betriebsgrundlagen 4 662 ff.

Bewertung
- Eigenkapital bei der Unternehmensbewertung 4 1625
- Lebenspartner 1 A 8
- Tabellen 5 F 1 ff.

Bewirtung in eigener Kantine 5 A 2

Bewirtungsaufwendungen 5 A 2

Bewirtungskosten, Nachweis 5 A 2

Bezugsrechte
- Kapitalerhöhung gegen Einlage 4 56

Bilanz nach HGB 5 E 1

Bilanzgliederung
- KapGes, große 5 E 6
- KapGes, kleine 5 E 4
- KapGes, mittelgroße 5 E 5
- KleinstKapGes 5 E 3

Bilanzgliederung nach HGB 5 E 1

Bilanzposten-ABC
- Abraumbeseitigung 4 740
- Allgemeines 4 749
- Arbeitsvertrag 4 708
- Aufbewahrung von Geschäftsunterlagen 4 741
- Aufwendungen 4 715
- Aufwendungen für soziale Einrichtungen 4 731
- Aufzeichnungspflichten 4 719
- Ausweis und Vermerkpflicht 4 738
- Begriff 4 714, 721, 737
- Beratungskosten 4 745
- Betriebsprüfung 4 742
- Bewertung 4 739, 751
- Bilanzierung 4 720
- Einzelfälle 4 736, 740
- Einzelkosten 4 722
- Erfassung der Kasseneinnahmen 4 734
- Fertigungsgemeinkosten 4 727
- Fertigungskosten 4 724
- Garantieleistungen 4 743
- Grundsatz 4 713
- häusliches Arbeitszimmer 4 713 ff., 719 f.
- Herstellungskosten 4 721 ff., 729 ff.
- Instandhaltung 4 744
- Jahresabschlusskosten 4 745
- Kassenbuchführung 4 732 ff.
- Kombinationsmodell 4 712
- Materialgemeinkosten 4 726
- Materialkosten 4 723
- Mittelpunkt der Tätigkeit 4 716
- nahe Angehörige 4 708
- Passivierungsgebot 4 751
- Passivierungsverbot 4 751
- Pensionsfonds 4 710
- Pensionsrückstellung 4 746
- Prüfungskosten 4 745
- Registerkassen 4 735
- Rückstellung 4 737 ff.
- Sonderkosten der Fertigung 4 725
- Steuern 4 747
- Teilwertabschreibung 4 749 f.
- Übersicht 4 732
- ungewisse Verbindlichkeiten 4 748
- Unterstützungskasse 4 711
- Verbindlichkeiten 4 751

- Verpflichtung zur Führung   4 733
- Versorgungszusagen, Auslagerung   4 710 f.
- Vertriebskosten   4 730
- Verwaltungskosten   4 729
- Vorbemerkung   4 707, 709
- Wertverzehr des Anlagevermögens   4 728
- willkürliche Gestaltung   4 750

BsGaV   1 *A* 57
- Inkrafttreten   1 *A* 59
- Regelungsgegenstand   1 *A* 56
- Verfahrensgang   1 *A* 58

Buchführung
- Aufbewahrungs- und Vorlagepflichten   4 1326
- Befreiung   4 1324
- Dokumentationsgrundsätze   4 1325
- formale Anforderungen   4 1325
- Geschäftsführung   4 1323
- Grundsätze ordnungsmäßiger Buchführung (GoB)   4 1325
- Pflichtverletzungen   4 1327
- Sprache   4 1325
- steuerliche   4 1348
- Verantwortlichkeit   4 1323
- Währung   4 1325

Buchführungspflicht   5 *A* 2
- Anwendungsbereich   4 1322
- Freiberufler   4 1322
- GmbH Vorgründungsgesellschaft   4 1055
- Vorgesellschaft   4 1322
- Zweigniederlassung   4 1322

Buchhaltungsunterlagen   2 *A* 40

Bürgschaft
- Existenzgründung   4 903

Bundeselterngeld- und Elternzeitgesetz
- Elterngeld   5 *A* 2
- Geldbuße   5 *A* 2
- Höchstbetrag   5 *A* 2
- Mindestbetrag   5 *A* 2

Bundesfreiwilligendienst
- Bemessungsgrundlage Arbeitslosenversicherung   5 *A* 2

Bundessteuerberaterkammer
- Qualitätssicherung   2 *B* 25

Businessplan
- Existenzgründung   4 894

C

Cadbury Schweppes   4 363

Chemikaliengesetz (Gesetz zum Schutz vor gefährlichen Stoffen)
- Geldbuße bei Verstoß gegen gesetzliche Vorschriften   5 *A* 2
- wichtige €-Werte im Überblick   5 *A* 2

Columbus Container Services BVBA & Co.   4 379

Controlling   4 1724

Corporate Identity   2 *B* 10, 14

D

Darlehen
- Existenzgründung   4 902

DBA   4 384

Depotübertrag   4 6, 31 ff.

Dienstreise   5 *A* 2

Direktversicherung   5 *A* 2
- Ansparphase   4 158
- Aufstockungsbetrag   4 158
- Auszahlungsphase   4 158
- Finanzierung   4 157
- Gewinnermittlung   4 159
- Steuerbefreiung   4 158

Direktzusage
- Begriff   4 164
- Besteuerung, Arbeitnehmer   4 166
- betriebliche Übung   4 165
- Betriebsvereinbarung   4 165
- Einzelzusage   4 165
- Finanzierung   4 165
- Gesamtzusage   4 165
- Gewinnermittlung   4 167
- Tarifvertrag   4 165
- Versorgungsbezug   4 166

Dividenden
- Erbschaft- und Schenkungsteuer   4 396 f.
- Länderübersicht   4 395, 408
- Mutter-Tochter-Richtlinie   4 289
- Substanzsteuern   4 396 f.
- Verkehrsteuern   4 396 f.

Dividendenfreistellung
- Mitunternehmerschaft   4 307

Dokumentation
- Mandatsvertrag   2 *A* 12, 24
- Qualitätssicherung   2 *B* 26

1623

Dokumentationsvorschriften
- Sanktionen 4 341

Doppelbesteuerung
- Abkommen 4 274 f.
- Definitionen 4 274
- Erlaubnisnormen 4 274
- Grundregeln 4 274
- Merkmale international 4 267
- Methoden zur Vermeidung von 4 284 ff.
- Steuerpflicht 4 261
- Ursachen 4 267 f.
- Vermeidung international 4 261

Doppelbesteuerungsabkommen
- Abkommensrecht 4 300, 303, 305
- Anrechnungsmethode 4 286
- Aufbau 4 278
- Auskunftsklausel 4 287
- Belgien 4 384, 387, 389, 391, 393, 395, 397, 399, 401, 403, 405, 407 f.
- Betriebsstätte 4 389
- Diskriminierungsverbot 4 287
- Dividenden 4 394 f., 407
- Doppelbesteuerung, Vermeidung 4 284 f.
- Einkommensteuer 4 384
- Erbschaft- und Schenkungsteuer 4 390 f., 396 f., 400 f., 404 f.
- Erbschaftsteuer 4 384
- Formularhinweis 4 406 f.
- Frankreich 4 384, 387, 389, 391, 393, 395, 397, 399, 401, 403, 405, 407 f.
- freiberufliche Arbeit 4 392 f.
- Freistellungsmethode 4 285
- Gewinn-Korrekturklausel 4 339 f.
- Griechenland 4 384, 387, 389, 391, 393, 395, 397, 399, 401, 403, 405, 407 f.
- Großbritannien 4 384, 387, 389, 391, 393, 395, 397, 399, 401, 403, 405, 407 f.
- Grundregeln 4 279 f.
- Irland 4 384, 387, 389, 391, 393, 395, 397, 399, 401, 403, 405, 407 f.
- Italien 4 384, 387, 389, 391, 393, 395, 397, 399, 401, 403, 405, 407 f.
- Länderübersicht 4 384, 408
- Liechtenstein 4 384, 387, 389, 391, 393, 395, 397, 399, 401, 403, 405, 407 f.
- Lohnsteuer 4 406
- Luxemburg 4 384, 387, 389, 391, 393, 395, 397, 399, 401, 403, 405, 407 f.
- Methoden zur Vermeidung der Doppelbesteuerung 4 286
- Methodenartikel 4 284
- Missbrauch 4 275
- nationale Beschränkung 4 276
- nichtselbständige Arbeit 4 387
- nichtselbständige Arbeit und Ruhegehälter 4 386
- Niederlande 4 384, 387, 389, 391, 393, 395, 397, 399, 401, 403, 405, 407 f.
- Österreich 4 384, 387, 389, 391, 393, 395, 397, 399, 401, 403, 405, 407 f.
- Quellensteuersätze 4 408
- Ruhegehälter 4 387
- Ruhegelder 4 283
- Schachteldividenden 4 285
- Schenkungsteuer 4 384
- Schweden 4 384, 387, 389, 391, 393, 395, 397, 399, 401, 403, 405, 407 f.
- Schweiz 4 384, 387, 389, 391, 393, 395, 397, 399, 401, 403, 405, 407 f.
- Sondervergütungen 4 275
- Spanien 4 384, 387, 389, 391, 393, 395, 397, 399, 401, 403, 405, 407 f.
- Steuersätze (Begrenzung) 4 282
- Subject-to-tax-Klauseln 4 277
- Substanzsteuern 4 390 f., 396 f., 400 f., 404 f.
- Systematik 4 278
- Umgehungsvorbehalt 4 275
- unbewegliches Vermögen 4 402 f.
- Unternehmensgewinne 4 389
- Unternehmensgewinne/Betriebsstätten 4 388
- USA 4 384, 389, 391, 393, 395, 397, 399, 401, 403, 405, 408
- Veräußerungsgewinne aus Anteilen 4 283
- Verkehrsteuern 4 390 f., 396 f., 400 f., 404 f.
- Verordnungsermächtigung 4 275
- Zinsen 4 398 f., 407

Doppelte Haushaltsführung 5 A 2
- Verpflegungsmehraufwand bei ständiger Unterkunft 1 B 1

Dotationskapital 4 358

Due Diligence
- Ablauf des Unternehmenskaufs 4 1693
- Aufgabenstellung 4 1690 f.
- Nachfolgeregelung 5 D 1 f.
- Themenbereiche 4 1692
- Unternehmenskauf 4 1670, 1690 ff.

Durchschnittssatz
- LuF 5 A 2
- Vorsteuerabzug 5 A 2

Durchsuchungsanordnung 4 1534

E

E-Bilanz
- Anwendungsbereich 4 1354
- Bestandteile 4 1356
- Betriebsaufgabe 4 1358
- Betriebsveräußerung 4 1358
- erstmalige Anwendung 4 1359
- Liquidation 4 1358
- Steuer-Taxonomie 4 1361
- Übermittlungsform 4 1360
- Übermittlungsfrist 4 1357
- Umwandlung 4 1358
- Verzicht auf die elektronische Übermittlung 4 1355
- XBRL-Datensatz 4 1360

EBITDA
- Begriff 4 1963
- Körperschaften 4 1965
- Personenunternehmen 4 1964
- verrechenbares 4 1966

EBITDA-Vortrag 4 1976
- fiktiver 4 1979
- Freigrenze 4 1977
- Verlust 4 1984, 1986

Ehegatten 1 *B* 1
- Abgeltungsteuer 4 23
- Betriebsaufspaltung 4 423
- Verlustverrechnung 4 23

Ehegatten/Lebenspartner
- glaubensverschiedene Ehe/Lebenspartnerschaft 4 1162
- Kirchensteuer 4 1159 ff.
- konfessionsgleiche Ehe/Lebenspartnerschaft 4 1160
- konfessionsverschiedene Ehe/Lebenspartnerschaft 4 1161

Eigentum
- wirtschaftliches 1 *B* 1

Eigenverantwortlichkeit des Steuerberaters 2 *A* 93

Eigenverbrauch
- Pauschbeträge 5 *A* 2

Einbringung
- Betrieb 4 555 f.
- Mitunternehmeranteil 4 555
- Teilbetrieb 4 555

Einbringung in KapGes
- andere Gegenleistungen 4 767
- Ansatzmöglichkeiten 4 772
- Anteile an KapGes 4 770
- anteilige Aufstockung 4 781
- Anteilstausch 4 764
- Anwachsung 4 766
- begünstigte Einbringungsobjekte 4 761, 771
- Betriebsaufspaltung 4 763
- Einbringender 4 768
- Einbringungsgewinn I 4 775
- Einführung 4 760
- Eintritt in Rechtspositionen 4 780
- Einzelrechtsnachfolge 4 755, 782
- EU/EWR-Einbringende 4 775
- Formwechsel 4 754
- Gesamtrechtsnachfolge 4 753
- inländische Rechtsträger 4 779
- Maßgeblichkeitsgrundsatz 4 779
- Mitunternehmeranteil/Bruchteil eines Mitunternehmeranteils 4 764
- nachsteuerauslösende Anteile 4 776
- qualifizierende gesellschaftsrechtliche Maßnahmen 4 752
- Rückwirkung 4 765
- Steuervergünstigungen 4 772
- Teilbetriebserfordernis, Nutzungsüberlassung 4 762
- Teilbetriebserfordernis, Zeitpunkt 4 762
- verdeckte Einlage 4 766
- Verlustvortrag 4 780
- verschleierte Sachgründung 4 766
- Wahlrechtsausübung 4 774
- Wertverknüpfung 4 769
- zurückbehaltene Betriebsgrundlagen 4 763
- zwingender Ansatz des gemeinen Werts 4 775
- Zwischenwertansatz 4 773

Einbringung in PersGes 4 792
- Ansatzwahlrecht 4 796
- Aufstockung in Gesamthandsbilanz 4 800
- Aufstockung Mitunternehmeranteil 4 795
- begünstigte Einbringungsobjekte 4 788
- beschränkt steuerpflichtiger Einbringender 4 788
- Einbringungsgewinn, Steuerbegünstigungen 4 796
- Einzelrechtsnachfolge 4 793

1625

- Ergänzungsbilanzen 4 796
- Gesamtrechtsnachfolge 4 794
- negative Ergänzungsbilanzen 4 798
- nicht erfasste Fälle 4 795
- positive Ergänzungsbilanzen 4 799
- Rückwirkung 4 790
- Spaltung, Realteilung 4 791
- Transparenzprinzip 4 797
- Übergang einzelner Wirtschaftsgüter 4 789
- Unterschiede Einbringung in KapGes 4 787
- Zuzahlungen 4 796

Einbringungsgeborene Anteile
- disquotale Einlagen 4 777
- siebenjährige Sperrfrist 4 777
- Überspringen stiller Reserven 4 777

Einbringungsgewinn I
- Besteuerung ohne Veräußerung 4 778
- Bewertung 4 778
- Entstrickungsantrag 4 778

Eingabebemessungsgrundlage
- Grundsteuer 5 A 2

Eingeschränkte Vergleichbarkeit
- Verrechnungspreismethoden 4 350

Einheitsbilanz 4 1350

Einkommensteuer 4 384
- Belgien 4 385
- Einkommensteuer-Vorauszahlungen 5 A 2
- Frankreich 4 385
- Griechenland 4 385
- Großbritannien 4 385
- Irland 4 385
- Italien 4 385
- Ländertarife, Übersicht 4 385
- Liechtenstein 4 385
- Luxemburg 4 385
- Niederlande 4 385
- Österreich 4 385
- Schweden 4 385
- Schweiz 4 385
- Spanien 4 385
- Steuerbefreiung 1 B 1
- USA 4 385

Einkommensteuerbefreiung
- Datenverarbeitungsgeräte 1 A 102
- INVEST-Zuschuss Wagniskapital 1 A 104
- Telekommunikationsgeräte 1 A 102

- Vereinbarkeit von Familie und Beruf 1 A 101
- Zuschläge nach BVerfG und SVG 1 A 103

Einkommensteuergesetz
- wichtige €-Werte im Überblick 5 A 2

Einkommensteuerpflicht 4 1170

Einkünfte
- aus Gewerbebetrieb 1 B 1
- aus Kapitalvermögen 1 B 1
- aus nichtselbständiger Tätigkeit 1 B 1
- aus selbständiger Tätigkeit 1 B 1
- aus Vermietung und Verpachtung 1 B 1
- sonstige 1 B 1

Einkünfte, ausländische
- Anrechnung ausländischer Steuern 4 269 f.
- ausländische Steuern, Abzug 4 271
- Besteuerung nach dem GewStG 4 314
- Dividenden 4 307 f.
- EStG 4 269 ff.
- Höchstbetrag 4 270
- KStG 4 269 ff., 306 ff.
- Schachteldividenden 4 307 f.
- Steuerabzug 4 271
- Steuererlass 4 273
- Steuerpauschalierung 4 272
- Veräußerungsgewinne 4 307 f.

Einkunftsabgrenzung 4 335 ff.

Einlage
- Abschreibungen 4 128
- verdeckte Einlage 4 1749

Einlagenfinanzierung 4 1025

Einlagenkonto
- verdeckte Einlage 4 1754

Einnahmen-Überschussrechnung 1 B 1
- Zufluss 4 1597

Einzelfallwerbung 2 B 31

Einzelkaufleute
- Buchführungsbefreiung 4 1324

Einzelrechtsnachfolge
- Abstraktionsprinzip 4 756
- Anschaffungsfiktion 4 782
- Arbeitsverhältnisse 4 758
- praktische Schwierigkeiten 4 759
- Vertragsinhalt 4 757

Elterngeld 5 A 2

Stichwortverzeichnis

Elterngeld-Plus-Gesetz
- Elternzeit 1 *A* 162 ff.
- Neuregelungen zum 1.1.2015 1 *A* 162 ff.
- Partnerschaftsbonus 1 *A* 164 ff.

Elternzeit
- Elterngeld-Plus-Gesetz 1 *A* 166

Energiesteuer
- Lebenspartner 1 *A* 10

Entfernungspauschale 1 *B* 1; 5 *A* 2

Entnahme
- Abschreibungen 4 129

Entscheidungsfunktion 4 965

Entstrickung
- SEStEG 4 359

Erben des Mandanten 2 *A* 77

Erbfall
- vorweggenommene Erbfolge 4 2030

Erbfolge 4 805, 815 ff., 824, 826 ff.
- Beispielsfall 4 813
- Definition 4 807
- Ehegattenerbrecht 4 810
- Erbrecht des Fiskus 4 812
- Erbschaftsteuer 4 823
- Erscheinungsformen 4 808, 814
- ertragsteuerliche Folgen 4 825
- gesetzliche 4 809 ff.
- gesetzliche Reihenfolge 4 809
- gewillkürte 4 814
- Grundsatz 4 801
- Parameter 4 802
- persönliche und rechtliche Verhältnisse 4 804
- Planungsinhalte 4 806
- Unternehmensnachfolge 4 803
- vorweggenommene 1 *B* 1
- Zinsschranke 4 2030
- Zugewinnausgleich 4 811

Erbfolge, vorweggenommene
- als Mittel der Nachfolgeplanung 4 845
- Anzeige- und Berichtigungspflicht 4 865
- BVerfG (17.12.2014) 4 854
- Definition 4 844
- entgeltliche Verfügungen 4 848
- Erbschaftsteuer 4 853, 855 ff., 866 ff., 876 f.
- ErbStG, Verfassungswidrigkeit 4 854
- Erscheinungsformen 4 846

- ertragsteuerliche Folgen bei Nießbrauchsvorbehalt 4 863
- ertragsteuerliche Folgen bei Versorgungsleistungen 4 862
- ertragsteuerliche Folgen der Erbauseinandersetzung 4 861
- ertragsteuerliche Folgen, mittelbare 4 860
- ertragsteuerliche Folgen, Überblick 4 859
- Gläubigeranfechtung 4 878 ff.
- Güterstandsschaukel 4 877, 880
- Handlungsempfehlungen 4 881
- Pflichtteilsverzicht gegen Abfindung 4 876, 879
- Poolvereinbarungen 4 869 f.
- Schenkung 4 847
- Unternehmensnachfolge, vorweggenommene 4 849 ff.
- unversteuertes Auslandsvermögen, Überblick 4 864
- Vermögensübertragung zwischen Eheleuten 4 871 ff., 878, 881

Erbschaft-/Schenkungsteuer
- Auslandsvermögen 4 315
- Außensteuerrecht 4 315
- Bewertung, Grundstück 1 *B* 1
- Grundstücksschenkung 1 *B* 1
- Pflege des Erblassers 1 *B* 1
- Rentenbeitrag, teilweise Rückzahlung 1 *B* 1
- Verfassungswidrigkeit 1 *B* 1

Erbschaftsteuer
- Begünstigung 4 625
- Betriebsvermögen, Bewertung 4 858
- Betriebsvermögen, Verschonung 4 857
- BVerfG (17.12.2014) 4 854
- DBA 4 384
- Freibeträge 4 856
- Reform 2009 4 853
- Steuerklassen und Steuersätze 4 855
- Stiftungen 4 1574
- Überblick 4 852
- Unterschiede zwischen Erbfall und Schenkung 4 824
- Verfassungswidrigkeit 4 854

Erbschaftsteuer-Durchführungsverordnung
- wichtige €-Werte im Überblick 5 *A* 2

Erbschaftsteuergesetz
- wichtige €-Werte im Überblick 5 *A* 2

1627

ErbStDV
- StVÄndV 1 A 66

ErbStG
- Gesetzesvorhaben 2015 1 A 134
- Verfassungswidrigkeit (BVerfG-Entscheidung 2014) 1 A 134

Erbvertrag
- Form 4 818

Erfolgsrechnung 5 C 2

Ergebniskrise 4 1722

Erhöhte Absetzungen 4 125

Erholungsbeihilfen 5 A 2

Ermittlungsmaßnahmen
- Lohnsteuer-Nachschau 4 489
- Umsatzsteuer-Nachschau 4 490

Eröffnungsbilanz
- GmbH 4 1065

Erreichbarkeit des Steuerberaters 2 B 17

Ertragskraft
- Bewertung 4 1630
- Ertragspotenzial 4 1631

Ertragsteuer
- Anwachsung 4 183

Ertragswert
- Ertragswertermittlung 5 C 1
- Leitfaden zur Ermittlung 5 C 1
- Unternehmensbewertung 4 1604

Erwerbsminderung 1 A 171

Escape-Klausel
- Eigenkapital 4 2018 ff.
- Eigenkapitalquote 4 2017
- Eigenkapitalquotenvergleich 4 2011
- Einbeziehungsumfang 4 2016
- Modifizierungen 4 2018 ff.
- Rechnungslegungsstandard, maßgeblicher 4 2012
- Überleitungsrechnung 4 2013 f.
- Vergleichszeitpunkte 4 2015

Essen für Arbeitnehmer 5 A 2

EStDV
- Änderung 2014 1 A 5

EStG
- Änderung 2014 1 A 5
- Aktienüberlassung an Arbeitnehmer 1 B 1
- Altersentlastungsbetrag 1 B 1
- Angehörige 1 B 1

- Anpassungen 1 A 16
- Anrufungsauskunft 1 B 1
- Anschaffungskosten, Herstellungskosten 1 B 1
- Ausbildungskosten 1 B 1
- ausländische Steuern 1 A 114
- Außergewöhnliche Belastungen 1 B 1
- Basisversorgung 1 A 107
- Berufsausbildungskosten 1 B 1
- Beschränkte Steuerpflicht 1 A 29B 1
- Betriebsausgaben 1 B 1
- Betriebsstätte 1 B 1
- Betriebsveranstaltungen 1 A 112
- doppelte Haushaltsführung 1 B 1
- Ehegatten/Lebenspartner 1 B 1
- Einbringung von Personengesellschaften 1 A 30
- Einkünfte aus Gewerbebetrieb 1 B 1
- Einkünfte aus Kapitalvermögen 1 B 1
- Einkünfte aus LuF 1 A 109
- Einkünfte aus nichtselbständiger Tätigkeit 1 B 1
- Einkünfte aus selbständiger Tätigkeit 1 B 1
- Einkünfte aus Vermietung und Verpachtung 1 B 1
- Einkünfte, sonstige 1 B 1
- Einnahmen-Überschussrechnung 1 B 1
- Entfernungspauschale 1 B 1
- erstmalige Berufsausbildung 1 A 106
- erweiterter Inlandsbegriff 1 A 17
- Freistellungsauftrag 1 A 27
- Fremdwährungsgeschäfte 1 A 21
- Gestaltungsmissbrauch 1 B 1
- Gewinnermittlung nach Durchschnittssätzen 1 A 110
- Haftung des Arbeitgebers für Lohnsteuer 1 B 1
- Handwerkerleistung 1 B 1
- haushaltsnahe Beschäftigung 1 B 1
- Investitionsabzugsbetrag 1 B 1
- Kapitalertragsteuer 1 A 28, 115
- Kapitalgesellschaft 1 B 1
- Kapitalvermögen 1 A 20
- Kinder 1 A 113
- Kindergeld 1 B 1
- Lebenspartner 1 A 5
- Lohnsteuerabzug 1 A 23
- Lohnsteuer-Anmeldung 1 A 24
- Lohnsteuer-Entrichtungsschuld 1 A 25
- Lohnsteuer-Jahresausgleich 1 A 26
- Nichtabzugsfähige Betriebsausgaben 1 B 1

- NV-Bescheinigungen, Freistellungsaufträge 1 A 116
- Pensionsrückstellung 1 B 1
- Personengesellschaften 1 B 1
- Pkw-Kosten 1 B 1
- Private Veräußerungsgeschäfte (früher: Spekulationsgeschäfte) 1 B 1
- Progressionsvorbehalt 1 B 1
- redaktionelle Änderungen 1 A 117
- Renten, Kaufpreisraten, dauernde Lasten 1 B 1
- Rentenbesteuerung 1 B 1
- Rückstellungen 1 B 1
- Sachbezüge 1 B 1
- Sonderausgaben 1 B 1
- Sonderausgaben-Pauschbetrag 1 A 19
- Sonderzahlungen Sovabilität 1 A 111
- Steuerbefreiung, Einkommensteuer 1 B 1
- steuerfreie Einnahmen 1 A 18
- Tarifermäßigung 1 B 1
- Teilabzugsverbot 1 A 105
- Teileinkünfteverfahren 1 B 1
- Unterhaltsleistungen 1 A 22
- Veräußerungsgewinne 1 B 1
- verdeckte Gewinnausschüttung 1 B 1
- Verluste (ESt) 1 B 1
- Versorgungsausgleich 1 A 108
- Versorgungsbezüge 1 B 1
- Vorweggenommene Erbfolge 1 B 1
- Werbungskosten 1 B 1
- wirtschaftliches Eigentum 1 B 1
- Zinsen 1 B 1
- Zinsschranke 1 B 1
- ZollkodexAnpG 1 A 102, 105 ff.
- Zukunftssicherungsleistungen des Arbeitgebers 1 B 1

EU-Einbringungen
- Anteilstausch 4 785
- begünstigte Einbringungsobjekte 4 783
- beschränkt steuerpflichtiger Einbringender 4 784
- Mitunternehmeranteil 4 783
- siebenjährige Haltefrist 4 786

Europäische Wirtschaftliche Interessenvereinigung
- rechtliche Gestaltung 4 1383

Europäisches Betriebsräte-Gesetz
- Geldbuße bei Gesetzesverstoß 5 A 2
- wichtige €-Werte im Überblick 5 A 2

Europarechtswidrigkeit des § 1 AStG
   4 338

Euro-Werte im Überblick
- Abgabenordnung 5 A 2
- Altersteilzeitgesetz 5 A 2
- Arbeitnehmer-Entsendegesetz 5 A 2
- Arbeitnehmerüberlassungserlaubnis – Kostenverordnung 5 A 2
- Arbeitnehmerüberlassungsgesetz 5 A 2
- Arbeitsgerichtsgesetz 5 A 2
- Arbeitsschutzgesetz 5 A 2
- Arbeitszeitgesetz 5 A 2
- Außensteuergesetz 5 A 2
- Berufsbildungsgesetz 5 A 2
- Betreuungsgeld 5 A 2
- Betriebsverfassungsgesetz 5 A 2
- Chemikaliengesetz (Gesetz zum Schutz vor gefährlichen Stoffen) 5 A 2
- Einkommensteuergesetz 5 A 2
- Erbschaftsteuer-Durchführungsverordnung 5 A 2
- Erbschaftsteuergesetz 5 A 2
- Europäisches Betriebsgeräte-Gesetz 5 A 2
- Finanzgerichtsordnung 5 A 2
- Gerichtskostengesetz 5 A 2
- Gesetz über Betriebsärzte, Sicherheitsingenieure und andere Fachkräfte für Arbeitssicherheit 5 A 2
- Gewerbesteuer-Durchführungsverordnung 5 A 2
- Gewerbesteuergesetz 5 A 2
- Grunderwerbsteuergesetz 5 A 2
- Grundsteuergesetz 5 A 2
- Heimarbeitsgesetz 5 A 2
- Höchstbetrag 5 A 2
- Höchstsatz 5 A 2
- Jugendarbeitsschutzgesetz 5 A 2
- Kleinbetragsverordnung 5 A 2
- Körperschaftsteuer-Durchführungsverordnung 5 A 2
- Körperschaftsteuergesetz 5 A 2
- Künstlersozialversicherungsgesetz 5 A 2
- Ladenschlussgesetz 5 A 2
- Mindestbetrag 5 A 2
- Mindestsatz 5 A 2
- Mitteilungsverordnung 5 A 2
- Mutterschaftsgeld 5 A 2
- Mutterschutzgesetz 5 A 2
- Produktsicherheitsgesetz 5 A 2
- Schwarzarbeitsbekämpfungsgesetz 5 A 2
- Seearbeitsgesetz 5 A 2
- SGB III (Arbeitsförderung) 5 A 2

1629

- SGB IV (gemeinsame Vorschriften für die Sozialversicherung) 5 A 2
- SGB V (Krankenversicherung) 5 A 2
- SGB VI (Rentenversicherung) 5 A 2
- SGB XI (Pflegeversicherung) 5 A 2
- Solidaritätszuschlagsgesetz 5 A 2
- Sozialversicherungsentgeltverordnung 5 A 2
- Sprecherausschussgesetz 5 A 2
- Strafgesetzbuch 5 A 2
- Tagessätze 5 A 2
- Umsatzsteuer-Durchführungsverordnung 5 A 2
- Umsatzsteuergesetz 5 A 2
- Vermögenbildungs-Durchführungsverordnung 5 A 2
- Vermögensbildungsgesetz 5 A 2
- Zerlegungsgesetz 5 A 2

Evangelische Landeskirchen
- Übersicht 5 B 3

EWIV
- rechtliche Gestaltung 4 1383

Existenzgründung 4 882, 905 ff., 910 f.
- Analyseverfahren 4 968
- Anforderung an Unternehmensgründer 4 884
- Anmeldeformalitäten 4 893
- bereichsbezogene Planung 4 939 ff., 948 ff.
- bereichsübergreifende Planung 4 947
- Bürgschaft 4 903
- Businessplan 4 894
- Darlehen 4 902
- Finanzierung 4 895
- Finanzplanung 4 959 ff., 964 ff.
- Fördermittel 4 899
- Geschäftsidee 4 886
- Gründungsablauf 4 885
- Investitionsplanung 4 953 ff.
- Marketingmix 4 936
- Maßnahmen 4 935
- Motivation 4 883
- Neugründung 4 889
- Plankontrolle 4 963
- Planungsfehler 4 970
- Rechtsformwahl 4 891
- soziale Absicherung 4 908
- Standortwahl 4 888
- Strategie 4 935, 937 f.
- Unternehmenskauf 4 889
- Unternehmensplanung 4 909, 912 ff.
- Unternehmensziele 4 934
- Zuschuss 4 904

Existenzgründungsberatung
- vereinbare Tätigkeiten 3 B 62 ff.

Export 4 258

F

Fachanwaltschaft 3 D 1

Fachberater 2 B 34

Fachberatertitel
- Antrag 3 D 39 ff., 66
- besondere praktische Erfahrung 3 D 15 ff.
- DStV-Fachberaterbezeichnungen 3 D 11 ff.
- Fachanwaltschaft 3 D 1
- Fachberaterordnung 3 D 2
- Fachgespräch mit Fachgebietsausschuss 3 D 42 ff.
- Fachlehrgänge 3 D 5
- Fortbildungspflicht 3 D 76 ff.
- Historie 3 D 1
- Internationales Steuerrecht 3 D 7 f.
- Nachweise 3 D 6, 27 ff., 42 ff.
- Rechtsmittel 3 D 75
- Rechtsmittel gegen StBK-Entscheidung 3 D 55 ff.
- Rücknahme 3 D 67 ff.
- theoretische Kenntnisse, besondere 3 D 4 ff.
- Visitenkarte 3 D 11
- Voraussetzungen 3 D 2 f.
- Widerruf 3 D 67 ff.
- Zoll- und Verbrauchsteuerrecht 3 D 9 f.

Fachmessen und Ausstellungsstände
- Werbemaßnahme 2 B 40

Fachveranstaltungen
- Werbemaßnahme 2 B 41

Factoring
- Honorardurchsetzung 2 B 61

Fälligkeitssteuer 4 1519, 1530

Fahrtkosten 5 A 2

FamilienPflegeBerufVereinbkG
- Arbeits- und Sozialrecht 1 A 154 ff.
- Aufstockung des Arbeitsentgelts 1 A 157
- Beirat für Vereinbarkeit von Pflege und Beruf 1 A 158
- Familienpflegezeitgesetz 1 A 154 ff.

– Neuerungen zum 1.1.2015 1 A 154 ff.
– Pflegezeitgesetz 1 A 154 ff.
– Vereinbarkeit von Familie und Beruf
 1 A 158

Familienstiftungen
– Außensteuergesetz 4 380
– Drittländer 4 382
– EU/EWR 4 381

Fehlende Bewertung
– Kapitalmaßnahme 4 59

Fehlgeldentschädigung 5 A 2

Festsetzungsfrist 1 B 1

Festverzinsliche Wertpapiere
– Staatsanleihen 4 96
– Stückzinsen 4 96
– Unternehmensanleihen 4 96

Festzinsanleihen
– Stückzinsen 4 77

FG-Verfahren 5 H 9

FIFO-Methode
– Sammelverwahrung 4 3

Finale Entnahmelehre 4 359

Finanzberatung
– vereinbare Tätigkeiten 3 B 73 ff.

Finanzgerichtsordnung
– wichtige €-Werte im Überblick 5 A 2

Finanzierung 4 985, 992, 994, 996, 1006 f., 1012 ff., 1023
– Alternativen 4 1015
– atypisch stille Gesellschaft 4 1039 ff.
– aus Abschreibungen 4 1017 f.
– aus Rückstellungen 4 1017
– Außenfinanzierung 4 972
– Basel III 4 974
– Begriff 4 971
– Beteiligungen 4 984, 1008
– Beteiligungsfinanzierung 4 1026
– Betriebsaufspaltung 4 1034
– Dauer 4 978
– durch Gewinnthesaurierung 4 1016
– durch Vermögensumschichtung 4 1021
– Einlagenfinanzierung 4 1025
– Existenzgründung 4 895
– Finanzierungsentscheidung 4 977
– Finanzierungsformen 4 975
– Finanzierungsneutralität 4 1051
– Gesellschafterdarlehen 4 1037 f.
– gewerbesteuerliche Verlustnutzung
 4 1020

– Innenfinanzierung 4 972
– Kreditfinanzierung 4 1024
– Leasing 4 1203
– Mindestbesteuerung 4 1022
– mittelständischer Unternehmen 4 973
– Nachsteuerbetrachtung 4 976
– partiarisches Darlehen 4 1045 f.
– Quellen 4 972
– Quellensteuer 4 1010
– Refinanzierungskosten 4 1027 ff., 1032, 1037, 1040, 1043, 1046
– Steuerstundungsmodell 4 1047 ff.
– typisch stille Gesellschaft 4 1042 ff.
– Unternehmen, Optimierungsmöglichkeiten 4 979
– Unternehmensfinanzierung 4 979
– Veräußerungsgewinne 4 1005
– Veräußerungsverluste 4 987
– Verlustverrechnung 4 1019
– Vermietung 4 1031 ff.
– Vermögensüberlassung 4 1031, 1036
– Vorteilhaftigkeitsvergleich 4 1011
– Wertminderungen 4 983 f., 986, 988, 993, 995
– Zinsen 4 982
– Zu- und Abfluss-Prinzip 4 981
– Zuflusszeitpunkt 4 980, 982

Finanzierungs- und Liquiditätskrise
 4 1723

Finanzierungsentscheidung
– Zeitpunkt 4 977

Finanzierungsformen
– Entscheidungsfaktoren 4 975

Finanzierungsleasing
– Allgemeines 4 1182
– bewegliche Wirtschaftsgüter 4 1183 f., 1186 ff., 1194
– Teilamortisationsvertrag 4 1197
– unbewegliches Wirtschaftsgut 4 1196 f.
– Verträge mit Kaufoption 4 1186, 1190
– Verträge mit Mietverlängerungsoption
 4 1187, 1191
– Verträge ohne Kauf- und Verlängerungsoption 4 1189
– Vollamortisationsverträge 4 1194, 1196
– Zurechnung beim Leasinggeber 4 1193
– Zurechnung beim Leasinghemer
 4 1192
– Zurechnung nach Mobilienerlass
 4 1190 f.
– Zurechnung nach Mobilienleasingerlass 4 1188 f.

1631

Finanzierungsleasing bewegliche Wirtschaftsgüter
- Vertrag ohne Kauf- oder Verlängerungsoption   4 1185

Finanzierungsneutralität
- Finanzierung   4 1051

Finanzstruktur
- Eigenkapitalausstattung   4 1628
- Fehlbestände   4 1627 f.
- Normalisierung   4 1628
- Überbestände   4 1627
- Vermögensgegenstände, nicht betriebsnotwendig   4 1629

Firmierung und Logo
- Vanity   2 B 42
- Werbemaßnahme   2 B 42

Flugblätter
- Werbemaßnahme   2 B 44

Fördermittel
- Existenzgründung   4 899

Folgebescheid   1 B 1

Formularhinweis (Länderübersicht)
- Dividenden   4 407
- Lohnsteuer   4 406

Formwechsel
- Ansatzwahlrecht   4 771

Fortbildung   2 B 11

Frankreich   4 384 f., 387, 389, 391, 393, 395, 397, 399, 401, 403, 405, 407 f.

Frauenquote
- Bundesgleichstellungsgesetz   1 A 184
- Bundesgremiengesetz   1 A 184
- Gesetzesvorhaben 2015   1 A 179 ff.
- gleichberechtigte Teilhabe   1 A 179 ff.
- leerer Stuhl   1 A 182
- Zielgröße   1 A 183

Freiberufler
- Buchführung   4 1322

Freiberufliche Arbeit
- DBA   4 392
- Länderübersicht   4 393

Freiberufliche Praxis
- Betriebsverpachtung   4 681 ff.
- Erbfall   4 684 ff.
- Verpachtbarkeit   4 681 ff.

Freibetrag   5 A 2

Freibetrag LSt-Abzugsverfahren   5 A 2

Freigrenze   5 A 2

Freistellung   4 16

Freistellungsauftrag
- Sparerfreibetrag   4 11
- Werbungskostenpauschbetrag   4 11

FreizügigkeitsÄndG
- finanzielle Auswirkungen   1 A 61
- Gegenstand   1 A 60
- Gesetzgebungsverfahren   1 A 62
- Inkrafttreten   1 A 63

Fremdvergleich   4 338
- Maßstab   4 343

Fremdwährungsgeschäft
- Devisenbriefkurs   4 7
- Umrechnung   4 7

Frühwarnsystem   4 1729

FSchStG
- ZollkodexAnpG   1 A 128

Führungsstil   2 B 22

Funktional-quantitative Betrachtungsweise   4 506

Funktionsverlagerung   4 338

Fusion
- Fusionsrichtlinie   4 292

Fusionsrichtlinie   4 293 f.
- SEStEG   4 292
- Umsetzung UmwStG   4 292

FVG
- BZSt-Aufgabenkatalog   1 A 127

G

GbR
- Form des Gesellschaftsvertrages   4 1408
- Heilung von Formmängeln   4 1409

GbR-Nachfolgeregelung
- Beispielsfall   4 827
- erbrechtliche Folgen   4 829
- erbschaftsteuerliche Folgen   4 830
- Gestaltungsformen   4 828
- Handlungsempfehlungen   4 832
- Nachfolgeklauseln   4 826
- Schenkung an Mitgesellschafter   4 831

Gebührentabellen
- Abschlusstabelle (Tabelle B)   5 H 12
- Beratungstabelle (Tabelle A)   5 H 11
- Buchführungstabelle (Tabelle C)   5 H 13

- Landwirtschaftliche Tabelle, Betriebsfläche (Tabelle D, Teil a) **5** *H* 14
- Rechtsbehelfstabelle (Tabelle E) **5** *H* 16

Gefahr im Verzug
- Mandatsvertrag **2** *A* 34

Gegenwartswert
- Tabellen **5** *F* 1

Geldbuße **5** *A* 2

Geldwäsche **4** 1503

Gemeinnützigkeitsrecht **1** *B* 1

Gemeinsame Vorschriften für die Sozialversicherung
- wichtige €-Werte im Überblick **5** *A* 2

Genossenschaft
- europäische **4** 1379
- Gründung **4** 1375
- Jahresabschluss **4** 1378
- Mitgliedschaft **4** 1376
- Organisation **4** 1377
- rechtliche Gestaltung **4** 1374
- Rechtsentwicklung, Erscheinungsformen **4** 1373

Genussrechte
- obligationsähnliche **4** 79

Gerichtskostengesetz
- Wertgebühren **5** *A* 2
- wichtige €-Werte im Überblick **5** *A* 2

Geringfügige Beschäftigung **5** *A* 2

Geringfügigkeitsgrenze **5** *A* 2

Geringverdienergrenze **5** *A* 2

Geringwertige Wirtschaftsgüter **5** *A* 2

Gesamthandsgemeinschaft
- Anwachsung **4** 179

Gesamtkostenverfahren
- GuV-Gliederung nach HGB **5** *E* 7

Geschäftsbesorgungsvertrag
- Mandatsvertrag **2** *A* 2

Geschäftsbeziehung **4** 338

Geschäftsführer ohne Auftrag **2** *A* 85

Geschäftsidee
- Existenzgründung **4** 886

Geschäftsleitung
- Ort der **4** 264

Geschäftspapier
- Werbemaßnahme **2** *B* 43

Geschäftsreise **5** *A* 2

Geschäftsunfähigkeit **2** *A* 58

Geschäftsveräußerung **1** *B* 1

Geschäftsvorfallbezogene Nettomargenmethode **4** 347

Geschenke **5** *A* 2

Gesellschafter
- Ausscheiden aus Gesamthandsgemeinschaft **4** 179 f.

Gesellschafterdarlehen **4** 1037

Gesellschafter-Fremdfinanzierung
- Konzernzugehörigkeit **4** 2037 ff.

Gesellschaftsanteile an Steuerberatungsgesellschaft **2** *B* 6

Gesetz über Betriebsärzte, Sicherheitsingenieure und andere Fachkräfte für Arbeitssicherheit
- Geldbuße bei Ordnungswidrigkeiten nach dem ASiG **5** *A* 2
- wichtige €-Werte im Überblick **5** *A* 2

Gesetz über Ordnungswidrigkeiten
- Einheitstäter **4** 1538

Gesetze 2014
- AOÄndG **1** *A* 1, 3, 80 ff.
- Arbeits- und Sozialrecht **1** *A* 136, 154 ff., 173 ff.
- Arbeitslosigkeit **1** *A* 170 ff.
- Arbeitsstättenverordnung **1** *A* 136
- Aufstockung des Arbeitsentgelts **1** *A* 157
- Betriebssicherheitsverordnung **1** *A* 136
- BsGaV **1** *A* 1, 3, 56 ff.
- Elterngeld Plus **1** *A* 136, 162 ff.
- Elternzeit **1** *A* 162 ff.
- FamilienPflegeBerufVereinbK **1** *A* 155 f.
- FamilienPflegeBerufVereinbkG **1** *A* 154, 157 f.
- Familienpflegezeitgesetz **1** *A* 154 ff.
- FreizügigkeitsÄndG **1** *A* 1, 3, 60 ff.
- Gesetz zur Anpassung steuerlicher Regelungen an die Rechtsprechung des Bundesverfassungsgerichts **1** *A* 3 ff.
- Gesetz zur Durchführung der VO (EU) Nr. 1214/2012 **1** *A* 3
- Gesetz zur Entlastung der Kommunen ab 2015 **1** *A* 3
- Gewerbeordnung **1** *A* 153
- KroatienStAnpG **1** *A* 1, 3, 13 ff.
- Kurzarbeitergeld **1** *A* 138
- Länder- und KommunenentlG **1** *A* 76 ff.

1633

- Mindesarbeitsbedingungsgesetz
  1 A 152
- Mindestlohn   1 A 136, 139
- Mindestlohngesetz   1 A 140 ff., 146 ff.
- Mütterrente   1 A 167 ff.
- Nachweisgesetz   1 A 151
- Neuerungen zum 1.1.2015   1 A 154 ff.
- Neuregelungen zum 1.1.2015   1 A 136, 140 ff., 146 ff., 162 ff.
- Pflegestärkungsgesetz (PSG) I und II
  1 A 160 f.
- Pflegeversicherung   1 A 136
- Pflegezeitgesetz   1 A 154 ff.
- Regelbedarfe   1 A 137
- Rente mit 63   1 A 167 ff.
- Schwarzarbeitsbekämpfungsgesetz
  1 A 149 ff.
- Sozialversicherungsbeitrag   1 A 173 ff.
- StVÄndV   1 A 64 ff.
- StVÄndV 2014   1 A 1, 3
- Tarifautonomiestärkungsgesetz
  1 A 139 ff., 146 ff.
- Überblick   1 A 1, 136
- Übersicht, tabellarische   1 A 3
- verabschiedete Gesetze   1 A 174
- Vereinbarkeit von Familie und Beruf
  1 A 158
- ZollkodexAnpG   1 A 1, 3, 89 ff.

Gesetzesvorhaben 2015
- Arbeitsrecht   1 A 176 ff.
- Arbeitsstättenverordnung   1 A 188 f.
- Beschäftigtendatenschutz   1 A 176
- Betriebssicherheitsverordnung
  1 A 185 ff.
- Bundesgleichstellungsgesetz   1 A 184
- Bundesgremiengesetz   1 A 184
- ErbStG   1 A 134
- Frauenquote   1 A 179 ff.
- Geschlechterquote   1 A 182 ff.
- gleichberechtigte Teilhabe   1 A 179 ff.
- gleichberechtigte Teilhabe von Frauen und Männern   1 A 179
- leerer Stuhl   1 A 182
- Leiharbeit, Arbeitnehmerüberlassung, (Schein-)Werkvertrag   1 A 176
- Steuerverfahren   1 A 135
- Tarifeinheitsgesetz   1 A 177 f.
- Tarifpluralität und Tarifeinheit   1 A 176
- Überblick   1 A 176
- VerkehrsteuerStÄndG   1 A 133
- Zielgröße   1 A 183

Gesetzgebungsvorhaben 2015
- ErbStG-Reform   1 A 2

- Überblick   1 A 2
- VerkehrStÄndG 2   1 A 2

Gesetzliche Rentenversicherung
- Beiträge   4 145
- Besteuerung   4 147
- Höchstbetrag   4 146
- Sonderausgabenabzug   4 143, 145 f.
- Träger der Rentenversicherung   4 144

Gestaltungsmissbrauch   1 B 1

Gewerbesteuer
- Anwachsung   4 188
- ausländische Einkünfte   4 314
- Betriebsstätte, ausländische   4 314
- Dividenden, ausländische   4 314
- Messbetrag   4 1151
- Mutter-Tochter-RL   4 314

Gewerbesteuer-Durchführungsverordnung
- wichtige €-Werte im Überblick   5 A 2

Gewerbesteuerfreiheit
- Ausnahmen   4 620
- Verluste   4 621

Gewerbesteuergesetz
- wichtige €-Werte im Überblick   5 A 2

Gewerbesteuerliche Hinzurechnung
  1 B 1

Gewerbesteuerliche Verlustnutzung
- Finanzierung   4 1020

Gewerbesteuerpflicht
- Betriebsverpachtung   4 674 ff.
- gewerbliche Prägung   4 675 f.

Gewerbliche Auslandsbetriebsstätten
- Verlustausgleichsbeschränkungen
  4 320

Gewerbliche Tierzucht
- Verluste   4 1765 f.

Gewerbliches Differenzgeschäft
- Verluste   4 1767 f.

Gewerbsmäßige Steuerhinterziehung
  4 1503, 1512

Gewinn- und Verlustrechnung (GuV)
  4 1141

Gewinnaufteilungsmethode   4 348

Gewinnausschüttungen
- Aktivierung   4 432
- Betriebsaufspaltung   4 428, 432

Gewinnermittlung
- Betriebsverpachtung   4 671 f.

- bilanzielle Auswirkungen 4 671
- eiserne Verpachtung 4 672

Gewinnthesaurierung
- Finanzierung 4 1016

Gewinnvergleichsmethode 4 349

Gewissenhaftigkeit der Berufsausübung
2 A 93

GewStG
- ambulante Rehabilitation 1 A 33
- Inland 1 A 32

Gläubigerausschuss-Mitgliedschaft
- Aufgaben 3 B 139 ff.
- Haftung 3 B 156 ff.
- Risiken 3 B 156 ff.
- vereinbare Tätigkeiten 3 B 138 ff.
- Vergütung 3 B 152 ff.
- Voraussetzungen 3 B 139 ff.

Glaubensverschiedene Ehe/Lebenspartnerschaft 4 1163 f.

Global Depositary Receipts
- GDR 4 66

GmbH
- Anzeigepflichten 4 1070
- Bargründung 4 1076
- Buchführung 4 1322
- Einlageleistung 4 1071
- Einmanngründung 4 1059
- Eintragung 4 1067
- Eröffnungsbilanz 4 1065
- Gewerbesteuerpflicht, Beginn 4 1063
- GmbH & Co. KG 2 C 59
- Gründung 4 1052 ff., 1056 ff., 1080 ff.
- Gründungsablauf 4 1053
- Gründungsaufwand 4 1069
- Gründungsformen 4 1052
- Grunderwerbsteuer 4 1079
- Haftung 2 C 55
- Haftungsrisiken 4 1068
- Handelsregister 4 1081 f.
- Jahresabschluss 4 1329, 1330
- Mindeststammkapital 4 1072
- Musterprotokoll 4 1060
- Rechnungslegung 4 1065
- Rechtsfähigkeit 4 1066
- Sacheinlagen 4 1073
- Sachgründung 4 1077 f.
- Sachgründungsbericht 4 1073
- Steuern 4 1067, 1070, 1075
- Umsatzsteuer 4 1057, 1080
- Umsatzsteuerpflicht 4 1064

- verdeckte Sacheinlage 4 1074
- Vorgesellschaft 4 1058 ff.
- Vorgründungsgesellschaft 4 1054, 1056

GmbH & Co. KG
- Jahresabschluss 4 1328, 1330

Goldanleihen
- Xetra Gold 4 85

GrEStG
- Anzeigen 1 A 44
- Umwandlungen 1 A 43

Griechenland 4 384 f., 387, 389, 391, 393, 395, 397, 399, 401, 403, 405, 407 f.

Größenklassen
- große KapGes 5 E 2
- Jahresabschluss 5 E 2
- kleine KapGes 5 E 2
- KleinstKapGes 5 E 2
- mittelgroße KapGes 5 E 2

Größenklassen nach § 3 BpO 5 A 2

Großbritannien 4 384 f., 387, 389, 391, 393, 395, 397, 399, 401, 403, 405, 407 f.

Gründungszuschuss 4 904

Grunderwerbsteuer
- Anwachsung 4 187
- Einlagen 4 1079
- Grundstücke 4 624

Grunderwerbsteuergesetz
- wichtige €-Werte im Überblick 5 A 2

Grundfreibetrag 5 A 2

Grundsätze ordnungsmäßiger Buchführung (GoB)
- Grundsätze ordnungsmäßiger DV-gestützter Buchführungssysteme (GoBS) 4 1325

Grundsteuergesetz
- wichtige €-Werte im Überblick 5 A 2

Grundstück
- untergeordneter Wert 5 A 2

Grundstücke, ausländische
- Verlustausgleichsbeschränkungen 4 324

Günstigerprüfung 4 40

Güterstandsschaukel
- Erbschaftsteuer 4 877
- Gläubigeranfechtung 4 880

GuV nach HGB 5 E 1

1635

GuV-Gliederung nach HGB 5 *E* 1
- Gesamtkostenverfahren 5 *E* 7
- KleinstKapGes 5 *E* 9
- Umsatzkostenverfahren 5 *E* 8

H

Haftung 2 *B* 5
- Altersvorsorgeberatung 3 *B* 59 f.
- Anscheinsbeweis 2 *C* 24
- Aufsichtsratstätigkeit 3 *B* 23 f.
- Außenhaftung 2 *C* 58
- Beiratstätigkeit 3 *B* 23 f.
- Belehrungspflicht 2 *C* 17
- Beratermehrheit 2 *C* 25
- Beratungsvertrag 2 *C* 5, 44
- Berufsausübungsgemeinschaften 2 *C* 43
- Betreuer 3 *B* 54
- Beweisführung 2 *C* 21
- Dauermandate 2 *C* 42
- Dritthaftung 2 *C* 32
- Existenzgründungsberatung 3 *B* 67 ff.
- Fallzahlen 2 *C* 2
- Finanzberater 3 *B* 76
- Fristenüberwachung 2 *C* 10
- Gefälligkeit 2 *C* 7
- Gefahrenhinweis 2 *C* 18
- Gefahrenwarnung 2 *C* 19
- Geschäftsführer 2 *C* 56
- GmbH 2 *C* 54
- Grundlagen 2 *C* 1, 31
- Haftpflichtgefahren 2 *C* 80
- Haftungsausschluss 2 *C* 73
- Haftungsbegrenzung 2 *C* 70
- Haftungsbeschränkung 2 *C* 72
- Haftungsprävention 2 *C* 75 f.
- Haus- und WEG-Verwaltung 3 *B* 89 ff.
- Höchstbetrag 2 *C* 52
- Insolvenzen 2 *C* 37
- Insolvenzverschleppung 2 *C* 39
- Insolvenzverschleppungsschaden 2 *C* 36
- Insolvenzverwalter 3 *B* 116 ff.
- interprofessionelle Partnerschaft 2 *C* 51
- Jahreshöchstdeckung 2 *C* 83
- Kausalität 2 *C* 20
- Kenntnis 2 *C* 63 f.
- Mandatsvertrag 2 *A* 12, 27
- Mediator 3 *B* 136, 156 ff., 170 f., 182
- Mitverschulden 2 *C* 29
- Mitwirkungspflichten 2 *C* 30
- Organhaftung 2 *C* 57
- Partnerbefassung 2 *C* 50
- Partnerschaftsgesellschaft 2 *C* 48
- Pflichtenkreis 2 *C* 8
- Pflichtverletzung 2 *C* 3
- Praxisorganisation 2 *C* 77
- RDG-Haftung 2 *C* 15
- Rechtsberatung 2 *C* 13
- Rechtsdienstleistung 2 *C* 14, 40
- Rechtsprüfung 2 *C* 11
- Rechtssprechungskenntnisse 2 *C* 12
- Risikomanagement 2 *C* 69
- Risikominimierung 2 *C* 74
- Sachverhaltsaufklärung 2 *C* 9
- Sachverhaltserforschung 2 *C* 6
- Sanierungsberater/Insolvenzberater 3 *B* 184 ff.
- Schaden 2 *C* 27
- Schadenersatz 2 *C* 26
- Schadenseintritt 2 *C* 28
- Schadenverhütung 2 *C* 16
- Scheinsozius 2 *C* 47
- Sozietät 2 *C* 45
- Steuerberater, bei unzulässiger/falscher Rechtsbesorgung 2 *A* 88
- Strafverteidigung 3 *B* 211 f.
- Syndikus-Berater 3 *E* 20 f.
- Testamentsvollstreckung 3 *B* 234 f.
- Überwachung 2 *C* 38
- Umfang 2 *C* 4
- Ursächlichkeit 2 *C* 22
- vereinbare Tätigkeiten 3 *B* 23 f., 54, 59 f., 67 ff., 76, 89 ff., 116 ff., 136, 156 ff., 170 f., 182, 184 ff., 211 f., 234 f., 245 f., 250, 254
- Vergütung 3 *B* 250
- Verjährung 2 *C* 60
- Verjährungsbeginn 2 *C* 62
- Verjährungsfolgen 2 *C* 68
- Verjährungshemmung 2 *C* 66 f.
- Verjährungshöchstfristen 2 *C* 65
- Vermögensberater/Anlageberater 3 *B* 254
- Versicherungslücken 2 *C* 81
- Versicherungspflicht 2 *C* 79
- Versicherungsschutz 2 *C* 78
- Versicherungssumme 2 *C* 82
- Verstoßdeckung 2 *C* 84
- Vertragsabrede 2 *C* 71
- Vertragsnähe 2 *C* 35
- Vorprozess 2 *C* 23
- VSzgD 2 *C* 34
- VzgD 2 *C* 33

- Zahlungsunfähigkeit 2 C 41
- Zwangsverwaltung 3 B 245 f.

Haftung bei Nichtigkeit des Mandats 2 A 86

Haftungsbegrenzung
- Mandatsvertrag 2 A 23

Handakte 2 A 40 f.

Handwerkerleistung 1 B 1

Handzettel
- Werbemaßnahme 2 B 44

Haus- und WEG-Verwaltung
- Haftung 3 B 89 ff.
- Risiken 3 B 89 ff.
- vereinbare Tätigkeiten 3 B 78 ff.
- Vergütung 3 B 87 f.

Haushaltsnahe Beschäftigung 1 B 1

Hebesatz 4 1148

Heimarbeit
- Geldbuße bei Verstoß gegen Arbeits- und Gefahrenschutzbestimmungen des HAG 5 A 2

Heimarbeiterzuschläge 5 A 2

Heimarbeitsgesetz
- wichtige €-Werte im Überblick 5 A 2

Herausgabepflicht 2 A 47
- Mandatsvertrag 2 A 39

Herausgabeverweigerung 2 A 47

Herausgabeverweigerung Unterlagen 2 A 56

Herstellungskosten
- Abschreibungen 1 B 1; 4 127

Hinterbliebenen-Pauschbetrag 5 A 2

Hinweispflicht durch Steuerberater
- Mandatsvertrag 2 A 32

Hinzurechnungsbesteuerung
- Abschirmwirkung der DBA 4 376
- Anrechnungs- an Stelle von Freistellungsmethode 4 376
- Anteilsveräußerung 4 374
- Betriebsstättenbesteuerung 4 379
- Cadbury Schweppes 4 363
- Dividenden 4 373
- Einkünfte aus der Aufsuchung und Gewinnung von Bodenschätzen 4 367
- Einkünfte aus der Erzeugung von Energie 4 367

- Einkünfte aus der Vergabe von Darlehen 4 372
- Einkünfte aus Dienstleistungen 4 370
- Einkünfte aus Handel 4 369
- Einkünfte aus Herstellung, Bearbeitung, Verarbeitung oder Montage von Sachen 4 367
- Einkünfte aus Land- und Forstwirtschaft 4 366
- Einkünfte aus V+V 4 371
- Einkünfte von Kreditinstituten und Versicherungsunternehmen 4 368
- Einkünfte von Zwischengesellschaften 4 365 ff.
- Ermittlung des Hinzurechnungsbetrages 4 376
- Ermittlungs- und Verfahrensfragen 4 378
- europarechtliche Zulässigkeit 4 363
- Hinzurechnungsquote 4 364
- Nachweis 4 363
- Niedrigbesteuerung 4 362
- persönliche und sachliche Voraussetzungen 4 362
- Regelungsbereiche 4 361
- tatsächliche wirtschaftliche Tätigkeit 4 363
- Umwandlungen 4 375

Höhe der Kirchensteuer 4 1148

Honorar
- Abtretung 2 D 10
- Anforderungen an die Kostennote 2 D 9
- Auslagen 2 D 8
- Begriffsbestimmung 2 D 4
- Darlegungs- und Beweislast 2 D 5
- Durchsetzung des Anspruchs auf 2 D 9 ff.
- Einzeltätigkeiten 2 D 6
- Erfolgshonorar 2 D 2
- Gebührenhöhe, Festlegung 2 D 5
- Gebührenüberhebung 2 D 2
- Gebührenunterschreitung 2 D 2
- Gebührenvereinbarungen 2 D 7
- höhere Vergütung 2 D 7
- Klageverfahren 2 D 11
- Liquidität des Mandanten 2 B 59
- Mandatsvertrag 2 A 55
- Pauschalierung 2 D 7
- Provisionsverbot 2 D 2
- Rechtsgrundlagen 2 D 2, 13 ff.
- RVG 2 D 1, 18 ff., 22 ff.
- RVG-VV 2 D 21

- StBVV 2 D 1 ff.
- Tabellen 2 D 4
- Umsatzsteuer 2 D 8
- vereinbare Tätigkeiten 2 D 12
- Verjährung 2 D 9
- Vorschuss 2 D 10
- Wirtschaftsauskunftsdienste 2 B 59
- Zurückbehaltungsrecht 2 D 10

Honorardurchsetzung
- Factoring 2 B 61
- Inkasso-Institut 2 B 61
- Mahn- oder Klageverfahren 2 B 61

Honorargestaltung
- Angemessenheit 2 B 58
- Honorarklarheit 2 B 60
- Nachvollziehbarkeit 2 B 57
- Steuerberatervergütungsverordnung 2 B 57, 60

Honorarhinweise
- BVerfG 2 B 62
- im Einzelfall 2 B 62
- Information, fehlerhafte 2 B 62
- Ungeeignetheit 2 B 62
- Werbung 2 B 62

Honorarklarheit 2 B 60

Honorarmarketing 2 B 56

Honorarpolitik 2 B 16

Honorarstreitigkeit
- Mandatsvertrag 2 A 21

Honorarzahlung 2 A 79

Honorar-Zahlungsverpflichtung 2 A 56

Honorierungspflicht des Mandanten 2 A 57

Hypothetischer Fremdvergleich
- Verrechnungspreismethoden 4 350

I

IFRS-Abschluss
- Bedeutung 4 1339

IFRS-Rechnungslegung
- Bedeutung 4 1362
- Grundsätze 4 1363
- Vergleich mit HGB 4 1363

Incentives
- Werbemaßnahme 2 B 45

Inflation
- Unternehmensbewertung 4 1616 ff.

Informationsaustausch 4 334

Informationsbeschaffung 4 918 ff.

Informationserhebung
- Checkliste 5 C 2

Informationsveranstaltungen des Steuerberaters 2 B 21

Inkasso-Institut
- Honorardurchsetzung 2 B 61

Inländische Einkünfte 4 90, 92
- Spekulationsfrist 4 89

Inländische Mieterträge 4 91

Innenfinanzierung
- Begriff 4 972
- Quellen 4 972

Innergemeinschaftliche Lieferungen 1 B 1

Insolvenz 1 B 1; 2 A 58
- Antrag 4 1084 f.
- Beraterrechte 4 1104 f.
- Betriebsaufspaltung 4 439
- des Mandanten 2 A 79 ff.
- Eröffnung 4 1092, 1094, 1097 ff., 1101 ff.
- Eröffnungsverfahren 4 1084, 1090, 1096
- Forderungsbefriedigung 4 1102
- Forderungsdurchsetzung 4 1101
- Informationsmöglichkeiten 4 1096
- Insolvenzgrund 4 1086 ff.
- Insolvenzverschleppung 4 1109
- Insolvenzverwalter, schwacher vorläufiger 4 1091
- Lastschriftwiderruf 4 1100
- Offenbarungs- und Unterstützungspflichten 4 1094
- Schutzschirmverfahren 4 1095
- Sicherungsmaßnahmen 4 1090, 1094, 1097 ff.
- Überschuldung a.F. 4 1088
- Überschuldung n.F. 4 1089
- Verfahren 4 1083 ff., 1086, 1090 ff., 1094 ff., 1099 ff.
- Vertragsverhältnisse, bestehende 4 1099
- Verwertungsstopp 4 1098
- Zahlungen an den Schuldner 4 1103
- Zahlungsunfähigkeit 4 1087

Insolvenzverfahren
- Absonderungsrecht 4 1117
- Allgemeines 4 1083

- Anfechtung 4 1118
- Anfechtungsbefugnis 4 1119
- Antrag 4 1084 f.
- Aussonderungsrecht 4 1116
- Bankrottdelikte 4 1114
- Berater als nahestehende Person 4 1134
- Berater, strafprozessuale Stellung 4 1132
- Berater, strafrechtliche Verantwortung 4 1133
- Beraterforderung, titulierte 4 1137
- Beraterhaftung 4 1128, 1130
- Cash-Pool 4 1112
- Darlegungs- und Beweislast 4 1110
- Eröffnung 4 1091 f., 1094, 1096 ff., 1105
- Eröffnung, Rechtsposition des Beraters 4 1104
- Eröffnungsverfahren 4 1084, 1090
- Forderungsanmeldung 4 1124
- Forderungsbefriedigung 4 1102
- Forderungsdurchsetzung 4 1101
- Haftung des Abschlussprüfers, zivilrechtliche 4 1129
- Haftung des Beraters, zivilrechtliche 4 1128
- Haftung des Vertretungsorgans 4 1109 ff.
- Haftungsvorsorge des Beraters 4 1130
- Honorars, Sicherung des 4 1138
- Informationsmöglichkeiten 4 1096
- Insolvenzverwalter, starker vorläufiger 4 1092
- Insolvenzverwalter, vorläufiger 4 1093
- Lastschriftwiderruf 4 1100
- laufende Vertragsverhältnisse 4 1121
- Mandatsabwicklung 4 1127
- Massemälerungshaftung 4 1111
- Nichtabführung von Sozialversicherungsbeiträgen und Steuern 4 1113
- Notgeschäftsführung 4 1126
- Prozesse, laufende 4 1123
- Rechtsstellung der Gläubiger 4 1115
- Rechtsstellung des Schuldners (allgemein) 4 1106
- Rechtsstellung des Schuldners (gesellschaftsrechtlich) 4 1107
- Rechtsweg 4 1119
- Rückschlagsperre 4 1120
- Schutzschirmverfahren 4 1095
- Sicherung des Honorars 4 1135
- Sicherungsmaßnahmen 4 1090 ff., 1094, 1097 ff.
- Steuerberatungsvertrag/Vollmacht 4 1125
- Strafrecht 4 1114, 1133
- Strafverfahrensrecht 4 1132
- Vermögensübersicht 4 1093
- Vertragsverhältnisse, bestehende 4 1099
- Vertragsverhältnisse, bestehende (Auflösungsklauseln) 4 1122
- Verwertungsstopp 4 1098
- Vorschuss/Teilleistungen 4 1136
- Zahlungen an den Schuldner 4 1103
- Zahlungspflichten der Gesellschafter 4 1108
- Zurückbehaltungsrecht des Beraters 4 1105

Insolvenzverfahren bei Steuerberater
- bei Steuerberater 2 A 78

Insolvenzverwalter 2 A 78
- Haftung 3 B 116 ff.
- Risiken 3 B 116 ff.
- vereinbare Tätigkeiten 3 B 93 ff.
- Vergütung 3 B 115

Interdependenz 4 1636

Interessenkollision
- Mandatsvertrag 2 A 28 f.

Interessenwahrnehmung 2 A 84

International Depositary Receipts
- IDR 4 66

Internationales Steuerrecht
- Anwendungsbereich 4 258
- Begriff 4 259
- Doppelbesteuerung, Vermeidung 4 261
- Doppelbesteuerungsabkommen 4 274 ff., 286 f., 300, 303, 305
- Einkommensteuertarife (Länderübersicht) 4 385
- Planung, grenzüberschreitende 4 258
- Ziele, unternehmerische 4 258

Internes Überwachungssystem 4 1730

Internet und E-Mail
- Domänenschutz 2 B 46
- Werbemaßnahme 2 B 46

Internet-Auftritt 2 B 20

Investitionsabzugsbetrag 1 B 1

Investitionszulage 1 B 1

Investmentfonds
- Ausschüttung 4 67
- ausschüttungsgleiche Erträge 4 67
- Immobiliengewinn 4 67

1639

- Thesaurierung 4 67
- Zwischengewinn 4 67

Irland 4 384 f., 387, 389, 391, 393, 395, 397, 399, 401, 403, 405, 407 f.

Italien 4 384 f., 387, 389, 391, 393, 395, 397, 399, 401, 403, 405, 407 f.

J

Jahresabschluss
- Anhang 4 1142 f.
- Bilanz 4 1140
- E-Bilanz 4 1354
- Erleichterungen 4 1332
- Gewinn- und Verlustrechnung 4 1141
- GmbH 4 1329, 1333
- GmbH & Co. KG 4 1330
- Größenklassen 4 1328; 5 E 2
- IFRS-Rechnungslegung 4 1362
- Kleinstkapitalgesellschaften 4 1329, 1333
- Lagebericht 4 1144
- MicroBilG 4 1329, 1333
- Offenlegung 4 1334
- Überblick 4 1142
- Übersicht 4 1143
- Vorbemerkung 4 1139

Jugendarbeitsschutz
- Geldbuße bei Verstoß gegen das JArbSchG 5 A 2

Jugendarbeitsschutzgesetz
- wichtige €-Werte im Überblick 5 A 2

K

Kalkulationszinsfuß
- Äquivalent mit Unternehmensertrag 4 1612 ff.
- Berechnungsbeispiel 4 1662
- Risikozuschlag für KMU 4 1614

Kanzlei-Broschüre 2 B 19

Kanzleierwerb 2 B 6

Kanzleiphilosophie 2 B 12

Kanzleirundschreiben 2 B 18

Kapitalbeteiligung
- Verluste aus Veräußerung 4 1770 ff.

Kapitalerhöhung aus Gesellschaftsmitteln
- Bezugsrechte 4 61
- Teilrechte 4 61

Kapitalerträge
- Verjährung 1 A 81

Kapitalertragsteuer 4 1
- verdeckte Gewinnausschüttung 4 1743

Kapitalflussrechnung
- Konzernabschluss 4 1342

Kapitalgesellschaft 1 B 1
- Auslandsengagement 4 306 ff.
- Außensteuerrecht 4 312 f.
- Einbringung in eine 4 752, 754, 756 ff., 768 ff.
- Gesellschafter-Fremdfinanzierung 4 2033 ff.
- Größenklassen 5 E 2
- Investitionen 4 312 f.
- Investition in ausländische 4 299, 307
- Prüfungspflicht 4 1405
- Publizitätspflicht 4 1406
- steuerliche Verlustvorträge 4 1407
- Kapitalgesellschaften

Kapitalgesellschaft, ausländische
- Investition in 4 299
- Qualifikation nach deutschem Steuerrecht 4 299

Kapitalgesellschaftsbeteiligung, 100 %ige
- Tarifbegünstigung 4 619

Kapitalherabsetzung
- Ausschüttung aus steuerlichem Einlagekonto 4 62

Kapitalmaßnahme
- andere Einkunftsarten 4 63

Kapitalvermögen
- Verluste 4 1776 ff.

Kapitalwert
- Tabellen 5 F 1 f., 4 ff.

Katholische Kirche
- Übersicht Erzbistümer 5 B 4

Kaufpreis
- Earn-out 4 1687
- EBIT-Bewertung 4 1689
- Multiplikatorverfahren 4 1689
- Unternehmenskauf 4 1687 ff.
- variable Kaufpreisklauseln 4 1687

KfZ-Steuer
- Gesetzesvorhaben 2015 1 A 133
- VerkehrStÄndG 1 A 133

KGaA
- rechtliche Gestaltung 4 1372
- Zinsschranke 4 2044

Kinder
- Ausbildungsfreibetrag 5 *A* 2
- Betreuungsfreibetrag 5 *A* 2
- Erziehungsfreibetrag 5 *A* 2
- Kirchensteuer, Berücksichtigung bei der 4 1150

Kinderbetreuung
- Länder- und KommunenentlG 1 *A* 76 ff.

Kinderbetreuungskosten 5 *A* 2

Kinderfreibetrag 5 *A* 2

Kindergartenbeiträge 5 *A* 2

Kindergeld 1 *B* 1; 5 *A* 2

Kirchensteuer
- Abführung 4 1167, 1170
- Abgeltungsteuer 4 1158
- Arbeitgeberpflichten 4 1167
- auf Kapitalertragsteuer 4 1164
- Auskunft in Kirchensteuerfragen 5 *B* 2
- Ausländer 4 1146
- Austritt aus der Kirche 4 1165 f.
- Beginn der Kirchensteuerpflicht 4 1165
- Beginn des Kirchensteuerabzugs 4 1165
- Begrenzung der Kirchensteuer 4 1152
- Ehegatten/Lebenspartner 4 1159 ff.
- Einbehalt durch Arbeitgeber 4 1170
- Einführung 4 1145
- einheitliche Pauschsteuer 4 1156
- Einkommensteuerpflichtige 4 1171
- Ende der Kirchensteuerpflicht 4 1165 f.
- Erlass 4 1168
- Evangelische Landeskirchen 5 *B* 3
- Faktorverfahren 4 1157
- Gläubiger der Kirchensteuer 4 1147
- glaubensverschiedene Ehe/Lebenspartnerschaft 4 1162 f.
- Halbteilungsgrundsatz 4 1161
- Hebesatz 4 1148
- Höhe 4 1148 ff.
- Kapitaleinkünfte 4 1158
- Kapitalertragsteuer 4 1158
- Kappung der Kirchensteuer 4 1152
- Katholische Kirche, Erzbistümer 5 *B* 4
- Kinder 4 1150
- Kirchenmitgliedschaft 4 1146
- konfessionsgleiche Ehe/Lebenspartnerschaft 4 1160
- konfessionsverschiedene Ehe/Lebenspartnerschaft 4 1161
- Korrektur der Bemessungsgrundlage 4 1149 ff.
- Lohnkonto 4 1167
- Lohnsteuer 4 1157
- Mindestbeträge 4 1153
- Pauschalierung der Lohnsteuer 4 1154 f.
- Religionsgemeinschaften, Adressen der 5 *B* 2
- Religionsgemeinschaften, erhebende 5 *B* 1
- Religionsgemeinschaften, steuererhebende 4 1172
- Religionsgemeinschaften, weitere 5 *B* 5
- Religionsmerkmal 4 1167, 1170
- Schuldner der Kirchensteuer 4 1146
- Servicetelefone 5 *B* 6
- Sonderausgabe 4 1169
- Sonderausgabenabzug 4 1158
- Sonderausgabenabzug bei Kapitalertragsteuer 4 1169
- Teileinkünfteverfahren 4 1151
- Tod des Kirchensteuerpflichtigen 4 1165
- Veranlagung 4 1171
- Verwaltung 4 1172
- zusammenfassender Überblick nach Bundesländern 5 *B* 1
- Zwölftelung 4 1167

Kleinbetragsverordnung
- wichtige €-Werte im Überblick 5 *A* 2

Kleinunternehmer 1 *B* 1

Körperschaften
- EBITDA 4 2031 f.

Körperschaftsteuer-Durchführungsverordnung
- wichtige €-Werte im Überblick 5 *A* 2

Körperschaftsteuergesetz
- wichtige €-Werte im Überblick 5 *A* 2

Körperschaftsteuerguthaben 4 1509

Körperschaftsteuerhinterziehung 4 1509

Kommanditist
- Kapitalkonto, negatives und Verlustausgleich 4 328

Kompensationsverbot 4 1506

Komplettmandatierung
- Mandatsvertrag 2 *A* 10

Konkurrenz 4 1536

Kontrahierungszwang
- Mandatsvertrag 2 *A* 17

Konzernabschluss
- Ablauf der Erstellung 4 1344
- anteilsmäßige Konsolidierung 4 1346
- assoziierte Unternehmen 4 1347
- Aufstellungsfrist 4 1342
- Aufstellungsgrundsätze 4 1342
- Aufstellungspflicht 4 1338, 1340
- Bedeutung 4 1337
- Bestandteile 4 1342
- Feststellung 4 1343
- Größenkriterien 4 1340
- Handelsbilanz II 4 1344
- IFRS-Abschluss 4 1339
- IFRS-Rechnungslegung 4 1362
- Kapitalflussrechnung 4 1342
- Kapitalkonsolidierung 4 1345
- Konsolidierungsbuchungen 4 1345
- Konsolidierungskreis 4 1341
- Prüfung 4 1343
- Publizität 4 1343
- Schuldenkonsolidierung 4 1345
- Segmentberichterstattung 4 1342
- Stichtag 4 1342
- Vollkonsolidierung 4 1345
- Wahlrechte 4 1344

Konzernzugehörigkeit
- Finanz- und Geschäftspolitik 4 2006 f.
- Gleichordnungskonzerne 4 2010
- Konsolidierbarkeit 4 2002
- Konsolidierungsfähigkeit 4 2002
- Konzernabschlusspflicht 4 2002
- Konzernabschlussrecht 4 2002
- Konzernspitze 4 2010
- Personalunion 4 2009
- Rechnungslegungsstandards 4 2003
- Vollkonsolidierungsfähigkeit 4 2004 f.

Korrespondierende Bilanzierung
- Betriebsaufspaltung 4 431

Kosten
- Sachbearbeitung mit IT 1 A 95

Kostenaufschlagsmethode 4 346

Kostenkrise
- Management- und Führungskrise 4 1719

Krankenversicherung
- wichtige €-Werte im Überblick 5 A 2

Kreditfinanzierung 4 1024

Krisenfrüherkennung
- Betriebsrat 4 1710

Krisenmanagement 4 1698

Krisenvermeidung 4 1697

KroatienStAnpG
- AO 1 A 45 ff.
- EStG 1 A 16 ff.
- EU (RL 2013/13/EU) 1 A 14
- geringfügige Änderungen 1 A 15
- GewStG 1 A 32 f.
- GrEStG 1 A 43 f.
- Inkrafttreten 1 A 55
- JStG 2015 1 A 13
- KStG 1 A 31
- StBerG 1 A 49 ff.
- Überblick 1 A 13
- UStG 1 A 34 ff.
- wesentliche Änderungen 1 A 14

KSt-Erhöhung
- Umwandlung KapGes/PersGes 4 1815

KStG
- ausländische Einkünfte 1 A 118
- Inland 1 A 31

KSt-Minderung
- Umwandlung KapGes/PersGes 4 1815

Kündigung 2 A 58
- Mandatsvertrag 2 A 62, 65 f.

Kündigung durch konkludente Handlung
- Mandatsvertrag 2 A 67

Kündigung durch Steuerberater
- Mandatsvertrag 2 A 71

Kündigung ohne wichtigen Grund zur Unzeit
- Einzelfallbeurteilung 2 A 74

Kündigungsfrist
- Mandatsvertrag 2 A 70

Kündigungsgründe
- Mandatsvertrag 2 A 63 f.

Kündigungsrecht
- fristloses 2 A 98

Künstler
- Betriebsausgabenpauschale 5 A 2

Künstlersozialversicherungs-Entgeltverordnung
- Bewirtungsaufwendungen 5 A 2
- Entgelt 5 A 2
- Nichthinzurechnung 5 A 2
- Reisekosten 5 A 2

Künstlersozialversicherungsgesetz
- wichtige €-Werte im Überblick 5 A 2

Kurzarbeitergeld
- Gesetzgebung 2014   1 *A* 138

Kurzfristige Beschäftigung   5 *A* 2

L

Ladenschluss
- Geldbuße bei Verstoß gegen das Ladenschlussgesetz   5 *A* 2

Ladenschlussgesetz
- wichtige €-Werte im Überblick   5 *A* 2

Länder- und KommunenentlG
- Inkrafttreten   1 *A* 79
- Kinderbetreuung   1 *A* 76 ff.

Land- und Forstwirtschaft
- Verlustausgleichsbeschränkung   4 319

Land- und forstwirtschaftlicher Betrieb
- Betriebsfortführung   4 688 ff.
- Betriebsveränderung   4 696
- Betriebsvermögensumfang   4 694
- Betriebsverpachtung   4 688 ff.
- Entnahmen   4 703
- Forstflächen   4 702
- Fortführbarkeit   4 691 ff.
- Gewinnermittlung   4 705 f.
- Parzellenverpachtung   4 701
- Tätigkeitseinstellung   4 695
- Übertragungen   4 704
- unentgeltlich   4 704
- Veräußerungen   4 703
- wesentliche Betriebsgrundlagen   4 698 ff.
- Zeithorizont   4 697

Leasing
- Abschreibung   4 1203
- Bedeutung   4 1179 f.
- bewegliche Wirtschaftsgüter   4 1204
- Bilanzpolitik   4 1180
- Container-Leasing   4 1202
- Cross-Border-Leasing   4 1200
- Definition   4 1173
- Finanzierungsleasing   4 1182
- Finanzierungsleasing bewegliche Wirtschaftsgüter   4 1183 ff., 1194
- Finanzierungsleasing unbewegliches Wirtschaftsgut   4 1197
- Forfaitierung   4 1198
- handelsrechtliche Beurteilung   4 1174
- Immobilienleasing   4 1177
- Kündbarkeit   4 1178
- Leasingerlasse   4 1176
- Mobilienleasing   4 1177
- Operating Leasing   4 1181
- Rechtsgrundlage   4 1173
- Rent-Sharing   4 1201
- Sale and lease back   4 1199
- Steuergestaltung   4 1180
- steuerrechtliche Behandlung   4 1175
- steuerrechtliche Beurteilung   4 1174
- Teilamortisationsvertrag   4 1197
- unbewegliche Wirtschaftsgüter   4 1205
- Vergleich zu Kauf   4 1179
- Vertragsdauer   4 1178
- Vollamortisationsverträge   4 1184, 1195 f.
- wirtschaftlicher Eigentümer   4 1174
- Zinsschranke   4 1974
- Zurechnung   4 1183

Lebenspartner   1 *B* 1
- Altersvorsorge   1 *A* 7
- AO   1 *A* 6
- Bewertungen   1 *A* 8
- Einkommensteuer   1 *A* 5
- Energiesteuer   1 *A* 10
- Gleichstellung   1 *A* 4, 11 f.
- Steuervergünstigungen   1 *A* 9
- Zulagen   1 *A* 9

Lebensversicherung
- Ertragsanteil   4 74
- Rentenversicherung   4 74

Lehman Brothers   4 25

Lehrtätigkeit
- Betriebsausgabenpauschale   5 *A* 2

Lidl Belgium GmbH & Co. KG   4 332

Liechtenstein   4 384 f., 387, 389, 391, 393, 395, 397, 399, 401, 403, 405, 407 f.

Lieferungen und sonstige Leistungen
- Bedeutung/Definition Lieferungen   4 1206 f.
- Bedeutung/Definition sonstige Leistungen   4 1208 ff.
- Beförderungs- und Versendungslieferungen   4 1216
- Besteuerungsverfahren bei sonstigen Leistungen   4 1293 f.
- Leistungsort im EU-Ausland   4 1294
- Leistungsort im Inland   4 1293
- Ort der Lieferung, Abgabe von Speisen und Getränken   4 1227, 1240
- Ort der Lieferung, Beförderungs- und Versendungslieferungen   4 1214 f.

1643

- Ort der Lieferung, Dienstleistungskommission 4 1228 f.
- Ort der Lieferung, Grundstückslieferungen 4 1221
- Ort der Lieferung, innergemeinschaftlicher Erwerb (§ 3d UStG) 4 1236 ff.
- Ort der Lieferung, Kommissionsgeschäft 4 1212 f.
- Ort der Lieferung, Lieferschwelle 4 1233 ff.
- Ort der Lieferung, Lieferungen in besonderen Fällen (§ 3c UStG) 4 1230 ff.
- Ort der Lieferung, Lieferungen in einem Beförderungsmittel (§ 3e UStG) 4 1239 f.
- Ort der Lieferung, Lieferungen nach § 3 Abs. 8 UStG 4 1224 ff.
- Ort der Lieferung, Reihengeschäft 4 1217 ff.
- Ort der Lieferung, ruhende Lieferung 4 1220
- Ort der Lieferung, unentgeltliche Lieferungen und sonstige Leistungen (§ 3f UStG) 4 1241
- Ort der Lieferung, unentgeltliche Wertangaben 4 1211
- Ort der Lieferung, Werklieferungen 4 1222 f.
- Ort der sonstigen Leistung, Abgabe von Speisen und Getränken 4 1278
- Ort der sonstigen Leistung, Arbeiten an beweglichen, körperlichen Gegenständen 4 1279 f., 1290
- Ort der sonstigen Leistung, Begutachtung von Arbeiten an beweglichen, körperlichen Gegenständen 4 1279
- Ort der sonstigen Leistung, Eintrittsberechtigungen 4 1282
- Ort der sonstigen Leistung, Geldspielautomaten 4 1274
- Ort der sonstigen Leistung, Grundstücksleistungen 4 1262 f.
- Ort der sonstigen Leistung, Güterbeförderungsleistungen 4 1290
- Ort der sonstigen Leistung, Katalogleistungen (§ 3a Abs. 4 UStG) 4 1283
- Ort der sonstigen Leistung, kulturelle, künstlerische und ähnliche Leistungen 4 1271, 1273
- Ort der sonstigen Leistung, kurzfristige Fahrzeugvermietung zur Nutzung im Drittlandsgebiet 4 1289
- Ort der sonstigen Leistung, kurzfristige Vermietung von Beförderungsmittel 4 1266

- Ort der sonstigen Leistung, langfristige Vermietung von Beförderungsmittel 4 1267
- Ort der sonstigen Leistung, langfristige Vermietung von Sportbooten 4 1268
- Ort der sonstigen Leistung, Messen und Ausstellungen 4 1275 f., 1290
- Ort der sonstigen Leistung nach § 3a Abs. 1 UStG 4 1242 f.
- Ort der sonstigen Leistung nach § 3a Abs. 2 UStG 4 1244 ff.
- Ort der sonstigen Leistung nach § 3a Abs. 5 UStG 4 1284 f.
- Ort der sonstigen Leistung, Nutzung und Auswertung im Inland 4 1286 ff.
- Ort der sonstigen Leistung (§ 3a Abs. 6 bis 8 UStG), Sonderfälle 4 1286 ff.
- Ort der sonstigen Leistung, Reiseleistungen 4 1290
- Ort der sonstigen Leistung, Restaurationsleistungen 4 1277 f.
- Ort der Sonstigen Leistung, Tätigkeitsort 4 1270 f., 1273 f.
- Ort der sonstigen Leistung, Vermietung von Beförderungsmittel 4 1264 f., 1269
- Ort der sonstigen Leistung, Vermittlungsleistungen 4 1281
- Ort der sonstigen Leistung, Werkleistungen an beweglichen, körperlichen Gegenständen 4 1280
- Telekommunikationsleistungen 4 1291 f.
- Verschaffung der Verfügungsmacht 4 1207

Liquidation
- E-Bilanz 4 1358

Liquidität des Mandanten
- Honorar 2 B 59

Lizenzgebühren
- Zins- und Lizenzgebührenrichtlinie 4 295

Lizenzgebührenrichtlinie 4 295 f.

Logo 2 B 14

Logo und Firmierung 2 B 42

Lohnsteuer
- Anmeldezeitraum 5 A 2
- Haftung des Arbeitgebers für Lohnsteuer 1 B 1

Lohnsteuer-Anmeldung 5 A 2

Lohnsteuer-Pauschalierung
- Kirchensteuer 4 1154 f.

Luxemburg 4 384 f., 387, 389, 391, 393, 395, 397, 399, 401, 403, 405, 407 f.

Luxemburg-Banken-Verfahren 4 1538

M

Mahn- oder Klageverfahren 2 A 56
- Honorardurchsetzung 2 B 61

Management Buy-in
- Unternehmenskauf 4 1675 ff.

Management Buy-out
- Unternehmenskauf 4 1675 ff.

Management-Faktor
- Bewertung 4 1644
- kalkulatorischer Unternehmerlohn 4 1645
- Synergien 4 1646

Mandantenakquisition 2 B 8

Mandantenakte, interne 2 A 41
- Mandatsvertrag 2 A 42

Mandantenbindung 2 B 15

Mandantengespräch 2 B 16

Mandanteninformationen
- Werbemaßnahme 2 B 47

Mandanten-Rundschreiben 2 B 28

Mandantenschutz
- Berufsrecht 2 A 90

Mandantenstamm 2 B 2, 7, 15

Mandatsannahme
- Mandatsvertrag 2 A 13

Mandatsvertrag 2 A 1
- Ablehnung durch Steuerberater 2 A 14
- Ablehnung, unverzügliche 2 A 15
- Ablehnungserklärung 2 A 16
- Abweichung, zivilrechtliche 2 A 36
- allgemeine Geschäftsbedingungen 2 A 23
- Anfechtbarkeit der Zahlungen des Insolvenzschuldners vor Krise 2 A 80
- Aufbewahrung von Unterlagen 2 A 25
- Aufbewahrungsfrist 2 A 43
- Aufbewahrungspflicht 2 A 39 f.
- Aufbewahrungspflichten, handelsrechtliche 2 A 44
- Aufbewahrungspflichten, steuerliche 2 A 44
- Aufbewahrungszeiträume, Differenzierung 2 A 43
- Aufhebungsvereinbarung 2 A 58
- Auftragsannahme 2 A 84
- Auftragsausführung 2 A 35
- Auftragsbestätigung 2 A 21
- Auftragsbestätigungsschreiben 2 A 12
- Auftragserteilung, konkludente 2 A 17
- Auftragsumfang 2 A 20
- Aufwendungsersatz 2 A 85
- Ausgleich widerstreitender Interessen 2 A 29
- Auskunfts- und Rechenschaftspflichten 2 A 35 f.
- Auskunftspflicht 2 A 37
- Auskunftsverpflichtung 2 A 25
- Auslegung 2 A 11
- Bargeschäft 2 A 81
- Beendigung 2 A 59, 61 f.
- Beendigung durch Betriebsaufgabe des Mandanten 2 A 82
- Beendigung durch Tod des Steuerberaters 2 A 76
- Begrenzung des Weisungsrechts des Auftraggebers 2 A 31
- Beispiel 2 A 22
- Belehrung 2 A 32
- Beratung 2 A 32
- Berufshaftpflichtversicherung 2 A 89
- Berufskammer 2 A 94
- Berufspflichten 2 A 91
- Berufspflichtverletzung 2 A 92, 94
- Berufspflichtverletzung, Regelfall 2 A 96
- Bestätigung, schriftliche 2 A 20
- Betreuungsumfang 2 A 26
- Betriebsaufgabe durch Mandanten 2 A 82
- Buchhaltungsunterlagen 2 A 40
- Büroorganisation 2 A 27
- Dienstvertrag 2 A 3
- Dienstvertragsrecht 2 A 3
- Dokumentation 2 A 12, 24, 74
- Eigenverantwortlichkeit des Steuerberaters 2 A 93
- Einzelfallbeurteilung 2 A 74
- Erben des Mandanten 2 A 77
- Fortbildungsverpflichtung 2 A 93
- Gefahr im Verzug 2 A 34
- Gegenansprüche 2 A 37
- Gesamtbeauftragung 2 A 9
- Geschäftsbesorgungsvertrag 2 A 2, 31
- Geschäftsführer ohne Auftrag 2 A 85
- Gewissenhaftigkeit der Berufsausübung 2 A 93
- Grundlagen, zivilrechtliche 2 A 2

Stichwortverzeichnis

- Haftung 2 A 12, 27
- Haftung bei Nichtigkeit des Mandats 2 A 86
- Haftung des Steuerberaters bei unzulässiger/falscher Rechtsbesorgung 2 A 88
- Haftungsbegrenzung 2 A 23
- Handakte 2 A 40 f.
- Handakte/Mandantenakte, Unterscheidung 2 A 41
- Herausgabe von Unterlagen 2 A 25
- Herausgabepflicht 2 A 39, 47
- Herausgabeverweigerung 2 A 47
- Herausgabeverweigerung Unterlagen 2 A 56
- Hilfeleistung 2 A 32
- Hinweispflicht durch Steuerberater 2 A 32
- Honorar 2 A 55
- Honoraranspruch bei Kündigung des Mandanten 2 A 66
- Honorarstreitigkeit 2 A 21
- Honorarzahlung 2 A 79
- Honorar-Zahlungsverpflichtung 2 A 56
- Honorierungspflicht des Mandanten 2 A 57
- Insolvenz des Mandanten 2 A 79 ff.
- Insolvenzquote 2 A 79
- Insolvenztabelle 2 A 79
- Insolvenzverfahren bei Steuerberater 2 A 78
- Insolvenzverwalter 2 A 78
- Interessenkollision 2 A 28 f.
- Interessenwahrnehmung 2 A 84
- Komplettmandatierung 2 A 10, 60
- Kontrahierungszwang 2 A 17
- Kündigung 2 A 58, 62, 65 f.
- Kündigung durch konkludente Handlung 2 A 67
- Kündigung durch Steuerberater 2 A 71
- Kündigung, einseitige 2 A 62
- Kündigung ohne wichtigen Grund zur Unzeit 2 A 74
- Kündigungsfrist 2 A 70
- Kündigungsfrist durch AGB 2 A 68
- Kündigungsgründe 2 A 63 f.
- Kündigungsmöglichkeit, beidseitige 2 A 72
- Kündigungsrecht, fristloses 2 A 98
- Kündigungsregeln in AGB 2 A 69
- Leistungspflicht, persönliche 2 A 26
- Mahn- und Klageverfahren 2 A 56
- Mandantenakte, interne 2 A 41 f.
- Mandat, beschränktes 2 A 10

- Mandatsannahme 2 A 13
- Mandatsbegründung 2 A 20
- Mandatsbestätigungsschreiben 2 A 22
- Mitschuld des Mandanten 2 A 54
- Mitverschulden des Mandanten 2 A 52
- Mitwirkungs- und Mitteilungspflichten des Mandanten 2 A 50 f.
- Muster 2 A 22 f.
- Nachbesserung 2 A 49
- Nachbesserungsrecht 2 A 49
- Nachprüfungsmöglichkeit für Mandant 2 A 37
- Nachweisverpflichtung 2 A 24
- Nichtigkeit des Mandats 2 A 87
- Niederlegen des Mandats 2 A 30
- Pflichten des Beraters 2 A 25
- Pflichten des Mandanten 2 A 50
- Pflichten des Steuerberaters 2 A 33
- Pflichten des Steuerberaters bei fristloser Kündigung durch Steuerberater 2 A 73
- Praxisabwickler 2 A 76
- Rechenschaft 2 A 38
- Rechenschaftspflicht 2 A 37
- Rechnungslegung 2 A 38
- Rechtsbeistand bei Berufspflichtverletzung 2 A 97
- Rechtsberatung, unzulässige 2 A 87
- Rechtsprechung, höchstrichterliche 2 A 33
- Regelung, gesetzliche 2 A 19
- Risikoeingrenzung 2 A 20
- Sach- und Rechtslage 2 A 32
- Sachverhaltsaufklärung 2 A 51
- Sanktionen bei Berufspflichtverletzung 2 A 95
- Schadenersatzpflicht des Steuerberaters 2 A 83
- Schriftlichkeit 2 A 19
- Schuldrechtsreform 2 A 5
- Schuldverhältnisse ohne Vertrag 2 A 83
- Selbstschutzverpflichtung 2 A 100
- Steuerberaterkammer 2 A 92
- Steuerberatervergütungsverordnung 2 A 55
- Steuerbescheide 2 A 40
- Steuerhinterziehung, Beihilfe 2 A 93
- Tätigkeiten, einzelne 2 A 9
- Tod 2 A 58
- Tod des Mandanten 2 A 77
- Treu und Glauben 2 A 47
- Treuepflicht gegenüber Auftraggeber 2 A 28
- Überprüfungspflicht des Mandanten 2 A 52, 54

- Übertragung des Betriebs 2 A 82
- Unterlagen 2 A 40
- Unterzeichnung Steuererklärung durch Mandanten 2 A 53
- Unwirksamkeit 2 A 86
- Verbot der Vertretung widerstreitender Interessen 2 A 30
- Vereinbarung, schriftliche 2 A 68
- Vergütungsanspruch 2 A 55
- Verjährungsfrist 2 A 5
- Verjährungsrecht 2 A 45
- Verlagerung bestimmter Tätigkeiten 2 A 26
- Verstöße gegen das Verbot der Vertretung widerstreitender Interessen 2 A 30
- Verstoß gegen das Verbot unbefugter Rechtsbesorgung 2 A 89
- Vertrag, typengemischter 2 A 6
- Vertrag zwischen nahen Angehörigen 2 A 51
- Vertragsabschluss 2 A 8
- Vertragsabschluss, mündlicher 2 A 20
- Vertragsbeendigung 2 A 7, 58
- Vertragsform 2 A 7, 19
- Vertragsfreiheit 2 A 8
- Vertragsmuster 2 A 19
- Vertragswerk 2 A 19
- Vertrauensverhältnis 2 A 65, 98
- Vorgaben, steuergesetzliche 2 A 31
- Vorleistungspflicht 2 A 37
- Vorschuss 2 A 57
- Weisungen des Mandanten 2 A 34
- Weisungsrecht Auftraggeber 2 A 31
- Werkvertragsrecht 2 A 4
- Zeitablauf 2 A 61
- Zugang der Kündigung 2 A 75
- Zurückbehaltungsrecht 2 A 47 f., 56
- Zurückbehaltungsrecht Handakte 2 A 46
- Zurückbehaltungsrecht Lohnsteuerkarte 2 A 46
- Zurückbehaltungsrecht Sozialversicherungsnachweis 2 A 46
- Zurücktreten vom Auftrag 2 A 57
- Zweckerreichung 2 A 59

Marketing 2 B 1 ff., 34 ff.

Marks & Spencer 4 333

Marktchancen 2 B 5

Maßgeblichkeitsgrundsatz 4 1349

Maßstab des Fremdvergleichs
- geschäftsvorfallbezogene Nettomargenmethode 4 347

- Gewinnaufteilungsmethode 4 348
- Gewinnvergleichsmethode 4 349
- Grundsätze 4 343
- Kostenaufschlagsmethode 4 346
- Preisvergleichsmethode 4 344
- Wiederverkaufspreismethode 4 345

Mediator
- Aufgabenbereich 3 B 122 ff., 128 ff.
- Haftung 3 B 136
- Risiken 3 B 136
- vereinbare Tätigkeit 3 B 120 ff.
- Vergütung 3 B 135
- Voraussetzungen 3 B 122 ff., 128 ff.

Meldepflichten
- unentgeltlicher Depotübertrag 4 106
- Zinsinformationsverordnung 4 108

Merger & Acquisition
- Unternehmenskauf 4 1670 ff.

Mindestbeitragsbemessungsgrundlage 5 A 2

Mindestbesteuerung
- Finanzierung 4 1022

Mindestlohn
- Änderungen des Mindestlohns 1 A 144
- Arbeitsgerichtsgesetz 1 A 148
- Ausnahmen 1 A 143 ff.
- Durchsetzung 1 A 146
- Fälligkeit 1 A 141
- Gesetzgebung 2014 1 A 139
- Haftung des Auftraggebers 1 A 147
- Mindestlohngesetz 1 A 140 ff.
- Missbrauch 1 A 142
- Nachweisgesetz 1 A 150
- öffentlichrechtliche Kontrolle 1 A 145
- Schwarzarbeitsbekämpfungsgesetz 1 A 149
- Tarifautonomiestärkungsgesetz 1 A 139
- Tarifvertragsgesetz 1 A 151
- wichtige €-Werte im Überblick 5 A 2

Mindestlohngesetz
- Änderungen des Mindestlohns 1 A 144
- Arbeitsgerichtsgesetz 1 A 148
- Ausnahmen 1 A 143
- Durchsetzung 1 A 146
- Geldbuße bei Verstoß gegen das MiLoG 5 A 2
- Gesetzgebung 2014 1 A 140 ff.
- Haftung des Auftraggebers 1 A 147
- Missbrauch 1 A 142
- Nachweisgesetz 1 A 150

- Neuregelungen zum 1.1.2015
  1 *A* 140 ff.
- öffentlichrechtliche Kontrolle   1 *A* 145
- Schwarzarbeitsbekämpfungsgesetz
  1 *A* 149
- Tarifvertragsgesetz   1 *A* 151 ff.

Mini-Jobs
- Kirchensteuer   4 1156

Mitarbeiter   2 *B* 22

Mitarbeiterbeteiligung
- Betriebsaufspaltung   4 417

Mitarbeiterführung   2 *B* 22

Mitarbeitergespräche   2 *B* 23

Mitschuld des Mandanten
- Mandatsvertrag   2 *A* 54

Mitteilungsverordnung
- wichtige €-Werte im Überblick   5 *A* 2

Mittelständische Unternehmen
- Finanzierung   4 973

Mitunternehmeranteil
- Anteilsaufgabe   4 549 f.
- Verringerung   4 2026

Mitunternehmeranteilsaufgabe
- Anteilsaufgabe   4 551
- Anteilserlöschen   4 552
- Anwachsung   4 552
- einheitlicher Vorgang   4 553
- wesentliche Betriebsgrundlage   4 551

Mitunternehmeranteilsveräußerung
- Abfindung unter Buchwert   4 546
- Ableben eines Mitunternehmers   4 547
- Befugnisverzicht   4 548
- Definition   4 543
- Erwerb durch Mitunternehmer   4 545
- negatives Kapitalkonto   4 546
- Teilanteilsveräußerung   4 544
- wesentliche Betriebsgrundlagen   4 554

Mitunternehmerschaft
- Dividenden   4 307
- Quellensteuer   4 307
- Veräußerungsgewinne   4 307

Mitunternehmerwechsel
- EBITDA-Vortrag   4 2025
- Zinsvortrag   4 2025

Mitverschulden des Mandanten
- Mandatsvertrag   2 *A* 52

Mitwirkungs- und Mitteilungspflichten des Mandanten
- Mandatsvertrag   2 *A* 50
- Sachverhaltsaufklärung   2 *A* 51

Mitwirkungspflicht
- Sanktionen   4 340

Motivation   2 *B* 22

Mütterrente   1 *A* 172

Mund-zu-Mund-Propaganda   2 *B* 9

Muster
- Mandatsvertrag   2 *A* 22

Mutterschaftsgeld
- wichtige €-Werte im Überblick   5 *A* 2

Mutterschutzgesetz
- Eurowerte im Überblick   5 *A* 2
- Geldbuße bei Gesetzesverstoß   5 *A* 2
- Verstoß gegen gesetzliche Pflichten
  5 *A* 2
- wichtige €-Werte im Überblick   5 *A* 2

Mutter-Tochter-Richtlinie   4 289 ff.
- GewStG   4 314

N

Nachfolgeplanung   4 808 ff.
- Definition   4 807
- Grundsatz   4 801
- Parameter   4 802
- persönliche und rechtliche Verhältnisse   4 804
- Planungsinhalte   4 806
- Unternehmensnachfolge   4 803

Nachfolgeregelungen   4 1295 f., 1297 ff., 1301, 1311, 1313 ff., 1319 ff.
- betriebliche Erfordernisse   4 1305
- Betriebsvermögen   4 1312, 1317 f.
- Bewertung des Unternehmens   4 1302
- Buchwertfortführung   4 1316
- Due Diligence   5 *D* 1 f.
- finanzielles Gleichgewicht   4 1306
- Gesellschaftsrecht   4 1308
- Grundsätze   4 1300, 1302 f.
- Instrumente   4 1312, 1317 f.
- Konfliktvermeidung   4 1303
- Pflichtteilsansprüche   4 1318
- rechtliche Rahmenbedingungen   4 1307
- Sicherung erwerbswirtschaftlicher Grundlagen   4 1304
- steuerliche Rahmenbedingungen
  4 1310

- Steueroptimierung 4 1309
- Vorbehaltsnießbrauch 4 1317
- vorweggenommene Erbfolge 4 1307, 1312, 1317 f.

Nachfolgeregelungen bei Personengesellschaften
- Eintrittsklausel 4 1403
- Fortsetzungsklausel 4 1400
- Nachfolgeklausel 4 1402, 1404
- Schenkung auf den Todesfall 4 1401
- Vererblichkeit von Gesellschaftsanteilen 4 1399

Nachlassverwaltung
- Aufgabenbereich 3 B 163 ff.
- Haftung 3 B 170 f.
- Risiko 3 B 170 f.
- Vereinbare Tätigkeiten 3 B 162 ff.
- Vergütung 3 B 167 ff.
- Voraussetzungen 3 B 163 ff.

Nachträgliche Anschaffungskosten
- Abschreibungen 4 131

Nachträgliche Herstellungskosten
- Abschreibungen 4 131

Nachvollziehbarkeit
- Honorargestaltung 2 B 57

Nachweisverpflichtung
- Mandatsvertrag 2 A 24

Nahestehende Person
- Berichtigung von Einkünften 4 338
- verdeckte Gewinnausschüttung 4 1736

Nebeneinkünfte 5 A 2

Nettoprinzip
- Verlustberücksichtigung 4 1756 f.

Neugründung
- Existenzgründung 4 889
- Jahresabschluss 4 1328

„**Neutrale Handlung**" 4 1525

Newsletter
- Werbemaßnahme 2 B 47

Nichtigkeit 2 A 86

Nichtigkeit des Mandats 2 A 87

Nichtselbständige Arbeit
- DBA 4 387
- Überblick DBA-Recht 4 386

Niederlande 4 384 f., 387, 389, 391, 393, 395, 397, 399, 401, 403, 405, 407 f.

Niederlegen des Mandats
- Mandatsvertrag 2 A 30

Niederstwertprinzip 4 124

Niedrigbesteuerung 4 362

Niedrigsteuerländer 4 1504

Nominalbetrag
- Bruchteile 4 58
- Vollrisikozertifikat 4 58

Notstandsbeihilfen 5 A 2

Nutzungsdauer
- Abschreibungen 4 118 f.

O

Obligationsähnliche Genussrechte 4 79

Öffentlichkeitsarbeit 2 B 13

Österreich 4 384 f., 387, 389, 391, 393, 395, 397, 399, 401, 403, 405, 407 f.

Offenlegung
- Gegenstrategien 4 1336
- Jahresabschluss 4 1334
- Pflichtverletzungen 4 1335

Offenlegung Kundendaten
- Betriebsprüfung 4 107

Organisationskrise 4 1721

Organschaft 4 2042 f.
- ausländische Tochtergesellschaft 4 333
- ausländische Verluste 4 333
- Konzernabschluss 4 1337
- KStG 1 B 1
- Marks & Spencer 4 333
- USt 1 B 1

Ort der sonstigen Leistung
- Ort der sonstigen Leistung, kulturelle, künstlerische und ähnliche Leistungen 4 1272
- Ort der sonstigen Leistungen, Tätigkeitsort 4 1272

P

Partiarisches Darlehen
- Refinanzierungskosten 4 1046
- steuerliche Behandlung 4 1046
- stille Gesellschaft 4 81
- Verlustausgleichsbeschränkungen 4 323
- Wesensmerkmale 4 1045

Partnerschaftsgesellschaft
- Haftung 2 C 49

1649

- Partnerschaftsgesellschaft mbB 2 C 53
- rechtliche Gestaltung 4 1381

Pauschalierung 4 272

Pauschsteuer, einheitliche
- Kirchensteuer 4 1156

Pensionsfonds
- Arbeitslohn, steuerfrei 4 162
- Begriff 4 160
- Beitragszusage mit Mindestleistung 4 161
- Finanzierung 4 161
- Gewinnermittlung 4 163
- leistungsbezogene Zusage 4 161
- nachgelagerte Besteuerung 4 162

Pensionskasse
- Begriff 4 152
- Behandlung beim Begünstigten 4 154
- Finanzierung 4 153
- Gewinnermittlung 4 155
- Steuerbefreiung der Beiträge 4 154

Pensionsrückstellung 1 B 1

Per-Country-Limitation 4 270

Personalentwicklung 2 B 23

Personalmanagement 2 B 23

Personalmarketing 2 B 2

Personengesellschaft
- Auslandesengagement, Steueranrechnung 4 298
- Auslandsengagement 4 301 ff., 309 ff.
- Auslandsengagement, Freistellung 4 298
- Auslandsengagement, Organschaft 4 298
- Investition 4 304
- Investition in eine 4 301 ff., 309 ff.

Personengesellschaft, ausländische
- Investition in eine 4 302
- Qualifikation nach deutschem Steuerrecht 4 299

Personengesellschaften 1 B 1
- Auslandsengagement, Investitionen in ausländische Kapitalgesellschaften 4 299
- nachgeordnete 4 2045
- Zinsschranke 4 2045

Pfändungsfreigrenze 5 G 5
- Arbeitseinkommen 5 G 1

Pfändungstabelle 5 G 5

Pflegeeltern 5 A 2

Pflegeeltern/Tagesmütter 5 A 2

Pflegepauschbetrag 5 A 2

Pflegestärkungsgesetz
- Arbeits- und Sozialrecht 1 A 159 ff.
- Neuerungen zum 1.1.2015 1 A 159 ff.
- Pflegestärkungsgesetz (PSG) I und II 1 A 159 ff.

Pflegeversicherung
- wichtige €-Werte im Überblick 5 A 2

Pflichten des Beraters
- Mandatsvertrag 2 A 25

Pflichten des Mandanten
- Mandatsvertrag 2 A 50

Pflichten des Steuerberaters
- Mandatsvertrag 2 A 33

Pflichten des Steuerberaters bei fristloser Kündigung durch Steuerberater
- Mandatsvertrag 2 A 73

Pflichtteil
- Pflichtteilsverzicht 4 822
- Voraussetzungen 4 821

Pflichtteilsverzicht gegen Abfindung
- Erbschaftsteuer 4 876
- Gläubigeranfechtung 4 879

Phasenmethode
- Berechnungsbeispiel 4 1657 ff.
- Berechnungsformel 4 1611
- Planungsphasen 4 1609 ff.

Pkw-Kosten 1 B 1

Planmäßige Abschreibungen 4 111

Poolvereinbarungen
- Beispielsfall 4 866
- Erfordernis bei Personengesellschaften 4 867
- „Noch-"Verwaltungsvermögen 4 868
- Verbindliche Auskunft 4 869

Praxisabwickler 2 A 76

Praxisbroschüre 2 B 28
- Werbemaßnahme 2 B 48

Praxisschild
- Werbemaßnahme 2 B 49

Praxisveräußerung im Ganzen
- Zurückbehaltung 4 513

Preisanpassungsklausel 4 338

Preisvergleichsmethode 4 344

Private Veräußerungsgeschäfte
- Verluste 4 1781 f.

Private Veräußerungsgeschäfte (früher Spekulationsgeschäfte) 1 *B* 1

Produktsicherheitsgesetz
- Geldbuße bei Verstoß gegen das ProdSG 5 *A* 2
- wichtige €-Werte im Überblick 5 *A* 2

Prognoseproblem
- Unternehmensbewertung 4 1605 ff.

Progression 4 1

Progressionsvorbehalt 1 *B* 1
- Verluste gem. § 2a Abs. 1 und 2 EStG 4 329

Prüfung
- Konzernabschluss 4 1343

Prüfungsablauf
- äußerer Betriebsvergleich 4 478
- Auskunfts- und Vorlagepflichten 4 465
- Auskunftspflicht 4 466 ff.
- Auskunftsverweigerungsrecht 4 467
- Benennung von Gläubigern und Zahlungen 4 468
- Benford-Gesetz 4 484
- Betriebsprüfung 4 465 ff.
- Checkliste 4 485
- Chi2-Test 4 483
- Datenträgerüberlassung 4 476
- digitale Außenprüfung 4 472 ff.
- Geldverkehrsrechnung 4 480
- Grafischer Zeitreihenvergleich 4 482
- Grundsätzliches 4 465
- innerer Betriebsvergleich 4 479
- mittelbarer Zugriff 4 475
- Nachkalkulation Handelsbetrieb 4 481
- Rechte und Pflichten 4 465
- Schätzung Umsatz 4 481
- Überprüfung der Einnahmen 4 477 ff.
- unmittelbarer Zugriff 4 474
- Vermögenszuwachsrechnung 4 480
- Verprobung Umsatz 4 481
- Verzögerungsgeld 4 471
- Vorlage von Unterlagen 4 469
- Zugriffsmöglichkeiten 4 473 ff.
- Zwangsmittel 4 470

Prüfungsanordnung
- Ausdehnung 4 446
- Begründung 4 461
- Bekanntgabe 4 459
- Bekanntgabeadressat 4 449, 451
- Checkliste 4 463
- Empfänger 4 449, 452
- Erweiterung 4 445 f., 457 f.
- fehlerhafte Bekanntgabe 4 453
- Festsetzungsfrist 4 445
- Festsetzungsverjährung 4 447
- Form 4 448
- Geschäftsräume 4 455
- Inhalt 4 448
- Inhaltsadressat 4 449 f.
- Name des Prüfers 4 460
- Prüfungsort 4 454 ff.
- Prüfungsumfang 4 457 f.
- Rechtsbehelfsbelehrung 4 445
- Rechtsmittel 4 462
- Selbstanzeige 4 447
- Sperrwirkung 4 447
- Sperrwirkung Selbstanzeige 4 445
- Vorbehalt der Nachprüfung 4 445
- Wirksamkeit 4 449
- Wohnräume 4 456
- Zulässigkeit 4 445

Prüfungsort
- Geschäftsräume 4 455
- Steuerberater 4 456
- Wohnräume 4 456

Prüfungstätigkeit
- Betriebsausgabenpauschale 5 *A* 2

Prüfungsvorbereitung
- Maßnahmen 4 464

Publizität
- Betriebsaufspaltung 4 417
- Vermeidung 4 417

Q

Qualitätsmanagement 2 *B* 2, 24

Qualitätssicherung
- Bundessteuerberaterkammer 2 *B* 25
- Dokumentation 2 *B* 26
- Zertifizierung 2 *B* 26

Qualitätssiegel 2 *B* 27

Quellenbesteuerung
- Territorialitätsprinzip 4 266

Quellensteuer, ausländische
- fiktive Quellensteuer 4 10
- Günstigerprüfung 4 10
- Höchstbetragsberechnung 4 10
- Nebenbedingung 4 10
- Per-Country-Limitation 4 10

1651

- Steuerabzug 4 10
- Verlustverrechnung 4 10

Quellensteuersätze
- Belgien 4 408
- Deutschland 4 408
- Frankreich 4 408
- Griechenland 4 408
- Großbritannien 4 408
- Irland 4 408
- Italien 4 408
- Liechtenstein 4 408
- Luxemburg 4 408
- Niederlande 4 408
- Österreich 4 408
- Schweden 4 408
- Schweiz 4 408
- Spanien 4 408
- USA 4 408

Quellensteuertopf
- Quellensteuer 4 21

R

Radio- und Fernsehwerbung
- Fachbeiträge 2 B 50
- Werbemaßnahme 2 B 50

Realsplitting 5 A 2

Realteilung
- Aufgabe eines Mitunternehmeranteils 4 561
- Definition 4 558
- Einzelheiten 4 563
- Einzelwirtschaftsgüter 4 560
- Mitunternehmerschaft 4 557
- Realteilungsobjekte 4 562
- Spitzenausgleich 4 559
- Voraussetzungen 4 559
- Wertausgleich 4 559

Rechenschaft
- Mandatsvertrag 2 A 38

Rechenschaftspflicht
- Mandatsvertrag 2 A 37

Rechnungsausstellung
- An- und Abschlagszahlungen 4 1916 f.
- Angabe der USt-IdNr. 4 1894
- Aufbewahrung 4 1946 ff.
- Bedeutung 4 1889
- berichtigte Rechnung 4 1893, 1912
- Berichtigung eines zu hohen Steuerausweises 4 1923 f.
- elektronische Gutschrift 4 1907

- elektronische Rechnung 4 1899, 1902
- elektronische Rechnungen durch Dritte 4 1907
- elektronische Übermittlung 4 1903 ff.
- Grundstücksleistungen 4 1896
- Gutschrift 4 1901
- Leistungsempfänger als Steuerschuldner 4 1913
- PDF 4 1899
- Pflichtangaben 4 1908 ff.
- Rechnung per Telefax oder E-Mail 4 1906
- Rechnungen in besonderen Fällen 4 1938 f.
- Rechnungsberichtigung 4 1914 f.
- Rechnungspflicht 4 1895
- Rechnungspflicht bei Grundstücksleistungen 4 1897
- Rechnungsvoraussetzungen 4 1900
- Rechnungsvorschriften 4 1892
- Rückbehaltungsrecht 4 1893
- steuerfreie Umsätze 4 1898
- unberechtigter Steuerausweis 4 1930 ff.
- unrichtiger Steuerausweis 4 1929
- Vorschriften zur Rechnungsausstellung 4 1891
- Vorsteuerabzug 4 1889 f., 1940 ff.
- zu hoher Steuerausweis 4 1918 ff., 1922, 1925
- zu hoher Steuerausweis in Gutschriften 4 1921
- zu niedriger Steuerausweis 4 1926, 1928
- zu niedriger Steuerausweis und Vorsteuerabzug 4 1927

Rechnungslegung 4 1327, 1345 ff., 1351
- Anforderungen 4 1331
- Aufbewahrungs- und Vorlagepflichten 4 1326
- Buchführung 4 1323 ff., 1348
- Buchführungspflicht 4 1322
- E-Bilanz 4 1140, 1354 ff.
- Einheitsbilanz 4 1350
- Einzelkaufleute 4 1324
- Freiberufler 4 1322
- GmbH 4 1322, 1329, 1333
- GmbH & Co. KG 4 1328, 1330
- Grundsätze ordnungsmäßiger Buchführung (GoB) 4 1325
- IFRS-Abschluss 4 1339
- IFRS-Rechnungslegung 4 1362 f.
- Jahresabschluss 4 1328 ff., 1332 ff., 1354, 1362

- Kapitalflussrechnung 4 1342
- Konzernabschluss 4 1337 ff., 1362
- Mandatsvertrag 2 A 38
- Maßgeblichkeitsgrundsatz 4 1349
- Neugründung 4 1328
- Offenlegung 4 1334 ff.
- Organschaft 4 1337
- Prüfung 4 1343
- Steuerbilanz 4 1349 f., 1353
- steuerliche 4 1348
- Steuer-Taxonomie 4 1361
- Summenbilanz 4 1344
- Vorgesellschaft 4 1322
- Wahlrechte, steuerliche 4 1352
- XBRL 4 1360
- Zweigniederlassung 4 1322

Rechnungslegung nach HGB 5 E 1

Rechtsbehelfsverfahren
- Gebühr 5 H 6
- Gebührentabellen, Tabelle E 5 H 16

Rechtsbeistand bei Berufspflichtverletzung 2 A 97

Rechtsberatung, unzulässige
- Rechtsdienstleistung, unzulässige 2 A 87

Rechtsdienstleistungsgesetz
- erlaubte Nebentätigkeiten 3 A 11
- Nebenleistung 3 A 9
- Umfang der Nebenleistung 3 A 10

Rechtsformen, ausländische
- Europa 4 1385
- Nord- und Südamerika 4 1386
- sonstige 4 1387
- Typenvergleich 4 1384

Rechtsformen, häufigste
- Gesellschafterstruktur 4 1368
- Gründungsvoraussetzungen 4 1368
- Häufigkeit der Verbreitung 4 1367
- Haftung 4 1368
- Jahresabschluss 4 1368
- Organisation 4 1368
- synoptische Gegenüberstellung 4 1368
- Übertragbarkeit der Beteiligung unter den Lebenden und von Todes wegen 4 1368

Rechtsformwahl 4 1395
- AG, Beratervertrag mit Aufsichtsratsmitglied 4 1394, 1396 ff.
- AG, kleine 4 1371
- bei Existenzgründung 4 891

- Belastungsvergleich Personen-/Kapitalgesellschaft 4 1388 ff.
- Betriebsaufspaltung 4 1369 f.
- Europäische Wirtschaftliche Interessenvereinigung 4 1383
- EWIV 4 1383
- GbR 4 1408 f.
- Genossenschaft 4 1373 ff.
- Kapitalgesellschaft 4 1405 ff.
- KGaA 4 1372
- Nachfolgeregelungen bei Personengesellschaften 4 1399 ff.
- Partnerschaftsgesellschaft 4 1381
- Rechtsformen, ausländische 4 1384 ff.
- Rechtsformen, häufigste 4 1367 f.
- SE 4 1382
- Societas Europaea 4 1382
- SPE 4 1413 ff.
- UG (haftungsbeschränkt) 4 1410 ff.
- Unternehmensform 4 1364 ff.
- VVaG 4 1380

Rechtsgrundlagen
- Betriebsprüfungsordnung 4 443
- Bundesamt für Finanzen 4 443
- Lohnsteueraußenprüfung 4 443

Rechtsprechung 2014/2015
- Aktienüberlassung an Arbeitnehmer 1 B 1
- Altersentlastungsbetrag 1 B 1
- Angehörige 1 B 1
- Anrufungsauskunft 1 B 1
- Anschaffungskosten, Herstellungskosten 1 B 1
- Ausbildungskosten 1 B 1
- außergewöhnliche Belastungen 1 B 1
- Bekanntgabe des Verwaltungsakts 1 B 1
- Berufsausbildungskosten 1 B 1
- beschränkte Steuerpflicht 1 B 1
- Betriebsausgaben 1 B 1
- Betriebsstätte 1 B 1
- doppelte Haushaltsführung 1 B 1
- Ehegatten/Lebenspartner 1 B 1
- Einkünfte aus Gewerbebetrieb 1 B 1
- Einkünfte aus Kapitalvermögen 1 B 1
- Einkünfte aus nichtselbständiger Tätigkeit 1 B 1
- Einkünfte aus selbständiger Tätigkeit 1 B 1
- Einkünfte aus Vermietung und Verpachtung 1 B 1
- Einkünfte, sonstige 1 B 1

- Einnahmen-Überschussrechnung 1 B 1
- Entfernungspauschale 1 B 1
- Erbfolge, vorweggenommene 1 B 1
- Erbschaft- und Schenkungsteuer 1 B 1
- Festsetzungsfrist 1 B 1
- Folgebescheid 1 B 1
- Gemeinnützigkeitsrecht 1 B 1
- Geschäftsveräußerung 1 B 1
- Gestaltungsmissbrauch 1 B 1
- Gewerbesteuerliche Hinzurechnung 1 B 1
- Haftung des Arbeitgebers für Lohnsteuer 1 B 1
- Handwerkerleistung 1 B 1
- Haushaltsnahe Beschäftigung 1 B 1
- innergemeinschaftliche Lieferungen 1 B 1
- Insolvenz 1 B 1
- Investitionsabzugsbetrag 1 B 1
- Investitionszulage 1 B 1
- Kapitalgesellschaft 1 B 1
- Kindergeld 1 B 1
- Kleinunternehmer 1 B 1
- Nichtabzugsfähige Betriebsausgaben 1 B 1
- Organschaft (KSt) 1 B 1
- Organschaft (USt) 1 B 1
- Pensionsrückstellung 1 B 1
- Personengesellschaften 1 B 1
- Pkw-Kosten 1 B 1
- Private Veräußerungsgeschäfte – früher: Spekulationsgeschäfte 1 B 1
- Progressionsvorbehalt 1 B 1
- Renten, Kaufpreisraten, dauernde Lasten 1 B 1
- Rentenbesteuerung 1 B 1
- Rückstellungen 1 B 1
- Sachbezüge 1 B 1
- Sonderausgaben 1 B 1
- Steuerbefreiung, Einkommensteuer 1 B 1
- Steuerhinterziehung 1 B 1
- Steuerverkürzung, leichtfertige 1 B 1
- Tarifermäßigung 1 B 1
- Teileinkünfteverfahren 1 B 1
- Umsatzsteuer, Reverse Charge 1 B 1
- Umsatzsteuer, sonstige Leistungen 1 B 1
- Umsatzsteuer, Steuerfreiheit/Steuerpflicht 1 B 1
- Umsatzsteuerbefreiung, Umsatzsteuerermäßigung 1 B 1
- Veräußerungsgewinn 1 B 1
- verdeckte Gewinnausschüttung 1 B 1
- Verluste (ESt) 1 B 1
- Verluste (GewSt) 1 B 1
- Verluste (KSt) 1 B 1
- Versorgungsbezüge 1 B 1
- Verzögerungsgeld 1 B 1
- Vorsteuer 1 B 1
- Werbungskosten 1 B 1
- wirtschaftliches Eigentum 1 B 1
- Zinsen 1 B 1
- Zinsschranke 1 B 1
- Zukunftssicherungsleistungen des Arbeitgebers 1 B 1

Rechtsprechung, höchstrichterliche
- Mandatsvertrag 2 A 33

Rechtstypenvergleich 4 299

Refinanzierungskosten
- steuerliche Abzugsfähigkeit 4 1027 ff., 1032, 1037, 1040, 1043, 1046

Regelbedarfe 1 A 137

Regelpflichtbeitrag 5 A 2

Reisekosten 5 A 2

REIT 4 82

Reklamehaftigkeit 2 B 44

Religionsgemeinschaften, weitere
- Übersicht 5 B 5

Renten
- Kaufpreisraten, dauernde Lasten 1 B 1
- Rentenbesteuerung 1 B 1

Rentenversicherung
- wichtige €-Werte im Überblick 5 A 2

Restwert
- Abschreibungen 4 130

Riester-Rente
- abgeleiteter Zulageanspruch 4 134
- Allgemeines 4 133
- Altersvorsorgezulage 4 135
- Antragstellung 4 138
- Berufseinsteigerbonus 4 135
- Datenübermittlung ZfA 4 139
- Dauerbevollmächtigung 4 138
- Grundzulage 4 135
- Kinderzulage 4 135 f.
- Kombinationsmodell 4 139
- Mindesteigenbetrag 4 137
- nachgelagerte Besteuerung 4 140
- Personenkreis 4 134
- Sockelbetrag 4 137

- Sonderausgabenabzug 4 135
- Sonderausgabenabzug § 10a EStG 4 139
- Zustimmung Datenübermittlung 4 139

Risikoeingrenzung
- Mandatsvertrag 2 A 20

Risikofaktoren 4 1695

Risikomanagement 4 1696

Ritter-Coulais 4 332

Rückstellung
- Finanzierung 4 1017

Rückstellungen 1 B 1

Rückwirkung
- Einbringung in KapGes 4 765

Rürup-Vertrag
- nachgelagerte Besteuerung 4 75
- Riester-Vertrag 4 75

RV-Leistungsverbesserungsgesetz
- Arbeitslosigkeit 1 A 170 ff.
- Erwerbsminderung 1 A 171
- Mütterrente 1 A 167 ff., 172
- Rente mit 63 1 A 167 ff.

S

Sachbezüge 1 B 1; 5 A 2

Sacheinlagen
- GmbH 4 1073

Sachgründung
- Besteuerung 4 1077 f.
- GmbH 4 1077 f.
- Sachgründungsbericht 4 1073

Sachinbegriffe, ausländische
- Verlustausgleichsbeschränkungen 4 324

Sachkapitalüberlassung
- Kapitalgesellschaft 4 1001
- Personengesellschaft 4 1000

Sachprämien 5 A 2

Sachverhaltsaufklärung
- Mandatsvertrag 2 A 51

Sammelbeförderung 5 A 2

Sanierungsberater/Insolvenzberater
- Aufgaben 3 B 174 ff.
- Haftung 3 B 184 ff.
- Risiken 3 B 184 ff.
- vereinbare Tätigkeiten 3 B 173 ff.

- Vergütung 3 B 182 f.
- Voraussetzungen 3 B 174 ff.

Sanktionen bei Berufspflichtverletzung 2 A 95

Schachtelprivileg
- Dividenden 4 307
- nichtabzugsfähige Betriebsausgaben 4 307
- Veräußerungsgewinne 4 307

Schadenersatzpflicht des Steuerberaters 2 A 83

Schadensersatz
- Kulanzzahlungen 4 84

Schein-Sozietät 2 B 5

Schenkungsteuer 4 315
- Begünstigung 4 625
- DBA 4 384
- verdeckte Einlage 4 1755
- verdeckte Gewinnausschüttung 4 1748

Schiedskonvention 4 342

Schiffe, ausländische
- Verlustausgleichsbeschränkungen 4 324

Schlussbesprechung
- Allgemeines 4 486
- Checkliste 4 487

Schriftlichkeit
- Mandatsvertrag 2 A 19

Schriftsteller
- Betriebsausgabenpauschale 5 A 2

Schrumpfungsmodell
- Betriebsaufspaltung 4 420

Schuldner der Kirchensteuer 4 1146

Schuldverhältnisse ohne Vertrag 2 A 83

Schulgeld 5 A 2

Schutzregelungen
- Umwandlungsrecht 4 1853 ff.

Schwarzarbeitsbekämpfungsgesetz
- Geldbuße bei Verstoß gegen gesetzliche Pflichten 5 A 2

Schweden 4 384 f., 387, 389, 391, 393, 395, 397, 399, 401, 403, 405, 407 f.

Schweiz 4 384 f., 387, 389, 391, 393, 395, 397, 399, 401, 403, 405, 407 f.

SE
- rechtliche Gestaltung 4 1382

1655

Seearbeitsgesetz
- Geldbuße bei Verstoß gegen gesetzliche Pflichten 5 A 2

Selbstanzeige 4 1512
- Adressat 4 1426 f.
- Änderungen 1 A 80
- AOÄndG 1 A 80
- Ausschlussgründe 4 1431 ff., 1446, 1449
- Beteiligter/Vertreter 4 1428 ff.
- finanzielle Auswirkungen 1 A 86
- Folgen 4 1450 ff.
- Form und Inhalt 4 1419
- Gesetzgebungsverfahren 1 A 87
- Inkrafttreten 1 A 88
- Schätzung 4 1423 f.
- Sperre bei Vorliegen von Regelbeispielen 4 1448
- Sperrgrund besonders schwerer Fall 4 1448
- Sperrwirkung 1 A 82
- Steuerfahndung 4 1472
- Steuerhinterziehung 4 1417 f.
- Tatentdeckung, objektiv 4 1443 f.
- Tatentdeckung, subjektiv 4 1445
- Teilselbstanzeige 4 1425
- Umfang 4 1421 f.
- Verjährung 4 1419 f.
- Vollständigkeitsmaßstab, neuer 4 1425
- Zinsen 1 A 84
- Zuschlagszahlung 4 1447

Selbstorganisation 2 B 11

Selbstschutzverpflichtung 2 A 100

SEStEG
- Entstrickung 4 359
- UmwStG 4 292

Share-Deal
- Unternehmenskauf 4 1680 ff.

Sicherheitsabschläge 4 1511

Sitz 4 265

Societas Europaea
- Gründung 4 1382
- Organisation 4 1382
- rechtliche Gestaltung 4 1382

Solidaritätszuschlag 5 A 2

Solidaritätszuschlagsgesetz
- wichtige €-Werte im Überblick 5 A 2

Sonderabschreibungen 4 125; 5 A 2
- nach § 7g EStG 4 126

Sonderausgaben 1 B 1; 4 1507

Sonderausgaben-Pauschbetrag 5 A 2

Sonstige Bezüge 5 A 2

Sonstige Einkünfte 5 A 2

Sonstige Leistungen
- Verluste 4 1780

Sozialgesetzbuch III
- Arbeitsentgelt, fiktives 5 A 2
- Arbeitslosenversicherung, freiwillige 5 A 2
- wichtige €-Werte im Überblick 5 A 2

Sozialgesetzbuch IV
- wichtige €-Werte im Überblick 5 A 2

Sozialgesetzbuch V
- wichtige €-Werte im Überblick 5 A 2

Sozialgesetzbuch VI
- wichtige €-Werte im Überblick 5 A 2

Sozialgesetzbuch XI
- wichtige €-Werte im Überblick 5 A 2

Sozialversicherungsbeitrag 1 A 173
- Beitragssätze 1 A 175
- Veränderungsrate 1 A 174

Sozialversicherungsentgeltverordnung
- Sachbezugswerte, Euro 5 A 2

Sozietät
- Haftung 2 C 46

Spaltung 4 1455 ff.
- Kündigungsschutz der Arbeitnehmer 4 1860
- Übergangsmandat des Betriebsrats 4 1861
- Umwandlungsrecht 4 1454

Spaltung von KapGes
- Ansatz über Buchwert 4 1458
- Ausgliederung als Einbringung 4 1457
- begünstigte Rechtsträger 4 1455
- Besteuerung der Anteilseigner 4 1462
- Buchwertansatz 4 1458
- Buchwertverknüpfung 4 1461
- doppeltes Teilbetriebserfordernis 4 1458
- Grundkonzeption 4 1456
- liquidationsähnliche Gewinnrealisierung 4 1458
- Missbrauchsbestimmungen 4 1459
- Steuerneutralität 4 1456
- Übergang nachlaufender Eigenkapitalgrößen 4 1461

- Übergang Verlustvorträge **4** 1461
- Vorbereitung einer Veräußerung **4** 1460

Spaltungsgesetz **4** 1454

Spanien **4** 384 f., 387, 389, 391, 393, 395, 397, 399, 401, 403, 405, 407 f.

Sparerfreibetrag **5** *A* 2

Sparerpauschbetrag **4** 1, 11
- Freistellungsauftrag **4** 19
- Meldung BZSt **4** 19
- Steueridentifikationsnummer **4** 19

Sparvertrag **5** *A* 2

SPE
- Gründung **4** 1414
- Kapitalstruktur **4** 1415
- Organisation **4** 1416
- rechtliche Gestaltung **4** 1413

Spekulationsgeschäfte **5** *A* 2
- private Veräußerungsgeschäfte **1** *B* 1

Spekulationsgewinn **4** 8

Spekulationsverluste **4** 28
- Altverluste **4** 26
- Verlustvortrag **4** 26

Spenden **5** *A* 2
- Stiftungen, erhöhter Abzug **4** 1576

Spendenabzug **5** *A* 2

Spendennachweis **5** *A* 2

Sponsoring
- Werbemaßnahme **2** *B* 51

Sprecherausschussgesetz
- Geldbuße bei Verstoß gegen gesetzliche Pflichten **5** *A* 2
- wichtige €-Werte im Überblick **5** *A* 2

Stahlwerk Ergste Westig GmbH **4** 332

Standort **2** *B* 24

Standortwahl
- Existenzgründung **4** 888

StBerG
- Gerichtsgebühr **1** *A* 52
- Mitteilungen **1** *A* 50
- wettbewerbsrechtliche Aufgaben **1** *A* 51
- Zuständigkeit **1** *A* 49

Steuerausländer
- beschränkte Steuerpflicht **4** 88

Steuerbefreiung
- Einkommensteuer **1** *B* 1

Steuerberater
- Mandatsvertrag **2** *A* 1

Steuerberaterkammer **2** *A* 92

Steuerberaterprüfung
- Durchfallquote **2** *B* 3

Steuerberaterstatistik **2** *B* 1

Steuerberatervergütung
- Abschlussarbeiten **5** *H* 4
- Abschlusstabelle (Tabelle B) **5** *H* 12
- Abtretung **2** *D* 10
- Änderungen 2013 **2** *D* 1
- Altersvorsorgeberatung **3** *B* 58
- Angemessenheit **2** *D* 5
- Aufsichtsratstätigkeit **3** *B* 18 ff.
- Auslagen **2** *D* 8
- Begriffsbestimmung **2** *D* 4
- Beiratstätigkeit **3** *B* 18 ff.
- Beratungstabelle (Tabelle A) **5** *H* 11
- Beratungstätigkeiten **5** *H* 1
- Betreuung **3** *B* 45 ff.
- Buchführung **5** *H* 4, 13
- Buchführung, LuF **5** *H* 5
- Buchführungstabelle (Tabelle C) **5** *H* 13
- Einzeltätigkeiten **2** *D* 6
- Existenzgründungsberatung **3** *B* 66
- Finanzberatung **3** *B* 75
- Form der Liquidation Honoraranspruch, Durchsetzung **2** *D* 9
- Gebührenhöhe, Feststellung der **2** *D* 5
- Gebührentatbestände **5** *H* 1 ff.
- Gebührenvereinbarungen **2** *D* 7
- Gerichtliche und andere Verfahren **5** *H* 8
- Gläubigerausschuss-Mitgliedschaft **3** *B* 152 ff.
- Haus- und WEG-Verwaltung **3** *B* 87 f.
- höhere Vergütung **2** *D* 7
- Honoraranspruch, Durchsetzung **2** *D* 10 f.
- Insolvenzverwalter **3** *B* 115
- Klageverfahren **2** *D* 11
- Landwirtschaft, Betriebsfläche **5** *H* 14
- Landwirtschaftliche Tabelle, Jahresumsatz (Tabelle D, Teil b) **5** *H* 15
- LuF **5** *H* 14
- LuF, Buchführung **5** *H* 5
- Mediator **3** *B* 135
- Mittelgebühr **2** *D* 5
- Nachlassverwaltung **3** *B* 167 ff.

1657

- Pauschalierung 2 D 7
- Rechtsbehelfsverfahren 5 H 6, 16
- Rechtsgrundlagen 2 D 2
- Reformen 2 D 13 ff.
- RVG 2 D 1, 18 ff.
- Sanierungsberater/Insolvenzberater 3 B 182 f.
- Sonstige Tätigkeiten 5 H 2
- StBVV 2 D 1, 3 ff., 16 f.
- Steuererklärung 5 H 3
- Strafverteidigung 3 B 210
- Streitwertübersicht (FG-Verfahren) 5 H 9
- Syndikusberater 3 E 28 ff.
- Testamentsvollstreckung 3 B 232 f.
- Umsatzsteuer 2 D 8
- Umweltgutachter 3 B 250
- vereinbare Tätigkeiten 2 D 12; 3 B 18 ff., 45 ff., 58, 66, 75, 115, 135, 152 ff., 167 ff., 182 f., 210, 232 f., 243 f., 250, 254; 5 H 10
- Verjährung 2 D 9
- Vermögensberater/Anlageberater 3 B 254
- verpflichteter Personenkreis 2 D 2
- Verwaltungsvollstreckung 5 H 7
- Vorschuss 2 D 10
- Zeitgebühr 2 D 5
- Zurückbehaltungsrecht 2 D 10
- Zwangsverwaltung 3 B 243 f.

Steuerberatervergütungsverordnung
- Honorargespräch 2 B 60
- Honorargestaltung 2 B 57, 60
- Landwirtschaft, Jahresumsatz 5 H 15
- LuF 5 H 15
- Mandatsvertrag 2 A 55
- Vorschuss 2 B 60

Steuerbilanz
- Abweichungen zur Handelsbilanz 4 1353
- Aufstellungspflicht 4 1350
- latente Steuern 4 1350
- Maßgeblichkeit 4 1349
- Wahlrechte 4 1349

Steuererstattungszinsen 4 83

Steuerfahndung
- Auskunftsperson 4 1474
- Aussageverweigerungsrecht 4 1478 f.
- Beschlagnahmeverbot 4 1481
- Beteiligung 4 1463
- Entbindung vom Aussageverweigerungsrecht 4 1480

- Gehilfe 4 1464 f.
- Haftung 4 1483, 1486 ff.
- Haftungsverfahren 4 1485
- Hinweis auf Fehler 4 1473
- Nachweispflicht des Finanzamts 4 1484
- Risiko 4 1468
- Sanktionen 4 1491 ff.
- Schutzmaßnahmen 4 1470 f.
- unterlassene Selbstanzeige 4 1472
- Verdacht gegen den Berater 4 1466 f.
- Verjährungsfrist 4 1469
- Verschwiegenheitspflicht 4 1475 f., 1482
- Zeugnisverweigerungsrecht 4 1477

Steuergefährdungstatbestände 4 1540

Steuerhinterziehung 1 B 1; 2 A 93; 4 1504, 1541
- Bestimmtheitsgebot 4 1505
- Fälligkeitssteuern 4 1519
- Konkurrenzen 4 1536
- „neutrale Handlung" 4 1525
- Schätzung 4 1510
- Selbstanzeige 4 1417 ff.; 5 A 2
- Straffreiheit 5 A 2
- Tatbestand 4 1500 f.
- Tatbestandsirrtum 4 1501
- Veranlagungssteuern 4 1516
- Verbotsirrtum 4 1502
- Verfolgungsverjährung 4 1520
- Versuch 4 1514
- Vollendung 4 1515
- Vorbereitungshandlung 4 1513

Steuerhinterziehung bei Schätzung
- Sicherheitsabschläge 4 1511

Steuerhinterziehungsbekämpfungsgesetz 4 334

Steuerklauseln
- verdeckte Gewinnausschüttung 4 1734

Steuerordnungswidrigkeiten 4 1538

Steuersatz
- Annexsteuern 4 9
- Kirchensteuer 4 9
- Konfession 4 9
- Solidaritätszuschlag 4 9
- Sonderausgabe 4 9
- Steuersatz 4 9

Steuerstrafrecht 4 1499 ff.

Steuerstundungsmodell
- Beweisvorsorge 4 1050

- Konsequenzen 4 1047
- modellhafte Gestaltung 4 1048
- Modellhaftigkeit 4 1049
- Verluste 4 1787 ff.

Steuer-Taxonomie
- E-Bilanz 4 1361
- Rechnungslegung 4 1361

Steuerverfahrensrecht
- Gesetzesvorhaben 2015 1 A 135

Steuerverkürzung 4 1500
- Konkurrenzen 4 1541
- leichtfertige 1 B 1; 4 1539

Stiftungen
- Anerkennung 4 1549 f., 1555, 1562
- Anlaufstiftung 4 1574
- Aufsicht, staatliche 4 1556
- Erbschaftsteuer 4 1574
- Errichtung unter Lebenden 4 1545 ff., 1558 ff.
- Errichtung von Todes wegen 4 1551 ff., 1564
- Familienstiftung 4 1577 ff.
- gemeinnützige Stiftungen 4 1567 ff.
- Historie 4 1542
- inländische 4 1566
- Körperschaftsteuer 4 1575
- nicht rechtsfähige Stiftung 4 1557 ff.
- rechtsfähige Stiftung des Privatrechts 4 1544 ff., 1551 ff.
- Rechtsformvergleich 4 1581
- Rechtsgrundlage 4 1543
- Satzung 4 1547, 1553, 1560, 1571
- Spenden, erhöhter Abzug 4 1576
- Statistik 4 1542
- steuerliche Behandlung 4 1565 ff., 1578 f.
- Stiftungserklärung 4 1546, 1552
- Stiftungsgeschäft 4 1545, 1551, 1558 ff.
- Stiftungsgeschäft, Form 4 1548, 1554, 1561
- Unternehmensstiftung 4 1580
- von Todes wegen 4 1551 ff., 1564, 1572 ff.
- Zweck, gemeinnütziger 4 1568 f., 1570

Stiftungszuwendung 5 A 2

Stille Beteiligung
- Verluste 4 1774 f.

Stille Gesellschafter
- Verlustausgleichsbeschränkungen 4 323

Strafrahmen 4 1512

Strafverteidigung
- Aufgaben 3 B 196 ff.
- vereinbare Tätigkeiten 3 B 193 ff.
- Vergütung 3 B 210 ff.
- Voraussetzungen 3 B 196 ff.

Strafvorschriften 4 1499

Strategiekrise
- Absatzkrise 4 1717

Streitwertübersicht 5 H 9

Streubesitzdividenden
- Steuerfreiheit 4 998

Stückzinsmodell
- flat 4 97
- gezahlte Stückzinsen 4 97
- Stückzinsausweis 4 97
- vereinnahmte Stückzinsen 4 97
- Verlusttopfbescheinigung 4 98
- Zweibanken-/Zweipersonenmodell 4 100
- Zweibankenmodell 4 99

StVÄndV 1 A 73
- AltVorsDV 1 A 65
- ErbStDV 1 A 66
- Inkrafttreten 1 A 75
- Überblick 1 A 64
- UStDV 1 A 67 ff.
- Verordnungsverfahren 1 A 74

Substanzerhaltung
- erfolgsorientierte 4 1642
- Gewinnthesaurierung 4 1618

Substanzerhaltungsverpflichtung
- Betriebsaufspaltung 4 431

Substanzwert
- Bedeutung für die Unternehmensbewertung 4 1637
- Ermittlung 5 C 2
- Liquidationswert 4 1640

Suchservice
- Werbemaßnahme 2 B 54

Summenbilanz
- Rechnungslegung 4 1344

Swap-Modell
- Swap 4 103

Switch-Over-Klausel
- § 20 Abs. 2 AStG 4 379

Symmetriethese 4 332

1659

Syndikus-Steuerberater 3 E 35
- § 1 Abs. 1 BOStB 3 E 7
- § 58 Nr. 5a StBerG 3 E 7 f.
- Anstellungsvertrag 3 E 31
- Auskunftsprivilegien 3 E 25 ff.
- Berufsaufsicht 3 E 33 f.
- Berufsbezeichnung, Führen der 3 E 22 ff.
- Beschlagnahmeprivilegien 3 E 25 ff.
- Doppelberufstheorie 3 E 6 f.
- Einzelkanzlei 2 B 4
- Haftpflichtversicherung 3 E 20 f.
- Offenbarungspflicht 3 E 17
- Rechtsanwalts-Syndikus 3 E 3 ff.
- Rechtslage 3 E 1 f., 7 f.
- Sozialversicherung 3 E 32
- Tätigkeitsbereich 3 E 9 ff.
- „unabhängiger Berater", gleichzeitige Stellung als 3 E 18 f.
- Vergütung 3 E 28 ff.
- Versorgungswerk 3 E 32

T

Täterschaft
- Steuerhinterziehung 4 1521 f.

Tarifautonomiestärkungsgesetz
- Mindestlohn 1 A 139 ff.

Tarifeinheitsgesetz
- Gesetzesvorhaben 2015 1 A 177 f.

Tarifermäßigung 1 B 1

Tatbestandsirrtum 4 1501

Tausch
- erhaltene Wertpapiere 4 55
- hingegebene Wertpapiere 4 55
- Tauschgrundsätze 4 55

Teilamortisationsvertrag
- Zurechnung Gebäude 4 1197

Teilbetrieb
- 100 %ige Kapitalgesellschaftsbeteiligung 4 531
- Definition 4 526
- Eigenständigkeit 4 527
- Filialen 4 530
- funktionale Betrachtungsweise 4 537
- funktional-quantitative Betrachtungsweise 4 537, 539
- quantitative Betrachtungsweise 4 539
- Tätigkeitsaufgabe 4 528

- wesentliche Betriebsgrundlagen 4 537, 539
- Zweigniederlassungen 4 530

Teilbetriebsaufgabe
- Maßgeblicher Zeitpunkt 4 542
- Tätigkeitsaufgabe 4 540
- Teilbetrieb im Aufbau 4 529
- Voraussetzungen 4 536

Teilbetriebsübertragung
- Zinsvortrag 4 2028

Teilbetriebsveräußerung
- 100 %ige Kapitalgesellschaftsbeteiligung 4 533
- Betriebsaufspaltung 4 538
- Definition 4 534
- einheitlicher Vorgang 4 532
- maßgeblicher Zeitpunkt 4 542
- Organschaft 4 535
- Tätigkeitsaufgabe 4 540

Teileinkünfteverfahren 1 B 1; 4 48, 299

Teilpraxisaufgabe
- Tätigkeitsaufgabe 4 541

Teilpraxisveräußerung
- Tätigkeitsaufgabe 4 541

Teilwertabschreibung
- Betriebsaufspaltung 4 436 f.

Teilzeitbeschäftigung 5 A 2

Telekommunikationsleistungen 5 A 2

Termingeschäft
- (Zins-)Währungsswaps 4 73
- Aktienswaps 4 73
- Cap 4 72
- Collar 4 72
- Devisentermingeschäft 4 70
- Differenzausgleich 4 70
- Floor 4 72
- forward 4 71
- future 4 71
- Glattstellung 4 70
- Option 4 71
- Stillhalterprämie 4 71
- Swaps 4 73
- Zinsbegrenzungsvereinbarung 4 72
- Zinsswaps 4 73

Territorialitätsprinzip 4 266

Testament
- Form 4 816
- Inhalt 4 815

- Kosten   4 820
- Verwahrung   4 819

Testament, Berliner
- Doppelbesteuerung   4 834
- Gestaltungsformen   4 833
- Handlungsempfehlungen   4 835
- Vermeidung von Pflichtteilsansprüchen   4 836
- wechselbezügliche Verfügungen   4 837

Testament, gemeinschaftliches
- Form   4 817

Testamentsvollstreckung
- Aufgabenbereich   3 B 215 ff.
- Haftung   3 B 234 f.
- Risiken   3 B 234 f.
- vereinbare Tätigkeiten   3 B 214 ff.
- Voraussetzung   3 B 215 ff.

Thesaurierter Gewinn
- Doppelzählungsverbot   4 1624

Tod   2 A 58
- des Mandanten   2 A 77

Transaktionskosten   4 1, 4

Transferpaket   4 338

Treu und Glauben   2 A 47

Treuepflicht gegenüber Auftraggeber
- Mandatsvertrag   2 A 28

Trinkgeld   5 A 2

Typisch stille Gesellschaft
- bilanzielle Behandlung   4 1044
- Rating   4 1044
- Refinanzierungskosten   4 1043
- steuerliche Behandlung   4 1043
- Wesensmerkmale   4 1042

U

Übergangsgeld   5 A 2

Überleitungsrechnung   4 2013
- Prüfungsanspruch   4 2014
- Prüfungspflicht   4 2014

Überprüfungspflicht des Mandanten
- Mandatsvertrag   2 A 52, 54

Übersicht
- zur Kirchensteuer   4 1172

Übertragung des Betriebs   2 A 82

Übertragungsgewinn
- Verrechnungspotenzial   4 2029

Übungsleiter   5 A 2

UG (haftungsbeschränkt)
- Gründung   4 1412
- Kapitalstruktur   4 1411
- rechtliche Gestaltung   4 1410

Umsatzkostenverfahren
- GuV-Gliederung nach HGB   5 E 8

Umsatzsteuer   4 1508
- Anwachsung   4 186
- Durchschnittssätze in LuF   5 A 2
- Durchschnittssatz   5 A 2
- Eigenverbrauch   5 A 2
- Einlagen   4 1080
- Multiplikatoren   5 A 2
- Regelsteuersatz   5 A 2
- Reverse Charge   1 B 1
- sonstige Leistungen   1 B 1
- Steuerfreiheit/Steuerpflicht   1 B 1
- Steuersatz, ermäßigter   5 A 2
- Übersichten/Tabellen   5 A 2
- Umsatzsteuerbefreiung   1 B 1
- Umsatzsteuerermäßigung   1 B 1
- verdeckte Gewinnausschüttung   4 1744
- Vorsteuer   5 A 2
- Vorsteuer-Durchschnittssätze   5 A 2

Umsatzsteuer-Durchführungsverordnung
- wichtige €-Werte im Überblick   5 A 2

Umsatzsteuergesetz
- wichtige €-Werte im Überblick   5 A 2

Umsatzsteuerpflicht
- GmbH   4 1064

Umsatzsteuervoranmeldung
- Firmenmantel   1 A 125
- Korrektur   1 A 83
- Vorratsgesellschaft   1 A 125

Umwandlung   4 1454
- Anteilstausch   4 52
- Aufspaltung   4 52
- E-Bilanz   4 1358
- Einzelrechtsnachfolge   4 756 f.
- freiwilliges Übernahmeangebot   4 52
- Fusionsrichtlinie   4 292
- Verschmelzung   4 52

Umwandlung KapGes/PersGes
- AfA-Berechtigung   4 1825
- Altbestand EK 02   4 1816
- Anteile im Betriebsvermögen der Übernehmerin   4 1820

1661

- ausländische Anrechnungsbetriebsstätte 4 1814
- ausländische Anteilseigner 4 1831
- ausländische Anteilseigner, DBA-Freistellung 4 1833
- ausländische Anteilseigner, Einlagefiktion 4 1832
- ausländische Anteilseigner, Entstehen eines § 50c-Sperrbetrags 4 1835
- ausländische Anteilseigner, § 50c-Anteile 4 1834
- ausländische Anteilseigner, Übergang eines § 50c-Sperrbetrags 4 1836
- ausländische Unternehmensteile/Beteiligungen 4 1813
- Behandlung Übernahmegewinn 4 1828
- Behandlung Übernahmeverlust 4 1827
- Bewertungswahlrecht 4 1810
- Buchwertfortführung 4 1810
- Ebenen der Besteuerung 4 1807
- Einlagewert, Missbrauch 4 1822
- Eintritt in Rechtsposition der Überträgerin 4 1824
- Ermittlung Übernahmeergebnis 4 1826
- Ermittlung, Übernahmeergebnis, einbezogene Anteile 4 1821
- freiberufliche Tätigkeit 4 1819
- Freistellungsbetriebsstätte 4 1826
- gewerbesteuerliche Verstrickung 4 1838
- KSt-Minderung, -Erhöhung 4 1815
- Maßgeblichkeitsgrundsatz 4 1812
- nicht wesentlich Beteiligter 4 1829
- Qualifizierung Übernahmegewinn 4 1828
- ratierliche Auszahlung des KSt-Guthabens 4 1815
- ratierliche Begleichung der EK 02-Steuer 4 1816
- Rückwirkung/Stichtag 4 1809
- Steuersituation Übernehmerin 4 1817
- Systematik auf Grund des SEStEG 4 1808
- Übernehmer ohne Betriebsvermögen 4 1837
- Unterschiede altes Recht/neues Recht (SEStEG) 4 1818
- Verlustvortrag KapGes 4 1812
- Vernichtung von Anschaffungskosten 4 1827, 1830
- Voraussetzungen für Buchwertansatz 4 1811
- Wertverknüpfung 4 1823

Umwandlungsbeschluss 4 1846

Umwandlungsprüfung 4 1845

Umwandlungsrecht
- Anwachsung 4 179 f.
- Gesamthandsgemeinschaft 4 179
- Grundtypen der Umwandlung 4 1454, 1840
- handelsrechtliche Regelungen 4 1454
- Kapitalschutzvorschriften 4 1855
- Reform 4 1454
- Schutz der Anteilseigner 4 1853
- Schutz der Arbeitnehmer 4 1856 ff.
- Schutz der Gläubiger 4 1854
- Spaltung 4 1454
- Überblick 4 1806
- Umwandlungsverfahren 4 1842 ff.
- Vermögensübertragung 4 1840
- Verschmelzung 4 1839
- zivilrechtliche Regelungen 4 1454

Umwandlungssteuer
- Überblick 4 1807

Umwandlungsverfahren 4 1842
- Formwechsel/Wirkung der Eintragung 4 1851
- Information der Anteilseigner 4 1844
- Registereintragung 4 1847 ff.
- Rückwirkung 4 1852
- Umwandlungsbeschluss 4 1846
- Umwandlungsprüfung 4 1845
- Vorbereitungsmaßnahmen 4 1843
- Wirkungen der Eintragung 4 1850

Umweltgutachter
- vereinbare Tätigkeiten 3 B 248 ff.
- Vergütung 3 B 250

Umzugskosten 5 A 2

Unbewegliches Vermögen
- DBA 4 403
- Erbschaft- und Schenkungsteuer 4 404 f.
- Substanzsteuern 4 404 f.
- Überblick DBA-Recht 4 402
- Verkehrsteuern 4 404 f.

Uneingeschränkte Vergleichbarkeit
- Verrechnungspreismethoden 4 350

Universalitätsprinzip 4 261

Unterhalt 5 A 2

Unterhaltspflicht
- Auswirkung auf Pfändungsfreigrenze 5 G 2, 5

Stichwortverzeichnis

Unterlagen
- Aufbewahrungspflicht 2 A 40

Unternehmensbewertung
- Absatzlage 5 C 2
- Ausschüttungsgrundsatz 4 1621
- Beteiligungen 4 1647, 1649
- Bewertung durch Steuerberater 4 1584
- Bewertung durch Wirtschaftsprüfer 4 1587
- Bewertungsanlass 4 1589 ff.
- Checkliste zur Informationserhebung 5 C 2
- DCF-Verfahren 4 1602
- Entscheidungswert 4 1589
- Ertragsteuern 4 1615
- Ertragswert 4 1585, 1594 ff., 1604
- fairer Einigungswert 4 1656
- Familien- und Erbrecht 4 1652
- Funktion des Bewerters 4 1592
- Gewinnausschüttung 4 1622
- Gewinnthesaurierung 4 1623
- Grundprobleme und Grundsätze 4 1612
- gutachterliche Bewertung 4 1583
- Hilfsfunktion des Substanzwertes 4 1639
- Inflation 4 1616 ff.
- Investitionsplanung 4 1641
- Investitionstheorie 4 1586
- Leistungsprogramm 5 C 2
- modifiziertes Ertragswertverfahren 4 1600 f.
- nicht betriebsnotwendiges Vermögen 4 1661
- Nominalrechnung 4 1619
- objektivierter Unternehmenswert 4 1591
- Personal 5 C 2
- Phasenmethode 4 1609 ff.
- Praktikerverfahren 4 1588
- Prognoseproblem 4 1599, 1605
- steuerliche Verhältnisse 5 C 2
- Vergangenheitsanalyse 4 1634
- Vollständigkeitserklärung 4 1633
- Wertfaktoren 4 1643
- Wertuntergrenze 4 1640
- wirtschaftliche Unternehmenseinheit 4 1625 ff.
- zu steuerlichen Zwecken 4 1582
- Zugewinnausgleich 4 1653 ff.
- Zukunftsplanung 4 1635
- Zweck der Bewertung 4 1589

Unternehmensform
- Änderung durch Anwachsung 4 180 f.

- Auswahlkriterien 4 1364 f.
- Entscheidungsfindung 4 1366

Unternehmensgewinne
- Außensteuerrecht 4 281
- DBA 4 389

Unternehmensgewinne/Auslandsbetriebsstätte
- Erbschaft- und Schenkungsteuer 4 390 f.
- Substanzsteuern 4 390 f.
- Überblick DBA-Recht 4 388
- Verkehrsteuern 4 390 f.

Unternehmenskauf 4 889
- Abschreibungen 1 B 1
- Anschaffungskosten, Herstellungskosten 1 B 1
- Asset-Deal 4 1681 f.
- Diversifikation 4 1673
- Due Diligence 4 1670, 1690 ff.
- EBIT-Bewertung 4 1689
- Geschäftsveräußerung 1 B 1
- Gesellschafterfremdfinanzierung 4 1678 f.
- Gewinnabgrenzung 4 1684 ff.
- Kaufpreis 4 1687 ff.
- Kerngeschäft 4 1674
- Leveraged Management Buy-out 4 1676 f.
- Management Buy-in 4 1675 ff.
- Management Buy-out 4 1675 ff.
- Motive 4 1671 ff.
- Multiplikator-Verfahren 4 1689
- NewCo-Modelle 4 1678 f.
- Share-Deal 4 1683
- strategische Unternehmensübernahmen 4 1673 ff.
- Synergien 4 1674
- Unternehmensbewertung 4 1688 f.
- variable Kaufpreisklauseln 4 1687

Unternehmenskrise 4 1694 ff.
- Absatzkrise 4 1718
- Anzeichen 4 1705
- Controlling 4 1731
- Ergebniskrise 4 1722
- Erkennen der Anzeichen 4 1715
- Finanzierungs- und Liquiditätskrise 4 1723
- Frühwarnindikatoren 4 1727 f.
- Frühwarnsystem 4 1729
- internes Überwachungssystem 4 1730
- Kostenkrise 4 1719

1663

- Krisenmanagement 4 1704
- Krisentypen 4 1716
- Management- und Führungskrise 4 1720
- Organisationskrise 4 1721
- rechtliche Vorgaben 4 1725 f.
- Risikofaktoren 4 118 f., 1699 ff.
- Rolle der Belegschaft und des Betriebsrats 4 1713
- Rolle der Kreditinstitute und Hausbanken 4 1711
- Rolle der Kunden und Lieferanten 4 1714
- Rolle der Produkte 4 1709
- Rolle des Gesellschafters 4 1706
- Rolle des Management 4 1707
- Rolle des Personals 4 1708
- Rolle des Steuerberaters und Wirtschaftsprüfers 4 1712
- Rolle des Wettbewerbs 4 1709

Unternehmensnachfolge
- betriebliche Erfordernisse 4 1305
- Due Diligence 5 D 1 f.
- Erbschaftsteuer 4 1309, 1312, 1317
- Erbschaftsteuerreform 4 1313
- Erwerbsgrundlage 4 1298 f.
- Familienbetriebe 4 1295
- Familiengesellschaften 4 1312, 1314
- Familienstiftungen 4 1312, 1315
- Fremdvergleich 4 1305
- Führungskontinuität 4 1305
- gesellschaftsvertragliche Regelungen 4 1319 ff.
- Konzept 4 1297
- Managementfaktor 4 1302
- Nachfolgeklauseln 4 1319
- Nachfolgeplanung 4 1301
- Parameter 4 803
- persönliche und rechtliche Verhältnisse 4 805
- Planungsinhalte 4 806
- Qualitätssicherung 4 1305
- Steuerrisiken 4 1296
- Umstrukturierung 4 1311
- Zielsystem 4 1297 ff.

Unternehmensnachfolge, vorweggenommene
- Gestaltungsformen 4 849
- Minderjährige, Genehmigung des Familiengerichts 4 851
- Minderjährige, Vertretung durch die Eltern 4 850

Unternehmensplanung
- Analyse 4 925
- Analyseverfahren 4 968
- bereichsbezogene Planung 4 939
- Beschaffungs- und Lagerplanung 4 945
- Existenzgründung 4 909
- Finanzplanung 4 959
- Investitionsplanung 4 953
- operative Planung 4 914
- Personalplanung 4 947
- Planungsfehler 4 970
- Produktions-/Fertigungsplanung 4 942
- strategische Planung 4 913
- taktische Planung 4 915
- Unternehmenspolitik 4 912
- Vorbereitung 4 916

Unternehmensübernahme
- Arbeitnehmeransprüche 4 1682
- Diversifikation 4 1673
- Kaufpreis 4 1687 ff.
- Management Buy-in 4 1675 ff.
- Management Buy-out 4 1675 ff.
- NewCo-Modelle 4 1678 f.
- strategische 4 1673 ff.
- Unternehmenskauf 4 1673 ff.

Unternehmenswertermittlung 4 1657

Unterstützungskasse
- Begriff 4 168
- Besteuerung, Arbeitnehmer 4 170
- Finanzierung 4 169
- Gewinnermittlung 4 171

Unterzeichnung Steuererklärung durch Mandanten
- Mandatsvertrag 2 A 53

Unvereinbare Tätigkeiten
- § 57 Abs. 4 StBerG 3 C 5
- Arbeitnehmertätigkeit 3 C 1 ff.
- Vorstandsmitgliedschaft bei Genossenschaftsbank 3 C 5

Unwirksamkeit 2 A 86

Urlaubsanspruch
- Urlaubsübertragung 4 248

USA 4 384, 387, 389, 391, 393, 395, 397, 399, 401, 403, 405, 407 f.

USA Formularhinweis (Länderübersicht)
- Zinsen 4 407

UStDV
- Ansässigkeit im Ausland 1 A 68
- redaktionelle Änderungen 1 A 67

- Vergütungsanträge 1 A 71
- Vergütungsverfahren 1 A 70
- Vergütungszeitraum 1 A 69

UStG
- Arbeitsmarktdienstleistungen 1 A 36
- Dialyseleistungen 1 A 122
- Finanzumsätze 1 A 121
- geistiger Beistand 1 A 37
- Hörbücher 1 A 42
- Mindestbemessungsgrundlage 1 A 38
- Mini-one-stop-shop 1 A 40
- redaktionelle Änderungen 1 A 34, 126
- Steuerschuldnerschaft des Empfängers 1 A 123 f.
- Steuerschuldnerschaft des Leistungsempfängers 1 A 39
- Telekommunikationseinrichtungen 1 A 35
- Übergangsregelungen 1 A 41

UStZustV
- Mini-one-stop-shop-Verfahren 1 A 72

V

Vanity-Nummer 2 B 42

Veräußerung
- Betriebsverpachtung 4 673
- freiberufliches Betriebsvermögen 5 A 2
- freier Beruf 5 A 2
- Gewerbebetrieb 5 A 2
- Land- und Forstwirtschaft 5 A 2
- wesentliche Beteiligung 5 A 2
- wesentliche Betriebsgrundlagen 4 673

Veräußerungsfreibetrag
- 55. Lebensjahr 4 607
- Bedeutung 4 604
- dauernde Berufsunfähigkeit 4 608 f.
- Lebensbezogenheit 4 606
- Mitunternehmer 4 610
- Mitunternehmerschaft 4 611
- Teileinkünfteverfahren 4 612 f.
- Teilentgeltlichkeit 4 614
- Voraussetzungen 4 605
- wiederkehrende Bezüge 4 615

Veräußerungsgewinn 4 3
- Berechnung 4 564
- Betriebsvermögensvergleich 4 566
- Fünftelregelung 4 616, 618

Veräußerungsgewinne 1 B 1

Veräußerungsgewinnfreiheit
- Mitunternehmerschaft 4 307

Veräußerungskosten
- Definition 4 603

Veräußerungspreis
- einheitliches Geschäftskonzept 4 568
- Entnahmen 4 569
- Ermittlung 4 567
- Forderungen 4 570
- gewinnabhängiger Kaufpreis 4 601
- Leibrente 4 581 f.
- Mitunternehmeranteilsveräußerung 4 574
- Mitunternehmerausscheiden 4 574
- nachträgliche Einkünfte 4 600
- nachträgliche Preisänderungen 4 598
- negatives Kapitalkonto 4 579
- Ratenzahlung 4 575
- Rücklagen 4 576
- Rückstellungen 4 577
- Rückstellungsverbote 4 572
- Schuldbeitritt 4 573
- Schuldübernahme 4 573
- Stundung 4 578
- Teilentgeltlichkeit 4 579 f.
- übernommene Verbindlichkeiten 4 572
- umsatzabhängiger Kaufpreis 4 601
- Verbindlichkeitserlass 4 571
- Wettbewerbsverbot 4 585
- wiederkehrende Leistungen 4 584
- Zeitrente 4 583 f.

Veräußerungstatbestände
- Freiberuflerpraxis 4 495
- Land- und Forstwirtschaftlicher Betrieb 4 495
- Übersicht 4 494

Veräußerungsverluste
- Finanzierung 4 987
- Übergangsregelung 4 987

Veranlagungssteuer 4 1516, 1529

Verbindliche Zusage
- Betriebsprüfung 4 488

Verbotsirrtum 4 1502

Verbundene Unternehmen
- Schiedskonvention 4 342

Verdeckte Einlage 4 337, 1732 ff.
- Begriff 4 1750
- Bürgschaftsübernahme 4 1751
- Darlehensverzicht 4 1751
- einlagefähiger Vermögensvorteil 4 1751
- Einlagenkonto 4 1754

1665

- Leistungseinlage   4 1751
- Nutzungsvorteile   4 1751
- Schenkungsteuer   4 1755
- Steuerneutralität   4 1749
- Werbungskostenabzug   4 1753
- Wirkungen beim Gesellschafter   4 1752
- Wirkungen, Kapitalgesellschaft   4 1754

Verdeckte Gewinnausschüttung   1 B 1
- Abgeltungsteuer   4 49, 1745, 1747
- Anwendungsfälle   4 1732
- Begriff   4 1732
- beherrschender Gesellschafter   4 1737
- Belastungsfolgen   4 1745 f.
- Betriebsaufspaltung   4 434, 438
- Definition   4 1732
- Einkommenskorrektur   4 1742
- Einkünfteumqualifizierung   4 1745
- Fremdvergleich   4 1735
- Fremdvergleich, formaler   4 1737
- Gesellschaftsrecht   4 1734
- Kapitalertragsteuer   4 1743
- Korrespondenz   4 1747
- mangelnde Durchführung   4 1740
- Merkmale   4 1735
- Nachweis   4 1741
- nahestehende Person   4 1736
- Rechtsfolgen   4 1742
- Rückwirkungsverbot   4 1739
- Schenkungsteuer   4 1748
- Steuerklauseln   4 1734
- Tatbestandsmerkmale   4 1732
- Umsatzsteuer   4 1742, 1744
- Wirksamkeit der Vereinbarung   4 1738
- Wirkungen   4 1733
- Wirkungen beim Gesellschafter   4 1745
- zweistufige Gewinnermittlung   4 336

Verdeckte Sacheinlage
- Rechtsfolgen   4 1074

Vereinbare Tätigkeiten
- Altersvorsorgeberatung   3 B 56 ff.
- Annexkompetenz   3 A 8
- Aufsichtsratstätigkeit   3 B 1 ff.
- Beiratstätigkeit   3 B 1 ff.
- Berufsausübungsregelungen   3 A 6
- Berufsrecht   3 A 3
- Betreuer   3 B 29 ff.
- Existenzgründungsberatung   3 B 62 ff.
- Finanzberater   3 B 73 ff.
- Gewerblichkeit   3 A 5
- Gläubigerausschuss-Mitgliedschaft   3 B 138 ff.
- Haftung   3 B 23 f., 54, 59 f., 67 ff., 76, 116 ff., 136, 156 ff., 170 f., 184 ff., 211 ff., 234 f., 245 ff., 255 ff.
- Haus- und WEG-Verwaltung   3 B 78 ff.
- Insolvenzverwalter   3 B 93 ff.
- Mandatserweiterung   3 A 14
- Marktsituation   3 A 1
- Mediator   3 B 120 ff.
- Nachlassverwalter   3 B 162 ff.
- Rechtsdienstleistungsgesetz   3 A 7
- Risiken   3 B 23 f., 54, 59 f., 67 ff., 116 ff., 136, 156 ff., 170 f., 184 ff., 211 ff., 234 f., 245 ff., 255 ff.
- Risiko   3 B 76
- Sanierungsberater/Insolvenzberater   3 B 173 ff.
- Strafverteidigung   3 B 193 ff.
- Testamentsvollstreckung   3 B 214 ff.
- Überblick   3 A 2
- Umweltgutachter   3 B 248 ff.
- unvereinbare Tätigkeiten   3 C 1 ff.
- Vereinbarkeit   3 A 4
- Vergütung   2 D 12; 3 B 18 ff., 45 ff., 58, 66, 75, 87 ff., 115, 135, 152 ff., 167 ff., 182 f., 210, 232 f., 243 f., 250, 254; 5 H 10
- Vermögensberater/Anlageberater   3 B 252 ff.
- Versicherungsschutz   3 A 12
- Wettbewerbsvorteil   3 A 13
- Zwangsverwaltung   3 B 238 ff.

Verfolgungsverjährung   4 1520

Vergütungsanspruch
- Mandatsvertrag   2 A 55

Verhaltenssteuerung   4 966

Verjährung
- Fälligkeitssteuern   4 1530
- Haftung   2 C 61
- steuerliche Festsetzung   4 1526
- strafrechtliche Verfolgung   4 1528
- Veranlagungssteuern   4 1529

Verjährungsfrist
- Mandatsvertrag   2 A 5

Verjährungshemmung   4 1527

Verjährungsunterbrechung   4 1533
- Anklageerhebung   4 1535
- Durchsuchungsanordnung   4 1534
- Verfolgungswille   4 1534

VerkehrStÄndG
- Gesetzesvorhaben 2015   1 A 133

Verkürzungserfolg 4 1506

Verlust
- analoge Verlustverrechnung 4 1803 ff.
- ausländische Einkünfte 4 1783 ff.
- bei beschränkter Haftung 4 1769
- einkunftsartbezogene 4 1763
- einkunftsartunabhängige 4 1764
- gewerbliche Differenzgeschäfte 4 1767 f.
- gewerbliche Tierzucht 4 1765 f.
- horizontaler Verlustausgleich 4 1758
- Kapitalvermögen 4 1776 ff.
- Nettoprinzip 4 1756 f.
- private Veräußerungsgeschäfte 4 1781 f.
- Reihenfolge 4 1761
- sonstige Leistungen 4 1780
- Steuerstundungsmodelle 4 1787 ff.
- stille Beteiligung 4 1774 f.
- Unterschiede 4 1762
- Veräußerung Kapitalbeteiligung 4 1770 ff.
- Verlustausgleichsbeschränkung 4 1760 f.
- Verlustfeststellung 4 1800 ff.
- Verlustrücktrag 4 1796 f.
- Verlustverrechnung 4 1795
- Verlustvortrag 4 1798 f.
- vertikaler Verlustausgleich 4 1758
- Zusammenveranlagung 4 1759

Verlustabzug 5 *A* 2

Verlustausgleichsbeschränkung
- aus ausländischen partiarischen Darlehen 4 323
- aus ausländischen stillen Gesellschaften 4 323
- bei Beteiligungen i. S. des § 17 EStG 4 322
- bei gewerblichen Auslandsbetriebsstätten 4 320
- bei Teilwertabschreibungen 4 321, 325
- bei Veräußerungsverlusten 4 321, 325
- bei Verlusten aus Vermietung ausl. Grundstücke, Sachinbegriffen und von Schiffen 4 324
- Einkünfte aus Land- und Forstwirtschaft 4 319

Verluste
- Ausnahmen von den Verlustabzugsbeschränkungen 4 327
- Betriebsstätten 4 316

- Konkurrenz von § 2a EStG zu DBA 4 331
- Konkurrenz von § 2a EStG zu § 15a EStG 4 328
- Konkurrenz von § 2a EStG zu § 32b EStG 4 329
- Konkurrenz von § 2a EStG zu §§ 34e EStG, 26 KStG 4 330
- Rechtsfolgen 4 326
- Verlustausgleichsbeschränkung 4 316 ff.
- Verluste (ESt) 1 *B* 1
- Verluste (GewSt) 1 *B* 1
- Verluste (KSt) 1 *B* 1

Verlustnutzung
- Bonuszertifikat 4 101
- Devise 4 95
- Discountzertifikat 4 101
- Dividendenanspruch 4 104
- Dividendenschein 4 104
- Expresszertifikat 4 101
- Fremdwährung 4 95
- Gold 4 95
- Grundstücke 4 94
- Kursgewinne 4 101
- sonstige Wirtschaftsgüter 4 95
- Verlustverrechnung 4 94
- Zerobonds 4 101
- Zinsanspruch 4 104
- Zinsschein 4 104

Verlustverrechnung 4 30, 64, 1795
- Finanzierung 4 1019
- gegenläufige Optionen 4 102
- geographisch 4 326
- Kommanditist (bei negativem Kapitalkonto) 4 328
- nach Einkunftskategorien 4 326
- nach Maßgabe des § 10d EStG 4 1803 ff.
- Verlustrücktrag 4 17
- Verlustverrechnungstopf 4 18

Verlustvortrag
- nach § 10d EStG 4 1508

Vermietung 4 1031, 1036
- Betriebsaufspaltung 4 1034
- wesentliche Betriebsgrundlagen 4 1033

Vermögensberater/Anlageberater
- Aufgabenbereich 3 *B* 253
- Haftung 3 *B* 255 ff.
- Risiken 3 *B* 255 ff.
- vereinbare Tätigkeiten 3 *B* 252 ff.

1667

- Vergütung 3 B 254
- Voraussetzung 3 B 253

Vermögensbeteiligung 5 A 2

Vermögensbildungs-Durchführungsverordnung
- wichtige €-Werte im Überblick 5 A 2

Vermögensbildungsgesetz
- wichtige €-Werte im Überblick 5 A 2

Vermögensübergang 4 1806 ff., 1810 ff.

Vermögensüberlassung
- schuldrechtliche 4 1031, 1036

Vermögensübertragung 4 1839 ff.

Vermögensübertragung zwischen Eheleuten
- Beispielsfall 4 870
- Erbschaftsteuer 4 875
- Gestaltungsformen 4 871
- Gläubigeranfechtung 4 878
- Güterstandsschaukel 4 874
- Handlungsempfehlungen 4 881
- Pflichtteilsverzicht gegen Abfindung 4 873
- Schenkung 4 872

Vermögensumschichtung
- Finanzierung 4 1021

Vernissagen und dergleichen
- Werbemaßnahme 2 B 53

Verpflegungsmehraufwand 5 A 2

Verschmelzung 4 1839 ff.

Verschmelzung von KapGes 4 1881
- achtmonatige Rückwirkungsfrist 4 1864
- Ansatz zum gemeinen Wert 4 1874
- Aufgabe des Maßgeblichkeitsprinzips 4 1868
- ausländische Rechtsträger in Drittstaaten 4 1863
- Barabfindung 4 1876
- begünstigte Rechtsträger 4 1862
- Besteuerung Anteilseigner 4 1888
- Besteuerung des Übertragungsgewinns 4 1880
- Buchwertfortführung/Zwischenwertansatz 4 1875
- Eintritt in Rechtsposition 4 1885
- Gesellschafterfremdfinanzierung 4 1867
- Gewährung einer Gegenleistung 4 1879
- handelsbilanzielle Komponenten 4 1870
- handelsbilanzielles Wahlrecht 4 1869
- Infektionstheorie 4 1884
- Mutter/Tochter-Verschmelzung 4 1877
- Nutzung Verlustvortrag 4 1878
- ratierliche Auszahlung des KSt-Guthabens 4 1887
- ratierliche Begleichung der EK 02-Steuer 4 1887
- Rückwirkungsfiktion 4 1865
- Schlussbilanz 4 1874
- Schwesterverschmelzung 4 1877
- steuerbilanzielle Komponenten 4 1871
- Steuerneutralität 4 1883
- Überblick Wahlrechtsausübung 4 1872
- Übergang nachlaufender Eigenkapitalgrößen 4 1887
- Übergang Verlustvortrag 4 1841, 1886
- Umwandlungskosten 4 1883
- verdeckte Gewinnausschüttungen 4 1866
- Vermeidung Verschmelzungsverlust 4 1873
- vorangegangene Teilwertabschreibungen 4 1883
- Wertverknüpfung 4 1882

Versicherung
- Anzeigepflicht 5 A 2
- Riester-Versicherung 4 50
- Rürup-Versicherung 4 50

Versicherungen
- Abgeltungsteuer 4 74 f.

Versicherungsschutz
- Umfang 2 C 85

Versorgungsbezüge 1 B 1

Versorgungsfreibetrag 5 A 2

Versorgungszusage, Auslagerung der
- Kombinationsmodell 4 177 f.

Verstoß gegen das Verbot unbefugter Rechtsbesorgung 2 A 89

Verstoß gegen gesetzliche Pflichten
- Mutterschutzgesetz 5 A 2

Versuch 4 1514

Vertrag zwischen nahen Angehörigen 2 A 51

Vertragsabschluss, mündlicher
- Mandatsvertrag 2 A 20

Vertragsbeendigung
- Aufhebungsvereinbarung 2 A 58
- Geschäftsunfähigkeit 2 A 58

- Insolvenz 2 *A* 58
- Tod 2 *A* 58

Vertragsform
- Mandatsvertrag 2 *A* 7, 19

Vertrauensverhältnis
- Mandatsvertrag 2 *A* 65

Vervielfältiger
- Tabellen 5 *F* 9

Verwaltung
- Kirchensteuer 4 1172

Verwaltungsakt
- Bekanntgabe 1 *B* 1

Verzeichnisse
- Telefonbuch 2 *B* 54
- Werbemaßnahme 2 *B* 54

Verzögerungsgeld 1 *B* 1

Visitenkarte 3 *D* 11

Vollamortisationsverträge
- Zurechnung Grund und Boden 4 1195

Vollamortisationsvertrag
- Immobilienleasingvertrag mit Kaufoption 4 1196
- Immobilienleasingvertrag mit Mietverlängerungsoption 4 1196
- Immobilienleasingvertrag ohne Kauf- oder Mietverlängerungsoption 4 1196
- Zurechnung Gebäude 4 1196

Vollendung 4 1515

Vollrisikozertifikat 4 76

Vorbereitungshandlung 4 1513

Vorgaben, steuergesetzliche
- Mandatsvertrag 2 *A* 31

Vorgesellschaft
- Buchführung 4 1322
- Gesellschafterwechsel 4 1061
- Gesellschaftsrecht 4 1058
- Steuerrecht 4 1062

Vorgründungsgesellschaft
- Buchführungspflicht 4 1055
- Gesellschaftsrecht 4 1054
- Steuerrecht 4 1056

Vorschuss 2 *A* 57

Vorsorgeaufwendungen 5 *A* 2

Vorsorgepauschale 5 *A* 2

Vorsteuer 1 *B* 1
- Durchschnittssatz 5 *A* 2

Vorsteuerabzug 4 1889 ff.

Vorsteuerberichtigung 5 *A* 2

Vorsteuerdurchschnittssätze 5 *A* 2

Vorsteuervergütungsverfahren 5 *A* 2

Vortragstätigkeit
- Betriebsausgabenpauschale 5 *A* 2

VVaG
- rechtliche Gestaltung 4 1380

W

Währungsgewinn 4 8

Wahldividenden
- eigene Anteile 4 86
- Kapitalerhöhung 4 86

Wahlrecht
- Betriebsaufgabe 4 636
- Betriebsaufgabeerklärung 4 637, 656 ff.
- Betriebsaufspaltung 4 639
- Betriebsfortführungsfiktion 4 650
- Betriebsübertragung 4 655
- Betriebsumgestaltung 4 645 f.
- Betriebsverpachtung 4 634 ff.
- branchenfremde Verpachtung 4 652 ff.
- Eigenbewirtschaftung 4 643
- Einbringung 4 651
- Fortführbarkeit 4 635, 640
- Nutzungsüberlassung 4 638
- Personengesellschaft 4 642
- Sonderbetriebsvermögen 4 642
- Veräußerungen 4 649
- Verpächter 4 641
- Voraussetzungen 4 634
- Zeithorizont 4 647 f.
- Zwangsbetriebsaufgabe 4 644

Wahlrechte, steuerliche
- Aufzeichnungspflichten 4 1352

Wandelanleihen
- Wandlung 4 80

Wegnahmegebühr
- bewegliche Sachen 5 *A* 2
- Urkunden 5 *A* 2

Wegzugsbesteuerung 5 *A* 2
- einbringungsgeborene Anteile 4 360
- Halbeinkünfteverfahren 4 360
- Rückkehr 4 360

Welteinkommensprinzip 4 261

Werbegeschenke 5 *A* 2

1669

Werbekosten 2 *B* 28
Werbemarketing 2 *B* 28, 34
Werbemaßnahme 2 *B* 14, 28
- Anzeigen 2 *B* 36
- Aufdruck auf Fahrzeugen 2 *B* 38
- Banden- und Trikotwerbung 2 *B* 39
- Definition 2 *B* 32
- einzelne 2 *B* 35
- Fachmessen und Ausstellungsstände 2 *B* 40
- Fachveranstaltungen 2 *B* 41
- Firmierung und Logo 2 *B* 42
- Flugblätter 2 *B* 44
- Geschäftspapier 2 *B* 43
- Handzettel 2 *B* 44
- Incentives 2 *B* 45
- Internet und E-Mail 2 *B* 46
- Kanzleibroschüre 2 *B* 48
- Mandanteninformationen 2 *B* 47
- Newsletter 2 *B* 47
- Praxisbroschüre 2 *B* 48
- Praxisschild 2 *B* 49
- Radio- und Fernsehwerbung 2 *B* 50
- Reklamehaftigkeit 2 *B* 37
- Sponsoring 2 *B* 51
- Suchservice 2 *B* 54
- Tätigkeits- und Interessenschwerpunkte 2 *B* 52
- Telefonaktion 2 *B* 50
- Vernissagen und dergleichen 2 *B* 53
- Verzeichnisse 2 *B* 54
- Werbegeschenke 2 *B* 45
- Zeitungsinformationen zu Steuerfragen 2 *B* 37
- Zertifizierungshinweis 2 *B* 55

Werbung
- Abgrenzung zwischen erlaubter und unzulässiger 2 *B* 31
- Berufsordnung 2 *B* 30
- Einzelfallwerbung 2 *B* 30
- erlaubte 2 *B* 33
- Fachberater 2 *B* 34
- Honorarhinweise 2 *B* 62
- Informationszweck, sachbezogener 2 *B* 34
- Nachprüfbarkeit der Angaben 2 *B* 34
- unzulässige 2 *B* 31

Werbung, berufswidrige
- Rechtsprechung 2 *B* 29
- Vorgaben des BVerfG 2 *B* 29

Werbungskosten 1 *B* 1; 4 1, 4

Werbungskostenabzug
- verdeckte Einlage 4 1753

Werbungskostenpauschbeträge 5 *A* 2

Werkzeuggeld 5 *A* 2

Wertgebühren 5 *A* 2

Wertloser Verfall 4 24

Wertminderungen
- Beteiligungen, Kapitalgesellschaft 4 984, 995
- Beteiligungen, Personengesellschaft 4 993
- Beteiligungen, Privatvermögen 4 986
- Finanzierung 4 983 f., 986, 988, 993, 995
- Fremdkapital 4 988

Wesentliche Betriebsgrundlagen 4 506, 1033
- Begriff 4 662 f.
- Betriebsaufspaltung 4 424
- Betriebsverpachtung 4 662 ff.
- bewegliches Anlagevermögen 4 665
- Gebäude 4 424
- Goodwill 4 666
- Grundstücke 4 664
- Schrumpfungsmodelle 4 667 f.

Wettbewerbsverbot 2 *B* 7

Wiederverkaufspreismethode 4 345

Wiesbadener Modell
- Betriebsaufspaltung 4 415

Wirtschaftsauskunftsdienste
- Honorar 2 *B* 59
- Liquidität des Mandanten 2 *B* 59

Wirtschaftsgut
- abnutzbares 4 112
- Entstrickung 4 359
- nicht abnutzbares 4 115
- Überführung in ausländische Betriebsstätte 4 359

Wohnsitz 4 262

X

XBRL
- E-Bilanz 4 1360

Z

Zeiterfassung
- Honorar 2 *B* 58

Zeitmanagement 2 *B* 11

Stichwortverzeichnis

Zeitmarketing 2 B 63

Zerlegung 5 A 2

Zerlegungsgesetz
- wichtige €-Werte im Überblick 5 A 2

ZerlG
- Lohnsteuer 2015 1 A 129

Zerobonds
- Bundesschatzbrief Typ B 4 69
- Nullkuponanleihe 4 69

Zertifizierung
- Steuerberaterverbände 2 B 27

Zertifizierungshinweis
- Werbemaßnahme 2 B 55

Zins- und Lizenzgebührenrichtlinie 4 295 f.

Zinsaufwendungen 5 A 2
- Abschreibungsaufwand 4 1975
- Abtretung 4 1974
- Auf- und Abzinsung 4 1974
- Begriff 4 1972
- Factoring 4 1974
- Körperschaften 4 1973
- Sachkapitalüberlassung 4 1975
- Sonderbetriebsvermögen 4 2022 f.
- Zinsaktivierung 4 1974

Zinsen 1 B 1
- DBA 4 399
- Erbschaft- und Schenkungsteuer 4 400 f.
- Länderübersicht 4 408
- Substanzsteuern 4 400 f.
- Überblick DBA-Recht 4 398
- Verkehrsteuern 4 400 f.
- Zins- und Lizenzgebührenrichtlinie 4 295

Zinsersparnisse 5 A 2

Zinsschranke 1 B 1
- Anwendungsbereich 4 1961
- Anwendungsbereich, persönlicher 4 1952
- Anwendungsbereich, sachlicher 4 1953, 1955 f.
- Anwendungsbereich, zeitlicher 4 1954
- Aufgabegewinn 4 2029
- Ausnahmetatbestände 4 1991 ff.
- Begriff 4 1951
- Berechnungsgrößen 4 1962
- Berechnungszeitraum 4 1971
- Beteiligungserwerb 4 2024

- Betriebsaufgabe 4 2027
- Betriebsbegriff 4 1968
- Betriebsbezogenheit 4 1967 ff.
- Betriebsteilübertragung 4 2028
- Betriebsübertragung 4 2027
- EBITDA 4 1963 ff., 2025
- EBITDA-Vortrag 4 1976 f., 1979
- Erbfall 4 2030
- Escape-Klausel 4 1999 f., 2014 ff.
- Freigrenze 4 1970, 1993 ff.
- Gesellschafter-Fremdfinanzierung 4 1992, 2034 f., 2037 ff.
- Kapitalgesellschaften 4 2033 ff.
- KGaA 4 2044
- Körperschaften 4 2031 f.
- Konzernzugehörigkeit 4 1996 ff., 2001 ff., 2037 ff.
- Mitunternehmeranteil 4 2026
- Mitunternehmerschaft 4 1969
- Mitunternehmerwechsel 4 2025
- Normen 4 1958 f.
- Normenkonkurrenzen 4 1960
- Organschaft 4 2042 f.
- Personengesellschaften 4 2045
- Überleitungsrechnung 4 2014
- Übertragungsgewinn 4 2029
- Verfassungskonformität 4 1957
- Verlust 4 1986
- Wirtschaftsjahrbezogenheit 4 1971
- Zinsabzugsbetrag 4 1987 ff.
- Zinsaufwendungen 4 1972 ff., 2022 f.
- Zinsvortrag 4 1980 ff., 1987 ff.

Zinsvortrag 4 1980
- Beteiligungserwerb 4 1985
- Freigrenze 4 1982
- stille Reserven 4 1983
- Verlust 4 1984, 1986
- Zinsaufwandserhöhung 4 1981

ZollkodexAnpG
- AO 1 A 91 ff., 103
- AStG 1 A 120
- EStG 1 A 102, 104 ff.
- finanzielle Auswirkungen 1 A 130
- FSchG 1 A 128
- FVG 1 A 127
- Gesetzgebungsverfahren 1 A 131
- Inkrafttreten 1 A 132
- Überblick 1 A 89
- UStG 1 A 121 ff.
- USt-Voranmeldung 1 A 125
- wesentliche Änderungen 1 A 90
- ZerlG 1 A 129

1671

Zu- und Abfluss-Prinzip
- Finanzierung 4 981

Zuflusszeitpunkt
- Finanzierung 4 982
- Zinsen 4 982

Zugang
- Kündigung 2 A 75

Zugewinnausgleich
- Unternehmensbewertung 4 1653 f.

Zukunftserfolgsplanung
- Analyse Erfolgsrechnung 5 C 2
- Analyse Ertragskraft 5 C 1
- Berücksichtigung der Vergangenheitsergebnisse 5 C 1
- betriebsnotwendiges Vermögen 5 C 1
- Finanzbedarfsrechnung 5 C 1
- Investitionsplan 4 1635; 5 C 1
- Organisationsplan 5 C 2
- persönliche Faktoren 5 C 1
- Planbilanzen 5 C 2
- Steuerbedarfsprognose 5 C 1
- Umsatzprognose 5 C 1
- Unternehmenswert 5 C 1
- Vergangenheitsanalyse 4 1632

Zukunftserfolgswert
- Ausschüttungsverhalten 4 1598
- Zahlungsströme 4 1595

Zukunftsstrategie 2 B 10

Zumutbare Belastung
- außergewöhnliche Belastungen 5 A 2

Zurückbehaltungsrecht 2 A 46 ff., 56

Zurücktreten vom Auftrag
- Mandatsvertrag 2 A 57

Zusammenfassende Meldung 5 A 2

Zusammenveranlagung
- Verlustberücksichtigung 4 1759

Zuschlagsteuern 5 A 2

Zuständigkeitsregelung 2 B 11

Zwangsgeld 5 A 2

Zwangsverwaltung
- Aufgabenbereich 3 B 239 ff.
- Haftung 3 B 245 ff.
- Risiken 3 B 245 ff.
- vereinbare Tätigkeiten 3 B 238 ff.
- Voraussetzung 3 B 239 ff.

Zweigniederlassung
- Buchführung 4 1322

Zwischeneinkünfte mit Kapitalanlagecharakter 4 377

Zwischengesellschaften
- Außensteuerrecht 4 361

Schnell und aktuell informiert mit dem Steuer-Ratgeber 2015!

Darum geht es:

- Umfassendes Stichwort-ABC mit aktuellem Rechtsstand
- Konsolidierte Gesetzesfassungen 2015 für EStG, KStG, GewStG, UStG
- Aktuelle Zahlen und Fakten zum schnellen Nachschlagen
- Überblick über die verabschiedeten Gesetzesänderungen

Rosarius | Pinkos | Püschner u.a.
Steuer-Ratgeber 2015
Ratgeber
42. Auflage 2015, kartoniert, ca. 624 Seiten.
Preis € 59,80
ISBN 978-3-08-317715-9

Rosarius | Pinkos | Püschner u.a.
Steuer-Ratgeber 2015
Online-Datenbank
Preis mtl. € 4,80
ISBN 978-3-08-187700-6
(Nutzungsdauer mind. 1 Jahr)

Jetzt bestellen!

Schnell und effektiv zur E-Bilanz!

Darum geht es:

- Ausführliche Erläuterungen der Taxonomie 5.3
- Vollständiger Abdruck des GCD-Moduls und des GAAP-Moduls
- Positionsorientierte Kommentierung der Taxonomie
- Dokumentation der Änderungen zur Vorversion 5.2
- Dirk Bongaerts und Dr. Guido Neubeck sind Wirtschaftsprüfer/Steuerberater bei Deloitte und Mitglieder der Arbeitsgruppe „HGB-Taxonomie" des XBRL Deutschland e.V.

Deloitte
E-Bilanz
Ratgeber
3. Auflage 2014, kartoniert, ca. 672 Seiten.
Preis € 59,80
ISBN 978-3-08-318802-5

Deloitte
E-Bilanz
Online-Datenbank
Preis mtl. € 4,80
ISBN 978-3-08-188800-2
(Nutzungsdauer mind. 1 Jahr)

Jetzt bestellen!